31 KS BGer Nr. 14 – Eigentumsvorbehalt	**41** NYÜ	**51** Vertrag CH / Österreich
32 Schreiben BGer – Eigentumsvorbehalt	**42** Abk. CH / Belgien	**52** Abk. CH / Schweden
33 SchGG	**43** Übereink. CH / Krone Württemberg	**53** Vertrag CH / Spanien
34 IPRG	**44** Übereink. Kte. / Königreich Bayern	**54** Vertrag CH / Tschechoslowakische Republik
35 StGB	**45** Übereink. Kte. / Königreich Sachsen	
36 BankG	**46** Abk. CH / Deutsches Reich	
37 BankV	**47** Vertrag CH / Italien	
38 BKV-FINMA	**48** Prot. CH / Italien	
39 BEHG	**49** Abk. CH / Italien	
40 LugÜ	**50** Abk. CH / Fürstentum Liechtenstein	

SchKG
Schuldbetreibungs- und Konkursgesetz

SchKG
Kommentar

Schuldbetreibungs- und Konkursgesetz mit
weiteren Erlassen und Bundesgerichtspraxis

Prof. Dr. iur. Jolanta Kren Kostkiewicz
Prof. Dr. iur. Hans Ulrich Walder (sel.)

Unter Mitarbeit von:
MLaw Ilija Penon
MLaw Denise Schneider, RAin

18., vollständig überarbeitete und aktualisierte Auflage 2012

orell füssli Verlag

Stand der Gesetzgebung: 1. Juni 2012
Stand der Praxis: 31. Mai 2012
Änderungen bei den im Buch enthaltenen Erlassen können abgerufen werden unter: www.navigator.ch/updates
Zitiervorschlag: KREN KOSTKIEWICZ/WALDER, OFK-SchKG, SchKG _ N _

18., vollständig überarbeitete und aktualisierte Auflage 2012
© 2012 Orell Füssli Verlag AG, Zürich
www.ofv.ch
Alle Rechte vorbehalten

Dieses Werk ist urheberrechtlich geschützt. Dadurch begründete Rechte, insbesondere der Übersetzung, des Nachdrucks, des Vortrags, der Entnahme von Abbildungen und Tabellen, der Funksendung, der Mikroverfilmung oder der Vervielfältigung auf andern Wegen und der Speicherung in Datenverarbeitungsanlagen, bleiben, auch bei nur auszugsweiser Verwertung, vorbehalten. Vervielfältigungen des Werkes oder von Teilen des Werkes sind auch im Einzelfall nur in den Grenzen der gesetzlichen Bestimmungen des Urheberrechtsgesetzes in der jeweils geltenden Fassung zulässig.
Sie sind grundsätzlich vergütungspflichtig. Zuwiderhandlungen werden straf- und zivilrechtlich verfolgt.

Die im Buch enthaltenen Erlasse der Schweizerischen Eidgenossenschaft basieren auf Daten der Schweizerischen Bundeskanzlei. Diese Ausgabe ist nicht amtlich. Massgebend ist allein die Veröffentlichung durch die Bundeskanzlei.

Druck: fgb • freiburger graphische betriebe, Freiburg

ISBN 978-3-280-07264-6

Bibliografische Information der Deutschen Nationalbibliothek:
Die Deutsche Nationalbibliothek verzeichnet diese Publikation in der Deutschen Nationalbibliografie; detaillierte bibliografische Daten sind im Internet unter http://dnb.d-nb.de abrufbar.

Vorwort

Die erste Auflage dieses Buches, dessen Herausgeber **Bundesrichter Dr. Carl Jaeger** (1869–1947) war, erschien 1924. Die weiteren Auflagen wurden zunächst von **Bundesrichter Dr. Adolf Ziegler** (1890–1985) und später von Frau **Dr. Marta Daeniker** (1900–1978) bearbeitet. Nach dem Tod von Frau Dr. Daeniker übernahm Prof. Dr. **Hans Ulrich Walder** (1929–2008) diese Aufgabe.

Hans Ulrich Walder war von 1973 bis 1994 als Professor für Zivilprozessrecht, Schuldbetreibungs- und Konkursrecht sowie Privatrecht an der Universität Zürich tätig. Er gehörte zu den führenden Wissenschaftlern im Zivilprozess- und Zwangsvollstreckungsrecht und prägte als Mitglied der Expertenkommission des Eidgenössischen Justiz- und Polizeidepartements wesentlich die grosse SchKG-Revision von 1997 mit. Nebst seiner ausserordentlichen wissenschaftlichen und didaktischen Tätigkeit ist er der Praxis immer treu geblieben. Von 1967 bis 1973 war er als Oberrichter tätig und von 1974 bis 1999 wirkte er im Nebenamt als Mitglied des zürcherischen Kassationsgerichts.

Prof. Hans Ulrich Walder verstarb unerwartet am 30. Oktober 2008 kurz vor Vollendung des 80. Altersjahres.

Der Unterzeichneten, die von 1985 bis 1989 bei Prof. Hans Ulrich Walder als wissenschaftliche Assistentin tätig war, kommt nun die ehrenvolle Aufgabe zu, dieses Werk weiterzuführen.

Seit der Vorauflage 2007 hat sich das rechtliche Umfeld des SchKG wesentlich verändert. Folgende Erlasse führten zu verschiedenen Änderungen der SchKG-Vorschriften:

2007
- Bundesgesetz vom 17. Juni 2005 über das Bundesgericht (Bundesgerichtsgesetz, BGG; SR 173.110), Inkrafttreten 1. Januar 2007;
- Bundesgesetz vom 18. Juni 2004 über die eingetragene Partnerschaft gleichgeschlechtlicher Paare (Partnerschaftsgesetz, PartG; SR 211.231), Inkrafttreten 1. Januar 2007;
- Bundesgesetz vom 23. Juni 2006 über die kollektiven Kapitalanlagen (Kollektivanlagengesetz, KAG; SR 951.31), Inkrafttreten 1. Januar 2007;
- Übereinkommen vom 1. Juli 1985 über das auf Trusts anzuwendende Recht und über ihre Anerkennung (HTÜ; SR 0.221.371), Inkrafttreten 1. Juli 2007; siehe hierzu auch den Bundesbeschluss über die Genehmigung und Umsetzung des Haager Übereinkommens über das auf Trusts anzuwendende Recht und über ihre Anerkennung (AS 2007 2849).

2008
- Bundesgesetz vom 17. Juni 2005 über Massnahmen zur Bekämpfung der Schwarzarbeit (Bundesgesetz gegen die Schwarzarbeit, BGSA; SR 822.41), Inkrafttreten 1. Januar 2008.

2010
- Bundesgesetz vom 12. Juni 2009 über die Mehrwertsteuer (Mehrwertsteuergesetz, MWSTG; SR 641.20), Inkrafttreten 1. Januar 2010;
- Bundesgesetz vom 3. Oktober 2008 über Bucheffekten (Bucheffektengesetz, BEG; SR 957.1); Inkrafttreten 1. Januar 2010.

2011
- Schweizerische Zivilprozessordnung vom 19. Dezember 2008 (Zivilprozessordnung, ZPO; SR 272), Inkrafttreten 1. Januar 2011;
- Übereinkommen vom 30. Oktober 2007 über die gerichtliche Zuständigkeit und die Anerkennung und Vollstreckung von Entscheidungen in Zivil- und Handelssachen (Lugano-Übereinkommen, LugÜ; SR 0.275.12), Inkrafttreten 1. Januar 2011; siehe hierzu auch den Bundesbeschluss über die Genehmigung und die Umsetzung des Übereinkommens über die gerichtliche Zuständigkeit und die Anerkennung und Vollstreckung von Entscheidungen in Zivil- und Handelssachen (Lugano-Übereinkommen; AS 2010 5601);
- Bundesgesetz vom 1. Oktober 2010 über die Rückerstattung unrechtmässig erworbener Vermögenswerte politisch exponierter Personen (RuVG; SR 196.1), Inkrafttreten 1. Februar 2011.

2012
- Teilrevision des Immobiliarsachen- und Grundbuchrechts (Register-Schuldbrief und weitere Änderungen im Sachenrecht; AS 2011 4637), Inkrafttreten 1. Januar 2012.

2013
- Revision des Vormundschaftsrechts (Erwachsenenschutzrecht, Personenrecht und Kindesrecht; AS 2011 725), Inkrafttreten 1. Januar 2013.

Der überwiegende Teil der Vorauflage wurde erweitert, vertieft und aktualisiert. Die Ausführungen beschränken sich auf den Inhalt der in der amtlichen Sammlung publizierten sowie nicht publizierten Bundesgerichtsentscheide; die kantonale Rechtsprechung bleibt wie bis anhin unberücksichtigt.

Kritik und Verbesserungsvorschläge sind unter der E-Mail-Adresse jolanta.kren@civpro.unibe.ch jederzeit hochwillkommen.

Mein besonderer Dank gebührt den Mitarbeitern des Verlags Orell Füssli Frau lic. iur. Susanna Bieri, Frau lic. iur. Florina Drexel sowie Herrn lic. iur. Walter Bättig für das mir entgegengebrachte Vertrauen, dieses Werk weiterführen zu dürfen.

Dem Andenken von Professor Hans Ulrich Walder ist diese Auflage gewidmet.

Bern, im Juli 2012   Jolanta Kren Kostkiewicz

Inhaltsverzeichnis

Vorwort 5

Inhaltsverzeichnis 7

Abkürzungsverzeichnis 22

Literaturverzeichnis 30

I. Gesetzestext 35

Nr. 1 Bundesgesetz über Schuldbetreibung und Konkurs (SchKG) 36
Erster Titel: Allgemeine Bestimmungen 36
   I. Organisation 36
   II. Verschiedene Vorschriften 82
Zweiter Titel: Schuldbetreibung 93
   I. Arten der Schuldbetreibung 93
   II. Ort der Betreibung 105
   III. Geschlossene Zeiten, Betreibungsferien und Rechtsstillstand 116
   IV. Zustellung der Betreibungsurkunden 128
   V. Anhebung der Betreibung 136
   VI. Betreibung eines in Gütergemeinschaft lebenden Ehegatten 144
   VII. Betreibung bei gesetzlicher Vertretung oder Beistandschaft 146
   VIII. Zahlungsbefehl und Rechtsvorschlag 148
   IX. Fortsetzung der Betreibung 185
Dritter Titel: Betreibung auf Pfändung 189
   I. Pfändung 189
   II. Verwertung 264
Vierter Titel: Betreibung auf Pfandverwertung 327
Fünfter Titel: Betreibung auf Konkurs 344
   I. Ordentliche Konkursbetreibung 344
   II. Wechselbetreibung 360
   III. Konkurseröffnung ohne vorgängige Betreibung 368
   IV. Widerruf des Konkurses 374
Sechster Titel: Konkursrecht 377

I. Wirkungen des Konkurses auf das Vermögen des Schuldners ... 377
II. Wirkungen des Konkurses auf die Rechte der Gläubiger ... 393
Siebenter Titel: Konkursverfahren ... 414
   I. Feststellung der Konkursmasse und Bestimmung des Verfahrens ... 414
   II. Schuldenruf ... 429
   III. Verwaltung ... 434
   IV. Erwahrung der Konkursforderungen. Kollokation der Gläubiger ... 449
   V. Verwertung ... 465
   VI. Verteilung ... 485
   VII. Schluss des Konkursverfahrens ... 500
Achter Titel: Arrest ... 505
Neunter Titel: Besondere Bestimmungen über Miete und Pacht ... 540
Neunter Titel^{bis}: Besondere Bestimmungen bei Trustverhältnissen ... 548
Zehnter Titel: Anfechtung ... 549
Elfter Titel: Nachlassverfahren ... 574
   I. Nachlassstundung ... 574
   II. Allgemeine Bestimmungen über den Nachlassvertrag ... 585
   III. Ordentlicher Nachlassvertrag ... 596
   IV. Nachlassvertrag mit Vermögensabtretung ... 598
   V. Nachlassvertrag im Konkurs ... 611
   VI. Einvernehmliche private Schuldenbereinigung ... 612
Zwölfter Titel: Notstundung ... 614
Dreizehnter Titel: Schlussbestimmungen ... 621
   Schlussbestimmungen der Änderung vom 16. Dezember 1994 ... 621
   Schlussbestimmung zur Änderung vom 24. März 2000 ... 623
   Schlussbestimmung der Änderung vom 19. Dezember 2003 ... 623
   Schlussbestimmung zur Änderung vom 17. Juni 2005 ... 623
   Übergangsbestimmung der Änderung vom 18. Juni 2010 ... 623

II. Richtlinien der Konferenz der Betreibungs- und Konkursbeamten der Schweiz ... 625

Nr. 2   Richtlinien für die Berechnung des betreibungsrechtlichen Existenzminimums (Notbedarf) nach Art. 93 SchKG ... 626
   I. Monatlicher Grundbetrag ... 626
   II. Zuschläge zum monatlichen Grundbetrag ... 626
   III. Steuern ... 629
   IV. Sonderbestimmungen über das dem Schuldner anrechenbare Einkommen ... 629
   V. Abzüge vom Existenzminimum ... 629
   VI. Abweichungen von den Ansätzen ... 630

III. Ausführende Verordnungen zum SchKG ... 631

Inhaltsverzeichnis

Nr. 3 Verordnung betreffend die Oberaufsicht über Schuldbetreibung und Konkurs (OAV-SchKG) 632

Nr. 4 Verordnung über die im Betreibungs- und Konkursverfahren zu verwendenden Formulare und Register sowie die Rechnungsführung (VFRR) 634
    I. Formulare 634
        A. Begehren 634
        B. Verfügungen und Verrichtungen der Betreibungs- und Konkursämter 635
    II. Registerführung 636
        1. Eingangsregister 636
        2. Betreibungsbuch 637
        3. Gruppenbuch 638
        4. Personenregister 639
        5. Tagebuch und Agenda 640
        6. Kassabuch 640
        7. Kontokorrentbuch 640
    III. Rechnungsführung 640
        1. Im Detail 640
        2. Summarisch 641
    IV. Schlussbestimmungen 641

Nr. 5 Verordnung über die Geschäftsführung der Konkursämter (KOV) 642
    A. Protokoll-, Akten- und Rechnungswesen 642
        I. Allgemeine Bestimmungen 642
        II. Protokollführung 644
        III. Elektronische Datenverarbeitung 646
        IV. Ordnung und Aufbewahrung der Akten 646
        V. Buch-, Kassa- und Rechnungsführung 648
    B. Verfahren in den einzelnen Stadien des Konkurses 651
        I. Feststellung der Konkursmasse und Bestimmung des Verfahrens 651
        II. Schuldenruf 655
        III. Verwaltung 656
        IV. Erwahrung der Konkursforderungen Kollokation der Gläubiger 660
        V. Verwertung 664
        VI. Verteilung 667
        VII. Schluss des Konkursverfahrens 669
        VIII. Summarisches Verfahren 670
    C. Geschäftsführung der ausseramtlichen Konkursverwaltungen 671
    D. Schlussbestimmungen 671

Nr. 6 Verordnung über die Aufbewahrung der Betreibungs- und Konkursakten
(VABK) 672
    I. Allgemeine Bestimmung 672
    II. Betreibungsakten 672
    III. Konkursakten 673
    IV. Schlussbestimmungen 673

Nr. 7 Gebührenverordnung zum Bundesgesetz über Schuldbetreibung und Konkurs
(GebV SchKG) 674
    1. Kapitel: Allgemeine Bestimmungen 674
    2. Kapitel: Gebühren des Betreibungsamtes 678
    3. Kapitel: Gebühren im Konkursverfahren 684
    4. Kapitel: Gerichtsgebühren 686
        1. Abschnitt: Allgemeine Bestimmungen 686
        2. Abschnitt: Betreibungs- und Konkurssachen 686
        3. Abschnitt: Nachlassverfahren, Schuldenbereinigung und Notstundung 687
        4. Abschnitt: Stundungs-, Konkurs- und Nachlassverfahren über Banken 688
        5. Abschnitt: Weiterziehung und Beschwerdeverfahren;
           Parteientschädigung 689
    5. Kapitel: Schlussbestimmungen 689

Nr. 8 Verordnung des Bundesgerichts über die Pfändung und Verwertung von
Anteilen an Gemeinschaftsvermögen (VVAG) 690
    I. Pfändung 690
    II. Verwertung 692
    III. Verwertung im Konkurs 695
    IV. Schlussbestimmung 695

Nr. 9 Verordnung des Bundesgerichts über die Zwangsverwertung von
Grundstücken (VZG) 696
    Allgemeine Bestimmungen 696
    A. Verwertung im Pfändungsverfahren 698
        I. Pfändung 698
           1. Pfändungsvollzug 698
           2. Verwaltung 702
           3. Pfändung eines Miteigentumsanteils 704
           4. Requisitorialpfändung 706
        II. Verwertung 707
           1. Vorbereitungsverfahren 707
               A. Allgemeine Vorschriften 707
               B. Lastenverzeichnis 709
               C. Steigerungsbedingungen 713

Inhaltsverzeichnis

    2. Steigerungsakt und Zuschlag 716
       A. Voraussetzungen des Zuschlags 716
       B. Steigerungsverfahren 718
    3. Verwertung eines Miteigentumsanteils 724
    4. Requisitorialverwertungen 728
    5. Versteigerung eines Miteigentumsanteils auf Anordnung des
       Richters 729
   III. Verteilung 730
  B. Verwertung im Pfandverwertungsverfahren 732
    I. Vorverfahren 732
   II. Verwertung 736
  III. Verteilung 742
  C. Verwertung im Konkursverfahren 745
Schlussbestimmungen 751
    Schlussbestimmungen der Änderung vom 4. Dezember 1975 751
    Schlussbestimmungen der Änderung vom 7. September 1993 751

Nr. 10 Verordnung betreffend die Pfändung, Arrestierung und Verwertung von Versicherungsansprüchen nach dem Bundesgesetz vom 2. April 1908 über den Versicherungsvertrag (VPAV) 752
    I. Schadensversicherung 752
   II. Personenversicherung 753
       A. Pfändung 753
       B. Konkurs 755
       C. Verwertung eines Lebensversicherungsanspruches 756

Nr. 11 Verordnung des Bundesgerichts über den Genossenschaftskonkurs (VGeK) 759

Nr. 12 Verordnung über die elektronische Übermittlung im Rahmen von Zivil- und Strafprozessen sowie von Schuldbetreibungs- und Konkursverfahren (Übermittlungsverordnung, ÜbV) 768
    1. Abschnitt: Allgemeine Bestimmungen 768
    2. Abschnitt: Eingaben an eine Behörde 769
    3. Abschnitt: Zustellung durch eine Behörde 770
    4. Abschnitt: Trägerwandel 771
    5. Abschnitt: Massenverfahren im Bereich Schuldbetreibung und Konkurs 772
    6. Abschnitt: Schlussbestimmungen 772

IV. Schreiben der Bundesbehörden *773*

Nr. 13 Kreisschreiben des Bundesgerichts (Plenum) Nr. 10 774
    Kollokation der gemäss Art. 291 SchKG wieder in Kraft tretenden Forderung des Anfechtungsbeklagten 774

Inhaltsverzeichnis

Nr. 14 Kreisschreiben des Bundesgerichts (Plenum) Nr. 16 777
Betreibungen durch und gegen eine Erbschaft bzw. Erbengemeinschaft oder
Gemeinschaft 777

Nr. 15 Kreisschreiben des Bundesgerichts (Plenum) Nr. 17 779
Behandlung von Miteigentum und Gesamteigentum im Konkurs 779

Nr. 16 Kreisschreiben des Bundesgerichts (SchKK) Nr. 24 781
Retentionsverfahren 781

Nr. 17 Kreisschreiben des Bundesgerichts (Plenum) Nr. 29 783
Rechtsstillstand wegen Militärdienstes 783

Nr. 18 Kreisschreiben des Bundesgerichts (Plenum) Nr. 31 785
Führung des Betreibungsbuches in Kartenform 785

Nr. 19 Erster Nachtrag des Bundesgerichts zum Kreisschreiben Nr. 31 787

Nr. 20 Zweiter Nachtrag des Bundesgerichts zum Kreisschreiben Nr. 31 788

Nr. 21 Kreisschreiben des Bundesgerichts (Plenum) Nr. 37 790
Bereinigung der Kreisschreiben, Anweisungen, Schreiben und Bescheide. 790

Nr. 22 Anleitung des Bundesgerichts (SchKK) über die bei der Zwangsverwertung von
Grundstücken zu errichtenden Aktenstücke (Anl.) 793
A. Pfändung, Pfandverwertung, Verwaltung 793
B. Lastenbereinigung 796
C. Steigerung 797
D. Verteilung 797
E. Miteigentum und gesetzliche Vorkaufsrechte 799
    1. Verwertung eines Miteigentumsanteils 799
    2. Gesetzliche Vorkaufsrechte 799

Nr. 23 Bescheid des Bundesgerichts (SchKK) an das Inspektorat für die Notariate,
Grundbuch- und Konkursämter des Kantons Zürich 801
Verwertung von Miteigentumsanteilen im Konkurs 801

Nr. 24 Schreiben des Eidgenössischen Justiz- und Polizeidepartementes an die
Kantonsregierungen 810
Arrestierung von Vermögen fremder Staaten 810
    1. Staatsverträge 810
    2. Allgemeine Grundsätze des Völkerrechts und des Landrechts 810
        2.1. Immunität fremder Staaten 811

2.2. Beziehung der Forderung zum schweizerischen Staatsgebiet
(Binnenbeziehung) 811
2.3. Zweckbestimmung der Arrestgegenstände 811
3. Vollzug 812
4. Rechtsmittel 813
Übersicht völkerrechtliche Verträge 814

*V. Weitere ergänzende Erlasse, geordnet gemäss systematischer Sammlung des
Bundesrechts und ausführende Schreiben* *817*

Nr. 25 Schweizerische Zivilprozessordnung (Zivilprozessordnung, ZPO) 818
    1. Teil: Allgemeine Bestimmungen 818
        1. Titel: Gegenstand und Geltungsbereich 818
        2. Titel: Zuständigkeit der Gerichte und Ausstand 819
            1. Kapitel: Sachliche und funktionelle Zuständigkeit 819
            2. Kapitel: Örtliche Zuständigkeit 821
                1. Abschnitt: Allgemeine Bestimmungen 821
                2. Abschnitt: Personenrecht 823
                3. Abschnitt: Familienrecht 823
                4. Abschnitt: Erbrecht 824
                5. Abschnitt: Sachenrecht 825
                6. Abschnitt: Klagen aus Vertrag 825
                7. Abschnitt: Klagen aus unerlaubter Handlung 827
                8. Abschnitt: Handelsrecht 828
                9. Abschnitt: Schuldbetreibungs- und Konkursrecht 829
        3. Kapitel: Ausstand 829
        3. Titel: Verfahrensgrundsätze und Prozessvoraussetzungen 830
            1. Kapitel: Verfahrensgrundsätze 830
            2. Kapitel: Prozessvoraussetzungen 831
        4. Titel: Rechtshängigkeit und Folgen des Klagerückzugs 832
        5. Titel: Die Parteien und die Beteiligung Dritter 833
            1. Kapitel: Partei- und Prozessfähigkeit 833
            2. Kapitel: Parteivertretung 833
            3. Kapitel: Streitgenossenschaft 834
            4. Kapitel: Intervention 835
                1. Abschnitt: Hauptintervention 835
                2. Abschnitt: Nebenintervention 835
            5. Kapitel: Streitverkündung 836
                1. Abschnitt: Einfache Streitverkündung 836
                2. Abschnitt: Streitverkündungsklage 837
            6. Kapitel: Parteiwechsel 837

6. Titel: Klagen 838
7. Titel: Streitwert 839
8. Titel: Prozesskosten und unentgeltliche Rechtspflege 840
   1. Kapitel: Prozesskosten 840
   2. Kapitel: Verteilung und Liquidation der Prozesskosten 842
   3. Kapitel: Besondere Kostenregelungen 843
   4. Kapitel: Unentgeltliche Rechtspflege 845
9. Titel: Prozessleitung, prozessuales Handeln und Fristen 846
   1. Kapitel: Prozessleitung 846
   2. Kapitel: Formen des prozessualen Handelns 847
      1. Abschnitt: Verfahrenssprache 847
      2. Abschnitt: Eingaben der Parteien 848
      3. Abschnitt: Gerichtliche Vorladung 848
      4. Abschnitt: Gerichtliche Zustellung 849
   3. Kapitel: Fristen, Säumnis und Wiederherstellung 850
      1. Abschnitt: Fristen 850
      2. Abschnitt: Säumnis und Wiederherstellung 851
10. Titel: Beweis 852
    1. Kapitel: Allgemeine Bestimmungen 852
    2. Kapitel: Mitwirkungspflicht und Verweigerungsrecht 854
       1. Abschnitt: Allgemeine Bestimmungen 854
       2. Abschnitt: Verweigerungsrecht der Parteien 855
       3. Abschnitt: Verweigerungsrecht Dritter 855
    3. Kapitel: Beweismittel 857
       1. Abschnitt: Zulässige Beweismittel 857
       2. Abschnitt: Zeugnis 857
       3. Abschnitt: Urkunde 859
       4. Abschnitt: Augenschein 859
       5. Abschnitt: Gutachten 860
       6. Abschnitt: Schriftliche Auskunft 862
       7. Abschnitt: Parteibefragung und Beweisaussage 862
11. Titel: Rechtshilfe zwischen schweizerischen Gerichten 862
2. Teil: Besondere Bestimmungen 863
   1. Titel: Schlichtungsversuch 863
      1. Kapitel: Geltungsbereich und Schlichtungsbehörde 863
      2. Kapitel: Schlichtungsverfahren 865
      3. Kapitel: Einigung und Klagebewilligung 866
      4. Kapitel: Urteilsvorschlag und Entscheid 867
   2. Titel: Mediation 868
   3. Titel: Ordentliches Verfahren 869

1. Kapitel: Geltungsbereich 869
2. Kapitel: Schriftenwechsel und Vorbereitung der
   Hauptverhandlung 869
3. Kapitel: Hauptverhandlung 871
4. Kapitel: Protokoll 872
5. Kapitel: Entscheid 873
6. Kapitel: Beendigung des Verfahrens ohne Entscheid 874
4. Titel: Vereinfachtes Verfahren 874
5. Titel: Summarisches Verfahren 876
   1. Kapitel: Geltungsbereich 876
   2. Kapitel: Verfahren und Entscheid 880
   3. Kapitel: Rechtsschutz in klaren Fällen 881
   4. Kapitel: Gerichtliches Verbot 881
   5. Kapitel: Vorsorgliche Massnahmen und Schutzschrift 882
      1. Abschnitt: Vorsorgliche Massnahmen 882
      2. Abschnitt: Schutzschrift 884
6. Titel: Besondere eherechtliche Verfahren 884
   1. Kapitel: Angelegenheiten des summarischen Verfahrens 884
   2. Kapitel: Scheidungsverfahren 885
      1. Abschnitt: Allgemeine Bestimmungen 885
      2. Abschnitt: Scheidung auf gemeinsames Begehren 888
      3. Abschnitt: Scheidungsklage 889
      4. Abschnitt: Eheungültigkeits- und Ehetrennungsklagen 890
7. Titel: Kinderbelange in familienrechtlichen Angelegenheiten 891
   1. Kapitel: Allgemeine Bestimmungen 891
   2. Kapitel: Eherechtliche Verfahren 891
   3. Kapitel: Angelegenheiten des summarischen Verfahrens 893
   4. Kapitel: Unterhalts- und Vaterschaftsklage 893
8. Titel: Verfahren bei eingetragener Partnerschaft 894
   1. Kapitel: Angelegenheiten des summarischen Verfahrens 894
   2. Kapitel: Auflösung und Ungültigkeit der eingetragenen
      Partnerschaft 895
9. Titel: Rechtsmittel 895
   1. Kapitel: Berufung 895
      1. Abschnitt: Anfechtbare Entscheide und Berufungsgründe 895
      2. Abschnitt: Berufung, Berufungsantwort und
         Anschlussberufung 896
      3. Abschnitt: Wirkungen und Verfahren der Berufung 897
   2. Kapitel: Beschwerde 898
   3. Kapitel: Revision 900

4. Kapitel: Erläuterung und Berichtigung ... 901
 10. Titel: Vollstreckung ... 901
  1. Kapitel: Vollstreckung von Entscheiden ... 901
  2. Kapitel: Vollstreckung öffentlicher Urkunden ... 904
 3. Teil: Schiedsgerichtsbarkeit ... 906
  1. Titel: Allgemeine Bestimmungen ... 906
  2. Titel: Schiedsvereinbarung ... 907
  3. Titel: Bestellung des Schiedsgerichts ... 907
  4. Titel: Ablehnung, Abberufung und Ersetzung der Mitglieder des Schiedsgerichts ... 909
  5. Titel: Das Schiedsverfahren ... 910
  6. Titel: Schiedsspruch ... 913
  7. Titel: Rechtsmittel ... 915
   1. Kapitel: Beschwerde ... 915
   2. Kapitel: Revision ... 916
 4. Teil: Schlussbestimmungen ... 918
  1. Titel: Vollzug ... 918
  2. Titel: Anpassung von Gesetzen ... 918
  3. Titel: Übergangsbestimmungen ... 918
  4. Titel: Referendum und Inkrafttreten ... 919
 Anhang 1: Aufhebung und Änderung bisherigen Rechts (Art. 402) ... 919
  I. Aufhebung bisherigen Rechts ... 919
  II. Änderung bisherigen Rechts ... 920
 Anhang 2: Koordinationsbestimmungen (Art. 403) ... 920
  1. Koordination der Zivilprozessordnung mit dem neuen Kernenergiehaftpflichtgesetz ... 920
  2. Koordination von Ziffer 19 des Anhangs 1 mit dem neuen KHG ... 920
  3. Koordination mit der Änderung vom 19. Dezember 2008 des ZGB (Erwachsenenschutz, Personenrecht und Kindesrecht) ... 921

Nr. 26 Auszug aus dem Bundesgesetz über das Bundesgericht (Bundesgerichtsgesetz, BGG) ... 922

Nr. 27 Verordnung betreffend die Eintragung der Eigentumsvorbehalte ... 936

Nr. 28 Verordnung des Bundesgerichtes betreffend die Bereinigung der Eigentumsvorbehaltsregister ... 944

Nr. 29 Schreiben des Bundesgerichts (SchKK) betreffend Ort der Eintragung der Eigentumsvorbehalte, wenn der Erwerber unter Vormundschaft steht ... 946

Nr. 30 Kreisschreiben des Bundesgerichts (SchKK) Nr. 29 ... 949

Eigentumsvorbehalt: Pfändung und Verwertung von Vermögensobjekten, die
dem betriebenen Schuldner unter Eigentumsvorbehalt verkauft wurden 949
1. Vorverfahren 949
2. Verfahren zur Feststellung des Eigentumsvorbehaltes und des
ausstehenden Kaufpreises 950
3. Verwertungsverfahren 951

Nr. 31 Kreisschreiben des Bundesgerichts (Plenum) Nr. 14 952
Pfändung von dem betriebenen Schuldner unter Eigentumsvorbehalt
verkauften Vermögensobjekten; Konkurrenz des Pfändungspfandrechts
und des Eigentums des Verkäufers 952

Nr. 32 Schreiben des Bundesgerichts an die Konferenz der Betreibungs- und
Konkursbeamten der Schweiz 954
Wohnsitzwechsel des Schuldners 954

Nr. 33 Bundesgesetz über die Schuldbetreibung gegen Gemeinden und andere
Körperschaften des kantonalen öffentlichen Rechts 956
A. Schuldbetreibung im allgemeinen 956
B. Die Gläubigergemeinschaft 959
C. Die Beiratschaft 964
D. Schlussbestimmungen 969
Schlussbestimmung zur Änderung vom 17. Juni 2005 970

Nr. 34 Auszug aus dem Bundesgesetz über das Internationale Privatrecht (IPRG) 971
4. Abschnitt: Wohnsitz, Sitz und Staatsangehörigkeit 971

Nr. 35 Auszug aus dem Schweizerischen Strafgesetzbuch 978
Dritter Titel: Strafen und Massnahmen 978
Zweites Kapitel: Massnahmen 978
Zweiter Abschnitt: Andere Massnahmen 978

Nr. 36 Bundesgesetz über die Banken und Sparkassen (Bankengesetz, BankG) 986
Erster Abschnitt: Geltungsbereich des Gesetzes 986
Zweiter Abschnitt: Bewilligung zum Geschäftsbetrieb 988
Dritter Abschnitt: Eigene Mittel, Liquidität und andere Vorschriften über die
Geschäftstätigkeit 994
Vierter Abschnitt: Jahresrechnungen und Bilanzen 996
Fünfter Abschnitt: Systemrelevante Banken 997
Sechster Abschnitt: Zusätzliches Kapital 999
Siebenter Abschnitt: Spareinlagen und Depotwerte 1002
Achter Abschnitt: 1002
Neunter Abschnitt: Überwachung und Prüfung 1003

Zehnter Abschnitt: Aufsicht 1003
Elfter Abschnitt: Massnahmen bei Insolvenzgefahr 1006
Zwölfter Abschnitt: Konkursliquidation insolventer Banken (Bankenkonkurs) 1011
Dreizehnter Abschnitt: Einlagensicherung 1015
Dreizehnter Abschnitt a: Nachrichtenlose Vermögenswerte 1016
Vierzehnter Abschnitt: Verantwortlichkeits- und Strafbestimmungen 1017
Fünfzehnter Abschnitt: Übergangs- und Schlussbestimmungen 1020
    Schlussbestimmungen der Änderung vom 11. März 1971 1021
    Schlussbestimmungen der Änderung vom 18. März 1994 1021
    Schlussbestimmungen der Änderung vom 22. April 1999 1022
    Schlussbestimmungen der Änderung vom 3. Oktober 2003 1022
    Schlussbestimmungen der Änderung vom 17. Dezember 2004 1023
    Übergangsbestimmung zur Änderung vom 30. September 2011 1023

Nr. 37 Auszug aus der Verordnung über die Banken und Sparkassen (Bankenverordnung, BankV) 1024

Nr. 38 Verordnung der Eidgenössischen Finanzmarktaufsicht über den Konkurs von Banken und Effektenhändlern (Bankenkonkursverordnung-FINMA, BKV-FINMA) 1029
    1. Abschnitt: Allgemeine Bestimmungen 1029
    2. Abschnitt: Verfahren 1032
    3. Abschnitt: Konkursaktiven 1033
    4. Abschnitt: Konkurspassiven 1036
    5. Abschnitt: Verwertung 1039
    6. Abschnitt: Verteilung und Abschluss 1040
    7. Abschnitt: Inkrafttreten 1042

Nr. 39 Auszug aus dem Bundesgesetz über die Börsen und den Effektenhandel (Börsengesetz, BEHG) 1043

VI. Staatsverträge 1045

A) Multinationale Übereinkommen 1045

Nr. 40 Übereinkommen über die gerichtliche Zuständigkeit und die Anerkennung und Vollstreckung von Entscheidungen in Zivil- und Handelssachen (Lugano-Übereinkommen, LugÜ) 1046
    Titel I: Anwendungsbereich 1047
    Titel II: Zuständigkeit 1048
        Abschnitt 1: Allgemeine Vorschriften 1048
        Abschnitt 2: Besondere Zuständigkeiten 1048
        Abschnitt 3: Zuständigkeit für Versicherungssachen 1051

Abschnitt 4: Zuständigkeit bei Verbrauchersachen 1053
Abschnitt 5: Zuständigkeit für individuelle Arbeitsverträge........................... 1054
Abschnitt 6: Ausschliessliche Zuständigkeiten 1055
Abschnitt 7: Vereinbarung über die Zuständigkeit 1057
Abschnitt 8: Prüfung der Zuständigkeit und der Zulässigkeit des
Verfahrens 1058
Abschnitt 9: Rechtshängigkeit und im Zusammenhang stehende
Verfahren 1059
Abschnitt 10: Einstweilige Massnahmen einschliesslich solcher, die auf
eine Sicherung gerichtet sind... 1060
Titel III: Anerkennung und Vollstreckung 1060
   Abschnitt 1: Anerkennung... 1060
   Abschnitt 2: Vollstreckung... 1062
   Abschnitt 3: Gemeinsame Vorschriften.. 1065
Titel IV: Öffentliche Urkunden und Prozessvergleiche... 1066
Titel V: Allgemeine Vorschriften 1067
Titel VI: Übergangsvorschriften... 1068
Titel VII: Verhältnis zu der Verordnung (EG) Nr. 44/2001 des Rates und zu
anderen Rechtsinstrumenten 1068
Titel VIII: Schlussvorschriften.. 1071
Protokoll 1 über bestimmte Zuständigkeits-, Verfahrens- und
Vollstreckungsfragen 1076
Protokoll 2 über die einheitliche Auslegung des Übereinkommens und den
Ständigen Ausschuss 1079
Protokoll 3 über die Anwendung von Artikel 67 des Übereinkommens................ 1083
   Anhang I.. 1083
   Anhang II... 1085
   Anhang III.. 1087
   Anhang IV.. 1089
   Anhang V... 1090
   Anhang VI.. 1091
   Anhang VII... 1092
   Anhang VIII.. 1093
   Anhang IX.. 1093
      Geltungsbereich am 3. März 2011 1094
      Vorbehalte und Erklärungen... 1094

Nr. 41 Übereinkommen über die Anerkennung und Vollstreckung ausländischer
Schiedssprüche 1095
Geltungsbereich am 17. Februar 2011 1101

B) Bilaterale Abkommen.. 1107

a) Belgien *1107*

Nr. 42 Abkommen zwischen der Schweiz und Belgien über die Anerkennung und Vollstreckung von gerichtlichen Entscheidungen und Schiedssprüchen 1108

b) Deutschland *1115*

Nr. 43 Übereinkunft zwischen der Schweizerischen Eidgenossenschaft und der Krone Württemberg betreffend die Konkursverhältnisse und gleiche Behandlung der beiderseitigen Staatsangehörigen in Konkursfällen (Konkursvertrag) 1116

Nr. 44 Übereinkunft zwischen den schweizerischen Kantonen Zürich, Bern, Luzern, Unterwalden (ob und nid dem Wald), Freiburg, Solothurn, Basel (Stadt- und Landteil), Schaffhausen, St. Gallen, Graubünden, Aargau, Thurgau, Tessin, Waadt, Wallis, Neuenburg und Genf, sowie Appenzell A.-R. und dem Königreich Bayern über gleichmässige Behandlung der gegenseitigen Staatsangehörigen in Konkursfällen 1118
  A. Schweizerische Erklärung 1118
  B. Königlich bayerische Erklärung 1118

Nr. 45 Übereinkunft zwischen den schweizerischen Kantonen Zürich, Bern, Luzern, Uri, Schwyz, Zug, Freiburg, Solothurn, Basel (beide Landesteile), Schaffhausen, Graubünden, Aargau, Thurgau, Tessin, Waadt, Wallis, Neuenburg und Genf, sowie Appenzell A.-R. einer- und dem Königreiche Sachsen anderseits über gleichmässige Behandlung der gegenseitigen Staatsangehörigen in Konkursfällen 1120
  A. Schweizerische Erklärung 1120
  B. Königlich-Sächsische Erklärung 1121

Nr. 46 Abkommen zwischen der Schweizerischen Eidgenossenschaft und dem Deutschen Reich über die gegenseitige Anerkennung und Vollstreckung von gerichtlichen Entscheidungen und Schiedssprüchen 1122

c) Italien *1127*

Nr. 47 Auszug aus dem Niederlassungs- und Konsularvertrag zwischen der Schweiz und Italien 1128

Nr. 48 Auszug aus dem Protokoll betreffend die Vollziehung der am 22. Juli 1868 in Bern und in Florenz zwischen der Schweiz und Italien abgeschlossenen und unterzeichneten Verträge und Übereinkünfte 1129

Nr. 49 Abkommen zwischen der Schweiz und Italien über die Anerkennung und Vollstreckung gerichtlicher Entscheidungen 1130

d) Liechtenstein *1137*

| **Nr. 50** | Abkommen zwischen der Schweizerischen Eidgenossenschaft und dem Fürstentum Liechtenstein über die Anerkennung und Vollstreckung von gerichtlichen Entscheidungen und Schiedssprüchen in Zivilsachen .... 1138 |

e) Österreich *1145*

| **Nr. 51** | Vertrag zwischen der Schweizerischen Eidgenossenschaft und der Republik Österreich über die Anerkennung und Vollstreckung gerichtlicher Entscheidungen .... 1146 |

f) Schweden *1153*

| **Nr. 52** | Abkommen zwischen der Schweiz und Schweden über die Anerkennung und Vollstreckung von gerichtlichen Entscheidungen und Schiedssprüchen .... 1154 |

g) Spanien *1161*

| **Nr. 53** | Vertrag zwischen der Schweiz und Spanien über die gegenseitige Vollstreckung von Urteilen oder Erkenntnissen in Zivil- und Handelssachen .... 1162 |
| | Zusatzprotokoll .... 1165 |

h) Slowakische Republik und Tschechische Republik *1167*

| **Nr. 54** | Vertrag zwischen der Schweiz und der Tschechoslowakischen Republik über die Anerkennung und Vollstreckung gerichtlicher Entscheidungen .... 1168 |
| | Zusatzprotokoll .... 1171 |

Stichwortverzeichnis *1173*

Abkürzungsverzeichnis

a	alt (in Verbindung mit einer Gesetzesabkürzung)
AB	Aufsichtsbehörde
Abs.	Absatz
AG	Aktiengesellschaft(en)
AHVG	Bundesgesetz über die Alters- und Hinterlassenenversicherung vom 20. Dezember 1946; SR 831.10
AlkG	Bundesgesetz über die gebrannten Wasser (Alkoholgesetz) vom 21. Juni 1932 / 25. Oktober 1949; SR 680
aLugÜ	Früheres Übereinkommen über die gerichtliche Zuständigkeit und die Vollstreckung gerichtlicher Entscheidungen in Zivil- und Handelssachen (Lugano-Übereinkommen) vom 16. September 1988
Anl.	Anleitung der Schuldbetreibungs- und Konkurskammer des Bundesgerichts über die bei der Zwangsverwertung von Grundstücken zu errichtenden Aktenstücke vom 7. Oktober 1920 / 29. November 1976 / 22. Juli 1996
Anm.	Anmerkung
Art.	Artikel
AS	Amtliche Sammlung der Bundesgesetze und Verordnungen
AVIG	Bundesgesetz über die obligatorische Arbeitslosenversicherung und die Insolvenzentschädigung (Arbeitslosenversicherungsgesetz) vom 25. Juni 1982; SR 837.0
BA	Betreibungsamt
BankG	Bundesgesetz über die Banken und Sparkassen (Bankengesetz) vom 8. November 1934 / 11. März 1971; SR 952.0 → Nr. 36
BankV	Verordnung über die Banken und Sparkassen (Bankenverordnung) vom 17. Mai 1972; SR 952.02 → Nr. 37
BB	Bundesbeschluss
BBl	Bundesblatt
Bd.	Band

BDLF	Datenbank der freiburgischen Gesetzgebung
BEG	Bundesgesetz über Bucheffekten (Bucheffektengesetz) vom 3. Oktober 2008; SR 957.1
BEHG	Bundesgesetz über die Börsen und den Effektenhandel (Börsengesetz) vom 24. März 1995; SR 954.1 → Nr. 39
betr.	betreffend(e/en)
BewG	Bundesgesetz über den Erwerb von Grundstücken durch Personen im Ausland vom 16. Dezember 1983; SR 211.412.41
BG	Bundesgesetz
BGBB	Bundesgesetz über das bäuerliche Bodenrecht vom 4. Oktober 1991; SR 211.412.11
BGBM	Bundesgesetz über den Binnenmarkt (Binnenmarktgesetz) vom 6. Oktober 1995; SR 943.02
BGE	Amtliche Sammlung der Entscheidungen des Schweizerischen Bundesgerichtes (Lausanne)
BGer	Bundesgericht
BGG	Bundesgesetz über das Bundesgericht (Bundesgerichtsgesetz) vom 17. Juni 2005; SR 173.110 → Nr. 26
BGS	Bereinigte Gesetzessammlung des Kantons Solothurn
BGSA	Bundesgesetz über Massnahmen zur Bekämpfung der Schwarzarbeit (Bundesgesetz gegen die Schwarzarbeit) vom 17. Juni 2005; SR 822.41
BJ	Bundesamt für Justiz
BKV	frühere Verordnung der Eidgenössischen Bankenkommission zum Konkurs von Banken und Effektenhändlern (Bankenkonkursverordnung) vom 30. Juni 2005, heute: BKV-FINMA
BKV-FINMA	Verordnung der Eidgenössischen Finanzmarktaufsicht über den Konkurs von Banken und Effektenhändlern (Bankenkonkursverordnung-FINMA) vom 30. Juni 2005, SR 952.812.32 → Nr. 38
BR	Bundesrat
BRB	Bundesratsbeschluss
BS	Bereinigte Sammlung der Bundesgesetze und Verordnungen 1848–1947
bspw.	beispielsweise
Bst.	Buchstabe
BV	Bundesverfassung der Schweizerischen Eidgenossenschaft vom 18. April 1999; SR 101

Abkürzungsverzeichnis

BVGer	Bundesverwaltungsgericht
BVG	Bundesgesetz über die berufliche Alters-, Hinterlassenen- und Invalidenvorsorge vom 25. Juni 1982; SR 831.40
bzgl.	bezüglich
bzw.	beziehungsweise
CL	Convention concernant la compétence judiciaire, la reconnaissance et l'exécution des décisions en matière civile et commerciale (Convention de Lugano) du 30 octobre 2007; RS 0.275.12
COTIF	Übereinkommen über den internationalen Eisenbahnverkehr vom 9. Mai 1980; SR 0.742.403.1 (ergänzt durch das Protokoll betreffend Änderung des COTIF vom 20. Dezember 1990)
CPC	Code de procédure civile du 19 décembre 2008; RS 272
DBG	Bundesgesetz über die direkte Bundessteuer vom 14. Dezember 1990; SR 642.11
ders.	derselbe(n)
DesG	Bundesgesetz über den Schutz von Design (Designgesetz) vom 5. Oktober 2001; SR 232.12
E.	Erwägung
EGG	Bundesgesetz über die Erhaltung des bäuerlichen Grundbesitzes vom 12. Juni 1951 (heute BGBB)
EHG	Bundesgesetz über die Haftpflicht der Eisenbahn- und Dampfschifffahrtsunternehmungen und der Schweizerischen Post vom 28. März 1905; SR 221.112.742
EigVV	Verordnung des BGer (SchKK) betreffend die Eintragung der Eigentumsvorbehalte vom 19. Dezember 1910 / 23. Dezember 1953 / 29. Oktober 1962; SR 211.413.1 → Nr. 27
EJPD	Eidgenössisches Justiz- und Polizeidepartement
ELG	Bundesgesetz über Ergänzungsleistungen zur Alters-, Hinterlassenen- und Invalidenversicherung vom 6. Oktober 2006; SR 831.30
EMRK	Konvention zum Schutze der Menschenrechte und Grundfreiheiten vom 4. November 1950; SR 0.101
etc.	et cetera
EVG	Eidgenössisches Versicherungsgericht (heute BGer)
f./ff.	folgende/fortfolgende

FamZG	Bundesgesetz über die Familienzulagen (Familienzulagengesetz) vom 24. März 2006; SR 836.2
GBV	Verordnung betreffend das Grundbuch (Grundbuchverordnung) vom 22. Februar 1910; SR 211.432.1
GebV SchKG	Gebührenverordnung zum Bundesgesetz über Schuldbetreibung und Konkurs vom 23. September 1996; SR 281.35 → Nr. 7
gem.	gemäss
GmbH	Gesellschaft mit beschränkter Haftung
HRegV	Handelsregisterverordnung vom 17. Oktober 2007; SR 221.411
Hrsg.	Herausgeber
HTÜ	Übereinkommen über das auf Trusts anzuwendende Recht und über ihre Anerkennung vom 1. Juli 1985; SR 0.221.371
HÜ54	Übereinkunft betreffend Zivilprozessrecht vom 1. März 1954; SR 0.274.12
HWpÜ	Übereinkommen über die auf bestimmte Rechte an Intermediär-verwahrten Wertpapieren anzuwendende Rechtsordnung (von der Schweiz am 14. September 2009 ratifiziert; noch nicht in Kraft)
HZÜ65	Übereinkommen über die Zustellung gerichtlicher und aussergerichtlicher Schriftstücke im Ausland in Zivil- oder Handelssachen vom 15. November 1965; SR 0.274.131
i.d.R.	in der Regel
inkl.	inklusive
insb.	insbesondere
i.S.	im Sinne
i.S.v.	im Sinne von
i.V.m.	in Verbindung mit
IPRG	Bundesgesetz über das Internationale Privatrecht vom 18. Dezember 1987; SR 291 → Nr. 34
IVG	Bundesgesetz über die Invalidenversicherung vom 19. Juni 1959; SR 831.20
KAG	Bundesgesetz über die kollektiven Kapitalanlagen (Kollektivanlagengesetz) vom 23. Juni 2006; SR 951.31
kant.	kantonale
KKV	Verordnung über die kollektiven Kapitalanlagen (Kollektivanlagenverordnung) vom 22. November 2006; SR 951.311

KOV	Verordnung des BGer über die Geschäftsführung der Konkursämter vom 13. Juli 1911 / 5. Juni 1996; SR 281.32 → Nr. 5
KS	Kreisschreiben
KVG	Bundesgesetz über die Krankenversicherung vom 18. März 1994; SR 832.10
LBG	Bundesgesetz über das Luftfahrzeugbuch vom 7. Oktober 1959; SR 748.217.1
LDIP	Loi fédérale sur le droit international privé du 18 décembre 1987; RS 291
LFG	Bundesgesetz über die Luftfahrt (Luftfahrtgesetz) vom 21. Dezember 1948; SR 748.0
lit.	litera
LP	Loi fédérale sur la poursuite pour dettes et la faillite du 11 avril 1889; RS 281.1
LugÜ	Revidiertes Übereinkommen über die gerichtliche Zuständigkeit und die Anerkennung und Vollstreckung von Entscheidungen in Zivil- und Handelssachen (Lugano-Übereinkommen) vom 30. Oktober 2007; SR 0.275.12 → Nr. 40
LVG	Bundesgesetz über die wirtschaftliche Landesversorgung (Landesversorgungsgesetz) vom 8. Oktober 1982; SR 531
m.a.W.	mit anderen Worten
MSchG	Bundesgesetz über den Schutz von Marken und Herkunftsangaben (Markenschutzgesetz) vom 28. August 1992; SR 232.11
m.w.H.	mit weiteren Hinweisen
MWSTG	Bundesgesetz über die Mehrwertsteuer (Mehrwertsteuergesetz) vom 2. September 1999; SR 641.20
N	Note
Nr.	Nummer
NYÜ	Übereinkommen über die Anerkennung und Vollstreckung ausländischer Schiedssprüche vom 10. Juni 1958; SR 0.277.12 → Nr. 41
OAV-SchKG	Verordnung betreffend die Oberaufsicht über Schuldbetreibung und Konkurs vom 22. November 2006; SR 281.11 → Nr. 3
obligat.	obligatorisch
OG	früheres Bundesgesetz über die Organisation der Bundesrechtspflege (Bundesrechtspflegegesetz) vom 16. Dezember 1943; heute: BGG

OR	Bundesgesetz betreffend die Ergänzung des Schweizerischen Zivilgesetzbuches (Fünfter Teil: Obligationenrecht) vom 30. März 1911; SR 220
PartG	Bundesgesetz über die eingetragene Partnerschaft gleichgeschlechtlicher Paare (Partnerschaftsgesetz) vom 18. Juni 2004; SR 211.231
PatG	Bundesgesetz über die Erfindungspatente (Patentgesetz) vom 25. Juni 1954; SR 232.14
PfG	Pfandbriefgesetz vom 25. Juni 1930; SR 211.423.4
Pra	Die Praxis des Bundesgerichts (Basel)
resp.	respektive
RuVG	Bundesgesetz über die Rückerstattung unrechtmässig erworbener Vermögenswerte politisch exponierter Personen vom 1. Oktober 2010; SR 196.1
RV	Rechtsvorschlag
S.	Seite
SchGG	Bundesgesetz über die Schuldbetreibung gegen Gemeinden und andere Körperschaften des kantonalen öffentlichen Rechts vom 4. Dezember 1947; SR 282.11 → Nr. 33
SchKG	Bundesgesetz über Schuldbetreibung und Konkurs vom 11. April 1889; SR 281.1 → Nr. 1
SchKK	Schuldbetreibungs- und Konkurskammer des BGer (mit Inkrafttreten des BGG per 1. Januar 2007 in die II. Zivilkammer des BGer integriert)
SchlB	Schlussbestimmung
SchlT	Schlusstitel
SHAB	Schweizerisches Handelsamtsblatt
SHAB-VO	Verordnung über das Schweizerische Handelsamtsblatt (Verordnung SHAB) vom 15. Februar 2006; SR 221.415
SR	Systematische Sammlung des Bundesrechts
StGB	Schweizerisches Strafgesetzbuch vom 21. Dezember 1937; SR 311.0 → Nr. 35
StPO	Schweizerische Strafprozessordnung vom 5. Oktober 2007 (Strafprozessordnung); SR 312.0
SUVA	Schweizerische Unfallversicherungsanstalt (Luzern)
SVAG	Bundesgesetz über eine leistungsabhängige Schwerverkehrsabgabe (Schwerverkehrsabgabegesetz) vom 19. Dezember 1997; SR 641.81

Abkürzungsverzeichnis

SVAV	Verordnung über eine leistungsabhängige Schwerverkehrsabgabe (Schwerverkehrsabgabeverordnung) vom 6. März 2000; SR 641.811
u.a.	unter anderem
ÜbV	Verordnung über die elektronische Übermittlung im Rahmen von Zivil- und Strafprozessen sowie von Schuldbetreibungs- und Konkursverfahren (Übermittlungsverordnung) vom 18. Juni 2010; SR 272.1 → Nr. 12
URG	Bundesgesetz über das Urheberrecht und verwandte Schutzrechte (Urheberrechtsgesetz) vom 9. Oktober 1992; SR 231.1
usw.	und so weiter
UVG	Bundesgesetz über die Unfallversicherung vom 20. März 1981; SR 832.20
v.	vom
V/VO	Verordnung
VABK	Verordnung des Bundesgerichts über die Aufbewahrung der Betreibungs- und Konkursakten vom 5. Juni 1996; SR 281.33 → Nr. 6
VAG	Bundesgesetz betreffend die Aufsicht über Versicherungsunternehmen (Versicherungsaufsichtsgesetz) vom 17. Dezember 2004; SR 961.01
VFRR	Verordnung des BGer über die im Betreibungs- und Konkursverfahren zu verwendenden Formulare und Register sowie die Rechnungsführung vom 5. Juni 1996; SR 281.31 → Nr. 4
VGeK	Verordnung des BGer über den Genossenschaftskonkurs vom 20. Dezember 1937 / 5. Juni 1996; SR 281.52 → Nr. 11
vgl.	vergleiche
VPAV	Verordnung des BGer betreffend die Pfändung, Arrestierung und Verwertung von Versicherungsansprüchen nach dem Bundesgesetz vom 2. April 1908 über den Versicherungsvertrag vom 10. Mai 1910 / 05. Juni 1996; SR 281.51 → Nr. 10
VPV	Verordnung über die Viehverpfändung vom 30. Oktober 1917 / 7. Juli 1972; SR 211.423.1
VStG	Bundesgesetz über die Verrechnungssteuer vom 13. Oktober 1965; SR 642.21
VStrR	Bundesgesetz über das Verwaltungsstrafrecht vom 22. März 1974; SR 313.0
VVAG	Verordnung des BGer über Pfändung und Verwertung von Anteilen an Gemeinschaftsvermögen vom 17. Januar 1923 / 5. Juni 1996; SR 281.41 → Nr. 8

Abkürzungsverzeichnis

VVG	Bundesgesetz über den Versicherungsvertrag (Versicherungsvertragsgesetz) vom 2. April 1908; SR 221.229.1
VwVG	Bundesgesetz über das Verwaltungsverfahren (Verwaltungsverfahrensgesetz) vom 20. Dezember 1968; SR 172.021
VZEG	Bundesgesetz über Verpfändung und Zwangsliquidation von Eisenbahn- und Schifffahrtsunternehmungen vom 25. September 1917; SR 742.211
VZG	Verordnung des BGer über die Zwangsverwertung von Grundstücken vom 23. April 1920 / 5. Juni 1996; SR 281.42 → Nr. 9
WStB	Bundesratsbeschluss über die Erhebung von Wehrsteuern (gültig bis Ende 1945; heute direkte Bundessteuer)
z.B.	zum Beispiel
ZB	Zahlungsbefehl
ZG	Zollgesetz vom 18. März 2005; SR 631.0
ZGB	Schweizerisches Zivilgesetzbuch vom 10. Dezember 1907; SR 210
Ziff.	Ziffer
ZPO	Schweizerische Zivilprozessordnung vom 19. Dezember 2008 (Zivilprozessordnung); SR 272 → Nr. 25

Literaturverzeichnis

Ausgewählte Werke

1. Materialien

Botschaft über die Änderung des Bundesgesetzes über Schuldbetreibung und Konkurs (SchKG) vom 8. Mai 1991, BBl 1991 III 1 ff.

Botschaft zur Schweizerischen Zivilprozessordnung (ZPO) vom 28. Juni 2006, BBl 2006 7221 ff.

Botschaft zur Genehmigung und Umsetzung des Haager Übereinkommens über das auf Trusts anzuwendende Recht und über ihre Anerkennung (HTÜ) vom 2. Dezember 2005, BBl 2006 551 ff.

Botschaft zum Bucheffektengesetz sowie zum Haager Wertpapierübereinkommen (BEG/HWpÜ) vom 15. November 2006, BBl 2006 9315 ff.

Botschaft zum Bundesbeschluss über die Genehmigung und die Umsetzung des revidierten Übereinkommens von Lugano über die gerichtliche Zuständigkeit, die Anerkennung und die Vollstreckung gerichtlicher Entscheidungen in Zivil- und Handelssachen vom 18. Februar 2009, BBl 2009 1777 ff.

2. Gesetzestexte

BUCHER ANDREAS, Internationales Privatrecht, Bundesgesetz und Staatsverträge, 8. Auflage, Basel 2011

KREN KOSTKIEWICZ JOLANTA (Hrsg.), IPRG/LugÜ, Internationales Privat- und Verfahrensrecht, Zürich 2009

KREN KOSTKIEWICZ JOLANTA/MARKUS ALEXANDER R./RYTER MARIANNE/TAG BRIGITTE (Hrsg.), ZPO/StPO, Schweizerisches Prozessrecht inkl. SchKG und Verwaltungsverfahrensrecht des Bundes, Zürich 2011

SPÜHLER KARL (Hrsg.), SchKG – Bundesgesetz über Schuldbetreibung und Konkurs, Mit Nebenerlassen und weiteren Erlassen inkl. internationalem Konkursrecht, Zürich 2011

STAEHELIN DANIEL (Hrsg.), Texto SchKG/ZPO, Schweizerische Zivilprozessordnung, Bundesgesetz über Schuldbetreibung und Konkurs und Nebenerlasse, 3. Auflage, Basel 2011

3. Lehrbücher

AMONN KURT/WALTHER FRIDOLIN, Grundriss des Schuldbetreibungs- und Konkursrechts, 8. Auflage, Bern 2008

BÜNZLI KURT, Leitfaden zum SchKG, Zürich 1994

BLUMENSTEIN ERNST, Handbuch des schweizerischen Schuldbetreibungsrechts, Bern 1911

BROSSET GEORGES/BROSSET DIDIER, Schuldbetreibung und Konkurs – Tafeln, 2. Auflage, Basel 2010

FAVRE MICHEL, Droit de la poursuite pour dettes et faillite, Lausanne 2004

FRITZSCHE HANS/WALDER-BOHNER HANS ULRICH, Schuldbetreibung und Konkurs nach schweizerischem Recht, Bd. I und II, 3. Auflage, Zürich 1984 und 1993

GILLIÉRON PIERRE-ROBERT, Poursuite pour dettes, faillite et concordat, 4. Auflage, Basel 2005

GIROUD ROGER, SchKG, Schemen und Abläufe, 2. Auflage, Zürich 2011

HIRT THOMAS/RUDIN JOHANN CHRISTOPH, Schuldbetreibungs- und Konkursrecht, Ein Lehrgang für die Praxis, 3. Auflage, Zürich 2006

KREN KOSTKIEWICZ JOLANTA, Schuldbetreibungs- und Konkursrecht, Zürich 2012

LORANDI FRANCO, Schuldbetreibung und Konkurs (SchKG) in a nutshell, Zürich/St. Gallen 2011

MARCHAND SYLVAIN, Poursuite pour dettes et faillite, Du palais de justice à la salle des ventes, Zürich 2008

MONTAVON PASCAL, Abrégé de droit des poursuites, faillites et concordats, Lausanne 2004

NÜNLIST GUIDO, Wegleitung zum neuen Schuldbetreibungs- und Konkursrecht (SchKG), Bern 1997

SCHNEITER ERNST J., Schuldbetreibungs- und Konkursrecht, KV-Law Basics, Bern 2010

SIEGEN PETER F./BUSCHOR ANDREA, Vom alten zum neuen SchKG, Ein Leitfaden durch den revidierten Gesetzestext, Zürich 1997

SPRECHER THOMAS/JETZER ROLF P., Einführung in das neue Schuldbetreibungs- und Konkursrecht der Schweiz, Zürich 1997

SPÜHLER KARL, Schuldbetreibungs- und Konkursrecht I, 5. Auflage, Zürich 2011

SPÜHLER KARL/DOLGE ANNETTE, Schuldbetreibungs- und Konkursrecht II, 5. Auflage, Zürich 2011

SPÜHLER KARL/KREN KOSTKIEWICZ JOLANTA/SUTTER-SOMM THOMAS/GEHRI MYRIAM, Fälle im Zivilprozessrecht sowie im Schuldbetreibungs- und Konkursrecht, Zürich 2009

STOFFEL WALTER A./CHABLOZ ISABELLE, Voies d'exécution, Poursuite pour dettes, exécution de jugements et faillite en droit suisse, 2. Auflage, Bern 2010

WALDER HANS ULRICH/JENT-SØRENSEN INGRID, Tafeln zum Schuldbetreibungs- und Konkursrecht, 6. Auflage, Zürich 2008

4. Kommentare

BAKER & MCKENZIE (Hrsg.), Schweizerische Zivilprozessordnung (ZPO), Bern 2010

BOHNET FRANÇOIS/HALDY JACQUES/JEANDIN NICOLAS/SCHWEIZER PHILIPPE/TAPPY DENIS, CPC, Code de procédure civile commenté, Basel 2011

BRUNNER ALEXANDER/GASSER DOMINIK/SCHWANDER IVO, Schweizerische Zivilprozessordnung (ZPO), Kommentar, Zürich/St. Gallen 2011

BUCHER ANDREAS (Hrsg.), Commentaire romand de la Loi fédérale sur le droit international privé (LDIP) et la Convention de Lugano (CL), Basel 2011

DALLÈVES LOUIS/FOËX BENEDICT/JEANDIN NICOLAS (Hrsg.), Commentaire romand de la Loi fédérale sur la poursuite pour dette et la faillite ainsi que des articles 166 à 175 de la Loi fédérale sur le droit international privé, Basel 2005

GILLIÉRON PIERRE-ROBERT, Commentaire de la loi fédérale sur la poursuite pour dettes et la faillite, Bd. I–V, Lausanne 1999, 2000, 2001 und 2003

HUNKELER DANIEL (Hrsg.), Kurzkommentar zum Bundesgesetz über Schuldbetreibung und Konkurs, Basel 2009

JAEGER CARL/WALDER-RICHLI HANS ULRICH/KULL THOMAS/KOTTMANN MARTIN, Bundesgesetz über Schuldbetreibung und Konkurs, Bd. I–III, 4. Auflage, Zürich 2001

JAEGER CARL/WALDER-RICHLI HANS ULRICH/KULL THOMAS, Bundesgesetz über Schuldbetreibung und Konkurs, Art. 89–158, 5. Auflage, Zürich 2006

KONFERENZ DER BETREIBUNGS- UND KONKURSBEAMTEN DER SCHWEIZ (Hrsg.), Gebührenverordnung, Wädenswil 2008

KONFERENZ DER BETREIBUNGS- UND KONKURSBEAMTEN DER SCHWEIZ (Hrsg.), Kurzkommentar VZG, Wädenswil 2011

LORANDI FRANCO, Betreibungsrechtliche Beschwerde und Nichtigkeit: Kommentar zu den Artikeln 13–30 SchKG, Basel 2000

OBERHAMMER PAUL/DASSER FELIX, Kommentar zum Lugano Übereinkommen (LugÜ), 2. Auflage, Bern 2011

OETIKER CHRISTIAN/WEIBEL THOMAS (Hrsg.), Basler Kommentar zum LugÜ, Basel 2011

PETER HANSJÖRG, Edition annotée de la loi fédérale sur la poursuite pour dettes et la faillite, Bern 2010

Schüpbach Henri-Robert, Droit et action révocatoires: commentaire des articles 285 à 292 de la Loi fédérale sur la poursuite pour dettes et la failllite du 11 avril 1889 modifiée le 16 décembre 1994, Basel 1997

Spühler Karl/Tenchio Luca/Infanger Dominik, Basler Kommentar zur Schweizerischen Zivilprozessordnung, Basel 2010

Staehelin Adrian/Bauer Thomas/Staehelin Daniel (Hrsg.), Basler Kommentar zum Bundesgesetz über Schuldbetreibung und Konkurs Bd. I und II, 2. Auflage, Basel 2010

Staehelin Adrian/Staehelin Daniel/Grolimund Pascal, Zivilprozessrecht, Zürich 2008

Stoffel Walter A., Loi fédérale annotée et législation secondaire en matière de poursuites pour dettes et faillite, Code de procédure civile et Loi sur le Tribunal fédéral, Genf/Zürich/Basel 2011

Sutter-Somm Thomas/Hasenböhler Franz/Leuenberger Christoph (Hrsg.), Kommentar zur Schweizerischen Zivilprozessordnung (ZPO), Zürich/Basel/Genf 2010

5. Weiterführende Literatur

Aemisegger Claude, Qualifizierte Schuldurkunden und SchKG, Diss. Lausanne, Zürich 2009

Audétat Thomas, Die internationale Forderungspfändung nach schweizerischem Recht, Diss. Bern 2007

Bopp Lukas, Sanierung im Internationalen Insolvenzrecht der Schweiz, Diss. Basel 2004

Brand Eduard, Die betreibungsrechtliche Zwangsverwertung von Grundstücken im Pfandverwertungsverfahren, Ein Handbuch für die Praxis, Zürich 2008

Brügger Ernst, SchKG Gerichtspraxis 1946–2005, Zürich 2006

Brunner Alexander/Reutter Mark A., Kollokations- und Widerspruchsklagen nach SchKG, 2. Auflage, Bern 2002

Egeli Raoul, Gläubigerschutz: Mahnen, betreiben, vorbeugen – Verluste wirksam vermeiden, Zürich 2010

Fraefel Christian, Die Betreibung einer Nichtschuld, Diss. Zürich 2011

Fritschi Eugen, Verfahrensfragen bei der Konkurseröffnung, Diss. Zürich 2010

Gattlen Thomas, Die Verwertung zugunsten der Gläubiger im System des Unternehmungssanierungsrechts der Schweiz, Diss. Bern, Zürich 2010

Giannattasio Maria, Le statut des bateaux, en particulier dans l'exécution forcée, et la procédure de limitation de la responsabilité moyennant constitution d'un fonds de limitation, Diss. Lausanne, Zürich 2009

Hari Olivier, Le commissaire au sursis dans la procédure concordataire (art. 293 ss LP), Diss. Neuenburg, Zürich 2011

Literaturverzeichnis

IQBAL YASMIN, SchKG und Verfassung – untersteht auch die Zwangsvollstreckung dem Grundrechtsschutz?, Diss. Zürich 2005

JUCKER PATRICIA, Der internationale Gerichtsstand der schweizerischen paulianischen Anfechtungsklage, Diss. Zürich 2007

KRYKA MILAN, Die Verrechnung im Konkurs, Nachlassverfahren und Konkursaufschub, Diss. St. Gallen, Zürich/St. Gallen 2011

LARDELLI FLAVIO, Die Einreden des Schuldners bei der Zession, Diss. Zürich 2008

MEIER BENEDIKT, Restschuldbefreiung, Diss. Zürich 2012

MEIER ISAAK, Das Verwaltungsverfahren vor den Schuldbetreibungs- und Konkursbehörden, Zürich 2002

MEIER ISAAK/BRÖNNIMANN JÜRGEN/GIANINAZZI PIA, Probleme bei Insolvenz von Krankenkassen, Zürich 2003

MILANI DOMINIK, Die Behandlung der konkursrechtlichen Kollokationsklage im vereinfachten Verfahren, Diss. Bern, Zürich/St. Gallen 2011

PLENIO MARTIN, Das Erfüllungsrecht der Konkursverwaltung und schuldrechtliche Verträge im Konkurs, Diss. St. Gallen, Bern 2003

ROBERT-TISSOT FABRICE, Les effets du concordat sur les obligations, Diss. Freiburg, Zürich 2010

ROHNER THOMAS, Das Widerspruchsverfahren gemäss SchKG, Diss. St. Gallen 2002

STAIBLE DOMINIC, Die Online-Auktion als alternative Verwertungsmassnahme im schweizerischen Schuldbetreibungs- und Konkursrecht, Diss. Basel, Zürich/St. Gallen 2010

SPRECHER THOMAS (Hrsg.), Sanierung und Insolvenz von Unternehmen II, Zürich 2012

VOCK DOMINIK/MÜLLER DANIÈLE, SchKG-Klagen nach der Schweizerischen ZPO, Zürich 2012

I. Gesetzestext

Nr. 1 Bundesgesetz über Schuldbetreibung und Konkurs (SchKG)

vom 11. April 1889 (Stand am 1. Januar 2012)[1]

SR 281.1

Die Bundesversammlung der Schweizerischen Eidgenossenschaft,
gestützt auf Artikel 64 der Bundesverfassung[2],[3]
beschliesst:

Erster Titel: Allgemeine Bestimmungen
I. Organisation

Art. 1 A. Betreibungs- und Konkurskreise[4]

[1] Das Gebiet jedes Kantons bildet für die Durchführung der Schuldbetreibungen und der Konkurse einen oder mehrere Kreise.

[2] Die Kantone bestimmen die Zahl und die Grösse dieser Kreise.

[3] Ein Konkurskreis kann mehrere Betreibungskreise umfassen.

Verweise

Abs. 1: *SchKG 38 (Gegenstand der Schuldbetreibung und Betreibungsarten).*
Abs. 2: *SchKG 28 (Bekanntmachung der kantonalen Organisation).*

Zu Abs. 2

1   Die Behördenorganisation in Schuldbetreibungs- und Konkurssachen ist Sache der Kantone. Das SchKG weist in einzelnen organisatorischen Belangen zwecks einheitlicher Anwendung des Bundesrechts den Charakter eines **Rahmengesetzes** auf: BGE 114 III 1 E. 2.a.

2   Die Regelungszuständigkeit der Kantone steht unter dem **allgemeinen Vorbehalt**, dass die Einteilung der Kreise die bundesrechtskonforme Durchführung der Schuldbetreibungen und

---

AS 11 529 und BS 3 3

[1]   Eingefügt durch Ziff. I des BG vom 16. Dez. 1994, in Kraft seit 1. Jan. 1997 (AS 1995 1227; BBl 1991 III 1).

[2]   [BS 1 3]. Der genannten Bestimmung entspricht heute Art. 122 Abs. 1 der BV vom 18. April 1999 (SR 101).

[3]   Fassung gemäss Ziff. I des BG vom 24. März 2000, in Kraft seit 1. Jan. 2001 (AS 2000 2531 2532; BBl 1999 9126 9547).

[4]   Durch Ziff. I des BG vom 16. Dez. 1994, in Kraft seit 1. Jan. 1997 wurden sämtliche Art. mit Randtiteln versehen (AS 1995 1227; BBl 1991 III 1).

Konkurse nicht beeinträchtigen darf: BGer v. 16.06.2009, 5C_1/2009 E. 3.2; BGE 114 III 1 E. 2.a.

Art. 2[1]   B. Betreibungs- und Konkursämter
1. Organisation

1 In jedem Betreibungskreis besteht ein Betreibungsamt, das vom Betreibungsbeamten geleitet wird.

2 In jedem Konkurskreis besteht ein Konkursamt, das vom Konkursbeamten geleitet wird.

3 Jeder Betreibungs- und Konkursbeamte hat einen Stellvertreter, der ihn ersetzt, wenn er in Ausstand tritt oder an der Leitung des Amtes verhindert ist.

4 Das Betreibungs- und das Konkursamt können zusammengelegt und vom gleichen Beamten geleitet werden.

5 Die Kantone bestimmen im Übrigen die Organisation der Betreibungs- und der Konkursämter.

Verweise

Abs. 3: SchKG 10 (Ausstandspflicht); KOV 6 und 7 (Stellvertretung und Beamtenwechsel → Nr. 5).

Zu Abs. 1 und 2

1   Die Behördenorganisation in Schuldbetreibungs- und Konkurssachen ist Sache der Kantone. Das SchKG weist in einzelnen organisatorischen Belangen zwecks einheitlicher Anwendung des Bundesrechts den Charakter eines **Rahmengesetzes** auf: BGE 114 III 1 E.2.a.

Zu Abs. 4

3   Die **Zusammenlegung** der Konkursämter mehrerer Konkurskreise an demselben Amtssitz ist zulässig: BGE 114 III 1 E. 2.a.

4   Es ist zulässig, dass ein Beamter **mehr als einem Konkurskreis** vorsteht: BGE 114 III 1 E. 2.a.

Zu Abs. 5

5   Die Kantone sind für eine **ordnungsgemässe Rechtspflege** und damit für eine ausreichende personelle und materielle Ausstattung der betreibungs- und konkursrechtlichen Organe verantwortlich: BGE 119 III 1 E. 3.

---

1   Fassung gemäss Ziff. I des BG vom 16. Dez. 1994, in Kraft seit 1. Jan. 1997 (AS 1995 1227; BBl 1991 III 1).

Art. 3[1] 2. Besoldung

Die Besoldung der Betreibungs- und der Konkursbeamten sowie ihrer Stellvertreter ist Sache der Kantone.

1 Die Besoldung der Konkursbeamten richtet sich nach **kantonalem Recht**: BGE 125 III 247 E. 2.

Art. 4[2] C. Rechtshilfe

[1] Die Betreibungs- und die Konkursämter nehmen auf Verlangen von Ämtern, ausseramtlichen Konkursverwaltungen, Sachwaltern und Liquidatoren eines andern Kreises Amtshandlungen vor.

[2] Mit Zustimmung des örtlich zuständigen Amtes können Betreibungs- und Konkursämter, ausseramtliche Konkursverwaltungen, Sachwalter und Liquidatoren auch ausserhalb ihres Kreises Amtshandlungen vornehmen. Für die Zustellung von Betreibungsurkunden anders als durch die Post sowie für die Pfändung, die öffentliche Versteigerung und den Beizug der Polizei ist jedoch allein das Amt am Ort zuständig, wo die Handlung vorzunehmen ist.

Verweise: SchKG 237 Abs. 2 (ausseramtliche Konkursverwaltung); SchKG 293 Abs. 3, 295, 334 f., 341 Abs. 2 (Sachwalter); SchKG 317 Abs. 2 (Liquidatoren).
Abs. 2: SchKG 64–66 (Zustellung); SchKG 89–115 (Pfändung); SchKG 125–129, 133–143a (öffentliche Versteigerung); SchKG 64 Abs. 2, 91 Abs. 3, 222 Abs. 3, 275, 283 Abs. 2, 284 (Beizug der Polizei).

1 Rechtshilfe ist erforderlich für **Amtshandlungen** im angesuchten Kreis: BGE 83 III 129. Sie ist jedoch **nicht erforderlich** für Forderungspfändungen, Zustellungen und Anzeigen: BGE 86 III 8, 9 f.; BGE 73 III 84 E. 2.

2 Beim Vorliegen besonderer Gründe ist das Betreibungsamt frei, eine **Forderungspfändung**, insb. eine Lohnpfändung, durch das Betreibungsamt des Wohnorts des Schuldners vollziehen zu lassen: BGE 91 III 81 E. 1.

3 Bei der requisitionsweise durchgeführten Pfändung obliegt dem ersuchten Amt die Ausscheidung von unpfändbaren Gegenständen. Die **Beschwerde** gegen den Pfändungsvollzug hat sich daher gegen dieses Amt zu richten: BGE 91 III 81 E. 1; BGE 84 III 33 E. 2 und 3.

4 Lässt das den Konkurs durchführende Amt das **Konkursinventar** (ganz oder teilweise) auf dem Weg der Rechtshilfe durch ein anderes Amt aufnehmen, so hat dennoch es selbst, nicht

---

1 Fassung gemäss Ziff. I des BG vom 16. Dez. 1994, in Kraft seit 1. Jan. 1997 (AS 1995 1227; BBl 1991 III 1).
2 Fassung gemäss Ziff. I des BG vom 16. Dez. 1994, in Kraft seit 1. Jan. 1997 (AS 1995 1227; BBl 1991 III 1).

das ersuchte Amt, zu entscheiden, welche Gegenstände dem Schuldner zu belassen seien: BGE 79 III 28 E.1.

5   Zur Gebühr für die **Zustellung** auf Ersuchen eines andern Amtes siehe GebV SchKG 7.

Art. 5[1]   D. Haftung
1. Grundsatz

¹ Der Kanton haftet für den Schaden, den die Beamten und Angestellten, ihre Hilfspersonen, die ausseramtlichen Konkursverwaltungen, die Sachwalter, die Liquidatoren, die Aufsichts- und Gerichtsbehörden sowie die Polizei bei der Erfüllung der Aufgaben, die ihnen dieses Gesetz zuweist, widerrechtlich verursachen.

² Der Geschädigte hat gegenüber dem Fehlbaren keinen Anspruch.

³ Für den Rückgriff des Kantons auf die Personen, die den Schaden verursacht haben, ist das kantonale Recht massgebend.

⁴ Wo die Schwere der Verletzung es rechtfertigt, besteht zudem Anspruch auf Genugtuung.

Verweise

Abs. 1:   *SchKG 2 (Beamte); SchKG 237 Abs. 2 (ausseramtliche Konkursverwaltung); SchKG 293 Abs. 3, 295, 334 f., 341 Abs. 2 (Sachwalter); SchKG 317 Abs. 2 (Liquidatoren); SchKG 13 (Aufsichtsbehörden); SchKG 23 (richterliche Behörden).*

Zu Abs. 1

1   Bei der Staatshaftung nach SchKG 5 Abs. 1 handelt es sich um eine ausschliesslich auf Bundesrecht beruhende **Kausalhaftung**: BGE 126 III 431 E. 2.b.

2   Der Haftungsanspruch ist **öffentlich-rechtlicher Natur**: BGE 126 III 431 E. 2.c.bb. Gleichwohl ist das für einen Haftungsprozess zutreffende Bundesrechtsmittel die **Beschwerde in Zivilsachen** (BGG 72 Abs. 2 lit. a → Nr. 26): BGer v. 19.09.2007, 5A_306/2007 E. 1.1.

3   Der Haftungsanspruch ist ein **selbstständiger** Forderungsanspruch. Seine Abtretung erfordert eine explizite Erklärung: BGer v. 23.08.2010, 5A_359/2010 E. 3.

4   Zur Auslegung des Schadenbegriffs im Bereich der öffentlich-rechtlichen Haftung ist auf die **privatrechtlichen Grundsätze** des Haftpflichtrechts und die einschlägige Rechtsprechung zurückzugreifen: BGer v. 30.04.2008, 5A_54/2008 E. 4.1; BGer v. 10.12.2002, 5A.14/2002 E. 3.1.

5   Eine Amtshandlung ist **widerrechtlich**, wenn sie in Verletzung eines absoluten Rechtsgutes oder einer einschlägigen Schutznorm bzw. einer Amtspflichtverletzung erfolgt ist: BGer v. 14.07.2009, 5A_229/2009 E. 5.

---

1   Fassung gemäss Ziff. I des BG vom 16. Dez. 1994, in Kraft seit 1. Jan. 1997 (AS 1995 1227; BBl 1991 III 1).

6 Der nach Vollstreckungsrecht bestehende Anspruch auf eine **Geldzahlung des Amtes** ist kein Schadenersatzanspruch nach SchKG 5, sondern ein vollstreckungsrechtlicher Anspruch gegen den Justiz- und Betreibungsfiskus. Der Berechtigte hat auf dem Beschwerdeweg vorzugehen: BGE 76 III 81 E. 3 mit Hinweisen; BGE 73 III 84 E. 2.

7 Kasuistik:

- **Falsche Auskunft** des Betreibungsamtes: BGer v. 25.02.2004, 7B.256/2003 E. 2.2 und 4.1.

- **Verfügung über die Aktiven einer Konkursitin** durch das Konkursamt trotz Einstellung der Betreibung mangels Aktiven: BGer v. 21.01.2005, 5A.28/2004 E. 5.

- Fehlende Aktivlegitimation einer Gläubigerin bei der Geltendmachung von Schadenersatz wegen **verspäteter Konkurseröffnung**: BGE 127 III 374 E. 3.

- **Rechtsverzögerung** infolge Personalknappheit: BGE 120 Ib 248 E. 2b; BGE 119 III 1 E. 3.

- **Keine Haftung** für Nichtbeachtung eines eingetragenen, aber nicht geltend gemachten Eigentumsvorbehalts bei der Pfändung: BGE 64 III 117, 120.

Zu Abs. 2

8 Die Klage auf Ersatz eines Schadens, den ein **Sachverständiger** in Ausübung eines ihm vom Konkursbeamten erteilten Mandates verursacht, ist nicht gegen den Sachverständigen, sondern gegen den Kanton zu richten: BGE 67 II 23, 25 f.

Zu Abs. 3

9 Zum Beginn der Verjährung von Regressforderungen: BGE 115 II 42 E. 2.

Art. 6[1] 2. Verjährung

¹ Der Anspruch auf Schadenersatz verjährt in einem Jahr von dem Tage hinweg, an welchem der Geschädigte von der Schädigung Kenntnis erlangt hat, jedenfalls aber mit dem Ablauf von zehn Jahren von dem Tage der Schädigung an gerechnet.

² Wird jedoch der Schadenersatzanspruch aus einer strafbaren Handlung hergeleitet, für die das Strafrecht eine längere Verjährung vorschreibt, so gilt diese auch für ihn.

Zu Abs. 1

1 **Fristauslösende Schadenskenntnis** liegt vor, wenn der Geschädigte die Existenz eines Schadens sowie dessen Beschaffenheit und wesentlichen Merkmale, d.h. alle tatsächlichen Umstände kennt, die geeignet sind, eine Klage zu veranlassen und zu begründen: BGE 136 III 322 E. 4.1; BGE 131 III 61 E. 3.1.1 (Pra 94 [2005] Nr. 121); BGE 112 II 118 E. 4; BGE 111 II 55 E. 3.a (Pra 74 [1985] Nr. 129).

---

1 Fassung gemäss Ziff. I des BG vom 16. Dez. 1994, in Kraft seit 1. Jan. 1997 (AS 1995 1227; BBl 1991 III 1).

2 Der Begriff der Schadenskenntnis **hängt nicht** vom Vorhandensein eines Beweismittels ab: BGE 131 III 61 E. 3.1.2 (Pra 94 [2005] Nr. 121).

3 Wer durch einen Konkurs einen Verlust erleidet, erlangt mit der **Auflegung des Kollokationsplans** Kenntnis vom Schaden: BGE 111 II 164 E. 1.a; BGE 108 Ib 100 f. E. 1.c.

4 Die zehnjährige Frist kann **unterbrochen** werden: BGE 112 II 232 E. 3e (Pra 76 [1987] Nr. 65).

5 Für das **intertemporale** Recht vgl. Art. 2 Abs. 2 der Schlussbestimmungen der Änderung des SchKG vom 16.12.1994.

Zu Abs. 2

6 Voraussetzungen der **längeren Verjährungsfrist** sind das Vorliegen einer strafbaren Handlung einerseits sowie eines adäquaten Kausalzusammenhangs zwischen der strafbaren Handlung und der dem Zivilanspruch zugrundeliegenden Beeinträchtigung: BGE 122 III 5 E. 2.c; BGE 121 III 209 E. 2.c.

Art. 7[1] 3. Zuständigkeit des Bundesgerichts

Wird eine Schadenersatzklage mit widerrechtlichem Verhalten der oberen kantonalen Aufsichtsbehörden oder des oberen kantonalen Nachlassgerichts begründet, so ist das Bundesgericht als einzige Instanz zuständig.

Verweise: SchKG 13 (Aufsichtsbehörde); SchKG 23 (Nachlassgericht).

1 Die Möglichkeiten eines **Direktprozesses** vor Bundesgericht wurden durch das Inkrafttreten des BGG (→ Nr. 26) drastisch reduziert. Gemäss BGG 120 sind nur noch Kompetenzkonflikte zwischen Bund und Kantonen bzw. zwischen Kantonen unter sich sowie Staatshaftungsfälle gegen oberste Magistratspersonen direkt vor Bundesgericht auszutragen. SchKG 7 ist gleichwohl nicht obsolet geworden. Die Gefahr, dass obere kantonale Gerichte nicht völlig unabhängig über ihre Kollegen urteilen können, ist nach wie vor gegeben. SchKG 7 ist als *lex specialis* nicht von BGG 120 betroffen. Nach der hier vertretenen Meinung ist der Anwendungsbereich von SchKG 7 gestützt auf eine teleologische Auslegung der Norm gar auszuweiten: Von SchKG 7 werden nicht nur die obere kantonale Aufsichtsbehörde und das obere kantonale Nachlassgericht erfasst, sondern alle kantonalen Zweitinstanzen, die rein betreibungsrechtliche Streitigkeiten beurteilen (wie z.B. das obere Konkursgericht).

---

1 Fassung gemäss Ziff. I des BG vom 16. Dez. 1994, in Kraft seit 1. Jan. 1997 (AS 1995 1227; BBl 1991 III 1).

Art. 8[1]   E. Protokolle und Register
1. Führung, Beweiskraft und Berichtigung

[1] Die Betreibungs- und die Konkursämter führen über ihre Amtstätigkeiten sowie die bei ihnen eingehenden Begehren und Erklärungen Protokoll; sie führen die Register.

[2] Die Protokolle und Register sind bis zum Beweis des Gegenteils für ihren Inhalt beweiskräftig.

[3] Das Betreibungsamt berichtigt einen fehlerhaften Eintrag von Amtes wegen oder auf Antrag einer betroffenen Person.

Verweise

Abs. 1: *SchKG 8a (Einsichtsrecht); VFRR 8 ff. (Registerführung der Betreibungsämter → Nr. 4); KOV 1–24a (Protokoll-, Akten-, und Rechnungswesen der Konkursämter → Nr. 5).*

1   Der Inhalt von aSchKG 8 wurde anlässlich der SchKG-Revision von 1994 auf SchKG 8 und 8a verteilt. Das Einsichtsrecht ist nunmehr allein in SchKG 8a geregelt.

Zu Abs. 1

2   Die Anzeige der **Lohnpfändung** bildet Gegenstand einer amtlichen Verrichtung, über die das Betreibungsamt Protokoll zu führen hat: BGE 107 III 82 E. 4.

3   Sowohl das **Unterbleiben** als auch die **Unklarheit** oder **Unrichtigkeit** einer Eintragung können einen Grund zur Beschwerde bilden: BGE 95 III 1 E. 1.

Zu Abs. 2

4   Die Beweiskraft der Protokolle und Register bezieht sich nur auf die darin festgehaltenen Handlungen oder Wahrnehmungen des Betreibungs- oder Konkursbeamten. Die Inhalte blosser Parteibehauptungen werden von der Beweiskraft hingegen nicht erfasst. Die Einträge geben **über den Bestand eines materiellen Rechts keine Auskunft** und haben gegenüber Dritten auch keine rechtlichen Wirkungen: BGE 115 III 24 E. 1; BGE 110 II 1 E. 3.a.

5   Die Bücher können mit Bewilligung der kantonalen Aufsichtsbehörde mittels elektronischer Datenverarbeitung geführt werden (VFRR 8 Abs. 2 → Nr. 4). Betreffend die vereinzelt noch existierenden **Betreibungsbücher in Kartenform** siehe KS BGer (Plenum) Nr. 31 vom 12.07.1949 (→ Nr. 18) mit Nachträgen vom 30.03.1953 (→ Nr. 19) und 11.12.1959 (→ Nr. 20).

Zu Abs. 3

6   Geht das Betreibungsamt aufgrund der im Betreibungsbegehren angegebenen Schuldneradresse von seiner Zuständigkeit aus, so braucht die Eintragung im Eingangsregister (bzw. auf der Betreibungskarte) **nicht gelöscht** zu werden, auch wenn sich im Nachhinein heraus-

---

1   Fassung gemäss Ziff. I des BG vom 16. Dez. 1994, in Kraft seit 1. Jan. 1997 (AS 1995 1227; BBl 1991 III 1).

stellt, dass der Schuldner in einen anderen Betreibungskreis weggezogen ist. Nur wenn das Amt schon beim Empfang des Betreibungsbegehrens seine Unzuständigkeit mit Sicherheit erkannt hätte, wäre es nicht am Platz gewesen, die Betreibung im Eingangsregister einzutragen: BGE 95 III 1 E. 1.

Art. 8a[1]   2. Einsichtsrecht

¹ Jede Person, die ein Interesse glaubhaft macht, kann die Protokolle und Register der Betreibungs- und der Konkursämter einsehen und sich Auszüge daraus geben lassen.

² Ein solches Interesse ist insbesondere dann glaubhaft gemacht, wenn das Auskunftsgesuch in unmittelbarem Zusammenhang mit dem Abschluss oder der Abwicklung eines Vertrages erfolgt.

³ Die Ämter geben Dritten von einer Betreibung keine Kenntnis, wenn:

a. die Betreibung nichtig ist oder aufgrund einer Beschwerde oder eines gerichtlichen Entscheids[2] aufgehoben worden ist;

b. der Schuldner mit einer Rückforderungsklage obsiegt hat;

c. der Gläubiger die Betreibung zurückgezogen hat.

⁴ Das Einsichtsrecht Dritter erlischt fünf Jahre nach Abschluss des Verfahrens. Gerichts- und Verwaltungsbehörden können im Interesse eines Verfahrens, das bei ihnen hängig ist, weiterhin Auszüge verlangen.

Verweis

Abs. 1: *SchKG 8 (Protokolle und Register).*

1   Der Inhalt von aSchKG 8 wurde anlässlich der SchKG-Revision von 1994 auf SchKG 8 und 8a verteilt (vgl. N 1 zu SchKG 8).

2   Hinsichtlich des Einsichtsinteresses bezweckt die Revision lediglich die **Kodifizierung der bisherigen Rechtsprechung**: BGer v. 06.01.2004, 7B.229/2003 E. 4. Diese kann somit weiterhin als Referenz herangezogen werden.

Zu Abs. 1

3   Erforderlich ist ein **besonderes und gegenwärtiges Interesse**. Dieses Interesse braucht nicht notwendigerweise finanzieller Art zu sein; vielmehr genügt ein rechtliches Interesse anderer Art: BGE 115 III 81 E. 2; BGE 105 III 38 E. 1; BGE 99 III 41 E. 3; BGE 94 III 43 E. 2; BGE 93 III 4 E. 1; BGE 52 III 73 E. 1.

---

1   Eingefügt durch Ziff. I des BG vom 16. Dez. 1994, in Kraft seit 1. Jan. 1997 (AS 1995 1227; BBl 1991 III 1).

2   Ausdruck gemäss Anhang 1 Ziff. II 17 der Zivilprozessordnung vom 19. Dez. 2008, in Kraft seit 1. Jan. 2011 (AS 2010 1739; BBl 2006 7221).

4 Ob und inwieweit ein Einsichtsinteresse vorhanden ist, ist unter Berücksichtigung der konkreten Umstände **von Fall zu Fall** zu beurteilen: BGE 93 III 4 E. 2.c.

5 Ein strenger Nachweis des Einsichtsinteresses ist nicht erforderlich; Einsicht ist bereits dann zu gewähren, wenn ernsthafte **Indizien** das Bestehen des Interesses wahrscheinlich machen: BGE 105 III 38 E. 1; BGE 99 III 41 E. 3; BGE 94 III 43 E. 2; BGE 93 III 4 E. 1; BGE 52 III 73 E. 2.

- **Als genügendes Indiz** für das Bestehen eines Einsichtsinteresses wurde ein nicht unterzeichneter Bestellschein anerkannt: BGE 52 III 73 E. 2.
- **Nicht als genügendes Indiz** anerkannt wurde dagegen das Doppel der Bestätigung des Eingangs einer Kreditanfrage: BGE 94 III 43 E. 2. Ebenfalls nicht als genügend anerkannt wurde der blosse Hinweis auf den Auftrag eines Klienten durch einen Rechtsanwalt: BGE 105 III 38 E. 4.

6 Die Möglichkeit, sich Auszüge aus dem Betreibungsregister geben zu lassen, liegt im **öffentlichen Interesse**. Durch die Überprüfung der Kreditwürdigkeit eines Geschäftspartners anhand des Betreibungsregisters werden nicht nur Debitorenverluste, sondern unter Umständen auch weitere Zwangsvollstreckungsverfahren gegen einen bereits im Betreibungsregister aufgeführten Schuldner vermieden. Der Betreibungsregisterauszug kann deshalb nicht auf hängige Betreibungsverfahren beschränkt werden: BGE 115 III 81 E. 3.

7 Die durch das Einsichtsrecht vorgesehene Einschränkung des Schutzes der Privatsphäre hat gemäss BV 36 Abs. 3 das **Verhältnismässigkeitsprinzip** zu respektieren. Das Interesse zur Abklärung, ob die Voraussetzungen von SchKG 190 gegeben sind, ist schutzwürdig, weshalb einem Gesuchsteller zur Kontaktnahme mit anderen Gläubigern deren Namen und Adressen bekannt zu geben sind: BGE 102 III 61, 62. Einem nicht betreibenden Gläubiger kann Einsicht in das Protokoll und die Belege des Pfändungsvollzugs in anderen Betreibungen gewährt werden, um gegenüber dem Schuldner das Begehren der Konkurseröffnung ohne vorgängige Betreibung zu prüfen: BGE 135 III 503 E. 3.5.4.

8 Das Recht des Konkursiten auf Einsicht in die vernichtbaren, aber nicht vernichteten Akten des eigenen Konkurses wird durch die **Frist zur amtlichen Aufbewahrung** nicht beschränkt: BGE 130 III 42 E. 3.2.1 (Änderung der Rechtsprechung gegenüber BGE 110 III 49 E. 4).

9 Das Recht auf Erstellung eines Auszuges geht i.d.R. ebenso weit wie das **Einsichtsrecht**. In den Auszug sind daher auch die Namen der Gläubiger, die Forderungssummen und der Stand der Verfahren aufzunehmen, wenn der Gesuchsteller es verlangt: BGE 102 III 61, 62.

10 Im Konkurs dürfen die Gläubiger grundsätzlich **alle** im Besitze des Konkursamtes (bzw. der Konkursverwaltung) befindlichen **Aktenstücke** einsehen: BGE 110 III 49 E. 4; BGE 93 III 4 E. 1; BGE 91 III 94 E. 2; BGE 85 III 118, 120.

11 Ein Konkursgläubiger kann die **Forderungsbelege** eines anderen zugelassenen Gläubigers ohne Weiteres einsehen: BGer v. 17.03.2011, 5A_734/2010 E. 4.1.1.

12 Das **Bankgeheimnis** wird im Konkurs von Banken und Sparkassen beschränkt durch die konkursrechtlichen Offenbarungspflichten: BGE 86 III 114 E. 1; siehe auch BankG 36 Abs. 2 (→ Nr. 36).

13 Ist zwischen dem Gesuchsteller und dem Schuldner ein Erbteilungsprozess hängig, so darf das Einsichtsrecht nicht auf die Zeit nach Eröffnung des Erbganges **beschränkt** werden: BGE 99 III 41 E. 3.

Zu Abs. 2

14 Ein schützenswertes **Interesse** liegt insbesondere dann vor, wenn die gesuchstellende Person glaubhaft macht, dass sie gegenüber der von der Auskunft betroffenen Person eine Forderung hat, mit ihr kurz vor einem Vertragsabschluss steht oder ihr in einem Prozess gegenübersteht: BGE 115 III 83 E. 2; BGE 58 III 118, 119 f.

15 Das Interesse kann auch bei einem **Dritten** bestehen, wie im Fall des Treugebers eines Konkursgläubigers: BGE 93 III 4 E. 2.c.

16 Das Einsichtsrecht kann mit Rücksicht auf **Geschäftsgeheimnisse** der von der Auskunft betroffenen Person beschränkt werden: BGE 91 III 94 E. 3.

17 Auf Fragen, die nicht durch die Zustellung von Auszügen aus den Akten oder durch die persönliche Einsichtnahme des Gesuchstellers in die Akten beantwortet werden, sondern auf eine Würdigung der Protokolle und Belege hinauslaufen, brauchen die Betreibungs- und Konkursämter **keine Antwort** zu erteilen: BGE 110 III 49 E. 4.

18 Zur Strafbarkeit einer **Kreditschädigung** durch anonymes Versenden von Betreibungsregisterauszügen an Geschäftspartner eines zuvor Betriebenen: BGE 119 IV 298 E. 2 und 3.

19 Die massgebenden Kriterien zur Festsetzung der **Gebühr** finden sich in der GebV SchKG (→ Nr. 7): BGE 129 III 366 E. 2. Die Gebühr für Papierausdrucke aus einem elektronisch geführten Register richtet sich nach GebV SchKG 12, 9 Abs. 1 lit. a und 5 Abs. 1: BGE 129 III 366 E. 3.

Zu Abs. 3 lit. a

20 Keine Kenntnis von einer Betreibung darf nur gegeben werden, wenn sich aus dem Ergebnis eines Verfahrens ohne Weiteres ergibt, dass die Betreibung **bei ihrer Einleitung ungerechtfertigt** gewesen ist. Ein blosser Abschreibungsbeschluss genügt diesem Erfordernis nicht: BGE 125 III 334 E. 3.

21 Bleibt eine Betreibung im **Zustand des erhobenen Rechtsvorschlags**, ohne dass der Gläubiger Anerkennungsklage erhebt oder die Rechtsöffnung begehrt, so kann der zu Unrecht betriebene Schuldner vom Betreibungsamt nicht verlangen, dem Gläubiger eine Verwirkungsfrist zum Handeln anzusetzen. Ihm steht mangels Klage gemäss SchKG 85a die allgemeine Klage auf Feststellung des Nichtbestehens der Schuld offen, und er kann, falls mit dem Urteil die Nichtigkeit der Betreibung festgestellt wird, die Kenntnisgabe der Betreibung an Dritte gestützt auf SchKG 8a Abs. 3 lit. a verhindern: BGE 128 III 334 (Pra 91 [2002] Nr. 95).

Zu Abs. 3 lit. c

22 Die Tilgung der in Betreibung gesetzten Forderung hat nicht *eo ipso* die Löschung der entsprechenden Betreibung im Betreibungsregister zur Folge. Auf SchKG 8a Abs. 3 lit. c kann sich nur derjenige Schuldner berufen, dessen Gläubiger die Betreibung zurückgezogen hat: BGer v. 22.02.2007, 7B.224/2006 E. 2.2.3.

23 Hat der Gläubiger die Betreibung zurückgezogen, darf das Betreibungsamt Dritten keine Kenntnis von der Betreibung geben. Dabei spielt es **keine Rolle**, wann der Rückzug erfolgt ist, insbesondere ob er vor oder nach der Zahlung stattgefunden hat: BGE 126 III 476 E. 1.b.

24 Betreibungen, welche **vom Nachlassvertrag erfasste Forderungen** betreffen und mit dessen Bestätigung dahinfallen, können zurückgezogen werden, sofern die notwendige (individuelle) Erklärung des Gläubigers vorliegt: BGE 129 III 284 E. 3.

Zu Abs. 4

25 **Einzig** das Einsichtsrecht Dritter erlöscht nach fünf Jahren, **nicht jedoch** das Einsichtsrecht des Schuldners selbst: BGer. v. 01.06.2007, 5A_3/2007 E. 3.3. Dieses besteht solange, als die Akten noch vorhanden sind: BGer v. 14.11.2011, 5A_334/2011 E. 4.1; BGE 130 III 42 E. 3.2.

Art. 9 F. Aufbewahrung von Geld oder Wertsachen

Die Betreibungs- und die Konkursämter haben Geldsummen, Wertpapiere und Wertsachen, über welche nicht binnen drei Tagen nach dem Eingange verfügt wird, der Depositenanstalt zu übergeben.

Verweise: SchKG 24 (Depositenanstalt → Nr. 5); GebV SchKG 19 Abs. 2 (Gebühren für Einzahlungen und Abhebungen → Nr. 7).

1 Der im Rahmen einer **Betreibung auf Sicherheitsleistung** erzielte Erlös wird bei der Depositenanstalt hinterlegt, sodass er dem Gläubiger zur Verfügung steht, wenn dieser die Begründetheit der sichergestellten Forderung dartut: BGer. v. 30.11.2009, 5A_555/2009 E. 2.1; BGE 129 III 193 E. 2.1; BGE 110 III 1 E. 2.b (Pra 73 [1984] Nr. 186).

2 Die auf das **Postcheckkonto** des Betreibungsamtes erfolgten Einzahlungen unterstehen gemäss KS BGer (Plenum) vom 30.08.1972 (veröffentlich in BGE 98 III 1) nicht der Vorschrift von SchKG 9.

3 Bei der Pfändung oder Verarrestierung des Verdienstes eines **Selbstständigerwerbenden** ist das durchschnittliche Monatsbetreffnis zur Verwahrung zu geben: BGE 112 III 19 E. 2.c.

4 Ein infolge der **Unterlassung** der Hinterlegung von Geld- oder Wertsachen bei der Depositenanstalt entstandener Schaden ist mit Schadenersatzklage und nicht mit betreibungsrechtlicher Beschwerde geltend zu machen: BGE 118 III 1 E. 2.

5 Der Geldverkehr zwischen dem Betreibungs- bzw. Konkursamt und der Depositenanstalt ist **gebührenfrei**: BGE 72 III 14, 18. Dies hält nunmehr auch GebV SchKG 19 Abs. 2 (→ Nr. 7) fest.

Art. 10[1]   G. Ausstandspflicht

[1] Die Beamten und Angestellten der Betreibungs- und der Konkursämter sowie die Mitglieder der Aufsichtsbehörden dürfen keine Amtshandlungen vornehmen:
1. in eigener Sache;
2.[2] in Sachen ihrer Ehegatten, eingetragenen Partnerinnen oder Partner oder von Personen, mit denen sie eine faktische Lebensgemeinschaft führen;
2bis.[3] in Sachen von Verwandten und Verschwägerten in gerader Linie oder bis zum dritten Grade in der Seitenlinie;
3. in Sachen einer Person, deren gesetzliche Vertreter, Bevollmächtigte oder Angestellte sie sind;
4. in Sachen, in denen sie aus anderen Gründen befangen sein könnten.

[2] Der Betreibungs- oder der Konkursbeamte, der in Ausstand treten muss, übermittelt ein an ihn gerichtetes Begehren sofort seinem Stellvertreter und benachrichtigt davon den Gläubiger durch uneingeschriebenen Brief.

Verweise
Abs. 1 Ziff. 2bis: *ZGB 20 (Verwandschaft); ZGB 21 (Schwägerschaft).*
Abs. 1 Ziff. 3: *Gesetzliche Vertreter: ZGB 304 Abs. 1 (Eltern); ZGB 407 (Vormund).*
Abs. 2: *SchKG 2 Abs. 3, KOV 6 (Stellvertreter → Nr. 5); SchKG 34 (Mitteilung).*

1   Mit der Ausstandspflicht wird die von persönlichen Beziehungen unbeeinflusste **Objektivität** von Betreibungsbeamten und Angestellten bezweckt: BGE 104 III 1 E. 3.a.

2   Ein kantonaler **Entscheid über ein Ausstandsbegehren** kann mit der Beschwerde in Zivilsachen nach BGG 72 Abs. 2 lit. a i.V.m. 92 Abs. 1 (→ Nr. 26) an das Bundesgericht weitergezogen werden.

Zu Abs. 1

3   Unter **Angestellten** im Sinne dieser Bestimmung sind auch alle Hilfspersonen zu verstehen, die nicht in einem eigentlichen Angestelltenverhältnis amten, wie namentlich Gutachter: BGer v. 29.04.2010, 5A_81/2010 E. 5.1.

4   Die Ausstandspflicht gilt auch für die **Mitglieder des Gläubigerausschusses**: BGE 56 III 158 E. 3.

---

1   Fassung gemäss Ziff. I des BG vom 16. Dez. 1994, in Kraft seit 1. Jan. 1997 (AS 1995 1227; BBl 1991 III 1).
2   Fassung gemäss Anhang Ziff. 16 des Partnerschaftsgesetzes vom 18. Juni 2004, in Kraft seit 1. Jan. 2007 (AS 2005 5685; BBl 2003 1288).
3   Eingefügt durch Anhang Ziff. 16 des Partnerschaftsgesetzes vom 18. Juni 2004, in Kraft seit 1. Jan. 2007 (AS 2005 5685; BBl 2003 1288).

5 Für den vom Richter gemäss OR 725a Abs. 2 ernannten **Sachwalter** besteht keine Ausstandspflicht: BGE 104 III 1 E. 3.b.

6 Grundsätzlich obliegt es der Aufsichtsbehörde, über die Ausstandspflicht von Amtspersonen zu entscheiden. Für Streitigkeiten über die Ausstandspflicht eines **Sachwalters** ist hingegen die ihn ernennende Nachlassbehörde zuständig: BGE 94 III 55 E. 2.c.

Zu Abs. 1 Ziff. 3

7 Der Konkursbeamte, der Vertreter bzw. Organ eines Konkursgläubigers ist, hat nicht nur bei Verfügungen über dessen Forderung, sondern für das **gesamte Konkursverfahren** in Ausstand zu treten: BGE 99 III 46 E. 3.

8 In einer **Betreibung des Kantons gegen Dritte** haben kantonale Beamte nicht schon deshalb in den Ausstand zu treten, weil sie Angestellte des Betreibungsgläubigers sind. Eine Ausstandspflicht wäre höchstens dann anzunehmen, wenn der mit der Betreibung befasste Beamte in einem besonders engen Verhältnis zur staatlichen Stelle stünde, von der die Betreibung ausgeht: BGE 97 III 105 E. 3.

Zu Abs. 1 Ziff. 4

9 **Befangenheit** ist anzunehmen, wenn Umstände vorliegen, die geeignet sind, Misstrauen in die Unparteilichkeit eines Sachverständigen zu erwecken. Es braucht nicht nachgewiesen zu werden, dass dieser tatsächlich befangen ist. Es genügt vielmehr, wenn Umstände vorliegen, die den Anschein der Befangenheit und die Gefahr der Voreingenommenheit objektiv zu begründen vermögen: BGer v. 29.04.2010, 5A_81/2010 E. 5.2.

Art. 11[1] H. Verbotene Rechtsgeschäfte

Die Beamten und Angestellten der Betreibungs- und der Konkursämter dürfen über die vom Amt einzutreibenden Forderungen oder die von ihm zu verwertenden Gegenstände keine Rechtsgeschäfte auf eigene Rechnung abschliessen. Rechtshandlungen, die gegen diese Vorschrift verstossen, sind nichtig.

1 Diese Bestimmung dient einer **von persönlichen Interessen unbeeinflussten Behandlung** des Verfahrens durch die Beamten und Angestellten der Betreibungs- und Konkursämter; weder Schuldner noch Gläubiger sollen durch Interessen der genannten Art geschädigt werden: BGE 127 III 229 E. 7.a.

2 Die Gesellschaft, die mit der Verwaltung eines zur Konkursmasse gehörenden Immobilienkomplexes betraut ist, fällt als **Hilfsperson** des Konkursamtes unter das Selbstkontrahierungsverbot: BGE 127 III 229 E. 8. Es spielt keine Rolle, dass sie die Freihandofferte namens einer anderen Gesellschaft eingereicht hat: BGE 127 III 229 E. 9.

---

[1] Fassung gemäss Ziff. I des BG vom 16. Dez. 1994, in Kraft seit 1. Jan. 1997 (AS 1995 1227; BBl 1991 III 1).

3   Der anlässlich einer öffentlichen Versteigerung bei Durchführung eines Nachlassvertrags mit Vermögensabtretung erfolgte Zuschlag eines Grundstücks **an ein Mitglied des Gläubigerausschusses** ist ungültig: BGE 122 III 335 E. 2.c (Pra 86 [1997] Nr. 56).

4   Ein **nichtiger Akt** wie der gegen SchKG 11 verstossende Steigerungszuschlag kann zu keinem Zeitpunkt Wirkungen entfalten; der ihm anhaftende Mangel kann durch nachträglich eintretende Umstände nicht geheilt werden. Dass das betreffende Pfandverwertungsverfahren abgeschlossen ist, steht der Nichtigkeit des Steigerungszuschlages nicht entgegen: BGE 112 III 65 E. 3.

Art. 12   I. Zahlungen an das Betreibungsamt

¹ Das Betreibungsamt hat Zahlungen für Rechnung des betreibenden Gläubigers entgegenzunehmen.
² Die Schuld erlischt durch die Zahlung an das Betreibungsamt.

Verweise
Abs. 1: SchKG 9 (Aufbewahrung); GebV SchKG 19 Abs. 3 (Überweisungskosten → Nr. 7).

Zu Abs. 1

1   Für eine **gelöschte Betreibung** kann das Betreibungsamt keine Zahlung entgegennehmen: BGE 117 III 1 E. 1.

2   Das Betreibungsamt ist nicht zur Entgegennahme von Zahlungen für einen nicht betreibenden **Pfandgläubiger** befugt: BGE 64 III 191, 194 f.

3   Die **Bezahlung** des Betrags der gepfändeten Forderung durch den Drittschuldner an das Betreibungsamt ist nicht nur einer Verwertung gleichzusetzen, sondern damit erlischt auch die Schuld gemäss SchKG 12. Am Tag der Zahlung hört der Lauf der vertraglichen Zinsen auf. Der Umstand, dass eine Widerspruchsklage hängig und/oder eine strafrechtliche Beschlagnahme erfolgt ist, verpflichtet das Betreibungsamt lediglich, den Betrag zu hinterlegen und nach Wegfall des besagten Hindernisses mit den Zinsen der Hinterlegung zu verteilen: BGE 127 III 182 E. 2.

4   Die Pflicht des Betreibungsamtes, Zahlungen für Rechnung des Gläubigers mit befreiender Wirkung entgegenzunehmen, setzt voraus, dass die Zahlung in **Schweizer Währung** erfolgt. Bei einer Zahlung in Fremdwährung hat das Betreibungsamt die Banknoten zu pfänden und zu verwerten: BGE 77 III 97 E. 1 und 2 (Pra 41 [1952] Nr. 6).

5   Bei der Lohnpfändung hört die Pflicht des Schuldners zur **Verzinsung** seiner Schuld in dem Umfang und von dem Zeitpunkt an auf, da beim Betreibungsamt Lohnquoten des Schuldners eingehen, und zwar ohne Rücksicht darauf, ob überhaupt und wann das Geld den Gläubigern abgeliefert wird: BGE 116 III 56 E. 2.b.

6   **Auslagen** für die Überweisung von Zahlungen an einen Gläubiger gehen gemäss GebV SchKG 19 Abs. 3 (→ Nr. 7) zu seinen Lasten.

Zu Abs. 2

7 Durch die Zahlung der Betreibungssumme samt Zins und Kosten an das Betreibungsamt wird die Betreibung zum **Erlöschen** gebracht, sofern die Zahlung bedingungs- und vorbehaltlos oder unter vom Gläubiger akzeptierten Bedingungen erfolgt: BGer v. 14.08.2003, 7B.166/2003 E. 2; BGE 74 III 23, 25.

8 Die **Zahlung an den Konkursrichter** ist derjenigen an das Betreibungsamt gleichzustellen und befreit den Schuldner: BGE 90 II 108 E. 5.

9 Nicht in die Konkursmasse fällt, sondern unter die betreibenden Gläubiger zu verteilen ist, was durch telegraphische **Postanweisung** an das Betreibungsamt bezahlt worden ist, wenn dieses das Anweisungstelegramm vor dem im Konkurserkenntnis festgestellten Zeitpunkt der Konkurseröffnung erhalten hat: BGE 60 III 1, 4 f.

10 Ob eine vorbehaltlose Einzahlung an das Betreibungsamt vom Schuldner selbst oder von einem **Dritten** vorgenommen wird, ist grundsätzlich ohne Belang. Die Handlung eines Dritten kann auf irgendeinem Grunde beruhen, dem das Betreibungsamt nicht nachzuforschen hat. Die Leistung eines Dritten ist grundsätzlich auch dann rechtswirksam, wenn sie ohne Wissen, ja sogar gegen den Willen des Schuldners geschieht: BGE 83 III 99 E. 2.

11 **Unzulässig** ist die Zahlung an das Betreibungsamt durch einen Dritten jedoch dann, wenn sich dieser damit gegen den Willen des Schuldners an die Stelle des bisherigen Gläubigers setzen will: BGE 72 III 6 E. 2.

12 **Unzulässig** ist auch die Intervention des Arbeitgebers des Schuldners, der ohne Zustimmung des Schuldners nicht gepfändeten Lohn an das Betreibungsamt abliefert: BGE 76 III 81 E. 2.

13 Ist der Zweck **der Hinterlegung der Betreibungssumme** durch einen Dritten, nämlich die Abwendung einer bevorstehenden Pfändung, gegenstandslos geworden, so ist der hinterlegte Betrag zurückzugeben. Das Betreibungsamt darf ihn nicht einem andern als dem vom Hinterleger verfolgten Zwecke widmen: BGE 90 III 67 E. 2 und 3.

14 Wird eine **Forderung gepfändet bzw. verarrestiert** und ihrem Schuldner angezeigt, dass er rechtsgültig nur noch an das Betreibungsamt zahlen könne, so hat die Zahlung, die der betreffende Schuldner hierauf an das pfändende bzw. arrestierende Betreibungsamt leistet, für ihn ebenfalls befreiende Wirkung. Dies gilt auch dann, wenn die gepfändete bzw. verarrestierte Forderung zum Zeitpunkt der Pfändung bzw. Verarrestierung bereits in Betreibung gesetzt war: BGE 73 III 69 E. 1.

15 Bei **Abschlagszahlungen** besteht kein Anspruch auf Herausgabe eines Teiles der gepfändeten Gegenstände an den Schuldner: BGE 71 III 30, 31.

16 Das Betreibungsamt hat sich an die Weisung eines mehrfach betriebenen Schuldners, Zahlungen **einem bestimmten Gläubiger** zukommen zu lassen, zu halten: BGE 96 III 1 E. 2.

17 Über die Aufhebung der Betreibung bei Zahlung an das Betreibungsamt entscheiden die **Betreibungsbeamten**: BGE 114 III 49 E. 1.

18 Die Verarrestierung eines vom Schuldner beim Betreibungsamt bezahlten Betrages auf Begehren einer Strafbehörde zu Lasten des **Gläubigers** ist unzulässig: BGE 68 III 107 E. 2. Siehe aber N 5 zu SchKG 86.

Art. 13 K. Aufsichtsbehörden
1. Kantonale
a. Bezeichnung

¹ Zur Überwachung der Betreibungs- und der Konkursämter hat jeder Kanton eine Aufsichtsbehörde zu bezeichnen.

² Die Kantone können überdies für einen oder mehrere Kreise untere Aufsichtsbehörden bestellen.

Verweis
***Abs. 2:** SchKG 1 (Betreibungs- und Konkurskreise).*

Zu Abs. 1

1. Die kantonalen Aufsichtsbehörden **wachen über die Einhaltung des Gesetzes**. Sie können alle Entscheidungen oder Massnahmen treffen, um rechtswidrige Handlungen eines Vollstreckungsorgans zu beheben sowie die Interessen der Beteiligten zu schützen: BGer v. 19.01.2012, 5A_675/2011 E. 3.3.

2. Die individuell-konkrete **Aufsichtskompetenz**, d.h. die Befugnis zur direkten Kontrolle der Betreibungs- und Konkursämter sowie zu aufsichtsrechtlichem Einschreiten bzw. zu organisatorischen Vorkehren oder Massnahmen im Einzelfall, steht wie die Disziplinargewalt **ausschliesslich** der kantonalen Aufsichtsbehörde zu: BGer v. 13.12.2005, 7B.189/2005 E. 1.1.

3. Die **Kompetenz zur Feststellung der Nichtigkeit** gemäss SchKG 22 durch die Aufsichtsbehörden stützt sich auf deren Aufsichtsbefugnis nach SchKG 13 Abs. 1; die gerichtlichen Behörden gehören jedoch nicht zum Kreis der Beaufsichtigten: BGer v. 18.11.2010, 5A_576/2010 E. 3.1.

4. Ob die Aufsichtsbehörde kraft Aufsichtsrecht in das Verfahren eingreift (SchKG 13) oder einen Beschwerdeentscheid trifft (SchKG 17), ändert nichts daran, dass ihr Entscheid gemäss BGG 72 Abs. 2 lit. a (→ Nr. 26) der **Beschwerde in Zivilsachen an das Bundesgericht** unterliegt: BGer v. 17.03.2011, 5A_734/2010 E. 1.2; BGer v. 18.11.2010, 5A_576/2010 E. 1.1.

Zu Abs. 2

5. Wo das kantonale Recht eine untere und eine obere Aufsichtsbehörde vorsieht, haben diese den **Instanzenzug** von Bundesrechts wegen zu beachten. Die obere Aufsichtsbehörde ist deshalb nicht befugt, eine Beschwerde als erste und einzige kantonale Instanz zu beurteilen: BGE 113 III 113 E. 2.

6. Eine zweite Aufsichtsbehörde bedeutet nicht, dass bei der **Schätzung eines Grundstücks** ein weiteres Gutachten einzuholen wäre: BGE 120 III 135 E. 2.

7. Die obere kantonale Aufsichtsbehörde, die einen **Nichteintretensentscheid** einer unteren kantonalen Aufsichtsbehörde aufhebt, ist von Bundesrechts wegen nicht verpflichtet, die Sache zur materiellen Behandlung an die Vorinstanz zurückzuweisen; sie darf die Beschwerde selbst behandeln: BGE 127 III 171 E. 2.

Art. 14   b. Geschäftsprüfung und Disziplinarmassnahmen

¹ Die Aufsichtsbehörde hat die Geschäftsführung jedes Amtes alljährlich mindestens einmal zu prüfen.

² Gegen einen Beamten oder Angestellten können folgende Disziplinarmassnahmen getroffen werden:[1]
1. Rüge;
2.[2] Geldbusse bis zu 1000 Franken;
3. Amtseinstellung für die Dauer von höchstens sechs Monaten;
4. Amtsentsetzung.

Verweise
Abs. 1: *SchKG 13 (Aufsichtsbehörde).*
Abs. 2: *SchKG 2 (Beamte).*

Zu Abs. 2

1   Das Disziplinarrecht hat sowohl eine **spezial- als auch eine generalpräventive Funktion**: Zum einen soll der pflichtverletzende Beamte bzw. Angestellte diszipliniert werden, zum anderen sollen alle Beamten und Angestellten von Pflichtverletzungen abgehalten werden. Daneben bezweckt das Disziplinarrecht auch die **Wiederherstellung des Vertrauens** der Öffentlichkeit in die Verwaltung: BGer v. 07.05.2009, 5A_112/2009 E. 2.2.

2   Als Disziplinarbehörde fungiert die kantonale **Aufsichtsbehörde**; die Disziplinarhoheit liegt m.a.W. beim Kanton. Dem Bundesrat als die Oberaufsicht ausübendes Organ kommt die Überwachung der Disziplin der Zwangsvollstreckungsorgane nicht zu: BGer v. 29.05.2009, 5A_280/2009 E. 3.

3   Die Aufzählung der Disziplinarmassnahmen in Abs. 2 ist **abschliessend**: BGer v. 07.05.2009, 5A_112/2009 E. 2.1.

4   Die kantonale Aufsichtsbehörde hat bei der Anwendung der Disziplinarmassnahmen einen **weiten Ermessensspielraum**: BGE 112 III 67 E. 7.a (Pra 78 [1989] Nr. 140).

5   Zu beachten sind jedoch das **Opportunitäts- und das Verhältnismässigkeitsprinzip**: BGer v. 07.05.2009, 5A_112/2009 E. 2.2.

Zu Abs. 2 Ziff. 4

6   Das **kantonale Recht** kann neben der disziplinarischen Amtsentsetzung nach SchKG 14 Abs. 2 Ziff. 4 weitere Gründe für eine Amtsentsetzung eines Beamten oder Angestellten vorsehen. Es ist deshalb zulässig, dass bei der kantonalen Aufsichtsbehörde und der

---

[1] Fassung gemäss Ziff. I des BG vom 16. Dez. 1994, in Kraft seit 1. Jan. 1997 (AS 1995 1227; BBl 1991 III 1).
[2] Fassung gemäss Ziff. I des BG vom 16. Dez. 1994, in Kraft seit 1. Jan. 1997 (AS 1995 1227; BBl 1991 III 1).

kantonalen Ernennungsbehörde parallel zwei Verfahren über die Amtsentsetzung laufen: BGer v. 25.10.2011, 8C_76/2011 E. 5.

7 Bei der Entsetzung handelt es sich um die **schärfste Ordnungsstrafe**. Die Aufsichtsbehörde darf nur bei Vorliegen offensichtlicher Verletzungen darauf zurückgreifen, d.h. bei Handlungen, die zeigen, dass es unmöglich ist, den Verantwortlichen weiterhin im Amt zu behalten. Dies ist insb. dann der Fall, wenn dieser unfähig ist, seine eigentliche Aufgabe zu erfüllen und damit nicht legitimiert ist, die Interessen des Schuldners sowie des Gläubigers gleichermassen zu schützen. Ein gelegentlicher Fehler genügt dagegen nicht ohne Weiteres zur Rechtfertigung der schärfsten Massnahme: BGE 112 III 67 E. 7.a (Pra 78 [1989] Nr. 140).

8 Der **Nachlassverwalter** im Nachlassvertrag mit Vermögensabtretung untersteht der Disziplinargewalt der Aufsichtsbehörde: BGE 114 III 120, 120 f.

9 Der Disziplinarentscheid kann vom Betroffenen mit Beschwerde nach SchKG 18 bei einer allfälligen oberen Aufsichtsbehörde oder mit Beschwerde in Zivilsachen nach BGG 72 Abs. 2 lit. a (→ Nr. 26) beim Bundesgericht **angefochten** werden.

10 Dritten steht lediglich ein **Verzeigungsrecht** zu: BGE 91 III 41 E. 6.

Art. 15[1]   2. Bundesrat

[1] Der Bundesrat übt die Oberaufsicht über das Schuldbetreibungs- und Konkurswesen aus und sorgt für die gleichmässige Anwendung dieses Gesetzes.

[2] Er erlässt die zur Vollziehung dieses Gesetzes erforderlichen Verordnungen und Reglemente.

[3] Er kann an die kantonalen Aufsichtsbehörden Weisungen erlassen und von denselben jährliche Berichte verlangen.

[4] ...[2]

[5] Er koordiniert die elektronische Kommunikation zwischen den Betreibungs- und Konkursämtern, den Grundbuch- und Handelsregisterämtern, den Gerichten und dem Publikum.[3]

> **Verweise**
> **Abs. 2:** OAV-SchKG (→ Nr. 3); KOV (→ Nr. 5); GebV SchKG (→ Nr. 7); VVAG (→ Nr. 8); VZG (→ Nr. 9); VPAV (→ Nr. 10); SchGG (→ Nr. 33).
> **Abs. 3:** SchKG 13 (Aufsichtsbehörden).
> **Abs. 5:** SchKG 33a ÜbV (elektronische Eingaben → Nr. 12).

1   Fassung gemäss Anhang Ziff. 6 des Bundesgerichtsgesetzes vom 17. Juni 2005, in Kraft seit 1. Jan. 2007 (SR 173.110).
2   Aufgehoben durch Anhang 1 Ziff. II der Zivilprozessordnung vom 19. Dez. 2008, mit Wirkung seit 1. Jan. 2011 (AS 2010 1739; BBl 2006 7221).
3   Eingefügt durch Anhang 1 Ziff. II der Zivilprozessordnung vom 19. Dez. 2008, in Kraft seit 1. Jan. 2011 (AS 2010 1739; BBl 2006 7221).

Zu Abs. 1

1 Seit Inkrafttreten des BGG (→ Nr. 26) am 01.01.2007 obliegt die Oberaufsicht über das Schuldbetreibungs- und Konkurswesen nicht mehr dem Bundesgericht, sondern dem **Bundesrat**. Die Oberaufsicht ist an das **Bundesamt für Justiz** (BJ) delegiert (OAV-SchKG 1 → Nr. 3). Zur Beratung des BJ wurde die Eidgenössische Kommission für Schuldbetreibung und Konkurs geschaffen (OAV-SchKG 3).

2 Das **Bundesgericht** kann **einzig als Rechtsmittelinstanz** angerufen werden und übt seit dem Inkrafttreten des BGG (→ Nr. 26) am 01.01.2007 keine Aufsichtsfunktionen mehr aus: BGer v. 16.04.2012, 5D_229/2011 E. 2.2.

3 Die **bisherigen Verordnungen, Weisungen und Kreisschreiben** des Bundesgerichts gelten weiter, soweit sie dieser Verordnung nicht widersprechen bzw. nicht geändert oder aufgehoben werden (OAV-SchKG 4 → Nr. 3).

Zu Abs. 2

4 Seinem Wortlaut zufolge räumt SchKG 15 Abs. 2 dem BGer (neu Bundesrat) bloss die Kompetenz zum Erlass der zur Vollziehung des SchKG notwendigen Verordnungen und Reglemente ein. Der Erlass gesetzesvertretender Verordnungen ist jedoch **verfassungsmässig**, wenn er gemäss dem Grundsatz der Verhältnismässigkeit dem Zweck des Gesetzes dient und zur Erreichung dieses Zwecks überhaupt geeignet ist. Die Delegationsnorm von SchKG 15 Abs. 2 ist weit auszulegen: BGE 117 III 44 E. 2.b (Pra 80 [1991] Nr. 210).

5 Das Bundesgericht (neu Bundesrat) kann **nicht eingreifen**, wenn ein Kanton seinen Betreibungs- und Konkursämtern verbietet, mit einem ausserkantonalen EDV-Anbieter zusammenzuarbeiten: BGE 122 III 34 E. 2.

Zu Abs. 3

6 Kreisschreiben haben **dieselbe Gesetzeskraft** wie die vom BGer (neu Bundesrat) gestützt auf SchKG 15 Abs. 2 erlassenen Verordnungen und das SchKG selbst: BGE 50 III 38 E. 1.

Art. 16   L. Gebühren

¹ Der Bundesrat setzt den Gebührentarif fest.

² Die im Betreibungs- und Konkursverfahren errichteten Schriftstücke sind stempelfrei.

Verweise

Abs. 1: *GebV SchKG (→ Nr. 7).*

Abs. 2: *EigVV 19 (Eigentumsvorbehaltsregister → Nr. 27).*

Zu Abs. 1

1 Der vom Bundesrat festgelegte Tarif ist **abschliessend** geregelt. Es ist den Betreibungs- und Konkursämtern untersagt, weitere Gebühren zu erheben oder einer Partei aufzuerlegen, und die Kantone können nicht für Verrichtungen, auf welche der Bundestarif anwendbar ist, bei

den Parteien zusätzliche Gebühren erheben: BGer v. 26.04.2007, 7B_1/2007 E. 3.3; BGE 128 III 475 E. 1 (Pra 92 [2003] Nr. 53).

2 Die Gebühren unterstehen dem **Äquivalenzprinzip**. Dieses bestimmt, dass eine Gebühr nicht in einem offensichtlichen Missverhältnis zum objektiven Wert der Leistung stehen darf und sich in vernünftigen Grenzen halten muss. Der Wert der Leistung bemisst sich nach dem wirtschaftlichen Nutzen, den sie dem Pflichtigen bringt, oder nach dem Kostenaufwand der konkreten Inanspruchnahme im Verhältnis zum gesamten Aufwand des betreffenden Verwaltungszweigs: BGE 130 III 228 E. 2.3.

3 Der Artikel ermächtigt den Bundesrat zur Festsetzung eines Gebührentarifs, **jedoch nicht** zur Erhebung einer Abgabe mit zumindest teilweisem Steuercharakter: BGE 130 III 228 E. 2.5.

4 Beim Entscheid der Aufsichtsbehörde über den massgeblichen Schätzwert des Grundstücks nach Neuschätzung durch Sachverständige gemäss VZG 9 Abs. 2 (→ Nr. 9) handelt es sich um eine **nicht besonders tarifierte Verrichtung**, für die eine Gebühr nach GebV SchKG 1 Abs. 2 (→ Nr. 7) zu erheben ist: BGE 131 III 137 E. 3.

Zu Abs. 2

5 Stempelabgaben auf Betreibungsurkunden, die als **Beweismittel** im Forderungsprozess eingelegt werden, sind zulässig: BGE 71 I 61 E. 4.

6 SchKG 16 Abs. 2 findet gemäss EigVV 19 (→ Nr. 27) weder auf die schriftlichen Anmeldungen beim **Eigentumsvorbehaltsregister** noch auf die Auszüge und Bescheinigungen aus diesem Register Anwendung.

Art. 17 M. Beschwerde
1. An die Aufsichtsbehörde

¹ Mit Ausnahme der Fälle, in denen dieses Gesetz den Weg der gerichtlichen Klage vorschreibt, kann gegen jede Verfügung eines Betreibungs- oder eines Konkursamtes bei der Aufsichtsbehörde wegen Gesetzesverletzung oder Unangemessenheit Beschwerde geführt werden.[1]

² Die Beschwerde muss binnen zehn Tagen seit dem Tage, an welchem der Beschwerdeführer von der Verfügung Kenntnis erhalten hat, angebracht werden.

³ Wegen Rechtsverweigerung oder Rechtsverzögerung kann jederzeit Beschwerde geführt werden.

---

1 Fassung gemäss Ziff. I des BG vom 16. Dez. 1994, in Kraft seit 1. Jan. 1997 (AS 1995 1227; BBl 1991 III 1).

⁴ Das Amt kann bis zu seiner Vernehmlassung die angefochtene Verfügung in Wiedererwägung ziehen. Trifft es eine neue Verfügung, so eröffnet es sie unverzüglich den Parteien und setzt die Aufsichtsbehörde in Kenntnis.[1]

Verweise

Abs. 1: Gerichtliche Klagen: SchKG 5, 24, 129 Abs. 4, 143 Abs. 2, 273 (Schadenersatzklagen), SchKG 77 Abs. 2 (Bewilligung des nachträglichen Rechtsvorschlags), SchKG 77 Abs. 4, 79, 153a, 184, 186 (Anerkennungsklagen), SchKG 79–84, 181 (Rechtsöffnung), SchKG 83 Abs. 2–4 (Aberkennungsklage), SchKG 85 (Klage auf Einstellung oder Aufhebung der Betreibung), SchKG 85a (negative Feststellungsklage), SchKG 86, 187 (Rückforderungsklagen), SchKG 106–109, 155 (Widerspruchsklagen), SchKG 111 (Anschlussklage), SchKG 140 (Lastenbereinigungsklage), SchKG 142 Abs. 2 (Klage auf Feststellung des Vorrangs des Pfandrechts), SchKG 148, 157, 250, 321 (Kollokationsklagen), SchKG 153a (Klage auf Feststellung des Pfandrechts), SchKG 214, 285 ff. (Anfechtungsklagen), SchKG 242, 319 Abs. 4 (Aussonderungs- und Admassierungsklagen), SchKG 265a Abs. 4 (Klage auf Feststellung oder Bestreitung neuen Vermögens), SchKG 278 (Einsprache gegen den Arrestbefehl), SchKG 279 Abs. 2 (Arrestprosequierungsklage), SchKG 284 (Klage auf Rückschaffung von Retentionsgegenständen), SchKG 315 (Klage zur Geltendmachung einer bestrittenen Forderung im Nachlassvertrag), SchKG 316 (Klage zur Aufhebung des Nachlassvertrags); SchKG 13 (Aufsichtsbehörde).

Abs. 2: SchKG 31–33, SchKG 56–63, ZPO 142 ff. (Fristberechnung → Nr. 25); SchKG 239 (Frist für die Beschwerde gegen einen Beschluss der Gläubigerversammlung); SchKG 20 (Beschwerdefristen in der Wechselbetreibung).

Zu Abs. 1

1 Anfechtungsobjekt der betreibungsrechtlichen Beschwerde sind – mit Ausnahme der Fälle i.S.v. SchKG 17 Abs. 3 – **Verfügungen eines Vollstreckungsorgans**: BGer v. 08.09.2011, 5A_308/2011 E. 1.1. Nicht anfechtbar sind richterliche Verfügungen: BGE 122 III 35 E. 1; BGE 103 Ia 77 E. 1; BGE 80 III 131, 132.

2 Unter einer **Verfügung** gemäss SchKG 17 ist eine bestimmte behördliche Handlung in einem konkreten zwangsvollstreckungsrechtlichen Verfahren zu verstehen, die in Ausübung amtlicher Funktion ergeht: BGer v. 08.09.2011, 5A_308/2011 E. 1.1; BGE 129 III 400 E. 1.1; BGE 128 III 156 E. 1.c. Keine Verfügungen sind namentlich blosse Meinungsäusserungen des Betreibungsorgans bzw. Mitteilungen über die künftigen Absichten desselben: BGer v. 08.09.2011, 5A_308/2011 E. 1.1; BGE 116 III 91 E. 1; BGE 94 III 83 E. 2.

3 **Anfechtbare Verfügungen** sind insb.:
 – die **Unterlassung der Verurkundung** eines gegenüber dem Postbeamten erhobenen Rechtsvorschlags: BGE 119 III 8 E. 2;

---

1 Eingefügt durch Ziff. I des BG vom 16. Dez. 1994, in Kraft seit 1. Jan. 1997 (AS 1995 1227; BBl 1991 III 1).

- die **Requisitorialpfändung** wegen unrichtiger Anwendung von SchKG 92 und 93: BGE 84 III 33 E. 2;
- der **Freihandverkauf** in der Zwangsvollstreckung: BGE 88 III 68 E. 1;
- die **Beschlüsse einer Gläubigerversammlung**: BGE 101 III 43 E. 1;
- die **Verteilungsliste** im Konkurs: BGE 103 III 26 E. 1; BGE 88 III 68 E. 3;
- die **Verteilung** des mit einer Strafklage eingetriebenen Betrags unter die Gläubiger: BGE 116 III 91 E. 1.

4   **Keine anfechtbaren Verfügungen** sind insb.:
- die **Anzeige des Konkursamtes** an die Gläubiger betreffend den Schluss des Konkursverfahrens: BGE 120 III 1 E. 1;
- der Abschluss eines **Dienstbarkeitsvertrags** durch die Konkursverwaltung: BGE 108 III 1 E. 2;
- die **Rückübertragung** eines Grundstückes durch die Konkursverwaltung gestützt auf ein im Grundbuch vorgemerktes Rückkaufsrecht (vorbehalten bleibt die gerichtliche Anfechtung): BGE 86 III 106 E. 2;
- das **Honorar** des Sachwalters im Nachlassverfahren: BGE 120 III 107 E. 3;
- die **Äusserung einer Liquidatorin** im Nachlassverfahren mit Vermögensabtretung, wonach eine Forderung vorläufig von der Kollokation ausgeschlossen sei: BGE 121 III 35 E. 2.

5   Unterstehen das requirierende und das requirierte Amt der **gleichen Aufsichtsbehörde**, so hat diese auch dann auf die Beschwerde einzutreten, wenn sich diese gegen eine Verfügung des um Rechtshilfe ersuchenden anstatt des ersuchten Betreibungsamtes richtet: BGE 85 III 11 E. 1.

6   Mit der Beschwerde an die Aufsichtsbehörden in Schuldbetreibungs- und Konkurssachen lassen sich nur **Verfahrensfehler** der Betreibungs- und Konkursämter rügen, nicht aber Verzögerungstaktiken eines Schuldners: BGE 112 III 102 E. 4.

7   Die Beschwerde i.S.v. SchKG 17 ist nur zulässig, wenn der Beschwerdeführer damit im Falle ihrer Gutheissung eine **vollstreckungsrechtlich wirksame Berichtigung** des gerügten Verfahrensfehlers erreichen kann. Auf Beschwerden mit dem blossen Zweck, die Pflichtwidrigkeit einer Handlung oder Unterlassung eines Vollstreckungsorgans feststellen zu lassen, kann indessen nicht eingetreten werden: BGer v. 05.03.2002, 7B.11/2002 E. 3.c; BGE 99 III 58 E. 2.

8   Gegen den Konkursverwalter besteht **nach Widerruf des Konkurses** kein Beschwerderecht mehr: BGE 81 III 65, 66 f.

9   Die **Beschwerdegründe** werden in SchKG 17 Abs. 1 und 3 explizit genannt. Es sind dies Gesetzesverletzung, Unangemessenheit und Rechtsverweigerung bzw. Rechtsverzögerung.

10   Gesetzesverletzung bedeutet **Rechtsverletzung**. Als Gesetzesverletzungen gelten auch Ermessensmissbrauch und Ermessensüberschreitung: BGE 110 III 30 E. 2.

11   Hat eine Aufsichtsbehörde eine Verfügung auf ihre **Angemessenheit** zu überprüfen, so hat sie ihr Ermessen an die Stelle desjenigen der Behörde zu setzen, die die angefochtene Verfü-

gung erlassen hat. Tut sie dies nicht, sondern begnügt sie sich mit der Prüfung der Frage, ob die Verfügung gesetzwidrig oder offensichtlich unangemessen sei, so schränkt sie ihre Prüfungsbefugnis in unzulässiger Weise ein: BGE 100 III 16 E. 2.

12 Ein **zulässiger Beschwerdegrund** liegt vor:
- bei der Frage, ob die Zahlung des Schuldners an das Betreibungsamt die Betreibung zum **Erlöschen** gebracht hat: BGE 114 III 49 E. 1;
- bei Unklarheit oder Unrichtigkeit einer **Eintragung** im Betreibungsbuch BGE 95 III 1 E. 1;
- bei der Frage, ob das Betreibungsamt das **Einsichtsrecht** nach SchKG 8a zu Recht verweigert hat: BGer v. 14.11.2011, 5A_334/2011 E. 4;
- bei der Frage nach der Zulässigkeit einer **Ediktalzustellung** gemäss SchKG 66 Abs. 4 Ziff. 2: BGer v. 31.10.2011, 5A_448/2011 E. 2.2;
- beim Vorliegen von Verfahrensfehlern beim **Pfändungsvollzug**: BGE 82 III 19 E. 1;
- bei der Frage, welche Partei im **Widerspruchsverfahren** die Rolle des Klägers und welche jene des Beklagten zu übernehmen hat: BGE 120 III 83 E. 3.b (Pra 84 [1995] Nr. 108); BGE 116 III 82 E. 3 (Pra 80 [1991] Nr. 123);
- bei der Frage nach dem **Verwertungsverfahren** gemäss SchKG 132: BGE 114 III 98 E. 1 und 2;
- bei der Frage, ob die vom Gläubiger eingereichte Forderungsurkunde alle wesentlichen **Erfordernisse eines Wechsels** erfüllt und eine wechselmässige Verpflichtung des Schuldners begründet: BGE 118 III 24 E. 3;
- bei der Frage, ob ein bestimmtes Guthaben **zur Konkursmasse** gehört: BGE 114 III 21 E. 5.b; BGE 77 III 34 E. 2; BGE 64 III 35, 36;
- bei der Frage, wie lange der Konkursit und seine Familie gestützt auf SchKG 229 Abs. 3 **in der bisherigen Wohnung** verbleiben dürfen: BGer v. 24.09.2009, 5A_495/2009 E. 4;
- bei der Frage nach der Wirkung eines **aussergerichtlichen Vergleichs** zwischen der Konkursmasse und einem Gläubiger in Hinblick auf die Änderung des Kollokationsplans: BGE 113 III 90 E. 3;
- bei der Frage nach Gültigkeit einer **Abtretungsverfügung i.S.v. SchKG 260**: BGE 111 II 81 E. 3.b;
- bei Ungenauigkeit oder Unklarheit eines **Kollokationsplans im Konkurs** oder Verletzung von Verfahrensvorschriften bei dessen Aufstellung (z.B. die unterlassene Angabe des Abweisungsgrundes bzgl. einer eingegebenen Forderung): BGer v. 25.10.2011, 5A_469/2011 E. 4.1.1; BGE 119 III 84 E. 2;
- bei der Frage nach der **Rangfolge der Masseverbindlichkeiten**: BGE 113 III 148 E. 1;
- bei der Frage, ob eine **Retention** nicht in einem unzulässigen Umfang **prosequiert** worden ist: BGE 120 III 157 E. 2;

- bei der Frage nach der **Verarrestierbarkeit** von sich in der Wohnung des Arrestschuldners befindlichen Gegenständen: BGer v. 22.09.2011, 5A_330/2011 E. 3;
- bei der Frage, ob die **Nachlassliquidatorin** berechtigt ist, eine Kollokationsverfügung zu treffen (SchKG 321 i.V.m. 245): BGE 130 III 769 E. 1.

13 **Kein zulässiger Beschwerdegrund** liegt vor:
- bei der Frage, ob ein Anspruch **rechtsmissbräuchlich** erhoben wurde: BGE 113 III 2 E. 2;
- bei der Frage der Anwendung von ZGB 583 auf laufende Betreibungsverfahren sowie der Frage, ob die Einrede der Annahme der **Erbschaft** unter öffentlichem Inventar der Untätigkeit eines Gläubigers während des öffentlichen Rechnungsrufes entgegengehalten werden kann: BGE 116 III 4 E. 2.b;
- bei der Bestimmung des Betrags eines Anteils, der dem Betriebenen von einem **Gemeinschaftsvermögen** zusteht, das dieser mit der Ehegattin innehat: BGE 113 III 40 E. 3 (Pra 78 [1989] Nr. 141);
- bei der Frage nach dem Bestand eines **Pfandrechts**, wenn der Schuldner die Erhebung des Rechtsvorschlags unterlassen hat: BGE 119 III 102 E. 2.a;
- bei der Frage nach der zulässigen Betreibungsart, wenn der Gläubiger eine Betreibung auf Grundpfand- statt Faustpfandverwertung anhebt: BGE 122 III 295 E. 1;
- bei der Frage, ob der gestützt auf einen Grundbuchauszug in das **Lastenverzeichnis** aufgenommene Inhaber eines Schuldbriefs auch der materiell Berechtigte ist: BGE 112 III 26 E. 4;
- bei der Frage nach den Folgen der Zustimmung eines Grundpfandbelasteten zur Errichtung einer **öffentlichrechtlichen Eigentumsbeschränkung** auf dem Grundstück: BGE 121 III 242 E. 2;
- bei der Frage der Rechtsgültigkeit der **Lohnzession**: BGE 114 III 26 E. 1.c;
- bei der Berichtigung einer **Unterlassung** des Betreibungsamtes von Amtes wegen, wenn diese nicht den ordnungsgemässen Ablauf einer Betreibung betrifft: BGE 118 III 1 E. 2 (*in casu* unterliess das Betreibungsamt die Geldhinterlegung gemäss SchKG 9);
- bei der Frage nach der **Zusammensetzung der Erbengemeinschaft** bei Pfändung und Verwertung von Anteilen an Gemeinschaftsvermögen: BGE 113 III 38, 39;
- bei der Frage, ob eine Schuldverpflichtung **Masseverbindlichkeit** oder gewöhnliche Schuld ist: BGE 125 III 293 E. 2; BGE 113 III 148 E. 1; BGE 107 Ib 303 E. 1.a; BGE 106 III 118 E. 1.

14 Die **Einrede der Vorausverwertung des Pfandes** (*beneficium excussionis realis*) ist mittels betreibungsrechtlicher Beschwerde geltend zu machen: BGer v. 20.10.2011, 5A_586/2011 E. 3; BGE 120 III 105 E. 1.

15 Zur Beschwerdeführung auf kantonaler Ebene ist **legitimiert**, wer durch die angefochtene Verfügung eines Vollstreckungsorgans in seinen rechtlich geschützten oder zumindest tatsächlichen Interessen betroffen und dadurch beschwert ist und deshalb ein schutzwürdiges

Interesse an der Aufhebung oder Änderung der Verfügung hat: BGer v. 11.03.2011, 5A_896/2011; BGE 129 III 595 E. 3.

16 Die Legitimation zur Beschwerde wurde in der Praxis **bejaht** im Fall:
- eines **Staates** gegen den Arrestvollzug, der Vermögenswerte einer öffentlichrechtlichen und seinen Ministerien unterstellten Körperschaft erfasst: BGE 120 III 42 E. 3;
- eines **Schuldners**, der bestreitet, Eigentümer der mit Arrest belegten Gegenstände zu sein: BGE 114 Ia 381 E. 2.c; BGE 113 III 139 E. 3.b; BGE 111 III 49 E. 2;
- eines **Drittansprechers** des Arrestobjekts gegen den Arrestvollzug als solchen: BGE 115 III 126 E. 2 und 3; BGE 114 Ia 381 E. c; BGE 113 III 139 E. 3.a;
- eines **Dritten**, der zugleich Gläubiger ist, weil die Abtretung des gegen ihn gerichteten Anspruchs nicht in Übereinstimmung mit den entsprechenden Gesetzen und Verordnungen erfolgt sei: BGE 119 III 81 E. 2;
- eines nach VZG 16 Abs. 3 und 94 Abs. 2 (→ Nr. 9) eingesetzten **Grundstückverwalters** gegen den Auftragswiderruf: BGE 129 III 400 E. 1 (Pra 93 [2004] Nr. 87);
- eines **Rechtsanwalts**, der ohne sein Wissen als Vertreter des Betreibenden bezeichnet worden ist: BGE 130 III 231 E. 1 (Pra 93 [2004] Nr. 120).

17 Die Legitimation zur Beschwerde wurde in der Praxis **verneint** im Fall:
- eines **Ehemannes**, um in eigenem Namen die Pfändung des Anspruchs seiner Ehefrau nach ZGB 164 anzufechten: BGE 114 III 78 E. 1;
- eines einzelnen **Mitglieds eines Gläubigerausschusses**: BGE 119 III 118 E. 1.b (Pra 83 [1994] Nr. 87); BGE 51 III 160, 163;
- einer **einfachen Gesellschaft**: BGE 96 III 100 E. 1;
- einer **Person**, die völlig ausserhalb des Betreibungsverfahrens steht und die Nichtigkeit einer betreibungsamtlichen Handlung geltend macht: BGE 112 III 4 E. 1.d (Pra 75 [1986] Nr. 195);
- eines **Grundbuchführers**: BGE 96 III 60, 61;
- eines vorläufig nicht zugelassenen **Konkursgläubigers**: BGE 90 III 86 E. 1;
- eines **unbeschränkt haftenden Gesellschafters** der Konkursschuldnerin: BGE 103 III 21 E. 1;
- eines **Aktionärs** im Konkurs der AG: BGE 88 III 28 E. 2, BGE 88 III 68 E. 2.d;
- eines **Drittschuldners** bezüglich der bei seinem Gläubiger vorgenommenen Pfändung; er kann nur die Pfändung von absolut unpfändbaren Vermögenswerten anzeigen: BGE 130 III 400 E. 2;
- eines **Dritten gegen die Anordnung der amtlichen Verwahrung** einer gepfändeten Sache, an der er Eigentum beansprucht: BGE 82 III 97, 100.

18 Im Falle **kollektiver Zeichnungsberechtigung** bei einer Handelsgesellschaft oder juristischen Person kann ein nur gemeinsam Zeichnungsberechtigter zwar allein für die Gesellschaft Recht vorschlagen, aber nicht namens der Gesellschaft Beschwerde führen oder einen Beschwerdeentscheid weiterziehen: BGE 65 III 72, 73 f.

19 Die **Intervention** Dritter im Beschwerdeverfahren ist ausgeschlossen: BGE 73 III 35 E. 1.

20 Ein **Mangel in Bezug auf die Vertretungsbefugnis** stellt eine Rüge dar, die auf dem Beschwerdeweg geltend gemacht werden muss. Die Aufsichtsbehörde ist verpflichtet, das im Beschwerdeverfahren festgestellte Fehlen einer Vertretungsmacht zu beachten: BGE 130 III 231 E. 2 (Pra 93 [2004] Nr. 120).

21 Der aus BV 29 Abs. 3 (aBV 4) abgeleitete Anspruch auf **unentgeltliche Rechtsverbeiständung** kann im Beschwerdeverfahren nach SchKG 17 nicht grundsätzlich mit dem Hinweis ausgeschlossen werden, gemäss SchKG 20a Abs. 1 würden keine Kosten erhoben und keine Entschädigungen zugesprochen. Soweit das Beschwerdeverfahren der Offizialmaxime untersteht, ist jedoch die Mitwirkung eines Rechtsanwalts in aller Regel nicht erforderlich: BGE 122 I 8 E. 2. Auch in dem vom Untersuchungsgrundsatz beherrschten betreibungsrechtlichen Beschwerdeverfahren nach den SchKG 17 ff. kann sich die Verbeiständung durch einen Rechtsanwalt als notwendig erweisen, wenn der Sachverhalt oder die sich stellenden Fragen komplex sind, wenn die Rechtskenntnisse des Gesuchstellers unzureichend sind oder wenn bedeutende Interessen auf dem Spiel stehen: BGE 122 III 392 E. 3.

22 Hinsichtlich der **Form** der Beschwerde können die Kantone unter Vorbehalt bundesrechtlich geregelter Punkte Vorschriften aufstellen und das Eintreten auf eine Beschwerde von deren Erfüllung abhängig machen: BGE 86 III 1, 2.

23 Im Falle einer fristgerecht eingereichten Beschwerde **ohne ausdrücklich gestellte Anträge** hat die Aufsichtsbehörde den Sinn der Beschwerde durch Auslegung zu ermitteln: BGE 102 III 129 E. 2.

24 Es ist ausschliesslich Sache der Kantone, zu bestimmen, welche **Sprachen** im Verkehr mit ihren Organen gebraucht werden dürfen: BGE 83 III 56, 57 f.

25 Die Frage der **Zulässigkeit von Beweismitteln** und der **Form der Beweiserhebung** im betreibungsrechtlichen Beschwerdeverfahren richtet sich weitgehend nach kantonalem Verfahrensrecht: BGE 102 III 10 E. 2.a.

26 Entscheide kantonaler Aufsichtsbehörden über Verfügungen der Vollstreckungsorgane gemäss SchKG 17 unterliegen gemäss BGG 72 Abs. 2 lit. a (→ Nr. 26) i.V.m. SchKG 19 der **Beschwerde in Zivilsachen ans Bundesgericht**. Diese ist gemäss BGG 74 Abs. 2 lit. c unabhängig von einer gesetzlichen Streitwertgrenze gegeben: BGer v. 14.11.2011, 5A_334/2011 E. 2.1; BGer v. 08.11.2011, 5A_605/2011 E. 1.1.

27 Gemäss **BankG 24 Abs. 2** (→ Nr. 36) können die Gläubiger und Eigner einer Bank in den Verfahren nach dem elften und dem zwölften Abschnitt des BankG lediglich gegen die Genehmigung des Sanierungsplans und gegen Verwertungshandlungen Beschwerde führen. Die Beschwerde nach SchKG 17 ist in diesen Verfahren ausgeschlossen.

Zu Abs. 2

28 **Beginn der Frist zur Beschwerde**:
 – Für die Rechtzeitigkeit einer Beschwerde, die vom oder für den in seiner **Handlungsfähigkeit Eingeschränkten persönlich** erhoben wird, ist der Zeitpunkt massgebend, in dem dieser selbst von der betreibungsamtlichen Verfügung Kenntnis erlangt hat: BGE 102 III 138 E. 2.b.

- Die Frist für die Beschwerde, mit der geltend gemacht wird, das Betreibungsamt habe das Vorliegen eines gültigen Rechtsvorschlags zu Unrecht verneint, beginnt erst mit der **Zustellung der Pfändungsurkunde** zu laufen, es sei denn, das Betreibungsamt habe dem Schuldner seinen Entscheid über die Gültigkeit des Rechtsvorschlags schon vor der Fortsetzung der Betreibung durch eine formelle Verfügung eröffnet: BGE 109 III 14 E. 1.b; BGE 101 III 9 E. 1; BGE 85 III 14, 18.
- Wird die ordentliche Betreibung auf Pfändung oder Konkurs anstelle der von SchKG 41 Abs. 1 vorgesehenen Betreibung auf Pfandverwertung eingeleitet, so ist die **Zustellung des Zahlungsbefehls** innert zehn Tagen anzufechten.: BGE 120 III 105 E. 1.
- Für die Berechnung der Beschwerdefrist ist **nicht auf die mündliche Mitteilung** der Pfändung durch den Betreibungsbeamten abzustellen. Vielmehr durfte der Schuldner die Zustellung der Pfändungsurkunde abwarten und hernach in voller Kenntnis der vollzogenen Pfändung Beschwerde erheben: BGE 107 III 7 E. 2.
- Dem **Kompetenzanspruch eines Ehemannes** hinsichtlich eines gepfändeten Gegenstandes entspricht ein ihm selbst zustehendes Beschwerderecht. Für ihn läuft daher die Beschwerdefrist nach SchKG 17 erst von seiner persönlichen Kenntnis an: BGE 80 III 20 E. 2.
- Nehmen mehrere Gläubiger nacheinander an einer Lohnpfändung teil, so ist der Schuldner anlässlich jedes **Pfändungsanschlusses** befugt, eine Herabsetzung des gepfändeten Betrags zu verlangen, jedoch immer nur binnen zehn Tagen seit Empfang der die Teilnahme vermerkenden Pfändungsurkunde: BGE 78 III 75 E. 1.
- Die Frist für eine Beschwerde gegen die **Steigerungsbedingungen** beginnt mit deren Publikation: BGE 120 III 25 E. 2.a.
- Die Frist für eine Beschwerde gegen den **Steigerungszuschlag** beginnt mit dem Tag der Steigerung: BGE 71 III 114, 115.
- Sobald in einer Betreibung auf Grundpfandverwertung die Steigerung durchgeführt ist und der Zuschlag nicht mehr angefochten werden kann, kommt SchKG 56 Ziff. 3 nicht mehr zur Anwendung. Für den Schuldner, der während der Betreibungsferien auf dem Amt vom Verteilungsplan Kenntnis erhält, beginnt die Frist zur Erhebung einer Beschwerde deshalb **nicht erst nach Ende der Ferien** zu laufen: BGE 114 III 60 E. 2.
- Die Frist für eine Beschwerde gegen den **Kollokationsplan** beginnt mit der öffentlichen Bekanntmachung der Auflegung des Plans: BGE 93 III 84 E. 1.
- Dem **inhaftierten Schuldner** muss gestützt auf SchKG 60 Frist zur Bestellung eines Vertreters angesetzt werden, wenn ihm eine Arresturkunde zuzustellen ist. Wird der Schuldner erst nachträglich, d.h. nach Zustellung der Arresturkunde, zur Bestellung eines Vertreters eingeladen, so beginnt die Beschwerdefrist erst mit dem ersten Tag nach Ablauf der i.S.v. SchKG 60 angesetzten Frist: BGE 108 III 3 E. 2.

29 Die **Prüfung der Rechtzeitigkeit** erfolgt gemäss SchKG 20a Abs. 2 Ziff. 2 von Amtes wegen.

30 Die **verkürzte Beschwerdefrist** von fünf Tagen nach SchKG 239 gilt nur für Beschlüsse der eigentlichen ersten Gläubigerversammlung: BGE 69 III 18 E. 2.

31 Für die **Verlängerung** der Beschwerdefrist für den im **Ausland** wohnhaften Schuldner siehe SchKG 33 Abs. 2.
32 Ein **Auskunftsgesuch** an das Betreibungsamt bewirkt keine Verlängerung der Beschwerdefrist: BGE 77 III 69 E. 3.
33 Die Beschwerdefrist kann durch das kantonale Recht **nicht verändert** werden: BGer v. 13.04.2011, 5A_125/2011 E. 3.2.
34 Eine nach Ablauf der Beschwerdefrist eingereichte **Ergänzungsschrift** kann nicht mehr berücksichtigt werden, selbst wenn sie in der rechtzeitigen Beschwerdeerklärung angekündigt wurde: BGE 126 III 30 E. 1.b; BGE 114 III 5 E. 3.
35 Bei der Frist nach SchKG 17 Abs. 2 handelt es sich um eine gesetzliche Frist, die **nicht erstreckt** werden kann. Das bedeutet, dass innert der Beschwerdefrist eine rechtsgenügend begründete Beschwerdeschrift einzureichen ist; eine mangelhafte Begründung der Beschwerde gilt nicht etwa als verbesserlicher Fehler i.S.v. SchKG 32 Abs. 4: BGer v. 12.03.2009, 5A_814/2008 E. 3.3; vgl. SchKG 18 N 9 sowie SchKG 32 N 8.

Zu Abs. 3

36 Richtet sich die Beschwerde gegen das **Untätigbleiben des Betreibungsamts**, so liegt eine Beschwerde wegen formeller Rechtsverweigerung gemäss SchKG 17 Abs. 3 vor. In einem solchen Fall kann das Kantonsgericht keinen Sachentscheid treffen, sondern einzig das Betreibungsamt zum Handeln anhalten: BGer v. 28.03.2011, 5A_9/2011 E. 3.2.
37 Unter Rechtsverweigerung i.S.v. SchKG 17 Abs. 3 versteht die Rechtsprechung bloss die **formelle Rechtsverweigerung**: BGE 97 III 28 E. 3. Eine solche liegt vor, wenn eine Behörde auf eine ihr frist- und formgerecht unterbreitete Sache nicht eintritt, obschon sie darüber befinden müsste. Überspitzter Formalismus als besondere Form der Rechtsverweigerung ist gegeben, wenn für ein Verfahren rigorose Formvorschriften aufgestellt werden, ohne dass die Strenge sachlich gerechtfertigt wäre, wenn die Behörde formelle Vorschriften mit übertriebener Schärfe handhabt oder an Rechtsschriften überspannte Anforderungen stellt und damit dem Bürger den Rechtsweg in unzulässiger Weise versperrt: BGer v. 11.03.2011, 5A_896/2011 E. 6.3.2; BGE 135 I 6 E. 2.1
38 Eine **Rechtsverzögerung** liegt nach der Praxis vor, wenn eine Behörde eine ihr obliegende Amtshandlung nicht innert der vom Gesetz bzw. den Umständen gebotenen Frist vornimmt. Bei der Rechtsverzögerung handelt es sich um einen Teilaspekt der Rechtsverweigerung. Eine Grenzziehung zwischen Rechtsverzögerung und Rechtsverweigerung ist nicht einfach; dies hat aber keinerlei praktische Auswirkungen: BGE 101 III 1 E. 2.
39 Bestehen auf einem Konkursamt wegen **Personalmangels** Geschäftsrückstände, so soll die kantonale Aufsichtsbehörde Massnahmen anordnen: BGE 119 III 1 E. 2. Der Kanton, welcher die Organisation des Betreibungs- und Konkurswesens in personeller Hinsicht vernachlässigt, macht sich unter Umständen haftpflichtig: BGE 119 III 1 E. 2.
40 Der Erwerb eines **landwirtschaftlichen Grundstücks** erfordert auch in der Zwangsvollstreckung eine Bewilligung (BGBB 61 i.V.m. 67). Gemäss BGBB 67 Abs. 2 hebt das Betreibungsamt den Zuschlag auf und ordnet eine neue Versteigerung an, wenn der Ersteigerer kein Bewilligungsgesuch einreicht oder die Bewilligung verweigert wird. Bleibt das Betrei-

bungsamt untätig, obwohl der Ersteigerer keine Erwerbsbewilligung bzw. nicht einmal das Gesuch um eine Erwerbsbewilligung vorlegt, so liegt ein Fall von Rechtsverweigerung vor: BGer v. 03.11.2011, 5A_393/2011 E. 6.2.1.1.

Zu Abs. 4

41 **Ausserhalb eines Beschwerdeverfahrens** kann das Vollstreckungsorgan seine Verfügung so lange in Wiedererwägung ziehen, als die Beschwerdefrist noch nicht abgelaufen ist: BGer v. 15.02.2008, 5A_67/2007 E. 4.1 (Pra 98 [2009] Nr. 122).

42 **Während eines Beschwerdeverfahrens** kann das Vollstreckungsorgan seine Verfügung bis zu seiner Vernehmlassung in Wiedererwägung ziehen. Der volle Devolutiveffekt tritt nach der Rechtsprechung des Bundesgerichts spätestens mit dem Eingang der Vernehmlassung des Amtes zu dieser Beschwerde ein: BGE 110 III 57 E. 2; BGE 97 III 3 E. 2.

43 **Ist die Beschwerdefrist unbenutzt abgelaufen**, kann das Vollstreckungsorgan seine Verfügung nur dann in Wiedererwägung ziehen, wenn diese nichtig ist i.S.v. SchKG 22: BGer v. 15.12.2008, 5A_65/2008 E. 3.2.

Art. 18[1] 2. An die obere Aufsichtsbehörde

¹ Der Entscheid einer unteren Aufsichtsbehörde kann innert zehn Tagen nach der Eröffnung an die obere kantonale Aufsichtsbehörde weitergezogen werden.

² Wegen Rechtsverweigerung oder Rechtsverzögerung kann gegen eine untere Aufsichtsbehörde jederzeit bei der oberen kantonalen Aufsichtsbehörde Beschwerde geführt werden.

Verweise

Abs. 1: *SchKG 13 Abs. 2 (untere Aufsichtsbehörde); SchKG 31–33, SchKG 56–63, ZPO 142 ff. (Fristberechnung → Nr. 25); SchKG 36 (aufschiebende Wirkung).*

Zu Abs. 1

1 **Gegenstand einer Weiterziehung** kann nur eine Massnahme im Vollstreckungsverfahren sein; blosse Zwischenentscheide in einem hängigen Beschwerde- bzw. Rekursverfahren (prozessleitende Anordnungen, Erteilung aufschiebender Wirkung usw.) sind dagegen nicht weiterziehbar: BGE 98 III 22, 23.

2 Die Weiterziehung des Entscheids einer Aufsichtsbehörde nach SchKG 18 und 19 steht grundsätzlich nur einem davon in seinen Rechten Betroffenen zu, also je nach Ausgang des Verfahrens dem **Beschwerdeführer** oder **Beschwerdegegner**: BGE 119 III 4 E. 1.

3 Nicht zur Weiterziehung nach SchKG 18 legitimiert ist die Partei, die durch den anzufechtenden Entscheid **begünstigt** wird: BGer v. 12.11.2010, 5A_494/2010 E. 3.

---

1 Fassung gemäss Ziff. I des BG vom 16. Dez. 1994, in Kraft seit 1. Jan. 1997 (AS 1995 1227; BBl 1991 III 1).

4 Dem **Betreibungsamt** ist die Weiterziehung grundsätzlich untersagt, es sei denn, dass der Entscheid in die eigenen materiellen oder persönlichen Interessen des Betreibungsbeamten oder des durch ihn vertretenen Kantons eingreift: BGE 119 III 4 E. 1; BGE 79 III 145 E. 1.

5 Streitigkeiten betreffend die Anwendung des **Gebührentarifs** zum SchKG können vom Betreibungs- oder Konkursamt an die Aufsichtsbehörden weitergezogen werden: BGE 115 III 6 E. 1.

6 Wird eine Verfügung des Betreibungsamt von der Aufsichtsbehörde für ungültig erklärt und die für die ungültige Verfügung erhobene Gebühr gestrichen, so kann das Betreibungsamt mit der Gebührenfrage **zugleich auch** die hierüber ergangene Sachentscheidung weiterziehen: BGE 79 III 145 E. 2 und 3.

7 Das **Konkursamt** ist nur dann zur Beschwerde legitimiert, wenn es Interessen der Konkursmasse und damit der Gesamtheit der Gläubiger oder fiskalische Interessen des Staates vertritt. Gegen eine amtliche Anweisung der Aufsichtsbehörde kann es jedoch keine Beschwerde führen, auch wenn es den Entscheid der Aufsichtsbehörde materiell als unrichtig betrachtet: BGE 108 III 77, 79.

8 Zur Weiterziehung legitimiert ist auch die **Liquidatorin im Nachlassvertrag mit Vermögensabtretung**, sofern sie dabei die Interessen der Masse vertritt: BGE 105 III 28 E. 1.

9 Bei der Frist nach SchKG 18 Abs. 1 handelt es sich um eine gesetzliche Frist, die **nicht erstreckt** werden kann. Das bedeutet, dass innert der Beschwerdefrist eine rechtsgenügend begründete Beschwerdeschrift einzureichen ist; eine mangelhafte Begründung der Beschwerde gilt nicht etwa als verbesserlicher Fehler i.S.v. SchKG 32 Abs. 4: BGer v. 12.03.2009, 5A_814/2008 E. 3.3; vgl. SchKG 17 N 35 sowie SchKG 32 N 8.

10 Die Frist für die Weiterziehung an die kant. Aufsichtsbehörde in Anwendung kant. Rechts abzukürzen, ist **unzulässig**: vgl. BGE 84 III 8, 8 f.

11 Die kantonalen Aufsichtsbehörden müssen **von Amtes wegen** die Wahrung der Beschwerdefrist gemäss SchKG 18 Abs. 1 feststellen. Sie tragen die Beweislast für die Behauptung, eine Beschwerde sei ihnen nicht rechtzeitig zugegangen, jedenfalls in jenen Fällen, in denen wegen der von der unteren kantonalen Aufsichtsbehörde gewählten Form der Zustellung deren Datum aus den Akten nicht ohne Weiteres ersichtlich ist: vgl. BGE 114 III 51 E. 5.

12 Das **Verfahren** richtet sich nach den Vorgaben des Bundesrechts (SchKG 20a Abs. 2), einschliesslich verfassungsmässiger Bestimmungen; im Übrigen wird das Verfahren durch die Kantone geregelt (SchKG 20a Abs. 3): BGer v. 31.10.2011, 5A_448/2011 E. 2.1; BGer v. 13.04.2011, 5A_125/2011 E. 3.

13 Im Weiteren ist für das kantonale Beschwerde- und Rekursverfahren die **Zulassung neuer Vorbringen** keinesfalls an strengere Voraussetzungen als an die in BGG 99 Abs. 1 (→ Nr. 26) vorgesehenen geknüpft.

Art. 19[1] 3. An das Bundesgericht

Die Beschwerde an das Bundesgericht richtet sich nach dem Bundesgerichtsgesetz vom 17. Juni 2005[2].

Verweis: BGG 72 Abs. 2 Bst. a (Beschwerde gegen Entscheide in Schuldbetreibungs- und Konkurssachen → Nr. 26).

1 Entscheide kantonaler Aufsichtsbehörden über Beschwerden gegen Verfügungen von Vollstreckungsorganen gemäss SchKG 17 unterliegen der **Beschwerde in Zivilsachen** (BGG 72 Abs. 2 lit. a [→ Nr. 26] i.V.m. SchKG 19). Dieses Rechtsmittel ist unabhängig von einer gesetzlichen Streitwertgrenze zulässig (BGG 74 Abs. 2 lit. c): BGer v. 14.11.2011, 5A_334/2011 E. 2.1.

2 **Anfechtungsobjekt** der betreibungsrechtlichen Beschwerde (SchKG 17) sind i.d.R. Verfügungen eines Vollstreckungsorgans: siehe hierzu SchKG 17 N 1 und 2. Entsprechend ist die Beschwerde an das Bundesgericht nur zulässig, wenn der angefochtene Entscheid der oberen kantonalen Aufsichtsbehörde eine solche Verfügung betrifft: BGer v. 08.09.2011, 5A_308/2011 E. 1.1.

3 Beschwerdeentscheide der kantonalen Aufsichtsbehörden über Verfügungen der Vollstreckungsorgane gemäss SchKG 17 sind **Endentscheide** i.S.v. BGG 90 (→ Nr. 26): BGer v. 07.09.2010, 5A_442/2010 E. 1; BGE 133 III 350 E. 1.2.

4 Der Entscheid betreffend ein **Gesuch um aufschiebende Wirkung** kann als selbstständig eröffneter Zwischenentscheid i.S.v. BGG 93 Abs. 1 lit. a (→ Nr. 26) angefochten werden, wenn er einen nicht wieder gutzumachenden Nachteil bewirken könnte: BGer v. 23.06.2008, 5D_54/2008 E. 1.2.

5 Der Entscheid über die **Sistierung eines kantonalen Beschwerdeverfahrens**, das eine Beschwerde gegen die Steigerungspublikation in einer Betreibung auf Pfandverwertung zum Gegenstand hat, bildet einen anfechtbaren Zwischenentscheid i.S.v. BGG 93 Abs. 1 lit. a (→ Nr. 26): BGer v. 10.12.2008, 5A_672/2008 E. 1.

6 Der Entscheid einer kantonalen Aufsichtsbehörde, mit welchem die Sache **mit sehr genauen Anweisungen zu neuer Entscheidung** an das Betreibungsamt zurückgewiesen wird, kann trotz seiner Natur als Zwischenentscheid Gegenstand einer Beschwerde an das Bundesgericht sein: BGE 134 III 136 E. 1.2 (Pra 97 [2008] Nr. 107).

7 Mit der Beschwerde in Zivilsachen kann insbesondere die **Verletzung von Bundesrecht, Völkerrecht und kantonaler verfassungsmässiger Rechte** gerügt werden (BGG 95 → Nr. 26). Die Feststellung des Sachverhalts kann nur gerügt werden, wenn sie offensichtlich unrichtig ist oder auf einer Rechtsverletzung i.S.v. BGG 95 beruht und die

---

1 Fassung gemäss Anhang Ziff. 6 des Bundesgerichtsgesetzes vom 17. Juni 2005, in Kraft seit 1. Jan. 2007 (SR 173.110).
2 SR 173.110

Behebung des Mangels für den Ausgang des Verfahrens entscheidend sein kann (BGG 97 Abs. 1): BGE 133 III 350 E. 1.3.

8 Zum Bundesrecht gehört laut der Begriffsbestimmung des BGG (→ Nr. 26) auch das **Verfassungsrecht**: BGer v. 03.03.2010, 5A_696/2010 E. 1.2; BGE 134 III 379 E. 1.2.

9 Bei Ermessensfragen greift das Bundesgericht einzig bei **Missbrauch oder Überschreiten des Ermessens** ein. Dies ist namentlich dann der Fall, wenn die kantonale Behörde sachfremde Kriterien mitberücksichtigt oder rechtserhebliche Umstände ausser Acht lässt: BGE 134 III 323 E. 2 (Pra 97 [2008] Nr. 131); BGE 132 III 281 E. 2.1 (Pra 96 [2007] Nr. 11).

10 Als **Ermessensfragen** gelten insbesondere:
– die Bestimmung des **Existenzminimums**: BGer v. 13.01.2010, 5A_766/2009 E. 2; BGE 134 III 323 E. 2 (Pra 97 [2008] Nr. 131);
– die Bestimmung des **Umfangs der Pfändung** sowie die **Schätzung** der gepfändeten Vermögenswerte: BGE 132 III 281 E. 2.1 (Pra 96 [2007] Nr. 11);
– die Berechnung des **Entgelts** der amtlichen oder ausseramtlichen Konkursverwaltung: BGE 130 III 611 E. 1.2 (Pra 94 [2005] Nr. 66);
– die **Absetzung** eines Mitglieds des Gläubigerausschusses: BGE 119 III 118 E. 4 (Pra 83 [1994] Nr. 87);
– die **vorzeitige Verwertung** eines Grundstücks im Konkursverfahren gemäss VZG 128 Abs. 2 (→ Nr. 9): BGE 111 III 77 E. 1; BGE 96 III 83 E. 1; BGE 88 III 23 E. 2.
– die **Qualifikation eines Autos** als Kompetenzgut: BGE 110 III 17 E. 2; BGE 108 III 60 E. 2;
– die **Gewährung eines billigen Unterhaltsbeitrages** durch die Konkursverwaltung gestützt auf SchKG 229 Abs. 2: BGE 106 III 75 E. 2;
– die **Schliessung einer Versteigerung**, zu der niemand erschienen ist: BGE 122 III 432 E. 4.a (Pra 86 [1997] Nr. 74);
– der Entscheid der Konkursverwaltung darüber, ob die Beschlüsse der zweiten Gläubigerversammlung **auf dem ordentlichen oder auf dem Zirkularweg** zu fassen sind: BGE 103 III 79 E. 2.

11 Die blosse **Unangemessenheit** einer Entscheidung kann dagegen nicht vor Bundesgericht gerügt werden: BGer v. 03.11.2008, 5A_142/2008 E. 5; BGE 134 III 323 E. 2 (Pra 97 [2008] Nr. 131).

12 Gemäss BGG 76 Abs. 1 (→ Nr. 26) ist zur Beschwerde in Zivilsachen **legitimiert**, wer vor der Vorinstanz am Verfahren teilgenommen hat oder keine Möglichkeit zur Teilnahme erhalten hatte (lit. a) und ein rechtlich geschütztes Interesse an der Aufhebung oder Änderung des angefochtenen Entscheids hat (lit. b). Anders als nach der Rechtsprechung zu SchKG 19 in der Fassung, wie sie bis zum Inkrafttreten des BGG am 1. Januar 2007 gegolten hatte, reicht ein bloss tatsächliches Interesse somit nicht mehr. Zu der nach BGG 42 Abs. 1 und 2 erforderlichen Begründung der Beschwerde gehören auch Darlegungen zu den gesetzlichen Legitimationsvoraussetzungen. Soweit deren Erfüllung nicht klar auf der Hand liegt, ist es nicht Sache des Bundesgerichts, nachzuforschen, ob und inwiefern der Beschwerdeführer zur Be-

schwerde zuzulassen sei: BGer v. 15.10.2009, 5A_454/2009 E. 3.2; BGE 133 II 400 E. 2 mit Hinweis.

13 Das Bundesgericht wendet das Recht von Amtes wegen an (BGG 106 Abs. 1 → Nr. 26) und prüft mit freier Kognition, ob der angefochtene Entscheid Recht verletzt. Es befasst sich aber nur mit **formell ausreichend begründeten Rügen**. Nach BGG 42 Abs. 2 ist in der Begründung in gedrängter Form darzulegen, inwiefern der angefochtene Akt Recht verletzt. Die Begründung muss in der Beschwerde selbst enthalten sein; blosse Verweise auf die den Vorinstanzen eingereichten Rechtsschriften genügen den Anforderungen von BGG 42 Abs. 2 nicht. Der Beschwerdeführer muss auf den angefochtenen Entscheid eingehen und im Einzelnen aufzeigen, worin eine Verletzung von Bundesrecht liegt; er soll im Schriftsatz mit seiner Kritik an den Erwägungen der Vorinstanz ansetzen, die er als rechtsfehlerhaft erachtet. Allgemein gehaltene Einwände, die er ohne aufgezeigten oder erkennbaren Zusammenhang mit bestimmten Entscheidungsgründen vorbringt, genügen nicht: BGer v. 08.11.2011, 5A_605/2011 E. 1.4.

14 Für Vorbringen betreffend die Verletzung verfassungsmässiger Rechte gilt das **Rügeprinzip** (BGG 106 Abs. 2 → Nr. 26). Die Beschwerdeschrift muss die wesentlichen Tatsachen und eine kurz gefasste Darlegung darüber enthalten, welche verfassungsmässigen Rechte bzw. welche Rechtssätze inwiefern durch den angefochtenen Entscheid verletzt worden sind. Das Bundesgericht prüft nur klar und detailliert erhobene und soweit möglich belegte Rügen. Auf ungenügend begründete Rügen und rein appellatorische Kritik am angefochtenen Entscheid tritt es nicht ein: BGer v. 08.11.2011, 5A_605/2011 E. 1.4; BGE 134 II 244 E. 2.2.

15 Ebenfalls geltend gemacht werden muss die **Nichtigkeit** einer Verfügung. Das Bundesgericht prüft grundsätzlich nur die geltend gemachten Rügen, sofern die rechtlichen Mängel nicht geradezu offensichtlich sind. Es ist jedenfalls nicht gehalten, wie eine erstinstanzliche Behörde alle sich stellenden rechtlichen Fragen zu untersuchen, wenn diese vor Bundesgericht nicht mehr vorgetragen werden: BGE 133 II 249 E. 1.4.1.

16 Gemäss BGG 99 Abs. 1 (→ Nr. 26) dürfen **neue Tatsachen und Beweismittel** nur so weit vorgebracht werden, als erst der Entscheid der Vorinstanz Anlass dazu gibt.

17 **Neue Begehren** sind vor Bundesgericht nicht zulässig (BGG 99 Abs. 2 → Nr. 26). Als neu gelten Begehren, mit denen die Vorinstanz nicht befasst war und die zu einer Ausweitung des Streitgegenstandes führen: BGer v. 08.11.2011, 5A_605/2011 E. 1.2; BGE 135 I 119 E. 2.

18 Die **Frist** richtet sich nach BGG 44–50 sowie 100 Abs. 2 und 3 (→ Nr. 26). Bezüglich des Stillstandes der Frist gilt weiterhin SchKG 56 Ziff. 2 als *lex specialis*.

19 Die **Nichtigkeit** einer Betreibungshandlung kann wohl jederzeit geltend gemacht werden, doch muss dies vor der sachlich zuständigen Instanz geschehen. Das Bundesgericht ist nur dann befugt, die Nichtigkeit einer Betreibungshandlung festzustellen, wenn es mit einem Rekurs gegen eine Entscheid einer (oberen) kantonalen Aufsichtsbehörde angerufen worden ist: BGE 118 III 4 E. 2.a.

20 Mit Beschwerde nach SchKG 19 Abs. 1 kann vom Bundesgericht nicht verlangt werden, **Weisungen** an die kantonalen Aufsichtsbehörden zu erlassen: BGE 129 III 556 E. 5.

Art. 20   4. Beschwerdefristen bei Wechselbetreibung

Bei der Wechselbetreibung betragen die Fristen für Anhebung der Beschwerde und Weiterziehung derselben bloss fünf Tage; die Behörde hat die Beschwerde binnen fünf Tagen zu erledigen.

Verweise: SchKG 177–189 (Wechselbetreibung); SchKG 31–33, SchKG 56–63, ZPO 142 ff. (Fristberechnung → Nr. 25).

1   Seit Inkrafttreten des BGG findet SchKG 20 nur noch für das **kantonale Beschwerdeverfahren nach SchKG 17 und 18** Anwendung, weil SchKG 19 neu auf das BGG verweist und dort die Beschwerde an das Bundesgericht in BGG 72 Abs. 2 lit. a (→ Nr. 26) geregelt wird: BGE 137 III 94 E. 1.3.

Art. 20a[1]   5. Verfahren vor kantonalen Aufsichtsbehörden[2]

1 ...[3]

2 Für das Verfahren vor den kantonalen Aufsichtsbehörden gelten die folgenden Bestimmungen:[4]

1. Die Aufsichtsbehörden haben sich in allen Fällen, in denen sie in dieser Eigenschaft handeln, als solche und gegebenenfalls als obere oder untere Aufsichtsbehörde zu bezeichnen.
2. Die Aufsichtsbehörde stellt den Sachverhalt von Amtes wegen fest. Sie kann die Parteien zur Mitwirkung anhalten und braucht auf deren Begehren nicht einzutreten, wenn sie die notwendige und zumutbare Mitwirkung verweigern.
3.[5] Die Aufsichtsbehörde würdigt die Beweise frei; unter Vorbehalt von Artikel 22 darf sie nicht über die Anträge der Parteien hinausgehen.
4. Der Beschwerdeentscheid wird begründet, mit einer Rechtsmittelbelehrung versehen und den Parteien, dem betroffenen Amt und allfälligen weiteren Beteiligten schriftlich eröffnet.

---

1   Eingefügt durch Ziff. I des BG vom 16. Dez. 1994, in Kraft seit 1. Jan. 1997 (AS 1995 1227; BBl 1991 III 1).
2   Fassung gemäss Anhang Ziff. 6 des Bundesgerichtsgesetzes vom 17. Juni 2005, in Kraft seit 1. Jan. 2007 (SR 173.110).
3   Aufgehoben durch Anhang Ziff. 6 des Bundesgerichtsgesetzes vom 17. Juni 2005, mit Wirkung seit 1. Jan. 2007 (SR 173.110).
4   Fassung gemäss Anhang Ziff. 6 des Bundesgerichtsgesetzes vom 17. Juni 2005, in Kraft seit 1. Jan. 2007 (SR 173.110).
5   Fassung gemäss Ziff. I 6 der V der BVers vom 20. Dez. 2006 über die Anpassung von Erlassen an die Bestimmungen des Bundesgerichtsgesetzes und des Verwaltungsgerichtsgesetzes, in Kraft seit 1. Jan. 2007 (AS 2006 5599; BBl 2006 7759).

5.[1] Die Verfahren sind kostenlos. Bei böswilliger oder mutwilliger Prozessführung können einer Partei oder ihrem Vertreter Bussen bis zu 1500 Franken sowie Gebühren und Auslagen auferlegt werden.

3 Im Übrigen regeln die Kantone das Verfahren.

Verweise
Abs. 2: SchKG 13 (kantonale Aufsichtsbehörden).
Abs. 2 Ziff. 4: SchKG 34 (Zustellung).
Abs. 2 Ziff. 5: GebV SchKG 61 Abs. 2 Bst. a (Kostenlosigkeit → Nr. 7).

1 Vgl. die zu **SchKG 17–19** aufgeführten Entscheidungen.

Zu Abs. 2 Ziff. 2

2 Die Aufsichtsbehörde stellt den Sachverhalt **von Amtes wegen** fest. Sie kann die Parteien zur Mitwirkung anhalten und braucht auf deren Begehren nicht einzutreten, wenn sie die notwendige und zumutbare Mitwirkung verweigern. Aufgrund der gesetzlich vorgeschriebenen Untersuchungsmaxime hat die kantonale Aufsichtsbehörde das Verfahren zu leiten, die rechtserheblichen Tatsachen und erforderlichen Beweismittel zu bezeichnen, die Beweise zu erheben und sie zu würdigen. Die Aufsichtsbehörde hat die relevanten Tatsachen selbst festzustellen. Sie darf damit nicht zuwarten, bis die Parteien sie um die Instruktion des Verfahrens bitten oder ihr spontan geeignete Beweise unterbreiten. Die erwähnte Mitwirkungsobliegenheit der Parteien enthebt die Aufsichtsbehörde nicht von der Pflicht, die Parteien auf die Tatsachen hinzuweisen, die sie als rechtserheblich erachtet, und sie auf die Beweise aufmerksam zu machen, die sie zu erheben gedenkt. Vielmehr trifft die Behörde eine Aufklärungspflicht: Sie muss die Verfahrensbeteiligten in geeigneter Weise auf die zu beweisenden Tatsachen aufmerksam machen. Im Zweifelsfall hat sie durch Rückfragen bei den Parteien nachzuprüfen, ob deren Vorbringen und Beweisangebote vollständig sind: BGer v. 16.02.2011, 5A_781/2010 E. 2.1; BGE 107 II 233 E. 2.c.

3 Die im Beschwerdeverfahren geltende Untersuchungsmaxime schliesst eine **antizipierte Beweiswürdigung** nicht aus: BGer v. 13.05.2011, 5A_187/2011 E. 2.1.

4 Der Anspruch auf **unentgeltliche Rechtspflege** und Verbeiständung wird vorliegend in erster Linie durch das kantonale Prozessrecht geregelt, da das betreibungsrechtliche Beschwerdeverfahren, abgesehen von den in SchKG 20a Abs. 2 geregelten Grundsätzen, wie bis anhin dem kantonalen Recht untersteht: BGer v. 08.08.2011, 5A_336/2011 E. 2.2.

5 Die im betreibungsrechtlichen Beschwerdeverfahren gemäss SchKG 20a Abs. 2 Ziff. 2 vorherrschende **Untersuchungsmaxime** lässt eine anwaltliche Vertretung nicht ohne Weiteres als unnötig erscheinen, auch wenn in diesen Fällen i.d.R. eine anwaltliche Mitwirkung nicht erforderlich sein dürfte: BGer v. 08.08.2011, 5A_336/2011 E. 2.5.2.

---

1 Eingefügt durch Anhang Ziff. 6 des Bundesgerichtsgesetzes vom 17. Juni 2005, in Kraft seit 1. Jan. 2007 (SR 173.110).

Zu Abs. 2 Ziff. 4

6   Der **Begründungspflicht** ist Genüge getan, wenn sich der Betroffene über die Tragweite des Entscheids Rechenschaft geben und ihn in voller Kenntnis der Sache weiterziehen kann: BGer v. 18.01.2007, 7B_172/2006 E. 4.

Zu Abs. 2 Ziff. 5

7   Die **Kostenlosigkeit** gilt nur für Verfahren vor den kantonalen Aufsichtsbehörden. Die Kosten des bundesgerichtlichen Verfahrens richten sich dagegen nach BGG (→ Nr. 26): BGer v. 07.01.2011, 5A_2/2011.

8   **Böswilliges oder mutwilliges Verhalten** hat sich ein Beschwerdeführer dann vorhalten zu lassen, wenn er – in Missachtung der auch im Verfahrensrecht geltenden Pflicht des Handelns nach Treu und Glauben – ohne konkretes Rechtsschutzinteresse und trotz eindeutiger Sach- und Rechtslage vor allem deshalb Beschwerde führt, um das Betreibungsverfahren zu verzögern: BGE 127 III 178 E. 2.a.

9   Die Aussprechung einer Ordnungsbusse wegen Verletzung des **Anstandes** richtet sich nach kantonalem Recht. Die kantonalrechtliche Sanktion darf allerdings Bundesrecht nicht widersprechen, namentlich die in SchKG 20a Abs. 2 Ziff. 5 enthaltene abschliessende Regelung nicht missachten: BGer v. 12.11.2010, 5A_494/2010 E. 5; BGE 127 III 178 E. 2.a.

10 Bei der **gegen den provisorischen Rechtsöffnungsentscheid** eingereichten kantonalen Beschwerde handelt es sich keinesfalls um eine solche nach SchKG 17, für welche die Kostenfreiheit gilt. Sie richtet sich nicht gegen die Verfügung eines Vollstreckungsorgans, sondern gegen einen richterlichen Entscheid: BGer v. 03.12.2008, 5A_639/2008 E. 2.1.

Art. 21   6. Beschwerdeentscheid

Die Behörde, welche eine Beschwerde begründet erklärt, verfügt die Aufhebung oder die Berichtigung der angefochtenen Handlung; sie ordnet die Vollziehung von Handlungen an, deren Vornahme der Beamte unbegründetermassen verweigert oder verzögert.

1   Der **Beschwerdeantrag** muss entweder auf Aufhebung oder Änderung einer Verfügung oder auf Vornahme einer betreibungsrechtlichen Massnahme gerichtet sein: BGer v. 21.09.2006, 7B.134/2006 E. 3.1.

2   Die Beschwerde dient lediglich zur Erreichung eines **praktischen Verfahrenszwecks** und nicht zur blossen Feststellung einer Pflichtwidrigkeit: BGE 91 III 41 E. 7.

3   Die Beschwerde gegen einen Rechtsstillstand, der bei Erhebung der Beschwerde bereits abgelaufen ist, aber auf blosse Vorlegung eines neuen Arztzeugnisses von Monat zu Monat erneuert werden kann, ist ausnahmsweise **zulässig**, andernfalls die Gläubigerin stets neuen Verlängerungen des Rechtsstillstandes ausgesetzt bliebe: BGE 105 III 101 E. 1 (Pra 63 [1980] Nr. 63).

4   Die **Aufhebung einer angefochtenen Verfügung** wirkt *ex tunc* und die darauf basierenden Handlungen fallen dahin. Daher kann nicht von der Gegenstandslosigkeit einer

5   Die Rechtskraftwirkung oder die **materielle Rechtskraft** ist ein allgemeiner Grundsatz, der eingewendet werden kann, wenn ein Urteil von den gleichen Parteien über den gleichen Gegenstand in Frage gestellt wird. Im Schuldbetreibungs- und Konkursrecht hat die materielle Rechtskraft jedoch beschränkte Bedeutung: Sie gilt nur für das betreffende Vollstreckungsverfahren und bei gleichbleibenden tatsächlichen Verhältnissen: BGE 133 III 580 E. 2 (Pra 97 [2008] Nr. 56).

Beschwerde gegen die Pfändung gesprochen werden, nur weil in der Betreibung bereits die Verwertung durchgeführt worden ist. Insoweit erlauben die im angefochtenen Entscheid angeführten Gründe nicht, die Beschwerde in der Sache nicht zu behandeln: BGer v. 08.09.2011, 5A_327/2011 E. 2.2.

Art. 22[1]   N. Nichtige Verfügungen

¹ Verstossen Verfügungen gegen Vorschriften, die im öffentlichen Interesse oder im Interesse von am Verfahren nicht beteiligten Personen erlassen worden sind, so sind sie nichtig. Unabhängig davon, ob Beschwerde geführt worden ist, stellen die Aufsichtsbehörden von Amtes wegen die Nichtigkeit einer Verfügung fest.

² Das Amt kann eine nichtige Verfügung durch Erlass einer neuen Verfügung ersetzen. Ist bei der Aufsichtsbehörde ein Verfahren im Sinne von Absatz 1 hängig, so steht dem Amt diese Befugnis bis zur Vernehmlassung zu.

1   Im Rahmen der SchKG-Revision von 1994 ist in SchKG 22 Abs. 1 Satz 1 die von der bundesgerichtlichen Rechtsprechung entwickelte Umschreibung der **nichtigen Verfügung** i.S. einer Legaldefinition verankert worden.

2   Als **Verfügungen** i.S.v. SchKG 22 gelten Verfügungen der Zwangsvollstreckungsorgane (vgl. N 1 und 2 zu SchKG 17). Die Kompetenz zur Feststellung der Nichtigkeit durch die Aufsichtsbehörden stützt sich auf deren Aufsichtsbefugnis nach SchKG 13 Abs. 1; die gerichtlichen Behörden gehören nicht zum Kreis der Beaufsichtigten: BGer v. 18.11.2010, 5A_576/2010 E. 3.1. D.h., dass die Aufsichtsbehörden nicht befugt sind, gerichtliche Entscheidungen abzuändern oder aufzuheben: BGE 120 III 1 E. 1. Gerichtliche Verfügungen können aber ebenfalls nichtig sein. Dabei handelt es sich zwar nicht um die Nichtigkeit i.S.v. SchKG 22: BGer v. 18.11.2010, 5A_576/2010 E. 3.2. Gleichwohl haben die Aufsichtsbehörden einer allfälligen Fehlerhaftigkeit oder Nichtigkeit einer gerichtlichen Entscheidung Rechnung zu tragen; sie können die Fehlerhaftigkeit oder Nichtigkeit vorfrageweise feststellen und daraus die nötigen Konsequenzen für die in Frage stehende Betreibung ableiten: BGE 130 III 481 E. 3 (Pra 94 [2005] Nr. 42).

3   Die Nichtigkeit einer Verfügung bildet die **Ausnahme**. Eine Verfügung ist nur dann nichtig, d.h. absolut unwirksam, wenn der ihr anhaftende Mangel besonders schwer wiegt, wenn er

---

1   Fassung gemäss Ziff. I des BG vom 16. Dez. 1994, in Kraft seit 1. Jan. 1997 (AS 1995 1227; BBl 1991 III 1).

offensichtlich oder zumindest leicht erkennbar ist und zudem die Annahme der Nichtigkeit die Rechtssicherheit nicht ernsthaft gefährdet: BGer v. 08.08.2007, 2A.18/2007 E. 2.4.

4 Im Einzelnen sind **nichtig**:
- eine Betreibung, die gegen das **Rechtsmissbrauchsverbot** gemäss ZGB 2 Abs. 2 verstösst; ein rechtsmissbräuchliches Verhalten liegt vor, wenn der Betreibungsgläubiger offensichtlich Ziele verfolgt, die mit der Zwangsvollstreckung nicht das Geringste zu tun haben, wenn es ihm bspw. einzig darum geht, den Betriebenen zu schikanieren und zu bedrängen: BGer v. 26.11.2009, 5A_582/2009 E. 3.1;
- eine Betreibung, die von einer oder gegen eine Einheit angehoben wird, der die **Parteifähigkeit fehlt**: BGE 135 III 229 E. 3 (Pra 98 [2009] Nr. 123); BGE 120 III 11 E. 1.b; BGE 115 III 11 E. 2; BGE 114 III 62 E. 1.a;
- die **fehlerhafte Zustellung** eines Zahlungsbefehls, der dem Betriebenen nicht zur Kenntnis gelangt: BGer v. 12.10.2009, 5A_487/2009 E. 3.1; BGE 120 III 117 E. 2.c; BGE 117 III 10 E. 3.c; BGE 110 III 11 E. 2;
- die Zustellung des Zahlungsbefehls während der Dauer des Rechtsstillstandes **wegen Militär-, Zivil- oder Schutzdienst**: BGE 127 III 175 E. 3; BGE 67 III 69, 69 f.;
- die gegen einen **völkerrechtlichen Vertrag** verstossende Zustellung einer Betreibungsurkunde: BGE 94 III 42 E. 4; BGE 82 III 77 E. 5; BGE 57 III 30 E. 4;
- die Zustellung des Zahlungsbefehls an einen **nicht förmlich ernannten Beistand**: BGE 90 III 13 E. 1;
- Betreibungsurkunden mit **mangelhafter Schuldnerbezeichnung**: BGE 102 III 63 E. 1;
- Betreibungsurkunden mit **mangelhafter Gläubigerbezeichnung**: BGE 98 III 24, 25;
- die trotz **Rechtsvorschlag** erfolgte Fortsetzung der Betreibung: BGE 85 III 14, 16; BGE 73 III 145, 147;
- ein **Rechtsöffnungsentscheid**, wenn der Schuldner weder eine Vorladung zur Rechtsöffnungsverhandlung noch den Rechtsöffnungsentscheid erhalten hat: BGE 102 III 133 E. 3;
- die Fortsetzung der Betreibung auf dem Weg der **Pfändung** anstatt des Konkurses (oder **umgekehrt**): BGE 120 III 105 E. 1;
- die durch ein **unzuständiges Amt** vorgenommene Pfändung: BGE 91 III 47 E. 3; BGE 88 III 10 E. 3; BGE 80 III 99 E. 1; BGE 68 III 33, 35;
- Betreibungshandlungen **nach Rückzug der Betreibung**: BGE 77 III 75, 76 f.;
- die Pfändung, die auf ein **verspätetes Pfändungsbegehren** hin vollzogen wird: BGE 96 III 111 E. 4.a;
- die Pfändung für eine **nicht in Betreibung gesetzte Forderung**: BGE 109 III 53 E. 2.b (Pra 73 [1984] Nr. 64);
- die Pfändung von Vermögenswerten, die offensichtlich **nicht dem Schuldner gehören**: BGE 84 III 79, 82 ff.;
- die Pfändung von Vermögenswerten, die **nicht genügend individualisiert** sind: BGE 114 III 75 E. 1; BGE 106 III 100 E. 1 (Pra 70 [1981] Nr. 114);

- die Einkommenspfändung, die offensichtlich den **Notbedarf** des Schuldners unberücksichtigt lässt: BGE 116 III 10 E. 2 und 3; BGE 114 III 78 E. 3; BGE 97 III 7 E. 2 (Pra 60 [1971] Nr. 111);
- der **Eingriff** in den Notbedarf für nicht auf die Unterhaltsbeiträge angewiesene Alimentengläubiger: BGE 116 III 10 E. 2 und 3; BGE 111 III 13 E. 6.a und 7;
- die Pfändung **nicht in der Schweiz** befindlicher Gegenstände: BGE 41 III 387, 388; BGE 41 III 291 E. 1;
- die Fristansetzung im **Widerspruchsverfahren** ohne genaue Angabe der von der Drittansprache betroffenen Gegenstände: BGE 113 III 104 E. 4;
- die Ausstellung eines **Verlustscheines**, ohne dass eine Pfändung oder Verwertung durchgeführt worden wäre: BGE 125 III 337 E. 3.b;
- die Konkursandrohung durch ein örtlich **unzuständiges** Betreibungsamt: BGE 118 III 4 E. 2.a;
- die Konkursandrohung bei **hängiger Aberkennungsklage**: BGE 73 I 353 E. 2; BGE 32 I 195, 196 f.;
- die durch betrügerische Angaben **erschlichene Kollokation**: BGE 96 III 100 E. 2.b; BGE 88 III 131, 132 f.; BGE 87 III 79 E. 2;
- **Steigerungsbestimmungen** des Betreibungsbeamten über die Frist, innert der der Ersteigerer die Räumung des Objektes verlangen kann, und über ein für die Benützung geschuldetes Entgelt: BGE 113 III 42 E. 3.c;
- ein gegen **SchKG 11** verstossender Steigerungszuschlag, selbst wenn das betreffende Pfandverwertungsverfahren abgeschlossen ist: BGE 122 III 335 E. 2.c (Pra 86 [1997] Nr. 56); BGE 112 III 65 E. 3;
- ein Zuschlag an das **Organ** einer im Konkurs stehenden AG: BGE 117 III 39 E. 3–5;
- die Aufnahme eines nicht im Grundbuch eingetragenen bzw. vorgemerkten **Benützungsrechts** an einer Liegenschaft ins Lastenverzeichnis: BGE 113 III 42 E. 2;
- der in Missachtung der Regeln von VZG 58 Abs. 3 und 67 (→ Nr. 9) vorgenommene **Freihandverkauf** im Konkurs: BGE 128 III 104 E. 4;
- der Freihandverkauf im Konkurs, wenn die Umschreibung des zu verwertenden Objekts den Anforderungen zur **Individualisierung** nicht genügt: BGE 131 III 237 E. 2.1;
- der nach Konkurseröffnung ausgestellte **Pfändungsverlustschein**, sofern es sich um eine Konkursforderung handelt: BGE 93 III 55 E. 1–4;
- die Einsetzung einer ausseramtlichen Konkursverwaltung im **summarischen** Konkursverfahren: BGE 121 III 142 E. 2;
- eine Arrestprosequierung gegen einen bereits im Zeitpunkt des Arrestgesuchs **Verstorbenen**: BGE 120 III 39 E. 1;
- der Arrestbeschlag von Vermögenswerten, die **nicht im Arrestbefehl** vermerkt sind, selbst wenn der Arrestgläubiger damit einverstanden war, dass vom Schuldner und vom Dritteigentümer bezeichnete Ersatzgegenstände verarrestiert wurden: BGE 113 III 139 E. 4;

- die Konkurseröffnung am **unrichtigen** Ort: BGE 111 III 66 E. 2;
- ein Betreibungsverfahren, das nach vorangegangener ungerechtfertigter öffentlicher Bekanntmachung und **ohne Wissen des Schuldners** zur Verwertung seines Grundstücks geführt hat: BGE 136 III 571 E. 4–6 (Pra 100 [2011] Nr. 53);
- eine Versteigerung, die **vor dem Prozess über eine Lastenbereinigungsklage** erfolgen soll, deren Gegenstand die Forderung des betreibenden Gläubigers bildet: BGer v. 15.09.2010, 5A_373/2010 E. 4.4;
- der **Vollzug eines nichtigen Arrestbefehls**: BGE 136 III 379 E. 3.1;
- der **Widerruf** einer durch ein Betreibungs- oder Konkursamt erlassenen Verfügung, nachdem dagegen Beschwerde erhoben worden ist: BGE 97 III 3 E. 2.

5 **Nicht nichtig** sind dagegen im Einzelnen:
- die Zustellung des Zahlungsbefehls, der durch einen Dritten **vernichtet** worden ist, nachdem der Schuldner die Entgegennahme verweigert hat: BGE 117 III 5 E. 2;
- Amtshandlungen während der **Betreibungsferien**: BGE 121 III 92 E. 6.d; BGE 121 III 285 E. 2.b;
- die Zustellung einer Betreibungsurkunde in einem **anderen Betreibungskreis**: BGE 91 III 41 E. 4;
- der Zahlungsbefehl, auf welchem jeder Hinweis auf den **Grund** der Betreibung **fehlt**: BGE 121 III 18 E. 2.a;
- Verfügungen in Missachtung von **GebV SchKG 1** (→ Nr. 7, damals GebT SchKG, d.h. Gebührentarif SchKG): BGE 103 III 44 E. 1;
- die Pfändung gestützt auf ein **zu früh eingegangenes Fortsetzungsbegehren**: BGE 130 III 652 E. 2.1;
- die Entgegennahme eines **zu früh eingegangenen Verwertungsbegehrens** durch das Betreibungsamt: BGer v. 19.03.2010, 5A_43/2010 E. 3.2;
- die Pfändung bei **unterlassener Schätzung** nach SchKG 97: BGE 97 III 18 E. 2.a;
- die Pfändung bei **unterlassener Vormerkung von Drittansprachen**: BGE 97 III 18 E. 2.b;
- die Pfändung bei **unterlassener Mitteilung** der Pfändung eines Grundstücks an das Grundbuchamt gemäss SchKG 101 Abs. 1 und VZG 15 Abs. 1 lit. a (→ Nr. 9), bei unterlassener Anzeige an die Grundpfandgläubiger gemäss SchKG 102 Abs. 2 und VZG 15 Abs. 1 lit. b sowie bei unterlassener Anzeige an die Versicherer gemäss VVG 56 und VZG 15 Abs. 1 lit. c: BGE 97 III 18 E. 2.c;
- die Pfändung bei Nichtzustellung oder verspäteter Zustellung der **Pfändungsurkunde** an den Schuldner: BGE 108 III 15, 15; BGE 105 IV 324 E. 2.a; BGE 89 IV 77 E. 4.g;
- eine Versteigerung, wenn bei fehlender Angabe im Lastenverzeichnis aus den Steigerungsbedingungen klar hervorgeht, in welchem Umfang die Grundpfandschulden dem Erwerber **überbunden** werden: BGE 116 III 85 E. 3 (Pra 80 [1991] Nr. 48);
- eine Versteigerung bei Verletzung der **Frist zur öffentlichen Publikation**: BGE 130 III 407 E. 2.3.2;

- der Zuschlag bei einer Versteigerung, wenn der Zuschlagspreis statt in bar durch **Verrechnung** geleistet wird: BGE 111 III 56 E. 3;
- die Ausstellung eines Verlustscheines durch ein **unzuständiges** Betreibungsamt nach ordnungsgemäss durchgeführtem Pfändungsverfahren: BGE 105 III 60 E. 3;
- die **Missachtung** von SchKG 244, wonach über die Konkurseingaben die Erklärung des Gemeinschuldners einzuholen ist: BGer v. 17.03.2011, 5A_734/2010 E. 4.1; BGE 122 III 137 E. 1;
- die Verfügung eines Betreibungsbeamten, die gegen **SchKG 265a Abs. 1** verstösst, wonach das Betreibungsamt den Rechtsvorschlag dem Gericht vorzulegen habe, denn die Bestimmung betrifft bloss das Verhältnis zwischen Gläubiger und Schuldner: BGE 130 III 678 E. 2;
- die Verletzung von Vorschriften betreffend die **Inventaraufnahme** im Konkurs: BGer v. 14.11.2011, 5A_543/2011 E. 2.1 (Pra 101 [2012] Nr. 52).

6 Die Zustellung eines Zahlungsbefehls an eine **verhaftete Person** in Missachtung von SchKG 60 ist nichtig: BGE 77 III 147 E. 1. Die Zustellung einer Arresturkunde in Missachtung von SchKG 60 ist dagegen nicht nichtig: BGE 108 III 3 E. 1.

7 Eine nicht am Wohnsitz des Schuldners **erlassene Pfändungsankündigung** ist als nichtig anzusehen, weil sie die Anschlussrechte allfälliger anderer Gläubiger betrifft. Wird allerdings bei der Pfändung kein pfändbares Vermögen vorgefunden, können keine der erwähnten Anschlussrechte beeinträchtigt werden. Das Bundesgericht hat entschieden, dass diesfalls kein Anlass besteht, die im Beisein des Schuldners vollzogene Pfändung und die als Verlustschein dienende leere Pfändungsurkunde als nichtig zu betrachten: BGer v. 20.10.2009, 5A_460/2009 E. 2.1; BGer v. 06.06.2007, 7B.17/2007 E. 6.3; BGE 105 III 60 E. 1 und 2.

8 Eine vor dem Verzichtsbeschluss der Gläubiger **erfolgte Abtretung oder ein Abtretungsangebot** sind nichtig: BGE 134 III 75 E. 2.4 (Pra 97 [2008] Nr. 92); BGE 120 III 36 E. 3 (Pra 83 [1994] Nr. 168); BGE 118 III 57 E. 3 und 4 (Pra 84 [1995] Nr. 44). Wenn der Verzicht auf die Geltendmachung des Anspruchs – zu Unrecht – nur durch die Konkursverwaltung beschlossen wurde, und nicht durch die Gläubigerversammlung oder auf dem Zirkularweg, die Abtretung aber allen Gläubigern offeriert wurde, ist diese Abtretung hingegen nicht nichtig; sie muss vielmehr innert zehn Tagen ab Erhalt des Zirkulars angefochten werden: BGE 136 III 636 E. 2.1 (Pra 100 [2011] Nr. 64); BGE 86 III 20 E. 2.

9 Die kantonalen Aufsichtsbehörden können eine Verfügung grundsätzlich **jederzeit** auf Nichtigkeit hin überprüfen; das Verpassen der Beschwerdefrist schadet insoweit nicht: BGer v. 02.12.2009, 5A_624/2009 E. 2.2; BGE 121 III 142 E. 2; BGE 120 III 117 E. 2.c.

10 Seit 01.01.2007 übt das Bundesgericht keine Oberaufsicht im Bereich des Schuldbetreibungs- und Konkurswesens mehr aus. Das Bundesgericht kann deshalb die Nichtigkeit einer Verfügung seit dieser Gesetzesänderung **nur noch im Rahmen einer bei ihm hängigen und zulässigen Beschwerde in Zivilsachen** prüfen: BGer v. 17.06.2010, 5A_249/2010 E. 3; BGer v. 10.06.2010, 5A_285/2010 E. 2.3; BGer v. 02.12.2009, 5A_624/2009 E. 2.2; BGE 135 III 46 E. 4.2 (Pra 98 [2009] Nr. 79).

Art. 23[1]   0. Kantonale Ausführungsbestimmungen
1. Richterliche Behörden

Die Kantone bezeichnen die richterlichen Behörden, welche für die in diesem Gesetze dem Richter zugewiesenen Entscheidungen zuständig sind.

Verweis: SchKG 28 (Bekanntmachung).

Keine Entscheidungen.

Art. 24   2. Depositenanstalten

Die Kantone bezeichnen die Anstalten, welche gehalten sind, in den in diesem Gesetze vorgesehenen Fällen Depositen anzunehmen (Depositenanstalten). Sie haften für die von diesen Anstalten verwahrten Depositen.

Verweise: SchKG 9, 144 Abs. 5, 149a Abs. 2, 264 Abs. 3, 315 Abs. 2 (im Gesetz vorgesehene Fälle); SchKG 38, 210 Abs. 1, 215 Abs. 1 (analoge Hinterlegungspflicht); SchKG 9, 98 Abs. 1, KOV 22 (Depositen → Nr. 5); SchKG 9, KOV 22 (Depositenanstalt).

1 Andere Depositenstellen dürfen **nicht** benutzt werden: BGE 53 III 10, 10 ff.

Art. 25[2]

Art. 26[3]   4. Öffentlichrechtliche Folgen der fruchtlosen Pfändung und des Konkurses

[1] Die Kantone können, soweit nicht Bundesrecht anwendbar ist, an die fruchtlose Pfändung und die Konkurseröffnung öffentlich-rechtliche Folgen (wie Unfähigkeit zur Bekleidung öffentlicher Ämter, zur Ausübung bewilligungspflichtiger Berufe und Tätigkeiten) knüpfen. Ausgeschlossen sind die Einstellung im Stimmrecht und im aktiven Wahlrecht sowie die Publikation der Verlustscheine.

[2] Die Rechtsfolgen sind aufzuheben, wenn der Konkurs widerrufen wird, wenn sämtliche Verlustscheingläubiger befriedigt oder ihre Forderungen verjährt sind.

---

1   Fassung gemäss Ziff. I des BG vom 16. Dez. 1994, in Kraft seit 1. Jan. 1997 (AS 1995 1227; BBl 1991 III 1).
2   Aufgehoben durch Anhang 1 Ziff. II der Zivilprozessordnung vom 19. Dez. 2008, mit Wirkung seit 1. Jan. 2011 (AS 2010 1739; BBl 2006 7221).
3   Fassung gemäss Ziff. I des BG vom 16. Dez. 1994, in Kraft seit 1. Jan. 1997 (AS 1995 1227; BBl 1991 III 1).

³ Kommt als einziger Gläubiger der Ehegatte, die eingetragene Partnerin oder der eingetragene Partner des Schuldners zu Verlust, so dürfen keine öffentlich-rechtlichen Folgen der fruchtlosen Pfändung oder des Konkurses ausgesprochen werden.[1]

Verweise

Abs. 1: *SchKG 89–115 (Pfändung); SchKG 171, 189 Abs. 1, 190–194 (Konkurseröffnung); SchKG 115 (Pfändungsurkunde als Verlustschein); SchKG 149, 265 (Verlustschein).*

Abs. 2: *SchKG 195–196 (Widerruf des Konkurses); SchKG 149a, 265 Abs. 2 (Verjährung bzw. Tilgung der durch den Verlustschein verurkundeten Forderung).*

Abs. 3: *ZGB 168 (Zulässigkeit von Betreibungen unter Ehegatten).*

1   Das BG betr. die öffentlichrechtlichen Folgen der fruchtlosen Pfändung und des Konkurses vom 29. April 1920 wurde anlässlich der SchKG-Revision im Jahre 1994 **aufgehoben**.

Art. 27[2]   5. Gewerbsmässige Vertretung

¹ Die Kantone können die gewerbsmässige Vertretung der am Zwangsvollstreckungsverfahren Beteiligten regeln. Sie können insbesondere:
1. vorschreiben, dass Personen, die diese Tätigkeit ausüben wollen, ihre berufliche Fähigkeit und ihre Ehrenhaftigkeit nachweisen müssen;
2. eine Sicherheitsleistung verlangen;
3. die Entschädigungen für die gewerbsmässige Vertretung festlegen.

² Wer in einem Kanton zur gewerbsmässigen Vertretung zugelassen ist, kann die Zulassung in jedem Kanton verlangen, sofern seine berufliche Fähigkeit und seine Ehrenhaftigkeit in angemessener Weise geprüft worden sind.

³ Niemand kann verpflichtet werden, einen gewerbsmässigen Vertreter zu bestellen. Die Kosten der Vertretung dürfen nicht dem Schuldner überbunden werden.

Zu Abs. 1

1   Der Bundesgesetzgeber hat mit SchKG 27 eine Norm geschaffen, welche die gewerbsmässige Vertretung der an einem Zwangsvollstreckungsverfahren Beteiligten regelt. Die Kantone können diese Fragen regeln, jedoch nur **in den von dieser Norm abgesteckten Grenzen**: BGE 135 I 106 E. 2.3 (Pra 98 [2009] Nr. 95).

2   SchKG 27 ist eine **Spezialbestimmung**, die der Gesetzgebung im Bereich des Binnenmarktes (BGBM) vorgeht: BGE 135 I 106 E. 2.5 (Pra 98 [2009] Nr. 95).

---

1   Fassung gemäss Anhang Ziff. 16 des Partnerschaftsgesetzes vom 18. Juni 2004, in Kraft seit 1. Jan. 2007 (AS 2005 5685; BBl 2003 1288).

2   Fassung gemäss Ziff. I des BG vom 16. Dez. 1994, in Kraft seit 1. Jan. 1997 (AS 1995 1227; BBl 1991 III 1).

3 Eine kantonale Regelung umfasst **sowohl die Vertretung der Gläubiger als auch jene der Schuldner** im Betreibungsverfahren: BGE 66 III 6 E. 1.

4 Die Beschränkungen, denen die Kantone die freie Ausübung von Handel und Gewerbe unterwerfen dürfen, müssen durch das öffentliche Interesse gerechtfertigt sein und den Grundsatz der Gleichbehandlung der Gewerbegenossen sowie die **Verhältnismässigkeit** beachten. Diesen letzteren Grundsatz verletzt ein kantonales Gesetz, das die gewerbsmässige Vertretung der Gläubiger im Betreibungsverfahren ausschliesslich den Inhabern eines Anwaltspatentes gestattet: BGE 95 I 330 E. 4 (Pra 58 [1969] Nr. 140); anders noch BGE 92 III 49 E. 1.

5 Die Vorschrift von SchKG 27 gilt nur für die **gewerbsmässige Vertretung vor Betreibungsbehörden**.

6 Wesentliches Merkmal für die **Gewerbsmässigkeit** ist, dass diese Tätigkeit nicht nur vereinzelt und nicht unentgeltlich ausgeübt wird: BGE 61 III 202, 203.

7 Über die **nichtgewerbsmässige Vertretung** dürfen die Kantone keine Regeln aufstellen.

8 Gemäss ZPO 68 Abs. 2 lit. c (→ Nr. 25) sind **für Angelegenheiten des summarischen Verfahrens nach ZPO 251** auch gewerbsmässige Vertreter nach SchKG 27 zugelassen.

9 Unzulässigkeit des **Wohnsitzerfordernisses**: BGE 106 Ia 126 E. 2.b.

Zu Abs. 1 Ziff. 1

10 Da das Erfordernis des Nachweises der beruflichen Eignung eine kantonale Einschränkung der Wirtschaftsfreiheit (BV 27) darstellt, bedarf es einer formellgesetzlichen Grundlage; die Einschränkungen müssen ferner durch ein öffentliches Interesse gerechtfertigt sein und sie haben das Verhältnismässigkeitsprinzip zu beachten: BGE 135 I 106 E. 2.3 (Pra 98 [2009] Nr. 95); BGE 95 I 330 E. 4 (Pra 58 [1969] Nr. 140).

Zu Abs. 1 Ziff. 3

11 Die Bestimmung eines **kantonalen Tarifs**, die auf dem Inkasso von Geld eine feste Gebühr von 7% auf Beträgen bis Fr. 500.00 und von 5% auf höheren Beträgen vorsieht, ist willkürlich, wenn sie auf bedeutende Zahlungen angewendet wird, sowie stets dann, wenn der Geschäftsagent das Inkasso nicht selber besorgt: BGE 92 I 249 E. 5.

Zu Abs. 2

12 Wenn der Gesuchsteller in einem Kanton tätig ist, der die gewerbsmässige Vertretung nicht von einer Bewilligung abhängig macht oder der diese Bewilligung ohne genügende Prüfung der Eignungen der Bewerber erteilt, kann der ersuchte Kanton den Bewerber einer **entsprechenden Prüfung** unterziehen: BGE 124 III 428 E. 4.a.aa (Pra 88 [1999] Nr. 17).

Zu Abs. 3

13 SchKG 27 Abs. 3 Satz 2, wonach die Gebühren eines Vertreters dem Schuldner nicht angerechnet werden dürfen, findet auf das **Konkurseröffnungsverfahren** keine Anwendung: BGE 113 III 109 E. 3.b.

Art. 28[1] P. Bekanntmachung der kantonalen Organisation

[1] Die Kantone geben dem Bundesrat die Betreibungs- und Konkurskreise, die Organisation der Betreibungs- und der Konkursämter sowie die Behörden an, die sie in Ausführung dieses Gesetzes bezeichnet haben.

[2] Der Bundesrat sorgt für angemessene Bekanntmachung dieser Angaben.

Verweise

Abs. 1: SchKG 1 (Betreibungs- und Konkurskreise); SchKG 2 (Organisation); SchKG 13, 23 (Behörden).

Keine Entscheidungen.

Art. 29[2]

Art. 30[3] R. Besondere Vollstreckungsverfahren

[1] Dieses Gesetz gilt nicht für die Zwangsvollstreckung gegen Kantone, Bezirke und Gemeinden, soweit darüber besondere eidgenössische oder kantonale Vorschriften bestehen.

[2] Vorbehalten bleiben ferner die Bestimmungen anderer Bundesgesetze über besondere Zwangsvollstreckungsverfahren.

Verweise

Abs. 1: SchGG (→ Nr. 33).

Abs. 2: BankG 23quater, 25–37i (→ Nr. 36), BankV 11–14a, 19, 20, 55–59 (→ Nr. 37), BKV-Finma (Banken → Nr. 38); Verordnung über die Gläubigergemeinschaft bei Anleihensobligationen vom 09.12.1949 (SR 221.522.19); KAG, KKV (Anlagefonds); VGek (Genossenschaften → Nr. 11); VVG 37, 54–57, 79–82, 86, VPAV (Versicherungen → Nr. 10); VZEG, OR 1185 (Eisenbahn- und Schifffahrtsunternehmungen); BGBB (Landwirtschaft).

---

[1] Fassung gemäss Ziff. I 6 der V der BVers vom 20. Dez. 2006 über die Anpassung von Erlassen an die Bestimmungen des Bundesgerichtsgesetzes und des Verwaltungsgerichtsgesetzes, in Kraft seit 1. Jan. 2007 (AS 2006 5599; BBl 2006 7759).

[2] Aufgehoben durch Anhang 1 Ziff. II der Zivilprozessordnung vom 19. Dez. 2008, mit Wirkung seit 1. Jan. 2011 (AS 2010 1739; BBl 2006 7221).

[3] Fassung gemäss Ziff. I des BG vom 16. Dez. 1994, in Kraft seit 1. Jan. 1997 (AS 1995 1227; BBl 1991 III 1).

Zu Abs. 1

1 Die Zwangsvollstreckung gegenüber der **Schweizerischen Eidgenossenschaft** untersteht dem SchKG (SchKG 30 e *contrario*): BGE 135 III 229 E. 3.2 (Pra 98 [2009] Nr. 123); BGE 103 II 227 E. 4.

2 Bei der Zwangsvollstreckung gegen **Kantone** ist die Bezeichnung der zulässigen Betreibungsarten und der Betreibungsstellen Sache des kantonalen Rechts.

Zu Abs. 2

3 Für die **Nationalbank** bestehen keine besonderen Vorschriften.

Art. 30a[1]   S. Völkerrechtliche Verträge und internationales Privatrecht

Die völkerrechtlichen Verträge und die Bestimmungen des Bundesgesetzes vom 18. Dezember 1987[2] über das Internationale Privatrecht (IPRG) sind vorbehalten.

Verweise: LugÜ (→ Nr. 40); Übereinkunft betreffend Zivilprozessrecht vom 1. März 1954 (HÜ54); Haager Zustellungsübereinkommen vom 15. November 1965 (HZÜ65); IPRG 4, 25–30, 166–175 (→ Nr. 34).

1 Die **Aberkennungsklage** als materiellrechtliche Klage untersteht den Zuständigkeitsregeln des LugÜ (→ Nr. 40), wenn die Voraussetzungen für dessen Anwendbarkeit gegeben sind: BGE 136 III 566 E. 3.3; BGE 130 III 285 E. 3.2 (Pra 94 [2005] Nr. 31).

2 Die **provisorische Rechtsöffnung** wird von einer gerichtlichen Behörde erlassen; sie stellt deshalb keine Ausnahme i.S.v. LugÜ 1 Ziff. 2 lit. b (→ Nr. 40) dar, sondern fällt in den Anwendungsbereich des LugÜ: BGE 136 III 566 E. 3.1; BGE 130 III 285 E. 5.2 (Pra 94 [2005] Nr. 31). Der Gerichtsstand der provisorischen Rechtsöffnung ist gem. aLugÜ 16 Ziff. 5 (neu Art. 22 Ziff. 5 LugÜ) zwingend; er kann deshalb nicht Gegenstand einer Gerichtsstandsvereinbarung bilden: BGE 136 III 566 E. 3.3.

3 **Kollokationsklagen** gem. SchKG 250 fallen gemäss LugÜ 1 Ziff. 2 lit. b (→ Nr. 40) nicht in den Anwendungsbereich des LugÜ: offen gelassen in BGE 133 III 386 E. 4.3.2 und 4.3.3.

4 Im Rahmen von Konkursverfahren angestrengte **Anfechtungsklagen** nach SchKG 285 ff. sind gem. LugÜ 1 Ziff. 2 lit. b (→ Nr. 40) vom Anwendungsbereich des LugÜ ausgeschlossen: BGE 131 III 227 E. 3.3 (Pra 95 [2006] Nr. 57).

5 Die **Vollstreckungsimmunität** gehört in den Bereich des in SchKG 30a vorbehaltenen Völkerrechts: BGE 134 III 122 E. 5.1 (Pra 97 [2008] Nr. 105). Die schweizerische Praxis stellt drei kumulative Bedingungen für die Zwangsvollstreckung von Vermögenswerten fremder Staaten auf: Es muss sich um Vermögen handeln, das mit der Tätigkeit *iure gestionis* verbunden ist, die Forderung, die Gegenstand der Betreibung ist, muss aus einem Rechtsverhältnis

---

1 Eingefügt durch Ziff. I des BG vom 16. Dez. 1994, in Kraft seit 1. Jan. 1997 (AS 1995 1227; BBl 1991 III 1).
2 SR 291

6 Der gegen einen **diplomatische Immunität** geniessenden hohen Beamten der Internationalen Arbeitsorganisation erlassene Zahlungsbefehl ist nichtig: BGer v. 15.12.2010, 5A_745/2010 E. 3.

7 Laut Art. 4 Abs. 4 des Abkommens mit der **Bank für Internationalen Zahlungsausgleich** vom 10. Februar 1987 zur Regelung der rechtlichen Stellung der Bank in der Schweiz (SR 0.192.122.971.3) können ohne ausdrückliche vorherige Zustimmung der Bank Werte, die ihr anvertraut worden sind, nicht mit Arrest belegt werden: BGE 136 III 379 E. 4.2.1.

8 Zu den Voraussetzungen für die Zustellung des Zahlungsbefehls und für die Verlängerung der Rechtsvorschlagsfrist **in einer gegen einen Staat eingeleiteten Betreibung**: BGE 136 III 575 E. 4.

II. Verschiedene Vorschriften

Art. 31[1]   A. Fristen
1. Im Allgemeinen

Für die Berechnung, die Einhaltung und den Lauf der Fristen gelten die Bestimmungen der Zivilprozessordnung vom 19. Dezember 2008[2] (ZPO), sofern dieses Gesetz nichts anderes bestimmt.

Verweise: ZPO 142 ff. (Fristenrecht → Nr. 25); SchKG 32 (Einhaltung); SchKG 33 (Änderung und Wiederherstellung); SchKG 56 ff. (geschlossene Zeiten, Betreibungsferien, Rechtsstillstand).

1 Gemäss ZPO 142 Abs. 1 (→ Nr. 25) beginnen Fristen, die durch eine Mitteilung oder ein Ereignis ausgelöst werden, **am folgenden Tag zu laufen**. Was unter der Geltung von aSchKG 31 Abs. 1 nur für nach Tagen bestimmte Fristen galt, gilt nach Inkrafttreten der ZPO nun auch für nach Monaten oder Jahren bestimmte Fristen.

2 Erfolgt die Zustellung des Zahlungsbefehls an einem Samstag, so zählt als erster Tag der **Rechtsvorschlagsfrist** der Sonntag: BGE 114 III 55 E. 2.b.

3 Die Frist für die **Kollokationsklage** beginnt nur dann mit der öffentlichen Bekanntmachung zu laufen, wenn am Tag dieser Bekanntmachung das Konkursamt der Öffentlichkeit zugäng-

---

1 Fassung gemäss Anhang 1 Ziff. II 17 der Zivilprozessordnung vom 19. Dez. 2008, in Kraft seit 1. Jan. 2011 (AS 2010 1739; BBl 2006 7221).
2 SR 272

lich ist, so dass Gläubiger Einsicht in den Kollokationsplan nehmen können. Trifft dies nicht zu, so fällt für den Fristbeginn erst jener der öffentlichen Bekanntmachung folgende Werktag in Betracht, an welchem das Konkursamt, wo der Kollokationsplan aufliegt, dem Publikumsverkehr geöffnet ist: BGE 112 III 42 E. 3.c.

4 Eine an einen **Postfachinhaber** adressierte eingeschriebene Sendung ist erst in jenem Zeitpunkt als zugestellt zu betrachten, in welchem sie am Postschalter abgeholt wird. Geschieht dies nicht innert der Abholungsfrist, so gilt die Zustellung als am letzten Tag dieser Frist erfolgt: BGE 100 III 3 E. 3.

5 Bei Vorliegen eines **Zurückbehaltungsauftrags** gilt eine eingeschriebene Sendung am letzten Tag einer Frist von sieben Tagen ab Eingang bei der Poststelle am Ort des Empfängers als zugestellt: BGE 123 III 492 E. 1.

6 Vgl. auch OR 77 Abs. 1.

Art. 32[1]   2. Einhaltung

1 ...[2]

2 Eine Frist ist auch dann gewahrt, wenn vor ihrem Ablauf ein unzuständiges Betreibungs- oder Konkursamt angerufen wird; dieses überweist die Eingabe unverzüglich dem zuständigen Amt.[3]

3 ...[4]

4 Bei schriftlichen Eingaben, die an verbesserlichen Fehlern leiden, ist Gelegenheit zur Verbesserung zu geben.

Verweis: ZPO 143 (Einhaltung von Fristen → Nr. 25).

Zu Abs. 1

1 Der Inhalt von aSchKG 32 Abs. 1 findet sich aufgrund des Verweises von SchKG 31 neu in **ZPO 143 Abs. 1** (→ Nr. 25).

Zu Abs. 2

2 Das einem örtlich nicht zuständigen Betreibungsamt eingereichte Betreibungsbegehren muss **von Amtes wegen dem zuständigen Betreibungsamt** überwiesen werden, sofern dieses anhand der Angaben im Begehren erkennbar ist: BGE 127 III 567 E. 3.a.

---

1   Fassung gemäss Ziff. I des BG vom 16. Dez. 1994, in Kraft seit 1. Jan. 1997 (AS 1995 1227; BBl 1991 III 1).

2   Aufgehoben durch Anhang 1 Ziff. II der Zivilprozessordnung vom 19. Dez. 2008, mit Wirkung seit 1. Jan. 2011 (AS 2010 1739; BBl 2006 7221).

3   Fassung gemäss Anhang 1 Ziff. II 17 der Zivilprozessordnung vom 19. Dez. 2008, in Kraft seit 1. Jan. 2011 (AS 2010 1739; BBl 2006 7221).

4   Aufgehoben durch Anhang 1 Ziff. II der Zivilprozessordnung vom 19. Dez. 2008, mit Wirkung seit 1. Jan. 2011 (AS 2010 1739; BBl 2006 7221).

3   Das Betreibungsbegehren unterbricht die **Verjährung** auch dann, wenn es am falschen Ort gestellt wird: BGE 83 II 41 E. 5; BGE 71 III 170 E. 1.

4   SchKG 32 Abs. 2 findet auch dann Anwendung, wenn die Eingabe richtigerweise an die **Aufsichtsbehörde** hätte erfolgen sollen: BGer v. 07.11.2011, 5A_514/2011 E. 2.2; BGE 130 III 515 E. 4; BGE 100 III 8 E. 2.

5   SchKG 32 Abs. 2 gilt nicht nur für Betreibungs- und Konkursämter, sondern auch für alle anderen **Zwangsvollstreckungsorgane** wie Sachwalter, Liquidatoren und ausseramtliche Konkursverwalter. Eine Weiterleitungspflicht trifft sodann gewisse weitere staatliche Organe wie namentlich Grundbuch- und Handelsregisterämter. Die bisherige Rechtsprechung (BGE 130 III 515 E. 4) beansprucht auch nach Inkrafttreten der eidgenössischen ZPO (→ Nr. 25) Geltung.

6   Von SchKG 32 Abs. 2 nicht erfasst werden die **Gerichte**. Für sie gilt ZPO 63 (→ Nr. 25).

Zu Abs. 3

7   Der Inhalt von SchKG 32 Abs. 3 findet sich neu in **ZPO 63** (→ Nr. 25).

Zu Abs. 4

8   **Verbesserliche Fehler** sind bspw. die fehlende Unterschrift, die ungenügende Anzahl an eingereichten Exemplaren, die fehlende Vollmacht, fehlende Beilagen oder die ungenügende Klarheit von Anträgen und Beweismitteln, nicht jedoch das Unterlassen der Leistung des Kostenvorschusses: BGE 126 III 289 E. 2.a und b.

9   Eine **ungenügende Begründung der Beschwerde** ist nicht ein verbesserlicher Fehler i.S.v. SchKG 32 Abs. 4: BGer v. 12.03.2009, 5A_814/2008 E. 3.3; BGE 126 III 30 E. 1.b; vgl. SchKG 17 N 35 sowie SchKG 18 N 9.

Art. 33   3. Änderung und Wiederherstellung

¹ Die in diesem Gesetze aufgestellten Fristen können durch Vertrag nicht abgeändert werden.

² Wohnt ein am Verfahren Beteiligter im Ausland oder ist er durch öffentliche Bekanntmachung anzusprechen, so kann ihm eine längere Frist eingeräumt oder eine Frist verlängert werden.[1]

³ Ein am Verfahren Beteiligter kann darauf verzichten, die Nichteinhaltung einer Frist geltend zu machen, wenn diese ausschliesslich in seinem Interesse aufgestellt ist.[2]

⁴ Wer durch ein unverschuldetes Hindernis davon abgehalten worden ist, innert Frist zu handeln, kann die Aufsichtsbehörde oder die in der Sache zuständige richterliche Behörde um Wiederherstellung der Frist ersuchen. Er muss, vom Wegfall des Hinder-

---

1   Fassung gemäss Ziff. I des BG vom 16. Dez. 1994, in Kraft seit 1. Jan. 1997 (AS 1995 1227; BBl 1991 III 1).

2   Eingefügt durch Ziff. I des BG vom 16. Dez. 1994, in Kraft seit 1. Jan. 1997 (AS 1995 1227; BBl 1991 III 1).

nisses an, in der gleichen Frist wie der versäumten ein begründetes Gesuch einreichen und die versäumte Rechtshandlung bei der zuständigen Behörde nachholen.[1]

Zu Abs. 1

1   Die Klagefristen im Widerspruchsverfahren (SchKG 107 Abs. 1 und 109) sind gesetzliche Fristen, die auch das **Betreibungsamt** nicht verlängern kann. Eine trotzdem bewilligte Verlängerung ist unwirksam: BGE 82 III 31 E. 1.

2   Ob der Grundsatz von SchKG 33 Abs. 1 auch jene Fristen erfasst, deren Dauer nicht im Gesetz selbst fixiert ist, sondern von einer **Behörde** festgesetzt wird, ist umstritten: offen gelassen in BGer v. 11.11.2005, 7B.15/2005 E. 4.2.1, sowie BGer v. 13.02.2004, 7B.11/2004 E. 2.3.

Zu Abs. 2

3   Eine an sich verspätete Beschwerde ist als rechtzeitig zu betrachten, sofern sie innert der Frist erhoben wurde, die dem Schuldner von Anfang an hätte eingeräumt werden müssen: BGer v. 26.04.2005, 7B.44/2005 E. 3.2; BGer v. 09.12.2002, 7B.188/2002 E. 2.2; BGE 111 III 5 E. 3.a; BGE 106 III 1 E. 2. Entgegen dem Wortlaut von SchKG 33 Abs. 2 besteht folglich ein **Anspruch** auf Fristverlängerung.

4   Bei SchKG 33 Abs. 2 handelt es sich um eine «**Kann-Vorschrift**». Dem Betreibungsamt kommt deshalb bei der Verlängerung der Frist ein entsprechendes **Ermessen** zu. Es hat bei der Verlängerung der Frist den konkreten Umständen Rechnung zu tragen, so z.B. der Beförderungsdauer einer Postsendung aus dem Ausland, dem Aufwand für das Einholen von Auskünften bei einem Anwalt oder einer Behörde in der Schweiz oder dem Aufwand für das Erstellen einer Übersetzung: BGer v. 22.02.2012, 5A_6/2012 E. 2.1; BGE 136 III 575 E. 4.1. Die Frist ist aber immerhin um mindestens so viele Tage zu erstrecken, als es der normalen Beförderungsdauer vom entsprechenden Staat in die Schweiz entspricht: BGer v. 26.04.2005, 7B.44/2005 E. 3.2; BGE 106 III 1 E. 2.

5   Eine Fristverlängerung ist grundsätzlich **nicht gerechtfertigt**, wenn die Zustellung in ein **Nachbarland** erfolgt: BGer v. 22.02.2012, 5A_6/2012 E. 2.1.

6   Die Fristverlängerung kann auch **stillschweigend** gewährt werden: BGE 91 III 1 E. 4.

7   SchKG 33 Abs. 2 findet keine Anwendung auf den Schuldner, der zwar Wohnsitz im Ausland hat, dem aber die Arresturkunden **in der Schweiz** zugestellt werden: BGE 111 III 5 E. 3.a.

Zu Abs. 3

8   Die Einhaltung der Frist für das **Fortsetzungsbegehren** gemäss SchKG 88 Abs. 1 liegt nicht bloss im Interesse des Schuldners, sondern auch im Interesse Dritter. Der Schuldner kann deshalb nicht auf die Einhaltung der Frist verzichten: BGE 101 III 16 E. 1.

---

[1] Eingefügt durch Ziff. I des BG vom 16. Dez. 1994, in Kraft seit 1. Jan. 1997 (AS 1995 1227; BBl 1991 III 1).

9   Die Einhaltung der Minimalfrist für das **Verwertungsbegehren** steht ausschliesslich im Interesse des Schuldners; dieser soll die Möglichkeit haben, den oder die betreibenden Gläubiger aus anderen Quellen zu befriedigen. Deshalb kann der Schuldner ohne Weiteres darauf verzichten, geltend zu machen, das Betreibungsamt habe zu Unrecht einem zu früh gestellten Verwertungsbegehren Folge geleistet: BGer v. 19.03.2010, 5A_43/2010 E. 3.2.

Zu Abs. 4

10 Die Wiederherstellung einer Frist im SchKG ist an das Vorhandensein eines **absolut unverschuldeten Hindernisses** geknüpft. Demzufolge ist ein Restitutionsgesuch nur bei objektiver Unmöglichkeit, höherer Gewalt, unverschuldeter persönlicher Unmöglichkeit oder entschuldbarem Fristversäumnis gutzuheissen: BGer v. 26.10.2005, 7B.171/2005 E. 3.2.3.

11 Ein **absolut unverschuldetes Hindernis** liegt z.B. vor:
    - bei einem Unfall: BGer v. 23.05.2012, 5A_383/2012 E. 2.2; insb. bei einem im Ausland erlittenen **Unfall**: BGE 108 V 109 E. 2.c;
    - bei einer **Krankheit**, sofern der Rechtsuchende durch sie davon abgehalten wird, selber innert Frist zu handeln oder eine Drittperson mit der Vornahme der Prozesshandlung zu betrauen: BGer v. 01.02.2012, 5A_53/2012 E. 3; BGer v. 19.04.2002, 7B.62/2002 E. 2.b; BGE 119 II 86 E. 2.a; BGE 112 V 255 E. 2.a;
    - bei einer **plötzlich eingetretenen Handlungsunfähigkeit** oder **beim unerwarteten Tod naher Angehöriger**: BGer v. 23.05.2012, 5A_383/2012 E. 2.2;
    - bei **Militärdienst**: BGE 104 IV 209 E. 3;
    - bei einer **Fehlüberweisung** des Kostenvorschusses, sofern diese durch einen Fehler der mit der Überweisung beauftragten Bank oder Post verursacht wurde: BGer v. 07.03.2005, 5C.36/2005 E. 3; BGE 104 II 61 E. 2;
    - bei einer von der zuständigen Behörde erteilten **unrichtigen Rechtsmittelbelehrung**, sofern sich der Betroffene nach den Umständen darauf verlassen durfte: BGer v. 04.03.2004, 6S.60/2004 E. 2; BGE 124 I 255 E. 1.a.

12 **Kein** absolut unverschuldetes Hindernis liegt dagegen z.B. vor bei:
    - Nichtübernahme der Verfahrenskosten durch die **Rechtsschutzversicherung**: BGer v. 28.07.2011, 8F_3/2011;
    - **Diebstahl** der vollständigen Akten sowie des tragbaren Computers auf einem stark frequentierten Parkplatz eines Ausflugrestaurants: BGer v. 21.05.2003, 5P.162/2003;
    - **mangelnder Rechtskenntnis**: BGer v. 27.05.2011, 2C_438/2011 E. 2.2;
    - Schwierigkeiten bei der Postzustellung wegen eines **Auslandaufenthaltes**: BGer v. 19.07.2002, 2P.156/2002 E. 2 (Pra 91 [2002] Nr. 187);
    - **Ferienabwesenheit** während eines hängigen Verfahrens: BGer 02.12.2009, 5A_580/2009 E. 1.3;
    - **Arbeitsüberlastung**: BGer v. 23.05.2012, 5A_383/2012 E. 2.2; BGE 99 II 349 E. 4;
    - **kurzfristiger Abwesenheit, Erkrankung** oder **fehlerhafter Fristberechnung**: BGer v. 23.05.2012, 5A_383/2012 E. 2.2;

- **depressiver Verstimmung** infolge finanzieller Bedrängnis (eine solche gilt nicht als schwere Krankheit): BGer v. 01.02.2012, 5A_53/2012 E. 3; BGer v. 14.12.2004, 7B.227/2004 E. 2.2.

13 Für die Frage des unverschuldeten Hindernisses macht es grundsätzlich keinen Unterschied, ob die Verhinderung **den Anwalt oder seinen Klienten** trifft, hat sich doch der Anwalt so zu organisieren, dass die Fristen im Falle seiner Verhinderung trotzdem gewahrt bleiben. Das geschieht durch umgehende Bestellung eines Substituten oder bei fehlender Substitutionsvollmacht dadurch, dass der Klient sogleich veranlasst wird, selbst zu handeln oder einen anderen Anwalt aufzusuchen. Daher endet die unverschuldete Verhinderung des Anwalts und beginnt die zehntägige Wiederherstellungsfrist zu laufen, sobald der Anwalt in die Lage kommt, entweder die versäumte Prozesshandlung selbst nachzuholen oder damit einen geeigneten Substituten zu beauftragen oder aber den Klienten auf die Notwendigkeit der Fristeinhaltung aufmerksam zu machen: BGE 119 II 86 E. 2.a.

14 Die Bewilligung des früher unter SchKG 33 Abs. 4, nunmehr unter SchKG 77 Abs. 4 geregelten **nachträglichen Rechtsvorschlags** wirkt dahingehend, dass die Fortsetzung der Betreibung gehemmt wird. Die bereits vollzogenen Betreibungshandlungen sind nicht ohne Weiteres als aufgehoben zu betrachten (KS BGer [SchKK] Nr. 7 vom 15.11.1899 betreffend die Wirkungen des nachträglichen Rechtsvorschlags, BBL 1911 IV 42). Dieselben Wirkungen haben auch für die Wiederherstellung der Rechtsvorschlagsfrist zu gelten.

15 Die **Abweisung** des Gesuchs um Wiederherstellung der Rechtsvorschlagsfrist stellt keine Betreibungshandlung i.S.v. SchKG 56 dar: BGer v. 31.10.2011, 5A_448/2011 E. 2.6.

Art. 33a[1]   A[bis]. Elektronische Eingaben

1 Eingaben können den Betreibungs- und Konkursämtern und den Aufsichtsbehörden elektronisch eingereicht werden.

2 Das Dokument, das die Eingabe und die Beilagen enthält, muss mit einer anerkannten elektronischen Signatur der Absenderin oder des Absenders versehen sein. Der Bundesrat bestimmt die Einzelheiten.

3 Die Betreibungs- und Konkursämter und die Aufsichtsbehörden können verlangen, dass die Eingabe und die Beilagen in Papierform nachgereicht wird.

Verweise: ÜbV (elektronische Übermittlung → Nr. 12).

Abs. 2: SchKG 15 Abs. 5 (Bundesrat).

Keine Entscheidungen.

---

1 Eingefügt durch Anhang 1 Ziff. II der Zivilprozessordnung vom 19. Dez. 2008, in Kraft seit 1. Jan. 2011 (AS 2010 1739; BBl 2006 7221).

Art. 34[1]   B. Zustellung
1. Schriftlich und elektronisch

¹ Die Zustellung von Mitteilungen, Verfügungen und Entscheiden der Betreibungs- und Konkursämter sowie der Aufsichtsbehörden erfolgen durch eingeschriebene Postsendung oder auf andere Weise gegen Empfangsbestätigung, sofern dieses Gesetz nichts anderes bestimmt.

² Mit dem Einverständnis der betroffenen Person kann die Zustellung elektronisch erfolgen. Der Bundesrat bestimmt die Einzelheiten.

Verweise

Abs. 1: *SchKG 10 Abs. 2, 35, 72, 161, 233 (Ausnahmen).*

Abs. 2: *ÜbV (elektronische Übermittlung → Nr. 12); SchKG 15 Abs. 5 (Bundesrat).*

Zu Abs. 1

1 Zur Zustellung von Betreibungsurkunden siehe SchKG 64–66.

2 Die Zustellung durch eingeschriebenen Brief oder durch Übergabe gegen Empfangsbescheinigung soll lediglich sicherstellen, dass dem Beamten jederzeit der **Beweis** für die Mitteilung zur Verfügung steht: BGE 121 III 11 E. 1. Es ist jedoch nicht ausgeschlossen, dass der Beweis des Empfangs der Mitteilung auf andere Weise erbracht wird: BGer v. 13.10.2004, 6P.113/2004 E. 3.

3 Das **Nichteinhalten** der Form macht eine Verfügung nicht ungültig; doch trifft dann das Vollstreckungsorgan die Beweislast dafür, dass sie ihren Adressaten erreicht hat: BGer v. 06.07.2006, 7B.75/2006 E. 2.2.2.

4 **Mittels eingeschriebenen Briefs** oder auf andere Weise gegen Empfangsbestätigung sind bspw. zuzustellen:
   – die **Schätzungsurkunde**: BGE 120 III 57 E. 2.b;
   – die an den Gläubiger gerichtete **Fristansetzung** zur Klage auf Aberkennung eines Anspruchs im Lastenverzeichnis: BGE 121 III 11 E. 1;
   – die **Abschrift der Pfändungsurkunde**: BGer v. 06.06.2007, 7B_17/2007 E. 3;
   – die **Abschrift der Arresturkunde**: BGE 135 III 232 E. 2.4.

5 Wird der Adressat anlässlich einer versuchten Zustellung nicht angetroffen und daher eine **Abholeinladung in seinen Briefkasten oder sein Postfach** gelegt, so gilt die Sendung in jenem Zeitpunkt als zugestellt, in dem sie auf der Post abgeholt wird; geschieht das nicht innert der 7-tägigen Abholfrist, so gilt die Sendung als am letzten Tag dieser Frist zugestellt, sofern der Adressat mit der Zustellung hatte rechnen müssen: BGer v. 10.10.2011, 5A_552/2011 E. 2.1; BGE 130 III 396 E. 1.2.3.

---

1 Fassung gemäss Anhang 1 Ziff. II 17 der Zivilprozessordnung vom 19. Dez. 2008, in Kraft seit 1. Jan. 2011 (AS 2010 1739; BBl 2006 7221).

6   Bei **postlagernden Sendungen** beträgt die Frist für den Eintritt der Zustellungsfiktion wie bei Postfach- bzw. Briefkastenzustellungen sieben Tage, sofern der Empfänger mit der Zustellung rechnen musste: BGer v. 20.01.2006, 5P.425/2005 E. 3.2; BGer v. 24.07.2000, 1P.369/2000 E. 1.b; anders noch BGE 111 V 99 E. 2.c. Dasselbe gilt beim Vorliegen eines **Zurückbehaltungsauftrags**: BGer v. 11.06.2002, 7B.102/2002 E. 2.2; BGE 123 III 492 E. 1.

7   Mitteilungen an den Gläubiger unter **Kostennachnahme** müssen auf dem Umschlag den Inhalt bezeichnen: BGE 59 III 66, 68.

8   Die Zustellung kann weder dadurch, dass die Annahme der Urkunde abgelehnt oder die Empfangsbescheinigung verweigert wird, noch dadurch, dass die Urkunde in Gegenwart des zustellenden Boten vernichtet wird, **vereitelt** werden: BGE 91 III 41 E. 2.

9   Der **Widerruf** einer Verfügung ist an keine Form gebunden, d.h. er kann mündlich, telefonisch oder auch durch Mitteilung an einen Dritten zuhanden eines Beteiligten erfolgen: BGE 76 III 87 E. 1.

10 Betreffend Mitteilungen der **Konkursämter** siehe auch KOV 5 (→ Nr. 5).

Art. 35   2. Durch öffentliche Bekanntmachung

¹ Die öffentlichen Bekanntmachungen erfolgen im Schweizerischen Handelsamtsblatt und im betreffenden kantonalen Amtsblatt. Für die Berechnung von Fristen und für die Feststellung der mit der Bekanntmachung verbundenen Rechtsfolgen ist die Veröffentlichung im Schweizerischen Handelsamtsblatt massgebend.¹
² Wenn die Verhältnisse es erfordern, kann die Bekanntmachung auch durch andere Blätter oder auf dem Wege des öffentlichen Ausrufs geschehen.

Verweise
Abs. 1: *SchKG 66 Abs. 4 (Betreibungsurkunde); SchKG 125 Abs. 1, 138 (Versteigerung); SchKG 195 Abs. 3 (Widerruf des Konkurses); SchKG 232 (Konkurseröffnung); SchKG 249 Abs. 2 (Auflage Kollokationsplan); SchKG 251 Abs. 4 (Änderung Kollokationsplan); SchKG 268 Abs. 4 (Schluss Konkursverfahren); SchKG 269 Abs. 3 (nachträglich entdeckte Vermögenswerte); SchKG 296 (Bewilligung Stundung); SchKG 308 (Bestätigung Nachlassvertrag).*

Zu Abs. 1
1   SchKG 35 Abs. 1 regelt den **Sonderfall** der Auslösung der Beschwerdefrist bei öffentlicher Bekanntmachung und geht deshalb der allgemeinen Bestimmung von SchKG 17 Abs. 2, wonach die Beschwerde innert zehn Tagen seit dem Tag der Kenntnisnahme von der Verfügung durch den Beschwerdeführer einzureichen ist, vor: BGer v. 13.09.2006, 7B.84/2006 E. 2.3.2.

2   Die Frist zur Einreichung einer **Beschwerde** wegen Verfahrensfehlern, die bei der Aufstellung des Kollokationsplans begangen worden sein sollen, läuft – gleich wie die Frist für die

---

1   Fassung gemäss Ziff. I des BG vom 16. Dez. 1994, in Kraft seit 1. Jan. 1997 (AS 1995 1227; BBl 1991 III 1).

Klage auf Anfechtung des Kollokationsplans gemäss SchKG 250 – von der öffentlichen Bekanntmachung der Auflegung des Kollokationsplans im SHAB an: BGer v. 04.09.2009, 5A_471/2009 E. 3; BGer v. 13.09.2006, 7B.84/2006 E. 2.3.1; BGE 93 III 84 E. 1. Voraussetzung ist allerdings, dass am Tag der Publikation der Kollokationsplan tatsächlich auch zugänglich war: BGer v. 13.09.2006, 7B.84/2006 E. 2.3.1; BGE 119 V 89 E. 4.a. Massgebend ist gemäss SHAB-VO 9 die **elektronische Fassung** des SHAB.

Zu Abs. 2

3 Der Entscheid darüber, ob die öffentliche Bekanntmachung auch durch andere Blätter erfolgen soll, liegt im **Ermessen** des Betreibungsamtes und kann mit betreibungsrechtlicher Beschwerde angefochten werden: BGE 82 III 8, 9.

Art. 36   C. Aufschiebende Wirkung

Eine Beschwerde, Weiterziehung oder Berufung hat nur auf besondere Anordnung der Behörde, an welche sie gerichtet ist, oder ihres Präsidenten aufschiebende Wirkung. Von einer solchen Anordnung ist den Parteien sofort Kenntnis zu geben.

Verweise: SchKG 17–21 (Beschwerde nach SchKG); SchKG 174 Abs. 1, 185, 278 Abs. 3, 294 Abs. 3, 307, 334 Abs. 4, 340 Abs. 1 (Verweise auf Beschwerde nach ZPO → Nr. 25); ZPO 319–327 (Beschwerde nach ZPO); ZPO 308–318 (Berufung).

1 Der **Anwendungsbereich** von SchKG 36 beschränkt sich infolge des Inkrafttretens der ZPO (→ Nr. 25) auf die betreibungsrechtliche Beschwerde gemäss SchKG 17.

2 Um aufschiebende Wirkung kann schon **vor Beginn** der Beschwerde- bzw. Rekursfrist nachgesucht werden: BGE 85 III 146 E. 1.

3 Es handelt sich um eine **Ermessensfrage**: BGE 82 III 17, 18; BGE 81 III 7 E. 2. Die Erteilung der aufschiebenden Wirkung bildet die Ausnahme: BGer v. 22.06.2011, 5A_406/2009 E. 7.2.

4 Durch die Erteilung der aufschiebenden Wirkung wird der Vollzug der angefochtenen Entscheidung **gehemmt**. Diese entfaltet keine Rechtswirkungen, sodass die Situation, die vor dem Erlass der angefochtenen Verfügung bestand, aufrechterhalten wird: BGer v. 22.06.2011, 5A_406/2009 E. 7.3.

5 Die Erteilung der aufschiebenden Wirkung wirkt grundsätzlich *ex tunc*, d.h. **rückwirkend** auf den Zeitpunkt des angefochtenen Entscheids: BGE 127 III 569 E. 4.b (Pra 91 [2002] Nr. 58). Analog zum Fall des Konkurses entfaltet der Zuschlag eines Grundstücks die Wirkungen *ex nunc* von der Eröffnung des bestätigenden Beschwerdeentscheids an, wenn es sachlich und vernünftigerweise nicht möglich ist, auf alle mit dem Aufschub der Wirkungen gemäss VZG 66 (→ Nr. 9) verbundenen Folgen zurückzukommen: BGE 129 III 100 E. 3 (Pra 92 [2003] Nr. 112).

6 Die Zwangsvollstreckungsorgane haben im Allgemeinen mit dem Vollzug eines Entscheids **zuzuwarten**, bis die Beschwerdefrist abgelaufen oder bis ein Entscheid über die aufschiebende Wirkung gefällt worden ist, es sei denn, es liege Gefahr im Verzug vor: BGE 109 III 37

E. 2.c; BGE 78 III 58 E. 1. Dies setzt jedoch voraus, dass das Zwangsvollstreckungsorgan die Kontrolle über die Vollstreckung seines Entscheids hat. Dies ist z.B. dann nicht der Fall, wenn das Betreibungsamt die Aufhebung der Pfändung anordnet, m.a.W. das gegenüber dem Schuldner verhängte Verbot, über die gepfändeten Vermögensstücke ohne Bewilligung zu verfügen, aufhebt, da der Schuldner durch diesen Entscheid *ipso facto* sein Verfügungsrecht wieder erlangt. Ein solcher Entscheid bringt daher für sich allein keine Vollstreckung mit sich, über welche die Behörde die Kontrolle hätte. Hieraus folgt, dass die von der kantonalen Behörde angewandte Praxis im vorliegenden Fall nicht zutreffend ist: BGE 134 III 177 E. 3.2 (Pra 97 [2008] Nr. 118).

7   Der Entscheid über die Erteilung oder Verweigerung der aufschiebenden Wirkung ist eine **prozessleitende Verfügung**: BGE 100 III 11, 12. Die Verweigerung der aufschiebenden Wirkung hat regelmässig einen nicht wiedergutzumachenden Nachteil zur Folge. Der abweisende kantonal letztinstanzliche Entscheid ist deshalb gestützt auf BGG 72 Abs. 2 lit. a (→ Nr. 26) i.V.m. 93 Abs. 1 lit. a mit Beschwerde in Zivilsachen beim Bundesgericht anfechtbar.

8   Die Frist zur Stellung des Konkursbegehrens steht **still**, wenn gegen die Konkursandrohung Beschwerde erhoben und dieser aufschiebende Wirkung gewährt wurde: BGE 136 III 152 E. 4.1 und 4.2 (Pra 99 [2010] Nr. 116).

Art. 37[1]   D. Begriffe

1 Der Ausdruck «Grundpfandrecht» im Sinne dieses Gesetzes umfasst: die Grundpfandverschreibung, den Schuldbrief, die Grundpfandrechte des bisherigen Rechtes, die Grundlast und jedes Vorzugsrecht auf bestimmte Grundstücke sowie das Pfandrecht an der Zugehör eines Grundstücks.[2]

2 Der Ausdruck «Faustpfand» begreift auch die Viehverpfändung, das Retentionsrecht und das Pfandrecht an Forderungen und anderen Rechten.

3 Der Ausdruck «Pfand» umfasst sowohl das Grundpfand als das Fahrnispfand.

Verweise

Abs. 1: *ZGB 793–875 (Grundpfand); ZGB 824–841 (Grundpfandverschreibung); ZGB 842–865 (Schuldbrief), SchlT ZGB 22 ff. (Grundpfandrechte des bisherigen Rechts); ZGB 782–792 (Grundlast); ZGB 805 (Zugehör).*

Abs. 2: *ZGB 884–906 (Faustpfand); ZGB 885 (Viehverpfändung); ZGB 895–898 (Retentionsrecht); ZGB 899–906 (Pfandrecht an Forderungen und anderen Rechten).*

Abs. 3: *SchKG 37 Abs. 1 (Grundpfand); SchKG 37 Abs. 2 (Fahrnispfand).*

---

1   Fassung gemäss Art. 58 SchlT ZGB, in Kraft seit 1. Jan. 1912 (AS 24 233 Art. 60 SchlT ZGB; BBl 1904 IV 1, 1907 VI 367).
2   Fassung gemäss Ziff. II 4 des BG vom 11. Dez. 2009 (Register-Schuldbrief und weitere Änderungen im Sachenrecht), in Kraft seit 1. Jan. 2012 (AS 2011 4637; BBl 2007 5283).

1 **Kein Pfandrecht** i.S. des SchKG sind die Sicherungsübereigung und die Sicherungszession: BGE 106 III 5 E. 1.

2 Als Pfand i.S.v. SchKG 37 SchKG gilt dagegen die **mietrechtliche Sicherheitsleistung** nach OR 257e: BGE 129 III 360 E. 2.

Zu Abs. 1

3 Gemäss Art. 54 Abs. 2 des Bundesgesetzes über das Schiffsregister vom 28.09.1923 (SR 747.11) ist die **Schiffsverschreibung** der Grundpfandverschreibung gleichgestellt.

4 Betreffend die **Luftfahrzeugverschreibung** vgl. LBG 26 ff. sowie das KS BGer (Plenum) Nr. 35 vom 16.10.1961 (veröffentlicht in BGE 87 III 41).

Zu Abs. 2

5 Zum **Retentionsrecht** siehe SchKG 283 f.

6 Das Retentionsrecht des Vermieters von Geschäftsräumen (OR 268 ff.) wird wegen SchKG 37 Abs. 2 betreibungsrechtlich zwar als **Faustpfand** betrachtet, sodass die Prosequierung der Retention auf dem Weg der Betreibung auf Pfandverwertung erfolgt. Damit gemäss SchKG 206 Abs. 1 Satz 2 eine Betreibung mit der Konkurseröffnung nicht aufgehoben wird, muss das Pfand jedoch von einem Dritten bestellt worden sein. Dies ist beim Vorliegen eines Retentionsrechts nicht der Fall: BGE 124 III 215 1.b.

Zweiter Titel: Schuldbetreibung
I. Arten der Schuldbetreibung

Art. 38 A. Gegenstand der Schuldbetreibung und Betreibungsarten

¹ Auf dem Wege der Schuldbetreibung werden die Zwangsvollstreckungen durchgeführt, welche auf eine Geldzahlung oder eine Sicherheitsleistung gerichtet sind.

² Die Schuldbetreibung beginnt mit der Zustellung des Zahlungsbefehles und wird entweder auf dem Wege der Pfändung oder der Pfandverwertung oder des Konkurses fortgesetzt.

³ Der Betreibungsbeamte bestimmt, welche Betreibungsart anwendbar ist.

Verweise

Abs. 1: *SchKG 67 Abs. 1 Ziff. 3, 69 Abs. 2 Ziff. 2 (Geldzahlung, Sicherheitsleistung); SchKG 44 (Ausnahme aufgrund strafrechtlichen oder fiskalischen Beschlags).*

Abs. 2: *SchKG 64–66 (Zustellung); SchKG 69–72, 152, 153, 178 (Zahlungsbefehl); SchKG 42, 89–150 (Betreibung auf Pfändung); SchKG 41, 151–158 (Betreibung auf Pfandverwertung); SchKG 39, 40, 41 Abs. 1, 43, 159 ff. (ordentliche Konkursbetreibung); SchKG 177–189 (Wechselbetreibung).*

Zu Abs. 1

1. Die **Zwangsvollstreckung** nach SchKG unterscheidet sich wesentlich von derjenigen des Zivilprozessrechts, zumal sie einerseits auf die Vollstreckung von Geldforderungen und Ansprüchen auf Sicherheitsleistung beschränkt ist, und andererseits auf einfaches Begehren des Gläubigers hin, ohne vorheriges Gerichtsurteil, regelmässig ohne richterliche Ermächtigung und oftmals auch ohne jegliche Mitwirkung einer Gerichtsbehörde stattfinden kann. Die Schuldbetreibung ist daher kein Bestandteil des eigentlichen Zivilprozesses; sie ist ein besonderer Zweig des schweizerischen Rechtssystems, der dem Verwaltungsrecht angehört und der besonderen Verwaltungsbehörden, nicht Gerichten, anvertraut ist: BGE 118 III 27 E. 3.a.

2. Die Einleitung einer Betreibung ist **an keinerlei Voraussetzungen gebunden** und verlangt vorgängig weder eine Zahlungsaufforderung noch eine Androhung der Betreibung: BGE 130 II 270 E. 3.2.2.

3. Die Kantone sind **nicht befugt,** für die Vollstreckung von Geldforderungen eigene Vollstreckungsmassnahmen vorzusehen: BGE 134 I 293 E. 3.2; BGE 108 II 180 E. 2.a; BGE 86 II 291 E. 2; BGE 85 II 194 E. 2; BGE 78 II 89 E. 2.

4. Die Eintreibung **öffentlich-rechtlicher Geldforderungen** erfolgt nach den Bestimmungen des Schuldbetreibungsrechts, soweit nicht besondere straf- oder fiskalrechtliche Bestimmungen über die Verwertung beschlagnahmter Gegenstände zum Zuge kommen (SchKG 44): BGE 134 I 293 E. 3.2; BGE 131 III 652 E. 3.1; BGE 126 I 97 E. 3.d; BGE 115 III 1 E. 3.

5. Bei Verpflichtungen, deren Gegenstand in einer Geldsumme besteht, sind nur **die im SchKG vorgesehenen Vollstreckungsmassnahmen zulässig.** Nicht zulässig ist die Entschei-

dung, die einem Schuldner i.S. einer einstweiligen Verfügung unter Strafandrohung aufgibt, eine Geldsumme zurückzuerstatten: BGE 79 II 285, 288.

6 Die **Betreibung auf Sicherheitsleistung** ist nicht auf Sicherheiten in Geld beschränkt: BGE 129 III 193 E. 3.4 (Pra 92 [2003] Nr. 162). Das Verfahren ist dasselbe wie bei der Betreibung auf eine Geldzahlung, ausser dass die Fortsetzung der Betreibung auf dem Weg der Pfändung erfolgt (SchKG 43 Ziff. 3) und dass der Verwertungserlös nicht dem Betreibenden auszuzahlen ist, sondern hinterlegt werden muss (SchKG 9), sodass er dem Gläubiger zur Verfügung steht, wenn er die Begründetheit der sichergestellten Forderung dartut: BGer v. 30.11.2009, 5A_555/2009 E. 2.1; BGer v. 06.03.2006, 7B.8/2006 E. 3.1; BGE 129 III 193 E. 2.

7 Mit der **Aberkennungsklage** kann der Betriebene in einer Betreibung auf Sicherheitsleistung umfassend prüfen lassen, ob die Forderung auf Sicherheitsleistung besteht. Wurde die Sicherheitsleistung als «Gegenleistung» für ein Stillhalten des Gläubigers versprochen, bleibt sie jedenfalls geschuldet, bis im Streitfall über den Bestand der zu sichernden Forderung oder die vom Schuldner bezüglich der Schuldanerkennung geltend gemachten Willensmängel rechtskräftig entschieden ist. Andernfalls würde der Schuldner ohne Gegenleistung vom Stillhalteabkommen profitieren: BGE 136 III 528 E. 3.

8 Werden in einer Betreibung auf Sicherheitsleistung durch den Schuldner **Realsicherheiten** angeboten, vom Gläubiger jedoch nicht angenommen, hat der Betreibungsbeamte nicht zu prüfen, ob durch die Realsicherheiten die Einstellung der Betreibung gerechtfertigt ist; die Beurteilung dieser Frage fällt in die Zuständigkeit des Richters (SchKG 85, 85a): BGE 110 III 1 E. 2.c (Pra 73 [1984] Nr. 186).

9 Die **Umwandlung** einer Betreibung auf Geldzahlung in eine solche auf Sicherheitsleistung erfordert einen neuen Zahlungsbefehl: BGE 62 III 119, 121.

Zu Abs. 2

10 Der Zahlungsbefehl bildet die **Grundlage der Schuldbetreibung**. Dessen Zustellung stellt die erste vollstreckungsrechtliche Massnahme dar: BGer v. 29.12.2008, 5A_759/2008 E. 3.3; BGE 120 III 9 E. 1.

11 Für die Umwandlung einer auf **Pfandverwertung** eingeleiteten Betreibung in eine solche auf Pfändung oder Konkurs ist ein neuer Zahlungsbefehl erforderlich: BGE 87 III 50, 52.

12 Die Betreibungsbehörden haben nicht zu prüfen, ob die im **Handelsregister** erfolgten Eintragungen und Löschungen gerechtfertigt sind oder nicht. Gegen den Rekurrenten, der im Zeitpunkt der Fortsetzung der Betreibung als Mitglied einer Kollektivgesellschaft im Handelsregister eingetragen ist, ist die Betreibung gemäss SchKG 39 Abs. 1 Ziff. 2 auf Konkurs fortzusetzen: BGE 120 III 4 E. 4.

13 Ein **irrtümlicherweise** gegen einen der Konkursbetreibung unterliegenden Schuldner angehobenes Pfändungsverfahren ist durch das Betreibungsamt einzustellen. Es hebt die rechtswidrigen Handlungen auf und erlässt die Konkursandrohung: BGE 101 III 18 E. 1.b.

Zu Abs. 3

14 Der Betreibungsbeamte hat die Betreibungsart **von Amtes wegen** zu bestimmen: BGE 115 III 89 E. 1; BGE 112 III 1 E. 1.d (Pra 75 [1986] Nr. 195).

15 Der Entscheid des Betreibungsbeamten über die Betreibungsart kann mittels **betreibungsrechtlicher Beschwerde** (SchKG 17) angefochten werden. Wenn der Gläubiger die Betreibung auf Verwertung eines Grundpfandes anstelle der Betreibung auf Verwertung eines Faustpfandes gewählt hat, so muss der Schuldner sich dagegen mittels Rechtsvorschlag zur Wehr setzen und kann nicht den Beschwerdeweg gemäss SchKG 17 ff. beschreiten, weil er ja diesfalls nicht einen Verfahrensfehler des Betreibungsbeamten anficht, sondern das Pfandrecht bestreitet: BGE 122 III 295 E. 1.

Art. 39   B. Konkursbetreibung
   1. Anwendungsbereich

¹ Die Betreibung wird auf dem Weg des Konkurses, und zwar als «Ordentliche Konkursbetreibung» (Art. 159–176) oder als «Wechselbetreibung» (Art. 177–189), fortgesetzt, wenn der Schuldner in einer der folgenden Eigenschaften im Handelsregister eingetragen ist:

1. als Inhaber einer Einzelfirma (Art. 934 und 935 OR[1]);
2. als Mitglied einer Kollektivgesellschaft (Art. 554 OR);
3. als unbeschränkt haftendes Mitglied einer Kommanditgesellschaft (Art. 596 OR);
4. als Mitglied der Verwaltung einer Kommanditaktiengesellschaft (Art. 765 OR);
5. ...[2]
6. als Kollektivgesellschaft (Art. 552 OR);
7. als Kommanditgesellschaft (Art. 594 OR);
8. als Aktien- oder Kommanditaktiengesellschaft (Art. 620 und 764 OR);
9. als Gesellschaft mit beschränkter Haftung (Art. 772 OR);
10. als Genossenschaft (Art. 828 OR);
11. als Verein (Art. 60 ZGB[3]);
12. als Stiftung (Art. 80 ZGB);

---

1   SR 220
2   Aufgehoben durch Anhang Ziff. 3 des BG vom 16. Dez. 2005 (GmbH-Recht sowie Anpassungen im Aktien-, Genossenschafts-, Handelsregister- und Firmenrecht), mit Wirkung seit 1. Jan. 2008 (AS 2007 4791 4839; BBl 2002 3148, 2004 3969).
3   SR 210

13.[1] Investmentgesellschaft mit variablem Kapital (Art. 36 Kollektivanlagengesetz vom 23. Juni 2006[2], KAG);

14.[3] Kommanditgesellschaft für kollektive Kapitalanlagen (Art. 98 KAG).[4]

2 ...[5]

[3] Die Eintragung äussert ihre Wirkung erst mit dem auf die Bekanntmachung im Schweizerischen Handelsamtsblatt folgenden Tage.

Verweise

Abs. 1: *OR 927–943 (Handelsregister); SchKG 40 (Wirkungsdauer des Eintrags); SchKG 42 Abs. 2 (Vollzug hängiger Fortsetzungsbegehren bei der Eintragung des Schuldners ins Handelsregister).*
Abs. 3: *SchKG 35 (öffentliche Bekanntmachung).*

1 Bei der Anwendung von SchKG 39 und 40 ist der **Stand des Handelsregisters** zum Zeitpunkt der Einreichung des Fortsetzungsbegehrens massgebend: BGE 131 V 196 E. 4.2.1; BGE 80 III 97, 98 f.

2 Die Betreibungsbehörden haben **nicht zu prüfen**, ob die im Handelsregister erfolgten Eintragungen oder Löschungen gerechtfertig sind oder nicht: BGE 135 III 370 E. 3.2.3 (Pra 98 [2009] Nr. 136); BGE 120 III 4 E. 4.

3 Die in Ziff. 1–4 aufgeführten **Einzelpersonen** unterliegen der Konkursbetreibung für sämtliche Schulden, d.h. auch für jene, die nicht aus dem Geschäftsbetrieb herrühren: BGE 120 III 4 E. 5; 51 III 164, 165.

4 SchKG 39 Abs. 1 Ziff. 5 wurde am 1. Januar 2008 aufgehoben. Seither ist über ein geschäftsführendes Mitglied einer GmbH **kein Konkurs** mehr zu eröffnen, unabhängig von den vor diesem Zeitpunkt ergangenen Verfahrensschritten (wie Konkursandrohung und Zahlungsbefehl): BGer v. 02.12.2008, 5A_453/2008 E. 4.2; BGE 135 III 14 E. 5.4 und 5.5.

5 Befindet sich eine GmbH **in Liquidation**, so ändert dies nichts am Bestand ihrer juristischen Rechtspersönlichkeit. Wird das Fortsetzungsbegehren vor dem Erlöschen der Firma beim Handelsregisteramt eingereicht, ist ein Konkursverfahren durchzuführen: BGer v. 04.03.2010, 5A_70/2010 E. 3.

6 Voraussetzung einer Betreibung auf Konkurs ist nebst der Konkursfähigkeit des Schuldners das Vorliegen eines **Betreibungsdomizils** in der Schweiz: BGE 107 III 53 E. 4.e (Pra 71 [1982] Nr. 47); BGE 59 III 174 E. 1; BGE 32 I 33 E. 2.

7 Zur Konkursfähigkeit des **Trusts** siehe SchKG 284a Abs. 3.

---

1   Eingefügt durch Anhang Ziff. II 3 des Kollektivanlagengesetzes vom 23. Juni 2006, in Kraft seit 1. Jan. 2007 (SR 951.31).
2   SR 951.31
3   Eingefügt durch Anhang Ziff. II 3 des Kollektivanlagengesetzes vom 23. Juni 2006, in Kraft seit 1. Jan. 2007 (SR 951.31).
4   Fassung gemäss Ziff. I des BG vom 16. Dez. 1994, in Kraft seit 1. Jan. 1997 (AS 1995 1227; BBl 1991 III 1).
5   Aufgehoben durch Art. 15 Ziff. 1 Schl- und UeB zu den Tit. XXIV–XXXIII OR (SR 220 am Schluss).

Art. 40 2. Wirkungsdauer des Handelsregistereintrages

¹ Die Personen, welche im Handelsregister eingetragen waren, unterliegen, nachdem die Streichung durch das Schweizerische Handelsamtsblatt bekanntgemacht worden ist, noch während sechs Monaten der Konkursbetreibung.

² Stellt der Gläubiger vor Ablauf dieser Frist das Fortsetzungsbegehren oder verlangt er den Erlass eines Zahlungsbefehls für die Wechselbetreibung, so wird die Betreibung auf dem Weg des Konkurses fortgesetzt.¹

Verweise

Abs. 1: *OR 927–943 (Handelsregister); SchKG 31–33, SchKG 56–63, ZPO 142 ff. (Fristberechnung → Nr. 25); SchKG 39, 40, 41 Abs. 1, 43, 159 ff. (ordentliche Konkursbetreibung); SchKG 177–189 (Wechselbetreibung).*

Abs. 2: *SchKG 88 (Fortsetzungsbegehren); SchKG 178 (Zahlungsbefehl in der Wechselbetreibung).*

1 SchKG 40 ist auf den Fall zugeschnitten, in welchem eine im Handelsregister eingetragene physische Person durch die Streichung ihre Kaufmannsqualität verliert, im Übrigen aber als Rechtssubjekt weiterbesteht und folglich weiter betrieben werden kann: BGE 41 III 118 E. 2. **Natürliche Personen** werden somit ohne Weiteres vom Anwendungsbereich von SchKG 40 erfasst.

2 SchKG 40 findet keine Anwendung auf **juristische Personen**, für welche die Eintragung im Handelsregister konstitutiv ist und die durch ihre Löschung ihre juristische Persönlichkeit verlieren: BGE 135 III 370 E. 3.1 (Pra 98 [2009] Nr. 136); BGE 135 III 14 E. 3; BGE 131 V 196 E. 4.2.1. Dies gilt für die Aktiengesellschaft, die Kommanditaktiengesellschaft, die Gesellschaft mit beschränkter Haftung und die Genossenschaft. Mangels eines betreibungsfähigen Rechtssubjektes kann nach der Löschung des Eintrags die Anhebung oder die Fortsetzung der Betreibung einer solchen juristischen Person nicht mehr erfolgen: BGE 131 V 196 E. 4.2.1.

Zu Abs. 2

3 **Kollektiv- und Kommanditgesellschaften** sind nach der Löschung im Handelsregister immer noch rechts- und parteifähig, solange die Liquidation noch nicht beendet ist. Als solche können sie jedoch nur auf Konkurs betrieben werden. Es genügt deshalb, wenn innert der Nachwirkungsfrist das Betreibungsbegehren gestellt wird, um eine Betreibung auf Konkurs durchführen zu können: BGE 41 III 118 E. 2.

4 Die Regel von SchKG 40 bezieht sich auf den Fall, da die Löschung im Handelsregister **freiwillig** erfolgt. Ist die Löschung Resultat einer Konkurseröffnung, so ist SchKG 40 nicht anwendbar: BGE 53 III 187, 190.

---

1 Fassung gemäss Ziff. I des BG vom 16. Dez. 1994, in Kraft seit 1. Jan. 1997 (AS 1995 1227; BBl 1991 III 1).

5   Der **unbeschränkt haftende Teilhaber** einer konkursiten Kommanditgesellschaft, über den selber ein Konkursverfahren eröffnet und mangels Aktiven gemäss SchKG 230 geschlossen worden ist, kann nicht gemäss SchKG 40 aufgrund des früheren Eintrags im Handelsregister neuerdings auf Konkurs betrieben werden: BGE 62 III 131 E. 1.

6   Von der Löschung im Handelsregister an **untersteht der Inhaber einer Einzelfirma** sofort der Betreibung auf Pfändung, sofern die Löschung durch den Konkurs veranlasst, wenn auch nicht dessen notwendige Folge war: BGE 68 III 16, 17.

7   Wird dem Schuldner **Nachlassstundung** gewährt, so ist die Nachwirkungsfrist unbeachtlich. SchKG 309 sieht vor, dass jeder Gläubiger binnen 20 Tagen seit der Bekanntmachung, dass der vorgeschlagene Nachlassvertrag abgelehnt oder die Nachlassstundung widerrufen worden ist, über **jeden Schuldner** die sofortige Konkurseröffnung verlangt werden kann: Anders noch BGE 122 III 204 E. 3 und 4 zu aSchKG 309.

8   Ist der Betreibungsort in einer **Wechselbetreibung** einmal fixiert, so bleibt das Schicksal des Handelsregistereintrages bzw. der weitere Zeitablauf ohne Einfluss auf die Betreibung: BGer v. 03.12.2010, 5A_695/2010 E. 3.

Art. 41[1]   C. Betreibung auf Pfandverwertung

[1] Für pfandgesicherte Forderungen wird die Betreibung, auch gegen die der Konkursbetreibung unterliegenden Schuldner, durch Verwertung des Pfandes (Art. 151–158) fortgesetzt.

[1bis] Wird für eine pfandgesicherte Forderung Betreibung auf Pfändung oder Konkurs eingeleitet, so kann der Schuldner mit Beschwerde (Art. 17) verlangen, dass der Gläubiger vorerst das Pfand in Anspruch nehme.

[2] Für grundpfandgesicherte Zinse oder Annuitäten kann jedoch nach der Wahl des Gläubigers entweder die Pfandverwertung oder, je nach der Person des Schuldners, die Betreibung auf Pfändung oder auf Konkurs stattfinden. Vorbehalten bleiben ferner die Bestimmungen über die Wechselbetreibung (Art. 177 Abs. 1).

Verweise: SchKG 37 Abs. 3 (Pfand); SchKG 39 Abs. 1 (der Konkursbetreibung unterliegende Schuldner).

Abs. 2: SchKG 42, 89–150 (Betreibung auf Pfändung); SchKG 39, 40, 41 Abs. 1, 43, 159 ff. (ordentliche Konkursbetreibung).

Abs. 3: SchKG 37 Abs. 1, ZGB 793–875 (Grundpfand); SchKG 41, 151–158 (Betreibung auf Pfandverwertung); SchKG 42, 89–150 (Betreibung auf Pfändung); SchKG 39, 40, 41 Abs. 1, 43, 159 ff. (ordentliche Konkursbetreibung).

---

1   Fassung gemäss Ziff. I des BG vom 16. Dez. 1994, in Kraft seit 1. Jan. 1997 (AS 1995 1227; BBl 1991 III 1).

Zu Abs. 1

1 Zum Begriff des Pfandes siehe SchKG 37.

2 Die Betreibung auf Pfandverwertung setzt ein Pfand voraus, das dem Geltungsbereich des **schweizerischen Rechts** untersteht: BGE 36 I 337 E. 1.

3 Die **Vorlegung des Faustpfandes** an das Betreibungsamt ist zwar nicht notwendig für die Anhebung, wohl aber für die Fortsetzung der Betreibung auf Pfandverwertung. Solange sie unterbleibt, sei es auch wegen Unmöglichkeit, den Pfandgegenstand aus dem Ausland herbeizuschaffen, ist das Verwertungsbegehren unwirksam: BGE 70 III 53 E. 2.

4 Hat der Gläubiger **mehrere durch ein einziges Pfand gesicherte Forderungen** gegen denselben Schuldner, so steht es ihm grundsätzlich frei, für welche dieser Forderungen er die Sicherheit beanspruchen will: BGE 104 III 8 E. 3.

5 Eine **Erbanwartschaft** unterliegt nicht der Zwangsverwertung, auch nicht als Pfand: BGE 73 III 149, 150.

6 Vgl. auch Art. 54 Abs. 2 des BG über das Schiffsregister vom 28.09.1923 (SR 747.11) für **Schiffsverschreibungen** sowie LBG 26 ff. und das KS BGer (Plenum) Nr. 35 vom 16.10.1961 (veröffentlich in BGE 87 III 41) für **Luftfahrzeugverschreibungen**.

7 Für **Pfandbriefforderungen** der Inhaber gegenüber den Pfandbriefzentralen und für Darlehensforderungen der Zentralen gegenüber solchen Mitgliedern, die Aktiengesellschaften oder Genossenschaften sind, kann gemäss PfG 27 nur Betreibung auf Konkurs angehoben werden.

8 Für die Geltendmachung von **Forderungen der Pfandleihanstalten** gilt nach SchKG 45 ZGB 910.

Zu Abs. 1bis

9 Die Eintreibung einer pfandgesicherten Forderung anders als durch Pfandverwertung ist nicht ohne Weiteres nichtig, sondern bloss anfechtbar; denn die Vorausverwertung des Pfandes ist nicht zwingend: BGE 120 III 105 E. 1; BGE 117 III 74 E. 1. Wird die Einrede der Vorausverwertung nicht mit **Beschwerde** gegen den Zahlungsbefehl geltend gemacht, so verwirkt sie. Die Beschwerdefrist beträgt zehn Tage (SchKG 17 Abs. 2) und läuft ab Zustellung des Zahlungsbefehls. Im Rechtsöffnungsverfahren kann der Beschwerdeführer die Einrede der Vorausvollstreckung nicht mehr vortragen: BGer v. 20.10.2011, 5A_586/2011 E. 3.

10 Die Einrede der Vorausverwertung des Pfandes setzt voraus, dass sich der Schuldner auf ein **Pfandrecht im eigentlichen Sinn** und nicht bloss auf eine Sicherungszession oder eine Zession zahlungshalber beruft: BGE 106 III 5 E. 1.

11 Als **pfandgesichert** gilt jede Forderung, für die ein Pfand haftet, auch wenn dieses allenfalls nicht volle Deckung bietet. Die Behauptung des Gläubigers, die Pfänder seien wertlos, vermag das *beneficium excussionis realis* nicht auszuschalten: BGE 83 III 59 E. 2.

12 Der Anspruch auf Vorausverwertung von Pfändern ist auch **im Falle der Betreibung auf Konkurs** mit Beschwerde gegen den Zahlungsbefehl geltend zu machen: BGE 110 III 5 E. 3.c.

13 Ist dem Gläubiger ein **Selbstverkaufsrecht** eingeräumt worden, so ist Recht vorzuschlagen und zur Entscheidung über Bestand und Tragweite des *beneficium excussionis realis* der Richter zuständig: BGE 73 III 13, 15.

14 Im Falle eines gesetzlichen Grundpfandrechts, das auf **kantonalem Recht** beruht (vgl. ZGB 836), kann dieses das *beneficium excussionis realis* von vornherein ausschliessen oder aber zulassen, dass der Gläubiger dem Dritteigentümer des Pfandes verspricht, er werde dieses erst subsidiär nach dem eigenen Vermögen des Schuldners in Anspruch nehmen: BGE 84 III 67, 70.

15 Der Betriebene, der gestützt auf das *beneficium excussionis realis* die Aufhebung der gegen ihn eingeleiteten gewöhnlichen Betreibung verlangt, hat **in liquider Weise** darzutun, dass die in Betreibung gesetzte Forderung durch ein Pfand gesichert ist: BGE 129 III 360 E. 1.

16 Die Rüge der Verletzung der Regel über die **Beweislastverteilung** ist unbegründet, wenn die Tatsache – vorliegend das Bestehen eines Hypothekarkredits – von Amtes wegen festgestellt oder durch jene Partei dargetan wird, welche nicht die Beweislast trägt: BGE 119 III 103 E. 1.

17 Das *beneficium excussionis realis* steht dem Schuldner auch dann zu, wenn er das Bestehen eines Pfandrechts **zwar bestreitet**, aber klar nachweist, dass der Gläubiger ihm gehörige Vermögensstücke als Pfand beansprucht und ihn so an der freien Verfügung über diese Gegenstände hindert: BGE 104 III 8 E. 2.

18 Die Verweigerung des *beneficium excussionis realis* ohne Prüfung, ob die **ursprüngliche Forderung** neben der im Schuldbrief verkörperten Forderung weiter besteht, ist unzulässig: BGE 119 III 105 E. 2.b.

19 Wird ein Pfandrecht erst **nach der Zustellung des Zahlungsbefehls** – und nachdem dieser rechtskräftig geworden ist – begründet, so kann der Schuldner nicht die Einrede des Rechts auf Vorausverwertung des Pfandes erheben: BGE 121 III 483 E. 2.

20 Hat der Vermieter auf die Aufnahme eines Retentionsverzeichnisses verzichtet, so kann er für den fälligen Mietzins eine ordentliche Betreibung auf Pfändung oder Konkurs anheben. Dem Schuldner **steht es nicht zu**, ihn auf den Weg einer Betreibung auf Pfandverwertung zu verweisen: BGE 76 III 24 E. 3.

21 Der Schuldner kann den Gläubiger, der **gemäss VVG 60 Abs. 1 am Ersatzanspruch** des Schuldners gegen den Versicherer ein Pfandrecht besitzt, für den das Pfandrecht übersteigenden Betrag nicht auf den Weg der Betreibung auf Pfandverwertung verweisen: BGE 86 III 41, 44 f.

22 Der Schuldner kann den Gläubiger schon **vor Anhebung der Betreibung** rechtswirksam ermächtigen, statt der Betreibung auf Verwertung der bestellten Pfänder die ordentliche Betreibung einzuleiten: BGE 84 III 67, 69; BGE 73 III 13, 15; BGE 58 III 57 E. 1.

23 Ein erst nach der Zustellung des Zahlungsbefehls erklärter Verzicht des Gläubigers auf das Pfandrecht ist betreibungsrechtlich unwirksam. Der Verzicht des Gläubigers ist dem Schuldner **spätestens im Zahlungsbefehl** mitzuteilen: BGE 87 III 50, 53; BGE 83 III 59 E. 3.

24 Für eine **zugunsten mehrerer Gläubiger faustpfandgesicherte Forderung** kann nicht von einem einzelnen Gläubiger unter Verzicht auf das Pfandrecht ordentliche Betreibung angehoben werden: BGE 93 III 11 E. 2.

Zweiter Titel: Schuldbetreibung

25 Der Verzicht auf auf das *beneficium excussionis realis* sowie die Vereinbarung der Subsidiarität der Pfandhaftung vor der allgemeinen Haftung des Schuldnervermögens **in einer Scheidungskonvention** ist zulässig: BGE 77 III 1 E. 2.

26 Der generelle Verzicht auf das *beneficium excussionis realis* in **Allgemeinen Geschäftsbedingungen** von Banken ist zulässig: BGer v. 07.01.2004, 7B.249/2003 E. 3–5.

27 Der **Weiterzug** des Beschwerdeentscheids hat innert der zehntägigen Frist gemäss SchKG 18 Abs. 1 an die obere Aufsichtsbehörde bzw. gemäss BGG 100 Abs. 2 lit. a (→ Nr. 26) an das Bundesgericht zu erfolgen: BGE 120 III 105 E. 1.

28 Der Grundsatz des *beneficium excussionis realis* ist **in der Wechselbetreibung nicht anwendbar**. Der Schuldner kann daher nicht mit Beschwerde die Vorausverwertung des Pfandes verlangen: BGE 136 III 110 E. 4 (Pra 99 [2010] Nr. 101); BGE 110 III 5 E. 3.c (Pra 73 [1984] Nr. 222).

29 Bei **im Ausland gelegenen bzw. vom ausländischen Recht beherrschten Pfandobjekten** setzt eine erfolgreiche Berufung auf das *beneficium excussionis realis* voraus, dass die betreffende Rechtsordnung eine SchKG 41 Abs. 1bis entsprechende Einrede ebenfalls vorsieht: BGer v. 03.05.2011, 5A_159/2011 E. 3; BGE 65 III 92 E. 2.

30 Wenn der Gläubiger die Betreibung auf Verwertung eines Grundpfandes anstelle der Betreibung auf Verwertung eines Faustpfandes gewählt hat, so muss sich der Schuldner dagegen **mittels Rechtsvorschlag** zur Wehr setzen: BGE 122 III 295 E. 1.

Zu Abs. 2

31 Zum Begriff der **Annuitäten** siehe BGE 63 III 125, 127 ff. Vgl. ferner ZGB 818, 821 und 878.

Art. 42[1]   D. Betreibung auf Pfändung

1 In allen andern Fällen wird die Betreibung auf dem Weg der Pfändung (Art. 89–150) fortgesetzt.

2 Wird ein Schuldner ins Handelsregister eingetragen, so sind die hängigen Fortsetzungsbegehren dennoch durch Pfändung zu vollziehen, solange über ihn nicht der Konkurs eröffnet ist.

Verweise

Abs. 1: *SchKG 41, 151–158 (Betreibung auf Pfandverwertung); SchKG 39, 40, 41 Abs. 1, 43, 159 ff. (ordentliche Konkursbetreibung); SchKG 177–189 (Wechselbetreibung).*

Abs. 2: *SchKG 88 (Fortsetzungsbegehren); SchKG 171, 189 Abs. 1, 190–194 (Konkurseröffnung).*

Keine Entscheidungen.

---

1 Fassung gemäss Ziff. I des BG vom 16. Dez. 1994, in Kraft seit 1. Jan. 1997 (AS 1995 1227; BBl 1991 III 1).

Art. 43[1] E. Ausnahmen von der Konkursbetreibung

Die Konkursbetreibung ist in jedem Fall ausgeschlossen für:
1. Steuern, Abgaben, Gebühren, Sporteln, Bussen und andere im öffentlichen Recht begründete Leistungen an öffentliche Kassen oder an Beamte;

1bis.[2] Prämien der obligatorischen Unfallversicherung;

2.[3] periodische familienrechtliche Unterhalts- und Unterstützungsbeiträge sowie Unterhaltsbeiträge nach dem Partnerschaftsgesetz vom 18. Juni 2004[4];
3. Ansprüche auf Sicherheitsleistung.

Verweise

Ziff. 1bis: *UVG 91–95 (Prämien der obligatorischen Unfallversicherung).*

Ziff. 2: *ZGB 125–132 (nachehelicher Unterhalt); ZGB 173 (Unterhalt im Rahmen des Eheschutzes); ZGB 276–292 (Kinderunterhalt); ZGB 328–329 (Unterstützungspflicht); PartG 17 (Unterhalt bei Aufhebung des Zusammenlebens); PartG 34 (Unterhalt nach Auflösung der eingetragenen Parnerschaft).*

Ziff. 3: *SchKG 38 Abs. 1, 67 Abs. 1 Ziff. 3, 69 Abs. 2 Ziff. 2 (Sicherheitsleistung).*

1 SchKG 43 ist **zugunsten des Schuldners** aufgestellt; dieser soll für Forderungen der betreffenden Art nicht in den Konkurs getrieben werden: BGE 77 III 37, 39.

Zu Ziff. 1

2 Um die Betreibung auf Konkurs eines an sich konkursfähigen Schuldners auszuschliessen, wird **kumulativ** vorausgesetzt, dass die Forderung im öffentlichen Recht begründet und der Gläubiger ein Rechtssubjekt des öffentlichen Rechts ist: BGE 125 III 250 E. 1. Die zweite Voraussetzung ist nicht gegeben, wenn die betreibende Krankenversicherung eine Aktiengesellschaft ist. Die Einführung des Versicherungsobligatoriums am 1. Januar 1996 hat an den erwähnten Voraussetzungen des Schuldbetreibungs- und Konkursrechts nichts geändert: BGE 125 III 250 E. 2.

3 Die Zwangsvollstreckung gegen eine Aktiengesellschaft zwecks Eintreibung der Beiträge der beruflichen Vorsorge für Arbeitnehmer ist durch Betreibung auf Pfändung und nicht durch Betreibung auf Konkurs fortzusetzen: BGE 115 III 89 E. 2. Ein der Konkursbetreibung unterliegender Schuldner kann sich jedoch nicht auf SchKG 43 berufen, wenn er zwecks Ablieferung von Arbeitgeberbeiträgen aus beruflicher Vorsorge für Arbeitnehmer an eine Auffangeinrichtung **ohne öffentlich-rechtlichen Charakter** betrieben wird: BGE 118 III 13 E. 2 und 3.

---

1 Fassung gemäss Ziff. I des BG vom 16. Dez. 1994, in Kraft seit 1. Jan. 1997 (AS 1995 1227; BBl 1991 III 1).
2 Eingefügt durch Ziff. I des BG vom 3. Okt. 2003, in Kraft seit 1. Juli 2004 (AS 2004 2757 2758; BBl 2002 7107 7116).
3 Fassung gemäss Anhang Ziff. 16 des Partnerschaftsgesetzes vom 18. Juni 2004, in Kraft seit 1. Jan. 2007 (AS 2005 5685; BBl 2003 1288).
4 SR 211.231

4 Für die einem Kanton durch **Ersatzvornahme** erwachsenen Kosten, *in casu* die Kosten für das Abräumen von Altholz, ist die Konkursbetreibung ausgeschlossen: BGE 129 III 554 E. 3.

5 Die **Kollokation** einer öffentlich-rechtlichen Forderung im von einem anderen Gläubiger erwirkten Konkurs ist selbstverständlich zulässig: Vgl. BGE 120 III 32 E. 2.

6 Während der Dauer eines **Konkursaufschubs** darf in Pfändungsbetreibungen gegen den Schuldner für öffentlich-rechtliche Forderungen keine Verwertung stattfinden: BGE 77 III 37, 39.

7 **StGB 164 Ziff. 1 und 165 Ziff. 2** (→ Nr. 35) sind auf den gestützt auf SchKG 43 auf Pfändung betriebenen, jedoch grundsätzlich konkursfähigen Schuldner anwendbar; sie gelten dagegen nicht, wenn der Konkurs gestützt auf SchKG 190 Abs. 1 Ziff. 1 oder 191 eröffnet worden ist, obwohl der Schuldner grundsätzlich nicht konkursfähig ist: BGE 81 IV 29 E. 1 und 2.

Art. 44[1] F. Vorbehalt besonderer Bestimmungen
1. Verwertung beschlagnahmter Gegenstände

Die Verwertung von Gegenständen, welche auf Grund strafrechtlicher oder fiskalischer Gesetze oder aufgrund des Bundesgesetzes vom 1. Oktober 2010[2] über die Rückerstattung unrechtmässig erworbener Vermögenswerte politisch exponierter Personen mit Beschlag belegt sind, geschieht nach den zutreffenden eidgenössischen oder kantonalen Gesetzesbestimmungen.

Verweise: StGB 69–73 (Einziehung → Nr. 35); StPO 263–268 (Beschlagnahme); VStrR 46–47 (Beschlagnahme); DBG 191 (Verweis auf das VStrR).

1 Öffentlich-rechtliche Forderungen sind gegenüber privatrechtlichen bei der Vollstreckung in keiner Weise privilegiert. Diese Gleichstellung in Bezug auf das für die Betreibung geltende Verfahren und bei der Kollokation einzunehmenden Rang hat indessen durch SchKG 44 eine **bedeutsame Einschränkung** erfahren. Diese Bestimmung spricht zwar ausdrücklich nur davon, dass die Verwertung von Gegenständen, welche aufgrund strafrechtlicher oder fiskalischer Gesetze des Bundes oder der Kantone mit Beschlag belegt sind, nach diesen Gesetzen geschehe. Doch damit ist stillschweigend auch gesagt, dass in einem solchen Fall das SchKG für den Akt der Beschlagnahme selbst, für die Voraussetzungen, den Vollzug und die Wirkungen derselben, nicht massgebend sein will: BGE 78 I 215 E. 2; BGE 76 I 28 E. 3. Dies gilt selbst dann, wenn die betreffenden Gegenstände schon vorher in eine Pfändung einbezogen oder mit Konkursbeschlag belegt worden sind: BGE 131 III 652 E. 3 (Pra 95 [2006] Nr. 94); BGE 115 III 1 E. 3.a (Pra 79 [1990] Nr. 140).

---

1 Fassung gemäss Anhang Ziff. 2 des BG vom 1. Okt. 2010 über die Rückerstattung unrechtmässig erworbener Vermögenswerte politisch exponierter Personen, in Kraft seit 1. Febr. 2011 (AS 2011 275; BBl 2010 3309).
2 SR 196.1

2 Die Betreibungs- und Konkursbehörden sind **nicht befugt**, einer strafrechtlichen oder fiskalischen Beschlagnahme eine eigene, gegenteilige Verfügung entgegenzusetzen, die dann der betreibungsrechtlichen Beschwerde unterliegen würde. Vorbehalten bleiben immerhin Beschlagnahmen, die nach dem betreffenden Gesetz offensichtlich unzulässig sind und von den Betreibungs- und Konkursbehörden daher als nichtig betrachtet werden dürfen. Die Gläubiger bzw. die Konkursverwaltung müssen sich gegen solche Beschlagnahmen mit den Rechtsmitteln des Strafprozess- bzw. Fiskalrechts zur Wehr setzen: BGE 131 III 652 E. 3 (Pra 95 [2006] Nr. 94); BGE 107 III 113 E. 1 (Pra 71 [1982] Nr. 75).

3 Der Vorrang der Beschlagnahme nach SchKG 44 hindert den **späteren Vollzug** eines auf SchKG 271 ff. gestützten Arrestes nicht, geht diesem aber im Konfliktfall vor: BGE 93 III 89 E. 3.

4 Sowohl die Sicherungsbeschlagnahme als auch die hierauf folgende Einziehung von Vermögenswerten ist mit SchKG 44 nur vereinbar, wenn sie der Sicherstellung der sich aus dem Straf- oder Fiskalverfahren ergebenden öffentlich-rechtlichen Ersatzansprüche dienen, **nicht dagegen**, soweit sie Gegenstände betreffen, die mit der Straftat in keinem Zusammenhang stehen und zur Deckung privatrechtlicher Schadenersatzansprüche der durch die Strafhandlung Geschädigten bestimmt sind: BGE 115 Ib 517 E. 7.d.

5 Der Staat ist berechtigt, sich aus den beschlagnahmten Vermögenswerten für die **Verfahrens- und Vollzugskosten** vorweg zu befriedigen: BGE 120 IV 365 E. 2.b; BGE 115 III 1 E. 4. Er kann gemäss StPO 268 Abs. 1 so viel vom Vermögen der beschuldigten Person beschlagnahmen, als zur Deckung der Verfahrenskosten und Entschädigungen sowie der Geldstrafen und Bussen voraussichtlich nötig ist.

6 Der Vorrang von SchKG 44 gilt insbesondere für die **Vermögenseinziehung** gemäss StGB 70 (→ Nr. 35). Diese umfasst nicht nur Originalwerte, sondern auch echte und unechte Surrogate: BGE 126 I 97 E. 3.d.dd.

7 Die Einziehung zugunsten des Staates ist allerdings nur zulässig, wenn die Vermögenswerte nicht gestützt auf StGB 70 Abs. 1 (→ Nr. 35) dem Geschädigten **zur Wiederherstellung des rechtmässigen Zustandes** ausgehändigt werden. Diese Bestimmung will dem Geschädigten die ihm entzogenen Deliktsgegenstände und Vermögenswerte direkt wieder verschaffen. Der Rückerstattungsanspruch des Verletzten geht der Einziehung von Vermögenswerten somit vor – der Staat soll sich nicht zulasten der strafrechtlich Geschädigten bereichern – und StGB 70 soll nicht zu einer Doppelverpflichtung des Täters führen: BGE 129 IV 322 E. 2.2.4 zu aStGB 59 Ziff. 1 Abs. 1 (siehe unten N 8).

8 Gemäss StGB 71 Abs. 3 Satz 2 (→ Nr. 35) begründet die Beschlagnahme, die zur Sicherung einer **Ersatzforderung** des Staates i.S.v. StGB 71 Abs. 1 verfügt wurde, bei der Zwangsvollstreckung der Ersatzforderung kein Vorzugsrecht zugunsten des Staates. Als *lex specialis* enthält StGB 71 Abs. 3 Satz 2 eine Ausnahme gegenüber dem in SchKG 44 festgelegten Grundsatz. Derartige Vermögenswerte dürfen deshalb zur Sicherung einer Schadenersatzforderung des Staates oder des Geschädigten nicht mehr beschlagnahmt werden, wenn über das Vermögen des Täters oder des durch die Straftat Begünstigten der Konkurs eröffnet worden ist und die Vermögenswerte zur Konkursmasse gehören: BGE 126 I 97 E. 3.d.bb (zu aStGB 59 Ziff. 2 Abs. 3).

9   Zu den in SchKG 44 vorbehaltenen strafrechtlichen Gesetzen ist seit dessen Inkrafttreten auch das **Verwaltungsstrafrecht** zu zählen, welches die Beschlagnahme von Vermögenswerten in VStrR 46 Abs. 1 lit. b ausdrücklich vorsieht. Die Beschlagnahme von Vermögenswerten gestützt auf VStrR 46 Abs. 1 lit. b fällt somit auch unter den Vorbehalt von SchKG 44, soweit aus den beschlagnahmten Vermögenswerten der durch die Steuerhinterziehung verursachte Ausfall ersetzt werden soll: BGE 120 IV 365 E. 2.b.

10 Die Durchsetzung von **Steuerforderungen** wird nicht von SchKG 44 erfasst. Der Vorbehalt von SchKG 44 bezieht sich nur auf die Verwertung ganz bestimmter Gegenstände, die **unmittelbar** mit einem Straf- oder Steuerverfahren nach den betreffenden eidgenössischen oder kantonalen Gesetzen beschlagnahmt worden sind: BGer v. 20.04.2005, 7B.29/2005 E. 1.3.2, BGE 115 III 1 E. 3.b; BGE 108 III 106 E. 2.

11 Auf einen Beschluss des Bundesrats, **Guthaben** gestützt auf BV 184 Abs. 3 **zu sperren**, ist SchKG 44 sinngemäss anwendbar: BGE 131 III 652 E. 2 (Pra 95 [2006] Nr. 94).

Art. 45[1]   2. Forderungen der Pfandleihanstalten

Für die Geltendmachung von Forderungen der Pfandleihanstalten gilt Artikel 910 des Zivilgesetzbuches (ZGB)[2].

1   Die Versetzung eines Gegenstandes schliesst eine **spätere Pfändung** nicht aus. Diesfalls ist SchKG 95 Abs. 3 anwendbar.

2   Durch die Versetzung eines nach SchKG 92 **unpfändbaren Gegenstandes** wird dessen Entbehrlichkeit dargetan. Ein versetzter Gegenstand kann deshalb auch gepfändet werden, wenn er unpfändbar wäre: BGE 55 III 119, 120 f.

3   Der **Konkurs** hindert die Pfandleihanstalt nicht daran, den versetzten Gegenstand amtlich zu verkaufen. Die Pfandleihanstalt hat die Konkursverwaltung jedoch vorgängig darüber zu informieren, damit diese das Pfand auslösen (ZGB 912) oder die Herausgabe eines allfälligen Überschusses geltend machen (ZGB 911 Abs. 1) kann.

II. Ort der Betreibung

Art. 46   A. Ordentlicher Betreibungsort

1 Der Schuldner ist an seinem Wohnsitze zu betreiben.

2 Die im Handelsregister eingetragenen juristischen Personen und Gesellschaften sind an ihrem Sitze, nicht eingetragene juristische Personen am Hauptsitze ihrer Verwaltung zu betreiben.

---

1   Fassung gemäss Ziff. I des BG vom 16. Dez. 1994, in Kraft seit 1. Jan. 1997 (AS 1995 1227; BBl 1991 III 1).
2   SR 210

³ Für die Schulden aus einer Gemeinderschaft kann in Ermangelung einer Vertretung jeder der Gemeinder am Orte der gemeinsamen wirtschaftlichen Tätigkeit betrieben werden.¹

⁴ Die Gemeinschaft der Stockwerkeigentümer ist am Ort der gelegenen Sache zu betreiben.²

Verweise

Abs. 1: *ZGB 23–26 (Wohnsitz); IPRG 20 Abs. 1 Bst. a (Wohnsitz in internationalen Verhältnissen).*

Abs. 2: *OR 927–943 (Handelsregister); ZGB 52–59 (allgemeine Bestimmungen zur juristischen Person); OR 552–926 (Gesellschaftsrecht); ZGB 56 (Sitz).*

Abs. 3: *ZGB 336–348 (Gemeinderschaft); ZGB 341, 347 (Vertretung); ZGB 339 Abs. 1 (gemeinsame wirtschaftliche Tätigkeit).*

Abs. 4: *ZGB 712a–712t (Stockwerkeigentum).*

Zu Abs. 1

1 Das Betreibungsrecht knüpft hinsichtlich des Begriffs des **Wohnsitzes** an das Zivilrecht an (ZGB 23; in internationalen Verhältnissen IPRG 20 Abs. 1 lit. a): BGer v. 08.09.2010, 5A_403/2010 E. 2.1; BGer v. 30.08.2010, 5A_349/2010 E. 2.2. Eine natürliche Person hat ihren Wohnsitz an dem Ort, an dem sie sich in für Dritte objektiver und erkennbarer Weise mit der Absicht dauernden Verbleibens aufhält: BGer v. 18.07.2003, 7B.100/2003 E. 3.2; BGE 120 III 7 E. 2.a (Pra 83 [1994] Nr. 278).

2 Bei der Schriftenhinterlegung, dem Bezahlen von Steuern und Sozialversicherungsbeiträgen, Angaben in rechtlichen Entscheiden oder offiziellen Publikationen handelt es sich lediglich um **Indizien** für die Wohnsitzbestimmung: BGer v. 08.01.2004, 7B.241/2003 E. 4.2; BGE 125 III 100 E. 3.

3 Es ist nicht die Aufgabe des Betreibungsamtes, den Wohnsitz des Schuldners ausfindig zu machen. Es muss aber die Angaben des Gläubigers überprüfen, da die **Zuständigkeit** davon abhängt. Behauptet der Schuldner, er habe einen von den Angaben des Gläubigers abweichenden Wohnsitz, so ist er hierfür beweispflichtig: BGer v. 08.09.2010, 5A_403/2010 E. 2.2; BGE 120 III 110 E. 1.a und b.

4 Vgl. zum **Wohnsitz** auch BGE 119 III 54 E. 2.a; BGE 119 III 51 E. 2.a; BGE 89 III 7 E. 1; BGE 88 III 135 E. 1; BGE 82 II 570; BGE 82 III 12; BGE 72 III 38; BGE 68 III 48; BGE 65 III 101; BGE 57 III 172 E. 1.

5 Der Ort der Zwangsvollstreckung bestimmt sich – **auch in internationalen Verhältnissen** – allein nach dem SchKG: BGer v. 30.08.2010, 5A_349/2010 E. 2.2; BGE 124 III 505 E. 3.

---

1 Eingefügt durch Art. 58 SchlT ZGB, in Kraft seit 1. Jan. 1912 (AS 24 233 Art. 60 SchlT ZGB; BBl 1904 IV 1, 1907 VI 367).

2 Eingefügt durch Ziff. I des BG vom 16. Dez. 1994, in Kraft seit 1. Jan. 1997 (AS 1995 1227; BBl 1991 III 1).

Zweiter Titel: Schuldbetreibung

6 Haben sowohl der Gläubiger als auch der Schuldner **Wohnsitz im Ausland**, kann der in der Schweiz Betriebene jederzeit Nichtigkeit des Zahlungsbefehls geltend machen. Denn bei dieser Ausgangslage besteht in der Schweiz kein Interesse an einer Zwangsvollstreckung: BGer v. 04.10.2002, 7B.132/2002 E. 2; BGE 63 III 114, 115.

7 Der Schuldner, der seinen Wohnsitz in der Schweiz aufgibt und sich ins Ausland begibt, **ohne einen neuen Wohnsitz oder Aufenthalt zu begründen**, kann an seinem letzten Wohnsitz in der Schweiz betrieben werden: BGer v. 25.09.2003, 7B.207/2003 E. 3.3; BGE 120 III 110 E. 1. In einem solchen Fall darf sich das für die Pfändung zuständige Betreibungsamt nicht mit der Feststellung begnügen, dass die Pfändung nicht durchgeführt worden sei; vielmehr muss es gemäss SchKG 89 ff. vorgehen und eine Pfändungsurkunde i.S.v. SchKG 112 ff. erstellen: BGE 120 III 110 E. 2 und 3.

8 Der vom unzuständigen Amt erlassene Zahlungsbefehl ist mit Beschwerde anfechtbar, die vom unzuständigen Amt erlassene **Pfändungsankündigung** ist dagegen nichtig: BGer v. 10.01.2002, 7B.271/2001 E. 2.c; BGE 88 III 7 E. 3; BGE 80 III 99 E. 1; BGE 68 III 33, 35 f.

9 Für das **Nachlassverfahren** sind die Behörden des Ortes zuständig, wo ordentlicherweise die Betreibung gegen den Schuldner stattzufinden hat, also i.d.R. die Behörden seines Wohnsitzes i.S.v. ZGB 23: BGE 68 I 193 E. 2.

Zu Abs. 2

10 Für den Sitz vgl. OR 554, 596, 626, 641, 776 und 832 sowie ZGB 56.

11 Verlegt eine in Betreibung gesetzte Aktiengesellschaft ihren Sitz, so gilt als Betreibungsort der bisherige Sitz **bis zum Zeitpunkt**, wo er im dortigen Handelsregister gelöscht worden ist: BGE 123 III 137 E. 3; BGE 116 III 1 E. 2.

12 Über eine Gesellschaft kann der Konkurs **ohne vorgängige Betreibung** nur am ordentlichen Betreibungsort eröffnet werden, über eine Aktiengesellschaft mithin an dem Ort, wo diese ihren Sitz hat und wo sie im Handelsregister eingetragen sein muss: BGE 107 III 53 E. 4 und 5 (Pra 71 [1982] Nr. 47).

13 Bei der Konkurseröffnung ohne vorgängige Betreibung führt die **Sitzverlegung** einer im Handelsregister eingetragenen Gesellschaft nur dann zu einer Änderung der örtlichen Zuständigkeit des Konkursrichters, wenn der bisherige Sitz im Zeitpunkt der Zustellung der Vorladung zur Konkursverhandlung im Handelsregister gelöscht worden ist. Massgebend ist dabei das Datum des Tagebucheintrags der Löschung, nicht die Uhrzeit der Einschreibung: BGE 134 III 417 E. 4.

14 Begründet eine Aktiengesellschaft ihr Domizil **bei einer anderen Aktiengesellschaft**, so nimmt diese die Stellung eines Bevollmächtigten ein, wie ihn der am Betreibungsort nicht anwesende Schuldner bestimmen kann. Ist die Zustellung an einen zuständigen Vertreter der Domizilhalterin erfolglos versucht worden, so darf die Betreibungsurkunde einem andern Angestellten des Betriebs ausgehändigt werden: BGE 120 III 64 E. 3; BGE 119 III 57 E. 3.

15 Der **betrügerische Konkurs** ist am Ort zu verfolgen, an dem der Schuldner zur Zeit der Begehung seinen Wohn- und Geschäftssitz hatte, selbst wenn der Konkurs an einem andern Ort eröffnet worden ist: BGE 81 IV 64 E. 2.

16 Für die Einreichung von Betreibungsbegehren **gegen öffentlich-rechtliche Körperschaften** siehe das SchGG (→ Nr. 33).

Art. 47[1]

Art. 48   B. Besondere Betreibungsorte
1. Betreibungsort des Aufenthaltes

Schuldner, welche keinen festen Wohnsitz haben, können da betrieben werden, wo sie sich aufhalten.

Verweis: ZGB 23–26 (Wohnsitz).

1 Zum Begriff des **Wohnsitzes** siehe SchKG 46 N 1 und 2.

2 **Aufenthalt** bedeutet Verweilen an einem bestimmten Ort, wobei eine bloss zufällige Anwesenheit nicht genügt: BGer v. 05.10.2006, 7B.143/2006 E. 2.4; BGE 119 III 54 E. 2.d.

3 Als **Indiz** für den Aufenthaltsort des Schuldners gilt, dass er dort seine persönlichen Sachen deponiert hat und ab und zu dort übernachtet: BGer v. 21.05.2002, 7B.41/2002 E. 2.b.bb.

4 Der Ort, an dem sich die Wohnung befindet, die einer auf Schiffen lebenden Person während ihres ca. 60-tägigen **Landgangs** als Aufenthaltsort dient, gilt als Aufenthaltsort i.S.v. SchKG 48: BGer v. 31.10.2005, 7B.174/2005 E. 4.3.

5 Hat der Schuldner keinen Wohnsitz und Aufenthaltsort mehr, befindet er sich aber noch in der Schweiz und können ihn Zustellungen erreichen, so bleibt der **frühere Betreibungsort** am letzten Wohnsitz oder Aufenthaltsort bestehen, solange der Schuldner nicht wenigstens einen neuen Aufenthaltsort begründet: BGE 72 III 38 E. 3. Die Möglichkeit, zwischen dem früheren Wohnsitz und dem tatsächlichen Aufenthaltsort als Betreibungsort zu wählen, besteht nicht: BGE 65 III 101, 104.

6 SchKG 48 gilt auch in der Betreibung auf **Konkurs**: BGer v. 02.08.2001, 7B.161/2001 E. 3; BGE 119 III 51 E. 2.

Art. 49[2]   2. Betreibungsort der Erbschaft

Die Erbschaft kann, solange die Teilung nicht erfolgt, eine vertragliche Gemeinderschaft nicht gebildet oder eine amtliche Liquidation nicht angeordnet ist, in der auf den Verstorbenen anwendbaren Betreibungsart an dem Ort betrieben werden, wo der Erblasser zur Zeit seines Todes betrieben werden konnte.

---

1 Aufgehoben durch Ziff. I des BG vom 16. Dez. 1994 (AS 1995 1227; BBl 1991 III 1).

2 Fassung gemäss Art. 58 SchlT ZGB, in Kraft seit 1. Jan. 1912 (AS 24 233 Art. 60 SchlT ZGB; BBl 1904 IV 1, 1907 VI 367).

Verweise: *ZGB 602 Abs. 1 (unverteilte Erbschaft); ZGB 336–348 (Gemeinderschaft); ZGB 593–597 (amtliche Liquidation); SchKG 39–44 (anwendbare Betreibungsart); ZGB 538 (Ort der Eröffnung des Erbgangs).*

1. Zum **Erwerb der Erbschaft** siehe ZGB 560 und 589 und zur **Gemeinschaft vor der Teilung** ZGB 602 ff.
2. Zur **amtlichen Liquidation** siehe ZGB 578 sowie 593 ff.
3. Zur **Gemeinderschaft** siehe ZGB 336 ff.
4. Betreffend die **Gläubigerbezeichnung** bei Betreibungen, die von einer Erbengemeinschaft resp. Gemeinderschaft eingeleitet werden und die **Schuldnerbezeichnung** bei Betreibungen gegen eine Erbschaft siehe KS BGer (Plenum) Nr. 16 vom 03.04.1925 (→ Nr. 14).
5. Nach Eröffnung der **konkursamtlichen Liquidation** einer Erbschaft (SchKG 193) kann diese nicht mehr betrieben werden. Das gilt grundsätzlich auch dann, wenn der Konkurs mangels genügender Aktiven gemäss **SchKG 230** eingestellt und geschlossen wird: BGE 87 III 72 E. 2; BGE 79 III 164 E. 2.
6. Die **amtliche Liquidation** schliesst wie die Anhebung so auch die Fortsetzung einer Betreibung gegen die Erbschaft aus. Dies entspricht dem Zweck der amtlichen Liquidation, insbesondere wenn sie auf Begehren von Gläubigern des Erblassers angeordnet ist: BGE 72 III 33, 34 f.
7. Eine **ausgeschlagene Erbschaft**, deren Liquidation durch das Konkursamt wegen Nichtleistung der erforderlichen Kostenvorschüsse als nicht statthaft erklärt wurde, kann nicht betrieben werden: BGE 62 III 101, 102 f.
8. Das Betreibungsamt, das ein Betreibungsbegehren gegen eine Erbschaft erhält, hat sich **zu vergewissern**, ob diese bereits amtlich liquidiert worden sei. Ist dies der Fall, so hat es das Begehren zurückzuweisen. Dagegen hat es nicht von Amtes wegen abzuklären, ob die Erbteilung bereits auf andere Art erfolgt sei. Wird dies jedoch vom Empfänger des Zahlungsbefehls behauptet, hat das Amt und auf Beschwerde hin die Aufsichtsbehörde die diesbezüglich vorgelegten Beweise zu berücksichtigen bzw. den Betroffenen aufzufordern, Beweise beizubringen: BGE 99 III 51, 51 f.
9. Kann eine Erbschaft als solche nach SchKG 49 betrieben werden, so muss ihr auch im Rechtsöffnungsverfahren die **Passivlegitimation** zuerkannt werden: BGE 102 II 387 E. 2. Die Frage, ob eine Erbschaft auch berechtigt ist, im nachfolgenden Aberkennungsprozess als Klägerin aufzutreten, wurde offen gelassen.
10. SchKG 49 findet ausschliesslich in der Betreibung gegen eine **ungeteilte** Erbschaft Anwendung: BGE 118 III 62 E. 2.b; BGE 116 III 4 E. 2.b; BGE 102 II 387 E. 2.
11. Für die Verarrestierung eines Erbanteils ist die VVAG (→ Nr. 8) massgebend: BGer v. 26.08.2004, 7B.87/2004 E. 2.2.1; BGE 118 III 62 E. 2.c.
12. Wohnt der Schuldner nicht in der Schweiz oder hat er keinen festen Wohnsitz, so ist sein **Anspruch auf den Liquidationsanteil** an einer unverteilten Erbschaft am Betreibungsort der Erbengemeinschaft gemäss SchKG 49 zu arrestieren, und zwar unabhängig davon, wo sich die einzelnen zur Erbschaft gehörenden Vermögensstücke befinden: BGE 109 III 90 E. 1 und 2; BGE 91 III 19 E. 1 (Pra 54 [1965] Nr. 116).

13 Die Betreibung einer Erbschaft als solche hat den **Ausschluss der persönlichen Haftung** der Erben für die Schulden der Erbschaft zur Folge: BGE 116 III 4 E. 2.a.

Art. 50   3. Betreibungsort des im Ausland wohnenden Schuldners

¹ Im Auslande wohnende Schuldner, welche in der Schweiz eine Geschäftsniederlassung besitzen, können für die auf Rechnung der letztern eingegangenen Verbindlichkeiten am Sitze derselben betrieben werden.

² Im Auslande wohnende Schuldner, welche in der Schweiz zur Erfüllung einer Verbindlichkeit ein Spezialdomizil gewählt haben, können für diese Verbindlichkeit am Orte desselben betrieben werden.

Verweise

Abs. 1: OR 935 Abs. 2 (Geschäftsniederlassung); SchKG 55 (Einheit des Konkurses).

Zu Abs. 1

1 Der Begriff der **Geschäftsniederlassung** geht weiter als jener der Zweigniederlassung nach OR 935 Abs. 2: BGE 114 III 6 E. 1.c. Vorausgesetzt wird immerhin ein Zweigbetrieb, dessen Inhaber im Ausland domiziliert ist: BGE 114 III 6 E. 1.b und c.

2 Für die Qualifikation als Geschäftsniederlassung besteht **keine Notwendigkeit des Eintrags** der Geschäftsniederlassung im Handelsregister: BGer v. 26.11.2001, 7B.249/2001; BGE 114 III 6 E. 1.b.

3 Bei fehlendem Handelsregistereintrag ist eine Konkursbetreibung jedoch ausgeschlossen: BGE 107 III 53 E. 4 und 5; BGE 79 III 13 E. 2.

4 Der Betreibungsort von SchKG 50 Abs. 1 gilt **nur für die Schulden der Geschäftsniederlassung**. Für die Anwendbarkeit von SchKG 50 Abs. 1 genügt es nicht, dass die Schuld in der Schweiz eingegangen worden ist, und auch nicht, dass die Schuld mit der Tätigkeit, welche der Schuldner als bezahlter Angestellter oder als Teilhaber einer Kollektivgesellschaft hier ausübt, in einem gewissen Zusammenhang steht: BGE 59 III 1 E. 1.

5 Wenn das Gesetz in SchKG 50 die Möglichkeit der Betreibung im Ausland wohnender Schuldner mit einer schweizerischen Geschäftsniederlassung auf die Gläubiger beschränkt, die am Sitz der letzteren eingegangene Verbindlichkeiten geltend machen können, so will es damit die in der Schweiz gelegenen Aktiven diesen Gläubigern allein zuwenden und alle andern **vom Zugriff darauf ausschliessen**: BGE 40 III 123 E. 2.

6 Die Einrede, dass die Verbindlichkeit nicht die Filiale beschlage, ist durch **Rechtsvorschlag** geltend zu machen: BGer v. 23.09.2011, 6B_377/2011 E. 7.1.1; BGE 114 III 6 E. 1; BGE 47 III 14, E. 1.

7 Wird der **Sitz** bei fortbestehender Identität der Geschäftsniederlassung nach der Zustellung des Zahlungsbefehls an einen anderen Ort in der Schweiz verlegt, so kann die Betreibung dort fortgesetzt werden: BGF 68 III 146 E. 1.

8 Es ist zulässig, eine in der Schweiz domizilierte Gesellschaft für Schulden, die eine **ausländische** Zweigniederlassung eingegangen ist, am Sitz der Hauptniederlassung zu betreiben: BGE 81 I 59 E. 3.

9 Zum Verhältnis von SchKG 50 zu **DBG 169 ff.** siehe: BGE 108 Ib 44 E. 2.b.bb.

Zu Abs. 2

10 Zu **Abs. 2** vgl. OR 991 Ziff. 5, 994, 1096 Ziff. 4 sowie 1100 Ziff. 4.

11 SchKG 50 Abs. 2 ist nicht nur dann anwendbar, wenn die Parteien ausdrücklich für die Erfüllung der Verbindlichkeiten ein Spezialdomizil in der Schweiz vereinbart haben. Es genügt ein **aus den Umständen und nach den Grundsätzen von Treu und Glauben** sich ergebender Parteiwille, dass die Verpflichtung des Schuldners in der Schweiz zu erfüllen sei: BGer v. 18.05.2009, 5A_139/2009 E. 2.2; BGer v. 21.09.2006, 7B.55/2006 E. 2.2.2; BGE 86 III 81 E. 2; BGE 68 III 61, 62 f.

12 Die Vereinbarung eines Erfüllungsortes genügt im Allgemeinen noch nicht zur Annahme eines Spezialdomizils, sondern es müssen besondere Umstände hinzutreten, um ihm diese Bedeutung zu verleihen. Dem Zahlungsort auf einem **Wechsel** wird diese Wirkung hingegen gemeinhin zugestanden: BGE 119 III 54 E. 2.f; BGE 89 III 1, 4; BGE 86 III 81 E. 2. Die Einrede, dass der angegebene Ausstellungsort nicht der von den Parteien getroffenen Abmachung entspreche, ist durch Rechtsvorschlag geltend zu machen: BGE 86 III 81 E. 3.

13 Die **blosse Vereinbarung eines Gerichtsstands** schliesst nicht ohne Weiteres auch die Begründung eines Spezialdomizils i.S.v. SchKG 50 Abs. 2 in sich. *In casu* wurde die Vereinbarung eines Spezialdomizils bejaht, da die entsprechende Klausel die Abwicklung aller aus dem gegenwärtigen Bürg- und Zahlerschaftsvertrag entstehenden Verhältnisse umfasste: BGE 50 III 168 E. 2.

14 Sehen **Inhaberobligationen eines im Ausland wohnenden Schuldners** die Einlösung in der Schweiz vor, so kann jener am genannten schweizerischen Ort betrieben werden und können die Betreibungsurkunden der dortigen Zahlstelle zugestellt werden: BGE 53 III 196 E. 1; BGE 52 III 165, 168.

15 SchKG 50 Abs. 2 ist auf den Konkurs ohne vorgängige Betreibung **nicht anwendbar**: BGE 107 III 56 E. 4.

Art. 51   4. Betreibungsort der gelegenen Sache

¹ Haftet für die Forderung ein Faustpfand, so kann die Betreibung entweder dort, wo sie nach den Artikeln 46–50 stattzufinden hat, oder an dem Ort, wo sich das Pfand oder dessen wertvollster Teil befindet, eingeleitet werden.[1]

---

[1] Fassung gemäss Ziff. I des BG vom 16. Dez. 1994, in Kraft seit 1. Jan. 1997 (AS 1995 1227; BBl 1991 III 1).

² Für grundpfandgesicherte Forderungen[1] findet die Betreibung nur dort[2] statt, wo das verpfändete Grundstück liegt. Wenn die Betreibung sich auf mehrere, in verschiedenen Betreibungskreisen gelegene Grundstücke bezieht, ist dieselbe in demjenigen Kreise zu führen, in welchem der wertvollste Teil der Grundstücke sich befindet.

Verweise

Abs. 1: SchKG 37 Abs. 2, ZGB 884–906 (Faustpfand); SchKG 41, 151–158 (Betreibung auf Pfandverwertung).

Abs. 2: SchKG 37 Abs. 1, ZGB 793–875 (Grundpfand); SchKG 41, 151–158 (Betreibung auf Pfandverwertung); ZGB 655 Abs. 2 (Grundstück); SchKG 1 (Betreibungs- und Konkurskreise).

1 Die **Vorlegung des Faustpfandes** an das Betreibungsamt ist zwar nicht notwendig für die Anhebung, wohl aber für die Fortsetzung der Betreibung auf Pfandverwertung. Solange sie unterbleibt, sei es auch wegen Unmöglichkeit, den Pfandgegenstand aus dem Ausland herbeizuschaffen, ist das Verwertungsbegehren unwirksam: BGE 70 III 53 E. 2.

2 **Verpfändete Forderungen**, die nicht in einem Wertpapier verkörpert sind, befinden sich am Wohnsitz des Pfandgläubigers: BGE 105 III 117 E. 2.a.

3 Ein **Wertpapierdepot**, das der Bank verpfändet ist, die das Depotkonto führt, befindet sich am Sitz dieser Bank, gleichgültig, wo die einzelnen Papiere aufbewahrt sind: BGE 105 III 121 E. 2.c.

4 **Klagen der Baupfandgläubiger** gegen vorgehende Pfandgläubiger auf Ersatz des bei der Pfandverwertung in einer Grundpfandbetreibung oder in einem Konkurs erlittenen Verlusts aus dem Verwertungsanteil der Beklagten sind unabhängig davon, ob sie innert der vom Betreibungsamt bzw. von der Konkursverwaltung nach VZG 117 Abs. 1 (→ Nr. 9) angesetzten Frist oder erst nach Ablauf dieser Frist eingeleitet werden, am Ort anzubringen, wo das Baugrundstück oder, wenn mehrere Grundstücke zusammen überbaut und verwertet wurden, der wertvollste Teil der Grundstücke liegt: BGE 96 III 126 E. 7.

5 Für die Betreibung auf Pfandverwertung **registrierter Schiffe** ist das Amt des Heimathafens zuständig: Art. 55 Abs. 1 des Bundesgesetzes über das Schiffsregister vom 28.09.1923 (SR 747.11).

6 Für die Zwangsvollstreckung in **ausländische Seeschiffe**, die sich auf Schweizergebiet befinden, sind die schweizerischen Behörden zuständig: BGE 73 III 4 E. 1.

7 Für die Zwangsvollstreckung in **ausländische Luftfahrzeuge** siehe LBG 54 sowie KS BGer (Plenum) Nr. 35 vom 16.10.1961 betreffend Luftfahrzeuge als Gegenstand der Zwangsvollstreckung (veröffentlicht in BGE 87 III 41).

---

1 Bezeichnung gemäss Ziff. I des BG vom 16. Dez. 1994, in Kraft seit 1. Jan. 1997 (AS 1995 1227; BBl 1991 III 1). Diese Änd. ist im ganzen Erlass berücksichtigt.
2 Bezeichnung gemäss Ziff. I des BG vom 16. Dez. 1994, in Kraft seit 1. Jan. 1997 (AS 1995 1227; BBl 1991 III 1). Diese Änd. ist im ganzen Erlass berücksichtigt.

Art. 52   5. Betreibungsort des Arrestes

Ist für eine Forderung Arrest gelegt, so kann die Betreibung auch dort eingeleitet werden, wo sich der Arrestgegenstand befindet.[1] Die Konkursandrohung und die Konkurseröffnung können jedoch nur dort erfolgen, wo ordentlicherweise die Betreibung stattzufinden hat.

Verweise: SchKG 271–277 (Arrest); SchKG 159–161 (Konkursandrohung); SchKG 171, 189 Abs. 1, 190–194 (Konkurseröffnung); SchKG 46 (ordentlicher Betreibungsort).

1. Wohnt der Schuldner in der Schweiz, so kann die Arrestprosequierung nach Wahl des Gläubigers **durch Betreibung am Wohnort des Schuldners** statt am Arrestort stattfinden: BGE 77 III 128 E. 2.

2. Besteht in der Schweiz kein ordentliches Betreibungsforum, so kann der Arrest nur durch **Betreibung auf Pfändung** fortgesetzt werden: BGE 59 III 174 E. 1.

3. Das Betreibungsverfahren in einer Arrestbetreibung kann sich nur auf die Liquidation der verarrestierten Objekte beziehen. Eine Nach- oder Ergänzungspfändung von Gegenständen, die nicht mit Arrest belegt worden sind, ist **ausgeschlossen**: BGer v. 01.12.2006, 7B.180/2006 E. 1.3; BGE 90 III 79, 80; BGE 51 III 117 E. 4.

4. Am Arrestort ist auch kein **Konkurs ohne vorgängige Betreibung** möglich: BGE 107 III 53 E. 4.a.

5. Der Umstand, dass im Arrestprosequierungsprozess die **Einrede der Unzuständigkeit** erhoben worden ist, hindert eine Partei nicht, auch auf dem Beschwerdeweg den Betreibungsstand zu bestreiten: BGE 100 III 25 E. 1.b (Pra 64 [1975] Nr. 20).

6. Eine Arrestnahme eröffnet dem Arrestschuldner in einer **gegen den Arrestgläubiger** gerichteten Betreibung nicht den Betreibungsort des Arrestes: BGE 112 III 81 E. 3.

7. Die Anhebung und Fortsetzung der Betreibung am Arrestort ist auch während der Hängigkeit einer **Arresteinsprache** gemäss SchKG 278 zulässig: vgl. BGE 115 III 28 E. 4.a und BGE 80 III 33 E. 2 noch zur Arrestaufhebungsklage gemäss aSchKG 279.

8. Wird der Arrest aufgehoben, so muss auch die am Arrestort gemäss SchKG 52 angehobene Betreibung als **dahingefallen** betrachtet werden, sofern der Arrestort nicht mit dem ordentlichen Betreibungsort zusammenfällt: BGer v. 27.11.2001, 7B.259/2001 E. 5; BGE 115 III 28 E. 4.b.

9. Bei **Nichtigkeit** eines Arrestes fällt auch die örtliche Zuständigkeit für die Betreibung dahin: BGE 111 III 49 E. 2.

10. Gemäss **LugÜ 3 Ziff. 2 i.V.m. Anhang I** (→ Nr. 40) kann die Arrestprosequierungsklage nicht am Arrestort angehoben werden.

---

[1] Fassung gemäss Ziff. I des BG vom 16. Dez. 1994, in Kraft seit 1. Jan. 1997 (AS 1995 1227; BBl 1991 III 1).

Art. 53   C. Betreibungsort bei Wohnsitzwechsel

Verändert der Schuldner seinen Wohnsitz, nachdem ihm die Pfändung angekündigt oder nachdem ihm die Konkursandrohung oder der Zahlungsbefehl zur Wechselbetreibung zugestellt worden ist, so wird die Betreibung am bisherigen Orte fortgesetzt.

Verweise: ZGB 23–26 (Wohnsitz); IPRG 20 Abs. 1 Bst. a (Wohnsitz in internationalen Verhältnissen); SchKG 90 (Pfändungsankündigung); SchKG 159–161 (Konkursandrohung); SchKG 178 (Zahlungsbefehl in der Wechselbetreibung).

1   Die Schuldbetreibung erschöpft sich nicht in einem blossen Zweiparteienverfahren zwischen dem Betreibungsschuldner und dem Betreibungsgläubiger. Eine gegen einen bestimmten Schuldner durchgeführte Pfändung eröffnet die Anschlussmöglichkeit für andere Gläubiger und der über einen bestimmten Schuldner ausgesprochene Konkurs zieht sämtliche Gläubiger in ein einheitliches Verfahren. Die Rücksichtnahme auf die unbekannte Zahl allenfalls beteiligter Dritter erfordert insofern eine **Beschränkung des Schuldnerschutzes**, als der ordentliche Betreibungsort nicht während des ganzen Verfahrens dem jeweiligen Wohnsitz des Schuldners folgen kann. In diesem Sinne fixiert SchKG 53 den Betreibungsort am Wohnsitz des Schuldners, nachdem ihm die Pfändung angekündigt oder nachdem ihm die Konkursandrohung oder der Zahlungsbefehl zur Wechselbetreibung zugestellt worden ist. Ab diesem Zeitpunkt sind Veränderungen des Wohnsitzes unbeachtlich und wird die Betreibung am bisherigen Ort fortgesetzt: BGE 136 III 373 E. 3.3.

2   **Vor den in SchKG 53 genannten Zeitpunkten** folgt der ordentliche Betreibungsort dem jeweiligen Wohnsitz des Schuldners und die am alten Wohnsitz angehobene Betreibung ist am neuen Wohnsitz weiterzuführen: BGE 136 III 373 E. 2.1.

3   Wenn der Schuldner seit der Zustellung des Zahlungsbefehls seinen Wohnsitz verlegt und sein Gläubiger davon sichere Kenntnis erhalten hat, muss das Gesuch um **Rechtsöffnung** dem Gericht am neuen Wohnsitz des Schuldners gestellt werden: BGE 136 III 373 E. 2.1. Wenn der Schuldner dem Gläubiger den Wohnsitzwechsel nicht angezeigt hat und dieser auch nicht auf andere Weise davon erfahren hat, so kann der Schuldner nach wie vor am alten Betreibungsort auf Rechtsöffnung belangt werden: BGE 115 III 28 E. 2.

4   SchKG 53 ist beim Wechsel des Aufenthaltsortes (SchKG 48) sowie beim Wechsel des Geschäftssitzes (SchKG 50 Abs. 1) **analog anwendbar**: BGer v. 01.03.2011, 5A_872/2010 E. 2.3; BGE 68 III 146 E. 1.

5   Die Frage, wo der Schuldner vor der Pfändungsankündigung Wohnsitz gehabt hat, muss **von Amtes wegen** abgeklärt werden: BGer v. 06.03.2006, 7B.241/2005 E. 3.3; BGE 80 III 99 E. 1.

6   SchKG 53 ist auch auf den **Konkurs ohne vorgängige Betreibung** anwendbar. Der Richter, der im Zeitpunkt der Zustellung der Vorladung zur Konkursverhandlung an den Schuldner örtlich zuständig ist, bleibt es auch dann, wenn dieser in der Folge sein Domizil wechselt: BGE 134 III 417 E. 4; BGE 121 III 13 E. 1.b.

7 Die Fortsetzung der Betreibung in einem anderen Betreibungskreis erfordert die Vorlage des für den Gläubiger bestimmten Doppels des Zahlungsbefehls **im Original**: BGE 128 III 380 E. 1.2.

Art. 54   D. Konkursort bei flüchtigem Schuldner

Gegen einen flüchtigen Schuldner wird der Konkurs an dessen letztem Wohnsitze eröffnet.

Verweise: SchKG 190 Abs. 1 Ziff. 1 (Konkurseröffnung ohne vorgängige Betreibung bei flüchtigem Schuldner); ZGB 23–26 (Wohnsitz).

1 **Flucht** bedeutet hier dasselbe wie bei SchKG 190 Abs. 1 Ziff. 1: BGer v. 20.08.2008, 5A_759/2007 E. 3.1; BGer v. 24.09.2004, 5P.91/2004 E. 6.1. Gemeint ist Zahlungsflucht, das physische Entfernen der Person und/oder von Vermögenswerten, welches darauf ausgerichtet ist, diese dem Zugriff der Zwangsvollstreckung zu entziehen, um sich vor der Erfüllung eigener Verbindlichkeiten zu drücken: BGer v. 06.03.2006, 7B.241/2005 E. 4.

2 SchKG 54 ist auch **auf einen nicht der Konkursbetreibung unterliegenen Schuldner**, der seinen Wohnsitz in der Schweiz aufgegeben hat und dessen ausländischer Wohnsitz nicht bekannt ist, anwendbar: BGE 120 III 110 E. 2.b.

Art. 55   E. Einheit des Konkurses

Der Konkurs kann in der Schweiz gegen den nämlichen Schuldner gleichzeitig nur an einem Orte eröffnet sein. Er gilt dort als eröffnet, wo er zuerst erkannt wird.

Verweise: SchKG 171, 189 Abs. 1, 190–194 (Konkurseröffnung).

Keine Entscheidungen.

III. Geschlossene Zeiten, Betreibungsferien und Rechtsstillstand[1]

Art. 56[2]   A. Grundsätze und Begriffe

Ausser im Arrestverfahren oder wenn es sich um unaufschiebbare Massnahmen zur Erhaltung von Vermögensgegenständen handelt, dürfen Betreibungshandlungen nicht vorgenommen werden:

1. in den geschlossenen Zeiten, nämlich zwischen 20 Uhr und 7 Uhr sowie an Sonntagen und staatlich anerkannten Feiertagen;
2. während der Betreibungsferien, nämlich sieben Tage vor und sieben Tage nach Ostern und Weihnachten sowie vom 15. Juli bis zum 31. Juli; in der Wechselbetreibung gibt es keine Betreibungsferien;
3. gegen einen Schuldner, dem der Rechtsstillstand (Art. 57–62) gewährt ist.

Folgende Fassung von Art. 56 gemäss Anhang 1 Ziff. II der Schweizerischen Zivilprozessordnung vom 19. Dezember 2008 wird nicht in Kraft gesetzt (AS 2010 1739):

Art. 56   *A. Grundsätze*

[1] Ausser im Arrestverfahren oder wenn es sich um unaufschiebbare Massnahmen zur Erhaltung von Vermögensgegenständen handelt, dürfen Betreibungshandlungen nicht vorgenommen werden:

a. *in den geschlossenen Zeiten, nämlich zwischen 20 Uhr und 7 Uhr sowie an Sonntagen und staatlich anerkannten Feiertagen;*
b. *während der Betreibungsferien, nämlich:*
   1. *vom siebten Tag vor Ostern bis und mit dem siebten Tag nach Ostern,*
   2. *vom 15. Juli bis und mit dem 15. August,*
   3. *vom 18. Dezember bis und mit dem 2. Januar;*
c. *gegen einen Schuldner, dem der Rechtsstillstand (Art. 57–62) gewährt ist.*

[2] In der Wechselbetreibung gibt es keine Betreibungsferien.

Verweise: *unaufschiebbare Massnahmen: SchKG 271–277 (Arrest), SchKG 98 (Sicherungsmassnahmen), SchKG 124 Abs. 2 (vorzeitige Verwertung), SchKG 162–165 (Güterverzeichnis), SchKG 170 (vorsorgliche Anordnungen), SchKG 183 Abs. 1 (vorsorgliche Massnahmen), SchKG 283–284 (Retention).*

Abs. 1 lit. b Ziff. 2: *SchKG 177–189 (Wechselbetreibung).*

---

1 Fassung gemäss Ziff. I des BG vom 16. Dez. 1994, in Kraft seit 1. Jan. 1997 (AS 1995 1227; BBl 1991 III 1).
2 Fassung gemäss Ziff. I des BG vom 16. Dez. 1994, in Kraft seit 1. Jan. 1997 (AS 1995 1227; BBl 1991 III 1).

1 Als **Betreibungshandlungen**, die während Schonzeiten nicht vorgenommen werden dürfen, gelten alle Handlungen der Vollstreckungsbehörden – Betreibungs- und Konkursbeamten, Aufsichtsbehörden, Rechtsöffnungs- und Konkursrichter –, die auf die Einleitung oder Fortsetzung eines Verfahrens gerichtet sind, das darauf abzielt, den Gläubiger auf dem Weg der Zwangsvollstreckung aus dem Vermögen des Schuldners zu befriedigen: BGE 115 III 6 E. 5; 96 III 46 E. 3 (Pra 59 [1970] Nr. 135). Eine Betreibungshandlung liegt allgemein nur vor, wenn die Amtshandlung den Betreibenden seinem Ziel näherbringt und in die Rechtsstellung des Betriebenen eingreift: BGer v. 31.10.2011, 5A_448/2011 E. 2.5; BGE 121 III 88 E. 6.c.aa.

2 Als **Betreibungshandlung** gelten:
   - die **Zustellung des Zahlungsbefehls**: BGer v. 09.06.2009, 5A_5/2009 E. 3; BGE 132 II 153 E. 3.3; BGE 121 III 284 E. 2.a; BGE 96 III 46 E. 3 (Pra 59 [1970] Nr. 135);
   - die **Erteilung der Rechtsöffnung**: BGer v. 31.10.2010, 5A_371/2010 E. 3.2; BGE 115 III 91 E. 3.b; BGE 96 III 46 E. 3 (Pra 59 [1970] Nr. 135);
   - der **Pfändungsvollzug**: BGE 96 III 46 E. 3 (Pra 59 [1970] Nr. 135); BGE 82 IV 17 E. 2;
   - die **Zustellung der Pfändungsurkunde**: BGE 112 III 14 E. 5.b;
   - die **erste Steigerungspublikation**: BGE 121 III 88 E. 6.c.aa.

3 **Nicht** als Betreibungshandlung gelten dagegen:
   - die blosse **Ausfertigung des Zahlungsbefehls**: BGer v. 09.06.2009, 5A_5/2009 E. 3; BGE 120 III 9 E. 1;
   - **Entscheide der Aufsichtsbehörden**, die sich bloss über die Begründetheit einer Beschwerde aussprechen, ohne den Vollstreckungsorganen eine bestimmte Betreibungshandlung vorzuschreiben oder eine solche selbst anzuordnen: BGer v. 31.10.2011, 5A_448/2011 E. 2.5; BGer v. 28.11.2007, 5A_550/2007 E. 3.3; BGE 117 III 4 E. 3;
   - die Ausfällung eines die Klage **gutheissenden Urteils im Forderungsprozess** nach SchKG 79 trotz der darin gewährten definitiven Rechtsöffnung: BGE 81 III 133, 135;
   - die **Mitteilung der Konkurseröffnung**: BGE 120 Ib 248 E. 2.b.aa;
   - die **Benachrichtigung** des Schuldners über den Eingang des **Verwertungsbegehrens**: BGer v. 20.01.2004, 7B.7/2004 E. 2.3;
   - die **Zustellung der Schätzungsurkunde**: BGer v. 27.01.2011, 5A_815/2010 E. 3.2; BGE 120 III 57 E. 2.b;
   - die **Anordnung der Neuschätzung** nach VZG 9 Abs. 2 (→ Nr. 9): BGer v. 27.01.2011, 5A_815/2010 E. 3.2; BGer v. 01.04.2004, 7B.19/2004 E. 2.3.2;
   - die **zweite Steigerungspublikation**, die bloss dazu dient, die Gläubiger an die Anmeldung ihrer Ansprüche an der Liegenschaft zu erinnern: BGE 121 III 88 E. 6.c.aa;
   - die auf die Versteigerung folgende **Auflegung des Verteilungsplans**: BGer v. 18.04.2011, 5A_25/2011 E. 5.2; BGE 114 III 60 E. 2.b.

4 Eine während den Schonzeiten vorgenommene Betreibungshandlung ist grundsätzlich **weder nichtig noch anfechtbar**; sie entfaltet ihre Rechtswirkungen vielmehr erst am ersten Tag nach Ablauf der Schonzeit: BGE 127 III 173 E. 3.b; BGE 121 III 284 E. 2.b.

5 Die **Nichtigkeit** einer während den Schonzeiten vorgenommenen Betreibungshandlung bildet die Ausnahme. Als nichtig erachtet wird die Betreibungshandlung
 – gegen einen **inhaftierten Schuldner ohne Vertreter** (vgl. SchKG 60): BGE 36 I 91;
 – gegen einen sich **im Militär-, Schutz- oder Zivildienst befindlichen Schuldner** (vgl. SchKG 57): BGE 127 III 173 E. 3.

6 Zum Betreibungsverbot für die Schulden des Erblassers **während der Dauer des öffentlichen Inventars** siehe ZGB 586 Abs. 1 sowie VZG 86 (→ Nr. 9).

7 Nach SchKG 56 Ziff. 1 dürfen **mit Ausnahme der Sonntage und der staatlich anerkannten Feiertage** an allen Wochentagen von 7.00 bis 20.00 Uhr Betreibungshandlungen vorgenommen werden. Es ist folglich zulässig, den Pfändungsvollzug auf einen Samstagnachmittag anzusetzen: BGE 82 IV 15 E. 2.

8 Die Gleichstellung des Samstags mit einem anerkannten Feiertag ist im Bundesgesetz über den Fristenlauf an Samstagen (SR 173.110.3) vorgesehen. Dieses regelt indessen bloss den Fristenlauf und nicht die Frage der geschlossenen Zeiten i.S.v. SchKG 56 Ziff. 1 und 2. Selbst wenn man davon ausgeht, dass mit der Zustellung des Zahlungsbefehls die Frist zur Erhebung des Rechtsvorschlags ausgelöst wird und dass aus diesem Grund das erwähnte Bundesgesetz anwendbar sei, steht nach der Rechtsprechung fest, dass die Gleichstellung des Samstags mit einem staatlich anerkannten Feiertag nur das Ende, nicht aber den Beginn der Fristen beeinflusst. Die **Zustellung des Zahlungsbefehls an einem Samstag** ist folglich ohne Weiteres zulässig: BGE 114 III 55 E. 1.b.

9 Ob ein Tag ein staatlich anerkannter Feiertag ist, bestimmt sich nicht nach dem Recht am Wohnsitz desjenigen, der die Frist wahrnehmen muss, sondern **nach dem Recht am Sitz der Amtsstelle**, bei welcher die Frist zu wahren ist: BGE 59 III 95, 97.

10 Die **Gebühr** für notwendig während der in SchKG 56 Ziff. 1 genannten Zeiten vorgenommene unaufschiebbare Massnahmen wird gemäss GebV SchKG 8 (→ Nr. 7) **verdoppelt**.

11 Die Vorschriften über die Betreibungsferien beruhen auf dem Gedanken, dass der Schuldner während bestimmter Zeiten der Sorge um gegen ihn gerichtete Betreibungen enthoben sein soll. Diese Erwägung ist im Falle des **Konkurses** gegenstandslos: BGer v. 07.05.2001, 7B.107/2001 E. 3; BGE 96 III 74 E. 1.

12 Die Betreibungsferien sind auch **bei der Zustellung des Entscheids über die Einsprache gegen den Arrestbefehl** zu beachten: vgl. BGE 96 III 46 E. 3 betreffend die altrechtliche Arrestaufhebungsklage.

13 Die Betreibungsferien gilt es ferner auch im **Beschwerdeverfahren gegen den Rechtsöffnungsentscheid** zu berücksichtigen: BGer v. 31.08.2010, 5A_371/2010 E. 3.2; BGE 115 III 91 E. 3.a.

14 Im Unterschied zum Fristenstillstand gemäss BGG 46 Abs. 1 lit. b (→ Nr. 26) dauern die Betreibungsferien nicht bis zum 15. August, sondern **nur bis zum 31. Juli**. In SchKG-Sachen ist vor Bundesgericht SchKG 56 Abs. 2 als *lex specialis* anzuwenden.

15 Die **Anzeige der Miet- oder Pachtzinssperre** an die Mieter oder Pächter ist gemäss VZG 92 Abs. 2 (→ Nr. 9) auch während den Betreibungsferien oder eines dem Schuldner oder

Pfandeigentümer gewährten Rechtsstillstandes zu erlassen, sofern der Zahlungsbefehl schon vor Beginn der Ferien oder des Rechtsstillstandes erlassen worden ist.

16 Sobald in einer Betreibung auf **Grundpfandverwertung** die Steigerung durchgeführt ist und der Zuschlag nicht mehr angefochten werden kann, kommt SchKG 56 Ziff. 3 nicht mehr zur Anwendung: BGE 114 III 60 E. 2.b.

Art. 57[1]   B. Rechtsstillstand
                 1. Wegen Militär-, Zivil- oder Schutzdienst[2]
                 a. Dauer

[1] Für einen Schuldner, der sich im Militär-, Zivil- oder Schutzdienst befindet, besteht während der Dauer des Dienstes Rechtsstillstand.[3]

[2] Hat der Schuldner vor der Entlassung oder Beurlaubung mindestens 30 Tage ohne wesentlichen Unterbruch Dienst geleistet, so besteht der Rechtsstillstand auch noch während der zwei auf die Entlassung oder Beurlaubung folgenden Wochen.

[3] Für periodische familienrechtliche Unterhalts- und Unterstützungsbeiträge kann der Schuldner auch während des Rechtsstillstandes betrieben werden.[4]

[4] Schuldner, die aufgrund eines Arbeitsverhältnisses zum Bund oder zum Kanton Militär- oder Schutzdienst leisten, geniessen keinen Rechtsstillstand.[5]

Verweise: SchKG 56 Ziff. 3 (Wirkung des Rechtsstillstandes).

Abs. 3: ZGB 125–132 (nachehelicher Unterhalt); ZGB 173 (Unterhalt im Rahmen des Eheschutzes); ZGB 276–292 (Kinderunterhalt); ZGB 328–329 (Unterstützungspflicht); PartG 17 (Unterhalt bei Aufhebung des Zusammenlebens); PartG 34 (Unterhalt nach Auflösung der eingetragenen Parnerschaft).

1 Zum **Militärdienst** siehe BV 59, zum **Zivildienst** BV 61.
2 Der Rechtsstillstand gilt grundsätzlich nur für die **effektive Dienstzeit**: BGE 66 III 36, 37. Siehe aber auch SchKG 57 Abs. 2.
3 Der (ganze) **Entlassungstag** zählt zum Militärdienst: BGer v. 25.05.2005, 7B.76/2005 E. 3.2; BGE 67 III 69, 69 f.

---

1 Fassung gemäss Art. 2 des BG vom 28. Sept. 1949, in Kraft seit 1. Febr. 1950 (AS 1950 I 57; BBl 1948 I 1218).
2 Ausdruck gemäss Anhang Ziff. 4 des Zivildienstgesetzes vom 6. Okt. 1995, in Kraft seit 1. Okt. 1996 (AS 1996 1445; BBl 1994 III 1609). Diese Änd. ist im ganzen Erlass berücksichtigt.
3 Fassung gemäss Ziff. I des BG vom 16. Dez. 1994, in Kraft seit 1. Jan. 1997 (AS 1995 1227; BBl 1991 III 1).
4 Fassung gemäss Ziff. I des BG vom 16. Dez. 1994, in Kraft seit 1. Jan. 1997 (AS 1995 1227; BBl 1991 III 1).
5 Fassung gemäss Ziff. I des BG vom 16. Dez. 1994, in Kraft seit 1. Jan. 1997 (AS 1995 1227; BBl 1991 III 1).

4 Während des Militärdienstes braucht der Schuldner nicht wegen unzulässiger Betreibungsmassnahmen **Beschwerde** zu führen, sondern nur und erst, wenn nach seiner Entlassung weitere Betreibungshandlungen gegen ihn vorgekehrt werden oder ihm nun die anfechtbare Massnahme zur Kenntnis gebracht wird: BGE 67 III 72 E. 1.

5 Der Rechtsstillstand wegen Militärdienstes gilt nicht für einen in einer Klinik untergebrachten **Patienten der Militärversicherung**, der keinen Sold, sondern eine Invalidenrente bezieht: BGE 95 III 6 E. 1.

6 Die Betreibung, die allein gegen einen **Ehegatten** gerichtet ist, wird vom Rechtsstillstand, in dessen Genuss der andere Ehegatte kommt, nicht berührt: BGE 66 III 33, 35.

7 Die während des Militär-, Zivil- oder Schutzdienstes zu erbringende Leistung liegt **im öffentlichen Interesse** und soll nicht beeinträchtigt werden. Betreibungshandlungen während des Rechtsstillstandes wegen Militär-, Zivil- oder Schutzdienst sind deshalb **nichtig**: BGE 127 III 173 E. 3.b; BGE 67 III 69.

8 Zur **Feststellung** des Eintritts und Wegfalls der den Rechtsstillstand begründenden Tatsachen siehe KS BGer (Plenum) Nr. 29 vom 07.02.1941 (→ Nr. 17) betreffend Rechtsstillstand wegen Militärdienstes.

Art. 57a[1]   b. Auskunftspflicht Dritter

[1] Kann eine Betreibungshandlung nicht vorgenommen werden, weil der Schuldner sich im Militär-, Zivil- oder Schutzdienst befindet, so sind die zu seinem Haushalt gehörenden erwachsenen Personen und, bei Zustellung der Betreibungsurkunden in einem geschäftlichen Betrieb, die Arbeitnehmer oder gegebenenfalls der Arbeitgeber bei Straffolge (Art. 324 Ziff. 5 StGB[2]) verpflichtet, dem Beamten die Dienstadresse und das Geburtsjahr des Schuldners mitzuteilen.[3]

[1bis] Der Betreibungsbeamte macht die Betroffenen auf ihre Pflichten und auf die Straffolge bei deren Verletzung aufmerksam.[4]

[2] Die zuständige Kommandostelle gibt dem Betreibungsamt auf Anfrage die Entlassung oder Beurlaubung des Schuldners bekannt.

[3] ...[5]

---

1   Eingefügt durch Art. 2 des BG vom 28. Sept. 1949, in Kraft seit 1. Febr. 1950 (AS 1950 I 57; BBl 1948 I 1218).
2   SR 311.0
3   Fassung gemäss Ziff. I des BG vom 16. Dez. 1994, in Kraft seit 1. Jan. 1997 (AS 1995 1227; BBl 1991 III 1).
4   Eingefügt durch Ziff. I des BG vom 16. Dez. 1994, in Kraft seit 1. Jan. 1997 (AS 1995 1227; BBl 1991 III 1).
5   Aufgehoben durch Ziff. I des BG vom 16. Dez. 1994 (AS 1995 1227; BBl 1991 III 1).

Verweis

Abs. 1: SchKG 64–66 (Zustellung von Betreibungsurkunden).

1 Zur **Feststellung** des Eintritts und Wegfalls der den Rechtsstillstand begründenden Tatsachen siehe KS BGer (Plenum) Nr. 29 vom 07.02.1941 (→ Nr. 17) betreffend Rechtsstillstand wegen Militärdienstes.

Art. 57b[1]   c. Haftung des Grundpfandes

1 Gegenüber einem Schuldner, der wegen Militär-, Zivil- oder Schutzdienstes Rechtsstillstand geniesst, verlängert sich die Haftung des Grundpfandes für die Zinse der Grundpfandschuld (Art. 818 Abs. 1 Ziff. 3 ZGB[2]) um die Dauer des Rechtsstillstandes.[3]

2 In der Betreibung auf Pfandverwertung ist der Zahlungsbefehl auch während des Rechtsstillstandes zuzustellen, wenn dieser drei Monate gedauert hat.

Verweise

Abs. 1: SchKG 56 Ziff. 3 (Wirkung des Rechtsstillstandes); SchKG 37 Abs. 1, ZGB 793–875 (Grundpfand); SchKG 57 (Dauer des Rechtsstillstandes).

Abs. 2: SchKG 41, 151–158 (Betreibung auf Pfandverwertung); SchKG 69–72, 152–153 (Zahlungsbefehl).

Keine Entscheidungen.

Art. 57c[4]   d. Güterverzeichnis

1 Gegenüber einem Schuldner, der wegen Militär-, Zivil- oder Schutzdienstes Rechtsstillstand geniesst, kann der Gläubiger für die Dauer des Rechtsstillstandes verlangen, dass das Betreibungsamt ein Güterverzeichnis mit den in Artikel 164 bezeichneten Wirkungen aufnimmt.[5] Der Gläubiger hat indessen den Bestand seiner Forderung und ihre Gefährdung durch Handlungen des Schuldners oder Dritter glaubhaft zu machen, die auf eine Begünstigung einzelner Gläubiger zum Nachteil anderer oder auf eine allgemeine Benachteiligung der Gläubiger hinzielen.

---

1 Eingefügt durch Art. 2 des BG vom 28. Sept. 1949, in Kraft seit 1. Febr. 1950 (AS 1950 I 57; BBl 1948 I 1218).
2 SR 210
3 Fassung gemäss Ziff. I des BG vom 16. Dez. 1994, in Kraft seit 1. Jan. 1997 (AS 1995 1227; BBl 1991 III 1).
4 Eingefügt durch Art. 2 des BG vom 28. Sept. 1949, in Kraft seit 1. Febr. 1950 (AS 1950 I 57; BBl 1948 I 1218).
5 Fassung gemäss Ziff. I des BG vom 16. Dez. 1994, in Kraft seit 1. Jan. 1997 (AS 1995 1227; BBl 1991 III 1).

² Die Aufnahme des Güterverzeichnisses kann durch Sicherstellung der Forderung des antragstellenden Gläubigers abgewendet werden.

Verweise

Abs. 1: SchKG 56 Ziff. 3 (Wirkung des Rechtsstillstandes); SchKG 57 (Dauer des Rechtsstillstandes); SchKG 162–165 (Güterverzeichnis).

Keine Entscheidungen.

Art. 57d[1]   e. Aufhebung durch den Richter

Der Rechtsstillstand wegen Militär- oder Schutzdienstes kann vom Rechtsöffnungsrichter auf Antrag eines Gläubigers allgemein oder für einzelne Forderungen mit sofortiger Wirkung aufgehoben werden, wenn der Gläubiger glaubhaft macht, dass:[2]
1. dass der Schuldner Vermögenswerte dem Zugriff der Gläubiger entzogen hat oder dass er Anstalten trifft, die auf eine Begünstigung einzelner Gläubiger zum Nachteil anderer oder auf eine allgemeine Benachteiligung der Gläubiger hinzielen, oder
2.[3] der Schuldner, sofern er freiwillig Militär- oder Schutzdienst leistet, zur Erhaltung seiner wirtschaftlichen Existenz des Rechtsstillstandes nicht bedarf, oder
3.[4] der Schuldner freiwillig Militär- oder Schutzdienst leistet, um sich seinen Verpflichtungen zu entziehen.

Verweise: SchKG 56 Ziff. 3 (Wirkung des Rechtsstillstandes); SchKG 57 (Dauer des Rechtsstillstandes); SchKG 23 (Rechtsöffnungsrichter); ZPO 251 lit. a (summarisches Verfahren → Nr. 25).

1 Die **Gebühr** für einen Entscheid über die Aufhebung des Rechtsstillstandes beträgt gemäss GebV SchKG 51 (→ Nr. 7) Fr. 40.00–150.00.

---

[1] Eingefügt durch Art. 2 des BG vom 28. Sept. 1949, in Kraft seit 1. Febr. 1950 (AS 1950 I 57; BBl 1948 I 1218).
[2] Fassung gemäss Ziff. I des BG vom 16. Dez. 1994, in Kraft seit 1. Jan. 1997 (AS 1995 1227; BBl 1991 III 1).
[3] Fassung gemäss Ziff. I des BG vom 16. Dez. 1994, in Kraft seit 1. Jan. 1997 (AS 1995 1227; BBl 1991 III 1).
[4] Fassung gemäss Ziff. I des BG vom 16. Dez. 1994, in Kraft seit 1. Jan. 1997 (AS 1995 1227; BBl 1991 III 1).

Art. 57e[1] f. Militär-, Zivil- oder Schutzdienst des gesetzlichen Vertreters

Die Bestimmungen über den Rechtsstillstand finden auch auf Personen und Gesellschaften Anwendung, deren gesetzlicher Vertreter sich im Militär-, Zivil- oder Schutzdienst befindet, solange sie nicht in der Lage sind, einen andern Vertreter zu bestellen.

> *Verweise:* SchKG 56 Ziff. 3 (Wirkung des Rechtsstillstandes); SchKG 57 (Dauer des Rechtsstillstandes).

1   Als gesetzliche Vertreter von juristischen Personen gelten **die ordnungsmässig bestellten Vertreter**: BGE 66 III 49 E. 2; 65 III 120, 121.

2   **Handelsgesellschaften und juristischen Personen** kommt der Rechtsstillstand nur während der eigentlichen Militärdienstzeit ihrer Vertreter zu, ohne Nachfrist von zwei Wochen gemäss SchKG 57 Abs. 2: vgl. BGE 71 III 21, 25 f.

Art. 58[2]   2. Wegen Todesfalles

Für einen Schuldner, dessen Ehegatte, dessen eingetragene Partnerin oder eingetragener Partner, dessen Verwandter oder Verschwägerter in gerader Linie oder dessen Hausgenosse gestorben ist, besteht vom Todestag an während zwei Wochen Rechtsstillstand.

> *Verweise:* SchKG 56 Ziff. 3 (Wirkung des Rechtsstillstandes); ZGB 20 (Verwandschaft); ZGB 21 (Schwägerschaft).

> *Keine Entscheidungen.*

Art. 59   3. In der Betreibung für Erbschaftsschulden

[1] In der Betreibung für Erbschaftsschulden besteht vom Todestage des Erblassers an während der zwei folgenden Wochen sowie während der für Antritt oder Ausschlagung der Erbschaft eingeräumten Überlegungsfrist Rechtsstillstand.[3]

[2] Eine zu Lebzeiten des Erblassers angehobene Betreibung kann gegen die Erbschaft gemäss Artikel 49 fortgesetzt werden.[4]

---

1   Eingefügt durch Art. 2 des BG vom 28. Sept. 1949 (AS 1950 I 57; BBl 1948 I 1218). Fassung gemäss Ziff. I des BG vom 16. Dez. 1994, in Kraft seit 1. Jan. 1997 (AS 1995 1227; BBl 1991 III 1).

2   Fassung gemäss Anhang Ziff. 16 des Partnerschaftsgesetzes vom 18. Juni 2004, in Kraft seit 1. Jan. 2007 (AS 2005 5685; BBl 2003 1288).

3   Fassung gemäss Art. 2 des BG vom 28. Sept. 1949, in Kraft seit 1. Febr. 1950 (AS 1950 I 57; BBl 1948 I 1218).

4   Fassung gemäss Art. 58 SchlT ZGB, in Kraft seit 1. Jan. 1912 (AS 24 233 Art. 60 SchlT ZGB; BBl 1904 IV 1, 1907 VI 367).

³ Gegen die Erben kann sie nur dann fortgesetzt werden, wenn es sich um eine Betreibung auf Pfandverwertung handelt oder wenn in einer Betreibung auf Pfändung die in den Artikeln 110 und 111 angegebenen Fristen für die Teilnahme der Pfändung bereits abgelaufen sind.

Verweise

Abs. 1: *ZGB 566–579 (Ausschlagung); ZGB 567–568 (Ausschlagungsfrist); SchKG 56 Ziff. 3 (Wirkung des Rechtsstillstandes).*

Abs. 2: *SchKG 67 (Betreibungsbegehren).*

Abs. 3: *SchKG 41, 151–158 (Betreibung auf Pfandverwertung); SchKG 42, 89–150 (Betreibung auf Pfändung).*

Zu Abs. 3

1 Die in SchKG 59 Abs. 3 vorbehaltene Fortsetzung einer gegen den Erblasser angehobenen Betreibung auf Pfandverwertung gegen die Erben **erschöpft sich in der Vollstreckung in das Pfand**. Eine weitergehende Fortsetzung der Zwangsvollstreckung durch Übergang zu einer anderen Betreibungsart gemäss SchKG 158 Abs. 2 ist ohne einen neuen, gegen die Erben gerichteten Zahlungsbefehl nicht statthaft. Eine solche Fortsetzung würde die von SchKG 59 Abs. 3 verpönte Teilnahme weiterer, insbesondere auch anderer als Erbschaftsgläubiger, und den ebenso verpönten Zugriff auf weiteres, insbesondere auch anderes als Erbschaftsvermögen, gestatten: BGE 67 III 161 E. 2.

2 Eine Betreibung auf Pfändung kann nur bezüglich der **bereits gegenüber dem Erblasser** gepfändeten Gegenstände zu Ende geführt werden. Eine Nachpfändung ist ausgeschlossen; der Verlustschein bei einer gestützt auf SchKG 59 Abs. 3 fortgesetzten Betreibung kann nicht mit Wirkung gegen den Erben als Betriebenen ausgestellt werden: BGE 67 III 161 E. 2.

3 Eine gegen die **Erbschaft** laufende Betreibung kann frei fortgesetzt werden, solange die Bedingungen des SchKG 49 erfüllt sind. Nach Eintritt der Erbteilung kann sie dagegen nur noch auf Verwertung des Pfandes oder der bereits gepfändeten Gegenstände gerichtet sein: BGE 67 III 161 E. 2.

Art. 60 4. Wegen Verhaftung

Wird ein Verhafteter betrieben, welcher keinen Vertreter hat, so setzt ihm der Betreibungsbeamte eine Frist zur Bestellung eines solchen, sofern nicht von Gesetzes wegen der Vormundschaftsbehörde die Ernennung obliegt. Während dieser Frist besteht für den Verhafteten Rechtsstillstand.

Neue Fassung von Art. 60 erster Satz gemäss neuem Erwachsenenschutzrecht, in Kraft ab 01.01.2013 (AS 2011 725):

Wird ein Verhafteter betrieben, welcher keinen Vertreter hat, so setzt ihm der Betreibungsbeamte eine Frist zur Bestellung eines solchen. ...

Verweise: *ZGB 371 (Vormundschaft bei Freiheitsstrafe); SchKG 56 Ziff. 3 (Wirkung des Rechtsstillstandes).*

1. Der Sinn von SchKG 60 ist es, den inhaftierten und dadurch in seiner Bewegungsfreiheit, in manchen Fällen auch in seinen psychischen Kräften eingeschränkten Schuldner in die Lage zu versetzen, **seine Interessen angemessen zu wahren**: BGer v. 16.06.2006, 7B.60/2006 E. 4.1; BGE 108 III 3 E. 2.

2. **Verhaftet** i.S.v. SchKG 60 kann sowohl Untersuchungshaft als auch Verbüssung einer Freiheitsstrafe, Vollzug einer strafrechtlichen Massnahme oder eine andere Form des Freiheitsentzugs bedeuten. Massgebend ist, dass der Schuldner eingesperrt und zufolge der Aufhebung seiner Bewegungsfreiheit physisch nicht in der Lage ist, seine Interessen in der Betreibung zu wahren: BGer v. 09.07.2001, 5P.156/2001 E. 3.a.

3. Richten sich die Verwertungshandlungen auf die Verwertung einer Familienwohnung, so ist davon nicht nur der Schuldner, sondern auch sein **Ehegatte** betroffen. Dieser gilt deshalb gestützt auf ZGB 166 Abs. 1 oder 166 Abs. 2 Ziff. 2 ohne Weiteres als Vertreter i.S.v. SchKG 60, selbst wenn der Schuldner diesem noch keine ausdrückliche Vollmacht ausgestellt hat: BGer v. 23.07.2001, 7B.109/2001 E. 2.c.

4. In der Missachtung von SchKG 60 liegt eine **Rechtsverweigerung**, gegen die gemäss SchKG 17 Abs. 3 jederzeit Beschwerde geführt werden kann. Darin, dass der Schuldner sich bemühte, Rechtsvorschlag zu erheben, ist kein Verzicht auf die Beschwerdemöglichkeit zu erkennen: BGE 77 III 145 E. 1.

5. Betrachtet das Betreibungsamt die Zustellung eines Zahlungsbefehls wegen Missachtung von SchKG 60 als ungültig und will es diesen deshalb ein zweites Mal zustellen und den im Anschluss an die erste Zustellung erklärten Rechtsvorschlag nicht gelten lassen, so muss von ihm verlangt werden, dass es den Schuldner bei der zweiten Zustellung **ausdrücklich** auf die Ungültigkeit der ersten Zustellung und des bereits erklärten Rechtsvorschlags aufmerksam macht: BGE 78 III 155, 156 f.

6. Eine unter Missachtung von SchKG 60 vorgenommene **Pfändung** ist aufzuheben: BGer v. 16.06.2006, 7B.60/2006 E. 4.3.

7. Dem inhaftierten Schuldner muss auch dann i.S.v. SchKG 60 Frist zur Bestellung eines Vertreters angesetzt werden, wenn ihm eine **Arresturkunde** zuzustellen ist. Die Missachtung von SchKG 60 hat in diesem Fall jedoch nicht die Ungültigkeit der Zustellung zur Folge. Wird der Schuldner erst nachträglich, d.h. nach Zustellung der Arresturkunde, zur Bestellung eines Vertreters eingeladen, so beginnt die Beschwerdefrist erst mit dem ersten Tag nach Ablauf der i.S.v. SchKG 60 angesetzten Frist: BGE 108 III 3 E. 1 und 2.

8. Der Rechtsstillstand gilt auch für Gesellschaften, deren sämtliche Organe verhaftet sind, wenn die rechtzeitige Bestellung eines Vertreters nicht möglich ist: BGE 96 III 6 E. 2.

9. SchKG 60 ist auf den **verhafteten Ersteigerer nicht analog anwendbar**: BGE 75 III 11 E. 2.

10. ZGB 371, wonach eine mündige Person, die zu einer Freiheitsstrafe von einem Jahr oder darüber verurteilt worden ist, unter Vormundschaft zu stellen ist, wird im Rahmen der am 01.01.2013 in Kraft tretenden **Revision des Erwachsenenschutzrechts** (AS 2011 725) aufgehoben.

Art. 61   5. Wegen schwerer Erkrankung

Einem schwerkranken Schuldner kann der Betreibungsbeamte für eine bestimmte Zeit Rechtsstillstand gewähren.

Verweis: SchKG 56 Ziff 3 (Wirkung des Rechtsstillstandes).

1. Die Gewährung des Rechtsstillstandes gemäss SchKG 61 setzt eine **schwere Krankheit** voraus. Der Betreibungsbeamte muss sich vom Vorhandensein der schweren Erkrankung überzeugen. Ein Arztzeugnis darf nicht ohne kritische Prüfung übernommen werden und als einzige Grundlage für die Bewilligung des Rechtsstillstandes dienen. Ein entsprechendes Gesuch ist beim Betreibungsbeamten anzubringen; dieser fällt einen Ermessensentscheid: BGer v. 22.07.2004, 7B.119/2004 E. 2.2.1.

2. Die schwere Krankheit muss sich derart **auswirken**, dass der Schuldner nicht in der Lage ist, die notwendigen Rechtsvorkehrungen selbst zu treffen, und es ihm auch nicht möglich oder zuzumuten ist, einen Vertreter zu bestellen: BGer v. 01.02.2012, 5A_53/2012 E. 3; BGer v. 19.04.2002, 7B.62/2002 E. 2.b. Eine depressive Verstimmung infolge finanzieller Bedrängnis gilt nicht als schwere Krankheit: BGer v. 01.02.2012, 5A_53/2012 E. 3; BGer v. 14.12.2004, 7B.227/2004 E. 2.2.

3. Die Einräumung einer Schonfrist geschieht i.d.R. **auf Antrag** des Schuldners oder eines Angehörigen aufgrund eines ärztlichen Zeugnisses. In der blossen Einreichung eines Arztzeugnisses kann kein Antrag auf Einräumung einer Schonfrist erblickt werden: BGer v. 28.01.2004, 7B.271/2003 E. 1.2.2.

4. Der Betreibungsbeamte kann aber auch **von sich aus** Rechtsstillstand gewähren: BGer v. 26.04.2002, 7B.59/2002 E. 4.

5. Gemäss Wortlaut von SchKG 61 ist zur Beurteilung eines Gesuchs um Rechtsstillstand **der Betreibungsbeamte sachlich zuständig** und nicht die Aufsichtsbehörde. Gegen den Entscheid des Betreibungsamtes kann Beschwerde an die Aufsichtsbehörde geführt werden (SchKG 17). An dieser Verteilung der sachlichen und funktionellen Zuständigkeit ändert nichts, dass die Aufsichtsbehörde vorliegend mit einem Verfahren gemäss VZG 9 Abs. 2 (→ Nr. 9) befasst ist: BGer v. 27.01.2011, 5A_815/2010 E. 3.1.

6. Der chronische Charakter der Krankheit schliesst den Rechtsstillstand nicht aus. Dieser darf **nur nicht auf unbeschränkte Dauer gewährt werden**: BGE 58 III 18, 20.

7. Die Anordnung eines Rechtsstillstandes wirkt **nur für die Zukunft**: BGer v. 26.04.2002, 7B.59/2002 E. 4.

Art. 62[1] 6. Bei Epidemien oder Landesunglück

Im Falle einer Epidemie oder eines Landesunglücks sowie in Kriegszeiten kann der Bundesrat oder mit seiner Zustimmung die Kantonsregierung für ein bestimmtes Gebiet oder für bestimmte Teile der Bevölkerung den Rechtsstillstand beschliessen.

Verweise: SchKG 56 Ziff. 3 (Wirkung des Rechtsstillstandes); SchKG 337–350 (Notstundung).

Keine Entscheidungen.

Art. 63[2] C. Wirkungen auf den Fristenlauf

Betreibungsferien und Rechtsstillstand hemmen den Fristenlauf nicht. Fällt jedoch für den Schuldner, den Gläubiger oder den Dritten das Ende einer Frist in die Zeit der Betreibungsferien oder des Rechtsstillstandes, so wird die Frist bis zum dritten Tag nach deren Ende verlängert. Bei der Berechnung der Frist von drei Tagen werden Samstag und Sonntag sowie staatlich anerkannte Feiertage nicht mitgezählt.

Verweise: SchKG 56 Ziff. 2 (Betreibungsferien); SchKG 56 Ziff. 3, 57–62 (Rechtsstillstand); SchKG 31–33, SchKG 56–63, ZPO 142 ff. (Fristberechnung → Nr. 25).

1. SchKG 63 steht in unmittelbarer Verbindung zu den Bestimmungen über die Betreibungsferien und den Rechtsstillstand. Eine Fristerstreckung nach SchKG 63 ist deshalb nur möglich, wenn **Betreibungshandlungen** angefochten werden, die während den Betreibungsferien und dem Rechtsstillstand nicht vorgenommen werden dürfen: BGE 115 III 6 E. 4; BGE 50 III 11 E. 2; zuletzt bestätigt in BGer v. 31.10.2011, 5A_448/2011 E. 2.4–2.6; anders aber BGE 84 III 9 E. 2.

2. SchKG 63 ist anwendbar auf die Beschwerdefrist gegen den Rechtsöffnungsentscheid: BGer v. 31.08.2010, 5A_371/2010 E. 3.2; BGE 115 III 91 E. 3.

3. Die Vorschriften über die Betreibungsferien und deren Einfluss auf den Ablauf der Fristen sind **im Konkurs nicht anwendbar**: BGer v. 07.05.2001, 7B.107/2001 E. 3; BGE 96 III 74 E. 1; BGE 88 III 28 E. 1. Dasselbe gilt für **Verfügungen des Sachwalters im Nachlassverfahren** und die Frist zur Beschwerde gemäss SchKG 295 Abs. 3: BGE 73 III 91 E. 2.

4. Nicht nur der **Schuldner**, auch **Gläubiger** und **Dritte** können sich auf SchKG 63 berufen: BGE 115 III 6 E. 4; BGE 80 III 3, 5 f.

---

1 Fassung gemäss Ziff. I des BG vom 16. Dez. 1994, in Kraft seit 1. Jan. 1997 (AS 1995 1227; BBl 1991 III 1).
2 Fassung gemäss Ziff. I des BG vom 16. Dez. 1994, in Kraft seit 1. Jan. 1997 (AS 1995 1227; BBl 1991 III 1).

IV. Zustellung der Betreibungsurkunden

Art. 64 A. An natürliche Personen

1 Die Betreibungsurkunden werden dem Schuldner in seiner Wohnung oder an dem Orte, wo er seinen Beruf auszuüben pflegt, zugestellt. Wird er daselbst nicht angetroffen, so kann die Zustellung an eine zu seiner Haushaltung gehörende erwachsene Person oder an einen Angestellten geschehen.

2 Wird keine der erwähnten Personen angetroffen, so ist die Betreibungsurkunde zuhanden des Schuldners einem Gemeinde- oder Polizeibeamten zu übergeben.

Verweise

Abs. 1: *Betreibungsurkunden: SchKG 69–72, 152–153, 178 (Zahlungsbefehl), SchKG 112–115 (Pfändungsurkunde), SchKG 159–161 (Konkursandrohung).*

Zu Abs. 1

1. Als **Betreibungsurkunde** gelten:
   - der **Zahlungsbefehl**: BGer v. 20.04.2011, 5A_231/2011 E. 2; BGE 120 III 57 E. 2.a;
   - die **Konkursandrohung**: BGer v. 20.04.2011, 5A_231/2011 E. 2; BGE 121 III 16 E. 3.b;
   - wohl auch die **Pfändungsurkunde**: BGer v. 25.09.2002, 7B.143/2002 E. 3; BGE 91 III 41 E. 3 und 4.

2. **Nicht** als Betreibungsurkunde gelten dagegen:
   - die **Spezialanzeige** gemäss SchKG 139: BGer v. 25.09.2002, 7B.143/2002 E. 3;
   - das **Lastenverzeichnis** gemäss SchKG 140 Abs. 2: BGer v. 25.09.2002, 7B.143/2002 E. 3;
   - die **Schätzungsurkunde**: BGE 120 III 57 E. 2.b.

3. Betreibungsurkunden sind dem Schuldner **persönlich abzugeben**: BGE 116 III 8 E. 1.a (Pra 80 [1991] Nr. 167). Im Fall der Zustellung eines Zahlungsbefehls wird dem Schuldner dadurch ermöglicht, auf der Stelle und ohne Begründung Rechtsvorschlag zu erheben: BGE 120 III 117 E. 2.b; BGE 117 III 7 E. 3.b.

4. Es ist **untersagt**, den Zahlungsbefehl **in den Briefkasten zu legen**: BGE 120 III 117 E. 2.b; BGE 117 III 7 E. 3.b; BGE 116 III 8 E. 1.a (Pra 80 [1991] Nr. 167).

5. Wohnung und Arbeitsstätte des Schuldners stehen als Ort der Zustellung **in gleichem Rang**: BGE 91 III 41 E. 3.

6. Die Zustellung einer Betreibungsurkunde **auf der Amtsstelle ist ohne Weiteres zulässig**. Der Schuldner ist allerdings nicht verpflichtet, den Zahlungsbefehl beim Betreibungsamt abzuholen. Die Aufforderung des Betreibungsamtes zur Abholung des Zahlungsbefehls geht nicht über die Mitteilung hinaus, dass auf dem Amt ein ausgefertigter Zahlungsbefehl liegt: BGE 138 III 25 E. 2.1; BGE 136 III 155 E. 3.1.

Zweiter Titel: Schuldbetreibung   Nr. 1 SchKG **Art. 64**

7   Wird dem Schuldner der Zahlungsbefehl **auf dem Betreibungsamt** übergeben, nachdem er von diesem zur Abholung eingeladen worden ist, so ist für die Zustellung einzig die Gebühr gemäss GebV SchKG 16 Abs. 1 (→ Nr. 7) zu erheben: BGE 136 III 155 E. 3.3.3. Bei der **Abholungseinladung** handelt es sich um eine nicht vorgeschriebene Amtshandlung. Die Kosten hierfür dürfen nicht überwälzt werden: BGE 138 III 25 E. 2.2.3.

8   Bei der Zustellung des Zahlungsbefehls durch die Post handelt der zustellende Postbote **als Betreibungsgehilfe**: BGE 119 III 8 E. 2.b.

9   Übergibt das Betreibungsamt eine Betreibungsurkunde zwecks Zustellung einem **Gemeinde- oder Polizeibeamten**, so handelt auch dieser im Auftrag des Amtes. Bei der Ausführung eines solchen Auftrags befindet sich jedoch der Gemeinde- oder Polizeibeamte nicht in der gleichen Stellung wie die Post. Das SchKG enthält keine Vorschriften darüber, wie der Gemeinde- oder Polizeibeamte bei der Zustellung der ihm gemäss SchKG 64 Abs. 2 übergebenen Betreibungsurkunden vorzugehen hat. Das Gesetz überlässt ihm diese Handlung vielmehr zur selbstständigen Ausführung, und zwar nach Massgabe allfälliger kantonaler Vorschriften über die Zustellung amtlicher Aktenstücke durch solche Beamte und der sonstigen Regeln für die Tätigkeit dieser Beamten. Zu prüfen, ob diese Organe richtig vorgegangen sind, ist daher grundsätzlich nicht Sache der Aufsichtsbehörden für Schuldbetreibung und Konkurs, sondern der kantonalen Behörden, welche die Tätigkeit der Gemeinde- und Polizeibeamten zu überwachen haben: BGE 97 III 107 E. 2.

10 Ist die Polizei mit der Zustellung eines Zahlungsbefehls beauftragt worden, so können **weitere Zahlungsbefehle** nicht zuletzt wegen SchKG 71 Abs. 3, wonach in keinem Fall einem später eingegangenen Betreibungsbegehren vor einem früheren Folge zu leisten ist, ohne eigene Zustellungsversuche des Betreibungsamtes der Polizei übergeben werden: BGE 97 III 107 E. 1.

11 Die Zustellung des Zahlungsbefehls unter Zuhilfenahme der Polizei ist gerade dann zu versuchen, wenn sich der Schuldner im Vorfeld als **renitent** erwiesen hat: BGE 112 III 81 E. 2.a.

12 Die Fälle, in denen die Zustellung an eine andere Person zuhanden des Schuldners zulässig sind, werden von SchKG 64 und 65 **abschliessend** aufgezählt: BGE 118 III 10 E. 3.b.

13 Der **empfangsberechtigte Hausgenosse** braucht kein Familienmitglied des Schuldners zu sein. Erforderlich ist bloss, dass er mit dem Schuldner eine Hausgemeinschaft bildet. Eine Zustellung ist folglich ungültig, wenn sie zwar an einen Elternteil des Schuldners erfolgt, dieser aber nicht mehr dauerhaft mit dem Schuldner zusammenlebt: BGer v. 07.02.2012, 5A_777/2011 E. 3.2.1.

14 Ein Zahlungsbefehl gilt grundsätzlich auch dann als zugestellt, wenn der **Hausgenosse** des Schuldners die **Annahme verweigert**: BGE 109 III 1 E. 2.b.

15 Die Bemerkung des Schuldners **am Telefon**, dass er sich nicht belästigen lassen wolle und seine Wohnungstüre nicht öffnen werde, um den Zahlungsbefehl in Empfang zu nehmen, ist noch keine eigentliche Annahmeverweigerung: BGE 117 III 7 E. 3.b.

16 Die mangelhafte Zustellung von Betreibungsurkunden i.S.v. SchKG 64 ff. hat **nicht die absolute Nichtigkeit** zur Folge. Die Zustellung kann einzig innerhalb von zehn Tagen nach SchKG 17 Abs. 2 angefochten werden: BGer v. 12.04.2012, 5A_30/2012 E. 3.

17 Der **Rechtsvorschlag**, der gegen einen mangelhaft zugestellten Zahlungsbefehl gerichtet ist und von einem Geschäftsführer ohne Auftrag ausgeht, ist gültig: BGE 112 III 81 E. 2.b.

18 Eine **mangelhafte Zustellung** ist nicht zu wiederholen, wenn die erneute und ordentliche Zustellung des Zahlungsbefehls am Wohnsitz dem Rekurrenten keine zusätzlichen Erkenntnisse über die angehobene Betreibung verschafft und dessen Rechte trotz der mangelhaften Zustellung gewahrt worden sind: BGer v. 05.12.2011, 5A_548/2011 E. 2.1; BGE 112 III 81 E. 2. Hat der Betriebene trotz der fehlerhaften Zustellung vom Zahlungsbefehl Kenntnis erlangt, beginnt dieser damit – im Zeitpunkt der Kenntnisnahme – seine Wirkung zu entfalten, wodurch auch die Frist zur Erhebung eines Rechtsvorschlags ausgelöst wird: BGer v. 05.12.2011, 5A_548/2011 E. 2.1; BGE 128 III 101 E. 2; BGE 120 III 114 E. 3.b.

Art. 65   B. An juristische Personen, Gesellschaften und unverteilte Erbschaften

¹ Ist die Betreibung gegen eine juristische Person oder eine Gesellschaft gerichtet, so erfolgt die Zustellung an den Vertreter derselben. Als solcher gilt:

1.¹ für eine Gemeinde, einen Kanton oder die Eidgenossenschaft der Präsident der vollziehenden Behörde oder die von der vollziehenden Behörde bezeichnete Dienststelle;

2.² für eine Aktiengesellschaft, eine Kommanditaktiengesellschaft, eine Gesellschaft mit beschränkter Haftung, eine Genossenschaft oder einen im Handelsregister eingetragenen Verein jedes Mitglied der Verwaltung oder des Vorstandes sowie jeder Direktor oder Prokurist;

3. für eine anderweitige juristische Person der Präsident der Verwaltung oder der Verwalter;

4. für eine Kollektivgesellschaft oder Kommanditgesellschaft jeder zur Vertretung der Gesellschaft befugte Gesellschafter und jeder Prokurist.

² Werden die genannten Personen in ihrem Geschäftslokale nicht angetroffen, so kann die Zustellung auch an einen andern Beamten oder Angestellten erfolgen.

³ Ist die Betreibung gegen eine unverteilte Erbschaft gerichtet, so erfolgt die Zustellung an den für die Erbschaft bestellten Vertreter oder, wenn ein solcher nicht bekannt ist, an einen der Erben.³

---

1   Fassung gemäss Ziff. I des BG vom 16. Dez. 1994, in Kraft seit 1. Jan. 1997 (AS 1995 1227; BBl 1991 III 1).

2   Fassung gemäss Ziff. I des BG vom 16. Dez. 1994, in Kraft seit 1. Jan. 1997 (AS 1995 1227; BBl 1991 III 1).

3   Eingefügt durch Art. 58 SchlT ZGB, in Kraft seit 1. Jan. 1912 (AS 24 233 Art. 60 SchlT ZGB; BBl 1904 IV 1, 1907 VI 367).

Verweise

Abs. 1: ZGB 52–59 (allgemeine Bestimmungen zur juristischen Person); OR 552–926 (Gesellschaftsrecht).

Abs. 1 Ziff. 2: OR 620–763 (Aktiengesellschaft); OR 764–771 (Kommanditaktiengesellschaft); OR 772–827 (GmbH); OR 828–926 (Genossenschaft); OR 927–943, HRegV (Handelsregister); ZGB 60–79 (Verein); OR 458–461, 464–465 (Prokurist).

Abs. 1 Ziff. 4: OR 552–593 (Kollektivgesellschaft); OR 594–619 (Kommanditgesellschaft).

Abs. 2: SchKG 46 Abs. 2 (ordentlicher Betreibungsort juristischer Personen).

Abs. 3: ZGB 602 Abs. 1 (unverteilte Erbschaft); ZGB 517–518, 554–555, 595, 602 Abs. 3 (Erbschaftsvertreter).

Zu Abs. 1

1 Mit dieser Regelung will das Gesetz sicherstellen, dass Betreibungsurkunden in die Hände jener natürlichen Personen gelangen, die in Betreibungssachen **für die Gesellschaft handeln und insbesondere Rechtsvorschlag erheben können**. Daher verlangt SchKG 67 Abs. 1 Ziff. 2, dass Name und Wohnort des gesetzlichen Vertreters im Betreibungsbegehren, das die Grundlage für den Zahlungsbefehl bildet, anzugeben sind: BGer v. 02.10.2007, 5A_215/2007 E. 2.1; BGE 119 III 57 E. 3.b und c; BGE 118 III 10 E. 3.a; BGE 117 III 10 E. 5.b. Bei fehlenden Angaben ist dem Betreibenden unverzüglich Gelegenheit zur Ergänzung zu geben. Es ist nicht Aufgabe des Betreibungsamtes, von sich aus Nachforschungen anzustellen: BGer v. 20.12.2011, 5A_500/2011 E. 2.1.

2 Betreibungsurkunden können den in SchKG 65 Abs. 1 als Vertreter genannten Personen **auch ausserhalb des Geschäftslokals** (z.B. an deren Wohnort) zugestellt werden, ohne dass vorgängig versucht werden muss, sie im Geschäftslokal zuzustellen: BGE 134 III 112 E. 3.1; BGE 125 III 384 E. 2.b; BGE 72 III 71, 73.

3 Bei einer direkten Zustellung der Betreibungsurkunden an die in SchKG 65 Abs. 1 genannten Personen ausserhalb des Geschäftslokals ist **für die Ersatzzustellung SchKG 64 analog anzuwenden**, wenn der betreffende Vertreter nicht persönlich angetroffen wird: BGE 134 III 112 E. 3.2; BGE 72 III 71, 73.

4 Weist die Gesellschaft an ihrem statutarischen Sitz kein Geschäftsbüro auf, so ist sie gehalten, ihr Domizil im Handelsregister eintragen zu lassen (HRegV 43 Abs. 1). Der **Domizilhalter** nimmt die Stellung eines Bevollmächtigten ein, wie ihn der am Betreibungsort nicht anwesende Schuldner gestützt auf SchKG 66 Abs. 1 bestimmen kann. Übernimmt eine Gesellschaft das Domizil einer andern Gesellschaft, so darf die Betreibungsurkunde nicht mehr direkt der Betriebenen, sondern nur einem nach SchKG 65 Abs. 1 Ziff. 2 bis 4 zur Entgegennahme berechtigten Vertreter der Domizilhalterin ausgehändigt werden: BGer v. 02.10.2007, 5A_215/2007 E. 2.1; BGE 120 III 64 E. 3.a und b; BGE 119 III 57 E. 3.d.

Zu Abs. 1 Ziff. 1

5 Das SchKG ist gemäss SchKG 30 grundsätzlich nicht auf die Zwangsvollstreckung gegen Kantone, Bezirke und Gemeinden anwendbar. SchKG 65 Abs. 1 Ziff. 1 regelt **lediglich die Zustellung von Betreibungsurkunden** an diese Körperschaften. Vgl. hierzu auch SchGG 1 Abs. 1 (→ Nr. 33).

Zu Abs. 1 Ziff. 4

6 Die Vertretungsbefugnis und die Stellung als Liquidator **gehen nicht auf die Erben eines Kollektivgesellschafters** über. Demgemäss ist der Erbenvertreter nicht zur Entgegennahme von Betreibungsurkunden für die Gesellschaft befugt: BGE 69 III 1 E. 1.

Zu Abs. 2

7 Die Ersatzzustellung ist nur zulässig, wenn die Zustellung an einen Vertreter i.S.v. SchKG 65 Abs. 1 **erfolglos** versucht worden ist: BGE 118 III 10 E. 3.b; BGE 117 III 13 E. 5.a.

8 Die Behörde hat den Nachweis zu erbringen, dass die **Voraussetzungen** für die Ersatzzustellung gegeben waren: BGE 119 III 57 E. 3.e; BGE 118 III 12 E. 3.b; BGE 117 III 13 E. 5.c.

9 Unter **Geschäftslokal** ist ein Lokal zu verstehen, in welchem die nach SchKG 65 Abs. 1 empfangsberechtigte Person ihre Tätigkeit für die Gesellschaft ausübt bzw. auszuüben pflegt: BGE 88 III 12 E. 2.

10 Die Fälle, in denen die Zustellung an eine andere Person zuhanden des Schuldners zulässig ist, werden von SchKG 64 und 65 **abschliessend** aufgezählt: BGE 118 III 10 E. 3.b.

11 **Angestellter** des Schuldners ist, wer als ihm untergeordnete Hilfsperson bei der Ausübung seines Berufes mitwirkt. Ein dauerndes Dienstverhältnis ist nicht erforderlich: BGE 72 III 78, 80.

12 Die Ersatzzustellung an eine **im gleichen Geschäftslokal tätige, aber nicht im Dienste** des Betriebenen stehende Angestellte ist zulässig: BGE 96 III 4 E. 1.

Zu Abs. 3

13 Zum Betreibungsort der Erbschaft siehe SchKG 49.

14 Betreffend die **Gläubigerbezeichnung** bei Betreibungen, die von einer Erbengemeinschaft resp. Gemeinderschaft eingeleitet werden und die **Schuldnerbezeichnung** bei Betreibungen gegen eine Erbschaft siehe KS BGer (Plenum) Nr. 16 vom 03.04.1925 (→ Nr. 14). Vgl. SchKG 49 N 4.

15 Der Gläubiger ist verpflichtet, sich nach dem Vorhandensein eines Willensvollstreckers, Erbschaftsverwalters oder Erbenvertreters **zu erkundigen**, bevor er eine Betreibung gegen eine unverteilte Erbschaft einleitet: BGE 107 III 7 E. 1.

16 Der Gläubiger hat gemäss SchKG 67 Abs. 1 Ziff. 2 für den Fall, dass kein Vertreter der Erbengemeinschaft bekannt ist, im Betreibungsbegehren anzugeben, **an welche Erben** die Zustellung zu erfolgen hat. Erfolgt die Zustellung an nur einen Erben, obliegt es diesem, die anderen über die Zustellung in Kenntnis zu setzen: BGE 48 III 130, 131.

17 Ist kein anderer Vertreter für die Erbschaft, sei es durch die Erben oder durch die Behörde, ernannt worden, so hat das Betreibungsamt den Erben, dem der Zahlungsbefehl zugestellt wurde, **auch für die weitere Abwicklung der Betreibung** als Vertreter der Erbschaft zu betrachten: BGE 91 III 13, 14 f.

18 Der **Willensvollstrecker** ist zur Entgegennahme der für die unverteilte Erbschaft bestimmten Betreibungsurkunden legitimiert: BGE 101 III 1 E. 1; BGE 71 III 162, 163. Die Gültigkeit

der Zustellung des Zahlungsbefehls an den Willensvollstrecker hängt nicht davon ab, ob dieser bzw. der Betreibende gutgläubig ist: BGE 102 III 1 E. 1.b.

19 Das Betreibungsamt, das ein Betreibungsbegehren gegen eine Erbschaft erhält, hat sich zu vergewissern, ob diese bereits **amtlich liquidiert** worden sei. Ist dies der Fall, so hat es das Begehren zurückzuweisen. Dagegen hat es nicht von Amtes wegen abzuklären, ob die Erbteilung bereits auf andere Art erfolgt sei. Wird dies jedoch vom Empfänger des Zahlungsbefehls behauptet, so hat das Amt und auf Beschwerde hin die Aufsichtsbehörde die diesbezüglich vorgelegten Beweise zu berücksichtigen bzw. den Betroffenen aufzufordern, Beweise beizubringen: BGE 99 III 51, 52 f.

20 Die **Aufsichtsbehörden** sind im Beschwerde- bzw. Rekursverfahren befugt, vorfrageweise zu prüfen, ob der von den betreibenden Gläubigern genannte Vertreter für den Nachlass ordnungsgemäss bevollmächtigt war, ob ein Widerruf dieser Vollmacht durch die zuständige Behörde stattgefunden hat und welche Auswirkungen ein allfälliger Widerruf auf die Zustellung der Betreibungsurkunden gehabt hat: BGE 101 III 1 E. 3.

Art. 66   C. Bei auswärtigem Wohnsitz des Schuldners oder bei Unmöglichkeit der Zustellung

1 Wohnt der Schuldner nicht am Orte der Betreibung, so werden die Betreibungsurkunden der von ihm daselbst bezeichneten Person oder in dem von ihm bestimmten Lokale abgegeben.

2 Mangels einer solchen Bezeichnung erfolgt die Zustellung durch Vermittlung des Betreibungsamtes des Wohnortes oder durch die Post.

3 Wohnt der Schuldner im Ausland, so erfolgt die Zustellung durch die Vermittlung der dortigen Behörden oder, soweit völkerrechtliche Verträge dies vorsehen oder wenn der Empfängerstaat zustimmt, durch die Post.[1]

4 Die Zustellung wird durch öffentliche Bekanntmachung ersetzt, wenn:

1. der Wohnort des Schuldners unbekannt ist;
2. der Schuldner sich beharrlich der Zustellung entzieht;
3. der Schuldner im Ausland wohnt und die Zustellung nach Absatz 3 nicht innert angemessener Frist möglich ist.[2]

5 ...[3]

---

1   Fassung gemäss Ziff. I des BG vom 16. Dez. 1994, in Kraft seit 1. Jan. 1997 (AS 1995 1227; BBl 1991 III 1).
2   Fassung gemäss Ziff. I des BG vom 16. Dez. 1994, in Kraft seit 1. Jan. 1997 (AS 1995 1227; BBl 1991 III 1).
3   Aufgehoben durch Ziff. I des BG vom 16. Dez. 1994 (AS 1995 1227; BBl 1991 III 1).

Verweise

Abs. 1: SchKG 51 (Betreibungsort der gelegenen Sache); SchKG 52 (Betreibungsort des Arrestes); Betreibungsurkunden: SchKG 69–72, 152–153, 178 (Zahlungsbefehl), SchKG 112–115 (Pfändungsurkunde), SchKG 169–171 (Konkursandrohung).

Abs. 2: Völkerrechtliche Verträge betreffend Zustellung: Haager Übereinkunft betreffend das Zivilprozessrecht vom 01.03.1954 (HÜ54 1–7); Haager Zustellungsübereinkommen vom 15.11.1965 (HZÜ65). Beachte auch allfällige bilaterale Abkommen, einsehbar unter http://www.rhf.admin.ch/rhf/de/home.html.

Abs. 3: SchKG 50 (Betreibungsort des im Ausland wohnenden Schuldners).

Abs. 4: SchKG 35 (öffentliche Bekanntmachung).

Zu Abs. 1

1. Die Zustellung am Betreibungsort **an den sich dort befindlichen Schuldner** ist zulässig, auch wenn es sich dabei nicht um den Wohnort des Schuldners handelt: BGE 111 III 5 E. 3.a.

2. Die Zustellungsbevollmächtigung muss **nicht explizit** erklärt werden, sie kann sich auch aus den Umständen ergeben: **A.M.** BGE 69 III 33, 36 f. sowie BGE 68 III 146 E. 3.

3. Zuhanden des Zustellungsbevollmächtigten kann die zuzustellende Betreibungsurkunde **in analoger Anwendung von SchKG 64** nötigenfalls auch an eine andere Person erfolgen: BGE 69 III 33, 36.

4. Ein vom Schuldner bevollmächtigter **Rechtsanwalt** kann die Entgegennahme des Zahlungsbefehls ablehnen, weil er in der Entscheidung frei ist, in welchen Angelegenheiten er von der Vollmacht überhaupt Gebrauch machen will: BGE 69 III 82, 85.

5. Die Zustellung eines Zahlungsbefehls an einen **nicht bevollmächtigten Rechtsvertreter** ist unzulässig: BGE 112 III 81 E. 2.

6. Die Zustellung von Betreibungsurkunden an den **Domizilhalter** einer Gesellschaft, die am Ort ihres statutarischen Sitzes kein Geschäftsbüro hat, ist rechtmässig: BGer v. 22.03.2002, 7B.51/2002 E. 2; BGE 120 III 64 E. 3.

Zu Abs. 2

7. Die Zustellung **in einem anderem Kreis** als demjenigen des zuständigen Betreibungsamtes ist nicht nichtig, sondern bloss anfechtbar: BGE 91 III 41 E. 4.

Zu Abs. 3 allgemein

8. Betreffend die Vorgehensweise bei der Zustellung von Betreibungsurkunden im Ausland siehe den **Rechtshilfeführer** des Bundesamtes für Justiz auf www.rhf.admin.ch.

9. SchKG 66 Abs. 3 **schafft keinen Betreibungsort in der Schweiz**, sondern regelt die Zustellung von Betreibungsurkunden, wenn aus einem der in SchKG 46 ff. geregelten Gründen ein Betreibungsort in der Schweiz gegeben ist, der Schuldner aber im Ausland wohnt, oder wenn er nach Ankündigung der Pfändung oder Zustellung der Konkursandrohung seinen Wohnsitz ins Ausland verlegt hat (vgl. SchKG 53) und weitere Betreibungsurkunden zuzustellen sind: BGer v. 09.07.2009, 5A_5/2009 E. 4.

10 Eine **gegen staatsvertragliche Bestimmungen verstossende Zustellung** ist nichtig: BGE 131 III 448 E. 2.1; BGE 82 III 63 E. 5; BGE 57 III 26, 30.

11 Die gesetzlichen Bestimmungen über die Zustellung (SchKG 64–66) bilden eine **Einheit**. Fehlt es an einer staatsvertraglichen Regelung der Zustellung und erfolgt diese auf diplomatischem oder konsularischem Weg, so finden SchKG 64 und 65 auch im Ausland zumindest sinngemäss Anwendung: BGE 117 III 10 E. 4 und 5; BGE 109 III 97 E. 3.

12 Die **Zustellung** einer Betreibungsurkunde
 – nach **Italien** hat gemäss Art. III des Protokolls vom 01.05.1869 betreffend die Vollziehung der schweizerisch-italienischen Abkommen vom 22.07.1868 (→ Nr. 48) über das jeweilige kantonale Obergericht an den örtlich zuständigen italienischen Appellationshof zu erfolgen: KS BGer (Plenum) vom 13.09.1968 betreffend Zustellung von Betreibungsurkunden nach Italien (veröffentlicht in BGE 94 III 33). Die postalische Zustellung ist folglich nichtig: BGE 94 III 35 E. 2–4;
 – nach **Deutschland** durch die Post ist nichtig: BGE 131 III 448 E. 2;
 – nach **Frankreich** durch die Post ist nichtig: BGE 82 III 63 E. 5;
 – nach **Israel** mittels des nach israelischem Recht zulässigen Anheftens an die Wohnungstür ist zulässig: BGE 122 III 395 E. 2;
 – in die **USA**, die vermittels des schweizerischen Generalkonsulats durch die Post erfolgt, stellt mangels eines völkerrechtlichem Vertrags zwischen der Schweiz und den USA keine Bundesrechtsverletzung dar, auch dann nicht, wenn die Übergabe an einen Angestellten des Schuldners erfolgt: BGE 109 III 97 E. 2 und 3; BGE 90 III 8, 9 f.

13 Betreffend die Verlängerung der **Fristen** für Beteiligte im Ausland siehe SchKG 33 Abs. 2.

Zu Abs. 4

14 Die Zustellung des Zahlungsbefehls durch öffentliche Bekanntmachung ist **letztes Mittel**; zu ihr darf nicht Zuflucht genommen werden, bevor vom Gläubiger und vom Betreibungsamt alle der Sachlage entsprechenden Nachforschungen unternommen wurden, um eine mögliche Zustelladresse des Schuldners herauszufinden: BGE 136 III 571 E. 5 (Pra 100 [2011] Nr. 53); BGer v. 10.07.2009, 5A_305/2009 E. 3; BGE 119 III 60 E. 2.a; BGE 112 III 6 E. 4.

15 Die **Banken** sind gegenüber den Betreibungsbehörden zur Auskunft über Wohnort oder Zustelldomizil eines Schuldners, der verarrestierbare Vermögenswerte bei ihnen hinterlegt hat, verpflichtet und können die Auskunft nicht unter Berufung auf das Bankgeheimnis verweigern: BGE 112 III 6 E. 4.

16 Die per Einschreiben zugestellte Androhung der Zustellung einer Betreibungsurkunde durch öffentliche Bekanntmachung nach sieben erfolglosen Zustellversuchen am Geschäftssitz der betriebenen Gesellschaft bzw. am Wohnort des einzigen Verwaltungsrates erfüllt wohl den Tatbestand der **beharrlichen Entziehung**: BGer v. 02.02.2007, 7B.211/2006 E. 3 und 4.4.

17 Zustellungen durch öffentliche Bekanntmachung an im Ausland wohnende Schuldner gemäss SchKG 66 Abs. 4 Ziff. 3 dürfen nur die **Ausnahme** bilden: BGE 129 III 556 E. 4 (Pra 93 [2004] Nr. 13).

18 Ist der ausländische Wohnort des Schuldners zwar bekannt, kann die Übermittlung der Betreibungsurkunde jedoch aus bestimmten **auf Seiten der Schweiz** liegenden Gründen nicht vorgenommen werden, so kann die Zustellung durch öffentliche Bekanntmachung erfolgen: BGE 103 III 1 E. 2 und 3.

19 Wird ein Zahlungsbefehl öffentlich bekanntgemacht, **ohne dass die Voraussetzungen von SchKG 66 Abs. 4 erfüllt sind**, so ist er deswegen nicht etwa als nichtig anzusehen. Die Verletzung von SchKG 66 Abs. 4 ist vielmehr grundsätzlich innert der Frist von SchKG 17 Abs. 2, d.h. binnen 10 Tagen, nachdem der Betriebene von der öffentlichen Zustellung Kenntnis erhalten hat, durch Beschwerde zu rügen. Wird die Betreibung vor Beginn oder Ablauf jener Frist fortgesetzt, so hat der Schuldner die Möglichkeit, auch die Fortsetzungshandlungen anzufechten: BGE 75 III 81 E. 2.

20 Der Betriebene kann mit Beschwerde nach SchKG 17 die Aufhebung der öffentlichen Bekanntmachung des Zahlungsbefehls wegen Verletzung von SchKG 66 Abs. 4 verlangen, selbst wenn er rechtzeitig Rechtsvorschlag erhoben hat, da mit der Ediktalzustellung der Betreibungsort in Frage stehen kann oder Gebühren verbunden sowie moralische Interessen beeinträchtigt sein können. Hingegen ist die betreibungsrechtliche Beschwerde **unzulässig**, wenn damit bezweckt wird, **lediglich die Rechtswidrigkeit** der öffentlichen Bekanntmachung eines Zahlungsbefehls festzustellen: BGer v. 15.03.2012, 5A_776/2011 E. 3.2 und 3.3.3; BGE 128 III 465 E. 1 (Pra 92 [2003] Nr. 10).

21 **Verweigert** der rechtshilfeweise ersuchte Staat die Übermittlung von Betreibungsurkunden, so kann ersatzweise eine Ediktalzustellung erfolgen, wenn der Gläubiger in der Schweiz wohnt, das Verfahren also auf Verwirklichung der Rechte einer der Schutzgewalt der Schweiz unterstehenden Person gerichtet ist, und zu Gunsten eines im Ausland wohnenden Gläubigers allenfalls dann, wenn er sich über die Forderung bereits durch einen schweizerischen oder nach internationalem Abkommen in der Schweiz anzuerkennenden Vollstreckungstitel ausweist: so BGE 68 III 10 E. 4 zur Internationalen Übereinkunft betreffend Zivilprozessrecht von 1905 (seit 31.07.2009 nicht mehr anwendbar; AS 2009 7101).

22 Ein Betreibungsverfahren, das nach vorangegangener ungerechtfertigter öffentlicher Bekanntmachung und ohne Wissen des Schuldners zur Verwertung seines Grundstücks geführt hat, ist **nichtig**: BGE 136 III 571 E. 4–6 (Pra 100 [2011] Nr. 53).

23 Die **Kosten für die öffentliche Bekanntmachung** eines Zahlungsbefehls (GebV SchKG 11 i.V.m. 13 Abs. 1 → Nr. 7) sind vom Betreibungsgläubiger vorzuschiessen (SchKG 68 Abs. 1). Zieht die Gläubigerin die Betreibung zurück, so tritt die Überwälzung der Kosten vorgenommener Betreibungshandlungen nicht ein, und sie hat den von ihr geleisteten Vorschuss selber zu tragen: BGer v. 15.03.2012, 5A_776/2011 E. 3.3.2.

V. Anhebung der Betreibung

Art. 67 A. Betreibungsbegehren

¹ Das Betreibungsbegehren ist schriftlich oder mündlich an das Betreibungsamt zu richten. Dabei sind anzugeben:

1. der Name und Wohnort des Gläubigers und seines allfälligen Bevollmächtigten sowie, wenn der Gläubiger im Auslande wohnt, das von demselben in der Schweiz gewählte Domizil. Im Falle mangelnder Bezeichnung wird angenommen, dieses Domizil befinde sich im Lokal des Betreibungsamtes;
2.[1] der Name und Wohnort des Schuldners und gegebenenfalls seines gesetzlichen Vertreters; bei Betreibungsbegehren gegen eine Erbschaft ist anzugeben, an welche Erben die Zustellung zu erfolgen hat;
3. die Forderungssumme oder die Summe, für welche Sicherheit verlangt wird, in gesetzlicher Schweizerwährung; bei verzinslichen Forderungen der Zinsfuss und der Tag, seit welchem der Zins gefordert wird;
4. die Forderungsurkunde und deren Datum; in Ermangelung einer solchen der Grund der Forderung.

² Für eine pfandgesicherte Forderung sind ausserdem die in Artikel 151 vorgesehenen Angaben zu machen.

³ Der Eingang des Betreibungsbegehrens ist dem Gläubiger auf Verlangen gebührenfrei zu bescheinigen.

Verweise

Abs. 1 Ziff. 2: *SchKG 68c–68d (gesetzlicher Vertreter); SchKG 65 Abs. 3, 66 (Zustellung an unverteilte Erbschaft).*

Abs. 1 Ziff. 3: *OR 84 Abs. 2 (Schweizerwährung); OR 102, 104–105 (Zins).*

Abs. 2: *SchKG 37 Abs. 3 (Pfand).*

Zu Abs. 1

1 SchKG 67 zielt darauf, dass sich der Schuldner **über die Person des Gläubigers, die Natur der Forderung, den Anlass der Betreibung und die Art des Zwangsvollstreckungsverfahrens im Klaren** und damit zur Entscheidung befähigt ist, ob er Rechtsvorschlag erheben will; es soll m.a.W. sichergestellt werden, dass der Schuldner aufgrund der Angaben im Zahlungsbefehl aus dem Sachzusammenhang heraus namentlich erkennen kann, was für eine Forderung in Betreibung gesetzt worden ist: BGer v. 22.10.2008, 5A_586/2008 E. 3.

2 Das Betreibungsbegehren ist grundsätzlich zu **unterzeichnen**: BGE 119 III 4 E. 2–4. Es steht dem Betreibenden aber frei, einzig ein Begleitschreiben – statt jedes Betreibungsbegehren – zu unterzeichnen, sofern die eingereichten Betreibungsbegehren daraus genügend identifizierbar sind: BGE 119 III 4 E. 5.

3 Wird das Betreibungsbegehren **mündlich** gestellt, so trägt es das Amt gemäss VFRR 3 Abs. 2 (→ Nr. 4) auf ein Formular ein und lässt dieses vom Gläubiger unterschreiben.

---

1 Fassung gemäss Art. 58 SchlT ZGB, in Kraft seit 1. Jan. 1912 (AS 24 233 Art. 60 SchlT ZGB; BBl 1904 IV 1, 1907 VI 367).

4   Betreibungsfähig ist nur, wer nach Massgabe des Zivilrechts handlungsfähig ist. Das Betreibungsbegehren eines **Urteilsunfähigen** darf der Betreibungsbeamte zurückweisen: BGE 99 III 4 E. 3.

5   Durch die Einreichung des Betreibungsbegehrens wird die **Verjährung unterbrochen**. Dies gilt selbst dann, wenn die Zustellung des Zahlungsbefehls in der Folge unterbleibt: BGer v. 18.02.2009, 2C_426/2008 E. 6.6.1; BGer v. 13.11.2000, 5P.339/2000 E. 3.c; BGE 114 III 20 E. 2.

6   Eine **weitere Betreibung für eine bereits in Betreibung gesetzte Forderung** ist nur dann nicht zulässig, falls der Gläubiger im frühern Betreibungsverfahren das Fortsetzungsbegehren bereits gestellt hat oder zu stellen berechtigt ist: BGE 128 III 383 E. 1.1; BGE 100 III 41, 42 f.

7   Eine Betreibung ist **nur in Ausnahmefällen wegen Rechtsmissbrauchs nichtig**. Rechtsmissbräuchliches Verhalten liegt dann vor, wenn der Gläubiger mit der Betreibung offensichtlich Ziele verfolgt, die nicht das Geringste mit der Zwangsvollstreckung zu tun haben. Da es weder dem Betreibungsamt noch der Aufsichtsbehörde zusteht, über die Begründetheit der in Betreibung gesetzten Forderung zu entscheiden, darf sich der Vorwurf des Schuldners nicht darauf beschränken, der umstrittene Anspruch werde rechtsmissbräuchlich erhoben: BGer v. 18.11.2011, 5A_588/2001 E. 3.2; BGE 113 III 2 E.2.b. Nichtigkeit wegen Rechtsmissbrauchs liegt dann vor, wenn mit einer Betreibung sachfremde Ziele verfolgt werden, wenn etwa bloss die Kreditwürdigkeit des (angeblichen) Schuldners geschädigt werden soll, wenn zwecks Schikane ein völlig übersetzter Betrag in Betreibung gesetzt wird, oder wenn offensichtlich ist, dass ein Gläubiger mit einer Betreibung insbesondere bezweckt, den Betriebenen mit Absicht zu schikanieren: BGer v. 18.11.2011, 5A_588/2001 E. 3.2; BGE 115 III 18 E. 3. Der Umstand, dass der Schuldner Sozialhilfeempfänger ist und unter dem Existenzminimum lebt, begründet noch keine rechtsmissbräuchliche Betreibung: BGer v. 11.04.2012, 5D_181/2011 E. 3.2.1.

8   Der Gläubiger ist Herr der Betreibung. Das ihm zustehende Gestaltungsrecht des **Rückzugs** der Betreibung wird durch Erklärung gegenüber dem Betreibungsamt ausgeübt, nicht schon durch die Abmachung mit dem Schuldner, wonach er zum Rückzug der Betreibung verpflichtet sei: BGE 83 III 7, 10. Ein vom Gläubiger dem Schuldner einseitig und unbedingt ausgestellter Rückzug der Betreibung gilt als zuhanden des Betreibungsamtes erklärt. Der Rückzug ist jedoch nicht vor Einreichung beim Amt wirksam und darf nicht mehr berücksichtigt werden, wenn er durch eine inzwischen eingetroffene abweichende Erklärung des Gläubigers (z.B. ein Fortsetzungsbegehren) überholt ist: BGE 83 III 7, 10; BGE 69 III 4, 6 f. Mit dem Rückzug des Betreibungsbegehrens durch den Gläubiger ist die Betreibung aufgehoben: BGer v. 15.03.2012, 5A_776/2011 E. 3.3.1.

Zu Abs. 1 Ziff. 1 und 2

9   Betreffend die **Gläubigerbezeichnung** bei Betreibungen, die von einer Erbengemeinschaft resp. Gemeinderschaft eingeleitet werden und die **Schuldnerbezeichnung** bei Betreibungen gegen eine Erbschaft siehe KS BGer (Plenum) Nr. 16 vom 03.04.1925 (→ Nr. 14).

10 Die formellen Anforderungen an die Parteibezeichnung im Betreibungsverfahren dürfen nicht überspannt werden. Gläubiger und Schuldner sollen stets in der Lage sein, ihr Recht auch **ohne fremde Hilfe** zu verfolgen: BGE 98 III 24, 26 f.

11 Der Schuldner hat ein eminentes Interesse daran zu wissen, wer in einer gegen ihn gerichteten Betreibung **Gläubiger** ist, weil er sich nur dann wirksam gegen die Betreibung wehren kann. Betreibungsurkunden, in denen die Person des Gläubigers nicht klar und unzweideutig angegeben ist, sind deshalb nichtig. Dieser Mangel kann indes geheilt werden, wenn die wahre Identität des Gläubigers für den Schuldner ohne Weiteres erkennbar gewesen und er in seinen Interessen nicht beeinträchtigt worden ist: BGer v. 31.08.2004, 7B.150/2004 E. 2.1; BGE 120 III 11 E. 1.b; BGE 114 III 62 E. 1.a; BGE 102 III 133 E. 2; BGE 98 III 24, 26; BGE 90 III 10 E. 1.

12 Die Tatsache, dass der Betreibende ein **Pseudonym** verwendet, hat dann nicht die Nichtigkeit der Betreibung zur Folge, wenn der Betriebene über die Identität des Gläubigers keine Zweifel haben konnte. Das Betreibungsamt hat lediglich den Namen des Betreibenden zu berichtigen: BGE 102 III 133 E. 2.

13 Die Angabe **eines Haupt- und eines Eventualgläubigers** ist unzulässig: BGE 80 III 7 E. 2.

14 Im Betreibungsbegehren und im Zahlungsbefehl ist neben dem Namen des Gläubigers auch dessen **wirklicher Wohnort** anzugeben, selbst wenn über die Identität des Gläubigers kein Zweifel besteht und ein Bevollmächtigter mit gehörig bezeichneter Adresse für ihn handelt. Der Schuldner kann an der Angabe dieses Ortes interessiert sein, um Zahlungen direkt an den Gläubiger leisten oder wegen der Betreibungssache oder einer damit zusammenhängenden Angelegenheit persönlich an ihn gelangen oder in anderer Weise ihm gegenüber seine Interessen wahren zu können. Die Angabe eines bloss fiktiven Wohnsitzes genügt daher nicht: BGE 93 III 45 E. 2.

15 Der Zahlungsbefehl, der **die genaue Adresse des Gläubigers nicht angibt**, wird auf Beschwerde des Betriebenen nur dann aufgehoben, wenn der Gläubiger seinen Wohnsitz auf Aufforderung des Betreibungsamtes nicht innert Frist angibt: BGE 114 III 62 E. 2.

16 Ist der bisherige Wohnsitz gänzlich aufgegeben, befindet sich der Gläubiger also nicht nur zu einem vorübergehenden Zweck (sei es auch für längere Zeit) an einem andern Ort, so ist die **neue Wohnadresse** anzugeben, wo der Gläubiger tatsächlich erreichbar ist, selbst wenn er eines eigentlichen Wohnsitzes entbehrt: BGE 93 III 45 E. 2; BGE 87 III 54 E. 4.

17 Die gemeinschaftliche Betreibung **durch mehrere Gläubiger** ist nur für Gesamt- oder Solidarforderungen zulässig: BGE 81 III 92, 93; BGE 71 III 164, 165.

18 Eine Betreibung im Namen **sowohl der Gläubigergemeinschaft als auch sämtlicher einzelner Anleihensgläubiger** ist unzulässig: BGE 107 III 49 E. 2.

19 Das Betreibungsamt hat nicht von Amtes wegen zu prüfen, ob die Personen, die ein Betreibungsbegehren im Namen des Gläubigers unterzeichnet haben, die von ihnen beanspruchte **Vertretungsmacht** wirklich besitzen. Vielmehr muss es grundsätzlich dem Betriebenen überlassen bleiben, sich gegen eine Betreibung zu wehren, die von einer zur Vertretung des Gläubigers nicht befugten Person angehoben worden ist. Der Einwand, die für den Gläubiger handelnde Person sei nicht vertretungsberechtigt, ist nicht durch Rechtsvorschlag, sondern durch Beschwerde zu erheben: BGE 130 III 231 E. 2.1; BGE 84 III 72 E. 1.

20 Das Betreibungsbegehren eines **vollmachtlosen Stellvertreters** ist gültig, wenn es im Beschwerdeverfahren durch den Vertretenen genehmigt wird: BGer v. 19.08.2005, 7B.95/2005 E. 3.2; BGE 107 III 49 E. 1.

21 Der **Inhaber des elterlichen Sorgerechts** (früher elterliche Gewalt) kann Forderungen der unmündigen Kinder im eigenen Namen in Betreibung setzen: BGE 136 III 365 E. 2.2 (Pra 100 [2011] Nr. 17); BGE 84 II 241, 246 (Pra 47 [1958] Nr. 128).

22 Beim Entscheid darüber, wer eine Aktiengesellschaft vertreten könne, haben sich die Betreibungsbehörden grundsätzlich an die Eintragungen im **Handelsregister** zu halten. Ein hiernach nur zur Kollektivunterschrift berechtigtes Mitglied eines zweigliedrigen Verwaltungsrates kann das Betreibungsbegehren nicht allein stellen, wenn das zweite Mitglied die Mitwirkung ablehnt: BGE 84 III 72 E. 2.

23 Die Organe einer Aktiengesellschaft, die diese von Gesetzes wegen aufweisen muss, werden vom Begriff des allfälligen Bevollmächtigten **nicht erfasst**. Mit allfälligen Bevollmächtigten sind ausschliesslich bestellte Vertreter gemeint wie Rechtsanwälte oder Geschäftsagenten: BGE 121 III 16 E. 3.a.

24 Betreibungsurkunden, in denen die Person des **Schuldners** nicht klar und unzweideutig genannt ist, sind grundsätzlich nichtig. Lässt hingegen die mangelhafte Schuldnerbezeichnung den wirklichen Schuldner ohne Weiteres erkennen, so ist die Urkunde zu berichtigen und die Betreibung weiterzuführen: BGE 102 III 63 E. 2.

25 Das Betreibungsamt kann den Schuldner mit dem **Allianznamen** bezeichnen, wenn dies nötig ist, um Verwechslungen zu vermeiden: BGE 120 III 60 E. 2.b.

26 Ist der Schuldner eine juristische Person, so hat Gläubiger den Namen eines **berechtigten Vertreters** anzugeben, dem der Zahlungsbefehl zugestellt werden kann. Bei Fehlen der Angabe hat das Betreibungsamt Gelegenheit zur Ergänzung zu geben: BGE 116 III 8 E. 1.b (Pra 80 [1991] Nr. 167); BGE 109 III 4 E. 1.b.

27 Im Arrestbefehl ist das **Organ** zu nennen, das von Gesetzes wegen eine öffentlich-rechtliche Körperschaft vertritt: BGE 120 III 42 E. 4.a.

28 Gibt das Betreibungsbegehren und in der Folge der Zahlungsbefehl **nicht den richtigen Wohnort des Schuldners** an, so ist er aufzuheben, auch wenn sich die richtige wie die angegebene Wohngemeinde im Kreis des Betreibungsamtes, von dem der Zahlungsbefehl ausgeht, befindet, jedoch zu einem andern Gerichtssprengel gehört: BGE 80 III 1, 2.

29 Eine **Mehrzahl von Schuldnern** kann nicht unter einer Kollektivbezeichnung wie «Familie X» betrieben werden. Jeder Schuldner ist einzeln und mit dem ihn betreffenden Schuldbetrag aufzuführen: BGE 79 III 58 E. 2; BGE 67 III 139, 140.

30 Der **Zweigniederlassung** fehlt die Parteifähigkeit, weil sie über keine Rechtspersönlichkeit verfügt. Wird ihr in einer Betreibung dennoch die Rolle der Gläubigerin oder Schuldnerin zugeteilt, während in Tat und Wahrheit nur die Gesellschaft, der sie angehört, Partei ist, liegt im allgemeinen bloss eine fehlerhafte Parteibezeichnung vor. Ein solcher Mangel wird geheilt, wenn die andere Partei über die Identität der betreffenden Person keine Zweifel hegen konnte und durch nichts in ihren Interessen beeinträchtigt war: BGE 120 III 11 E. 1.

31 **Anlagefonds** sind nicht aktiv betreibungsfähig: BGE 115 III 16 E. 2.a; BGE 115 III 11 E. 2. Das KAG vom 23. Juni 2006 hat daran nichts geändert, soweit nicht Gesellschaften eingesetzt sind (vgl. SchKG 39 Ziff. 13 und 14).

Zu Abs. 1 Ziff. 3

32 Der Gläubiger, der **Zinsen** von einem bestimmten Kapital eintreiben will, braucht diese dann nicht in einer Summe anzugeben, wenn er sie neben der zu verzinsenden Kapitalsumme, d.h. als rein akzessorische Forderung, in Betreibung setzt. Verlangt er dagegen Zinsen von einem Kapitalguthaben, das nicht Gegenstand der Betreibung ist, so kann er sich nicht mit der Angabe der zu verzinsenden Summe, des Zinsfusses und des Anfangstermins des Zinsenlaufs begnügen, sondern muss die Zinsforderung, die in diesem Falle den Charakter eines Hauptanspruchs hat, bestimmt beziffern: BGE 81 III 49 E. 1.

33 Die Umwandlung einer auf **ausländische Währung** lautenden Forderung in Schweizer Franken ist eine Regel der öffentlichen Ordnung und ein Erfordernis der Praktikabilität. Der Gesetzgeber beabsichtigte mit dieser Umwandlungsvorschrift nicht, das Rechtsverhältnis unter den Parteien abzuändern und eine Schuld, die gemäss Parteivereinbarung auf ausländische Währung lautet, zu novieren: BGE 135 III 88 E. 4.1; BGE 134 III 151 E. 2.3; BGE 125 III 443 E. 5.a; BGE 115 III 36 E. 3.a.

34 Der **Umrechnungssatz der Währungen** ist eine notorische Tatsache, die weder behauptet noch bewiesen werden muss. Er kann im Internet, in amtlichen Veröffentlichungen und in den Printmedien überprüft werden; er ist folglich jedermann zugänglich. Das Internet ermöglicht ausserdem, rasch zu dem an einem bestimmten Datum geltenden Umrechnungssatz Zugang zu haben – zum Beispiel am Datum des Betreibungsbegehrens; es ist folglich nicht erforderlich, eine Bankbescheinigung oder eine Kopie der am gesuchten Datum erschienenen Zeitung zu beschaffen: BGer v. 13.12.2011, 5A_520/2011 E. 3; BGE 135 III 88 E. 4.1 (Pra 98 [2009] Nr. 89).

35 Der Betriebene, der einen in ausländischer Währung festgesetzten Betrag schuldet und den in Schweizerfranken ausgedrückten Betrag an das Betreibungsamt bezahlt hat, kann nicht dessen Rückumrechnung und die **Rückerstattung** eines sich dabei ergebenden Differenzbetrages verlangen. Ist der Betriebene im Nachhinein der Ansicht, er habe mehr bezahlt, als von ihm geschuldet gewesen sei, so steht ihm der Weg der Rückforderungsklage nach SchKG 86 offen: BGE 134 III 151 E. 2.3; BGE 112 III 86 E. 2.

36 Für einen **WIR-Check** kann weder die Betreibung eingeleitet noch die Fortsetzung verlangt werden: BGer v. 14.02.2003, 5C.268/2002 E. 2.3; BGE 94 III 74 E. 3.

Zu Abs. 1 Ziff. 4

37 Der **Forderungsgrund** soll dem Betriebenen zusammen mit dem übrigen Inhalt des Zahlungsbefehls über den Anlass der Betreibung Aufschluss geben. Fehlt jeder diesbezügliche Hinweis, so erweist sich der Zahlungsbefehl noch keineswegs als nichtig; hingegen muss er auf Beschwerde hin aufgehoben werden, sofern für den Betriebenen der Grund der Forderung aus seinem Gesamtzusammenhang nicht erkennbar wird. Demzufolge muss jede Umschreibung des Forderungsgrundes genügen, die dem Betriebenen zusammen mit den weitern Angaben auf dem Zahlungsbefehl erlaubt, sich zur Anerkennung des in Betreibung

gesetzten Betrages zu entschliessen: BGer v. 01.12.2005, 7B.182/2005 E. 3.2; BGE 121 III 18 E. 2.a.

38 Mit dem Vermerk «**Schadenersatz**» wird der Forderungsgrund auf dem Zahlungsbefehl nur dann genügend umschrieben, falls dem Betriebenen aus dessen Gesamtzusammenhang klar wird, wofür er belangt wird: BGE 121 III 18 E. 2.a.

39 SchKG 67 Abs. 1 Ziff. 4 verpflichtet den Gläubiger nicht, im Betreibungsbegehren den **Titel** anzugeben, kraft dessen die Forderung fällig ist: BGE 95 III 33 E. 1.

Art. 68   B. Betreibungskosten

¹ Der Schuldner trägt die Betreibungskosten. Dieselben sind vom Gläubiger vorzuschiessen. Wenn der Vorschuss nicht geleistet ist, kann das Betreibungsamt unter Anzeige an den Gläubiger die Betreibungshandlung einstweilen unterlassen.

² Der Gläubiger ist berechtigt, von den Zahlungen des Schuldners die Betreibungskosten vorab zu erheben.

Verweis: GebV SchKG (Betreibungskosten → Nr. 7).

Zu Abs. 1

1 Als **Betreibungskosten** gelten neben den von den Vollstreckungsorganen in Anwendung der GebV SchKG (→ Nr. 7) verlangten Gebühren und Auslagen auch die Gerichtskosten rein betreibungsrechtlicher Summarsachen wie die Rechtsöffnung oder die Konkurseröffnung. Die Parteikosten werden ebenfalls zu den Betreibungskosten geschlagen, soweit sie in einem solchen Verfahren zugesprochen werden. Sie können nicht Gegenstand einer gesonderten Betreibung sein: BGE 133 III 687 E. 2.3; BGE 123 III 271 E. 4.a; BGE 119 III 63 E. 4.

2 Kann die Betreibung infolge eines Vergleichs im **Aberkennungsprozess** fortgesetzt werden, so sind die Rechtsöffnungskosten ohne Weiteres zur Betreibungssumme hinzuzuschlagen: BGE 71 III 144, 145.

3 Zu den Betreibungskosten gehören namentlich auch die **Inkassogebühren** im Falle von Zahlungen an das Betreibungsamt: BGer v. 10.07.2009, 5A_390/2009 E. 4.2; BGE 73 III 71 E. 2.

4 **Keine Betreibungskosten** sind die dem Schuldner in einem **einlässlichen Zivilprozess** auferlegten Gerichtskosten und Parteientschädigungen: BGE 133 III 687 E. 2.3; BGE 119 III 63 E. 4.a.

5 Die Betreibungskosten sind **in die laufende Betreibung einzubeziehen** (vgl. SchKG 69 Abs. 2 Ziff. 2, 85, 97, 135 Abs. 2) und **vorweg aus dem Erlös zu begleichen** (SchKG 144).

6 Die Bestreitung der Betreibungskosten ist nur mittels **betreibungsrechtlicher Beschwerde** an die Aufsichtsbehörde möglich: BGer v. 18.06.2004, K 144/03 E. 4.1; BGE 85 III 124, 128. Die Betreibungskosten können nicht allein Gegenstand des Rechtsvorschlags sein. Liegt aber ein gültiger Rechtsvorschlag betreffend die Forderung oder deren Vollstreckbarkeit vor, so umfasst er auch die Kostentragung: BGE 85 III 124, 128.

7 I.d.R. sind sämtliche Betreibungskosten **als vom Schuldner verursacht** anzusehen: EVG v. 18.06.2004, K 144/03 E. 4.3.

8 Scheitert die Verwertung eines pfandbelasteten Vermögenswertes mangels eines Angebotes, das den Betrag der dem betreibenden Gläubiger vorangehenden pfandgesicherten Forderungen übersteigt (SchKG 126), gehen die Kosten der Versteigerung **zulasten des betreibenden Gläubigers**: BGE 116 III 23 E. 3.b.

9 Im Falle der ungesetzlichen Einleitung eines **Widerspruchsverfahrens** braucht sich der Schuldner die Belastung durch die mit den Fristansetzungen nach SchKG 106 ff. verbundenen Kosten nicht gefallen zu lassen. BGE 86 III 57 E. 2.

10 Für nicht vorgeschriebene, unnötige oder nicht vorgenommene Amtshandlungen besteht **keine Gebührenpflicht**: BGE 40 III 18, 21; vgl. auch BGE 136 III 155 E. 3.3.4.

11 Die Kostenvorschusspflicht des Gläubigers hat eine gewisse **prohibitive Funktion**: BGE 130 III 520 E. 2.4. Mit der Kostenerhebung sollen aussichtslose und ungerechtfertigte Verfahren möglichst verhindert werden: BGer v. 23.08.2011, 2C_484/2011 E. 3.3. Das **Risiko**, dass die Betreibungskosten vom Schuldner nicht ersetzt werden, hat nämlich der Gläubiger zu tragen: BGE 37 I 343, 344.

12 Es steht im **pflichtgemässen Ermessen** des Betreibungsamtes, in welcher Höhe es einen Kostenvorschuss für eine Betreibungshandlung einverlangt. Der Gläubiger hat keinen Anspruch darauf, lediglich Kosten in der Höhe des Kostenvorschusses tragen zu müssen: BGE 130 III 520 E. 2.2.

13 Der Gläubiger, der die Verwertung verlangt hat, wird **nicht von der Leistung eines Kostenvorschusses befreit**, auch wenn zu erwarten ist, dass die Kosten der Verwertung und Verteilung ohne Weiteres durch den Erlös gedeckt werden können: BGE 130 III 520 E. 2.4; BGE 111 III 63 E. 3.

14 Das Betreibungsamt darf den vom Gläubiger zu leistenden **Kostenvorschuss** erhöhen, wenn sich der ursprünglich verlangte Betrag als ungenügend erweist: BGE 85 III 81 E. 3.

15 In der Grundpfandbetreibung gemäss VZG 91 (→ Nr. 9) werden die laufenden **Miet- und Pachtzinse** nur dann in die Pfändung einbezogen, wenn der Gläubiger den hierzu erforderlichen Kostenvorschuss leistet: BGE 64 III 26, 28. Der Kostenvorschuss muss jedoch **nicht gleich mit dem Betreibungsbegehren** geleistet werden: BGE 121 III 187 E. 2.e.

16 Wird der Gläubiger während eines **Verwertungsaufschubs** zur Vorschussleistung für die Kosten der allfällig durchzuführenden Verwertung aufgefordert, so ist diese Verfügung mangels aktuellen Interesses nichtig: BGE 77 III 23, 25 f.

17 Gemäss VVAG 10 Abs. 4 (→ Nr. 8) ist den Gläubigern, welche die Auflösung einer **Erbengemeinschaft** verlangen, eine Frist zur Leistung eines Kostenvorschusses anzusetzen mit der Androhung, dass im Fall der Nichtleistung das Anteilsrecht als solches versteigert werde: BGer v. 01.07.2002, 7B.76/2002 E. 4.5; BGE 80 III 117 E. 3.

18 **Reicht der Vorschuss des Gläubigers nicht aus**, um Kosten, die zu seinen Lasten gehen, zu decken, so müssen diese beim Ausbleiben freiwilliger Erfüllung gleich wie andere im öffentlichen Recht begründete Forderungen durch Betreibung auf Pfändung geltend gemacht werden: BGE 62 III 14, 15.

19 Der **unentgeltlichen Rechtspflege** ist jedes staatliche Verfahren zugänglich, in welches der Gesuchsteller einbezogen wird oder dessen er zur Wahrung seiner Rechte bedarf. Dies gilt grundsätzlich auch für Verfahren des Zwangsvollstreckungsrechts wie das Konkursbegehren des Schuldners durch Insolvenzerklärung (BGE 118 III 27 E. 2 und 3) oder jenes des vorschusspflichtigen Gläubigers (BGE 118 III 33 E. 2 und 3): BGE 119 Ia 264 E. 3.a. Es gilt ferner für das Beschwerdeverfahren nach SchKG 17 (BGE 122 I 8 E. 2) sowie das Rechtsöffnungsverfahren (BGE 121 I 60 E. 2)

20 Der verfassungsmässige Anspruch auf unentgeltliche Rechtspflege besteht jedoch **nicht voraussetzungslos**. Er setzt in jedem Fall Bedürftigkeit, darüber hinaus im streitigen zivil- oder verwaltungsrechtlichen Verfahren fehlende Aussichtslosigkeit und in der Erscheinungsform der Rechtsverbeiständung deren Bedarf voraus: BGE 119 Ia 264 E. 3.b.

Zu Abs. 2

21 SchKG 68 Abs. 2 betrifft **nur die Art der Anrechnung** des einem einzelnen Gläubiger zufliessenden Betrages; für die Verteilung des Verwertungsergebnisses unter mehrere beteiligte Gläubiger sind SchKG 144 ff. massgebend: BGE 90 III 36 E. 1.

22 SchKG 68 Abs. 2 ist so zu verstehen, dass diese Kosten im Ergebnis **zur Schuld geschlagen werden** und vom Schuldner zusätzlich zum dem Gläubiger zugesprochenen Betrag zu bezahlen sind: BGer v. 18.06.2004, K 144/03 E. 4.1.

VI.[1] [2] Betreibung eines in Gütergemeinschaft lebenden Ehegatten

Art. 68a[3] [4] A. Zustellung der Betreibungsurkunden. Rechtsvorschlag

[1] Wird ein in Gütergemeinschaft lebender Ehegatte betrieben, so sind der Zahlungsbefehl und alle übrigen Betreibungsurkunden auch dem andern Ehegatten zuzustellen; das Betreibungsamt holt diese Zustellung unverzüglich nach, wenn erst im Laufe des Verfahrens geltend gemacht wird, dass der Schuldner der Gütergemeinschaft untersteht.

[2] Jeder Ehegatte kann Rechtsvorschlag erheben.

[3] ...[5]

---

1 Ursprünglich Ziff. Vbis.
2 Eingefügt durch Art. 15 Ziff. 3 Schl- und UeB zu den Tit. XXIV–XXXIII OR (SR 220 am Schluss). Fassung gemäss Ziff. II 3 des BG vom 5. Okt. 1984 über die Änderung des ZGB, in Kraft seit 1. Jan. 1988 (AS 1986 122 153 Art. 1; BBl 1979 II 1191).
3 Fassung gemäss Ziff. II 3 des BG vom 5. Okt. 1984 über die Änderung des ZGB, in Kraft seit 1. Jan. 1988 (AS 1986 122 153 Art. 1; BBl 1979 II 1191).
4 Ursprünglich Art. 68bis.
5 Aufgehoben durch Ziff. I des BG vom 16. Dez. 1994 (AS 1995 1227; BBl 1991 III 1).

Verweise

Abs. 1: *ZGB 221–246 (Gütergemeinschaft); Betreibungsurkunden: SchKG 69–72, 152–153, 178 (Zahlungsbefehl), SchKG 112–115 (Pfändungsurkunde); SchKG 159–161 (Konkursandrohung).*

Abs. 2: *SchKG 74–78 (Rechtsvorschlag).*

1 Gemäss KS BGer (Plenum) Nr. 37 vom 07.11.1996 (→ Nr. 21) betreffend die Bereinigung der Kreisschreiben, Anweisungen, Schreiben und Bescheide hat das Schreiben des Bundesgerichts an die kantonalen Aufsichtsbehörden und an die Betreibungs- und Konkursämter vom 11.12.1987 betreffend die Ausgestaltung der Zwangsvollstreckung gegen **Ehegatten** nach Inkrafttreten der Revision des Eherechts vom 05.10.1984 am 01.01.1988 (veröffentlicht in BGE 113 III 49) keine Geltung mehr.

Art. 68b[1] B. Besondere Bestimmungen

1 Jeder Ehegatte kann im Widerspruchsverfahren (Art. 106–109) geltend machen, dass ein gepfändeter Wert zum Eigengut des Ehegatten des Schuldners gehört.

2 Beschränkt sich die Betreibung neben dem Eigengut auf den Anteil des Schuldners am Gesamtgut, so kann sich überdies jeder Ehegatte im Widerspruchsverfahren (Art. 106–109) der Pfändung von Gegenständen des Gesamtgutes widersetzen.

3 Wird die Betreibung auf Befriedigung aus dem Eigengut und dem Anteil am Gesamtgut fortgesetzt, so richten sich die Pfändung und die Verwertung des Anteils am Gesamtgut nach Artikel 132; vorbehalten bleibt eine Pfändung des künftigen Erwerbseinkommens des betriebenen Ehegatten (Art. 93).[2]

4 Der Anteil eines Ehegatten am Gesamtgut kann nicht versteigert werden.

5 Die Aufsichtsbehörde kann beim Richter die Anordnung der Gütertrennung verlangen.

Verweise: *ZGB 225 (Eigengut); ZGB 222 (Gesamtgut).*

Abs. 3: *SchKG 89–115 (Pfändung); SchKG 116–150 (Verwertung).*

Abs. 4: *ZGB 222 Abs. 3 (Verfügung über den Anteil am Gesamtgut).*

Abs. 5: *SchKG 13 (Aufsichtsbehörde); SchKG 23 (richterliche Behörden); ZGB 185 Abs. 2 Ziff. 1 (Anordnung der Gütertrennung); ZGB 247–251 (Gütertrennung).*

1 Gemäss KS BGer (Plenum) Nr. 37 vom 07.11.1996 (→ Nr. 21) betreffend die Bereinigung der Kreisschreiben, Anweisungen, Schreiben und Bescheide hat das Schreiben des Bundesgerichts an die kantonalen Aufsichtsbehörden und an die Betreibungs- und Konkursämter vom

---

1 Eingefügt durch Ziff. II 3 des BG vom 5. Okt. 1984 über die Änderung des ZGB, in Kraft seit 1. Jan. 1988 (AS 1986 122 153 Art. 1; BBl 1979 II 1191).

2 Fassung gemäss Ziff. I des BG vom 16. Dez. 1994, in Kraft seit 1. Jan. 1997 (AS 1995 1227; BBl 1991 III 1).

11.12.1987 betreffend die Ausgestaltung der Zwangsvollstreckung gegen **Ehegatten** nach Inkrafttreten der Revision des Eherechts vom 05.10.1984 am 01.01.1988 (veröffentlicht in BGE 113 III 49) keine Geltung mehr.

VII.[1] Betreibung bei gesetzlicher Vertretung oder Beistandschaft

Art. 68c 1. Schuldner unter elterlicher Gewalt oder Vormundschaft

[1] Steht der Schuldner unter elterlicher Gewalt oder unter Vormundschaft, so werden die Betreibungsurkunden dem gesetzlichen Vertreter zugestellt; hat er keinen gesetzlichen Vertreter, so werden sie der zuständigen Vormundschaftsbehörde zugestellt.

[2] Stammt die Forderung jedoch aus einem bewilligten Geschäftsbetrieb oder steht sie im Zusammenhang mit der Verwaltung des Arbeitsverdienstes oder des freien Vermögens (Art. 321 Abs. 2, 323 Abs. 1, 412, 414 ZGB[2]), so werden die Betreibungsurkunden dem Schuldner und dem gesetzlichen Vertreter zugestellt.

[3] Hat der Schuldner einen Verwaltungsbeirat (Art. 395 Abs. 2 ZGB) und verlangt der Gläubiger nicht nur aus den Einkünften, sondern auch aus dem Vermögen Befriedigung, so werden die Betreibungsurkunden dem Schuldner und dem Beirat zugestellt.

Neue Fassung von Art. 68c gemäss neuem Erwachsenenschutzrecht, in Kraft ab 01.01.2013 (AS 2011 725):

Art. 68c *1. Minderjähriger Schuldner*

[1] Ist der Schuldner minderjährig, so werden die Betreibungsurkunden dem gesetzlichen Vertreter zugestellt. Im Fall einer Beistandschaft nach Artikel 325 ZGB erhalten der Beistand und die Inhaber der elterlichen Sorge die Betreibungsurkunden, sofern die Ernennung des Beistands dem Betreibungsamt mitgeteilt worden ist.

[2] Stammt die Forderung jedoch aus einem bewilligten Geschäftsbetrieb oder steht sie im Zusammenhang mit der Verwaltung des Arbeitsverdienstes oder des freien Vermögens durch eine minderjährige Person (Art. 321 Abs. 2, 323 Abs. 1 und 327b ZGB), so werden die Betreibungsurkunden dem Schuldner und dem gesetzlichen Vertreter zugestellt.

Verweise: *Betreibungsurkunden: SchKG 69–72, 152–153, 178 (Zahlungsbefehl), SchKG 112–115 (Pfändungsurkunde); SchKG 159–161 (Konkursandrohung); SchKG 64, 66 (Zustellung).*

---

1 Eingefügt durch Ziff. I des BG vom 16. Dez. 1994, in Kraft seit 1. Jan. 1997 (AS 1995 1227; BBl 1991 III 1).
2 SR 210

Abs. 1: *ZGB 296–317 (elterliche Sorge); ZGB 360 ff. (Vormundschaft); ZGB 361 (Vormundschaftsbehörde).*

Abs. 1 neue Fassung: *ZGB 14 (Volljährigkeit); ZGB 394 f. (Vertretungsbeistandschaft); ZGB 296–317 (elterliche Sorge); ZGB 327a–327c (Minderjährige unter Vormundschaft).*

1. Die Betreibung gegen einen **urteilsunfähigen Schuldner** ist nichtig, wenn nicht dessen gesetzlicher Vertreter bzw. die Vormundschaftsbehörde mitwirkt: BGE 104 III 4 E. 2; BGE 99 III 4 E. 3.

2. Die Frage der Urteilsfähigkeit des Betriebenen ist **von Amtes wegen** zu prüfen, wenn berechtigte Zweifel an deren Vorhandensein bestehen: BGE 104 III 4 E. 2.

3. Die Zustellung des Zahlungsbefehls an den **entlassenen, aber noch nicht ersetzten Vormund** ist wirksam: BGE 88 III 7 E. 3.

4. Derjenige, dem die Handlungsfähigkeit gemäss ZGB 386 Abs. 2 **vorläufig entzogen** ist, bedarf für jene Rechtshandlungen, die ein Bevormundeter nicht ohne Einverständnis des Vormundes vornehmen kann, der Mitwirkung des gesetzlichen Vertreters: BGE 113 III 1 E. 2.

5. SchKG 68c Abs. 1 findet keine sinngemässe Anwendung, wenn eine **Aktiengesellschaft** an der im Handelsregister eingetragenen Adresse über keine Geschäftsräumlichkeiten mehr verfügt und die einzige Verwaltungsrätin nicht mehr in der Schweiz wohnt: BGE 128 III 101 E. 1.b.

Art. 68d 2. Schuldner unter Beistandschaft

Hat der Schuldner einen Beistand und wurde die Ernennung veröffentlicht oder dem Betreibungsamt mitgeteilt (Art. 397 ZGB[1]), so werden die Betreibungsurkunden zugestellt:

1. bei einer Beistandschaft nach Artikel 325 ZGB dem Beistand und dem Inhaber der elterlichen Gewalt;
2. bei einer Beistandschaft nach den Artikeln 392–394 ZGB dem Schuldner und dem Beistand.

Neue Fassung von Art. 68d gemäss neuem Erwachsenenschutzrecht, in Kraft ab 01.01.2013 (AS 2011 725):

Art. 68d *2. Volljähriger Schuldner unter einer Massnahme des Erwachsenenschutzes*

¹ *Ist ein Beistand oder eine vorsorgebeauftragte Person für die Vermögensverwaltung des volljährigen Schuldners zuständig und hat die Erwachsenenschutzbehörde dies dem Betreibungsamt mitgeteilt, so werden die Betreibungsurkunden dem Beistand oder der vorsorgebeauftragten Person zugestellt.*

---

[1] SR 210

² Ist die Handlungsfähigkeit des Schuldners nicht eingeschränkt, so werden die Betreibungsurkunden auch diesem zugestellt.

Verweise: *Betreibungsurkunden: SchKG 69–72, 152–153, 178 (Zahlungsbefehl), SchKG 112–115 (Pfändungsurkunde), SchKG 159–161 (Konkursandrohung).*
Abs. 1 neue Fassung: *ZGB 394 f. (Vertretungsbeistandschaft); ZGB 360–369 (Vorsorgeauftrag); ZGB 440 (Erwachsenenschutzbehörde).*
Abs. 2 neue Fassung: *ZGB 13 (Handlungsfähigkeit).*

1   Wird ein Dritter fälschlicherweise als gesetzlicher Vertreter des Schuldners betrachtet, so ist die an jenen erfolgte Zustellung des Zahlungsbefehls nichtig. Die **nachträgliche Ernennung** jenes Dritten zum Beistand vermag den Mangel nicht zu beheben: BGE 90 III 13 E. 1.

Art. 68e   3. Haftungsbeschränkung

Haftet der Schuldner nur mit dem freien Vermögen, so kann im Widerspruchsverfahren (Art. 106–109) geltend gemacht werden, ein gepfändeter Wert gehöre nicht dazu.

1   Eine Betreibung, die **freies Kindesvermögen** i.S.v. ZGB 323 Abs. 1 betrifft, ist ausschliesslich gegen den Minderjährigen anzuheben und durchzuführen. Der Inhaber der elterlichen Gewalt (neu elterliche Sorge) ist in einem solchen Fall nicht Kraft seiner Stellung als gesetzlicher Vertreter befugt, Beschwerde zu führen: BGE 106 III 8 E. 3 und 4.

VIII.[1] Zahlungsbefehl und Rechtsvorschlag

Art. 69   A. Zahlungsbefehl
1. Inhalt

¹ Nach Empfang des Betreibungsbegehrens erlässt das Betreibungsamt den Zahlungsbefehl.

² Der Zahlungsbefehl enthält:
1. die Angaben des Betreibungsbegehrens;
2. die Aufforderung, binnen 20 Tagen den Gläubiger für die Forderung samt Betreibungskosten zu befriedigen oder, falls die Betreibung auf Sicherheitsleistung geht, sicherzustellen;
3. die Mitteilung, dass der Schuldner, welcher die Forderung oder einen Teil derselben oder das Recht, sie auf dem Betreibungswege geltend zu machen, be-

---

1   Ursprünglich Ziff. VI.

streiten will, innerhalb zehn Tagen nach Zustellung des Zahlungsbefehls dem Betreibungsamte dies zu erklären (Rechtsvorschlag zu erheben) hat;
4. die Androhung, dass, wenn der Schuldner weder dem Zahlungsbefehl nachkommt, noch Rechtsvorschlag erhebt, die Betreibung ihren Fortgang nehmen werde.

Verweise: SchKG 67 (Betreibungsbegehren); SchKG 31–33, SchKG 56–63, ZPO 142 ff. (Fristberechnung → Nr. 25).
Abs. 1: SchKG 152 (Zahlungsbefehl in der Betreibung auf Pfandverwertung); SchKG 178 (Zahlungsbefehl in der Wechselbetreibung).
Abs. 2 Ziff. 2: SchKG 67 Abs. 2 Ziff. 3 (Forderung); SchKG 68 (Betreibungskosten).
Abs. 2 Ziff. 3: SchKG 64–66, 72 (Zustellung); SchKG 74–76 (Rechtsvorschlag); SchKG 74 Abs. 2 (Teilrechtsvorschlag); SchKG 265a (Einrede neuen Vermögens).
Abs. 2 Ziff. 4: SchKG 74–78 (Rechtsvorschlag); SchKG 88 ff. (Fortsetzung der Betreibung).

1 Zur **Zustellung** siehe SchKG 64–66 sowie 72; zum **Betreibungsbegehren** siehe SchKG 67; zu den **Betreibungskosten** siehe SchKG 68.

2 SchKG 69 gilt in der **Betreibung auf Pfändung** sowie in der **Betreibung auf Konkurs**. Für den Zahlungsbefehl in der **Betreibung auf Pfandverwertung** wird SchKG 69 durch SchKG 152 ergänzt. Der Zahlungsbefehl in der **Wechselbetreibung** richtet sich ausschliesslich nach SchKG 178.

3 Die **Ausstellung** (d.h. die Ausfertigung) des Zahlungsbefehls durch das Betreibungsamt stellt keine Betreibungshandlung i.S.v. SchKG 56 dar, weil sie den Betreibenden seinem Ziel nicht näher bringt und nicht in die Rechtsstellung des Betriebenen eingreift; erst die Zustellung des Zahlungsbefehls ist eine anfechtbare Betreibungshandlung und das SchKG hält in SchKG 38 Abs. 2 explizit fest, dass erst mit diesem Akt die Schuldbetreibung überhaupt beginnt: BGer v. 09.07.2009, 5A_5/2009 E. 3; BGE 121 III 284 E. 2.a. Der Zahlungsbefehl bildet die Grundlage der Schuldbetreibung: BGer v. 29.12.2008, 5A_759/2008 E. 3.3.

4 Mit der **Zustellung** des Zahlungsbefehls wird der Betriebene aufgefordert, sich zum Zahlungsbegehren des Betreibenden durch Leistung des geforderten Betrages oder durch Erhebung des Rechtsvorschlags zu äussern, andernfalls das Betreibungsverfahren seinen Fortgang nehme. Zu diesem Zweck muss der Zahlungsbefehl die in SchKG 69 Abs. 2 aufgezählten Angaben enthalten: BGE 121 III 18 E. 2.a.

Art. 70 2. Ausfertigung

1 Der Zahlungsbefehl wird doppelt ausgefertigt. Die eine Ausfertigung ist für den Schuldner, die andere für den Gläubiger bestimmt. Lauten die beiden Urkunden nicht gleich, so ist die dem Schuldner zugestellte Ausfertigung massgebend.

² Werden Mitschuldner gleichzeitig betrieben, so wird jedem ein besonderer Zahlungsbefehl zugestellt.¹

Verweise

Abs. 1: *SchKG 76 Abs. 2 (Ausfertigung für Gläubiger).*

Abs. 2: *SchKG 216 (gleichzeitiger Konkurs über mehrere Mitverpflichtete); SchKG 217 (Teilzahlungen von Mitverpflichteten).*

Zu Abs. 1

1 Das Obligatorium der Verwendung amtlicher Formulare durch das Betreibungsamt ist eine **blosse Ordnungsvorschrift**. Eine eindeutig abgefasste, alle für den Empfänger wesentlichen Angaben enthaltende und ihm in gehöriger Weise zugestellte Verfügung ist, auch wenn nicht in einen formularmässigen Text gekleidet, rechtswirksam: BGE 120 III 165 E. 2; BGE 87 III 64 E. 1.

2 Die Zustellung des **Doppels** an den Gläubiger erfolgt durch eingeschriebenen Brief oder gegen Empfangsbescheinigung: BGE 50 III 181, 183 f.

3 Verändert der Schuldner während des Einleitungsverfahrens seinen Wohnsitz, muss der Gläubiger für die Fortsetzung der Betreibung das **Original** des Doppels des Zahlungsbefehls dem neu zuständigen Betreibungsamt vorlegen. Eine elektronische Kopie des Zahlungsbefehls genügt nicht: BGE 128 III 380 E. 1.2.

Zu Abs. 2

4 Wird nur einer von mehreren **Solidarschuldnern** betrieben, so findet SchKG 70 Abs. 2 keine Anwendung. SchKG 70 Abs. 2 besagt nicht, dass in einem Fall der Solidarhaftung alle Solidarschuldner gleichzeitig zu betreiben seien: BGer v. 18.11.2008, 5A_692/2008 E. 4.3.2.

5 Werden mehrere Mitschuldner gleichzeitig betrieben, so ist dem Gläubiger auch die entsprechende Anzahl an **Gläubigerdoppeln** zuzustellen. Für jede zusätzliche doppelte Ausfertigung kann die Hälfte der Gebühr nach GebV SchKG 16 Abs. 1 (→ Nr. 7) verrechnet werden.

6 In der **Arrestbetreibung** ist die Identität des Betriebenen mit dem Arrestschuldner gegeben, auch wenn bei mehreren Arrestschuldnern nur einer betrieben wird: BGE 86 III 130, 132.

Art. 71 3. Zeitpunkt der Zustellung

¹ Der Zahlungsbefehl wird dem Schuldner nach Eingang des Betreibungsbegehrens zugestellt.²

² Wenn gegen den nämlichen Schuldner mehrere Betreibungsbegehren vorliegen, so sind die sämtlichen Zahlungsbefehle gleichzeitig zuzustellen.

1 Fassung gemäss Ziff. I des BG vom 16. Dez. 1994, in Kraft seit 1. Jan. 1997 (AS 1995 1227; BBl 1991 III 1).

2 Fassung gemäss Ziff. I des BG vom 16. Dez. 1994, in Kraft seit 1. Jan. 1997 (AS 1995 1227; BBl 1991 III 1).

Zweiter Titel: Schuldbetreibung

³ In keinem Falle darf einem später eingegangenen Begehren vor einem frühern Folge gegeben werden.

Verweise: SchKG 67 (Betreibungsbegehren); SchKG 64–66, 72 (Zustellung).

1 Die Zustellung des Zahlungsbefehls hat im Interesse des betreibenden Gläubigers und zwecks Gleichbehandlung der Gläubiger innert kurzer Frist zu erfolgen. Eine **Verlängerung** dieser Frist im Interesse des Schuldners fällt ausser Betracht: BGer v. 16.08.2007, 5A_268/2007 E. 3.2.

Art. 72   4. Form der Zustellung

¹ Die Zustellung geschieht durch den Betreibungsbeamten, einen Angestellten des Amtes oder durch die Post.¹
² Bei der Abgabe hat der Überbringer auf beiden Ausfertigungen zu bescheinigen, an welchem Tage und an wen die Zustellung erfolgt ist.

Verweise
Abs. 1: *SchKG 64–66 (Zustellung); SchKG 2 (Betreibungsamt).*
Abs. 2: *SchKG 71 Abs 1 (Zeitpunkt der Zustellung); SchKG 64–66 (Empfänger).*

Zu Abs. 1

1 Zur **Zustellung** siehe auch SchKG 64–66.
2 Zustellungen **durch die Post ersetzen die Rechtshilfe** eines anderen Betreibungsamtes: BGE 73 III 118 E. 1.
3 Bei der Zustellung des Zahlungsbefehls **durch die Post** handelt der zustellende Postbote als Betreibungsgehilfe: BGE 119 III 8 E. 2.b.
4 Die Übergabe des Zahlungsbefehls am Postschalter ist der Zustellung durch den Postboten **gleichgestellt**: BGE 98 III 27 E. 1.
5 Die Zustellung unter Zuhilfenahme eines Gemeinde- oder Polizeibeamten darf erst erfolgen, wenn der Zustellungsversuch durch das Betreibungsamt oder die Post misslungen ist: BGer v. 26.04.2007, 7B.1/2007 E. 3.2.

Zu Abs. 2

6 Die Bescheinigung des Zustellungsbeamten, an welchem Tage und an wen die Zustellung erfolgt ist, gilt als **öffentliche Urkunde i.S.v. ZGB 9**. Als solcher kommt ihr, Gegenbeweis vorbehalten, für ihren Inhalt volle Beweiskraft zu: BGer v. 18.03.2009, 5A_29/2009 E. 4; BGE 120 III 117 E. 2; BGE 117 III 10 E. 5.c.

---

1   Fassung gemäss Ziff. I des BG vom 16. Dez. 1994, in Kraft seit 1. Jan. 1997 (AS 1995 1227; BBl 1991 III 1).

7 Die Bescheinigung muss jener **Betreibungsbeamte** oder Angestellte des Betreibungsamtes ausstellen, der den Zahlungsbefehl tatsächlich übergeben hat: BGE 120 III 117 E. 2.b.

8 Im Anfechtungsfall trägt in erster Linie das Betreibungsamt die **Beweislast** für die ordnungsgemässe Zustellung von Betreibungsurkunden: BGer v. 23.03.2010, 5A_30/2010 E. 3; BGer v. 07.10.2005, 7B.155/2005 E. 3; BGE 120 III 117 E. 2; BGE 117 III 10 E. 5.c.

Art. 73[1] B. Vorlage der Beweismittel

¹ Auf Verlangen des Schuldners wird der Gläubiger aufgefordert, innerhalb der Bestreitungsfrist die Beweismittel für seine Forderung beim Betreibungsamt zur Einsicht vorzulegen.

² Kommt der Gläubiger dieser Aufforderung nicht nach, so wird der Ablauf der Bestreitungsfrist dadurch nicht gehemmt. In einem nachfolgenden Rechtsstreit berücksichtigt jedoch der Richter beim Entscheid über die Prozesskosten den Umstand, dass der Schuldner die Beweismittel nicht hat einsehen können.

Verweise: SchKG 69 Abs. 2 Ziff. 3 (Bestreitungsfrist); SchKG 31–33, SchKG 56–63, ZPO 142 ff. (Fristberechnung → Nr. 25).

1 Das Recht auf Vorlage von **Beweismitteln** dient dazu, dem Schuldner die Prüfung und Beurteilung der gegen ihn in Betreibung gesetzten Forderung zu erleichtern: BGer v. 28.09.2004, 7B.184/2004 E. 3; BGE 121 III 18 E. 2.a.

2 Kommt der Gläubiger der Aufforderung auf Vorlage der Beweismittel **nicht oder nur ungenügend nach**, hat dies auf den Fortgang der Betreibung keinen Einfluss. Einzige Rechtsfolge der Nichtvorlegung bzw. unvollständigen Vorlegung der Beweismittel ist, dass dieses Verhalten des Gläubigers beim Entscheid über die Prozesskosten im Rechtsöffnungsverfahren vom Richter zu berücksichtigen ist: BGer v. 28.09.2004, 7B.184/2004 E. 3.

Art. 74 C. Rechtsvorschlag
1. Frist und Form

¹ Will der Betriebene Rechtsvorschlag erheben, so hat er dies sofort dem Überbringer des Zahlungsbefehls oder innert zehn Tagen nach der Zustellung dem Betreibungsamt mündlich oder schriftlich zu erklären.[2]

² Bestreitet der Betriebene die Forderung nur teilweise, so hat er den bestrittenen Betrag genau anzugeben; unterlässt er dies, so gilt die ganze Forderung als bestritten.[1]

---

[1] Fassung gemäss Ziff. I des BG vom 16. Dez. 1994, in Kraft seit 1. Jan. 1997 (AS 1995 1227; BBl 1991 III 1).

[2] Fassung gemäss Ziff. I des BG vom 16. Dez. 1994, in Kraft seit 1. Jan. 1997 (AS 1995 1227; BBl 1991 III 1).

³ Die Erklärung des Rechtsvorschlags ist dem Betriebenen auf Verlangen gebührenfrei zu bescheinigen.

Verweise
Abs. 1: *SchKG 69–72, 152–153, 178 (Zahlungsbefehl) SchKG 31–33, SchKG 56–63, ZPO 142 ff. (Fristberechnung → Nr. 25); SchKG 179 Abs. 1 (Frist in der Wechselbetreibung); SchKG 64–66, 72 (Zustellung).*
Abs. 2: *SchKG 78 Abs. 2 (Wirkung des Teilrechtsvorschlags).*

Zu Abs. 1
1. Zur **Zustellung** siehe SchKG 64–66 sowie 72.
2. Durch die persönliche Übergabe des Zahlungsbefehls an den Schuldner soll diesem ermöglicht werden, **auf der Stelle und ohne Begründung Rechtsvorschlag zu erheben**: BGE 120 III 117 E. 2.b; BGE 117 III 7 E. 3.b.
3. Zur Gültigkeit eines Rechtsvorschlags genügt die **eindeutige Bestreitung** der in Betreibung gesetzten Forderung: BGE 73 III 152 E. 1. Geht jedoch aus der dem Rechtsvorschlag beigefügten Begründung hervor, dass der Betriebene die Forderung oder deren Eintreibbarkeit in Wahrheit gar nicht bestreiten will, so liegt, entgegen dem gebrauchten Wort, überhaupt kein Rechtsvorschlag vor: BGE 57 III 1 E. 1.
4. Ein **gültiger Rechtsvorschlag** liegt vor:
   - wenn der Schuldner in der Rubrik «Rechtsvorschlag» auf dem Zahlungsbefehl **unterschreibt**: BGE 108 III 6 E. 1;
   - wenn der Schuldner den Zahlungsbefehl mit dem Vermerk «Rechtsvorschlag erhoben» an das Betreibungsamt zurückschickt, auch wenn er es **unterlässt**, den Zahlungsbefehl zu unterschreiben: BGE 28 I 397, 398;
   - wenn der Schuldner gegenüber dem Postbeamten bemerkt, dass er **nichts mit der Sache zu tun habe und den Zahlungsbefehl verweigere**: BGE 98 III 27 E. 2;
   - wenn der Schuldner den Zahlungsbefehl an das Betreibungsamt zurückschickt und dabei erklärt, **er weise die Betreibung zurück**: BGE 42 III 402, 403;
   - wenn der Schuldner zwar bloss eine **Spezifikation** der betriebenen Forderung verlangt, hierin nach den Umständen aber eine Bestreitung der Zahlungspflicht zu erkennen ist: BGE 41 III 37, 39 f.;
   - wenn der Schuldner dem Betreibungsamt mitteilt, dass er Rechtsvorschlag erhebe, da das Guthaben der betreibenden Firma **weit unter dem betriebenen Betrag** stehe: BGE 79 III 97, 98.
5. **Kein gültiger Rechtsvorschlag** liegt dagegen vor:

---

1 Fassung gemäss Ziff. I des BG vom 16. Dez. 1994, in Kraft seit 1. Jan. 1997 (AS 1995 1227; BBl 1991 III 1).

- wenn der Schuldner gegenüber dem Betreibungsamt bloss erklärt, **dass er den Zahlungsbefehl zurückschicke**: BGE 30 I 163 E. 1;
- wenn der Schuldner erklärt, dass er Rechtsvorschlag **erheben werde**, und sich so die endgültige Stellungnahme zur betriebenen Forderung für einen späteren Zeitpunkt vorbehält: BGE 86 III 4, 5;
- wenn der Schuldner seinen Rechtsvorschlag damit begründet, **dass er nichts besitze und im Moment nicht zahlen könne**: BGE 23 I 960 E. 2;
- wenn der Schuldner Rechtsvorschlag erhebt und dabei erklärt, **dass er, sobald er zahlungsfähig sei, bezahlen werde**: BGE 31 I 771, 772;
- wenn der Schuldner Rechtsvorschlag erhebt, weil er den **Betreibungsort bestreitet**: BGE 57 III 1 E. 1.

6   Ein Rechtsvorschlag **auf Vorrat** (im Hinblick auf eine allenfalls noch unbestimmte Anzahl künftiger Betreibungen) oder **zum Voraus** (vor dem Bestehen eines zur Zustellung bestimmten Zahlungsbefehls) ist unzulässig. Ein Rechtsvorschlag ist jedoch nicht auf Vorrat oder zum Voraus erhoben, wenn er sich auf eine bestimmte Betreibung bezieht, die bereits eingeleitet und vom Betreibungsamt durch Ausstellung eines Zahlungsbefehls mit einer bestimmten Betreibungsnummer an die Hand genommen worden ist. Erhebt der Schuldner Rechtsvorschlag gegenüber einer solchen ihm zur Kenntnis gelangten Betreibung, so ist der Rechtsvorschlag selbst dann weder auf Vorrat noch zum Voraus erhoben worden, wenn die vom Amt beabsichtigte und in die Wege geleitete Zustellung des Zahlungsbefehls noch nicht erfolgt ist. Entscheidend ist vorliegend bloss, dass der Beschwerdeführer vor der Zustellung des Zahlungsbefehls von der in die Wege geleiteten Betreibung Kenntnis erhalten hat: BGer v. 07.09.2010, 5A_442/2010 E. 3.1; BGE 91 III 1 E. 2.

7   Die Erklärung eines Rechtsvorschlags unter dem **Vorbehalt** einer schriftlichen Bestätigung vor Fristablauf und mit Wirkung erst vom Zeitpunkt dieser Bestätigung an ist ungültig. Zulässig ist dagegen ein Rechtsvorschlag unter dem Vorbehalt des Rückzugs vor Ablauf der Frist: BGE 67 III 16, 17 f.

8   Der Rechtsvorschlag gegen einen **mangelhaft zugestellten** Zahlungsbefehl ist zulässig: BGE 112 III 81 E. 2.b.

9   Zum Rechtsvorschlag **legitimiert** sind:
- Schuldner, Mitschuldner und Mitbetriebene;
- gesetzliche und vertragliche **Vertreter** vorgenannter Personen;
- **Erben** in einer gegen die Erbschaft gerichteten Betreibung;
- jede Person, an die eine **Ersatzzustellung** gemäss SchKG 64 und 65 zulässig ist;
- der **Geschäftsführer ohne Auftrag**: BGE 112 III 81 E. 2.b.

10 Der von einem **nicht zur Vertretung befugten Angestellten** einer juristischen Person erhobene Rechtsvorschlag ist nicht zum vornherein ungültig. Auf Ersuchen des Betreibungsgläubigers hat jedoch das Betreibungsamt bzw. die Aufsichtsbehörde zu prüfen, ob der Angestellte mit Ermächtigung der Organe handelte oder diese zumindest nachträglich den Rechtsvorschlag genehmigt haben: BGE 97 III 113, 115 f.

11 Ein Gesellschafter **mit kollektiver Zeichnungsberechtigung** kann allein für die Gesellschaft Recht vorschlagen: BGE 65 III 72, 73 f.

12 Der **gegenüber dem Postboten bzw. Schalterbeamten** erklärte Rechtsvorschlag gilt als an das Betreibungsamt gerichtet: BGE 98 III 27 E. 1; BGE 85 III 165, 168. Er ist allerdings nur dann gültig, wenn er **unmittelbar im Anschluss an die Zustellung** erhoben wird: BGE 101 III 9 E. 2.

13 Der Rechtsvorschlag kann nicht nur in Form einer unterzeichneten schriftlichen Erklärung erhoben werden: BGE 127 III 181 E. 4.a. Das Betreibungsamt darf einen **telefonisch** erhobenen Rechtsvorschlag entgegennehmen, wenn keine Zweifel bezüglich der Identität des Anrufers bestehen. Liegen besondere Umstände vor, die beim Amt ausnahmsweise solche Zweifel wecken, kann dieses die Entgegennahme des telefonischen Rechtsvorschlags ablehnen und den Anrufenden auffordern, seine Erklärung schriftlich oder auf dem Amt mündlich abzugeben: BGE 127 III 181 E. 4.b; BGE 99 III 58 E. 4.

14 Beim Rechtsvorschlag per **Telefax** sind die für den telefonisch erklärten Rechtsvorschlag geltenden Grundsätze sinngemäss anwendbar: BGE 127 III 181 E. 4.b.

15 Für die Berechnung der Rechtsvorschlagsfrist ist grundsätzlich auf das im **Schuldnerdoppel** des Zahlungsbefehls angegebene Zustellungsdatum abzustellen: BGE 66 III 91, 92 f. Die Beurkundungen auf dem Zahlungsbefehl schliessen einen durch andere Beweismittel erbringbaren Gegenbeweis nicht aus: BGer v. 27.01.2009, 5A_597/2008 E. 3.3.1; BGer v. 18.08.2008, 5A_316/2008 E. 2.1; BGer v. 17.11.2006, 7B.149/2006 E. 3.

16 Erhält der Schuldner **trotz fehlerhafter Zustellung** vom Zahlungsbefehl Kenntnis, so beginnt dieser im Zeitpunkt der Kenntnisnahme seine Wirkung zu entfalten, wodurch auch die Frist zur Erhebung des Rechtsvorschlags ausgelöst wird: BGE 128 III 101 E. 2; BGE 120 III 114 E. 3.b (Pra 84 [1995] Nr. 107).

17 Die **Frist** für den Rechtsvorschlag ist auch eingehalten:
   – wenn der Rechtsvorschlag vor deren Ablauf einem unzuständigen **Betreibungsamt** zugekommen ist: BGE 101 III 9 E. 3; BGE 70 III 48, 49 ff.;
   – wenn der Rechtsvorschlag vor deren Ablauf in den vor dem Betreibungsamt angebrachten **Briefkasten** gelegt worden ist: BGE 70 III 70 E. 1.

18 Rechtsmittel gegen die **Nichtverurkundung** eines gegenüber dem Postbeamten erklärten Rechtsvorschlags ist die Beschwerde nach SchKG 17: BGer v. 06.04.2006, 7B.12/2006 E. 2.1; BGE 119 III 8 E. 2;

19 Die **Rückzugserklärung** des Rechtsvorschlags ist unbeachtlich, wenn ihr **Widerruf** dem Betreibungsamt vor dem Rückzug zur Kenntnis gelangt ist: BGE 62 III 125, 126 f.

20 Die Erklärung des Schuldners nach erhobenem Rechtsvorschlag, dass er für einen bestimmten Betrag **Rechtsöffnung erteile**, ist als teilweiser Rückzug des Rechtsvorschlags zu verstehen: BGE 81 III 94 E. 2.

21 Dem **vom Gläubiger** an das Betreibungsamt weitergeleiteten Rückzug des Rechtsvorschlags kommen dieselben Wirkungen zu, wie wenn der Schuldner dem Betreibungsamt den Rückzug selbst mitgeteilt hätte, sofern die Umstände zur Annahme einer konkludenten Ermächtigung zu dieser Weiterleitung führen: BGE 131 III 657 E. 3.

22 Zu den **Wirkungen** des Rechtsvorschlags siehe SchKG 78; zum Rechtsvorschlag **wegen mangelnden neuen Vermögens** siehe SchKG 265a; zum Rechtsvorschlag **zur Bestreitung des Pfandrechts** siehe SchKG 153.

Zu Abs. 2

23 Ein **nur gegen die Betreibungskosten** gerichteter Rechtsvorschlag ist unzulässig: BGE 85 III 124, 128; BGE 77 III 5, 7.

24 Ein ohne Einschränkungen erhobener Rechtsvorschlag bezieht sich auf die ganze Forderung, selbst wenn er mit einer **Begründung** versehen wird, die scheinbar **nur auf einen Teil** derselben zutrifft: BGE 100 III 44 E. 2.b.

Zu Abs. 3

25 Die Bescheinigung des Rechtsvorschlags ist gemäss GebV SchKG 18 (→ Nr. 7) **gebührenfrei**.

Art. 75[1] 2. Begründung

¹ Der Rechtsvorschlag bedarf keiner Begründung. Wer ihn trotzdem begründet, verzichtet damit nicht auf weitere Einreden.

² Bestreitet der Schuldner, zu neuem Vermögen gekommen zu sein (Art. 265, 265a), so hat er dies im Rechtsvorschlag ausdrücklich zu erklären; andernfalls ist diese Einrede verwirkt.

³ Vorbehalten bleiben die Bestimmungen über den nachträglichen Rechtsvorschlag (Art. 77) und über den Rechtsvorschlag in der Wechselbetreibung (Art. 179 Abs. 1).

Zu Abs. 1

1 Was der Betriebene zur Begründung seines Rechtsvorschlags anführt, muss **auf die Bestreitung der Forderung oder deren Eintreibbarkeit abzielen**. Geht aus der dem Rechtsvorschlag beigefügten Begründung hervor, dass der Betriebene die Forderung oder deren Eintreibbarkeit in Wahrheit gar nicht bestreiten will, so liegt, entgegen dem gebrauchten Wort, überhaupt kein Rechtsvorschlag vor: BGE 57 III 1 E. 1.

2 Ein ohne Einschränkungen erhobener Rechtsvorschlag bezieht sich auf die ganze Forderung, selbst wenn er mit einer **Begründung** versehen wird, die scheinbar **nur auf einen Teil** derselben zutrifft: BGE 100 III 44 E. 2.b.

Zu Abs. 2

3 Das Betreibungsamt prüft die Zulässigkeit eines Rechtsvorschlags nur in formeller Hinsicht. Es hat nicht zu prüfen, ob die **Einrede mangelnden neuen Vermögens** im konkreten Fall zulässig ist; darüber hat der Richter zu befinden: BGE 124 III 379 E. 3; BGE 108 III 6 E. 2.

---

1 Fassung gemäss Ziff. I des BG vom 16. Dez. 1994, in Kraft seit 1. Jan. 1997 (AS 1995 1227; BBl 1991 III 1).

4 Schlägt der Betriebene Recht vor mit den Worten «Rechtsvorschlag, nicht zu neuem Vermögen gekommen», so ist dies **sowohl** als Bestreitung der Schuld **als auch** als Einrede mangelnden neuen Vermögens zu verstehen: BGE 103 III 31 E. 2; BGE 82 III 9 E. 1.

5 Erhebt der Schuldner «Rechtsvorschlag, da kein neues Vermögen vorhanden», so ist zu vermuten, dass er **nur** das Vorhandensein neuen Vermögens, nicht aber die Schuld bestreite: BGE 109 III 7 E. 4.

6 Erhebt der Schuldner **gleichzeitig** Rechtsvorschlag, und die Einrede mangelnden neuen Vermögens, kann die Betreibung erst fortgesetzt werden, wenn beide Rechtsvorkehren durch die zuständigen Richter abgewiesen worden sind: BGE 103 III 31 E. 3.

Art. 76 3. Mitteilung an den Gläubiger

¹ Der Inhalt des Rechtsvorschlags wird dem Betreibenden auf der für ihn bestimmten Ausfertigung des Zahlungsbefehls mitgeteilt; erfolgte kein Rechtsvorschlag, so ist dies auf derselben vorzumerken.

² Diese Ausfertigung wird dem Betreibenden unmittelbar nach dem Rechtsvorschlag, und wenn ein solcher nicht erfolgt ist, sofort nach Ablauf der Bestreitungsfrist zugestellt.

Verweise: SchKG 70 Abs. 1 (Ausfertigung für den Gläubiger).
Abs. 2: SchKG 69 Abs. 2 Ziff. 3 (Bestreigungsfrist); SchKG 34 (Zustellung).

Zu Abs. 1

1 Der Inhalt des Rechtsvorschlags ist dem Betreibenden auf der für ihn bestimmten Ausfertigung des Zahlungsbefehls mitzuteilen, gleichgültig, ob das Betreibungsamt den Rechtsvorschlag **als gültig anerkennt oder nicht**. Hält das Amt den Rechtsvorschlag für ungültig, so hat es zugleich mit der Mitteilung seines Inhalts an den Betreibenden zu erklären, dass es die Betreibung nicht als gehemmt betrachte: BGE 91 III 1 E. 1.

2 Die **Frist zur Beschwerdeführung** betreffend die Gültigkeit des Rechtsvorschlags läuft von dem Tage an, an dem die Beteiligten Kenntnis erhalten, dass das Betreibungsamt den Rechtsvorschlag als gültig oder als ungültig befunden hat: BGer v. 28.06.2005, 7B.82/2005 E. 3; BGE 91 III 1 E. 1; BGE 73 III 145, 147 ff.

3 Hat der Schuldner nachweisbar Rechtsvorschlag erhoben, so kann ihm die **falsche Angabe** im Gläubigerdoppel des Zahlungsbefehls, es sei kein Rechtsvorschlag erfolgt, nicht schaden: BGE 85 III 165, 168; BGE 84 III 13, 14 f. Die trotz Rechtsvorschlag erfolgte Fortsetzung der Betreibung ist von Amtes wegen als nichtig aufzuheben: BGE 130 III 657 E.2.2.2; BGE 109 III 53 E. 2.b; BGE 85 III 14, 16 ff.

Zu Abs. 2

4 Die Zustellung des Gläubigerdoppels des Zahlungsbefehls erfolgt gemäss SchKG 34 **durch eingeschriebenen Brief**: BGE 50 III 181, 183 f.

5 Der Betreibungsbeamte ist nicht gehalten, von Amtes wegen die **Vertretungsmacht** eines Anwaltes zu prüfen, der nach dem kantonalen Recht befugt ist, berufsmässig Parteien in Zwangsvollstreckungsverfahren vor den Betreibungs- und Konkursbehörden zu vertreten: BGE 130 III 231 E. 2.1 (Pra 93 [2004] Nr. 120).

Art. 77 4. Nachträglicher Rechtsvorschlag bei Gläubigerwechsel

1 Wechselt während des Betreibungsverfahrens der Gläubiger, so kann der Betriebene einen Rechtsvorschlag noch nachträglich bis zur Verteilung oder Konkurseröffnung anbringen.[1]

2 Der Betriebene muss den Rechtsvorschlag innert zehn Tagen, nachdem er vom Gläubigerwechsel Kenntnis erhalten hat, beim Richter des Betreibungsortes schriftlich und begründet anbringen und die Einreden gegen den neuen Gläubiger glaubhaft machen.[2]

3 Der Richter kann bei Empfang des Rechtsvorschlags die vorläufige Einstellung der Betreibung verfügen; er entscheidet über die Zulassung des Rechtsvorschlages nach Einvernahme der Parteien.

4 Wird der nachträgliche Rechtsvorschlag bewilligt, ist aber bereits eine Pfändung vollzogen worden, so setzt das Betreibungsamt dem Gläubiger eine Frist von zehn Tagen an, innert der er auf Anerkennung seiner Forderung klagen kann. Nutzt er die Frist nicht, so fällt die Pfändung dahin.[3]

5 Das Betreibungsamt zeigt dem Schuldner jeden Gläubigerwechsel an.[4]

Verweise: SchKG 23 (richterliche Behörden); SchKG 31–33, SchKG 56–63, ZPO 142 ff. (Fristberechnung → Nr. 25).

Abs. 1: SchKG 144–150, 157 (Verteilung); SchKG 171, 189 Abs. 1, 190–194 (Konkurseröffnung).

Abs. 2: SchKG 46–55 (Betreibungsort).

Abs. 4: SchKG 89–115 (Pfändung); ZPO 219–242 (ordentliches Verfahren); ZPO 243–247 (vereinfachtes Verfahren).

1 Der Zessionar einer in Betreibung stehenden Forderung tritt in die betreibungsrechtliche Stellung des Zedenten ein; er erwirbt dessen «Legitimation zum Verfahren» und kann daher

---

[1] Fassung gemäss Ziff. I des BG vom 16. Dez. 1994, in Kraft seit 1. Jan. 1997 (AS 1995 1227; BBl 1991 III 1).

[2] Fassung gemäss Ziff. I des BG vom 16. Dez. 1994, in Kraft seit 1. Jan. 1997 (AS 1995 1227; BBl 1991 III 1).

[3] Eingefügt durch Ziff. I des BG vom 16. Dez. 1994, in Kraft seit 1. Jan. 1997 (AS 1995 1227; BBl 1991 III 1).

[4] Eingefügt durch Ziff. I des BG vom 16. Dez. 1994, in Kraft seit 1. Jan. 1997 (AS 1995 1227; BBl 1991 III 1).

Zweiter Titel: Schuldbetreibung

die Betreibung **in dem Stadium, in das sie getreten war**, nun in eigenem Namen fortsetzen: BGer v. 30.05.2011, 5A_247/2011 E. 2; BGE 91 III 7, 10.

2 Der Gläubigerwechsel führt **nicht zu einem neuen Betreibungsverfahren**. Es ist deshalb nicht willkürlich, dem Betriebenen, der in der vom Zedenten angehobenen Betreibung rechtzeitig Recht vorgeschlagen hat, die Bewilligung des nachträglichen Rechtsvorschlages in der Betreibung des Zessionars zu verweigern und ihn für die Geltendmachung der gegenüber dem Zessionar bestehenden Rechte in das dem erhobenen Rechtsvorschlag entsprechende Rechtsöffnungsverfahren zu verweisen: BGE 125 III 42 E. 2.b.

3 Wenn bei einer **gemeinschaftlichen Betreibung** einer der Betreibenden stirbt, können die andern die Betreibung aus eigenem Rechte fortsetzen. Will der Schuldner diesen verbliebenen Gläubigern das Recht zu betreiben absprechen, so kann er nachträglichen Rechtsvorschlag erheben: BGE 76 III 90, 91.

Art. 78 5. Wirkungen

1 Der Rechtsvorschlag bewirkt die Einstellung der Betreibung.
2 Bestreitet der Schuldner nur einen Teil der Forderung, so kann die Betreibung für den unbestrittenen Betrag fortgesetzt werden.

Verweis
Abs. 2: SchKG 74 Abs. 2 (Teilrechtsvorschlag).

1 Durch die Einstellung der Betreibung wird dem Gläubiger der Betreibungsweg verschlossen. **Die Betreibung steht still und droht dahinzufallen**, wenn sie nicht binnen nützlicher Frist wieder in Gang gebracht wird: BGE 130 III 396 E. 1.2.3. Der Rechtsvorschlag wird entweder im Rechtsöffnungsverfahren (SchKG 80–84) oder auf dem ordentlichen Prozessweg (SchKG 79, 153 Abs. 4 und 186) fortgesetzt: BGer v. 22.09.2011, 5D_130/2011 E. 2.1.

2 Eine trotz Rechtsvorschlag erfolgte **Fortsetzung** der Betreibung ist nichtig und von Amtes wegen aufzuheben: BGE 130 III 657 E. 2.2.2; BGE 109 III 53 E. 2.b; BGE 85 III 14, 16 ff.

Art. 79[1] D. Beseitigung des Rechtsvorschlages
1. Im Zivilprozess oder im Verwaltungsverfahren

Ein Gläubiger, gegen dessen Betreibung Rechtsvorschlag erhoben worden ist, hat seinen Anspruch im Zivilprozess oder im Verwaltungsverfahren geltend zu machen. Er kann die Fortsetzung der Betreibung nur aufgrund eines vollstreckbaren Entscheids erwirken, der den Rechtsvorschlag ausdrücklich beseitigt.

---

1 Fassung gemäss Anhang 1 Ziff. II 17 der Zivilprozessordnung vom 19. Dez. 2008, in Kraft seit 1. Jan. 2011 (AS 2010 1739; BBl 2006 7221).

Verweise: SchKG 74–78 (Rechtsvorschlag); ZPO 219–242 (ordentliches Verfahren → Nr. 25); ZPO 243–247 (vereinfachtes Verfahren).

1 Die Beseitigung des Rechtsvorschlags erfolgt **entweder im Rechtsöffnungsverfahren** (SchKG 80–84) **oder auf dem ordentlichen Prozessweg** (sog. Anerkennungsklage; vgl. neben SchKG 79 auch 153 Abs. 4 sowie 186): BGer v. 22.09.2011, 5D_130/2011 E. 2.1.

2 Im Gegensatz zum Rechtsöffnungsverfahren als rein betreibungsrechtliche Streitigkeit **stellt der Anerkennungsprozess eine materiellrechtliche Streitigkeit dar**: BGE 119 III 63 E. 4.b.aa. Die Anerkennungsklage kann folglich auch nach verweigerter Rechtsöffnung erhoben werden. In der Verweigerung der Rechtsöffnung ist bloss die Tatsache zu sehen, dass das Rechtsöffnungsverfahren nicht zum Ziel führen kann: BGE 135 III 315 E. 2.6. Dem Entscheid über das Rechtsöffnungsgesuch kommt **keine** *res iudicata*-Wirkung zu.

3 Die Ausfällung des Urteils im Forderungsprozess nach SchKG 79 ist trotz der darin eingeschlossenen definitiven Rechtsöffnung **keine Betreibungshandlung** i.S.v. SchKG 56: BGE 81 III 133, 135.

4 Es verletzt den Anspruch auf einen **unvoreingenommenen Richter** nach aBV 58 Abs. 1 (heute BV 30 Abs. 1) und EMRK 6 Ziff. 1 nicht, dass der Richter, der vorher ein Rechtsöffnungsbegehren abgewiesen hat, im Anerkennungsprozess mitwirkt: BGE 120 Ia 82 E. 6.

5 Die Anerkennungsklage kann auch von einem **Schiedsgericht** beurteilt werden. Dieses ist jedoch nicht befugt, im Dispositiv seines Urteils den Rechtsvorschlag zu beseitigen: BGE 136 III 583 E. 2.1 (Pra 100 [2011] Nr. 55).

6 Erklärt das Dispositiv des Entscheids über die Anerkennungsklage unter Bezugnahme auf die hängige Betreibung den Rechtsvorschlag vollumfänglich oder im Umfang eines bestimmten Betrages **für aufgehoben**, so kann der Gläubiger beim Betreibungsamt das Fortsetzungsbegehren stellen, ohne (nochmals) das Rechtsöffnungsverfahren durchlaufen zu müssen: BGE 135 III 551 E. 2.3 (Pra 99 [2010] Nr. 54); BGE 128 III 39 E. 2 (Pra 91 [2002] Nr. 111); BGE 107 III 60 E. 3 (Pra 70 [1981] Nr. 252); **a.M.** noch BGE 94 III 74 E. 3.

7 Wenn der Schuldner im ordentlichen Prozess, den der Gläubiger auf den Rechtsvorschlag hin eingeleitet hat, die **Klage anerkennt**, so kann der Gläubiger wie im Fall der Gutheissung der Klage das Fortsetzungsbegehren stellen: BGE 77 III 148, 149 f.

8 Dem in einem Anerkennungsprozess abgeschlossenen **gerichtlichen Vergleich** kommt dieselbe Wirkung zu wie einem gerichtlichen Urteil, soweit darin die betriebene Forderung bedingungslos anerkannt wird: BGE 94 III 74 E. 3; BGE 90 III 71, 74. Ist die Schuldpflicht im gerichtlichen Vergleich jedoch mit einer **Gegenleistung** verbunden, die nach der Behauptung des Schuldners nicht erfüllt ist, so kann die Fortsetzung der Betreibung nur durch definitive Rechtsöffnung oder ein ergänzendes materielles Urteil erwirkt werden: BGE 90 III 71, 74 f.

9 Bei einer Fremdwährungsschuld darf das Gericht im Erkenntnisverfahren grundsätzlich nur eine Zahlung in der **geschuldeten Fremdwährung** zusprechen. Im Zusammenhang mit einem Vollstreckungsverfahren ist im Urteil dagegen auch die Betreibungssumme in Schweizer Franken aufzuführen, falls dafür der Rechtsvorschlag beseitigt werden soll. Diese Umrechnung dient ausschliesslich vollstreckungsrechtlichen Zwecken, nachdem der Bestand des ein-

geklagten Anspruchs als Fremdwährungsforderung materiell beurteilt wurde. Ist die Betreibung bereits eingeleitet, kann das Rechtsbegehren bzw. das Urteil demnach einerseits auf Verurteilung des Beklagten zur Zahlung des geschuldeten Betrags in Fremdwährung lauten sowie andererseits auf Beseitigung des Rechtsvorschlags im Rahmen der in Schweizer Franken bezifferten Betreibungssumme: BGE 134 III 151 E. 2.4.

10 Bezieht sich die Betreibung auf eine **öffentlich-rechtliche Geldforderung**, so können diejenigen Verwaltungsbehörden, deren materielle Verfügungen im Rechtsöffnungsverfahren zur definitiven Rechtsöffnung berechtigen würden, den Rechtsvorschlag selbst beseitigen: BGE 134 III 115 E. 3.2 (Pra 97 [2008] Nr. 106); BGE 107 III 60 E. 3 (Pra 70 [1981] Nr. 252). Dies setzt jedoch voraus, dass die Verwaltungsbehörde **erst nach dem Rechtsvorschlag** des Schuldners materiell über den strittigen Anspruch und zugleich auch über die Beseitigung des Rechtsvorschlags entscheidet. Dieses Verfahren weist dieselbe doppelte Funktion auf wie der Zivilprozess über die Anerkennungsklage, in welchem das Zivilgericht in der Sache und über die Beseitigung des Rechtsvorschlags entscheidet: BGE 134 III 115 E. 4.1.2 (Pra 97 [2008] Nr. 106); BGE 107 III 60 E. 3 (Pra 70 [1981] Nr. 252). Wird die Betreibung dagegen erst eingeleitet, nachdem die Verwaltungsbehörde über den strittigen Anspruch materiell entschieden hat, so kann sie den Rechtsvorschlag nicht mehr selbst, sondern nur noch im Verfahren der definitiven Rechtsöffnung beseitigen lassen: BGE 134 III 115 E. 4.1.1 (Pra 97 [2008] Nr. 106).

11 Zu den **Verwaltungsbehörden**, die den Rechtsvorschlag des Schuldners selbstständig beseitigen können, gehören u.a.:
– **Ausgleichskassen**: BGE 119 V 329 E. 2.b;
– **Krankenkassen**: BGer v. 26.01.2010, 5A_172/2009 E. 3.1; BGE 128 III 246 E. 2; BGE 119 V 329 E. 2.d;
– **Unfallversicherungen**: BGer v. 12.12.2011, 8C_809/2011 E. 2;
– die **Schweizerische Inkassostelle für Radio- und Fernsehgebühren** (Billag AG): BGE 128 III 39 E. 3 und 4 (Pra 91 [2002] Nr. 111);
– die **Auffangeinrichtung der beruflichen Vorsorge**: BGE 134 III 115 E. 3.2 (Pra 97 [2008] Nr. 106).

12 Von der **Aberkennungsklage** gemäss SchKG 83 Abs. 2 unterscheidet sich die Anerkennungsklage bloss durch die Umkehr der Parteirollen im Prozess. Diese erscheint deshalb als ihr Spiegelbild: BGer v. 09.09.2008, 5A_164/2008 E. 4.2.2.

Art. 80[1] 2. Durch definitive Rechtsöffnung
a. Rechtsöffnungstitel

[1] Beruht die Forderung auf einem vollstreckbaren gerichtlichen Entscheid, so kann der Gläubiger beim Richter die Aufhebung des Rechtsvorschlags (definitive Rechtsöffnung) verlangen.

[2] Gerichtlichen Entscheiden gleichgestellt sind:
1. gerichtliche Vergleiche und gerichtliche Schuldanerkennungen;
1bis. vollstreckbare öffentliche Urkunden nach den Artikeln 347–352 ZPO[2];
2. Verfügungen schweizerischer Verwaltungsbehörden;
3. ...
4.[3] die endgültigen Entscheide der Kontrollorgane, die in Anwendung von Artikel 16 Absatz 1 des Bundesgesetzes vom 17. Juni 2005[4] gegen die Schwarzarbeit getroffen werden und die Kontrollkosten zum Inhalt haben.

Verweise

Abs. 1: *SchKG 23 (richterliche Behörden); SchKG 74–78 (Rechtsvorschlag).*

Abs. 2 Ziff. 1bis: *ZPO 347–352 (vollstreckbare öffentliche Urkunde → Nr. 25).*

Zu Abs. 1

1   Der Rechtsöffnungsprozess stellt (im Verhältnis zur Betreibung) **ein neues Verfahren** dar. Daraus folgt, dass der Schuldner allein aufgrund der Zustellung eines Zahlungsbefehls bzw. des dagegen erhobenen Rechtsvorschlags noch nicht mit einem Rechtsöffnungsverfahren bzw. mit der Zustellung gerichtlicher Verfügungen rechnen musste. Die Zustellungsfiktion i.S.v. ZPO 138 Abs. 3 lit. a (→ Nr. 25) kann jedoch nur für ein hängiges bzw. laufendes Verfahren gelten: BGer v. 22.09.2011, 5D_130/2011 E. 2.1; BGer v. 28.01.2011, 5A_710/2010 E. 3.2; BGE 130 III 396 E. 1.2.3.

2   Im Rechtsöffnungsverfahren hat der Richter auf Begehren des Gläubigers zu prüfen, ob die Wirkungen des vom Betriebenen erhobenen Rechtsvorschlags (Einstellung der Betreibung; SchKG 78 Abs. 1) zu beseitigen sind oder nicht, d.h. ob die Betreibung fortgesetzt werden kann oder nicht. Sein Entscheid hat **bloss betreibungsrechtliche Wirkung**, d.h. er äussert sich nicht (abschliessend) über den materiellen Bestand der in Betreibung gesetzten Forderung: BGer v. 23.01.2012, 5A_770/2011 E. 4; BGer v. 29.11.2007, 5A_411/2007 E. 3.2; BGE 120 Ia 82 E. 6.b.

---

1   Fassung gemäss Anhang 1 Ziff. II 17 der Zivilprozessordnung vom 19. Dez. 2008, in Kraft seit 1. Jan. 2011 (AS 2010 1739; BBl 2006 7221).
2   SR 272
3   Eingefügt durch Anhang Ziff. 3 des BG vom 17. Juni 2005 gegen die Schwarzarbeit, in Kraft seit 1. Jan. 2008 (AS 2007 359; BBl 2002 3605).
4   SR 822.41

3 Der Rechtsöffnungsrichter hat grundsätzlich **nur zu prüfen**, ob die in Betreibung gesetzte Forderung **auf einem vollstreckbaren Urteil beruht** und ob der Vollstreckbarkeit allenfalls eine **Einwendung** gemäss SchKG 81 entgegensteht. Er hat weder über den materiellen Bestand der Forderung zu befinden, noch sich mit der materiellen Richtigkeit des Urteils zu befassen. Ist dieses unklar oder unvollständig, bleibt es Aufgabe des Sachgerichts, Klarheit zu schaffen: BGer v. 01.02.2012, 5D_174/2011 E. 2.2; BGer v. 26.08.2011, 5A_339/2011 E. 2; BGer v. 13.08.2009, 6B_413/2009 E. 1.2.3.

4 Unter der Geltung der eidg. ZPO (→ Nr. 25) braucht der gerichtliche Entscheid **nicht rechtskräftig** zu sein, um als definitiver Rechtsöffnungstitel zu gelten. Ein nicht rechtskräftiger Entscheid kann gemäss ZPO 336 Abs. 1 lit. b vollstreckt werden, wenn die vorzeitige Vollstreckung bewilligt worden ist.

5 Das Rechtsöffnungsverfahren ist ein **Urkundenprozess**, dessen Ziel nicht darin besteht, den materiellen Bestand der in Betreibung gesetzten Forderung festzustellen, sondern darin, das Vorhandensein eines Vollstreckungstitels zu überprüfen. Entsprechend würdigt der Rechtsöffnungsrichter nur die Beweiskraft der vom Gläubiger vorgelegten Urkunde, nicht aber die Gültigkeit der Forderung an sich, und anerkennt die Vollstreckbarkeit des Titels, falls der Schuldner seine Einwendungen nicht unverzüglich glaubhaft macht: BGer v. 14.03.2011, 5A_758/2010 E. 6; BGE 132 III 140 E. 4.1.1.

6 Der Richter prüft von Amtes wegen, ob die **Identität** des im Urteil Verpflichteten und des Betriebenen sowie jene des im Urteil Begünstigten und des Gläubigers übereinstimmen: BGer v. 17.11.2009, 5D_133/2009 E. 2.3; BGer v. 23.01.2009, 5A_635/2008 E. 2.3.

7 Grundsätzlich kann nur für ein **Leistungsurteil**, nicht aber für ein Feststellungs- oder Gestaltungsurteil definitive Rechtsöffnung erteilt werden. Eine Ausnahme hiervon bildet der abweisende Entscheid über die Aberkennungsklage. Beim Aberkennungsurteil handelt es sich zwar um ein Feststellungsurteil. Wird dieses im Gesamtzusammenhang der konkreten Betreibung gesehen, ergänzt es indessen lediglich ein bereits gestelltes Leistungsbegehren des Gläubigers mit der Feststellung, dass die geltend gemachte Forderung tatsächlich besteht und fällig ist. Da das Aberkennungsurteil diesbezüglich in materielle Rechtskraft erwächst und damit über die konkrete Betreibung hinaus wirksam ist, kann es in einer späteren Betreibung als Vollstreckungstitel gelten unter der Voraussetzung, dass derselbe Gläubiger gegen den nämlichen Schuldner für die gleiche Forderung auf dem Betreibungsweg die Leistung erneut begehrt und dass die Forderung nicht seit Erlass des Urteils untergegangen ist: BGE 134 III 656 E. 5.4; BGE 127 III 232 E. 3.

8 Ein Urteil auf **Leistung Zug um Zug** gilt als bedingtes Urteil und ist nur dann ein definitiver Rechtsöffnungstitel i.S.v. SchKG 80, wenn der betreibende Gläubiger zweifelsfrei den Nachweis erbringt, seiner Pflicht zur Gegenleistung nachgekommen zu sein; das Rechtsöffnungsverfahren ist nicht der Ort, die Leistungserbringung durch den Gläubiger eingehend abzuklären: BGer v. 01.02.2012, 5D_174/2011 E. 2.4.

9 Die definitive Rechtsöffnung kann nur erteilt werden, wenn das Urteil den Schuldner zur Zahlung einer bestimmten Geldleistung verpflichtet. Die zu bezahlende Summe muss im **Urteil beziffert** werden oder muss sich zumindest in Verbindung mit der Begründung oder aus

dem Verweis auf andere Dokumente klar ergeben: BGer v. 01.02.2012, 5D_174/2011 E. 2.2; BGE 135 III 315 E. 2.3.

10 Gerichtliche Urteile und gerichtlich genehmigte Vereinbarungen über **Unterhaltsbeiträge** berechtigen unter den allgemeinen Voraussetzungen zur definitiven Rechtsöffnung. Im Einzelfall kann sich die Erteilung der definitiven Rechtsöffnung als schwierig erweisen, enthalten Unterhaltsurteile doch häufig Bedingungen (z.b. eine Indexierungsklausel), die künftige Veränderungen der Verhältnisse bereits im Urteil vorwegnehmen. Besteht eine solche Bedingung, dass sich die Unterhaltsleistungen bei Eintritt eines bestimmten Ereignisses verändern, hat derjenige, der daraus Rechte ableitet, den Eintritt dieses Ereignisses durch Urkunden zu beweisen. Den Urkundenbeweis anzutreten hat i.d.r. der Gläubiger für die Umstände, die die Unterhaltsleistungen erhöhen, und der Schuldner für die Umstände, die die Unterhaltsleistungen vermindern oder ganz aufheben. Vorbehalten bleibt der Nachweis, dass das Unterhaltsurteil durch ein rechtskräftiges Abänderungsurteil ersetzt oder aufgehoben worden ist: BGer v. 02.09.2011, 5A_487/2011 E. 3.2.

11 Ist die **Erhöhung einer Scheidungsrente** entsprechend dem schweizerischen Index der Konsumentenpreise an die Voraussetzung geknüpft worden, dass sich das Einkommen des Pflichtigen dem Anstieg der Lebenshaltungskosten anpasst, so fragt sich nur, ob sich sein Einkommen insgesamt entsprechend der Teuerung erhöht hat. Es ist willkürlich, wenn der Rechtsöffnungsrichter nur für die in Form von Teuerungszulagen erfolgten Lohnerhöhungen Rechtsöffnung erteilt, nicht aber für die Reallohnerhöhungen: BGE 116 III 62 E. 3.

12 Urteile und Verfügungen über Unterhaltsbeiträge **im Massnahmeverfahren** stellen ebenfalls definitive Rechtsöffnungstitel i.S.v. SchKG 80 Abs. 1 dar: BGer v. 05.02.2010, 5D_179/2009 E. 3.2.1. Bei einer rückwirkenden Verpflichtung zur Leistung von Unterhaltsbeiträgen sind bereits erbrachte Unterhaltsleistungen in Abzug zu bringen, da nur der in einem konkreten Rechtstitel festgelegte Geldbetrag vollstreckbar ist: BGer v. 07.10.2009, 5D_62/2009 E. 4.2; BGE 135 III 315 E. 2.4.

13 Das **Strafurteil**, welches dem Verurteilten die Gerichtskosten und die Kosten der amtlichen Verteidigung auferlegt, stellt einen definitiven Rechtsöffnungstitel dar (StGB 373 und SchKG 80 Abs. 1): BGer v. 13.08.2009, 6B_413/2009 E. 1.2.3; BGE 135 I 91 E. 2.4.3 (Pra 98 [2009] Nr. 73).

14 Gegenüber dem Rechtsvorschlag eines **Dritteigentümers** der Pfandsache kann einem Forderung und Pfandrecht feststellenden vollstreckbaren Entscheid nur dann der Charakter eines Rechtsöffnungstitels zukommen, wenn dieser auch gegenüber dem Dritteigentümer ergangen ist: BGE 75 I 97 E. 3.

15 Das Urteil, das den **Versicherungsnehmer** zu Schadenersatzleistungen verpflichtet, stellt für den Geschädigten, der sich die Ansprüche gegen den Haftpflichtversicherer hat abtreten lassen, keinen Rechtsöffnungstitel dar: BGer v. 23.01.2009, 5A_635/2008 E. 2.3; BGE 87 I 97 E. 1.

16 Der in einem Zivilprozess ergangene **Kostenentscheid** gilt als definitiver Rechtsöffnungstitel: BGer v. 11.06.2001, 5P.458/2000 E. 2; BGE 97 I 235 E. 5.

17 Die Kostenregelung im **Rückweisungsentscheid** ist nicht vollstreckbar und stellt keinen definitiven Rechtsöffnungstitel nach SchKG 80 Abs. 1 dar, solange sie noch zusammen mit

dem Endentscheid im dargelegten Sinne angefochten werden kann: BGer v. 30.10.2008, 9C_567/2008 E. 4.2; BGE 131 III 404 E. 3.3.

18 Die Beseitigung des Rechtsvorschlags gestützt auf ein **ausländisches Urteil** setzt voraus, dass dieses von einem Schweizer Richter für vollstreckbar erklärt worden ist. Das Verfahren zur Vollstreckbarerklärung wird Exequaturverfahren genannt.

19 Stammt das ausländische Urteil aus einem Staat, der **keine staatsvertragliche Bindung zur Schweiz** aufweist, so richtet sich die Vollstreckbarerklärung nach IPRG 29 (→ Nr. 34). Sie kann entweder in einem selbstständigen Exequaturverfahren oder im Rahmen der Rechtsöffnung erteilt werden. In letzterem Fall erfolgt die Vollstreckbarerklärung entweder vorfrageweise (vgl. IPRG 29 Abs. 3) oder im Falle eines entsprechenden Parteibegehrens i.S. einer objektiven Klagehäufung (Exequatur und Beseitigung des Rechtsvorschlags) in Form eines Teilentscheids.

20 Stammt das ausländische Urteil aus einem Staat, mit dem die Schweiz einen **Staatsvertrag** abgeschlossen hat, so richtet sich die Vollstreckbarerklärung nach diesem Staatsvertrag. Im Verhältnis zu den Mitgliedstaaten der EU ist das **LugÜ** (→ Nr. 40) massgebend. Diesem zufolge kann die Vollstreckbarerklärung auch ohne selbstständiges Exequaturverfahren verlangt werden (LugÜ 47 Ziff. 1 → Nr. 40). Da sich der Schuldner nach Vorgabe des LugÜ nur mit der Beschwerde nach LugÜ 43 gegen die Vollstreckbarerklärung wehren kann, darf der Richter die Frage der Vollstreckbarkeit im Rahmen der Rechtsöffnung nicht bloss vorfrageweise überprüfen. Er hat auch dann, wenn der Gläubiger kein solches Begehren stellt, mit Rechtskraftwirkung über die Vollstreckbarkeit zu entscheiden (SchKG 271 Abs. 3).

21 Die Vollstreckbarkeit **ausländischer Kostenentscheide** richtet sich nach jener des Hauptentscheids: BGE 94 I 358 E. 3.

22 Die Beseitigung des Rechtsvorschlags ist **nicht schiedsfähig**: BGE 136 III 583 E. 2.1 (Pra 100 [2011] Nr. 55); BGer v. 19.08.2005, 7B.95/2005 E. 4.3. Wird in einem Schiedsspruch (auch) der Rechtsvorschlag beseitigt, so hat dies jedoch nicht die Nichtigkeit des Entscheids als solchen zur Folge. Der Schiedsspruch gilt dann bloss als definitiver Rechtsöffnungstitel: BGer v. 20.04.2010, 5A_682/2009 E. 4.2.3.3.

23 **Schiedsurteile** sind Urteilen staatlicher Gerichte gleichgestellt: BGer v. 16.12.2011, 5A_441/2011 E. 3.2.1; BGE 130 III 125 E. 2; BGE 117 III 57 E. 4.a.

24 Es ist nicht willkürlich, gestützt auf einen Schiedsspruch definitive Rechtsöffnung zu gewähren, obwohl der Gläubiger die dem Schiedsspruch zugrunde liegende Schiedsvereinbarung **nicht vorgelegt** hat: BGE 130 III 125 E. 2.1. Die fehlende Begründung des Schiedsspruchs bildet keinen Anfechtungsgrund; dieser Umstand steht daher auch der Gewährung der definitiven Rechtsöffnung gestützt auf den Schiedsspruch nicht entgegen: BGE 130 III 125 E. 2.2.

25 Gesetzliche Bestimmungen über das Bestehen einer Leistungspflicht begründen für sich allein **keinen Rechtsöffnungstitel**: BGer v. 19.10.2005, 5P.88/2005 E. 2.2; BGE 113 III 6 E. 1.b.

Zu Abs. 2 Ziff. 1

26 Ein **gerichtlicher Vergleich** ist einem gerichtlichen Urteil gleichzuachten: BGE 90 III 71, 74.

27 Wird eine definitive Rechtsöffnung **ohne Durchführung einer mündlichen Verhandlung** erteilt, so verstösst dies nicht gegen die EMRK, denn die Minimalgarantie nach EMRK 6 Ziff. 1 verlangt nicht, dass nach Verzicht auf ein mündliches und Durchführung des schriftlichen Verfahrens nochmals Anspruch auf ein mündliches Verfahren zu gewähren sei: BGer v. 11.04.2012, 5D_181/2011 E. 3.1.3 und 3.1.4.

28 Eine **gerichtliche Schuldanerkennung** (Klageanerkennung) ist einem Urteil gleichgestellt, sofern das Urteil des betreffenden Gerichts ein Rechtsöffnungstitel wäre: BGer v. 17.12.2007, 5A_527/2007 E. 3.

Zu Abs. 2 Ziff. 1bis

29 Als definitiver Rechtsöffnungstitel gilt auch eine **ausländische vollstreckbare öffentliche Urkunde**: BGE 137 III 87 E. 2–4.

Zu Abs. 2 Ziff. 2

30 Seit dem Inkrafttreten der ZPO (→ Nr. 25) und der durch diese veranlassten Änderungen des SchKG bildet die Schweiz einen **einheitlichen Vollstreckungsraum**. Deshalb berechtigt jede vollstreckbare Verfügung einer schweizerischen Verwaltungsbehörde, gleichgültig, ob es sich um eine Bundes-, Kantons- oder Gemeindebehörde handelt, zur definitiven Rechtsöffnung.

31 Die rechtskräftige Verfügung der **Schwerverkehrsabgabe** durch die Zollverwaltung ist gemäss SVAG 14 Abs. 3 einem vollstreckbaren gerichtlichen Urteil gleichgestellt: BGer v. 05.08.2011, 6B_79/2011 E. 6.4.1.

32 **Provisorische Steuerveranlagungen** stellen **keine** definitiven Rechtsöffnungstitel dar. Rechtsöffnung kann erst aufgrund der definitiven Veranlagungsverfügung verlangt werden: BGer v. 24.03.2011, 2C_586/2010 E. 3.

33 Der Entscheid der **Vormundschaftsbehörde** über die Entschädigung des Vormunds i.S.v. ZGB 416 stellt einen definitiven Rechtsöffnungstitel dar: BGE 113 II 394 E. 2.

34 Gegen den ein gesetzliches Grundpfandrecht betreffenden Rechtsvorschlag bildet ein dieses Grundpfandrecht bejahender **Entscheid der Steuerbehörden** einen definitiven Rechtsöffnungstitel: BGE 75 I 97 E. 2.a.

35 Gemäss DBG 165 Abs. 3 haben die rechtskräftigen Veranlagungsverfügungen und -entscheide der mit dem Vollzug des **DBG** betrauten Behörden im Betreibungsverfahren dieselbe Wirkung wie ein vollstreckbares Gerichtsurteil.

36 Die vom Betreibungsamt oder Gericht festgesetzten **Gebühren** gegenüber dem im Verfahren unterliegenden Gläubiger bilden einen vollstreckbaren Titel: BGE 64 III 53, 56.

Art. 81[1] b. Einwendungen

¹ Beruht die Forderung auf einem vollstreckbaren Entscheid eines schweizerischen Gerichts oder einer schweizerischen Verwaltungsbehörde, so wird die definitive Rechtsöffnung erteilt, wenn nicht der Betriebene durch Urkunden beweist, dass die Schuld seit Erlass des Entscheids getilgt oder gestundet worden ist, oder die Verjährung anruft.

² Beruht die Forderung auf einer vollstreckbaren öffentlichen Urkunde, so kann der Betriebene weitere Einwendungen gegen die Leistungspflicht geltend machen, sofern sie sofort beweisbar sind.

³ Ist ein Entscheid in einem anderen Staat ergangen, so kann der Betriebene überdies die Einwendungen geltend machen, die im betreffenden Staatsvertrag oder, wenn ein solcher fehlt, im Bundesgesetz vom 18. Dezember 1987[2] über das Internationale Privatrecht vorgesehen sind, sofern nicht ein schweizerisches Gericht bereits über diese Einwendungen entschieden hat.[3]

Verweise

Abs. 1: *SchKG 67 Abs. 1 Ziff. 3, 69 Abs. 2 Ziff. 2 (Forderung); SchKG 80 (vollstreckbarer Entscheid); OR 60, 67, 127–142 (Verjährung).*

Abs. 2: *SchKG: ZPO 347–352 (vollstreckbare öffentliche Urkunde → Nr. 25).*

Zu Abs. 1

1 Der Rechtsöffnungsrichter hat grundsätzlich nur zu prüfen, ob die in Betreibung gesetzte Forderung auf einem vollstreckbaren Urteil beruht und ob der Vollstreckbarkeit allenfalls eine **Einwendung gemäss SchKG 81** entgegensteht. Hingegen hat er nicht über den materiellen Bestand der Forderung zu befinden: BGer v. 26.08.2011, 5A_339/2011 E. 2; BGer v. 13.08.2009, 6B_413/2009 E. 1.2.3. Vgl. N 2 und 3 zu SchKG 80.

2 Die Einwendungen nach SchKG 81 Abs. 1 **setzen voraus**, dass sich die Schuld des Betriebenen aus einem vollstreckbaren gerichtlichen Urteil i.S.v. SchKG 80 Abs. 1 oder aus einem Urteilssurrogat i.S.v. SchKG 80 Abs. 2 ergibt. Denn die Frage, ob eine Prozesspartei eine bestimmte Einwendung überhaupt erhoben und hinreichend begründet hat, muss das Gericht im Rahmen der Dispositions- und Verhandlungsmaxime nur dann prüfen, wenn es die Tatsache, gegen die sich diese Einwendung richtet, als erwiesen erachtet: BGer v. 04.10.2010, 5A_417/2010 E. 2.4.3.

3 Die **Beweislast** für das Vorliegen einer Einwendung trägt der Schuldner: BGE 124 III 501 E. 3.a (Pra 88 [1999] Nr. 137).

---

1 Fassung gemäss Anhang 1 Ziff. II 17 der Zivilprozessordnung vom 19. Dez. 2008, in Kraft seit 1. Jan. 2011 (AS 2010 1739; BBl 2006 7221).

2 SR 291

3 Fassung gemäss Art. 3 Ziff. 2 des BB vom 11. Dez. 2009 (Genehmigung und Umsetzung des Lugano-Übereink.), in Kraft seit 1. Jan. 2011 (AS 2010 5601; BBl 2009 1777).

4 Mit Tilgung der Schuld meint das Gesetz nicht nur die Zahlung, sondern auch **jeden anderen zivilrechtlichen Grund** (z.B. die Verrechnung), der zum Untergang der Schuld geführt hat: BGE 136 III 624 E. 4.2.1 (Pra 100 [2011] Nr. 54); BGE 124 III 501 E. 3.b (Pra 88 [1999] Nr. 137).

5 Kann die Tilgung der Schuld nicht **durch Urkunde** bewiesen werden, so hat der Richter definitive Rechtsöffnung zu erteilen. Blosses Glaubhaftmachen der Tilgung genügt nicht: BGE 136 III 624 E. 4.2.3 (Pra 100 [2011] Nr. 54); BGE 124 III 501 E. 3.a (Pra 88 [1999] Nr. 137).

6 Zum urkundlichen Beweis der Tilgung i.S.v. SchKG 81 Abs. 1 **genügt die Berufung auf die Vermutung von OR 89 Abs. 1 nicht**: BGE 114 Ia 14 E. 2.

7 Das Erfordernis des Urkundenbeweises der Tilgung **fällt weg**, wenn der Betriebene seine Befreiung auf Sachumstände stützt, die der Gläubiger im Rechtsöffnungsverfahren anerkannt hat oder die gerichtsnotorisch sind: BGer v. 06.06.2000, 5P.151/2000 E. 1.c; BGE 115 III 97 E. 4.a; BGE 38 I 26, 29.

8 Nach dem klaren Wortlaut und Wortsinn von SchKG 81 Abs. 1 kann Tilgung nur eingewendet werden, wenn diese **nach Erlass des Urteils** erfolgt ist. Tilgung vor dem Erlass des Urteils darf im Rechtsöffnungsverfahren nicht berücksichtigt werden, weil der Rechtsöffnungsrichter sonst den Rechtsöffnungstitel und die darin aufgeführte konkrete Zahlungsverpflichtung materiell überprüfen müsste: BGer v. 04.02.2011, 5A_866/2010 E. 2.3; BGE 135 III 315 E. 2.5.

9 Bei **teilweiser Tilgung** der Schuld ist die definitive Rechtsöffnung für den erloschenen Teil der Schuld zu verweigern. Der Schuldner hat durch Urkunden den Grund der teilweisen Tilgung und den entsprechenden Betrag darzulegen; gelingt ihm dies nicht, so ist für die ganze Schuld definitive Rechtsöffnung zu erteilen: BGE 124 III 501 E. 3.b (Pra 88 [1999] Nr. 137).

10 Wird die Tilgung auf die **Verrechnung** mit einer Gegenforderung gestützt, so ist es nicht willkürlich zu verlangen, dass diese durch ein gerichtliches Urteil, eine vollstreckbare Verwaltungsverfügung oder eine vorbehaltlose Schuldanerkennung ausgewiesen sein muss, die mindestens zur provisorischen Rechtsöffnung berechtigen würde: BGer v. 28.02.2005, 5P.458/2004 E. 3.3; BGE 115 III 97 E. 4. Diesem Grundsatz widerspricht die Rechtsprechung des Bundesgerichts, wonach ein vom Schuldner vorgelegter, gegen den Gläubiger ausgestellter **Pfändungs- oder Konkursverlustschein** nicht als für den Bestand einer Gegenforderung beweistaugliche Urkunde anerkannt werden kann: BGE 116 III 66 E. 4; BGE 102 Ia 363 E. 2.b und c; BGE 98 Ia 353 E. 2. Es ist nicht einzusehen, weshalb der Pfändungs- oder Konkursverlustschein über eine vom Schuldner anerkannte Schuld nicht als Beweisurkunde genügen soll.

11 Der betriebene Schuldner, der verrechnungsweise eine Schuldanerkennung entgegenhält, die **bestritten** ist, erbringt den erforderlichen Urkundenbeweis für den Untergang der betriebenen Forderung nicht: BGE 136 III 624 E. 4.2.3 (Pra 100 [2011] Nr. 54).

12 Es ist nicht willkürlich, wenn der Rechtsöffnungsrichter gestützt auf ein vollstreckbares gerichtliches Urteil betreffend Leistung von **Unterhaltsbeiträgen** die definitive Rechtsöffnung gewährt, obwohl der Schuldner durch Urkunden nachweisen kann, dass er in früheren Monaten mehr geleistet hat als das, wozu er im betreffenden Urteil verpflichtet worden ist. Damit ist nur die Zahlung urkundlich nachgewiesen, nicht aber, dass der Schuldner im entsprechenden Umfang eine verrechenbare Gegenforderung erworben hat: BGE 115 III 97 E. 4.

13 Die vertragliche Vereinbarung, wonach der Elternteil, dem die Kinder zugeteilt worden sind, auf Unterhaltsbeiträge für die Kinder verzichte, weil der unterhaltspflichtige Elternteil **in natura** für den Unterhalt aufgekommen sei, erlaubt die Einrede der Tilgung nach Massgabe von SchKG 81 Abs. 1: BGE 107 II 10 E. 2.

14 Der Elternteil, dem die Kinder zugeteilt worden sind, kann bezüglich des den Kindern zustehenden Unterhalts weder auf einzelne Unterhaltsbeiträge noch auf den Unterhaltsanspruch als solchen verzichten. Es ist **willkürlich**, wenn der Rechtsöffnungsrichter eine Verzichterklärung mit solchem Inhalt als Urkunde betrachtet, mit welcher die Tilgung der Schuld bewiesen werden könne: BGE 119 II 6 E. 4.

15 Es ist nicht willkürlich, davon auszugehen, dass gerichtlich festgelegte Unterhaltsbeiträge durch eine direkt an die unterhaltsberechtigte Ehefrau ausbezahlte Zusatzrente gemäss IVG 34 Abs. 1 und 3 getilgt werden, und die definitive Rechtsöffnung zu verweigern, soweit der Unterhaltsverpflichtete durch eine **Bestätigung der Ausgleichskasse** die direkte Auszahlung der Zusatzrente an die unterhaltsberechtigte Ehefrau beweist: BGE 113 III 82 E. 2.

16 Bei der **Stundungseinrede** handelt es sich um eine Willenserklärung des Gläubigers, die vom Schuldner als Tatsache zu behaupten und zu beweisen ist: BGer v. 22.10.2008, 5A_586/2008 E. 5.

17 Der Schuldner kann im Vollstreckungsverfahren die **Verjährung** der Betreibungsforderung gestützt auf SchKG 81 Abs. 1 nicht mehr anrufen, soweit sie im vorherigen Erkenntnisverfahren bereits vor demjenigen Zeitpunkt eingetreten ist, bis zu dem er sich in diesem Verfahren noch auf sie hätte berufen können: BGer v. 02.05.2011, 5A_102/2011 E. 3.2. Nach der klaren Regel von OR 137 Abs. 2 beginnt mit der urteilsmässigen Feststellung der Forderung eine neue Verjährungsfrist zu laufen: BGE 123 III 213 E. 5.b.cc.

18 Ob bezüglich einer formell rechtskräftig verfügten Leistung die **Vollstreckungsverjährung oder -verwirkung** eingetreten ist, kann sowohl vom Gericht im Rechtsöffnungsverfahren als auch als Frage des materiellen Rechts von der Verwaltung mittels Verfügung und auf Beschwerde hin vom Sozialversicherungsgericht entschieden werden: EVG v. 10.09.2001, I 424/99 E. 1; BGE 125 V 396 E. 2 und 3.

19 Im Rechtsöffnungsverfahren sind **nicht nur** die in SchKG 81 Abs. 1 genannten Einwendungen gegen die Forderung zulässig; vielmehr kann vorweg der Rechtsöffnungstitel als solcher bestritten werden. Bei einem definitiven Titel kann z.B. geltend gemacht werden, das Urteil sei gefälscht, nichtig oder nicht rechtskräftig und es liege deshalb gar kein definitiver Rechtsöffnungstitel i.S.v. SchKG 80 Abs. 1 vor: BGer v. 15.11.2010, 5A_260/2010 E. 3; BGer v. 09.08.2007, 5A_104/2007 E. 2.2.

20 Soweit die **Verwirkung der Betreibung** offensichtlich ist, kann der Schuldner die entsprechende Einwendung im Rechtsöffnungsverfahren erheben: BGE 125 III 45 E. 3.a.

Zu Abs. 3

21 Zur **Vollstreckung** ausländischer Urteile siehe N 17–20 zu SchKG 80.

22 Die Einwendungen gemäss SchKG 81 Abs. 1 stehen **auch gegen ausländische Urteile** zur Verfügung, obwohl sie weder in Staatsverträgen noch im IPRG Erwähnung finden: BGE 125

III 386 E. 3.a; BGE 105 Ib 37 E. 4.c; BGE 98 Ia 527 E. 5. Dies wird in der seit Anfang 2011 geltenden Fassung von SchKG 81 Abs. 3 explizit durch das Adverb «überdies» festgehalten.

Art. 82 3. Durch provisorische Rechtsöffnung
a. Voraussetzungen

¹ Beruht die Forderung auf einer durch öffentliche Urkunde festgestellten oder durch Unterschrift bekräftigten Schuldanerkennung, so kann der Gläubiger die provisorische Rechtsöffnung verlangen.

² Der Richter spricht dieselbe aus, sofern der Betriebene nicht Einwendungen, welche die Schuldanerkennung entkräften, sofort glaubhaft macht.

Verweise

Abs. 1: *SchKG 67 Abs. 1 Ziff. 3, 69 Abs. 2 Ziff. 2 (Forderung); ZGB 9 (öffentliche Urkunde); OR 17 (Schuldanerkennung); SchKG 115 Abs. 1 (Pfändungsurkunde als Verlustschein); SchKG 149 Abs. 2 (Pfändungsverlustschein); SchKG 158 Abs. 3 (Pfandausfallschein); SchKG 265 Abs. 1 Satz 2 (Konkursverlustschein); OR 14 (Unterschrift).*

Abs. 2: *SchKG 23 (richterliche Behörden).*

Zu Abs. 1

1 Das provisorische Rechtsöffnungsverfahren ist (wie das definitive Rechtsöffnungsverfahren) ein auf Urkundenbeweise gestütztes Verfahren. Sein Zweck besteht nicht darin, den Bestand der in Betreibung gesetzten Forderung festzustellen, sondern in der Feststellung, dass ein Vollstreckungstitel vorliegt: Der betreibende Gläubiger kann sein Gesuch allein damit begründen, dass er einen derartigen Titel einreicht. Die Einreichung dieser anhand ihres Inhaltes, ihres Ursprungs und ihrer äusseren Merkmale gewürdigten Urkunde genügt, um die Rechtsöffnung auszusprechen, wenn der Schuldner keine Einwendungen erhebt und glaubhaft macht: BGer v. 01.09.2011, 5A_630/2010 E. 2.3 (Pra 101 [2012] Nr. 32).

2 Eine **Schuldanerkennung** ist eine öffentliche oder eine eigenhändig vom Betriebenen – oder seinem Stellvertreter – unterzeichnete Urkunde, aus der dessen Wille hervorgeht, dem Betreiber ohne Vorbehalte und Bedingungen eine bestimmte oder zumindest leicht bestimmbare und fällige Summe zu bezahlen: BGE 130 III 87 E. 3.1 (Pra 93 [2004] Nr. 175); BGE 122 III 125 E. 2; BGE 114 III 71 E. 2.

3 Die Schuldanerkennung kann sich auch aus einer **Gesamtheit von Urkunden** ergeben, wenn daraus die notwendigen Elemente hervorgehen. Dies bedeutet, dass die unterzeichnete Urkunde auf die Schriftstücke, welche die Schuld betragsmässig ausweisen, klar und unmittelbar Bezug nehmen bzw. verweisen muss: BGer v. 05.03.2012, 5A_878/2011 E. 2.1; BGE 136 III 627 E. 2; BGE 132 III 480 E. 4.1.

4 Eine **suspensiv bedingte Schuldanerkennung** bildet nur dann einen provisorischen Rechtsöffnungstitel, wenn der Schuldner durch Urkunde nachweisen kann, dass die Bedingung eingetreten ist: BGer v. 02.09.2011, 5A_83/2011 E. 5.1.

5   Das Erfordernis der **Unterschrift** des Schuldners oder seines Vertreters gilt lediglich für die Schuldanerkennung in einer privaten Urkunde: BGE 129 III 12 E. 2.1 (Pra 92 [2003] Nr. 89).

6   Wird die Schuldanerkennung durch einen **Stellvertreter** des Schuldners unterzeichnet, kann die provisorische Rechtsöffnung in der gegen den Vertretenen eingeleiteten Betreibung nur ausgesprochen werden, wenn eine Urkunde das Vertretungsverhältnis beweist; in gleicher Weise kann, wenn es sich beim Schuldner um eine juristische Person handelt, die provisorische Rechtsöffnung in der Betreibung gegen diese nur ausgesprochen werden, wenn die Befugnisse des Stellvertreters (vgl. OR 32 Abs. 1) oder des Organs (vgl. ZGB 55 Abs. 2), der oder das unterzeichnet hat, aus den Akten hervorgehen. Es ist jedoch nicht willkürlich, Rechtsöffnung zu erteilen, wenn zwar keine schriftliche Vollmacht vorliegt, die Befugnisse des Stellvertreters oder des Organs aber nicht bestritten sind oder sich aus einem konkludenten Verhalten des Vertretenen oder der Gesellschaft während des summarischen Rechtsöffnungsverfahrens ergeben, aus dem klar hervorgeht, dass der Stellvertreter oder das Organ aufgrund seiner Befugnisse unterzeichnet hat: BGE 132 III 140 E. 4.1.1 (Pra 95 [2006] Nr. 133).

7   Dass die Schuldanerkennung **vom Gläubiger verfasst** worden ist, **ist irrelevant**, solange sie die Unterschrift des Schuldners enthält: BGer v. 28.02.2012, 5A_652/2011 E. 3.2.1.

8   Beruft sich der betreibende Gläubiger darauf, er habe die Forderung erst nach Ausstellung der Schuldanerkennung durch **Abtretung** erworben, so kann die provisorische Rechtsöffnung auch demjenigen erteilt werden, der die Stelle des in der Schuldanerkennung bezeichneten Gläubigers einnimmt. In diesem Fall setzt die Erteilung der Rechtsöffnung voraus, dass der neue Gläubiger den Übergang der Forderung durch eine Urkunde nachweist und die Zession als Bestandteil des Titels vorlegt: BGer v. 20.10.2011, 5A_586/2011 E. 2.1; BGE 132 III 140 E. 4.1.1 (Pra 95 [2006] Nr. 133).

9   Ein **Inkassoauftrag** setzt keine Abtretung der Forderung voraus. Unterzeichnet der Schuldner eine Schuldanerkennung auf den Namen des Vertreters, so ist dieser berechtigt, die Schuld im eigenen Namen, aber auf Rechnung des Vertretenen einzutreiben. Der Schuldner kann ihm nur Einreden bezüglich des Inkassoauftrags oder der Forderung als solche entgegenhalten: BGE 119 II 452 E. 1 und 2 (Pra 83 [1994] Nr. 225).

10 Die sog. **Basler Rechtsöffnungspraxis** ist bei **synallagmatischen Verträgen** anwendbar, bei denen die Parteien **simultan** Leistungen erbringen müssen. Nach dieser Praxis wird der Rechtsvorschlag nur beseitigt, wenn der Betriebene nicht bestreitet, dass die Gegenleistung nicht erbracht wurde, wenn diese Bestreitung offensichtlich haltlos ist oder wenn der Gläubiger gegenüber der Bestreitung des Schuldners durch Urkunden in liquider Weise nachweist, dass er gehörig erfüllt hat: BGer v. 21.01.2003, 5P.314/2002 E. 2.2 (Pra 92 [2003] Nr. 161).

11 Der Verkäufer einer Sache kann seine Kaufpreisforderung nicht auf dem Betreibungsweg geltend machen, wenn es ihm nicht möglich ist, seine Gegenleistung **Zug um Zug** zu erbringen: BGE 79 II 280 E. 2.

12 Ein **Testament** taugt nur dann zur Erteilung der provisorischen Rechtsöffnung, wenn daraus die vorbehalts- und bedingungslose Verpflichtung eines Erben hervorgeht, einem betreibenden Vermächtnisnehmer eine bestimmte oder leicht bestimmbare Geldsumme zu zahlen: BGer v. 06.04.2009, 5A_108/2009 E. 2.5; BGE 122 III 125 E. 2.

13 Der **ordentliche Kaufvertrag** stellt eine Schuldanerkennung für den Kaufpreis dar, unter der Bedingung, dass der Verkäufer die verkaufte Sache übergeben oder sie hinterlegt hat, wenn der Preis zum Voraus und in bar zu bezahlen war: BGer v. 01.09.2011, 5A_630/2010 E. 2.1 (Pra 101 [2012] Nr. 32).

14 Ein **Darlehensvertrag** über eine bestimmte Summe ist grundsätzlich ein Rechtsöffnungstitel für die Rückzahlung des Darlehens, solange der Schuldner die Auszahlung nicht bestreitet. Tut er dies, so hat der Gläubiger zudem die Auszahlung nachzuweisen: BGer v. 10.10.2011, 5A_477/2011 E. 4.3.3; BGE 136 III 627 E. 2.

15 Die im **Kontokorrentvertrag** genannte Limite bedeutet dagegen keine Schuldanerkennung. Der Kontokorrentvertrag gehört zum Typus des revolvierenden Kredits, bei welchem die Bank dem Kreditnehmer während einer vertraglich vereinbarten Dauer bis zur einer bestimmten Limite immer wieder von neuem Geld zur Verfügung stellt, wobei es grundsätzlich dem Kreditnehmer überlassen ist, ob und in welchem Umfang er die Kreditlimite beanspruchen will. Steht es im Belieben des Bankkunden, ob und in welchem Umfang er Kredit beansprucht, hat er mit der Unterzeichnung des Kontokorrentvertrags weder eine bestimmte noch eine bestimmbare Schuld anerkannt: BGer v. 10.10.2011, 5A_477/2011 E. 4.3.3; BGE 132 III 480 E. 4.2.

16 Gestützt auf einen **stillschweigend genehmigten Kontokorrentauszug** kann ebenfalls keine provisorische Rechtsöffnung erteilt werden, weil sich aus der einzigen vom Schuldner unterzeichneten Urkunde, dem Krediteröffnungsvertrag, der in Betreibung gesetzte Betrag nicht entnehmen lässt: BGer v. 10.10.2011, 5A_477/2011 E. 4.3.3; BGE 132 III 480 E. 4.3; BGE 122 III 125 E. 2.c; BGE 106 III 97 E. 4 (Pra 70 [1981] Nr. 87).

17 In der Betreibung **gegen den Solidarbürgen** kann nur dann provisorische Rechtsöffnung gewährt werden, wenn nebst der Bürgschaftsurkunde eine Schuldanerkennung des Hauptschuldners vorliegt: BGer v. 10.10.2011, 5A_477/2011 E. 4.3.1; BGE 122 III 125 E. 2.b.

18 Der **Liquidationsvertrag** betreffend die Auflösung einer einfachen Gesellschaft kann ein gültiger Rechtsöffnungstitel sein: BGE 116 III 70 E. 2.

19 In der Betreibung auf **Pfandverwertung** kann auch bezüglich des Pfandrechts provisorische Rechtsöffnung erteilt werden: BGE 71 III 15 E. 2.a.

20 Die Einigung des **Bauhandwerkers** mit dem Liegenschaftseigentümer über die Eintragung und summenmässige Begrenzung des Grundpfandes bildet i.d.R. keine Schuldanerkennung des Eigentümers betreffend die pfandgesicherte Forderung. Diese Einigung betrifft nur das Pfandrecht als solches: BGE 111 III 8 E. 3.

21 Der **Pfändungsverlustschein** (SchKG 149 Abs. 2) und der **Pfandausfallschein** (SchKG 158 Abs. 3) gelten als Schuldanerkennungen i.S.v. SchKG 82 Abs. 1. Der **Konkursverlustschein** gilt ebenfalls als Schuldanerkennung, sofern die Forderung vom Gemeinschuldner anerkannt worden ist (SchKG 265 Abs. 1).

22 Der Rechtsöffnungsrichter prüft **von Amtes wegen**, ob eine gültige Schuldanerkennung vorliegt und ob die in dieser genannten Identitäten des Gläubigers, des Schuldners und der Forderung mit jenen in der Betreibung übereinstimmen: BGer v. 07.10.2005, 5P.174/2005 E. 2.1.

23 Es obliegt dem Gläubiger, die **Fälligkeit der Schuld** nachzuweisen: BGer v. 16.02.2011, 5A_32/2011 E. 3; BGer v. 01.11.2011, 5A_73/2011 E. 2.1.

24 Die provisorische Rechtsöffnung fällt unter LugÜ 22 Ziff. 5 (→ Nr. 40, aLugÜ 16 Ziff. 5). Der **Gerichtsstand** der provisorischen Rechtsöffnung kann deshalb nicht Gegenstand einer Gerichtsstandsvereinbarung sein: BGE 136 III 566 E. 3.3.

25 Der Entscheid über die provisorische Rechtsöffnung ist ein **Endentscheid** i.S.v. BGG 90 (→ Nr. 26).

Zu Abs. 2

26 Das Beweismass der **Glaubhaftmachung** (simple vraisemblance, semplice verosimiglianza) ist vom Beweismass der überwiegenden Wahrscheinlichkeit (vraisemblance prépondérante, verosimiglianza preponderante) abzugrenzen: BGer v. 16.03.2012, 5A_881/2011 E. 3.3; BGE 130 III 321 E. 3.3. Eine Tatsache gilt als glaubhaft, wenn für ihr Vorhandensein gewisse Elemente sprechen, selbst wenn das Gericht noch mit der Möglichkeit rechnet, dass sie sich nicht verwirklicht haben könnte: BGer v. 05.03.2012, 5A_878/2011 E. 2.2; BGE 132 III 140 E. 4.1.2 (Pra 95 [2006] Nr. 133).

27 Ob sich das Erfordernis der Glaubhaftmachung **auch auf die rechtliche Begründetheit** der Einwendung bezieht, ist **umstritten**. Das Bundesgericht hat die Frage bisher stets offen gelassen: BGer v. 10.11.2011, 5D_147/2011 E. 4.2; BGer v. 10.08.2011, 5A_905/2011 E. 2.1; BGer v. 27.01.2006, 5P.321/2005 E. 3.2

28 Bestreitet der Betriebene die **Echtheit** der Unterschrift auf der Schuldanerkennung, so muss er die Fälschung glaubhaft machen. Um den Richter von der Fälschung zu überzeugen, kann sich der Betriebene nicht damit begnügen, die Echtheit der Unterschrift zu bestreiten; er muss mit Urkunden oder anderen sofort verfügbaren Beweismitteln nachweisen, dass eine Fälschung der Unterschrift wahrscheinlicher ist als deren Authentizität: BGE 132 III 140 E. 4.1.2 (Pra 95 [2006] Nr. 133).

29 Das Betreibungsamt hat einem fristgerecht eingereichten **Fortsetzungsbegehren**, welchem der mit einer Rechtskraftbescheinigung versehene Rechtsöffnungsentscheid beiliegt, ohne Weiteres stattzugeben. Auf Einwendungen gegen das Rechtsöffnungsverfahren hat es nicht einzugehen, es sei denn, der Entscheid sei überhaupt nicht versandt worden und habe so keine Wirkung entfaltet oder er sei offensichtlich nichtig: BGer v. 20.12.2001, 7B.236/2001 E. 3.b; BGE 64 III 10, 12.

30 Der Rechtsöffnungsrichter ist zur Prüfung der **Rechtzeitigkeit eines Rechtsvorschlags** nicht zuständig: BGE 95 I 313 E. 3.

31 Die **Verwirkung der Betreibung** kann im Rahmen des Rechtsöffnungsverfahrens geltend gemacht werden, sofern sie offensichtlich ist: BGE 125 III 45 E. 3.a.

Art. 83 b. Wirkungen

¹ Der Gläubiger, welchem die provisorische Rechtsöffnung erteilt ist, kann nach Ablauf der Zahlungsfrist, je nach der Person des Schuldners, die provisorische Pfändung verlangen oder nach Massgabe des Artikels 162 die Aufnahme des Güterverzeichnisses beantragen.

² Der Betriebene kann indessen innert 20 Tagen nach der Rechtsöffnung auf dem Weg des ordentlichen Prozesses beim Gericht des Betreibungsortes auf Aberkennung der Forderung klagen.[1]

³ Unterlässt er dies oder wird die Aberkennungsklage abgewiesen, so werden die Rechtsöffnung sowie gegebenenfalls die provisorische Pfändung definitiv.[2]

⁴ Zwischen der Erhebung und der gerichtlichen Erledigung der Aberkennungsklage steht die Frist nach Artikel 165 Absatz 2 still. Das Konkursgericht hebt indessen die Wirkungen des Güterverzeichnisses auf, wenn die Voraussetzungen zu dessen Anordnung nicht mehr gegeben sind.[3]

> *Verweise: SchKG 31–33, SchKG 56–63, ZPO 142 ff. (Fristberechnung →Nr. 25); SchKG 88, 89–115, 118, 119 Abs. 2, 144 Abs. 5, VZG 25 (provisorische Pfändung →Nr. 9); SchKG 162–165 (Güterverzeichnis).*
>
> *Abs. 1: SchKG 69 Abs. 2 Ziff. 2, 88 Abs. 1 (Zahlungsfrist).*
>
> *Abs. 2: ZPO 219–242 (ordentliches Verfahren); ZPO 243–247 (vereinfachtes Verfahren), SchKG 23 (richterliche Behörden); SchKG 46–55 (Betreibungsort).*

Zu Abs. 1

1 Wird dem Gläubiger provisorische Rechtsöffnung erteilt, verdient er angesichts der Wahrscheinlichkeit seines Anspruchs **einen gewissen Schutz**. Deshalb kann er als sichernde Massnahme die provisorische Pfändung verlangen: BGer v. 06.03.2006, 7B.8/2006 E. 3.2.1; BGE 128 III 383 E. 3. Dies gilt unabhängig davon, ob der Anspruch auf Geldzahlung oder auf Sicherheitsleistung gerichtet ist: BGer v. 06.03.2006, 7B.8/2006 E. 3.2.1.

2 Die provisorische Pfändung ist **wie eine definitive Pfändung zu vollziehen** und kann daher auch das Einkommen des Schuldners erfassen. Unterschiede zur definitiven Pfändung bestehen jedoch in ihren Wirkungen. So kann der Gläubiger, solange die Pfändung bloss provisorisch ist, die Verwertung nicht verlangen. Zudem bildet die Pfändungsurkunde bei bloss provisorischer Pfändung keinen definitiven oder provisorischen Verlustschein i.S.v. SchKG 115

---

[1] Fassung gemäss Ziff. I des BG vom 16. Dez. 1994, in Kraft seit 1. Jan. 1997 (AS 1995 1227; BBl 1991 III 1).

[2] Fassung gemäss Ziff. I des BG vom 16. Dez. 1994, in Kraft seit 1. Jan. 1997 (AS 1995 1227; BBl 1991 III 1).

[3] Eingefügt durch Ziff. I des BG vom 16. Dez. 1994, in Kraft seit 1. Jan. 1997 (AS 1995 1227; BBl 1991 III 1).

Abs. 2, auch wenn die Pfändung überhaupt keine oder keine genügende Deckung ergeben hat: BGE 83 III 17 E. 1.

3 Die provisorische Pfändung nach SchKG 83 ist **keine eigentliche Massnahme zur Fortsetzung der Betreibung i.S.v. SchKG 88**, welche die Einleitung einer zweiten Betreibung für die gleiche Forderung verhindert: BGer v. 30.04.2010, 5A_188/2010 E. 4; BGE 128 III 383 E. 3 (Pra 91 [2002] Nr. 217).

4 Die provisorische Pfändung kann erst verlangt werden, wenn über ein **Rechtsmittel**, womit die Bewilligung der provisorischen Rechtsöffnung weitergezogen worden ist und dem rechtskrafthemmende Wirkung zukommt, in zweiter Instanz rechtskräftig entschieden worden ist: BGE 122 III 36 E. 2. Die Frist, während der die provisorische Pfändung verlangt werden kann, wird während der Dauer des Aberkennungsprozesses suspendiert: BGer v. 26.07.2002, 7B.89/2002 E. 3.3 und 3.4.

5 Falls die Betreibungsforderung nicht (mehr) bestritten ist, kann der Betreibungsgläubiger nach Ablauf der Zahlungsfrist das Fortsetzungsbegehren einreichen und die provisorische Pfändung verlangen, sobald der Richter im summarischen Verfahren festgestellt hat, dass der Betriebene **zu neuem Vermögen** gekommen sei. Dabei kommt es nicht auf die Natur des vom Summarrichter festgestellten neuen Vermögens an: BGE 126 III 204 E. 3.

6 Solange die Pfändung provisorisch ist, kann **keine Nachpfändung** erfolgen: BGE 117 III 26 E. 2 (Pra 81 [1992] Nr. 208).

7 Das provisorische Rechtsöffnungsverfahren begründet im Verhältnis zu einer bei einem Schiedsgericht anhängig gemachten Anerkennungsklage **keine Litispendenz**. Wenn der betreibenden Partei die Rechtsöffnung erteilt wird, kann sie die provisorische Pfändung oder das Güterverzeichnis verlangen, die Rechtsöffnung kann aber nicht definitiv werden, solange der Anerkennungsprozess vor dem Schiedsgericht pendent ist: BGE 136 III 583 E. 2.3 (Pra 100 [2011] Nr. 55).

8 Die Anordnung des Güterverzeichnisses im Rahmen von SchKG 83 Abs. 1 richtet sich **nach SchKG 162**: BGE 82 I 145 E. 2.

Zu Abs. 2

9 Die Aberkennungsklage hat eine **Doppelnatur**. Sie wirkt sich einerseits unmittelbar auf das laufende Betreibungsverfahren aus, indem sie die Wirkungen des Rechtsöffnungsentscheids entweder bestätigt oder aufhebt. Andererseits ist sie nicht bloss ein Zwischenverfahren in der Betreibung, sondern eine **negative Feststellungsklage des materiellen Rechts**: BGer v. 01.04.2011, 4D_4/2011 E. 2.1; BGE 134 III 656 E. 5.3.1; BGE 131 III 268 E. 3.1; BGE 128 III 44 E. 4.a; BGE 95 II 617 E. 1.

10 Der **Zweck** der Aberkennungsklage liegt keineswegs darin, das Urteil, mit dem die provisorische Rechtsöffnung erteilt wurde, als solches überprüfen zu lassen. Vielmehr stellt die Aberkennungsklage als negative Feststellungsklage materieller Art die Frage zur Entscheidung, ob im Moment des Erlasses des Zahlungsbefehls die in Betreibung gesetzte Forderung zu Recht bestand. Daher hindert nichts, dass ein Gläubiger seinem Anspruch im Aberkennungsprozess eine andere Begründung gibt als im Betreibungs- und Rechtsöffnungsverfahren und dass er

sich in jenem auf eine andere Schuldurkunde beruft als in diesem. Bedingung ist dabei immer nur die Identität der Forderung: BGE 78 II 157 E. 2.c.

11 Die Aberkennungsklage unterscheidet sich **mit Ausnahme** der Verteilung der Parteirollen und des Gerichtsstandes grundsätzlich nicht von einer ordentlichen Feststellungsklage. Das Urteil erlangt volle Rechtskraft. Ihr materiellrechtlicher Charakter zeigt sich auch daran, dass ein vor Gewährung der Rechtsöffnung hängiger Feststellungsprozess automatisch zum Aberkennungsprozess wird, ohne dass der Schuldner speziell auf Aberkennung klagen müsste: BGE 128 III 44 E. 4.a; BGE 117 III 17 E. 1 (Pra 82 [1993] Nr. 17).

12 Von der Anerkennungsklage nach SchKG 79 unterscheidet sich die Aberkennungsklage nur durch den Wechsel der Parteirollen; die **Beweislast** wird dagegen nicht anders verteilt: BGer v. 01.04.2011, 4D_4/2011 E. 2.1; BGE 131 III 268 E. 3.1; BGE 95 II 617 E. 2.

13 Nach SchKG 83 Abs. 2 ist beim **Gericht des Betreibungsortes** auf Aberkennung der Forderung zu klagen. Der in die Rolle des Klägers gedrängte Schuldner soll nicht des ordentlichen Betreibungsstandes an seinem Wohnsitz (SchKG 46 Abs. 1) verlustig gehen: BGer v. 25.03.2009, 9C_781/2008 E. 4.3.2; BGE 124 III 207 E. 3.b.aa.

14 Der Gerichtsstand der Aberkennungsklage am Betreibungsort ist jedoch **nicht zwingender**, sondern bloss dispositiver Natur: BGer v. 09.09.2008, 5A_164/2008 E. 4.2.3; BGer v. 01.02.2002, 4C.189/2001 E. 5.a; BGE 87 III 23 E. 2. Die Vereinbarung eines anderen Gerichtsstandes in der Schweiz oder im Ausland ist zulässig: BGer v. 01.02.2002, 4C.189/2001 E. 5.a.

15 Die Betreibungsbehörden können nicht darüber entscheiden, ob der Zuständigkeit des mit der Aberkennungsklage befassten Richters eine **Gerichtsstandsklausel** entgegengehalten werden kann: BGE 65 III 89, 91.

16 Wenn der Gläubiger mit Sitz in einem Mitgliedstaat des LugÜ nicht eine Forderungsklage gegen den Schuldner erhebt, sondern den Weg der Schuldbetreibung am schweizerischen Wohnsitz des Schuldners wählt, **verstösst es nicht gegen LugÜ 2 Abs. 1** (→ Nr. 40) anzunehmen, dass die Aberkennungsklage nach SchKG 83 Abs. 2 vom betriebenen Schuldner auch in der Schweiz erhoben werden kann: BGE 130 III 285 E. 4 und 5 (Pra 94 [2005] Nr. 31).

17 Die Aberkennungsklage kann auch durch ein **Schiedsgericht** beurteilt werden: BGer v. 21.09.2006, 7B.55/2006 E. 3.2; BGE 56 III 233 E. 2.

18 Die Berechnung der **Frist** zur Einreichung der Aberkennungsklage und die Prüfung ihrer Einhaltung richten sich nach Bundesrecht: BGE 127 III 569 E. 4.a (Pra 91 [2002] Nr. 58).

19 Ob die Klage rechtzeitig angehoben wurde, ist vom **für den Aberkennungsprozess zuständigen Richter** zu entscheiden. Die Betreibungsbehörden brauchen den richterlichen Entscheid nur dann nicht abzuwarten, wenn offensichtlich feststeht, dass die Klage nach Ablauf der gesetzlichen Frist angehoben wurde. Sobald hierüber Zweifel bestehen, haben sie davon abzusehen, die Rechtsöffnung als endgültig zu betrachten und das Vollstreckungsverfahren fortzusetzen: BGer v. 09.05.2000, 7B.98/2000 E. 1; BGE 117 III 17 E. 2; BGE 102 III 67 E. 2.

20 Eine **vor Fristbeginn** eingeleitete Aberkennungsklage ist gültig: BGE 117 III 17 E. 1.

21 Die Frist beginnt **mit der Eröffnung des erstinstanzlichen Entscheids** zu laufen: BGE 127 III 569 E. 4.a (Pra 91 [2002] Nr. 58).

22 Der Aberkennungsbeklagte braucht im Zeitpunkt der Zustellung des Zahlungsbefehls nicht Gläubiger der streitigen Forderung gewesen zu sein. Es genügt, wenn er sich die Forderung nach Erlass des Zahlungsbefehls **abtreten** lässt, sofern diese bei Anhebung der Betreibung fällig war: BGE 128 III 44 E. 3–5.

23 Der Schuldner kann der in Betreibung gesetzten Forderung auch eine Gegenforderung, die er **erst nach Zustellung** des Zahlungsbefehls erworben hat, zur Verrechnung entgegenstellen: BGE 68 III 85, 85 f.

24 Es steht dem Beklagten offen, **Widerklage** zu erheben, unter der Bedingung, dass zwischen dieser und den Hauptanträgen Konnexität besteht: BGE 131 III 268 E. 3.1 (Pra 95 [2006] Nr. 19); BGE 124 III 207 E. 3.b.bb; BGE 58 I 165 E. 3 (Pra 21 [1932] Nr. 136).

25 Reicht der Schuldner gleichzeitig mit der Aberkennungsklage eine Klage auf Schadenersatz gegen den Aberkennungsbeklagten ein, liegt trotz der vertauschten Parteirollen **Klagenhäufung** vor. Eine Vereinigung der Aberkennungsklage mit einer zusätzlich erhobenen Forderungsklage ist jedoch nur bei übereinstimmender sachlicher und örtlicher Zuständigkeit möglich: BGE 124 III 207 E. 3.a und b.bb.

26 Wird der Beschwerde gegen den Rechtsöffnungsentscheid aufschiebende Wirkung gewährt, so wirkt diese *ex tunc*. Die Frist zur Einreichung der Aberkennungsklage beginnt daher **mit der Zustellung des Entscheids über das Rechtsmittel** zu laufen: BGE 127 III 569 E. 4.a (Pra 91 [2002] Nr. 58).

27 Wenn der Schuldner eine Aberkennungsklage eingereicht und das Betreibungsamt **zu Unrecht eine definitive Pfändung vorgenommen hat**, so ist diese Massnahme als provisorische Pfändung aufrecht zu erhalten: BGE 92 III 55, 56.

Zu Abs. 3

28 Wird die Aberkennungsklage **gutgeheissen**, so fällt die Betreibung und damit auch eine allfällige provisorische Pfändung oder ein auf die provisorische Pfändung gestützter Anspruch am Erlös *eo ipso* dahin: BGer v. 07.09.2010, 5A_127/2010 E. 3.1; BGer v. 06.03.2006, 7B.8/2006 E. 3.2.2; BGE 76 III 1 E. 1.

29 Wird die Aberkennungsklage **abgewiesen**, so wird die provisorische Pfändung definitiv und der Gläubiger kann die Vewertung verlangen: BGer v. 06.03.2006, 7B.8/2006 E. 3.2.2; BGE 76 III 1 E. 1.

30 Der **Abschreibung** der Aberkennungsklage wegen Ausbleibens des Klägers kommt dieselbe Wirkung zu wie der Abweisung der Klage selbst: BGE 60 III 42, 44.

31 Die aus prozessualen Gründen erfolgte Zurückweisung der Aberkennungsklage stellt einen **Endentscheid i.S.v. BGG 90** (→ Nr. 26) dar: vgl. BGE 98 II 150 E. 1.

32 Der **Vergleich** im Aberkennungsprozess kann sich auch auf das Mass der vom Schuldner zu tragenden Betreibungskosten beziehen. Soweit der Rechtsvorschlag durch den Vergleich nicht beseitigt ist, steht er der Fortsetzung der Betreibung weiterhin entgegen: BGE 85 III 124, 129 f.

Art. 84[1] 4. Rechtsöffnungsverfahren

¹ Der Richter des Betreibungsortes entscheidet über Gesuche um Rechtsöffnung.

² Er gibt dem Betriebenen sofort nach Eingang des Gesuches Gelegenheit zur mündlichen oder schriftlichen Stellungnahme und eröffnet danach innert fünf Tagen seinen Entscheid.

Verweise

Abs. 1: *SchKG 23 (richterliche Behörden); SchKG 46–55 (Betreibungsort).*

Zu Abs. 1

1 Gemäss SchKG 53 sind Veränderungen des Wohnsitzes unbeachtlich und wird die Betreibung am bisherigen Ort fortgesetzt, nachdem dem Schuldner die Pfändung angekündigt oder nachdem ihm die Konkursandrohung oder der Zahlungsbefehl zur Wechselbetreibung zugestellt worden ist. Wenn der Schuldner seit der Zustellung des Zahlungsbefehls seinen Wohnsitz verlegt und sein Gläubiger davon sichere Kenntnis erhalten hat, muss das Gesuch um Rechtsöffnung folglich dem Gericht **am neuen Wohnsitz** des Schuldners gestellt werden, das seine örtliche Zuständigkeit nicht unter Hinweis auf den bisherigen Betreibungsort ablehnen darf: BGE 136 III 373 E. 2 und 3.

2 Der Grundsatz der *perpetuatio fori* gilt **auch für das Rechtsöffnungsverfahren**. Wenn zu Beginn des Verfahrens die Zuständigkeit des angerufenen Gerichts vorliegt, bleibt diese bestehen und entfällt nicht dadurch, dass später während des Verfahrens durch Veränderung von Tatsachen – wie die Verlegung des Wohnsitzes – die Zuständigkeit nicht mehr gegeben wäre: BGer v. 21.06.2010, 5D_39/2010 E. 2; BGE 129 III 404 E. 4.3.1.

3 Es ist **nicht Aufgabe des Rechtsöffnungsrichters**, ein weitläufiges Beweisverfahren durchzuführen und fehlende Beweismittel herbeizuschaffen, mit welchen die Ansprüche des Betreibenden allenfalls liquid erscheinen könnten, und jedenfalls ist er von Bundesrechts wegen nicht dazu verpflichtet. Vielmehr gehören all diese Handlungen – sowie insb. auch das Thema der Art und des Verlaufs von Liquidationshandlungen – typischerweise in das ordentliche Prozessverfahren, vorliegend in den Anerkennungsprozess gemäss SchKG 79 Abs. 1: BGer v. 16.02.2010, 5A_845/2009 E. 7.3.

4 Der Anspruch auf **unentgeltliche Rechtspflege** besteht auch im Rechtsöffnungsverfahren: BGE 121 I 60 E. 2.

5 Wenn der Schuldner weder eine Vorladung zur Rechtsöffnungsverhandlung noch den Rechtsöffnungsentscheid erhalten hat, ist der Entscheid **nichtig**: BGE 102 III 133 E. 3.

6 Zu den **Spruchgebühren** im Rechtsöffnungsverfahren siehe GebV SchKG 48 und 49 (→ Nr. 7).

---

1 Fassung gemäss Ziff. I des BG vom 16. Dez. 1994, in Kraft seit 1. Jan. 1997 (AS 1995 1227; BBl 1991 III 1).

7 Als Rechtsmittel gegen den Entscheid über die Konkurseröffnung steht gemäss ZPO 319 lit. a i.V.m. 309 lit. b Ziff. 3 (→ Nr. 25) bloss die **Beschwerde** zur Verfügung.

8 Wenn ein Richter dem Rechtsmittel gegen den Entscheid über die definitive Rechtsöffnung **aufschiebende Wirkung** zuerkennt, wird die zuvor gültig erlassene Konkursandrohung in ihren Wirkungen gehemmt: BGE 130 III 657 E. 2.

Zu Abs. 2

9 Bei der Frist, innert welcher der Rechtsöffnungsrichter seinen Entscheid zu eröffnen hat, handelt es sich um eine **Ordnungsfrist**. Diese hat vor dem Anspruch des Gläubigers auf rechtliches Gehör zurückzutreten, weshalb diesem nach dem Eingang der Stellungnahme des Schuldners Gelegenheit zur Replik zu geben ist: BGer v. 21.03.2011, 5A_42/2011 E. 2.4; BGer v. 03.09.2009, 5D_69/2009 E. 2.3.

Art. 85[1]   E. Richterliche Aufhebung oder Einstellung der Betreibung
1. Im summarischen Verfahren

Beweist der Betriebene durch Urkunden, dass die Schuld samt Zinsen und Kosten getilgt oder gestundet ist, so kann er jederzeit beim Gericht des Betreibungsortes im ersteren Fall die Aufhebung, im letzteren Fall die Einstellung der Betreibung verlangen.

Verweise: SchKG 67 Abs. 1 Ziff. 3, 69 Abs. 2 Ziff. 2 (Forderung); SchKG 67 Abs. 1 Ziff. 3, OR 102, 104–105 (Zins); SchKG 68, 69 Abs. 2 Ziff. 2 (Betreibungskosten); SchKG 23 (richterliche Behörden); SchKG 46–55 (Betreibungsort); ZPO 251 lit. c (summarisches Verfahren → Nr. 25).

1 SchKG 85 bildet mit SchKG 85a und 86 den **materiellen Schuldnerschutz**. Dieser stellt ein Korrektiv für die Folgen der Formstrenge des Betreibungsverfahrens dar. Wenn der Schuldner die Rechtsvorschlagsfrist verpasst, keine Wiederherstellung der Rechtsvorschlagsfrist erlangt, im Rechtsöffnungsverfahren nicht mit seinen Einreden durchdringt oder die Frist zur Aberkennungsklage unbenutzt verstreichen lässt, so kann er gestützt auf die genannten Artikel immer noch die Aufhebung oder Einstellung des Verfahrens oder die Rückzahlung des zu Unrecht Geleisteten verlangen.

2 Der Klage nach SchKG 85 kommt – auch wenn eine materiellrechtliche Vorfrage zu behandeln ist – nur **betreibungsrechtliche Bedeutung** zu. D.h., dass ein Urteil in dieser Sache nur innerhalb der hängigen Betreibung seine Wirkungen entfaltet: BGer v. 03.05.2005, 5P.8/2005 E. 1.1. Im Gegensatz zu einem Entscheid nach SchKG 85a weist jener nach SchKG 85 keine materielle Rechtskraft hinsichtlich des Bestandes der Forderung auf: BGE 125 III 149 E. 2.c.

---

1   Fassung gemäss Ziff. I des BG vom 16. Dez. 1994, in Kraft seit 1. Jan. 1997 (AS 1995 1227; BBl 1991 III 1).

3 Im Verfahren nach SchKG 85 ist **nur der Urkundenbeweis** zulässig: Zudem wird ein strikter Beweis für die Tilgung bzw. Stundung gefordert, blosses Glaubhaftmachen genügt nicht. Diese Beweisanforderungen gelten für beide Parteien, also auch für einen allfälligen Gegenbeweis des Gläubigers: BGer v. 03.05.2005, 5P.8/2005 E. 3.1.

4 Zum Begriff der **Tilgung** siehe N 4 zu SchKG 81, zum Begriff der **Stundung** siehe N 16 zu SchKG 81.

5 Tilgt der Schuldner die betriebene Forderung samt Zins und Kosten **beim Betreibungsamt**, so hat dies gemäss SchKG 12 Abs. 2 das Erlöschen der Betreibung zur Folge: BGer v. 22.11.2006, 7B.173/2006 E. 2.1; BGE 74 III 23, 25. Tilgt der Schuldner die betriebene Forderung dagegen direkt **beim Gläubiger**, so wird die Betreibung hierdurch nicht gestoppt. Es obliegt diesfalls dem Richter, die Betreibung gestützt auf SchKG 85 oder 85a aufzuheben: BGE 114 III 49 E. 1.

6 Das Begehren auf Aufhebung der Betreibung ist abzuweisen, wenn die betriebene Forderung nicht untergegangen, sondern bloss an einen Dritten **abgetreten** worden ist: BGE 96 I 1 E. 2.

7 Die Klage nach SchKG 85 wird gemäss ZPO 251 lit. c (→ Nr. 25) **im summarischen Verfahren** behandelt. Die Kosten richten sich nach GebV SchKG 48 und 49 (→ Nr. 7).

8 Wird eine Betreibung gestützt auf SchKG 85 oder 85a aufgehoben oder eingestellt, so ist eine im Grundbuch vorgemerkte **Verfügungsbeschränkung** über ein Grundstück zur Löschung anzumelden (VZG 6 lit. b Ziff. 4 → Nr. 9).

9 Vgl. auch SchKG 172 Ziff. 3, wonach das **Konkursbegehren** abgewiesen wird, wenn der Schuldner durch Urkunden beweist, dass die Schuld, Zinsen und Kosten inbegriffen, getilgt ist oder dass der Gläubiger ihm Stundung gewährt hat.

10 **Rechtsmittel** gegen den erstinstanzlichen kantonalen Entscheid bildet die Beschwerde nach ZPO 319 ff. (→ Nr. 25).

Art. 85a[1] 2. Im ordentlichen und im vereinfachten Verfahren[2]

[1] Der Betriebene kann jederzeit vom Gericht des Betreibungsortes feststellen lassen, dass die Schuld nicht oder nicht mehr besteht oder gestundet ist.

[2] Nach Eingang der Klage hört das Gericht die Parteien an und würdigt die Beweismittel; erscheint ihm die Klage als sehr wahrscheinlich begründet, so stellt es die Betreibung vorläufig ein:

1. in der Betreibung auf Pfändung oder auf Pfandverwertung vor der Verwertung oder, wenn diese bereits stattgefunden hat, vor der Verteilung;

2. in der Betreibung auf Konkurs nach der Zustellung der Konkursandrohung.

---

[1] Eingefügt durch Ziff. I des BG vom 16. Dez. 1994, in Kraft seit 1. Jan. 1997 (AS 1995 1227; BBl 1991 III 1).

[2] Fassung gemäss Anhang 1 Ziff. II 17 der Zivilprozessordnung vom 19. Dez. 2008, in Kraft seit 1. Jan. 2011 (AS 2010 1739; BBl 2006 7221).

³ Heisst das Gericht die Klage gut, so hebt es die Betreibung auf oder stellt sie ein.
⁴ …¹

Verweise

Abs. 1: *SchKG 23 (richterliche Behörden); SchKG 46–55 (Betreibungsort); ZPO 219–242 (ordentliches Verfahren → Nr. 25); ZPO 243–247 (vereinfachtes Verfahren).*

Abs. 2 Ziff. 1: *SchKG 42, 89–150 (Betreibung auf Pfändung); SchKG 41, 151–158 (Betreibung auf Pfandverwertung); SchKG 116–143b, 154–156 (Verwertung); SchKG 144–150, 157 (Verteilung).*

Abs. 2 Ziff. 2: *SchKG 39, 40, 41 Abs. 1, 43, 159 ff. (ordentliche Konkursbetreibung); SchKG 159–161 (Konkursandrohung).*

Zu Abs. 1

1 Die Klage nach SchKG 85a ist eine **materiellrechtliche Feststellungsklage**. Sie weist eine **Doppelnatur** auf: Wie die Aberkennungsklage bezweckt sie die Feststellung der Nichtschuld bzw. der Stundung; sie hat aber auch betreibungsrechtliche Wirkung, indem der Richter mit ihrer Gutheissung die Betreibung aufhebt oder einstellt: BGE 132 III 89 E. 1.1; BGE 125 III 149 E. 2.c. Dieses zusätzliche Verteidigungsmittel soll unverhältnismässige Härten und materiellrechtlich unbefriedigende Ergebnisse korrigieren: BGE 129 III 197 E. 2.1.

2 Die Klage nach SchKG 85a setzt voraus, dass eine Betreibung **hängig** ist. Es handelt sich dabei um eine Prozessvoraussetzung, die auch noch im Zeitpunkt des Entscheids erfüllt sein muss. Fällt die Betreibung im Verlauf des Verfahrens dahin, so darf danach kein Urteil über das Feststellungsbegehren mehr ergehen und die Klage ist aus diesem Grund materiell nicht mehr zu prüfen: BGer v. 27.11.2006, 5P.337/2006 E. 3; BGE 127 III 41 E. 4.c.

3 Die Feststellungsklage gemäss SchKG 85a kann nicht angehoben werden, solange der vom Schuldner **rechtzeitig erhobene Rechtsvorschlag** noch nicht rechtskräftig beseitigt worden ist: BGer v. 29.11.2005, 4C.336/2005 E. 3.1.1; BGE 125 III 149 E. 2.c. In diesem Zeitraum steht dem Schuldner mangels Klage gemäss SchKG 85a nur die allgemeine Klage auf Feststellung des Nichtbestehens der Schuld offen, und er kann, falls mit dem Urteil die Nichtigkeit der Betreibung festgestellt wird, die Kenntnisgabe der Betreibung an Dritte gestützt auf SchKG 8a Abs. 3 lit. a verhindern: BGer v. 29.11.2005, 4C.336/2005 E. 3.1.1; BGE 128 III 334, 335 f. (Pra 91 [2002] Nr. 195); BGE 120 II 20 E. 3.

4 Die Klage, mit welcher der in der Schweiz betriebene Kläger nicht nur die Feststellung des Nichtbestehens der Schuld, sondern auch die Aufhebung – und die entsprechende Löschung aus dem Register – der Betreibung verlangt, die von einem im Ausland wohnenden Beklagten gegen ihn erhoben wurde, kann angesichts des Territorialitätsprinzips, welches das Gebiet der Zwangsvollstreckung beherrscht, **nicht getrennt** werden: BGE 132 III 277 E. 4.

---

1 Aufgehoben durch Anhang 1 Ziff. II der Zivilprozessordnung vom 19. Dez. 2008, mit Wirkung seit 1. Jan. 2011 (AS 2010 1739; BBl 2006 7221).

5 Nach dem Wortlaut von SchKG 85a kann sich die Klage nur auf die Schuld beziehen, weshalb der Ausdruck «Betriebener» den **Drittpfandsteller nicht einschliesst**: BGE 129 III 197 E. 2.5.

6 Mit dem **Konkurs** des Klägers ist gemäss SchKG 206 Abs. 1 die Betreibung, gegen die sich seine Klage nach SchKG 85a richtete, weggefallen. Damit liegt nach dem Konkurs des Betriebenen eine zur Aberkennungsklage gemäss SchKG 83 Abs. 2 analoge Situation vor. In beiden Fällen ist eine materiellrechtliche negative Feststellungsklage zu beurteilen, welche aufgrund eines Betreibungsverfahrens eingereicht wurde, das mit dem Konkurs des Betriebenen aufgehoben wurde. Nach der Rechtsprechung des Bundesgerichts sind Aberkennungsklagen nach dem Konkurs des Klägers gemäss SchKG 207 zu sistieren, was zur Anwendung von KOV 63 (→ Nr. 5) führt. Analog sind auch Klagen nach SchKG 85a beim Konkurs des Betriebenen nach SchKG 207 zu sistieren, bis feststeht, ob es durch die Konkursmasse oder einzelne Gläubiger oder bei der Einstellung des Konkurses mangels Aktiven vom Kläger weitergeführt wird: BGE 132 III 89 E. 1.5. Fällt das für die Klage nach SchKG 85a zuständige Gericht in Unkenntnis des Konkurses dennoch einen Sachentscheid, so ist von dessen Gültigkeit auszugehen: BGE 132 III 89 E. 2.

7 Die Klage nach SchKG 85a SchKG wird, wie bereits die Marginalie der Bestimmung festhält, je nach Streitwert entweder **im ordentlichen oder vereinfachten Verfahren** gemäss ZPO 219 ff. bzw. 243 ff. (→ Nr. 25) behandelt. Ein vorgängiges Schlichtungsverfahren findet gemäss ZPO 198 lit. e Ziff. 2 nicht statt.

Zu Abs. 2

8 Das Gericht stellt die Betreibung vorläufig ein, wenn ihm die Klage als **«sehr wahrscheinlich begründet»** erscheint. Dies bedeutet, dass die Prozesschance des Schuldners als deutlich besser erscheinen muss als jene des Gläubigers. Zwar verlangt das Gesetz keine «offensichtliche Begründetheit». Immerhin ging der Gesetzgeber mit dem Erfordernis der «sehr wahrscheinlichen Begründetheit» aber über die im Rahmen vorsorglicher Massnahmen normalerweise verlangte «überwiegende Wahrscheinlichkeit» hinaus: BGer v. 23.08.2010, 4A_176/2010 E. 3.2.

9 Wird **vor dem Entscheid über das Konkursbegehren** eine negative Feststellungsklage anhängig gemacht, ist zuerst über die Einstellung der Betreibung zu befinden; diese kann **superprovisorisch** verfügt werden: BGE 136 III 587 E. 2.

10 Der Entscheid über die vorläufige Einstellung der Betreibung stellt einen Entscheid über eine **vorsorgliche Massnahme** dar: BGer v. 12.07.2011, 4A_223/2011 E. 2. Der Entscheid der ersten Instanz unterliegt je nach Streitwert entweder der Berufung (ZPO 308 Abs. 1 lit. b → Nr. 25) oder der Beschwerde (ZPO 319 lit. a).

11 Der Entscheid über die vorläufige Einstellung der Betreibung gilt als **Zwischenentscheid** i.S.v. BGG 93 (→ Nr. 26), der einen nicht wieder gutzumachenden Nachteil bewirken kann. Er kann deshalb selbstständig vor Bundesgericht angefochten werden: BGer v. 12.07.2011, 4A_223/2011 E. 1; BGer v. 23.08.2010, 4A_176/2010 E. 1. Bei solchen Entscheiden kann gemäss BGG 98 vor Bundesgericht nur die Verletzung verfassungsmässiger Rechte geltend gemacht werden: BGer v. 12.07.2011, 4A_223/2011 E. 2.

Zu Abs. 3

12 Der letztinstanzliche kantonale Entscheid in der Sache selbst kann gemäss BGG 72 Abs. 2 lit. a i.V.m. 74 Abs. 1 lit. b (→ Nr. 26) mit **Beschwerde in Zivilsachen** angefochten werden, sofern der Streitwert mindestens Fr. 30'000.00 beträgt.

Art. 86 F. Rückforderungsklage

¹ Wurde der Rechtsvorschlag unterlassen oder durch Rechtsöffnung beseitigt, so kann derjenige, welcher infolgedessen eine Nichtschuld bezahlt hat, innerhalb eines Jahres nach der Zahlung auf dem Prozesswege den bezahlten Betrag zurückfordern.[1]

² Die Rückforderungsklage kann nach der Wahl des Klägers entweder beim Gerichte des Betreibungsortes oder dort angehoben werden, wo der Beklagte seinen ordentlichen Gerichtsstand hat.

³ In Abweichung von Artikel 63 des Obligationenrechts (OR)[2] ist dieses Rückforderungsrecht von keiner andern Voraussetzung als dem Nachweis der Nichtschuld abhängig.[3]

Verweise

Abs. 1: *SchKG 74–78 (Rechtsvorschlag); SchKG 80–84 (Rechtsöffnung); SchKG 31–33, SchKG 56–63, ZPO 142 ff. (Fristberechnung → Nr. 25); ZPO 219–242 (ordentliches Verfahren); ZPO 243–247 (vereinfachtes Verfahren).*

Abs. 2: *SchKG 46–55 (Betreibungsort); ZPO 9–46 (Gerichtsstand).*

1 Bei der Rückforderungsklage handelt es sich um eine **materiellrechtliche Leistungsklage**: BGer v. 23.11.2007, 5A_489/2007 E. 1.

2 Das Ziel der Rückforderungsklage liegt darin, dem Schuldner, der eine **Nichtschuld** bloss deshalb bezahlt, um der Betreibung zu entgehen, zu ermöglichen, sie innerhalb eines Jahres auf dem ordentlichen Prozessweg zurückzufordern. Entscheidend ist daher, dass sich der Schuldner durch die angehobene Betreibung zur Zahlung veranlasst sah. Es kommt nicht darauf an, ob er «freiwillig», d.h. aus eigener Initiative zahlte, oder im Gegenteil «unfreiwillig», um die Zwangsverwertung seines Vermögens zu verhindern. Entscheidend ist im einen wie im anderen Fall, **dass er nicht aus freien Stücken bezahlt hat**, d.h. dass er zahlte, um sich der Betreibung zu entziehen: BGE 115 III 36 E. 2.c (Pra 78 [1989] Nr. 173).

3 Die Rückforderungsklage ist jedoch nicht nur bei der Bezahlung einer Nichtschuld zulässig, sondern auch dann, wenn der Gläubiger durch die Verwertung von Vermögensgegenständen

---

1 Fassung gemäss Anhang 1 Ziff. II 17 der Zivilprozessordnung vom 19. Dez. 2008, in Kraft seit 1. Jan. 2011 (AS 2010 1739; BBl 2006 7221).
2 SR 220
3 Fassung gemäss Ziff. I des BG vom 16. Dez. 1994, in Kraft seit 1. Jan. 1997 (AS 1995 1227; BBl 1991 III 1).

des Schuldners **durch das Zwangsvollstreckungsverfahren befriedigt worden ist**: BGE 132 III 539 E. 3.3; BGE 131 III 586 E. 2.1; BGE 115 III 36 E. 2.d (Pra 78 [1989] Nr. 173).

4 Ferner gelangt die Rückforderungsklage zur Anwendung, wenn ein Schuldner, der auf der Grundlage eines die materielle Begründetheit der Forderung bejahenden Urteils bezahlt hat, mit Hilfe neuer Tatsachen nachweist, dass die gerichtlich festgestellte Schuld **später ganz oder teilweise erloschen** ist: BGE 131 III 586 E. 2 (Pra 95 [2006] Nr. 109).

5 Ist ein Betriebener im Nachhinein der Ansicht, dass er **mehr bezahlt** habe, als von ihm geschuldet gewesen sei, steht ihm ebenfalls der Weg der Rückforderungsklage offen: BGE 112 III 86 E. 2.

6 SchKG 86 hat **nur privatrechtliche Forderungen** im Auge und räumt dem Betriebenen bloss bei der Zahlung solcher infolge Betreibung von Bundesrechts wegen das Mittel der Rückforderung im ordentlichen Prozesse wegen Nichtschuld ein: BGE 53 I 251 E. 1. Der Rechtsgrundsatz, dass Zuwendungen, die aus einem nicht verwirklichten oder nachträglich weggefallenen Grund erfolgen, zurückzuerstatten sind, gilt indes auch im öffentlichen Recht: BGer v. 22.11.2011, 2C_115/2011 E. 2.1; BGE 105 Ia 214 E. 5. Nur erfolgt die Rückzahlung in diesen Fällen nicht über SchKG 86.

7 **Aktivlegitimiert** sind der Betriebene, seine Rechtsnachfolger und der Drittpfandeigentümer. Nicht aktivlegitimiert ist dagegen ein Dritter, der die Zahlung für den Betriebenen vornimmt, ohne jedoch selbst betrieben zu sein: BGE 37 II 299, 301 f.

8 **Passivlegitimiert** sind der Betreibende und seine Rechtsnachfolger. Nicht passivlegitimiert ist dagegen der bloss als Inkassomandatar handelnde Gläubiger: BGE 60 III 124, 127 ff.

9 Bei **Ratenzahlungen** ist die Zahlung der letzten Rate für die Fristberechnung massgebend: BGE 60 II 167 E. 3.

10 Bei der Rückforderungsklage hat der Kläger **die Nichtschuld**, und nicht der Gläubiger die Schuld **zu beweisen**: BGE 131 III 586 E. 3 (Pra 95 [2006] Nr. 109); BGE 119 II 305 E. 1.b.aa.

11 Dass die Zahlung der Nichtschuld durch die Betreibung **veranlasst** worden ist, wird vermutet. Die Beweislast für das Gegenteil trifft den Rückerstattungsbeklagten: BGE 61 II 4, 5.

12 Um sich vor der Zahlungsunfähigkeit des Betreibenden zu schützen, kann der Betriebene den an das Betreibungsamt bezahlten Betrag zur Sicherung seines Rückforderungsanspruches mit **Arrest** belegen lassen: BGE 125 III 149 E. 2.b.bb; BGE 90 II 108 E. 5.

Art. 87   G. Betreibung auf Pfandverwertung und Wechselbetreibung

Für den Zahlungsbefehl in der Betreibung auf Pfandverwertung gelten die besondern Bestimmungen der Artikel 151–153, für den Zahlungsbefehl und den Rechtsvorschlag in der Wechselbetreibung diejenigen der Artikel 178–189.

Keine Entscheidungen.

IX. Fortsetzung der Betreibung[1]

Art. 88[2]

[1] Ist die Betreibung nicht durch Rechtsvorschlag oder durch gerichtlichen Entscheid eingestellt worden, so kann der Gläubiger frühestens 20 Tage nach der Zustellung des Zahlungsbefehls das Fortsetzungsbegehren stellen.

[2] Dieses Recht erlischt ein Jahr nach der Zustellung des Zahlungsbefehls. Ist Rechtsvorschlag erhoben worden, so steht diese Frist zwischen der Einleitung und der Erledigung eines dadurch veranlassten Gerichts- oder Verwaltungsverfahrens still.

[3] Der Eingang des Fortsetzungsbegehrens wird dem Gläubiger auf Verlangen gebührenfrei bescheinigt.

[4] Eine Forderungssumme in fremder Währung kann auf Begehren des Gläubigers nach dem Kurs am Tage des Fortsetzungsbegehrens erneut in die Landeswährung umgerechnet werden.

Verweise: SchKG 31–33, SchKG 56–63, ZPO 142 ff. (Fristberechnung → Nr. 25); SchKG 64–66 (Zustellung); SchKG 69–72 (Zahlungsbefehl); SchKG 74–78 (Rechtsvorschlag).

Abs. 1: SchKG 85, 85a (Einstellung der Betreibung).

Abs. 2: ZPO 219–242 (ordentliches Verfahren); ZPO 243–247 (vereinfachtes Verfahren).

Abs. 4: SchKG 67 Abs. 1 Ziff. 3, OR 84 Abs. 2 (Schweizerwährung).

Zu Abs. 1

1. Ein Fortsetzungsbegehren ist **nur in der Betreibung auf Pfändung und auf Konkurs** erforderlich. In der Betreibung auf Pfandverwertung und in der Wechselbetreibung kann nach dem Einleitungsverfahren direkt das Verwertungsbegehren gestellt werden (vgl. SchKG 154 und 188).

2. Die Fortsetzung der Betreibung setzt einen **rechtskräftigen Zahlungsbefehl** voraus. Hiervon gibt es zwei Ausnahmen: Der Pfändungsverlustschein berechtigt den Gläubiger binnen sechs Monaten (SchKG 149 Abs. 3), der Pfandausfallschein binnen einem Monat (SchKG 158 Abs. 2) seit der Zustellung der Urkunde die Betreibung ohne neuen Zahlungsbefehl fortzusetzen.

3. Das Betreibungsamt prüft **von Amtes wegen**, ob ein rechtskräftiger Zahlungsbefehl vorliegt: BGE 128 III 380 E. 1.2. Dies ist dann der Fall, wenn kein Rechtsvorschlag erhoben wurde, die Wiederherstellung der Rechtsvorschlagsfrist oder der nachträgliche Rechtsvor-

---

1 Eingefügt durch Ziff. I des BG vom 16. Dez. 1994, in Kraft seit 1. Jan. 1997 (AS 1995 1227; BBl 1991 III 1).

2 Fassung gemäss Ziff. I des BG vom 16. Dez. 1994, in Kraft seit 1. Jan. 1997 (AS 1995 1227; BBl 1991 III 1).

4 Als Rechtsmittel gegen den erstinstanzlichen Rechtsöffnungsentscheid steht die Beschwerde nach ZPO zur Verfügung (ZPO 309 lit. b Ziff. 3 i.V.m. 319 lit. a → Nr. 25). Da dieser von Gesetzes wegen **keine aufschiebende Wirkung** zukommt, erwächst der erstinstanzliche Rechtsöffnungsentscheid mit seiner Mitteilung in Rechtskraft: vgl. BGE 101 III 40 E. 2 zur Rechtsöffnungsbeschwerde nach bündnerischem Zivilprozessrecht. Trotz der Hängigkeit der Beschwerde gegen den Rechtsöffnungsentscheid kann die Betreibung somit **fortgesetzt werden**, sofern die Rechtsmittelinstanz der Beschwerde nicht gestützt auf ZPO 325 Abs. 2 aufschiebende Wirkung erteilt: vgl. BGE 130 III 657 E. 2.1 zur Beschwerde nach zugerischem Zivilprozessrecht. Da sich die Rechtskraft des Rechtsöffnungsentscheids aus dem Gesetz ergibt, besteht **kein Anlass** für das Betreibungsamt, eine entsprechende **Rechtskraftbescheinigung** zu verlangen: vgl. BGE 126 III 479 E. 2 zur Nichtigkeitsklage nach jurassischem Zivilprozessrecht.

(Hinweis: Randziffer 3 beginnt oben auf der Seite mit: «schlag nicht bewilligt wurde, der Rechtsvorschlag vorbehaltlos zurückgezogen oder aber rechtskräftig beseitigt wurde.»)

5 Die Einhaltung der **Frist** des SchKG 88 Abs. 1 liegt nicht bloss im Interesse des Schuldners, sondern auch im Interesse Dritter. Das Betreibungsamt hat deshalb diese Frist zu beachten, selbst wenn der Schuldner zum Voraus darauf verzichtet, die Nichteinhaltung der Frist geltend zu machen: BGE 101 III 16 E. 1.

6 Fortsetzungs- und Verwertungsbegehren, deren Stellung im Zeitpunkt, wo sie beim Betreibungsamt einlangen, gesetzlich noch nicht zulässig ist, werden **nicht eingetragen**, sondern dem Einsender mit der Bemerkung: «verfrüht, erst am … zulässig» zurückgeschickt (VFRR 9 Abs. 2 → Nr. 4). Ausgenommen sind solche Begehren, die **höchstens zwei Tage zu früh** einlangen. Diese werden gleichwohl entgegengenommen und, wie die andern, in der Reihenfolge des Eingangs eingetragen (VFRR 9 Abs. 3).

7 Wird einem **verfrühten** Fortsetzungsbegehren Folge geleistet wird, so können die Gläubiger Beschwerde führen. Die gestützt auf das verfrühte Fortsetzungsbegehren erfolgte Pfändung ist nicht nichtig: BGE 130 III 652 E. 2.1.

8 Verändert der Schuldner während des Einleitungsverfahrens seinen Wohnsitz, muss der Gläubiger für die Fortsetzung der Betreibung das **Original** des Doppels des Zahlungsbefehls dem neu zuständigen Betreibungsamt vorlegen. Eine elektronische Kopie des Zahlungsbefehls genügt nicht: BGE 128 III 380 E. 1.2.

9 Das **zeitweilige Fehlen** eines geeigneten Betreibungsortes macht die Betreibung nicht hinfällig. Sie kann vielmehr binnen der gesetzlichen Fristen fortgesetzt werden, sobald sich wieder ein geeigneter Betreibungsort vorfindet: BGer v. 01.03.2011, 5A_872/2010 E. 2.3; BGE 68 III 146 E. 1.

10 Das Erfordernis der Angabe der Forderungssumme **in gesetzlicher Schweizerwährung** gilt nicht nur für den Zahlungsbefehl, sondern auch für das Fortsetzungsbegehren wie überhaupt für das ganze Betreibungsverfahren: BGE 94 III 74 E. 3.

11 Es ist von Amtes wegen zu prüfen, ob die Zwangsvollstreckung **durch Betreibung auf Pfändung oder auf Konkurs** fortzusetzen ist: BGE 115 III 89 E. 1.

12 Die Fortsetzung der Betreibung ist **zu verweigern**, wenn der Schuldner weder eine Vorladung zur Rechtsöffnungsverhandlung noch den Rechtsöffnungsentscheid erhalten hat: BGer

v. 10.10.2011, 5A_552/2011 E. 2.1; BGE 130 III 396 E. 1.2.2. Werden dennoch betreibungsrechtliche Verfügungen erlassen, so sind diese **nichtig**: BGer v. 17.01.2012, 5A_755/2011 E. 2.1.

13 **Bedingte Fortsetzungsbegehren** sind unwirksam: BGE 94 III 78 E. 2; BGE 85 III 68, 71.

14 Der **bedingte Rückzug des Fortsetzungsbegehrens** hat die gleichen Folgen wie ein unbedingter Rückzug: BGE 94 III 78 E. 2; BGE 85 III 68, 71.

15 Führt das Fortsetzungsbegehren nicht zu einer gültigen Pfändung, so bleibt es **hängig**: BGE 78 III 58 E. 2.

16 Eine **zweite Betreibung** für die gleiche Forderung ist unzulässig, wenn der Gläubiger in der ersten Betreibung das Fortsetzungsbegehren bereits gestellt hat oder zu stellen berechtigt ist: BGE 128 III 383 E. 1 und 2 (Pra 91 [2002] Nr. 217). Die provisorische Pfändung ist dagegen keine Massnahme zur Fortsetzung der Betreibung i.S.v. SchKG 88 und hindert deshalb die Einleitung einer zweiten Betreibung nicht: BGE 128 III 383 E. 3.

Zu Abs. 2

17 Sinn und Zweck der **Maximalfrist** ist, dass der Gläubiger gezwungen werden soll, innert einer bestimmten Frist zu handeln. Das Damoklesschwert der Zwangsexekution soll nicht unbestimmt lange über dem Schuldner hängen. Andererseits soll der Gläubiger keinen Nachteil dadurch erleiden, dass der Schuldner Rechtsvorschlag erhebt oder ein Verfahren einleitet; aus diesem Grund findet die Dauer eines solchen Prozesses bei der Berechnung der Maximalfrist keine Berücksichtigung: BGer v. 11.12.2009, 9C_903/2009 E. 1.2.

18 Bei der Maximalfrist handelt es sich um eine **Verwirkungsfrist**. Macht der Gläubiger seinen Pfändungsanspruch nicht innerhalb der Frist seit Zustellung des Zahlungsbefehls geltend, verwirkt er dieses Recht. Der Zahlungsbefehl verliert seine Gültigkeit und die Betreibung fällt dahin: BGer v. 11.12.2009, 9C_903/2009 E. 1.1; BGE 125 III 45 E. 3. Im Zweifelsfall muss der Gläubiger nachweisen, dass er diese Verwirkungsfrist nicht verpasst hat: BGer v. 11.12.2009, 9C_903/2009 E. 1.2.

19 Die Maximalfrist **gilt auch für:**
   – **Ergänzungspfändungen**, nicht jedoch für die Fälle der amtlichen Nachpfändung bei ungenügendem Verwertungserlös gemäss SchKG 145: BGE 63 III 144, 145;
   – **Nachpfändungen gestützt auf einen provisorischen Verlustschein**: BGE 117 III 26 E. 2; BGE 96 III 111 E. 4.a; BGE 88 III 61 E. 1.

20 Der **Arrestgläubiger** hat die Betreibung dagegen innert zehn Tagen, seit der Zahlungsbefehl rechtskräftig geworden ist, fortzusetzen, ansonsten seine provisorische Teilnahme an der durch einen anderen Gläubiger erlangten Pfändung (SchKG 281 Abs. 1) dahinfällt: BGE 92 III 9 E. 1, 2.b. und 2.c.

21 Die Verwirkungsfrist **beginnt mit der Zustellung des Zahlungsbefehls an den Schuldner** und nicht mit der Zustellung der für den Gläubiger bestimmten Ausfertigung zu laufen: BGE 125 III 45 E. 3.b.

22 Der **Fristenstillstand** bezieht sich nur auf die Maximalfrist: BGE 124 III 79 E. 2.

23 Die Verwirkungsfrist **steht still**:

- während des **Schuldanerkennungs-** und **Schuldaberkennungsprozesses** sowie während des Verfahrens auf **Feststellung neuen Vermögens**: BGer v. 26.07.2002, 7B.89/2002 E. 3.1; BGE 124 III 79 E. 2; BGE 79 III 58 E. 1;
- während der Dauer des **Rechtsöffnungsverfahrens**: BGE 124 III 79 E. 2; BGE 79 III 58 E. 1;
- solange der Gläubiger nicht in den Besitz einer Urkunde gelangen kann, welche das Rechtsöffnungsurteil als **vollstreckbar** erklärt: BGE 106 III 51 E. 3 (Pra 70 1981 Nr. 66).

24 Die Verwirkungsfrist steht hingegen **nicht still**:

- während eines Verfahrens, das wegen **Anstandes in der Rechtshilfe** eingeleitet wird: BGer v. 14.01.2000, 7B.275/1999 E. 3; BGE 86 IV 226 E. 2;
- während vom Gläubiger gewährten **Stundungen**: BGE 77 III 56 E. 3;
- während eines **Widerspruchsprozesses** mit Bezug auf die bereits gepfändeten Gegenstände: BGE 88 III 59 E. 2.

Dritter Titel: Betreibung auf Pfändung[1]
I. Pfändung[2]

Art. 89[3] A. Vollzug
1. Zeitpunkt

Unterliegt der Schuldner der Betreibung auf Pfändung, so hat das Betreibungsamt nach Empfang des Fortsetzungsbegehrens unverzüglich die Pfändung zu vollziehen oder durch das Betreibungsamt des Ortes, wo die zu pfändenden Vermögensstücke liegen, vollziehen zu lassen.

Verweise: SchKG 42, 89–150 (Betreibung auf Pfändung); SchKG 88 (Fortsetzungsbegehren), SchKG 89–115 (Pfändung); VZG 24 (Requisitorialpfändung von Grundstücken → Nr. 9).

1 Bei SchKG 89 handelt es sich um eine **Ordnungsvorschrift**: BGE 86 III 87 E. 2.a.

2 Betr. **Zuständigkeit** für die Pfändung von registrierten Schiffen: Art. 55 Abs. 2 BG über das Schiffsregister vom 28.09.1923 (SR 747.11).

3 Wird beim Vollzug der Pfändung gegen die **Zuständigkeitsordnung** verstossen, folgt daraus die Nichtigkeit der darauffolgenden Vorkehren: BGE 109 III 90 E. 1.

4 Der Vollzugsbeamte, der die Pfändung vollzieht, muss die Vermögenswerte, welche mit Beschlag belegt sind, **individualisieren**, d.h., er muss diese genau angeben: BGE 114 III 75 E. 1. Die Pfändung von Vermögenswerten, die nicht genügend individualisiert sind, ist **nichtig**: BGE 132 III 281 E. 1; BGE 131 III 237 E. 2.1; BGE 107 III 70 E. 2; BGE 106 III 100 E. 1.

5 Solange der Pfändungsschuldner nicht auf die **Straffolgen** jeder nicht bewilligten Verfügung über den mit Beschlag belegten Vermögenswert (SchKG 96 Abs. 1) aufmerksam gemacht worden ist, ist die Pfändung nicht wirksam und auch nicht rechtsgültig vollzogen: BGE 130 III 661 E. 1.2; BGE 112 III 14 E. 3.

6 Die Pfändung von Forderungen, die **nicht durch Urkunden** vertreten sind, wird durch Anzeige an den Drittschuldner gesichert: BGE 74 III 1, 4; BGE 50 III 47, 50.

7 Wohnt der Schuldner im Ausland, gilt als **Ort der gelegenen Sache** der Wohnsitz des Drittschuldners in der Schweiz, d.h. der Wohnsitz des Schuldners des betriebenen Schuldners: im Zusammenhang mit einem Arrest: BGE 114 III 31 E. 2b; BGE 107 III 147 E. 4.a.

8 Behauptet der Gläubiger, dass dem Schuldner eine Forderung zusteht, so ist diese auch dann zu pfänden, wenn der betriebene Schuldner oder der angebliche Drittschuldner dieser Forderung deren Bestand bestreiten. Die Forderung ist dann als **bestrittene Forderung** zu pfänden: BGE 107 III 73 E. 4; BGE 81 III 17, 19.

---

1 Ursprünglich vor Art. 88.
2 Ursprünglich vor Art. 88.
3 Fassung gemäss Ziff. I des BG vom 16. Dez. 1994, in Kraft seit 1. Jan. 1997 (AS 1995 1227; BBl 1991 III 1).

9 Der **Erbanteil** des Schuldners kann gepfändet werden, auch wenn der Schuldner und seine Miterben behaupten, die seit der Verarrestierung durchgeführte Erbteilung habe für den Schuldner keinen Aktivwert ergeben. Die Betreibungsbeamten können nicht darüber entscheiden, ob dem Schuldner etwas aus der Erbteilung zustehe: BGE 130 III 652 E. 2.2 und 2.3.

10 Ist der Schuldner bei der Pfändung **nicht anwesend** und auch nicht vertreten, gilt die Pfändung als vollzogen, sobald dem Schuldner die Pfändungsurkunde zugestellt wird: BGE 130 III 661 E. 1.2; BGE 112 III 14 E. 5.a.

11 Beim Pfändungsvollzug ist unter Umständen eine vorsorgliche **Sperre** von Guthaben Dritter erlaubt: BGE 120 III 75 E. 1.c.

12 Die **privatrechtliche Regelung nach ZGB 145 bzw. 178** tritt nicht an die Stelle des Schuldbetreibungsrechts. Die Beschränkung der Verfügungsbefugnis gemäss ZGB 145 oder 178 hat lediglich zur Folge, dass das Zwangsverwertungsverfahren vorübergehend sistiert oder dass seine Einleitung aufgeschoben wird, bis das Sachurteil rechtskräftig und vollstreckbar geworden ist. Dies führt aber nicht zu einer Begünstigung innerhalb des Zwangsverwertungsverfahrens: BGE 120 III 67 E. 2.

13 Der **Gläubiger** hat keinen Einfluss auf den **Zeitpunkt der Pfändung**. Will der Gläubiger trotz des von ihm gestellten Fortsetzungsbegehrens nicht, dass eine Pfändung vollzogen werde, so bleibt ihm nichts anderes übrig als der Rückzug seines Begehrens. Unzulässig ist das Begehren um Verschiebung des Pfändungsvollzugs auf einen vom Gläubiger bestimmten späteren Zeitpunkt: BGE 62 III 152, 153.

14 Der Vollzug einer **Requisitorialpfändung** darf nicht aus dem Grund abgelehnt werden, weil das ersuchende Amt gar nicht zur Durchführung der Betreibung zuständig sei; Beschwerden wegen solcher Unzuständigkeit sind bei den dem ersuchenden Amt vorgesetzten Aufsichtsbehörden anzubringen: BGE 67 III 105, 106; vgl. auch SchKG 4.

- **Rechtshilfe** ist erforderlich für Amtshandlungen im ersuchten Kreise; ausserhalb des Betreibungskreises befindliche Gegenstände sind requisitionsweise durch das Betreibungsamt der Ortslage zu pfänden: BGE 83 III 129, 130.

- Für die Forderungpfändung ist keine Rechtshilfe notwendig. **Forderungen** können stets am Betreibungsorte gepfändet werden, auch wenn der Drittschuldner sein Domizil in einem andern Betreibungskreis (und Kanton) hat: BGE 91 III 81 E. 1; BGE 86 III 8, 9; BGE 73 III 84, 88.

- Das Betreibungsamt ist frei, eine Einkommenspfändung **selbst** zu vollziehen oder durch das Betreibungsamt des Wohnortes des Schuldners vollziehen zu lassen: BGE 91 III 81 E. 1.

- Bei der requisitionsweise durchgeführten Pfändung obliegt dem **ersuchten Amt** die Ausscheidung von unpfändbaren Gegenständen; Beschwerde dagegen ist daher gegen dieses Amt zu richten: BGE 91 III 84 E. 1; BGE 84 III 33 E. 2.

15 Die **Frist zur Beschwerde** gegen die Fortsetzung der Betreibung läuft erst ab der Zustellung der Pfändungsurkunde: BGE 75 III 83 E. 2.

Dritter Titel: Betreibung auf Pfändung

16 Eine Pfändung ist **nichtig**, wenn sie:
   - trotz Erlöschen der Betreibung vorgenommen wird: BGE 89 IV 77 E. I.3; BGE 84 III 100 E. 1; BGE 77 III 56 E. 1;
   - durch ein unzuständiges Amt durchgeführt wird: BGE 130 III 652 E. 2.1; BGE 105 III 60 E. 1; BGE 88 III 7 E. 3.

17 Vgl. auch **VZG** 4, 7, 24 (→ Nr. 9) und **GebV SchKG 7** (→ Nr. 7).

18 Das Vorgehen bei **Landesabwesenheit** des Schuldners, der im Ausland keinen Wohnsitz begründet hat, richtet sich nach SchKG 89 ff.: BGE 120 III 110 E. 2.

Art. 90 2. Ankündigung

Dem Schuldner wird die Pfändung spätestens am vorhergehenden Tage unter Hinweis auf die Bestimmung des Artikels 91 angekündigt.

Verweise: SchKG 89–115 (Pfändung); SchKG 34 (Mitteilung); SchKG 56–63 (geschlossene Zeiten, Betreibungsferien, Rechtsstillstand).

1 Eine Pfändung, die nicht oder nicht rechtzeitig angezeigt wurde, ist nicht nichtig, sondern lediglich **anfechtbar**: BGer v. 01.07.2003, 7B.80/2003 E. 3.4; BGE 97 III 18 E. 3. Dieser Mangel wird geheilt, wenn der Schuldner trotzdem in der Lage war, der Pfändung beizuwohnen oder sich dabei gültig vertreten zu lassen, um seine Rechte geltend zu machen: BGer v. 18.11.2008, 5A_692/2008 E. 3.1; BGE 115 III 41 E. 1; BGE 79 III 150 E. 2.

2 Beginn der Beschwerdefrist:
   - Nach der Rechtsprechung beginnt die Frist für die Beschwerde, mit der geltend gemacht wird, das Betreibungsamt habe das Vorliegen eines **gültigen Rechtsvorschlags zu Unrecht verneint**, erst mit der Zustellung der Pfändungsurkunde zu laufen, es sei denn, das Betreibungsamt habe dem Schuldner seinen Entscheid über die Gültigkeit des Rechtsvorschlags schon vor der Fortsetzung der Betreibung durch eine formelle Verfügung eröffnet: BGE 109 III 14 E. 1 u. 2.
   - Auch bei **mehrmaliger Verschiebung** der angekündigten Pfändung wird keine neue Beschwerdefrist ausgelöst: BGE 109 III 14 E. 5.

3 Die Pfändungsankündigung des **örtlich unzuständigen Betreibungsamtes** ist in aller Regel nichtig. Indessen sind die Pfändung und der sich daraus allenfalls ergebende Verlustschein anfechtbar – und nicht nichtig –, wenn es keine pfändbaren Werte gibt und demzufolge auch nicht Rechte anderer Gläubiger gefährdet sind. In diesem Fall kann das Betreibungsamt seinen – anfechtbaren – Entscheid nur während der Beschwerdefrist in Wiedererwägung ziehen oder korrigieren: BGer v. 20.10.2009, 5A_460/2009 E. 2.1.

Art. 91[1] 3. Pflichten des Schuldners und Dritter

[1] Der Schuldner ist bei Straffolge verpflichtet:
1. der Pfändung beizuwohnen oder sich dabei vertreten zu lassen (Art. 323 Ziff. 1 StGB[2]);
2. seine Vermögensgegenstände, einschliesslich derjenigen, welche sich nicht in seinem Gewahrsam befinden, sowie seine Forderungen und Rechte gegenüber Dritten anzugeben, soweit dies zu einer genügenden Pfändung nötig ist (Art. 163 Ziff. 1 und 323 Ziff. 2 StGB)[3].

[2] Bleibt der Schuldner ohne genügende Entschuldigung der Pfändung fern und lässt er sich auch nicht vertreten, so kann ihn das Betreibungsamt durch die Polizei vorführen lassen.

[3] Der Schuldner muss dem Beamten auf Verlangen Räumlichkeiten und Behältnisse öffnen. Der Beamte kann nötigenfalls die Polizeigewalt in Anspruch nehmen.

[4] Dritte, die Vermögensgegenstände des Schuldners verwahren oder bei denen dieser Guthaben hat, sind bei Straffolge (Art. 324 Ziff. 5 StGB) im gleichen Umfang auskunftspflichtig wie der Schuldner.

[5] Behörden sind im gleichen Umfang auskunftspflichtig wie der Schuldner.

[6] Das Betreibungsamt macht die Betroffenen auf ihre Pflichten und auf die Straffolgen ausdrücklich aufmerksam.

Verweise

Abs. 2: *SchKG 64 Abs. 1, 65 Abs. 2 (Vertretung).*

Zu Abs. 1 Ziff. 2

1. Der Betreibungsschuldner hat alle ihm gehörenden beweglichen Vermögenswerte anzugeben (**Auskunftspflicht**), damit das Betreibungsamt die Pfändung unter Beachtung der gesetzlich festgelegten Reihenfolge vollziehen kann: BGE 135 III 663 E. 3.2 und 3.3; BGE 117 III 61 E. 2.

2. Die Auskunftspflicht ist **umfassend**. Sie erfasst auch Gegenstände, die nach Ansicht des betriebenen Schuldners unpfändbar sind: BGer v. 11.01.2011, 6B_851/2010 E. 2.3.2.

3. Der Schuldner hat in der Betreibung auf Pfändung auch auf im **Ausland erzielte Einkünfte** und dort gelegene Vermögensgegenstände hinzuweisen: BGE 114 IV 11 E. 1.

4. Es besteht jedoch keine Verpflichtung des Schuldners, auch über die **Vermögensverhältnisse eines Dritten** Auskunft zu geben und zwar auch dann nicht, wenn diese Auskunft für die Einschätzung seiner eigenen Vermögenswerte von Bedeutung sein kann: BGE 114 IV 11 E. 2.

---

[1] Fassung gemäss Ziff. I des BG vom 16. Dez. 1994, in Kraft seit 1. Jan. 1997 (AS 1995 1227; BBl 1991 III 1).
[2] SR 311.0
[3] AS 2005 79

5 Der Schuldner hat auch Auskunft hinsichtlich der Lage eines **verarrestierten Wertpapiers** zu geben: BGE 116 III 109 E. 6.

6 Wo die Pfändung **unbeweglicher Vermögenswerte** als unumgänglich erscheint, ist der Schuldner verpflichtet, das gesamte unbewegliche Vermögen anzugeben: BGE 117 III 61 E. 3.

7 Beim **Fehlen sicherer Anhaltspunkte** wie etwa einer regelmässig geführten Buchhaltung ist die Ermittlung des Einkommens eines Schuldners, der eine selbstständige Erwerbstätigkeit ausübt, gestützt auf die vorhandenen Indizien vorzunehmen, nötigenfalls durch Schätzung: BGE 126 III 89 E. 3.a (Pra 90 [2001] Nr. 66).

Zu Abs. 2

8 Voraussetzung der **polizeilichen Vorführung** des Schuldners im Verlauf des Pfändungsvollzugs ist, dass er ohne genügende Entschuldigung wegblieb und sich auch nicht gehörig vertreten liess und dass sich seine persönliche Anwesenheit zum Abschluss der Vollzugsmassnahmen als notwendig erweist: BGE 87 III 87 E. 1 (vgl. auch die in diesem Entscheid abgedruckten Ziff. 2 und 3 des KS BGer vom 06.12.1961).

9 Das Betreibungsamt kann vom Schuldner nicht verlangen, dass dieser sich über die Verwendung von **Geldbeträgen** ausweist, die er möglicherweise vor Jahren besessen hat: BGE 107 III 73 E. 3.

Zu Abs. 3

10 Findet sich der Schuldner zum ordnungsgemäss angekündigten Pfändungsvollzug nicht ein, ist das Betreibungsamt befugt, die Pfändung in seiner **Abwesenheit** zu vollziehen, indem es Vermögenswerte, von denen es aus einer früheren Betreibung Kenntnis hat, mit Beschlag belegt. Die Pfändung entfaltet ihre Wirkungen jedoch erst mit der Zustellung der Pfändungsurkunde an den Schuldner: BGE 130 III 661 E. 1.2; BGE 112 III 14 E. 5.

11 Der Betreibungsbeamte hat die Pflicht, nach pfändbarem Gut in den Räumlichkeiten und Behältnissen des Schuldners zu **forschen**: BGE 89 IV 77 E. I.4.b; BGE 83 III 63 E. 1.

Zu Abs. 4

12 Über das Vermögen des Schuldners müssen nur diejenigen **Dritten Auskunft** geben, welche Vermögensgegenstände des Schuldners **verwahren** oder denen gegenüber dieser Guthaben hat: BGE 131 III 660 E. 6.

13 Die Auskunftspflicht des Dritten, der an Arrestgegenständen Gewahrsam ausübt, **entsteht** erst mit Ablauf der **Einsprachefrist** nach SchKG 278: BGer v. 17.01.2011, 5A_672/2010 E. 3; BGE 125 III 391 E. 2.

14 Im Falle der provisorischen Pfändung von Vermögen des Schuldners bei einer Bank kann der Gläubiger die **zwangsweise Öffnung** des vom Schuldner gemieteten Tresorfachs verlangen: BGE 102 III 6. E. 2.

15 Auskunftspflicht der **Banken**: Die Betreibungsbeamten können Angabe der Vermögenswerte verlangen, an denen der Betriebene wirtschaftlich berechtigt ist: BGE 129 III 239 E. 1 (Pra 93 [2004] Nr. 41). Das Auskunftsbegehren kann sich dabei einerseits auf **Verbindungen mit jeder Zweigniederlassung** beziehen; andererseits kann es sich im Hinblick auf mögliche

Anfechtungsklagen auch auf die so genannte **Verdachtsperiode** beziehen: BGE 129 III 239 E. 2 und 3 (Pra 93 [2004] Nr. 41).

Zu Abs. 5

16   Die Auskunftspflicht der Behörden betrifft vor allem auch die im **Sozialversicherungsrecht tätigen Ämter**: BGE 124 III 170 E. 3. Unzulässig ist im Gegensatz zu Abs. 4 (Dritte) eine **Strafandrohung** gegen Behörden oder einen Beamten: BGE 124 III 170 E. 6.

Art. 92   4. Unpfändbare Vermögenswerte

¹ Unpfändbar sind:

1.[1] die dem Schuldner und seiner Familie zum persönlichen Gebrauch dienenden Gegenstände wie Kleider, Effekten, Hausgeräte, Möbel oder andere bewegliche Sachen, soweit sie unentbehrlich sind;

1a.[2] Tiere, die im häuslichen Bereich und nicht zu Vermögens- oder Erwerbszwecken gehalten werden;

2.[3] die religiösen Erbauungsbücher und Kultusgegenstände;

3.[4] die Werkzeuge, Gerätschaften, Instrumente und Bücher, soweit sie für den Schuldner und seine Familie zur Ausübung des Berufs notwendig sind;

4.[5] nach der Wahl des Schuldners entweder zwei Milchkühe oder Rinder, oder vier Ziegen oder Schafe, sowie Kleintiere nebst dem zum Unterhalt und zur Streu auf vier Monate erforderlichen Futter und Stroh, soweit die Tiere für die Ernährung des Schuldners und seiner Familie oder zur Aufrechterhaltung seines Betriebes unentbehrlich sind;

5.[6] die dem Schuldner und seiner Familie für die zwei auf die Pfändung folgenden Monate notwendigen Nahrungs- und Feuerungsmittel oder die zu ihrer Anschaffung erforderlichen Barmittel oder Forderungen;

6.[1] die Bekleidungs-, Ausrüstungs- und Bewaffnungsgegenstände, das Dienstpferd und der Sold eines Angehörigen der Armee, das Taschengeld einer zivildienst-

---

1   Fassung gemäss Ziff. I des BG vom 16. Dez. 1994, in Kraft seit 1. Jan. 1997 (AS 1995 1227; BBl 1991 III 1).

2   Eingefügt durch Ziff. IV des BG vom 4. Okt. 2002 (Grundsatzartikel Tiere), in Kraft seit 1. April 2003 (AS 2003 463 466; BBl 2002 4164 5806).

3   Fassung gemäss Art. 3 des BG vom 28. Sept. 1949, in Kraft seit 1. Febr. 1950 (AS 1950 I 57; BBl 1948 I 1218).

4   Fassung gemäss Ziff. I des BG vom 16. Dez. 1994, in Kraft seit 1. Jan. 1997 (AS 1995 1227; BBl 1991 III 1).

5   Fassung gemäss Art. 3 des BG vom 28. Sept. 1949, in Kraft seit 1. Febr. 1950 (AS 1950 I 57; BBl 1948 I 1218).

6   Fassung gemäss Art. 3 des BG vom 28. Sept. 1949, in Kraft seit 1. Febr. 1950 (AS 1950 I 57; BBl 1948 I 1218).

leistenden Person sowie die Bekleidungs- und Ausrüstungsgegenstände und die Entschädigung eines Schutzdienstpflichtigen;

7.[2] das Stammrecht der nach den Artikeln 516–520 OR[3] bestellten Leibrenten;

8.[4] Fürsorgeleistungen und die Unterstützungen von Seiten der Hilfs-, Kranken- und Fürsorgekassen, Sterbefallvereine und ähnlicher Anstalten;

9.[5] Renten, Kapitalabfindung und andere Leistungen, die dem Opfer oder seinen Angehörigen für Körperverletzung, Gesundheitsstörung oder Tötung eines Menschen ausgerichtet werden, soweit solche Leistungen Genugtuung, Ersatz für Heilungskosten oder für die Anschaffung von Hilfsmitteln darstellen;

9a.[6] die Renten gemäss Artikel 20 des Bundesgesetzes vom 20. Dezember 1946[7] über die Alters- und Hinterlassenenversicherung oder gemäss Artikel 50 des Bundesgesetzes vom 19. Juni 1959[8] über die Invalidenversicherung, die Leistungen gemäss Artikel 12 des Bundesgesetzes vom 19. März 1965[9] über Ergänzungsleistungen zur Alters-, Hinterlassenen- und Invalidenversicherung sowie die Leistungen der Familienausgleichskassen;

10.[10] Ansprüche auf Vorsorge- und Freizügigkeitsleistungen gegen eine Einrichtung der beruflichen Vorsorge vor Eintritt der Fälligkeit;

11.[11] Vermögenswerte eines ausländischen Staates oder einer ausländischen Zentralbank, die hoheitlichen Zwecken dienen.

² Gegenstände, bei denen von vornherein anzunehmen ist, dass der Überschuss des Verwertungserlöses über die Kosten so gering wäre, dass sich eine Wegnahme nicht

---

1   Fassung gemäss Anhang Ziff. 4 des Zivildienstgesetzes vom 6. Okt. 1995, in Kraft seit 1. Okt. 1996 (AS 1996 1445; BBl 1994 III 1609).
2   Fassung gemäss Ziff. I des BG vom 16. Dez. 1994, in Kraft seit 1. Jan. 1997 (AS 1995 1227; BBl 1991 III 1).
3   SR 220
4   Fassung gemäss Ziff. I des BG vom 16. Dez. 1994, in Kraft seit 1. Jan. 1997 (AS 1995 1227; BBl 1991 III 1).
5   Fassung gemäss Ziff. I des BG vom 16. Dez. 1994, in Kraft seit 1. Jan. 1997 (AS 1995 1227; BBl 1991 III 1).
6   Eingefügt durch Ziff. I des BG vom 16. Dez. 1994, in Kraft seit 1. Jan. 1997 (AS 1995 1227; BBl 1991 III 1).
7   SR 831.10
8   SR 831.20
9   [AS 1965 537, 1971 32, 1972 2483 Ziff. III, 1974 1589 Ziff. II, 1978 391 Ziff. II 2, 1985 2017, 1986 699, 1996 2466 Anhang Ziff. 4, 1997 2952, 2000 2687, 2002 701 Ziff. I 6 3371 Anhang Ziff. 9 3453, 2003 3837 Anhang Ziff. 4, 2006 979 Art. 2 Ziff. 8. AS 2007 6055 Art. 35]. Heute: gemäss Art. 20 des BG vom 6. Okt. 2006 (SR 831.30).
10 Fassung gemäss Ziff. I des BG vom 16. Dez. 1994, in Kraft seit 1. Jan. 1997 (AS 1995 1227; BBl 1991 III 1).
11 Eingefügt durch Art. 3 des BG vom 28. Sept. 1949 (AS 1950 I 57; BBl 1948 I 1218). Fassung gemäss Ziff. I des BG vom 16. Dez. 1994, in Kraft seit 1. Jan. 1997 (AS 1995 1227; BBl 1991 III 1).

rechtfertigt, dürfen nicht gepfändet werden. Sie sind aber mit der Schätzungssumme in der Pfändungsurkunde vorzumerken.[1]

[3] Gegenstände nach Absatz 1 Ziffern 1–3 von hohem Wert sind pfändbar; sie dürfen dem Schuldner jedoch nur weggenommen werden, sofern der Gläubiger vor der Wegnahme Ersatzgegenstände von gleichem Gebrauchswert oder den für ihre Anschaffung erforderlichen Betrag zur Verfügung stellt.[2]

[4] Vorbehalten bleiben die besonderen Bestimmungen über die Unpfändbarkeit des Bundesgesetzes vom 2. April 1908[3] über den Versicherungsvertrag (Art. 79 Abs. 2 und 80 VVG), des Urheberrechtsgesetzes vom 9. Oktober 1992[4] (Art. 18 URG) und des Strafgesetzbuches[5] (Art. 378 Abs. 2 StGB).[6]

Verweise

Abs. 1 Ziff. 9a: *ELG 20 (Ergänzungsleistungen), FamZG 10 (Familienzulagen).*

Abs. 1 Ziff. 10: *BVG 39 Abs. 1 (berufliche Vorsorge).*

Abs. 2: *SchKG 112–115 (Pfändungsurkunde).*

Allgemeines

1 Die Regeln von SchKG 92 f. **konkretisieren** die durch die Verfassung (vgl. BV 12) **geschützten Rechte des Schuldners**: BGer v. 11.04.2012, 5D_181/2011 E. 3.2.2.

2 **Pfändbar** sind grundsätzlich sämtliche Vermögensrechte des Schuldners, soweit nicht das Bundesrecht eine Ausnahme vorsieht: BGE 105 III 50 E. 1; BGE 97 III 23 E. 1.

3 Eine **privatrechtliche Abmachung** einer Unpfändbarkeit ist ausgeschlossen: BGE 84 III 21, 22.

4 Eine als **Erbvorempfang** bestellte Rente kann aber als unpfändbar bezeichnet werden: BGE 79 III 71 E. 2. Bei einer **Leibrente** ist der schriftliche Vertragsabschluss Voraussetzung, damit diese unpfändbar ist: BGE 120 III 122 E. 2.

5 Die Aufzählung der unpfändbaren Gegenstände in SchKG 92 und 93 ist **abschliessend**: BGE 105 III 50 E. 1; BGE 97 III 23 E. 1; BGE 65 III 9, 10.

6 **Pfändbar** sind deshalb im Einzelnen:
   – **Stipendien**: BGE 105 III 50 E. 1 und 2;
   – **Blankowechsel**: BGE 88 III 98, 99;

---

1 Eingefügt durch Ziff. I des BG vom 16. Dez. 1994, in Kraft seit 1. Jan. 1997 (AS 1995 1227; BBl 1991 III 1).
2 Eingefügt durch Ziff. I des BG vom 16. Dez. 1994, in Kraft seit 1. Jan. 1997 (AS 1995 1227; BBl 1991 III 1).
3 SR 221.229.1
4 SR 231.1
5 SR 311.0. Siehe heute Art. 83 Abs. 2.
6 Eingefügt durch Ziff. I des BG vom 16. Dez. 1994, in Kraft seit 1. Jan. 1997 (AS 1995 1227; BBl 1991 III 1).

- der Erlös aus einem **Kompetenzstück**: BGE 73 III 127 E. 5; dies gilt jedoch nur, soweit der Erlös nicht zu dessen **sofortiger Wiederanschaffung** dient: BGE 80 III 18, E. 1;
- eine zur **Patentierung** angemeldete Erfindung BGE 75 III 5, 6; bei einer nicht angemeldeten Erfindung unterliegt nur die dem Erfinder daraus zukommende Vergütung der Pfändung (mit Einschränkungen nach SchKG 93): BGE 75 III 89, 91.

7 **Unpfändbar** sind hingegen:
- die **Versicherungssumme für Kompetenzstücke** (VVG 55 Abs. 2): BGE 78 III 61, 63;
- **Betriebsgeheimnisse**: BGE 75 III 89, 91;
- der einem Ehegatten zur Durchführung eines Scheidungsprozesses zuerkannte **Kostenvorschuss** des anderen: BGE 78 III 111, 112.

8 Die zur Beurteilung der **Unpfändbarkeit** notwendigen Feststellungen sind von den Betreibungsämtern und Aufsichtsbehörden **von Amtes wegen** vorzunehmen: BGE 127 III 572 E. 3.c; BGE 113 III 77 E. 2; BGE 112 III 80 E. 2; BGE 91 III 57, 59; BGE 89 III 33, 34 ff.; BGE 77 III 153 E. 4.a.

9 Bei **Requisitorialpfändungen** entscheidet das ersuchte Betreibungsamt über die unpfändbaren Gegenstände: BGE 91 III 81 E. 1; BGE 84 III 33 E. 2.

10 Beim Entscheid über die Unpfändbarkeit ist grundsätzlich auf die Verhältnisse abzustellen, die im **Zeitpunkt der Pfändung** bzw. der Entstehung des Retentionsrechtes bestehen: BGE 107 III 1 E. 1; BGE 82 III 104 E. 2.

11 Die Unpfändbarkeit kann innert 10 Tagen seit der Pfändung bzw. seit dem Erhalt der Pfändungsurkunde mittels **Beschwerde** gemäss SchKG 17 vom Schuldner geltend gemacht werden.

12 Auf eine **verspätete Beschwerde** ist dann einzutreten, wenn durch die Pfändung der Schuldner in eine unhaltbare Notlage gebracht wird: BGE 76 III 33, 34.

13 Auf Unpfändbarkeit kann sich auch der **unredliche Schuldner** berufen: BGE 67 III 19, 20. Dasselbe gilt für den im **Ausland lebenden Schuldner**: BGE 84 III 24, 25. Auf Unpfändbarkeit können sich dagegen **juristische Personen nicht berufen**: BGer v. 09.06.2011, 9C_48/2010 E. 3.2.1; BGE 80 III 15, 16; BGE 63 III 17, 18.

14 Den **Angehörigen des Schuldners** steht gegenüber der Pfändung von Gegenständen, die sie gemäss SchKG 92 Ziff. 1–5 als nicht nur dem Schuldner, sondern auch ihnen persönlich unentbehrlich beanspruchen, ein selbstständiger Unpfändbarkeitsanspruch zu: BGE 91 III 52 E. 1 u. 2; BGE 85 III 65 E. 2; BGE 80 III 20 E. 1 u. 2; BGE 62 III 136, 138. Dies gilt gleichermassen bei der Pfändung von **Lohneinkommen** des Schuldners, soweit es für ihn «und seine Familie» unumgänglich notwendig ist: BGE 82 III 54, 54 f.

15 Der Grundsatz, dass der auf Faustpfandbetreibung betriebene Schuldner das Pfandrecht mittels Rechtsvorschlag gegen den Zahlungsbefehl zu bestreiten hat, gilt auch dann, wenn der Schuldner das vom Gläubiger unter Berufung auf ZGB 895 beanspruchte **Retentionsrecht** mit der Begründung bestreiten will, der retinierte Gegenstand sei gemäss SchKG 92 unpfändbar und dürfe daher nach ZGB 896 nicht retiniert werden. Handelt es sich aber um die Ausübung des Retentionsrechts des Vermieters i.S.v. OR 272 und will der Schuldner

geltend machen, dass die in der Retentionsurkunde aufgezeichneten Gegenstände wegen Unpfändbarkeit dem Retentionsrecht nicht unterliegen, muss er binnen 10 Tagen seit Zustellung dieser Urkunde Beschwerde führen: BGE 83 III 34, 35 ff.

16 Die Frage der Unpfändbarkeit muss **vor Durchführung des Widerspruchs- oder Aussonderungsverfahrens** (im Beschwerdeverfahren) entschieden werden: BGE 84 III 33 E. 3; BGE 83 III 20, 21.

17 Ist eine Pfändung mangels genügendem Vermögen ungenügend und enthält die Pfändungsurkunde keine Angaben über die unpfändbaren Gegenstände, kann der Gläubiger ein **Verzeichnis** der Kompetenzstücke verlangen. Die **Frist** für den Gläubiger zur Beschwerdeführung gegen die Ausscheidung von Kompetenzstücken läuft vom Empfang der Pfändungsurkunde an und wird dadurch, dass der Gläubiger innert derselben beim Betreibungsamt ein Verzeichnis der Kompetenzstücke verlangt, nicht verlängert: BGE 73 III 114, 116.

18 **Nichtig** und nicht lediglich anfechtbar, ist eine Pfändung z.B. in folgenden Fällen:
   – wenn Objekte gepfändet werden, die ihrer Natur nach **nicht verwertet werden können**: BGE 113 III 26 E. 3.b;
   – falls die Pfändung den Schuldner in eine **unhaltbare Lage** bringen würde: BGE 111 III 13 E. 7;
   – falls Gegenstände gepfändet werden, welche durch das Gesetz als **absolut unpfändbar** erklärt wurden: BGE 130 III 400 E. 3.2.

19 Angaben, welche die Aufsichtsbehörde für die Beurteilung der Kompetenzqualität eines Pfändungsgegenstandes benötigt, kann der Schuldner nicht unter Berufung auf den Schutz seiner Persönlichkeitssphäre verweigern. Den Schuldner trifft eine **Auskunftspflicht**: BGE 116 III 107 E. 6.b; BGE 111 III 52 E. 3.

20 Der Schuldner kann nicht im Voraus auf die **Unpfändbarkeit** von Gegenständen **verzichten**. Ein solcher Verzicht ist nichtig: BGE 55 III 119, 120.

21 Beschwerdelegitimation:
   – Ein **Bevormundeter** kann gegen Verletzungen von SchKG 92 selbstständig Beschwerde führen: BGE 72 III 1, 2; BGE 68 III 115, 117.
   – Ein urteilsfähiger **verbeirateter Schuldner** hat das Recht, sich selbstständig gegen eine Verletzung von SchKG 92 zur Wehr zu setzen, auch dann, wenn ihm die Handlungsfähigkeit entzogen wurde: BGE 102 III 138 E. 2.

Zu Abs. 1 Ziff. 1

22 Zur **Familie** des Schuldners gehören alle Personen, die mit dem Schuldner tatsächlich zusammen in dessen Haus oder Wohnung leben (Hausgemeinschaft). Voraussetzung dafür ist, dass der Schuldner diesen Personen gegenüber rechtlich oder wenigstens moralisch unterhalts- und unterstützungspflichtig ist: BGE 77 III 151 E. 5.b.

23 Zur Familie gehören **nicht nur Ehegatten und unmündige Kinder**, sondern z.B. auch:
   – **volljährige Kinder**, solange diese im Haushalt des Schuldners leben: BGE 82 III 19 E. 2;
   – **aussereheliche Kinder**: BGE 130 III 765 E. 2.2; BGE 106 III 11 E. 3.a;

Dritter Titel: Betreibung auf Pfändung Nr. 1 SchKG **Art. 92**

- **Stiefkinder**: BGE 46 III 55, 56;
- die im gemeinsamen Haushalt lebenden und vom Schuldner unterstützten **Eltern**: BGE 82 III 110 E. 1.

24 Als **unentbehrlich** gelten gem. Rechtsprechung nicht nur Gegenstände, die Tag für Tag gebraucht werden, sondern auch Gegenstände die mehr oder weniger gelegentlich verwendet werden, unter der Voraussetzung, dass sie notwendig sind: BGE 82 III 104 E. 2. Zu den unentbehrlichen Gegenständen gehören z.B.:

- eine **Waschmaschine**, falls keine andere Waschmöglichkeit vorhanden ist: BGE 86 III 6, 7 f.;
- ein **Personenwagen**, der dem privaten Gebrauch eines **Behinderten** dient, der nicht ohne Gefahr für seine Gesundheit oder ohne aussergewöhnliche Schwierigkeiten ein billigeres Transportmittel benützen kann und bei Wegnahme des Fahrzeugs verhindert wäre, sich einer notwendigen ärztlichen Behandlung zu unterziehen oder ein Mindestmass von Kontakten mit der Aussenwelt und mit anderen Menschen herzustellen: BGer v. 20.09.2011, 5A_319/2011 E. 3.3.; BGE 108 III 60 E. 2;
- das **Radio**;
- **Möbel** des Schuldners, auf die er unbedingt angewiesen ist, auch wenn sie von Dritten als Eigentum beansprucht werden: BGE 111 III 55 E. 2.

25 Als **entbehrlich** wurde in der Praxis z.B. eingestuft:

- ein **Personenwagen** zum privaten Gebrauch, insb. dann, wenn der Schuldner die öffentlichen Verkehrsmittel benutzen kann: BGE 95 III 81, 83;
- der **Personenwagen** einer gehbehinderten Person, falls die Benutzung eines Taxis als zumutbar erscheint: BGer v. 20.09.2011, 5A_319/2011 E. 3.3; BGE 108 III 60 E. 3.

Zu Abs. 1 Ziff. 1a

26 Diese Regelung ist seit **1. April 2003** in Kraft. Sie ist im Zusammenhang mit dem gleichzeitig in Kraft getretenen ZGB 641a Abs. 1 zu sehen, der besagt, dass Tiere keine Sachen sind. Bei der Handhabung von SchKG 93 ist ein zusätzlicher Betrag einzusetzen für den **Unterhalt von Tieren**, die unter SchKG 92 Abs. 1 Ziff. 1a fallen. Es gehören dazu Tiernahrung, Tiersteuern, Versicherung, Tierarzt und Fremdbetreuung (vgl. aber Art. 93 Abs. 1). Auszugehen ist dabei vom tatsächlichen, objektiven Notbedarf unter Berücksichtigung der konkreten Umstände des Schuldners und seiner Familie.

27 Die Regelung schliesst aber **anderweitige rechtliche Schranken**, welche der Tierhaltung entgegenstehen können, nicht aus; sie garantiert weder ein absolutes Recht auf Haltung von Heimtieren noch befreit sie von der Erfüllung der mit der Tierhaltung verbundenen (und sonstigen) Verpflichtungen gegenüber dem Staat und Dritten (*in casu* Bezahlung von Hundesteuern und Rechnung des Tierarztes für die Kennzeichnung des Hundes). Das bundesrechtliche Pfändungs- und Retentionsverbot für Heimtiere besagt lediglich, dass Heimtiere nicht zur Befriedigung von Geldforderungen (beliebigen Ursprungs) der Zwangsverwertung zugefügt werden dürfen; es schliesst nicht aus, dass der zuständige Gesetzgeber die Nichterfüllung der mit der Tierhaltung verbundenen finanziellen (und sonstigen) Pflichten durch administrative Rechtsnachteile und Verwaltungsstrafen sanktioniert: BGE 134 I 293 E. 4.2. Voraussetzung

ist, dass überwiegende öffentlichrechtliche Interessen die Massnahme rechtfertigen und als verhältnismässig erscheinen lassen: BGE 134 I 293 E. 5.

Zu Abs. 1 Ziff. 2

28 Unter **Kultusgegenständen** sind bewegliche Sachen zu verstehen, welche zur Ausübung gottesdienstlicher Handlungen verwendet werden oder Gegenstand religiöser Verehrung bilden. Dabei muss der betreffende Kultusgegenstand tatsächlich Objekt einer religiösen Verehrung bilden. Nicht Voraussetzung ist, dass der Schuldner der entsprechenden Religion angehört: BGer v. 28.08.2003, 7B.183/2003 E. 3.

Zu Abs. 1 Ziff. 3

29 Ziff. 3 schützt nicht jede wirtschaftliche Betätigung schlechthin, sondern nur die **Berufstätigkeit im engeren Sinne**. Der Begriff des Berufs setzt die Anwendung persönlicher Fähigkeiten, eigener Arbeitskraft und eigenen Wissens voraus. Bei einer Unternehmung spielt der Kapitaleinsatz (zur Beanspruchung der Arbeitskraft Dritter, zur maschinellen Einrichtung etc.) die ausschlaggebende Rolle. Die Unterscheidung hängt im Wesentlichen davon ab, welche Faktoren überwiegen: die persönliche Arbeitskraft des Schuldners oder das Kapital und die fremde Arbeitskraft. Objekte, welche der Schuldner im Rahmen einer Unternehmung verwendet, haben keine Kompetenznatur, auch wenn sie für seinen Betrieb unentbehrlich sind: BGer v. 27.01.2012, 5A_728/2011 E. 4.1; BGE 95 III 81, 83; BGE 91 III 52 E. 2. Der Umstand der Arbeitsunfähigkeit kann zur Abgrenzung von Berufstätigkeit und Unternehmung erheblich sein: BGer v. 27.01.2012, 5A_728/2011 E. 4.4.

30 Einem «Beruf» steht das «**Unternehmen**» gegenüber. Eine Unternehmung liegt vor, wenn im Betrieb des Schuldners der Einsatz technischer Mittel seine persönliche Arbeitsleistung überragt. Den verwendeten Gegenständen in einer Unternehmung wird die Kompetenzqualität abgesprochen: BGE 95 III 81, 82 f. Als Unternehmungen gelten in der Praxis z.B.:

- eine **Giesserei**: BGE 91 III 52 E. 2;
- ein **Industriespritzwerk**: BGE 95 III 81, 82 f.

31 Hingegen übt nach der Praxis einen **Beruf** aus:

- ein **Bäcker und Konditor**, der mit Frau und Tochter zusammenarbeitet: BGE 97 III 55, 56 f.;
- ein **Naturarzt**: BGE 106 III 108 E. 2;
- ein **Leiter einer Musikkapelle**, der Tonübertragungs- und -modulationsgeräte für seine Arbeit verwendet: BGE 88 III 50 E. 1.c;
- ein **Fischer**, der seine Tätigkeit nur im Sommer ausübt (Saisonberuf): BGE 81 III 138, 139 f.

32 Unpfändbar sind nur Werkzeuge und Gegenstände, die für die Ausübung des Berufs notwendig sind, d.h. sog. **Berufskompetenz** haben. Dies bedeutet, dass ohne diese Gegenstände der Beruf nicht bzw. nicht mehr ausgeübt werden könnte: BGE 113 III 77 E. 2.b.

33 Sachen die zu **Studienzwecken** oder zur **beruflichen Ausbildung** dienen, kommt dann Kompetenzcharakter zu, wenn ihre Wegnahme zur Folge hat, dass der Betroffene nicht mehr zur Erwerbstätigkeit gelangen kann, auf die er sich vorbereitet, oder wenn er zu einer Rich-

tungsänderung gezwungen wird, die ihm vernünftigerweise nicht zugemutet werden kann: BGE 81 III 136, 137 f.

34 **Warenvorräte** sind grundsätzlich pfändbar. Für diese gilt in gewissem Umfang eine Ausnahme nur insoweit, als es sich um Werkstoffe handelt und die Ablieferung ihres Gegenwertes gesichert ist. Videokassetten, die in einem Videogeschäft vermietet werden, haben keine Kompetenzqualität: BGE 113 III 77 E. 2.b.

35 Bei der Beantwortung der Frage, ob ein Werkzeug zur Ausübung des Berufs durch den Schuldner notwendig i.S.v. SchKG 92 Ziff. 3 sei und deshalb nicht gepfändet oder retiniert werden könne, muss auf die konkreten Umstände im Augenblick der Pfändung bzw. Retention abgestellt werden. Beim Entscheid darüber, ob ein Werkzeug oder Gerät für den Schuldner zur Ausübung des Berufs notwendig sei, ist den Erfordernissen einer rationellen und konkurrenzfähigen Berufsausübung Rechnung zu tragen. Dabei ist zu berücksichtigen, dass ein Urteil darüber, ob eine **Notwendigkeit** i.S.v. SchKG 92 Ziff. 3 bestehe oder nicht, entsprechend der Entwicklung der Technik, der handwerklichen Fertigung und überhaupt der Berufsausübung einem Wandel unterliegt: BGE 110 III 53 E. 3.b. Ein Bürocomputer, dessen Fehlen die Konkurrenzfähigkeit des Schuldners beeinträchtigt, kann als notwendig i.S.v. Ziff. 3 betrachtet werden: BGE 110 III 53 E. 3c.

36 Für einen unabhängigen Zeitungsverkäufer ist ein **Automobil** zur Ausübung des Berufs notwendig und somit unpfändbar: BGE 117 III 20 E. 2.

37 Ob einem Pfändungsschuldner zugestanden werden kann, für die Fahrt zum Arbeitsplatz ein **eigenes Fahrzeug** zu benützen, ist eine Frage des Ermessens: BGE 110 III 17 E. 2; BGE 104 III 73 E. 2.b.

38 Einer Prostituierten wurde die Unpfändbarkeit eines **Personenwagens** anerkannt, den sie zur Ausübung ihres Berufs benötigte: BGE 111 II 295 E. 2.d.

39 Ist die selbstständige Berufsausübung jedoch **unwirtschaftlich**, weil die Verwendungskosten der dafür erforderlichen Hilfsmittel in keinem vernünftigen Verhältnis zum Ertrag stehen, so fällt der Grund der Unpfändbarkeit – Schutz der wirtschaftlichen Existenz des Schuldners – weg: BGE 86 III 47 E. 2.

40 Der Schutz dieser Vorschrift kommt auch einem **Nebenberuf** zu, sofern der Schuldner auf den damit erzielbaren Verdienst angewiesen ist und die allgemeinen Voraussetzungen des Kompetenzanspruchs für die in Frage stehende Sache zutreffen: BGE 85 III 19, 21 ff.; BGE 84 III 97, 98 f.

41 Massgebend für die Bestimmung der Kompetenzqualität sind die Umstände, die im **Zeitpunkt** der Aufnahme des Inventars bestehen: BGE 108 III 65 E. 2; BGE 97 III 57 E. 2.

42 Ein Arzt, der seine Tätigkeit bereits seit neun Monaten nicht mehr ausüben kann, weil er vorerst **suspendiert** und dann ungeachtet eines Rekurses aus dem Ärzteverzeichnis endgültig **gestrichen** worden ist, und gegen den ein Strafverfahren mit ziemlich langer Haft hängig ist, bleibt dauernd und nicht nur vorübergehend verhindert, dem Beruf nachzugehen. Sein Personenwagen und das Mobiliar seiner Praxis verlieren daher den Charakter des unpfändbaren Berufswerkzeugs: BGE 119 III 11 E. 2.a.

Zu Abs. 1 Ziff. 4

43 Der Geflügelbestand einer kleinen **Hühnerfarm** und das dazugehörige Betriebsinventar sind unpfändbar: BGE 77 III 18 E. 2 und 3.

44 Unpfändbarkeit von **Bienen** und der zur Zucht hierfür erforderlichen Gerätschaften, wenn der Schuldner sich die für seinen und seiner Familie Unterhalt erforderlichen Mittel ganz oder teilweise durch Bienenzucht verschafft: BGE 77 III 109, 111.

45 **Hunde** gehören nicht zu den nach SchKG 92 Ziff. 4 unpfändbaren Haustieren: BGE 76 III 36, 37. Zur Frage eines Pfändungsverbots für Haustiere vgl. N 26 f.

Zu Abs. 1 Ziff. 5

46 Bei den **Barmitteln** gemäss Ziff. 5 handelt es sich nicht um eine (unpfändbare) allgemeine Barmittelreserve; diese Unpfändbarkeit kann nur verlangen, wer wirklich darauf angewiesen ist: BGer v. 20.11.2006, 7B.160/2006 E. 2.2; BGE 91 III 57, 59.

47 Eine Sammlung von **Silbermünzen**, die ausser Kurs gesetzt sind, aber bei der Schweizerischen Nationalbank zum vollen Nennwert in gültige Noten und Münzen umgetauscht werden können, sind soweit unpfändbar, als sie zur Deckung des Notbedarfs des Schuldners benötigt werden: BGE 103 III 6, 7 f.

48 Ansprüche aus **Lebensversicherungen** können nur soweit gepfändet werden, als sie nicht der Deckung des Existenzminimums des Schuldners dienen: BGer v. 12.01.2011, 5A_746/2010 E. 3.3.

Zu Abs. 1 Ziff. 7

49 **Arbeitsvertragliche** Ruhegehälter fallen nicht unter SchKG 92 Abs. 1 Ziff. 7: BGE 53 III 167, 169.

50 Die **Witwenrente** ist keine i.S.v. OR 519 Abs. 2 bestellte Leibrente. Sie kann daher nicht für unpfändbar erklärt werden, sondern fällt unter SchKG 93: BGE 70 III 65 E. 2.

Zu Abs. 1 Ziff. 8

51 Für den Fall, dass ein **Unterhaltsverpflichteter** nachträglich (bspw. bei Verlust der Arbeitsstelle oder Aussteuerung) in einem die pfändbaren Einkommensbestandteile übersteigenden Mass fürsorgeabhängig wird, ohne dass es (vorerst) zu einer den neuen Einkommensverhältnissen entsprechenden Abänderung der Unterhaltsverpflichtung kommt, können die Alimente von vornherein nicht vollstreckt werden, weil Fürsorgeleistungen absolut unpfändbar sind: BGE 135 III 66 E. 9.

52 Unterstützungen, die der Schuldner durch **Lügen** und **bewusstes Verheimlichen** erlangt hat, sind pfändbar: BGE 87 III 6, 6.

Zu Abs. 1 Ziff. 9

53 Gemäss SchKG 92 Ziff. 9 ist die Entschädigung für **Heilungskosten** grundsätzlich unpfändbar: BGE 119 III 15 E. 1.a; BGE 85 III 23 E. 2.

54 Nach der Rechtsprechung des Bundesgerichts sind die für Körperverletzung oder Gesundheitsstörung geschuldeten oder ausbezahlten **Entschädigungen** nicht nur in ihrer ursprüng-

lichen Gestalt unpfändbar, sondern ist der Schutz, den das Gesetz der Entschädigungsforderung oder der geleisteten Entschädigung gewährt, auf die Vermögensstücke auszudehnen, die der Schuldner nachweisbar aus solchen Entschädigungen **erworben** hat: BGE 119 III 15 E. 1.a; BGE 82 III 77 E. 4.

55 Die in Ziff. 9 genannten Entschädigungsleistungen für Körperverletzung, Gesundheitsstörung oder Tötung eines Menschen sind nur dann absolut unpfändbar, wenn sie der **«Wiederherstellung»** des Versicherten dienen oder **Integritätseinbussen** kompensieren: BGer v. 16.03.2010, 5A_16/2010 E. 3.

56 Beim Eintritt des **Pensionsalters** verwandelt sich eine Invalidenpension in eine Alterspension und ist nur im Rahmen des Notbedarfs der Pfändung entzogen: BGE 65 III 75, 76.

57 Der Schutz von SchKG 92 Abs. 1 Ziff. 9 wirkt nicht absolut. Denn zu beachten ist, dass sich der Schuldner einen Eingriff in sein Existenzminimum gefallen lassen muss, wenn er von Familienmitgliedern für **Unterhaltsforderungen** aus dem letzten Jahr vor der Zustellung des Zahlungsbefehls betrieben wird: BGE 134 III 581 E. 3.2.

58 Die Unpfändbarkeit gem. SchKG 92 Abs. 1 Ziff. 9 kann Gläubigern mit vertraglichem **Pfandrecht** in der Pfandbetreibung nicht entgegengehalten werden: BGE 78 III 5 E. 2.

59 Eine **SUVA-Unfallrente** ist, obwohl selber unpfändbar, zum Verdienst des Schuldners hinzuzurechnen mit der Folge, dass der Verdienst soweit pfändbar ist, als er den durch die Rente nicht gedeckten Teil des Notbedarfs übersteigt: BGE 104 III 38 E. 1; BGE 97 III 16, 17 f.; BGE 88 III 53, 54.

Zu Abs. 1 Ziff. 9a

60 Die in Ziff. 9a erwähnten Leistungen haben zum Ziel, den **Existenzbedarf** des Schuldners angemessen zu decken: BGE 135 III 20 E. 4.1 (Pra 98 [2009] Nr. 78); BGE 130 III 400 E. 3.3.4. Grenzen für die absolute Unpfändbarkeit bestehen dann, wenn der Schuldner neben den gemäss SchKG 92 unpfändbaren Renten, Leistungen und Zulagen über weitere Einkünfte verfügt. Diese weiteren Einkünfte können im Rahmen einer Erwerbspfändung bei der Berechnung des pfändbaren Einkommens berücksichtigt werden; in einem solchen Fall kommen die absolut unpfändbaren Leistungen zum i.s.v. SchKG 93 Abs. 1 beschränkt pfändbaren Einkommen hinzu, was eine Erhöhung des pfändbaren Anteils des Einkommens erlaubt: BGE 135 III 20 E. 5.1 (Pra 98 [2009] Nr. 78).

61 Die **Taggelder der Invalidenversicherung** stellen keine absolut unpfändbaren Vermögenswerte, sondern beschränkt pfändbares Einkommen gemäss SchKG 93 Abs. 1 dar: BGE 130 III 400 E. 3.

62 Die **Invalidenrente der obligatorischen Unfallversicherung** ist beschränkt pfändbar, weil sie einen Einkommensverlust ausgleicht und im Unterschied zu den in SchKG 92 Abs. 1 Ziff. 9a genannten Leistungen nicht nur das Existenzminimum abdecken soll: BGer v. 16.03.2010, 5A_16/2010 E. 3.2.

Zu Abs. 1 Ziff. 10

63 Ein Grundstück, das aus dem **Vorbezug** von Freizügigkeitsleistungen i.s.v. BVG 30c erworben worden ist, kann gepfändet werden: BGE 124 III 211 E. 2.

64 Stellt ein Arbeitnehmer, der die Schweiz endgültig verlässt, ein ausdrückliches Begehren um Auszahlung seiner **Freizügigkeitsleistung**, wird sein Guthaben fällig und kann in der Folge gepfändet und mit Arrest belegt werden: BGE 121 III 31 E. 2.b und 2.c.

65 Auf die Pfändbarkeit einer Leistung aus einer **Freizügigkeitspolice** sind die Grundsätze anzuwenden, die für Leistungen aus der 2. und 3. Säule gelten: BGE 128 III 467 E. 2.2.

66 Das Auszahlungsbegehren unterliegt keinen gesetzlichen Formvorschriften, sodass auch eine **telefonische** Erklärung die Fälligkeit des Freizügigkeitsguthabens bewirkt: BGE 130 V 103 E. 2.2; BGE 121 III 31 E. 2.c.

67 Der Anspruch auf Leistungen der **Säule 3a** wird ebenfalls von SchKG 92 Ziff. 10 erfasst: BGE 121 III 285 E. 1.

68 Leistungen aus beruflicher Vorsorge sind nur **vor Eintritt des leistungsbegründenden Ereignisses** vollständig unpfändbar. Nach Eintritt dieses Ereignisses sind sie, unabhängig davon, ob sie wegen Alters, Todes oder Invalidität ausgerichtet werden, wie anderes Einkommen nach SchKG 93 beschränkt pfändbar und damit können sie auch im den Notbedarf übersteigenden Umfang gepfändet werden: BGE 120 III 71 E. 3.

69 Altersrenten aus einer ausländischen Versicherungseinrichtung sind ebenso pfändbar wie Ansprüche aus beruflicher Vorsorge nach Eintritt der Fälligkeit, auch wenn es sich dabei um eine staatliche Einrichtung handelt, die mit derjenigen der AHV vergleichbar ist, vorausgesetzt, dass diese Renten über dem Existenzminimum liegen: BGE 134 III 608 E. 2.6.

Zu Abs. 1 Ziff. 11

70 Die schweizerische Praxis stellt drei kumulative **Bedingungen** auf, damit Vermögenswerte gemäss SchKG 92 Abs. 1 Ziff. 11 pfändbar sind:

- Die Forderung des Betreibenden muss **mit einer Tätigkeit *iure gestionis*** und nicht mit einer Tätigkeit *iure imperii* verbunden sein: BGE 134 III 122 E. 5.2.1 (Pra 97 [2008] Nr. 105); BGer v. 10.01.2008, 5A_618/2007 E. 3.1; BGer v. 15.08.2007, 7B.2/2007 E. 5.2.1.

- Die in Betreibung gesetzte Forderung muss aus einem Rechtsverhältnis hervorgegangen sein, das eine **ausreichende Binnenbeziehung** mit der Schweiz aufweist. Die Binnenbeziehung ist ausreichend, wenn das Schuldverhältnis in der Schweiz begründet wurde oder in der Schweiz abzuwickeln ist, oder wenn der fremde Staat in der Schweiz Handlungen vorgenommen hat, die geeignet sind, einen Erfüllungsort zu begründen. Nicht ausreichend ist die Binnenbeziehung, wenn sie sich allein darauf stützt, dass sich die Vermögenswerte des Schuldners in der Schweiz befinden, oder allein wegen der Tatsache, dass die Forderung von einem Schiedsgericht mit Sitz in der Schweiz festgestellt worden ist: BGE 134 III 122 E. 5.2.2 (Pra 97 [2008] Nr. 105); BGer v. 10.01.2008, 5A_618/2007 E. 3.2; BGer v. 15.08.2007, 7B.2/2007 E. 5.2.2; BGE 106 Ia 142 E. 5 (Pra 69 [1980] Nr. 238).

- Die Vermögenswerte **dürfen nicht hoheitlichen Zwecken dienen**: BGE 134 III 122 E. 5.2.3 (Pra 97 [2008] Nr. 105); BGer v. 10.01.2008, 5A_618/2007 E. 3.3; BGer v. 15.08.2007, 7B.2/2007 E. 5.2.3.

Anm.: Der Rechtsprechung des Bundesgerichts kann nicht vollumfänglich zugestimmt werden. Die Prüfung der ersten zwei der oben aufgeführten Voraussetzungen ist nur im Rahmen eines Arrestverfahrens, in welchem die dem Arrestbegehren zugrunde liegende Forderung vom betreibenden Gläubiger lediglich glaubhaft gemacht wird, erforderlich. Steht das Arrestverfahren im Zusammenhang mit einer Forderung, über welche bereits rechtskräftig (im Ausland oder in der Schweiz) entschieden wurde, so ist einzig zu prüfen, ob das zu verarrestierende Vermögen hoheitlichen Zwecken dient oder nicht. Im letzten Fall ist auch die Prüfung der Binnenbeziehung zum schweizerischen Territorium nicht am Platz, da aufgrund des Territorialitätsprinzips eine Vollstreckung überhaupt nur dann möglich ist.

71 Hat der Staat ausdrücklich und umfassend auf seine **Vollstreckungsimmunität verzichtet**, steht der Pfändung von Vermögenswerten, selbst wenn sie für hoheitliche Tätigkeiten vorgesehen sind, nichts im Weg: BGE 134 III 122 E. 5.3 (Pra 97 [2008] Nr. 105).

72 Der **Immunitätsschutz** erstreckt sich nur auf Vermögenswerte, die ein fremder Staat in der Schweiz besitzt und die er für seinen diplomatischen Dienst oder andere ihm als Träger öffentlicher Gewalt obliegende Aufgaben bestimmt hat. Für Bargeld oder Wertschriften kann so lange keine Immunität beansprucht werden, als nicht bestimmte Summen oder Titel für konkrete hoheitliche Zwecke in erkennbarer Weise vom anderen Vermögen ausgeschieden worden sind (*in casu* Zentralbank): BGer v. 25.06.2008, 5A_92/2008 E. 3.1; BGE 134 III 122 E. 5.2.3 (Pra 97 [2008] Nr. 105; BGE 111 Ia 62 E. 7b (Pra 74 [1963] Nr. 190).

Zu Abs. 2

73 Ob ein an sich entbehrlicher Gegenstand von der Pfändung auszunehmen ist, weil sich nach Auffassung des Betreibungsamtes dessen Verwertung nicht oder kaum lohnt, ist eine Frage der **Angemessenheit**. Ein Rechtsverstoss liegt vor, wenn das Betreibungsamt bzw. die Aufsichtsbehörde das in Abs. 2 gewährte Ermessen missbraucht oder überschritten hat: BGer v. 22.09.2011, 5A_330/2011 E. 3.1; BGE 134 III 323 E. 2 (Pra 97 [2008] Nr. 131).

74 Ein zwar nicht unentbehrliches, aber doch nur schwer zu entbehrendes Möbelstück ist unpfändbar, wenn der **Überschuss** des Verwertungserlöses über die Kosten nur einen sehr **geringen** Teil der Forderung des Gläubigers zu decken vermöchte: BGE 88 III 103 E. 2.

75 Ob ein gepfändeter Gegenstand einen **genügenden Gantwert** aufweist oder nicht, steht in unmittelbarem Zusammenhang mit dessen Schätzung und kann deshalb nicht von einem Dritten mit Beschwerde angefochten werden: BGer v. 27.06.2011, 5F_5/2011 E. 3.

Zu Abs. 3

76 Eine Ausnahme zur Unpfändbarkeit gemäss SchKG 92 Abs. 1 Ziff. 1–3 ist nur dann gegeben, wenn der Wert des Kompetenzstücks infolge kostbarer Ausstattung oder aus irgendeinem andern Grunde in einem offensichtlichen Missverhältnis zum Wert eines einfachen Gegenstandes steht, der dem gleichen Zweck dient. In einem solchen Fall kann den Gläubigern gestattet werden, dem Schuldner ein entsprechendes, billigeres **Ersatzstück** zur Verfügung zu stellen: BGE 108 III 65 E. 3; BGE 82 III 152, 153 f.

77 Der Schuldner darf bei der Ausübung des Auswechslungsrechts nicht in seiner **Persönlichkeit betroffen** werden: BGE 108 III 65 E. 3.

Zu Abs. 4

78 Spezielle Unpfändbarkeitsbestimmungen:
- LFG 81;
- VAG 57;
- ZGB 776 Abs. 2 und dazu: BGE 67 III 53, 54.
- Fideikommisse sind in ihrer Substanz unpfändbar, wenigstens für andere als Fideikommissschulden: BGE 67 III 13; BGE 42 III 255.

Art. 93[1]   5. Beschränkt pfändbares Einkommen

[1] Erwerbseinkommen jeder Art, Nutzniessungen und ihre Erträge, Leibrenten sowie Unterhaltsbeiträge, Pensionen und Leistungen jeder Art, die einen Erwerbsausfall oder Unterhaltsanspruch abgelten, namentlich Renten und Kapitalabfindungen, die nicht nach Artikel 92 unpfändbar sind, können so weit gepfändet werden, als sie nach dem Ermessen des Betreibungsbeamten für den Schuldner und seine Familie nicht unbedingt notwendig sind.

[2] Solches Einkommen kann längstens für die Dauer eines Jahres gepfändet werden; die Frist beginnt mit dem Pfändungsvollzug. Nehmen mehrere Gläubiger an der Pfändung teil, so läuft die Frist von der ersten Pfändung an, die auf Begehren eines Gläubigers der betreffenden Gruppe (Art. 110 und 111) vollzogen worden ist.

[3] Erhält das Amt während der Dauer einer solchen Pfändung Kenntnis davon, dass sich die für die Bestimmung des pfändbaren Betrages massgebenden Verhältnisse geändert haben, so passt es die Pfändung den neuen Verhältnissen an.

Verweise

Abs. 1: *SchKG 132, ZGB 745–775 (Nutzniessung); OR 516–520 (Leibrentenvertrag); ZGB 125–132 (nachehelicher Unterhalt); ZGB 173 (Unterhalt im Rahmen des Eheschutzes); ZGB 276–292 (Kinderunterhalt); ZGB 328–329 (Unterstützungspflicht); PartG 17 (Unterhalt bei Aufhebung des Zusammenlebens); PartG 34 (Unterhalt nach Auflösung der eingetragenen Partnerschaft).*

Abs. 2: *SchKG 31–33, SchKG 56–63, ZPO 142 ff. (Fristberechnung → Nr. 25).*

Zu Abs. 1

Gegenstand der Einkommenspfändung

1 Die Bestimmung sichert das zum Lebensunterhalt des Schuldners und seiner Familie Notwendige, schützt aber nicht gegen den Verlust der Annehmlichkeiten des Lebens. Sie bezweckt zu verhindern, dass die Zwangsvollstreckung die grundlegenden Interessen der Betroffenen ver-

---

1   Fassung gemäss Ziff. I des BG vom 16. Dez. 1994, in Kraft seit 1. Jan. 1997 (AS 1995 1227; BBl 1991 III 1).

letzt, ihr Leben oder ihre Gesundheit bedroht oder ihnen jede Kontaktnahme mit der Aussenwelt verunmöglicht. Die Bedürfnisse des Betriebenen und seiner Familie sind die eines Durchschnittsbetriebenen und der Mitglieder einer Durchschnittsfamilie, d.h. der alltäglichsten Art. Es sind die objektiven Umstände zu berücksichtigen und nicht die subjektiven des Betriebenen: BGer v. 14.07.2011, 5A_252/2011 E. 2.1; BGer v. 19.01.2009 5A_470/2008 E. 2; BGE 134 III 323 E. 2 (Pra 97 [2008] Nr. 131); BGer v. 11.03.2008, 5A_712/2007 E. 3.

2   Unter den Begriff des **Erwerbseinkommens** fällt jedes Einkommen, das im Wesentlichen das Entgelt für persönliche Arbeit des Schuldners darstellt, gleichgültig, ob es sich dabei um eine selbstständige oder um eine unselbstständige Erwerbstätigkeit handelt: BGer v. 23.08.2006, 5P.246/2006 E. 4.3; BGE 93 III 33 E. 1.

3   Als Einkommen gelten und folglich pfändbar sind u.a.:
    – **Trinkgelder**: BGE 79 III 155 E. 2;
    – «**Lohn**» **einer Prostituierten**: BGE 111 II 295 E. 2.d.

4   Auch das Einkommen von **Selbständigerwerbenden** ist nach den Grundsätzen von SchKG 93 pfändbar. Ist aus den Akten nicht ersichtlich, wie viel der Schuldner einnimmt, weil er z.B. keine regelmässige Buchhaltung führt, so ist dies kein Grund, von einer Pfändung abzusehen. Vielmehr ist zu prüfen und nötigenfalls zu schätzen, wie hoch die Honorareinnahmen des Schuldners sind: BGer v. 02.05.2011, 5A_16/2011 E. 2.1; BGE 126 III 89 E. 3a (Pra 90 [2001] Nr. 66). Dabei sind auch die zur Erzielung des Erwerbseinkommens notwendigen Auslagen, d.h. die Gestehungskosten, zu berücksichtigen. Durch Abzug der Gestehungskosten vom Bruttoeinkommen lässt sich das Nettoeinkommen ermitteln. Die Differenz zwischen diesem Nettoeinkommen und dem Notbedarf des Schuldners ergibt den Betrag, der verarrestiert oder gepfändet werden kann: BGE 112 III 19 E. 2; BGE 106 III 11 E. 2; BGE 86 III 15, 16 (*in casu* Naturarzt); BGE 85 III 38 E. 3 (*in casu* Autofahrschule); BGE 84 IV 155 E. 1 (*in casu* Schönheitssalon).

5   Setzt sich das Einkommen aus **Einkünften** i.S.v. SchKG 93 und aus **Leistungen zusammen, die nach einer der in SchKG 92 Ziff. 5, 6, 8, 9 und 9a** niedergelegten Vorschriften absolut unpfändbar sind, so können die ersteren gepfändet werden, soweit sie den durch die letzteren nicht gedeckten Teil des Notbedarfs übersteigen: BGE 77 III 151 E. 4.c.

6   Das Erwerbseinkommen eines Schuldners, der eine **unpfändbare Rente** bezieht, kann so weit gepfändet werden, als es den durch die Rente nicht gedeckten Teil des Notbedarfs übersteigt: BGer v. 13.09.2010, 9C_372/2010 E. 2; BGE 104 III 38 E. 1.

7   Unter **Nutzniessung** ist nicht nur das beschränkte dingliche Recht dieses Namens (ZGB 745 ff.), sondern allgemein die Nutzung eines Kapitals zu verstehen, das aus irgendeinem rechtlichen Grund der Verfügungsmacht des Nutzungsberechtigten entzogen ist: BGE 94 III 8 E. 1.

8   Pfändbar ist nur der **Nettonutzen**, d.h., dass der Schuldner, falls er ein mit der Nutzniessung belastetes Objekt selbst bearbeitet, den Wert seiner Arbeit vom Brutto-Nutzniessungsertrag in Abzug bringen kann: BGE 72 III 65, 66.

9   Die periodischen Leistungen, die der Grundeigentümer vom **Bauberechtigten und Mieter** als Entgelt für die Benützung seines Grundstücks erhält, fallen nicht unter den Begriff der

Nutzniessung i.S.v. SchKG 93, sondern sind im vollen Betrag für die Dauer eines Jahres pfändbar: BGE 94 III 8 E. 1 u. 2.

10 Ein sich aus der **ehelichen Beistandspflicht** ergebender Anspruch ist nicht pfändbar, soweit er nicht zum ehelichen Unterhalt i.S.v. ZGB 163 oder 164 gehört: BGE 115 III 103 E. 3.b.

11 Forderungen im Rahmen des **ehelichen Unterhalts** gemäss ZGB 163 und 164 sind pfändbar. Die Pfändung darf aber nicht in das Existenzminimum des betriebenen Ehegatten eingreifen und nicht der Begleichung seiner vorehelichen Schulden dienen: BGE 115 III 103 E. 6; BGE 114 III 83 E. 6. Darüber hinaus dürfen Beiträge gemäss ZGB 163 nicht für beliebige Gläubigerforderungen gepfändet werden, sondern nur für zweckgebundene wie z.B. Mietzinsschulden, Krankenkassenprämien usw.: BGE 115 III 103 E. 6.

12 Beiträge des **Stiefelternteils** im Rahmen seiner Beistandspflicht gem. ZGB 278 Abs. 2 sind nur mitpfändbar, wenn sie vom ehelichen Unterhalt gemäss ZGB 163 und 164 erfasst werden: BGE 115 III 103 E. 3.

13 Leistungen aus **beruflicher Vorsorge** sind nur vor Eintritt des leistungsbegründenden Ereignisses vollständig unpfändbar. Nach Eintritt dieses Ereignisses sind sie, unabhängig davon, ob sie wegen Alters, Todes oder Invalidität ausgerichtet werden, wie anderes Einkommen nach SchKG 93 beschränkt pfändbar; damit können sie auch im den Notbedarf übersteigenden Umfang mit Arrest belegt werden: BGE 120 III 71 E. 4.14. Die **Barauszahlung einer Personalfürsorgeeinrichtung** an einen Arbeitnehmer, der eine selbstständige Erwerbstätigkeit aufnimmt, ist weder unpfändbar i.S.v. SchKG 92 Ziff. 13 noch beschränkt pfändbar i.S.v. SchKG 93: BGE 135 I 288 E. 2.4.2; BGE 118 III 18 E. 3.b; BGE 117 III 20 E. 3 u. 4.

14 Leistungen der **beruflichen Altersvorsorge** unterliegen – gleichgültig, ob das Vorsorgevermögen aus Arbeitgeber- oder aus Arbeitnehmerbeiträgen geäufnet wurde und ob die Leistungen in der Form von Renten oder als Kapitalabfindung ausgerichtet werden – der beschränkten Pfändbarkeit: BGE 113 III 10 E. 3. **Kapitalabfindungen** der beruflichen Vorsorge unterliegen der beschränkten Pfändbarkeit i.S.v. SchKG 93 grundsätzlich auch dann, wenn sie bereits ausbezahlt wurden: BGE 115 III 45 E. 1.

15 Auch eine noch so geringe Kapitalforderung aus (prämienfreier) **Lebensversicherung** ist unbeschränkt pfändbar, selbst wenn die Prämien seinerzeit aus Arbeitslohn bezahlt worden sind: BGE 59 III 115, 117.

16 Die dem Schuldner während der Dauer seiner Arbeitsunfähigkeit zustehende **Entschädigung für den Erwerbsausfall** stellt ein Ersatzeinkommen dar. Mindestens solange diese Leistung nicht für die Folgen einer bleibenden Arbeitsunfähigkeit erfolgt, gibt es keinen Grund, sie gegenüber den in SchKG 93 aufgeführten Einkünften zu bevorzugen. Folglich sind die Erwerbsausfallsentschädigungen beschränkt pfändbar: BGE 119 III 15 E. 1.c. Dasselbe gilt auch für die **Taggelder der Invalidenversicherung**: BGE 130 III 400 E. 2 sowie für die **Invalidenrente der obligatorischen Unfallversicherung**: BGE 134 III 608 E. 2.3; BGE 134 III 182 E. 4 (Pra 97 [2008] Nr. 117). Die AHV-Rente, welche als solche unpfändbar ist, wird zur UVG-Rente hinzugerechnet, um die pfändbare Quote zu bestimmen: BGE 134 III 182 E. 5 (Pra 97 [2008] Nr. 117).

17 Bei **Stipendien** handelt es sich nicht um einen «Lohn» im eigentlichen Sinne. Vielmehr handelt es sich auch hier um ein Ersatzeinkommen, das u.a. auch zur Deckung des Lebensunterhalts des Schuldners bestimmt ist. Von einem derartigen Einkommen darf grundsätzlich nur der das Existenzminimum des Schuldners übersteigende Teil gepfändet werden: BGE 105 III 52 E. 1 u. 2.

Ermittlung des pfändbaren Einkommens

18 Einkünfte können nur soweit gepfändet werden, als sie nach dem Ermessen des Betreibungsbeamten für den Schuldner und seine Familie **nicht unbedingt notwendig** sind: BGer v. 17.03.2010, 5A_69/2010 E. 2.2; BGE 119 III 70 E. 3.a. Dem Schuldner und seiner Familie soll das Existenzminimum belassen werden: BGer v. 11.03.2008, 5A.712/2007 E. 3. Die Pfändung ist somit quantitativ beschränkt auf denjenigen Einkommensteil, der den **Notbedarf** übersteigt.

19 Bei der Ermittlung des pfändbaren Einkommens haben die Betreibungsbehörden die massgebenden tatsächlichen Verhältnisse **von Amtes wegen** abzuklären: BGer v. 12.09.2003, 7B.192/2003 E. 4; BGE 124 III 170 E. 4.a; BGE 119 III 70 E. 1; BGE 106 III 11 E. 2. Massgebend für die Berechnung des Notbedarfs sind die Verhältnisse zum Zeitpunkt des Pfändungsvollzugs: BGer v. 19.09.2007, 5A_306/2007 E. 4.3.2; BGE 108 III 10 E. 4.

20 Die Bestimmung räumt dem Betreibungsamt bzw. der Aufsichtsbehörde für die Bestimmung des Existenzminimums ein **Ermessen** ein, in welches das Bundesgericht nur bei Ermessensüberschreitung oder Ermessensmissbrauch eingreift, namentlich wenn sachfremde Kriterien berücksichtigt oder rechtserhebliche Umstände ausser Acht gelassen worden sind: BGer v. 13.01.2010, 5A_766/2009 E. 2; BGE 134 III 323 E. 2 (Pra 97 [2008] Nr. 131).

21 Der Schuldner ist zur **Mitwirkung** verpflichtet: BGer v. 12.09.2003, 7B.192/2003 E. 4; BGE 123 III 328 E. 3; BGE 119 III 70 E. 1.

22 Der Gläubiger hat die ihm **bekannten Tatsachen**, aus denen er etwas zu seinen Gunsten herleiten will, im kantonalen Verfahren geltend zu machen, sofern ihm dazu Gelegenheit geboten ist: BGE 81 III 151, 152.

23 Bei der Berechnung des Existenzminimums ist allerdings der **tatsächliche, objektive Notbedarf** des Schuldners und seiner Familie, nicht etwa der standesgemässe oder gar gewohnte Lebensaufwand zu berücksichtigen: BGer v. 03.03.2010, 5_A 696/2009 E. 3.1; BGE 119 III 70 E. 3.b.

24 Zur Bestimmung der pfändbaren Quote ist vom **Gesamteinkommen** des Schuldners auszugehen; das sind sowohl die Einkünfte, die nach SchKG 92 gänzlich unpfändbar sind, als auch diejenigen, die nach SchKG 93 beschränkt pfändbar sind: BGE 124 III 170 E. 4.a.

25 Zum Einkommen des Schuldners ist auch jenes der **Familienangehörigen** in angemessener Weise zu addieren: BGE 110 III 115 E. 3; BGE 106 III 11 E. 3.a.

26 Zur **Familie** des Schuldners gehören die ihm gegenüber unterhaltsberechtigten Personen. Massgebend ist, dass eine rechtliche oder moralisch geschuldete Unterhaltspflicht besteht: BGE 106 III 11 E. 3. Somit gehören auch zur Familie:

– **ausserheheliche Kinder**: BGE 106 III 11 E. 3.a;
– **Stiefkinder**: BGer v. 31.10.2005, 7B.173/2005 E. 2.2;

- **Kinder**, die aus einem **Konkubinatsverhältnis** hervorgegangen sind: BGE 106 III 11 E. 3.d;
- die im selben Haushalt lebenden und unterstützungsbedürftigen **Eltern** des Schuldners: BGE 82 III 114 E. 1.

27 Der **Arbeitserwerb volljähriger** in häuslicher Gemeinschaft mit dem Schuldner lebender Kinder ist bei der Berechnung des Existenzminimums grundsätzlich einzig insofern zu berücksichtigen, als ein angemessener Anteil von den Wohnkosten (Mietzins und Heizung) des Schuldners abzuziehen ist: BGE 132 III 483 E. 4.3.

28 Bei der Ermittlung des Notbedarfs darf der **Arbeitserwerb eines minderjährigen Kindes**, das mit seinen Eltern in häuslicher Gemeinschaft lebt, nicht mehr zum Lohn des betriebenen Elternteils hinzugerechnet werden. Hingegen darf dieser Elternteil nicht zum Nachteil seiner Gläubiger auf einen Unterhaltsbeitrag gemäss ZGB 323 Abs. 2 aus dem Arbeitserwerb des Kindes verzichten: BGE 104 III 77, 78.

29 Wird die Höhe des **Lohnes bestritten**, so ist dieser als bestrittene Forderung zu pfänden: BGE 110 III 20 E. 2.

30 Für die Bemessung des Notbedarfs des Schuldners und seiner Familie sind die an seinem **Wohnorte** geltenden Ansätze und Berechnungsregeln anzuwenden: BGE 91 III 81 E. 1.

31 Die Rechtsordnung der Schweiz kennt verschiedene Bemessungsregeln zur Festsetzung des Existenzminimums, so namentlich den betreibungsrechtlichen Notbedarf gemäss SchKG 93, welcher durch die **Richtlinien der Konferenz der Betreibungs- und Konkursbeamten** der Schweiz (→ Nr. 2) konkretisiert wird. Diese Richtlinien haben sich in der Praxis bewährt und werden weitgehend als wegleitend anerkannt: BGE 122 I 101 E. 4.c.

32 In erster Linie wird der monatliche **Grundbetrag** bestimmt. Dieser beträgt für einen alleinstehenden Schuldner CHF 1'200.00, für einen alleinerziehenden Schuldner mit Unterstützungspflicht CHF 1'350.00 und für ein Ehepaar CHF 1'700.00. Zu beachten ist Folgendes:
- Der Ansatz für **Ehepaare** gilt nur, wenn die Eheleute tatsächlich zusammenleben: BGE 76 III 5, 6.
- **Konkubinate** werden grundsätzlich nur dann der Ehe gleichgestellt, wenn daraus Kinder hervorgehen, die im Haushalt der Konkubinatspartner leben: BGer v. 15.12.2008; 9C_859/2008 E. 3.4.1; BGE 130 III 765 E. 2.2; BGE 106 III 11 E. 3.d.
- Das Betreibungsamt setzt den Grundbetrag des im **Konkubinat** lebenden Schuldners i.d.R. auf die Hälfte des Ehegatten-Grundbetrages fest: BGer v. 05.10.2007, 9C_160/2007 E. 3.3.1; BGE 130 III 765 E. 2.3.
- Voraussetzung einer Gleichstellung mit der Ehe ist auf jeden Fall, dass die Hausgemeinschaft **partnerschaftlicher** Natur ist. Nur bei einer solchen ist nämlich anzunehmen, dass beide Personen – im Verhältnis ihrer wirtschaftlichen Leistungsfähigkeit bzw. zu gleichen Teilen – nicht nur an die Wohnkosten, sondern etwa auch an die Aufwendungen für Nahrung oder Kulturelles beitragen. Dies gilt nicht für eine Mutter, die mit ihrer Tochter eine Wohngemeinschaft gründet: BGE 132 III 483 E. 4.2.

33 Zum monatlichen Grundbetrag können diverse **Zuschläge** gerechnet werden. Jedoch können nur jene Beträge berücksichtigt werden, welche der Schuldner auch tatsächlich benötigt und

bezahlt: BGer v. 17.03.2010, 5A_69/2010 E. 3.7; BGer v. 21.02.2003, 5P.383/2002 E. 2.4; BGE 121 III 20 E. 3; BGE 112 III 19 E. 4. Bei den Zuschlägen gilt es Folgendes zu beachten:

- Der Grundsatz, dass der von der Lohnpfändung betroffene Schuldner seine Lebenshaltung einschränken und mit dem ihm zugestandenen Existenzminimum auskommen muss, gilt auch in Bezug auf die **Wohnkosten**. Die effektiv anfallenden Auslagen können nur vollumfänglich berücksichtigt werden, wenn sie der familiären Situation des Schuldners und den ortsüblichen Ansätzen entsprechen: BGer v. 14.07.2011, 5A_252/2011 E. 4; BGE 129 III 526 E. 2.

- Dem Schuldner ist die Möglichkeit zu geben, seine Wohnkosten innert einer angemessenen Frist den für die Berechnung des Notbedarfs massgebenden Verhältnissen anzupassen: Ein **überhöhter Mietzins** kann i.d.R. nach Ablauf des nächsten Kündigungstermins auf ein Normalmass herabgesetzt werden, auch wenn der Schuldner nicht unmittelbar zum Bezug einer günstigeren Wohnung gezwungen werden kann: BGer v. 14.07.2011, 5A_252/2011 E. 4; BGE 129 III 526 E. 2.

- Muss der Schuldner seine **Wohnung wechseln**, so ist ihm ein Betrag zu belassen, der zur Deckung der damit verbundenen Auslagen (namentlich der Umzugskosten) genügt: BGE 87 III 100 E. 2.

- Besitzt der Schuldner ein **eigenes** von ihm bewohntes **Haus** (oder Wohnung), so ist an Stelle des Mietzinses der Liegenschaftsaufwand zum Grundbetrag hinzuzurechnen. Dieser besteht aus dem Hypothekarzins (ohne Amortisation), den öffentlichrechtlichen Abgaben und den (durchschnittlichen) Unterhaltskosten: BGer v. 19.09.2006, 7B.117/2006 E. 1.1; BGE 70 III 7, 8.

- Zum Notbedarf gehört ein bescheidener Betrag für **kulturelle Bedürfnisse** und für **Freizeitbetätigung**: BGer v. 03.03.2010, 5A_696/2009 E. 3.1; BGer v. 12.08.2008, 5A_272/2008 E. 2.4: BGE 128 III 337 E. 3c; BGE 81 III 96 E. 3.

- **Raumkosten für Haustiere** fallen nicht unter die Wohnkosten des Schuldners. Die durchschnittlichen Auslagen für den Unterhalt und die Pflege von Haustieren sind im Betrag berücksichtigt, welcher dem Schuldner für seine kulturellen Bedürfnisse und die Freizeitbetätigung zusteht: BGer v. 03.03.2010/5A_696/2009 E. 3.2; BGE 128 III 337 E. 3.b u. 3.c.

- Gemäss ständiger Rechtsprechung sind familienrechtliche **Unterhaltsbeiträge** bei der Ermittlung des Existenzminimums des Schuldners als Notbedarfsausgaben zu berücksichtigen, soweit der Alimentengläubiger, was im Zweifelsfall vermutet wird, die Beiträge zur Bestreitung seines Unterhalts wirklich benötigt, und vorausgesetzt, dass der Schuldner sie auch tatsächlich bezahlt: BGE 107 III 75 E. 1; BGE 76 III 5, 6. Hierbei muss es sich um rechtlich geschuldete Unterhaltsbeiträge handeln. Entgegen der früheren Rechtsprechung genügt eine moralische Unterstützungspflicht nicht, damit diese zum Grundbedarf angerechnet werden können: BGer v. 10.09.2011, 5A_319/2011 E. 2.2.3.

- Bei der Anwendung von SchKG 93 sind die Betreibungsbehörden grundsätzlich nicht an den **richterlichen Entscheid** über die vom Schuldner an den Unterhalt von Familienmitgliedern zu leistende Beiträge gebunden. I.d.R. werden sie sich jedoch an den vom

Richter festgelegten Betrag halten, es sei denn, es sei ersichtlich, dass der Unterhaltsgläubiger keineswegs den ganzen Unterhaltsbeitrag benötigt: 130 III 45 E. 2.

- **Abzahlungen von Kompetenzstücken** werden bei der Ermittlung des Existenzminimums mit berücksichtigt: BGE 82 III 23 E. 1.
- **Leasingraten** für ein Auto mit Kompetenzcharakter sind bei der Berechnung des betreibungsrechtlichen Existenzminimums ebenfalls zu berücksichtigen: BGer v. 15.04.2010, 5A_27/2010 E. 3.2.2.
- Bei der Berechnung des Notbedarfs können nur die **Prämien der obligatorischen Krankenversicherung** berücksichtigt werden, nicht jedoch die Prämien der Kranken-Zusatzversicherung: BGE 134 III 323 E. 3 (Pra 97 [2008] Nr. 131).
- In Ausnahmesituationen können auch die Prämien für die **Zusatzversicherung der Krankenkasse** in die Existenzminimumberechnung miteinbezogen werden. Dies z.B. dann, wenn der Schuldner bei einem Alter von 72 Jahren, der immer zusatzversichert war, keine Möglichkeit hat, nach Auflösung der Zusatzversicherung später wieder eine solche abzuschliessen: BGer v. 05.10.2007, 9C_160/2007 E. 3.4.2.
- Die unter die Jahresfranchise fallenden und vom Schuldner tatsächlich zu bezahlenden **Gesundheitskosten** können in voller Höhe berücksichtigt werden: BGE 129 III 242 E. 4.
- Die **laufenden Steuern** können berücksichtigt werden: BGer v. 23.01.2008, 5A_764/2007 E. 2.1. Nicht berücksichtigt werden können hingegen **Steuerschulden**: BGer v. 23.01.2008, 5A_764/2007 E. 2.1.
- Der **Gebrauch eines Automobils** kann unter Umständen als notwendig betrachtet werden; z.B. bei einem Schuldner, der zwischen Wohnort und Arbeitsort täglich 34 km zurückzulegen hat, ohne die öffentlichen Verkehrsmittel benützen zu können oder bei einer alleinstehenden Mutter eines kleinen Kindes, wenn die Benützung der öffentlichen Verkehrsmittel mit einer Verlängerung der Fahrzeit verbunden wäre, die das Zusammensein mit dem Kind zeitlich über Gebühr einschränken würde: BGE 110 III 17 E. 2.a; BGE 104 III 73 E. 2.b.
- **Beiträge an eine Pensionskasse** dürfen nur soweit vom pfändbaren Lohn abzogen werden, als sie vom Schuldner zwangsweise geleistet werden: BGE 93 III 18 E. 1.
- Zu berücksichtigen ist auch ein während der Lohnpfändungsdauer entstehender **ausserordentlicher Bedarf** (z.B. Zahnbehandlung): BGE 85 III 67, 68.
- **Auslagen für die Schulung der mündigen Kinder** sind nur dann in das Existenzminimum aufzunehmen, soweit es sich um die Erstausbildung handelt: BGer v. 22.02.2010, 5A_45/2010 E. 2.2.

34 Nicht zum Grundbetrag gerechnet werden z.B. folgende **Aufwendungen**:

- Prämien für **Versicherungsverträge**: BGE 116 III 75 E. 7.a;
- Kosten für die **Hausratversicherung**: BGer v. 12.08.2008, 5A_272/2008 E. 2.4; BGer v. 31.05.2005, 5C.53/2005 E. 5.2;
- **Einkäufe** in die Pensionskasse: BGE 93 III 18 E. 2;

- Beitrag für die **Abschreibung von Arbeitsgeräten**: BGE 85 III 41, 42;
- Betrag, der zur Abzahlung einer **Busse** oder der **Schadensdeckung** zwecks Vermeidung des Widerrufs des bedingten Strafvolllzugs dient: BGE 102 III 17, 19; BGE 77 III 158 E. 1;
- Aufwendungen für **höhere Schulbildung** (z.B. Studium) eines Mündigen: BGer v. 10.10.2008; 5A_330/2008 E. 3; BGE 98 III 34 E. 2; BGE 69 III 41, 42;
- Kosten für die **Grabpflege**: BGer v. 12.08.2008, 5A_272/2008 E. 2.4.

35 Das Abstellen auf die Richtlinien der Konferenz der Betreibungs- und Konkursbeamten der Schweiz (→ Nr. 2) entbindet das Betreibungsamt bzw. die Aufsichtsbehörde nicht von der Pflicht zu prüfen, ob die Empfehlungen der Konferenz **im konkreten Fall zu einem angemessenen Ergebnis führen**: BGer v. 25.05.2009, 5A_186/2009 E. 3.1.

36 Ein allfälliges **Verschulden** des Schuldners, das dessen Notbedarf erhöht, ist unerheblich: BGE 77 III 158 E. 2.

37 Bei der Berechnung der **pfändbaren Quote** ist zunächst das Einkommen beider Ehegatten und ihr gemeinsames Existenzminimum zu bestimmen und das ermittelte Existenzminimum im Verhältnis der Nettoeinkommen auf die Ehegatten aufzuteilen. Die pfändbare Quote des Einkommens des betriebenen Ehegatten ergibt sich alsdann durch Abzug seines Anteils am Existenzminimum von seinem massgeblichen Nettoeinkommen. D.h., dass der Schuldner nur denjenigen Anteil am Gesamteinkommen als Existenzminimum geltend machen kann, der dem Verhältnis der verschiedenen Einkommen entspricht: BGE 116 III 75 E. 2.a; BGE 114 III 12 E. 3.

38 Bei der Feststellung des **pfändbaren Lohnbetrages** ist auf den Lohn abzustellen, den der Schuldner wirklich ausbezahlt erhält. Von der Arbeitgeberin ohne Zutun des Schuldners abgezogene pauschale Einkommenssteuern sind nicht als Teil des für die Pfändung massgebenden Nettolohnes zu betrachten.

39 Zur Feststellung, ob das Einkommen von Selbständigerwerbenden den Notbedarf übersteigt, wird nicht auf das jeweilige Monatseinkommen, sondern auf den während der Pfändungsdauer erzielten **durchschnittlichen Monatsverdienst** abgestellt: BGE 96 IV 111 E. 3.

40 Die Regel, dass das Existenzminimum des Schuldners nicht angetastet werden darf erfährt eine Ausnahme, wenn der Schuldner für Unterhaltsansprüche betrieben wird. Ein **Eingriff in den Notbedarf** des Schuldners ist jedoch nur unter folgenden Voraussetzungen zulässig:
- Das **Einkommen des Gläubigers**, mit Einschluss der Alimentenforderung reicht zur **Deckung des eigenen Notbedarfs nicht aus**: BGE 123 III 332 E. 2. Die Betreibungsbehörden müssen bei der Ermittlung des pfändbaren Einkommens von Amtes wegen abklären, ob der Alimentengläubiger auf die Unterhaltsbeiträge angewiesen ist: BGE 121 IV 272 E. 3.d; BGE 111 III 13 E. 6.
- Es muss sich um eine **eigentliche Unterhaltsforderung** handeln: BGE 111 III 13 E. 5.
- Der Eingriff in das Existenzminimum ist nur zulässig für Unterhaltsforderungen aus dem **letzten Jahr** vor Zustellung des Zahlungsbefehls: BGE 123 III 332 E. 1; BGE 116 III 10 E. 2; BGE 111 III 13 E. 5.

- Der Eingriff ist so zu bemessen, dass sich der Schuldner und der Gläubiger im **gleichen Verhältnis einschränken** müssen: BGE 111 III 13 E. 5; BGE 107 III 75 E. 1.
- Was die **Festsetzung der Unterhaltsbeiträge** anbelangt, so vertritt das Bundesgericht nach wie vor die Auffassung, dass dem Unterhaltsverpflichteten in jedem Fall das Existenzminimum zu belassen ist (einseitige Mankoüberbindung an den Unterhaltsberechtigten): BGE 135 III 66 E. 2–10.

41 Auch die **Angehörigen aus erster Ehe**, die Anspruch auf Unterhaltsbeiträge haben, gehören zur (weiteren) Familie des Schuldners und können gerade darum den Eingriff in das Existenzminimum verlangen. Es geht aber nicht an, dass die Angehörigen aus erster Ehe gegenüber den Angehörigen der zweiten Ehe bevorzugt werden (oder umgekehrt); vielmehr müssen die Familienmitglieder beider Seiten im gleichen Verhältnis Einschränkungen auf sich nehmen, wenn der Lohn des Schuldners nicht den Notbedarf der ganzen Familie mit Einschluss jenes der Alimentengläubiger deckt: BGE 111 III 13 E. 4.c.

42 Der Eingriff in den Notbedarf des Schuldners ist unzulässig, wenn als Gläubiger das **Gemeinwesen** auftritt, das sich den Unterhaltsanspruch gestützt auf ZGB 289 Abs. 2 hat abtreten lassen: BGE 135 III 66 E. 3; BGE 121 I 97 E. 3.b; BGE 116 III 10 E. 1 u. 2. Der Eingriff ist selbst dann unzulässig, wenn dem Schuldner vorzuwerfen wäre, dass er bei gutem Willen ein höheres Einkommen erzielen könnte: BGE 116 III 10 E. 3.

43 Der Schuldner hat Anspruch darauf, dass ihm gleichzeitig mit der Lohn- bzw. Verdienstpfändung die **Grundlagen der Pfändung**, wozu auch die Berechnung des Notbedarfs gehört, bekanntgegeben werden: BGE 100 III 12 E. 2.

44 **Nichtig** ist eine Einkommenspfändung z.B. in folgenden Fällen:
- wenn die Pfändung offensichtlich in das Existenzminimum des Schuldners eingreift und damit ihn und seine Familie in eine **unhaltbare Lage** versetzt: BGer v. 18.04.2005 7B.30/2005 E. 3.2; BGE 110 III 30 E. 2; BGE 97 III 7 E. 2;
- wenn dadurch ein Eingriff in das Existenzminimum des Schuldners zugunsten des auf die Unterhaltsbeiträge **nicht angewiesenen Gläubigers** resultiert: BGE 116 III 10 E. 2 u. 3; BGE 111 III 13 E. 6 u. 7;
- wenn sie für eine **noch nicht in Betreibung gesetzte Forderung** angeordnet wurde: BGE 109 III 53 E. 2.c.

45 Nicht nur der Schuldner, sondern auch sein **Ehegatte** und die auf sein Einkommen angewiesenen Familienangehörigen können sich beschweren, mit der Einkommenspfändung werde in den Notbedarf der Familie eingegriffen: BGE 116 III 75 E. 1.a; BGE 82 III 54, 54 f.

46 Eine hinsichtlich ihrer Höhe angefochtene Einkommenspfändung kann von der Aufsichtsbehörde auch auf ihre **grundsätzliche Zulässigkeit** hin überprüft werden: BGE 82 III 51 E. 2.

47 Im **Beschwerdeverfahren** hat das Betreibungsamt die Beträge zu rechtfertigen, auf welche es bei der Festlegung des pfändbaren Einkommens bzw. des Existenzminimums abgestellt hat: BGE 127 III 572 E. 3.c; BGE 87 III 104 E. 2.

48 Es ist gerechtfertigt, dem **Gläubiger** mit der Pfändungsurkunde die Zusammensetzung des Existenzminimums des Schuldners bekannt zu geben; dies pflegen einige Betreibungsämter seit jeher zu tun: BGE 127 III 572 E. 3.b.

Zu Abs. 2

49 Die Dauer, für welche der künftige Verdienst des Schuldners in einer bestimmten Betreibung nach Massgabe von SchKG 93 verarrestiert oder gepfändet werden darf, ist auf **ein Jahr** beschränkt. Hierbei handelt es sich – weil die zeitliche Beschränkung nicht nur den Schuldner schützt, sondern auch die übrigen Gläubiger, denen die Möglichkeit, ebenfalls auf den Lohn des Schuldners zu greifen, nicht allzu lange vorenthalten werden darf – um eine um der öffentlichen Ordnung willen aufgestellte Regel: BGE 112 III 19 E. 2.a.

50 Die einjährige Höchstdauer **beginnt** mit dem Vollzug des Beschlags; kommt es aber zur fruchtlosen Pfändung oder zum erfolglosen Arrestvollzug, weil die pfändbare Quote in gesetzeswidriger oder unangemessener Weise bestimmt worden ist, beginnt die Jahresfrist mit der im Anschluss an den Entscheid der Aufsichtsbehörde erfolgenden Neuaufnahme der Pfändungs- bzw. Arresturkunde. In den übrigen Fällen bleibt der erste Vollzug massgebend: BGE 116 III 15 E. 2.a.

51 Das durchschnittliche Monatsbetreffnis, welches anfällt, hat das Betreibungsamt entgegenzunehmen und **der Depositenanstalt zur Verwahrung zu übergeben** (SchKG 9): BGE 112 III 19 E. 2.c. Die Verteilung an die Gläubiger darf nicht vor Ablauf der einjährigen Pfändungsfrist erfolgen, damit am Ende die effektiv das Existenzminimum übersteigenden Beträge festgestellt und allenfalls jene Monate kompensiert werden können, in welchen der Schuldner weniger als den Notbedarf verdient hat: BGer v. 02.05.2011, 5A_16/2011 E. 2.2.

52 Von der Regel, wonach die Dauer der zeitlichen Beschränkung der Einkommenspfändung ab deren Vollzug zu laufen habe, kann **nur ganz ausnahmsweise abgewichen werden**. Dies soll namentlich dort möglich sein, wo der Vollzug des Beschlags fruchtlos verlaufen ist und diese Folge auf einer gesetzeswidrigen oder unangemessenen Einschätzung des Betreibungsamtes beruht: BGE 116 III 15 E. 3.

53 Die Höchstdauer der Lohnpfändung ist auch für den Fall der Teilnahme **mehrerer Gläubiger** auf ein Jahr seit dem Pfändungsvollzug, der die Teilnahmefristen von SchKG 110/111 in Gang gesetzt hat, zu beschränken: BGE 98 III 12 E. 3.

54 Eine Anordnung zur Pfändung, welche die Höchstdauer eines Jahres übersteigt, ist gemäss Praxis **nichtig**: BGE 117 III 26 E. 1 (Pra 81 [1992] Nr. 208).

Zu Abs. 3

55 **Ändern** sich während der Dauer einer Lohnpfändung die für die Bestimmung des pfändbaren Betrages **massgebenden Verhältnisse** (z.B. beim Wegfall des Ersatzeinkommens [BGE 119 III 15 E. 2] oder beim Hinzukommen von neuen Verpflichtungen [BGE 129 III 242 E. 4; BGE 121 III 20 E. 3b]), so ist die Lohnpfändung durch Erhöhung oder Ermässigung dieses Betrages den neuen Verhältnissen anzupassen (**Revision**): BGE 93 III 33 E. 2.

56 Das Betreibungsamt nimmt die Änderung bei Kenntnisnahme **von Amtes wegen** vor: BGer v. 14.08.2006, 7B.79/2006.

57 Die Betreibungsparteien können ein **Gesuch** zur Änderung stellen: BGE 116 III 15 E. 2.b. Die nachträglichen Änderungen in den tatsächlichen Verhältnissen sind nicht auf dem Beschwerdeweg, sondern mit einem Gesuch um Revision der Einkommenspfändung beim Betreibungsamt geltend zu machen: BGE 108 III 10 E. 4.

58 Grundsätzlich wirkt eine **Erhöhung der Lohnpfändung** auf den Tag des Pfändungsvollzugs zurück: BGE 81 III 14 E. 4.

59 Das Betreibungsamt kann den Schuldner beim Pfändungsvollzug unter Hinweis auf die Strafdrohung von StGB 292 (→ Nr. 35) auffordern, ihm jeden **Wechsel der Arbeitsstelle** und jede Änderung der Verdienstverhältnisse unverzüglich zu melden: BGE 83 III 1 E. 2.

60 Eine vollzogene Lohnpfändung bleibt zu Recht bestehen, auch wenn der Schuldner vorübergehend **keinen Verdienst** hat, und ist nur in ihren Wirkungen von künftig entstehenden Arbeitsverhältnissen abhängig: BGE 78 III 126 E. 1.

61 Die Pfändung einer Forderung des Schuldners für persönliche Arbeit, die er im Lauf der letzten Jahre geleistet hat, untersteht SchKG 93. Eine solche Forderung ist nur insoweit unpfändbar, als der Schuldner wegen seines gegenwärtig **unzureichenden Verdienstes** einen Teilbetrag zur Deckung des Notbedarfs seiner Familie braucht: BGE 92 III 6 E. 3.

62 Bei **veränderlichem**, zeitweilig unter dem Existenzminimum bleibenden **Lohn** hat der Schuldner Anspruch auf Ausgleich aus den Überschüssen der andern Perioden, indem ihm bei der Lohnpfändung zur Deckung solcher Ausfälle von vornherein ein Zuschlag zum Existenzminimum gewährt wird, welcher der Revision unterliegt, oder indem das Betreibungsamt die eingehenden Überschüsse verwaltet und dem Schuldner jeweilen auf ziffernmässigen Nachweis eines ungenügenden Lohnbetreffnisses die Differenz bis zum Existenzminimum aus den verfügbaren Beträgen auszahlt: BGE 69 III 53 E. 2.

63 Bei der Lohnpfändung hört die Pflicht des Schuldners zur **Verzinsung** seiner Schuld in dem Umfang und von dem Zeitpunkt an auf, da beim Betreibungsamt Lohnquoten des Schuldners eingehen: 116 III 56 E. 2.b.

Art. 94   6. Pfändung von Früchten vor der Ernte

¹ Hängende und stehende Früchte können nicht gepfändet werden:
1. auf den Wiesen vor dem 1. April;
2. auf den Feldern vor dem 1. Juni;
3. in den Rebgeländen vor dem 20. August.

² Eine vor oder an den bezeichneten Tagen vorgenommene Veräusserung der Ernte ist dem pfändenden Gläubiger gegenüber ungültig.

³ Die Rechte der Grundpfandgläubiger auf die hängenden und stehenden Früchte als Bestandteile der Pfandsache bleiben vorbehalten, jedoch nur unter der Voraussetzung, dass der Grundpfandgläubiger selbst die Betreibung auf Verwertung des Grundpfandes eingeleitet[1] hat, bevor die Verwertung der gepfändeten Früchte stattfindet.[2]

---

1   Bezeichnung gemäss Ziff. I des BG vom 16. Dez. 1994, in Kraft seit 1. Jan. 1997 (AS 1995 1227; BBl 1991 III 1).

2   Fassung gemäss Art. 58 SchlT ZGB, in Kraft seit 1. Jan. 1912 (AS 24 233 Art. 60 SchlT ZGB; BBl 1904 IV 1, 1907 VI 367).

Dritter Titel: Betreibung auf Pfändung

Verweise
Abs. 1: *SchKG 102–103 (Sicherungsmassnahmen); ZGB 643 (natürliche Früchte).*
Abs. 3: *SchKG 37 Abs. 1, ZGB 793–875 (Grundpfand); ZGB 805 (Umfang der Pfandhaft); SchKG 151–158 (Betreibung auf Pfandverwertung); SchKG 116–150 (Verwertung).*

Zu Abs. 1

1 Eine **gesonderte Pfändung** hängender oder stehender Früchte ist nicht möglich, falls das Grundstück an sich gepfändet ist: SchKG 102 Abs. 1 und VZG 14 Abs. 1 (→ Nr. 9).

2 Werden die Früchte gesondert gepfändet, so muss den Grundpfandgläubigern dies zur **Anzeige** gebracht werden: VZG 14 Abs. 2 und 15 Abs. 1 lit. b (→ Nr. 9).

3 Die **Verwertung** von stehenden und hängenden Früchten darf ohne die Zustimmung des Schuldners nicht vor der Reife stattfinden: SchKG 122 Abs. 2.

4 Der dem Schuldner zu gewährende **Fruchtgenuss** bemisst sich grundsätzlich nach dem Unterhaltsbedarf bis zur nächsten Ernte: BGE 94 III 8 E. 4; BGE 73 III 125 E. 2.

Art. 95 7. Reihenfolge der Pfändung
a. Im allgemeinen

¹ In erster Linie wird das bewegliche Vermögen mit Einschluss der Forderungen und der beschränkt pfändbaren Ansprüche (Art. 93) gepfändet. Dabei fallen zunächst die Gegenstände des täglichen Verkehrs in die Pfändung; entbehrlichere Vermögensstücke werden jedoch vor den weniger entbehrlichen gepfändet.[1]

² Das unbewegliche Vermögen wird nur gepfändet, soweit das bewegliche zur Deckung der Forderung nicht ausreicht.[2]

³ In letzter Linie werden Vermögensstücke gepfändet, auf welche ein Arrest gelegt ist, oder welche vom Schuldner als dritten Personen zugehörig bezeichnet oder von dritten Personen beansprucht werden.

⁴ Wenn Futtervorräte gepfändet werden, sind auf Verlangen des Schuldners auch Viehstücke in entsprechender Anzahl zu pfänden.

⁴ᵇⁱˢ Der Beamte kann von dieser Reihenfolge abweichen, soweit es die Verhältnisse rechtfertigen oder wenn Gläubiger und Schuldner es gemeinsam verlangen.[3]

⁵ Im übrigen soll der Beamte, soweit tunlich, die Interessen des Gläubigers sowohl als des Schuldners berücksichtigen.

---

1 Fassung gemäss Ziff. I des BG vom 16. Dez. 1994, in Kraft seit 1. Jan. 1997 (AS 1995 1227; BBl 1991 III 1).
2 Fassung gemäss Ziff. I des BG vom 16. Dez. 1994, in Kraft seit 1. Jan. 1997 (AS 1995 1227; BBl 1991 III 1).
3 Eingefügt durch Ziff. I des BG vom 16. Dez. 1994, in Kraft seit 1. Jan. 1997 (AS 1995 1227; BBl 1991 III 1).

Verweise

Abs. 3: *SchKG 271–281 (Arrestverfahren).*

Abs. 4: *SchKG 92 Abs. 1 Ziff. 4 (unpfändbarer Vieh- und Futterbestand).*

Allgemeines

1 Der **Sinn** der in SchKG 95 aufgestellten Reihenfolge der zu pfändenden Vermögenswerte ist der, dass zuerst die dem Schuldner leichter entbehrlichen und rasch verwertbaren Werte herangezogen werden sollen, vor denjenigen, die er weniger leicht enbehren kann: BGE 82 III 51 E. 3.

2 Die vom Gesetz und der Rechtsprechung vorgeschriebene Reihenfolge der zu pfändenden Werte enthält allerdings keine starren Rechtssätze. Sie darf bloss als **Richtlinie** betrachtet werden, wovon abgewichen werden kann: BGE 134 III 122 E. 4.1 (Pra 97 [2008] Nr. 105); BGE 115 III 45 E. 3.a.

3 SchKG 95 ist auch bei der Zwangsvollstreckung gegen **Gemeinden** anwendbar: BGE 78 III 147 E. 2.

Zu Abs. 1

4 Unter «**Forderungen**» i.S.v. SchKG 95 Abs. 1 sind nicht Lohnguthaben usw. gemäss SchKG 93 zu verstehen; solche sind vielmehr erst nach bzw. in Ermangelung von beweglichem und unbeweglichem Vermögen zu pfänden: BGE 115 III 45 E. 2.a; BGE 107 III 78 E. 3; BGE 82 III 51 E. 3.

5 Forderungen des betriebenen Schuldners müssen gepfändet werden, sobald der betreibende Gläubiger deren **Existenz auch nur behauptet**. Dem Betreibungsamt steht darüber keine Entscheidung zu. Nur ausnahmsweise ist die Behauptung des betreibenden Gläubigers nicht massgebend: Wenn er selber nachträglich zur Überzeugung gelangt ist, dass die von ihm als Pfändungsobjekt verzeigte Forderung nicht zu Recht besteht, und die andern Beteiligten ihm darin beistimmen, und ferner, wenn die Nichtexistenz behaupteter pfändbarer Rechte sich unzweifelhaft aus dem Ausgang eines darüber ergangenen amtlichen Verfahrens ergibt: BGE 81 III 17, 19.

6 Zu den **Forderungen** und anderen Vermögenswerten zählen z.B. auch:
   – **Kapitalabfindungen**: BGE 115 III 45 E. 2;
   – eine Sachleistung aus Kauf (vorbehältlich der Rechte und Einreden des Verkäufers): BGE 78 III 68 E. 3 und 4.

7 Eine Forderung, bei der der **Fälligkeitstermin** nicht feststeht ist pfändbar: BGE 99 III 52 E. 3.

8 Blosse **Anwartschaften** können nicht gepfändet werden, da deren Verwertung zu einer sinnlosen Vermögensverschleuderung führen würde: BGE 99 III 52 E. 3. Ebenso unzulässig ist die Pfändung des **Herausgabeanspruchs** anstatt der Pfändung der Sache selbst: BGE 60 III 229 E. 4, oder die Pfändung einer Erbanwartschaft: BGE 73 III 149 E. 1.

9 Gegenstände, die der Schuldner als sein Eigentum bezeichnet, sind pfändbar, auch wenn sie sich im **Gewahrsam des betreibenden Gläubigers** befinden und von diesem als Eigentum beansprucht werden: BGE 83 III 105, 105 f.

10 Im Besitz des Schuldners befindliche **Eigentümerpfandtitel**, die nicht gepfändet wurden, weil sie zur Deckung der in Betreibung gesetzten Forderung nicht ausreichen, sind vom Betreibungsamt für die Dauer der Pfändung des Grundstücks in Verwahrung zu nehmen: VZG 13 (→ Nr. 9). Dies ist jedoch nicht zulässig, wenn das Grundstück selbst gepfändet ist: BGE 91 III 69 E. 4.c.aa.

11 Betreffend die **Pfändung von Lebensversicherungsansprüchen** siehe die VPAV (→ Nr. 10).

Zu Abs. 2

12 Die Pfändung eines Grundstücks beinhaltet auch die beweglichen Sachen, welche nach dem Ortsgebrauch als dessen **Zugehör** gelten: VZG 11 (→ Nr. 9).

13 Gemäss VZG 12 (→ Nr. 9) ist die **gesonderte Pfändung** des Zugehörs eines Grundstückes nur zulässig, wenn der Schuldner und alle aus dem Grundbuch ersichtlichen Berechtigten (Grundpfandgläubiger usw.) damit einverstanden sind: VZG 12; BGE 59 III 58, 61.

14 Ein auf ein **Namen eines Dritten** eingetragenes Grundstück kann dann gepfändet werden, wenn der eingetragene Eigentümer und der Betriebene wirtschaftlich identisch sind: BGE 117 III 29 E. 3.

15 Für die Vollstreckung von **Luftfahrzeugen** gelten die Regeln betreffend Vollstreckung von Grundstücken: LBG 52; Schweizerische Luftfahrzeuge, welche nicht im Luftfahrzeugbuch eingetragen sind, werden in der Zwangsvollstreckung jedoch wie bewegliche Sachen behandelt: BGE 87 III 41, 41 ff.

16 Im Schiffsregister aufgenommene **Schiffe** werden erst dann gepfändet, wenn das übrige bewegliche und unbewegliche Vermögen des Schuldners zur Deckung der Forderung nicht ausreicht oder wenn Gläubiger und Schuldner es gemeinsam verlangen. Somit werden Schiffe nach den Grundstücken, jedoch vor den in SchKG 95 Abs. 3 genannten Vermögenswerten gepfändet: Art. 56 des BG über das Schifffahrtsregister (SR 747.11).

Zu Abs. 3

17 Das Betreibungsamt hat nur eine **summarische Prüfung** vorzunehmen, ohne sich über das Bestehen von Drittansprüchen zu äussern. Dennoch muss es in erster Linie die Vermögenswerte pfänden, deren Drittanspruch am wenigsten begründet erscheint: BGE 134 III 122 E. 4.2 (Pra 97 [2008] Nr. 105); BGE 120 III 49 E. 2.a (Pra 83 [1994] Nr. 251).

18 Die Gegenstände, welche dem Schuldner unter **Eigentumsvorbehalt** verkauft werden, werden den Vermögensstücken gemäss Abs. 3 gleichgesetzt: BGE 63 III 123, 124.

19 SchKG 95 Abs. 3 gilt nicht für Vermögensstücke, die der betreibende Gläubiger als **Faustpfand** für eine andere Forderung beansprucht, und deren Schätzungswert sowohl die Betreibungs- als auch die Pfandforderung deckt: BGE 73 III 72 E. 1.

20 Die im Abs. 3 aufgestellte Regel gilt nicht nur, wenn ein Dritter pfändbare Gegenstände zu Eigentum beansprucht, sondern auch, wenn er ein **Pfand- oder Retentionsrecht** daran

geltend macht, mindestens dann, wenn voraussichtlich der Erlös auf deren Verwertung die gesicherte Forderung des Dritten übersteigt: BGE 79 III 18, 19.

Zu Abs. 4bis

21 Zweifel oder **Eigentumsstreitigkeiten** über die zu pfändenden Gegenstände oder Rechte haben nicht die Nichtigkeit der Pfändung zur Folge, sondern verpflichten das Amt einzig, das Widerspruchsverfahren i.S.v. SchKG 106 ff. einzuleiten: BGE 134 III 122 E. 4.2 (Pra 97 [2008] Nr. 105).

Art. 95a[1]   b. Forderungen gegen den Ehegatten, die eingetragene Partnerin oder den eingetragenen Partner

Forderungen des Schuldners gegen seinen Ehegatten, seine eingetragene Partnerin oder seinen eingetragenen Partner werden nur gepfändet, soweit sein übriges Vermögen nicht ausreicht.

Keine Entscheidungen.

Art. 96   B. Wirkungen der Pfändung

¹ Der Schuldner darf bei Straffolge (Art. 169 StGB[2]) ohne Bewilligung des Betreibungsbeamten nicht über die gepfändeten Vermögensstücke verfügen. Der pfändende Beamte macht ihn darauf und auf die Straffolge ausdrücklich aufmerksam.[3]

² Verfügungen des Schuldners sind ungültig, soweit dadurch die aus der Pfändung den Gläubigern erwachsenen Rechte verletzt werden, unter Vorbehalt der Wirkungen des Besitzerwerbes durch gutgläubige Dritte.[4]

Verweise

Abs. 1: *ZGB 960 Abs. 1 Ziff. (Vormerkung der Verfügungsbeschränkung im Grundbuch).*

Abs. 2: *ZGB 714 Abs. 2 (gutgläubiger Erwerb); ZGB 884 Abs. 2, 899 Abs. 2 (Umfang des Pfandrechts des gutgläubigen Empfängers der Pfandsache); ZGB 930–937 (Rechtsschutz des Besitzers).*

---

1   Eingefügt durch Ziff. II 3 des BG vom 5. Okt. 1984 über die Änderung des ZGB (AS 1986 122; BBl 1979 II 1191). Fassung gemäss Anhang Ziff. 16 des Partnerschaftsgesetzes vom 18. Juni 2004, in Kraft seit 1. Jan. 2007 (AS 2005 5685; BBl 2003 1288).

2   SR 311.0

3   Fassung gemäss Ziff. I des BG vom 16. Dez. 1994, in Kraft seit 1. Jan. 1997 (AS 1995 1227; BBl 1991 III 1).

4   Eingefügt durch Art. 58 SchlT ZGB, in Kraft seit 1. Jan. 1912 (AS 24 233 Art. 60 SchlT ZGB; BBl 1904 IV 1, 1907 VI 367).

Dritter Titel: Betreibung auf Pfändung

Zu Abs. 1

1 Das hier aufgestellte Verbot der Verfügung über gepfändete Gegenstände, auf das der Beamte den Schuldner bei der Pfändung aufmerksam zu machen hat, schliesst nicht das Gebot in sich, dem Betreibungsamt **Stellenwechsel** und **Änderungen des Verdienstes** mitzuteilen: BGE 83 III 1 E. 2.

2 Verfügen bedeutet nicht nur mit der Sache ein Rechtsgeschäft abzuschliessen, sondern beinhaltet auch, die Sache zum Gegenstand anderer Handlungen zu machen, welche den Endzweck der Pfändung, den betreibenden Gläubiger zu befriedigen, vereiteln. SchKG 96 unterscheidet nicht zwischen **rechtlichen und tatsächlichen Verfügungen**: BGE 75 IV 62 E. 3.

3 Solange der Betreibungsschuldner nicht ausdrücklich auf die gesetzliche Unterlassungspflicht hingewiesen worden ist, entfaltet die Pfändung keine Wirkung und ist auch nicht rechtsgültig **vollzogen**: BGE 130 III 661 E. 1.2; BGE 112 III 14 E. 3; BGE 110 III 57 E. 2.

4 Das Betreibungsamt kann Verfügungen des Schuldners **bewilligen**, jedoch nur, falls die geplante Verfügung die Gläubiger nicht benachteiligt: BGer v. 05.11.2010, 5A_836/2009 E. 6.2.

5 Bei **Abwesenheit des Schuldners** wird die Pfändung erst mit der Zustellung der Pfändungsurkunde an ihn wirksam: BGE 112 III 14 E. 5.a. Die Teilnahmefrist für die **provisorische Anschlusspfändung** beginnt dann erst mit der Zustellung der Pfändungsurkunde an den Schuldner zu laufen: BGE 130 III 661 E. 1.

6 SchKG 96 ist in der **Betreibung für Mietzinse** hinsichtlich der retinierten Gegenstände sinngemäss anwendbar: BGE 74 III 65 E. 4.

7 Der **nach Vormerkung eines Kaufsrechts** vollzogene Arrest steht einem Eigentumsübergang infolge Ausübung des Kaufsrechts nicht entgegen. Der Erwerber des Grundstücks kann die Löschung der auf dem Arrest beruhenden vorgemerkten Verfügungsbeschränkung erwirken, indem er beim Betreibungsamt den Teil des Kaufpreises hinterlegt, der nicht durch Übernahme der vor dem Arrest begründeten Grundpfandschulden getilgt worden ist: BGE 128 III 124 E. 3.

8 Verfügungen über die zur Gemeinschaft gehörenden Vermögensgegenstände, für welche an sich die Zustimmung des Schuldners erforderlich wäre, dürfen nur noch mit Zustimmung des Betreibungsamtes vorgenommen werden: BGer v. 06.02.2007, 7B_184/2006 E. 3.2.

Zu Abs. 2

9 Der Pfändungsschuldner ist nicht allgemein in seiner Verfügungsfähigkeit beschränkt, sondern nur im Hinblick auf die Pfändungsgläubiger. Nur diesen gegenüber sind die nicht bewilligten Verfügungen **ungültig**: BGE 130 III 669 E. 5.1; BGE 113 III 34 E. 1.a.

10 Wird eine gepfändete **Sache** mit Zustimmung des Betreibungsamtes durch eine andere Sache oder eine Geldhinterlage dergestalt **ersetzt**, dass das Betreibungsamt unter Ausschluss des Schuldners die Verfügungsgewalt erhält, so bedarf es keiner neuen Pfändung, und ein allfällig bereits angehobenes Widerspruchsverfahren nimmt ungehemmt seinen Fortgang, indem die neue Sache oder die Geldsumme an die Stelle des ursprünglichen Pfändungsobjektes getreten ist: BGE 60 III 195, 196.

11 Wenn die gepfändeten Gegenstände noch *in natura* vorhanden sind, braucht sich der Pfändungsgläubiger nicht mit dem durch den Käufer bezahlten Preis zu begnügen, sondern hat das Recht, vom Betreibungsamt die Einleitung des Widerspruchsverfahrens zu verlangen, um die Frage des **guten Glaubens** des Käufers beurteilen zu lassen: BGE 58 III 179 E. 4.

12 Ein gutgläubiger Kauf von **Grundstücken** ist nur solange möglich, als dass die Pfändung nicht im Grundbuch vorgemerkt ist: BGE 130 III 669 E. 5.1.

13 Das im Grundbuch vorgemerkte Kaufsrecht wirkt (auch) gegenüber einer **späteren Pfändung**: BGE 102 III 20 E. 1.

Art. 97 C. Schätzung. Umfang der Pfändung

¹ Der Beamte schätzt die gepfändeten Gegenstände, nötigenfalls mit Zuziehung von Sachverständigen.

² Es wird nicht mehr gepfändet als nötig ist, um die pfändenden Gläubiger für ihre Forderungen samt Zinsen und Kosten zu befriedigen.

Verweise

Abs. 1: *VZG 9 (Schätzung eines Grundstücks* → *Nr. 9).*
Abs. 2: *SchKG 67 Abs. 1 Ziff. 3, 69 Abs. 2 Ziff. 2 (Forderungen); OR 102, 104–105 (Zins); SchKG 68, 69 Abs. 2 Ziff. 2 (Betreibungskosten); SchKG 110–111 (Pfändungsanschluss); VZG 8 (Umfang der Pfändung von Grundstücken).*

Zu Abs. 1

1 Die **Hauptfunktionen** der Schätzung im Pfändungsverfahren liegen in der Bestimmung des Deckungsumfangs, damit nicht mehr als nötig mit Beschlag belegt wird, und in der Orientierung des Gläubigers über das voraussichtliche Ergebnis der Verwertung: BGer v. 08.03.2011, 5A_799/2010 E. 2; BGE 135 I 102 E. 3.2.2, BGE 122 III 338 E. 1.a.

2 Die Schätzung ist eine **Ermessenssache**. Diesbezüglich kann das Bundesgericht lediglich prüfen, ob die kantonale Aufsichtsbehörde das ihr zustehende Ermessen überschritten oder missbraucht hat. Dies ist dann der Fall, wenn Kriterien berücksichtigt worden sind, die keine Rolle hätten spielen dürfen, oder wenn umgekehrt rechtserhebliche Umstände ausser Acht geblieben sind: BGer v. 29.05.2009, 5A_280/2009 E. 6; BGE 120 III 79 E. 1.

3 Als **Schätzungswert** ist derjenige Betrag in die Pfändungsurkunde einzusetzen, der bei der Verwertung des gepfändeten Vermögensstücks mutmasslich erzielt werden kann: BGE 99 III 52 E. 4.b. Bestehen jedoch an einem Gegenstand **Pfandrechte**, die den Rechten der pfändenden Gläubiger vorgehen, so ist vom realen Wert der Betrag der aus dem Erlös vorweg zu deckenden Pfandforderungen abzuziehen. Denn für die pfändenden Gläubiger ist nur ein die vorgehenden Ansprüche übersteigender Betrag verfügbar, und nach dem Deckungsprinzip des SchKG 126 kann der Gegenstand überhaupt nur bei Erreichung eines solchen Überschusses dem Meistbietenden zugeschlagen werden: BGE 91 III 60 E. 1.

4   Das **Grundstück**, das nach Massgabe von VZG 9 (→ Nr. 9) zu schätzen ist, umfasst nicht nur die Bodenfläche, sondern auch die darauf befindlichen Gebäude, gleichgültig, ob sie fertiggestellt sind oder nicht: BGE 120 III 79 E. 2.a.

5   Eine **unsachgemäss erfolgte oder unterbliebene Schätzung** hat keine Nichtigkeitsfolgen, sondern ist neu durchzuführen oder nachzuholen: BGer v. 31.07.2003, 7B.126/2003 E. 2; BGE 97 III 18 E. 2.a.

6   Die Aufsichtsbehörden sind **nicht befugt**, die betreibungsamtliche Schätzung zu überprüfen. Ist diese unterblieben, haben sie indessen eine solche anzuordnen: BGer v. 15.12.2006, 7B.122/2006 E. 10.1.1; BGE 73 III 52, 54 (Pra 36 [1947] Nr. 90).

7   Gemäss VZG 9 Abs. 2 (→ Nr. 9) ist jeder Beteiligte berechtigt, bei der Aufsichtsbehörde innerhalb von zehn Tagen gegen Vorschuss der Kosten eine **neue Schätzung** durch Sachverständige zu verlangen. Diese Bestimmung bezieht sich auf die Schätzung von Grundstücken. Sie gilt jedoch sinngemäss auch für Fahrnis, sofern die neue Schätzung innert nützlicher Frist vorgenommen werden kann. Diese Voraussetzung ist dort erfüllt, wo anerkannte Schätzungskriterien bestehen: BGE 114 III 29 E. 3.c; BGE 110 III 69 E. 1. Bei nicht kotierten Aktien ist eine Schätzung innert nützlicher Frist nicht möglich: BGE 101 III 32 E. 2.b und c.

8   Der Anspruch auf Neuschätzung durch Sachverständige **dient nicht der Nachprüfung** der betreibungsamtlichen Schätzung. Er trägt vielmehr dem Umstand Rechnung, dass die Ansichten über den Verkaufswert eines Grundstücks – selbst unter Sachverständigen – nicht selten erheblich auseinander liegen können: BGE 131 III 136 E. 3.2.1.

9   Liegen voneinander abweichende Schätzungen zweier gleich kompetenter Sachverständiger vor, so ist es zulässig, sich für einen **Mittelwert** zu entscheiden: BGE 129 III 595 E. 3.1; BGE 120 III 79 E. 2.b. Dies setzt jedoch voraus, dass beide Expertisen anhand von Kriterien erstellt worden sind, die sich zur Schätzung eignen: BGer v. 07.11.2006, 7B.118/2006 E. 2.3.

10 Die **Beschwerde** zwecks einer neuen, den Realitäten entsprechenden Schätzung muss als Antrag auf eine neue Schätzung durch Sachverständige i.S.v. VZG 9 Abs. 2 (→ Nr. 9) behandelt werden, selbst wenn sie sich nicht auf diese Bestimmung bezieht. Hingegen liegt kein Begehren um eine neue Schätzung vor, wenn dem Betreibungsamt vorgeworfen wird, sich einfach auf die Steuerschätzung der Liegenschaft gestützt zu haben und somit keinerlei Schätzung vorgenommen zu haben; das Betreibungsamt muss dann die Liegenschaft erneut schätzen. Massgeblich ist folglich zu wissen, ob die Streitsache sich auf Kriterien bezieht, die bei der Schätzung zu berücksichtigen sind, oder auf den geschätzten (Verkaufs-)wert als solchen: BGE 133 III 537 E. 4.1 (Pra 97 [2008] Nr. 43).

11 Dem **Drittansprecher** wird grundsätzlich kein Interesse an der betreibungsamtlichen Schätzung der Pfandobjekte bzw. Arrestgegenstände zuerkannt, weshalb er auch nicht legitimiert ist, dagegen Beschwerde zu erheben: BGer v. 27.06.2011, 5F_5/2011 E. 2; BGE 112 III 75 E. 1. Er hat seine Rechte vielmehr im Widerspruchsverfahren nach SchKG 106 ff. wahrzunehmen. Ausnahmen von diesem Grundsatz werden nur bei der Schätzung von Objekten, die dem Retentionsrecht des Vermieters unterliegen, und von Faustpfändern im Pfandverwertungsverfahren zugelassen: BGE 112 III 75 E. 1.

12 Die Frage, ob ein gepfändeter Gegenstand einen genügenden **Gantwert** aufweist oder nicht (SchKG 92 Abs. 2), steht in unmittelbaren Zusammenhang mit dessen Schätzung und kann deshalb nicht von einem Dritten mit Beschwerde angefochten werden: BGer v. 27.06.2011, 5F_5/2011 E. 3.

13 Zwischen dem Pfändungsvollzug und der Verwertung eines Grundstücks können mehr als zwei Jahre liegen (vgl. SchKG 116 Abs. 1). Das Gesetz sieht deshalb ausdrücklich vor, dass das Grundstück nach durchgeführter Lastenbereinigung im Rahmen der Vorbereitung der Versteigerung durch das Betreibungsamt **neu geschätzt** wird (SchKG 140 Abs. 3). Auch dort, wo die Pfändungsschätzung – nach Überprüfung – bloss bestätigt wird, handelt es sich um eine selbstständige, neue betreibungsamtliche Verfügung. Wie bei der Betreibung auf Grundpfandverwertung – wo eine Pfändungsschätzung naturgemäss fehlt – hat der Schuldner (und jede andere betroffene Person) das Recht, die Neuschätzung des Betreibungsamtes in Frage zu stellen und i.S.v. VZG 9 Abs. 2 (→ Nr. 9) die Überprüfung durch einen Sachverständigen zu verlangen. Da die Verhältnisse bei der Schätzung im Verwertungsverfahren nicht gleich sind wie bei der Pfändungsschätzung, ist der Überprüfungsanspruch unabhängig davon gegeben, wie sich der betreffende Beschwerdeführer seinerzeit zu dieser gestellt hatte: BGE 122 III 338 E. 3.

14 Die Kosten für den Beizug eines Sachverständigen sind **Betreibungskosten**. Siehe hierzu auch GebV SchKG 13 (→ Nr. 7).

15 Das Betreibungsamt hat sich stets zu fragen, ob die Kosten der Schätzung in einem **vertretbaren Verhältnis** zum Wert des zu schätzenden Gegenstandes stehen. Lässt die kantonale Aufsichtsbehörde den Betreibungsgläubiger nur denjenigen Teil des Expertenhonorars tragen, der nach ihrer Ansicht für ein unter den gegebenen Umständen angemessenes Ergänzungsgutachten aufzuwenden gewesen wäre, so verstösst sie nicht gegen Bundesrecht: BGE 110 III 65 E. 2.

16 Bei der Aufnahme eines **Retentionsverzeichnisses** ist SchKG 97 Abs. 1 entsprechend anzuwenden. Der Betreibungsbeamte hat einen Sachverständigen beizuziehen, wenn die Schätzung eines Gegenstandes Fachkenntnisse verlangt, die er nicht besitzt. Schätzt der Betreibungsbeamte die gepfändeten oder retinierten Gegenstände selber, obwohl er die nötigen Fachkenntnisse nicht besitzt, so hat die Aufsichtsbehörde auf Beschwerde des Gläubigers oder des Schuldners eine neue Schätzung durch einen Sachverständigen anzuordnen. Die Pfändung oder die Retention als solche sind dabei nicht aufzuheben. Vielmehr hat die Aufsichtsbehörde diese Massnahmen als an sich gerechtfertigt einstweilen bestehen zu lassen, aber das Betreibungsamt anzuweisen, ihren Umfang dem Ergebnis der neuen Schätzung anzupassen: BGE 93 III 20 E. 4.

17 Eine Bank, die **treuhänderisch** tätig ist, ist dem Treugeber gegenüber rechenschaftspflichtig (OR 400). Dieser besitzt deshalb eine Forderung auf Zeit, die Gegenstand eines Arrestes oder einer Pfändung sein kann: BGE 112 III 90 E. 4.b (Pra 76 [1987] Nr. 73). Die Bank kann sich nicht auf das Bankgeheimnis berufen und sich weigern, dem Betreibungsamt Auskünfte für eine Abschätzung der zu pfändenden Forderung des Betriebenen, die diesem gegenüber der Bank zusteht, zu geben: BGE 112 III 90 E. 3.

18 Gemäss VVAG 5 Abs. 3 (→ Nr. 8) genügt bezüglich des Schätzungswertes des **Anteilsrechts** an einem Gemeinschaftsvermögen für den Fall, dass dieser nicht ohne eingehende Erhebungen ermittelt werden kann, eine Feststellung darüber, ob nach Pfändung des Anteilsrechts die Forderungen der pfändenden Gläubiger durch den Schätzungswert aller gepfändeten Gegenstände gedeckt erscheinen oder ob die Pfändungsurkunde als provisorischer Verlustschein zu betrachten ist. Diese Verordnungsbestimmung **ist als Abweichung von SchKG 97 Abs. 1** einschränkend auszulegen und nur in Ausnahmefällen anzuwenden, dann nämlich, wenn sich der Bestand des Gemeinschaftsvermögens oder die daran bestehenden Beteiligungsrechte nicht leicht feststellen lassen wie etwa, wenn Erbberechtigungen, Vorempfänge und dergleichen streitig sind: BGE 91 III 69 E. 4.a.

Zu Abs. 2

19 Bei der Bestimmung des Pfändungsumfangs dürfen **nur Betreibungskosten, nicht aber allfällige Prozesskosten** (mit Ausnahme der Rechtsöffnungskosten) berücksichtigt werden: BGE 73 III 133, 134.

20 **Nachträgliche Wertsteigerungen des Pfändungsguts** bilden keinen Grund, die erfolgte Pfändung herabzusetzen: BGE 136 III 490 E. 4.4. Stellt sich die Pfändung hingegen als übersetzt heraus, weil geltend gemachte Drittansprüche im Widerspruchsverfahren erfolgreich bestritten wurden, so berechtigt dies zu einer Herabsetzung der Pfändung: BGE 68 III 69, 71.

21 Ergibt eine spätere Schätzung der gepfändeten Gegenstände einen **geringeren Wert**, so kann deswegen nicht bereits vor der Verwertung eine Nachpfändung verlangt werden: BGE 62 III 159, 160.

22 **Abzahlungen** an die Betreibungsforderung vermögen keine verhältnismässige Freigabe eines Teils der gepfändeten Gegenstände herbeizuführen: BGE 136 III 490 E. 4.4; BGE 68 III 69, 71.

23 SchKG 97 Abs. 2 gilt auch für die Aufnahme eines **Retentionsverzeichnisses**: BGE 97 III 43 E. 4.

24 Dass die in das Retentionsverzeichnis aufgenommenen Gegenstände von einem Dritten beansprucht werden, **ermächtigt das Betreibungsamt nicht**, mehr als nötig zu retinieren, um das Risiko einer allfälligen Anerkennung der Drittrechte zu decken: BGE 108 III 122 E. 5.

25 Der Schuldner, der anlässlich der Aufnahme der Retentionsurkunde erklärt, dass die in die Urkunde aufgenommenen Gegenstände Dritten gehörten, ist nicht befugt, die Entlassung dieser Gegenstände aus dem Retentionsbeschlag zu verlangen. Hierzu ist **einzig der Drittansprecher legitimiert**: BGE 106 III 28 E. 3.b.

26 Die Pfändung darf bei Zustimmung der Miterben **auf den Anteil** an einer der zwei die Erbschaft bildenden Liegenschaften beschränkt werden, wenn sich dabei eine genügende Deckung ergibt: BGE 91 III 69 E. 3.

27 Der Arrestgläubiger, von dem die Leistung von Sicherheiten verlangt wird, **haftet nicht** für den Schaden, den der Schuldner erleidet, weil das Betreibungsamt mehr arrestiert hat, als die Arrestverfügung bestimmt: BGE 113 III 94 E. 8.

28 Zur **Nachpfändung** siehe SchKG 145.

Art. 98 D. Sicherungsmassnahmen
1. Bei beweglichen Sachen

¹ Geld, Banknoten, Inhaberpapiere, Wechsel und andere indossable Papiere, Edelmetalle und andere Kostbarkeiten werden vom Betreibungsamt verwahrt.¹

² Andere bewegliche Sachen können einstweilen in den Händen des Schuldners oder eines dritten Besitzers gelassen werden gegen die Verpflichtung, dieselben jederzeit zur Verfügung zu halten.

³ Auch diese Sachen sind indessen in amtliche Verwahrung zu nehmen oder einem Dritten zur Verwahrung zu übergeben, wenn der Betreibungsbeamte es für angemessen erachtet oder der Gläubiger glaubhaft macht, dass dies zur Sicherung seiner durch die Pfändung begründeten Rechte geboten ist.²

⁴ Die Besitznahme durch das Betreibungsamt ist auch dann zulässig, wenn ein Dritter Pfandrecht an der Sache hat. Gelangt dieselbe nicht zur Verwertung, so wird sie dem Pfandgläubiger zurückgegeben.

Verweise

Abs. 1: *SchKG 24 (Depositenanstalt); SchKG 105 (Kosten für Aufbewahrung und Unterhalt).*
Abs. 4: *SchKG 116–150 (Verwertung); SchKG 37 Abs. 2, ZGB 884–906 (Faustpfand).*

Zu Abs. 1

1 Der Zweck der Sicherungsmassnahmen i.S.v. SchKG 98 ff. liegt in der **Erhaltung der Vermögenswerte** des Schuldners: BGE 107 III 67 E. 1 (Pra 70 [1981] Nr. 276).

2 Die Sicherungsmassnahmen setzen grundsätzlich eine **gültig vollzogene Pfändung** voraus: BGE 131 III 46 E. 3.2. Mit der Aufhebung der Pfändung fallen sie automatisch dahin: BGE 134 III 177 E. 3.3 (Pra 97 [2008] Nr. 118).

3 Obwohl dies im Gesetz nicht eigens vorgesehen ist, sind auch **vorsorgliche Massnahmen** zur Sicherung der Pfändungsrechte zulässig, sofern sie als dringend geboten erscheinen, z.B. wegen Betreibungsferien: BGE 115 III 41 E. 2; BGE 107 III 67 E. 1.

4 Ist **Geld** des Schuldners in Form einer ausgeschiedenen Sachhinterlage (etwa in einem versiegelten Umschlag) bei einem Dritten verwahrt, so ist SchKG 98 anwendbar. Ist das Geld hingegen in einem Summendepot *(depositum irregulare)* hinterlegt, bei dem es in das Eigentum des Depositars übergeht und dieser nur zur Rückerstattung des gleichen Betrages aus seinem eigenen Vermögen verpflichtet ist, so ist für die Sicherung SchKG 99 anwendbar: BGE 77 III 60 E. 1.

---

1 Fassung gemäss Ziff. I des BG vom 16. Dez. 1994, in Kraft seit 1. Jan. 1997 (AS 1995 1227; BBl 1991 III 1).
2 Fassung gemäss Ziff. I des BG vom 3. April 1924, in Kraft seit 1. Jan. 1925 (AS 40 391 396; BBl 1921 I 507).

5 Das Betreibungsamt nimmt einen dem Schuldner und einem Dritten zu **Miteigentum** gehörenden Inhaberschuldbrief in Gewahrsam, selbst wenn es bloss den Miteigentumsanteil des Schuldners pfändet und sich der Schuldbrief im Besitz des anderen Miteigentümers befindet: BGE 90 III 76 E. 1 und 2.

6 Eigentümertitel, die auf der im **Gesamteigentum** stehenden Liegenschaft errichtet wurden, sind in analoger Anwendung von SchKG 98 Abs. 1 und VZG 13 (→ Nr. 9) vom Betreibungsamt in Verwahrung zu nehmen; die Spezialnorm von VVAG 5 Abs. 2 (→ Nr. 8) gilt nicht für solche Titel: BGE 91 III 69 E. 4.

7 Als **Edelmetalle** gelten Gold, Silber, Platin und Palladium, nicht jedoch Bronze: BGer v. 09.11.2011, 5A_551/2011 E. 2.1.

8 Nach SchKG 275 wird der Arrest nach den in SchKG 91–109 für die Pfändung aufgestellten Vorschriften vollzogen. Somit **gilt im Arrestverfahren** auch die Bestimmung über die amtliche Verwahrung: BGE 127 III 111 E. 3.c; BGE 82 III 119 E. 1; **anders noch** BGE 38 I 785 E. 2.

9 Von der **Auskunftspflicht** gemäss SchKG 91 wird im Hinblick auf SchKG 98 auch die Mitteilung erfasst, **an welchem Ort** sich die Vermögensgegenstände des Schuldners befinden. Denn wenn sich der Schuldner oder Dritte weigern, hierüber Auskunft zu geben, können diese auch nicht in Verwahrung genommen werden: BGE 116 III 107 E. 6.b.

10 Der Dritte, der die bei ihm gepfändete, ohne Erfolg als sein Eigentum angesprochene Sache verschwinden lässt, wird dem pfändenden Gläubiger gegenüber **schadenersatzpflichtig**: BGE 61 III 150 E. 2.

Zu Abs. 2

11 Wird ein **Schiff** gepfändet, so ist gemäss Art. 57 Abs. 1 des Bundesgesetzes über das Schiffsregister vom 28.09.1923 (SR 747.11) der Schiffsbrief unverzüglich dem Betreibungsamt zu übergeben und von diesem in Verwahrung zu nehmen.

12 Gemäss LBG 56 können **Luftfahrzeuge** und Ersatzteillager in amtliche Verwahrung genommen oder einem Dritten zur Verwahrung übergeben werden. Siehe hierzu auch das KS BGer (Plenum) Nr. 35 vom 16.10.1961 betreffend Luftfahrzeuge als Gegenstand der Zwangsvollstreckung (veröffentlicht in BGE 87 III 41).

Zu Abs. 3

13 Der Umstand, dass ein Gegenstand **von einem Dritten zu Eigentum angesprochen wird**, bildet, wenn sich der betreffende Gegenstand im Gewahrsam des Arrestschuldners befindet, keinen Grund, um von einer amtlichen Inverwahrungnahme abzusehen, wenn im Übrigen die Voraussetzungen hierfür gemäss SchKG 98 Abs. 3 gegeben sind. Denn es handelt sich bei der Verwahrung ja lediglich um eine Massnahme zur Erhöhung der Sicherung des Pfändungs- bzw. Arrestgläubigers gegen die Pfandunterschlagung, also um eine rein betreibungsrechtlichen Gründen entspringende Massnahme, die weder die Substanz der Sache trifft noch am materiellen Rechtsverhältnis etwas ändert: BGE 54 III 131 E. 2.

14 Zur Beschwerde über die Anordnung der amtlichen Verwahrung ist ein das Eigentum des betreffenden Gegenstandes ansprechender Dritter **nicht befugt**, wenn der Schuldner alleini-

gen Gewahrsam hat und die Sache nicht zum Nutzen des Dritten verwendet: BGE 82 III 97, 99 f.

15 Der Umstand, dass **ein Dritter den Gewahrsam an den gepfändeten Sachen mit dem Schuldner teilt**, schliesst nicht unbedingt aus, dass das Betreibungsamt sie in Verwahrung nimmt: BGE 79 III 108, 109 f.

16 Die amtliche Inverwahrungnahme ist **jedoch unzulässig**, wenn sich der Gegenstand im Gewahrsam des Drittansprechers befindet: BGE 83 III 46 E. 1.

17 Die Hängigkeit einer **Beschwerde** gegen die Pfändung macht die Pfändung und folglich auch die amtliche Verwahrung nicht ungültig: BGE 80 III 111 E. 2.

Zu Abs. 4

18 Gemäss VZG 13 (→ Nr. 9) hat das Betreibungsamt allfällige **Eigentümerpfandtitel**, die im Besitz des Schuldners sind und nicht gepfändet werden, für die Dauer der Pfändung des Grundstücks in Verwahrung zu nehmen. Dadurch soll verhindert werden, dass eine bisher nur virtuelle Belastung des Grundstücks durch eine Begebung des Titels, sei es zu Eigentum, sei es zu Faustpfand, wirksam und der Pfändungsgläubiger geschädigt wird. Dieser Zweck kann dort nicht mehr erreicht werden, wo der Eigentümerpfandtitel bereits zum seinem vollen Nennwert verpfändet worden ist; eine allfällige Weiterbegebung des Titels vermindert das Vollstreckungssubstrat nicht. Der Drittgewahrsamsinhaber hat den betreffenden Titel daher nicht einzuliefern: BGE 131 III 46 E. 3.2; BGE 113 III 144 E. 4.

19 Ein **privates Pfandverwertungsrecht** (ZGB 891 Abs. 1) kann nicht mehr ausgeübt werden, sobald der Pfandgegenstand gepfändet oder verarrestiert worden ist: BGE 136 III 437 E. 3.3; BGE 116 III 23 E. 2; BGE 108 III 91 E. 3.b; BGE 81 III 57, 58 ff.

Art. 99 2. Bei Forderungen

Bei der Pfändung von Forderungen oder Ansprüchen, für welche nicht eine an den Inhaber oder an Order lautende Urkunde besteht, wird dem Schuldner des Betriebenen angezeigt, dass er rechtsgültig nur noch an das Betreibungsamt leisten könne.

Verweise: SchKG 98, OR 978–1155 (Inhaberpapiere, Orderpapiere).

1 Die in SchKG 99 vorgesehene Anzeige an den Drittschuldner der gepfändeten Forderung ist eine **Sicherungsmassnahme**: BGE 109 III 11 E. 2. Sie hat als solche **keinen Einfluss auf die Gültigkeit der Pfändung** (oder eines Arrestes): BGer v. 31.01.2012, 5A_851/2011 E. 3.1.

2 Die Anzeige i.S.v. SchKG 99 ist **kein wesentlicher Bestandteil** des Pfändungsvollzugs; es handelt sich hierbei um eine Sicherungsmassnahme, die zum Pfändungsvollzug hinzutritt: BGE 94 III 78 E. 3.a; BGE 93 III 33 E. 1. Zum Pfändungsvollzug genügt die blosse Eröffnung an den betriebenen Schuldner mit der entsprechenden Eintragung in der Pfändungsurkunde: BGE 74 III 1, 3.

3 Die Pfändung erfolgt am Betreibungsort und ist dem Drittschuldner **von dort aus** anzuzeigen, auch wenn dieser in einem anderen Kreis wohnt: BGE 73 III 84 E. 2.

4 Die Pfändung einer Forderung hindert den betriebenen Schuldner nicht, **seinerseits gegen den Drittschuldner Betreibung anzuheben**: BGE 67 III 22, 24.

5 Bei Pfändung oder Arrestierung einer in Betreibung gesetzten Forderung kann sich der Schuldner dieser Forderung durch Zahlung **an das pfändende bzw. arrestierende Betreibungsamt** befreien (SchKG 12 Abs. 2). Das Betreibungsamt, das die Betreibung gegen den zahlenden Schuldner führt, hat eine solche Zahlung in gleicher Weise wie eine bei ihm selber geleistete zu berücksichtigen, sobald sie ihm vom Schuldner nachgewiesen oder vom anderen Betreibungsamt angezeigt wird: BGE 73 III 69 E. 1.

6 **Bestreitet der Drittschuldner**, Schuldner der gepfändeten Forderung zu sein, ändert dies nichts an der Gültigkeit der Pfändung; diese umfasst dann einfach eine streitige Forderung: BGer v. 01.09.2006, 7B.99/2006 E. 3.1; BGE 120 III 18 E. 4; BGE 109 III 11 E. 2.

7 Der Drittschuldner ist **nicht legitimiert**, gegen die Gültigkeit der Pfändung Beschwerde zu führen, da diese gegenüber dem Betreibungsschuldner vollzogen wurde und er hierdurch nicht in seiner Rechtsstellung berührt wird: BGE 135 III 46 E. 4.1 (Pra 98 [2009] Nr. 79); BGE 130 III 400 E. 2.

8 Die Bank, der die Arrestierung von Vermögenswerten, die sie allenfalls verwahren sollte, angezeigt worden ist, **ist befugt**, auf dem Beschwerdeweg zu verlangen, dass die Arrestanzeige ergänzt wird: BGE 103 III 36 E. 1 (Pra 67 [1978] Nr. 11). Das Betreibungsamt ist jedoch frei, in der Anzeige eines Arrestes an den Besitzer oder Drittschuldner die Angabe des Betrages der geltend gemachten Forderung zu unterlassen: BGE 103 III 36 E. 2 und 3 (Pra 67 [1978] Nr. 11).

9 Das **Kontokorrentguthaben** des Arrestschuldners ist in der arrestierten Höhe zu pfänden, auch wenn dieses in der Zeit zwischen Arrest- und Pfändungsvollzug effektiv gesunken ist. Den entsprechenden Zahlungen der Bank an den Arrestschuldner kommt nach der Anzeige i.S.v. SchKG 99 keine befreiende Wirkung mehr zu: BGE 130 III 665 E. 3.1.

10 Bei der Bank deponierte **Wertschriften und Münzen** des Arrestschuldners sind dagegen bloss in dem Umfang zu pfänden, in dem sie im Zeitpunkt der Pfändung tatsächlich vorhanden sind. Auf Herausgabeansprüche findet SchKG 99 somit keine Anwendung: BGE 130 III 665 E. 3.2.

11 Die Aufforderung an den Schuldner, dem Betreibungsamt **jeden Stellenwechsel zu melden**, gilt auch dann, wenn mit dem Stellenwechsel keine Änderung der für die Bestimmung der pfändbaren Lohnquote massgebenden Verhältnisse verbunden ist. Die Lohnpfändung erfasst nicht nur den Lohn aus dem Dienstverhältnis, in welchem der Schuldner zur Zeit des Pfändungsvollzugs gerade steht, sondern beschlägt fortan ohne Weiteres den Lohn aus dem neuen Dienstverhältnis. Die Fortgeltung der Lohnpfändung hängt nicht von der Anzeige an den neuen Arbeitgeber ab: BGE 83 III 1 E. 2.b.

12 Bei einer gepfändeten Lohnquote ist **nur die Forderung des Arbeitnehmers, nicht aber das Geld des Arbeitgebers** gepfändet. Verwendet der Arbeitgeber Gelder seines Unternehmens statt zur Bezahlung der gepfändeten Lohnforderung anderweitig, macht er sich somit nicht nach StGB 169 (→ Nr. 35) strafbar: BGer v. 12.11.2008, 6B_483/2008 E. 2.4.2; BGE 86 IV 170, 172 ff.

13 Die Praxis der **stillen Lohnpfändung** steht an sich im Widerspruch zu SchKG 99. Deshalb besteht seitens des Schuldners auch kein Anspruch auf eine stille Lohnpfändung. Eine solche liegt im Ermessen des Betreibungsamtes und geschieht auch auf dessen Gefahr: BGer v. 02.09.2011, 5A_408/2011 E. 2.3.

14 Vor der Ausgabe von Aktien oder Interimsscheinen können die Rechte des **Aktienzeichners** nach Art von Forderungen gepfändet oder verarrestiert werden: BGer v. 05.07.2011, 5A_824/2010 E. 3.2; BGE 92 III 20 E. 3; BGE 88 III 140 E. 2.b; BGE 77 III 87, 91.

Art. 100 3. Bei andern Rechten, Forderungseinzug

Das Betreibungsamt sorgt für die Erhaltung der gepfändeten Rechte und erhebt Zahlung für fällige Forderungen.

1 Das Betreibungsamt ist nicht verpflichtet, Prozesse oder Verfahren vor Verwaltungsbehörden zu führen. Dies ist demjenigen vorbehalten, **der die gepfändete, aber strittige Forderung im Verwertungsverfahren erwirbt**. Das Betreibungsamt ist jedoch befugt, in liquiden Fällen selbst einen Prozess durchzuführen: BGE 86 III 57 E. 3; BGE 65 III 129 E. 3.

2 Dem Betreibungsamt können bei **zweiseitigen Verträgen** aus der Pflicht zur Erhaltung der gepfändeten Rechte gewisse **ausserordentliche Obliegenheiten** erwachsen: BGE 78 III 68 E. 4.

3 Die Pfändung einer Forderung hindert den betriebenen Schuldner nicht, **seinerseits gegen den Drittschuldner Betreibung anzuheben**: BGE 67 III 22, 24 f.

4 Zur **Gebühr** für die Entgegennahme einer Zahlung und deren Überweisung an den Gläubiger siehe GebV SchKG 19 (→ Nr. 7).

Art. 101[1] 4. Bei Grundstücken
a. Vormerkung im Grundbuch

1 Die Pfändung eines Grundstücks hat die Wirkung einer Verfügungsbeschränkung. Das Betreibungsamt teilt sie dem Grundbuchamt unter Angabe des Zeitpunktes und des Betrages, für den sie erfolgt ist, zum Zwecke der Vormerkung unverzüglich mit. Ebenso sind die Teilnahme neuer Gläubiger an der Pfändung und der Wegfall der Pfändung mitzuteilen.

2 Die Vormerkung wird gelöscht, wenn das Verwertungsbegehren nicht innert zwei Jahren nach der Pfändung gestellt wird.

Verweise: ZGB 960 Abs. 1 Ziff. 2 (Vormerkung der Verfügungsbeschränkung im Grundbuch).

---

[1] Fassung gemäss Ziff. I des BG vom 16. Dez. 1994, in Kraft seit 1. Jan. 1997 (AS 1995 1227; BBl 1991 III 1).

Dritter Titel: Betreibung auf Pfändung Nr. 1 SchKG **Art. 101**

Abs. 1: *ZGB 655 Abs. 2 (Grundstück); VZG 3–7 (Mitteilung an das Grundbuchamt → Nr. 9); ZGB 942–977 (Grundbuch); SchKG 110–111 (Pfändungsanschluss).*

Abs. 2: *SchKG 161–121 (Verwertungsbegehren); VZG 6–7 (Löschung einer im Grundbuch vorgemerkten Verfügungsbeschränkung); SchKG 31–33, SchKG 56–63, ZPO 142 ff. (Fristberechnung → Nr. 25).*

1 Die Mitteilung der Pfändung eines Grundstücks an das Grundbuchamt zwecks Vormerkung der Verfügungsbeschränkung i.S.v. ZGB 960 Abs. 1 Ziff. 2 ist eine dem Gläubigerschutz dienende **Sicherungsmassnahme**: BGE 130 III 669 E. 5.1 (Pra 94 [2005] Nr. 76). Die Unterlassung der Mitteilung an das Grundbuchamt **beeinträchtigt** die Gültigkeit der Pfändung als solcher aber **nicht**: BGE 97 III 18 E. 2.c.

2 Ihrem Sicherungszweck entsprechend schafft die Vormerkung im Grundbuch eine **unwiderlegbare Vermutung** der Kenntnis, dass das belastete Grundstück gepfändet worden ist. Damit wird ein gutgläubiger Erwerb dinglicher Rechte durch Dritte am Grundstück ausgeschlossen. Zwar kann der Schuldner ungeachtet der vorgemerkten Verfügungsbeschränkung und ohne Zustimmung des Betreibungsbeamten die Veräusserung seines Grundstücks oder dessen nachrangige Belastung im Grundbuch eintragen lassen. Durch die Vormerkung geht die Pfändung aber jedem anschliessend erworbenen Recht am Grundstück vor, weshalb der Pfändungsgläubiger durch die spätere Verfügung in seiner Stellung nicht beeinträchtigt wird: BGer v. 01.06.2006, 5C.36/2006 E. 3.4.2.

3 Der nicht im Grundbuch vorgemerkte Pfändungsakt kann einem **gutgläubigen Erwerber** dagegen nicht entgegengehalten werden: BGE 44 III 177, 178.

4 Die Frage, ob der Erwerber des Grundstücks hinsichtlich des Pfändungsvollzugs tatsächlich gutgläubig war, sodass ihm die Pfändung nicht entgegengehalten werden kann, ist im **Widerspruchsverfahren** zu entscheiden: BGE 42 III 242 E. 3.

5 Dass die Pfändung beim Eigentumserwerb des Grundstücks durch einen gutgläubigen Dritten **gültig eingetragen gewesen sei**, hat der betreibende Gläubiger bzw. das Betreibungsamt zu beweisen: BGE 42 III 242 E. 2.

6 Grundstücke, die im Grundbuch **auf einen anderen Namen** als denjenigen des Schuldners eingetragen sind, dürfen gemäss VZG 10 Abs. 1 (→ Nr. 9) nur gepfändet werden, wenn der Gläubiger glaubhaft macht, dass der Schuldner das Eigentum ohne Eintragung im Grundbuch erworben hat (Ziff. 1), dass das Grundstück kraft ehelichen Güterrechts für die Schulden des betriebenen Schuldners haftet (Ziff. 2) oder dass der Grundbucheintrag unrichtig ist (Ziff. 3). Der Begriff des unrichtigen Grundbucheintrags ist in einem weiten Sinne zu verstehen, bezweckt doch VZG 10 Abs. 1 gerade, die Zwangsvollstreckung ausnahmsweise entgegen dem formellen Grundbucheintrag zu ermöglichen. Es genügt daher, wenn die Unrichtigkeit **glaubhaft** gemacht wird. Die Unrichtigkeit ist bspw. zu bejahen, wenn der Schuldner sein Grundstück unter Umständen veräussert, die eine Rückerstattung gemäss SchKG 285 ff. rechtfertigen oder wenn ein anderes Rechtssubjekt vorgeschoben wird, um eine wirtschaftliche Identität zu verschleiern: BGer v. 11.04.2008, 5A_145/2008 E. 3.3; BGer v. 08.10.2011, 5P.241/2001 E. 4.c.aa; BGE 114 III 90 E. 3.a.

7 Zur **Löschung** der Verfügungsbeschränkung siehe VZG 6 (→ Nr. 9).

231

Art. 102[1] b. Früchte und Erträgnisse

[1] Die Pfändung eines Grundstückes erfasst unter Vorbehalt der den Grundpfandgläubigern zustehenden Rechte auch dessen Früchte und sonstige Erträgnisse.

[2] Das Betreibungsamt hat den Grundpfandgläubigern sowie gegebenenfalls den Mietern oder Pächtern von der erfolgten Pfändung Kenntnis zu geben.

[3] Es sorgt für die Verwaltung und Bewirtschaftung des Grundstücks.

Verweise

Abs. 1: ZGB 655 Abs. 2 (Grundstück); SchKG 94 Abs. 3 (Vorbehalt der Rechte der Grundpfandgläubiger); VZG 14 (Umfang der Pfändung → Nr. 9).

Abs. 2: SchKG 34 (Mitteilung); VZG 15 Abs. 1 lit. b (Inhalt der Mitteilung).

Abs. 3: VZG 16–22 (Verwaltung und Bewirtschaftung).

Zu Abs. 1

1 Die **natürlichen Früchte** einer Liegenschaft sind nicht den gleichen Regeln unterstellt wie Miet- und Pachterträgnisse. Mit ihrer Abtrennung verlieren sie ihre Eigenschaft als Bestandteil des Grundstücks und scheiden aus der Grundpfandhaft aus. Sie bleiben dem Pfandgläubiger aber dann verhaftet, wenn er vor der Abtrennung das Verwertungsbegehren gestellt hat sowie wenn die Früchte vor der Abtrennung gepfändet worden sind und noch bevor die Pfändungsbetreibung zur Verwertung geführt hat, Betreibung auf Grundpfandverwertung angehoben worden ist: BGE 61 III 164, 165 ff.

2 Die Erstreckung der Grundpfandhaft auf Miet- und Pachterträgnisse gemäss ZGB 806 bezieht sich **nur auf die von der Betreibung an laufenden Miet- und Pachtzinse**: BGE 64 III 26, 27 f.

3 Betreffend die Transporteinnahmen eines gepfändeten registrierten **Schiffes** siehe Art. 57 des Bundesgesetzes über das Schiffsregister vom 28.09.1923 (SR 747.11).

4 SchKG 102 findet auch **auf die provisorische Pfändung und den Arrest** Anwendung: BGE 94 III 8 E. 2; BGE 83 III 108 E. 1.

Zu Abs. 2

5 Die **Unterlassung der Mitteilung** beeinträchtigt die Gültigkeit der Pfändung als solcher nicht: BGE 97 III 18 E. 2.c.

Zu Abs. 3

6 Die im Gesetz begründete Zwangsverwaltung des Grundstücks durch das Betreibungsamt muss nicht verfügt werden; **sie tritt von Gesetzes wegen ein**: BGer v. 08.04.2009, 5A_147/2009 E. 2.2.

---

1 Fassung gemäss Art. 58 SchlT ZGB, in Kraft seit 1. Jan. 1912 (AS 24 233 Art. 60 SchlT ZGB; BBl 1904 IV 1, 1907 VI 367).

| 7 | Das Betreibungsamt sorgt solange für die Verwaltung und Bewirtschaftung des Grundstücks, wie die Pfändung besteht. Es hat **alles vorzukehren**, was zur Erhaltung des Grundstücks und seiner Ertragsfähigkeit sowie zur Gewinnung der Früchte und Erträgnisse angebracht ist (VZG 17 → Nr. 9). Erfordert die Verwaltung aussergewöhnliche und umgehend zu treffende Massnahmen, so ordnet das Betreibungsamt Entsprechendes an und benachrichtigt die Beteiligten, unter Hinweis auf ihr Beschwerderecht (VZG 18 Abs. 1). Ist keine Gefahr im Verzug, so holt das Betreibungsamt die Zustimmung der Beteiligten ein. Soweit dies nicht möglich ist, ersucht es die Aufsichtsbehörde um die nötige Weisung (VZG 18 Abs. 2): BGer v. 29.10.2008, 5A_623/2008 E. 2.2; BGE 120 III 138 E. 2.a. |

8 **Im Falle der Pfändung eines Miteigentumanteils** erfolgt die Verwaltung des Grundstücks nach VZG 23c (→ Nr. 9): Das Betreibungsamt ersetzt den Schuldner bei der Verwaltung des gepfändeten Grundstücks bzw. verwaltet bei Stockwerkeigentum die dem Schuldner zugeschiedenen Teile. Es ist dem Betreibungsamt m.a.W. untersagt, ohne die anderen Miteigentümer über die Verwaltung des Grundstücks zu entscheiden: BGer v. 28.06.2007, 5A_129/2007 E. 3.1.

9 **Im Falle einer Requisitorialpfändung** ist die Verwaltung und Bewirtschaftung des gepfändeten Grundstücks gemäss VZG 24 Abs. 3 (→ Nr. 9) ausschliesslich Sache des beauftragten Betreibungsamtes. Diesem kann derselben Bestimmung zufolge auch die **Verteilung der Erträgnisse** gemäss VZG 22 übertragen werden.

10 Hat der Gläubiger in der Betreibung auf Pfandverwertung das Verwertungsbegehren gestellt, so ist SchKG 102 Abs. 3 nach SchKG 155 Abs. 1 **sinngemäss** auch auf das Pfand anwendbar.

11 Zur **Gebühr** für die Verwaltung von Grundstücken siehe GebV SchKG 27 (→ Nr. 7).

Art. 103   c. Einheimsen der Früchte

¹ Das Betreibungsamt sorgt für das Einheimsen der Früchte (Art. 94 und 102).[1]

² Im Falle des Bedürfnisses sind die Früchte zum Unterhalt des Schuldners und seiner Familie in Anspruch zu nehmen.

Verweise

Abs. 2: *VZG 22 (Verwendung der Früchte und Erträgnisse → Nr. 9); SchKG 229 Abs. 2 (Unterhaltsbeitrag im Konkursverfahren).*

Zu Abs. 2

1 Für den Unterhalt des Schuldners und seiner Familie können **auch Mietzinserträgnisse** in Anspruch genommen werden: BGE 62 III 4, 5 f. Dasselbe gilt bezüglich des Ertrags **beweglichen Vermögens**: BGE 83 III 108 E. 2; BGE 64 III 105, 106 f.

---

[1] Fassung gemäss Ziff. I des BG vom 16. Dez. 1994, in Kraft seit 1. Jan. 1997 (AS 1995 1227; BBl 1991 III 1).

2 Für die **Bemessung der Unterhaltsbeiträge** an den Schuldner gelten die Regeln über die Bestimmung des unpfändbaren Betrages bei der Einkommenspfändung: BGer v. 04.11.2004, 5P.169/2004 E. 4.2; BGE 94 III 8 E. 6. Massgebend sind dabei die Verhältnisse zum Zeitpunkt ihrer Festsetzung: BGer v. 13.11.2006, 7B.112/2006 E. 4.2.

3 Der dem Schuldner zu gewährende **Fruchtgenuss** bemisst sich grundsätzlich nach dem Unterhaltsbedarf bis zur nächsten Ernte: BGE 73 III 122 E. 2.

4 Die Unterstützungsberechtigung besteht nach Massgabe der Bedürftigkeit **während der ganzen Dauer** der betreibungsrechtlichen Verwaltung: BGE 65 III 20, 21.

5 Gemäss VZG 16 Abs. 3 (→ Nr. 9) kann die Verwaltung und Bewirtschaftung des Grundstücks auf Verantwortung des Betreibungsamtes auch dem Schuldner überlassen werden. Wird diesem ein Teil der Früchte oder des Erlöses als Beitrag an seinen Unterhalt überlassen, so kann er für die Verwaltung und Bewirtschaftung des Grundstücks **keine besondere Vergütung** beanspruchen.

6 Gemäss VZG 19 (→ Nr. 9) kann der Schuldner bis zur Verwertung des Grundstücks **weder zur Bezahlung** einer Entschädigung für die von ihm benutzten Wohn- und Geschäftsräume **noch zu deren Räumung** verpflichtet werden.

Art. 104 5. Bei Gemeinschaftsrechten

Wird ein Niessbrauch oder ein Anteil an einer unverteilten Erbschaft, an Gesellschaftsgut oder an einem andern Gemeinschaftsvermögen gepfändet, so zeigt das Betreibungsamt die Pfändung den beteiligten Dritten an.

Verweise: ZGB 745–775 (Nutzniessung); ZGB 602 Abs. 1 (unverteilte Erbschaft); OR 544 Abs. 2, 572 Abs. 2, 613, 788, 845 (Gesellschaftsgut); ZGB 646–651a (Miteigentum); ZGB 652–654 (Gesamteigentum); SchKG 34 (Mitteilung).

1 Die Pfändung **von Anteilen an Gemeinschaftsvermögen** richtet sich nach der VVAG (→ Nr. 8). Hinsichtlich der Pfändung **von Miteigentumsanteilen an einem Grundstück** gilt es zudem VZG 23–23d (→ Nr. 9) zu beachten.

2 Das Anteilsrecht an einer Erbschaft kann nicht gepfändet werden; gepfändet werden kann nur der **Liquidationsanteil**: BGE 91 III 69 E. 1.

3 Bestreiten der Schuldner oder die Miterben, dass dem Schuldner aus der nach dem Arrest vollzogenen Erbteilung etwas zustehe, so bleibt nach der Rechtsprechung als Arrestsubstrat der nun als bestritten geltende Liquidationsanteil. Die Betreibungsbehörden sind **nicht zuständig** für die Beurteilung materiellrechtlicher Fragen und dürfen daher nicht über die Höhe eines Anteils am Gemeinschaftsvermögen oder andere Einwendungen des Schuldners oder beteiligter Drittpersonen entscheiden: BGE 130 III 652 E. 2.2.2; BGE 61 III 160, 162.

4 Die VVAG (→ Nr. 8) gilt **auch im Arrestverfahren** (vgl. SchKG 275). Gemäss VVAG 2 ist das Betreibungsamt am Wohnsitz des Schuldners für die Arrestierung eines Anteilsrechts an einer unverteilten Erbschaft zuständig. Hieraus folgt, dass der Anteil eines im Ausland

wohnenden Schuldners nicht mit Arrest belegt werden kann, auch wenn ein zur Erbschaft gehörendes Grundstück in der Schweiz liegt: BGE 118 III 62 E. 2.c.

Art. 105[1] 6. Kosten für Aufbewahrung und Unterhalt

Der Gläubiger hat dem Betreibungsamt auf Verlangen die Kosten der Aufbewahrung und des Unterhalts gepfändeter Vermögensstücke vorzuschiessen.

Verweise: SchKG 98 Abs. 1 und 3 (Verwahrung von beweglichen Sachen durch das Betreibungsamt); SchKG 100 (Erhaltung der gepfändeten Rechte); SchKG 102 Abs. 3, VZG 16–22 (Verwaltung und Bewirtschaftung des Grundstücks → Nr. 9).

1 Die Mitteilung, mit der das Betreibungsamt den Dritten als Lagerhalter über seine Pflicht gemäss SchKG 98 Abs. 2 informiert, die einstweilen in seinen Händen gelassenen Waren jederzeit zur Verfügung zu halten, bewirkt nicht die Unterbrechung oder gar Beendigung des Lagervertrags; die **Lagerhaltungskosten** richten sich deshalb weiterhin nach diesem Vertrag. Erst wenn dieser hingegen durch Fristablauf oder Kündigung endet und das Betreibungsamt anordnet, dass als Sicherungsmassnahme die verarrestierten oder gepfändeten Waren beim Lagerhalter in Verwahrung bleiben, kann vom Gläubiger verlangt werden, die Lagerhaltungskosten gestützt auf SchKG 105 vorzuschiessen: BGE 132 III 488 E. 1 und 2 (Pra 96 [2007] Nr. 35).

2 Zur Gebühr für die Verwahrung beweglicher Sachen siehe GebV SchKG 26 (→ Nr. 7).

Art. 106[2] E. Ansprüche Dritter (Widerspruchsverfahren)
1. Vormerkung und Mitteilung

1 Wird geltend gemacht, einem Dritten stehe am gepfändeten Gegenstand das Eigentum, ein Pfandrecht oder ein anderes Recht zu, das der Pfändung entgegensteht oder im weitern Verlauf des Vollstreckungsverfahrens zu berücksichtigen ist, so merkt das Betreibungsamt den Anspruch des Dritten in der Pfändungsurkunde vor oder zeigt ihn, falls die Urkunde bereits zugestellt ist, den Parteien besonders an.

2 Dritte können ihre Ansprüche anmelden, solange der Erlös aus der Verwertung des gepfändeten Gegenstandes noch nicht verteilt ist.

3 Nach der Verwertung kann der Dritte die Ansprüche, die ihm nach Zivilrecht bei Diebstahl, Verlust oder sonstigem Abhandenkommen einer beweglichen Sache (Art. 934 und 935 ZGB[3]) oder bei bösem Glauben des Erwerbers (Art. 936 und 974 Abs. 3 ZGB) zustehen, ausserhalb des Betreibungsverfahrens geltend machen. Als

---

1 Fassung gemäss Ziff. I des BG vom 16. Dez. 1994, in Kraft seit 1. Jan. 1997 (AS 1995 1227; BBl 1991 III 1).
2 Fassung gemäss Ziff. I des BG vom 16. Dez. 1994, in Kraft seit 1. Jan. 1997 (AS 1995 1227; BBl 1991 III 1).
3 SR 210

öffentliche Versteigerung im Sinne von Artikel 934 Absatz 2 ZGB gilt dabei auch der Freihandverkauf nach Artikel 130 dieses Gesetzes.

Verweise: SchKG 116–143b (Verwertung); SchKG 144–150 (Verteilung).
Abs. 1: ZGB 641–729 (Eigentum); SchKG 37 Abs. 3 (Pfand); SchKG 112–115 (Pfändungsurkunde); SchKG 34 (Mitteilung).

Allgemeines

1 Wird ein gepfändeter oder zur Konkursmasse gezogener Gegenstand vom Schuldner als Kompetenzstück und von einem Dritten als Eigentum beansprucht, so ist die Frage der **Unpfändbarkeit** vor Durchführung des Widerspruchs- bzw. Aussonderungsverfahrens zu erledigen: BGE 83 III 20, 20 f.

2 Die **Rechtsfähigkeit** des Drittansprechers kann vorfrageweise überprüft werden: BGE 76 III 60, 62.

3 **Zweifel oder Eigentumsstreitigkeiten** über die zu pfändenden Gegenstände oder Rechte haben nicht die Nichtigkeit der Pfändung zur Folge, sondern verpflichten das Amt einzig, das Widerspruchsverfahren i.S.v. SchKG 106 bis 109 einzuleiten: BGE 134 III 122 E. 4.2 (Pra 97 [2008] Nr. 105); BGE 107 III 33 E. 5.

4 Der **Vermerk einer Drittansprache** in der Pfändungsurkunde, die in Wahrheit nicht erhoben wurde, hat keine Rechtswirkung. Er ist zu streichen, auch wenn sich niemand binnen der Frist nach SchKG 17 darüber beschwert hat und wenn der Gläubiger die ihm nach SchKG 109 (heute SchKG 108) angesetzte Klagefrist nicht benützt hat: BGE 86 III 17, 18 f.

5 Nach **Verteilung** des Verwertungserlöses ist das Widerspruchsverfahren nicht mehr möglich: BGE 136 III 437 E. 4.3.

6 Wurde der Zahlungsbefehl nur der **Ehefrau** selbst zugestellt, so können bei Güterverbindung nur Vermögenswerte des Sondergutes der Ehefrau gepfändet werden. Macht der Ehemann geltend, ein gepfändeter Gegenstand gehöre zum eingebrachten Frauengut – was er binnen zehn Tagen seit Kenntnis von der Pfändung tun muss, ansonsten er sein Widerspruchsrecht verwirkt –, so hat das Betreibungsamt dem Gläubiger gemäss SchKG 109 (heute SchKG 108) Frist zur Widerspruchsklage anzusetzen: BGE 62 III 136, 139; BGE 59 III 181, 183 f.; BGE 53 III 1, 4 (siehe zum heute geltenden Recht SchKG 68b).

7 Wenn ein Dritter **gleichzeitig Eigentum und eventuell ein Pfand- bzw. Retentionsrecht** an einer gepfändeten Sache geltend macht, so ist das Widerspruchsverfahren zugleich über alle diese Ansprachen einzuleiten. Eine Pfandansprache ist zu berücksichtigen, auch wenn sie erst nach Abschluss des Eigentumsprozesses erhoben wird, ausser bei Arglist des Ansprechers: BGE 69 III 40 E. 1.

8 Das Widerspruchsverfahren kann nicht dazu dienen, Vermögenswerte, die anerkanntermassen dem betriebenen Schuldner gehören, **der Verwertung** in einem Verfahren **zu entziehen**, in welchem der Schuldner nach Ansicht des Einsprechers nicht gesetzmässig vertreten ist. Die Frage der Vertretung im Betreibungsverfahren (hier die Frage, ob die Vertretungsbefugnis der von einem ausländischen Staat ernannten Zwangsverwalter einer ausländischen

Dritter Titel: Betreibung auf Pfändung   Nr. 1 SchKG **Art. 106**

Handelsgesellschaft in der Schweiz anzuerkennen sei) ist von den Betreibungsbehörden zu entscheiden: BGE 84 III 141 E. 6.

9   Betr. das Aussonderungsrecht des Bundes an kriegswirtschaftlichen **Pflichtlagern** vgl. LVG 14 und die Verordnung dazu vom 06.07.1983 (SR 531.212).

10   Der **Steigerungszuschlag** wird nicht aufgehoben zwecks Durchführung des Widerspruchsverfahrens, wenn der Erlös aus der Steigerung bereits verteilt worden ist: BGE 98 III 64 E. 2.

11   Bei der Pfändung von Eigentum eines Dritten **mit dessen Zustimmung** in einer gegen einen anderen gerichteten Betreibung ist die nachträgliche Drittansprache oder Admassierung nicht mehr zulässig: BGE 78 III 98, 101.

12   Dem Drittsprecher wird grundsätzlich kein Interesse an der betreibungsamtlichen **Schätzung der Pfandobjekte** bzw. der Arrestgegenstände zuerkannt, weshalb er auch nicht legitimiert ist, dagegen Beschwerde zu erheben. Er hat seine Rechte vielmehr im Widerspruchsverfahren wahrzunehmen. Ausnahmen von diesem Grundsatz werden nur bei der Schätzung von Objekten, die dem Retentionsrecht des Vermieters unterliegen, und von Faustpfändern im Pfandverwertungsverfahren zugelassen: BGer v. 05.04.2011, 5A_124/2011 E. 2; BGE 112 III 75 E. 1.b und d.

Zweck und Gegenstand des Widerspruchsverfahrens

13   Gegenstand des Widerspruchsverfahrens ist das vom **Dritten angemeldete Recht**, das er gegenüber den Rechten der betreibenden Gläubiger gewahrt wissen möchte: BGE 69 III 40 E. 1.

14   Das Widerspruchsverfahren kann sich bezüglich körperlicher Sachen nur auf **dingliche Rechte Dritter** beziehen. Dabei kommt einerseits Dritteigentum in Betracht, bei dessen Anerkennung der Dritte in gleicher Weise wie der Schuldner in die Betreibung einzubeziehen ist, andererseits ein beschränktes dingliches Recht, das bei der Verwertung zu wahren bzw. zu verwirklichen ist. Das Pfandrecht des betreibenden Gläubigers selbst kann dagegen schon begrifflich nicht Gegenstand eines Widerspruchsverfahrens bilden: BGE 74 III 65 E. 1.

15   Das Widerspruchsverfahren gemäss SchKG 106 ff. **bezweckt**, die Begründetheit des Drittspruchs für die laufende Vollstreckung zu klären; je nach Entscheidung darf ein bestimmter Gegenstand in die Zwangsvollstreckung gegen den Schuldner einbezogen werden oder nicht: BGer v. 25.03.2010, 5A_728/2009 E. 3; BGE 44 III 205 E. 2.

16   Das Widerspruchsverfahren ist (unter Vorbehalt der für die Lohnpfändung geltenden Ausnahmen) auch dann durchzuführen, wenn eine gepfändete (oder arrestierte) **Forderung** von einem Dritten beansprucht wird: BGE 119 III 22 E. 2.a und 4; BGE 88 III 109 E. 1; BGE 88 III 55 E. 1; BGE 79 III 163; BGE 31 I 194 E. II; BGE 29 I 558 E. 2.

17   Der Streit über die **Rangfolge** verschiedener, am gleichen Verwertungsobjekt haftender Faustpfandrechte kann nicht nur im Kollokationsverfahren, sondern auch schon früher im Widerspruchsverfahren zum Austrag gebracht werden: BGE 65 III 52, 54.

Befugnisse des Betreibungsamtes

18   In Anwendung von SchKG 106 ff. hält sich das Betreibungsamt an die **Erklärungen** des Schuldners oder des Drittsprechers und muss die Begründetheit der Ansprache nicht über-

19 In der **Pfändungsurkunde** ist nichts weiter zu vermerken, als was ein Drittanspruch umfasst. Ein vom Wortlaut einer Abtretung nicht gedeckter Zusatz darf vom Betreibungsamt nicht in die Pfändungsurkunde aufgenommen werden. Hierin liegt eine Rechtsverletzung, die im Verfahren nach SchKG 17 ff. gerügt werden kann: BGE 119 III 22 E. 2.

20 Der Betreibungsbeamte, der auf Begehren des Arrestgläubigers **Grundstücke pfändet**, die zuvor arrestiert worden waren, hat in einem Fall, da der Schuldner nach Vormerkung der Verfügungsbeschränkung die Grundstücke veräussert hat, kein Widerspruchsverfahren einzuleiten: BGE 130 III 669 E. 5.1.

21 Im Fall einer **Drittansprache** von zu pfändenden Gegenständen hat das Betreibungsamt den pfändbaren Gegenstand in der Pfändung zu belassen und ihm kommt nicht die Kompetenz zu, über den Drittanspruch zu entscheiden: BGer v. 17.03.2010, 5A_69/2010 E. 3.1.

22 **Von Amtes wegen** hat das Amt nur das Bestehen von Viehverschreibungen bei Viehverpfändungen festzustellen: VPV 27.

23 Für ein Widerspruchsverfahren ist **kein Raum**, wenn weder ein in die Zwangsvollstreckung einbezogener Gegenstand noch ein von aSchKG 107 Abs. 4 (heute SchKG 106 Abs. 2) erfasster Erlös vorliegt. Solchenfalls hat das Betreibungsamt weder Veranlassung noch Befugnis, sich mit dem Drittanspruch zu befassen. Vielmehr ist ein solcher Streit zwischen den dazu legitimierten Parteien ausserhalb des Betreibungsverfahrens und ohne Dazwischentreten des Betreibungsamtes zu erledigen: BGE 71 III 119, 121.

24 Das Betreibungsamt hat eine **ungenügende Kollektivbezeichnung** der Drittansprecher («Gebrüder …») schon für die Anzeige an Gläubiger und Schuldner zu präzisieren und die Klagefristansetzung jedem einzelnen Ansprecher gegenüber vorzunehmen: BGE 72 III 97, 99 f.

Form und Inhalt der Ansprache

25 Eine Drittansprache kann **mündlich** erfolgen und ist vom Betreibungsamt zu vermerken. Der Drittansprecher darf nicht auf eine schriftliche Eingabe verwiesen werden: BGE 57 III 71, 73 ff.

26 Den formellen Erfordernissen der Anmeldung ist Genüge getan, wenn der Dritte dem Betreibungsamt die **Kopie** eines an den Pfändungsgläubiger gerichteten Schreibens zustellt, worin er geltend macht, an den mit Beschlag belegten Vermögenswerten berechtigt zu sein: BGE 114 III 92 E. 3.b.

27 Die die Drittansprache bestreitende **Person muss klar bezeichnet** werden: BGE 85 III 46 E. 2.

28 Der Dritte hat in seiner Drittansprache unter allen Umständen den **Betrag anzugeben**, für den er sich vor dem betr. Betreibungsgläubiger aus dem für diesen gepfändeten Gegenstand bezahlt machen will: BGE 52 III 182, 185.

29 Die Drittansprüche, die der Pfändung entgegengehalten werden, sind gegenüber dem Betreibungsamt **genau zu bezeichnen**. Mit Ausnahme des Falles, dass anstelle des zunächst beanspruchten Eigentums ein Pfandrecht geltend gemacht wird, hat der Richter im Widerspruchsprozess nur diejenigen Ansprüche zu beurteilen, über welche das Betreibungsamt aufgrund einer solchen Anmeldung das Widerspruchsverfahren eröffnet hat: BGE 84 III 141 E. 5.

30 In der **Fristansetzung** des Amtes an den Gläubiger zur Erhebung der Widerspruchsklage muss genau angegeben werden, bezüglich welcher Gegenstände Drittansprache erhoben worden ist. Fehlt es daran, so ist die Fristansetzung von Amtes wegen aufzuheben: BGE 113 III 104 E. 4.

31 Der blosse Hinweis auf die **Herkunft eines Vermögenswertes** ist nicht ohne Weiteres als Drittansprache zu verstehen: BGE 83 III 21 E. 1.

Eigentumsvorbehalt

32 Vgl. **KS BGer (SchKK)** Nr. 29 vom 31.03.1911 betr. Eigentumsvorbehalt (→ Nr. 30).

33 Wird Eigentum eines Dritten und Verkauf durch diesen an einen **Vierten** unter Eigentumsvorbehalt behauptet, so ist das Widerspruchsverfahren gleichzeitig gegenüber diesen Beiden einzuleiten: BGE 78 III 102 E. 2.

34 Wenn innert der dem Verkäufer und dem Schuldner anzusetzenden Frist nur der Letztere der Einladung des Betreibungsamtes, den noch nicht bezahlten **Kaufpreisbetrag anzugeben**, nachkommt, bildet seine Anzeige doch eine genügende Grundlage zur Einleitung des Widerspruchsverfahrens: BGE 79 III 68 E. 2.

35 Ob ein **nach der Pfändung eingetragener** Eigentumsvorbehalt Gültigkeit hat, wenn der dadurch Begünstigte anlässlich der Eintragung des Vorbehaltes noch keine Kenntnis von der Pfändung besass, hat nicht das Betreibungsamt, sondern der im Widerspruchsverfahren angerufene Richter zu entscheiden: BGE 101 III 23 E. 2.

Retentionsrecht

36 Das Widerspruchsverfahren kommt zur Anwendung im Falle, dass ein Dritter an Gegenständen, die als dem **Retentionsrecht des Vermieters** (OR 272 ff.) unterliegend in ein Retentionsverzeichnis (SchKG 283 Abs. 2) aufgenommen wurden, das Eigentum, insb. einen Eigentumsvorbehalt (ZGB 715) geltend macht: BGE 96 III 66 E. 1.a.

37 Zwischen dem das **Mietretentionsrecht ausübenden Gläubiger** und dem Schuldner kann kein Widerspruchsverfahren stattfinden. Eine dennoch dem Gläubiger angesetzte Frist zur Anhebung einer solchen Klage ist jederzeit von Amtes wegen als **nichtig** zu betrachten: BGE 90 III 99 E. 2.

38 Der **Grundsatz**, wonach Drittansprachen an gepfändeten Gegenständen noch am Erlös geltend gemacht werden können, solange dieser nicht verteilt ist (SchKG 106 Abs. 2), gilt auch für das Retentionsrecht des Vermieters: BGE 75 III 28 E. 2.

39 Für zur Zeit der Pfändung schon **verfallene Mietzinse** muss das Retentionsrecht binnen zehn Tagen angemeldet werden, seit der Vermieter von der Pfändung erfahren hat; spätere Anmeldung wird nur bei genügender Entschuldigung berücksichtigt. Für zur Zeit der Pfän-

dung noch laufenden Mietzins kann der Vermieter das Retentionsrecht zu beliebiger Zeit geltend machen, solange der Verwertungserlös nicht verteilt ist: BGE 65 III 105 E. 1.

40 Der Streit über das **Retentionsrecht** des Vermieters an zugunsten eines andern Gläubigers von gepfändeten Gegenständen ist auch dann im Widerspruchsverfahren auszutragen, wenn nach der Pfändung eine Retentionsurkunde aufgenommen und die Pfandbetreibung eingeleitet worden ist: BGE 81 III 7 E. 1; BGE 54 III 5, 8.

41 Nach SchKG 106 und 107 ist auch dann vorzugehen, wenn ein Gegenstand in einer ordentlichen Betreibung gepfändet und nachher in ein **Retentionsverzeichnis** für eine Mietzinsbetreibung aufgenommen wurde. Solchenfalls hat das Amt zuerst den Pfändungsgläubiger einzuladen, zur Retentionsansprache Stellung zu nehmen und, wenn er sie bestreitet, dem Vermieter eine Frist von zehn Tagen zur gerichtlichen Klage auf Anerkennung seines Anspruches anzusetzen: BGE 77 III 163, 166 f.

Erlös

42 Die **Verwertung** des gepfändeten Vermögensobjektes steht dem Widerspruchsverfahren nicht entgegen. Nach der Verwertung des gepfändeten Vermögensobjektes bezieht sich der Drittanspruch nicht auf das verwertete Vermögensstück, sondern auf den Erlös: BGer v. 25.03.2010, 5A_728/2009 E. 3.3.

43 Der Erlös ist nicht mehr Pfand, sondern **Gegenwert des Pfandes**, und es kann sich nur fragen, ob er als Erlös i.S.v. aSchKG 107 Abs. 4 (heute SchKG 106 Abs. 2) gelten könne und in diesem Sinne einem Widerspruchsverfahren zu unterwerfen sei. Nun betrifft aber die erwähnte Vorschrift, nur einen in Händen des Betreibungsamtes befindlichen Erlös. Gemeint ist in erster Linie ein **Erlös aus amtlicher Verwertung**: BGE 71 III 119, 122.

44 Der Erlös fällt, mit Ausnahme eines Überschusses, nicht in das **Schuldnervermögen** und kann daher nicht für gewöhnliche Gläubiger dieses Schuldners arrestiert oder gepfändet werden, noch sind solche Gläubiger befugt, dem betreibenden Pfandgläubiger das Recht auf den Erlös in einem Widerspruchsverfahren streitig zu machen. Vorbehalten bleibt die Anfechtungsklage nach SchKG 285 ff.: BGE 74 III 65 E. 3.

Zeitpunkt der Anmeldung des Anspruchs / verspätete Anmeldung

45 Die Pflicht, seinen Anspruch an arrestierten oder gepfändeten Vermögenswerten rechtzeitig beim Betreibungsamt anzumelden, trifft den Dritten grundsätzlich erst vom **Zeitpunkt** an, da er **persönlich von der vollstreckungsrechtlichen Beschlagnahme hinlänglich Kenntnis** erhalten hat und ferner rechtskräftig feststeht, dass der Arrest zulässig ist bzw. dass die in Frage stehenden Vermögenswerte pfändbar sind: BGer v. 11.08.2010, 5A_429/2010 E. 2; BGer v. 11.03.2005, 7B.15/2005 E. 3.1; BGE 119 III 18 E. 1; BGE 114 III 92 E. 1.b und c; BGE 112 III 59 E. 1.

46 Eine verspätete Anmeldung ist somit in der Regel **nicht missbräuchlich**, wenn der Drittansprecher nicht persönlich von der gegen seine Güter gerichteten Massnahme Kenntnis erhalten hat: 106 III 57 E. 4.b.

47 Je länger der Dritte mit der Anmeldung zuwartet, umso mehr ist der Verdacht der **bewussten Verfahrensstörung** begründet: BGE 78 III 71, 74.

48 In welchem **Zeitraum** eine Drittansprache zu erfolgen hat, hängt von den konkreten Umständen des Einzelfalles ab. Es ist daher nicht allein auf den Zeitablauf abzustellen, sondern auch den Gründen Rechnung zu tragen, welche ein Zuwarten gegebenenfalls erklären können: BGer v. 31.01.2007, 5C_209/2006 E. 4.3.

Verwirkung des Widerspruchsrechts durch arglistige Verzögerung

49 Der Dritte **verwirkt sein Widerspruchsrecht** nur, wenn er dessen Anmeldung arglistig verzögert: BGE 67 III 65 E. 2.

50 Eine **arglistige Verzögerung** liegt vor, wenn der Dritte mit der Anmeldung seiner Rechte ohne beachtlichen Grund längere Zeit zuwartet, obwohl ihm bewusst sein muss, dass er damit den Gang des Betreibungsverfahrens hemmt: BGE 112 III 59 E. 2; BGE 111 III 21 E. 2; BGE 111 III 5 E. 2.c; BGE 104 III 42 E. 2; BGE 102 III 140 E. 3; BGE 88 III 109 E. 2; BGE 95 III 9 E. 2.d; BGE 81 III 54, 55; BGE 78 III 71, 74.

51 Das Vorliegen von Arglist und damit die **Verwirkung des Anspruchs** wurde vom BGer in folgenden Fällen **bejaht**:
– Längeres, eine angemessene Überlegungsfrist sehr stark überschreitendes Zuwarten mit der Anmeldung im Bewusstsein der damit verbundenen **Störung des Vollstreckungsverfahrens**, legt den Verdacht der Arglist nahe. Den Verdacht der Arglist kann der Dritte nur dadurch abwenden, dass er Tatsachen nennt und glaubhaft macht, die das Zuwarten als verständlich und mit Treu und Glauben vereinbar erscheinen lassen: BGE 113 III 104 E. 2; BGE 106 III 57 E. 1, BGE 104 III 42 E. 2; BGE 88 III 109 E. 2.
– Der Dritte, der weiss oder bei Anwendung der gebotenen Aufmerksamkeit wissen müsste, dass sein Zuwarten dem **Gläubiger Nachteile verursacht**, und der nichts tut, um eine solche Beeinträchtigung der Rechte desselben zu verhindern, handelt gegen Treu und Glauben. Er kann sich nicht mit Grund darauf berufen, dass der Gläubiger ohnehin Betreibung oder Klage hätte einleiten müssen, um den Arrest aufrechtzuerhalten, oder dass zu seiner Befriedigung allenfalls ein Teil der arrestierten Gegenstände verbleibe. Anders verhielte es sich nur, wenn sich der Gläubiger seinerseits in missbräuchlicher Weise darauf beriefe, dass der Dritte seine Ansprache wegen verspäteter Anmeldung verwirkt habe: BGE 109 III 58 E. 2 (Pra 73 [1984] Nr. 41).
– Die Anmeldung des Anspruchs einer Bank auf die arrestierten Gegenstände, **die mehr als acht Monate** nach dem Arrestvollzug erfolgte, ist verspätet, ohne dass die von der Bank angerufenen Gründe eine solche Verzögerung rechtfertigen könnten. Das Widerspruchsrecht ist somit verwirkt: BGE 109 III 58 E. 2.e (Pra 73 [1984] Nr. 41).
– Die Anmeldung des Anspruchs nach **mehr als fünf Monaten** wird in der Regel als verspätet qualifiziert: BGer v. 11.08.2010, 5A_429/2010 E. 2; BGE 106 III 57 E. 2.

52 Die **Verwirkung des Anspruchs** wurde vom BGer in folgenden Fällen **verneint**:
– Keine Arglist liegt vor, wenn der Rechtsvertreter in einem Arrestverfahren der Drittansprecherin über eine **grosse räumliche Distanz** und in einer **fremden Sprache** zunächst Abklärungen treffen musste und die Arrestgläubigerin Kenntnis von einer möglichen Drittansprache hatte: BGE 111 III 21 E. 3.

- Arglist ist zu verneinen, wenn zwischen der Kenntnisnahme des Ansprechers vom Arrest und dem Zeitpunkt, in dem das Betreibungsamt zur Pfändung schreiten wollte bzw. eine leere Pfändungsurkunde ausstellte, rund ein Monat verstrich und der Dritte mit der Anmeldung noch zugewartet hat bis zum **rechtskräftigen Entscheid** über die Pfändbarkeit der fraglichen Vermögenswerte: BGE 114 III 92 E. 3.a.
- Aus dem Ablauf mehrerer Monate bis zur Anmeldung des Drittanspruchs (weil zuerst ein anderer als Eigentümer bezeichnet worden war und der neue Ansprecher nun erst von dessen Verzicht erfahren hat) darf **nicht ohne Weiteres** auf arglistiges Zuwarten geschlossen werden: BGE 88 III 109 E. 3.
- Der Eigentumsanspruch muss nicht angemeldet werden, solange die Aufsichtsbehörde nicht über eine **Beschwerde** entschieden hat, die den Arrestvollzug zum Gegenstand hat: BGE 112 III 59 E. 2.
- Solange gegen den Arrest ein **Arrestaufhebungsprozess** gemäss SchKG 279 Abs. 2 (heute Einsprache gem. SchKG 278) hängig ist, muss der Dritte noch nicht mit der Realisierung der betreffenden Gegenstände rechnen. Er ist während dieser Zeitspanne daher nicht gehalten, seine Drittsprache zu erheben: BGE 113 III 104 E. 3.
- In sinngemässer Anwendung von SchKG 106–109 auf die Lohnabtretung, wenn die Betriebene erst kurz vor der Lohnpfändung von dieser erfährt. Aber auch wenn sie davon schon längere Zeit zuvor Kenntnis erhalten haben sollte, handelte sie nicht arglistig, indem sie einige **Zeit der Überlegung** verstreichen liess (etwa um zuerst ein Vorgehen gegen den Käufer in die Wege zu leiten). Das auf jeden Fall nicht übermässig lange Zuwarten ist umso weniger zu beanstanden, als es den pfändenden Gläubigern zugute kam. Denn solange die Betriebene die Lohnabtretung nicht der Drittschuldnerin anzeigte, gab sie die gepfändeten und dem Betreibungsamt überwiesenen Lohnbeträge schlechthin frei: BGE 95 III 9 E. 2.d.
- Der Staat, zu dessen Gunsten im Rahmen gegenseitiger Rechtshilfe in Strafsachen eine **Sperrung** verfügt worden ist, handelt nicht gegen den Grundsatz von Treu und Glauben, wenn er – gestützt auf die Rechtsprechung, welche der strafrechtlichen den Vorrang vor der zivilrechtlichen Zwangsmassnahme einräumt – mit der Anmeldung seines Drittspruches bis zum Entscheid über die Rechtshilfe zuwartet, zumal er im Rechtshilfeverfahren klar zu erkennen gegeben hat, dass er Anspruch auf die umstrittenen Vermögenswerte erhebe und die Arrestgläubiger mit der Anmeldung des Drittspruches im Falle der Abweisung des Rechtshilfegesuchs rechnen mussten: BGE 120 III 123 E. 2 und 3.

Art. 107[1] 2. Durchsetzung
a. Bei ausschliesslichem Gewahrsam des Schuldners

¹ Schuldner und Gläubiger können den Anspruch des Dritten beim Betreibungsamt bestreiten, wenn sich der Anspruch bezieht auf:
1. eine bewegliche Sache im ausschliesslichen Gewahrsam des Schuldners;
2. eine Forderung oder ein anderes Recht, sofern die Berechtigung des Schuldners wahrscheinlicher ist als die des Dritten;
3. ein Grundstück, sofern er sich nicht aus dem Grundbuch ergibt.

² Das Betreibungsamt setzt ihnen dazu eine Frist von zehn Tagen.

³ Auf Verlangen des Schuldners oder des Gläubigers wird der Dritte aufgefordert, innerhalb der Bestreitungsfrist seine Beweismittel beim Betreibungsamt zur Einsicht vorzulegen. Artikel 73 Absatz 2 gilt sinngemäss.

⁴ Wird der Anspruch des Dritten nicht bestritten, so gilt er in der betreffenden Betreibung als anerkannt.

⁵ Wird der Anspruch bestritten, so setzt das Betreibungsamt dem Dritten eine Frist von 20 Tagen, innert der er gegen den Bestreitenden auf Feststellung seines Anspruchs klagen kann. Reicht er keine Klage ein, so fällt der Anspruch in der betreffenden Betreibung ausser Betracht.

Verweise: SchKG 31–33, SchKG 56–63, ZPO 142 ff. (Fristberechnung → Nr. 25).

Abs. 1 Ziff. 1: ZGB 919 (Besitz).

Abs. 1 Ziff. 3: ZGB 655 Abs. 2 (Grundstück); ZGB 942–977 (Grundbuch); ZGB 9 (Beweis mit öffentlicher Urkunde).

Abs. 5: ZPO 88 (Feststellungsklage); ZPO 219–242 (ordentliches Verfahren); ZPO 243–247 (vereinfachtes Verfahren).

Allgemeines

1. Die Widerspruchsklage nach SchKG 107 beschlägt eine **betreibungsrechtliche Streitigkeit mit Reflexwirkung auf das materielle Recht**. Sie wird im Hinblick auf die Berufung an das BGer wie eine **vermögensrechtliche Zivilrechtsstreitigkeit** behandelt: BGer v. 31.01.2007, 5C_209/2007 E. 1.2.

2. Das Widerspruchsverfahren zwischen dem betreibenden Gläubiger und einem Dritten, der das Eigentum oder ein beschränktes dingliches Recht an Arrest- oder Pfändungsgegenständen beansprucht, hat **Rechtskraftwirkung** nur für die Betreibung, in deren Lauf es ergangen ist. Es liegt keine res iudicata vor: BGE 92 III 9 E. 3; BGE 86 III 134 E. 2.

---

1 Fassung gemäss Ziff. I des BG vom 16. Dez. 1994, in Kraft seit 1. Jan. 1997 (AS 1995 1227; BBl 1991 III 1).

3 Eine **gültige Anmeldung** des Drittanspruchs ist Voraussetzung, dass das Betreibungsamt das Widerspruchsverfahren nach SchKG 107 ff. überhaupt eröffnen kann; gegebenenfalls kann es mittels Beschwerde nach SchKG 17 Abs. 1 dazu gezwungen werden: BGE 136 III 437 E. 4.2.

4 Der **Rückzug einer Drittansprache** muss während der dem Gläubiger zur Bestreitung der Ansprache gesetzten Frist von zehn Tagen (gemäss aSchKG 106 Abs. 2, heute SchKG 107 Abs. 2) dem Betreibungsamt gemeldet werden, sonst fällt die Pfändung dahin: BGE 69 III 43, 44 f.

5 Der Entscheid über die **Pflicht einer Bank zur Edition von Urkunden** schliesst das Widerspruchsverfahren nicht ab, sondern stellt – wie allgemein Entscheide über Beweismassnahmen – einen Vor- bzw. Zwischenentscheid gemäss BGG 93 Abs. 1 dar (→ Nr. 26): BGer v. 15.10.2009, 5A_171/2009 E. 1.5.

6 Auch der Schuldner ist zur Beschwerde wegen **ungesetzlicher Einleitung** eines Widerspruchsverfahrens berechtigt: BGE 86 III 57 E. 2.

7 **Parteirollenverteilung (Frage des Gewahrsams): Allgemeines**
 - Unter Gewahrsam ist die ausschliessliche **tatsächliche Verfügungsgewalt** über die Sache zu verstehen: BGE 87 III 11 E. 1; BGE 83 III 27 E. 1; BGE 71 III 5 E. 1; BGE 54 III 146 E. 1.
 - Bei Beurteilung der Frage, in wessen Gewahrsam eine bewegliche Sache sich befindet, ist allein massgebend, wer darüber **die tatsächliche Verfügungsgewalt besitzt**. Ob dieser tatsächliche Zustand zu Recht bestehe oder nicht, haben die Betreibungsbehörden nicht zu prüfen. Rechtliche Momente können bei ihrer Entscheidung nur insoweit in Betracht kommen, als sie einen Rückschluss auf die tatsächliche Verfügungsgewalt zulassen. Die Betreibungsbehörden haben sich aber in diesem Zusammenhang keinesfalls in eine eingehende Prüfung von Rechtsfragen einzulassen. Vielmehr dürfen sie bei der Beurteilung der Gewahrsamsfrage nur solche Rechtsverhältnisse berücksichtigen, deren Vorhandensein unbestritten ist oder (z.B. anhand von unangefochtenen Urkunden oder von Eintragungen in öffentlichen Registern) ohne Weiteres zuverlässig festgestellt werden kann: BGE 120 III 83 E. 3.b (Pra 84 [1995] Nr. 108); BGE 116 III 82 E. 3; BGE 88 III 55 E. 1; BGE 87 III 11 E. 1.
 - Befindet sich der Gegenstand weder im Gewahrsam des Schuldners noch des Drittansprechers, sondern in dem eines **Vierten**, so hängt die Parteirollenverteilung davon ab, für wen der Vierte den Gewahrsam ausübt: Ist dies ausschliesslich für den Schuldner, obliegt es dem Drittansprecher, Klage zu erheben. Wenn der Viertbesitzer den Gewahrsam für sich selber oder gemeinsam mit dem Schuldner, oder auch auf Rechnung des Drittansprechers und des Schuldners ausübt, hat der Gläubiger Klage zu erheben: BGer v. 06.05.2009, 5A_697/2008 E. 2.1; BGer v. 05.12.2008, 5A_638/2008 E. 5.1; BGer v. 13.10.2006, 7B.105/2006 E. 2.1; BGE 123 III 367 E. 3.b (Pra 86 [1997] Nr. 174); BGE 120 III 83 E. 3.a (Pra 84 [1995] Nr. 108).
 - Bei der **Vergabe der prozeduralen Rollen** der Parteien, kann sich das Betreibungsamt mit der **Vermutung** begnügen, dass diejenige Person die Sachherrschaft über den in Frage stehenden Vermögensgegenstand hat, in deren Herrschaftsbereich sich die Sa-

Dritter Titel: Betreibung auf Pfändung

che befindet. Das Amt ist weder an die (allenfalls sogar übereinstimmenden) Erklärungen der Parteien, noch an die Vermutung des Besitzes nach ZGB 919 oder die gesetzlichen Vermutungen des Miteigentums bei eherechtlichen Verhältnissen gebunden: BGer v. 13.10.2006, 7B.105/2006 E. 3.2.

- Die Pfändung dient der Vollstreckung in das Vermögen des Schuldners. In dessen **Gewahrsam** befindliche Sachen sind daher nicht zu pfänden, wenn sie zweifellos nicht ihm gehören, und im Gewahrsam eines Dritten befindliche nur dann, wenn Eigentum des Schuldners von diesem selbst oder vom betreibenden Gläubiger behauptet worden ist oder sonstwie Anhaltspunkte für solches Eigentum bestehen. Werden trotzdem Vermögenswerte gepfändet, die offensichtlich nicht dem Schuldner, sondern einem Dritten gehören, ist die Pfändung **nichtig**: BGE 84 III 79, 82.

- Für die Beurteilung der Gewahrsamsverhältnisse ist der **Zeitpunkt der Pfändung** bzw. des Arrestvollzugs massgebend: BGE 122 III 437 E. 2.a und b; BGE 110 III 87 E. 2.c; BGE 80 III 114, 116.

- In der Arrestbetreibung sind indessen die Gewahrsamsverhältnisse zur Zeit des **Arrestvollzugs** massgebend, auch wenn erst bei der Pfändung eine Drittansprache erhoben wird: BGer v. 06.05.2009, 5A_697/2008 E. 3.2; BGE 76 III 87 E. 2.

- Auf die **Beweislast im Widerspruchsprozess** hat die Parteirollenverteilung keinen Einfluss: BGE 88 III 125, 127; BGE 84 III 141 E. 3; BGE 83 III 27 E. 1.

- Auch wenn sich die Sache **nicht im Gewahrsam oder Mitgewahrsam des Ansprechers** befindet, ist die Klagefrist gemäss SchKG 109 (heute SchKG 108 Abs. 2) dem Gläubiger zu setzen, sofern der Schuldner keinen Gewahrsam oder nur Mitgewahrsam mit einer andern Person hat: BGE 72 III 20, 21 ff.

8 **Mitgewahrsam des Ehegatten**:

- Der Gewahrsam der Ehefrau an den in der Betreibung gegen ihren Ehemann gepfändeten Sachen beurteilt sich in jedem Fall nur danach, ob sie über jene Sachen **tatsächlich verfügen** kann, gleichgültig, ob es sich um gemeinsam benütztes Hausrat oder um andere Gegenstände handelt: BGE 58 III 105, 107.

- Die Ehefrau, die nicht getrennt vom Ehemann lebt, hat unabhängig vom geltenden Güterstand **Mitgewahrsam an den Gegenständen des Hausrates** und ebenso an anderen Sachen, über die sie tatsächlich auch verfügen kann: BGE 64 III 143, 144; BGE 58 III 105, 107; BGE 57 III 179, 180 ff.

- Das Inventar eines vom Ehemann auf seinen alleinigen Namen geführten **Gewerbebetriebes** steht im Allgemeinen in seinem ausschliesslichen Gewahrsam, auch wenn die Ehefrau im Gewerbe mitarbeitet. Diese hat jedoch Mitgewahrsam, wenn das Inventar als ihr Sondergut (z.B. kraft vertraglicher Gütertrennung) im Güterrechtsregister eingetragen, der Eintrag veröffentlicht und die Ehefrau auch nicht etwa von jedem tatsächlichen Gewahrsam ausgeschlossen ist: BGE 68 III 179, 180 f. Die Beilage eines Inventars zum **Gütertrennungsvertrag**, in dem die als Eigentum bezeichneten Gegenstände spezifiziert sind, ist erforderlich: BGE 77 III 116 E. 2.

- Ist die Ehefrau eines Landwirts aber die Eigentümerin des Heimwesens und arbeitet sie im Betriebe mit, hat sie Mitgewahrsam am **Betriebsinventar**: BGE 76 III 7, 9; BGE 71 III 62, 64 f.
- Die Ehefrau eines Landwirts hat keinen Mitgewahrsam an der **Preisforderung** für ein vom Ehegatten in eigenem Namen geführten und verkauften Gewerbe: BGE 71 III 104 E. 2.
- Am **Vieh**, das im Gewahrsam des Ehemannes steht, hat die Ehefrau, die im landwirtschaftlichen Betrieb des Ehemannes mitarbeitet und auf deren Namen das Vieh in der Tierverkehrskontrolle eingetragen ist, keinen Mitgewahrsam: BGE 89 III 69 E. 2.
- Spricht die Ehefrau des von dritter Seite betriebenen Schuldners **Wertpapiere** als ihr Eigentum an, die von ihr im hängigen Ehetrennungsprozesse zufolge gerichtlicher Aufforderung beim Gericht hinterlegt sind, so kommt ihr die Beklagtenrolle gemäss SchKG 109 (heute SchKG 108) zu: BGE 68 III 160, 161 f.
- Auch das **minderjährige Kind** des Schuldners, das in dessen Haushalt lebt, hat Mitgewahrsam an den Fahrnissen, die der häuslichen Gemeinschaft zu dienen haben und die es tatsächlich benutzt oder benutzen kann: BGE 66 III 89, 90 f.

9 **Gewahrsam an gepfändeten Motorfahrzeugen**:
- Ein **gepfändetes Motorfahrzeug** befindet sich im Gewahrsam desjenigen, auf dessen Namen der Fahrzeugausweis ausgestellt ist: BGE 64 III 138, 139; BGE 60 III 219, 221. Es genügt, dass der Schuldner über das Fahrzeug eine gewisse tatsächliche Gewalt ausübt: BGE 76 III 38 E. 2 (in BGE 67 III 144 E. 2 wurde hingegen noch die tatsächliche Benützung des Fahrzeuges vorausgesetzt).
- Mangels Benachrichtigung über den Besitzesübergang (ZGB 924 Abs. 2), kann der Verwahrer – im vorliegenden Fall der kantonale Abschleppdienst – den Schuldner als einzige Person betrachten, die nach Aufhebung der **strafrechtlichen Beschlagnahme** zur Entgegennahme oder Rücknahme des Wagens berechtigt ist. Insoweit er nicht in seinen eigenen Rechten betroffen ist, übt der Verwahrer nur für den Schuldner Besitz aus; demzufolge liegt Gewahrsam des Schuldners vor: BGE 121 III 85 E. 2.

10 **Gewahrsam an Grundstücken**:
- siehe VZG 10 und 11 (→ Nr. 9) und VVAG 4 (→ Nr. 8).
- Ist ein Grundstück nicht auf den **Namen des Schuldners** im Grundbuch eingetragen, so hat immer ein Widerspruchsverfahren stattzufinden. Das gilt auch im Fall, wo das Grundstück geerbt wurde: VZG 10 (→ Nr. 9); BGE 84 III 18 E. 1.
- Wird **Stockwerkeigentum** gepfändet und beansprucht ein Dritter das Alleineigentum am Grundstück, an welchem der betriebene Schuldner laut Grundbuch (Grundprotokoll) als Stockwerkeigentümer beteiligt ist, so ist vor der Verwertung das Widerspruchsverfahren durchzuführen: BGE 99 III 9 E. 3.
- Hatte der Schuldner das Grundstück dem **Rechtsvorgänger** des jetzt eingetragenen Eigentümers laut rechtskräftigem Urteil in anfechtbarer Weise veräussert, und war vor dem Übergang auf den gegenwärtigen Eigentümer bereits eine Verfügungsbeschränkung nach ZGB 960 Ziff. 1 zugunsten des Gläubigers vorgemerkt, so ist das Grundstück

unter Vorbehalt eines Widerspruchsverfahrens über die Gültigkeit und die Wirkungen der Vormerkung zu pfänden: BGE 81 III 98 E. 3.

- Ein **Eigentümerschuldbrief**, der auf einem gepfändeten Grundstück lastet, kann selbst nicht gepfändet werden; hinsichtlich eines solchen Titels ist die Ansetzung der Frist zur Erhebung einer Widerspruchsklage demnach nicht zulässig: BGE 104 III 15 E. 2.b.

11 Die Inhaber eines **gemeinsamen Kontos**, deren interne Beziehungen unbekannt bleiben, sind Solidargläubiger der Bank. Wird einer dieser Inhaber betrieben, so kann seine Forderung folglich gepfändet werden, ohne dass die Verordnung des Bundesgerichts über die Pfändung und Verwertung von Anteilen an Gemeinschaftsvermögen anwendbar ist. Der Mitinhaber des Kontos kann seine Rechte gegebenenfalls im Widerspruchsverfahren nach SchKG 106 ff. beanspruchen: BGE 112 III 90 E. 5.

12 Besitzt der Ansprecher auf seinen Namen ausgestellte oder mit einem Pfandvermerk zu seinen Gunsten versehene **Interimsscheine**, so kommt ihm die Beklagtenrolle nach SchKG 109 (heute SchKG 108) zu: BGE 75 III 7 E. 2.

13 Der Streit über die Gültigkeit einer Begünstigung bei Pfändung eines **Personenversicherungsanspruchs** (VPAV 5 und 6 → Nr. 10), ist im Widerspruchsverfahren auszutragen: BGE 85 III 62. betr. **Lebensversicherungsansprüche** siehe auch VPAV 9.

14 Betr. das Widerspruchsverfahren in Bezug auf **verpfändetes Vieh** siehe VPV 27.

15 Die **Beschwerde** gegen die Parteirollenverteilung wurde in einem Fall vom Bundesgericht gutgeheissen, wo die Vorinstanz fälschlicherweise von Alleingewahrsam des Schuldners anstelle von Mitgewahrsam ausging und somit nicht SchKG 107 sondern SchKG 108 hätte Anwendung finden sollen: BGE 76 III 7, 9; BGE 71 III 62, 65.

16 Zu **Form und Inhalt** der Drittansprache vgl. SchKG 106 N 25–31

17 Im Zeitpunkt der Pfändung sind die Rechte des Schuldners vom Gläubiger lediglich **glaubhaft zu machen** (VZG 10 Abs. 1 → Nr. 9). Der Gläubiger muss dann aber vor dem Richter beweisen, was er vor dem Betreibungsamt nur glaubhaft machen musste: BGE 114 III 88 E. 3; BGE 84 III 16 E. 3.

18 Eine vom Drittansprecher behauptete Abtretung muss durch Vorweisung einer **Abtretungsurkunde** dargetan werden. Das blosse Behaupten genügt nicht: BGE 79 III 162, 163; BGE 67 III 49, 52. Dasselbe gilt auch bei der Geltendmachung einer Abtretung eines gepfändeten Erbanteils: BGE 88 III 56 E. 1.

Zur Widerspruchsklage

19 **Fristansetzung zur Klage**:

- Die Klagefristen im Widerspruchsverfahren (SchKG 107 Abs. 5 und 108 Abs. 2) sind gesetzliche Fristen, die das Betreibungsamt nicht verlängern kann. Eine trotzdem bewilligte Verlängerung ist unwirksam: BGE 82 III 31 E. 1.

- Mit dem unbenutzten **Ablauf der Klagefrist** hat der Drittanspruch als anerkannt zu gelten (SchKG 108 Abs. 3). Damit wird der Arrest gegenstandslos, wodurch auch der Arrestprosequierungsbetreibung die Grundlage entzogen wird. Dass das Betreibungs-

- amt in der Folge dennoch zur Pfändung schreitet und erneut Frist zur Widerspruchsklage ansetzt, vermag daran nichts mehr zu ändern: BGE 107 III 118 E. 1.
- Mit einer **im Ausland** erhobenen Widerspruchsklage kann die Frist des SchKG 109 (heute SchKG 108 Abs. 2) nicht gewahrt werden: BGE 107 III 118 E. 2.
- Benützt der betreibende oder ein sonstwie an der Betreibung teilnehmender Gläubiger die Frist nach SchKG 108 Abs. 2 nicht, so muss die vom Schlusssatz des SchKG 109 (heute SchKG 108 Abs. 3) angedrohte **Sanktion** Platz greifen, dass der vom Schuldner angegebene Anspruch des Dritten als anerkannt gelte, und zwar, wenn der Dritte auch gar keinen Anspruch für sich erheben will, doch zum Vorteil eines konkurrierenden Gläubigers, welcher seinerseits die ihm angesetzte Klagefrist benützt hat: BGE 61 III 102, 105.
- Werden Eigentums- und Pfandansprachen von **verschiedenen Dritten** erhoben, so ist der Fristansetzung für beide Klagen beizufügen, dass die Frist zur Klage gegen den Pfandansprecher erst mit dem Tage zu laufen beginnt, an welchem das gegenüber dem Eigentumsansprecher erstrittene Urteil in Rechtskraft tritt. Dem Pfandansprecher muss von dieser Art und Weise der Fristansetzung Mitteilung gemacht werden: BGE 110 III 60 E. 2.a; BGE 56 III 73 E. 2.
- Die Klagefristansetzung oder ein beigegebenes, dem betreibenden Gläubiger zu überlassendes Schriftstück muss die **genauen Personalien**, namentlich auch den Wohnort aller einzelnen Drittansprecher angeben und auch sonst genau abgefasst werden, nötigenfalls unter entsprechender Änderung des Textes des Formulars: BGE 56 III 73 E. 1.

20 **Zuständigkeiten und Kognition**:
- Zur Beurteilung einer Widerspruchsklage ist ausschliesslich der **schweizerische Richter** zuständig: BGE 107 III 118 E. 2.
- Das Widerspruchsverfahren ist einzuleiten, wenn auch nur möglicherweise eine zur Beurteilung zuständige Gerichtsbarkeit besteht, und sei es auch eine **Verwaltungsinstanz**: Eine solche Möglichkeit ist anzunehmen für die Beurteilung des Widerstreits zwischen dem Retentionsrecht des Vermieters und dem gesetzlichen Zollpfandrecht des Bundes: BGE 68 III 21, 24 f.
- Betr. **Gerichtsstand** siehe SchKG 109.
- Nicht der mit der Widerspruchsklage befasste Richter, sondern die **Betreibungsbehörden** entscheiden, ob eine Betreibung mit einem Nichtigkeitsgrund behaftet sei: BGE 84 III 141 E. 2.
- Die **Gerichte** und nicht das Betreibungsamt ist zuständig zur Entscheidung über die formgerechte Einleitung der Klage: BGE 66 III 68 E. 2.
- Die vorfrageweise Prüfung von materiell-rechtlichen Einwänden, wie **Rechtsfähigkeit** des Beklagten, ist im Widerspruchsverfahren zulässig: BGE 76 III 60 E. 2.
- Ob der Arrestgläubiger eine Forderung genügend **glaubhaft** gemacht hat, ist im Prozess zwischen ihm und dem Drittansprecher nicht zu prüfen: BGE 102 III 165 E. I.1.

21 Einfluss der **Abtretung** auf ein Widerspruchsverfahren nach SchKG 107: Ob der Prozess weitergeführt werden kann, und gegen wen, bestimmt das Prozessrecht. Geht der Prozess gegen den ursprünglichen Gläubiger weiter (wie hier noch aufgrund von aZPO/BE 41), so bleibt die Betreibung auch für den Zessionar eingestellt, und wenn alsdann das Urteil den Dritten abweist, ist dessen Ansprache auch für den Zessionar beseitigt. Hindert die Abtretung den Fortgang des Prozesses, so ist ein neues Widerspruchsverfahren gegenüber dem Zessionar einzuleiten: BGE 68 III 39, 41 f.

22 Die Widerspruchsklage kann auch damit begründet werden, der Ansprecher habe den streitigen Gegenstand durch ein i.S.v. SchKG 285 ff. **anfechtbares Rechtsgeschäft erworben**. Ein im Ausland erwirktes Anfechtungsurteil kann in einem laufenden Betreibungsverfahren aber nicht berücksichtigt werden: BGE 107 III 118 E. 3.

23 Bei Beurteilung einer Widerspruchsklage ist auf die **Eigentumsverhältnisse zur Zeit der Urteilsfällung** in dem Sinne abzustellen, dass ein Untergang des Drittanspruchs zwischen Pfändungsvollzug und Urteilsfällung zu berücksichtigen ist: BGE 112 III 100 E. 3.

24 Im geltenden Recht entspricht der **Streitwert der Widerspruchsklage** dem kleinsten der folgenden drei Werte: 1) der Schätzungswert des gepfändeten Gegenstandes 2) der Betrag der betriebenen Forderung der betroffenen Gläubiger 3) der Betrag der durch Pfand garantierten Forderung, wenn der Dritte ein besseres Recht (ein die Pfändung zurückdrängendes Recht) geltend macht: BGer v. 22.04.2008, 5A_55/2008 E. 3.3; vgl. ferner BGE 81 II 309, 311; BGE 56 III 37, 38 f.

25 Dem obsiegenden Gläubiger sind bei Zahlungsunfähigkeit des Drittanspruchers die **Prozesskosten** vorweg aus dem Erlös der streitigen Sache zu decken: BGE 77 III 13, 15.

Art. 108[1] b. Bei Gewahrsam oder Mitgewahrsam des Dritten

1 Gläubiger und Schuldner können gegen den Dritten auf Aberkennung seines Anspruchs klagen, wenn sich der Anspruch bezieht auf:

1. eine bewegliche Sache im Gewahrsam oder Mitgewahrsam des Dritten;
2. eine Forderung oder ein anderes Recht, sofern die Berechtigung des Dritten wahrscheinlicher ist als diejenige des Schuldners;
3. ein Grundstück, sofern er sich aus dem Grundbuch ergibt.

2 Das Betreibungsamt setzt ihnen dazu eine Frist von 20 Tagen.

3 Wird keine Klage eingereicht, so gilt der Anspruch in der betreffenden Betreibung als anerkannt.

4 Auf Verlangen des Gläubigers oder des Schuldners wird der Dritte aufgefordert, innerhalb der Klagefrist seine Beweismittel beim Betreibungsamt zur Einsicht vorzulegen. Artikel 73 Absatz 2 gilt sinngemäss.

---

1   Fassung gemäss Ziff. I des BG vom 16. Dez. 1994, in Kraft seit 1. Jan. 1997 (AS 1995 1227; BBl 1991 III 1).

Verweise

Abs. 1: ZPO 219–242 (ordentliches Verfahren → Nr. 25); ZPO 243–247 (vereinfachtes Verfahren).

Abs. 1 Ziff. 1: ZGB 919 (Besitz).

Abs. 1 Ziff. 3: ZGB 655 Abs. 2 (Grundstück); ZGB 942–977 (Grundbuch); ZGB 9 (Beweis mit öffentlicher Urkunde).

Abs. 2: SchKG 31–33, SchKG 56–63, ZPO 142 ff. (Fristberechnung).

1. Die Gläubigerin, welche von der Entscheidung des Betreibungsamtes, die Frist nach SchKG 108 Abs. 2 anzusetzen, Kenntnis hat und nicht damit einverstanden ist, kann sich mittels **Beschwerde an die Aufsichtsbehörde** innert Frist nach SchKG 17 Abs. 2 dagegen wehren: BGer v. 06.02.2008, 5A_588/2007 E. 2.3.

2. Die Erklärung des Betreibungsamtes mittels **Verfügung**, die Fristansetzung betreffe in Wirklichkeit SchKG 108 und nicht SchKG 107, genügt für das Vorliegen einer genügenden Begründung des Entscheids: BGer v. 15.02.2008, 5A_67/2007 E. 3.2.

3. Auch wenn sich die Sache **nicht im Gewahrsam oder Mitgewahrsam** des Ansprechers befindet, ist die Klagefrist gemäss SchKG 109 (heute SchKG 108 Abs. 2) dem Gläubiger zu setzen, sofern der Schuldner keinen Gewahrsam oder nur Mitgewahrsam mit einer andern Person hat: BGE 72 III 20, 21 ff.

4. Parteirollenverteilung (Frage des Gewahrsams):
   - Vgl. SchKG 107 N 7–15.

5. **Fristansetzung**:
   - Vgl. SchKG 107 N 19.
   - Wird ein gepfändeter Gegenstand **zugleich von zwei verschiedenen Personen** je für sich zu Eigentum beansprucht, so hat der diese Ansprachen bestreitende Gläubiger gegen den einen wie den andern Ansprecher zu klagen. Auch wenn zwischen diesen beiden bereits ein Streit um das Eigentum hängig ist, darf das Betreibungsamt mit der Klagefristansetzung nach SchKG 109 (heute SchKG 108 Abs. 2) nicht zuwarten: BGE 81 III 105, 106 f.
   - Ist einer Beschwerde, welche sich gegen die Fristansetzung zur Klage im Widerspruchsverfahren richtet, **aufschiebende Wirkung** erteilt worden, so weist die Aufsichtsbehörde mit ihrem Endentscheid das Betreibungsamt an, die Frist neu anzusetzen. Im Falle der Abweisung der Beschwerde oder des Nichteintretens geschieht dies gegenüber jener Partei, welcher das Betreibungsamt schon zuvor die Frist zur Klage angesetzt hatte: BGer v. 05.12.2008, 5A_638/2008 E. 7; BGE 123 III 330 E. 2.
   - Dem Gläubiger ist auch dann ohne Weiteres gemäss SchKG 109 (heute SchKG 108) Frist zur Klage anzusetzen, wenn nur der Schuldner den Dritten, bei dem sich die gepfändete Sache befindet, als deren Eigentümer bezeichnet: BGE 61 III 102, 105.

6. **Vorlegung der Beweismittel**:
   - Vgl. SchKG 107 Abs. 3.

Art. 109[1]   c. Gerichtsstand

¹ Beim Gericht des Betreibungsortes sind einzureichen:
1. Klagen nach Artikel 107 Absatz 5;
2. Klagen nach Artikel 108 Absatz 1, sofern der Beklagte Wohnsitz im Ausland hat.

² Richtet sich die Klage nach Artikel 108 Absatz 1 gegen einen Beklagten mit Wohnsitz in der Schweiz, so ist sie an dessen Wohnsitz einzureichen.

³ Bezieht sich der Anspruch auf ein Grundstück, so ist die Klage in jedem Fall beim Gericht des Ortes einzureichen, wo das Grundstück oder sein wertvollster Teil liegt.

⁴ Das Gericht zeigt dem Betreibungsamt den Eingang und die Erledigung der Klage an. ...[2]

⁵ Bis zur Erledigung der Klage bleibt die Betreibung in Bezug auf die streitigen Gegenstände eingestellt, und die Fristen für Verwertungsbegehren (Art. 116) stehen still.

Verweise

Abs. 1: *SchKG 46–55 (Betreibungsort).*

Abs. 1 Ziff. 2: *IPRG 20 Abs. 1 Bst. a (Wohnsitz in internationalen Verhältnissen → Nr. 34).*

Abs. 2: *ZGB 23–26 (Wohnsitz).*

Abs. 3: *ZGB 655 Abs. 2 (Grundstück).*

Zu Abs. 5

1   Nach dem klaren Wortlaut von SchKG 107 Abs. 2 (heute SchKG 109 Abs. 5) führt die Erhebung einer Widerspruchsklage nur in Hinsicht auf den **streitigen Gegenstand**, nicht auch hinsichtlich anderer Pfändungsgegenstände zur Einstellung der Betreibung. Das gilt auch dann, wenn sich der Gläubiger im Widerspruchsprozess der Freigabe des streitigen Gegenstandes (wie es an sich zulässig ist) mit der Begründung widersetzt, der Drittansprecher habe ihn durch ein nach SchKG 285 ff. anfechtbares Geschäft erworben: BGE 96 III 111 E. 3.

2   Als **streitiger Gegenstand** kommt dabei nur derjenige in Frage, an welchem der Dritte ein Recht beansprucht: BGer v. 02.11.2007, 5A_561/2007 E. 3.

3   Mit der **Einstellung der Betreibung** soll nur verhindert werden, dass ein gepfändetes Vermögensstück verwertet wird, bevor im Widerspruchsverfahren über die von einem Dritten behaupteten Rechte entschieden worden ist. Abgesehen davon wird der Gang der Betreibung durch die Erhebung eines Drittanspruchs nicht berührt: BGE 108 III 36 E. 2; BGE 84 III 100 E. 3.

---

1   Fassung gemäss Ziff. I des BG vom 16. Dez. 1994, in Kraft seit 1. Jan. 1997 (AS 1995 1227; BBl 1991 III 1).

2   Zweiter Satz aufgehoben durch Anhang 1 Ziff. II 17 der Zivilprozessordnung vom 19. Dez. 2008, mit Wirkung seit 1. Jan. 2011 (AS 2010 1739; BBl 2006 7221).

4 SchKG 107 Abs. 2 (heute SchKG 109 Abs. 5) ist gemäss der Verweisung des SchKG 275 auch im Arrestverfahren anwendbar. Der Fristenlauf für die Einleitung der **Arrestprosequierungsklage** wird durch ein hängiges Widerspruchsverfahren jedenfalls dann gehemmt, wenn der Gerichtsstand für die Klage vom Ausgang dieses Verfahrens abhängt (wie bspw. beim Ausländerarrest nach SchKG 271 Abs. 1 Ziff. 4). Wie es sich in den übrigen Fällen verhält, hat das BGer offen gelassen: BGE 108 III 36 E. 2 und 3.

Art. 110[1] F. Pfändungsanschluss
1. Im allgemeinen

¹ Gläubiger, die das Fortsetzungsbegehren innerhalb von 30 Tagen nach dem Vollzug einer Pfändung stellen, nehmen an der Pfändung teil. Die Pfändung wird jeweils so weit ergänzt, als dies zur Deckung sämtlicher Forderungen einer solchen Gläubigergruppe notwendig ist.

² Gläubiger, die das Fortsetzungsbegehren erst nach Ablauf der 30-tägigen Frist stellen, bilden in der gleichen Weise weitere Gruppen mit gesonderter Pfändung.

³ Bereits gepfändete Vermögensstücke können neuerdings gepfändet werden, jedoch nur so weit, als deren Erlös nicht den Gläubigern, für welche die vorgehende Pfändung stattgefunden hat, auszurichten sein wird.

Verweise: SchKG 88 (Fortsetzungsbegehren); SchKG 31–33, SchKG 56–63, ZPO 142 ff. (Fristberechnung → Nr. 25); SchKG 97 Abs. 2 (Umfang der Pfändung); SchKG 114 (Zustellung der Pfändungsurkunde nach Ablauf der Teilnahmefrist).
Abs. 1: SchKG 89 (Zeitpunkt der Pfändung); SchKG 90 (Pfändungsankündigung).
Abs. 3: SchKG 117 Abs. 2 (Recht, die Verwertung zu verlangen).

Zu Abs. 1

1 **Fristbeginn**:
- Die Frist für den Pfändungsanschluss beginnt nicht von dem Moment an zu laufen, in dem das Betreibungsamt die Pfändung hätte vornehmen sollen, sondern von dem Tage an, an dem die Pfändung **tatsächlich stattgefunden** hat: BGE 106 III 111 E. 1; BGE 101 III 86 E. 2.
- Die **provisorische Pfändung**, die gestützt auf einen im Säumnisverfahren ergangenen Rechtsöffnungsentscheid erwirkt wird, löst die Teilnahmefrist von SchKG 110 aus, ungeachtet des Rechts des Schuldners, gegen den Rechtsöffnungsentscheid Einspruch zu erheben: BGE 104 III 52 E. 2.

---

1 Fassung gemäss Ziff. I des BG vom 16. Dez. 1994, in Kraft seit 1. Jan. 1997 (AS 1995 1227; BBl 1991 III 1).

- Bei Abwesenheit des Schuldners anlässlich der Pfändung beginnt die Teilnahmefrist für die provisorische Anschlusspfändung erst mit der **Zustellung der Pfändungsurkunde** an ihn zu laufen: BGE 130 III 661 E. 1.2.
- Wird ein weiterer **Monatsbeitrag** einer Rente während der Anschlussfrist fällig, ist auch dieser Forderung der Anschluss zu gewähren: BGE 85 III 185 E. 2.d.
- **SchKG 281** und die durch das Kreisschreiben Nr. 27 bestätigte Rechtsprechung des Bundesgerichts haben einzig den Sinn, dem Arrestgläubiger zu erlauben, ausserhalb der normalen Anschlussfrist von 30 Tagen (SchKG 110 Abs. 1) provisorisch an der Pfändung teilzunehmen. Ist der Arrestgläubiger in der Lage, die Fortsetzung der Betreibung innerhalb dieser Frist von 30 Tagen zu verlangen, gelangt die Spezialvorschrift von SchKG 281 nicht zur Anwendung: BGE 116 III 42 E. 4 (Pra 81 [1992] Nr. 189); BGE 101 III 86 E. 1.

2 Die Teilnahme an einer Pfändung tritt **nicht von selbst** ein, sondern wird durch eine Verfügung des Betreibungsamtes (Ergänzungspfändung oder Mitteilung des Anschlusses an den Schuldner) hergestellt. Die spätere Nachholung der vom Betreibungsamt versäumten Anschlusspfändung ist unter Umständen möglich, das Versäumnis eines solchen Entscheids kann aber keinen Verlust eines gesetzlichen Rechts zur Folge haben: BGE 116 III 42 E. 3.a und b; BGE 81 III 109 E. 4 und 6.

3 Im Gegensatz zur Ergänzungspfändung i.S.v. SchKG 110 Abs. 1, welche vor der Verwertung der gepfändeten Gegenstände stattfindet, hat die **Nachpfändung** i.S.v. SchKG 145 stattzufinden, wenn der Erlös aus der Verwertung den Betrag der Forderungen nicht deckt: BGE 63 III 144, 145.

4 **Ergänzungspfändungen** dürfen nur während und unmittelbar nach dem Ablauf der Teilnahmefrist stattfinden: BGE 114 III 98 E. 1.c; BGE 83 III 131 E. 3; BGE 80 III 74 E. 4.

5 Ergänzungspfändungen im eigentlichen Sinne gem. SchKG 110 Abs. 1 Satz 2, die nur gerade durch die Bildung einer Pfändungsgruppe, d.h. durch das Hinzutreten weiterer Pfändungsbegehren binnen 30 Tagen seit dem Vollzug einer Pfändung nötig geworden sind, dienen nur der betreffenden Gruppe, **ohne selbst wieder Ausgangspunkt neuer Teilnahmefristen** zu sein (anders bei der Nachpfändung nach SchKG 145): BGE 70 III 61, 63.

6 Bedarf die Pfändung beim Anschluss anderer Gläubiger keiner Ergänzung, so ist der Schuldner dennoch unverzüglich **vom Anschluss zu benachrichtigen**: BGE 78 III 153, 153 f.

7 Hat der **Arrestgläubiger** innerhalb von 30 Tagen nach Erhalt der provisorischen Rechtsöffnung kein Fortsetzungsbegehren gestellt und werden die Arrestgegenstände in der Folge für einen andern Gläubiger gepfändet, so nimmt er an dieser Pfändung nicht teil: BGE 119 III 93 E. 2.

8 Bei der **Arrestbetreibung** setzt der Pfändungsanschluss voraus, dass sich der Arrest auf in der Hauptpfändung mit Beschlag belegte Vermögenswerte erstreckt, dass der Arrest durch Einleitung der Betreibung prosequiert und dass im Rahmen dieser Betreibung innert der Frist des SchKG 110 Abs. 1 das Pfändungsbegehren gestellt wurde. Die Arrestierung als solche verleiht dem Arrestgläubiger keinen Anspruch auf Teilnahme an einer bereits vor der Arrestnahme vollzogenen Pfändung: BGE 110 III 27 E. 1; BGE 101 III 78 E. 2; BGE 47 III 6 E. 3.

9 Wird ein Pfändungsanschluss trotz verspätetem Anschlussbegehren bewilligt, so bleibt, solange dieser Anschluss formell bestehen bleibt, das von diesem Gläubiger gestellte **Verwertungsbegehren** für die ganze Gruppe gültig: BGE 85 III 73 E. 3.a.

10 Wird aufgrund der Gutheissung einer Beschwerde nach SchKG 17 eine Herabsetzung des gepfändeten Betrages entschieden, so gilt diese Entscheidung gegenüber **allen Gläubigern** der Gruppe: BGE 78 III 75 E. 1.

11 Die Leistung des **Kostenvorschusses** ist u.a. Voraussetzung für den Pfändungsanschluss nach SchKG 110: BGE 61 III 141, 142.

12 Die Höhe des **Kostenvorschusses** bemisst sich nach GebV SchKG 20 und 22 (→ Nr. 7).

13 Die Frist gilt auch für **Alimentengläubiger** in der Einkommenspfändung: BGE 71 III 150, 151.

14 Die Zulassung des Anschlusses eines **zweiten Gläubigers** an einer Pfändung lässt für den ersten keine neue Frist zur Beschwerde nach SchKG 17 über die Pfändung selbst laufen: BGE 72 III 50 E. 2.

15 Im Falle eines **Wohnsitzwechsels des Betriebenen** muss das Betreibungsamt am neuen Wohnsitz, das innerhalb von 30 Tagen nach dem Vollzug einer Pfändung durch das Betreibungsamt am alten Wohnsitz von einem Gläubiger ein Fortsetzungsbegehren erhält, das Amt am alten Betreibungsort davon benachrichtigen, sofern jenes von dieser Pfändung Kenntnis hat, sodass das Amt am alten Betreibungsort den fraglichen Gläubiger und seine Forderungen bei der Bildung der Gläubigergruppen und der Erlösverteilung berücksichtigen kann: BGE 136 III 633 E. 2 (Pra 100 [2011] Nr. 63).

16 Eine nicht am Wohnsitz des Schuldners vorgenommene Pfändung ist – sofern pfändbares Vermögen vorgefunden wird – als nichtig anzusehen, weil sie die Anschlussrechte allfälliger anderer Gläubiger betrifft: BGer v. 06.06.2007, 7B_17/2007 E. 6.3; BGE 105 III 60 E. 1; BGE 68 III 33, 35.

Zu Abs. 2

17 Die **Verwertung** auf Begehren eines Gläubigers, dem gegenüber der Schuldner keinen Aufschub mehr verlangen kann, muss zugunsten aller mit der betreffenden Betreibung zu einer Gruppe zusammengeschlossenen Betreibungen geschehen: BGE 67 III 80, 81 f.

18 Eine revisionsweise verfügte **Erhöhung** des gepfändeten oder arrestierten Einkommensbetrages kommt den Gläubigern nachgehender Gruppen erst nach Ablauf der für die vorgehenden Gruppen erfolgten Lohnpfändungen oder nach vollständiger Befriedigung der betreffenden Gläubiger zugute: BGE 93 III 33 E. 2.

19 Andere Gläubiger können nicht an einer Lohnpfändung teilnehmen, wenn das Einkommen des Schuldners das **Existenzminimum** der Familie nicht übersteigt: BGE 72 III 50 E. 1.

20 Im Schuldbetreibungs- und Konkursrecht kommt der **materiellen Rechtskraft** nur beschränkte Bedeutung zu: Sie gilt nur für das betreffende Verfahren und bei gleichbleibenden tatsächlichen Verhältnissen. Die Pfändung im Rahmen einer weiteren Gruppe gemäss SchKG 110 Abs. 2 wird in einem anderen Vollstreckungsverfahren vollzogen; sie ist der Beschwerde zugänglich, ohne dass die Einrede der materiellen Rechtskraft von Entscheiden, welche sich auf frühere Gruppen beziehen, entgegengehalten werden kann: BGE 133 III 580 E. 2.

Dritter Titel: Betreibung auf Pfändung   Nr. 1 SchKG **Art. 111**

21 Dem ohne Erfolg als **Eigentums- oder Pfandansprecher** aufgetretenen Gruppengläubiger bleibt das Recht auf Teilnahme am Erlös aus dem angesprochenen Gegenstand gewahrt, nach Massgabe von Rang und Betrag seiner der Pfändung angeschlossenen Forderung: BGE 65 III 108, 110 ff.; BGE 28 I 372 E. 3 (anders BGE 61 III 136 E. 1).

Zu Abs. 3

22 Das **Dahinfallen** der Pfändung mangels genügender Angebote hat keine Wirkung für nachgehende Pfändungsgläubiger: BGE 65 III 33.

23 Der Verzicht auf Geltendmachung der **Unpfändbarkeit**, der u.a. auch in der Unterlassung rechtzeitiger Beschwerdeführung gegen eine Pfändung liegt, wirkt nicht über das betreffende Betreibungsverfahren hinaus. Wird die nämliche Sache in einer neuen Betreibung wiederum gepfändet, so bleibt daher dem Schuldner die Berufung auf Unpfändbarkeit neuerdings vorbehalten: BGE 63 III 61, 62.

24 Die **Pfändungsurkunde** bei nochmaliger Pfändung hat die Betreibungs- oder Gruppennummer und den Gesamtbetrag der Forderung anzugeben: BGE 77 III 73 E. 2.

25 Stehen **zwei Arreste** zueinander in Konkurrenz, ist die vom zweiten Gläubiger erwirkte Beschlagnahme nicht – i.S. einer analogen Anwendung von SchKG 110 Abs. 3 – auf den Teil der bereits ein erstes Mal arrestierten Vermögenswerte beschränkt, der nach einer Befriedigung des ersten Gläubigers noch übrig bleiben würde. Dieser hat keine Vorzugsstellung, solange er nicht die Pfändung erwirkt hat: BGE 116 III 111 E. 4.a und b.

Art. 111[1] 2. Privilegierter Anschluss

[1] An der Pfändung können ohne vorgängige Betreibung innert 40 Tagen nach ihrem Vollzug teilnehmen:

1.[2] der Ehegatte, die eingetragene Partnerin oder der eingetragene Partner des Schuldners;

2. die Kinder, Mündel und Verbeiständeten des Schuldners für Forderungen aus dem elterlichen oder vormundschaftlichen Verhältnis;

3. die mündigen Kinder und die Grosskinder des Schuldners für die Forderungen aus den Artikeln 334 und 334bis ZGB[3];

4. der Pfründer des Schuldners für seine Ersatzforderung nach Artikel 529 OR[4].

[2] Die Personen nach Absatz 1 Ziffern 1 und 2 können ihr Recht nur geltend machen, wenn die Pfändung während der Dauer der Ehe, der eingetragenen Partnerschaft,

---

1 Fassung gemäss Ziff. I des BG vom 16. Dez. 1994, in Kraft seit 1. Jan. 1997 (AS 1995 1227; BBl 1991 III 1).
2 Fassung gemäss Anhang Ziff. 16 des Partnerschaftsgesetzes vom 18. Juni 2004, in Kraft seit 1. Jan. 2007 (AS 2005 5685; BBl 2003 1288).
3 SR 210
4 SR 220

des elterlichen oder vormundschaftlichen Verhältnisses oder innert eines Jahres nach deren Ende erfolgt ist; die Dauer eines Prozess- oder Betreibungsverfahrens wird dabei nicht mitberechnet. Anstelle der Kinder, Mündel und Verbeiständeten kann auch die Vormundschaftsbehörde die Anschlusserklärung abgeben.[1]

3 Soweit dem Betreibungsamt anschlussberechtigte Personen bekannt sind, teilt es diesen die Pfändung durch uneingeschriebenen Brief mit.

4 Das Betreibungsamt gibt dem Schuldner und den Gläubigern von einem solchen Anspruch Kenntnis und setzt ihnen eine Frist von zehn Tagen zur Bestreitung.

5 Wird der Anspruch bestritten, so findet die Teilnahme nur mit dem Recht einer provisorischen Pfändung statt, und der Ansprecher muss innert 20 Tagen beim Gericht des Betreibungsortes klagen; nutzt er die Frist nicht, so fällt seine Teilnahme dahin. ...[2]

Neue Fassung von Art. 111 Abs. 1 Ziff. 2 und 3 sowie Abs. 2 gemäss neuem Erwachsenenschutzrecht, in Kraft ab 01.01.2013 (AS 2011 725):

[1] An der Pfändung können ohne vorgängige Betreibung innert 40 Tagen nach ihrem Vollzug teilnehmen:

...

2. die Kinder des Schuldners für Forderungen aus dem elterlichen Verhältnis und volljährige Personen für Forderungen aus einem Vorsorgeauftrag (Art. 360–369 ZGB);

3. die volljährigen Kinder und die Grosskinder des Schuldners für die Forderungen aus den Artikeln 334 und 334bis ZGB;

...

[2] Die Personen nach Absatz 1 Ziffern 1 und 2 können ihr Recht nur geltend machen, wenn die Pfändung während der Ehe, der eingetragenen Partnerschaft, des elterlichen Verhältnisses oder der Wirksamkeit des Vorsorgeauftrags oder innert eines Jahres nach deren Ende erfolgt ist; die Dauer eines Prozess- oder Betreibungsverfahrens wird dabei nicht mitgerechnet. Anstelle der Kinder oder einer Person unter einer Massnahme des Erwachsenenschutzes kann auch die Kindes- und Erwachsenenschutzbehörde die Anschlusserklärung abgeben.

...

Verweise: *SchKG 31–33, SchKG 56–63, ZPO 142 ff. (Fristberechnung → Nr. 25); SchKG 34 (Mitteilung).*

---

1   Fassung gemäss Anhang Ziff. 16 des Partnerschaftsgesetzes vom 18. Juni 2004, in Kraft seit 1. Jan. 2007 (AS 2005 5685; BBl 2003 1288).
2   Zweiter Satz aufgehoben durch Anhang 1 Ziff. II 17 der Zivilprozessordnung vom 19. Dez. 2008, mit Wirkung seit 1. Jan. 2011 (AS 2010 1739; BBl 2006 7221).

Abs. 1: *SchKG 89 (Zeitpunkt der Pfändung); SchKG 90 (Pfändungsankündigung).*
Abs. 1 Ziff. 2: *ZGB 368–372 (Bevormundungsfälle); ZGB 392 ff. (Beistandschaft); ZGB 318 (Verwaltung des Kindesvermögens durch die Eltern); ZGB 324–327 (Schutz des Kindesvermögens).*
Abs. 1 Ziff. 3: *ZGB 14 (Mündigkeit).*
Abs. 2: *ZGB 361 (Vormundschaftsbehörde)*
Abs. 2 neue Fassung: *ZGB 440 (Kindes- und Erwachsenenschutzbehörde).*
Abs. 5: SchKG 82–83 (provisorische Pfändung); SchKG 118 (kein Recht, Verwertung zu verlangen, wenn Pfändung provisorisch ist); SchKG 119 Abs. 2 (Verwertung wird erst eingestellt, wenn auch jene Forderungen gedeckt sind, für die nur provisorisch gepfändet worden ist); SchKG 144 Abs. 5 (Hinterlegung der auf Forderungen mit provisorischer Pfändung entfallenden Beträge bei der Depositenanstalt); SchKG 23 (Gericht); SchKG 46–55 (Betreibungsort).

Zu Abs. 1

1 Die in SchKG 111 aufgeführten Personen sind berechtigt, den privilegierten Pfändungsanschluss zu verlangen, auch wenn sie neben anderen Gläubigern an der Pfändung bereits **für eine weitere Forderung** teilgenommen haben: BGE 98 III 49 E. 1.

2 Die **Anschlussfrist von 40 Tagen** läuft von der ersten, die Gruppe einleitenden Pfändung an, gleichgültig ob und wann die anschlussberechtigten Personen hievon Kenntnis erhalten. Dies gilt auch dann, wenn das Betreibungsamt die Abschriften der Pfändungsurkunde erst nach Ablauf der Anschlussfrist zustellt: BGE 98 III 49 E. 2; BGE 85 III 169, 171 f.

3 Auch wenn die **Gütertrennung** gerichtlich angeordnet worden ist, ist ein Ehegatte befugt, für alle seine Forderungen an den anderen die Anschlusspfändung nach SchKG 111 zu erwirken: BGE 42 III 377 E. 3.

4 Die Verfügung des Betreibungsamtes über die Zulassung eines verspäteten Pfändungsanschlusses kann nur mit **Beschwerde nach SchKG 17** angefochten werden: BGE 85 III 73 E. 3.a; BGE 73 III 136, 137.

5 **Mündlich** gestellte Anschlussbegehren sind zulässig: BGE 73 III 136, 138.

6 Eine Anschlusspfändung nach SchKG 111 ist immer dann zulässig, wenn die **rechtliche Möglichkeit** zu einer Ergänzungspfändung besteht; darauf, ob die Ergänzungspfändung auch tatsächlich möglich ist, kommt es nicht an: BGE 60 III 5, 7 f.

7 Die Teilnahme gemäss SchKG 111 an der Pfändung zur Prosequierung eines **Ausländerarrests** ist unzulässig, gleichgültig, ob anderweitige Zwangsvollstreckung durch das massgebende ausländische Recht verboten wird oder sonstwie unmöglich ist, und ungeachtet des Einverständnisses des Arrestgläubigers: BGE 56 III 169, 170 f.; BGE 53 III 33, 34 ff.; BGE 36 I 148 E. 3.

Zu Abs. 2

8 Auch wenn die **mündigen Kinder** ihr Recht noch ein Jahr nach dem Wegfall der elterlichen Sorge geltend machen können, müssen sie die 40-tägige Frist des privilegierten Anschlusses einhalten: BGE 41 III 398, 400.

Zu Abs. 4

9 Die **Fristsetzungen** gemäss SchKG 111 Abs. 2 (heute Abs. 4) zeigt einem Gläubiger unzweideutig, dass das Betreibungsamt dem Teilnahmebegehren eines Anschlussberechtigten Folge gegeben und es nicht etwa als verspätet und mithin unzulässig erachtet hatte: BGE 73 III 136, 137.

Zu Abs. 5

10 Im Verfahren nach SchKG 111 Abs. 3 (heute Abs. 5) kann weder durch Urteil noch durch Vergleich über die erst nachher erfolgende **Kollokation** der betreffenden Forderung in bindender Weise entschieden werden: BGE 53 III 193, 195; BGE 52 III 110 E. 2.

11 Die mit privilegiertem Pfändungsanschluss geltend gemachte Forderung muss **fällig** sein, was vom Gericht zu prüfen ist: BGE 127 III 46 E. 3.a.bb (BGE 107 III 15 E. 2 liess den Bestand der Forderung noch genügen).

12 Ist die **Klagefrist** nach SchKG 111 Abs. 5, mit der die provisorische Pfändung prosequiert wird, inzwischen abgelaufen, zieht die Klageabweisung auch die Aufhebung der provisorischen Anschlusspfändung nach sich: BGE 127 III 46 E. 3.a.cc. Nur die rechtzeitig erhobene Klage hält die provisorische Teilnahme an der Pfändung aufrecht: BGE 106 III 62 E. 2.

Art. 112   G. Pfändungsurkunde
1. Aufnahme

¹ Über jede Pfändung wird eine mit der Unterschrift des vollziehenden Beamten oder Angestellten zu versehende Urkunde (Pfändungsurkunde) aufgenommen. Dieselbe bezeichnet den Gläubiger und den Schuldner, den Betrag der Forderung, Tag und Stunde der Pfändung, die gepfändeten Vermögensstücke samt deren Schätzung sowie, gegebenenfalls, die Ansprüche Dritter.

² Werden Gegenstände gepfändet, auf welche bereits ein Arrest gelegt ist, so wird die Teilnahme des Arrestgläubigers an der Pfändung (Art. 281) vorgemerkt.

³ Ist nicht genügendes oder gar kein pfändbares Vermögen vorhanden, so wird dieser Umstand in der Pfändungsurkunde festgestellt.

Verweise

Abs. 1: OR 14 (Unterschrift); SchKG 67 Abs. 1 Ziff. 1 (Gläubiger); SchKG 67 Abs. 1 Ziff. 2 (Schuldner); SchKG 67 Abs. 1 Ziff. 3, 68 Abs. 2, 69 Abs. 2 Ziff. 2 (Forderung); SchKG 97 Abs. 1 (Schätzung); SchKG 106–109 (Widerspruchsverfahren bei Ansprüchen Dritter).

Abs. 2: SchKG 271–281 (Arrestverfahren).

Abs. 3: SchKG 115 (Pfändungsurkunde als Verlustschein).

Zu Abs. 1

1 Die **Gebühr** für die Abschrift der Pfändungsurkunde bemisst sich nach GebV SchKG 24 i.V.m. 9 Abs. 1 (→ Nr. 7).

2 Das Betreibungsamt ist verpflichtet, in der für den Gläubiger bestimmten Abschrift der Pfändungsurkunde die Kosten detailliert aufzuführen. Hiefür darf keine besondere Gebühr berechnet werden: BGE 50 III 175 E. 1.

3 Die Pfändungsurkunde stellt eine öffentliche Urkunde i.S.v. ZGB 9 dar. Damit erbringt sie für die durch sie bezeugten Tatsachen vollen Beweis, solange nicht die Unrichtigkeit ihres Inhalts nachgewiesen ist. Bei der Pfändungsurkunde gilt diese erhöhte Beweiskraft auch für die Liste der gepfändeten Gegenstände und zwar insofern, als der Pfändungsbeamte bei einer ungenügenden Pfändung angibt, keine weiteren zur Pfändung geeigneten Objekte gefunden zu haben. Der Pfändungsbeamte kann zwar nur beurkunden, was er selber wahrgenommen hat, doch geniesst seine Feststellung insoweit ein erhöhtes Vertrauen, als er gehalten ist, allen Hinweisen auf weiteres pfändbares Vermögen und Einkommen nachzugehen: BGer v. 15.02.2010, 5A_698/2009 E. 4.6.

4 Eine **nichtige** Pfändungsurkunde liegt nur in Ausnahmefällen vor, so wenn z.B. der Betreibungsbeamte nicht genau angibt, welche Vermögenswerte mit Beschlag belegt sind oder wenn die Mitteilung an den Schuldner fehlt, dass er nicht über die gepfändeten Vermögensstücke verfügen darf: BGer v. 13.05.2011, 5A_187/2011 E. 5.2. Hingegen ist es nicht notwendig, die **zahlreichen gepfändeten Gegenstände**, die sich in einem Container befinden, dessen Inhalt bekannt ist – im vorliegenden Fall Ware eines Verkaufsladens – im Einzelnen genau zu bezeichnen: BGE 114 III 75 E. 1.

5 Die Pfändungsurkunde hat nicht sämtliche Vermögensstücke des Schuldners zu bezeichnen, sondern einzig die **gepfändeten**: BGE 132 III 281 E. 1.

6 Der Betreibungsbeamte hat die Pflicht, auch ohne ausdrückliches Begehren des Gläubigers schon bei der Pfändung die dem Schuldner überlassenen **Kompetenzstücke** zu notieren. Unterlässt er dies und verlangt nachher der Gläubiger ein Verzeichnis der Kompetenzstücke, so hat das Amt die erforderlichen Feststellungen nachzuholen, ohne dass den Parteien aus dieser Nachholung Kosten erwachsen dürfen: BGE 55 III 190 E. 1.

7 Der Gläubiger hat Anspruch darauf, zu erfahren, was das Betreibungsamt als **unpfändbar** i.S.v. SchKG 92 behandelt hat, damit er allenfalls dagegen Beschwerde führen kann: BGE 55 III 190 E. 1.

8 Der Gläubiger hat keinen Anspruch darauf, dass das Betreibungsamt ihm **vor der Pfändung** ein Verzeichnis der in der Wohnung des Schuldners vorhandenen Gegenstände verschaffe, aufgrund dessen dann der Gläubiger allenfalls Pfändung verlangen will: BGE 55 III 190 E. 2.

9 Bei **Bankguthaben**, die höher sind als der in Betreibung gesetzte Betrag und an denen Drittansprüche geltend gemacht werden, kann sich das Betreibungsamt mit der Angabe, sie seien im Umfang des Betreibungsbetrags gepfändet worden, und dem Hinweis auf den Drittanspruch begnügen: BGE 132 III 281 E. 2.

10 Die **Unterlassung der Vormerkung von Drittansprachen** macht eine Pfändung nicht ungültig. Die vorgeschriebene Vormerkung einer dem Betreibungsamt bekanntgegebenen Drittansprache in der Pfändungsurkunde gehört nicht zum Pfändungsvollzug als solchem, sondern es handelt sich um eine zu dieser Betreibungshandlung hinzutretende Massnahme, die bis zur Verteilung des Erlöses nachgeholt werden kann: BGE 97 III 18 E. 2.b.

11 Das Betreibungsamt muss eine Pfändungsurkunde erstellen, wenn der Schuldner seinen schweizerischen **Wohnsitz** verlassen hat, ohne im Ausland einen neuen zu begründen: BGE 120 III 110 E. 2.

12 Die Hauptfunktionen der **Schätzung** im Pfändungsverfahren liegt in der Bestimmung des Deckungsumfangs nach SchKG 97 Abs. 1, damit nicht mehr als nötig mit Beschlag belegt wird, und der Orientierung des Gläubigers über das voraussichtliche Ergebnis der Verwertung: BGer v. 08.03.2011, 5A_799/2010 E. 2; BGE 135 I 102 E. 3.2.2; BGE 122 III 338 E. 1.a; BGE 101 III 32 E. 1.

13 **Interessen Dritter** oder **öffentliche Interessen** werden durch eine unsachgemässe Schätzung oder durch die Unterlassung einer Schätzung nicht verletzt. Eine Pfändung darf also weder deswegen, weil die Schätzung nicht sachgemäss erfolgte, noch wegen Unterbleibens einer Schätzung von Amtes wegen als nichtig erklärt werden. Sie darf wegen solcher Mängel nicht einmal auf Beschwerde hin aufgehoben werden. Vielmehr ist in solchen Fällen die Schätzung neu vorzunehmen oder nachzuholen: BGE 97 III 18 E. 2.a.

14 Die Pfändungsurkunde ist vom **Pfändungsprotokoll** gem. Betreibungsformular Nr. 6, welches nicht gesetzlich geregelt ist, zu unterscheiden. Letzteres kann nicht wegen Nichterfüllung der Voraussetzungen nach SchKG 112 angefochten werden: BGer v. 19.01.2007, 7B_192/2006 E. 4.

Zu Abs. 2

15 Die Frage, ob und inwieweit jemand an einer Zwangsvollstreckung **teilnimmt**, hat stets Gegenstand einer Entscheidung der mit der Vollstreckung betrauten Behörde zu sein. Dies trifft ebenfalls für die provisorische Teilnahme an der Pfändung nach **SchKG 281** zu. Es besteht keine Veranlassung, auf das Erfordernis einer Entscheidung des Betreibungsamtes. i.S.v. SchKG 112 Abs. 2 zu verzichten. Das hat auf jeden Fall dafür zu sorgen, dass die Voraussetzungen der Teilnahme erfüllt sind: BGE 116 III 42 E. 3.a (Pra 81 [1992] Nr. 189).

Zu Abs. 3

16 Der Gläubiger, der die Pfändungsurkunde **anfechten** will, weil er mit der Pfändung bzw. mit dem Entscheid des Betreibungsamtes betreffend das Existenzminimum des Schuldners nicht einverstanden ist, hat innert zehn Tagen seit der Zustellung der Pfändungsurkunde Beschwerde zu erheben: BGer v. 19.09.2007, 5A_306/2007 E. 4.2.1.

Art. 113[1] 2. Nachträge

Nehmen neue Gläubiger an einer Pfändung teil oder wird eine Pfändung ergänzt, so wird dies in der Pfändungsurkunde nachgetragen.

---

1 Fassung gemäss Ziff. I des BG vom 16. Dez. 1994, in Kraft seit 1. Jan. 1997 (AS 1995 1227; BBl 1991 III 1).

Verweise: *SchKG 110, 111 (Pfändungsanschluss); SchKG 110 Abs. 1 Satz 2 (Ergänzung der Pfändung).*

1   Die **Gebühr** für die Vormerkung der Teilnahme eines weiteren Gläubigers und für die Abschrift eines Nachtrages zur Pfändungsurkunde bemisst sich nach GebV SchKG 22 Abs. 2 und 24 i.V.m. 9 Abs. 1 (→ Nr. 7).

2   Die Zulassung des Anschlusses eines zweiten Gläubigers an einer Pfändung lässt für den ersten **keine neue Frist** zur Beschwerde nach SchKG 17 über die Pfändung selbst laufen: BGE 72 III 50 E. 2.

3   Das **Dahinfallen** der Pfändung **mangels genügender Angebote** hat keine Wirkung für nachgehende Pfändungsgläubiger: BGE 65 III 33 E. 2.

Art. 114[1]   3. Zustellung an Gläubiger und Schuldner

Das Betreibungsamt stellt den Gläubigern und dem Schuldner nach Ablauf der 30-tägigen Teilnahmefrist unverzüglich eine Abschrift der Pfändungsurkunde zu.

Verweise: *SchKG 31–33, SchKG 56–63, ZPO 142 ff. (Fristberechnung →Nr. 25); SchKG 110–111 (Pfändungsanschluss).*

1   Die **Gebühr** für die Vormerkung der Teilnahme eines weiteren Gläubigers und für die Abschrift eines Nachtrages zur Pfändungsurkunde bemisst sich nach GebV SchKG 22 Abs. 2 und 24 i.V.m. 9 Abs. 1 (→ Nr. 7).

2   SchKG 113 (heute SchKG 114) enthält lediglich eine **Ordnungsvorschrift**, welche auf die Gültigkeit der Pfändung keinen Einfluss hat: BGE 108 III 15, 15; BGE 105 IV 322 E. 2.a.

3   Die Nichtzustellung oder verspätete Zustellung an den Schuldner verletzt weder öffentliche noch Drittinteressen; **keine Nichtigkeit** der Betreibungshandlungen: BGE 89 IV 77 E. I.4.b und g.

4   Bis zur Zustellung der Pfändungsurkunde dürfen **keine weiteren Betreibungshandlungen** vorgenommen werden: BGE 108 III 15, 15.

5   Das Pfändungsprotokoll (Betreibungsformular Nr. 6), die Pfändungsurkunde und deren Abschriften an Gläubiger und Schuldner (Betreibungsformular Nr. 7) sind lediglich **Beweisurkunden** für die schon vollzogene und wirksame Pfändung: BGE 105 IV 322 E. 2.a.

6   Die Zustellung der Pfändungsurkunde führt sowohl für die Gläubiger als auch für den Schuldner zur Eröffnung der in SchKG 17 Abs. 2 vorgesehenen **Beschwerdefrist** und ihrer Möglichkeit, sich auf jede Verletzung der Bestimmungen über den Pfändungsvollzug zu berufen: BGE 133 III 580 E. 2.2 (Pra 97 [2008] Nr. 56); BGE 124 III 211 E. 1.c.

7   Die über die Pfändung geltenden Regeln können sinngemäss für den **Retentionsbeschlag** herangezogen werden: BGE 105 IV 322 E. 2.a.

---

1   Fassung gemäss Ziff. I des BG vom 16. Dez. 1994, in Kraft seit 1. Jan. 1997 (AS 1995 1227; BBl 1991 III 1).

Art. 115   4. Pfändungsurkunde als Verlustschein

¹ War kein pfändbares Vermögen vorhanden, so bildet die Pfändungsurkunde den Verlustschein im Sinne des Artikels 149.

² War nach der Schätzung des Beamten nicht genügendes Vermögen vorhanden, so dient die Pfändungsurkunde dem Gläubiger als provisorischer Verlustschein und äussert als solcher die in den Artikeln 271 Ziffer 5 und 285 bezeichneten Rechtswirkungen.

³ Der provisorische Verlustschein verleiht dem Gläubiger ferner das Recht, innert der Jahresfrist nach Artikel 88 Absatz 2 die Pfändung neu entdeckter Vermögensgegenstände zu verlangen. Die Bestimmungen über den Pfändungsanschluss (Art. 110 und 111) sind anwendbar.¹

Verweis

Abs. 1: *SchKG 112 Abs. 3 (Vermerk in der Pfändungsurkunde, dass nicht genügendes oder kein pfändbares Vermögen vorhanden ist).*

Zu Abs. 1

1 Das Betreibungsamt ist nicht verpflichtet, in der leeren Pfändungsurkunde **Einkommensverhältnisse** und die genaue Berechnung des Existenzminimum des Schuldners anzugeben: BGE 77 III 69 E. 2.

2 Die Pfändungsurkunde bei bloss **provisorischer Pfändung** bildet keinen definitiven oder provisorischen Verlustschein, auch wenn die Pfändung überhaupt keine oder keine genügende Deckung ergeben hat: BGE 83 III 17 E. 1. Sowohl für die Ausstellung eines provisorischen als auch eines definitiven Verlustscheins ist das Vorliegen einer definitiven Pfändung Voraussetzung: BGE 76 III 1 E. 2.

3 Von der **Nichtigkeit** einer leeren Pfändungsurkunde kann nicht schon deshalb die Rede sein, weil früher Erbansprüche der Schuldnerin gepfändet wurden. Auf diese Pfändung darf und muss das Betreibungsamt zurückkommen, wenn es später erfährt, dass solche Ansprüche in Wirklichkeit nicht zu Recht bestehen: BGE 80 III 74 E. 1.

4 Der Gläubiger hat erst nach Ablauf eines Jahres seit Vollzug der **Lohnpfändung** Anspruch auf Ausstellung eines Verlustscheins in der Höhe jenes Betrages, für den die Betreibungssumme aus den eingegangenen Lohnquoten nicht gedeckt werden kann: BGE 116 III 28 E. 2.b.

5 Wird bei der Pfändung kein pfändbares Vermögen vorgefunden, können keine allfällige **Anschlussrechte** beeinträchtigt werden, weshalb eine nicht am Wohnsitz des Schuldners vorgenommene Pfändung nicht als nichtig anzusehen ist: BGer v. 06.06.2007, 7B_17/2007 E. 6.3; BGE 105 III 60 E. 2.

---

1   Eingefügt durch Ziff. I des BG vom 16. Dez. 1994, in Kraft seit 1. Jan. 1997 (AS 1995 1227; BBl 1991 III 1).

6 Wird eine leere Pfändungsurkunde mangels pfändbarem Vermögen ausgestellt, so kann **keine Anschlusspfändung** erwirkt werden und es wird somit auch keine Teilnahmefrist ausgelöst. In diesem Fall kann das Betreibungsamt nicht 30 Tage mit der Zustellung zuwarten, sondern es hat die Pfändungsurkunde zuzustellen, sobald die Höhe des Verlustes feststeht. Wird die Pfändungsurkunde erst 6 Monate nach dem Pfändungsvollzug zugestellt, handelt es sich um eine rechtswidrige Handlung des Betreibungsamtes: BGer v. 19.09.2007, 5A_306/2007 E. 4.4.1; BGE 42 III 420 E. 1.

Zu Abs. 2

7 SchKG 115 Abs. 2 macht die **Eigenschaft** eines Verlustscheines als provisorischer oder definitiver nicht von der Bezeichnung durch den Betreibungsbeamten abhängig: BGE 75 IV 106 E. 1.

8 Ein provisorischer Verlustschein genügt, um eine nach SchKG 285 ff. anfechtbare Handlung auch **strafrechtlich** verfolgen zu können: BGE 75 IV 106 E. 1.

9 Die Legitimation zu einer **Anfechtungsklage** nach SchKG 285 ff., die ein provisorischer Verlustschein (SchKG 115 Abs. 2) dem betreibenden Gläubiger verleiht (SchKG 285 Abs. 2 Ziff. 1), fällt dahin, wenn sich ergibt, dass in der fraglichen Betreibung ein definitiver Verlustschein (SchKG 149) nicht mehr ausgestellt werden kann. Ein definitiver Verlustschein kann namentlich dann nicht mehr ausgestellt werden, wenn die in Betreibung gesetzte Forderung bezahlt oder durch das Verwertungsergebnis gedeckt worden ist oder wenn die Betreibung wegen Ausbleibens eines Verwertungsbegehrens innert der Fristen von SchKG 116 oder mangels rechtzeitiger Erneuerung eines innert Frist gestellten, dann aber zurückgezogenen Verwertungsbegehrens erloschen ist: BGE 96 III 111 E. 3.

Zu Abs. 3

10 Eine **Nachpfändung** kann nicht erfolgen, solange die Pfändung provisorisch ist: BGE 117 III 26 E. 2 (Pra 81 [1992] Nr. 208).

11 Begehren um Nachpfändung **neu entdeckter Vermögensstücke** des Schuldners auf Begehren eines Gläubigers, dessen Forderung nach der Schätzung des Beamten durch die bereits gepfändeten Gegenstände nicht gedeckt ist, können nur innert der Frist von SchKG 88 Abs. 2 gestellt werden: BGE 88 III 59 E. 1.

12 Die **Frist** von SchKG 88 Abs. 2 wird durch einen Widerspruchsprozess mit Bezug auf die bereits gepfändeten Gegenstände nicht verlängert: BGE 88 III 59 E. 2 und 3.

13 Bei Nachpfändungen entstehen neue Teilnahmefristen für weitere **Anschlusspfändungen** (im Gegensatz zur Ergänzungspfändung nach SchKG 110 Abs. 1 Satz 2): BGE 70 III 61, 63.

II. Verwertung

...[1]

Art. 116[2] A. Verwertungsbegehren
 1. Frist

[1] Der Gläubiger kann die Verwertung der gepfändeten beweglichen Vermögensstücke sowie der Forderungen und der andern Rechte frühestens einen Monat und spätestens ein Jahr, diejenige der gepfändeten Grundstücke frühestens sechs Monate und spätestens zwei Jahre nach der Pfändung verlangen.

[2] Ist künftiger Lohn gepfändet worden, und hat der Arbeitgeber gepfändete Beträge bei deren Fälligkeit nicht abgeliefert, so kann die Verwertung des Anspruches auf diese Beträge innert 15 Monaten nach der Pfändung verlangt werden.

[3] Ist die Pfändung wegen Teilnahme mehrerer Gläubiger ergänzt worden, so laufen diese Fristen von der letzten erfolgreichen Ergänzungspfändung an.

Verweise: SchKG 31–33, SchKG 56–63, ZPO 142 ff. (Fristberechnung → Nr. 25); SchKG 89 (Zeitpunkt der Pfändung); SchKG 90 (Pfändungsankündigung).

Abs. 1: SchKG 116–143b (Verwertung); SchKG 122–132a (Verwertung von beweglichen Vermögensstücken, Forderungen und andern Rechten); SchKG 133–143b, VZG 25–78a (Verwertung von Grundstücken → Nr. 9).

Abs. 2: SchKG 93 (künftiger Lohn).

Abs. 3: SchKG 110 Abs. 1 Satz 2 (Ergänzung der Pfändung).

1 Die Frist für das Verwertungsbegehren beginnt mit dem **Vollzug der Pfändung** durch das Betreibungsamt und nicht mit der Mitteilung der Pfändungsurkunde an den Gläubiger: BGE 115 III 109 E. 2.

2 Ein Verwertungsbegehren, das höchstens **zwei Tage zu früh** eingeht, kann vom Betreibungsamt entgegengenommen und im Register eingetragen werden, allerdings unter Beifügung des Datums des Tages, an dem das Begehren zulässig ist und als gestellt gilt. Allein in der verfrühten Entgegennahme eines Verwertungsbegehrens durch das Betreibungsamt liegt kein Nichtigkeitsgrund i.S.v. SchKG. 22 Abs. 1: BGer v. 19.03.2010, 5A_43/2010 E. 3.2

3 Der **Fristenlauf** für das Verwertungsbegehren ist grundsätzlich für die ganze **Pfändungsgruppe** einheitlich. Er wird aber nicht berührt dadurch, dass die Pfändung anderer Gegenstände noch streitig ist und die Frist in Bezug auf sie erst später beginnen kann: BGE 79 III 159 E. 2.

---

1 Tit. aufgehoben durch Ziff. I des BG vom 16. Dez. 1994 (AS 1995 1227; BBl 1991 III 1).
2 Fassung gemäss Ziff. I des BG vom 16. Dez. 1994, in Kraft seit 1. Jan. 1997 (AS 1995 1227; BBl 1991 III 1).

4 Bei Fristversäumung des Verwertungsbegehrens ist der Hinfall der Pfändung **von Amtes wegen** zu beachten. Der Hinfall tritt aber nicht ein, wenn das Betreibungsamt die gepfändete Forderung selbst nach SchKG 100 einzieht, sodass es keines Verwertungsbegehrens bedarf: BGE 68 III 53 E. 3.

5 Ein Verwertungsbegehren darf nicht mit einer **Bedingung** verknüpft werden. Insb. ist es unzulässig, im Verwertungsbegehren um Aufschub der Verwertung zu ersuchen. Ein Verwertungsbegehren, in welchem um Aufschub der Verwertung ersucht wird, gilt deshalb als nicht gestellt: BGE 136 III 490 E. 4.6; BGE 94 III 78 E. 2; BGE 85 III 68, 70 f.

6 Wird ein Pfändungsanschluss trotz verspätetem Anschlussbegehren bewilligt, so ist, solange dieser Anschluss formell bestehen bleibt, das von diesem Gläubiger gestellte Verwertungsbegehren für die **ganze Gruppe** gültig: BGE 85 III 73 E. 3.a.

7 Der **Aufschub** des Verwertungsbegehrens, der dem Schuldner mit Einwilligung des Gläubigers gewährt wird, kommt einem **Rückzug des Begehrens** gleich. Unbeachtlich ist die Erklärung des Gläubigers, er halte am Begehren fest, wenn der Schuldner nicht vor Ablauf der gewährten Stundungsfrist bezahle. Er kann darum die Verwertung der gepfändeten Vermögensstücke nur während des Zeitraums zwischen dem Ende der Aufschubsfrist und dem Ablauf der Frist nach SchKG 116 erneut verlangen: BGE 114 III 102 E. 3 (Pra 78 [1989] Nr. 118).

8 Auch wenn Grundstücke Teil eines zu verwertenden **Miteigentums** sind, gilt für die Stellung des Begehrens die Frist für die beweglichen Vermögensstücke und Forderungen nach SchKG 116: BGE 114 III 102 E. 3 (Pra 78 [1989] Nr. 118).

9 Während der Dauer des **Lastenbereinigungsprozesses** in der Betreibung auf Grundpfandverwertung bleibt eine zweite Betreibung, für welche das gleiche Grundstück gepfändet ist, eingestellt: BGE 64 III 204, 205.

10 Die **Legitimation zu einer Anfechtungsklage** nach SchKG 285 ff., die ein provisorischer Verlustschein (SchKG 115 Abs. 2) dem betreibenden Gläubiger verleiht (SchKG 285 Abs. 2 Ziff. 1), fällt dahin, wenn die Betreibung wegen Ausbleibens eines Verwertungsbegehrens innert der Fristen von SchKG 116 oder mangels rechtzeitiger Erneuerung eines innert Frist gestellten, dann aber zurückgezogenen Verwertungsbegehrens, erloschen ist: BGE 96 III 111 E. 3.

11 Die Fristversäumung macht weitere **Betreibungshandlungen nichtig**. Das ist von Amtes wegen zu beachten, auch nach Vornahme einer Verwertung: BGE 69 III 46, 50.

12 Für **registrierte Schiffe** gilt die Verwertungsfrist für bewegliche Sachen: BG über das Schiffsregister vom 28.09.1923 (SR 747.11) Art. 58, ebenso für **gepfändete Luftfahrzeuge** nach LBG 57.

13 Wird durch **Verfügung des Betreibungsamtes** einem Verwertungsbegehren keine Folge gegeben und erwächst die Verfügung in Rechtskraft, kann das Verwertungsbegehren nicht nochmals beurteilt werden, auch wenn die Gläubigerin innert der Frist von SchKG 116 ein neues Verwertungsbegehren stellt: BGE 79 III 164 E. 1.

14 Wird die Betreibung nach Stellung des Verwertungsbegehrens infolge Drittansprachen eingestellt, so braucht nach dem Austrag der Sache das Verwertungsbegehren **nicht erneuert** zu werden, und die Betreibung erlischt nicht: BGE 62 III 51, 55.

15 Im Gegensatz zur Maximalfrist hat der Gesetzgeber die **Minimalfrist** von SchKG 116 ausschliesslich im Interesse des Schuldners vorgesehen; der Schuldner soll die Möglichkeit haben, den oder die betreibenden Gläubiger aus anderen Quellen zu befriedigen. Deshalb kann jener ohne Weiteres darauf verzichten, geltend zu machen, das Betreibungsamt habe zu Unrecht einem zu früh gestellten Verwertungsbegehren Folge geleistet: BGer v. 19.03.2010, 5A_43/2010 E. 3.2.

16 Bei **Ungültigkeit** des eigentlichen Verwertungsbegehrens kann der von einem Gläubiger der Gruppe gestellte Antrag auf bestimmte Art der Verwertung eines gepfändeten Erbanteils (VVAG 10 → Nr. 8) als Verwertungsbegehren, und zwar mit Wirkung für die ganze Gruppe, berücksichtigt werden: BGE 85 III 73 E. 3.b.

17 Zur gesonderten Verwertung von **Zugehör** siehe VZG 27 (→ Nr. 9).

Art. 117 2. Berechtigung

¹ Das Recht, die Verwertung zu verlangen, steht in einer Gläubigergruppe jedem einzelnen Teilnehmer zu.

² Gläubiger, welche Vermögensstücke gemäss Artikel 110 Absatz 3 nur für den Mehrerlös gepfändet haben, können gleichfalls deren Verwertung verlangen.

Verweis

Abs. 1: *SchKG 110–111 (Pfändungsanschluss).*

1 Ein von einem Gruppengläubiger gestelltes Verwertungsbegehren wirkt **zugunsten aller Gruppengläubiger**: BGE 59 III 55 E. 2; BGE 54 III 307 E. 2.

2 Wird ein Pfändungsanschluss trotz verspätetem Anschlussbegehren bewilligt, so ist, solange dieser Anschluss formell bestehen bleibt, das von diesem Gläubiger gestellte Verwertungsbegehren **für die ganze Gruppe** gültig: BGE 85 III 73 E. 3.a.

Art. 118 3. Bei provisorischer Pfändung

Ein Gläubiger, dessen Pfändung eine bloss provisorische ist, kann die Verwertung nicht verlangen. Inzwischen laufen für ihn die Fristen des Artikels 116 nicht.

1 Die einzigen **Unterschiede** zwischen der provisorischen und der definitiven Pfändung bestehen darin, dass der Gläubiger, solange die Pfändung bloss provisorisch ist, die Verwertung nicht verlangen kann (SchKG 118), dass die Pfändungsurkunde bei bloss provisorischer Pfändung keinen definitiven oder provisorischen Verlustschein i.S.v. SchKG 115 Abs. 2 bildet, auch wenn die Pfändung überhaupt keine oder keine genügende Deckung ergeben hat, und dass einem Gläubiger, zu dessen Gunsten erst provisorisch gepfändet wurde, die dem Betreibungsamt abgelieferten Lohnbeträge und der Anteil am Erlös einer von einem andern Gläu-

biger herbeigeführten Verwertung (SchKG 144 Abs. 5) nicht ausbezahlt werden dürfen: BGE 83 III 17 E. 1.

2 Betr. der Verwertung von provisorisch gepfändeten **Grundstücken** siehe VZG 25 (→ Nr. 9).

Art. 119[1]   4. Wirkungen

¹ Die gepfändeten Vermögensstücke werden nach den Artikeln 122–143a verwertet.

² Die Verwertung wird eingestellt, sobald der Erlös den Gesamtbetrag der Forderungen erreicht, für welche die Pfändung provisorisch oder endgültig ist. Artikel 144 Absatz 5 ist vorbehalten.

Verweise

Abs. 1: *SchKG 122–132a (Verwertung von beweglichen Vermögensstücken, Forderungen und andern Rechten); SchKG 133–143b, VZG 25–78a (Verwertung von Grundstücken → Nr. 9).*

Abs. 2: *SchKG 67 Abs. 1 Ziff. 3, 68 Abs. 2, 69 Abs. 2, 144 Abs. 4 (Forderung); SchKG 83 Abs. 1 (provisorische Pfändung); SchKG 89–115 (Pfändung).*

Keine Entscheidungen.

Art. 120   5. Anzeige an den Schuldner

Das Betreibungsamt benachrichtigt den Schuldner binnen drei Tagen von dem Verwertungsbegehren.

Verweise: SchKG 34 (Mitteilung); SchKG 31–33, SchKG 56–63, ZPO 142 ff. (Fristberechnung → Nr. 25).

1 Mit der Anzeige über den Eingang des Verwertungsbegehrens können dem Schuldner bereits die **Daten der Verwertung und der Publikation** bekannt gegeben werden: BGE 130 III 407 E. 2.2.

2 Die **Kosten** in Verbindung mit der Anzeige des Verwertungsbegehrens an den Schuldner stellen vorweg durch den Verwertungserlös zu deckende Kosten dar: BGE 134 III 37 E. 4.1 (Pra 97 [2008] Nr. 76).

Art. 121   6. Erlöschen der Betreibung

Wenn binnen der gesetzlichen Frist das Verwertungsbegehren nicht gestellt oder zurückgezogen und nicht erneuert wird, so erlischt die Betreibung.

---

1 Fassung gemäss Ziff. I des BG vom 16. Dez. 1994, in Kraft seit 1. Jan. 1997 (AS 1995 1227; BBl 1991 III 1).

Verweise: SchKG 116 Abs. 1 (gesetzliche Frist); SchKG 116 (Verwertungsbegehren).

1. Der Rückzug des Verwertungsbegehrens muss (ebenso wie das Gesuch selber) **bedingungslos** erfolgen: BGE 85 III 68, 71 f.; BGE 41 III 429, 431.

2. Kein Rückzug liegt in der nach Stellung des Verwertungsbegehrens erteilten **Zustimmung**, das Ergebnis des über die gepfändete Forderung hängigen Prozesses abzuwarten: BGE 74 III 40 E. 3.

3. Bewilligt der Gläubiger dem Schuldner den **Aufschub** der Verwertung, so gilt dies als Rückzug des Verwertungsbegehrens: BGE 114 III 103 E. 3; BGE 95 III 16 E. 1; BGE 85 III 68, 72; BGE 41 III 429, 431. Wird der Aufschub jedoch vom Betreibungsamt gestützt auf SchKG 123 gewährt, so kann darin nicht ein Rückzug des Verwertungsbegehrens erblickt werden: BGE 95 III 16 E. 1.

4. Erstreckt sich die Pfändung auf einen Anteil des Betriebenen an einem Gemeinschaftsvermögen, so muss der **Aufschub**, der gewährt worden ist für die Verwertung einer Liegenschaft, die den Aktivbestandteil des Gemeinschaftsvermögens bildet, einem Gesuch um Einstellung der von der Aufsichtsbehörde mangels einer gütlichen Einigung bestimmten Verwertungsart des Anteils am Gemeinschaftsvermögen gleichgestellt werden: BGE 114 III 103 E. 3.

5. Bei Fristversäumung des Verwertungsbegehrens ist der **Hinfall der Pfändung von Amtes wegen** zu beachten. Der Hinfall tritt aber nicht ein, wenn das Betreibungsamt die gepfändete Forderung selbst nach SchKG 100 einzieht, sodass es keines Verwertungsbegehrens bedarf: BGE 68 III 53 E. 3.

6. Das **Erlöschen der Betreibung** hat zur Folge, dass alle auf der Betreibung beruhenden Beschlags- und Teilnahmerechte untergehen. Der betreffende Gläubiger kann somit nicht gleichwohl am Erlös aus einer von anderer Seite verlangten Verwertung teilnehmen: BGE 85 III 73 E. 1.

...[1]

Art. 122   B. Verwertung von beweglichen Sachen und Forderungen
1. Fristen
a. Im allgemeinen

[1] Bewegliche Sachen und Forderungen werden vom Betreibungsamt frühestens zehn Tage und spätestens zwei Monate nach Eingang des Begehrens verwertet.[2]

[2] Die Verwertung hängender oder stehender Früchte darf ohne Zustimmung des Schuldners nicht vor der Reife stattfinden.

---

[1] Tit. aufgehoben durch Ziff. I des BG vom 16. Dez. 1994 (AS 1995 1227; BBl 1991 III 1).
[2] Fassung gemäss Ziff. I des BG vom 16. Dez. 1994, in Kraft seit 1. Jan. 1997 (AS 1995 1227; BBl 1991 III 1).

Verweise

Abs. 1: *SchKG 95 (Reihenfolge der Pfändung); SchKG 31–33, SchKG 56–63, ZPO 142 ff. (Fristberechnung → Nr. 25); SchKG 116 (Verwertungsbegehren); SchKG 124 (vorzeitige Verwertung).*

Abs. 2: *SchKG 94 (Pfändung von Früchten vor der Ernte).*

1. Die Frist, innert welcher die beweglichen Sachen und Forderungen durch das Betreibungsamt verwertet werden müssen, ist eine **Ordnungsfrist**, deren Nichtbeachtung ohne Auswirkungen auf die Gültigkeit des rechtzeitig eingereichten Verwertungsbegehrens bleibt. Eine unrechtmässige Verzögerung kann höchstens die Verantwortlichkeit des Kantons und des Betreibungsbeamten auslösen: BGer v. 21.12.2010, 5A_696/2010 E. 2.1.

2. Gepfändete Gegenstände sind vom Betreibungsamt zu verwerten, selbst wenn ein Dritter ein **Pfandrecht** daran innehat und zwischen dem Schuldner und dem Pfandgläubiger die **private Verwertung** vereinbart worden ist: BGE 116 III 23 E. 2; BGE 81 III 57, 59.

3. Die Verwertung ist grundsätzlich Aufgabe der Betreibungsbehörden. Ausnahmsweise kann das Betreibungsamt die Verwertung an einen **privaten Dritten** delegieren (z.B. wenn für die Verwertung von Kunstgegenständen und Antiquitäten die Sachkunde und Beziehung zu allfälligen Interessenten nötig ist oder wenn es sich um Briefmarken oder Münzen handelt): BGer v. 19.01.2009, 5A_705/2008 E. 3.1; BGE 115 III 52 E. 3.a.

4. Voraussetzung zur Verwertung des gepfändeten Gegenstandes ist, dass er dem Ersteigerer in Anwendung von SchKG 129 Abs. 2 tatsächlich **übergeben** werden kann: BGE 72 III 77 E. 1; BGE 66 III 232 E. 4.

5. Die Verwertung eines **Autos** schliesst ohne Weiteres auch den Fahrzeugausweis und die Haftpflichtpolice ein: BGE 77 III 167, 168 f.

6. Die Fristen gelten nicht für das **besondere Verwertungsverfahren nach SchKG 132**: BGE 29 I 236 E. 1 und 2.

7. Das SchKG kennt als ordentliche Verwertungsart die **öffentliche Versteigerung** der Vermögenswerte, weil diese in der Regel am meisten Gewähr dafür bietet, dass ein objektiver Erlös erzielt werden kann. Diese Verwertungsart ist in SchKG 122 ausdrücklich auch für Forderungen vorgesehen. Sofern eine Forderung allerdings **fällig und unbestritten** ist, hat sie das Betreibungsamt ohne Weiteres einzuziehen: BGE 120 III 131 E. 1.

8. Im Prozess liegende **Forderungen** stellen keine Vermögenswerte «anderer Art» i.S.v. SchKG 132 dar. Sie sind deshalb grundsätzlich öffentlich zu versteigern, wenn keine Forderungsüberweisung nach SchKG 131 zustande kommt. Das SchKG enthält diesbezüglich auch mit Blick auf den möglicherweise unbefriedigenden Versteigerungserlös solcher Forderungen **keine Lücke**, die nach ZGB 1 Abs. 2 vom Gericht gefüllt werden könnte: BGE 120 III 131 E. 2 und 3.

9. Zur Verwertung von **Lebensversicherungsansprüchen** siehe VPAV 15–20 (→ Nr. 10).

10. Zur Zuständigkeit für die Verwertung registrierter **Schiffe** siehe BG über das Schiffsregister vom 28.09.1923 (SR 747.11) 55 Abs. 2; für die Verwertung von **Luftfahrzeugen** siehe LBG 53 und 54.

Art. 123[1]   b. Aufschub der Verwertung

[1] Macht der Schuldner glaubhaft, dass er die Schuld ratenweise tilgen kann, und verpflichtet er sich zu regelmässigen und angemessenen Abschlagzahlungen an das Betreibungsamt, so kann der Betreibungsbeamte nach Erhalt der ersten Rate die Verwertung um höchstens zwölf Monate hinausschieben.[2]

[2] Bei Betreibungen für Forderungen der ersten Klasse (Art. 219 Abs. 4) kann die Verwertung um höchstens sechs Monate aufgeschoben werden.[3]

[3] Der Betreibungsbeamte setzt die Höhe und die Verfalltermine der Abschlagszahlungen fest; er hat dabei die Verhältnisse des Schuldners wie des Gläubigers zu berücksichtigen.

[4] Der Aufschub verlängert sich um die Dauer eines allfälligen Rechtsstillstandes. In diesem Fall werden nach Ablauf des Rechtsstillstandes die Raten und ihre Fälligkeit neu festgesetzt.[4]

[5] Der Betreibungsbeamte ändert seine Verfügung von Amtes wegen oder auf Begehren des Gläubigers oder des Schuldners, soweit die Umstände es erfordern. Der Aufschub fällt ohne weiteres dahin, wenn eine Abschlagzahlung nicht rechtzeitig geleistet wird.[5]

Verweise: SchKG 31–33, SchKG 56–63, ZPO 142 ff. (Fristberechnung → Nr. 25).
Abs. 4: SchKG 56 Abs. 1 lit. c, SchKG 57–63 (Rechtsstillstand).

Zu Abs. 1

1 Der Verwertungsaufschub setzt ein **Gesuch des Schuldners** an das Betreibungsamt voraus, welches bis spätestens zum Zeitpunkt, bevor die Verwertung vorgenommen wird, angebracht werden kann: BGer v. 18.04.2011, 5A_25/2011 E. 4.1.

2 Die **Dauer** des Aufschubes kann das Betreibungsamt nach freiem Ermessen festsetzen: BGE 87 III 109, 110.

3 Der Aufschub der Verwertung der gepfändeten Sachen kann im Lauf einer und derselben Betreibung **nur einmal** bewilligt werden: BGE 67 III 80, 82.

---

1   Fassung gemäss Art. 5 des BG vom 28. Sept. 1949, in Kraft seit 1. Febr. 1950 (AS 1950 I 57; BBl 1948 I 1218).

2   Fassung gemäss Ziff. I des BG vom 16. Dez. 1994, in Kraft seit 1. Jan. 1997 (AS 1995 1227; BBl 1991 III 1).

3   Fassung gemäss Ziff. I des BG vom 16. Dez. 1994, in Kraft seit 1. Jan. 1997 (AS 1995 1227; BBl 1991 III 1).

4   Fassung gemäss Ziff. I des BG vom 16. Dez. 1994, in Kraft seit 1. Jan. 1997 (AS 1995 1227; BBl 1991 III 1).

5   Fassung gemäss Ziff. I des BG vom 16. Dez. 1994, in Kraft seit 1. Jan. 1997 (AS 1995 1227; BBl 1991 III 1).

Dritter Titel: Betreibung auf Pfändung — Nr. 1 SchKG **Art. 123**

- Wenn der Schuldner bereits in mehreren Betreibungen mit den ihm nach SchKG 123 gewährten Abschlagszahlungen in Rückstand geraten ist, begeht der Betreibungsbeamte keine Rechtsverletzung, wenn er dem Schuldner in **neuen Betreibungen** keinen solchen Aufschub mehr gewährt: BGE 97 III 118, 119.

- Die Verwertung auf Begehren eines Gläubigers, dem gegenüber der Schuldner keinen Aufschub mehr verlangen kann, muss zugunsten aller mit der betreffenden Betreibung zu einer **Gruppe** zusammengeschlossenen Betreibungen geschehen: BGE 67 III 80, 82 f.

- Die Verwertung kann nicht stattfinden, weil das Betreibungsamt **dem Dritteigentümer des Pfandes** in der gegen ihn gerichteten Betreibung gestützt auf SchKG 123 Verwertungsaufschub gewährt hat. Dieser Aufschub wäre unwirksam, wenn dem Verwertungsbegehren der Gläubigerin stattgegeben würde. Der dem Dritteigentümer des Pfandes eingeräumte Verwertungsaufschub muss daher die gleiche Wirkung haben wie ein Rechtsstillstand oder eine Nachlassstundung: BGE 101 III 72 f.

4 Wurde der Gläubiger während des Aufschubs zur **Vorschussleistung für die Kosten** der allfällig durchzuführenden Verwertung aufgefordert, so ist diese Verfügung mangels aktuellen Interesses nichtig: BGE 77 III 23, 25 f.

5 Die Leistung von **Abschlagszahlungen** an die Betreibungssumme gibt dem Schuldner nicht das Recht, einen verhältnismässigen Teil der gepfändeten Vermögensstücke frei zu bekommen: BGE 71 III 30, 31 f.

6 Die **Nichtmitteilung** der Möglichkeit des Verwertungsaufschubs kann nicht gerügt werden, wenn der Schuldner mittels Hinweis in Formular 28 auf diese Möglichkeit aufmerksam gemacht wurde: BGer v. 18.04.2011, 5A_25/2011 E. 4.2.

7 OR 69 Abs. 1 bestimmt, dass der Gläubiger eine **Teilzahlung** grundsätzlich nicht anzunehmen braucht, wenn die gesamte Schuld feststeht und fällig ist. Hierzu macht SchKG 123 eine Ausnahme, indem vom Gläubiger verlangt wird, eine Teilzahlung zu akzeptieren: BGE 133 III 598 E. 4.1.2 (Pra 97 [2008] Nr. 55).

8 Zum Aufschub der Verwertung einer **Liegenschaft** siehe VZG 32 (→ Nr. 9):

- Gegen eine **ablehnende Verfügung** des Amtes bzw. die bereits abgehaltene Steigerung ist die Beschwerde nach SchKG 17 zulässig. Bei einer Beschwerde gegen die Verweigerung kann die Aufsichtsbehörde gegebenenfalls diesen Entscheid aufheben und den Aufschub der Verwertung anordnen, oder wenn diese schon stattgefunden hat, den Zuschlag für ungültig erklären: BGE 121 III 197 E. 3 (Pra 84 [1995] Nr. 279); BGE 63 III 22 E. 2.

- Der Schuldner kann einen **Aufschub** der bereits angeordneten Verwertung eines Grundstückes nur unter der Bedingung erreichen, wenn er sofort den festgesetzten Bruchteil der Betreibungssumme und die Kosten der Anordnung und des Widerrufs der Verwertung bezahlt: BGE 121 III 197 E. 3 (Pra 84 [1995] Nr. 279).

- Das Betreibungsamt kann die Verwertung eines Grundstücks nur aufschieben, wenn die **Voraussetzungen** des – aufgrund der Verweisung in SchKG 143a anwendbaren – SchKG 123 erfüllt sind oder wenn eine Beschwerde, eine Widerspruchsklage, eine Klage betreffend die Bestreitung des Lastenverzeichnisses oder ein anderes Verfahren hängig ist, welches die Verwertung des Grundstücks hindert. Das Enteignungsverfahren hat keine solche Wirkung: BGE 135 III 28 E. 3 (Pra 98 [2009] Nr. 68).

Zu Abs. 2

9   Die Gewährung eines höchstens sechsmonatigen Aufschubs gilt auch gegenüber **Solidarbürgen**: BGE 68 III 38, 38 f.

Zu Abs. 3

10 Bei der **Festsetzung der Abschlagszahlungen** i.S.v. SchKG 123 dürfen auch Verbindlichkeiten berücksichtigt werden, die bei der Berechnung des Notbedarfs i.S.v. SchKG 93 ausser Betracht fallen, vom Schuldner aber zur Vermeidung neuer Zwangsvollstreckungsmassnahmen erfüllt werden müssen (z.B. Steuerschulden): BGE 87 III 109, 110.

11 Eine zugunsten des betreibenden Gläubigers bestehende **Einkommenspfändung** ist bei der Festsetzung der Abschlagszahlungen zu berücksichtigen: BGE 74 III 16, 17 f.

12 Zahlungen auf Forderungen, die beim Schuldner gepfändet worden sind und vom **Drittschuldner an das Betreibungsamt** geleistet werden, sind auf seine Abschlagszahlungen anzurechnen: BGE 84 III 76 E. 2.

Zu Abs. 5

13 Der Aufschub der Verwertung **fällt bei nicht pünktlicher Leistung** einer Abschlagszahlung (vom Falle des Rechtsstillstandes abgesehen) **ohne Weiteres dahin**, gleichgültig ob der Schuldner die Zahlung aus Nachlässigkeit oder mangels der nötigen Mittel oder infolge Konkurseröffnung unterlassen hat. Ein neuer Aufschub darf in derselben Betreibung nicht bewilligt werden: BGer v. 20.01.2012, 5A_858/2011 E. 2.1; BGE 88 III 20 E. 3.

14 Das Betreibungsamt ist nicht befugt, den Schuldner **zu mahnen** und ihm eine letzte Frist zur Zahlung einzuräumen: BGer v. 20.01.2012, 5A_858/2011 E. 2.1; BGE 95 III 16 E. 1; BGE 73 III 93, 95.

15 Da die Erteilung und das Erlöschen der Aufschubsbewilligung gestützt auf SchKG 123 **unabhängig vom Willen** des Gläubigers erfolgen, findet SchKG 121 darauf keine Anwendung. Daraus folgt, dass bei Wegfall des Aufschubes die Verwertung auch angeordnet werden muss, wenn die in SchKG 116 enthaltenen Fristen bereits abgelaufen sind: BGE 95 III 16 E. 1.

Art. 124   c. Vorzeitige Verwertung

¹ Auf Begehren des Schuldners kann die Verwertung¹ stattfinden, auch wenn der Gläubiger noch nicht berechtigt ist, dieselbe zu verlangen.

² Der Betreibungsbeamte kann jederzeit Gegenstände verwerten, die schneller Wertverminderung ausgesetzt sind, einen kostspieligen Unterhalt erfordern oder unverhältnismässig hohe Aufbewahrungskosten verursachen.²

Verweise

Abs. 1: *SchKG 116 Abs. 1 (Frist zur Stellung des Verwertungsbegehrens); SchKG 122 Abs. 1 (allgemeine Verwertungsfrist).*

Zu Abs. 2

1   Bei Vorliegen der gesetzlichen Voraussetzungen zur vorzeitigen Verwertung zu schreiten wird das Betreibungsamt nur **ermächtigt**, nicht aber verpflichtet. Somit handelt es sich dabei um einen in das Ermessen des Betreibungsamtes gelegten Entscheid: BGE 101 III 27 E. 2.a; BGE 81 III 119, 121.

2   Im Falle des **Arrestes** bleibt auch bei Hängigkeit eines Arrestprosequierungsprozesses die Betreibungsbehörde – nicht das Gericht – zur Anordnung vorzeitiger Verwertung zuständig: BGE 101 III 27 E. 1.e.

3   Ein **Fahrzeug**, das pro Jahr bedeutend an Wert verliert, kann vorzeitig verwertet werden: BGE 101 III 27 E. 2.b.

4   Das **allmähliche Sinken** des Verkaufswertes von Damenkonfektion infolge Wandlung der Mode erfordert keine vorzeitige Verwertung: BGE 81 III 119, 121 f.

5   Ein **kaufmännisches Unternehmen** kann einen Vermögenswert darstellen, der schneller Wertverminderung ausgesetzt und deshalb ohne Aufschub freihändig zu verkaufen ist, sobald es zu vorteilhaften Bedingungen, die die Erhaltung der Arbeitsplätze und die Fortsetzung des Mietvertrags gewährleisten, abgetreten werden kann: BGE 131 III 280 E. 2 (Pra 95 [2006] Nr. 8).

6   Die vorzeitige Verwertung eines **Grundstücks** im Konkursfall ist dann angebracht, wenn der Geschäftsbetrieb während des Konkursverfahrens die Grundpfandzinsen, welche erst mit der Verwertung aufhören zu laufen, nicht zu decken vermag: BGE 96 III 83 E. 2.

7   Ob im konkreten Fall ein Unterhalt im Sinne des Gesetzes **kostspielig** ist, bestimmt sich nach dem Verhältnis des Werts der beschlagnahmten Ware zu den Unterhaltskosten, wobei der voraussichtlichen Dauer dieses Aufwandes Rechnung zu tragen ist: BGer v. 09.06.2011, 1B_95/2011 E. 3.2.1; BGE 111 IV 41 E. 3.b.

---

1   Bezeichnung gemäss Ziff. I des BG vom 16. Dez. 1994, in Kraft seit 1. Jan. 1997 (AS 1995 1227; BBl 1991 III 1). Diese Änd. ist im ganzen Erlass berücksichtigt.
2   Fassung gemäss Ziff. I des BG vom 16. Dez. 1994, in Kraft seit 1. Jan. 1997 (AS 1995 1227; BBl 1991 III 1).

8 Ein **kostspieliger Unterhalt** ist zu verneinen, wenn die Wartungskosten ganz oder weitgehend aus der Verwaltung oder der Erträge der gepfändeten Immobilien abgedeckt werden können: BGer v. 09.06.2011 1B_95/2011 E. 3.2.1.

9 Ein Steigerungszuschlag oder ein Freihandverkauf kann wegen eines **fehlerhaften Verfahrens**, für das der Erwerber nicht verantwortlich ist, mindestens dann nicht mehr aufgehoben werden, wenn seit der Verwertung und der Verteilung mehr als **ein Jahr** verstrichen ist: BGE 73 III 23 E. 2. Ist jedoch der Zuschlag nicht bloss anfechtbar (SchKG 17), sondern schlechthin nichtig, so kann und soll er, selbst wenn der Ersteigerer für den unterlaufenen Verfahrensfehler nicht verantwortlich ist, jedenfalls dann auch nach Ablauf eines Jahres seit der Steigerung von Amtes wegen (SchKG 13) aufgehoben werden, wenn seine Gültigkeit schon vor Ablauf dieser Frist im Rahmen eines behördlichen Verfahrens in für den Ersteigerer erkennbarer Weise ernsthaft in Frage gestellt worden ist und die Feststellung der einmal erkannten Nichtigkeit nicht über Gebühr verzögert wird, es sei denn, er könne nicht mehr rückgängig gemacht werden (SchKG 21): BGE 98 III 57 E. 2.

10 Im **Pfändungs- und Pfandverwertungsverfahren** ist eine vorzeitige Verwertung von Grundstücken wegen drohender Wertverminderung nicht zulässig: BGE 107 III 122 E. 3.

Art. 125 2. Versteigerung
a. Vorbereitung

¹ Die Verwertung geschieht auf dem Wege der öffentlichen Steigerung. Ort, Tag und Stunde derselben werden vorher öffentlich bekanntgemacht.

² Die Art der Bekanntmachung sowie die Art und Weise, der Ort und der Tag der Steigerung werden vom Betreibungsbeamten so bestimmt, dass dadurch die Interessen der Beteiligten bestmögliche Berücksichtigung finden. Die Bekanntmachung durch das Amtsblatt ist in diesem Falle nicht geboten.

³ Haben der Schuldner, der Gläubiger und die beteiligten Dritten in der Schweiz einen bekannten Wohnort oder einen Vertreter, so teilt ihnen das Betreibungsamt wenigstens drei Tage vor der Versteigerung deren Zeit und Ort durch uneingeschriebenen Brief mit.[1]

Verweise: SchKG 35 (öffentliche Bekanntmachung).
Abs. 1: SchKG 125–129 (öffentliche Steigerung); SchKG 130 (Freihandverkauf); SchKG 131 (Forderungsüberweisung), SchKG 132 (besondere Verwertungsverfahren).
Abs. 3: SchKG 34 (Mitteilung).

---

1 Fassung gemäss Ziff. I des BG vom 16. Dez. 1994, in Kraft seit 1. Jan. 1997 (AS 1995 1227; BBl 1991 III 1).

Zu Abs. 1

1 Nicht nur die Anzeige an die Beteiligten nach Abs. 3, sondern auch die öffentliche Bekanntmachung der Steigerung beweglicher Sachen nach Abs. 1 hat mindestens **drei Tage** vorher zu erfolgen: BGE 130 III 407 E. 2.3.1; BGE 38 I 739 E. 1; siehe auch KS BGer (Plenum) Nr. 2 vom 07.11.1912 (BBl 1912 V 544).

2 Die Verletzung der Dreitagesfrist hat keine **Nichtigkeit** der Steigerung zur Folge: BGE 130 III 407 E. 2.3.2.

3 Die **Gebühren** der öffentlichen Bekanntmachung bemessen sich nach GebV SchKG 11 (→ Nr. 7).

4 Bei der Verwertung von Ansprüchen aus einem **Lebensversicherungsvertrag** durch öffentliche Steigerung hat die Publikation mindestens einen Monat vorher stattzufinden: VPAV 16 Abs. 1 (→ Nr. 10).

5 Die Verwertung einer gepfändeten Forderung kann auf dem Weg der **Zwangsversteigerung** durchgeführt werden, falls die Betreibungsgläubiger nicht deren Abtretung an Zahlungs Statt verlangen: BGE 120 III 131 E. 1; BGE 111 III 56 E. 1a.

6 Das Gesetz sieht die Versteigerung für **bestrittene Forderungen** vor. Auf unbestrittene und fällige Forderungen findet nicht SchKG 125 sondern SchKG 100 Anwendung: BGE 120 III 131 E. 3.a.

7 Die öffentliche Steigerung i.S.v. SchKG 125 Abs. 1 i.V.m. 156 Abs. 1 richtet sich definitionsgemäss an **jedermann** und der Kreis der möglichen Teilnehmer ist entsprechend offen. Die blosse Anwesenheit an einer Steigerung begründet aber noch keine Verfahrensbeteiligung: BGer v. 29.04.2010, 5A_81/2010 E. 5.2.

Zu Abs. 2

8 Dem Betreibungsamt steht bei der **Wahl der Versteigerungsart** ein Ermessen zu, weil sich mit Rücksicht auf die Vielgestaltigkeit der Verhältnisse keine allgemein gültige und auf alle Fälle zutreffende Norm aufstellen lässt. Das Ermessen ist aber stets beschränkt durch den Grundsatz, dass die Interessen der Beteiligten so gut als möglich zu wahren sind und damit ein möglichst hoher Erlös erzielt werden kann: BGE 45 III 86, 86.

9 Auch im **Konkurs** findet der Grundsatz von SchKG 125, dass bei der Anordnung und Durchführung der Fahrhabesteigerung die Interessen der Beteiligten so gut als möglich zu wahren sind, Anwendung. Die Bekanntmachung durch das **Amtsblatt** ist nicht notwendig. Es genügt, wenn der Fahrnispfandgläubiger im Konkurs gleich wie der Grundpfandgläubiger oder wie der Fahrnispfandinhaber im Betreibungsverfahren von der Versteigerung des Pfandgegenstandes durch eine besondere Anzeige benachrichtigt wird: BGE 43 III 259 E. 1.

10 Werden Gegenstände verwertet, die einen **Liebhaberwert** besitzen und die so beschaffen sind, dass sich voraussichtlich nur ein beschränkter Kreis von Personen dafür interessieren wird, was insb. für Kunstgegenstände und Antiquitäten zutrifft, so ist diesen besonderen Verhältnissen auch bei der Publikation Rechnung zu tragen, was dadurch geschieht, dass die Steigerung auf eine Art und Weise bekannt gemacht wird, welche es ermöglicht, dass die vorhandenen Kaufliebhaber davon Kenntnis erhalten, um an der Gant teilnehmen zu können: BGE 45 III 86, 87.

11 Die **Anfechtung der Steigerungsbedingungen** ist möglich, wenn das Betreibungsamt dem Schuldner die öffentliche Bekanntmachung der Steigerung in einem gewissen Umfang zusichert, dann aber eine weniger weitgehende Publikation anordnet: BGE 70 III 14 E. 2.

12 Die **Frist** für die Anfechtung der Steigerungsbedingungen beginnt grundsätzlich mit dem Tag ihrer öffentlichen Auflegung zu laufen, unabhängig davon, ob der Beschwerdeführer von der Publikation der Steigerungsanzeige Kenntnis genommen und dadurch von der Auflegung der Bedingungen erfahren hat: BGE 105 III 4 E. 2; 51 III 175 E. 3. Eine Ausnahme liegt vor, wenn die Steigerungsbedingungen das Lastenverzeichnis abändern. Mit einer derartigen (i.d.R. unzulässigen) Abänderung muss kein Beteiligter rechnen. Es kann ihm daher nicht schaden, wenn er keinen Einblick in die Steigerungsbedingungen nimmt und dagegen nicht fristgerecht Beschwerde führt: BGE 105 III 4 E. 2.

13 Die Steigerungsbedingungen – inkl. des Lastenverzeichnisses – können **nach dem Zuschlag** vom Steigerungskäufer **nicht mehr angefochten** werden, wenn sie nicht vor Anfang der Versteigerung anlässlich ihrer Bekanntgabe angefochten wurden und sich der Steigerungskäufer ihnen stillschweigend unterworfen hat: BGE 121 III 24 E. 2.b (Pra 84 [1995] Nr. 180); BGE 109 III 107 E. 2.

Zu Abs. 3

14 Die Steigerung ist **jedem Gläubiger**, zu dessen Gunsten die zu versteigernde Sache (Liegenschaft oder Fahrnis) gepfändet ist, besonders anzuzeigen: BGE 73 III 139 E. 2; BGE 40 III 18, 20 f.

15 Die Einhaltung der Dreitagesfrist ist nicht eine blosse Ordnungsvorschrift. Die Nichtbeachtung rechtfertigt die **Aufhebung der Steigerung**; diese kann vom Betroffenen mit Beschwerde nach SchKG 17 angefochten werden: BGE 106 III 22 E. 1; BGE 82 III 35, 38.

16 Mit der **Anzeige über den Eingang des Verwertungsbegehrens** nach SchKG 120 können dem Schuldner bereits die Daten der Verwertung und der Publikation bekannt gegeben werden: BGE 130 III 407 E. 2.2;

17 Bei öffentlicher Versteigerung einer Liegenschaft **im Konkurs** hat der Gemeinschuldner im Unterschied zu den Pfandgläubigern keinen Anspruch auf Zustellung eines Exemplars der Steigerungspublikation: BGE 94 III 101, 102; BGE 88 III 82 E. 3.b. Kommt es jedoch nicht zu einer öffentlichen Versteigerung, sondern wird lediglich bei Durchführung eines **Freihandverkaufs** einem beschränkten Personenkreis Gelegenheit gegeben, Kaufangebote einzureichen, so muss dafür gesorgt werden, dass der Gemeinschuldner auf andere Weise über die bevorstehende Verwertung unterrichtet wird, was nur durch eine Spezialanzeige geschehen kann: BGE 88 III 68 E. 3.b.

Art. 126[1] b. Zuschlag, Deckungsprinzip

¹ Der Verwertungsgegenstand wird dem Meistbietenden nach dreimaligem Aufruf zugeschlagen, sofern das Angebot den Betrag allfälliger dem betreibenden Gläubiger im Range vorgehender pfandgesicherter Forderungen übersteigt.

² Erfolgt kein solches Angebot, so fällt die Betreibung in Hinsicht auf diesen Gegenstand dahin.

Verweise
Abs. 1: *SchKG 37 Abs. 2, ZGB 884–906 (Faustpfand); SchKG 146 (Rangfolge der Gläubiger).*
Abs. 2: *SchKG 145 (Nachpfändung); SchKG 149 (Verlustschein).*

1 **Gepfändete Gegenstände** sind vom Betreibungsamt zu verwerten, selbst wenn ein Dritter ein Pfandrecht daran innehat und zwischen dem Schuldner und dem Pfandgläubiger die private Verwertung vereinbart worden ist: BGE 116 III 23 E. 2; BGE 81 III 57, 59.

2 **Schriftliche Angebote** sind in analoger Anwendung von VZG 58 (→ Nr. 9) grundsätzlich auch in der Fahrnissteigerung zulässig: BGE 69 III 56, 57 ff.

3 Wer in fremdem Namen (als **Stellvertreter**) bietet, hat sich auf Verlangen des Steigerungsleiters über seine Handlungsbefugnis auszuweisen. Ist er dazu nicht in der Lage, so darf sein Angebot unberücksichtigt bleiben: BGE 82 III 55, 58 ff.

4 Betreibt ein Grundpfandgläubiger auf dem Weg der ordentlichen Betreibung anstatt durch **Betreibung auf Grundpfandverwertung** und pfändet das Betreibungsamt daraufhin die grundpfandbelastete Liegenschaft, so wird im Augenblick, in dem das Verwertungsbegehren gestellt wird, dieser Grundpfandgläubiger – sofern sein Grundpfandrecht im Lastenverzeichnis aufgeführt ist – als «im Range vorgehend» i.S.v. SchKG 126 betrachtet: BGE 116 III 85 E. 4.

5 Beim **Zuschlag** in der Zwangsverwertung handelt es sich um eine öffentlich-rechtliche, amtliche Verfügung des Betreibungs- bzw. Konkursbeamten: BGE 117 III 39 E. 4.b.

6 Scheitert die Verwertung nach SchKG 126, gehen die **Kosten der Versteigerung** zulasten des pfändenden Gläubigers. Es liegt am pfändenden Gläubiger, ein Absehen von der Verwertung zu beantragen: BGE 116 III 23 E. 3 und 4.

7 Zur **Anfechtung bzw. Nichtigkeit des Zuschlages** siehe SchKG 132a, mit welchem durch die Revision 1994 die bisherige Praxis des Bundesgerichts betreffend die Beschwerdemöglichkeit gegen den Zuschlag und den Freihandverkauf ausdrücklich im Gesetz verankert wurde.

---

1 Fassung gemäss Art. 6 des BG vom 28. Sept. 1949, in Kraft seit 1. Febr. 1950 (AS 1950 I 57; BBl 1948 I 1218).

Verfahren

8 Eine rechtskräftig angesetzte Steigerung ist in ausserordentlichen Fällen, nämlich wenn seit ihrer Publikation Umstände eingetreten sind, die einen normalen Erfolg derselben an dem festgesetzten Termin mit grosser Wahrscheinlichkeit ausschliessen, auf Begehren einer Partei **zu verschieben**. Gegen eine ablehnende Verfügung des Amtes bzw. die bereits abgehaltene Steigerung ist die Beschwerde zulässig: BGE 63 III 22 E. 2

9 Der Steigerungsleiter ist zur **Aufklärung** des Gantpublikums verpflichtet. So muss er das Publikum bei der Versteigerung von Interimsscheinen darüber informieren, dass ein Teil der Aktien nur zu 40% liberiert sind: BGE 79 III 114 E. 2.

10 Um das Risiko zu vermindern, dass ein zu tiefer Preis erzielt wird, kann das Betreibungsamt in den Verkaufsbedingungen einen **Richtpreis** festsetzen, von welchem es ein höheres Angebot erhofft oder welcher sogar als Mindestzuschlagspreis gilt: BGer v. 09.11.2011, 5A_551/2011 E. 2.2.

11 Gemäss VZG 60 Abs. 1 (→ Nr. 9) ist bei jedem der drei **Aufrufe** jeweils anzugeben, ob es sich um den ersten, den zweiten oder den dritten Aufruf handelt. Dieser Vorschrift ist genüge getan, wenn bei jedem Aufruf unmissverständlich zum Ausdruck gebracht wird, der wievielte es ist, gleichgültig ob sich der Gantleiter hierbei der entsprechenden Ordnungszahl oder eines andern Ausdrucksmittels bedient: BGE 83 III 38 E. 1.

12 Während die ersten beiden Aufrufe gewöhnlich durch unmittelbare Beifügung der Worte «**zum ersten**» und «**zum zweiten**» gekennzeichnet werden, wird beim letzten Aufruf oftmals vor den Worten «**zum dritten**» mit erhobenem Hammer innegehalten oder nur das Wort «zum» ausgesprochen, in Erwartung allfälliger höherer Angebote, und wenn solche ausbleiben, wird mit den Worten «zum dritten» bzw. «dritten» zugeschlagen: BGE 83 III 38 E. 1; anders BGE 59 III 25, 25 f.

13 Ein Amt, das eine Steigerung, zu der niemand erschienen ist, nach zwanzig Minuten für **geschlossen** erklärt und sich weigert, sie bei Erscheinen des Pfandgläubigers wieder zu eröffnen, missbraucht das ihm zustehende Ermessen nicht: BGE 122 III 432 E. 4.

14 Wird gemäss den Steigerungsbedingungen vor dem Zuschlag eine **Anzahlung** an die Steigerungssumme verlangt, darf die Steigerung nicht zur Beschaffung des Geldes unterbrochen werden: BGE 130 III 133 E. 2.3.

Deckungsprinzip

15 Die dem betreibenden Gläubiger im Range vorgehenden Pfandgläubiger können nicht auf die Einhaltung des Deckungsprinzips **verzichten**: BGE 104 III 79 E. 3.

16 Wird für die Zinsen zweier in **ungleichem Rang** stehender Pfandforderungen betrieben und Verwertung verlangt, so muss weder die Kapitalforderung im hinteren Rang noch eine der beiden Zinsforderungen überboten werden, damit der Steigerungszuschlag erfolgen kann: BGE 58 III 13 E. 1.

17 Für die **in Betreibung gesetzte Forderung** gilt das Deckungsprinzip grundsätzlich nicht. Hat jedoch ein Pfandgläubiger nur für Zinsen oder nur für einen Teil der Kapitalforderung auf Pfändung betrieben, so darf nach VZG 54 Abs. 2 (→ Nr. 9) nur zugeschlagen werden, wenn der nicht in Betreibung gesetzte Teil der Forderung überboten ist: BGE 107 III 122 E. 1.

18   Betr. Gegenstände mit **Eigentumsvorbehalt** siehe KS BGer (SchKK) Nr. 29 vom 31.03.1911 (→ Nr. 30) und KS BGer Nr. 14 vom 11.05.1922 (→ Nr. 31).

19   Im Unterschied zu anderen dem betreibenden Gläubiger vorgehenden Pfandforderungen brauchen die durch ein **Retentionsrecht** an den gepfändeten Sachen gesicherten Miet- und Pachtzinsforderungen (laufende und verfallene, gleichgültig ob sie in ein Retentionsverzeichnis aufgenommen wurden oder nicht) durch den Zuschlagspreis nicht gedeckt zu werden: BGE 89 III 72 E. 1; BGE 65 III 6, 7 ff.

20   Bei der Schätzung der pfandbelasteten Forderung fällt aufgrund des anwendbaren Deckungsprinzips nur der für die pfändenden Gläubiger verfügbare **Überschuss** in Betracht, und es ist entsprechend dem Ergebnis die Pfändung auf anderes Vermögen des Schuldners auszudehnen: BGE 91 III 60 E. 1.

21   Hat der Pfandgläubiger einer grundpfandversicherten Forderung **lediglich für Zinsen** betrieben, so darf der Zuschlag nur erfolgen, wenn auch die Kapitalforderung überboten ist. Die Zinsforderungen selber – und zwar auch solche von Gläubigern, die kein Verwertungsbegehren gestellt haben – fallen bei der Berechnung des Zuschlagspreises nicht in Betracht. Deshalb spielt es unter dem Blickwinkel von VZG 41 Abs. 1 (→ Nr. 9) keine Rolle, ob die Zinsforderungen bestritten sind oder nicht; die Versteigerung braucht wegen bestrittener Zinsforderungen nicht eingestellt zu werden: BGE 110 III 72 E. 1.

Art. 127[1]   c. Verzicht auf die Verwertung

Ist von vorneherein anzunehmen, dass der Zuschlag gemäss Artikel 126 nicht möglich sein wird, so kann der Betreibungsbeamte auf Antrag des betreibenden Gläubigers von der Verwertung absehen und einen Verlustschein ausstellen.

Verweise: SchKG 115 (Pfändungsurkunde als Verlustschein); SchKG 149 (Verlustschein).

1   Von der Verwertung soll **abgesehen** werden, wenn ihr Ergebnis unzweifelhaft nicht einmal die Kosten der Verwertung decken würde: BGE 83 III 131 E. 2.

2   SchKG 127 kann auch dann noch zur Anwendung gelangen, wenn bereits **einzelne der gepfändeten Gegenstände verwertet worden sind**. Dies gilt selbst dann, wenn die durchgeführte Teilverwertung bereits längere Zeit zurückliegt: BGE 97 III 68 E. 2.c.

3   Nach hier heranzuziehender wörtlicher Auslegung von SchKG 127 steht das Recht, einen **Antrag auf Verzicht** auf die Verwertung zu stellen, einzig dem pfändenden Gläubiger zu, nicht auch dem Pfandgläubiger oder dem Schuldner: BGE 116 III 23 E. 3.b.

4   Angesichts einer Pfandforderung von bloss CHF 600.–, die nur einzelne von mehreren gepfändeten Gegenständen belastet, die bereits höher geschätzt sind, kann nicht von **voraussichtlicher Unmöglichkeit** der Verwertung gesprochen werden. Die verlangte Verwertung ist somit durchzuführen: BGE 67 III 6, 9.

---

1   Fassung gemäss Art. 6 des BG vom 28. Sept. 1949, in Kraft seit 1. Febr. 1950 (AS 1950 I 57; BBl 1948 I 1218).

Art. 128[1] d. Gegenstände aus Edelmetall

Gegenstände aus Edelmetall dürfen nicht unter ihrem Metallwert zugeschlagen werden.

Verweis: SchKG 130 Ziff. 3 (Freihandverkauf).

1 Erfasst sind die **Edelmetalle** wie Gold, Silber, Platin und Palladium. Mitumfasst sind auch Schmuck, Uhren, alte Münzen, Medaillen und Barren, hingegen keine Kunstgegenstände oder Antiquitäten. Die im vorliegenden Fall streitigen Bronzestatuen stellen keinen Gegenstand aus Edelmetall im Sinne des Gesetzes dar, weshalb SchKG 128 nicht anwendbar ist: BGer v. 09.11.2011, 5A_551/2011 E. 2.1.

Art. 129 e. Zahlungsmodus und Folgen des Zahlungsverzuges

¹ Die Versteigerung geschieht gegen Barzahlung.

² Der Betreibungsbeamte kann jedoch einen Zahlungstermin von höchstens 20 Tagen gestatten. Die Übergabe findet in jedem Falle nur gegen Erlegung des Kaufpreises statt.

³ Wird die Zahlung nicht rechtzeitig geleistet, so hat das Betreibungsamt eine neue Steigerung anzuordnen, auf die Artikel 126 Anwendung findet.[2]

⁴ Der frühere Ersteigerer und seine Bürgen haften für den Ausfall und allen weitern Schaden. Der Zinsverlust wird hierbei zu fünf vom Hundert berechnet.

Verweise

Abs. 1: OR 84 (Schweizerwährung).

Abs. 2: SchKG 31–33, SchKG 56–63, ZPO 142 ff. (Fristberechnung → Nr. 25).

Abs. 3: SchKG 125 (Anordnung einer neuen Steigerung).

Abs. 4: OR 492–512 (Bürgschaft).

Zu Abs. 1

1 Der Betreibungsbeamte ist nicht gehalten, die **Steigerung zu unterbrechen**, um einem Interessenten zu ermöglichen, bei einer Bank das für den Zuschlag erforderliche Geld abzuheben. Wer das Geld zuerst beschaffen muss, ist eben nicht in der Lage, bar zu bezahlen: BGE 100 III 16 E. 1.

2 Grundsätzlich darf ein Pfändungsgläubiger den Zuschlagspreis nicht mit seiner Forderung gegen den Schuldner **verrechnen**, da der Anspruch auf den Zuschlagspreis nicht dem

---

1 Fassung gemäss Ziff. I des BG vom 16. Dez. 1994, in Kraft seit 1. Jan. 1997 (AS 1995 1227; BBl 1991 III 1).

2 Fassung gemäss Art. 7 des BG vom 28. Sept. 1949, in Kraft seit 1. Febr. 1950 (AS 1950 I 57; BBl 1948 I 1218).

Dritter Titel: Betreibung auf Pfändung   Nr. 1 SchKG **Art. 129**

Schuldner, sondern dem Betreibungsamt zusteht: BGE 111 III 56 E. 2. Eine Verrechnung kann aber zulässig sein, wenn der Ersteigerer gleichzeitig der Gläubiger des Schuldners ist: BGE 79 III 20 E. 1.

3   Der Schuldner der gepfändeten und zugeschlagenen Forderung befreit sich gültig durch **Zahlung an den Ersteigerer**, der ihm das Protokoll über den Zuschlag vorweist: BGE 111 III 56 E. 4.

4   Die **Gebühren** für den Einzug des Verwertungserlöses und deren Überweisung an den Gläubiger bemessen sich nach GebV SchKG 33 i.V.m. 19 (→ Nr. 7).

Zu Abs. 2

5   Ob die Versteigerung eines gepfändeten Gegenstandes gegen Barzahlung erfolgen oder ob dem Ersteigerer ein Zahlungstermin gewährt werden soll liegt im **Ermessen** des Betreibungsamtes. Ein Recht auf Einräumung einer Zahlungsfrist besteht nur, wenn es in den Steigerungsbedingungen ausdrücklich anerkannt ist: BGE 100 III 16 E. 1.

6   Eine **Verlängerung** der Frist über die 20 Tage hinaus kann das Betreibungsamt in einer Grundstücksteigerung dem Ersteigerer in Anwendung von VZG 63 Abs. 1 (→ Nr. 9) nur mit Einwilligung sämtlicher Beteiligter gewähren: BGE 75 III 11 E. 3.

7   Die **nachträgliche Zahlung** kann noch entgegengenommen werden, wenn sie vor Aufhebung des Zuschlags oder während der aufschiebenden Wirkung einer erhobenen Beschwerde erfolgt: BGE 109 III 37 E. 2.b; BGE 75 III 11 E. 3.

8   Die Gewährung einer Nachfrist ist nicht zulässig, wenn nach Aufhebung des Zuschlags aber vor dem Beschwerdeentscheid der **Konkurs** über den Schuldner eröffnet wird: BGE 109 III 69 E. 4.

9   Erhält der Ersteigerer eine Zahlungsfrist, so trägt er zwischen dem Zuschlag und der Bezahlung die **Gefahr des Untergangs** der Sache: BGer v. 23.10.2008, 5A_407/2008 E. 2.3.

10 Das Betreibungsamt muss dem Ersteigerer nicht nur das Eigentum, sondern auch den **Besitz** durch Übergabe der Sache übertragen. Es kann nicht ein Objekt verwerten, bei welchem es nicht in der Lage ist, es **sofort an den Ersteigerer zu übergeben**. Dass dem Ersteigerer die Sache nur gegen Erlegung des Kaufpreises übergeben wird, bedeutet im umgekehrten Sinne auch, dass kein Kaufpreis eingezogen werden kann, wenn die Sache nicht übergeben wird. Der **Herausgabeanspruch** auf eine gepfändete Sache, die verschwunden ist, kann somit nicht verwertet werden: BGer v. 23.10.2008, 5A_407/2008 E. 2.2; ähnlich bereits BGE 60 III 229 E. 4.

Zu Abs. 3

11 Bei der **Verwertung eines Luftfahrzeuges** ist die Regel anzuwenden, wonach das Betreibungsamt den Zuschlag widerrufen und eine neue Versteigerung ansetzen muss, wenn die Bezahlung während der festgesetzten Frist ausbleibt: BGE 109 III 69 E. 1.

Zu Abs. 4

12 Die Ausfallforderung steht nicht etwa dem Gläubiger zu, sondern bildet ein **Aktivum des Schuldners**. Dieser darf nicht darüber verfügen, denn die Forderung unterliegt dem Pfän-

dungs- bzw. Pfandbeschlag und kann ihrerseits verwertet werden: BGer v. 14.02.2007, 5C_222/2006 E. 3; BGE 28 II 582 E. 3.

13 Die **Schadenersatzforderung tritt an Stelle** bzw. neben das Objekt, aus dessen Zwangsversteigerung sie entstanden ist. Im betreffenden Betreibungsverfahren ist sie den Gläubigern in gleicher Weise verhaftet, wie jenes Objekt selbst. Die **Verwertung** dieser Schadenersatzforderung hat ohne besonderes Verwertungsbegehren von Amtes wegen zu geschehen: BGE 29 I 597 E. 1; BGE 28 II 582 E. 4.

14 Besteht über die **Höhe des Ausfalls** oder des Schadens Streit, darf dieser nicht vom Betreibungsamt beurteilt werden, sondern ist er vor den zuständigen Gerichten auszutragen: BGer v. 14.02.2007, 5C_222/2006 E. 3; BGE 82 III 37 E. 1.

15 Die Ausfallforderung unterliegt der 10-jährigen **Verjährungsfrist**: BGE 38 II 338 E. 1.

16 Betr. Feststellung und Verwertung der **Ausfallforderung** siehe auch VZG 72 und 131 (→ Nr. 9).

Art. 130 3. Freihandverkauf

An die Stelle der Versteigerung kann der freihändige Verkauf treten:[1]

1.[2] wenn alle Beteiligten ausdrücklich damit einverstanden sind;
2. wenn Wertpapiere oder andere Gegenstände, die einen Markt- oder Börsenpreis haben, zu verwerten[3] sind und der angebotene Preis dem Tageskurse gleichkommt;
3.[4] wenn bei Gegenständen aus Edelmetall, für die bei der Versteigerung die Angebote den Metallwert nicht erreichten, dieser Preis angeboten wird;
4. im Falle des Artikels 124 Absatz 2.

Verweise: SchKG 125–129 (Versteigerung).
Abs. 3: *SchKG 128 (Versteigerung von Gegenständen aus Edelmetall).*

Allgemeines

1 Die **Gebühren** für die Vorbereitung und Durchführung des Freihandverkaufs bemessen sich nach GebV SchKG 30 (→ Nr. 7).

---

[1] Fassung gemäss Ziff. I des BG vom 16. Dez. 1994, in Kraft seit 1. Jan. 1997 (AS 1995 1227; BBl 1991 III 1).
[2] Fassung gemäss Ziff. I des BG vom 16. Dez. 1994, in Kraft seit 1. Jan. 1997 (AS 1995 1227; BBl 1991 III 1).
[3] Bezeichnung gemäss Ziff. I des BG vom 16. Dez. 1994, in Kraft seit 1. Jan. 1997 (AS 1995 1227; BBl 1991 III 1). Diese Änd. ist im ganzen Erlass berücksichtigt.
[4] Fassung gemäss Ziff. I des BG vom 16. Dez. 1994, in Kraft seit 1. Jan. 1997 (AS 1995 1227; BBl 1991 III 1).

2 Das **vertragliche Vorkaufsrecht**, das an dem auf dem Weg des Freihandverkaufs verwerteten Grundstück besteht, kann dem Erwerber gegenüber nicht ausgeübt werden: BGE 126 III 93 E. 2.

Zu Ziff. 1

3 Der Freihandverkauf ist wie die öffentliche Steigerung ein **Institut der Zwangsvollstreckung** mit dem Zweck, das beschlagnahmte Vermögen zu versilbern. Er beruht immer auf einer amtlichen Verfügung des Betreibungsamtes: BGE 131 III 237 E. 2.2; BGE 128 III 198 E. 3.a; BGer v. 01.02.2002, 7B. 272/2001 E. 3.a (anders noch BGE 50 III 107 E. 2, der den Freihandverkauf dem Kaufrecht des OR unterstellte).

4 Der Abschluss des Freihandverkaufs oder allfällige Willensmängel können nur mit **Beschwerde nach SchKG 17** angefochten werden: SchKG 132a (so bereits BGE 106 III 79 E. 4, der die Beschwerdemöglichkeit aus der analogen Anwendung von SchKG 136bis herleitete).

5 Auch Gläubiger einer nachgehenden Gruppe sind **Beteiligte** i.S.v. SchKG 130 Ziff. 1, ohne deren Begehren ein Freihandverkauf nicht vorgenommen werden darf, selbst wenn sie voraussichtlich keine Zuteilung aus dem Erlös erhalten werden: BGE 59 III 93, 94 f.

6 Auch der **Dritteigentümer von Gegenständen**, die dem Retentionsrecht des Vermieters unterworfen sind, ist Beteiligter i.S.v. SchKG 130 Ziff. 1. Ein Verkauf aus freier Hand kann ohne seine Zustimmung nicht erfolgen, selbst wenn er das Retentionsrecht des Vermieters anerkennt. Etwas anderes gilt nur, wenn der Schuldner die Eigentumsansprache mit Erfolg bestritten hat: BGE 107 III 20 E. 2.b.

7 Bei der Verwertung von **Anteilen an Gemeinschaftsvermögen** ist ein Freihandverkauf ohne Zustimmung des Schuldners (oder eines sie ersetzenden Gerichtsurteils) nicht zulässig: BGE 74 III 82, 83.

8 Fehlt die Zustimmung eines **vorrangingen Pfändungsgläubigers** zum Freihandverkauf, so mag die Zustimmung eines nachrangigen Gläubigers nichts an der Unzulässigkeit der Durchführung eines Freihandverkaufs ändern: BGE 115 III 52 E. 3.b.

9 Die Zustimmung zu einem Freihandverkauf ist **ungültig**, wenn den Gläubigern nicht Gelegenheit gegeben wurde, höhere Angebote zu machen: BGE 93 III 23 E. 4.a; BGE 88 III 28 E. 6; BGE 82 III 61, 62 f. Im summarischen Konkursverfahren ist es dem Ermessen des Konkursamtes anheimgestellt, ob es vor Abschluss eines Freihandverkaufes sämtlichen Gläubigern Gelegenheit zur Stellung von Angeboten einräumen will: BGE 76 III 102 E. 2.

Zu Ziff. 2

10 **Kassenscheine** sind nicht Wertpapiere mit Börsen- oder Marktpreis, die nach SchKG 130 Ziff. 2 aus freier Hand zum Tageskurs veräussert werden könnten. Unter diese Bestimmung fallen nur Waren, die gehandelt werden und für die sich daher aus dem marktmässigen Verkauf gleichartiger Stücke ein einheitlicher Preis ergibt. Das trifft für einen Kassenschein, der nicht im Börsenverkehr kotiert wird, nicht zu; hier kann gar nicht von einem Tageskurs gesprochen werden: BGE 63 III 79 E. 2.

Zu Ziff. 4

11 siehe SchKG 124 Abs. 2.

Art. 131 4. Forderungsüberweisung

¹ Geldforderungen des Schuldners, welche keinen Markt- oder Börsenpreis haben, werden, wenn sämtliche pfändende Gläubiger es verlangen, entweder der Gesamtheit der Gläubiger oder einzelnen von ihnen für gemeinschaftliche Rechnung zum Nennwert an Zahlungs Statt angewiesen. In diesem Falle treten die Gläubiger bis zur Höhe ihrer Forderungen in die Rechte des betriebenen Schuldners ein.

² Sind alle pfändenden Gläubiger einverstanden, so können sie oder einzelne von ihnen, ohne Nachteil für ihre Rechte gegenüber dem betriebenen Schuldner, gepfändete Ansprüche im eigenen Namen sowie auf eigene Rechnung und Gefahr geltend machen. Sie bedürfen dazu der Ermächtigung des Betreibungsamtes. Das Ergebnis dient zur Deckung der Auslagen und der Forderungen derjenigen Gläubiger, welche in dieser Weise vorgegangen sind. Ein Überschuss ist an das Betreibungsamt abzuliefern.[1]

Verweise

Abs. 1: *SchKG 88, 110, 111, 117 (pfändende Gläubiger); OR 166 (Übergang einer Forderung kraft Gesetzes); OR 168, 169, 170 (Wirkungen des Übergangs).*

Abs. 2: *SchKG 260 Abs. 1 (Abtretung von Rechtsansprüchen im Konkurs).*

Zu Abs. 1

1 Die **Gebühren** für die Anweisung von Forderungen an Zahlungs Statt bemessen sich nach GebV SchKG 35 Abs. 1 i.V.m. 19 Abs. 1 (→ Nr. 7).

2 SchKG 131 ist **nur für Geldforderungen** vorgesehen. Ein blosser Herausgabeanspruch kann nicht durch Überweisung an einen betreibenden Gläubiger verwertet werden: BGE 78 III 68 E. 3; BGE 60 III 229 E. 3.

3 Die Abtretung einer Forderung zum Nennwert an Zahlungs Statt gem. SchKG 131 Abs. 1 entspricht in ihren Wirkungen **der privatrechtlichen Zession**, ungeachtet dessen, dass sie auf einem Verwertungsakt (bzw. einer Verfügung des Betreibungsamtes) beruht. Die Gläubiger treten gemeinsam bis zum Nennwert der abgetretenen Forderungen in die **Rechte gegen die Drittschuldnerin** ein: BGE 136 III 437 E. 3; BGE 95 II 235 E. 3.

4 Der Drittschuldner kann den Abtretungsgläubigern nach OR 169 **Einreden** entgegenhalten, u.a. die persönliche Einrede gegen den Zedenten (Betreibungsschuldner) wie die Verrechnung: BGE 136 III 437 E. 3; BGE 95 II 235 E. 3.

5 Wird von den Betreibungsgläubigern keine Abtretung an Zahlungs Statt von **gepfändeten Forderungen** verlangt, so können diese verwertet werden, so wie auch alle anderen beweglichen Sachen: BGE 111 III 56 E. 1.b. Dasselbe gilt für im **Prozess liegende Forderungen**, welche öffentlich zu versteigern sind, sofern keine Abtretung verlangt wird: BGE 120 III 131 E. 3.

---

1 Fassung gemäss Ziff. I des BG vom 16. Dez. 1994, in Kraft seit 1. Jan. 1997 (AS 1995 1227; BBl 1991 III 1).

Dritter Titel: Betreibung auf Pfändung　　　　　　　　　　　　　　　　　Nr. 1 SchKG **Art. 131**

6　Bei der Verwertung nach SchKG 131 Abs. 1 **erlöschen die Betreibungen** der Abtretungsgläubiger. Diese nehmen insoweit weder am Kollokationsplan noch an der Verteilung teil: BGE 136 III 437 E. 4.3.

Zu Abs. 2

7　Die **Gebühren** für die Anweisung von Forderungen zur Eintreibung bemessen sich nach GebV SchKG 35 Abs. 2 (→ Nr. 7).

8　Bei der Übernahme eines gepfändeten Anspruchs zur Eintreibung **müssen grundsätzlich alle Gläubiger zustimmen**. Eine Ausnahme ergibt sich dann, wenn der Gläubiger, der zugleich Schuldner der gepfändeten und zu überweisenden Forderung ist, wegen Interessenkonflikts bei der Beschlussfassung und auch als Übernehmer der Forderung ausser Betracht fällt: BGE 120 III 131 E. 1; BGE 43 III 59 E. 1.

9　Die Überweisung einer Forderung nach SchKG 131 Abs. 2 bedeutet **keine Abtretung i.S. des OR**, weder eine solche nach OR 164, noch eine gesetzliche nach OR 166. Dem Empfänger einer solchen Überweisung wird nur das **Recht zur Geltendmachung** der Forderung übertragen. Derjenige, der vom Betreibungsamt eine Forderung zur Eintreibung erhält, wird zwar nicht deren Gläubiger, aber er kann den Prozess im eigenen Namen und auf eigene Rechnung führen: BGer v. 06.08.2009, 4A_215/2009 E. 3.2: BGer v. 12.11.2002, 4C.170/2002 E. 2.1; BGE 93 III 45 E. 1.

10　Der Gläubiger, der nach SchKG 131 Abs. 2 gepfändete Ansprüche geltend macht, handelt als **Prozessstandschafter**. Zur Durchsetzung der Inkassoermächtigung stehen ihm alle Rechtsbehelfe i.S. der Prozessstandschaft zur Verfügung: BGer v. 06.08.2009, 4A_215/2009 E. 3.2; BGer v. 08.04.2009, 8C_192/2008 E. 4.3.1.

11　Das Inkassomandat, welches vom Betreibungsamt an einen oder mehrere Gläubiger übertragen wird, ist eine Institution, die sich in seinen Wirkungen der Abtretung von Rechten der Konkursmasse nach **SchKG 260** anlehnt: BGer v. 06.08.2009, 4A_215/2009 E. 3.2; BGE 116 III 91 E. 2.a. Die Abtretung von Rechtsansprüchen im Konkurs richtet sich nach SchKG 260.

12　SchKG 131 Abs. 2 wird nicht analog angewendet auf den Fall, in welchem einer von mehreren Gläubigern mit einer **Strafklage** einen Betrag vom Schuldner eintreiben konnte, was zur Folge hat, dass der Betrag unter allen Gläubigern aufgeteilt wird: BGE 116 III 91 E. 2.a und b.

13　Es ist Sache des betreibenden Gläubigers, mittels gerichtlicher Klage feststellen zu lassen, ob der Schuldner Inhaber der Rechte ist. Dies geschieht aber **nicht im Widerspruchsverfahren**, sondern der Gläubiger muss, bevor er klagt, sich die Forderung nach SchKG 131 abtreten lassen oder öffentlich ersteigern. Solange er das nicht getan hat, kann er den Drittschuldner nicht verklagen und das Betreibungsamt ist auch nicht verpflichtet, selber eine Klage zu erheben: BGer v. 18.12.2006, 7B.136/2006 E. 3.1.

14　Von einem Zessionar beanspruchte **Lohnbeträge** sind als bestrittene Forderungen zu pfänden und zu verwerten, sei es nach SchKG 131 Abs. 2 oder durch Versteigerung. Die Gläubiger, denen die Forderung zur Eintreibung überwiesen wurde, oder der Ersteigerer erhalten damit die Legitimation zur Austragung des Prätendentenstreits mit dem Zessionar: BGE 95 III 9 E. 1; BGE 86 III 57 E. 3.

15 Dass der gepfändete **Forderungsbetrag** zunächst nicht in einer absoluten Zahl angegeben werden kann, hindert die Verwertung des gepfändeten Guthabens nicht. Den Betrag zu bestimmen, den er gegen den Forderungsschuldner einklagen will, kann dem Ersteigerer bzw. dem Gläubiger überlassen werden, der gemäss SchKG 131 Abs. 2 die Eintreibung der gepfändeten Forderung übernommen hat: BGE 74 III 6 E. 2.

16 Lässt sich der Geschädigte in der Betreibung auf Pfandverwertung die **Ersatzforderung** aus der Haftpflichtversicherung des Versicherungsnehmers übertragen, an der der Geschädigte nach VVG 60 Abs. 1 ein Pfandrecht besitzt, so rückt er in die Rechtsstellung des Versicherungsnehmers ein. Er erwirbt dadurch aber nicht mehr Rechte als diesem zustehen: BGE 87 I 97 E. 1.

17 Der Schuldner, nicht aber der Drittschuldner, ist zur **Bestreitung der Höhe der Auslagen**, die der nach SchKG 131 Abs. 2 vorgehende Gläubiger vom Ergebnis der Eintreibung abziehen kann, befugt: BGE 89 III 36 E. 1 und 2.

18 Den Gläubigern den bestrittenen Anspruch des Schuldners auf Auflösung der Gemeinschaft und Liquidation des Gemeinschaftsvermögens zur Geltendmachung auf eigene Gefahr und in eigenem Namen anzubieten (VVAG 13 [→ Nr. 8], SchKG 131 Abs. 2), ist nicht zulässig, wenn das gepfändete Anteilsrecht ein solches an einer unstreitig **noch nicht geteilten Erbschaft** ist, an welcher der Schuldner unstreitig beteiligt ist. In solchen Fällen kann nur die zuständige Behörde (VVAG 12, ZGB 609) für den Schuldner handeln. Aus dem Ergebnis der von dieser Behörde zu führenden Prozessen sind die Auslagen und die Forderungen der Gläubiger, welche die Prozesskosten vorgeschossen haben, in entsprechender Anwendung von SchKG 131 Abs. 2 Satz 2 vorweg zu decken: BGE 96 III 10 E. 5.

19 Die Abtretung von Rechtsansprüchen im **Nachlassverfahren** richtet sich nach SchKG 325.

20 Zur Abtretung und Verwertung von Liquidationsansprüchen aus **Anteilen an Gemeinschaftsvermögen** siehe VVAG 13 und 14 (→ Nr. 8).

Art. 132[1] 5. Besondere Verwertungsverfahren

¹ Sind Vermögensbestandteile anderer Art zu verwerten, wie eine Nutzniessung oder ein Anteil an einer unverteilten Erbschaft, an einer Gemeinderschaft, an Gesellschaftsgut oder an einem andern gemeinschaftlichen Vermögen, so ersucht der Betreibungsbeamte die Aufsichtsbehörde um Bestimmung des Verfahrens.

² Die gleiche Regel gilt für die Verwertung von Erfindungen, von Sortenschutzrechten, von gewerblichen Mustern und Modellen, von Fabrik- und Handelsmarken und von Urheberrechten.[2]

---

1 Fassung gemäss Art. 8 des BG vom 28. Sept. 1949, in Kraft seit 1. Febr. 1950 (AS 1950 I 57; BBl 1948 I 1218).

2 Fassung gemäss Art. 52 Ziff. I des Sortenschutzgesetzes vom 20. März 1975, in Kraft seit 1. Juni 1977 (AS 1977 862; BBl 1974 I 1469).

³ Die Aufsichtsbehörde kann nach Anhörung der Beteiligten die Versteigerung anordnen oder die Verwertung einem Verwalter übertragen oder eine andere Vorkehrung treffen.

Verweise

Abs. 1: *ZGB 745–775 (Nutzniessung); ZGB 602 Abs. 1 (unverteilte Erbschaft); OR 544 Abs. 2, 572 Abs. 2, 613, 788, 845 (Gesellschaftsgut); ZGB 646–651a (Miteigentum); ZGB 652–654 (Gesamteigentum); SchKG 13 (Aufsichtsbehörde).*

Abs. 2: *PatG; Sortenschutzgesetz (SR 232.16); DesG; MSchG; URG.*

Abs. 3: *SchKG 13 (Aufsichtsbehörde).*

Zu Abs. 1

1   SchKG 132 Abs. 1 handelt von Vermögensbestandteilen «**anderer Art**». Diese werden durch die anschliessenden Beispiele konkretisiert. Dabei handelt es sich regelmässig um Vermögensrechte, die entweder gar nicht oder nur in begrenztem Rahmen übertragbar sind. Nach herrschender Lehre gehören **Geldforderungen**, auch wenn sie bestritten sind, nicht dazu: BGE 120 III 131 E. 2.

2   Wird die kantonale Aufsichtsbehörde ersucht, das Verwertungsverfahren nach SchKG 132 zu bestimmen, so hat sie sich **auf diese Frage zu beschränken**. Über die Verteilung eines allfälligen Erlöses und die Berücksichtigung bestimmter Gläubiger und Pfändungsgruppen hat sie nicht zu bestimmen: BGE 114 III 98 E. 1.a.

3   Die Verwertung von Gemeinschaftsvermögen kann grundsätzlich durch **gütliche Einigung** der Beteiligten, d.h. dem Schuldner, dem Gläubiger und andern Mitgliedern der Gemeinschaft erfolgen (VVAG 9 → Nr. 8). Musste die Aufsichtsbehörde bereits die Verwertungsart mangels Vereinbarung der Parteien festlegen, so steht auch zu diesem Zeitpunkt einer Einigung der Parteien über die Modalitäten der Verwertung, namentlich eines Aufschubs des Vollzugs der Verfügung, in der Hoffnung auf eine Einigung nicht nur über den Verkauf, sondern auch über die Liquidation des Gemeinschaftsanteils, nichts im Wege: BGE 114 III 102 (Pra 78 [1989] Nr. 118).

4   Die **Verwertung der Aktiven** einer einfachen Gesellschaft (hier Verwertung eines Grundstücks) kann nicht bis nach Abschluss eines Scheidungsverfahrens aufgeschoben werden: BGer v. 06.02.2007, 7B_184/2006 E. 5.1; BGE 113 III 40 E. 3 (Pra 78 [1989] Nr. 141).

5   Ist das auf Verwertung eines gepfändeten Anteils an einer unverteilten Erbschaft gerichtete Verfahren **bereits in Gang** gesetzt worden, so ist es später im Hinblick auf die Verwertung des gleichen Anteils in einer andern Betreibung nicht zu wiederholen. Es genügt, wenn das Betreibungsamt der bei der Erbteilung mitwirkenden Behörde den neuen Gläubiger meldet: BGE 97 III 68 E. 2.b.

6   Bei der Pfändung eines **Comptejoint** sind die Bestimmungen der VVAG (→ Nr. 8) nur dann anzuwenden, wenn zwischen dem Betreibungsschuldner und den Mitinhabern des Kontos offensichtlich ein Gemeinschaftsverhältnis i.S.v. VVAG 1 besteht: BGE 110 III 24 E. 4.

7   Zur Verwertung von **Miteigentumsanteilen** an Grundstücken siehe auch VZG 73–73i (→ Nr. 9).

Zu Abs. 2

8 PatG und VO hierzu vom 19.10.1977 (SR 232.141).

9 Sortenschutzgesetz vom 20.03.1975 (SR 232.16) und VO hierzu vom 11.05.1977 (SR 232.161).

10 DesG und VO hierzu vom 08.03.2002 (SR 232.121).

11 MSchG und VO hierzu vom 23.12.1992 (SR 232.111).

12 URG und VO hierzu vom 26.04.1993 (SR 231.11).

Zu Abs. 3

13 Auf welchem der in SchKG 132 Abs. 3 bzw. VVAG 10 (→ Nr. 8) erwähnten Wege ein Gemeinschaftsanteil zu verwerten sei, bleibt letztlich eine **Frage der Angemessenheit**: BGE 135 III 179 E. 2.1 (Pra 99 [2010] Nr. 42); BGE 96 III 10 E. 2.

14 Die Verordnungsvorschriften in **VVAG 10** schränken das der Aufsichtsbehörde durch SchKG Abs. 3 eingeräumte Ermessen ein, heben es aber nicht auf: BGE 135 III 179 E. 2.1 (Pra 99 [2010] Nr. 42); BGE 96 III 10 E. 2; BGE 93 III 116 E. 1.

15 Ist ein **Erbanteil** gepfändet worden und unter den Beteiligten keine Einigung zustande gekommen, so hat die Aufsichtsbehörde ohne Rücksicht auf materiellrechtliche Einreden die Verwertung des Anteils auf einem der SchKG 132 Abs. 3 und VVAG 10 (→ Nr. 8) vorgesehenen Wege anzuordnen: BGE 87 III 106 E. 1; BGE 80 III 117. Siehe hierzu auch VVAG 8 bis 15.

16 Die Anordnung der Versteigerung des Anteilsrechts ist auch bei einer **Erbengemeinschaft** möglich: BGE 135 III 179 E. 2.4 (Pra 99 [2010] Nr. 42).

17 Im Falle eines Verkaufs auf dem Wege der Versteigerung von Anteilen an Gemeinschaftsvermögen nimmt der **Ersteigerer** nicht den Platz des Betriebenen in der Erbengemeinschaft ein. Durch die Versteigerung wird bewirkt, dass dem Ersteigerer der ihm zustehende Liquidationsanteil zugeteilt wird. Er erwirbt auch einen Anspruch darauf, dass dieser Anteil berechnet und an ihn ausbezahlt wird. Inhaber der im Gemeinschaftsvermögen befindlichen Vermögensrechte wird der Ersteigerer aber nicht, womit er auch nicht berechtigt ist, direkt in die Teilung einzugreifen. Er darf hingegen verlangen, dass sich die Behörde an Stelle dieses Erben in den Teilungsvorgang einmischt: BGE 135 III 179 E. 2.5 (Pra 99 [2010] Nr. 42).

18 Der **Wert des Anteils** kann insb. dann nicht i.S.v. VVAG 10 Abs. 3 (→ Nr. 8) «**annähernd**» bestimmt werden, wenn der Wert der Erbschaft bzw. des Liquidationsanteils des Schuldners unter den Erben streitig ist, wenn der Wert von zwei Experten ganz unterschiedlich beurteilt worden ist oder wenn die Genauigkeit des Inventars in wichtigen Punkten in Frage gestellt wird: BGE 135 III 179 E. 2.3 (Pra 99 [2010] Nr. 42); BGE 96 III 10 E. 3.

19 Ist es nicht möglich, den **Wert des gepfändeten Anteilsrechts** annähernd zu bestimmen, darf die Versteigerung nach VVAG 10 Abs. 3 (→ Nr. 8) in der Regel nicht angeordnet werden. Die Vorschrift bezweckt, im Interesse des Schuldners und der Gläubiger eine Verschleuderung des gepfändeten Anteilsrechts zu verhüten: BGE 96 III 10 E. 3; BGE 80 III 117 E. 1.

20 **Anhörung der Beteiligten**:
   – Indem das SchKG 132 Abs. 3 vorschreibt, die Aufsichtsbehörde könne die dort vorgesehenen Massnahmen «nach Anhörung der Beteiligten» treffen, verlangt es freilich

nicht, die Behörde selbst habe die Beteiligten anzuhören. Die Einigungsverhandlungen werden vielmehr in der Regel **vom Betreibungsamt geführt**, und es ist demgemäss in der Regel auch dessen Sache, beim Scheitern dieser Verhandlungen die Anträge der Beteiligten über das weitere Verfahren einzuholen. Ob die Aufsichtsbehörde sich selbst um eine Einigung bemühen will, ist ihrem Ermessen anheimgestellt: BGE 96 III 10 E. 4.

- Dass die Aufsichtsbehörde nach Anhörung der Beteiligten zu entscheiden hat, bedeutet für sie grundsätzlich nur, dass sie deren Anträge **nach Möglichkeit zu berücksichtigen** hat: BGE 96 III 10 E. 4. BGE 87 III 106 E. 2. Es bedeutet nicht, dass diese Behörde die Beteiligten **neu vorzuladen** habe: BGE 87 III 106 E. 2.

- Beantragt jedoch das Betreibungsamt der Aufsichtsbehörde die Wiedererwägung einer früheren Entscheidung über das Verwertungsverfahren, ohne hierüber die **Meinungsäusserungen der Beteiligten** eingeholt zu haben, und lässt sich die Aufsichtsbehörde auf diesen Antrag ein, so muss die Aufsichtsbehörde die Beteiligten, die auch in einem solchen Falle vor der Entscheidung angehört zu werden verdienen, selbst anhören. Dass die Beteiligten dabei nicht bloss einseitig über die Sachlage orientiert werden dürfen, versteht sich von selbst: BGE 96 III 10 E. 4.

- Hat die Aufsichtsbehörde über die Art der Verwertung des Anteils am Gemeinschaftsvermögen entschieden, ohne dass sie **Kenntnis von der Stellungnahme** des Miteilhabers hatte, so ist dies mit VVAG 10 Abs. 1 und 2 (→ Nr. 8) bzw. SchKG 132 Abs. 3 nicht vereinbar: BGer v. 30.11.2010, 5A_555/2010 E. 3.3.

21 Die **Schätzung des Liquidationsanteils** ist im Hinblick auf die Versteigerung nachzuholen, wenn anlässlich der Pfändung keine Schätzung des Liquidationsanteils vorgenommen wurde: BGer v. 30.05.2011, 5A_165/2011 E. 3.3.1; BGE 97 III 18 E. 2.a.

22 Die Aufsichtsbehörde ist frei, einen gemeinsamen **Vertreter der Gläubiger** zu bezeichnen, zum Zwecke, bei der zuständigen französischen Behörde die Liquidation einer vom Schuldner und einem Dritten in Frankreich als einfache Gesellschaft errichteten Immobiliengesellschaft zu beantragen: BGE 93 III 116 E. 2.

23 Die nach SchKG 132 und VVAG 9 ff. (→ Nr. 8) den Aufsichtsbehörden obliegenden Verrichtungen zur Verwertung von Gemeinschaftsanteilen sind betreffend die **Kostenvorschusspflicht** nach SchKG 68 den Handlungen des Betreibungsamtes gleichzustellen: BGE 80 III 117 E. 3.

24 Ordnet die kantonale Aufsichtsbehörde **die Auflösung der einfachen Gesellschaft** samt Verwertung ihres Vermögens an, tritt die Gesellschaft in das Liquidationsstadium. Es bedarf keiner zusätzlichen Kündigung des Gesellschaftsvertrags gegenüber allen Mitgliedern: BGE 134 III 133 E. 1.5 und 1.6.

Art. 132a[1] 6. Anfechtung der Verwertung

¹ Die Verwertung kann nur durch Beschwerde gegen den Zuschlag oder den Abschluss des Freihandverkaufs angefochten werden.

² Die Beschwerdefrist von Artikel 17 Absatz 2 beginnt, wenn der Beschwerdeführer von der angefochtenen Verwertungshandlung Kenntnis erhalten hat und der Anfechtungsgrund für ihn erkennbar geworden ist.

³ Das Beschwerderecht erlischt ein Jahr nach der Verwertung.

Verweise

***Abs. 1:** SchKG 17–21 (Beschwerde); SchKG 130 (Freihandverkauf).*

1 Ist das **Deckungsprinzip** bei der Versteigerung missachtet worden, so kann abgesehen vom Beschwerderecht der direkt betroffenen vorgehenden Pfandgläubiger und des Schuldners **jeder irgendwie Interessierte** binnen zehn Tagen seit der Steigerung den Zuschlag durch Beschwerde anfechten. Das Betreibungsamt ist auch legitimiert, den fehlerhaften Zuschlag binnen derselben Frist zu widerrufen: BGE 67 III 89, 90 f.

2 Der **Grundpfandbürge** ist zur Anfechtung eines Steigerungszuschlags nicht legitimiert: BGE 63 III 22 E. 1.

3 Die Rüge, der **minimale Zuschlagspreis** sei zu hoch festgesetzt und der Zuschlag zu einem die gesetzlichen Bedingungen erfüllenden Preis zu Unrecht verweigert worden, kann innert zehn Tagen seit der Steigerungsverhandlung mittels Beschwerde erhoben werden: BGE 71 III 123, 124.

4 Irgendwelche **Zusagen** dürfen bei der Zwangsversteigerung überhaupt nicht in die Steigerungsbedingungen aufgenommen werden. Die Aufnahme solcher Zusagen ist ein Verfahrensfehler, der zur Aufhebung des Zuschlags im Beschwerdeverfahren führen kann: BGE 95 III 21 E. 4.a.

5 Ein anfechtbarer Verfahrensfehler besteht darin, dass die **Schätzung**, die fast zwei Jahre zurücklag, vor der Versteigerung nicht wiederholt oder überprüft wurde. Dass nach der Lastenbereinigung eine neue Schätzung angeordnet werden muss, ist zwar nur für die Betreibung auf Pfändung ausdrücklich vorgeschrieben, gilt aber analog auch im Konkurs und bei der Betreibung auf Pfandverwertung: BGE 95 III 21 E. 4.b.

6 Bei einer Steigerung müssen klare, saubere Verhältnisse vorliegen und es ist jede **Möglichkeit der Irreführung der Steigerungsteilnehmer zu vermeiden**. Insb. ist über die Frage der Überbaubarkeit eines Grundstücks, die für den Entschluss zum Kauf offensichtlich wesentlich sein könnte, genau Aufschluss zu geben: BGE 95 III 21 E. 3.

7 Der Steigerungsleiter ist zur **Aufklärung des Gantpublikums** verpflichtet. So muss er das Publikum bei der Versteigerung von Interimsscheinen darüber informieren, dass ein Teil der

---

1 Eingefügt durch Ziff. I des BG vom 16. Dez. 1994, in Kraft seit 1. Jan. 1997 (AS 1995 1227; BBl 1991 III 1).

Aktien nur zu 40% liberiert sind. Tut er dies nicht, kann der Steigerungszuschlag mit Beschwerde angefochten werden: BGE 79 III 114 E. 2.

8 Die Steigerungsbedingungen – inkl. das Lastenverzeichnis – können **nach dem Zuschlag** vom Steigerungskäufer nicht mehr angefochten werden, wenn sie nicht vor Anfang der Versteigerung anlässlich ihrer Bekanntgabe angefochten wurden und sich der Steigerungskäufer ihnen stillschweigend unterworfen hat: BGE 121 III 24 E. 2.b (Pra 84 [1995] Nr. 180); BGE 109 III 107 E. 2.

9 Muss eine bereits angesetzte Versteigerung verschoben werden, so ist der neue **Termin rechtzeitig bekanntzugeben**, damit ein bestmöglicher Verwertungserlös erzielt werden kann; eine Minimalfrist für die Publikation der Versteigerung gibt es in einem solchen Falle jedoch nicht, weshalb eine Aufhebung des Zuschlags aus diesem Grund nicht in Frage kommt: BGE 119 III 26 E. 2.

10 Das Betreibungsamt darf das **Lastenverzeichnis**, wie es sich aus dem Grundbuchauszug ergibt, nicht abändern. In einer Betreibung auf Pfandverwertung, in der ja der zu verwertende Gegenstand von vornherein bestimmt ist, hat es die Zwangsverwertung auf diesen Gegenstand allein zu beschränken: vorliegend auf die Stockwerkeinheiten, unter Ausschluss der Parkplätze, die als persönliche Dienstbarkeiten zugunsten des Schuldners das Gesamtgrundstück belasten. Tut es das nicht, kann der Zuschlag angefochten werden: BGE 121 III 24 E. 2.d.

11 Eine allfällige **Nichtigkeit** kann grundsätzlich jederzeit festgestellt werden: BGer v. 30.04.2007, 7B.13/2007 E. 3.2.

– Fehlerhafte Entscheide sind **nichtig**, wenn der ihnen anhaftende Mangel besonders schwer ist, wenn er offensichtlich oder zumindest leicht erkennbar ist und wenn zudem die Rechtssicherheit durch die Annahme der Nichtigkeit nicht ernsthaft gefährdet wird. Ein Betreibungsverfahren, das nach vorangegangener ungerechtfertigter öffentlicher Bekanntmachung und ohne Wissen des Schuldners zur Verwertung seines Grundstücks geführt hat, ist nichtig und nicht bloss anfechtbar: BGE 136 III 571 E. 6 (Pra 100 [2011] Nr. 53); BGE 129 I 361 E. 2.2.

– Der Zuschlag, der einer in Konkurs stehenden **Aktiengesellschaft** auf das Steigerungsangebot eines ihrer Organe hin erteilt wird, ist nicht bloss anfechtbar, sondern nichtig: BGE 117 III 41 E. 4 und 5.

– Eine **Freihandverkaufsverfügung** ist nichtig, wenn die Umschreibung des zu verwertenden Objekts den Anforderungen zur Individualisierung nicht genügt. Bei der Verwertung von registrierten Immaterialgüterrechten – im konkreten Fall Marken – ist zur Individualisierung die Erwähnung der wichtigsten Registerangaben erforderlich: BGE 131 III 237 E. 2.1 und 2.3.

12 Der Pfandgläubiger, der ein Grundstück an einer öffentlichen Steigerung erwirbt, kann den Zuschlag nicht unter Berufung auf einen Grundlagenirrtum i.S.v. OR 24 Abs. 1 Ziff. 4 aufheben lassen, wenn die **kleinere überbaubare Fläche** durch eine in das Lastenverzeichnis aufgenommene Bauverbotsdienstbarkeit begründet ist: BGE 129 III 363 E. 5.

13 Die Anfechtung beim Zuschlag von Eigentumserwerb des Ersteigerers von **Luftfahrzeugen** kann durch Beschwerde mit dem Begehren auf Aufhebung des Zuschlags – unter Vorbehalt von Staatsverträgen – innert 30 Tagen angefochten werden: LBG 60.

14 Eine Beschwerde i.S.v. SchKG 132a Abs. 3 kann nur zur **Aufhebung der Steigerung** und zur Anordnung einer neuen Steigerung führen, und nicht zu einem einfachen Austausch des Steigerungskäufers: BGE 119 III 74 E. 1.a.

15 Wegen eines fehlerhaften Verfahrens, für das der Ersteigerer nicht verantwortlich ist, kann der Zuschlag **nach Ablauf eines Jahres** seit der Steigerung grundsätzlich nicht mehr aufgehoben werden, wenn er nicht innert eines Jahres seit der Steigerung durch Beschwerde angefochten worden ist: BGE 98 III 57 E. 1; BGE 73 III 23 E. 2. Ist jedoch der Zuschlag nicht bloss anfechtbar, sondern schlechthin nichtig, so kann und soll er, selbst wenn der Ersteigerer für den unterlaufenen Verfahrensfehler nicht verantwortlich ist, jedenfalls dann auch nach Ablauf eines Jahres seit der Steigerung von Amtes wegen (SchKG 13) aufgehoben werden, wenn seine Gültigkeit schon vor Ablauf dieser Frist im Rahmen eines behördlichen Verfahrens in für den Ersteigerer erkennbarer Weise ernsthaft in Frage gestellt worden ist und die Feststellung der einmal erkannten Nichtigkeit nicht über Gebühr verzögert wird, es sei denn, er könne nicht mehr rückgängig gemacht werden (SchKG 21): BGE 98 III 57 E. 2.

16 Die Einjahresfrist von SchKG 132a Abs. 3 ist **nicht anwendbar**, wenn das Anfechtungsobjekt nicht der Zuschlag an sich ist, sondern das Untätigbleiben des Betreibungsamtes nach erfolgter Steigerung, auch wenn die Beschwerde letztlich auf die Aufhebung des Zuschlags abzielt: BGer v. 03.11.2011, 5A_393/2011 E. 6.2.1.1.

17 Der Ersteigerer muss vor Ablauf der Jahresfrist nach der Versteigerung unabhängig von seinem guten Glauben mit einer **möglichen Anfechtung des Steigerungszuschlags** und einem sich daraus ergebenden Widerruf des Zuschlages rechnen: BGE 136 III 571 E. 6.4 (Pra 100 [2011] Nr. 53).

Art. 133[1]   C. Verwertung der Grundstücke
1. Frist

¹ Grundstücke werden vom Betreibungsamt frühestens einen Monat und spätestens drei Monate nach Eingang des Verwertungsbegehrens öffentlich versteigert.

² Auf Begehren des Schuldners und mit ausdrücklicher Zustimmung sämtlicher Pfändungs- und Grundpfandgläubiger kann die Verwertung stattfinden, auch wenn noch kein Gläubiger berechtigt ist, sie zu verlangen.

---

1 Fassung gemäss Ziff. I des BG vom 16. Dez. 1994, in Kraft seit 1. Jan. 1997 (AS 1995 1227; BBl 1991 III 1).

Verweise

Abs. 1: *ZGB 655 Abs. 2 (Grundstücke); SchKG 31–33, SchKG 56–63, ZPO 142 ff. (Fristberechnung); VZG 29 Abs. 1 (Zeitpunkt der Steigerung → Nr. 9); SchKG 116 (Verwertungsbegehren); SchKG 138–143b (Versteigerung); VZG 74–78 (Requisitorialverwertung).*
Abs. 2: *SchKG 37 Abs. 1, ZGB 793–875 (Grundpfand); SchKG 116 Abs. 1 (Frist zur Stellung des Verwertungsbegehrens).*

Zu Abs. 1

1 Bei der Zwangsverwertung von Grundstücken stellen sich besondere rechtliche Probleme, weil meist nicht nur die Interessen des Gläubigers und des Schuldners, sondern auch jene von Dritten, die **dingliche Rechte am Grundstück** haben, berücksichtigt werden müssen. Die Regelung der Zwangsverwertung von Grundstücken im SchKG war seit jeher rudimentär. Das Bundesgericht erliess daher am 23.04.1920 zwecks Rechtsvereinheitlichung gestützt auf seine damalige Verordnungskompetenz (aSchKG 15 Abs. 2) die **VZG** (→ Nr. 9). Diese regelt die technische Abwicklung der Zwangsverwertung sowie das Zusammenwirken der Behörden. Die Geltung der VZG ist kaum je in Zweifel gezogen worden. Sie ist seit mehr als 90 Jahren in Kraft und hat entsprechend unumstrittene Gesetzeskraft erlangt: Vgl. BGE 117 III 33 E. 2 (Pra 80 [1991] Nr. 47).

2 Gemäss OR 236 können die **Kantone** in den Schranken der Bundesgesetzgebung weitere Vorschriften über die öffentliche Versteigerung aufstellen.

3 Bei der Verwertungsfrist von SchKG 133 Abs. 1 handelt es sich um eine **Ordnungsfrist**, deren Verletzung eine ungerechtfertigte Verzögerung darstellen kann, welche die Haftung des Kantons (SchKG 5) sowie die disziplinarische Verantwortlichkeit des Amtsvorstehers (SchKG 14 Abs. 2) nach sich zieht. Das Amt kann nur im Rahmen von SchKG 123, der durch Verweis von SchKG 143a anwendbar ist, oder wenn eine Beschwerde oder eine Aussonderungsklage oder eine Klage auf Bestreitung des Lastenverzeichnisses oder auch jedes andere Verfahren, das die Verwertung des Grundstücks lähmt, hängig ist, die Verwertung des Grundstücks aufschieben. Eine solche Wirkung gilt bei den Verfahren der Ablösung von Grundpfandrechten i.S.v. ZGB 828 f. (SchKG 153 Abs. 3), bei den vom Zivilrichter angeordneten Grundbuchsperren, bei der vom Strafrichter angeordneten Beschlagnahme zwecks Einziehung und bei den Einigungsverhandlungen im Rahmen der Verwertung eines Miteigentumsanteils in Anwendung von VZG 73e (→ Nr. 9). Die blosse Aussicht **auf einen Mehrwert** aus einer zukünftigen teilweisen Zuteilung zur Bauzone **genügt nicht**: BGE 135 III 28 E. 3.2 (Pra 98 [2009] Nr. 68).

4 Der **Kaufsberechtigte** hat keinen Anspruch darauf, dass mit der Verwertung des Grundstücks zugewartet wird, bis er die Fläche, auf die sich das Kaufsrecht bezieht, zu Eigentum erworben hat: BGE 114 III 18 E. 4.

5 Im Pfändungs- und Pfandverwertungsverfahren ist im Unterschied zum Konkursverfahren (vgl. hierzu SchKG 243 Abs. 2) die **vorzeitige Verwertung** eines Grundstücks wegen drohender Wertverminderung nicht zulässig: BGE 107 III 122 E. 3.

6 Für den Erwerb eines **landwirtschaftlichen Grundstücks** ist eine Bewilligung erforderlich (BGBB 61 Abs. 1). Dies gilt auch für den Erwerb im Rahmen einer Zwangsversteigerung.

7 Die Bewilligung zum Erwerb eines landwirtschaftlichen Grundstücks wird grundsätzlich nur dann erteilt, wenn der Erwerber Selbstbewirtschaftung betreibt (BGBB 63 Abs. 1 lit. a). Bei **fehlender Selbstbewirtschaftung** wird die Erwerbsbewilligung ausnahmsweise erteilt, wenn der Erwerber einen wichtigen Grund nachweisen kann. Als solcher gilt u.a. der Erwerb in einem Zwangsvollstreckungsverfahren durch einen Gläubiger, der an diesem Grundstück ein Pfandrecht hat (BGBB 64 Abs. 1 lit. g). Das Geschäft, sich eine durch ein Pfandrecht an einem landwirtschaftlichen Grundstück gesicherte Forderung abtreten zu lassen, um dieses Grundstück im Rahmen einer Zwangsverwertung dank der eben erwähnten Ausnahme vom Prinzip der Selbstbewirtschaftung zu erwerben, stellt eine **unzulässige Gesetzesumgehung** dar: BGE 132 III 212 E. 4 (Pra 96 [2007] Nr. 9).

Art. 134 2. Steigerungsbedingungen
a. Auflegung

¹ Die Steigerungsbedingungen sind vom Betreibungsamte in ortsüblicher Weise aufzustellen und so einzurichten, dass sich ein möglichst günstiges Ergebnis erwarten lässt.

² Dieselben werden mindestens zehn Tage vor der Steigerung im Lokal des Betreibungsamtes zu jedermanns Einsicht aufgelegt.

1 Die Steigerungsbedingungen bilden (zusammen mit dem Lastenverzeichnis) die **Grundlage** der bevorstehenden Steigerung; sie bestimmen die Art und Weise der Steigerung, namentlich auch die Modalitäten des Zuschlags. Nachträgliche Abänderungen der Steigerungsbedingungen sind nach VZG 52 (→ Nr. 9) nur zulässig, wenn diese neu aufgelegt, publiziert und den Beteiligten nach Massgabe von SchKG 139 zur Kenntnis gebracht werden. Das gilt jedenfalls für Änderungen in Punkten, die den erwähnten Zweck betreffen und deshalb zum notwendigen Inhalt der Steigerungsbedingungen gehören: BGE 128 III 339 E. 4.a.

2 Die Verwertung untersteht einer Hauptvoraussetzung, nämlich der Erreichung der günstigsten Bedingungen. Das Betreibungs- und Konkursamt verfügt zwar in diesem Rahmen über einen gewissen Ermessensspielraum, aber das Ziel besteht einzig in der Suche nach der wirtschaftlich günstigsten Lösung, mit der im Interesse der Gläubiger und Schuldner ein **höchstmöglicher Preis** erzielt werden kann: BGE 128 I 206 E. 5.2.2 (Pra 92 [2003] Nr. 153). Die Suche nach den günstigsten Bedingungen hat ihre Ursache nicht ausschliesslich in einem privaten Interesse, sondern stellt eine vom Bundesrecht gebotene Voraussetzung dar, die nicht nur im Interesse des Gläubigers, sondern auch des Schuldners, der zu schützen ist, liegt, indem vermieden wird, dass mehr Liegenschaften verwertet werden als zur Befriedigung des auf Kapital, Zinsen und Kosten betreibenden Gläubigers erforderlich ist, während gleichzeitig bestmöglichst die Interessen des betreibenden Gläubigers und allfälliger weiterer Gläubiger im nachfolgendem Rang geschützt werden. Die dem Betreibungs- und Konkursamt durch kantonales Recht auferlegte Verpflichtung, mehrere Wohnungen im Stockwerkeigentum im Rahmen der Zwangsverwertung gesamthaft zu verkaufen und vorgängig um Bewilligung für die Veräusserung zu ersuchen, ist mit SchKG 134 nicht vereinbar: BGE 128 I 206 E. 5.2.4 (Pra 92 [2003] Nr. 153).

3 Mit den Steigerungsbedingungen gilt es, vor allem auch diejenigen Personen **anzusprechen**, die an der spezifischen Nutzung, die das zu verwertende Grundstück allenfalls zulässt, interessiert sind. Im Hinblick auf das anzustrebende bestmögliche Verwertungsergebnis ist es bei einem landwirtschaftlichen Grundstück unerlässlich, mit einem Hinweis auf das BGBB (auch) in den Steigerungsbedingungen die besonderen Eigenschaften des Grundstücks hervorzuheben: BGE 129 III 583 E. 3.2.1 (Pra 93 [2004] Nr. 85); BGE 128 III 339 E. 4.c.aa. Stellt sich heraus, dass in den aufgelegten Steigerungsbedingungen zu Unrecht nicht auf die Anwendbarkeit des BGBB hingewiesen worden ist, sind die Steigerungsbedingungen unter Beachtung des in VZG 52 (→ Nr. 9) festgelegten Verfahrens abzuändern bzw. zu ergänzen, neu aufzulegen und bekannt zu machen: BGE 128 III 339 E. 4.c.bb.

4 Die Steigerungsbedingungen können **mit betreibungsrechtlicher Beschwerde** angefochten werden, namentlich auch mit der Begründung, es könne nicht das günstigste Ergebnis erwartet werden: BGE 128 I 206 E. 5.1 (Pra 92 [2003] Nr. 153).

5 Die zehntägige Frist für die Anfechtung der Steigerungsbedingungen beginnt **mit dem Tag ihrer öffentlichen Auflegung** zu laufen, unabhängig davon, ob der Beschwerdeführer von der Publikation der Steigerungsanzeige Kenntnis genommen und dadurch von der Auflegung der Bedingungen erfahren hat: BGE 105 III 4 E. 2.

6 Zur Anfechtung der Steigerungsbedingungen legitimiert sind alle Verfahrensbeteiligten, d.h. der Schuldner, der betreibende Gläubiger, Pfandgläubiger und übrige dinglich Berechtigte. Blosse Steigerungsinteressenten, sog. **Gantliebhaber**, sind dagegen nicht legitimiert, die Steigerungsbedingungen anzufechten: BGer v. 30.04.2008, 5A_54/2008 E. 3.1; BGE 60 III 31 E. 2.

7 Die Steigerungsbedingungen können von einem Ersteigerer **nach dem Zuschlag nicht angefochten werden**, wenn sie beim Verlesen vor Versteigerungsbeginn nicht beanstandet wurden und sich der Ersteigerer ihnen stillschweigend unterworfen hat: BGer v. 30.04.2008, 5A_54/2008 E. 3.1; BGE 123 III 406 E. 3 (Pra 87 [1998] Nr. 43).

8 Eine rechtskräftig angesetzte Steigerung ist in **ausserordentlichen Fällen**, nämlich wenn seit ihrer Publikation Umstände eingetreten sind, die einen normalen Erfolg derselben an dem festgesetzten Termin mit grosser Wahrscheinlichkeit ausschliessen, auf Begehren einer Partei zu verschieben. Gegen die ablehnende Verfügung des Amts bzw. die bereits abgehaltene Steigerung ist die Beschwerde zulässig: BGE 63 III 22 E. 2.

Art. 135 b. Inhalt

1 Die Steigerungsbedingungen bestimmen, dass Grundstücke mit allen darauf haftenden Belastungen (Dienstbarkeiten, Grundlasten, Grundpfandrechten und vorgemerkten persönlichen Rechten) versteigert werden und damit verbundene persönliche Schuldpflichten auf den Erwerber übergehen. Der Schuldner einer überbundenen Schuld aus Grundpfandverschreibung oder aus Schuldbrief wird frei, wenn ihm der Gläubiger nicht innert einem Jahr nach dem Zuschlag erklärt, ihn beibehalten zu

wollen (Art. 832 ZGB[1]). Fällige grundpfandgesicherte Schulden werden nicht überbunden, sondern vorweg aus dem Erlös bezahlt.[2]

[2] Die Steigerungsbedingungen stellen ferner fest, welche Kosten dem Erwerber obliegen.

Verweise: *VZG 45–52 (Inhalt der Steigerungsbedingungen → Nr. 9).*

Abs. 1: *ZGB 730–781 (Dienstbarkeiten); ZGB 782–792 (Grundlast); SchKG 37 Abs. 1, ZGB 793–875 (Grundpfand); ZGB 824–841 (Grundpfandverschreibung); ZGB 842–865 (Schuldbrief).*

Abs. 2: *VZG 49 (Überbindung an den Ersteigerer ohne Anrechnung am Zuschlagspreis).*

Zu Abs. 1

1 Der Inhalt der Steigerungsbedingungen gemäss SchKG 135 wird in den VZG 45–52 (→ Nr. 9) sehr eingehend bestimmt. In diesem Zusammenhang **besteht kein Raum für zusätzliche vom kantonalen öffentlichen Recht aufgestellte Bestimmungen**: BGE 128 I 206 E. 5.2.1 (Pra 92 [2003] Nr. 153).

2 Steigerungsbedingungen, die der Betreibungsbeamte darüber aufstellt, innert welcher Frist der Ersteigerer die Räumung des Objekts verlangen kann und ob diesem für die Benützung ein Entgelt geschuldet wird, sind **nichtig**: BGE 113 III 42 E. 3.c.

3 Nach Wortlaut und Sinn von SchKG 135 Abs. 1 und 140 Abs. 1 werden als Lasten **nur dingliche oder realobligatorische Rechte am Grundstück**, d.h. insbesondere alle (vertraglichen oder gesetzlichen) Grundpfandrechte, Dienstbarkeiten und Grundlasten in das Lastenverzeichnis aufgenommen. Obligatorische Rechte werden dagegen nur berücksichtigt, wenn sie sich auf das Grundstück beziehen und im Grundbuch vorgemerkt sind; alle übrigen obligatorischen Rechte sind von der Aufnahme in das Lastenverzeichnis ausgeschlossen: BGer v. 13.07.2006, 2P.90/2006 E. 2.7.

4 Nach ZGB 779i und 779k hat der Grundeigentümer zur Sicherung des **Baurechtszinses** gegenüber dem Baurechtsberechtigten einen Anspruch auf Errichtung eines Pfandrechts an dem im Grundbuch aufgenommenen Baurecht. Dieser ist realobligatorischer Natur, nicht aber der Anspruch auf den Baurechtszins, der eine rein persönliche Schuld des Bauberechtigten darstellt. Die Zinsschuld verbleibt bei der rechtsgeschäftlichen Übertragung des Baurechts beim ehemaligen Baurechtsberechtigten, sofern sie nicht vom neuen Baurechtsberechtigten übernommen wird. Im Falle der Zwangsverwertung des Baurechts ist das im Grundbuch eingetragene Sicherungspfandrecht gemäss ZGB 779k Abs. 1 von der Löschung ausgenommen; das gesetzliche Pfandrecht garantiert weiterhin die zukünftigen Annuitäten bis zum Erlöschen des Baurechts. So wie aber das Baurechtszinspfand in der Zwangsverwertung von Gesetzes wegen überbunden werden muss, muss dem Ersteigerer mit dem Baurechtszinspfand **auch**

---

1 SR 210
2 Fassung gemäss Ziff. I des BG vom 16. Dez. 1994, in Kraft seit 1. Jan. 1997 (AS 1995 1227; BBl 1991 III 1).

die **dazugehörige persönliche Zinspflicht** überbunden werden; dies folgt aus dem allgemeinen Prinzip des in SchKG 135 festgehaltenen Überbindungssystems: BGer v. 22.07.2005, 7B.64/2005 E. 2.

5 Eine Ausnahme vom Überbindungsprinzip gilt für die fälligen grundversicherten Forderungen, die vorweg aus dem Erlös zu bezahlen sind. Das Pfandrecht der Stockwerkeigentümerschaft **für die Beitragsforderungen gegenüber den Stockwerkeigentümern** gehört zu diesen von der Überbindung ausgenommenen Rechten, da es sich auf die Beitragsforderungen für die drei letzten Jahre, mithin auf fällige Forderungen, bezieht. Dasselbe gilt gemäss VZG 106 (→ Nr. 9) auch **für die Pfandforderungen der Bauhandwerker und Unternehmer**, sofern sie nicht alle vollständig gedeckt werden; für diese Forderungen muss ebenfalls Barzahlung verlangt werden: BGE 106 II 183 E. 2.

6 Die Bestimmung von SchKG 135 Abs. 1 Satz 3, wonach fällige grundpfandgesicherte Forderungen nicht überbunden werden, findet **im Konkursverfahren keine Anwendung**. Vgl. hierzu SchKG 208 Abs. 1 sowie VZG 130 Abs. 4 (→ Nr. 9).

7 Bei Steigerungsangeboten **durch Personen im Ausland** ist das BewG zu beachten.

8 Zur **Ausübung gesetzlicher Vorkaufsrechte** siehe VZG 60a (→ Nr. 9).

9 Zur **Gebühr** für die Festsetzung der Steigerungsbedingungen siehe GebV SchKG 29 Abs. 2 (→ Nr. 7).

Zu Abs. 2

10 Zu Zahlungen, die **über den Zuschlagspreis hinausgehen**, kann der Ersteigerer gemäss VZG 49 Abs. 2 (→ Nr. 9) nicht verpflichtet werden, ausser es sei in den Steigungsbedingungen vorgesehen: vgl. noch zu aVZG 49 Abs. 2: BGE 123 III 53 E. 4; BGE 60 III 31 E. 2.

Art. 136[1] c. Zahlungsmodus

Die Versteigerung geschieht gegen Barzahlung oder unter Gewährung eines Zahlungstermins von höchstens sechs Monaten.

Verweise: VZG 46 (Barzahlung →Nr. 9); VZG 47 (Bezahlung auf andere Weise); SchKG 31–33, SchKG 56–63, ZPO 142 ff. (Fristberechnung →Nr. 25).

1 Das Prinzip der Barzahlung für die fälligen Grundpfandforderungen und die Kosten kennt **einige Ausnahmen**. So sieht bereits VZG 47 Abs. 1 (→ Nr. 9) unter bestimmten Voraussetzungen die Tilgung durch Schuldübernahme oder Novation vor, und auch die Verrechnung mit unbestrittenen Forderungen ist möglich, da eine Leistung, durch die der Empfänger zu sofortiger Rückleistung des Empfangenen verpflichtet würde, nicht erbracht werden muss. Schliesslich hat das Bundesgericht die Zahlung mittels Check der Barzahlung

---

1 Fassung gemäss Ziff. I des BG vom 16. Dez. 1994, in Kraft seit 1. Jan. 1997 (AS 1995 1227; BBl 1991 III 1).

gleichgesetzt, wenn sowohl über dessen Deckung als auch über die Solvenz der bezogenen Bank keinerlei Zweifel bestehen. Entsprechend ist auch das **unwiderrufliche Zahlungsversprechen** einer Bank der Barzahlung gleichzustellen, sofern es sich dabei um ein anerkanntes Kreditinstitut handelt, dessen Solvenz ausser Zweifel steht: BGE 128 III 468 E. 2.3; BGE 91 III 66 E. 1.b.

2 Der Ersteigerer eines Grundstücks kann, anstatt den Kaufpreis dem Betreibungsamt bar zu bezahlen, innerhalb der festgesetzten Frist und mit dem Betrag des Zuschlagspreises die Grundpfandgläubiger **direkt befriedigen**, sofern deren im Lastenverzeichnis aufgenommene Forderung nicht bestritten ist: BGE 115 III 60 E. 2.

3 Der Ersteigerer kann im Falle der **Verrechnung** nicht von der tatsächlichen Erfüllung der Kaufpreisschuld entbunden werden, wenn seine Forderung vom Schuldner bestritten wird. Ob die Bestreitung zur Recht erfolgt oder nicht, haben nicht die Betreibungsbehörden, sondern die Gerichte zu entscheiden. Solange diese nicht geurteilt haben und der Schuldner seine Bestreitung nicht zurückzieht, ist das Betreibungsamt nicht befugt, dem Ersteigerer den Teil des Steigerungspreises auszuzahlen, der auf seine Forderung entfällt, wenn sie sich als begründet erweist: BGE 79 III 119, 121.

4 Die Steigerungsinteressenten haben bereits vor einem allfälligen Erwerb des Steigerungsobjekts Anspruch darauf, genau zu wissen, welche finanziellen Verpflichtungen sie durch ein Mitbieten eingehen. Nur so ist eine ordnungsgemässe Verwertung des Steigerungsobjektes gewährleistet. Das Betreibungsamt hat deshalb in den Steigerungsbedingungen einen **genauen Termin** für die Bezahlung des Rest-Zuschlagspreises aufzunehmen. Dabei hat es zu beachten, dass eine Ausschöpfung des in SchKG 136 gesteckten Rahmens von sechs Monaten grundsätzlich nur beim Vorliegen **besonderer Umstände** in Frage kommt. Wo es um einen Steigerungspreis in der Grössenordnung von Fr. 100'000.00 geht, ist auf den ersten Blick nicht ersichtlich, was eine Stundung von sechs Monaten zu rechtfertigen vermöchte: BGE 112 III 23 E. 4.

5 Dem Ersteigerer, der den **festgesetzten Zahlungstermin nicht einzuhalten** vermag, kann kein Anspruch auf Verlängerung der Frist zugestanden werden, selbst wenn ihn nicht voraussehbare und nicht verschuldete Verhältnisse an der termingerechten Zahlung hindern. Eine Fristerstreckung kann ihm vielmehr nur mit Einwilligung sämtlicher Beteiligter gewährt werden: BGer v. 22.07.2004, 7B.142/2004 E. 2.2.1; BGE 75 III 11 E. 3.

6 Zur Bezahlung einer allfälligen **kant. Handänderungssteuer** siehe VZG 66 Abs. 4 (→ Nr. 9).

Art. 137[1]   d. Zahlungsfrist

Wenn ein Zahlungstermin gewährt wird, bleibt das Grundstück bis zur Zahlung der Kaufsumme auf Rechnung und Gefahr des Erwerbers in der Verwaltung des Betreibungsamtes. Ohne dessen Bewilligung darf inzwischen keine Eintragung in das Grundbuch vorgenommen werden. Überdies kann sich das Betreibungsamt für den gestundeten Kaufpreis besondere Sicherheiten ausbedingen.

Verweise: VZG 45 Abs. 1 lit. e (Angabe des Zahlungstermins in den Steigerungsbedingungen, → Nr. 9); VZG 66 (Vollzug des Zuschlags); SchKG 143 Abs. 2 (Folgen des Zahlungsverzugs).

1   Allein den Grundpfandgläubigern stehen – entsprechend ihren Forderungen – die zwischen der Leistung der Anzahlung und der aufgeschobenen Bezahlung des Restzuschlagpreises anwachsenden **Zinsen** zu: BGE 122 III 40 E. 2.

Art. 138   3. Versteigerung
a. Bekanntmachung, Anmeldung der Rechte

[1] Die Steigerung wird mindestens einen Monat vorher öffentlich bekanntgemacht.

[2] Die Bekanntmachung enthält:
1. Ort, Tag und Stunde der Steigerung;
2. die Angabe des Tages, von welchem an die Steigerungsbedingungen aufliegen;
3.[2] die Aufforderung an die Pfandgläubiger und alle übrigen Beteiligten, dem Betreibungsamt innert 20 Tagen ihre Ansprüche am Grundstück, insbesondere für Zinsen und Kosten, einzugeben. In dieser Aufforderung ist anzukündigen, dass sie bei Nichteinhalten dieser Frist am Ergebnis der Verwertung nur teilhaben, soweit ihre Rechte im Grundbuch eingetragen sind.

[3] Eine entsprechende Aufforderung wird auch an die Besitzer von Dienstbarkeiten gerichtet, soweit noch kantonales Recht zur Anwendung kommt.[3]

Verweise

Abs. 1: SchKG 31–33, SchKG 56–63, ZPO 142 ff. (Fristberechnung → Nr. 25); SchKG 35 (öffentliche Bekanntmachung).

---

1   Fassung gemäss Art. 58 SchlT ZGB, in Kraft seit 1. Jan. 1912 (AS 24 233 Art. 60 SchlT ZGB; BBl 1904 IV 1, 1907 VI 367).
2   Fassung gemäss Ziff. I des BG vom 16. Dez. 1994, in Kraft seit 1. Jan. 1997 (AS 1995 1227; BBl 1991 III 1).
3   Fassung gemäss Art. 58 SchlT ZGB, in Kraft seit 1. Jan. 1912 (AS 24 233 Art. 60 SchlT ZGB; BBl 1904 IV 1, 1907 VI 367).

Abs. 2: *VZG 29 (Bekanntmachung der Steigerung → Nr. 9); VZG 64 (Bekanntmachung einer neuen Steigerung).*
Abs. 2 Ziff. 1: *VZG 29 Abs. 1 (Zeitpunkt der Steigerung).*
Abs. 2 Ziff. 2: *SchKG 134 Abs. 2 (Auflegung der Steigerungsbedingungen).*
Abs. 2 Ziff. 3: *SchKG 140 Abs. 1 und 2, VZG 33–44 (Lastenverzeichnis); VZG 29 Abs. 2 (Aufforderung an die Pfandgläubiger).*
Abs. 3: *SchlT ZGB 17, 21, 44, VZG 29 Abs. 3 (Aufforderung an die Inhaber von unter dem früheren kantonalen Recht entstandenen und nicht im Grundbuch eingetragenen Dienstbarkeiten).*

1 Die **Steigerungspublikation** soll die Vorbereitung und auch die sachgemässe Durchführung der Versteigerung ermöglichen. Sie muss daher die gesetzlich vorgeschriebenen Angaben enthalten und mindestens einen Monat vor dem Versteigerungstermin erfolgen: BGE 119 III 26 E. 2.a.

2 Die Steigerungspublikation soll eine **möglichst grosse Anzahl Interessierter** erreichen. Ein Fehler bei der Publikation kann einen Grund für eine Anfechtung der Versteigerung abgeben: BGE 121 III 88 E. 6.a; BGE 110 III 30 E. 2.

3 Die **erste Steigerungspublikation** gemäss SchKG 138 ist eine Betreibungshandlung i.S.v. SchKG 56; die zweite Steigerungspublikation gemäss VZG 29 Abs. 4 (→ Nr. 9) ist dagegen bloss eine an die Gläubiger gerichtete Bekanntmachung, und der Schuldner hat kein schutzwürdiges Interesse, deren Modalitäten in Frage zu stellen; so kann er sich insbesondere nicht darüber beschweren, dass die zehntägige Frist zur Wiederholung der Steigerungspublikation nicht eingehalten und letztere während der Betreibungsferien vorgenommen worden ist: BGE 121 III 88 E. 6.c.aa und bb.

4 Die Erzielung eines möglichst hohen Steigerungserlöses liegt im Interesse der Gläubiger und der Schuldner, nicht aber in jenem der Steigerungsinteressenten. Eine **zu kurze Frist zwischen Publikation und Durchführung der Steigerung** stellt deshalb keinen Verstoss i.S.v. SchKG 22 dar: BGE 130 III 407 E. 2.3.2. Ebenfalls nicht nichtig ist der Entscheid des Betreibungsamtes, auf eine **zusätzliche Publikation der Steigerung zu verzichten**: BGer v. 31.10.2005, 7B.188/2005 E. 3.2.

5 Ist der Umfang des zu verwertenden Grundpfandobjekts nicht bestimmt, weil in einem **hängigen Grundbuchberichtigungsverfahren** zu klären ist, ob der Grundpfandgegenstand mit einem Miteigentumsanteil an einem anderen Grundstück subjektiv-dinglich verknüpft ist, so kann zwar das Lastenbereinigungsverfahren eingeleitet, jedoch der Steigerungstermin bis zur rechtskräftigen Erledigung des Grundbuchberichtigungsprozesses noch nicht festgesetzt werden: BGE 112 III 102 E. 3.

6 Muss eine bereits angesetzte Steigerung **verschoben** werden, so ist der neue Termin rechtzeitig bekanntzugeben, damit ein bestmöglicher Verwertungserlös erzielt werden kann; eine Minimalfrist für die Publikation der Steigerung gibt es jedoch nicht: BGE 119 III 26 E. 2.b.

7 Vom Grundsatz, dass es sich bei der Anmeldungsfrist von SchKG 138 Abs. 2 Ziff. 3 um eine **Verwirkungsfrist** handelt, rechtfertigt sich keine Ausnahme, wenn der Pfandgläubiger irr-

tümlich eine zu niedrige Forderung eingegeben und diese erst nach Ablauf der Eingabefrist berichtigt hat: BGE 113 III 17 E. 2.

8 Zur Anmeldung seiner Rechte aufzufordern ist **auch der betreibende Pfandgläubiger**. Dieser kann andere oder umfangreichere Rechte anmelden, als er im Betreibungsbegehren geltend gemacht hat: BGE 136 III 288 E. 3.4 (Pra 99 [2010] Nr. 142); BGer v. 02.02.2006, 5C.266/2005 E. 3.2; BGE 26 I 516 E. 2.

9 Wer nicht als Grundpfandgläubiger aus dem Grundbuch hervorgeht, hat sich sowohl bei der Anmeldung seiner Ansprüche zur Aufnahme in das Lastenverzeichnis wie auch allenfalls bei der Beschwerdeführung **über seine Gläubigereigenschaft auszuweisen**: BGE 87 III 1, 4 f.

10 Das Erfordernis eines **Ausweises** wie das Familienbüchlein oder der Geburtsschein für die Teilnahme an der Versteigerung kann nach dem Zuschlag nicht mehr angefochten werden, wenn dies nicht schon innert gesetzlicher Frist nach der Steigerungspublikation geschehen ist und das Erfordernis im übrigen auch nicht bestritten worden ist, als unmittelbar vor Beginn der Steigerung daran erinnert wurde: BGE 120 III 25 E. 2.

Art. 139[1]   b. Anzeige an die Beteiligten

Das Betreibungsamt stellt dem Gläubiger, dem Schuldner, einem allfälligen dritten Eigentümer des Grundstücks und allen im Grundbuch eingetragenen Beteiligten ein Exemplar der Bekanntmachung durch uneingeschriebenen Brief zu, wenn sie einen bekannten Wohnsitz oder einen Vertreter haben.

Verweis: VZG 30 (Spezialanzeigen → Nr. 9).

1 Im **Konkursverfahren** hat der Schuldner keinen Anspruch auf Zustellung der Spezialanzeige: BGE 94 III 101, 102.

2 Der blosse **Inhaber eines Kaufrechts** hat ebenfalls keinen Anspruch auf Zustellung der Spezialanzeige: BGE 105 III 4 E. 2.

3 Der **Bürge** des Schuldners hat kein Recht auf Zustellung der Spezialanzeige, selbst wenn er für eine Pfandforderung haftet: BGE 63 III 22 E. 1.

4 Wer eine mit einer **Verfügungsbeschränkung** i.S.v. VZG 15, 90 oder 97 (→ Nr. 9) belastete Liegenschaft erwirbt, hat keinen Anspruch darauf, dass selbst dann, wenn das Betreibungsamt erst nach der Steigerungspublikation von seinem Eigentumserwerb erfährt, die ihm gemäss VZG 103 zuzustellende Spezialanzeige mindestens einen Monat vor der Steigerung versandt werde, was i.d.R. nicht ohne eine Verschiebung der Steigerung möglich wäre. Er muss die Betreibung, zu deren Gunsten die Verfügungsbeschränkung vorgemerkt wurde, in dem Stadium hinnehmen, in welchem sie sich in dem Zeitpunkt befindet, da das Betreibungsamt von seinem Eigentumserwerb Kenntnis erhält, und kann nicht mehr

---

[1] Fassung gemäss Ziff. I des BG vom 16. Dez. 1994, in Kraft seit 1. Jan. 1997 (AS 1995 1227; BBl 1991 III 1).

verlangen, als dass ihm das Amt die Spezialanzeige so bald als möglich zustellt: BGE 78 III 3 E. 4.

5   Wird die Anzeige der Mitteilung des Verwertungsbegehrens – für welche das Betreibungsamt beweisbelastet ist – unterlassen, und wird dem Schuldner die Steigerung auch nicht mit Spezialanzeige bekannt gemacht, so hat dies die **Anfechtbarkeit** der nachfolgenden Verwertung zur Folge: BGer v. 18.04.2011, 5A_25/2011 E. 2.1; BGer v. 16.01.2006, 7B.202/2005 E. 4.2; BGE 116 III 85 E. 2 (Pra 80 [1991] Nr. 48).

Art. 140[1]   c. Lastenbereinigung, Schätzung

[1] Vor der Versteigerung ermittelt der Betreibungsbeamte die auf dem Grundstück ruhenden Lasten (Dienstbarkeiten, Grundlasten, Grundpfandrechte und vorgemerkte persönliche Rechte) anhand der Eingaben der Berechtigten und eines Auszuges aus dem Grundbuch.

[2] Er stellt den Beteiligten das Verzeichnis der Lasten zu und setzt ihnen gleichzeitig eine Bestreitungsfrist von zehn Tagen. Die Artikel 106–109 sind anwendbar.

[3] Ausserdem ordnet der Betreibungsbeamte eine Schätzung des Grundstückes an und teilt deren Ergebnis den Beteiligten mit.

Verweise

Abs. 1: VZG 33–44 (Lastenverzeichnis → Nr. 9); ZGB 730–781 (Dienstbarkeiten); ZGB 782–792 (Grundlast); SchKG 37 Abs. 1, ZGB 793–875 (Grundpfand); VZG 28 (Einforderung eines Grundbuchauszugs); ZGB 942–977 (Grundbuch).

Abs. 2: SchKG 34, VZG 37 (Mitteilung); SchKG 31–33, SchKG 56–63, ZPO 142 ff. (Fristberechnung → Nr. 25); VZG 38–43 (Bereinigung).

Abs. 3: VZG 9, 44 (Schätzung).

Zu Abs. 1

1   Das **Lastenverzeichnis** gibt Auskunft über die auf dem Grundstück lastenden dinglichen und realobligatorischen Rechte. Einerseits soll der Erwerber erfahren, mit welchen Lasten er das Grundstück übernimmt, und andererseits sollen die beteiligten Pfandgläubiger im Hinblick auf die Verteilung wissen, welche Rechte ihrem Anspruch vorgehen oder diesem gleichgestellt sind. Die Wirkungen des Lastenverzeichnisses beschränken sich naturgemäss auf das jeweilige Betreibungsverfahren: BGE 129 III 246 E. 3.1.

2   Der Grundbuchauszug bildet die **Grundlage** des Lastenverzeichnisses: BGer v. 28.08.2001, 7B.157/2001 E. 1.a. Da das Grundbuchamt nicht notwendigerweise Angaben bzw. auf den letzten Stand gebrachte Angaben über die Inhaber eines Schuldbriefs erteilt, hat das Betreibungsamt gemäss VZG 28 Abs. 2 (→ Nr. 9) die im Grundbuchauszug enthaltenen Angaben

---

1   Fassung gemäss Ziff. I des BG vom 16. Dez. 1994, in Kraft seit 1. Jan. 1997 (AS 1995 1227; BBl 1991 III 1).

durch **Befragung des Schuldners** über Namen und Wohnort der Pfandgläubiger zu überprüfen. Es obliegt dem Betreibungsamt, die geeigneten Massnahmen anzuordnen, damit sich die unbekannten Gläubiger melden. Bleiben diese trotzdem unbekannt, muss ihr Pfandrecht gleichwohl ins Lastenverzeichnis eingetragen werden: BGE 116 III 85 E. 2.b (Pra 80 [1991] Nr. 48).

3 Die Aufnahme einer in einem Inhabertitel verkörperten Grundpfandforderung in das Lastenverzeichnis ist **nicht zulässig**, solange der Ansprecher seinen Namen und Wohnort **nicht angibt**: BGE 97 III 72 E. 3; BGE 63 III 119, 121; BGE 57 III 131, 135.

4 Das Betreibungsamt ist nicht befugt, die **Berechtigung angemeldeter Ansprüche** zu überprüfen: BGE 120 III 20 E. 3 (Pra 84 [1995] Nr. 83); BGE 112 III 26 E. 4.

5 Nach Wortlaut und Sinn von SchKG 135 Abs. 1 und 140 Abs. 1 werden als Lasten **nur dingliche oder realobligatorische Rechte am Grundstück**, d.h. insbesondere alle (vertraglichen oder gesetzlichen) Grundpfandrechte, Dienstbarkeiten und Grundlasten in das Lastenverzeichnis aufgenommen. Obligatorische Rechte werden dagegen nur berücksichtigt, wenn sie sich auf das Grundstück beziehen und im Grundbuch vorgemerkt sind; alle übrigen obligatorischen Rechte sind von der Aufnahme in das Lastenverzeichnis ausgeschlossen: BGer v. 13.07.2006, 2P.90/2006 E. 2.7.

6 Ein **nicht im Grundbuch eingetragenes bzw. vorgemerktes Benützungsrecht** an einer Liegenschaft kann nicht ins Lastenverzeichnis aufgenommen werden. Überschreitet der Betreibungsbeamte offenkundig seine sachliche Zuständigkeit, so ist die Aufnahme in das Lastenverzeichnis nichtig: BGE 113 III 42 E. 2.

7 Wenn eine Versteigerung abgesagt und auf einen neuen Termin angekündigt wird, ist das für die vorangehende Versteigerung erstellte und rechtskräftige Lastenverzeichnis **auch für die folgende Versteigerung massgebend**. Das bereinigte und rechtskräftige Lastenverzeichnis verliert nur dann jede Wirkung, wenn die hängige Betreibung dahinfällt, nicht aber, wenn im Verwertungsverfahren einzig ein neuer Steigerungstermin anzusetzen ist: BGer v. 03.08.2001, 7B.172/2001 E. 2.c.

8 Gemäss VZG 45 Abs. 2 (→ Nr. 9) ist das entsprechend dem Ausgang allfälliger Prozesse oder Beschwerden berichtigte oder ergänzte **Lastenverzeichnis** den Steigerungsbedingungen als Anhang beizufügen. Es kann durch diese **nicht abgeändert** werden: BGE 99 III 66 E. 3.

9 Die **Gebühren** für die Aufstellung des Lastenverzeichnisses und für die Festsetzung der Steigerungsbedingungen sind auch dann pro Grundstück zu entrichten, wenn das Betreibungsamt mehrere Grundstücke in je einem Exemplar der genannten Urkunden zusammengenommen hat: BGE 129 III 478 E. 2.

Zu Abs. 2

10 Gemäss VZG 37 Abs. 2 (→ Nr. 9) erfolgt die Mitteilung des Lastenverzeichnisses mit der Anzeige, dass die im Lastenverzeichnis aufgeführten Ansprüche für die betreffende Betreibung von demjenigen, der diese nicht innert Frist bestreitet, als anerkannt gelten. D.h., dass die Bestreitung einer im Lastenverzeichnis eingetragenen Forderung den Eintritt der Rechtskraft des Lastenverzeichnisses **nur gegenüber dem Bestreitenden verhindert**: BGE 113 III 17 E. 3.

11 Die an den Gläubiger gerichtete Fristansetzung zur Klage auf Aberkennung eines Anspruchs im Lastenverzeichnis ist eine **Mitteilung** i.S.v. SchKG 34. Die Zustellung durch eingeschriebenen Brief oder durch Übergabe gegen Empfangsbescheinigung soll sicherstellen, dass dem Beamten jederzeit der Beweis für die Mitteilung zur Verfügung steht: BGE 121 III 11 E. 1.

12 Der Lastenbereinigungsprozess dient allein der **Abklärung** von in das Lastenverzeichnis aufgenommenen Lasten. Wurde für eine Last keine Anmeldung vorgenommen, so kann ihre Aufnahme im Lastenbereinigungsprozess nicht mehr verlangt werden: BGer v. 24.06.2011, 5A_109/2011 E. 4.2.3. Das Betreibungsamt hat denjenigen, der ein in das Lastenverzeichnis aufgenommenes Recht bestreitet, ohne Verzug aufzufordern, i.S.v. SchKG 107 Abs. 1 **gerichtliche Klage** zu erheben: BGE 112 III 109 E. 4.

13 **Dienstbarkeiten** können nur dann Gegenstand einer Lastenbereinigung bilden, wenn sie das zu verwertende Grundstück belasten. Soweit im Lastenverzeichnis Grunddienstbarkeiten zugunsten des zu verwertenden Grundstücks aufgeführt werden, handelt es sich der Sache nach nur um beschreibende Angaben, die nicht Gegenstand der Lastenbereinigung sein und an der Rechtskraft des Lastenverzeichnisses nicht teilnehmen können. Dementsprechend können infolge der Zwangsverwertung eines Grundstücks nur solche Dienstbarkeiten entstehen, die in dem für das fragliche Verfahren erstellten Lastenverzeichnis als Lasten aufgeführt sind. Grunddienstbarkeiten zugunsten des verwerteten Grundstücks und zulasten eines andern, vom betreffenden Verfahren nicht erfassten Grundstücks können mit dem Zuschlag bei der Zwangsversteigerung nicht entstehen: BGE 97 III 89 E. 5.b.

14 Ein Streit, **der sich nicht auf Bestand oder Rang einer Grundpfandlast**, sondern bloss auf die Person des derzeit berechtigten Gläubigers bezieht, ist nicht im Lastenbereinigungsverfahren auszutragen: BGE 87 III 64 E. 3.

15 Ist in einer Betreibung der Rechtsvorschlag unterlassen oder Rechtsöffnung bewilligt worden, so kann der Schuldner Bestand und Höhe der Forderung **nicht dadurch erneut in Frage stellen**, dass er im Zeitpunkt der Verwertung durch Anfechtung des Lastenverzeichnisses die materiellrechtliche Begründetheit der Forderung und das sie sichernde Grundpfandrecht bestreitet: BGer v. 24.06.2011, 5A_109/2011 E. 5.2; BGE 118 III 22 E. 1 und 2.

16 Wird ein in das Lastenverzeichnis aufgenommenes Recht bestritten, so ist, sofern dessen Bestand oder Rang vom Grundbucheintrag abhängt, die **Klägerrolle** nach VZG 39 (→ Nr. 9) demjenigen zuzuweisen, der eine Abänderung oder die Löschung des Rechtes verlangt. Es hat also derjenige als Kläger aufzutreten, dessen Rechtsbehauptung den Eintragen des Grundbuchs widerspricht: BGE 87 III 64 E. 2.

17 Werden in das Lastenverzeichnis aufgenommene Grundpfandforderungen bestritten, deren Gläubiger unbekannt sind, so ist ein **Beistand** zu ernennen: BGE 62 III 122, 123.

18 **Kurrentgläubiger** sind zur Anfechtung des Lastenverzeichnisses nicht berechtigt, soweit es sich **nur um die Frage des Vorrangs eines Pfandgläubigers** vor dem andern handelt: BGE 112 III 31 E. 3. Ein nachträglich abgeändertes Lastenverzeichnis braucht entsprechend auch nicht öffentlich aufgelegt zu werden, wenn die Änderungen bloss die Rangfolge der Pfandforderungen betreffen: BGE 96 III 74 E. 1.

19 Sagt das Lastenverzeichnis nicht, **in welchem Umfang** die Grundpfandschulden und Zinsen dem Erwerber überbunden werden, so führt das nicht zur Ungültigkeit der Versteigerung,

sofern die Steigerungsbedingungen diesbezüglich klar sind: BGE 116 III 85 E. 3 (Pra 80 [1991] Nr. 48).

20 Ein Lastenverzeichnis, das keine klare Entscheidung darüber enthält, **ob sich die Pfandhaft auf die Zugehör erstrecke oder nicht**, ist nachträglich zu ergänzen und neu aufzulegen: BGE 99 III 66 E. 2 und 4.

21 **Formelle Fehler** des Betreibungsamts bei der Erstellung des Lastenverzeichnisses (wie z.b. die Aufnahme eines nicht im Grundbuch aufgenommenen, nicht angemeldeten und auch nicht kraft Gesetzes bestehenden Anspruchs oder die Nichtaufnahme eines im Grundbuch aufgenommenen Anspruchs) sind **mit Beschwerde gemäss SchKG 17** anzufechten: vgl. BGE 120 III 20 E. 1 (Pra 84 [1995] Nr. 83).

22 Ein endgültiges Lastenverzeichnis darf jederzeit **von Amtes wegen abgeändert** werden, sofern es unter Verletzung von Verfahrensnormen erstellt wurde, die zwingend sind, weil sie im öffentlichen Interesse oder im Interesse einer unbestimmten Zahl von Dritten aufgestellt wurden. Eine nachträgliche Abänderung oder Ergänzung könnte sich auch im Falle einer Unterlassung des Betreibungsbeamten rechtfertigen, oder wenn sich ein Rechtsverhältnis ändert oder neue Tatsachen (z.B. Vorlage eines berichtigten Grundbuchauszugs) eintreten: BGer v. 11.01.2012, 5A_445/2011 E. 4.3; BGE 121 III 24 E. 2.b (Pra 84 [1995] Nr. 180); BGE 120 III 20 E. 1 (Pra 84 [1995] Nr. 83).

23 Die **Frist zur Anfechtung des Lastenverzeichnisses** wird weder verkürzt noch verlängert aus dem Grund, dass die Steigerung vor deren Ablauf stattgefunden hat. Darin, dass der Gläubiger an der Steigerung teilnahm und vorbehaltlos ein Angebot machte, liegt ein stillschweigender Verzicht auf die Anfechtung früherer Mängel des Lastenverzeichnisses: BGE 78 III 164, 166.

24 Die Anordnung eines **nachträglichen Lastenbereinigungsverfahrens** ist einzig dann gerechtfertigt, wenn sich bestimmte Rechte und erhebliche Interessen nur so in genügender Weise wahren lassen: BGE 76 III 41, 44.

25 Während der Dauer des Lastenbereinigungsprozesses in der Betreibung auf Grundpfandverwertung bleibt eine **zweite Betreibung**, für welche das gleiche Grundstück gepfändet ist, eingestellt: BGE 64 III 204, 205.

Zu Abs. 3

26 Gemäss VZG 44 (→ Nr. 9) ist nach Durchführung des Lastenbereinigungsverfahrens festzustellen, ob seit der Pfändung **Änderungen im Wert** des Grundstücks, wie namentlich infolge Wegfall von Lasten, eingetreten sind. Der Auftrag an einen Sachverständigen zur Neuschätzung der Liegenschaft stellt einen amtsinternen Vorgang dar und hat keinen Verfügungscharakter. Erst das Ergebnis der Schätzung bildet eine anfechtbare Verfügung: BGer v. 09.08.2004, 7B.147/2004 E. 1.1 und 1.2.

27 Das Recht, die Schätzung nach Durchführung des Lastenbereinigungsverfahrens in Frage zu stellen und gestützt auf VZG 9 Abs. 2 (→ Nr. 9) eine **neue Schätzung** zu verlangen, ist nicht abhängig von der Stellungnahme zur Pfändungsschätzung: BGE 122 III 338 E. 3a.

Art. 141[1]   d. Aussetzen der Versteigerung

¹ Ist ein in das Lastenverzeichnis aufgenommener Anspruch streitig, so ist die Versteigerung bis zum Austrag der Sache auszusetzen, sofern anzunehmen ist, dass der Streit die Höhe des Zuschlagspreises beeinflusst oder durch eine vorherige Versteigerung andere berechtigte Interessen verletzt werden.

² Besteht lediglich Streit über die Zugehöreigenschaft oder darüber, ob die Zugehör nur einzelnen Pfandgläubigern verpfändet sei, so kann die Versteigerung des Grundstückes samt der Zugehör gleichwohl stattfinden.

Verweise

Abs. 1: *SchKG 140 Abs. 2 (Bestreitungsfrist); SchKG 106–109 (Verfahren).*

Abs. 2: *VZG 38 (Zugehör → Nr. 9).*

Zu Abs. 1

1. SchKG 141 Abs. 1 trifft für die im Verwertungsstadium stattfindende Lastenbereinigung eine besondere, das Prinzip der Verschiebung der Steigerung in sachgemässer Weise **einschränkende** Ordnung: BGE 84 III 89 E. 1.

2. Es obliegt dem **Betreibungsamt**, über die Wirkungen des Lastenbereinigungsprozesses auf die Versteigerung zu entscheiden. Es hat diesbezüglich eine Entscheid- und von Fall zu Fall eine Ermessenskompetenz: BGer v. 08.08.2005, 7B.59/2005 E. 2.4.

3. Mit der Voraussetzung, dass der Streit die Höhe des Zuschlagspreises beeinflussen müsse, um Anlass für eine Aussetzung der Versteigerung zu geben, wird auf den anhand des **Deckungsprinzips** (SchKG 126) festzusetzenden Minimalpreis angespielt: BGE 84 III 89 E. 2. Hängt der Mindestzuschlagspreis vom Ergebnis eines Lastenbereinigungsprozesses ab, so ist die Verwertung bis zur Erledigung des Prozesses einzustellen: BGE 107 III 122 E. 1.

4. Der Prozess über eine Pfandforderung, die im Verhältnis zu derjenigen des auf Grundpfandverwertung betreibenden Gläubiger **im Range nachgeht**, ist weder von Einfluss auf den Zuschlagspreis, noch berührt er andere berechtigte Interessen, die zur Einstellung der Versteigerung genügen würden: BGer v. 15.02.2012, 5A_141/2012 E. 3.3.

5. Für die Festsetzung des minimalen Zuschlagspreises ist es ohne Bedeutung, ob neben der Forderung des betreibenden Gläubigers **im gleichen Rang** noch eine andere Pfandforderung besteht: BGE 84 III 89 E. 2.

6. Ist an der Pfandliegenschaft vor Einleitung der Grundpfandbetreibung das **Vorkaufsrecht** nach EGG 6 (heute BGBB 42 ff.) geltend gemacht worden, so ist die Versteigerung bis zur rechtskräftigen Erledigung des Prozesses über dieses Recht zu verschieben: BGE 98 III 53 E. 3.

7. Die Klage auf Wiederherstellung des ursprünglichen Zustandes, die gemäss BewG 27 von der beschwerdeberechtigten kantonalen Behörde erhoben wird, erfüllt die Voraussetzungen von

---

[1] Fassung gemäss Ziff. I des BG vom 16. Dez. 1994, in Kraft seit 1. Jan. 1997 (AS 1995 1227; BBl 1991 III 1).

SchKG 141 Abs. 1 nicht und **ist somit nicht geeignet**, einen Aufschub der von den Pfandgläubigern verlangten Grundstücksteigerung zu bewirken: BGE 111 III 26 E. 2 (noch zu BewB 22).

8   Es rechtfertigt sich nicht, die **Erhebung des Kaufpreises** aufzuschieben, nur weil der Lastenbereinigungsprozess noch pendent ist: BGE 115 III 60 E. 4.

9   Das im Pfändungs- und Pfandverwertungsverfahren geltende Deckungsprinzip ist im Konkurs vollständig ausgeschaltet. Nach VZG 128 Abs. 1 (→ Nr. 9) sollen die Pfandgläubiger aber immerhin in die Lage kommen, ihr Verhalten bei der Verwertung nach dem Ergebnis des ihre Pfandforderungen betreffenden Kollokationsprozesses einzurichten: BGE 72 III 27, 30. Grundstücke, an denen Pfandrechte oder andere beschränkte dingliche Rechte geltend gemacht werden, dürfen deshalb selbst im Falle der Dringlichkeit erst verwertet werden, **nachdem** das Kollokationsverfahren über diese Rechte durchgeführt ist und allfällige Kollokationsprozesse rechtskräftig erledigt sind: BGer v. 08.08.2005, 7B.90/2005 E. 3.3.

10   **Ausnahmsweise** können die Aufsichtsbehörden nach VZG 128 Abs. 2 (→ Nr. 9) die Versteigerung schon vorher bewilligen, wenn keine berechtigten Interessen verletzt werden. Die Anwendung dieser Ausnahmevorschrift ist von strengen Voraussetzungen abhängig. Sie lässt ein Abweichen von der Regel des VZG 128 Abs. 1 nur zu, wenn ganz besondere Umstände eine beschleunigte Verwertung fordern. Ist diese Voraussetzung aber einmal erfüllt, so können anderseits auch nur besonders wichtige Interessen die Verweigerung der in VZG 128 Abs. 2 vorgesehenen Bewilligung rechtfertigen: BGer v. 08.08.2005, 7B.90/2005 E. 3.3; BGE 88 III 23 E. 2. Der hängige Kollokationsstreit eines Pfandgläubigers über seine eigene Forderung bildet keinen Grund zur Verweigerung der Bewilligung der vorzeitigen Verwertung: BGE 75 III 100 E. 1; BGE 68 III 111 E. 1.

11   Als **berechtigtes Interesse** i.S.v. SchKG 141 Abs. 1 gilt insbesondere jenes Interesse, das unter dem Schutz einer Bestimmung steht, die im öffentlichen Interesse oder im Interesse von nicht am Verfahren beteiligten Parteien erlassen worden ist (SchKG 22). Ob ein solches Interesse vorliegt, kann nur anhand des konkreten Einzelfalles, insbesondere anhand der Natur des strittigen Rechts sowie anhand des zu erwartenden Urteils im Lastenbereinigungsprozess bestimmt werden: BGer v. 15.09.2010, 5A_373/2010 E. 4.3.

12   Unter den Begriff des berechtigten Interesses fällt auch dasjenige des Schuldners auf Erzielung **eines möglichst günstigen Erlöses**. Unter Umständen kann also auch wegen eines von ihm allein geführten Prozesses über ein Servitut zugunsten des Grundstücks die Versteigerung eingestellt werden, wenn sein Bestand den Preis wesentlich beeinflusst und der Prozess durch den Schuldner in guten Treuen und ohne Verzögerung geführt wird: BGE 53 III 132 E. 2.b.

13   Der **klägliche Zustand der Pfandliegenschaft** begründet kein berechtigtes Interesse an einer Aussetzung der Versteigerung: BGE 84 III 89 E. 3.

Art. 142[1] e. Doppelaufruf

[1] Ist ein Grundstück ohne Zustimmung des vorgehenden Grundpfandgläubigers mit einer Dienstbarkeit, einer Grundlast oder einem vorgemerkten persönlichen Recht belastet und ergibt sich der Vorrang des Pfandrechts aus dem Lastenverzeichnis, so kann der Grundpfandgläubiger innert zehn Tagen nach Zustellung des Lastenverzeichnisses den Aufruf sowohl mit als auch ohne die Last verlangen.

[2] Ergibt sich der Vorrang des Pfandrechts nicht aus dem Lastenverzeichnis, so wird dem Begehren um Doppelaufruf nur stattgegeben, wenn der Inhaber des betroffenen Rechts den Vorrang anerkannt hat oder der Grundpfandgläubiger innert zehn Tagen nach Zustellung des Lastenverzeichnisses am Ort der gelegenen Sache Klage auf Feststellung des Vorranges einreicht.

[3] Reicht das Angebot für das Grundstück mit der Last zur Befriedigung des Gläubigers nicht aus und erhält er ohne sie bessere Deckung, so kann er die Löschung der Last im Grundbuch verlangen. Bleibt nach seiner Befriedigung ein Überschuss, so ist dieser in erster Linie bis zur Höhe des Wertes der Last zur Entschädigung des Berechtigten zu verwenden.

Verweise: *ZGB 812 Abs. 2 (Vorrang des Pfandrechts).*

Abs. 1: *ZGB 730–781 (Dienstbarkeiten); ZGB 782–792 (Grundlast); VZG 56, 104 (Doppelaufruf → Nr. 9).*

Abs. 2: *ZPO 88 (Feststellungsklage → Nr. 25).*

Zu Abs. 1

1   Die Anordnung des Doppelaufrufs ist von einem Begehren eines Pfandgläubigers abhängig. Das Betreibungsamt ist **nicht befugt, von sich aus einen Doppelaufruf vorzunehmen**: BGE 81 III 61 E. 1.

2   Das Verfahren kann gemäss VZG 42 (→ Nr. 9) auch von einem Pfandgläubiger verlangt werden, dessen Anspruch von einem andern im Lastenbereinigungsverfahren mit Erfolg bestritten, **vom Schuldner aber anerkannt wurde**.

3   Gemäss VZG 56 lit. a (→ Nr. 9) findet **der erste Aufruf mit der Last** statt. Wenn dieser bereits ein zur Befriedigung des Gläubigers ausreichendes Angebot zeitigt oder der durch die Last Begünstigte einen Fehlbetrag sofort bezahlt, **braucht kein zweiter Aufruf stattzufinden**. Denn unter solchen Umständen wirkt sich die Last nicht zum Nachteil der vorgehenden Grundpfandgläubiger aus, was nach der grundlegenden Bestimmung von ZGB 812 Abs. 2 allein ihre Löschung rechtfertigen würde: BGE 81 III 61 E. 1.

4   Durch die Anordnung eines Doppelaufrufs oder den Verzicht auf diese Vorkehr werden keine rechtlich geschützten Interessen des **Ersteigerers** berührt. Wird das Pfandobjekt doppelt

---

1   Fassung gemäss Ziff. I des BG vom 16. Dez. 1994, in Kraft seit 1. Jan. 1997 (AS 1995 1227; BBl 1991 III 1).

ausgerufen, steht es ihm frei, nur bei einem Aufruf zu bieten oder bei beiden sowie je die Höhe des Angebots zu bestimmen: BGer v. 14.05.2002, 7B.33/2002 E. 3.b.

5   Gemäss VZG 104 (→ Nr. 9) unterliegen **im Grundbuch vorgemerkte Miet- und Pachtverträge** ohne Weiteres dem Doppelaufruf.

6   Ein Mietvertrag, der ursprünglich für eine bestimmte Dauer abgeschlossen wurde, sich aber jeweils stillschweigend um fünf Jahre verlängert, kann im Grundbuch **wieder eingetragen** werden, nachdem die Vormerkung des Vertrags von Amtes wegen gelöscht wurde, weil vor Ablauf der ersten Vertragsdauer keine Verlängerung der Vormerkung verlangt worden war: BGE 135 III 248 E. 4 (Pra 98 (2009) Nr. 111).

7   Der **nicht im Grundbuch vorgemerkte langfristige Pachtvertrag** kann dem Grundpfandgläubiger ebenfalls nicht entgegengehalten werden, um den Doppelaufruf zu verhindern. LPG 14 sieht zwar vor, dass im Falle der Zwangsverwertung der Erwerber des Grundstücks in den bestehenden Pachtvertrag eintritt. Der Gesetzgeber wollte damit aber keinesfalls den Schutz der Interessen der Grundpfandgläubiger, wie er insb. durch ZGB 812 gewährleistet wird, in Frage stellen. Es handelt sich hier nicht um ein qualifiziertes Schweigen des Gesetzgebers, sondern bloss um eine Gesetzeslücke, die gemäss ZGB 1 im Lichte von ZGB 812 und der entsprechenden Vorschriften des Schuldbetreibungs- und Konkursrechts (SchKG 142, VZG 56 und 104 → Nr. 9) zugunsten der Grundpfandgläubiger zu schliessen ist: BGE 124 III 37 E. 2 (Pra 87 [1998] Nr. 56).

8   Dasselbe gilt auch für **nicht im Grundbuch vorgemerkte langfristige Mietverträge**. Insbesondere aus der Entstehungsgeschichte von OR 261 ergibt sich nichts für eine bewusste Bevorzugung von Mietern mit langfristigen Mietverträgen gegenüber prioritären Grundpfandgläubigern in der Zwangsvollstreckung: BGE 125 III 123 E. 1.d.

9   Die **verbleibende Vertragsdauer** eines Mietvertrags ist ein entscheidendes Kriterium für die Zulässigkeit des Doppelaufrufs. Ist die verbleibende Vertragsdauer eines ein Grundstück betreffenden Mietvertrags, der nach der Errichtung eines Pfandrechts abgeschlossen wurde, relativ lange, hat der Pfandgläubiger aufgrund der wahrscheinlichen Entwertung des Grundstücks ein offensichtliches Interesse daran, den Doppelaufruf zu verlangen. Sobald diese Restdauer kurz ist, jedenfalls dann, wenn sie der in OR 266c und 266d festgesetzten gesetzlichen Kündigungsfrist von drei Monaten für Wohnräume bzw. sechs Monaten für Geschäftsräume entspricht oder kürzer als diese ist, entfällt ein solches Interesse am Doppelaufruf: BGE 126 III 290 E. 2.b.

10 Der Ersteigerer, der ein Grundstück in einer Zwangsvollstreckung mit Doppelaufruf erwirbt, kann einen langfristigen Mietvertrag **auf den nächsten gesetzlichen Termin kündigen**: BGE 128 III 82 E. 2.c; BGE 125 III 123 E. 1.e. Der Nachweis eines dringenden Eigenbedarfs ist nicht erforderlich: BGE 137 III 208 E. 2.5 (Pra 100 [2011] Nr. 106); BGE 125 III 123 E. 1.e. Auch bei einer Kündigung nach einem Doppelaufruf kann das Mietverhältnis aber unter den Voraussetzungen von OR 272 ff. **erstreckt** werden: BGE 128 III 82 E. 2.d.

11 Erwirbt der aus einem **vorgemerkten Kaufsrecht** Berechtigte das Eigentum während der Hängigkeit einer Betreibung auf Pfandverwertung, so bleibt das Grundstück denjenigen Gläubigern weiterhin verhaftet, deren Pfandrechte dem Kaufsrecht im Rang vorgegangen waren. Das Vollstreckungsverfahren nimmt in einem solchen Fall somit seinen Fortgang, es

sei denn, der neue Eigentümer befriedige die erwähnten Pfandgläubiger. Übt der Kaufsberechtigte sein Recht vor der Versteigerung nicht aus, so wird das vorgemerkte Kaufsrecht dem Ersteigerer überbunden, sofern nicht ein vorgehender Pfandgläubiger, der i.S.v. SchKG 142 den doppelten Aufruf verlangt hatte, die Löschung der Vormerkung hat erwirken können. Pfandrechte, die dem vorgemerkten Kaufsrecht im Rang nachgehen, kann der Kaufsberechtigte dagegen löschen lassen, sobald er als Eigentümer eingetragen ist: BGE 114 III 18 E. 3.

12 Die Vormerkung persönlicher Rechte untersteht wie spätere Dienstbarkeiten und Grundlasten dem Doppelaufruf. Dasselbe gilt für Verfügungsbeschränkungen wegen einer Nacherbschaft. Eine **rein privatrechtliche Nacherbeneinsetzung** kann einem früheren Pfandrecht nicht entgegengehalten werden: BGer v. 16.01.2006, 7B.202/2005 E. 4.1.5.

13 Der Bestand **öffentlichrechtlicher Eigentumsbeschränkungen** wird auch dann nicht durch die Zwangsverwertung erschüttert, wenn sie später als allfällige Pfandrechte erstellt werden: BGE 121 III 242 E. 1.

14 Sind der Kollokationsplan und das mit ihm verbundene Lastenverzeichnis in Rechtskraft erwachsen, so muss sich die Konkursverwaltung daran halten. Die Rangordnung kann **nicht mehr dadurch in Frage gestellt werden**, dass die Steigerungsbedingungen mit dem darin vorgesehenen Doppelaufruf, den ein kollozierter Gläubiger verlangt hat, angefochten werden: BGE 112 III 31 E. 3 und 4.

15 Zum getrennten Aufruf von Grundstück und **Zugehör** siehe VZG 57 (→ Nr. 9).

Zu Abs. 3

16 Gemäss ZGB 812 Abs. 3 hat der aus der Dienstbarkeit oder Grundlast Berechtigte gegenüber nachfolgenden Eingetragenen für den Wert der Belastung Anspruch auf **vorgängige Befriedigung** aus dem Erlös, wenn die Last bei der Pfandverwertung gelöscht werden muss. Aus dem gesetzlichen Rangprinzip (Alterspriorität) folgt, dass der Berechtigte seine Befriedigung vor jedem später Eingetragenen (Pfandgläubiger, Dienstbarkeits- oder Grundlastberechtigten) erhält. Bleibt noch ein **Überrest**, so kommt er den nachfolgenden Belastungen (z.B. späteren Grundpfandgläubigern) zu Gute oder fällt, wenn es keine solchen gibt, dem Grundeigentümer zu: BGE 132 III 539 E. 3.1.

17 Der Wert der Belastung ist laut VZG 116 Abs. 2 (→ Nr. 9) in die **Verteilungsliste** aufzunehmen. Die Vorschriften der SchKG 147 und 148 finden in Bezug auf diese Forderung entsprechende Anwendung. Der Rechtsstreit über die Höhe einer solchen Entschädigung ist im Kollokationsverfahren, also vor dem Richter und nicht vor der Aufsichtsbehörde auszutragen. Nur ein **Gläubiger**, der die Kollokation eines andern beanstandet, kann Klage auf Anfechtung des Kollokationsplans i.S.v. SchKG 148 erheben: BGE 132 III 539 E. 3.2.

Art. 142a[1] 4. Zuschlag. Deckungsprinzip. Verzicht auf die Verwertung

Die Bestimmungen über den Zuschlag und das Deckungsprinzip (Art. 126) sowie über den Verzicht auf die Verwertung (Art. 127) sind anwendbar.

Verweis: VZG 105 (betreibender Gläubiger → Nr. 9).

Siehe die Entscheidungen zu SchKG 126 und 127.

Art. 143 5. Folgen des Zahlungsverzuges

[1] Erfolgt die Zahlung nicht rechtzeitig, so wird der Zuschlag rückgängig gemacht, und das Betreibungsamt ordnet sofort eine neue Versteigerung an. Artikel 126 ist anwendbar.[2]

[2] Der frühere Ersteigerer und seine Bürgen haften für den Ausfall und allen weitern Schaden. Der Zinsverlust wird hierbei zu fünf vom Hundert berechnet.

Verweise

Abs. 1: *SchKG 136 (Zahlungsmodus); SchKG 137 (Zahlungsfrist); VZG 63 (Zahlungsverzug des Ersteigerers → Nr. 9); VZG 64 (neue Steigerung).*
Abs. 2: *ZGB 492–512 (Bürgschaft).*

Zu Abs. 1

1   Die dem Ersteigerer gewährte Zahlungsfrist (SchKG 136) kann nur **mit Einwilligung sämtlicher Beteiligter verlängert werden**: BGer v. 22.07.2004, 7B.142/2004 E. 2.2.1; BGE 75 III 11 E. 3. Im Betreibungsverfahren sind dies der Schuldner, der betreibende Gläubiger, die bar zu bezahlenden Pfandgläubiger sowie die zu Verlust gekommenen Pfandgläubiger; im Konkurs ist zudem die Einwilligung der Konkursverwaltung erforderlich: BGE 75 III 11 E. 3.

2   Eine zusätzliche Frist von 10 Tagen, die dem Ersteigerer im Anschluss an ein **Beschwerdeverfahren** von der kantonalen Aufsichtsbehörde eingeräumt wird, damit er den Zuschlagspreis bezahlen kann, ist zulässig, soweit diese zusätzliche Frist die Verlängerung der Beschwerde erteilten aufschiebenden Wirkung bezweckt: BGE 109 III 37 E. 2.b.

3   Ein **Zahlungsverzug** i.S.v. SchKG 143 liegt nur vor, wenn der Ersteigerer die Bezahlung einer dem Betreibungs- bzw. Konkursamt zu leistenden Summe verweigert. Dazu gehören der Zuschlagspreis, soweit er nach den Steigerungsbedingungen bar zu bezahlen ist, aber auch die dem Ersteigerer überbundenen Kosten. Ein Verzug in der Erfüllung einer dem Ersteigerer in den Steigerungsbedingungen überbundenen Verpflichtung gegenüber einer Drittperson hat

---

1   Eingefügt durch Ziff. I des BG vom 16. Dez. 1994, in Kraft seit 1. Jan. 1997 (AS 1995 1227; BBl 1991 III 1).
2   Fassung gemäss Ziff. I des BG vom 16. Dez. 1994, in Kraft seit 1. Jan. 1997 (AS 1995 1227; BBl 1991 III 1).

dagegen nicht die Aufhebung des Zuschlags zur Folge, es sei denn, die Erfüllung dieser Verpflichtung bilde eine Voraussetzung für die Fortsetzung des Verfahrens: BGE 108 III 17 E. 1.

4 Es würde dem **Zweck** von SchKG 143 und VZG 63 (→ Nr. 9) widersprechen, den verspätet, aber effektiv geleisteten Restpreis zurückzuzahlen und das Grundstück erneut zu versteigern. Anders wäre allenfalls zu entscheiden, wenn die verspätete Zahlung nichtig wäre. Dies wäre der Fall bei Verletzung von Vorschriften, die im öffentlichen Interesse oder in demjenigen eines am Betreibungsverfahren nicht beteiligten Dritten aufgestellt sind (vgl. SchKG 22). Bei SchKG 143 und VZG 63, aber auch bei SchKG 136 und VZG 45 ist aber weder ein öffentliches Interesse erkennbar noch wäre ersichtlich, welche Drittpersonen geschützt werden sollten. Die betreffenden Normen zielen auf eine **möglichst einfache Art der Liquidation** und auf eine rasche Befriedigung des Gläubigers, weshalb sie primär in dessen Interesse liegen: BGE 128 III 468 E. 2.3.

5 SchKG 143 und VZG 63 (→ Nr. 9) sind auch **bei einem Freihandverkauf im Konkurs** anwendbar: BGE 128 III 104 E. 4.

Zu Abs. 2

6 Das für eine frühere Steigerung aufgestellte Lastenverzeichnis bildet (abgesehen von gewissen Nachführungen) **auch die Grundlage für eine neu anzusetzende Steigerung** (VZG 65 Abs. 1 → Nr. 9). Das Betreibungsamt setzt nicht nochmals Frist zur Anmeldung von Ansprüchen an (VZG 65 [→ Nr. 9] i.V.m. SchKG 138 Abs. 2 Ziff. 3), es erfolgt m.a.W. kein neues Lastenbereinigungsverfahren: BGer v. 11.01.2012, 5A_445/2011 E. 4.1.

7 Für die neue Steigerung infolge Zahlungsverzugs des Ersteigerers **sind grundsätzlich die gleichen Steigerungsbedingungen aufzulegen**. Das Betreibungsamt kann die Steigerungsbedingungen innerhalb der ihm im Gesetz eingeräumten Befugnisse aber auch abändern (VZG 65 → Nr. 9 i.V.m. SchKG 134 Abs. 1). Di e neu aufgelegten Steigerungsbedingungen können mit Beschwerde nach SchKG 17 angefochten werden, insbesondere von den am Verfahren Beteiligten, sofern sie die Beschwerdelegitimation erfüllen. Wer die Steigerungsbedingungen anficht, muss demnach in seinen (rechtlich geschützten oder zumindest tatsächlichen) schutzwürdigen Interessen betroffen sein: BGer v. 11.01.2012, 5A_446/2011 E. 4.2.

8 Die durch die Haftung des Ersteigerers begründete Forderung steht nicht dem Gläubiger zu, sondern bildet **ein Aktivum des Schuldners**. Dieser darf jedoch nicht darüber verfügen, denn die Forderung unterliegt dem Pfändungs- bzw. Pfandbeschlag und kann ihrerseits betreibungsamtlich verwertet werden, indem sie gemäss SchKG 131 zur Eintreibung an die interessierten Gläubiger abgetreten oder aber bei fehlendem Abtretungsinteresse öffentlich versteigert wird: BGer v. 14.02.2007, 5C.222/2006 E. 3.

9 Ob durch die Nichterfüllung der Pflichten aus der früheren Versteigerung **ein Ausfall bzw. ein Schaden** entstanden ist, wird festgestellt durch eine Vergleichung der Lage, wie sie sich bei richtiger Erfüllung präsentiert hätte, mit derjenigen, wie sie sich aus der Nichterfüllung ergibt. Ein Ausfall bzw. ein Schaden kann folglich nur dann entstehen, wenn der an der zweiten Versteigerung erzielte höhere Zuschlagspreis die zusätzlichen Zins-, Verwertungs-, Verwahrungs- und ähnliche Kosten nicht deckt; ist die positive Differenz grösser als diese Kosten, schuldet der frühere Ersteigerer nichts. Insbesondere dürfen ihm in diesem Fall auch nicht die aus der Nichterfüllung sich zusätzlich ergebenden Verwertungskosten oder die Kos-

Dritter Titel: Betreibung auf Pfändung

ten der ersten Versteigerung belastet werden und wird hierdurch der den Betreibungs- bzw. Pfandgläubigern zustehende Versteigerungserlös nicht in unzulässiger Weise geschmälert, weil diese bei gehöriger Erfüllung der Pflichten des Erstersteigerers keinen Anspruch auf eine zweite Versteigerung hätten, die zu einem besseren Ergebnis führt: BGer v. 14.02.2007, 5C.222/2006 E. 3.

10 Der Streit über die Höhe des Ausfalls oder des Schadens darf nicht vom Betreibungsamt beurteilt werden, sondern ist **vor den Gerichten** auszutragen: BGer v. 14.02.2007, 5C.222/2006 E. 3; BGE 82 III 137 E. 1.

Art. 143a[1]   6. Ergänzende Bestimmungen

Für die Verwertung von Grundstücken gelten im Übrigen die Artikel 123 und 132a.

Keine Entscheidungen.

Art. 143b[2]   7. Freihandverkauf

¹ An die Stelle der Versteigerung kann der freihändige Verkauf treten, wenn alle Beteiligten damit einverstanden sind und mindestens der Schätzungspreis angeboten wird.

² Der Verkauf darf nur nach durchgeführten Lastenbereinigungsverfahren im Sinne von Artikel 138 Absatz 2 Ziffer 3 und Absatz 3 und Artikel 140 sowie in entsprechender Anwendung der Artikel 135–137 erfolgen.

Verweis: *SchKG 130 (Freihandverkauf beweglicher Sachen).*

Siehe Entscheidungen zu SchKG 130.

...[3]

Art. 144   D. Verteilung
1. Zeitpunkt. Art der Vornahme

¹ Die Verteilung findet statt, sobald alle in einer Pfändung enthaltenen Vermögensstücke verwertet sind.

---

1   Eingefügt durch Ziff. I des BG vom 16. Dez. 1994, in Kraft seit 1. Jan. 1997 (AS 1995 1227; BBl 1991 III 1).
2   Eingefügt durch Ziff. I des BG vom 16. Dez. 1994, in Kraft seit 1. Jan. 1997 (AS 1995 1227; BBl 1991 III 1).
3   Tit. aufgehoben durch Ziff. I des BG vom 16. Dez. 1994 (AS 1995 1227; BBl 1991 III 1).

² Es können schon vorher Abschlagsverteilungen vorgenommen werden.

³ Aus dem Erlös werden vorweg die Kosten für die Verwaltung, die Verwertung, die Verteilung und gegebenenfalls die Beschaffung eines Ersatzgegenstandes (Art. 92 Abs. 3) bezahlt.[1]

⁴ Der Reinerlös wird den beteiligten Gläubigern bis zur Höhe ihrer Forderungen, einschliesslich des Zinses bis zum Zeitpunkt der letzten Verwertung und der Betreibungskosten (Art. 68), ausgerichtet.[2]

⁵ Die auf Forderungen mit provisorischer Pfändung entfallenden Beträge werden einstweilen bei der Depositenanstalt hinterlegt.

Verweise

Abs. 1: *VZG 79 Abs. 1 (Zeitpunkt der Verteilung → Nr. 9).*

Abs. 2: *SchKG 266 (Abschlagsverteilung im Konkurs); VZG 79 Abs. 3 (Bezahlung von im Lastenverzeichnis enthaltenen fälligen Forderungen).*

Abs. 3: *VZG 20, 22, 46, 80 (Verwaltungskosten); VZG 46, 80 (Verwertungskosten).*

Abs. 4: *VZG 81–83 (Verteilungsgrundsätze).*

Abs. 5: *SchKG 83 Abs. 1, 111 Abs. 5, 281 Abs. 1 (provisorische Pfändung); SchKG 24 (Depositenanstalt → Nr. 5).*

Zu Abs. 1

1   Der Aushändigung des Erlöses im Verteilungsverfahren kommt **rechtlich die Bedeutung und Wirkung einer Zahlung** der betreffenden Forderung zu: BGE 29 I 230, 232.

2   Das Betreibungsamt darf nicht zur Verteilung schreiten, wenn der Erlös aus der Verwertung eines Grundstücks Gegenstand einer **strafrechtlichen Beschlagnahme** bildet: BGE 110 III 75 E. 1.a; BGE 105 III 1, 2 f. (Pra 68 [1979] Nr. 133).

Zu Abs. 3

3   Die vorweg durch den Verwertungserlös **zu deckenden Kosten** sind namentlich die Kosten für die Verwahrung beweglicher Sachen (GebV SchKG 26 → Nr. 7), die Verwaltung von Grundstücken (GebV SchKG 27), das Lastenverzeichnis und die Steigerungsbedingungen (GebV SchKG 29), die Versteigerung, den Freihandverkauf und den Ausverkauf (GebV SchKG 30), die Mitteilungen an das Grundbuchamt nach der Verwertung (GebV SchKG 32), den Einzug und die Überweisung an die Gläubiger (GebV SchKG 33), die Erstellung des Kollokations- und Verteilungsplans (GebV SchKG 34), die Anweisung von Forderungen (GebV SchKG 35) sowie die Kosten in Verbindung mit der Anzeige des Verwertungsbegehrens an den Schuldner (SchKG 120). Es handelt sich folglich um Kosten, die direkt mit dem

---

[1] Fassung gemäss Ziff. I des BG vom 16. Dez. 1994, in Kraft seit 1. Jan. 1997 (AS 1995 1227; BBl 1991 III 1).

[2] Fassung gemäss Ziff. I des BG vom 16. Dez. 1994, in Kraft seit 1. Jan. 1997 (AS 1995 1227; BBl 1991 III 1).

Verwertungsverfahren verbunden sind, seien dies Gebühren des Betreibungsamtes gestützt auf die GebV SchKG für die Arbeit seiner Angestellten oder auch die durch die Anweisungen, die Portokosten usw. verursachten Auslagen: BGE 134 III 37 E. 4.1 (Pra 97 [2008] Nr. 76).

4 Die **Einkommenssteuern** sind keine Verwertungskosten i.S.v. SchKG 144 Abs. 3 und folglich nicht vom Bruttoerlös der Pfändung abzuziehen, bevor die Verteilung an die Betreibungsgläubiger stattfindet: BGE 134 III 37 E. 4.1 (Pra 97 [2008] Nr. 76).

5 Die **Grundstückgewinnsteuer** zählt zu den Verwertungskosten und ist deshalb vorweg aus dem Erlös zu bezahlen: BGer v. 30.01.2001, 7B.6/2001 E. 2; BGE 122 III 246 E. 5.

6 Der **Kostenvorschuss** ist von jenem Gläubiger zu leisten, der das Verwertungsbegehren gestellt hat. Hat ein Gläubiger einer nachgehenden Pfändungsgruppe das Verwertungsbegehren gestellt, so sind vorab die Kosten der Verwertung und Verteilung zu bezahlen und ist somit auch der geleistete Kostenvorschuss zurückzuerstatten; nur der Nettoerlös, der nach Abzug der Kosten verbleibt, kommt den Gläubigern der vorangehenden Pfändungsgruppen zugute: BGE 111 III 63 E. 2.

7 Werden bei der Verwertung von Gegenständen, die für mehr als einen Gläubiger gepfändet sind, die Kosten durch den Erlös **nicht gedeckt**, so können dieselben nicht auch denjenigen Gläubigern auferlegt werden, die kein Verwertungsbegehren gestellt haben: BGE 130 III 520 E. 2.3; BGE 111 III 63 E. 2; BGE 55 III 122 E. 2.

8 Die Erwartung, dass die Kosten der Verwertung und Verteilung ohne Weiteres durch den Erlös gedeckt werden können, **befreit** den die Verwertung begehrenden Gläubiger **nicht** von der Leistung eines Kostenvorschusses: BGE 111 III 63 E. 3.

Zu Abs. 4

9 Die Frage, ob und inwieweit jemand an der Betreibung und an der Verteilung **teilnimmt**, entscheidet das Betreibungsamt. Dabei ist alleine die betreibungsrechtliche Situation im Zeitpunkt der Verteilung massgebend: BGE 130 III 675 E. 3.1.

10 SchKG 68 Abs. 2 betrifft nur die Art der Anrechnung des einem einzelnen Gläubiger zufliessenden Betrages. Für die Verteilung des Verwertungsergebnisses unter mehrere beteiligte Gläubiger sind die Artikel 144 ff. SchKG massgebend. Der Reinerlös ist nach Abzug der Pfändungskosten **gleichmässig auf die in gleichem Range stehenden Gläubiger** zu verteilen. Dabei ist die Gesamtforderung jedes dieser Gläubiger mit Einschluss seiner Betreibungs- und allfälligen Rechtsöffnungskosten (samt Parteientschädigung) in Rechnung zu stellen: BGE 90 III 36 E. 1. Das Vorrecht des SchKG 281 Abs. 2 gilt nur für die Kosten der Arrestbewilligung und des Arrestvollzugs, nicht auch für die Kosten der anschliessenden Betreibung und eines Rechtsöffnungsverfahrens: BGE 90 III 36 E. 2.

11 Sind in einer Betreibung auf Pfändung Gegenstände verwertet worden, an denen Pfandrechte bestehen, so ist den Pfandgläubigern **nur der aus diesen Gegenständen erzielte Reinerlös**, nach Abzug der auf sie entfallenden Verwertungs- und Verteilungskosten, zuzuweisen: BGE 89 III 72 E. 2.

12 Wird eine Forderung des Schuldners gegenüber einem Dritten gepfändet, so hört die Pflicht des Schuldners zur **Verzinsung** seiner Schuld in dem Umfang und von dem Zeitpunkt an auf, da beim Betreibungsamt Zahlungen des Drittschuldners eingehen: BGE 127 III 182 E. 2.b;

BGE 116 III 56 E. 2.b. Der Umstand, dass eine Widerspruchsklage hängig ist und/oder eine strafrechtliche Beschlagnahme verfügt wurde, verpflichtet das Betreibungsamt lediglich dazu, den Betrag zu hinterlegen und nach Wegfall der besagten Hindernisse **mit den Zinsen der Hinterlegung** zu verteilen: BGE 127 III 182 E. 2.b.

13 Die **Kostendeckung** umfasst nur die Betreibungskosten, nicht aber allfällige Prozesskosten (mit Ausnahme der Rechtsöffnungskosten): BGE 73 III 133, 134.

14 Der Schuldner kann zu beliebiger Zeit gegen Gebührenvorschuss eine Abschrift der **Schlussrechnung** verlangen. Von Amtes wegen braucht dies jedoch nicht zu geschehen: BGer v. 24.10.2001, 7B.202/2001 E. 2; BGE 77 III 77 E. 2.

15 Der Anspruch des Gläubigers auf Herausgabe des Erlöses der Betreibung ist **betreibungsrechtlicher Natur**. Hieraus folgt, dass die Aufsichtsbehörde zuständig ist, über Streitfragen, die sich aus dem Rechtsverhältnis zwischen Gläubiger und Betreibungsamt ergeben, zu entscheiden: BGE 129 III 559 E. 1.3; BGE 35 I 784 E. 3; BGE 35 I 480 E. 2.

16 Die an einen Gläubiger gerichtete Aufforderung des Konkursamtes, ihm einen zu Unrecht bezogenen Betrag zurückzuerstatten, ist keine i.S.v. SchKG 17 anfechtbare Verfügung. Dem Konkursamt steht die **Klage aus ungerechtfertigter Bereicherung** offen: BGE 132 III 432 E. 2.6; BGer v. 14.09.2005, 7B.20/2005 E. 1.1; BGE 123 III 335 E. 1.

Zu Abs. 5

17 Die provisorische Pfändung ist wie eine definitive zu vollziehen und kann daher **auch den Lohn** erfassen: BGE 83 III 17 E. 1.

18 Die Forderungen nicht betreibender Faustpfand- oder Retentionsgläubiger sind **bis zum Eintritt ihrer Fälligkeit** ebenfalls zu hinterlegen: BGE 29 I 230, 232 f.

Art. 145[1] 2. Nachpfändung

[1] Deckt der Erlös den Betrag der Forderungen nicht, so vollzieht das Betreibungsamt unverzüglich eine Nachpfändung und verwertet die Gegenstände möglichst rasch. Ein besonderes Begehren eines Gläubigers ist nicht nötig, und das Amt ist nicht an die ordentlichen Fristen gebunden.

[2] Ist inzwischen eine andere Pfändung durchgeführt worden, so werden die daraus entstandenen Rechte durch die Nachpfändung nicht berührt.

[3] Die Bestimmungen über den Pfändungsanschluss (Art. 110 und 111) sind anwendbar.

Verweise

Abs. 1: SchKG 126, 142a (Deckungsprinzip); SchKG 90 (Pfändungsankündigung); SchKG 122, 133 Abs. 1 (ordentliche Fristen).

---

1 Fassung gemäss Ziff. I des BG vom 16. Dez. 1994, in Kraft seit 1. Jan. 1997 (AS 1995 1227; BBl 1991 III 1).

Abs. 2: SchKG 110 Abs. 3 (Pfändung für den Mehrerlös).

Zu Abs. 1

1 Eine Nachpfändung i.S.v. SchKG 145 kann bloss erfolgen, wenn der Erlös den Betrag der Forderungen **nicht deckt**, setzt also voraus, dass die Verwertung der gepfändeten Sachen bereits stattgefunden hat: BGE 114 III 98 E. 1.d; BGE 83 III 135, 137.

2 Stellt sich nach der Verwertung der gepfändeten Vermögenswerte heraus, dass ihr Erlös entgegen der Schätzung des Betreibungsamtes den Betrag der Forderungen nicht deckt, ist **von Amtes wegen** eine Nachpfändung vorzunehmen: BGE 120 III 86 E. 3.b. Dies rechtfertigt sich dadurch, dass die Befriedigung der Gläubiger aufgrund der unrichtigen amtlichen Schätzung gescheitert ist: BGE 70 III 43 E. 2.

3 Werden Vermögenswerte des Schuldners entgegen SchKG 91 nicht in die Pfändung einbezogen oder vom Betreibungsamt nicht in die Pfändungsurkunde aufgenommen, obwohl sie zur Zeit der Pfändung schon vorhanden waren, so sind diese nicht von Amtes wegen, sondern nur **auf ausdrücklichen Antrag eines Gläubigers** nachzupfänden: BGE 120 III 86 E. 3.c.

4 Wird die Verwertung zuvor gepfändeter Gegenstände **unmöglich**, so ist unabhängig der Gründe, die dazu geführt haben, von Amtes wegen eine Nachpfändung vorzunehmen: BGE 120 III 86 E. 3.d.

5 Kann ein gepfändeter Gegenstand mangels eines (genügenden) Angebots nicht verwertet werden, so darf dieser anlässlich der Nachpfändung nicht gleich wieder gepfändet werden. SchKG 145 hat vielmehr die Pfändung **neuer, für die Betreibung bisher noch nicht verwendeter Gegenstände** im Sinn: BGE 25 I 141, 145.

6 Die Nachpfändung ist **Bestandteil der Hauptpfändung**. Für die nachgepfändeten Objekte kann deshalb kein Verwertungsaufschub gewährt werden: BGE 49 III 92, 93.

Zu Abs. 3

7 Eine Ergänzungspfändung gemäss SchKG 110 Abs. 1 löst keine neue **Teilnahmefrist** nach SchKG 110 und 111 aus, dafür aber eine Nachpfändung gemäss SchKG 145: BGE 70 III 61, 63.

Art. 146[1] 3. Kollokationsplan und Verteilungsliste
a. Rangfolge der Gläubiger

¹ Können nicht sämtliche Gläubiger befriedigt werden, so erstellt das Betreibungsamt den Plan für die Rangordnung der Gläubiger (Kollokationsplan) und die Verteilungsliste.

---

1 Fassung gemäss Ziff. I des BG vom 16. Dez. 1994, in Kraft seit 1. Jan. 1997 (AS 1995 1227; BBl 1991 III 1).

² Die Gläubiger erhalten den Rang, den sie nach Artikel 219 im Konkurs des Schuldners einnehmen würden. Anstelle der Konkurseröffnung ist der Zeitpunkt des Fortsetzungsbegehrens massgebend.

Verweise

Abs. 1: VZG 79 Abs. 2 (Inhalt des Kollokationsplans → Nr. 9).

Abs. 2: SchKG 171 (Konkurseröffnung); SchKG 189 (Konkurseröffnung in der Wechselbetreibung); SchKG 190–194 (Konkurseröffnung ohne vorgängige Betreibung); SchKG 88 (Fortsetzungsbegehren).

Zu Abs. 1

1 Kollokation und Verteilungsliste sind **voneinander zu unterscheiden**. Durch erstere soll festgestellt werden, ob, in welchen Beträgen und in welchem Rang die angemeldeten bzw. betriebenen Forderungen im Verhältnis zueinander auf das Ergebnis der Liquidation Anspruch haben. Die Verteilung dagegen besteht bloss in der rechnerischen Operation der Zuweisung des Liquidationsergebnisses an die nach dem Kollokationsplan berechtigten Gläubiger: BGE 24 I 127 E. 1.

2 Zur Errichtung des Kollokationsplans hat das Betreibungsamt die Forderungen der Gläubiger so aufzunehmen, wie sie sich aus den zur Verfügung stehenden Akten entnehmen lassen; es darf Bestand und Höhe der zu kollozierenden Forderung nicht überprüfen. Hingegen steht dem Betreibungsamt **bezüglich des Ranges** der in Betreibung gesetzten unversicherten Forderungen materielle Entscheidungsbefugnis zu: BGE 127 III 470 E. 3.a.

3 Die **Betreibungskosten** (inkl. Rechtsöffnungskosten) sind der Hauptforderung zuzurechnen: BGE 90 III 36 E. 1.

4 Sobald in einer Betreibung auf Grundpfandverwertung die Steigerung durchgeführt ist und der Zuschlag nicht mehr angefochten werden kann, kommt SchKG 56 Ziff. 3 nicht mehr zur Anwendung. Für den Schuldner, der während der Betreibungsferien auf dem Amt vom Verteilungsplan Kenntnis erhält, beginnt die Frist zur Erhebung einer Beschwerde deshalb **nicht erst nach Ende der Ferien** zu laufen: BGE 114 III 60 E. 2.

Zu Abs. 2

5 Die Privilegien gemäss SchKG 219 sind betreibungsrechtlicher Natur. Sie bestehen nur, solange auch die gesetzlichen Voraussetzungen dafür gegeben sind. Hängt die Privilegierung vom Entstehen der Forderung während einer bestimmten Zeitspanne ab und ist dieses Erfordernis in einer späteren Betreibung nicht mehr erfüllt, so fällt auch das Privileg weg: BGE 88 III 129 E. 2.

6 Die Vorschrift von ZGB 840, wonach **Baupfandgläubiger** unter sich gleichrangig sind, entfaltet ihre Wirkung erst bei der Verteilung. Die Baupfandgläubiger sind im Verhältnis zueinander von einer Anfechtung des Lastenverzeichnisses enthoben. Setzt sich das Betreibungsamt bei der Aufstellung des Verteilungsplans über ZGB 840 hinweg, so kann der benachteiligte Baupfandgläubiger mittels Beschwerde den Verteilungsplan anfechten, auch wenn dieser formell mit dem Lastenverzeichnis übereinstimmt: BGE 63 III 1, 4 f.

7   Die Auszahlung des Betreffnisses für eine rechtskräftig kollozierte Forderung kann verweigert werden mit Berufung darauf, dass die Kollokation **durch unerlaubte Handlung** (betrügerische Angaben) erwirkt worden ist: BGE 64 III 140, 141 f.

Art. 147[1]   b. Auflegung

Der Kollokationsplan und die Verteilungsliste werden beim Betreibungsamt aufgelegt. Dieses benachrichtigt die Beteiligten davon und stellt jedem Gläubiger einen seine Forderung betreffenden Auszug zu.

Verweise: VZG 78 Abs. 2 (Zuständigkeit in der Requisitorialverwertung → Nr. 9); VZG 80 (aufzulegende Aktenstücke); SchKG 34 (Mitteilung).

1   Die Verteilungsliste kann nur **mit betreibungsrechtlicher Beschwerde** angefochten werden: BGE 64 III 133 E. 1. Zur Anfechtung des **Kollokationsplans** siehe SchKG 148.

2   Wird eine betreibungsrechtliche Beschwerde gegen die Verteilungsliste gutgeheissen und muss diese in der Folge abgeändert werden, so ist sie **neu aufzulegen**: BGE 85 III 93 E. 3.

3   Stimmt der dem Gläubiger **zugestellte Auszug aus der Verteilungsliste** nicht mit der auf dem Amt aufliegenden Verteilungsliste überein, so beginnt die Beschwerdefrist für die Anfechtung der Verteilungsliste erst in dem Moment zu laufen, in dem der Gläubiger Kenntnis vom wirklichen Inhalt der Verteilungsliste erhielt: BGE 59 III 213 E. 2.

Art. 148   c. Anfechtung durch Klage

1 Will ein Gläubiger die Forderung oder den Rang eines andern Gläubigers bestreiten, so muss er gegen diesen innert 20 Tagen nach Empfang des Auszuges beim Gericht des Betreibungsortes Kollokationsklage erheben.[2]

2 ...[3]

3 Heisst das Gericht die Klage gut, so weist es den nach der Verteilungsliste auf den Beklagten entfallenden Anteil am Verwertungserlös dem Kläger zu, soweit dies zur Deckung seines in der Verteilungsliste ausgewiesenen Verlustes und der Prozesskosten nötig ist. Ein allfälliger Überschuss verbleibt dem Beklagten.[4]

---

1   Fassung gemäss Ziff. I des BG vom 16. Dez. 1994, in Kraft seit 1. Jan. 1997 (AS 1995 1227; BBl 1991 III 1).
2   Fassung gemäss Ziff. I des BG vom 16. Dez. 1994, in Kraft seit 1. Jan. 1997 (AS 1995 1227; BBl 1991 III 1).
3   Aufgehoben durch Anhang 1 Ziff. II der Zivilprozessordnung vom 19. Dez. 2008, mit Wirkung seit 1. Jan. 2011 (AS 2010 1739; BBl 2006 7221).
4   Eingefügt durch Ziff. I des BG vom 16. Dez. 1994, in Kraft seit 1. Jan. 1997 (AS 1995 1227; BBl 1991 III 1).

Verweise

Abs. 1: *SchKG 146 Abs. 1 (Kollokationsplan); SchKG 31–33, SchKG 56–63, ZPO 142 ff. (Fristberechnung → Nr. 25); SchKG 46–55 (Betreibungsort).*

1 Mit der Kollokationsklage bezweckt ein an der Pfändung beteiligter Gläubiger die Prüfung der kollozierten Forderung eines anderen an der Pfändung beteiligten Gläubigers hinsichtlich **ihres Bestandes, ihrer Höhe und ihres Ranges**: BGE 31 I 157 E. 1.

2 Wenn ein Gläubiger die **Fälligkeit** der Forderung eines andern Gläubigers bestreitet, so hat er gegen diesen ebenfalls Kollokationsklage zu erheben: BGE 95 III 33 E. 1.

3 Verlangt ein Gläubiger dagegen eine Änderung der **eigenen Kollokation**, so steht ihm hierfür einzig der Beschwerdeweg offen: BGE 81 III 20 E. 1; BGE 64 III 133 E. 1; BGE 31 II 814 E. 2.

4 Der Schuldner kann auf den Ausgang des Kollokationsprozesses, in welchem die Entschädigungen für die gelöschten Dienstbarkeiten zu bestimmen sind, keinen Einfluss nehmen. Falls er der Auffassung sein sollte, die Abfindungen für die Berechtigten seien zu hoch bzw. der allfällig an sie fallende Überrest sei zu gering ausgefallen, so bleibt ihm nichts anderes übrig, als die **Rückforderungsklage** gemäss SchKG 86 gegenüber den Gläubigern anzustrengen: BGE 132 II 539 E. 3.3.

5 Der Schuldner kann den Kollokationsplan und die Verteilungsliste **einzig wegen Verletzung von Vorschriften des SchKG durch das Betreibungsamt** mit Beschwerde anfechten: BGE 132 III 539 E. 3.2; BGE 81 III 20 E. 1.

6 Der auf Beschwerde hin erlassene Entscheid der Aufsichtsbehörde über die **Wegweisung** einer Betreibung aus der Pfändungsgruppe bzw. aus dem Kollokationsplan und der Verteilungsliste wirkt sich zugunsten aller an der Gruppe beteiligten Gläubiger aus, nicht nur zugunsten des Beschwerdeführers: BGE 70 III 43 E. 2.

7 Wird eine betreibungsrechtliche Beschwerde gegen den Kollokationsplan gutgeheissen und muss dieser in der Folge abgeändert werden, so ist er **neu aufzulegen**: BGE 85 III 93 E. 3.

8 Die Kollokationsklage **ist ausgeschlossen**, wenn in einem früheren Stadium der Betreibung die Gelegenheit bestanden hatte, die strittige Forderung anzufechten (z.B. mit Beschwerde gegen die Verfügung des Betreibungsamtes über die Bewilligung des Pfändungsanschlusses nach SchKG 110 [BGE 70 III 43 E. 1], durch Bestreitung des Bestandes und der Höhe einer privilegiert angeschlossenen Forderung im Anschlussverfahren nach SchKG 111 [BGE 31 I 157, 161], durch Bestreitung von Bestand, Umfang und Rang der Pfandansprache eines Dritten im Widerspruchsverfahren nach SchKG 106 ff. im Falle der Verwertung eines Faustpfandes [BGE 65 III 52, 54 f.] sowie schliesslich durch Bestreitung von Bestand, Umfang und Rang der Pfandansprache eines Dritten im Lastenbereinigungsverfahren nach SchKG 140 Abs. 2 im Falle der Verwertung eines Grundstücks [vgl. auch VZG 43 → Nr. 9; BGE 120 III 20 E. 3 (Pra 84 [1995] Nr. 83)]), diese aber **nicht genutzt** wurde.

Art. 149 4. Verlustschein
a. Ausstellung und Wirkung

¹ Jeder Gläubiger, der an der Pfändung teilgenommen hat, erhält für den ungedeckten Betrag seiner Forderung einen Verlustschein. Der Schuldner erhält ein Doppel des Verlustscheins.[1]

¹bis Das Betreibungsamt stellt den Verlustschein aus, sobald die Höhe des Verlustes feststeht.[2]

² Der Verlustschein gilt als Schuldanerkennung im Sinne des Artikels 82 und gewährt dem Gläubiger die in den Artikel 271 Ziffer 5 und 285 erwähnten Rechte.

³ Der Gläubiger kann während sechs Monaten nach Zustellung des Verlustscheines ohne neuen Zahlungsbefehl die Betreibung fortsetzen.

⁴ Der Schuldner hat für die durch den Verlustschein verurkundete Forderung keine Zinsen zu zahlen. Mitschuldner, Bürgen und sonstige Rückgriffsberechtigte, welche an Schuldners Statt Zinsen bezahlen müssen, können ihn nicht zum Ersatze derselben anhalten.

⁵ ...[3]

Verweise

Abs. 1: VZG 84 (Verlustschein → Nr. 9); SchKG 115 (Pfändungsurkunde als Verlustschein).

Abs. 3: SchKG 31–33, SchKG 56–63, ZPO 142 ff. (Fristberechnung → Nr. 25); SchKG 69–72 (Zahlungsbefehl); SchKG 88 (Fortsetzungsbegehren).

Abs. 4: OR 492–512 (Bürgschaft); SchKG 67 Abs. 1 Ziff. 3, OR 102, 104–105 (Zins).

Zu Abs. 1

1. Der Pfändungsverlustschein ist die **amtliche Bestätigung** darüber, dass der Gläubiger mit einem bestimmten Betrag zu Verlust gekommen ist. Er stellt eine **blosse Beweisurkunde** dar und hat keinerlei Wertpapierfunktion; d.h., dass die Verlustforderung nicht im Papier verkörpert ist und somit auch ohne dieses geltend gemacht werden kann: BGer v. 11.08.2004, 5P.196/2004 E. 1.1.

2. Der Pfändungsverlustschein hat **keine Neuerung der Schuld i.S.v. OR 116** zur Folge. Er begründet auch **keinen neuen Schuldgrund**, der neben den ursprünglichen tritt und als selbstständiger Klagegrund angerufen werden könnte: BGer v. 30.05.2001, 5C.11/2001 E. 2.b; BGE 116 III 66 E. 4.a; BGE 102 Ia 363 E. 2.a.

---

1 Fassung gemäss Ziff. I des BG vom 16. Dez. 1994, in Kraft seit 1. Jan. 1997 (AS 1995 1227; BBl 1991 III 1).
2 Eingefügt durch Ziff. I des BG vom 16. Dez. 1994, in Kraft seit 1. Jan. 1997 (AS 1995 1227; BBl 1991 III 1).
3 Aufgehoben durch Ziff. I des BG vom 16. Dez. 1994 (AS 1995 1227; BBl 1991 III 1).

3 Der Pfändungsverlustschein schafft **keine Vermutung** für den Bestand der Forderung, sondern ist bloss ein Indiz dafür: BGer v. 25.08.2003, 4P.126/2003 E. 2.3; BGE 69 III 89 E. 1.

4 Der Gläubiger hat erst nach Ablauf eines Jahres seit Vollzug der **Lohnpfändung** Anspruch auf Ausstellung eines definitiven Verlustscheins in der Höhe des Betrages, der aus den eingegangenen Lohnquoten nicht gedeckt werden kann: BGE 116 III 28 E. 3. Wird der Schuldner während der Dauer der Lohnpfändung arbeitslos, so ist dem Gläubiger jedoch das Recht zuzuerkennen, auf den Fortbestand der Lohnpfändung zu verzichten und die Ausstellung eines definitiven Verlustscheins zu verlangen: BGE 54 III 113 E. 2.

5 Erfolgt das Pfändungsverfahren gemäss SchKG 52 an dem nicht zufällig mit dem allenfalls vorhandenen allgemeinen Betreibungsort des schweizerischen Wohnsitzes zusammenfallenden Ort der **Arrestlegung**, so können nur die arrestierten Gegenstände gepfändet werden und zur Verwertung gelangen, und es ist alsdann kein Verlustschein i.S.v. SchKG 149 auszustellen: BGer v. 01.12.2006, 7B.180/2006 E. 1.3; BGE 90 III 79, 80 ff.

6 Die Ausstellung eines Verlustscheins (oder alternativ die Eröffnung des Konkurses) bildet bei den Straftatbeständen von StGB 163–167 (→ Nr. 35) eine **objektive Strafbarkeitsbedingung**. Diese gilt nur dann als erfüllt, wenn die Ausstellung des Verlustscheins nach den Vorschriften des Schuldbetreibungsrechts gültig ist. Die Nichtigkeit des Verlustscheins steht der Bestrafung nicht nur im Wege, wenn das zuständige Betreibungsamt oder die ihm übergeordnete Aufsichtsbehörde die Nichtigkeit festgestellt hat. Der Strafrichter darf und muss mangels eines solchen Entscheides vorfrageweise selber prüfen, ob der Verlustschein nichtig ist oder nicht: BGE 89 IV 77 E. I.1; BGE 84 IV 15, 15.

7 Gegen die Ausfertigung eines **Duplikats** des Verlustscheins im Falle des Verlustes lässt sich nichts einwenden, sofern die neue Urkunde als Duplikat gekennzeichnet wird: BGE 30 I 204 E. 3.

8 Ein zu Unrecht ausgestellter Verlustschein kann durch die Aufsichtsbehörde jederzeit **aufgehoben** werden. Der Abschluss der Betreibung stellt diesbezüglich kein Hindernis dar: BGE 125 III 337 E. 3.b; BGE 73 III 23 E. 3.

9 Zu den **öffentlichrechtlichen Folgen** der fruchtlosen Pfändung siehe SchKG 26.

10 **Zivilrechtliche Wirkungen** ergeben sich nicht nur aus dem SchKG (SchKG 149 Abs. 4 sowie 149a Abs. 1) sondern auch aus anderen Bundesgesetzen (ZGB 480 Abs. 1, 524 Abs. 1 und 2, 609 Abs. 1, OR 83, 250 Abs. 2, 501 Abs. 2, VVG 81).

Zu Abs. 1bis

11 Die Ausstellung eines Verlustscheins setzt voraus, dass alle dem Betreibungsamt bekannten, in der Schweiz liegenden Vermögensstücke des Schuldners **gepfändet und verwertet** worden sind: BGE 125 III 337 E. 3.b; BGE 96 III 111 E. 3. Dies gilt auch, wenn der Gläubiger auf die Verwertung der gepfändeten Gegenstände verzichten und dem Schuldner zugleich die Herabsetzung der Forderung um den Schätzungswert zugestehen will: BGE 48 III 132, 133 f.

12 Die Pfändung einer **nicht existierenden Forderung** führt mangels anderer Vermögenswerte zur Ausstellung eines Verlustscheins: BGE 74 III 80, 81.

Zu Abs. 2

13 Da sich der Schuldner nicht an seiner Ausstellung beteiligt, stellt der Pfändungsverlustschein **keine Schuldanerkennung im eigentlichen Sinne** dar. SchKG 149 Abs. 2 bezeichnet den Verlustschein zwar als Schuldanerkennung, jedoch mit der Einschränkung «i.S.v. Art. 82 SchKG», mithin also nur als Titel zur Erlangung der provisorischen Rechtsöffnung. Ein vom Betreibungsschuldner vorgelegter, gegen den Betreibungsgläubiger ausgestellter Pfändungsverlustschein bildet deshalb **für sich allein keinen urkundlichen Beweis** für den Bestand einer Gegenforderung, die dem Begehren um definitive Rechtsöffnung verrechnungsweise entgegengehalten oder mit der die Aufhebung der Betreibung gemäss SchKG 85 erwirkt werden kann: BGE 116 III 66 E. 4.a.

Zu Abs. 3

14 Das Recht, direkt das Pfändungsbegehren (bzw. das Begehren um Konkursandrohung, sofern sich der Schuldner seit der Ausstellung des Verlustscheins in das Handelsregister eintragen liess) zu stellen, gründet nicht auf dem Verlustschein an sich, sondern **auf dem ihm zu Grunde liegenden Zahlungsbefehl**, dessen vollstreckbare Wirkungen noch während sechs Monaten nach der Ausstellung erhalten bleiben: BGE 121 III 486 E. 3.b; BGE 69 III 68 E. 1.

15 Die **Wirkungen** eines Verlustscheins werden nicht durch das Betreibungsamt, sondern unmittelbar durch das Gesetz angeordnet. Die auf dem Verlustschein vermerkte Angabe über die Weiterführung der Betreibung bedeutet deshalb nicht eine Verfügung, sondern nur eine Rechtsbelehrung, die die gesetzlichen Wirkungen des Verlustscheins nicht zu beeinflussen vermag. Gläubiger und Schuldner können sich also jederzeit darauf berufen, dass sich das Betreibungsamt in diesem Punkte zu ihrem Nachteil geirrt habe, und das Amt, das mit einem Begehren um Fortsetzung der Betreibung i.S.v. SchKG 149 Abs. 3 befasst ist, darf auf die fragliche Angabe auch dann nicht abstellen, wenn es ihre Unrichtigkeit selber entdeckt: BGE 74 III 22, 22 f.

16 Bei der Betreibung aufgrund eines Verlustscheins handelt es sich um eine **neue Betreibung**: BGE 130 III 672 E. 3.3: BGE 102 III 25 E. 3.

17 Die neue Betreibung aufgrund des Verlustscheins ist am Wohnsitz des Schuldners zur Zeit der Stellung des Begehrens zu verlangen, also, wenn er nicht mehr am Ort der früheren Betreibung wohnt, an seinem **neuen Wohnsitz**: BGE 62 III 91, 93.

18 Nur derjenige Gläubiger, der sich im Besitz eines **definitiven** Verlustscheins befindet, braucht keinen neuen Zahlungsbefehl zu erwirken: BGE 102 III 25 E. 3.

19 Die Verwirkung des Zahlungsbefehls ist **aufgeschoben**, solange die Frist für das Begehren um Fortsetzung der Betreibung noch nicht abgelaufen ist: BGE 121 III 486 E. 3.b (Pra 85 [1996] Nr. 210).

20 Gemäss älterer Praxis des Bundesgerichts (der nach der hier vertretenen Meinung nicht gefolgt werden kann), sind die Betreibungsbehörden für den Fall, dass sich der Gläubiger als Inhaber eines endgültigen Verlustscheins darauf beschränkt, die Betreibung i.S.v. SchKG 149 Abs. 3 fortzusetzen, ohne dem Schuldner einen neuen Zahlungsbefehl zustellen zu lassen, an

die frühere Verfügung der **Unpfändbarkeit** bestimmter Vermögensstücke des Schuldners gebunden: BGE 65 III 39, 41 f.

21 Bei einer auf einen Arrest gestützten Betreibung am Arrestort beschränkt sich die Verwertung auf die mit Arrest belegten Vermögenswerte. Da der Verlustschein bestätigt, dass das gesamte in der Schweiz gelegene und damit der schweizerischen Vollstreckung unterliegende Vermögen des Schuldners zur Befriedigung der betreibenden Gläubiger nicht ausgereicht hat, kann eine Betreibung am Arrestort im Falle eines Verlustes **nicht zu der in SchKG 149 Abs. 3 vorgesehenen Erleichterung** führen: BGer v. 01.12.2006, 7B.180/2006 E. 1.4.

22 Führt die gemäss SchKG 149 Abs. 3 fortgesetzte Betreibung **nochmals** zur Ausstellung eines definitiven Verlustscheins, so kann nicht aufgrund des letzteren wiederum ohne neuen Zahlungsbefehl fortgefahren werden: BGE 69 III 86 E. 1; vgl. auch BGE 90 III 105 E. 1 betreffend einen Konkursverlustschein.

23 Nur für **Unterhaltsforderungen** aus dem letzten Jahr vor Zustellung des Zahlungsbefehls besteht das Vorrecht, allenfalls auch einen Teil des zur Deckung des Notbedarfs der Familie bestimmten Lohneinkommens des Schuldners pfänden zu lassen. Eine aufgrund eines Verlustscheins ein Jahr später «fortgesetzte» Betreibung ist dieses Vorrechtes nicht teilhaftig: BGE 87 III 7, 8 ff.; BGE 75 III 49, 51 ff.

Art. 149a[1]   b. Verjährung und Löschung

[1] Die durch den Verlustschein verurkundete Forderung verjährt 20 Jahre nach der Ausstellung des Verlustscheines; gegenüber den Erben des Schuldners jedoch verjährt sie spätestens ein Jahr nach Eröffnung des Erbganges.

[2] Der Schuldner kann die Forderung jederzeit durch Zahlung an das Betreibungsamt, welches den Verlustschein ausgestellt hat, tilgen. Das Amt leitet den Betrag an den Gläubiger weiter oder hinterlegt ihn gegebenenfalls bei der Depositenstelle.

[3] Nach der Tilgung wird der Eintrag des Verlustscheines in den Registern gelöscht. Die Löschung wird dem Schuldner auf Verlangen bescheinigt.

Verweise

Abs. 1: *SchKG 115, 149 (Verlustschein); SchKG 31–33, SchKG 56–63, ZPO 142 ff. (Fristberechnung → Nr. 25); ZGB 537 Abs. 1 (Eröffnung des Erbgangs).*

1 Die Ausstellung eines Verlustscheins lässt die ursprüngliche Forderung zwar **grundsätzlich bestehen**. Neben den betreibungsrechtlichen Folgen bewirkt der Verlustschein aber, dass die Forderung nunmehr nach den betreibungsrechtlichen Bestimmungen verjährt. Bis zum 01.01.1997 waren Verlustscheinforderungen gemäss aSchKG 149 Abs. 5 unverjährbar, während sie nunmehr der zwanzigjährigen Verjährungsfrist gemäss SchKG 149a Abs. 1 unterliegen: BGE 137 II 17 E. 2.5.

---

1   Eingefügt durch Ziff. I des BG vom 16. Dez. 1994, in Kraft seit 1. Jan. 1997 (AS 1995 1227; BBl 1991 III 1).

2 Das SchKG ist grundsätzlich auch **auf öffentlichrechtliche Geldforderungen** wie etwa Steuern und Abgaben anwendbar. Mit der Ausstellung eines Verlustscheins beginnt deshalb für die darin verurkundete Steuerforderung die Verjährungsfrist nach SchKG 149a Abs. 1 von 20 Jahren zu laufen: BGE 137 II 17 E. 2.6.

Art. 150   5. Herausgabe der Forderungsurkunde

¹ Sofern die Forderung eines Gläubigers vollständig gedeckt wird, hat derselbe die Forderungsurkunde zu quittieren und dem Betreibungsbeamten zuhanden des Schuldners herauszugeben.[1]

² Wird eine Forderung nur teilweise gedeckt, so behält der Gläubiger die Urkunde; das Betreibungsamt hat auf derselben zu bescheinigen oder durch die zuständige Beamtung bescheinigen zu lassen, für welchen Betrag die Forderung noch zu Recht besteht.

³ Bei Grundstückverwertungen veranlasst das Betreibungsamt die erforderlichen Löschungen und Änderungen von Dienstbarkeiten, Grundlasten, Grundpfandrechten und vorgemerkten persönlichen Rechten im Grundbuch.[2]

Verweise
Abs. 1: *SchKG 67 Abs. 1 Ziff. 4, 73 Abs. 1 (Forderungsurkunde).*
Abs. 2: *SchKG 115, 149 (Verlustschein).*
Abs. 3: *VZG 68 (Löschungen im Grundbuch → Nr. 9); VZG 69 (zu löschende Pfandtitel); ZGB 730–781 (Dienstbarkeiten); ZGB 782–792 (Grundlast); SchKG 37 Abs. 1, ZGB 793–875 (Grundpfand); ZGB 942–977 (Grundbuch).*

Zu Abs. 1

1   Der Schuldner hat Anspruch darauf, dass der Gläubiger **jede Beweisurkunde** herausgibt und die Tilgung der Forderung im Betreibungsbuch festgestellt wird: BGE 95 III 45 E. 1.

2   Wird die Schuld **im Falle einer Faustpfandbetreibung** durch Abschlagszahlungen getilgt, hat das Betreibungsamt in analoger Anwendung von SchKG 150 Abs. 1 vor Ablieferung der letzten Rate vom Gläubiger die Herausgabe der Pfandobjekte zuhanden des Schuldners zu verlangen: BGE 56 III 113, 114.

Zu Abs. 2

3   Das Betreibungsamt hat einem Ersteigerer, der sich als einziger Gläubiger zu erkennen gibt und **Verrechnung** mit seiner Pfandforderung geltend macht, i.S.v. SchKG 129 Abs. 2 eine Frist zur Herausgabe bzw. Vorlegung der Forderungsurkunde anzusetzen. Erst wenn der

---

[1]   Fassung gemäss Art. 58 SchlT ZGB, in Kraft seit 1. Jan. 1912 (AS 24 233 Art. 60 SchlT ZGB; BBl 1904 IV 1, 1907 VI 367).
[2]   Fassung gemäss Ziff. I des BG vom 16. Dez. 1994, in Kraft seit 1. Jan. 1997 (AS 1995 1227; BBl 1991 III 1).

Schuldner die Forderungsurkunde herausgegeben bzw. vorgelegt hat, darf ihm die ersteigerte Sache übergeben werden: BGE 79 III 20 E. 2.

Vierter Titel: Betreibung auf Pfandverwertung

Art. 151[1]   A. Betreibungsbegehren

[1] Wer für eine durch Pfand (Art. 37) gesicherte Forderung Betreibung einleitet, hat im Betreibungsbegehren zusätzlich zu den in Artikel 67 aufgezählten Angaben den Pfandgegenstand zu bezeichnen. Ferner sind im Begehren gegebenenfalls anzugeben:

a. der Name des Dritten, der das Pfand bestellt oder den Pfandgegenstand zu Eigentum erworben hat;

b.[2] die Verwendung des verpfändeten Grundstücks als Familienwohnung (Art. 169 ZGB[3]) oder als gemeinsame Wohnung (Art. 14 des Partnerschaftsgesetzes vom 18. Juni 2004[4]) des Schuldners oder des Dritten.

[2] Betreibt ein Gläubiger aufgrund eines Faustpfandes, an dem ein Dritter ein nachgehendes Pfandrecht hat (Art. 886 ZGB), so muss er diesen von der Einleitung der Betreibung benachrichtigen.

Verweise

Abs. 1: *SchKG 41, 151–158 (Betreibung auf Pfandverwertung).*

Abs. 2: *SchKG 37 Abs. 2; ZGB 884–906 (Faustpfand).*

Zu Abs. 1

1   Im **Unterschied** zur Betreibung auf Pfändung ist in der Betreibung auf Pfandverwertung der Gegenstand der Zwangsverwertung zum vornherein bestimmt. Bei einer Pfändung können ferner bloss dem Schuldner gehörende Güter verwertet werden, während in der Betreibung auf Pfandverwertung der zur Zwangsverwertung gelangende Gegenstand auch im Eigentum eines Dritten stehen kann, dies, weil das Pfand entweder von letzterem bestellt wurde oder weil der Dritte diesen Gegenstand nach der Pfandbestellung erworben hat: BGE 123 III 367 E. 3.a (Pra 86 [1997] Nr. 174).

2   Das **Pfandrecht** verleiht dem Gläubiger den Anspruch, den Pfandgegenstand zur Sicherung der Erfüllung einer bestimmten Forderung verwerten zu lassen. Mit der Verwertung des Pfandgegenstandes hat das Pfandrecht seinen Zweck erfüllt und erlischt. Der Untergang des Pfandrechts kann nicht davon abhängen, ob die Verwertung erfolgreich war. Er tritt vielmehr auch ein, wenn die durch das Pfand gesicherte Forderung ganz oder zum Teil ungedeckt

---

1   Fassung gemäss Ziff. I des BG vom 16. Dez. 1994, in Kraft seit 1. Jan. 1997 (AS 1995 1227; BBl 1991 III 1).
2   Fassung gemäss Anhang Ziff. 16 des Partnerschaftsgesetzes vom 18. Juni 2004, in Kraft seit 1. Jan. 2007 (AS 2005 5685; BBl 2003 1288).
3   SR 210
4   SR 211.231

3 Gemäss ZGB 805 Abs. 1 erstreckt sich das Grundpfandrecht **auch auf die Zugehör**. Dies gilt auch dann, wenn sie dem Grundstück erst nach Errichtung des Grundpfandes beigefügt wird: BGE 97 III 39 E. 2 (Pra 60 [1971] Nr. 179).

4 Das Pfand ist sowohl im Betreibungsbegehren als auch im Zahlungsbefehl **möglichst genau zu bezeichnen**: BGE 81 III 3 E. 2. Eine ungenaue Bezeichnung des Pfandes schadet nicht, sofern aus den Angaben im Betreibungsbegehren ohne Weiteres auf den Pfandgegenstand geschlossen werden kann. Dies ist insbesondere dann der Fall, wenn bei zu Faustpfand begebenen Aktien im Betreibungsbegehren der Depotschein bezeichnet wird: BGE 70 III 53 E. 1.

5 Die Vorlegung des Pfandes an das Betreibungsamt ist nicht notwendig für die Anhebung, **wohl aber für die Fortsetzung der Betreibung**. Solange sie unterbleibt, sei es auch wegen der Unmöglichkeit, den Pfandgegenstand aus dem Ausland herbeizuschaffen, ist das Verwertungsbegehren unwirksam: BGE 70 III 53 E. 3.

6 Das Grundpfandrecht bietet dem Gläubiger Sicherheit **für drei verfallene Jahreszinsen und den laufenden Zins** (ZGB 818 Abs. 1 Ziff. 3). Der ursprünglich vereinbarte Zins darf nicht zum Nachteil nachgehender Grundpfandgläubiger über fünf vom Hundert erhöht werden (ZGB 818 Abs. 2). Dass ein nachträglich erhöhter Zins durch das Pfand gedeckt sei, wenn der verfallene Zinsbetrag kleiner sei als drei zum eingetragenen Zinsfuss berechnete Jahreszinsen, findet im Gesetz keine Stütze: BGE 101 III 74, 75.

7 Die Zahlung der Betreibungssumme samt Zins und Kosten an das Betreibungsamt vermag die drohende Verwertung nur dann abzuwenden, wenn sie **bedingungslos** geleistet wird. Zahlt der Schuldner an das Betreibungsamt unter der Bedingung, dass der Gläubiger der Herausgabe des Pfandes an ihn zustimme, so ist er vor die Wahl zu stellen, entweder auf die Bedingung zu verzichten oder die Betreibung weitergehen zu lassen: BGE 74 III 23, 25 f.

8 Eine Betreibung auf Pfandverwertung kann erst eingeleitet werden, wenn das Bauhandwerkerpfandrecht **definitiv im Grundbuch eingetragen** ist. Vorher – wenn zur Sicherung des Pfandrechtsanspruchs erst die vorläufige Eintragung vorgemerkt ist – ist nur die ordentliche Betreibung auf Pfändung oder Konkurs zulässig: BGE 125 III 248 E. 2.

9 Haften **für eine Forderung mehrere Grundstücke**, die dem nämlichen Eigentümer gehören oder im Eigentum solidarisch verpflichteter Schuldner stehen (sog. **Gesamtpfandrecht**; ZGB 798 Abs. 1), so haftet jedes Grundstück für die Gesamtsumme der Forderung. Liegen die Voraussetzungen für ein Gesamtpfand nicht vor, so ist jedes der Grundstücke mit einem bestimmten Teilbetrag der Forderung zu belasten (sog. **Pfandhaftverteilung**; ZGB 798 Abs. 2). Diese Belastung erfolgt, wenn nichts anderes vereinbart worden ist, nach dem Wertverhältnis der Grundstücke (ZGB 798 Abs. 3). Diese Verteilung erfolgt grundsätzlich erst im Verteilungsstadium: BGE 138 III 182 E. 4.2.

10 Sind **für die gleiche Forderung mehrere Grundstücke verpfändet**, so ist die Betreibung auf Pfandverwertung gemäss ZGB 816 Abs. 3 gleichzeitig gegen alle diese Grundstücke

zu richten, die Verwertung aber nach Anordnung des Betreibungsamtes nur soweit nötig durchzuführen. Das Betreibungsamt verfügt nicht über das ihm durch ZGB 816 Abs. 3 gewährte und in VZG 107 Abs. 1 (→ Nr. 9) präzisierte Ermessen, wenn nach dem festgelegten Schätzungswert sofort ersichtlich ist, dass alle Grundstücke, welche Gegenstand des Gesamtpfandes bilden, verkauft werden müssen, um den betreibenden Gläubiger zu befriedigen: BGE 126 III 33 E. 2.

11 Die Verwertung **subsidiär haftender Grundstücke** setzt gemäss VZG 87 (→ Nr. 9) ein neues Betreibungsbegehren voraus.

12 Ein Gläubiger, dessen Forderung **auf einem Wechsel oder Check gründet**, kann gemäss SchKG 177 Abs. 1, auch wenn diese pfandgesichert ist, die Wechselbetreibung verlangen, sofern der Schuldner der Konkursbetreibung unterliegt. Das Recht, welches der pfandgesicherte Wechsel verleiht, ist folglich durch eine zweifache Rechtsfolge gewährleistet, nämlich die Pfandverwertung einerseits und die spezielle Wechselbetreibung andererseits, weil der Gläubiger nach seiner Wahl von der einen oder der anderen Rechtsfolge Gebrauch machen kann. Der Grundsatz des *beneficium excussionis realis* (SchKG 41 Abs. 1bis) ist in der Wechselbetreibung nicht anwendbar. Der Schuldner kann daher nicht mit Beschwerde die Vorausverwertung des Pfandes verlangen: BGE 136 III 110 E. 4 (Pra 99 [2010] Nr. 101).

13 Eine hängige Betreibung auf Grundpfandverwertung steht einem Eigentumsübergang **zufolge Ausübung des Kaufsrechts** nicht entgegen, wenn dieses vor dem Pfandrecht grundbuchlich vermerkt worden ist; so fallen insbesondere auch die Erklärungen, die vom kaufsrechtsbelasteten Eigentümer hierfür abzugeben sind, nicht unter die zur Sicherung der Pfandverwertung vorgemerkte Verfügungsbeschränkung: BGE 114 III 18 E. 3. Das Gleiche gilt im Falle eines erst nach der Vormerkung des Kaufsrechts vollzogenen Arrests: BGE 128 III 124 E. 2.b.aa. Der Kaufsberechtigte hat jedoch keinen Anspruch darauf, dass mit der Verwertung des Grundstücks zugewartet wird, bis er das Grundstück, auf das sich das Kaufsrecht bezieht, zu Eigentum erworben hat: BGE 114 III 18 E. 4.

14 Zur Betreibung auf Pfandverwertung **registrierter Schiffe** siehe Art. 59 des Bundesgesetzes über das Schiffsregister vom 28.09.1923 (SR 747.11); zur Betreibung auf Pfandverwertung von **Luftfahrzeugen** siehe LBG 52 ff.

Art. 152   B. Zahlungsbefehl
1. Inhalt. Anzeige an Mieter und Pächter

¹ Nach Empfang des Betreibungsbegehrens erlässt das Betreibungsamt einen Zahlungsbefehl nach Artikel 69, jedoch mit folgenden Besonderheiten:[1]

1. Die dem Schuldner anzusetzende Zahlungsfrist beträgt einen Monat, wenn es sich um ein Faustpfand, sechs Monate, wenn es sich um ein Grundpfand handelt.

---

1 Fassung gemäss Ziff. I des BG vom 16. Dez. 1994, in Kraft seit 1. Jan. 1997 (AS 1995 1227; BBl 1991 III 1).

2. Die Androhung lautet dahin, dass, wenn der Schuldner weder dem Zahlungsbefehle nachkommt, noch Rechtsvorschlag erhebt, das Pfand verwertet werde.

² Bestehen auf dem Grundstück Miet- oder Pachtverträge und verlangt der betreibende Pfandgläubiger die Ausdehnung der Pfandhaft auf die Miet- oder Pachtzinsforderungen (Art. 806 ZGB[1]), so teilt das Betreibungsamt den Mietern oder Pächtern die Anhebung der Betreibung mit und weist sie an, die fällig werdenden Miet- oder Pachtzinse an das Betreibungsamt zu bezahlen.[2]

Verweise

Abs. 1: *SchKG 67 (Betreibungsbegehren).*

Abs. 1 Ziff. 1: *SchKG 31–33, SchKG 56–63, ZPO 142 ff. (Fristberechnung → Nr. 25); SchKG 154 (Verwertungsfristen); SchKG 37 Abs. 2; ZGB 884–906 (Faustpfand); SchKG 37 Abs. 1, ZGB 793–875 (Grundpfand).*

Abs. 1 Ziff. 2: *SchKG 74–78, 153a, VZG 85, 93 (Rechtsvorschlag → Nr. 9); SchKG 37 Abs. 3 (Pfand).*

Abs. 2: *VZG 91–96 (Miet- und Pachtzinse).*

Zu Abs. 1 Ziff. 2

1 Gemäss VZG 85 (→ Nr. 9) gilt ein Rechtsvorschlag, wenn in diesem nichts anderes bemerkt wird, **zugleich als gegen die Forderung und das Pfandrecht gerichtet**: BGE 138 III 132 E. 4.1. Die Betreibung auf Pfandverwertung kann in diesem Fall nur dann fortgesetzt werden, wenn der Rechtsvorschlag sowohl hinsichtlich der Forderung als auch hinsichtlich des Pfandrechts beseitigt wird.

2 Die **Bestreitung des Pfandrechts** mittels betreibungsrechtlicher Beschwerde ist unzulässig. Dies gilt auch dann, wenn der sich im Besitz eines Grundpfandtitels befindliche Gläubiger anstelle der Betreibung auf Faustpfandverwertung die Betreibung auf Grundpfandverwertung wählt. Der Schuldner kann sich hiergegen, da er das Pfandrecht bestreitet, nur mit Rechtsvorschlag zur Wehr setzen: BGE 122 III 295 E. 1.

Zu Abs. 2

3 Das **Bauhandwerkerpfandrecht** entsteht durch konstitutive Eintragung in das Grundbuch. Das Urteil, das ein Bauhandwerkerpfandrecht zuspricht, liefert keinen Beweis dafür, dass dieses tatsächlich im Grundbuch eingetragen worden ist. Entsprechend bildet es auch keinen definitiven Rechtsöffnungstitel hinsichtlich des gegen das Pfandrecht erhobenen Rechtsvorschlags. Der Bauhandwerker hat zum Nachweis seines Pfandrechts einen Grundbuchauszug vorzulegen: BGE 138 III 132 E. 4.2.1.

---

[1] SR 210

[2] Eingefügt durch Art. 58 SchlT ZGB (AS 24 233 Art. 60 SchlT ZGB; BBl 1904 IV 1, 1907 VI 367). Fassung gemäss Ziff. I des BG vom 16. Dez. 1994, in Kraft seit 1. Jan. 1997 (AS 1995 1227; BBl 1991 III 1).

4 Das Gericht, das ein Bauhandwerkerpfandrecht zuspricht, **prüft den Bestand der Forderung** des Bauhandwerkers **nur vorfrageweise**. Deshalb bildet das entsprechende Urteil auch keinen Rechtsöffnungstitel für die Forderung des Bauhandwerkers: BGE 138 III 132 E. 4.2.2.

5 Sowohl SchKG 152 Abs. 2 als auch VZG 91 ff. (→ Nr. 9), die erstere Bestimmung präzisieren, gründen auf ZGB 806 und sind nur dann anwendbar, wenn das gepfändete Grundstück **vermietet oder verpachtet ist**. Ist das Grundstück weder vermietet noch verpachtet, kann es dagegen keine Miet- und Pachtzinssperre und folglich auch keine gesetzliche Verwaltung nach VZG 91 ff. geben: BGE 131 III 141 E. 2.3.1 (Pra 94 [2005] Nr. 122). Dies gilt insbesondere auch für den Fall, dass der Schuldner einem Dritten **ohne Gegenleistung** Räumlichkeiten in der gepfändeten Liegenschaft zur Verfügung gestellt hat: BGE 131 III 141 E. 2.3.2 (Pra 94 [2005] Nr. 122).

6 Gemäss ZGB 806 Abs. 1 werden von der Pfandhaft eines Grundstücks auch die sog. **zivilen Früchte** erfasst. Diese Bestimmung ist der Ausdruck der gesetzgeberischen Absicht, die Grundpfandgläubiger hinsichtlich der Miet- Pachtzinserträge eines pfandbelasteten Grundstücks im Verhältnis zu den übrigen Gläubigern zu bevorzugen: BGE 108 III 83 E. 3.

7 Zu den zivilen Früchten i.S.v. ZGB 806 Abs. 1 gehören nicht nur die ausdrücklich in dieser Bestimmung erwähnten Miet- und Pachtzinsen, sondern auch **Baurechtszinsen**: BGE 131 III 141 E. 2.3.1 (Pra 94 [2005] Nr. 122).

8 Die Erstreckung der Grundpfandhaft auf Miet- und Pachterträge greift nicht von selbst Platz, sie muss ausdrücklich verlangt werden. VZG 91 Abs. 1 (→ Nr. 9) ist folglich nicht so zu verstehen, dass **beim Fehlen einer ausdrücklichen Verzichtserklärung** die Erstreckung der Pfandhaft als anbegehrt zu erachten sei: BGE 64 III 26, 27 f. Umgekehrt darf beim Fehlen einer ausdrücklichen Verzichtserklärung aber auch nicht darauf geschlossen werden, dass der Grundpfandgläubiger unwiderruflich auf die Miet- und Pachtzinssperre verzichte: BGE 121 III 187 E. 2.c.

9 Die Miet- oder Pachtzinssperre kann **nicht nur mit dem Betreibungsbegehren**, sondern, wenn mit dem Betreibungsbegehren nicht ausdrücklich darauf verzichtet wurde, auch noch **zu einem späteren Zeitpunkt** verlangt werden. Das spätere Begehren um Anordnung der Miet- oder Pachtzinssperre und die ihm Folge leistende Anordnung des Betreibungsamtes können jedoch keine Rückwirkung auf den Zeitpunkt der Anhebung der Betreibung auf Grundpfandverwertung (oder der Konkurseröffnung) entfalten; vielmehr werden sie erst ab dem Zeitpunkt wirksam, wo das Begehren gestellt und der Kostenvorschuss geleistet wird: BGE 121 III 187 E. 2.d.

10 Das Betreibungsamt teilt den Mietern und Pächtern laut VZG 91 Abs. 1 (→ Nr. 9) unverzüglich nach Feststellung der auf dem Grundstück bestehenden Miet- und Pachtverträge und unter dem Hinweis auf die Gefahr der Doppelzahlung mit, dass die von jetzt an fällig werdenden Miet- und Pachtzinsen **an das Betreibungsamt zu leisten** sind: BGer v. 08.03.2000, 4C.367/2000 E. 1.c. Diese Mitteilung ist gemäss VZG 91 Abs. 2 auch während der Betreibungsferien sowie während eines dem Schuldner oder dem Pfandeigentümer gewährten Rechtsstillstandes zu erlassen, sofern der Zahlungsbefehl schon vor Beginn der Ferien bzw. des Rechtsstillstandes zugestellt worden ist.

11 Das Rechtsgeschäft des Grundeigentümers mit einem Dritten **über noch nicht verfallene Miet- und Pachtzinsforderungen** ist gegenüber einem Grundpfandgläubiger, der vor der Fälligkeit der Zinsforderung die Betreibung auf Verwertung des Grundpfandes angehoben hat, **nicht wirksam** (ZGB 806 Abs. 3). Bestreitet der Dritte, dass sich das Pfandrecht auch auf die Miet- und Pachtzinserträge erstrecke, so hat das Betreibungsamt ein **Widerspruchsverfahren** i.S.v. SchKG 106 ff. einzuleiten: BGer v. 17.05.2006, 7B.56/2006 E. 3.1.

12 Der Verzicht auf die Miet- und Pachtzinssperre gilt **nur für die Zukunft**, nicht jedoch für die bereits vom Betreibungsamt eingezogenen Mietzinsen. Dadurch soll verhindert werden, dass der betreibende Gläubiger Abschlagszahlungen erhält, ohne den von VZG 95 Abs. 1 (→ Nr. 9) verlangten Nachweis erbracht zu haben, dass seine Forderung anerkannt oder rechtskräftig erkannt worden sei: BGE 130 III 720 E. 3 (Pra 94 [2005] Nr. 92).

Art. 153 2. Ausfertigung. Stellung des Dritteigentümers des Pfandes

¹ Die Ausfertigung des Zahlungsbefehls erfolgt gemäss Artikel 70.

² Das Betreibungsamt stellt auch folgenden Personen einen Zahlungsbefehl zu:

a. dem Dritten, der das Pfand bestellt oder den Pfandgegenstand zu Eigentum erworben hat;

b.[1] dem Ehegatten, der eingetragenen Partnerin oder dem eingetragenen Partner des Schuldners oder des Dritten, falls das verpfändete Grundstück als Familienwohnung (Art. 169 ZGB[2]) oder als gemeinsame Wohnung (Art. 14 des Partnerschaftsgesetzes vom 18. Juni 2004[3]) dient.

Der Dritte und der Ehegatte können Rechtsvorschlag erheben wie der Schuldner.[4]

²ᵇⁱˢ Die in Absatz 2 genannten Personen können Rechtsvorschlag erheben wie der Schuldner.[5]

³ Hat der Dritte das Ablösungsverfahren eingeleitet (Art. 828 und 829 ZGB), so kann das Grundstück nur verwertet werden, wenn der betreibende Gläubiger nach Beendigung dieses Verfahrens dem Betreibungsamt nachweist, dass ihm für die in Betreibung gesetzte Forderung noch ein Pfandrecht am Grundstück zusteht.[6]

---

1 Fassung gemäss Anhang Ziff. 16 des Partnerschaftsgesetzes vom 18. Juni 2004, in Kraft seit 1. Jan. 2007 (AS 2005 5685; BBl 2003 1288).

2 SR 210

3 SR 211.231

4 Fassung gemäss Ziff. I des BG vom 16. Dez. 1994, in Kraft seit 1. Jan. 1997 (AS 1995 1227; BBl 1991 III 1).

5 Eingefügt durch Anhang Ziff. 16 des Partnerschaftsgesetzes vom 18. Juni 2004, in Kraft seit 1. Jan. 2007 (AS 2005 5685; BBl 2003 1288).

6 Eingefügt durch Art. 58 SchlT ZGB (AS 24 233 Art. 60 SchlT ZGB; BBl 1904 IV 1, 1907 VI 367). Fassung gemäss Ziff. I des BG vom 16. Dez. 1994, in Kraft seit 1. Jan. 1997 (AS 1995 1227; BBl 1991 III 1).

⁴ Im Übrigen finden mit Bezug auf Zahlungsbefehl und Rechtsvorschlag die Bestimmungen der Artikel 71–86 Anwendung.[1]

Verweise: SchKG 74–78, 153a, VZG 85, 93 (Rechtsvorschlag → Nr. 9)
Abs. 2: SchKG 37 Abs. 3 (Pfand).

Zu Abs. 2 lit. a

1 Der Zahlungsbefehl, der dem Dritten, der das Pfand bestellt oder zu Eigentum erworben hat, zuzustellen ist, entspricht einem Doppel des Zahlungsbefehls, den der Schuldner erhält. Hieraus folgt, dass es sich um **eine einzige Betreibung** handelt, an der mehrere Personen beteiligt sind, die unabhängig voneinander ihre Rechte geltend machen können: BGer v. 07.12.2007, 5A_366/2007 E. 4.1; BGE 121 III 28 E. 2.b.

2 Nur wer wirklich Eigentümer des Pfandes ist, hat gestützt auf SchKG 153 Abs. 2 lit. a Anspruch auf Zustellung eines Zahlungsbefehls. Die Feststellung der Eigentümerschaft fällt grundsätzlich nicht in die Zuständigkeit der Aufsichtsbehörde, sondern ist zum Gegenstand eines **Widerspruchsprozesses** zu machen: BGE 127 III 115 E. 3.

3 Ein Widerspruchsverfahren ist auch dann durchzuführen, wenn ein Dritter an Gegenständen, die gestützt auf OR 268 ff. als dem **Retentionsrecht** des Vermieters unterliegend in ein Retentionsverzeichnis aufgenommen wurden, Eigentum geltend macht: BGE 96 III 66 E. 1. Der Dritte kann zu seiner Verteidigung grundsätzlich alle Voraussetzungen bestreiten, von denen die Ansprüche des Vermieters abhängen: BGE 70 II 226 E. 1.

4 Wer mit dem Schuldner **gemeinschaftlicher Eigentümer** des Pfandgrundstücks ist, muss als Dritteigentümer in die gegen jenen angehobene Betreibung einbezogen werden, selbst wenn eine besondere Betreibung gegen ihn als Mitschuldner hängig ist: BGE 77 III 30 E. 2 und 3.

5 Besteht zur Zeit des Eigentumserwerbs durch den Dritten eine **Verfügungsbeschränkung** i.S.v. VZG 90 und 97, so hat dieser nach VZG 88 Abs. 2 bzw. 100 (→ Nr. 9) keinen Anspruch auf nachträgliche Zustellung des Zahlungsbefehls: BGE 78 III 3 E. 3 und 4.

6 Der Dritteigentümer des verpfändeten Grundstücks kann auf die nachträgliche Zustellung eines Zahlungsbefehls und die Verschiebung der Verwertung um weitere sechs Monate gemäss VZG 100 (→ Nr. 9) **verzichten**: BGE 59 III 279, 281.

7 In einer Betreibung auf Grundpfandverwertung kann die Verwertung des Grundpfandes nicht stattfinden, wenn dieses von einem Dritten zu Eigentum angesprochen wird, dem eine **Nachlassstundung** gewährt worden ist: BGE 51 III 234, 236.

Zu Abs. 2 lit. b

8 ZGB 169 bezweckt den Schutz der für die eheliche Gemeinschaft und die Kinder lebenswichtigen **Familienwohnung**. Durch die Zustellung eines Zahlungsbefehls erhält der nicht betriebene Ehegatte die Stellung eines Mitbetriebenen und kann sämtliche Rechte gel-

---

1 Ursprünglich Abs. 3.

tend machen, die auch dem betriebenen Ehegatten zustehen: BGer v. 17.01.2006, 4P.264/2005 E. 5.2.3.1.

9   Wurde das als Familienwohnung dienende Grundstück verwertet, obschon dem Ehegatten des Grundpfandschuldners kein Zahlungsbefehl zugestellt worden war, so liegt im Verhältnis zu diesem eine Betreibungshandlung ohne rechtskräftigen Zahlungsbefehl vor, was auch deren **Nichtigkeit** zur Folge hat: BGer v. 24.11.2004, 7B.141/2004 E. 6.2.2.

Zu Abs. 3

10 Die Einleitung der Grundpfandbetreibung wird durch ein hängiges Ablösungsverfahren i.S.v. ZGB 828 ff. **nicht ausgeschlossen**: BGE 100 III 51 E. 2. Das Betreibungsamt kann jedoch die Verwertung des Grundstücks **aufschieben**: BGE 135 III 28 E. 3.2 (Pra 98 [2009] Nr. 68).

Art. 153a[1]   C. Rechtsvorschlag. Widerruf der Anzeige an Mieter und Pächter

[1] Wird Rechtsvorschlag erhoben, so kann der Gläubiger innert zehn Tagen nach der Mitteilung des Rechtsvorschlages Rechtsöffnung verlangen oder auf Anerkennung der Forderung oder Feststellung des Pfandrechts klagen.

[2] Wird der Gläubiger im Rechtsöffnungsverfahren abgewiesen, so kann er innert zehn Tagen nach Eröffnung des Entscheids[2] Klage erheben.

[3] Hält er diese Fristen nicht ein, so wird die Anzeige an Mieter und Pächter widerrufen.

Verweise: SchKG 31–33, SchKG 56–63, ZPO 142 ff. (Fristberechnung → Nr. 25); SchKG 80–84 (Rechtsöffnung).

Abs. 1: SchKG 74–78, VZG 85, 93 (Rechtsvorschlag, → Nr. 9); SchKG 79 (Anerkennungsklage); ZPO 88 (Feststellungsklage).

Zu Abs. 2 lit. a

1   Dem Gläubiger, der die Einrede des Pfandeigentümers **nach VZG 92 Abs. 2** (→ Nr. 9), dass sich das Pfandrecht nicht (oder nur zum Teil) auf die Miet- und Pachtzinserträge erstrecke, bestreiten will, steht einzig der Weg der ordentlichen Klage auf Feststellung des Pfandrechts an den Miet- und Pachtzinsen offen: BGE 126 III 481 E. 1.b; BGE 71 III 52 E. 3.

2   Im Falle, dass nicht nur das Pfandrecht an den Miet- und Pachtzinsen, sondern gleichzeitig auch die Forderung oder das Pfandrecht als solches bestritten wird, ist der Gläubiger nicht dazu verpflichtet, gleichzeitig mit seinem Begehren um Beseitigung des Rechtsvorschlags einen Prozess auf Feststellung seines Pfandrechts an den Mietzinsen in die Wege zu leiten, um seine Interessen zu wahren; **er kann zuwarten**, bis über sein Rechtsöffnungsgesuch defini-

---

1   Eingefügt durch Ziff. I des BG vom 16. Dez. 1994, in Kraft seit 1. Jan. 1997 (AS 1995 1227; BBl 1991 III 1).
2   Ausdruck gemäss Anhang 1 Ziff. II 17 der Zivilprozessordnung vom 19. Dez. 2008, in Kraft seit 1. Jan. 2011 (AS 2010 1739; BBl 2006 7221). Diese Änd. wurde im ganzen Erlass berücksichtigt.

tiv entschieden worden ist, und innert einer vom Betreibungsamt anzusetzenden Frist von zehn Tagen die ordentliche Klage auf Feststellung seines Pfandrechts an den Miet- und Pachtzinsen einleiten: BGE 126 III 481 E. 1.b; BGE 71 III 52 E. 3.

Art. 154 D. Verwertungsfristen

¹ Der Gläubiger kann die Verwertung eines Faustpfandes frühestens einen Monat und spätestens ein Jahr, die Verwertung eines Grundpfandes frühestens sechs Monate und spätestens zwei Jahre nach der Zustellung des Zahlungsbefehls verlangen. Ist Rechtsvorschlag erhoben worden, so stehen diese Fristen zwischen der Einleitung und der Erledigung eines dadurch veranlassten gerichtlichen Verfahrens still.[1]

² Wenn binnen der gesetzlichen Frist das Verwertungsbegehren nicht gestellt oder zurückgezogen und nicht erneuert wird, so erlischt die Betreibung.

Verweise

Abs. 1: *SchKG 37 Abs. 2, ZGB 884–906 (Faustpfand); SchKG 31–33, SchKG 56–63, ZPO 142 ff. (Fristberechnung → Nr. 25); SchKG 37 Abs. 1, ZGB 793–875 (Grundpfand); SchKG 64–66 (Zustellung); SchKG 69–73; 152–153 (Zahlungsbefehl); SchKG 74–78, 153a, VZG 85, 93 (Rechtsvorschlag → Nr. 9); SchKG 79 (gerichtliches Verfahren).*

Zu Abs. 1

1 Das Recht, die Verwertung zu **verlangen**, steht nicht nur dem Gläubiger zu, sondern auch dem Schuldner und dem Dritteigentümer des Grundpfandes: BGE 69 III 79, 81.

2 Für die Einhaltung der Verwertungsfristen ist nicht die Mitteilung des Verwertungsbegehrens an den Schuldner, sondern die **Einreichung des Verwertungsbegehrens** massgebend: BGer v. 30.07.2003, 7B.112/2003 E. 3.4.

3 Der Fristenstillstand gilt nur in Bezug auf die **Maximalfrist**, nicht aber auf die Minimalfrist: BGE 124 III 79 E. 2; BGE 90 III 84, 85. Sinn und Zweck der Maximalfrist ist, dass der Gläubiger gezwungen wird, innert einer bestimmten Frist zu handeln. Das Damoklesschwert der Zwangsexekution soll nicht unbestimmt lange über dem Schuldner hängen. Anderseits soll der Gläubiger keinen Nachteil dadurch erleiden, dass der Schuldner Rechtsvorschlag erhebt oder ein Verfahren einleitet; aus diesem Grund fällt die Dauer eines solchen Prozesses bei der Berechnung der Maximalfrist nicht in Berechnung: BGer v. 11.12.2009, 9C_903/2009 E. 1.2; BGE 113 III 120 E. 3. Im Zweifelsfalle muss der Gläubiger nachweisen, dass er diese Verwirkungsfrist nicht verpasst hat: BGer v. 11.12.2009, 9C_903/2009 E. 1.2; BGE 106 III 49, 50.

4 Die Einhaltung der **Minimalfrist** liegt ausschliesslich im Interesse des Schuldners. Dieser soll die Möglichkeit haben, den betreibenden Gläubiger aus anderen Quellen zu befriedigen. Deshalb kann er ohne Weiteres darauf verzichten, geltend zu machen, das Betreibungsamt

---

[1] Fassung gemäss Ziff. I des BG vom 16. Dez. 1994, in Kraft seit 1. Jan. 1997 (AS 1995 1227; BBl 1991 III 1).

habe zu Unrecht einem zu früh gestellten Verwertungsbegehren Folge geleistet: BGer v. 19.03.2010, 5A_43/2010 E. 3.2.

5 Die Verwertung eines **registrierten Schiffes** oder eines **Luftfahrzeuges** kann frühestens einen Monat und spätestens ein Jahr nach Vornahme der Pfändung verlangt werden (Art. 58 des Bundesgesetzes über das Schiffsregister vom 28.09.1923 [SR 747.11] bzw. LBG 58).

6 Die Fortsetzung der Betreibung ohne Verwertungsbegehren ist **nichtig**: BGer v. 29.01.2004, 7B.250/2003 E. 3.1; BGE 69 III 46, 50.

7 Die vor der Eröffnung eines Konkurses angehobene Betreibung auf Pfandverwertung kann nach Einstellung und Schliessung des **Konkurses mangels Aktiven** weitergeführt werden; dabei ist die Dauer des eingestellten Konkursverfahrens auf die Maximalfristen zuzuschlagen: BGE 105 III 63 E. 2.

Art. 155 E. Verwertungsverfahren
1. Einleitung

¹ Hat der Gläubiger das Verwertungsbegehren gestellt, so sind die Artikel 97 Absatz 1, 102 Absatz 3, 103 und 106–109 auf das Pfand sinngemäss anwendbar.¹

² Das Betreibungsamt benachrichtigt den Schuldner binnen drei Tagen von dem Verwertungsbegehren.

Verweise

Abs. 1: *SchKG 37 Abs. 3 (Pfand).*
Abs. 2: *SchKG 34 (Mitteilung).*

Zu Abs. 1

1 Vgl. die **Entscheide** zu den in Abs. 1 erwähnten Artikeln.

2 Die **Vorlegung des Faustpfandes** an das Betreibungsamt ist zwar nicht notwendig für die Anhebung, wohl aber für die Fortsetzung der Betreibung auf Pfandverwertung. Solange sie unterbleibt, sei es auch wegen Unmöglichkeit, den Pfandgegenstand aus dem Ausland herbeizuschaffen, ist das Verwertungsbegehren **unwirksam**: BGE 70 III 53 E. 2.

3 Nach Eingang des Verwertungsbegehrens ordnet der Betreibungsbeamte die **Schätzung** des grundpfandbelasteten Grundstücks an. Diese soll den mutmasslichen Verkehrswert des Grundstücks und seiner Zugehör bestimmen, unabhängig von einer allfälligen Kataster- oder Brandassekuranzschätzung (VZG 99 Abs. 1 i.V.m. 9 Abs. 1 → Nr. 9). Gegen Vorschuss der Kosten kann jeder Beteiligte innert zehn Tagen bei der Aufsichtsbehörde eine Neuschätzung durch einen Sachverständigen verlangen. Streitigkeiten über die Höhe der Schätzung werden endgültig durch die kantonale Aufsichtsbehörde beurteilt (VZG 99 Abs. 2 i.V.m. 9 Abs. 2). Das Bundesgericht kann einen derartigen Ermessensentscheid einzig daraufhin überprüfen,

---

1 Fassung gemäss Ziff. I des BG vom 16. Dez. 1994, in Kraft seit 1. Jan. 1997 (AS 1995 1227; BBl 1991 III 1).

ob die kantonale Aufsichtsbehörde bundesrechtliche Verfahrensvorschriften verletzt oder das ihr zustehende Ermessen überschritten oder missbraucht hat. Letzteres trifft dann zu, wenn Kriterien mitberücksichtigt worden sind, die keine Rolle hätten spielen dürfen, oder umgekehrt rechtserhebliche Umstände ausser Acht geblieben sind: BGer v. 08.03.2011, 5A_799/2010 E. 2; BGE 134 III 42 E. 3.

4 In der Betreibung auf Pfandverwertung kommt der Schätzung **bloss untergeordnete Bedeutung** zu. Ihre Hauptfunktionen wie im Pfändungsverfahren – nämlich die Bestimmung des Deckungsumfangs (SchKG 97 Abs. 1), damit nicht mehr als nötig mit Beschlag belegt wird, sowie Orientierung des Gläubigers über das voraussichtliche Ergebnis der Verwertung (SchKG 112 Abs. 1) – entfallen hier weitgehend. Die Schätzung des zu versteigernden Grundstücks gibt den Interessenten lediglich einen **Anhaltspunkt** über das vertretbare Angebot, ohne etwas über den an der Versteigerung tatsächlich erzielbaren Erlös auszusagen: BGer v. 08.03.2011, 5A_799/2010 E. 2; BGE 135 I 102 E. 3.2.2 und 3.2.3; BGE 134 III 42 E. 4; BGE 129 III 595 E. 3.1; BGE 101 III 32 E. 1.

5 Das Ergebnis der betreibungsamtlichen Schätzung kann **durch separate Mitteilung** bekannt gegeben werden; das Betreibungsamt ist jedoch nicht zu diesem Vorgehen verpflichtet. Gemäss VZG 29 Abs. 2 (→ Nr. 9) soll die Schätzung in der Bekanntmachung der Steigerung enthalten sein. Das Ergebnis der Schätzung ist nach VZG 99 Abs. 2 nur dann, wenn es nicht in der Steigerungspublikation nach VZG 29 aufgenommen wird, mit der Anzeige mitzuteilen, dass innerhalb der Beschwerdefrist bei der Aufsichtsbehörde eine neue Schätzung durch Sachverständige verlangt werden kann. Die erwähnte Einschränkung ist nicht zufällig. Sie beruht auf dem Gedanken, dass bei Aufnahme der Schätzung in die Steigerungspublikation keine besondere Belehrung über die Möglichkeit, das Schätzungsergebnis bei der Aufsichtsbehörde zu bestreiten, erforderlich ist: BGE 137 III 235 E. 3.1.

6 Erfolgt keine separate Mitteilung des Schätzungsergebnisses, wird die **Frist zur Bestreitung der Schätzung** durch die Zustellung der Spezialanzeige ausgelöst, in jedem Fall aber spätestens im Zeitpunkt der Zustellung der Steigerungsbedingungen mit Angabe des Schätzungsergebnisses: BGE 137 III 235 E. 3.3.

7 VZG 44 (→ Nr. 9), der vorschreibt, dass nach Durchführung des Lastenbereinigungsverfahrens allenfalls eine **Revision** der Schätzung vorzunehmen ist, gilt gemäss VZG 102 nicht nur in der Betreibung auf Pfändung, sondern auch in der Betreibung auf Pfandverwertung.

8 Bei der **Verwaltung** des Grundpfandes in der Betreibung auf Pfandverwertung ist zwischen der Zeit **vor und nach Stellung des Verwertungsbegehrens** zu unterscheiden. Vor Stellung des Verwertungsbegehrens richtet sich die Verwaltung nach VZG 94 (→ Nr. 9); sie ist auf die dringlichen Sicherungsmassnahmen beschränkt, welche in dieser Bestimmung aufgezählt sind. Nach Stellung des Verwaltungsbegehrens richtet sich die Verwaltung hingegen nach VZG 101. Dort gehen die Verwaltungsbefugnisse weiter: BGE 129 III 90 E. 2.

9 Gemäss SchKG 155 Abs. 1 findet das **Widerspruchsverfahren** nach SchKG 106 ff. in der Pfandverwertungsbetreibung nur sinngemäss Anwendung. Dabei soll jenes Verfahren nicht unbesehen angewandt werden, sondern in einer Art und Weise, die mit dem besonderen Wesen der Betreibung auf Pfandverwertung vereinbar ist oder, anders ausgedrückt, die den tiefgreifenden Wesensunterschieden Rechnung trägt, die diese Art von Betreibung im Gegensatz

zur ordentlichen Betreibung auf dem Weg der Pfändung darstellt: BGE 123 III 367 E. 3.a (Pra 86 [1997] Nr. 174). Im Falle des gemeinsamen Besitzes des Pfandgläubigers und des Pfandbestellers durch einen Drittgewahrsamsinhaber darf dieser dem Pfandbesteller die verpfändete Sache **nur mit Zustimmung des Pfandgläubigers** zurückgeben. Der Pfandbesteller kann die verpfändete Sache natürlich frei veräussern, dies jedoch nur unter Vorbehalt der Rechte des Pfandgläubigers. Das bedeutet, dass sich der Dritte, der Eigentümer der Pfandsache geworden ist, insbesondere deren Verwertung gefallen lassen muss, ausser der Gläubiger sei nicht daran interessiert. Ein Eigentumsübergang des Pfandgegenstandes beschlägt daher in keiner Weise die in ZGB 891 ff. vorgesehenen Wirkungen des Faustpfandrechtes. Auf diese Weise wird dem Pfandgläubiger **der Anschein des besseren Rechts** kraft materiellen Rechts verliehen. Hieraus folgt, dass das im Pfandverwertungsverfahren anwendbare Widerspruchsverfahren grundsätzlich nur dasjenige der SchKG 106 f. sein kann. In gewissen besonderen Fällen ist es jedoch angezeigt, nach SchKG 108 vorzugehen, so etwa, wenn der Gläubiger nicht in der Lage ist, zweifelsfrei darzutun, auf welche Art und Weise er die zu verwertende Sache in seiner Eigenschaft als Pfandgläubiger in Gewahrsam hat: BGE 123 III 367 E. 3.c (Pra 86 [1997] Nr. 174).

10 Über den **Verkaufserlös** eines bereits vor der Einleitung der Betreibung verkauften Pfandes kann kein Widerspruchsverfahren geführt werden: BGE 71 III 119, 122.

11 Zur Verwertung eines **verpfändeten Lebensversicherungsanspruchs** siehe VPAV 15, 16 und 20 (→ Nr. 10).

Zu Abs. 2

12 Wird die Anzeige der Mitteilung des Verwertungsbegehrens – für welche das Betreibungsamt beweisbelastet ist – **unterlassen**, und dem Schuldner die Steigerung auch nicht mit Spezialanzeige gemäss SchKG 156 Abs. 1 i.V.m. 139 bekannt gemacht, so hat dies die Anfechtbarkeit der nachfolgenden Verwertung zur Folge: BGer v. 18.04.2011, 5A_25/2011 E. 2.1; BGE 35 I 854 E. 2.

13 Der Dritteigentümer des Pfandes, der diese Mitteilung nicht erhält, kann nicht Beschwerde nach SchKG 17 erheben, wenn er vom Verwertungsbegehren gleichwohl **früh genug** Kenntnis erlangt hat, um seine Interessen wahren zu können: BGE 96 III 124 E. 1.

Art. 156[1]   2. Durchführung

¹ Für die Verwertung gelten die Artikel 122–143b. Die Steigerungsbedingungen (Art. 135) bestimmen jedoch, dass der Anteil am Zuschlagspreis, der dem betreibenden Pfandgläubiger zukommt, in Geld zu bezahlen ist, wenn die Beteiligten nichts anderes vereinbaren. Sie bestimmen ferner, dass die Belastung des Grundstücks, die zugunsten des Betreibenden bestand, im Grundbuch gelöscht wird.

1   Fassung gemäss Ziff. I des BG vom 16. Dez. 1994, in Kraft seit 1. Jan. 1997 (AS 1995 1227; BBl 1991 III 1).

² Vom Grundeigentümer zu Faustpfand begebene Eigentümer- oder Inhabertitel werden im Falle separater Verwertung auf den Betrag des Erlöses herabgesetzt.

Verweise

Abs. 1: *VZG 97–111 (Verwertung → Nr. 9) VZG 47 Abs. 1 (Befriedigung des betreibenden Pfandgläubigers).*

Abs. 2: *SchKG 37 Abs. 2, ZGB 884–906 (Faustpfand).*

1 Vgl. die **Entscheide** zu den in Abs. 1 erwähnten Artikeln.

2 Das **Deckungsprinzip** gemäss SchKG 126, wonach der Zuschlag nur erfolgen darf, wenn das Angebot den Betrag allfälliger dem betreibenden Gläubiger im Range vorgehender pfandversicherter Forderungen übersteigt, gilt kraft des Verweises in SchKG 156 Abs. 1 auch in der Pfandverwertungsbetreibung. Es findet jedoch **keine Anwendung**, wenn es um die Versteigerung von **registrierten Schiffen** (Art. 61 des Bundesgesetzes über das Schiffsregister vom 28.09.1923 [SR 747.11]) und **Luftfahrzeugen** (LBG 59) geht.

3 Gemäss SchKG 134 Abs. 1 sind die Steigerungsbedingungen so aufzustellen, dass sich ein möglichst günstiges Ergebnis erwarten lässt. Ist nach dem festgelegten Schätzungswert sofort ersichtlich, dass alle verpfändeten Grundstücke des **Gesamtpfandes** verwertet werden müssen, um den betreibenden Gläubiger zu befriedigen, so kommt in analoger Anwendung von VZG 108 Abs. 1bis (→ Nr. 9) nur das Verfahren mit Gesamt- und Einzelruf in Betracht: BGE 126 III 33 E. 3.

4 Im Pfändungs- und Pfandverwertungsverfahren ist im Unterschied zum Konkursverfahren (vgl. hierzu SchKG 243 Abs. 2) die **vorzeitige Verwertung** eines Grundstücks wegen drohender Wertverminderung nicht zulässig: BGE 107 III 122 E. 3.

5 Wenn wegen **ungenügender Pfanddeckung** das Pfand ganz oder teilweise zu löschen ist, muss das Betreibungsamt den oder die entsprechenden Pfandtitel dem Grundbuchamt zur Löschung oder Herabsetzung des Pfandrechtes zustellen: BGE 122 III 432 E. 5 (Pra 86 [1997] Nr. 74); BGE 121 III 432 E. 2.a.

6 Unter der in Betreibung gesetzten Forderung, deren Pfandrecht bei ergebnisloser Betreibung zu löschen ist (VZG 111 → Nr. 9), ist nur die Forderung desjenigen Gläubigers, **der die Pfandverwertung verlangt hat**, zu verstehen, nicht aber auch die Forderungen der Pfandgläubiger im gleichen Range, die ihrerseits keine Betreibung eingeleitet haben. Der Grundsatz des VZG 105 Abs. 2 ist hier nicht anwendbar: BGE 55 III 59, 61 f.

7 Wird in einer Betreibung auf Pfandverwertung ein Grundstück **freihändig verkauft**, so gilt – nicht anders als im Falle der öffentlichen Versteigerung – der Grundsatz, dass bei auf dem Grundstück lastenden Schuldbriefen Grundpfandrecht und Titel so weit gelöscht werden müssen, als die persönliche Schuldpflicht nicht überbunden und der Gläubiger aus dem Pfanderlös nicht befriedigt wird: BGE 125 III 252 E. 2.

8 Der Untergang des Pfandrechts wegen ergebnisloser Zwangsverwertung lässt die **persönliche Haftung aus dem Schuldbrief unberührt**: BGE 68 II 84 E. 1.

9 Das Pfandrecht für den **Baurechtszins** ist gemäss ZGB 779k Abs. 1 von der Löschung im Zwangsverwertungsverfahren ausgeschlossen.

10 Der **Abschluss des Pfandverwertungsverfahrens** steht der Feststellung der Nichtigkeit des Steigerungszuschlags nicht entgegen: BGE 112 III 65 E. 3.

Art. 157   3. Verteilung

[1] Aus dem Pfanderlös werden vorweg die Kosten für die Verwaltung, die Verwertung und die Verteilung bezahlt.[1]

[2] Der Reinerlös wird den Pfandgläubigern bis zur Höhe ihrer Forderungen einschliesslich des Zinses bis zum Zeitpunkt der letzten Verwertung und der Betreibungskosten ausgerichtet.[2]

[3] Können nicht sämtliche Pfandgläubiger befriedigt werden, so setzt der Betreibungsbeamte, unter Berücksichtigung des Artikels 219 Absätze 2 und 3 die Rangordnung der Gläubiger und deren Anteile fest.

[4] Die Artikel 147, 148 und 150 finden entsprechende Anwendung.

Verweise

Abs. 1: VZG 20, 22, 46, 102, 113 (Verwaltungskosten → Nr. 9); VZG 46, 102, 113 (Verwertungskosten); VZG 113 (Verteilungskosten).

Abs. 2: SchKG 67 Abs. 1 Ziff. 3, 69 Abs. 2 Ziff. 2 (Forderung); SchKG 67 Abs. 1 Ziff. 3, OR 102, 104–105 (Zins); SchKG 68, 69 Abs. 2 Ziff. 2 (Betreibungskosten); VZG 46, 48 (Zahlungsmodus).

1   Gemäss OR 85 Abs. 1 ist der **Ertrag** aus der Pfandverwertung zuerst auf die Kosten der Betreibung und die Verzugszinsen und sodann auf das Kapital anzurechnen: BGE 121 III 432 E. 2.b.

2   Die bei der Betreibung auf Grundpfandverwertung anfallenden **Grundstückgewinnsteuern** sind als Kosten der Verwertung i.S.v. SchKG 157 Abs. 1 zu betrachten und demzufolge vom Bruttoerlös abzuziehen, bevor der Nettoerlös an die Gläubiger verteilt wird: BGE 122 III 246 E. 5.b. Ein anderes Vorgehen des Betreibungsamtes ist bundesrechtswidrig: BGer v. 14.07.2009, 5A_229/2009 E. 4; BGer v. 30.04.2008, 5A_54/2008 E. 2.1.

3   Wird nach Verwertung des Pfandobjekts über den Grundpfandeigentümer der **Konkurs** eröffnet und fällt eine Forderung, die als durch ein Pfandrecht gesichert in das Lastenverzeichnis aufgenommen worden war, nachträglich dahin, fällt der dadurch frei werdende Anteil des Erlöses grundsätzlich nicht in die Konkursmasse; es sind daraus vorab die ungedeckt gebliebenen übrigen Pfandgläubiger zu befriedigen: BGE 129 III 246 E. 2–4.

---

1   Fassung gemäss Ziff. I des BG vom 16. Dez. 1994, in Kraft seit 1. Jan. 1997 (AS 1995 1227; BBl 1991 III 1).

2   Fassung gemäss Ziff. I des BG vom 16. Dez. 1994, in Kraft seit 1. Jan. 1997 (AS 1995 1227; BBl 1991 III 1).

4 Betreiben mehrere Grundpfandgläubiger den Schuldner auf Verwertung des nämlichen Grundstücks, so kann gemäss VZG 95 Abs. 2 (→ Nr. 9) derjenige unter ihnen, der sich darüber ausgewiesen hat, dass seine Forderung vom Schuldner anerkannt oder rechtskräftig festgestellt worden ist, nur im Einverständnis mit allen anderen oder nach Aufstellung eines Kollokationsplans **Abschlagszahlungen aus den Miet- und Pachtzinsen** erhalten, gleichgültig, in welchem Stadium sich die verschiedenen Betreibungen befinden: BGE 122 III 88 E. 1 und 2.

Art. 158 4. Pfandausfallschein

[1] Konnte das Pfand wegen ungenügenden Angeboten (Art. 126 und 127) nicht verwertet werden oder deckt der Erlös die Forderung nicht, so stellt das Betreibungsamt dem betreibenden Pfandgläubiger einen Pfandausfallschein aus.[1]

[2] Nach Zustellung dieser Urkunde kann der Gläubiger die Betreibung, je nach der Person des Schuldners, auf dem Wege der Pfändung oder des Konkurses führen, sofern es sich nicht um eine Gült (Art. 33a SchlT ZGB[2]) oder andere Grundlast handelt. Betreibt er binnen Monatsfrist, so ist ein neuer Zahlungsbefehl nicht erforderlich.[3]

[3] Der Pfandausfallschein gilt als Schuldanerkennung im Sinne von Artikel 82.[4]

Verweise

Abs. 1: *VZG 111 (Ergebnislosigkeit der Verwertung → Nr. 9); VZG 120 (Pfandausfallschein).*
Abs. 2: *SchKG 34 (Zustellung); SchKG 38 Abs. 2 (Betreibungsart); SchKG 39, 40, 41 Abs. 1, 43, 159 ff. (ordentliche Konkursbetreibung); SchKG 42, 89–150 (Betreibung auf Pfändung); SchlT ZGB 33a (Gült); ZGB 782–792 (Grundlast); SchKG 31–33, SchKG 56–63, ZPO 142 ff. (Fristberechnung → Nr. 25); SchKG 69–73; 152–153 (Zahlungsbefehl).*

Zu Abs. 1

1 Der Pfandausfallschein stellt eine **Bescheinigung** darüber dar, dass die durch das Pfand sichergestellte Forderung im Pfandverwertungsverfahren ganz oder teilweise ungedeckt geblieben ist: BGE 122 III 432 E. 5 (Pra 86 [1997] Nr. 74).

2 Der Pfandausfallschein gibt dem bisherigen Pfandgläubiger das Recht, die Betreibung für die ungedeckt gebliebene Forderung jetzt **auf das übrige Vermögen** des Schuldners zu richten. Weil die Forderung nicht mehr pfandgesichert ist, geschieht dies entweder auf dem Weg

---

1 Fassung gemäss Ziff. I des BG vom 16. Dez. 1994, in Kraft seit 1. Jan. 1997 (AS 1995 1227; BBl 1991 III 1).
2 SR 210
3 Fassung gemäss Ziff. II 4 des BG vom 11. Dez. 2009 (Register-Schuldbrief und weitere Änderungen im Sachenrecht), in Kraft seit 1. Jan. 2012 (AS 2011 4637; BBl 2007 5283).
4 Eingefügt durch Ziff. I des BG vom 16. Dez. 1994, in Kraft seit 1. Jan. 1997 (AS 1995 1227; BBl 1991 III 1).

der ordentlichen Betreibung auf Pfändung oder auf Konkurs. Die Betreibung auf Pfändung oder auf Konkurs kann wieder resultatlos enden oder eine ungenügende Deckung ergeben; diesfalls hat der Gläubiger Anspruch auf Ausstellung eines Verlustscheins nach SchKG 149 bzw. 265: BGer v. 01.12.2006, 7B.180/2006 E. 1.4.

3 Laut VZG 120 (→ Nr. 9) **erhält nur der betreibende Pfandgläubiger** einen Pfandausfallschein; die übrigen Pfandgläubiger – d.h. auch die nachrangigen, deren Forderungen fällig sind – erhalten bloss einen Ausweis über die mangelnde Deckung ausgestellt, der keine besonderen Wirkungen hat. Insbesondere ist ein Gläubiger, der einen Ausweis über die mangelnde Deckung erhalten hat, nicht vom Erfordernis eines neuen Zahlungsbefehls befreit, wenn er gegen den Schuldner vorgehen will: BGer v. 26.02.2004, 7B.5/2004 E. 2.2.

4 Das Recht auf Ausstellung eines Pfandausfallscheins steht demjenigen nicht zu, der lediglich ein Pfandrecht **an durch den Erlös der Verwertung des Grundstücks nicht gedeckten Schuldbriefen** besitzt: BGE 97 III 119, 120.

5 Wenn in einer Pfandbetreibung das Pfand **wegen einer Drittansprache** nicht verwertet werden kann, so ist dem Betreibenden auch kein Pfandausfallschein auszustellen: BGE 79 III 124 E. 2.

Zu Abs. 2

6 Das Recht, direkt das Pfändungsbegehren bzw. das Begehren um Konkursandrohung zu stellen, gründet nicht auf dem Pfandausfallschein an sich, **sondern auf dem ihm zu Grunde liegenden Zahlungsbefehl**, dessen vollstreckbare Wirkungen grundsätzlich noch während eines Monats nach Ausstellung des Pfandausfallscheins erhalten bleiben: BGer v. 02.06.2003, 7B.76/2003 E. 1 (*Anm.: Im Entscheid ist versehentlich von sechs Monaten die Rede*); BGE 121 III 486 E. 3.b (Pra 85 [1996] Nr. 210).

7 Die Monatsfrist zur Stellung des Fortsetzungsbegehrens ohne neuen Zahlungsbefehl beginnt **mit der Zustellung des Pfandausfallscheins** zu laufen: BGE 85 III 173, 174; BGE 64 III 33 E. 1.

8 Bei der innert Monatsfrist nach Ausstellung des Pfandausfallscheins erfolgenden Betreibung ohne neuen Zahlungsbefehl handelt es sich um eine **neue Betreibung**: BGer v. 02.06.2003, 7B.76/2003 E. 1; BGE 121 III 486 E. 3.a (Pra 85 [1996] Nr. 210); BGE 98 III 12 E. 1.

9 Im Falle einer gestützt auf SchKG 158 Abs. 2 «fortgeführten» Betreibung gründet die **Konkursandrohung** nicht auf einem in der ordentlichen Konkursbetreibung vollstreckbar gewordenen Zahlungsbefehl, sondern auf dem Pfandausfallschein. Dies ist der Grund, weshalb mit Blick auf die Frist für die Stellung des Konkursbegehrens (SchKG 166) anstelle des Zustellungsdatums des Zahlungsbefehls vom Datum des Pfandausfallscheins ausgegangen werden muss. Ferner gilt es den Betrag, der Gegenstand der ursprünglichen Betreibung war, durch die Summe zu ersetzen, für welche die Forderung des Gläubigers nach Verwertung des Pfandes ungedeckt geblieben ist. Die innere Verbindung, die bei der ordentlichen Konkursbetreibung zwischen Zahlungsbefehl, Konkursandrohung und Konkursbegehren besteht, wird durch SchKG 158 Abs. 2 unterbrochen: BGE 121 III 486 E. 3.b (Pra 85 [1996] Nr. 210).

10 Eine neue Betreibung ohne neuen Zahlungsbefehl ist unzulässig, wenn neben der Pfandhaft **keine persönliche Haftbarkeit** des Schuldners besteht. SchKG 158 Abs. 2 nimmt deshalb

Forderungen, die auf einer Gült oder einer Grundlast gründen, explizit vom Privileg der Betreibung ohne neues Einleitungsverfahren aus. Liegt eine reine Sachhaftung vor, besteht nach der Zwangsvollstreckung mangels persönlicher Haftung keine Forderung mehr, sodass eine weitere Betreibung ausgeschlossen ist. Die entsprechende Einrede kann vom Schuldner mittels Beschwerde geltend gemacht werden: BGer v. 02.06.2003, 7B.76/2003 E. 1.

11 Im Falle der Veräusserung eines verpfändeten Grundstücks hat der Pfandgläubiger gemäss ZGB 832 Abs. 2 das Recht, die Schuldübernahme durch den Erwerber abzulehnen und den Veräusserer des Grundstücks **als persönlich haftenden Schuldner beizubehalten**. Wird das Grundstück in der Folge zwangsverwertet, so kann der Pfandgläubiger verlangen, dass das Betreibungsamt einen Pfandausfallschein gegen den Veräusserer als persönlich haftenden Schuldner statt gegen den Pfandeigentümer ausstellt. Dieser Pfandausfallschein berechtigt den Pfandgläubiger jedoch nicht, ohne neuen Zahlungsbefehl gegen den persönlich haftenden Schuldner die Betreibung fortzusetzen: BGE 62 III 94, 98.

12 Ist für eine vor der Bestätigung des **Nachlassvertrags** entstandene Pfandforderung gestützt auf eine nach diesem Zeitpunkt vorgenommene Pfandverwertung dem Gläubiger ein Pfandausfallschein zugestellt worden, so findet gemäss VZG 121 Satz 1 (→ Nr. 9) die Bestimmung von SchKG 158 Abs. 2 keine Anwendung. Gegen eine gleichwohl fortgeführte Betreibung hat sich der Schuldner gemäss VZG 121 Satz 2 mittels Beschwerde zu wehren.

Fünfter Titel: Betreibung auf Konkurs
I. Ordentliche Konkursbetreibung

Art. 159[1] A. Konkursandrohung
1. Zeitpunkt

Unterliegt der Schuldner der Konkursbetreibung, so droht ihm das Betreibungsamt nach Empfang des Fortsetzungsbegehrens unverzüglich den Konkurs an.

Verweise: SchKG 39, 40, 41 Abs. 1, 43, 159 ff. (ordentliche Konkursbetreibung); SchKG 88 (Fortsetzungsbegehren).

1. Für den Erlass der Konkursandrohung ist das **Betreibungsamt zuständig**. Es wird nicht von Amtes wegen, sondern nur auf Antrag des Gläubigers tätig, wenn dieser das Fortsetzungsbegehren gestellt hat: BGE 134 V 88 E. 6.1.

2. Das Betreibungsamt muss das Begehren um Konkursandrohung dem Einsender zurückschicken, wenn es **verfrüht** ist, es sei denn das Begehren ist höchstens zwei Tage zu früh eingetroffen. Das Begehren muss dann entgegengenommen werden, wirkt aber erst ab dem Zeitpunkt, in dem es formell zulässig ist: BGE 122 III 130 E. 2.b (Pra 85 [1996] Nr. 190).

3. Einzige Grundlage der Konkursandrohung ist der vollstreckbar gewordene **Zahlungsbefehl** einer ordentlichen Betreibung: BGE 85 III 173, 173.

4. Prüfung **von Amtes wegen**, ob eine Zwangsvollstreckung durch Betreibung auf Pfändung oder auf Konkurs fortzusetzen ist: BGE 115 III 89 E. 1.

   – **Aufhebung von rechtswidrigen Betreibungshandlungen** durch das Amt, das irrtümlicherweise die Betreibung auf Pfändung fortgesetzt hat: BGE 101 III 18 E. 1b; zur Befugnis des Amtes, eine nichtige Verfügung durch Erlass einer neuen Verfügung zu ersetzen siehe **SchKG 22 Abs. 2**.

   – Das Bundesgericht ist befugt, auf einen ungültigen (z.B. verspäteten) Rekurs hin eine **nichtige Verfügung** eines Betreibungs- oder Konkursamtes (z.B. eine Konkursandrohung in einer nach SchKG 43 auf Pfändung fortzusetzenden Betreibung) von Amtes wegen aufzuheben: BGE 94 III 65 E. 2.

5. Wenn der Richter dem Entscheid über die definitive Rechtsöffnung aufschiebende Wirkung zuerkennt, wird die zuvor gültig erlassene Konkursandrohung in ihren **Wirkungen gehemmt**: BGE 130 III 657 E. 2.1; BGE 126 III 479 E. 2.a und b; BGE 101 III 40 E. 2.

6. Eine während der Hängigkeit einer Aberkennungsklage erlassene Konkursandrohung ist **nichtig**: BGE 73 I 353 E. 2; BGE 32 I 194 E. 1.

---

[1] Fassung gemäss Ziff. I des BG vom 16. Dez. 1994, in Kraft seit 1. Jan. 1997 (AS 1995 1227; BBl 1991 III 1).

Art. 160 2. Inhalt

¹ Die Konkursandrohung enthält:
1. die Angaben des Betreibungsbegehrens;
2. das Datum des Zahlungsbefehls;
3.¹ die Anzeige, dass der Gläubiger nach Ablauf von 20 Tagen das Konkursbegehren stellen kann;
4.² die Mitteilung, dass der Schuldner, welcher die Zulässigkeit der Konkursbetreibung bestreiten will, innert zehn Tagen bei der Aufsichtsbehörde Beschwerde zu führen hat (Art. 17).

² Der Schuldner wird zugleich daran erinnert, dass er berechtigt ist, einen Nachlassvertrag vorzuschlagen.

Verweise: SchKG 31–33, SchKG 56–63, ZPO 142 ff. (Fristberechnung → Nr. 25).
Abs. 1 Ziff. 1: SchKG 67 Abs. 1 Ziff. 1–4 (Angaben des Betreibungsbegehrens).
Abs. 1 Ziff. 2: SchKG 69–73 (Zahlungsbefehl).
Abs. 1 Ziff. 3: SchKG 166–170 (Konkursbegehren).
Abs. 2: SchKG 293–332 (Nachlassverfahren).

Zu Abs. 1

1 Das Betreibungsamt hat vor der Ausstellung der Konkursandrohung nicht abzuklären, ob die im Betreibungsbegehren vermerkten Angaben zum **Wohnort des Gläubigers** noch zutreffen; die Nichtberücksichtigung einer allfälligen Änderung führt nicht zur Aufhebung der Konkursandrohung: BGE 128 III 470 E. 4.2.

2 Es steht dem Schuldner, der gegen den auf **lückenhaften Angaben** des Betreibungsbegehrens beruhenden Zahlungsbefehl seinerzeit nicht Beschwerde geführt hat, nicht zu, die Konkursandrohung unter Berufung auf diese Lückenhaftigkeit anzufechten: BGE 128 II 470 E. 4.1.

Art. 161 3. Zustellung

¹ Für die Zustellung der Konkursandrohung gilt Artikel 72.³
² Ein Doppel derselben wird dem Gläubiger zugestellt, sobald die Zustellung an den Schuldner erfolgt ist.
³ ...⁴

---

1 Fassung gemäss Ziff. I des BG vom 16. Dez. 1994, in Kraft seit 1. Jan. 1997 (AS 1995 1227; BBl 1991 III 1).
2 Fassung gemäss Ziff. I des BG vom 16. Dez. 1994, in Kraft seit 1. Jan. 1997 (AS 1995 1227; BBl 1991 III 1).
3 Fassung gemäss Ziff. I des BG vom 16. Dez. 1994, in Kraft seit 1. Jan. 1997 (AS 1995 1227; BBl 1991 III 1).
4 Aufgehoben durch Ziff. I des BG vom 16. Dez. 1994 (AS 1995 1227; BBl 1991 III 1).

1. Zur Zustellung nach **SchKG 72** siehe insb. BGer v. 26.04.2007, 7B.1/2007 E. 3.1.
2. Die (direkte) postalische Zustellung einer Konkursandrohung an die Adresse eines in Deutschland wohnenden Gesellschafters ist **nichtig**: BGE 131 III 448 E. 2.2.3.
3. Die **Gebühren** der Zustellung richten sich nach GebV SchKG 16 (→ Nr. 7).

Art. 162 B. Güterverzeichnis
1. Anordnung

Das für die Eröffnung des Konkurses zuständige Gericht (Konkursgericht) hat auf Verlangen des Gläubigers, sofern es zu dessen Sicherung geboten erscheint, die Aufnahme eines Verzeichnisses aller Vermögensbestandteile des Schuldners (Güterverzeichnis) anzuordnen.

Verweise: SchKG 171 (Konkurseröffnung); SchKG 23 (Konkursgericht)

1. Die Anordnung des Güterverzeichnisses durch das Konkursgericht stellt eine **vorsorgliche Massnahme** i.S.v. BGG 98 (→ Nr. 26) dar: BGE 137 III 143 E. 1.3.
2. Entscheide des Konkursgerichts unterliegen der **Beschwerde in Zivilsachen** (BGG 72 Abs. 2 lit. a → Nr. 26), ohne an einen Streitwert gebunden zu sein (BGG 74 Abs. 2 lit. d): BGer v. 19.10.2010, 5A_340/2010 E. 1.
3. Die **Bewilligung der Rechtsöffnung** ist Voraussetzung dafür, dass der Gläubiger gegenüber dem der Betreibung auf Pfandverwertung unterliegenden Schuldner die provisorische Pfändung oder gegenüber dem der Betreibung auf Konkurs unterliegenden Schuldner die Aufnahme eines Güterverzeichnisses verlangen kann: BGE 122 III 36 E. 2.
4. Anspruch auf Errichtung eines Güterverzeichnisses **nach Vollstreckbarerklärung**: BGE 126 III 438 E. 4.a.
5. **Weitere** Güterverzeichnisse im SchKG:
   - SchKG 57c (für die Dauer des Rechtsstillstandes);
   - SchKG 170 (vorsorgliche Anordnungen);
   - SchKG 174 Abs. 3 (vorsorgliche Massnahmen bei aufschiebender Wirkung der Beschwerde);
   - SchKG 341 (sichernde Massnahmen bei Bewilligung der Notstundung).

Art. 163 2. Vollzug

¹ Das Betreibungsamt nimmt das Güterverzeichnis auf. Es darf damit erst beginnen, wenn die Konkursandrohung zugestellt ist; ausgenommen sind die Fälle nach den Artikeln 83 Absatz 1 und 183.[1]

² Die Artikel 90–92 finden entsprechende Anwendung.

Verweise

Abs. 1: *SchKG 159–161 (Konkursandrohung); SchKG 64–66 (Zustellung).*

1 Zu den **Befugnissen** des Konkursrichters und des Konkursbeamten vgl. BGE 30 I 752 E. 1.
   - Das Betreibungsamt ist **nicht befugt**, fällige Forderungen des Schuldners selber einzuziehen oder die Erhaltung seines Vermögens zu überwachen: BGE 46 III 105 E. 1.
   - Die Erhaltung des Vermögens durch eine **vorsorgliche Massnahmen** zu sichern, ist ebenfalls unzulässig: BGE 46 III 105 E. 1.

2 Die **Gebühr** für die Erstellung eines Güterverzeichnisses beträgt 40 Franken je halbe Stunde: GebV SchKG 40 (→ Nr. 7).

Art. 164[2] 3. Wirkungen
a. Pflichten des Schuldners

¹ Der Schuldner ist bei Straffolge (Art. 169 StGB[3]) verpflichtet, dafür zu sorgen, dass die aufgezeichneten Vermögensstücke erhalten bleiben oder durch gleichwertige ersetzt werden; er darf jedoch davon so viel verbrauchen, als nach dem Ermessen des Betreibungsbeamten zu seinem und seiner Familie Lebensunterhalt erforderlich ist.

² Der Betreibungsbeamte macht den Schuldner auf seine Pflichten und auf die Straffolge ausdrücklich aufmerksam.

1 Die Aufnahme des Güterverzeichnisses begründet für den Schuldner lediglich die **Verpflichtung**, dafür zu sorgen, dass die aufgezeichneten Vermögensstücke entweder vorhanden bleiben oder durch gleichwertige ersetzt werden. Er bleibt aber weiterhin in Besitz des Vermögens und kann – allerdings unter Strafandrohung – selber darüber verfügen: BGE 46 III 105 E. 1; BGE 30 I 752 E. 1.

2 Die **Strafandrohung** gegenüber dem Schuldner bei Ungehorsam im Betreibungs- und Konkursverfahren richtet sich nach StGB 323 (→ Nr. 35).

---

1 Fassung gemäss Ziff. I des BG vom 16. Dez. 1994, in Kraft seit 1. Jan. 1997 (AS 1995 1227; BBl 1991 III 1).
2 Fassung gemäss Ziff. I des BG vom 16. Dez. 1994, in Kraft seit 1. Jan. 1997 (AS 1995 1227; BBl 1991 III 1).
3 SR 311.0

Art. 165 b. Dauer

[1] Die durch das Güterverzeichnis begründete Verpflichtung des Schuldners wird vom Betreibungsbeamten aufgehoben, wenn sämtliche betreibende Gläubiger einwilligen.

[2] Sie erlischt von Gesetzes wegen vier Monate nach der Erstellung des Verzeichnisses.[1]

Verweise

Abs. 1: *SchKG 164 Abs. 1 (Verpflichtung des Schuldners).*

Abs. 2: *SchKG 31–33, SchKG 56–63, ZPO 142 ff. (Fristberechnung → Nr. 25).*

Keine Entscheidungen.

Art. 166 C. Konkursbegehren
1. Frist

[1] Nach Ablauf von 20 Tagen seit der Zustellung der Konkursandrohung kann der Gläubiger unter Vorlegung dieser Urkunde und des Zahlungsbefehls beim Konkursgerichte das Konkursbegehren stellen.

[2] Dieses Recht erlischt 15 Monate nach der Zustellung des Zahlungsbefehls. Ist Rechtsvorschlag erhoben worden, so steht diese Frist zwischen der Einleitung und der Erledigung eines dadurch veranlassten gerichtlichen Verfahrens still.[2]

Verweise

Abs. 1: *SchKG 31–33, SchKG 56–63, ZPO 142 ff. (Fristberechnung → Nr. 25); SchKG 64–66 (Zustellung); SchKG 159–161 (Konkursandrohung); SchKG 69–73 (Zahlungsbefehl); SchKG 23 (Konkursgericht); ZPO 251 Bst. a (summarisches Verfahren).*

Zu Abs. 1

1 Ein Konkursbegehren, das vor Fristablauf der **Post** übergeben worden ist, aber erst danach bei der zuständigen Behörde eingeht, muss zugelassen werden: BGE 122 III 130 E. 2.b (Pra 85 [1996] Nr. 190).

2 Die Frist nach Abs. 1 stellt für den Schuldner – analog den Fristen nach SchKG 88 Abs. 1 und 159 – eine **Stundung** dar: BGE 122 III 130 E. 2.b (Pra 85 [1996] Nr. 190).

3 Über die Möglichkeit der **Aussetzung** des Konkurses vgl. SchKG 173a.

---

1 Fassung gemäss Ziff. I des BG vom 16. Dez. 1994, in Kraft seit 1. Jan. 1997 (AS 1995 1227; BBl 1991 III 1).

2 Fassung gemäss Ziff. I des BG vom 16. Dez. 1994, in Kraft seit 1. Jan. 1997 (AS 1995 1227; BBl 1991 III 1).

Zu Abs. 2

4 Die **Frist steht still**:
- solange der Gläubiger nicht in den Besitz der **Urkunde** gelangen kann, welche das Rechtsöffnungsurteil als vollstreckbar erklärt: BGE 106 III 51 E. 3;
- wenn eine **Beschwerde** gegen die Konkursandrohung eingereicht und die aufschiebende Wirkung vor Einreichung des Konkursbegehrens gewährt worden ist: BGE 136 III 152 E. 4.1 und 4.2 (Pra 99 [2010] Nr. 116);
- für die Zeit des **Aberkennungsprozesses**: BGer v. 12.12.2006, 5P.259/2006 E. 3.2; BGE 55 III 53, 54 f.; BGE 46 III 15 E. 2; d.h., bis über die im Zeitpunkt der Zustellung des Zahlungsbefehls hängige **Anerkennungsklage** rechtskräftig entschieden ist: BGE 113 III 120 E. 2 und 3;
- während der provisorischen oder definitiven **Rechtsöffnung**: BGer v. 12.12.2006, 5P.259/2006 E. 3.2;
- während des Verfahrens auf **Feststellung des neuen Vermögens** nach SchKG 265a: BGer v. 12.12.2006, 5P.259/2006 E. 3.2.

Art. 167 2. Rückzug

Zieht der Gläubiger das Konkursbegehren zurück, so kann er es vor Ablauf eines Monats nicht erneuern.

Verweise: SchKG 31–33, SchKG 56–63, ZPO 142 ff. (Fristberechnung → Nr. 25).

1 Einem **Rückzug** ist gleichzustellen:
- ein **Sistierungsgesuch** des Gläubigers: BGE 64 I 194, 199;
- die Nichtleistung des dem Gläubiger auferlegten **Kostenvorschusses**: BGE 134 V 88 E. 6.2.

2 In der **Wechselbetreibung** kann ein zurückgezogenes Konkursbegehren jederzeit erneuert werden: BGE 62 I 209, 212.

3 Ein **Rückzug** des Konkursbegehrens im Rahmen einer Beschwerdeantwort (im Verfahren der staatsrechtlichen Beschwerde), kann nicht berücksichtigt werden: BGE 118 III 37 E. 2b.

4 Das Konkursgericht hat nicht zu untersuchen, **weshalb** der Gläubiger das Konkursbegehren zurückgezogen hat: BGE 134 V 88 E. 6.2.

Art. 168 3. Konkursverhandlung

Ist das Konkursbegehren gestellt, so wird den Parteien wenigstens drei Tage vorher die gerichtliche Verhandlung angezeigt. Es steht denselben frei, vor Gericht zu erscheinen, sei es persönlich, sei es durch Vertretung.

Verweise: SchKG 34 (Mitteilung); SchKG 171–174 (Entscheid des Konkursgerichts).

1 Dem Schuldner kann nach Erhalt der Konkursandrohung noch nicht die Obliegenheit auferlegt werden, mit der Anzeige der Konkursverhandlung rechnen zu müssen. Die **Zustellungsfiktion** ist folglich auf die Zustellung der Anzeige der Konkursverhandlung nicht anzuwenden: BGer v. 06.03.2012, 5A_895/2011 E. 3.2.

2 Dass den Parteien die Konkursverhandlung vor ihrer Durchführung angezeigt wird, ist ein **formelles Erfordernis** der Konkurseröffnung. Geschieht dies nicht, wird den Parteien das rechtliche Gehör verweigert. Der Mangel ist dermassen schwerwiegend, dass eine Heilung vor der Rechtsmittelinstanz ausgeschlossen erscheint: BGer v. 06.03.2012, 5A_895/2011 E. 3.3; BGE 135 I 279 E. 2.6.1.

3 Da die Anzeige den Betroffenen die Teilnahme an der Verhandlung freistellt, handelt es sich nicht um eine **Vorladung** im technischen Sinne, sodass ZPO 138 Abs. 1 (→ Nr. 25) jedenfalls nur analog anzuwenden wäre: BGer v. 06.03.2012, 5A_895/2011 E. 3.4.

Art. 169   4. Haftung für die Konkurskosten

¹ Wer das Konkursbegehren stellt, haftet für die Kosten, die bis und mit der Einstellung des Konkurses mangels Aktiven (Art. 230) oder bis zum Schuldenruf (Art. 232) entstehen.[1]

² Das Gericht kann von dem Gläubiger einen entsprechenden Kostenvorschuss verlangen.

Verweis

Abs. 2: SchKG 68 (Betreibungskosten).

Zu Abs. 1

1 Die **Kosten** des Konkursdekretes bemessen sich nach GebV SchKG 52 (→ Nr. 7).

2 Die Kosten **umfassen**:
 - sowohl die **Gebühren und Auslagen** des Konkursamtes bis zur ersten Gläubigerversammlung als auch jene des Gerichtes für das Konkurserkenntnis: BGE 118 III 27 E. 2b.
 - die **Gebühren und Entschädigungen**, welche als Gegenleistung für bestimmte Tätigkeiten der Ämter, Behörden und Vollstreckungsorgane erhoben werden (GebV SchKG 1 Abs. 1 → Nr. 7), wie die Gebühr nach GebV SchKG 11 für die öffentliche Bekanntmachung sowie diejenige nach GebV SchKG 44–47 für die Liquidationshandlungen im Konkurs. Die Konkurskosten beinhalten auch die tatsächlichen Auslagen für notwendige Handlungen, welche von der Verwaltung im Zusammenhang mit der Eröffnung des Konkurses und der Liquidation vorgenommen werden mussten. Auslagen umfassen nach der nicht abschliessenden Aufzählung in GebV SchKG 13 Abs. 1 insbe-

---

[1] Fassung gemäss Ziff. I des BG vom 16. Dez. 1994, in Kraft seit 1. Jan. 1997 (AS 1995 1227; BBl 1991 III 1).

sondere Post- und Fernmeldetaxen, Bankspesen sowie Rechnungen des Amtsblatts für die Veröffentlichung usw.: BGer 134 III 136 E. 2.1 (Pra 97 [2008] Nr. 107).

3 Der Gläubiger haftet für die Kosten **bis zum Schluss** des betreffenden Konkursverfahrens, und nicht nur bis zur Verfügung, mit welcher der Konkurs mangels Aktiven eingestellt wird: BGE 134 III 136 E. 2.3 (Pra 97 [2008] Nr. 107).

4 Der Anspruch auf **unentgeltliche Rechtspflege** befreit den Schuldner unter den allgemeinen Voraussetzungen von der Pflicht, den Kostenvorschuss zu leisten; ein Anspruch auf unentgeltliche Rechtsverbeiständung besteht für das Verfahren der Konkurseröffnung aber nicht: BGE 118 III 27 E. 3.c und d.

5 Nur demjenigen Schuldner, der verwertbares Vermögen besitzt aber nicht über die notwendigen Mittel verfügt, um den in SchKG 169 geforderten Kostenvorschuss zu leisten, kann die **unentgeltliche Rechtspflege** gewährt werden: BGE 133 III 614 E. 5 und 6 (Pra 97 [2008] Nr. 50).

6 Haben **mehrere Konkursgläubiger** das Begehren gestellt, so haftet jeder Gläubiger solidarisch für den gesamten Betrag des Kostenvorschusses: BGE 53 III 156, 158.

7 Zur Möglichkeit, sich aus einem allfälligen **Prozessergebnis** nach SchKG 131 Abs. 2 oder SchKG 260 vorab zu befriedigen siehe BGE 68 III 117, 119.

Zu Abs. 2

8 Das Konkursgericht entscheidet darüber, ob ein **Kostenvorschuss** im Hinblick auf die Konkurseröffnung erhoben werden soll. In der Praxis wird ein Kostenvorschuss bereits dann verlangt, wenn dem Gericht bekannt ist, dass das ordentliche Verfahren möglicherweise nicht eingeschlagen werden kann: BGE 134 V 88 E. 6.1.

9 Das Recht des **Konkursamtes** selbst, einen Kostenvorschuss zu erheben, ergibt sich aus KOV 35 (→ Nr. 5).

10 Der Richter ist verpflichtet, den Vorschuss **vor der Konkursverhandlung** (bzw. bei der Wechselbetreibung vor dem den Parteien mitgeteilten Termin der Konkurseröffnung) zu verlangen: BGE 97 I 609 E. 4.

11 Die **Nichtleistung** des dem Gläubiger auferlegten Kostenvorschusses ist dem Rückzug des Konkursbegehrens gleichgestellt: BGE 134 V 88 E. 6.2.

12 Keine analoge Anwendung von **SchKG 230 Abs. 3**, wenn gegen eine Gesellschaft mangels Aktiven der Konkurs nicht eröffnet worden ist und der Gläubiger auch keinen Kostenvorschuss geleistet hat: BGE 113 III 116 E. 3.c.

13 Ist gegen eine Gesellschaft der Konkurs mangels Aktiven nicht eröffnet worden und hat der Gläubiger auch keinen Kostenvorschuss geleistet, so kann die Gesellschaft in einem neuen Betreibungsverfahren wiederum **nur auf Konkurs** betrieben werden: BGE 113 III 116 E. 3.c.

Art. 170   5. Vorsorgliche Anordnungen

Das Gericht kann sofort nach Anbringung des Konkursbegehrens die zur Wahrung der Rechte der Gläubiger notwendigen vorsorglichen Anordnungen treffen.

Verweise: SchKG 162–165 (Güterverzeichnis); ZGB 960 Abs. 1 Ziff. 1 (Vormerkung einer Verfügungsbeschränkung im Grundbuch).

1   Für vorsorgliche Massnahmen in der **Wechselbetreibung** siehe SchKG 183.
2   Die **Gebühren** bemessen sich nach GebV SchKG 53 (→ Nr. 7).
Keine Entscheidungen.

Art. 171[1]   D. Entscheid des Konkursgerichts
1. Konkurseröffnung

Das Gericht entscheidet ohne Aufschub, auch in Abwesenheit der Parteien. Es spricht die Konkurseröffnung aus, sofern nicht einer der in den Artikeln 172–173a erwähnten Fälle vorliegt.

Verweise: SchKG 168 (Konkursverhandlung); SchKG 175 (Zeitpunkt der Konkurseröffnung); ZPO 251 lit. a (summarisches Verfahren → Nr. 25).

1   Das Gericht hat **konkurshindernde Tatsachen** von Amtes wegen zu beachten, es gilt diesbezüglich die Untersuchungsmaxime: BGer v. 10.06.2010, 5A_126/2010 E. 5.2.1.
2   Das **oberinstanzliche Gericht** kann den Entscheid über die Konkurseröffnung der ersten Instanz im Rahmen eines Beschwerdeverfahrens nach SchKG 174 abändern und die gewährte Konkurseröffnung verweigern oder eine verweigerte Konkurseröffnung aussprechen: BGer v. 23.01.2008, 5A_728/2007 E. 3.2.
3   Betr. die Möglichkeit des **Aufschubs** der Konkurseröffnung gegenüber AG und Genossenschaften, wenn eine **Sanierung** möglich erscheint, vgl. OR 725a und 903.
4   Aufschub der Konkurseröffnung **auf Gesuch hin**: SchKG 173a.
5   Eine allfällige **Parteientschädigung** richtet sich nach GebV SchKG 62 (→ Nr. 7).
6   Das Konkurserkenntnis unterliegt der **Beschwerde in Zivilsachen** ans Bundesgericht (BGG 72 Abs. 2 lit. a → Nr. 26). Die Beschwerde ist an keinen Streitwert gebunden (BGG 74 Abs. 2 lit. d). Der Entscheid ist keine einstweilige Verfügung nach BGG 98: BGer v. 19.09.2007, 5A_350/2007 E. 1.2; BGer v. 04.09.2007, 5A_80/2007 E. 2.1; BGE 133 III 687 E. 1.2.

---

1   Fassung gemäss Ziff. I des BG vom 16. Dez. 1994, in Kraft seit 1. Jan. 1997 (AS 1995 1227; BBl 1991 III 1).

Art. 172 2. Abweisung des Konkursbegehrens

Das Gericht weist das Konkursbegehren ab:
1. wenn die Konkursandrohung von der Aufsichtsbehörde aufgehoben ist;
2.[1] wenn dem Schuldner die Wiederherstellung einer Frist (Art. 33 Abs. 4) oder ein nachträglicher Rechtsvorschlag (Art. 77) bewilligt worden ist;
3. wenn der Schuldner durch Urkunden beweist, dass die Schuld, Zinsen und Kosten inbegriffen, getilgt ist oder dass der Gläubiger ihm Stundung gewährt hat.

Verweise: SchKG 166–170 (Konkursbegehren).
Ziff. 1: SchKG 159–161 (Konkursandrohung); SchKG 13 (Aufsichtsbehörde).
Ziff. 3: SchKG 67 Abs. 1 Ziff. 3, 69 Abs. 2 Ziff. 2 (Forderung); SchKG 67 Abs. 1 Ziff. 3, OR 102, 104–105 (Zins); SchKG 68, 69 Abs. 2 Ziff. 2 (Betreibungskosten); SchKG 85 (richterliche Aufhebung oder Einstellung der Betreibung).

1 Bei **örtlicher Unzuständigkeit** ist auf das Begehren von Amtes wegen nicht einzutreten: BGE 59 I 18, 182 (anders BGE 54 III 180, 182); nach SchKG 32 Abs. 2 erfolgt eine Überweisung an die zuständige Instanz.

Zu Ziff. 1

2 Anwendung von Ziff. 1 auf den Fall, dass der Rechtsvorschlag **nicht endgültig beseitigt** worden ist: BGer v. 20.04.2010, 5A_682/2009 E. 4.2.3.5; BGE 73 I 353 E. 2.

Zu Ziff. 3

3 Das Gewähren von **Abschlagszahlungen** schliesst die Fortsetzung der Betreibung für verfallene Raten nicht aus: BGE 77 III 11, 12.

4 Die Voraussetzung gem. Ziff. 3 ist nicht erfüllt, wenn bloss die Schuld und Zinsen, nicht aber die **Gerichtskosten** bezahlt worden sind: BGer v. 02.02.2011, 5A_571/2010 E. 2.1.

5 Unter die **Kosten** nach Ziff. 3 fällt nicht nur die Parteientschädigung aus dem Rechtsöffnungsverfahren, sondern auch diejenige aus dem Konkursverfahren: BGE 133 III 687 E. 2.3.

6 Ist die Tilgung der Schuld, Zinsen und Kosten erst nach Erlass des erstinstanzlichen Entscheids erfolgt, kann der Schuldner die konkurshindernde Tatsache noch im **kantonalen Rechtsmittelverfahren** vorbringen: BGE 133 III 687 E. 2.

7 SchKG 172 Ziff. 3 gilt nicht bei der bankenkonkursrechtlichen Liquidation eines Unternehmens, das unbewilligt einer Bankentätigkeit nachgeht und sich als überschuldet oder dauernd zahlungsunfähig erweist, da die Fortsetzung der (illegalen) Geschäftstätigkeit nicht gestattet werden kann: BGer v. 05.06.2007, 2A.51/2007 E. 4.2; BGE 132 II 383 E. 7.2.

---

1 Fassung gemäss Ziff. I des BG vom 16. Dez. 1994, in Kraft seit 1. Jan. 1997 (AS 1995 1227; BBl 1991 III 1).

Art. 173   3. Aussetzung des Entscheides
a. Wegen Einstellung der Betreibung oder Nichtigkeitsgründen

[1] Wird von der Aufsichtsbehörde infolge einer Beschwerde oder vom Gericht gemäss Artikel 85 oder 85a Absatz 2 die Einstellung der Betreibung verfügt, so setzt das Gericht den Entscheid über den Konkurs aus.[1]

[2] Findet das Gericht von sich aus, dass im vorangegangenen Verfahren eine nichtige Verfügung (Art. 22 Abs. 1) erlassen wurde, so setzt es den Entscheid ebenfalls aus und überweist den Fall der Aufsichtsbehörde.[2]

[3] Der Beschluss der Aufsichtsbehörde wird dem Konkursgerichte mitgeteilt. Hierauf erfolgt das gerichtliche Erkenntnis.

Verweis

Abs. 1: *SchKG 17–21 (Beschwerde).*

1   Die **Aufzählung** der Fälle in denen der Entscheid ausgesetzt wird, ist **nicht abschliessend**: BGer v. 26.02.2008, 5A_739/2007 E. 3.

2   **Aufschiebung** des Konkurses auf Antrag des Verwaltungsrates oder eines Gläubigers, falls Aussicht auf Sanierung besteht: OR 725a Abs. 1 und 903 Abs. 5.

3   **Nichtig** ist ein Entscheid dann, wenn ihm ein besonders schwerer, offensichtlicher oder zumindest leicht erkennbarer Mangel anhaftet und die Rechtssicherheit durch die Annahme der Nichtigkeit nicht ernsthaft gefährdet wird; als Nichtigkeitsgründe fallen vorab funktionelle und sachliche Unzuständigkeit der entscheidenden Behörde sowie krasse Verfahrensfehler in Betracht; inhaltliche Mängel einer Entscheidung führen nur ausnahmsweise zur Nichtigkeit: BGer v. 20.04.2010, 5A_682/2009 E. 4.2.3.4.2. Eine während der Hängigkeit einer **Aberkennungsklage** erlassene Konkursandrohung ist nichtig: BGE 73 I 353 E. 2.

4   Der Entscheid über den Konkursaufschub beendet das Konkursverfahren nicht; dieses bleibt lediglich **sistiert**: BGer v. 12.01.2011, 5A_111/2010 E. 2.1.

5   Der Entscheid über den Konkursaufschub stellt einen **Zwischenentscheid** dar: BGer v. 12.01.2011, 5A_111/2010 E. 2.1.

6   Erhebt der Schuldner eine **negative Feststellungsklage**, ist notwendig vor dem Konkurserkenntnis über den Einstellungsantrag zu befinden, sofern das Gesuch um Einstellung der Betreibung vor der Konkursverhandlung eingereicht wurde: BGer v. 28.10.2010, 5A_540/2010 E. 3; BGE 133 III 684 E. 3.1 und 3.2.

7   Zum Verhältnis zwischen der **vorläufigen Einstellung der Betreibung** gem. SchKG 85a Abs. 2 und der **Aussetzung des Konkurses** vgl. BGE 133 III 684 E. 3.2.

---

1   Fassung gemäss Ziff. I des BG vom 16. Dez. 1994, in Kraft seit 1. Jan. 1997 (AS 1995 1227; BBl 1991 III 1).

2   Fassung gemäss Ziff. I des BG vom 16. Dez. 1994, in Kraft seit 1. Jan. 1997 (AS 1995 1227; BBl 1991 III 1).

Art. 173a[1] b. Wegen Einreichung eines Gesuches um Nachlass- oder Notstundung oder von Amtes wegen

[1] Hat der Schuldner oder ein Gläubiger ein Gesuch um Bewilligung einer Nachlassstundung oder einer Notstundung anhängig gemacht, so kann das Gericht den Entscheid über den Konkurs aussetzen.

[2] Das Gericht kann den Entscheid über den Konkurs auch von Amtes wegen aussetzen, wenn Anhaltspunkte für das Zustandekommen eines Nachlassvertrages bestehen; es überweist die Akten dem Nachlassrichter.

[3] Bewilligt der Nachlassrichter die Stundung nicht, so eröffnet der Konkursrichter den Konkurs.

Verweise

Abs. 1: SchKG 293 Abs. 1 und 2 (Gesuch um Nachlassstundung); SchKG 338 (Gesuch um Notstundung).

Abs. 2: SchKG 293–332 (Nachlassverfahren).

1. Das **Stundungsgesuch** muss spätestens während der Konkursverhandlung anhängig gemacht werden, andernfalls kann es als verspätet nicht mehr berücksichtigt werden: BGer v. 30.04.2010, 5A_268/2010 E. 3; BGer v. 02.03.2010, 5A_730/2009 E. 2 (Pra 99 [2010] Nr. 131).

2. Die **Verweigerung** der Aussetzung durch das Konkursgericht ist trotz der «kann»-Formulierung nicht zulässig, wenn der Schuldner ein Gesuch um Bewilligung der Nachlassstundung gestellt hat und dasselbe nicht missbräuchlich ist oder nicht ohne Weiteres als aussichtslos erscheint: BGer v. 30.04.2010, 5A_268/2010 E. 3.2; BGer v. 13.02.2009, 5A_3/2009 E. 2.2.

3. Der Konkursrichter hat im Rahmen seines Aussetzungsentscheids eine **summarische Prüfung** betreffend Erfolgschancen der Nachlassstundung vorzunehmen: BGer v. 12.01.2011, 5A.111/2010 E. 2.2.

4. Im Gegensatz zur Nachlassstundung wird die Aussetzung des Konkurserkenntnisses **nicht öffentlich bekannt** gemacht: BGE 78 III 19 E. 4.

5. Die **Pfändungsbetreibung** für privilegierte Lohnforderungen (SchKG 297 Abs. 2) ist nicht erst nach Bewilligung der Nachlassstundung, sondern schon nach Aussetzung des Konkurserkenntnisses zulässig, dessen Datum als Stichtag für die Berechnung der Lohnrückstände gilt; eine bereits eingeleitete Konkursbetreibung kann vom Lohngläubiger ohne neue Betreibung auf Pfändung weitergeführt werden: BGE 78 III 19 E. 4.

---

[1] Eingefügt durch Art. 12 des BG vom 28. Sept. 1949 (AS 1950 I 57; BBl 1948 I 1218). Fassung gemäss Ziff. I des BG vom 16. Dez. 1994, in Kraft seit 1. Jan. 1997 (AS 1995 1227; BBl 1991 III 1).

Art. 173b[1] 3bis. Verfahren der Eidgenössischen Finanzmarktaufsicht

Betrifft das Konkursbegehren eine Bank, einen Effektenhändler, ein Versicherungsunternehmen, eine Pfandbriefzentrale, eine Fondsleitung, eine Investmentgesellschaft mit variablem Kapital (SICAV), eine Kommanditgesellschaft für kollektive Kapitalanlagen oder eine Investmentgesellschaft mit festem Kapital (SICAF), so überweist das Konkursgericht die Akten an die Eidgenössische Finanzmarktaufsicht (FINMA). Diese verfährt nach den spezialgesetzlichen Regeln.

1 *Keine Entscheidungen.*

Art. 174[2] 4. Beschwerde

¹ Der Entscheid des Konkursgerichts kann innert zehn Tagen mit Beschwerde nach der ZPO[3] angefochten werden. Die Parteien können dabei neue Tatsachen geltend machen, wenn diese vor dem erstinstanzlichen Entscheid eingetreten sind.

² Die Rechtsmittelinstanz kann die Konkurseröffnung aufheben, wenn der Schuldner seine Zahlungsfähigkeit glaubhaft macht und durch Urkunden beweist, dass inzwischen:

1. die Schuld, einschliesslich der Zinsen und Kosten, getilgt ist;
2. der geschuldete Betrag bei der Rechtsmittelinstanz zuhanden des Gläubigers hinterlegt ist; oder
3. der Gläubiger auf die Durchführung des Konkurses verzichtet.

³ Wird der Beschwerde aufschiebende Wirkung gewährt, sind zum Schutz der Gläubiger die notwendigen vorsorglichen Massnahmen zu treffen.

Verweise

Abs. 1: *SchKG 31–33, SchKG 56–63, ZPO 142 ff. (Fristberechnung → Nr. 25); ZPO 319–327 (Beschwerde).*

Abs. 2: *SchKG 171 (Konkurseröffnung).*

Abs. 3: *SchKG 170 (vorsorgliche Anordnungen).*

1 **Berufungsfähig** (nach aSchKG – heute mit Beschwerde anfechtbar) sind nur solche Erkenntnisse, welche die Konkurseröffnung aussprechen oder das Konkursbegehren abweisen, nicht aber solche, die das Konkurserkenntnis aussetzen: BGE 78 III 19 E. 4.

---

1 Eingefügt durch Ziff. II 1 des BG vom 3. Okt. 2003 (AS 2004 2767; BBl 2002 8060). Fassung gemäss Anhang Ziff. 2 des BG vom 18. März 2011 (Sicherung der Einlagen), in Kraft seit 1. Sept. 2011 (AS 2011 3919; BBl 2010 3993).
2 Fassung gemäss Anhang 1 Ziff. II 17 der Zivilprozessordnung vom 19. Dez. 2008, in Kraft seit 1. Jan. 2011 (AS 2010 1739; BBl 2006 7221).
3 SR 272

2 Das **oberinstanzliche Gericht** kann den Entscheid über die Konkurseröffnung der ersten Instanz im Rahmen des Beschwerdeverfahrens abändern und die gewährte Konkurseröffnung verweigern oder eine verweigerte Konkurseröffnung aussprechen: BGer v. 23.01.2008, 5A_728/2007 E. 3.2.

3 In der **Wechselbetreibung** können weder der Entscheid des Konkursgerichts über die Aussetzung noch die Eröffnung des Konkurses an das obere Gericht weitergezogen werden: BGer v. 30.04.2010, 5A_268/2010 E. 1.2.

4 Holt die Rechtsmittelinstanz nach SchKG 174 von Amtes wegen einen **Betreibungsregisterauszug** ein, muss sie diesen dem Schuldner zustellen und ihm Gelegenheit geben, sich dazu zu äussern: BGer v. 05.03.2012, 5A_31/2012 E. 4.5; BGer v. 17.02.2006, 5P.456/2005 E. 4.2; BGer v. 11.04.2000, 5P.77/2000 E. 2.b.

5 **Legitimation**:
- Der Entscheid des Konkursgerichts aufgrund einer **Überschuldungsanzeige** (OR 725a, SchKG 192) kann sowohl durch die Gesellschaftsgläubiger als auch die betroffene Gesellschaft bzw. deren Verwaltung nach SchKG 174 weitergezogen werden: BGer v. 03.09.2010, 5A_269/2010 E. 3.2.
- Nicht legitimiert zur Erhebung eines Rechtsmittels gegen Konkurseröffnung wegen **Insolvenzerklärung** des Schuldners sind nichtbeteiligte Gläubiger: BGE 123 III 402 E. 3.
- Keine Legitimation zur Weiterziehung des Konkurserkenntnisses ergibt sich aus der **Parteistellung im Massnahmeverfahren**, welches keinen Zusammenhang mit dem Konkursverfahren hatte: BGer v. 01.03.2011, 5A_826/2010 E. 2.
- Im **Bankenkonkursverfahren** (BankG 33 ff. → Nr. 36) steht den Gläubigern und Eignern einer Bank kein Beschwerderecht gegen das Konkurserkenntnis zu. Die Beschwerdelegitimation der betroffenen Bank selbst wird dadurch aber nicht tangiert: BVGer v. 08.12.2010, B-4888/2010 E. 1.3.
- Die vertretungsberechtigte und geschäftsführende Gesellschafterin einer **GmbH** kann die Konkurseröffnung weiterziehen und geltend machen, zur Benachrichtigung des Richters wegen Überschuldung fehle ein gültiger Beschluss der Geschäftsführer: BGE 135 III 509 E. 3.

6 **Noven**:
- Die **ZPO** (→ Nr. 25) hat keinen Einfluss auf das in Abs. 1 zweiter Satz und Abs. 2 geregelte Novenrecht, welches beibehalten wurde und der ZPO vorgeht: BGer v. 12.05.2011, 5A_230/2011 E. 3.2.1.
- Die Zulässigkeit eines erst im **bundesgerichtlichen Verfahren** eingereichten Dokumentes richtet sich nicht nach SchKG 174, sondern ausschliesslich nach BGG 99 Abs. 1 (→ Nr. 26): BGer v. 01.03.2011, 5A_826/2010 E. 3.6.
- Vor Bundesgericht **neu eingereichte Beweismittel**, mit denen der Beschwerdeführer den vor Kantonsgericht nicht erbrachten Nachweis seiner Zahlungsfähigkeit vor Bundesgericht nachzuholen versucht, sind zum Vornherein unzulässig: BGer v. 10.12.2010, 5A_867/2010.

Zu Abs. 2

7 **Abschliessende Aufzählung** der Konkurshinderungsgründe in Abs. 2: BGer v.11.08.2011, 5A_328/2011 E. 2.

8 Die Konkurshinderungsgründe müssen sich **innert der Rechtsmittelfrist** verwirklicht haben und geltend gemacht werden: BGE 136 III 294 E. 3.1 und 3.2. Nach Ablauf der Weiterziehungsfrist sind die oberen Gerichtsinstanzen von Bundesrechts wegen nicht verpflichtet, Eingaben mit neuen Tatsachen zuzulassen: BGer v. 09.08.2010, 5A_306/2010 E. 3.2.3.

9 Die **Voraussetzungen** des Glaubhaftmachens der Zahlungsfähigkeit und des Urkundenbeweises über die Bezahlung der Schuld oder über den Verzicht auf die Durchführung des Konkurses müssen **kumulativ** erfüllt sein: BGer v. 22.06.2011, 5A_374/2011.

10 Für die **Glaubhaftmachung der Zahlungsfähigkeit** reicht es aus, wenn das Gericht zum Schluss kommt, dass die Zahlungsfähigkeit des Konkursiten wahrscheinlicher ist als die Zahlungsunfähigkeit; die *ratio legis* der Norm besteht darin, den Konkurs möglichst zu vermeiden, wenn eine Gesellschaft wirtschaftlich überlebensfähig und die fehlende Liquidität bloss vorübergehend ist: BGer v. 04.01.2012, 5A_640/2011 E. 3.1; BGer v. 11.08.2011, 5A_328/2011 E. 2; BGer v. 12.05.2011, 5A_230/2011 E. 3; BGer v. 12.04.2011, 5A_386/2010 E. 2; BGer v. 07.12.2010, 5A_642/2010 E. 2.3.

11 **Zahlungsfähigkeit** bedeutet, dass ausreichende liquide Mittel vorhanden sind, mit welchen die Gläubiger bei Fälligkeit ihrer Forderungen befriedigt werden können. Dabei sind nur die sofort und konkret verfügbaren, nicht aber zukünftige, zu erwartende oder mögliche Mittel zu berücksichtigen: BGer v. 07.12.2010, 5A_642/2010 E. 2.4.

12 Als grundsätzlich **zahlungsunfähig** erweist sich ein Schuldner, der unbestrittene und fällige Forderungen nicht bezahlt. Dies, indem er Konkursandrohungen sich anhäufen lässt, systematisch Rechtsvorschlag erhebt und selbst kleinere Beträge nicht bezahlt: BGer v. 19.09.2007, 5A_350/2007 E. 4.3.

13 Um die **Zahlungsfähigkeit** glaubhaft zu machen hat der Schuldner aufzuzeigen, dass kein Konkursbegehren in einer ordentlichen Betreibung oder einer Wechselbetreibung hängig ist und dass keine Zwangsvollstreckung gegen ihn läuft: BGer v. 04.01.2012, 5A_640/2011 E. 3.1; BGer v. 25.09.2008, 5A_529/2008 E. 3.1.

14 Der Schuldner kann bei der **Hinterlegung** die Aushändigung des hinterlegten Forderungsbetrages an den Gläubiger ausnahmsweise vom Ausgang eines weiteren Prozesses abhängig machen, wenn der Konkurs ohne vorgängige Betreibung eröffnet worden ist und die zur Konkurseröffnung Anlass gebende Forderung strittig bzw. der Bestand dieser Forderung nie in einem ordentlichen Verfahren überprüft worden ist: BGE 135 III 31 E. 2.2.5.

15 Ist die **Zahlung** i.S.v. Ziff. 2 **verspätet** erfolgt, kann das Gericht die Beschwerde gegen das Konkurserkenntnis abweisen, ohne die Zahlungsfähigkeit des Schuldners zu prüfen: BGer v. 23.09.2011, 5A_290/2011 E. 1.3.3.

Art. 175   E. Zeitpunkt der Konkurseröffnung

¹ Der Konkurs gilt von dem Zeitpunkte an als eröffnet, in welchem er erkannt wird.
² Das Gericht stellt diesen Zeitpunkt im Konkurserkenntnis fest.

Verweis
Abs. 1: *SchKG 171 (Konkurseröffnung).*

1   Sind die Parteien zur Gerichtsverhandlung erschienen, ist die **mündliche Eröffnung** diesen gegenüber massgebend, ansonsten ist auf den aus dem Entscheid hervorgehenden Zeitpunkt abzustellen, welcher genau festzuhalten ist. Die anschliessende Mitteilung der Konkurseröffnung ist ohne jede Bedeutung für den Eintritt ihrer Wirkungen: BGE 120 Ib 248 E. 2.b.aa.

2   Ist gegen das erstinstanzliche Urteil Berufung (heute: Beschwerde) eingelegt und ihr **aufschiebende Wirkung** nach SchKG 36 gewährt worden, so tritt die Wirkung der Konkurseröffnung erst in dem Augenblick ein, da die aufschiebende Wirkung dahinfällt: BGE 85 III 146 E. 6; BGE 79 III 43 E. 2; BGE 54 III 9 E. 2; BGE 53 III 204 E. 2.

3   Das **Datum** der Konkurseröffnung ist in diesem Fall dasjenige des Rechtsmittelentscheids: BGE 85 III 146 E. 6.

Art. 176[1]   F. Mitteilung der gerichtlichen Entscheide

¹ Das Gericht teilt dem Betreibungs-, dem Konkurs-, dem Handelsregister- und dem Grundbuchamt unverzüglich mit:
1. die Konkurseröffnung;
2. den Widerruf des Konkurses;
3. den Schluss des Konkurses;
4. Verfügungen, in denen es einem Rechtsmittel aufschiebende Wirkung erteilt;
5. vorsorgliche Anordnungen.

² Der Konkurs ist spätestens zwei Tage nach Eröffnung im Grundbuch anzumerken.[2]

Verweise
Abs. 1 Ziff. 1: *SchKG 171 (Konkurseröffnung).*
Abs. 1 Ziff. 2: *SchKG 195–196 (Widerruf des Konkurses).*
Abs. 1 Ziff. 3: *SchKG 268 Abs. 2 (Schluss des Konkurses).*
Abs. 1 Ziff. 4: *SchKG 36 (aufschiebende Wirkung).*

---

1   Fassung gemäss Ziff. I des BG vom 16. Dez. 1994, in Kraft seit 1. Jan. 1997 (AS 1995 1227; BBl 1991 III 1).
2   Fassung gemäss Ziff. I des BG vom 19. März 2004 (Anmerkung des Konkurses im Grundbuch), in Kraft seit 1. Jan. 2005 (AS 2004 4033 4034; BBl 2003 6501 6509).

Abs. 1 Ziff. 5: *SchKG 170 (vorsorgliche Anordnungen).*
Abs. 2: *SchKG 31–33, SchKG 56–63, ZPO 142 ff. (Fristberechnung → Nr. 25); SchKG 175 (Zeitpunkt der Konkurseröffnung); ZGB 942–977 (Grundbuch).*

1 Die Konkurseröffnung ist den Amtsstellen und den Parteien **unverzüglich** und ohne Rücksicht auf Ferien oder Rechtsstillstand mitzuteilen, ausser es wäre aufgrund einer bereits eingereichten Berufung (heute: Beschwerde) die **aufschiebende Wirkung** erteilt worden: BGE 120 Ib 248 E. 2.b.aa.

2 **Haftung** des Kantons für Richter, der mit der Mitteilung des Konkurserkenntnisses drei Wochen zuwartete: BGE 120 Ib 248 E. 2.b.cc (der Entscheid erging in Anwendung des Verantwortlichkeitsgesetzes des Kantons Zug; heute ist SchKG 5 einschlägig).

3 Betr. die Verbindlichkeit eines **gesetzwidrig** erlassenen Konkurserkenntnisses für das Konkursamt und die Aufsichtsbehörde vgl. BGE 49 III 245 E. 3; BGE 45 I 49 E. 2; BGE 30 I 847 E. 2.

4 Konkursamt und Aufsichtsbehörde können ein Konkurserkenntnis jedenfalls dann nicht auf seine **Gesetzmässigkeit** überprüfen, wenn mit der Durchführung des Konkurses bereits begonnen worden ist. Ein Zurückkommen auf das Konkurserkenntnis ist auch dann nicht möglich, wenn dieses an einem Mangel leidet: BGE 100 III 19 E. 2.

II. Wechselbetreibung

Art. 177   A. Voraussetzungen

¹ Für Forderungen, die sich auf einen Wechsel oder Check gründen, kann, auch wenn sie pfandgesichert sind, beim Betreibungsamte die Wechselbetreibung verlangt werden, sofern der Schuldner der Konkursbetreibung unterliegt.

² Der Wechsel oder Check ist dem Betreibungsamte zu übergeben.

Verweise

Abs. 1: *OR 990–1099 (Wechsel); OR 1100–1144 (Check); SchKG 37 Abs. 3 (Pfand); SchKG 41, 151–158 (Betreibung auf Pfandverwertung); SchKG 39 Abs. 1 (der Konkursbetreibung unterliegende Schuldner).*

Abs. 2: *SchKG 9 (Aufbewahrung von Geld und Wertsachen).*

Zu Abs. 1

1 **Voraussetzungen** der Wechselbetreibung: BGE 111 III 33 E. 1 (Pra 74 [1985] Nr. 158).

2 Der Grundsatz des *beneficium excussionis realis* (SchKG 41 Abs. 1bis) ist in der Wechselbetreibung **nicht anwendbar**. Der Schuldner kann daher nicht mit Beschwerde die Vorausverwertung des Pfandes verlangen: BGE 136 III 110 E. 4 (Pra [2010] Nr. 101).

3 Im Betreibungsbegehren ist als Forderungsgrund der **Wechsel** oder **Check** mit dem Ausstellungsdatum anzugeben: BGE 78 III 12, 14.

Fünfter Titel: Betreibung auf Konkurs Nr. 1 SchKG **Art. 178**

- **Titel** und **Protest** müssen vorhanden sein; die Vorlegung des **Protestes** ist dann notwendig, falls wechselrechtliche Wirkungen, auf die sich Gläubiger beruft, davon abhängen: BGE 111 III 33 E. 2.a (Pra 74 [1985] Nr. 158).
- Pflicht zur **Übergabe des Originaltitels** bei gleichzeitiger Betreibung mehrerer nicht im gleichen Kreise wohnender Wechselverpflichteter beim zuerst in Anspruch genommenen Betreibungsamt: BGE 74 III 33, 35; BGE 41 III 260 E. 2.
- Die Wechselbetreibung für «**billet à ordre**» ist auch ohne Bezeichnung als «Wechsel» («de change») zulässig: BGE 70 III 39, 41.
- Ein Wechsel, der den Namen des **Bezogenen** nicht enthält (OR 991 Ziff. 3) gilt nicht als Wertpapier (OR 992 Abs. 1) und kann, da das Zahlungsversprechen fehlt, auch nicht als Eigenwechsel betrachtet werden: BGE 111 III 33 E. 2.b und 3 (Pra 74 [1985] Nr. 158).

4 Der Gläubiger, der für pfandgesicherte Forderung die **Pfandbetreibung** angehoben hat, kann diese zurückziehen und dafür die Wechselbetreibung anheben: BGE 67 III 114, E. 3.

5 **Prüfungsbefugnis** der Betreibungsbehörde: BGE 113 III 123 E. 3; BGE 118 III 24 E. 3.b:

- Keine Pflicht des Betreibungsamtes, einen Entscheid über Pflicht zur Eintragung im **Handelsregister** herbeizuführen: BGE 61 III 40, 44.
- Enthält der vorgelegte Titel die vom Gesetz geforderten **Angaben** (OR 991, 1096, 1100) offensichtlich nicht, muss das Betreibungsamt die Wechselbetreibung verweigern: BGE 111 III 33 E. 1 (Pra 74 [1985] Nr. 158).
- Es darf aber, sofern ihm mit dem Begehren um Wechselbetreibung ein Check vorgelegt wird, die Zustellung des Zahlungsbefehls nur ablehnen, wenn es dem vorgelegten Titel klar und offensichtlich an **formellen Erfordernissen** gebricht: BGE 113 III 123 E. 5.

Art. 178 B. Zahlungsbefehl

¹ Sind die Voraussetzungen der Wechselbetreibung vorhanden, so stellt das Betreibungsamt dem Schuldner unverzüglich einen Zahlungsbefehl zu.

² Der Zahlungsbefehl enthält:

1. die Angaben des Betreibungsbegehrens;
2.¹ die Aufforderung, den Gläubiger binnen fünf Tagen für die Forderung samt Betreibungskosten zu befriedigen;
3.² die Mitteilung, dass der Schuldner Rechtsvorschlag erheben (Art. 179) oder bei der Aufsichtsbehörde Beschwerde wegen Missachtung des Gesetzes führen kann (Art. 17 und 20);

---

1   Fassung gemäss Art. 15 Ziff. 4 Schl- und UeB zu den Tit. XXIV–XXXIII OR, in Kraft seit 1. Juli 1937 (AS 53 185; BBl 1928 I 205, 1932 I 217).
2   Fassung gemäss Ziff. I des BG vom 16. Dez. 1994, in Kraft seit 1. Jan. 1997 (AS 1995 1227; BBl 1991 III 1).

4.[1] den Hinweis, dass der Gläubiger das Konkursbegehren stellen kann, wenn der Schuldner dem Zahlungsbefehl nicht nachkommt, obwohl er keinen Rechtsvorschlag erhoben hat oder sein Rechtsvorschlag beseitigt worden ist (Art. 188).

³ Die Artikel 70 und 72 sind anwendbar.

Verweise

Abs. 1: *SchKG 177 Abs. 1 (Voraussetzungen der Wechselbetreibung); SchKG 64–66 (Zustellung).*

Abs. 2 Ziff. 1: *SchKG 67 (Betreibungsbegehren).*

Abs. 2 Ziff. 2: *SchKG 31–33, SchKG 56–63, ZPO 142 ff. (Fristberechnung → Nr. 25); SchKG 67 Abs. 1 Ziff. 3, 69 Abs. 2 Ziff. 2 (Forderung); SchKG 67 Abs. 1 Ziff. 3, OR 102, 104–105 (Zins); SchKG 68, 69 Abs. 2 Ziff. 2 (Betreibungskosten).*

Zu Abs. 1

1 Bedingungen, die ein **ausländischer** Wechsel erfüllen muss, um der Wechselbetreibung unterliegen zu können: BGE 53 III 125, 127.

2 Betr. wechselmässige Haftung
   – der **Rechtsnachfolger** eines Wechselunterzeichners: BGE 34 I 839; BGE 19 I 259 E. 5;
   – der **Kollektivgesellschafter** für Forderungen gegen die aufgelöste oder erfolglos betriebene Kollektivgesellschaft: BGE 39 I 295 E. 3.

3 **Verweigerung** der Wechselbetreibung bei offensichtlichem Fehlen einer vom Gesetz geforderten Angabe: BGE 113 III 123 E. 3; BGE 111 III 33 E. 1.c (Pra 74 [1985] Nr. 158):
   – Die Angabe des Namens des **Bezogenen** ist unerlässlich und nicht ersetzbar durch einen Akzept: BGE 67 III 151, 153.
   – Ebenso ist die Angabe des **Ausstellungsdatums** des Wechsels oder Checks nötig, sofern sich der Schuldner nicht anderweitig zweifelsfrei über den Forderungstitel erkundigen konnte: BGE 78 III 12 E. 1.
   – Frage der sachlichen **Zuständigkeit**: Der Einwand, es fehle an einem Wechselprotest, führt zu einer materiellrechtlichen Frage, die vom Rechtsöffnungsrichter zu beurteilen ist. Der Betreibungsbeamte und die Aufsichtsbehörden haben demgegenüber nur zu prüfen, ob die eingereichte Forderungsurkunde alle wesentlichen Erfordernisse eines Wechsels erfüllt und eine wechselmässige Verpflichtung des Schuldners begründet: BGE 118 III 24 E. 3; vgl. auch N 5 zu SchKG 177.

Zu Abs. 2 Ziff. 3

4 Zu den Folgen der Einreichung des **Rechtsvorschlages** beim Richter anstatt beim Betreibungsamt siehe SchKG 32 Abs. 2.

---

1 Fassung gemäss Ziff. I des BG vom 16. Dez. 1994, in Kraft seit 1. Jan. 1997 (AS 1995 1227; BBl 1991 III 1).

Zu Abs. 2 Ziff. 4

5   In der Wechselbetreibung ist die **Konkursandrohung** im Zahlungsbefehl enthalten: BGE 133 III 684, E. 3.1 (Pra 97 [2008] Nr. 75).

Zu Abs. 3

6   Die **Gebühren** richten sich nach GebV SchKG 11 (→ Nr. 7).

Art. 179[1]   C. Rechtsvorschlag
             1. Frist und Form

¹ Der Schuldner kann beim Betreibungsamt innert fünf Tagen nach Zustellung des Zahlungsbefehls schriftlich Rechtsvorschlag erheben; dabei muss er darlegen, dass eine der Voraussetzungen nach Artikel 182 erfüllt ist. Auf Verlangen bescheinigt ihm das Betreibungsamt die Einreichung des Rechtsvorschlags gebührenfrei.

² Mit der im Rechtsvorschlag gegebenen Begründung verzichtet der Schuldner nicht auf weitere Einreden nach Artikel 182.

³ Artikel 33 Absatz 4 ist nicht anwendbar.

Verweise

Abs. 1: *SchKG 31–33, SchKG 56–63, ZPO 142 ff. (Fristberechnung → Nr. 25); SchKG 178 (Zahlungsbefehl).*

Keine Entscheidungen.

Art. 180   2. Mitteilung an den Gläubiger

¹ Der Inhalt des Rechtsvorschlags wird dem Betreibenden auf der für ihn bestimmten Ausfertigung des Zahlungsbefehls mitgeteilt; wurde ein Rechtsvorschlag nicht eingegeben, so wird dies in derselben vorgemerkt.

² Diese Ausfertigung wird dem Betreibenden sofort nach Eingabe des Rechtsvorschlags oder, falls ein solcher nicht erfolgte, unmittelbar nach Ablauf der Eingabefrist zugestellt.

Verweise

Abs. 1: *SchKG 70 Abs. 1 (doppelte Ausfertigung des Zahlungsbefehls); SchKG 76 Abs. 1 (Mitteilung an den Gläubiger).*

Abs. 2: *SchKG 179 Abs. 1 (Eingabefrist).*

Keine Entscheidungen.

---

1   Fassung gemäss Ziff. I des BG vom 16. Dez. 1994, in Kraft seit 1. Jan. 1997 (AS 1995 1227; BBl 1991 III 1).

Art. 181[1]   3. Vorlage an das Gericht

Das Betreibungsamt legt den Rechtsvorschlag unverzüglich dem Gericht des Betreibungsortes vor. Dieses lädt die Parteien vor und entscheidet, auch in ihrer Abwesenheit, innert zehn Tagen nach Erhalt des Rechtsvorschlages.

Verweise: SchKG 23 (Gericht); SchKG 46–55 (Betreibungsort).

1   Die Kompetenz über die **Rechtzeitigkeit des Rechtsvorschlages** zu entscheiden, kommt auch in der Wechselbetreibung dem Betreibungsamt und den Aufsichtsbehörden zu: BGE 55 III 48 E. 1.

2   Die **Nichtbeachtung** der in SchKG 181 vorgesehenen Frist von 5 Tagen (heute 10 Tage) macht die Bewilligung des Rechtsvorschlags nicht nichtig: BGE 90 I 201 E. 2.

3   Die Parteien sind immer **vorzuladen**, es kann aber ohne ihre Anwesenheit entschieden werden: BGE 27 I 407 E. 3. Vgl. auch SchKG 84, wonach den Parteien Gelegenheit zur mündlichen oder schriftlichen Stellungnahme zu geben ist.

Art. 182   4. Bewilligung

Das Gericht bewilligt den Rechtsvorschlag:
1. wenn durch Urkunden bewiesen wird, dass die Schuld an den Inhaber des Wechsels oder Checks bezahlt oder durch denselben nachgelassen oder gestundet ist;
2. wenn Fälschung des Titels glaubhaft gemacht wird;
3. wenn eine aus dem Wechselrechte hervorgehende Einrede begründet erscheint;
4.[2] wenn eine andere nach Artikel 1007 OR[3] zulässige Einrede geltend gemacht wird, die glaubhaft erscheint; in diesem Falle muss jedoch die Forderungssumme in Geld oder Wertschriften hinterlegt oder eine gleichwertige Sicherheit geleistet werden.

Verweise

Ziff. 1: *SchKG 178 Abs. 2 Ziff. 2 (Schuld).*

Ziff. 4: *ZGB 421 Ziff. 5 (Zustimmung der Vormundschaftsbehörde für die Eingehung wechselrechtlicher Verbindlichkeiten [neu ab 01.01.2013 ZGB 416 Abs. 1 Ziff. 6]); SchKG 184 Abs. 2 (Klagefrist bei Hinterlegung).*

---

1   Fassung gemäss Ziff. I des BG vom 16. Dez. 1994, in Kraft seit 1. Jan. 1997 (AS 1995 1227; BBl 1991 III 1).
2   Fassung gemäss Ziff. I des BG vom 16. Dez. 1994, in Kraft seit 1. Jan. 1997 (AS 1995 1227; BBl 1991 III 1).
3   SR 220

1 Der Entscheid, mit dem der Rechtsvorschlag bewilligt wird, stellt einen **Endentscheid** dar: BGE 95 I 253 E. 3.

Zu Ziff. 1

2 Beweismass: **strikter Beweis**: BGE 113 III 89 E. 4.a (im Gegensatz zu den Ziff. 2–4, wo das Beweismass des Glaubhaftmachens genügt: vgl. hiernach).

3 Anwendbarkeit von **ZGB 8**: Es ist nicht willkürlich, den Rechtsvorschlag nicht zu bewilligen, wenn der Gegenbeweis des Gläubigers **Zweifel** an den Urkunden aufkommen lässt: BGE 113 III 89 E. 4.a.

Zu Ziff. 2–4

4 Beweismass des **Glaubhaftmachens**: Der Rechtsvorschlag ist zu bewilligen, wenn es sich nicht um Zahlungsflucht oder Trölerei bzw. um leere Ausflüchte handelt, sondern der Standpunkt des Schuldners mit ernsthaften Gründen vertretbar ist: BGE 137 III 94 E. 4.3. Ein strikter Beweis ist nicht vorausgesetzt: BGer v. 30.08.2010, 5A_378/2010 E. 3 (Pra 100 [2011] Nr. 76).

5 Zur rechtlichen Natur der **Hinterlegung**:
   – Hinterlegung einer streitigen Summe zugunsten eines bestimmten **eventuell Berechtigten**: BGE 42 III 363.
   – Eine **Solidarbürgschaft einer Bank** stellt die unverzügliche und bedingungslose Bezahlung der Schuld nicht sicher und gilt deshalb nicht als genügende Hinterlegung: 119 III 75 E. 2 (Pra 83 [1994] Nr. 253).
   – Es ist nicht willkürlich, wenn der Richter nicht kotierte **Obligationen** ohne festen Kurswert nicht als genügende Hinterlage anerkennt und wenn er dem Schuldner, der bereits im Genuss einer kurzen Hinterlegungsfrist war, nicht noch eine Nachfrist zu Beibringung einer solchen Hinterlage ansetzt: BGE 110 III 32 E. 2.

6 Die **Gewährung einer Frist** von einigen Tagen zur Hinterlegung der Sicherheiten ist nicht willkürlich, sofern diese Frist vor dem Entscheid über die Bewilligung des Rechtsvorschlags abläuft: BGE 90 I 201 E. 2.

7 Die **Verweigerung des Rechtsvorschlages** mangels Hinterlegung der Forderungssumme bis zur erstinstanzlichen Verhandlung verstösst nicht gegen klares Recht: BGE 104 III 95 E. 2.

Art. 183   5. Verweigerung. Vorsorgliche Massnahmen

¹ Verweigert das Gericht die Bewilligung des Rechtsvorschlages, so kann es vorsorgliche Massnahmen treffen, insbesondere die Aufnahme des Güterverzeichnisses gemäss den Artikeln 162–165 anordnen.

² Das Gericht kann nötigenfalls auch dem Gläubiger eine Sicherheitsleistung auferlegen.[1]

---

1   Fassung gemäss Art. 15 Ziff. 6 Schl- und UeB zu den Tit. XXIV–XXXIII OR, in Kraft seit 1. Juli 1937 (AS 53 185; BBl 1928 I 205, 1932 I 217).

Verweis

Abs. 1: *SchKG 170 (vorsorgliche Anordnungen).*

Keine Entscheidungen.

Art. 184   6. Eröffnung des Entscheides. Klagefrist bei Hinterlegung

¹ Der Entscheid über die Bewilligung des Rechtsvorschlags wird den Parteien sofort eröffnet.[1]

² Ist der Rechtsvorschlag nur nach Hinterlegung des streitigen Betrages bewilligt worden, so wird der Gläubiger aufgefordert, binnen zehn Tagen die Klage auf Zahlung anzuheben. Kommt der Gläubiger dieser Aufforderung nicht nach, so wird die Hinterlage zurückgegeben.

Verweise

Abs. 1: *SchKG 181 (Vorlage an das Gericht).*

Abs. 2: *SchKG 182 Abs. 4 (Bewilligung nach Hinterlegung des streitigen Betrages); SchKG 31–33, SchKG 56–63, ZPO 142 ff. (Fristberechnung → Nr. 25); SchKG 79 (Beseitigung des Rechtsvorschlages im ordentlichen Prozess).*

Keine Entscheidungen.

Art. 185[2]   7. Rechtsmittel

Der Entscheid über die Bewilligung des Rechtsvorschlages kann innert fünf Tagen mit Beschwerde nach der ZPO[3] angefochten werden.

Verweise: *SchKG 31–33, SchKG 56–63, ZPO 142 ff. (Fristberechnung → Nr. 25); ZPO 319–327 (Beschwerde).*

1. Der Entscheid der kantonalen Beschwerdeinstanz über die Bewilligung des Rechtsvorschlags in der Wechselbetreibung kann mittels **Beschwerde in Zivilsachen** an das Bundesgericht weitergezogen werden, vgl. BGG 72 Abs. 1 lit. a (→ Nr. 26).

2. Erschöpfung des **kantonalen Instanzenzuges** vor einer subsidiären Verfassungsbeschwerde soweit keine Beschwerde nach BGG 72–89 (→ Nr. 26) zulässig ist: BGG 113.

---

1   Fassung gemäss Ziff. I des BG vom 16. Dez. 1994, in Kraft seit 1. Jan. 1997 (AS 1995 1227; BBl 1991 III 1).

2   Fassung gemäss Anhang 1 Ziff. II 17 der Zivilprozessordnung vom 19. Dez. 2008, in Kraft seit 1. Jan. 2011 (AS 2010 1739; BBl 2006 7221).

3   SR 272

Art. 186 8. Wirkungen des bewilligten Rechtsvorschlages

Ist der Rechtsvorschlag bewilligt, so wird die Betreibung eingestellt; der Gläubiger hat zur Geltendmachung seines Anspruchs den ordentlichen Prozessweg zu betreten.

Verweise: ZPO 219–242 (ordentliches Verfahren → Nr. 25); ZPO 243–247 (vereinfachtes Verfahren).

Keine Entscheidungen.

Art. 187 D. Rückforderungsklage

Wer infolge der Unterlassung oder Nichtbewilligung eines Rechtsvorschlags eine Nichtschuld bezahlt hat, kann das Rückforderungsrecht nach Massgabe des Artikels 86 ausüben.

1 Die Zahlung an den **Konkursrichter** ist derjenigen an das Betreibungsamt gleichzustellen und befreit den Schuldner: BGE 90 II 108 E. 5.

2 Dem Schuldner, der die Nichtschuld bezahlt hat, steht die Möglichkeit offen, die bezahlte Summe **verarrestieren** zu lassen: BGE 90 II 108 E. 5.

3 Ob und wann die Rückforderungsklage (analog der Rückforderungsklage nach SchKG 86) **nach der Konkurseröffnung** noch zulässig ist, ist umstritten: BGE 109 Ia 103 E. 3; BGE 98 II 150 E. 1.

Art. 188 E. Konkursbegehren

¹ Ist ein Rechtsvorschlag nicht eingegeben, oder ist er beseitigt, nichtsdestoweniger aber dem Zahlungsbefehle nicht genügt worden, so kann der Gläubiger unter Vorlegung des Forderungstitels und des Zahlungsbefehls sowie, gegebenenfalls, des Gerichtsentscheides, das Konkursbegehren stellen.

² Dieses Recht erlischt mit Ablauf eines Monats seit der Zustellung des Zahlungsbefehls. Hat der Schuldner einen Rechtsvorschlag eingegeben, so fällt die Zeit zwischen der Eingabe desselben und dem Entscheid über dessen Bewilligung sowie, im Falle der Bewilligung, die Zeit zwischen der Anhebung und der gerichtlichen Erledigung der Klage nicht in Berechnung.

Verweise: SchKG 179–186 (Rechtsvorschlag); SchKG 178 (Zahlungsbefehl).

Abs. 1: SchKG 177 Abs. 2 (Forderungstitel).

Abs. 2: SchKG 31–33, SchKG 56–63, ZPO 142 ff. (Fristberechnung → Nr. 25); SchKG 64–66 (Zustellung).

1 Blosse **Teilzahlung** vermag die Konkurseröffnung nicht abzuwenden: BGE 119 III 108 E. 3.b (Pra 83 [1994] Nr. 142).

Art. 189[1] F. Entscheid des Konkursgerichts

[1] Das Gericht zeigt den Parteien Ort, Tag und Stunde der Verhandlung über das Konkursbegehren an. Es entscheidet, auch in Abwesenheit der Parteien, innert zehn Tagen nach Einreichung des Begehrens.

[2] Die Artikel 169, 170, 172 Ziffer 3, 173, 173a, 175 und 176 sind anwendbar.

Verweise

Abs. 1: *SchKG 188 (Konkursbegehren); SchKG 31–33, SchKG 56–63, ZPO 142 ff. (Fristberechnung → Nr. 25).*

1. Der Richter ist verpflichtet, den **Kostenvorschuss** i.S.v. SchKG 169 Abs. 2 vor dem den Parteien mitgeteilten Termin der Konkurseröffnung zu verlangen: BGE 97 I 609 E. 4.

2. Die Konkurseröffnung kann in der **Wechselbetreibung** nicht an das obere (kantonale) Gericht weitergezogen werden: BGer v. 30.04.2010, 5A_268/2010 E. 1.2.

3. Das Konkurserkenntnis ist ein Entscheid in Schuldbetreibungs- und Konkurssachen, welcher der **Beschwerde in Zivilsachen** nach BGG 72 Abs. 2 lit. a (ohne an einen Streitwert gebunden zu sein [BGG 74 Abs. 2 lit. d → Nr. 26]) unterliegt: BGer v. 30.04.2010, 5A_268/2010 E. 1.1 und 1.2.

4. **SchKG 85a** ist auf die Wechselbetreibung anwendbar; wird die Einstellung der Betreibung verfügt, so setzt das Gericht den Entscheid über den Konkurs aus: BGE 133 III 684 E. 3.1 und 3.2 (Pra 97 [2008] Nr. 75).

III. Konkurseröffnung ohne vorgängige Betreibung

Art. 190 A. Auf Antrag eines Gläubigers

[1] Ein Gläubiger kann ohne vorgängige Betreibung beim Gerichte die Konkurseröffnung verlangen:

1. gegen jeden Schuldner, dessen Aufenthaltsort unbekannt ist oder der die Flucht ergriffen hat, um sich seinen Verbindlichkeiten zu entziehen, oder der betrügerische Handlungen zum Nachteile der Gläubiger begangen oder zu begehen versucht oder bei einer Betreibung auf Pfändung Bestandteile seines Vermögens verheimlicht hat;
2. gegen einen der Konkursbetreibung unterliegenden Schuldner, der seine Zahlungen eingestellt hat;
3. im Falle des Artikels 309.

---

1 Fassung gemäss Ziff. I des BG vom 16. Dez. 1994, in Kraft seit 1. Jan. 1997 (AS 1995 1227; BBl 1991 III 1).

² Der Schuldner wird, wenn er in der Schweiz wohnt oder in der Schweiz einen Vertreter hat, mit Ansetzung einer kurzen Frist vor Gericht geladen und einvernommen.

Verweise

Abs. 1: SchKG 23 (Gericht).

Abs. 1 Ziff. 2: SchKG 39 Abs. 1 (der Konkursbetreibung unterliegende Schuldner).

Abs. 2: ZGB 23–26 (Wohnsitz); IPRG 20 Abs. 1 Bst. a (Wohnsitz in internationalen Verhältnissen → Nr. 34).

Zu Abs. 1

1 Zu einem **Konkursbegehren** nach SchKG 190 ist jeder einzelne Gläubiger befugt, gleichgültig ob seine Forderung schon fällig ist oder nicht: BGE 85 III 146 E. 3. Es ist aber nicht willkürlich, wenn dem **Zessionar** einer auf OR 754 ff. gestützten Forderung das Recht abgesprochen wird, die Konkurseröffnung gegen den zur Verantwortung gezogenen Verwaltungsrat zu verlangen: BGE 122 III 490 E. 3b.

2 Um gegenüber dem Schuldner das Begehren der Konkurseröffnung ohne vorgängige Betreibung zu prüfen, kann einem nicht betreibenden Gläubiger **Einsicht** in das Protokoll und die Belege des Pfändungsvollzuges in anderen Betreibungen gewährt werden: BGE 135 III 503, E. 3.

Zu Ziff. 1

3 **Aufenthalt** bedeutet Verweilen an einem bestimmten Ort, wobei eine bloss zufällige Anwesenheit nicht genügt: BGer v. 01.03.2011, 5A_872/2010 E. 2.1; BGE 119 III 51 E. 2.d.

4 Der Schuldner hat eine **Mitwirkungspflicht** bei der Erbringung des Beweises über die Begründung eines neuen Wohnsitzes im Ausland oder in der Schweiz, sofern der Verlust des bisherigen Wohnsitzes nachgewiesen wurde: BGer v. 06.12.2010, 5A_719/2010 E. 5.5.

5 Eine **Flucht** liegt nicht schon bei blossem Wohnsitzwechsel ins Ausland vor: BGer v. 06.12.2010, A5_719/2010 E. 4.1. Vielmehr muss es dem Schuldner bei der Wohnsitzverlegung darum gegangen sein, sich seinen Verbindlichkeiten zu entziehen und dem Gläubiger zu schaden: BGer v. 19.12.2008, 5A_583/2008 E. 6.2. Indizien für eine solche Absicht ergeben sich meistens aus der Art und Weise der Abreise, bspw., wenn der Schuldner verreist ohne seine neue Wohnsitzadresse zu hinterlassen, wenn er keinen neuen festen Wohnsitz begründet, seine Sachen mitnimmt oder sich dabei ungewöhnlich verhält: BGer v. 20.08.2008, 5A_759/2007 E. 3.1.

6 Eine **betrügerische Handlung** setzt voraus:
   – dass der Gläubiger bereits im Zeitpunkt der Tatbegehung **Gläubigerstellung** gehabt hat: BGer v. 09.11.2011, 5A_587/2011 E. 5.2; BGE 97 I 309 E. 2;
   – dass sie geeignet und in der Absicht begangen worden ist, die Befriedigung der (bestehenden) Forderungsrechte des Gläubigers zu **vereiteln oder zu erschweren**: BGE 97 I 309 E. 3.

7 Die **Vermögensverheimlichung** gemäss Ziff. 1 setzt nicht voraus, dass die Nichtangabe von Vermögenswerten von den Zwangsvollstreckungsbehörden durchschaut wird oder hätte

durchschaut werden müssen. Sie ist erfüllt, wenn feststeht, dass der Schuldner den Willen hat, Vermögensbestandteile zu verbergen: BGer v. 11.02.2010, 5A_506/2009 E. 3.4.2.

8 Es ist **nicht willkürlich**, den Konkurs ohne vorgängige Betreibung auf Antrag eines Gläubigers auszusprechen, dessen Forderung erst **nach der Vermögensverheimlichung** entstanden ist: BGE 120 III 87 E. 3b.

9 Die Konkurseröffnung über eine **Gesellschaft** ist allein am ordentlichen Betreibungsort möglich: BGer v. 11.02.2010, 5A_506/2009 E. 3.1; BGE 107 III 53 E. 4 und 5.

Zu Ziff. 2

10 Der **Begriff der Zahlungseinstellung** ist ein ungenauer Begriff, welcher dem Konkursrichter einen weiten Ermessensspielraum einräumt: BGer v. 11.11.2010, 5A_439/2010 E. 4; BGer v. 23.12.2009, 5A_709/2009 E. 4.3.

11 Eine **Zahlungseinstellung** i.S.v. Ziff. 2 liegt vor, wenn der Schuldner während längerer Zeit einen erheblichen Anteil der laufenden und unbestrittenen Forderungen nicht bezahlt: BGer v. 09.11.2011, 5A_587/2011 E. 6.2; BGer v. 19.07.2007, 5A_350/2007 E. 4.3; BGer v. 13.02.2003, 5P.312/2002 E. 3.3.

12 Eine **vollständige Zahlungseinstellung** ist nicht erforderlich, sondern es genügt, dass sich die Zahlungsverweigerung auf wesentliche Teile der geschäftlichen Aktivitäten des Schuldners bezieht oder dass ein Hauptgläubiger nicht mehr befriedigt werden kann: BGer v. 09.11.2011, 5A_587/2011 E. 6.2; BGer v. 15.08.2011, 5A_197/2011 E. 3.4.1; BGer v. 09.08.2011, 5A_14/2011 E. 3.1; BGE 85 III 146 E. 4.a.

13 Eine Überschuldung bzw. dauernde **Zahlungsunfähigkeit einer Bank** liegt vor, wenn die Zwischenbilanz ergibt, dass die Forderungen der Gesellschaftsgläubiger weder zu Fortführungs- noch zu Veräusserungszwecken gedeckt sind: BVGer v. 18.11.2010, B–1264/2010 E. 5.1; BVGer v. 05.12.2008, B-8228/2007 E. 8.1.

14 Das Prinzip der *perpetuatio fori* gem. **SchKG 53** ist auf den Konkurs ohne vorgängige Betreibung anwendbar: BGE 121 III 13 E. 2 (Pra 84 [1995] Nr. 179).

15 Keine Anwendung von **StGB 164 Ziff. 1 und 165 Ziff. 2** (→ Nr. 35), wenn gegenüber dem Schuldner der Konkurs eröffnet worden ist, obwohl er der Betreibung auf Pfändung unterlag: BGE 81 IV 29 E. 1.

Art. 191[1] B. Auf Antrag des Schuldners

¹ Der Schuldner kann die Konkurseröffnung selber beantragen, indem er sich beim Gericht zahlungsunfähig erklärt.

² Der Richter eröffnet den Konkurs, wenn keine Aussicht auf eine Schuldenbereinigung nach den Artikeln 333 ff. besteht.

---

1 Fassung gemäss Ziff. I des BG vom 16. Dez. 1994, in Kraft seit 1. Jan. 1997 (AS 1995 1227; BBl 1991 III 1).

Verweise: SchKG 23 (Gericht).
Abs. 1: SchKG 169 (Haftung für die Konkurskosten).

1   Die **Gläubiger** sind im Fall der Konkurseröffnung wegen Insolvenzerklärung des Schuldners nicht legitimiert, das Konkurserkenntnis anzufechten: BGer v. 26.02.2010, 5A_78/2010; BGE 123 III 402 E. 3; BGE 118 III 33 E. 3.a; BGE 111 III 66 E. 2.

2   Geht es bei der **Abgabe einer Insolvenzerklärung** einzig um die Abwehr der verlangten Pfändung und nicht um einen wirtschaftlichen Neubeginn, ist darin ein rechtsmissbräuchliches Verhalten zu erblicken: BGer v. 15.01.2009, 5A_676/2008 E. 2.5.

3   Wird die Insolvenzerklärung nicht am Wohnsitz des Schuldners abgegeben und wird der Konkurs deshalb nicht **am richtigen Ort** eröffnet, so gilt die von einem unzuständigen Betreibungsamt ausgestellte Konkursandrohung als nichtig: BGE 111 III 66 E. 2.

4   Anspruch des Schuldners auf **unentgeltliche Rechtspflege**:
    – für das Verfahren der Konkurseröffnung grundsätzlich **bejaht**: BGE 119 III 28 E. 3; BGE 118 III 33 E. 2; BGE 118 III 27 E. 3.c;
    – **verweigert** wird die unentgeltliche Rechtspflege wegen Aussichtslosigkeit, falls das Konkursverfahren gemäss SchKG 230 Abs. 1 mangels Aktiven sogleich eingestellt werden muss. Nur demjenigen Schuldner, der verwertbares Vermögen besitzt aber nicht über die notwendigen Mittel verfügt, um den in SchKG 169 geforderten Kostenvorschuss zu leisten, kann demnach die unentgeltliche Rechtspflege gewährt werden: BGE 133 III 614, E. 5 und 6 (Pra 97 [2008] Nr. 50).

5   Hingegen besteht kein Anspruch auf **unentgeltliche Rechtsverbeiständung** für das Verfahren der Konkurseröffnung: BGE 118 III 27 E. 3.d.

6   Änderung gegenüber dem **alten Text**: BGE 123 III 402 E. 3.a.aa.

Art. 192[1]   C. Gegen Kapitalgesellschaften und Genossenschaften

Gegen Aktiengesellschaften, Kommanditaktiengesellschaften, Gesellschaften mit beschränkter Haftung und Genossenschaften kann der Konkurs ohne vorgängige Betreibung in den Fällen eröffnet werden, die OR[2] vorsieht (Art. 725a, 764 Abs. 2, 817[3], 903 OR).

1   Besteht begründete Besorgnis einer **Überschuldung**, so hat die Aktiengesellschaft aufgrund der Veräusserungswerte eine Zwischenbilanz zu erstellen. Ergibt diese, dass die Forderungen der Gesellschaftsgläubiger durch die Aktiven nicht mehr gedeckt sind, hat die Verwaltung

---

1   Fassung gemäss Ziff. I des BG vom 16. Dez. 1994, in Kraft seit 1. Jan. 1997 (AS 1995 1227; BBl 1991 III 1).
2   SR 220
3   Heute: Art. 820.

den Konkursrichter zu benachrichtigen, der den Konkurs ausspricht, wenn keine Aussicht auf Sanierung besteht: BGE 104 IV 77 E. 3.d.

2   Ist eine **Gesellschaft** bloss **illiquid**, nicht aber überschuldet, so ist nicht eine Überschuldungsanzeige nach OR 725, sondern nur eine Insolvenzerklärung i.S.v. SchKG 191 möglich: BGer v. 15.06.2010, 9C_145/2010 E. 4.2.

3   **Zahlungsunfähig** ist eine Aktiengesellschaft nicht nur dann, wenn fällige Forderungen nicht mehr gedeckt sind. Die Deckung muss auch solche Forderungen erfassen, die erst in naher Zukunft fällig werden: BGE 104 IV 77 E. 3.d.

4   Die **Gläubiger** sind nicht zur Überschuldungsanzeige legitimiert: BGer v. 09.11.2011, 5A_587/2011 E. 4.3.

5   Das **Gesuch um Nachlassstundung** ist nicht gleichzeitig eine Überschuldungsanzeige gemäss OR 725a. Ohne eine derartige Anzeige gibt es auch keinen entsprechenden Konkurs oder Konkursaufschub: BGer v. 03.09.2010, 5A_269/2010 E. 3.3.3.

6   Auf Anzeige nach OR 725 Abs. 2 (oder deren Ersatzvornahme durch die Revisionsstelle) hin hat das Konkursgericht im Verfahren der Konkurseröffnung ohne vorgängige Betreibung zu prüfen, ob die **materielle Voraussetzung** der Überschuldung der Gesellschaft gegeben ist: BGer v. 16.12.2011, 5A_517/2011 E. 3.2; BGer v. 10.07.2008, 5A_221/2008 E. 3.3.

7   Bei **Banken** ist die Anwendung von OR 725, 725a und 729b Abs. 2 ausgeschlossen: BankG 25 Abs. 3 (→ Nr. 36).

8   Die Anordnung der **Liquidation einer Bank** hat die Wirkungen einer Konkurseröffnung: BankG 34 Abs. 1 (→ Nr. 36).

Art. 193[1]   D. Gegen eine ausgeschlagene oder überschuldete Erbschaft

[1] Die zuständige Behörde benachrichtigt das Konkursgericht, wenn:

1. alle Erben die Erbschaft ausgeschlagen haben oder die Ausschlagung zu vermuten ist (Art. 566 ff. und 573 ZGB[2]);
2. eine Erbschaft, für welche die amtliche Liquidation verlangt oder angeordnet worden ist, sich als überschuldet erweist (Art. 597 ZGB).

[2] In diesen Fällen ordnet das Gericht die konkursamtliche Liquidation an.

[3] Auch ein Gläubiger oder ein Erbe kann die konkursamtliche Liquidation verlangen.

Verweis: SchKG 23 (richterliche Behörde).

Zu Abs. 1 und 2

1   Wird die konkursamtliche Liquidation durch das **zuständige Konkursgericht** nicht angeordnet, darf das Konkursamt die Liquidation nicht von sich aus vornehmen (vorliegend

---

1   Fassung gemäss Ziff. I des BG vom 16. Dez. 1994, in Kraft seit 1. Jan. 1997 (AS 1995 1227; BBl 1991 III 1).
2   SR 210

hat der Konkursrichter die konkursamtliche Liquidation nicht angeordnet, weil niemand den von ihm verlangten Kostenvorschuss bezahlt hat): BGer v. 21.03.2011, 5A_760/2010 E. 4.2.

2 Die **Ausschlagung der Erbschaft** hat den Verlust der Erbenstellung resp. der Erbenqualität zur Folge: BGE 136 V 7 E. 2.2.1.1.

3 SchKG 193 bestimmt nur das zur Liquidation einer ausgeschlagenen Verlassenschaft zu beachtende Verfahren; ob eine Verlassenschaft **ausgeschlagen** worden sei oder nicht, betrifft das materielle Recht: BGE 82 III 39, 40.

4 Für den besonderen Fall des **Schuldenrufs** vor der Liquidation einer ausgeschlagenen Erbschaft vgl. SchKG 234.

5 Betr. Verwertung eines von einem **Dritten bestellten Pfandes** siehe VZG 89 Abs. 2 (→ Nr. 9).

6 Auch bei konkursamtlicher Liquidation einer ausgeschlagenen Verlassenschaft ist die Bestellung eines **Pfandrechtes** nach der Konkurseröffnung ungültig: BGE 27 II 193, 198.

7 **Rechte der Erbschafts-Konkursmasse**:
   - die zur Erbschaft gehörenden Rechte, persönliche wie dingliche;
   - Anfechtungsansprüche nach SchKG 285 ff.;
   - Ansprüche aus Haftung aus Vorempfängen nach ZGB 579, gleichgültig ob die Erbschaft zufolge Ausschlagung (ZGB 573) oder zufolge amtlicher Liquidation (ZGB 597) an das Konkursamt gelangt ist: BGE 67 III 177 E. 4.

8 Eine Erbschaft kann als solche, somit als **Sondervermögen**, nach SchKG 49 nur solange betrieben werden, als eine amtliche Liquidation – allenfalls eine solche durch das Konkursamt – nicht angeordnet ist. Das gilt grundsätzlich auch, wenn der Konkurs mangels genügender Aktiven gemäss SchKG 230 eingestellt und geschlossen wird: BGE 87 III 72 E. 1.

9 Einem Erben, der die Erbschaft unter **öffentlichem Inventar** angenommen hat, können die **Kosten** des Konkursverfahrens nicht auferlegt werden, wenn in der Folge – wegen Überschuldung der Erbschaft – die Erbschaftsbehörde das Konkursgericht benachrichtigt und dieses die konkursamtliche Liquidation anordnet: BGE 124 III 286 E. 3.

10 Bei einem mangels Aktiven eingestellten bzw. nicht durchgeführten Erbschaftskonkurs kann ein Erbe die **Übertragung eines Mietvertrags** – auch wenn dieser als Aktivum qualifiziert würde – nur gemäss SchKG 230a verlangen; die angestrebte Mieterstellung wurde *in casu* nicht erlangt: BGer v. 04.04.2011, 4A_99/2010 E. 5.3.

Zu Abs. 3

11 Eine Betreibung gegen die Erbschaft für Erbschaftsschulden ist **unzulässig**, sofern sie pfandgesichert sind: BGE 47 III 10 E. 1;
   - **Ausnahme** bei Betreibung auf Verwertung von Vermögen, das im Miteigentum oder Gesamteigentum der Erbengemeinschaft und anderer Beteiligter steht: BGE 62 III 145, 147;
   - anders, wenn eine **zweite**, von ders. Person zu liquidierende Erbschaft beteiligt ist: BGE 64 III 48, 51.

Art. 194[1] E. Verfahren

[1] Die Artikel 169, 170 und 173a–176 sind auf die ohne vorgängige Betreibung erfolgten Konkurseröffnungen anwendbar. Bei Konkurseröffnung nach Artikel 192 ist jedoch Artikel 169 nicht anwendbar.

[2] Die Mitteilung an das Handelsregisteramt (Art. 176) unterbleibt, wenn der Schuldner nicht der Konkursbetreibung unterliegt.

Verweise

Abs. 2: *SchKG 34 (Mitteilung); HRegV 3 (Handelsregisteramt).*

1 Im **Bankenkonkurs** richtet sich das Verfahren Kraft Verweis in SchKG 173b nach BankG 25–37g (→ Nr. 36).
Keine Entscheidungen.

IV. Widerruf des Konkurses

Art. 195 A. Im allgemeinen

[1] Das Konkursgericht widerruft den Konkurs und gibt dem Schuldner das Verfügungsrecht über sein Vermögen zurück, wenn:
1. er nachweist, dass sämtliche Forderungen getilgt sind;
2. er von jedem Gläubiger eine schriftliche Erklärung vorlegt, dass dieser seine Konkurseingabe zurückzieht; oder
3. ein Nachlassvertrag zustandegekommen ist.[2]

[2] Der Widerruf des Konkurses kann vom Ablauf der Eingabefrist an bis zum Schlusse des Verfahrens verfügt werden.

[3] Der Widerruf des Konkurses wird öffentlich bekanntgemacht.

Verweise

Abs. 1: *SchKG 23 (Konkursgericht).*

Abs. 1 Ziff. 3: *SchKG 332 (Nachlassvertrag im Konkurs).*

Abs. 2: *SchKG 232 Abs. 2 Ziff. 2 (Eingabefrist); SchKG 31–33 (Fristen), SchKG 56–63, ZPO 142 ff. (Fristberechnung → Nr. 25).*

---

1 Fassung gemäss Ziff. I des BG vom 16. Dez. 1994, in Kraft seit 1. Jan. 1997 (AS 1995 1227; BBl 1991 III 1).

2 Fassung gemäss Ziff. I des BG vom 16. Dez. 1994, in Kraft seit 1. Jan. 1997 (AS 1995 1227; BBl 1991 III 1).

Abs. 3: *SchKG 35 (öffentliche Bekanntmachung); SchKG 176 Abs. 1 Ziff. 2 (Mitteilung des gerichtlichen Entscheids).*

Zu Abs. 1

1 Die **Gebühren des Widerrufs** bemessen sich nach GebV SchKG 53 (→ Nr. 7).

2 Zum **Antrag auf Widerruf** des Konkurses ist auch der Schuldner selbstständig ohne Mitwirkung der Konkursverwaltung berechtigt: BGE 85 III 86, 88 f.

3 Die bei der Konkurseröffnung **hängigen Betreibungen** bleiben nach Widerruf des Konkurses ausser Kraft: BGE 75 III 65, 67. **Ausnahme**: Die vor dem Erlass des Konkursdekrets angehobene Betreibung auf Pfandverwertung, wird, soweit sie gestützt auf SchKG 206 dahingefallen war, wieder gültig, nachdem definitiv feststeht, dass kein Konkurs durchgeführt wird: BGE 111 III 70 E. 3.

4 Kein Beschwerderecht wegen **schuldhafter Pflichtverletzung** des Konkursverwalters nach Widerruf des Konkurses; einzig Schadenersatz nach SchKG 5 möglich: BGE 81 III 65, 66 f.

5 Der Widerruf hat keine Auswirkungen auf die Nichtigkeit eines **Steigerungszuschlags**, der der zuvor in Konkurs stehenden AG erteilt wird: BGE 117 III 39 E. 5.

Zu Abs. 1 Ziff. 1

6 Ein Widerruf kann gestützt auf Abs. 1 Ziff. 1 erst erfolgen:
- nachdem ein **endgültiges Konkurserkenntnis** vorliegt und die Gläubiger ihre Forderungen im Konkurs eingereicht haben und somit die Gesamtheit der Passiven feststeht: BGE 111 III 70 E. 2.b;
- wenn die **Eingabefrist** nach SchKG 232 Abs. 2 Ziff. 2 (Schuldenruf) abgelaufen ist: BGer v. 24.03.2010, 5A_831/2009 E. 2.4.

Zu Abs. 1 Ziff. 2

7 Der dem Konkurswiderruf **zustimmende Gläubiger** kann von seiner Erklärung nicht nach Belieben zurücktreten. Die Konkurseingaben bleiben jedoch aufrecht, wenn das Gericht den Konkurswiderruf nicht ausspricht: BGE 64 III 38, 39.

Zu Abs. 1 Ziff. 3

8 Rückzug oder **Verzicht** auf eine beim Nachlassvertrag im Konkurs in den Kollokationsplan aufgenomme Forderung bewirkt nicht deren Untergang: BGE 92 II 243 E. 3.

Zu Abs. 2

9 Keine analoge Anwendung von SchKG 195 Abs. 2 auf den Widerruf eines **Auflösungsbeschlusses** einer AG: BGE 123 III 473 E. 5.a und 6.

Zu Abs. 3

10 **Musterformular** gem. KOV 2 Ziff. 13 (→ Nr. 5).

Art. 196[1]   B. Bei ausgeschlagener Erbschaft

Die konkursamtliche Liquidation einer ausgeschlagenen Erbschaft wird überdies eingestellt, wenn vor Schluss des Verfahrens ein Erbberechtigter den Antritt der Erbschaft erklärt und für die Bezahlung der Schulden hinreichende Sicherheit leistet.

Verweise: SchKG 193, ZGB 597 (konkursamtliche Liquidation).

1   Ein Erbe, welcher die Erbschaft ausgeschlagen und nicht den Antritt der Erbschaft vor Abschluss des Konkursverfahrens erklärt hat, ist nicht **legitimiert**, einen in den Nachlass fallenden öffentlich-rechtlichen Rechtsanspruch – *in casu* die Rentenverfügung einer IV-Stelle – in einem verwaltungsgerichtlichen Verfahren zu verfolgen: BGE 136 V 7 E. 2.2.

2   ZGB 573 Abs. 2 ist grundsätzlich auch in einem **Nachkonkurs** anwendbar; das BGer lässt es hingegen offen, ob dasselbe auch für SchKG 196 gilt und ein Erbberechtigter vor Schluss des Verfahrens den Antritt der Erbschaft in Bezug auf einen neu entdeckten zweifelhaften Rechtsanspruch nach SchKG 269 Abs. 3 erklären kann: BGE 136 V 7 E. 2.2.2.2.

---

[1]   Fassung gemäss Ziff. I des BG vom 16. Dez. 1994, in Kraft seit 1. Jan. 1997 (AS 1995 1227; BBl 1991 III 1).

Sechster Titel: Konkursrecht
I. Wirkungen des Konkurses auf das Vermögen des Schuldners

Art. 197 A. Konkursmasse

1. Im allgemeinen

[1] Sämtliches pfändbare Vermögen, das dem Schuldner zur Zeit der Konkurseröffnung gehört, bildet, gleichviel wo es sich befindet, eine einzige Masse (Konkursmasse), die zur gemeinsamen Befriedigung der Gläubiger dient.[1]

[2] Vermögen, das dem Schuldner[2] vor Schluss des Konkursverfahrens anfällt, gehört gleichfalls zur Konkursmasse.

Verweise

Abs. 1: SchKG 92, 93 (unpfändbare bzw. beschränkt pfändbare Vermögenswerte); SchKG 175 (Zeitpunkt der Konkurseröffnung); SchKG 171, 189 Abs. 1, 190–194 (Konkurseröffnung); SchKG 197–203, 208, 211, 225, 242 (Konkursmasse); SchKG 222 (Auskunfts- und Herausgabepflicht); SchKG 232 Abs. 2 Ziff. 3 und 4 (Schuldenruf).

Abs. 2: SchKG 268 (Schluss des Konkursverfahrens).

1 Umfang der Konkursmasse **in örtlicher Hinsicht**:
   - Das schweizerische Recht befolgt im Allgemeinen den **Grundsatz der Territorialität** des Konkurses: BGE 107 II 484 E. 2; zum Verhältnis zwischen Universalitäts- und Territorialitätsprinzip siehe BGE 111 III 38 E. 1; BGE 118 III 62 E. 2.d.
   - In der Schweiz gelegene Vermögenswerte eines **im Ausland in Konkurs gefallenen Schuldners** bleiben grundsätzlich den Gläubigern zwecks Arrestierung, Prosequierung und Verwertung nach schweizerischem Recht vorbehalten: BGE 107 II 487 E. 3; BGE 111 III 38 E. 1; vgl. dazu IPRG 166 ff. (→ Nr. 34) sowie die bestehenden Abkommen zwischen den schweizerischen Kantonen und einzelnen deutschen Bundesländern:
     - Übereinkunft zwischen den schweizerischen Kantonen Zürich, Bern, Luzern, Unterwalden (ob und nid dem Wald), Freiburg, Solothurn, Basel (Stadt- und Landteil), Schaffhausen, St. Gallen, Graubünden, Aargau, Thurgau, Tessin, Waadt, Wallis, Neuenburg und Genf, sowie Appenzell A.-R. und dem Königreich Bayern über gleichmässige Behandlung der gegenseitigen Staatsangehörigen in Konkursfällen vom 11.05./27.06.1834 (→ Nr. 44).

---

1   Fassung gemäss Ziff. I des BG vom 16. Dez. 1994, in Kraft seit 1. Jan. 1997 (AS 1995 1227; BBl 1991 III 1).
2   Bezeichnung gemäss Ziff. I des BG vom 16. Dez. 1994, in Kraft seit 1. Jan. 1997 (AS 1995 1227; BBl 1991 III 1). Diese Änd. ist im ganzen Erlass berücksichtigt.

1
- Übereinkunft zwischen den schweizerischen Kantonen Zürich, Bern, Luzern, Uri, Schwyz, Zug, Freiburg, Solothurn, Basel (beide Landesteile), Schaffhausen, Graubünden, Aargau, Thurgau, Tessin, Waadt, Wallis, Neuenburg und Genf, sowie Appenzell A.-R. einer- und dem Königreiche Sachsen andererseits über gleichmässige Behandlung der gegenseitigen Staatsangehörigen in Konkursfällen vom 04./18.02.1837 (→ Nr. 45).

- Übereinkunft zwischen der Schweizerischen Eidgenossenschaft und der Krone Württemberg betreffend die Konkursverhältnisse und gleiche Behandlung der beiderseitigen Staatsangehörigen in Konkursfällen (Konkursvertrag) vom 12.12.1825/13.05.1826 (→ Nr. 43).

- Wirkungen eines gestützt auf das Übereinkommen zwischen einigen Kantonen und der **Krone Württemberg** zu vollziehenden Konkurses: BGE 111 III 38, 41. Vgl. dazu auch BGE 109 III 83 E. 2–4 und 6; BGE 104 III 68 E. 3 und 4.

- Denkbar ist eine **privatrechtliche Abmachung** zwischen dem ausländischen Konkursiten und der Konkursverwaltung, dass die in der Schweiz liegenden Vermögenswerte der Konkursmasse im Ausland zufliessen: BGE 111 III 38 E. 1.

- Betr. Vermögen im **Ausland**
  - zur **Inventarisierung** von Objekten im Ausland vgl. KOV 27 Abs. 1 (→ Nr. 5);
  - zur **Kollozierung** von Forderungen mit ausländischem Pfandobjekt vgl. KOV 62 (→ Nr. 5);
  - zum Ausschluss **ausländischer Grundstücke** vom sachlichen Geltungsbereich des **VZG** vgl. VZG 1 Abs. 1 (→ Nr. 9).

2 Umfang der Konkursmasse **in sachlicher Hinsicht**:
- Mit Ausnahme der **Kompetenzstücke** unterwirft das Gesetz **sämtliches Vermögen** dem Konkursbeschlag: BGE 111 III 73 E. 2; BGE 93 III 96 E. 7.

  - Wechselt ein Schuldner nach Konkurseröffnung von einer unselbstständigen zu einer selbstständigen Erwerbstätigkeit und verlangt die Barauszahlung seines **Pensionskassenguthabens**, so fällt dieses in die Konkursmasse: BGE 118 III 43 E. 2.

  - Dem **Treugeber** steht an Vermögenswerten, die er dem Treuhänder fiduziarisch übertragen hat, in dessen Konkurs kein Aussonderungsrecht gemäss OR 401 Abs. 3 zu: BGer v. 13.04.2010, 5A_32/2010 E. 3.1; BGE 117 II 430 E. 3; anders entschied das BGer im Jahre 1952, als es das Aussonderungsrecht des Fiduzianten im Erbschaftskonkurs des Fiduziars bejahte: BGE 78 II 445 E. 4.

  - Ein **Eigentumsvorbehalt**, der erst nach der Eröffnung des Konkurses über den Erwerber eingetragen wird, ist in diesem Konkurs nicht zu beachten; die Gegenstände fallen in die Konkursmasse: BGE 93 III 96 E. 7.

  - Ein Laptop mit einem **Schätzungswert von CHF 200** fällt trotz seines geringen Wertes in die Konkursmasse, da im Konkursverfahren Vermögensgegenstände aus einer Vielzahl von Verfahren an einer Steigerung zusammengezogen werden, sodass der mutmassliche Erlös die auf den Laptop entfallenden Verwertungskosten bei Weitem übersteigt: BGer v. 29.05.2009, 5A_280/2009 E. 7.

- Weitere nicht im SchKG statuierte **Ausnahmen** vom Grundsatz, dass dem Konkursbeschlag sämtliches Vermögen unterworfen ist:
    - Ansprüche, die gegen die **Konkursverwaltung wegen deren Amtshandlungen** erhoben werden, bilden ihrer Natur nach nicht Bestandteil der Konkursmasse. Sie sind daher nicht in das Konkursinventar aufzunehmen: BGE 114 III 21 E. 5.b.
    - **Abgetretene Forderungen**, die zur Zeit ihrer Abtretung bereits bestanden, fallen nicht in die Konkursmasse; **abgetretene künftige** Forderungen, die nach Eröffnung des Konkurses über den Zedenten entstehen, fallen hingegen in die Konkursmasse: BGE 111 III 73 E. 3.
    - **Abgetretene Lohnforderungen** werden mit der Konkurseröffnung des Zedenten nicht hinfällig, da diese Lohnforderungen des Gemeinschuldners vom Konkurs nicht erfasst werden: BGE 114 III 26 E. 1.
    - **OR 401** statuiert einen Herausgabeanspruch des **Auftraggebers** für Forderungen oder bewegliche Sachen, die der Beauftragte in seinem eigenen Namen auf Rechnung des Auftraggebers erworben hat: BGE 102 II 103 E. 1. Im Allgemeinen gilt der Herausgabeanspruch nach OR 401 nicht für Geldsummen, die vor der Konkurseröffnung an den Auftragnehmer bezahlt wurden, es sei denn, das Geld liege auf einem separaten Konto, das auf den Namen des Auftraggebers lautet: BGer v. 23.06.2009, 4A_202/2009 E. 2.2.3.
    - Die Forderung aus einer **Begünstigungsklausel** eines gemischten Versicherungsvertrags, die sich seit der Bezeichnung des Begünstigten in dessen Vermögen befindet, fällt im Fall einer Liquidation der Erbschaft nicht in die Erbmasse: BGE 112 II 157 E. 1.c (Pra 76 [1987] Nr. 149).
    - **ZGB 480**, wonach der **Verlustschein** im Zeitpunkt der Eröffnung des Erbgangs noch offen sein muss, stellt eine Ausnahme zum Grundsatz nach SchKG 197 dar, wonach sämtliches pfändbares Vermögen bis zum Schluss des Konkursverfahrens in die Konkursmasse fällt: BGE 111 II 130 E. 3.a.
- Zur Behandlung von **Mit- und Gesamteigentum**:
    - Die aus dem Besitz abgeleiteten **Vermutungen** gehen der von ZGB 248 Abs. 2 aufgestellten Vermutung des Miteigentums vor. Nur der Alleinbesitz begründet die Vermutung des Alleineigentums; der Mitbesitz führt bloss zur Vermutung des Mit- oder Gesamteigentums: BGE 117 II 124 E. 2.
    - Zur Behandlung von **Miteigentumsanteilen an Grundstücken** siehe VZG 73 ff. (→ Nr. 9).
    - Zur Verwertung von **Anteilsrechten an Gemeinschaftsvermögen** siehe VVAG 16 (→ Nr. 8).
    - Zum **Ganzen** siehe KS BGer Nr. 17 vom 01.02.1926 (→ Nr. 15) und dazu BGE 68 III 42 E. 1.

3 Umfang der Konkursmasse **in zeitlicher Hinsicht**:
- **Nicht** zur Konkursmasse gehört:

- ein nach der Konkurseröffnung mit dem Gemeinschuldner abgeschlossener **Darlehensvertrag**: BGer v. 13.04.2010, 5A_32/2010 E. 3.3;
- der im Zeitpunkt der Konkurseröffnung **noch nicht verdiente Lohn**: BGE 25 I 371 E. 3;
- die während des Konkursverfahrens ausgerichtete Entschädigung **wegen vorzeitiger Auflösung** eines Arbeitsverhältnisses: BGE 77 III 34 E. 3;
- abgetretene künftige Forderungen, die nach Eröffnung des Konkurses über den Zedenten entstehen: BGE 111 III 73 E. 3.

1 – Hingegen **gehört** zur Konkursmasse:
- eine **Abgangsentschädigung**, die eine Pensionskasse dem austretenden, sich im Konkurs befindenden Mitglied zugesprochen hat und die betragsmässig festgelegt worden ist: BGE 109 III 80 E. 2.b;
- das gesamte **(Netto-)Vermögen**, das während der Zeit vor Schluss des Konkursverfahrens auf anderem Wege als durch seine persönliche Tätigkeit, wie z.b. durch Erbgang, Schenkung, Lotterietreffer, in den Besitz des Schuldners gelangt: BGE 72 III 83 E. 3.

4 **Zuständigkeit**:
- Die endgültige Entscheidung über die Frage, was als Vermögen des Gemeinschuldners zur Konkursmasse gehört und was Dritte beanspruchen können, obliegt dem **Richter**. Was sich in Gewahrsam des Dritten befindet, kann die **Konkursverwaltung** nur durch Klage, nicht durch Verfügung zur Masse ziehen: BGE 100 III 64 E. 2; BGE 99 III 12 E. 2 und 3; vgl. auch BGE 104 III 23 E. 2.
- Ob ein dem Schuldner während des Konkurses erwachsenes, erst nach Konkursschluss entdecktes Guthaben zum Konkursvermögen gehöre, haben die **Aufsichtsbehörden im Beschwerdeverfahren** zu entscheiden: BGE 77 III 34 E. 2. So kann die Aufsichtsbehörde insb. über die Massezugehörigkeit eines Bankguthabens entscheiden: BGer v. 19.08.2011, 5A_430/2011 E. 1.

5 **Weiteres**:
- Durch Ausstellung eines Verlustscheines oder Eröffnung des Konkurses gegen den Schenker wird jedes **Schenkungsversprechen** aufgehoben: OR 250 Abs. 2.
- Betr. Entkräftung der **Eigentümerpfandtitel**: KOV 28 und 75 (→ Nr. 5).
- Beschlagnahme von **Postsendungen** während des Konkurses: KOV 38 (→ Nr. 5).
- Betr. registrierte **Schiffe**: BG über das Schiffsregister vom 28.09.1923 (SR 747.11) Art. 60.
- Betr. **Luftfahrzeuge**: LBG 52.
- Ein **Zeitungstitel** ist im Inventar aufzunehmen; bei streitigem Anspruch hat sich das Betreibungsamt an die Angaben der Gläubiger zu halten: BGE 81 III 122, 123 f.
- Gesetzliche Vorschriften, die im öffentlichen Interesse die Veräusserung bestimmter Gegenstände **verbieten** oder **beschränken**, sind auch im Konkurs zu beachten. Ausnahmen können nur gemacht werden, wenn sie durch besondere Anordnung des Gesetzes zugelassen sind: BGE 94 I 508 E. 2.

Art. 198   2. Pfandgegenstände

Vermögensstücke, an denen Pfandrechte haften, werden, unter Vorbehalt des den Pfandgläubigern gesicherten Vorzugsrechtes, zur Konkursmasse gezogen.

Verweise: SchKG 37 Abs. 3 (Pfand); SchKG 232 Abs. 2 Ziff. 4 (Schuldenruf); SchKG 262 Abs. 2 (Verfahrenskosten).

1 Unter diese Bestimmung fallen nur Vermögensstücke, die **im Eigentum** des Gemeinschuldners stehen: BGE 113 III 128 E. 3.

2 Das Konkursamt kann Sachen beschlagnahmen, an denen ein Dritter unselbstständigen Besitz (**Pfandbesitz**) und der Gemeinschuldner selbstständigen Besitz hat, oder die im Mitbesitz des Gemeinschuldners und eines Dritten stehen: BGE 73 III 79 E. 2; zu den **Drittpfandgesicherten Forderungen** siehe auch KOV 61 (→ Nr. 5).

3 Der Vermieter von Geschäftsräumen, der ein **Retentionsrecht** besitzt, hat sein Retentionsrecht im Konkurs des Mieters geltend zu machen. Die mit einem Retentionsrecht beschlagenen Vermögenswerte, bzw. deren Verwertungserlös, fallen so in die Konkursmasse: BGer v. 15.09.2008, 5A_93/2008 E. 2.1.

4 Ein dem Faustpfandgläubiger durch den Pfandvertrag eingeräumtes Recht, die Pfandsachen **privat zu verwerten**, kann im Falle der Pfändung oder Arrestierung dieser Sachen so wenig wie im Konkurs über den Pfandschuldner ausgeübt werden: BGE 81 III 57, 59 f.

5 Die während des Konkursverfahrens **zu gewinnenden Früchte** fallen als der Pfandhaft unterliegende Grundstücksbestandteile nur unter Vorbehalt des den Pfandgläubigern gesicherten Vorzugsrechtes in die Konkursmasse: BGE 61 III 164, 166 f.

6 Die **Anmeldung** des Pfandrechts im Konkurs des Pfandeigentümers ist für seine rechtsgültige Beanspruchung auch dann ausreichend, wenn es zur Sicherung einer Solidarschuld bestellt worden ist; in einem Fall, in dem sich auch der persönlich haftende Mitverpflichtete in Konkurs befindet, ist die Geltendmachung der pfandgesicherten Forderung in jenem Konkurs demnach nicht erforderlich: BGE 113 III 128 E. 3.

7 Betr. die **Rechte** der Pfandgläubiger im Konkurs siehe SchKG 256 Abs. 2 und BGE 47 III 35 E. 4.

8 Betr. Pfänder im **Ausland** siehe VZG 1 (→ Nr. 9) und KOV 62 (→ Nr. 5).

9 Betr. verpfändete **Lebensversicherungsansprüche** siehe VVG 86 und VPAV 11 ff., 15 ff., 21 (→ Nr. 10).

10 Betr. das Aussonderungs- und Pfandrecht des Bundes an **Pflichtlagern** vgl. LVG 13 und VO dazu vom 06.07.1983 (SR 531.212).

Art. 199   3. Gepfändete und arrestierte Vermögenswerte

¹ Gepfändete Vermögensstücke, deren Verwertung im Zeitpunkte der Konkurseröffnung noch nicht stattgefunden hat, und Arrestgegenstände fallen in die Konkursmasse.

² Gepfändete Barbeträge, abgelieferte Beträge bei Forderungs- und Einkommenspfändung sowie der Erlös bereits verwerteter Vermögensstücke werden jedoch nach den Artikeln 144–150 verteilt, sofern die Fristen für den Pfändungsanschluss (Art. 110 und 111) abgelaufen sind; ein Überschuss fällt in die Konkursmasse.[1]

Verweise

Abs. 1: *SchKG 89–115 (Pfändung); SchKG 116–143b (Verwertung); SchKG 175 (Zeitpunkt der Konkurseröffnung); SchKG 171, 189 Abs. 1, 190–194 (Konkurseröffnung); SchKG 271 Abs. 1, 274 Abs. 2 Ziff. 4, 275 (Arrestgegenstände).*

Zu Abs. 1

1   Die **Rechte des pfändenden Gläubigers** gehen mit der Konkurseröffnung auf die Konkursmasse über: BGer v. 15.09.2008, 5A_93/2008 E. 2.1; BGE 110 III 81 E. 2; BGE 67 III 33 E. 1 (Änderung der Rechtsprechung). Die Masse tritt aber nicht schlechthin in die Rechte der Pfändungsgläubiger ein. Die Bestimmung will vielmehr lediglich zum Ausdruck bringen, dass mit der Konkurseröffnung das Vorzugsrecht der Pfändungsgläubiger, sich unter Ausschluss der übrigen Gläubiger aus dem gepfändeten Gegenstand bezahlt zu machen, dahinfällt: BGE 99 III 12 E. 2.

Zu Abs. 2

2   Ein vom Betreibungsamt verarrestierter und in Verwahrung genommener **Barbetrag** gilt weiterhin als Barbetrag und nicht als Forderung gegenüber dem Betreibungsamt: BGE 79 III 100 E. 1.

3   Die **dem Betreibungsamt vorgesetzten** Aufsichtsbehörden haben darüber zu entscheiden, ob ein vom Betreibungsamt eingezogener Forderungsbetrag den Pfändungsgläubigern oder der Konkursmasse zufalle: BGE 74 III 40 E. 1.

4   **Drittansprachen** können in dem während der Dauer eines Arrestes oder einer Pfändung über den Schuldner ausgebrochenen Konkurs auch noch geltend gemacht werden, wenn sie gegenüber dem Arrest- bzw. Pfändungsgläubiger verwirkt waren: BGE 58 III 60, 60 f.

5   Gläubiger mit **provisorischer Pfändung** können ihre Rechte im Konkursverfahren lediglich als ordentliche Gläubiger geltend machen: BGE 40 III 88, 91. Solange die Pfändung provisorisch bleibt, hat der Gläubiger nur ein aufschiebend bedingtes Bezugsrecht, das, wenn die Konkurseröffnung dazwischen tritt, vor den Rechten der Konkursmasse zurückzutreten hat: BGE 65 III 116, 118.

---

1   Fassung gemäss Ziff. I des BG vom 16. Dez. 1994, in Kraft seit 1. Jan. 1997 (AS 1995 1227; BBl 1991 III 1).

6 Der **Dritte**, der in einer Betreibung gegen einen Andern eigene Sachen **freiwillig pfänden** lässt, kann auf diesen Verzicht nachher nicht zurückkommen, weder durch Erhebung einer Drittansprache i.S.v. SchKG 106 ff. noch durch Admassierung in seinem eigenen Konkurs, ebenso wenig seine Konkursmasse: BGE 78 III 98, 101.

7 Betr. die **Admassierung von Früchten** und sonstigen Erträgnissen gepfändeter Grundstücke siehe VZG 22 Abs. 4 (→ Nr. 9).

Art. 200   4. Anfechtungsansprüche

Zur Konkursmasse gehört ferner alles, was nach Massgabe der Artikel 214 und 285–292 Gegenstand der Anfechtungsklage ist.

Keine Entscheidungen.

Art. 201   5. Inhaber- und Ordrepapiere

Wenn sich in den Händen des Schuldners ein Inhaberpapier oder ein Ordrepapier befindet, welches ihm bloss zur Einkassierung oder als Deckung für eine bestimmt bezeichnete künftige Zahlung übergeben oder indossiert worden ist, so kann derjenige, welcher das Papier übergeben oder indossiert hat, die Rückgabe desselben verlangen.

Verweis: *OR 978–1155 (Inhaberpapiere, Orderpapiere).*

Keine Entscheidungen.

Art. 202   6. Erlös aus fremden Sachen

Wenn der Schuldner eine fremde Sache verkauft und zur Zeit der Konkurseröffnung den Kaufpreis noch nicht erhalten hat, so kann der bisherige Eigentümer gegen Vergütung dessen, was der Schuldner darauf zu fordern hat, Abtretung der Forderung gegen den Käufer oder die Herausgabe des inzwischen von der Konkursverwaltung eingezogenen Kaufpreises verlangen.

Verweise: *SchKG 175 (Zeitpunkt der Konkurseröffnung); SchKG 171, 189 Abs. 1, 190–194 (Konkurseröffnung); OR 65, ZGB 934, 938–940 (Forderungen des Schuldners); OR 165 (Form der Abtretung); SchKG 232 Abs. 2 Ziff. 2 (Schuldenruf).*

1 Analoge Anwendung auf eine vom Schuldner **zedierte** Forderung: BGE 70 III 81, 84.

2 Die **Konkursmasse** darf nicht behalten, was ihr aus Irrtum des Leistenden über die Person des Anspruchsberechtigten zugewendet wird. Sie hat diesem die Leistung zu überweisen: BGE 70 III 81, 84.

Art. 203   7. Rücknahmerecht des Verkäufers

¹ Wenn eine Sache, welche der Schuldner gekauft und noch nicht bezahlt hat, an ihn abgesendet, aber zur Zeit der Konkurseröffnung noch nicht in seinen Besitz übergegangen ist, so kann der Verkäufer die Rückgabe derselben verlangen, sofern nicht die Konkursverwaltung den Kaufpreis bezahlt.

² Das Rücknahmerecht ist jedoch ausgeschlossen, wenn die Sache vor der öffentlichen Bekanntmachung des Konkurses von einem gutgläubigen Dritten auf Grund eines Frachtbriefes, Konnossements oder Ladescheines zu Eigentum oder Pfand erworben worden ist.

Verweise

Abs. 1: *OR 184–215 (Fahrniskauf); SchKG 175 (Zeitpunkt der Konkurseröffnung); SchKG 171, 189 Abs. 1, 190–194 (Konkurseröffnung); ZGB 919 (Besitz); ZGB 925 (Besitzübertragung bei Warenpapieren); SchKG 232 Abs. 2 (Schuldenruf); SchKG 242 Abs. 1 und 2 (Aussonderung); SchKG 211 Abs. 2 (Erfüllung zweiseitiger Verträge durch die Konkursverwaltung); SchKG 237 Abs. 2, 240–243 (Konkursverwaltung).*

Abs. 2: *SchKG 35, 232 (öffentliche Bekanntmachung); ZGB 3 (guter Glaube); ZGB 925 (Besitzübertragung bei Warenpapieren); ZGB 641–729 (Eigentum); SchKG 37 Abs. 3 (Pfand).*

1   Eine Sache, die vom Verkäufer an den Käufer verkauft wurde, vom Käufer aber dem Verkäufer **zur Verfügung gestellt** wird, ohne dass der Besitz übergegangen ist, kann vom Verkäufer herausverlangt werden: BGE 26 II 149 E. 3.

2   **Eigentumserwerb** des Empfängers am rollenden Frachtgut tritt erst ein, wenn der Spediteur Besitzvertreter des Empfängers ist; während des Transportes besitzt der Frachtführer bzw. der Spediteur mangels anderer Abrede für den Versender, und zwar selbst dann, wenn der Frachtführer dem Adressaten den Frachtbrief schon abgegeben hat: BGE 38 II 163 E. 4.

3   Der Frachtführer, der vom Käufer einer Sache den Auftrag erhalten hat, diese beim Verkäufer in Empfang zu nehmen und an seinen Wohnort zu transportieren, hat an der ihm vom Verkäufer zum Transport übergebenen Sache ein **Retentionsrecht**, ohne Rücksicht darauf, ob diese im Eigentum des Verkäufers geblieben oder in das Eigentum des Käufers übergegangen ist: BGE 40 II 203 E. 6; BGE 38 II 194 E. 3. Nach der Konkurseröffnung kann aber **kein Retentionsrecht** mehr entstehen, selbst dann nicht, wenn sich der Erwerb auf einen Frachtbrief, ein Konnossement oder einen Ladeschein gründet: BGE 59 III 99, 102.

Art. 204   B. Verfügungsunfähigkeit des Schuldners

¹ Rechtshandlungen, welche der Schuldner nach der Konkurseröffnung in Bezug auf Vermögensstücke, die zur Konkursmasse gehören, vornimmt, sind den Konkursgläubigern gegenüber ungültig.

² Hat jedoch der Schuldner vor der öffentlichen Bekanntmachung des Konkurses einen von ihm ausgestellten eigenen oder einen auf ihn gezogenen Wechsel bei Verfall bezahlt, so ist diese Zahlung gültig, sofern der Wechselinhaber von der Kon-

kurseröffnung keine Kenntnis hatte und im Falle der Nichtzahlung den wechselrechtlichen Regress gegen Dritte mit Erfolg hätte ausüben können.

Verweise

Abs. 1: *SchKG 175 (Zeitpunkt der Konkurseröffnung); SchKG 171, 189 Abs. 1, 190–194 (Konkurseröffnung); SchKG 197–203, 208, 211, 225, 242 (Konkursmasse).*

Abs. 2: *SchKG 35, 232 (öffentliche Bekanntmachung); OR 1033, 1045, 1046 (wechselrechtlicher Regress).*

Zu Abs. 1

1 Der Schuldner verliert zwar seine **Verfügungsbefugnis** über die zur Konkursmasse gehörenden Vermögenswerte, bleibt aber Rechtsträger aller seiner Vermögensbestandteile, insbesondere Eigentümer seiner Sachen und Gläubiger seiner Forderungen, bis zu deren Verwertung: BGer v. 09.03.2011, 6B_557/2010 E. 6.3.1; BGE 135 III 585 E. 2.3; BGE 132 III 432 E. 2.4.

2 Nach Sinn und Wesen von SchKG 204 (und SchKG 288) kommen nicht nur Zahlungen, sondern überhaupt alle diejenigen **Rechtshandlungen** des Gemeinschuldners in Frage, durch welche die Konkursmasse um ein ihr zugehöriges Aktivum verkürzt worden ist: BGE 40 III 395 E. 1.

3 Unter **Vermögen** sind nicht bloss die zur Masse gehörenden Aktiven, Vermögensrechte, zu verstehen, sondern auch die ihnen entgegenstehenden **Passiven**, Verpflichtungen, die bei der Konkurseröffnung schon vorhanden waren und Anspruch auf anteilsmässige Befriedigung aus dem Ergebnis der Konkursliquidation haben, wenn und soweit es sich um die Teilnahme an Letzteren handelt: BGE 54 I 254 E. 2.c.

4 Ist einem Schuldner für das gegen das Konkurserkenntnis eingelegte Rechtsmittel **aufschiebende Wirkung** erteilt, so wird auch der Eintritt der Wirkungen des Konkurses auf das Vermögen des Schuldners (Dispositionsunfähigkeit nach SchKG 204) und auf die Rechte des Gläubigers gehemmt: BGE 85 III 146 E. 6; BGE 79 III 43, 47.

5 Mit der **Einstellung des Konkurses** mangels Aktiven fällt insb. die damit zusammenhängende Beschränkung des Verfügungsrechts der Gemeinschuldnerin (hier eine Genossenschaft) und der Vertretungsbefugnis ihrer Organe unter Vorbehalt von SchKG 269 und VZG 134 (→ Nr. 9) dahin: BGE 90 II 247 E. 2.

6 **Ungültigkeit** der Rechtshandlung bedeutet:
- Bezahlt der konkursite Schuldner nach Eröffnung des Konkurses selber eine bestehende Schuld, dann kann die Konkursverwaltung **darüber hinweggehen**, wie wenn die Zahlung nicht geschehen wäre und die entäusserten Werte können ohne Weiteres mit Rückforderungsklage wieder beigebracht werden: BGE 132 III 432 E. 2.4.
- Ein Eigentumsvorbehalt, der erst nach der Eröffnung des Konkurses über den Erwerber eingetragen wird, ist in diesem Konkurs **nicht zu beachten**: BGE 93 III 96 E. 6 und 7.
- Gegenüber der Masse ist der Eigentumsübergang nach Konkurseröffnung **nichtig**: BGE 55 III 167, 169.

7 Solange die Konkurseröffnung weder publiziert noch im Grundbuch vorgemerkt worden ist vermag die mit der Konkurseröffnung eintretende Dispositionsunfähigkeit des Gemeinschuldners gegenüber dem Rechtserwerb des **gutgläubigen Dritten** im Bereich des Immobiliarsachenrechts keine Wirkung zu entfalten: BGE 115 III 111 E. 4 und 5.

8 Ein ausserbuchlicher Erwerb eines Grundstücks gestützt auf ein Scheidungsurteil kann nur dann erfolgen, wenn dem übertragenden Ehegatten im Zeitpunkt des Eintritts der Rechtskraft des Scheidungsurteils die **Verfügungsberechtigung** darüber zukommt. Dies ist nicht mehr der Fall, wenn über dessen Vermögen bereits der Konkurs eröffnet worden ist und das betreffende Grundstück in die Konkursmasse fällt: BGE 135 III 585 E. 2.3.

9 Eine während des Konkursverfahrens erlassene **Verfügung** ist der Konkursverwaltung und nicht dem Schuldner zu eröffnen. Aus einer mangelhaften Eröffnung darf den Beteiligten aber kein Nachteil erwachsen: BGE 116 V 288 E. 3.e.

10 Wird über eine **Bank** die bankenrechtliche Liquidation nach BankG 33 ff. (→ Nr. 36) angeordnet, wird der Bank die Verfügungsmacht über die Vermögenswerte entzogen und steht ausschliesslich der FINMA zu (BankG 34 Abs. 1 i.V.m. SchKG 204 Abs. 1): BStrGer v. 04.07.2011, BB-2011-34 E. 5.3.

11 Die Beschränkung der Verfügungsmacht des Konkursiten über sein Vermögen ist Ausfluss eines allgemeinen Prinzips der Generalexekution und zählt denn auch zu den minimalen konkurstypischen Wirkungen, die ein **ausländisches Konkursdekret** entfalten muss, damit es nach IPRG 166 (→ Nr. 34) anerkannt werden kann: BVGer v. 19.02.2010, A-3524/2008 E. 7.4.2; BGE 134 III 366 E. 9.2.3.

Art. 205   C. Zahlungen an den Schuldner

¹ Forderungen, welche zur Konkursmasse gehören, können nach Eröffnung des Konkurses nicht mehr durch Zahlung an den Schuldner getilgt werden; eine solche Zahlung bewirkt den Konkursgläubigern gegenüber nur insoweit Befreiung, als das Geleistete in die Konkursmasse gelangt ist.

² Erfolgte jedoch die Zahlung vor der öffentlichen Bekanntmachung des Konkurses, so ist der Leistende von der Schuldpflicht befreit, wenn ihm die Eröffnung des Konkurses nicht bekannt war.

Verweise: *SchKG 175 (Zeitpunkt der Konkurseröffnung); SchKG 171, 189 Abs. 1, 190–194 (Konkurseröffnung).*

Abs. 1: *SchKG 197–203, 208, 211, 225, 242 (Konkursmasse).*

Abs. 2: *SchKG 35, 232 (öffentliche Bekanntmachung).*

Keine Entscheidungen.

Art. 206[1]   D. Betreibungen gegen den Schuldner

[1] Alle gegen den Schuldner hängigen Betreibungen sind aufgehoben, und neue Betreibungen für Forderungen, die vor der Konkurseröffnung entstanden sind, können während des Konkursverfahrens nicht eingeleitet werden. Ausgenommen sind Betreibungen auf Verwertung von Pfändern, die von Dritten bestellt worden sind.

[2] Betreibungen für Forderungen, die nach der Konkurseröffnung entstanden sind, werden während des Konkursverfahrens durch Pfändung oder Pfandverwertung fortgesetzt.

[3] Während des Konkursverfahrens kann der Schuldner keine weitere Konkurseröffnung wegen Zahlungsunfähigkeit beantragen (Art. 191).

Verweise

Abs. 1: *SchKG 199 (gepfändete Vermögensstücke).*

Abs. 2: *SchKG 89–150 (Betreibung auf Pfändung); SchKG 151–158 (Betreibung auf Pfandverwertung).*

1   Es handelt sich um eine **zwingende** Bestimmung: BGE 93 III 55 E. 3; BGE 60 III 137, 138.

2   Massgebender **Zeitpunkt** ist die Eröffnung des Konkurses und nicht dessen Publikation: BGE 93 III 55 E. 2.

Zu Abs. 1

3   **Wiederaufleben** von während des Konkursverfahrens dahingefallenen Betreibungen:
- Das Wiederaufleben einer vor Konkurseröffnung eingeleiteten Betreibung kann nur für Verfahren gelten, die nach der Konkurseröffnung überhaupt noch **fortsetzungsfähig** wären, was für nach SchKG 88 und 159 ff. bereits fortgesetzte Betreibungen nicht der Fall ist: BGE 124 III 123 E. 2 (Pra 87 [1998] Nr. 106).
- Eine vor der Konkurseröffnung angehobene Betreibung auf Pfandverwertung kann nach Einstellung und Schliessung des Konkurses **mangels Aktiven** weitergeführt werden (SchKG 230 Abs. 4): BGer v. 22.09.2010, 5A_370/2010 E. 3; BGE 88 III 20 E. 2.
- Diejenige Betreibung, welche zum Konkurs geführt hat, lebt hingegen nicht wieder auf, auch wenn der Konkurs mangels Aktiven eingestellt wird: BGer v. 22.09.2010, 5A_370/2010 E. 3; BGE 124 III 123 E. 2 (Pra 87 [1998] Nr. 106).
- Die Grundpfandverwertung am Ort der gelegenen Sache kann nach Einstellung des Konkurses mangels Aktiven wieder aufgenommen werden: BGE 120 III 141 E. 3.
- Bei **Widerruf des Konkurses** ist die Fortsetzung der durch dessen Eröffnung aufgehobenen Betreibungen nicht möglich: BGE 75 III 65, 67 f. (Änderung der Rechtsprechung).

---

1   Fassung gemäss Ziff. I des BG vom 16. Dez. 1994, in Kraft seit 1. Jan. 1997 (AS 1995 1227; BBl 1991 III 1).

- Eine vor der Konkurseröffnung angehobene Betreibung auf Pfandverwertung, die gestützt auf SchKG 206 während des Konkursverfahrens dahingefallen ist, wird wieder gültig, wenn das Konkursdekret angefochten und von der Berufungsinstanz **aufgehoben** wird: BGE 111 III 70 E. 3.
- Der Beschwerde gegen den Konkursentscheid kommt grundsätzlich keine **aufschiebende Wirkung** zu (vgl. ZPO 325 → Nr. 25). Wird dem Rechtsmittel nach SchKG 174 Abs. 3 dennoch aufschiebende Wirkung erteilt, bleiben die Wirkungen von Abs. 1 suspendiert: BGer v. 06.08.2009, 5A_205/2009 E. 2.

4   Fälle, in denen eine Betreibung auf **Pfandverwertung** während des Konkurses **zulässig** ist:
- Wenn das Pfand einem **Dritten** gehört: BGE 124 III 217 E. 1.b; BGE 121 III 93 E. 1; BGE 121 III 28 E. 2. **Betriebener** ist in einem solchen Fall der Schuldner persönlich und nicht die Konkursmasse. Auch der Dritteigentümer wird als Betriebener betrachtet: BGE 121 III 28 E. 2. Betr. drittpfandgesicherte Forderungen siehe auch KOV 61 (→ Nr. 5).
- Der Grundsatz, dass eine **Erbschaft** während der Dauer der amtlichen Liquidation nicht von einzelnen Gläubigern betrieben werden kann, hindert nicht die Durchführung einer Betreibung auf Verwertung von Vermögen an dem der Erbschaft nur Miteigentum oder Anteilsrechte zustehen: BGE 62 III 145, 147 f.

5   Fälle, in denen eine Betreibung auf **Pfandverwertung** während des Konkurses **nicht zulässig** ist:
- Ein **Solidarbürge**, der die Hauptschuld bezahlt hat, kann die Betreibung auf Pfandverwertung nach Konkurseröffnung nicht fortsetzen: BGE 94 III 1 E. 3.
- Die **Kaution**, die der Drittansprecher gestützt auf KOV 51 (→ Nr. 5) zwecks sofortiger Herausgabe der angesprochenen Gegenstände geleistet hat, kann nicht Gegenstand einer Betreibung auf Pfandverwertung während der Dauer des Konkursverfahrens bilden: Diese Betreibung bezieht sich nicht auf einen Gegenstand, der einem Dritten gehört; eine Ausnahme von SchKG 206 rechtfertigt sich nicht: BGE 121 III 93 E. 1.
- Das Retentionsrecht des **Vermieters von Geschäftsräumen** wird wegen SchKG 37 Abs. 2 betreibungsrechtlich zwar als Faustpfand betrachtet. Demzufolge ist die Retention durch Betreibung auf Pfandverwertung zu prosequieren. Doch kann das Retentionsrecht nicht der Pfandbetreibung durch einen Dritten gleichgestellt werden, welche nach der Ausnahmeregelung des SchKG 206 Abs. 1, zweiter Satz, im Konkurs des Schuldners die Aufhebung der Betreibung verhindert. Fällt der Mieter in Konkurs, so muss der Vermieter von Geschäftsräumen seine Forderung und das Retentionsrecht im Konkurs eingeben: BGE 124 III 218 E. 1 und 2.a.

6   Die **Betreibungsurkunden** sind der Konkursverwaltung zuzustellen, wo die Betreibung aufgrund einer der Ausnahmen von SchKG 206 gegen den Schuldner während der Dauer seines Konkursverfahrens angehoben worden ist und zur Konkursmasse gehörendes Vermögen betrifft: BGE 121 III 28 E. 3.

7   Die **Begründung** für die Ausnahme nach Abs. 1 Satz 2 liegt darin, dass das im Eigentum des Dritten stehende und von diesem gestellte Pfand nicht in die Konkursmasse fällt, weshalb mit

dessen Verwertung das Konkurssubstrat nicht verringert wird. Abgesehen von dieser Ausnahme lässt das Prinzip der Generalexekution keine gleichzeitigen Spezialexekutionen gegen den Gemeinschuldner zu. Alle Betreibungshandlungen, die nach Konkurseröffnung vorgenommen werden, sind nichtig: BGer v. 13.04.2012, 5A_828/2011 E. 3.3.

8   Handelt es sich um Grundstücke, welche erstens nicht als Pfand bestellt und zweitens durch die erfolgreiche Widerspruchsklage zum Vermögen des Schuldners geschlagen worden sind, so findet die **Ausnahmeregelung** von Abs. 1 Satz 2 keine Anwendung: BGer v. 13.04.2012, 5A_828/2011 E. 3.3.

Zu Abs. 2

9   Als **vor Konkurseröffnung entstandene Mietzinsforderungen** haben die im Zeitpunkt der Konkurseröffnung bereits verfallenen Mietzinse, mit denen der Mieter im Rückstand ist, zu gelten. Sie werden zu Konkursforderungen: BGE 124 III 41 E. 2.a.

10 Als **nach Konkurseröffnung entstandene Mietzinsforderungen** haben demgegenüber die künftigen Mietzinsforderungen zu gelten, d.h. jene, die aus der Fortführung des Mietverhältnisses mit dem Gemeinschuldner nach Konkurseröffnung geschuldet werden. Nur bei der Miete von Geschäftsräumen können künftige Mietzinse auch als Konkursforderung eingegeben werden, und zwar – entsprechend dem Umfang des Retentionsrechts gemäss OR 268 Abs. 1 – bis zur Beendigung des Mietverhältnisses, aber längstens für die Dauer von sechs Monaten ab der Konkurseröffnung: BGE 124 III 41 E. 2.b; BGE 104 III 84 E. 4 (zum alten Recht).

11 Eine auf AHVG 52 gestützte Schadenersatzforderung der **Ausgleichskasse** entsteht spätestens im Zeitpunkt, wo die Ausgleichskasse ihre Verfügung gemäss AHVV 81 Abs. 1 erlässt. Da im vorliegenden Fall die Schadenersatzforderung erst nach Konkurseröffnung entstanden ist, ist die hiefür eingeleitete Betreibung zulässig: BGE 121 III 382 E. 4.

12 Gemäss der zwingenden Vorschrift von SchKG 206 ist ein **Pfändungsverlustschein**, der nach Eröffnung des Konkurses über den Schuldner ausgestellt wurde, schlechthin nichtig. Hiefür ist es bedeutungslos, dass die Eröffnung des Konkurses entgegen dem Gesetz nicht öffentlich bekannt gemacht wurde und dass der Konkurs später widerrufen wurde: BGE 93 III 55 E. 2–4.

Art. 207[1]   E. Einstellung von Zivilprozessen und Verwaltungsverfahren

¹ Mit Ausnahme dringlicher Fälle werden Zivilprozesse, in denen der Schuldner Partei ist und die den Bestand der Konkursmasse berühren, eingestellt. Sie können im ordentlichen Konkursverfahren frühestens zehn Tage nach der zweiten Gläubigerversammlung, im summarischen Konkursverfahren frühestens 20 Tage nach der Auflegung des Kollokationsplanes wieder aufgenommen werden.

---

1   Fassung gemäss Ziff. I des BG vom 16. Dez. 1994, in Kraft seit 1. Jan. 1997 (AS 1995 1227; BBl 1991 III 1).

² Unter den gleichen Voraussetzungen können Verwaltungsverfahren eingestellt werden.

³ Während der Einstellung stehen die Verjährungs- und die Verwirkungsfristen still.

⁴ Diese Bestimmung bezieht sich nicht auf Entschädigungsklagen wegen Ehr- und Körperverletzungen oder auf familienrechtliche Prozesse.

Verweise

Abs. 1: *SchKG 238 (dringliche Beschlüsse der Gläubigerversammlung); SchKG 197–203, 208, 211, 225, 242 (Konkursmasse); SchKG 31–33, SchKG 56–63, ZPO 142 ff. (Fristberechnung → Nr. 25); SchKG 252–254 (zweite Gläubigerversammlung); SchKG 231 (summarisches Konkursverfahren); SchKG 249 (Auflage des Kollokationsplanes).*

Zu Abs. 1

1 Ein Zivilprozess muss im Zeitpunkt der Konkurseröffnung bereits **rechtshängig** sein: BGE 116 V 284 E. 3.d.

2 Der Richter ist gehalten, das Verfahren **von Amtes wegen** einzustellen, sobald er vom Konkurs Kenntnis hat: BGE 133 III 377 E. 5.1 (Pra 97 [2008] Nr. 17); BGE 132 III 89 E. 2; BGE 116 V 284 E. 3.e; BGE 100 IA 300 E. 1.

3 Die Einstellung erfolgt im **Zeitpunkt** der Eröffnung des Konkurses (SchKG 175), nicht erst bei seiner Publikation: BGE 133 III 377 E. 5.1 (Pra 97 [2008] Nr. 17); BGE 118 III 40 E. 5.b (Pra 84 [1995] Nr. 47); BGE 54 III 263, 265.

4 Die Einstellung hat den **Zweck**, der Gläubigerversammlung und den Gläubigern, die die Abtretung der Forderungen, auf welche die Masse verzichtet hat, verlangen können (SchKG 260 Abs. 1), die nötige Zeit einzuräumen, um sich über die Fortsetzung der den Schuldner betreffenden Prozesse schlüssig zu werden. Im ordentlichen Verfahren ist dieser Entscheid nicht vor der zweiten Gläubigerversammlung möglich, weil im Zeitpunkt der ersten Versammlung die Frist für die Eingabe der Forderungen noch nicht abgelaufen ist: BGE 133 III 377 E. 5.2 (Pra 97 [2008] Nr. 17).

5 Während der **Zeit der Einstellung** werden die Forderungen, die Gegenstand der hängigen Verfahren sind, im Kollokationsplan *pro memoria* eingetragen, ohne Gegenstand eines besonderen Entscheids der Konkursverwaltung zu sein. Wenn der Prozess weder von der Masse noch von einem der Gläubiger fortgeführt wird, gilt die Forderung als anerkannt. Wird hingegen der Prozess fortgeführt, wird die Forderung – je nach Ausgang des Verfahrens – im Kollokationsplan gestrichen oder definitiv kolloziert (KOV 63 → Nr. 5): BGE 133 III 377 E. 5.2.1 (Pra 97 [2008] Nr. 17); BGE 132 III 89 E. 1.4.

6 Die Konkursverwaltung muss spätestens bei der **Auflage des Kollokationsplanes** die Gläubiger einladen, sich über den Fortgang des Prozesses durch die Masse zu äussern: BGE 134 III 75 E. 2.3 (Pra 97 [2008] Nr. 92).

7 Nicht nur die Zivilprozesse, sondern auch damit zusammenhängende **Beschwerdeverfahren** sind einzustellen, wenn sie die seit Konkurseröffnung bestehende materielle Rechtslage verändern können: BGE 100 IA 300 E. 2.

8 Mit dem Antrag der Konkursmasse um **Weiterführung** des Berufungsverfahrens hat die Konkursmasse die vom Kläger nach seinem Konkurs erhobene Berufung genehmigt: BGer v. 28.11.2006, 4C.180/2005 E. 1.1.

9 Die Einstellung erfolgt nicht nur, wenn der konkursite Schuldner am Prozess formell die Eigenschaft des Klägers oder des Beklagten innehat, sondern auch dann, wenn er als **Hauptintervenient** am Verfahren teilnimmt: BGE 120 III 143 E. 3 (Pra 85 [1996] Nr. 71).

10 **Von der Einstellung ausgeschlossen** sind die Fälle ohne Einfluss auf die Zusammensetzung der Masse bzw. jene, die höchstpersönliche Rechte des Schuldners oder vom Konkurs ausgeschlossene Vermögenswerte betreffen (nicht abschliessende Aufzählung in Abs. 4) sowie die dringlichen Fälle: BGE 133 III 377 E. 6 (Pra 97 [2008] Nr. 17). So wurde beispielsweise der **Einfluss auf die Konkursmasse** für einen Prozess zwischen dem beklagten Streitverkünder und der konkursiten Streitberufenen verneint: BGE 120 III 143 E. 4 (Pra 85 [1996] Nr. 71).

11 Der Ausschluss der Einstellung aufgrund **Dringlichkeit** bedeutet nicht, dass der Prozess gegen den Schuldner mit Wirkung auch gegenüber der Konkursmasse einfach fortgesetzt und zu Ende geführt wird. Es bedeutet vielmehr, dass die Masse schneller dazu aufgerufen werden wird, darüber zu entscheiden, ob sie die Forderung anerkennen oder den Prozess fortsetzen will – entweder anlässlich der ersten Gläubigerversammlung (SchKG 238) oder, wenn diese nicht einberufen wird, durch die Konkursverwaltung: BGE 133 III 377 E. 6.2 (Pra 97 [2008] Nr. 17).

12 Die **Dringlichkeit** hängt vor allem von der Art des Streits und vom Streitgegenstand ab sowie vom Schaden, den das Zuwarten im konkreten Fall den Parteien oder auch nur einer von ihnen verursachen könnte, während die Art des Verfahrens, das auf den Fall anwendbar ist, eher ein nebensächliches Beurteilungselement darstellt: BGE 133 III 377 E. 7.2 (Pra 97 [2008] Nr. 17).

13 Hat ein kantonales Gericht über eine Klage nach SchKG 85a einen **Entscheid** gefällt, obwohl es das Verfahren aufgrund des Konkurses des Klägers hätte sistieren müssen, so ist der Entscheid dennoch gültig: BGE 132 III 89 E. 2.

14 Der **Aberkennungsprozess** ist nicht bloss ein betreibungsrechtlicher Inzidentstreit, sondern eine negative Feststellungsklage materiellrechtlicher Art und fällt somit unter SchKG 207: BGE 118 III 40 E. 5 (Pra 84 [1995] Nr. 47); BGE 83 III 75, 78; BGE 71 III 92, 94. Analog sind auch Klagen nach SchKG 85a beim Konkurs des Betriebenen nach SchKG 207 zu sistieren: BGE 132 III 89 E. 1.5.

15 Prozesse, die **Lohnforderungen** zum Gegenstand haben, sind gem. SchKG 207 einzustellen, und zwar unabhängig davon, ob sie dem ordentlichen oder summarischen Verfahren unterliegen: BGE 133 III 377 E. 7.2 (Pra 97 [2008] Nr. 17).

16 Bildet eine Forderung gegen den Gemeinschuldner den Gegenstand eines bereits vor der Konkurseröffnung hängig gewordenen Rechtsstreites, so ist darüber **kein Kollokationsverfahren** einzuleiten. Verzichtet die zweite Gläubigerversammlung auf Weiterführung eines solchen Rechtsstreits durch die Masse, so bleibt die Abtretung der Rechte der Masse an einzelne Gläubiger i.S. des SchKG 260 vorbehalten (SchKG 207, KOV 63 → Nr. 5): BGE 88 III 42 E. 1.

17 Der **Gläubigerausschuss** ist befugt, die Konkursverwaltung zum Abschluss von **Vergleichen** zu ermächtigen: BGE 103 III 21 E. 3. Die Konkursverwaltung kann hingegen nicht von sich aus über die Führung eines Prozesses oder Abschluss eines Vergleiches entscheiden. Jedenfalls dann nicht, wenn die Masse nach dem Vorschlag des Gegners ohne Prüfung seiner Beweismittel auf einen Teil ihres streitigen Anspruchs verzichten müsste: BGE 86 III 124 E. 3.

18 Der **Anfechtungsanspruch** des Einzelgläubigers ausser Konkurs (SchKG 285 Ziff. 1) geht mit der Eröffnung des Konkurses nicht schlechthin verloren. Dem Gläubiger wird nur die Verfolgung des Anspruchs bis zum Schluss des Konkursverfahrens verunmöglicht: BGE 34 II 85 E. 2.

19 Da im **Widerspruchsverfahren** zwischen den betreibenden Gläubigern und dem Dritten, der das Eigentum an einem gepfändeten Gegenstand beansprucht, lediglich darüber entschieden wird, ob der betreffende Gegenstand in der laufenden Betreibung zugunsten der Gläubiger verwertet werden dürfe oder ob er aus der Pfändung zu entlassen sei, wurden die hängigen Widerspruchsprozesse mit der Aufhebung der Betreibungen gegenstandslos: BGE 99 III 12 E. 1. Wären diese Prozesse im Zeitpunkt der Konkurseröffnung bereits abgeschlossen gewesen, so hätte sich die Rechtskraft der Urteile nicht auf das nachfolgende Konkursverfahren erstreckt (materielle Rechtskraft nur für die Betreibung): BGE 99 III 12 E. 1; BGE 92 III 9 E. 3; BGE 86 III 134 E. 2.

20 Damit ein **Adhäsionsverfahren** überhaupt als rechtshängig i.S.v. SchKG 207 gelten könnte, müsste zumindest die Voruntersuchung zur Überweisung der Angeschuldigten vor das zuständige Strafgericht und Anklagestellung geführt haben, wenn nicht sogar die Stellung des Entschädigungsbegehrens im Hauptverfahren vor dem Strafgericht in der durch kantonale Prozessordnung (heute StPO) dafür geforderten Form als massgebend und nötig vorausgesetzt wird: BGE 54 I 254, 267 f.

21 In der Schweiz hängige Prozesse gegen eine im Ausland in Konkurs gefallene juristische Person werden aufgrund des **Territorialitätsprinzips** nicht eingestellt: BGE 130 III 769 E. 3.2.3.

22 Art. 207 und der darauf beruhende KOV 63 (→ Nr. 5) beziehen sich auf **Prozesse im Inland**. Die sinngemässe Anwendung von KOV 63 bei Prozessen im Ausland fällt daher ausser Betracht, wenn im Rahmen der Abwicklung des Nachlassvertrags mit Vermögensabtretung der Kollokationsplan zu erstellen ist: BGE 130 III 769 E. 2 und 3.

Zu Abs. 2

23 Im Gegensatz zu den Zivilprozessen erfolgt die Einstellung von Verwaltungsverfahren **nicht von Gesetzes wegen**, sondern nur aufgrund eines entsprechenden Beschlusses der Verwaltungsbehörde bzw. des Gerichts. Es steht aber nicht im Belieben der Verwaltungsbehörden, ob ein Verfahren sistiert werden soll oder nicht. Handelt es sich um ein Zweiparteienverfahren, bei welchem keine speziellen Bedürfnisse für einen beschleunigten Verfahrensabschluss erkennbar sind, so hat die Verwaltungsbehörde das Verfahren grundsätzlich zu sistieren: BGer v. 24.10.2011, 2C_303/2010 E. 2.4.2.

24 Ein vor der Eidgenössischen Schätzungskommission anhängiges **Enteignungsverfahren** kann als Zivilprozess i.S.v. SchKG 207 Abs. 2 betrachtet werden: BGE 103 III 21 E. 3.

25 In einem bei Konkurseröffnung hängigen Verfahren betreffend die Reduktion und Einstellung einer **IV-Rente** hätte die Einstellung gem. SchKG 207 geprüft werden müssen: BGer v. 07.05.2010, 9C_763/2009 E. 3.3.

Zu Abs. 3

26 Wird der Konkurs während laufender Rechtsmittelfrist eröffnet, so steht diese als **Verwirkungsfrist** während der Einstellung gemäss SchKG 207 Abs. 3 still: BGer v. 29.01.2008, 5C_54/2007 E. 2.3.4; BGE 116 V 284 E. 3.e.

27 Unter den **Verwirkungsfristen** nach SchKG 207 Abs. 3 sind nicht nur die eigentlichen Verwirkungsfristen im technischen Sinn, sondern auch gesetzliche Fristen materiellrechtlicher und prozessrechtlicher Natur zu verstehen: BGer v. 29.01.2008, 5C_54/2007 E. 2.3.4.

Zu Abs. 4

28 Die Aufzählung in Abs. 4 ist nicht abschliessend: BGE 133 III 377 E. 6 (Pra 97 [2008] Nr. 17).

29 Die **familienrechtlichen Verfahren** gehören gem. Abs. 4 zu den Ausnahmen und werden nicht eingestellt. Hingegen ist die Beurteilung güterrechtlicher Ansprüche im Rahmen eines Scheidungsverfahrens nach Konkurseröffnung auszusetzen, sofern der Ausgang des Verfahrens die Konkursmasse betreffen könnte. Ob diese Praxis auch unter neuem Recht gilt, ist in der Lehre umstritten und wurde vom BGer offen gelassen: BGE 135 III 585 E. 2.4.

II. Wirkungen des Konkurses auf die Rechte der Gläubiger

Art. 208   A. Fälligkeit der Schuldverpflichtungen

1 Die Konkurseröffnung bewirkt gegenüber der Konkursmasse die Fälligkeit sämtlicher Schuldverpflichtungen des Schuldners mit Ausnahme derjenigen, die durch seine Grundstücke pfandrechtlich gedeckt sind. Der Gläubiger kann neben der Hauptforderung die Zinsen bis zum Eröffnungstage und die Betreibungskosten geltend machen.[1]

2 Von noch nicht verfallenen unverzinslichen Forderungen wird der Zwischenzins (Diskonto) zu fünf vom Hundert in Abzug gebracht.

Verweise

Abs. 1: *SchKG 175 (Zeitpunkt der Konkurseröffnung); SchKG 171, 189 Abs. 1, 190–194 (Konkurseröffnung); SchKG 197–203, 208, 211, 225, 242 (Konkursmasse); SchKG 37 Abs. 1, ZGB 793–875 (Grundpfand); SchKG 210 (bedingte Forderungen); SchKG 211 (Umwandlung von Forderungen); SchKG 67 Abs. 1 Ziff. 3, OR 102, 104–105 (Zins); SchKG 209 (Zinsenlauf); SchKG 68, 69 Abs. 2 Ziff. 2 (Betreibungskosten).*

---

1   Fassung gemäss Art. 58 SchlT ZGB, in Kraft seit 1. Jan. 1912 (AS 24 233 Art. 60 SchlT ZGB; BBl 1904 IV 1, 1907 VI 367).

Zu Abs. 1

1 In einem **Aberkennungsprozess**, in welchem der Gemeinschuldner die Aberkennung einer Forderung gestützt auf deren fehlende Fälligkeit geltend macht, bleibt für die Zinspflicht und für den Kostenpunkt auch nach Eröffnung des Konkurses von Bedeutung, ob der mit Aberkennungsklage bestrittene Betrag erst mit der Konkurseröffnung oder schon vorher fällig geworden ist. Der Streit über diesen Betrag ist durch die Konkurseröffnung nicht gegenstandslos geworden: BGE 83 III 75, 79.

2 Für das Pfand im Eigentum eines **Dritten** vgl. VZG 89 (→ Nr. 9).

3 Der **Vermieter** kann im Falle des Konkurses des Mieters den Vertrag auflösen, oder an diesem festhalten, womit grundsätzlich auch seine Ansprüche auf Bezahlung des Mietzinses erhalten bleiben. Der Vermieter einer unbeweglichen Sache war *in casu* befugt, den zukünftigen Mietzins von einem Jahr als Konkursforderung einzugeben: BGE 27 II 42, 46.

4 Fälligkeit **künftiger Lohnforderungen** bei Konkurs des Arbeitgebers: BGE 120 II 365 E. 4 (Pra 84 [1995] Nr. 209).

5 **Alimentationsforderungen**, deren Höhe veränderlich ist, können im Konkurs nur für die zur Zeit der Eröffnung des Verfahrens bereits vergangenen Alimentationsperioden und die laufende Rate geltend gemacht werden: BGE 40 III 451, 458.

6 Begleicht die Konkursverwaltung oder deren Hilfsperson eine vor Konkurseröffnung entstandene Forderung, bevor ein rechtskräftiger Kollokationsplan vorliegt, hat die Konkursmasse keinen Anspruch aus **ungerechtfertigter Bereicherung** gegenüber dem befriedigten Gläubiger. Ein solcher Anspruch entsteht erst, wenn aufgrund des rechtskräftigen Kollokationsplanes und der Verteilungsliste feststeht, ob und in welchem Umfang der Gläubiger durch die verfrühte Zahlung bereichert ist: BGE 132 III 432 E. 2.6.

Art. 209[1]   B. Zinsenlauf

¹ Mit der Eröffnung des Konkurses hört gegenüber dem Schuldner der Zinsenlauf auf.
² Für pfandgesicherte Forderungen läuft jedoch der Zins bis zur Verwertung weiter, soweit der Pfanderlös den Betrag der Forderung und des bis zur Konkurseröffnung aufgelaufenen Zinses übersteigt.

Verweise: SchKG 175 (Zeitpunkt der Konkurseröffnung); SchKG 171, 189 Abs. 1, 190–194 (Konkurseröffnung); SchKG 67 Abs. 1 Ziff. 3, 208 Abs. 1, OR 102, 104–105 (Zins).
***Abs. 2:** SchKG 37 Abs. 3 (Pfand); SchKG 116–143b, 154–156 (Verwertung).*

Zu Abs. 1

1 Die Beendigung des Zinsenlaufes greift ausschliesslich gegenüber dem konkursiten **Hauptschuldner**, nicht aber gegenüber dem Bürgen: BGer v. 29.07.2010, 4A_276/2010 E. 7.

---

1   Fassung gemäss Ziff. I des BG vom 16. Dez. 1994, in Kraft seit 1. Jan. 1997 (AS 1995 1227; BBl 1991 III 1).

Zu Abs. 2

2 Die Zinsen von pfandgesicherten Forderungen laufen **nur bis zur Verwertung** weiter, wenn der Pfanderlös erlaubt, alle Pfandgläubiger hinsichtlich ihrer Kapitalforderung und der bis zur Konkurseröffnung aufgelaufenen Zinsen zu befriedigen. Ist dies nicht der Fall, dient der Verwertungserlös in erster Linie dazu, die Kapitalforderung und die bis zur Konkurseröffnung aufgelaufenen Zinsen zu decken, und der Pfandgläubiger ist in der gemäss SchKG 219 Abs. 4 zutreffenden Klasse für den ungedeckten Teil dieses Betrags zu kollozieren, nicht aber für den Ausfall, der aus den zwischen Konkurseröffnung und Pfandverwertung aufgelaufenen Zinsen besteht: BGE 137 III 133 E. 2 (Pra 100 [2011] Nr. 97).

Art. 210[1]   C. Bedingte Forderungen

¹ Forderungen unter aufschiebender Bedingung werden im Konkurs zum vollen Betrag zugelassen; der Gläubiger ist jedoch zum Bezug des auf ihn entfallenden Anteils an der Konkursmasse nicht berechtigt, solange die Bedingung nicht erfüllt ist.

² Für Leibrentenforderungen gilt Artikel 518 Absatz 3 OR[2].

Verweise: OR 151–153 (aufschiebende Bedingung); SchKG 197–203 (Konkursmasse); SchKG 264 Abs. 3 (Hinterlegung).

1 Bei **Forderungsabtretungen** zahlungs- oder sicherungshalber im Konkurs des Schuldners der gesicherten Forderung wird die gesicherte Forderung nur als bedingte Forderung zugelassen: BGE 59 III 87, 90; BGE 55 III 80 E. a.

2 Betr. Forderungen aus **Bürgschaft** siehe SchKG 215.

3 Betr. **Regressforderungen** siehe SchKG 216 und 217.

4 Betr. Forderungen des Versicherungsnehmers aus **Versicherungsverträgen** siehe VVG 36 und 37.

5 Betr. Forderung des **Pfründers** im Konkurs des Pfrundgebers siehe OR 529.

Art. 211   D. Umwandlung von Forderungen

¹ Forderungen, welche nicht eine Geldzahlung zum Gegenstande haben, werden in Geldforderungen von entsprechendem Werte umgewandelt.

² Die Konkursverwaltung hat indessen das Recht, zweiseitige Verträge, die zur Zeit der Konkurseröffnung nicht oder nur teilweise erfüllt sind, anstelle des Schuldners zu

---

1 Fassung gemäss Ziff. I des BG vom 16. Dez. 1994, in Kraft seit 1. Jan. 1997 (AS 1995 1227; BBl 1991 III 1).

2 SR 220

erfüllen. Der Vertragspartner kann verlangen, dass ihm die Erfüllung sichergestellt werde.[1]

2bis Das Recht der Konkursverwaltung nach Absatz 2 ist jedoch ausgeschlossen bei Fixgeschäften (Art. 108 Ziff. 3 OR[2]) sowie bei Finanztermin-, Swap- und Optionsgeschäften, wenn der Wert der vertraglichen Leistungen im Zeitpunkt der Konkurseröffnung aufgrund von Markt- oder Börsenpreisen bestimmbar ist. Konkursverwaltung und Vertragspartner haben je das Recht, die Differenz zwischen dem vereinbarten Wert der vertraglichen Leistungen und deren Marktwert im Zeitpunkt der Konkurseröffnung geltend zu machen.[3]

3 Vorbehalten bleiben die Bestimmungen anderer Bundesgesetze über die Auflösung von Vertragsverhältnissen im Konkurs sowie die Bestimmungen über den Eigentumsvorbehalt (Art. 715 und 716 ZGB[4]).[5]

Verweise

Abs. 1: *SchKG 67 Abs. 1 Ziff. 3, 69 Abs. 2 Ziff. 2 (Forderung).*

Abs. 2: *SchKG 237 Abs. 2, 240–243 (Konkursverwaltung); SchKG 175 (Zeitpunkt der Konkurseröffnung); SchKG 171, 189 Abs. 1, 190–194 (Konkurseröffnung).*

Zu Abs. 1

1 Analoge Anwendung im Konkurs auf Forderungen in **ausländischer Währung**: BGE 105 III 92 E. 2.a; BGE 50 II 27 E. 2.

2 Für die Umwandlung ist das **Erfüllungsinteresse** massgebend: BGE 42 III 279 E. 3; BGE 32 II 528 E. 7.

3 SchKG 211 ist auf den **Nachlassvertrag mit Vermögensabtretung** anwendbar. Ein Sachgewährleistungsanspruch wird beim Nachlassvertrag mit Vermögensabtretung in eine Geldforderung umgewandelt: BGE 107 III 106 E. 3.c. Eine analoge Anwendung erfolgt ebenfalls für die **Nachlassstundung**: BGE 112 II 444 E. 4.

4 In einem **Pachtvertrag** werden die im Zeitpunkt der Konkurseröffnung noch vorhandenen Vorräte, wie die zur richtigen Bewirtschaftung und infolgedessen zur ordentlichen Instandhaltung des gepachteten Gutes erforderliche Bedarf an Stroh und Dünger, nicht in eine Geldforderung umgewandelt: BGE 29 II 669 E. 4.

---

[1] Fassung gemäss Ziff. I des BG vom 16. Dez. 1994, in Kraft seit 1. Jan. 1997 (AS 1995 1227; BBl 1991 III 1).

[2] SR 220

[3] Eingefügt durch Ziff. I des BG vom 16. Dez. 1994, in Kraft seit 1. Jan. 1997 (AS 1995 1227; BBl 1991 III 1).

[4] SR 210

[5] Fassung gemäss Ziff. I des BG vom 16. Dez. 1994, in Kraft seit 1. Jan. 1997 (AS 1995 1227; BBl 1991 III 1).

Zu Abs. 2

5 SchKG 211 Abs. 2 stellt insoweit eine **Ausnahme** vom Grundsatz der Umwandlung der nicht auf Geldzahlung gerichteten Forderungen in Geldforderungen dar, als diese Umwandlung unterbleibt, wenn die Konkursverwaltung vom Recht Gebrauch macht, eine Verpflichtung des Gemeinschuldners, die keine Geldleistung zum Gegenstand hat, real zu erfüllen: BGE 104 III 84 E. 3.a.

6 SchKG 211 Abs. 2 findet auch dann Anwendung, wenn die Verpflichtung der Gemeinschuldnerin **auf Geldzahlung** gerichtet ist: BGE 104 III 84 E. 3.a.

7 Im Rahmen des Konkurses kann die Konkursverwaltung einen **Mietvertrag des Erblassers**, gegebenenfalls gegen Sicherstellung, weiterführen oder kündigen: BGer v. 04.04.2011, 4A_99/2010 E. 5.1.

8 Die **Konkursverwaltung** ist zum Eintritt in einen Vertrag nur berechtigt, aber nicht verpflichtet: BGer v. 27.01.2011, 4A_630/2010 E. 3.2.2; BGer v. 06.02.2006, 4C.252/2005 E. 5.1.

9 Wenn die Konkursverwaltung von der Möglichkeit der Vertragserfüllung nicht Gebrauch macht, bedeutet dies in keiner Weise, dass der Vertrag als solcher aufgelöst wurde. Die **Folge der Erfüllungsablehnung** besteht einzig darin, dass die Verpflichtung der Gemeinschuldnerin nicht zur Massaschuld wurde und der Gläubiger dadurch nicht Anspruch auf vollständige Befriedigung erhält: BGer v. 06.02.2006, 4C.252/2005 E. 5.1; BGE 104 III 84 E. 3.b.

10 Die **Konkursverwaltung** darf noch nicht erfüllte zweiseitige Verträge nicht einseitig aufheben, wenn dieses Recht dem Schuldner nach materiellem Recht im Falle des Konkurses ebenfalls nicht zugestanden hätte. Der Konkursverwaltung stehen hinsichtlich der Beendigung des Vertrags nicht mehr Rechte zu als der Gemeinschuldnerin selbst: BGE 104 III 84 E. 3.b; BGE 42 III 279 E. 3.

11 Die Fortführung des Vertragsverhältnisses bedarf von Seiten der Konkursverwaltung keinerlei **Mitteilung** und kann konkludent geschehen: BGer v. 27.01.2011, 4A_630/2010 E. 3.2.2; BGer v. 06.02.2006, 4C.252/2005 E. 5.2.

12 **Zuständig** für die Beurteilung der Frage der Verbindlichkeit oder der Erfüllbarkeit eines Vertrags, den zu erfüllen die Konkursverwaltung beschlossen hat, ist ausschliesslich der Zivilrichter; auch der Entschluss der Konkursverwaltung als solcher kann durch den Vertragspartner nicht mit Beschwerde angefochten werden: BGE 110 III 84, 86.

13 Ein **Verkäufer** ist nicht verpflichtet, einen Drittabnehmer anstelle der Konkursmasse in den Kaufvertrag eintreten zu lassen: BGE 39 II 398 E. 1.

14 Tritt die Konkursverwaltung nicht in einen Kaufvertrag mit **Eigentumsvorbehalt** ein, so kann der Verkäufer entweder unter Verzicht auf den Eigentumsvorbehalt die Kaufpreisrestanz in der 5. Klasse (heute 3. Klasse) kollozieren lassen oder den Eigentumsvorbehalt durch Vindikation der Sache geltend machen, wobei die gegenseitigen Ansprüche nach ZGB 716 zu bereinigen sind: BGE 73 III 165 E. 1.

15 Neben dem **Recht des Verlaggebers** bei Konkurs des Verlegers aus OR 392 Abs. 3 auf Bewirkung der geschuldeten Leistung durch einen Dritten steht ihm auch das Zurückbehal-

tungs- und Rücktrittsrecht nach OR 83 zu, und zwar auch dann, wenn er vertraglich vorleistungspflichtig ist: BGE 49 II 455 E. 2 und 3.

16 Beendigung des Vertrags in der Schadensversicherung: Fällt der Versicherungsnehmer in Konkurs, so endet der Vertrag mit der Konkurseröffnung: VVG 55.

Zu Abs. 3

17 **Ausnahmen**:
 - SchKG 201–203;
 - ZGB 959;
 - VZG 51 (→ Nr. 9).

18 Nicht betroffen werden auch Rechte auf **grundbuchliche Vormerkungen** (Bauhandwerkerpfandrecht): BGE 40 II 452 E. 3.

19 Wird zur Sicherung eines obligatorischen Anspruchs im Grundbuch eine **Verfügungsbeschränkung** vorgemerkt, entfaltet sie ihre Wirkungen auch im Konkurs, nicht dagegen die Grundbuch- oder Kanzleisperre des kantonalen Rechts (Änderung der Rechtsprechung): BGE 104 II 170 E. 5 und 6.

20 Das im Grundbuch gem. ZGB 959 **vorgemerkte Kaufsrecht** wirkt auch gegenüber einer späteren Pfändung (Änderung der Rechtsprechung): BGE 102 III 20 E. 1.

Art. 212 E. Rücktrittsrecht des Verkäufers

Ein Verkäufer, welcher dem Schuldner die verkaufte Sache vor der Konkurseröffnung übertragen hat, kann nicht mehr von dem Vertrage zurücktreten und die übergebene Sache zurückfordern, auch wenn er sich dies ausdrücklich vorbehalten hat.

Verweise: OR 214 Abs. 3 (Rücktrittsrecht des Verkäufers); SchKG 175 (Zeitpunkt der Konkurseröffnung); SchKG 171, 189 Abs. 1, 190–194 (Konkurseröffnung).

1 Ein nach der Konkurseröffnung eingetragener Eigentumsvorbehalt ist im Konkursverfahren nicht zu beachten: BGE 93 III 96 E. 7.b.

2 Das Recht zum Rücktritt vom Vertrag, das durch die Vereinbarung eines Eigentumsvorbehalts **stillschweigend** mitbegründet wird, und der obligatorische Anspruch auf Rückgabe der Kaufsache, der bei Ausübung dieses Rechts entsteht, können gemäss SchKG 212 im Konkurs nicht geltend gemacht werden: BGE 93 III 96 E. 7.a.

3 Die Beschlagnahme einer dem Gemeinschuldner unter Eigentumsvorbehalt verkauften und vom Verkäufer «zwecks Sicherstellung» zurückgenommenen Sache ist unzulässig: BGE 90 III 18 E. 1.

Art. 213 F. Verrechnung
1. Zulässigkeit

[1] Ein Gläubiger kann seine Forderung mit einer Forderung, welche dem Schuldner ihm gegenüber zusteht, verrechnen.

[2] Die Verrechnung ist jedoch ausgeschlossen:

1. [1] wenn ein Schuldner des Konkursiten erst nach der Konkurseröffnung dessen Gläubiger wird, es sei denn, er habe eine vorher eingegangene Verpflichtung erfüllt oder eine für die Schuld des Schuldners als Pfand haftende Sache eingelöst, an der ihm das Eigentum oder ein beschränktes dingliches Recht zusteht (Art. 110 Ziff. 1 OR[2]);
2. wenn ein Gläubiger des Schuldners erst nach der Konkurseröffnung Schuldner desselben oder der Konkursmasse wird.
3. ...[3]

[3] Die Verrechnung mit Forderungen aus Inhaberpapieren ist zulässig, wenn und soweit der Gläubiger nachweist, dass er sie in gutem Glauben vor der Konkurseröffnung erworben hat.[4]

[4] Im Konkurs einer Kommanditgesellschaft, einer Aktiengesellschaft, einer Kommanditaktiengesellschaft, einer Gesellschaft mit beschränkter Haftung oder einer Genossenschaft können nicht voll einbezahlte Beträge der Kommanditsumme oder des Gesellschaftskapitals sowie statutarische Beiträge an die Genossenschaft nicht verrechnet werden.[5] [6]

Verweise: OR 120–126 (Verrechnung); SchKG 175 (Zeitpunkt der Konkurseröffnung); SchKG 171, 189 Abs. 1, 190–194 (Konkurseröffnung).

Abs. 2 Ziff. 1: SchKG 37 Abs. 3 (Pfand); ZGB 641–729 (Eigentum); ZGB 730–918 (beschränkt dingliche Rechte).

Abs. 2 Ziff. 2: SchKG 197–203, 208, 211, 225, 242 (Konkursmasse).

Abs. 3: OR 978–989 (Inhaberpapiere).

Abs. 4: OR 610 Abs. 2 (Klagerecht der Gläubiger einer Kommanditgesellschaft); OR 687 (nicht voll einbezahlte Namenaktien einer Aktiengesellschaft); OR 764 Abs. 2 (verweist für

---

1 Fassung gemäss Ziff. I des BG vom 16. Dez. 1994, in Kraft seit 1. Jan. 1997 (AS 1995 1227; BBl 1991 III 1).
2 SR 220
3 Aufgehoben durch Art. 13 des BG vom 28. Sept. 1949 (AS 1950 I 57; BBl 1948 I 1218).
4 Eingefügt durch Art. 13 des BG vom 28. Sept. 1949, in Kraft seit 1. Febr. 1950 (AS 1950 I 57; BBl 1948 I 1218).
5 Ursprünglich Abs. 3.
6 Fassung gemäss Ziff. I des BG vom 16. Dez. 1994, in Kraft seit 1. Jan. 1997 (AS 1995 1227; BBl 1991 III 1).

die Kommanditaktiengesellschaft auf die Bestimmungen der AG); OR 793 (Leistungspflicht eines Gesellschafters einer Gesellschaft mit beschränkter Haftung); OR 867 (Beitrags- und Leistungspflicht der Genossenschafter).

1 Eine Verrechnung ist auch dann möglich, wenn die Forderung des Gemeinschuldners zur Zeit der Konkurseröffnung **noch nicht fällig** ist: BGE 132 III 342 E. 4.2; BGE 42 III 270 E. 5.

2 Das **Verrechnungsrecht** im Konkurs fällt grundsätzlich in erster Linie als Recht der Konkursgläubiger in Betracht. Die Konkursmasse hat nur dann ein Interesse an der Verrechnung, wenn Gegenforderungen nicht als besser einbringlich erscheinen als die Konkursforderung oder bei bestrittenen Masseforderungen: BGE 71 III 184 E. 2.

3 **Masseforderungen** sind mit Masseschulden, insbesondere mit der Konkursdividende zu verrechnen, **Forderungen des Gemeinschuldners** dagegen mit der vollen Konkursforderung: BGE 83 III 67 E. 1; BGE 83 III 43 E. 2; BGE 56 III 174, 176 f.

4 Für die Verrechenbarkeit von Forderungen während der **Nachlassstundung** gelten gemäss SchKG 297 Abs. 4 (für **alle Arten des Nachlassvertrags**) die konkursrechtlichen Regeln in SchKG 213 f., wobei als Stichtag statt der Konkurseröffnung die Bekanntmachung der Stundung gilt: BGE 137 II 136 E. 6.4; BVGer v. 22.06.2009, A-1620/2006 E. 5.1; BGE 40 III 300 E. 4.

5 Die Verrechnung **öffentlichrechtlicher Forderungen** i.S.v. SchKG 213 ist möglich, wenn verschiedene Verwaltungen desselben Gemeinwesens «Gläubigerin» und «Schuldnerin» sind. Die Forderung auf Steuerrückerstattung entsteht, sobald die gesetzlichen Voraussetzungen dafür erfüllt sind: BGE 107 Ib 376 E. 2 und 3. Sofern aber spezialgesetzliche Regelungen existieren (wie in vorliegendem Fall aMWSTG 69 Abs. 2), geht die spezialgesetzliche Ordnung dem Konkurs- oder Nachlassverfahren vor: BGE 137 II 136 E. 6.4.

6 Grundsätzlich darf die Konkursverwaltung die Verrechnung mit Gegenforderungen des Gemeinschuldners nicht auf ein späteres Stadium des Konkurses verschieben, und insbesondere ist ihr verwehrt, solche Forderungen im **Verteilungsstadium** mit der blossen Konkursdividende zu verrechnen: BGE 83 III 67 E. 3; BGE 56 III 147 E. 2. Das BGer macht diesbezüglich eine Ausnahme, indem es der Konkursverwaltung zusteht, eine im Kollokationsplan anerkannte Konkursforderung auch noch im Verteilungsstadium mit einer Forderung des Gemeinschuldners zu verrechnen, die bei Aufstellung des Kollokationsplanes infolge einer Sicherungszession noch einem Dritten zustand und erst seither durch Rückzession in das Konkursvermögen gelangt war: BGE 83 III 67 E. 5.

7 Die vom Konkursgläubiger abgegebene, von der Konkursverwaltung **nicht anerkannte** Verrechnungserklärung steht einer Abtretung der der Masse zustehenden Gegenforderung an andere Konkursgläubiger nicht entgegen: BGE 103 III 8 E. 3.

8 Es ist nicht möglich, den **Zuschlagspreis einer Versteigerung** durch Verrechnung zu bezahlen. SchKG 213 und 214 sind nicht anwendbar: BGE 111 III 56 E. 2.

9 Mit der Einräumung eines **Kaufsrechts** erwirbt der Verkäufer keine bedingte Forderung auf Bezahlung des Kaufpreises, sondern lediglich eine Anwartschaft. Mit einer blossen Anwartschaft des Gemeinschuldners kann der Gläubiger seine Konkursforderung nicht verrechnen: BGE 105 III 4 E. 4.b.

10 Die **Verrechnungserklärung** ist auch dann noch zulässig, wenn ein Gläubiger in einem anderen Nachlassverfahren bei gleicher Rechtslage auf die Geltendmachung der Verrechnung verzichtet hat: BGE 107 III 139 E. 5.

11 Die Verrechnung mit einem **Aktionärsdarlehen** im Konkurs der Gesellschaft ist möglich, wenn das Darlehen für die Aktiengesellschaft Fremdkapital ist; sie ist unmöglich, wenn man Identität der Aktiengesellschaft und ihres Aktionärs annehmen und den Darlehensbetrag als Eigenkapital der Gesellschaft ansehen muss: BGer v. 25.05.2010, 5A_175/2010 E. 3.3.2. und 3.3.3.

Zu Abs. 2

12 Das **Verrechnungsverbot** will lediglich verhindern, dass sich ein Gläubiger des Gemeinschuldners nach Konkurseröffnung durch neu erworbene Verrechnungsmöglichkeiten Deckung verschafft: BGE 137 II 136 E. 6.4; BGE 107 III 139 E. 3.

13 Entscheidend für die Zulässigkeit der Verrechnung ist der **Zeitpunkt der Entstehung** (und nicht etwa der Fälligkeit) der Forderung. Die Verrechnung ist nur bezüglich Forderungen ausgeschlossen, deren Rechtsgrund auf Tatsachen beruht, die in die Zeit nach der Konkurseröffnung (bzw. der Nachlassstundung) fallen: BVGer v. 22.06.2009, A-1620/2006 E. 5.1; BGE 122 II 221 E. 4; BGE 117 III 25 E. 3.b; BGE 107 III 125 E. 3.c. Abs. 2 Ziff. 1 schliesst die Verrechnung einer **nach der Konkurseröffnung fälligen**, aber vorher begründeten Forderung nicht aus: BGE 106 III 114 E. 3.

14 Ob die Forderung in der Zeit nach der Konkurseröffnung oder der Bekanntmachung der Nachlassstundung **betagt oder bedingt war**, ist für die Zulässigkeit der Verrechnung ohne Belang: BGE 107 III 125 E. 3.c.

15 Im Rahmen des **Dauerschuldverhältnisses** entsteht die Mietzinsforderung mit Ablauf oder Beginn der Zahlungsperiode jeweils von neuem. Die Eröffnung des Konkurses bewirkt deshalb einen Wechsel in der Rechtszuständigkeit bezüglich des Gläubigers. Die Folge davon ist der Ausschluss der Verrechnung gemäss SchKG 213 Abs. 2 Ziff. 2. Allfällige Vorausverfügungen des Vermieters, die künftigen Mietzinsforderungen betreffend, sind demnach lediglich bis zur Eröffnung des Konkurses wirksam: BGE 115 III 65 E. 3.b.

16 Im Konkurs des Vermieters wird der **Hinterlegungsanspruch** grundsätzlich zu einer Konkursforderung und kann nicht mit Mietzinsforderungen der Masse verrechnet werden: BGE 127 III 273 E. 4.d.

17 Die von ihrem Ehemann getrennt lebende Ehefrau des Schuldners kann den von der Konkursverwaltung verlangten Mietzins nicht mit ihrer **Forderung auf Unterhaltsbeitrag** bzw. auf unentgeltliches Wohnen, welche sie gestützt auf eine Trennungskonvention geltend macht, verrechnen: BGE 117 III 63 E. 2.b.

18 Im Bereich von **UVG** 50 Abs. 3 gelangt das Verrechnungsverbot von SchKG 213 Abs. 2 zur Anwendung. Die Verrechenbarkeit von ausstehenden Prämienforderungen des Unfallversicherers gegenüber dem ehemaligen Inhaber einer Einzelfirma mit dessen nach Konkurseröffnung entstandenem Anspruch auf Taggeldleistungen ist somit nicht zulässig: BGE 125 V 317 E. 5.b.aa.

19 Der Verrechnungsausschluss des SchKG 213 Abs. 2 gilt im Anwendungsbereich des **AHVG** 20 Abs. 2 nicht: BGE 125 V 317 E. 5.a; BGE 104 V 5 E. 4.

Zu Abs. 4

20 Der Treuhänder als fiduziarischer Eigentümer von **Vorratsaktien** eines Bankenkonsortiums hat kein Recht auf Rückerstattung seiner Einzahlungen. Im Konkurs der Beklagten hat er selbst das Depot ohne irgendeine Möglichkeit der Verrechnung als Aktionär zurückzuerstatten: BGE 117 II 290 E. 4.d.aa (Pra 81 [1992] Nr. 137).

21 Nur den **Konkursgläubigern**, nicht aber den Organen des Konkursverfahrens ist die Verrechnung rückständiger Aktienbeträge und dergl. untersagt: BGE 53 III 204 E. 5.

22 Nicht erhältliche Aktienbeträge kann die Konkursverwaltung gegen eine dem Aktionär zukommende Konkursdividende verrechnen, auch wenn der Aktionär seine Forderungen während des Konkurses einem Dritten abgetreten hat: BGE 76 III 13 E. 4. Dagegen kann ein Konkursgläubiger, dessen Forderung auf einen Dritten übergegangen ist, nicht die Verrechnung der darauf entfallenden Konkursdividende mit einer ihm gegenüber der **Masse** obliegenden Verbindlichkeit (*in casu*: Schadenersatzschuld) verlangen: BGE 84 III 137, 138 f.

23 Zur Verrechnung im Konkurs
   - der Kollektivgesellschaft siehe OR 570;
   - der Kommanditgesellschaft siehe OR 613 und 614.

Art. 214   2. Anfechtbarkeit

Die Verrechnung ist anfechtbar, wenn ein Schuldner des Konkursiten[1] vor der Konkurseröffnung, aber in Kenntnis von der Zahlungsunfähigkeit des Konkursiten, eine Forderung an denselben erworben hat, um sich oder einem andern durch die Verrechnung unter Beeinträchtigung der Konkursmasse einen Vorteil zuzuwenden.

Verweise: SchKG 175 (Zeitpunkt der Konkurseröffnung); SchKG 171, 189 Abs. 1, 190–194 (Konkurseröffnung); OR 120–126 (Verrechnung); SchKG 197–203, 208, 211, 225, 242 (Konkursmasse).

1 Mit seinem Wortlaut und seiner systematischen Stellung im Gesetzesabschnitt über die Wirkungen des Konkurses auf die Rechte der Gläubiger kann aus SchKG 214 nur ein Anspruch **gegen den Schuldner des Gemeinschuldners** abgeleitet werden, der eine Forderung an denselben erworben und gestützt darauf die Verrechnung erklärt hat: BGE 95 III 83 E. 5.

2 Die Bestimmung setzt nicht Täuschungsabsicht, sondern nur die **Absicht des Verrechnenden** voraus, sich auf Kosten der Mitgläubiger einen in der gegebenen Situation nicht mehr gerechtfertigten **Vorteil** zu verschaffen: BGE 122 III 133 E. 4.a.

---

1 Bezeichnung gemäss Ziff. I des BG vom 16. Dez. 1994, in Kraft seit 1. Jan. 1997 (AS 1995 1227; BBl 1991 III 1). Diese Änd. ist im ganzen Erlass berücksichtigt.

3   **Analoge Anwendbarkeit** auf alle Arten des Nachlassvertrags (inkl. Inventar): BGE 130 III 241 E. 3.3.2. (Pra 93 [2004] Nr. 173); BGE 41 III 149 E. 5; vgl. heute SchKG 297 Abs. 4.

4   Einen wesentlichen **Unterschied** zwischen der Anfechtung nach SchKG 285 ff. und 214 stellt der Umstand dar, dass die paulianische Anfechtungsklage eine Rechtshandlung des Betreibungsschuldners zum Gegenstand hat, während SchKG 214 Handlungen eines Schuldners des Gemeinschuldners voraussetzt, die völlig unabhängig sind von jeglicher Mitwirkung des Letzteren: BGE 95 III 83 E. 5.

5   Für die Anfechtung des die Verrechnung ermöglichenden **Rechtsgeschäftes** zwischen dem nachmaligen Konkursiten und seinem Gläubiger (einem späteren Konkursgläubiger) sind die Regeln über die paulianische Anfechtung (SchKG 285 ff.) massgebend, nicht diejenigen des SchKG 214: BGE 103 III 46 E. 2.

Art. 215 G. Mitverpflichtungen des Schuldners
1. Bürgschaften

[1] Forderungen aus Bürgschaften des Schuldners können im Konkurse geltend gemacht werden, auch wenn sie noch nicht fällig sind.

[2] Die Konkursmasse tritt für den von ihr bezahlten Betrag in die Rechte des Gläubigers gegenüber dem Hauptschuldner und den Mitbürgen ein (Art. 507 OR[1]). Wenn jedoch auch über den Hauptschuldner oder einen Mitbürgen der Konkurs eröffnet wird, so finden die Artikel 216 und 217 Anwendung.[2]

Verweise
Abs. 1: *OR 492–512 (Bürgschaft); SchKG 210 (bedingte Forderungen).*
Abs. 2: *SchKG 197–203, 208, 211, 225, 242 (Konkursmasse).*

1   Die Anwendbarkeit der Bestimmung ist auf die von einem Mitbürgen einem anderen Mitbürgen geleistete **Rückbürgschaft** ausgeschlossen, sofern der Gläubiger selbst seine Forderung im Konkurse jenes Mitbürgen geltend macht und solange nicht für ihn ein Überschuss sich ergibt: BGE 54 III 299, 301.

2   Der **Wechselgläubiger** ist im Konkurs des Wechselbürgen befugt, zunächst den Wechselbürgen in Anspruch zu nehmen, und zwar selbst dann, wenn die verbürgte Wechselschuld zur Zeit der Konkurseröffnung noch nicht fällig war: BGE 96 III 35 E. 1.

---

1   SR 220
2   Fassung gemäss Ziff. I des BG vom 16. Dez. 1994, in Kraft seit 1. Jan. 1997 (AS 1995 1227; BBl 1991 III 1).

Art. 216 2. Gleichzeitiger Konkurs über mehrere Mitverpflichtete

¹ Wenn über mehrere Mitverpflichtete gleichzeitig der Konkurs eröffnet ist, so kann der Gläubiger in jedem Konkurse seine Forderung im vollen Betrage geltend machen.

² Ergeben die Zuteilungen aus den verschiedenen Konkursmassen mehr als den Betrag der ganzen Forderung, so fällt der Überschuss nach Massgabe der unter den Mitverpflichteten bestehenden Rückgriffsrechte an die Massen zurück.

³ Solange der Gesamtbetrag der Zuteilungen den vollen Betrag der Forderung nicht erreicht, haben die Massen wegen der geleisteten Teilzahlungen keinen Rückgriff gegeneinander.

Verweise: Mitverpflichtete: ZGB 166 Abs. 3 (Verbindlichkeiten der ehelichen Gemeinschaft), ZGB 233 (Gütergemeinschaft), ZGB 603, 639 (Erben), OR 146 (Solidarschuldner), OR 181 (früherer und neuer Inhaber eines Geschäfts), OR 495, 496, 498 (Bürgen), OR 1020, 1022, 1033 (aus einem Wechsel gleichzeitig Verpflichtete).

Abs. 1: SchKG 175 (Zeitpunkt der Konkurseröffnung); SchKG 171, 189 Abs. 1, 190–194 (Konkurseröffnung).

Abs. 2: SchKG 197–203, 208, 211, 225, 242 (Konkursmasse).

1   Die **Anmeldung des Pfandrechts** im Konkurs des Pfandeigentümers ist für seine rechtsgültige Beanspruchung auch dann ausreichend, wenn es zur Sicherung einer Solidarschuld bestellt worden ist; in einem Fall, da sich auch der persönlich haftende Mitverpflichtete im Konkurs befindet, ist die Geltendmachung der pfandgesicherten Forderung in jenem Konkurs demnach nicht erforderlich: BGE 113 III 128 E. 3.b.

Art. 217 3. Teilzahlungen von Mitverpflichteten

¹ Ist ein Gläubiger von einem Mitverpflichteten des Schuldners für seine Forderung teilweise befriedigt worden, so wird gleichwohl im Konkurse des letztern die Forderung in ihrem vollen ursprünglichen Betrage aufgenommen, gleichviel, ob der Mitverpflichtete gegen den Schuldner rückgriffsberechtigt ist oder nicht.

² Das Recht zur Eingabe der Forderung im Konkurse steht dem Gläubiger und dem Mitverpflichteten zu.

³ Der auf die Forderung entfallende Anteil an der Konkursmasse kommt dem Gläubiger bis zu seiner vollständigen Befriedigung zu. Aus dem Überschusse erhält ein rückgriffsberechtigter Mitverpflichteter den Betrag, den er bei selbständiger Geltendmachung des Rückgriffsrechtes erhalten würde. Der Rest verbleibt der Masse.

Verweise: Mitverpflichtete: ZGB 166 Abs. 3 (Verbindlichkeiten der ehelichen Gemeinschaft); ZGB 233 (Gütergemeinschaft); ZGB 603, 639 (Erben); OR 146 (Solidarschuldner); OR 181 (früherer und neuer Inhaber eines Geschäfts); OR 495, 496, 498 (Bürgen); OR 1020, 1022, 1033 (aus einem Wechsel gleichzeitig Verpflichtete).

Abs. 3: SchKG 197–203, 208, 211, 225, 242 (Konkursmasse).

Zu Abs. 1

1 Unter **Mitschuldner** versteht man alle Schuldner, welche entweder nebeneinander oder nacheinander voll für die gleiche Schuld haften: BGE 121 III 191 E. 2 (Pra 85 [1996] Nr. 85).

2 Die Bestimmung ist auch anwendbar:
- wenn die Teilzahlung des Mitverpflichteten nicht aus seinem Vermögen, sondern aus dem **Erlös des Pfandes eines Dritten** herrührt, das vom Mitverpflichteten für seine Schuld bestellt worden ist: BGE 41 III 63 E. 2;
- wenn der Gläubiger aus **Wertschriften** befriedigt wurde, die ein Mitverpflichteter von einem Dritten in Händen hatte und unberechtigterweise zu Pfand gegeben hatte: BGE 51 III 198 E. 3;
- auf **kollozierte Forderungen**, für welche ganz oder zum Teil im Eigentum eines Dritten stehende Gegenstände als Pfand haften. Der Drittpfandeigentümer ist gleich gestellt wie ein rückgriffsberechtigter Mitverpflichteter i.S.v. SchKG 217 Abs. 3: BGE 110 III 112 E. 1.a.

3 Bei **gleichzeitig schwebendem Konkurs** über die Kollektivgesellschaft und einen Gesellschafter, der zur Sicherung einer Gesellschaftsschuld Pfänder bestellt hat, kann der Gläubiger auch nach erfolgter Pfandverwertung die Gesellschaftskonkurs-Dividende für seine Forderung bis zu voller Deckung beanspruchen: BGE 60 III 215, 217 f.

4 Teilzahlungen, die der **Wechselgläubiger** vor der Anmeldung seiner Forderung im Konkurs des Wechselbürgen von andern Wechselverpflichteten erhalten hat, hindern ihn nach SchKG 217 Abs. 1 nicht, in diesem Konkurs die Wechselforderung in ihrem vollen ursprünglichen Betrage anzumelden. Die Wechselforderung bleibt als Konkursforderung auch dann im vollen ursprünglichen Betrage aufrecht, wenn der Wechselgläubiger nach ihrer Anmeldung und Kollokation von andern Wechselverpflichteten teilweise oder ganz befriedigt wird: BGE 96 III 35 E. 1.

5 Im Konkurs eines Mitbürgen, welcher sich einem anderen Mitbürgen ausdrücklich als **Rückbürge** verpflichtet hat, kann dieser Mitbürge nicht neben dem Gläubiger im Kollokationsplan zugelassen werden: BGE 54 III 299, 306.

6 Analoge Anwendbarkeit der Bestimmung im **Nachlassverfahren**: BGE 25 II 945 E. 5.

Zu Abs. 3

7 Die Beurteilung der Frage nach der Rechtsbeständigkeit der Ansprüche, die von einem Dritten an der nach der **Verteilungsliste** einem Gläubiger zufallenden Dividende geltend gemacht werden, beschlägt eine Verteilungsfrage und fällt somit in die Zuständigkeit der Aufsichtsbehörden und nicht in diejenige des Zivilrichters: BGE 44 III 192, 193 f.

8 Entsprechend der zivilrechtlichen Lage geht die **Restforderung des Gläubigers** der allfälligen **Rückgriffsforderung** des Dritten vor, auch wenn dieser nicht über den Betrag der geleisteten Zahlung hinaus haftet: BGE 64 III 45, 48.

Art. 218 4. Konkurs von Kollektiv- und Kommanditgesellschaften und ihren Teilhabern

¹ Wenn über eine Kollektivgesellschaft und einen Teilhaber derselben gleichzeitig der Konkurs eröffnet ist, so können die Gesellschaftsgläubiger im Konkurse des Teilhabers nur den im Konkurse der Gesellschaft unbezahlt gebliebenen Rest ihrer Forderungen geltend machen. Hinsichtlich der Zahlung dieser Restschuld durch die einzelnen Gesellschafter gelten die Bestimmungen der Artikel 216 und 217.

² Wenn über einen Teilhaber, nicht aber gleichzeitig über die Gesellschaft der Konkurs eröffnet ist, so können die Gesellschaftsgläubiger im Konkurse des Teilhabers ihre Forderungen im vollen Betrage geltend machen. Der Konkursmasse stehen die durch Artikel 215 der Konkursmasse eines Bürgen gewährten Rückgriffsrechte zu.

³ Die Absätze 1 und 2 gelten sinngemäss für unbeschränkt haftende Teilhaber einer Kommanditgesellschaft.¹

Verweise

Abs. 1: OR 552–593 (Kollektivgesellschaft); OR 571 (Konkurs von Gesellschaft und Gesellschaftern); SchKG 175 (Zeitpunkt der Konkurseröffnung); SchKG 171, 189 Abs. 1, 190–194 (Konkurseröffnung).

Abs. 2: OR 568 (Solidarhaftung der Gesellschafter).

1 Die **persönliche Belangbarkeit** des Kollektivgesellschafters und des unbeschränkt haftenden Kommanditgesellschafters für die Verbindlichkeiten der Gesellschaft besteht schon von der Eröffnung des Gesellschaftskonkurses an, nicht erst nach dessen Durchführung: BGE 36 II 375 E. 2.

2 Gemäss **OR 571 Abs. 1** zieht der Konkurs der Kollektivgesellschaft nicht jenen der Gesellschafter nach sich. Das ist eine Folge des Umstandes, dass das Gesellschaftsvermögen, welches prioritär für die Verbindlichkeiten der Gesellschaft Dritten gegenüber haftet vom Vermögen der Gesellschafter verschieden ist: BGE 134 III 643 E. 5.5.2 (Pra 98 [2009] Nr. 55).

3 Im Konkurs eines Gesellschafters ist die Konkursverwaltung befugt, die **Auflösung** der Gesellschaft zu verlangen: vgl. OR 575 und VVAG 16 (→ Nr. 8).

Art. 219 H. Rangordnung der Gläubiger

¹ Die pfandgesicherten Forderungen werden aus dem Ergebnisse der Verwertung der Pfänder vorweg bezahlt.

² Hafteten mehrere Pfänder für die nämliche Forderung, so werden die daraus erlösten Beträge im Verhältnisse ihrer Höhe zur Deckung der Forderung verwendet.

---

1 Eingefügt durch Ziff. I des BG vom 16. Dez. 1994, in Kraft seit 1. Jan. 1997 (AS 1995 1227; BBl 1991 III 1).

³ Der Rang der Grundpfandgläubiger und der Umfang der pfandrechtlichen Sicherung für Zinse und andere Nebenforderungen bestimmt sich nach den Vorschriften über das Grundpfand.¹

⁴ Die nicht pfandgesicherten Forderungen sowie der ungedeckte Betrag der pfandgesicherten Forderungen werden in folgender Rangordnung aus dem Erlös der ganzen übrigen Konkursmasse gedeckt:

Erste Klasse

a.² Die Forderungen von Arbeitnehmern aus dem Arbeitsverhältnis, die nicht früher als sechs Monate vor der Konkurseröffnung entstanden oder fällig geworden sind, höchstens jedoch bis zum Betrag des gemäss obligatorischer Unfallversicherung maximal versicherten Jahresverdienstes.

a^bis.³ Die Rückforderungen von Arbeitnehmern betreffend Kautionen.

a^ter.⁴ Die Forderungen von Arbeitnehmern aus Sozialplänen, die nicht früher als sechs Monate vor der Konkurseröffnung entstanden oder fällig geworden sind.

b. Die Ansprüche der Versicherten nach dem Bundesgesetz vom 20. März 1981⁵ über die Unfallversicherung sowie aus der nicht obligatorischen beruflichen Vorsorge und die Forderungen von Personalvorsorgeeinrichtungen gegenüber den angeschlossenen Arbeitgebern.

c.⁶ Die familienrechtlichen Unterhalts- und Unterstützungsansprüche sowie die Unterhaltsbeiträge nach dem Partnerschaftsgesetz vom 18. Juni 2004⁷, die in den letzten sechs Monaten vor der Konkurseröffnung entstanden und durch Geldzahlungen zu erfüllen sind.

*Zweite Klasse*⁸

a. Die Forderungen von Personen, deren Vermögen kraft elterlicher Gewalt dem Schuldner anvertraut war, für alles, was derselbe ihnen in dieser Eigenschaft schuldig geworden ist.

---

1 Fassung gemäss Art. 58 SchlT ZGB, in Kraft seit 1. Jan. 1912 (AS 24 233 Art. 60 SchlT ZGB; BBl 1904 IV 1, 1907 VI 367).

2 Fassung gemäss Ziff. I des BG vom 18. Juni 2010, in Kraft seit 1. Dez. 2010 (AS 2010 4921; BBl 2009 7979 7989). Siehe auch die UeB dieser Änd. am Schluss des Textes.

3 Eingefügt durch Ziff. I des BG vom 18. Juni 2010, in Kraft seit 1. Dez. 2010 (AS 2010 4921; BBl 2009 7979 7989). Siehe auch die UeB dieser Änd. am Schluss des Textes.

4 Eingefügt durch Ziff. I des BG vom 18. Juni 2010, in Kraft seit 1. Dez. 2010 (AS 2010 4921; BBl 2009 7979 7989). Siehe auch die UeB dieser Änd. am Schluss des Textes.

5 SR 832.20

6 Fassung gemäss Anhang Ziff. 16 des Partnerschaftsgesetzes vom 18. Juni 2004, in Kraft seit 1. Jan. 2007 (AS 2005 5685; BBl 2003 1288).

7 SR 211.231

8 Fassung gemäss Ziff. I des BG vom 24. März 2000, in Kraft seit 1. Jan. 2001 (AS 2000 2531 2532; BBl 1999 9126 9547).

Dieses Vorzugsrecht gilt nur dann, wenn der Konkurs während der elterlichen Verwaltung oder innert einem Jahr nach ihrem Ende veröffentlicht worden ist.

b. Die Beitragsforderungen nach dem Bundesgesetz vom 20. Dezember 1946[1] über die Alters- und Hinterlassenenversicherung, dem Bundesgesetz vom 19. Juni 1959[2] über die Invalidenversicherung, dem Bundesgesetz vom 20. März 1981 über die Unfallversicherung, dem Erwerbsersatzgesetz vom 25. September 1952[3] und dem Arbeitslosenversicherungsgesetz vom 25. Juni 1982[4].

c. Die Prämien- und Kostenbeteiligungsforderungen der sozialen Krankenversicherung.

d. Die Beiträge an die Familienausgleichskasse.

e.[5] Die Steuerforderungen nach dem Mehrwertsteuergesetz vom 12. Juni 2009[6] mit Ausnahme der Forderungen aus Leistungen, die von Gesetzes wegen oder aufgrund behördlicher Anordnung erfolgen.

f.[7] Die Einlagen nach Artikel 37a des Bankengesetzes vom 8. November 1934[8].

Dritte Klasse

Alle übrigen Forderungen.[9]

[5] Bei den in der ersten und zweiten Klasse gesetzten Fristen werden nicht mitberechnet:

1. die Dauer eines vorausgegangenen Nachlassverfahrens;
2. die Dauer eines Konkursaufschubes nach den Artikeln 725a, 764, 817 oder 903 OR[10];
3. die Dauer eines Prozesses über die Forderung;
4. bei der konkursamtlichen Liquidation einer Erbschaft die Zeit zwischen dem Todestag und der Anordnung der Liquidation.[11]

---

1 SR 831.10
2 SR 831.20
3 SR 834.1
4 SR 837.0
5 Eingefügt durch Art. 111 Ziff. 2 des Mehrwertsteuergesetzes vom 12. Juni 2009, in Kraft seit 1. Jan. 2010 (AS 2009 5203; BBl 2008 6885).
6 SR 641.20
7 Eingefügt durch Anhang Ziff. 2 des BG vom 18. März 2011 (Sicherung der Einlagen), in Kraft seit 1. Sept. 2011 (AS 2011 3919; BBl 2010 3993).
8 SR 952.0
9 Fassung gemäss Ziff. I des BG vom 16. Dez. 1994, in Kraft seit 1. Jan. 1997 (AS 1995 1227; BBl 1991 III 1).
10 SR 220
11 Eingefügt durch Ziff. I des BG vom 16. Dez. 1994, in Kraft seit 1. Jan. 1997 (AS 1995 1227; BBl 1991 III 1).

Verweise

Abs. 1: *SchKG 262 Abs. 2 (Verfahrenskosten).*

Abs. 2: *VZG 118, 132 (Verteilung des Erlöses getrennt gepfändeter, aber gesamthaft versteigerter Grundstücke im Konkurs →Nr. 9).*

Abs. 3: *ZGB 813–815 (Rang); ZGB 818 (Umfang der Sicherung); ZGB 795 (Zins); ZGB 819 (Nebenforderungen); SchKG 37 Abs. 1, ZGB 793–875 (Grundpfand).*

Abs. 4: *SchKG 220 (Verhältnis der Rangklassen unter sich); SchKG 247, KOV 56–70 (Kollokationsplan →Nr. 5).*

Abs. 4 Erste Klasse Bst. a: *OR 322–322d (Lohn); OR 327a–327c (Auslagen); OR 330 (Kaution).*

Abs. 4 Erste Klasse Bst. c: *ZGB 125–132 (nachehelicher Unterhalt); ZGB 173 (Unterhalt im Rahmen des Eheschutzes); ZGB 276–292 (Kinderunterhalt); ZGB 328–329 (Unterstützungspflicht); PartG 17 (Unterhalt bei Aufhebung des Zusammenlebens); PartG 34 (Unterhalt nach Auflösung der eingetragenen Partnerschaft).*

Abs. 4 Zweite Klasse Bst. a: *ZGB 318–327 (Kindesvermögen).*

Abs. 4 Zweite Klasse Bst. c: *KVG 61–63 (Prämien); KVG 64 (Kostenbeteiligung).*

Abs. 4 Zweite Klasse Bst. d: *FamZG 15 Abs. 1 lit. b (Festsetzung und Erhebung der Beiträge durch die Familienausgleichskasse); FamZG 11 Abs. 1 (Unterstellung unter das FamZG).*

Abs. 5 Ziff. 1: *SchKG 293–336 (Nachlassverfahren).*

Abs. 5 Ziff. 4: *ZGB 597 (konkursamtliche Liquidation).*

Pfandgesicherte Forderungen

1 Ein **Faustpfand** liegt vor, wenn der Verpfänder nicht mehr die ausschliessliche Gewalt über die Sache innehat; dafür genügt es, dass er die verpfändeten Gegenstände nicht wegschaffen kann, ohne Gewalt anzuwenden oder heimlich vorzugehen und dadurch eine Straftat zu begehen. Die Begründung des Pfandrechts muss in allen Fällen für die Dritten erkennbar sein. Bleiben die verpfändeten Sachen in den Räumlichkeiten des Verpfänders, genügt es, dass auf den ersten Blick nicht entgehen kann, dass die verpfändeten Sachen Gegenstand eines Pfandes sind; nicht erforderlich ist, dass die Bestellung des Faustpfandes mit einer Publizität oder Bekundung nach aussen begleitet sein muss, die das Pfand für jedermann erkennbar macht: BGer v. 13.08.2009, 5A_315/2009 E. 4.2 und 5.1 (Pra 99 [2010] Nr. 51).

2 Das **Retentionsrecht des Vermieters** von Geschäftsräumen ist ein Faustpfand i.S.v. SchKG 37 Abs. 2 und wird als solches aus dem Ergebnis der Verwertung vorab bezahlt: BGer v. 15.09.2008, 5A_93/2008 E. 2.1.

3 Über Bestand, Höhe und Rang der für die Konkursforderungen haftenden Pfänder hat der **Richter im Kollokationsverfahren** zu entscheiden und der Kollokationsplan ist für die Verteilung massgebend, sobald er in Rechtskraft erwächst: BGE 36 I 146 E. 1.

4 Verschiedene für eine Forderung haftende Pfänder stehen in Hinsicht auf ihre Verwendbarkeit zur Deckung der Forderung in einem Verhältnis der **Gleichordnung** (koordinierte Kollokation). Keine unterschiedliche Behandlung der Grund- und Faustpfänder und der Pfänder mit und ohne nachgehende Pfandrechte. Der blosse Umstand, dass im Kollokationsplan ein

Pfand vor dem andern angeführt wird, genügt nicht zur Annahme einer Unterordnung: BGE 40 III 324 E. 2.

5   Bei Hauptsache und **Zugehör** handelt es sich um ein einziges Pfand, weshalb Abs. 2 keine Anwendung findet: BGE 48 III 175 E. 1.

6   Es ist nicht willkürlich, die Pfandgläubiger, die in gewissen Fällen von der **Grundstückgewinnsteuer** befreit werden, anders zu behandeln als die nicht pfandgesicherten Gläubiger: BGE 111 IA 86 E. 3.b.

7   Im Konkurs wird der Verwertungserlös einer **Liegenschaft** nach der in SchKG 219 vorgesehenen Kollokation, d.h. gemäss ZGB 812 ff. und 817 ff. verteilt. Der Erlös ist somit unter die **Grundpfandgläubiger** nach ihrem Rang (ZGB 817 Abs. 1), der sich nach der Eintragung bestimmt (ZGB 813 Abs. 1), zu verteilen. Solange die Gläubiger in einem vorgehenden Rang nicht vollständig befriedigt werden, erhalten die im Range nachgehenden Gläubiger nichts. Unter Grundpfandgläubigern im gleichen Rang erfolgt die Verteilung anteilsmässig, mithin im Verhältnis ihrer Forderungen (ZGB 817 Abs. 2). Für ihren Ausfall nehmen die Grundpfandgläubiger nach SchKG 219 Abs. 4 am übrigen Verwertungserlös teil: BGE 119 III 32 E. 1.a (Pra 83 [1994] Nr. 122).

8   Ist ein Grundstück zuerst mit einer Nutzniessung oder einer anderen Dienstbarkeit und hernach mit einem oder mehreren Pfandrechten belastet worden, kann die Nutzniessung oder Dienstbarkeit den Pfandgläubigern im Augenblick der Verwertung aufgrund des Grundsatzes der Alterspriorität entgegengehalten werden. Dieser Grundsatz kann indessen durch **Abschluss einer Vereinbarung über den Rangvorgang** durchbrochen werden. Im vorliegenden Fall kann die Vereinbarung über den Rangvorgang, die nur zwischen der Nutzniesserin und der Pfandgläubigerin in 3. Rang abgeschlossen worden ist, der Pfandgläubigerin im 1. und 2. Rang nicht entgegengehalten werden. Die Letztere muss deshalb mit ihrer ganzen Forderung in die provisorische Verteilungsliste aufgenommen werden, während die Gläubigerin im 3. Rang in der Höhe des restlichen Erlöses aufzunehmen ist und, wie auch die Nutzniesserin, für den ungedeckten Teil in die 5. Klasse (heute 3. Klasse) des SchKG 219 zu verweisen ist: BGE 119 III 32 E. 1.a (Pra 83 [1994] Nr. 122).

9   Tragweite einer in die Lastenverzeichnisse verschiedener Grundstücke aufgenommenen **Gesamtpfandklausel** in einem Fall, da die im Kollokationsplan und in den Lastenverzeichnissen vermerkten Pfandbeträge von Grundstück zu Grundstück verschieden sind: Liegt den Eigentümerschuldbriefen nach den Einträgen des Konkursamtes nicht ein einheitlicher, der gesamten Kapitalforderung der Kantonalbank (als Gläubigerin) entsprechender Pfandbetrag zugrunde, haften die verschiedenen Grundstücke nicht als Gesamtpfänder für die von der Gläubigerin gewährten Darlehen: BGE 103 III 26 E. 2.

Nicht pfandgesicherte Forderungen

10 Zur **Prüfung** durch die Konkursverwaltung von Konkursforderungen, für die ein Privileg im Sinne des SchKG 219 beansprucht wird, gehört in jedem Falle die Prüfung der für das Privileg geltenden Voraussetzungen. Um die Begründetheit des Konkursvorrechts abklären zu können, steht es der Konkursverwaltung zu, die Aufstellung des Kollokationsplanes zu verschieben oder die Stellungnahme zu einzelnen Eingaben einer späteren Ergänzung des Planes vorzubehalten (KOV 59 Abs. 2 → Nr. 5): BGE 87 III 79 E. 2.

11 Die **Privilegien** gemäss SchKG 219 sind betreibungsrechtlicher Natur. Sie bestehen nur, solange auch die gesetzlichen Voraussetzungen dafür gegeben sind. Hängt die Privilegierung vom Entstehen der Forderung während einer bestimmten Zeitspanne ab und ist dieses Erfordernis in einer späteren Betreibung nicht mehr erfüllt, so fällt auch das Privileg weg: BGE 88 III 129 E. 2.

12 Im **Bankenkonkurs** werden gem. BankG 37a Abs. 1 (→ Nr. 36) privilegierte Einlagen, die auf den Namen des Einlegers lauten, einschliesslich Kassenobligationen, die im Namen des Einlegers bei der Bank hinterlegt sind, bis zum Höchstbetrag von 100'000 Franken je Gläubiger der zweiten Klasse nach SchKG 219 Absatz 4 zugewiesen. Kein Konkursvorrecht von Spareinlagen, sofern die Voraussetzungen der speziellen Kennzeichnung durch den Ausdruck «Sparen» nicht vorliegt: BGE 63 III 130, 134 f.

Zu Abs. 4 Erste Klasse

13 Die **Abtretung** einer Lohnforderung umfasst auch deren Konkursvorrecht, selbst wenn sie vor der Konkurseröffnung über den Lohnschuldner erfolgt: BGE 49 III 201, 202 ff.

14 Für die Frage der Privilegierung ist zu unterscheiden zwischen dem **Zeitpunkt**, in dem die Forderung entstanden ist, und demjenigen, in dem sie fällig geworden ist. Einzig von Bedeutung ist, ob die Abgeltungsforderung in den letzten sechs Monaten vor Konkurseröffnung **entstanden** ist: BGE 131 III 451 E. 2.1 und 2.3.

15 Im Falle eines **Nachlassvertrags mit Vermögensabtretung** ist der Tag der Bewilligung der Nachlassstundung als *dies ad quem* massgebend für die Berechnung der sechs Monate, für welche die Lohnforderung ein Privileg erster Klasse geniesst: BGE 97 I 314 E. 2; BGE 76 I 282 E. 2.

16 **Keine Kostenlosigkeit** des Verfahrens nach OR 343 Abs. 3 (heute ZPO 114 lit. c → Nr. 25), wenn nicht die Forderung aus Arbeitsvertrag, sondern allein das Privileg streitig ist: BGE 131 III 451 E. 3.

17 Der **Abgeltungsanspruch** für nicht bezogene Ferien entsteht, wenn feststeht, dass diese nicht mehr *in natura* gewährt werden können. Im vorliegenden Fall ist der Abgeltungsanspruch bei Konkurseröffnung entstanden, sodass er vollumfänglich in der ersten Klasse kolloziert werden muss: BGE 131 III 451 E. 2.2 und 2.3.

18 Die Privilegierung von **Forderung von Arbeitnehmern** wird **abgelehnt**:
    – bei Forderungen **gesetzlicher Organe** (z.B. als Mitglied des Verwaltungsrates der konkursiten Gesellschaft): BGer v. 31.08.2009, 5A_461/2009 E. 2.3; BGer v. 06.03.2009, 5A_802/2008 E. 3.1; BGer v. 18.07.2005, 5C.83/2005 E. 3.2; BGer v. 16.03.2005, 5C.266/2004 E. 1; BGer v. 24.01.2000, 5P.341/1999 E. 3.c.bb; BGE 118 III 46 E. 2.a und c und 3.b; BGer v. 08.09.1989, 5C.49/1989 E. 3;
    – bei Forderungen **faktischer Organe** (Geschäftsführern, Direktoren, u.ä.), sofern (unabhängig von der Bezeichnung des Vertragsverhältnisses durch die Parteien) deren tatsächliche Stellung durch grosse Unabhängigkeit und Entscheidbefugnisse in Bezug auf das Gesamtunternehmen gekennzeichnet ist: BGer v. 31.08.2009, 5A_461/2009 E. 2.3; BGE 118 III 46 E. 2.a; BGer v. 08.09.1989, 5C.49/1989 E. 3 und 4; BGer v. 24.01.2000, 5P.341/1999 E. 3.c.bb; BGE 52 III 145 E. 4. Dabei kommt es nicht darauf an, ob das Organ die im Gesetz umschriebene Funktion tatsächlich wahrgenommen

hat oder ob es untätig geblieben ist bzw. als Strohmann bloss die Anordnungen anderer ausgeführt hat: BGer v. 18.07.2005, 5C.83/2005 E. 3.2; BGE 118 III 46 E. 3.b.

19 **Forderung von Arbeitnehmern** sind hingegen **privilegiert**:

- wenn zwischen dem Gläubiger als Arbeitnehmer und dem Schuldner als Arbeitgeber ein arbeitsrechtliches **Subordinationsverhältnis** bestand: BGer v. 31.08.2009, 5A_461/2009 E. 2.1; BGer v. 06.03.2009, 5A_802/2008 E. 3.1; BGer v. 16.03.2005, 5C.266/2004 E. 1.1; BGE 118 III 46 E. 2.a; BGE 52 III 145 E. 3;

- wenn der Gläubiger zwar einmal **Organstellung** bei der zwischenzeitlich konkursiten Arbeitgeberfirma hatte, er jedoch (bspw. nach Aufgabe des Verwaltungsratsmandats) seine Tätigkeit für die Firma als Arbeitnehmer fortsetzte und im Zeitraum, für welchen er Lohnforderungen stellt, tatsächlich ein Unterordnungsverhältnis bestand: BGer v. 31.08.2009, 5A_461/2009 E. 2.3; BGer v. 06.03.2009, 5A_802/2008 E. 3.2.2.

20 Forderungen der **Personalvorsorgeeinrichtungen** (Erste Klasse lit. b):

- Das Privileg erstreckt sich auf **alle Forderungen der Vorsorgestiftung** gegen den Arbeitgeber, namentlich auch auf diejenigen, die sich aus der schlechten Verwaltung des Stiftungsvermögens durch den Arbeitgeber ergeben: BGE 97 III 83 E. 5.

- Das Konkursprivileg umfasst auch Forderungen einer Personalvorsorgeeinrichtung gegenüber einem angeschlossenen Arbeitgeber **aus Anleihensobligationen**. Unerheblich ist dabei, ob die Titel im Rahmen einer Selbst- oder einer Fremdemission ausgegeben worden sind: BGE 135 III 171 E. 4.3 und 5.

- Das Konkursprivileg **erlischt nicht**, wenn die Stiftung es unterlassen hat, ihre Forderung innert der **Frist** von SchKG 300 einzugeben. Die verspätete Anmeldung hat nur die in SchKG 251 für den Fall der Verspätung einer Konkurseingabe vorgesehenen Folgen: BGE 97 III 83 E. 6.

- Das Privileg besteht **unabhängig von ihrer rechtlichen Grundlage** für alle Forderungen von Personalvorsorgeeinrichtungen gegenüber den angeschlossenen Arbeitgebern: BGE 129 III 468 E. 3.5.

- **Angeschlossen** ist ein Arbeitgeber dann, wenn seine Arbeitnehmer bei einer Vorsorgeeinrichtung versichert sind, die er selber errichtet oder mit der er einen Anschlussvertrag abgeschlossen hat: BGE 129 III 476 E. 1.4.

- Ein **Anschluss** kann auch stillschweigend, insb. konkludent erfolgen, d.h. durch ein Verhalten, das nicht bloss passiv ist, sondern eindeutig und zweifelsfrei einen Anschlusswillen zeigt: BGE 129 III 476 E. 1.4.

- Die als **Stiftungsvermögen** begründete Forderung gegen den Stifter (Arbeitgeber) gemäss OR 673 Abs. 3 und 862 Abs. 3 (vgl. auch OR 805), ist kein blosses Schenkungsversprechen, das durch die Eröffnung des Konkurses über den Arbeitgeber gemäss OR 250 Abs. 2 aufgehoben würde, sondern eine feste Vermögensanlage mit Konkursprivileg: BGE 83 III 147 E. 3. Die entsprechende Kollokation im Konkurs des Arbeitgebers hängt nicht davon ab, ob dieser mit der Errichtung der Fürsorgestiftung eine sittliche Pflicht erfüllt hat, noch davon, ob nach den Satzungen der Stiftung bereits Ansprüche auf Leistungen derselben begründet wären: BGE 83 III 147 E. 4 und 5.

21 Forderungen aus familienrechtlichen Unterhalts- und Unterstützungsansprüchen (Erste Klasse lit. c): Das Privileg im Kollokationsplan nach SchKG 219 Abs. 4 Erste Klasse lit. c wird (ebenso wie die privilegierte Anschlusspfändung gemäss SchKG 111) von der **Subrogation nach ZGB 289 Abs. 2** erfasst: BGer v. 26.01.2012 5A_404/2011 E. 3.4.3.

Zu Abs. 4 Zweite Klasse

22 Bis zur Revision des SchKG, in Kraft seit 01.01.2001, gehörten die **Ausgleichskassen** (Zweite Klasse lit. b) zu den Kurrentgläubigern: BGer v. 28.05.2009, 9C_131/2008 E. 3.2.

23 Das Konkursprivileg der sozialen **Krankenversicherung** (Zweite Klasse lit. c) besteht für Prämien- und Kostenbeteiligungsforderungen und erstreckt sich nicht auf Forderungen für Mahn- und Bearbeitungskosten der Versicherer: BGE 127 III 470 E. 3.

Zu Abs. 4 Dritte Klasse

24 Ergibt sich bei der Verwertung des belasteten Grundstücks im Konkurs des Verpfänders ein **Pfandausfall**, so kann der Pfandgläubiger nicht im gleichen Konkurs eine entsprechende Forderung in der 3. Klasse kollozieren lassen; eine solche Pfandausfallforderung kann nur gegenüber dem Darlehensschuldner geltend gemacht werden: BGE 107 III 128 E. 5.

Intertemporales Recht

25 Massgeblich für die Frage, ob die Kollokation nach alter oder neu geltenden (ab 01.01.1997) Privilegienordnung vorzunehmen ist, ist beim Nachlassvertrag mit Vermögensabtretung der Zeitpunkt der Bewilligung des **Nachlassstundung** (und nicht der Genehmigung des Nachlassvertrags): BGE 125 III 158 E. 3b, c.

26 Die die im bisherigen Recht enthaltenen Privilegien gelten nach Inkrafttreten der Revision weiter, wenn vor dem Inkrafttreten des Gesetzes der Konkurs eröffnet, die Pfändung vollzogen oder die Nachlassstundung bewilligt worden ist: zu den einzelnen Revisionen von SchKG 219 siehe:
 – bzgl. der Ersten Klasse lit. a: AS 2004 4032
 – bzgl. der Ersten Klasse lit. a, a[bis] und a[ter]: AS 2010 4921
 – bzgl. der Zweiten Klasse lit. b: AS 2000 2531
 – bzgl. der Zweiten Klasse lit. e: AS 2009 5255
 – bzgl. der Zweiten Klasse lit. f: AS 2011 3926

Art. 220   I. Verhältnis der Rangklassen

¹ Die Gläubiger der nämlichen Klasse haben unter sich gleiches Recht.
² Die Gläubiger einer nachfolgenden Klasse haben erst dann Anspruch auf den Erlös, wenn die Gläubiger der vorhergehenden Klasse befriedigt sind.

Verweis

Abs. 1: *SchKG 219 Abs. 4 (Rangklassen).*

Keine Entscheidungen.

Siebenter Titel: Konkursverfahren

I. Feststellung der Konkursmasse und Bestimmung des Verfahrens[1]

Art. 221   A. Inventaraufnahme

[1] Sofort nach Empfang des Konkurserkenntnisses schreitet das Konkursamt zur Aufnahme des Inventars über das zur Konkursmasse gehörende Vermögen und trifft die zur Sicherung desselben erforderlichen Massnahmen.

[2] ...[2]

Verweise: SchKG 176 Abs. 1 Ziff. 1 (Konkurserkenntnis); KOV 25–34, 37 (Inventaraufnahme → Nr. 5); SchKG 197–203, 208, 211, 225, 242 (Konkursmasse); SchKG 228, KOV 29 Abs. 3, 31 Abs. 3 (Erklärung des Schuldners zum Inventar); SchKG 223 (Sicherungsmassnahmen).

1   Der **Zweck** des Inventars liegt darin, sich einen Überblick über die Vermögensverhältnisse des Schuldners zu verschaffen, das Vermögen zu sichern und eine Grundlage für den Entscheid bezüglich des weiteren Verfahrens – Einstellung des Konkursverfahrens mangels Aktiven, summarisches oder ordentliches Verfahren – zu schaffen. Im Inventar werden sämtliche Vermögenswerte mit dem Schätzwert aufgenommen; es handelt sich m.a.W. um das Verzeichnis der Aktiven der Konkursmasse: BGer v. 25.10.2011, 5A_469/2011 E. 4.2.1.

2   **In das Inventar** sind zunächst alle Vermögensstücke (Sachen und Rechte) **aufzunehmen**, die vermutlich dem Gemeinschuldner zustehen, insbesondere alle in seinem Gewahrsam befindlichen Gegenstände einschliesslich der Kompetenzstücke. Aufzunehmen sind auch die sich nicht im Gewahrsam des Gemeinschuldners befindlichen Gegenstände, die aber nach seinen Angaben oder nach der Auffassung des Konkursamtes ihm gehören. Drittansprachen an im Inventar aufgenommenen Vermögensstücken sind vorzumerken: BGE 90 III 18 E. 1.

3   Zufolge des für die Inventarisierung geltenden Universalitätsprinzips sind bei einem Konkurs in der Schweiz **auch die im Ausland liegenden Vermögenswerte zu inventarisieren**. Bei einem Partikularkonkurs i.S.v. IPRG 170 Abs. 1 (→ Nr. 34) darf hingegen nur Vermögen inventarisiert werden, das in der Schweiz gelegen ist: BGer v. 11.03.2010, 5A_83/2010 E. 4.3.

4   Das Erstellen des Inventars ist eine **interne Massnahme** der Konkursverwaltung, die keine Wirkung gegenüber Drittpersonen entfaltet. Gegen die Weigerung der Konkursverwaltung, einen Gegenstand in das Konkursinventar aufzunehmen, kann hingegen **jeder Gläubiger Beschwerde führen**: BGer v. 25.10.2011, 5A_469/2011 E. 4.2.2; BGE 114 III 21 E. 5.b.

---

1   Fassung gemäss Ziff. I des BG vom 16. Dez. 1994, in Kraft seit 1. Jan. 1997 (AS 1995 1227; BBl 1991 III 1).
2   Aufgehoben durch Ziff. I des BG vom 16. Dez. 1994 (AS 1995 1227; BBl 1991 III 1).

5   Zur Anfechtung der **durch das Konkursamt angeordneten Erweiterung** des Inventars sind die Gläubiger dagegen **nicht legitimiert**. Es steht einem einzelnen Gläubiger nicht zu, allenfalls entgegen der Mehrheit der Gläubiger eine Beschränkung des Inventars durchzusetzen: BGE 64 III 35, 36.

6   Die **Frist** für die Anfechtung des Inventars beginnt **im ordentlichen Konkursverfahren** mit dessen Präsentation bei der ersten Gläubigerversammlung zu laufen. **Im summarischen Konkursverfahren** wird die Auflage des Inventars gemäss KOV 32 Abs. 2 (→ Nr. 5) mit der Auflage des Kollokationsplans verbunden. In diesem Fall wird die Frist für die Anfechtung durch die Auflage ausgelöst: BGer v. 14.11.2011, 5A_543/2011 E. 2.1 (Pra 101 [2012] Nr. 52).

7   Dem Gemeinschuldner steht nicht nur gegen Verwertungsmassnahmen des Konkursamtes ein Beschwerderecht zu, sondern auch **gegen Massnahmen zur Erfassung und Sicherung** der Konkursmasse: BGE 95 III 25 E. 2; BGE 94 III 83 E. 3.

8   Mit der Erklärung des Schuldners zum Inventar gemäss SchKG 228 beginnt für diesen die **Beschwerdefrist** für Beschwerden gegen alle Handlungen des Konkursamtes zu laufen, die ihm **in diesem Moment bekannt werden**, wie namentlich die Höhe der Schätzung der inventarisierten Gegenstände: BGer v. 14.11.2011, 5A_543/2011 E. 2.1 (Pra 101 [2012] Nr. 52).

9   Als **Sicherungsmassnahmen** i.S.v. SchKG 221 kommen primär die in SchKG 223 vorgesehenen Massnahmen in Betracht: BGer v. 26.03.2010, 5A_106/2010 E. 2; BGE 120 III 28 E. 1.b.

Art. 222[1]   B. Auskunfts- und Herausgabepflicht

¹ Der Schuldner ist bei Straffolge verpflichtet, dem Konkursamt alle seine Vermögensgegenstände anzugeben und zur Verfügung zu stellen (Art. 163 Ziff. 1 und 323 Ziff. 4 StGB[2]).

² Ist der Schuldner gestorben oder flüchtig, so obliegen allen erwachsenen Personen, die mit ihm in gemeinsamem Haushalt gelebt haben, unter Straffolge dieselben Pflichten (Art. 324 Ziff. 1 StGB).

³ Die nach den Absätzen 1 und 2 Verpflichteten müssen dem Beamten auf Verlangen die Räumlichkeiten und Behältnisse öffnen. Der Beamte kann nötigenfalls die Polizeigewalt in Anspruch nehmen.

⁴ Dritte, die Vermögensgegenstände des Schuldners verwahren oder bei denen dieser Guthaben hat, sind bei Straffolge im gleichen Umfang auskunfts- und herausgabepflichtig wie der Schuldner (Art. 324 Ziff. 5 StGB).

⁵ Behörden sind im gleichen Umfang auskunftspflichtig wie der Schuldner.

---

1   Fassung gemäss Ziff. I des BG vom 16. Dez. 1994, in Kraft seit 1. Jan. 1997 (AS 1995 1227; BBl 1991 III 1).
2   SR 311.0

⁶ Das Konkursamt macht die Betroffenen auf ihre Pflichten und auf die Straffolgen ausdrücklich aufmerksam.

Verweise

Abs. 2: *SchKG 190 Abs. 1 Ziff. 1, 193 (Konkurseröffnung ohne vorgängige Betreibung); SchKG 64 Abs. 1, KOV 30 (Vertretung → Nr. 5).*

1 Die Auskunftspflicht des Gemeinschuldners ist umfassend. Das **Berufsgeheimnis** kann ihr nicht entgegengesetzt werden: BGer v. 24.08.2007, 6B_175/2007 E. 5.3.

2 Das **Bankgeheimnis** entbindet die Banken nicht von ihrer Auskunftspflicht gegenüber der Konkursverwaltung: BGE 94 III 83 E. 8; BGE 86 III 114 E. 1.

3 **Blosses Schweigen** gilt nur dann als Verheimlichen i.S.v. StGB 163 Ziff. 1 (→ Nr. 35), wenn es betrügerischen Charakter hat, also dazu dient, einen geringeren als den wirklichen Vermögensbestand vorzutäuschen. **Weigert sich der Gemeinschuldner dagegen bloss**, Auskunft über seinen Vermögensstand zu geben, so macht er sich nur des Ungehorsams nach StGB 323 Ziff. 4 schuldig: BGer v. 18.05.2005, 1A.38/2005 E. 2.6; BGE 102 IV 172 E. 2.

Art. 223 C. Sicherungsmassnahmen

¹ Magazine, Warenlager, Werkstätten, Wirtschaften u. dgl. sind vom Konkursamte sofort zu schliessen und unter Siegel zu legen, falls sie nicht bis zur ersten Gläubigerversammlung unter genügender Aufsicht verwaltet werden können.

² Bares Geld, Wertpapiere, Geschäfts- und Hausbücher sowie sonstige Schriften von Belang nimmt das Konkursamt in Verwahrung.

³ Alle übrigen Vermögensstücke sollen, solange sie nicht im Inventar verzeichnet sind, unter Siegel gelegt sein; die Siegel können nach der Aufzeichnung neu angelegt werden, wenn das Konkursamt es für nötig erachtet.

⁴ Das Konkursamt sorgt für die Aufbewahrung der Gegenstände, die sich ausserhalb der vom Schuldner benützten Räumlichkeiten befinden.

Verweise

Abs. 1: *SchKG 235–239 (erste Gläubigerversammlung); SchKG 237 Abs. 3 Ziff. 2 (Befugnis zur Ermächtigung zur Fortsetzung des Handels oder Gewerbes des Gemeinschuldners); SchKG 238 Abs. 1 (Beschluss über die Frage, ob Werkstätten, Magazine oder Wirtschaftsräume des Gemeinschuldners offen bleiben sollen).*

Abs. 2: *SchKG 24 (Depositenanstalt).*

Zu Abs. 1

1 **Mitbesitz** des Gemeinschuldners genügt, um eine Massnahme nach SchKG 223 zu rechtfertigen: BGE 116 III 32 E. 2.

2 Unabhängig vom Güterstand können sich Ehegatten bezüglich der Sachen, die zum gemeinsamen Haushalt gehören, **nicht auf die Eigentumsvermutung von ZGB 930** berufen.

Leben die Ehegatten in Gütertrennung, so ist gemäss ZGB 248 Abs. 2 Miteigentum beider Ehegatten anzunehmen, wenn das Eigentum weder des einen noch des andern Ehegatten an den zum gemeinsamen Haushalt gehörenden Sachen bewiesen werden kann: BGE 116 III 32 E. 2.

3 Will ein Dritter vermeiden, dass seine Räumlichkeiten **in die Siegelung einbezogen werden, die für die Räumlichkeiten des Gemeinschuldners angeordnet worden ist**, so müssen die Räumlichkeiten dergestalt voneinander getrennt sein, dass die Siegelung ohne besonderen Aufwand vollzogen werden kann. Die gegenüber dem Gemeinschuldner angeordnete Sicherungsmassnahme darf nicht illusorisch werden, nur weil sich Dritte mit dem Gemeinschuldner die Räumlichkeiten teilen: BGE 119 III 78 E. 3.

Zu Abs. 2

4 Eine vom Konkursamt angeordnete **Beschlagnahme** von Sachen, die bei Konkurseröffnung im Besitz von Dritten sind, aber nach Ansicht des Amtes zur Konkursmasse gehören, ist **nichtig** und kann jederzeit angefochten werden: BGE 52 III 8, 10 f.

5 Um der Gefahr vorzubeugen, dass das Grundstück durch eine nachträgliche Begebung eines **im Besitz des Grundeigentümers verbliebenen Grundpfandtitels** belastet wird, ist dieser gemäss KOV 28 (→ Nr. 5) vom Konkursamt in Verwahrung zu nehmen: BGE 91 III 69 E. 4.c.aa.

6 Ist ein Rechtsanwalt zugleich Verwaltungsratsmitglied einer Gesellschaft und wird er im Konkurs dieser Gesellschaft in seiner Eigenschaft als Verwaltungsratsmitglied aufgefordert, alle Geschäftsakten herauszugeben, so ist zwischen der Geschäftskorrespondenz der Gesellschaft und den internen Unterlagen des Anwaltes zu unterscheiden. **Herauszugeben ist nur die Geschäftskorrespondenz der Gesellschaft**, worunter aber auch deren Korrespondenz mit dem Anwalt fällt: BGE 114 III 105 E. 3.a und b.

7 Gemäss SchKG 8a Abs. 1 kann jedermann, der ein Interesse nachweist, die von den Betreibungs- und Konkursämtern geführten Protokolle einsehen. Im Falle des Konkurses wird grundsätzlich jedem Gläubiger des Gemeinschuldners ein solches **Einsichtsrecht** zugebilligt. Gegenstand dieses Einsichtsrechts bilden nicht bloss die vom Konkursamt bzw. von der ausseramtlichen Konkursverwaltung geführten Protokolle, sondern auch Aktenstücke, die das Amt bzw. die Konkursverwaltung im Besitz hat, z.B. die Buchhaltung des Gemeinschuldners samt Belegen und gegebenenfalls die Protokolle der Sitzungen der Organe der in Konkurs gefallenen Gesellschaft. Einsicht in alle diese Urkunden wird den Konkursgläubigern gewährt, damit sie die Lage ihres Schuldners prüfen und im Konkursverfahren ihre Rechte wahrnehmen können. Es ist nur ausnahmsweise zulässig, einem Konkursgläubiger die Einsicht in bestimmte Aktenstücke zu verweigern, so z.B. dann, wenn er sie aus Gründen verlangt, die mit seiner Gläubigereigenschaft nichts zu tun haben, wenn die Einsichtnahme keinen vernünftigen Zweck haben kann, sondern nur unnütze Umtriebe verursachen würde, oder wenn der Bekanntgabe eines bestimmten Aktenstücks eine gebieterische Pflicht zur Geheimhaltung entgegensteht: BGE 93 III 4 E. 1.

8 Zur **Ordnung und Aufbewahrung der Akten** siehe KOV 13–15a (→ Nr. 5).

Zu Abs. 4

9 Ist über einen **Schiffseigentümer** der Konkurs eröffnet worden, so hat dieser oder der Schiffsführer gemäss Art. 60 Abs. 1 des Bundesgesetzes über das Schiffsregister vom 28.09.1923 (SR 747.11) das Schiff unverzüglich an den von der Konkursverwaltung bezeichneten Ort zu bringen; die hieraus entstehenden Kosten werden aus der Masse ersetzt.

10 Die Konkursverwaltung ist **nicht befugt**, zur Sicherung des rein schuldrechtlichen Anspruchs auf Erwerb des Eigentums gegen den diesen Gegenstand besitzenden und zu Eigentum beanspruchenden Verkäufer **Zwangsmassnahmen zu ergreifen**. Sie hat vielmehr bloss die Möglichkeit, beim Richter eine vorsorgliche Massnahme zu erwirken, wenn der Anspruch der Masse auf Erwerb des Eigentums als gefährdet erscheint. Ferner kann sie den Verkäufer, der diesen Anspruch durch Weiterveräusserung der Kaufsache vereitelt, auf Schadenersatz belangen: BGE 90 III 18 E. 3.

Art. 224 D. Kompetenzstücke

Die in Artikel 92 bezeichneten Vermögensteile werden dem Schuldner zur freien Verfügung überlassen, aber gleichwohl im Inventar aufgezeichnet.

Verweise: KOV 31 (Ausscheidung der Kompetenzstücke → Nr. 5); KOV 32 (Mitteilung an die Gläubiger).

1 Vgl. insbesondere auch die Rechtsprechung **zu SchKG 92**.

2 Die Kompetenzgüter werden zwar im Inventar aufgezeichnet, **eine Schätzung ist jedoch nicht nötig**, da sie ohnehin dem Gemeinschuldner zur freien Verfügung überlassen werden: BGer v. 29.05.2009, 5A_280/2009 E. 9.

3 Lässt das den Konkurs durchführende Amt das Konkursinventar (ganz oder teilweise) auf dem Weg der Rechtshilfe durch ein anderes Amt aufnehmen, **so hat gleichwohl es selbst, nicht das ersuchte Amt**, zu entscheiden, welche Gegenstände dem Schuldner zu belassen sind: BGE 79 III 28 E. 1.

4 Die **Beschwerdefrist** zur Geltendmachung der Kompetenzqualität eines Gegenstandes beträgt zehn Tage seit der Unterzeichnung des Inventars i.S.v. KOV 29 Abs. 3 und 4 (→ Nr. 5): BGE 106 III 75 E. 1.

5 Die Unterlassung der Angabe von Vermögensstücken des Schuldners **ohne Gantwert** i.S.v. SchKG 92 Abs. 2 macht das Inventar nicht nichtig, sondern bloss **anfechtbar**. Nichtig ist dagegen die nachträgliche Abänderung eines rechtskräftigen Inventars: BGer v. 27.03.2006, 7B.237/2005 E. 3.

6 Wird ein gepfändeter oder zur Konkursmasse gezogener Gegenstand vom Schuldner als Kompetenzstück und von einem Dritten als Eigentum beansprucht, so ist die Frage der Unpfändbarkeit **vor der Durchführung** des Widerspruchs- bzw. Aussonderungsverfahrens zu erledigen: BGE 83 III 20, 20 f.

7 Im Konkurs sind die Kompetenzansprüche des Gemeinschuldners primär mit Gegenständen zu befriedigen, **die nicht als Eigentum Dritter bezeichnet oder angesprochen werden**: BGE 60 III 118, 120.

Art. 225 E. Rechte Dritter
1. An Fahrnis

Sachen, welche als Eigentum dritter Personen bezeichnet oder von dritten Personen als ihr Eigentum beansprucht werden, sind unter Vormerkung dieses Umstandes gleichwohl im Inventar aufzuzeichnen.

Verweise: SchKG 242 Abs. 1 und 2 (Aussonderung); KOV 34 (Vormerkung der Eigentumsansprachen → Nr. 5).

Keine Entscheidungen.

Art. 226[1] 2. An Grundstücken

Die im Grundbuch eingetragenen Rechte Dritter an Grundstücken des Schuldners werden von Amtes wegen im Inventar vorgemerkt.

Verweise: ZGB 942–977 (Grundbuch); ZGB 655 Abs. 2 (Grundstücke); SchKG 246 (aus dem Grundbuch ersichtliche Forderungen); KOV 26 (Inventarisierung von Grundstücken → Nr. 5).

Keine Entscheidungen.

Art. 227 F. Schätzung

In dem Inventar wird der Schätzungswert jedes Vermögensstückes verzeichnet.

Verweise: SchKG 97 Abs. 1, KOV 25 Abs. 1, 27 Abs. 2, 29 Abs. 2 (Schätzung → Nr. 5); VZG 9 (Schätzung eines Grundstücks → Nr. 9).

1 Die Verwertung eines Grundstücks im Konkursverfahren richtet sich gemäss VZG 122 (→ Nr. 9) nach den besonderen Bestimmungen von VZG 122 ff. und den Vorschriften der KOV (→ Nr. 5). In dieser Verordnung findet sich ebensowenig wie in VZG 122 ff. eine analoge Vorschrift zu VZG 9 oder ein Verweis auf diese Bestimmung. Aus VZG 122 und der systematischen Stellung von VZG 9 ist demnach zu folgern, **dass VZG 9 im Konkursverfahren keine Anwendung findet**: BGE 114 III 29 E. 3.c. Zumindest im summarischen Konkursverfahren besteht deshalb kein Anspruch auf eine zweite Schätzung von Fahrnis gemäss VZG 9 Abs. 2: BGE 114 III 29 E. 3.e.

---

1 Fassung gemäss Ziff. I des BG vom 16. Dez. 1994, in Kraft seit 1. Jan. 1997 (AS 1995 1227; BBl 1991 III 1).

Art. 228 G. Erklärung des Schuldners zum Inventar

¹ Das Inventar wird dem Schuldner mit der Aufforderung vorgelegt, sich über dessen Vollständigkeit und Richtigkeit zu erklären.

² Die Erklärung des Schuldners wird in das Inventar aufgenommen und ist von ihm zu unterzeichnen.

Verweise

Abs. 1: *SchKG 222 Abs. 2, 64 Abs. 1, KOV 30 (Vertretung → Nr. 5); KOV 29 Abs. 3, 31 Abs. 3 (Erklärung des Schuldners zum Inventar).*

Abs. 2: *KOV 29 Abs. 4, 31 Abs. 1 (Protokoll und Unterzeichnung).*

1 Es gibt **kein Zwangsmittel**, um die vom Gesetz vorgesehene Erklärung des Schuldners zum Inventar zu erzwingen. Weigert sich der Gemeinschuldner bzw. seine Vertretung, eine Erklärung abzugeben, so stellt das Konkursamt die Vorgehensweise bei der Inventur sowie ihr Resultat fest: BGer v. 14.11.2011, 5A_543/2011 E. 2.1 (Pra 101 [2012] Nr. 52).

2 Mit der Erklärung des Schuldners zum Inventar beginnt für diesen die **Beschwerdefrist** für Beschwerden gegen alle Handlungen des Konkursamtes zu laufen, die ihm **in diesem Moment bekannt werden**, wie namentlich die Höhe der Schätzung der inventarisierten Gegenstände: BGer v. 14.11.2011, 5A_543/2011 E. 2.1 (Pra 101 [2012] Nr. 52).

Art. 229 H. Mitwirkung und Unterhalt des Schuldners

¹ Der Schuldner ist bei Straffolge (Art. 323 Ziff. 5 StGB[1]) verpflichtet, während des Konkursverfahrens zur Verfügung der Konkursverwaltung zu stehen; er kann dieser Pflicht nur durch besondere Erlaubnis enthoben werden. Nötigenfalls wird er mit Hilfe der Polizeigewalt zur Stelle gebracht. Die Konkursverwaltung macht ihn darauf und auf die Straffolge ausdrücklich aufmerksam.[2]

² Die Konkursverwaltung kann dem Schuldner, namentlich wenn sie ihn anhält, zu ihrer Verfügung zu bleiben, einen billigen Unterhaltsbeitrag gewähren.

³ Die Konkursverwaltung bestimmt, unter welchen Bedingungen und wie lange der Schuldner und seine Familie in der bisherigen Wohnung verbleiben dürfen, sofern diese zur Konkursmasse gehört.[3]

Verweise: SchKG 237 Abs. 2, 240–243 (Konkursverwaltung).

---

[1] SR 311.0

[2] Fassung gemäss Ziff. I des BG vom 16. Dez. 1994, in Kraft seit 1. Jan. 1997 (AS 1995 1227; BBl 1991 III 1).

[3] Fassung gemäss Ziff. I des BG vom 16. Dez. 1994, in Kraft seit 1. Jan. 1997 (AS 1995 1227; BBl 1991 III 1).

Abs. 1: *SchKG 222 Abs. 1 (Auskunfts- und Herausgabepflicht des Schuldners); SchKG 228, KOV 29 Abs. 3, 31 Abs. 3 (Erklärung des Schuldners zum Inventar → Nr. 5).*

Zu Abs. 1

1 SchKG 229 Abs. 1 gilt auch **für den unbeschränkt haftenden Gesellschafter** einer sich im Konkurs befindlichen **Kommanditgesellschaft**: BGE 29 I 591, 593.

Zu Abs. 2

2 Die Befugnis der Konkursverwaltung, dem Gemeinschuldner einen billigen Unterhaltsbeitrag zu leisten, bildet zu einem wesentlichen Teil das Äquivalent zu dessen Pflicht, während des Konkursverfahrens zur Verfügung der Konkursverwaltung zu stehen. **Einem unbeschränkt haftenden Gesellschafter** einer sich im Konkurs befindlichen Kommanditgesellschaft kann, sofern er der Konkursverwaltung zur Verfügung stehen muss und bedürftig ist, **ebenfalls ein billiger Unterhaltsbeitrag gewährt** werden: BGE 29 I 591, 593.

3 Es besteht **kein Rechtsanspruch** auf Gewährung eines Unterhaltsbeitrags. Es liegt vielmehr im Ermessen der Konkursverwaltung, je nach den Umständen dem Gemeinschuldner einen billigen Unterhaltsbeitrag zu gewähren oder nicht: BGE 35 I 797 E. 2. Der Unterhaltsbeitrag darf jedenfalls nicht auf Kosten der Pfandgläubiger ausgerichtet werden: BGE 26 I 507 E. 2.

4 Gegen die Weigerung der Konkursverwaltung, ihm einen Unterhaltsbeitrag zu gewähren, kann der Gemeinschuldner **betreibungsrechtliche Beschwerde** führen: BGE 106 III 75 E. 2.

5 Das im Rahmen eines ausländischen Konkurses **um Rechtshilfe ersuchte Konkursamt ist nicht befugt**, dem Gemeinschuldner Unterhaltsbeiträge nach SchKG 229 Abs. 2 zuzusprechen: BGE 94 III 83 E. 11.

Zu Abs. 3

6 Die Verwaltung der Konkursmasse durch die Konkursverwaltung erfolgt im Interesse der Gläubiger. Der Schuldner hat deshalb keinen Rechtsanspruch **auf unentgeltliches Wohnen in der bisherigen Wohnung**: BGer v. 02.11.2001, 7B.230/2001 E. 3.a; BGE 117 III 63 E. 1. Die Konkursverwaltung bestimmt, unter welchen Bedingungen und wie lange der Schuldner und seine Familie in der bisherigen Wohnung verbleiben dürfen. Sie entscheidet dabei nach ihrem Ermessen. Die Regelung hat den Umständen angemessen zu sein und den besonderen Verhältnissen gerecht zu werden: BGer v. 10.10.2001, 7B.231/2001 E. 3.a.

Art. 230   I. Einstellung des Konkursverfahrens mangels Aktiven
               1. Im allgemeinen

[1] Reicht die Konkursmasse voraussichtlich nicht aus, um die Kosten für ein summarisches Verfahren zu decken, so verfügt das Konkursgericht auf Antrag des Konkursamtes die Einstellung des Konkursverfahrens.[1]

---

1   Fassung gemäss Ziff. I des BG vom 16. Dez. 1994, in Kraft seit 1. Jan. 1997 (AS 1995 1227; BBl 1991 III 1).

² Das Konkursamt macht die Einstellung öffentlich bekannt. In der Publikation weist es darauf hin, dass das Verfahren geschlossen wird, wenn nicht innert zehn Tagen ein Gläubiger die Durchführung des Konkursverfahrens verlangt und die festgelegte Sicherheit für den durch die Konkursmasse nicht gedeckten Teil der Kosten leistet.[1]

³ Nach der Einstellung des Konkursverfahrens kann der Schuldner während zwei Jahren auch auf Pfändung betrieben werden.[2]

⁴ Die vor der Konkurseröffnung eingeleiteten Betreibungen leben nach der Einstellung des Konkurses wieder auf. Die Zeit zwischen der Eröffnung und der Einstellung des Konkurses wird dabei für alle Fristen dieses Gesetzes nicht mitberechnet.[3]

Verweise: SchKG 197–203, 208, 211, 225, 242 (Konkursmasse); SchKG 31–33, SchKG 56–63, ZPO 142 ff. (Fristberechnung → Nr. 25).

Abs. 1: SchKG 231 (summarisches Verfahren); KOV 39 Abs. 2 (Einstellung des Verfahrens → Nr. 5).

Abs. 2: SchKG 35 (öffentliche Bekanntmachung); KOV 93 (keine Publikation der Einstellung des Konkursverfahrens im summarischen Verfahren).

Abs. 3: SchKG 42, 89–150 (Betreibung auf Pfändung).

Abs. 4: SchKG 175 (Zeitpunkt der Konkurseröffnung); SchKG 171, 189 Abs. 1, 190–194 (Konkurseröffnung).

Zu Abs. 1

1 Wer freiwillig seinen eigenen Konkurs begehrt, muss über ein gewisses Vermögen verfügen, dessen Erlös seinen Gläubigern übertragen werden kann. Die **unentgeltliche Rechtspflege muss wegen Aussichtslosigkeit verweigert** werden, falls das Konkursverfahren gemäss SchKG 230 Abs. 1 mangels Aktiven sogleich eingestellt werden muss. Nur demjenigen Schuldner, der verwertbares Vermögen besitzt, aber nicht über die notwendigen Mittel verfügt, um den in SchKG 169 geforderten Kostenvorschuss zu leisten, kann demnach unentgeltliche Rechtspflege gewährt werden: BGE 133 III 614 E. 6.1.2 (Pra 97 [2008] Nr. 50).

2 Durch die Gewährung der unentgeltlichen Prozessführung im Falle einer Insolvenzerklärung wird jedoch **kein voraussetzungsloser Anspruch** auf Durchführung des Konkursverfahrens begründet. Der Konkursbeamte hat das Inventar aufzunehmen und dem Konkursrichter entsprechend Bericht zu erstatten, unabhängig davon, wie der Ausgang des Konkursverfahrens bei der Prüfung des Gesuchs um unentgeltliche Prozessführung beurteilt worden ist. Reicht die Konkursmasse zur Kostendeckung eines summarischen Verfahrens nicht aus, so hat der Konkursbeamte beim Konkursgericht die Einstellung des Verfahrens mangels Aktiven

---

1 Fassung gemäss Ziff. I des BG vom 16. Dez. 1994, in Kraft seit 1. Jan. 1997 (AS 1995 1227; BBl 1991 III 1).

2 Eingefügt durch Art. 15 des BG vom 28. Sept. 1949, in Kraft seit 1. Febr. 1950 (AS 1950 I 57; BBl 1948 I 1218).

3 Eingefügt durch Ziff. I des BG vom 16. Dez. 1994, in Kraft seit 1. Jan. 1997 (AS 1995 1227; BBl 1991 III 1).

zu beantragen. Die Gewährung der unentgeltlichen Prozessführung steht der Einstellung des Konkursverfahrens nicht entgegen: BGE 119 III 28 E. 2.b.bb.

3   Der **Vorbehalt** der WIR-Bank, der mit der Überweisung des einem Verrechnungsguthaben des Schuldners entsprechenden Geldbetrages an die Konkursmasse verbunden worden ist und wonach der Geldbetrag im Falle der Einstellung des Konkursverfahrens auszuzahlen sei, ist für die Konkursorgane **unbeachtlich**: BGE 127 III 371 E. 4 und 5.

4   Im Anschluss an ein gemäss SchKG 230 ohne Feststellung der Gläubigerrechte beendigtes Konkursverfahren ist ein **Nachkonkurs** i.S.v. SchKG 269 – und damit eine formlose Verteilung – **nicht zulässig**: BGer v. 27.01.2003, 7B.256/2002 E. 1.2; BGE 87 III 72 E. 3.

Zu Abs. 2

5   Jede der richterlichen Einstellung des Konkursverfahrens **folgende Amtshandlung** des Konkursverwalters, die über die sich aus SchKG 230 Abs. 2 ergebenden Massnahmen hinausgeht und auf die Weiterführung des Verfahrens gerichtet ist, fällt ins Leere und ist daher unbeachtlich: BGE 102 III 78 E. 3.a.

6   Die Leistung des vom Konkursamt festgesetzten Betrages der Sicherheit **gibt Anspruch auf richtige Durchführung und Beendigung des Konkurses**, auch wenn sich die Sicherheit später als ungenügend erweisen sollte. Weitere Vorschüsse dürfen als Bedingung für die Fortführung des Verfahrens nur verlangt werden, wenn dies in der Bekanntmachung vorbehalten worden war: BGE 64 III 166 E. 2.

7   Die Höhe der zu leistenden Sicherheit liegt im **Ermessen** des Konkursamtes: BGE 130 III 90 E. 1 (Pra 93 [2004] Nr. 163). Dieses darf den Kostenvorschuss für die Durchführung des Konkurses so hoch ansetzen, dass damit auch nicht genauer abschätzbare Kosten (z.B. Gerichts- und Anwaltskosten bei Aktiv- und Passivprozessen) gedeckt werden können. Hingegen verbietet es der Zweck der Sicherheitsleistung, dass durch sie Kosten gedeckt werden, **die in der Vergangenheit angefallen sind**: BGE 117 III 67 E. 2.b.

8   Die Höhe der vom Konkursamt geforderten Sicherheit ist in der öffentlichen Bekanntmachung **zu beziffern**: BGE 64 III 166 E. 2.

9   In welcher **Form** die Sicherheit zu leisten ist, liegt im Ermessen des Konkursamtes: BGE 55 III 92 E. 2.

10 Wenn der Gläubiger, der die Durchführung des Konkursverfahrens gemäss SchKG 230 Abs. 2 verlangt, die Sicherheit, die er zu leisten hat, als **zu hoch** betrachtet, kann er bei der kantonalen Aufsichtsbehörde betreibungsrechtliche Beschwerde nach SchKG 17 führen, indem er geltend macht, der Entscheid des Konkursamtes sei in der Sache nicht gerechtfertigt. Der Entscheid der (oberen) Aufsichtsbehörde kann vom Bundesgericht **nur auf Missbrauch oder Überschreitung des Ermessens** geprüft werden: BGE 130 III 90 E. 1 (Pra 93 [2004] Nr. 163).

11 Das Konkursamt hat eine **neue Frist zur Zahlung der Sicherheitsleistung anzusetzen**, wenn der Beschwerde gegen die Sicherheitsleistung aufschiebende Wirkung gewährt wurde: BGE 130 III 90 E. 4.

12 Über ein Gesuch um Einräumung einer **Nachfrist** zur Leistung des Vorschusses entscheidet das Konkursgericht: BGE 97 III 34 E. 2; BGE 74 III 75 E. 1.

13 Das Konkursamt kann mit der Einforderung von Vorschuss für künftige Konkurskosten höchstens die Androhung verbinden, dass bei Nichtleistung des Kostenvorschusses der Konkurs **eingestellt** werde: BGE 117 III 67 E. 2.c.

14 Da das Beschlagsrecht der Konkursgläubiger am Vermögen des Gemeinschuldners dahinfällt, sobald das mangels Aktiven eingestellte Verfahren geschlossen ist, haben für die **Verfahrenskosten** die Gläubiger aufzukommen, die die Konkurseröffnung verlangt hatten: BGE 102 III 85 E. 2. Die Gläubiger haften für die Verfahrenskosten **bis zum Schluss** des betreffenden Konkursverfahrens, und nicht nur bis zur Verfügung, mit welcher der Konkurs mangels Aktiven eingestellt wird: BGE 134 III 136 E. 2.2 (Pra 97 [2008] Nr. 107).

15 Nimmt an der Verfolgung eines **nach SchKG 260 abgetretenen Rechtsanspruchs** unter mehren Zessionaren der Masse auch derjenige Gläubiger teil, der die Konkurskosten vorgeschossen hatte, so ist diesem aus dem Prozessergebnis **vorweg**, d.h. vor einer Verteilung unter die Zessionare, der Betrag seines Kostenvorschusses zuzuweisen, sofern er dafür nicht aus dem übrigen Konkursvermögen Deckung erhält: BGE 68 III 117, 119.

16 Die 60-tägige Frist zur Geltendmachung der **Insolvenzentschädigung** für den Arbeitnehmer (AVIG 53 Abs. 1) beginnt grundsätzlich mit der Konkurspublikation im SHAB zu laufen. Wird das Konkursverfahren mangels Aktiven eingestellt und ist eine Konkurspublikation noch nicht erfolgt, so ist für den Beginn der Frist die Publikation der Einstellung des Konkursverfahrens gemäss SchKG 230 Abs. 2 massgebend: BGE 114 V 354 E. 1.b.

17 Das Konkursgericht kann seinen Entscheid über die Einstellung des Konkursverfahrens mangels Aktiven **in Wiedererwägung ziehen**: BGE 102 III 84 E. 5.

Zu Abs. 3

18 Eine Aktiengesellschaft, über die das Konkursverfahren eröffnet, mangels zur Kostendeckung genügender Aktiven eingestellt und hernach mangels Sicherheitsleistung geschlossen worden ist, kann nicht mehr betrieben werden, da die Aktiengesellschaft **als Rechtssubjekt nicht mehr weiterbesteht**: BGE 56 III 189, 190 ff.; BGE 53 III 187, 191.

19 Ist gegen eine Gesellschaft der Konkurs nicht eröffnet worden, weil zu wenig Konkursaktiven vorgefunden wurden und der Gläubiger auch keinen Kostenvorschuss i.S.v. SchKG 169 geleistet hat, so kann die Gesellschaft in einem neuen Betreibungsverfahren **wiederum nur auf Konkurs** betrieben werden. Eine analoge Anwendung von SchKG 230 Abs. 3, wonach der Schuldner nach der Einstellung des Konkursverfahrens während zwei Jahren auch auf Pfändung betrieben werden kann, ist nicht gerechtfertigt: BGE 113 III 116 E. 2.

Zu Abs. 4

20 Unter Einstellung des Konkurses i.S.v. SchKG 230 Abs. 4 ist **die Veröffentlichung der Einstellung und des Schlusses des Konkursverfahrens mangels Aktiven im SHAB** zu verstehen. Mit der Veröffentlichung leben die vor dem Konkurs eröffneten Betreibungen wieder auf: BGE 130 III 481 E. 2.1 (Pra 94 [2005] Nr. 42).

21 Der als Ausnahmebestimmung zu SchKG 206 Abs. 1 konzipierte SchKG 230 Abs. 4 ist **nur auf Betreibungen anwendbar**, die im Moment des Konkurses **noch fortgesetzt werden können**. Somit kann die Betreibung, für die das Fortsetzungsbegehren gestellt worden

ist und die zur Eröffnung des Konkurses geführt hat, nach dessen Einstellung nicht wieder aufleben: BGer v. 22.09.2010, 5A_370/2010 E. 3; BGE 124 III 123 E. 2.

22 Hat ein einzelner Gläubiger gestützt auf einen Pfändungsverlustschein **ein vom Schuldner abgeschlossenes Veräusserungsgeschäft erfolgreich angefochten** und daraufhin die vom Anfechtungsbeklagten zurückzugewährenden Gegenstände pfänden lassen, so kann er diese Betreibung weiterführen, auch wenn der Schuldner in Konkurs geraten, das Verfahren jedoch mangels Aktiven eingestellt worden ist: BGE 51 III 217, 218 f.

Art. 230a[1]   2. Bei ausgeschlagener Erbschaft und bei juristischen Personen

[1] Wird die konkursamtliche Liquidation einer ausgeschlagenen Erbschaft mangels Aktiven eingestellt, so können die Erben die Abtretung der zum Nachlass gehörenden Aktiven an die Erbengemeinschaft oder an einzelne Erben verlangen, wenn sie sich bereit erklären, die persönliche Schuldpflicht für die Pfandforderungen und die nicht gedeckten Liquidationskosten zu übernehmen. Macht keiner der Erben von diesem Recht Gebrauch, so können es die Gläubiger und nach ihnen Dritte, die ein Interesse geltend machen, ausüben.

[2] Befinden sich in der Konkursmasse einer juristischen Person verpfändete Werte und ist der Konkurs mangels Aktiven eingestellt worden, so kann jeder Pfandgläubiger trotzdem beim Konkursamt die Verwertung seines Pfandes verlangen. Das Amt setzt dafür eine Frist.

[3] Kommt kein Abtretungsvertrag im Sinne von Absatz 1 zustande und verlangt kein Gläubiger fristgemäss die Verwertung seines Pfandes, so werden die Aktiven nach Abzug der Kosten mit den darauf haftenden Lasten, jedoch ohne die persönliche Schuldpflicht, auf den Staat übertragen, wenn die zuständige kantonale Behörde die Übertragung nicht ablehnt.

[4] Lehnt die zuständige kantonale Behörde die Übertragung ab, so verwertet das Konkursamt die Aktiven.

Verweise: SchKG 37 Abs. 3 (Pfand).

Abs. 1: *SchKG 193, ZGB 597 (konkursamtliche Liquidation); ZGB 566 ff., 573 (ausgeschlagene Erbschaft).*

Abs. 2: *SchKG 197–203, 208, 211, 225, 242 (Konkursmasse); ZGB 52–59 (allgemeine Bestimmungen zur juristischen Person); OR 552–926 (Gesellschaftsrecht); SchKG 230 (Einstellung des Konkurses mangels Aktiven).*

---

1   Eingefügt durch Ziff. I des BG vom 16. Dez. 1994, in Kraft seit 1. Jan. 1997 (AS 1995 1227; BBl 1991 III 1).

Zu Abs. 2

1 Die Einstellung des Konkursverfahrens mangels Aktiven einer juristischen Person bedeutet nicht notwendigerweise das Ende des Verfahrens, wenn die Masse mit Pfandrechten belastete Vermögenswerte umfasst. Jeder Grundpfandgläubiger kann durch eine entsprechende Erklärung die ihm haftende Liegenschaft von der Konkurseinstellung bzw. Schlusswirkung ausnehmen, mit der Folge, dass statt der Generalliquidation zugunsten sämtlicher Gläubiger **nur eine Spezialliquidation** der betreffenden Liegenschaft stattfindet: BGer v. 11.03.2011, 5A_896/2010 E. 4.2.2; BGE 56 III 120, 120 (noch zu aVZG 134). Diesfalls bleibt das Konkursamt dafür zuständig, die Spezialliquidation **nach den aufeinander folgenden Regeln von SchKG 230a Abs. 2–4** von Amtes wegen zu eröffnen und durchzuführen: BGE 130 III 481 E. 2.2 und 2.3 (Pra 94 [2005] Nr. 42).

2 Wenn ein Pfandgläubiger gestützt auf SchKG 230a Abs. 2 die Verwertung seines Pfandes verlangt, so darf der Konkurs **nicht geschlossen** werden (SchKG 268 Abs. 2) und kann die durch den Konkurs aufgehobene Betreibung auf Pfandverwertung noch nicht wieder aufleben. Bei dieser Ausgangslage geht das Verfahren nach SchKG 230a Abs. 2 demjenigen nach SchKG 230 Abs. 4 vor: BGE 130 III 481 E. 3 (Pra 94 [2005] Nr. 42).

3 Die Spezialliquidation i.S.v. SchKG 230a Abs. 2 erfolgt nach den Vorschriften über das **summarische Konkursverfahren** gemäss SchKG 231 und ist **auf die am Grundstück interessierten Personen** zu beschränken. Nicht pfandgesicherte Gläubiger sind damit vom Verfahren gemäss SchKG 230a Abs. 2 ausgeschlossen. Ein nach der Verwertung vorhandener allfälliger Überschuss fällt nicht den übrigen Gläubigern zu, sondern ist den vertretungsberechtigten Organen der juristischen Person herauszugeben: BGer v. 11.03.2011, 5A_896/2010 E. 4.2.3.

4 Das Konkursamt stellt bei der gestützt auf SchKG 230a Abs. 2 erfolgenden Verwertung eines Grundstücks **bloss ein Lastenverzeichnis** auf. Dieses stellt gleichzeitig den Kollokationsplan dar: BGer 16.07.2007, 5A_219/2007 E. 3.2.

Art. 231[1]   K. Summarisches Konkursverfahren

[1] Das Konkursamt beantragt dem Konkursgericht das summarische Verfahren, wenn es feststellt, dass:

1. aus dem Erlös der inventarisierten Vermögenswerte die Kosten des ordentlichen Konkursverfahrens voraussichtlich nicht gedeckt werden können; oder
2. die Verhältnisse einfach sind.

[2] Teilt das Gericht die Ansicht des Konkursamtes, so wird der Konkurs im summarischen Verfahren durchgeführt, sofern nicht ein Gläubiger vor der Verteilung des Erlöses das ordentliche Verfahren verlangt und für die voraussichtlich ungedeckten Kosten hinreichende Sicherheit leistet.

---

1   Fassung gemäss Ziff. I des BG vom 16. Dez. 1994, in Kraft seit 1. Jan. 1997 (AS 1995 1227; BBl 1991 III 1).

³ Das summarische Konkursverfahren wird nach den Vorschriften über das ordentliche Verfahren durchgeführt, vorbehältlich folgender Ausnahmen:
1. Gläubigerversammlungen werden in der Regel nicht einberufen. Erscheint jedoch aufgrund besonderer Umstände eine Anhörung der Gläubiger als wünschenswert, so kann das Konkursamt diese zu einer Versammlung einladen oder einen Gläubigerbeschluss auf dem Zirkularweg herbeiführen.
2. Nach Ablauf der Eingabefrist (Art. 232 Abs. 2 Ziff. 2) führt das Konkursamt die Verwertung durch; es berücksichtigt dabei Artikel 256 Absätze 2–4 und wahrt die Interessen der Gläubiger bestmöglich. Grundstücke darf es erst verwerten, wenn das Lastenverzeichnis erstellt ist.
3. Das Konkursamt bezeichnet die Kompetenzstücke im Inventar und legt dieses zusammen mit dem Kollokationsplan auf.
4. Die Verteilungsliste braucht nicht aufgelegt zu werden.

Verweise

Abs. 1 Ziff. 1: *SchKG 221; KOV 25–34, 37 (Inventaraufnahme → Nr. 5); KOV 39 (Bestimmung des einzuschlagenden Verfahrens).*

Abs. 2: *SchKG 230 Abs. 2 (Sicherheitsleistung bei Einstellung des Konkurses mangels Aktiven).*

Abs. 3: *KOV 96 (Besondere Vorschriften für das summarische Verfahren).*

Abs. 3 Ziff. 1: *SchKG 235–239 (erste Gläubigerversammlung); SchKG 252–254 (zweite Gläubigerversammlung); SchKG 255 (weitere Gläubigerversammlungen); SchKG 255a (Zirkularbeschluss).*

Abs. 3 Ziff. 2: *ZGB 655 Abs. 2 (Grundstück).*

Abs. 3 Ziff. 3: *SchKG 92 Abs. 1 Ziff. 1–5, KOV 31, 32 (Kompetenzstücke); SchKG 247–251, KOV 70 (Kollokationsplan).*

Abs. 4: *KOV 93 (Schluss des summarischen Verfahrens).*

Zu Abs. 1

1 Das summarische Konkursverfahren zeichnet sich dadurch aus, dass es **einfach, rasch und weitgehend formlos** ist. Vor allem ist es auch kostensparend, und dementsprechend ist das Ergebnis für die Gläubiger meistens günstiger. Die Vereinfachung des Verfahrens liegt nicht zuletzt auch darin, dass es in den Händen des Konkursamtes liegt und dass Gläubigerversammlungen nur ausnahmsweise vorgesehen sind. Aus diesem Grund wird es als folgerichtig betrachtet, dass weder ein Gläubigerausschuss noch eine gewählte Konkursverwaltung tätig wird: BGE 121 III 142 E. 1.b.

Zu Abs. 2

2 Der Übergang **vom summarischen zum ordentlichen Konkursverfahren** vollzieht sich erst in dem Zeitpunkt, da der Gläubiger, der das ordentliche Konkursverfahren verlangt hat, den Kostenvorschuss leistet: BGE 113 III 135 E. 4 (Pra 79 [1990] Nr. 123). Dem Übergang kommt **keine Rückwirkung** zu: BGer v. 14.11.2011, 5A_720/2010 E. 2.2; BGE 113 III 135 E. 4 (Pra 79 [1990] Nr. 123).

Zu Abs. 3

3 Die Abtretung eines Rechtsanspruchs des Gemeinschuldners an einzelne Konkursgläubiger nach SchKG 260 setzt den Verzicht der Gesamtheit der Gläubiger auf Geltendmachung dieses Rechtsanspruchs voraus. Wird der Konkurs im summarischen Verfahren durchgeführt, so wird i.d.R. keine Gläubigerversammlung einberufen. Der Beschluss über den Verzicht wird daher grundsätzlich **auf dem Zirkularweg oder durch Publikation** herbeigeführt. Der Verzicht ist zwingende Voraussetzung für die Gültigkeit der Abtretung: Eine Abtretung oder Abtretungsofferte, die vor einem gültigen Verzichtsbeschluss erfolgt, ist nichtig. Der Vorschlag der Konkursverwaltung an die Gläubiger, auf die Geltendmachung eines Anspruchs durch die Masse zu verzichten, und die Aufforderung, für den Fall des Verzichts die Abtretung zu verlangen, können im gleichen Zirkularbeschluss erfolgen: BGE 136 III 534 E. 4.1 und 4.3. Diese Grundsätze gelten auch für den Beschluss, den Prozess über eine streitige Forderung zur Zeit der Konkurseröffnung i.S.v. KOV 63 (→ Nr. 5) fortzuführen. Wie SchKG 260, auf den sie verweist, sieht diese Bestimmung als Voraussetzung der Abtretung vor, dass der Prozess nicht durch die Masse fortgeführt wird. Die Verwaltung muss demnach spätestens bei der Auflage des Kollokationsplans die Gläubiger einladen, sich über den Fortgang des Prozesses durch die Masse zu äussern: BGer v. 24.03.2011, 5A_864/2010 E. 3.1; BGE 134 III 75 E. 2.3 (Pra 97 [2008] Nr. 92).

4 Die Verwertung im summarischen Konkursverfahren ist gemäss SchKG 231 Abs. 3 Ziff. 2 nach den in SchKG 256 Abs. 2–4 festgelegten Regeln und unter bestmöglicher Wahrung der Interessen der Gläubiger durchzuführen. SchKG 256 Abs. 1, wonach ein **freihändiger Verkauf** der zur Masse gehörenden Vermögenswerte einen entsprechenden Beschluss der Gläubiger voraussetzt, ist hier nicht anzuwenden. Indessen hat die Konkursverwaltung, die im summarischen Verfahren einen Freihandverkauf anstrebt, SchKG 256 Abs. 3 zu beachten und demnach bei Vermögensgegenständen **von bedeutendem Wert und bei Grundstücken** den Gläubigern die Gelegenheit einzuräumen, höhere Angebote zu machen: BGer v. 17.08.2006, 7B.97/2006 E. 3.2. **In den übrigen Fällen** steht es **im freien Ermessen** des Konkursamtes, ob es allen Gläubigern Gelegenheit zur Einreichung von Offerten bietet, bevor es einen Freihandverkauf durchführt: BGer v. 10.03.2006, 7B.10/2006 E. 2.1.1. Ein Gläubiger kann die Aufhebung eines ohne sein Wissen vollzogenen Verkaufs verlangen, wenn er glaubhaft macht, dass die gehörige Bekanntmachung zu einem besseren Verwertungsergebnis geführt hätte: BGE 63 III 85, 88.

5 Im summarisch durchgeführten Konkurs sind nach Abschluss des Kollokationsverfahrens alle Konkursaktiven **beförderlich** zu verwerten: BGE 71 III 7, 9.

6 Das summarische Konkursverfahren richtet sich grundsätzlich nach den Vorschriften über das ordentliche Verfahren. SchKG 243 Abs. 2 betreffend den **Notverkauf** wegen schneller Wertverminderung, kostspieligen Unterhalts oder hoher Aufbewahrungskosten ist natürlich auch im summarischen Konkursverfahren anwendbar: BGE 131 III 280 E. 2.1 (Pra 95 [2006] Nr. 8).

7 Dem klaren Wortlaut von KOV 96 lit. c (→ Nr. 5) entsprechend ist es im summarischen Konkursverfahren ausgeschlossen, den Gläubigern eine oder mehrere **Abschlagszahlungen** zu leisten: BGE 117 III 44 E. 1 (Pra 80 [1991] Nr. 210).

8 Im summarischen Konkursverfahren beginnt die Frist zur Anfechtung des Konkursinventars **für die Gläubiger** mit dessen Auflegung zu laufen. Dasselbe gilt **für den Gemeinschuldner**, sofern er Handlungen des Konkursamtes anfechten will, die ihm vorher nicht bekannt waren: BGer v. 14.11.2011, 5A_543/2011 E. 2.1 (Pra 101 [2012] Nr. 52).

II. Schuldenruf[1]

Art. 232 A. Öffentliche Bekanntmachung

1 Das Konkursamt macht die Eröffnung des Konkurses öffentlich bekannt, sobald feststeht, ob dieser im ordentlichen oder im summarischen Verfahren durchgeführt wird.[2]

2 Die Bekanntmachung enthält:

1. die Bezeichnung des Schuldners und seines Wohnortes sowie des Zeitpunktes der Konkurseröffnung;

2.[3] die Aufforderung an die Gläubiger des Schuldners und an alle, die Ansprüche auf die in seinem Besitz befindlichen Vermögensstücke haben, ihre Forderungen oder Ansprüche samt Beweismitteln (Schuldscheine, Buchauszüge usw.) innert einem Monat nach der Bekanntmachung dem Konkursamt einzugeben;

3.[4] die Aufforderung an die Schuldner des Konkursiten, sich innert der gleichen Frist beim Konkursamt zu melden, sowie den Hinweis auf die Straffolge bei Unterlassung (Art. 324 Ziff. 2 StGB[5]);

4.[6] die Aufforderung an Personen, die Sachen des Schuldners als Pfandgläubiger oder aus anderen Gründen besitzen, diese Sachen innert der gleichen Frist dem Konkursamt zur Verfügung zu stellen, sowie den Hinweis auf die Straffolge bei Unterlassung (Art. 324 Ziff. 3 StGB) und darauf, dass das Vorzugsrecht erlischt, wenn die Meldung ungerechtfertigt unterbleibt;

---

1 Ursprünglich vor Art. 231.
2 Fassung gemäss Ziff. I des BG vom 16. Dez. 1994, in Kraft seit 1. Jan. 1997 (AS 1995 1227; BBl 1991 III 1).
3 Fassung gemäss Ziff. I des BG vom 16. Dez. 1994, in Kraft seit 1. Jan. 1997 (AS 1995 1227; BBl 1991 III 1).
4 Fassung gemäss Ziff. I des BG vom 16. Dez. 1994, in Kraft seit 1. Jan. 1997 (AS 1995 1227; BBl 1991 III 1).
5 SR 311.0
6 Fassung gemäss Ziff. I des BG vom 16. Dez. 1994, in Kraft seit 1. Jan. 1997 (AS 1995 1227; BBl 1991 III 1).

5.[1] die Einladung zu einer ersten Gläubigerversammlung, die spätestens 20 Tage nach der öffentlichen Bekanntmachung stattfinden muss und der auch Mitschuldner und Bürgen des Schuldners sowie Gewährspflichtige beiwohnen können;

6.[2] den Hinweis, dass für Beteiligte, die im Ausland wohnen, das Konkursamt als Zustellungsort gilt, solange sie nicht einen anderen Zustellungsort in der Schweiz bezeichnen.

Verweise: SchKG 31–33, SchKG 56–63, ZPO 142 ff. (Fristberechnung → Nr. 25).

Abs. 1: SchKG 171, 189 Abs. 1, 190–194 (Konkurseröffnung); SchKG 35 (öffentliche Bekanntmachung); SchKG 231 (summarisches Verfahren).

Abs. 2 Ziff. 1: SchKG 46 (ordentlicher Betreibungsort); SchKG 175 (Zeitpunkt der Konkurseröffnung).

Abs. 2 Ziff. 2: SchKG 197–203, 208, 211, 225, 242 (Konkursmasse); SchKG 208–220 (Wirkungen des Konkurses auf die Rechte der Gläubiger); KOV 41 (Rückgabe der Beweismittel → Nr. 5).

Abs. 2 Ziff. 3: SchKG 205 (Zahlungen an den Schuldner).

Abs. 2 Ziff. 4: SchKG 37 Abs. 3 (Pfand); SchKG 198 (Pfandgegenstände); SchKG 219 Abs. 1 (Vorzugsrecht).

Abs. 2 Ziff. 5: SchKG 235–239 (erste Gläubigerversammlung); SchKG 216, 217 (Mitschuldner); SchKG 215 (Bürgen).

Zu Abs. 1

1   Die Konkurseröffnung bewirkt unmittelbar die Dispositionsunfähigkeit des Gemeinschuldners (SchKG 204 Abs. 1). Solange die Konkurseröffnung jedoch noch nicht bekannt gemacht worden ist, wird ein **gutgläubiger Dritter**, der nach der Konkurseröffnung einen Gegenstand des Gemeinschuldners erwirbt, **in seinem Rechtserwerb geschützt**: vgl. BGE 115 III 111 E. 5. Im Bereich des **Immobiliarsachenrechts** sieht SchKG 176 Abs. 2 deshalb vor, dass der Konkurs spätestens zwei Tage nach Eröffnung im Grundbuch anzumerken ist. Hierdurch wird der gute Glaube des Dritten zerstört.

2   Hat der Gemeinschuldner vor der öffentlichen Bekanntmachung des Konkurses einen von ihm ausgestellten eigenen oder einen auf ihn gezogenen **Wechsel** bei Verfall bezahlt, so ist diese Zahlung gültig, sofern der Wechselinhaber von der Konkurseröffnung keine Kenntnis hatte und im Falle der Nichtzahlung den wechselrechtlichen Regress gegen Dritte mit Erfolg hätte ausüben können (SchKG 204 Abs. 2).

---

1   Fassung gemäss Ziff. I des BG vom 16. Dez. 1994, in Kraft seit 1. Jan. 1997 (AS 1995 1227; BBl 1991 III 1).

2   Eingefügt durch Ziff. I des BG vom 16. Dez. 1994, in Kraft seit 1. Jan. 1997 (AS 1995 1227; BBl 1991 III 1).

3 **Zahlungen an den Gemeinschuldner** vor der öffentlichen Bekanntmachung des Konkurses wirken befreiend, sofern sie der Schuldner in Unkenntnis der Konkurseröffnung leistet (SchKG 205 Abs. 2).

4 Die 60-tägige Frist zur Geltendmachung der **Insolvenzentschädigung** für den Arbeitnehmer (AVIG 53 Abs. 1) beginnt grundsätzlich mit der Konkurspublikation im SHAB zu laufen. Wird das Konkursverfahren mangels Aktiven eingestellt und ist eine Konkurspublikation noch nicht erfolgt, so ist für den Beginn der Frist die Publikation der Einstellung des Konkursverfahrens gemäss SchKG 230 Abs. 2 massgebend: BGE 114 V 354 E. 1.b.

5 Die öffentliche Bekanntmachung der Konkurseröffnung erfolgt gemäss SchKG 35 **im SHAB** sowie im betreffenden **kantonalen Amtsblatt**. Ob die öffentliche Bekanntmachung auch durch andere Blätter erfolgen soll, **liegt im Ermessen des Betreibungsamtes** und kann mit betreibungsrechtlicher Beschwerde angefochten werden: BGE 82 III 8, 9.

Zu Abs. 2 Ziff. 2

6 Die **Eingabefrist** der Gläubiger wird durch die Publikation der Konkurseröffnung ausgelöst. Nach Ablauf der Eingabefrist prüft die Konkursverwaltung die eingegebenen Forderungen und macht die zu ihrer Erwahrung nötigen Erhebungen (SchKG 244): BGE 120 III 147 E. 3.a.

7 Die Aufnahme einer in einem Inhabertitel verkörperten Grundpfandforderung in das Lastenverzeichnis ist **nicht zulässig**, solange der Ansprecher seinen Namen und Wohnort **nicht angibt**: BGE 97 III 72 E. 3; BGE 63 III 119, 121; BGE 57 III 131, 135.

8 Es obliegt den Pfandgläubigern, im Falle des Konkurses des Pfandschuldners nicht bloss die Pfandforderung, sondern auch **allfällige Zugehör** zu bezeichnen: BGE 86 III 70 E. 2; BGE 55 III 95, 99. VZG 38 Abs. 1 (→ Nr. 9) findet im Konkurs keine Anwendung: BGE 55 III 95, 98.

9 Im Konkurs des Pfandeigentümers ist Faustpfandgläubigern, **deren Forderungen sich nicht gegen den Gemeinschuldner richten**, gleichwohl die Stellung von Gläubigern einzuräumen. Ihr Interesse an einer Anmeldung ihrer Forderung und ihres Pfandrechts besteht darin, im Lastenbereinigungs- und Verwertungsverfahren nicht des Pfandrechts verlustig zu gehen. Dabei ist der Betrag der Forderung, für den das Faustpfandrecht beansprucht wird und der ja nicht die ganze Titelsumme zu erreichen braucht, anzugeben und innerhalb der Titelsumme eine Verfügung über Zulassung oder Abweisung zu treffen: BGE 64 III 65 E. 2.

10 Weist der Schuldner nach, dass sämtliche Forderungen gegen ihn getilgt sind, so widerruft das Konkursgericht gemäss SchKG 195 Abs. 1 Ziff. 1 den Konkurs. Dieser Nachweis ist grundsätzlich erst möglich, wenn die Eingabefrist **abgelaufen** ist: BGer v. 24.03.2010, 5A_831/2009 E. 2.4.

11 Die Konkursverwaltung stützt sich bei der Prüfung der eingegebenen Forderungen vor allem auf die gemäss SchKG 232 Ziff. 2 eingereichten Beweismittel; es obliegt dem Gläubiger, seine Forderung **mit den zugehörigen Beweismitteln zu belegen**: BGer v. 06.08.2008, 5A_141/2008 E. 3.2.1. **Mündliche Erklärungen** des Gläubigers oder dessen Vertreters **genügen nicht**, um die Aufnahme einer Forderung im Kollokationsplan zu rechtfertigen: BGE 93 III 59 E. 2.a.

12 Die **Belege** zur Forderungseingabe eines Gläubigers können von den anderen Gläubigern gestützt auf SchKG 8a Abs. 1 ohne Weiteres eingesehen werden: BGer v. 17.03.2011, 5A_734/2010 E. 4.1.1.

13 Die **Prozesskosten** eines Kollokationsprozesses, der vom Kläger deshalb angestrengt wurde, weil seine Forderung im Kollokationsplan mangels ausreichender Belege abgewiesen wurde, sind auch im Falle des Obsiegens vom Kläger zu tragen, sofern dieser im Zeitpunkt der Anmeldung im Besitz der gemäss SchKG 232 Abs. 2 Ziff. 2 erforderlichen Belege gewesen ist oder ihm deren Beschaffung zumutbar gewesen wäre. Anders verhält es sich, wenn der Gläubiger seine Forderung ohne Belege angemeldet hat, weil es keine solche gibt. Diesfalls dürfen dem Gläubiger die Prozesskosten nicht auferlegt werden: vgl. BGE 68 III 136 E. 2 betreffend die Kosten der Neuauflage und deren Bekanntmachung nach Abänderung des Kollokationsplans.

14 Versehentlich nicht in den Kollokationsplan aufgenommene, vom Gläubiger aber rechtzeitig eingegebene Forderungen sind **als verspätete Konkurseingaben i.S.v. SchKG 251** zu behandeln: BGE 68 III 141 E. 1.

15 Es ist nicht zulässig, die Aufnahme einer Eingabe in den Kollokationsplan von der Bezahlung von **Stempelabgaben** abhängig zu machen: BGE 48 III 20, 22.

16 Zur Anmeldung von unter dem früheren kantonalen Recht ohne Eintragung ins Grundbuch entstandenen **Dienstbarkeiten** siehe VZG 123 (→ Nr. 9).

17 Zur Wahrung der Rechte der **Anleihensgläubiger** im Konkurs des Anleihensschuldners siehe OR 1183.

18 Zum Aussonderungs- und Pfandrecht des Bundes an **Pflichtlagern** siehe die entsprechende Verordnung vom 06.07.1983 (SR 531.212).

Zu Abs. 2 Ziff. 4

19 Für Dritte, die an den sich in ihrem Besitz befindlichen, vom Konkursamt als Bestandteile der Masse betrachteten Gegenständen **das Eigentum oder ein sonstiges die Verwertung im Konkurs ausschliessendes Recht geltend machen**, gilt SchKG 232 Ziff. 4 nicht. Solche Drittbesitzer können weder unter Androhung von Strafe zur Herausgabe der in Frage stehenden Gegenstände aufgefordert werden, noch darf das Konkursamt ihnen gegenüber polizeilichen Zwang anwenden. Vielmehr sind Zwangsmassnahmen gegen sie erst zulässig, wenn ihnen durch Gerichtsurteil das von ihnen beanspruchte Recht aberkannt und die Herausgabe der Sache an die Konkursmasse befohlen worden ist: BGE 99 III 12 E. 3; BGE 90 III 18 E. 1; BGE 86 III 26 E. 2.

20 Die Vorschrift von SchKG 232 Ziff. 4 wird dadurch, dass dem Konkursamt die Befugnis eingeräumt wird, dem Gemeinschuldner eigneige Gegenstände im unselbstständigen Besitz (Pfandbesitz) oder Mitbesitz von Dritten **zu beschlagnahmen**, keineswegs sinnlos. Die Zulässigkeit der Beschlagnahme macht die Aufforderung i.S.v. SchKG 232 Ziff. 4 schon deshalb nicht überflüssig, weil mit dem Vorhandensein von Vermögensstücken zu rechnen ist, von denen das Konkursamt zunächst gar nichts weiss: BGE 73 III 79 E. 2.

21 Die Beschlagnahme einer dem Gemeinschuldner **unter Eigentumsvorbehalt verkauften** und vom Verkäufer «zwecks Sicherstellung» zurückgenommenen Sache ist unzulässig: BGE 90 III 18 E. 1.

22 Die Erfüllung der Herausgabepflicht **schadet nicht**. In der Herausgabe kann insbesondere keine Besitzesaufgabe gesehen werden: BGE 105 II 188 E. 3.b.

23 Die Auskunftspflicht der Banken gemäss SchKG 232 Abs. 2 Ziff. 3 und 4 **geht dem Bankgeheimnis vor**: BGE 94 III 83 E. 8.

24 Das dem Pfandgläubiger eingeräumte Recht, **das Pfand selbst zu verwerten**, kann im Konkurs des Pfandschuldners **nicht mehr ausgeübt** werden: BGE 81 III 57, 58.

25 Die Verwirkung des Vorzugsrechts tritt **nur bei erheblichem Verschulden** ein: BGE 71 III 80 E. 2.

26 Gemäss BKV-FINMA 15 Abs. 3 (→ Nr. 38) erlöscht im **Bankenkonkurs** ein bestehendes Vorzugsrecht, wenn die Meldung oder Herausgabe arglistig unterbleibt.

Zu Abs. 2 Ziff. 5

27 Gemäss BankG 35 Abs. 1 lit. a (→ Nr. 36) findet im **Bankenkonkurs** eine Gläubigerversammlung nur dann statt, wenn es der Liquidator als angezeigt erachtet: BGE 133 III 377 E. 5.2.2 (Pra 97 [2008] Nr. 17). Dies ist etwa dann der Fall, wenn bestimmte Entscheidungen wichtige Interessen der Gläubiger tangieren und das Einverständnis der Gläubiger den Verfahrensablauf vereinfachen kann.

Art. 233[1]   B. Spezialanzeige an die Gläubiger

Jedem Gläubiger, dessen Name und Wohnort bekannt sind, stellt das Konkursamt ein Exemplar der Bekanntmachung mit uneingeschriebenem Brief zu.

Verweis: KOV 40 (Spezialanzeigen über die Konkurseröffnung → Nr. 5).

1 Im summarischen Konkursverfahren ist die Konkursverwaltung gemäss KOV 40 Abs. 2 (→ Nr. 5) **nicht verpflichtet**, Spezialanzeigen zu machen: BGer v. 29.01.2008, 5C_54/2007 E. 2.2.

Art. 234[2]   C. Besondere Fälle

Hat vor der Liquidation einer ausgeschlagenen Erbschaft oder in einem Nachlassverfahren vor dem Konkurs bereits ein Schuldenruf stattgefunden, so setzt das Konkursamt die Eingabefrist auf zehn Tage fest und gibt in der Bekanntmachung an, dass bereits angemeldete Gläubiger keine neue Eingabe machen müssen.

---

1   Fassung gemäss Ziff. I des BG vom 16. Dez. 1994, in Kraft seit 1. Jan. 1997 (AS 1995 1227; BBl 1991 III 1).

2   Fassung gemäss Ziff. I des BG vom 16. Dez. 1994, in Kraft seit 1. Jan. 1997 (AS 1995 1227; BBl 1991 III 1).

Verweise: *ZGB 593–597 (Liquidation); ZGB 566 ff., 573 (ausgeschlagene Erbschaft); SchKG 293–332 (Nachlassverfahren); ZGB 582, 595 Abs. 2 (Rechnungsruf); SchKG 31–33, SchKG 56–63, ZPO 142 ff. (Fristberechnung → Nr. 25).*

Keine Entscheidungen.

III. Verwaltung

Art. 235 A. Erste Gläubigerversammlung
1. Konstituierung und Beschlussfähigkeit

¹ In der ersten Gläubigerversammlung leitet ein Konkursbeamter die Verhandlungen und bildet mit zwei von ihm bezeichneten Gläubigern das Büro.

² Das Büro entscheidet über die Zulassung von Personen, welche, ohne besonders eingeladen zu sein, an den Verhandlungen teilnehmen wollen.

³ Die Versammlung ist beschlussfähig, wenn wenigstens der vierte Teil der bekannten Gläubiger anwesend oder vertreten ist. Sind vier oder weniger Gläubiger anwesend oder vertreten, so kann gültig verhandelt werden, sofern dieselben wenigstens die Hälfte der bekannten Gläubiger ausmachen.

⁴ Die Versammlung beschliesst mit der absoluten Mehrheit der stimmenden Gläubiger. Bei Stimmengleichheit hat der Vorsitzende den Stichentscheid. Wird die Berechnung der Stimmen beanstandet, so entscheidet das Büro.[1]

Verweise: *SchKG 232 Abs. 2 Ziff. 5 (Einladung)*
Abs. 1: *KOV 42 Abs. 1 und 3 (Protokoll → Nr. 5); SchKG 237, 238 (Befugnisse).*
Abs. 3: *SchKG 232 Abs. 2 Ziff. 2 (Gläubiger); SchKG 233, KOV 40 (Spezialanzeige an bekannte Gläubiger).*

Zu Abs. 1

1 Zum besonderen Anwendungsfall **der Versammlung der Anleihensgläubiger** eines konkursiten Anleihensschuldners siehe OR 1183.

Zu Abs. 2

2 Der Entscheid des Büros über die Zulassung oder Nichtzulassung eines Gläubigers kann mit **betreibungsrechtlicher Beschwerde** angefochten werden, sofern dieser Entscheid die Beschlussfähigkeit der Versammlung oder das Ergebnis einer Abstimmung beeinflusst hat: BGE 86 III 94 E. 3.

---

1 Fassung gemäss Ziff. I des BG vom 16. Dez. 1994, in Kraft seit 1. Jan. 1997 (AS 1995 1227; BBl 1991 III 1).

Zu Abs. 3

3 Die **Vertretung** einer grossen Zahl von Gläubigern durch die gleiche Person an der Gläubigerversammlung ist zulässig, sofern kein Stimmenkauf vorliegt und die Interessen der Gläubiger nicht mit denjenigen des Gemeinschuldners vermengt werden. Die Vollmacht zur Vertretung darf auch mit Weisungen für die Stimmabgabe an der Gläubigerversammlung verbunden werden: BGE 97 III 121 E. 4.

4 Als **unzulässiger Stimmenkauf** ist jede Vereinbarung anzusehen, kraft deren ein Gläubiger gegen Zusicherung besonderer Vorteile einem andern die Ausübung seines Stimmrechts an der Gläubigerversammlung überlässt oder sich verpflichtet, selbst in dem vom Letzteren gewünschten Sinne zu stimmen: BGE 97 III 121 E. 4; BGE 86 III 94 E. 5; BGE 40 III 171, 173. Der Stimmenkauf zieht die Ungültigkeit der Bevollmächtigung nach sich: BGE 86 III 94 E. 5; BGE 40 III 171, 173.

5 Wer vorgibt, andere Gläubiger zu vertreten, muss sich hierüber **mit einer eindeutigen schriftlichen Vollmacht ausweisen**. Die von einem Gläubigervertreter vorgelegte Vollmacht ist vom Büro genau und nicht bloss summarisch zu prüfen BGE 135 III 464 E. 3.2.

6 SchKG 232 Abs. 3 ist **nicht analog** auf den Nachlassvertrag mit Vermögensabtretung anwendbar: BGE 82 III 85 E. 1.

Zu Abs. 4

7 Jedem Gläubiger kommt – ohne Rücksicht auf die Höhe und Privilegierung seiner Forderung – **nur eine Stimme zu**. Vertreter haben dagegen so viele Stimmen, als sie Gläubiger vertreten: BGE 38 I 774, 777.

8 Wer sich der Stimme **enthält**, wird wie ein Abwesender behandelt, d.h. seine Stimme wird **nicht mitgezählt**: BGE 40 III 1 E. 2.

9 Bei der **zweiten Gläubigerversammlung** bietet die Feststellung des Gläubigerquorums keinerlei Schwierigkeiten, weil über die Zulassung der Gläubiger zur Gläubigerversammlung der Kollokationsplan sicheren Aufschluss vermittelt, zumal, wenn er bereits in Rechtskraft erwachsen ist: BGE 116 III 96 E. 6.b.

10 Die konkursamtliche Verfügung, wonach nur jene Gläubiger einen **Prozesskostenvorschuss** zu leisten haben, die sich gegen einen Vergleich und für die Weiterführung bzw. Eröffnung eines Prozesses ausgesprochen haben, nicht aber jene, die diesbezüglich in der Minderheit geblieben sind, verstösst nicht gegen Bundesrecht: BGE 110 III 93 E. 3.

Art. 236[1] 2. Beschlussunfähigkeit

Ist die Versammlung nicht beschlussfähig, so stellt das Konkursamt dies fest. Es orientiert die anwesenden Gläubiger über den Bestand der Masse und verwaltet diese bis zur zweiten Gläubigerversammlung.

---

1 Fassung gemäss Ziff. I des BG vom 16. Dez. 1994, in Kraft seit 1. Jan. 1997 (AS 1995 1227; BBl 1991 III 1).

Verweise: *SchKG 235 Abs. 3, KOV 42 Abs. 1 (Beschlussfähigkeit → Nr. 5); SchKG 197–203, 208, 211, 225, 242 (Konkursmasse).*

Keine Entscheidungen.

Art. 237 3. Befugnisse
a. Einsetzung von Konkursverwaltung und Gläubigerausschuss

[1] Ist die Gläubigerversammlung beschlussfähig, so erstattet ihr das Konkursamt Bericht über die Aufnahme des Inventars und den Bestand der Masse.

[2] Die Versammlung entscheidet, ob sie das Konkursamt oder eine oder mehrere von ihr zu wählende Personen als Konkursverwaltung einsetzen wolle.

[3] Im einen wie im andern Fall kann die Versammlung aus ihrer Mitte einen Gläubigerausschuss wählen; dieser hat, sofern die Versammlung nichts anderes beschliesst, folgende Aufgaben:[1]

1. Beaufsichtigung der Geschäftsführung der Konkursverwaltung, Begutachtung der von dieser vorgelegten Fragen, Einspruch gegen jede den Interessen der Gläubiger zuwiderlaufende Massregel;
2. Ermächtigung zur Fortsetzung des vom Gemeinschuldner betriebenen Handels oder Gewerbes mit Festsetzung der Bedingungen;
3. Genehmigung von Rechnungen, Ermächtigung zur Führung von Prozessen sowie zum Abschluss von Vergleichen und Schiedsverträgen;
4. Erhebung von Widerspruch gegen Konkursforderungen, welche die Verwaltung zugelassen hat;
5. Anordnung von Abschlagsverteilungen an die Konkursgläubiger im Laufe des Konkursverfahrens.

Verweise: *SchKG 237 Abs. 2, 240–243 (Konkursverwaltung)*

Abs. 1: *SchKG 235 Abs. 3, KOV 42 Abs. 1 (Beschlussfähigkeit → Nr. 5); SchKG 221; KOV 25–34, 37 (Inventaraufnahme); SchKG 197–203, 208, 211, 225, 242 (Konkursmasse); KOV 42 (Protokoll der Gläubigerversammlungen).*

Abs. 2: *KOV 43, 97–98 (Geschäftsführung der ausseramtlichen Konkursverwaltungen).*

Abs. 3: *KOV 44 (Protokoll des Gläubigerausschusses).*

Abs. 3 Ziff. 2: *SchKG 223 (Sicherungsmassnahmen); SchKG 238 Abs. 1 (dringliche Beschlüsse); KOV 36 (Abschluss der Geschäftsbücher).*

---

1 Fassung gemäss Ziff. I des BG vom 16. Dez. 1994, in Kraft seit 1. Jan. 1997 (AS 1995 1227; BBl 1991 III 1).

Abs. 3 Ziff. 3: *SchKG 242, KOV 46 (Aussonderung und Admassierung); SchKG 250, KOV 66 Abs. 3 (Kollokationsklage); SchKG 207 (Einstellung von Zivilprozessen und Verwaltungsverfahren).*

Abs. 3 Ziff. 4: *SchKG 247 Abs. 3 (Genehmigung des Kollokationsplans durch den Gläubigerausschuss).*

Abs. 3 Ziff. 5: *SchKG 266 (Abschlagsverteilungen).*

Zu Abs. 1

1 Für die Gläubiger besteht zwar **keine Verpflichtung**, an den Gläubigerversammlungen im Rahmen des Konkursverfahrens teilzunehmen, doch handelt es sich bei der Teilnahme um eine **Obliegenheit**, deren Erfüllung für die Wahrung privat- oder öffentlichrechtlicher Ansprüche gegen den Konkursiten von Bedeutung sein kann: BGE 121 V 240 E. 3.c.aa. Gemäss AHVG 52 Abs. 4 ist die Ausgleichskasse verpflichtet, für den Schaden, den ein Arbeitgeber durch absichtliche oder grobfahrlässige Missachtung von Vorschriften der Versicherung verursacht, durch Erlass einer Verfügung Schadenersatz geltend zu machen. Der Schadenersatzanspruch verjährt zwei Jahre, nachdem die zuständige Ausgleichskasse vom Schaden Kenntnis erhalten hat, jedenfalls aber fünf Jahre nach Eintritt des Schadens (AHVG 52 Abs. 3 Satz 1). Die relative zweijährige Verjährungsfrist wird in Gang gesetzt, wenn die Ausgleichskasse die für den Erlass einer Schadenersatzverfügung notwendige Kenntnis über Existenz, Beschaffenheit und wesentliche Merkmale des Schadens sowie die Person des Ersatzpflichtigen hat. Im Falle eines Konkurses besteht i.d.R. erst mit der Auflage von Kollokationsplan und Inventar ausreichende Schadenskenntnis. Ausnahmsweise kann aber auch vor diesem Zeitpunkt bereits zumutbare Schadenskenntnis bestehen. Dies ist insbesondere dann der Fall, wenn anlässlich von Gläubigerversammlungen feststeht, dass die Schadenersatzforderung ungedeckt bleibt. Die Ausgleichskasse ist daher grundsätzlich zur Teilnahme an Gläubigerversammlungen verpflichtet oder hat zumindest Einsicht ins Protokoll zu nehmen: BGer v. 26.07.2011, 9C_407/2011 E. 2 m.w.H.

2 Wegen Unvollständigkeit oder Unrichtigkeit des Protokolls über die Gläubigerversammlung **kann ohne Befristung Beschwerde geführt werden**: BGE 52 III 20, 21.

Zu Abs. 2

3 Als ausseramtliche Konkursverwaltung kann nicht nur eine natürliche, sondern **auch eine juristische Person** gewählt werden: BGE 101 III 43 E. 5.

4 Gemäss KOV 98 Abs. 1 (→ Nr. 5) liegt das Domizil einer ausseramtlichen Konkursverwaltung **am Sitz des Konkursamtes**.

Zu Abs. 3

4 Der Gläubigerausschuss kann **auch von der zweiten Gläubigerversammlung** gültig ernannt werden: BGE 55 III 180 E. 1.

5 Indem die Gläubigerversammlung einen Gläubigerausschuss ernennt, unterwirft sie den Konkursverwalter der **Aufsicht** durch ein an ihrer Stelle handelndes Organ und macht die Vornahme gewisser Konkursverwaltungshandlungen von der **Mitwirkung** dieses Organs abhängig: BGE 51 III 160, 162 f.

6 Der Gläubigerausschuss kann **seine Befugnisse aufgrund seines kollegialen Charakters nur als Einheit wahrnehmen**. Seine einzelnen Mitglieder haben – ausgenommen den Fall einer Kompetenzdelegation durch die Gemeinschaft – kein Recht, sich in die Geschäftsführung der Konkursverwaltung einzumischen. Dem einzelnen Mitglied eines Gläubigerausschusses steht nur gegen solche Handlungen der Konkursverwaltung ein Beschwerderecht zu, die trotz einer obligatorischen Mitwirkungspflicht des Gläubigerausschusses ohne dessen Einverständnis oder ohne Anhörung des einzelnen Mitglieds dieses Ausschusses erfolgt sind: BGE 119 III 118 E. 1.b (Pra 83 [1994] Nr. 87); BGE 51 III 160, 163.

7 Die Wendung «aus ihrer Mitte» bedeutet, dass in den Gläubigerausschuss nur jene Gläubiger gewählt werden dürfen, die an der Gläubigerversammlung **anwesend** oder **vertreten** sind: BGE 59 III 132 E. 2.

8 Die Aufsichtsbehörde ist gestützt auf SchKG 239 i.V.m. 21 befugt, die Bestellung des Gläubigerausschusses durch die Gläubigerversammlung **aufzuheben** oder den Ausschuss **anders zu besetzen**, wenn sie es für angezeigt erachtet: BGE 59 III 132 E. 2. Sie hat dabei den ihr zustehenden Ermessensspielraum auszunützen und allenfalls den Entscheid der Gläubigerversammlung durch ihren eigenen Ermessensentscheid zu ersetzen: BGE 119 III 118 E. 4 (Pra 83 [1994] Nr. 87). Der Entscheid der Aufsichtsbehörde kann letztinstanzlich beim Bundesgericht angefochten werden. Das Bundesgericht kann den Entscheid jedoch **nicht auf Unangemessenheit** prüfen; es kann bloss prüfen, ob die Vorinstanz ihr Ermessen überschritten oder missbraucht hat: BGer v. 12.08.2004, 7B.52/2004 E. 2; BGE 101 III 76 E. 3.

9 In der **Absetzung** eines Mitglieds des Gläubigerausschusses durch die Aufsichtsbehörde wegen Missachtung des Kollegialprinzips und vorsätzlicher Verletzung der Schweigepflicht liegt weder eine Ermessensüberschreitung noch ein Ermessensmissbrauch: BGE 119 III 118 E. 4 (Pra 83 [1994] Nr. 87).

10 Eine weitere Kompetenz des Gläubigerausschusses liegt in der Befugnis zur Einberufung **weiterer Gläubigerversammlungen** (SchKG 55).

11 Zum Gläubigerausschuss im **Bankenkonkurs** siehe BankG 35 Abs. 2 (→ Nr. 36).

Zu Abs. 3 Ziff. 2

12 Hat die erste Gläubigerversammlung selbst die Weiterführung des vom Gemeinschuldner betriebenen Geschäfts beschlossen, so soll der Gläubigerausschuss die Schliessung des Geschäfts **nur im Falle der Not**, d.h. zur Abwendung beträchtlichen Schadens, anordnen. Grundsätzlich ist die zweite Gläubigerversammlung abzuwarten: BGE 95 III 25 E. 2.b.

Zu Abs. 3 Ziff. 3

13 Beim Abschluss eines Vergleichs hat der Gläubigerausschuss **die Interessen sämtlicher Gläubiger wahrzunehmen**: BGer v. 04.12.2000, 7B.166/2000 E. 7.a. Die Genehmigung eines Vergleichs durch den Gläubigerausschuss stellt einen **Ermessensentscheid** dar: BGer v. 04.12.2000, 7B.166/2000 E. 7.a; BGE 86 III 124 E. 3.

14 Die dem Gläubigerausschuss eingeräumte Befugnis, die Konkursverwaltung zur Führung von Prozessen und zum Abschluss von Vergleichen zu ermächtigen, bezieht sich nicht nur auf Streitigkeiten, die **im Verlauf des Konkursverfahrens entstehen**: BGE 39 I 531 E. 1. Sie bezieht sich auch auf Aktivprozesse, die **im Zeitpunkt der Konkurseröffnung bereits**

hängig sind: BGE 103 III 21 E. 3. Hält der Gläubigerausschuss in pflichtgemässer Abwägung der Prozessaussichten einen Vergleich als im Interesse der Konkursmasse und damit der Gläubiger liegend, so steht dem Abschluss eines solchen Vergleichs **weder SchKG 207 noch eine andere Bestimmung** entgegen: BGer v. 04.12.2000, 7B.166/2000 E. 7.a; BGE 103 III 21 E. 3.

15 Das Recht der Konkursgläubiger **zur Anfechtung eines durch die Konkursverwaltung abgeschlossenen Vergleichs** steht unter dem Vorbehalt von SchKG 237 Abs. 3. D.h., dass durch die Wahl eines Gläubigerausschusses mit der Befugnis, die Konkursverwaltung zum Abschluss von Vergleichen zu ermächtigen, die Gläubiger auf das Recht zur Anfechtung verzichten: BGE 75 III 61, 63.

Zu Abs. 3 Ziff. 5

16 Zu **Abschlagsverteilungen** siehe auch SchKG 266.

Art. 238 b. Beschlüsse über dringliche Fragen

¹ Die Gläubigerversammlung kann über Fragen, deren Erledigung keinen Aufschub duldet, Beschlüsse fassen, insbesondere über die Fortsetzung des Gewerbes oder Handels des Gemeinschuldners, über die Frage, ob Werkstätten, Magazine oder Wirtschaftsräume des Gemeinschuldners offen bleiben sollen, über die Fortsetzung schwebender Prozesse, über die Vornahme von freihändigen Verkäufen[1].

² Wenn der Gemeinschuldner einen Nachlassvertrag vorschlägt, kann die Gläubigerversammlung die Verwertung einstellen.

Verweise

Abs. 1: *SchKG 223 (Sicherungsmassnahmen); SchKG 243 Abs. 2 (Notverkauf); SchKG 256 (Verwertungsmodus); SchKG 207 (Einstellung von Zivilprozessen und Verwaltungsverfahren).*

Abs. 2: *SchKG 252 Abs. 2 (Anzeige der Verhandlung über einen Nachlassvertrag); SchKG 332 (Nachlassvertrag im Konkurs); SchKG 252–260 (Verwertung).*

Zu Abs. 1

1 Der Beschluss der Gläubigerversammlung über die Verpachtung eines zur Konkursmasse gehörenden Hotels bis zu dessen Verwertung ist ungültig, wenn die Grundpfandgläubiger **nicht zugestimmt** haben: BGE 51 III 42, 46. Zur Zustimmung der Pfandgläubiger siehe auch SchKG 256.

2 Beschlüsse der ersten Gläubigerversammlung einer konkursiten Aktiengesellschaft, die der einzige Verwaltungsrat und Alleinaktionär der Gemeinschuldnerin **mit Hilfe von durch irreführende Angaben erlangten Vertretungsvollmachten zahlreicher Gläubiger**

---

1 Bezeichnung gemäss Ziff. I des BG vom 16. Dez. 1994, in Kraft seit 1. Jan. 1997 (AS 1995 1227; BBl 1991 III 1). Diese Änd. ist im ganzen Erlass berücksichtigt.

durchgesetzt hat, sind grundsätzlich **nichtig** und deshalb von Amtes wegen aufzuheben: BGE 96 III 100 E. 2.b.

3 Zum Notverkauf siehe SchKG 243 Abs. 2.

Zu Abs. 2

4 Die Einstellung der Verwertung aufgrund des Vorschlags eines Nachlassvertrags erfolgt grundsätzlich erst dann, wenn der Nachlassvertrag von der Gläubigerversammlung akzeptiert und von der zuständigen Behörde genehmigt worden ist. Zwar räumt SchKG 238 Abs. 2 der Gläubigerversammlung bzw. der Konkursverwaltung im summarischen Konkursverfahren die Befugnis ein, die Verwertung einzustellen, wenn der Gemeinschuldner einen Nachlassvertrag vorschlägt. Dies bedingt jedoch, dass die Einstellung **durch die Umstände gerechtfertigt wird** und der Gemeinschuldner **positive Garantien** für das Zustandekommen eines Nachlassvertrags bieten kann. Die Einreichung eines Vorschlags des Nachlassvertrags in einem hängigen Konkursverfahren **genügt für sich allein nicht** zur Einstellung der Verwertung: BGer v. 26.03.2010, 5A_106/2010 E. 3; BGE 120 III 94 E. 2.a.

5 Will der Gemeinschuldner **nach der zweiten Gläubigerversammlung** einen Nachlassvertrag vorschlagen, so soll ihm die Konkursverwaltung unverzüglich eine kurze Frist zur Leistung eines Vorschusses für die Kosten einer ausserordentlichen Gläubigerversammlung ansetzen. Tritt die Konkursverwaltung dergestalt auf das Nachlassgesuch des Gemeinschuldners ein, so braucht sie deswegen die Verwertung nicht einzustellen. Hierzu ist die Konkursverwaltung erst verpflichtet, nachdem die Gläubigerversammlung den Nachlassvertrag angenommen hat. Bis dahin ist die Konkursverwaltung **unter dem Vorbehalt von SchKG 238 Abs. 2** nicht an der Verwertung gehindert: BGE 78 III 17, 18.

Art. 239   4. Beschwerde

¹ Gegen Beschlüsse der Gläubigerversammlung kann innert fünf Tagen bei der Aufsichtsbehörde Beschwerde geführt werden.[1]

² Die Aufsichtsbehörde entscheidet innerhalb kurzer Frist, nach Anhörung des Konkursamtes und, wenn sie es für zweckmässig erachtet, des Beschwerdeführers und derjenigen Gläubiger, die einvernommen zu werden verlangen.

Verweise

Abs. 1: *SchKG 31–33, SchKG 56–63, ZPO 142 ff. (Fristberechnung → Nr. 25); SchKG 17–21 (Beschwerde).*

1 Jeder **Gläubiger**, der einem Beschluss der Gläubigerversammlung **weder ausdrücklich noch durch konkludentes Handeln** zugestimmt hat, ist legitimiert, gegen diesen Beschluss Beschwerde zu führen: BGE 69 III 18 E. 3. Dabei kann nicht nur eine Rechtsverlet-

---

[1] Fassung gemäss Ziff. I des BG vom 16. Dez. 1994, in Kraft seit 1. Jan. 1997 (AS 1995 1227; BBl 1991 III 1).

zung, sondern auch die Unangemessenheit des Beschlusses geltend gemacht werden: BGE 86 III 121 E. 2.

2 Der **Schuldner** ist ebenfalls legitimiert, Beschlüsse der Gläubigerversammlung anzufechten, sofern sie **in seine gesetzlich geschützten Rechte und Interessen eingreifen**. Dass der angefochtene Beschluss unangemessen sei, kann der Schuldner aber nicht geltend machen; die Aufsichtsbehörde hat bei einer Beschwerde des Schuldners bloss die Gesetzmässigkeit des Gläubigerbeschlusses zu überprüfen: BGE 101 III 43 E. 1.

3 Die Beschwerdefrist von fünf statt zehn Tagen (SchKG 239 als Ausnahme zu SchKG 17) gilt **nur gegenüber Beschlüssen der ersten Gläubigerversammlung im engeren Sinn**. Nachträglich auf dem Zirkularweg gefasste Beschlüsse können dagegen innert 10 Tagen angefochten werden: BGE 69 III 18 E. 2.

4 Die **Frist für die Weiterziehung des Entscheids** einer unteren Aufsichtsbehörde an die obere beträgt **zehn Tage**: BGE 41 III 427, 428 f.

Art. 240 B. Konkursverwaltung
1. Aufgaben im Allgemeinen

Die Konkursverwaltung hat alle zur Erhaltung und Verwertung der Masse gehörenden Geschäfte zu besorgen; sie vertritt die Masse vor Gericht.

Verweise: SchKG 252–260 (Verwertung); SchKG 197–203, 208, 211, 225, 242 (Konkursmasse); SchKG 215 Abs. 1, 218 Abs. 2 (Rückgriffsrechte der Konkursmasse); SchKG 243 Abs. 1 (Forderungseinzug); SchKG 243 Abs. 2 (Notverkauf); SchKG 237 Abs. 3 Ziff. 3 (Vertretung der Masse vor Gericht durch den Gläubigerausschuss); KOV 43, 97–98 (Geschäftsführung der ausseramtlichen Konkursverwaltungen → Nr. 5).

1 Die Konkursverwaltung ist das **ausführende Organ** im Konkursverfahren, ihr obliegt die materielle Durchführung des Konkursverfahrens. Sie hat alle zur Erhaltung und Verwertung der Masse gehörenden Geschäfte zu tätigen. Dazu gehören namentlich die **Prozessführung** namens der Masse, die **Aussonderung** und **Admassierung** (SchKG 242) sowie der **Forderungseinzug** (SchKG 243). Die Konkursverwaltung hat alles Gebotene anzuordnen, um die Masse zu erhalten und zu mehren. Die Konkursmasse kann alle Rechte des Gemeinschuldners geltend machen und trägt seine Pflichten. Über die blosse Verwaltung und Verwertung hinausgehende Handlungen darf sie hingegen nicht vornehmen: BGer v. 09.03.2011, 6B_557/2010 E. 6.3.2.

2 Die Konkursverwaltung tritt nach aussen kraft Gesetzes **selbstständig** auf. Dank der ihr zugedachten Aufgabe, das Konkursverfahren im Einzelnen durchzuführen, verfügt sie regelmässig über die beste Übersicht über die Verhältnisse. Vor allem in nicht leicht überschaubaren Verhältnissen, wie sie bei Grosskonkursen üblich sind, oder aber im summarischen Konkursverfahren, wo regelmässig keine Gläubigerversammlungen stattfinden (KOV 96 → Nr. 5), hat die Konkursverwaltung als Ausführungsorgan und Mittlerin zwischen Masse und Dritten eine besonders starke Stellung inne: BGE 116 III 96 E. 4.c.

3 Im Schrifttum wird die Konkursverwaltung in Bezug auf ihre geschäftliche Tätigkeit und die Prozessführung mehrheitlich als gesetzliche Vertreterin des Schuldners verstanden. Die Rechtsprechung des Bundesgerichts bezeichnet die Konkursverwaltung demgegenüber mit Bezug auf die Konkursmasse einerseits **als gesetzliche Vertreterin** des Gemeinschuldners, andererseits umschreibt sie die Konkursverwaltung **als gesetzliches Organ** der Konkursmasse: BGer v. 09.03.2011, 6B_557/2010 E. 6.3.2.

4 Durch das gesetzlich eingeräumte **Prozessführungsrecht** stehen der Konkursverwaltung alle prozessualen Mittel und Möglichkeiten des Zivilprozessrechts zur Verfügung, ohne dass sie noch einer besonderen Vollmacht bedürfte. Sie ist **aber an die Beschlüsse und Weisungen der ersten Gläubigerversammlung gebunden**. Das Prozessführungsrecht der Konkursverwaltung schliesst alle Massnahmen und Erklärungen ein, die in einem Zivilprozess von Bedeutung sind. Sie kann alle rechtlichen Schritte einleiten, die der Liquidationszweck mit sich bringt: BGer v. 09.03.2011, 6B_557/2010 E. 6.3.2.

5 Die Konkursverwaltung ist sachlich **nicht zuständig**, Forderungen, die gleichzeitig von der Konkursmasse und Dritten beansprucht werden, **durch Verfügung zu admassieren**; hierüber hat das Gericht zu befinden: BGE 90 III 90 E. 1 und 2.

6 Im Konkurs **des Verpfänders eines Schuldbriefs** ist die Konkursverwaltung verpflichtet, die Einforderung der verfallenen Kapitalabzahlungen vorzunehmen oder dem Pfandgläubiger die Legitimation dazu zu verschaffen: BGE 71 III 153 E. 3.

7 Zur Beschwerde gegen Verfügungen der Konkursorgane ist **grundsätzlich auch ein nicht anerkannter Konkursgläubiger befugt**, dessen Forderung noch den Gegenstand eines hängigen Rechtsstreites bildet. Er hat jedoch **kein Beschwerderecht** gegen eine Verfügung, welche die Weiterführung des Prozesses über seine Forderung durch die Masse betrifft: BGE 90 III 86 E. 1 und 2.

8 Da die Konkursverwaltung die Interessen der Konkursmasse zu wahren hat, kommt ihr gegenüber Entscheiden der Aufsichtsbehörde ein **Beschwerderecht** zu: BGE 85 III 90 E. 1; BGE 75 III 19 E. 1; BGE 55 III 64 E. 1. Das Konkursamt ist als Konkursverwaltung berechtigt, eine Massnahme des **vom gleichen Beamten geleiteten Betreibungsamtes anzufechten**: BGE 63 III 79 E. 2.

9 Einer Konkursmasse kann die **unentgeltliche Prozessführung nicht gewährt** werden. Kann sie die Prozesskosten nicht selbst aufbringen und werden diese von den Gläubigern nicht vorgeschossen, oder will die Masse den Prozess nicht führen, so ist den Gläubigern die Abtretung der Prozessführungsrechte anzubieten: BGE 61 III 170 E. 2 und 3.

10 Zur Pflicht der Konkursverwaltung, im **Genossenschaftskonkurs** die Haftung der persönlich haftenden Genossenschafter zu realisieren, siehe OR 869 und 873 sowie die VGeK (→ Nr. 11).

Art. 241[1] 2. Stellung der ausseramtlichen Konkursverwaltung

Die Artikel 8–11, 13, 14 Absatz 2 Ziffern 1, 2 und 4 sowie die Artikel 17–19, 34 und 35 gelten auch für die ausseramtliche Konkursverwaltung.

Verweise: KOV 43, 97–98 (Geschäftsführung der ausseramtlichen Konkursverwaltungen → Nr. 5).

1 Die Aufsichtsbehörde kann gestützt auf ihr Aufsichtsrecht nach SchKG 13 die Befugnisse der Konkursverwaltung **beschränken**, indem sie etwa die Verträge und Verfügungen des Konkursverwalters ihrer Genehmigung unterstellt: BGE 88 III 68 E. 10.

2 Die ausseramtliche Konkursverwaltung übt nicht ein privates Mandat aus, sie versieht ein **öffentliches Amt**. Deshalb untersteht sie wie ein Konkursbeamter der **Disziplinargewalt** der kantonalen Aufsichtsbehörde: BGer v. 31.10.2005, 5P.313/2005 E. 4.1. Disziplinarentscheide können von den Betroffenen mit Beschwerde nach SchKG 18 bei einer allfälligen oberen Aufsichtsbehörde oder mit Beschwerde in Zivilsachen nach BGG 72 Abs. 2 lit. a (→ Nr. 26) beim Bundesgericht angefochten werden.

3 Die Amtsenthebung einer ausseramtlichen Konkursverwaltung ist **willkürlich**, wenn diese aufgrund eines pflichtwidrigen Verhaltens erfolgt, ohne dass entschuldigende Umstände bei der Beurteilung dieses Verhaltens berücksichtigt worden wären: BGE 112 III 67 E. 7.b.

4 Da kein rechtlicher Anspruch darauf besteht, als ausseramtlicher Konkursverwalter eingesetzt zu werden, **fehlt es mangels eines rechtlich geschützten Interesses an der Legitimation zur Beschwerde** gegen die nicht erfolgte Ernennung: BGer v. 31.10.2005, 5P.313/2005 E. 3. Dasselbe gilt für den Fall der Nichtbestätigung und damit verbundenen faktischen Absetzung der Konkursverwaltung durch die zweite Gläubigerversammlung nach SchKG 253 Abs. 2: BGer v. 31.10.2005, 5P.313/2005 E. 4.2.

5 Bestätigt die **zweite Gläubigerversammlung** eine ausseramtliche Konkursverwaltung in ihrem Amt, so kann der Beschluss der ersten Gläubigerversammlung, mit dem diese eingesetzt wurde, nicht mehr mit Beschwerde angefochten werden: BGE 105 III 67 E. 1.

Art. 242[2] 3. Aussonderung und Admassierung

[1] Die Konkursverwaltung trifft eine Verfügung über die Herausgabe von Sachen, welche von einem Dritten beansprucht werden.

[2] Hält die Konkursverwaltung den Anspruch für unbegründet, so setzt sie dem Dritten eine Frist von 20 Tagen, innert der er beim Richter am Konkursort Klage einreichen kann. Hält er diese Frist nicht ein, so ist der Anspruch verwirkt.

---

1 Fassung gemäss Ziff. I des BG vom 16. Dez. 1994, in Kraft seit 1. Jan. 1997 (AS 1995 1227; BBl 1991 III 1).

2 Fassung gemäss Ziff. I des BG vom 16. Dez. 1994, in Kraft seit 1. Jan. 1997 (AS 1995 1227; BBl 1991 III 1).

³ Beansprucht die Masse bewegliche Sachen, die sich im Gewahrsam oder Mitgewahrsam eines Dritten befinden, oder Grundstücke, die im Grundbuch auf den Namen eines Dritten eingetragen sind, als Eigentum des Schuldners, so muss sie gegen den Dritten klagen.

Verweise

Abs. 1: *KOV 45 (Verfügung der Konkursverwaltung → Nr. 5); KOV 47–51 (Wahrung der Gläubigerrechte im Falle der Anerkennung des Drittanspruchs); GebV SchKG 46 Abs. 1 lit. b (Gebühr → Nr. 7); SchKG 203 (Rücknahmerecht des Verkäufers); SchKG 225 (Rechte Dritter an Fahrnis); SchKG 232 Abs. 2 Ziff. 2 (Schuldenruf).*

Abs. 2: *KOV 46 (Klagefristansetzung an den Drittansprecher); SchKG 31–33, SchKG 56–63, ZPO 142 ff. (Fristberechnung); SchKG 46–55 (Konkursort).*

Abs. 3: *SchKG 197–203, 208, 211, 225, 242 (Konkursmasse); ZGB 655 Abs. 2 (Grundstücke); ZGB 942–977 (Grundbuch); ZGB 641–729 (Eigentum).*

Zu Abs. 1

1 Der Konkursverwaltung kommt **bezüglich der Herausgabe von Sachen**, die von dritter Seite als Eigentum angesprochen werden, **nicht in dem Umfang Verfügungsmacht zu**, wie es der Wortlaut von SchKG 242 vermuten liesse. KOV 47 (→ Nr. 5) sieht einschränkend vor, dass die Anzeige an den Drittansprecher und die Herausgabe des angesprochenen Gegenstandes zu unterbleiben hat, bis feststeht, ob die zweite Gläubigerversammlung etwas anderes beschliesst oder ob nicht einzelne Gläubiger nach SchKG 260 die Abtretung der Ansprüche der Masse auf den Gegenstand verlangen: BGE 116 III 96 E. 4.b.

2 Im Unterschied zu SchKG 242 Abs. 2 findet SchKG 242 Abs. 1 auf **Forderungen**, die ein Dritter als ihm zustehend beansprucht, entsprechende Anwendung, und zwar namentlich auch in Fällen der Subrogation gemäss OR 401. Die «Herausgabe» erfolgt bei einer Forderung durch die Erklärung der Konkursverwaltung, dass sie darauf keinen Anspruch erhebe, sondern anerkenne, dass sie dem Drittansprecher zustehe, oder allenfalls durch eine Abtretungserklärung: BGE 87 III 14 E. 2.a.

3 Es ist unter Vorbehalt der Rechte der Gläubiger und der Kompetenz der ordentlichen Gerichte zur Beurteilung streitiger Aussonderungsansprüche der Konkursverwaltung anheim gestellt, ob einem Aussonderungsbegehren entsprochen werden soll oder nicht. Die Aufsichtsbehörden haben der Konkursverwaltung mit Bezug auf diese Entscheidung **keine Weisungen** zu erteilen. Einen Herausgabeanspruch anzuerkennen, können die Aufsichtsbehörden der Konkursverwaltung auch nicht für den Fall befehlen, dass diese es unterlassen sollte, mit Bezug auf eine von einem Dritten angesprochene Forderung, die sie nicht freigeben will, auf Feststellung des Gläubigerrechts des Gemeinschuldners bzw. der Masse zu klagen. Das Konkursrecht enthält keine Vorschrift, die es den Aufsichtsbehörden erlauben würde, die Konkursverwaltung unter der Androhung der Verwirkung dieses materiellen Rechts zur Einleitung einer solchen Klage aufzufordern: BGE 87 III 14 E. 2.a.

4   Bei **gleichzeitigem Vorliegen von Kompetenz- und Dritteigentumsansprachen** ist zuerst die Frage der Kompetenzqualität zu erledigen: BGE 112 III 59 E. 2; BGE 84 III 33 E. 3; BGE 83 III 20, 21.

5   Beim Vorliegen einer Eigentumsansprache an einer Sache, **an der zugleich ein Retentionsrecht geltend gemacht wird**, hat sich die Konkursverwaltung erst dann über das Retentionsrecht auszusprechen, wenn das die Eigentumsansprache abweisende Urteil in Rechtskraft erwachsen ist; bleibt die Eigentumsansprache unbestritten, so hat sich die Konkursverwaltung nicht mit dem allfälligen Streit zwischen dem Drittansprecher und dem Gläubiger, der das Retentionsrecht geltend macht, zu befassen: BGE 107 III 84 E. 3.

6   Die **Kaution**, die ein Drittansprecher gestützt auf KOV 51 (→ Nr. 5) zwecks sofortiger Herausgabe der angesprochenen Gegenstände geleistet hat, kann **nicht Gegenstand einer Betreibung auf Pfandverwertung** während der Dauer des Konkursverfahrens bilden. Diese Betreibung bezieht sich nicht auf einen Gegenstand, der einem Dritten gehört, weshalb eine Ausnahme von SchKG 206 nicht gerechtfertigt ist: BGE 121 III 93 E. 1 (Pra 85 [1996] Nr. 22).

7   Das **Zurückziehen** der Eigentumsansprache eines Gläubigers hat nicht zur Folge, dass dieser von der Teilnahme am Verwertungserlös der angesprochenen Sache ausgeschlossen wird: BGE 75 III 14 E. 3.

8   Unter welchen Voraussetzungen in einem in der Schweiz durchgeführten Konkursverfahren die Aussonderung von im Ausland unter Eigentumsvorbehalt verkauften, in der Schweiz liegenden Sachen verlangt werden kann, bestimmt sich **nach schweizerischem Recht**: BGE 93 III 96 E. 2.b.

9   Die **Verwahrungskosten** auszusondernder bzw. ausgesonderter Gegenstände gehen zulasten der Konkursmasse (vgl. BGE 76 III 45 E. 3), nach erfolgter Abtretung gemäss SchKG 260 zulasten des Abtretungsgläubigers (KOV 47 Abs. 2 → Nr. 5).

10 Zur Feststellung des **Aussonderungsanspruchs des Bundes an Pflichtlagern** siehe Art. 6 der Verordnung über das Aussonderungs- und das Pfandrecht des Bundes an Pflichtlagern vom 06.07.1983 (SR 531.212).

Zu Abs. 2

11 Das **Aussonderungsverfahren** dient ausschliesslich der Klärung der Frage, ob der von einem Dritten beanspruchte Gegenstand dem Konkursbeschlag unterliegt. Auch wenn dabei materiellrechtliche Aspekte zum Tragen kommen, erfolgt **keine rechtskräftige Beurteilung** der Eigentumsverhältnisse, wie dies bei einer Vindikationsklage nach ZGB 641 der Fall ist: BGer v. 15.11.2011, 4A_185/2011 E. 2.2; BGE 131 III 595 E. 2.1.

12 Um über die Herausgabe einer Sache zu verfügen und Dritten, deren Eigentumsansprache für unbegründet gehalten wird, Frist anzusetzen, muss sich die Sache **im ausschliesslichen Gewahrsam der Masse befinden**. Andernfalls obliegt es der Masse oder gegebenenfalls den Abtretungsgläubigern nach SchKG 260, gegen den Dritten, der Gewahrsam an den Vermögenswerten hat, auf Herausgabe der Sache zu klagen. Für die Bestimmung des Gewahrsams kommt es im Konkursverfahren **auf den Zeitpunkt der Konkurseröffnung** an; in diesem verliert der Gemeinschuldner die Verfügungsgewalt über sein Vermögen (SchKG 197); damit verhält es sich im Konkurs analog zum Widerspruchsverfahren nach SchKG 106 bis

109, wo auf den Zeitpunkt abgestellt wird, in dem der Betriebene seine tatsächliche Verfügungsgewalt durch Pfändung (SchKG 96) oder durch Arrestierung (SchKG 275) verliert: BGE 122 III 436 E. 2.a.

13 Im Streit zwischen der Konkursmasse und einem Dritten über das Eigentum an einer Liegenschaft fällt die Klägerrolle der Partei zu, **die den Grundbucheintrag gegen sich hat**: BGE 85 III 50, 52.

14 Hat die Konkursverwaltung die von einem Dritten angesprochenen Vermögenswerte im Verlauf des Konkursverfahrens veräussert und dadurch den Gewahrsam an der Sache verloren, gelangt **als Surrogat der veräusserten Gegenstände der Erlös** – als für den Drittansprecher auszuscheidender Vermögenswert – in den Gewahrsam der Konkursmasse: BGE 122 III 436 E. 2.c.

15 Das Konkursamt hat bei der **Fristansetzung** vom rechtskräftig gewordenen Kollokationsplan auszugehen: BGE 114 III 23 E. 2.

16 Eine Klagefristsetzung, die auf einer **unrichtigen Beurteilung** der Gewahrsamsverhältnisse beruht, ist jedoch **nicht schlechthin nichtig**, sondern kann wegen dieses Mangels nur innert der Frist von SchKG 17 Abs. 2 **durch Beschwerde angefochten** werden: BGer v. 27.01.2010, 5A_631/2009 E. 3.1; BGE 93 III 96 E. 3.

17 Eine Drittansprache ist **auch dann zu berücksichtigen**, wenn sie **erst nach Ablauf der Eingabefrist** von SchKG 232 Ziff. 2 angemeldet wird. Der Umstand, dass der Dritte zunächst eine pfandgesicherte Forderung eingegeben hatte und diese im Kollokationsplan zugelassen worden war, hindert die Konkursverwaltung nicht, über den später aufgrund des gleichen Vertrags angemeldeten Eigentumsanspruch einen Entscheid nach SchKG 242 herbeizuführen: BGE 81 III 24 E. 2.

18 Die Klageaufforderung greift auch dann Platz, wenn der strittige Anspruch einem Gläubiger **nach SchKG 260 abgetreten worden ist**: BGE 27 I 233 E. 4.

19 Das Aussonderungsverfahren ist **nicht anwendbar**, wenn ein Dritter geltend macht, er selber und nicht der Gemeinschuldner sei der Gläubiger einer inventarisierten Forderung, die nicht in einem Wertpapier verkörpert ist: BGer v. 15.11.2011, 4A_185/2011 E. 2.2; BGE 128 III 388, 389 (Pra 91 [2002] Nr. 196); BGE 105 III 11 E. 2.

20 Das Kollokations- und das Aussonderungsverfahren haben nichts miteinander zu tun. Das eine Verfahren betrifft die Passiven, das andere die Aktiven der Konkursmasse. Über Aussonderungsansprüche ist deshalb **nicht im Kollokationsplan zu befinden**: BGE 105 III 11 E. 2.

21 Ansprüche, die mit der Aussonderungsklage geltend gemacht werden können, beziehen sich ausschliesslich auf das Eigentum sowie auf Aussonderungsansprüche, welche von Gesetzes wegen ausdrücklich anerkannt werden. Streitigkeiten, die sich **auf beschränkte dingliche Rechte** beziehen – so z.B. der Umfang der Pfandhaft –, sind demgegenüber **im Kollokationsverfahren** gemäss SchKG 250 auszutragen: BGE 114 III 23 E. 2.

22 Ein **Vergleich** zwischen Konkursverwaltung und Gläubiger im Aussonderungsprozess steht in Analogie zu KOV 66 (→ Nr. 5) unter dem Vorbehalt des Rechts der Gläubiger, die Aussonderung als Abtretungsgläubiger nach SchKG 260 noch zu bestreiten: BGer v. 07.04.2005, 5C.242/2004 E. 3.3.1.

Zu Abs. 3

23 Die Konkursverwaltung kann einem Dritten, der ins Konkursinventar aufgenommene Gegenstände zu Eigentum beansprucht, die Verfügung über diese Gegenstände **nicht verbieten, wenn sie sich nicht in ihrem Gewahrsam befinden**: BGE 85 III 143, 145.

Art. 243 4. Forderungseinzug. Notverkauf

¹ Unbestrittene fällige Guthaben der Masse werden von der Konkursverwaltung, nötigenfalls auf dem Betreibungswege, eingezogen.

² Die Konkursverwaltung verwertet ohne Aufschub Gegenstände, die schneller Wertverminderung ausgesetzt sind, einen kostspieligen Unterhalt erfordern oder unverhältnismässig hohe Aufbewahrungskosten verursachen. Zudem kann sie anordnen, dass Wertpapiere und andere Gegenstände, die einen Börsen- oder einen Marktpreis haben, sofort verwertet werden.[1]

³ Die übrigen Bestandteile der Masse werden verwertet, nachdem die zweite Gläubigerversammlung stattgefunden hat.

Verweise

Abs. 1: SchKG 232 Abs. 2 Ziff. 3 (Schuldner).

Abs. 2: SchKG 124 Abs. 2 (vorzeitige Verwertung in der Betreibung auf Pfändung); SchKG 130 Ziff. 2 (Freihandverkauf in der Betreibung auf Pfändung).

Abs. 3: SchKG 252–260 (Verwertung); SchKG 252–254 (zweite Gläubigerversammlung).

Zu Abs. 1

1 Unbestrittene Forderungen dürfen **nicht auf andere Art** als durch Forderungseinzug realisiert werden: BGE 50 III 66 E. 3.

2 Die Konkursverwaltung ist auch dann zum Einzug fälliger Forderungen legitimiert, wenn diese **einem Dritten verpfändet** sind: BGE 71 III 153 E. 1.

3 Wird die **Anerkennung** einer Forderung in einem hängigen Zivilprozess noch vor der Abschreibung der Klage wieder **zurückgezogen**, so liegt kein unbestrittenes Guthaben vor: BGE 108 III 21 E. 2.

4 Die Konkursverwaltung hat gegen alle Drittschuldner, die auf eine vorausgegangene briefliche Aufforderung weder bezahlt noch eine ausdrückliche Bestreitung eingereicht haben, die **Betreibung anzuheben**. Ist eine Bestreitung offenbar trölerisch und der Rechtsvorschlag des Schuldners durch (provisorische oder definitive) Rechtsöffnung zu beseitigen, so ist für solche Forderungen trotz der Bestreitung die Betreibung fortzusetzen. Liegt dagegen eine ernsthafte Bestreitung vor, so ist es Sache der zweiten Gläubigerversammlung, darüber zu

---

1 Fassung gemäss Ziff. I des BG vom 16. Dez. 1994, in Kraft seit 1. Jan. 1997 (AS 1995 1227; BBl 1991 III 1).

entscheiden, ob der Prozessweg beschritten oder ob das Guthaben i.S.v. SchKG 260 den Gläubigern zur Abtretung angeboten werden soll: BGE 108 III 21 E. 1.

5 Ergibt sich aus der von der Konkursverwaltung eingeleiteten Betreibung ein **Verlustschein**, so ist dieser öffentlich zu versteigern: BGE 26 II 479 E. 2.

6 Bereitet die Eintreibung einer Forderung trotz Unbestrittenheit und Fälligkeit **besondere Schwierigkeiten**, so ist es der Konkursverwaltung möglich, das Guthaben wie ein bestrittenes zu behandeln und von der Einziehung abzusehen: BGer v. 03.02.2004, 7B.268/2003 E. 2.4; BGE 93 III 23 E. 2.

7 **Schuldbriefe** sind nicht als Guthaben i.S.v. SchKG 243 Abs. 1 anzusehen, auch wenn sie fällig sind und nicht bestritten werden. Sie gelten als Vermögensstücke i.S.v. SchKG 256 Abs. 2, die, wenn sie verpfändet sind, nur mit Zustimmung des Pfandgläubigers anders als durch öffentliche Steigerung verwertet werden dürfen: BGE 48 III 137, 138.

8 Zur Abtretung **bestrittener Rechtsansprüche** siehe SchKG 260.

9 Zur Verwertung von **Anfechtungsansprüchen** nach den SchKG 286–288 siehe SchKG 256 Abs. 4.

10 Zur Verwertung von **Lebensversicherungsansprüchen** siehe VPAV 10 sowie 15–21 (→ Nr. 10).

Zu Abs. 2

11 SchKG 243 Abs. 2 bezieht sich nicht nur auf **bewegliche Sachen**, sondern auch auf **Grundstücke**: BGE 75 III 100 E. 1.

12 Die Verwertung eines Grundstücks kann grundsätzlich **nur aufgrund eines Beschlusses der zweiten Gläubigerversammlung** erfolgen: BGE 115 III 120 E. 2.

13 Gemäss VZG 128 Abs. 1 (→ Nr. 9) darf die Verwertung von Grundstücken im Konkursverfahren **selbst im Falle der Dringlichkeit** erst stattfinden, wenn **allfällige Kollokationsprozesse** über geltend gemachte Pfandrechte oder andere beschränkte dingliche Rechte **rechtskräftig erledigt sind**. Diese Bestimmung beruht auf der Überlegung, dass bei der Verwertung von Grundstücken nur dann ein ihrem wahren Wert entsprechender Erlös erzielt werden kann, wenn Klarheit über die zu überbindenden Lasten besteht. Indessen sieht VZG 128 Abs. 2 eine **Ausnahme** vor, wenn ganz besondere Umstände eine unverzügliche Verwertung erfordern. Ist diese Voraussetzung erfüllt, so können nur besonders wichtige Interessen die Verweigerung der Bewilligung zur vorzeitigen Verwertung rechtfertigen. Der Entscheid darüber, ob VZG 128 Abs. 2 anzuwenden und die vorzeitige Verwertung nach diesen Grundsätzen im einzelnen Fall gerechtfertigt sei, liegt weitgehend im Ermessen der kantonalen Aufsichtsbehörde. Das Bundesgericht kann nur eingreifen, wenn die kantonalen Behörden die erwähnten Grundsätze verkannt oder bei ihrer Anwendung das ihnen zustehende Ermessen überschritten haben: BGer v. 08.08.2005, 7B.90/2005 E. 3.3; BGE 119 III 85 E. 2.a und b.

14 VZG 128 (→ Nr. 9) ist **auf die Verwertung von Fahrnis nicht analog anwendbar**. Fahrnis kann deshalb **unbekümmert allfälliger umstrittener Pfandansprachen** unverzüglich verwertet werden: BGE 107 III 88 E. 1; BGE 71 III 72, 73.

15 Die Konkursverwaltung ist im Rahmen von SchKG 243 Abs. 2 befugt, die Verwertungsart für Mobilien **vor der zweiten Gläubigerversammlung** festzulegen: BGE 105 III 72 E. 3. Ob bei Dringlichkeit i.S.v. SchKG 243 Abs. 2 das Mehrgebotsrecht der Gläubiger nach SchKG 256 Abs. 3 berücksichtigt werden muss, hat das Bundesgericht bisher offen gelassen: zuletzt in BGE 131 III 280 E. 2.1 (Pra 95 [2006] Nr. 8).

16 Ein **kaufmännisches Unternehmen** kann einen Vermögenswert darstellen, der schneller Wertverminderung ausgesetzt und deshalb ohne Aufschub zu verkaufen ist, sobald es zu vorteilhaften Bedingungen, die die Erhaltung der Arbeitsplätze und die Fortsetzung des Mietvertrags gewährleisten, abgetreten werden kann: BGE 131 III 280 E. 2 (Pra 95 [2006] Nr. 8).

17 Im **summarischen Konkursverfahren** stellt sich nach Abschluss des Kollokationsverfahrens die Frage eines Notverkaufs i.S.v. SchKG 243 Abs. 2 gar nicht mehr. Das Konkursamt hat bei diesem Verfahrensstand die Konkursaktiven beförderlich zu verwerten: BGE 71 III 7, 9.

IV. Erwahrung der Konkursforderungen. Kollokation der Gläubiger

Art. 244 A. Prüfung der eingegebenen Forderungen

Nach Ablauf der Eingabefrist prüft die Konkursverwaltung die eingegebenen Forderungen und macht die zu ihrer Erwahrung nötigen Erhebungen. Sie holt über jede Konkurseingabe die Erklärung des Gemeinschuldners ein.

Verweise: SchKG 232 Abs. 2 Ziff. 2 (Eingabefrist); SchKG 237 Abs. 2, 240–243 (Konkursverwaltung); SchKG 251 (verspätete Konkurseingaben); KOV 55 (Erklärung des Gemeinschuldners → Nr. 5); SchKG 265 Abs. 1 (Wirkung der Anerkennung durch den Gläubiger); KOV 30 Abs. 1 (Anerkennung an Stelle des Gemeinschuldners).

1 Zweck des Kollokationsverfahrens im Konkurs (SchKG 244–251) ist **die Feststellung der Passivmasse**, d.h. der Forderungen, die am Liquidationsergebnis nach Bestand, Höhe, Rang und allfälligen Vorzugsrechten am Vermögen des Schuldners teilzunehmen haben: BGer v. 25.10.2011, 5A_469/2011 E. 4.1.1; BGE 135 III 545 E. 2.4 (Pra 99 [2010] Nr. 43).

2 Die Prüfung der eingegebenen Forderungen muss trotz der Pflicht der Konkursverwaltung, diese möglichst gründlich abzuklären, **summarisch** bleiben. Dies ergibt sich nicht zuletzt aus der kurzen Frist zur Aufstellung des Kollokationsplans (SchKG 247 Abs. 1). Die Konkursverwaltung hat nicht den Bestand der Forderung abzuklären, sondern bloss den **wahrscheinlichen Bestand**: BGer v. 06.08.2008, 5A_141/2008 E. 3.1.

3 Bei der **Prüfung der eingegebenen Forderungen** stützt sich die Konkursverwaltung vor allem auf die gemäss SchKG 232 Ziff. 2 eingereichten Beweismittel; es obliegt dem Gläubiger, seine Forderung mit den zugehörigen Beweismitteln zu belegen. KOV 59 Abs. 1 (→ Nr. 5) hält fest, dass die Konkursverwaltung im Fall, dass eine Forderung als nicht hinreichend belegt erscheint, diese abweisen oder dem Ansprecher eine Frist zur Einreichung weiterer Beweismittel ansetzen kann. Das Vorgehen der Konkursverwaltung (Abweisung

oder Fristansetzung) steht im pflichtgemässen Ermessen der Konkursverwaltung: BGer v. 06.08.2008, 5A_141/2008 E. 3.2.1.

4 Weist die Konkursverwaltung eine im Konkurs eingegebene Forderung ab, **ohne die zu deren Erwahrung nötigen Erhebungen** gemacht zu haben, so kann gegen ihre Entscheidung Beschwerde geführt werden: BGE 96 III 106 E. 2.

5 Beruht eine angemeldete Forderung auf einem bereits vor der Konkurseröffnung **in Rechtskraft erwachsenen und vollstreckbaren Urteil** eines schweizerischen Gerichts, ist die Konkursverwaltung an die urteilsmässigen Feststellungen über Bestand und Höhe der Forderung gebunden: BGer v. 02.11.2007, 5A_476/2007 E. 3.

6 **Mündliche Erklärungen** des Gläubigers oder dessen Vertreters **genügen nicht**, um die Aufnahme einer Forderung im Kollokationsplan zu rechtfertigen: BGE 93 III 59 E. 2.a.

7 Angemeldete Forderungen, die **aus Versehen** nicht in den Kollokationsplan aufgenommen worden sind, werden wie verspätete Eingaben behandelt: BGE 68 III 141 E. 1. Zum Schicksal nicht eingegebener Forderungen siehe SchKG 267.

8 Die Missachtung von SchKG 244 zweiter Satz, wonach über die Konkurseingaben die Erklärung des Gemeinschuldners einzuholen ist, stellt **keinen Nichtigkeitsgrund** i.S.v. SchKG 22 dar: BGer v. 17.03.2011, 5A_734/2010 E. 4.1; BGE 122 III 137 E. 1.

9 Das Nichteinholen der Erklärung des Konkursiten führt nur dann zur Aufhebung des Kollokationsplans, wenn seine Erklärungen nachweisbar **zu einer andern Entscheidung geführt hätte**: BGE 103 III 13 E. 8; BGE 71 III 181, 184.

10 Das **Bankgeheimnis** entbindet die Banken nicht von ihrer Auskunftspflicht gegenüber der Konkursverwaltung: BGE 94 III 83 E. 8; BGE 86 III 114 E. 1.

Art. 245 B. Entscheid

Die Konkursverwaltung entscheidet über die Anerkennung der Forderungen. Sie ist hierbei an die Erklärung des Gemeinschuldners nicht gebunden.

Verweise: SchKG 237 Abs. 2, 240–243 (Konkursverwaltung); SchKG 247–251 (Kollokationsplan); SchKG 244, KOV 55 (Erklärung des Gläubigers → Nr. 5).

1 Als Entscheid i.S.v. SchKG 245 kann nur eine Erklärung der Konkursverwaltung gelten, **die in unmissverständlicher Weise zu erkennen gibt**, ob der betreffende Gläubiger am Konkursergebnis teilnehmen soll oder nicht: BGE 85 III 93 E. 2. Die Konkursverwaltung hat sich im Kollokationsplan **unzweideutig und vorbehaltlos** darüber auszusprechen, ob sie die angemeldete Forderung anerkennt oder abweist: BGer v. 17.03.2011, 5A_734/2010 E. 4.1.2; BGE 96 III 35 E. 2.

2 Der Umstand, dass eine Konkurseingabe heikle Rechtsfragen aufwirft, bildet im Allgemeinen **keinen Grund**, die Verfügung über sie im Kollokationsplan **aufzuschieben**: BGE 92 III 27 E. 2.

3 Der Entscheid der Konkursverwaltung über die Zulassung einer angemeldeten Forderung mit entsprechender Kollokation ist insofern **nicht endgültig**, als ein Gläubiger den Kolloka-

onsplan mit vollstreckungsrechtlicher Aufsichtsbeschwerde oder aber klageweise (SchKG 250) anfechten kann: BGE 112 III 36 E. 3.a.

Art. 246[1]   C. Aufnahme von Amtes wegen

Die aus dem Grundbuch ersichtlichen Forderungen werden samt dem laufenden Zins in die Konkursforderungen aufgenommen, auch wenn sie nicht eingegeben worden sind.

Verweise: ZGB 942–977 (Grundbuch); SchKG 226, KOV 26 (Inventarisierung von Grundstücken → Nr. 5); SchKG 67 Abs. 1 Ziff. 3, 208 Abs. 1, 209, OR 102, 104–105 (Zins); SchKG 232 Abs. 2 Ziff. 2 (Schuldenruf).

1   SchKG 246 gilt auch in Bezug auf **beschränkte dingliche Rechte**: BGer v. 03.05.2006, 5C.41/2006 E. 2.2; BGE 39 I 445 E. 2.

2   **Faustpfandrechte** sind soweit möglich auch von Amtes wegen aufzunehmen: BGE 99 III 66 E. 1; BGE 64 III 65 E. 2.

3   Das Grundpfandrecht erstreckt sich gemäss ZGB 805 Abs. 1 von selbst auf die **Zugehör** und ist deshalb von der Konkursverwaltung **von Amtes wegen** im Kollokationsplan zu berücksichtigen: BGE 97 III 39 E. 2 (Pra 60 [1971] Nr. 179).

4   Die Ausdehnung der Pfandhaft auf die **Mietzinserträgnisse** erfolgt von Gesetzes wegen und ist deshalb von der Konkursverwaltung **von Amtes wegen** im Kollokationsplan zu berücksichtigen: BGE 105 III 28 E. 3.

5   **Verfallene Zinsen** sind nur dann in den Kollokationsplan aufzunehmen, wenn sie angemeldet werden: BGE 99 III 25 E. 3 (Pra 63 [1974] Nr. 66).

6   Eine Forderung, die nicht eingegeben worden, aber von Amtes wegen zu berücksichtigen ist, berechtigt wie eine eingegebene Forderung **zum Erhalt einer Spezialanzeige gemäss SchKG 249 Abs. 3**, falls sie im Kollokationsplan ganz oder teilweise abgewiesen oder nicht im beanspruchten Rang kolloziert worden ist: BGE 24 I 380 E. 3.

Art. 247[2]   D. Kollokationsplan
   1. Erstellung

¹ Innert 60 Tagen nach Ablauf der Eingabefrist erstellt die Konkursverwaltung den Plan für die Rangordnung der Gläubiger (Kollokationsplan, Art. 219 und 220).

² Gehört zur Masse ein Grundstück, so erstellt sie innert der gleichen Frist ein Verzeichnis der darauf ruhenden Lasten (Pfandrechte, Dienstbarkeiten, Grundlasten und

---

1   Fassung gemäss Ziff. I des BG vom 16. Dez. 1994, in Kraft seit 1. Jan. 1997 (AS 1995 1227; BBl 1991 III 1).
2   Fassung gemäss Ziff. I des BG vom 16. Dez. 1994, in Kraft seit 1. Jan. 1997 (AS 1995 1227; BBl 1991 III 1).

vorgemerkte persönliche Rechte). Das Lastenverzeichnis bildet Bestandteil des Kollokationsplanes.

³ Ist ein Gläubigerausschuss ernannt worden, so unterbreitet ihm die Konkursverwaltung den Kollokationsplan und das Lastenverzeichnis zur Genehmigung; Änderungen kann der Ausschuss innert zehn Tagen anbringen.

⁴ Die Aufsichtsbehörde kann die Fristen dieses Artikels wenn nötig verlängern.

Verweise: *SchKG 31–33, SchKG 56–63, ZPO 142 ff. (Fristberechnung → Nr. 25).*

Abs. 1: *SchKG 232 Abs. 2 Ziff. 2 (Eingabefrist); SchKG 237 Abs. 2, 240–243 (Konkursverwaltung); KOV 56–70 (Kollokationsplan); GebV SchKG 46 Abs. 1 lit. a (Gebühr → Nr. 7).*

Abs. 2: *SchKG 197–203, 208, 211, 225, 242 (Konkursmasse); ZGB 655 Abs. 2 (Grundstück); SchKG 140 Abs. 1, VZG 125 (Lastenverzeichnis → Nr. 9); ZGB 730–781 (Dienstbarkeiten); ZGB 782–792 (Grundlast); SchKG 37 Abs. 1, ZGB 793–875 (Grundpfand); SchKG 138 Abs. 2 Ziff. 3 und Abs. 3, VZG 29 Abs. 2 und 3 (Aufforderung an die Pfandgläubiger und Inhaber von unter dem früheren kantonalen Recht entstandenen und nicht im Grundbuch eingetragenen Dienstbarkeiten zur Anmeldung ihrer Rechte).*

Abs. 3: *SchKG 237 Abs. 3 (Gläubigerausschuss); KOV 64 (Protokollierung der Verfügungen des Gläubigerausschusses).*

Zu Abs. 1

1 Der rechtskräftige Kollokationsplan bildet die **Grundlage der Verteilung**. Nach ihm bestimmt sich somit, in welchem Verhältnis sich die Gläubiger den Konkurserlös zu teilen haben. Dementsprechend geht es im Kollokationsprozess nicht um die rechtskräftige Beurteilung einer Forderung als solcher, sondern nur um die Frage, inwieweit ein Gläubiger Anspruch auf den Erlös aus der Liquidation der Aktiven des Gemeinschuldners haben soll: BGE 103 III 46 E. 1.a.

2 Die Konkursverwaltung hat sich im Kollokationsplan **unzweideutig und vorbehaltlos** darüber auszusprechen, ob sie die angemeldete Forderung anerkennt oder abweist: BGer v. 17.03.2011, 5A_734/2010 E. 4.1.2; BGE 96 III 35 E. 2. Ein Kollokationsplan, der keine klare Entscheidung darüber enthält, ob eine angemeldete Forderung zugelassen wird oder nicht, kann mit **betreibungsrechtlicher Beschwerde** angefochten werden: BGE 103 III 13 E. 2. Diese kann **auch noch nach Ablauf der Beschwerdefrist** erhoben werden: BGE 114 III 23 E. 2.

3 Im Kollokationsplan ist **auch der Bestand beschränkter dinglicher Rechte** – wie etwa ein Vorkaufsrecht – festzustellen: BGE 39 I 644 E. 2.

4 Der 60-tägigen Frist von SchKG 247 Abs. 1 kommt zwar bloss **Ordnungscharakter** zu. Die Gläubiger haben aber einen Anspruch darauf, dass das Konkursverfahren, und damit auch die Erstellung des Kollokationsplans, ohne unnötige Verzögerung durchgeführt werden. Selbst wenn ihre Forderungen letztlich nicht gedeckt werden, erleiden sie durch die Verlängerung des Verfahrens einen entsprechend grösseren Zinsverlust. Handelt es sich überdies um einen Konkurs, in dem Lohnforderungen geltend gemacht werden, so sprechen auch sozialpolitische Überlegungen dafür, dass die Gläubiger möglichst rasch ihr Geld erhalten: BGE 107 III 3 E. 2.

5 Ist der Gemeinschuldner nur Verpfänder und hat er für die **pfandgesicherte Forderung** nicht auch persönlich einzustehen, so ist im Kollokationsplan die gesamte Pfandforderung unter den pfandversicherten Forderungen aufzunehmen und ausserdem zu vermerken, dass ein Dritter persönlich Schuldner sei (KOV 60 Abs. 3 → Nr. 5). Da keine persönliche, sondern nur eine Realhaftung des Gemeinschuldners besteht, kann ein allfälliger Pfandausfall freilich nicht in die unversicherten Forderungen verwiesen werden. Befindet sich auch der persönlich haftende Schuldner im Konkurs, so wird die in diesem Vollstreckungsverfahren angemeldete, durch das Drittpfand gesicherte Forderung ohne Rücksicht auf das Pfandrecht, aber unter Erwähnung desselben, in ihrem vollen (anerkannten) Betrag unter den unversicherten Forderungen in den Kollokationsplan aufgenommen (KOV 61 Abs. 1): BGE 113 III 128 E. 3.a.

6 Der Vermieter eines Geschäftslokals ist im Konkurs des Mieters für seine **zukünftige Mietzinsforderung** jedenfalls insoweit zuzulassen, als ihm das gesetzliche Retentionsrecht zusteht: BGE 124 III 41 E. 2.b; BGE 104 III 84 E. 4.

7 Eine im Konkurs angemeldete Forderung, die im Zeitpunkt der Konkurseröffnung bereits **Gegenstand eines Prozesses** gebildet hatte, ist grundsätzlich lediglich pro memoria im Kollokationsplan vorzumerken (KOV 63 Abs. 1 → Nr. 5). Wird der Prozess weder von der Masse noch von einzelnen Gläubigern nach SchKG 260 fortgeführt, so gilt die Forderung als anerkannt, und die Gläubiger haben kein Recht mehr, ihre Kollokation gestützt auf SchKG 250 SchKG anzufechten (KOV 63 Abs. 2). Treten Masse oder einzelne Gläubiger in das Verfahren ein, wird dieses dem Sinn nach zu einem Kollokationsprozess, dessen Endentscheid für alle Gläubiger verbindlich wird (KOV 63 Abs. 3): BGE 133 III 386 E. 4.1; BGE 130 III 769 E. 3.2; BGE 112 III 36 E. 3.a.

8 Gesetzliche Grundlage von KOV 63 (→ Nr. 5) ist SchKG 207. Diese Bestimmung trifft in Bezug auf Prozesse, die bereits bei der Konkurseröffnung hängig sind, eine besondere Ordnung: Weil der Gemeinschuldner mit der Konkurseröffnung jede Verfügungsgewalt über sein Vermögen verliert, können auch keine Klagen, die sich auf die im Konkurs zu tilgenden Passiven beziehen, gegen ihn angehoben bzw. weitergeführt werden, weshalb hängige Prozesse, in denen der Schuldner Partei ist und die den Bestand der Konkursmasse berühren, bei Konkurseröffnung einzustellen sind. Daraus ergibt sich eine Einschränkung der Normen betreffend die Kollokation dahingehend, dass über Konkursforderungen, die Gegenstand eines solchen Prozesses bilden, keine Kollokationsverfügung zu treffen und kein Kollokationsverfahren durchzuführen ist. Die Einstellung der Prozesse von Gesetzes wegen **wirkt nur gegenüber Richtern und Behörden im Inland**. Ist ein ausländischer Richter (mangels anderslautender staatsvertraglicher Regeln) nicht verpflichtet, den schweizerischen Konkurs zu beachten und den Prozess gemäss SchKG 207 zu sistieren, so besteht keine gesetzliche Grundlage, die hoheitliche Kompetenz der schweizerischen Konkursverwaltung (SchKG 245) zu beschneiden und ihre Kollokationsverfügung der Anfechtung durch eine Klage gemäss SchKG 250 zu entziehen. Da sich SchKG 207 nur auf Prozesse im Inland bezieht, gilt dies auch für KOV 63: BGE 130 III 769 E. 3.2.3. Das LugÜ (→ Nr. 40) bietet **keine staatsvertragliche Grundlage**, um die hoheitliche Kompetenz der schweizerischen Konkursverwaltung zu beschneiden und ihre Kollokationsverfügung der Anfechtung vor dem schweizerischen Kollokationsrichter zu entziehen: BGE 133 III 386 E. 4.3.3. Wegen der verfahrens- bzw. vollstreckungsrechtlichen Natur der Kollokationsklage und der daraus resultierenden

alleinigen internationalen Zuständigkeit des Schweizer Kollokationsrichters kann das noch ausstehende Urteil eines ausländischen Zivilrichters sodann **für die Sistierung des Kollokationsprozesses nicht ausschlaggebend** sein: BGE 135 III 127 E. 3.3.3 und 3.3.4.

9 Bestreitet ein Gläubiger den Bestand oder die Zulässigkeit einer im Konkurs eingegebenen **öffentlichrechtlichen Forderung**, die noch nicht rechtskräftig entschieden ist, so wird diese grundsätzlich mittels Kollokationsklage nach SchKG 250 bereinigt, sofern diese Klage nicht – wie z.b. im Verrechnungssteuerrecht (VStG 45) – gesetzlich ausgeschlossen ist. Die **Berufung** gegen das Kollokationsurteil ist **jedoch nur zulässig**, wenn die umstrittene Forderung eine privatrechtliche ist: BGE 129 III 415 E. 2.2.

10 **Masseverbindlichkeiten** sind nicht im Kollokationsplan zu verzeichnen: BGE 106 III 118 E. 3; BGE 75 III 57 E. 1.

11 Für die **Verrechnung** im Konkurs gilt, dass **Masseforderungen mit Masseschulden**, insbesondere mit der Konkursdividende, **Forderungen des Gemeinschuldners dagegen mit der vollen Konkursforderung** zu verrechnen sind: BGer v. 24.04.2006, 7B.18/2006 E. 4.1; BGE 83 III 67 E. 1. Es ist der Konkursverwaltung verwehrt, eine Forderung des Gemeinschuldners mit der blossen Konkursdividende zu verrechnen: BGE 83 III 67 E. 3; BGE 56 III 147 E. 2.

12 Die Konkursverwaltung ist befugt, eine im Kollokationsplan anerkannte Forderung **auch noch im Verteilungsstadium** mit einer Forderung des Gemeinschuldners zu verrechnen, wenn die Verrechnung im Kollokationsverfahren noch nicht möglich war, weil etwa die Forderung des Gemeinschuldners erst nach Aufstellung des Kollokationsplans in das Konkursvermögen gelangt war: BGer v. 24.04.2006, 7B.18/2006 E. 4.1; BGE 83 III 67 E. 3 und 6.

13 Im Kollokationsplan ist bezüglich einer Forderung, die **wegen Gutheissung einer Anfechtungsklage wieder aufleben könnte**, eine bedingte Verfügung zu erlassen: BGE 103 III 13 E. 4.

14 Eine vom Gemeinschuldner **zahlungs- oder sicherungshalber abgetretene Forderung** wird im Konkurs lediglich als bedingte Forderung zugelassen: BGE 55 III 80, 85.

15 Begleicht die Konkursverwaltung oder deren Hilfsperson eine vor Konkurseröffnung entstandene Forderung, bevor ein rechtskräftiger Kollokationsplan vorliegt, hat die Konkursmasse **keinen Anspruch aus ungerechtfertigter Bereicherung** gegenüber dem befriedigten Gläubiger. Ein solcher Anspruch entsteht erst, wenn aufgrund des rechtskräftigen Kollokationsplans und der Verteilungsliste feststeht, ob und in welchem Umfang der Gläubiger durch die verfrühte Zahlung bereichert ist: BGE 132 III 432 E. 2.6.

16 Ein Kollokationsplan ist gemäss KOV 70 (→ Nr. 5) stets **auch im summarischen Verfahren** zu erstellen: BGer v. 24.07.2002, 7B.75/2002 E. 3.

Zu Abs. 2

17 Die **Rangordnung der dinglichen Lasten** muss im Kollokationsplan festgestellt werden: BGE 40 III 181 E. 3.

18 Gemäss KOV 60 Abs. 3 (→ Nr. 5) hat der Kollokationsplan **bei Grundstücken** unter Verweisung auf die Einträge im Inventar die mitverhafteten **Früchte und Erträgnisse** sowie die **Zugehör** unzweideutig zu bezeichnen. Dies bedeutet, dass im Lastenverzeichnis unter

Verweisung auf das Inventar die durch das Grundpfand gesicherten Forderungen mit Angabe des jeweiligen Gläubigers, des Forderungstitels und des Pfandgegenstands, einschliesslich der Früchte und Erträgnisse, genau aufgeführt werden müssen. Wenn das Lastenverzeichnis diese Angaben nicht enthält oder keinen unzweideutigen Entscheid über den Bestand des Pfandrechtes enthält, so ist es für die Verteilung des Ergebnisses des Konkurses nicht geeignet und kann mit Beschwerde angefochten werden: BGE 132 III 437 E. 6.1 (Pra 97 [2008] Nr. 16). Die Konkursverwaltung wird den Kollokationsplan durch eine entsprechende Verfügung ergänzen und neu auflegen, womit den Beteiligten ermöglicht wird, die Frage des Umfangs der Pfandhaft durch Kollokationsklage dem Richter zu unterbreiten: BGE 105 III 28 E. 3.

19 Das **vor dem Konkurs vorläufig im Grundbuch eingetragene Pfandrecht** ist im Konkurs beim Vorliegen der übrigen Voraussetzungen als dingliches Recht im Lastenverzeichnis **aufzunehmen**, ohne dass es noch der förmlichen Errichtung durch definitive Grundbucheintragung bedarf: BGE 83 III 138 E. 3. Die zur Validierung im Konkurs hinreichende vorläufige Eintragung ist nun auch ohne Weiteres auch als genügende grundbuchliche Massnahme anzuerkennen, um den Bauhandwerker bei einem Pfandausfall als Pfandberechtigten zur Klage nach ZGB 841 zu legitimieren: BGE 83 III 138 E. 4.

20 Es ist zulässig, **Schuldbriefe sicherheitshalber zu Eigentum zu übertragen** und zu vereinbaren, dass diese bis zum Betrag des Schuldbriefkapitals sowie des laufenden und dreier verfallener Jahreszinsen beliebige Forderungen sicherstellen sollen. Sofern eine Schuld in der entsprechenden Höhe besteht, dienen die Schuldbriefe diesfalls der Sicherung dieses gesamten Betrags, selbst wenn die verfallenen Zinsen aus dieser Schuld bezahlt sind: BGE 115 II 349 E. 3 und 4.

21 Der Streit darüber, ob und inwiefern ein Anrecht der nachgehenden Pfandtitel **auf den Erlös vorgehender Pfandstellen** i.S.v. ZGB 815 besteht, ist im Kollokationsverfahren auszutragen: BGE 43 III 273, 277.

Zu Abs. 3

22 Wird der Gläubigerausschuss bei der Aufstellung des Kollokationsplans übergangen, so kann hiergegen betreibungsrechtliche **Beschwerde** erhoben werden: BGE 27 I 601, 602.

Art. 248   2. Abgewiesene Forderungen

Im Kollokationsplan werden auch die abgewiesenen Forderungen, mit Angabe des Abweisungsgrundes, vorgemerkt.

Verweise: SchKG 250 Abs. 1 (Kollokationsklage).

1 Gemäss KOV 58 Abs. 2 (→ Nr. 5) ist **lediglich die Abweisung einer Forderung**, nicht auch die Anerkennung mit einer kurzen Angabe des Grundes vorzumerken. Der Kollokationsplan enthält mit der Anerkennungserklärung alle relevanten Angaben zur Erhebung einer negativen Kollokationsklage: BGer v. 17.03.2011, 5A_734/2010 E. 4.1.1.

2   Dass der Abweisungsgrund angegeben wird, stellt eine **blosse Ordnungsvorschrift** dar. Die Verletzung von SchKG 248 kann mit betreibungsrechtlicher Beschwerde geltend gemacht werden: BGE 38 I 226 E. 2.

3   Die blosse Bemerkung, dass eine Forderung unbegründet sei, stellt **keine Angabe des Abweisungsgrundes** i.S.v. SchKG 248 dar: BGE 38 I 226 E. 3.

4   Wenn nach der Auffassung der Konkursverwaltung ein **Anfechtungstatbestand** i.S.v. SchKG 285 ff. gegeben ist, kann sie eine als pfandgesichert angemeldete Forderung in der fünften Klasse kollozieren und das damit geltend gemachte Faustpfandrecht abweisen: BGE 114 III 110 E. 3.b–3.d.

Art. 249   3. Auflage und Spezialanzeigen

[1] Der Kollokationsplan wird beim Konkursamte zur Einsicht aufgelegt.

[2] Die Konkursverwaltung macht die Auflage[1] öffentlich bekannt.

[3] Jedem Gläubiger, dessen Forderung ganz oder teilweise abgewiesen worden ist oder welcher nicht den beanspruchten Rang erhalten hat, wird die Auflage des Kollokationsplanes und die Abweisung seiner Forderung besonders angezeigt.

Verweise

Abs. 2: *SchKG 35, KOV 67 Abs. 1 (öffentliche Bekanntmachung → Nr. 5).*

Abs. 3: *KOV 68 (Spezialanzeige); SchKG 248 (abgewiesene Forderungen); SchKG 219, 220 (Rangordnung); SchKG 34 (Form der Anzeige); SchKG 250 Abs. 1 (Kollokationsklage).*

Zu Abs. 1

1   Die Frist zur Einreichung der Kollokationsklage bemisst sich mit 20 Tagen relativ kurz (SchKG 250 Abs. 1). Deshalb sollten den Gläubigern während dieser Frist neben dem Kollokationsplan auch die zur Vorbereitung einer Kollokationsklage erforderlichen Unterlagen **grundsätzlich jederzeit zur Einsicht zur Verfügung stehen**. Zu diesen Unterlagen gehört neben den von den Gläubigern eingereichten Beweismitteln insbesondere auch das Inventar. Nur in Kenntnis des im Inventar enthaltenen Schätzungswerts der Aktiven kann sich ein Gläubiger eine Meinung darüber bilden, ob es sich für ihn lohnt, ein im Kollokationsplan zugelassenes Pfandrecht durch Kollokationsklage anzufechten: BGE 103 III 13 E. 7.

2   Im Konkurs dürfen die Gläubiger grundsätzlich **alle im Besitz des Konkursamtes befindlichen Aktenstücke** einsehen. Die Einsichtnahme darf nur verweigert werden, wenn dies durch ausserordentliche Umstände gerechtfertigt ist: BGE 91 III 94 E. 1.

---

1   Bezeichnung gemäss Ziff. I des BG vom 16. Dez. 1994, in Kraft seit 1. Jan. 1997 (AS 1995 1227; BBl 1991 III 1). Diese Änd. ist im ganzen Erlass berücksichtigt.

Zu Abs. 2

3 Die öffentliche Bekanntmachung der Auflage erfolgt gemäss KOV 98 Abs. 1 (→ Nr. 5) auch dann **beim zuständigen Konkursamt**, wenn eine ausserordentliche Konkursverwaltung eingesetzt worden ist.

4 Durch die öffentliche Bekanntmachung **wird die Frist zur Kollokationsklage ausgelöst** (SchKG 250 Abs. 1). Der Beginn des Fristablaufs mit der Publikation im SHAB setzt voraus, dass am Tag der Bekanntmachung das Konkursamt der Öffentlichkeit zugänglich ist; trifft dies nicht zu, so fällt für die Fristberechnung erst jener der öffentlichen Bekanntmachung folgende Werktag in Betracht, an welchem das Konkursamt, bei dem der Kollokationsplan aufliegt, dem Publikumsverkehr geöffnet ist: BGE 119 V 93 E. 4.a.

5 Sobald ein Gläubiger Kollokationsklage erhoben hat, darf der Kollokationsplan grundsätzlich **nicht mehr abgeändert werden** (KOV 65 Abs. 1 → Nr. 5). Der Konkursverwaltung darf die Möglichkeit, den Kollokationsplan einseitig abzuändern, jedoch nicht dadurch abgeschnitten werden, dass der Gläubiger der angekündigten Änderung durch Einreichung einer Kollokationsklage zuvorkommt: BGE 57 III 190, 195. Das Anheben einer Kollokationsklage ist jedoch dann **nicht treuwidrig**, wenn der Konkursbeamte die Abänderung des Kollokationsplans zwar zugesichert hat, der Kläger aber unmittelbar vor Ablauf der Klagefrist von den anwesenden Mitarbeitern des Konkursamtes die Auskunft erhält, diese sei nicht erfolgt: BGE 130 III 380 E. 2.3 und 2.4.

6 Unter Vorbehalt allfälliger Kollokationsklagen (SchKG 250) erwächst der Kollokationsplan nach seiner öffentlichen Auflage in Rechtskraft und **nachträglich entdeckte Irrtümer können grundsätzlich nicht korrigiert werden**. Wenn die Zulassung im Kollokationsplan durch eine **betrügerische Eingabe** erschlichen wurde, nimmt sie indes nicht an der Rechtskraft des Plans teil, weil sie als **nichtig** zu betrachten ist: BGer v. 12.01.2006, 7B.221/2005 E. 2; BGE 88 III 131, 132; BGE 87 III 79 E. 2. Einem formell rechtskräftig kollozierten Gläubiger dürfen solche Machenschaften allerdings nur dann entgegengehalten werden, wenn sie sich auf gewichtige Indizien stützen, die überdies nachgewiesen worden sein müssen: BGer v. 12.01.2006, 7B.221/2005 E. 2; BGE 88 III 131, 132.

7 Das **Bankgeheimnis** (BankG 47 Abs. 1 lit. b und Abs. 2 → Nr. 36) entbindet die Organe der Bank in deren Konkurs nicht von der Auskunfspflicht gegenüber der Konkursverwaltung. Es **gilt auch nicht für die Konkursverwaltung**; deren grundsätzliche Pflicht zur Verschwiegenheit wird begrenzt durch die konkursrechtlichen Offenbarungspflichten, namentlich nach SchKG 8 und 249: BGE 86 III 114 E. 1.

8 Laut BankG 36 Abs. 2 (→ Nr. 36) können die Gläubiger im **Bankenkonkurs** den Kollokationsplan nur einsehen, sofern es zur Wahrung ihrer Gläubigerrechte erforderlich ist; dabei ist das Berufsgeheimnis nach BankG 47 so weit als möglich zu wahren.

Zu Abs. 3

9 Die Konkursverwaltung ist verpflichtet, den **Miteigentümern** eines in das Verfahren einbezogenen Grundstücks die Auflage des Kollokationsplans mitzuteilen: BGE 66 III 17, 20.

Art. 250[1] 4. Kollokationsklage

[1] Ein Gläubiger, der den Kollokationsplan anfechten will, weil seine Forderung ganz oder teilweise abgewiesen oder nicht im beanspruchten Rang zugelassen worden ist, muss innert 20 Tagen nach der öffentlichen Auflage des Kollokationsplanes beim Richter am Konkursort gegen die Masse klagen.

[2] Will er die Zulassung eines anderen Gläubigers oder dessen Rang bestreiten, so muss er die Klage gegen den Gläubiger richten. Heisst der Richter die Klage gut, so dient der Betrag, um den der Anteil des Beklagten an der Konkursmasse herabgesetzt wird, zur Befriedigung des Klägers bis zur vollen Deckung seiner Forderung einschliesslich der Prozesskosten. Ein Überschuss wird nach dem berichtigten Kollokationsplan verteilt.

[3] ...[2]

Verweise: SchKG 219, 220 (Rangordnung); KOV 64 Abs. 2 (Protokollierung des Prozessergebnisses → Nr. 5).

Abs. 1: SchKG 248 (abgewiesene Forderungen); SchKG 31–33, SchKG 56–63, ZPO 142 ff. (Fristberechnung → Nr. 25); SchKG 249 Abs. 1 (Auflage); SchKG 46–55 (Konkursort).

Abs. 2: SchKG 197–203, 208, 211, 225, 242 (Konkursmasse).

1 Die Kollokationsklage dient der **materiellrechtlichen Überprüfung** des Inhalts einer im Kollokationsplan getroffenen Verfügung. Mit der betreibungsrechtlichen Beschwerde gemäss SchKG 17 ist dagegen die Verletzung von Verfahrensvorschriften bei der Aufstellung des Kollokationsplans geltend zu machen: BGer v. 25.10.2011, 5A_469/2011 E. 4.1.1; BGE 119 III 84 E. 2 (Pra 83 [1994] Nr. 88).

2 Der Kollokationsprozess dient ausschliesslich der Bereinigung des Kollokationsplans und hat so wenig wie dieser irgendwelche Rechtskraftwirkung über das Konkursverfahren hinaus. Das Schuldverhältnis als solches – zwischen Schuldner und Gläubiger – wird **dadurch nicht rechtskräftig festgelegt**. Im Kollokationsprozess kann der Bestand einer Forderung wohl Gegenstand gerichtlicher Prüfung, nicht aber Gegenstand rechtskräftiger Beurteilung sein. Vielmehr ist Gegenstand des Kollokationsurteils nur die Feststellung, inwieweit die streitigen Gläubigeransprüche bei der Liquidationsmasse zu berücksichtigen sind: BGE 135 III 470 E. 1.2; BGE 133 III 386 E. 4.3.3.

3 Für **öffentlichrechtliche Forderungen** kann auch ein Kollokationsprozess nach Massgabe von SchKG 250 angestrengt werden. Für die Beurteilung der Kollokationsklage ist der Konkursrichter am Ort, wo der Konkurs durchgeführt wird, zuständig: BGE 120 III 32 E. 2.

---

1   Fassung gemäss Ziff. I des BG vom 16. Dez. 1994, in Kraft seit 1. Jan. 1997 (AS 1995 1227; BBl 1991 III 1).

2   Aufgehoben durch Anhang 1 Ziff. II der Zivilprozessordnung vom 19. Dez. 2008, mit Wirkung seit 1. Jan. 2011 (AS 2010 1739; BBl 2006 7221).

4 Die Aussonderungsklage gemäss SchKG 242 Abs. 2 bezieht sich ausschliesslich auf das Eigentum an beweglichen Sachen oder Grundstücken. Streitigkeiten, die sich auf **beschränkte dingliche Rechte** beziehen – z.b. den Umfang der Pfandhaft –, sind dagegen im Kollokationsverfahren gemäss SchKG 250 auszutragen: BGE 114 III 23 E. 2.

5 Über den **Umfang der Pfandhaft** hat nicht die Aufsichtsbehörde, sondern der Richter zu entscheiden: BGE 97 III 39 E. 1.

6 Lässt der Beklagte in einem von der Masse gegen ihn geführten **Admassierungsprozess** seinen Hauptstandpunkt, die vindizierten Gegenstände stünden in seinem Eigentum, fallen, und macht er stattdessen eine Pfandansprache an den längst veräusserten Objekten geltend, so kann darüber **im gleichen ordentlichen Prozess** entschieden werden. Nichts zwingt die Konkursverwaltung dazu, den Prozess abzubrechen und die Pfandansprache in ein Kollokationsverfahren zu weisen: BGE 71 III 80 E. 1.

7 Bei der **Klagefrist** handelt es sich um eine **Verwirkungsfrist**: BGer v. 14.12.2001, 5C.279/2001 E. 3.b.

8 Die Frist für die Kollokationsklage beginnt **nur dann mit der öffentlichen Bekanntmachung zu laufen**, wenn am Tag dieser Bekanntmachung das Konkursamt **der Öffentlichkeit zugänglich ist**, sodass Gläubiger Einsicht in den Kollokationsplan nehmen können. Trifft dies nicht zu, so fällt für den Fristbeginn erst jener der öffentlichen Bekanntmachung folgende Werktag in Betracht, an welchem das Konkursamt, wo der Kollokationsplan aufliegt, dem Publikumsverkehr geöffnet ist: BGE 112 III 42 E. 3.c.

9 Enthält der Kollokationsplan keinen unzweideutigen Entscheid über den Umfang eines geltend gemachten Pfandrechts, so kann dies **auch nach Ablauf der Frist noch mit betreibungsrechtlicher Beschwerde** gerügt werden: BGE 114 III 23 E. 2; BGE 106 III 24 E. 2; BGE 105 III 28 E. 3.

10 Unter Vorbehalt allfälliger Kollokationsklagen erwächst der Kollokationsplan nach seiner öffentlichen Auflage in Rechtskraft und **nachträglich entdeckte Irrtümer können grundsätzlich nicht korrigiert werden**. Wenn die Zulassung im Kollokationsplan durch eine **betrügerische Eingabe** erschlichen wurde, nimmt sie indes nicht an der Rechtskraft des Plans teil, weil sie als **nichtig** zu betrachten ist: BGer v. 12.01.2006, 7B.221/2005 E. 2; BGE 88 III 131, 132; BGE 87 III 79 E. 2. Einem formell rechtskräftig kollozierten Gläubiger dürfen solche Machenschaften allerdings nur dann entgegengehalten werden, wenn sie sich auf gewichtige Indizien stützen, die überdies nachgewiesen worden sein müssen: BGer v. 12.01.2006, 7B.221/2005 E. 2; BGE 88 III 131, 132.

11 Der **Gerichtsstand** am Konkursort gilt sowohl für die Kollokationsklage nach Abs. 1 als auch für jene nach Abs. 2: BGE 66 III 17, 20.

12 Kollokationsklagen unterliegen, auch wenn sie **patentrechtliche Streitfragen** betreffen, der Beurteilung durch das Konkursgericht: BGE 71 III 192 E. 2. Eine patentrechtliche Widerklage ist im Kollokationsprozess nicht zulässig: BGE 71 III 192 E. 3.

13 Vom Gerichtsstand des Konkursortes **abweichende Schiedsvereinbarungen sind unzulässig**: BGE 33 II 648 E. 5.

14 Wessen Recht im Kollokationsplan eingetragen worden ist, ist unabhängig davon, ob er von der Konkursverwaltung zugelassen oder abgewiesen worden ist, **zur Anfechtung des Kollokationsplans legitimiert**. Der Einsprecher verliert seine Klagelegitimation nicht aus dem einfachen Grund, dass seine Gläubigereigenschaft bestritten wird. Solange der Anspruch eines Gläubigers nicht definitiv abgewiesen worden ist, muss dieser Gläubiger gleich behandelt werden wie die Anfechtenden, deren Ansprüche als Passiven zugelassen worden sind. Der Gläubiger, dessen Forderung vollständig abgewiesen worden ist, der aber gegen die Konkursmasse vorgeht, um kolloziert zu werden, ist somit legitimiert, um auf Streichung der Forderung eines Dritten zu klagen; indessen muss der Prozess auf Streichung sistiert werden, bis rechtskräftig über die Kollokation der eigenen Forderung entschieden ist. Da die beiden Klagen dem gleichen *dies a quo* unterworfen sind, läuft die Frist der Klage auf Streichung **von der Publikation der Eintragung der streitigen Forderung** und nicht erst ab dann, wenn die Kollokationsklage gutgeheissen worden ist: BGE 135 III 545 E. 2.1 (Pra 99 [2010] Nr. 43).

15 Die Aktivlegitimation zur Anfechtung des Kollokationsplans im schweizerischen Konkurs des Hauptschuldners ist auch einer **ausländischen Konkursmasse** zuzuerkennen, sofern die Rechte dieser Masse nicht mit Ansprüchen konkurrieren, die der ausländische Gemeinschuldner oder seine Gläubiger direkt geltend machen: BGE 109 III 112 E. 2.b (Pra 73 (1984) Nr. 66).

16 Die Legitimation eines Gläubigers zur Kollokationsklage **fällt mit der Abtretung der kollozierten Forderung dahin**: BGE 78 II 265 E. 2.

17 Das **Interesse** an der Kollokationsklage, mit der die Zulassung eines andern Gläubigers bestritten wird, fällt mit der vollständigen Befriedigung des klagenden Gläubigers nicht dahin: BGE 115 III 68 E. 3.

18 Beträgt die **auf eine strittige Forderung entfallende Konkursdividende mutmasslich null Prozent**, so stellt sich die Frage nach dem erforderlichen rechtlich geschützten Interesse des Klägers an der Behandlung der Kollokationsklage. Ein solches Interesse kann im Falle des Konkurses einer Privatperson darin bestehen, einen Konkursverlustschein zu erhalten und gestützt darauf eine neue Betreibung einzuleiten (vgl. SchKG 265 Abs. 2). Entsprechend dem «mehr symbolischen» Streitinteresse ist in einem solchen Fall von einem minimalen Streitwert auszugehen. Beim Konkurs einer Aktiengesellschaft dagegen genügt das Interesse am Erhalt eines Konkursverlustscheins nicht, da eine konkursite Firma im Handelsregister gelöscht wird und der Konkursverlustschein praktisch wertlos ist. Es ist deshalb nicht zu beanstanden, wenn das Gericht den Kläger in einem solchen Fall nach seinem rechtlich geschützten Interesse fragt: BGer v. 20.12.2010, 5A_484/2010 E. 4.2.3; BGE 82 III 94, 96.

19 Im Kollokationsprozess bestimmt sich der **Streitwert** nach der Differenz zwischen der Dividende, welche gemäss Kollokationsplan auf die Forderung des Beklagten entfällt, und derjenigen, welche sich ergibt, wenn die Klage gutgeheissen würde: BGer v. 15.08.2011, 5A_113/2011 E. 1.1; BGE 131 III 451 E. 1.2. Die Möglichkeit, dass nachträglich neues Konkursvermögen zum Vorschein kommt, kann ausser Acht gelassen werden: BGE 65 III 28 E. 2.

20 Die Kollokation von Ansprüchen aus Arbeitsrecht wird **als betreibungs- und nicht als arbeitsrechtliche Angelegenheit** behandelt, weshalb die Streitwertgrenze Fr. 30'000.– beträgt: BGE 135 III 470 E. 1.2.

21 Gemäss KOV 63 (→ Nr. 5) sind **streitige Forderungen**, welche im Zeitpunkt der Konkurseröffnung **bereits Gegenstand eines Prozesses bilden**, im Kollokationsplan zunächst ohne Verfügung der Konkursverwaltung lediglich *pro memoria* vorzumerken (Abs. 1). Wird der Prozess weder von der Masse noch von einzelnen Gläubigern nach SchKG 260 fortgeführt, so gilt die Forderung als anerkannt, und die Gläubiger haben kein Recht mehr, ihre Kollokation nach SchKG 250 anzufechten (Abs. 2). Wird der Prozess hingegen fortgeführt, so wird er **im Ergebnis zum Kollokationsprozess** und erfolgt je nach Ausgang des Prozesses die Streichung der Forderung oder ihre definitive Kollokation, welche von den Gläubigern ebenfalls nicht mehr angefochten werden kann (Abs. 3): BGE 133 III 386 E. 4.1; BGE 130 III 769 E. 3.2.

22 Gesetzliche Grundlage von KOV 63 (→ Nr. 5) ist SchKG 207. Diese Bestimmung trifft in Bezug auf Prozesse, die bereits bei der Konkurseröffnung hängig sind, eine besondere Ordnung: Weil der Gemeinschuldner mit der Konkurseröffnung jede Verfügungsgewalt über sein Vermögen verliert, können auch keine Klagen, die sich auf die im Konkurs zu tilgenden Passiven beziehen, gegen ihn angehoben bzw. weitergeführt werden, weshalb hängige Prozesse, in denen der Schuldner Partei ist und die den Bestand der Konkursmasse berühren, bei Konkurseröffnung einzustellen sind. Daraus ergibt sich eine Einschränkung der Normen betreffend die Kollokation dahingehend, dass über Konkursforderungen, die Gegenstand eines solchen Prozesses bilden, keine Kollokationsverfügung zu treffen und kein Kollokationsverfahren durchzuführen ist. Die Einstellung der Prozesse von Gesetzes wegen **wirkt nur gegenüber Richtern und Behörden im Inland.** Ist ein ausländischer Richter (mangels anderslautender staatsvertraglicher Regeln) nicht verpflichtet, den schweizerischen Konkurs zu beachten und den Prozess gemäss SchKG 207 zu sistieren, so besteht keine gesetzliche Grundlage, die hoheitliche Kompetenz der schweizerischen Konkursverwaltung (SchKG 245) zu beschneiden und ihre Kollokationsverfügung der Anfechtung durch eine Klage gemäss SchKG 250 zu entziehen. Da sich SchKG 207 nur auf Prozesse im Inland bezieht, gilt dies auch für KOV 63: BGE 130 III 769 E. 3.2.3. Das LugÜ (→ Nr. 40) bietet **keine staatsvertragliche Grundlage**, um die hoheitliche Kompetenz der schweizerischen Konkursverwaltung zu beschneiden und ihre Kollokationsverfügung der Anfechtung vor dem schweizerischen Kollokationsrichter zu entziehen: BGE 133 III 386 E. 4.3.3. Wegen der verfahrens- bzw. vollstreckungsrechtlichen Natur der Kollokationsklage und der daraus resultierenden alleinigen internationalen Zuständigkeit des Schweizer Kollokationsrichters kann das noch ausstehende Urteil eines ausländischen Zivilrichters sodann **für die Sistierung eines Kollokationsprozesses nicht ausschlaggebend** sein: BGE 135 III 127 E. 3.3.3 und 3.3.4.

23 Wenn die endgültige Eintragung des **Bauhandwerkerpfandrechts** bei Konkurseröffnung noch nicht Gegenstand eines Prozesses i.S.v. KOV 63 (→ Nr. 5) bildet, ist über die endgültige Eintragung aus Gründen der Prozessökonomie im Kollokations- bzw. Lastenbereinigungsverfahren und nicht im ordentlichen Zivilprozess zu entscheiden: BGE 119 III 124 E. 2.

24 Klagt ein Gläubiger, dessen Anspruch im Kollokationsplan abgewiesen wurde, gegen die Masse, so kann er den Anspruch **auch auf andere als die in der Konkurseingabe angerufenen Gründe** stützen: BGE 81 II 9, 14.

25 Sobald ein Gläubiger Kollokationsklage erhoben hat, darf der Kollokationsplan grundsätzlich **nicht mehr abgeändert werden** (KOV 65 Abs. 1 → Nr. 5). Der Konkursverwaltung darf die Möglichkeit, den Kollokationsplan einseitig abzuändern, jedoch nicht dadurch abgeschnitten werden, dass der Gläubiger der angekündigten Änderung durch Einreichung einer Kollokationsklage zuvorkommt: BGE 57 III 190, 195. Das Anheben einer Kollokationsklage ist jedoch dann **nicht treuwidrig**, wenn der Konkursbeamte die Abänderung des Kollokationsplans zwar zugesichert hat, der Kläger aber unmittelbar vor Ablauf der Klagefrist von den anwesenden Mitarbeitern des Konkursamtes die Auskunft erhält, diese sei nicht erfolgt: BGE 130 III 380 E. 2.3 und 2.4.

26 Der Abschluss eines **Vergleichs** durch die Konkursverwaltung bzw. den Gläubigerausschuss ist eine rechtsgeschäftliche Handlung und nicht eine auf staatlicher Vollstreckungsgewalt beruhende konkursrechtliche Verfügung. Er unterliegt daher **nicht der Anfechtung durch Beschwerde**: BGE 103 III 21 E. 2.

27 Der Vergleich zwischen Konkursverwaltung und Gläubiger im Kollokationsprozess steht gemäss KOV 66 (→ Nr. 5) unter dem Vorbehalt des Rechts der Konkursgläubiger, die Zulassung der Forderung oder den ihr neu zugewiesenen Rang **ihrerseits noch nach SchKG 250 zu bestreiten**. Die Frist für die Kollokationsklage beginnt mit der Neuauflage des Kollokationsplans und deren Publikation zu laufen. Ist der abgeänderte Kollokationsplan in der Folge rechtskräftig geworden, so darf die zweite Gläubigerversammlung **nicht mehr darauf zurückkommen**: BGE 107 III 136, 138. Diese Vorschrift gilt in gleichem Masse auch für Vergleichsabschlüsse **vor der Kollokation**: BGE 78 III 133 E. 2.

28 Der **aussergerichtliche Vergleich** zwischen der Konkursmasse und dem Gläubiger hat nicht die Wirkung eines rechtskräftigen Urteils. Das Konkursamt kann sich daher weigern, den Kollokationsplan abzuändern, wenn es der Meinung ist, dass der Vergleich mit einem Willensmangel behaftet sei. Seine Verfügung kann mit Beschwerde an die Aufsichtsbehörde angefochten werden: BGE 113 III 90 E. 3.

29 Hat die Gutheissung einer Klage auf Anfechtung des Kollokationsplans die Herabsetzung eines Forderungsbetrags zur Folge, so besteht der **Prozessgewinn** für den Kläger in der Differenz zwischen dem Dividendenbetrag, der nach dem ursprünglichen Kollokationsplan auf den Beklagten entfallen wäre, und demjenigen Dividendenbetrag, der dem Beklagten nach dem berichtigten Kollokationsplan zukommt: BGE 114 III 114, 116 f.

30 Die Klage, mit der ein Gläubiger die **eigene Kollokation** anficht (Abs. 1), hat im Falle der Gutheissung eine für alle Gläubiger verbindliche und wirksame Abänderung des Kollokationsplans zur Folge. Die Klage, mit der ein Gläubiger die **Kollokation eines anderen Gläubigers** anficht (Abs. 2), wirkt sich dagegen primär nur unter den prozessierenden Parteien aus. Im Falle der Gutheissung der Klage erfährt die übrige Verteilung nur dann eine Veränderung, wenn der Prozessgewinn nicht vollständig von der Forderung des Klägers und den Prozesskosten absorbiert wird: BGE 25 I 547 E. 1.

31 Führt **ein von mehreren Gläubigern gemeinsam angehobener Kollokationsprozess** zu verschiedenen Urteilen, so ist der Prozessgewinn für jeden einzelnen Gläubiger bzw. für jede einzelne Gläubigerkategorie besonders zu berechnen: BGE 25 I 547 E. 1.

32 Wenn das von der Konkursverwaltung kollozierte Pfandrecht eines Gläubigers **zugleich von dem im Range nachgehenden Pfandgläubiger sowie einem Kurrentgläubiger** angefochten wird, so ist aus dem allfälligen Prozessgewinn primär die grundversicherte Forderung des klagenden Pfandgläubigers zu decken und dem Kurrentgläubiger nur ein allfälliger Überschuss zuzuteilen: BGE 39 I 270 E. 1. Die Tatsache, dass die bezüglich ihrer Höhe bestrittene Forderung pfandgesichert ist, erlaubt es dem Kläger, der dieses Vorrecht nicht bestreitet, nicht, am Erlös der Pfandverwertung im Verhältnis der erstrittenen Herabsetzung des Forderungsbetrags teilzunehmen: BGE 114 III 114, 117.

33 Anerkennt die Konkursmasse einen im Kollokationsplan abgelehnten Anspruch nachträglich auf Klage des Ansprechers hin an, unter Vorbehalt der Neuauflegung des dementsprechend geänderten Kollokationsplans, so bilden die der Masse auferlegten **Prozesskosten** des Kollokationsstreites eine endgültige Masseverbindlichkeit: BGE 62 III 33, 35.

34 Eine **Hauptintervention** im Kollokationsprozess, mit der der Intervenient das Eigentumsrecht an der Streitsache, d.h. dessen Aussonderung aus der Masse, geltend macht, ist unzulässig: BGE 48 III 163 E. 2.

35 **Zieht** der Gläubiger die Kollokationsklage betreffend den Bestand seiner Forderung **zurück**, so scheidet er aus dem hängigen Konkursverfahren aus und nimmt nicht an der Verteilung des Massevermögens teil: BGE 93 III 84 E. 2.

36 Wird der Kollokationsplan durch Urteil im Kollokationsprozess abgeändert, so ist er **nicht neu aufzulegen**. Eine dennoch erfolgte Neuauflage ist nichtig und verschafft den Gläubigern nicht das Recht, erneut Kollokationsklage zu erheben: BGE 108 III 23 E. 2.

37 Sind der Kollokationsplan und das mit ihm verbundene Lastenverzeichnis in Rechtskraft erwachsen, **so muss sich die Konkursverwaltung daran halten**. Die Rangordnung kann nicht mehr dadurch in Frage gestellt werden, dass die Steigerungsbedingungen mit dem darin vorgesehenen Doppelaufruf angefochten werden: BGE 112 III 31 E. 3.

38 In letzter Instanz unterliegt die Kollokation einer zivilrechtlichen Forderung der **Beschwerde in Zivilsachen** beim Bundesgericht: BGer v. 03.01.2012, 5A_666/2011 E. 1.2; BGE 135 III 545 E. 1 (Pra 99 [2010] Nr. 43).

Art. 251 5. Verspätete Konkurseingaben

¹ Verspätete Konkurseingaben können bis zum Schlusse des Konkursverfahrens angebracht werden.

² Der Gläubiger hat sämtliche durch die Verspätung verursachten Kosten zu tragen und kann zu einem entsprechenden Vorschusse angehalten werden.

³ Auf Abschlagsverteilungen, welche vor seiner Anmeldung stattgefunden haben, hat derselbe keinen Anspruch.

⁴ Hält die Konkursverwaltung eine verspätete Konkurseingabe für begründet, so ändert sie den Kollokationsplan ab und macht die Abänderung öffentlich bekannt.

⁵ Der Artikel 250 ist anwendbar.

Verweise

Abs. 1: *SchKG 232 Abs. 2 Ziff. 2 (Eingabefrist); SchKG 268–270 (Schluss des Konkursverfahrens).*

Abs. 2: *SchKG 68 (Betreibungskosten).*

Abs. 3: *SchKG 266 (Abschlagsverteilungen); SchKG 237 Abs. 3 Ziff. 5 (Anordnung von Abschlagsverteilungen durch den Gläubigerausschuss).*

Abs. 4: *SchKG 237 Abs. 2, 240–243 (Konkursverwaltung); SchKG 35, KOV 69 (öffentliche Bekanntmachung → Nr. 5).*

1 Eine nachträgliche Eingabe kann aus Gründen der Rechtssicherheit und zur Gewährleistung eines geordneten Verfahrens nur zugelassen werden, wenn es sich bei der nachträglich angemeldeten Forderung **um eine erstmals geltend gemachte Forderung handelt und nicht etwa der rechtskräftig gewordene Kollokationsplan abgeändert werden soll**. Diese Voraussetzung ist erfüllt, wenn der verspätete Anspruch auf andern tatsächlichen und rechtlichen Vorgängen beruht als die früheren Eingaben desselben Gläubigers oder wenn der Gläubiger, der für seine frühere Forderung einen höheren Betrag oder einen besseren Rang beansprucht, sich auf neue Tatsachen berufen kann, die er mit der ersten Eingabe noch nicht geltend machen konnte: BGer v. 16.11.2010, 5A_66/2010 E. 6; BGE 115 III 71 E. 1 m.w.H.

2 Versehentlich nicht in den Kollokationsplan aufgenommene, vom Gläubiger aber rechtzeitig eingegebene Forderungen sind **als verspätete Konkurseingabe i.S.v. SchKG 251** zu behandeln: BGE 68 III 141 E. 1.

3 Erhebt ein **angeblicher Zessionar** Ansprüche auf eine rechtskräftig kollozierte Forderung, so handelt es sich dabei nicht um die nachträgliche Geltendmachung einer neuen Konkursforderung i.S.v. SchKG 251. Die Forderung ist bereits rechtskräftig kolloziert und eine neue Kollokationsverfügung daher überflüssig: BGE 37 I 133 E. 2. So verhält es sich auch mit der Zahlung seitens eines regresspflichtigen Bürgen. Diese hat nicht den Untergang der Forderung bewirkt, sondern bloss deren Übergang auf den Zahlenden. Sie braucht deshalb nicht noch einmal eingegeben zu werden: BGE 26 I 113, 116.

4 SchKG 251 ist **beim Nachlassvertrag mit Vermögensabtretung analog anwendbar**: BGE 97 III 83 E. 6.

5 Ob eine verspätete Konkurseingabe noch zugelassen werden kann, ist im **betreibungsrechtlichen Beschwerdeverfahren** und nicht im Rahmen einer Kollokationsklage zu prüfen: BGE 108 III 80 E. 4.

6 Der Gläubiger, der eine verspätete Konkurseingabe anbringt, **kann nicht mehr verlangen**, dass eine rechtskräftig kollozierte Forderung eines anderen Gläubigers weggewiesen werde. Er ist zudem an alle Beschlüsse vorausgegangener Gläubigerversammlungen und überhaupt an alle rechtskräftigen Verfügungen gebunden: BGer v. 24.07.2003, 7B.94/2003 E. 3.1.

7 Eine Neuauflage des Kollokationsplans ist **nicht erforderlich**, wenn eine nachträglich angemeldete Forderung abgewiesen wird: BGer v. 27.01.2010, 4A_206/2009.

8 Betreffend die Kollokation der gemäss SchKG 291 **wieder in Kraft tretenden Forderung des Anfechtungsbeklagten** siehe das gleichnamige Kreisschreiben des Bundesgerichts (Plenum) Nr. 10 vom 09.07.1915 (→ Nr. 13).

V. Verwertung

Art. 252   A. Zweite Gläubigerversammlung
1. Einladung

¹ Nach der Auflage des Kollokationsplanes lädt die Konkursverwaltung die Gläubiger, deren Forderungen nicht bereits rechtskräftig abgewiesen sind, zu einer zweiten Versammlung ein. Die Einladung muss mindestens 20 Tage vor der Versammlung verschickt werden.[1]

² Soll in dieser Versammlung über einen Nachlassvertrag verhandelt werden, so wird dies in der Einladung angezeigt.[2]

³ Ein Mitglied der Konkursverwaltung führt in der Versammlung den Vorsitz. Der Artikel 235 Absätze 3 und 4 findet entsprechende Anwendung.

Verweise

Abs. 1: *SchKG 247–251 (Kollokationsplan); SchKG 237 Abs. 2, 240–243 (Konkursverwaltung); SchKG 34 (Zustellung); KOV 48 (Hinweis auf Abtretungsbegehren nach SchKG 260 → Nr. 5).*

Abs. 2: *SchKG 332 (Nachlassverfahren im Konkurs); KOV 96 lit. a (Kostenvorschuss für Gläubigerversammlung im summarischen Verfahren).*

Abs. 3: *KOV 42 (Protokoll).*

Zu Abs. 1

1   Von den verschiedenen gerichtlichen und aussergerichtlichen Organen, die damit betraut sind, das Konkursverfahren durchzuführen, stehen der zweiten Gläubigerversammlung die **wichtigsten Entscheidungsbefugnisse** zu. Gegenüber der ersten Gläubigerversammlung hat das Gesetz den Zuständigkeitsbereich der zweiten wesentlich weiter gefasst, was sich darauf zurückführen lässt, dass ihr nur noch diejenigen Gläubiger angehören, die voraussichtlich an der Verteilung des Verwertungserlöses teilhaben werden: BGE 116 III 96 E. 4.a.

2   Der zweiten Gläubigerversammlung allein steht die Befugnis zu, **auf die Geltendmachung von Forderungen und Rechten oder die Bestreitung eines gegen die Masse selbst erhobenen Anspruchs zu verzichten**. Die Abtretung von Rechtsansprüchen gemäss SchKG 260 bedarf nach dem Wortlaut des Gesetzes des vorherigen Verzichts der Gesamtheit der Gläubiger. Das will indessen nicht heissen, dass das Einverständnis sämtlicher Gläubiger vorliegen müsste, vielmehr genügt ein Mehrheitsbeschluss der zweiten Gläubigerversammlung: BGE 116 III 96 E. 4.a.

---

1   Fassung gemäss Ziff. I des BG vom 16. Dez. 1994, in Kraft seit 1. Jan. 1997 (AS 1995 1227; BBl 1991 III 1).
2   Fassung gemäss Ziff. I des BG vom 16. Dez. 1994, in Kraft seit 1. Jan. 1997 (AS 1995 1227; BBl 1991 III 1).

3 **Über die gerichtliche Geltendmachung eines Anspruchs sowie über den Abschluss eines Vergleichs** entscheidet i.d.R. die Gläubigergesamtheit. Die Gläubigergesamtheit kann jedoch anlässlich der ersten oder zweiten Gläubigerversammlung bzw. auf dem Zirkularweg (vgl. SchKG 255a) der Konkursverwaltung oder einem allfälligen Gläubigerausschuss eine Prozessvollmacht erteilen: BGE 86 III 124 E. 3.

4 Die **Einladung** zur zweiten Gläubigerversammlung hat den Ort und das Datum der Versammlung zu nennen sowie den Hinweis, dass Ersuchen um Abtretung von Rechten der Masse, auf deren Geltendmachung die Mehrheit der Gläubiger verzichtet, an der Versammlung selber oder spätestens 10 Tage nach der Versammlung erhoben werden müssen. Daneben kann es aber nötig sein, dass die Gläubiger vorgängig über die Abstimmungsfragen in Kenntnis gesetzt werden, damit sie sich eine Meinung bilden können: BGer v. 26.04.2012, 5A_107/2012 E. 3.1.

5 SchKG 252 ist **beim Nachlassvertrag mit Vermögensabtretung nicht analog anwendbar**: BGE 82 III 90 E. 2.

6 Im **Bankenkonkurs** findet gemäss BankG 35 Abs. 1 lit. a (→ Nr. 36) eine Gläubigerversammlung nur dann statt, wenn es der Liquidator als angezeigt erachtet: BGE 133 III 377 E. 5.2.2 (Pra 97 [2008] Nr. 17). Dies ist etwa dann der Fall, wenn bestimmte Entscheidungen wichtige Interessen der Gläubiger tangieren und das Einverständnis der Gläubiger den Verfahrensablauf vereinfachen kann.

7 Zur Möglichkeit **weiterer Gläubigerversammlungen** siehe SchKG 255.

Art. 253 2. Befugnisse

¹ Die Konkursverwaltung erstattet der Gläubigerversammlung einen umfassenden Bericht über den Gang der Verwaltung und über den Stand der Aktiven und Passiven.

² Die Versammlung beschliesst über die Bestätigung der Konkursverwaltung und, gegebenen Falles, des Gläubigerausschusses und ordnet unbeschränkt alles Weitere für die Durchführung des Konkurses an.

Verweise: SchKG 237 Abs. 2, 240–243 (Konkursverwaltung).
Abs. 2: SchKG 237 Abs. 3 (Gläubigerausschuss).

Zu Abs. 1

1 Der Bericht der Konkursverwaltung **kann nicht mit Beschwerde angefochten werden**: BGE 36 I 417 E. 1.

Zu Abs. 2

2 Die zweite Gläubigerversammlung **entscheidet frei** darüber, ob sie den von der ersten Gläubigerversammlung gewählten Konkursverwalter durch einen anderen ersetzen will. Gegen diesen Entscheid kann der abgesetzte Konkursverwalter, **da auf die Beibehaltung des Amtes ebensowenig ein Rechtsanspruch besteht wie auf erstmalige Erlangung**, keine Beschwerde führen: BGer v. 31.10.2005, 5P.313/2005 E. 4.2.

3 Bestätigt die **zweite Gläubigerversammlung** eine ausseramtliche Konkursverwaltung in ihrem Amt, so kann der Beschluss der ersten Gläubigerversammlung, mit dem diese eingesetzt wurde, nicht mehr mit Beschwerde angefochten werden: BGE 105 III 67 E. 1.

4 Eine **Auswechslung** der Konkursverwaltung kurz vor Abschluss des Konkursverfahrens widerspricht jedoch grundsätzlich dem Ziel des Gesetzes, das Konkursverfahren so rasch als möglich durchzuführen und abzuschliessen (vgl. SchKG 270) sowie vom Verwertungserlös möglichst viel den Gläubigern zukommen zu lassen und entsprechend wenig für die Verfahrenskosten aufzuwenden (vgl. SchKG 231): BGE 109 III 87 E. 2.

5 Beschlüsse der zweiten und jeder weiteren Gläubigerversammlung können **nur wegen Gesetzesverletzung, nicht auch wegen Unangemessenheit** angefochten werden: BGE 109 III 87 E. 2 m.w.H. Die der zweiten Gläubigerversammlung zustehende **Autonomie** wird durch zwingende Verfahrensgrundsätze beschränkt: BGE 87 III 111 E. 3.

6 Eine **Gesetzesverletzung** liegt vor, wenn die zweite Gläubigerversammlung bestimmte Verfahrensregeln oder Individualrechte der einzelnen Gläubiger missachtet oder wenn sie eine mit dem Zweck des Konkurses offenkundig unverträgliche Massnahme getroffen und damit die ihr durch SchKG 253 Abs. 2 eingeräumten Befugnisse missbraucht hat: BGE 109 III 87 E. 2; BGE 87 III 111 E. 3. Unter den Begriff der Gesetzesverletzung fallen insbesondere auch **Ermessensmissbrauch** und **-überschreitung**: BGE 101 III 52 E. 1.

7 Bei der Frage **nach der Bestätigung eines Mitglieds des Gläubigerausschusses** handelt es sich um eine **Ermessensfrage**. Diese kann vom Bundesgericht lediglich dahingehend geprüft werden, ob Ermessensmissbrauch oder -überschreitung vorliegt: BGE 101 III 76 E. 3.

8 Der Gemeinschuldner ist **legitimiert**, Gläubigerbeschlüsse über die Verwertung mit betreibungsrechtlicher Beschwerde anzufechten, wenn sie in seine gesetzlich geschützten Rechte und Interessen eingreifen, was namentlich dann der Fall ist, wenn sie gegen gesetzliche Vorschriften über das Verwertungsverfahren verstossen und dadurch sein Interesse an der Erzielung eines möglichst günstigen Verwertungserlöses verletzen: BGE 103 III 21 E. 1.

9 Zur Beschwerde gegen Verfügungen der Konkursorgane ist **grundsätzlich auch ein nicht anerkannter Konkursgläubiger befugt**, dessen Forderung noch Gegenstand eines hängigen Rechtsstreites bildet. Er hat jedoch **kein Beschwerderecht** gegen eine Verfügung, welche die Weiterführung des Prozesses **über seine Forderung** durch die Masse betrifft: BGE 90 III 86 E. 1 und 2.

10 Die **Frist** zur Beschwerde gegen Beschlüsse der zweiten Gläubigerversammlung beträgt **zehn Tage** (SchKG 17). SchKG 239, wonach gegen Beschlüsse der ersten Gläubigerversammlung innert fünf Tagen Beschwerde zu führen ist, ist nicht auf Beschlüsse der zweiten Gläubigerversammlung anwendbar: BGE 32 I 435, 436.

11 Gegen die Durchführung einer zweiten Gläubigersammlung und insbesondere die von ihr gefassten Beschlüsse kann nicht Beschwerde geführt werden **wegen der Teilnahme eines angeblich nicht bevollmächtigten Gläubigervertreters**, nachdem an der Versammlung niemand Einspruch erhoben hatte: BGE 67 III 47 E. 2.

12 Ein **Vergleich** zwischen Konkursverwaltung und Gläubiger im Kollokationsprozess steht gemäss KOV 66 (→ Nr. 5) unter dem Vorbehalt des Rechts der Konkursgläubiger, die Zulassung der Forderung oder den ihr neu angewiesenen Rang ihrerseits noch gemäss SchKG 250

zu bestreiten. Die Frist für die Kollokationsklage beginnt mit der Neuauflage des Kollokationsplans und deren Publikation zu laufen. Ist der abgeänderte Kollokationsplan in der Folge rechtskräftig geworden, so darf die zweite Gläubigerversammlung **nicht mehr darauf zurückkommen**: BGE 107 III 136, 138. Diese Vorschrift gilt in gleichem Masse auch für Vergleichsabschlüsse **vor der Kollokation**: BGE 78 III 133 E. 2.

13 Die gestützt auf ein im Grundbuch vorgemerktes Rückkaufsrecht erfolgte **Rückübertragung** eines Grundstücks durch die Konkursverwaltung ist **nicht mit Beschwerde anfechtbar**. Vorbehalten bleibt jedoch die gerichtliche Anfechtung der Rückübertragung durch die Konkursmasse gemäss ZGB 975. Auf Begehren eines Konkursgläubigers ist darüber ein Gläubigerbeschluss herbeizuführen, und beim Verzicht der Masse ist SchKG 260 anzuwenden: BGE 86 III 106 E. 2.

Art. 254[1]   3. Beschlussunfähigkeit

Ist die Versammlung nicht beschlussfähig, so stellt die Konkursverwaltung dies fest und orientiert die anwesenden Gläubiger über den Stand der Masse. Die bisherige Konkursverwaltung und der Gläubigerausschuss bleiben bis zum Schluss des Verfahrens im Amt.

Verweise: SchKG 235 Abs. 3, KOV 42 Abs. 1 (Beschlussfähigkeit im Allgemeinen → Nr. 5); SchKG 237 Abs. 2, 240–243 (Konkursverwaltung); SchKG 197–203, 208, 211, 225, 242 (Konkursmasse); SchKG 237 Abs. 3 (Gläubigeraussschuss).

1 Die **Abtretung streitiger Rechtsansprüche** der Konkursmasse an einzelne Gläubiger ist nur möglich, wenn ein Gläubigerbeschluss über Geltendmachung oder Verzicht vorliegt. Ist die zweite Gläubigerversammlung nicht beschlussfähig, so ist entweder eine weitere Gläubigerversammlung einzuberufen oder aber ein Entscheid auf dem Zirkularweg (SchKG 255a) herbeizuführen. Verfügt die Konkursverwaltung den Verzicht der Masse, so kann jeder Gläubiger Beschwerde dagegen erheben: BGE 71 III 133 E. 2.

Art. 255[2]   B. Weitere Gläubigerversammlungen

Weitere Gläubigerversammlungen werden einberufen, wenn ein Viertel der Gläubiger oder der Gläubigerausschuss es verlangt oder wenn die Konkursverwaltung es für notwendig hält.

Verweise: SchKG 237 Abs. 3 (Gläubigeraussschuss); SchKG 237 Abs. 2, 240–243 (Konkursverwaltung).

---

1 Fassung gemäss Ziff. I des BG vom 16. Dez. 1994, in Kraft seit 1. Jan. 1997 (AS 1995 1227; BBl 1991 III 1).
2 Fassung gemäss Ziff. I des BG vom 16. Dez. 1994, in Kraft seit 1. Jan. 1997 (AS 1995 1227; BBl 1991 III 1).

1 Weitere Gläubigerversammlungen sind der zweiten Gläubigerversammlung **gleichgestellt**: BGE 32 I 418 E. 2.

2 Der Gemeinschuldner hat bis zum Schluss des Konkursverfahrens das Recht, **zur Vorlage eines Nachlassvertragsentwurfs** weitere Gläubigerversammlungen einberufen zu lassen, wenn er hierfür die Kosten vorschiesst und einen Nachlassvertrag vorschlägt, der nicht zum vornherein als unannehmbar erscheint. Dass die zweite Gläubigerversammlung allenfalls bereits stattgefunden hat, spielt keine Rolle: BGE 48 III 135, 136.

Art. 255a[1] C. Zirkularbeschluss

1 In dringenden Fällen, oder wenn eine Gläubigerversammlung nicht beschlussfähig gewesen ist, kann die Konkursverwaltung den Gläubigern Anträge auf dem Zirkularweg stellen. Ein Antrag ist angenommen, wenn die Mehrheit der Gläubiger ihm innert der angesetzten Frist ausdrücklich oder stillschweigend zustimmt.

2 Sind der Konkursverwaltung nicht alle Gläubiger bekannt, so kann sie ihre Anträge zudem öffentlich bekannt machen.

Verweise

Abs. 1: *SchKG 235 Abs. 3, KOV 42 Abs. 1 (Beschlussfähigkeit im Allgemeinen → Nr. 5); SchKG 237 Abs. 2, 240–243 (Konkursverwaltung).*

Abs. 2: *SchKG 35 (öffentliche Bekanntmachung).*

1 Das Gesetzt schreibt **keine Frist** vor. Die Frist muss jeweils unter Berücksichtigung der Dringlichkeit und der Zeitspanne, in der es den Gläubigern vernünftigerweise möglich ist, sich zu entscheiden, festgesetzt werden. Normalerweise sind das 10 Tage, bspw. wenn es darum geht, eine Transaktion zu bewilligen. Eine längere Fristansetzung ist kaum denkbar, denn entweder handelt es sich um einen dringenden Fall oder es sind bereits 20 Tage wegen der nicht beschlussfähigen Gläubigerversammlung verstrichen. Eine siebentägige Frist wurde *in casu* als genügend eingestuft: BGer v. 26.04.2012, 5A_107/2012 E. 4.2.1.

Art. 256 D. Verwertungsmodus

1 Die zur Masse gehörenden Vermögensgegenstände werden auf Anordnung der Konkursverwaltung öffentlich versteigert oder, falls die Gläubiger es beschliessen, freihändig verkauft.

2 Verpfändete Vermögensstücke dürfen nur mit Zustimmung der Pfandgläubiger anders als durch Verkauf an öffentlicher Steigerung verwertet werden.

---

1 Eingefügt durch Ziff. I des BG vom 16. Dez. 1994, in Kraft seit 1. Jan. 1997 (AS 1995 1227; BBl 1991 III 1).

³ Vermögensgegenstände von bedeutendem Wert und Grundstücke dürfen nur freihändig verkauft werden, wenn die Gläubiger vorher Gelegenheit erhalten haben, höhere Angebote zu machen.[1]

⁴ Anfechtungsansprüche nach den Artikeln 286–288 dürfen weder versteigert noch sonstwie veräussert werden.[2]

Verweise: SchKG 257–259 (Versteigerung); KOV 71–78, 80 (Verwertung →Nr. 5); VZG 122–132 (Verwertung von Grundstücken im Konkursverfahren →Nr. 9).

Abs. 1: SchKG 197–203, 208, 211, 225, 242 (Konkursmasse); SchKG 237 Abs. 2, 240–243 (Konkursverwaltung); SchKG 252–254 (zweite Gläubigerversammlung); SchKG 255 (weitere Gläubigerversammlungen); SchKG 255a (Zirkularbeschluss); SchKG 238 Abs. 1 (dringlicher Beschluss); SchKG 243 Abs. 1 (Forderungseinzug); SchKG 243 Abs. 2 (Notverkauf, Gegenstände mit Börsen- oder Marktpreis); VVAG 16 (Verwertung von Anteilen an Gemeinschaftsvermögen →Nr. 8); VPAV 10–22 (Verwertung von Versicherungsansprüchen nach VVG →Nr. 10).

Abs. 2: SchKG 198 (Pfandgegenstände).

Abs. 3: ZGB 655 Abs. 2 (Grundstücke).

Zu Abs. 1

1 SchKG 256 Abs. 1 ist **als Verfahrensvorschrift zwingend**, d.h es besteht kein Raum für abweichende Parteivereinbarungen. Das Konkursmassevermögen kann ungeachtet einer vom Gemeinschuldner eingegangenen rechtsgeschäftlichen Veräusserungsbeschränkung öffentlich versteigert oder, falls es die Gläubiger so bestimmen, freihändig verkauft werden. Eine Veräusserung auf dem Weg der öffentlichen Konkurssteigerung räumt dem Erweber jedoch keine weitergehenden Rechte ein als eine private Übertragung. Gegebenenfalls gilt die rechtsgeschäftliche Veräusserungsbeschränkung also für den Ersteigerer: BGE 60 III 51 E. 2.

2 **Streitige Ansprüche auf Einzahlung ausstehender Aktienbeträge** sind, wenn die Mehrheit der Gläubiger wegen Fehlens der für die Prozessführung nötigen Mittel oder wegen ungünstiger Beurteilung der Prozessaussichten oder der Zahlungsfähigkeit des zu belangenden Aktionärs auf die Geltendmachung durch die Masse verzichtet und kein Gläubiger die Abtretung gemäss SchKG 260 verlangt, durch die Konkursverwaltung öffentlich zu versteigern oder, falls die Gläubiger es beschliessen, freihändig zu verkaufen, wobei in beiden Fällen **kein Mindestpreis** gilt: BGE 90 II 164 E. 1.

3 Die Verwertung ist grundsätzlich **Aufgabe der Betreibungsbehörden**. Ausnahmsweise kann **aber auch ein Privater** mit dieser Aufgabe betraut werden, nämlich dann, wenn die vom Gesetz vorgesehenen Verwertungsarten (öffentliche Steigerung und Freihandverkauf) unangemessen erscheinen. So verlangt insbesondere die Verwertung einer Kunstsammlung

---

1 Eingefügt durch Ziff. I des BG vom 16. Dez. 1994, in Kraft seit 1. Jan. 1997 (AS 1995 1227; BBl 1991 III 1).

2 Eingefügt durch Ziff. I des BG vom 16. Dez. 1994, in Kraft seit 1. Jan. 1997 (AS 1995 1227; BBl 1991 III 1).

4 Beschliesst die zweite Gläubigerversammlung, die Kunstsammlung des Gemeinschuldners auf dem Weg der Auktion zu verwerten, so zieht dies **keine Nichtigkeit** nach sich. Durch die von der Gläubigermehrheit beschlossene Art der Verwertung werden nur die Interessen der am Verfahren beteiligten Gläubiger und allenfalls des Gemeinschuldners an der Erzielung eines möglichst hohen Erlöses tangiert: BGE 105 III 67 E. 2.

5 Wer **in fremdem Namen** bietet, hat sich auf Verlangen des Steigerungsleiters über seine Handlungsbefugnis auszuweisen. Ist er dazu nicht in der Lage, so darf sein Angebot unberücksichtigt bleiben: BGE 82 III 55, 58 f.

6 Nicht nur die öffentliche Steigerung, sondern auch der Freihandverkauf stellt einen staatlichen Hoheitsakt dar. Der Zuschlag des Vollstreckungsbeamten ist somit eine **betreibungsrechtliche Verfügung**: BGE 128 III 198 E. 3; BGE 106 III 79 E. 4. Diese kann mit betreibungsrechtlicher Beschwerde angefochten werden: BGE 128 III 104 E. 3.a.

7 Die Freihandverkaufsverfügung ist eine **zustimmungsbedürftige Verfügung** und insoweit ein zweiseitiges Rechtsgeschäft. Wenngleich es sich nicht um einen Vertrag handelt, sind hinsichtlich Rechtswirksamkeit weitgehend die privatrechtlichen Regeln über die Willenserklärungen im Allgemeinen und jene über den Vertragsschluss im Besonderen analog anzuwenden: BGer v. 19.06.2006, 7B.24/2006 E. 3.3; BGE 131 III 280 E. 3.1.

8 Der Freihandverkauf bedarf wie die öffentliche Versteigerung **keiner öffentlichen Beurkundung**. Der Eigentumserwerb erfolgt durch die zu protokollierende Verfügung des Konkursamtes oder der Konkursverwaltung, mit welcher das zu verwertende Grundstück dem berücksichtigten Anbieter zugewiesen wird: BGE 128 III 104 E. 3; anders noch BGE 106 III 79 E. 7.

9 Auf den Freihandverkauf sind insbesondere **VZG 58 Abs. 3 und 67** (→ Nr. 9), welche die Identität des Anbieters und der im Grundbuch als Eigentümer einzutragenden Person betreffen, sowie die Regelung gemäss **SchKG 143 und VZG 63** beim Zahlungsverzug des Ersteigerers anwendbar: BGE 128 III 104 E. 4.

10 Eine Information der Konkursverwaltung über einen wesentlichen Preisfaktor, welche die wirklichen Verhältnisse nicht ausreichend klar erkennen lässt und geeignet ist, Kaufinteressenten zum Rückzug oder jedenfalls zur Herabsetzung ihrer Angebote zu bewegen, führt grundsätzlich **zur Aufhebung des Freihandverkaufs**: BGE 106 III 79 E. 5.

11 Wer einen Betrieb erwirbt und mit den Arbeitnehmern die im Zeitpunkt der Übernahme bestehenden Arbeitsverhältnisse weiterführt, **haftet nicht i.S.v. OR 333 Abs. 3** für offene, vor der Übernahme fällig gewordene Lohnforderungen, wenn die Übernahme des Betriebs aus der Konkursmasse des Arbeitgebers erfolgt ist: BGE 129 III 335 E. 5.

12 Zur **Behandlung von Miteigentum und Gesamteigentum** im Konkurs siehe das KS BGer (Plenum) Nr. 17 vom 01.02.1926 (→ Nr. 15).

13 Zur Art der Verwertung **im Bankenkonkurs** siehe BKV-FINMA 29 (→ Nr. 38).

Zu Abs. 2

14 Die Verwertung im summarischen Konkursverfahren ist gemäss SchKG 231 Abs. 3 Ziff. 2 nach den in SchKG 256 Abs. 2–4 festgelegten Regeln und unter bestmöglicher Wahrung der Interessen der Gläubiger durchzuführen. SchKG 256 Abs. 1, wonach ein **freihändiger Verkauf** der zur Masse gehörenden Vermögenswerte einen entsprechenden Beschluss der Gläubiger voraussetzt, ist hier nicht anzuwenden. Indessen hat die Konkursverwaltung, die im summarischen Verfahren einen Freihandverkauf anstrebt, SchKG 256 Abs. 3 zu beachten und demnach bei Vermögensgegenständen **von bedeutendem Wert und bei Grundstücken** den Gläubigern die Gelegenheit einzuräumen, höhere Angebote zu machen: BGer v. 17.08.2006, 7B.97/2006 E. 3.2. **In den übrigen Fällen** steht es **im freien Ermessen** des Konkursamtes, ob es allen Gläubigern Gelegenheit zur Einreichung von Offerten bietet, bevor es einen Freihandverkauf durchführt: BGer v. 10.03.2006, 7B.10/2006 E. 2.1.1. Ein Gläubiger kann die Aufhebung eines ohne sein Wissen vollzogenen Verkaufs verlangen, wenn er glaubhaft macht, dass die gehörige Bekanntmachung zu einem besseren Verwertungsergebnis geführt hätte: BGE 63 III 85, 88.

15 Ein Freihandverkauf zu einem Preis, der neben der Deckung der Kosten und Masseschulden die vollständige Befriedigung aller angemeldeten und noch nicht rechtskräftig abgewiesenen Konkursforderungen gestattet, **bedarf weder der Zustimmung der Pfandgläubiger noch jener der übrigen Konkursgläubiger**: BGE 88 III 28 E. 5; BGE 72 III 27 E. 2.

16 Das dem Pfandgläubiger eingeräumte Recht, **das Pfand selbst zu verwerten**, kann im Konkurs des Pfandschuldners **nicht mehr ausgeübt** werden: BGE 81 III 57, 58.

17 Die **Vermietung** oder **Verpachtung** verpfändeten Konkursmassevermögens durch die Konkursorgane ist nur mit Zustimmung der Pfandgläubiger zulässig: BGE 51 III 42, 47; BGE 49 III 113, 115 f.

Zu Abs. 3

18 SchKG 256 Abs. 3 dient allein dem Schutz der Konkursgläubiger. Ein Verstoss gegen diese Bestimmung zieht deshalb **keine Nichtigkeit** nach sich: BGer v. 11.11.2005, 7B.157/2005 E. 4.2.2; BGer v. 10.06.2005, 7B.69/2005 E. 1.

19 Die Zustimmung der Gläubiger zu einem Freihandverkauf ist **ungültig**, wenn den Gläubigern nicht Gelegenheit geboten wurde, höhere Angebote zu machen: BGE 101 III 52 E. 3.c; BGE 82 III 61, 62 f.

20 Das Gesetz äussert sich nicht dazu, wieviel Zeit den Gläubigern einzuräumen ist, um ein höheres Angebot abzugeben. Die Länge der **Frist** wird durch die Vollstreckungsorgane in pflichtgemässer Ausübung des ihnen in dieser Hinsicht zustehenden Ermessens festgesetzt: BGer v. 20.11.2001, 7B.220/2001 E. 3.

21 Diese Frist dient der Rechtssicherheit, indem sie im Interesse aller Beteiligten den Zeitraum zur Einreichung höherer Angebote begrenzt. Die Konkursverwaltung ist jedoch befugt, **auch nach Ablauf der Frist eingegangene Angebote zu berücksichtigen**: BGer v. 17.06.2010, 5A_191/2010 E. 6; BGer v. 07.01.2002, 7B.280/2001 E. 2.a.

22 Ob bei **Dringlichkeit** i.S.v. SchKG 243 Abs. 2 das Mehrgebotsrecht der Gläubiger nach SchKG 256 Abs. 3 berücksichtigt werden muss, hat das Bundesgericht bisher offen gelassen: zuletzt in BGE 131 III 280 E. 2.1 (Pra 95 [2006] Nr. 8).

Art. 257   E. Versteigerung
1. Öffentliche Bekanntmachung

¹ Ort, Tag und Stunde der Steigerung werden öffentlich bekanntgemacht.

² Sind Grundstücke zu verwerten, so erfolgt die Bekanntmachung mindestens einen Monat vor dem Steigerungstage und es wird in derselben der Tag angegeben, von welchem an die Steigerungsbedingungen beim Konkursamte zur Einsicht aufgelegt sein werden.

³ Den Grundpfandgläubigern werden Exemplare der Bekanntmachung, mit Angabe der Schätzungssumme, besonders zugestellt.

Verweise

Abs. 1: *SchKG 35 (öffentliche Bekanntmachung).*

Abs. 2: *VZG 122–132 (Verwertung von Grundstücken im Konkursverfahren → Nr. 9); SchKG 259 (Steigerungsbedingungen); SchKG 134 (Auflage).*

Abs. 3: *KOV 71, VZG 129 (Spezialanzeige → Nr. 5).*

Zu Abs. 1

1 Es steht den Kantonen frei zu bestimmen, dass der Vollzug der öffentlichen Steigerungen **durch das Konkurs- oder ein anderes öffentliches Amt oder unter dessen Mitwirkung** zu geschehen habe (KOV 98 Abs. 1 Satz 2 → Nr. 5).

2 Der Steigerungsort muss nicht mit dem Konkursort übereinstimmen. Die Bestimmung des **Steigerungsorts** liegt im Ermessen der Konkursverwaltung: BGE 31 III 754 E. 2.

Zu Abs. 2

3 Die Auflegung des Kollokationsplans, der Steigerungsbedingungen und der Kostenrechnung und Verteilungsliste hat, auch wenn eine ausseramtliche Konkursverwaltung eingesetzt ist, **beim zuständigen Konkursamt zu erfolgen** (KOV 98 Abs. 1 Satz 1 → Nr. 5).

4 Die zehntägige Frist für die Anfechtung der Steigerungsbedingungen beginnt **mit dem Tag ihrer öffentlichen Auflegung** zu laufen, unabhängig davon, ob der Beschwerdeführer von der Publikation der Steigerungsanzeige Kenntnis genommen und dadurch von der Auflegung der Bedingungen erfahren hat: BGE 105 III 4 E. 2.

Zu Abs. 3

5 Bei öffentlicher Versteigerung einer Liegenschaft im Konkurs hat der **Gemeinschuldner** im Unterschied zu den Pfandgläubigern **keinen Anspruch** auf Zustellung eines Exemplars der Steigerungspublikation. Nur Grundpfandgläubiger und Gläubiger, denen Grundpfandtitel verpfändet sind, erhalten eine individuelle Mitteilung der Steigerung: BGer v. 06.06.2005, 7B.47/2005 E. 3.1.1; BGE 94 III 101, 102.

6 Kommt es nicht zu einer öffentlichen Versteigerung, sondern wird lediglich bei Durchführung eines **Freihandverkaufs** einem beschränkten Personenkreis Gelegenheit gegeben, Kaufsangebote einzureichen, so muss, da in diesem Fall eine öffentliche Bekanntmachung nur ausnahmsweise – nämlich im Konkurs einer Aktiengesellschaft zwecks Einladung nicht bekannter Aktionäre zur Überbietung eines sämtliche Passiven deckenden Angebots – in Frage kommt, dafür gesorgt werden, dass der Gemeinschuldner auf andere Weise über die bevorstehende Verwertung unterrichtet wird, was nur durch eine Spezialanzeige geschehen kann: BGE 88 III 68 E. 3.b.

7 Der **blosse Inhaber eines Kaufrechts** hat keinen Anspruch auf Zustellung der Spezialanzeige: BGE 105 III 4 E. 2.

8 In den Spezialanzeigen an die Pfandgläubiger ist nach VZG 129 (→ Nr. 9) denjenigen Gläubigern, denen nach dem Lastenverzeichnis ein anderes beschränktes dingliches Recht (Dienstbarkeit, Grundlast, Vorkaufsrecht usw.) im Range nachgeht, gleichzeitig anzuzeigen, dass sie binnen 10 Tagen beim Konkursamt schriftlich den **doppelten Aufruf des Grundstücks** i.S.v. SchKG 142 verlangen können, mit der Androhung, dass sonst Verzicht auf dieses Recht angenommen werde: BGer v. 03.02.2005, 7B.238/2004 E. 2.2.

9 Diese Bestimmung findet **auch auf Fahrnispfandgläubiger** Anwendung: siehe hierzu das KS BGer (Plenum) Nr. 11 betreffend Spezialanzeige der Fahrnissteigerung im Konkurs an die Inhaber von Pfandrechten vom 20.10.1917 (BBl 1917 I 244).

Art. 258[1]   2. Zuschlag

[1] Der Verwertungsgegenstand wird nach dreimaligem Aufruf dem Meistbietenden zugeschlagen.

[2] Für die Verwertung eines Grundstücks gilt Artikel 142 Absätze 1 und 3. Die Gläubiger können zudem beschliessen, dass für die erste Versteigerung ein Mindestangebot festgesetzt wird.[2]

Verweise

Abs. 2: *VZG 122–132 (Verwertung von Grundstücken im Konkursverfahren →Nr. 9); KOV 96 lit. b (Grundstückssteigerung im summarischen Konkursverfahren →Nr. 5).*

Zu Abs. 1

1 SchKG 258 wird **durch VZG 60 (→ Nr. 9) präzisiert**, wonach jedes Angebot dreimal auszurufen und dabei jeweilen anzugeben ist, ob es sich um den ersten, zweiten oder dritten Ausruf handelt. Das Betreibungsamt ist verpflichtet, demjenigen Bieter, der das letzte und höchste Angebot gemacht hat, sofort öffentlich den Zuschlag zu erteilen: BGE 118 III 52 E. 4.

---

1 Fassung gemäss Art. 16 des BG vom 28. Sept. 1949, in Kraft seit 1. Febr. 1950 (AS 1950 I 57; BBl 1948 I 1218).

2 Fassung gemäss Ziff. I des BG vom 16. Dez. 1994, in Kraft seit 1. Jan. 1997 (AS 1995 1227; BBl 1991 III 1).

2 Mit den Worten **«zum dritten»** kann vom Gantleiter einerseits der dritte und letzte Ausruf gemacht werden, welcher noch mit einem Angebot beantwortet werden kann; die gleichen Worte können andererseits aber auch – was vom Ausruf zu unterscheiden ist – den nachfolgenden Zuschlag bedeuten: BGE 118 III 52 E. 4.a. VZG 60 ist Genüge getan, wenn bei jedem Aufruf unmissverständlich zum Ausdruck gebracht wird, der wievielte es ist, gleichgültig, ob sich der Gantleiter hierbei der entsprechenden Ordnungszahl oder eines andern Ausdrucksmittels bedient. Während die ersten beiden Aufrufe gewöhnlich durch unmittelbare Beifügung der Worte «zum ersten» und «zum zweiten» gekennzeichnet werden, wird beim letzten Aufruf oftmals vor den Worten «zum dritten» mit erhobenem Hammer innegehalten oder nur das Wort «zum» ausgesprochen, in Erwartung allfälliger höherer Angebote, und wenn solche ausbleiben, wird mit den Worten «zum dritten» bzw. «dritten» zugeschlagen: BGE 83 III 38 E. 1.

3 SchKG 258 Abs. 1 **gilt auch für Forderungen**: vgl. BGE 30 I 827 E. 1. Zum Einzug unbestrittener und fälliger Forderungen siehe SchKG 243 Abs. 1.

Art. 259[1] 3. Steigerungsbedingungen

Für die Steigerungsbedingungen gelten die Artikel 128, 129, 132a, 134–137 und 143 sinngemäss. An die Stelle des Betreibungsamtes tritt die Konkursverwaltung.

Verweise: VZG 45–52, 130 (Steigerungsbedingungen); SchKG 237 Abs. 2, 240–243 (Konkursverwaltung).

1 Das **Deckungsprinzip** (SchKG 126) findet im Konkurs **keine Anwendung**.

2 Gemäss VZG 130 Abs. 4 (→ Nr. 9) findet **SchKG 135 Abs. 1 Satz 2** bei der Versteigerung eines Grundstücks im Konkurs **keine Anwendung**. D.h., dass der Gemeinschuldner durch den Zuschlag in der Steigerung frei wird und nicht als Schuldner beibehalten werden kann: BGE 45 III 141 E. 1.

3 Eine **Verlängerung der Zahlungsfrist** i.S.v. SchKG 136 ist nur mit Zustimmung aller Beteiligten – das sind im Konkurs die Konkursverwaltung, die betreibenden Gläubiger sowie die zu Verlust gekommenen Pfandgläubiger – zulässig: BGer v. 22.07.2004, 7B.142/2004 E. 2.2.1; BGE 75 III 11 E. 3.

4 Die Aufnahme von **Zusicherungen** in die Steigerungsbedingungen – *in casu* betreffend die Überbaubarkeit eines Grundstücks – ist unzulässig: BGE 95 III 21 E. 4.a.

Art. 260 F. Abtretung von Rechtsansprüchen

[1] Jeder Gläubiger ist berechtigt, die Abtretung derjenigen Rechtsansprüche der Masse zu verlangen, auf deren Geltendmachung die Gesamtheit der Gläubiger verzichtet.

---

1 Fassung gemäss Ziff. I des BG vom 16. Dez. 1994, in Kraft seit 1. Jan. 1997 (AS 1995 1227; BBl 1991 III 1).

² Das Ergebnis dient nach Abzug der Kosten zur Deckung der Forderungen derjenigen Gläubiger, an welche die Abtretung stattgefunden hat, nach dem unter ihnen bestehenden Range. Der Überschuss ist an die Masse abzuliefern.

³ Verzichtet die Gesamtheit der Gläubiger auf die Geltendmachung und verlangt auch kein Gläubiger die Abtretung, so können solche Ansprüche nach Artikel 256 verwertet werden.[1]

Verweise

Abs. 1: *SchKG 197–203, 208, 211, 225, 242 (Konkursmasse).*
Abs. 2: *KOV 80 Abs. 2 (Kosten → Nr. 5); SchKG 219 (Rangordnung); KOV 86 (Verteilungsliste).*

Rechtsnatur der Abtretung

1 Die Abtretung nach SchKG 260 ist ein **betreibungs- und prozessrechtliches Institut** *sui generis*. Es weist Ähnlichkeit mit der Abtretung gemäss OR 164 ff. und dem Auftrag gemäss OR 394 ff. auf. Der Gläubiger wird durch die Abtretung ermächtigt, den streitigen Rechtsanspruch an Stelle der Masse in eigenem Namen und auf eigene Rechnung geltend zu machen: BGE 113 III 135 E. 3.a (Pra 79 [1990] Nr. 123); BGE 111 II 81 E. 3.a. Die Abtretungsgläubiger treten folglich als Prozessstandschafter auf. D.h., dass sie bloss die verfahrensrechtliche Stellung der Konkursmasse einnehmen; die Masse dagegen ist zwar nicht Partei, bleibt aber Rechtsträgerin der (behaupteten) Ansprüche: BGer v. 20.09.2011, 4A_231/2011 E. 2; BGE 132 III 564 E. 3.2.2.

2 Eingeklagt werden gestützt auf SchKG 260 nicht Ansprüche, die dem Konkursgläubiger persönlich zustehen, **sondern solche der Konkursitin, welche an die Masse fallen**. Dem Abtretungsgläubiger steht allerdings bei der Verteilung des Prozesserlöses ein Anspruch auf Vorausbefriedigung zu (SchKG 260 Abs. 2). Der Prozess, der gestützt auf eine Abtretung i.S.v. SchKG 260 geführt wird, dient dazu, der Konkursmasse zu Aktiven zu verhelfen, woran nichts ändert, dass das Ergebnis bei der Verteilung in erster Linie demjenigen zugute kommt, der das Risiko des Prozesses eingeht: BGE 132 III 342 E. 2.2.

Verzicht der Gesamtheit der Gläubiger auf Geltendmachung

3 Eine Abtretung i.S.v. SchKG 260 ist nur dann gültig, wenn ihr **ein Beschluss der Masse über den Verzicht auf eigene Geltendmachung vorangegangen ist**: BGE 136 III 534 E. 4.1; BGE 134 III 75 E. 2.3 (Pra 97 [2008] Nr. 92).

4 Die Konkursgläubiger können nur auf Ansprüche verzichten, **die der Masse zustehen**: BGE 101 II 323 E. 2.

5 Im ordentlichen Konkursverfahren wird der Verzichtsbeschluss **durch die zweite Gläubigerversammlung** gefasst: BGer v. 30.01.2012, 5A_120/2011 E. 3.3.1; BGE 116 III 96 E. 4.a. Dabei braucht nicht das Einverständnis sämtlicher Gläubiger, sondern bloss der Mehr-

---

1 Eingefügt durch Ziff. I des BG vom 16. Dez. 1994, in Kraft seit 1. Jan. 1997 (AS 1995 1227; BBl 1991 III 1).

heit der Gläubiger vorzuliegen: BGE 116 III 96 E. 4.a. Ist die zweite Gläubigerversammlung nicht beschlussfähig, so ist entweder eine weitere Gläubigerversammlung einzuberufen oder aber ein Entscheid auf dem Zirkularweg herbeizuführen. Verfügt die Konkursverwaltung den Verzicht der Masse, so kann jeder Gläubiger Beschwerde dagegen erheben: BGE 71 III 133 E. 2.

6 Wird der Konkurs **im summarischen Verfahren** durchgeführt, so wird grundsätzlich keine Gläubigerversammlung einberufen (SchKG 231 Abs. 3 Ziff. 1). Der Beschluss über den Verzicht wird diesfalls auf dem Zirkularweg oder durch Publikation herbeigeführt: BGE 136 III 534 E. 4.1; BGE 134 III 75 E. 2.3 (Pra 97 [2008] Nr. 92).

7 Die **Untätigkeit** der Konkursgläubiger an der zweiten Gläubigerversammlung hinsichtlich der Eigentumsansprache eines Dritten kann nur dann als Verzicht i.s.v. SchKG 260 verstanden werden, wenn den Gläubigern zumindest die Gelegenheit geboten wurde, diesbezüglich Vorschläge zu machen: BGE 75 III 14 E. 2.

8 Eine Abtretung oder Abtretungsofferte, die **vor einem gültigen Verzichtsbeschluss an einzelne Gläubiger** erfolgt, ist **nichtig**. Die Nichtigkeit ist auch im Abtretungsprozess von Amtes wegen zu beachten: BGE 136 III 534 E. 4.1. Richtet sich die vor dem gültigen Verzichtsbeschluss gemachte Abtretungsofferte hingegen **an alle Konkursgläubiger**, so ist die Abtretungsofferte nicht nichtig, **sondern bloss anfechtbar**: BGE 136 III 636 E. 2.1 (Pra 100 [2011] Nr. 64); BGE 86 III 20 E. 2.

9 Diese Grundsätze gelten auch für den Beschluss, **den Prozess über eine streitige Forderung zur Zeit der Konkurseröffnung i.S.v. KOV 63 (→ Nr. 5) fortzuführen**. Wie SchKG 260, auf den sie verweist, sieht diese Bestimmung als Voraussetzung der Abtretung vor, dass der Prozess nicht durch die Masse fortgeführt wird. Die Verwaltung muss demnach spätestens bei der Auflage des Kollokationsplans die Gläubiger einladen, sich über den Fortgang des Prozesses durch die Masse zu äussern: BGer v. 24.03.2011, 5A_864/2010 E. 3.1; BGE 134 III 75 E. 2.3 (Pra 97 [2008] Nr. 92).

10 Im Falle eines **Passivprozesses** bedeutet der Verzicht der Masse und der Konkursgläubiger auf die Fortführung des Prozesses oder ihr Stillschweigen auf entsprechende Erkundigung die Anerkennung der Klage und die Beendigung des Prozesses mit Rechtskraftwirkung gegenüber der Masse. Der Gemeinschuldner hat keinen Anspruch darauf, den Passivprozess während des Konkursverfahrens selber weiterzuführen: BGer v. 16.12.2008, 5A_417/2008 E. 3.1.

In Betracht fallende Ansprüche

11 Seinem Wortlaut zufolge hat SchKG 260 **nur Aktivvermögen der Konkursmasse**, d.h. dingliche und persönliche Rechte, im Auge. Gemäss KOV 47 (→ Nr. 5) ist er aber analog anwendbar, wenn es gilt, einen gegen die Masse erhobenen Aussonderungsanspruch nach SchKG 242 abzuwehren. Ebenso ist er nach der Rechtsprechung analog anzuwenden, wenn die Konkursverwaltung eine als Konkursforderung geltend gemachte Steuerforderung anerkennen will, ohne die dem Belangten nach den Vorschriften über den Steuerprozess zu Gebote stehenden Rechtsbehelfe zu erschöpfen. Es rechtfertigt sich, dort gleich vorzugehen, wo die Steuerforderung als Masseverbindlichkeit geltend gemacht wird; bestehen doch ernsthafte Gründe dafür, den Konkursgläubigern die in SchKG 260 vorgesehenen Rechte ganz all-

gemein gegenüber irgendwelchen Ansprüchen einzuräumen, die auf Schmälerung der zur Verteilung gelangenden Konkursaktiven gerichtet sind: BGE 85 I 121 E. 3.c.

12 **Anfechtungsansprüche** gemäss SchKG 285 ff. können abgetreten werden, sofern das eigene Vermögen des Gemeinschuldners nicht zur Befriedigung aller Konkursgläubiger ausreicht: BGE 73 III 41 E. 1.

13 Der **Haftungsanspruch** gegenüber dem Staat ist ein selbstständiger Forderungsanspruch. Seine Abtretung erfordert eine **explizite Erklärung**: BGer v. 23.08.2010, 5A_359/2010 E. 3.

14 **Rechtsansprüche gegen die Konkursverwaltung wegen deren Amtshandlungen** bilden ihrer Natur nach nicht Bestandteil der Konkursmasse. Sie können deshalb auch nicht gemäss SchKG 260 Abs. 1 an Gläubiger abgetreten werden. Vielmehr müssen sie unmittelbar gegen die Konkursverwaltung geltend gemacht werden: BGE 114 III 21 E. 5.b.

15 Zur Verwertung einer **bestrittenen Ausfallforderung** (SchKG 143 Abs. 2) siehe VZG 131 (→ Nr. 9).

Verantwortlichkeitsansprüche im Konkurs der Aktiengesellschaft im Besonderen

16 Die Fähigkeit, als geschädigter Gläubiger gegen die Organe einer Gesellschaft vorzugehen, bestimmt sich danach, ob dem Gläubiger ein direkter oder indirekter Schaden entstanden ist. Wenn das Verhalten eines Organs einem Gläubiger einen **direkten Schaden** verursacht, während die Gesellschaft selber keinerlei Schaden erleidet, kann der geschädigte Gläubiger persönlich vorgehen und vom Verantwortlichen Schadenersatz verlangen. Seine Klage untersteht den gewöhnlichen Regeln der zivilrechtlichen Haftung und ist, unter der Voraussetzung, dass sie sich auf einem gültigen rechtlichen Fundament stützt, keinerlei Einschränkungen unterworfen. Im Falle eines **mittelbaren Schadens** steht die Geschädigteneigenschaft der Gesellschaft zu, die durch das Verhalten des Organs direkt verarmt ist. Kraft der allgemeinen Haftungsgrundsätze ist es die Gesellschaft, die in erster Linie legitimiert ist, gegenüber dem verantwortlichen Organ Schadenersatz geltend zu machen. Der Gesellschaftsgläubiger selber verfügt über keine persönliche Klage, um den Ersatz des Schadens, den er mittelbar erlitten hat, zu erwirken. Wenn die Gesellschaft in Konkurs fällt, wird die Forderung, die sie gegen das verantwortliche Organ geltend machten konnte, durch eine Forderung der Gläubigergemeinschaft ersetzt, deren Geltendmachung vorrangig der Konkursverwaltung zusteht (OR 757 Abs. 1). Wenn die Konkursverwaltung darauf verzichtet, die Gesellschaftsklage einzureichen (OR 757 Abs. 2), kann ein Gesellschaftsgläubiger den Ersatz des von der Gesellschaft direkt erlittenen Schadens geltend machen. Dann erhebt er die Klage der Gläubigergemeinschaft, aber das eventuelle Ergebnis der Klage wird vorweg dazu dienen, seine eigenen Forderungen zu decken, soweit sie kolloziert sind. Schliesslich müssen im Fall, in welchem **sowohl die Gesellschaft als auch der Gläubiger direkt geschädigt** sind, die von der Praxis aufgestellten Regeln angewendet werden, um zu verhindern, dass die persönliche Klage des Gläubigers mit den Forderungen der Gesellschaft in Konkurrenz tritt. Nur in diesem Fall und zur Verhinderung der Gefahr einer Konkurrenz zwischen den von der Gesellschaft oder der Konkursverwaltung und direkt durch den Gläubiger angestrengten Haftungsklagen hat die Rechtsprechung die Klagebefugnis des Letzteren beschränkt, um der Gesellschaftsklage eine Priorität einzuräumen. Somit kann ein Gesellschaftsgläubiger, wenn die Gesellschaft auch geschädigt ist, nur dann persönlich gegen ein Organ auf Ersatz des direkten

Schadens klagen, wenn er seine Klage mit einer unerlaubten Handlung (OR 41), einer *culpa in contrahendo* oder einer ausschliesslich zum Schutz der Gläubiger konzipierten Bestimmung des Gesellschaftsrechts begründen kann: BGE 132 III 564 E. 3.2 m.w.H. (Pra 96 [2007] Nr. 57).

17 Der in **OR 757 Abs. 3** enthaltene Vorbehalt der Abtretung von Ansprüchen der Gesellschaft gemäss SchKG 260 **verleiht keine weiteren Rechte** und soll deshalb im Rahmen der derzeitigen Aktienrechtsrevision aufgehoben werden. Materiellrechtlich besteht kein Unterschied zwischen dem Anspruch, den sich ein Gläubiger nach SchKG 260 abtreten lässt und demjenigen, den die Aktionäre oder Gläubiger direkt aus OR 757 Abs. 1 und 2 erheben. Da *in casu* eine formelle Abtretung gemäss SchKG 260 erfolgte, hat das Bundesgericht offen gelassen, ob der Gläubiger gestützt auf OR 757 Abs. 2 ohne entsprechende Abtretung direkt klagen könnte: BGer v. 08.12.2009, 4A_446/2009 E. 2.4.

18 Im Rahmen der Verantwortlichkeitsansprüche nach OR 757 macht der Gläubiger, dem diese Ansprüche gemäss SchKG 260 abgetreten worden sind, nicht die Ansprüche der Gesellschaft gegen die Organe geltend, sondern diejenigen der Gläubigergesamtheit. Aus diesem Grund kann der Belangte der Abtretungsgläubigerin nicht sämtliche **Einreden** gegen sie persönlich und gegen die Gesellschaft entgegenhalten, sondern nur diejenigen, die ihm auch gegenüber der Gläubigergesamtheit zustehen: BGE 136 III 107 E. 2.5.1. Bei der gestützt auf eine in den Statuten enthaltene Schiedsklausel erhobenen Schiedseinrede handelt es sich nicht um eine Einrede, die unabhängig von der Willensbildung der Gesellschaft besteht. Es rechtfertigt sich deshalb nicht, die Einrede gegenüber der Gläubigergesamtheit, die keinen Einfluss auf die Statuten hatte, zuzulassen: BGE 136 III 107 E. 2.5.2.

19 Die Ablösung des Anspruchs der Gesellschaft durch denjenigen der Gesamtheit der Gläubiger hat wie eben erwähnt grundsätzlich den Ausschluss der Einreden zur Folge, die sich gegen die Gesellschaft richten, wie die Einrede der Décharge durch die Generalversammlung (OR 758) oder der Einwilligung der Gesellschaft. Dieser Ausschluss gilt jedoch nicht für die Einrede der **Verrechnung** mit Forderungen, mit denen das haftpflichtige Organ schon vor der Konkurseröffnung gegenüber der Gesellschaft hätte verrechnen können. Dieses kann somit im Verantwortlichkeitsprozess mit Forderungen verrechnen, die ihm im Zeitpunkt der Konkurseröffnung gegenüber der konkursiten Gesellschaft zustanden: BGE 132 III 342 E. 4.

Legitimation

20 Als Abtretungsgläubiger kommt nur in Frage, **wer Konkursgläubiger ist und bleibt**: BGer v. 24.04.2008, 5A_720/2007 E. 2.3.1.

21 Das Prozessführungsrecht nach SchKG 260 ist **ein Nebenrecht der Konkursforderung**, das i.S. des OR 170 dem Schicksal dieser Forderung folgt. Mit dem Untergang der Konkursforderung durch Verzicht fällt deshalb auch das Prozessführungsrecht dahin. Das Prozessmandat kann daher nur mit der Konkursforderung selbst zediert oder verpfändet werden: BGE 109 III 27 E. 1.a.

22 Die Abtretung eines Rechtsanspruchs der Masse an einen Konkursgläubiger **fällt mit dessen vollständiger Befriedigung nicht von selbst dahin**. Solange die Abtretungsverfügung nicht widerrufen worden ist, bleibt der Abtretungsgläubiger zur Verfolgung des abgetretenen Anspruchs legitimiert: BGE 113 III 20 E. 3.

23 Dem Abtretungsgläubiger kann nicht entgegengehalten werden, dass seine Forderung gegenüber der in Konkurs gefallenen Gesellschaft zu Unrecht kolloziert worden sei. Der Richter darf im Rahmen des gegen ein Organ einer konkursiten Gesellschaft geführten Verantwortlichkeitsprozesses **die materielle Begründetheit der kollozierten Forderung nicht überprüfen**: BGE 132 III 564 E. 6.1 (Pra 96 [2007] Nr. 57); BGE 132 III 342 E. 2.2.2; BGE 111 II 81 E. 3.a.

24 Ein unter **Vormundschaft** stehender Gläubiger kann die Abtretung von Rechtsansprüchen der Masse nicht selbstständig verlangen: BGE 94 III 17, 18 f.

25 Ein Gläubiger, dessen Forderung im Zeitpunkt der Konkurseröffnung Gegenstand eines Prozesses bildet und deshalb lediglich *pro memoria* im Kollokationsplan vorgemerkt ist, kann nach SchKG 260 Abs. 1 gleich wie andere nicht definitiv zugelassene Gläubiger eine **bedingte Abtretung** verlangen: BGE 128 III 291 E. 4.c.aa.

26 Tritt die Masse eine Forderung gegen einen Dritten, der zugleich auch Gläubiger ist, ab, so ist dieser **zur Beschwerde legitimiert**, die Abtretung sei nicht in Übereinstimmung mit den entsprechenden Gesetzes- und Verordnungsbestimmungen erfolgt: BGE 119 III 81 E. 2.

27 Die Abtretung eines vom Gläubiger **gegen ihn selbst** geltend zu machenden Anspruchs ist nichtig: BGE 34 II 85 E. 3.

28 Eine gestützt auf SchKG 260 erfolgte Abtretung von Masserechtsansprüchen erlöscht nicht mit dem Tod des Zessionars, **sondern geht auf dessen Erben über**, gleichgültig, ob der abgetretene Anspruch schon eingeklagt war oder nicht: BGE 56 III 69, 70 f.

29 Gibt es im **Partikularkonkurs** nach IPRG 166 ff. (→ Nr. 34) keine kollozierten Gläubiger, so kann eine bestrittene Forderung der ausländischen Konkursverwaltung i.S.v. SchKG 260 abgetreten werden: BGE 137 III 374 E. 3.

Verfahren bei der Abtretung

30 Die Abtretung **hat formell zu erfolgen**, d.h. erforderlich ist eine entsprechende Verfügung der Konkursverwaltung: BGE 113 III 135 E. 3.b (Pra 79 [1990] Nr. 123).

31 Die Abtretung erfolgt grundsätzlich **in zwei Schritten**: Zunächst erfolgt der Vorschlag auf Verzicht der Geltendmachung eines Anspruchs durch die Masse, und im Fall, dass der Verzicht erfolgt, wird der Anspruch den Gläubigern zur Abtretung offeriert. Dies schliesst jedoch nicht aus, dass die Aufforderung an die Gläubiger, evtl. Abtretungsbegehren zu stellen, im gleichen Rundschreiben Platz finden kann: BGer v. 26.04.2012, 5A_107/2012 E. 4.4; BGE 136 III 534 E. 4.3.

32 Die Gläubiger müssen **Abtretungsbegehren** im ordentlichen Konkursverfahren spätestens 10 Tage nach der zweiten Gläubigerversammlung stellen, ansonsten verwirkt der Anspruch (KOV 48 Abs. 1 → Nr. 5). Liegen jedoch besondere Umstände vor, kann eine angemessene Frist bereits in der zweiten Gläubigerversammlung angesetzt werden (KOV 48 Abs. 2). Im summarischen Verfahren hat in wichtigeren Fällen eine Fristansetzung zu erfolgen, die mit der Bekanntmachung der Auflegung des Kollokationsplans zu verbinden ist (KOV 49): BGE 134 III 75 E. 2.2 (Pra 97 [2008] Nr. 92). Bei nachträglich eingegebenen Ansprüchen richtet sich das Vorgehen nach KOV 50.

33 Die Masse kann nur dann zur Ausstellung einer Abtretung verhalten werden, wenn ihr daraus **kein Schaden** erwächst: BGE 45 III 37 E. 3.

34 Die Frist zur Stellung des Abtretungsbegehrens kann in Bezug auf Masserechtsansprüche, die der zweiten Gläubigerversammlung **nicht unter dem Gesichtspunkt des Verzichts auf die Geltendmachung zur Kenntnis gebracht worden und zur Sprache gekommen sind**, nicht zu laufen beginnen: BGE 54 III 280 E. 2. Entsprechend kann im summarischen Konkursverfahren eine Frist zur Stellung von Abtretungsbegehren nur in Bezug auf Ansprüche angesetzt werden, die den Gläubigern in einer öffentlichen Bekanntmachung oder einem Rundschreiben zur Kenntnis gebracht worden sind: BGE 77 III 79 E. 1.

35 Es steht **im Ermessen der Konkursverwaltung**, eine Frist zur Geltendmachung des abgetretenen Anspruchs anzusetzen oder – zumindest vorläufig – davon abzusehen: BGE 65 III 61, 63.

36 Der Ablauf der Frist zur Geltendmachung der abgetretenen Ansprüche macht die Abtretung **nicht ohne Weiteres hinfällig**. Der Zessionar ist mangels Widerrufs der Abtretung nach wie vor zur Klage befugt. Macht er von diesem Recht Gebrauch, so kann ihm die Berechtigung nicht nachträglich durch Widerruf der Abtretung entzogen werden: BGer v. 25.02.2002, 5C.194/2001 E. 5.a; BGE 65 III 1 E. 2; BGE 63 III 70 E. 3.

37 Entsprechend der Regel von OR 18 ist die Abtretungserklärung der Konkursverwaltung nicht dem Wortlaut nach, **sondern dem wahren Sinn nach auszulegen**: BGE 92 III 57 E. 1.

38 Den Abtretungsgläubigern sind i.d.R. die **zugehörigen Urkunden auszuhändigen**. Dies kann jedoch aus besonderen Gründen unterbleiben, namentlich dann, wenn mehrere Abtretungsgläubiger getrennt vorgehen wollen. Diese können aber Einsicht nehmen, sich von der Konkursverwaltung beglaubigte Abschriften geben lassen und Vorlegung der Originale an das Prozessgericht verlangen: BGE 73 III 107 E. 1 und 2.

39 **Einreden**, die dem Vertragspartner gegenüber dem Gemeinschuldner zugestanden hätten, kann er auch den Abtretungsgläubigern entgegenhalten: BGE 106 II 141 E. 3.c.

40 Hat sich die Konkursmasse mit dem Erwerber der gepfändeten Sachen darüber geeinigt, dass sie **gegen Erhalt einer Entschädigung** auf Anhebung einer Anfechtungsklage verzichtet, so fällt das Recht auf Anhebung einer solchen Klage mit der Leistung der vereinbarten Entschädigung dahin und kann nicht mehr aufgrund von SchKG 260 abgetreten werden: BGE 67 III 33 E. 3.

41 Wenn der abgetretene Masseanspruch zwar erst nach der Abtretung, jedoch noch bevor der Abtretungsgläubiger zu dessen Eintreibung irgendwelche prozessuale oder ausserprozessuale Vorkehren getroffen hat, **vom Drittschuldner anerkannt** (z.B. bezahlt) wird, ist die Abtretung **zu widerrufen**: BGE 84 III 40, 43 f.

42 Bis zu einem allfälligen Widerruf der Abtretung ist es **der Konkursverwaltung untersagt**, über die abgetretenen Rechte zu verfügen: BGE 115 III 76 E. 2. Gleiches muss bis zum Dahinfallen der Abtretung gelten. Wenn aber die Abtretungen bereits dahingefallen sind, ist nicht zu beanstanden, wenn die Aufsichtsbehörde angenommen hat, der Konkursmasse stehe das Recht zur Verrechnung mit einem Rückforderungsanspruch aus einer anfechtbaren Rechtshandlung zu: BGer v. 24.04.2006, 7B.18/2006 E. 4.3.2

43 Zur Abtretung von Rechtsansprüchen **beim Nachlassvertrag mit Vermögensabtretung** siehe SchKG 325.

44 Zur Abtretung von Rechtsansprüchen **im Bankenkonkurs** siehe BKV-FINMA 31 (→ Nr. 38).

45 Zur Abtretung von Rechtsansprüchen **aus einer Personenversicherung** siehe VPAV 10–14 (→ Nr. 10).

Mehrzahl von Abtretungsgläubigern

46 Bei der Abtretung eines Rechtsanspruchs der Masse **an mehrere Gläubiger** wird jeder von diesen Vertreter der Masse **für das ganze Recht**: BGE 93 III 59 E. 1.c; BGE 49 III 122 E. 2; BGE 43 III 160 E. 1.

47 Die Gläubiger bilden eine **(uneigentliche) notwendige Streitgenossenschaft**. Von ihnen wird zwar keine einheitliche Prozessführung verlangt. Über den eingeklagten Anspruch kann jedoch nur einheitlich entschieden werden: BGE 136 III 534 E. 2.1; BGE 121 III 488 E. 2.

48 Da die Abtretungsgläubiger jedoch **nicht verpflichtet** sind, Klage einzuleiten und den Prozess bis zu einem gerichtlichen Urteil weiterzuführen, kann Streitgenossenschaft nur zwischen jenen Gläubigern bestehen, welche die ihnen abgetretenen Rechtsansprüche auch **geltend machen wollen**: BGE 121 III 291 E. 3.a.

49 Werden Rechtsansprüche an mehrere Gläubiger abgetreten, so ist allen **dieselbe Frist** zur Klageeinleitung anzusetzen. Ebenso ist eine Fristverlängerung allen Gläubigern und nicht nur einem von ihnen einzuräumen. Dem Grundsatz der Gleichbehandlung aller Gläubiger widerspricht es indessen nicht, wenn Fristverlängerung nur jenen Abtretungsgläubigern gewährt wird, die darum innert der angesetzten Frist ersucht haben, und nicht auch jenen, welche die Frist unbenützt haben verstreichen lassen, obwohl für den Fall, dass keine Klage eingeleitet werde, der Widerruf der Abtretung angedroht wurde: BGE 121 III 291 E. 3.b.

50 Stehen verschiedene Gerichtsstände zur Verfügung oder vermögen sich die prozesswilligen Abtretungsgläubiger **nicht auf ein prozessual abgestimmtes Vorgehen zu einigen**, so ist es Sache des Konkursamtes, auf entsprechendes Begehren eines Gläubigers die erforderlichen Weisungen zu erteilen, um ein gemeinsames prozessuales Vorgehen sicherzustellen: BGE 121 III 488 E. 2.d.

51 **Getrennte Klageführung** der Abtretungsgläubiger über ein und denselben Rechtsanspruch **ist nicht unwirksam**. Die Klagen können auf Antrag des Beklagten oder von Amtes wegen vom Gericht in ein einziges Verfahren gewiesen werden, wodurch eine gemeinsame Beurteilung der Klagen ermöglicht wird: BGE 63 III 70 E. 1.

Durchführung des Prozesses

52 Der Abtretungsgläubiger führt den Prozess anstelle der Masse **in eigenem Namen**; er ist daher im Prozess als Partei zu nennen: BGE 86 III 154 E. 1.

53 Der Abtretungsgläubiger ist berechtigt, auf die Geltendmachung der abgetretenen Rechtsansprüche **zu verzichten** oder mit der Gegenpartei darüber **gerichtliche bzw. aussergerichtliche Vergleiche** abzuschliessen. Die Gültigkeit derartiger Vergleiche hängt nicht von der Genehmigung durch die Konkursverwaltung ab: BGE 102 III 29, 30 ff.; BGE 93 III 59 E. 1.a.

54 Ein **einseitiger Teilverzicht** stellt keinen Vergleich, sondern vielmehr einen Verzicht i.S.v. SchKG 260 dar: BGer v. 04.12.2000, 7B.166/2000 E. 7.a. Dieser darf nur durch die Gläubigergesamtheit und nur unter Vorbehalt von Abtretungen nach SchKG 260 ausgesprochen werden. Ein einseitiger Verzicht **durch die Konkursmasse ist unzulässig**: BGE 86 III 124 E. 3. Vgl. auch das Vorgehen im Falle der Anerkennung des Rechtsanspruchs eines Dritten durch die Konkursmasse im Kollokationsprozess gemäss KOV 66 (→ Nr. 5).

Prozessergebnis

55 Dass der Verwertungserlös **in erster Linie dem das Risiko der Prozessführung übernehmenden Konkursgläubiger zukommt**, ist die Besonderheit der Verwertungsart nach SchKG 260. Die Masse hingegen kann möglicherweise vom Überschuss profitieren und sämtliche Gläubiger befriedigen: BGer v. 24.04.2008, 5A_720/2007 E. 2.4; BGE 113 III 20 E. 3.

56 Ein **allfälliger Prozessgewinn** dient gemäss SchKG 260 Abs. 2 vorab zur Deckung der Forderungen der Abtretungsgläubiger. Kosten, die dem Beklagten auferlegt worden und bei ihm einbringlich sind, können jedoch nicht vom Prozessgewinn abgezogen werden; insoweit ist der Kläger gehalten, die Kostenforderung beim Beklagten geltend zu machen und den allfälligen Überschuss des Prozessergebnisses über seine sonstigen Forderungen der Masse zu überlassen: BGE 73 III 41 E. 2.

57 Selbst bei vollständiger Kostenfolge zulasten des Beklagten und voller Einbringlichkeit können beim Kläger jedoch abzugsberechtigte Kosten bestehen. Dies ist etwa dann der Fall, wenn die Prozessordnung gegenüber dem unterliegenden Gegner einen niedrigeren Tarif zur Anwendung kommen lässt, als er zwischen Anwalt und Kläger vereinbart worden ist. Keinesfalls abzugsberechtigt sind die Kosten für **ungerechtfertigte Prozessführung**, die sich der Kläger bei sorgfältiger Prüfung der Prozesslage vernünftigerweise hätte ersparen müssen: BGE 73 III 41 E. 2.

58 Die **Verwahrungskosten** auszusondernder bzw. ausgesonderter Gegenstände gehen nach erfolgter Abtretung zulasten des Abtretungsgläubigers. Die Konkursverwaltung kann diesem unter Androhung sofortiger Herausgabe des Gegenstandes an den Drittsprecher eine Frist ansetzen, innert der er für die Kosten der weiteren Verwahrung unbedingte Gutsprache sowie Sicherheit zu leisten hat (KOV 47 Abs. 2 → Nr. 5; vgl. BGE 76 III 45 E. 4). Für diese Kosten kann der Abtretungsgläubiger vom Drittsprecher im Falle des Obsiegens Erstattung verlangen.

59 Im Falle eines **erfolglosen Prozesses** hat der Abtretungsgläubiger die Prozesskosten selbst zu tragen: BGE 73 III 41 E. 2.

60 Gemäss KOV 80 Abs. 2 (→ Nr. 5) dürfen die aus der **Flüssigmachung** des Prozessergebnisses entstehenden Kosten nicht der allgemeinen Masse belastet werden.

61 Hat die Konkursmasse im Prozess gegen einen Dritten **immerhin einen Teilbetrag** der von ihr geltend gemachten Forderung erstritten, kann sie, wenn sie darauf verzichtet, das Urteil weiterzuziehen und allenfalls einen höheren Prozessgewinn zu erzielen, den Gläubigern **analog zu SchKG 260 den Anspruch zur Weiterverfolgung der Klage anbieten**, allerdings unter der Bedingung, dass der Gläubiger vorgängig das bisherige Prozessergebnis an die Masse leiste: BGE 67 III 100 E. 1.

Verteilung des Prozessergebnisses

62 Ein Überschuss aus dem Erlös, der sich nach der Geltendmachung von nach SchKG 260 abgetretenen Rechtsansprüchen ergeben hat, geht auch dann **an das Konkursamt zuhanden der Masse**, wenn das Konkursverfahren in der Zwischenzeit abgeschlossen worden ist: BGE 122 III 341 E. 2.

63 Der Betrag, den einer von mehreren Gläubigern **mit einer Strafklage eintreiben konnte**, dient nicht in erster Linie der Befriedigung dieses Gläubigers und zur Deckung seiner Kosten. Das Betreibungsamt, das diesen Betrag unter allen Gläubigern der gleichen Gruppe aufteilt, und zwar nach Klassen, handelt gesetzeskonform: BGE 116 III 91 E. 2 (Pra 81 [1992] Nr. 188).

64 Zur **Verteilungsliste** im Falle eines Prozessgewinns siehe KOV 86 (→ Nr. 5).

Zeitliche Konsequenzen

65 Bei der Erstellung der definitiven Verteilungsliste braucht auf die von einzelnen Gläubigern gemäss SchKG 260 geführten Prozesse **keine Rücksicht genommen zu werden**, wenn zum vornherein feststeht, dass ein Überschuss für die Masse nicht zu erwarten ist (KOV 83 Abs. 2 → Nr. 5).

66 Hat eine Abtretung von Rechtsansprüchen der Masse an einzelne Konkursgläubiger i.S.v. SchKG 260 stattgefunden und ist anzunehmen, dass sich aus der Verfolgung der abgetretenen Rechte kein Überschuss zugunsten der Masse ergeben werde, so hat das Konkursamt dem Konkursgerichte **unter Einsendung der Akten darüber Antrag zu stellen**, ob das Konkursverfahren sofort geschlossen oder ob mit dem Schluss des Verfahrens bis nach durchgeführter Geltendmachung des Anspruchs zugewartet werden soll (KOV 95 → Nr. 5).

67 Der Schluss des Konkursverfahrens steht der **Fortführung** eines Anfechtungsprozesses durch den Abtretungsgläubiger natürlich **nicht entgegen**: BGE 61 III 1 E. 1.

68 **Nach Abschluss des Konkursverfahrens** kann eine Abtretung i.S.v. SchKG 260 nur im Rahmen von SchKG 269 stattfinden. Es ist deshalb nicht möglich, nach Schliessung des Verfahrens Rechtsansprüche abzutreten, die schon zuvor bekannt waren: BGE 120 III 36 E. 3 (Pra 83 [1994] Nr. 168).

69 Laut SchKG 269 Abs. 3 findet SchKG 260 **im Nachkonkurs** ebenfalls Anwendung. Der zweifelhafte Rechtsanspruch resp. das Anfechtungsrecht ist denjenigen Gläubigern, welche im Konkurs zu Verlust gekommen sind, zur Abtretung anzubieten: BGE 136 V 7 E. 2.2.2.2.

70 Wenn die gesetzlichen Voraussetzungen zur Abtretung erfüllt sind und nur noch die Abtretungsbescheinigung gemäss KOV 80 Abs. 1 (→ Nr. 5) auszustellen ist, ändert der infolge eines Fehlers des Konkursamtes **verfrühte Schluss des Konkursverfahrens** nichts am erworbenen Recht des Gläubigers, der die Abtretung verlangt hat: BGE 127 III 526 E. 3.

71 **Wird der Konkurs widerrufen oder eingestellt**, so muss auch die Abtretung widerrufen werden: BGE 109 III 27 E. 1.a; BGE 43 III 73, 75; BGE 33 I 241, 242.

VI. Verteilung

Art. 261   A. Verteilungsliste und Schlussrechnung

Nach Eingang des Erlöses der ganzen Konkursmasse und nachdem der Kollokationsplan in Rechtskraft erwachsen ist, stellt die Konkursverwaltung die Verteilungsliste und die Schlussrechnung auf.

Verweise: SchKG 252–260 (Verwertung); SchKG 197–203, 208, 211, 225, 242 (Konkursmasse); SchKG 247–251 (Kollokationsplan); SchKG 237 Abs. 2, 240–243 (Konkursverwaltung); KOV 83–86 (Verteilungsliste → Nr. 5); SchKG 266 (Abschlagszahlungen).

1   **Grundlage** der Verteilungsliste bildet der rechtskräftige Kollokationsplan. An der Verteilung nehmen nur kollozierte Forderungen teil: BGer v. 29.01.2009, 5A_169/2008 E. 2.3.1; BGer v. 24.07.2002, 7B.75/2002 E. 3. Aus der Rechtskraft des Kollokationsplans folgt jedoch **kein Anspruch auf unverzügliche Auszahlung** des Anteils am Erlös. Die Verteilung hat grundsätzlich erst nach der Verwertung aller Aktiven stattzufinden: BGE 83 III 67 E. 5.

2   Im Verteilungsstadium ist die rechtskräftige Kollokation jedes Gläubigers als der **nicht mehr der Bestreitung unterliegende Rechtstitel** für die Beteiligung am Verwertungserlös zu betrachten: BGE 87 III 79 E. 2. Die kantonale Aufsichtsbehörde kann auf Beschwerde hin grundsätzlich nur noch prüfen, ob die Verteilungsliste den Vorgaben des Kollokationsplans entspricht: BGer v. 27.04.2006, 7B.6/2006 E. 2.1.

3   Der Grundsatz, dass ein rechtskräftiger Kollokationsplan vorbehältlich der Berücksichtigung verspäteter Konkurseingaben so wenig wie ein gerichtliches Urteil nachträglich einseitig abgeändert werden kann, **gilt jedoch nicht uneingeschränkt**. Vielmehr kann eine vom Konkursbeamten verschuldete Unterlassung eine nachträgliche Ergänzung des Kollokationsplans rechtfertigen. Ferner ist bei der Verteilung gegebenenfalls auf eine seit der Kollokation eingetretene Änderung des Rechtsverhältnisses Rücksicht zu nehmen, was sich praktisch gleich auswirkt wie eine Abänderung des Kollokationsplans: BGE 96 III 74 E. 3. Ein Anrecht des Gläubigers auf die kollokationsgemässe Dividende besteht nämlich nur insoweit, als die Forderung, auf die sich die Kollokation bezieht, zur Zeit der Verteilung noch existent ist. Ist diese Forderung nachträglich untergegangen, so erlischt damit auch der Anspruch auf die Dividende und muss daher die Konkursverwaltung deren Auszahlung verweigern: BGE 39 I 662, 667.

4   Die definitive Verteilungsliste kann erst erstellt werden, **wenn alle Prozesse**, welche die Feststellung der Aktiven und der Passiven der Masse zum Gegenstand haben, **erledigt sind** (KOV 83 Abs. 1): BGE 135 III 545 E. 2.2 (Pra 99 [2010] Nr. 43). Auf die von einzelnen Gläubigern gemäss Artikel 260 SchKG geführten Prozesse braucht dagegen keine Rücksicht genommen zu werden, wenn zum vornherein feststeht, dass ein Überschuss für die Masse nicht zu erwarten ist (KOV 83 Abs. 2 → Nr. 5).

5   Im Konkurs wird der Verwertungserlös einer Liegenschaft nach der in SchKG 219 vorgesehenen Kollokation verteilt. Ist ein Grundstück **zuerst mit einer Dienstbarkeit und erst dann mit Pfandrechten** belastet worden, so ist die Dienstbarkeit den Pfandgläubigern in

der Verwertung aufgrund des Grundsatzes der Alterspriorität entgegenzuhalten. Dieser Grundsatz kann indessen durch Abschluss einer Vereinbarung über den Rangvorgang durchbrochen werden: BGE 119 III 32 E. 1.b und c (Pra 83 [1994] Nr. 122).

6   Wird der Erlös aus der Verwertung von Pfandgegenständen wegen hängiger Prozesse oder aus andern Gründen nicht sogleich ausbezahlt, sondern zinstragend angelegt, stehen die **Zinsen** primär denjenigen Gläubigern zu, die Anspruch auf den Verwertungserlös haben: BGE 108 III 31 E. 2; BGE 108 III 26 E. 3.

7   Die **Verrechnung** von Forderungen des Gemeinschuldners mit Konkursforderungen erfolgt normalerweise im Kollokationsverfahren. Entweder erklärt der Konkursgläubiger selber die Verrechnung und verlangt nur die Kollokation des Mehrbetrags der Konkursforderung, oder die Konkursverwaltung verrechnet ihrerseits, indem sie nur den allfälligen Mehrbetrag der Konkursforderung kolloziert oder deren Kollokation gänzlich mit Berufung auf eine ebenso hohe Gegenforderung ablehnt. Grundsätzlich darf die Konkursverwaltung die Verrechnung mit Gegenforderungen des Gemeinschuldners nicht auf ein späteres Stadium des Konkurses verschieben, und insbesondere ist ihr verwehrt, solche Forderungen im Verteilungsstadium mit der blossen Konkursdividende zu verrechnen: BGE 83 III 67 E. 3; BGE 56 III 147 E. 2.

8   Der Konkursverwaltung steht es jedoch zu, eine im Kollokationsplan anerkannte Forderung auch noch im Verteilungsstadium mit einer Forderung des Gemeinschuldners zu verrechnen, wenn die Verrechnung **im Kollokationsverfahren noch nicht möglich war**, weil etwa die Forderung des Gemeinschuldners erst nach Aufstellung des Kollokationsplans in das Konkursvermögen gelangt war: BGer v. 24.04.2006, 7B.18/2006 E. 4.1; BGE 83 III 67 E. 6.

9   Die Konkursverwaltung ist nicht befugt, von mehreren Ansprechern einer Forderung bzw. eines zur Verteilung gelangenden Betreffnisses eine Klagefrist anzusetzen. Sie befindet sich hierbei in derselben Lage wie der zivilrechtliche Schuldner einer von mehreren Personen angesprochenen Forderung. Sie kann sich **durch gerichtliche Hinterlegung befreien** (OR 168) und hat es daher den Ansprechern anheimzustellen, sich gütlich oder gerichtlich auseinanderzusetzen: BGE 87 III 64 E. 3; BGE 39 I 535, 536 ff.

10 Die allgemeine Buch-, Kassa- und Rechnungspflicht des Konkursamtes nach KOV 16 ff. (→ Nr. 5) **begründet keine Pflicht zu periodischer Zwischenabrechnung**; das Konkursamt ist einzig dazu verpflichtet, nach Abschluss des Konkursverfahrens eine Schlussrechnung aufzustellen (SchKG 261): BGer v. 29.05.2009, 5A_280/2009 E. 10.

11 Verteilungsliste und Schlussrechnung sind **auch im summarischen Konkursverfahren** zu erstellen (KOV 96 lit. c → Nr. 5).

Art. 262[1] B. Verfahrenskosten

¹ Sämtliche Kosten für Eröffnung und Durchführung des Konkurses sowie für die Aufnahme eines Güterverzeichnisses werden vorab gedeckt.

² Aus dem Erlös von Pfandgegenständen werden nur die Kosten ihrer Inventur, Verwaltung und Verwertung gedeckt.

Verweise

Abs. 1: SchKG 169 (Haftung für die Konkurskosten); SchKG 162–165 (Güterverzeichnis); GebV SchKG 46, 47 (→ Nr. 7), KOV 84 (Gebühren der Konkursverwaltung → Nr. 5).

Abs. 2: SchKG 198 (Pfandgegenstände); KOV 85, VZG 132 (Verteilung → Nr. 9).

Zu Abs. 1

1   Zu den **Konkursöffnungskosten** gehören die Entscheidgebühr für das Konkurserkenntnis und die Gebühr für die Ausfertigung und Zustellung dieses Erkenntnisses, **nicht dagegen** der Betrag, der dem die Konkurseröffnung beantragenden Gläubiger als Entschädigung für seine Bemühungen (**Parteientschädigung**) zugesprochen wurde: BGE 80 III 82 E. 2; BGE 52 III 108, 108 f.

2   **Masseverbindlichkeiten** (Masseschulden) sind solche Schulden, die wie die Konkurskosten gemäss SchKG 262 Abs. 1 **vorweg aus dem Bruttoerlös** zu begleichen und nicht wie die Konkursforderungen auf ein Betreffnis (Dividende) aus dem Nettoerlös angewiesen sind: BGE 75 III 19 E. 3. Solche Schulden entstehen namentlich aus von der Masse selbst eingegangenen Verpflichtungen, seien es von ihr übernommene (SchKG 211 Abs. 2) oder solche aus eigener Betätigung, wie namentlich bei Fortführung eines Geschäftsbetriebs des Schuldners; doch kommen auch öffentlichrechtliche Verpflichtungen in Betracht, so etwa seit der Konkurseröffnung entstehende Gebühren- und Beitragsverpflichtungen, mitunter auch Steuern: BGE 122 II 221 E. 3; BGE 120 III 153 E. 2.b.

3   Dem Gläubiger im Kollokationsprozess zugesprochene **Prozessentschädigungen** gehören zu den Masseschulden: BGE 63 III 57 E. 1.

4   **Steuerforderungen** gelten grundsätzlich dann als Masseverbindlichkeit, wenn sich die für ihre Entstehung massgebenden Tatsachen **nach der Konkurseröffnung** verwirklicht haben. Dies gilt insbesondere für die Warenumsatzsteuer (BGE 107 Ib 303 E. 2; BGE 96 I 244 E. 3), die Grundstückgewinnsteuer (BGE 120 III 153 E. 2.b) sowie die Liquidationsgewinnsteuer (BGE 122 II 221 E. 4.c): BGE 137 II 136 E. 6.6.

5   Ein Kanton kann sich bei fehlender bundesrechtlicher Vorschrift für seine Steuerforderungen **nicht mittels kantonaler Bestimmungen eine Vorrangstellung** einräumen: BGE 111 Ia 86 E. 2.d.

---

1   Fassung gemäss Ziff. I des BG vom 16. Dez. 1994, in Kraft seit 1. Jan. 1997 (AS 1995 1227; BBl 1991 III 1).

6 Besondere Gründe können es rechtfertigen, bestimmte Konkurskosten **einem einzelnen Konkursgläubiger oder Drittansprecher aufzuerlegen**: BGE 82 III 155 E. 5. So sind z.b. die Kosten, die durch **unnötige Eingaben** oder **unnötige Auskunftsgesuche** entstehen, nicht von der Konkursmasse zu tragen: BGE 52 III 191, 192.

7 Die Kosten eines **vormundschaflichen öffentlichen Inventars** können im Konkurs nicht gleich den Konkurskosten vorab Deckung beanspruchen: BGE 44 III 30 E. 2. Anders verhält es sich dagegen bei einem **öffentlichen Inventar gemäss ZGB 581**. Dieses dient den Interessen der Gläubigergemeinschaft und gehört deshalb gemäss KOV 85 (→ Nr. 5) zu den vorab zu deckenenden Massakosten.

8 Streitigkeiten darüber, ob es sich bei einer Forderung **um eine Masseverbindlichkeit oder um eine gewöhnliche Schuld** handelt, sind vom Zivilgericht oder – für öffentlichrechtliche Forderungen – von den zuständigen Verwaltungsbehörden oder -gerichten zu entscheiden: BGE 122 II 221 E. 3; BGE 107 Ib 303 E. 1.a.

9 Die Frage, ob **innerhalb der Masseverbindlichkeiten eine Rangfolge** besteht, ist dagegen von den kantonalen Aufsichtsbehörden zu prüfen: BGE 113 III 148 E. 1.

10 Wird eine Forderung nicht als Masseverbindlichkeit anerkannt, **obliegt es dem Gläubiger**, der eine solche behauptet, innert angemessener Frist gegen die Konkursmasse zu klagen: Die Klage ist zwar nicht fristgebunden, doch ist es der Konkursverwaltung freigestellt, den Massegläubiger dahingehend zu informieren, dass die Verteilung des Substrates an die Konkursgläubiger **ohne Berücksichtigung seiner Forderung** erfolge, sofern er nicht innert angemessener Frist Klage erheben werde: BGE 125 III 293 E. 2.

11 SchKG 262 Abs. 1 verlangt grundsätzlich eine Gleichbehandlung aller Massegläubiger. Für die Auslagen und Gebühren des Konkursamtes und der Konkursverwaltung besteht jedoch eine Ausnahme. Reicht das vorhandene Vermögen **nicht einmal zur Deckung sämtlicher Masseverbindlichkeiten** aus, sind primär die Auslagen des Konkursamtes und der Konkursverwaltung zu begleichen. Hernach kommen die übrigen Masseverbindlichkeiten an die Reihe, mit Ausnahme der Gebühren des Konkursamtes und der Konkursverwaltung, die erst in letzter Linie zu berücksichtigen sind: BGE 113 III 148 E. 3.a.

12 **Konkursrechtliche Grundsätze** können im Nachlassverfahren mit Vermögensabtretung nicht unbesehen übernommen werden. Bezüglich der Massekosten ist die Interessenlage indessen für alle Beteiligten gleich, unabhängig davon, ob es sich um einen Konkurs oder aber um einen Nachlassvertrag mit Vermögensabtretung handelt. SchKG 262 Abs. 1 gilt deshalb sinngemäss auch für den Nachlassvertrag mit Vermögensabtretung: BGer v. 19.02.2009, 2C_792/2008 E. 2; BGE 113 III 148 E. 2.

13 Zu den **Masseschulden** gehören in erster Linie die Verwaltungs- und Liquidationskosten der Nachlassmasse, insb. auch die anfallenden öffentlichrechtlichen Verbindlichkeiten, die sich auf eine nach Bestätigung des Nachlassvertrags eingetretene Tatsache stützen: BGer v. 12.03.2001, 7B.41/2001 E. 3.b. Das Sachwalterhonorar ist innerhalb dieser Verbindlichkeiten angesichts der Vorzugsstellung des Sachwalters, selber dafür sorgen zu können, dass er keine unbezahlte Arbeit leiste, an letzter Stelle zu berücksichtigen: BGE 113 III 148 E. 3.

14 Im **Nachlassverfahren mit Vermögensabtretung** gehört die **Mehrwertsteuer** für Arbeiten, die der Schuldner während der Nachlassstundung mit Zustimmung des Sachwalters

hat ausführen lassen, zu den Massaschulden. Es handelt sich dabei um eine Verbindlichkeit, die nicht vom Nachlassvertrag betroffen ist. Für solche Forderungen kann der Gläubiger gegen die Masse Betreibung auf Pfändung anheben: BGE 126 III 294 E. 1.b.

Zu Abs. 2

15 Die Verwirklichung von Pfandansprüchen **geht nicht auf Kosten der pfandfreien Masse**. Der dafür zu erbringende Aufwand gehört zu den Verwaltungs- und Verwertungskosten. Soweit er nicht vom Betriebenen gedeckt wird, ist er deshalb aus dem Pfanderlös vorweg zu beziehen. Dementsprechend trifft den Pfandgläubiger für diesen Aufwand von vornherein eine **Vorschusspflicht**: BGE 71 III 153 E. 5.

16 Unter **Verwaltung** i.S.v. SchKG 262 Abs. 2 sind grundsätzlich nur die auf die Erhaltung der Substanz gerichteten Massnahmen, insbesondere der Unterhalt samt Reparaturen, zu verstehen: BGE 72 III 67 E. 2.

17 Ist die **Fertigstellung von Halbfabrikaten** erforderlich, um einen möglichst günstigen Erlös zu erzielen, so sind die daraus erwachsenen Kosten ebenfalls zu den Verwertungskosten zu rechnen: BGE 57 III 88 E. 1.

18 Die **Weiterführung eines Geschäfts oder Betriebs** gehört grundsätzlich nicht zur Verwaltung. Nur wenn die Weiterführung auf eigene Rechnung von der Masse abgelehnt und darauf von den Pfandgläubigern ausdrücklich im eigenen Interesse verlangt wird, können sich die Pfandgläubiger der Übernahme eines allfälligen Ausgabenüberschusses nicht entziehen: BGE 58 III 6 E. 2.

19 **Nicht zu den Kosten der Verwaltung gehören die Kollokationsprozesskosten** der Masse betreffend eine Hypothek. Es ist folglich unzulässig, diese Kosten vorweg dem auf vorgehende Pfandforderungen entfallenden Pfanderlös zu entnehmen: BGE 72 III 67 E. 2.

20 Die durch den **Umbau einer Liegenschaft** angefallenen Kosten sind von der Konkursmasse und nicht vom Pfandgläubiger zu tragen, da sie weder der Erhaltung noch der Nutzung der Liegenschaft dienen: BGE 120 III 152 E. 2.c.

21 Die **Mehrwertsteuer**, die bei der Verwertung eines Grundstücks anfällt, gehört **zu den Kosten der Verwertung** und ist daher aus dem Erlös des betreffenden Grundstücks vorab zu decken: BGE 129 III 200 E. 2.

22 Wird nach Verwertung des Pfandobjekts über den Grundpfandeigentümer der Konkurs eröffnet und fällt eine Forderung, die als durch ein Pfandrecht gesichert in das Lastenverzeichnis aufgenommen worden war, nachträglich dahin, fällt der dadurch frei werdende Anteil des Erlöses grundsätzlich nicht in die Konkursmasse; es sind daraus **vorab die ungedeckt gebliebenen übrigen Pfandgläubiger zu befriedigen**: BGE 129 III 246 E. 2–4.

23 Der **Massegläubiger verliert sein Recht auf vollständige Deckung der Kosten nicht**, wenn die Konkursverwaltung es unterlässt, auf dem Erlös aus Pfandgegenständen den ihm zustehenden Betrag vorweg zu erheben: BGE 106 III 118 E. 7 (Pra 70 [1981] Nr. 143).

24 Bei der Grundpfandverwertung sind die **Verwertungskosten nach VZG 46 Abs. 1** (→ Nr. 9) **bar** zu begleichen.

Art. 263   C. Auflage von Verteilungsliste und Schlussrechnung

¹ Die Verteilungsliste und die Schlussrechnung werden während zehn Tagen beim Konkursamte aufgelegt.

² Die Auflegung wird jedem Gläubiger unter Beifügung eines seinen Anteil betreffenden Auszuges angezeigt.

Verweise

Abs. 1: *KOV 88 (Voraussetzung der Verteilung → Nr. 5).*
Abs. 2: *SchKG 34, KOV 87 (Anzeige).*

Zu Abs. 1

1. Die öffentliche Bekanntmachung der Auflage erfolgt gemäss KOV 98 Abs. 1 (→ Nr. 5) auch dann **beim zuständigen Konkursamt**, wenn eine ausserordentliche Konkursverwaltung eingesetzt worden ist.

2. Wenn das Konkursergebnis nicht ausreicht, um die Massaverbindlichkeiten zu decken, so müssen die **Massagläubiger** ausdrücklich hierauf aufmerksam gemacht werden, und zwar indem ihnen nicht nur die Auflage der Verteilungsliste angezeigt, sondern auch der ihnen zukommende Deckungsbetrag genannt wird: BGE 50 III 167, 167 f.

3. Ein Gläubiger, der die Verteilungsliste **innert der Auflagefrist nicht angefochten** hat, ist mit der nachträglichen Geltendmachung solcher Fehler, die er bei rechtzeitiger Prüfung der Verteilungsliste hätte entdecken und rügen können, ausgeschlossen: BGE 56 III 86 E. 2.

4. Die **provisorische Verteilungsliste** kann innert zehn Tagen seit ihrer Auflegung beim Konkursamt oder seit ihrer Mitteilung an die Gläubiger durch Beschwerde bei der Aufsichtsbehörde angefochten werden. In der Beschwerde gegen die endgültige Verteilungsliste lässt sie sich nicht mehr anfechten: BGE 94 III 50 E. 4 und 5.

5. Wird infolge des Abschlusses eines Nachlassvertrags im Laufe des Konkursverfahrens überhaupt keine Verteilungsliste mehr aufgelegt, so ist das Verfahren nach SchKG 263 **gleichwohl noch für die Gebührenrechnung** durchzuführen, sofern die Gebührenrechnung des Konkursamtes überhaupt rechtskräftig werden soll. Dabei spielt keine Rolle, ob dies vor oder nach dem Konkurswiderruf geschieht: BGE 63 I 65, 68.

Art. 264   D. Verteilung

¹ Sofort nach Ablauf der Auflegungsfrist schreitet die Konkursverwaltung zur Verteilung.

² Die Bestimmungen des Artikels 150 finden entsprechende Anwendung.

³ Die den Forderungen unter aufschiebender Bedingung oder mit ungewisser Verfallzeit zukommenden Anteile werden bei der Depositenanstalt hinterlegt.

Verweise

Abs. 1: *SchKG 263 Abs. 1 (Auflegungsfrist); SchKG 237 Abs. 2, 240–243 (Konkursverwaltung); KOV 82–89 (Verteilung → Nr. 5); VZG 115–118, 132 (Verteilung des Erlöses einer Grundstückverwertung → Nr. 9).*

Abs. 3: *SchKG 210 (bedingte Forderungen); SchKG 24 (Depositenanstalt); KOV 92 Abs. 2 (Erwähnung im Schlussbericht).*

Zu Abs. 1

1 Die Masse trifft im Falle verspäteter Ausrichtung eines Treffnisses **keine Verzugszinspflicht**: BGE 63 III 157, 158.

2 Die Auszahlung des Betreffnisses für eine rechtskräftig kollozierte Forderung kann **verweigert werden**, wenn die Kollokation **durch betrügerische Angaben** erwirkt worden ist. Will der betreffende Gläubiger diese Einwendung nicht gelten lassen, so hat er die Masse gerichtlich auf Auszahlung zu belangen: BGE 88 III 131, 132 f.; BGE 87 III 79, 84 f.; BGE 64 III 140, 141 f.

3 Der Gemeinschuldner hat **keinen Anspruch auf Abschlagszahlungen**. Vorzeitig an ihn gemachte Zahlungen auf Rechnung eines Konkursüberschusses sind ungesetzlich und gelten den Gläubigern gegenüber als nicht erfolgt; können sie nicht mehr in die Masse zurückgebracht werden, haftet dafür der Staat, und die Verteilung ist vorzunehmen, wie wenn diese Zahlungen an den Gemeinschuldner nicht erfolgt wären: BGE 53 III 214 E. 3.

Zu Abs. 3

4 Die Konkursdividende ist ferner **zu hinterlegen**
 – für Forderungen **mit ausländischem Pfandobjekt**: KOV 62 (→ Nr. 5);
 – für **streitige Forderungen**, für Forderungen **unter aufschiebender Bedingung** oder **mit ungewisser Verfallzeit**, für **Sicherheitsansprüche** sowie auf solche Forderungen, **die verspätet, aber noch vor der Abschlagsverteilung** angemeldet wurden: KOV 82 Abs. 2;
 – bei **streitiger Subrogation** des Drittpfandeigentümers in die Rechte des bereits aus dem Pfanderlös befriedigten Gläubigers des Gemeinschuldners: KOV 61 Abs. 2;
 – beim **Prätendentenstreit**: BGE 68 III 53 E. 1; BGE 37 I 130 E. 2.

5 Gemäss VZG 130c Abs. 2 (→ Nr. 9) sind **bei der Verwertung eines Miteigentumsanteils an einem Grundstück** Pfandforderungen, die das Grundstück als Ganzes belasten, mit dem auf den Gemeinschuldner entfallenden Teilbetrag, bei Solidarhaftung des Gemeinschuldners mit ihrem Gesamtbetrag, als unversicherte Forderungen zu kollozieren. Da diese Forderungen weder unter aufschiebender Bedingung stehen noch eine ungewisse Verfallzeit aufweisen, sind die auf sie entfallenden Konkursdividenden nicht zu hinterlegen, **sondern zu verteilen**: BGE 102 III 49 E. 1.

6 Der Verlustschein für den im Konkurs nicht gedeckten Teil einer nach VZG 130c Abs. 2 (→ Nr. 9) als unversicherte Forderung kollozierten Pfandforderung **kann nicht zur Folge haben**, dass der Gemeinschuldner einer späteren Betreibung auf Pfandverwertung des Grundstücks als Ganzes die Einrede des mangelnden neuen Vermögens entgegenhalten

könnte. Diese Einrede soll den Schuldner nicht vor dem Zugriff auf ein bestelltes, notabene nur zum Teil ihm gehörendes Pfand, sondern nur vor dem Zugriff auf neu erworbene Aktiven schützen, solange diese nicht das Vorhandensein neuen Vermögens i.S.v. SchKG 265 Abs. 2 zur Folge haben: BGE 102 III 49 E. 3.

Art. 265 E. Verlustschein
1. Inhalt und Wirkungen

[1] Bei der Verteilung erhält jeder Gläubiger für den ungedeckt bleibenden Betrag seiner Forderung einen Verlustschein. In demselben wird angegeben, ob die Forderung vom Gemeinschuldner anerkannt oder bestritten worden ist. Im ersteren Falle gilt der Verlustschein als Schuldanerkennung im Sinne des Artikels 82.

[2] Der Verlustschein berechtigt zum Arrest und hat die in den Artikeln 149 Absatz 4 und 149a bezeichneten Rechtswirkungen. Jedoch kann gestützt auf ihn eine neue Betreibung nur eingeleitet werden, wenn der Schuldner zu neuem Vermögen gekommen ist. Als neues Vermögen gelten auch Werte, über die der Schuldner wirtschaftlich verfügt.[1]

[3] ...[2]

Verweise

Abs. 1: *KOV 89 (Verlustschein bei Heimstätten → Nr. 5); SchKG 244 (Erklärung des Schuldners).*

Abs. 2: *SchKG 271–281 (Arrestverfahren); SchKG 265a (Feststellung neuen Vermögens).*

Zu Abs. 1

1   Der Konkursverlustschein bildet **keinen urkundlichen Beweis** für den Bestand einer Gegenforderung, die dem Begehren um definitive Rechtsöffnung i.S.v. SchKG 81 Abs. 1 verrechnungsweise entgegengehalten werden könnte: BGE 116 III 66 E. 4.

2   Konkursgläubiger, denen gestützt auf SchKG 260 Anfechtungsansprüche der Masse abgetreten worden sind, erhalten erst dann einen Verlustschein, wenn sie über das Ergebnis ihrer Bemühungen beim Konkursamt Rechenschaft abgelegt haben: BGE 37 II 126, 129 f.

Zu Abs. 2

3   Beträgt die auf eine strittige **Forderung entfallende Konkursdividende mutmasslich null Prozent**, so stellt sich die Frage nach dem erforderlichen rechtlich geschützten Interesse des Klägers an der Behandlung der Kollokationsklage. Ein solches Interesse kann im Falle des Konkurses einer Privatperson darin bestehen, einen Konkursverlustschein zu erhalten und ge-

---

1   Fassung gemäss Ziff. I des BG vom 16. Dez. 1994, in Kraft seit 1. Jan. 1997 (AS 1995 1227; BBl 1991 III 1).
2   Aufgehoben durch Ziff. I des BG vom 16. Dez. 1994 (AS 1995 1227; BBl 1991 III 1).

stützt darauf eine neue Betreibung einzuleiten: BGer v. 20.12.2010, 5A_484/2010 E. 4.2.3; BGE 82 III 94, 96.

4 Der Schuldner soll sich nach einem Konkurs ökonomisch und sozial erholen können, ohne ständig Betreibungen der Verlustscheingläubiger ausgesetzt zu sein. Deshalb kann gestützt auf einen Konkursverlustschein nur dann eine neue Betreibung eingeleitet werden, wenn der Schuldner zu neuem Vermögen gekommen ist. **Unter neuem Vermögen ist nur neues Nettovermögen zu verstehen**, d.h. der Überschuss der nach Schluss des Konkurses erworbenen Aktiven über die neuen Schulden: BGer v. 28.04.2010, 5A_104/2010 E. 4.2; BGE 135 III 424 E. 2.1 (Pra 99 [2010] Nr. 21).

5 **Erwerbseinkommen** kann auch neues Vermögen darstellen, wenn es den Betrag übersteigt, der zur standesgemässen Lebensführung nötig ist, und Ersparnisse gebildet werden könnten. Es genügt deshalb nicht, wenn die Einkünfte bloss das Existenzminimum i.S.v. SchKG 93 übersteigen, sondern der Schuldner muss in der Lage sein, ein standesgemässes Leben zu führen und zu sparen. Umgekehrt gilt es zu verhindern, dass der Schuldner sein Einkommen zum Nachteil seiner Gläubiger unter dem Deckmantel der Einrede mangelnden neuen Vermögens verschleudert: BGer v. 28.04.2010, 5A_104/2010 E. 4.2; BGE 135 III 424 E. 2.1 m.w.H. (Pra 99 [2010] Nr. 21). Es ist deshalb nicht nötig, dass der Betriebene tatsächlich neues Vermögen kapitalisiert hat; es genügt, wenn er dank seiner Einkünfte zur Vermögensbildung in der Lage gewesen wäre. Ist dies der Fall, so wird er behandelt, als ob er neues Vermögen gebildet hätte: BGer v. 15.11.2007, 5A_283/2007 E. 2.

6 Ob die kant. Vorinstanz dem Schuldner im Ergebnis eine standesgemässe Lebensführung zugestanden hat, **ist eine Frage des Bundesrechts**, die das Bundesgericht frei prüft. Es übt dabei jedoch eine gewisse Zurückhaltung aus und greift nur ein, wenn die kantonale Instanz grundlos von in Lehre und Rechtsprechung anerkannten Grundsätzen abgewichen ist, wenn sie Tatsachen berücksichtigt hat, die für den Entscheid im Einzelfall keine Rolle hätte spielen dürfen, oder wenn sie umgekehrt Umstände ausser Betracht gelassen hat, die hätten beachtet werden müssen. Aufzuheben sind ausserdem Ermessensentscheide, die sich im Ergebnis als offensichtlich unbillig, als in stossender Weise ungerecht erweisen: BGer v. 28.04.2010, 5A_104/2010 E. 4.2.

7 Das Gesetz schreibt nicht vor, **wie die Rückkehr zu neuem Vermögen zu berechnen ist**. Es liegt **im Ermessen** des Richters zu beurteilen, welche Kriterien zu berücksichtigen sind, insbesondere welcher Betrag konkret erforderlich ist, damit der Schuldner den seiner Situation angepassten Lebensunterhalt bestreiten kann: BGE 135 III 424 E. 2.1 (Pra 99 [2010] Nr. 21); BGE 129 III 385 E. 5.1.1 (Pra 93 [2004] Nr. 30).

8 Zur Bestimmung des Betrags zur standesgemässen Lebensführung des Schuldners sind die Verhältnisse **im Zeitpunkt des Verfahrens gemäss SchKG 265 Abs. 2** massgebend: BGE 129 III 385 E. 5.1.4 (Pra 93 [2004] Nr. 30).

9 Der Lehre zufolge hat der Betrag, der dem Schuldner eine standesgemässe Lebensführung ermöglichen soll, **vor allem die Posten des (erweiterten) Notbedarfs i.S.v. SchKG 93 zu decken** (d.h. einen Grundbetrag, zu welchem die unerlässlichen Ausgaben wie Miete, Heizung, Krankenkassenprämien etc. hinzuzurechnen sind), erweitert um nicht reduzierbare Kosten wie Steuern, ferner erhöht um gewisse übliche Kosten wie diejenigen für ein Auto,

Radio und Fernseher, Telefon, sogar einen Computer sowie gewisse Privatversicherungen. Dazu muss schliesslich **ein gewisser Zuschlag** kommen, da der Grundbetrag i.S.v. SchKG 93, welcher für Nahrung, Kleidung, Körperpflege, kulturelle Auslagen etc. bestimmt ist, definitionsgemäss nur den Notbedarf deckt und folglich nicht ausreicht, um Bedürfnisse eines Schuldners zu befriedigen, der zur Führung eines standesmässigen Lebens berechtigt ist: BGE 129 III 385 E. 5.1.2 (Pra 93 [2004] Nr. 30).

10 Die Festlegung des Betrages **durch einen generellen Zuschlag** von 50–66% auf den erweiterten Notbedarf **ist willkürlich**. Ein solcher darf ausschliesslich auf den Grundbetrag angewendet werden: BGE 129 III 385 E. 5.1.2 (Pra 93 [2004] Nr. 30).

11 Als neues Vermögen gelten auch Vermögenswerte, die rechtlich zwar einem Dritten gehören, der Schuldner aber **wirtschaftlich beherrscht**. Im Rahmen der Feststellung des Umfangs des neuen Vermögens kann der Richter Vermögenswerte Dritter, über die der Schuldner wirtschaftlich verfügt, pfändbar erklären, wenn das Recht des Dritten auf einer Handlung beruht, die der Schuldner in der dem Dritten erkennbaren Absicht vorgenommen hat, die Bildung neuen Vermögens zu vereiteln (SchKG 265a Abs. 3). Dies ist etwa dann der Fall, wenn die Gläubiger eines Einzelkaufmanns im Falle seines Konkurses lediglich Verlustscheine erhalten und dieser in der Folge auf den Namen seiner Ehefrau, mit welcher er in Gütertrennung lebt, ein neues Geschäft eröffnet, welches er selber führt: BGer v. 22.01.2008, 5A_452/2007 E. 3.1.

Art. 265a[1] 2. Feststellung des neuen Vermögens

[1] Erhebt der Schuldner Rechtsvorschlag mit der Begründung, er sei nicht zu neuem Vermögen gekommen, so legt das Betreibungsamt den Rechtsvorschlag dem Richter des Betreibungsortes vor. Dieser hört die Parteien an und entscheidet; gegen den Entscheid ist kein Rechtsmittel zulässig.[2]

[2] Der Richter bewilligt den Rechtsvorschlag, wenn der Schuldner seine Einkommens- und Vermögensverhältnisse darlegt und glaubhaft macht, dass er nicht zu neuem Vermögen gekommen ist.

[3] Bewilligt der Richter den Rechtsvorschlag nicht, so stellt er den Umfang des neuen Vermögens fest (Art. 265 Abs. 2). Vermögenswerte Dritter, über die der Schuldner wirtschaftlich verfügt, kann der Richter pfändbar erklären, wenn das Recht des Dritten auf einer Handlung beruht, die der Schuldner in der dem Dritten erkennbaren Absicht vorgenommen hat, die Bildung neuen Vermögens zu vereiteln.

---

1 Eingefügt durch Ziff. I des BG vom 16. Dez. 1994, in Kraft seit 1. Jan. 1997 (AS 1995 1227; BBl 1991 III 1).

2 Fassung gemäss Anhang 1 Ziff. II 17 der Zivilprozessordnung vom 19. Dez. 2008, in Kraft seit 1. Jan. 2011 (AS 2010 1739; BBl 2006 7221).

⁴ Der Schuldner und der Gläubiger können innert 20 Tagen nach der Eröffnung des Entscheides über den Rechtsvorschlag beim Richter des Betreibungsortes Klage auf Bestreitung oder Feststellung des neuen Vermögens einreichen.[1]

Verweise

Abs. 1: *SchKG 74 Abs. 1, 75 Abs. 2 (Rechtsvorschlag); SchKG 46–55 (Betreibungsort).*

Abs. 4: *SchKG 31–33, SchKG 56–63, ZPO 142 ff. (Fristberechnung → Nr. 25); ZPO 219–242 (ordentliches Verfahren); ZPO 243–247 (vereinfachtes Verfahren).*

Zu Abs. 1

1 Schlägt der Betriebene Recht vor mit den Worten «Rechtsvorschlag, nicht zu neuem Vermögen gekommen», so ist dies **sowohl** als Bestreitung der Schuld **als auch** als Einrede mangelnden neuen Vermögens zu verstehen: BGE 103 III 31 E. 2; vgl. auch BGE 108 III 6 E. 1.

2 Erhebt der Schuldner **gleichzeitig** Rechtsvorschlag und die Einrede mangelnden neuen Vermögens, kann die Betreibung erst fortgesetzt werden, wenn beide Rechtsvorkehren durch die zuständigen Richter abgewiesen worden sind: BGE 103 III 31 E. 3.

3 Die Einrede mangelnden neuen Vermögens ist zusammen mit dem Rechtsvorschlag, d.h. **spätestens 10 Tage ab Erhalt des Zahlungsbefehls mit ausdrücklicher Erklärung** geltend zu machen, **ansonsten die Einrede verwirkt** (SchKG 75 Abs. 2). Aus welchen Gründen der Schuldner die Einrede unterlässt, ist belanglos; die Verwirkung tritt nicht nur ein, wenn er die Einrede verpasst, sondern auch, wenn er auf sie verzichtet. Steht es jedoch im Belieben des Schuldners, ob er die Einrede des mangelnden neuen Vermögens erheben will oder nicht, kann es sich bei SchKG 265a Abs. 1 nicht um eine Norm handeln, die im öffentlichen oder gar im Interesse von am Verfahren nicht beteiligten Dritten erlassen worden ist. Vielmehr regelt die betreffende Bestimmung ein Verhältnis zwischen Gläubiger und Schuldner bzw. einen ausschliesslich diese beiden Parteien betreffenden Verfahrensschritt. Eine betreibungsrechtliche Verfügung, die gegen die Vorschrift verstösst, wonach der mit fehlendem neuen Vermögen begründete Rechtsvorschlag dem Richter vorzulegen ist, ist deshalb **nicht nichtig** i.S.v. SchKG 22 Abs. 1: BGE 130 III 678 E. 2.2.

4 Die Einrede mangelnden neuen Vermögens steht dem ehemaligen Konkursiten nicht nur in einer gestützt auf einen Konkursverlustschein gegen ihn erhobenen Betreibung zu, sondern auch dann, wenn einer von ihm geltend gemachten Forderung **verrechnungsweise eine auf einem Konkursverlustschein beruhende Forderung entgegengehalten wird**: BGE 133 III 620 E. 4.

5 Die Einrede mangelnden neuen Vermögens kann vom Schuldner nicht erhoben werden, wenn er für eine Forderung betrieben wird, mit welcher der Gläubiger **in einem im Ausland durchgeführten Konkurs** zu Verlust gekommen ist: BGE 90 III 105 E. 2; BGE 36 I 794 E. 2.

---

1 Fassung gemäss Anhang 1 Ziff. II 17 der Zivilprozessordnung vom 19. Dez. 2008, in Kraft seit 1. Jan. 2011 (AS 2010 1739; BBl 2006 7221).

6 Die Einrede mangelnden neuen Vermögens **durch einen Erben**, der die Verlassenschaft des Schuldners angenommen hat, kann der Betreibung für solche Konkursverlustforderungen nicht entgegengehalten werden: BGE 65 III 58, 59 f.

7 Hat der Schuldner vor dem Konkurs einem Gläubiger **erfüllungshalber einen Teilbetrag seiner künftigen monatlichen Lohnguthaben abgetreten**, so kann er der Geltendmachung dieser Lohnabtretung nach Konkursschluss nicht die Einrede des mangelnden neuen Vermögens entgegensetzen, selbst wenn der Gläubiger im Konkurs seine ganze Forderung eingegeben und dafür einen Verlustschein bekommen hat: BGE 75 III 111 E. 1.

8 Gemäss OR 325 Abs. 1 kann der Arbeitnehmer künftige Forderungen **nur soweit gültig abtreten oder verpfänden, als sie pfändbar sind**; auf Ersuchen eines Beteiligten setzt das Betreibungsamt am Wohnort des Arbeitnehmers den unpfändbaren Lohnbetrag fest. Das Betreibungsamt hat den unpfändbaren Lohnbetrag auch dann festzusetzen, wenn der Arbeitnehmer nach der Abtretung eines Teils der Lohnforderung in Konkurs fällt und in der darauffolgenden Betreibung des Gläubigers Rechtsvorschlag mangels neuen Vermögens erhebt: BGE 114 III 40 E. 2.

9 Das Betreibungsamt prüft die Zulässigkeit eines Rechtsvorschlags wegen mangelnden neuen Vermögens **nur in formeller Hinsicht**. Es hat nicht zu prüfen, ob die Einrede im konkreten Fall zulässig ist; darüber hat der Richter zu befinden: BGE 130 III 678 E. 2.1; BGE 124 III 379 E. 3 (Pra 87 [1998] Nr. 156).

10 Dass der Richter die Parteien vor seinem Entscheid anhört, bedeutet bloss, dass er ihnen **Gelegenheit zur Stellungnahme** zu geben hat. Weigert sich der Schuldner, die Gelegenheit zur Stellungnahme wahrzunehmen, so kann der Richter gleichwohl einen Entscheid fällen: BGer v. 27.04.2010, 5A_167/2010 E. 3.2.

11 Die Regelung in SchKG 265a Abs. 1, wonach der Richter endgültig darüber entscheidet, ob ein Rechtsvorschlag bewilligt wird oder nicht, führt zwar zu einem Ausschluss sämtlicher ordentlicher und ausserordentlicher (kantonaler) Rechtsmittel; **indes beschneidet sie den Rechtsschutz der Parteien nicht**, da diese das ordentliche Verfahren gemäss SchKG 265a Abs. 4 einleiten können. Soweit eine bestimmte Rüge durch den Entscheid im ordentlichen Verfahren nach SchKG 265a Abs. 4 behandelt und ein allfälliger Mangel behoben werden kann, ist die gesonderte Anfechtung des Summarentscheids mit der Voraussetzung der Letztinstanzlichkeit unvereinbar: BGE 134 III 524 E. 1.3. **Dies gilt jedoch nicht für die Rüge von Verletzungen des rechtlichen Gehörs**, kann doch die Klage auf Feststellung neuen Vermögens nach SchKG 265a Abs. 4 in einem nunmehr abgeschlossenen Verfahren begangene Gehörsverletzungen nicht heilen. Mit Blick auf die Gehörsrüge ist somit Letztinstanzlichkeit gegeben: BGE 138 III 44 E. 1.3; BGE 134 III 524 E. 1.3.

12 Der Ausschluss sämtlicher ordentlicher und ausserordentlicher (kantonaler) Rechtsmittel gilt nur hinsichtlich materieller Entscheidungen. Ist dagegen bloss die **Kostenverteilung** strittig, so kann der Entscheid nach SchKG 265a Abs. 1 mit Beschwerde nach ZPO 319 ff. (→ Nr. 25) angefochten werden: BGer v. 07.03.2012, 5A_35/2012 E. 2.2.

13 Beim Arrest ist **auch dann sofort über Unpfändbarkeitsbeschwerden zu entscheiden**, wenn der Schuldner in der Arrestbetreibung durch Rechtsvorschlag die Einrede mangelnden neuen Vermögens erhebt: BGE 71 III 11 E. 1.

14 Das Strafgericht kann dem Verurteilten gemäss StGB 94 **für sein Verhalten während der Probezeit bestimmte Weisungen erteilen**. Als Beispiel wird u.a. die Weisung auf Schadenersatz erwähnt. Bestehen für den deliktischen Schaden Konkursverlustscheine, so schliesst SchKG 265 Abs. 3 die Weisung zur Schadensdeckung zwar nicht schlechtweg aus. Doch muss der Strafrichter prüfen, ob und inwiefern seine Weisung im Einzelfall trotz der damit verbundenen Erschwerung der wirtschaftlichen Erholung den Täter besser von weiteren Verbrechen und Vergehen abzuhalten vermag als der Verzicht auf eine solche Weisung: BGE 103 IV 134 E. 3.

Zu Abs. 2

15 Der Entscheid über das Vorliegen neuen Vermögens wird gemäss ZPO 251 lit. d (→ Nr. 25) **im summarischen Verfahren** getroffen. Entsprechend gilt für die Darlegung der Einkommens- und Vermögensverhältnisse des Schuldners die Beweismittelbeschränkung von ZPO 254: vgl. BGE 131 I 24 E. 2.1 (Pra 94 [2005] Nr. 129).

Zu Abs. 3

16 Die Haftung des Schuldners wird durch die gerichtliche Feststellung neuen Vermögens **umfangmässig beschränkt**. Im Rahmen dieser Beschränkung hat der Schuldner jedoch mit seinem ganzen Vermögen einzustehen. Deshalb hat das Betreibungsamt die Pfändung nach SchKG 92 ff. – wie nach Eingang eines anderen Fortsetzungsbegehrens – vorzunehmen. Der Entscheid des Richters über das Vorhandensein neuen Vermögens schliesst demnach die Anwendung der SchKG 92 ff. im Betreibungsverfahren nicht notwendigerweise aus: BGE 136 III 51 E. 3.2 und 3.3; BGE 99 Ia 19 E. 3.c.

17 Ist die Betreibungsforderung nicht (mehr) bestritten ist und hat der Richter festgestellt, dass der Schuldner zu neuem Vermögen gekommen ist, so kann der Betreibungsgläubiger im Anschluss an den zu seinen Gunsten ausgefallenen Entscheid über die Bewilligung des Rechtsvorschlags und nach Ablauf der Zahlungsfrist **das Fortsetzungsbegehren einreichen und die provisorische Pfändung verlangen**. Auf diese Weise wird verhindert, dass der (provisorische) Vollstreckungsanspruch des Gläubigers während eines allfälligen Verfahrens nach SchKG 265a Abs. 4 ungesichert bleibt: BGE 126 III 207 E. 3c.

Zu Abs. 4

18 Die Klage auf Bestreitung bzw. auf Feststellung neuen Vermögens dient **als Rechtsbehelf zur Überprüfung des Entscheids** über die Bewilligung bzw. Nichtbewilligung des Rechtsvorschlags. Sie erfüllt im Verhältnis zum vorangegangenen summarischen Entscheid über den Rechtsvorschlag die Funktion eines Rechtsmittels. Soweit eine bestimmte Rüge durch den Entscheid im ordentlichen Verfahren nach SchKG 265a Abs. 4 behandelt und ein allfälliger Mangel behoben werden kann, ist die gesonderte Anfechtung des Summarentscheids mit der Voraussetzung der Letztinstanzlichkeit unvereinbar: BGE 134 III 524 E. 1.3. Vgl. hierzu auch N 11 und 12.

19 Im Rahmen von SchKG 265a Abs. 4 trägt der Gläubiger unabhängig von der Parteirolle die Beweislast für das Vorliegen neuen Vermögens. Dem Schuldner **obliegt allerdings der Nachweis seiner Aufwendungen und ihrer Erforderlichkeit** für eine standesgemässe Lebensführung. Damit wird ZGB 8 Rechnung getragen, wonach derjenige das Vorhandensein

einer Tatsache zu beweisen hat, der aus ihr Rechte ableitet. ZGB 8 bringt insoweit ein allgemeines Prinzip zum Ausdruck, welches grundsätzlich auch in einem rein betreibungsrechtlichen Verfahren zur Geltung gebracht werden kann. Eine Verletzung des – analog anzuwendenden – ZGB 8 liegt mithin nicht vor. Wirkt der Schuldner überhaupt nicht mit, wird mindestens der Grundbetrag mit entsprechendem Zuschlag berücksichtigt werden können: BGer v. 28.04.2010, 5A_104/2010 E. 3.2.1.

20 Entscheidet derselbe Richter über die Bewilligung des Rechtsvorschlags und über die Klage auf Bestreitung oder Feststellung des neuen Vermögens, so verletzt diese Personalunion den Anspruch **auf ein unbefangenes Gericht**: BGE 131 I 24 E. 2.5 (Pra 94 [2005] Nr. 129).

Art. 265b[1]   3. Ausschluss der Konkurseröffnung auf Antrag des Schuldners

Widersetzt sich der Schuldner einer Betreibung, indem er bestreitet, neues Vermögen zu besitzen, so kann er während der Dauer dieser Betreibung nicht selbst die Konkurseröffnung (Art. 191) beantragen.

Keine Entscheidungen.

Art. 266   F. Abschlagsverteilungen

¹ Abschlagsverteilungen können vorgenommen werden, sobald die Frist zur Anfechtung des Kollokationsplanes abgelaufen ist.
² Artikel 263 gilt sinngemäss.[2]

Verweise

Abs. 1: *SchKG 237 Abs. 2 Ziff. 5 (Anordnung von Abschlagsverteilungen durch den Gläubigerausschuss); SchKG 253 Abs. 2 (Anordnung von Abschlagsverteilungen durch die zweite Gläubigerversammlung); SchKG 250 Abs. 1 (Anfechtungsfrist).*

1 Bevor Abschlagsverteilungen vorgenommen werden, ist gemäss KOV 82 Abs. 1 (→ Nr. 5) eine **provisorische Verteilungsliste** aufzustellen, die unter Mitteilung an die Gläubiger während zehn Tagen beim Konkursamt aufzulegen ist.

2 **Gläubiger im gleichen Rang** haben Anspruch auf die gleichen Abschlagszahlungen: BGE 105 III 88 E. 2.

3 Bei Abschlagsverteilungen ist **der auf streitige Forderungen entfallende Betrag zurückzubehalten und zinstragend anzulegen**. Der Zinsertrag kommt anteilsmässig

---

1   Eingefügt durch Ziff. I des BG vom 16. Dez. 1994, in Kraft seit 1. Jan. 1997 (AS 1995 1227; BBl 1991 III 1).
2   Eingefügt durch Ziff. I des BG vom 16. Dez. 1994, in Kraft seit 1. Jan. 1997 (AS 1995 1227; BBl 1991 III 1).

denjenigen Gläubigern zugute, deren Forderung zu Unrecht bestritten wurde und die deshalb an der Abschlagsverteilung nicht teilnehmen durften: BGE 105 III 88 E. 2.

4 Wird dem Ersteigerer ein Zahlungstermin gewährt, so stehen die zwischen der Leistung der Akontozahlung und der aufgeschobenen Bezahlung des Restzuschlagspreises anwachsenden Zinsen **allein den Grundpfandgläubigern** zu: BGE 122 III 40 E. 2 m.w.H.

5 Gegen die provisorische Verteilungsliste kann innert zehn Tagen seit ihrer Auflegung bzw. Mitteilung **betreibungsrechtliche Beschwerde** erhoben werden: BGE 94 III 50 E. 4. Siehe hierzu auch KOV 88 (→ Nr. 5).

6 Im Konkurs ist der Schuldner zur Beschwerde gegen die provisorische Verteilungsliste grundsätzlich **nicht legitimiert**. Seine Rechtsstellung bleibt unberührt, wenn an eine angemeldete Forderung, den übrigen Konkursforderungen vorgängig, Abschlagszahlungen gemacht werden. Nicht er, sondern die Konkursgläubiger können ein schutzwürdiges Interesse daran haben, sich einem solchen Vorgehen zu widersetzen, sofern sie ihren Anspruch auf die ihnen gesetzlich zukommende Konkursdividende dadurch gefährdet sehen: Eine Ausnahme von diesem Grundsatz rechtfertigt sich freilich dann, wenn die Liquidation einen Aktivenüberschuss ergibt. Diesfalls können Abschlagszahlungen den Anspruch des Konkursiten auf Herausgabe des Aktivenüberschusses gefährden. Der Konkursit ist insoweit an der Liquidation des an die Gläubiger «abgetretenen» Vermögens beteiligt und berechtigt, auf eine rechtmässige Art der Liquidation hinzuwirken: BGE 129 III 559 E. 1.2.

7 Der **Wechselgläubiger**, dessen Forderung im Kollokationsplan zugelassen wurde, hat die mit der Kollokationsverfügung verbundene Bemerkung, die Dividende werde nur auf die bei Abschluss des Konkursverfahrens allfällig noch bestehende Restschuld ausgerichtet, nicht als Verfügung i.S.v. SchKG 17 aufzufassen, gegen die bei Gefahr der Verwirkung binnen 10 Tagen seit der öffentlichen Bekanntmachung der Auflegung des Kollokationsplans Beschwerde zu führen wäre. Er kann sich mit einer Beschwerde gegen die Verteilungsliste für eine Abschlagsverteilung darüber beschweren, dass ihm die sofortige Auszahlung der auf seine Forderung entfallenden Abschlagsdividende verweigert wird: BGE 96 III 35 E. 2.

8 Stellt sich heraus, dass zu viel verteilt worden ist, so hat die Konkursverwaltung den **zu viel bezahlten Betrag zurückzufordern** und allenfalls eine **Bereicherungsklage** einzureichen. D.h., dass eine Forderung aus ungerechtfertigter Bereicherung entsteht, wenn feststeht, in welcher Höhe ein Ausfall besteht. Diese konkursrechtliche Folge hat nichts mit dem materiellen Bestand der Forderung zu tun, für die im Umfang des Ausfalls ein Verlustschein ausgestellt wird: BGE 132 III 432 E. 2.6.

Art. 267 G. Nicht eingegebene Forderungen

Die Forderungen derjenigen Gläubiger, welche am Konkurse nicht teilgenommen haben, unterliegen denselben Beschränkungen wie diejenigen, für welche ein Verlustschein ausgestellt worden ist.

Verweise: SchKG 265 (Verlustschein); SchKG 265 Abs. 2 (neues Vermögen als Voraussetzung einer neuen Betreibung).

1. SchKG 267 regelt das Schicksal von Forderungen, die vor der Konkurseröffnung entstanden sind, für die aber mangels Teilnahme **kein Verlustschein** ausgestellt worden ist. Dabei ist unerheblich, ob eine Forderung nicht angemeldet oder eine angemeldete Forderung im Kollokationsplan abgewiesen oder vom Gläubiger zurückgezogen worden ist: BGer v. 29.01.2009, 5A_169/2008 E. 2.3.1; BGer v. 14.01.2008, 5A_515/2007 E. 2.1.

2. Die **Wirkungen** der Nichtteilnahme am Konkurs bestehen darin, dass die Gläubiger nicht an der Verteilung des Erlöses teilnehmen, gleichwohl aber den Restriktionen unterliegen, als ob sie am Konkurs teilgenommen hätten. Der materiellrechtliche Bestand der Forderung bleibt von der Nichtteilnahme völlig unberührt: BGer v. 29.01.2009, 5A_169/2008 E. 2.3.1.

VII. Schluss des Konkursverfahrens

Art. 268 A. Schlussbericht und Entscheid des Konkursgerichtes

¹ Nach der Verteilung legt die Konkursverwaltung dem Konkursgerichte einen Schlussbericht vor.

² Findet das Gericht, dass das Konkursverfahren vollständig durchgeführt sei, so erklärt es dasselbe für geschlossen.

³ Gibt die Geschäftsführung der Verwaltung dem Gerichte zu Bemerkungen Anlass, so bringt es dieselben der Aufsichtsbehörde zur Kenntnis.

⁴ Das Konkursamt macht den Schluss des Konkursverfahrens öffentlich bekannt.

Verweise

Abs. 1: *SchKG 264 (Verteilung); SchKG 265 (Verlustschein); SchKG 266 (Abschlagsverteilungen); SchKG 237 Abs. 2, 240–243 (Konkursverwaltung), SchKG 162 Abs. 1 (Konkursgericht); KOV 92 (Schlussbericht → Nr. 5); KOV 93 (summarisches Verfahren).*

Abs. 2: *KOV 95 (Einfluss von Prozessen nach SchKG 260).*

Abs. 3: *SchKG 13, 14 (Aufsichtsbehörde).*

Abs. 4: *SchKG 35 (öffentliche Bekanntmachung).*

Zu Abs. 1

1. Zur Erstattung eines Schlussberichts und zur Bekanntmachung der Schlussverfügung ist gemäss KOV 97 (→ Nr. 5) auch die **ausseramtliche Konkursverwaltung** verpflichtet.

2. Adressat des Schlussberichts ist das Konkursgericht, nicht die Gläubiger. Diese sind daher, auch wenn ihnen das Dokument ausnahmsweise trotzdem mitgeteilt wird, **nicht befugt, dagegen betreibungsrechtliche Beschwerde zu erheben**: BGer v. 28.07.2005, 7B.81/2005 E. 2.2.2.

Zu Abs. 2

3 Der Entscheid des Konkursgerichts über die Schliessung des Konkurses kann **nicht an die Aufsichtsbehörde** weitergezogen werden: BGer v. 28.07.2005, 7B.81/2005 E. 2.2.2; BGE 120 III 1 E. 1.

4 Wird das Konkursverfahren mangels Aktiven eingestellt, so trägt der betreibende Gläubiger nicht bloss die Betreibungskosten bis zur Einstellungsverfügung. Er trägt vielmehr die Kosten **bis zum Schluss des Verfahrens**, d.h. bis zum Zeitpunkt, in dem das Konkursgericht das Konkursverfahren für geschlossen erklärt: BGE 134 III 136 E. 2.2 (Pra 97 [2008] Nr. 107).

5 Wenn die gesetzlichen Voraussetzungen zur Abtretung erfüllt sind und nur noch die Abtretungsbescheinigung gemäss KOV 80 Abs. 1 (→ Nr. 5) auszustellen ist, ändert der infolge eines Fehlers des Konkursamtes **verfrühte Schluss des Konkursverfahrens** nichts am erworbenen Recht des Gläubigers, der die Abtretung verlangt hat: BGE 127 III 526 E. 3.

6 Gemäss KOV 98 Abs. 2 (→ Nr. 5) trifft die ausseramtliche Konkursverwaltung die Pflicht, nach Schluss des Verfahrens die entsprechenden Protokolle und Akten **zur Aufbewahrung an das Konkursamt abzuliefern**.

Zu Abs. 4

7 Gemäss KOV 93 (→ Nr. 5) ist im Falle der Einstellung des Konkursverfahrens mangels Aktiven eine Publikation der Schlussverfügung **nicht erforderlich**.

Art. 269   B. Nachträglich entdeckte Vermögenswerte

¹ Werden nach Schluss des Konkursverfahrens Vermögensstücke entdeckt, welche zur Masse gehörten, aber nicht zu derselben gezogen wurden, so nimmt das Konkursamt dieselben in Besitz und besorgt ohne weitere Förmlichkeit die Verwertung und die Verteilung des Erlöses an die zu Verlust gekommenen Gläubiger nach deren Rangordnung.

² Auf gleiche Weise verfährt das Konkursamt mit hinterlegten Beträgen, die frei werden oder nach zehn Jahren nicht bezogen worden sind.¹

³ Handelt es sich um einen zweifelhaften Rechtsanspruch, so bringt das Konkursamt den Fall durch öffentliche Bekanntmachung oder briefliche Mitteilung zur Kenntnis der Konkursgläubiger, und es finden die Bestimmungen des Artikels 260 entsprechende Anwendung.

Verweise

Abs. 1: *SchKG 268 (Schluss des Verfahrens); SchKG 197–203, 208, 211, 225, 242 (Konkursmasse); SchKG 265 (Verlustschein); SchKG 219 (Rangordnung).*

Abs. 2: *SchKG 264 Abs. 3 (Hinterlegung des Erlöses für bedingte Forderungen).*

---

1   Fassung gemäss Ziff. I des BG vom 16. Dez. 1994, in Kraft seit 1. Jan. 1997 (AS 1995 1227; BBl 1991 III 1).

Abs. 3: *SchKG 35 (öffentliche Bekanntmachung); SchKG 34 (Mitteilung).*

Zu Abs. 1

1 Voraussetzung eines Nachkonkurses ist, dass die Vermögenswerte **neu entdeckt** wurden. Die nachträgliche Heranziehung von Massavermögen, das zu Unrecht der Verwertung entgangen ist, darf nicht dadurch erschwert werden, dass an den Beweis für die nachträgliche Entdeckung zu strenge Anforderungen gestellt werden. Vielmehr wird diese schon dann anzunehmen sein, wenn **keine Anhaltspunkte für eine frühere Kenntnis** der Konkursverwaltung vorhanden sind, zumal ein Verzicht auf bekanntes Massavermögen an sich unwahrscheinlich ist und die Konkursverwaltung billig die Vermutung für sich in Anspruch nehmen darf, dass sie pflichtgemäss ihres Amtes gewaltet und nicht wissentlich Massavermögen vernachlässigt habe: BGE 50 III 134 E. 2.

2 Der Entscheid darüber, ob ein Vermögenswert als neu entdeckt zu gelten hat, **ist nicht völlig dem Ermessen des Konkursamtes anheim gestellt**. Im Hinblick auf die Folgen einer Ablehnung eines Nachkonkurses kann sich dieses nur ausnahmsweise, d.h. bei eindeutiger Sach- und Rechtslage, weigern, für behauptete Rechtsansprüche einen solchen zu eröffnen. Es ist mit andern Worten in erster Linie Sache des für die Beurteilung des betreffenden Anspruchs zuständigen Richters, und nicht des Konkursamtes bzw. der Aufsichtsbehörden, darüber zu entscheiden, ob die Voraussetzungen zur Durchführung eines Nachkonkurses gegeben sind oder nicht: BGer v. 10.08.2001, 7B.190/2001 E. 3.a; BGE 117 III 70 E. 2.b; BGE 73 III 155 E. 4.

3 Der Vermögenswert, dessen Existenz und Massezugehörigkeit der Konkursverwaltung und den Gläubigern **bereits vor Abschluss des Konkurses bekannt war oder bekannt gewesen sein sollte**, kann nicht im Nachkonkurs i.S.v. SchKG 269 liquidiert werden. Wird die Geltendmachung trotz der Kenntnis hinreichender Anhaltspunkte für den Bestand dieser Ansprüche unterlassen, so ist zu vermuten, dass die Konkursmasse bewusst darauf verzichtet habe; dadurch sei der Konkursbeschlag entfallen und, in entsprechendem Umfang, die Verfügungsmacht der Masse wieder auf den Gemeinschuldner übergegangen: BGer v. 28.07.2005, 7B.81/2005 E. 2.3.2; BGE 116 III 96 E. 2.a.

4 Der Ausschluss des Nachkonkurses setzt voraus, dass **eine Mehrheit der zur Teilnahme an der zweiten Gläubigerversammlung berechtigten Gläubiger** vor Abschluss des Konkursverfahrens um die Existenz und Massezugehörigkeit des nachträglich ausfindig gemachten Vermögenswertes wusste. Das Wissen eines einzelnen Gläubigers genügt nicht: BGer v. 28.07.2005, 7B.81/2005 E. 2.3.2; BGE 116 III 96 E. 6.b.

5 Die **Entschädigung** für die während des Konkursverfahrens erfolgte vorzeitige Auflösung eines Dienstverhältnisses kann nicht Gegenstand eines Nachkonkurses bilden: BGE 77 III 34 E. 3.

6 Im Anschluss an ein gestützt auf SchKG 230 ohne Feststellung der Gläubigerrechte beendigtes Konkursverfahren ist ein Nachkonkurs **nicht zulässig**: BGE 90 II 247 E. 2; BGE 87 III 72 E. 3.

7 Die **in SchKG 240 vorgesehene Vertretungsmacht** der Konkursverwaltung gilt auch im Nachkonkurs nach SchKG 269: BGE 67 III 177 E. 2.

8 Das Konkursamt ist **nicht befugt**, gegen einen Entscheid der Aufsichtsbehörde, mit dem es angewiesen wurde, bestimmte Vermögensstücke im Verfahren nach SchKG 269 zu verwerten, Beschwerde zu führen: BGE 108 III 77, 78 f.

9 Führen Versäumnisse der Konkursverwaltung zum Ausschluss des Nachkonkurses, so wird sich diese **gegenüber der Masse verantworten müssen** (SchKG 5): BGE 116 III 96 E. 4.c.

10 Für die Verteilung **nicht erhobener Beträge im Nachlassvertrag mit Vermögensabtretung** ist SchKG 269 sinngemäss anwendbar (SchKG 329 Abs. 2).

11 ZGB 573 Abs. 2, wonach den Berechtigten ein sich in der Liquidation nach Deckung der Schulden ergebender Überschuss überlassen wird, wie wenn keine Ausschlagung stattgefunden hätte, **gilt grundsätzlich auch im Nachkonkurs**. Ein allfälliger Überschuss aus der konkursamtlichen Liquidation einer Erbschaft ist folglich den Erben zu überlassen: BGE 136 V 7 E. 2.2.2.2.

Zu Abs. 3

12 Wer gestützt auf SchKG 269 Abs. 3 belangt wird, kann zwar die Aktivlegitimation des Klägers bestreiten. **Mit Kritik am Kollokationsplan ist er allerdings ausgeschlossen**; er kann bloss einwenden, der abgetretene Rechtsanspruch stelle kein Vermögensstück dar, das erst nach Konkursschluss entdeckt worden und der Konkursverwaltung vorher unbekannt geblieben sei, weshalb das Konkursamt darüber zu Unrecht verfügte: BGE 111 II 81 E. 3.b.

13 Im Hinblick auf die durch jeden Prozess verursachten Kosten und Umtriebe ist dem angeblichen Drittschuldner aber immerhin ein **berechtigtes Interesse** daran zuzugestehen, dass er nicht unter Mitwirkung des Konkursamts mit der Klage eines Abtretungsgläubiger belangt werde, die vor SchKG 269 Abs. 1 offensichtlich keinen Bestand hat. Wenn sich aufgrund der eigenen Angaben des Konkursamtes oder der Konkursakten ohne weitere Beweiserhebungen unzweifelhaft ergibt, dass die Abtretung zu Unrecht erfolgte, so muss der Drittschuldner die Möglichkeit haben, auf dem Beschwerdeweg die Aufhebung der Abtretung zu erwirken: BGE 74 III 72, 75.

Art. 270   C. Frist für die Durchführung des Konkurses

¹ Das Konkursverfahren soll innert einem Jahr nach der Eröffnung des Konkurses durchgeführt sein.[1]

² Diese Frist kann nötigenfalls durch die Aufsichtsbehörde verlängert werden.

Verweise

Abs. 1: *SchKG 175 (Zeitpunkt der Konkurseröffnung); SchKG 171, 189 Abs. 1, 190–194 (Konkurseröffnung); SchKG 31–33, SchKG 56–63, ZPO 142 ff. (Fristberechnung →Nr. 25).*
Abs. 2: *SchKG 13 (Aufsichtsbehörde).*

---

[1] Fassung gemäss Ziff. I des BG vom 16. Dez. 1994, in Kraft seit 1. Jan. 1997 (AS 1995 1227; BBl 1991 III 1).

1   Bestehen auf einem Konkursamt wegen Personalmangels **Geschäftsrückstände**, so soll die kantonale Aufsichtsbehörde Massnahmen anordnen. Sie kann insbesondere dafür sorgen, dass ein Gesuch um Verlängerung der Frist für die Beendigung des Konkursverfahrens vorgelegt wird: BGE 119 III 1 E. 2.

Achter Titel: Arrest

Art. 271 A. Arrestgründe

[1] Der Gläubiger kann für eine fällige Forderung, soweit diese nicht durch ein Pfand gedeckt ist, Vermögensstücke des Schuldners, die sich in der Schweiz befinden, mit Arrest belegen lassen:[1]
1. wenn der Schuldner keinen festen Wohnsitz hat;
2. wenn der Schuldner in der Absicht, sich der Erfüllung seiner Verbindlichkeiten zu entziehen, Vermögensgegenstände beiseite schafft, sich flüchtig macht oder Anstalten zur Flucht trifft;
3. wenn der Schuldner auf der Durchreise begriffen ist oder zu den Personen gehört, welche Messen und Märkte besuchen, für Forderungen, die ihrer Natur nach sofort zu erfüllen sind;
4.[2] wenn der Schuldner nicht in der Schweiz wohnt, kein anderer Arrestgrund gegeben ist, die Forderung aber einen genügenden Bezug zur Schweiz aufweist oder auf einer Schuldanerkennung im Sinne von Artikel 82 Absatz 1 beruht;
5.[3] wenn der Gläubiger gegen den Schuldner einen provisorischen oder einen definitiven Verlustschein besitzt.
6.[4] wenn der Gläubiger gegen den Schuldner einen definitiven Rechtsöffnungstitel besitzt.

[2] In den unter den Ziffern 1 und 2 genannten Fällen kann der Arrest auch für eine nicht verfallene Forderung verlangt werden; derselbe bewirkt gegenüber dem Schuldner die Fälligkeit der Forderung.

[3] Im unter Absatz 1 Ziffer 6 genannten Fall entscheidet das Gericht bei ausländischen Entscheiden, die nach dem Übereinkommen vom 30. Oktober 2007[5] über die gerichtliche Zuständigkeit und die Anerkennung und Vollstreckung von Entscheidungen in Zivil- und Handelssachen zu vollstrecken sind, auch über deren Vollstreckbarkeit.[6]

---

1   Fassung gemäss Art. 3 Ziff. 2 des BB vom 11. Dez. 2009 (Genehmigung und Umsetzung des Lugano-Übereink.), in Kraft seit 1. Jan. 2011 (AS 2010 5601; BBl 2009 1777).
2   Fassung gemäss Art. 3 Ziff. 2 des BB vom 11. Dez. 2009 (Genehmigung und Umsetzung des Lugano-Übereink.), in Kraft seit 1. Jan. 2011 (AS 2010 5601; BBl 2009 1777).
3   Fassung gemäss Ziff. I des BG vom 16. Dez. 1994, in Kraft seit 1. Jan. 1997 (AS 1995 1227; BBl 1991 III 1).
4   Eingefügt durch Art. 3 Ziff. 2 des BB vom 11. Dez. 2009 (Genehmigung und Umsetzung des Lugano-Übereink.), in Kraft seit 1. Januar 2011 (AS 2010 5601).
5   SR 0.275.12
6   Fassung gemäss Art. 3 Ziff. 2 des BB vom 11. Dez. 2009 (Genehmigung und Umsetzung des Lugano-Übereink.), in Kraft seit 1. Jan. 2011 (AS 2010 5601; BBl 2009 1777).

Verweise

Abs. 1: *SchKG 37 Abs. 3 (Pfand); SchKG 272 Abs. 1 Ziff. 3 (Arrestgegenstände); SchKG 52 (Betreibungsort des Arrestes).*

Abs. 1 Ziff. 1: *ZGB 23–26 (Wohnsitz); SchKG 48 (Betreibungsort des Aufenthaltes).*

Abs. 1 Ziff. 5: *SchKG 115 Abs. 2 (provisorischer Verlustschein); SchKG 115 Abs. 1, 149–149a, 265 (definitiver Verlustschein); SchKG 54 (Konkursort bei flüchtigem Schuldner).*

Abs. 1 Ziff. 6: *SchKG 80 (definitive Rechtsöffnungstitel).*

Bedeutung und Wirkung des Arrests

1 Der Arrest ist eine **vorsorgliche Massnahme**, die es dem Gläubiger erlaubt, unter gewissen Voraussetzungen Vermögenswerte des Schuldners mit amtlichem Beschlag zu belegen, die er ohne das Durchlaufen des Betreibungsverfahrens nicht pfänden oder inventarisieren könnte. Der Arrest verbietet dem Schuldner, über sein Vermögen zu verfügen, es beiseite zu schaffen oder in einer anderen Art und Weise das Ergebnis der laufenden oder zukünftigen Betreibung zu beeinträchtigen: BGE 117 Ia 504, 505; BGE 115 III 28 E. 4.b; BGE 107 III 33 E. 2.

2 Der Arrest ist keine Vollstreckungsmassnahme im eigentlichen Sinn; er begründet keinerlei Vorzugsrecht materieller Natur. Bei der Auslegung und Anwendung der ihn betreffenden gesetzlichen Bestimmungen ist dem **höchst provisorischen Charakter** des Arrestes Rechnung zu tragen: BGE 123 II 595 E. 6.b.aa; BGE 116 III 111 E. 3.a.

3 Ein **verschleierter Arrest** liegt vor, wenn der Gläubiger um eine nicht an die Voraussetzungen des SchKG 271 geknüpfte **einstweilige Verfügung** nach (damals noch geltendem) kantonalem Zivilprozessrecht zur Sicherung des Vollzugs einer Geldforderung ersucht. Diese Rüge ist auch dann begründet, wenn zwar das Hauptbegehren der Klage auf Herausgabe von Sachen zu Eigentum geht, die dem Urteil in der Sache selbst nicht vorgreifende Prüfung jedoch ergibt, dass dieses Begehren grundlos ist und nur als Vorwand zur Erwirkung einer Beschlagnahmung nach kantonalem Prozessrecht zur Sicherung der eventuell eingeklagten Geldforderung dient: BGE 86 II 291 E. 2.

4 Die durch den Arrest gewährte Sicherheit verleiht dem Gläubiger nicht den Anspruch, sich aus dem Erlös der Verwertung der mit Beschlag belegten Vermögenswerte vorweg befriedigen zu lassen. Letztere können daher **jederzeit zugunsten anderer Gläubiger gepfändet oder nochmals arrestiert** werden: BGE 116 III 111 E. 3.b.

Abgrenzungen

5 Verhältnis zu **Sicherungsmassnahmen i.S.v. aLugÜ 39 Abs. 2**: Die Weigerung, einen Arrestbefehl mit Bezug auf solche Sicherungsmassnahmen zu erlassen, ist nicht willkürlich: BGE 126 III 438 E. 4.

6 Sobald die **Grundbuchsperre nach kant. Recht** der Sicherstellung einer Geldforderung dient, welche nicht das Grundstück selber zum Gegenstand hat, sind einzig die Bestimmungen des SchKG anwendbar: BGE 108 II 512 E. 8.a (Pra 72 [1983] Nr. 116).

7 Eine **Sicherstellungsverfügung** und ein von der kantonalen Steuerverwaltung erlassener Arrestbefehl für eine auf dem kantonalen Recht beruhende Steuerforderung ist insofern unbeachtlich, als sie einem Arrestbefehl i.S.v. SchKG 274 gleichgestellt wird. Ebenso unbeacht-

lich ist ein durch die kantonale Steuerverwaltung gestützt auf das kantonale Steuergesetz erlassener Arrestbefehl: BGE 108 III 105 E. 2 und 3.

Arrestierbare Gegenstände

8 **Die Arrestlegung ist zulässig**:
- auf Akkreditivdokumente, die sich bei der **Akkreditivbank** befinden: BGE 114 II 45 E. 4;
- auf Vermögensstücke, die dem Arrestschuldner nur **fiduziarisch** gehören: BGE 113 III 26 E. 3;
- auf **Ansprüche aus Treuhandverhältnissen an Schiffshypotheken** beim Treuhänder: BGE 103 III 86 E. 2.a;
- auf eine zugunsten des Arrestschuldners ausgestellte **Bankgarantie** auf Verlangen des Auftraggebers: BGE 117 III 76 E. 7;
- auf Ansprüche auf Auszahlung von **Dividenden** auf Namenaktien, allerdings nur mit den entsprechenden Coupons, in denen sie verbrieft sind: BGE 99 III 18 E. 3;
- auf Vermögenswerte, an denen die **Eigentumsverhältnisse strittig** sind, sofern der Gläubiger glaubhaft macht, dass jene in Wirklichkeit Eigentum seines Schuldners sind: BGE 107 III 33 E. 2;
- bei Unklarheit über **Mehrfachberechtigung** auf ein Gemeinschaftskonto: BGE 112 III 52 E. 4 (Pra 75 [1986] Nr. 221);
- auf den **Liquidationsanteil an einer unverteilten Erbschaft**: BGE 118 III 62 E. 2.a;
- auf den Anspruch des ausländischen Bankkunden gegen die inländische Depotbank auf **Herausgabe von Wertpapieren**, die im Namen der Depotbank bei ausländischen Korrespondenzbanken hinterlegt sind (dies obwohl Herausgabeansprüche aus Hinterlegungsverträgen grundsätzlich nicht pfänd- und arrestierbar sind): BGE 108 III 94 E. 3; BGE 102 III 94 E. 4 und 5;
- auf den **Pflichtteil eines pflichtteilsberechtigten Enterbten**, wenn glaubhaft gemacht ist, dass die Voraussetzungen für eine Enterbung nicht erfüllt sind: BGer v. 11.04.2008, 5A_144/2008 E. 3.3.
- Der **Gattungsarrest** ist zulässig: BGE 106 III 100 E. 1; BGE 100 III 25 E. 1.a; BGE 96 III 107 E. 3; BGE 90 III 93, 96 ff. Dies gilt auch für den Gattungsarrest betr. Gegenstände im Gewahrsam von Banken: BGE 102 III 6 E. 2.a; BGE 80 III 86 E. 2; BGE 75 III 106 E. 1. Erweist es sich im Laufe der Arrestbetreibung aber, dass keine zur angegebenen Gattung gehörenden Gegenstände vorhanden sind, so ist der Arrest als erfolglos aufzuheben: BGE 80 III 86 E. 2.
- Der **Bestand eines Pfandrechts** am Arrestgegenstand vermag für sich alleine die Verarrestierung oder Pfändung nicht auszuschliessen. Ein privates Pfandverwertungsrecht (ZGB 891 Abs. 1) kann nicht mehr ausgeübt werden, sobald der Pfandgegenstand gepfändet oder verarrestiert worden ist: BGE 136 III 437 E. 3.3; BGE 116 III 23 E. 1; BGE 108 III 91 E. 3.

— Eine vorher vom Strafrichter angeordnete **Beschlagnahme des Pfandgegenstandes** hindert den Vollzug eines auf SchKG 271 ff. gestützten Arrestes nicht, geht diesem aber im Falle eines Konfliktes vor: BGE 93 III 89 E. 3.

9 **Keine Arrestlegung zulässig**:
— auf **Vindikationsansprüche** (es ist die Sache selber beim Besitzer zu arrestieren): BGE 132 III 155 E. 6.2.1; BGE 108 III 94 E. 3; BGE 102 III 94 E. 1; BGE 90 II 158 E. 4.b;

— auf **Herausgabeansprüche** aus Hinterlegungsvertrag: BGE 108 III 94 E. 3; BGE 72 III 74 E. 2; BGE 60 III 229 E. 4;

— auf **Sicherheitsleistungen** i.S.v. SchKG 177, die hinfällig geworden sind und sich ohne rechtliche Grundlage in den Händen des Betreibungsamtes befinden: BGE 108 III 101 E. 1 und 2 (Pra 72 [1983] Nr. 18);

— auf Ansprüche der **Akkreditivbank** gegen die von ihr beauftragte Korrespondenzbank auf Ablieferung der von dieser aufgenommenen Akkreditivdokumente: BGE 113 III 26 E. 3.c; BGE 108 III 94 E. 4;

— auf einen **Check** beim Bezogenen: BGE 98 III 74 E. 2.b;

— auf die sich aus der Solidarbürgschaft gemäss SchKG 277 ergebenden Forderungen, da die Person, welche die **Solidarbürgschaft** leistet, nicht Schuldner des Arrestgläubigers wird: BGE 106 III 130 E. 2;

— auf **Vermögenswerte eines ausländischen Staates, die der Erfüllung hoheitlicher Aufgaben dienen**. Die Frage, ob ein verarrestierter Betrag wegen hoheitlicher Zweckbestimmungen vom Arrestbeschlag auszunehmen ist, hängt mit dem Immunitätsanspruch eines Staates zusammen. Immunität im Hinblick auf die Natur der verarrestierten Sache kann nur dann beansprucht werden, wenn diese in erkennbarer Weise einem konkreten hoheitlichen Zweck gewidmet ist, wie etwa der Pflege diplomatischer Beziehungen (Botschaftsgebäude). Für Bargeld und Wertschriften kann nach herrschender Auffassung so lange keine Immunität beansprucht werden, als nicht bestimmte Summen oder Titel für derartige Zwecke ausgeschieden worden sind: BGE 111 IA 62 E. 7.b;

— auf die **von einem Staat der Bank für Internationalen Zahlungsausgleich (BIZ) anvertrauten Werte**, ebenso wie auf Ansprüche gegen die Bank ohne deren ausdrückliche vorherige Zustimmung, weil dieser Bank gemäss dem zwischen dem Schweizerischen Bundesrat und der Bank für Internationalen Zahlungsausgleich abgeschlossenen Abkommen vom 10.02.1987 zur Regelung der rechtlichen Stellung der Bank in der Schweiz (SR 0.192.122.971.3) Immunität zuerkannt wurde: BGE 136 III 379 E. 4.

— auf den Anteil eines im Ausland wohnenden Schuldners an einer **im Ausland gelegenen unverteilten Erbschaft**, auch wenn ein zur Erbschaft gehörendes Grundstück in der Schweiz liegt: BGE 124 III 505 E. 3.b; BGE 118 III 62 E. 2 (anders noch BGE 109 III 90 E. 1 und 2).

Eigentum des Arrestschuldners an den Arrestgegenständen

10 Gegenstände, die **einem Dritten** gehören, dürfen nicht verarrestiert werden. Hingegen ist es zulässig, Arrest auf Sachen und Guthaben zu legen, die dem Schuldner gehören, dem Namen nach aber einem Dritten zustehen: BGE 96 III 107 E. 2; BGE 93 III 89 E. 2; BGE 82 III 63 E. 2.

11 Alles, was nach den Regeln des Zivilrechts einer anderen natürlichen oder juristischen Person als dem Schuldner gehört, ist als **Vermögenswert eines Dritten** zu qualifizieren. Einzig die juristische Identität ist in der Zwangsvollstreckung massgebend: BGer v. 24.11.2011, 5A_654/2010 E. 7.3.1; BGer v. 03.05.2011, 5A_873/2010 E. 4.2.2; BGer v. 02.06.2010, 5A_871/2009 E. 7.1; BGE 107 III 103 E. 1; BGE 105 III 107 E. 3.a.

12 Auf Vermögensstücke, von denen der Gläubiger geltend macht, sie stünden nicht im Eigentum des Schuldners, sondern in dem eines **Dritten**, kann kein Arrest gelegt werden: BGE 112 III 52 E. 2 (Pra 75 [1986] Nr. 221); BGE 109 III 120 E. 6 (Pra 73 [1984] Nr. 117). Dies gilt auch dann, wenn der Gläubiger behauptet, das Eigentum des Dritten sei lediglich fiduziarischer Natur und die Vermögenswerte stünden wirtschaftlich gesehen dem Arrestschuldner zu: BGE 106 III 86 E. 1 und 2. Ein bereits durchgeführter Arrestvollzug ist als nichtig von Amtes wegen aufzuheben: BGE 82 III 63 E. 2.

13 Auch auf Vermögenswerten, die nach Angaben des Gläubigers **(fiduziarisch) ihm selber gehören**, ist kein Arrest möglich: BGE 107 III 103 E. 2.

14 Der Gläubiger, der Vermögensstücke mit Arrest belegen lassen will, die Dritten zu gehören scheinen, hat **glaubhaft zu machen**, dass jene in Wirklichkeit Eigentum seines Schuldners sind. Darüber zu befinden, ob dem Gläubiger diese Glaubhaftmachung gelungen sei, ist Sache der Arrestbehörde, nicht der Vollzugsbehörde. Diese hat dem Arrestbefehl selbst dann Folge zu leisten, wenn die Arrestbehörde den Gläubiger von jeglichem Beweis entbunden hat: BGE 126 III 95 E. 4; BGE 107 III 33 E. 2–5.

15 Ein Zugriff auf Vermögenswerte, die einer Person gehören, welche ein vom Schuldner verschiedenes Rechtssubjekt darstellt, ist dennoch zulässig, wenn der Schuldner seine Vermögenswerte **rechtsmissbräuchlich** einer von ihm beherrschten Gesellschaft übertrug oder wenn Vermögenswerte auf fremden Namen lauten, aber für Rechnung des Arrestschuldners gehalten werden: BGer v. 10.09.2009, 5A_225/2009 E. 4.1.

16 Im Arrestverfahren gegen den **Fiduzianten** dürfen keine Vermögenswerte verarrestiert werden, die fiduziarisch einem Dritten gehören: Solche Vermögenswerte sind Eigentum des Fiduziars, einer vom Schuldner verschiedenen Person: BGE 107 III 103 E. 1.

17 Der Gläubiger kann Vermögenswerte **im Besitze eines Dritten** verarrestieren, wenn er glaubhaft macht, dass diese in Wirklichkeit dem Schuldner gehören. Dies ist insbesondere dann der Fall, wenn der Dritte für vom Schuldner eingegangene Verpflichtungen verantwortlich ist, weil er mit ihm eine wirtschaftliche Einheit bildet (Durchgriff): BGer v. 11.07.2008, 5A_96/2008 E. 3.3; BGer v. 11.04.2008, 5A_145/2008 E. 3.3.

18 Mit Bezug auf die Pfändung oder Verarrestierung eines auf den Namen des Schuldners eingetragenen Grundstücks (VZG 10 → Nr. 9) muss die verlangte Glaubhaftmachung des **unrichtigen Grundbucheintrags** gemäss VZG 10 Abs. 1 Ziff. 3, und daraus folgend, der Beweis, das Grundstück gehöre in Wirklichkeit dem Schuldner, in einem weiten Sinne ausge-

legt werden: Es genügt, wenn die Unrichtigkeit des Eintrags glaubhaft gemacht wird: BGE 117 III 29 E. 3.

19 Falls bei einem **Gemeinschaftskonto** nicht klar ersichtlich ist, dass das Verhältnis unter den Inhabern, die über das Konto mit Einzelunterschrift verfügen können, auf Gesamteigentum beruht, ist die Verordnung des Bundesgerichts über die Pfändung und Verwertung von Anteilen an Gemeinschaftsvermögen (VVAG → Nr. 8) nicht anzuwenden: Arrestobjekt ist in einem solchen Fall der **Anspruch auf Auszahlung** des ganzen Kontoguthabens, der jedem Inhaber gegenüber der Bank zusteht. Ist auch der Anspruch des Mitinhabers arrestiert worden, so hat dieser den Weg des Widerspruchsverfahrens im Sinne der SchKG 106 ff. zu beschreiten; wo jedoch der Mitinhaber seinerseits als Solidarschuldner betrieben wurde, hat die Durchführung eines solchen Verfahrens freilich keinen Sinn: BGE 112 III 52 E. 3 und 4 (Pra 75 [1986] Nr. 221).

20 Sowohl der Dritte, der das Eigentum an den verarrestierten Vermögenswerten beansprucht, als auch der Arrestschuldner, der geltend macht, diese stünden im Eigentum des Dritten, sind **beschwerdelegitimiert**: BGE 113 III 139 E. 3.

21 Werden Ansprüche Dritter an den verarrestierten Gegenständen behauptet, ist das **Widerspruchsverfahren** einzuleiten: BGE 93 III 89 E. 2; BGE 82 III 63 E. 2; BGE 80 III 69, 71 f. Siehe hierzu SchKG 106 ff.

Arrestforderung

22 Dass die Forderung, auf die sich das Arrestbegehren stützt, nicht durch ein Pfand gedeckt sein darf, dient **nur dem Interesse des Schuldners**. Der Drittgläubiger ist daher nicht befugt, den Arrestbefehl, den ein pfandberechtigter Gläubiger erwirkt hat, mit (damals noch geltender) staatsrechtlicher Beschwerde anzufechten: BGE 113 III 92 E. 3.

23 Die Voraussetzung des Fehlens eines Pfandrechts an der Arrestforderung ist einem **Arrestgrund gleichgestellt**: BGE 117 III 74 E. 1 (Pra 82 [1993] Nr. 14).

24 Für eine im Ausland, in ausländischer Währung und von ausländischem Recht beherrschte Forderung kann Arrest gelegt werden. Die **Frage der Fälligkeit** der Forderung beurteilt sich alsdann nicht einfach nach schweizerischem Recht, sondern nach Massgabe des anwendbaren ausländischen Rechts: BGer v. 08.11.2006, 5P. 355/2006 E. 4.1; BGE 68 III 91, 93 ff.

Arrestgründe im Einzelnen

Zu Ziff. 1

25 Der Schuldner hat **keinen festen Wohnsitz** und zwar weder in der Schweiz noch im Ausland: BGer v. 09.08.2010, 5A_306/2010 E. 6.1; BGer v. 17.11.2005, 5P. 296/2005 E. 3.1.

Zu Ziff. 2

26 Der Arrestgrund von Ziff. 2 verlangt – neben der Absicht des Schuldners – als objektive Tatbestandsmerkmale **entweder das Beiseiteschaffen von Vermögensgegenständen oder die Flucht oder Fluchtvorbereitung** als alternative Voraussetzungen: BGer v. 09.08.2010, 5A_306/2010 E. 6.2.1.

27 Das **Beiseiteschaffen** von Vermögensgegenständen ist gegeben, wenn der Schuldner:

- sie verbirgt, verschenkt, zu Schleuderpreisen verkauft oder sie ins Ausland bringt: BGE 119 III 92 E. 3.b;
- Anstalten trifft oder Vorbereitungshandlungen zum Beiseiteschaffen von Vermögenswerten vornimmt: BGer v. 09.08.2010, 5A_306/2010 E. 6.2.1.
- Das Bundesgericht bejahte den Arrestgrund in einem Fall, in dem der Schuldner drei Monate nach Erhalt des Zahlungsbefehls seiner Ehefrau einen Drittel seiner Immobilien überschrieb und ein Jahr später die Immobilie weiterverkaufte und drei neue Häuser kaufte, von welchen ihm aber nur noch ein Drittel und die anderen zwei Drittel seiner Frau gehörten. Diese drei Immobilien wurden schliesslich wieder verkauft, was der Schuldner im Rahmen des Arrestverfahrens bestritt. Unter diesen Umständen sei es wahrscheinlich, dass der Schuldner seine Vermögenswerte i.S.v. Ziff. 2 beiseite zu schaffen versuchte: BGer v. 11.09.2007, 5A_34/2007 E. 4.1.

28 Als **Fluchtvorbereitung** genügt die blosse Absicht, sich ins Ausland abzusetzen, nicht. Darüber hinaus ist vorausgesetzt, dass die Vorbereitungen rasch und unter Geheimhaltung vorgenommen werden, sodass daraus geschlossen werden kann, dass sich der Schuldner seiner Zahlungspflicht entziehen will: BGer v. 13.10.2006, 5P.374/2006 E. 4.1; BGer v. 23.02.2005, 5P.472/2004 E. 4.1.

29 **Anstalten zur Flucht** können darin erblickt werden, wenn ein Schuldner, dessen berufliches Umfeld bereits im Ausland liegt, unter anormaler Diskretion versucht, sein Haus in der Schweiz zu verkaufen und sämtliche seiner Beteiligungen an Unternehmen in der Schweiz verkauft: BGer v. 11.09.2007, 5A_34/2007 E. 4.1.

Zu Ziff. 3

30 Der sogenannte **Taschenarrest** ist nur unter den Voraussetzungen von Ziff. 3 zulässig. Er kann nicht gestützt auf Ziff. 4 verlangt und vollzogen werden: BGE 112 III 47 E. 3.

31 Ein Taschenarrest ist **rechtsmissbräuchlich**, wenn der Schuldner zu Vergleichsgesprächen in die Schweiz kommt und bei dessen Ankunft sein ganzes Vermögen, das er mit sich führt, mit Arrest belegt wird: BGE 105 III 18 E. 3.

Zu Ziff. 4

32 Arrestgegenstände nach Ziff. 4 können nur Vermögenswerte sein, die **dauernd «oder eine gewisse Dauer»** in der Schweiz liegen: BGE 112 III 47 E. 3.b. Liegen Gegenstände im Ausland, ist kein Arrest möglich: BGE 90 II 158 E. 4.a.

33 Der **Begriff des schweizerischen Wohnsitzes** definiert sich im Zusammenhang mit der Existenz eines ordentlichen Betreibungsortes in der Schweiz (SchKG 46). Um diesen zu bestimmen, sind die Prinzipien von ZGB 23 anwendbar. Der massgebende Zeitpunkt zur Festlegung des Wohnsitzes ist derjenige der Einreichung des Arrestbegehrens: BGer v. 15.03.2011, 5A_870/2010 E. 3.1; BGer v. 23.04.2009, 5A_161/2009 E. 4.3.

34 Die **Voraussetzungen** des genügenden Bezugs zur Schweiz bzw. der Schuldanerkennung sind **alternativ**, nicht kumulativ zu erfüllen: BGer v. 20.01.2011, 5A_501/2010 E. 2.3.1; BGE 135 III 608 E. 4.3 (Pra 99 [2010] Nr. 63).

35 Der Begriff «**genügender Bezug zur Schweiz**» ist nicht einschränkend auszulegen: BGer v. 03.05.2011, 5A_873/2010 E. 4.1.2; BGE 135 III 608 E. 4.5 (Pra 99 [2010] Nr. 63); BGer v. 09.10.2008, 5A_438/2008 E. 2.3; BGE 124 III 219 E. 3; BGE 123 III 494 E. 3.a.

36 Ein **genügender Bezug zur Schweiz** liegt vor:
   – bei einer **Honorarforderung aus anwaltlicher Vertretung** in einem schweizerischen Erbteilungsprozess: BGer v. 26.06.2007, 5A_150/2007;
   – bei **Wohnsitz des Gläubigers in der Schweiz**, wobei verlangt wird, dass dieser mit der Forderung zusammenhängt und nicht in rechtsmissbräuchlicher Weise nachträglich geschaffen worden ist; so besteht mit einer Zession an einen Gläubiger in der Schweiz an Zahlungs Statt für eine Gegenleistung ein genügender Bezug zur Schweiz, während dies für eine Zession zum Inkasso nicht gilt: BGer v. 09.10.2008, 5A_438/2008 E. 2.3;
   – bei zweiseitigen Verträgen – hier ein Darlehen – kann sich der genügende Bezug daraus ergeben, dass der **Erfüllungsort für die Leistung** des Arrestgläubigers, die als Gegenleistung zu derjenigen des Arrestschuldners zu erbringen ist, in der Schweiz liegt: BGE 123 III 494 E. 3.a;
   – wenn der Betreibungsgläubiger seinen **Sitz in der Schweiz** hat: BGer v. 20.01.2011, 5A_501/2010 E. 2.3.1;
   – wenn aufgrund eines Transfers von umstrittenen Vermögenswerten auf ein Konto in der Schweiz die schweizerischen **Gerichte am Handlungs- und Erfolgsort zuständig** sind und schweizerisches Recht anwendbar ist: BGE 135 III 474 E. 2;
   – wenn die Forderung, für die ein neues Arrestbegehren gestellt worden ist, **bereits Gegenstand einer Klage auf Prosequierung** eines früheren Arrestes bildet, der unter Herrschaft des alten Rechts bewilligt war. Das gilt selbst dann, wenn die Zuständigkeit der schweizerischen Gerichte für die Klage einzig gestützt auf IPRG 4 (Arrestgerichtsstand → Nr. 34) angenommen worden ist: BGE 124 III 219 E. 3.

37 Der Begriff «genügender Bezug zur Schweiz» ist nicht gänzlich identisch mit dem Begriff der «**genügenden Binnenbeziehung**», dessen Auslegung strenger ist: BGE 135 III 608 E. 4.5 (Pra 99 [2010] Nr. 63).

38 Der Gläubiger ist bei Vorliegen des Arrestgrundes der Auslandabwesenheit des Schuldners nicht verpflichtet, ohne konkrete Anhaltspunkte nach in der **Schweiz liegenden Arrestgegenständen zu suchen**: BGer v. 27.09.2011, 5A_303/2011 E. 4.3; BGE 134 III 294 E. 3.2.

39 Ist eine **Forderung in einem Wertpapier verkörpert**, so kann dieses ohne Weiteres bei der Bank als Besitzerin arrestiert werden. Ist das nicht der Fall, so gelten die Regeln über die Arrestierung gewöhnlicher Forderungen. Solche Forderungen sind am Wohnsitz des Gläubigers, im Regelfall also des Arrestschuldners, zu arrestieren, sofern dieser in der Schweiz Wohnsitz hat. Wohnt er dagegen im Ausland, so ist der Arrest am Wohnsitz des Drittschuldners, also des Schuldners des Arrestschuldners, zulässig: BGE 137 III 625 E. 3; BGE 103 III 86 E. 2.b.

40 Lohnforderungen eines in der Schweiz arbeitenden Grenzgängers mit Wohnsitz in Deutschland können am **schweizerischen Sitz des Arbeitgebers** verarrestiert werden: BGE 114 III 31 E. 2.b.

41 Wird in einem (norwegischen) Urteil gesagt, die klagende (siegreiche) Partei könne nach zwei Wochen seit dessen Mitteilung provisorische Vollstreckungsmassnahmen ergreifen und ist

gegen das Urteil eine Berufung ergriffen worden, so handelt es sich nicht um ein **vollstreckbares gerichtliches Urteil** (heute nicht mehr unter Ziff. 4, sondern Ziff. 6 relevant): BGE 126 III 156 E. 2.

Zu Ziff. 5

42 Ein vom Gläubiger aufgrund eines vorläufigen oder endgültigen Verlustscheins erlangter Arrestbefehl kann auch bezüglich solcher Gegenstände vollzogen werden, die in der dem Verlustschein zugrunde liegenden Betreibung als **unpfändbar** erklärt wurden; das Betreibungsamt hat über die Pfändbarkeit neu zu entscheiden. Die frühere Verfügung der Unpfändbarkeit bindet die Betreibungsbehörden nur, wenn sich der Gläubiger als Titular eines endgültigen Verlustscheins darauf beschränkt, die Betreibung i.S.v. SchKG 149 Abs. 3 fortzusetzen, ohne dem Schuldner einen neuen Zahlungsbefehl zustellen zu lassen: BGE 65 III 39, 41 ff.

43 Der betreibende Gläubiger, der einen **provisorischen Pfändungsverlustschein** hat, kann nicht bloss gemäss SchKG 271 Ziff. 5 einen Arrest erwirken. Vielmehr kann er stattdessen, wenn er weitere Aktiven des Schuldners entdeckt, innerhalb eines Jahres gestützt auf den provisorischen Verlustschein beim Betreibungsamt unmittelbar das Begehren stellen, diese Aktiven seien zu pfänden (sog. Nachpfändung): BGE 88 III 59 E. 1.

Zu Ziff. 6

44 Als **definitive Rechtsöffnungstitel** i.S.v. Ziff. 6 gelten vollstreckbare schweizerische Entscheide sowie ausländische Entscheide, die in einem Vertragsstaat des LugÜ ergangen sind (SchKG 271 Abs. 3). Nach der hier vertretenen Auffassung fallen unter Ziff. 6 auch ausländische Entscheide, die ausserhalb des Anwendungsbereichs des LugÜ ergangen sind.

Verfahrensfragen

45 Wird gestützt auf einen Entscheid, der in einem Vertragsstaat des LugÜ ergangen ist, die Arrestlegung verlangt, so **entscheidet das Arrestgericht gleichsam über dessen Vollstreckbarkeit**, auch wenn der Gläubiger kein entsprechendes Rechtsbegehren gestellt hat (SchKG 271 Abs. 3). In einem solchen Fall kommt dem Entscheid über die Vollstreckbarkeit eine Rechtskraftwirkung zu. Die Vollstreckbarkeit eines ausländischen Urteils, das ausserhalb des Anwendungsbereichs des LugÜ ergangen ist, wird hingegen lediglich inzident geprüft, es sei denn, dass der Gläubiger im Arrestgesuch zugleich das Begehren um Vollstreckbarerklärung stellt. Bei inzidenter Prüfung der Vollstreckbarkeit kommt dem Entscheid des Arrestgerichts in dieser Hinsicht keine Rechtskraftwirkung zu.

46 Die Betreibungsbehörden sind der Arrestbehörde gleichgestellt; sie sind demnach befugt, deren **Arrestbefehle zu überprüfen**: BGE 105 III 140 E. 2.b.

47 Es ist möglich, dass im Einsprache- bzw. Weiterziehungsverfahren ein **anderer als der im Arrestbefehl genannte Arrestgrund** angerufen wird: BGer v. 09.08.2010, 5A_306/2010 E. 6.1.

48 Ein Gläubiger, der in einem Arrestverfahren **gegen mehrere Schuldner** vorgehen will, hat gegen jeden einzelnen Schuldner einen sich auf diesem gehörende Aktiven beziehenden Arrestbefehl zu erlangen: BGer v. 02.02.2011, 5A_712/2010 E. 3.1.1 und 3.2.1; BGE 80 III 91, 92. Hingegen darf ein Gläubiger, der im Ungewissen darüber ist, welchem seiner Solidarschuldner ein Vermögenswert gehört, mit der Geltendmachung von gemeinschaftlichem Ei-

gentum Arrest verlangen: BGer v. 02.02.2011, 5A_712/2010 E. 3.2.2; BGE 115 III 134 E. 5; BGer v. 23.04.1987, B.54/1987 E. 2 (publ. in: La Semaine Judicaire [SJ] 1987, 453 f.).

49 Der Arrest an einem **verpfändeten, als Wertpapier qualifizierten deutschen Schuldbrief** kann nicht am Ort vollzogen werden, wo dessen Besitzerin (hier eine Aktiengesellschaft) lediglich ein Briefkastendomizil hat und keinerlei Geschäftstätigkeit ausübt, und zwar ungeachtet des Umstands, dass die Gesellschaft am erwähnten Ort ihren Sitz hat: BGE 112 III 113 E. 3.a.

50 Die Weigerung, einen Arrestbefehl mit Bezug auf **Sicherungsmassnahmen** i.S.v. aLugÜ 39 Abs. 2 zu erlassen, ist nicht willkürlich: BGE 126 III 438 E. 4.

51 Eine allfällige **Wiederholung** eines dahingefallenen oder abgewiesenen Arrests ist möglich, denn das SchKG schreibt nirgends vor, dass die Abweisung eines Arrestbegehrens durch die Arrestbehörde eine spätere Wiederholung des gleichen Gesuchs ausschliessen würde: BGE 60 I 256 E. 2 und 3.

52 Die Betreibungsbehörden sind nicht verpflichtet, auf die **Einrede der fehlenden Parteifähigkeit**, erhoben gegenüber einer ausländischen Gesellschaft mit der Begründung, ihr Sitz sei fiktiv, einzutreten, wenn die ihr zugrundeliegenden Tatsachen nicht bewiesen oder glaubhaft gemacht werden: BGE 105 III 107 E. 2.

53 Ein **rechtsmissbräuchlich erwirkter Arrest** darf vom Betreibungsamt nicht vollzogen werden: BGE 110 III 35 E. 3.a; BGE 105 III 18 E. 3.

54 **Kein Rechtsmissbrauch** liegt vor, wenn der Gläubiger, der seine Pflichten als Verkäufer erfüllt hat und in der Folge die gelieferte Ware mit Arrest belegen lässt, um sich für eine nach Bestellung der arrestierten Ware entstandene Schadenersatzforderung gegen den Käufer Deckung zu verschaffen: BGE 110 III 35 E. 3.

55 Der Gläubiger, welcher auf die in der Schweiz liegenden Vermögenswerte Arrest legen lässt, nachdem er vorerst seine Forderungen in dem im Ausland eröffneten Konkurs angemeldet hatte, handelt **nicht rechtsmissbräuchlich**: BGE 111 III 38 E. 2.

56 Ohne ausdrückliche oder konkludente Angabe des **Arrestgrundes** ist ein Arrestbefehl nicht vollziehbar: BGE 73 III 100 E. 1.

57 Ein Arrest darf **nur unter den Voraussetzungen von SchKG 271 ff.** bestellt werden, und nicht einzig gestützt auf die weiten Voraussetzungen des Strafrechts, dass die Rechtslage hinreichend liquid sei und keine besseren Ansprüche Dritter geltend gemacht würden: BGer v. 23.11.2006, 5P.341/2006 E. 3.4.

58 Das Betreibungsamt, das mit einem Arrestbegehren befasst ist, hat Dritte aufzufordern, über die bei ihnen zu arrestierenden Gegenstände **Auskunft** zu erteilen. Doch darf es bei Verweigerung der Auskunft keine **strafrechtlichen Sanktionen** androhen, wenn sich die Arrestforderung nicht auf einen vollstreckbaren Titel stützt: BGE 109 III 22 E. 1; BGE 107 III 97 E. 1; BGE 104 III 42 E. 4.c; BGE 103 III 91 E. 2 bis 4; BGE 102 III 6 E. 2.a; BGE 101 III 58 E. 3; BGE 75 III 106 E. 3.

59 Die **Verweigerung der Auskunft** über Vermögenswerte des Schuldners durch deren Gewahrsamsinhaber bewirkt nicht von Gesetzes wegen die Verwirkung von dessen Drittanspracherecht: BGE 109 III 22 E. 1 und 2.

60 Die **Unpfändbarkeit eines Arrestgegenstandes** ist bereits bei der Arrestnahme geltend zu machen; die Versäumung hat Verwirkungsfolgen: BGE 84 III 33 E. 3; BGE 71 III 97, 98.

61 Die **Zwangsvollstreckungsimmunität** kann nicht nur bei Arrestvollzug, sondern auch im Arresteinspracheverfahren geltend gemacht werden: BGE 135 III 608 E. 4.1 (Pra 99 [2010] Nr. 63).

62 Ausnahmsweise ist ein **Arrestbeschlag** aus Gründen der öffentlichen Ordnung **trotz Versäumnis der Beschwerdefrist aufzuheben,** wenn er offenkundig und beträchtlich in das zum Leben Notwendige eingreift und den Schuldner in eine völlig unhaltbare Lage zu bringen droht. Dies ist der Fall, wenn es dem Schuldner bei der Wegnahme der fraglichen Gegenstände überhaupt unmöglich ist, den Lebensunterhalt für sich und seine Familie aus eigener Kraft zu bestreiten: BGE 76 III 33, 34; BGE 71 III 147, 148 f.

63 Die Sicherstellungsverfügung nach AlkG 67 stellt einen Arrestgrund i.S.v. SchKG 271 dar.

Art. 272[1]   B. Arrestbewilligung

[1] Der Arrest wird vom Gericht am Betreibungsort oder am Ort, wo die Vermögensgegenstände sich befinden, bewilligt, wenn der Gläubiger glaubhaft macht, dass:[2]
1. seine Forderung besteht;
2. ein Arrestgrund vorliegt;
3. Vermögensgegenstände vorhanden sind, die dem Schuldner gehören.

[2] Wohnt der Gläubiger im Ausland und bezeichnet er keinen Zustellungsort in der Schweiz, so ist das Betreibungsamt Zustellungsort.

Verweise

Abs. 1: *SchKG 46–55 (Betreibungsort); ZPO 251 Bst. a (summarisches Verfahren → Nr. 25).*
Abs. 1 Ziff. 2: *SchKG 271 (Arrestgründe).*

1 Die Verarrestierung erfolgt gem. Abs. 1 am Betreibungsort oder am Ort, wo sich die Vermögensgegenstände befinden. In beiden Fällen kommt dem Arrest **schweizweite Wirkung** zu.

Beweislastverteilung und Beweismass des Glaubhaftmachens

2 Betreffend die **Beweislastverteilung** obliegt es dem Gläubiger, alle arrestbegründenden Tatsachen i.S.v. SchKG 272 Abs. 1 Ziff. 1–3 zu behaupten und glaubhaft zu machen, während es dem Schuldner obliegt, arrestaufhebende oder arresthindernde Tatsachen zu behaupten und glaubhaft zu machen: BGer v. 09.08.2010, 5A_306/2010 E. 7.3.

---

1   Fassung gemäss Ziff. I des BG vom 16. Dez. 1994, in Kraft seit 1. Jan. 1997 (AS 1995 1227; BBl 1991 III 1).
2   Fassung gemäss Art. 3 Ziff. 2 des BB vom 11. Dez. 2009 (Genehmigung und Umsetzung des Lugano-Übereink.), in Kraft seit 1. Jan. 2011 (AS 2010 5601; BBl 2009 1777).

3 **Glaubhaft gemacht** ist eine Tatsache dann, wenn der Richter sie aufgrund einer plausiblen Darlegung des Gläubigers für wahrscheinlich hält. Es sind an die Wahrscheinlichkeit keine überhöhten Anforderungen zu stellen. Der Wahrscheinlichkeitsbeweis ist dann erbracht, wenn der Richter aufgrund der ihm vorgelegten Elemente den Eindruck gewinnt, dass der behauptete Sachverhalt wirklich vorliegt, ohne ausschliessen zu müssen, dass es sich auch anders verhalten könnte: BGer v. 05.03.2012, 5A_877/2011 E. 2.1; BGer v. 24.11.2011, 5A_654/2010 E. 7.2; BGer v. 24.06.2011, 5A_366/2011 E. 3.1; BGer v. 15.03.2011, 5A_870/2010 E. 3.2; BGer v. 02.02.2011, 5A_836/2010 E. 4.1.1; BGer v. 11.06.2010, 5A_46/2010 E. 3.2; BGer v. 09.08.2007, 5A_301/2007 E. 2.1; BGer v. 18.09.2002, 5P.248/2002 E. 2.3 (Pra 92 [2003] Nr. 71); BGE 107 III 33 E. 3.

4 Die **rechtliche Prüfung** des Bestandes der Arrestforderung ist summarisch, d.h. weder endgültig noch restlos: BGer v. 05.03.2012, 5A_581/2011 E. 4.1.1; BGer v. 20.08.2009, 5A_317/2009 E. 3.2.

5 Dem Gericht kommt bei der Beurteilung, ob eine Tatsache glaubhaft gemacht wurde oder nicht, ein **weiter Ermessensspielraum** zu: BGer v. 05.03.2012, 5A_877/2011 E. 2.1; BGer v. 02.02.2011, 5A_836/2010 E. 4.1.2; BGer v. 30.06.2009, 5A_817/2008 E. 6.2; BGer v. 15.12.2008, 5A_402/2008 E. 3.2; BGer v. 18.09.2002, 5P.248/2002 E. 2.3 (Pra 92 [2003] Nr. 71); BGE 120 IA 31 E. 4.b.

6 Die **Beweiswürdigung** erscheint erst dann als **willkürlich**, wenn das Sachgericht Sinn und Tragweite eines Beweismittels offensichtlich verkannt hat, wenn es ohne sachlichen Grund ein wichtiges Beweismittel, das für sein Urteil wesentlich sein könnte, unberücksichtigt gelassen hat oder wenn es auf Grundlage der festgestellten Tatsachen unhaltbare Folgerungen getroffen hat. Der Beschwerdeführer hat darzutun, inwiefern die Sachverhaltsermittlung an einem qualifizierten und offensichtlichen Mangel leidet, der sich auf das Ergebnis auswirkt: BGer v. 09.08.2007, 5A_301/2007 E. 3.2; BGer v. 20.04.2007, 5P.1/2007 E. 2.

7 Der Arrestrichter ist in seiner Entscheidung über die Glaubhaftmachung der Forderung nicht daran gebunden, ob die Strafuntersuchungsbehörden erlauben (oder verweigern), einem Gläubiger einen **zivilrechtlichen Anspruch aus einer strafbaren Handlung** geltend zu machen: BGer v. 11.06.2010, 5A_46/2010 E. 3.1 und 3.2.1.

8 Unter dem Gesichtspunkt des «Glaubhaftmachens» der Forderung i.S.v. SchKG 272 Abs. 1 Ziff. 1 kann auch ein **ausländisches Urteil ausreichen**, das die Voraussetzungen der förmlichen Anerkennung und Vollstreckbarerklärung nicht erfüllt: BGer v. 20.01.2011, 5A_501/2010 E. 2.2. und 2.3.

9 Der Bestand der Arrestforderung muss **nicht zwingend durch eine Schuldanerkennung** bekräftigt sein, sondern er kann auch mittels einer oder mehrerer Urkunden glaubhaft gemacht werden, ohne dass die Urkunde oder die entscheidende unter mehreren Urkunden vom Arrestschuldner oder seinem Vertreter unterzeichnet sein müsste: BGer v. 24.06.2011, 5A_366/2011 E. 3.1.

10 Um den Sucharrest zu verhindern, hat der Arrestgläubiger insbesondere **den Lageort** der zu verarrestierenden Vermögenswerte des Schuldners oder Dritten glaubhaft zu machen: BGer v. 15.12.2008, 5A_402/2008 E. 3.1.

11 Will der Gläubiger Vermögensgegenstände mit Arrest belegen, die **formell auf den Namen eines Dritten lauten**, muss er glaubhaft machen, dass jene in Wirklichkeit Eigentum des Schuldners sind; eine blosse Behauptung genügt dazu nicht: BGer v. 24.11.2011, 5A_654/2010 E. 7.3.1; BGer v. 03.05.2011, 5A_873/2010 E. 4.2.2; BGer v. 29.08.2008, 5A_483/2008 E. 5.1; BGer v. 20.04.2007, 5P_1/2007 E. 3.2; anders noch BGE 82 III 63 E. 2.

12 Der Gläubiger kann Vermögenswerte **im Besitz eines Dritten** verarrestieren, wenn er glaubhaft macht, dass diese in Wirklichkeit dem Schuldner gehören. Dies ist insbesondere dann der Fall, wenn:
- der Dritte für vom Schuldner eingegangene Verpflichtungen verantwortlich ist, weil er mit ihm eine wirtschaftliche Einheit bildet: BGer v. 11.07.2008, 5A_96/2008 E. 3.3; BGE 126 III 95 E. 4; BGE 105 III 107 E. 3.a;
- der Schuldner seine Vermögenswerte rechtsmissbräuchlich einer von ihm beherrschten Gesellschaft übertrug: BGer v. 10.09.2009, 5A_225/2009 E. 4.1; BGE 102 III 165 E. II.3;
- Vermögenswerte auf fremden Namen lauten, aber für Rechnung des Arrestschuldners gehalten werden: BGer v. 10.09.2009, 5A_225/2009 E. 4.1; BGE 107 III 33 E. 2.

Arrestort

13 Forderungs- (und andere) Rechte werden als **am schweizerischen Wohnsitz das Arrestschuldners** liegend angesehen, sofern dieser in der Schweiz wohnt: BGE 61 III 108, 109; BGE 56 III 228, 230.

14 Bei **Fehlen eines Wohnsitzes des Arrestschuldners in der Schweiz**, können gewöhnliche Forderungen am Wohnort des Drittschuldners arrestiert werden: BGer v. 19.07.2011, 5A_261/2011 E. 3.1; BGE 128 III 473 E. 3.1; BGE 107 III 147 E. 4.a; BGE 103 III 86 E. 2.b; BGE 80 III 122 E. 3; BGE 75 III 25 E. 2; BGE 63 III 44, 45; BGE 61 III 108, 109.
- Dasselbe gilt, wenn der Wohnsitz des Arrestschuldners **nicht bestimmbar** ist: BGE 76 III 18, 19.
- Auch **Ansprüche auf Übertragung des Eigentums** können beim Drittschuldner arrestiert werden, sofern ihr Inhaber im Ausland wohnt: BGE 102 III 94 E. 2.
- Forderungen, die nicht am Wohnsitz ihres Titulars arrestiert oder gepfändet werden können, sind, wenn sie zu den Verbindlichkeiten einer Zweigniederlassung des Drittschuldners gehören, am **Sitz dieser Zweigniederlassung** zu beschlagnahmen: BGE 80 III 122 E. 3. Die Anknüpfung an den Ort der Zweigniederlassung bildet jedoch die Ausnahme, und die Tatsachen, die sie rechtfertigen, müssen bewiesen sein und unzweifelhaft einen überwiegenden Zusammenhang mit der Zweigniederlassung herstellen. Ist dies nicht der Fall, richtet sich die örtliche Zuständigkeit nach dem Wohnsitz oder nach dem Sitz des Drittschuldners: BGE 128 III 473 E. 2 und 3; BGE 107 III 147 E. 4.
- Ansprüche aus **Treuhandverhältnissen an Schiffshypotheken** können beim Treuhänder arrestiert werden: BGE 103 III 86 E. 2.
- Wohnt der Schuldner nicht in der Schweiz oder hat er keinen festen Wohnsitz, so ist sein Anspruch auf den **Liquidationsanteil an einer unverteilten Erbschaft** am Betreibungsort der Erbengemeinschaft gemäss SchKG 49 zu arrestieren, und zwar unabhängig davon, wo sich die einzelnen zur Erbschaft gehörenden Vermögensstücke befinden; BGE 109 III 90 E. 1; BGE 91 III 19 E. 1.

– Der Gläubiger kann eine nicht in einem Wertpapier verkörperte Forderung, **deren Schuldner** er ist und deren Berechtigter im Ausland domiziliert ist, an seinem schweizerischen Wohnsitz oder Sitz arrestieren lassen: BGE 137 III 625 E. 3.

15 Forderungen, die durch Verpfändung von Sachen **sichergestellt** worden sind, werden als da befindlich angesehen, wo sich die verpfändete Sache befindet; Arrestort für eine durch **Grundpfandverschreibungen** versicherte Forderung ist der Liegenschaftsort: BGE 61 III 108, 109.

16 Ist ein **Miteigentumsanteil** nach Massgabe von VVAG 1 (→ Nr. 8) Gegenstand des Arrestes, so muss er am Wohnort des Schuldners verarrestiert werden: BGE 116 III 107 E. 5.b.

17 **Wertpapiere** können nur am Ort ihrer Lage arrestiert werden: BGE 116 III 107 E. 5.b; BGE 99 III 18 E. 4; BGE 92 III 20 E. 3; BGE 67 III 10, 11. Das gilt auch für die Arrestierung von hälftigem **Miteigentumsanteil** an einem Inhaberschuldbrief: BGE 116 III 107 E. 5.b.

18 Der Arrest an einem verpfändeten, als Wertpapier qualifizierten **deutschen Schuldbrief** kann nicht am Ort vollzogen werden, wo dessen Besitzerin (hier eine AG) lediglich ein Briefkastendomizil hat und keinerlei Geschäftstätigkeit ausübt, und zwar ungeachtet des Umstandes, dass die Gesellschaft am erwähnten Ort ihren Sitz hat: BGE 112 III 115 E. 3.a.

19 Der Anspruch des **Bankkunden gegen die inländische Depotbank** auf Herausgabe von Wertpapieren, die in deren Namen bei ausländischen Korrespondenzbanken hinterlegt sind, ist bei der Depotbank arrestierbar, sofern der Kunde im Ausland wohnt: BGE 102 III 94 E. 4 und 5.

20 Der Arrest an einem in der Schweiz angemeldeten **Patent**, dessen Inhaber im Ausland wohnt, ist am Sitz des Eidgenössischen Patentamtes (heute Bundesamt für geistiges Eigentum), d.h. in Bern, zu vollziehen: BGE 112 III 115 E. 3.b; BGE 64 II 88 E. 1; BGE 62 III 58, 60; BGE 38 I 702 f. E. 2. Eine Arrestierung von ausländischen Immaterialgüterrechten ist von vornherein ausgeschlossen: BGE 112 III 115 E. 3.b.

21 Der von einem **örtlich unzuständigen** Betreibungsamt vollzogene Arrest ist **nichtig**: BGE 109 III 90 E. 1; BGE 103 III 86 E. 1; BGE 90 II 158 E. 4; BGE 56 III 228, 231 f.; BGE 75 III 25 E. 2; BGE 73 III 100 E. 3; BGE 56 III 230, 231.

Verfahrensfragen

22 Der **Inhalt des Arrestbefehls** ist in SchKG 274 geregelt.

23 **Rechtsbehelfe** gegen den Arrestbefehl sind nach Massgabe von SchKG 278 möglich.

24 Die vom Arrest herrührenden **Kosten** sind aus dem Erlös der Arrestgegenstände vorweg zu nehmen: SchKG 281 Abs. 2.

25 Für den Entscheid über die Arrestbewilligung sieht das Gesetz das **summarische Verfahren** vor (aSchKG 25 Abs. 2 lit. a; heute ZPO 251 lit. a → Nr. 25), wonach das Gericht ohne Anhörung des Arrestschuldners und einzig gestützt auf die Beweismittel und Aussagen des Arrestgläubigers entscheidet: BGer v. 20.08.2009, 5A_317/2009 E. 3.2; BGE 112 III 112 E. 2.b (Pra 76 [1987] Nr. 51); BGE 107 III 29 E. 2 und 3; BGE 102 IA 229 E. 2.f.

Art. 273[1] C. Haftung für Arrestschaden

¹ Der Gläubiger haftet sowohl dem Schuldner als auch Dritten für den aus einem ungerechtfertigten Arrest erwachsenden Schaden. Der Richter kann ihn zu einer Sicherheitsleistung verpflichten.

² Die Schadenersatzklage kann auch beim Richter des Arrestortes eingereicht werden.

Verweis

Abs. 2: *SchKG 52 (Betreibungsort des Arrestes).*

Zu Abs. 1

1 Der Arrestgläubiger haftet nur für den **unmittelbaren Vermögensschaden**, der auf die Einschränkung der Verfügungsbefugnis über die Arrestobjekte zurückzuführen ist: BGE 93 I 278 E. 5.b; BGE 34 II 279 E. 3.

2 Die **Höhe der Sicherheit** hängt ab:
   – vom **eventuellen Schaden**, der dem Schuldner im Fall eines ungerechtfertigten Arrestes droht. Für die Schätzung dieses Schadens massgebend sind u.a. die voraussichtliche Dauer des Arrestprosequierungsverfahrens sowie die Zinsen der Kredite, die der Schuldner möglicherweise aufnehmen muss, um auf die Blockierung seines Vermögens zu reagieren. Nach der Lehre erscheint oft ein Betrag in der Höhe von zwei Jahreszinsen als gerechtfertigt: BGer v. 20.04.2011, 5A_757/2010 E. 2.2; BGer v. 10.05.2010, 5A_165/2010 E. 2.3.3 (Pra 100 [2011] Nr. 21);
   – von der **Dauer der Nicht-Verfügbarkeit** der arrestierten Güter; indessen ist den Zinsen Rechnung zu tragen, welche diese Güter weiterhin abwerfen: BGer v. 20.04.2011, 5A_757/2010 E. 2.2; BGE 113 III 94 E. 11;
   – davon, ob und gegebenenfalls für welchen **Betrag** Vermögensgegenstände tatsächlich arrestiert worden sind: BGE 126 III 95 E. 5;
   – davon, ob bereits ein **strafprozessualer Arrest** vorliegt. Ist das der Fall, so rechtfertigt es sich, die Sicherheit für den betreibungsrechtlichen Arrest zu reduzieren: BGer v. 10.05.2010, 5A_165/2010 E. 2.4 (Pra 100 [2011] Nr. 21).

3 Der **Schaden**, zu dessen Wiedergutmachung die Sicherheiten bestimmt sind, umfasst überdies die Kosten, mit denen im Arrestprosequierungsverfahren und im Arresteinspracheverfahren zu rechnen ist; dagegen sind die Kosten des Arrestes und der Betreibung zur Arrestprosequierung keine Schadenspositionen und können daher bei der Festsetzung der Sicherheitsleistung nicht berücksichtigt werden: BGer v. 10.05.2010, 5A_165/2010 E. 2.3.3 (Pra 100 [2011] Nr. 21); BGE 113 III 94 E. 10; BGE 93 I 278 E. 5.

---

1   Fassung gemäss Ziff. I des BG vom 16. Dez. 1994, in Kraft seit 1. Jan. 1997 (AS 1995 1227; BBl 1991 III 1).

4 Der Arrestgläubiger, von dem die Leistung von Sicherheiten verlangt wird **haftet nicht** für den Schaden, den der Schuldner erleidet, weil das Betreibungsamt mehr arrestiert hat, als die Arrestverfügung bestimmt: BGE 113 III 94 E. 8.

5 Der Entscheid betreffend die Sicherheitsleistung **ist nicht endgültig**; die Arrestbehörde kann ihn bei Vorliegen neuer Tatsachen in **Wiedererwägung** ziehen: BGer v. 10.05.2010, 5A_165/2010 E. 2.3.4 (Pra 100 [2011] Nr. 21); BGE 112 III 112 E. 2.b (Pra 76 [1987] Nr. 51).

- Der **Betrag** der bei einem Arrest zu leistenden Sicherheit **kann je nach den Umständen erhöht werden**, namentlich wenn sich deren Wert infolge eines Kursverlustes der hinterlegten Wertpapiere oder der ausländischen Währung, in der die Sicherheit geleistet wurde, vermindert. Der Richter kann, ohne in Willkür zu verfallen, von einem ersten Entscheid, mit dem die Höhe der für den Arrest zu leistenden Sicherheit festgesetzt wurde, abweichen, wenn aufgrund neuer Vorbringen eine neue Sicht der Situation wahrscheinlich gemacht wird: BGE 112 III 112 E. 2 (Pra 76 [1987] Nr. 51).

- Der Richter, der im Falle eines Arrestes für die Auflage einer Sicherheitsleistung angegangen wird, kann der **Tatsache Rechnung tragen**, dass die Forderung weniger wahrscheinlich erscheint als im Zeitpunkt, als der Arrest angeordnet worden ist: BGE 113 III 94 E. 6 und 7. Massgebend ist die Sachlage, die im **Zeitpunkt des neuen Entscheids** besteht, und nicht diejenige im Zeitpunkt der Arrestbewilligung bzw. diejenige, die damals bekannt war: BGer v. 10.05.2010, 5A_165/2010 E. 2.1 (Pra 100 [2011] Nr. 21).

- Die **Widererwägung ist möglich**, wenn der Bestand der Forderung nach der Bewilligung des Arrests nicht mehr als wahrscheinlich angenommen werden kann, bei unvorhergesehen langer Dauer des Prosequierungsverfahrens oder bei Verringerung des Wertes der geleisteten Sicherheiten: BGer v. 10.05.2010, 5A_165/2010 E. 2.3.4 (Pra 100 [2011] Nr. 21)

Verfahrensfragen

6 Die Sicherheitsleistung ist **von Amtes wegen anzuordnen**, wenn die Forderung oder der Arrestgrund zweifelhaft ist: BGer v. 10.05.2010, 5A_165/2010 E. 2.3.1 (Pra 100 [2011] Nr. 21); BGE 93 I 278 E. 5.a.

7 **Zweifelhaft** ist die Forderung oder der Arrestgrund dann, wenn der Richter nicht ausschliessen kann, dass sich die Sachlage anders gestaltet als dies als wahrscheinlich angenommen wird, oder dass eine vertieftere Prüfung zu einer anderen rechtlichen Lösung führt als jene, die sich bei einer summarischen Prüfung ergibt: BGer v. 10.05.2010, 5A_165/2010 E. 2.3.1 (Pra 100 [2011] Nr. 21).

8 Eine Arrestkaution ist normalerweise nicht zu verhängen, wenn die Gläubigerin sich auf **vollstreckbare Gerichtsurteile** stützen kann: BGer v. 10.05.2010, 5A_165/2010 E. 2.3.1 (Pra 100 [2011] Nr. 21); BGer v. 10.09.2009, 5A_225/2009 E. 5.1; BGer v. 21.02.2005, 5P.353/2004 E. 3.2.

9 Die Sicherheitsleistung kann **mit dem Arrestbefehl** (SchKG 274 Abs. 2 Ziff. 5) oder in einem späteren Stadium auferlegt werden: BGer v. 20.04.2011, 5A_757/2010 E. 2.1.

10 Die Verpflichtung zur Sicherheitsleistung kann im **Einspracheverfahren** überprüft werden: BGE 126 III 485 E. 2.a.aa (Pra 90 [2001] Nr. 86).

11 Art. 17 HÜ54 bezieht sich nur auf eigentliche **Prozesskautionen** und ist daher nicht anwendbar auf die Sicherheitsleistung, zu welcher der Arrestgläubiger (ohne Rücksicht auf seinen Wohnsitz und seine Staatsangehörigkeit) gemäss SchKG 273 Abs. 1 verhalten werden kann: BGE 93 I 278 E. 4.

12 Die Haftung für den verursachten Schaden ist eine **gesetzliche Kausalhaftung**. Sie setzt voraus, dass der Arrestschuldner einen Nachteil erlitten hat, dass der Arrest unrechtmässig gewesen ist und dass zwischen dem Arrest und dem Schaden ein Kausalzusammenhang besteht. Die Ersatzpflicht reduziert sich, wenn der Schuldner seiner Schadenminderungspflicht nicht nachkommt, und sie entfällt, wenn der Arrestschuldner einen so schweren Fehler begangen hat, dass dieser den Kausalzusammenhang unterbricht: BGer v. 10.05.2010, 5A_165/2010 E. 2.3.2 (Pra 100 [2011] Nr. 21); BGer v. 16.10.2002, 5C.177/2002 E. 1 (Pra 92 [2003] Nr. 72).

13 Zulässiges **Rechtsmittel** gegen den letztinstanzlichen kantonalen Entscheid betr. die Verpflichtung des Arrestgläubigers zur Sicherheitsleistung ist die Beschwerde nach BGG (→ Nr. 26, hier noch staatsrechtliche Beschwerde): BGE 126 III 485 E. 1 (Pra 90 [2001] Nr. 86).

14 Beim Entscheid über die Verpflichtung zur Sicherheitsleistung handelt es sich um **vorsorgliche Massnahmen** i.S.v. BGG 98 (→ Nr. 26), weshalb nur die Verletzung verfassungsmässiger Rechte gerügt werden kann: BGer v. 10.05.2010, 5A_165/2010 E. 1.2 (Pra 100 [2011] Nr. 21).

15 Die **Verjährungsfrist** für die Schadenersatzforderung beträgt **ein Jahr**: BGE 31 II 253 E. 2.a; BGE 64 III 107 E. 2.

16 Die **Frist beginnt** mit dem Dahinfallen des Arrestes zu laufen: BGE 115 III 28 E. 4.a; BGE 64 III 107 E. 3.

17 Die Klage nach SchKG 273 wird mit der Konkurseröffnung **nicht hinfällig**; vielmehr bleibt sie – grundsätzlich – bis zum Schluss des Konkursverfahrens rechtswirksam: BGE 115 III 28 E. 4.a.

Zu Abs. 2

18 Im Rahmen der Klage des Arrestgläubigers auf Bezahlung der Arrestforderung kann der Arrestschuldner den Schadenersatz **widerklageweise** verlangen: BGE 47 I 176 E. 3.

Art. 274 D. Arrestbefehl

¹ Das Gericht beauftragt den Betreibungsbeamten oder einen anderen Beamten oder Angestellten mit dem Vollzug des Arrestes und stellt ihm den Arrestbefehl zu.[1]
² Der Arrestbefehl enthält:

---

1   Fassung gemäss Art. 3 Ziff. 2 des BB vom 11. Dez. 2009 (Genehmigung und Umsetzung des Lugano-Übereink.), in Kraft seit 1. Jan. 2011 (AS 2010 5601; BBl 2009 1777).

1. den Namen und den Wohnort des Gläubigers und seines allfälligen Bevollmächtigten und des Schuldners;
2. die Angabe der Forderung, für welche der Arrest gelegt wird;
3. die Angabe des Arrestgrundes;
4. die Angabe der mit Arrest zu belegenden Gegenstände;
5. den Hinweis auf die Schadenersatzpflicht des Gläubigers und, gegebenen Falles, auf die ihm auferlegte Sicherheitsleistung.

Verweise

Abs. 1: *SchKG 272 (Gericht); SchKG 275 (Arrestvollzug).*

Abs. 2 Ziff. 1: *SchKG 67 Abs. 1 Ziff. 1 (Gläubiger); SchKG 67 Abs. 1 Ziff. 2 (Schuldner).*

Abs. 2 Ziff. 2: *SchKG 67 Abs. 1 Ziff. 3 (Forderung).*

Abs. 2 Ziff. 3: *SchKG 271 (Arrestgründe).*

Abs. 2 Ziff. 4: *SchKG 271 Abs. 1, 272 Abs. 1 Ziff. 3 (Arrestgegenstände).*

Abs. 2 Ziff. 5: *SchKG 273 (Haftung für Arrestschaden).*

1 Der Arrestbefehl ist eine **blosse Sicherungsmassnahme** zum Schutz der Gläubigerrechte und hat daher auch bloss provisorischen Charakter: BGE 137 III 143 E. 1.3; BGE 133 III 589 E. 1.

2 Es kann nicht in einem und demselben Arrestverfahren **gegen mehrere Schuldner** vorgegangen werden; der Gläubiger muss gegen jeden einzelnen Schuldner einen Arrestbefehl erlangen. Ein Arrestbefehl, der beide Ehegatten als Schuldner bezeichnet, ist daher nicht vollziehbar: BGE 80 III 91, 91 f.

3 Die blosse Angabe «Deutschland» statt des genauen **Wohnortes** genügt der Bezeichnung nach SchKG 274 Abs. 2 Ziff. 1 nicht. Das Betreibungsamt hätte wegen dieses Mangels den Vollzug des Arrestbefehls verweigern dürfen; doch ist der Mangel nicht geeignet, den tatsächlich erfolgten Vollzug ungültig zu machen. Vielmehr wird das Betreibungsamt der Gläubigerin oder deren Vertreterin Gelegenheit zur Ergänzung der unvollständigen Angaben einzuräumen haben: BGE 82 III 127 E. 2.

4 Das Bundesgericht stellt nicht strenge Anforderungen an die **Bezeichnung der Arrestgegenstände**. So genügt es, wenn der vorliegende Arrestbefehl sinnvoll nur so ausgelegt werden kann, dass der Gläubiger Arrest auf Guthaben legen will, die der Schuldnerin gehören, dem Namen nach jedoch Dritten zustehen. Wenn nämlich der Arrestbefehl von Guthaben der Arrestschuldnerin spricht, welche auf fremde Namen lauteten, so liegt darin die Behauptung, diese Guthaben gehörten nicht Drittpersonen, sondern der Arrestschuldnerin. Damit sind die Rechte Dritter bestritten, und nur ein Widerspruchsverfahren vermag deren allfällige Gläubigereigenschaft abzuklären: BGE 96 III 107 E. 3; BGE 82 III 63 E. 2.

5 Der **Gattungsarrest** ist zulässig: BGE 106 III 100 E. 1; BGE 100 III 25 E. 1.a; BGE 96 III 107 E. 3; BGE 90 III 93, 96 ff. Dies gilt auch für den Gattungsarrest betr. Gegenstände im Gewahrsam von Banken: BGE 102 III 6 E. 2.a; BGE 80 III 86 E. 2; BGE 75 III 106 E. 1. Erweist

es sich im Laufe der Arrestbetreibung aber, dass keine zur angegebenen Gattung gehörenden Gegenstände vorhanden sind, so ist der Arrest als erfolglos aufzuheben: BGE 80 III 86 E. 2.

6 Werden nicht die im Arrestbefehl vermerkten, sondern **andere Vermögenswerte** mit Beschlag belegt, ist der Arrest nichtig, und zwar auch dann, wenn der Arrestgläubiger damit einverstanden war, dass vom Schuldner und vom Dritteigentümer bezeichnete Ersatzgegenstände arrestiert wurden: BGE 113 III 139 E. 4.

7 Obwohl nur die im Arrestbefehl genannten Arrestgegenstände arrestiert werden dürfen, erfasst die Arrestierung eines Grundstückes die während ihrer Dauer anfallenden **Früchte und sonstige Erträgnisse** auch ohne dahingehendes besonderes Begehren des Gläubigers. Die Sorge für die Verwaltung und Bewirtschaftung des Grundstückes obliegt dem Betreibungsamt: BGE 83 III 108 E. 1 und 2.

8 Die **Einrede der Unpfändbarkeit** ist bereits im Arrestvollzug zu erheben, denn mit dem Arrestbefehl erhält der Arrestschuldner Kenntnis von den zu verarrestierenden Gegenständen: BGE 71 III 97, 98.

9 Eine vorher vom **Strafrichter angeordnete Beschlagnahme** des Pfandgegenstandes hindert den Vollzug eines auf SchKG 271 ff. gestützten Arrestes nicht, geht diesem aber im Fall eines Konflikts vor: BGE 93 III 89 E. 3.

10 Das Betreibungsamt hat den **Vollzug eines Arrestes abzulehnen**, wenn:
   – es im Arrestbefehl an einer der in SchKG 274 Abs. 2 festgelegten **Voraussetzungen mangelt**: BGer v. 29.08.2008, 5A_483/2008 E. 5.3; BGE 112 III 47 E. 1; BGE 73 III 100 E. 1;
   – der Arrestbefehl in **Verletzung von Treu und Glauben** erwirkt wurde: BGE 112 III 47 E. 1; BGE 109 III 120 E. 6;
   – ein Arrestbefehl **mehrere Personen gemeinsam als Schuldner** bezeichnet: BGE 80 III 91, 91 f.

11 Ein Betreibungsamt **handelt richtig**, wenn es innerhalb seines Betreibungskreises einem Arrestbefehl Folge leistet, obwohl dieser nur eine Fotokopie des Originals ist, ihm von einem anderen Betreibungsamt (und nicht unmittelbar von der Arrestbehörde) zugestellt wird, den Betreibungskreis nicht nennt und überdies sich auch auf Vermögensgegenstände bezieht, die vom Betreibungsamt arrestiert wurden, welches den Arrestbefehl weitergeleitet hat (gilt auch unter dem neuen Recht): BGE 114 III 36 E. 2.

12 Als **Arrestbefehle** i.S.v. SchKG 274 gelten insb.
   – die Sicherstellungsverfügung nach ZG 81 Abs. 3;
   – die Sicherstellungsverfügung nach DBG 170: BGer v. 09.01.2007, 2A_237/2006 E. 3.4;
   – die Sicherstellungsverfügung nach MwStG 93 Abs. 3;
   – die Sicherstellungsverfügung nach SVAV 48 Abs. 2: BGer v. 15.05.2008, 2C_753/2007 E. 2.3;
   – die Sicherstellungsverfügung für eine Wehrsteuerforderung nach WStB 119 Abs. 1; BGE 108 III 34 E. 3.

Art. 275[1] E. Arrestvollzug

Die Artikel 91–109 über die Pfändung gelten sinngemäss für den Arrestvollzug.

1 Der Vollzug des Arrestes durch das Betreibungsamt, welcher die Pflichten des Schuldners und Dritter nach SchKG 91 beinhaltet, stellt einen **materiellen Akt der Zwangsvollstreckung** dar, welcher als solcher nicht vorläufig und daher (anders als der Arrestbefehl) keine vorsorgliche Massnahme i.S.v. BGG 98 (→ Nr. 26) ist: BGer v. 22.09.2011, 5A_330/2011 E. 1.2; BGer v. 17.01.2011, 5A_672/2010 E. 1.2; BGer v. 12.07.2010, 5A_360/2010 E. 1.2.

2 Entscheide kantonaler Aufsichtsbehörden über Verfügungen der Vollstreckungsorgane gemäss SchKG 17 – wie der Arrestvollzug (SchKG 275) – unterliegen **der Beschwerde in Zivilsachen** (BGG 72 Abs. 2 lit. a [→ Nr. 26] i.V.m. SchKG 19). Sie ist unabhängig von einer gesetzlichen Streitwertgrenze gegeben (BGG 74 Abs. 2 lit. c): BGer v. 22.09.2011, 5A_330/2011 E. 1.1.

3 **Kompetenzen der Betreibungsbehörden beim Arrestvollzug:** Rügen, welche die materiellen Voraussetzungen des Arrestes zum Gegenstand haben, namentlich solche, die das Eigentum oder die Inhaberschaft an den zu arrestierenden Gegenständen oder mit denen Rechtsmissbrauch geltend gemacht wird, fallen in die Zuständigkeit des Einspracherichters gem. SchKG 278: BGE 129 III 203 E. 2 und 3 (Pra 92 [2003] Nr. 140). Das Betreibungsamt hat einen Arrestbefehl daher grundsätzlich zu vollziehen, ohne die materiellen Voraussetzungen des Arrestes zu überprüfen. Nur wenn sich der Arrestbefehl als unzweifelhaft nichtig erweist, muss der Vollzug verweigert werden, denn der Vollzug eines nichtigen Befehls wäre nach SchKG 22 ebenfalls nichtig: BGE 136 III 379 E. 3.1; BGE 129 III 203 E. 2.3 (Pra 92 [2003] Nr. 140); BGE 82 III 127 E. 3; BGE 81 III 17, 19.

4 Das Betreibungsamt hat den **Vollzug eines Arrestes abzulehnen**, wenn:
– es im Arrestbefehl an einer der in SchKG 274 Abs. 2 festgelegten **Voraussetzungen mangelt**: BGer v. 29.08.2008, 5A_483/2008 E. 5.3; BGE 112 III 47 E. 1; BGE 73 III 100 E. 1;
– der Arrestbefehl in **Verletzung von Treu und Glauben** erwirkt wurde: BGE 112 III 47 E. 1; BGE 109 III 120 E. 6;
– ein Arrestbefehl **mehrere Personen gemeinsam als Schuldner** bezeichnet: BGE 80 III 91, 91 f.

5 Der Arrestvollzug kann nur auf die **im Arrestbefehl genannten Gegenstände** erfolgen, was bereits der *Ordre public* gebietet: BGE 113 III 139 E. 4.a (Pra 78 [1989] Nr. 117); BGE 106 III 130 E. 2. Verarrestiert das Betreibungsamt im Arrestbefehl nicht bezeichnete Gegenstände, so ist seine Amtshandlung **nichtig**, weil sie die Bestimmungen über die materielle Zuständigkeit verletzt: BGE 113 III 139 E. 4.a (Pra 78 [1989] Nr. 117); BGE 92 III 20 E. 1.

---

1 Fassung gemäss Ziff. I des BG vom 16. Dez. 1994, in Kraft seit 1. Jan. 1997 (AS 1995 1227; BBl 1991 III 1).

6 Eine **ungenügende Gläubigerbezeichnung** im Arrestbefehl hebt den bereits durchgeführten Arrestvollzug nicht auf, wenn der Schuldner über die Person genügend orientiert ist (hier aufgrund einer bereits früher erfolgten Betreibung zwischen denselben Parteien): BGE 82 III 127 E. 1.

7 Die **ungenügende Bezeichnung des Wohnsitzes des Gläubigers** hat nicht die Aufhebung des bereits durchgeführten Arrestvollzugs zur Folge. Vielmehr ist dem Gläubiger Gelegenheit zu geben, die unvollständigen Angaben zu ergänzen: BGE 82 III 127 E. 2.

8 Fehlt im Arrestbefehl die **Angabe des Namens von Dritten**, denen Vermögenswerte des Arrestschuldners lediglich formell gehören sollen, ist der Arrestbefehl insoweit nicht durchführbar. Das Betreibungsamt darf über entsprechende Dritte nicht selber Nachforschungen machen oder Auskünfte verlangen: BGE 130 III 579 E. 2.1 bis 2.2.3.

9 Die **Steuerbehörde** muss als Arrestbehörde selber im Arrestbefehl die Namen von Dritten angeben, die lediglich formell Vermögenswerte des Schuldners halten: BGE 130 III 579 E. 2.2.4.

10 Ob ein Arrestgegenstand in **amtliche Verwahrung** zu nehmen sei, bestimmt sich nach SchKG 98. Darüber zu entscheiden, steht nur dem Betreibungsamten zu, auch bei Hängigkeit eines Widerspruchsverfahrens. An eine Weisung der Arrestbehörde, die zu arrestierende Sache in amtliche Verwahrung zu nehmen, ist das Betreibungsamt nicht gebunden: BGE 83 III 46 E. 1 und 2.

11 Die amtliche Inverwahrungnahme ist unzulässig, wenn sich der Gegenstand im **Gewahrsam des Drittansprechers** befindet: BGE 83 III 46 E. 2.

12 Der Arrestbefehl ist **sofort zu vollziehen**. Ein Verzug hat seine Unwirksamkeit zur Folge, sodass der Schuldner dessen Aufhebung verlangen kann: BGE 113 III 139 E. 6 (Pra 78 [1989] Nr. 117); BGE 98 III 74 E. 3.

13 Die **Auskunftspflicht des Dritten**, der Gewahrsam an Arrestgegenständen ausübt, beginnt erst mit unbenütztem Ablauf der Einsprachefrist bzw. mit Eintritt der Rechtskraft des Einspracheentscheids: BGer v. 17.01.2011, 5A_672/2010 E. 3.1; BGer v. 12.01.2010, 5A_761/2009 E. 3; BGE 131 III 660 E. 4.4; BGE 125 III 391 E. 2.b und c.

14 Ein Arrestgläubiger, der einen **bereits gepfändeten Gegenstand** mit Arrest belegen lässt, ist zur Teilnahme an der Pfändung berechtigt, sofern er innert der 30-tägigen Frist von SchKG 110 Abs. 1 das Pfändungsbegehren stellt. Die Arrestnahme als solche berechtigt noch nicht zur Teilnahme an der Pfändung: BGE 101 III 78 E. 2.

15 Eine **Nach- oder Ergänzungspfändung** von Objekten, die nicht mit Arrest belegt worden sind, ist nicht möglich: BGE 51 III 117 E. 4.

16 Im Arrestverfahren ist der **Drittanspruch** schon im Anschluss an den Arrestvollzug, nicht erst nach erfolgter Pfändung, anzumelden: BGE 104 III 42 E. 2. Ist allerdings der Dritteigentümer ohne Kenntnis des Arrestes geblieben, so kann er seinen Anspruch noch gegenüber der Pfändung anmelden: BGE 63 III 137 E. 1. Die Berufung auf das Bankgeheimnis vermag in der Regel die Verzögerung der Anmeldung des Drittanspruchs nicht zu rechtfertigen: BGE 104 III 42 E. 2

17 Sind in einer Betreibung **Vermögensstücke eines Dritten** einbezogen, so hat dieser seine Rechte im Widerspruchsverfahren geltend zu machen. Die Drittansprecherin des Arrestobjektes ist aber zur **Beschwerde gegen den Arrestvollzug** legitimiert, sofern es nicht darum geht, im Beschwerdeverfahren ihre Drittsprache zu verteidigen, sondern darum, den Arrest wegen Unzulässigkeit zu beseitigen: BGE 103 III 86 E. 1. Insbesondere kann geltend gemacht werden, es sei mehr als zur Deckung der in Betreibung stehenden Forderung nötig arrestiert worden: BGE 70 III 18, E. 2.

18 Der **Drittschuldner** ist nicht zur Erhebung einer Beschwerde gegen den Arrestbefehl legitimiert, sofern er nicht in einem rechtlich geschützten Interesse verletzt ist: BGE 79 III 3 E. 2.

19 Der Arrestvollzug, in welchem Vermögenswerte in einem Umfang blockiert werden, die erheblich über dem Betrag liegen, welcher für die Sicherung der aus Kapital, Zinsen und Kosten zusammengesetzten Forderung nötig ist, **ist rechtsmissbräuchlich**. Die Rüge des Rechtsmissbrauchs bzw. das Begehren um (teilweisen) Widerruf des Arrestbeschlages ist auf dem Wege der Beschwerde (SchKG 17 ff.) gegen den Arrestvollzug geltend zu machen: BGer v. 10.09.2009, 5A_229/2009 E. 6.2.

20 Die **Zwangsvollstreckungsimmunität** kann nicht nur bei Arrestvollzug, sondern auch im Arresteinspracheverfahren geltend gemacht werden: BGE 135 III 608 E. 4.1 (Pra 99 [2010] Nr. 63).

21 Die **Anzeige von Arrestbefehlen** an Banken kann **per Fernschreiber** (Telefax) erfolgen: BGE 101 III 65 E. 6.

22 Das Betreibungsamt ist frei, in der Anzeige eines Arrestes an den Besitzer oder Drittschuldner die **Angabe des Betrages** der geltend gemachten Forderung zu unterlassen: BGE 103 III 36 E. 2 und 3.

23 Die Arrestanzeige an den Dritten stellt **keine Vollzugshandlung**, sondern eine blosse Sicherungsmassnahme i.S.v. SchKG 98 und 99 dar und dient der blossen Information des Dritten. Die Arrestanzeige an den Schuldner ist hingegen als Vollzugshandlung zu qualifizieren: BGE 103 III 36 E. 3; BGE 101 III 65 E. 6; BGE 94 III 78 E. 3.a.

24 Das **Widerspruchsverfahren** ist im Anschluss an die Arrestlegung durchzuführen: BGE 76 III 87 E. 2.

25 In der Arrestbetreibung sind die **Gewahrsamsverhältnisse zur Zeit des Arrestvollzugs** massgebend, auch wenn erst bei der Pfändung eine Drittansprache erhoben wird: BGer v. 06.05.2009, 5A_697/2008 E. 3.2; BGE 76 III 87 E. 2.

26 Die **vorzeitige Verwertung** von Arrestgegenständen in analoger Anwendung von SchKG 124 Abs. 2 ist möglich: BGE 101 III 27 E. 1.c; BGE 35 I 814 E. 1.

27 Das Betreibungsamt, das mit einem Arrestbegehren befasst ist, hat Dritte aufzufordern, über die bei ihnen zu arrestierenden Gegenstände **Auskunft** zu erteilen: BGE 101 III 58 E. 1; BGE 100 III 25 E. 2.

28 Banken sind verpflichtet, dem Betreibungsamt Auskunft zu erteilen über die Arrestgegenstände, die in ihrem Besitz sind; sie können sich nicht auf das **Bankengeheimnis** berufen. Verweigern sie ihre Mitwirkung gleichwohl, so haften sie für allfälligen Schaden; hingegen können Banken in dieser Verfahrensstufe keine strafrechtlichen Sanktionen angedroht wer-

den, wenn ein Arrest zur Sicherung einer Forderung dienen soll, deren Bestand im Zeitpunkt der Anordnung noch ungewiss ist: BGE 101 III 58 E. 3.

29 Das Betreibungsamt hat die **nach Italien zuzustellende Urkunde** dem Obergericht seines Kantons zu übermitteln, das sie mit dem Ersuchen um Zustellung an den örtlich zuständigen italienischen Appellhof weiterleitet: BGE 94 III 33, 34.

Art. 276   F. Arresturkunde

[1] Der mit dem Vollzug betraute Beamte oder Angestellte verfasst die Arresturkunde, indem er auf dem Arrestbefehl die Vornahme des Arrestes mit Angabe der Arrestgegenstände und ihrer Schätzung bescheinigt, und übermittelt dieselbe sofort dem Betreibungsamte.

[2] Das Betreibungsamt stellt dem Gläubiger und dem Schuldner sofort eine Abschrift der Arresturkunde zu und benachrichtigt Dritte, die durch den Arrest in ihren Rechten betroffen werden.[1]

Verweise

Abs. 1: *SchKG 274 (Arrestbefehl); SchKG 275 (Arrestvollzug); SchKG 271 Abs. 1, 272 Abs. 1 Ziff. 3 (Arrestgegenstände); SchKG 97 Abs. 1 (Schätzung); SchKG 112–115 (Pfändungsurkunde).*

Abs. 2: *SchKG 64–66 (Zustellung).*

1 Arresturkunde und Zahlungsbefehl müssen durch das **Betreibungsamt** zugestellt werden; private Zustellung ist nicht wirksam: BGE 68 III 10 E. 4.

2 Bei der Zustellung einer Arresturkunde und des zur Arrestprosequierung erwirkten Zahlungsbefehls hat sich das Betreibungsamt an die auf dem Arrestbefehl **vermerkte Adresse** zu halten: BGE 109 III 97 E. 1.

3 **Unmöglichkeit** der Zustellung macht den Arrest nicht ohne Weiteres hinfällig: BGE 68 III 10 E. 4.

4 Die **Verweigerung der Arrestbewilligung** wird dem Arrestschuldner nicht mitgeteilt: BGer v. 02.02.2011, 5A_712/2010 E. 1.4.

5 Wenn der **Dritte** beim Arrestvollzug nicht anwesend und nicht vertreten ist, beginnt die Frist zur Einreichung der Arresteinsprache **ab Benachrichtigung des Dritten** gem. SchKG 276 Abs. 2 (Zustellung der Arresturkunde): BGer v. 29.06.2011, 5A_789/2010 E. 5.2.

6 Mit Zustellung der Arresturkunde beginnt die **Frist** zur Anhebung der Arresteinsprache zu laufen: BGer v. 29.06.2011, 5A_789/2010 E. 2; BGE 135 III 232 E. 2; BGer v. 28.11.2000, 5P.380/2000 E. 3. Die kantonale Praxis, wonach die Frist für die Einsprache gegen den Arrestbefehl für den beim Arrestvollzug anwesenden oder vertretenen Arrestschuldner mit dem

---

1   Fassung gemäss Ziff. I des BG vom 16. Dez. 1994, in Kraft seit 1. Jan. 1997 (AS 1995 1227; BBl 1991 III 1).

Vollzug des Arrestes beginnt, ist willkürlich. Daran ändert nichts, dass dem anwesenden oder vertretenen Schuldner Einsicht in die Arrestakten, insbesondere in den Arrestbefehl, gewährt worden ist: BGE 135 III 232 E. 2.

Art. 277   G. Sicherheitsleistung des Schuldners

1 Die Arrestgegenstände werden dem Schuldner zur freien Verfügung überlassen, sofern er Sicherheit leistet, dass im Falle der Pfändung oder der Konkurseröffnung die Arrestgegenstände oder an ihrer Stelle andere Vermögensstücke von gleichem Werte vorhanden sein werden. Die Sicherheit ist durch Hinterlegung, durch Solidarbürgschaft oder durch eine andere gleichwertige Sicherheit zu leisten.[1]

Verweise: SchKG 271 Abs. 1, 272 Abs. 1 Ziff. 3 (Arrestgegenstände); SchKG 279 (Arrestprosequierung); SchKG 89–115 (Pfändung); SchKG 171, 189 Abs. 1, 190–194 (Konkurseröffnung); OR 496 (Solidarbürgschaft).

1   Das **Ziel der Sicherheiten** gemäss SchKG 277 liegt darin, dass sowohl die Arrestgegenstände wie auch andere Vermögenswerte in der dem Arrest folgenden Pfändung mit Beschlag belegt werden können oder im Falle eines Konkurses in die Aktivmasse fallen werden: BGE 116 III 35 E. 3.b (Pra 81 [1992] Nr. 41); BGE 114 III 38 E. 2 (Pra 78 [1989] Nr. 65); BGE 108 III 101 E. 1.a (Pra 72 (1983) Nr. 18); BGE 106 III 130 E. 2; 82 III 126 E. 3.

2   Eine Sicherheitsleistung ist **nur nach vollzogenem Arrest** möglich: BGE 113 III 139 E. 5 (Pra 78 [1989] Nr. 117).

3   Voraussetzung der Sicherheitsleistung ist, dass der Arrest **rechtmässig** ist: BGE 112 III 47 E. 4.

4   **Bankgarantien** stellen Sicherheiten i.S.v. SchKG 277 dar: BGE 116 III 35 E. 4 (Pra 81 [1992] Nr. 41).

5   Ein für den Arrestgläubiger neben der Arrestforderung gegen den Schadenersatzschuldner bestehender **direkter Anspruch gegen einen Mitverpflichteten** (hier ein Anspruch gegen den Haftpflichtversicherer) bildet keine Sicherheit: BGE 78 III 140, 145.

6   Die Person, welche die Solidarbürgschaft gemäss SchKG 277 leistet, wird **nicht Schuldner** des Arrestgläubigers. Die aus der Solidarbürgschaft sich ergebende Forderung gehört daher nicht zum Vermögen des Arrestgläubigers und kann nicht zu dessen Lasten gepfändet oder mit Arrest belegt werden: BGE 106 III 130 E. 3.

7   Der Grundsatz der Sicherheitsleistungen gilt auch für **unbewegliche Güter**. Der Arrestschuldner kann beantragen, dass eine im Grundbuch eingetragene Einschränkung der Verfügungsmacht über eine Liegenschaft gelöscht wird: BGE 116 III 35 E. 3.a und c (Pra 81 [1992] Nr. 41).

---

[1]   Fassung des Satzes gemäss Ziff. I des BG vom 16. Dez. 1994, in Kraft seit 1. Jan. 1997 (AS 1995 1227; BBl 1991 III 1).

8 Der Gläubiger, dem ein Arrest bewilligt worden ist, kann aber für eine andere Forderung als jene, für welche der Arrest verlangt wurde, auch die vom Arrestschuldner geleistete **Sicherheit arrestieren lassen**, sofern er nicht durch ungesetzliche oder unredliche Mittel Kenntnis von der Sicherheitsleistung erlangt hat: BGE 114 III 33 E. 2 und 3.

9 Wenn ein Arrest, bei dem eine Sicherheit geleistet wurde, hinfällig wird, sind auch die **Sicherheiten gegenstandslos** und dem Schuldner unverzüglich zurückzuerstatten; ein zweiter Arrest desselben Gläubigers mit Beschlagnahme der geleisteten Sicherheiten, die hätten zurückerstattet werden sollen und sich ohne rechtliche Grundlage noch in den Händen des Betreibungsbeamten befinden, verstösst gegen Treu und Glauben: BGE 108 III 101 E. 1.b.

10 Die Solidarbürgschaft von SchKG 277 muss besonders **stipuliert** werden und zwar zugunsten des Betreibungsamtes, nicht des Arrestgläubigers: BGE 78 III 140, 145.

Freigabe der Gegenstände

11 Die Freigabe der Arrestgegenstände gegen Sicherheitsleistung kann der Schuldner auch dann verlangen, wenn die Gegenstände sonst **amtlich verwahrt** werden müssten: BGE 82 III 119 E. 2.

12 Bei der Freigabe der verarrestierten Gegenstände ist auf allfällige **Rechte Dritter** Rücksicht zu nehmen: BGE 82 III 119 E. 4.

13 Sobald in der zur Arrestprosequierung eingeleiteten Betreibung die mit Arrest belegten **Gegenstände gepfändet** sind, fällt eine Freigabe nach SchKG 277 in jedem Fall ausser Betracht: BGE 129 III 391 E. 3; BGE 120 III 89 E. 4.b.

Höhe der Sicherheit

14 Sicherheiten müssen auf einen Betrag festgelegt werden, der demjenigen der **Forderung inkl. Zins** entspricht. Die Sicherheit wird aber nur im Betrag der Forderung einschliesslich deren Nebenrechte bestellt, auch wenn der mit Arrest belegte Gegenstand (hier ein Grundstück) einen höheren Wert aufweist: BGE 116 III 35 E. 5 (Pra 81 [1992] Nr. 41).

15 Die Sicherheit ist aufgrund einer **amtlichen Schätzung** der Gegenstände zu bemessen. Konnte die amtliche Schätzung der arrestierten Gegenstände bei Arrestvollzug nicht genau festgestellt werden, so hat eine neue Bewertung zu erfolgen: BGE 82 III 119 E. 3.

16 Wenn der Wert der Arrestgegenstände **unbekannt** ist, so entspricht der Höchstbetrag für die Sicherheitsleistung gemäss SchKG 277 demjenigen Betrag, auf den das Betreibungsamt die Arrestforderung nebst Nebenrechten geschätzt hat: BGE 114 III 38 E. 2 (Pra 78 [1989] Nr. 65).

Art. 278[1] H. Einsprache gegen den Arrestbefehl

1 Wer durch einen Arrest in seinen Rechten betroffen ist, kann innert zehn Tagen, nachdem er von dessen Anordnung Kenntnis erhalten hat, beim Gericht Einsprache erheben.

1 Fassung gemäss Art. 3 Ziff. 2 des BB vom 11. Dez. 2009 (Genehmigung und Umsetzung des Lugano-Übereink.), in Kraft seit 1. Jan. 2011 (AS 2010 5601; BBl 2009 1777).

² Das Gericht gibt den Beteiligten Gelegenheit zur Stellungnahme und entscheidet ohne Verzug.

³ Der Einspracheentscheid kann mit Beschwerde nach der ZPO[1] angefochten werden. Vor der Rechtsmittelinstanz können neue Tatsachen geltend gemacht werden.

⁴ Einsprache und Beschwerde hemmen die Wirkung des Arrestes nicht.

Verweise: SchKG 56–63, ZPO 142 ff. (Fristberechnung → Nr. 25).
Abs. 1: SchKG 272 (Arrestbewilligung).
Abs: 3: ZPO 308–318 (Berufung); ZPO 319–327 (Beschwerde).

Allgemeines

1. Die Einsprache gemäss dieser Bestimmung ersetzt (mit weiterem Anwendungsbereich) die vor der Revision von 1994 in aSchKG 279 geregelte **Arrestaufhebungsklage**.

2. Der Weiterziehungsentscheid nach SchKG 278 Abs. 3 beschlägt ausschliesslich das betreffende Arrestverfahren und befindet ebenso wenig wie der Arrest selbst endgültig über Bestand und Fälligkeit der Arrestforderung. Er gilt damit wie der Arrestentscheid als **vorsorgliche Massnahme** i.S.v. BGG 98 (→ Nr. 26): BGer v. 28.11.2011, 5A_614/2011 E. 1; BGer v. 19.07.2011, 5A_261/2011 E. 1.2; BGE 135 III 232 E. 1.2; BGer v. 07.08.2007, 5A_218/2007 E. 3.2.

3. Die materielle Beurteilung eines Anspruchs erfolgt nicht im Verfahren der Arresteinsprache, sondern im **Arrestprosequierungsverfahren**: BGer v. 20.01.2011, 5A_501/2010 E. 2.3.3.

4. Die **Auskunftspflicht des Dritten**, der Gewahrsam an Arrestgegenständen ausübt, beginnt mit unbenütztem Ablauf der Einsprachefrist bzw. mit Eintritt der Rechtskraft des Einspracheentscheids: BGer v. 17.01.2011, 5A_672/2010 E. 3.1; BGer v. 12.01.2010, 5A_761/2009 E. 3; BGE 131 III 660 E. 4.4; BGE 125 III 391 E. 2.b und c.

5. Die obere Instanz hat die **gleiche Kognition** wie der Einsprachrichter. Die Rechtsmittelinstanz überprüft den Einspracheentscheid sowohl in tatsächlicher, als auch in rechtlicher Hinsicht frei: BGer v. 15.03.2011, 5A_870/2010 E. 3.2; BGer v. 20.01.2011, 5A_501/2010 E. 2.2; BGer v. 09.08.2010, 5A_306/2010 E. 4.3; BGer v. 23.04.2009, 5A_161/2009 E. 4.4.

6. **Prozessgegenstand** des Arresteinspracheverfahrens sind, nebst den üblichen Eintretensvoraussetzungen, die Arrestvoraussetzungen nach SchKG 272. Der Einsprecher kann nur rügen, der Arrestgläubiger habe nicht glaubhaft gemacht, dass die behauptete Forderung besteht (SchKG 272 Abs. 1 Ziff. 1), dass ein Arrestgrund vorliegt (SchKG 272 Abs. 1 Ziff. 2) oder dass Vermögensgegenstände vorhanden sind, die dem Schuldner gehören (SchKG 272 Abs. 1 Ziff. 3). Bestreitet der Schuldner, Eigentümer mit Arrestbeschlag versehener Vermögensgegenstände zu sein, so erfolgt die Abklärung der tatsächlichen Eigentumsverhältnisse im Widerspruchsverfahren (SchKG 275 i.V.m. 106–109). Dieselben Grundsätze gelten sinngemäss für das Weiterziehungsverfahren i.S.v. SchKG 278 Abs. 3: BGer v. 11.11.2010, 5A_697/2010 E. 3.

---

1 SR 272

7   Im Einspracheverfahren kann insb. überprüft werden:
    – ob einem angeblich vollstreckbaren gerichtlichen Urteil die Qualität eines **definitiven Rechtsöffnungstitels** zukommt: BGer v. 11.10.2010, 5A_409/2010 E. 3.2;
    – die **Verpflichtung zur Sicherheitsleistung**: BGE 126 III 485 E. 2.a.aa (Pra 90 [2001] Nr. 86);
    – ob das Betreibungsamt **Druck** ausgeübt habe: BGer v. 22.09.2011, 5A_330/2011 E. 3.4;
    – den **offenbaren Missbrauch** eines Rechtes (ZGB 2 Abs. 2): BGer v. 09.08.2010, 5A_306/2010 E. 8.1;
    – das **Eigentum oder die Inhaberschaft** an den zu arrestierenden Gegenständen: BGE 136 III 379 E. 3.1; BGer v. 06.05.2009, 5A_697/2008 E. 2.3; BGer v. 29.08.2008, 5A_483/2008 E. 5.2; BGE 129 III 203 E. 2.2. Im Einspracheverfahren wird aber nicht über die rechtliche Zugehörigkeit der Arrestobjekte zum Schuldnervermögen entschieden, sondern geprüft, ob der Arrestrichter das Vorhandensein von Vermögensgegenständen, die dem Arrestschuldner gehören, als glaubhaft gemacht erachten darf: BGer v. 10.09.2009, 5A_225/2009 E. 4.1;
    – die **Zwangsvollstreckungsimmunität**: BGE 135 III 608 E. 4.1 (Pra 99 [2010] Nr. 63);
    – die **Grundvoraussetzungen des Arrestes**, insb. ob Vermögenswerte, die dem Schuldner gehören, existieren: BGer v. 29.08.2008, 5A_483/2008 E. 5.3;
    – ob ein **Durchgriffstatbestand** vorliegt: BGer v. 20.04.2007, 5P_1/2007 E. 3.2;
    – ob ein **Sucharrest** vorliegt: BGer v. 24.11.2011, 5A_812/2010 E. 3.2.2; BGE 125 III 391 E. 2.d.cc.

Legitimation

8   Legitimation des **Arrestgläubigers**: Wird der Arrest nicht bewilligt, kann der Arrestgläubiger keine Einsprache erheben, da sich aus dem Gesetzeswortlaut klar ergibt, dass die Einsprache nur in Fällen der Arrestbewilligung vorgesehen ist: BGE 126 III 485 E. 2.a.aa (Pra 90 [2001] Nr. 86). Wird der Arrest nicht bewilligt, ist Beschwerde nach ZPO 319 ff. (→ Nr. 25) möglich.

9   Der **Dritte**, der eigene Rechte am Arrestobjekt geltend macht, ist zur Einsprache legitimiert: BGer v. 24.11.2011, 5A_812/2010 E. 3.2.1; BGer v. 02.06.2010, 5A_871/2009 E. 2; BGE 103 III 86 E. 1. Dies galt bereits in der Praxis zur Legitimation des Drittansprechers der Arrestobjekte zur Beschwerde gegen den Arrestvollzug: BGE 103 III 86 E. 1.

Einsprachefrist

10 Die Frist zur Einreichung der Arresteinsprache beginnt für den **Arrestschuldner** – egal ob er am Arrestvollzug anwesend war oder nicht – im Zeitpunkt der Zustellung der Arresturkunde. BGE 135 III 232 E. 2.4; BGer v. 28.11.2000, 5P.380/2000 E. 3. Erst mit der gesetzlich vorgesehenen Zustellung ist mit Sicherheit erstellt, dass der Betroffene über den Inhalt des Arrestbefehls, den genauen Umfang des Arrestes und über das Rechtsmittel gegen dessen Anordnung informiert ist und mit der nötigen Kenntnis der Sachlage Einsprache erheben kann. Die kantonale Praxis, wonach die Frist für die Einsprache gegen den Arrestbefehl für den beim Arrestvollzug anwesenden oder vertretenen **Schuldner** mit dem Vollzug des Arrestes be-

ginnt, ist willkürlich. Daran ändert nichts, dass dem anwesenden oder vertretenen Schuldner Einsicht in die Arrestakten, insbesondere in den Arrestbefehl, gewährt worden ist: BGE 135 III 232 E. 2.4.

11 Ist der **Dritte** beim Arrestvollzug nicht anwesend, beginnt die Frist zur Arresteinsprache ab Zustellung des Arresturkunde nach SchKG 276 Abs. 2: BGer v. 29.06.2011, 5A_789/2010 E. 5.2.

Noven

12 Der **Vorbehalt in ZPO 326 Abs. 2** (→ Nr. 25), wonach besondere Bestimmungen des Gesetzes betreffend Noven vorbehalten bleiben, bezieht sich insb. auf die Arresteinsprache nach SchKG 278 Abs. 3: BGer v. 27.09.2011, 5A_405/2011 E. 4.5.3.

13 Im Arresteinspracheverfahren können von Bundesrechts wegen **nur echte Noven** bis vor der oberen kantonalen Gerichtsinstanz geltend gemacht werden. Das Bundesgericht ist jedoch an den vorinstanzlich festgestellten Sachverhalt gebunden: BGer v. 11.10.2010, 5A_409/2010 E. 1.3; BGer v. 17.11.2005, 5P.296/2005 E. 4.2.1.

14 Die Novenregelung nach Abs. 3 muss **ebenfalls für das Einspracheverfahren** nach Abs. 1 gelten. Wenn sich während des Verfahrens neue Tatsachen ergeben, müssen diese berücksichtigt werden: BGer v. 12.08.2008, 5A_364/2008 E. 4.1.1.

15 **Nach Ablauf der Weiterziehungsfrist** gem. SchKG 278 Abs. 3 sind die oberen Gerichtsinstanzen von Bundesrechts wegen nicht verpflichtet, Eingaben mit neuen Tatsachen zuzulassen: BGer v. 09.08.2010, 5A_306/2010 E. 3.2.3.

16 Im **bundesgerichtlichen Verfahren** richtet sich die Zulässigkeit von Noven nach BGG 99 (→ Nr. 26). Danach dürfen Noven nur soweit vorgebracht werden, als erst der Entscheid der Vorinstanz dazu Anlass gibt: BGE 133 III 393 E. 3.

Art. 279[1] I. Arrestprosequierung

¹ Hat der Gläubiger nicht schon vor der Bewilligung des Arrestes Betreibung eingeleitet oder Klage eingereicht, so muss er dies innert zehn Tagen nach Zustellung der Arresturkunde tun.

² Erhebt der Schuldner Rechtsvorschlag, so muss der Gläubiger innert zehn Tagen, nachdem ihm das Gläubigerdoppel des Zahlungsbefehls zugestellt worden ist, Rechtsöffnung verlangen oder Klage auf Anerkennung seiner Forderung einreichen. Wird er im Rechtsöffnungsverfahren abgewiesen, so muss er die Klage innert zehn Tagen nach Eröffnung des Entscheids[2] einreichen.[3]

---

1   Fassung gemäss Ziff. I des BG vom 16. Dez. 1994, in Kraft seit 1. Jan. 1997 (AS 1995 1227; BBl 1991 III 1).
2   Berichtigt von der Redaktionskommission der BVers (Art. 58 Abs. 1 ParlG; SR 171.10).
3   Fassung gemäss Art. 3 Ziff. 2 des BB vom 11. Dez. 2009 (Genehmigung und Umsetzung des Lugano-Übereink.), in Kraft seit 1. Jan. 2011 (AS 2010 5601; BBl 2009 1777).

³ Hat der Schuldner keinen Rechtsvorschlag erhoben, so muss der Gläubiger innert 20 Tagen, nachdem ihm das Gläubigerdoppel des Zahlungsbefehls zugestellt worden ist, das Fortsetzungsbegehren stellen. Wird der Rechtsvorschlag nachträglich beseitigt, so beginnt die Frist mit der rechtskräftigen Beseitigung des Rechtsvorschlags. Die Betreibung wird, je nach der Person des Schuldners, auf dem Weg der Pfändung oder des Konkurses fortgesetzt.[1]

⁴ Hat der Gläubiger seine Forderung ohne vorgängige Betreibung gerichtlich eingeklagt, so muss er die Betreibung innert zehn Tagen nach Eröffnung des Entscheids einleiten.

⁵ Die Fristen dieses Artikels laufen nicht:
1. während des Einspracheverfahrens und bei Weiterziehung des Einsprachenentscheides;
2. während des Verfahrens auf Vollstreckbarerklärung nach dem Übereinkommen vom 30. Oktober 2007[2] über die gerichtliche Zuständigkeit und die Anerkennung und Vollstreckung von Entscheidungen in Zivil- und Handelssachen und bei Weiterziehung des Entscheides über die Vollstreckbarerklärung.

Verweise: SchKG 67 (Betreibungsbegehren); SchKG 31–33, SchKG 56–63, ZPO 142 ff. (Fristberechnung →Nr. 25); SchKG 74–78 (Rechtsvorschlag); SchKG 69–73 (Zahlungsbefehl); SchKG 80–84 (Rechtsöffnung)

Abs. 1: SchKG 272 (Arrestbewilligung); SchKG 276 (Arresturkunde).

Abs. 3: SchKG 88 (Fortsetzungsbegehren); SchKG 42, 89–150 (Betreibung auf Pfändung); SchKG 39, 40, 41 Abs. 1, 43, 159 ff. (ordentliche Konkursbetreibung); SchKG 177–189 (Wechselbetreibung).

Abs. 5 Ziff. 1: SchKG 278 (Einsprache und Weiterziehung).

Abs. 5 Ziff. 2: LugÜ 39 Ziff. 1 Anhang II (→Nr. 40), SchKG 80 f. (Verfahren zur Vollstreckbarerklärung).

Bedeutung der Arrestprosequierungsklage

1 Die **materielle Beurteilung** eines Anspruchs erfolgt nicht im Verfahren der Arresteinsprache, sondern im Arrestprosequierungsverfahren: BGer v. 20.01.2011, 5A_501/2010 E. 2.3.3.

2 Die Arrestprosequierungsklage führt – als eine **rein materiellrechtliche Streitigkeit** – zu einem Urteil mit **voller materieller Rechtskraft**: BGE 133 III 386 E. 4.3.3.

3 Die Arrestprosequierungsklage steht mit dem Arrest inhaltlich in keinem Zusammenhang. Sie ist kein betreibungsrechtliches Zwischenverfahren, sondern eine **selbstständige Zivilklage**: BGE 95 II 204 E. 2; BGE 32 I 255 E. 1.

---

1   Fassung gemäss Art. 3 Ziff. 2 des BB vom 11. Dez. 2009 (Genehmigung und Umsetzung des Lugano-Überein.), in Kraft seit 1. Jan. 2011 (AS 2010 5601; BBl 2009 1777).
2   SR 0.275.12

4 Eine **vor der Bewilligung des Arrestes** angehobene Klage vermag den Arrest nur aufrechtzuerhalten, wenn sie die Arrestforderung betrifft: BGE 93 III 72 E. 2.a.

5 Eine **Feststellungsklage** kann für die Arrestprosequierung genügen, wenn mit ihr ein bereits vorhandenes Leistungsurteil in Bezug auf die Frage der Verjährung der urteilsmässigen Forderung ergänzt werden soll: BGE 65 III 49, 51 f.

6 Die Arrestprosequierungsklage, mit der um Zuspruch **verarrestierter Unterhaltsbeiträge** in der Höhe eines behaupteten, noch nicht nach ZGB 287 Abs. 1 genehmigten Unterhaltsvertrages ersucht wird, ist abzuweisen, weil aus einem solchen Vertrag nicht auf Erfüllung geklagt werden kann: BGE 126 III 49 E. 3.

7 Zur Arrestprosequierung ist nur eine Klage tauglich, die zu einem **Vollstreckungstitel** führt, d.h. sie muss auf die Zahlung einer Geldforderung gerichtet sein. Eine Klage, mit der die Herausgabe von Nachlassgegenständen verlangt wird, ist zur Arrestprosequierung nicht geeignet: BGE 106 III 92 E. 2.

8 Die Prosequierungsklage für eine **vom ausländischen Recht beherrschte und im Ausland zu erfüllende Forderung** kann nur gutgeheissen werden, wenn die Leistung nach dem zutreffenden ausländischen Rechte gefordert werden kann. Es gibt keinen vom ausländischen Anspruch auf Erfüllung unabhängigen schweizerischen Vollstreckungsanspruch: BGE 68 III 91, 93 f.

9 Wird durch Rechtsvorschlag nicht bloss die Forderung, sondern auch das **Vorhandensein neuen Vermögens** bestritten, so ist zur Prosequierung auf Feststellung neuen Vermögens zu klagen: BGE 93 III 67 E. 2.

10 Die Arrestprosequierungsklage **muss die Forderung betreffen**, für welche der Arrest bewilligt worden ist. Das Bundesrecht ermächtigt den Gläubiger nicht, mit dieser Klage auch andere Forderungen geltend zu machen: BGE 110 III 97 E. 2; BGE 93 III 72 E. 2.a.

11 Die **Rechtmässigkeit des Arrestes** kann im Arrestprosequierungsprozess nicht überprüft werden: BGE 85 II 359 E. 3.

Betreibungsort und Gerichtsstand

12 Der **Gerichtsstand** für die Arrestprosequierungsklage bestimmt sich nach ZPO (→ Nr. 25, früher nach kant. Recht: BGE 32 I 255 E. 1). Der **Vorbehalt** zugunsten des SchKG in ZPO 46 greift für die Arrestprosequierungsklage nicht. Gegenüber im Ausland wohnhaften Schuldnern gilt **IPRG 4** (→ Nr. 34, wobei eine Gerichtsstandsvereinbarung möglich ist: BGE 118 II 188 E. 3.a), soweit sie nicht in einem dem LugÜ angeschlossenen Staat domiziliert sind (LugÜ 3 Abs. 2 → Nr. 40).

13 Die Arrestprosequierung konnte früher nach Wahl des Gläubigers durch Betreibung am **schweizerischen Wohnort** des Schuldners oder am **Arrestort** erfolgen (heute bestimmt sich der Gerichtsstand nach der ZPO → Nr. 25): BGE 77 III 128 E. 2.

14 Zur Arrestprosequierung ist eine **Klage im Ausland** nur tauglich, wenn im Arrestkanton Urteile des ausländischen Staates grundsätzlich vollstreckbar sind; dann hat der Arrest bis zur Erledigung des Exequaturverfahrens in Kraft zu bleiben. Sind aber im Arrestkanton Urteile des ausländischen Staates von der Vollstreckung schlechtweg ausgeschlossen, so wird der Arrest durch die dortige Klage nicht prosequiert: BGE 114 II 183 E. 2.b und c; BGE 66 III 57 E. 2.

15 Das Bundesrecht sieht, vorbehältlich der Garantie des Wohnsitzrichters (BV 59), für die Prosequierung eines in der Schweiz erwirkten Arrestes **keinen zwingenden Gerichtsstand** am Arrestort vor und lässt auch die Beurteilung durch ein Schiedsgericht oder einen ausländischen Gerichtsstand zu, sofern das dort eingeleitete Verfahren zu einem in der Schweiz vollstreckbaren Urteil führen kann: BGE 114 II 183 E. 2.c; BGE 106 III 92 E. 2.a.

16 Die **Prosequierung durch Zahlungsbefehl** ist als Bestandteil eines Verfahrens um einstweiligen Rechtsschutz zu verstehen, wofür aLugÜ 24 (heute LugÜ 31 → Nr. 40) ausdrücklich einen Vorbehalt zugunsten des betreffenden Staates enthält. Der Erlass eines Zahlungsbefehls am Arrestort ist somit nach LugÜ nicht ausgeschlossen: BGE 120 III 92 E. 4.b (dies gilt auch unter dem revidierten LugÜ).

17 Wenn der Gläubiger nach aSchKG 278 vorgeht und am Arrestort klagt, so haben die Betreibungsbehörden den **gerichtlichen Entscheid über die Zuständigkeit** abzuwarten und sich daran zu halten (heute SchKG 279, wobei sich der Gerichtsstand nach der ZPO [→ Nr. 25] bestimmt): BGE 77 III 140, 143.

Vorgehen bei der Betreibung

18 Der Arrestgläubiger, welcher die Anerkennungsklage ohne vorgängige Betreibung eingeleitet hat, ist befugt, die **Betreibung vor der Mitteilung des Urteils** einzuleiten: BGer v. 13.11.2009, 5A_490/2009 E. 4.1; BGE 135 III 551 E. 2 (Pra 99 [2010] Nr. 54).

19 Für eine und dieselbe Forderung **zwei oder mehrere Betreibungen** nebeneinander zu führen, ist im Allgemeinen unzulässig. Dieses Verbot gilt bei der Arrestprosequierung aber nicht: BGE 88 III 59 E. 4.

20 Hat eine Arrestgläubigerin zwar nicht schon vor der Bewilligung des Arrestes, aber doch **vor der Zustellung der Arresturkunde** (SchKG 278 Abs. 1) für ihre im ganzen Umfang pfandversicherte, aber nur teilweise gedeckte Forderung, Betreibung auf Verwertung der Faustpfänder angehoben, braucht sie zur Aufrechterhaltung des Arrestes nicht mehr binnen zehn Tagen nach Zustellung der Arresturkunde eine neben jener Betreibung auf Faustpfandverwertung einhergehende gewöhnliche Betreibung anzuheben und daher auch nicht in dieser Betreibung binnen zehn Tagen Rechtsöffnung zu verlangen oder Klage anzustrengen, wenn die Schuldnerin Rechtsvorschlag erhebt: BGE 53 III 19 E. 3.

21 Zur **Prosequierung einer Steuerforderung** gestützt auf eine Steuerverfügung bedarf es nicht der gerichtlichen Klage, sondern nur der Betreibung binnen zehn Tagen nach Erledigung der Steuerstreitigkeit: BGE 50 III 87, 89 f.

22 Ein gestützt auf einen **Verlustschein** binnen 6 Monaten seit dessen Ausstellung erwirkter Arrest muss durch ein neues Betreibungsbegehren prosequiert werden: BGE 59 III 115, 116 f.

Fristen

23 Die Frist für die **Einreichung des Rechtsöffnungsgesuchs** läuft nicht ab dem Zeitpunkt der Rechtshängigkeit des ausländischen Urteils, sondern ab dessen Eröffnung: BGer v. 13.11.2009, 5A_490/2009 E. 4.2.

24 Der Gläubiger muss den Arrest innert zehn Tagen seit Erhalt der **Arresturkunde** prosequieren; ob der Schuldner diese Urkunde ebenfalls erhalten hat, ist nicht massgeblich: BGE 126 III 293, E. 1.

25 Ist für die zur Prosequierung des Arrestes anzuhebende Klage auf Anerkennung des Forderungsrechtes ein **Schiedsgericht** zuständig, dessen Mitglieder in der Schiedsklausel nicht bezeichnet sind, so hat der Betreibende innert zehn Tagen die für die Bezeichnung der Schiedsrichter notwendigen Vorkehren zu treffen, und sobald sich das Schiedsgericht konstituiert hat, innert weiteren zehn Tagen die Klage einzureichen: BGE 112 III 120 E. 2; BGE 101 III 58 E. 2.

26 **Kompetenzabgrenzung** zwischen Betreibungsbehörde und Gerichten: Das Urteil des Richters ist für die Betreibungsbehörden nur insoweit verbindlich, als es sich darum handelt, ob eine vom Gläubiger fristgerecht vorgenommene Prozesshandlung nach dem Prozessrecht geeignet sei, die Streithängigkeit der Klage auf Anerkennung der Forderung zu begründen. Dagegen ist von den Betreibungsbehörden zu beurteilen, ob die Prozesshandlung, die nach Auffassung des Richters die Streithängigkeit begründet, nach Massgabe des Vollstreckungsrechts rechtzeitig vorgenommen wurde: BGE 80 III 93, 95.

27 Die **Erläuterungen** auf der Rückseite des Formulars Nr. 4 «Begehren um Fortsetzung der Betreibung» enthalten blosse Ordnungsregeln und haben keine Gesetzeskraft. Sie können die Fristen von SchKG 279 Abs. 3 somit nicht verlängern: BGer v. 15.11.2007, 5A_435/2007 E. 2; BGE 126 III 479 E. 2.b; BGE 101 III 40 E. 1.

28 Mit Gutheissung der Arresteinsprache bzw. mit Abweisung der Arrestprosequierungsklage beginnt die **einjährige Verjährungsfrist für die Schadenersatzklage** gem. SchKG 273 zu laufen: BGE 64 III 107 E. 3.

Weitere Verfahrensabwicklung

29 Es steht einem Gläubiger frei, den Arrest **nur gegen einen von mehreren durch gemeinsamen Arrestbefehl belangten Schuldnern** auf Verwertung der diesem gehörenden Arrestgegenstände zu prosequieren: BGE 86 III 130, 133.

30 Ist ein Arrest dahingefallen, müssen die Betreibungsbehörden die Arrestgegenstände von Amtes wegen **freigeben**. Geschieht dies nicht, kann der Schuldner jederzeit verlangen, dass die Freigabe nachgeholt wird: BGE 106 III 92 E. 1.

31 Kann der im Ausland zwischen den gleichen Parteien hängige Prozess innerhalb angemessener Frist zu einem in der Schweiz anerkennbaren Urteil führen, ist das Verfahren zu sistieren: BGE 118 II 188 E. 3.b.

Art. 280[1] K. Dahinfallen

Der Arrest fällt dahin, wenn der Gläubiger:
1. die Fristen nach Artikel 279 nicht einhält;
2. die Klage oder die Betreibung zurückzieht oder erlöschen lässt; oder
3. mit seiner Klage vom Gericht endgültig abgewiesen wird.

1   Der Hinfall eines Arrestes ist von den **Betreibungsbehörden festzustellen**: BGE 93 III 67 E. 1; BGE 81 III 153 E. 2; BGE 66 III 57 E. 1.

2   **Massnahmen**, mit denen das Betreibungsamt ein mangels Prosequierung dahinfallendes Arrestverfahren weiterführt, sind nichtig: BGE 93 III 67 E. 3.

3   Ist ein die Klage abweisendes Urteil noch mit einem Rechtsmittel an die obere Instanz **anfechtbar**, liegt keine endgültige Abweisung der Klage vor. Der Arrest bleibt solange bestehen, bis endgültig über den Anspruch entschieden wurde: BGer v. 30.11.2007, 4A_394/2007 E. 2.

4   Ein Begehren des Gläubigers um **Einstellung des Rechtsöffnungsverfahrens** macht den Arrest nicht ohne Weiteres hinfällig. Solche Einstellung kann aus Gründen des Betreibungsverfahrens geboten sein. Nur der nachlässige oder arglistig handelnde Gläubiger setzt sich der Verwirkung der durch den Arrest begründeten Rechte aus: BGE 67 III 154, 156 ff.

5   Der Arrest fällt ohne Weiteres dahin, wenn die anhaltende Prosequierung unterbleibt oder wenn dem Gläubiger **die Vollstreckung definitiv versagt wird**; das Letztere ist der Fall, wenn im Beschwerdeverfahren die Pfändbarkeit des Arrestsubstrates verneint wird: BGer v. 19.09.2007, 5A_306/2007 E. 4.2.1.

Art. 281   L. Provisorischer Pfändungsanschluss

1 Werden nach Ausstellung des Arrestbefehls die Arrestgegenstände von einem andern Gläubiger gepfändet, bevor der Arrestgläubiger selber das Pfändungsbegehren stellen kann, so nimmt der letztere von Rechtes wegen provisorisch an der Pfändung teil.

2 Der Gläubiger kann die vom Arreste herrührenden Kosten aus dem Erlöse der Arrestgegenstände vorwegnehmen.

3 Im Übrigen begründet der Arrest kein Vorzugsrecht.

Verweise: SchKG 271 Abs. 1, 272 Abs. 1 Ziff. 3 (Arrestgegenstände).

Abs. 1: SchKG 274 (Arrestbefehl); SchKG 89–115 (Pfändung); SchKG 88 (Pfändungsbegehren); SchKG 110–111 (Pfändungsanschluss).

---

1   Fassung gemäss Ziff. I des BG vom 16. Dez. 1994, in Kraft seit 1. Jan. 1997 (AS 1995 1227; BBl 1991 III 1).

Zu Abs. 1

1. Diese Gesetzesbestimmung über die provisorische Pfändungsteilnahme des Arrestgläubigers ist nur anwendbar, wenn nach Ausstellung des Arrestbefehls **ein anderer Gläubiger als erster** ein Pfändungsbegehren stellt: BGE 113 III 34 E. 1.b.

2. Die Arrestnahme als solche verleiht dem Arrestgläubiger keinen Anspruch auf Teilnahme an einer bereits **vor der Arrestnahme erfolgten Pfändung**: BGE 113 III 34 E. 1.b; BGE 101 III 78 E. 2; BGE 55 III 89, 91 f.; BGE 48 III 155, 156 f.; BGE 47 III 6 E. 3.

3. Sofern der Arrestgläubiger in der Lage ist, die Fortsetzung der Betreibung innerhalb der Frist des SchKG 110 zu beantragen, kann die **Spezialbestimmung von SchKG 281** nicht mehr zur Anwendung gelangen: BGE 119 III 93 E. 2; BGE 116 III 42 E. 4 (Pra 81 [1992] Nr. 189); BGE 101 III 86 E. 1.

4. Der Arrestgläubiger braucht die provisorische Teilnahme an der Pfändung nicht einmal selbst zu verlangen. Es genügt, wenn der Arrestgläubiger **innerhalb von zehn Tagen** (heute innerhalb von 20 Tagen; SchKG 279 Abs. 3) nach dem Endentscheid über definitive Rechtsöffnung, oder nach Ergang eines rechtskräftigen Urteils, **um definitive Pfändung nachsucht**, sofern er von der Teilnahme profitieren will: BGE 116 III 42 E. 2.a (Pra 81 [1992] Nr. 189).

5. Die nach SchKG 281 Abs. 1 erlangte provisorische Teilnahme an einer **Pfändung fällt jedoch dahin**, wenn der Arrestgläubiger die Pfändung nicht binnen zehn Tagen (heute binnen 20 Tagen; SchKG 279 Abs. 3) verlangt, seitdem er dazu – wegen Unterbleibens eines Rechtsvorschlages oder kraft definitiver Rechtsöffnung oder eines vollstreckbaren Urteils – in die Lage gekommen ist: BGE 92 III 9 E. 1 und 2.

6. Die Frage, ob und inwieweit jemand an einer Zwangsvollstreckung teilnimmt, hat stets **Gegenstand einer Entscheidung** der mit der Vollstreckung betrauten Behörde zu sein. Das gilt neben SchKG 110 auch für SchKG 281. Das Amt muss die Anwendbarkeit dieser Bestimmung prüfen und hat eine Entscheidung i.S.v. SchKG 112 Abs. 2 zu fällen: BGE 116 III 42 E. 3.a (Pra 81 [1992] Nr. 189).

7. Ein Begehren ist auch dann notwendig, wenn sich an den Arrest ein **Widerspruchsverfahren** angeschlossen hat: BGE 37 I 445 E. 2.

8. Damit das Teilnahmerecht wirksam ausgeübt werden kann, darf die **Verteilung des Erlöses** erst dann zum Abschluss gebracht werden, wenn der Prozess über die Rechtsbeständigkeit des Arrests oder über die Forderung selbst beendet ist (heute das Einspracheverfahren). Ohne Belang ist dabei, dass das Verwertungsbegehren nach Ablauf der Teilnahmefrist von SchKG 110 gestellt worden ist: BGE 116 III 42 E. 2.c (Pra 81 [1992] Nr. 189).

9. Wenn das Gesetz nach SchKG 281 den Arrestgläubiger provisorisch an der Pfändung teilnehmen lässt, so darf daraus nicht geschlossen werden, der Arrestgläubiger nehme, wenn beim Arrestvollzug die **wahren Verdienstverhältnisse** des Schuldners entdeckt werden, an einer lange vor Ausstellung des Arrestbefehls vollzogenen und aufgrund dieser Entdeckung revidierten Lohnpfändung teil: BGE 93 III 33 E. 2.

10. Stehen **zwei Arreste zueinander in Konkurrenz**, ist die vom zweiten Gläubiger erwirkte Beschlagnahme nicht – i.S. einer analogen Anwendung von SchKG 110 Abs. 3 – auf den Teil der bereits ein erstes Mal arrestierten Vermögenswerte beschränkt, der nach einer

Befriedigung des ersten Gläubigers noch übrig bleiben würde. Dieser hat keine Vorzugsstellung, solange er nicht die Pfändung erwirkt hat. BGE 116 III 111 E. 4.

Zu Abs. 2

11 Das Vorrecht des SchKG 281 Abs. 2 gilt nur für die **Kosten der Arrestbewilligung und des Arrestvollzuges**, nicht auch für die Kosten der anschliessenden Betreibung und eines Rechtsöffnungsverfahrens: BGE 90 III 36 E. 2. Davon zu unterscheiden sind die Kosten nach SchKG 97 Abs. 2 i.V.m. 275: BGE 73 III 133, 135.

Zu Abs. 3

12 Wenn der Arrest durch die Konkurseröffnung über den Arrestschuldner abgelöst wird, **fällt das Arrestgut in die Konkursmasse** und der Arrestgläubiger hat keinerlei Vollzugsrechte: SchKG 199 Abs. 1.

Neunter Titel: Besondere Bestimmungen über Miete und Pacht

Art. 282[1]

Art. 283 Retentionsverzeichnis

[1] Vermieter und Verpächter von Geschäftsräumen können, auch wenn die Betreibung nicht angehoben ist, zur einstweiligen Wahrung ihres Retentionsrechtes (Art. 268 ff. und 299c OR[2]) die Hilfe des Betreibungsamtes in Anspruch nehmen.[3]

[2] Ist Gefahr im Verzuge, so kann die Hilfe der Polizei oder der Gemeindebehörde nachgesucht werden.

[3] Das Betreibungsamt nimmt ein Verzeichnis der dem Retentionsrecht unterliegenden Gegenstände auf und setzt dem Gläubiger eine Frist zur Anhebung der Betreibung auf Pfandverwertung an.

Verweise: SchKG 67 (Betreibungsbegehren).
Abs. 3: *SchKG 151–158 (Betreibung auf Pfandverwertung).*

Allgemeines

1 Die **Gebühren** für die Aufnahme des Retentionsverzeichnisses bemessen sich nach GebV SchKG 21 i.V.m. 20 (→ Nr. 7).

2 Die **Verpfändung der retinierten Gegenstände** an zwei Gläubiger bildet kein Retentionshindernis: BGer v. 13.01.2011, 5A_1/2011.

3 Ist über bewegliche Sachen, die dem Retentionsrecht unterliegen, ein Retentionsverzeichnis aufgenommen worden und hat das Betreibungsamt sie in Verwahrung genommen, so kann **trotz Nichtigerklärung** der nachfolgenden Betreibung und des Verzeichnisses selbst das Retentionsrecht an den Sachen oder an deren Erlös **weiterbestehen**, solange sie in der Verfügungsgewalt des Betreibungsamts verbleiben: BGE 72 II 364 E. 4.

4 Wird die Retentionsurkunde auch erst **unmittelbar nach der Zustellung des zugehörigen Zahlungsbefehles** aufgenommen, so hat dies nicht deren Nichtigkeit zur Folge: BGE 57 III 57, 58 ff.

5 **ZGB 2** gilt auch im Betreibungsverfahren. Die Aufsichtsbehörde ist befugt, jederzeit die Rechtsmissbräuchlichkeit einer Handlung festzustellen: BGE 105 III 80 E. 2.

---

1 Aufgehoben durch Ziff. II Art. 3 des BG vom 15. Dez. 1989 über die Änderung des OR (Miete und Pacht) (AS 1990 802, SchlB zu den Tit. VIII und VIIIbis; BBl 1985 I 1389).
2 SR 220
3 Bereinigt gemäss Ziff. II Art. 3 des BG vom 15. Dez. 1989 über die Änderung des OR (Miete und Pacht), in Kraft seit 1. Juli 1990 (AS 1990 802; BBl 1985 I 1389, SchlB zu den Tit. VIII und VIIIbis).

6 Sind die Gegenstände, wofür die Retention verlangt wird, **vor dem 01.07.1990** in die vermieteten Räume eingebracht worden, so muss das Retentionsrecht für die Forderungen von Wohnungsmietzins, die vor dem Inkrafttreten des revidierten Miet- und Pachtrechts fällig geworden sind, als entstanden betrachtet und nach dem Vertrauensprinzip geschützt werden. Es bleiben, nach dem in Schlusstitel ZGB 1 verankerten Grundsatz der Nichtrückwirkung, das vor diesem Zeitpunkt geltende Obligationenrecht und das entsprechende Schuldbetreibungs- und Konkursrecht (aSchKG 283) anwendbar: BGE 116 III 120 E. 3.e.

7 Die **Schutzwirkung** des Verzeichnisses besteht darin, dass der Schuldner die aufgezeichneten Gegenstände zwar gebrauchen, nicht aber über sie verfügen darf, sofern er nicht als Ersatz anderweitig Sicherheit leistet: BGE 121 IV 353 E. 2.b.

8 Der Schuldner hat gegenüber seinen Gläubigern, hier der Vermieterin von Geschäftsräumen, **keine Garantenstellung**. Das Verbot, über die aufgezeichneten Gegenstände zu verfügen, schafft keine besondere Obhuts- oder Sorgepflicht und keine gesteigerte Verantwortung des Schuldners gegenüber dem Gläubiger. Sie genügt daher nicht zur Begründung einer strafrechtlich relevanten besonderen Pflicht, zum Schutz der Vermögensinteressen des Gläubigers tätig zu werden: BGE 121 IV 353 E. 2.b.

9 Die durch Retentionsrecht an den gepfändeten Sachen gesicherten Miet- und Pachtzinsforderungen (laufende sowie verfallene, gleichgültig ob für sie ein Retentionsverzeichnis aufgenommen wurde oder nicht) brauchen im Unterschied zu anderen dem betreibenden Gläubiger vorgehenden Pfandforderungen durch den Zuschlagspreis nicht gedeckt zu werden; **Ausnahme vom Deckungsprinzip** (SchKG 126): BGE 89 III 72 E. 1; BGE 65 III 6, 7 f.

10 Die **bewilligte Nachlassstundung** steht der Gutheissung des Begehrens um Aufnahme einer Retentionsurkunde grundsätzlich nicht entgegen. Das während hängiger Nachlassstundung gestellte Betreibungsbegehren ist vom Betreibungsamt zu protokollieren und gegebenenfalls nach dem Wegfall der Stundung zu vollziehen: BGE 129 III 395 E. 2.2.

11 Dem Begehren des **Zessionars einer Mietzinsforderung** um Aufnahme der Retentionsurkunde ist Folge zu geben: BGE 57 III 23 E. 1.

Kompetenz des Betreibungsamtes

12 Die Betreibungsbehörden dürfen bei der Erstellung der Retentionsurkunde den **Betrag der Mietzinsen und die Zeitabschnitte**, auf die sie sich beziehen, bestimmen: BGE 120 III 157 E. 2; BGE 103 III 40 E. 2.

13 Das Betreibungsamt darf die Retentionsvornahme aus **materiellrechtlichen Gründen nicht ablehnen**, ausser wenn das vom Vermieter beanspruchte Retentionsrecht unzweifelhaft nicht besteht: BGE 103 III 40 E. 1; BGE 97 III 43 E. 1; BGE 86 III 36 E. 2.

14 Wegen **vorausgegangener amtlicher Verwahrung** der retinierbaren Gegenständen darf das Betreibungsamt die Aufnahme eines Retentionsverzeichnisses nicht ablehnen, ebenso wenig wegen bereits **erfolgter Verwertung** dieser Gegenstände zugunsten von Pfändungsläubigern, solange der Erlös noch nicht verteilt ist: BGE 75 III 28 E. 1 und 2.

Retentionsberechtigte Forderung

15 **Voraussetzungen**:
- Für **Miet- und Pachtzins**: OR 268–268b und 299c.
- Die Retentionsurkunde für laufende Mietzinse darf nur für den **binnen eines halben Jahres** seit dem letzten Zinsverfall auflaufenden Zins aufgenommen werden. Das laufende Halbjahr i.S.v. OR 272 Abs. 1 beginnt unabhängig davon, ob der Zins prae- oder postnumerando zahlbar ist, mit dem letzten Zinstermin vor dem Retentionsbegehren: BGE 97 III 43 E. 3; BGE 60 III 8 E. 9 f.
- Zur **Sicherung des laufenden Halbjahreszinses** darf ein Retentionsverzeichnis nur aufgenommen werden, wenn der Vermieter das Bestehen einer **wirklichen und unmittelbaren Gefahr** für sein Recht glaubhaft macht: BGE 97 III 43 E. 2; BGE 83 III 112 E. 2.
- Für die Aufnahme eines Retentionsverzeichnisses zur Sicherung von künftigem (laufendem) Mietzins ist die **Gefährdung des Retentionsrechts** auch dann darzutun, wenn der genannte Zins unmittelbar an verfallenen Zins anschliesst, für den das gleiche Gesuch gestellt worden ist: BGE 129 III 395 E. 3.4.

16 Für die im Mietvertrag ausbedungene **Instandstellungsentschädigung** besteht ein Retentionsrecht. Die Aufnahme einer Retentionsurkunde für solche Forderungen darf nicht abgelehnt werden: BGE 80 III 128, 130 (anders noch BGE 72 III 36, 37 f.).

17 Für **mietzinsähnliche Forderungen**, die einem Mietzins näher verwandt sind als einem Schadenersatzanspruch, ist ein Retentionsrecht zu gewähren: BGE 63 II 368 E. 9.

18 Das Retentionsrecht beinhaltet auch die **Heizkostenbeiträge**: BGE 75 III 28 E. 3.

19 Das Retentionsrecht des Vermieters einer Hotelliegenschaft erstreckt sich auch auf das im Tank der Liegenschaft gelagerte **Heizöl**: BGE 109 III 42 E. 2 und 3.

Kein Retentionsrecht

20 Zur **Sicherung von Ersatzansprüchen** aus OR 269 oder von **Schadenersatzansprüchen** wegen Vertragsverletzung darf kein Retentionsverzeichnis aufgenommen werden: BGE 86 III 36 E. 2.

21 Für die im Mietvertrag vorgesehene **Sicherheitsleistung des Mieters** kann der Vermieter das Retentionsrecht nicht beanspruchen: BGE 111 II 71 E. 2.

22 Wurde beim Auszug des Mieters bereits eine **Faustpfändung von Möbeln** vorgenommen, erübrigt sich die Aufnahme eines Retentionsverzeichnisses: BGE 74 III 11, 12.

Umfang des Retentionsrechts / retinierbare Gegenstände

23 Die Regel von **SchKG 97 Abs. 2**, wonach nicht mehr gepfändet wird als nötig, um die pfändenden Gläubiger für ihre Forderungen samt Zinsen und Kosten zu befriedigen, gilt auch für die Aufnahme eines Retentionsverzeichnisses: BGE 108 III 122 E. 5 (Pra 71 [1982] Nr. 255); BGE 97 III 43 E. 4.

24 In das Retentionsverzeichnis zur Sicherung ausstehender Mietzinse sind **alle Gegenstände** aufzunehmen, die der Einrichtung oder Benutzung der gemieteten Räume dienen und zu die-

sen in räumlichem Zusammenhang stehen, insb. auch **Fahrzeuge auf dem Parkplatz** des Grundstücks. Eine Anweisung des Betreibungsamtes an Untermieter, künftige Untermietzinsen direkt an dieses zu bezahlen, ist dagegen nur zulässig, wenn das Verzeichnis auch Gegenstände der Untermieter umfasst: BGE 120 III 52 E. 8 (Pra 84 [1995] Nr. 43).

25 Der **räumliche Zusammenhang**, der zwischen der fraglichen Sache und dem Mietobjekt bestehen muss, darf nicht bloss zufälliger Natur sein; er muss eine gewisse Dauerhaftigkeit aufweisen, wobei er allerdings nicht notwendigerweise während der ganzen Mietdauer vorhanden zu sein braucht. Ob der Gegenstand zur Einrichtung oder Benutzung der gemieteten Räume gehört, beurteilt sich nach der Art der Räume und nach dem Gebrauch, den der Mieter davon macht: BGE 120 III 52 E. 8.a (Pra 84 [1995] Nr. 43); BGE 109 III 42 E. 2.

26 **Ausgeschlossen ist das Retentionsrecht** an Sachen, die durch die Gläubiger des Mieters nicht **gepfändet** werden können (OR 268): BGE 109 III 42 E. 3; BGE 82 III 77 E. 4.

27 Die **Betreibungsbehörde** ist befugt zu entscheiden, ob ein Gegenstand wegen Unpfändbarkeit nicht in die Retentionsurkunde aufgenommen werden kann: BGE 82 III 77 E. 2. Dabei ist grundsätzlich auf die Verhältnisse im Zeitpunkt der Entstehung des Retentionsrechtes abzustellen: BGE 83 III 31, 33 f.

28 Will der Schuldner die **Pfändbarkeit** der in der Retentionsurkunde verzeichneten Gegenstände bestreiten, so hat er **Beschwerde bei der Aufsichtsbehörde** einzureichen: BGE 90 III 99 E. 1; BGE 83 III 34, 36 ff. Bestreitet der Schuldner dagegen das Retentionsrecht nach **ZGB 895**, weil der retinierte Gegenstand nach SchKG 92 unpfändbar ist, so hat er dies durch **begründeten Rechtsvorschlag** (und nicht durch Beschwerde) zu tun: BGE 83 III 34, 35.

29 Will der Schuldner das **Retentionsrecht des Vermieters** bestreiten, so hat er Rechtsvorschlag zu erheben: BGE 90 III 99 E. 1.

Umfang des Retentionsrechts, wenn Gegenstände von Dritten beansprucht werden

30 Über Eigentumsrechte Dritter, welche aus einem Erwerb vor der Retentionsnahme hergeleitet werden, ist im **Widerspruchsverfahren** zu entscheiden: BGE 70 III 18 E. 2; BGE 69 III 65, 67 f.

31 Werden gewisse Gegenstände **von Dritten als Eigentum beansprucht**, so hat das Betreibungsamt trotzdem SchKG 97 zu beachten: BGE 108 III 122 E. 5 (Pra 71 [1982] Nr. 255).

32 Werden mehr Gegenstände retentiert als nach SchKG 79 Abs. 2 nötig, so kann auch der davon betroffene Dritteigentümer dagegen **Beschwerde** führen: BGE 70 III 18 E. 2; BGE 61 III 11, 13.

33 Der Dritteigentümer retinierter Gegenstände ist im Prozess gegen den retinierenden Gläubiger nicht auf die aus OR 273 sich ergebenden **Einreden** der Bösgläubigkeit des Vermieters und des unfreiwilligen Besitzesverlusts beschränkt, sondern er muss auch befugt sein, zu bestreiten, dass die in OR 272 niedergelegten Voraussetzungen für das Retentionsrecht des Vermieters (von deren Vorhandensein OR 273 ausgeht) erfüllt seien: BGE 70 II 226, 227.

34 Das **eigenmächtige Wegschaffen** retinierter Gegenstände durch Drittansprecher beeinträchtigt die Retentionsrechte der Gläubiger nicht; der gutgläubige Erwerb durch Dritte bleibt vorbehalten: BGE 69 III 65, 67 f.

35 Der Schuldner, der anlässlich der Aufnahme der Retentionsurkunde erklärt, dass die in die Urkunde aufgenommenen Gegenstände Dritten gehören, ist nicht befugt, die **Entlassung dieser Gegenstände aus dem Retentionsbeschlag** zu verlangen. Hierzu ist einzig der Drittansprecher legitimiert: BGE 106 III 28 E. 3.b.

36 Ist eine Retentionsurkunde gegenüber **mehreren Schuldnern** aufzunehmen, so ist die genaue Benennung jedes Schuldners und des auf jeden Einzelnen entfallenden Forderungsbetrages anzugeben. Ein gerichtliches Urteil oder ein Rechtsöffnungsentscheid ist mangels Ausscheidung der auf die einzelnen Schuldner entfallenden Beträge nicht vollziehbar: BGE 67 III 139, 140 ff.

37 Der Dritteigentümer kann einzelne Gegenstände gegen **hinreichende Sicherstellung herausverlangen**. Die Herausgabe der Gegenstände lässt das Retentionsrecht des Vermieters aber nicht erlöschen. Um die im Retentionsverzeichnis aufgeführten Gegenstände des Dritten durch Herausgabe wirksam vom Retentionsbeschlag zu befreien, müsste das Betreibungsamt nicht nur Zahlung des Schätzungswertes der betreffenden Möbel, sondern hinreichende Sicherstellung der ganzen in Betreibung stehenden Mietzinsforderung verlangen: BGE 66 III 79 E. 2.

Verfahren bei Aufnahme des Retentionsverzeichnisses

38 Die Aufnahme des Retentionsverzeichnisses ist dem Schuldner **nicht vorgängig anzukündigen**: BGE 93 III 20 E. 3.

39 **Sicherungsmassnahmen** dürfen (in analoger Anwendung von SchKG 98) im Falle der Aufnahme eines Retentionsverzeichnisses erst getroffen werden, wenn der in der Prosequierungsbetreibung allenfalls erhobene Rechtsvorschlag beseitigt ist: BGE 127 III 111 E. 3.b. Der Retentionsschuldner darf nicht mit **Kosten** für vorzeitige Sicherungsmassnahmen (hier angeordnetes Auswechseln von Türschlössern) belastet werden: BGE 127 III 111 E. 4.

40 Bei der Aufnahme eines Retentionsverzeichnisses ist **SchKG 97 Abs. 2** entsprechend anzuwenden: BGE 108 III 122 E. 5 (Pra 71 [1982] Nr. 255); BGE 97 III 43 E. 4; BGE 93 III 20 E. 4. Der Betreibungsbeamte hat einen **Sachverständigen beizuziehen**, wenn die Schätzung eines Gegenstandes Fachkenntnisse verlangt, die er nicht besitzt. Wegen Verletzung dieser Vorschrift ist nicht das Retentionsverzeichnis aufzuheben, sondern eine neue Schätzung durch einen Sachverständigen anzuordnen und das Betreibungsamt anzuweisen, den Umfang der Retention dieser neuen Schätzung anzupassen: BGE 93 III 20 E. 4.

41 Ein **Widerspruchsverfahren** nach SchKG 106 und 107 kann zwischen dem das Retentionsrecht des Vermieters ausübenden Gläubiger und dem Schuldner nicht stattfinden. Eine dennoch dem Gläubiger angesetzte Frist zur Anhebung einer solchen Klage ist jederzeit von Amtes wegen als nichtig zu betrachten: BGE 90 III 99 E. 2 und 3.

42 Die **vorzeitige Verwertung** von retinierten Gegenständen ist in analoger Anwendung von SchKG 124 Abs. 2 möglich: BGE 35 I 814 E. 1.

43 Die **amtliche Verwahrung** beeinträchtigt das Retentionsrecht des Vermieters in keiner Weise: BGE 75 III 28 E. 1; BGE 48 III 146, 147.

Hinterlegung

44 Der Schuldner kann die Verwertung der dem Retentionsrecht des Vermieters oder Verpächters unterliegenden Sachen durch **hinreichende Sicherstellung** abwenden. Kraft dieser Retention erwirbt der Gläubiger an der hinterlegten Geldsumme bzw. an dem ihr entsprechenden Guthaben ein Pfandrecht, das den gleichen Bedingungen und Untergangsgründen wie sein Retentionsrecht untersteht: BGE 121 III 93 E. 1 (Pra 85 [1996] Nr. 22); BGE 90 III 53 E. 1.

45 Der Betrag der Hinterlage muss die ganzen in Betreibung stehenden **Miet- oder Pachtzinsforderungen nebst Nebenforderungen** umfassen: BGE 90 III 53 E. 1.

46 Eine **gerichtliche Hinterlegung** ist nur dann als Retentions-Ersatzobjekt zu berücksichtigen, wenn sie vom Gericht als gültig anerkannt ist. Fehlt es noch an der richterlichen Bewilligung, so steht es dem Betreibungsamt nicht zu, gegen den Willen des Schuldners den bei der Gerichtskasse liegenden Barbetrag auch für den Fall, dass der Richter die Hinterlegung nicht zulässt, der Retention zu unterstellen und im Hinblick darauf zu sperren: BGE 90 III 53 E. 2 und 3.

47 Das **Depositum wird frei** und ist dem Hinterleger zurückzuerstatten, wenn der Vermieter die ihm in der Retentionsurkunde angesetzten Fristen nicht einhält: BGE 73 III 129, 131.

48 Der Fall, wo ein Pfand- oder Retentionsrecht mit einer **Vindikation** konkurriert, ist in **KOV 53** (→ Nr. 5) speziell geregelt: BGE 121 III 93 E. 1 (Pra 85 [1996] Nr. 22).

49 Die Betreibungsbehörden haben nicht nur darüber zu befinden, ob die angebotene Hinterlage als genügende Sicherheit entgegenzunehmen sei, sondern sie entscheiden auch über die **Wirkungen der Hinterlegung**: BGE 73 III 129, 131.

Frist

50 Wird gegenüber einem säumigen Mieter eine Retentionsurkunde aufgenommen, so setzt das Betreibungsamt dem Vermieter nach SchKG 283 Abs. 3 eine Frist zur Anhebung der Betreibung auf Pfandverwertung an. Nach dem Formular Nr. 40 ist die Betreibung für die verfallenen Mietzinsforderungen **innert 10 Tagen** seit der Zustellung der Retentionsurkunde, für die laufenden Forderungen **innert 10 Tagen** nach ihrer Fälligkeit anzuheben. Wird diese Frist nicht eingehalten, so erlischt die Wirkung der Retentionsurkunde: BGE 105 III 85 E. 2; BGE 66 III 6 E. 3.

51 Die **Retentionsurkunde fällt dahin** und das Retentionsrecht geht unter, wenn die Wirkungen der Aufnahme der Retentionsurkunde nach dem Willen des Gläubigers hinausgeschoben werden, indem die Zustellung der Urkunde an den Schuldner verzögert wird: BGE 106 III 28 E. 1.a.

Prosequierung mittels Betreibung auf Pfandverwertung

52 Das Retentionsrecht des Vermieters von Geschäftsräumen darf durch Betreibung auf Pfandverwertung nur **im Umfang der in der Retentionsurkunde** genannten Forderung prosequiert werden: BGE 120 III 157 E. 2.

53 Wird gegen die Betreibung Rechtsvorschlag erhoben, so hat der Gläubiger, bei Verlust des Retentionsbeschlages, **innert 10 Tagen Rechtsöffnung zu verlangen** oder **Klage auf Anerkennung des Forderungsrechts bzw. des Retentionsrechtes** anzuheben. Nach Abweisung im Rechtsöffnungsbegehren ist die ordentliche Klage innert 10 Tagen anzustrengen: KS BGer (SchKK) Nr. 24 vom 12.07.1909 (→ Nr. 16); BGE 71 III 15 E. 2.

54 Die nicht ausdrücklich **nur für die Forderung** erteilte provisorische Rechtsöffnung gilt auch als das **Retentionsrecht** betreffend, sodass es grundsätzlich Sache des Schuldners ist, in beiderlei Hinsicht auf Aberkennung zu klagen. Hält indessen das Betreibungsamt dafür, die Rechtsöffnung könne nach der Gerichtspraxis des in Frage stehenden Ortes nur die Forderung betreffen, so hat es dem Gläubiger eine angemessene Frist zur Klage auf Anerkennung des Retentionsrechtes zu setzen: BGE 102 III 145 E. 3.b; BGE 71 III 15 E. 2. Eine nachträgliche Klageergänzung ist dabei aber nicht möglich: BGE 76 III 21 E. 1 und 2.

55 Die Aufnahme der Retentionsurkunde und das Ausscheiden der Kompetenzstücke ist **Voraussetzung** für die Einleitung der Betreibung auf Pfandverwertung nach SchKG 283 Abs. 3: BGE 37 I 145 E. 1.

Art. 284 Rückschaffung von Gegenständen

Wurden Gegenstände heimlich oder gewaltsam fortgeschafft, so können dieselben in den ersten zehn Tagen nach der Fortschaffung mit Hilfe der Polizeigewalt in die vermieteten oder verpachteten Räumlichkeiten zurückgebracht werden. Rechte gutgläubiger Dritter bleiben vorbehalten. Über streitige Fälle entscheidet der Richter.[1]

Heimliches Fortschaffen

1 Die **Fortschaffung ist heimlich**, sobald sie **ohne Wissen des Vermieters** erfolgt und der Mieter nach den Umständen nicht in guten Treuen annehmen darf, jener würde sich ihr nicht widersetzen, wenn er darum wüsste: BGE 76 III 55 E. 2.

2 Die Wegschaffung der Möbel geschah **nicht «heimlich»**, wenn der Mieter in guten Treuen annehmen konnte, der im Hause weilende Vermieter nehme sie wahr und sei damit einverstanden: BGE 80 III 36 E. 2.

3 Heimliches Wegschaffen von Retentionsgegenständen durch den Mieter oder den Dritten liegt schon vor, wenn diese **nicht mit der Zustimmung des Vermieters rechnen** durften: BGE 101 II 91 E. 2.

Allgemeines

4 Die **Aufforderung des Betreibungsamtes** an den ausgezogenen Mieter, Sachen in die geräumte Wohnung zurückzubringen, ist eine **Verfügung**, welchen nach SchKG 17 mit Beschwerde angefochten werden kann: BGE 80 III 36 E. 1.

5 SchKG 284 ist nur auf Gegenstände anwendbar, die **vor Aufnahme des Retentionsverzeichnisses** fortgeschafft wurden: BGE 104 III 25 E. 1; BGE 97 III 77 E. 1.a.

6 Dass das **Heizöl**, welches ebenfalls retinierbar ist, nicht in die Retentionsurkunde aufgenommen wurde, ist in Bezug auf die Möglichkeit der Rückschaffung nach SchKG 284 ohne Bedeutung: BGE 109 III 42 E. 4.

---

1 Fassung gemäss Anhang 1 Ziff. II 17 der Zivilprozessordnung vom 19. Dez. 2008, in Kraft seit 1. Jan. 2011 (AS 2010 1739; BBl 2006 7221).

7 **Zuständig** ist das Betreibungsamt, in dessen Kreis sich die Gegenstände vor der Wegschaffung befanden: BGE 52 III 33 E. 2. Dieses Betreibungsamt ist auch wenn die Gegenstände nicht zurückgebracht werden zur Anordnung der Aufnahme des Retentionsverzeichnisses zuständig. Die Aufnahme der Retentionsurkunde wird dann aber **rechtshilfeweise** vom Amt am Ort der gelegenen Sachen vorgenommen: BGE 52 III 33 E. 3.

8 Werden die in das Retentionsverzeichnis aufgenommenen Gegenstände von einem **Dritten**, der daran das Eigentum beansprucht, aus den Mieträumen entfernt, so kann der Vermieter jederzeit ihre Rückverbringung verlangen, ohne dass die Voraussetzungen von **SchKG 284** erfüllt sein müssten: BGE 104 III 25 E. 1.

9 **Dritter, dessen Rechte** i.S.v. SchKG 284 vorbehalten sind, ist, wer sich auf ein erst **nach der Fortschaffung** begründetes Recht stützen kann, denn die vorher erworbenen gehen gemäss OR 273 grundsätzlich unbekümmert um den guten Glauben des Berechtigten dem Retentionsrecht des Vermieters nach: BGE 101 II 91 E. 3; BGE 71 III 75 E. 2.

10 Solange weggeschaffte Sachen sich **im Besitz eines Dritten** oder in **neu gemieteten Räumen** stehen und der Besitzer oder der neue Vermieter sich der Rückschaffung widersetzt, ist weder die Rückschaffung noch die Aufnahme eines Retentionsverzeichnisses zulässig, solange die **Klage** gegen den Besitzer oder den neuen Vermieter nicht zugesprochen ist. Das Retentionsverzeichnis ist erst aufzunehmen nach der Rückschaffung oder der als Ersatz dafür vorgenommenen Verwahrung durch das Betreibungsamt, allenfalls ein darum ersuchtes Betreibungsamt eines andern Ortes: BGE 68 III 3 E. 5 ff.; BGE 63 III 33 E. 1; BGE 41 III 111, 111 f. Auch die Frage der **Gutgläubigkeit** des Dritten ist vom Richter in diesem Verfahren zu beurteilen: BGE 63 III 33 E. 1.

11 Werden die **Rechte des Vermieters** durch den Mieter bestritten, müssen die Betreibungsbehörden, bevor sie über die Rückschaffung entscheiden, **summarisch prüfen,** ob der Vermieter ein Retentionsrecht an den weggeschafften Gegenständen besitzt. Diese Entscheidung stellt kein Präjudiz dar und kann den Gerichten unterbreitet werden: BGE 52 III 122, 126.

12 Der Dritte, der die heimlich weggeschafften Gegenstände **schuldhaft entäussert**, hat für den entstandenen Schaden Ersatz zu leisten: BGE 101 II 91 E. 4.

13 Unaufschiebbare Massnahmen zur Erhaltung von Vermögensgegenständen, wie dies bei der Rückschaffung der Fall ist, sind nach SchKG 56 auch **während eines Rechtsstillstandes** (hier befand sich der Mieter im Militärdienst) zulässig: BGE 40 III 374 E. 4.

14 Eine zur Abwendung der Rückschaffung **hinterlegte Geldsumme** kann, wenn Zahlungsbefehl und Retentionsrecht unangefochten bleiben, ohne weitere Förmlichkeiten zur Zahlung der Mietzinsforderung verwendet werden: BGE 83 III 135, 137.

Neunter Titel[bis]:[1] Besondere Bestimmungen bei Trustverhältnissen

Art. 284a A. Betreibung für Schulden eines Trustvermögens

[1] Haftet für die Schuld das Vermögen eines Trusts im Sinne von Kapitel 9a des Bundesgesetzes vom 18. Dezember 1987[2] über das Internationale Privatrecht (IPRG), so ist die Betreibung gegen einen Trustee als Vertreter des Trusts zu richten.

[2] Betreibungsort ist der Sitz des Trusts nach Artikel 21 Absatz 3 IPRG. Befindet sich der bezeichnete Ort der Verwaltung nicht in der Schweiz, so ist der Trust an dem Ort zu betreiben, an dem er tatsächlich verwaltet wird.

[3] Die Betreibung wird auf Konkurs fortgesetzt. Der Konkurs ist auf das Trustvermögen beschränkt.

Verweise

Abs. 1: *IPRG 149a (→ Nr. 34), HTÜ.*

Abs. 3: *SchKG 39, 40, 41 Abs. 1, 43, 159 ff. (ordentliche Konkursbetreibung).*

Keine Entscheidungen.

Art. 284b B. Konkurs eines Trustees

Im Konkurs eines Trustees wird nach Abzug seiner Ansprüche gegen das Trustvermögen dieses aus der Konkursmasse ausgeschieden.

Verweise: *SchKG 197–203, 208, 211, 225, 242 (Konkursmasse).*

Keine Entscheidungen.

---

1 Eingefügt durch Art. 3 des BB vom 20. Dez. 2006 über die Genehmigung und Umsetzung des Haager Übereink. über das auf Trusts anzuwendende Recht und über ihre Anerkennung, in Kraft seit 1. Juli 2007 (AS 2007 2849 2853; BBl 2006 551).

2 SR 291

Zehnter Titel: Anfechtung[1]

Art. 285 A. Zweck. Aktivlegitimation

[1] Mit der Anfechtung sollen Vermögenswerte der Zwangsvollstreckung zugeführt werden, die ihr durch eine Rechtshandlung nach den Artikeln 286–288 entzogen worden sind.[2]

[2] Zur Anfechtung sind berechtigt:[3]

1.[4] jeder Gläubiger, der einen provisorischen oder definitiven Pfändungsverlustschein erhalten hat;
2. die Konkursverwaltung oder, nach Massgabe der Artikel 260 und 269 Absatz 3, jeder einzelne Konkursgläubiger.

Verweise

Abs. 2 Ziff. 1: *SchKG 115 Abs. 2 (provisorischer Pfändungsverlustschein); SchKG 115 Abs. 1, 149–149a (definitiver Pfändungsverlustschein).*

Abs. 2 Ziff. 2: *SchKG 237 Abs. 2, 240–243 (Konkursverwaltung).*

Allgemeines

1   Das gutheissende Anfechtungsurteil macht nicht die angefochtenen Rechtsgeschäfte **zivilrechtlich** ungültig; vielmehr hat es rein betreibungs- bzw. konkursrechtliche Wirkung und bezweckt, die betreffenden Vermögenswerte in die Zwangsvollstreckung einzubinden, indem sie der Masse des Vollstreckungssubstrates zugeführt werden: BGer v. 22.08.2011, 5A_892/2010 E. 4.3; BGE 135 III 265 E. 3; BGE 98 III 44 E. 3. Es geht darum, das Vollstreckungssubstrat so herzustellen, wie es sich ohne die angefochtene Rechtshandlung dargeboten hätte: BGE 136 III 341 E. 3.

– Die Anfechtbarkeit nach SchKG 285 ff. kann keinesfalls die **Ungültigkeit der Zession** bewirken: BGer v. 31.03.2009, 4A_502/2008 E. 3.2.

– Die Anfechtung nach SchKG 285 ff. betrifft keineswegs die **materielle Gültigkeit** der Übertragung und zielt gar nicht darauf ab, den Eintrag des Eigentums auf den Dritten als unrichtig, d.h. ungerechtfertigt i.S.v. ZGB 974/975 erklären zu lassen: BGE 91 III 98 E. 2; BGE 81 III 98 E. 1.

---

1   Fassung gemäss Ziff. I des BG vom 16. Dez. 1994, in Kraft seit 1. Jan. 1997 (AS 1995 1227; BBl 1991 III 1).
2   Fassung gemäss Ziff. I des BG vom 16. Dez. 1994, in Kraft seit 1. Jan. 1997 (AS 1995 1227; BBl 1991 III 1).
3   Fassung gemäss Ziff. I des BG vom 16. Dez. 1994, in Kraft seit 1. Jan. 1997 (AS 1995 1227; BBl 1991 III 1).
4   Fassung gemäss Ziff. I des BG vom 16. Dez. 1994, in Kraft seit 1. Jan. 1997 (AS 1995 1227; BBl 1991 III 1).

2   Der **Zweck der Anfechtungsklage ist erreicht**, wenn sich das Urteil über die Rückgabe des Vermögens ausspricht, das der Zwangsvollstreckung gegen den Schuldner durch eine anfechtbare Rechtshandlung entzogen wurde (Duldung der Pfändung, Einbezug in die Konkursmasse oder Bezahlung einer Geldsumme). Ein Antrag auf Ungültigerklärung der Rechtshandlung muss kraft Bundesrechts weder gestellt noch von den Sachgerichten zugelassen oder beurteilt werden: BGE 135 III 513 E. 8.2.

3   Die Anfechtung hat **nicht zivilrechtliche** Gültigkeit der angefochtenen Veräusserung zur Voraussetzung: BGE 73 III 142, 144.

4   Die Anfechtung ist **nicht von Amtes wegen** anzuwenden: BGE 74 III 84 E. 2.

5   Ein im **Ausland** erwirktes Anfechtungsurteil kann in einem laufenden Betreibungsverfahren nicht berücksichtigt werden: BGE 107 III 118 E. 3.

6   Die Ansprüche aus **ZGB 193** (ehevertragliche Güterverschiebung) und SchKG 285 ff. beruhen auf unterschiedlichen Voraussetzungen und haben andere Folgen. Die paulianischen Rechtsbehelfe sind nicht anwendbar, wenn der Gläubiger gestützt auf ZGB 193 durchdringt: BGE 127 III 1 E. 2.a.

7   Die **nachträgliche Anmeldung** eines Anfechtungsanspruchs ist zulässig, sofern er im Zeitpunkt der Konkurseröffnung mangels Legitimation noch nicht geltend gemacht werden konnte: BGE 106 III 40 E. 4.

8   Der Anfechtungsanspruch hat nach allgemeiner Ansicht nicht dinglichen, sondern bloss **obligatorischen Charakter** und kann im Konkurs des Anfechtungsbeklagten grundsätzlich nur als gewöhnliche Konkursforderung geltend gemacht werden: BGE 106 III 40 E. 3.

9   Die Anfechtungsklage ist eine **betreibungsrechtliche Klage mit Reflexwirkung auf das materielle Recht**: BGer v. 16.03.2012, 5A_555/2011 E. 2.2.1. Die Reflexwirkung beschränkt sich auf die Durchführung der hängigen Betreibung. Das Anfechtungsurteil (ausserhalb des Konkurses) erwächst nur in der laufenden Betreibung in materielle Rechtskraft. Es hat keine Wirkung auf die Anfechtungsklage desselben oder eines anderen Gläubigers in einer anderen Betreibung, sondern entfaltet Wirkung nur mit Bezug auf ein bestimmtes Vollstreckungsverfahren: BGE 130 III 672 E. 3.1.

10 Der Anfechtungsbeklagte trägt grundsätzlich nicht die **Gefahr einer unverschuldeten Wertverminderung**. Er hat für Wertverminderungen, welche auf Zufall beruhen oder auch beim Schuldner eingetreten wären, nicht einzustehen. Anders verhält es sich, wenn der Anfechtungsbeklagte im Zeitpunkt des Untergangs oder der Wertverminderung der Sache bereits in Verzug gesetzt war; dann haftet er i.S.v. OR 103 auch für Zufall: BGer v. 16.04.2007, 5C_219/2006 E. 4.2.

11 Die **Sicherstellung einer fremden Schuld** kann nach SchKG 286 anfechtbar sein, wogegen die **Sicherstellung einer eigenen Schuld** nur beim zutreffen der Voraussetzungen von SchKG 287 oder 288 angefochten werden kann: BGE 95 III 47 E. 2.

12 Ein **fehlendes Missverhältnis** der Leistungen schliesst die Anfechtung nicht aus. Trotz objektiver Gleichwertigkeit der Leistungen kann eine Rechtshandlung sowohl nach SchKG 286 Abs. 2 Ziff. 2 SchKG wie auch nach SchKG 288 anfechtbar sein: BGE 130 III 235 E. 2.1.

13 **Verhältnis**
- zum **Widerspruchsverfahren**: Ausnahmsweise kann ein Anfechtungsurteil aufgrund des engen Zusammenhangs zwischen Widerspruchsverfahren und Anfechtungsklage auch bei Vorliegen eines nur provisorischen Verlustscheins zugelassen werden: BGE 39 II 380 E. 3 und 4; BGE 115 III 138 E. 2.c.
- zur **Kollokationsklage**:
    - Wenn nach der Auffassung der Konkursverwaltung ein Anfechtungstatbestand i.s.v. SchKG 285 ff. gegeben ist, kann sie eine als pfandgesichert angemeldete Forderung in der **5. Klasse** kollozieren und das damit geltend gemachte Faustpfandrecht abweisen: BGE 114 III 110 E. 3.c und d.
    - Der Kollokationsrichter hat **materielle SchKG-Bestimmungen**, insb. Ansprüche aus SchKG 285 ff., welche einredeweise vorgebracht werden können, anzuwenden: BGE 135 III 127 E. 3.4.2.
- zur Haftung bei Ausschlagung einer Erbschaft gem. **ZGB 579**: Der Anspruch gemäss ZGB 579 ist den Anfechtungsansprüchen nach SchKG 285 ff. ähnlich: BGE 116 II 253 E. 4.
- zu **StGB 164** (→ Nr. 35): Nicht alles, was paulianisch anfechtbar ist, braucht auch strafbar zu sein. Umgekehrt kennen die Strafnormen im Gegensatz zu den paulianischen Anfechtungen keine Verdachtsfristen. Ein Schuldner kann sich also strafbar machen, ohne dass die verpönte Rechtshandlung anfechtbar wäre. Daraus lässt sich aber nichts mit Bezug auf die zivilrechtlichen Folgen für das entsprechende Rechtsgeschäft ableiten. Das Strafrecht dient dem Gläubigerschutz durch die generalpräventive Wirkung der Strafandrohung. Der Umfang des Gläubigerschutzes ergibt sich hingegen aus dem Zwangsvollstreckungsrecht. Es bestehen keinerlei Hinweise darauf, dass der Gesetzgeber mit Erlass des StGB im Jahr 1937 vom System des Gläubigerschutzes abweichen wollte, das das SchKG dem Grundsatz nach seit 1892 kennt: BGE 134 III 52 E. 1.3.4.

Aktivlegitimation

14 Kraft ausdrücklicher Regelung in IPRG 171 (→ Nr. 34) ist eine Prozessführung durch die **ausländische Konkursverwaltung** bei Anfechtungsansprüchen i.s.v. SchKG 285 ff. möglich. Die Lehre ist sich in Bezug auf diese Norm einig, dass im Sinn einer Kaskade primär das inländische Konkursamt und sekundär die Abtretungsgläubiger zur Geltendmachung berufen sind und erst in dritter Linie die ausländische Konkursverwaltung zum Zuge kommen kann: BGE 137 III 631 E. 2.3.3; BGE 137 III 374 E. 3; BGE 135 III 666 E. 3.2; BGE 135 III 40 E. 2.5.1; BGE 129 III 683 E. 5.3. Das ausländische Konkursdekret muss allerdings in der Schweiz vorgängig **anerkannt** worden sein: BGE 137 III 631 E. 2.3.3; BGE 137 III 570 E. 3; BGE 134 III 366 E. 9.

15 Zur Anfechtungsklage nach SchKG 285 Ziff. 1 ist nicht nur der ursprüngliche sondern auch **jeder spätere Verlustscheingläubiger** legitimiert. Die Klagelegitimation geht mir der Forderung auf den Rechtsnachfolger über: BGE 55 III 171, 172.

16 Die Klagelegitimation in einem Konkurs, in dem **alle Gläubiger befriedigt** sind, erlischt auf jeden Fall dann, wenn mit einer an Gewissheit grenzenden Wahrscheinlichkeit keine

neuen Gläubiger mehr zu erwarten oder nachträglich angemeldete durch das vorhandene Massavermögen gedeckt sind: BGE 53 III 214 E. 3.

17 Der Kläger muss für die **Begründung der Klagelegitimation** nach SchKG 285 Abs. 2 Ziff. 1 im Besitz eines Pfändungsverlustscheins sein, es reicht nicht, wenn er beweist, dass sein Schuldner insolvent ist: BGE 26 II 472 E. 2.

Gegenstand und Natur des Anspruchs

18 Alle Anfechtungstatbestände setzen Rechtshandlungen voraus, die «der Schuldner (...) vorgenommen hat». Der Anfechtung unterliegen nur Rechtshandlungen, an denen der **Schuldner beteiligt oder vertreten** war: BGE 135 III 513 E. 8.1. Handlungen von Dritten, die ohne Mitwirkung des Betreibungsschuldners erfolgten, bilden keine genügende Voraussetzung für die Erhebung einer Anfechtungsklage: BGer v. 07.07.2008, 5A_44/2008 E. 2.

19 Die Voraussetzungen zur paulianischen Anfechtung fallen dahin, wenn das Vermögen oder die Rückgewähr anfechtbar veräusserter Werte des Schuldners zur Befriedigung der Gläubiger **ausreicht**; Zweck der Anfechtung kann daher nie die Erzielung eines Überschusses für die Erben des Schuldners sein: BGE 73 III 41 E. 2.

20 Die Anfechtung bezieht sich nur auf Handlungen, welche die **Exekutionsrechte** des Anfechtenden beschlagen: BGE 85 III 185 E. 2.a.

21 Die Rechte des pfändenden Gläubigers gehen mit der **Konkurseröffnung** auf die Konkursmasse über. Hat sich die Konkursmasse mit dem Erwerber der gepfändeten Sachen dahin geeinigt, dass sie gegen Erhalt einer Entschädigung auf Anhebung einer Anfechtungsklage verzichte, so fällt das Recht auf Anhebung einer solchen Klage mit der Leistung der vereinbarten Entschädigung dahin und kann nicht mehr aufgrund von SchKG 260 abgetreten werden: BGE 67 III 33 E. 1 und 3.

22 Der Anfechtungsbeklagte kann sich durch blosse **aussergerichtliche Erklärung** der Anfechtung unterziehen. Diesfalls kann der Anfechtungskläger die Pfändung von anfechtbar veräusserten Vermögensstücken (oder die Teilnahme an einer solchen Pfändung) verlangen: BGE 63 III 18, 21.

23 **Geltendmachung** des Anfechtungsrechts:
 – durch **Widerspruchsklage**: Die Widerspruchsklage kann auch damit begründet werden, der Ansprecher habe den streitigen Gegenstand durch ein i.S.v. SchKG 285 ff. anfechtbares Rechtsgeschäft erworben: BGE 107 III 118 E. 3;
 – durch **Anfechtungseinrede**: BGE 50 III 141 E. 3. Die Anfechtungsklage kann auch einredeweise, insbesondere auch gegenüber der Klage auf Zulassung einer Forderung im Kollokationsplan, geltend gemacht werden: BGE 31 II 350 E. 2.
 – durch **Verrechnung** bei der Kollokation: Weist die Konkursverwaltung eine angemeldete Konkursforderung im Kollokationsplan ab als erloschen durch Verrechnung mit einer (nicht höheren) Gegenforderung aus Anfechtung gemäss SchKG 285 ff., so kann sie ihr Anfechtungsrecht nicht mehr anderswie ausüben: BGE 62 III 163, 165 ff.

24 Die Konkursmasse ist befugt, Gültigkeit einer Begünstigung aus einem Lebensversicherungsvertrag nach **VVG 81** zu bestreiten oder diese gem. SchKG 285 ff. anzufechten (ausdrücklicher Vorbehalt in VVG 82): BGE 81 III 140, 142 f.; BGE 64 III 85 E. 2.

25 Hat die massgebende Pfändung bzw. die Konkurseröffnung nach dem 01.01.1997 stattgefunden, findet für Anfechtungsklagen i.S.v. SchKG 286–288 das **neue Recht** Anwendung: BGE 131 III 327 E. 7.

26 Nach dem Wortlaut von SchKG 331 Abs. 1 unterliegen die vom Schuldner **vor der Bestätigung des Nachlassvertrages vorgenommenen Rechtshandlungen** der Anfechtung nach den Grundsätzen von SchKG 285 – 292: BGE 135 III 276 E. 5 (Pra 98 [2009] Nr. 112).

Pfändungsverlustschein

27 Grundsätzlich kann nur der Gläubiger, der einen **endgültigen Verlustschein** erhalten hat, ein eine Anfechtungsklage gutheissendes Urteil erwirken: BGE 103 III 97 E. 1.

28 Liegt nur ein **provisorischer Verlustschein** vor, so braucht mit der Gutheissung einer Anfechtungsklage nicht zugewartet zu werden, bis ein endgültiger Verlustschein vorliegt, sofern in der betreffenden Betreibung später noch ein solcher ausgestellt werden kann. Die Gutheissung der Klage hat in dem Sinn zu erfolgen, dass das Anfechtungsobjekt nur verwertet werden darf, wenn in der hängigen Betreibung inzwischen ein endgültiger Verlustschein ausgestellt worden ist: BGE 115 III 138 E. 2.

29 Die Legitimation zu einer solchen Klage, die ein provisorischer Verlustschein dem betreibenden Gläubiger verleiht (SchKG 285 Abs. 2 Ziff. 1), **fällt dahin**, wenn sich ergibt, dass in der fraglichen Betreibung ein endgültiger Verlustschein nicht mehr ausgestellt werden kann: BGE 96 III 111 E. 3; BGE 37 II 495 E. 3.

30 Ein in einer **nichtig** erklärten Betreibung ausgestellter Verlustschein ist als Legitimationstitel untauglich: BGE 80 III 141 E. 3.

31 Für die **strafrechtliche Verfolgung** der anfechtbaren Handlung braucht nicht ein definitiver Verlustschein abgewartet zu werden: BGE 75 IV 106 E. 1.

32 Die Prüfung der Gültigkeit des Anfechtungstitels ist als Prozessvoraussetzung **von Amtes wegen** vorzunehmen: BGE 37 II 495 E. 3.

33 Der einzelne Konkursgläubiger kann, auch wenn er im Besitz eines Verlustscheins ist, den Anfechtungsanspruch nur **nach erfolgter Abtretung** desselben seitens der Konkursmasse geltend machen (heute in SchKG 285 Abs. 2 Ziff. 2): BGE 28 II 150 E. 3; BGE 23 I 1720 E. 3 und 4.

34 Ein gegen einen **Kollektivgesellschafter** ausgestellter Verlustschein berechtigt nicht zur Anfechtung von Rechtshandlungen der Kollektivgesellschaft: BGE 65 III 137, 140.

Streitwert

35 Der **Streitwert** bestimmt sich bei der Anfechtung ausser Konkurs nach dem Wert des Vermögensgegenstandes, aus dem sich der anfechtende Gläubiger für seine Forderung befriedigt machen will und nach der Höhe des ungedeckten Betrages dieser Forderung, und zwar so, dass der kleinere dieser Werte massgebend ist: BGer v. 28.09.2009, 5A_58/2009 E. 1.2; BGE 38 II 329 E. 2.

36 Der Streitwert der paulianischen Anfechtungsklage ausser Konkurs kann somit die **Verlustscheinforderung** nicht übersteigen: BGE 66 II 59, 60; BGE 57 III 105, 106 f.

37 Bemisst sich der Streitwert nach dem Schätzungswert der in Frage stehenden Vermögensgegenstände, ist für dessen Berechnung der **Zeitpunkt der Klageanhebung** massgebend: BGE 48 II 412, 414.

Konkurs

38 Das Recht zur Anfechtung, das an sich nach Massgabe von SchKG 260 an Gläubiger abgetreten werden kann, bezieht sich nur auf Handlungen des Schuldners. Der Rechtsbehelf hilft nicht, wo es um Ansprüche **gegen die Konkursverwaltung** wegen ihrer **Amtshandlung** geht: BGE 114 III 21 E. 5a.

39 Pfandobjekte oder Geldzahlungen, die im Zeitpunkt der Konkurseröffnung noch nicht realisiert sind, gehen an die **Konkursmasse** über: BGE 47 III 89 E. 2.

40 Anfechtungsansprüche dürfen durch die Konkursverwaltung **weder versteigert noch sonstwie verwertet** werden: SchKG 256 Abs. 4.

40 Betr. die Ansprüche des Bundes bei **Pflichtlagern** vgl. LVG 13 und VO dazu vom 06.07.1983 (SR 531.212).

Art. 286   B. Arten
1. Schenkungsanfechtung

¹ Anfechtbar sind mit Ausnahme üblicher Gelegenheitsgeschenke alle Schenkungen und unentgeltlichen Verfügungen, die der Schuldner innerhalb des letzten Jahres vor der Pfändung oder Konkurseröffnung vorgenommen hat.[1]

² Den Schenkungen sind gleichgestellt:

1. Rechtsgeschäfte, bei denen der Schuldner eine Gegenleistung angenommen hat, die zu seiner eigenen Leistung in einem Missverhältnisse steht;

2.[2] Rechtsgeschäfte, durch die der Schuldner für sich oder für einen Dritten eine Leibrente, eine Pfrund, eine Nutzniessung oder ein Wohnrecht erworben hat.

Verweise

Abs. 1: *OR 239–252 (Schenkung); SchKG 89 (Zeitpunkt der Pfändung); SchKG 89–115 (Pfändung); SchKG 175 (Zeitpunkt der Konkurseröffnung); SchKG 171, 189 Abs. 1, 190–194 (Konkurseröffnung).*

Abs. 2 Ziff. 2: *OR 516–520 (Leibrentenvertrag); OR 521–529 (Verpfründung); ZGB 745–775 (Nutzniessung); ZGB 776–778 (Wohnrecht).*

---

1 Fassung gemäss Ziff. I des BG vom 16. Dez. 1994, in Kraft seit 1. Jan. 1997 (AS 1995 1227; BBl 1991 III 1).

2 Fassung gemäss Ziff. I des BG vom 16. Dez. 1994, in Kraft seit 1. Jan. 1997 (AS 1995 1227; BBl 1991 III 1).

Schenkung

1 Massgebend für die Anfechtung sind ausschliesslich die **objektiven Umstände** der Schenkung oder der ihr gleichgestellten Rechtshandlungen. Auf den guten Glauben und die Absichten der Beteiligten überhaupt kommt es hingegen nicht an: BGer v. 16.03.2012, 5A_555/2011 E. 2.2.4; BGer v. 31.10.2011, 5A_353/2011 E. 5; BGE 130 III 235 E. 2.1.1. Nicht von Belang ist auch die Erkennbarkeit des Missverhältnisses von Leistung und Gegenleistung und ob der Schuldner selbst das Missverhältnis kannte oder erkennen konnte: BGer v. 31.10.2011, 5A_353/2011 E. 5; BGE 95 III 47 E. 2; BGE 49 III 27, 30.

2 Unter einer **Verfügung** i.S.v. SchKG 286 Abs. 1 ist jeder Akt zu verstehen, durch den über das Vermögen des Schuldners verfügt wird, sei es die Hingabe von Vermögensgegenständen, sei es die Eingehung von Verpflichtungen, die das Vermögen des Schuldners beschweren, sei es die Aufgabe von Vermögensrechten: BGE 31 II 350 E. 3.

3 Eine **Verfügung** i.S.v. SchKG 286 Abs. 1 ist **unentgeltlich**, wenn der Schuldner damit, ohne eine Gegenleistung zu erhalten, eine Leistung erbringt, zu der er rechtlich nicht verpflichtet ist: BGer v. 10.06.2008, 5A_261/2008 E. 2; BGE 95 III 47 E. 2; BGE 31 II 350 E. 3.

4 Die **aussergewöhnliche Gestaltung des Rechtsgeschäfts**, wonach formell Eigentum übertragen wird, materiell aber sämtliche Nutzungsbefugnisse unter Übernahme der Kosten beim früheren Eigentümer verbleiben, bergen oftmals die Gefahr der Anfechtbarkeit in sich, sei es wegen Simulation oder aus Tatbeständen gemäss SchKG 285 ff.: BGer v. 04.03.2010, 5A_743/2009 E. 3.2.

5 Ist es beim blossen **Schenkungsversprechen** geblieben, so bedarf es nach Ausstellung eines Verlustscheines oder Eröffnung des Konkurses keiner Anfechtung: BGE 91 III 98 E. 2.

6 Eine zugunsten des Gemeinschuldners eingegangene **Bürgschaft** kann als schenkungsähnliche Handlung angefochten werden: BGE 31 II 350 E. 4.

7 Der Abschluss einer **Todesfallversicherung** zugunsten der Angehörigen stellt grundsätzlich **keine** Schenkung dar: BGE 34 II 394 E. 5.

8 Die **Rückerstattungspflicht** beschränkt sich beim gutgläubigen Empfänger der Schenkung auf den Betrag seiner Bereicherung: SchKG 291 Abs. 3.

Période suspecte

9 Gemeint ist für die Fristberechnung die Pfändung in der **laufenden** (dem Verlustschein vorangegangenen) Betreibung: BGE 108 II 516 E. 3.

10 **Beginn** der *Frist:*
- Für den **Beginn der Frist** ist der **Zeitpunkt der Vollzugshandlung** massgebend: BGer v. 15.09.2008, 5A_93/2008 E. 3.1.1; BGE 91 III 98 E. 2. Im Falle der Pfändung entspricht der *dies a quo* dem Tag, an welchem die Pfändung tatsächlich vollzogen und nicht demjenigen, an dem die Pfändungsurkunde zugestellt wurde: BGer v. 15.09.2008, 5A_93/2008 E. 3.1.1.
- Im Konkurs ist die Frist von einer der Konkurseröffnung **vorausgehenden ungenügenden Pfändung** an zu berechnen: BGer v. 13.03.2012, 5A_28/2012 E. 3; BGE 108 II 516 E. 3. Bei mehrfachen Pfändungen in einer betreffenden Betreibung lässt

jede dieser Pfändungen die Frist beginnen: BGer v. 04.04.2012, 5A_901/2011 E. 4.2; BGer v. 13.03.2012, 5A_28/2012 E. 3.
- Bei der Anfechtung der **Nachlassstundung** und des **Konkursaufschubs** ist für die Berechnung der Frist deren Bewilligung massgebend: SchKG 331 Abs. 2.
- Die **Unterbrechung der Fristen** ist in SchKG 288a bzw. für die Notstundung in SchKG 343 Abs. 2 geregelt.

Zu Abs. 2 Ziff. 1: Missverhältnis

11 Ein **Missverhältnis** zwischen Leistung und Gegenleistung i.S.v. SchKG 286 Abs. 2 Ziff. 1 liegt vor, wenn die Leistung, die der Schuldner erhält, erheblich geringer ist als seine eigene Leistung: BGE 95 III 47 E. 2.

12 Bei der Untersuchung, ob ein Missverhältnis zwischen zwei Leistungen besteht, ist nicht auf den juristischen Charakter der Gegenleistung abzustellen, sondern auf deren wahren **wirtschaftlichen Wert**: Ein Missverhältnis liegt jedes Mal dann vor, wenn zwar eine Gegenleistung gegeben wird und sogar, wenn juristisch betrachtet, der Leistung des Schuldners vollständig gleichkommt, die aber praktisch, wirtschaftlich, ohne Wert oder von erheblich geringerem Wert ist als die Hauptleistung des Schuldners: BGE 95 III 47 E. 2; BGE 31 II 350 E. 4.

13 Der **Verkehrswert** bestimmt sich ohne Rücksicht auf die Person des Erwerbers und den von ihm beabsichtigten Bewirtschaftungs- oder Verwendungsmodus, also **rein objektiv**, nach dem Marktpreis, der bei vorteilhaftester Verwertung zu erlösen ist: BGer v. 16.03.2012, 5A_555/2011 E. 2.2; BGE 45 III 178 E. 3.

14 Die Schenkungsanfechtung nach Abs. 2 Ziff. 1 setzt weder die **Absicht** unentgeltlicher Zuwendung noch die **Erkennbarkeit** des Missverhältnisses der gegenseitigen Leistungen für den Anfechtungsgegner voraus: BGE 49 III 27, 30.

15 Bei der **entgeltlichen Abtretung einer Forderung zum Nominalwert** besteht nur dann eine gleichwertige Forderung, wenn die Einbringlichkeit der Forderung zugesichert wird. Dasselbe gilt beim Schuldnerwechsel: Gleichwertigkeit bei der Schuldübernahme besteht dann, wenn dem Schulderlass, den der Gläubiger zugunsten das Altschuldners verfügt, ein entsprechendes Recht auf Zugriff auf den Übernehmer gegenüber steht: BGer v. 31.10.2011, 5A_353/2011 E. 5.2.

16 Bei der **Pfandbestellung für fremde Schuld** besteht die Gegenleistung des Pfandgläubigers an den Pfandeigentümer einzig in dem gesetzlich vorgesehenen Übergang seiner Forderung gegen den Schuldner auf den Pfandeigentümer; ein Missverhältnis ist anzunehmen, wenn der Pfandeigentümer gegebenenfalls in eine Forderung eintritt, für die volle oder mindestens annähernd volle Befriedigung ausgeschlossen ist: BGer v. 17.11.2009, 5A_82/2008 E. 2.

17 In der Regel kann die **Sicherung einer fremden Schuld** anfechtbar sein, wogegen die Sicherstellung einer eigenen Schuld nur beim Zutreffen der Voraussetzungen von SchKG 287 oder SchKG 288 angefochten werden kann: BGE 95 III 47 E. 2.

18 Bei der Bestimmung des Verkehrswerts einer Liegenschaft ist ein allfälliges **Kaufsrecht** zu berücksichtigen: BGE 132 III 489 E. 2.

19 Ein **offenbares Missverhältnis** wurde in folgenden Fällen bejaht:
- Beim **Erwerb von Aktien** für Fr. 240'000.–, ausgehend von tatsächlichen Eigenmitteln einer Aktiengesellschaft in der Höhe von insgesamt Fr. 860'000.–: BGer v. 28.01.2009, 5A_557/2008 E. 3.3.2.
- Beim Kauf einer **Liegenschaft** für Fr. 5'000.–, welche vorher für Fr. 6'000.– gekauft und auf Fr. 7'000.– geschätzt wurde: BGE 26 II 204 E. 2.
- Bei einer Differenz von **10%** (*in casu* Abweichung um Fr. 10'000.–): BGE 45 III 151, 169.

Abs. 2 Ziff. 2

20 Darauf, ob der zur Gewährung des Niessbrauchs Verpflichtete damit eine **äquivalente Gegenleistung** für die ihm zugeflossenen Vermögenswerte übernommen hat, kommt es hier nicht an. Nach SchKG 286 Abs. 2 Ziff. 2 ist jedes Rechtsgeschäft, wodurch der Schuldner sich eine Nutzniessung hat versprechen lassen, schlechthin und ohne Rücksicht auf das Verhältnis von Leistung und Gegenleistung anfechtbar: BGE 64 III 183 E. 1; BGE 45 III 151, 170.

21 Ziff. 2 setzt ebenfalls keine dem Vertragspartner **erkennbare Überschuldung** voraus: BGE 64 III 183 E. 1.

22 Die Einräumung eines **Wohnrechts** kann sowohl nach SchKG 286 Abs. 2 Ziff. 2 als auch nach SchKG 288 angefochten werden: BGer v. 28.02.2008, 5A_498/2007 E. 6.

23 In der Verpflichtung zur **lebenslänglichen Verzinsung** des Kapitalbetrages von Fr. 8'000.– liegt nichts anderes als die Einräumung eines Niessbrauchs an einer Forderung in dieser Höhe und in dem **lebenslänglichen Wohnrecht** und Benützungsrecht des Mobiliars die Bestellung eines solchen an Grundstücken und beweglichen Sachen: BGE 45 III 151, 169 f.

24 Wenn ein **Dritter** die Rente für den Schuldner bestellt oder diesem die Mittel zur Bestellung der Rente verschafft hat, kann der Erwerb nicht nach Ziff. 2 angefochten werden: BGE 64 III 183 E. 3.

Art. 287   2. Überschuldungsanfechtung

¹ Die folgenden Rechtshandlungen sind anfechtbar, wenn der Schuldner sie innerhalb des letzten Jahres vor der Pfändung oder Konkurseröffnung vorgenommen hat und im Zeitpunkt der Vornahme bereits überschuldet war:[1]

1.[2] Bestellung von Sicherheiten für bereits bestehende Verbindlichkeiten, zu deren Sicherstellung der Schuldner nicht schon früher verpflichtet war;

2. Tilgung einer Geldschuld auf andere Weise als durch Barschaft oder durch anderweitige übliche Zahlungsmittel;

---

1   Fassung gemäss Ziff. I des BG vom 16. Dez. 1994, in Kraft seit 1. Jan. 1997 (AS 1995 1227; BBl 1991 III 1).
2   Fassung gemäss Ziff. I des BG vom 16. Dez. 1994, in Kraft seit 1. Jan. 1997 (AS 1995 1227; BBl 1991 III 1).

3. Zahlung einer nicht verfallenen Schuld.

² Die Anfechtung ist indessen ausgeschlossen, wenn der Begünstigte beweist, dass er die Überschuldung des Schuldners nicht gekannt hat und auch nicht hätte kennen müssen.[1]

³ Die Anfechtung ist insbesondere ausgeschlossen, wenn Effekten, Bucheffekten oder andere an einem repräsentativen Markt gehandelte Finanzinstrumente als Sicherheit bestellt wurden und der Schuldner sich bereits früher:

1. verpflichtet hat, die Sicherheit bei Änderungen im Wert der Sicherheit oder im Betrag der gesicherten Verbindlichkeit aufzustocken; oder
2. das Recht einräumen liess, eine Sicherheit durch eine Sicherheit gleichen Werts zu ersetzen.[2]

Verweise

Abs. 1: *SchKG 89 (Zeitpunkt der Pfändung); SchKG 89–115 (Pfändung); SchKG 175 (Zeitpunkt der Konkurseröffnung); SchKG 171, 189 Abs. 1, 190–194 (Konkurseröffnung).*
Abs. 1 Ziff. 1: *SchKG 37 Abs. 3 (Pfand).*

Überschuldung

1   Überschuldet i.S.v. SchKG 287 ist der Schuldner dann, wenn die **Gesamtheit seiner Passiven die gesamten Aktiven übersteigen**, selbst wenn er in der Lage ist, fällige Verpflichtungen zu erfüllen: BGer v. 06.07.2011,2C_351/2010 E. 4.2.

2   Ob der Zustand der Überschuldung vorhanden ist, muss sich nach den Verhältnissen beurteilen, die **objektiv** im kritischen Moment vorlagen; subjektive Gesichtspunkte können dabei nicht in Betracht fallen. Es ist nicht zu untersuchen, ob der Schuldner seine finanzielle Lage gekannt hat oder hätte kennen können oder sollen, noch ob er habe annehmen können, dass er sich noch werde halten können: BGE 25 III 982 E. 4.

3   Bei **Schneeballsystemen** ist die Überschuldung in der Regel einfach festzustellen. Es werden Renditen versprochen, die nicht erwirtschaftet, sondern anhand der Gelder neu beitretender Anleger finanziert werden. Ein solches System beruht nicht auf Nachhaltigkeit. Es kommt zwar erst zum Kollaps, wenn sich die Anleger des Betrugs bewusst werden und ihr Geld zurückverlangen. Die Überschuldung nach SchKG 287 tritt aber bereits viel früher ein, da dem System die Nachhaltigkeit von Anfang an fehlt: BGer v. 06.07.2011,2C_351/2010 E. 4.2.

4   Es besteht kein Grund, bei der Frage, ob ein Schuldner überschuldet war, die unter den Passiven figurierende **Frauengutsforderung** nicht mitzurechnen; denn im Konkurse hat die Ehefrau soweit sie nicht sogar privilegiert ist, wie die andern Gläubiger Anspruch auf verhältnismässige Befriedigung: BGE 40 III 381 E. 3; BGE 25 III 982 E. 4.

---

1   Fassung gemäss Ziff. I des BG vom 16. Dez. 1994, in Kraft seit 1. Jan. 1997 (AS 1995 1227; BBl 1991 III 1).
2   Eingefügt durch Anhang Ziff. 4 des Bucheffektengesetzes vom 3. Okt. 2008, in Kraft seit 1. Jan. 2010 (AS 2009 3577; BBl 2006 9315).

5 Gemäss der allgemeinen **Beweislastregel** von ZGB 8 ist bei der Überschuldungsanfechtung der Beweis für die Eigentümerstellung des Schuldners (und nicht dessen Ehefrau) im Zeitpunkt der Übertragung an den übertragenen Gegenständen vom Anfechtungskläger zu erbringen. Soweit die Anfechtungsbeklagte diese Eigentümerstellung zu widerlegen versucht, steht ein gegen die Beweisführung der des Anfechtungsklägers gerichteter Gegenbeweis in Frage: BGer v. 07.07.2008, 5A_44/2008 E. 2.

6 Eine Überschuldung ist **offensichtlich** zu bejahen, wenn eine Schuldenlast von rund Fr. 153'000.– besteht, gegenüber geringen, nicht einmal für die Einleitung des ordentlichen Konkursverfahrens genügenden Aktiven: BGE 89 III 14 E. 3.a.

7 Die Zahlung einer Schuld des Gemeinschuldners durch einen Dritten gilt dann als **Rechtshandlung des Schuldners** und unterliegt der Anfechtung nach SchKG 287, wenn der Schuldner den Dritten mittels Anerkennungsvermerk ermächtigt und dieser dann mit Zustimmung des Gemeinschuldners bezahlt: BGE 53 III 177, 178.

Zu Abs. 1 Ziff. 1

8 SchKG 287 Ziff. 1 sieht nach ihrem Grund und Zweck die erleichterte Anfechtung derjenigen Pfandbestellungen vor, die an und für sich ungesicherte Forderungen **erst nachträglich vereinbart** und vorgenommen werden: BGE 74 III 48 E. 1. Der Begründung eines Pfandrechtes zur Sicherung einer bereits bestehenden Verbindlichkeit, deren Erfüllung sicherzustellen der Schuldner schon früher verpflichtet war, steht die Anfechtung gestützt auf SchKG 287 Ziff. 1 entgegen: BGE 56 III 124, 125.

– Um die Anfechtbarkeit auszuschliessen ist es nötig, dass der Gläubiger bereits ein **juristisch durchsetzbares Pfandrecht** besass. Blosse vage Versprechungen einer Sicherheitsleistung genügen nicht: BGE 43 III 228 E. 2; BGE 41 III 160, 163.

– Allerdings kann die Anfechtung nicht angerufen werden bei einer zum vornherein – wenn auch nicht mit öffentlicher Beurkundung – vereinbarten **Grundpfandbestellung**: BGE 74 III 48; BGE 71 III 80 E. 3. Die **privatschriftliche Verpflichtung** zur Sicherstellung genügt diesfalls, um die Anfechtbarkeit zu verneinen: BGE 62 III 62 E. 2.

– Ein an sich unter SchKG 287 Abs. 1 Ziff. 1 fallender Pfandakt ist nicht anfechtbar, wenn er sich als **blosse Bestätigung** einer früheren rechtsgültigen Pfandbestellung erweist: BGE 37 II 113 E. 6.

– Die **mündliche Verpflichtung** des Schuldners zur Sicherstellung bei Abschluss des Vertrages genügt, um die Anfechtung auszuschliessen (im beurteilten Fall wurde die Schuld sogar nur gegen präsente Pfandbestellung begründet): BGE 71 III 80 E. 3.

9 Bei einer **Abtretung zahlungshalber** (OR 172) überwiegt unter Umständen der Zweck der Sicherstellung gegenüber dem Zweck der Tilgung. Alsdann ist in erster Linie Abs. 1 Ziff. 1 von SchKG 287 anwendbar, daneben allenfalls auch Ziff. 2: BGE 85 III 193 E. 3.

10 Die **Sicherstellung einer Gegenleistung** wegen Zahlungsunfähigwerdens gemäss OR 83 kann nicht nach SchKG 287 Abs. 1 Ziff. 1 angefochten werden, sondern nur nach SchKG 288: BGE 63 III 150 E. 2 und 3.

11 Allein eine für die Leihkasse bestehende **faktische Notwendigkeit**, auf erste Aufforderung hin für Deckung zu sorgen, ist nicht die Folge einer rechtlichen Verpflichtung zur Sicherheitsleistung: BGE 42 III 286 E. 6.

Zu Abs. 1 Ziff. 2

12 Die in bar oder in üblichen Werten vorgenommenen Zahlungen sind nicht gestützt auf SchKG 287 Abs. 1 Ziff. 2 anfechtbar, können es aber – sofern die weiteren Voraussetzungen vorliegen – nach **SchKG 288** sein: BGE 135 III 276 E. 5 (Pra 98 [2009] Nr. 112); BGE 134 III 615 E. 3.1 (Pra 98 [2009] Nr. 44).

13 Als **übliche Zahlungsmittel** können nur Leistungen gelten, die üblicherweise barem Geld gleichgeachtet werden (auch Banknoten). Es genügt eine am betreffenden Ort oder in den Gewerbekreisen, denen die Beteiligten angehören, übliche Zahlungsweise, sofern nicht etwa in ihren persönlichen Geschäftsbeziehungen abweichende Gepflogenheiten bestehen: BGE 85 III 193 E. 4; BGE 30 II 359 E. 2.

14 Der Begriff «übliche Zahlungsmittel» lässt sich nicht auf nur auf mittelbare Tilgung angelegte Ersatzübertragungen, wie namentlich die **Abtretung von Forderungen zahlungshalber**, ausdehnen. Vielmehr ist eine Abtretung zahlungshalber, sofern überhaupt «Tilgung», in aller Regel eben als Tilgung «auf andere Weise als durch Barschaft oder durch anderweitige übliche Zahlungsmittel» zu betrachten, also gemäss dieser Norm anfechtbar: BGE 85 III 193 E. 4.

15 Die **Zahlungsanweisung** fällt nicht unter den Begriff der üblichen Zahlungsmittel von Ziff. 2: BGE 30 II 359 E. 2.

16 Als übliches Zahlungsmittel eines Bauunternehmers für Materialbezüge hat keinesfalls ein samt der Liegenschaft übertragener **Eigentümerschuldbrief** (Inhaberschuldbrief auf eigener Liegenschaft) zu gelten: BGE 74 III 56 E. 6.

17 Hat sich der Schuldner **schon früher verpflichtet**, eine Geldschuld auf andere Weise als durch Barschaft oder durch anderweitige übliche Zahlungsmittel zu tilgen, so greift die erleichterte Anfechtung nach SchKG 287 Abs. 1 Ziff. 2 nicht: BGE 71 III 80 E. 3; BGE 41 III 160, 163; BGE 26 II 199 E. 3.

18 Pfandbestellung zur Sicherung eines Kontokorrentverhältnisses: Für die Ermittlung ob es sich um eine **bereits bestehende Verbindlichkeit** des Gemeinschuldners handelt, ist der Aktivsaldo des Kontokorrentgläubigers im Moment der Pfandbestellung massgebend und nicht erst im späteren Zeitpunkt der vertragsgemässen Kontokorrentsaldierung: BGE 37 II 113 E. 4.

19 Die verdeckte Tilgung durch **Veräusserungsgeschäft** und Kompensation des Kaufpreises fällt unter Ziff. 2: BGE 38 II 329 E. 4; BGE 26 II 204 E. 3; BGE 19 I 443 E. 4. Die nach dieser Vereinbarung gemachten Warenkäufe sind aber nur anfechtbar, soweit sie sich nicht als Fortsetzung des gewohnten Geschäftsverkehrs zwischen den Parteien, sondern als aussergewöhnliche Veräusserungsgeschäfte darstellen: BGE 38 II 321 E. 6.

20 Nach Ziff. 2 anfechtbar sind auch **Zuwendungen Dritter**, sofern sie mit Zustimmung des Schuldners und auf dessen Kosten erfolgen. Die Zahlung durch einen Dritten, der auf eigene Kosten interveniert, ist hingegen nicht anfechtbar, wenn der Empfänger gutgläubig eine Zuwendung als zu Lasten des Dritten entgegennehmen konnte: BGE 74 III 56 E. 7 bis 9.

Zu Abs. 1 Ziff. 3

21   Die Einzahlung in einen laufenden **Kontokorrentvertrag** stellt keine Zahlung einer Schuld dar, die unter Ziff. 3 fallen könnte: BGE 25 II 178 E. 3.

Zu Abs. 2: Kenntnis von der Überschuldung

22   Gemeint ist Kenntnis des **Zustands** der Überschuldung: BGE 33 II 360 E. 4; BGE 30 II 606 E. 6.

23   **Sinn** von Abs. 2 kann nur sein, dass demjenigen, welcher mit seinem Schuldner eines der in dem Artikel genannten eigenartigen und aussergewöhnlichen Geschäfte abschliesst, zugemutet wird, dass er mit Rücksicht auf die möglicherweise damit verbundene Schädigung der Gläubiger die Vermögenslage des Schuldners ins Auge fasse: BGE 25 II 932 E. 3.

24   Der Begünstigte hat die **Pflicht**, die Vermögenslage des Schuldners näher zu besehen: BGE 34 II 71 E. 6; BGE 25 II 932 E. 4.

25   Freie **Überprüfung** durch das BGer: BGE 28 II 589 E. 2.

26   Umfang der **Beweispflicht**:
   - Der Begünstigte hat **Umstände darzutun**, die ihn der Pflicht, die Vermögenslage des Schuldners näher zu besehen, entheben, oder dann glaubhaft zu machen, dass er dieser Pflicht genügt, dabei aber von den bedrängten Verhältnissen des Schuldners keine Kenntnis erlangt habe: BGE 25 II 932 E. 4.
   - Vom Belangten ist aller Regel nach nicht ein **direkter Beweis des Nichtkennens** zu leisten. Er muss die Momente dartun, aus denen sich ergibt, dass er die Vermögenslage des Schuldners nicht kennen konnte, sei es, dass er bei Abschluss des objektiv unter die genannte Bestimmung fallenden Geschäfts keinen Anlass gehabt habe, sich die Verhältnisse des Schuldners näher zu besehen, aber dass er, wenn er Anlass zu Verdacht haben musste, das der Sachlage entsprechende getan habe, um sich Einsicht zu verschaffen und dass dabei sein Verdacht nicht bestätigt worden sei: BGE 28 II 589 E. 5.

Art. 288[1]   3. Absichtsanfechtung

Anfechtbar sind endlich alle Rechtshandlungen, welche der Schuldner innerhalb der letzten fünf Jahre vor der Pfändung oder Konkurseröffnung in der dem andern Teile erkennbaren Absicht vorgenommen hat, seine Gläubiger zu benachteiligen oder einzelne Gläubiger zum Nachteil anderer zu begünstigen.

---

1   Fassung gemäss Ziff. I des BG vom 16. Dez. 1994, in Kraft seit 1. Jan. 1997 (AS 1995 1227; BBl 1991 III 1).

Verweise: *SchKG 89 (Zeitpunkt der Pfändung); SchKG 89–115 (Pfändung); SchKG 175 (Zeitpunkt der Konkurseröffnung); SchKG 171, 189 Abs. 1, 190–194 (Konkurseröffnung); StGB 167 (Bevorzugung eines Gläubigers → Nr. 35).*

Allgemeines

1 Der Tatbestand von SchKG 288 kennt **drei Voraussetzungen**: Die angefochtene Handlung muss die Gläubigergesamtheit nicht nur schädigen, sondern vom Schuldner auch in der betreffenden Absicht vorgenommen worden sein, was schliesslich für den begünstigten Dritten erkennbar gewesen sein muss: BGer v. 23.02.2011, 5A_747/2010 E. 2; BGE 136 III 247 E. 3; BGE 135 III 276 E. 5; BGE 134 III 615 E. 3.1 (Pra 98 [2009] Nr. 44); BGE 99 III 27 E. 3; BGE 29 II 747 E. 6.

2 Alle drei Voraussetzungen hat zu **beweisen**, wer aus der Erfüllung des Tatbestandes Rechte ableitet (ZGB 8), in der Regel also der Anfechtungskläger: BGer v. 16.03.2012, 5A_555/2011 E. 2.2.1; BGE 137 III 268 E. 4; BGE 136 III 247 E. 3; BGE 134 III 452 E. 2. Der Eintritt einer Schädigung wird aber zugunsten der Verlustscheingläubiger und der Konkursmasse **vermutet**, doch steht dem Anfechtungsgegner der Beweis offen, dass die angefochtene Handlung im konkreten Fall eine solche Schädigung nicht bewirkt habe: BGE 135 III 513 E. 3; BGE 135 III 276 E. 6.1.1 (Pra 98 [2009] Nr. 112); BGE 134 III 452 E. 2; BGE 99 III 27 E. 3.

3 Verhältnis zu **StGB 167** (→ Nr. 35):

– **StGB 167** lehnt sich an die Absichtsanfechtung nach SchKG 288 an, spricht sich jedoch nicht über die zivilrechtlichen Konsequenzen eines Verstosses gegen diese Strafnorm aus. Die Bestimmungen des StGB über die Betreibungs- und Konkursdelikte ergänzen diesen Schutz der Gläubiger gemäss SchKG, ohne vom System dieses Gläubigerschutzes abweichen zu wollen. Der Schutz von Drittpersonen, namentlich des Schuldners einer zedierten Forderung, ist nicht Zweck von StGB 167. Ein Verstoss gegen diese Strafnorm hat daher nicht die Nichtigkeit des verpönten Rechtsgeschäfts zur Folge: BGer v. 14.01.2008, 4A_415/2007 E. 3.2.2.

– Bei der **Anwendung von StGB 167** ist aus rechtsstaatlichen Gründen Zurückhaltung geboten. Nicht alles, was paulianisch anfechtbar ist, braucht strafbar zu sein: BGE 117 IV 23 E. 4.a.

Schädigung der übrigen Gläubiger

4 Es ist **grundsätzlich zulässig**, einem Schuldner, der ersichtlich mit Zahlungsschwierigkeiten zu kämpfen hat, die Weiterführung seiner Geschäftstätigkeit durch Kreditgewährung gegen Sicherheit zu ermöglichen: BGE 101 III 92 E. 4.b. Es liegt im Interesse der Gläubiger, dass Dritte versuchen, dem Schuldner zu Hilfe zu kommen, ohne Gefahr zu laufen, im Falle der Nutzlosigkeit der Bemühungen das Entgelt für ihre Leistungen zurückzahlen zu müssen: BGer v. 14.10.2008, 5A_64/2008 E. 6.2.1; BGE 134 III 452 E. 5.2; BGE 78 III 83 E. 2.

5 Die Pauliana setzt eine **Schädigung der Exekutionsrechte des Anfechtenden** als Folge der angefochtenen Rechtshandlung voraus. Der Anfechtungsbeklagte kann daher den Nachweis erbringen, dass diese Handlung eine solche Benachteiligung *in concreto* nicht zur Folge hatte, weil der Anfechtungskläger auch ohne die anfechtbare Handlung zu Verlust gekommen wäre: BGE 85 III 185 E. 2.a. Objektive Voraussetzung ist in jedem Falle, dass die ange-

fochtene Handlung die Gläubiger tatsächlich schädigt, indem sie das Vollstreckungsergebnis oder ihren Anteil daran vermindert oder ihre Stellung im Vollstreckungsverfahren sonst wie verschlechtert: BGer v. 19.05.2004, 4C.262/2002 E. 4.1.

6 An einer **Schädigung** fehlt es grundsätzlich, wenn die anderen Gläubiger auch bei richtigem Verhalten des Schuldners zum gleichen Verlust gekommen wären (sog. rechtmässiges Alternativverhalten), dient doch die Anfechtungsklage nicht der Bestrafung des beklagten Gläubigers, sondern der Wiederherstellung des Zustandes, in welchem sich ohne das angefochtene Geschäft das zur Befriedigung der übrigen Gläubiger dienende Vermögen des Schuldners im Zeitpunkt der Konkurseröffnung befunden hätte: BGE 136 III 247 E. 3.

7 An einer Schädigung fehlt es in der Regel auch, wenn die angefochtene Rechtshandlung im **Austausch gleichwertiger Leistungen** besteht: BGer v. 13.03.2012, 5A_28/2012 E. 4; BGE 137 III 268 E. 4.1; BGE 136 III 247 E. 3; BGE 135 III 276 E. 6.1.2; BGer v. 14.10.2008, 5A_64/2008 E. 5.3; BGE 134 III 452 E. 3.1. Es sei denn, der Schuldner habe mit dem Geschäft den Zweck verfolgt, über seine letzten Aktiven zum Schaden der Gläubiger verfügen zu können, und sein Geschäftspartner habe das erkannt oder bei pflichtgemässer Aufmerksamkeit erkennen müssen: BGer v. 22.08.2011, 5A_892/2010 E. 2; BGer v. 07.01.2010, 6B_917/2009 E. 2.5.2.

8 Ein **Austausch gleichwertiger Leistungen** liegt namentlich vor,
   – wenn der Schuldner die ihm gehörenden Sachen gegen **Zahlung des vollen Gegenwertes** veräussert: BGer v. 22.08.2011, 5A_892/2010 E. 2; BGer v. 07.01.2010, 6B_917/2009 E. 2.5.2; BGE 136 III 247 E. 3; BGE 65 III 142 E. 5;
   – wenn ihm bei einem Finanzierungsgeschäft der **volle Gegenwert** der von ihm unter Garantie der Einbringlichkeit abgetretenen Forderungen vergütet wird: BGer v. 22.08.2011, 5A_892/2010 E. 2; BGer v. 07.01.2010, 6B_917/2009 E. 2.5.2; BGE 136 III 247 E. 3; BGE 74 III 84 E. 3;
   – wenn der Schuldner gegen Bestellung eines Pfandes ein **Darlehen** erhält: BGer v. 22.08.2011, 5A_892/2010 E. 2; BGE 136 III 247 E. 3; BGE 53 III 78, 79;
   – wenn dem Schuldner gegen Bestellung eines Pfandes **Ware auf Kredit** geliefert wird: BGer v. 22.08.2011, 5A_892/2010 E. 2; BGE 136 III 247 E. 3; BGE 63 III 150 E. 3.

9 Selbst im Falle einer gleichwertigen Gegenleistung ist das Geschäft **dennoch anfechtbar**, wenn die dem Schuldner zukommende Leistung ihrerseits in einer seinen Gläubigern **nachteiligen Weise** verwendet wurde und die entsprechende Absicht für den Geschäftspartner **erkennbar** war: BGE 134 III 615 E. 4.2.1 (Pra 98 [2009] Nr. 44); BGE 130 III 235 E. 2.1.2; BGE 79 III 174, 175; BGE 65 III 142 E. 5. Dabei wird ein **innerer Zusammenhang** zwischen den beiden Vorgängen vorausgesetzt: BGE 53 III 78, 79.

10 Zu einer Schädigung der übrigen Gläubiger kommt es:
   – wenn der Schuldner anstelle der von ihm veräusserten Vermögensstücke bloss eine **Forderung** erwirbt oder wenn er Geld oder andere Vermögenswerte zum blossen Zweck der Tilgung einer Forderung hingibt, tauscht er für seine Leistung keine Gegenleistung ein, die eine Schädigung der Gläubiger von vornherein ausschliessen würde:

BGer v. 13.03.2012, 5A_28/2012 E. 4; BGer v. 22.08.2011, 5A_892/2010 E. 2; BGE 136 III 247 E. 3; BGE 99 III 27 E. 4;

- bei der **Rückzahlung eines Darlehens**: Diese stellt nicht eine (gleichwertige) Gegenleistung für die Hingabe des Darlehensbetrages dar, sondern die Erfüllung der mit der Darlehensaufnahme eingegangenen Pflicht zu späterer Rückzahlung. Sie bewirkt deshalb – unter Vorbehalt von Konkursprivilegien und dinglichen Vorrechten – regelmässig eine Schädigung der anderen Gläubiger: BGer v. 22.08.2011, 5A_892/2010 E. 2; BGer v. 07.01.2010, 6B_917/2009 E. 2.5.2; BGE 134 III 452 E. 3.1; BGE 99 III 27 E. 3 bis 5;
- bei der Bezahlung der **Dienstleistungen der Revisionsstelle**, selbst wenn diese ihrem Wert nach dem geleisteten Betrag entsprechen, da die übrigen Gläubiger lediglich eine Dividende erhalten: BGer v. 14.10.2008, 5A_64/2008 E. 5.3; BGE 134 III 615 E. 4.3 (Pra 98 [2009] Nr. 44);
- bei der **Bezahlung des Honorars eines Verwaltungsrates**. Auch sie kann dazu führen, dass die Forderungen der übrigen Gläubiger nicht mehr vollständig befriedigt werden können, und damit eine Gläubigerschädigung herbeiführen: BGer v. 14.10.2008, 5A_64/2008 E. 5.3;
- wenn **nachträglich Sicherheiten bestellt** werden, und zwar selbst dann, wenn sich der Schuldner zu deren Bestellung bereits bei der Kreditaufnahme verpflichtet hat: BGer v. 22.08.2011, 5A_892/2010 E. 2.

Schädigungsabsicht

11 Schädigungsabsicht liegt vor, wenn der Schuldner **voraussehen konnte und musste**, dass die angefochtene Handlung Gläubiger benachteiligt oder einzelne Gläubiger gegenüber anderen bevorzugt. Nicht erforderlich ist, dass der Schuldner mit seiner Handlung die Benachteiligung von Gläubigern oder die Begünstigung einzelner Gläubiger geradezu bezweckt hat. Es genügt vielmehr, wenn sich der Schuldner darüber hat Rechenschaft geben können und müssen und gleichsam in Kauf genommen hat, dass als natürliche Folge seiner Handlung Gläubiger geschädigt werden: BGE 137 III 268 E. 4.2; BGE 135 III 265 E. 5; BGE 134 III 452 E. 4.1.

12 Die direkte oder indirekte Schädigungsabsicht des Schuldners betrifft zunächst eine **innere Tatsache** und lässt sich unmittelbar nur durch die Parteiaussage beweisen, im Übrigen aber bloss durch Schlussfolgerungen aus dem äusseren Verhalten der betreffenden Person und den äusseren Gegebenheiten, die auf sie eingewirkt haben (Tatfrage). Gestützt darauf ist zu beurteilen, ob begrifflich eine Schädigungsabsicht i.S.v. SchKG 288 vorgelegen hat: BGE 135 III 265 E. 5; BGE 134 III 452 E. 4.1.

13 Um die Anwendung von SchKG 288 zu rechtfertigen ist nicht erforderlich, dass die Gläubigerbenachteiligung bzw. -begünstigung der ausschliessliche oder doch der letzte Zweck des Handels des Schuldners war, sondern es genügt, dass die Benachteiligung bzw. Begünstigung als **notwendige Folge** eines den Beweggrund des Handelns bildenden anderen Zwecks vom Willen des Schuldners mitumfasst war, namentlich genügt schon das eventuelle Wollen der Benachteiligung bzw. Begünstigung: BGE 55 III 80 E. b; BGE 41 III 70 E. 1; BGE 37 II 303 E. 3.

14 Die Schädigungsabsicht beinhaltet ein **doloses Element** welches fehlt, wenn die Organe zum relevanten Zeitpunkt von Erfolg versprechenden Sanierungsbemühungen ausgehen durften: BGE 137 III 268 E. 4.2.3 und 4.2.4.

15 Die Schädigungsabsicht und deren Erkennbarkeit durch **Organe** oder **rechtsgeschäftlich bestellte Stellvertreter** sind der juristischen Person bzw. dem Vertretenen anzurechnen: BGer v. 17.11.2009, 5A_82/2008 E. 4; BGE 134 III 452 E. 4.3.

Erkennbarkeit für den begünstigten Dritten

16 Die Schädigungsabsicht des Schuldners muss für den begünstigten Dritten **im Zeitpunkt des anfechtbaren Rechtsgeschäftes** erkennbar sein: BGer v. 09.08.2007, 5C_3/2007 E. 3.4.

17 **Erkennbar** ist eine Schädigungsabsicht, wenn der Dritte bei Anwendung der nach den Umständen gebotenen und **zumutbaren Sorgfalt und Aufmerksamkeit** hätte erkennen können und müssen, dass als Folge der angefochtenen Handlung möglicherweise eine Benachteiligung der anderen Gläubiger eintritt. Hiermit wird keine unbeschränkte Erkundigungspflicht aufgestellt. Im Allgemeinen braucht sich niemand darum zu kümmern, ob durch ein Rechtsgeschäft die Gläubiger seines Kontrahenten geschädigt werden oder nicht. Nur wenn deutliche Anzeichen für eine Gläubigerbegünstigung bzw. -benachteiligung bestehen, darf vom Begünstigten eine sorgfältige Prüfung verlangt werden: BGer v. 23.02.2011, 5A_747/2010 E. 4.3; BGer v. 11.06.2010, 5A_567/2009 E. 5.1; BGE 135 III 265 E. 2; BGE 134 III 452 E. 4.2; BGer v. 09.08.2007, 5C_3/2007 E. 3.4; BGE 83 III 82 E. 3.b; BGE 40 III 201 E. 2; BGE 30 II 160 E. 5.

18 Unter nahen Verwandten oder Ehegatten gilt eine **natürliche Vermutung**, dass der Begünstigte die wirklich vorhandene schlechte Vermögenslage des Schuldners kannte. Diesfalls trifft den Begünstigten eine **besondere Erkundigungspflicht**: BGer v. 23.02.2011, 5A_747/2010 E. 4.3; BGE 89 III 47 E. 2; BGE 43 III 247 E. 4; BGE 40 III 293 E. 2; BGE 33 II 665 E. 5. Neben dem nahen Verhältnis zwischen Begünstigtem und Schuldner kann auch die Unentgeltlichkeit der Verfügung ein Verdachtsmoment begründen: BGer v. 23.02.2011, 5A_747/2010 E. 4.3; BGE 43 III 240 E. 4.

19 Sind **mehrere Begünstigte** beteiligt, so ist die Erkennbarkeit der Schädigungsabsicht für jeden einzeln zu beurteilen: BGE 30 II 160 E. 4 und 5.

20 Besteht die angefochtene Rechtshandlung in einer **Pfandbestellung**, die von Anfang an verabredet war, so trifft den Gläubiger eine weniger weitgehende Pflicht, Erkundigungen über den Schuldner einzuholen, bevor er die Aushändigung des versprochenen Pfandes verlangen darf: BGE 99 III 89 E. 4.b; BGE 62 III 62 E. 2.

21 Wer von seinem Pächter während fast anderthalb Jahren keinen Rappen Zins erhält, ihm vielmehr dauernd mit immer neuen Darlehen bis zum Betrag von rund Fr. 80'000.– helfen muss, den Pachtbetrieb weiterzuführen, der kann nicht gutgläubig annehmen, die finanzielle Lage dieses Pächters sei normal. Damit ist das **Tatbestandsmerkmal der Erkennbarkeit** i.S.v. SchKG 288 gegeben: BGE 89 III 14 E. 3.a.

22 Die **Umwandlung** eines seit Jahren immer wieder verlängerten Betriebsrahmenkredites in einen kurzfristigen Termingeldkredit lässt darauf schliessen, dass sich die betreffende Bank

über die dramatische Situation des Schuldners im Klaren gewesen ist: BGer v. 28.09.2009, 5A_116/2009 E. 7.4; BGer v. 06.04.2009, 5A_386/2008 E. 5.2.

Fünfjahresfrist

23 Der *dies a quo* fällt gemäss Gesetzeswortlaut auf den **Tag der Pfändung bzw. der Konkurseröffnung**. Im Falle der Pfändung entspricht der *dies a quo* dem Tag, an welchem die Pfändung tatsächlich vollzogen und nicht demjenigen, an dem die Pfändungsurkunde zugestellt wurde: BGer v. 15.09.2008, 5A_93/2008 E. 3.1.1.

24 Betr. **Berechnung** und Verlängerung der Frist siehe SchKG 288a.

25 Bei **mehrfachen Pfändungen** in einer betreffenden Betreibung, lässt jede dieser Pfändungen die Fünfjahresfrist von SchKG 288 beginnen: BGer v. 04.04.2012, 5A_901/2011 E. 4.2.

Tatbestände im Einzelnen

26 Anfechtbar sind:
- **Prozesshandlungen** (*in casu* eine gerichtliche Schuldanerkennung): BGE 30 II 355 E. 3;
- **Unterlassungen** (*in casu* unterliess es der Schuldner, Rechtsvorschlag zu erheben): BGE 27 II 414 E. 3;
- **Pfandbestellungen,** wenn der Schuldner im Zeitpunkt ihrer Vornahme überschuldet war (auch für neue Schulden): BGE 53 III 78, 79; BGE 47 III 97 E. 3; BGE 30 II 160 E. 5. Die Pfandbestellung ist auch dann anfechtbar, wenn eine Verpflichtung zur Sicherheitsleistung bestanden hatte: BGE 38 II 345 E. 3;
- **Tilgungsgeschäfte**: BGE 89 III 14 E. 3;
- **Forderungsabtretungen** zur Sicherstellung eines Darlehens: BGE 89 III 47 E. 2. Anfechtbarkeit verneint: BGE 101 III 92 E. 4.b;
- Benachteiligung der übrigen Gläubiger durch Rückzahlung eines dem bedrängten Schuldner kurzfristig gewährten **Darlehens**: BGE 99 III 27 E. 3 bis 5;
- Schaffung einer **Verrechnungsmöglichkeit** durch Kaufgeschäft: BGE 103 III 46 E. 2.b; BGE 57 III 142 E. 2;
- Begünstigung der Ehefrau oder eines Dritten durch Abschluss und Erfüllung eines **Versicherungsvertrages**: BGE 64 III 85 E. 1;
- Rechtshandlungen, die der Schuldner **vor der Bestätigung des Nachlassvertrages** vorgenommen hat (SchKG 331 Abs. 1): BGE 136 III 247 E. 3; BGer v. 10.06.2008, 5A_261/2008 E. 2;
- die **Einräumung eines Wohnrechts** kann sowohl nach SchKG 286 Abs. 2 Ziff. 2 als auch nach SchKG 288 angefochten werden: BGer v. 28.02.2008, 5A_498/2007 E. 6.

Handelnde Personen

27 Es genügt, wenn ein den Schuldner verpflichtender **Vertreter** gehandelt hat: BGE 91 III 98 E. 2; BGE 39 II 395 E. 2.

28 Was die **Aktivlegitimation** zur Erhebung der Anfechtungsklage anbelangt, ist nicht entscheidend, wie die Funktion der natürlichen oder juristischen Person genau bezeichnet

wird; massgebend ist vielmehr, um wessen Rechtshandlungen es ging, d.h. **wem die angefochtenen Handlungen zuzurechnen sind**: BGer v. 10.08.2011, 5A_176/2011 E. 3.4.

Verfahrensfragen

29 Bei der **Kollokation von Forderungen**, deren vom Konkursiten vorgenommene Tilgung der Anfechtung unterliegt, kann im Kollokationsstadium eine Verrechnung, soweit sie überhaupt zulässig ist, nicht mit der Konkursdividende, sondern nur mit der Schuld des Konkursiten vorgenommen werden: BGE 83 III 43 E. 2.

30 Wo die versprochene Leistung durch **Vormerkung im Grundbuch** dinglich gesichert worden ist, ist das Verpflichtungsgeschäft Gegenstand der Anfechtungsklage: BGE 103 III 197 E. 2.c.

31 **Nachträgliche** Berufung im Prozess auf SchKG 288 anstelle des zuerst geltend gemachten SchKG 287 bedeutet keine unzulässige Klageänderung: BGE 33 II 657 E. 2.

Art. 288a[1]   4. Berechnung der Fristen

Bei den Fristen der Artikel 286–288 werden nicht mitberechnet:
1. die Dauer eines vorausgegangenen Nachlassverfahrens;
2. die Dauer eines Konkursaufschubes nach den Artikeln 725a, 764, 817 oder 903 OR[2];
3. bei der konkursamtlichen Liquidation einer Erbschaft die Zeit zwischen dem Todestag und der Anordnung der Liquidation;
4. die Dauer der vorausgegangenen Betreibung.

Verweise
Ziff. 1: SchKG 293–332 (Nachlassverfahren).
Ziff. 3: SchKG 193, ZGB 597 (konkursamtliche Liquidation).

1 Für den **Beginn der Frist** ist der **Zeitpunkt der Vollzugshandlung** massgebend: BGer v. 15.09.2008, 5A_93/2008 E. 3.1.1; BGE 91 III 98 E. 2. Im Falle der Pfändung entspricht der *dies a quo* dem Tag, an welchem die Pfändung tatsächlich vollzogen und nicht demjenigen, an dem die Pfändungsurkunde zugestellt wurde: BGer v. 15.09.2008, 5A_93/2008 E. 3.1.1.

2 Im Konkurs ist die Frist von einer der Konkurseröffnung **vorausgehenden ungenügenden Pfändung** an zu berechnen: BGer v. 13.03.2012, 5A_28/2012 E. 3; BGE 108 II 516 E. 3. Bei mehrfachen Pfändungen in einer betreffenden Betreibung lässt jede dieser Pfändungen die Frist beginnen: BGer v. 04.04.2012, 5A_901/2011 E. 4.2; BGer v. 13.03.2012, 5A_28/2012 E. 3.

---

1   Eingefügt durch Ziff. I des BG vom 16. Dez. 1994, in Kraft seit 1. Jan. 1997 (AS 1995 1227; BBl 1991 III 1).
2   SR 220

3   Bei der Anfechtung der **Nachlassstundung** ist für die Berechnung der Frist die Bewilligung der Nachlassstundung bzw. des Konkursaufschubs massgebend: SchKG 331 Abs. 2.

4   Die Fristen von SchKG 286–288 verlängern sich um die Dauer einer allfälligen **Notstundung**: SchKG 343 Abs. 2.

5   Der Zeitraum zur Erhebung der Anfechtungsklage ist nicht nur im Rahmen der Nachlassstundung, sondern auch während der einer konkursamtlichen Liquidation des Nachlasses vorangehenden **Inventaraufnahme** zu verlängern: BGE 130 III 241 E. 3.3.1 (Pra 93 [2004] Nr. 173).

Art. 289[1]   C. Anfechtungsklage
1. Gerichtsstand

Die Anfechtungsklage ist beim Richter am Wohnsitz des Beklagten einzureichen. Hat der Beklagte keinen Wohnsitz in der Schweiz, so kann die Klage beim Richter am Ort der Pfändung oder des Konkurses eingereicht werden.

Verweise: ZGB 23–26 (Wohnsitz); SchKG 46–55 (Betreibungsort).

1   Die konkursrechtliche Anfechtungsklage schweizerischen Rechts ist im Lichte der Rechtsprechung zu aLugÜ 1 Abs. 1 Ziff. 2 (heute LugÜ 1 Ziff. 2 lit. b → Nr. 40) zu den konkursähnlichen Verfahren zu zählen, welche vom **Anwendungsbereich des Lugano-Übereinkommens ausgeschlossen** sind: BGE 131 III 227 E. 3.3 (Pra 95 (2006) Nr. 57).

Art. 290[2]   2. Passivlegitimation

Die Anfechtungsklage richtet sich gegen die Personen, die mit dem Schuldner die anfechtbaren Rechtsgeschäfte abgeschlossen haben oder von ihm in anfechtbarer Weise begünstigt worden sind, sowie gegen ihre Erben oder andere Gesamtnachfolger und gegen bösgläubige Dritte. Die Rechte gutgläubiger Dritter werden durch die Anfechtungsklage nicht berührt.

Verweise: ZGB 560 (Erben); 940 (bösgläubiger Besitzer); ZGB 3 (guter Glaube).

1   Der **Schuldner** selber ist im Anfechtungsprozess grundsätzlich nicht Partei: BGE 130 III 235 E. 6.1.1.

2   Die Anfechtungsklage richtet sich gegen die Person, welche **tatsächlich begünstigt** wird, also diejenige, welcher die fraglichen Vermögenswerte aufgrund der anfechtbaren Rechtshandlungen zugeflossen sind bzw. wer von dieser profitiert hat: BGer v. 31.10.2011, 5A_353/2011 E. 5.5; BGE 135 III 265 E. 3.

---

1   Fassung gemäss Ziff. I des BG vom 16. Dez. 1994, in Kraft seit 1. Jan. 1997 (AS 1995 1227; BBl 1991 III 1).

2   Fassung gemäss Ziff. I des BG vom 16. Dez. 1994, in Kraft seit 1. Jan. 1997 (AS 1995 1227; BBl 1991 III 1).

3 Unter dem **bösgläubigen Dritten** wird der Rechtsnachfolger (Singularsukzessor) des Anfechtungsbeklagten (Vertragspartner des Schuldners) verstanden, der vom Bestand der Anfechtungsschuld wusste: BGer v. 07.02.2008, 5A_210/2007 E. 5.2.1; BGE 130 III 235 E. 6.1.1; BGE 51 III 204 E. 2. Die Bösgläubigkeit bezieht sich dabei auf den Zeitpunkt der Rechtsnachfolge und nicht auf den Zeitpunkt des anfechtbaren Akts: BGer v. 07.02.2008, 5A_210/2007 E. 5.2.1.

4 Als **bösgläubiger Dritter** i.S. des SchKG 290 ist der Kläger anzusehen, wenn er Kenntnis von den Umständen hatte, welche die Anfechtbarkeit des Erwerbs zu begründen vermochten; dabei gilt auch hier, dass sich der Kläger nicht auf den guten Glauben berufen kann, wenn er bei der Aufmerksamkeit, wie sie bei den gegebenen Umständen von ihm verlangt werden durfte, nicht gutgläubig sein konnte (ZGB 3): BGE 52 II 46 E. 2.

5 Der Vertragspartner des Schuldners und der bösgläubige Dritte **haften solidarisch** für den gesamten Betrag: BGE 135 III 513 E. 7.1.

6 Es ist zwar nicht ohne Weiteres eine **Interessenkollision** anzunehmen, wenn Mutter und Kind gemeinsam als Beklagte in einem Anfechtungsverfahren nach SchKG 285 ff. auftreten; hingegen ist im Hinblick auf einen Vergleichsabschluss im Anfechtungsprozess zur Wahrung der Interessen des Kindes die Ernennung eines Beistandes nach ZGB 392 Ziff. 2 durch die Vormundschaftsbehörde zu prüfen: BGer v. 06.01.2010, 5A_590/2010 E. 3.7; BGE 90 II 359 E. 2.

Art. 291   D. Wirkung

¹ Wer durch eine anfechtbare Rechtshandlung Vermögen des Schuldners erworben hat, ist zur Rückgabe desselben verpflichtet. Die Gegenleistung ist zu erstatten, soweit sie sich noch in den Händen des Schuldners befindet oder dieser durch sie bereichert ist. Darüber hinaus kann ein Anspruch nur als Forderung gegen den Schuldner geltend gemacht werden.

² Bestand die anfechtbare Rechtshandlung in der Tilgung einer Forderung, so tritt dieselbe mit der Rückerstattung des Empfangenen wieder in Kraft.

³ Der gutgläubige Empfänger einer Schenkung ist nur bis zum Betrag seiner Bereicherung zur Rückerstattung verpflichtet.

Verweise

Abs. 1: *OR 62–67 (Bereicherung).*
Abs. 3: *OR 239–252 (Schenkung).*

Zu Abs. 1

1 Das gutheissende Anfechtungsurteil macht nicht die angefochtenen Rechtsgeschäfte **zivilrechtlich** ungültig; vielmehr hat es rein betreibungs- bzw. konkursrechtliche Wirkung und bezweckt, die betreffenden Vermögenswerte in die Zwangsvollstreckung einzubinden, indem sie der Masse des Vollstreckungssubstrates zugeführt werden: BGer v. 22.08.2011, 5A_892/2010 E. 4.3; BGE 135 III 265 E. 3; BGE 98 III 44 E. 3. Es geht darum, das Vollstre-

ckungssubstrat so herzustellen, wie es sich ohne die angefochtene Rechtshandlung dargeboten hätte: BGE 136 III 341 E. 3; BGE 26 II 204 E. 5.

2 Ausserhalb des Konkurses hat die Rückerstattung die **Wirkung**, dass die dem anfechtbaren Rechtsgeschäft unterliegenden Gegenstände zurückgegeben werden, um diese zu Gunsten der anderen Gläubiger pfänden und verwerten zu können: BGer v. 04.04.2012, 5A_901/2011 E. 4.1; BGer v. 13.03.2012, 5A_28/2012 E. 2.

3 Die obsiegende anfechtende Partei hat einen Anspruch gegen den Anfechtungsgegner auf Rückgewähr, d.h. darauf, dass der Anfechtungsgegner die **Beschlagnahme und die Verwertung** des von ihm anfechtbar erworbenen Vermögensgegenstandes duldet: BGer v. 16.04.2007, 5C_219/2006 E. 3.2.

4 Die **Rückgabe** einer anfechtbar erworbenen Sache hat in erster Linie *in natura* zu erfolgen. Nur wenn eine Rückgabe der Sache nicht mehr möglich ist, besteht die (subsidiäre) Pflicht zur Erstattung ihres Wertes: BGer v. 04.04.2012, 5A_901/2011 E. 5; BGE 136 III 341 E. 4.1; BGE 135 III 513 E. 9.1; BGE 132 III 489 E. 3.3. BGer v. 09.08.2007, 5C_3/2007 E. 3; BGE 47 III 89 E. 1.

5 Die Unmöglichkeit der Rückgewähr dieses Vermögensgegenstandes ist eine rechtsvernichtende Tatsache und ist vom **Anfechtungsgegner zu beweisen**: BGer v. 16.04.2007, 5C_219/2006 E. 3.2.

6 Das Urteil, welches die Veräusserung eines **Grundstücks** hinfällig werden lässt, ermächtigt den Gläubiger, dieses zu verwerten, wie wenn es noch dem Schuldner gehörte; das gilt auch, wenn der Anfechtungsbeklagte gutgläubiger Schenkungsempfänger ist: BGer v. 28.09.2009, 5A_58/2009 E. 3.1 und 3.2.

7 Befindet sich der **Schuldner im Konkurs**, handelt es sich beim Anspruch auf Rückerstattung der Leistung um eine **Masseverbindlichkeit**, die der Anfechtungsgegner gegebenenfalls mit seiner eigenen Pflicht zur Leistung von Wertersatz verrechnen kann: BGE 135 III 513 E. 9.5.2; BGer v. 05.01.2005, 5C.148/2004 E. 2.5; BGE 74 III 84 E. 2; BGE 50 III 141 E. 7.

8 Wird die Anfechtungsklage von der **Konkursmasse** angestrengt, so **fällt der Prozessgewinn in die allgemeine Masse**; sie kann daher natürlich vor Erledigung des Prozesses den Konkurs nicht schliessen und der Anfechtungsbeklagte hat somit die Möglichkeit, seinen Anspruch auf Teilnahme am Liquidationsergebnis noch durch eine nachträgliche Konkurseingabe anzumelden und eine nachträgliche Kollokation der wiederauflebenden Forderung zu verlangen: BGE 83 III 43 E. 2; BGE 41 III 240, 240 ff.

9 Es bestehet kein dinglicher, sondern nur ein **persönlicher** Anspruch auf Rückgewähr: BGE 106 III 40 E. 3; BGE 36 II 135 E. 4; BGE 32 II 558 E. 2. Wegen seinem bloss obligatorischen Charakter kann der Anfechtungsanspruch im Konkurs des Anfechtungsbeklagten grundsätzlich nur als gewöhnliche Konkursforderung geltend gemacht werden: BGE 106 III 40 E. 3; BGE 45 III 219 E. 3.

10 Die Rückleistung hat in derselben **Landeswährung** zu erfolgen, in der der Empfänger bereichert wurde: BGer v. 25.05.2010, 5A_175/2010 E. 4.2.

11 Der Wertersatzanspruch, der an die Stelle der nicht mehr möglichen Rückgabe *in natura* tritt, wird nach herrschender Lehre und Rechtsprechung als **Schadenersatzpflicht** angesehen,

die sich ganz allgemein nach den Regeln der OR 97 ff. richtet. Ab Inverzugsetzung i.S.v. OR 102 Abs. 1 ist deshalb Verzugszins zu 5% gemäss OR 104 Abs. 1 zu bezahlen: BGE 135 III 513 E. 9.6.1.

12 Von einer analogen Anwendung von **SchKG 200** in dem Sinn, dass der Anfechtungsanspruch, sofern die Verwertung mit einem Verlust abschliesst, als ebenfalls für die Gruppe gepfändet zu gelten habe, kann keine Rede sein. Der Anfechtungsanspruch steht als solcher (ausser Konkurs) nur den durch die anfechtbare Handlung benachteiligten Gläubigern zu: BGE 57 III 108 E. 2.

13 Eine **Berichtigung des Grundbuches** bei der Rückgewähr eines Grundstückes nach Pfändung ist weder nötig noch zulässig. Denn dem Gläubiger wird lediglich das Beschlagsrecht gesichert, das ihm durch die anfechtbare Rechtshandlung entzogen wurde: BGE 91 III 98 E. 2; BGE 81 III 98 E. 1; BGE 63 III 27 E. 3; BGE 47 III 89 E. 1.

14 Der **unterlegene Anfechtunsbeklagte**, der die Pfändung des anfechtbar erworbenen Gutes zu dulden hat, kann an dieser Pfändung mit einer eigenen Forderung gegen den Schuldner teilnehmen: BGE 67 III 169 E. 4.

15 Für die Fortsetzung der Betreibung ist kein **neuer Zahlungsbefehl** nötig, wenn auf Grund eines definitiven Verlustscheins eine Anfechtungsklage mit Erfolg erhoben wurde: BGE 43 III 212 E. 1.

Umfang des Wertersatzes

16 Ausser der Sache selbst sind auch die aus ihr bis zur Inverzugsetzung bezogenen **Erträgnisse** zurückzuerstatten: BGE 98 III 44 E. 3.

17 Der Anfechtungsbeklagte trägt grundsätzlich nicht die Gefahr einer **unverschuldeten Wertverminderung**. Er hat für Wertverminderungen, welche auf Zufall beruhen oder auch beim Schuldner eingetreten wären, nicht einzustehen: BGer v. 16.04.2007, 5C_219/2006 E. 4.2; BGer v. 31.03.2007, 5C.240/2005 E. 3.4; BGE 65 III 142 E. 6; BGE 50 III 141 E. 6. Anders verhält es sich, wenn der Anfechtungsbeklagte im Zeitpunkt des Untergangs oder der Wertverminderung der Sache bereits **in Verzug** gesetzt war; dann haftet er i.S.v. OR 103 auch für Zufall: BGer v. 16.04.2007, 5C_219/2006 E. 4.2.

18 Die Rückgewährspflicht entfällt auch für Vermögensstücke, die ohne Verschulden des Beklagten **untergegangen** sind, bevor der Anfechtungsanspruch geltend gemacht werden konnte: BGE 65 III 142 E. 6.

19 Umgekehrt kommt dem Rückgewährspflichtigen eine **zufällige Wertsteigerung** nicht zugute: BGE 98 III 44 E. 3; BGE 50 III 151 E. 6.

20 Der Ersatz geht nicht über die **volle Befriedigung** des Anfechtungsklägers hinaus: BGE 26 II 204 E. 8.

21 Eine Liegenschaft ist **mitsamt den Grundpfandschulden** zurückzugeben und zu verwerten, wie diese im Zeitpunkt des anfechtbaren Rechtsgeschäfts bestanden haben: BGer v. 05.02.2004, 5C.176/2003 E. 3.3; BGE 26 II 204 E. 8.

22 Der anfechtbar begünstigte Ehegatte oder Nachkomme des Versicherungsnehmers hat im Konkurs über dessen Hinterlassenschaft nur den **Rückkaufswert der Lebensversicherung** im Zeitpunkt des Todes des Erblassers oder den allenfalls höheren Betrag des anfecht-

bar geleisteten Prämienaufwandes herauszugeben. Im Übrigen bleibt der Versicherungsanspruch der Familie trotz Ausschlagung der Erbschaft gewahrt: BGE 64 III 85 E. 4.

23 Bei Missverhältnis zwischen Leistung und Gegenleistung einer **unteilbaren Sache** besteht ein Anspruch auf volle Vergütung der Gegenleistung: BGE 65 III 142 E. 5.

24 Ob dem Anfechtungsbeklagten an dem von ihm an die Masse zu leistenden Wertersatz ein Retentionsrecht für Pachtzins zusteht, ist vorab in einem **Kollokationsverfahren** zu beurteilen, bevor das Konkursamt über die Verteilung der Ersatzleistung verfügt: BGE 89 III 14 E. 5.b.

Zu Abs. 2

25 **Bürgschaften einer wieder auflebenden Forderung** treten ebenfalls wieder in Kraft: BGE 89 III 14 E. 5.b; BGE 64 III 147 E. 3 und 4. In Bezug auf dingliche Nebenrechte ist diese Streitfrage bislang offen geblieben: BGE 89 III 14 E. 5.b.

26 Auch nach Schluss des Konkursverfahrens ist der Abtretungsbeklagte berechtigt, dem Abtretungskläger seinen Anspruch auf die **Konkursdividende** für die i.S.v. SchKG 291 wiedererstandene Forderung einredeweise entgegenzuhalten: BGE 41 III 70 E. 3; zur Möglichkeit der Verrechnung siehe oben N 7.

27 Im Kollokationsplan ist auch über die Anerkennung oder Bestreitung der im Falle der Gutheissung der Anfechtungsklage wieder auflebenden Forderung eine für diesen Fall **bedingte Verfügung** (von Amtes wegen) zu erlassen: KS BGer Nr. 10 vom 09.07.1915 (→ Nr. 13) BGE 103 III 13 E. 4.

Zu Abs. 3

28 Unter Abs. 3 fallen auch sämtliche **schenkungsähnlichen** Geschäfte nach SchKG 286 Abs. 2: BGE 53 III 38 E. 1.

29 Auch der **gutgläubige Beschenkte** hat die Schenkung *in natura* zurückzugeben, ansonsten schuldet er Wertersatz: BGer v. 28.09.2009, 5A_58/2009 E. 3.2.

Art. 292[1]   E. Verwirkung

Das Anfechtungsrecht ist verwirkt:

1. nach Ablauf von zwei Jahren seit Zustellung des Pfändungsverlustscheins (Art. 285 Abs. 2 Ziff. 1);
2. nach Ablauf von zwei Jahren seit der Konkurseröffnung (Art. 285 Abs. 2 Ziff. 2).

Verweise: SchKG 31–33, SchKG 56–63, ZPO 142 ff. (Fristberechnung → Nr. 25).

1 Die Verwirkungsfrist zur Anhebung der Anfechtungsklage kann **nicht unterbrochen** werden: BGer v. 23.08.2010, 5A_359/2010 E. 3.

---

1 Fassung gemäss Ziff. I des BG vom 16. Dez. 1994, in Kraft seit 1. Jan. 1997 (AS 1995 1227; BBl 1991 III 1).

2 Beim **Nachlassvertrag mit Vermögensabtretung** verwirkt das Recht zur Anfechtung von Rechtshandlungen nach Ablauf von zwei Jahren nach Bestätigung des Nachlassvertrages: BGer v. 04.09.2008, 5A_469/2007 E. 4; BGer v. 17.04.2008, 5A_670/2007 E. 2.1; BGE 134 III 273 E. 4.6.3.

3 Beantragt der Kläger im Zusammenhang mit der Anfechtung von Grundstückveräusserungen zunächst nur die Zusprechung eines Geldbetrags und ändert er sein Klagebegehren erst **nach Ablauf der Verwirkungsfrist** von SchKG 292 Ziff. 2 dahingehend ab, dass er (auch) die Einbeziehung der fraglichen Grundstücke in die Konkursmasse verlangt, ist ihm nicht die Einrede der Verwirkung entgegenzuhalten, falls bereits den Ausführungen in der Klageschrift zur Sache klar zu entnehmen war, dass die Geldforderung sich aus einem Anfechtungstatbestand ableitet: BGE 136 III 341 E. 4.

4 LVG 15 sieht eine Verjährungsfrist von **zehn Jahren** vor.

Elfter Titel:[1] Nachlassverfahren
I. Nachlassstundung

Art. 293 A. Bewilligungsverfahren
1. Gesuch; vorsorgliche Massnahmen

¹ Ein Schuldner, der einen Nachlassvertrag erlangen will, muss dem Nachlassrichter ein begründetes Gesuch und den Entwurf eines Nachlassvertrages einreichen. Er hat dem Gesuch eine Bilanz und eine Betriebsrechnung oder entsprechende Unterlagen beizulegen, aus denen seine Vermögens-, Ertrags- oder Einkommenslage ersichtlich ist, sowie ein Verzeichnis seiner Geschäftsbücher, wenn er verpflichtet ist, solche zu führen (Art. 957 OR[2]).

² Ein Gläubiger, der ein Konkursbegehren stellen kann, ist befugt, beim Nachlassrichter ebenfalls mit einem begründeten Gesuch die Eröffnung des Nachlassverfahrens zu verlangen.

³ Nach Eingang des Gesuchs um Nachlassstundung oder nach Aussetzung des Konkurserkenntnisses von Amtes wegen (Art. 173a Abs. 2) trifft der Nachlassrichter unverzüglich die zur Erhaltung des schuldnerischen Vermögens notwendigen Anordnungen. In begründeten Fällen kann er die Nachlassstundung für einstweilen höchstens zwei Monate provisorisch bewilligen, einen provisorischen Sachwalter ernennen und diesen mit der Prüfung der Vermögens-, Ertrags- oder Einkommenslage des Schuldners und der Aussicht auf Sanierung beauftragen.

⁴ Auf die provisorisch bewilligte Nachlassstundung finden die Artikel 296, 297 und 298 Anwendung.

Verweise

Abs. 1: *ZPO 251 Bst. a (summarisches Verfahren → Nr. 25).*

Abs. 2: *SchKG 166–170 (Konkursbegehren).*

Abs. 3: *SchKG 295 (Sachwalter).*

1 Der elfte Titel findet keine Anwendung auf **Banken**: BankG 25 Abs. 3 (→ Nr. 36).

2 Die Nachlassstundung ist eine **vorsorgliche Massnahme**, aufgrund welcher der gesetzliche Fristenstillstand für die Beschwerdeführung beim Bundesgericht nicht gilt: BGE 135 III 430 E. 1 (Pra 99 [2010] Nr. 32).

---

1 Fassung gemäss Ziff. I des BG vom 16. Dez. 1994, in Kraft seit 1. Jan. 1997 (AS 1995 1227; BBl 1991 III 1).

2 SR 220

3 Überträgt ein Arbeitgeber während der Nachlassstundung den Betrieb, so geht das **Arbeitsverhältnis** auf den Erwerber über (OR 333 Abs. 1) und der bisherige Arbeitgeber haftet nach OR 333 Abs. 3 für die Forderungen des Arbeitnehmers: BGE 137 III 487 E. 4.8 und 5.

4 Ein **ausländischer Entscheid**, der einer Nachlassstundung entspricht, ist in der Schweiz nach IPRG 175 (→ Nr. 34) anerkennungsfähig, sobald das ausländische Nachlassverfahren von der zuständigen Behörde eröffnet wurde: BGE 137 III 138 E. 2.1 (Pra 100 [2011] Nr. 85).

5 Zuständig zum Entscheid über **Bestand und Umfang der Umsatzsteuer** ist im Konkurs- oder Nachlassverfahren die Steuer- oder Steuerjustizbehörde und nicht die Konkursverwaltung bzw. der Liquidator: BGE 137 II 136 E. 3.1.

6 Eine im Nachlassverfahren eingereichte Bilanz stellt eine Urkunde dar, der von Gesetzes wegen **Beweiseignung** hinsichtlich der dargestellten Vermögenslage zukommt: BGE 114 IV 32 E. 2.b.

7 Der Anspruch auf **Insolvenzentschädigung** entsteht bereits mit der Bewilligung der Nachlassstundung. Wird später über den Arbeitgeber der Konkurs eröffnet, so lebt ein im Zeitpunkt der Nachlassstundung entstandener, aber nicht oder nicht rechtzeitig geltend gemachter und damit verwirkter Insolvenzentschädigungsanspruch nicht wieder auf: BGE 123 V 106 E. 2.b.

8 Wenn die Bestätigung eines Nachlassvertrages von der letzten kantonalen Instanz verweigert worden ist, ist ein Gläubiger zur Führung einer subsidiären Verfassungsbeschwerde (BGG 113, hier noch staatsrechtliche Beschwerde) nur berechtigt, falls **er selbst** die Eröffnung des Nachlassverfahrens verlangt oder im kantonalen Verfahren wenigstens ausdrücklich um Bestätigung des Nachlassvertrages ersucht hat: BGE 129 III 758 E. 1.

9 **Besondere Nachlassverfahren** sind für folgende Fälle vorgesehen:
   – für **Eisenbahn- und Schifffahrtsunternehmen**: VZEG 51–77;
   – für Gläubigergemeinschaften bei **Anleihensobligationen**: OR 1166 und VO über die Gläubigergemeinschaft bei Anleihensobligationen vom 09.12.1949 (SR 221.522.1);
   – für **Gemeinden und andere Körperschaften** des kantonalen öffentlichen Rechts: SchGG 32 Abs. 3 (→ Nr. 33).

Art. 294   2. Ladung, Entscheid und Beschwerde[1]

1 Liegt ein Gesuch um Nachlassstundung vor oder werden provisorische Massnahmen angeordnet, so lädt der Nachlassrichter den Schuldner und den antragstellenden Gläubiger unverzüglich zur Verhandlung vor. Er kann auch andere Gläubiger anhören oder vom Schuldner die Vorlage einer detaillierten Bilanz und einer Betriebsrechnung oder entsprechender Unterlagen sowie das Verzeichnis seiner Bücher verlangen.

---

1   Fassung gemäss Anhang 1 Ziff. II 17 der Zivilprozessordnung vom 19. Dez. 2008, in Kraft seit 1. Jan. 2011 (AS 2010 1739; BBl 2006 7221).

² Sobald der Nachlassrichter im Besitz der notwendigen Unterlagen ist, entscheidet er möglichst rasch über die Bewilligung der Nachlassstundung; er berücksichtigt dabei namentlich die Vermögens-, Ertrags- oder Einkommenslage des Schuldners und die Aussichten auf einen Nachlassvertrag.

³ Der Schuldner und der gesuchstellende Gläubiger können den Entscheid des Nachlassgerichts mit Beschwerde nach der ZPO[1] anfechten.[2]

⁴ Soweit der Entscheid die Ernennung des Sachwalters betrifft, ist jeder Gläubiger zur Beschwerde legitimiert.[3]

Verweise

Abs. 1: SchKG 293 Abs. 1 und 2 (Gesuch); SchKG 293 Abs. 3 und 4 (provisorische Nachlassstundung).

Abs. 3: ZPO 319–327 (Beschwerde → Nr. 25).

Abs. 4: SchKG 295 (Sachwalter).

1 Eine im Nachlassverfahren eingereichte **Bilanz** stellt eine Urkunde dar, der von Gesetzes wegen Beweiseignung hinsichtlich der dargestellten Vermögenslage zukommt: BGE 114 IV 32 E. 2.b.

2 Mit «**nach Anhörung des Schuldners**» ist nicht bloss das Gesuch des Schuldners um Eröffnung des Verfahrens gemeint. Vielmehr ist der Schuldner zu befragen. Es gilt die **Untersuchungsmaxime**: BGE 59 III 32 E. 3.

Art. 295 3. Bewilligung und Dauer der Nachlassstundung. Ernennung und Aufgaben des Sachwalters

¹ Besteht Aussicht auf einen Nachlassvertrag, so gewährt der Nachlassrichter dem Schuldner die Nachlassstundung für vier bis sechs Monate und ernennt einen oder mehrere Sachwalter. Die Dauer der provisorisch gewährten Stundung wird nicht angerechnet.

² Der Sachwalter:

a. überwacht die Handlungen des Schuldners;

b. erfüllt die in den Artikeln 298–302 und 304 bezeichneten Aufgaben;

c. erstattet auf Anordnung des Nachlassrichters Zwischenberichte und orientiert die Gläubiger über den Verlauf der Stundung.

---

1 SR 272

2 Fassung gemäss Anhang 1 Ziff. II 17 der Zivilprozessordnung vom 19. Dez. 2008, in Kraft seit 1. Jan. 2011 (AS 2010 1739; BBl 2006 7221).

3 Fassung gemäss Anhang 1 Ziff. II 17 der Zivilprozessordnung vom 19. Dez. 2008, in Kraft seit 1. Jan. 2011 (AS 2010 1739; BBl 2006 7221).

³ Auf die Geschäftsführung des Sachwalters sind die Artikel 8, 10, 11, 14, 17–19, 34 und 35 sinngemäss anwendbar.

⁴ Auf Antrag des Sachwalters kann die Stundung auf zwölf, in besonders komplexen Fällen auf höchstens 24 Monate verlängert werden. Bei einer Verlängerung über zwölf Monate hinaus sind die Gläubiger anzuhören.

⁵ Die Stundung kann auf Antrag des Sachwalters vorzeitig widerrufen werden, wenn dies zur Erhaltung des schuldnerischen Vermögens erforderlich ist, oder wenn der Nachlassvertrag offensichtlich nicht abgeschlossen werden kann. Der Schuldner und die Gläubiger sind anzuhören. Die Artikel 307–309 gelten sinngemäss.

Zu Abs. 1 Nachlassstundung

1 Mit dem Ablauf der Nachlassstundung fallen die **Wirkungen** der Stundung automatisch dahin, ohne dass es hierfür eines Entscheides der Nachlassbehörde bedürfte: BGE 130 III 380 E. 3.

2 Die **Nachlassstundung ist zu verweigern**, wenn von vornherein feststeht, dass ein von der fraglichen Schuldnerin vorgeschlagener Nachlassvertrag nicht genehmigt werden könnte: BGE 87 III 33 E. 3.

3 Betr. Stundung für **Gläubigergemeinschaften bei Anleihensobligationen** vgl. OR 1166.

Zu Abs. 2 Sachwalter

4 Der Sachwalter hat nicht für das allfällige Unvermögen des Schuldners **einzustehen**, seinen Betrieb entweder weiterzuführen oder zu liquidieren, sondern sich auf die Überwachung seiner Tätigkeit zu beschränken: BGer v. 15.07.2008, 5A_132/2008 E. 2.4.

5 Zur **Entschädigung** des Sachwalters:
   – Das Nachlassgericht setzt das **Honorar** des Sachwalters pauschal fest: GebV SchKG 55 (→ Nr. 7).
   – Dem Nachlassrichter steht – wie der kantonalen Aufsichtsbehörde gegenüber der ausseramtlichen Konkursverwaltung – ein **erhebliches Ermessen** bei der Festlegung der Pauschalentschädigung des Sachwalters zu: BGer v. 15.07.2008, 5A_132/2008 E. 2.5.
   – Über **Beschwerden** betr. die Anwendung des Gebührentarifs und über die Bemessung der Pauschalvergütung entscheidet die Aufsichtsbehörde: BGE 68 III 123 E. 1.
   – Betr. **Umfang der Kostenrechnung** des Sachwalters im Nachlassverfahren: BGE 94 III 19 E. 2–6;
      – Der Sachwalter darf für Verrichtungen während der Nachlassstundung, die mit seiner amtlichen Aufgabe nichts zu tun haben, wie für **unnütze Verrichtungen** weder aufgrund des amtlichen noch aufgrund eines privatrechtlichen Auftrags eine Entschädigung verlangen: BGE 94 III 19 E. 6.
      – Bei der **Bemessung der Pauschalvergütung** darf neben dem Arbeitsaufwand auch dessen Nutzen und Erfolg sowie die Höhe der übrigen tariflichen Bezüge des Sachwalters im betreffenden Nachlassverfahren berücksichtigt werden: BGE 68 III 123 E. 3.

- Die Nachlassbehörde kann in ihrem Entscheid über die Nachlassstundung den Schuldner **für die Kosten des Sachwalters vorschusspflichtig** erklären und der Sachwalter darf gestützt darauf einen Kostenvorschuss einfordern: BGE 100 III 33 E. 2.
- Hat sich der Sachwalter im Nachlassverfahren angemasst, Guthaben des Schuldners einzuziehen, so hat er bei Nichtzustandekommen des Nachlassvertrages diese Gelder wieder **zurückzuerstatten** und kann sie nicht mit seiner Gebührenforderung verrechnen: BGE 60 III 183, 186 ff.

Zu Abs. 3 Beschwerde

6 Der **Vollzug des Nachlassvertrags** ist grundsätzlich Sache des Schuldners. Befasst sich dennoch eine Person, die als Sachwalter oder Konkursverwaltung amtet, mit dem Vollzug des Nachlassvertrags (privatrechtlicher Auftrag) ist dagegen **keine Beschwerde** nach SchKG 17 möglich: BGE 81 III 30, 31 f.

7 Erteilt der Sachwalter **Weisungen** an den Schuldner (SchKG 298), ist diese Verfügung anfechtbar. **Legitimiert** sind diejenigen, in deren Rechte mit der Verfügung eingegriffen wurde: BGer v. 27.06.2005, 7B.57/2005 E. 2.3; BGE 82 III 131 E. 1.

8 Der Sachwalter untersteht der **Disziplinargewalt der Nachlassbehörde**, sofern er nicht dem Betreibungs- oder Konkursamt angehört: BGE 68 III 123 E. 1. Dies im Gegensatz zum **Nachlassverwalter** im Nachlassvertrag mit Vermögensabtretung: BGE 114 III 120, 121.

9 Die **Frist für eine Beschwerde** läuft vom Tag der gemäss SchKG 300 Abs. 2 zum Voraus anzukündigenden Auflegung der Akten an, von welchem Tag an die Beteiligten von dem gemäss SchKG 299 aufgenommenen Inventar und der darin enthaltenen Schätzung Kenntnis nehmen können: BGE 94 III 25 E. 1.

10 Die Vorschriften über **Betreibungsferien und Rechtsstillstand** finden auf die Verfügungen des Sachwalters und auf die Frist zur Beschwerde keine Anwendung: BGE 73 III 91 E. 2.

11 Eine Weisung des **provisorischen Sachwalters**, wonach die einer Gesellschaftsgruppe gehörenden Gesellschaften, denen eine provisorische Nachlassstundung gewährt worden ist, die Zahlungen an ihre Frühpensionierten einzustellen hätten, ist weder kompetenz- noch sonstwie bundesrechtswidrig: BGE 129 III 98 E. 3.2.

Zu Abs. 4

12 Die **Höchstdauer der Nachlassstundung** von maximal 24 Monaten kann sich einerseits um die vorausgegangenen zwei Monate einer provisorischen Nachlassstundung, andererseits um die Dauer des Verfahrens für die gerichtlichen Verfahren zur Bestätigung des Nachlassvertrages verlängern: BGE 134 III 273 E. 4.3.2.

Art. 296 4. Öffentliche Bekanntmachung

Die Bewilligung der Stundung wird öffentlich bekanntgemacht und dem Betreibungsamt sowie dem Grundbuchamt unverzüglich mitgeteilt. Die Nachlassstundung ist spätestens zwei Tage nach Bewilligung im Grundbuch anzumerken.[1]

Verweise: SchKG 35 (öffenliche Bekanntmachung); ZGB 942–977 (Grundbuch); ZGB 960 Abs. 1 Ziff. 1 (Verfügungsbeschränkung).

Keine Entscheidungen.

Art. 297 B. Wirkungen der Stundung
1. Auf die Rechte der Gläubiger

[1] Während der Stundung kann gegen den Schuldner eine Betreibung weder eingeleitet noch fortgesetzt werden. Verjährungs- und Verwirkungsfristen stehen still. Für gepfändete Vermögensstücke gilt Artikel 199 Absatz 2 sinngemäss.

[2] Auch während der Stundung sind folgende Betreibungen zulässig:
1. die Betreibung auf Pfändung für die Forderungen der ersten Klasse (Art. 219 Abs. 4);
2. die Betreibung auf Pfandverwertung für grundpfandgesicherte Forderungen; die Verwertung des Grundpfandes bleibt dagegen ausgeschlossen.

[3] Mit der Bewilligung der Stundung hört gegenüber dem Schuldner der Zinsenlauf für alle nicht pfandgesicherten Forderungen auf, sofern der Nachlassvertrag nichts anderes bestimmt.

[4] Für die Verrechnung gelten die Artikel 213–214a. An die Stelle der Konkurseröffnung tritt die Bekanntmachung der Stundung, gegebenenfalls des vorausgegangenen Konkursaufschubes nach den Artikeln 725a, 764, 817 und 903 OR[2].

Verweise: SchKG 37 Abs. 3 (Pfand).

Abs. 1: *SchKG 67 (Betreibungsbegehren); SchKG 88 (Fortsetzungsbegehren); SchKG 56 Ziff. 3, 57–63 (Rechtsstillstand).*

Abs. 2 Ziff. 1: *SchKG 42, 89–150 (Betreibung auf Pfändung).*

Abs. 2 Ziff. 2: *SchKG 41, 151–158 (Betreibung auf Pfandverwertung).*

Abs. 4: *SchKG 171, 189 Abs. 1, 190–194 (Konkurseröffnung).*

---

1 Fassung des zweiten Satzes gemäss Ziff. I des BG vom 19. März 2004 (Anmerkung des Konkurses im Grundbuch), in Kraft seit 1. Jan. 2005 (AS 2004 4033 4034; BBl 2003 6501 6509).

2 SR 220

Zu Abs. 1 und 2

1 Auch wenn die Nachlassstundung von einer **örtlich unzuständigen** Nachlassbehörde gewährt wurde, dürfen trotz Annahme der Nichtigkeit der Nachlassstundung keine Betreibungshandlungen vorgenommen werden: BGE 98 III 37 E. 2.

2 Gültig vollzogene und unangefochten gebliebene **Betreibungshandlungen** bestehen während der Stundung weiter; der Gläubiger kann sich darauf berufen, wenn der Nachlassvertrag nicht zustande kommt: BGE 76 III 107, 108.

3 Während der Nachlassstundung können **Fortsetzungsbegehren** gestellt und protokolliert, nicht aber vollzogen werden. Wenn der Nachlassvertrag nicht bewilligt wird, so wird das Verfahren dort wieder aufgenommen, wo es sich im Augenblick der Bewilligung der Nachlassstundung befunden hat: BGE 122 III 204 E. 4.

4 **Rechtsöffnungen** gelten als Betreibungshandlung und dürfen während der Nachlassstundung nicht vorgenommen werden. Das Rechtsöffnungsbegehren kann aber entgegengenommen werden: BGer v. 17.10.2011, 5A_86/2011 E. 4.2; BGE 84 I 39 E. 7.

5 Die **Verwaltung eines gepfändeten Grundstücks** verbleibt auch während der Nachlassstundung beim Betreibungsamt: VZG 16 Abs. 2 (→ Nr. 9).

6 Wurde in einem Entscheid ein Konkursprivileg **rechtskräftig** anerkannt, so wird dies im Bewilligungsverfahren nicht mehr überprüft: BGE 83 III 116 E. 2.

Zu Abs. 4

7 SchKG 214a existiert nicht. Seine Erwähnung ist ein **Versehen** des Gesetzgebers.

8 Für die **Verrechnung**, die von einem Gläubiger des Erblassers im Laufe des Verfahrens eines öffentlichen Inventars vorgenommen wurde, welches der konkursamtlichen Liquidation der Erbschaft vorausging, ist die im SchKG für die Nachlassstundung vorgesehene Regelung analog anwendbar: BGE 130 III 241 E. 3 (Pra 93 [2004] Nr. 173).

Art. 298   2. Auf die Verfügungsbefugnis des Schuldners

¹ Der Schuldner kann seine Geschäftstätigkeit unter Aufsicht des Sachwalters fortsetzen. Der Nachlassrichter kann jedoch anordnen, dass gewisse Handlungen rechtsgültig nur unter Mitwirkung des Sachwalters vorgenommen werden können, oder den Sachwalter ermächtigen, die Geschäftsführung anstelle des Schuldners zu übernehmen.

² Ohne Ermächtigung des Nachlassrichters können während der Stundung nicht mehr in rechtsgültiger Weise Teile des Anlagevermögens veräussert oder belastet, Pfänder bestellt, Bürgschaften eingegangen oder unentgeltliche Verfügungen getroffen werden.

³ Handelt der Schuldner dieser Bestimmung oder den Weisungen des Sachwalters zuwider, so kann der Nachlassrichter auf Anzeige des Sachwalters dem Schuldner die Verfügungsbefugnis über sein Vermögen entziehen oder die Stundung widerrufen. Der Schuldner und die Gläubiger sind anzuhören. Die Artikel 307–309 sind anwendbar.

Verweise: SchKG 295 (Sachwalter).
Abs. 2: *SchKG 37 Abs. 3 (Pfand); OR 492–512 (Bürgschaft).*

1 Der Schuldner kann insbesondere sämtliche Geschäfte abschliessen und Rechtshandlungen vornehmen, soweit sie **zum täglichen Geschäftsbetrieb** gehören. Mit Ermächtigung des Nachlassrichters können in diesem Stadium auch bereits Vermögenswerte oder Unternehmensteile veräussert werden (SchKG 298 Abs. 2 *e contrario*). Das ist namentlich dann von Bedeutung, wenn sich die Verkaufsverhandlungen bereits in einem fortgeschrittenen Stadium befinden und von einer sofortigen Veräusserung ein besseres Ergebnis für die Gläubiger zu erwarten ist: BGer v. 12.11.2010, 2C_517/2009 E. 3.2.

2 Die während der Dauer der Nachlassstundung vorgenommenen Handlungen sind **anfechtbar**, wobei die Anfechtung auch möglich ist, wenn während der Stundung sowohl der Sachwalter als auch der Nachlassrichter einem Geschäft zugestimmt haben. Eine Anfechtung ist verfahrensrechtlich jedoch nur möglich, sofern es zu einem Nachlassvertrag mit Vermögensabtretung kommt (SchKG 331). Während der Nachlassstundung (oder bei einem ordentlichen Nachlassvertrag) können Anfechtungsansprüche nicht geltend gemacht werden: BGE 134 III 273 E. 4.4.2.

3 Erteilt der Sachwalter **Weisungen** an den Schuldner, ist diese Verfügung anfechtbar. Legitimiert sind diejenigen, in deren Rechte mit der Verfügung eingegriffen wurde: BGer v. 27.06.2005, 7B.57/2005 E. 2.3; BGE 82 III 131 E. 1.

4 Eine Weisung des **provisorischen Sachwalters**, wonach die einer Gesellschaftsgruppe gehörenden Gesellschaften, denen eine provisorische Nachlassstundung gewährt worden ist, die Zahlungen an ihre Frühpensionierten einzustellen hätten, ist weder kompetenz- noch sonstwie bundesrechtswidrig: BGE 129 III 98 E. 3.2.

5 Die Bezahlung von gesetzlich geschuldeten **lohnabhängigen Leistungen** an die Sozialversicherungen fällt nicht unter die verbotenen Handlungen von SchKG 298 Abs. 2. Sozialversicherungsbeiträge sind Massaschulden, wenn die Lohnschulden, nach denen sie sich bemessen, ihrerseits Masseverbindlichkeiten sind: BGer v. 10.06.2011, 9C_953/2010 E. 6.2.2; BGer v. 29.09.2008, 9C_69/2008 E. 4.3; BGE 100 III 30 E. 1.

Art. 299 C. Besondere Aufgaben des Sachwalters
1. Inventaraufnahme und Pfandschätzung

¹ Der Sachwalter nimmt sofort nach seiner Ernennung ein Inventar über sämtliche Vermögensbestandteile des Schuldners auf und schätzt sie.

² Der Sachwalter legt den Gläubigern die Verfügung über die Pfandschätzung zur Einsicht auf; er teilt sie vor der Gläubigerversammlung den Pfandgläubigern und dem Schuldner schriftlich mit.

³ Jeder Beteiligte kann innert zehn Tagen beim Nachlassrichter gegen Vorschuss der Kosten eine neue Pfandschätzung verlangen. Hat ein Gläubiger eine Neuschätzung beantragt, so kann er vom Schuldner nur dann Ersatz der Kosten beanspruchen, wenn die frühere Schätzung wesentlich abgeändert wurde.

Verweise
Abs. 1: *SchKG 295 (Sachwalter); SchKG 221 (Inventaraufnahme im Konkurs); SchKG 227 (Schätzung im Konkurs).*
Abs. 2: *SchKG 37 Abs. 3 (Pfand); SchKG 301, 302 (Gläubigerversammlung).*
Abs. 3: *SchKG 31–33, SchKG 56–63, ZPO 142 ff. (Fristberechnung → Nr. 25).*

1 Bei der Schätzung ist nicht auf den sogenannten Fortführungswert, sondern auf den **Verkehrswert** der Pfandgegenstände abzustellen, d.h. auf den Wert, der bei einer Veräusserung dieser Gegenstände mutmasslich erzielt werden kann: BGE 107 III 40 E. 3.

Art. 300 2. Schuldenruf

¹ Der Sachwalter fordert durch öffentliche Bekanntmachung (Art. 35 und 296) die Gläubiger auf, ihre Forderungen binnen 20 Tagen einzugeben, mit der Androhung, dass sie im Unterlassungsfall bei den Verhandlungen über den Nachlassvertrag nicht stimmberechtigt sind. Jedem Gläubiger, dessen Name und Wohnort bekannt sind, stellt der Sachwalter ein Exemplar der Bekanntmachung durch uneingeschriebenen Brief zu.

² Der Sachwalter holt die Erklärung des Schuldners über die eingegebenen Forderungen ein.

Verweise: *SchKG 295 (Sachwalter).*
Abs. 1: *SchKG 31–33, SchKG 56–63, ZPO 142 ff. (Fristberechnung → Nr. 25); SchKG 301, 302 (Gläubigerversammlung); SchKG 34 (Zustellung).*

Zu Abs. 1

1 Der Sachwalter ist **nicht berechtigt**, Guthaben des Schuldners einzuziehen: BGE 60 III 183, 187.

2 Beim Nachlassvertrag mit Vermögensabtretung können verspätet angemeldete Forderungen noch bis zur **Verteilung des Liquidationserlöses** berücksichtigt werden: BGE 97 III 83 E. 6.

3 Im Nachlassverfahren ist auch an die **Pfandgläubiger** keine besondere Anzeige der Aktenauflage vorgeschrieben. Die öffentliche Auskündigung genügt: BGE 51 III 175 E. 2.

4 Das **Privileg zweiter Klasse** nach SchKG 219 lit. e erlischt nicht, wenn eine Stiftung es unterlassen hat, ihre Forderung innert der Frist des SchKG 300 einzugeben. Die verspätete Anmeldung hat nur die in SchKG 251 für den Fall der Verspätung einer Konkurseingabe vorgesehenen Folgen: BGE 97 III 83 E. 6.

5 Für Eingaben von Ansprüchen des **Bundes**: VO über das Aussonderungs- und das Pfandrecht des Bundes an Pflichtlagern vom 6. Juli 1983 (SR 531.212).

6 Für **Anleihensobligationen** vgl. OR 1184.

Zu Abs. 2

7   Über die **Wirkung der Bestreitung** siehe SchKG 305 Abs. 3 und 310.

Art. 301   3. Einberufung der Gläubigerversammlung

¹ Sobald der Entwurf des Nachlassvertrages erstellt ist, beruft der Sachwalter durch öffentliche Bekanntmachung eine Gläubigerversammlung ein mit dem Hinweis, dass die Akten während 20 Tagen vor der Versammlung eingesehen werden können. Die öffentliche Bekanntmachung muss mindestens einen Monat vor der Versammlung erfolgen.

² Artikel 300 Absatz 1 Satz 2 ist anwendbar.

Verweise

Abs. 1: *SchKG 295 (Sachwalter); SchKG 35 (öffentliche Bekanntmachung).*

1   Die **Frist für die Beschwerde** nach SchKG 295 Abs. 3 läuft vom Tag der gemäss SchKG 300 Abs. 2 (heute SchKG 301) zum Voraus anzukündigenden Auflegung der Akten an, von welchem Tag an die Beteiligten von dem gemäss SchKG 299 aufgenommenen Inventar und der darin enthaltenen Schätzung Kenntnis nehmen können: BGE 94 III 25 E. 1.

Art. 302   D. Gläubigerversammlung

¹ In der Gläubigerversammlung leitet der Sachwalter die Verhandlungen; er erstattet Bericht über die Vermögens-, Ertrags- oder Einkommenslage des Schuldners.

² Der Schuldner ist gehalten, der Versammlung beizuwohnen, um ihr auf Verlangen Aufschlüsse zu erteilen.

³ Der Entwurf des Nachlassvertrags wird den versammelten Gläubigern zur unterschriftlichen Genehmigung vorgelegt.

⁴ ...

Verweise

Abs. 1: *SchKG 295 (Sachwalter).*

Abs. 3: *SchKG 305 (Annahme durch die Gläubiger).*

1   Bis zur **Bestätigungsverhandlung** bei der Nachlassbehörde eingehende Zustimmungserklärungen sind zu berücksichtigen: BGE 94 III 25 E. 2; BGE 35 I 265 E. 3.

Art. 303   E. Rechte gegen Mitverpflichtete

¹ Ein Gläubiger, welcher dem Nachlassvertrag nicht zugestimmt hat, wahrt sämtliche Rechte gegen Mitschuldner, Bürgen und Gewährspflichtige (Art. 216).

² Ein Gläubiger, welcher dem Nachlassvertrag zugestimmt hat, wahrt seine Rechte gegen die genannten Personen, sofern er ihnen mindestens zehn Tage vor der Gläubigerversammlung deren Ort und Zeit mitgeteilt und ihnen die Abtretung seiner Forderung gegen Zahlung angeboten hat (Art. 114, 147, 501 OR[1]).

³ Der Gläubiger kann auch, unbeschadet seiner Rechte, Mitschuldner, Bürgen und Gewährspflichtige ermächtigen, an seiner Stelle über den Beitritt zum Nachlassvertrag zu entscheiden.

Verweise

Abs. 2: *SchKG 301, 302 (Gläubigerversammlung).*

1 Unter **Mitschuldner** versteht man alle Schuldner, welche entweder nebeneinander oder nacheinander voll für die gleiche Schuld haften: BGE 121 III 191 E. 2 (Pra 85 [1996] Nr. 85).

2 Der ordentliche Nachlassvertrag oder jener mit Vermögensabtretung, den eine **Kollektivgesellschaft** mit ihren Gläubigern abschliesst, befreit die Gesellschafter von den Gesellschaftsschulden, die durch die abgetretenen Aktiven nicht gedeckt sind: BGE 109 III 128 E. 1; BGE 48 III 247 E. 2; BGE 45 II 299 E. 1; BGE 37 I 158 E. 2; BGE 32 II 467 E. 3. Die Frage wurde zwischenzeitlich offen gelassen: BGE 101 Ib 456 E. 3; BGE 62 III 131 E. 2.

3 Ein Pfandgläubiger kann nur für den **ungedeckten Betrag** und nicht für den nach der Schätzung des Sachwalters durch das Pfand gesicherten Teil erklären, er stimme dem Nachlassvertrag zu oder nicht: BGE 40 III 51 E. 4.

4 Für die Behandlung der Gläubigergemeinschaft bei **Anleihensobligationen** im Nachlassverfahren vgl. OR 1184.

Zu Abs. 2

5 Die Bedingungen von SchKG 303 Abs. 2 sind **kumulativ** zu erfüllen: BGE 121 III 191 E. 3 (Pra 85 [1996] Nr. 85).

6 Wenn der Gläubiger nicht gemäss SchKG 303 Abs. 2 vorgegangen ist, verliert er alle seine Rechte gegenüber dem Mitschuldner, und es bleibt auch **keine Naturalobligation**: BGE 121 III 191 E. 4 (Pra 85 [1996] Nr. 85).

7 Wird in einem ersten Nachlassverfahren ein Abtretungsangebot unterbreitet und das Nachlassgesuch daraufhin zurückgezogen, so gilt das Angebot in einem zweiten Nachlassverfahren nicht mehr und hat **erneuert** zu werden: BGE 121 III 191 E. 3.c (Pra 85 [1996] Nr. 85).

8 Der Gläubiger ist befugt, für den **unverbürgten Teil der Forderung** die Zustimmung zum Nachlassvertrag zu erteilen oder zu verweigern und dem Bürgen die Stellungnahme gem. SchKG 303 Abs. 2 und 3 (nur) für den verbürgten Rest der Forderung zu überlassen: BGE 59 III 142 E. 2.

---

1 SR 220

9 Sind **Zeit und Ort** der Gläubigerversammlung dem Mitschuldner, Bürgen oder Gewährspflichtigen bereits bekannt, schadet die Unterlassung der Mitteilung dem Gläubiger nicht: BGE 59 III 142 E. 2; BGE 31 II 96 E. 5.

Zu Abs. 3

10 Wenn mehrere für die gleiche Forderung Mitverpflichtete **unterschiedliche Weisungen** erteilen, hat der Gläubiger selber zu entscheiden, welche Weisung für ihn besser ist. Gegenüber denjenigen Mitverpflichteten, deren Weisung er missachtet, verliert der Gläubiger seine Rechte: BGer v. 05.03.2007, 5C_309/2006 E. 2.3.3.

Art. 304 F. Sachwalterbericht; öffentliche Bekanntmachung der Verhandlung vor dem Nachlassgericht

¹ Vor Ablauf der Stundung unterbreitet der Sachwalter dem Nachlassrichter alle Aktenstücke. Er orientiert in seinem Bericht über bereits erfolgte Zustimmungen und empfiehlt die Bestätigung oder Ablehnung des Nachlassvertrages.

² Der Nachlassrichter trifft beförderlich seinen Entscheid.

³ Ort und Zeit der Verhandlung werden öffentlich bekanntgemacht. Den Gläubigern ist dabei anzuzeigen, dass sie ihre Einwendungen gegen den Nachlassvertrag in der Verhandlung anbringen können.

Verweise

Abs. 1: *SchKG 295 (Sachwalter); SchKG 306–308 (Bestätigungsentscheid).*
Abs. 3: *SchKG 35 (öffentliche Bekanntmachung).*

1 Die **Gebühren** für Entscheide des Nachlassgerichts bemessen sich nach GebV SchKG 54 (→ Nr. 7).

2 Es ist willkürlich, einen **Nachlassvertrag zu bestätigen**, wenn der Sachwalter die Akten mit seinem Gutachten erst nach Ablauf der Nachlassstundung der Nachlassbehörde unterbreitet hat: BGE 85 I 77 E. 2.

3 Die Gläubiger sind auch vor der **Rechtsmittelinstanz** anzuhören, sofern **Noven** vorgetragen wurden: BGer v. 13.02.2008, 5A_ 517/2007 E. 2.3.2; BGE 25 I 397 E. 2.

II. Allgemeine Bestimmungen über den Nachlassvertrag

Art. 305 A. Annahme durch die Gläubiger

¹ Der Nachlassvertrag ist angenommen, wenn ihm bis zum Bestätigungsentscheid die Mehrheit der Gläubiger, die zugleich mindestens zwei Drittel des Gesamtbetrages der Forderungen vertreten, oder ein Viertel der Gläubiger, die aber mindestens drei Viertel des Gesamtbetrages der Forderungen vertreten, zugestimmt hat.

² Die privilegierten Gläubiger, der Ehegatte, die eingetragene Partnerin oder der eingetragene Partner des Schuldners werden weder für ihre Person noch für ihre Forderung mitgerechnet. Pfandgesicherte Forderungen zählen nur zu dem Betrag mit, der nach der Schätzung des Sachwalters ungedeckt ist.[1]

³ Der Nachlassrichter entscheidet, ob und zu welchem Betrage bedingte Forderungen und solche mit ungewisser Verfallzeit sowie bestrittene Forderungen mitzuzählen sind. Dem gerichtlichen Entscheide über den Rechtsbestand der Forderungen wird dadurch nicht vorgegriffen.

Verweise

Abs. 2: *SchKG 219 Abs. 4 Erste Klasse, Zweite Klasse (privilegierte Gläubiger); SchKG 306 Abs. 2 Ziff. 2 (vollständige Befriedigung der privilegierten Gläubiger); SchKG 37 Abs. 3 (Pfand); SchKG 299 (Schätzung).*

Abs. 3: *OR 151–153, 155–157 (aufschiebende Bedingung); OR 154, 155–157 (auflösende Bedingung).*

Zu Abs. 1

1 Spezialbestimmungen:
   - Bei **mehreren Gläubigergemeinschaften** ist zudem auch die Mehrheit der Gemeinschaften erforderlich: OR 1171.
   - Handelt es sich um **Gemeinden oder andere Körperschaften** des kantonalen öffentlichen Rechts, so ist die Zustimmung von zwei Dritteln der vertretenen Gläubiger, mindestens aber der einfachen Mehrheit des umlaufenden Obligationenkapitals erforderlich: SchGG 20 (→ Nr. 33).
   - Für **Eisenbahn und Dampfschifffahrtsgesellschaften** ist die einfache Mehrheit der Stimmenden und die einfache Summenmehrheit in einer Gruppe vorausgesetzt: VZEG 65.
   - Für eine Gläubigergemeinschaft bei **Anleihensobligationen** ist eine Mehrheit von zwei Dritteln des im Umlauf befindlichen Kapitals für Gemeinschaftsbeschlüsse notwendig: OR 1170.

2 Durch das Nachlassverfahren über den Schuldner einer Forderung in **ausländischer Währung** wird diese nicht in schweizerische Währung umgewandelt, selbst wenn der Sachwalter sie im Inventar umgerechnet hat: BGE 50 II 27 E. 2.

Zu Abs. 2

3 Bei der **Schätzung des Pfandausfalls**, um den sich der Gesamtbetrag der für die Berechnung des Summenmehrs in Betracht fallenden Forderungen erhöht, ist nicht auf den sogenannten Fortführungswert, sondern auf den **Verkehrswert der Pfandgegenstände** abzu-

---

[1] Fassung gemäss Anhang Ziff. 16 des Partnerschaftsgesetzes vom 18. Juni 2004, in Kraft seit 1. Jan. 2007 (AS 2005 5685; BBl 2003 1288).

stellen, d.h. auf den Wert, der bei einer Veräusserung dieser Gegenstände mutmasslich erzielt werden kann: BGE 107 III 40 E. 3; BGE 49 III 110, 111.

4   Ein **Pfandgläubiger** kann nur für den ungedeckten Betrag und nicht für den nach der Schätzung des Sachwalters durch das Pfand gesicherten Teil erklären, er stimme dem Nachlassvertrag zu oder nicht. Die Zustimmung eines Pfandgläubigers für den durch das Pfand gedeckten Betrag seiner Forderung kann daher nicht als Annahme i.S.v. SchKG 305 betrachtet werden: BGE 40 III 51 E. 4.

5   Die **Frist** zur Anfechtung der Schätzung beginnt vom Tag **der öffentlichen Aktenauflage** durch den Sachwalter an zu laufen und nicht erst mit dem Tag der tatsächlichen Kenntnisnahme während der Auflagefrist oder gar nach deren Ablauf: BGE 51 III 175 E. 3.

6   Es ist zwingend der **Zeitpunkt der Bewilligung** der Nachlassstundung und nicht jener der Genehmigung des Nachlassvertrages dafür entscheidend, ob eine Forderung nach der alten oder der neuen Privilegienordnung zu kollozieren ist: BGE 125 III 157 E. 3.b.

7   Für **Massenentlassungen** von privilegierten Arbeitnehmern, die der Arbeitgeber in der Zeit vor dem Bewilligungsentscheid konkret beabsichtigt, bleiben OR 335d ff. in jedem Fall anwendbar: BGE 123 III 176 E. 3.a.

Zu Abs. 3

8   SchKG 305 Abs. 3 **unterscheidet nicht** zwischen bestrittenen Forderungen, die bereits prozesshängig sind und solchen, über die nach SchKG 315 Abs. 1 erst in Zukunft ein Prozess durchzuführen sein wird: BGE 135 III 321 E. 3 (Pra 98 [2009] Nr. 124).

9   Bestrittene Forderungen werden bei der Ermittlung der zur Annahme des Nachlassvertrages erforderlichen Mehrheiten berücksichtigt, soweit der **Bestand wahrscheinlich** ist: BGE 135 III 321 E. 3.2 (Pra 98 [2009] Nr. 124).

Art. 306   B. Bestätigungsentscheid
1. Voraussetzungen

1 ...

2 Die Bestätigung des Nachlassvertrages wird an folgende Voraussetzungen geknüpft:

1. Die angebotene Summe muss in richtigem Verhältnis zu den Möglichkeiten des Schuldners stehen; bei deren Beurteilung kann der Nachlassrichter auch Anwartschaften des Schuldners berücksichtigen.

1bis. Bei einem Nachlassvertrag mit Vermögensabtretung (Art. 317 Abs. 1) muss das Verwertungsergebnis oder die vom Dritten angebotene Summe höher erscheinen als der Erlös, der im Konkurs voraussichtlich erzielt würde.

2. Der Vollzug des Nachlassvertrages, die vollständige Befriedigung der angemeldeten privilegierten Gläubiger sowie die Erfüllung der während der Stundung mit Zustimmung des Sachwalters eingegangenen Verbindlichkeiten müssen hinlänglich sichergestellt sein, soweit nicht einzelne Gläubiger ausdrücklich auf die Sicherstellung ihrer Forderung verzichten.

³ Der Nachlassrichter kann eine ungenügende Regelung auf Antrag eines Beteiligten oder von Amtes wegen ergänzen.

Verweise
Abs. 2 Ziff. 2: *SchKG 219 Abs. 4 Erste Klasse, Zweite Klasse, 305 Abs. 2 (privilegierte Gläubiger); SchKG 295 (Sachwalter).*

Zu Abs. 2 Ziff. 1

1 Die Würdigung der **Verhältnismässigkeit** der angebotenen Summe zu den Möglichkeiten des Schuldners verlangt, dass die beiden Vermögensmassen gewichtet werden können, was das Vorliegen näherer Angaben über die Hauptbestandteile beider Vermögensmassen voraussetzt. Die Zugehörigkeit von Vermögenswerten zur einen oder anderen Vermögensmasse muss durch Auslegung des Nachlassvertrags ermittelt werden: BGE 122 III 176 E. 5.c.

Zu Abs. 2 Ziff. 2

2 Betr. **Sicherstellung durch Bürgschaft**: Die Nachlassbehörde darf eine mit einer Klausel, wonach die Bürgschaft nur unter der Bedingung erfolgt, dass der gerichtliche Nachlassvertrag zustande kommt, gerichtlich bestätigt und durchgeführt wird, behaftete Bürgschaftsverpflichtung nicht als eine genügende Sicherheit i.S.v. SchKG 306 Abs. 2 Ziff. 2 erachten und daher den Nachlassvertrag nicht bestätigen: BGE 52 III 52 E. 2.

3 Die Sicherstellung der Vollziehung gehört zu den **materiellen Voraussetzungen** für die Bestätigung, bei deren Fehlen diese selbst dann ausgeschlossen ist, wenn sämtliche Gläubiger dem Nachlassvertrag zugestimmt haben: BGE 64 I 81, E. 2.

4 Der Entscheid einer kantonalen Nachlassbehörde, die beim Fehlen eines bezüglichen Verzichtes der Gläubiger einen Nachlassvertrag genehmigt, obwohl nicht die ganze Nachlassdividende sichergestellt ist, ist **willkürlich**: BGE 64 I 81, E. 2.

5 Der bestätigte Nachlassvertrag kann privilegierten Forderungen, die nicht eingegeben wurden, **entgegengehalten** werden. Er kann der Auffangeinrichtung entgegengehalten werden, welche, um ihre Rechte zu wahren, ihre Forderungen hätte eingeben und nötigenfalls die Mitwirkung des Sachwalters (SchKG 300 und 301) hätte verlangen müssen: BGE 130 V 526 E. 2 und 4.4.

6 Im nachfolgenden Konkurs können die gesicherten Gläubiger nicht **Aussonderung** der hinterlegten Wertschriften bzw. des an deren Stelle getretenen Geldes verlangen: BGE 53 III 87, 92

7 Obwohl **Masseverbindlichkeiten** an sich nur vorliegen, wo es eine verselbstständigte Liquidationsmasse gibt wie namentlich beim Konkurs, werden Verbindlichkeiten, die während der Stundung mit Zustimmung des Sachwalters eingegangen wurden, als «Masseverbindlichkeiten» bezeichnet. Dies um auseinanderzuhalten, ob eine Forderung unter den Nachlassvertrag fällt oder vorweg zu befriedigen ist: BGer v. 19.02.2009, 2C_792/2008 E. 2; BGE 125 III 293 E. 2.

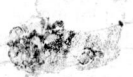

8 Ob es sich bei einer Forderung um eine solche der «**Masse**» handelt oder um eine Forderung, die unter den Nachlassvertrag fällt, **entscheidet im Streitfall der Zivilrichter**: BGer v. 19.02.2009, 2C_792/2008 E. 2.

Art. 306a   2. Einstellung der Verwertung von Grundpfändern

1 Der Nachlassrichter kann auf Begehren des Schuldners die Verwertung eines als Pfand haftenden Grundstückes für eine vor Einleitung des Nachlassverfahrens entstandene Forderung auf höchstens ein Jahr nach Bestätigung des Nachlassvertrages einstellen, sofern nicht mehr als ein Jahreszins der Pfandschuld aussteht. Der Schuldner muss indessen glaubhaft machen, dass er das Grundstück zum Betrieb seines Gewerbes nötig hat und dass er durch die Verwertung in seiner wirtschaftlichen Existenz gefährdet würde.

2 Den betroffenen Pfandgläubigern ist vor der Verhandlung über die Bestätigung des Nachlassvertrages (Art. 304) Gelegenheit zur schriftlichen Vernehmlassung zu geben; sie sind zur Gläubigerversammlung (Art. 302) und zur Verhandlung vor dem Nachlassrichter persönlich vorzuladen.

3 Die Einstellung der Verwertung fällt von Gesetzes wegen dahin, wenn der Schuldner das Pfand freiwillig veräussert, wenn er in Konkurs gerät oder wenn er stirbt.

4 Der Nachlassrichter widerruft die Einstellung der Verwertung auf Antrag eines betroffenen Gläubigers und nach Anhörung des Schuldners, wenn der Gläubiger glaubhaft macht, dass:
1. der Schuldner sie durch unwahre Angaben gegenüber dem Nachlassrichter erwirkt hat; oder
2. der Schuldner zu neuem Vermögen oder Einkommen gelangt ist, woraus er die Schuld, für die er betrieben ist, ohne Gefährdung seiner wirtschaftlichen Existenz bezahlen kann; oder
3. durch die Verwertung des Grundpfandes die wirtschaftliche Existenz des Schuldners nicht mehr gefährdet wird.

Verweise: SchKG 156; VZG 97–111 (Verwertung → Nr. 9).

Abs. 1: SchKG 37 Abs. 1, ZGB 793–875 (Grundpfand); ZGB 655 (Grundstück); SchKG 31–33, SchKG 56–63, ZPO 142 ff. (Fristberechnung → Nr. 25).

1 Die Bestimmung (früher SchKG 301a, 301c, 301d) gilt nicht für den **Nachlassvertrag im Konkurs**: BGE 107 III 40 E. 3.

Art. 307[1] 3. Beschwerde

Der Entscheid über den Nachlassvertrag kann mit Beschwerde nach der ZPO[2] angefochten werden.

Verweis: *ZPO 319–327 (Beschwerde → Nr. 25).*

1 Mit Inkrafttreten der **Schweizerischen Zivilprozessordnung** richtet sich die Anfechtung des Entscheides über den Nachlassvertrag ausschliesslich nach ZPO 319 ff. (→ Nr. 25) und den kantonalen Ausführungsbestimmungen.

2 Der Entscheid der kantonalen Rechtsmittelinstanz unterliegt – unabhängig vom Streitwert – der **Beschwerde in Zivilsachen** ans Bundesgericht: BGG 74 Abs. 2 lit. d (→ Nr. 26).

Legitimation

3 Die beschwerdeführende Partei muss ein **schutzwürdiges Interesse** haben: ZPO 59 Abs. 2 lit. a (→ Nr. 25).

4 Zur Weiterziehung des Entscheids über die gerichtliche Bestätigung des Nachlassvertrags sind die Gläubiger **legitimiert**, sofern sie diesem nicht zugestimmt haben. Dies setzt voraus, dass sie überhaupt berechtigt waren, an den Verhandlungen über den Nachlassvertrag teilzunehmen (SchKG 300 Abs. 1) und somit ihre Stimme beim Mehrheitsentscheid zur Annahme durch die Gläubiger (SchKG 305) mitgerechnet wurde. Im Weiteren müssen die Gläubiger an den Verhandlungen vor dem Nachlassrichter teilgenommen und Einwendungen gegen den Nachlassvertrag vorgebracht haben: BGer v. 02.12.2010, 5A_768/2010 E. 4.1.

5 Wenn die Bestätigung eines Nachlassvertrages von der letzten kantonalen Instanz verweigert worden ist, ist ein Gläubiger zur Führung einer staatsrechtlichen Beschwerde (neu **Beschwerde in Zivilsachen**; BGG 74 Abs. 2 lit. d → Nr. 26) nur beschwert, falls er selbst die Eröffnung des Nachlassverfahrens verlangt oder im kantonalen Verfahren wenigstens ausdrücklich um Bestätigung des Nachlassvertrages ersucht hat (BGG 115): BGE 129 III 758 E. 1.

6 Eine Gläubigerin, deren Forderung für die Ermittlung der Mehrheit nach SchKG 305 Abs. 1 SchKG nicht mitgezählt wurde, ist ohne Weiteres **legitimiert**, den Bestätigungsentscheid des Nachlassrichters insoweit anzufechten, **als ihr das Stimmrecht vom Nachlassrichter verweigert wurde** und sie kann geltend machen, die Zustimmung der Gläubigermehrheit als allgemeine Voraussetzung sei nicht korrekt ermittelt worden: BGer v. 02.12.2010, 5A_768/2010 E. 3.

7 Ein Gläubiger, der zwar dem Nachlassvertrag nicht zugestimmt hat, sich vor erster Instanz aber auch **nicht vernehmen lässt**, hat das Recht verwirkt, den Bestätigungsentscheid an die obere kantonale Nachlassbehörde weiterzuziehen: BGE 122 III 400 E. 2.

---

1 Fassung gemäss Anhang 1 Ziff. II 17 der Zivilprozessordnung vom 19. Dez. 2008, in Kraft seit 1. Jan. 2011 (AS 2010 1739; BBl 2006 7221).
2 SR 272

8   Wird die **öffentliche Bekanntmachung** i.S.v. SchKG 304 unterlassen, verlieren hingegen die Gläubiger ihr Recht auf Anfechtung des Entscheides über den Nachlassvertrag nicht mit der Begründung, sie hätten sich vor erster Instanz nicht vernehmen lassen: BGE 55 I 72, 72 f.

Art. 308   4. Öffentliche Bekanntmachung

1 Der Entscheid wird, sobald er rechtskräftig ist, öffentlich bekanntgemacht und dem Betreibungsamt sowie dem Grundbuchamt mitgeteilt. Er wird auch dem Handelsregisteramt mitgeteilt, wenn ein im Handelsregister eingetragener Schuldner einen Nachlassvertrag mit Vermögensabtretung erwirkt hat.

2 Mit der öffentlichen Bekanntmachung des Entscheides fallen die Wirkungen der Stundung dahin.

Verweise

Abs. 1: *SchKG 35 (öffentliche Bekanntmachung); SchKG 34 (Mitteilung); OR 927–943 (Handelsregister); SchKG 317–331 (Nachlassvertrag mit Vermögensabtretung).*

Abs. 2: *SchKG 297–298 (Wirkungen der Stundung).*

1   Die Nachlassstundung **endet** grundsätzlich mit dem Ablauf der vom Nachlassrichter bewilligten und allenfalls verlängerten Dauer. Wird die Nachlassstundung vorher widerrufen, fallen ihre Wirkungen bereits mit der Publikation des Widerrufsentscheids dahin. Umgekehrt dauern sie für den Fall, dass der Sachwalter dem Nachlassgericht die Bestätigung oder Ablehnung des Nachlassvertrags empfiehlt, bis zur Publikation des positiven oder negativen Bestätigungsentscheids fort. Diese Bestimmungen dienen dazu, dass das Zustandekommen bzw. der Vollzug eines Nachlassvertrags auch während des Bestätigungsstadiums bzw. während der Vollzugsphase gewährleistet bleibt: BGE 130 III 380 E. 3.2.

2   Die Wirkungen der Stundung **fallen auch dann dahin**, wenn gegen den Entscheid des Nachlassgerichts **Beschwerde** erhoben worden ist (vgl. SchKG 307). Dieser kommt gemäss ZPO 325 Abs. 1 (→ Nr. 25) **keine aufschiebende Wirkung** zu.

Art. 309   C. Wirkungen
1. Ablehnung

Wird der Nachlassvertrag abgelehnt oder die Nachlassstundung widerrufen (Art. 295 Abs. 5 und 298 Abs. 3), so kann jeder Gläubiger binnen 20 Tagen seit der Bekanntmachung über jeden Schuldner die sofortige Konkurseröffnung verlangen.

Verweise: *SchKG 31–33, SchKG 56–63, ZPO 142 ff. (Fristberechnung) → Nr. 25); SchKG 308 (öffentliche Bekanntmachung); SchKG 190 Abs. 1 Ziff. 3 (Konkurseröffnung ohne vorgängige Betreibung).*

¹ Der Entscheid des Nachlassrichters über das Nichtzustandekommen des Nachlassvertrags **bildet keinen gesetzlichen Grund zur Konkurseröffnung**. Diese muss vom Gläubiger beantragt werden: BGer v. 03.09.2010, 5A_269/2010 E. 3.5.

² Die während des Stundungsverfahrens durch den Sachwalter vorgenommene Anerkennung von gegenüber dem Schuldner geltend gemachten Forderungen und Pfandrechten bildet **kein Präjudiz für die Kollokation im nachfolgenden Konkurs**; vgl. BGE 77 III 43 E. 1 zum alten Recht. Nach neuem Recht dürfte allerdings die mit Bewilligung des Nachlassgerichts erfolgte Pfandbestellung oder Veräusserung von Anlagevermögen im nachfolgenden Konkurs nur dann angefochten werden können (SchKG 285 ff.), wenn dem Nachlassgericht die Anfechtungsgründe unbekannt waren.

Art. 310   2. Bestätigung
a. Verbindlichkeit für die Gläubiger

¹ Der bestätigte Nachlassvertrag ist für sämtliche Gläubiger verbindlich, deren Forderungen entweder vor der Bekanntmachung der Stundung oder seither ohne Zustimmung des Sachwalters entstanden sind. Ausgenommen sind die Pfandgläubiger für den durch das Pfand gedeckten Forderungsbetrag.

² Die während der Stundung mit Zustimmung des Sachwalters eingegangenen Verbindlichkeiten verpflichten in einem Nachlassvertrag mit Vermögensabtretung oder in einem nachfolgenden Konkurs die Masse.

Verweise: SchKG 295 (Sachwalter)
Abs. 1: SchKG 308 (öffentliche Bekanntmachung); SchKG 37 Abs. 3 (Pfand).
Abs. 2: SchKG 317–331 (Nachlassvertrag mit Vermögensabtretung); SchKG 197–203, 208, 211, 225, 242 (Konkursmasse).

Zu Abs. 1

1 SchKG 310 Abs. 1 bezweckt, dass der Nachlassvertrag **nur für diejenigen Gläubiger verbindlich wird**, die dem Schuldner **Personalkredit** gewährt haben, während diejenigen, die ihm nur gegen Realsicherheit einen Kredit gewährt haben, nach wie vor berechtigt sind, sich aus der Realsicherheit bezahlt zu machen: BGE 39 II 660, 663 f. (zu aSchKG 311).

2 **Der bestätigte Nachlassvertrag ist für sämtliche Nachlassgläubiger verbindlich**, und zwar unabhängig davon, ob sie ihm zugestimmt oder ob sie überhaupt am Nachlassverfahren teilgenommen haben; auch säumige Gläubiger oder solche, die ihre Forderung überhaupt nicht anmelden, sind ihm unterworfen. Die Allgemeinverbindlichkeit erstreckt sich jedoch nicht auf jene Gläubiger, die von vornherein nicht dem Nachlassvertrag unterstehen und somit auch nicht als Nachlassgläubiger gelten können. Das trifft nebst den Pfandgläubigern für den durch das Pfand gedeckten Forderungsbetrag auch auf die Gläubiger konkursrechtlich privilegierter Forderungen zu, sofern sie ihre Forderungen angemeldet und nicht auf das ihnen eingeräumte Sicherstellungsrecht verzichtet haben. Nicht eingegebenen privilegierten Forderungen kann der bestätigte Nachlassvertrag dagegen entgegengehalten

werden: BGE 130 V 526 E. 2 (Pra 95 [2006] Nr. 11); BGE 129 V 389 E. 4.2. Da die vollumfängliche Befriedigung der privilegierten Gläubiger gesetzliche Voraussetzung der gerichtlichen Bestätigung (Genehmigung) des Nachlassvertrages bildet (SchKG 306 Abs. 2 Ziff. 2), können die (privilegierten) Gläubiger für ihre privilegierten Forderungen trotz des bestätigten Nachlassvertrags die Betreibung weiterführen, soweit sie nicht aus der Sicherstellung gedeckt werden können: BGE 129 V 389 E. 4.2.

3   Die Pfandgläubiger werden durch den Nachlassvertrag ihres Schuldners in Gestalt eines Prozentvergleichs nicht daran gehindert, für den **ganzen noch ausstehenden Betrag der Pfandsumme** Betreibung auf Pfandverwertung durchzuführen, gleichgültig inwieweit die pfandversicherte Forderung nach der Pfandschätzung des Sachwalters als ungedeckt erscheint: BGE 59 III 197, 198.

4   Als **Pfandausfall** ist vorläufig der nach der Schätzung des Sachwalters ungedeckte Forderungsbetrag zu betrachten, unter Vorbehalt der Berichtigung gemäss dem wirklichen Pfandausfall: BGE 61 III 198, 200.

5   Bei der Schätzung des Pfandausfalls, um den sich der Gesamtbetrag der für die Berechnung des Summenmehrs in Betracht fallenden Forderungen erhöht, ist nicht auf den sogenannten Fortführungswert, sondern auf den **Verkehrswert** der Pfandgegenstände abzustellen, d.h. auf den Wert, der bei einer Veräusserung dieser Gegenstände mutmasslich erzielt werden kann: BGE 107 III 40 E. 3.

6   **VZG 121** (→ Nr. 9), wonach für eine möglicherweise von einem Nachlassvertrag betroffene Pfandausfallforderung abweichend von SchKG 158 Abs. 2 ein neuer Zahlungsbefehl notwendig ist, **gilt bei Fahrnispfand ebenso wie bei Grundpfand**: BGE 67 III 77, 78.

7   Als Realsicherheit i.S.v. SchKG 310 Abs. 1 gilt nicht nur das Pfandrecht, sondern auch der **Eigentumsvorbehalt** (BGE 41 III 462 E. 2) und die **Sicherungsübereignung** (BGE 39 II 660, 663 f.).

8   Die **Wirkungen** des Nachlassvertrags treten erst mit seiner Erfüllung ein. Der im Vertrag enthaltene teilweise Verzicht oder Erlass der Forderungen ist unter die Bedingung gestellt, dass dem Gläubiger das im Vertrag Zugesicherte auch geleistet wird: BGE 26 II 189 E. 4. Mit der Erfüllung des Nachlassvertrags müssen die dadurch betroffenen Verbindlichkeiten als getilgt angesehen werden. Wie der gewöhnliche vertragliche Erlass einer obligatorischen Verpflichtung befreiend wirkt, so geht auch durch die nachlassvertragliche Reduktion einer Schuld in Verbindung mit der Erfüllung des Nachlassvertrags die Forderung für den Ausfall unter, sofern im Nachlassvertrag nichts anderes bestimmt wird: BGE 28 II 570 E. 5.

9   SchKG 310 Abs. 1 **gilt auch für den Nachlassvertrag mit Vermögensabtretung**. Die Gläubiger grundpfandgesicherter Forderungen können die Liquidationsmasse somit auf Grundpfandverwertung betreiben: BGE 84 III 105 E. 1.d (noch zu aSchKG 311).

Zu Abs. 2

10 Die während der Stundung **mit Zustimmung des Sachwalters eingegangenen Verbindlichkeiten** verpflichten in einem Nachlassvertrag mit Vermögensabtretung oder in einem nachfolgenden Konkurs die Masse: BGE 126 III 294 E. 1.b.

11 Masseverbindlichkeiten werden vom Nachlassvertrag nicht erfasst und dürfen deshalb **sofort** bezahlt werden: BGer v. 10.06.2011, 9C_953/2010 E. 6.2.2; BGE 100 III 32 E. 2.

12 Die Qualifikation einer Verbindlichkeit als den Schuldner betreffende Konkursforderung oder aber als die Masse als solche betreffende Masseverbindlichkeit hängt mit ihrem materiellen Rechtsgrund, der Art ihrer Entstehung, allenfalls auch dem mit ihrer Begründung verfolgten Zweck zusammen und **ist daher vom Richter zu entscheiden**: BGE 78 III 172, 174.

13 Zu den Masseschulden gehören in erster Linie **die Verwaltungs- und Liquidationskosten der Nachlassmasse**, insb. auch die anfallenden öffentlichrechtlichen Verbindlichkeiten, die sich auf eine nach Bestätigung des Nachlassvertrages eingetretene Tatsache stützen: BGer v. 12.03.2001, 7B.41/2001 E. 3.b.

14 Die ab Stundungsdatum geschuldeten **Beiträge an Sozialversicherungseinrichtungen** sind Masseverbindlichkeiten: BGE 100 III 30 E. 1.

15 Die **Mehrwertsteuer** für Arbeiten, die der Schuldner während der Nachlassstundung mit Zustimmung des Sachwalters ausgeführt hat, ist eine Masseverbindlichkeit, die nicht vom Nachlassvertrag betroffen ist: BGE 126 III 294 E. 1.b.

16 Die auf vor der Bewilligung der Nachlassstundung ausgeführten Bauarbeiten geschuldete **Warenumsatzsteuer** ist eine gewöhnliche Schuld und keine Masseverbindlichkeit; dies trifft selbst dann zu, wenn die für diese Arbeiten ausgestellten Rechnungen erst nach der Bewilligung der Nachlassstundung bezahlt worden sind: BGE 107 Ib 303 E. 2.

17 Innerhalb der Masseverbindlichkeiten ist das **Sachwalterhonorar** angesichts der Vorzugsstellung des Sachwalters, selber dafür sorgen zu können, dass er keine unbezahlte Arbeit leiste, an letzter Stelle zu berücksichtigen ist: BGE 113 III 148 E. 3.

Art. 311 b. Dahinfallen der Betreibungen

Mit der Bestätigung des Nachlassvertrages fallen alle vor der Stundung gegen den Schuldner eingeleiteten Betreibungen mit Ausnahme derjenigen auf Pfandverwertung dahin; Artikel 199 Absatz 2 gilt sinngemäss.

Verweise: SchKG 41, 151–158 (Betreibung auf Pfandverwertung).

1 Mit Bestätigung des Nachlassvertrages erlöschen auch die Betreibungen, welche an einen **Arrest** anschliessen, sofern die Arrestobjekte nicht schon vor der Stundungsbewilligung verwertet worden sind: BGE 59 III 27 E. 2.

2 Es fallen **sämtliche** gegen den Nachlassschuldner angehobene **Betreibungen** auf Pfändung oder Konkurs, nicht bloss die Pfändungen dahin, selbst wenn es sich um Betreibungen für grundpfändlich gesicherte Zinse handelt: BGE 39 I 452 E. 2.

3 Vor einer Nachlassstundung eingeleitete Betreibungen können **weitergeführt** werden, wenn der Nachlassvertrag aufgehoben wurde (analog der Weiterführung von Betreibungen bei Widerruf des Konkurses): BGE 42 III 119, 121.

4 Möglichkeit der Fortsetzung der Pfandverwertungsbetreibung: BGE 22 I 687 E. 3.

Art. 312   c. Nichtigkeit von Nebenversprechen

Jedes Versprechen, durch welches der Schuldner einem Gläubiger mehr zusichert als ihm gemäss Nachlassvertrag zusteht, ist nichtig (Art. 20 OR[1]).

1 Solche Zusicherungen sind nur dann ungültig, wenn sie durch den Schuldner, nicht auch, wenn sie durch **Dritte** erfolgen: BGE 79 III 86 E. 1; BGE 49 III 205 E. 2. Die Bestimmung will verhindern, dass Mittel des Schuldners, auf welche ohne den Nachlassvertrag die Gläubiger gleichmässig hätten greifen können, dazu verwendet werden, einen Gläubiger auf Kosten der andern zu begünstigen: BGE 49 III 205 E. 2.

2 Das Verbot bezieht sich nur auf Zusicherungen, die **vor dem Zustandekommen** des Nachlassvertrags gemacht werden. Ein Versprechen des Schuldners nach Abschluss des gerichtlichen Verfahrens schenkungshalber oder zur Erfüllung einer moralischen Pflicht wäre gültig: BGE 40 III 460 E. 2.

3 Eine nach Bestätigung des Nachlassvertrags, aber auf vorherige Zusicherung hin aufgestellte **Schuldanerkennung** ist nichtig: BGE 79 III 86 E. 1 und 2.

4 Beim Nachlassvertrag **einer Kollektiv- oder Kommanditgesellschaft** wird der Gesellschafter der Schuldnerin gleichgestellt: BGE 79 III 86 E. 1.

5 Die Bevorzugung eines Gläubigers beim **aussergerichtlichen Nachlassvertrag** ist dann unsittlich, wenn sie den andern Gläubigern vorenthalten wird und diese durch Täuschung zum Beitritt zum Nachlassvertrag bewogen werden: BGE 50 II 501 E. 2.

Art. 313   D. Widerruf des Nachlassvertrages

[1] Jeder Gläubiger kann beim Nachlassrichter den Widerruf eines auf unredliche Weise zustandegekommenen Nachlassvertrages verlangen (Art. 20, 28, 29 OR[2]).

[2] Die Artikel 307–309 finden sinngemässe Anwendung.

1 Im Gegensatz zum Widerruf nach SchKG 316, der nur **Wirkung** für den die Aufhebung verlangenden Gläubiger hat, wirkt SchKG 313 **gegenüber allen Gläubigern**: BGE 26 II 189 E. 5.

2 Zwischen Erschleichung eines gerichtlichen Nachlassvertrages und **Urkundenfälschung** besteht echte Konkurrenz: BGE 114 IV 32 E. 3.

---

1   SR 220
2   SR 220

III. Ordentlicher Nachlassvertrag

Art. 314 A. Inhalt

¹ Im Nachlassvertrag ist anzugeben, wieweit die Gläubiger auf ihre Forderungen verzichten und wie die Verpflichtungen des Schuldners erfüllt und allenfalls sichergestellt werden.

² Dem ehemaligen Sachwalter oder einem Dritten können zur Durchführung und zur Sicherstellung der Erfüllung des Nachlassvertrages Überwachungs-, Geschäftsführungs- und Liquidationsbefugnisse übertragen werden.

Verweis

Abs. 2: *SchKG 295 (Sachwalter).*

Keine Entscheidungen.

Art. 315 B. Bestrittene Forderungen

¹ Der Nachlassrichter setzt bei der Bestätigung des Nachlassvertrages den Gläubigern mit bestrittenen Forderungen eine Frist von 20 Tagen zur Einreichung der Klage am Ort des Nachlassverfahrens, unter Androhung des Verlustes der Sicherstellung der Dividende im Unterlassungsfall.

² Der Schuldner hat auf Anordnung des Nachlassrichters die auf bestrittene Forderungen entfallenden Beträge bis zur Erledigung des Prozesses bei der Depositenanstalt zu hinterlegen.

Verweise

Abs. 1: *SchKG 306–308 (Bestätigungsentscheid); ZPO 219–242 (ordentliches Verfahren → Nr. 25); ZPO 243–247 (vereinfachtes Verfahren).*

Abs. 2: *SchKG 24 (Depositenanstalt).*

1. Der **Gerichtsstand** liegt (auch nach Inkrafttreten von ZPO 46 → Nr. 25) am Ort des Nachlassrichters: BGE 43 I 276 E. 2. Der Gerichtsstand kann mittels Gerichtsstandsvereinbarung prorogiert werden: BGE 48 III 215 E. 2.

2. Handelt es sich um bestrittene Nachlassforderungen im Rahmen eines **Liquidationsvergleiches** werden diese im Kollokationsplan (SchKG 321) behandelt und die Regelungen über den ordentlichen Nachlassvertrag finden keine Anwendung: BGer v. 02.12.2010, 5A_768/2010 E. 4.3.

3. In Bezug auf SchKG 305 unterscheidet das Gesetz nicht zwischen bestrittenen Forderungen, die bereits **prozesshängig** sind und solchen, über die erst in Zukunft ein Prozess durchzuführen sein wird: BGE 135 III 321 E. 3.2.

4 Betr. bestrittene Forderung des Bundes, dessen Aussonderungsrecht oder der Übergang von Ersatzansprüchen auf ihn, siehe Art. 12 der VO über das Aussonderungs- und das Pfandrecht des Bundes an **Pflichtlagern** vom 6. Juli 1983, SR 531.212.

5 Für **Eisenbahn- und Schifffahrtsunternehmungen**: Der Sachwalter hat im Fall, dass VZEG 69 anwendbar ist, durch eingeschriebenen Brief eine Frist von 30 Tagen anzusetzen, beginnend am Tag der Benachrichtigung, um die Forderung gegen die Nachlassschuldnerin einzuklagen unter der Androhung, dass bei unbenutztem Ablauf der Frist Verzicht auf die Forderung angenommen würde: BGE 44 III 210 E. 5.

Art. 316 C. Aufhebung des Nachlassvertrages gegenüber einem Gläubiger

¹ Wird einem Gläubiger gegenüber der Nachlassvertrag nicht erfüllt, so kann er beim Nachlassrichter für seine Forderung die Aufhebung des Nachlassvertrages verlangen, ohne seine Rechte daraus zu verlieren.

² Artikel 307 findet sinngemäss Anwendung.

1 Im Verhältnis zu den **übrigen Gläubigern** bleibt der Nachlassvertrag weiterhin bestehen: BGE 26 II 189 E. 5.

2 Trotz **Dividendenverzug** kein Wiederaufleben der ursprünglichen Forderung ohne Aufhebungs- oder Widerrufsbeschluss der Nachlassbehörde, auch nicht infolge dahingehender Vereinbarung: BGE 79 III 86 E. 2.a.

3 Der Gläubiger, der die Nachlassdividende nicht ausbezahlt erhält, obschon er den Schuldner nach Ablauf des im Nachlassverfahren vorgesehenen Termins zweimal gemahnt hat, hat mit Bezug auf seine Forderung einen **Anspruch auf Aufhebung des Nachlasses**, und zwar auch dann, wenn der Schuldner die Dividende noch **vor der Verhandlung bezahlt**, die der mit dem Begehren um Aufhebung des Nachlasses angerufene Richter angesetzt hat: BGE 110 III 40 E. 2 (Pra 73 [1984] Nr. 164).

4 Der Entscheid durch eine kantonale Behörde unterliegt **nicht** der Beurteilung durch das BGer: BGE 74 III 26, 27. Das ist indessen ein Anwendungsfall der subsidiären Verfassungsbeschwerde nach BGG 113 (→ Nr. 26).

5 Die **nachträgliche Konkurseröffnung** über den Schuldner, welcher einen Nachlassvertrag abgeschlossen, aber nicht erfüllt hat, berührt die für die Vollziehung des Nachlassvertrages geleistete Sicherstellung nicht: BGE 52 III 16, 18 f.

6 Die **Aufsichtsbehörden** sind zur Entscheidung von Streitigkeiten über die Admassierung der zur Sicherstellung verwendeten Vermögenswerte nicht befugt: BGE 52 III 16, 17.

IV. Nachlassvertrag mit Vermögensabtretung

Art. 317 A. Begriff

¹ Durch den Nachlassvertrag mit Vermögensabtretung kann den Gläubigern das Verfügungsrecht über das schuldnerische Vermögen eingeräumt oder dieses Vermögen einem Dritten ganz oder teilweise abgetreten werden.

² Die Gläubiger üben ihre Rechte durch die Liquidatoren und durch einen Gläubigerausschuss aus. Diese werden von der Versammlung gewählt, die sich zum Nachlassvertrag äussert. Sachwalter können Liquidatoren sein.

Verweise

Abs. 2: *SchKG 320 (Liquidatoren); SchKG 320 Abs. 1 und 2 (Gläubigerausschuss); SchKG 301, 302 (Gläubigerversammlung); SchKG 295 (Sachwalter).*

Zu Abs. 1

1 Der Nachlassvertrag mit Vermögensabtretung ist wie der gewöhnliche Nachlassvertrag ein **Vergleich**: BGE 109 III 128 E. 1 (Pra 73 [1984] Nr. 59). Durch diesen Vergleich erlangen die Gläubiger das **Verfügungsrecht über das schuldnerische Vermögen**, soweit es ihnen vom Schuldner – ganz oder bloss teilweise – «abgetreten» wird. Im Gegenzug verzichten die Gläubiger auf den bei der Liquidation nicht gedeckten Forderungsbetrag: BGE 129 III 559 E. 3.3; vgl. hierzu auch BGE 80 III 41 E. 1.a.

2 Der Nachlassvertrag **erspart** dem Schuldner die Härten des Konkurses und die Ausstellung von Verlustscheinen, die seine wirtschaftliche Zukunft gefährden. Das Nachlassverfahren dient aber auch den Interessen der Gläubiger, die üblicherweise schneller befriedigt werden als im Konkurs und zudem sehr oft eine höhere Dividende erhalten: BGE 105 III 92 E. 2.b (Pra 68 [1979] Nr. 225).

3 Ungeachtet des vertraglichen Elements, das in der Zustimmung der Mehrheit der Gläubiger zum Vorschlag des Schuldners liegt, stellt der Nachlassvertrag ein **öffentlichrechtliches Verfahren** dar, das dem Konkurs nahe steht und an dessen Stelle es i.d.R. tritt: BGE 105 III 92 E. 2.b (Pra 68 [1979] Nr. 225); BGE 103 III 54 E. 3.d (Pra 66 [1977] Nr. 253).

4 Bei der **Auslegung** eines Nachlassvertrags stehen die objektiven Elemente wie Wortlaut, Sinnzusammenhang und Entstehungsgeschichte im Vordergrund. Da es sich beim gerichtlichen Nachlassvertrag nicht um einen privatrechtlichen Vertrag handelt, kommt dem subjektiven Willen der Beteiligten dagegen bloss untergeordnete Bedeutung zu: BGE 129 III 559 E. 4.1; BGE 122 III 176 E. 5.c.

5 **Konkursrechtliche Grundsätze** dürfen im Nachlassverfahren mit Vermögensabtretung **nicht unbesehen analoge Anwendung finden**; es muss in jedem Fall geprüft werden, ob und wieweit sich die entsprechende Anwendung rechtfertigt: BGE 102 III 33 E. 4.a; BGE 84 III 105 E. 1.d.

6 Bezüglich der Massekosten ist die Interessenlage für alle Beteiligten gleich, unabhängig davon, ob es sich um einen Konkurs oder aber um einen Nachlassvertrag mit Vermögensab-

tretung handelt. SchKG 262 Abs. 1 gilt deshalb **sinngemäss auch für den Nachlassvertrag mit Vermögensabtretung**: BGer v. 19.02.2009, 2C_792/2008 E. 2; BGE 113 III 148 E. 2. Für das **Sachwalterhonorar** bedeutet dies, dass es, wenn es überhaupt als Masseverbindlichkeit zu betrachten ist, innerhalb dieser Verbindlichkeiten an letzter Stelle zu berücksichtigen ist: BGE 113 III 148 E. 3.

7 Der **Nachbesserungsanspruch** des Bestellers (OR 368 Abs. 2) für Arbeiten, die vor der Nachlassstundung ausgeführt wurden, ist keine Massverbindlichkeit, wenn die Liquidatoren die Erfüllung des Anspruchs durch die Masse weder ausdrücklich noch durch schlüssige Handlung übernommen haben. Dies gilt auch für einen eventuellen Schadenersatzanspruch: BGE 107 III 106 E. 3.d und 4 (Pra 70 [1981] Nr. 253).

8 **OR 575 Abs. 1**, wonach die Konkursverwaltung eines konkursiten Gesellschafters die Auflösung der Gesellschaft verlangen kann, **ist beim Nachlassvertrag mit Vermögensabtretung analog anwendbar**. Die Interessenlage ist für alle Beteiligten gleich, egal, ob es sich um einen Konkurs oder einen Nachlassvertrag mit Vermögensabtretung handelt. Den Gläubigern steht ein Anspruch auf bestmögliche Verwertung des ihnen abgetretenen Gesellschaftsanteils zu, und der Schuldner, der sich seiner Gesellschafter- und Vermögensrechte an der Gesellschaft durch die Abtretung begeben hat, vermag kein schützenswertes Interesse an der Verneinung eines Kündigungsrechts geltend zu machen: BGE 102 III 33 E. 4.a.

9 Wird ein **Gesellschaftsanteil** als solcher abgetreten, so haben die Gläubiger Anspruch auf den entsprechenden Teil des Liquidationsergebnisses, wie es sich **im Zeitpunkt der Auflösung** ergibt: BGE 102 III 33 E. 4.b.

10 Die Bestimmung von **SchKG 235 Abs. 3** betr. die Beschlussfähigkeit der ersten Gläubigerversammlung ist beim Nachlassvertrag mit Vermögensabtretung **nicht anwendbar**: BGE 82 III 85 E. 1. Dasselbe gilt für **SchKG 252** betr. die Einberufung einer zweiten Gläubigerversammlung: BGE 82 III 90 E. 2.

11 **SchKG 310 Abs. 1**, wonach der bestätigte Nachlassvertrag für sämtliche Gläubiger rechtsverbindlich ist, ausgenommen nur die Pfandgläubiger für den durch das Pfand gedeckten Forderungsbetrag, **ist auch beim Nachlassvertrag mit Vermögensabtretung anwendbar**. Die Gläubiger von Forderungen, die durch ein Grundpfand gesichert sind, können die Liquidationsmasse auf Grundpfandverwertung betreiben: BGE 84 III 105 E. 1.d (noch zu aSchKG 311).

12 Beim Nachlassvertrag mit Vermögensabtretung **erstreckt sich die Pfandhaft** gemäss ZGB 806 Abs. 1 auf die Miet- oder Pachtzinsforderungen, die seit der Bestätigung des Nachlassvertrags bis zur Verwertung auflaufen: BGE 108 III 83 E. 3–5.

13 Ein sich nach Deckung der kollozierten Forderungen ergebender **Liquidationsüberschuss** dient zur Bezahlung der Zinsen, welche die Gläubiger für die Zeit nach der Bewilligung der Stundung hätten verlangen können, wenn es nicht zum Abschluss des Nachlassvertrags mit Vermögensabtretung gekommen wäre. Vorbehalten bleibt der Nachlassvertrag, in dem die Verzinslichkeit der Forderungen für den Fall eines Aktivenüberschusses ausgeschlossen wird: BGE 129 III 559 E. 3.3.

14 Gemäss IPRG 175 (→ Nr. 34) wird ein **von einem ausländischen Gericht genehmigter Nachlassvertrag** oder ein ähnliches Verfahren in der Schweiz anerkannt; IPRG 166 –170

gelten sinngemäss. Der Wortlaut dieser Bestimmung ist jedoch insofern zu eng, als nicht nur die Genehmigung eines Nachlassvertrages oder eines ähnlichen Verfahrens in der Schweiz anerkennbar ist, sondern bereits die behördliche bzw. gerichtliche Anordnung der Eröffnung eines derartigen Verfahrens: BGE 137 III 138 E. 2.1 (Pra 100 [2011] Nr. 85). Ob ein in der Schweiz bestätigter Nachlassvertrag **im Ausland anerkannt und wirksam werden kann**, bestimmt sich infolge des Territorialitätsprinzips nach ausländischem Recht.

15 In einem Nachlassvertrag mit Vermögensabtretung kann vorgesehen werden, dass der Erlös aus Vollstreckungsmassnahmen, die einzelne Gläubiger im Ausland erwirkt haben, auf die Nachlassdividende dieser Gläubiger **anzurechnen** ist: BGE 103 III 54 E. 3.

Zu Abs. 2

16 Die mit der Durchführung des Nachlassvertrags betrauten Liquidatoren **vertreten neben der Gläubigermasse auch die in Liquidation getretene Gesellschaft** und sind in dieser Stellung zur Weiterziehung des Entscheids einer Aufsichtsbehörde befugt, der einen nach Auffassung der Liquidatoren nur von der Gesellschaft selbst geltend zu machenden Anspruch als Teil des abgetretenen Vermögens bezeichnet: BGE 64 III 19 E. 1.

Art. 318 B. Inhalt

¹ Der Nachlassvertrag enthält Bestimmungen über:
1. den Verzicht der Gläubiger auf den bei der Liquidation oder durch den Erlös aus der Abtretung des Vermögens nicht gedeckten Forderungsbetrag oder die genaue Ordnung eines Nachforderungsrechts;
2. die Bezeichnung der Liquidatoren und der Mitglieder des Gläubigerausschusses sowie die Abgrenzung der Befugnisse derselben;
3. die Art und Weise der Liquidation, soweit sie nicht im Gesetz geordnet ist; wird das Vermögen an einen Dritten abgetreten, die Art und die Sicherstellung der Durchführung dieser Abtretung;
4. die neben den amtlichen Blättern für die Gläubiger bestimmten Publikationsorgane.

² Wird nicht das gesamte Vermögen des Schuldners in das Verfahren einbezogen, so ist im Nachlassvertrag eine genaue Ausscheidung vorzunehmen.

Verweise

Abs. 1 Ziff. 2: *SchKG 317 Abs. 2, 320 (Liquidatoren); SchKG 317 Abs. 2, SchKG 320 Abs. 1 und 2 (Gläubigerausschuss).*

Zu Abs. 1

1 Eine Klausel, die in einem Nachlassvertrag mit Vermögensabtretung den Umwandlungstag **für Forderungen in ausländischen Währungen** festlegt, ist unzulässig: BGE 105 III 92 E. 3. Beim Nachlassvertrag mit Vermögensabtretung werden Forderungen in ausländischer

Währung auf denjenigen Tag in Schweizerfranken umgewandelt, **an dem die Bestätigung des Nachlassvertrags rechtskräftig geworden ist**: BGE 110 III 105 E. 5.b.

Zu Abs. 2

2   Die vollständige und lückenlose Aufteilung des Schuldnervermögens in zwei Teilkomplexe **beim Nachlassvertrag mit bloss teilweiser Vermögensabtretung** kann logisch nur derart vorgenommen werden, dass die dem einen Teilkomplex zugehörenden Vermögenswerte limitativ aufgezählt werden, während der andere Teilkomplex als Gesamtheit des Vermögens abzüglich diese ausgeklammerten Vermögenswerte umschrieben wird. Andernfalls bliebe die Zuordnung jener Vermögenswerte offen, welche bei der Ausscheidung übersehen oder vergessen wurden oder damals gar nicht bekannt waren. Ob die dem Schuldner verbleibende oder aber die den Gläubigern zukommende Vermögensmasse limitativ aufgezählt wird, spielt keine Rolle: BGE 122 III 176 E. 5.b.

Art. 319   C. Wirkungen der Bestätigung

¹ Mit der rechtskräftigen Bestätigung des Nachlassvertrages mit Vermögensabtretung erlöschen das Verfügungsrecht des Schuldners und die Zeichnungsbefugnis der bisher Berechtigten.

² Ist der Schuldner im Handelsregister eingetragen, so ist seiner Firma der Zusatz «in Nachlassliquidation» beizufügen. Die Masse kann unter dieser Firma für nicht vom Nachlassvertrag betroffene Verbindlichkeiten betrieben werden.

³ Die Liquidatoren haben alle zur Erhaltung und Verwertung der Masse sowie zur allfälligen Übertragung des abgetretenen Vermögens gehörenden Geschäfte vorzunehmen.

⁴ Die Liquidatoren vertreten die Masse vor Gericht. Artikel 242 gilt sinngemäss.

Verweis

Abs. 2: *OR 927–943 (Handelsregister).*

Zu Abs. 1

1   Beim Nachlassvertrag mit Vermögensabtretung handelt es sich um eine konkursähnliche Generalliquidation des Schuldnervermögens; wie im Konkurs wird das Schuldnervermögen verselbstständigt und bildet die **Nachlassmasse**. Diese entsteht im Zeitpunkt der Bestätigung des Nachlassvertrages mit Vermögensabtretung: BGE 134 III 273 E. 4.6.2.

2   Mit der rechtskräftigen Bestätigung des Nachlassvertrages steht das **Verfügungsrecht** über die dem Nachlassvertrag unterliegenden Vermögenswerte **ausschliesslich den durch die Gläubigerversammlung gewählten Liquidatoren** zu: BVGer v. 14.01.2009, A-1662/2006 E. 4.2.3.

Art. 320 D. Stellung der Liquidatoren

¹ Die Liquidatoren unterstehen der Aufsicht und Kontrolle des Gläubigerausschusses.

² Gegen die Anordnungen der Liquidatoren über die Verwertung der Aktiven kann binnen zehn Tagen seit Kenntnisnahme beim Gläubigerausschuss Einsprache erhoben und gegen die bezüglichen Verfügungen des Gläubigerausschusses bei der Aufsichtsbehörde Beschwerde geführt werden.

³ Im übrigen gelten für die Geschäftsführung der Liquidatoren die Artikel 8–11, 14, 34 und 35 sinngemäss.

Verweis: SchKG 317 Abs. 2 , 320 Abs. 1 und 2 (Gläubigerausschuss).

Zu Abs. 1

1   Die **Aufgaben** eines Liquidators sind **mit jenen der Konkursverwaltung vergleichbar**: Der Liquidator hat das in die Masse fallende Vermögen zum Zwecke der Sicherstellung tatsächlich in Besitz zu nehmen; der Schuldner ist auf der Gegenseite dazu verpflichtet, sein Vermögen in die Hände des Liquidators zu geben. Der Liquidator ist zudem befugt, die Voraussetzungen, unter denen der Schuldner weiterhin in seiner Wohnung bleiben kann sowie die Dauer dieses Aufenthalts festzulegen (SchKG 229 Abs. 3). Er entscheidet dabei nach freiem Ermessen. Dieser Entscheid ist mit betreibungsrechtlicher Beschwerde anfechtbar: BGer v. 24.09.2009, 5A_495/2009 E. 4.

Zu Abs. 2

2   Die Liquidatoren und der Gläubigerausschuss üben **öffentlichrechtliche Funktionen** aus. Ihre Verfügungen sind daher anfechtbar: Vgl. BVGer v. 08.11.2010, C-4679/2007 E. 5.3.2.

3   Gegen die Anordnungen der Liquidatoren über die Verwertung der Aktiven **ist zunächst beim Gläubigerausschuss Einsprache zu erheben**, bevor bei der Aufsichtsbehörde Beschwerde geführt werden kann: BGE 82 III 90 E. 3 (noch zu aSchKG 316e).

4   Das Einspracherecht besteht nur hinsichtlich **der von den Liquidatoren im Rahmen des Nachlassvertrags getroffenen Verwertungsmassnahmen**: BGE 77 III 132 E. 1; BGE 76 I 286 E. 1. Es ist nicht anwendbar, wenn Kollokationsentscheide der Liquidatoren angefochten werden sollen: BGE 105 III 28 E. 3; BGE 77 III 132 E. 1.

5   Beim Nachlassvertrag mit Vermögensabtretung ist **nicht nur der Gläubiger, sondern auch der Schuldner** befugt, Verfügungen des Liquidators auf dem Beschwerdeweg anzufechten. Entsprechend den beim Konkurs geltenden Regeln ist ihm allerdings nur insofern Einfluss auf den Gang der Liquidation zuzugestehen, als er die Möglichkeit haben muss, auf eine rechtmässige Art der Verwertung hinzuwirken. Ein Beschwerderecht kommt dem Schuldner auf jeden Fall nur dort zu, wo die beanstandete Massnahme **in dessen gesetzlich geschützte Rechte und Interessen eingreift**: BGer v. 07.02.2007, 7B.191/2006 E. 3.2; BGE 102 III 33 E. 1.

6   Dem Nachlassschuldner gebührt **kein weitergehendes Beschwerderecht**, als wie es dem Konkursiten zugestanden wird. Seine Beschwerdebefugnis ist deshalb auf die Rüge von Ge-

setzesverletzungen beschränkt; die Rüge blosser Unangemessenheit ist unzulässig: BGE 85 III 175 E. 2.

7 Im Konkurs ist der Schuldner **zur Beschwerde gegen die provisorische Verteilungsliste** nicht legitimiert. Eine Ausnahme von diesem Grundsatz rechtfertigt sich freilich dann, wenn die Liquidation einen Aktivenüberschuss ergibt. Diesfalls können Abschlagszahlungen den Anspruch des Konkursiten auf Herausgabe des Aktivenüberschusses gefährden. Der Konkursit ist insoweit an der Liquidation des an die Gläubiger «abgetretenen» Vermögens beteiligt und berechtigt, auf eine rechtmässige Art der Liquidation hinzuwirken. Dasselbe gilt für den Schuldner beim Nachlassvertrag mit Vermögensabtretung: BGE 129 III 559 E. 1.2.

8 Die ausnahmsweise Zulassung des Nachlassschuldners zur Beschwerde gegen eine provisorische Verteilungsliste **umfasst nicht die Befugnis**, Bestand und Umfang der in die Verteilungsliste aufgenommenen Forderungen anzufechten. Der Nachlassschuldner kann lediglich geltend machen, dass der Verteilungsplan dem Kollokationsplan nicht entspricht und dass die Voraussetzungen dafür nicht erfüllt sind, den rechtskräftigen Kollokationsplan nachträglich abzuändern: BGE 129 III 559 E. 1.2; BGE 102 III 155 E. 2.

9 Ein **die Admassierung ablehnender Beschluss des Gläubigerausschusses** kann mit betreibungsrechtlicher Beschwerde angefochten werden: BGE 83 III 120, 120.

Zu Abs. 3

10 Die Liquidatoren üben ein öffentliches Amt aus und unterstehen daher der **Disziplinargewalt** der kantonalen Aufsichtsbehörden gemäss SchKG 14: BGE 114 III 120, 121.

Art. 321 E. Feststellung der teilnahmeberechtigten Gläubiger

¹ Zur Feststellung der am Liquidationsergebnis teilnehmenden Gläubiger und ihrer Rangstellung wird ohne nochmaligen Schuldenruf gestützt auf die Geschäftsbücher des Schuldners und die erfolgten Eingaben von den Liquidatoren ein Kollokationsplan erstellt und zur Einsicht der Gläubiger aufgelegt.

² Die Artikel 244–251 gelten sinngemäss.

Verweise

Abs. 1: SchKG 300 (Schuldenruf); SchKG 293 Abs. 1 (Geschäftsbücher); SchKG 317 Abs. 2, 320 (Liquidatoren).

1 Beim Nachlassvertrag mit Vermögensabtretung gelten für die Kollokation der Gläubiger nicht allein die Vorschriften des Konkursverfahrens, **sondern sinngemäss auch die einschlägigen Vorschriften der KOV** (→ Nr. 5): BGE 133 III 386 E. 4.1; vgl. auch BGE 87 III 117 E. 1. Eine analoge Anwendung von KOV 63 fällt jedoch ausser Betracht: BGE 133 III 386 E. 4.4.

2 Soweit den Gläubigern des Nachlassschuldners keine gesetzlichen Vorzugsrechte zustehen, haben sie ein Recht **auf gleichmässige Befriedigung** aus dem Verwertungsergebnis. Dieses kann nur dann gleichmässig und proportional verteilt werden, wenn alle Forderungen in

3 Über die **Eigentumsverhältnisse an einem Pfandgegenstand** ist im Kollokationsverfahren mitzuentscheiden: BGE 87 III 117 E. 2.

4 Die **verspätete Anmeldung** einer Forderung hat nur die in SchKG 251 für den Fall der Verspätung einer Konkurseingabe vorgesehenen Folgen. D.h., dass ein allfälliges Privileg wegen der verspäteten Anmeldung nicht untergeht: BGE 97 III 83 E. 6.

5 Der Grundsatz, dass ein rechtskräftiger Kollokationsplan vorbehältlich der Berücksichtigung verspäteter Konkurseingaben nicht einseitig abgeändert werden kann, **gilt nicht absolut**. Es darf aber nur dann auf die Kollokation zurückgekommen werden, wenn sich die Änderung der Verhältnisse nach Eintritt der Rechtskraft des Plans ergeben hat oder zumindest erst dann bekannt geworden ist: BGE 102 III 155 E. 3.

6 Die **Aussetzung der Kollokationsverfügung** und die **nachträgliche Ergänzung des Kollokationsplans** sind zulässig, wenn ernsthafte Hindernisse oder Schwierigkeiten einer abschliessenden Kollokation aller angemeldeten Forderungen entgegenstehen. Dies ist etwa dann der Fall, wenn noch offen ist, ob der Liquidator mittels eines Durchgriffs eine Verrechnungsmöglichkeit gegenüber einem Nachlassgläubiger herstellen kann: BGE 119 III 130 E. 4.

7 Der Umstand, dass eine Konkurseingabe heikle Rechtsfragen aufwirft, bildet im Allgemeinen **keinen Grund**, die Verfügung über sie im Kollokationsplan **aufzuschieben**: BGE 92 III 27 E. 2.

8 Auch während eines Konkurs- oder Nachlassverfahrens **ist die Mehrwertsteuerforderung im Steuerverfahren festzusetzen**. Ist sie bestritten und noch nicht rechtskräftig festgesetzt, so hat nach aMWSTG 69 Abs. 2 (neu MWSTG 89 Abs. 2) ihre endgültige Kollokation zu unterbleiben, bis ein rechtskräftiger Entscheid vorliegt: BGE 137 II 136 E. 3.1.

9 Der Kollokationsplan kann **wegen Formmangels durch Beschwerde** angefochten werden: BGE 132 III 437 E. 6.1 (falsch übersetzt in Pra 97 [2008] Nr. 16); BGE 105 III 28 E. 3. Die Gründe der gänzlichen oder teilweisen Abweisung einer Eingabe unterliegen dagegen der richterlichen Überprüfung im Kollokationsprozess: BGE 83 III 80, 81.

10 Das **Recht des Nachlassliquidators**, eine Kollokationsverfügung zu treffen (SchKG 321 Abs. 2 i.V.m. 245) kann Gegenstand eines Beschwerdeverfahrens sein: BGE 130 III 769 E. 1.

Art. 322 F. Verwertung
1. Im allgemeinen

¹ Die Aktiven werden in der Regel durch Eintreibung oder Verkauf der Forderungen, durch freihändigen Verkauf oder öffentliche Versteigerung der übrigen Vermögenswerte einzeln oder gesamthaft verwertet.

² Die Liquidatoren bestimmen im Einverständnis mit dem Gläubigerausschuss die Art und den Zeitpunkt der Verwertung.

Keine Entscheidungen.

Art. 323 2. Verpfändete Grundstücke

Mit Ausnahme der Fälle, in denen das Vermögen einem Dritten abgetreten wurde, können Grundstücke, auf denen Pfandrechte lasten, freihändig nur mit Zustimmung der Pfandgläubiger verkauft werden, deren Forderungen durch den Kaufpreis nicht gedeckt sind. Andernfalls sind die Grundstücke durch öffentliche Versteigerung zu verwerten (Art. 134–137, 142, 143, 257 und 258). Für Bestand und Rang der auf den Grundstücken haftenden Belastungen (Dienstbarkeiten, Grundlasten, Grundpfandrechte und vorgemerkte persönliche Rechte) ist der Kollokationsplan massgebend (Art. 321).

Verweise: ZGB 730–781 (Dienstbarkeiten); ZGB 782–792 (Grundlast); SchKG 37 Abs. 1 (Grundpfand).

1 Wie beim Konkurs nimmt ein Gläubiger, der sich **als Faustpfandgläubiger im Besitz eines Eigentümerschuldbriefes** befindet, auch beim Nachlassvertrag mit Vermögensabtretung anstelle des nicht existierenden Grundpfandgläubigers direkt an der Verteilung des Nachlassvermögens sowie der Miet- und Pachtzinse teil: BGE 132 III 437 E. 4 (Pra 97 [2008] Nr. 16).

2 Da die **Miet- und Pachtzinse** ab Bestätigung des Nachlassvertrags bis zur Verwertung von der Pfandhaft erfasst werden (ZGB 806 Abs. 1), bedarf es weder einer vorgängigen Grundpfandbetreibung noch eines ausdrücklichen Begehrens um Erstreckung der Pfandhaft auf die Miet- und Pachtzinse: BGE 132 III 437 E. 5 (Pra 97 [2008] Nr. 16).

Art. 324 3. Faustpfänder

¹ Die Pfandgläubiger mit Faustpfandrechten sind nicht verpflichtet, ihr Pfand an die Liquidatoren abzuliefern. Sie sind, soweit keine im Nachlassvertrag enthaltene Stundung entgegensteht, berechtigt, die Faustpfänder in dem ihnen gut scheinenden Zeitpunkt durch Betreibung auf Pfandverwertung zu liquidieren oder, wenn sie dazu durch den Pfandvertrag berechtigt waren, freihändig oder börsenmässig zu verwerten.

² Erfordert es jedoch das Interesse der Masse, dass ein Pfand verwertet wird, so können die Liquidatoren dem Pfandgläubiger eine Frist von mindestens sechs Monaten setzen, innert der er das Pfand verwerten muss. Sie fordern ihn gleichzeitig auf, ihnen das Pfand nach unbenutztem Ablauf der für die Verwertung gesetzten Frist abzuliefern, und weisen ihn auf die Straffolge (Art. 324 Ziff. 4 StGB[1]) sowie darauf hin, dass sein Vorzugsrecht erlischt, wenn er ohne Rechtfertigung das Pfand nicht abliefert.

---

1 SR 311.0

Verweise

Abs. 1: *SchKG 37 Abs. 2 (Faustpfand); SchKG 317 Abs. 2, 320 (Liquidatoren); SchKG 41, 151–158 (Betreibung auf Pfandverwertung).*

Zu Abs. 1

1 Dem Faustpfandgläubiger steht beim Nachlassvertrag mit Vermögensabtretung das Recht **auf abgesonderte Befriedigung** durch Verwertung des Pfandgegenstandes ausserhalb des Liquidationsverfahrens zu. Voraussetzung hierfür ist jedoch, dass das Pfandrecht im rechtskräftigen Kollokationsplan nicht abgewiesen worden ist. Der Faustpfandgläubiger hat sich dem gewöhnlichen Erwahrungsverfahren zu unterziehen; d.h., er hat dem Liquidator sein Pfandrecht anzumelden und dieser hat im Kollokationsplan darüber zu befinden. Wird das Pfandrecht mit Erfolg bestritten, so besteht auch das Absonderungsrecht nicht: BGE 77 III 132 E. 2 (noch zu aSchKG 316k).

2 Über den Bestand des Faustpfandrechts kann **nicht nur im Kollokationsverfahren, sondern auch in einem besonderen Prozess** ausserhalb des Kollokationsverfahrens entschieden werden: BGE 84 III 105 E. 1.f (noch zu aSchKG 316k).

Art. 325   4. Abtretung von Ansprüchen an die Gläubiger

Verzichten Liquidatoren und Gläubigerausschuss auf die Geltendmachung eines bestrittenen oder schwer einbringlichen Anspruches, der zum Massevermögen gehört, wie namentlich eines Anfechtungsanspruches oder einer Verantwortlichkeitsklage gegen Organe oder Angestellte des Schuldners, so haben sie davon die Gläubiger durch Rundschreiben oder öffentliche Bekanntmachung in Kenntnis zu setzen und ihnen die Abtretung des Anspruches zur eigenen Geltendmachung gemäss Artikel 260 anzubieten.

Verweise: SchKG 317 Abs. 2, 320 (Liquidatoren); SchKG 317 Abs. 2, SchKG 320 Abs. 1 und 2 (Gläubigerausschuss); SchKG 331 Abs. 1; 285–292 (Anfechtung); OR 321e, 753–755, 769, 827, 917 (Verantwortlichkeitsklagen); SchKG 34 (Mitteilung); SchKG 35, 318 Abs. 1 Ziff. 4 (öffentliche Bekanntmachung).

1 Die Vorschrift, wonach dann, wenn die Liquidatoren und der Gläubigerausschuss auf die Geltendmachung eines Anspruchs der Masse verzichten, den Gläubigern die Abtretung gemäss SchKG 260 anzubieten ist, **ist nicht anwendbar**, wenn der Gläubigerausschuss entschieden hat, dass der in Frage stehende Anspruch **gar nicht zur Masse zu ziehen sei**: BGE 122 III 176 E. 5.a; BGE 80 III 41 E. 1.

2 SchKG 325 bewirkt ebensowenig wie SchKG 260 eine Abtretung i.S.v. OR 164, sondern überträgt dem Abtretungsgläubiger ein **Prozessführungsrecht** mit dem Anspruch auf Vorausbefriedigung aus dem erzielten Erlös: BGE 122 III 188 E. 5.f; BGE 122 III 166 E. 3.e.

3 Sieht der Nachlassvertrag die Abtretung sämtlicher Vermögenswerte des Schuldners vor, so umfasst das abgetretene Vermögen ohne gegenteilige Abrede **auch die der Gesellschaft zustehenden Verantwortlichkeitsansprüche**, selbst wenn diese im Inventar nicht aufgeführt sind: BGE 122 III 176 E. 5.a; BGE 64 III 19 E. 2.

Art. 326   G. Verteilung
1. Verteilungsliste

Vor jeder, auch bloss provisorischen, Abschlagszahlung haben die Liquidatoren den Gläubigern einen Auszug aus der Verteilungsliste zuzustellen und diese während zehn Tagen aufzulegen. Die Verteilungsliste unterliegt während der Auflagefrist der Beschwerde an die Aufsichtsbehörde.

Verweise: SchKG 317 Abs. 2, 320 (Liquidatoren); SchKG 17–21 (Beschwerde).

1   Die Verteilung des Liquidationserlöses an die Gläubiger erfolgt im Nachlassverfahren mit Vermögensabtretung grundsätzlich **in Form von Abschlags- und Dividendenzahlungen**, soweit den Gläubigern nicht gemäss SchKG 317 Abs. 1 einzelne Vermögenswerte unter Anrechnung an ihre Forderungen abgetreten werden: BGE 137 II 136 E. 5.1.

2   **Umsatzsteuerrechtlich** sind Abschlags- und Dividendenzahlungen, soweit sie an mehrwertsteuerpflichtige Gläubiger für Leistungen i.S.v. aMWSTG 5 (heute MWSTG 1) erfolgen, als Leistungsentgelt nach aMWSTG 33 (heute MWSTG 24) zu qualifizieren. Der Lieferant oder Leistungserbringer, der aufgrund der Insolvenz des Leistungsempfängers nach aMWSTG 44 Abs. 1 (heute MWSTG 39) einen Abzug beim steuerbaren Umsatz vorgenommen hat, muss daher die Bemessungsgrundlage erneut berichtigen, wenn er im Nachlassverfahren eine Abschlags- oder Dividendenzahlung erhält. Andererseits entsteht beim steuerpflichtigen Nachlassschuldner von Gesetzes wegen ein Anspruch auf Vorsteuerabzug, wenn im Nachlassverfahren vorsteuerbelastete Kreditorenrechnungen beglichen werden. Der Vorsteuerabzug muss auch im Nachlassverfahren zugelassen werden, soll er den Entlastungseffekt erfüllen; es geht um die Vorsteuer, die durch den Gläubiger bezahlt und auf den Nachlassschuldner überwälzt worden ist: BGE 137 II 136 E. 5.1 und 5.2.

3   Bei Abschlagsverteilungen ist der **auf streitige Forderungen** entfallende Betrag zurückzubehalten und zinstragend anzulegen. Der Zinsertrag kommt anteilsmässig denjenigen Gläubigern zugute, deren Forderung zu Unrecht bestritten wurde und die deshalb an der Abschlagsverteilung nicht teilnehmen durften: BGE 105 III 88 E. 2. Vgl. auch BGE 129 III 559 E. 5.1.

4   Wenn die Liquidation einen Aktivenüberschuss ergibt, so ist der Nachlassschuldner **ausnahmsweise befugt**, eine provisorische Verteilungsliste anzufechten. Denn diesfalls gefährden Abschlagszahlungen seinen Anspruch auf Herausgabe des Aktivenüberschusses: BGE 129 III 559 E. 1.2.

5   Enthält das Lastenverzeichnis eines Grundstücks keine eindeutige Verfügung zum Umfang der Pfandhaft, so kann es **noch im Zeitpunkt der Auflegung der Verteilungsliste** angefochten werden: BGE 132 III 437 E. 6 (Pra 97 [2008] Nr. 16).

Art. 327 2. Pfandausfallforderungen

¹ Die Pfandgläubiger, deren Pfänder im Zeitpunkt der Auflage der vorläufigen Verteilungsliste schon verwertet sind, nehmen an einer Abschlagsverteilung mit dem tatsächlichen Pfandausfall teil. Dessen Höhe wird durch die Liquidatoren bestimmt, deren Verfügung nur durch Beschwerde gemäss Artikel 326 angefochten werden kann.

² Ist das Pfand bei der Auflegung der vorläufigen Verteilungsliste noch nicht verwertet, so ist der Pfandgläubiger mit der durch die Schätzung des Sachwalters festgestellten mutmasslichen Ausfallforderung zu berücksichtigen. Weist der Pfandgläubiger nach, dass der Pfanderlös unter der Schätzung geblieben ist, so hat er Anspruch auf entsprechende Dividende und Abschlagszahlung.

³ Soweit der Pfandgläubiger durch den Pfanderlös und allfällig schon bezogene Abschlagszahlungen auf dem geschätzten Ausfall eine Überdeckung erhalten hat, ist er zur Herausgabe verpflichtet.

Verweise: SchKG 37 Abs. 3 (Pfand).

Abs. 1: SchKG 317 Abs. 2, 320 (Liquidatoren).

Abs. 2: SchKG 299 (Schätzung).

1 Beim Nachlassvertrag mit Vermögensabtretung gelten für pfandgesicherte Forderungen **die gleichen Regeln wie im Konkurs**: BGE 87 III 117 E. 1.

2 **SchKG 310 Abs. 1**, wonach der bestätigte Nachlassvertrag für sämtliche Gläubiger rechtsverbindlich ist, ausgenommen nur die Pfandgläubiger für den durch das Pfand gedeckten Forderungsbetrag, **ist auch beim Nachlassvertrag mit Vermögensabtretung anwendbar**: BGE 84 III 105 E. 1.d (noch zu aSchKG 311). Eine analoge Anwendung von SchKG 206 ist ausgeschlossen: BGE 59 III 274, 276 f.

3 Zur Wirkung eines **Pfandausfallscheins**, der für eine vor der Bestätigung des Nachlassvertrags entstandene Pfandforderung gestützt auf eine nach diesem Zeitpunkt vorgenommene Pfandverwertung ausgestellt wird, siehe VZG 121 (→ Nr. 9).

Art. 328 3. Schlussrechnung

Gleichzeitig mit der endgültigen Verteilungsliste ist auch eine Schlussrechnung, inbegriffen diejenige über die Kosten, aufzulegen.

1 Das **Honorar** der Liquidatoren und der Mitglieder des Gläubigerausschusses wird vom Nachlassgericht festgesetzt (GebV SchKG 55 Abs. 1 → Nr. 7). Es berücksichtigt dabei namentlich die Schwierigkeit und die Bedeutung der Sache, der Umfang der Bemühungen, den Zeitaufwand sowie die Auslagen (SchKG 55 Abs. 3).

Art. 329 4. Hinterlegung

¹ Beträge, die nicht innert der von den Liquidatoren festzusetzenden Frist erhoben werden, sind bei der Depositenanstalt zu hinterlegen.

² Nach Ablauf von zehn Jahren nicht erhobene Beträge sind vom Konkursamt zu verteilen; Artikel 269 ist sinngemäss anwendbar.

Verweise

Abs. 1: *SchKG 24 (Depositenanstalt).*

Abs. 2: *SchKG 31–33, SchKG 56–63, ZPO 142 ff. (Fristberechnung → Nr. 25).*

Zu Abs. 2

1   Die Verjährung von 10 Jahren beginnt für jeden Gläubiger **vom Tage der Entstehung seines Bezugsrechtes an** zu laufen. Mit jeder Abschlagsverteilung kommt eine besondere Frist in Gang: BGE 68 III 174, 176.

2   Wenn das Amt trotz den durch die Umstände gebotenen Nachforschungen einzelne Gläubiger, die an der Hauptverteilung teilgenommen hatten, oder ihre Rechtsnachfolger **nicht mehr auffindet**, so ist der Restbetrag unter die Gläubiger zu verteilen, die erreicht werden konnten: BGE 93 III 113 E. 2.b.

Art. 330 H. Rechenschaftsbericht

¹ Die Liquidatoren erstellen nach Abschluss des Verfahrens einen Schlussbericht. Dieser muss dem Gläubigerausschuss zur Genehmigung unterbreitet, dem Nachlassrichter eingereicht und den Gläubigern zur Einsicht aufgelegt werden.

² Zieht sich die Liquidation über mehr als ein Jahr hin, so sind die Liquidatoren verpflichtet, auf Ende jedes Kalenderjahres einen Status über das liquidierte und das noch nicht verwertete Vermögen aufzustellen sowie einen Bericht über ihre Tätigkeit zu erstatten. Status und Bericht sind in den ersten zwei Monaten des folgenden Jahres durch Vermittlung des Gläubigerausschusses dem Nachlassrichter einzureichen und zur Einsicht der Gläubiger aufzulegen.

Verweise: SchKG 317 Abs. 2, 320 (Liquidatoren); SchKG 320 Abs. 1 und 2 (Gläubigerausschuss).

Keine Entscheidungen.

Art. 331 I. Anfechtung von Rechtshandlungen

¹ Die vom Schuldner vor der Bestätigung des Nachlassvertrages vorgenommenen Rechtshandlungen unterliegen der Anfechtung nach den Grundsätzen der Artikel 285–292.

² Massgebend für die Berechnung der Fristen ist anstelle der Pfändung oder Konkurseröffnung die Bewilligung der Nachlassstundung oder des Konkursaufschubes (Art. 725a, 764, 817 oder 903 OR[1]), wenn ein solcher der Nachlassstundung vorausgegangen ist.

³ Soweit Anfechtungsansprüche der Masse zur ganzen oder teilweisen Abweisung von Forderungen führen, sind die Liquidatoren zur einredeweisen Geltendmachung befugt und verpflichtet.

Verweise

Abs. 1: *SchKG 319 Abs. 1 (Bestätigung).*

Abs. 2: *SchKG 31–33, SchKG 56–63, ZPO 142 ff. (Fristberechnung → Nr. 25); SchKG 89 (Zeitpunkt der Pfändung); SchKG 89–115 (Pfändung); SchKG 175 (Zeitpunkt der Konkurseröffnung); SchKG 171, 189 Abs. 1, 190–194 (Konkurseröffnung); SchKG 294 Abs. 2 (Bewilligung der Nachlassstundung).*

Abs. 3: *SchKG 317 Abs. 2, 320 (Liquidatoren).*

Zu Abs. 1

1 Eine Anfechtung **ist verfahrensrechtlich nur dann möglich**, wenn der Nachlassvertrag mit Vermögensabtretung rechtskräftig bestätigt worden ist. Während der Nachlassstundung ist die Geltendmachung folglich ausgeschlossen: BGE 134 III 273 E. 4.4.2.

2 Die während der Dauer der Nachlassstundung vom Schuldner vorgenommenen Handlungen sind auch dann anfechtbar, **wenn ihnen der Sachwalter oder der Nachlassrichter zugestimmt hat**: BGE 134 III 273 E. 4.3.2.

3 Die Anfechtungsansprüche **stehen der Nachlassmasse zu**; sie ist berechtigt, die Ansprüche geltend zu machen, wobei zunächst nur die Liquidatoren (SchKG 319 Abs. 3 und 4) Anfechtungsklage erheben können. Wenn die Liquidatoren und der Gläubigerausschuss auf die Geltendmachung verzichten und es zur Abtretung kommt (SchKG 260 i.V.m. 325), so ist derjenige Nachlassgläubiger zum Abtretungsbegehren legitimiert, der im Kollokationsplan berücksichtigt worden ist: BGE 134 III 273 E. 4.4.2.

4 Die **Absichtsanfechtung** gemäss SchKG 288 setzt eine Gläubigerschädigung sowie die Schädigungsabsicht des Schuldners und die Erkennbarkeit der Schädigungsabsicht für den Dritten voraus. Erfolgen anfechtbare Rechtshandlungen während und im Rahmen einer Sanierung des Schuldners, so stellt sich die Frage, **nach welchem Massstab** die Schädigungsabsicht und deren Erkennbarkeit zu beurteilen sind. Die Anfechtungsklage verfolgt keinesfalls den Zweck, alle Versuche zur Rettung des Schuldners unmöglich oder sehr gefährlich zu machen. Wenn also versucht wird, einem bedrängten, aber noch nicht in gänzlich aussichtsloser Lage befindlichen Schuldner das Durchhalten zu ermöglichen, so soll der besondere Entstehungsgrund der Rückzahlungsverpflichtung berücksichtigt werden mit der

---

[1] SR 220

Folge, die Begünstigungsabsicht auf Seiten des Schuldners und ihre Erkennbarkeit für den Dritten zu verneinen: BGE 134 III 452 E. 5.2 und 5.3.

Zu Abs. 2

5 Seit Inkrafttreten des revidierten GmbH-Rechts im Jahre 2008 müsste in der Klammer auf **OR 820** und nicht auf OR 817 verwiesen werden.

V. Nachlassvertrag im Konkurs

Art. 332

¹ Wenn ein Schuldner, über welchen der Konkurs eröffnet ist, einen Nachlassvertrag vorschlägt, so begutachtet die Konkursverwaltung den Vorschlag zuhanden der Gläubigerversammlung. Die Verhandlung über denselben findet frühestens in der zweiten Gläubigerversammlung statt.

² Die Artikel 302–307 und 310–331 gelten sinngemäss. An die Stelle des Sachwalters tritt jedoch die Konkursverwaltung. Die Verwertung wird eingestellt, bis der Nachlassrichter über die Bestätigung des Nachlassvertrages entschieden hat.

³ Der Entscheid über den Nachlassvertrag wird der Konkursverwaltung mitgeteilt. Lautet derselbe auf Bestätigung, so beantragt die Konkursverwaltung beim Konkursgerichte den Widerruf des Konkurses.

Verweise: SchKG 237 Abs. 2, 240–243 (Konkursverwaltung).

Abs. 1: *SchKG 175 (Zeitpunkt der Konkurseröffnung); SchKG 171, 189 Abs. 1, 190–194 (Konkurseröffnung); SchKG 252–254 (zweite Gläubigerversammlung).*

Abs. 2: *SchKG 295 (Sachwalter); SchKG 238 Abs. 2 (Einstellung der Verwertung).*

Abs. 3: *SchKG 162 Abs. 1 (Konkursgericht); SchKG 195 Abs. 1 Ziff. 3 (Widerruf des Konkurses).*

1 SchKG 332 gilt auch für **Handelsgesellschaften** und **Genossenschaften**: BGE 62 III 66 E. 2.

2 Ist über den Schuldner der Konkurs eröffnet worden, so kann ihm **keine Nachlassstundung mehr gewährt werden**. In Anwendung von SchKG 332 kann er seinen Gläubigern aber gleichwohl einen Nachlassvertrag vorschlagen: BGer v. 13.02.2009, 5A_3/2009 E. 2.2.

3 Die Hängigkeit **eines Nachlassbegehrens der Gesellschaft im Konkurs** hindert die Anhebung und Fortsetzung von Betreibungen gegen den Teilhaber nicht: BGE 62 III 131 E. 2.

4 Die Einstellung der Verwertung aufgrund des Vorschlags eines Nachlassvertrags erfolgt grundsätzlich erst dann, wenn der Nachlassvertrag von der Gläubigerversammlung akzeptiert und von der zuständigen Behörde genehmigt worden ist. Zwar räumt SchKG 238 Abs. 2 der Gläubigerversammlung bzw. der Konkursverwaltung im summarischen Konkursverfahren die Befugnis ein, die Verwertung einzustellen, wenn der Gemeinschuldner einen Nachlassvertrag vorschlägt. Dies bedingt jedoch, dass die Einstellung **durch die Umstände gerechtfertigt wird** und der Gemeinschuldner **positive Garantien** für das Zustandekommen eines Nach-

lassvertrags bieten kann. Die Einreichung eines Vorschlags des Nachlassvertrags in einem hängigen Konkursverfahren **genügt für sich allein nicht** zur Einstellung der Verwertung: BGer v. 26.03.2010, 5A_106/2010 E. 3; BGE 120 III 94 E. 2.a.

5 Will der Gemeinschuldner **nach der zweiten Gläubigerversammlung** einen Nachlassvertrag vorschlagen, so soll ihm die Konkursverwaltung unverzüglich eine kurze Frist zur Leistung eines Vorschusses für die Kosten einer ausserordentlichen Gläubigerversammlung ansetzen. Tritt die Konkursverwaltung dergestalt auf das Nachlassgesuch des Gemeinschuldners ein, so braucht sie deswegen die Verwertung nicht einzustellen. Hierzu ist die Konkursverwaltung erst verpflichtet, nachdem die Gläubigerversammlung den Nachlassvertrag angenommen hat. Bis dahin ist die Konkursverwaltung **unter dem Vorbehalt von SchKG 238 Abs. 2** nicht an der Verwertung gehindert: BGE 78 III 17, 18.

VI. Einvernehmliche private Schuldenbereinigung

Vorbemerkung zu SchKG 333–336
Für diesen Abschnitt liegen keine Entscheidungen vor.

Art. 333   1. Antrag des Schuldners

¹ Ein Schuldner, der nicht der Konkursbetreibung unterliegt, kann beim Nachlassrichter die Durchführung einer einvernehmlichen privaten Schuldenbereinigung beantragen.
² Der Schuldner hat in seinem Gesuch seine Schulden sowie seine Einkommens- und Vermögensverhältnisse darzulegen.

Verweise
Abs. 1: *SchKG 39 Abs. 1 (der Konkursbetreibung unterliegende Schuldner).*

Art. 334   2. Stundung. Ernennung eines Sachwalters

¹ Erscheint eine Schuldenbereinigung mit den Gläubigern nicht von vornherein als ausgeschlossen, und sind die Kosten des Verfahrens sichergestellt, so gewährt der Nachlassrichter dem Schuldner eine Stundung von höchstens drei Monaten und ernennt einen Sachwalter.
² Auf Antrag des Sachwalters kann die Stundung auf höchstens sechs Monate verlängert werden. Sie kann vorzeitig widerrufen werden, wenn eine einvernehmliche Schuldenbereinigung offensichtlich nicht herbeigeführt werden kann.
³ Während der Stundung kann der Schuldner nur für periodische familienrechtliche Unterhalts- und Unterstützungsbeiträge betrieben werden. Die Fristen nach den Artikeln 88, 93 Absatz 2, 116 und 154 stehen still.
⁴ Der Entscheid des Nachlassrichters wird den Gläubigern mitgeteilt; Artikel 294 Absätze 3 und 4 gilt sinngemäss.

Verweise: SchKG 335 (Sachwalter).

Abs. 3: ZGB 125–132 (nachehelicher Unterhalt); ZGB 173 (Unterhalt im Rahmen des Eheschutzes); ZGB 276–292 (Kinderunterhalt); ZGB 328–329 (Unterstützungspflicht); PartG 17 (Unterhalt bei Aufhebung des Zusammenlebens); PartG 34 (Unterhalt nach Auflösung der eingetragenen Partnerschaft).

Art. 335 3. Aufgaben des Sachwalters

1 Der Sachwalter unterstützt den Schuldner beim Erstellen eines Bereinigungsvorschlags. Der Schuldner kann darin seinen Gläubigern insbesondere eine Dividende anbieten oder sie um Stundung der Forderungen oder um andere Zahlungs- oder Zinserleichterungen ersuchen.

2 Der Sachwalter führt mit den Gläubigern Verhandlungen über den Bereinigungsvorschlag des Schuldners.

3 Der Nachlassrichter kann den Sachwalter beauftragen, den Schuldner bei der Erfüllung der Vereinbarung zu überwachen.

Verweis: SchKG 334 Abs. 1 (Ernennung des Sachwalters).

Art. 336 4. Verhältnis zur Nachlassstundung

In einem nachfolgenden Nachlassverfahren wird die Dauer der Stundung nach den Artikeln 333 ff. auf die Dauer der Nachlassstundung angerechnet.

Verweis: SchKG 293–304 (Nachlassstundung).

Zwölfter Titel:[1] Notstundung

Art. 337 A. Anwendbarkeit

Die Bestimmungen dieses Titels können unter ausserordentlichen Verhältnissen, insbesondere im Falle einer andauernden wirtschaftlichen Krise, von der Kantonsregierung mit Zustimmung des Bundes für die von diesen Verhältnissen in Mitleidenschaft gezogenen Schuldner eines bestimmten Gebietes und auf eine bestimmte Dauer anwendbar erklärt werden.

Verweis: SchKG 62 (Rechtsstillstand).

1 Greift die von der Nachlassbehörde bewilligte Notstundung über die Dauer hinaus, für welche die Kantonsregierung die Vorschriften über die Notstundung anwendbar erklärt hat, so ist sie **von den Betreibungsbehörden nicht zu beachten**: BGE 49 III 11 E. 2.

Art. 338 B. Bewilligung
  1. Voraussetzungen

¹ Ein Schuldner, der ohne sein Verschulden infolge der in Artikel 337 genannten Verhältnisse ausserstande ist, seine Verbindlichkeiten zu erfüllen, kann vom Nachlassrichter eine Notstundung von höchstens sechs Monaten verlangen, sofern die Aussicht besteht, dass er nach Ablauf dieser Stundung seine Gläubiger voll wird befriedigen können.

² Der Schuldner hat zu diesem Zwecke mit einem Gesuche an den Nachlassrichter die erforderlichen Nachweise über seine Vermögenslage zu erbringen und ein Verzeichnis seiner Gläubiger einzureichen; er hat ferner alle vom Nachlassrichter verlangten Aufschlüsse zu geben und die sonstigen Urkunden vorzulegen, die von ihm noch gefordert werden.

³ Unterliegt der Schuldner der Konkursbetreibung, so hat er überdies dem Gesuche eine Bilanz und seine Geschäftsbücher beizulegen.

⁴ Nach Einreichung des Gesuches kann der Nachlassrichter durch einstweilige Verfügung die hängigen Betreibungen einstellen, ausgenommen für die in Artikel 342 bezeichneten Forderungen. Er entscheidet, ob und wieweit die Zeit der Einstellung auf die Dauer der Notstundung anzurechnen ist.

Verweise: SchKG 339 (Entscheid).
Abs. 3: SchKG 39 Abs. 1 (der Konkursbetreibung unterliegende Schuldner).

---

1 Eingefügt durch Ziff. IV des BG vom 3. April 1924 (AS 40 391; BBl 1921 I 507). Fassung gemäss Ziff. I des BG vom 16. Dez. 1994, in Kraft seit 1. Jan. 1997 (AS 1995 1227; BBl 1991 III 1).

1 Die Einstellung einer Betreibung für Beiträge eines Arbeitgebers an die **Ausgleichskasse** ist nicht zulässig: BGE 70 III 73, 75.

Art. 339 2. Entscheid

¹ Der Nachlassrichter macht die allfällig noch notwendigen Erhebungen und ordnet sodann, wenn das Gesuch sich nicht ohne weiteres als unbegründet erweist, eine Verhandlung an, zu der sämtliche Gläubiger durch öffentliche Bekanntmachung eingeladen werden: nötigenfalls sind Sachverständige beizuziehen.

² Weist das vom Schuldner eingereichte Gläubigerverzeichnis nur eine verhältnismässig kleine Zahl von Gläubigern auf und wird es vom Nachlassrichter als glaubwürdig erachtet, so kann er von einer öffentlichen Bekanntmachung absehen und die Gläubiger, Bürgen und Mitschuldner durch persönliche Benachrichtigung vorladen.

³ Die Gläubiger können vor der Verhandlung die Akten einsehen und ihre Einwendungen gegen das Gesuch auch schriftlich anbringen.

⁴ Der Nachlassrichter trifft beförderlich seinen Entscheid. Er kann in der Stundungsbewilligung dem Schuldner die Leistung einer oder mehrerer Abschlagszahlungen auferlegen.

Verweise: SchKG 338 (Gesuch).

Abs. 1: SchKG 35 (öffentliche Bekanntmachung).

Abs. 2: OR 495, 496, 498 (Bürgen); SchKG 34 (Vorladung).

Keine Entscheidungen.

Art. 340 3. Beschwerde[1]

¹ Der Schuldner und jeder Gläubiger können den Entscheid mit Beschwerde nach der ZPO[2] anfechten.[3]

² Zur Verhandlung sind der Schuldner und diejenigen Gläubiger vorzuladen, die an der erstinstanzlichen Verhandlung anwesend oder vertreten waren.

³ Eine vom Nachlassgericht bewilligte Notstundung besitzt Wirksamkeit bis zum endgültigen Entscheid der Rechtsmittelinstanz.[4]

---

1   Fassung gemäss Anhang 1 Ziff. II 17 der Zivilprozessordnung vom 19. Dez. 2008, in Kraft seit 1. Jan. 2011 (AS 2010 1739; BBl 2006 7221).
2   SR 272
3   Fassung gemäss Anhang 1 Ziff. II 17 der Zivilprozessordnung vom 19. Dez. 2008, in Kraft seit 1. Jan. 2011 (AS 2010 1739; BBl 2006 7221).
4   Fassung gemäss Anhang 1 Ziff. II 17 der Zivilprozessordnung vom 19. Dez. 2008, in Kraft seit 1. Jan. 2011 (AS 2010 1739; BBl 2006 7221).

Verweise
Abs. 1: *ZPO 319–327 (Beschwerde → Nr. 25).*

Keine Entscheidungen.

Art. 341 4. Sichernde Massnahmen

¹ Der Nachlassrichter ordnet spätestens bei Bewilligung der Notstundung die Aufnahme eines Güterverzeichnisses an. Für dieses gelten die Artikel 163 und 164 sinngemäss. Der Nachlassrichter kann weitere Verfügungen zur Wahrung der Rechte der Gläubiger treffen.

² Bei Bewilligung der Stundung kann er einen Sachwalter mit der Überwachung der Geschäftsführung des Schuldners beauftragen.

1 Die Massnahmen des Sachwalters bei der Notstundung **unterliegen nicht der Beschwerde** an die Aufsichtsbehörden: BGE 73 III 1 E. 3.

Art. 342 5. Mitteilung des Entscheides

Die Bewilligung der Stundung wird dem Betreibungsamt und, falls der Schuldner der Konkursbetreibung unterliegt, dem Konkursgerichte mitgeteilt. Sie wird öffentlich bekanntgemacht, sobald sie rechtskräftig geworden ist.

Verweis: *SchKG 35 (öffentliche Bekanntmachung).*

Keine Entscheidungen.

Art. 343 C. Wirkungen der Notstundung
   1. Auf Betreibungen und Fristen

¹ Während der Dauer der Stundung können Betreibungen gegen den Schuldner angehoben und bis zur Pfändung oder Konkursandrohung fortgesetzt werden. Gepfändete Lohnbeträge sind auch während der Stundung einzufordern. Dasselbe gilt für Miet- und Pachtzinse, sofern auf Grund einer vor oder während der Stundung angehobenen Betreibung auf Pfandverwertung die Pfandhaft sich auf diese Zinse erstreckt. Dagegen darf einem Verwertungs- oder einem Konkursbegehren keine Folge gegeben werden.

² Die Fristen der Artikel 116, 154, 166, 188, 219, 286, 287 und 288 verlängern sich um die Dauer der Stundung. Ebenso erstreckt sich die Haftung des Grundpfandes für die Zinsen der Grundpfandschuld (Art. 818 Abs. 1 Ziff. 3 ZGB[1]) um die Dauer der Stundung.

---

1 SR 210

Zwölfter Titel: Notstundung Nr. 1 SchKG **Art. 344**

Verweis

Abs. 1: *SchKG 42, 89–150 (Betreibung auf Pfändung); SchKG 41, 151–158 (Betreibung auf Pfandverwertung); SchKG 39, 40, 41 Abs. 1, 43, 159 ff. (ordentliche Konkursbetreibung); SchKG 177–189 (Wechselbetreibung); SchKG 89 (Zeitpunkt der Pfändung); SchKG 89–115 (Pfändung); SchKG 159 (Zeitpunkt der Konkursandrohung); SchKG 159–161 (Konkursandrohung); SchKG 93 (beschränkt pfändbares Einkommen); SchKG 37 Abs. 3 (Pfand); ZGB 806, SchKG 152 Abs. 2, VZG 91 Abs. 1 (Erstreckung der Pfandhaft auf Miet- und Pachtzinse → Nr. 9); SchKG 116–121, 154, 155 (Verwertungsbegehren); SchKG 166–170, 188 (Konkursbegehren).*

Keine Entscheidungen.

Art. 344 2. Auf die Verfügungsbefugnis des Schuldners
a. Im allgemeinen

Dem Schuldner ist die Fortführung seines Geschäftes gestattet; doch darf er während der Dauer der Stundung keine Rechtshandlungen vornehmen, durch welche die berechtigten Interessen der Gläubiger beeinträchtigt oder einzelne Gläubiger zum Nachteil anderer begünstigt werden.

Keine Entscheidungen.

Art. 345 b. Kraft Verfügung des Nachlassrichters

¹ Der Nachlassrichter kann in der Stundungsbewilligung verfügen, dass die Veräusserung oder Belastung von Grundstücken, die Bestellung von Pfändern, das Eingehen von Bürgschaften, die Vornahme unentgeltlicher Verfügungen sowie die Leistung von Zahlungen auf Schulden, die vor der Stundung entstanden sind, rechtsgültig nur mit Zustimmung des Sachwalters oder, wenn kein solcher bestellt ist, des Nachlassrichters stattfinden kann. Diese Zustimmung ist jedoch nicht erforderlich für die Zahlung von Schulden der zweiten Klasse nach Artikel 219 Absatz 4 sowie für Abschlagszahlungen nach Artikel 339 Absatz 4.

² Fügt der Nachlassrichter der Stundungsbewilligung diesen Vorbehalt bei, so ist er in die öffentliche Bekanntmachung aufzunehmen, und es ist die Stundung im Grundbuch als Verfügungsbeschränkung anzumerken.

Verweise

Abs. 1: *ZGB 655 Abs. 2 (Grundstücke); SchKG 37 Abs. 1, ZGB 793–875 (Grundpfand); OR 492–512 (Bürgschaft); SchKG 341 Abs. 2 (Sachwalter).*

Abs. 2: *SchKG 339 Abs. 1, 35 (öffentliche Bekanntmachung); OR 942–977 (Grundbuch); ZGB 960 Abs. 1 Ziff. 1 (Verfügungsbeschränkung).*

Keine Entscheidungen.

Art. 346   3. Nicht betroffene Forderungen

¹ Die Stundung bezieht sich nicht auf Forderungen unter 100 Franken und auf Forderungen der ersten Klasse (Art. 219 Abs. 4).

² Doch ist für diese Forderungen während der Dauer der Stundung auch gegen den der Konkursbetreibung unterstehenden Schuldner nur die Betreibung auf Pfändung oder auf Pfandverwertung möglich.

Verweise

Abs. 2: *SchKG 39 Abs. 1 (der Konkursbetreibung unterliegende Schuldner); SchKG 42, 89–150 (Betreibung auf Pfändung); SchKG 41, 151–158 (Betreibung auf Pfandverwertung).*

Keine Entscheidungen.

Art. 347   D. Verlängerung

¹ Innerhalb der Frist nach Artikel 337 kann der Nachlassrichter auf Ersuchen des Schuldners die ihm gewährte Stundung für höchstens vier Monate verlängern, wenn die Gründe, die zu ihrer Bewilligung geführt haben, ohne sein Verschulden noch fortdauern.

² Der Schuldner hat zu diesem Zweck dem Nachlassrichter mit seinem Gesuch eine Ergänzung des Gläubigerverzeichnisses und, wenn er der Konkursbetreibung unterliegt, eine neue Bilanz einzureichen.

³ Der Nachlassrichter gibt den Gläubigern durch öffentliche Bekanntmachung von dem Verlängerungsbegehren Kenntnis und setzt ihnen eine Frist an, binnen welcher sie schriftlich Einwendungen gegen das Gesuch erheben können. Wurde ein Sachwalter bezeichnet, so ist er zum Bericht einzuladen.

⁴ Nach Ablauf der Frist trifft der Nachlassrichter seinen Entscheid. Dieser unterliegt der Weiterziehung wie die Notstundung und ist wie diese bekannt zu machen.

⁵ Das obere kantonale Nachlassgericht entscheidet auf Grund der Akten.

Verweise

Abs. 2: *SchKG 39 Abs. 1 (der Konkursbetreibung unterliegende Schuldner).*
Abs. 3: *SchKG 35 (öffentliche Bekanntmachung); SchKG 341 Abs. 2 (Sachwalter).*
Abs. 4: *SchKG 340, ZPO 319–327 (Beschwerde → Nr. 25).*

Keine Entscheidungen.

Art. 348   E. Widerruf

¹ Die Stundung ist auf Antrag eines Gläubigers oder des Sachwalters vom Nachlassrichter zu widerrufen:

1. wenn der Schuldner die ihm auferlegten Abschlagszahlungen nicht pünktlich leistet;

2. wenn er den Weisungen des Sachwalters zuwiderhandelt oder die berechtigten Interessen der Gläubiger beeinträchtigt oder einzelne Gläubiger zum Nachteil anderer begünstigt;
3. wenn ein Gläubiger den Nachweis erbringt, dass die vom Schuldner dem Nachlassrichter gemachten Angaben falsch sind, oder dass er imstande ist, alle seine Verbindlichkeiten zu erfüllen.

² Über den Antrag ist der Schuldner mündlich oder schriftlich einzuvernehmen. Das Nachlassgericht entscheidet nach Vornahme der allfällig noch notwendigen Erhebungen auf Grund der Akten, ebenso die Rechtsmittelinstanz im Falle der Beschwerde.[1] Der Widerruf der Stundung wird wie die Bewilligung bekanntgemacht.

³ Wird die Stundung nach Ziffer 2 oder 3 widerrufen, so kann weder eine Nachlassstundung noch eine weitere Notstundung bewilligt werden.

Verweise: *SchKG 341 Abs. 2 (Sachwalter).*

Abs. 2: *SchKG 340, ZPO 319–327 (Beschwerde → Nr. 25); SchKG 342, 35 (Bekanntmachung).*

Keine Entscheidungen.

Art. 349   F. Verhältnis zur Nachlassstundung

¹ Will der Schuldner während der Notstundung einen Nachlassvertrag vorschlagen, so ist der Nachlassvertragsentwurf mit allen Aktenstücken und mit dem Gutachten des Sachwalters vor Ablauf der Stundung einzureichen.

² Nach Ablauf der Notstundung kann der Schuldner während eines halben Jahres weder eine Nachlassstundung noch eine weitere Notstundung verlangen.

³ Der Schuldner, der ein Gesuch um Notstundung zurückgezogen hat oder dessen Gesuch abgewiesen ist, kann vor Ablauf eines halben Jahres keine Notstundung mehr verlangen.

Verweise

Abs. 1: *SchKG 293–332 (Nachlassverfahren); SchKG 341 Abs. 2 (Sachwalter).*

Abs. 2: *SchKG 293–304 (Nachlassstundung).*

Abs. 3: *SchKG 338 (Gesuch).*

Keine Entscheidungen.

---

[1] Fassung gemäss Anhang 1 Ziff. II 17 der Zivilprozessordnung vom 19. Dez. 2008, in Kraft seit 1. Jan. 2011 (AS 2010 1739; BBl 2006 7221).

Art. 350 G. Verhältnis zum Konkursaufschub

¹ Ist einer Aktiengesellschaft eine Notstundung bewilligt worden, so darf ihr innerhalb eines Jahres seit deren Beendigung kein Konkursaufschub gemäss Artikel 725[1] OR[2] gewährt werden.

² Hat der Richter einer Aktiengesellschaft auf Grund von Artikel 725[3] OR einen Konkursaufschub bewilligt, so darf ihr innerhalb eines Jahres seit dessen Beendigung keine Notstundung gewährt werden.

³ Diese Bestimmungen gelten auch beim Konkursaufschub der Kommanditaktiengesellschaft, der Gesellschaft mit beschränkter Haftung und der Genossenschaft (Art. 764, 817 und 903 OR).

Verweise: OR 620–763 (Aktiengesellschaft).
Abs. 3: OR 764–771 (Kommanditaktiengesellschaft); OR 772–827 (GmbH); OR 828–926 (Genossenschaft).

1   Seit Inkrafttreten des revidierten GmbH-Rechts im Jahre 2008 müsste in Abs. 3 in der Klammer auf **OR 820** und nicht auf OR 817 verwiesen werden.

---

1   Heute: Art. 725a.
2   SR 220
3   Heute: Art. 725a.

Dreizehnter Titel:[1] [2] Schlussbestimmungen

Art. 351   A. Inkrafttreten

[1] Dieses Gesetz tritt mit dem 1. Januar 1892 in Kraft.

[2] Der Artikel 333 tritt schon mit der Aufnahme des Gesetzes in die eidgenössische Gesetzessammlung in Kraft.

[3] Mit dem Inkrafttreten dieses Gesetzes werden alle demselben entgegenstehenden Vorschriften sowohl eidgenössischer als auch kantonaler Gesetze, Verordnungen und Konkordate aufgehoben, soweit nicht durch die folgenden Artikel etwas anderes bestimmt wird.

Keine Entscheidungen.

Art. 352   B. Bekanntmachung

Der Bundesrat wird beauftragt, gemäss den Bestimmungen des Bundesgesetzes vom 17. Juni 1874[3] betreffend Volksabstimmung über Bundesgesetze und Bundesbeschlüsse, die Bekanntmachung dieses Gesetzes zu veranstalten.

Keine Entscheidungen.

Schlussbestimmungen der Änderung vom 16. Dezember 1994[4]

Art. 1   A. Ausführungsbestimmungen

Der Bundesrat, das Bundesgericht und die Kantone erlassen die Ausführungsbestimmungen.

Keine Entscheidungen.

---

1   Nummerierung gemäss Ziff. V des BG vom 3. April 1924, in Kraft seit 1. Jan. 1925 (AS 40 391; BBl 1921 I 507).
2   Fassung gemäss Ziff. I des BG vom 16. Dez. 1994, in Kraft seit 1. Jan. 1997 (AS 1995 1227; BBl 1991 III 1).
3   [BS 1 173; AS 1962 789 Art. 11 Abs. 3. AS 1978 688 Art. 89 Bst. b]
4   AS 1995 1227; BBl 1991 III 1

Art. 2 B. Übergangsbestimmungen

¹ Die Verfahrensvorschriften dieses Gesetzes und seine Ausführungsbestimmungen sind mit ihrem Inkrafttreten auf hängige Verfahren anwendbar, soweit sie mit ihnen vereinbar sind.

² Für die Länge von Fristen, die vor dem Inkrafttreten dieses Gesetzes zu laufen begonnen haben, gilt das bisherige Recht.

³ Die im bisherigen Recht enthaltenen Privilegien (Art. 146 und 219) gelten weiter, wenn vor dem Inkrafttreten dieses Gesetzes der Konkurs eröffnet oder die Pfändung vollzogen worden ist.

⁴ Der privilegierte Teil der Frauengutsforderung wird in folgenden Fällen in einer besonderen Klasse zwischen der zweiten und der dritten Klasse kolloziert:

a. wenn die Ehegatten weiter unter Güterverbindung oder externer Gütergemeinschaft nach den Artikeln 211 und 224 ZGB[1] in der Fassung von 1907 leben;

b. wenn die Ehegatten unter Errungenschaftsbeteiligung nach Artikel 9c des Schlusstitels zum ZGB in der Fassung von 1984 leben.

⁵ Die Verjährung der vor Inkrafttreten dieses Gesetzes durch Verlustschein verurkundeten Forderungen beginnt mit dem Inkrafttreten dieses Gesetzes zu laufen.

1 Hat die massgebende Pfändung bzw. die Konkurseröffnung nach dem 1. Januar 1997 stattgefunden, findet für Anfechtungsklagen i.S.v. SchKG 286–288 das **neue Recht** Anwendung: BGE 131 III 327 E. 3–7.

2 Im Nachlassverfahren, das eine Art Vollstreckungsersatz darstellt, zeitigt die Bewilligung der Nachlassstundung, durch welche das Verfahren eröffnet wird, gleichartige Wirkungen wie Konkurseröffnung und Pfändungsvollzug. Aus diesem Grunde **ist zwingend der Zeitpunkt der Bewilligung der Nachlassstundung** und nicht jener der Genehmigung des Nachlassvertrages dafür entscheidend, ob eine Forderung nach der alten oder neuen Privilegienordnung zu kollozieren ist: BGE 125 III 154 E. 3.b und 3.c.

Art. 3 C. Referendum

Dieses Gesetz untersteht dem fakultativen Referendum.

Keine Entscheidungen.

Art. 4 D. Inkrafttreten

Der Bundesrat bestimmt das Inkrafttreten.

Keine Entscheidungen.

---

1 SR 210

Schlussbestimmung zur Änderung vom 24. März 2000[1]

Die im bisherigen Recht enthaltenen Privilegien (Art. 146 und 219) gelten weiter, wenn vor dem Inkrafttreten dieses Gesetzes der Konkurs eröffnet, die Pfändung vollzogen oder die Nachlassstundung bewilligt worden ist.

Schlussbestimmung der Änderung vom 19. Dezember 2003[2]

Die Privilegien des bisherigen Rechts gelten weiter, wenn vor dem Inkrafttreten dieser Änderung der Konkurs eröffnet, die Pfändung vollzogen oder die Nachlassstundung bewilligt worden ist.

Schlussbestimmung zur Änderung vom 17. Juni 2005[3] [4]

Die Ausführungsverordnungen des Bundesgerichts bleiben in Kraft, soweit sie dem neuen Recht inhaltlich nicht widersprechen und solange der Bundesrat nichts anderes bestimmt.

Übergangsbestimmung der Änderung vom 18. Juni 2010[5]

Die Privilegien des bisherigen Rechts gelten weiter, wenn vor dem Inkrafttreten dieser Änderung der Konkurs eröffnet, die Pfändung vollzogen oder die Nachlassstundung bewilligt worden ist.

---

1 AS 2000 2531; BBl 1999 9126 9547
2 AS 2004 4031; BBl 2003 6369 6377
3 Berichtigt von der Redaktionskommission der BVers (Art. 58 Abs. 1 ParlG; SR 171.10).
4 AS 2006 1205; BBl 2001 4202
5 AS 2010 4921; BBl 2009 7979 7989

II. Richtlinien der Konferenz der Betreibungs- und Konkursbeamten der Schweiz

Nr. 2 Richtlinien für die Berechnung des betreibungsrechtlichen Existenzminimums (Notbedarf) nach Art. 93 SchKG

vom 1. Juli 2009

BlSchK 2009 190

Konferenz der Betreibungs- und Konkursbeamten der Schweiz

I. Monatlicher Grundbetrag

Für Nahrung, Kleidung und Wäsche einschliesslich deren Instandhaltung, Körper- und Gesundheitspflege, Unterhalt der Wohnungseinrichtung, Privatversicherungen, Kulturelles sowie Auslagen für Beleuchtung, Kochstrom und/oder Gas etc. ist in der Regel vom monatlichen Einkommen des Schuldners folgender Grundbetrag als unumgänglich notwendig im Sinne von Art. 93 SchKG von der Pfändung ausgeschlossen:

für einen alleinstehenden Schuldner	Fr.	1'200.00
für einen alleinerziehenden Schuldner	Fr.	1'350.00
für ein Ehepaar, zwei in einer eingetragenen Partnerschaft lebende Personen oder ein Paar mit Kindern	Fr.	1'700.00
Unterhalt der Kinder		
für jedes Kind im Alter bis zu 10 Jahren	Fr.	400.00
für jedes Kind über 10 Jahre	Fr.	600.00

Bei kostensenkender Wohn-/Lebensgemeinschaft

Verfügen Partner des in einer kinderlosen, kostensenkenden Wohn-/Lebensgemeinschaft lebenden Schuldners ebenfalls über Einkommen, so ist der Ehegatten-Grundbetrag einzusetzen und dieser in der Regel (aber maximal) auf die Hälfte herabzusetzen (vgl. BGE 130 III 765 ff.).

II. Zuschläge zum monatlichen Grundbetrag

Mietzins, Hypothekarzins

Effektiver Mietzins für das Wohnen ohne Auslagen für Beleuchtung, Kochstrom und/oder Gas, weil im Grundbetrag inbegriffen. Besitzt der Schuldner eine eigene von ihm bewohnte Liegenschaft, so ist anstelle des Mietzinses der Liegenschaftsaufwand zum Grundbetrag hinzuzurechnen. Dieser besteht aus dem Hypothekarzins (ohne Amortisation), den öffentlich-rechtlichen Abgaben und den (durchschnittlichen) Unterhaltskosten.

Ein den wirtschaftlichen Verhältnissen und persönlichen Bedürfnissen des Schuldners nicht angemessener Mietzins ist nach Ablauf des nächsten Kündigungstermins auf ein ortsübliches Normalmass herabzusetzen; in sinngemässer Weise ist beim Schuldner zu verfahren, der sich als Wohneigentümer einer unangemessen hohen Hypothekarzinsbelastung ausgesetzt sieht (BGE 129 III 526 ff. m.H.).

Bei einer Wohngemeinschaft (eingeschlossen volljährige Kinder mit eigenem Erwerbseinkommen) sind die Wohnkosten in der Regel anteilsmässig zu berücksichtigen.

Heiz- und Nebenkosten

Die durchschnittlichen – auf zwölf Monate verteilten – Aufwendungen für die Beheizung und Nebenkosten der Wohnräume.

Sozialbeiträge (soweit nicht vom Lohn bereits abgezogen), wie Beiträge bzw. Prämien an:
– AHV, IV und EO
– Arbeitslosenversicherung
– Krankenkassen
– Unfallversicherung
– Pensions- und Fürsorgekassen
– Berufsverbände

Der Prämienaufwand für nichtobligatorische Versicherungen kann nicht berücksichtigt werden (BGE 134 III 323 ff. = Pra 97 [2008] Nr. 131).

Unumgängliche Berufsauslagen (soweit der Arbeitgeber nicht dafür aufkommt)

a) *Erhöhter Nahrungsbedarf*
   bei Schwerarbeit, Schicht- und Nachtarbeit: Fr. 5.50 pro Arbeitstag

b) *Auslagen für auswärtige Verpflegung*
   Bei Nachweis von Mehrauslagen für auswärtige Verpflegung: Fr. 9.00 bis Fr. 11.00 für jede Hauptmahlzeit.

c) *Überdurchschnittlicher Kleider- und Wäscheverbrauch* (beispielsweise bei Servicepersonal, Handelsreisenden etc.): bis Fr. 50.00 pro Monat.

d) *Fahrten zum Arbeitsplatz*
   – Öffentliche Verkehrsmittel: effektive Auslagen.
   – Fahrrad: Fr. 15.00 pro Monat für Abnützung.

- Mofa/Moped: Fr. 30.00 pro Monat für Abnützung, Betriebsstoff usw.
- Motorrad: Fr. 55.00 pro Monat für Abnützung, Betriebsstoff usw.
- Automobil: Sofern einem Automobil Kompetenzqualität zukommt, sind die festen und veränderlichen Kosten ohne Amortisation zu berechnen. Bei Benützung eines Automobils ohne Kompetenzqualität: Auslagenersatz wie bei der Benützung öffentlicher Verkehrsmittel.

Rechtlich geschuldete Unterhaltsbeiträge

die der Schuldner an nicht in seinem Haushalt wohnende Personen in der letzten Zeit vor der Pfändung nachgewiesenermassen geleistet hat und voraussichtlich auch während der Dauer der Pfändung leisten wird (BGE 121 III 22).

Dem Betreibungsamt sind für solche Beiträge Unterlagen (Urteile, Quittungen usw.) vorzuweisen.

Schulung der Kinder

Besondere Auslagen für Schulung der Kinder (öffentliche Verkehrsmittel, Schulmaterial usw.). Für mündige Kinder ohne Verdienst bis zum Abschluss der ersten Schul- oder Lehrausbildung, zur Maturität oder zum Schuldiplom.

Abzahlung oder Miete/Leasing von Kompetenzstücken

Gemäss Kaufvertrag, jedoch nur solange zu berücksichtigen, als der Schuldner bei richtiger Vertragserfüllung zur Abzahlung verpflichtet ist und sich über die Zahlung ausweist. Voraussetzung: Ein Eigentumsvorbehalt muss rechtsgültig sein.

Die analoge Regelung gilt für gemietete/geleaste Kompetenzstücke (BGE 82 III 26 ff.).

Verschiedene Auslagen

Stehen dem Schuldner zur Zeit der Pfändung unmittelbar grössere Auslagen, wie für Arzt, Arzneien, Franchise, Geburt und Pflege von Familienangehörigen, einen Wohnungswechsel etc. bevor, so ist diesem Umstand in billiger Weise durch eine entsprechende zeitweise Erhöhung des Existenzminimums Rechnung zu tragen.

Gleiches gilt, wenn diese Auslagen dem Schuldner während der Dauer der Lohnpfändung erwachsen. Eine Änderung der Lohnpfändung erfolgt hier in der Regel jedoch nur auf Antrag des Schuldners.

III. Steuern

Diese sind bei der Berechnung des Notbedarfs nicht zu berücksichtigen (BGE 126 III 89 E. 3a = Pra 90 [2001] Nr. 66), 92 f.; BGer 17.11.2003, 7B.221/2003 = BlSchK 2004, 85 ff.).

Bei ausländischen Arbeitnehmern, die der Quellensteuer unterliegen, ist bei der Berechnung der pfändbaren Quote vom Lohn auszugehen, der diesen tatsächlich ausbezahlt wird (BGE 90 III 34).

IV. Sonderbestimmungen über das dem Schuldner anrechenbare Einkommen

Beiträge gemäss Art. 163 ZGB oder Art. 13 PartG

Verfügt der Ehegatte oder der eingetragene Partner des Schuldners über eigenes Einkommen, so ist das gemeinsame Existenzminimum von beiden Ehegatten oder eingetragenen Partnern (ohne Beiträge gemäss Art. 164 ZGB) im Verhältnis ihrer Nettoeinkommen zu tragen. Entsprechend verringert sich das dem Schuldner anrechenbare Existenzminimum (BGE 114 III 12 ff.).

Beiträge gemäss Art. 323 Abs. 2 ZGB

Die Beiträge aus dem Erwerbseinkommen minderjähriger Kinder, die in Haushaltgemeinschaft mit dem Schuldner leben, sind vorab vom gemeinsamen Existenzminimum abzuziehen (BGE 104 III 77 f.). Dieser Abzug ist in der Regel auf einen Drittel des Nettoeinkommens der Kinder, höchstens jedoch auf den für sie geltenden Grundbetrag (Ziff. I/4) zu bemessen.

Der Arbeitserwerb volljähriger, in häuslicher Gemeinschaft mit dem Schuldner lebender Kinder ist bei der Berechnung des Existenzminimums desselben grundsätzlich nicht zu berücksichtigen. Dagegen ist dabei ein angemessener Anteil der volljährigen Kinder an den Wohnkosten in Abzug zu bringen.

Leistungen/Vergütungen von Dritten

wie Prämienverbilligungen, Stipendien, Unterstützungen etc. müssen zum Einkommen dazugerechnet werden.

V. Abzüge vom Existenzminimum

Naturalbezüge

wie freie Kost, Logis, Dienstkleidung usw. sind entsprechend ihrem Geldwert vom Existenzminimum in Abzug zu bringen:

- Freie Kost mit 50% des Grundbetrages;
- Dienstkleidung mit Fr. 30.00 pro Monat.

Reisespesenvergütungen

welche der Schuldner von seinem Arbeitgeber erhält, soweit er damit im Existenzminimum eingerechnete Verpflegungsauslagen in nennenswertem Umfang einsparen kann.

VI. Abweichungen von den Ansätzen

Abweichungen von den Ansätzen gemäss Ziff. I–V können soweit getroffen werden, als der Betreibungsbeamte sie aufgrund der ihm im Einzelfall obliegenden Prüfung aller Umstände für angemessen hält.

Diese Richtlinien beruhen auf dem Landesindex (Totalindex) der Konsumentenpreise (Basis Dezember 2005 = 100 Punkte) von Ende Dezember 2008 mit einem Indexstand von 103.4 Punkten. Sie gleichen vorgabeweise die Teuerung bis zum Indexstand von 110 Punkten aus. Eine Änderung der Ansätze ist erst bei Überschreiten eines Indexstandes von 115 Punkten, oder Unterschreiten eines Indexstandes von 95 Punkten vorgesehen.

III. Ausführende Verordnungen zum SchKG

Nr. 3 — Verordnung betreffend die Oberaufsicht über Schuldbetreibung und Konkurs (OAV-SchKG)

vom 22. November 2006 (Stand am 1. Januar 2012)

SR 281.11

Der Schweizerische Bundesrat,

gestützt auf Artikel 15 Absatz 2 des Bundesgesetzes vom 11. April 1889[1] über Schuldbetreibung und Konkurs (SchKG),

verordnet:

Art. 1 Zuständige Behörde

Das Bundesamt für Justiz übt die Oberaufsicht über Schuldbetreibung und Konkurs aus. Die Dienststelle für Oberaufsicht SchKG ist zur selbstständigen Erledigung folgender Geschäfte ermächtigt:

a. Erlass von Weisungen, Kreisschreiben und Empfehlungen an die kantonalen Aufsichtsbehörden, die Betreibungs- und Konkursämter und die ausseramtlichen Vollstreckungsorgane zur korrekten und einheitlichen Anwendung des SchKG;

b. Erstellen von Mustervorlagen für die in den Betreibungs- und Konkursverfahren zu verwendenden Formulare;

c. Inspektion der kantonalen Aufsichtsbehörden, der Betreibungs- und Konkursämter und der ausseramtlichen Vollstreckungsorgane.

Art. 2 Berichterstattung

Die kantonalen Aufsichtsbehörden berichten dem Bundesamt für Justiz mindestens alle zwei Jahre über:

a. die Inspektionen, die sie bei den Betreibungs- und Konkursämtern durchgeführt haben;

b. die Tätigkeit der unteren und der oberen Aufsichtsbehörden samt statistischer Übersicht über die Beschwerden und die Zeit ihrer Erledigung;

c. die Aussprechung von Disziplinarstrafen;

d. ihre Weisungen an die Ämter;

e. die Schwierigkeiten, die sie bei der Anwendung des Gesetzes festgestellt haben.

AS 2006 5327

1   SR 281.1

Art. 3 Eidgenössische Kommission für Schuldbetreibung und Konkurs

¹ Die Eidgenössische Kommission für Schuldbetreibung und Konkurs berät das Bundesamt für Justiz in der Ausübung der Oberaufsicht. Die Beratung umfasst namentlich Fragen der Rechtsetzung und der Rechtsanwendung.

² Die Mitglieder werden durch den Bundesrat ernannt. Die Kommission setzt sich aus höchstens 10 Mitgliedern zusammen.[1]

³ Den Vorsitz hat die Leiterin oder der Leiter der Dienststelle für Oberaufsicht SchKG. Diese Dienststelle führt das Sekretariat.

Art. 4 Anwendung bisherigen Rechts

Die bisherigen Verordnungen, Weisungen und Kreisschreiben des Bundesgerichts gelten weiter, soweit sie dieser Verordnung nicht widersprechen beziehungsweise nicht geändert oder aufgehoben werden.

Art. 5 Inkrafttreten

Diese Verordnung tritt am 1. Januar 2007 in Kraft.

---

[1] Fassung gemäss Ziff. I 3.1 der V vom 9. Nov. 2011 (Überprüfung der ausserparlamentarischen Kommissionen), in Kraft seit 1. Jan. 2012 (AS 2011 5227).

Nr. 4 Verordnung über die im Betreibungs- und Konkursverfahren zu verwendenden Formulare und Register sowie die Rechnungsführung (VFRR)

vom 5. Juni 1996 (Stand am 1. Januar 1997)

SR 281.31

Das Schweizerische Bundesgericht,

in Anwendung von Artikel 15 des Schuldbetreibungs- und Konkursgesetzes[1] (SchKG),

verordnet:

I. Formulare

Art. 1

[1] Im Betreibungs- und Konkursverfahren sind die für eine einheitliche Durchführung der Vorschriften des SchKG sowie der zugehörigen Verordnungen des schweizerischen Bundesgerichts erforderlichen Formulare zu verwenden.

[2] Die Formulare werden von der Schuldbetreibungs- und Konkurskammer des Schweizerischen Bundesgerichts aufgestellt und in je einer Mustersammlung für das Betreibungs- und für das Konkursverfahren herausgegeben. Sie erlässt auch die notwendigen Anleitungen für deren Benützung.

[3] Die kantonalen Behörden können für ihr Gebiet weitere Formulare aufstellen.

Art. 2

[1] Die von der Schuldbetreibungs- und Konkurskammer des Schweizerischen Bundesgerichts aufgestellten Formulare können bei der Eidgenössischen Drucksachen- und Materialzentrale bezogen werden.

[2] Die von den Betreibungs- und Konkursämtern selber hergestellten Formulare haben inhaltlich jenen der Mustersammlung zu entsprechen.

A. Begehren

Art. 3

[1] Für die vom Gläubiger zu stellenden Begehren ist die Verwendung der Formulare nicht obligatorisch.

AS 1996 2877
1   SR 281.1

² Die Betreibungs- und Konkursämter haben auch die mündlich oder in sonstiger schriftlicher Form eingehenden Begehren anzunehmen, sofern diese alle erforderlichen Angaben enthalten. Wird ein Begehren mündlich gestellt, so trägt das Amt es auf ein Formular ein und lässt dieses vom Gläubiger unterschreiben.

Art. 4

¹ Der Gläubiger hat bei Stellung des Betreibungsbegehrens für die Kosten des Zahlungsbefehls und gegebenenfalls der Miet- und Pachtzinssperre nach Artikel 806 des Zivilgesetzbuches[1] und bei Stellung des Fortsetzungsbegehrens für die Kosten der Pfändung oder der Konkursandrohung den verordnungsgemässen, bei Stellung des Verwertungsbegehrens für die Kosten der Verwertung den vom Amt verlangten Vorschuss zu leisten.

² Der Kostenvorschuss ist in bar oder durch Überweisung auf das Post- oder Bankkonto des Amtes zu leisten.

Art. 5

Formulare für Begehren können bei den Betreibungs- und Konkursämtern zum Selbstkostenpreis bezogen werden.

B. Verfügungen und Verrichtungen der Betreibungs- und Konkursämter

Art. 6

Die Formulare sind von den nach den kantonalen Vorschriften hiezu befugten Beamten oder Angestellten des Betreibungs- bzw. Konkursamtes zu unterzeichnen; es dürfen Faksimilestempel verwendet werden.

Art. 7

Die zur gleichen Betreibung oder Gruppe gehörigen Formulare sind zusammen aufzubewahren.

---

1   SR 210

II. Registerführung

Art. 8

¹ Für das Betreibungsverfahren werden von den Betreibungsämtern folgende Bücher verwendet:
1. Eingangsregister;
2. Betreibungsbuch;
3. Gruppenbuch;
4. Personenregister;
5. Tagebuch und Agenda;
6. Kassabuch;
7. Kontokorrent.

² Die Bücher können mit Bewilligung der kantonalen Aufsichtsbehörde mittels elektronischer Datenverarbeitung geführt werden.

1. Eingangsregister

Art. 9

¹ Im Eingangsregister werden in der Reihenfolge und mit dem Datum ihres Eingangs, mit fortlaufender Nummer (Kolonne 1), die eingehenden Betreibungs-, Fortsetzungs- und Verwertungsbegehren eingetragen.

² Fortsetzungs- und Verwertungsbegehren, deren Stellung im Zeitpunkt, wo sie beim Betreibungsamt einlangen, gesetzlich noch nicht zulässig ist, werden nicht eingetragen, sondern dem Einsender mit der Bemerkung: «verfrüht, erst am ... zulässig» zurückgeschickt.

³ Ausgenommen sind solche Begehren, die höchstens zwei Tage zu früh einlangen. Diese werden gleichwohl entgegengenommen und, wie die andern, in der Reihenfolge des Eingangs eingetragen. Dem Eingangsdatum wird in Kolonne 2 (in Bruchform) das Datum des Tages beigefügt, von dem an sie zulässig sind und als gestellt gelten.

⁴ In Kolonne 3 ist die Art des Begehrens durch den Anfangsbuchstaben anzugeben. Es bezeichnet somit:
B: das Betreibungsbegehren;
F: das Fortsetzungsbegehren;
V: das Verwertungsbegehren.

⁵ In Kolonne 4 wird durch ein E angegeben, dass ein Empfangsschein verlangt und ausgestellt worden ist; wurde ein solcher nicht verlangt, so wird dies durch einen horizontalen Strich angedeutet.

⁶ Die Kolonnen 5 und 6 dienen zur Aufnahme des Familiennamens oder der Firma des Schuldners und des Gläubigers.

⁷ In Kolonne 7 wird die Seitennummer des Personenregisters angegeben, auf der jene Namen zu finden sind, und zwar für den Schuldner als Zähler, für den Gläubiger als Nenner.

⁸ In Kolonne 8 endlich wird die Nummer angegeben, unter der die Betreibung im Betreibungsbuch eingetragen ist.

2. Betreibungsbuch

Art. 10

Im Betreibungsbuch werden sämtliche Betreibungen jeder Art in der Reihenfolge des Eingangs des Betreibungsbegehrens eingetragen. Die Kolonnen werden wie folgt ausgefüllt:

Fortlaufende Nummer; darunter, durch einen Anfangsbuchstaben bezeichnet, die Art der Betreibung. Es bezeichnet:

F: die Betreibung auf Faustpfandverwertung;
G: die Betreibung auf Grundpfandverwertung;
W: die Wechselbetreibung;
kein Anfangsbuchstabe: die Betreibung auf Pfändung oder Konkurs.

Name des Schuldners, des Gläubigers und seines allfälligen Bevollmächtigten.

Betrag der Forderung, nebst Höhe des Zinsfusses, Anfang und Ende des Zinsenlaufs und Betrag der Zinsen.

Gebühren. Eingetragen wird auf der ersten Zeile mit I die Summe der Gebühren bis und mit Zustellung des Zahlungsbefehls an den Gläubiger; auf der zweiten Zeile mit II die Summe der aus der Pfändung erwachsenden Gebühren. Die Verwertungsgebühren werden hier (mit III) nur aufgeführt, wenn die Verwertung kein Ergebnis erzielt; andernfalls werden sie auf dem Verwertungsprotokoll direkt in Abzug gebracht.

Kostenvorschüsse. Werden die Kosten in laufender Rechnung mit dem Gläubiger verrechnet, so wird statt einer Summenangabe das Wort «Konto» eingetragen.

Datum des Eingangs des Betreibungsbegehrens.

Datum der Absendung und Zustellung des Zahlungsbefehls; durch Bruchzahl zu bezeichnen, wenn beide Daten nicht zusammenfallen.

Datum des Rechtsvorschlags, wenn ein solcher erfolgt ist. Bei Bestreitung nur eines Teils der Forderung, Angabe des bestrittenen Betrags.

Datum der Übersendung des Zahlungsbefehls an den Gläubiger.

Datum der provisorischen Rechtsöffnung.

Datum der definitiven Rechtsöffnung.

Datum des Eingangs des Begehrens um Fortsetzung der Betreibung.

Auf der ersten Zeile, in Bruchzahl: Datum der Anzeige und des Vollzugs der Pfändung (α).

Auf den folgenden Zeilen: Daten der Pfändungsergänzungen. Datum des Eingangs der Verwertungsbegehren. Wird das Begehren zurückgezogen, so wird das Datum gestrichen; wird ein neues Begehren gestellt, so wird das Datum daruntergesetzt (β).

Datum des Verfalls der letzten Rate im Falle einer Aufschubsbewilligung.

Darunter: Das Datum des Erlöschens der Aufschubsbewilligung, wenn diese wegen nicht rechtzeitiger Zahlung einer Rate dahinfällt (γ).

Datum der Versteigerung. Betrag des etwaigen Ausfalles bei Pfandsteigerung (δ).

Datum der Übersendung der Konkursandrohung.

Angabe der Art der Erledigung der Betreibung, durch einen Anfangsbuchstaben: Es bedeuten:

DB = Durchführung mit voller Befriedigung.

DV = Durchführung mit gänzlichem oder teilweisem Verlust.

Z = Erlöschen durch Zahlung des Schuldners an das Betreibungsamt.

E = Erlöschen aus andern Gründen (Abstellung durch den Gläubiger oder Verjährung).

T = Teilnahme weiterer Gläubiger an der Pfändung und zwar:
TB mit voller Befriedigung.
TV mit gänzlichem oder teilweisem Verlust.

K = Konkurs.

Angabe der Seite des Kassabuchs.

Wenn mehrere Gläubiger an der Pfändung teilnehmen: Angabe der betreffenden Seite des Gruppenbuchs. In diesem Falle werden für den ersten Pfändenden die Rubriken β–δ, für die Teilnehmer die Rubriken α–δ leer gelassen und durchgestrichen.

3. Gruppenbuch

Art. 11

¹ Die Führung des Gruppenbuches steht den Betreibungsämtern frei.

² Im Gruppenbuch werden die Betreibungen auf Pfändung oder Pfandverwertung eingetragen, bei denen mehrere Gläubiger am Erlös der gleichen Gegenstände teilnehmen.

³ Die Kolonnen enthalten:

Kolonne 1: Die Nummer der Betreibung im Betreibungsbuch.

Kolonne 2: Die Namen der am gleichen Erlös teilnehmenden Gläubiger, in der Reihenfolge ihrer Teilnahme oder nach ihrer Rangfolge.

Kolonne 3: Den Betrag der Forderung sowie Zins und Kosten, wie er auf der Pfändungsurkunde steht.

Kolonne 4: Den Betrag, wie er sich beim Abschluss der Betreibung ergibt.

Kolonne 5: Datum des Eingangs des Pfändungsbegehrens.

Kolonne 6: Datum des Vollzugs und der Ergänzungen der Pfändung.

Kolonne 7: Zeitpunkt, von dem an die Pfändung definitiv ist. Ist sie von Anfang an definitiv, so wird eingetragen: (seit) Vollzug.

Kolonne 8: Datum des Eingangs des Verwertungsbegehrens des betreffenden Gläubigers.

Kolonne 9: Datum, bis zu dem ein Aufschub bewilligt wurde. Fällt der Aufschub vorher dahin, so wird das Datum gestrichen und das Datum des Hinfalls an die Stelle gesetzt.

Kolonne 10: Datum der Verwertungen.

⁴ In der Kostenrechnung werden alle Kosten eingetragen, die zu Lasten der Gruppe fallen.

⁵ Unter «Abrechnung» wird das Nettoergebnis der Verwertung eingetragen. Davon werden die nebenstehenden Kosten abgezogen. Der Rest, als Nettoerlös der Betreibung, wird je nach Umständen auf die Konti der einzelnen Betreibungen oder auf den Kollokationsplan übertragen.

4. Personenregister

Art. 12

¹ Ein alphabetisch geordnetes Register der Schuldner und der Gläubiger dient zum Nachschlagen der Betreibungen. Zu jedem Namen werden die Nummern der Betreibungen, in welchen der Betreffende Schuldner oder Gläubiger ist, sowie die Nummer seines Kontokorrents eingetragen.

² Die Führung des Registers der Gläubiger steht den Betreibungsämtern frei.

5. Tagebuch und Agenda

Art. 13

¹ Im Tagebuch werden die Verrichtungen und Verfügungen des Betreibungsamtes eingetragen, deren Vornahme oder deren genauer Inhalt nicht auf den Registern oder den beim Amt verbleibenden Formularen (Pfändungsurkunde, Verwertungsprotokoll) eingetragen werden kann; in der Agenda werden die Verrichtungen vorgemerkt, die in einem späteren Zeitpunkt vorzunehmen sind.

² Tagebuch und Agenda können verbunden oder getrennt geführt werden, wie es anderseits freisteht, für verschiedene Verrichtungen verschiedene Tagebücher zu führen.

6. Kassabuch

Art. 14

¹ Im Kassabuch sind im Soll alle Beträge einzutragen, die beim Betreibungsamt eingehen oder von ihm erhoben werden, im Haben alle Beträge, die von ihm ausbezahlt oder der Depositenanstalt übergeben werden.

² Die unter Artikel 8 Absatz 1 Ziffern 4–7 aufgeführten Bücher sind von den Kantonen zu beschaffen.

7. Kontokorrentbuch

Art. 15

¹ Im Kontokorrentbuch werden, sooft das Bedürfnis sich dafür herausstellt, den einzelnen Gläubigern laufende Rechnungen im Soll und Haben eröffnet.

² Den Kantonen steht es frei, noch weitere Konti führen zu lassen, so namentlich ein Gebührenkonto und ein Auslagenkonto.

III. Rechnungsführung
1. Im Detail

Art. 16

Die Gebühren und Auslagen sind wie folgt einzutragen:
1. alle von der Pfändung verursachten Gebühren und Kosten, auf der Pfändungsurkunde;

2. alle von der Verwertung verursachten Gebühren und Kosten, auf dem Verwertungsprotokoll;
3. alle mit der Verteilung verbundenen Gebühren und Kosten, auf dem Kollokationsplan.

2. Summarisch

Art. 17

[1] Eine summarische Angabe der Gebühren und Kosten ist einzutragen:
1. im Betreibungsbuch (vgl. oben Art. 10);
2. im Gruppenbuch (vgl. oben Art. 11).

[2] Die unter den Ziffern 2 und 3 von Artikel 16 erwähnten Gebühren und Kosten werden stets vom Verwertungserlös in Abzug gebracht, und zwar die unter Ziffer 2 sofort nach der Verwertung (auf dem Verwertungsprotokoll), die unter Ziffer 3 bei der Verteilung (auf dem Kollokationsplan).

Art. 18

Bei der Auszahlung des gelösten Betrags oder wenn die Betreibung durch Abstellung seitens des Gläubigers oder durch Verjährung erlischt, wird dem Gläubiger der Betrag, um den sein Kostenvorschuss die zur Betreibung zugerechneten Kosten übersteigen sollte, zurückbezahlt.

IV. Schlussbestimmungen

Art. 19

[1] Die Verordnung Nr. 1 vom 18. Dezember 1891[1] zum Bundesgesetz über Schuldbetreibung und Konkurs wird aufgehoben.

[2] Diese Verordnung tritt am 1. Januar 1997 in Kraft.

[3] Von diesem Zeitpunkt an sind, soweit das Verfahren nach den neuen Vorschriften durchgeführt wird, ausschliesslich die neuen Formulare zu verwenden.

---

1   [BS 3 86; AS 1971 1163, 1975 1987]

Nr. 5 Verordnung über die Geschäftsführung der Konkursämter (KOV[1])

vom 13. Juli 1911 (Stand am 1. Januar 1997)

SR 281.32

Das Schweizerische Bundesgericht,

in Anwendung von Artikel 15 des Schuldbetreibungs- und Konkursgesetzes (SchKG)[2],[3]

verordnet:

A. Protokoll-, Akten- und Rechnungswesen
I. Allgemeine Bestimmungen

Art. 1[4]   1. Obligatorische Verzeichnisse und Bücher

Die Konkursämter haben folgende Verzeichnisse und Bücher zu führen:

1. ein Verzeichnis der Konkurse und Rechtshilfegesuche in Konkursen;
2. ein Kassabuch;
3. ein Kontokorrentbuch;
4. ein Bilanzheft.

Art. 2   2. Obligatorische Formulare

Für folgende, von den Konkursbeamten zu errichtende Aktenstücke sind einheitliche *Formulare* zu verwenden:

1. Konkursprotokoll;
2. Inventar;
3. Verzeichnis der Forderungseingaben;
4. Einladung zur Gläubigerversammlung;
5. Kollokationsplan;
6. Abtretung von Rechtsansprüchen der Masse gemäss Artikel 260 SchKG;

AS 27 751 und BS 3 161

1   Abkürzung eingefügt durch Ziff. I der V des BGer vom 5. Juni 1996, in Kraft seit 1. Jan. 1997 (AS 1996 2884).
2   SR 281.1
3   Fassung gemäss Ziff. I der V des BGer vom 5. Juni 1996, in Kraft seit 1. Jan. 1997 (AS 1996 2884).
4   Fassung gemäss Ziff. I der V des BGer vom 5. Juni 1996, in Kraft seit 1. Jan. 1997 (AS 1996 2884).

7.[1] Steigerungsanzeigen gemäss Artikel 257 SchKG;
8. Kostenrechnung und Verteilungsliste;
9. Anzeige an die Gläubiger und an den Gemeinschuldner über die Auflegung der Verteilungsliste;
10. Verlustschein;
11. Gebühren- und Auslagenrechnung;
12. ...[2]
13. Bekanntmachungen über die Konkurseröffnung, die Auflegung des Kollokationsplanes, den Konkurswiderruf, die Einstellung und den Schluss des Konkursverfahrens.

Art. 3   3. Muster für Bücher, Verzeichnisse und Formulare

¹ Die in den Artikeln 1 und 2 genannten Bücher, Verzeichnisse und Formulare müssen den im Anhang[3] zu der vorliegenden Verordnung aufgestellten Mustern entsprechen.

² Die Kantone können noch weitere Formulare (für Steigerungsprotokolle, Anzeigen u. dgl.) gestatten oder vorschreiben.

Art. 4[4]   4. Konkursverzeichnis

¹ Die in das *Konkursverzeichnis* in der Reihenfolge ihres Eingangs einzutragenden Geschäfte sind fortlaufend zu nummerieren. Jedes Jahr ist mit der Nummerierung neu zu beginnen und das Verzeichnis am Ende jedes Jahres abzuschliessen. Die unerledigten Fälle aus dem Vorjahr sind im Verzeichnis des neuen Jahres summarisch vorzumerken.

² Das Verzeichnis ist am Schlusse mit einem alphabetischen Register nach den Namen der Gemeinschuldner zu versehen.

Art. 5   5. Mitteilungen, Empfangsscheine und Bekanntmachungen

¹ Sämtliche Mitteilungen der Konkursämter sind in Kopie zu den Akten zu legen.[5]

² Für jede Geld- oder Wertsendung sowie für jeden eingeschriebenen Brief sind Postempfangsscheine zu erheben und zu den Akten zu legen, oder es ist die Versendung in einem Postquittungenbuch zu bescheinigen.[6]

---

1   Fassung gemäss Ziff. I der V des BGer vom 5. Juni 1996, in Kraft seit 1. Jan. 1997 (AS 1996 2884).
2   Aufgehoben durch Ziff. I des Beschlusses des BGer vom 16. Dez. 1988 (AS 1989 262).
3   In der AS nicht veröffentlicht.
4   Im italienischen Text besteht dieser Art. aus einem einzigen Abs.
5   Fassung gemäss Ziff. I der V des BGer vom 5. Juni 1996, in Kraft seit 1. Jan. 1997 (AS 1996 2884).
6   Fassung gemäss Ziff. I der V des BGer vom 5. Juni 1996, in Kraft seit 1. Jan. 1997 (AS 1996 2884).

³ Erfolgt die Mitteilung mittels öffentlicher *Bekanntmachung*, so ist ein Exemplar des Blattes oder ein mit dem Datum der Publikation versehener Ausschnitt zu den Akten zu legen.

Art. 6 6. Protokoll- und Aktenführung durch den Stellvertreter

¹ Befindet sich der Konkursbeamte im *Ausstande*, so übermittelt er die Akten unverzüglich seinem *Stellvertreter*. Kann auch dieser nicht amten und muss daher ein *ausserordentlicher Stellvertreter* bezeichnet werden, so soll der Konkursbeamte bei der zuständigen kantonalen Instanz die Ernennung eines solchen beantragen.

² Die Eintragung des vom Stellvertreter durchgeführten Konkurses erfolgt stets im Verzeichnis des zuständigen Konkursamtes. Dabei ist in der Rubrik «Bemerkungen» auf die Besorgung des Konkurses durch den ordentlichen oder ausserordentlichen Stellvertreter hinzuweisen und der Grund des Ausstandes anzugeben.

³ Der Stellvertreter hat auf sämtlichen von ihm zu unterzeichnenden Aktenstücken seine Eigenschaft als Stellvertreter anzuführen und nach Erledigung des Konkurses Protokoll und Akten an das zuständige Konkursamt abzuliefern.

Art. 7 7. Amtsübergabe bei Beamtenwechsel

¹ Bei jedem Beamtenwechsel hat eine förmliche *Amtsübergabe* unter Leitung einer von der kantonalen Aufsichtsbehörde zu bezeichnenden Amtsstelle stattzufinden. Dabei sind sämtliche Bücher abzuschliessen und vom bisherigen Konkursbeamten eigenhändig zu unterzeichnen. Ferner ist die Rechnungsführung nachzuprüfen und festzustellen, ob der Kassabestand mit der Summe der Kontokorrentsaldi nach Abrechnung des Depositensaldos übereinstimmt, sowie das Enddatum der Amtstätigkeit des bisherigen und das Anfangsdatum derjenigen des neuen Beamten in den Büchern zu verurkunden.

² Über den Übergabeakt ist ein Protokoll aufzunehmen, das von sämtlichen anwesenden Personen zu unterzeichnen ist.

II. Protokollführung

Art. 8[1] Konkursprotokoll
a. Zweck und Inhalt

Die Konkursbeamten haben in allen Konkursen, auch in denjenigen, welche mangels Aktiven eingestellt werden, sowie über jedes bei ihnen eingehende Rechtshilfegesuch sofort nach Eingang des Konkurserkenntnisses oder des Auftrages des ersuchenden Konkursamtes ein *Protokoll* anzulegen und nachzuführen, in welchem

---

1 Im französischen Text besteht dieser Artikel aus zwei Absätzen.

sämtliche Konkurshandlungen und sonstigen das Konkursverfahren beeinflussenden Vorgänge jeweilen unverzüglich in zeitlicher Reihenfolge zu verurkunden sind.

Art. 9 b. Eintragungen

Die Eintragungen sollen nur den *wesentlichen* Inhalt der einzelnen Handlungen und Vorgänge, soweit zum Verständnis des Protokolls oder für die Beweiskraft erforderlich, wiedergeben. Ebenso sind Mitteilungen des Konkursamtes nur insoweit zu notieren, als ihr Inhalt *rechtserheblich* ist. Für gerichtliche Verfügungen, Beschlüsse und Urteile genügt die summarische Erwähnung des *Dispositivs*. Im übrigen ist stets auf die Akten in der hierfür bestimmten Rubrik zu verweisen.

Art. 10 c. Anlage und Aufbewahrung

[1] Die Eintragungen im Protokoll erfolgen auf fliegenden Bogen, welche zu paginieren und durch einen gemäss dem vorgeschriebenen Formular betitelten Umschlag zusammenzuhalten sind. Das Protokoll ist am Schluss vom Konkursbeamten unter Beisetzung des amtlichen Stempels zu unterzeichnen.

[2] ...[1]

[3] Diesem Protokoll sind als integrierende Bestandteile beizulegen: das Inventar, das Verzeichnis der Forderungseingaben, die Kostenrechnung, die Protokolle der Gläubigerversammlungen, des Gläubigerausschusses, die Berichte der Konkursverwaltung und die gerichtlichen Verfügungen über den Schluss oder den Widerruf des Konkursverfahrens.[2]

[4] Nach Erledigung eines Rechtshilfegesuches liefert das ersuchte Amt die sämtlichen Akten dem ersuchenden Amte ab.[3]

Art. 11[4] d. Edition[5]

Die *Hauptakten* (Protokoll und integrierende Bestandteile gemäss Art. 10) dürfen in der Regel an Drittpersonen oder Gerichte nur dann ausgegeben werden, wenn die Umstände den Ersatz durch beglaubigte Abschriften oder durch die persönliche Einvernahme des Konkursverwalters nicht erlauben.

---

1 Aufgehoben durch Ziff. I der V des BGer vom 5. Juni 1996 (AS 1996 2884).
2 Fassung gemäss Art. 5 der V des BGer vom 14. März 1938 über die Aufbewahrung der Betreibungs- und Konkursakten (SR 281.33).
3 Ursprünglich Abs. 3.
4 Ursprünglich Art. 12
5 Fassung gemäss Ziff. I der V des BGer vom 5. Juni 1996, in Kraft seit 1. Jan. 1997 (AS 1996 2884).

III. Elektronische Datenverarbeitung[1]

Art. 12[2] Zulässigkeit

Die Führung der in Artikel 1 genannten Verzeichnisse und Bücher sowie die Erstellung der in Artikel 2 erwähnten Aktenstücke und der Mitteilungen gemäss Artikel 5 können mit Bewilligung der kantonalen Aufsichtsbehörde mittels elektronischer Datenverarbeitung erfolgen.

IV.[3] Ordnung und Aufbewahrung der Akten

Art. 13 1. Ordnung und Nummerierung der Akten

¹ Sämtliche dem Konkursamt zugehende Schriftstücke sind sofort mit dem Eingangsdatum zu versehen.[4]

² Die Akten jedes Konkurses sind, unter Vorbehalt der besonderen Bestimmungen der Artikel 21 und 24 Absatz 2 betreffend die Kassa- und Kostenbelege, nach Materien (Inventar, Eigentumsansprachen, unpfändbare Gegenstände, Kollokationsplan usw.) zu sondern, innerhalb jeder Materie nach alphabetischer oder zeitlicher Ordnung zu nummerieren und in einem mit der Bezeichnung des Konkurses zu überschreibenden Ordner beisammenzuhalten.[5] [6]

³ Die von den Konkursgläubigern eingelegten Belege erhalten die Nummer der entsprechenden Forderungseingabe und werden fortlaufend mit Buchstaben bezeichnet.

Art. 14[7] 2. Aufbewahrung
a. der Akten

¹ Die Akten erledigter Konkurse dürfen nach Ablauf von zehn Jahren, vom Tage der Erledigung an gerechnet, vernichtet werden, ebenso die Kassabücher nebst Belegen, die Kontokorrentbücher und Bilanzhefte nach Ablauf von zehn Jahren seit deren Abschluss.

² Das Konkursverzeichnis ist während 40 Jahren seit dessen Abschluss aufzubewahren.

---

1 Eingefügt durch Ziff. I der V des BGer vom 5. Juni 1996, in Kraft seit 1. Jan. 1997 (AS 1996 2884).
2 Fassung gemäss Ziff. I der V des BGer vom 5. Juni 1996, in Kraft seit 1. Jan. 1997 (AS 1996 2884).
3 Ursprünglich III
4 Im italienischen Text bilden die Abs. 1 und 2 einen einzigen Absatz.
5 Fassung gemäss Ziff. I der V des BGer vom 5. Juni 1996, in Kraft seit 1. Jan. 1997 (AS 1996 2884).
6 Im italienischen Text bilden die Abs. 1 und 2 einen einzigen Absatz.
7 Fassung gemäss Ziff. I der V des BGer vom 5. Juni 1996, in Kraft seit 1. Jan. 1997 (AS 1996 2884).

Art. 15 b. der Geschäftsbücher und Geschäftspapiere

Hinsichtlich der Aufbewahrung der vom Konkursamt zu den Konkursakten beigezogenen Geschäftsbücher und Geschäftspapiere des Gemeinschuldners ist nach folgenden Grundsätzen zu verfahren:

1. Wird das vom Gemeinschuldner betriebene Geschäft im Konkursverfahren als Ganzes an einen Dritten veräussert, so sind die Geschäftsbücher und Geschäftspapiere auf Verlangen dem Erwerber zu übergeben.
2. Findet kein solcher Übergang des Geschäfts und damit der Geschäftsbücher und Geschäftspapiere auf einen Dritten statt, so ist wie folgt zu verfahren:
   a.[1] Im Falle des Konkurses über eine Einzelfirma sind die Geschäftsbücher und Geschäftspapiere nach durchgeführtem Konkursverfahren dem Gemeinschuldner herauszugeben, und es ist alsdann seine Sache, für ihre Aufbewahrung während der zehnjährigen Frist des Artikels 962 des Obligationenrechts[2] zu sorgen.
   b. War der Gemeinschuldner eine Kollektiv- oder Kommanditgesellschaft, so hat die Rückgabe der Geschäftsbücher und Geschäftspapiere an denjenigen unbeschränkt haftenden Gesellschafter zu erfolgen, der von den andern Gesellschaftern zu ihrer Empfangnahme ermächtigt ist. Besteht hierüber unter ihnen kein Einverständnis, so bleiben die Bücher und Papiere so lange beim Konkursamt, bis sie entweder gerichtlich einem der Gesellschafter zugesprochen worden sind oder die gesetzliche zehnjährige Frist vom Tage der letzten Eintragung an abgelaufen ist.
   c.[3] Die Geschäftsbücher und Geschäftspapiere von falliten Aktiengesellschaften und Genossenschaften sind auch nach Schluss des Konkursverfahrens auf dem Konkursamt aufzubewahren, solange nicht die nach Artikel 747 des Obligationenrechts hierzu kompetente Handelsregisterbehörde einen anderen sicheren Ort für die Niederlegung auf die Dauer von zehn Jahren bestimmt hat.
3. Ist die Aufbewahrung durch den Gemeinschuldner nicht möglich, so sind die Bücher und Papiere auf dem Konkursamt aufzubewahren.
4. Die kantonalen Aufsichtsbehörden haben dafür zu sorgen, dass die Konkursämter, welche nicht in der Lage sind, die nach vorstehenden Grundsätzen bei ihnen liegenden Bücher und Papiere aufzubewahren, sie an einem zentralen Orte archivieren können.

---

1 Fassung gemäss Ziff. I der V des BGer vom 5. Juni 1996, in Kraft seit 1. Jan. 1997 (AS 1996 2884).
2 SR 220
3 Fassung gemäss Ziff. I der V des BGer vom 5. Juni 1996, in Kraft seit 1. Jan. 1997 (AS 1996 2884).

Art. 15a[1]   3. Aufzeichnung auf Bild- und Datenträgern[2]

[1] Die aufzubewahrenden Akten können mit Zustimmung der kantonalen Aufsichtsbehörde auf Bild- oder Datenträgern aufgezeichnet und die Originalakten hierauf vernichtet werden.[3]

[2] Die kantonale Aufsichtsbehörde sorgt dafür, dass die Vorschriften der bundesrätlichen Verordnung vom 2. Juni 1976[4] über die Aufzeichnung von aufzubewahrenden Unterlagen sinngemäss befolgt werden.

V.[5] Buch-, Kassa- und Rechnungsführung

Art. 16   1. Kassabuch

[1] Alle Ein- und Auszahlungen, welche dem Konkursamt oder von ihm auf Rechnung einer Konkursliquidation gemacht werden, wie namentlich Konkurskosten (Vorschüsse und Saldo), inventierte Barschaft, eingehende Guthaben, Miet- und Pachtzinse, Steigerungserlöse, Bezüge des Konkursamtes auf Rechnung der Konkursgebühren, Einzahlungen und Rückzüge bei der Depositenanstalt, Abschlagsverteilungen, Ausrichtung der Dividenden, sind unverzüglich nach ihrer zeitlichen Folge in das *Kassabuch* einzutragen.

[2] Die Eintragungen sollen enthalten: das Datum der Zahlung, die Angabe des Konkurses, Name und Wohnort des Zahlenden oder des Empfängers, Betrag der ein- oder ausbezahlten Summe (ersterer im Soll, letzterer im Haben) und das Folio der entsprechenden Eintragung im Kontokorrentbuch.

[3] Das Kassabuch ist monatlich abzuschliessen und der Saldo vorzutragen.

Art. 17   2. Kontokorrentbuch
   a. Anlage im allgemeinen

[1] Für jede Konkursliquidation ist im *Kontokorrentbuch* eine laufende Rechnung zu eröffnen, welche eine übersichtliche chronologische Zusammenstellung sämtlicher auf die Liquidation bezüglicher Kassavorgänge auf Grund der Eintragungen im Kassabuch geben soll und mit der Beendigung der Liquidation abzuschliessen ist.

[2] Die Eintragungen sollen enthalten: das Datum der Zahlung, Name und Wohnort des Zahlenden oder des Empfängers, kurze Bezeichnung der Natur der Zahlung, Hinweis auf den Eintrag im Kassabuch, Betrag der ein- oder ausbezahlten Summe

---

1   Eingefügt durch Ziff. I der V des BGer vom 18. Mai 1979, in Kraft seit 1. Juli 1979 (AS 1979 813).
2   Fassung gemäss Ziff. I der V des BGer vom 5. Juni 1996, in Kraft seit 1. Jan. 1997 (AS 1996 2884).
3   Fassung gemäss Ziff. I der V des BGer vom 5. Juni 1996, in Kraft seit 1. Jan. 1997 (AS 1996 2884).
4   SR 221.431
5   Ursprünglich IV

(ersterer im Haben, letzterer im Soll). Setzt sich ein Kassaposten aus mehreren Teilposten zusammen, so sind diese aufzuführen.

Art. 18 b. Buchung der Depositen

¹ Ferner ist im Kontokorrentbuch über den *Verkehr mit der Depositenanstalt* ein besonderes Konto zu führen, in welchem sämtliche Einlagen und Rückzüge des Konkursamtes (erstere im Soll, letztere im Haben), sowie allfällige Zinsen einzutragen sind, unter Angabe des Konkursfalles, auf dessen Rechnung die Zahlungen stattgefunden haben.

² Die Einlagen sind bei der Depositenanstalt auf den Namen der betreffenden Konkursmasse (nicht des Konkursamtes) einzutragen, in der Meinung, dass die Depositenanstalt für jeden Konkurs ein besonderes Konto zu führen habe.

Art. 19 3. Bilanzheft

¹ Die am Ende jedes Monats vorzunehmenden *Kassaabschlüsse* (Art. 16 Abs. 3) sind im *Bilanzheft* einzutragen und vom Konkursbeamten zu unterzeichnen. Durch die Bilanz soll sowohl die Übereinstimmung der Eintragungen im Kassabuch mit denjenigen im Kontokorrentbuch als auch die Übereinstimmung des Barsaldos und der Depositen mit den Eintragungen im Kassa- und Kontokorrentbuch festgestellt werden.

² Die Übereinstimmung der Eintragungen in beiden Büchern ist nachgewiesen, wenn die Summe der Saldobeträge der einzelnen Konti nach Abrechnung des Depositensaldos dem Betrag des Kassasaldos entspricht. Allfällige Buchungsfehler sind aufzusuchen und zu berichtigen, bevor der Saldo vorgetragen wird.

Art. 20 4. Form der Eintragungen und Berichtigungen

Die Eintragungen im Kassabuch, Kontokorrentbuch und Bilanzheft sind in sorgfältiger Schrift unter Vermeidung von Rasuren, Durchstreichungen, Zwischenschriften und Lücken auszuführen. Die Berichtigung irrtümlicher Eintragungen erfolgt durch Nachträge oder Einschaltung von Storniposten.

Art. 21[1] 5. Quittungen

Die *Quittungen* (Art. 16) sind entweder, für jede Liquidation gesondert, in zeitlicher Reihenfolge zu numerieren, in einem mit der Bezeichnung des Konkurses überschriebenen Umschlag zu sammeln und nach Abschluss der Liquidation bei den übrigen Akten des Konkurses aufzubewahren, oder sie sind fortlaufend in der Reihenfolge

---

[1] Im französischen Text besteht dieser Artikel aus drei Absätzen. Dem Abs. 1 entspricht der erste Satzteil des ersten Satzes bis «aufzubewahren», Abs. 2 der zweite Satzteil des ersten Satzes und Abs. 3 der zweite Satz.

der Eintragungen im Kassabuch zu numerieren, jedes Jahr mit Nr. 1 beginnend, und nach Jahrgängen geordnet aufzubewahren. Im ersten Falle sind die Belegnummern im Kontokorrentbuch, im zweiten Falle im Kassabuch vorzumerken.

Art. 22 6. Depositen

¹ Alle erheblichen Bareingänge sowie Wertpapiere und Wertsachen sind spätestens am vierten Tage nach dem Eingange der Depositenanstalt (Art. 9 und 24 SchKG) zu übergeben. Es darf immerhin soviel Barschaft zurückbehalten werden, als zur Deckung nahe bevorstehender Auslagen erforderlich ist. Die Ablieferung der Gelder hat ohne Rücksicht darauf zu erfolgen, ob Zinsen vergütet werden.

² Im Falle eines Rechtshilfegesuches sind die bei dem ersuchten Konkursamt eingegangenen Gelder, Wertschriften und Wertsachen sofort der ersuchenden Amtsstelle abzuliefern.

Art. 23 7. Gesonderte Buch- und Kassaführung

Den Konkursbeamten ist *untersagt:*

a. sowohl im Barverkehr als im Verkehr mit der Depositenanstalt Amtsgelder mit ihrem Privatvermögen zu vermischen;

b. da, wo der Beamte noch ein anderes staatliches Amt bekleidet, das Kassabuch und das Kontokorrentbuch für andere Eintragungen als für das Konkursamt zu benutzen, es sei denn, dass es in besondern Kolonnen geschieht;

c. die aus einer Konkursmasse stammenden Bareingänge auch nur vorübergehend zur Befriedigung von Bedürfnissen einer andern Konkursmasse zu verwenden. Soweit der Beamte selbst zur Bestreitung von Auslagen für Rechnung einer Konkursmasse Vorschüsse leistet, müssen diese sofort als solche gebucht werden.

Art. 24 8. Gebühren- und Auslagenrechnung

¹ Über die *Gebühren* und *Auslagen* des Konkursamtes sowie der Mitglieder des Gläubigerausschusses ist vom Konkursbeamten für jeden Konkurs und für jedes Rechtshilfegesuch von der Eröffnung des Verfahrens an eine besondere detaillierte Rechnung zu führen.

² Die Belege für die Barauslagen (Massakosten) sind fortlaufend nach ihrem Datum zu nummerieren, in einem Umschlag zu sammeln und nach Schluss des Verfahrens bei den übrigen Akten des Konkurses aufzubewahren.

Art. 24a[1]   9. Andere Organisationsart

Die kantonale Aufsichtsbehörde kann eine andere Art der Organisation der Buch-, Kassa- und Rechnungsführung zulassen, sofern sie den vorstehenden Anforderungen genügt.

B. Verfahren in den einzelnen Stadien des Konkurses[2]

I. Feststellung der Konkursmasse und Bestimmung des Verfahrens[3]

(Art. 221–231 SchKG)

Art. 25   1. Inventar

a. Anlage im allgemeinen

[1] Im Inventar sind in besondern Abteilungen, jedoch mit fortlaufender Nummerierung, aufzunehmen: die Grundstücke, die beweglichen Sachen, die Wertschriften, Guthaben und sonstigen Ansprüche und die Barschaft. Am Schluss des Inventars sind die Schatzungssummen der einzelnen Kategorien zusammenzustellen. Finden sich für einzelne Kategorien keine Objekte vor, so ist dies in der Zusammenstellung zu bemerken.[4]

[2] Statt kategorienweise in besondern Abteilungen können die einzelnen Gegenstände auch ununterschieden nacheinander aufgenommen werden.

[3] Bei allen Objekten ist anzugeben, wo sie sich befinden (Konkurskreis, Gemeinde, Räumlichkeit).

Art. 26[5]   b. Bei Grundstücken im besondern

[1] Die Grundstücke sind auf Grund eines Auszuges aus dem Grundbuch unter Angabe der Rechte Dritter aufzuzeichnen oder es ist auf den Auszug zu verweisen.

[2] Sind die Grundstücke vermietet oder verpachtet, so sind Angaben über die Personalien des Mieters oder Pächters, die Dauer des Rechtsverhältnisses, die Höhe des Zinses und den Verfalltermin ins Inventar oder in eine besondere Liste aufzunehmen.

---

1   Eingefügt durch Ziff. I des V des BGer vom 5. Juni 1996, in Kraft seit 1. Jan. 1997 (AS 1996 2884).
2   Fassung gemäss Ziff. I des V des BGer vom 5. Juni 1996, in Kraft seit 1. Jan. 1997 (AS 1996 2884).
3   Fassung gemäss Ziff. I des V des BGer vom 5. Juni 1996, in Kraft seit 1. Jan. 1997 (AS 1996 2884).
4   Fassung gemäss Ziff. I des V des BGer vom 5. Juni 1996, in Kraft seit 1. Jan. 1997 (AS 1996 2884).
5   Fassung gemäss Ziff. I des V des BGer vom 5. Juni 1996, in Kraft seit 1. Jan. 1997 (AS 1996 2884).

Art. 27 c. Inventarisierung von Objekten im Ausland und von Anfechtungsansprüchen

¹ Die im Ausland liegenden Vermögensstücke sind ohne Rücksicht auf die Möglichkeit ihrer Einbeziehung in die inländische Konkursmasse ins Inventar einzustellen.

² Stehen der Konkursmasse Anfechtungsansprüche nach den Artikeln 214 und 285 ff. SchKG zu, so sind sie im Inventar vorzumerken, unter Beifügung einer ungefähren Schätzung für den Fall eines günstigen Ergebnisses der Anfechtung.

Art. 28[1] d. Behandlung der Eigentümerpfandtitel

Im Besitz des Gemeinschuldners befindliche Pfandtitel über auf seinem Grundstück pfandgesicherte Forderungen sind im Inventar nicht als Aktiven aufzuführen, sondern lediglich pro memoria vorzumerken und vom Konkursamt in Verwahrung zu nehmen (vgl. Art. 75 hiernach).

Art. 29 e. Anerkennung durch den Gemeinschuldner und Unterzeichnung

¹ Das Inventar ist zu datieren und hat die Dauer der Inventur sowie die Namen sämtlicher mitwirkender Personen anzugeben.

² Der Konkursbeamte und die nötigenfalls zugezogenen Schätzer haben das Inventar zu unterzeichnen.[2]

³ Sodann ist der Gemeinschuldner vom Konkursbeamten anzufragen, ob er das Inventar als vollständig und richtig anerkenne, und auf die Straffolgen einer unvollständigen Vermögensangabe ausdrücklich aufmerksam zu machen.

⁴ Die Erklärungen des Gemeinschuldners sind mit Bezug auf jede Abteilung des Inventars zu protokollieren und von ihm zu unterzeichnen.

Art. 30[3] f. Anerkennung an Stelle des Gemeinschuldners

¹ Ist der Gemeinschuldner gestorben oder flüchtig, so sind seine erwachsenen Hausgenossen zur Abgabe dieser Erklärungen (Art. 29 Abs. 3 und 4) anzuhalten. Im Fall des Konkurses über eine Kollektiv- oder Kommanditgesellschaft sind die Erklärungen von allen unbeschränkt haftenden Gesellschaftern abzugeben, welche anwesend und zur Geschäftsführung befugt sind, im Fall des Konkurses über eine Aktiengesellschaft oder eine Genossenschaft von ihren Organen.

² Können die Erklärungen nicht erhältlich gemacht werden, so ist der Grund ihres Fehlens vorzumerken.

---

1   Fassung gemäss Ziff. I der V des BGer vom 5. Juni 1996, in Kraft seit 1. Jan. 1997 (AS 1996 2884).
2   Fassung gemäss Ziff. I der V des BGer vom 5. Juni 1996, in Kraft seit 1. Jan. 1997 (AS 1996 2884).
3   Im italienischen Text besteht dieser Artikel aus einem einzigen Absatz.

Art. 31 g. Ausscheidung der Kompetenzstücke und Mitteilung an den Gemeinschuldner

¹ Die *Kompetenzstücke* mit Einschluss einer allfälligen Familienheimstätte (Art. 349 ff. ZGB[1]) sind am Schlusse des Inventars *auszuscheiden*, unter Verweisung auf die Nummer der einzelnen Gegenstände im Inventar.

² Von dieser Ausscheidung ist dem Gemeinschuldner entweder bei der Vorlage des Inventars oder durch besondere schriftliche Verfügung Mitteilung zu machen.

³ *Verzichtet* der Gemeinschuldner auf die Kompetenzqualität bestimmter Gegenstände zugunsten der Konkursmasse, so ist diese Erklärung im Inventar von ihm zu unterzeichnen.

Art. 32 h. Mitteilung von der Ausscheidung an die Gläubiger

¹ Von der Verfügung über die Kompetenzstücke ist an der ersten Gläubigerversammlung durch Auflegung des Inventars den anwesenden Konkursgläubigern Kenntnis zu geben, und es läuft alsdann für sie die Frist für die Beschwerde an die Aufsichtsbehörden von diesem Zeitpunkt an. Eine spätere Anfechtung der Verfügung durch die Konkursgläubiger ist ausgeschlossen.

² Ist die Ausscheidung der Kompetenzstücke bis zur ersten Gläubigerversammlung nicht möglich und ebenso im summarischen Verfahren soll die Mitteilung von der Auflegung des Inventars mit der Bekanntmachung über die Auflage des Kollokationsplanes verbunden werden, in welchem Falle die Frist für die Anfechtung des Inventars vom Tage der Auflegung an läuft.

Art. 33[2] i. Fruchterlös

Der Ertrag aus den natürlichen und den zivilen Früchten, welche die Grundstücke während des Konkurses abwerfen, ist im Inventar in einer besonderen Abteilung sukzessive anzugeben.

Art. 34 k. Vormerkung der Eigentumsansprachen und ihrer Erledigung

¹ Ebenso sind die *Eigentumsansprachen* (Art. 242 SchKG) in einer besondern Abteilung des Inventars unter Angabe des Ansprechers, der Inventarnummer des angesprochenen Gegenstandes und der allfälligen Belege fortlaufend zusammenzustellen. Im Inventar selber ist bei den angesprochenen Gegenständen in der Rubrik «Bemerkungen» auf diesen Vormerk hinzuweisen.

---

[1] SR 210
[2] Fassung gemäss Ziff. I der V des BGer vom 5. Juni 1996, in Kraft seit 1. Jan. 1997 (AS 1996 2884).

² Am Ende des Titels sind die Erklärungen des Gemeinschuldners sowie die spätern Verfügungen der Konkursverwaltung über die Eigentumsansprachen und das Resultat allfälliger Prozesse summarisch vorzumerken.

Art. 35 2. Kostenvorschuss

¹ Hat das Konkurserkenntnis vom Gläubiger oder Schuldner, auf dessen Begehren die Eröffnung des Konkurses ausgesprochen wurde, nicht einen Kostenvorschuss für die bis und mit der Einstellung des Konkurses mangels Aktiven oder bis zum Schuldenruf erlaufenden Kosten gefordert, so kann das Konkursamt selbst von den nach Artikel 169 SchKG für diese Kosten Haftenden noch einen solchen verlangen.¹

² Die Aufnahme des Inventars darf dadurch keine Verzögerung erfahren.

Art. 36 3. Abschluss der Geschäftsbücher

Wird das Geschäft des Gemeinschuldners bis zur ersten Gläubigerversammlung weiter betrieben, so sind die Bücher auf den Tag der Konkurseröffnung abzuschliessen und von da an auf Rechnung der Konkursmasse weiterzuführen, sofern nicht besondere Bücher von der Konkursverwaltung geführt werden.

Art. 37 4. Einvernahme des Gemeinschuldners

Anlässlich der Inventaraufnahme hat der Konkursbeamte den Gemeinschuldner über folgende Punkte einzuvernehmen:

a. über die dem Namen und Wohnort nach bekannten Gläubiger, sofern die Bücher darüber nicht Aufschluss geben;

b. über den Bestand von Prozessen im Sinn von Artikel 207 Absatz 1 SchKG;

c. über den Bestand von Schadens- und Personenversicherungen (vgl. Art. 54 und 55 des BG vom 2. April 1908² über den Versicherungsvertrag);

d. ob Kinder oder Mündel unter seiner Gewalt stehen und ob zu ihren Gunsten Eigentums- oder Forderungsansprüche bestehen;

e.³ ob er Unteroffizier, Offizier oder Fachoffizier (Soldat, Gefreiter oder Unteroffizier in Offiziersfunktion) der Armee sei.

Art. 38⁴ 5. Beschlagnahme von Postsendungen

Die Konkursämter sind berechtigt, von der zuständigen Kreispostdirektion für die Dauer des Konkurses die Einsichtnahme oder Auslieferung von Postsendungen und

---

1 Fassung gemäss Ziff. I der V des BGer vom 5. Juni 1996, in Kraft seit 1. Jan. 1997 (AS 1996 2884).
2 SR 221.229.1
3 Fassung gemäss Ziff. I der V des BGer vom 5. Juni 1996, in Kraft seit 1. Jan. 1997 (AS 1996 2884).
4 Fassung gemäss Ziff. I der V des BGer vom 5. Juni 1996, in Kraft seit 1. Jan. 1997 (AS 1996 2884).

Postscheckgeldern, die an den Gemeinschuldner adressiert oder von ihm abgesandt werden, sowie Auskunfterteilung über den Postverkehr des Gemeinschuldners zu verlangen (vgl. Art. 14 und 18 der Verordnung [1] vom 1. September 1967[1] zum Postverkehrsgesetz). Der Gemeinschuldner hat jedoch das Recht, der Öffnung der Sendungen beizuwohnen.

Art. 39[2] 6. Bestimmung des einzuschlagenden Verfahrens

[1] Bei der Begutachtung der Frage, ob der Erlös der inventarisierten Aktiven voraussichtlich zur Deckung der Kosten des ordentlichen Verfahrens hinreichen werde (Art. 231 Abs. 1 Ziff. 1 SchKG), hat das Konkursamt zu berücksichtigen, dass, soweit Pfandrechte an den Vermögensstücken haften, nur ein allfälliger Überschuss des Erlöses über die pfandgesicherten Forderungen hinaus zur Deckung der allgemeinen Konkurskosten verwendet werden kann (Art. 262 SchKG).

[2] Deckt der mutmassliche Überschuss in Verbindung mit dem Erlös aus den unverpfändeten Aktiven die voraussichtlichen Kosten nicht, so hat das Konkursamt beim Konkursgericht Durchführung des Konkurses im summarischen Verfahren oder Einstellung des Konkurses, sind die Verhältnisse einfach, Durchführung des Konkurses im summarischen Verfahren zu beantragen.

II. Schuldenruf[3]

(Art. 231–234 SchKG)

Art. 40 1. Spezialanzeigen über die Konkurseröffnung[4]

[1] In die Spezialanzeigen nach Art. 233 SchKG ist der Inhalt der Konkurspublikation aufzunehmen. Damit ist die Aufforderung an die Pfandgläubiger sowie an die Drittpersonen, denen die Pfandtitel weiterverpfändet worden sind, zu verbinden, diese Titel dem Konkursamt einzugeben.

[2] Solche Spezialanzeigen sind im ordentlichen Verfahren zu erlassen:

a. an die Gläubiger, deren Namen und Wohnort bekannt sind;
b. an das Gericht, vor welchem ein Zivilprozess im Sinn von Artikel 207 Absatz 1 SchKG, und an die Behörde, vor welcher ein Verwaltungsverfahren im Sinn von Artikel 207 Absatz 2 SchKG hängig ist;
c. an den Versicherer, wenn der Gemeinschuldner eine Schadens- oder eine Personenversicherung abgeschlossen hatte;

---

1   SR 783.01
2   Fassung gemäss Ziff. I der V des BGer vom 5. Juni 1996, in Kraft seit 1. Jan. 1997 (AS 1996 2884).
3   Usprünglich vor Art. 39
4   Fassung gemäss Ziff. I der V des BGer vom 5. Juni 1996, in Kraft seit 1. Jan. 1997 (AS 1996 2884).

d. an die zuständige Vormundschaftsbehörde, wenn Kinder oder Mündel unter seiner Gewalt stehen;
e. an die Grundbuchämter der andern Konkurskreise, in denen der Gemeinschuldner laut dem Inventar Grundstücke besass.[1]

³ Die Namen der Gläubiger, an welche Spezialanzeigen ergehen, sind im Konkursprotokoll oder in einer besondern, vom Konkursbeamten zu unterzeichnenden Liste zusammenzustellen.

Art. 41[2] 2. Rückgabe der Beweismittel

Beweismittel sollen, wenn der Gläubiger nicht spezielle Gründe geltend macht, bis zum Ablauf der Frist zur Anfechtung des Kollokationsplanes bei den Akten behalten und erst hernach zurückgegeben werden.

III. Verwaltung

(Art. 235–243 SchKG)

Art. 42 1. Protokolle der Gläubigerversammlungen

¹ Über jede *Gläubigerversammlung* ist vom Konkursamt ein ausführliches Protokoll aufzunehmen, welches die Namen sämtlicher erschienener Gläubiger und ihrer Vertreter, evtl. unter Verweisung auf eine besonders angefertigte, vom Konkursbeamten und den Mitgliedern des Büros zu unterzeichnende Liste der bekannten Gläubiger sowie die Feststellung enthalten soll, ob die Versammlung *beschlussfähig* war (Art. 236 und 254 SchKG).

² Der vom Konkursamt gemäss den Artikeln 237 Absatz 1 und 253 Absatz 1 zu erstattende *Bericht* soll entweder schriftlich abgefasst, unterzeichnet und unter Vormerkung am Protokoll zu den Akten gelegt oder, falls er mündlich erstattet wird, in seinen wesentlichen Bestandteilen protokolliert werden.

³ Das Protokoll soll im übrigen sämtliche gestellten Anträge und gefassten Beschlüsse enthalten, ohne Wiedergabe der Diskussion, und ist vom Konkursbeamten und den Mitgliedern des Büros zu unterzeichnen.[3]

---

1 Fassung gemäss Ziff. I der V des BGer vom 5. Juni 1996, in Kraft seit 1. Jan. 1997 (AS 1996 2884).
2 Fassung gemäss Ziff. I der V des BGer vom 5. Juni 1996, in Kraft seit 1. Jan. 1997 (AS 1996 2884).
3 Fassung gemäss Ziff. I der V des BGer vom 5. Juni 1996, in Kraft seit 1. Jan. 1997 (AS 1996 2884).

Art. 43 2. Aktenübergabe an ausseramtliche Konkursverwaltungen. Mitteilung[1]

[1] Wird von der Gläubigerversammlung eine *ausseramtliche Konkursverwaltung* eingesetzt (Art. 237 Abs. 2 und 253 Abs. 2 SchKG), so hat das Konkursamt ihr die Akten und das Protokoll zu übergeben und die Aufsichtsbehörde unter Mitteilung der Namen, des Berufes und des Wohnortes der Mitglieder der Konkursverwaltung und eines Auszuges aus dem Protokoll der Gläubigerversammlung davon zu benachrichtigen.

[2] Ist der Gemeinschuldner im Handelsregister eingetragen, so hat das Konkursamt die ausseramtliche Konkursverwaltung auch dem Handelsregisteramt mitzuteilen.[2]

Art. 44[3] 3. Protokoll des Gläubigerausschusses

Ist ein Gläubigerausschuss bestellt worden, so ist über die von ihm gefassten Beschlüsse ein Protokoll zu führen, das nach Erledigung des Konkurses mit dem Konkursprotokoll zu verbinden ist (Art. 10).

Art. 45 4. Aussonderungsansprüche
  a. Verfügung der Konkursverwaltung

Die *Verfügung über die Herausgabe von Sachen*, welche sich in der Verfügungsgewalt der Masse befinden und von einem Dritten zu *Eigentum* angesprochen werden (Art. 242 SchKG und Art. 34 dieser V), ist nach Ablauf der Eingabefrist (Art. 232 Abs. 2 Ziff. 2 SchKG) zu erlassen, ohne Rücksicht darauf, ob der Ansprecher selbst den Anspruch angemeldet habe oder ob die Sache vom Gemeinschuldner oder von einer andern Person als Dritteigentum bezeichnet worden sei. Die Verfügung ist auch dann noch zu erlassen, wenn der Anspruch erst nach der Versteigerung des angesprochenen Gegenstandes, jedoch vor der Verteilung des Erlöses angemeldet wird.

Art. 46 b. Klagefristansetzung an den Drittansprecher

In die Klagefristansetzung an den Ansprecher nach Artikel 242 Absatz 2 SchKG ist die genaue Bezeichnung des streitigen Gegenstandes sowie die Androhung aufzunehmen, dass der Anspruch als verwirkt gelte, wenn die Frist nicht eingehalten werde.

---

1   Fassung gemäss Ziff. I der V des BGer vom 5. Juni 1996, in Kraft seit 1. Jan. 1997 (AS 1996 2884).
2   Eingefügt durch Ziff. I der V des BGer vom 5. Juni 1996, in Kraft seit 1. Jan. 1997 (AS 1996 2884).
3   Fassung gemäss Ziff. I der V des BGer vom 5. Juni 1996, in Kraft seit 1. Jan. 1997 (AS 1996 2884).

Art. 47 c. Wahrung der Gläubigerrechte

¹ Will die Konkursverwaltung den Anspruch *anerkennen,* so soll die Anzeige davon an den Drittansprecher und die Herausgabe des angesprochenen Gegenstandes an ihn unterbleiben, bis feststeht, ob die zweite Gläubigerversammlung etwas anderes beschliesst oder ob nicht einzelne Gläubiger nach Artikel 260 SchKG Abtretung der Ansprüche der Masse auf den Gegenstand verlangen.

² Die Verwahrungskosten gehen zulasten der Konkursmasse, nach erfolgter Abtretung der Ansprüche gemäss Artikel 260 SchKG zulasten des Abtretungsgläubigers. Die Konkursverwaltung kann diesem unter Androhung sofortiger Herausgabe des Gegenstandes an den Drittansprecher eine Frist ansetzen, innert der er für die Kosten der weiteren Verwahrung unbedingte Gutsprache sowie Sicherheit zu leisten hat.[1]

Art. 48 aa. Im ordentlichen Verfahren

¹ Zu diesem Zweck hat die Konkursverwaltung in der *Einladung zur zweiten Gläubigerversammlung* ausdrücklich zu bemerken, dass Abtretungsbegehren im Sinne von Artikel 260 SchKG bei Vermeidung des Ausschlusses in der Versammlung selbst oder spätestens binnen zehn Tagen nach ihrer Abhaltung zu stellen seien.

² Lassen indessen die besondern Umstände des Falles eine Erledigung der Eigentumsansprache *vor* der zweiten Gläubigerversammlung als wünschenswert erscheinen, so kann zu diesem Zwecke entweder eine besondere Gläubigerversammlung einberufen oder den Gläubigern durch Zirkular eine angemessene Frist angesetzt werden, binnen der sie, bei Vermeidung des Ausschlusses, der Konkursverwaltung mitzuteilen haben, ob sie den Anspruch gemäss Artikel 260 Absatz 1 SchKG an Stelle der Masse bestreiten wollen.

Art. 49 bb. Im summarischen Verfahren

Im summarischen Verfahren hat in wichtigeren Fällen eine Fristsetzung zu erfolgen, welche mit der Bekanntmachung der Auflegung des Kollokationsplanes zu verbinden ist.

Art. 50 cc. Bei nachträglich eingegebenen Ansprüchen

Nachträglich eingegebene Ansprüche sind in wichtigeren Fällen den Gläubigern nach dem Ermessen der Konkursverwaltung durch öffentliche Bekanntmachung oder durch Zirkular mitzuteilen oder es ist, wenn nötig, eine besondere Gläubigerversammlung einzuberufen.

---

1 Eingefügt durch Ziff. I der V des BGer vom 5. Juni 1996, in Kraft seit 1. Jan. 1997 (AS 1996 2884).

Art. 51   dd. Ausnahmen

Die obigen Vorschriften (Art. 47–50) finden keine Anwendung, wenn das Eigentum des Drittansprechers von vornherein als bewiesen zu betrachten oder die sofortige Herausgabe des angesprochenen Gegenstandes im offenbaren Interesse der Masse liegt oder endlich vom Drittansprecher angemessene Kaution geleistet wird.

Art. 52   d. Klagefristansetzung bei Massarechtsabtretungen

Wird eine *Abtretung* der Rechtsansprüche der Masse verlangt, so setzt die Konkursverwaltung nach erfolgter Abtretung und Ausstellung einer Bescheinigung hierüber an die Abtretungsgläubiger dem Dritten die in Artikel 242 Absatz 2 SchKG vorgeschriebene Frist zur Klage an, unter Angabe der Gläubiger, gegen die er als Vertreter der Masse gerichtlich vorzugehen hat.

Art. 53   e. Konkurrenz von Pfand- mit Eigentumsansprachen

Werden Gegenstände vindiziert und daran zugleich von einem Konkursgläubiger Pfand- oder Retentionsrechte geltend gemacht, so ist folgendermassen zu verfahren:

– Wird der Eigentumsanspruch im Konkurs anerkannt, so ist ein allfälliger Streit zwischen dem Vindikanten und dem Pfandansprecher nicht im Konkursverfahren auszutragen.

– Kommt es dagegen zu einem Prozess über die Eigentumsansprache, so ist über die Pfandansprache erst nach rechtskräftiger Abweisung des Drittansprechers durch einen Nachtrag zum Kollokationsplan zu verfügen.

Art. 54   f. Konkurrenz von Pfand- oder Eigentums- mit Kompetenzansprachen

[1] Kompetenzstücke, an denen vertragliche Pfandrechte geltend gemacht werden, sind, sofern diese Rechte im Kollokationsverfahren anerkannt werden, in die Konkursmasse zu ziehen und zugunsten der Pfandansprecher zu verwerten. Ein allfälliger Überschuss ist dem Gemeinschuldner zuzuweisen.

[2] Werden von Dritten zu Eigentum angesprochene Gegenstände von der Masse als Kompetenzstücke anerkannt, so unterbleibt das Verfahren nach Artikel 242 SchKG und ist der Dritte darauf zu verweisen, den Anspruch gegen den Gemeinschuldner *ausserhalb* des Konkursverfahrens geltend zu machen.

IV. Erwahrung der Konkursforderungen
Kollokation der Gläubiger

(Art. 244–251 SchKG)

Art. 55 1. Protokollierung der Erklärungen des Gemeinschuldners

Die *Erklärungen des Gemeinschuldners* über die einzelnen Forderungen (Art. 244 SchKG) sind entweder im Verzeichnis der Forderungseingaben oder in einem besondern Protokoll zu verurkunden und von ihm zu unterzeichnen. Ist der Gemeinschuldner gestorben oder abwesend, so ist dies anzugeben. Die Bestimmung in Artikel 30 Absatz 1 hiervor betreffend die Kollektiv-, Kommandit-, Aktiengesellschaften und Genossenschaften findet hier ebenfalls Anwendung.

Art. 56 2. Kollokationsplan
　　　　　a. Anordnung

¹ Der Kollokationsplan ist nach folgender Ordnung zu erstellen:

A. Pfandgesicherte Forderungen (vgl. Art. 37 SchKG):
　　1.　grundpfandgesicherte;
　　2.　faustpfandgesicherte.
B. Ungesicherte Forderungen: Klassen I–III (Art. 219 SchKG).[1]

² Liegen für einzelne Kategorien oder Klassen des Kollokationsplanes keine Anmeldungen vor, so ist dies jeweilen zu bemerken.

Art. 57[2] b. Abänderungen

Abänderungen des Kollokationsplanes innert der Beschwerdefrist, Erläuterungen oder Vervollständigungen dürfen nur durch unterschriftlich beglaubigte Randbemerkung erfolgen und sind jeweilen neu zu publizieren.

Art. 58 c. Inhalt

¹ Jede Ansprache ist in derjenigen Klasse und in demjenigen Rang aufzunehmen, der ihr von der Konkursverwaltung oder vom Gläubigerausschuss zuerkannt wird.

² Bei jeder Ansprache ist die Verfügung der Verwaltung über Anerkennung oder Abweisung, im letzteren Fall mit kurzer Angabe des Grundes, vorzumerken. Diese Verfügung hat sich auch auf die geltend gemachten oder im Grundbuch enthaltenen

---

1　Fassung gemäss Ziff. I der V des BGer vom 5. Juni 1996, in Kraft seit 1. Jan. 1997 (AS 1996 2884).
2　Fassung gemäss Ziff. I der V des BGer vom 5. Juni 1996, in Kraft seit 1. Jan. 1997 (AS 1996 2884).

beschränkten dinglichen Rechte (Pfandrechte, Nutzniessung, Wohnrecht, Grunddienstbarkeiten) nach Bestand, Umfang und Rang zu erstrecken.[1]

Art. 59[2] d. Form der Kollokationsverfügungen

[1] Erscheint eine Forderung als nicht hinreichend belegt, so kann die Verwaltung sie abweisen oder dem Ansprecher zur Einreichung weiterer Beweismittel eine Frist ansetzen.

[2] Bedingte Zulassungen oder Abweisungen sind unstatthaft, ausser im Fall, wo die Tilgung einer im Bestand unbestrittenen Forderung angefochten wird, die bei Rückerstattung des Empfangenen wieder auflebt (Art. 291 Abs. 2 SchKG).

[3] Kann die Konkursverwaltung sich über die Zulassung oder Abweisung einer Ansprache noch nicht aussprechen, so soll sie entweder mit der Aufstellung des Kollokationsplanes zuwarten oder aber den Kollokationsplan nachträglich ergänzen und unter öffentlicher Bekanntmachung wieder auflegen.

Art. 60 e. Umschreibung der Ansprachen

[1] Die Ansprachen sind fortlaufend zu nummerieren.

[2] Bei jeder Ansprache ist der Forderungsgrund zu bezeichnen und auf die Nummer der Ansprache im Verzeichnis der Forderungseingaben zu verweisen.

[3] Der Kollokationsplan hat für jede Pfandansprache genau anzugeben, auf welchen Massagegenstand sie sich bezieht; bei Grundstücken sind die mitverhafteten Früchte und Erträgnisse sowie die Zugehör, bei Forderungen allfällig mitverpfändete Zinsbetreffnisse unzweideutig zu bezeichnen, unter Verweisung auf die Einträge im Inventar. Ist ein Dritter persönlicher Schuldner, so ist dies ebenfalls zu bemerken.[3]

Art. 61[4] f. Drittpfandgesicherte Forderungen

[1] Forderungen, für welche ganz oder zum Teil im Eigentum eines Dritten stehende Gegenstände als Pfand haften, sind ohne Rücksicht auf das Pfand, aber unter Erwähnung desselben, in ihrem vollen (anerkannten) Betrag unter die ungesicherten Forderungen aufzunehmen.

[2] Hat die Pfandverwertung vor erfolgter Ausrichtung der Konkursdividende an den Pfandgläubiger stattgefunden, so ist der Pfandeigentümer an Stelle des Gläubigers zum Bezug der Dividende berechtigt, sofern und insoweit er nach dem geltenden materiellen Recht durch die Einlösung des Pfandes in die Rechte des Gläubigers eingetreten ist. Ist die Subrogation streitig, so ist die Dividende zu hinterlegen.

---

1 Fassung gemäss Ziff. I der V des BGer vom 5. Juni 1996, in Kraft seit 1. Jan. 1997 (AS 1996 2884).
2 Fassung gemäss Ziff. I der V des BGer vom 5. Juni 1996, in Kraft seit 1. Jan. 1997 (AS 1996 2884).
3 Fassung gemäss Ziff. I der V des BGer vom 5. Juni 1996, in Kraft seit 1. Jan. 1997 (AS 1996 2884).
4 Fassung gemäss Ziff. I der V des BGer vom 5. Juni 1996, in Kraft seit 1. Jan. 1997 (AS 1996 2884).

Art. 62 g. Forderungen mit ausländischem Pfandobjekt

Wenn die Pfandobjekte zwar dem Gemeinschuldner gehören, aber im *Ausland* liegen und nach dem massgebenden Rechte nicht zur inländischen Konkursmasse gezogen werden können, so wird die auf die Forderung entfallende Dividende so lange zurückbehalten, als das Pfand nicht im Ausland liquidiert worden ist, und nur soweit ausgerichtet, als der Pfandausfall reicht. Die auszurichtende Dividende berechnet sich nach dem Pfandausfall.[1]

Art. 63 h. Im Prozess liegende Forderungen

[1] Streitige Forderungen, welche im Zeitpunkt der Konkurseröffnung bereits *Gegenstand eines Prozesses bilden,* sind im Kollokationsplan zunächst ohne Verfügung der Konkursverwaltung lediglich pro memoria vorzumerken.

[2] Wird der Prozess weder von der Masse noch von einzelnen Gläubigern nach Artikel 260 SchKG fortgeführt, so gilt die Forderung als *anerkannt,* und die Gläubiger haben *kein* Recht mehr, ihre Kollokation nach Artikel 250 SchKG anzufechten.

[3] Wird der Prozess dagegen fortgeführt, so erfolgt je nach dessen Ausgang die Streichung der Forderung oder ihre definitive Kollokation, welche von den Gläubigern ebenfalls nicht mehr angefochten werden kann.

[4] Bei der Verhandlung darüber, ob der Prozess fortgeführt werden soll, ist nach Analogie von Artikel 48 hiervor zu verfahren.

Art. 64 i. Protokollierung der Verfügungen des Gläubigerausschusses und des Prozessergebnisses

[1] Ist ein Gläubigerausschuss ernannt worden, so sind seine Verfügungen im Kollokationsplan anzugeben.

[2] Ebenso ist von allfälligen Kollokationsstreitigkeiten und der Art und Weise ihrer Erledigung im Kollokationsplan Vormerk zu nehmen.

Art. 65[2] k. Nachträgliche Abänderungen
aa. Innerhalb der Anfechtungsfrist[3]

[1] Innerhalb der Anfechtungsfrist darf die Konkursverwaltung die im Kollokationsplan getroffene Entscheidung nur so lange abändern, als nicht eine Klage gegen die Masse oder einen andern Gläubiger angehoben ist.[4]

[2] Die Abänderung ist neu zu publizieren (Art. 67 Abs. 3).

---

1 Satz eingefügt durch Ziff. I der V vom 5. Juni 1996, in Kraft seit 1. Jan. 1997 (AS 1996 2884).
2 Im italienischen Text besteht dieser Artikel aus einem einzigen Absatz.
3 Fassung gemäss Ziff. I der V des BGer vom 5. Juni 1996, in Kraft seit 1. Jan. 1997 (AS 1996 2884).
4 Fassung gemäss Ziff. I der V des BGer vom 5. Juni 1996, in Kraft seit 1. Jan. 1997 (AS 1996 2884).

Art. 66 bb. Im Prozess

¹ Will die Konkursverwaltung in dem gegen sie geführten Kollokationsstreit es *nicht* zu einem gerichtlichen Entscheide kommen lassen und anerkennt sie das geltend gemachte Rechtsbegehren nachträglich ganz oder zum Teil, so kann diese Anerkennung nur unter Vorbehalt der Rechte der Konkursgläubiger erfolgen, gemäss Artikel 250 SchKG die Zulassung der Forderung oder den ihr neu angewiesenen Rang ihrerseits noch zu bestreiten.

² Zu diesem Zwecke hat die Konkursverwaltung die aus ihrer nachträglichen Anerkennung sich ergebende Abänderung des ursprünglich aufgelegten Kollokationsplanes neu aufzulegen und zu publizieren.

³ Vorbehalten bleibt die dem Gläubigerausschuss allfällig übertragene Kompetenz zum Abschluss oder zur Genehmigung von Vergleichen gemäss Artikel 237 Absatz 3 Ziffer 3 SchKG. In diesen Fällen hat eine Neuauflage und Publikation des durch den Vergleich abgeänderten Kollokationsplanes nicht stattzufinden.

Art. 67 l. Publikation

¹ Die Bekanntmachung der Auflegung des Kollokationsplanes hat in den gleichen Blättern zu erfolgen, in denen der Konkurs publiziert wurde.

² Im Zeitpunkt der Auflegung des Planes sollen alle von der Konkursverwaltung oder dem Gläubigerausschuss erklärten Bestreitungen im Kollokationsplan gehörig vorgemerkt sein.

³ Für nachträgliche Abänderungen genügt nicht eine Anzeige an den Gläubiger, sondern es ist innert der Anfechtungsfrist die Bekanntmachung der Auflegung des Kollokationsplanes zu widerrufen und der neu erstellte oder abgeänderte Plan wiederum aufzulegen und dessen Bekanntmachung anzuordnen.

Art. 68[1] m. Spezialanzeigen

In den nach Artikel 249 Absatz 3 SchKG zu versendenden Spezialanzeigen ist der Grund der Abweisung zu bezeichnen und beizufügen, dass die zwanzigtägige Anfechtungsfrist (Art. 250 SchKG) vom Tage der öffentlichen Bekanntmachung der Auflegung des Kollokationsplanes an zu laufen beginne.

Art. 69 n. Behandlung verspäteter Konkurseingaben

Wird eine Konkursforderung erst nach erfolgter Auflegung des Kollokationsplanes eingegeben, so hat eine Publikation der Verfügung über sie nur zu erfolgen, wenn sie ganz oder teilweise *zugelassen* wird. Wird sie vollständig abgewiesen, so genügt die blosse Anzeige davon an den Gläubiger. Vorbehalten bleiben die Artikel 65 und 66.

---

1 Fassung gemäss Ziff. I der V des BGer vom 5. Juni 1996, in Kraft seit 1. Jan. 1997 (AS 1996 2884).

Art. 70 o. Im summarischen Verfahren

Ein Kollokationsplan ist stets auch im summarischen Verfahren zu erstellen. Dabei sind die auf die Errichtung, Auflage, Publikation und Anfechtung des Kollokationsplanes bezüglichen Vorschriften des SchKG sowie der vorliegenden Verordnung in gleicher Weise zu beobachten.

V. Verwertung

(Art. 252–260 SchKG[1])

Art. 71[2] 1. Spezialanzeigen über Grundstückssteigerungen

Spezialanzeigen nach Artikel 257 SchKG sind ausser an die Grundpfandgläubiger auch an diejenigen Gläubiger zu erlassen, denen die Pfandtitel über die auf dem Grundstück haftenden Pfandrechte verpfändet sind (vgl. Art. 40 Abs. 1 hiervor).

Art. 72[3] 2. Steigerungsprotokoll
  a. Anlage im allgemeinen

[1] Über jede Steigerung ist ein besonderes *Protokoll* zu führen, welches angeben soll: die leitenden Personen, den Tag und die Dauer sowie den Ort der Steigerung und den Betrag des Erlöses für jedes speziell versteigerte Objekt. Das Protokoll ist vom Steigerungsbeamten zu unterzeichnen. Bei der Verwertung von Wertschriften und Guthaben sind ausserdem die Namen der Ersteigerer zu verurkunden, bei der Verwertung von Fahrnis nur dann, wenn die Gegenstände insgesamt (en bloc) von einer und derselben Person erworben werden.

[2] Wird die Steigerung von einem andern öffentlichen Amt vorgenommen, so soll dies aus dem Protokoll ebenfalls hervorgehen.

Art. 73 b. Bei Liegenschaftssteigerungen im besondern

Das Protokoll über die Verwertung von Liegenschaften soll insbesondere noch enthalten: die Erklärung des Steigerungsbeamten: «Die Liegenschaft wird hiermit um den Preis von Fr. ...... zugeschlagen an N.N.» und die Unterschrift des Erwerbers, der als der «Ersteigerer» zeichnet. Wo nicht zugeschlagen wird, ist am Fusse des Protokolls zu bemerken: «Die Liegenschaft wurde nicht zugeschlagen», und zwar unter Angabe des Grundes, warum der Zuschlag unterblieben ist. Wurde der Zuschlag an Bedingungen geknüpft, so sind diese genau anzugeben.

---

1   Heute: Art. 252–260bis SchKG.
2   Fassung gemäss Ziff. I der V des BGer vom 5. Juni 1996, in Kraft seit 1. Jan. 1997 (AS 1996 2884).
3   Im italienischen Text besteht dieser Artikel aus einem einzigen Absatz.

Art. 74 3. Löschung der untergegangenen Grundpfandrechte

¹ Werden die Pfandtitel über Grundpfandrechte, welche durch die Versteigerung ganz oder teilweise untergegangen sind, nicht beigebracht, so hat die Konkursverwaltung trotzdem die erforderlichen Löschungen oder Abänderungen im Grundbuch zu veranlassen.

² Die stattgefundene Löschung oder Abänderung des Grundpfandrechts ist durch einmalige Publikation im Amtsblatt zu veröffentlichen und dem Gläubiger, sofern sein Name und sein Wohnort bekannt sind, durch eingeschriebenen Brief zur Kenntnis zu bringen, mit der Anzeige, dass die Veräusserung oder Verpfändung des gänzlich zu Verlust gekommenen Pfandtitels oder des teilweise zu Verlust gekommenen über den erlösten Betrag hinaus als Betrug strafbar wäre.[1]

³ Ist der Inhaber des Titels unbekannt, so hat das Betreibungsamt die Löschung oder Abänderung des Grundpfandrechts öffentlich bekanntzumachen, unter Hinweis auf die in Absatz 2 hiervor erwähnte Folge einer Veräusserung oder Verpfändung des Titels.[2]

Art. 75[3] 4. Spezialfälle

a. Entkräftung der Eigentümerpfandtitel und Löschung der leeren Pfandstellen

Im Besitz des Gemeinschuldners befindliche Pfandtitel über auf seinem Grundstück grundpfandgesicherte Forderungen sowie leere Pfandstellen dürfen gemäss Artikel 815 des Zivilgesetzbuches[4] bei der Aufstellung der Steigerungsbedingungen nicht berücksichtigt werden. Die Pfandtitel sind ohne weiteres zur Entkräftung zu bringen und die leeren Pfandstellen nach der Versteigerung im Grundbuch zu löschen.

Art. 76[5] b. Behandlung der vom Gemeinschuldner verpfändeten Eigentümerpfandtitel

Die vom Gemeinschuldner verpfändeten Pfandtitel über auf seinem Grundstück grundpfandgesicherte Forderungen dürfen nicht separat versteigert werden, sondern es ist für die betreffenden Forderungen anlässlich der Versteigerung des Grundstücks in den Steigerungsbedingungen Barzahlung zu verlangen, und es sind die Titel nach der Versteigerung zur Entkräftung zu bringen.

---

1 Fassung gemäss Ziff. I der V des BGer vom 5. Juni 1996, in Kraft seit 1. Jan. 1997 (AS 1996 2884).
2 Fassung gemäss den Art. 69 Abs. 3 und 136 Abs. 2 der V des BGer vom 23. April 1920 über die Zwangsverwertung von Grundstücken, in Kraft seit 1. Jan. 1921 (SR 281.42).
3 Fassung gemäss Ziff. I der V des BGer vom 5. Juni 1996, in Kraft seit 1. Jan. 1997 (AS 1996 2884).
4 SR 210
5 Fassung gemäss Ziff. I der V des BGer vom 5. Juni 1996, in Kraft seit 1. Jan. 1997 (AS 1996 2884).

Art. 77 c. Verwertung von versicherten Gegenständen und von Lebensversicherungsansprüchen

¹ Sind die zur Verwertung gelangenden Gegenstände gegen Schaden *versichert* (vgl. Art. 37 und 40 Abs. 2 hiervor), so ist bei der Verwertungshandlung auf die bestehende Versicherung aufmerksam zu machen. Wird die Gesamtheit der versicherten Gegenstände von einer und derselben Person erworben, so ist der Versicherer vom Übergang des Eigentums sofort in Kenntnis zu setzen.

² Bezüglich der Verwertung (Versteigerung oder Verkauf aus freier Hand) eines Lebensversicherungsanspruchs sind die Vorschriften der Artikel 10 und 15–21 der Verordnung vom 10. Mai 1910[1] betreffend die Pfändung, Arrestierung und Verwertung von Versicherungsansprüchen massgebend.

Art. 78[2]   d. Verwertung von Vieh

Handelt es sich um die Verwertung von Vieh, so sind die Vorschriften des Tierseuchengesetzes vom 1. Juli 1966[3] (Art. 14) und der Tierseuchenverordnung vom 27. Juni 1995[4] (Art. 11) betreffend die Übergabe von Verkehrsscheinen an den Käufer zu beachten.

Art. 79[5]

Art. 80   5. Abtretung von Rechtsansprüchen der Masse

¹ Die *Abtretung* von Rechtsansprüchen der Masse an einzelne Gläubiger im Sinne von Artikel 260 SchKG erfolgt unter den im vorgeschriebenen Formular festgesetzten Bedingungen.

² Die aus der Flüssigmachung des Prozessergebnisses entstehenden Kosten dürfen nicht der allgemeinen Masse belastet werden.

Art. 81[6]

---

1   SR 281.51
2   Fassung gemäss Ziff. I der V des BGer vom 5. Juni 1996, in Kraft seit 1. Jan. 1997 (AS 1996 2884).
3   SR 916.40
4   SR 916.401
5   Aufgehoben durch Ziff. I der V des BGer vom 5. Juni 1996 (AS 1996 2884).
6   Aufgehoben durch Ziff. I der V des BGer vom 5. Juni 1996 (AS 1996 2884).

VI. Verteilung
(Art. 261–267 SchKG)

Art. 82 1. Abschlagsverteilungen

¹ Bevor *Abschlagsverteilungen* vorgenommen werden (Art. 237 Abs. 3 Ziff. 5 und 266 SchKG), ist eine *provisorische Verteilungsliste* aufzustellen, welche unter Mitteilung an die Gläubiger während zehn Tagen beim Konkursamt aufzulegen ist (Art. 263 SchKG).

² Teilbeträge, die auf streitige Forderungen, auf Forderungen unter aufschiebender Bedingung oder mit ungewisser Verfallzeit (Art. 264 Abs. 3 SchKG), auf Sicherheitsansprüche sowie auf solche Forderungen entfallen, welche verspätet, jedoch noch vor der Abschlagsverteilung angemeldet wurden (Art. 251 Abs. 3 SchKG), sind zurückzubehalten.

Art. 83 2. Erstellung der definitiven Verteilungsliste
a. Voraussetzungen
aa. Erledigung der Prozesse

¹ Die *definitive Verteilungsliste* darf erst erstellt werden, wenn sämtliche, auf die Feststellung der Aktiv- und Passivmasse bezüglichen Prozesse erledigt sind.

² Auf die von einzelnen Gläubigern gemäss Artikel 260 SchKG geführten Prozesse braucht dagegen keine Rücksicht genommen zu werden, wenn zum vornherein feststeht, dass ein Überschuss für die Masse nicht zu erwarten ist (vgl. Art. 95 hiernach).

Art. 84[1] bb. Bestimmung der Spezialvergütung nach Art. 48 Gebührenverordnung

Glaubt die Konkursverwaltung (und eventuell der Gläubigerausschuss), auf eine Spezialvergütung nach Artikel 48 der Gebührenverordnung vom 23. September 1996[2] zum SchKG Anspruch erheben zu können, so hat sie vor der endgültigen Feststellung der Verteilungsliste der zuständigen Aufsichtsbehörde ausser sämtlichen Akten eine detaillierte Aufstellung ihrer Verrichtungen, für welche die Verordnung keine Gebühren vorsieht, zur Festsetzung der Entschädigung einzureichen.

Art. 85[3] b. Anlage im allgemeinen

Bei der Aufstellung der Verteilungsliste ist wie folgt zu verfahren:

---

1   Fassung gemäss Ziff. I der V des BGer vom 5. Juni 1996, in Kraft seit 1. Jan. 1997 (AS 1996 2884).
2   SR 281.35
3   Fassung gemäss Ziff. I der V des BGer vom 5. Juni 1996, in Kraft seit 1. Jan. 1997 (AS 1996 2884).

- In erster Linie sind bei verpfändeten Vermögensstücken sowohl der Erlös als die Kosten ihrer Inventur, Verwaltung und Verwertung für alle einzeln genau anzugeben. Diese speziellen Kosten sind vom Erlös der betreffenden Pfandgegenstände in Abzug zu bringen.
- Ergibt sich nach Abzug der Kosten und vollständiger Deckung der Pfandforderungen ein Überschuss, so wird er zum Erlös des freien Massevermögens geschlagen. Ergibt sich umgekehrt auf den Pfandobjekten ein Ausfall, so ist er unter die Forderungen in der ersten bis dritten Klasse einzureihen, sofern eine persönliche Haftung des Schuldners für die Forderung besteht.
- Der Gesamterlös des freien Massevermögens nebst einem allfälligen Mehrerlös aus der Liquidation der Pfandobjekte wird vorab zur Deckung der gesamten übrigen Konkurskosten, zu denen auch die Kosten eines vorausgegangenen öffentlichen Inventars zu rechnen sind, verwendet; der Rest ist nach Massgabe des Kollokationsplanes unter die Kurrentgläubiger zu verteilen.

Art. 86 c. Im Fall des Art. 260 SchKG im besonderen

Sind von einzelnen Gläubigern Prozesse nach Artikel 260 SchKG mit Erfolg durchgeführt worden, so hat die Verteilungsliste, evtl. in einem Nachtrag, auch die Verteilung des Ergebnisses unter die Abtretungsgläubiger und die Masse festzustellen.

Art. 87 3. Anzeige über die Auflegung der Verteilungsliste

[1] Die Anzeige an die einzelnen Gläubiger sowie an den Gemeinschuldner über die Auflegung der Verteilungsliste hat durch eingeschriebene Sendung zu erfolgen (Art. 34 SchKG).[1]

[2] Diese Anzeige hat auch im Falle von Abänderungen der Verteilungsliste stattzufinden, es sei denn, dass die Änderung durch einen Entscheid der Aufsichtsbehörde erfolgt ist.

Art. 88 4. Vornahme der Verteilung. Voraussetzung

Bevor die Konkursverwaltung zur *Verteilung* des Erlöses an die Gläubiger schreitet, hat sie sich darüber zu vergewissern, ob während der gesetzlichen Frist von zehn Tagen Beschwerden gegen die Verteilungsliste bei der Aufsichtsbehörde eingelangt sind, und bejahendenfalls ihre Erledigung abzuwarten.

Art. 89 5. Ausstellung der Verlustscheine bei Heimstätten[2]

Besitzt der Gemeinschuldner im Zeitpunkte der Ausstellung der Verlustscheine ein zur *Heimstätte* erklärtes Gut oder Haus (Art. 349 ff. ZGB[1] und Art. 31 hiervor), so ist

---

1 Fassung gemäss Ziff. I der V des BGer vom 5. Juni 1996, in Kraft seit 1. Jan. 1997 (AS 1996 2884).
2 Fassung gemäss Ziff. I der V des BGer vom 5. Juni 1996, in Kraft seit 1. Jan. 1997 (AS 1996 2884).

davon in den *Verlustscheinen* Vormerk zu nehmen, mit Angabe des Schatzungswertes der Heimstätte und der auf ihr ruhenden Lasten. Ferner sind in den Verlustscheinen die Bestimmungen des Zivilgesetzbuches[2] und die ergänzenden kantonalen Vorschriften über die Zwangsverwaltung der Heimstätten und die Befriedigung der Gläubiger aufzunehmen.

Art. 90[3]

Art. 91[4]

VII. Schluss des Konkursverfahrens

(Art. 268–270 SchKG)

Art. 92 1. Schlussbericht

[1] Der *Schlussbericht* der Konkursverwaltung (Art. 268 SchKG) ist stets schriftlich abzufassen und dem Konkursgerichte mit sämtlichen Akten und Belegen, mit Einschluss der Quittungen der Gläubiger für die Konkursdividende, einzureichen. Eine Abschrift des Berichts ist bei den Akten aufzubewahren.

[2] Der Bericht soll eine gedrängte Darstellung des Verlaufs der Liquidation enthalten. Er hat namentlich über die Ursachen des Konkurses, die Aktiven und Passiven und den Gesamtbetrag der Verluste summarisch Aufschluss zu geben und zu erwähnen, ob und eventuell welche Beträge gemäss Artikel 264 Absatz 3 SchKG bei der Depositenanstalt hinterlegt werden mussten.

Art. 93 2. Summarisches Verfahren

Die Erstattung eines Schlussberichtes und die Bekanntmachung der Schlussverfügung haben auch im summarischen Verfahren stattzufinden. Dagegen ist eine Publikation der Schlussverfügung bei Einstellung des Konkursverfahrens im Sinne des Artikels 230 Absatz 2 SchKG nicht erforderlich.

---

1 SR 210
2 SR 210
3 Aufgehoben durch Ziff. I der V des BGer vom 5. Juni 1996 (AS 1996 2884).
4 Aufgehoben durch V des BGer vom 23. April 1926 [AS 42 252].

Art. 94[1]

Art. 95   3. Einfluss von Prozessen nach Art. 260 SchKG[2]

Hat eine Abtretung von Rechtsansprüchen der Masse an einzelne Konkursgläubiger im Sinne von Artikel 260 SchKG stattgefunden und ist anzunehmen, dass aus der Verfolgung der abgetretenen Rechte ein Überschuss zugunsten der Masse sich nicht ergeben werde, so hat das Konkursamt dem Konkursgerichte unter Einsendung der Akten darüber Antrag zu stellen, ob das Konkursverfahren sofort geschlossen oder ob mit dem Schluss des Verfahrens bis nach durchgeführter Geltendmachung des Anspruchs zugewartet werden soll.

VIII. Summarisches Verfahren

Art. 96[3]   Besondere Vorschriften für das summarische Verfahren

Für das summarische Verfahren gelten, ausser den in den Artikeln 32, 49, 70 und 93 enthaltenen Vorschriften, folgende Besonderheiten:

a. Schlägt der Gemeinschuldner einen Nachlassvertrag vor, so ist eine Gläubigerversammlung einzuberufen, wenn er die Kosten dafür vorschiesst.

b. Für Grundstückssteigerungen gelten die Bestimmungen der Artikel 134–137 und 143 SchKG; ein allfälliger Zahlungstermin darf jedoch nicht mehr als drei Monate betragen. Im Übrigen gelten für die Verwertung die Vorschriften der Artikel 71–78 und 80 dieser Verordnung.

c. Für die Verteilung ist unter Beachtung der Vorschriften der Artikel 262 und 264 Absatz 3 SchKG sowie der Artikel 83 und 85 hiervor eine Verteilungsliste zu erstellen. Abschlagsverteilungen sind nicht vorzunehmen, dagegen Verlustscheine nach Artikel 265 SchKG auszustellen. Auch ist Artikel 150 SchKG analog zur Anwendung zu bringen.

---

1   Aufgehoben durch Ziff. I der V des BGer vom 5. Juni 1996 (AS 1996 2884).
2   Fassung gemäss Ziff. I der V des BGer vom 5. Juni 1996, in Kraft seit 1. Jan. 1997 (AS 1996 2884).
3   Fassung gemäss Ziff. I der V des BGer vom 5. Juni 1996, in Kraft seit 1. Jan. 1997 (AS 1996 2884).

C. Geschäftsführung der ausseramtlichen Konkursverwaltungen

Art. 97[1] 1. Bezeichnung der anwendbaren allgemeinen Bestimmungen

Die in den Artikeln 1 Ziffern 2–4, 2, 3, 5, 8–10, 13, 15–34, 36, 38, 41, 44–69, 71–78, 80, 82–89, 92, 93 und 95 der vorliegenden Verordnung aufgestellten Vorschriften gelten auch für eine von den Gläubigern gewählte Konkursverwaltung (Art. 241 SchKG und Art. 43 hiervor).

Art. 98 2. Besondere Bestimmungen

[1] Die Auflegung des Kollokationsplanes, der Steigerungsbedingungen und der Kostenrechnung und Verteilungsliste hat, auch wenn eine ausseramtliche Konkursverwaltung eingesetzt ist, beim zuständigen Konkursamt zu erfolgen. Die Kantone können vorschreiben, dass der Vollzug der öffentlichen Steigerungen durch das Konkurs- oder ein anderes öffentliches Amt oder unter dessen Mitwirkung zu geschehen habe.[2]

[2] Nach Schluss des Verfahrens hat die Konkursverwaltung das Protokoll und die Akten an das Konkursamt zur Aufbewahrung in dessen Archiv abzuliefern.

[3] …[3]

D. Schlussbestimmungen

Art. 99 1. Zeitpunkt des Inkrafttretens

[1] Die vorliegende Verordnung tritt auf den 1. Januar 1912 in Kraft.

[2] …[4]

Art. 100 2. Übergangsbestimmung

[1] Alle mit den obigen Bestimmungen im Widerspruch stehenden Verordnungsvorschriften und Anweisungen werden aufgehoben.

[2] Insbesondere wird Artikel 12 der Verordnung vom 10. Mai 1910[5] betreffend die Pfändung, Arrestierung und Verwertung von Versicherungsansprüchen durch Artikel 61 hiervor abgeändert.

---

1 Fassung gemäss Ziff. I der V des BGer vom 5. Juni 1996, in Kraft seit 1. Jan. 1997 (AS 1996 2884).
2 Im italienischen Text besteht dieser Absatz aus zwei Absätzen. Jeder Absatz entspricht einem Satz des deutschen Textes.
3 Aufgehoben durch Ziff. I der V des BGer vom 5. Juni 1996 (AS 1996 2884).
4 Gegenstandslose UeB.
5 SR 281.51

Nr. 6 — Verordnung über die Aufbewahrung der Betreibungs- und Konkursakten (VABK)

vom 5. Juni 1996 (Stand am 1. Januar 1997)

SR 281.33

Das Schweizerische Bundesgericht,

gestützt auf Artikel 15 Absatz 2 des Schuldbetreibungs- und Konkursgesetzes (SchKG)[1],

verordnet:

I. Allgemeine Bestimmung

Art. 1

Die Akten jeder Betreibung und jedes Konkurses sind übersichtlich zu ordnen und beisammenzuhalten.

II. Betreibungsakten

Art. 2

[1] Die Akten erledigter Betreibungen dürfen nach Ablauf von zehn Jahren, vom Tage der Erledigung an gerechnet, vernichtet werden.

[2] Die Betreibungsbücher nebst den zugehörigen Personenregistern sind während 30 Jahren seit deren Abschluss aufzubewahren.

[3] Vorbehalten bleiben abweichende Anordnungen der zuständigen kantonalen Behörde über die Aufbewahrung der vom kantonalen Recht vorgeschriebenen Hilfsbücher.

Art. 3

Die Akten gelöschter Eigentumsvorbehalte dürfen nach Ablauf von zehn Jahren, vom Tage der Löschung an gerechnet, vernichtet werden.

AS 1996 2895
1   SR 281.1

Art. 4

¹ Die aufzubewahrenden Akten können mit Zustimmung der kantonalen Aufsichtsbehörde auf Bild- oder Datenträger aufgezeichnet und die Originalakten hierauf vernichtet werden.

² Die kantonale Aufsichtsbehörde sorgt dafür, dass die Vorschriften der bundesrätlichen Verordnung vom 2. Juni 1976[1] über die Aufzeichnung von aufzubewahrenden Unterlagen sinngemäss befolgt werden.

III. Konkursakten

Art. 5

Für die Anlage, Ordnung und Aufbewahrung der Konkursakten gelten die Artikel 10, 13, 14 und 15a der Verordnung vom 13. Juli 1911[2] über die Geschäftsführung der Konkursämter.

IV. Schlussbestimmungen

Art. 6

Die Verordnung des BGer vom 14. März 1938[3] über die Aufbewahrung der Betreibungs- und Konkursakten wird aufgehoben.

Art. 7

Diese Verordnung tritt am 1. Januar 1997 in Kraft.

---

1 SR 221.431
2 SR 281.32
3 [BS 3 101; AS 1979 814]

Nr. 7 Gebührenverordnung zum Bundesgesetz über Schuldbetreibung und Konkurs (GebV SchKG)

vom 23. September 1996 (Stand am 1. Januar 2011)

SR 281.35

Der Schweizerische Bundesrat,

gestützt auf Artikel 16 des Bundesgesetzes über Schuldbetreibung und Konkurs (SchKG)[1],

verordnet:

1. Kapitel: Allgemeine Bestimmungen

Art. 1 Geltungsbereich

[1] Diese Verordnung regelt die Gebühren und Entschädigungen der Ämter, Behörden und übrigen Organe, die in Anwendung des SchKG oder anderer Erlasse des Bundes im Rahmen einer Zwangsvollstreckung, eines Nachlassverfahrens oder einer Notstundung Verrichtungen vornehmen.

[2] Für Verrichtungen, die in dieser Verordnung nicht besonders tarifiert sind, kann eine Gebühr bis zu 150 Franken erhoben werden. Die Aufsichtsbehörde kann höhere Gebühren festsetzen, wenn die Schwierigkeit der Sache, der Umfang der Bemühungen oder der Zeitaufwand es rechtfertigt.

Art. 2 Aufsicht

Die Aufsichtsbehörde überwacht die Anwendung der Verordnung; den Betreibungs- und Konkursbeamten, ausseramtlichen Konkursverwaltern, Sachwaltern und Liquidatoren steht das Recht der Weiterziehung zu (Art. 18 und 19 SchKG).

Art. 3 Kostenrechnung

Auf Verlangen einer Partei wird auf deren Kosten eine detaillierte Kostenrechnung, welche die entsprechenden Bestimmungen dieser Verordnung nennen muss, erstellt; die Gebühr bestimmt sich nach Artikel 9.

Art. 4 Berechnung nach Zeitaufwand

[1] Ist die Gebühr nach Zeitaufwand zu berechnen, so fällt die für den Gang oder die Reise beanspruchte Zeit ausser Betracht.

AS 1996 2937
1   SR 281.1

² Der Bruchteil einer halben Stunde zählt als halbe Stunde.
³ Die Dauer der Verrichtung ist in der Urkunde anzugeben.

Art. 5 Berechnung nach Seitenzahl

¹ Ist die Gebühr nach der Anzahl Seiten eines Schriftstückes zu berechnen, so gilt jede beschriebene Seite als ganze Seite.

² Seiten, die ausschliesslich Standardtexte wie Gesetzestexte oder Erläuterungen enthalten, werden nicht gezählt.

Art. 6 Berechnung nach Forderungsbetrag

Ist die Gebühr nach dem Betrag der in Betreibung gesetzten Forderung zu berechnen, so fallen nicht bezifferte Zinsen ausser Betracht.

Art. 7 Zustellung auf Ersuchen eines andern Amtes

Die Gebühr für die Zustellung auf Ersuchen eines anderen Amtes, einschliesslich Eintragung, beträgt 10 Franken je Zustellung.

Art. 8 Nacht-, Sonntags- und Feiertagszuschlag

Die Gebühr wird verdoppelt, wenn die Verrichtung ausserhalb des Amtslokals in der Zeit von 20 Uhr bis 7 Uhr, an Sonntagen oder an staatlich anerkannten Feiertagen (Art. 56 Ziff. 1 SchKG) vorgenommen werden muss.

Art. 9 Schriftstücke

¹ Die Gebühr für die Erstellung eines nicht besonders tarifierten Schriftstücks beträgt:

a. 8 Franken je Seite bis zu einer Anzahl von 20 Ausfertigungen;

b. 4 Franken je Seite für jede weitere Ausfertigung.

² Schriftstücke im Geldverkehr und Aktenexemplare sind gebührenfrei.

³ Für Fotokopien aus bestehenden Akten kann das Amt eine Gebühr von 2 Franken je Kopie erheben.

⁴ Das Amt kann für das Ausfüllen von Formularen für Begehren eine Gebühr bis zu 5 Franken erheben.

Art. 10[1] Telefongespräche und Faxnachrichten

¹ Für ein Telefongespräch kann eine Gebühr von 5 Franken erhoben werden.

---

1 Fassung gemäss Ziff. II 5 der V vom 18. Juni 2010 über die Anpassung von Verordnungen an die Schweizerische Zivilprozessordnung, in Kraft seit 1. Jan. 2011 (AS 2010 3053).

² Für den Versand eines Schriftstücks per Telefax kann eine Gebühr von 1 Franken erhoben werden. Umfasst das Schriftstück mehr als 5 Seiten, so erhöht sich die Gebühr um 1 Franken für jeweils weitere 5 Seiten.

Art. 11 Öffentliche Bekanntmachungen

Die Gebühr für eine öffentliche Bekanntmachung beträgt bis 40 Franken. Übersteigt der Zeitaufwand eine halbe Stunde, so erhöht sich die Gebühr um 40 Franken für jede weitere halbe Stunde.

Art. 12 Akteneinsicht und Auskunft

¹ Die Gebühr für die Vorlegung von Akten oder für Auskünfte aus Akten beträgt 9 Franken. Die Vorlegung von Forderungstiteln (Art. 73 SchKG) und Auskünfte darüber sind gebührenfrei.

² Übersteigt der Zeitaufwand eine halbe Stunde, so erhöht sich die Gebühr um 40 Franken für jede weitere halbe Stunde.

³ Für schriftliche Auskünfte wird zusätzlich die Gebühr nach Artikel 9 erhoben.

Art. 12a[1] Schriftliche Betreibungsregisterauskünfte

¹ Die Gebühr für einen schriftlichen Auszug aus dem Betreibungsregister beträgt unabhängig von der Seitenzahl pauschal 17 Franken.

² Wird der Registerauszug dem Antragsteller per Post, Fax oder elektronisch zugestellt, so beträgt die Gebühr inklusive Zustellung 18 Franken. Wünscht der Empfänger eine Zustellung per eingeschriebener Post, so beträgt die Gebühr inklusive Zustellung 22 Franken.

³ Sieht das Bundesrecht vor, dass gegenüber Gerichts- und Verwaltungsbehörden unentgeltlich Auskunft zu erteilen ist, so wird für den schriftlichen Auszug aus dem Betreibungsregister von den betreffenden Behörden keine Gebühr erhoben.

Art. 13 Auslagen im allgemeinen

¹ Unter Vorbehalt der Absätze 2 und 3 sind alle Auslagen, wie Verwaltungskosten, Post- und Fernmeldetaxen, Honorare für Sachverständige, Kosten für den Beizug der Polizei sowie Bankspesen zu ersetzen. Die Mehrkosten einer Nachnahme trägt die Partei, welche sie verursacht.

² Bei Zustellung durch das Amt gelten als Auslagen nur die dadurch eingesparten Posttaxen.

³ Keinen Anspruch auf Ersatz begründen:

---

1 Eingefügt durch Ziff. II 5 der V vom 18. Juni 2010 über die Anpassung von Verordnungen an die Schweizerische Zivilprozessordnung, in Kraft seit 1. Jan. 2011 (AS 2010 3053).

a. Kosten des Materials und der Vervielfältigung gebührenpflichtiger Schriftstücke;
b. die allgemeinen Telekommunikationsgebühren;
c.[1] Postkontotaxen, unter Vorbehalt von Artikel 19 Absatz 3;
d. Die Einschreibegebühr bei Zustellung eines Zahlungsbefehls, einer Pfändungsankündigung oder einer Konkursandrohung durch das Amt.
e.[2] die Gebühr für die Nutzung des eSchKG-Verbundes gemäss Artikel 15a.

[4] Bedient sich das Amt bei der Zustellung eines Zahlungsbefehls, einer Pfändungsankündigung oder einer Konkursandrohung eines besonderen Zustelldienstes der Schweizerischen Post, so können die die Einschreibegebühr übersteigenden Kosten der sie verursachenden Partei überbunden werden, sofern vorher mindestens ein erfolgloser Zustellungsversuch stattgefunden hat.[3]

Art. 14 Wegentschädigung, Spesenvergütung

[1] Die Wegentschädigung, einschliesslich Transportkosten, beträgt 2 Franken für jeden Kilometer des Hin- und des Rückweges.

[2] Die Entschädigung für Mahlzeiten, Übernachtungen und Nebenauslagen bestimmt sich nach der Verordnung des EFD vom 6. Dezember 2001[4] zur Bundespersonalverordnung (VBPV).[5]

[3] Die Aufsichtsbehörde kann in besonderen Fällen die Entschädigung angemessen erhöhen, wenn die Entlegenheit des Ortes einen Aufwand an Zeit oder Kosten verursacht, den die in den Absätzen 1 und 2 vorgesehene Entschädigung offensichtlich nicht deckt.

Art. 15 Mehrere Verrichtungen

[1] Mehrere Verrichtungen sind soweit möglich miteinander zu besorgen; die Wegentschädigung ist auf die verschiedenen Verrichtungen zu gleichen Teilen umzulegen.

[2] Werden an mehreren Orten Verrichtungen besorgt, so ist die Entschädigung nach der Entfernung der Orte verhältnismässig auf die einzelnen Verrichtungen umzulegen.

---

1 Fassung gemäss Ziff. II 20 der V vom 1. Dez. 1997, in Kraft seit 1. Jan. 1998 (AS 1997 2779).
2 Eingefügt durch Ziff. II 5 der V vom 18. Juni 2010 über die Anpassung von Verordnungen an die Schweizerische Zivilprozessordnung, in Kraft seit 1. Jan. 2011 (AS 2010 3053).
3 Eingefügt durch Ziff. II 5 der V vom 18. Juni 2010 über die Anpassung von Verordnungen an die Schweizerische Zivilprozessordnung, in Kraft seit 1. Jan. 2011 (AS 2010 3053).
4 SR 172.220.111.31
5 Fassung gemäss Ziff. II 5 der V vom 18. Juni 2010 über die Anpassung von Verordnungen an die Schweizerische Zivilprozessordnung, in Kraft seit 1. Jan. 2011 (AS 2010 3053).

Art. 15a[1] Betreibungsbegehren nach dem eSchKG-Standard

¹ Wird das Betreibungsbegehren über den eSchKG-Verbund eingereicht, so erhebt das Bundesamt für Justiz (BJ) vom betroffenen Betreibungsamt eine Gebühr von 1 Franken pro Betreibungsfall.

² Für den Beitritt zum eSchKG-Verbund wird von allen Beteiligten eine einmalige Aufnahmegebühr von 500 Franken erhoben.

³ Für die Erhebung dieser Gebühren ist das BJ oder eine von ihm beauftragte Stelle zuständig.

2. Kapitel: Gebühren des Betreibungsamtes

Art. 16 Zahlungsbefehl

¹ Die Gebühr für den Erlass, die doppelte Ausfertigung, die Eintragung und die Zustellung des Zahlungsbefehls bemisst sich nach der Forderung und beträgt:

Forderung/Franken			Gebühr/Franken
	bis	100	7.–
über 100	bis	500	20.–
über 500	bis	1 000	40.–
über 1 000	bis	10 000	60.–
über 10 000	bis	100 000	90.–
über 100 000	bis	1 000 000	190.–
über 1 000 000			400.–

² Die Gebühr für jede weitere doppelte Ausfertigung beträgt die Hälfte der Gebühr nach Absatz 1.

³ Die Gebühr für jeden Zustellungsversuch beträgt 7 Franken je Zahlungsbefehl.

⁴ Die Gebühr für die Eintragung eines vor Ausfertigung des Zahlungsbefehls zurückgezogenen Betreibungsbegehrens beträgt, ohne Rücksicht auf die Höhe der Forderung, 5 Franken.

Art. 17 Feststellung von Miete und Pacht

Die Gebühr für die Feststellung der Miet- und Pachtverhältnisse bei Grundstücken beträgt 40 Franken je halbe Stunde.

---

1 Eingefügt durch Ziff. II 5 der V vom 18. Juni 2010 über die Anpassung von Verordnungen an die Schweizerische Zivilprozessordnung, in Kraft seit 1. Jan. 2011 (AS 2010 3053).

Art. 18 Rechtsvorschlag
Die mit dem Rechtsvorschlag verbundenen Verrichtungen sind gebührenfrei.

Art. 19 Einzahlung und Überweisung
¹ Die Gebühr für die Entgegennahme einer Zahlung und deren Überweisung an einen Gläubiger bemisst sich nach der betreffenden Summe und beträgt:

Summe/Franken	Gebühr/Franken
bis 1000	5.–
über 1000	5 Promille, jedoch höchstens 500.–

² Einzahlungen des Amtes auf ein Depot und Abhebungen sind gebührenfrei (Art. 9 SchKG).
³ Auslagen für die Überweisung von Zahlungen an einen Gläubiger gehen zu seinen Lasten.

Art. 20 Vollzug der Pfändung
¹ Die Gebühr für den Vollzug einer Pfändung, einschliesslich Abfassung der Pfändungsurkunde, bemisst sich nach der Forderung und beträgt:

Forderung/Franken				Gebühr/Franken
		bis	100	10.–
über	100	bis	500	25.–
über	500	bis	1 000	45.–
über	1 000	bis	10 000	65.–
über	10 000	bis	100 000	90.–
über	100 000	bis	1 000 000	190.–
über	1 000 000			400.–

² Die Gebühr für eine fruchtlose Pfändung beträgt die Hälfte der Gebühr nach Absatz 1, jedoch mindestens 10 Franken. Für einen erfolglosen Pfändungsversuch beträgt die Gebühr 10 Franken.
³ Erfordert der Vollzug mehr als eine Stunde, so erhöht sich die Gebühr um 40 Franken für jede weitere halbe Stunde.
⁴ Die Gebühr für die Protokollierung des Fortsetzungsbegehrens, das infolge Zahlung, Rückzug des Fortsetzungsbegehrens, Einstellung oder Aufhebung der Betreibung zu keiner Pfändung führt, beträgt 5 Franken.

Art. 21 Arrestvollzug und Aufnahme eines Retentionsverzeichnisses

Die Gebühr für den Arrestvollzug und für die Aufnahme eines Retentionsverzeichnisses bemisst sich nach Artikel 20.

Art. 22 Ergänzung der Pfändung und Nachpfändung, Pfändungsanschluss und Revision von Einkommenspfändungen

¹ Die Gebühr für eine Ergänzung der Pfändung (Art. 110 und 111 SchKG) und für eine Nachpfändung von Amtes wegen (Art. 145 SchKG) oder auf Begehren eines Gläubigers bestimmt sich nach Artikel 20.

² Die Gebühr für die Vormerkung der Teilnahme eines weiteren Gläubigers an der Pfändung ohne Ergänzung derselben beträgt 6 Franken.

³ Die Gebühr für die Revision der Einkommenspfändung (Art. 93 SchKG) beträgt die Hälfte der Gebühr nach Artikel 20 Absatz 1.

Art. 23 Pfändung für mehrere Forderungen

¹ Die gleichzeitige Pfändung für mehrere Forderungen gegen denselben Schuldner gilt als eine Pfändung. Die Gebühr bemisst sich nach dem Gesamtbetrag der Forderungen.

² Gebühren und Auslagen sind auf die einzelnen Betreibungen im Verhältnis der Forderungsbeträge zu verteilen.

³ Verursacht ein Gläubiger zusätzliche Gebühren und Auslagen, so sind diese einzeln nach dem Verursacherprinzip zu verrechnen.

Art. 24 Abschrift der Pfändungsurkunde

Die Gebühr für die Abschrift der Pfändungsurkunde (Art. 112 SchKG) oder eines Nachtrages dazu (Art. 113 SchKG) bestimmt sich nach Artikel 9 Absatz 1.

Art. 25 Beweismittel für Drittansprüche

Die Gebühr für die Vorlegung der Beweismittel für einen Drittanspruch im Pfändungs-, Arrest- oder Retentionsverfahren geht zu Lasten des Gesuchstellers und bestimmt sich nach Artikel 12.

Art. 26 Verwahrung beweglicher Sachen

¹ Die Gebühr für die Verwahrung von gepfändeten oder arrestierten Wertschriften sowie von Wertschriften, die zur Faustpfandverwertung eingeliefert wurden, beträgt monatlich 0,3 Promille vom Kurswert oder, wenn dieser nicht feststellbar ist, vom Schätzungswert, höchstens jedoch 500 Franken insgesamt je Verwahrung.

² Die Gebühr für die Verwahrung von Pfandtiteln, die beim Gläubiger in der Betreibung auf Grundpfandverwertung eingefordert wurden, beträgt monatlich 0,1 Promille vom Nennwert, höchstens jedoch 500 Franken insgesamt je Verwahrung.

³ Die Gebühr für die Verwahrung einer anderen Wertsache beträgt je Stück 5 Franken monatlich.

⁴ Das Amt setzt für die Verwahrung von Gebrauchs- oder Verbrauchsgegenständen, unter Berücksichtigung des Schätzungswertes, eine angemessene Gebühr fest.

Art. 27   Verwaltung von Grundstücken

¹ Die Gebühr für die Verwaltung von Grundstücken, einschliesslich Abschluss von Miet- oder Pachtverträgen sowie Buch- und Rechnungsführung, beträgt 5 Prozent der während der Dauer der Verwaltung erzielten oder erzielbaren Miet- oder Pachtzinse.

² Wird das Grundstück nicht genutzt, so beträgt die jährliche Gebühr 1 Promille des Schätzungswertes des Grundstücks.

³ Die tatsächlichen Verwaltungskosten (Unkosten, Barauslagen) gelten als Auslagen.

⁴ Die Aufsichtsbehörde kann in besonderen Fällen die Gebühr angemessen erhöhen.

Art. 28   Schätzung von Pfändern

Gebühren und Auslagen für die Schätzung von Faustpfändern und Grundstücken bei Betreibung auf Pfandverwertung, einschliesslich Abfassung der Schätzungsurkunde, bestimmen sich nach Artikel 20.

Art. 29   Lastenverzeichnis und Steigerungsbedingungen

¹ Die Gebühr für die Aufstellung des Lastenverzeichnisses beträgt 300 Franken für jedes Grundstück.

² Die Gebühr für die Festsetzung der Steigerungsbedingungen beträgt 150 Franken für jedes Grundstück.

³ Sind für bewegliche Sachen besondere Steigerungsbedingungen festzusetzen, so beträgt die Gebühr 100 Franken.

⁴ Die Gebühr für die Bereinigung des Lastenverzeichnisses und der Steigerungsbedingungen für weitere Steigerungen beträgt die Hälfte der Gebühren nach den Absätzen 1 und 2.

Art. 30   Versteigerung, Freihandverkauf und Ausverkauf

¹ Die Gebühr für die Vorbereitung und Durchführung einer Versteigerung, eines Freihandverkaufs oder eines Ausverkaufs, einschliesslich Abfassung des Protokolls, bemisst sich:

a.   bei der Versteigerung nach dem gesamten Zuschlagspreis;

b. beim Freihandverkauf nach dem gesamten Kaufpreis;
c. beim Ausverkauf nach dem gesamten Erlös.

² Sie beträgt:

Zuschlagspreis, Kaufpreis oder Erlös/Franken			Gebühr/Franken
	bis	500	10.–
über 500	bis	1 000	50.–
über 1 000	bis	10 000	100.–
über 10 000	bis	100 000	200.–
über 100 000			2 Promille

³ Die Gebühr darf auf keinen Fall den erzielten Erlös übersteigen.

⁴ Findet sich kein Erwerber, so bemisst sich die Gebühr nach dem Schätzungswert und vermindert sich um die Hälfte, beträgt aber höchstens 1000 Franken.

⁵ Dauert die Verwertung länger als eine Stunde, so erhöht sich die Gebühr um 40 Franken für jede weitere halbe Stunde.

⁶ Die Kosten für Gehilfen und Lokale gelten als Auslagen.

⁷ Die Gebühr für die Eintragung des Verwertungsbegehrens beträgt 5 Franken, wenn die Verwertung infolge Zahlung, Rückzug des Begehrens oder Einstellung der Betreibung nicht durchgeführt wird. Erfolgt der Rückzug oder die Zahlung erst nach der Bekanntmachung, so bemisst sich die Gebühr nach Absatz 4.

Art. 31   Verwertung aus mehreren Betreibungen

Werden Gegenstände aus verschiedenen Betreibungen gleichzeitig verwertet, so ist die Verwertungsgebühr nach dem Gesamterlös zu berechnen. Dieser Betrag ist auf die einzelnen Betreibungen zu verteilen, und zwar im Verhältnis des Erlöses aus den betreffenden Objekten oder, wenn sich kein Erwerber findet, im Verhältnis zu den Schätzungswerten.

Art. 32   Mitteilungen an das Grundbuchamt

Die Gebühr für die doppelt auszufertigende Mitteilung einer Handänderung an das Grundbuchamt sowie die Veranlassung der erforderlichen Löschungen und Umschreibungen (Art. 150 Abs. 3 SchKG) beträgt 100 Franken.

Art. 33   Einzug und Überweisung

Die Gebühr für den Einzug des Verwertungserlöses und der Zahlungen aus Einkommenspfändungen und deren Überweisung an einen Gläubiger bestimmt sich nach Artikel 19; überbundene Beträge gelten nicht als Verwertungserlös.

Art. 34 Erstellung des Kollokations- und Verteilungsplans

¹ Die Gebühr für die Erstellung eines Kollokations- und Verteilungsplanes beträgt:
a. 25 Franken für die erste Seite bei beweglichen Sachen und Forderungen;
b. 70 Franken für die erste Seite bei Grundstücken allein oder zusammen mit beweglichen Sachen oder Forderungen;
c. 8 Franken für jede weitere Seite.

² Die Gebühr für die Abrechnung einer Einkommenspfändung, für die kein Verteilungsplan notwendig ist, beträgt 10 Franken je Betreibung.

Art. 35 Anweisung von Forderungen

¹ Die Gebühr für die Anweisung von Forderungen des Schuldners an Zahlungs Statt (Art. 131 Abs. 1 SchKG) bestimmt sich sinngemäss nach Artikel 19 Absatz 1.

² Die Gebühr für die Anweisung von Forderungen des Schuldners zur Eintreibung (Art. 131 Abs. 2 SchKG) beträgt 20 Franken.

Art. 36 Besondere Art der Abgeltung

Die Gebühr für die Feststellung, dass eine in bar zu tilgende Forderung auf andere Weise abgegolten wird, beträgt 20 Franken.

Art. 37 Eigentumsvorbehalt

¹ Die Gebühr für die Verrichtungen bei der Eintragung von Eigentumsvorbehalten nach Verordnung vom 19. Dezember 1910[1] betreffend die Eintragung der Eigentumsvorbehalte geht zu Lasten des Antragstellers und beträgt:

Restschuld/Franken	Gebühr/Franken
a. für die Eintragung des Eigentumsvorbehaltes:	
bis 1 000	25.–
über 1 000 bis 5 000	50.–
über 5 000 bis 10 000	60.–
über 10 000	6 Promille, jedoch höchstens 150.–
b. für die Eintragung einer Zession	10.–
c. für die Vorlegung des Registers oder für eine sich darauf stützende Auskunft	9.–
d. für Auszüge, Bescheinigungen und schriftliche Mitteilungen überdies für jede Seite	8.–

[1] SR 211.413.1

² Die Löschung einer Eintragung und die Bestätigung von Verrichtungen im Sinne von Absatz 1 Buchstaben a und b auf dem Vertrag sind gebührenfrei.

³ Im Falle des Verkaufs derselben Sache an mehrere Erwerber mit Wohnsitz im gleichen Registerkreis ist nur eine Gebühr geschuldet.

Art. 38 Selbständige Festsetzung des Kompetenzbetrages

¹ Die Gebühr für die Festsetzung des Kompetenzbetrages ausserhalb der Zwangsvollstreckung geht zu Lasten des Gesuchstellers und beträgt 40 Franken.

² Dauert die Verrichtung länger als eine Stunde, so beträgt die Gebühr 40 Franken für jede weitere halbe Stunde.

Art. 39 Konkursandrohung

Die Gebühr für den Erlass der Konkursandrohung bestimmt sich nach Artikel 16.

Art. 40 Güterverzeichnis

Die Gebühr für die Erstellung eines Güterverzeichnisses (Art. 162 und 163 SchKG) beträgt 40 Franken je halbe Stunde.

Art. 41 Löschung eines Verlustscheines

Die Löschung eines Verlustscheines ist gebührenfrei.

Art. 42 Übrige Eintragungen

Die Gebühr für eine in den Artikeln 16–41 nicht besonders tarifierte Eintragung beträgt 5 Franken.

3. Kapitel: Gebühren im Konkursverfahren

Art. 43 Geltungsbereich

Die Gebühren nach den Artikeln 44–46 gelten sowohl für die amtliche wie für die ausseramtliche Konkursverwaltung.

Art. 44 Feststellung der Konkursmasse

Die Gebühr beträgt 50 Franken je halbe Stunde für die:
a. Schliessung und Versiegelung sowie andere sichernde Massnahmen;
b. Einvernahme des Konkursiten oder anderer Personen;
c. Aufnahme und Bewertung der Aktiven;
d. Reinschrift des Inventars;
e. Aufstellung eines vorläufigen Gläubigerverzeichnisses.

Art. 45 Gläubigerversammlung

Die Gebühr für die Ausarbeitung des Berichtes an die Gläubigerversammlung, für deren Leitung und für die Protokollierung bemisst sich nach den durch das Inventar ausgewiesenen Aktiven und beträgt:

Aktiven/Franken	Gebühr/Franken
bis 500 000	400.–
über 500 000	1000.–

Art. 46 Andere Verrichtungen

¹ Die Gebühr beträgt:

a. 20 Franken für die Einschreibung und Prüfung jeder Konkursforderung, einschliesslich der Abfassung, Reinschrift und Auflegung des Kollokationsplanes;

b. 20 Franken für eine Verfügung über einen Eigentumsanspruch;

c. je 200 Franken für die Schlussrechnung, den Verteilungsplan und den Schlussbericht an das Konkursgericht; dauert die Verrichtung länger als eine Stunde, so erhöht sich die Gebühr um 50 Franken je weitere halbe Stunde;

d. 20 Franken für eine Abtretung von Rechtsansprüchen auf Verlangen eines Gläubigers.

² Im übrigen bestimmen sich die Gebühren sinngemäss nach:

a. den Artikeln 26 und 27 für die Verwahrung und Verwaltung von Gegenständen des Massevermögens;

b. Artikel 19 für den Einzug von Forderungen und für die Begleichung von Masseschulden;

c. den Artikeln 29, 30, 32 und 36 für die Verwertung des Massevermögens;

d. Artikel 33 für die Verteilung des Erlöses.

³ Die Entschädigung je halbe Sitzungsstunde beträgt:

a. 60 Franken für den Präsidenten des Gläubigerausschusses und den Protokollführer;

b. 50 Franken für die übrigen Mitglieder des Gläubigerausschusses und den Konkursverwalter, der nicht als Protokollführer mitwirkt.

⁴ Für Verrichtungen ausserhalb von Sitzungen beträgt die Entschädigung für den Präsidenten und die übrigen Mitglieder des Gläubigerausschusses 50 Franken je halbe Stunde.

Art. 47 Anspruchsvolle Verfahren

¹ Für Verfahren, die besondere Abklärungen des Sachverhaltes oder von Rechtsfragen erfordern, setzt die Aufsichtsbehörde das Entgelt für die amtliche und die aus-

seramtliche Konkursverwaltung fest; sie berücksichtigt dabei namentlich die Schwierigkeit und die Bedeutung der Sache, den Umfang der Bemühungen sowie den Zeitaufwand.

² Ferner kann in solchen Verfahren die Aufsichtsbehörde sowohl bei amtlicher wie bei ausseramtlicher Konkursverwaltung die Entschädigungsansätze für die Mitglieder des Gläubigerausschusses (Art. 46 Abs. 3 und 4) erhöhen.

4. Kapitel: Gerichtsgebühren
1. Abschnitt: Allgemeine Bestimmungen

Art. 48 Spruchgebühr

Sofern diese Verordnung nichts anderes vorsieht, bestimmt sich die Spruchgebühr für einen gerichtlichen Entscheid in betreibungsrechtlichen Summarsachen (Art. 251 der Zivilprozessordnung vom 19. Dez. 2008[1], ZPO) wie folgt nach dem Streitwert:[2]

Streitwert/Franken			Gebühr/Franken
	bis	1 000	40–150
über 1 000	bis	10 000	50–300
über 10 000	bis	100 000	60–500
über 100 000	bis	1 000 000	70–1000
über 1 000 000			120–2000

Art. 49 und 50[3]

2. Abschnitt: Betreibungs- und Konkurssachen

Art. 51 Aufhebung des Rechtsstillstandes

Die Gebühr für einen Entscheid über Aufhebung des Rechtsstillstandes (Art. 57d SchKG) beträgt 40–150 Franken.

---

1 SR 272
2 Fassung gemäss Ziff. II 5 der V vom 18. Juni 2010 über die Anpassung von Verordnungen an die Schweizerische Zivilprozessordnung, in Kraft seit 1. Jan. 2011 (AS 2010 3053).
3 Aufgehoben durch Ziff. II 5 der V vom 18. Juni 2010 über die Anpassung von Verordnungen an die Schweizerische Zivilprozessordnung, mit Wirkung seit 1. Jan. 2011 (AS 2010 3053).

Art. 52 Konkurseröffnung

Die Gebühr für den Entscheid über die Konkurseröffnung beträgt:

a. in nicht streitigen Fällen 40–200 Franken;

b. in streitigen Fällen 50–500 Franken.

Art. 53 Andere Verfügungen des Konkursgerichts

Die Gebühr beträgt 40–200 Franken für:

a. vorsorgliche Anordnungen;

b. die Einstellung des Konkurses;

c. die Anordnung des summarischen Verfahrens;

d. den Widerruf des Konkurses;

e. das Schlussdekret.

3. Abschnitt: Nachlassverfahren, Schuldenbereinigung und Notstundung

Art. 54 Nachlassstundung

Die Gebühr für Entscheide des Nachlassgerichts beträgt 200–2500 Franken; das Nachlassgericht kann sie in besonderen Fällen bis auf 5000 Franken erhöhen.

Art. 55 Honorar der Organe

¹ Das Nachlassgericht setzt das Honorar des Sachwalters sowie im Falle eines Liquidationsvergleichs das Honorar der Liquidatoren und der Mitglieder des Gläubigerausschusses pauschal fest.

² Im Falle eines Nachlassvertrages im Konkurs setzt die Aufsichtsbehörde das Honorar der Konkursverwaltung pauschal fest.

³ Bei der Festsetzung des Honorars nach den Absätzen 1 und 2 werden namentlich die Schwierigkeit und die Bedeutung der Sache, der Umfang der Bemühungen, der Zeitaufwand sowie die Auslagen berücksichtigt.

Art. 56 Einvernehmliche private Schuldenbereinigung

¹ Die Gebühr für Bewilligung, Verlängerung oder Widerruf der Stundung beträgt 40–200 Franken.

² Für die Festsetzung des Honorars des Sachwalters gilt Artikel 55 sinngemäss.

Art. 57 Notstundung

Gebühren und Honorare im Notstundungsverfahren bestimmen sich sinngemäss nach den Artikeln 40, 54 und 55.

4. Abschnitt:[1] Stundungs-, Konkurs- und Nachlassverfahren über Banken

Art. 58 Stundung

[1] Die Gebühr für Entscheide des Stundungsgerichts im Stundungsverfahren über Banken und Sparkassen (Art. 29–35 des Bankengesetzes[2]) beträgt höchstens 7000 Franken.

[2] Das Stundungsgericht holt vor der Ernennung des Kommissärs in der Regel Offerten ein und legt das Honorar pauschal oder mittels Stundenansatz fest.

Art. 59 Konkurs

[1] Die Gebühr für Entscheide des Konkursgerichts im Konkursverfahren einer Bank (Art. 36 des Bankengesetzes[3]) beträgt:

a. 200–2000 Franken für die Konkurseröffnung in nicht streitigen Fällen;
b. 500–7000 Franken für die Konkurseröffnung in streitigen Fällen;
c. 100–1000 Franken für andere Verfügungen.

[2] Das Konkursgericht holt vor der Ernennung der Konkursverwaltung oder des an ihre Stelle tretenden Kommissärs in der Regel Offerten ein und legt das Honorar pauschal oder mittels Stundenansatz fest.

Art. 60 Nachlass

[1] Die Gebühr für Entscheide der Nachlassbehörde im Nachlassverfahren einer Bank (Art. 37 des Bankengesetzes[4]) beträgt höchstens 7000 Franken.

[2] Die Nachlassbehörde holt vor der Ernennung des Sachwalters und des Liquidators in der Regel Offerten ein und legt das Honorar pauschal oder mittels Stundenansatz fest. Das Honorar des Gläubigerausschusses wird durch die Nachlassbehörde pauschal oder mittels Stundenansatz festgelegt.

---

1 Die Art. 58–60 sind heute gegenstandslos. Stundungs-, Konkurs- und Nachlassverfahren über Banken sind seit 1. Juli 2004 in den Art. 33–37g des Bankengesetzes (SR 952.0) und seit 1. Aug. 2005 zusätzlich in der Bankenkonkursverordnung-FINMA (SR 952.812.32) geregelt.
2 SR 952.0
3 SR 952.0
4 SR 952.0

5. Abschnitt: Weiterziehung und Beschwerdeverfahren; Parteientschädigung

Art. 61 Gebühren

1 Das obere Gericht, an das eine betreibungsrechtliche Summarsache (Art. 251 ZPO[1]) weitergezogen wird, kann für seinen Entscheid eine Gebühr erheben, die höchstens das Anderthalbfache der für die Vorinstanz zulässigen Gebühr beträgt.[2]

2 Unentgeltlich sind:

a. das Beschwerdeverfahren und die Weiterziehung eines Beschwerdeentscheides (Art. 17–19 SchKG);

b.[3] im Stundungs-, Konkurs- und Nachlassverfahren der Banken das Beschwerdeverfahren vor dem Stundungsgericht, dem Konkursgericht und der Nachlassbehörde.

Art. 62 Parteientschädigung

1 ...[4]

2 Im Beschwerdeverfahren nach den Artikeln 17–19 des SchKG darf keine Parteientschädigung zugesprochen werden.

5. Kapitel: Schlussbestimmungen

Art. 63

1 Die Gebührenverordnung vom 7. Juli 1971[5] zum Bundesgesetz über Schuldbetreibung und Konkurs wird aufgehoben. Sie findet jedoch Anwendung auf Verrichtungen, die bis 31. Dezember 1996 vorgenommen wurden und für welche später abgerechnet wird.

2 Diese Verordnung tritt am 1. Januar 1997 in Kraft.

---

1 SR 272
2 Fassung gemäss Ziff. II 5 der V vom 18. Juni 2010 über die Anpassung von Verordnungen an die Schweizerische Zivilprozessordnung, in Kraft seit 1. Jan. 2011 (AS 2010 3053).
3 Art. 60 Abs. 2 Bst. b ist heute gegenstandslos. Stundungs-, Konkurs- und Nachlassverfahren über Banken sind seit 1. Juli 2004 in den Art. 33–37g des Bankengesetzes (SR 952.0) und seit 1. Aug. 2005 zusätzlich in der Bankenkonkursverordnung-FINMA (SR 952.812.32) geregelt.
4 Aufgehoben durch Ziff. II 5 der V vom 18. Juni 2010 über die Anpassung von Verordnungen an die Schweizerische Zivilprozessordnung, mit Wirkung seit 1. Jan. 2011 (AS 2010 3053).
5 [AS 1971 1080, 1977 2164, 1983 784, 1987 757, 1989 2409, 1991 1312, 1994 202 358]

Nr. 8 Verordnung des Bundesgerichts über die Pfändung und Verwertung von Anteilen an Gemeinschaftsvermögen (VVAG[1])

vom 17. Januar 1923 (Stand am 1. Januar 1997)

SR 281.41

Das Schweizerische Bundesgericht,

in Anwendung von Artikel 15 des Schuldbetreibungs- und Konkursgesetzes (SchKG)[2],

verordnet:

I. Pfändung

Art. 1 Gegenstand der Pfändung

[1] Hat der betriebene Schuldner am Vermögen einer ungeteilten Erbschaft, Gemeinderschaft, Kollektivgesellschaft, Kommanditgesellschaft oder ähnlichen Gemeinschaft Anteil, so kann sich die Pfändung des Anteilsrechtes nur auf den ihm bei der Liquidation der Gemeinschaft zufallenden Liquidationsanteil erstrecken, und zwar auch dann, wenn das gemeinschaftliche Vermögen aus einem einzigen Gegenstand besteht.

[2] Dies gilt auch dann, wenn der Schuldner am Vermögen einer einfachen Gesellschaft Anteil hat und nicht im Gesellschaftsvertrag ausdrücklich vereinbart worden ist, das Gesellschaftsvermögen stehe im Miteigentum der Gesellschafter.

[3] Der periodische zukünftige Ertrag (Zinse, Honorar, Gewinnanteile) eines Gemeinschaftsvermögens kann jeweilen nur auf die Dauer eines Jahres besonders gepfändet werden.

Art. 2 Zuständigkeit

Zuständig zur Pfändung des Anteilsrechts und des Ertrages ist das Betreibungsamt des Wohnorts des Schuldners, auch wenn sich das Gemeinschaftsvermögen oder Teile desselben (Grundstücke oder Fahrnis) in einem andern Betreibungskreis befinden.

AS 39 55 und BS 3 111

1 Abkürzung eingefügt durch Ziff. I der V des BGer vom 5. Juni 1996, in Kraft seit 1. Jan. 1997 (AS 1996 2897).

2 SR 281.1

Art. 3[1]   Reihenfolge der Pfändung

Anteilsrechte sollen vor Vermögensstücken, die von Dritten angesprochen werden, im übrigen aber immer erst in letzter Linie und nur dann gepfändet werden, wenn die blosse Pfändung des auf den betriebenen Schuldner allfällig entfallenden Ertrages seines Anteils zur Deckung der in Betreibung gesetzten Forderung nicht genügt.

Art. 4[2]   Widerspruchsverfahren

Ergibt sich aus dem Eintrag im Grundbuch, dass der betriebene Schuldner an einem Grundstück nicht ein nach Bruchteilen ausgeschiedenes Miteigentum, sondern die Rechte eines Gesamteigentümers besitzt, so kann der Gläubiger immerhin verlangen, dass ein Miteigentumsanteil des betriebenen Schuldners gepfändet werde, wenn er glaubhaft macht, dass der Grundbucheintrag unrichtig ist. Zuständig zur Vornahme dieser Pfändung ist das Betreibungsamt der gelegenen Sache (vgl. Art. 23d der V des BGer vom 23. April 1920[3] über die Zwangsverwertung von Grundstücken). Dem Gläubiger ist jedoch in einem solchen Falle sofort nach Artikel 108 SchKG Frist zur Klage gegen die andern im Grundbuch eingetragenen Gesamteigentümer anzusetzen. Wird die Frist nicht eingehalten oder der Gläubiger vom Gericht abgewiesen, so fällt die Pfändung des Miteigentums dahin und ist das Anteilsrecht am Gesamteigentum zu pfänden.

Art. 5   Vollzug der Pfändung; Schätzung

[1] Kommt es zur Pfändung eines Anteilsrechts an einem Gemeinschaftsvermögen, so sind in der Pfändungsurkunde die sämtlichen Mitanteilhaber und ist auch die besondere Art des Gemeinschaftsverhältnisses, in dem diese stehen, vorzumerken. Der Schuldner ist zur Auskunft darüber verpflichtet. Die Bestandteile des Gemeinschaftsvermögens sind *nicht* einzeln aufzuführen und zu schätzen.

[2] Gehören Grundstücke zum Gemeinschaftsvermögen, so wird eine Verfügungsbeschränkung beim Grundbuch nicht angemeldet. Die Anwendung von Artikel 98 Absätze 1, 3 und 4 SchKG auf bewegliche Sachen des Gemeinschaftsvermögens ist ausgeschlossen.

[3] Kann der Wert des Anteilsrechts ohne eingehende Erhebungen nicht ermittelt werden, so genügt eine Feststellung darüber, ob nach Pfändung des Anteilsrechts die Forderungen der pfändenden Gläubiger durch den Schätzungswert aller gepfändeten Gegenstände gedeckt erscheinen, oder ob die Pfändungsurkunde als provisorischer Verlustschein zu betrachten ist.

---

1   Fassung gemäss Ziff. I der V des BGer vom 5. Juni 1996, in Kraft seit 1. Jan. 1997 (AS 1996 2897).
2   Fassung gemäss Ziff. I der V des BGer vom 5. Juni 1996, in Kraft seit 1. Jan. 1997 (AS 1996 2897).
3   SR 281.42

Art. 6 Wirkung gegenüber den Mitanteilhabern

[1] Sowohl die Pfändung des Anteilsrechts selbst als auch des periodischen Ertrages ist den sämtlichen Mitanteilhabern mitzuteilen, mit der Weisung, in Zukunft fällig werdende, auf den Schuldner entfallende Erträgnisse dem Betreibungsamt abzuliefern, und mit der Anzeige, dass sie sämtliche für den Schuldner bestimmten, die Gemeinschaft betreffenden Mitteilungen in Zukunft dem Betreibungsamt zu machen haben und Verfügungen über die zur Gemeinschaft gehörenden Vermögensgegenstände, für welche an sich die Zustimmung des Schuldners erforderlich wäre, nurmehr mit Zustimmung des Betreibungsamtes vornehmen dürfen.

[2] Handelt es sich um eine unverteilte Erbschaft, so kann zugleich, wenn ein gemeinsamer Vertreter der Erbengemeinschaft nach Artikel 602 ZGB[1] noch nicht bestellt ist, die Bezeichnung eines solchen verlangt werden, dem alsdann behufs Wahrung der Rechte der pfändenden Gläubiger die Pfändung anzuzeigen ist.

Art. 7[2] Kündigung einer Handelsgesellschaft

Die Rechte auf Kündigung einer Kollektiv- und Kommanditgesellschaft gemäss Artikel 575 Absatz 2 OR[3] kann der Gläubiger erst ausüben, nachdem er das Verwertungsbegehren gestellt hat und die Verhandlungen vor dem Betreibungsamt oder der Aufsichtsbehörde gemäss den Artikeln 9 und 10 hiernach nicht zu einer Verständigung geführt haben.

II. Verwertung

Art. 8 Frist zur Stellung des Verwertungsbegehrens. Abschlagsverteilungen

[1] Auch wenn Grundstücke zum Gemeinschaftsvermögen gehören, so gelten für die Stellung des Verwertungsbegehrens die für die Verwertung von beweglichen Vermögensstücken, Forderungen und andern Rechten aufgestellten Vorschriften des Artikels 116 SchKG.[4]

[2] Die nach der Pfändung des Liquidationsanteiles fällig werdenden, dem Schuldner zukommenden Erträgnisse des Gemeinschaftsvermögens können, selbst wenn sie in der Pfändungsurkunde nicht besonders erwähnt sind, den pfändenden Gläubigern auch ohne besonderes Verwertungsbegehren als Abschlagszahlung abgeliefert werden.

---

1 SR 210
2 Fassung gemäss Ziff. I der V des BGer vom 5. Juni 1996, in Kraft seit 1. Jan. 1997 (AS 1996 2897).
3 SR 220
4 Fassung gemäss Ziff. I der V des BGer vom 5. Juni 1996, in Kraft seit 1. Jan. 1997 (AS 1996 2897).

Art. 9 Einigungsverhandlungen

¹ Wird die Verwertung eines Anteilsrechts an einem Gemeinschaftsvermögen verlangt, so versucht das Betreibungsamt zunächst, zwischen den pfändenden Gläubigern, dem Schuldner und den andern Teilhabern der Gemeinschaft eine gütliche Einigung herbeizuführen, sei es durch Abfindung der Gläubiger, sei es durch Auflösung der Gemeinschaft und Feststellung des auf den Schuldner entfallenden Liquidationsergebnisses.

² Die Gemeinschafter sind zur Vorlage der Bücher und aller Belege verpflichtet, welche zur Feststellung des Abfindungswertes notwendig sind. Die Gläubiger erhalten jedoch nur mit Einwilligung aller Gemeinschafter Einsicht in die Bücher und Belege.

³ Die obere kantonale Aufsichtsbehörde kann zur Vornahme dieser Einigungsverhandlungen sich selbst oder die untere Aufsichtsbehörde als zuständig erklären.

Art. 10 Verfügungen der Aufsichtsbehörde

¹ Gelingt eine gütliche Verständigung nicht, so fordert das Betreibungsamt oder die Behörde, welche die Einigungsverhandlungen leitet, die pfändenden Gläubiger, den Schuldner und die Mitanteilhaber auf, ihre Anträge über die weiteren Verwertungsmassnahmen innert zehn Tagen zu stellen, und übermittelt nach Ablauf dieser Frist die sämtlichen Betreibungsakten der für das Verfahren nach Artikel 132 SchKG zuständigen Aufsichtsbehörde. Diese kann nochmals Einigungsverhandlungen anordnen.

² Die Aufsichtsbehörde verfügt unter möglichster Berücksichtigung der Anträge der Beteiligten, ob das gepfändete Anteilsrecht als solches versteigert, oder ob die Auflösung der Gemeinschaft und Liquidation des Gemeinschaftsvermögens nach den für die betreffende Gemeinschaft geltenden Vorschriften herbeigeführt werden soll.

³ Die Versteigerung soll in der Regel nur dann angeordnet werden, wenn der Wert des Anteilsrechts gestützt auf die im Pfändungsverfahren oder beim Einigungsversuch gemachten Erhebungen annähernd bestimmt werden kann. Die Aufsichtsbehörde ist berechtigt, über diesen Wert neue Erhebungen, insbesondere die Inventarisierung des Gemeinschaftsvermögens, anzuordnen.

⁴ Den Gläubigern, welche die Auflösung der Gemeinschaft verlangen, ist eine Frist zur Vorschussleistung anzusetzen mit der Androhung, es werde andernfalls das Anteilsrecht als solches versteigert.[1]

Art. 11 Versteigerung des Anteilrechts

¹ Bei der Versteigerung gemäss Artikel 10 ist als Steigerungsgegenstand ausdrücklich der Liquidationsanteil des Schuldners an der genau zu bezeichnenden Gemeinschaft

---

1   Eingefügt durch Ziff. I der V des BGer vom 5. Juni 1996, in Kraft seit 1. Jan. 1997 (AS 1996 2897).

mit den namentlich zu nennenden Mitanteilhabern anzugeben. Letztere sind durch Spezialanzeige gemäss Artikel 125 Absatz 3 SchKG von Zeit und Ort der Steigerung in Kenntnis zu setzen.

² Dem Ersteigerer ist eine schriftliche Bescheinigung des Betreibungsamtes darüber auszustellen, dass die Ansprüche des Schuldners auf Teilung der Gemeinschaft und Zuweisung des Liquidationserlöses auf ihn übergegangen sind.

Art. 12 Rechtsvorkehren zur Liquidation der Gemeinschaft

Hat die Aufsichtsbehörde die Auflösung und Liquidation des Gemeinschaftsverhältnisses angeordnet, so trifft das Betreibungsamt oder ein von der Aufsichtsbehörde allfällig hiefür bezeichneter Verwalter die zur Herbeiführung derselben erforderlichen rechtlichen Vorkehrungen und übt dabei alle dem betriebenen Schuldner zustehenden Rechte aus. Handelt es sich um eine Erbengemeinschaft, so hat das Betreibungsamt die Vornahme der Teilung unter Mitwirkung der nach Artikel 609 ZGB[1] zuständigen Behörde zu verlangen.

Art. 13 Abtretung des Liquidationsanspruchs an die Gläubiger

¹ Widersetzt sich einer der Mitanteilhaber der Auflösung der Gemeinschaft, so bietet das Betreibungsamt den Gläubigern den Anspruch auf Auflösung der Gemeinschaft und Liquidation des Gemeinschaftsvermögens zur Geltendmachung auf eigene Gefahr gemäss Artikel 131 Absatz 2 SchKG an. Macht kein Gläubiger innert der angesetzten Frist von diesem Angebot Gebrauch, so wird das Anteilsrecht versteigert.

² Die Abtretung des Anspruchs ist ausgeschlossen bei Anteilsrechten an Erbschaften, an welchen der Schuldner unstreitig beteiligt und die unstreitig nicht geteilt sind, deren Teilung aber von den Miterben abgelehnt wird. Auf die Gläubiger, welche die Kosten des zur Herbeiführung der Erbteilung nötigen Verfahrens vorgeschossen haben, ist Artikel 131 Absatz 2 dritter Satz SchKG entsprechend anwendbar.[2]

Art. 14 Verwertung des Liquidationsergebnisses

¹ Wird bei der Liquidation des Gemeinschaftsvermögens der Wert des gepfändeten Anteils nicht in Geld ausgewiesen, so verwertet das Betreibungsamt die auf den gepfändeten Anteil zugeteilten Vermögensgegenstände ohne besonderes Begehren der Gläubiger unverzüglich.

² Die gemäss Artikel 131 Absatz 2 SchKG zur Geltendmachung des Anspruchs auf Auflösung der Gemeinschaft ermächtigten Gläubiger sind verpflichtet, diese Vermögensgegenstände dem Betreibungsamt zur Verwertung zur Verfügung zu stellen;

---

1 SR 210
2 Eingefügt durch Ziff. I der V des BGer vom 5. Juni 1996, in Kraft seit 1. Jan. 1997 (AS 1996 2897).

handelt es sich um Geld, so können sie den zur Deckung ihrer Auslagen und Forderungen erforderlichen Betrag zurückbehalten, haben aber dem Betreibungsamt Abrechnung zu erteilen und den Überschuss an dieses abzuliefern.[1]

[3] Die Verwertung erfolgt unter Beobachtung der Vorschriften der Artikel 92, 119 Absatz 2, 122 Absatz 2, 125–131, 132a und 134–143b SchKG sowie sinngemäss des Artikels 15 Buchstabe a der Verordnung des BGer vom 23. April 1920[2] über die Zwangsverwertung von Grundstücken. Die Gegenstände sind vor der Verwertung zu schätzen; die Schätzung ist dem Schuldner und allen Pfändungsgläubigern mitzuteilen.[3]

Art. 15[4]

III. Verwertung im Konkurs

Art. 16   Verfügung der Konkursverwaltung

[1] Im Konkursverfahren bestimmt die Konkursverwaltung unter Vorbehalt der Kompetenzen des Gläubigerausschusses und der Gläubigerversammlung die Art der Verwertung der zur Konkursmasse gehörenden Anteilsrechte.

[2] Die Bestimmungen der Artikel 9 Absatz 2 und 11 dieser Verordnung sind entsprechend anwendbar.

IV. Schlussbestimmung

Art. 17   Inkrafttreten

[1] Die vorliegende Verordnung tritt am 1. April 1923 in Kraft.

[2] ...[5]

---

1 Fassung gemäss Ziff. I der V des BGer vom 5. Juni 1996, in Kraft seit 1. Jan. 1997 (AS 1996 2897).
2 SR 281.42
3 Fassung gemäss Ziff. I der V des BGer vom 5. Juni 1996, in Kraft seit 1. Jan. 1997 (AS 1996 2897).
4 Aufgehoben durch Ziff. I der V des BGer vom 5. Juni 1996 (AS 1996 2897).
5 Gegenstandslose UeB.

Nr. 9 Verordnung des Bundesgerichts über die Zwangsverwertung von Grundstücken (VZG)[1]

vom 23. April 1920 (Stand am 1. Januar 2012)

SR 281.42

Das Schweizerische Bundesgericht,

in Anwendung von Artikel 15 des BG vom 11. April 1889 über Schuldbetreibung und Konkurs (SchKG)[2],

verordnet:

Allgemeine Bestimmungen

Art. 1[3]   A. Sachlicher Geltungsbereich

[1] Den Vorschriften dieser Verordnung unterliegen die in der Schweiz gelegenen Grundstücke im Sinne des Artikels 655 des Zivilgesetzbuches (ZGB)[4].

[2] Für die Verwertung der Eigentumsrechte des Schuldners an Grundstücken, die im Gesamteigentum stehen (z.B. einer unverteilten Erbschaft angehören), gilt nicht diese Verordnung, sondern die Verordnung vom 17. Januar 1923[5] über die Pfändung Verwertung von Anteilen an Gemeinschaftsvermögen.

Art. 2[6]   B. ...

Art. 3[7]   C. Anmeldung für Eintragungen und Vormerkungen im Grundbuch
I. Zeitpunkt

Die den Betreibungs- und Konkursämtern obliegenden Anmeldungen für die Eintragungen und Vormerkungen im Grundbuch haben unverzüglich nach Stellung des Antrages oder des Verwertungsbegehrens oder nach Vornahme der Pfändung oder des Arrestes zu erfolgen. Sie dürfen, auch wenn eine Beschwerde gegen diese Handlungen anhängig sein sollte, nur unterlassen werden, wenn und solange dieser

---

AS 36 425 und BS 3 116

1 Abkürzung eingefügt durch Ziff. I der V des BGer vom 5. Juni 1996, in Kraft seit 1. Jan. 1997 (AS 1996 2900).
2 SR 281.1
3 Fassung gemäss Ziff. I der V des BGer vom 4. Dez. 1975, in Kraft seit 1. April 1976 (AS 1976 164).
4 SR 210
5 SR 281.41
6 Aufgehoben durch Ziff. I der V des BGer vom 5. Juni 1996 (AS 1996 2900).
7 Fassung gemäss Ziff. I der V des BGer vom 5. Juni 1996, in Kraft seit 1. Jan. 1997 (AS 1996 2900).

durch provisorische Verfügung der Aufsichtsbehörde aufschiebende Wirkung beigelegt worden ist.

Art. 4 II. Zuständigkeit

Zuständig zur Anmeldung ist dasjenige Amt, welches die der Anmeldung zugrunde liegende Amtshandlung selbst vorgenommen hat, auch wenn es nur als beauftragtes Amt eines andern gehandelt hat. In letzterem Falle hat es jedoch den ihm zukommenden Ausweis über die Anmeldung (Art. 5 hiernach) mit den andern Akten dem ersuchenden Amte zuzustellen.

Art. 5[1] III. Verkehr mit dem Grundbuchamt

Die Zustellung der Anmeldung zur Eintragung oder Löschung erfolgt in zwei gleichlautenden Doppeln des einheitlichen Formulars entweder durch die Post, nach den für die Zustellung von Gerichtsurkunden geltenden Postvorschriften (Art. 28 der V(1) vom 1. September 1967[2] zum Postverkehrsgesetz), oder durch persönliche Übergabe gegen Bescheinigung des Empfängers auf dem einen Doppel. Das mit der Zustellungsbescheinigung des Grundbuchamtes versehene Doppel ist bei den amtlichen Akten der betreffenden Betreibung oder des Konkurses aufzubewahren.

Art. 6 IV. Verfügungsbeschränkung
  1. Löschung

Eine vorgemerkte Verfügungsbeschränkung ist zur Löschung anzumelden:[3]

a. Von Amtes wegen:
  1.[4] bei Wegfall der Pfändung oder des Arrestes infolge Erhebung eines Drittanspruches, der im Verfahren nach den Artikeln 106 ff. SchKG nicht bestritten worden ist;
  2. wenn die Betreibung infolge Verwertung des Grundstückes oder Bezahlung erloschen ist;
  3. wenn der gestundete Kaufpreis für das versteigerte Grundstück bezahlt worden ist;

---

1 Fassung gemäss Ziff. I der V des BGer vom 5. Juni 1996, in Kraft seit 1. Jan. 1997 (AS 1996 2900).
2 [AS 1967 1405, 1969 385 1120, 1970 480 714, 1971 683 1712, 1972 2675, 1974 578, 1977 2050, 1975 2033, 1976 962, 1977 2122, 1979 287 1180, 1980 2 777, 1981 1863, 1983 1656, 1986 39 991 1991 Art. 45 Ziff. 2, 1987 440, 1988 370, 1989 565 764 1899, 1990 1448, 1992 94 1243, 1993 62 2473, 1994 1442 2788, 1995 5491, 1996 14 470 Art. 55 Abs. 2, 1997 270 1435. AS 1997 2461 Art. 13 Bst. a]. Siehe heute: die V vom 26. Nov. 2003 (SR 783.01).
3 Fassung gemäss Ziff. I des V des BGer vom 4. Dez. 1975, in Kraft seit 1. April 1976 (AS 1976 164).
4 Fassung gemäss Ziff. I des V des BGer vom 4. Dez. 1975, in Kraft seit 1. April 1976 (AS 1976 164).

4. wenn ein Pfändungsanschluss aus irgendeinem Grunde dahinfällt. In diesem Falle bezieht sich jedoch die Löschung nur auf die Vormerkung des Anschlusses;
5.[1] wenn ein Arrest infolge Nichtanhebung der Betreibung oder Klage innert Frist erlischt;
6.[2] wenn der Schuldner Sicherheit gemäss Artikel 277 SchKG leistet.
b. Auf Antrag des betriebenen Schuldners, sofern er den erforderlichen Ausweis und den Kostenvorschuss dafür leistet:
1. wenn eine provisorische Pfändung infolge Gutheissung der Aberkennungsklage dahinfällt;
2. wenn eine Pfändung infolge Durchführung eines gerichtlichen Widerspruchsverfahrens dahinfällt;
3.[3] wenn ein Arrest infolge Durchführung des Einspracheverfahrens oder durch sonstiges gerichtliches Urteil aufgehoben wird;
4.[4] wenn die Betreibung infolge einer rechtskräftigen Verfügung des Richters nach Artikel 85 oder 85a SchKG aufgehoben oder eingestellt wurde oder infolge unbenützten Ablaufes der Frist zur Stellung des Verwertungsbegehrens erloschen ist.

Art. 7[5]   2. Zuständigkeit

Zuständig zur Anmeldung der Löschung ist das Amt gemäss Artikel 4.

A. Verwertung im Pfändungsverfahren
I. Pfändung
1. Pfändungsvollzug

Art. 8   A. Umfang und Vollzug der Pfändung

Das Betreibungsamt vollzieht die Pfändung auf Grund der Angaben im Grundbuch unter Zuziehung des Schuldners (Art. 91 SchKG), indem es so viele Grundstücke schätzt und in die Pfändungsurkunde einträgt, als erforderlich ist, um die Forderung nebst Zins und Kosten zu decken (Art. 97 SchKG).

---

1   Fassung gemäss Ziff. I der V des BGer vom 5. Juni 1996, in Kraft seit 1. Jan. 1997 (AS 1996 2900).
2   Eingefügt durch Ziff. I der V des BGer vom 5. Juni 1996, in Kraft seit 1. Jan. 1997 (AS 1996 2900).
3   Fassung gemäss Ziff. I der V des BGer vom 5. Juni 1996, in Kraft seit 1. Jan. 1997 (AS 1996 2900).
4   Fassung gemäss Ziff. I der V des BGer vom 5. Juni 1996, in Kraft seit 1. Jan. 1997 (AS 1996 2900).
5   Fassung gemäss Ziff. I der V des BGer vom 5. Juni 1996, in Kraft seit 1. Jan. 1997 (AS 1996 2900).

Art. 9 B. Schätzung

¹ Die Schätzung soll den mutmasslichen Verkaufswert des Grundstückes und seiner Zugehör, unabhängig von einer allfälligen Kataster- oder Brandassekuranzschätzung, bestimmen. Die aus dem Grundbuch ersichtlichen Pfandforderungen sind summarisch anzugeben, jedoch ist zu ihrer Feststellung ein Widerspruchsverfahren nicht einzuleiten.

² Jeder Beteiligte ist berechtigt, innerhalb der Frist zur Beschwerde gegen die Pfändung (Art. 17 Abs. 2 SchKG) bei der Aufsichtsbehörde gegen Vorschuss der Kosten eine neue Schätzung durch Sachverständige zu verlangen. Hat ein Gläubiger die Schätzung beantragt, so kann er Ersatz der Kosten vom Schuldner nur dann beanspruchen, wenn die frühere Schätzung des Betreibungsamtes wesentlich abgeändert wurde. Streitigkeiten über die Höhe der Schätzung werden endgültig durch die kantonale Aufsichtsbehörde beurteilt.[1]

Art. 10 C. Nicht auf den Schuldner eingetragene Grundstücke

¹ Grundstücke, die im Grundbuch auf einen andern Namen als denjenigen des Schuldners eingetragen sind, dürfen nur gepfändet werden, wenn der Gläubiger glaubhaft macht, dass entweder:

1.[2] der Schuldner das Eigentum ohne Eintragung im Grundbuch (zufolge Aneignung, Erbgang, Enteignung, Zwangsvollstreckung, richterlichem Urteil) erworben hat (Art. 656 Abs. 2 ZGB[3]), oder
2. das Grundstück kraft ehelichen Güterrechts für die Schulden des betriebenen Schuldners haftet, oder
3. der Grundbucheintrag unrichtig ist.

² In diesen Fällen hat das Betreibungsamt sofort nach der Pfändung das Widerspruchsverfahren einzuleiten.[4]

Art. 11 D. Bestandteile und Zugehör
I. Im allgemeinen

¹ Gegenstände, die nach der am Orte üblichen Auffassung Bestandteile oder Zugehör sind, werden in der Pfändungsurkunde nicht erwähnt; sie gelten ohne weiteres als mit dem Grundstück gepfändet.

² Dagegen sind diejenigen beweglichen Sachen, die im Grundbuch als Zugehör angemerkt sind (Art. 805 Abs. 2 und 946 Abs. 2 ZGB[5]) oder deren Eigenschaft als

---

1 Fassung gemäss Ziff. I der V des BGer vom 5. Juni 1996, in Kraft seit 1. Jan. 1997 (AS 1996 2900).
2 Fassung gemäss Ziff. I der V des BGer vom 5. Juni 1996, in Kraft seit 1. Jan. 1997 (AS 1996 2900).
3 SR 210
4 Fassung gemäss Ziff. I der V des BGer vom 5. Juni 1996, in Kraft seit 1. Jan. 1997 (AS 1996 2900).
5 SR 210

Zugehör zu Zweifeln Anlass geben könnte, als solche einzeln aufzuführen und zu schätzen. Befindet sich bei den Grundbuchakten ein genaues Verzeichnis über die Zugehörstücke (Inventar) und stimmt dieses mit den vorhandenen Gegenständen überein, so können diese unter Hinweis auf das Verzeichnis summarisch der Gattung nach bezeichnet und geschätzt werden.

3 Verlangt ein Beteiligter, dass noch weitere Gegenstände als Zugehör in die Pfändungsurkunde aufgenommen werden, so ist einem solchen Begehren ohne weiteres zu entsprechen.

4 Streitigkeiten über die Bestandteils- oder Zugehöreigenschaft werden im Lastenbereinigungsverfahren ausgetragen (Art. 38 Abs. 2 hiernach).[1]

Art. 12   II. Gesonderte Pfändung der Zugehör

1 Die gesonderte Pfändung der Zugehör eines Grundstückes ist nur zulässig, wenn der Schuldner und alle aus dem Grundbuche ersichtlichen Berechtigten (Grundpfandeigentümer usw.) damit einverstanden sind.

2 Ist die gesondert gepfändete und verwertete Zugehör im Grundbuch angemerkt, so hat das Betreibungsamt dem Grundbuchamt nach der Verwertung ein Verzeichnis über diese Gegenstände zur Streichung derselben als Zugehör im Grundbuch einzureichen.

Art. 13   E. Eigentümertitel[2]

1 Im Besitze des Schuldners befindliche Eigentümerpfandtitel, die nicht gepfändet wurden, weil sie zur Deckung der in Betreibung gesetzten Forderung nicht ausreichen, sind vom Betreibungsamt für die Dauer der Pfändung des Grundstückes in Verwahrung zu nehmen (Art. 68 Abs. 1 Buchst. a hiernach).

2 Nach Pfändung des Grundstückes ist eine Pfändung von Eigentümerpfandtiteln ausgeschlossen.[3]

Art. 14   F. Früchte

1 Die hängenden und stehenden Früchte sowie die laufenden Miet- und Pachtzinse gelten von Gesetzes wegen als mit dem Grundstück gepfändet (Art. 102 Abs. 1 SchKG). Sie sind daher in der Pfändungsurkunde nicht als besondere Pfändungsobjekte aufzuführen und können, solange die Pfändung des Grundstückes dauert, nicht mehr gesondert gepfändet werden. Von den bestehenden Miet- und Pachtverträgen ist immerhin in der Pfändungsurkunde Vormerk zu nehmen.

---

1   Fassung gemäss Ziff. I der V des BGer vom 5. Juni 1996, in Kraft seit 1. Jan. 1997 (AS 1996 2900).
2   Fassung gemäss Ziff. I der V des BGer vom 5. Juni 1996, in Kraft seit 1. Jan. 1997 (AS 1996 2900).
3   Eingefügt durch Ziff. I der V des BGer vom 5. Juni 1996, in Kraft seit 1. Jan. 1997 (AS 1996 2900).

² Werden die Früchte oder Miet- und Pachtzinse vor der Pfändung des Grundstückes gesondert gepfändet, so ist hiervon den Grundpfandgläubigern, gleich wie von der Pfändung des Grundstückes (Art. 15 Abs. 1 Buchst. b hiernach), Anzeige zu machen.

Art. 15 G. Anzeigen

¹ Das Betreibungsamt hat spätestens am Tage nach Vornahme der (provisorischen oder definitiven) Pfändung:

a.[1] beim zuständigen Grundbuchamt eine Verfügungsbeschränkung im Sinne der Artikel 960 ZGB[2] und 101 SchKG zur Vormerkung im Grundbuch anzumelden; ebenso ist jeder definitive oder provisorische Anschluss eines neuen Gläubigers an die Pfändung beim Grundbuchamt anzumelden (Art. 101 SchKG);

b.[3] den Grundpfandgläubigern oder ihren im Grundbuch eingetragenen Vertretern sowie gegebenenfalls den Mietern und Pächtern von der Pfändung Kenntnis zu geben, erstern unter Hinweis auf die Artikel 102 Absatz 1, 94 Absatz 3 SchKG und 806 Absatz 1 und 3 ZGB[4], letztern mit der Anzeige, dass sie inskünftig die Miet-(Pacht-)zinse rechtsgültig nur noch an das Betreibungsamt bezahlen können (Art. 91 Abs. 1 hiernach);

c. wenn eine Schadensversicherung besteht, den Versicherer von der Pfändung zu benachrichtigen und ihn darauf aufmerksam zu machen, dass er nach Artikel 56 des Bundesgesetzes vom 2. April 1908[5] über den Versicherungsvertrag, eine allfällige Ersatzleistung bis auf weitere Anzeige gültig nur an das Betreibungsamt ausrichten könne; ebenso ist dem Versicherer, wenn die Pfändung in der Folge dahinfällt, ohne dass es zur Verwertung gekommen wäre (infolge Rückzugs oder Erlöschens der Betreibung, Zahlung usw.), hiervon sofort Anzeige zu machen (Art. 1 und 2 der V vom 10. Mai 1910[6] betreffend die Pfändung, Arrestierung und Verwertung von Versicherungsansprüchen).

² Vom Erlass dieser Anzeigen ist in der Pfändungsurkunde Vormerk zu nehmen.

³ In dringlichen Fällen soll die Anmeldung der Verfügungsbeschränkung beim Grundbuchamt (Abs. 1 Bst. a) vor der Aufnahme der Pfändungsurkunde erfolgen.[7]

---

1 Fassung gemäss Ziff. I der V des BGer vom 5. Juni 1996, in Kraft seit 1. Jan. 1997 (AS 1996 2900).
2 SR 210
3 Fassung gemäss Ziff. I der V des BGer vom 4. Dez. 1975, in Kraft seit 1. April 1976 (AS 1976 164).
4 SR 210
5 SR 221.229.1
6 SR 281.51
7 Fassung gemäss Ziff. I der V des BGer vom 5. Juni 1996, in Kraft seit 1. Jan. 1997 (AS 1996 2900).

2. Verwaltung

Art. 16 A. Im allgemeinen. Dauer und Ausübung

¹ Das Betreibungsamt sorgt von Amtes wegen, solange die Pfändung besteht, für die Verwaltung und Bewirtschaftung des Grundstückes (Art. 102 Abs. 3 SchKG), es sei denn, dass sich dieses im Besitze eines Drittansprechers befindet.

² Die Verwaltung geht auch dann auf das Betreibungsamt über, wenn sie vom Schuldner vor der Pfändung vertraglich einem Dritten übertragen worden ist. Sie verbleibt beim Betreibungsamt auch während einer vorläufigen Einstellung der Betreibung (Rechtsstillstand, Nachlassstundung) und während eines dem Schuldner nach Artikel 123 SchKG (Art. 143a SchKG) erteilten Aufschubes.[1]

³ Die Verwaltung und Bewirtschaftung kann auf Verantwortung des Betreibungsamtes einem Dritten, die Bewirtschaftung auch dem Schuldner selbst übertragen werden. In letzterem Falle hat der Schuldner immerhin keine besondere Vergütung zu beanspruchen, sofern ihm nach Artikel 103 SchKG ein Teil der Früchte oder des Erlöses als Beitrag an seinen Unterhalt überlassen wird.

⁴ Sofern die Verwaltung nicht genügend Einnahmen verspricht, ist das Betreibungsamt berechtigt, von dem Gläubiger für die Auslagen Vorschuss zu verlangen (Art. 105 SchKG).

Art. 17 B. Umfang
I. Ordentliche Verwaltungsmassnahmen

Die Verwaltung und Bewirtschaftung des gepfändeten Grundstückes umfasst alle diejenigen Massnahmen, die zur Erhaltung des Grundstückes und seiner Ertragsfähigkeit sowie zur Gewinnung der Früchte und Erträgnisse nötig sind, wie Anordnung und Bezahlung kleinerer Reparaturen, Besorgung der Anpflanzungen, Abschluss und Erneuerung der üblichen Versicherungen, Kündigung an Mieter, Ausweisung von Mietern, Neuvermietungen, Einbringung und Verwertung der Früchte zur Reifezeit, Bezug der Miet- und Pachtzinse, nötigenfalls auf dem Betreibungswege, Geltendmachung des Retentionsrechts für Mietzinsforderungen, Bezahlung der laufenden Abgaben für Gas, Wasser, Elektrizität u.dgl. Während der Verwaltungsperiode fällig werdende oder vorher fällig gewordene Pfandzinse dürfen dagegen nicht bezahlt werden.

Art. 18 II. Ausserordentliche Verwaltungsmassnahmen

¹ Erfordert die Verwaltung die Führung von Prozessen oder andere, mit grösseren Kosten verbundene oder sonstwie aussergewöhnliche Massnahmen, so hat das Betreibungsamt, wenn Gefahr im Verzuge ist, von sich aus das Nötige vorzukehren,

---

1 Fassung gemäss Ziff. I der V des BGer vom 5. Juni 1996, in Kraft seit 1. Jan. 1997 (AS 1996 2900).

jedoch die betreibenden Gläubiger, einschliesslich der Grundpfandgläubiger, die Betreibung angehoben haben (Art. 806 ZGB[1]), und den Schuldner unverzüglich von den getroffenen Massnahmen zu benachrichtigen, unter Hinweis auf ihr Beschwerderecht.

² Ist keine Gefahr im Verzuge, so soll das Betreibungsamt die Gläubiger und den Schuldner vorher um ihre Ansicht befragen, unter Ansetzung einer angemessenen Frist und unter Formulierung eines bestimmten Vorschlages über die zu treffenden Massnahmen und die Art der Kostendeckung, der bei unbenutztem Ablauf der Frist als angenommen gilt. Verständigen sich Gläubiger und Schuldner über die Vornahme anderer Massnahmen, so hat das Betreibungsamt die ihm erteilten Instruktionen zu befolgen, vorausgesetzt, dass die Gläubiger einen allfällig erforderlichen Kostenvorschuss leisten oder dass sonst genügend Mittel vorhanden sind. Sind die Beteiligten über das zu beobachtende Verhalten nicht einig, so ersucht das Betreibungsamt die Aufsichtsbehörde um die nötige Weisung.

Art. 19 C. Stellung des Schuldners

Der Schuldner kann bis zur Verwertung des Grundstückes weder zur Bezahlung einer Entschädigung für die von ihm benutzten Wohn- und Geschäftsräume verpflichtet noch zu deren Räumung genötigt werden.

Art. 20 D. Rechnungsführung
I. Verwaltungskosten

¹ Über die Kosten der Verwaltung hat das Betreibungsamt eine besondere Rechnung zu führen, die gleichzeitig mit der Verteilungsliste den Beteiligten zur Einsicht aufzulegen ist und der Beschwerde an die kantonalen Aufsichtsbehörden unterliegt. Diese entscheiden endgültig, soweit es sich nicht um die Anwendung der Gebührenverordnung handelt.[2]

² Die Entschädigung, die ein Dritter für die Verwaltung und Bewirtschaftung zu beanspruchen hat (Art. 16 Abs. 3 hiervor), wird im Streitfalle von den kantonalen Aufsichtsbehörden festgesetzt.

Art. 21 II. Einnahmen und Ausgaben

¹ Über die aus der Verwaltung entstandenen Einnahmen und Ausgaben hat das Betreibungsamt laufend eine spezifizierte Rechnung zu führen, die jederzeit vom Schuldner und den betreibenden Gläubigern eingesehen werden kann und gleichzeitig mit der Verteilungsliste zur Einsicht der Beteiligten aufzulegen ist.

² Streitigkeiten werden von der Aufsichtsbehörde beurteilt.

---

1   SR 210
2   Fassung gemäss Ziff. I der V des BGer vom 5. Juni 1996, in Kraft seit 1. Jan. 1997 (AS 1996 2900).

Art. 22   E. Früchte und Erträgnisse

¹ Der Erlös der Früchte und die eingegangenen Erträgnisse sind in erster Linie zur Bestreitung der Verwaltungsauslagen und -kosten und zur Ausrichtung allfälliger Beiträge an den Unterhalt des Schuldners und seiner Familie (Art. 103 Abs. 2 SchKG) zu verwenden. Der Überschuss ist nach Ablauf der Teilnahmefrist der Artikel 110 und 111 SchKG und nach vorheriger Auflegung eines provisorischen Verteilungsplanes in periodischen Abschlagszahlungen an die Berechtigten zu verteilen. Dabei sind in erster Linie die Grundpfandgläubiger zu berücksichtigen, deren vor der Verwertung der Früchte angehobene Betreibung auf Pfandverwertung unbestritten ist.

² Reicht der Reinerlös der Früchte und Erträgnisse zur völligen Deckung aller beteiligten Forderungen der Grundpfand- und Pfändungsgläubiger aus, so stellt das Betreibungsamt die Betreibung von sich aus ein und nimmt die Schlussverteilung vor, sofern die Pfandverwertungsbetreibungen rechtskräftig sind und für die Pfändungsgläubiger die Teilnahmefrist abgelaufen ist.

³ Kommt es nicht zur Verwertung des Grundstückes (Art. 121 SchKG), so ist ein allfälliger Reinerlös der Früchte und Erträgnisse den darauf berechtigten betreibenden Gläubigern auszurichten.

⁴ Wird über den Schuldner der Konkurs eröffnet, bevor das Grundstück verwertet ist, so wird der noch nicht verteilte Reinerlös der Früchte und sonstigen Erträgnisse nach den Artikeln 144–150 SchKG verteilt, sofern die Fristen für den Pfändungsanschluss abgelaufen sind (Art. 110 und 111 SchKG); ein Überschuss fällt in die Konkursmasse.[1]

3. Pfändung eines Miteigentumsanteils[2]

Art. 23[3]   A. Inhalt der Pfändungsurkunde, Schätzung, Miet- und Pachtzinse

¹ Bei der Pfändung eines Miteigentumsanteils an einem Grundstück hat die Pfändungsurkunde die Personalien des Schuldners und der übrigen Miteigentümer sowie die ihnen zustehenden Bruchteile (Art. 646 Abs. 1 ZGB[4]) bzw. Wertquoten (Art. 712e Abs. 1 ZGB[5]) anzugeben und die Beschreibung sowie den Schätzungswert des im Miteigentum stehenden Grundstücks und seiner Zugehör, im Falle von Stockwerkeigentum auch die Beschreibung sowie den Schätzungswert der dem Schuldner zugeschiedenen Grundstücksteile und ihrer allfälligen besondern Zugehör zu enthalten.

---

1   Fassung gemäss Ziff. I der V des BGer vom 5. Juni 1996, in Kraft seit 1. Jan. 1997 (AS 1996 2900).
2   Fassung gemäss Ziff. I der V des BGer vom 4. Dez. 1975, in Kraft seit 1. April 1976 (AS 1976 164).
3   Fassung gemäss Ziff. I der V des BGer vom 4. Dez. 1975, in Kraft seit 1. April 1976 (AS 1976 164).
4   SR 210
5   SR 210

² Für die Schätzung und die summarische Angabe der Pfandforderungen gilt Artikel 9 hievor entsprechend; neben den auf dem gepfändeten Anteil haftenden Pfandforderungen sind auch die Pfandforderungen anzugeben, die das Grundstück als ganzes belasten.

³ Für die der Pfändung der Miet- und Pachtzinse aus der Vermietung oder Verpachtung eines zu Stockwerkeigentum ausgestalteten Miteigentumsanteils gilt Artikel 14 hievor entsprechend.

Art. 23a[1] B. Anzeigen

Artikel 15 hievor ist sinngemäss anzuwenden, wobei zu beachten ist:

a. Eine Verfügungsbeschränkung ist nur für den gepfändeten Anteil vormerken zu lassen, nicht auch für die andern Anteile, doch soll eine Anmerkung auf dem Blatt des Grundstücks selbst auf die Anteilspfändung sowie darauf hinweisen, dass jede Verfügung im Sinne von Artikel 648 Absatz 2 ZGB[2] der Bewilligung des Betreibungsamtes bedarf.

b. Die Pfändung ist den am gepfändeten Anteil pfandberechtigten Gläubigern und im Falle von Stockwerkeigentum auch den Mietern oder Pächtern des betreffenden Stockwerks anzuzeigen. Ferner ist sie den Versicherern mitzuteilen, bei denen eine Schadenversicherung für das Grundstück als ganzes oder für den gepfändeten Stockwerkanteil besteht.

c. Wirft das Grundstück als solches einen Ertrag ab, so hat das Betreibungsamt die Pfändung eines Anteils auch den übrigen Miteigentümern und einem allfälligen Verwalter anzuzeigen mit der Weisung, die auf den gepfändeten Anteil entfallenden Erträgnisse künftig dem Betreibungsamt abzuliefern (Art. 104 und 99 SchKG). Ausserdem ist die Pfändung in einem solchen Falle den Pfandgläubigern anzuzeigen, denen das Grundstück als ganzes haftet (vgl. Art. 94 Abs. 3 SchKG und Art. 806 ZGB[3]).

Art. 23b[4] C. Bestreitung des Miteigentums oder des Quotenverhältnisses

¹ Verlangt der Gläubiger, dass das Grundstück selbst gepfändet werde, weil er die Rechte der Mitberechtigten des Schuldners bestreiten will, so ist dem Begehren zu entsprechen, unter gleichzeitiger Ansetzung einer Klagefrist an den pfändenden Gläubiger nach Artikel 108 SchKG zur Einleitung des Widerspruchsverfahrens.[5]

---

1 Eingefügt durch Ziff. I der V des BGer vom 4. Dez. 1975, in Kraft seit 1. April 1976 (AS 1976 164).
2 SR 210
3 SR 210
4 Eingefügt durch Ziff. I der V des BGer vom 4. Dez. 1975, in Kraft seit 1. April 1976 (AS 1976 164).
5 Fassung gemäss Ziff. I der V des BGer vom 5. Juni 1996, in Kraft seit 1. Jan. 1997 (AS 1996 2900).

² Dieses Verfahren ist auch einzuleiten, wenn behauptet wird, dass nicht Miteigentum, sondern Gesamteigentum vorliege oder dass eine andere Quotenteilung bestehe.

³ Wird die Frist nicht eingehalten oder der Gläubiger abgewiesen, so ist der im Grundbuch eingetragene Anteil zu pfänden.

Art. 23c[1]   D. Verwaltung

¹ Das Betreibungsamt ersetzt den Schuldner bei der Verwaltung des Grundstücks als solchem und verwaltet bei Stockwerkeigentum die dem Schuldner zugeschiedenen Teile.

² Die Artikel 16–22 dieser Verordnung gelten dabei sinngemäss.

Art. 23d[2]   E. Zuständigkeit

Zur Vornahme der Pfändung und zur Verwaltung ist stets das Betreibungsamt der gelegenen Sache (Art. 24 hiernach) zuständig.

4. Requisitorialpfändung[3]

Art. 24

¹ Liegt das zu pfändende Grundstück in einem andern Betreibungskreis, so hat das Betreibungsamt den Beamten dieses Kreises, und wenn es in mehreren Kreisen liegt, denjenigen Beamten, in dessen Kreis der wertvollere Teil liegt, mit dem Vollzug der Pfändung zu beauftragen (Art. 89 SchKG), indem es ihm den Betrag, für den zu pfänden ist, mitteilt.

² Das beauftragte Amt vollzieht die Pfändung unter Beobachtung der Vorschriften der Artikel 89 und 90 SchKG und der Artikel 8, 9, 11, 14 und 15 hiervor und übermittelt die Pfändungsurkunde, von der es eine Abschrift als Beleg aufbewahrt, dem ersuchenden Amt, unter Beilegung des Ausweises über die erfolgte Anmeldung einer Verfügungsbeschränkung im Grundbuch. Das ersuchende Amt trägt den Inhalt der Pfändungsurkunde in seine Originalpfändungsurkunde ein, versendet die Abschriften der letzteren an die Parteien (Art. 114 SchKG) und besorgt allfällige Fristansetzungen.[4]

---

1 Eingefügt durch Ziff. I der V des BGer vom 4. Dez. 1975, in Kraft seit 1. April 1976 (AS 1976 164).
2 Eingefügt durch Ziff. I der V des BGer vom 4. Dez. 1975, in Kraft seit 1. April 1976 (AS 1976 164).
3 Eingefügt durch Ziff. I der V des BGer vom 4. Dez. 1975, in Kraft seit 1. April 1976 (AS 1976 164).
4 Fassung gemäss Ziff. I der V des BGer vom 5. Juni 1996, in Kraft seit 1. Jan. 1997 (AS 1996 2900).

³ Die Verwaltung und Bewirtschaftung der Liegenschaft (Art. 16–21 hiervor) ist ausschliesslich Sache des beauftragten Amtes, dem auch die Verteilung der Erträgnisse an die Gläubiger gemäss Artikel 22 hiervor übertragen werden kann.

II. Verwertung
1. Vorbereitungsverfahren
A. Allgemeine Vorschriften

Art. 25   A. Verwertungsfrist[1]

¹ Ist die Pfändung bloss provisorisch, so kann der Gläubiger die Verwertung des Grundstückes erst verlangen, wenn die Pfändung definitiv geworden ist und seit der provisorischen Pfändung sechs Monate verflossen sind. Die Frist, während welcher die Verwertung verlangt werden kann, ist von dem Zeitpunkte an zu berechnen, wo die provisorische Pfändung sich in eine definitive verwandelte (Art. 116 und 118 SchKG).

² …[2]

Art. 26[3]   II. …

Art. 27   B. Gesonderte Verwertung der Zugehör

Umfasst die Pfändung auch bewegliche Sachen, die Zugehör des Grundstückes sind (Art. 11 hiervor), so dürfen diese nur mit Zustimmung sämtlicher Beteiligter gesondert versteigert werden. Ist die gesondert verwertete Zugehör im Grundbuch angemerkt, so hat das Betreibungsamt die Vorschrift des Artikels 12 Absatz 2 hiervor zu beobachten.

Art. 28   C. Einforderung eines Grundbuchauszuges

¹ Nach der Mitteilung des Verwertungsbegehrens an den Schuldner (Art. 120 SchKG) fordert das Betreibungsamt einen Auszug aus dem Grundbuch über das zu versteigernde Grundstück ein oder lässt einen allfällig früher eingeholten Auszug als dem jetzigen Grundbuchinhalt entsprechend bestätigen oder ergänzen.

² Das Betreibungsamt hat anhand des Grundbuchauszuges durch Befragung des Schuldners Namen und Wohnort der Pfandgläubiger zu ermitteln und allfällig die Angaben des Auszuges danach zu berichtigen.

---

1   Fassung gemäss Ziff. I der V des BGer vom 5. Juni 1996, in Kraft seit 1. Jan. 1997 (AS 1996 2900).
2   Aufgehoben durch Ziff. I der V des BGer vom 5. Juni 1996 (AS 1996 2900).
3   Aufgehoben durch Ziff. I der V des BGer vom 5. Juni 1996 (AS 1996 2900).

Art. 29 D. Bekanntmachung der Steigerung
I. Steigerungspublikation

¹ Der Zeitpunkt der Steigerung ist so festzusetzen, dass die Frist zur Beschwerde gegen die Steigerungsbedingungen vor dem Steigerungstag abgelaufen ist.

² Die Bekanntmachung der Steigerung soll ausser den in Artikel 138 SchKG geforderten Angaben den Namen und Wohnort des Schuldners sowie die genaue Bezeichnung des zu versteigernden Grundstücks und die Schätzung enthalten.¹ Die Aufforderung an die Pfandgläubiger (Art. 138 Abs. 2 Ziff. 3 SchKG) ist dahin zu ergänzen, dass in der Eingabe an das Betreibungsamt auch angegeben werden soll, ob die Pfandforderung ganz oder teilweise fällig oder gekündigt sei, wenn ja, für welchen Betrag und auf welchen Termin.

³ Die Aufforderung zur Anmeldung nach Artikel 138 Absatz 2 Ziffer 3 SchKG ist auch an alle Inhaber von Dienstbarkeiten zu richten, die unter dem frühern kantonalen Recht entstanden und noch nicht in die öffentlichen Bücher eingetragen sind. Damit ist die Androhung zu verbinden, dass die nicht angemeldeten Dienstbarkeiten gegenüber einem gutgläubigen Erwerber des belasteten Grundstückes nicht mehr geltend gemacht werden können, soweit es sich nicht um Rechte handelt, die auch nach dem ZGB² ohne Eintragung in das Grundbuch dinglich wirksam sind.

⁴ ...³

Art. 30 II. Spezialanzeigen

¹ Die Spezialanzeigen (Art. 139 SchKG) sind sofort mit der Bekanntmachung der Steigerung zu versenden. Ist in der Bekanntmachung der Schätzungswert des Grundstücks angegeben, so gilt die Zustellung dieser Spezialanzeige zugleich als Mitteilung nach Artikel 140 Absatz 3 SchKG.⁴

² Solche Anzeigen sind jedem Gläubiger, dem das Grundstück als Pfand haftet oder für den es gepfändet ist, den im Gläubigerregister des Grundbuches eingetragenen Pfandgläubigern und Nutzniessern an Grundpfandforderungen, dem Schuldner, einem allfälligen dritten Eigentümer des Grundstücks und allen denjenigen Personen zuzustellen, denen ein sonstiges, im Grundbuch eingetragenes oder vorgemerktes Recht an dem Grundstück zusteht. Soweit nach dem Auszug aus dem Grundbuch für Grundpfandgläubiger Vertreter bestellt sind (Art. 860, 875, 877 ZGB⁵), ist die Anzeige diesen zuzustellen.⁶

---

1 Fassung gemäss Ziff. I der V des BGer vom 4. Dez. 1975, in Kraft seit 1. April 1976 (AS 1976 164).
2 SR 210
3 Aufgehoben durch Ziff. I der V des BGer vom 5. Juni 1996 (AS 1996 2900).
4 Fassung von Satz 2 gemäss Ziff. I der V des BGer vom 4. Dez. 1975, in Kraft seit 1. April 1976 (AS 1976 164).
5 SR 210
6 Fassung gemäss Ziff. I der V des BGer vom 5. Juni 1996, in Kraft seit 1. Jan. 1997 (AS 1996 2900).

³ In den Spezialanzeigen an die Pfandgläubiger ist diesen mitzuteilen, ob ein Pfändungsgläubiger oder ein vorhergehender oder nachgehender Pfandgläubiger die Verwertung verlangt habe.

⁴ Spezialanzeigen sind auch den Inhabern gesetzlicher Vorkaufsrechte im Sinne von Artikel 682 Absätze 1 und 2 ZGB[1] zuzustellen. In einem Begleitschreiben ist ihnen mitzuteilen, dass und auf welche Weise sie ihr Recht bei der Steigerung ausüben können (Art. 60a hiernach).[2]

Art. 31 III. Im Falle der Einstellung der Steigerung

Wird die Steigerung erst nach Ablauf der Frist zur Anmeldung der Lasten eingestellt, so braucht die neue Steigerung nur mindestens 14 Tage vorher ausgekündigt zu werden. Die Aufforderung des Artikels 138 Absatz 2 Ziffer 3 SchKG ist nicht zu wiederholen.

Art. 32 E. Aufschubsbewilligung nach erfolgter Publikation

¹ Nach erfolgter Anordnung der Verwertung darf ein Aufschub (Art. 123, 143a SchKG) nur bewilligt werden, wenn der Schuldner ausser dem festgesetzten Bruchteil der Betreibungssumme die Kosten der Anordnung und des Widerrufs der Verwertung sofort bezahlt.[3]

² Die Abschlagszahlungen sind sofort nach ihrem Eingang an den Gläubiger, der die Verwertung verlangt hat, abzuliefern.

B. Lastenverzeichnis

Art. 33 A. Zeitpunkt der Aufstellung

Nach Ablauf der Anmeldungsfrist (Art. 138 Abs. 2 Ziff. 3 SchKG) hat das Betreibungsamt das Lastenverzeichnis anzufertigen, und zwar so rechtzeitig, dass es mit den Steigerungsbedingungen (Art. 134 Abs. 2 SchKG) aufgelegt werden kann.

Art. 34 B. Inhalt
I. Im allgemeinen

¹ In das Lastenverzeichnis sind aufzunehmen:

a. die Bezeichnung des zu versteigernden Grundstückes und allfällig seiner Zugehör (Art. 11 hiervor), mit Angabe des Schätzungsbetrages, wie in der Pfändungsurkunde enthalten;

---

1 SR 210
2 Eingefügt durch Ziff. I der V des BGer vom 4. Dez. 1975, in Kraft seit 1. April 1976 (AS 1976 164).
3 Fassung gemäss Ziff. I der V des BGer vom 5. Juni 1996, in Kraft seit 1. Jan. 1997 (AS 1996 2900).

b.[1] die im Grundbuch eingetragenen sowie die auf Grund der öffentlichen Aufforderung (Art. 29 Abs. 2 und 3 hiervor) angemeldeten Lasten (Dienstbarkeiten, Grundlasten, Grundpfandrechte und vorgemerkte persönliche Rechte), unter genauer Verweisung auf die Gegenstände, auf die sich die einzelnen Lasten beziehen, und mit Angabe des Rangverhältnisses der Pfandrechte zueinander und zu den Dienstbarkeiten und sonstigen Lasten, soweit sich dies aus dem Grundbuchauszug (Art. 28 hiervor) oder aus den Anmeldungen ergibt. Bei Pfandforderungen sind die zu überbindenden und die fälligen Beträge (Art. 135 SchKG) je in einer besonderen Kolonne aufzuführen. Weicht die Anmeldung einer Last vom Inhalt des Grundbuchauszuges ab, so ist auf die Anmeldung abzustellen, dabei aber der Inhalt des Grundbucheintrages anzugeben. Ist ein Anspruch in geringerem Umfang angemeldet worden, als aus dem Grundbuch sich ergibt, so hat das Betreibungsamt die Änderung oder Löschung des Grundbucheintrages mit Bewilligung des Berechtigten zu erwirken.

² Aufzunehmen sind auch diejenigen Lasten, die vom Berechtigten angemeldet werden, ohne dass eine Verpflichtung zur Anmeldung besteht. Lasten, die erst nach der Pfändung des Grundstückes ohne Bewilligung des Betreibungsamtes in das Grundbuch eingetragen worden sind, sind unter Angabe dieses Umstandes und mit der Bemerkung in das Verzeichnis aufzunehmen, dass sie nur berücksichtigt werden, sofern und soweit die Pfändungsgläubiger vollständig befriedigt werden (Art. 53 Abs. 3 hiernach).

Art. 35   II. Leere Pfandstellen und Eigentümertitel

¹ Leere Pfandstellen sind bei der Aufstellung des Lastenverzeichnisses nicht zu berücksichtigen, desgleichen im Besitze des Schuldners befindliche Eigentümerpfandtitel, die nicht gepfändet aber nach Artikel 13 hiervor in Verwahrung genommen worden sind (Art. 815 ZGB[2] und Art. 68 Abs. 1 Bst. a hiernach).

² Sind die Eigentümerpfandtitel verpfändet oder gepfändet, so dürfen sie, wenn das Grundstück selbst gepfändet ist und infolgedessen zur Verwertung gelangt, nicht gesondert versteigert werden, sondern es ist der Betrag, auf den der Pfandtitel lautet, oder sofern der Betrag, für den er verpfändet oder gepfändet ist, kleiner ist, dieser Betrag nach dem Range des Titels in das Lastenverzeichnis aufzunehmen.

Art. 36   III. Von der Aufnahme ausgeschlossene Ansprüche

¹ Ansprüche, die nach Ablauf der Anmeldungsfrist geltend gemacht werden, sowie Forderungen, die keine Belastung des Grundstückes darstellen, dürfen nicht in das Lastenverzeichnis aufgenommen werden. Das Betreibungsamt hat den Ansprechern

---

1   Fassung gemäss Ziff. I der V des BGer vom 5. Juni 1996, in Kraft seit 1. Jan. 1997 (AS 1996 2900).
2   SR 210

von der Ausschliessung solcher Ansprüche sofort Kenntnis zu geben, unter Angabe der Beschwerdefrist (Art. 17 Abs. 2 SchKG).

² Im übrigen ist das Betreibungsamt nicht befugt, die Aufnahme der in dem Auszug aus dem Grundbuch enthaltenen oder besonders angemeldeten Lasten in das Verzeichnis abzulehnen, diese abzuändern oder zu bestreiten oder die Einreichung von Beweismitteln zu verlangen. Ein von einem Berechtigten nach Durchführung des Lastenbereinigungsverfahrens erklärter Verzicht auf eine eingetragene Last ist nur zu berücksichtigen, wenn die Last vorher gelöscht worden ist.

Art. 37   C. Mitteilung

¹ Das Lastenverzeichnis ist sämtlichen Gläubigern, zu deren Gunsten das Grundstück gepfändet ist, allen Grundpfandgläubigern sowie den aus Vormerkungen Berechtigten (Art. 959 ZGB[1]) und dem Schuldner mitzuteilen.

² Die Mitteilung erfolgt mit der Anzeige, dass derjenige, der einen im Verzeichnis aufgeführten Anspruch nach Bestand, Umfang, Rang oder Fälligkeit bestreiten will, dies innerhalb von zehn Tagen, von der Zustellung an gerechnet, beim Betreibungsamt schriftlich unter genauer Bezeichnung des bestrittenen Anspruchs zu erklären habe, widrigenfalls der Anspruch für die betreffende Betreibung als von ihm anerkannt gelte (Art. 140 Abs. 2 und 107 Abs. 2 und 4 SchKG).[2]

³ Ist infolge einer früheren Betreibung bereits ein Prozess über eine im Lastenverzeichnis enthaltene Last anhängig, so hat das Betreibungsamt hiervon im Lastenverzeichnis von Amtes wegen Vormerk zu nehmen, unter Angabe der Prozessparteien und des Rechtsbegehrens. Der Ausgang des pendenten Prozesses ist auch für das Lastenverzeichnis der neuen Betreibung massgebend.

Art. 38   D. Bereinigung
          I. Zugehör

¹ Während der Frist für die Anfechtung des Lastenverzeichnisses können die Pfandgläubiger, die bisher dazu noch nicht in der Lage waren, beim Betreibungsamt verlangen, dass noch weitere Gegenstände als Zugehör der Liegenschaft in das Verzeichnis aufgenommen werden (Art. 11 Abs. 3 hiervor).

² Sind im Lastenverzeichnis Gegenstände als Zugehör des Grundstückes aufgeführt (Art. 34 Abs. 1 Buchst. a hiervor), so hat das Betreibungsamt gleichzeitig mit der nach Artikel 37 hiervor zu erlassenden Anzeige den Pfändungsgläubigern, dem Schuldner, und wenn die Gegenstände von einem Dritten als Eigentum beansprucht werden, auch diesem mitzuteilen, dass innerhalb der gleichen Frist die Zugehörei-

---

1   SR 210
2   Fassung gemäss Ziff. I der V des BGer vom 5. Juni 1996, in Kraft seit 1. Jan. 1997 (AS 1996 2900).

genschaft dieser Gegenstände oder einzelner derselben beim Betreibungsamt bestritten werden könne.

[3] Werden die Zugehörgegenstände zugleich von einem Dritten als Eigentum beansprucht, so ist die zehntägige Frist zur Bestreitung dieses Anspruchs (Art. 107 Abs. 2 SchKG) sämtlichen Pfändungs- und Pfandgläubigern und dem Schuldner anzusetzen.[1]

Art. 39[2]   II. Parteirolle und Gerichtsstand im Prozess

Erfolgt eine Bestreitung, so verfährt das Betreibungsamt nach Artikel 107 Absatz 5 SchKG. Handelt es sich um ein im Grundbuch eingetragenes Recht, dessen Bestand oder Rang vom Eintrag abhängt, oder um ein ohne Eintrag gültiges gesetzliches Pfandrecht, so ist die Klägerrolle demjenigen zuzuweisen, der eine Abänderung oder die Löschung des Rechtes verlangt.

Art. 40   III. Ergänzung oder Berichtigung durch die Aufsichtsbehörde

Wird das Lastenverzeichnis infolge einer Beschwerde durch Verfügung der Aufsichtsbehörde ergänzt oder berichtigt, so hat das Betreibungsamt die Ergänzung oder Änderung den Beteiligten wiederum unter Ansetzung einer zehntägigen Bestreitungsfrist mitzuteilen.

Art. 41[3]

Art. 42   IV. Vom Schuldner anerkannte, von einem Gläubiger mit Erfolg bestrittene Ansprüche[4]

Ist ein Anspruch von einem Gläubiger mit Erfolg bestritten, vom Schuldner dagegen durch Nichtbestreitung anerkannt worden, so kann der Ansprecher verlangen, dass das Grundstück sowohl mit als ohne Anzeige der von ihm behaupteten Last ausgeboten und dass, wenn das Angebot für das Grundstück mit der Last zur Befriedigung des Gläubigers, der den Anspruch bestritten hat, ausreiche, das Grundstück unter Berücksichtigung der Last zugeschlagen werde (Art. 56 hiernach).

---

1   Fassung gemäss Ziff. I der V des BGer vom 5. Juni 1996, in Kraft seit 1. Jan. 1997 (AS 1996 2900).
2   Fassung gemäss Ziff. I der V des BGer vom 5. Juni 1996, in Kraft seit 1. Jan. 1997 (AS 1996 2900).
3   Aufgehoben durch Ziff. I der V des BGer vom 5. Juni 1996 (AS 1996 2900).
4   Fassung gemäss Ziff. I der V des BGer vom 5. Juni 1996, in Kraft seit 1. Jan. 1997 (AS 1996 2900).

Art. 43 V. Anfechtung von Rang und Höhe. Verhältnis zwischen Gläubigern einer Gruppe[1]

[1] Rang und Höhe der im Lastenverzeichnis aufgeführten Pfandforderungen können von demjenigen, der dazu im Lastenbereinigungsverfahren Gelegenheit hatte, bei der Verteilung nicht mehr angefochten werden.

[2] Nahmen mehrere Gläubiger an der Pfändung teil, so wirkt eine Bestreitung und gerichtliche Anfechtung des Lastenverzeichnisses nicht zugunsten derjenigen Gruppengläubiger, welche die Last nicht bestritten haben.

Art. 44 E. Revision der Schätzung

Nach Durchführung des Lastenbereinigungsverfahrens ist festzustellen, ob seit der Pfändung Änderungen im Werte des Grundstückes, wie namentlich infolge Wegfall von Lasten, eingetreten sind. Das Ergebnis einer solchen neuen Schätzung ist den Beteiligten mitzuteilen. Die Bestimmung des Artikels 9 Absatz 2 hiervor findet entsprechende Anwendung.

C. Steigerungsbedingungen

Art. 45 A. Inhalt
I. Im allgemeinen

[1] Die Steigerungsbedingungen müssen ausser der Angabe des Schuldners, des Gläubigers, auf dessen Begehren die Verwertung erfolgt, des Ortes und der Zeit der Steigerung sowie der Beschreibung des Grundstückes und seiner Zugehör mindestens folgende Bestimmungen enthalten:

a.[2] die Bestimmung, dass das Grundstück mit allen nach dem Lastenverzeichnis darauf haftenden Belastungen (Dienstbarkeiten, Grundlasten, Grundpfandrechte und vorgemerkte persönliche Rechte) versteigert werde, unter Überbindung der damit verbundenen persönlichen Schuldpflicht auf den Erwerber für nicht fällige Forderungen, soweit sie nach dem Zuschlagspreis noch zu Recht bestehen (Art. 135 SchKG);

b. wenn mehrere Grundstücke zu versteigern sind, die Angabe, ob sie gesamthaft oder in Einzelgruppen und in welchen oder parzellenweise und evtl. in welcher Reihenfolge sie versteigert werden;

c. wenn ein doppeltes Ausgebot den Grundstücks oder seiner Zugehör stattfindet (Art. 42 hiervor, 57 und 104 hiernach), die Bestimmung, dass der Meistbieter

---

1 Fassung gemäss Ziff. I der V des BGer vom 5. Juni 1996, in Kraft seit 1. Jan. 1997 (AS 1996 2900).
2 Fassung gemäss Ziff. I der V des BGer vom 5. Juni 1996, in Kraft seit 1. Jan. 1997 (AS 1996 2900).

beim ersten Ausgebot für sein Angebot behaftet bleibe bis nach Schluss des zweiten Ausgebotes (Art. 56 hiernach);

d. die Angabe der Beträge, die der Ersteigerer auf Abrechnung am Zuschlagspreis bar zu bezahlen, sowie diejenige Posten, die er über den Zuschlagspreis hinaus zu übernehmen hat (Art. 46 und 49 hiernach);

e. die Bestimmung, ob und allfällig für welchen Betrag an der Steigerung selbst Barzahlung zu leisten sei, ob ein Zahlungstermin im Sinne des Artikels 136 SchKG gewährt werde und ob und welche Sicherheit in diesem Falle für den gestundeten Betrag an der Steigerung selbst oder innerhalb einer in den Steigerungsbedingungen zu bestimmenden Frist verlangt werden kann. Für den Fall, dass die Barzahlung oder Sicherheit an der Steigerung selbst verlangt wird, ist zu bestimmen, dass der Zuschlag von ihrer Leistung abhängig gemacht werde und dass deshalb jeder Bieter bei seinem Angebot so lange behaftet bleibe, als nicht dem Höherbietenden der Zuschlag erteilt sei;

f. wenn das Betreibungsamt den Betrag der einzelnen Angebote beschränken will, die Bestimmung, dass jeden Angebot das vorhergehende um einen bestimmten Betrag übersteigen müsse;

g. eine Bestimmung über die Wegbedingung der Gewährspflicht.

² Das entsprechend dem Ausgange allfälliger Prozesse oder Beschwerden berichtigte oder ergänzte Lastenverzeichnis ist den Steigerungsbedingungen als Anhang beizufügen.

Art. 46   II. Barzahlung des Steigerungspreises
1. effektiv

¹ Auf Abrechnung am Zuschlagspreis ist in den Steigerungsbedingungen vom Ersteigerer Barzahlung zu verlangen für die fälligen, durch vertragliches oder gesetzliches Pfandrecht gesicherten Kapitalforderungen, die fälligen Kapitalzinse, inbegriffen Verzugszinse und Betreibungskosten, die Verwaltungskosten, soweit sie nicht aus den eingegangenen Erträgnissen Deckung finden, die Verwertungskosten und für den allfälligen, den Gesamtbetrag der pfandgesicherten Forderungen übersteigenden Mehrerlös.[1]

² Als fällig sind diejenigen Kapital- und Zinsforderungen zu behandeln, die nach den Angaben im rechtskräftigen Lastenverzeichnis im Zeitpunkt der Versteigerung fällig sind, inbegriffen solche mit gesetzlichem Pfandrecht, sowie in Betreibung gesetzte Pfandforderungen, wenn ein Rechtsvorschlag nicht erfolgt oder gerichtlich aufgehoben worden ist.

³ Pfandforderungen, die nicht fällig sind, müssen dem Ersteigerer stets überbunden werden (Art. 45 Abs. 1 Buchst. a hiervor).

---

1   Fassung gemäss Ziff. I der V des BGer vom 5. Juni 1996, in Kraft seit 1. Jan. 1997 (AS 1996 2900).

Art. 47 2. auf andere Weise

¹ Will der Ersteigerer eine bar zu bezahlende Pfandforderung auf andere Weise tilgen (z.b. durch Schuldübernahme oder Novation), so darf das Betreibungsamt dies nur berücksichtigen, wenn ihm innerhalb der in den Steigerungsbedingungen für die Zahlung festgesetzten oder durch Zustimmung sämtlicher Beteiligter verlängerten Frist (Art. 63 Abs. 1 hiernach) eine Erklärung des Gläubigers über dessen anderweitige Befriedigung vorgelegt wird.

² Wird ein solcher Ausweis nicht erbracht, so hat das Betreibungsamt sofort nach Ablauf des Zahlungstermins eine neue Steigerung anzuordnen (Art. 143 SchKG).

Art. 48 III. Überbindung
1. auf Abrechnung am Zuschlagspreis

¹ Die bis zum Steigerungstag laufenden Zinse der überbundenen Pfandforderungen werden dem Ersteigerer auf Abrechnung am Zuschlagspreis überbunden, sofern die Steigerungsbedingungen nicht ausdrücklich etwas anderes bestimmen.

² Hinsichtlich der im Zeitpunkt der Versteigerung laufenden Erträgnisse können die Steigerungsbedingungen bestimmen, dass sie als Entgelt für die Überbindung der laufenden Zinse der nicht fälligen Pfandforderungen dem Ersteigerer zufallen. An Stelle des Steigerungstages kann auch ein entsprechender Zinstermin als massgebend für Nutzens- und Schadensanfang bestimmt werden. Dagegen dürfen schon eingezogene und noch ausstehende fällige Erträgnisse dem Ersteigerer nicht zugewiesen werden.

Art. 49 2. ohne Abrechnung am Zuschlagspreis

¹ Ohne Abrechnung am Zuschlagspreis sind dem Ersteigerer durch die Steigerungsbedingungen zur Zahlung zu überbinden:[1]

a.[2] die Kosten der Eigentumsübertragung und der in bezug auf die Grundpfandrechte, Dienstbarkeiten usw. erforderlichen Löschungen und Änderungen im Grundbuch und in den Pfandtiteln, mit Einschluss der Kosten des in Artikel 69 hiernach vorgeschriebenen Verfahrens betreffend fehlende Pfandtitel über Grundpfandrechte, die durch die Versteigerung ganz oder teilweise untergegangen sind, sowie die Handänderungsabgaben;

b. die im Zeitpunkt der Versteigerung noch nicht fälligen und daher im Lastenverzeichnis nicht aufgeführten Forderungen mit gesetzlichem Pfandrecht (Art. 836 ZGB[3], Brandassekuranzsteuern, Liegenschaftensteuern usw.), ferner die laufenden Abgaben für Gas, Wasser, Elektrizität u.dgl.

---

1 Fassung gemäss Ziff. I der V des BGer vom 5. Juni 1996, in Kraft seit 1. Jan. 1997 (AS 1996 2900).
2 Fassung gemäss Ziff. I der V des BGer vom 5. Juni 1996, in Kraft seit 1. Jan. 1997 (AS 1996 2900).
3 SR 210

² Zu weiteren Zahlungen über den Zuschlagspreis hinaus kann der Ersteigerer nicht verpflichtet werden, ausser es sei in den Steigerungsbedingungen vorgesehen.¹

Art. 50²   3. Miet- und Pachtverträge
Bestehen auf dem Grundstück Miet- oder Pachtverträge, so gehen sie mit dem Eigentum an der Sache auf den Erwerber über (Art. 261, 261b und 290 Bst. a OR³).

Art. 51⁴   4. Vorkaufsrecht
¹ Vertraglich begründete Vorkaufsrechte (Art. 216 Abs. 2 und 3 OR⁵) können bei der Zwangsversteigerung nicht ausgeübt werden, gesetzliche Vorkaufsrechte nur nach Massgabe von Artikel 60a hiernach.

² Besteht zu Lasten des versteigerten Grundstücks ein im Grundbuch vorgemerktes Vorkaufsrecht, so wird es, wenn es nicht infolge des Ergebnisses eines doppelten Aufrufes des Grundstücks gelöscht werden muss (Art. 56 hiernach), so wie es im Lastenverzeichnis enthalten ist, dem Ersteigerer überbunden. Vorbehalten bleibt ein gerichtlicher Entscheid darüber, ob es nach seinem Inhalt bei einem künftigen Verkauf des Grundstücks geltend gemacht werden könne oder ob es erloschen sei.

Art. 52   B. Abänderungen
Nachträgliche Abänderungen der Steigerungsbedingungen sind nur zulässig, wenn sie neu aufgelegt, publiziert und den Beteiligten nach Artikel 139 SchKG speziell zur Kenntnis gebracht werden.

2. Steigerungsakt und Zuschlag
A. Voraussetzungen des Zuschlags

Art. 53   A. Im allgemeinen
¹ Bei der Berechnung des Zuschlagspreises (Art. 142a in Verbindung mit Art. 126 Abs. 1 SchKG) dürfen von den dem betreibenden Gläubiger vorgehenden pfandgesicherten Forderungen (Kapital, rückständige Zinsen, laufender Zins bis zum Steigerungstag, allfällige Verzugszinse und Betreibungskosten) nur diejenigen berücksich-

---

1 Fassung gemäss Ziff. I der V des BGer vom 5. Juni 1996, in Kraft seit 1. Jan. 1997 (AS 1996 2900).
2 Fassung gemäss Ziff. I der V des BGer vom 5. Juni 1996, in Kraft seit 1. Jan. 1997 (AS 1996 2900).
3 SR 220
4 Fassung gemäss Ziff. I der V des BGer vom 7. Sept. 1993, in Kraft seit 1. Jan. 1994 (AS 1993 3183).
5 SR 220

tigt werden, die im Lastenverzeichnis enthalten und unbestritten geblieben oder gerichtlich gutgeheissen, evtl. noch beim Richter anhängig sind (Art. 141 SchKG).[1]

[2] Ist das Grundstück in mehreren Pfändungen (Gruppen) enthalten, so fallen nur diejenigen pfandgesicherten Forderungen in Betracht, die gegenüber der Pfändung, in der die Verwertung verlangt wird, zu Recht bestehen.[2]

[3] Pfandlasten, die erst nach der Pfändung ohne Bewilligung des Betreibungsamtes in das Grundbuch eingetragen wurden, fallen bei der Berechnung des Zuschlagspreises ausser Betracht, wenn sie nicht schon vorher kraft Gesetzes entstanden sind und allen eingetragenen Belastungen vorgehen.

Art. 54 B. Wenn ein Pfandgläubiger auf Pfändung betreibt und
I. der Pfandgläubiger die Verwertung verlangt

[1] Hat ein Pfandgläubiger für eine grundpfandgesicherte Forderung auf Pfändung betrieben und das ihm verpfändete Grundstück in Pfändung erhalten, so kann, wenn der Pfandgläubiger die Verwertung verlangt und die in Betreibung gesetzte Forderung im Lastenverzeichnis enthalten ist (Art. 53 Abs. 1 hiervor), der Zuschlag erfolgen, wenn nur die dem betreibenden Gläubiger im Range vorgehenden grundpfandgesicherten Forderungen überboten sind.[3]

[2] Wenn jedoch der Pfandgläubiger nur für Zinse oder nur für einen Teil der Kapitalforderung auf Pfändung betrieben hat, so darf nur zugeschlagen werden, wenn auch die Kapitalforderung, soweit sie nicht in Betreibung gesetzt wurde, überboten ist.

Art. 55[4] II. ein anderer Gläubiger die Verwertung verlangt

Ist der Gläubiger, für dessen grundpfandgesicherte Forderung das Grundpfand selbst gepfändet ist, mit dieser Betreibung Teilnehmer einer Gruppe und wird die Verwertung von einem andern Gruppengläubiger verlangt, so muss auch jene grundpfandgesicherte Forderung, sofern sie im Lastenverzeichnis enthalten ist, überboten sein, damit der Zuschlag erfolgen kann.

---

1   Fassung gemäss Ziff. I der V des BGer vom 5. Juni 1996, in Kraft seit 1. Jan. 1997 (AS 1996 2900).
2   Fassung gemäss Ziff. I der V des BGer vom 5. Juni 1996, in Kraft seit 1. Jan. 1997 (AS 1996 2900).
3   Fassung gemäss Ziff. I der V des BGer vom 5. Juni 1996, in Kraft seit 1. Jan. 1997 (AS 1996 2900).
4   Fassung gemäss Ziff. I der V des BGer vom 5. Juni 1996, in Kraft seit 1. Jan. 1997 (AS 1996 2900).

B. Steigerungsverfahren

Art. 56[1]   A. Doppelaufruf
            I. Im allgemeinen

Muss der Aufruf des Grundstückes sowohl mit als ohne Anzeige einer Last stattfinden (Art. 42 hiervor und 104 hiernach), so ist, wenn dies nicht schon in den Steigerungsbedingungen erwähnt ist, jedenfalls vor Beginn der Steigerung den Beteiligten davon Kenntnis zu geben. Für den Zuschlag gelten folgende Bestimmungen:

a. Der erste Aufruf *mit* der Last erfolgt mit dem Bemerken, dass der Meistbieter für sein Angebot behaftet bleibe bis nach Schluss eines allfälligen zweiten Aufrufs ohne die Last. Reicht beim ersten Aufruf das Angebot zur Befriedigung des Gläubigers aus oder wird ein allfälliger Fehlbetrag vom Dienstbarkeits- oder Grundlastberechtigten sofort bar bezahlt, so wird die Last dem Ersteigerer überbunden; ein zweiter Aufruf findet nicht statt.

b. Wird der Gläubiger durch das Meistgebot beim ersten Aufruf mit der Last nicht voll gedeckt, so muss ein zweiter Aufruf stattfinden mit dem Bemerken, dann das Grundstück *ohne* die Last zugeschlagen werde, es sei denn, dass auch dieser Aufruf keinen höhern Erlös ergebe. Wird durch den zweiten Aufruf ein höherer Erlös erzielt, so wird der Zuschlag erteilt und muss die Last im Grundbuch gelöscht werden, selbst wenn der Gläubiger voll gedeckt wird (Art. 116 hiernach).

c. Ergibt der Aufruf ohne die Last keinen höhern Erlös, so wird der Zuschlag dem Höchstbietenden im ersten Aufruf mit der Last erteilt und ihm diese überbunden.

Art. 57[2]   II. Zugehör

Wenn Zugehörgegenstände mit dem Grundstück zu verwerten sind, so können der Schuldner und jeder betreibende Gläubiger und Pfandgläubiger vor der Steigerung zunächst getrennte und hernach gemeinsame Ausbietung von Zugehör und Grundstück verlangen. Übersteigt dabei das Ergebnis des Gesamtrufes die Summe der Einzelangebote, so gilt der Zuschlag an die Einzelangebote als dahingefallen.

Art. 58   B. Angebot
            I. Form

[1] Angebote, die an Bedingungen oder Vorbehalte geknüpft sind oder nicht auf eine bestimmte Summe lauten, darf das Betreibungsamt nicht berücksichtigen.

---

1   Im italienischen Text besteht dieser Artikel aus zwei Absätzen. Abs. 1 entspricht dem ersten und Abs. 2 dem zweiten Satz des deutschen Textes.
2   Fassung gemäss Ziff. I der V des BGer vom 5. Juni 1996, in Kraft seit 1. Jan. 1997 (AS 1996 2900).

² Von Personen, die als Stellvertreter in fremdem Namen oder als Organ einer juristischen Person bieten, kann vor dem Zuschlag der Nachweis der Vertretungsbefugnis verlangt werden. Die allfälligen Ausweise sind, wenn dem Vertretenen zugeschlagen wird, bei den Akten aufzubewahren.

³ Angebote für namentlich nicht bezeichnete oder erst später zu bezeichnende Personen oder für noch nicht bestehende juristische Personen dürfen nicht angenommen werden.

⁴ Schriftliche Angebote sind bei Beginn der Steigerung den Teilnehmern bekanntzugeben und unter den gleichen Bedingungen wie mündliche Angebote zu berücksichtigen.[1]

Art. 59 II. Gemeinsames Angebot mehrerer

Bieten mehrere Personen gemeinsam und erklären sie nichts anderes, so wird ihnen das Grundstück zu Miteigentum zu gleichen Teilen zugeschlagen.

Art. 60 III. Ausruf der Angebote und Zuschlag

¹ Jedes Angebot wird dreimal ausgerufen und dabei jeweilen angegeben, ob es sich um den ersten, zweiten oder dritten Ausruf handelt. Das Betreibungsamt ist verpflichtet, demjenigen Bieter, der das letzte und höchste Angebot gemacht hat, sofort öffentlich den Zuschlag zu erteilen.

² Der Zuschlag erfolgt, wenn nach den Steigerungsbedingungen eine sofort zu leistende Barzahlung oder Sicherheitsleistung verlangt wird, nur nach deren Leistung; andernfalls wird in Fortsetzung der Steigerung das nächst tiefere Angebot nochmals dreimal ausgerufen und, wenn es nicht überboten wird, daraufhin der Zuschlag erteilt.

Art. 60a[2] IV. Ausübung gesetzlicher Vorkaufsrechte

¹ Gesetzliche Vorkaufsrechte können nur an der Steigerung selbst und zu den Bedingungen, zu welchen das Grundstück dem Ersteigerer zugeschlagen wird, ausgeübt werden (Art. 681 Abs. 1 ZGB[3]).

² Vereinbarungen im Sinne von Artikel 681b Absatz 1 ZGB, die dem Vorkaufsberechtigten Vorzugsrechte gewähren, sind bei der Steigerung nicht zu beachten.

³ Nach dreimaligem Ausruf des Höchstangebotes hat der Leiter der Steigerung die anwesenden oder vertretenen Inhaber eines gesetzlichen Vorkaufsrechtes aufzufor-

---

1 Fassung gemäss Ziff. I der V des BGer vom 5. Juni 1996, in Kraft seit 1. Jan. 1997 (AS 1996 2900).
2 Eingefügt durch Ziff. I der V des BGer vom 4. Dez. 1975 (AS 1976 164). Fassung gemäss Ziff. I der V des BGer vom 7. Sept. 1993, in Kraft seit 1. Jan. 1994 (AS 1993 3183).
3 SR 210

dern, sich über dessen Ausübung auszusprechen. Bis dies geschehen ist, bleibt der Meistbietende an sein Angebot gebunden.

⁴ Erklärt einer der Berechtigten, er wolle das Vorkaufsrecht zum angebotenen Preise ausüben, so wird ihm der Zuschlag erteilt. Geben mehrere Berechtigte diese Erklärung gemeinsam ab, so ist Artikel 59 hiervor, bei Miteigentümern Artikel 682 Absatz 1 Satz 2 ZGB anwendbar.

Art. 61[1]   C. Steigerung und Protokoll

¹ Die Steigerung ist ohne Unterbrechung durchzuführen.

² Über jede Steigerung ist im Anschluss an die Steigerungsbedingungen ein Protokoll zu führen, das vom Steigerungsbeamten sowie vom Ersteigerer zu unterzeichnen ist.

Art. 62   D. Versicherte Zugehör

Werden Zugehörgegenstände, deren Gesamtheit den Gegenstand eines Versicherungsvertrages bildet (Art. 15 Abs. 1 Buchst. c hiervor), mitversteigert, so ist bei der Versteigerung auf die Versicherung aufmerksam zu machen. Wird die Gesamtheit der versicherten Gegenstände von einer und derselben Person erworben, so ist der Versicherer vom Übergang des Eigentums sofort in Kenntnis zu setzen (Art. 3 VPAV[2]).

Art. 63   E. Zahlungverzug des Ersteigerers

¹ Befindet sich der Ersteigerer im Zahlungsverzug und können allfällige von ihm bestellte Sicherheiten nicht sofort ohne Betreibung oder Prozess liquidiert werden, so hat das Betreibungsamt, sofern nicht sämtliche Beteiligte (Schuldner, zu Verlust gekommene Pfandgläubiger, betreibende Gläubiger) zu einer Verlängerung der Zahlungsfrist ihre Einwilligung erteilen, ohne weiteres den Zuschlag aufzuheben und sofort eine neue Steigerung nach Artikel 143 Absatz 1 SchKG anzuordnen.² Die Aufhebung des Zuschlages ist im Steigerungsprotokoll (Art. 61 hiervor) vorzumerken und dem Ersteigerer schriftlich anzuzeigen.

² Ist der Eigentumsübergang bereits im Grundbuch eingetragen (Art. 66 Abs. 3 hiernach), so beauftragt das Betreibungsamt das Grundbuchamt unter Hinweis auf die Aufhebung des Zuschlages mit der Löschung des Eintrages sowie der entsprechenden Vormerkung im Grundbuch.

---

1   Fassung gemäss Ziff. I der V des BGer vom 5. Juni 1996, in Kraft seit 1. Jan. 1997 (AS 1996 2900).
2   Fassung gemäss Ziff. I der V des BGer vom 4. Dez. 1975, in Kraft seit 1. April 1976 (AS 1976 164).

Art. 64[1] F. Neue Steigerung
I. Bekanntmachung

¹ Die neue Steigerung darf nicht vor Ablauf eines Monats seit der früheren stattfinden.

² Sie ist in der Bekanntmachung ausdrücklich als «Neue Steigerung infolge Zahlungsverzugs des Ersteigerers» zu bezeichnen.

³ Eine neue Schätzung des Grundstücks ist nicht vorzunehmen; ebensowenig erfolgt eine nochmalige Fristansetzung zur Anmeldung von Ansprüchen nach Artikel 138 Absatz 2 Ziffer 3 SchKG.

Art. 65 II. Lastenverzeichnis und Steigerungsbedingungen

¹ Das für die frühere Steigerung aufgestellte Lastenverzeichnis ist auch für die neue und eine allfällig weiter notwendig werdende Steigerung massgebend.² Kommen dem Betreibungsamt neue, in der Zwischenzeit entstandene öffentlich-rechtliche Lasten zur Kenntnis, so hat es sie von Amtes wegen zu berücksichtigen. In diesem Falle ist die Ergänzung des Lastenverzeichnisses den Interessenten nach Artikel 140 Absatz 2 SchKG (Art. 37 hiervor) mitzuteilen. In der Zwischenzeit fällig gewordene, im Lastenverzeichnis als laufend angemerkte Kapitalzinse sind mit dem entsprechenden Betrag unter die fälligen und bar zu bezahlenden Forderungen einzustellen, ohne dass aber deswegen eine Neuauflage des Lastenverzeichnisses nötig wäre.

² Die übrigen Steigerungsbedingungen können vom Betreibungsamt innerhalb der Grenzen der ihm in Artikel 134 Absatz 1 SchKG eingeräumten Befugnisse abgeändert werden. Werden sie erst nach ihrer Auflegung abgeändert, so ist die Vorschrift des Artikels 52 hiervor zu beobachten.

Art. 66 G. Vollzug des Zuschlages
I. Anmeldung des Eigentumsübergangs

¹ Die Anmeldung des durch den Zuschlag bewirkten Eigentumsüberganges an dem versteigerten Grundstück zur Eintragung in das Grundbuch erfolgt durch das Betreibungsamt von Amtes wegen, sobald feststeht, dass der Zuschlag nicht mehr durch Beschwerde angefochten werden kann oder die erhobene Beschwerde endgültig abgewiesen worden ist.

² Sie soll in der Regel erst erfolgen, nachdem die Kosten der Eigentumsübertragung sowie der Zuschlagspreis vollständig bezahlt sind.

³ Auf besonders begründetes Begehren des Ersteigerers kann das Amt ausnahmsweise die Anmeldung auch vorher vornehmen, sofern der Ersteigerer für den ausstehenden Rest des Zuschlagspreises ausreichende Sicherheit leistet. In diesem Fall ist

---

1 Fassung gemäss Ziff. I der V des BGer vom 4. Dez. 1975, in Kraft seit 1. April 1976 (AS 1976 164).
2 Fassung gemäss Ziff. I der V des BGer vom 4. Dez. 1975, in Kraft seit 1. April 1976 (AS 1976 164).

aber gleichzeitig eine Verfügungsbeschränkung nach Artikel 960 ZGB im Grundbuch vorzumerken.[1]

[4] In denjenigen Kantonen, in denen die Eintragung im Grundbuch von der Bezahlung einer Handänderungssteuer abhängig gemacht wird, muss vor der Anmeldung auch diese an das Amt bezahlt oder der Ausweis über direkt geleistete Bezahlung erbracht werden.

[5] Ist der Schuldner noch nicht als Eigentümer im Grundbuch eingetragen (z.B. als Erbe), so veranlasst das Betreibungsamt dessen vorgängige Eintragung gleichzeitig mit der Anmeldung des Eigentumsübergangs auf den Ersteigerer.

Art. 67 II. Person, die einzutragen ist

Das Betreibungsamt darf nur denjenigen, dem der Zuschlag erteilt worden ist, als Eigentümer in das Grundbuch eintragen lassen. Die Eintragung eines Dritten, der als Zessionar oder als vertraglicher Vorkaufsberechtigter in den Steigerungskauf einzutreten erklärt, ist unzulässig, selbst wenn der Ersteigerer damit einverstanden ist.

Art. 68 III. Löschungen im Grundbuch

[1] Gleichzeitig mit der Anmeldung des Eigentumsübergangs zur Eintragung im Grundbuch hat das Betreibungsamt zur Löschung anzumelden:

a. leere Pfandstellen sowie Eigentümerpfandtitel, über die der Schuldner nicht verfügt hat (Art. 815 ZGB[2]). Sind solche Titel verpfändet und ist die Faustpfandforderung fällig und deshalb dem Ersteigerer die entsprechende Pfandschuld nicht überbunden worden, so sind die Titel ebenfalls zu entkräften oder insoweit abzuschreiben, als sie durch den Zuschlagspreis nicht gedeckt sind;

b. die Pfandrechte und sonstigen Lasten, die nicht überbunden werden konnten;

c. die infolge der Pfändung des Grundstückes vorgemerkte Verfügungsbeschränkung (Art. 15 Abs. 1 Buchst. a hiervor).

[2] Ferner sind allfällige, im Lastenbereinigungsverfahren festgestellte, noch nicht im Grundbuch eingetragene Lasten (Dienstbarkeiten u.dgl.) zur Eintragung anzumelden.

Art. 69 IV. Zu löschende Pfandtitel

[1] Das Betreibungsamt hat die Titel über die durch die Versteigerung ganz oder teilweise untergegangenen Grundpfandrechte vor der Verteilung einzufordern. Werden sie nicht beigebracht, so hat das Betreibungsamt trotzdem die erforderlichen Löschungen oder Abänderungen im Grundbuch zu veranlassen, die auf die betreffenden Forderungen entfallenden Beträge aber zu hinterlegen.

---

1 Fassung gemäss Anhang Ziff. 2 der Grundbuchverordnung vom 23. Sept. 2011, in Kraft seit 1. Jan. 2012 (AS 2011 4659).

2 SR 210

² Die stattgefundene Löschung oder Abänderung des Grundpfandrechts ist in diesem Falle durch einmalige Publikation im Amtsblatt zu veröffentlichen und dem Gläubiger, sofern sein Name und sein Wohnort bekannt sind, durch eingeschriebenen Brief zur Kenntnis zu bringen mit der Anzeige, dass die Veräusserung oder Verpfändung des gänzlich zu Verlust gekommenen Pfandtitels oder des teilweise zu Verlust gekommenen über den erlösten Betrag hinaus als Betrug strafbar wäre.

³ Ist der Inhaber des Titels unbekannt, so hat das Betreibungsamt die Löschung oder Abänderung des Grundpfandrechts öffentlich bekanntzumachen, unter Hinweis auf die in Absatz 2 hiervor erwähnte Folge einer Veräusserung oder Verpfändung des Titels.

Art. 70　　V. Anzeige an Mieter und Pächter

¹ Bestehen auf dem versteigerten Grundstück Miet- oder Pachtverträge, so teilt das Betreibungsamt dem Mieter oder Pächter den Eigentumsübergang mit, unter Angabe des Zeitpunktes, von wann an der Erwerber den Zins zu beziehen berechtigt ist.

² Ist der Kaufpreis dem Ersteigerer gestundet worden, so erfolgt diese Anzeige erst, nachdem der Kaufpreis bezahlt und die im Grundbuch vorgemerkte Verfügungsbeschränkung vom Betreibungsamt zur Löschung angemeldet worden ist.

Art. 71　　H. Ergebnislosigkeit der Steigerung[1]

¹ Bleibt die Steigerung ergebnislos, weil kein genügendes Angebot im Sinne von Artikel 142a in Verbindung mit Artikel 126 Absatz 1 SchKG oder gar kein Angebot erfolgt, oder hat das Betreibungsamt nach Artikel 127 SchKG von der Verwertung abgesehen, so fällt die Betreibung in Hinsicht auf das gepfändete Grundstück und dessen Zugehör dahin; eine gesonderte Verwertung der letzteren ist unzulässig, es wäre denn, dass alle Beteiligten (Schuldner, pfändende Gläubiger und Pfandgläubiger) sich damit einverstanden erklären.[2]

² Der noch nicht verteilte Reinerlös der Früchte und sonstigen Erträgnisse des Grundstückes (Art. 22 Abs. 1 hiervor) sowie einer allfälligen Ausfallforderung (Art. 72 hiernach) ist den betreibenden Pfändungs- und Pfandgläubigern (Art. 806 ZGB[3]) zuzuweisen.

³ Vom Wegfall der Pfändung und der dadurch begründeten Verfügungsbeschränkung ist den Mietern oder Pächtern sowie dem Grundbuchamt sofort Anzeige zu machen.

1　Fassung gemäss Ziff. I der V des BGer vom 4. Dez. 1975, in Kraft seit 1. April 1976 (AS 1976 164).
2　Fassung gemäss Ziff. I der V des BGer vom 5. Juni 1996, in Kraft seit 1. Jan. 1997 (AS 1996 2900).
3　SR 210

Art. 72 J. Ausfallforderung

¹ Hat der Ersteigerer den Steigerungskauf nicht gehalten und ist an der neuen Steigerung (Art. 63 hiervor) ein geringerer Erlös erzielt worden, so hat das Betreibungsamt die Ausfallforderung zunächst in ihrer Höhe festzustellen und, falls sie vom Schuldner derselben innert Frist nicht beglichen wird, den bei der Verwertung des Grundstückes zu Verlust gekommenen betreibenden Gläubigern und Pfandgläubigern Anzeige zu machen mit der Aufforderung an sie, ein allfälliges Begehren um Verwertung der Forderung gemäss den Artikeln 130 Ziffer 1 und 131 SchKG innert der Frist von zehn Tagen anzubringen. Wird kein solches Begehren gestellt, so ist die Forderung an einer einzigen öffentlichen Steigerung zu verkaufen.¹

² Hat der Schuldner der Ausfallforderung für die Erfüllung der Steigerungsbedingungen Sicherheiten bestellt, so sind diese denjenigen Gläubigern, welche die Forderung zur Eintreibung oder als Erwerber übernommen haben, oder dem Erwerber zu übergeben (Art. 170 Abs. 1 OR²).

³ Muss auch die neue Steigerung wegen Nichthaltung des Kaufs wiederholt werden und entsteht dadurch ein Mehrverlust, so ist diese Schadenersatzforderung gegen den zweiten Ersteigerer in gleicher Weise wie die ursprüngliche Ausfallforderung zu verwerten.

3. Verwertung eines Miteigentumsanteils³

Art. 73⁴ A. Grundbuchauszug

Ist ein Miteigentumsanteil zu verwerten, so hat der vom Betreibungsamt einzufordernde Auszug aus dem Grundbuch (Art. 28 hiervor) nicht nur über den Anteil des Schuldners, sondern auch über das Grundstück als ganzes Auskunft zu geben.

Art. 73a⁵ B. Bekanntmachung der Steigerung; Anmeldung von Rechtsansprüchen
I. Publikation

¹ Die Publikation der Versteigerung eines Miteigentumsanteils hat anzugeben, welcher Bruchteil bzw. welche Wertquote dem Schuldner zusteht, und muss die Beschreibung sowie den Schätzungswert des im Miteigentum stehenden Grundstücks und seiner Zugehör, im Falle von Stockwerkeigentum auch die Beschreibung sowie den Schätzungswert der dem Schuldner zugeschiedenen Grundstücksteile und ihrer allfälligen besondern Zugehör enthalten.

---

1 Fassung gemäss Ziff. I der V des BGer vom 5. Juni 1996, in Kraft seit 1. Jan. 1997 (AS 1996 2900).
2 SR 220
3 Fassung gemäss Ziff. I der V des BGer vom 4. Dez. 1975, in Kraft seit 1. April 1976 (AS 1976 164).
4 Fassung gemäss Ziff. I der V des BGer vom 4. Dez. 1975, in Kraft seit 1. April 1976 (AS 1976 164).
5 Eingefügt durch Ziff. I der V des BGer vom 4. Dez. 1975, in Kraft seit 1. April 1976 (AS 1976 164).

² Die Aufforderung zur Anmeldung von Pfandrechten und von solchen Dienstbarkeiten, die unter dem früheren kantonalen Recht entstanden und noch nicht in die öffentlichen Bücher eingetragen sind (Art. 29 Abs. 2 und 3 hiervor), hat sich nicht bloss auf derartige Rechte am gepfändeten Anteil, sondern auch auf derartige Rechte am Grundstück selbst zu beziehen.

³ Ist nach dem Grundbuchauszug (Art. 73 hiervor) das Grundstück selbst pfandbelastet, so wird einstweilen der Zeitpunkt der Steigerung nicht festgesetzt, sondern nur die öffentliche Aufforderung im Sinne von Absatz 2 hiervor erlassen und die Lastenbereinigung durchgeführt.

Art. 73b[1]   II. Spezialanzeigen

¹ Für die Spezialanzeigen gilt Artikel 30 hiervor.

² Ist das Grundstück als solches verpfändet, so ist ein Exemplar der öffentlichen Aufforderung im Sinne von Artikel 73a Absätze 2 und 3 hiervor auch den Gläubigern der das Grundstück als solches belastenden Pfandforderungen sowie den Personen zuzustellen, denen nach dem Gläubigerregister an einer solchen Forderung ein Pfandrecht oder die Nutzniessung zusteht.

Art. 73c[2]   C. Lastenverzeichnis
I. Inhalt

Das Lastenverzeichnis (Art. 33 ff. hiervor) muss über den zu verwertenden Miteigentumsanteil und das Grundstück als solches die in Artikel 73a Absatz 1 hiervor vorgeschriebenen Angaben enthalten und die im Grundbuch eingetragenen sowie die auf Grund der öffentlichen Aufforderung (Art. 29 Abs. 2 und 3 und Art. 73a Abs. 2 hiervor) angemeldeten Belastungen des Anteils einerseits und des Grundstücks als solchem anderseits getrennt aufführen.

Art. 73d[3]   II. Mitteilung

Das Lastenverzeichnis ist sämtlichen Gläubigern, zu deren Gunsten der Miteigentumsanteil gepfändet ist, allen Grundpfandgläubigern, denen der Anteil oder das Grundstück selbst haftet, sowie den aus Vormerkungen Berechtigten und dem Schuldner mitzuteilen.

---

1   Eingefügt durch Ziff. I der V des BGer vom 4. Dez. 1975, in Kraft seit 1. April 1976 (AS 1976 164).
2   Eingefügt durch Ziff. I der V des BGer vom 4. Dez. 1975, in Kraft seit 1. April 1976 (AS 1976 164).
3   Eingefügt durch Ziff. I der V des BGer vom 4. Dez. 1975, in Kraft seit 1. April 1976 (AS 1976 164).

Art. 73e[1]   D. Vorgehen bei Pfandbelastung des Grundstücks als solchem.
   I. Einigungsverhandlungen

¹ Ist nach dem Ergebnis des Lastenbereinigungsverfahrens das Grundstück als solches pfandbelastet, so hat die Steigerung einstweilen zu unterbleiben.

² Das Betreibungsamt versucht, durch Verhandlungen mit den am Grundstück als solchem pfandberechtigten Gläubigern und mit den andern Miteigentümern eine Aufteilung der betreffenden Pfandlasten auf die einzelnen Anteile herbeizuführen und im Falle, dass der Schuldner für eine durch das Grundstück als solches gesicherte Pfandforderung zusammen mit andern Miteigentümern solidarisch haftet, eine entsprechende Aufteilung der Schuldpflicht zu erreichen. Haben die Verhandlungen Erfolg, so ist, nachdem die erforderlichen Änderungen im Grundbuch vorgenommen sind, das Lastenverzeichnis ihrem Ergebnis anzupassen und der Anteil des Schuldners auf dieser Grundlage zu versteigern.[2]

³ Das Betreibungsamt kann auch versuchen, durch Verhandlungen mit den Beteiligten die Aufhebung des Miteigentums zu erreichen und so zu ermöglichen, dass der betreibende Gläubiger aus dem Ergebnis der Verwertung der dem Schuldner zugewiesenen Parzelle oder aus dem Anteil des Schuldners am Ergebnis des Verkaufs des Grundstücks als solchem oder aus der dem Schuldner zukommenden Auskaufssumme (vgl. Art. 651 Abs. 1 ZGB[3] ganz oder teilweise befriedigt werden kann.

⁴ Soweit zur Herbeiführung der angestrebten Änderungen der rechtlichen Verhältnisse nach Zivilrecht eine Mitwirkung des Schuldners erforderlich ist, tritt das Betreibungsamt an seine Stelle (Art. 23c hiervor).

⁵ Die obere kantonale Aufsichtsbehörde kann zur Durchführung dieser Einigungsverhandlungen sich selbst oder die untere Aufsichtsbehörde als zuständig erklären.

Art. 73f[4]   II. Versteigerung des Anteils

¹ Gelingt es nicht, die Pfandbelastung des Grundstücks als solchem und gegebenenfalls die Solidarschuldpflicht aufzuteilen, und kommt es auch nicht zur Aufhebung des Miteigentums, so ist der gepfändete Anteil nach vorheriger Publikation (Art. 73a Abs. 1 hiervor) und Benachrichtigung der Beteiligten im Sinne von Artikel 30 Absätze 2–4 und 73b Absatz 2 hiervor für sich allein zu versteigern. Die Aufforderung im Sinne von Artikel 29 Absätze 2 und 3 und Artikel 73a Absatz 2 hiervor ist dabei nicht zu wiederholen. Die Zwangsverwertung des Grundstücks als solchem ist unter Vorbehalt von Artikel 106a hiernach ohne Zustimmung aller Beteiligten nicht zulässig.

---

1   Eingefügt durch Ziff. I der V des BGer vom 4. Dez. 1975, in Kraft seit 1. April 1976 (AS 1976 164).
2   Fassung gemäss Ziff. I der V des BGer vom 5. Juni 1996, in Kraft seit 1. Jan. 1997 (AS 1996 2900).
3   SR 210
4   Eingefügt durch Ziff. I der V des BGer vom 4. Dez. 1975, in Kraft seit 1. April 1976 (AS 1976 164).

² Wird vor der Versteigerung des Anteils eine Grundpfandbetreibung angehoben, die das Grundstück als solches zum Gegenstand hat (Art. 106a hiernach), so ist dieser Betreibung der Vortritt einzuräumen.

Art. 73g[1] E. Steigerungsbedingungen

¹ Die Bedingungen für die Versteigerung eines Miteigentumsanteils müssen ausser dem Schuldner und dem Gläubiger, auf dessen Begehren die Verwertung erfolgt (Art. 45 Abs. 1 am Anfang hiervor), auch die Personen nennen, die neben dem Schuldner Miteigentümer sind.

² Ist wegen Scheiterns der Einigungsverhandlungen im Sinne von Artikel 73e hiervor ein Miteigentumsanteil an einem Grundstück zu verwerten, das als ganzes verpfändet ist, so haben die Steigerungsbedingungen zu bestimmen, dass der Ersteigerer hinsichtlich der nach dem rechtskräftigen Lastenverzeichnis am Grundstück als ganzem bestehenden Pfandrechte und der dadurch gesicherten Forderungen ohne Anrechnung dieser Belastung auf den Steigerungspreis vollständig in die Rechtsstellung des Schuldners eintritt. Vorbehalten bleibt eine allfällige Erklärung des Gläubigers im Sinne von Artikel 832 Absatz 2 ZGB[2], er wolle den frühern Schuldner beibehalten (Art. 135 Abs. 1 Satz 2 SchKG).

³ Für die auf Grund von Artikel 712c ZGB[3] errichteten Vorkaufs- und Einspruchsrechte gelten die Bestimmungen von Artikel 51 hiervor über die vertraglich begründeten und im Grundbuch vorgemerkten Vorkaufsrechte entsprechend.

Art. 73h[4] F. Zuschlagspreis

Bei der Berechnung des nach Artikel 142a in Verbindung mit Artikel 126 SchKG erforderlichen Mindestangebots sind die auf dem Grundstück als ganzem lastenden Grundpfandforderungen nicht zu berücksichtigen.

Art. 73i[5] G. Entsprechend anwendbare Bestimmungen

Unter Vorbehalt der Artikel 73–73h hiervor sind auf die Verwertung eines Miteigentumsanteils die Vorschriften der Artikel 25–72 hiervor entsprechend anwendbar.

---

1   Eingefügt durch Ziff. I der V des BGer vom 4. Dez. 1975, in Kraft seit 1. April 1976 (AS 1976 164).
2   SR 210
3   SR 210
4   Fassung gemäss Ziff. I der V des BGer vom 5. Juni 1996, in Kraft seit 1. Jan. 1997 (AS 1996 2900).
5   Eingefügt durch Ziff. I der V des BGer vom 4. Dez. 1975, in Kraft seit 1. April 1976 (AS 1976 164).

4. Requisitorialverwertungen[1]

Art. 74 A. Fälle[2]

[1] Liegt das zu versteigernde Grundstück in einem andern Betreibungskreis, so ist das Verwertungsbegehren gleichwohl dem Betreibungsamt des Betreibungsortes einzureichen, auch wenn der Schuldner seit der Pfändung in einen andern Betreibungskreis gezogen ist. Der Beamte des Betreibungsortes beauftragt mit der Verwertung denjenigen des Kreises, in dem das Grundstück liegt, und leistet ihm auf Begehren einen angemessenen Kostenvorschuss.

[2] Liegt das Grundstück in mehreren Kreisen, so ist dasjenige Betreibungsamt zum Vollzug der Verwertung zuständig, in dessen Kreis der wertvollere Teil des Grundstückes liegt.

[3] Sind mehrere gemeinsam verpfändete Grundstücke gesamthaft zu versteigern, so ist die Verwertung, wenn sich eines der Grundstücke im Betreibungskreis des Betreibungsortes befindet, durch das Betreibungsamt dieses Kreises zu vollziehen. Liegt kein Grundstück in diesem Kreis, so ist dasjenige Betreibungsamt zuständig, in dessen Kreis das wertvollere Grundstück liegt.

Art. 75 B. Pflichten des ersuchten Amtes

[1] Das beauftragte Betreibungsamt hat alle mit der Verwertung verbundenen Verrichtungen, insbesondere die amtliche Verwaltung[3], die öffentlichen Bekanntmachungen (Art. 138, 143 SchKG), die nötigen Mitteilungen (Art. 139, 140 Abs. 2 SchKG, die Aufstellung des Lastenverzeichnisses (Art. 140 SchKG) und der Steigerungsbedingungen (Art. 134, 135 SchKG), den Einzug der Steigerungssumme sowie die Anmeldung des Eigentumsübergangs an dem versteigerten Grundstück im Grundbuch von sich aus zu besorgen.[4]

[2] Wo das Gesetz auf das Ermessen des Betreibungsbeamten oder auf den Ortsgebrauch abstellt (Art. 134 Abs. 1, 135 Abs. 2, 137, 140 Abs. 3 SchKG), entscheidet der beauftragte Beamte.

[3] Die Auswahl der Blätter für die Bekanntmachungen und die Festsetzung der Steigerungstermine steht innerhalb der gesetzlichen Schranken zunächst ebenfalls dem beauftragten Beamten zu; doch hat dieser begründete Begehren des auftraggebenden Beamten zu berücksichtigen.

---

1   Eingefügt durch Ziff. I der V des BGer vom 4. Dez. 1975, in Kraft seit 1. April 1976 (AS 1976 164).

2   Fassung gemäss Ziff. I der V des BGer vom 4. Dez. 1975, in Kraft seit 1. April 1976 (AS 1976 164). Gemäss derselben Bestimmung wurden in den Randtit. der Art. 74–78 die römischen Zahlen I–V durch die Bst. A–E ersetzt.

3   AS 1976 606

4   Fassung gemäss Ziff. I der V des BGer vom 4. Dez. 1975, in Kraft seit 1. April 1976 (AS 1976 164).

Art. 76 C. Mitteilungen und Fristansetzungen

Zur richtigen Besorgung der Mitteilungen und Fristansetzungen (Art. 139, 140 Abs. 2 SchKG) hat der Beamte des Betreibungsortes dem Beauftragten mit dem Auftrag ein Verzeichnis der an der Betreibung beteiligten Gläubiger mit ihren Forderungssummen zuzustellen.

Art. 77 D. Aufschubbewilligung. Einkassierte Gelder

1 Der beauftragte Beamte darf von sich aus keine Aufschubbewilligung im Sinne des Artikels 123 SchKG erteilen.

2 Die bei dem beauftragten Amte eingehenden Gelder sind sofort dem ersuchenden Amte abzuliefern, wenn nicht etwas anderes bestimmt worden ist (Art. 24 hiervor).

Art. 78 E. Protokoll und Nachpfändung[1]

1 Nach Vollzug der Verwertung übermittelt der beauftragte Beamte dem ersuchenden Amte eine Abschrift des Verwertungsprotokolles mit den Belegen, die Schlussrechnung über das Ergebnis der Verwertung und den Erlös nach Abzug der Kosten. Das Original des Verwertungsprotokolls ist bei den Akten des beauftragten Amtes aufzubewahren.

2 Zur Anordnung einer Nachpfändung (Art. 145 SchKG) sowie zur Aufstellung des Kollokationsplanes und zur Verteilung des Erlöses ist ausschliesslich das Betreibungsamt des Betreibungsortes zuständig (Art. 24 hievor).[2]

5. Versteigerung eines Miteigentumsanteils auf Anordnung des Richters[3]

Art. 78a[4]

1 Zur Versteigerung auf Anordnung des Richters nach Artikel 649b Absatz 3 ZGB[5] ist das Betreibungsamt oder, wenn das kantonale Recht es so bestimmt, das Konkursamt zuständig, in dessen Kreis das im Miteigentum stehende Grundstück oder der wertvollere Teile desselben liegt.

2 Die Kosten des Versteigerungsverfahrens sind vom Gesuchsteller vorzuschiessen und aus dem Erlös vorweg zu decken.

---

1   Fassung gemäss Ziff. I der V des BGer vom 5. Juni 1996, in Kraft seit 1. Jan. 1997 (AS 1996 2900).
2   Fassung gemäss Ziff. I der V des BGer vom 5. Juni 1996, in Kraft seit 1. Jan. 1997 (AS 1996 2900).
3   Eingefügt durch Ziff. I der V des BGer vom 4. Dez. 1975, in Kraft seit 1. April 1976 (AS 1976 164).
4   Eingefügt durch Ziff. I der V des BGer vom 4. Dez. 1975, in Kraft seit 1. April 1976 (AS 1976 164).
5   SR 210

³ Der Zuschlag kann zu einem den Betrag der Pfandforderungen erreichenden Preise erteilt werden, auch wenn kein Überschuss erzielt wird.

⁴ Das Ergebnis der Steigerung ist in allen Fällen, auch wenn sie erfolglos geblieben ist, dem Richter mitzuteilen.

⁵ Im übrigen sind die Artikel 73–73i hiervor, Artikel 73e Absatz 3 ausgenommen, entsprechend anwendbar. Eine Verwertung des im Miteigentum stehenden Grundstücks selbst infolge Grundpfandbetreibung (Art. 73f Abs. 2 hiervor und Art. 106a hiernach) ist indes nur abzuwarten, wenn sie unmittelbar bevorsteht.

III. Verteilung

Art. 79   A. Zeitpunkt der Verteilung

¹ Die Aufstellung des Kollokationsplanes und die Verteilung des Erlöses (Art. 144 ff. SchKG) dürfen erst erfolgen, wenn auch eine allfällige Ausfallforderung (Art. 72 hiervor) verwertet ist. Vorbehalten bleibt die Bestimmung des Artikels 199 SchKG.

² Der Kollokationsplan soll sich nur auf die Rangordnung der Pfändungsgläubiger erstrecken.

³ Die im rechtskräftigen Lastenverzeichnis enthaltenen fälligen Forderungen sollen sofort nach Eingang des Zuschlagspreises bezahlt werden, auch wenn die Schlussverteilung für die Pfändungsgläubiger noch nicht möglich ist.

Art. 80[1]   B. Aufzulegende Aktenstücke

Mit dem Kollokationsplan und der Verteilungsliste sind gleichzeitig auch die Schlussrechnung über die Erträgnisse der Verwaltung und die Rechnung über die Kosten und Gebühren der Verwaltung und Verwertung zur Einsicht der Beteiligten und des Ersteigerers aufzulegen mit der Anzeige, dass sie durch Beschwerde angefochten werden können.

Art. 81[2]   C. Verteilungsgrundsätze
          I. Im allgemeinen

Die Verteilung des Reinerlöses erfolgt nach folgenden Grundsätzen:

Zunächst sind diejenigen Grundpfandgläubiger und Inhaber von Pfandrechten an Pfandtiteln zu befriedigen, deren Forderungen im Lastenverzeichnis als fällig aufgeführt und unbestritten geblieben oder gerichtlich gutgeheissen sind; der Rest ist unter die Gläubiger, zu deren Gunsten das Grundstück gepfändet oder arrestiert war, zu verteilen; für die Gläubiger mit provisorischer Pfändung ist der Betrag zu deponieren.

---

1   Fassung gemäss Ziff. I der V des BGer vom 5. Juni 1996, in Kraft seit 1. Jan. 1997 (AS 1996 2900).
2   Fassung gemäss Ziff. I der V des BGer vom 5. Juni 1996, in Kraft seit 1. Jan. 1997 (AS 1996 2900).

Grundpfandgläubiger, deren Pfandrechte erst nach der Pfändung in das Grundbuch eingetragen oder im Lastenbereinigungsverfahren aberkannt, aber vom Schuldner durch Nichtbestreitung anerkannt worden sind, haben erst dann Anspruch auf den Erlös, wenn die Pfändungsgläubiger befriedigt sind, es sei denn, dass die nachträglich eingetragenen Pfandrechte schon vorher kraft Gesetzes entstanden sind und allen eingetragenen Belastungen vorgehen.

Art. 82 II. Wenn ein Grundpfandgläubiger auf Pfändung betreibt

[1] Hat ein Gläubiger für eine grundpfandgesicherte Forderung auf Pfändung betrieben und das ihm verpfändete Grundstück in Pfändung erhalten, so wird der Mehrerlös über die vorgehenden Pfandforderungen zunächst zur Deckung der in Betreibung gesetzten Zins- oder Kapitalforderung und sodann der nachgehenden grundpfandgesicherten Forderungen nach ihrer Rangordnung verwendet.[1]

[2] Reicht der Mehrerlös zur Deckung der in Betreibung gesetzten Forderung nicht aus, so kann der Grundpfandgläubiger für den Ausfall sein Recht als Pfändungsgläubiger auf den Erlös aus den übrigen in der Pfändung enthaltenen Gegenständen nach der gesetzlichen Rangordnung geltend machen.

Art. 83 III. Früchte und Erträgnisse

Die Früchte und Erträgnisse des Grundstückes fallen, wenn dieses in mehreren (Einzel- oder Gruppen-)pfändungen enthalten ist, auch insoweit den Gläubigern einer vorgehenden Pfändung zu, als sie erst *nach* Vollzug einer nachgehenden Pfändung verwertet oder fällig werden, und zwar für so lange, als die Pfändung des Grundstückes selbst dauert. Vorbehalten bleiben die Rechte der betreibenden Grundpfandgläubiger nach Artikel 94 Absatz 3 SchKG und Artikel 806 ZGB[2] (Art. 114 hiernach).[3]

Art. 84 D. Verlustschein

[1] Dem betreibenden Gläubiger ist auch dann ein Verlustschein (Art. 149 SchKG) auszustellen, wenn die Steigerung erfolglos geblieben ist und eine Pfändung im Sinne des Artikels 145 SchKG nicht möglich war.

[2] ...[4]

---

1 Fassung gemäss Ziff. I der V des BGer vom 5. Juni 1996, in Kraft seit 1. Jan. 1997 (AS 1996 2900).
2 SR 210
3 Fassung von Satz 2 gemäss Ziff. I der V des BGer vom 4. Dez. 1975, in Kraft seit 1. April 1976 (AS 1976 164).
4 Aufgehoben durch Ziff. I der V des BGer vom 5. Juni 1996 (AS 1996 2900).

Art. 84a[1]   E. Verteilung des Erlöses aus einem Miteigentumsanteil

Ist der Erlös aus der Verwertung eines pfandbelasteten Miteigentumsanteils an einem als ganzes verpfändeten Grundstück zu verteilen, so gelten die Bestimmungen der Artikel 79 Absatz 3 und 81 Absatz 2 hiervor über die Bezahlung fälliger Pfandforderungen nur für die allein den Miteigentumsanteil, nicht auch für die das Grundstück als ganzes belastenden Pfandforderungen.

B. Verwertung im Pfandverwertungsverfahren
I. Vorverfahren

Art. 85[2]   A. Rechtsvorschlag

Erhebt der Schuldner gegen den Zahlungsbefehl Rechtsvorschlag, so wird, wenn in diesem nichts anderes bemerkt ist, angenommen, er beziehe sich auf die Forderung und auf das Pfandrecht.

Art. 86   B. Unzulässigkeit

Die Anhebung einer Betreibung auf Grundpfandverwertung ist, ausser in den in den Artikeln 56–62 SchKG bestimmten Fällen, auch während der Dauer des öffentlichen Inventars für Schulden des Erblassers gegen die Erben oder die Erbmasse ausgeschlossen (Art. 586 ZGB[3]), nicht dagegen während der Inventaraufnahme nach Art. 398 ZGB[4].

Art. 87   C. Pfandgegenstand
I. Subsidiäre Haftung

Haften von mehreren gemeinsam verpfändeten Grundstücken einzelne nur subsidiär, so wird die Betreibung zunächst nur gegen die andern angehoben und durchgeführt. Ergibt sich dabei ein Ausfall für die in Betreibung gesetzte Forderung, so hat der Gläubiger zur Verwertung der subsidiär haftenden Grundstücke ein neues Betreibungsbegehren zu stellen.

---

1   Eingefügt durch Ziff. I der V des BGer vom 4. Dez. 1975, in Kraft seit 1. April 1976 (AS 1976 164).
2   Fassung gemäss Ziff. I der V des BGer vom 5. Juni 1996, in Kraft seit 1. Jan. 1997 (AS 1996 2900).
3   SR 210
4   SR 210

Art. 88 II. Eigentum eines Dritten. Familienwohnung[1]
1. Allgemeine Vorschriften

[1] Wird vom betreibenden Gläubiger, sei es im Betreibungsbegehren, sei es im Verlaufe der Betreibung, das Pfand als im Eigentum eines Dritten stehend oder als Familienwohnung dienend bezeichnet, oder ergibt sich dies erst im Verwertungsverfahren, so ist dem Dritten oder dem Ehegatten des Schuldners oder des Dritten durch Zustellung eines Zahlungsbefehls die Möglichkeit zu verschaffen, Rechtsvorschlag zu erheben.[2]

[2] Dieses Recht kann jedoch derjenige Dritteigentümer, der das Grundstück erst nach der Vormerkung einer Verfügungsbeschränkung im Grundbuch gemäss den Artikeln 90 und 97 hiernach erworben hat, nicht für sich beanspruchen.

[3] Im übrigen kann das Betreibungsverfahren gegen ihn nur fortgeführt werden, soweit es auch gegen den persönlichen Schuldner möglich ist, und es sind auf dasselbe die Vorschriften der Artikel 57–62, 297 SchKG, 586 ZGB[3] anwendbar. Die Betreibung gegen den persönlichen Schuldner wird unter Vorbehalt der Artikel 98 und 100 dieser Verordnung von derjenigen gegen den Dritteigentümer nicht berührt.[4]

[4] Diese Bestimmungen sind sinngemäss anwendbar, wenn das Pfandgrundstück im Mit- oder Gesamteigentum des Schuldners und eines Dritten steht.[5]

Art. 89 2. Konkurs des persönlich haftenden Schuldners

[1] Ist der persönliche Schuldner im Konkurs, gehört aber das Grundstück nicht zur Konkursmasse, so kann die Betreibung auf Pfandverwertung gegen den Gemeinschuldner und den Dritteigentümer auch während des Konkursverfahrens durchgeführt werden.

[2] Wird der Nachlass des Schuldners konkursamtlich liquidiert (Art. 193 SchKG), oder ist eine juristische Person infolge Konkurses untergegangen, so ist die Betreibung auf Pfandverwertung ausschliesslich gegen den dritten Pfandeigentümer zu richten.[6]

[3] Diese Bestimmungen sind auch dann anwendbar, wenn das Pfandgrundstück im Mit- oder Gesamteigentum des Schuldners und eines Dritten steht.[7]

---

1 Fassung gemäss Ziff. I der V des BGer vom 5. Juni 1996, in Kraft seit 1. Jan. 1997 (AS 1996 2900).
2 Fassung gemäss Ziff. I der V des BGer vom 5. Juni 1996, in Kraft seit 1. Jan. 1997 (AS 1996 2900).
3 SR 210
4 Fassung von Satz 2 gemäss Ziff. I der V des BGer vom 4. Dez. 1975, in Kraft seit 1. April 1976 (AS 1976 164).
5 Eingefügt durch Ziff. I der V des BGer vom 4. Dez. 1975, in Kraft seit 1. April 1976 (AS 1976 164).
6 Fassung gemäss Ziff. I der V des BGer vom 5. Juni 1996, in Kraft seit 1. Jan. 1997 (AS 1996 2900).
7 Eingefügt durch Ziff. I der V des BGer vom 4. Dez. 1975, in Kraft seit 1. April 1976 (AS 1976 164).

Art. 90 D. Fakultative Verfügungsbeschränkung

[1] Auf Verlangen des betreibenden Pfandgläubigers hat das Betreibungsamt eine Verfügungsbeschränkung nach Artikel 960 ZGB[1] zur Vormerkung im Grundbuch anzumelden (vgl. Art. 15 Abs. 1 Bst. a und 23a Bst. a hiervor), wenn entweder:[2]
1. ein Rechtsvorschlag gegen den Zahlungsbefehl nicht (oder nicht in rechtsgültiger Form oder Frist) eingereicht oder
2. der gültig erhobene Rechtsvorschlag durch Urteil im Rechtsöffnungs- oder im ordentlichen Prozessverfahren oder durch Rückzug rechtskräftig beseitigt worden ist.

[2] Diese Vorschrift ist dem betreibenden Gläubiger mit der Zustellung des Doppels des Zahlungsbefehls zur Kenntnis zu bringen.

Art. 91[3]   E. Miet- und Pachtzinse
   I. Zinsensperre

[1] Verlangt der betreibende Pfandgläubiger die Ausdehnung der Pfandhaft auf die Miet- und Pachtzinsforderungen (Art. 806 ZGB[4]), so stellt das Betreibungsamt sofort nach Empfang des Betreibungsbegehrens fest, ob und welche Miet- oder Pachtverträge auf dem Grundstück bestehen, und weist die Mieter oder Pächter unter Hinweis auf die Gefahr der Doppelzahlung unverzüglich an, die von nun an fällig werdenden Miet- und Pachtzinse an das Betreibungsamt zu bezahlen.

[2] Die Anzeige ist auch während der Betreibungsferien sowie während eines dem Schuldner oder dem Pfandeigentümer gewährten Rechtsstillstandes zu erlassen, sofern der Zahlungsbefehl schon vor Beginn der Ferien oder des Rechtsstillstandes erlassen worden ist. Sie kann unterbleiben, wenn das Grundstück schon gepfändet ist (Art. 15 Abs. 1 Bst. b hiervor), und ist nicht zu wiederholen, wenn ein neues Betreibungsbegehren auf Pfandverwertung gestellt oder das Grundstück gepfändet wird.

Art. 92[5]   II. Anzeige an den Pfandeigentümer

[1] Gleichzeitig mit dem Erlass der Anzeigen an die Mieter (Pächter) ist dem Pfandeigentümer anzuzeigen, dass die von nun an fällig werdenden Miet- und Pachtzinse infolge der gegen ihn angehobenen Betreibung auf Grundpfandverwertung durch das Betreibungsamt eingezogen werden und dass ihm daher bei Straffolge (Art. 292

---

1 SR 210
2 Fassung gemäss Ziff. I der V des BGer vom 4. Dez. 1975, in Kraft seit 1. April 1976 (AS 1976 164).
3 Fassung gemäss Ziff. I der V des BGer vom 5. Juni 1996, in Kraft seit 1. Jan. 1997 (AS 1996 2900).
4 SR 210
5 Fassung gemäss V des BGer vom 19. Dez. 1923, in Kraft seit 3. März 1924 (AS 40 25).

des Strafgesetzbuches; StGB[1]) nicht mehr gestattet sei, Zahlungen für diese Zinsforderungen entgegenzunehmen oder Rechtsgeschäfte über sie abzuschliessen.[2]

[2] Dieser Anzeige ist beizufügen, dass der Pfandeigentümer, welcher die Einrede erheben will, dass sich das Pfandrecht nicht auch auf die Miet- (Pacht-) zinse oder dass es sich nur auf einen Teil davon erstrecke, dies dem Betreibungsamt binnen zehn Tagen seit Empfang der Anzeige, unter Angabe der Gründe und allfällig der bestrittenen Teilbeträge, zu erklären hat.

Art. 93[3]   III. Rechtsvorschlag

[1] Ist gegen den Zahlungsbefehl Rechtsvorschlag erhoben worden, so fordert das Betreibungsamt den Gläubiger auf, innerhalb von zehn Tagen entweder direkt Klage auf Anerkennung der Forderung und Feststellung des Pfandrechts anzuheben oder ein Rechtsöffnungsbegehren zu stellen und, wenn dieses abgewiesen werden sollte, innerhalb von zehn Tagen seit rechtskräftiger Abweisung den ordentlichen Prozess auf Feststellung der Forderung und des Pfandrechts einzuleiten.[4]

[2] Hat der Pfandeigentümer die Einrede erhoben, dass sich das Pfandrecht nicht auch auf die Miet- (Pacht-) zinse oder dass es sich nur auf einen Teil davon erstrecke, so fordert das Betreibungsamt den Gläubiger auf, innerhalb zehn Tagen Klage auf Feststellung des bestrittenen Pfandrechts an den Miet-(Pacht-)zinsen anzuheben.

[3] Die Aufforderung erfolgt mit der Androhung, dass, wenn diese Fristen nicht eingehalten werden, die an die Mieter (Pächter) erlassenen Anzeigen widerrufen oder bei bloss teilweiser Bestreitung der Miet-(Pacht-)zinssperre entsprechend eingeschränkt, und dass allfällig bereits bezahlte Miet-(Pacht-)zinsbeträge, bei bloss teilweiser Bestreitung der Zinsensperre die bestrittenen Teilbeträge, dem Vermieter (Verpächter) aushingegeben werden.

[4] Werden die Fristen eingehalten, so bleibt die Miet-(Pacht-)zinssperre in vollem Umfange oder allfällig nur für den von der Klage festgehaltenen Teilbetrag aufrecht.

Art. 94   IV. Pflichten des Amtes während der Zinsensperre

[1] Das Betreibungsamt hat nach Erlass der Anzeigen an die Mieter und Pächter nach Artikel 91 hiervor alle zur Sicherung und zum Einzug der Miet- und Pachtzinse erforderlichen Massnahmen an Stelle des Schuldners oder Pfandeigentümers zu treffen, wie Einforderung auf dem Betreibungswege, Geltendmachung des Retentionsrechts, Kündigung in Mieter, Ausweisung von Mietern, Neuvermietungen. Es ist berechtigt, dringliche Reparaturen anzuordnen und aus den eingegangenen Miet- und Pachtzin-

---

1   SR 311.0
2   Fassung gemäss Ziff. I der V des BGer vom 5. Juni 1996, in Kraft seit 1. Jan. 1997 (AS 1996 2900).
3   Fassung gemäss V des BGer vom 19. Dez. 1923, in Kraft seit 3. März 1924 (AS 40 25).
4   Fassung gemäss Ziff. I der V des BGer vom 5. Juni 1996, in Kraft seit 1. Jan. 1997 (AS 1996 2900).

sen die laufenden Abgaben für Gas, Wasser, Elektrizität u.dgl., die Kosten für Reparaturen sowie Unterhaltsbeiträge nach Artikel 103 Absatz 2 SchKG zu bezahlen.

² Das Betreibungsamt kann diese Massnahmen auf seine Verantwortung auch einem Dritten übertragen.

Art. 95   V. Verwendung der Zinse
   1. Abschlagszahlungen an Gläubiger

¹ An nicht betreibende Grundpfandgläubiger dürfen aus den eingegangenen Miet- und Pachtzinsen für fällig werdende Zinsforderungen keine Zahlungen geleistet werden, dagegen können an den betreibenden Gläubiger, der sich darüber ausweist, dass seine Forderung anerkannt oder rechtskräftig festgestellt ist, auch vor der Stellung des Verwertungsbegehrens Abschlagszahlungen geleistet werden.

² Sind mehrere solche Betreibungen von Grundpfandgläubigern auf Verwertung des nämlichen Grundstückes hängig, so können Abschlagszahlungen an sie vorgenommen werden, wenn und soweit sämtliche betreibende Grundpfandgläubiger mit der Verteilung einverstanden sind oder, sofern einer Widerspruch erhebt, wenn vorher durch Aufstellung eines Kollokationsplanes gemäss Artikel 157 Absatz 3 SchKG Rang und Bestand der Pfandforderung festgestellt wurde. Der Verteilung vorgängig ist eine Verteilungsliste aufzulegen.[1]

Art. 96   2. Konkurs des Schuldners

Wird über den Schuldner, der zugleich Eigentümer des Grundpfandes ist, der Konkurs eröffnet, bevor das Grundstück verwertet ist, so fallen die vor der Eröffnung des Konkurses fällig gewordenen und noch nicht verteilten Miet- und Pachtzinse in die Konkursmasse, unter Vorbehalt des den betreibenden Grundpfandgläubigern nach Artikel 806 Absatz 1 ZGB[2] zustehenden Vorzugsrechts (Art. 198 SchKG).

II. Verwertung

Art. 97   A. Vorverfahren
   I. Obligatorische Verfügungsbeschränkung

¹ Nachdem das Verwertungsbegehren gestellt ist, hat der Betreibungsbeamte von Amtes wegen eine Verfügungsbeschränkung nach Artikel 960 ZGB[3] zur Vormerkung im Grundbuch anzumelden (vgl. Art. 15 Abs. 1 Bst. a und 23a Bst. a hiervor).[4]

---

1   Fassung gemäss Ziff. I der V des BGer vom 5. Juni 1996, in Kraft seit 1. Jan. 1997 (AS 1996 2900).
2   SR 210
3   SR 210
4   Fassung gemäss Ziff. I der V des BGer vom 4. Dez. 1975, in Kraft seit 1. April 1976 (AS 1976 164).

² Ist eine solche Vormerkung im Grundbuch bereits enthalten, so ist eine nochmalige Anmeldung nicht notwendig.

Art. 98   II. Berechnung der Verwertungsfristen

¹ Für die Berechnung der Verwertungsfristen des Artikels 154 SchKG ist, wenn das verpfändete Grundstück einem Dritten gehört oder als Familienwohnung dient, das Datum der letzten Zustellung des Zahlungsbefehls, sei es an den Schuldner, an den Dritteigentümer oder an den Ehegatten des Schuldners oder des Dritten, massgebend.[1]

² Bei der Berechnung der Frist, während welcher die Verwertung verlangt werden kann, fallen, ist Rechtsvorschlag erhoben worden, die Zeit zwischen der Einleitung und Erledigung eines dadurch veranlassten gerichtlichen Verfahrens sowie die Dauer eines dem Dritteigentümer zukommenden Rechtsstillstandes oder einer Nachlassstundung (Art. 297 SchKG) oder eines über dessen Nachlass eröffneten Inventars (Art. 586 ZGB[2]) nicht in Betracht.[3]

³ Während der Zeiten, die nach Absatz 2 hiervor bei der Berechnung der Fristen des Artikels 154 SchKG ausser Betracht fallen, kann auch die Verwertung nicht stattfinden.[4]

Art. 99[5]   III. Grundbuchauszug und Schätzung

¹ Nach der Mitteilung des Verwertungsbegehrens an den Schuldner und gegebenenfalls den Dritteigentümer des Grundpfandes (Art. 155 Abs. 2 SchKG) fordert das Betreibungsamt einen Auszug aus dem Grundbuch über das zu versteigernde Grundstück ein (Art. 28 und 73 hiervor) und ordnet die Schätzung an (Art. 9 Abs. 1 und 23 hiervor).

² Das Ergebnis der Schätzung ist, wenn es nicht in die Steigerungspublikation nach Artikel 29 hiervor aufgenommen wird, dem Gläubiger, der die Verwertung verlangt, sowie dem Schuldner und einem allfälligen Dritteigentümer mit der Anzeige mitzuteilen, dass sie innerhalb der Beschwerdefrist bei der Aufsichtsbehörde eine neue Schätzung durch Sachverständige im Sinne des Artikels 9 Absatz 2 hiervor verlangen können.

---

1   Fassung gemäss Ziff. I der V des BGer vom 5. Juni 1996, in Kraft seit 1. Jan. 1997 (AS 1996 2900).
2   SR 210
3   Fassung gemäss Ziff. I der V des BGer vom 5. Juni 1996, in Kraft seit 1. Jan. 1997 (AS 1996 2900).
4   Eingefügt durch Ziff. I der V des BGer vom 4. Dez. 1975, in Kraft seit 1. April 1976 (AS 1976 164).
5   Fassung gemäss Ziff. I der V des BGer vom 4. Dez. 1975, in Kraft seit 1. April 1976 (AS 1976 164).

Art. 100 IV. Wenn sich nachträglich ergibt, dass Pfand Dritteigentum oder Familieneigentum ist[1]

[1] Ergibt sich erst nach der Stellung des Verwertungsbegehrens, dass das verpfändete Grundstück Eigentum eines Dritten ist oder als Familienwohnung dient, so ist diesem oder dem Ehegatten des Schuldners oder des Dritten nachträglich ein Zahlungsbefehl zuzustellen. Die Verwertung darf erst vorgenommen werden, wenn der letztere rechtskräftig und die sechsmonatige Frist seit dessen Zustellung abgelaufen ist.[2]

[2] Diese Vorschriften finden jedoch keine Anwendung, wenn im Zeitpunkt des Eigentumserwerbs durch den Dritten eine Verfügungsbeschränkung nach Artikel 90 oder 97 hiervor im Grundbuch vorgemerkt war.

[3] Ergibt sich erst aus dem Grundbuchauszug, dass für die in Betreibung gesetzte Forderung mehrere Grundstücke verschiedener Eigentümer haften, und ist nicht gegen alle Betreibung angehoben, so ist der Gläubiger aufzufordern, binnen einer kurzen Frist den Kostenvorschuss für die nachträgliche Zustellung des Zahlungsbefehls zu leisten, unter der Androhung, dass sonst die Betreibung als dahingefallen betrachtet werde.

Art. 101 B. Verwaltung

[1] Von der Stellung des Verwertungsbegehrens an hat das Betreibungsamt in gleicher Weise für die Verwaltung und Bewirtschaftung des Grundstückes zu sorgen wie im Pfändungsverfahren von der Pfändung an (Art. 155 Abs. 1, 102 Abs. 3 SchKG sowie Art. 16 ff. und 23c hiervor), es sei denn, dass der betreibende Gläubiger ausdrücklich darauf verzichtet.[3]

[2] Gehört das Grundstück einem Dritten, so kann es vom Betreibungsamt erst in Verwaltung genommen werden, wenn ein allfälliger Rechtsvorschlag des Dritten beseitigt ist.

Art. 102[4] C. Verwertung
I. Im allgemeinen

Auf die Vorbereitung und Durchführung der Verwertung sind die Artikel 13, 28 Absatz 2, 29–42, 43 Absatz 1, 44–53, 54 Absatz 2, 56–70 und 72, im Falle der Verwertung eines Miteigentumsanteils die Artikel 73–73i sowie 74–78 hiervor entsprechend anwendbar; ausserdem gelten dafür die nachstehenden besonderen Vorschriften.

---

1   Fassung gemäss Ziff. I der V des BGer vom 5. Juni 1996, in Kraft seit 1. Jan. 1997 (AS 1996 2900).
2   Fassung gemäss Ziff. I der V des BGer vom 5. Juni 1996, in Kraft seit 1. Jan. 1997 (AS 1996 2900).
3   Fassung gemäss Ziff. I der V des BGer vom 4. Dez. 1975, in Kraft seit 1. April 1976 (AS 1976 164).
4   Fassung gemäss Ziff. I der V des BGer vom 5. Juni 1996, in Kraft seit 1. Jan. 1997 (AS 1996 2900).

Art. 103[1] II. Besondere Bestimmungen
1. Bei Dritteigentum

Gehört das Grundstück einem Dritten, so ist in der Bekanntmachung der Steigerung (Art. 29 Abs. 2 hiervor) auch dessen Name und Wohnort anzugeben und sind ein Exemplar dieser Bekanntmachung (Art. 30 hiervor) sowie das Lastenverzeichnis (Art. 34 hiervor) auch ihm zuzustellen.

Art. 104 2. Doppelaufruf

[1] Haften auf dem Grundstück Dienstbarkeiten, Grundlasten oder im Grundbuch nach Artikel 959 ZGB[2] vorgemerkte persönliche Rechte (Vorkaufs-, Kaufs-, Rückkaufsrechte, Miet- (Pacht-) rechte usw.), so zeigt das Betreibungsamt den Grundpfandgläubigern gleichzeitig mit der Zustellung des Lastenverzeichnisses an, dass die Inhaber derjenigen Pfandrechte, die diesen Lasten im Range vorgehen, binnen zehn Tagen beim Betreibungsamt schriftlich den doppelten Aufruf nach Artikel 142 SchKG verlangen können, sofern der Vorrang des Pfandrechts sich aus dem Lastenverzeichnis ergibt und nicht mit Erfolg bestritten wird.[3]

[2] Ist ein Miteigentumsanteil zu verwerten, so ist Artikel 142 SchKG hinsichtlich der den Anteil und der das Grundstück als ganzes belastenden Rechte im Sinne von Absatz 1 anwendbar.[4]

Art. 105 3. Betreibender Gläubiger nach Art. 142a (126) SchKG[5]

[1] Als betreibender Gläubiger nach Artikel 142a in Verbindung mit Artikel 126 SchKG gilt derjenige Gläubiger, auf dessen Begehren die Steigerung angeordnet wurde, und unter mehreren derjenige, der den andern pfandrechtlich vorgeht.[6]

[2] Steht der Pfandgläubiger, auf dessen Begehren die Verwertung angeordnet wurde, im gleichen Rang mit anderen Pfandgläubigern, so gelten diese als mitbetreibend, auch wenn sie die Verwertung nicht verlangt haben.

Art. 106[7] 4. Bauhandwerkerpfandrecht

Der Zuschlagspreis berechnet sich auch dann nach Artikel 142a in Verbindung mit Artikel 126 SchKG sowie den Artikeln 53 Absatz 1 und 105 hiervor, wenn Pfandforderungen zugunsten von Handwerkern und Unternehmern nach den Artikeln 839 ff.

---

1 Fassung gemäss Ziff. I der V des BGer vom 4. Dez. 1975, in Kraft seit 1. April 1976 (AS 1976 164).
2 SR 210
3 Fassung gemäss Ziff. I der V des BGer vom 4. Dez. 1975, in Kraft seit 1. April 1976 (AS 1976 164).
4 Fassung gemäss Ziff. I der V des BGer vom 5. Juni 1996, in Kraft seit 1. Jan. 1997 (AS 1996 2900).
5 Fassung gemäss Ziff. I der V des BGer vom 5. Juni 1996, in Kraft seit 1. Jan. 1997 (AS 1996 2900).
6 Fassung gemäss Ziff. I der V des BGer vom 5. Juni 1996, in Kraft seit 1. Jan. 1997 (AS 1996 2900).
7 Fassung gemäss Ziff. I der V des BGer vom 5. Juni 1996, in Kraft seit 1. Jan. 1997 (AS 1996 2900).

ZGB[1] bestehen. Für alle diese Forderungen ist jedoch in den Steigerungsbedingungen für den Fall, dass sie nicht vollständig gedeckt werden, Barzahlung zu verlangen (Art. 840 ZGB).

Art. 106a[2] 4.a. Verwertung eines im Miteigentum stehenden, als ganzes verpfändeten Grundstücks

[1] Muss infolge Grundpfandbetreibung eines Gläubigers, dem ein im Miteigentum stehendes Grundstück als ganzes verpfändet ist, die Verwertung angeordnet werden, so ist das Grundstück als ganzes zu versteigern.

[2] In die Lastenbereinigung sind auch die Belastungen der einzelnen Miteigentumsanteile einzubeziehen.

[3] Der Steigerungserlös dient in erster Linie zur Deckung der das Grundstück als ganzes belastenden Pfandforderungen. Ein allfälliger Überschuss entfällt auf die einzelnen Miteigentumsanteile im Verhältnis ihrer Bruchteilsquoten (Art. 646 ZGB[3]), bei Stockwerkeigentum im Verhältnis der nach Artikel 9 und 23 hiervor festzustellenden Schätzungswerte.

[4] Für den Teil des Steigerungspreises, der den Gläubigern der die Anteile belastenden Pfandforderungen zukommt, ist in den Steigerungsbedingungen Barzahlung zu verlangen.

[5] Die Verteilungsliste (Art. 112 hiernach) hat auch die Verteilung eines allfälligen Überschusses des Erlöses über die das ganze Grundstück belastenden Pfandforderungen zu regeln.[4]

Art. 107 5. Haftung mehrerer Grundstücke

[1] Haften für die in Betreibung gesetzte Forderung mehrere Grundstücke, die dem gleichen Eigentümer gehören, so sind nur so viele Stücke zu verwerten, als zur Deckung der Forderung des betreibenden Pfandgläubigers sowie allfälliger dem letztern im Range vorgehender Pfandforderungen erforderlich ist (Art. 119 Abs. 2 SchKG). Dabei sind in erster Linie diejenigen Grundstücke zu verwerten, auf welchen dem betreibenden Gläubiger keine Grundpfandgläubiger im Range nachgehen.

[2] Gehören die gemeinsam verpfändeten Grundstücke verschiedenen Eigentümern, so sind zuerst die dem Schuldner gehörenden Grundstücke zu verwerten. Die Grundstücke Dritter dürfen erst verwertet werden, wenn jene keine Deckung bieten. In diesem

---

1   SR 210
2   Eingefügt durch Ziff. I der V des BGer vom 4. Dez. 1975, in Kraft seit 1. April 1976 (AS 1976 164 2420).
3   SR 210
4   Fassung gemäss Ziff. I der V des BGer vom 5. Juni 1996, in Kraft seit 1. Jan. 1997 (AS 1996 2900).

Falle müssen alle Grundstücke an der gleichen Steigerung verwertet werden (Art. 816 Abs. 3 ZGB[1]).

³ Die Reihenfolge der zu versteigernden Grundstücke ist in den Steigerungsbedingungen anzugeben (Art. 45 Abs. 1 Buchst. b hiervor).

Art. 108 6. Getrennt verpfändete Grundstücke

¹ Getrennt verpfändete Grundstücke dürfen nur dann gesamthaft oder gruppenweise versteigert werden, wenn sie eine wirtschaftliche Einheit bilden, die sich ohne starke Wertverminderung nicht auflösen lässt.[2]

¹bis Dem Gesamt- oder Gruppenruf muss stets ein Einzelruf vorausgehen. Die Meistbietenden beim Einzelruf bleiben an ihre Angebote gebunden, bis der Gesamt- oder Gruppenruf erfolgt ist. Der Zuschlag wird je nachdem, ob der Einzelruf oder der Gesamt- oder Gruppenruf den höhern Gesamtpreis ergibt, den Meistbietenden beim Einzelruf oder dem bzw. den Meistbietenden beim Gesamt- oder Gruppenruf erteilt.[3]

² Dieses Verfahren ist, wenn immer möglich, in den Steigerungsbedingungen vorzusehen, jedenfalls aber bei Beginn der Steigerung den Teilnehmern bekanntzugeben.

³ In den Steigerungsbedingungen ist ferner darauf hinzuweisen, dass der bei der gesamthaften Verwertung jedem einzelnen Grundstück zukommende Anteil am Erlös wenigstens so hoch sein muss wie das höchste Angebot, welches für das betreffende Grundstück bei der Einzelversteigerung gemacht worden ist.[4]

Art. 109 7. Gleichzeitige Pfändung des Unterpfandes

Wenn das infolge einer Grundpfandbetreibung verwertete Grundstück zugleich gepfändet war, so ist von der Verwertung in den einschlägigen Pfändungsurkunden mit der Nummer der Pfandverwertungsbetreibung Vormerk zu nehmen.

Art. 110 8. Anmeldung im Grundbuch

¹ Das Betreibungsamt hat gleichzeitig mit den in Artikel 68 hiervor vorgeschriebenen Anmeldungen beim Grundbuchamt die nach den Artikeln 90 und 97 hiervor vorgemerkte Verfügungsbeschränkung zur Löschung anzumelden.

² Die Urkunden über die ganz oder teilweise zu Verlust gekommenen Pfandrechte sind, wenn es sich um Schuldbriefe oder Gülten handelt, dem Grundbuchamt zur Abschreibung oder Entkräftung einzureichen, diejenigen über Grundpfandverschreibungen dürfen dem Gläubiger nur aushingegeben werden, nachdem das Betreibungsamt darin den Untergang des Pfandrechts angemerkt hat.

---

1 SR 210
2 Fassung gemäss Ziff. I der V des BGer vom 4. Dez. 1975, in Kraft seit 1. April 1976 (AS 1976 164).
3 Eingefügt durch Ziff. I der V des BGer vom 4. Dez. 1975, in Kraft seit 1. April 1976 (AS 1976 164).
4 Eingefügt durch Ziff. I der V des BGer vom 5. Juni 1996, in Kraft seit 1. Jan. 1997 (AS 1996 2900).

Art. 111 9. Ergebnislosigkeit der Verwertung

¹ War die Betreibung ergebnislos (Art. 158 SchKG und Art. 71 hiervor), so hat das Betreibungsamt das Pfandrecht für die in Betreibung gesetzte Forderung (Kapital, Rate oder Annuität) sowie die nach den Artikeln 90 und 97 hiervor vorgemerkte Verfügungsbeschränkung zur Löschung anzumelden. Die an Mieter und Pächter erlassenen Anzeigen (Art. 91 hiervor) sind unverzüglich zu widerrufen.

² Der Reinerlös der Früchte und sonstigen Erträgnisse des Grundstückes ist den betreibenden Pfandgläubigern zuzuweisen.

III. Verteilung

Art. 112[1] A. Verteilungsliste

¹ Nach Eingang des vollständigen Erlöses der Versteigerung stellt das Betreibungsamt gestützt auf das Ergebnis des Lastenbereinigungsverfahrens die Verteilungsliste auf. Eine nochmalige gerichtliche Anfechtung der darin festgestellten Forderungen ist weder hinsichtlich des Forderungsbetrages noch des Ranges möglich.

² Die Verteilungsliste ist gleichzeitig mit der Kostenrechnung (Art. 20 hiervor) und der Abrechnung über die eingegangenen Erträgnisse während zehn Tagen zur Einsicht der Gläubiger aufzulegen. Jedem nicht voll gedeckten Gläubiger und dem Schuldner ist hiervon schriftlich Anzeige zu machen, jenem unter Kenntnisgabe des auf seine Forderung entfallenden Anteils.

Art. 113 B. Konkurrenz zwischen Pfändungs- und Pfandgläubigern

¹ War das infolge einer Pfandverwertungsbetreibung verwertete Grundstück zugleich gepfändet, so sind in der Verteilungsliste (Art. 157 Abs. 3 SchKG) nur die Pfandgläubiger, nicht auch die bei der Pfändung beteiligten Gläubiger zu berücksichtigen, und ein allfälliger Überschuss nach Deckung der Verwaltungs-, Verwertungs- und Verteilungskosten (Art. 157 Abs. 1 SchKG) und des betreibenden Pfandgläubigers sowie allfälliger nachgehender Pfandgläubiger ist für die Pfändungsgläubiger zurückzubehalten und bei Erledigung der Pfändungsbetreibung in die Verteilung einzubeziehen.[2]

² Solange die Pfandgläubiger nicht vollständig gedeckt sind, darf, soweit die Pfändungsgläubiger diesen im Rang nicht vorgehen, der Erlös des verpfändeten Grundstückes weder für die Kosten der Pfändungsbetreibung noch für die Forderungen der Pfändungsgläubiger in Anspruch genommen werden.[3]

---

1   Fassung gemäss Ziff. I der V des BGer vom 5. Juni 1996, in Kraft seit 1. Jan. 1997 (AS 1996 2900).
2   Fassung gemäss Ziff. I der V des BGer vom 5. Juni 1996, in Kraft seit 1. Jan. 1997 (AS 1996 2900).
3   Fassung gemäss Ziff. I der V des BGer vom 5. Juni 1996, in Kraft seit 1. Jan. 1997 (AS 1996 2900).

³ Bei der spätern Verteilung in der betreffenden Pfändung (Art. 144 ff. SchKG) sind die Pfandgläubiger nicht in den Kollokationsplan aufzunehmen.

Art. 114   C. Miet- und Pachtzinse

¹ Der Reinerlös der seit der Stellung eines Begehrens auf Grundpfandbetreibung bis zur Verwertung des Grundstückes eingegangenen Miet- und Pachtzinse ist dem betreibenden Grundpfandgläubiger für seine Forderung zuzuweisen ohne Rücksicht darauf, ob der Erlös des Grundstückes ihm genügende Deckung bieten würde.

² Haben mehrere Grundpfandgläubiger zu verschiedenen Zeiten das Betreibungsbegehren gestellt, so hat für die nach Stellung seines Begehrens fällig werdenden Miet- und Pachtzinse derjenige das Vorrecht, der den bessern Rang hat.

³ Der Reinerlös der natürlichen Früchte, die nach Stellung des Verwertungsbegehrens bezogen wurden, sowie der Erlös einer allfälligen Ausfallforderung (Art. 72 hiervor) sind zum Grundstückserlös hinzuzurechnen und zur Befriedigung sämtlicher Pfandgläubiger nach ihrer Rangordnung zu verwenden.

Art. 115   D. Zugehör

¹ Der Erlös für Zugehörgegenstände, die nur einzelnen Grundpfandgläubigern verpfändet waren, ist ausschliesslich diesen Gläubigern nach ihrer Rangordnung zuzuteilen in der Weise, dass jeder dieser Gläubiger für seine Forderung zuerst auf den Erlös des Grundstückes und erst, soweit er daraus nicht befriedigt wird, auf denjenigen der Zugehörgegenstände angewiesen wird. Ein allfälliger Überschuss dieses Erlöses fällt, wenn keine Pfändungen bestehen, dem Pfandeigentümer zu.

² Die Verteilung des Erlöses auf Grundstück und Zugehör erfolgt, wenn letztere nicht gesondert verwertet worden ist (Art. 27 hiervor), nach dem Verhältnis ihrer rechtskräftig festgestellten Schätzung.

Art. 116   E. Dienstbarkeits- und Grundlastberechtigte, deren Recht gelöscht worden ist

¹ Muss eine den Grundpfandrechten nachgehende Last nach dem Ergebnis eines doppelten Aufrufes des Grundstückes gelöscht werden (Art. 56 hiervor) und bleibt nach Deckung des vorgehenden Grundpfandgläubigers ein nach Artikel 812 Absatz 3 ZGB[1] zu verwendender Überschuss, so hat das Betreibungsamt den Berechtigten aufzufordern, ihm binnen zehn Tagen den Wert der Belastung anzugeben, den er dieser beilegt. Kommt der Berechtigte der Aufforderung nicht nach, so wird angenommen, er verzichte auf den ihm zustehenden Entschädigungsanspruch.

1   SR 210

² Die Angabe des Wertes der Belastung ist in die Verteilungsliste aufzunehmen. Die Vorschriften der Artikel 147 und 148 SchKG finden in bezug auf diese Forderung entsprechende Anwendung.[1]

Art. 117 F. Bestreitung durch Bauhandwerker

¹ Kommen bei der Verteilung Pfandforderungen von Bauhandwerkern oder Unternehmern (Art. 837 Abs. 1 Ziff. 3 ZGB[2]) zu Verlust, so setzt das Betreibungsamt den letztern eine Frist von zehn Tagen an, um beim Gericht des Betreibungsortes einen allfälligen Anspruch auf Deckung aus dem den vorgehenden Pfandgläubigern zufallenden Verwertungsanteil (Art. 841 Abs. 1 ZGB[3]) einzuklagen.

² Wird der Prozess innerhalb dieser Frist anhängig gemacht, so bleibt die Verteilung hinsichtlich des streitigen Anteils bis zu gütlicher oder rechtlicher Erledigung des Prozesses aufgeschoben. Wenn und soweit die Klage gutgeheissen wird, hat das Betreibungsamt den Baupfandgläubiger die ihnen auf Grund des Urteils zukommenden Betreffnisse aus dem Verwertungsanteil des vorgehenden unterlegenen Pfandgläubigers zuzuweisen.

³ Ist bei der Steigerung das Pfandrecht des vorgehenden Pfandgläubigers dem Ersteigerer überbunden worden, so wird der obsiegende Baupfandgläubiger bis zur Höhe seines Anspruchs auf Deckung aus dem vorgehenden Pfandrecht gemäss dem ergangenen Urteil in jenes eingewiesen. Zu diesem Zwecke hat das Betreibungsamt die notwendigen Eintragungen im Grundbuch und in den Pfandtiteln von Amtes wegen zu veranlassen.

⁴ Wird der Prozess nicht innert der angesetzten Frist anhängig gemacht, so schreitet das Betreibungsamt ohne Rücksicht auf die Ansprüche der zu Verlust gekommenen Bauhandwerker zur Verteilung.

Art. 118 G. Bei gesamthafter Verwertung getrennt verpfändeter Grundstücke

Sind getrennt verpfändete Grundstücke nach Artikel 108 hiervor gesamthaft versteigert worden, so ist der im Gesamtruf erzielte Erlös auf die einzelnen Grundstücke nach dem Verhältnis der Schätzung der Einzelgrundstücke, die im Lastenbereinigungsverfahren vorgenommen wurde, zu verlegen.

Art. 119 H. Bei Verwertung solidarisch verpfändeter Grundstücke

Werden mehrere verpfändete Grundstücke verschiedener solidarisch haftender Eigentümer nicht vom gleichen Ersteigerer erworben, so ist bei der Verteilung nach folgenden Grundsätzen zu verfahren:

---

1 Fassung gemäss Ziff. I der V des BGer vom 5. Juni 1996, in Kraft seit 1. Jan. 1997 (AS 1996 2900).
2 SR 210
3 SR 210

Diejenigen Grundpfandforderungen, denen keine nur auf einzelnen Grundstücken haftende Pfandforderungen im Range vorgehen, sind auf die einzelnen Grundstücke nach dem durch die Steigerung ausgewiesenen Wertverhältnis derselben zu verlegen.

Gehen dagegen der Gesamtpfandforderung Einzelpfandforderungen im Range vor, so erfolgt die Verlegung der Gesamtpfandforderung auf die einzelnen Grundstücke nach dem Verhältnis der vom Steigerungserlös der einzelnen Grundstücke nach Deckung der Einzelpfandforderungen noch vorhandenen Restbeträge.

Der in Betreibung gesetzten Forderung vorgehende Gesamtpfandforderungen sind bar zu bezahlen, auch wenn sie nicht fällig sind.

Art. 120[1] J. Pfandausfallschein
I. Im allgemeinen

Konnte das Pfand wegen ungenügenden Angebotes nicht verwertet werden, oder deckt der Erlös die Forderung des betreibenden Pfandgläubigers nicht, so ist diesem ein Pfandausfallschein gemäss Artikel 158 SchKG auszustellen. Den übrigen Pfandgläubigern wird lediglich eine Bescheinigung des Inhaltes ausgestellt, dass ihre Forderungen ungedeckt geblieben sind.

Art. 121[2] II. In nach Bestätigung des Nachlassvertrages durchgeführter Verwertung

Ist für eine vor der Bestätigung eines Nachlassvertrages entstandene Pfandforderung gestützt auf eine nach diesem Zeitpunkt vorgenommene Pfandverwertung dem Gläubiger ein Pfandausfallschein zugestellt worden, so findet Artikel 158 Absatz 2 SchKG keine Anwendung. Eine Betreibung für die ungedeckt gebliebene Forderung ist demnach auch binnen Monatsfrist nur mit Zustellung eines neuen Zahlungsbefehls zulässig, es sei denn, dass der Schuldner gegen die ohne vorangegangenes Einleitungsverfahren fortgeführte Betreibung binnen zehn Tagen seit der Vornahme der Pfändung oder der Zustellung der Konkursandrohung keine Beschwerde erhoben hat.

C. Verwertung im Konkursverfahren

Art. 122 A. Verhältnis zur Verordnung über die Geschäftsführung der Konkursämter

Für die Verwertung von Grundstücken im Konkursverfahren gelten die Vorschriften der Verordnung vom 13. Juli 1911[3] über die Geschäftsführung der Konkursämter

---

1 Fassung gemäss Ziff. I der V des BGer vom 5. Juni 1996, in Kraft seit 1. Jan. 1997 (AS 1996 2900).
2 Fassung gemäss Ziff. I der V des BGer vom 5. Juni 1996, in Kraft seit 1. Jan. 1997 (AS 1996 2900).
3 SR 281.32

(KOV), mit den aus den nachstehenden Bestimmungen sich ergebenden Ergänzungen und Änderungen.

Art. 123 B. Besondere Vorschriften.

I. Anmeldung der Dienstbarkeiten

¹ Im Anschluss an die Konkurspublikation (Art. 232 SchKG) sind die Inhaber von Dienstbarkeiten, die unter dem früheren kantonalen Recht ohne Eintragung entstanden und noch nicht im Grundbuch eingetragen sind, ausdrücklich aufzufordern, diese Rechte innert einem Monat beim Konkursamt unter Einlegung allfälliger Beweismittel anzumelden.[1]

² Die Aufforderung erfolgt mit genauer Bezeichnung des Gemeinschuldners und des zu verwertenden Grundstückes und mit der in Artikel 29 Absatz 3 hiervor bestimmten Androhung.

³ ...[2]

Art. 124 II. Anzeige an Mieter und Pächter

Sofort nach Empfang des Konkurserkenntnisses hat das Konkursamt an die allfälligen Mieter und Pächter eines im Eigentum des Gemeinschuldners stehenden Grundstückes von der Konkurseröffnung schriftliche Anzeige zu machen und sie aufzufordern, die von nun an fällig werdenden Miet- und Pachtzinse unter Hinweis auf die Gefahr der Doppelzahlung an das Konkursamt zu bezahlen.

Art. 125 III. Lastenbereinigung

¹ Zur Feststellung der auf dem Grundstücke haftenden beschränkten dinglichen Rechte (Pfandrechte, Dienstbarkeiten, Grundlasten, Vorkaufs-, Kaufs-, Rückkaufs-, Miet- und Pachtrechte usw.) gemäss Artikel 58 Absatz 2 KOV[3] über die Geschäftsführung der Konkursämter ist ein besonderes Verzeichnis sämtlicher auf den einzelnen Grundstücken haftender Forderungen sowie aller andern bei der Steigerung dem Erwerber zu überbindenden dinglichen Belastungen, soweit sie nicht von Gesetzes wegen bestehen und übergehen, anzufertigen, welches auch die genaue Bezeichnung der Gegenstände (Grundstücke und Zugehör), auf die sich die einzelnen Lasten beziehen, enthalten muss.

² Diese Lastenverzeichnisse bilden einen Bestandteil des Kollokationsplanes. Anstelle der Aufführung der grundpfandgesicherten Forderungen ist im Kollokationsplan auf die bestehenden besonderen Verzeichnisse zu verweisen.[4]

---

1 Fassung gemäss Ziff. I der V des BGer vom 5. Juni 1996, in Kraft seit 1. Jan. 1997 (AS 1996 2900).
2 Aufgehoben durch Ziff. I der V des BGer vom 5. Juni 1996 (AS 1996 2900).
3 SR 281.32
4 Fassung gemäss Ziff. I der V des BGer vom 5. Juni 1996, in Kraft seit 1. Jan. 1997 (AS 1996 2900).

Art. 126[1]　　IV. Faustpfandforderungen, für welche Eigentümertitel haften

[1] Forderungen, für welche Eigentümerpfandtitel als Faustpfänder haften, sind als faustpfandgesichert zu kollozieren, während die verpfändeten Pfandtitel mit dem Betrag der zugelassenen Faustpfandforderung unter die grundpfandgesicherten Forderungen aufzunehmen sind, unter Verweisung auf die Faustpfandkollokation.

[2] Ist eine faustpfandgesicherte Forderung kleiner als der verpfändete Grundpfandtitel, so ist der Mehrbetrag nicht als Grundpfand zu kollozieren.

Art. 127　　V. Legitimation zur Anfechtung der Lastenverzeichnisse

[1] Die Kurrentgläubiger sind zur Anfechtung der Lastenverzeichnisse über die Grundstücke (Art. 125 hiervor) nicht berechtigt, soweit es sich nur um die Frage des Vorranges eines Pfandgläubigers vor dem andern handelt, und sie können sich auch nicht einer solchen von einem Pfandgläubiger gegen einen andern angestrengten Kollokationsklage anschliessen.

[2] Will ein Pfandgläubiger nur den Rang eines andern bestreiten, so hat er nur gegen diesen und nicht auch gleichzeitig gegen die Masse zu klagen.

Art. 128　　VI. Zeitpunkt der Verwertung

[1] Wenn nach den Einträgen im Grundbuch oder dem Ergebnis des öffentlichen Aufrufes (Art. 123 hiervor) Pfandrechte oder andere beschränkte dingliche Rechte an dem Grundstück geltend gemacht werden, so darf die Verwertung (Versteigerung oder Verkauf aus freier Hand), selbst im Falle der Dringlichkeit, erst stattfinden, nachdem das Kollokationsverfahren über diese Rechte durchgeführt und allfällige Kollokationsprozesse rechtskräftig erledigt sind.[2]

[2] Ausnahmsweise können die Aufsichtsbehörden die Versteigerung schon vorher bewilligen, wenn keine berechtigten Interessen verletzt werden. In diesem Falle ist in den Steigerungsbedingungen auf einen allfällig pendenten Prozess hinzuweisen und eine vorläufige Eintragung im Grundbuch (Art. 961 ZGB[3]) vorzumerken.

Art. 129　　VII. Spezialanzeige

[1] In den Spezialanzeigen an die Pfandgläubiger nach Artikel 257 SchKG (Art. 71 KOV), ist denjenigen Gläubigern, denen nach dem Lastenverzeichnis (Art. 125 hiervor) ein anderes beschränktes dingliches Recht (Dienstbarkeit, Grundlast, Vorkaufsrecht usw.) im Range nachgeht, gleichzeitig anzuzeigen, dass sie binnen zehn Tagen beim Konkursamt schriftlich den doppelten Aufruf des Grundstücks im

---

1　　Fassung gemäss Ziff. I der V des BGer vom 5. Juni 1996, in Kraft seit 1. Jan. 1997 (AS 1996 2900).
2　　Fassung gemäss Ziff. I der V des BGer vom 5. Juni 1996, in Kraft seit 1. Jan. 1997 (AS 1996 2900).
3　　SR 210

Sinne des Artikels 142 SchKG verlangen können, mit der Androhung, dass sonst Verzicht auf dieses Recht angenommen würde.[1]

[2] Spezialanzeigen sind in entsprechender Anwendung von Artikel 30 Absatz 4 hiervor auch den Inhabern gesetzlicher Vorkaufsrechte im Sinne von Artikel 682 Absätze 1 und 2 ZGB[2] zuzustellen.[3]

Art. 130   VIII. Steigerung

[1] Hinsichtlich der Steigerungsbedingungen und der Durchführung des Steigerungsverfahrens finden die Artikel 45–52, 56–70, 106 Absatz 2, 108 und 110 Absatz 2 hiervor entsprechende Anwendung.[4]

[2] Die Konkursverwaltung kann sich in den Steigerungsbedingungen auf Grund eines Beschlusses der Gläubigerversammlung das Recht vorbehalten, den Zuschlag zu verweigern, falls das Höchstangebot nicht einen bestimmt zu bezeichnenden Betrag erreicht.[5]

[3] Kommt es in einem solchen Falle nicht zu einem Freihandkauf, so kann in einer nachfolgenden neuen Steigerung auch zugeschlagen werden, wenn der gemäss Absatz 2 hiervor bezeichnete Mindestbetrag nicht erreicht wird.[6]

[4] Die Bestimmung des Artikels 135 Absatz 1 Satz 2 SchKG findet im Konkursverfahren keine Anwendung.

Art. 130a[7]   a. Besonderheiten der Verwertung eines Miteigentumsanteils
   1. Grundbuchauszug. Anmeldung von Dienstbarkeiten

[1] Umfasst die Konkursmasse einen Miteigentumsanteil an einem Grundstück, so gilt Artikel 73 hiervor für den nach Artikel 26 KOV[8] einzuholenden Grundbuchauszug entsprechend.[9]

[2] Die Aufforderung zur Anmeldung von Dienstbarkeiten, die unter dem frühern kantonalen Recht ohne Eintragung in die öffentlichen Bücher entstanden und noch nicht eingetragen sind (Art. 123 hiervor), ist an die Inhaber solcher Dienstbarkeiten am Grundstück selbst und im Falle von Stockwerkeigentum, das vom frühern kantonalen

---

1 Fassung gemäss Ziff. I der V des BGer vom 5. Juni 1996, in Kraft seit 1. Jan. 1997 (AS 1996 2900).
2 SR 210
3 Eingefügt durch Ziff. I der V des BGer vom 4. Dez. 1975, in Kraft seit 1. April 1976 (AS 1976 164).
4 Fassung gemäss Ziff. I der V des BGer vom 5. Juni 1996, in Kraft seit 1. Jan. 1997 (AS 1996 2900).
5 Fassung gemäss Ziff. I der V des BGer vom 4. Dez. 1975, in Kraft seit 1. April 1976 (AS 1976 164).
6 Fassung gemäss Ziff. I der V des BGer vom 4. Dez. 1975, in Kraft seit 1. April 1976 (AS 1976 164).
7 Eingefügt durch Ziff. I der V des BGer vom 4. Dez. 1975, in Kraft seit 1. April 1976 (AS 1976 164).
8 SR 281.32
9 Fassung gemäss Ziff. I der V des BGer vom 5. Juni 1996, in Kraft seit 1. Jan. 1997 (AS 1996 2900).

Recht beherrscht wird (Art. 20bis SchlT/ZGB[1]), auch an die Inhaber solcher Dienstbarkeiten an dem zur Konkursmasse gehörenden Stockwerk zu richten.

Art. 130b[2] 2. Anzeigen. Verwaltung

[1] Die Konkurseröffnung ist neben den am Miteigentumsanteil des Gemeinschuldners pfandberechtigten Gläubigern auch den Gläubigern anzuzeigen, denen das Grundstück als Ganzes verpfändet ist, doch sind diese nicht zur Einreichung der Pfandtitel aufzufordern.

[2] Hat der Gemeinschuldner einen Miteigentumsanteil an einem Grundstück, das einen Ertrag abwirft, so gilt Artikel 23a Buchstabe c Satz 1 hiervor entsprechend.

[3] Auf die Verwaltung ist Artikel 23c Absatz 1 hiervor sinngemäss anwendbar.

Art. 130c[3] 3. Lastenverzeichnis. Kollokationsplan

[1] Im Lastenverzeichnis (Art. 125 hiervor) sind nicht nur die Belastungen des Anteils, sondern auch diejenigen des Grundstücks selbst aufzuführen, und zwar getrennt.

[2] Pfandforderungen, die das Grundstück als ganzes belasten, sind mit dem auf den Gemeinschuldner entfallenden Teilbetrag, bei Solidarhaftung des Gemeinschuldners mit ihrem Gesamtbetrag, als ungesicherte Forderungen zu kollozieren (Art. 61 Abs. 1 KOV[4]); dies für den Fall, dass die Einigungsverhandlungen nach Artikel 130e hiernach und Artikel 73e hiervor sowie die Versteigerung des Miteigentumsanteils des Gemeinschuldners zu den nach Artikel 130f hiernach und Artikel 73g hiervor geltenden Bedingungen ergebnislos bleiben.[5]

Art. 130d[6] 4. Steigerungspublikation und Spezialanzeigen.[7]

[1] Die Steigerungspublikation (Art. 257 Abs. 1 und 2 SchKG) muss die in Artikel 73a Absatz 1 hiervor genannten Angaben enthalten.

[2] Spezialanzeigen (Art. 257 Abs. 3 SchKG, Art. 71 KOV[8], Art. 129 hiervor) sind auch den Gläubigern zuzustellen, denen das Grundstück selbst oder ein dieses belastender Pfandtitel verpfändet ist.[9]

---

1 SR 210
2 Eingefügt durch Ziff. I der V des BGer vom 4. Dez. 1975, in Kraft seit 1. April 1976 (AS 1976 164).
3 Eingefügt durch Ziff. I der V des BGer vom 4. Dez. 1975, in Kraft seit 1. April 1976 (AS 1976 164).
4 SR 281.32
5 Fassung gemäss Ziff. I der V des BGer vom 5. Juni 1996, in Kraft seit 1. Jan. 1997 (AS 1996 2900).
6 Eingefügt durch Ziff. I der V des BGer vom 4. Dez. 1975, in Kraft seit 1. April 1976 (AS 1976 164).
7 Fassung gemäss Ziff. I der V des BGer vom 5. Juni 1996, in Kraft seit 1. Jan. 1997 (AS 1996 2900).
8 SR 281.32
9 Fassung gemäss Ziff. I der V des BGer vom 5. Juni 1996, in Kraft seit 1. Jan. 1997 (AS 1996 2900).

Art. 130e[1] 5. Vorgehen bei Pfandbelastung des Grundstücks als solchem

Ist nach dem Ergebnis des Lastenbereinigungsverfahrens das Grundstück als ganzes pfandbelastet, so sind die Artikel 73e und 73f hiervor entsprechend anwendbar.

Art. 130f[2] 6. Steigerungsbedingungen

Für die Steigerungsbedingungen gilt Artikel 73g hiervor entsprechend, jedoch ohne den in Absatz 2 dieser Bestimmung enthaltenen Vorbehalt von Artikel 832 Absatz 2 ZGB[3] (Art. 130 Abs. 4 hiervor).

Art. 130g[4] 7. Vorbehalt der Grundpfandbetreibung

[1] Dem Gläubiger einer das Grundstück als ganzes belastenden Pfandforderung bleibt vorbehalten, diese bei Fälligkeit schon während des Konkursverfahrens (Art. 89 Abs. 1 hiervor) auf dem Wege der Grundpfandbetreibung (Art. 106a hiervor) geltend zu machen.

[2] Erfolgt die Pfandverwertung vor Ausrichtung einer allfälligen Konkursdividende an den Pfandgläubiger, so ist Artikel 61 Absatz 2 KOV[5] anwendbar. Vorbehalten bleibt Artikel 217 SchKG.[6]

Art. 131 IX. Ausfallforderung

Die Ausfallforderung (Art. 143 Abs. 2 SchKG) ist, wenn sie bestritten und ihr Einzug durch die Konkursverwaltung nicht möglich ist, zur Geltendmachung nach Artikel 260 SchKG zunächst den ungedeckten Pfandgläubigern und eventuell hernach den Kurrentgläubigern anzubieten und, wenn keiner von ihnen die Abtretung verlangt, öffentlich zu versteigern. Artikel 72 hiervor findet entsprechende Anwendung.

Art. 132 X. Verteilung

Für die Verteilung des Erlöses finden die Bestimmungen der Artikel 115–118 hiervor entsprechende Anwendung.

Art. 133–134[7]

---

1   Eingefügt durch Ziff. I der V des BGer vom 4. Dez. 1975, in Kraft seit 1. April 1976 (AS 1976 164).
2   Eingefügt durch Ziff. I der V des BGer vom 4. Dez. 1975, in Kraft seit 1. April 1976 (AS 1976 164).
3   SR 210
4   Eingefügt durch Ziff. I der V des BGer vom 4. Dez. 1975, in Kraft seit 1. April 1976 (AS 1976 164).
5   SR 281.32
6   Fassung gemäss Ziff. I der V des BGer vom 5. Juni 1996, in Kraft seit 1. Jan. 1997 (AS 1996 2900).
7   Aufgehoben durch Ziff. I der V des BGer vom 5. Juni 1996 (AS 1996 2900).

Schlussbestimmungen

Art. 135

¹ Die vorliegende Verordnung tritt am 1. Januar 1921 in Kraft.

² ...[1]

Art. 136

¹ Alle mit den Bestimmungen dieser Verordnung im Widerspruch stehenden Verordnungsvorschriften und Anweisungen werden aufgehoben.

² Insbesondere wird die Verordnung des Bundesgerichtes vom 21. Dezember 1916[2] betreffend die von den Betreibungs- und Konkursämtern anzumeldenden Eintragungen und Vormerkungen im Grundbuch aufgehoben und Artikel 74 Absatz 3 KOV durch Artikel 69 Absatz 3 hiervor abgeändert.

Schlussbestimmungen der Änderung vom 4. Dezember 1975[3]

¹ Diese Änderung tritt am 1. April 1976 in Kraft.

² Sie findet auch auf die Verwertung von Grundstücken in den bereits hängigen Betreibungen und Konkursen Anwendung, sowie es nach dem Stande des Verfahrens noch möglich ist.

Schlussbestimmungen der Änderung vom 7. September 1993[4]

¹ Diese Änderung tritt am 1. Januar 1994 in Kraft.

² Sie findet auch auf die Verwertung von Grundstücken in den bereits hängigen Betreibungen und Konkursen Anwendung, sowie es nach dem Stande des Verfahrens noch möglich ist.

---

1 Gegenstandslose UeB.
2 [AS 33 113]
3 AS 1976 164
4 AS 1993 3183

Nr. 10 Verordnung betreffend die Pfändung, Arrestierung und Verwertung von Versicherungsansprüchen nach dem Bundesgesetz vom 2. April 1908 über den Versicherungsvertrag (VPAV)[1]

vom 10. Mai 1910 (Stand am 1. Januar 1997)

SR 281.51

Das Schweizerische Bundesgericht,

in Anwendung von Artikel 15 des Schuldbetreibungs- und Konkursgesetzes[2] (SchKG), *verordnet:*[3]

I. Schadensversicherung

Art. 1

Bei der Pfändung und der Arrestierung einer körperlichen Sache hat der Betreibungsbeamte vom Schuldner Auskunft darüber zu verlangen, ob und allfällig wo sie gegen Schaden versichert sei. Bejahendenfalls hat er den Versicherer von der Pfändung bzw. Arrestnahme zu benachrichtigen und ihn darauf aufmerksam zu machen, dass er nach Artikel 56 des Bundesgesetzes vom 2. April 1908[4] über den Versicherungsvertrag (im folgenden VVG genannt) eine allfällige Ersatzleistung bis auf weitere Anzeige gültig nur an das Betreibungsamt ausrichten könne.

Art. 2

Fällt die Pfändung oder der Arrest in der Folge dahin, ohne dass es zur Verwertung gekommen wäre (infolge Rückzugs oder Erlöschens der Betreibung, Zahlung usw.), so ist von dieser Tatsache dem Versicherer ebenfalls sofort Anzeige zu machen.

Art. 3

Gelangt dagegen die Gesamtheit der den Gegenstand eines Versicherungsvertrages bildenden Objekte im Betreibungs- oder Konkursverfahren zur Verwertung (Art. 54 VVG[5]), so ist bei der Verwertungshandlung auf die bestehende Versicherung auf-

---

BS 3 104

1 Abkürzung eingefügt durch Ziff. I der V des BGer vom 5. Juni 1996, in Kraft seit 1. Jan. 1997 (AS 1996 2917).
2 SR 281.1
3 Fassung gemäss Ziff. I der V des BGer vom 5. Juni 1996, in Kraft seit 1. Jan. 1997 (AS 1996 2917).
4 SR 221.229.1
5 SR 221.229.1

merksam zu machen. Wird die Gesamtheit der versicherten Gegenstände von einer und derselben Person erworben, so ist der Versicherer vom Übergang des Eigentums auf dieselbe sofort in Kenntnis zu setzen.

II. Personenversicherung
A. Pfändung

Art. 4

[1] Reicht das übrige Vermögen des Schuldners zur Deckung der in Betreibung liegenden Forderung nicht hin, so dass zur Pfändung von Ansprüchen aus einer vom Schuldner abgeschlossenen Personenversicherung geschritten werden muss, und ergibt sich, dass der Ehegatte oder die Nachkommen des Schuldners als Begünstigte bezeichnet sind (Art. 80 VVG[1]), ohne dass sie jedoch im Besitz der Police wären, so hat das Betreibungsamt den Schuldner, und wenn diese Angaben von ihm nicht erhältlich sind, den Versicherer anzuhalten, genau anzugeben, eventuell unter Vorlage der Police:

a. den Namen und den Wohnort des oder der Begünstigten;
b. das Datum der Begünstigungserklärung und ihre Form (ob schriftlich oder mündlich, als Verfügung unter Lebenden oder von Todes wegen).[2]

[2] Diese Angaben sind in die Pfändungsurkunde aufzunehmen oder, falls diese dem Gläubiger schon zugestellt worden ist, diesem besonders zur Kenntnis zu bringen. Gleichzeitig fordert das Betreibungsamt den Gläubiger auf, sich binnen zehn Tagen darüber auszusprechen, ob er anerkenne, dass der betreffende Versicherungsanspruch von der Zwangsvollstreckung ausgeschlossen sei oder nicht. Erfolgt keine Bestreitung, oder erklärt er, gegen den oder die Begünstigten die Anfechtungsklage anstrengen zu wollen, so fällt damit der Anspruch sowohl des Begünstigten als des Versicherungsnehmers aus der Pfändung weg.

Art. 5

[1] Im Falle der rechtzeitigen Bestreitung setzt das Betreibungsamt dem Gläubiger eine Frist von 20 Tagen, innerhalb deren er gegen den oder die Begünstigten gerichtliche Klage auf Feststellung der Ungültigkeit der Begünstigung anzuheben hat, mit der Androhung, dass andernfalls die Begünstigung als anerkannt gelten würde.[3]

[2] Hat der Gläubiger die Klage rechtzeitig eingeleitet, so bleibt der Schuldner in der Verfügung über die gepfändeten Ansprüche bis zum Austrag der Sache gemäss Arti-

---

1 SR 221.229.1
2 Fassung gemäss Ziff. I der V des BGer vom 5. Juni 1996, in Kraft seit 1. Jan. 1997 (AS 1996 2917).
3 Fassung gemäss Ziff. I der V des BGer vom 5. Juni 1996, in Kraft seit 1. Jan. 1997 (AS 1996 2917).

kel 96 SchKG eingestellt, und es laufen auch die in Artikel 116 SchKG gesetzten Fristen während dieser Zeit nicht.

Art. 6

[1] Behauptet dagegen der Schuldner oder ein Dritter, dass die Police dem oder den Begünstigten übergeben und auf das Recht des Widerrufs in derselben unterschriftlich verzichtet worden sei (Art. 79 Abs. 2 VVG[1]), oder behauptet der Schuldner, dass er sonst auf den Widerruf der Begünstigung in gesetzlicher Weise endgültig verzichtet habe, so hat, sofern die sonstigen Vermögensobjekte des Schuldners zur Deckung der in Betreibung gesetzten Forderung nicht hinreichen, der Schuldner oder der Dritte, der den Ausschluss der Zwangsvollstreckung behauptet, dem Betreibungsbeamten ausser den in Artikel 4 Absatz 1 Buchstaben a und b angegebenen Punkten auch noch darüber Auskunft zu geben, wann die Police dem oder den Begünstigten übergeben worden ist.

[2] Diese Angaben werden dem Gläubiger mitgeteilt, mit der Bemerkung, dass der Anspruch aus der Personenversicherung nur dann gepfändet werde, wenn er ein ausdrückliches Begehren stelle.

[3] Verlangt der Gläubiger die Pfändung, so wird ihm gleichzeitig mit der Zustellung der Pfändungsurkunde auch eine Frist von 20 Tagen angesetzt, innert welcher er gegen den oder die Begünstigten gerichtliche Klage auf Feststellung der Ungültigkeit der Begünstigung anzuheben hat, mit der Androhung, dass bei Nichteinhaltung der Frist die Pfändung dahinfallen würde.[2]

[4] Die rechtzeitig angehobene Klage hat die in Artikel 5 Absatz 2 angegebenen Wirkungen.

Art. 7

Dem Gläubiger bleibt, sowohl wenn er innert Frist den Ausschluss der Zwangsvollstreckung nicht bestritten hat als auch wenn er in dem darüber geführten Prozess unterlegen ist, das Recht vorbehalten, beim Vorliegen der Voraussetzungen der Artikel 285 ff. SchKG durch Klage gegen die Begünstigten die Begünstigung anzufechten.

Art. 8

Werden in einem *Arrest*befehl als zu arrestierende Gegenstände die Ansprüche des Versicherungsnehmers aus einem Personenversicherungsvertrag angegeben, von welchen der Arrestschuldner oder ein Dritter geltend macht, dass sie gemäss Artikel

---

1 SR 221.229.1
2 Fassung gemäss Ziff. I der V des BGer vom 5. Juni 1996, in Kraft seit 1. Jan. 1997 (AS 1996 2917).

79 Absatz 2 oder Artikel 80 VVG[1] der Zwangsvollstreckung nicht unterliegen, so werden diese Ansprüche trotz der Begünstigungsklausel mit Arrest belegt. Dabei sind jedoch vom Arrestschuldner bzw. vom Dritten die in den Artikeln 4 und 6 dieser Verordnung verlangten näheren Angaben über die Modalitäten der Begünstigung zu machen und ist im weitern nach Artikel 4 Absatz 2 und Artikel 5 dieser Verordnung vorzugehen.

Art. 9[2]

Werden am gepfändeten oder arrestierten Versicherungsanspruch Pfandrechte geltend gemacht, so unterbleibt die Einleitung des Verfahrens nach den Artikeln 106–108 SchKG zur Feststellung dieser Pfandrechte, bis über die Frage der Gültigkeit der Begünstigung gemäss den Artikeln 4–6 und 8 dieser Verordnung endgültig entschieden ist.

B. Konkurs

Art. 10

[1] Im Konkurs kann ein Anspruch aus einer Personenversicherung, für welchen ein Dritter in einer nach den Bestimmungen der Artikel 79 Absatz 2 und 80 VVG[3] den Ausschluss der Zwangsvollstreckung bewirkenden Weise als Begünstigter bezeichnet ist, nur dann von der Masse liquidiert werden, wenn die Begünstigung durch gerichtliches Urteil in einem von der Masse oder einem einzelnen Gläubiger gemäss Artikel 260 SchKG gegen die Begünstigten durchgeführten Prozess als ungültig bzw. nach den Artikeln 285 ff. SchKG anfechtbar bezeichnet worden oder die Begünstigung durch einen andern einem gerichtlichen Urteil gleichwertigen Akt hinfällig geworden ist.

[2] Der Versicherer ist gemäss Artikel 4 Absatz 1 auskunftspflichtig.[4]

Art. 11

Wird von einem Konkursgläubiger an einem Personenversicherungsanspruch mit Begünstigung im Sinne des Artikels 10 hievor ein *Pfandrecht* geltend gemacht, so hat die Konkursverwaltung sich vorerst darüber schlüssig zu machen, ob sie die Begünstigung auf dem Prozessweg bestreiten oder auf eine Bestreitung verzichten wolle und im letztern Falle den Konkursgläubigern Gelegenheit zu geben, ihrerseits nach Artikel 260 SchKG den Prozess durchzuführen.

---

1   SR 221.229.1
2   Fassung gemäss Ziff. I der V des BGer vom 5. Juni 1996, in Kraft seit 1. Jan. 1997 (AS 1996 2917).
3   SR 221.229.1
4   Eingefügt durch Ziff. I der V des BGer vom 5. Juni 1996, in Kraft seit 1. Jan. 1997 (AS 1996 2917).

Art. 12[1]

Wird die Begünstigung anerkannt oder die Bestreitung durch gerichtliches Urteil oder einen gleichwertigen Akt als unbegründet erklärt, so findet die Liquidation des Pfandes nicht im Konkurs statt, sondern es ist Artikel 61 der Verordnung vom 13. Juli 1911[2] über die Geschäftsführung der Konkursämter anwendbar.

Art. 13[3]

Art. 14

Im Falle, dass auf die Begünstigung von den Begünstigten verzichtet oder dass sie vom Schuldner widerrufen oder gerichtlich als ungültig bzw. anfechtbar bezeichnet worden ist, hat die Konkursverwaltung über die Anerkennung oder Bestreitung des Pfandrechts und der Pfandforderung im Kollokationsplan, evtl. in einem Nachtrag dazu, eine Verfügung zu treffen und die Liquidation des Pfandes im Konkurs vorzunehmen.

C. Verwertung eines Lebensversicherungsanspruches

Art. 15

Steht fest, dass ein gültig gepfändeter Anspruch aus einem Lebensversicherungsvertrag, den der Schuldner auf sein eigenes Leben abgeschlossen hat, zur Verwertung zu kommen hat, sei es in der Pfändungsbetreibung, sei es in der Betreibung auf Pfandverwertung, oder liegen die in den Artikeln 10 und 14 hievor aufgestellten Voraussetzungen für die Verwertung eines solchen Lebensversicherungsanspruchs im Konkursverfahren vor, so hat das Betreibungs- bzw. Konkursamt den Versicherer zur Angabe des Rückkaufswertes auf den für die Verwertung in Aussicht genommenen Zeitpunkt gemäss Artikel 92 VVG[4] aufzufordern und die betreffende Angabe nötigenfalls dem Eidgenössischen Versicherungsamt zur Kontrolle vorzulegen.

Art. 16

[1] Hat die Verwertung durch öffentliche Steigerung zu erfolgen, so hat die Publikation mindestens einen Monat vorher stattzufinden und ist in derselben die Art des Versicherungsanspruchs, sowie der Name des Schuldners genau zu bezeichnen und der gemäss Artikel 15 dieser Verordnung festgestellte Rückkaufswert anzugeben.

---

1 Fassung gemäss Ziff. I der V des BGer vom 5. Juni 1996, in Kraft seit 1. Jan. 1997 (AS 1996 2917).
2 SR 281.32
3 Aufgehoben durch Ziff. I der V des BGer vom 5. Juni 1996 (AS 1996 2917).
4 SR 221.229.1

² Gleichzeitig sind Ehegatte und Nachkommen des Schuldners, welche von dem ihnen gemäss Artikel 86 VVG[1] zustehenden Recht der Übernahme des Versicherungsanspruchs Gebrauch machen wollen, aufzufordern, spätestens 14 Tage vor dem für die öffentliche Versteigerung angesetzten Termin beim Betreibungs- bzw. Konkursamt sich über die Zustimmung des Schuldners auszuweisen und den Rückkaufspreis bzw., wenn der Versicherungsanspruch verpfändet ist und die in Betreibung gesetzte pfandgesicherte Forderung den Rückkaufswert übersteigt, den Betrag der Pfandforderung nebst den Betreibungskosten zu bezahlen, mit der Androhung, dass bei Nichtbeachtung dieser Aufforderung das Übernahmerecht als verwirkt betrachtet würde.[2]

³ Soweit dem Amt Ehegatte und Nachkommen nicht bekannt sind, hat es die Aufforderung in die Publikation aufzunehmen.[3]

Art. 17

Der Ausweis darüber, dass der Schuldner mit der Übertragung an den Ehegatten oder die Nachkommen einverstanden ist, kann durch eine schriftliche, auf Verlangen des Amtes zu beglaubigende, oder auch, wenn ihm der Schuldner persönlich bekannt ist, durch eine mündliche Erklärung des Schuldners vor dem betreffenden Beamten erfolgen. Eine mündliche Erklärung ist zu protokollieren und vom Schuldner zu unterzeichnen.

Art. 18

Machen eine oder mehrere Personen innert der hiefür angesetzten Frist das Recht der Übertragung des Lebensversicherungsanspruchs geltend, so soll der Betreibungs- bzw. Konkursbeamte, wenn er im Zweifel darüber ist, ob diese Personen die Eigenschaft des Ehegatten bzw. von Nachkommen des Schuldners haben, bevor er die Übertragung auf sie vornimmt, einen zivilstandsamtlichen Ausweis oder eine sonstige offizielle Bescheinigung darüber verlangen.

Art. 19

¹ Beanspruchen die mehreren Berechtigten die Übertragung auf alle zusammen, so haben sie einen gemeinschaftlichen Vertreter zu bezeichnen, dem die Police für sie ausgehändigt werden kann. Der Übergang des Versicherungsanspruchs ist vom Betreibungs- bzw. Konkursamt auf der Police zu beurkunden.

² Wird dagegen von verschiedenen Berechtigten das Begehren gestellt, dass die Übertragung auf ihre Person je allein und ausschliesslich erfolge und hat sich jeder über die Zustimmung des Schuldners ausgewiesen, so hat einstweilen zwar jeder

---

1 SR 221.229.1
2 Fassung gemäss Ziff. I der V des BGer vom 5. Juni 1996, in Kraft seit 1. Jan. 1997 (AS 1996 2917).
3 Fassung gemäss Ziff. I der V des BGer vom 5. Juni 1996, in Kraft seit 1. Jan. 1997 (AS 1996 2917).

Ansprecher den Auslösungsbetrag zu bezahlen, die Übertragung wird jedoch solange sistiert, bis durch ein rechtskräftiges Urteil oder einen gleichwertigen Akt der Anspruch einem unter ihnen rechtskräftig zuerkannt ist.

[3] Die bezahlten Beträge sind inzwischen zu deponieren, doch kann dem betreibenden Gläubiger auf sein Verlangen der ihm zukommende Betrag ausbezahlt werden.

[4] Auf alle Fälle ist die ausgekündigte öffentliche Steigerung unter Angabe des Grundes sofort zu widerrufen.

Art. 20

[1] War der Versicherungsanspruch verpfändet und der zu bezahlende Übernahmepreis höher als die pfandversicherte Forderung nebst Betreibungskosten, so fällt der Überschuss an den Schuldner bzw. die Konkursmasse, es wäre denn, dass auf den betreffenden Anspruch ein Begünstigter ein im Sinn der Vorschriften der Artikel 4–11 dieser Verordnung festgestelltes Anrecht geltend machen würde.

[2] Widersetzt sich jedoch der Schuldner der Auszahlung an den Dritten, so ist der Betrag solange zu deponieren, bis durch ein rechtskräftiges Urteil oder einen gleichwertigen Akt entschieden ist, wer der Bezugsberechtigte ist.

Art. 21

Im Konkursverfahren darf der Verkauf eines Lebensversicherungsanspruchs aus freier Hand im Sinn von Artikel 256 SchKG nicht erfolgen, wenn nicht vorher dem Ehegatten und den Nachkommen des Gemeinschuldners Gelegenheit gegeben worden ist, innert bestimmter Frist von ihrem Übernahmsrecht Gebrauch zu machen. Dabei sind die Bestimmungen der Artikel 17–20 dieser Verordnung in Anwendung zu bringen; eine *öffentliche* Aufforderung an die Berechtigten zur Geltendmachung des Übernahmsrechts hat jedoch nur stattzufinden, wenn ihr Wohnort unbekannt ist.

Art. 22

Die in Artikel 81 VVG[1] vorgesehene Bescheinigung des Betreibungsamtes bzw. der Konkursverwaltung besteht lediglich in einer Erklärung darüber, dass gegen den Schuldner ein definitiver Verlustschein ausgestellt (mit Angabe des Datums desselben), bzw. dass und wann der Konkurs über ihn eröffnet worden sei. Dabei ist anzumerken, dass diese Erklärung zum Zweck des Ausweises über den Eintritt in die Rechte des Schuldners aus dem Lebensversicherungsvertrag erfolge.

Art. 23

Die vorliegende Verordnung tritt auf den 1. Juli 1910 in Kraft.

---

1   SR 221.229.1

Nr. 11 Verordnung des Bundesgerichts über den Genossenschaftskonkurs (VGeK)[1]

vom 20. Dezember 1937 (Stand am 1. Januar 1997)

SR 281.52

Das Schweizerische Bundesgericht,

in Anwendung von Artikel 873 Absatz 4 des Obligationenrechts (OR)[2],

verordnet:[3]

Art. 1

Wird über eine Genossenschaft mit persönlicher Haftung oder mit Nachschusspflicht der Genossenschafter (Art. 869–871 OR) der Konkurs eröffnet, so bildet die Geltendmachung der Haftungsanteile oder Nachschüsse einen Teil des Konkursverfahrens.

Art. 2[4]

Auf Grund des beim Handelsregister liegenden Verzeichnisses und der Protokolle der Genossenschaftsorgane erstellt die Konkursverwaltung die Liste der Mitglieder der Genossenschaft sowie der durch Tod oder in anderer Weise ausgeschiedenen früheren Mitglieder, die nach Massgabe von Artikel 876 OR für die Verbindlichkeiten der Genossenschaft persönlich haftbar oder dieser gegenüber nachschusspflichtig geblieben sind.

Art. 3

[1] Der Antrag des Konkursamtes gemäss Artikel 230 Absatz 1 des Schuldbetreibungs- und Konkursgesetzes (SchKG)[5] an das Konkursgericht wird nur gestellt, wenn voraussichtlich auch die von den haftbaren oder nachschusspflichtigen Genossenschaftern erhältlichen Beträge nicht genügen werden, um die Kosten der Durchführung des ordentlichen oder summarischen Konkursverfahrens zu decken.[6]

BS 3 190

1 Abkürzung eingefügt durch Ziff. I der V des BGer vom 5. Juni 1996, in Kraft seit 1. Jan. 1997 (AS 1996 2920).
2 SR 220
3 Fassung gemäss Ziff. I der V des BGer vom 5. Juni 1996, in Kraft seit 1. Jan. 1997 (AS 1996 2920).
4 Fassung gemäss Ziff. I der V des BGer vom 5. Juni 1996, in Kraft seit 1. Jan. 1997 (AS 1996 2920).
5 SR 281.1
6 Fassung gemäss Ziff. I der V des BGer vom 5. Juni 1996, in Kraft seit 1. Jan. 1997 (AS 1996 2920).

² Die vom Gläubiger für die Durchführung des Konkursverfahrens gemäss Artikel 230 Absatz 2 SchKG zu leistenden Vorschüsse begreifen auch die Kosten der Betreibung der Haftungsanteile oder Nachschüsse der Genossenschafter, soweit mit diesen Kosten zum vornherein zu rechnen ist. Die spätere Ergänzung der Vorschüsse bleibt vorbehalten.

Art. 4

¹ Die Konkursverwaltung kann mit Zustimmung der Gläubigerversammlung nach Aufstellung des provisorischen Verteilungsplanes über die Haftung oder Nachschusspflicht aller oder einzelner Genossenschafter Vergleiche abschliessen.

² Die Zustimmung der Gläubigerversammlung kann als Ermächtigung zu einem bestimmten Vergleich oder als Genehmigung eines abgeschlossenen Vergleichs ausgesprochen werden.

³ Der Ermächtigungs- oder Genehmigungsbeschluss der Gläubigerversammlung kann von den Gläubigern, die nicht zugestimmt haben, und von den andern Genossenschaftern durch Beschwerde angefochten werden. Weiterziehung des Entscheides an das Bundesgericht ist auch wegen Unangemessenheit zulässig.

⁴ Abtretung des Anspruches aus Haftung oder Nachschusspflicht der Genossenschafter im Sinne von Artikel 260 SchKG[1] ist nicht zulässig.

Art. 5

¹ Die zur Masse gehörenden Rechtsansprüche, auf deren Geltendmachung die Gesamtheit der Gläubiger verzichtet und deren Abtretung gemäss Artikel 260 SchKG[2] kein Gläubiger verlangt, sind, sofern die Genossenschaft selbst zu deren Verfolgung legitimiert gewesen wäre, den haftbaren oder nachschusspflichtigen Genossenschaftern zur Geltendmachung anzubieten.

² Das Ergebnis kommt nach Abzug der Kosten den Genossenschaftern, welche den Anspruch geltend gemacht haben, bis zur Deckung ihrer Haftungsanteile oder Nachschüsse zu, ein Überschuss sämtlichen Genossenschaftern, den einen und andern in dem in Artikel 19 Absatz 2 hiernach für die Rückerstattung überschüssiger Beträge festgelegten Verhältnis.

Art. 6

¹ Die Auflage des Kollokationsplanes ist jedem Genossenschafter durch eingeschriebenen Brief anzuzeigen.

---

1 SR 281.1
2 SR 281.1

² Er ist berechtigt, den Bestand der zugelassenen Forderungen binnen 20 Tagen seit Empfang dieser Anzeige durch Klage gemäss Artikel 250 SchKG[1] anzufechten. In der Anzeige ist auf dieses Recht hinzuweisen.[2]

Art. 7
Nachdem die Frist zur Anfechtung des Kollokationsplanes abgelaufen ist, stellt die Konkursverwaltung den mutmasslichen Überschuss der Passiven, einschliesslich Konkurskosten, über die Aktiven der Genossenschaft (Konkursverlust) fest. Forderungen, die Gegenstand von Kollokationsklagen sind, sowie bedingte Forderungen werden den Passiven zum vollen Betrage zugezählt; streitige Massaansprüche werden unter die Aktiven nicht eingerechnet.

Art. 8
¹ Der zur Deckung des mutmasslichen Konkursverlustes von den Genossenschaftern zu leistende Betrag wird in einem provisorischen Verteilungsplan gleichmässig auf alle unbeschränkt haftenden Genossenschafter verteilt; bei beschränkter persönlicher Haftung bis zum angegebenen Höchstbetrag, und wenn Genossenschaftsanteile bestehen, im Verhältnis dieser Anteile.

² Sind die Genossenschafter nicht persönlich haftbar, sondern nachschusspflichtig, so sind die erforderlichen Nachschüsse nach den Bestimmungen der Statuten auf die einzelnen Genossenschafter und, bei Fehlen statutarischer Bestimmungen, nach dem Betrag der Genossenschaftsanteile oder, wenn solche nicht bestehen, gleichmässig auf die Nachschusspflichtigen zu verteilen; bei beschränkter Nachschusspflicht in allen Fällen bis zum angegebenen Höchstbetrag.

³ Die Haftungsanteile oder Nachschüsse der gemäss Artikel 876 OR beizuziehenden ausgeschiedenen Genossenschafter sind von demjenigen Ausfall zu berechnen, den die ihrer Haftung oder Nachschusspflicht teilhaftigen Forderungen im Konkurs erleiden, nicht von dem Deckungsausfall, wie er zur Zeit des Ausscheidens aus der Genossenschaft vorhanden war.

Art. 9
Ist die persönliche Haftung oder die Nachschusspflicht der Genossenschafter von der Genossenschaft nachträglich beschränkt worden, so hat der Verteilungsplan für jeden leistungspflichtigen Genossenschafter den Haftungsanteil oder Nachschuss für die durch die Konkursaktiven nicht gedeckten Verbindlichkeiten, hinsichtlich welcher die ursprüngliche Haftung oder Nachschusspflicht gemäss Artikel 874 Absatz 3 OR

---

1 SR 281.1
2 Fassung gemäss Ziff. I der V des BGer vom 5. Juni 1996, in Kraft seit 1. Jan. 1997 (AS 1996 2920).

fortbesteht, und den Haftungsanteil oder Nachschuss für die ungedeckten Verbindlichkeiten, hinsichtlich welcher die Beschränkung gilt, gesondert aufzuführen.

Art. 10
Sehen die Statuten neben persönlicher Haftung Nachschusspflicht vor, so ist zuerst diese zu beanspruchen. Ein allfälliger Ausfall ist auf Grund der persönlichen Haftung im Verteilungsplan auf die Genossenschafter umzulegen.

Art. 11
[1] Der Verteilungsplan wird mit den Berechnungsgrundlagen beim Konkursamt zur Einsicht aufgelegt.

[2] Die Konkursverwaltung macht die Auflegung in den für die Publikationen der Genossenschaft bezeichneten Zeitungen öffentlich bekannt und zeigt sie jedem Genossenschafter unter Angabe des ihn betreffenden Betrages besonders an, mit dem Hinweis, dass der provisorische Verteilungsplan binnen zehn Tagen seit Empfang dieser Anzeige durch Beschwerde bei der Aufsichtsbehörde über Schuldbetreibung und Konkurs angefochten werden könne und dass er mangels Anfechtung vollstreckbar werde.

[3] Die Anfechtung des Verteilungsplanes steht binnen zehn Tagen seit der öffentlichen Bekanntmachung auch den Konkursgläubigern zu.

[4] Für die Beschwerdeführung gelten die Bestimmungen des SchKG[1] und des Bundesrechtspflegegesetzes[2], soweit die nachfolgenden Bestimmungen nichts Abweichendes enthalten.[3]

Art. 12
[1] Der provisorische Verteilungsplan wird vollstreckbar mit dem unbenützten Ablauf der Beschwerdefrist und berechtigt zur definitiven Rechtsöffnung gemäss Artikel 80 SchKG[4]. Dem Rechtsöffnungsbegehren können nur die in Artikel 81 Absatz 1 SchKG erwähnten Einwendungen entgegengehalten werden.

[2] Ist Beschwerde gegen den Plan erhoben worden, so tritt dessen Vollstreckbarkeit mit der rechtskräftigen Beurteilung der Beschwerde bzw. mit der gemäss Artikel 15 hiernach vorzunehmenden Neuauflage des von der Konkursverwaltung berichtigten Planes ein.

---

1   SR 281.1
2   SR 173.110
3   Fassung gemäss Ziff. I der V des BGer vom 5. Juni 1996, in Kraft seit 1. Jan. 1997 (AS 1996 2920).
4   SR 281.1

Art. 13

Durch Beschwerde können alle Einwendungen geltend gemacht werden, welche gegen die Haftung oder Nachschusspflicht des Beschwerdeführers überhaupt oder gegen die Höhe des ihm zugemessenen Betrages, wie die Weglassung beitragspflichtiger Genossenschafter, den Verteilungsmassstab, die Berechnung des Konkursverlustes bestehen.

Art. 14

¹ Die Beschwerde ist gegen die Konkursverwaltung und, wenn damit die Weglassung oder zu geringe Belastung beitragspflichtiger Genossenschafter gerügt wird, ausserdem gegen diese zu richten.

² Wird der Verteilungsmodus angefochten oder die Belastung eines Genossenschafters als ungerechtfertigt oder übersetzt beanstandet, so sind die von der beantragten Änderung betroffenen Genossenschafter durch die Aufsichtsbehörde zum Verfahren beizuladen. Sie erhalten mit der Beiladung die Stellung einer Beschwerdepartei.

³ Wird die Beschwerde nicht als unzulässig zurückgewiesen, so ist dem Beschwerdegegner Gelegenheit zu mündlicher oder schriftlicher Antwort zu geben. Ebenso ist die Erklärung der Weiterziehung eines Beschwerdeentscheides dem Gegner zur Beantwortung zuzustellen.

⁴ Der Beweis kann mit allen Beweismitteln des kantonalen ordentlichen Zivilprozesses geführt werden.

5–6 ...[1]

⁷ Der Beschwerdeentscheid wirkt im Verteilungsverfahren für und gegen alle Genossenschafter. Der Rückgriffsklage eines im Beschwerdeverfahren nicht als Partei beteiligt gewesenen Genossenschafters kann jedoch seine Rechtskraft nicht entgegengehalten werden.

Art. 15

Wird die Beschwerde begründet erklärt, so berichtigt die Aufsichtsbehörde entweder selbst den provisorischen Verteilungsplan oder ordnet dessen Berichtigung durch die Konkursverwaltung an. In letzterem Falle legt die Konkursverwaltung den berichtigten Plan neu auf und macht die Auflegung gemäss Artikel 11 Absatz 2 hiervor bekannt. Binnen zehn Tagen kann jeder Beitragspflichtige wegen unrichtiger Durchführung der Berichtigung Beschwerde führen. Dieser Beschwerde kommt aufschiebende Wirkung nicht zu. Die Aufsichtsbehörde kann jedoch die Vollstreckbarkeit des Verteilungsplanes (Art. 12) einstellen. Die Einstellung wirkt bis zur rechtskräftigen Beurteilung der Beschwerde, sofern sie nicht vorher aufgehoben wird.

---

1   Aufgehoben durch Ziff. I der V des BGer vom 5. Juni 1996 (AS 1996 2920).

Art. 16

¹ Nach eingetretener Vollstreckbarkeit des provisorischen Verteilungsplanes hat die Konkursverwaltung ohne Verzug die Beiträge von den Genossenschaftern einzuziehen. Die Betreibung gegen Beitragspflichtige, von denen offenkundig keine Zahlung erhältlich ist, kann unterbleiben.

² Die Verrechnung der Haftungsanteile oder Nachschüsse mit Forderungen an die Genossenschaft ist ausgeschlossen. Die Einzahlung der Haftungsanteile oder Nachschüsse bleibt jedoch dem Genossenschafter bis nach der endgültigen Abrechnung (Art. 21) in dem Umfange gestundet, als seine Forderung im Konkursverfahren voraussichtlich gedeckt wird.

Art. 17

Sind die Genossenschafter persönlich und unbeschränkt für die Verbindlichkeiten der Genossenschaft haftbar bzw. ist ihre persönliche, auf einen bestimmten Betrag oder gemäss den Genossenschaftsanteilen beschränkte Haftung oder Nachschusspflicht in den Statuten als solidarische vorgesehen, so ist das Verteilungsverfahren nach Massgabe der Artikel 18 und 19 weiterzuführen.

Art. 18

¹ Die uneinbringlichen Beiträge sowie solche, deren Eintreibung den Abschluss des Verfahrens übermässig verzögern würde, sind in einem zusätzlichen Verteilungsplan auf die übrigen Genossenschafter im Verhältnis zur Höhe ihrer Anteile oder Nachschüsse zu verlegen, bei beschränkter Haftung oder Nachschusspflicht bis zu dem angegebenen Höchstbetrag.[1]

² Den ausgeschiedenen, gemäss Artikel 876 OR haftbar oder nachschusspflichtig gebliebenen Genossenschaftern darf jedoch in keinem Falle eine höhere Leistung auferlegt werden als dem Konkursverlust auf den schon bei ihrem Ausscheiden vorhanden gewesenen Verbindlichkeiten entspricht bzw. höchstens der Betrag ihrer beschränkten Haftung oder Nachschusspflicht.

³ Die Artikel 11–16 finden auf den zusätzlichen Verteilungsplan ebenfalls Anwendung. Gegen diesen können alle Einwendungen geltend gemacht werden, über die nicht bereits auf Beschwerde gegen den früheren Plan entschieden worden ist. Die durch diesen vollstreckbar festgestellten Beiträge werden jedoch von der Anfechtung nicht mehr berührt.[2]

⁴ Die Aufstellung eines Zusatzplanes ist zu wiederholen, solange einzelne Beiträge als uneinbringlich ausfallen bzw. bis zur Erschöpfung der beschränkten persönlichen Haftung oder Nachschusspflicht.

---

1 Fassung gemäss Ziff. I der V des BGer vom 5. Juni 1996, in Kraft seit 1. Jan. 1997 (AS 1996 2920).
2 Fassung gemäss Ziff. I der V des BGer vom 5. Juni 1996, in Kraft seit 1. Jan. 1997 (AS 1996 2920).

⁵ Die Konkursverwaltung kann indessen von der Aufstellung solcher Zusatzpläne bis zur definitiven Abrechnung (Art. 19) absehen, wenn der Konkursverlust voraussichtlich die im provisorischen Verteilungsplan angenommene Höhe nicht erreicht und die bisherigen Eingänge zur Deckung ausreichen.

Art. 19

¹ Sobald die Verteilungsliste im Konkurs (Art. 263 SchKG[1]) definitiv ist, erstellt die Konkursverwaltung den endgültigen Verteilungsplan. Darin wird der Konkursverlust, soweit die Genossenschafter dafür aufzukommen haben, gemäss ihrer im vorausgegangenen Verfahren nach den Artikeln 8–10 festgestellten persönlichen Haftung oder Nachschusspflicht verlegt und werden anderseits die von jedem Genossenschafter auf Grund des provisorischen Verteilungsplanes und der Zusatzpläne geleisteten Zahlungen aufgeführt. Bleibt die Summe dieser Zahlungen hinter dem zu deckenden Konkursverlust zurück, so wird der Fehlbetrag nach Vorschrift von Artikel 18 verlegt und im Plan aufgeführt.

² Übersteigt dagegen die Summe der eingegangenen Zahlungen den zu deckenden Konkursausfall, so wird der Überschuss zur Rückerstattung gutgeschrieben. Haben einzelne Genossenschafter grössere Beiträge geleistet als ihnen im Verhältnis zu den übrigen Genossenschaftern oblag, so sind zunächst diese Mehrleistungen zurückzuerstatten; nach Herstellung des Ausgleichs ist der noch zur Verfügung stehende Rest im Verhältnis zur Höhe der Haftungsanteile oder Nachschüsse zuzuweisen.

³ Die Artikel 11–16 sind auf den endgültigen Verteilungsplan anwendbar. Eine Beschwerde kann nur damit begründet werden, dass die durch das endgültige Ergebnis der Konkursliquidation bedingten Änderungen der provisorischen Verteilung nicht zutreffend berücksichtigt seien.

Art. 20

Ist die beschränkte persönliche Haftung oder die Nachschusspflicht der Genossenschafter keine solidarische, so findet ein zusätzliches Verteilungsverfahren nach Artikel 17 nicht statt. Für die Aufstellung des endgültigen Verteilungsplanes gilt Artikel 19 sinngemäss; eine Verlegung des Fehlbetrages nach Absatz 1 Satz 3 unterbleibt.

Art. 21

Die Verteilung der von den Genossenschaftern geleisteten Haftungsanteile oder Nachschüsse an die Konkursgläubiger erfolgt durch einen Nachtrag zur Verteilungsliste, sobald die endgültige Abrechnung darüber erstellt ist und die allenfalls noch erforderlichen Beiträge eingegangen sind. Abschlagsverteilungen sind zulässig, nachdem die Verteilungsliste des Konkurses rechtskräftig geworden ist.

---

1   SR 281.1

Art. 22

¹ Verspätete Konkurseingaben (Art. 251 SchKG[1]), die vor Auflage des endgültigen Verteilungsplanes einlangen, sind darin zu berücksichtigen. Sind bereits Abschlagszahlungen aus der Konkursmasse an die Gläubiger erfolgt (Art. 251 Abs. 3 SchKG), so sind die Forderungen nichtsdestoweniger nur zu dem Betrag aus den Haftungsanteilen und Nachschüssen der Genossenschafter zu decken, der bei Teilnahme an der Abschlagzahlung ungedeckt geblieben wäre.

² Zu den vom Gläubiger gemäss Artikel 251 Absatz 2 SchKG zu tragenden Kosten gehören auch diejenigen der Ergänzung eines provisorischen oder des endgültigen Verteilungsplanes.

Art. 23[2]

Werden die Gläubiger für ihre Konkursforderungen vollständig befriedigt, so sind die gegen einzelne Genossenschafter in der Betreibung für ihre Haftungsanteile oder Nachschüsse ausgestellten Verlustscheine von der Konkursverwaltung zu löschen und zu vernichten. Im andern Falle sind sie zugunsten der Masse zu verwerten.

Art. 24

¹ Der Erlös nachträglich entdeckter Aktiven der Genossenschaft und von der Konkursverwaltung hinterlegte, freiwerdende Beträge gemäss Artikel 269 Absätze 1 und 2 SchKG[3] sowie Überschüsse zugunsten der Konkursmasse aus Masseansprüchen, die Konkursgläubigern gemäss Artikel 260 SchKG abgetreten worden sind, werden nach Vorschrift von Artikel 19 Absatz 2 hiervor unter die Genossenschafter verteilt, soweit sie nicht zur vollen Deckung der Konkursgläubiger erforderlich sind. Hiefür ist ein besonderer Verteilungsplan aufzulegen.

² Sind die Konkursgläubiger für ihre Forderungen vollständig befriedigt worden, so sind nachträglich entdeckte, zweifelhafte Rechtsansprüche (Art. 269 Abs. 3 SchKG), zu deren Geltendmachung die Genossenschaft selbst legitimiert gewesen wäre, den Genossenschaftern, die einen Haftungsanteil oder Nachschuss geleistet haben, durch öffentliche Bekanntmachung oder briefliche Mitteilung zur Abtretung im Sinne von Artikel 260 SchKG anzubieten. Der Erlös wird von der Konkursverwaltung nach Vorschrift des Artikels 5 Absatz 2 hiervor verteilt.

Art. 25

Die Grundsätze dieser Verordnung finden sinngemäss Anwendung im Nachlassverfahren einer Genossenschaft mit Abtretung der Aktiven zur Liquidation.

---

1 SR 281.1
2 Fassung gemäss Ziff. I der V des BGer vom 5. Juni 1996, in Kraft seit 1. Jan. 1997 (AS 1996 2920).
3 SR 281.1

Art. 26

¹ Diese Verordnung tritt mit der Publikation in Kraft.
² Sie findet Anwendung auch im Konkurs von Genossenschaften mit Haftungsverhältnissen der Genossenschafter, die dem bisherigen Recht unterstehen.

Datum des Inkrafttretens: 12. Januar 1938

Nr. 12 Verordnung über die elektronische Übermittlung im Rahmen von Zivil- und Strafprozessen sowie von Schuldbetreibungs- und Konkursverfahren (Übermittlungsverordnung, ÜbV)

vom 18. Juni 2010 (Stand am 1. Januar 2011)

SR 272.1

Der Schweizerische Bundesrat,

gestützt auf die Artikel 130 Absatz 2, 139 Absatz 2 und 400 Absatz 1 der Zivilprozessordnung vom 19. Dezember 2008[1] (ZPO), auf die Artikel 15 Absatz 2, 33a Absatz 2 und 34 Absatz 2 des Bundesgesetzes vom 11. April 1889[2] über Schuldbetreibung und Konkurs (SchKG) und auf die Artikel 110 Absatz 2 und 445 der Strafprozessordnung vom 5. Oktober 2007[3] (StPO),

verordnet:

1. Abschnitt: Allgemeine Bestimmungen

Art. 1 Gegenstand und Geltungsbereich

[1] Diese Verordnung regelt die Modalitäten des elektronischen Verkehrs zwischen den Verfahrensbeteiligten und den Behörden im Rahmen von Verfahren, auf welche die ZPO, das SchKG oder die StPO Anwendung findet.

[2] Sie gilt nicht für Verfahren vor dem Bundesgericht.

Art. 2 Anerkannte Plattform für die sichere Zustellung

Eine Plattform für die sichere Zustellung (Zustellplattform) wird anerkannt, wenn sie:

a. für Signatur und Verschlüsselung Schlüsselpaare einsetzt, die auf Zertifikaten einer anerkannten Anbieterin von Zertifizierungsdiensten nach dem Bundesgesetz vom 19. Dezember 2003[4] über die elektronische Signatur (anerkannte Anbieterin) basieren;

b. unverzüglich eine Quittung ausstellt mit dem Zeitpunkt des Eingangs einer Eingabe auf der Zustellplattform oder der Übergabe durch die Plattform an die Adressatin oder den Adressaten; diese Quittung und der von einem synchroni-

---

AS 2010 3105
1 SR 272
2 SR 281.1
3 SR 312.0
4 SR 943.03

sierten Zeitstempeldienst bestätigte Zeitpunkt ist mit einer elektronischen Signatur zu versehen, die auf einem Zertifikat einer anerkannten Anbieterin basiert;
c. nachweist, welche Dokumente übermittelt wurden;
d. die Eingaben und Verfügungen in geeigneter Weise vor unberechtigtem Zugriff durch Dritte schützt; liegt die Zustellplattform ausserhalb des geschützten Bereichs der Behörde, so dürfen die Eingaben und Verfügungen nur in verschlüsselter Form auf der Zustellplattform abgelegt werden und nur für die Behörde und die Adressatin oder den Adressaten lesbar sein;
e. die Verschlüsselung nach den technischen Standards der Bundesverwaltung gewährleistet;
f. imstande ist, mit den Bundesbehörden nach den technischen Standards der Bundesverwaltung bezüglich sicherer Übermittlung zu kommunizieren;
g. den Verkehr mit den andern anerkannten Zustellplattformen sicherstellt und die Nutzung von Vermittlungsfunktionen und Teilnehmerverzeichnissen unentgeltlich zur Verfügung stellt.

Art. 3 Anerkennungsverfahren

[1] Das Eidgenössische Finanzdepartement (EFD) entscheidet über Anerkennungsgesuche. Es kann die Einzelheiten des Anerkennungsverfahrens regeln und insbesondere bestimmen:
a. welche funktionalen und betrieblichen Anforderungen zu erfüllen sind;
b. wie Vermittlungsfunktionen und Teilnehmerverzeichnisse bereitzuhalten sind; und
c. welche Angaben mit dem Gesuch einzureichen sind.

[2] Es kann die Anerkennung entziehen, wenn es von Amtes wegen oder auf Anzeige hin feststellt, dass die Voraussetzungen nach Artikel 2 nicht mehr erfüllt sind.

[3] Die Entscheidgebühr wird nach Zeitaufwand berechnet; der Stundenansatz beträgt 250 Franken. Im Übrigen sind die Bestimmungen der Allgemeinen Gebührenverordnung vom 8. September 2004[1] anwendbar.

2. Abschnitt: Eingaben an eine Behörde

Art. 4 Eingaben

Eingaben an eine Behörde sind an die Adresse auf der von ihr verwendeten anerkannten Zustellplattform zu senden.

---

1 SR 172.041.1

Art. 5 Verzeichnis

¹ Die Bundeskanzlei veröffentlicht im Internet ein Verzeichnis der Behördenadressen.

² Das Verzeichnis führt für jede Behörde auf:
a. die Internetadresse;
b. die Adresse für die elektronische Eingabe;
c. die Adresse der Zertifikate, die für die Überprüfung der elektronischen Signatur der Behörde zu verwenden sind.

³ Die Bundeskanzlei kann die Aufnahme und die Nachführung der Einträge regeln.

Art. 6 Format

¹ Die Verfahrensbeteiligten haben ihre Eingaben einschliesslich Beilagen im Format PDF zu übermitteln.

² Das Eidgenössische Justiz- und Polizeidepartement (EJPD) kann durch Verordnung festlegen, dass die Verfahrensdaten zusammen mit der Eingabe in strukturierter Form eingereicht werden können. Es regelt die technischen Vorgaben und das Datenformat.

Art. 7 Signatur

Als anerkannte elektronische Signatur im Sinne von Artikel 130 Absatz 2 ZPO, Artikel 33a Absatz 2 SchKG und Artikel 110 Absatz 2 StPO gilt eine qualifizierte elektronische Signatur, die auf einem qualifizierten Zertifikat einer anerkannten Anbieterin beruht.

Art. 8 Zertifikat

Ist das qualifizierte Zertifikat mit dem Signaturprüfschlüssel weder auf der von der Behörde verwendeten Zustellplattform zugänglich noch im Verzeichnis der anerkannten Anbieterin aufgeführt, so muss es der Sendung beigefügt werden.

3. Abschnitt: Zustellung durch eine Behörde

Art. 9 Voraussetzungen

¹ Wer Vorladungen, Verfügungen, Entscheide und andere Mitteilungen (Mitteilungen) auf elektronischem Weg zugestellt erhalten will, hat sich auf einer anerkannten Zustellplattform einzutragen.

² Verfahrensbeteiligten, die sich auf der Zustellplattform eingetragen haben, können die Mitteilungen auf elektronischem Weg zugestellt werden, sofern sie dieser Art der Zustellung entweder für das konkrete Verfahren oder generell für sämtliche Verfahren vor einer bestimmten Behörde zugestimmt haben.

³ Eine Person, die regelmässig Partei in einem Verfahren vor einer bestimmten Behörde ist oder regelmässig Parteien vor einer bestimmten Behörde vertritt, kann dieser Behörde mitteilen, dass ihr in einem oder in allen Verfahren die Mitteilungen auf elektronischem Weg zu eröffnen sind.
⁴ Die Zustimmung kann jederzeit widerrufen werden.
⁵ Zustimmung und Widerruf müssen schriftlich oder in einer anderen Form, die den Nachweis durch Text ermöglicht, erfolgen; sie können auch mündlich zu Protokoll gegeben werden.

Art. 10 Modalitäten
¹ Die Zustellung erfolgt über eine anerkannte Zustellplattform.
² Die Mitteilungen werden im Format PDF/A, die Beilagen im Format PDF übermittelt.
³ Die Mitteilungen werden mit einer qualifizierten elektronischen Signatur versehen, die auf einem qualifizierten Zertifikat einer anerkannten Anbieterin basiert.

Art. 11 Zeitpunkt der Zustellung
¹ Die Zustellung gilt im Zeitpunkt des Herunterladens von der Zustellplattform als erfolgt.
² Erfolgt die Zustellung in ein elektronisches Postfach der Adressatin oder des Adressaten, das auf einer anerkannten Zustellplattform nach persönlicher Identifikation der Inhaberin oder des Inhabers des Postfaches eingerichtet wurde, so sind die Bestimmungen der ZPO und der StPO über die Zustellung eingeschriebener Sendungen sinngemäss anwendbar (Art. 138 Abs. 3 Bst. a ZPO bzw. Art. 85 Abs. 4 Bst. a StPO).

4. Abschnitt: Trägerwandel

Art. 12 Zusätzliche elektronische Zustellung von Verfügungen und Entscheiden
¹ Verfahrensbeteiligte können verlangen, dass ihnen die Behörde Verfügungen und Entscheide, die ihnen nicht elektronisch zugestellt worden sind, zusätzlich auch elektronisch zustellt.
² Die Behörde fügt dem elektronischen Dokument die Bestätigung bei, dass es mit der Verfügung oder dem Entscheid übereinstimmt.

Art. 13 Papierausdruck einer elektronischen Eingabe
¹ Die Behörde überprüft die elektronische Signatur bezüglich:
a. Integrität des Dokuments;

b. Identität der unterzeichnenden Person;
c. Gültigkeit und Qualität der elektronischen Signatur einschliesslich allfälliger rechtlich bedeutender Attribute;
d. Datum und Uhrzeit der elektronischen Signatur einschliesslich Qualität dieser Angaben.

² Sie fügt dem Papierausdruck das Ergebnis der Signaturprüfung und eine Bestätigung bei, dass der Papierausdruck den Inhalt der elektronischen Eingabe korrekt wiedergibt.

³ Die Bestätigung ist zu datieren, zu unterzeichnen und mit Angaben zur unterzeichnenden Person zu versehen.

5. Abschnitt: Massenverfahren im Bereich Schuldbetreibung und Konkurs

Art. 14

¹ Das EJPD regelt die technischen und organisatorischen Vorgaben und das Datenformat, nach denen Gläubigerinnen und Gläubiger sowie Betreibungs- und Konkursämter in einer geschlossenen Benutzergruppe als Verbundteilnehmende Betreibungs- und Konkursdaten austauschen.

² Es bestimmt die zu verwendende Zustellplattform und die zu verwendende elektronische Signatur, die auf einem Zertifikat einer anerkannten Anbieterin basiert.

³ Für jede Verbundteilnehmerin und jeden Verbundteilnehmer wird auf der Zustellplattform ein Postfach eingerichtet.

6. Abschnitt: Schlussbestimmungen

Art. 15 Übergangsbestimmung

¹ Bis am 31. Dezember 2013 kann das EFD auf Verlangen eine Zustellplattform vorläufig anerkennen, wenn aus dem Anerkennungsgesuch nach summarischer Prüfung ersichtlich ist, dass die Voraussetzungen nach Artikel 2 wahrscheinlich erfüllt sind.

² Die vorläufige Anerkennung gilt bis zum definitiven Entscheid, längstens aber zwei Jahre.

Art. 16 Inkrafttreten

Diese Verordnung tritt am 1. Januar 2011 in Kraft.

IV. Schreiben der Bundesbehörden

Kreisschreiben des Bundesgerichts (Plenum) Nr. 10

vom 9. Juli 1915

BGE 41 III 240, BBl 1915 III 51

Kollokation der gemäss Art. 291 SchKG wieder in Kraft tretenden Forderung des Anfechtungsbeklagten

Art. 291 SchKG bestimmt in Abs. 2:

«Bestand die anfechtbare Rechtshandlung in der Tilgung einer Forderung, so tritt dieselbe mit der Rückerstattung des Empfangenen wieder in Kraft.»

Im Konkursverfahren – die Verhältnisse, die bei einer Anfechtungsklage ausserhalb des Konkursverfahrens entstehen, sind durch die Gerichtspraxis noch nicht abgeklärt und müssen daher ausser Berücksichtigung bleiben – erhält der Anfechtungsbeklagte mit der Rückgabe des zur Tilgung seiner Forderung anfechtbar Empfangenen somit kraft Gesetzes das Anrecht auf Teilnahme am Konkursergebnis für diese Forderung gleich den andern gewöhnlichen Konkursgläubigern. Wird die Anfechtungsklage von der Konkursmasse angestrengt, so fällt der Prozessgewinn in die allgemeine Masse; sie kann daher natürlich vor Erledigung des Prozesses den Konkurs nicht schliessen, und der Anfechtungsbeklagte hat somit die Möglichkeit, seinen Anspruch auf Teilnahme am Liquidationsergebnis noch durch eine nachträgliche Konkurseingabe anzumelden und eine nachträgliche Kollokation der wiederauflebenden Forderung zu verlangen.

Sind bereits Abschlagszahlungen an die Konkursgläubiger erfolgt, so kann er allerdings nach dem Entscheide der SchKK vom 10. Juli 1912 – Separatausgabe Bd. XV Nr. 52 – an diesen nicht mehr partizipieren und ist daher schon in diesem Falle, ohne sein Verschulden, schlechter gestellt als die andern Gläubiger. Noch schlimmer wird seine Stellung, wenn die Masse, wie es sehr häufig geschieht, die Durchführung des Anfechtungsprozesses gemäss Art. 260 des Gesetzes einzelnen Gläubigern überlässt. Dann kann es, selbst wenn die Konkursmasse diesen Gläubigern zur Klageanhebung eine peremptorische Frist setzt, doch vorkommen, dass der Konkurs geschlossen wird, bevor der Anfechtungsprozess rechtskräftig erledigt ist. In einem solchen Falle ist dem Anfechtungsbeklagten durch die Bestimmung des Art. 251, wonach verspätete Konkurseingaben nur bis zum Schlusse des Konkurses noch angebracht werden können, die Möglichkeit genommen, aus der allgemeinen Konkursmasse, die bereits verteilt ist, noch die Dividende für seine, durch die Rückgabe der angefochtenen Tilgung wieder aufgelebte Forderung zu verlangen.

Da es aber nicht vom Belieben des Anfechtungsklägers bzw. dem Umstande, ob die Masse oder einzelne Konkursgläubiger nach Art. 260 klagend auftreten und im letzteren Falle, von dem Zeitpunkt, an dem es ihnen beliebt, die Klage auszuspielen, abhängen darf, ob der Anfechtungsbeklagte seine Rechte gegenüber der Konkursmasse ausüben könne oder nicht, so hat die II. Zivilabteilung des Bundesgerichts in einem Entscheide vom 27. Januar 1915 in Sachen Reber gegen Schürch (BGE 41 III 70) festgestellt, dass der Anfechtungsbeklagte in diesen Fällen die Möglichkeit haben müsse, seinen Anspruch auf die konkursmässige Dividende der Anfechtungsklage als *Einrede* entgegenzuhalten. Das Bundesgericht hat damit ausgesprochen, dass das durch die Anfechtungsklage erstrittene *neue* Massevermögen *in erster Linie zur Deckung des Dividendenanspruchs des Anfechtungsbeklagten* zu verwenden und als Prozessgewinn in diesen Fällen nicht der volle Betrag der getilgten Forderung, sondern nur die Differenz zwischen diesem und der Summe, auf welche der Anfechtungsbeklagte als gewöhnlicher Konkursgläubiger Anspruch hat, zu betrachten sei.

Das hat allerdings zur Voraussetzung, dass die Forderung als solche in ihrem Bestande von keiner Seite angefochten ist. In dem zitierten Entscheide konnte das Bundesgericht nach den gegebenen Verhältnissen annehmen, dass eine solche Anfechtung ausgeschlossen sei, auch ohne dass ein Kollokationsverfahren darüber ergangen war, und in den meisten Fällen wird sich die Sache wohl ähnlich verhalten. Immerhin hat ein von der SchKK jüngst behandelter Fall doch gezeigt, dass die Ausschaltung des Kollokationsverfahrens für die wieder auflebende Forderung unter Umständen zu einer nicht in allen Teilen befriedigenden Situation führen kann. Diese Schwierigkeiten können nun aber leicht dadurch vermieden werden, dass die *Konkursverwaltung in jedem Falle, wo sie entweder selbst, oder durch Überlassung der Prozessführung an einzelne Gläubiger eine Anfechtungsklage wegen einer anfechtbaren Tilgung erhebt, gleichzeitig sich auch für den Fall der Gutheissung der Anfechtungsklage schon im Kollokationsplan über die Zulassung oder Abweisung der dann wieder auflebenden Forderung ausspricht* und dadurch jedem Beteiligten die Gelegenheit gibt, die Frage durch einen Kollokationsprozess dem zuständigen Richter zum Entscheide vorzulegen. Allerdings können dann diese beiden Klagen – der Kollokations- und der Anfechtungsstreit – nicht nebeneinander geführt werden, da der erstere im Falle der Abweisung des letzteren gegenstandslos wird. Es wird daher der Kollokationsstreit bis zum Austrag des Anfechtungsprozesses einzustellen sein. Dagegen erscheint, wenn so vorgegangen wird, eine Sistierung der Verteilung und ein Aufschub des Konkursschlusses bis zur Erledigung des Anfechtungsprozesses nicht mehr notwendig. Denn im Falle der Gutheissung der Anfechtungsklage kann der Anfechtungsbeklagte seinen Dividendenanspruch, auch wenn er im Prozesse die Kompensationseinrede nicht erhoben hat, gestützt auf die bedingte, nun in Wirksamkeit tretende Kollokation geltend machen und ihn entweder von der gemäss dem Anfechtungsurteil zurückzuerstattende Leistung in Abzug bringen oder, wenn das Konkursamt die Verteilung unter die Anfechtungskläger besorgt, bei diesem zur Berücksichtigung bei der Verteilung anmelden.

Wir laden Sie daher ein, die Konkursämter Ihres Kantons dahin zu instruieren, dass sie in allen Fällen, wo in einem Konkurs die *Tilgung einer Forderung an den Kridaren nach den Grundsätzen der Art. 287–288* angefochten wird, im Sinne der vorstehenden Ausführungen vorzugehen und ohne besonderes Begehren des Anfechtungsbeklagten im Kollokationsplan auch über die Anerkennung oder Bestreitung der im

Falle der Gutheissung der Anfechtungsklage wieder auflebenden Forderung eine für diesen Fall bedingte Verfügung zu erlassen und dem Anfechtungsbeklagten im Falle der Gutheissung der Anfechtungsklage für die im Kollokationsverfahren festgestellte, wieder auflebende Forderung die konkursmässige Dividende aus dem Ergebnis des Anfechtungsprozesses vorweg zuzuwenden.

1 Vgl. dazu BGE 103 III 17.

Nr. 14 Kreisschreiben des Bundesgerichts (Plenum) Nr. 16

vom 3. April 1925

BGE 51 III 98, BBl 1925 II 534

Grundlage: SchKG Art. 49, 70

Betreibungen durch und gegen eine Erbschaft bzw. Erbengemeinschaft oder Gemeinschaft

Erben

Wir haben uns schon früher dahin ausgesprochen, dass eine Betreibung, in der das Subjekt, für das die Betreibung durchgeführt wird, nicht klar und unzweideutig bezeichnet wird, nichtig und daher jederzeit von Amtes wegen aufzuheben sei (vgl. BGE 43 III 177 f.). Dies gilt auch für den Fall, wo für eine Mehrheit von Gläubigern Kollektivbezeichnungen verwendet werden, es wäre denn, dass es sich um eine Gesellschaftsfirma (eine Kollektiv- oder Kommanditgesellschaft) handelt, unter der die in Frage stehenden Gläubiger nach dem Zivilrecht als Inhaber eines besonderen Gesellschaftsvermögens Rechte erwerben und Verbindlichkeiten eingehen, vor Gericht klagen und verklagt werden können.

Es kommt oft vor, dass *Erbengemeinschaften* gemäss Art. 602 ZGB oder *Gemeinderschaften* gemäss Art. 336 ZGB bei Anhebung von Betreibungen sich blosser Kollektivbezeichnungen bedienen wie: «X's Erben», «Erben des X», «Erbschaft X», «Erbengemeinschaft X», «Gemeinderschaft X» u.a. Wir haben uns nun in einem neulichen Entscheide (in Sachen Gebr. Keller & Kons. gegen das Betreibungsamt Luzern vom 5. März 1925: BGE 51 III 58) dahin ausgesprochen, dass sowohl bei Erbengemeinschaften gemäss Art. 602 ZGB als auch bei Gemeinderschaften gemäss Art. 336 ZGB derartige Kollektivbezeichnungen, da es sich hiebei weder um juristische Personen noch um Gesellschaftsfirmen (Kollektiv- oder Kommanditgesellschaften) handelt, *ungenügend* seien und dass die betreibenden Gemeinder alle einzeln aufzuführen seien, und zwar selbst dann, wenn einer derselben gemäss Art. 341 ZGB als Haupt und damit als Vertreter der Gemeinderschaft bezeichnet worden ist. Auch spielt ein allfälliger Eintrag der Gemeinderschaft im Handelsregister für diese Frage keine Rolle.

Da Betreibungen, die unter Missachtung dieser Vorschrift eingeleitet wurden, wie bereits bemerkt, *nichtig und daher jederzeit von Amtes wegen aufzuheben sind,* ersuchen wir Sie, die Betreibungsämter Ihres Kantons – unter ausdrücklichem Hinweis auf die schweren Folgen, die die Nichtbeachtung dieser Vorschrift für die betreibenden Gläubiger nach sich zieht – anzuhalten, nur noch Betreibungsbegehren entgegenzunehmen, auf denen die betreibenden Gläubiger *alle einzeln* aufgeführt sind.

Bei diesem Anlass möchten wir auch noch auf eine weitere Ungenauigkeit hinweisen, die sich häufig in den Betreibungsbegehren bei der Bezeichnung des betriebenen *Schuldners* vorfindet und deren sofortige Abklärung durch das Betreibungsamt, vor Erlass des Zahlungsbefehls, zur Verminderung von Unzukömmlichkeiten absolut notwendig erscheint.

Wenn Betreibungsbegehren nur gegen «die Erben des X» oder «X's Erben» eingereicht werden, so ist dies eine ungenügende Bezeichnung des Schuldners, sofern die Erben persönlich betrieben werden sollen. Diese sind vielmehr mit Namen speziell zu bezeichnen, damit einem jeden nach Vorschrift von Art. 70 SchKG ein besonderer Zahlungsbefehl zugestellt werden kann. Nur wenn die Erbschaft als solche gemäss Art. 49 SchKG betrieben werden will, genügt die Zustellung *eines* Zahlungsbefehls an einen der Erben. Ob aber die Absicht des Gläubigers auf das eine oder andere gehe, ist aus der blossen Bezeichnung der «Erben des X» nicht mit Sicherheit zu entnehmen. Die Betreibungsämter sind daher anzuweisen, solche Begehren in Zukunft zurückzuweisen und eine genaue Erklärung darüber zu verlangen, ob die Erbschaft als solche oder nur einzelne Erben betrieben werden wollen und im ersteren Falle erst nach Angabe desjenigen Erben, der als Vertreter der Erbschaft zu behandeln ist, im letzteren Falle erst nach Angabe der genauen Bezeichnung jedes einzelnen der belangten Erben, den resp. die Zahlungsbefehle zu erlassen.

1   Betr. Erbengemeinschaft, welcher der **Ehegatte des Schuldners** angehört, als Gläubiger vgl. BGE 84 III 60. Vgl. ferner: BGE 71 III 162; 81 III 93; 101 III 4; 102 III 4.

Nr. 15 Kreisschreiben des Bundesgerichts (Plenum) Nr. 17

vom 1. Februar 1926

BGE 52 III 56, BBl 1926 I 515

Grundlage: SchKG 216 f., 230; VVAG

Behandlung von Miteigentum und Gesamteigentum im Konkurs

Die SchKK ist kürzlich in den Fall gekommen, im Anschluss an einen Rekursentscheid auf die Anfrage der betreffenden kantonalen Aufsichtsbehörde darüber Bescheid zu erteilen, wie das gemeinschaftliche Eigentum an mit Hypotheken belasteten Grundstücken im Konkurs über einen der mehreren Eigentümer zu behandeln sei. Da dieser Bescheid von allgemeinem Interesse ist, glauben wir, ihn durch Kreisschreiben zu allgemeiner Kenntnis bringen zu sollen.

1. Miteigentum (hinfällig geworden durch die Revision der VZG vom 4. Dezember 1975).
2. Gesamteigentum (Eigentumsgemeinschaft zu gesamter Hand, ZGB Art. 652–654, kraft Erbengemeinschaft, ZGB Art. 602 ff., Gemeinderschaft, ZGB Art. 366 ff., einfache Gesellschaft, OR Art. 530 ff., Kollektivgesellschaft, OR Art. 552 ff., Kommanditgesellschaft, OR Art. 590 ff.). Es ist davon auszugehen, dass die Eröffnung des Konkurses über einen Gemeinder, einen Gesellschafter, einen Kollektivgesellschafter oder einen unbeschränkt haftenden Gesellschafter der Kommanditgesellschaft die Auflösung der Gemeinderschaft, Gesellschaft, Kollektivgesellschaft oder Kommanditgesellschaft nach sich zieht (ZGB Art. 343 Ziff. 4, OR Art. 545 Ziff. 3, 572, 611), wodurch der sofortigen Auseinandersetzung Raum gegeben wird, und dass gleich wie jeder Miterbe, so auch die Konkursverwaltung eines in Konkurs geratenen Miterben jederzeit die Teilung der Erbschaft verlangen kann. Für die Art und Weise der Auseinandersetzung bzw. allfällig der Verwertung des Gemeinschaftsanteiles des Gemeinschuldners sind Art. 16 und die darin zitierten weitern Vorschriften (Art. 9 Abs. 2 und 11) der Verordnung über die Pfändung und Verwertung von Anteilen an Gemeinschaftsvermögen vom 17. Januar 1923 massgebend. Danach ist es also den Organen des Konkursverfahrens zwar nicht geradezu vorgeschrieben, zunächst nach Anleitung des Art. 9 Abs. 1 dieser Verordnung zu versuchen, mit den andern Teilhabern der Gemeinschaft zu einer gütlichen Einigung über die Feststellung des auf den Gemeinschuldner entfallenden Liquidationsergebnisses zu gelangen; allein ein solches Vorgehen wird sich meist als zweckmässig erweisen und dadurch erleichtert, dass die Konkursverwaltung gemäss Art. 9 Abs. 2 die Vorlage der Bücher und Belege verlangen kann. Gestützt hierauf wird die Konkursverwaltung das Liquidationsbetreffnis einziehen, wenn es durch

freiwillige Liquidation flüssig gemacht werden kann, oder aber allfällig unter Abfindung der andern Teilhaber das Gemeinschaftsvermögen in seiner Gesamtheit zur Konkursmasse ziehen und zur Verwertung bringen; letzteres dürfte sich freilich selten als zweckmässig erweisen, weil die Konkursverwaltung zur Abfindung bares Geld aufwenden müsste. Führen die Einigungsverhandlungen nicht zum Ziel, so kann die Konkursverwaltung – mit Ermächtigung des allfällig bestellten Gläubigerausschusses – die zur gerichtlichen Feststellung des auf den Gemeinschuldner entfallenden Liquidationsbetreffnisses und dessen Eintreibung erforderlichen rechtlichen Vorkehren selbst treffen, vorausgesetzt, dass dadurch die Austragung des Konkurses nicht allzusehr in die Länge gezogen wird. Erweist sich ein derartigen Vorgehen als untunlich oder – mangels der für die Prozessführung notwendigen Mittel – als unmöglich, so ist die Abtretung an einzelne Konkursgläubiger gemäss Art. 260 SchKG in die Wege zu leiten, denen alsdann obliegt, die erforderlichen Vorkehren an Stelle des Gemeinschuldners bzw. für dessen Konkursmasse zu treffen. Wird von der Abtretung kein Gebrauch gemacht, so ist der Liquidationsanteil des Gemeinschuldners als solcher zu versteigern, und zwar auch wenn dessen Höhe nicht hat festgestellt werden können. Sache des Ersteigerers ist es dann, die zur Herbeiführung der Auseinandersetzung erforderlichen rechtlichen Schritte zu tun.

Für die Kollokation im Konkurs des einzelnen Teilhabers einer Gemeinschaft der eingangs geführten Arten fallen diejenigen Lasten auf Gesamthandgrundstücken ausser Betracht, bezüglich welcher keinerlei persönliche Schuldpflicht besteht, wie Gülten und Grundlasten, weil das Konkursvermögen nur zur (teilweisen) Tilgung von Schulden herangezogen werden kann, für welche der Gemeinschuldner persönlich haftet. Dagegen sind die eigentlichen gemeinschaftlichen Schulden in vollem Betrage, nicht etwa nur in einem dem Anteilsrecht des Gemeinschuldners entsprechenden Teilbeträge, zuzulassen, weil sämtliche Teilhaber solidarisch dafür haften, und zwar nach Art. 61 KOV in der fünften Klasse auch dann, wenn jene pfandversichert sind. Ausserdem sind Art. 216 und 217 SchKG massgebend: Gläubiger, welche aus der Konkursmasse eines Teilhabers teilweise befriedigt werden, können sich nur dann noch für den Rest an die andern Teilhaber halten, solange diese aufrechtstehen, und wenn die (vom ganzen Schuldbetrag berechnete) Konkursdividende höher ist als der Teilbetrag der Schuld, für welchen der Gemeinschuldner nach dem internen Rechtsverhältnis aufzukommen hat, so kann die Konkursmasse den Rückgriff auf die andern Teilnehmer der Gemeinschaft nehmen.

---

1 Vgl. hierzu BGE 68 III 44 (Ehegatten in altrechtlicher Güterverbindung); 78 III 169; 80 III 119 (einfache Gesellschaft); 93 III 119; 96 III 15 (Grundgedanke der Vorschrift).

Nr. 16 Kreisschreiben des Bundesgerichts (SchKK) Nr. 24

vom 12. Juli 1909

BBl 1911 IV 46

Retentionsverfahren

Die neuliche Behandlung eines Spezialfalles hat uns Gelegenheit gegeben, festzustellen, welche Übelstände daraus entstehen, dass der Vermieter oder Verpächter nach erfolgter Aufnahme der Retentionsurkunde gemäss Art. 283 SchKG zwar verpflichtet ist, innert einer bestimmten Frist die Betreibung anzuheben, dass er aber durch keine gesetzliche Bestimmung zugleich auch verhalten wird, wenn die Betreibung durch Rechtsvorschlag vom Schuldner gehemmt wird, gegen ihn Klage auf Feststellung der Forderung bzw. des Retentionsrechts anzuheben. Wir sind zur Überzeugung gelangt, dass in diesem Mangel keine vom Gesetzgeber gewollte Unterlassung, sondern eine wirkliche Lücke zu erblicken ist, welche in Vollziehung des gesetzgeberischen Gedankens und Willens auszufüllen der Schuldbetreibungs- und Konkurskammer im Sinne von Art. 15 SchKG obliegt. Dieser Zweck ist ohne Schwierigkeit dadurch zu erreichen, dass die in Art. 279 Abs. 2 und 4 SchKG für das Arrestverfahren aufgestellten Bestimmungen auf den Fall des Art. 283, soweit nötig, analog anwendbar erklärt werden (vgl. BGE 35 I 507).

Da durch die Aufnahme der Retentionsurkunde dem Schuldner fortan die Befugnis überhaupt entzogen wird, über die inventarisierten Gegenstände zu verfügen, also auch in den Fällen, wo ein Retentionsrecht materiell nicht begründet sein kann, so geht es nicht an, diesen, dem durch den Arrestvollzug begründeten durchaus analogen Zustand tiefgreifender Behinderung des Schuldners nach Belieben des Gläubigers ungebührlich lang andauern zu lassen. Es muss vielmehr der Schuldner ein Mittel haben, eine möglichst rasche richterliche Entscheidung über das von ihm durch Erhebung des Rechtsvorschlages bestrittene Recht zur Retention herbeizuführen. Andernfalls könnte der Retentionsbeschlag vom Gläubiger trotz der stillgestellten Betreibung bis zum Erlöschen der Betreibung zum grössten Schaden des Schuldners aufrechterhalten werden, ohne dass eine objektive Prüfung seiner Ansprüche vorausgegangen wäre, was einer durchaus ungerechtfertigten Gefährdung der schuldnerischen Interessen gleichkäme.

Der Gesetzgeber hat in Art. 283 denn auch diesen Gedanken dadurch zum Ausdruck gebracht, dass er vom Gläubiger die Anhebung der Betreibung innert kurzer Frist verlangte, natürlich in der Meinung, dass die Rechtswirkungen der Retentionsurkunde bei Nichteinhaltung dieser Frist dahinfallen sollen. Nur ist dieser Gedanke *unvollkommen* im Gesetze ausgesprochen worden, indem ganz offenbar an die Situation, die entsteht, wenn die Betreibung wegen Rechtsvorschlags nicht fortgesetzt werden kann, nicht gedacht wurde.

Es ist daher in analoger Anwendung von Art. 279 Abs. 2 dem Schuldner das Recht einzuräumen, vom Gläubiger, dessen Betreibung auf Pfandverwertung durch Rechts-

vorschlag gehemmt wurde, zu verlangen, dass er innert einer ihm vom Betreibungsbeamten anzusetzenden Frist von zehn Tagen die Klage auf Anerkennung der Forderung bzw. des Retentionsrechts an Stelle der Rechtsöffnung verlange und, wenn diese letztere abgewiesen werden sollte, innert der gleichen Frist von zehn Tagen den ordentlichen Prozess anhebe, mit der Androhung, dass bei Nichtbeachtung dieser Fristen das Retentionsverzeichnis mit allen seinen Wirkungen dahinfalle.

1   Das von *Carl Jaeger* als Präsident der SchKK unterzeichnete Kreisschreiben wurde nicht anderweitig publiziert.

2   Die verlangte zusätzliche Fristansetzung erfolgt durch das Formular Nr. 40 **von Amtes wegen**.

3   Mit nicht mehr geltendem KS BGer (SchKK) Nr. 27 vom 01.11.1910 wurde die **Prosequierung des Arrestes** auch bezüglich der Stellung des Fortsetzungsbegehrens behandelt. Diese Frage ist nunmehr durch SchKG 279 Abs. 3 für den Arrest ebenfalls geregelt worden. Dementsprechend ist der (vom Hrsg. durch Ersetzen von Art. 278 Abs. 2 durch Art. 279 Abs. 2 angepasste) Wortlaut des vorliegenden KS auf den erwähnten Fall auszudehnen.

4   Einen weiteren derartigen Fall behandelt SchKG 153a (Prosequierung der von der Betreibung auf Grundpfandverwertung erfassten **Miet- und Pachtzinse auf dem Pfandgegenstand**).

Nr. 17   Kreisschreiben des Bundesgerichts (Plenum) Nr. 29
vom 7. Februar 1941
BGE 67 III 1, BBl 1941 I 137

Grundlage: SchKG 57, 57a

Rechtsstillstand wegen Militärdienstes

Die Verordnung des Bundesrates vom 24. Januar 1941 hat den Art. 57 SchKG für die Dauer des Aktivdienstes durch neue Bestimmungen ersetzt. *[Anmerkung der Herausgeber: 1. Satz obsolet]* Die damals erteilten Anweisungen über die Behandlung von Begehren um Vornahme von Betreibungshandlungen bei Rechtsstillstand des Schuldners wegen Militärdienstes müssen den neuen Vorschriften angepasst werden. Wir ersuchen Sie deshalb, den unter Ihrer Aufsicht stehenden Betreibungsämtern die nachfolgenden, zum Teil von den bisherigen abweichenden Anweisungen zu geben:

1. *[Anmerkung der Herausgeber: obsolet]*
2. Nach Erhalt dieser Angaben ersucht das Amt die zuständige Kommandostelle, ihm zu gegebener Zeit den Tag der erfolgten Entlassung oder Beurlaubung des Schuldners mitzuteilen. Es benützt hiefür das nach dem hier abgedruckten Muster erstellte, bei der Drucksachen- und Materialzentrale der Bundeskanzlei in Bern zu beziehende Formular (Meldekarte), indem es darauf die Personalien des Schuldners vermerkt und die Karte dann *in verschlossenem Umschlag* an die Kommandostelle sendet.
3. Zu weitern als den in Art. 17 der Verordnung vorgesehenen Nachforschungen ist das Betreibungsamt nicht verpflichtet. Es benachrichtigt den Gläubiger davon, dass sich der Schuldner im Genusse des Rechtsstillstandes befindet, und dass die Kommandostelle ersucht worden ist, zu gegebener Zeit den Tag der erfolgten Entlassung oder Beurlaubung mitzuteilen.
4. Kann das Betreibungsamt an Hand des Berichtes der Kommandostelle oder sonstwie feststellen, dass der Rechtsstillstand des Schuldners aufgehört hat, so nimmt es die anbegehrte Betreibungshandlung ohne weiteres vor. Stellt es dagegen fest, dass die vom Kommando gemeldete Dienstunterbrechung den Rechtsstillstand nicht zu beendigen vermag, so stellt es beim zuständigen Kommando ein neues Gesuch mittels Meldekarte.

Allgemeines

1   Das Kreisschreiben gilt jetzt auch für **Schutzdienst** nach SchKG 57; für Zivildienst wohl nicht.

Zu Ziff. 2 und 3

2 Mit den in Ziff. 2 erwähnten **«Angaben»** sind diejenigen nach SchKG 57a Abs. 1 gemeint. Der in Ziff. 3 erwähnte «Art. 17 der Verordnung» ist mit der genannten Bestimmung identisch.

Nr. 18 — Kreisschreiben des Bundesgerichts (Plenum) Nr. 31

vom 12. Juli 1949

BGE 75 III 33, BBl 1949 II 546, durch Herausgeber revidierte Fassung

Grundlage: VABK Art. 2

Führung des Betreibungsbuches in Kartenform

I.

Das nach Art. 28, Ziffer 2, der Verordnung Nr. 1 zum SchKG obligatorisch zu führende Betreibungsbuch sollte nach bisheriger Auffassung der Oberaufsichtsbehörde (Schuldbetreibungs- und Konkurskammer des Bundesgerichts) ein gebundenes Buch sein. Darauf ist denn auch das von der Drucksachen- und Materialzentrale der Bundeskanzlei bisher einzig herausgegebene Formular (grosser Bogen) eingerichtet. Im Jahre 1933 hat die Oberaufsichtsbehörde es abgelehnt, einem Betreibungsamt der Stadt Zürich die Führung des Betreibungsbuches auf losen Blättern (Karten) zu gestatten (vgl. den betreffenden Geschäftsbericht des Bundesgerichts). In den letzten Jahren sind jedoch einige grössere Betreibungsämter verschiedener Kantone mit ausdrücklicher oder stillschweigender Bewilligung der kantonalen Aufsichtsbehörde dazu übergegangen, das Betreibungsbuch im Durchschreibeverfahren, zugleich mit dem Zahlungsbefehl, anzulegen, und zwar meistens in Form einer Kartothek. Das konnte natürlich nur versuchsweise geschehen. Indessen hat sich dieses System bei den betreffenden Ämtern bewährt, und es ist der Gefahr leichtern Verlustes einzelner Blätter durch geeignete Massnahmen vorgebeugt worden. Das Bundesgericht steht daher nicht an, angesichts mehrerer seit dem Jahre 1947 bei der Oberaufsicht eingegangener Gesuche, die Einführung eines Lose-Blätter-Systems für das Betreibungsbuch nunmehr als zulässig zu erklären, zumal auch die Geschäftsleitung der Konferenz der Betreibungs- und Konkursbeamten der Schweiz die Zulassung dieser Neuerung befürwortet. Es erscheint als angezeigt, die Bewilligung eines solchen Systems den (obern) kantonalen Aufsichtsbehörden anheimzustellen. Sind doch diese in der Lage, die Frage des Bedürfnisses für die einzelnen ihnen unterstehenden Ämter zu beurteilen und sich davon Rechenschaft zu geben, ob das einzelne Amt Gewähr für einwandfreie Führung eines solchen Registers biete.

II.

Bei Bewilligung eines Kartensystems für das Betreibungsbuch hat die kantonale Aufsichtsbehörde alle ihr gut scheinenden Massnahmen zu treffen. Insbesondere ist dafür zu sorgen,

1. dass die Karten genügende Festigkeit aufweisen, um dem Gebrauch während der Betreibung und der durch die Verordnung des Bundesgerichts vom 14. März 1938 vorgeschriebenen Aufbewahrungszeit von 30 Jahren standzuhalten;
2. dass als Registerkarte jeweils die erste Ausfertigung verwendet werde, während die Zahlungsbefehldoppel Durchschläge derselben darstellen;
3. dass die der Ausfertigung des Zahlungsbefehls nachfolgenden Eintragungen (die alle für das Betreibungsbuch nach dem geltenden Formular vorgeschriebenen Angaben enthalten müssen) mit Tinte oder durch Stempelaufdruck erfolgen;
4. dass die Karten beim Druck sereienweise vornummeriert werden und die beim Verlust einer Karte anzufertigende Ersatzkarte deutlich als solche gekennzeichnet werde;
5. dass jeder Rechtsvorschlag sogleich doppelt verurkundet werde, nämlich auf der Registerkarte und auf dem Betreibungsbegehren;
6. dass ein mündlicher Rechtsvorschlag sogleich vom Erklärenden auf dem Betreibungsbegehren unterzeichnet werde (entsprechend der für mündliche Begehren des Gläubigers aufgestellten Vorschrift von Art. 2 Abs. 2 der Verordnung Nr. I);
7. dass die Betreibungsbegehren als Bestandteil des in Kartenform geführten Betreibungsregisters behandelt und entweder sie oder die Karten in der Reihenfolge der Betreibungsnummern eingereiht werden;
8. dass die Richtigkeit und Vollständigkeit des Betreibungsregisters in angemessenen Zeitabständen nachgeprüft werde;
9. dass zur Archivierung der Registerkarten einschliesslich der Betreibungsbegehren solide, verschliessbare Behältnisse verwendet, in sicherer Weise aufbewahrt und so aufgestellt werden, dass die einzelnen Akten leicht nachgeschlagen und wieder eingereiht werden können.

Es ist Sache der kantonalen Aufsichtsbehörden, über die Einhaltung dieser sowie allfälliger weiterer als nötig erachteter Massnahmen zur Sicherung einer einwandfreien Anlage und Führung des Kartenregisters zu wachen, sowohl anlässlich der Bewilligung eines solchen Registersystems wie auch bei der jeweiligen Prüfung der Geschäftsführung nach Art. 14 SchKG.

Nr. 19 Erster Nachtrag des Bundesgerichts zum Kreisschreiben Nr. 31

vom 31. März 1953

BGE 79 III 1, BBl 1953 I 753

Das Kreisschreiben Nr. 31 vom 12. Juli 1949 (BGE 75 III 33, BBl 1949 II 576) bestimmt unter II, 4, dass die Registerkarten beim Druck serienweise vornummeriert werden müssen. Diese Massnahme hat sich namentlich auf grössern Betreibungsämtern als beinahe undurchführbar erwiesen. Jedenfalls bringt sie solche Unzukömmlichkeiten mit sich, dass wir uns entschlossen haben, sie den Betreibungsämtern nicht mehr zur Pflicht zu machen. Die andern Vorschriften des Kreisschreibens erscheinen als ausreichend und können übrigens von den kantonalen Aufsichtsbehörden nach Bedarf ergänzt werden.

Die Vorschrift, Ersatzkarten deutlich als solche zu kennzeichnen, behält um so mehr ihre Bedeutung und ist in allen Fällen zu beachten.

Nr. 20 Zweiter Nachtrag des Bundesgerichts zum Kreisschreiben Nr. 31

vom 11. Dezember 1959

BGE 85 III 113, BBl 1960 I 19, durch Herausgeber revidierte Fassung

Die Eingabe eines Betreibungsbeamten, die von der kantonalen Aufsichtsbehörde in empfehlendem Sinn an das Bundesgericht weitergeleitet wurde, veranlasst uns, zu den für die Führung des Betreibungsbuches in Kartenform zu erlassenen Weisungen (II, Ziffern 1 bis 9 des Kreisschreibens Nr. 31 vom 12. Juli 1949) einen einschränkenden Zusatz anzubringen. Es handelt sich um die Aufbewahrung der Betreibungsbegehren. Dafür gilt im allgemeinen eine Dauer von zehn Jahren (VABK Art. 2 Abs. 1). Bei Führung des Betreibungsbuches in Kartenform sind die Betreibungsbegehren jedoch als Bestandteil des Registers zu behandeln (Ziff. 7 der erwähnten Weisungen) und daher nach den für das Betreibungsbuch geltenden Vorschriften (VABK Art. 2 Abs. 2) während dreissig Jahren aufzubewahren. Die Eingabe weist auf die Unzukömmlichkeiten so langer Aufbewahrung hin: Beanspruchung von viel Archivraum durch die jährlich bei manchen Ämtern in die Zehntausende gehenden Betreibungsbegehren, Notwendigkeit der Anschaffung der dafür nötigen Aktengestelle und Zugmappen. Es wird ferner ausgeführt, eine Aufbewahrung der Betreibungsbegehren während mehr als fünf Jahren erscheine überflüssig, da alsdann Nachschlagungen kaum mehr vorkommen.

Wir stimmen dieser Betrachtungsweise zu. Die den Betreibungsbegehren beim Kartensystem zugewiesene besondere Rolle (Ziff. 5 bis 7 der erwähnten Weisungen) wirkt sich hauptsächlich während laufender Betreibung aus. Die Gefahr eines Verlustes oder einer Beschädigung der Registerkarte ist kaum mehr gegeben, wenn einmal nach Beendigung der Betreibung fünf Jahre verstrichen sind. Man kann daher auch beim Kartensystem füglich auf längere Aufbewahrung der Betreibungsbegehren als eines zusätzlichen Auskunftsmittels verzichten.

Dies freilich nur unter der Bedingung, dass während der ganzen für das Betreibungsbuch, also auch für die Registerkarten, geltenden Aufbewahrungszeit ein Personenregister vorhanden sei, wie es als Register der Schuldner und der Gläubiger vorgeschrieben (VFRR Art. 12 Abs. 1) und namentlich für die Benützung des Archivs unentbehrlich ist. Beim Kartensystem können (nach Ziff. 7 der erwähnten Weisungen) entweder die Registerkarten von Anfang an nach den Namen der Schuldner eingereiht werden, oder es ist ein besonderes Personenregister anzulegen, wofür auch einfach die Betreibungsbegehren verwendet werden dürfen. In diesem letzteren Fall ist die Beseitigung der Betreibungsbegehren fünf Jahre nach Abschluss der Betreibung nur dann zulässig, wenn entweder die Registerkarten selbst nunmehr nach den Namen der Schuldner eingereiht sind oder zuvor ein besonderes Personenregister erstellt wird.

Demgemäss fügen wir im Anschluss an die im Kreisschreiben Nr. 31 erlassenen Weisungen (Ziff. 1 bis 9) folgenden neuen Absatz ein:

«Die Betreibungsbegehren sind nicht länger als fünf Jahre seit Abschluss der Betreibung aufzubewahren, sofern die Registerkarten nach den Namen der Schuldner geordnet aufbewahrt bleiben oder, bei Einreihung der Registerkarten nach den Betreibungsnummern, besondere zugehörige Personenregister bestehen.»

Nr. 21   Kreisschreiben des Bundesgerichts (Plenum) Nr. 37

vom 7. November 1996

BGE 122 III 327

Bereinigung der Kreisschreiben, Anweisungen, Schreiben und Bescheide.

1. Das Bundesgesetz über Schuldbetreibung und Konkurs vom 11. April 1889 ist am 16. Dezember 1994 geändert worden; die revidierte Fassung wird am 1. Januar 1997 in Kraft treten.
2. Das Bundesgericht hat die zur Vollziehung des Gesetzes erlassenen Verordnungen am 5. Juni 1996 geändert und Ihnen durch Zusendung eines Exemplars der Neufassung von den vorgenommenen Änderungen Kenntnis gegeben. Die für das Betreibungs- und Konkursverfahren zu verwendenden Formulare sind den revidierten Bestimmungen angepasst und mit Beschluss der Schuldbetreibungs- und Konkurskammer vom 2. September 1996 genehmigt worden; deren neue Fassung ist Ihnen durch Übermittlung einer Mustersammlung bekanntgegeben worden. Die Schuldbetreibungs- und Konkurskammer hat ebenso die Anleitung über die bei der Zwangsverwertung von Grundstücken zu errichtenden Aktenstücke am 22. Juli 1996 angepasst und Sie durch Zustellung eines Exemplars der gesamten Anleitung orientiert.
3. Es drängte sich auch eine Durchsicht der in den Jahren 1892 bis 1895 vom Justiz- und Polizeidepartement, in den Jahren 1892 bis 1911 von der Schuldbetreibungs- und Konkurskammer und seit 1912 vom Bundesgericht erlassenen Kreisschreiben sowie der daneben seit 1941 von der Schuldbetreibungs- und Konkurskammer abgefassten Anweisungen, Schreiben und Bescheide auf. Sie hat ergeben, dass lediglich die folgenden Kreisschreiben, Anweisungen, Schreiben und Bescheide noch Geltung beanspruchen können:
   - Nr. 3 vom 7. Januar 1892 Anweisung, dafür zu sorgen, dass Verzeichnisse der im Kreis wohnenden, der Konkursbetreibung unterliegenden Personen geführt werden;
   - Nr. 4 vom 12. Januar 1892 Aufforderung zur Einsendung aller im Bereich des SchKG von den Kantonen erlassenen und noch zu erlassenden Verordnungen, Dekrete, Kreisschreiben usw.;
   - Nr. 17 vom 30. Dezember 1893 Verordnung Nr. 3 zum SchKG betreffend Betreibungs- und Konkursstatistik;
   - Nr. 7 vom 15. November 1899 betreffend Wirkungen des nachträglichen Rechtsvorschlags (ohne Instruktionen);
   - Nr. 14 vom 6. Februar 1905 betreffend jährliche Berichte der kantonalen Aufsichtsbehörden;

- Nr. 24 vom 12. Juli 1909 betreffend Retentionsverfahren;
- Nr. 29 vom 31. März 1911 betreffend Pfändung und Verwertung von Vermögensobjekten, die dem betriebenen Schuldner unter Eigentumsvorbehalt verkauft wurden;
- Nr. 2 vom 7. November 1912 betreffend Frist für die öffentliche Bekanntmachung von Steigerungen beweglicher Sachen;
- Nr. 10 vom 9. Juli 1915 betreffend Kollokation der gemäss Art. 291 SchKG wieder in Kraft tretenden Forderung des Anfechtungsbeklagten;
- Nr. 11 vom 20. Oktober 1917 betreffend Spezialanzeige der Fahrnissteigerung im Konkurs an die Inhaber von Pfandrechten;
- Nr. 14 vom 11. Mai 1922 betreffend Pfändung von dem betriebenen Schuldner unter Eigentumsvorbehalt verkauften Vermögensobjekten, Konkurrenz des Pfändungsrechts und des Eigentums des Verkäufers;
- Nr. 16 vom 3. April 1925 betreffend Gläubigerbezeichnung bei Betreibungen, die von einer Erbengemeinschaft resp. Gemeinderschaft eingeleitet werden, Schuldnerbezeichnung bei Betreibungen gegen eine Erbschaft;
- Nr. 17 vom 1. Februar 1926 betreffend Behandlung von Miteigentum und Gesamteigentum im Konkurs (Ziff. 2);
- Nr. 19 vom 23. April 1926 betreffend Meldepflicht an Militärbehörden;
- Nr. 24 vom 23. Dezember 1935 betreffend Betreibungs-, Konkurs- und Nachlassvertragsstatistik;
- Nr. 29 vom 7. Februar 1941 betreffend Rechtsstillstand wegen Militärdienstes;
- Nr. 31 vom 12. Juli 1949 betreffend Führung des Betreibungsbuches in Kartenform;
- Anweisung SchKK vom 31. Dezember 1952 betreffend unverzügliche Benachrichtigung des Schuldners vom Pfändungsanschluss, auch wenn die Pfändung keiner Ergänzung bedarf;
- vom 31. März 1953 betreffend Betreibungsbuch in Kartenform, Nachtrag zu Nr. 31;
- Schreiben SchKK vom 24. Juni 1957 betreffend Löschung des Eintrags eines Eigentumsvorbehalts am bisherigen Wohnsitz des Erwerbers bei Wohnsitzwechsel und Gebührenerhebung;
- vom 11. Dezember 1959 betreffend Betreibungsbuch in Kartenform, zweiter Nachtrag zu Nr. 31;
- Schreiben SchKK vom 16. Februar 1961 betreffend Ort der Eintragung der Eigentumsvorbehalte, wenn der Erwerber unter Vormundschaft steht;
- Nr. 35 vom 16. Oktober 1961 betreffend Luftfahrzeuge als Gegenstand der Zwangsvollstreckung;

- Bescheid SchKK vom 6. Dezember 1961 betreffend Pflicht des Schuldners, der Pfändung beizuwohnen oder sich vertreten zu lassen, Massnahmen, Bestrafung und Stellung der Polizei (ohne Vorführung des Schuldners);
- Schreiben SchKK vom 17. März 1967 betreffend eidgenössische Betreibungsstatistik;
- Schreiben SchKK vom 13. September 1968 betreffend Zustellung von Betreibungsurkunden nach Italien;
- Schreiben SchKK vom 30. August 1972 betreffend konkursamtliches Rechnungswesen;
- Schreiben SchKK vom 3. April 1974 betreffend Kosten der Beschwerdeführung;
- Schreiben SchKK vom 13. Juni 1975 betreffend Arrestvollzug, Anzeige von Arrestbefehlen an Banken per Fernschreiber;
- Bescheid SchKK vom 5. Juli 1976 betreffend Verwertung von Miteigentumsanteilen im Konkurs;
- Schreiben SchKK vom 13. Februar 1984 betreffend Domizilwahl durch den Betriebenen, Form.

Alle anderen Kreisschreiben, Anweisungen, Schreiben und Bescheide sind nicht mehr in Kraft.

Nr. 22 Anleitung des Bundesgerichts (SchKK) über die bei der Zwangsverwertung von Grundstücken zu errichtenden Aktenstücke (Anl.)

vom 22. Juli 1996 (7. Oktober 1920 / 29. November 1976)

AS 1976 164, revidiert gemäss BGE 102 III 113

Die Schuldbetreibungs- und Konkurskammer des Schweizerischen Bundesgerichts, in Anwendung von Artikel 1 der Verordnung über die im Betreibungs- und Konkursverfahren zu verwendenden Formulare und Register sowie die Rechnungsführung (VFRR) beschliesst:

Art. 1

Soweit nicht die Schuldbetreibungs- und Konkurskammer des Bundesgerichts die Verwendung von schon bestehenden kantonalen Formularen bewilligt, sollen die für die nachfolgenden Verrichtungen zu erstellenden Aktenstücke der Betreibungs- und Konkursämter den dafür gegebenen Mustern und Vorschriften entsprechen.

A. Pfändung, Pfandverwertung, Verwaltung

Art. 2

Die Einforderung eines Auszuges aus dem Grundbuch vor der Pfändung gemäss VZG Art. 8 darf nur dann unterlassen werden, wenn das Betreibungsamt die notwendigen Angaben sich durch eigene Einsichtnahme in das Grundbuch verschaffen kann.

Ist dies nicht möglich, so ist das Grundbuchamt mit Formular Nr. 1 zur Einsendung der erforderlichen Angaben aufzufordern.

Art. 3

Für die Anmeldung zur Vormerkung einer Verfügungsbeschränkung im Grundbuch gemäss VZG Art. 5, 15 Abs. 1 lit. a, 23a lit. a, 90 und 97 sowie SchKG Art. 275 (beim Arrest) ist das Formular Nr. 2 zu benützen.

Art. 4

Für die Löschung der Verfügungsbeschränkung ist das Formular Nr. 3 zu verwenden.

Art. 5

Die Anzeige an die Grundpfandgläubiger und Miteigentümer von der erfolgten Pfändung einer Liegenschaft bzw. eines Miteigentumsanteils oder der Miet- und Pachtzinse oder hängenden oder stehenden Früchte gemäss VZG Art. 14 Abs. 2, 15 Abs. 1 lit. b und 23a lit. b und c erfolgt durch Formular Nr. 4.

Art. 6
Werden das Grundstück, der Miteigentumsanteil, die Früchte und Miet-(Pacht-)zinse, solange die erste Pfändung dauert, zugunsten anderer Gläubiger wieder gepfändet, so ist nach Ablauf der Teilnahmefrist eine Anzeige über sämtliche Anschlüsse zu erlassen. Von Pfändungen, die nach Anhebung der Grundpfandbetreibung erfolgen, ist nur den nicht betreibenden Grundpfandgläubigern eine Anzeige zu machen.

Art. 7
Die nach der Pfändung und nach der Zustellung des Zahlungsbefehls bzw. nach Eingang des Verwertungsbegehrens in der Pfandverwertungsbetreibung sowie nach der Konkurseröffnung gemäss Art. 15 Abs. 1 lit. b, 23a lit. b, 91 und 124 zu erlassende Anzeige an die Mieter und Pächter über den Einzug der Miet- und Pachtzinse durch das Betreibungsamt (Konkursamt) erfolgt durch Formular Nr. 5.

Art. 8
Gleichzeitig mit der Anzeige nach Art. 7 hiervor ist in der Betreibung auf Pfändung und Pfandverwertung auch an den Grundeigentümer selbst eine Anzeige nach Formular Nr. 6 zu erlassen (VZG Art. 92).

Art. 9
Die Einleitung des Widerspruchsverfahrens bei Pfändung eines nicht auf den Namen des Schuldners im Grundbuch eingetragenen Grundstückes gemäss VZG Art. 10 erfolgt durch die Ansetzung einer zwanzigtägigen Frist an den Gläubiger, innert welcher dieser Klage gegen den im Grundbuch Eingetragenen, wenn dieser gestorben ist, gegen dessen Rechtsnachfolger anzuheben hat. Diese Fristansetzung geschieht auf der Pfändungsurkunde des Gläubigers und ist mit der Androhung zu verbinden, dass im Falle der Nichteinhaltung der Frist die Pfändung wieder aufgehoben werde.

Art. 10
Für die Einforderung des nach Stellung des Verwertungsbegehrens gemäss VZG Art. 28 und 99 und nach der Konkurseröffnung gemäss KOV Art. 26 einzuholenden Auszuges aus dem Grundbuch ist das Formular Nr. 7 zu verwenden.

Art. 11
Ist ein vollständiger Auszug schon anlässlich der Pfändung einverlangt worden, so kann das Grundbuchamt auf die darin enthaltenen Angaben verweisen, wenn und

soweit sie keine Veränderung erlitten haben. Der frühere Auszug ist dem Grundbuchamte zu diesem Zwecke wieder zuzustellen.

Art. 12

Die in der Bekanntmachung der ersten Steigerung an die Pfandgläubiger und Dienstbarkeitsberechtigten nach Art. 138 SchKG und VZG Art. 29 zu erlassende Aufforderung zur Anmeldung ihrer Rechte ist in allen Publikationsorganen mit dem vollständigen Text zu publizieren, der folgendermassen lauten soll:

«Es ergeht hiermit an die Pfandgläubiger und Grundlastberechtigten die Aufforderung, dem unterzeichneten Betreibungsamt bis zum … ihre Ansprüche an dem Grundstück, insbesondere auch für Zinsen und Kosten, anzumelden und gleichzeitig auch anzugeben, ob die Kapitalforderung schon fällig oder gekündet sei, allfällig für welchen Betrag und auf welchen Termin. Innert der Frist nicht angemeldete Ansprüche sind, soweit sie nicht durch das Grundbuch festgestellt sind, von der Teilnahme am Ergebnis der Verwertung ausgeschlossen.

Innert der gleichen Frist sind auch alle Dienstbarkeiten anzumelden, welche vor 1912 unter dem früheren kantonalen Recht begründet und noch nicht in das Grundbuch eingetragen worden sind. Soweit sie nicht angemeldet werden, können sie einem gutgläubigen Erwerber des Grundstückes gegenüber nicht mehr geltend gemacht werden, sofern sie nicht nach den Bestimmungen des Zivilgesetzbuches auch ohne Eintragung im Grundbuch dinglich wirksam sind.»

Die Aufforderung an die Inhaber von Dienstbarkeiten kann im Konkursverfahren von der Publikation der Konkurseröffnung getrennt erlassen werden und in denjenigen Kantonen gänzlich unterbleiben, in denen schon vor 1912 alle Grunddienstbarkeiten im Grundbuch eingetragen werden mussten.

Art. 13

Die Aufforderung an die Pfandgläubiger, gegen deren Betreibung Rechtsvorschlag erhoben worden ist, zur Einleitung der gerichtlichen Schritte behufs Aufhebung desselben (VZG Art. 93) erfolgt mittels Formular Nr. 8.

Art. 14

Die Aufforderung nach Art. 13 hiervor hat dann zu unterbleiben, wenn der betreibende Gläubiger die Ausdehnung der Pfandhaft auf die Miet-(Pacht-)zinse nicht verlangt hat (Art. 152 Abs. 2 SchKG).

Art. 15

Bei der Führung der laufenden Rechnung über die Einnahmen und Ausgaben der Verwaltung nach VZG Art. 21 ist folgendes zu beachten: Alle ein- und ausgegangenen Geldbeträge sind im Kassabuch (Art. 14 VFRR und 16 KOV) einzutragen. Im Kontokorrentbuch (Art. 15 VFRR und 17 KOV) ist für jedes Grundstück, von dem

Miet- und Pachtzinse einzuziehen sind oder das infolge Pfändung oder Verwertungsbegehren in der Pfandbetreibung in Verwaltung genommen worden ist, ein besonderes Konto auf den Namen des Schuldners zu eröffnen. Auch in diesem sind alle ein- und ausgegangenen Beträge zu buchen mit dem Unterschied jedoch, dass die Einnahmen der Kassa im «Haben» und die Ausgaben der Kassa im «Soll» eingetragen werden.

Im Kontokorrentbuch ist ferner ein Konto zu eröffnen, in welchem die gemäss Art. 9 SchKG der Depositenanstalt übergebenen Gelder einzutragen sind (Depositenkonto). Vgl. auch KOV Art. 18.

Art. 16

Die Gebühren für die Verwaltung und Verwertung von Grundstücken sind getrennt je auf einem besondern Blatt (Gebührenrechnung) vorzumerken unter Angabe des Datums und der Dauer (Art. 2 GebV SchKG) der betreffenden Verrichtung. In der Gebührenrechnung können auch kleinere Ausgaben eingetragen werden. Wo Globalgebühren für die Verwaltung im Sinne des Art. 27 GebV SchKG berechnet und bezogen werden, sind nur die Verwertungsgebühren in vorgeschriebener Weise zu notieren. Die Gebühren und kleinern Ausgaben werden in der Regel erst am Schlusse des Verfahrens verrechnet.

B. Lastenbereinigung

Art. 17

Für das Lastenverzeichnis (VZG Art. 34 und 125), das für jedes Grundstück gesondert zu erstellen ist, und dessen Mitteilung wird das Formular Nr. 9 aufgestellt. Auf der letzten Seite sind in dem beim Amte verbleibenden Exemplar die aus dem Bereinigungsverfahren resultierenden Änderungen der Lasten vorzumerken, wie in nachfolgendem Beispiel angegeben.

Art. 18

Wird innert der Frist zur Anfechtung des Lastenverzeichnisses von einem Berechtigten die Aufnahme weiterer Gegenstände als Zugehör in das Verzeichnis verlangt (VZG Art. 38 Abs. 1), so macht das Amt den sämtlichen Beteiligten, die das Lastenverzeichnis erhalten haben, namentlich auch dem Schuldner, mit dem Formular Nr. 10 davon Mitteilung, unter Ansetzung einer Bestreitungsfrist von 10 Tagen.

Art. 19

Wird die Bestandteil- oder Zugehöreigenschaft eines im Lastenverzeichnis aufgeführten Gegenstandes bestritten, so hat das Betreibungsamt Frist zur Klage anzusetzen, und zwar:

a) wenn es sich um einen Gegenstand handelt, der nach der am Orte üblichen Auffassung Bestandteil oder Zugehör ist oder auf Begehren des Eigentümers des Grundstückes im Grundbuch als Zugehör angemerkt worden ist: dem die Zugehöreigenschaft Bestreitenden mit Formular Nr. 11;
b) wenn der betreffende Gegenstand gemäss VZG Art. 11 Abs. 3 oder 38 Abs. 1 erst auf Verlangen eines Beteiligten in das Lastenverzeichnis aufgenommen worden ist: demjenigen, der die Aufnahme des neuen Gegenstandes in das Verzeichnis verlangte, mit Formular Nr. 12.

Art. 20
Für die Klagefristansetzungen an diejenigen, welche eine im Grundbuch eingetragene Last nach ihrem Bestande oder Range bestritten haben, gilt das Formular Nr. 11a.

C. Steigerung

Art. 21
Für den Steigerungsakt wird ein einheitliches Formular Nr. 13 aufgestellt, welches sowohl die notwendigen Steigerungsbedingungen, als Raum für das Steigerungsprotokoll enthält und von den Ämtern durch Beifügung der durch den Einzelfall bedingten Zusätze ergänzt werden kann.

Art. 22
Die Mitteilung über die Höhe und die Verwertung einer allfälligen Ausfallforderung gegen den Ersteigerer, der den Steigerungskauf nicht gehalten hat, ist dem Schuldner, allen zu Verlust gekommenen Pfandgläubigern, den Pfändungsgläubigern und dem nicht zahlenden Ersteigerer zu machen und dabei das Formular Nr. 14 zu benützen.

Art. 23
Die Anmeldung des Eigentumsüberganges an das Grundbuchamt erfolgt mittels Formular Nr. 15.

D. Verteilung

Art. 24
Für die gemäss Art. 22 und 95 VZG vorzunehmende vorläufige Verteilung der Miet- und Pachtzinse und sonstigen Erträgnisse der Verwaltung eines Grundstückes unter mehrere konkurrierende Pfandgläubiger ist stets eine provisorische Verteilungsliste nach Formular Nr. 16 aufzustellen, welche mit einer Abrechnung über die Einnah-

men und Ausgaben und einer solchen über die Gebühren und Auslagen zur Einsicht der Beteiligten aufzulegen ist.

Art. 25
Die Auflage der in Art. 24 hiervor aufgestellten Verteilungsliste ist den Bezugsberechtigten und dem Schuldner durch Formular Nr. 17 anzuzeigen.

Art. 26
Ist das Grundstück selbst verwertet worden, so ist, auch in der Betreibung auf Pfändung, immer eine Verteilungsliste für die Pfandgläubiger gemäss Formular Nr. 18 aufzustellen und zur Einsicht der Beteiligten aufzulegen, bevor irgendeine Zahlung erfolgt. (Gleichzeitige Auflage der Abrechnungen wie bei Art. 24 hiervor.)

Art. 27
Die Verteilungsliste für die Pfändungsgläubiger ist mit dem Kollokationsplan für sie zu verbinden und hierfür ist das Formular Nr. 19 zu verwenden. (Gleichzeitige Auflage der Abrechnungen wie bei Art. 24 hiervor vorgeschrieben.)

Art. 28
Von der Aufstellung der Verteilungsliste für die Pfandgläubiger (Formular Nr. 18), die auch dann zu erfolgen hat, wenn das Grundstück nicht zugeschlagen werden konnte und lediglich die Erträgnisse desselben zu verteilen sind, ist den nicht vollgedeckten Pfandgläubigern und dem Schuldner durch Formular Nr. 20 Kenntnis zu geben. In der Ausfertigung für den Schuldner sind im «Auszug aus der Verteilungsliste» keine Beträge auszusetzen.

Art. 29
Für die Bescheinigung, die das Betreibungsamt gemäss Art. 120 VZG für die ungedeckt gebliebenen nicht fälligen pfandgesicherten Forderungen auszustellen hat, ist das Formular Nr. 21 zu verwenden.

Art. 30
Für die Anzeige von der Auflage des Kollokationsplanes und der Verteilungsliste für die Pfändungsgläubiger dient das Formular Nr. 35.

E. Miteigentum und gesetzliche Vorkaufsrechte

1. Verwertung eines Miteigentumsanteils

Art. 31

Ist ein Miteigentumsanteil zu verwerten, so ist in der Bekanntmachung gemäss Art. 29 VZG und Art. 138 SchKG darauf hinzuweisen, dass auch die Rechte am Grundstück als Ganzem anzumelden sind (Art. 73a Abs. 2 VZG).

Art. 32

Ist das Grundstück als Ganzes verpfändet, so haben die Steigerungsbedingungen folgende Bemerkung zu enthalten:

«Hinsichtlich der nach dem rechtskräftigen Lastenverzeichnis am Grundstück als Ganzen bestehenden Pfandrechte und der dadurch gesicherten Forderungen tritt der Ersteigerer ohne Anrechnung dieser Belastungen auf den Steigerungspreis vollständig in die Rechtsstellung des Schuldners ein. Vorbehalten bleibt eine allfällige Erklärung des Gläubigers im Sinne von Art. 832 Abs. 2 ZGB, er wolle den früheren Schuldner beibehalten (Art. 135 Abs. 1 Satz 2 SchKG).»

Im Konkurs ist der Vorbehalt in Satz 2 wegzulassen.

2. Gesetzliche Vorkaufsrechte

Art. 33

Die gemäss Art. 30 Abs. 4 VZG an die Inhaber gesetzlicher Vorkaufsrechte im Sinne von Art. 682 Abs. 1 und 2 ZGB zu versendende Spezialanzeige von der Steigerung ist ihnen mit folgendem Begleitschreiben zuzustellen:

«Als Inhaber eines gesetzlichen Vorkaufsrechtes an dem Grundstück ...

in ...

erhalten Sie beiliegend eine Anzeige über die am ...

in der Betreibung gegen ...

stattfindende Verwertung dieses Grundstücks.

Sie werden darauf aufmerksam gemacht, dass Sie Ihr gesetzliches Vorkaufsrecht an der Steigerung durch Übernahme des Grundstücks zu dem Höchstangebot, auf das der Zuschlag erfolgen kann, und zu den aufgelegten Steigerungsbedingungen ausüben können und dass eine spätere Geltendmachung desselben gegenüber dem Drittersteigerer, dem der Zuschlag an der Steigerung erteilt werden sollte, nicht mehr möglich ist.»

Art. 34

In den Steigerungsbedingungen sind die Inhaber gesetzlicher Vorkaufsrechte im Sinne von Art. 682 Abs. 1 und 2 ZGB aufzuführen.

Bezüglich des Zuschlages ist folgende besondere Bemerkung aufzunehmen:

«Der Zuschlag an den Meistbietenden kann nur erfolgen, wenn sich allfällige an der Steigerung teilnehmende Inhaber eines gesetzlichen Vorkaufsrechtes im Sinne von Art. 682 Abs. 1 und 2 ZGB nicht selbst sofort zur Übernahme des Grundstücks kraft ihres Vorkaufsrechtes zu dem Höchstangebot bereit erklären. Der Meistbietende bleibt an sein Angebot so lange gebunden, bis sämtliche anwesenden oder vertretenden Vorkaufsberechtigten sich über die Ausübung ihres Vorkaufsrechtes ausgesprochen haben.»

Art. 35

Kommt es bei der Versteigerung unter den Miteigentümern nicht zu einem Zuschlag, weil die auf der Liegenschaft haftenden Belastungen durch das Höchstangebot nicht gedeckt werden, so wird die öffentliche Steigerung angeordnet, ohne besondere Anzeige an die Miteigentümer. Diese können ihr Vorkaufsrecht nicht mehr geltend machen, sondern nur noch wie alle anderen Bieter sich daran beteiligen.

Art. 36

Für die Verteilung des bei der Verwertung der Liegenschaft sich ergebenden Barerlöses unter die verschiedenen Miteigentümer ist eine besondere Verteilungsliste aufzulegen.

Ergibt sich kein Übererlös über die auf der Liegenschaft haftenden Belastungen, so ist die Betreibung auf Verwertung der Miteigentumsanteile als resultatlos zu behandeln.

Nr. 23 Bescheid des Bundesgerichts (SchKK) an das Inspektorat für die Notariate, Grundbuch- und Konkursämter des Kantons Zürich

vom 5. Juli 1976

BGE 102 III 49, durch Herausgeber revidierte Fassung
(Einfügung in Ziff. 8)

Verwertung von Miteigentumsanteilen im Konkurs

In Ihrem Schreiben an das Bundesgericht vom 18. März 1976 vertreten Sie die Auffassung, dass die in der bundesgerichtlichen Verordnung vom 4. Dezember 1975 getroffene Regelung der Verwertung von Miteigentumsanteilen an Grundstücken im Konkurs Lücken aufweise. Sie machen Vorschläge für die Ausfüllung dieser Lücken und regen eine Ergänzung der revidierten VZG an. Die nach Ihrer Ansicht offengebliebenen Fragen beziehen sich durchwegs auf den Fall, dass die Verwertung des Miteigentumsanteils des Gemeinschuldners ergebnislos ist. In erster Linie fassen Sie dabei den Fall ins Auge, dass das im Miteigentum stehende Grundstück als solches pfandbelastet ist und dass sowohl die Einigungsverhandlungen im Sinne von Art. 130e und 73e VZG als auch die Versteigerung des Anteils des Gemeinschuldners zu den nach Art. 130f und 73g VZG geltenden Bedingungen erfolglos bleibt.

1. Art. 130c Abs. 2 VZG bestimmt, dass für diesen Fall die Pfandforderungen, die das Grundstück als Ganzes belasten, mit dem auf den Gemeinschuldner entfallenden Teilbetrag, bei Solidarhaftung des Gemeinschuldners mit ihrem Gesamtbetrag, als unversicherte Forderungen zu kollozieren sind (Art. 61 Abs. 1 KOV). Dabei stellt sich zunächst die Frage, ob die *Konkursdividenden*, die auf diese Forderungen entfallen, im Sinne von Art. 264 Abs. 3 SchKG bei der Depositenanstalt zu *hinterlegen* seien bis feststeht, ob und mit welchem Betrag die Pfandgläubiger durch die Verwertung des Pfandes zu Verlust kommen.

Die revidierte VZG sagt nicht ausdrücklich, wie eine solche Konkursdividende zu behandeln ist. Aus dem SchKG, der KOV und der VZG ergibt sich aber eindeutig folgende Lösung:

a) Bei der Depositenanstalt zu hinterlegen sind nach Art. 264 Abs. 3 SchKG die Anteile (Dividenden), die den Forderungen unter aufschiebender Bedingung oder mit ungewisser Verfallzeit zukommen. Die auf fällige Forderungen entfallenden Dividenden sind sofort nach Ablauf der Frist, während welcher die Verteilungsliste und die Schlussrechnung aufzulegen sind, auszuzahlen (vgl. Art. 264 Abs. 1 SchKG).

b) Die Pfandforderungen, die das Grundstück als Ganzes belasten, stehen (unter Vorbehalt ganz ungewöhnlicher Vereinbarungen) nicht unter aufschiebender Bedingung. Ihr Bestand hängt insbesondere nicht davon ab, dass der im 2. Satzteil von Art. 130c Abs. 2 VZG genannte Fall (Ergebnislosigkeit der Einigungsverhandlung und der Versteigerung des Miteigentumsanteils) eintritt. Vielmehr ist die in Art. 130 Abs. 2 VZG vorgesehene Kollokation als solche bedingt (welche Durchbrechung des Art. 59 Abs. 2 Satz 1 KOV das Bundesgericht in der VZG anordnen konnte; vgl. BGE 96 III 42, 79 III 36). Bei Ergebnislosigkeit der Einigungsverhandlungen und der Versteigerung wird die Kollokation zur unbedingten. Deshalb kommt nach Eintritt dieses Falles auch eine analoge Anwendung der nach Art. 264 Abs. 3 SchKG für aufschiebend bedingte Forderungen geltenden Regel nicht in Frage.

c) Die Pfandforderungen, die das Grundstück als Ganzes belasten, sind auch nicht Forderungen mit ungewisser Verfallzeit im Sinne von Art. 264 Abs. 3 (und Art. 210 Abs. 1) SchKG. Nach Art. 208 Abs. 1 SchKG bewirkt nämlich die Konkurseröffnung gegenüber der Konkursmasse grundsätzlich die Fälligkeit sämtlicher Schuldverpflichtungen des Gemeinschuldners, zu denen die fraglichen Pfandforderungen gehören, soweit sie den Schuldner persönlich treffen und daher nach Massgabe von Art. 130c Abs. 2 VZG zu kollozieren sind. Von dem in Art. 208 Abs. 1 SchKG aufgestellten Grundsatz nimmt diese Gesetzesbestimmung nur diejenigen Schuldverpflichtungen des Gemeinschuldners aus, «die durch seine Grundstücke pfandrechtlich gedeckt sind». Im Konkurs eines Miteigentümers sind zwar die den Miteigentumsanteil desselben, nicht aber die das Grundstück als Ganzes belastenden Pfandforderungen durch «seine» Grundstücke, d.h. durch die Grundstücke des Gemeinschuldners, pfandrechtlich gedeckt. Die Auffassung, dass Forderungen, für die im Miteigentum des Gemeinschuldners und weiterer Personen stehende Gegenstände als Pfand haften, unter dem Gesichtspunkt des Konkursrechts nicht durch dem Gemeinschuldner gehörende Gegenstände pfandrechtlich gedeckt sind, liegt auch Art. 61 Abs. 1 KOV zugrunde, auf den Art. 130c Abs. 2 VZG verweist; denn nach Art. 61 Abs. 1 KOV sind Gegenstände, für welche ganz oder zum Teil im Eigentum eines Dritten stehende Gegenstände (d.h. Gegenstände Dritter oder solche im gemeinschaftlichen Eigentum des Gemeinschuldners und Dritter: BGE 51 III 55) als Pfand haften, unter die unversicherten Forderungen aufzunehmen. Die Pfandforderungen, die das Grundstück als Ganzes belasten, werden also nach Art. 208 SchKG im Konkurs eines Miteigentümers gegenüber der Konkursmasse fällig, soweit der Gemeinschuldner dafür persönlich haftet.

d) Nach Art. 264 Abs. 1 SchKG ist also die Dividende, die auf eine das Grundstück als Ganzes belastende, gemäss Art. 130c Abs. 2 VZG kollozierte Pfandforderung entfällt, sofort nach Ablauf der Auflegungsfrist an den Gläubiger auszuzahlen und nicht bei der Depositenanstalt zu hinterlegen.

2. Für diese Lösung sprechen ausser dem Gesetzestext auch sachlich Gründe. Wenn geltend gemacht wird, das Pfandrecht am Grundstück als Ganzem bestehe nach Durchführung des Konkurses über einen Miteigentümer weiter und es stehe keineswegs fest, dass die Pfandgläubiger zu Verlust kämen, so wird

dabei unterstellt, dass die das Grundstück als Ganzes belastenden Pfandforderungen letztlich aus dem Erlös dieses Grundstücks zu decken sind, also nicht aus dem Vermögen, das die Miteigentümer neben ihrem Miteigentumsanteil besitzen. Dieser Auffassung kann nicht gefolgt werden.

a) Für den Fall, dass eine Forderung gegen den Gemeinschuldner durch einen im Alleineigentum eines Dritten stehenden Gegenstand pfandrechtlich gesichert ist, hat das Bundesgericht in BGE 87 III 121 ausgeführt, bei Pfandbestellung aus Drittvermögen solle die Schuld in der Regel letzten Endes das Vermögen des Schuldners belasten. Daher bleibe denn auch normalerweise selbst bei voller Deckung durch den Erlös eines solchen Pfandes die Schuld unvermindert bestehen; es finde lediglich ein Übergang der Gläubigerrechte auf den Dritten statt, sei es, dass das ihm gehörende Pfand verwertet worden sei oder dass er es eingelöst habe (vgl. Art. 110 Ziff. 1 OR; BGE 60 II 178). Die Rücksicht auf die Subrogation nach Art. 110 Ziff. 1 OR ist der Grund dafür, dass Art. 61 Abs. 1 KOV bestimmt, drittpfandgesicherte Forderungen seien in ihrem vollen Betrage als unversicherte Forderungen zu kollozieren (vgl. BGE 55 III 84/85). Der Auffassung, dass beim Drittpfand die Schuld in der Regel letzten Endes aus dem Vermögen des Schuldners zu decken ist, entspricht es, dass die Dividende auf einer gemäss Art. 61 Abs. 1 KOV kollozierten Forderung nicht bis nach der Pfandverwertung zu hinterlegen, sondern auszuzahlen ist, was auch *Jäger* (N 1 zu Art. 198 SchKG, S. 25/26) annimmt und als durch Art. 61 KOV angeordnet betrachtet.

b) Eine gemäss Art. 130c Abs. 2 VZG in Verbindung mit Art. 61 Abs. 1 KOV kollozierte Forderung gegen den konkursiten Miteigentümer, für welche das Grundstück als Ganzes haftet, ist nun allerdings nicht durch ein reines Drittpfand gesichert, weil das Pfand zum Teil auch dem Gemeinschuldner gehört. Auch für eine solche Forderung muss aber die Regel gelten, dass sie letztlich aus dem Vermögen gedeckt werden soll, das (ausschliesslich) dem Schuldner gehört. Die Auffassung rechtfertigt sich vor allem deswegen, weil sie den Fortbestand des Miteigentumsverhältnisses begünstigt und damit dem vom Gesetzgeber bei Erlass des Bundesgesetzes vom 19. Dezember 1963 verfolgen Ziel entspricht, dem Miteigentum grössere Beständigkeit zu verleihen. Würde man dem Gläubiger einer das Grundstück als Ganzes belastenden Pfandforderung die Dividende, die auf den gemäss Art. 130c Abs. 2 VZG kollozierten Forderungsbetrag entfällt, nicht auszahlen, sondern sie hinterlegen, bis feststeht, ob und wieweit die Pfandgläubiger bei der Pfandverwertung zu Verlust kommen, so würden diese Gläubiger zur Kündigung der Pfandforderung und zur Pfandbetreibung animiert, was zum Hinfall des Miteigentums führen könnte. Erhalten die betreffenden Gläubiger dagegen die fragliche Dividende, so besteht für sie wohl meist kein Anreiz zu solchen Schritten; dann nämlich nicht, wenn sie im Pfand (und – wenigstens bei Solidarität – in der persönlichen Haftung der andern Miteigentümer) eine genügende Sicherheit erblicken, was bei ungekündigten Pfandforderungen die Regel sein dürfte. Aus diesen Gründen ist die Auszahlung der Dividende auf der gemäss Art. 130c Abs. 2 VZG kollozierten Forderung in gleicher Weise geboten wie die Auszahlung der Dividende auf einer durch ein reines Drittpfand gesicherten Forderung (lit. a hievor).

3. Im Zusammenhang mit der Frage, wie die Konkursdividende für eine nach Art. 130c Abs. 2 VZG kollozierte Forderung zu behandeln ist, stellt sich das Problem der Ausstellung eines *Verlustscheines* für den durch die Dividende nicht gedeckten Teil dieser Forderung.

Wäre die Dividende zu hinterlegen, so wäre ein Verlustschein einstweilen nicht auszustellen; ein solcher wäre dem Gläubiger erst nach der Verwertung des Grundstücks als Ganzen für den durch die Dividende und den Pfanderlös allenfalls nicht gedeckten Betrag auszuhändigen (zur Ausstellung von Verlustscheinen für die Gläubiger von Forderungen unter aufschiebender Bedingung und mit ungewisser Verfallzeit vgl. *Jäger*, N 3 Abs. 2 zu Art. 265 SchKG).

Die Dividende für eine nach Art. 130c Abs. 2 VZG kollozierte Forderung ist jedoch, wie dargetan, ohne Rücksicht auf das Ergebnis einer künftigen Pfandbetreibung sogleich auszuzahlen. In einem solchen Falle steht der Ausstellung eines Verlustscheines nichts im Wege. Wird der Verlust in der Folge ganz oder teilweise aus dem Pfand gedeckt, was der – gemäss Ziffer 5 hienach Miteigentümer gebliebene – Gemeinschuldner erfahren wird, so kann dieser die Löschung oder Herabsetzung des Verlustscheines verlangen.

Der Verlustschein für den im Konkurs nicht gedeckten Teil einer nach Art. 130c Abs. 2 VZG als unversicherte Forderung kollozierten Pfandforderung kann nicht zur Folge haben, dass der Gemeinschuldner einer späteren Betreibung auf Pfandverwertung des Grundstückes als Ganzen die Einrede des mangelnden neuen Vermögens entgegenhalten könnte. Diese Einrede soll den Schuldner nicht vor dem Zugriff auf ein bestelltes (übrigens nur zum Teil ihm gehörendes) Pfand, sondern nur vor dem Zugriff auf neu erworbene Aktiven schützen, solange diese nicht das Vorhandensein neuen Vermögens im Sinne von Art. 265 Abs. 2 SchKG zur Folge haben. Jäger sagt denn auch in N 3 Abs. 1 am Ende zu Art. 265 SchKG, dass bei der Betreibung auf Pfandverwertung für eine durch Drittpfand gesicherte Forderung, hinsichtlich welcher im Konkurs «nur die persönliche Schuld liquidiert wurde» (wie es gemäss Art. 61 Abs. 1 KOV zu geschehen hat), die Einrede nach Art. 265 Abs. 2 SchKG nicht erhoben werden kann. Das muss für die Pfandbetreibung, die ein nach Art. 130c Abs. 2 VZG (und Art. 61 Abs. 1 KOV) in 3. Klasse kollozierter Gläubiger für den durch die Konkursdividende nicht gedeckten Forderungsbetrag anhebt, entsprechend gelten.

Andererseits ist klar, dass eine solche Betreibung nicht zur Ausstellung eines Pfandausfallscheins mit den in Art. 158 Abs. 2 SchKG vorgesehenen Wirkungen führen kann. Vielmehr bleibt dem Gläubiger für den weder durch die Dividende noch durch den Erlös aus einer nachfolgenden Pfandbetreibung gedeckten Betrag einfach der Konkursverlustschein.

Es dürfte zweckmässig sein, in den Konkursverlustscheinen, die für den ungedeckten Betrag von nach Art. 130c Abs. 2 VZG kollozierten Forderungen ausgestellt werden, auf diese Besonderheiten hinzuweisen.

4. Erhält der Gläubiger einer nach Art. 130c Abs. 2 VZG kollozierten Forderung bei Abschluss des Konkurses eine Dividende, so erhebt sich die weitere Frage, ob die das Grundstück als Ganzes belastende Pfandforderung im Grundbuch und auf einem allfälligen Pfandtitel gemäss Art. 264 Abs. 2 SchKG in Verbindung mit Art. 150 SchKG (vgl. auch Art. 67/68 GBV und Art. 68/69 VZG) auf Veranlassung der Konkursverwaltung um den Betrag der Dividende herabzusetzen sei.

Bei Beantwortung dieser Frage kommt es darauf an, ob der Gemeinschuldner für die das Grundstück als Ganzes belastende Pfandforderung nur anteilmässig oder aber solidarisch haftet, welche Frage bei der Kollokation nach Art. 130c Abs. 2 VZG entschieden werden muss.

a) Haftet der Gemeinschuldner nur anteilmässig, so ist die Konkursverwaltung nach den erwähnten Vorschriften verpflichtet, die Pfandforderung im Grundbuch um den Betrag der Dividende herabsetzen zu lassen. Der Gläubiger ist in diesem Umfang endgültig befriedigt, und dem Gemeinschuldner bzw. der Konkursmasse entstehen daraus, dass der auf den Gemeinschuldner entfallende Anteil der Pfandschuld aus dem persönlichen Vermögen desselben ganz oder teilweise bezahlt wird, keine Regressansprüche gegen die andern Miteigentümer. Der Gemeinschuldner hat in einem solchen Fall nur seine eigene Schuld ganz oder zum Teil getilgt.

b) Anders verhält es sich im Falle der Solidarhaftung. Welchen Teil der Pfandforderung der Gemeinschuldner in einem solchen Falle letztlich zu tragen hat, richtet sich nach dem Innenverhältnis unter den Solidarschuldnern (Miteigentümern). Dieses wird bei der Kollokation im Konkurs eines der Miteigentümer nicht abgeklärt. Die Konkursverwaltung kann daher nicht ohne weiteres zuverlässig wissen, ob und allenfalls um welchen Betrag die Dividende auf der nach Art. 130c Abs. 2 VZG infolge der Solidarität im vollen Betrag kollozierten Pfandforderung den letztlich vom Gemeinschuldner zu tragenden Teil dieser Forderung übersteigt. Würde sie gleichwohl die Pfandforderung im Umfang der Dividende löschen lassen, so könnte der Rückgriff des Gemeinschuldners bzw. der Konkursmasse auf die andern Miteigentümer für den Teil der Dividende beeinträchtigt werden, um den diese den letztlich vom Gemeinschuldner zu tragenden Teil der Pfandforderung übersteigt. Für den eben erwähnten Teil der Dividende tritt der Gemeinschuldner (bzw. die Masse) in die Rechte des Pfandgläubigers – einschliesslich des Pfandrechtes – ein (Art. 110 Ziff. 1 OR; vgl. den bereits zitierten BGE 87 III 121). Die Pfandforderung muss daher ungeschmälert eingetragen bleiben, solange die Frage des Rückgriffs nicht geklärt ist.

Diese Klärung kann nur auf gerichtlichem Wege erfolgen, wenn keine klaren und allseitig anerkannten Abmachungen vorliegen und es nicht zu einer Verständigung mit den andern Miteigentümern kommt. Die Konkursverwaltung hat in einem solchen Falle gegenüber den andern Miteigentümern die nach ihrer Ansicht dem Gemeinschuldner zustehenden Rückgriffsrechte geltend zu machen oder deren Ausübung nach Art. 260 SchKG den Konkursgläubigern zu überlassen. Bei Beurteilung der Rückgriffsklage wird notwendigerweise festgestellt, in welchem Umfange der Gemeinschuldner die Solidarschuld nach dem Innenverhältnis letztlich zu tragen hat. Sobald das rechtskräftig feststeht, kann die Konkursverwaltung für den betreffenden Betrag, sofern er durch die dem Pfandgläubiger ausbezahlte Dividende gedeckt ist, die Löschung der Pfandforderung veranlassen. Die Löschung für den Betrag zu verlangen, um den die Dividende allenfalls den vom Gemeinschuldner zu tragenden Teil der Pfandforderung übersteigt, ist Sache der Rückgriffsbeklagten, die diesen Betrag der Masse erstatten mussten.

Die Konkursverwaltung wird allerdings praktisch kaum je in der Lage sein, den Rückgriffsprozess selbst zu führen. Ob und allenfalls für welchen Betrag ein Rückgriffsrecht der Masse besteht, hängt nämlich unter anderem von der Höhe der Dividende des Pfandgläubigers ab, die erst am Schluss des Konkursverfahrens feststeht. Möglich bleibt jedoch, den Rückgriffsanspruch einem oder mehreren Gläubigern nach Art. 260 SchKG abzutreten. Auf Prozesse, die von einzelnen Gläubigern gemäss Art. 260 SchKG geführt werden, braucht nach Art. 83 Abs. 2 KOV bei Erstellung der definitiven Verteilungslisten nicht Rücksicht genommen zu werden, wenn von vornherein feststeht, dass ein Überschuss für die Masse nicht zu erwarten ist, was bei der Abtretung von Rückgriffsansprüchen der erwähnten Art wohl die Regel sein dürfte. Der Verzicht der Gläubiger auf die Geltendmachung des Anspruchs durch die Masse und die Abtretungsbegehren können provoziert werden, sobald man sieht, dass solche Ansprüche bestehen können, auch wenn die Dividende noch nicht endgültig feststeht. – Werden keine Abtretungsbegehren gestellt oder gestellte Begehren nicht benützt, so ist die Pfandforderung für den vollen Betrag der Dividende des Pfandgläubigers löschen zu lassen.

Es ist zuzugeben, dass dieses Vorgehen etwas umständlich ist. Es geht jedoch nicht an, zur Vermeidung dieser Komplikationen bei Solidar- wie bei Anteilshaftung des Gemeinschuldners für die das Grundstück als Ganzes belastende Pfandforderung auf Forderung ohne weiteres für den vollen Betrag der Dividende des Pfandgläubigers löschen zu lassen und der Masse bzw. den Abtretungsgläubigern auf diese Weise die Pfandsicherheit für ihren allfälligen Rückgriffsanspruch gegen die andern Miteigentümer zu entziehen.

5. Zu prüfen ist ferner die Frage, was mit dem Miteigentumsanteil des Gemeinschuldners geschieht, wenn die Einigungsverhandlungen und die Versteigerung des Miteigentumsanteils zu den nach Art. 130f und 73g VZG geltenden Bedingungen ergebnislos bleiben.

In einem solchen Falle scheidet der Miteigentumsanteil aus der Konkursmasse aus und bleibt im Grundbuch auf den Gemeinschuldner eingetragen. Das lässt sich mit einer analogen Anwendung von Art. 126 Abs. 2 SchKG begründen, wonach die Betreibung in Hinsicht auf einen verpfändeten Gegenstand dahinfällt, wenn kein Angebot erfolgt, das die dem betreibenden Gläubiger im Range vorgehenden Pfandforderungen übersteigt. Das in Art. 126 SchKG aufgestellte Deckungsprinzip ist zwar im Konkurs grundsätzlich nicht anwendbar. Der Fall, dass die Versteigerung eines Miteigentumsanteils zu den nach Art. 130f und 73g Abs. 2 VZG geltenden Bedingungen scheitert, d.h. dass kein Interessent bereit ist, hinsichtlich der am Grundstück als Ganzem bestehenden Pfandrechte und der dadurch gesicherten Forderungen ohne Anrechnung dieser Belastung auf den Steigerungspreis vollständig in die Rechtsstellung des Gemeinschuldners einzutreten, ist jedoch dem in Art. 126 Abs. 2 SchKG geregelten Falle, dass kein Interessent ein die vorgehenden Pfandforderungen übersteigendes Angebot macht, so ähnlich, dass in beiden Fällen die gleiche Rechtsfolge – Hinfall der Zwangsvollstreckung bezüglich des fraglichen Gegenstandes – am Platz ist.

Der Fall, dass die Verwertung eines Grundstückes im Konkurs ergebnislos bleibt, konnte im übrigen schon vor der Revision der VZG sehr wohl eintreten, so etwa, wenn ein Grundstück wegen seiner Lage oder Gestalt oder Umgebung niemanden interessiert oder wenn es wegen darauf lastender Dienstbarkeiten praktisch nicht verwendbar ist. Art. 73 Satz 2 KOV bestimmt denn auch für die Verwertung von Grundstücken im Konkurs: «Wo nicht zugeschlagen wird, ist am Fusse des Protokolls zu bemerken: «Die Liegenschaft wurde nicht zugeschlagen», und zwar unter Angabe des Grundes, warum der Zuschlag unterblieben ist.» In allen derartigen Fällen kann die Folge nur sein, dass das Grundstück (gegebenenfalls der Miteigentumsanteil) dem Schuldner verbleibt. Das ergibt sich daraus, dass die Konkurseröffnung an den bestehenden Eigentumsverhältnissen nicht ändert (nicht etwa die Konkursmasse zur Rechtsnachfolgerin des Gemeinschuldners macht; vgl. BGE 102 III 74 Erw. 2, sowie 87 II 172 Erw. 1), dass die Durchführung des Konkurses die Eigentumsverhältnisse nur hinsichtlich der Gegenstände beeinflusst, die einem Dritten zugeschlagen oder freihändig verkauft werden können, und dass der Gemeinschuldner auch nach Beendigung des Konkurses die Fähigkeit behält, Vermögen zu besitzen. Diese allgemeinen Grundsätze sind auch in dem soeben erörterten Falle anwendbar, dass die Einigungsverhandlungen und die Versteigerung des Miteigentumsanteils zu den Bedingungen von Art. 130f und 73g VZG ergebnislos bleiben.

6. Scheidet der nicht verwertbare Miteigentumsanteil aus der Konkursmasse aus und verbleibt er im Eigentum des Gemeinschuldners, so stellt sich die Frage, ob eine Gemeinschuldnerin in der Rechtsform einer juristischen Person im Handelsregister gelöscht werden kann, solange sie Trägerin dieses Miteigentumsanteils ist.

Wie sich das Scheitern der Verwertung des Miteigentumsanteils einer in Konkurs gefallenen juristischen Person auf das Handelsregister auswirkt, ist grundsätzlich eine Frage des Handelsregisterrechts, die nicht von den Betreibungsbehörden zu lösen ist. Die Konkursverwaltung hat in ihrem Schlussbericht (Art. 268 Abs. 1 SchKG, Art. 92/93 KOV) zu erwähnen, dass der Miteigentumsanteil nicht verwertet werden konnte, und das Konkursgericht hat diesen Umstand in seiner Mitteilung an das Handelsregisteramt über den Schluss des Konkurses (vgl. Kreisschreiben Nr. 33 vom 7. Dezember 1955, Abs. 2 und 3, publiziert in BGE 81 III 129 f.) zu erwähnen. Das weitere ist dann Sache der Handelsregisterbehörden.

Immerhin sei beigefügt, wie das Handelsregisteramt unseres Erachtens vorzugehen hat. Über die Voraussetzungen, unter denen eine infolge Konkurseröffnung aufgelöste Gesellschaft nach Einstellung des Konkursverfahrens mangels Aktiven gelöscht wird, bestimmen die Sätze 2 und 3 von Art. 66 Abs. 2 HRegV, die Löschung erfolge, wenn die Vertreter der Gesellschaft nicht innert der vom Registerführer angesetzten Frist gegen die Ankündigung der Löschung begründete Einsprache erhöben; die Löschung sei unter allen Umständen nach durchgeführter Liquidation vorzunehmen (vgl. BGE 97 III 36 f.). Diese Regelung trägt, wie in BGE 90 II 256 ausgeführt wird, dem Umstande Rechnung, dass die Liquidation, zu welcher die durch die Konkurseröffnung bewirkte Auflösung der Gesellschaft Anlass gibt, im Falle solcher Einstellung nicht immer als abgeschlossen gelten kann; es können noch Aktiven vorhanden sein, die nach der Schätzung des Konkursamtes zur Deckung der Konkurskosten nicht ausreichen, aber doch liquidiert zu werden verdienen; trifft dies zu und macht die Verwaltung der Gesellschaft diese Tatsache durch Einsprache gegen die angekündigte Löschung geltend, so bleibt die aufgelöste Gesellschaft ungeachtet der Einstellung und Schliessung des Konkursverfahrens als Gesellschaft in Liquidation im Handelsregister eingetragen, bis die Liquidation durchgeführt ist (so der zitierte Entscheid). Dem Falle, dass eine Gesellschaft nach Einstellung und Schliessung des Konkurses mangels (genügender) Aktiven noch gewisse Aktiven besitzt, ist der Fall gleichzustellen, dass eine Gesellschaft trotz Durchführung des Konkursverfahrens noch ein Aktivum besitzt, das im Konkurs nicht verwertet werden konnte, z.B. einen Miteigentumsanteil an einem als Ganzen verpfändeten Grundstück, der zu den nach Art. 130f und 73g Abs. 2 VZG geltenden Bedingungen nicht zugeschlagen werden konnte. In einem solchen Falle ist die Gesellschaft auf die Mitteilung des Konkursschluss-Erkenntnisses hin nicht kurzerhand gemäss Art. 66 Abs. 2 Satz 1 HRegV zu löschen, sondern es sind die Sätze 2 und 3 von Art. 66 Abs. 2 HRegV entsprechend anzuwenden. (Es ist allerdings wenig wahrscheinlich, dass die Verwaltung für einen Miteigentumsanteil an einem pfandbelasteten Grundstück, der im Konkurs nicht verwertet werden konnte, einen Käufer findet.)

Was mit einem nach Schluss des Konkursverfahrens noch vorhandenen Aktivum einer konkursiten Gesellschaft geschieht, wenn diese mangels eines Einspruches im Sinne von Art. 66 Abs. 2 Satz 2 HRegV gelöscht wird, ist eine zivilrechtliche Frage, der hier nicht weiter nachgegangen werden kann.

7. Dass bei Ergebnislosigkeit der Verwertung eines Miteigentumsanteils die darauf lastenden Grundpfandrechte untergehen und zu löschen sind, folgt aus den allgemeinen Grundsätzen, die auch bei Verwertung eines Miteigentumsanteils im Konkurs gelten (Art. 264 Abs. 2 und Art. 150 SchKG; Art. 130 Abs. 1 in Verbindung mit Art. 68/69 VZG; vgl. den Randtitel zu Art. 130a ff. VZG, wonach hier nur die «Besonderheiten» der Verwertung eines Miteigentumsanteils im Konkurs geregelt werden). Ebenso ergibt sich aus den allgemeinen Grundsätzen, dass in einem solchen Falle die Pfandforderungen – mit allen hieraus sich ergebenden Folgen – als unversicherte Forderungen zu behandeln sind, sofern dafür keine anderen Sicherheiten als der unverwertbare Miteigentumsanteil bestehen (Art. 219 Abs. 4 SchKG), und dass die durch die Konkurseröffnung veranlasste Verfügungsbeschränkung (Art. 960 Abs. 1 Ziff. 1 ZGB) zur Löschung anzumelden ist. (Art. 68 Abs. 1 lit. c VZG, auf den Art. 130 Abs. 1 VZG verweist, sieht zwar die Löschung der Verfügungsbeschränkung nur für den Fall vor, dass das betreffende Grundstück verwertet werden konnte; vgl. den Ingress von Art. 68 Abs. 1: «Gleichzeitig mit der Anmeldung des Eigentumsübergangs zur Eintragung im Grundbuch ...». Dass die Verfügungsbeschränkung auch dann gelöscht werden muss, wenn ein Miteigentumsanteil wegen Scheiterns der Verwertung dem Gemeinschuldner verbleibt, ergibt sich aber ohne weiteres daraus, dass die Vormerkung nur den – mit dem Konkursschluss bzw. schon mit dem Scheitern der Verwertung weggefallenen – Konkursbeschlag sichern sollte.)
8. Richtig ist schliesslich auch, dass im Konkurs eines Miteigentümers beim Scheitern der Einigungsverhandlungen im Sinne von Art. 130e und 73e VZG neben der Versteigerung des Miteigentumsanteils zu den nach Art. 130f und 73g Abs. 2 VZG geltenden Bedingungen auch ein Freihandverkauf in Frage kommen kann, wenn die Voraussetzungen von Art. 256 Abs. 1 (Gläubigerbeschluss), 256 Abs. 2 (Zustimmung der Gläubiger der den Anteil belastenden Pfandrechte) und 256 Abs. 3 (Gelegenheit für die Gläubiger, höhere Angebote zu machen) erfüllt sind. Für einen solchen Freihandverkauf müsste Art. 73g Abs. 2 Satz 1 VZG entsprechend gelten.
9. Es ist zuzugeben, dass die Regelung der Verwertung von Miteigentumsanteilen im Konkurs in der revidierten VZG recht knapp ist. Auf eine einlässliche Regelung wurde indessen bewusst verzichtet. Die revidierte VZG jetzt schon, bevor sich in praktischen Fällen erhebliche, anderswie nicht behebbare Mängel oder Lücken bemerkbar gemacht haben, zu ändern oder zu ergänzen, scheint uns nicht am Platze.

Nr. 24 Schreiben des Eidgenössischen Justiz- und Polizeidepartementes an die Kantonsregierungen

vom 8. Juli 1986

BlSchK 1986 194, durch Herausgeber revidierte Fassung
(Ziff. 1, 2, 4.1 – Änderungen kursiv – und 4.3)

Arrestierung von Vermögen fremder Staaten

Sehr geehrter Herr Präsident,

Sehr geehrte Damen und Herren Regierungsräte,

Die komplexen Probleme, welche die Arrestierung von Vermögenswerten fremder Staaten aufwirft, stellen unsere Behörden ständig vor juristisch schwierige Aufgaben. Auch könnten solche Arreste die internationalen Verpflichtungen der Schweiz tangieren. Die zahlreichen und delikaten Arrestfälle, mit welchen unser Land in jüngster Zeit konfrontiert wurde, zeigen die Notwendigkeit einer einheitlichen Anwendung der von der Rechtsprechung anerkannten Grundsätze des Völkerrechts und des Vollstreckungsrechts, welche bereits Gegenstand unseres Rundschreibens vom 26. November 1979 bildeten.

Im Einvernehmen mit dem Eidgenössischen Departement für auswärtige Angelegenheiten und dem Bundesgericht gestatten wir uns deshalb, Ihnen diese Prinzipien, wie sie in der neuesten bundesgerichtlichen Rechtsprechung präzisiert wurden, in Erinnerung zu rufen.

1. Staatsverträge

Artikel 271 Absatz 3 des BG vom 11. April 1889 über Schuldbetreibung und Konkurs (SchKG, SR 281.1) enthält einen Vorbehalt zugunsten von Staatsverträgen – bilateralen wie multilateralen –, welche die Schweiz ratifiziert hat. In diesem Zusammenhang ist darauf hinzuweisen, dass unser Land dem Europäischen Übereinkommen vom 16. Mai 1972 über Staatenimmunität (SR 0.273.1) am 6. Juli 1982 beigetreten ist.

Hat also die Schweiz mit einem fremden Staat einen Staatsvertrag abgeschlossen, so sind für die Arrestierung seiner Vermögenswerte in erster Linie die diesbezüglichen staatsvertraglichen Bestimmungen anwendbar.

2. Allgemeine Grundsätze des Völkerrechts und des Landrechts

Da die Frage, wann die Arrestierung von Vermögen fremder Staaten als zulässig zu betrachten ist, vom SchKG offen gelassen wurde, hat das Bundesgericht – unter Vorbehalt von Staatsverträgen – die Grundsätze aufgestellt, die für das Verhalten der inländischen Gerichts- und Vollstreckungsbehörden als massgebend zu gelten haben.

2.1. Immunität fremder Staaten

Das Bundesgericht folgt dem Grundsatz der beschränkten Immunität. Danach kommt dem fremden Staat Immunität nur hinsichtlich seiner hoheitlichen Tätigkeit («iure imperii») zu, nicht aber dort, wo er als Träger von Privatrechten gleich einem Privaten auftritt («iure gestionis»). Nur wenn also der fremde Staat als Subjekt von Privatrechtsverhältnissen («iure gestionis») handelt, untersteht er der schweizerischen Gerichtsbarkeit und kann in der Schweiz Vollstreckungshandlungen unterworfen werden (siehe insbesondere BGE 111 Ia 62, 110 Ia 43, 108 III 107, 106 Ia 142 und die dort zitierten Entscheide). Unser höchstes Gericht hat auch präzisiert, dass für die Unterscheidung zwischen Handlungen «iure imperii» und solchen «iure gestionis» nicht auf den Zweck, sondern auf die Natur des Rechtsverhältnisses abzustellen sei (BGE 104 Ia 368 E. 2c).

Soweit staatlich kontrollierte Organisationen, welchen nach dem Recht ihres Sitzes eigene Rechtspersönlichkeit zukommt, Arrestschuldner sind, hat das Bundesgericht in BGE 110 Ia 43 entschieden, dass sie grundsätzlich keine staatliche Immunität beanspruchen können und dass Ausnahmen nur denkbar sind, soweit solche Organisationen mit staatlicher Hoheitsgewalt («iure imperii») gehandelt haben.

2.2. Beziehung der Forderung zum schweizerischen Staatsgebiet (Binnenbeziehung)

Die Tatsache, dass ein Rechtsgeschäft «iure gestionis» vorliegt, genügt indessen für sich allein noch nicht für die Zulässigkeit der Arrestierung von in der Schweiz befindlichen Vermögenswerten eines fremden Staates. Hinzukommen muss vielmehr, dass das in Frage stehende Rechtsverhältnis eine genügende Binnenbeziehung zum schweizerischen Staatsgebiet aufweist. Nach der Rechtsprechung liegt eine solche etwa dann vor, wenn die Forderung entweder vom Schuldner in der Schweiz begründet oder hier durchzuführen ist oder wenn mindestens Handlungen vorliegen, aus denen auf die Schweiz als Erfüllungsort geschlossen werden kann, nicht aber allein wegen der Tatsache, dass sich Vermögenswerte des Schuldners in der Schweiz befinden, ebensowenig daraus, dass sich der Arrest auf ein Urteil eines Schiedsgerichtes stützt, das seinen Sitz in der Schweiz hatte (BGE 106 Ia 148 E. 3b, 4 und 5).

2.3. Zweckbestimmung der Arrestgegenstände

Die Zweckbestimmung, die der fremde Staat seinen Vermögenswerten gibt, kann die Zwangsvollstreckung unter Umständen ausschliessen. Nach der Rechtsprechung erstreckt sich der Schutz der Immunität auf Vermögenswerte, die der fremde Staat in der Schweiz besitzt und die er für seinen diplomatischen Dienst oder für eine andere ihm als Träger öffentlicher Gewalt obliegende Aufgabe bestimmt hat (BGE 111 Ia 62, 108 III 107).

Zu erinnern ist in diesem Zusammenhang an Artikel 22 Ziffer 3 des Wiener Übereinkommens vom 18. April 1961 über diplomatische Beziehungen (SR 0.191.01), wonach die Gegenstände einer diplomatischen Vertretung, seien es Möbel, Bankkonti, Autos usw., der Zwangsvollstreckung entzogen sind, und welcher sinngemäss auch auf die ständigen Vertretungen in Genf anwendbar ist. In einem Urteil vom 30. April 1986 (BGE 112 Ia 148) hat das Bundesgericht auch eine Zwangsvollstreckung als unzulässig erklärt, die ein der sozialen und kulturellen Betreuung ausländischer Arbeitskräfte dienendes Gebäude erfasste.

Wir erinnern auch daran, dass die Arrestierung eines Flugzeuges, das einem fremden Staat gehört und ausschliesslich für einen staatlichen Dienst verwendet wird, unzulässig ist, wenn der betreffende Staat das Übereinkommen vom 29. Mai 1933 zur Vereinheitlichung von Regeln über die Sicherungsbeschlagnahme von Luftfahrzeugen (AS 1949 1652) ratifiziert hat; gleich verhält es sich, wenn ein fremder Staat das Abkommen zwar nicht ratifiziert, der Schweiz aber Gegenrecht zugesichert hat (Art. 81 und 86 des BG vom 21. Dezember 1948 über die Luftfahrt, SR 748.0).

Sollen also Vermögenswerte eines fremden Staates mit Arrest belegt werden, so sind, abgesehen von den allgemeinen Voraussetzungen, die folgenden Punkte zu prüfen:
1. Leitet sich die Forderung aus einer Handlung des fremden Staates ab, die dieser «iure imperii» oder «iure gestionis» vorgenommen hat?
   Können staatlich kontrollierte Organisationen, denen nach dem Recht ihres Sitzes eigene Rechtspersönlichkeit zukommt, staatliche Immunität beanspruchen?
2. Weist die streitige Forderung eine genügende Binnenbezeichnung zum schweizerischen Staatsgebiet auf?
3. Sind die Arrestgegenstände für eine dem fremden Staat als Träger öffentlicher Gewalt obliegende Aufgabe bestimmt?

3. Vollzug

Als Vollzugsorgane haben die Betreibungsämter eine beschränkte Prüfungsbefugnis. Sie umfasst die formelle Gesetzmässigkeit des Arrestbefehls sowie die Frage, ob dieser alle vom Gesetz verlangten Angaben enthalte und ob er im Rahmen der gesetzlichen Vorschriften vollstreckbar sei. Keinesfalls aber können die Betreibungsämter den Arrestbefehl auf seine materielle Begründetheit hin prüfen (BGE 109 III 124 E. 6, 109 III 98 E. 1, 107 III 36 E. 4, 105 III 141 E. 2b, 105 III 19 E. 3).

Nur wenn also ein Arrestbefehl ganz offensichtlich gesetzwidrig und aus diesem Grund nichtig ist, darf das Betreibungsamt den Vollzug verweigern. Unter der gleichen Voraussetzung kann die Aufsichtsbehörde den Vollzug aufheben.

Nach der bundesgerichtlichen Rechtsprechung ist ein Arrestbefehl insbesondere als nichtig zu betrachten, wenn sich der Arrestbefehl auf Gegenstände bezieht, die:
- ihrer Natur nach oder von Gesetzes wegen unpfändbar sind (BGE 109 III 124 E. 6, 108 III 101 E. 5, 107 III 36 E. 4, 106 III 104).
- sich ausserhalb des Betreibungskreises befinden (BGE 109 III 124 E. 6, 107 III 36 E. 4, 80 III 126)
- offensichtlich nicht existieren (BGE 109 III 124 E. 6, 105 III 141 E. 2b, 80 III 87) oder
- nach Angaben des Gläubigers einem Dritten gehören (BGE 109 III 124 E. 6, 105 III 141 E. 2b, 93 III 92, 82 III 69).

Dasselbe gilt:
- wenn der Arrestbefehl keine Angaben über den Arrestgrund enthält (BGE 105 III 141 E. 2b, 73 III 101),
- wenn Rechtsmissbrauch vorliegt (BGE 108 III 119, 107 III 36 E. 4, 105 III 19 E. 3),
- bei Vorliegen eines unzulässigen Gattungsarrests (BGE 106 III 100) oder
- wenn zwingende Vorschriften des Gesetzes oder das Völkerrecht der Arrestierung der im Arrestbefehl aufgeführten Vermögenswerte entgegenstehen.

4. Rechtsmittel

4.1.

Das Bundesgericht *liess* die staatsrechtliche Beschwerde eines fremden Staates wegen Verletzung seiner gerichtlichen oder vollstreckungsrechtlichen Immunität gestützt auf Artikel 84 Absatz 1 Buchstabe c des BG vom 16. Dezember 1943 über die Organisation der Bundesrechtspflege (OG, SR 173.110) zu; dies selbst dann, wenn kein Staatsvertrag angerufen werden *konnte*, da es die allgemein anerkannten Regeln des Völkerrechts einem Staatsvertrag gleichstellt. Zulässig ist *nunmehr eine Beschwerde in Zivilsachen nach Art. 72 Abs. 2 Bst. a des Bundesgesetzes über das Bundesgericht vom 17. Juni 2005 (Bundesgerichtsgesetz, BGG, wiederum SR 173.110) einerseits gestützt auf Art. 95 Bst. b (Verletzung von Völkerrecht), andererseits gestützt auf Art. 95 Bst. a (Verletzung von schweizerischem Recht)*, da in der Anrufung der völkerrechtlichen Immunität zugleich die Bestreitung der Zuständigkeit der schweizerischen Behörden liegt (BGE 107 Ia 171, 106 Ia 144 Erw. 2 und die dort zitierten Entscheide).

Diese Beschwerde setzt *entgegen früherer, auf Art. 86 Abs. 2 und 3 OG (letzterer Absatz aufgehoben am 4. Oktober 1991) basierender Ordnung* die Erschöpfung des *kantonalen Instanzenzuges voraus (BGG Art. 75 Abs. 1), da keine der Ausnahmen nach BGG Art. 75 Abs. 2 vorliegt. Sie kann also nicht mehr unmittelbar im Anschluss an den Hoheitsakt, der Anlass zur Beschwerde gibt – im konkreten Fall gegen den Arrestbefehl –, erhoben werden.*

4.2.

Wie jeder Private kann auch der fremde Staat auf dem Beschwerdegang bei der Aufsichtsbehörde und anschliessend beim Bundesgericht den Arrestvollzug durch das Betreibungsamt anfechten (Art. 17, 18 und 19 SchKG). Er kann dabei die sub Ziffer 3 angeführten Mängel geltend machen und insbesondere vorbringen, dass die Gegenstände, die mit Arrest belegt werden sollen, für den diplomatischen Dienst oder für andere Aufgaben bestimmt sind, die dem Staat als Träger hoheitlicher Gewalt zukommen (vgl. oben Ziff. 2.3.).

4.3.

Überdies steht dem fremden Staat die Möglichkeit offen, einen Einspruch gegen den Arrestbefehl einzureichen (Art. 278 SchKG).

Wir bitten Sie, die oberen kantonalen Gerichte, die Arrestbehörden, Aufsichtsbehörden und Betreibungsämter von unserem Schreiben in Kenntnis zu setzen.

Weitere Exemplare dieses Rundschreibens können beim Bundesamt für Justiz (Tel. 031 322 21 11) bezogen werden.

Wir danken Ihnen für Ihre Bemühungen und versichern Sie, sehr geehrter Herr Präsident, sehr geehrte Damen und Herren Regierungsräte, unserer vorzüglichen Hochachtung.

Eidgenössisches Justiz- und Polizeidepartement
sig. Elisabeth Kopp

Übersicht völkerrechtliche Verträge

- Europäisches Übereinkommen vom 16. Mai 1972 über Staatenimmunität (SR 0.273.1)
- Zusatzprotokoll zum obigen Übereinkommen (SR 0.273.11)
- Wiener Übereinkommen vom 18. April 1961 über diplomatische Beziehungen (Art. 22/3 und 30/2; SR 0.191.01)
- Wiener Übereinkommen vom 24. April 1963 über konsularische Beziehungen (Art. 31/4 und 61; SR 0.191.02)
- Übereinkommen vom 8. Dezember 1969 über Sondermissionen (Art. 25/3 und 30/2; SR 0.191.2)
- Internationales Übereinkommen vom 29. April 1958 über die Hohe See (Art. 8 und 9; AS 1966 986)

- Internationales Übereinkommen vom 10. April 1926 zur einheitlichen Feststellung einzelner Regeln über die Immunität der staatlichen Seeschiffe (AS 1954 778)
- Internationales Übereinkommen vom 10. Mai 1952 zur einheitlichen Feststellung einzelner Regeln über die vorsorgliche Beschlagnahme von Seeschiffen (AS 1956 723)
- Abkommen vom 29. Mai 1933 zur Vereinheitlichung von Regeln über die Sicherungsbeschlagnahme von Luftfahrzeugen (AS 1949 1652)
- Handelsvertrag vom 24. November 1953 zwischen der Schweizerischen Eidgenossenschaft und der Tschechoslowakischen Republik (AS 1954 730)
- Verordnung vom 17. September 1954 zu Artikel 13 Absätze 3–5 des obenerwähnten Handelsvertrages (SR 283.741.1)
- Abkommen vom 23. November 1972 über den Wirtschaftsverkehr zwischen der Schweizerischen Eidgenossenschaft und der Volksrepublik Bulgarien (Art. 9; AS 1973 599)
- Abkommen vom 13. Dezember 1972 über den Wirtschaftsverkehr zwischen der Schweizerischen Eidgenossenschaft und der Sozialistischen Republik Rumänien (AS 1973 605)
- Briefwechsel vom 13. Dezember 1972 zwischen dem Präsidenten der schweizerischen Delegation und dem Präsidenten der rumänischen Delegation (AS 1973 609–610)
- Abkommen vom 25. Juni 1973 zwischen dem Schweizerischen Bundesrat und der Regierung der Volksrepublik Polen betreffend den Zahlungsverkehr (Art. 4; AS 1973 1790)
- Abkommen vom 30. Oktober 1973 über den Wirtschaftsverkehr zwischen der Schweizerischen Eidgenossenschaft und der Ungarischen Volksrepublik (AS 1973 2261)
- Protokoll vom 30. Oktober 1973 betreffend den Zahlungsverkehr zum Abkommen über den Wirtschaftsverkehr zwischen der Schweizerischen Eidgenossenschaft und der Ungarischen Volksrepublik (Art. 5; AS 1973 2264)

1   Zur Vollstreckungsimmunität: BGE 113 Ia 172.

V. Weitere ergänzende Erlasse, geordnet gemäss systematischer Sammlung des Bundesrechts und ausführende Schreiben

Nr. 25 Schweizerische Zivilprozessordnung (Zivilprozessordnung, ZPO)

vom 19. Dezember 2008 (Stand am 1. Januar 2012)

SR 272

Die Bundesversammlung der Schweizerischen Eidgenossenschaft,
gestützt auf Artikel 122 Absatz 1 der Bundesverfassung[1],
nach Einsicht in die Botschaft des Bundesrates vom 28. Juni 2006[2],
beschliesst:

1. Teil: Allgemeine Bestimmungen
1. Titel: Gegenstand und Geltungsbereich

Art. 1 Gegenstand

Dieses Gesetz regelt das Verfahren vor den kantonalen Instanzen für:

a. streitige Zivilsachen;
b. gerichtliche Anordnungen der freiwilligen Gerichtsbarkeit;
c. gerichtliche Angelegenheiten des Schuldbetreibungs- und Konkursrechts;
d. die Schiedsgerichtsbarkeit.

Art. 2 Internationale Verhältnisse

Bestimmungen des Staatsvertragsrechts und die Bestimmungen des Bundesgesetzes vom 18. Dezember 1987[3] über das Internationale Privatrecht (IPRG) bleiben vorbehalten.

Art. 3 Organisation der Gerichte und der Schlichtungsbehörden

Die Organisation der Gerichte und der Schlichtungsbehörden ist Sache der Kantone, soweit das Gesetz nichts anderes bestimmt.

AS 2010 1739
1 SR 101
2 BBl 2006 7221
3 SR 291

2. Titel: Zuständigkeit der Gerichte und Ausstand
1. Kapitel: Sachliche und funktionelle Zuständigkeit

Art. 4 Grundsätze

[1] Das kantonale Recht regelt die sachliche und funktionelle Zuständigkeit der Gerichte, soweit das Gesetz nichts anderes bestimmt.

[2] Hängt die sachliche Zuständigkeit vom Streitwert ab, so erfolgt dessen Berechnung nach diesem Gesetz.

Art. 5 Einzige kantonale Instanz

[1] Das kantonale Recht bezeichnet das Gericht, welches als einzige kantonale Instanz zuständig ist für:

a. Streitigkeiten im Zusammenhang mit geistigem Eigentum einschliesslich der Streitigkeiten betreffend Nichtigkeit, Inhaberschaft, Lizenzierung, Übertragung und Verletzung solcher Rechte;
b. kartellrechtliche Streitigkeiten;
c. Streitigkeiten über den Gebrauch einer Firma;
d. Streitigkeiten nach dem Bundesgesetz vom 19. Dezember 1986[1] gegen den unlauteren Wettbewerb, sofern der Streitwert mehr als 30 000 Franken beträgt oder sofern der Bund sein Klagerecht ausübt;
e. Streitigkeiten nach dem Kernenergiehaftpflichtgesetz vom 18. März 1983[2];

[Künftige Fassung von Art. 5 Abs. 1 Bst. e; bei Drucklegung noch nicht in Kraft: [3]
e. Streitigkeiten nach dem Kernenergiehaftpflichtgesetz vom 13. Juni 2008[4];]

f. Klagen gegen den Bund;
g. die Einsetzung eines Sonderprüfers nach Artikel 697b des Obligationenrechts[5] (OR);
h. Streitigkeiten nach dem Bundesgesetz vom 23. Juni 2006[6] über die kollektiven Kapitalanlagen und nach dem Börsengesetz vom 24. März 1995[7].

---

1 SR 241
2 SR 732.44
3 Fassung gemäss Anhang 2 Ziff. 1 (Koordination der Zivilprozessordnung mit dem neuen Kernenergiehaftpflichtgesetz) der Schweizerischen Zivilprozessordnung vom 19. Dez. 2008 (AS 2010 1739 1836; BBl 2006 7221).
4 BBl 2008 5339 5341
5 SR 220
6 SR 951.31
7 SR 954.1

² Diese Instanz ist auch für die Anordnung vorsorglicher Massnahmen vor Eintritt der Rechtshängigkeit einer Klage zuständig.

Art. 6 Handelsgericht

¹ Die Kantone können ein Fachgericht bezeichnen, welches als einzige kantonale Instanz für handelsrechtliche Streitigkeiten zuständig ist (Handelsgericht).

² Eine Streitigkeit gilt als handelsrechtlich, wenn:
a. die geschäftliche Tätigkeit mindestens einer Partei betroffen ist;
b. gegen den Entscheid die Beschwerde in Zivilsachen an das Bundesgericht offen steht; und
c. die Parteien im schweizerischen Handelsregister oder in einem vergleichbaren ausländischen Register eingetragen sind.

³ Ist nur die beklagte Partei im schweizerischen Handelsregister oder in einem vergleichbaren ausländischen Register eingetragen, sind aber die übrigen Voraussetzungen erfüllt, so hat die klagende Partei die Wahl zwischen dem Handelsgericht und dem ordentlichen Gericht.

⁴ Die Kantone können das Handelsgericht ausserdem zuständig erklären für:
a. Streitigkeiten nach Artikel 5 Absatz 1;
b. Streitigkeiten aus dem Recht der Handelsgesellschaften und Genossenschaften.

⁵ Das Handelsgericht ist auch für die Anordnung vorsorglicher Massnahmen vor Eintritt der Rechtshängigkeit einer Klage zuständig.

Art. 7 Gericht bei Streitigkeiten aus Zusatzversicherungen zur sozialen Krankenversicherung

Die Kantone können ein Gericht bezeichnen, welches als einzige kantonale Instanz für Streitigkeiten aus Zusatzversicherungen zur sozialen Krankenversicherung nach dem Bundesgesetz vom 18. März 1994[1] über die Krankenversicherung zuständig ist.

Art. 8 Direkte Klage beim oberen Gericht

¹ In vermögensrechtlichen Streitigkeiten kann die klagende Partei mit Zustimmung der beklagten Partei direkt an das obere Gericht gelangen, sofern der Streitwert mindestens 100 000 Franken beträgt.

² Dieses Gericht entscheidet als einzige kantonale Instanz.

---

1 SR 832.10

2. Kapitel: Örtliche Zuständigkeit

1. Abschnitt: Allgemeine Bestimmungen

Art. 9 Zwingende Zuständigkeit

¹ Ein Gerichtsstand ist nur dann zwingend, wenn es das Gesetz ausdrücklich vorschreibt.

² Von einem zwingenden Gerichtsstand können die Parteien nicht abweichen.

Art. 10 Wohnsitz und Sitz

¹ Sieht dieses Gesetz nichts anderes vor, so ist zuständig:

a. für Klagen gegen eine natürliche Person: das Gericht an deren Wohnsitz;
b. für Klagen gegen eine juristische Person und gegen öffentlich-rechtliche Anstalten und Körperschaften sowie gegen Kollektiv- und Kommanditgesellschaften: das Gericht an deren Sitz;
c. für Klagen gegen den Bund: das Obergericht des Kantons Bern oder das obere Gericht des Kantons, in dem die klagende Partei ihren Wohnsitz, Sitz oder gewöhnlichen Aufenthalt hat;
d. für Klagen gegen einen Kanton: ein Gericht am Kantonshauptort.

² Der Wohnsitz bestimmt sich nach dem Zivilgesetzbuch[1] (ZGB). Artikel 24 ZGB ist nicht anwendbar.

Art. 11 Aufenthaltsort

¹ Hat die beklagte Partei keinen Wohnsitz, so ist das Gericht an ihrem gewöhnlichen Aufenthaltsort zuständig.

² Gewöhnlicher Aufenthaltsort ist der Ort, an dem eine Person während längerer Zeit lebt, selbst wenn die Dauer des Aufenthalts von vornherein befristet ist.

³ Hat die beklagte Partei keinen gewöhnlichen Aufenthaltsort, so ist das Gericht an ihrem letzten bekannten Aufenthaltsort zuständig.

Art. 12 Niederlassung

Für Klagen aus dem Betrieb einer geschäftlichen oder beruflichen Niederlassung oder einer Zweigniederlassung ist das Gericht am Wohnsitz oder Sitz der beklagten Partei oder am Ort der Niederlassung zuständig.

---

[1] SR 210

Art. 13 Vorsorgliche Massnahmen

Soweit das Gesetz nichts anderes bestimmt, ist für die Anordnung vorsorglicher Massnahmen zwingend zuständig das Gericht am Ort, an dem:
a. die Zuständigkeit für die Hauptsache gegeben ist; oder
b. die Massnahme vollstreckt werden soll.

Art. 14 Widerklage

¹ Beim für die Hauptklage örtlich zuständigen Gericht kann Widerklage erhoben werden, wenn die Widerklage mit der Hauptklage in einem sachlichen Zusammenhang steht.

² Dieser Gerichtsstand bleibt auch bestehen, wenn die Hauptklage aus irgendeinem Grund dahinfällt.

Art. 15 Streitgenossenschaft und Klagenhäufung

¹ Richtet sich die Klage gegen mehrere Streitgenossen, so ist das für eine beklagte Partei zuständige Gericht für alle beklagten Parteien zuständig, sofern diese Zuständigkeit nicht nur auf einer Gerichtsstandsvereinbarung beruht.

² Stehen mehrere Ansprüche gegen eine beklagte Partei in einem sachlichen Zusammenhang, so ist jedes Gericht zuständig, das für einen der Ansprüche zuständig ist.

Art. 16 Streitverkündungsklage

Für die Streitverkündung mit Klage ist das Gericht des Hauptprozesses zuständig.

Art. 17 Gerichtsstandsvereinbarung

¹ Soweit das Gesetz nichts anderes bestimmt, können die Parteien für einen bestehenden oder für einen künftigen Rechtsstreit über Ansprüche aus einem bestimmten Rechtsverhältnis einen Gerichtsstand vereinbaren. Geht aus der Vereinbarung nichts anderes hervor, so kann die Klage nur am vereinbarten Gerichtsstand erhoben werden.

² Die Vereinbarung muss schriftlich oder in einer anderen Form erfolgen, die den Nachweis durch Text ermöglicht.

Art. 18 Einlassung

Soweit das Gesetz nichts anderes bestimmt, wird das angerufene Gericht zuständig, wenn sich die beklagte Partei ohne Einrede der fehlenden Zuständigkeit zur Sache äussert.

Art. 19 Freiwillige Gerichtsbarkeit

In Angelegenheiten der freiwilligen Gerichtsbarkeit ist das Gericht oder die Behörde am Wohnsitz oder Sitz der gesuchstellenden Partei zwingend zuständig, sofern das Gesetz nichts anderes bestimmt.

2. Abschnitt: Personenrecht

Art. 20 Persönlichkeits- und Datenschutz

Für die folgenden Klagen und Begehren ist das Gericht am Wohnsitz oder Sitz einer der Parteien zuständig:
a. Klagen aus Persönlichkeitsverletzung;
b. Begehren um Gegendarstellung;
c. Klagen auf Namensschutz und auf Anfechtung einer Namensänderung;
d. Klagen und Begehren nach Artikel 15 des Bundesgesetzes vom 19. Juni 1992[1] über den Datenschutz.

Art. 21 Todes- und Verschollenerklärung

Für Gesuche, die eine Todes- oder eine Verschollenerklärung betreffen (Art. 34–38 ZGB[2]), ist das Gericht am letzten bekannten Wohnsitz der verschwundenen Person zwingend zuständig.

Art. 22 Bereinigung des Zivilstandsregisters

Für Klagen, die eine Bereinigung des Zivilstandsregisters betreffen, ist zwingend das Gericht zuständig, in dessen Amtskreis die zu bereinigende Beurkundung von Personenstandsdaten erfolgt ist oder hätte erfolgen müssen.

3. Abschnitt: Familienrecht

Art. 23 Eherechtliche Gesuche und Klagen

[1] Für eherechtliche Gesuche und Klagen sowie für Gesuche um Anordnung vorsorglicher Massnahmen ist das Gericht am Wohnsitz einer Partei zwingend zuständig.

---

1   SR 235.1
2   SR 210

² Für Gesuche der Aufsichtsbehörde in Betreibungssachen auf Anordnung der Gütertrennung ist das Gericht am Wohnsitz der Schuldnerin oder des Schuldners zwingend zuständig.

Art. 24 Gesuche und Klagen bei eingetragener Partnerschaft
Für Gesuche und Klagen bei eingetragener Partnerschaft sowie für Gesuche um Anordnung vorsorglicher Massnahmen ist das Gericht am Wohnsitz einer Partei zwingend zuständig.

Art. 25 Feststellung und Anfechtung des Kindesverhältnisses
Für Klagen auf Feststellung und auf Anfechtung des Kindesverhältnisses ist das Gericht am Wohnsitz einer der Parteien zwingend zuständig.

Art. 26 Unterhalts- und Unterstützungsklagen
Für selbstständige Unterhaltsklagen der Kinder gegen ihre Eltern und für Klagen gegen unterstützungspflichtige Verwandte ist das Gericht am Wohnsitz einer der Parteien zwingend zuständig.

Art. 27 Ansprüche der unverheirateten Mutter
Für Ansprüche der unverheirateten Mutter ist das Gericht am Wohnsitz einer der Parteien zwingend zuständig.

4. Abschnitt: Erbrecht

Art. 28

¹ Für erbrechtliche Klagen sowie für Klagen auf güterrechtliche Auseinandersetzung beim Tod eines Ehegatten, einer eingetragenen Partnerin oder eines eingetragenen Partners ist das Gericht am letzten Wohnsitz der Erblasserin oder des Erblassers zuständig.

² Für Massnahmen im Zusammenhang mit dem Erbgang ist die Behörde am letzten Wohnsitz der Erblasserin oder des Erblassers zwingend zuständig. Ist der Tod nicht am Wohnsitz eingetreten, so macht die Behörde des Sterbeortes derjenigen des Wohnortes Mitteilung und trifft die nötigen Massnahmen, um die Vermögenswerte am Sterbeort zu sichern.

³ Selbstständige Klagen auf erbrechtliche Zuweisung eines landwirtschaftlichen Gewerbes oder Grundstückes können auch am Ort der gelegenen Sache erhoben werden.

5. Abschnitt: Sachenrecht

Art. 29 Grundstücke

¹ Für die folgenden Klagen ist das Gericht am Ort, an dem das Grundstück im Grundbuch aufgenommen ist oder aufzunehmen wäre, zuständig:
a. dingliche Klagen;
b. Klagen gegen die Gemeinschaft der Stockwerkeigentümerinnen und Stockwerkeigentümer;
c. Klagen auf Errichtung gesetzlicher Pfandrechte.

² Andere Klagen, die sich auf Rechte an Grundstücken beziehen, können auch beim Gericht am Wohnsitz oder Sitz der beklagten Partei erhoben werden.

³ Bezieht sich eine Klage auf mehrere Grundstücke oder ist das Grundstück in mehreren Kreisen in das Grundbuch aufgenommen worden, so ist das Gericht an dem Ort zuständig, an dem das flächenmässig grösste Grundstück oder der flächenmässig grösste Teil des Grundstücks liegt.

⁴ Für Angelegenheiten der freiwilligen Gerichtsbarkeit, die sich auf Rechte an Grundstücken beziehen, ist das Gericht an dem Ort zwingend zuständig, an dem das Grundstück im Grundbuch aufgenommen ist oder aufzunehmen wäre.

Art. 30 Bewegliche Sachen

¹ Für Klagen, welche dingliche Rechte, den Besitz an beweglichen Sachen oder Forderungen, die durch Fahrnispfand gesichert sind, betreffen, ist das Gericht am Wohnsitz oder Sitz der beklagten Partei oder am Ort der gelegenen Sache zuständig.

² Für Angelegenheiten der freiwilligen Gerichtsbarkeit ist das Gericht am Wohnsitz oder Sitz der gesuchstellenden Partei oder am Ort der gelegenen Sache zwingend zuständig.

6. Abschnitt: Klagen aus Vertrag

Art. 31 Grundsatz

Für Klagen aus Vertrag ist das Gericht am Wohnsitz oder Sitz der beklagten Partei oder an dem Ort zuständig, an dem die charakteristische Leistung zu erbringen ist.

Art. 32 Konsumentenvertrag

¹ Bei Streitigkeiten aus Konsumentenverträgen ist zuständig:
a. für Klagen der Konsumentin oder des Konsumenten: das Gericht am Wohnsitz oder Sitz einer der Parteien;

b. für Klagen der Anbieterin oder des Anbieters: das Gericht am Wohnsitz der beklagten Partei.

² Als Konsumentenverträge gelten Verträge über Leistungen des üblichen Verbrauchs, die für die persönlichen oder familiären Bedürfnisse der Konsumentin oder des Konsumenten bestimmt sind und von der anderen Partei im Rahmen ihrer beruflichen oder gewerblichen Tätigkeit angeboten werden.

Art. 33 Miete und Pacht unbeweglicher Sachen

Für Klagen aus Miete und Pacht unbeweglicher Sachen ist das Gericht am Ort der gelegenen Sache zuständig.

Art. 34 Arbeitsrecht

¹ Für arbeitsrechtliche Klagen ist das Gericht am Wohnsitz oder Sitz der beklagten Partei oder an dem Ort, an dem die Arbeitnehmerin oder der Arbeitnehmer gewöhnlich die Arbeit verrichtet, zuständig.

² Für Klagen einer stellensuchenden Person sowie einer Arbeitnehmerin oder eines Arbeitnehmers, die sich auf das Arbeitsvermittlungsgesetz vom 6. Oktober 1989[1] stützen, ist zusätzlich das Gericht am Ort der Geschäftsniederlassung der vermittelnden oder verleihenden Person, mit welcher der Vertrag abgeschlossen wurde, zuständig.

Art. 35 Verzicht auf die gesetzlichen Gerichtsstände

¹ Auf die Gerichtsstände nach den Artikeln 32–34 können nicht zum Voraus oder durch Einlassung verzichten:
a. die Konsumentin oder der Konsument;
b. die Partei, die Wohn- oder Geschäftsräume gemietet oder gepachtet hat;
c. bei landwirtschaftlichen Pachtverhältnissen: die pachtende Partei;
d. die stellensuchende oder arbeitnehmende Partei.

² Vorbehalten bleibt der Abschluss einer Gerichtsstandsvereinbarung nach Entstehung der Streitigkeit.

---

[1] SR 823.11

7. Abschnitt: Klagen aus unerlaubter Handlung

Art. 36 Grundsatz

Für Klagen aus unerlaubter Handlung ist das Gericht am Wohnsitz oder Sitz der geschädigten Person oder der beklagten Partei oder am Handlungs- oder am Erfolgsort zuständig.

Art. 37 Schadenersatz bei ungerechtfertigten vorsorglichen Massnahmen

Für Schadenersatzklagen wegen ungerechtfertigter vorsorglicher Massnahmen ist das Gericht am Wohnsitz oder Sitz der beklagten Partei oder an dem Ort, an dem die vorsorgliche Massnahme angeordnet wurde, zuständig.

Art. 38 Motorfahrzeug- und Fahrradunfälle

¹ Für Klagen aus Motorfahrzeug- und Fahrradunfällen ist das Gericht am Wohnsitz oder Sitz der beklagten Partei oder am Unfallort zuständig.

² Für Klagen gegen das nationale Versicherungsbüro (Art. 74 des Strassenverkehrsgesetzes vom 19. Dez. 1958[1]; SVG) oder gegen den nationalen Garantiefonds (Art. 76 SVG) ist zusätzlich das Gericht am Ort einer Zweigniederlassung dieser Einrichtungen zuständig.

[Künftiger neuer Art. 38a; bei Drucklegung noch nicht in Kraft:[2]
Art. 38a *Nuklearschäden*

¹ Für Klagen aus nuklearen Ereignissen ist zwingend das Gericht des Kantons zuständig, auf dessen Gebiet das Ereignis eingetreten ist.

² Kann dieser Kanton nicht mit Sicherheit bestimmt werden, so ist zwingend das Gericht des Kantons zuständig, in welchem die Kernanlage des haftpflichtigen Inhabers gelegen ist.

³ Bestehen nach diesen Regeln mehrere Gerichtsstände, so ist zwingend das Gericht des Kantons zuständig, der die engste Verbindung zum Ereignis aufweist und am meisten von seinen Auswirkungen betroffen ist.]

Art. 39 Adhäsionsklage

Für die Beurteilung adhäsionsweise geltend gemachter Zivilansprüche bleibt die Zuständigkeit des Strafgerichts vorbehalten.

---

1 SR 741.01
2 Eingefügt durch Anhang 2 Ziff. 1 (Koordination der Zivilprozessordnung mit dem neuen Kernenergiehaftpflichtgesetz) der Schweizerischen Zivilprozessordnung vom 19. Dez. 2008 (AS 2010 1739 1836; BBl 2006 7221).

8. Abschnitt: Handelsrecht

Art. 40 Gesellschaftsrecht

Für Klagen aus gesellschaftsrechtlicher Verantwortlichkeit ist das Gericht am Wohnsitz oder Sitz der beklagten Partei oder am Sitz der Gesellschaft zuständig.

Art. 41 Stimmrechtssuspendierungsklagen

Für Stimmrechtssuspendierungsklagen nach dem Börsengesetz vom 24. März 1995[1] ist das Gericht am Sitz der Zielgesellschaft zuständig.

Art. 42 Fusionen, Spaltungen, Umwandlungen und Vermögensübertragungen

Für Klagen, die sich auf das Fusionsgesetz vom 3. Oktober 2003[2] stützen, ist das Gericht am Sitz eines beteiligten Rechtsträgers zuständig.

Art. 43 Kraftloserklärung von Wertpapieren und Versicherungspolicen; Zahlungsverbot

[1] Für die Kraftloserklärung von Beteiligungspapieren ist das Gericht am Sitz der Gesellschaft zwingend zuständig.

[2] Für die Kraftloserklärung von Grundpfandtiteln ist das Gericht an dem Ort zwingend zuständig, an dem das Grundstück im Grundbuch aufgenommen ist.

[3] Für die Kraftloserklärung der übrigen Wertpapiere und der Versicherungspolicen ist das Gericht am Wohnsitz oder Sitz der Schuldnerin oder des Schuldners zwingend zuständig.

[4] Für Zahlungsverbote aus Wechsel und Check und für deren Kraftloserklärung ist das Gericht am Zahlungsort zwingend zuständig.

Art. 44 Anleihensobligationen

Die örtliche Zuständigkeit für die Ermächtigung zur Einberufung der Gläubigerversammlung richtet sich nach Artikel 1165 OR[3].

Art. 45 Kollektivanlagen

Für Klagen der Anlegerinnen und Anleger sowie der Vertretung der Anlegergemeinschaft ist das Gericht am Sitz des jeweils betroffenen Bewilligungsträgers zwingend zuständig.

---

1 SR 954.1
2 SR 221.301
3 SR 220

9. Abschnitt: Schuldbetreibungs- und Konkursrecht

Art. 46

Für Klagen nach dem Bundesgesetz vom 11. April 1889[1] über Schuldbetreibung und Konkurs (SchKG) bestimmt sich die örtliche Zuständigkeit nach diesem Kapitel, soweit das SchKG keinen Gerichtsstand vorsieht.

3. Kapitel: Ausstand

Art. 47 Ausstandsgründe

[1] Eine Gerichtsperson tritt in den Ausstand, wenn sie:
a. in der Sache ein persönliches Interesse hat;
b. in einer anderen Stellung, insbesondere als Mitglied einer Behörde, als Rechtsbeiständin oder Rechtsbeistand, als Sachverständige oder Sachverständiger, als Zeugin oder Zeuge, als Mediatorin oder Mediator in der gleichen Sache tätig war;
c. mit einer Partei, ihrer Vertreterin oder ihrem Vertreter oder einer Person, die in der gleichen Sache als Mitglied der Vorinstanz tätig war, verheiratet ist oder war, in eingetragener Partnerschaft lebt oder lebte oder eine faktische Lebensgemeinschaft führt;
d. mit einer Partei in gerader Linie oder in der Seitenlinie bis und mit dem dritten Grad verwandt oder verschwägert ist;
e. mit der Vertreterin oder dem Vertreter einer Partei oder mit einer Person, die in der gleichen Sache als Mitglied der Vorinstanz tätig war, in gerader Linie oder im zweiten Grad der Seitenlinie verwandt oder verschwägert ist;
f. aus anderen Gründen, insbesondere wegen Freundschaft oder Feindschaft mit einer Partei oder ihrer Vertretung, befangen sein könnte.

[2] Kein Ausstandsgrund für sich allein ist insbesondere die Mitwirkung:
a. beim Entscheid über die unentgeltliche Rechtspflege;
b. beim Schlichtungsverfahren;
c. bei der Rechtsöffnung nach den Artikeln 80–84 SchKG[2];
d. bei der Anordnung vorsorglicher Massnahmen;
e. beim Eheschutzverfahren.

---

1 SR 281.1
2 SR 281.1

Art. 48 Mitteilungspflicht

Die betroffene Gerichtsperson legt einen möglichen Ausstandsgrund rechtzeitig offen und tritt von sich aus in den Ausstand, wenn sie den Grund als gegeben erachtet.

Art. 49 Ausstandsgesuch

¹ Eine Partei, die eine Gerichtsperson ablehnen will, hat dem Gericht unverzüglich ein entsprechendes Gesuch zu stellen, sobald sie vom Ausstandsgrund Kenntnis erhalten hat. Die den Ausstand begründenden Tatsachen sind glaubhaft zu machen.

² Die betroffene Gerichtsperson nimmt zum Gesuch Stellung.

Art. 50 Entscheid

¹ Wird der geltend gemachte Ausstandsgrund bestritten, so entscheidet das Gericht.

² Der Entscheid ist mit Beschwerde anfechtbar.

Art. 51 Folgen der Verletzung der Ausstandsvorschriften

¹ Amtshandlungen, an denen eine zum Ausstand verpflichtete Gerichtsperson mitgewirkt hat, sind aufzuheben und zu wiederholen, sofern dies eine Partei innert zehn Tagen verlangt, nachdem sie vom Ausstandsgrund Kenntnis erhalten hat.

² Nicht wiederholbare Beweismassnahmen darf das entscheidende Gericht berücksichtigen.

³ Wird der Ausstandsgrund erst nach Abschluss des Verfahrens entdeckt, so gelten die Bestimmungen über die Revision.

3. Titel: Verfahrensgrundsätze und Prozessvoraussetzungen

1. Kapitel: Verfahrensgrundsätze

Art. 52 Handeln nach Treu und Glauben

Alle am Verfahren beteiligten Personen haben nach Treu und Glauben zu handeln.

Art. 53 Rechtliches Gehör

¹ Die Parteien haben Anspruch auf rechtliches Gehör.

² Insbesondere können sie die Akten einsehen und Kopien anfertigen lassen, soweit keine überwiegenden öffentlichen oder privaten Interessen entgegenstehen.

Art. 54 Öffentlichkeit des Verfahrens

¹ Verhandlungen und eine allfällige mündliche Eröffnung des Urteils sind öffentlich. Die Entscheide werden der Öffentlichkeit zugänglich gemacht.

² Das kantonale Recht bestimmt, ob die Urteilsberatung öffentlich ist.

³ Die Öffentlichkeit kann ganz oder teilweise ausgeschlossen werden, wenn es das öffentliche Interesse oder das schutzwürdige Interesse einer beteiligten Person erfordert.

⁴ Die familienrechtlichen Verfahren sind nicht öffentlich.

Art. 55 Verhandlungs- und Untersuchungsgrundsatz

¹ Die Parteien haben dem Gericht die Tatsachen, auf die sie ihre Begehren stützen, darzulegen und die Beweismittel anzugeben.

² Vorbehalten bleiben gesetzliche Bestimmungen über die Feststellung des Sachverhaltes und die Beweiserhebung von Amtes wegen.

Art. 56 Gerichtliche Fragepflicht

Ist das Vorbringen einer Partei unklar, widersprüchlich, unbestimmt oder offensichtlich unvollständig, so gibt ihr das Gericht durch entsprechende Fragen Gelegenheit zur Klarstellung und zur Ergänzung.

Art. 57 Rechtsanwendung von Amtes wegen

Das Gericht wendet das Recht von Amtes wegen an.

Art. 58 Dispositions- und Offizialgrundsatz

¹ Das Gericht darf einer Partei nicht mehr und nichts anderes zusprechen, als sie verlangt, und nicht weniger, als die Gegenpartei anerkannt hat.

² Vorbehalten bleiben gesetzliche Bestimmungen, nach denen das Gericht nicht an die Parteianträge gebunden ist.

2. Kapitel: Prozessvoraussetzungen

Art. 59 Grundsatz

¹ Das Gericht tritt auf eine Klage oder auf ein Gesuch ein, sofern die Prozessvoraussetzungen erfüllt sind.

² Prozessvoraussetzungen sind insbesondere:
a. die klagende oder gesuchstellende Partei hat ein schutzwürdiges Interesse;
b. das Gericht ist sachlich und örtlich zuständig;
c. die Parteien sind partei- und prozessfähig;
d. die Sache ist nicht anderweitig rechtshängig;
e. die Sache ist noch nicht rechtskräftig entschieden;
f. der Vorschuss und die Sicherheit für die Prozesskosten sind geleistet worden.

Art. 60 Prüfung der Prozessvoraussetzungen

Das Gericht prüft von Amtes wegen, ob die Prozessvoraussetzungen erfüllt sind.

Art. 61 Schiedsvereinbarung

Haben die Parteien über eine schiedsfähige Streitsache eine Schiedsvereinbarung getroffen, so lehnt das angerufene staatliche Gericht seine Zuständigkeit ab, es sei denn:
a. die beklagte Partei habe sich vorbehaltlos auf das Verfahren eingelassen;
b. das Gericht stelle fest, dass die Schiedsvereinbarung offensichtlich ungültig oder nicht erfüllbar sei; oder
c. das Schiedsgericht könne nicht bestellt werden aus Gründen, für welche die im Schiedsverfahren beklagte Partei offensichtlich einzustehen hat.

4. Titel: Rechtshängigkeit und Folgen des Klagerückzugs

Art. 62 Beginn der Rechtshängigkeit

[1] Die Einreichung eines Schlichtungsgesuches, einer Klage, eines Gesuches oder eines gemeinsamen Scheidungsbegehrens begründet Rechtshängigkeit.

[2] Der Eingang dieser Eingaben wird den Parteien bestätigt.

Art. 63 Rechtshängigkeit bei fehlender Zuständigkeit und falscher Verfahrensart

[1] Wird eine Eingabe, die mangels Zuständigkeit zurückgezogen oder auf die nicht eingetreten wurde, innert eines Monats seit dem Rückzug oder dem Nichteintretensentscheid bei der zuständigen Schlichtungsbehörde oder beim zuständigen Gericht neu eingereicht, so gilt als Zeitpunkt der Rechtshängigkeit das Datum der ersten Einreichung.

[2] Gleiches gilt, wenn eine Klage nicht im richtigen Verfahren eingereicht wurde.

[3] Vorbehalten bleiben die besonderen gesetzlichen Klagefristen nach dem SchKG[1].

Art. 64 Wirkungen der Rechtshängigkeit

[1] Die Rechtshängigkeit hat insbesondere folgende Wirkungen:
a. der Streitgegenstand kann zwischen den gleichen Parteien nicht anderweitig rechtshängig gemacht werden;
b. die örtliche Zuständigkeit bleibt erhalten.

---

1 SR 281.1

² Für die Wahrung einer gesetzlichen Frist des Privatrechts, die auf den Zeitpunkt der Klage, der Klageanhebung oder auf einen anderen verfahrenseinleitenden Schritt abstellt, ist die Rechtshängigkeit nach diesem Gesetz massgebend.

Art. 65 Folgen des Klagerückzugs

Wer eine Klage beim zum Entscheid zuständigen Gericht zurückzieht, kann gegen die gleiche Partei über den gleichen Streitgegenstand keinen zweiten Prozess mehr führen, sofern das Gericht die Klage der beklagten Partei bereits zugestellt hat und diese dem Rückzug nicht zustimmt.

5. Titel: Die Parteien und die Beteiligung Dritter

1. Kapitel: Partei- und Prozessfähigkeit

Art. 66 Parteifähigkeit

Parteifähig ist, wer rechtsfähig ist oder von Bundesrechts wegen als Partei auftreten kann.

Art. 67 Prozessfähigkeit

¹ Prozessfähig ist, wer handlungsfähig ist.
² Für eine handlungsunfähige Person handelt ihre gesetzliche Vertretung.
³ Soweit eine handlungsunfähige Person urteilsfähig ist, kann sie:
a. selbstständig Rechte ausüben, die ihr um ihrer Persönlichkeit willen zustehen;
b. vorläufig selbst das Nötige vorkehren, wenn Gefahr in Verzug ist.

2. Kapitel: Parteivertretung

Art. 68 Vertragliche Vertretung

¹ Jede prozessfähige Partei kann sich im Prozess vertreten lassen.
² Zur berufsmässigen Vertretung sind befugt:
a. in allen Verfahren: Anwältinnen und Anwälte, die nach dem Anwaltsgesetz vom 23. Juni 2000[1] berechtigt sind, Parteien vor schweizerischen Gerichten zu vertreten;
b. vor der Schlichtungsbehörde, in vermögensrechtlichen Streitigkeiten des vereinfachten Verfahrens sowie in den Angelegenheiten des summarischen Ver-

1   SR 935.61

fahrens: patentierte Sachwalterinnen und Sachwalter sowie Rechtsagentinnen und Rechtsagenten, soweit das kantonale Recht es vorsieht;
c. in den Angelegenheiten des summarischen Verfahrens nach Artikel 251 dieses Gesetzes: gewerbsmässige Vertreterinnen und Vertreter nach Artikel 27 SchKG[1];
d. vor den Miet- und Arbeitsgerichten beruflich qualifizierte Vertreterinnen und Vertreter, soweit das kantonale Recht es vorsieht.

[3] Die Vertreterin oder der Vertreter hat sich durch eine Vollmacht auszuweisen.

[4] Das Gericht kann das persönliche Erscheinen einer vertretenen Partei anordnen.

Art. 69   Unvermögen der Partei

[1] Ist eine Partei offensichtlich nicht im Stande, den Prozess selbst zu führen, so kann das Gericht sie auffordern, eine Vertreterin oder einen Vertreter zu beauftragen. Leistet die Partei innert der angesetzten Frist keine Folge, so bestellt ihr das Gericht eine Vertretung.

[2] Das Gericht benachrichtigt die Vormundschaftsbehörde, wenn es vormundschaftliche Massnahmen für geboten hält.

[Künftige Fassung von Abs. 2; bei Drucklegung noch nicht in Kraft:[2]

[2] Das Gericht benachrichtigt die Erwachsenen- und Kindesschutzbehörde, wenn es Schutzmassnahmen für geboten hält.]

3. Kapitel: Streitgenossenschaft

Art. 70   Notwendige Streitgenossenschaft

[1] Sind mehrere Personen an einem Rechtsverhältnis beteiligt, über das nur mit Wirkung für alle entschieden werden kann, so müssen sie gemeinsam klagen oder beklagt werden.

[2] Rechtzeitige Prozesshandlungen eines Streitgenossen wirken auch für säumige Streitgenossen; ausgenommen ist das Ergreifen von Rechtsmitteln.

Art. 71   Einfache Streitgenossenschaft

[1] Sollen Rechte und Pflichten beurteilt werden, die auf gleichartigen Tatsachen oder Rechtsgründen beruhen, so können mehrere Personen gemeinsam klagen oder beklagt werden.

---

1   SR 281.1
2   Fassung gemäss Anhang 2 Ziff. 3 (Koordination mit der Änderung vom 19. Dez. 2008 des ZGB [Erwachsenenschutz, Personenrecht und Kindesrecht]) der Schweizerischen Zivilprozessordnung vom 19. Dez. 2008 (AS 2010 1739 1836; BBl 2006 7221).

² Die einfache Streitgenossenschaft ist ausgeschlossen, wenn für die einzelnen Klagen nicht die gleiche Verfahrensart anwendbar ist.

³ Jeder Streitgenosse kann den Prozess unabhängig von den andern Streitgenossen führen.

Art. 72 Gemeinsame Vertretung

Die Streitgenossen können eine gemeinsame Vertretung bezeichnen, sonst ergehen Zustellungen an jeden einzelnen Streitgenossen.

4. Kapitel: Intervention
1. Abschnitt: Hauptintervention

Art. 73

¹ Wer am Streitgegenstand ein besseres Recht behauptet, das beide Parteien ganz oder teilweise ausschliesst, kann beim Gericht, bei dem der Prozess erstinstanzlich rechtshängig ist, gegen beide Parteien Klage erheben.

² Das Gericht kann den Prozess bis zur rechtskräftigen Erledigung der Klage des Hauptintervenienten einstellen oder die Verfahren vereinigen.

2. Abschnitt: Nebenintervention

Art. 74 Grundsatz

Wer ein rechtliches Interesse glaubhaft macht, dass eine rechtshängige Streitigkeit zugunsten der einen Partei entschieden werde, kann im Prozess jederzeit als Nebenpartei intervenieren und zu diesem Zweck beim Gericht ein Interventionsgesuch stellen.

Art. 75 Gesuch

¹ Das Interventionsgesuch enthält den Grund der Intervention und die Bezeichnung der Partei, zu deren Unterstützung interveniert wird.

² Das Gericht entscheidet über das Gesuch nach Anhörung der Parteien. Der Entscheid ist mit Beschwerde anfechtbar.

Art. 76 Rechte der intervenierenden Person

¹ Die intervenierende Person kann zur Unterstützung der Hauptpartei alle Prozesshandlungen vornehmen, die nach dem Stand des Verfahrens zulässig sind, insbesondere alle Angriffs- und Verteidigungsmittel geltend machen und auch Rechtsmittel ergreifen.

² Stehen die Prozesshandlungen der intervenierenden Person mit jenen der Hauptpartei im Widerspruch, so sind sie im Prozess unbeachtlich.

Art. 77 Wirkungen der Intervention

Ein für die Hauptpartei ungünstiges Ergebnis des Prozesses wirkt auch gegen die intervenierende Person, es sei denn:
a. sie sei durch die Lage des Prozesses zur Zeit ihres Eintritts oder durch Handlungen oder Unterlassungen der Hauptpartei verhindert gewesen, Angriffs- und Verteidigungsmittel geltend zu machen; oder
b. ihr unbekannte Angriffs- oder Verteidigungsmittel seien von der Hauptpartei absichtlich oder grobfahrlässig nicht geltend gemacht worden.

5. Kapitel: Streitverkündung

1. Abschnitt: Einfache Streitverkündung

Art. 78 Grundsätze

¹ Eine Partei, die für den Fall ihres Unterliegens eine dritte Person belangen will oder den Anspruch einer dritten Person befürchtet, kann diese auffordern, sie im Prozess zu unterstützen.

² Die streitberufene Person kann den Streit weiter verkünden.

Art. 79 Stellung der streitberufenen Person

¹ Die streitberufene Person kann:
a. zugunsten der Partei, die ihr den Streit verkündet hat, ohne weitere Voraussetzungen intervenieren; oder
b. anstelle der Partei, die ihr den Streit verkündet hat, mit deren Einverständnis den Prozess führen.

² Lehnt sie den Eintritt ab oder erklärt sie sich nicht, so wird der Prozess ohne Rücksicht auf sie fortgesetzt.

Art. 80 Wirkungen der Streitverkündung

Artikel 77 gilt sinngemäss.

2. Abschnitt: Streitverkündungsklage

Art. 81 Grundsätze

¹ Die streitverkündende Partei kann ihre Ansprüche, die sie im Falle des Unterliegens gegen die streitberufene Person zu haben glaubt, beim Gericht, das mit der Hauptklage befasst ist, geltend machen.

² Die streitberufene Person kann keine weitere Streitverkündungsklage erheben.

³ Im vereinfachten und im summarischen Verfahren ist die Streitverkündungsklage unzulässig.

Art. 82 Verfahren

¹ Die Zulassung der Streitverkündungsklage ist mit der Klageantwort oder mit der Replik im Hauptprozess zu beantragen. Die Rechtsbegehren, welche die streitverkündende Partei gegen die streitberufene Person zu stellen gedenkt, sind zu nennen und kurz zu begründen.

² Das Gericht gibt der Gegenpartei sowie der streitberufenen Person Gelegenheit zur Stellungnahme.

³ Wird die Streitverkündungsklage zugelassen, so bestimmt das Gericht Zeitpunkt und Umfang des betreffenden Schriftenwechsels; Artikel 125 bleibt vorbehalten.

⁴ Der Entscheid über die Zulassung der Klage ist mit Beschwerde anfechtbar.

6. Kapitel: Parteiwechsel

Art. 83

¹ Wird das Streitobjekt während des Prozesses veräussert, so kann die Erwerberin oder der Erwerber an Stelle der veräussernden Partei in den Prozess eintreten.

² Die eintretende Partei haftet für die gesamten Prozesskosten. Für die bis zum Parteiwechsel aufgelaufenen Prozesskosten haftet die ausscheidende Partei solidarisch mit.

³ In begründeten Fällen hat die eintretende Partei auf Verlangen der Gegenpartei für die Vollstreckung des Entscheides Sicherheit zu leisten.

⁴ Ohne Veräusserung des Streitobjekts ist ein Parteiwechsel nur mit Zustimmung der Gegenpartei zulässig; besondere gesetzliche Bestimmungen über die Rechtsnachfolge bleiben vorbehalten.

6. Titel: Klagen

Art. 84 Leistungsklage

¹ Mit der Leistungsklage verlangt die klagende Partei die Verurteilung der beklagten Partei zu einem bestimmten Tun, Unterlassen oder Dulden.

² Wird die Bezahlung eines Geldbetrages verlangt, so ist dieser zu beziffern.

Art. 85 Unbezifferte Forderungsklage

¹ Ist es der klagenden Partei unmöglich oder unzumutbar, ihre Forderung bereits zu Beginn des Prozesses zu beziffern, so kann sie eine unbezifferte Forderungsklage erheben. Sie muss jedoch einen Mindestwert angeben, der als vorläufiger Streitwert gilt.

² Die Forderung ist zu beziffern, sobald die klagende Partei nach Abschluss des Beweisverfahrens oder nach Auskunftserteilung durch die beklagte Partei dazu in der Lage ist. Das angerufene Gericht bleibt zuständig, auch wenn der Streitwert die sachliche Zuständigkeit übersteigt.

Art. 86 Teilklage

Ist ein Anspruch teilbar, so kann auch nur ein Teil eingeklagt werden.

Art. 87 Gestaltungsklage

Mit der Gestaltungsklage verlangt die klagende Partei die Begründung, Änderung oder Aufhebung eines bestimmten Rechts oder Rechtsverhältnisses.

Art. 88 Feststellungsklage

Mit der Feststellungsklage verlangt die klagende Partei die gerichtliche Feststellung, dass ein Recht oder Rechtsverhältnis besteht oder nicht besteht.

Art. 89 Verbandsklage

¹ Vereine und andere Organisationen von gesamtschweizerischer oder regionaler Bedeutung, die nach ihren Statuten zur Wahrung der Interessen bestimmter Personengruppen befugt sind, können in eigenem Namen auf Verletzung der Persönlichkeit der Angehörigen dieser Personengruppen klagen.

² Mit der Verbandsklage kann beantragt werden:
a. eine drohende Verletzung zu verbieten;
b. eine bestehende Verletzung zu beseitigen;
c. die Widerrechtlichkeit einer Verletzung festzustellen, wenn sich diese weiterhin störend auswirkt.

³ Besondere gesetzliche Bestimmungen über die Verbandsklage bleiben vorbehalten.

Art. 90 Klagenhäufung

Die klagende Partei kann mehrere Ansprüche gegen dieselbe Partei in einer Klage vereinen, sofern:
a. das gleiche Gericht dafür sachlich zuständig ist; und
b. die gleiche Verfahrensart anwendbar ist.

7. Titel: Streitwert

Art. 91 Grundsatz

¹ Der Streitwert wird durch das Rechtsbegehren bestimmt. Zinsen und Kosten des laufenden Verfahrens oder einer allfälligen Publikation des Entscheids sowie allfällige Eventualbegehren werden nicht hinzugerechnet.

² Lautet das Rechtsbegehren nicht auf eine bestimmte Geldsumme, so setzt das Gericht den Streitwert fest, sofern sich die Parteien darüber nicht einigen oder ihre Angaben offensichtlich unrichtig sind.

Art. 92 Wiederkehrende Nutzungen und Leistungen

¹ Als Wert wiederkehrender Nutzungen oder Leistungen gilt der Kapitalwert.

² Bei ungewisser oder unbeschränkter Dauer gilt als Kapitalwert der zwanzigfache Betrag der einjährigen Nutzung oder Leistung und bei Leibrenten der Barwert.

Art. 93 Streitgenossenschaft und Klagenhäufung

¹ Bei einfacher Streitgenossenschaft und Klagenhäufung werden die geltend gemachten Ansprüche zusammengerechnet, sofern sie sich nicht gegenseitig ausschliessen.

² Bei einfacher Streitgenossenschaft bleibt die Verfahrensart trotz Zusammenrechnung des Streitwerts erhalten.

Art. 94 Widerklage

¹ Stehen sich Klage und Widerklage gegenüber, so bestimmt sich der Streitwert nach dem höheren Rechtsbegehren.

² Zur Bestimmung der Prozesskosten werden die Streitwerte zusammengerechnet, sofern sich Klage und Widerklage nicht gegenseitig ausschliessen.

8. Titel: Prozesskosten und unentgeltliche Rechtspflege
1. Kapitel: Prozesskosten

Art. 95 Begriffe

¹ Prozesskosten sind:
a. die Gerichtskosten;
b. die Parteientschädigung.

² Gerichtskosten sind:
a. die Pauschalen für das Schlichtungsverfahren;
b. die Pauschalen für den Entscheid (Entscheidgebühr);
c. die Kosten der Beweisführung;
d. die Kosten für die Übersetzung;
e. die Kosten für die Vertretung des Kindes (Art. 299 und 300).

³ Als Parteientschädigung gilt:
a. der Ersatz notwendiger Auslagen;
b. die Kosten einer berufsmässigen Vertretung;
c. in begründeten Fällen: eine angemessene Umtriebsentschädigung, wenn eine Partei nicht berufsmässig vertreten ist.

Art. 96 Tarife

Die Kantone setzen die Tarife für die Prozesskosten fest.

Art. 97 Aufklärung über die Prozesskosten

Das Gericht klärt die nicht anwaltlich vertretene Partei über die mutmassliche Höhe der Prozesskosten sowie über die unentgeltliche Rechtspflege auf.

Art. 98 Kostenvorschuss

Das Gericht kann von der klagenden Partei einen Vorschuss bis zur Höhe der mutmasslichen Gerichtskosten verlangen.

Art. 99 Sicherheit für die Parteientschädigung

¹ Die klagende Partei hat auf Antrag der beklagten Partei für deren Parteientschädigung Sicherheit zu leisten, wenn sie:
a. keinen Wohnsitz oder Sitz in der Schweiz hat;
b. zahlungsunfähig erscheint, namentlich wenn gegen sie der Konkurs eröffnet oder ein Nachlassverfahren im Gang ist oder Verlustscheine bestehen;
c. Prozesskosten aus früheren Verfahren schuldet; oder

d. wenn andere Gründe für eine erhebliche Gefährdung der Parteientschädigung bestehen.

² Bei notwendiger Streitgenossenschaft ist nur dann Sicherheit zu leisten, wenn bei allen Streitgenossen eine der Voraussetzungen gegeben ist.

³ Keine Sicherheit ist zu leisten:
a. im vereinfachten Verfahren mit Ausnahme der vermögensrechtlichen Streitigkeiten nach Artikel 243 Absatz 1;
b. im Scheidungsverfahren;
c. im summarischen Verfahren mit Ausnahme des Rechtsschutzes in klaren Fällen (Art. 257).

Art. 100 Art und Höhe der Sicherheit

¹ Die Sicherheit kann in bar oder durch Garantie einer in der Schweiz niedergelassenen Bank oder eines zum Geschäftsbetrieb in der Schweiz zugelassenen Versicherungsunternehmens geleistet werden.

² Das Gericht kann die zu leistende Sicherheit nachträglich erhöhen, herabsetzen oder aufheben.

Art. 101 Leistung des Vorschusses und der Sicherheit

¹ Das Gericht setzt eine Frist zur Leistung des Vorschusses und der Sicherheit.

² Vorsorgliche Massnahmen kann es schon vor Leistung der Sicherheit anordnen.

³ Werden der Vorschuss oder die Sicherheit auch nicht innert einer Nachfrist geleistet, so tritt das Gericht auf die Klage oder auf das Gesuch nicht ein.

Art. 102 Vorschuss für Beweiserhebungen

¹ Jede Partei hat die Auslagen des Gerichts vorzuschiessen, die durch von ihr beantragte Beweiserhebungen veranlasst werden.

² Beantragen die Parteien dasselbe Beweismittel, so hat jede Partei die Hälfte vorzuschiessen.

³ Leistet eine Partei ihren Vorschuss nicht, so kann die andere die Kosten vorschiessen; andernfalls unterbleibt die Beweiserhebung. Vorbehalten bleiben Streitigkeiten, in denen das Gericht den Sachverhalt von Amtes wegen zu erforschen hat.

Art. 103 Rechtsmittel

Entscheide über die Leistung von Vorschüssen und Sicherheiten sind mit Beschwerde anfechtbar.

2. Kapitel: Verteilung und Liquidation der Prozesskosten

Art. 104 Entscheid über die Prozesskosten

¹ Das Gericht entscheidet über die Prozesskosten in der Regel im Endentscheid.

² Bei einem Zwischenentscheid (Art. 237) können die bis zu diesem Zeitpunkt entstandenen Prozesskosten verteilt werden.

³ Über die Prozesskosten vorsorglicher Massnahmen kann zusammen mit der Hauptsache entschieden werden.

⁴ In einem Rückweisungsentscheid kann die obere Instanz die Verteilung der Prozesskosten des Rechtsmittelverfahrens der Vorinstanz überlassen.

Art. 105 Festsetzung und Verteilung der Prozesskosten

¹ Die Gerichtskosten werden von Amtes wegen festgesetzt und verteilt.

² Die Parteientschädigung spricht das Gericht nach den Tarifen (Art. 96) zu. Die Parteien können eine Kostennote einreichen.

Art. 106 Verteilungsgrundsätze

¹ Die Prozesskosten werden der unterliegenden Partei auferlegt. Bei Nichteintreten und bei Klagerückzug gilt die klagende Partei, bei Anerkennung der Klage die beklagte Partei als unterliegend.

² Hat keine Partei vollständig obsiegt, so werden die Prozesskosten nach dem Ausgang des Verfahrens verteilt.

³ Sind am Prozess mehrere Personen als Haupt- oder Nebenparteien beteiligt, so bestimmt das Gericht ihren Anteil an den Prozesskosten. Es kann auf solidarische Haftung erkennen.

Art. 107 Verteilung nach Ermessen

¹ Das Gericht kann von den Verteilungsgrundsätzen abweichen und die Prozesskosten nach Ermessen verteilen:
a. wenn die Klage zwar grundsätzlich, aber nicht in der Höhe der Forderung gutgeheissen wurde und diese Höhe vom gerichtlichen Ermessen abhängig oder die Bezifferung des Anspruchs schwierig war;
b. wenn eine Partei in guten Treuen zur Prozessführung veranlasst war;
c. in familienrechtlichen Verfahren;
d. in Verfahren bei eingetragener Partnerschaft;
e. wenn das Verfahren als gegenstandslos abgeschrieben wird und das Gesetz nichts anderes vorsieht;
f. wenn andere besondere Umstände vorliegen, die eine Verteilung nach dem Ausgang des Verfahrens als unbillig erscheinen lassen.

² Das Gericht kann Gerichtskosten, die weder eine Partei noch Dritte veranlasst haben, aus Billigkeitsgründen dem Kanton auferlegen.

Art. 108 Unnötige Prozesskosten

Unnötige Prozesskosten hat zu bezahlen, wer sie verursacht hat.

Art. 109 Verteilung bei Vergleich

¹ Bei einem gerichtlichen Vergleich trägt jede Partei die Prozesskosten nach Massgabe des Vergleichs.

² Die Kosten werden nach den Artikeln 106–108 verteilt, wenn:
a. der Vergleich keine Regelung enthält; oder
b. die getroffene Regelung einseitig zulasten einer Partei geht, welcher die unentgeltliche Rechtspflege bewilligt worden ist.

Art. 110 Rechtsmittel

Der Kostenentscheid ist selbstständig nur mit Beschwerde anfechtbar.

Art. 111 Liquidation der Prozesskosten

¹ Die Gerichtskosten werden mit den geleisteten Vorschüssen der Parteien verrechnet. Ein Fehlbetrag wird von der kostenpflichtigen Person nachgefordert.

² Die kostenpflichtige Partei hat der anderen Partei die geleisteten Vorschüsse zu ersetzen sowie die zugesprochene Parteientschädigung zu bezahlen.

³ Vorbehalten bleiben die Bestimmungen über die unentgeltliche Rechtspflege.

Art. 112 Stundung, Erlass, Verjährung und Verzinsung der Gerichtskosten

¹ Gerichtskosten können gestundet oder bei dauernder Mittellosigkeit erlassen werden.

² Die Forderungen verjähren zehn Jahre nach Abschluss des Verfahrens.

³ Der Verzugszins beträgt 5 Prozent.

3. Kapitel: Besondere Kostenregelungen

Art. 113 Schlichtungsverfahren

¹ Im Schlichtungsverfahren werden keine Parteientschädigungen gesprochen. Vorbehalten bleibt die Entschädigung einer unentgeltlichen Rechtsbeiständin oder eines unentgeltlichen Rechtsbeistandes durch den Kanton.

² Keine Gerichtskosten werden gesprochen in Streitigkeiten:

a. nach dem Gleichstellungsgesetz vom 24. März 1995[1];
b. nach dem Behindertengleichstellungsgesetz vom 13. Dezember 2002[2];
c. aus Miete und Pacht von Wohn- und Geschäftsräumen sowie aus landwirtschaftlicher Pacht;
d. aus dem Arbeitsverhältnis sowie nach dem Arbeitsvermittlungsgesetz vom 6. Oktober 1989[3] bis zu einem Streitwert von 30 000 Franken;
e. nach dem Mitwirkungsgesetz vom 17. Dezember 1993[4];
f. aus Zusatzversicherungen zur sozialen Krankenversicherung nach dem Bundesgesetz vom 18. März 1994[5] über die Krankenversicherung.

Art. 114 Entscheidverfahren

Im Entscheidverfahren werden keine Gerichtskosten gesprochen bei Streitigkeiten:
a. nach dem Gleichstellungsgesetz vom 24. März 1995[6];
b. nach dem Behindertengleichstellungsgesetz vom 13. Dezember 2002[7];
c. aus dem Arbeitsverhältnis sowie nach dem Arbeitsvermittlungsgesetz vom 6. Oktober 1989[8] bis zu einem Streitwert von 30 000 Franken;
d. nach dem Mitwirkungsgesetz vom 17. Dezember 1993[9];
e. aus Zusatzversicherungen zur sozialen Krankenversicherung nach dem Bundesgesetz vom 18. März 1994[10] über die Krankenversicherung.

Art. 115 Kostentragungspflicht

Bei bös- oder mutwilliger Prozessführung können die Gerichtskosten auch in den unentgeltlichen Verfahren einer Partei auferlegt werden.

Art. 116 Kostenbefreiung nach kantonalem Recht

[1] Die Kantone können weitere Befreiungen von den Prozesskosten gewähren.

[2] Befreiungen, welche ein Kanton sich selbst, seinen Gemeinden und anderen kantonalrechtlichen Körperschaften gewährt, gelten auch für den Bund.

---

1   SR 151.1
2   SR 151.3
3   SR 823.11
4   SR 822.14
5   SR 832.10
6   SR 151.1
7   SR 151.3
8   SR 823.11
9   SR 822.14
10 SR 832.10

4. Kapitel: Unentgeltliche Rechtspflege

Art. 117 Anspruch

Eine Person hat Anspruch auf unentgeltliche Rechtspflege, wenn:
a. sie nicht über die erforderlichen Mittel verfügt; und
b. ihr Rechtsbegehren nicht aussichtslos erscheint.

Art. 118 Umfang

¹ Die unentgeltliche Rechtspflege umfasst:
a. die Befreiung von Vorschuss- und Sicherheitsleistungen;
b. die Befreiung von den Gerichtskosten;
c. die gerichtliche Bestellung einer Rechtsbeiständin oder eines Rechtsbeistandes, wenn dies zur Wahrung der Rechte notwendig ist, insbesondere wenn die Gegenpartei anwaltlich vertreten ist; die Rechtsbeiständin oder der Rechtsbeistand kann bereits zur Vorbereitung des Prozesses bestellt werden.

² Sie kann ganz oder teilweise gewährt werden.

³ Sie befreit nicht von der Bezahlung einer Parteientschädigung an die Gegenpartei.

Art. 119 Gesuch und Verfahren

¹ Das Gesuch um unentgeltliche Rechtspflege kann vor oder nach Eintritt der Rechtshängigkeit gestellt werden.

² Die gesuchstellende Person hat ihre Einkommens- und Vermögensverhältnisse darzulegen und sich zur Sache sowie über ihre Beweismittel zu äussern. Sie kann die Person der gewünschten Rechtsbeiständin oder des gewünschten Rechtsbeistands im Gesuch bezeichnen.

³ Das Gericht entscheidet über das Gesuch im summarischen Verfahren. Die Gegenpartei kann angehört werden. Sie ist immer anzuhören, wenn die unentgeltliche Rechtspflege die Leistung der Sicherheit für die Parteientschädigung umfassen soll.

⁴ Die unentgeltliche Rechtspflege kann ausnahmsweise rückwirkend bewilligt werden.

⁵ Im Rechtsmittelverfahren ist die unentgeltliche Rechtspflege neu zu beantragen.

⁶ Ausser bei Bös- oder Mutwilligkeit werden im Verfahren um die unentgeltliche Rechtspflege keine Gerichtskosten erhoben.

Art. 120 Entzug der unentgeltlichen Rechtspflege

Das Gericht entzieht die unentgeltliche Rechtspflege, wenn der Anspruch darauf nicht mehr besteht oder nie bestanden hat.

Art. 121 Rechtsmittel

Wird die unentgeltliche Rechtspflege ganz oder teilweise abgelehnt oder entzogen, so kann der Entscheid mit Beschwerde angefochten werden.

Art. 122 Liquidation der Prozesskosten

¹ Unterliegt die unentgeltlich prozessführende Partei, so werden die Prozesskosten wie folgt liquidiert:
a. die unentgeltliche Rechtsbeiständin oder der unentgeltliche Rechtsbeistand wird vom Kanton angemessen entschädigt;
b. die Gerichtskosten gehen zulasten des Kantons;
c. der Gegenpartei werden die Vorschüsse, die sie geleistet hat, zurückerstattet;
d. die unentgeltlich prozessführende Partei hat der Gegenpartei die Parteientschädigung zu bezahlen.

² Obsiegt die unentgeltlich prozessführende Partei und ist die Parteientschädigung bei der Gegenpartei nicht oder voraussichtlich nicht einbringlich, so wird die unentgeltliche Rechtsbeiständin oder der unentgeltliche Rechtsbeistand vom Kanton angemessen entschädigt. Mit der Zahlung geht der Anspruch auf den Kanton über.

Art. 123 Nachzahlung

¹ Eine Partei, der die unentgeltliche Rechtspflege gewährt wurde, ist zur Nachzahlung verpflichtet, sobald sie dazu in der Lage ist.

² Der Anspruch des Kantons verjährt zehn Jahre nach Abschluss des Verfahrens.

9. Titel: Prozessleitung, prozessuales Handeln und Fristen

1. Kapitel: Prozessleitung

Art. 124 Grundsätze

¹ Das Gericht leitet den Prozess. Es erlässt die notwendigen prozessleitenden Verfügungen zur zügigen Vorbereitung und Durchführung des Verfahrens.

² Die Prozessleitung kann an eines der Gerichtsmitglieder delegiert werden.

³ Das Gericht kann jederzeit versuchen, eine Einigung zwischen den Parteien herbeizuführen.

Art. 125 Vereinfachung des Prozesses

Zur Vereinfachung des Prozesses kann das Gericht insbesondere:
a. das Verfahren auf einzelne Fragen oder auf einzelne Rechtsbegehren beschränken;

b. gemeinsam eingereichte Klagen trennen;
c. selbstständig eingereichte Klagen vereinigen;
d. eine Widerklage vom Hauptverfahren trennen.

Art. 126 Sistierung des Verfahrens

¹ Das Gericht kann das Verfahren sistieren, wenn die Zweckmässigkeit dies verlangt. Das Verfahren kann namentlich sistiert werden, wenn der Entscheid vom Ausgang eines anderen Verfahrens abhängig ist.

² Die Sistierung ist mit Beschwerde anfechtbar.

Art. 127 Überweisung bei zusammenhängenden Verfahren

¹ Sind bei verschiedenen Gerichten Klagen rechtshängig, die miteinander in einem sachlichen Zusammenhang stehen, so kann ein später angerufenes Gericht die bei ihm rechtshängige Klage an das zuerst angerufene Gericht überweisen, wenn dieses mit der Übernahme einverstanden ist.

² Die Überweisung ist mit Beschwerde anfechtbar.

Art. 128 Verfahrensdisziplin und mutwillige Prozessführung

¹ Wer im Verfahren vor Gericht den Anstand verletzt oder den Geschäftsgang stört, wird mit einem Verweis oder einer Ordnungsbusse bis zu 1000 Franken bestraft. Das Gericht kann zudem den Ausschluss von der Verhandlung anordnen.

² Das Gericht kann zur Durchsetzung seiner Anordnungen die Polizei beiziehen.

³ Bei bös- oder mutwilliger Prozessführung können die Parteien und ihre Vertretungen mit einer Ordnungsbusse bis zu 2000 Franken und bei Wiederholung bis zu 5000 Franken bestraft werden.

⁴ Die Ordnungsbusse ist mit Beschwerde anfechtbar.

2. Kapitel: Formen des prozessualen Handelns

1. Abschnitt: Verfahrenssprache

Art. 129

Das Verfahren wird in der Amtssprache des zuständigen Kantons geführt. Bei mehreren Amtssprachen regeln die Kantone den Gebrauch der Sprachen.

2. Abschnitt: Eingaben der Parteien

Art. 130 Form

¹ Eingaben sind dem Gericht in Papierform oder elektronisch einzureichen. Sie sind zu unterzeichnen.

² Bei elektronischer Übermittlung muss das Dokument, das die Eingabe und die Beilagen enthält, mit einer anerkannten elektronischen Signatur der Absenderin oder des Absenders versehen sein. Der Bundesrat bestimmt das Format der Übermittlung.

³ Bei elektronischer Übermittlung kann das Gericht verlangen, dass die Eingabe und die Beilagen in Papierform nachgereicht werden.

Art. 131 Anzahl

Eingaben und Beilagen in Papierform sind in je einem Exemplar für das Gericht und für jede Gegenpartei einzureichen; andernfalls kann das Gericht eine Nachfrist ansetzen oder die notwendigen Kopien auf Kosten der Partei erstellen.

Art. 132 Mangelhafte, querulatorische und rechtsmissbräuchliche Eingaben

¹ Mängel wie fehlende Unterschrift und fehlende Vollmacht sind innert einer gerichtlichen Nachfrist zu verbessern. Andernfalls gilt die Eingabe als nicht erfolgt.

² Gleiches gilt für unleserliche, ungebührliche, unverständliche oder weitschweifige Eingaben.

³ Querulatorische und rechtsmissbräuchliche Eingaben werden ohne Weiteres zurückgeschickt.

3. Abschnitt: Gerichtliche Vorladung

Art. 133 Inhalt

Die Vorladung enthält:
a. Name und Adresse der vorgeladenen Person;
b. die Prozesssache und die Parteien;
c. die Eigenschaft, in welcher die Person vorgeladen wird;
d. Ort, Datum und Zeit des geforderten Erscheinens;
e. die Prozesshandlung, zu der vorgeladen wird;
f. die Säumnisfolgen;
g. das Datum der Vorladung und die Unterschrift des Gerichts.

Art. 134 Zeitpunkt

Die Vorladung muss mindestens zehn Tage vor dem Erscheinungstermin versandt werden, sofern das Gesetz nichts anderes bestimmt.

Art. 135 Verschiebung des Erscheinungstermins

Das Gericht kann einen Erscheinungstermin aus zureichenden Gründen verschieben:
a. von Amtes wegen; oder
b. wenn es vor dem Termin darum ersucht wird.

4. Abschnitt: Gerichtliche Zustellung

Art. 136 Zuzustellende Urkunden

Das Gericht stellt den betroffenen Personen insbesondere zu:
a. Vorladungen;
b. Verfügungen und Entscheide;
c. Eingaben der Gegenpartei.

Art. 137 Bei Vertretung

Ist eine Partei vertreten, so erfolgt die Zustellung an die Vertretung.

Art. 138 Form

¹ Die Zustellung von Vorladungen, Verfügungen und Entscheiden erfolgt durch eingeschriebene Postsendung oder auf andere Weise gegen Empfangsbestätigung.

² Sie ist erfolgt, wenn die Sendung von der Adressatin oder vom Adressaten oder von einer angestellten oder im gleichen Haushalt lebenden, mindestens 16 Jahre alten Person entgegengenommen wurde. Vorbehalten bleiben Anweisungen des Gerichts, eine Urkunde dem Adressaten oder der Adressatin persönlich zuzustellen.

³ Sie gilt zudem als erfolgt:
a. bei einer eingeschriebenen Postsendung, die nicht abgeholt worden ist: am siebten Tag nach dem erfolglosen Zustellungsversuch, sofern die Person mit einer Zustellung rechnen musste;
b. bei persönlicher Zustellung, wenn die Adressatin oder der Adressat die Annahme verweigert und dies von der überbringenden Person festgehalten wird: am Tag der Weigerung.

⁴ Andere Sendungen kann das Gericht durch gewöhnliche Post zustellen.

Art. 139 Elektronische Zustellung

¹ Mit dem Einverständnis der betroffenen Person kann jede Zustellung elektronisch erfolgen.

² Der Bundesrat bestimmt die Einzelheiten.

Art. 140 Zustellungsdomizil

Das Gericht kann Parteien mit Wohnsitz oder Sitz im Ausland anweisen, ein Zustellungsdomizil in der Schweiz zu bezeichnen.

Art. 141 Öffentliche Bekanntmachung

¹ Die Zustellung erfolgt durch Publikation im kantonalen Amtsblatt oder im Schweizerischen Handelsamtsblatt, wenn:
a. der Aufenthaltsort der Adressatin oder des Adressaten unbekannt ist und trotz zumutbarer Nachforschungen nicht ermittelt werden kann;
b. eine Zustellung unmöglich ist oder mit ausserordentlichen Umtrieben verbunden wäre;
c. eine Partei mit Wohnsitz oder Sitz im Ausland entgegen der Anweisung des Gerichts kein Zustellungsdomizil in der Schweiz bezeichnet hat.

² Die Zustellung gilt am Tag der Publikation als erfolgt.

3. Kapitel: Fristen, Säumnis und Wiederherstellung

1. Abschnitt: Fristen

Art. 142 Beginn und Berechnung

¹ Fristen, die durch eine Mitteilung oder den Eintritt eines Ereignisses ausgelöst werden, beginnen am folgenden Tag zu laufen.

² Berechnet sich eine Frist nach Monaten, so endet sie im letzten Monat an dem Tag, der dieselbe Zahl trägt wie der Tag, an dem die Frist zu laufen begann. Fehlt der entsprechende Tag, so endet die Frist am letzten Tag des Monats.

³ Fällt der letzte Tag einer Frist auf einen Samstag, einen Sonntag oder einen am Gerichtsort vom Bundesrecht oder vom kantonalen Recht anerkannten Feiertag, so endet sie am nächsten Werktag.

Art. 143 Einhaltung

¹ Eingaben müssen spätestens am letzten Tag der Frist beim Gericht eingereicht oder zu dessen Handen der Schweizerischen Post oder einer schweizerischen diplomatischen oder konsularischen Vertretung übergeben werden.

² Bei elektronischer Übermittlung ist die Frist eingehalten, wenn der Empfang bei der Zustelladresse des Gerichts spätestens am letzten Tag der Frist durch das betreffende Informatiksystem bestätigt worden ist.

³ Die Frist für eine Zahlung an das Gericht ist eingehalten, wenn der Betrag spätestens am letzten Tag der Frist zugunsten des Gerichts der Schweizerischen Post übergeben oder einem Post- oder Bankkonto in der Schweiz belastet worden ist.

Art. 144 Erstreckung

¹ Gesetzliche Fristen können nicht erstreckt werden.

² Gerichtliche Fristen können aus zureichenden Gründen erstreckt werden, wenn das Gericht vor Fristablauf darum ersucht wird.

Art. 145 Stillstand der Fristen

¹ Gesetzliche und gerichtliche Fristen stehen still:
a. vom siebten Tag vor Ostern bis und mit dem siebten Tag nach Ostern;
b. vom 15. Juli bis und mit dem 15. August;
c. vom 18. Dezember bis und mit dem 2. Januar.

² Dieser Fristenstillstand gilt nicht für:
a. das Schlichtungsverfahren;
b. das summarische Verfahren.

³ Die Parteien sind auf die Ausnahmen nach Absatz 2 hinzuweisen.

⁴ Vorbehalten bleiben die Bestimmungen des SchKG[1] über die Betreibungsferien und den Rechtsstillstand.

Art. 146 Wirkungen des Stillstandes

¹ Bei Zustellung während des Stillstandes beginnt der Fristenlauf am ersten Tag nach Ende des Stillstandes.

² Während des Stillstandes der Fristen finden keine Gerichtsverhandlungen statt, es sei denn, die Parteien seien einverstanden.

2. Abschnitt: Säumnis und Wiederherstellung

Art. 147 Säumnis und Säumnisfolgen

¹ Eine Partei ist säumig, wenn sie eine Prozesshandlung nicht fristgerecht vornimmt oder zu einem Termin nicht erscheint.

---

1 SR 281.1

² Das Verfahren wird ohne die versäumte Handlung weitergeführt, sofern das Gesetz nichts anderes bestimmt.
³ Das Gericht weist die Parteien auf die Säumnisfolgen hin.

Art. 148 Wiederherstellung
¹ Das Gericht kann auf Gesuch einer säumigen Partei eine Nachfrist gewähren oder zu einem Termin erneut vorladen, wenn die Partei glaubhaft macht, dass sie kein oder nur ein leichtes Verschulden trifft.
² Das Gesuch ist innert zehn Tagen seit Wegfall des Säumnisgrundes einzureichen.
³ Ist ein Entscheid eröffnet worden, so kann die Wiederherstellung nur innerhalb von sechs Monaten seit Eintritt der Rechtskraft verlangt werden.

Art. 149 Verfahren der Wiederherstellung
Das Gericht gibt der Gegenpartei Gelegenheit zur Stellungnahme und entscheidet endgültig.

10. Titel: Beweis
1. Kapitel: Allgemeine Bestimmungen

Art. 150 Beweisgegenstand
¹ Gegenstand des Beweises sind rechtserhebliche, streitige Tatsachen.
² Beweisgegenstand können auch Übung, Ortsgebrauch und, bei vermögensrechtlichen Streitigkeiten, ausländisches Recht sein.

Art. 151 Bekannte Tatsachen
Offenkundige und gerichtsnotorische Tatsachen sowie allgemein anerkannte Erfahrungssätze bedürfen keines Beweises.

Art. 152 Recht auf Beweis
¹ Jede Partei hat das Recht, dass das Gericht die von ihr form- und fristgerecht angebotenen tauglichen Beweismittel abnimmt.
² Rechtswidrig beschaffte Beweismittel werden nur berücksichtigt, wenn das Interesse an der Wahrheitsfindung überwiegt.

Art. 153 Beweiserhebung von Amtes wegen
¹ Das Gericht erhebt von Amtes wegen Beweis, wenn der Sachverhalt von Amtes wegen festzustellen ist.

² Es kann von Amtes wegen Beweis erheben, wenn an der Richtigkeit einer nicht streitigen Tatsache erhebliche Zweifel bestehen.

Art. 154 Beweisverfügung

Vor der Beweisabnahme werden die erforderlichen Beweisverfügungen getroffen. Darin werden insbesondere die zugelassenen Beweismittel bezeichnet und wird bestimmt, welcher Partei zu welchen Tatsachen der Haupt- oder der Gegenbeweis obliegt. Beweisverfügungen können jederzeit abgeändert oder ergänzt werden.

Art. 155 Beweisabnahme

¹ Die Beweisabnahme kann an eines oder mehrere der Gerichtsmitglieder delegiert werden.

² Aus wichtigen Gründen kann eine Partei die Beweisabnahme durch das urteilende Gericht verlangen.

³ Die Parteien haben das Recht, an der Beweisabnahme teilzunehmen.

Art. 156 Wahrung schutzwürdiger Interessen

Gefährdet die Beweisabnahme die schutzwürdigen Interessen einer Partei oder Dritter, wie insbesondere deren Geschäftsgeheimnisse, so trifft das Gericht die erforderlichen Massnahmen.

Art. 157 Freie Beweiswürdigung

Das Gericht bildet sich seine Überzeugung nach freier Würdigung der Beweise.

Art. 158 Vorsorgliche Beweisführung

¹ Das Gericht nimmt jederzeit Beweis ab, wenn:
a. das Gesetz einen entsprechenden Anspruch gewährt; oder
b. die gesuchstellende Partei eine Gefährdung der Beweismittel oder ein schutzwürdiges Interesse glaubhaft macht.

² Anzuwenden sind die Bestimmungen über die vorsorglichen Massnahmen.

Art. 159 Organe einer juristischen Person

Ist eine juristische Person Partei, so werden ihre Organe im Beweisverfahren wie eine Partei behandelt.

2. Kapitel: Mitwirkungspflicht und Verweigerungsrecht
1. Abschnitt: Allgemeine Bestimmungen

Art. 160 Mitwirkungspflicht

¹ Die Parteien und Dritte sind zur Mitwirkung bei der Beweiserhebung verpflichtet. Insbesondere haben sie:
a. als Partei, als Zeugin oder als Zeuge wahrheitsgemäss auszusagen;
b. Urkunden herauszugeben; ausgenommen ist die anwaltliche Korrespondenz, soweit sie die berufsmässige Vertretung einer Partei oder einer Drittperson betrifft;
c. einen Augenschein an Person oder Eigentum durch Sachverständige zu dulden.

² Über die Mitwirkungspflicht einer unmündigen Person entscheidet das Gericht nach seinem Ermessen. Es berücksichtigt dabei das Kindeswohl.

[Künftige Fassung von Abs. 2 erster Satz; bei Drucklegung noch nicht in Kraft: [1]
² Über die Mitwirkungspflicht einer minderjährigen Person entscheidet das Gericht nach seinem Ermessen. ...]

³ Dritte, die zur Mitwirkung verpflichtet sind, haben Anspruch auf eine angemessene Entschädigung.

Art. 161 Aufklärung

¹ Das Gericht klärt die Parteien und Dritte über die Mitwirkungspflicht, das Verweigerungsrecht und die Säumnisfolgen auf.

² Unterlässt es die Aufklärung über das Verweigerungsrecht, so darf es die erhobenen Beweise nicht berücksichtigen, es sei denn, die betroffene Person stimme zu oder die Verweigerung wäre unberechtigt gewesen.

Art. 162 Berechtigte Verweigerung der Mitwirkung

Verweigert eine Partei oder eine dritte Person die Mitwirkung berechtigterweise, so darf das Gericht daraus nicht auf die zu beweisende Tatsache schliessen.

---

[1] Fassung gemäss Anhang 2 Ziff. 3 (Koordination mit der Änderung vom 19. Dez. 2008 des ZGB [Erwachsenenschutz, Personenrecht und Kindesrecht]) der Schweizerischen Zivilprozessordnung vom 19. Dez. 2008 (AS 2010 1739 1836; BBl 2006 7221).

2. Abschnitt: Verweigerungsrecht der Parteien

Art. 163 Verweigerungsrecht
¹ Eine Partei kann die Mitwirkung verweigern, wenn sie:
a. eine ihr im Sinne von Artikel 165 nahestehende Person der Gefahr strafrechtlicher Verfolgung oder zivilrechtlicher Verantwortlichkeit aussetzen würde;
b. sich wegen Verletzung eines Geheimnisses nach Artikel 321 des Strafgesetzbuchs[1] (StGB) strafbar machen würde; ausgenommen sind die Revisorinnen und Revisoren; Artikel 166 Absatz 1 Buchstabe b dritter Teilsatz gilt sinngemäss.

² Die Trägerinnen und Träger anderer gesetzlich geschützter Geheimnisse können die Mitwirkung verweigern, wenn sie glaubhaft machen, dass das Geheimhaltungsinteresse das Interesse an der Wahrheitsfindung überwiegt.

Art. 164 Unberechtigte Verweigerung
Verweigert eine Partei die Mitwirkung unberechtigterweise, so berücksichtigt dies das Gericht bei der Beweiswürdigung.

3. Abschnitt: Verweigerungsrecht Dritter

Art. 165 Umfassendes Verweigerungsrecht
¹ Jede Mitwirkung können verweigern:
a. wer mit einer Partei verheiratet ist oder war oder eine faktische Lebensgemeinschaft führt;
b. wer mit einer Partei gemeinsame Kinder hat;
c. wer mit einer Partei in gerader Linie oder in der Seitenlinie bis und mit dem dritten Grad verwandt oder verschwägert ist;
d. die Pflegeeltern, die Pflegekinder und die Pflegegeschwister einer Partei;
e. die für eine Partei zur Vormundschaft, zur Beiratschaft oder zur Beistandschaft eingesetzte Person.

[Künftige Fassung von Abs. 1 Bst. e; bei Drucklegung noch nicht in Kraft:][2]
e. die für eine Partei zur Vormundschaft oder zur Beistandschaft eingesetzte Person.]

---

1 SR 311.0
2 Fassung gemäss Anhang 2 Ziff. 3 (Koordination mit der Änderung vom 19. Dez. 2008 des ZGB [Erwachsenenschutz, Personenrecht und Kindesrecht]) der Schweizerischen Zivilprozessordnung vom 19. Dez. 2008 (AS 2010 1739 1836; BBl 2006 7221).

² Die eingetragene Partnerschaft ist der Ehe gleichgestellt.
³ Die Stiefgeschwister sind den Geschwistern gleichgestellt.

Art. 166 Beschränktes Verweigerungsrecht

¹ Eine dritte Person kann die Mitwirkung verweigern:
a. zur Feststellung von Tatsachen, die sie oder eine ihr im Sinne von Artikel 165 nahestehende Person der Gefahr strafrechtlicher Verfolgung oder zivilrechtlicher Verantwortlichkeit aussetzen würde;
b. soweit sie sich wegen Verletzung eines Geheimnisses nach Artikel 321 StGB[1] strafbar machen würde; ausgenommen sind die Revisorinnen und Revisoren; mit Ausnahme der Anwältinnen und Anwälte sowie der Geistlichen haben Dritte jedoch mitzuwirken, wenn sie einer Anzeigepflicht unterliegen oder wenn sie von der Geheimhaltungspflicht entbunden worden sind, es sei denn, sie machen glaubhaft, dass das Geheimhaltungsinteresse das Interesse an der Wahrheitsfindung überwiegt;
c. zur Feststellung von Tatsachen, die ihr als Beamtin oder Beamter im Sinne von Artikel 110 Absatz 3[2] StGB oder als Behördenmitglied in ihrer amtlichen Eigenschaft anvertraut worden sind oder die sie bei Ausübung ihres Amtes wahrgenommen hat; sie hat auszusagen, wenn sie einer Anzeigepflicht unterliegt oder wenn sie von ihrer vorgesetzten Behörde zur Aussage ermächtigt worden ist;
d. wenn sie als Ombudsperson, Mediatorin oder Mediator über Tatsachen aussagen müsste, die sie im Rahmen der betreffenden Tätigkeit wahrgenommen hat;
e. über die Identität der Autorin oder des Autors oder über Inhalt und Quellen ihrer Informationen, wenn sie sich beruflich oder als Hilfsperson mit der Veröffentlichung von Informationen im redaktionellen Teil eines periodisch erscheinenden Mediums befasst.

² Die Trägerinnen und Träger anderer gesetzlich geschützter Geheimnisse können die Mitwirkung verweigern, wenn sie glaubhaft machen, dass das Geheimhaltungsinteresse das Interesse an der Wahrheitsfindung überwiegt.

³ Vorbehalten bleiben die besonderen Bestimmungen des Sozialversicherungsrechts über die Datenbekanntgabe.

Art. 167 Unberechtigte Verweigerung

¹ Verweigert die dritte Person die Mitwirkung unberechtigterweise, so kann das Gericht:

---

1   SR 311.0
2   Berichtigt von der Redaktionskommission der BVers (Art. 58 Abs. 1 ParlG ⎕ SR 171.10).

a. eine Ordnungsbusse bis zu 1000 Franken anordnen;
b. die Strafdrohung nach Artikel 292 StGB[1] aussprechen;
c. die zwangsweise Durchsetzung anordnen;
d. die Prozesskosten auferlegen, die durch die Verweigerung verursacht worden sind.

² Säumnis der dritten Person hat die gleichen Folgen wie deren unberechtigte Verweigerung der Mitwirkung.

³ Die dritte Person kann die gerichtliche Anordnung mit Beschwerde anfechten.

3. Kapitel: Beweismittel
1. Abschnitt: Zulässige Beweismittel

Art. 168

¹ Als Beweismittel sind zulässig:
a. Zeugnis;
b. Urkunde;
c. Augenschein;
d. Gutachten;
e. schriftliche Auskunft;
f. Parteibefragung und Beweisaussage.

² Vorbehalten bleiben die Bestimmungen über Kinderbelange in familienrechtlichen Angelegenheiten.

2. Abschnitt: Zeugnis

Art. 169 Gegenstand

Wer nicht Partei ist, kann über Tatsachen Zeugnis ablegen, die er oder sie unmittelbar wahrgenommen hat.

Art. 170 Vorladung

¹ Zeuginnen und Zeugen werden vom Gericht vorgeladen.

² Das Gericht kann den Parteien gestatten, Zeuginnen oder Zeugen ohne Vorladung mitzubringen.

---

1 SR 311.0

³ Die Befragung kann am Aufenthaltsort der Zeugin oder des Zeugen erfolgen. Die Parteien sind darüber rechtzeitig zu informieren.

Art. 171 Form der Einvernahme

¹ Die Zeugin oder der Zeuge wird vor der Einvernahme zur Wahrheit ermahnt; nach Vollendung des 14. Altersjahres wird die Zeugin oder der Zeuge zudem auf die strafrechtlichen Folgen des falschen Zeugnisses (Art. 307 StGB[1]) hingewiesen.

² Das Gericht befragt jede Zeugin und jeden Zeugen einzeln und in Abwesenheit der andern; vorbehalten bleibt die Konfrontation.

³ Das Zeugnis ist frei abzulegen; das Gericht kann die Benützung schriftlicher Unterlagen zulassen.

⁴ Das Gericht schliesst Zeuginnen und Zeugen von der übrigen Verhandlung aus, solange sie nicht aus dem Zeugenstand entlassen sind.

Art. 172 Inhalt der Einvernahme

Das Gericht befragt die Zeuginnen und Zeugen über:
a. ihre Personalien;
b. ihre persönlichen Beziehungen zu den Parteien sowie über andere Umstände, die für die Glaubwürdigkeit der Aussage von Bedeutung sein können;
c. ihre Wahrnehmungen zur Sache.

Art. 173 Ergänzungsfragen

Die Parteien können Ergänzungsfragen beantragen oder sie mit Bewilligung des Gerichts selbst stellen.

Art. 174 Konfrontation

Zeuginnen und Zeugen können einander und den Parteien gegenübergestellt werden.

Art. 175 Zeugnis einer sachverständigen Person

Das Gericht kann einer sachverständigen Zeugin oder einem sachverständigen Zeugen auch Fragen zur Würdigung des Sachverhaltes stellen.

---

1   SR 311.0

Art. 176 Protokoll

¹ Die Aussagen werden in ihrem wesentlichen Inhalt zu Protokoll genommen und von der Zeugin oder dem Zeugen unterzeichnet. Zu Protokoll genommen werden auch abgelehnte Ergänzungsfragen der Parteien, wenn dies eine Partei verlangt.

² Die Aussagen können zusätzlich auf Tonband, auf Video oder mit anderen geeigneten technischen Hilfsmitteln aufgezeichnet werden.

3. Abschnitt: Urkunde

Art. 177 Begriff

Als Urkunden gelten Dokumente wie Schriftstücke, Zeichnungen, Pläne, Fotos, Filme, Tonaufzeichnungen, elektronische Dateien und dergleichen, die geeignet sind, rechtserhebliche Tatsachen zu beweisen.

Art. 178 Echtheit

Die Partei, die sich auf eine Urkunde beruft, hat deren Echtheit zu beweisen, sofern die Echtheit von der andern Partei bestritten wird; die Bestreitung muss ausreichend begründet werden.

Art. 179 Beweiskraft öffentlicher Register und Urkunden

Öffentliche Register und öffentliche Urkunden erbringen für die durch sie bezeugten Tatsachen vollen Beweis, solange nicht die Unrichtigkeit ihres Inhalts nachgewiesen ist.

Art. 180 Einreichung

¹ Die Urkunde kann in Kopie eingereicht werden. Das Gericht oder eine Partei kann die Einreichung des Originals oder einer amtlich beglaubigten Kopie verlangen, wenn begründete Zweifel an der Echtheit bestehen.

² Bei umfangreichen Urkunden ist die für die Beweisführung erhebliche Stelle zu bezeichnen.

4. Abschnitt: Augenschein

Art. 181 Durchführung

¹ Das Gericht kann zur unmittelbaren Wahrnehmung von Tatsachen oder zum besseren Verständnis des Sachverhaltes auf Antrag einer Partei oder von Amtes wegen einen Augenschein durchführen.

² Es kann Zeuginnen und Zeugen sowie sachverständige Personen zum Augenschein beiziehen.

³ Kann der Gegenstand des Augenscheins ohne Nachteil vor Gericht gebracht werden, ist er einzureichen.

Art. 182 Protokoll

Über den Augenschein ist Protokoll zu führen. Es wird gegebenenfalls mit Plänen, Zeichnungen, fotografischen und andern technischen Mitteln ergänzt.

5. Abschnitt: Gutachten

Art. 183 Grundsätze

¹ Das Gericht kann auf Antrag einer Partei oder von Amtes wegen bei einer oder mehreren sachverständigen Personen ein Gutachten einholen. Es hört vorgängig die Parteien an.

² Für eine sachverständige Person gelten die gleichen Ausstandsgründe wie für die Gerichtspersonen.

³ Eigenes Fachwissen hat das Gericht offen zu legen, damit die Parteien dazu Stellung nehmen können.

Art. 184 Rechte und Pflichten der sachverständigen Person

¹ Die sachverständige Person ist zur Wahrheit verpflichtet und hat ihr Gutachten fristgerecht abzuliefern.

² Das Gericht weist sie auf die Strafbarkeit eines falschen Gutachtens nach Artikel 307 StGB[1] und der Verletzung des Amtsgeheimnisses nach Artikel 320 StGB sowie auf die Folgen von Säumnis und mangelhafter Auftragserfüllung hin.

³ Die sachverständige Person hat Anspruch auf Entschädigung. Der gerichtliche Entscheid über die Entschädigung ist mit Beschwerde anfechtbar.

Art. 185 Auftrag

¹ Das Gericht instruiert die sachverständige Person und stellt ihr die abzuklärenden Fragen schriftlich oder mündlich in der Verhandlung.

² Es gibt den Parteien Gelegenheit, sich zur Fragestellung zu äussern und Änderungs- oder Ergänzungsanträge zu stellen.

³ Es stellt der sachverständigen Person die notwendigen Akten zur Verfügung und bestimmt eine Frist für die Erstattung des Gutachtens.

[1] SR 311.0

Art. 186 Abklärungen der sachverständigen Person

¹ Die sachverständige Person kann mit Zustimmung des Gerichts eigene Abklärungen vornehmen. Sie hat sie im Gutachten offenzulegen.

² Das Gericht kann auf Antrag einer Partei oder von Amtes wegen die Abklärungen nach den Regeln des Beweisverfahrens nochmals vornehmen.

Art. 187 Erstattung des Gutachtens

¹ Das Gericht kann mündliche oder schriftliche Erstattung des Gutachtens anordnen. Es kann überdies anordnen, dass die sachverständige Person ihr schriftliches Gutachten in der Verhandlung erläutert.

² Über ein mündliches Gutachten ist sinngemäss nach Artikel 176 Protokoll zu führen.

³ Sind mehrere sachverständige Personen beauftragt, so erstattet jede von ihnen ein Gutachten, sofern das Gericht nichts anderes anordnet.

⁴ Das Gericht gibt den Parteien Gelegenheit, eine Erläuterung des Gutachtens oder Ergänzungsfragen zu beantragen.

Art. 188 Säumnis und Mängel

¹ Erstattet die sachverständige Person das Gutachten nicht fristgemäss, so kann das Gericht den Auftrag widerrufen und eine andere sachverständige Person beauftragen.

² Das Gericht kann ein unvollständiges, unklares oder nicht gehörig begründetes Gutachten auf Antrag einer Partei oder von Amtes wegen ergänzen und erläutern lassen oder eine andere sachverständige Person beiziehen.

Art. 189 Schiedsgutachten

¹ Die Parteien können vereinbaren, über streitige Tatsachen ein Schiedsgutachten einzuholen.

² Für die Form der Vereinbarung gilt Artikel 17 Absatz 2.

³ Das Schiedsgutachten bindet das Gericht hinsichtlich der darin festgestellten Tatsachen, wenn:
a. die Parteien über das Rechtsverhältnis frei verfügen können;
b. gegen die beauftragte Person kein Ausstandsgrund vorlag; und
c. das Schiedsgutachten ohne Bevorzugung einer Partei erstellt wurde und nicht offensichtlich unrichtig ist.

6. Abschnitt: Schriftliche Auskunft

Art. 190

¹ Das Gericht kann Amtsstellen um schriftliche Auskunft ersuchen.

² Es kann von Privatpersonen schriftliche Auskünfte einholen, wenn eine Zeugenbefragung nicht erforderlich erscheint.

7. Abschnitt: Parteibefragung und Beweisaussage

Art. 191 Parteibefragung

¹ Das Gericht kann eine oder beide Parteien zu den rechtserheblichen Tatsachen befragen.

² Die Parteien werden vor der Befragung zur Wahrheit ermahnt und darauf hingewiesen, dass sie mit einer Ordnungsbusse bis zu 2000 Franken und im Wiederholungsfall bis zu 5000 Franken bestraft werden können, wenn sie mutwillig leugnen.

Art. 192 Beweisaussage

¹ Das Gericht kann eine oder beide Parteien von Amtes wegen zur Beweisaussage unter Strafdrohung verpflichten.

² Die Parteien werden vor der Beweisaussage zur Wahrheit ermahnt und auf die Straffolgen einer Falschaussage hingewiesen (Art. 306 StGB[1]).

Art. 193 Protokoll

Für das Protokoll der Parteibefragung und der Beweisaussage gilt Artikel 176 sinngemäss.

11. Titel: Rechtshilfe zwischen schweizerischen Gerichten

Art. 194 Grundsatz

¹ Die Gerichte sind gegenseitig zur Rechtshilfe verpflichtet.

² Sie verkehren direkt miteinander[2].

---

[1] SR 311.0
[2] Die örtlich zuständige schweizerische Justizbehörde für Rechtshilfeersuchen kann über folgende Internetseite ermittelt werden: www.elorge.admin.ch

Art. 195 Direkte Prozesshandlungen in einem andern Kanton

Jedes Gericht kann die erforderlichen Prozesshandlungen auch in einem anderen Kanton direkt und selber vornehmen; es kann insbesondere Sitzungen abhalten und Beweis erheben.

Art. 196 Rechtshilfe

¹ Das Gericht kann um Rechtshilfe ersuchen. Das Rechtshilfegesuch kann in der Amtssprache des ersuchenden oder des ersuchten Gerichts abgefasst werden.

² Das ersuchte Gericht informiert das ersuchende Gericht und die Parteien über Ort und Zeit der Prozesshandlung.

³ Das ersuchte Gericht kann für seine Auslagen Ersatz verlangen.

2. Teil: Besondere Bestimmungen
1. Titel: Schlichtungsversuch
1. Kapitel: Geltungsbereich und Schlichtungsbehörde

Art. 197 Grundsatz

Dem Entscheidverfahren geht ein Schlichtungsversuch vor einer Schlichtungsbehörde voraus.

Art. 198 Ausnahmen

Das Schlichtungsverfahren entfällt:
a. im summarischen Verfahren;
b. bei Klagen über den Personenstand;
c. im Scheidungsverfahren;
d. im Verfahren zur Auflösung der eingetragenen Partnerschaft;
e. bei folgenden Klagen aus dem SchKG[1]:
   1. Aberkennungsklage (Art. 83 Abs. 2 SchKG),
   2. Feststellungsklage (Art. 85a SchKG),
   3. Widerspruchsklage (Art. 106–109 SchKG),
   4. Anschlussklage (Art. 111 SchKG),
   5. Aussonderungs- und Admassierungsklage (Art. 242 SchKG),
   6. Kollokationsklage (Art. 148 und 250 SchKG),

---

1 SR 281.1

7. Klage auf Feststellung neuen Vermögens (Art. 265a SchKG),
8. Klage auf Rückschaffung von Retentionsgegenständen (Art. 284 SchKG);
f. bei Streitigkeiten, für die nach den Artikeln 5 und 6 dieses Gesetzes eine einzige kantonale Instanz zuständig ist;
g. bei der Hauptintervention, der Widerklage und der Streitverkündungsklage;
h. wenn das Gericht Frist für eine Klage gesetzt hat.

Art. 199 Verzicht auf das Schlichtungsverfahren

¹ Bei vermögensrechtlichen Streitigkeiten mit einem Streitwert von mindestens 100 000 Franken können die Parteien gemeinsam auf die Durchführung des Schlichtungsverfahrens verzichten.

² Die klagende Partei kann einseitig auf das Schlichtungsverfahren verzichten, wenn:
a. die beklagte Partei Sitz oder Wohnsitz im Ausland hat;
b. der Aufenthaltsort der beklagten Partei unbekannt ist;
c. in Streitigkeiten nach dem Gleichstellungsgesetz vom 24. März 1995[1].

Art. 200 Paritätische Schlichtungsbehörden

¹ Bei Streitigkeiten aus Miete und Pacht von Wohn- und Geschäftsräumen besteht die Schlichtungsbehörde aus einer vorsitzenden Person und einer paritätischen Vertretung.

² Bei Streitigkeiten nach dem Gleichstellungsgesetz vom 24. März 1995[2] besteht die Schlichtungsbehörde aus einer vorsitzenden Person und einer paritätischen Vertretung der Arbeitgeber- und Arbeitnehmerseite und des öffentlichen und privaten Bereichs; die Geschlechter müssen paritätisch vertreten sein.

Art. 201 Aufgaben der Schlichtungsbehörde

¹ Die Schlichtungsbehörde versucht in formloser Verhandlung, die Parteien zu versöhnen. Dient es der Beilegung des Streites, so können in einen Vergleich auch ausserhalb des Verfahrens liegende Streitfragen zwischen den Parteien einbezogen werden.

² In den Angelegenheiten nach Artikel 200 ist die Schlichtungsbehörde auch Rechtsberatungsstelle.

---

1 SR 151.1
2 SR 151.1

2. Kapitel: Schlichtungsverfahren

Art. 202 Einleitung

¹ Das Verfahren wird durch das Schlichtungsgesuch eingeleitet. Dieses kann in den Formen nach Artikel 130 eingereicht oder mündlich bei der Schlichtungsbehörde zu Protokoll gegeben werden.

² Im Schlichtungsgesuch sind die Gegenpartei, das Rechtsbegehren und der Streitgegenstand zu bezeichnen.

³ Die Schlichtungsbehörde stellt der Gegenpartei das Schlichtungsgesuch unverzüglich zu und lädt gleichzeitig die Parteien zur Vermittlung vor.

⁴ In den Angelegenheiten nach Artikel 200 kann sie, soweit ein Urteilsvorschlag nach Artikel 210 oder ein Entscheid nach Artikel 212 in Frage kommt, ausnahmsweise einen Schriftenwechsel durchführen.

Art. 203 Verhandlung

¹ Die Verhandlung hat innert zwei Monaten seit Eingang des Gesuchs oder nach Abschluss des Schriftenwechsels stattzufinden.

² Die Schlichtungsbehörde lässt sich allfällige Urkunden vorlegen und kann einen Augenschein durchführen. Soweit ein Urteilsvorschlag nach Artikel 210 oder ein Entscheid nach Artikel 212 in Frage kommt, kann sie auch die übrigen Beweismittel abnehmen, wenn dies das Verfahren nicht wesentlich verzögert.

³ Die Verhandlung ist nicht öffentlich. In den Angelegenheiten nach Artikel 200 kann die Schlichtungsbehörde die Öffentlichkeit ganz oder teilweise zulassen, wenn ein öffentliches Interesse besteht.

⁴ Mit Zustimmung der Parteien kann die Schlichtungsbehörde weitere Verhandlungen durchführen. Das Verfahren ist spätestens nach zwölf Monaten abzuschliessen.

Art. 204 Persönliches Erscheinen

¹ Die Parteien müssen persönlich zur Schlichtungsverhandlung erscheinen.

² Sie können sich von einer Rechtsbeiständin, einem Rechtsbeistand oder einer Vertrauensperson begleiten lassen.

³ Nicht persönlich erscheinen muss und sich vertreten lassen kann, wer:
a. ausserkantonalen oder ausländischen Wohnsitz hat;
b. wegen Krankheit, Alter oder anderen wichtigen Gründen verhindert ist;
c. in Streitigkeiten nach Artikel 243 als Arbeitgeber beziehungsweise als Versicherer eine angestellte Person oder als Vermieter die Liegenschaftsverwaltung delegiert, sofern diese zum Abschluss eines Vergleichs schriftlich ermächtigt sind.

⁴ Die Gegenpartei ist über die Vertretung vorgängig zu orientieren.

Art. 205 Vertraulichkeit des Verfahrens

¹ Aussagen der Parteien dürfen weder protokolliert noch später im Entscheidverfahren verwendet werden.

² Vorbehalten ist die Verwendung der Aussagen im Falle eines Urteilsvorschlages oder Entscheides der Schlichtungsbehörde.

Art. 206 Säumnis

¹ Bei Säumnis der klagenden Partei gilt das Schlichtungsgesuch als zurückgezogen; das Verfahren wird als gegenstandslos abgeschrieben.

² Bei Säumnis der beklagten Partei verfährt die Schlichtungsbehörde, wie wenn keine Einigung zu Stande gekommen wäre (Art. 209–212).

³ Bei Säumnis beider Parteien wird das Verfahren als gegenstandslos abgeschrieben.

Art. 207 Kosten des Schlichtungsverfahrens

¹ Die Kosten des Schlichtungsverfahrens werden der klagenden Partei auferlegt:
a. wenn sie das Schlichtungsgesuch zurückzieht;
b. wenn das Verfahren wegen Säumnis abgeschrieben wird;
c. bei Erteilung der Klagebewilligung.

² Bei Einreichung der Klage werden die Kosten zur Hauptsache geschlagen.

3. Kapitel: Einigung und Klagebewilligung

Art. 208 Einigung der Parteien

¹ Kommt es zu einer Einigung, so nimmt die Schlichtungsbehörde einen Vergleich, eine Klageanerkennung oder einen vorbehaltlosen Klagerückzug zu Protokoll und lässt die Parteien dieses unterzeichnen. Jede Partei erhält ein Exemplar des Protokolls.

² Ein Vergleich, eine Klageanerkennung oder ein vorbehaltloser Klagerückzug haben die Wirkung eines rechtskräftigen Entscheids.

Art. 209 Klagebewilligung

¹ Kommt es zu keiner Einigung, so hält die Schlichtungsbehörde dies im Protokoll fest und erteilt die Klagebewilligung:
a. bei der Anfechtung von Miet- und Pachtzinserhöhungen: dem Vermieter oder Verpächter;
b. in den übrigen Fällen: der klagenden Partei.

² Die Klagebewilligung enthält:
a. die Namen und Adressen der Parteien und allfälliger Vertretungen;

b. das Rechtsbegehren der klagenden Partei mit Streitgegenstand und eine allfällige Widerklage;
c. das Datum der Einleitung des Schlichtungsverfahrens;
d. die Verfügung über die Kosten des Schlichtungsverfahrens;
e. das Datum der Klagebewilligung;
f. die Unterschrift der Schlichtungsbehörde.

³ Nach Eröffnung berechtigt die Klagebewilligung während dreier Monate zur Einreichung der Klage beim Gericht.

⁴ In Streitigkeiten aus Miete und Pacht von Wohn- und Geschäftsräumen sowie aus landwirtschaftlicher Pacht beträgt die Klagefrist 30 Tage. Vorbehalten bleiben weitere besondere gesetzliche und gerichtliche Klagefristen.

4. Kapitel: Urteilsvorschlag und Entscheid

Art. 210 Urteilsvorschlag

¹ Die Schlichtungsbehörde kann den Parteien einen Urteilsvorschlag unterbreiten in:
a. Streitigkeiten nach dem Gleichstellungsgesetz vom 24. März 1995[1];
b. Streitigkeiten aus Miete und Pacht von Wohn- und Geschäftsräumen sowie aus landwirtschaftlicher Pacht, sofern die Hinterlegung von Miet- und Pachtzinsen, der Schutz vor missbräuchlichen Miet- und Pachtzinsen, der Kündigungsschutz oder die Erstreckung des Miet- und Pachtverhältnisses betroffen ist;
c. den übrigen vermögensrechtlichen Streitigkeiten bis zu einem Streitwert von 5000 Franken.

² Der Urteilsvorschlag kann eine kurze Begründung enthalten; im Übrigen gilt Artikel 238 sinngemäss.

Art. 211 Wirkungen

¹ Der Urteilsvorschlag gilt als angenommen und hat die Wirkungen eines rechtskräftigen Entscheids, wenn ihn keine Partei innert 20 Tagen seit der schriftlichen Eröffnung ablehnt. Die Ablehnung bedarf keiner Begründung.

² Nach Eingang der Ablehnung stellt die Schlichtungsbehörde die Klagebewilligung zu:
a. in den Angelegenheiten nach Artikel 210 Absatz 1 Buchstabe b: der ablehnenden Partei;
b. in den übrigen Fällen: der klagenden Partei.

---

1   SR 151.1

³ Wird die Klage in den Angelegenheiten nach Artikel 210 Absatz 1 Buchstabe b nicht rechtzeitig eingereicht, so gilt der Urteilsvorschlag als anerkannt und er hat die Wirkungen eines rechtskräftigen Entscheides.
⁴ Die Parteien sind im Urteilsvorschlag auf die Wirkungen nach den Absätzen 1–3 hinzuweisen.

Art. 212 Entscheid
¹ Vermögensrechtliche Streitigkeiten bis zu einem Streitwert von 2000 Franken kann die Schlichtungsbehörde entscheiden, sofern die klagende Partei einen entsprechenden Antrag stellt.
² Das Verfahren ist mündlich.

2. Titel: Mediation

Art. 213 Mediation statt Schlichtungsverfahren
¹ Auf Antrag sämtlicher Parteien tritt eine Mediation an die Stelle des Schlichtungsverfahrens.
² Der Antrag ist im Schlichtungsgesuch oder an der Schlichtungsverhandlung zu stellen.
³ Teilt eine Partei der Schlichtungsbehörde das Scheitern der Mediation mit, so wird die Klagebewilligung ausgestellt.

Art. 214 Mediation im Entscheidverfahren
¹ Das Gericht kann den Parteien jederzeit eine Mediation empfehlen.
² Die Parteien können dem Gericht jederzeit gemeinsam eine Mediation beantragen.
³ Das gerichtliche Verfahren bleibt bis zum Widerruf des Antrages durch eine Partei oder bis zur Mitteilung der Beendigung der Mediation sistiert.

Art. 215 Organisation und Durchführung der Mediation
Organisation und Durchführung der Mediation ist Sache der Parteien.

Art. 216 Verhältnis zum gerichtlichen Verfahren
¹ Die Mediation ist von der Schlichtungsbehörde und vom Gericht unabhängig und vertraulich.
² Die Aussagen der Parteien dürfen im gerichtlichen Verfahren nicht verwendet werden.

Art. 217 Genehmigung einer Vereinbarung

Die Parteien können gemeinsam die Genehmigung der in der Mediation erzielten Vereinbarung beantragen. Die genehmigte Vereinbarung hat die Wirkung eines rechtskräftigen Entscheids.

Art. 218 Kosten der Mediation

¹ Die Parteien tragen die Kosten der Mediation.

² In kindesrechtlichen Angelegenheiten nicht vermögensrechtlicher Art haben die Parteien Anspruch auf eine unentgeltliche Mediation, wenn:

a. ihnen die erforderlichen Mittel fehlen; und

b. das Gericht die Durchführung einer Mediation empfiehlt.

³ Das kantonale Recht kann weitere Kostenerleichterungen vorsehen.

3. Titel: Ordentliches Verfahren
1. Kapitel: Geltungsbereich

Art. 219

Die Bestimmungen dieses Titels gelten für das ordentliche Verfahren sowie sinngemäss für sämtliche anderen Verfahren, soweit das Gesetz nichts anderes bestimmt.

2. Kapitel: Schriftenwechsel und Vorbereitung der Hauptverhandlung

Art. 220 Einleitung

Das ordentliche Verfahren wird mit Einreichung der Klage eingeleitet.

Art. 221 Klage

¹ Die Klage enthält:

a. die Bezeichnung der Parteien und allfälliger Vertreterinnen und Vertreter;

b. das Rechtsbegehren;

c. die Angabe des Streitwerts;

d. die Tatsachenbehauptungen;

e. die Bezeichnung der einzelnen Beweismittel zu den behaupteten Tatsachen;

f. das Datum und die Unterschrift.

² Mit der Klage sind folgende Beilagen einzureichen:

a. eine Vollmacht bei Vertretung;
b. gegebenenfalls die Klagebewilligung oder die Erklärung, dass auf das Schlichtungsverfahren verzichtet werde;
c. die verfügbaren Urkunden, welche als Beweismittel dienen sollen;
d. ein Verzeichnis der Beweismittel.

³ Die Klage kann eine rechtliche Begründung enthalten.

Art. 222   Klageantwort

¹ Das Gericht stellt die Klage der beklagten Partei zu und setzt ihr gleichzeitig eine Frist zur schriftlichen Klageantwort.

² Für die Klageantwort gilt Artikel 221 sinngemäss. Die beklagte Partei hat darzulegen, welche Tatsachenbehauptungen der klagenden Partei im Einzelnen anerkannt oder bestritten werden.

³ Das Gericht kann die beklagte Partei auffordern, die Klageantwort auf einzelne Fragen oder einzelne Rechtsbegehren zu beschränken (Art. 125).

⁴ Es stellt die Klageantwort der klagenden Partei zu.

Art. 223   Versäumte Klageantwort

¹ Bei versäumter Klageantwort setzt das Gericht der beklagten Partei eine kurze Nachfrist.

² Nach unbenutzter Frist trifft das Gericht einen Endentscheid, sofern die Angelegenheit spruchreif ist. Andernfalls lädt es zur Hauptverhandlung vor.

Art. 224   Widerklage

¹ Die beklagte Partei kann in der Klageantwort Widerklage erheben, wenn der geltend gemachte Anspruch nach der gleichen Verfahrensart wie die Hauptklage zu beurteilen ist.

² Übersteigt der Streitwert der Widerklage die sachliche Zuständigkeit des Gerichts, so hat dieses beide Klagen dem Gericht mit der höheren sachlichen Zuständigkeit zu überweisen.

³ Wird Widerklage erhoben, so setzt das Gericht der klagenden Partei eine Frist zur schriftlichen Antwort. Widerklage auf Widerklage ist unzulässig.

Art. 225   Zweiter Schriftenwechsel

Erfordern es die Verhältnisse, so kann das Gericht einen zweiten Schriftenwechsel anordnen.

Art. 226   Instruktionsverhandlung

¹ Das Gericht kann jederzeit Instruktionsverhandlungen durchführen.

² Die Instruktionsverhandlung dient der freien Erörterung des Streitgegenstandes, der Ergänzung des Sachverhaltes, dem Versuch einer Einigung und der Vorbereitung der Hauptverhandlung.
³ Das Gericht kann Beweise abnehmen.

Art. 227 Klageänderung

¹ Eine Klageänderung ist zulässig, wenn der geänderte oder neue Anspruch nach der gleichen Verfahrensart zu beurteilen ist und:
a. mit dem bisherigen Anspruch in einem sachlichen Zusammenhang steht; oder
b. die Gegenpartei zustimmt.

² Übersteigt der Streitwert der geänderten Klage die sachliche Zuständigkeit des Gerichts, so hat dieses den Prozess an das Gericht mit der höheren sachlichen Zuständigkeit zu überweisen.

³ Eine Beschränkung der Klage ist jederzeit zulässig; das angerufene Gericht bleibt zuständig.

3. Kapitel: Hauptverhandlung

Art. 228 Erste Parteivorträge

¹ Nach der Eröffnung der Hauptverhandlung stellen die Parteien ihre Anträge und begründen sie.
² Das Gericht gibt ihnen Gelegenheit zu Replik und Duplik.

Art. 229 Neue Tatsachen und Beweismittel

¹ In der Hauptverhandlung werden neue Tatsachen und Beweismittel nur noch berücksichtigt, wenn sie ohne Verzug vorgebracht werden und:
a. erst nach Abschluss des Schriftenwechsels oder nach der letzten Instruktionsverhandlung entstanden oder gefunden worden sind (echte Noven); oder
b. bereits vor Abschluss des Schriftenwechsels oder vor der letzten Instruktionsverhandlung vorhanden waren, aber trotz zumutbarer Sorgfalt nicht vorher vorgebracht werden konnten (unechte Noven).

² Hat weder ein zweiter Schriftenwechsel noch eine Instruktionsverhandlung stattgefunden, so können neue Tatsachen und Beweismittel zu Beginn der Hauptverhandlung unbeschränkt vorgebracht werden.

³ Hat das Gericht den Sachverhalt von Amtes wegen abzuklären, so berücksichtigt es neue Tatsachen und Beweismittel bis zur Urteilsberatung.

Art. 230 Klageänderung

¹ Eine Klageänderung ist in der Hauptverhandlung nur noch zulässig, wenn:
a. die Voraussetzungen nach Artikel 227 Absatz 1 gegeben sind; und
b. sie zudem auf neuen Tatsachen und Beweismitteln beruht.

² Artikel 227 Absätze 2 und 3 ist anwendbar.

Art. 231 Beweisabnahme

Nach den Parteivorträgen nimmt das Gericht die Beweise ab.

Art. 232 Schlussvorträge

¹ Nach Abschluss der Beweisabnahme können die Parteien zum Beweisergebnis und zur Sache Stellung nehmen. Die klagende Partei plädiert zuerst. Das Gericht gibt Gelegenheit zu einem zweiten Vortrag.

² Die Parteien können gemeinsam auf die mündlichen Schlussvorträge verzichten und beantragen, schriftliche Parteivorträge einzureichen. Das Gericht setzt ihnen dazu eine Frist.

Art. 233 Verzicht auf die Hauptverhandlung

Die Parteien können gemeinsam auf die Durchführung der Hauptverhandlung verzichten.

Art. 234 Säumnis an der Hauptverhandlung

¹ Bei Säumnis einer Partei berücksichtigt das Gericht die Eingaben, die nach Massgabe dieses Gesetzes eingereicht worden sind. Im Übrigen kann es seinem Entscheid unter Vorbehalt von Artikel 153 die Akten sowie die Vorbringen der anwesenden Partei zu Grunde legen.

² Bei Säumnis beider Parteien wird das Verfahren als gegenstandslos abgeschrieben. Die Gerichtskosten werden den Parteien je zur Hälfte auferlegt.

4. Kapitel: Protokoll

Art. 235

¹ Das Gericht führt über jede Verhandlung Protokoll. Dieses enthält insbesondere:
a. den Ort und die Zeit der Verhandlung;
b. die Zusammensetzung des Gerichts;
c. die Anwesenheit der Parteien und ihrer Vertretungen;
d. die Rechtsbegehren, Anträge und Prozesserklärungen der Parteien;

e. die Verfügungen des Gerichts;
f. die Unterschrift der protokollführenden Person.

² Ausführungen tatsächlicher Natur sind dem wesentlichen Inhalt nach zu protokollieren, soweit sie nicht in den Schriftsätzen der Parteien enthalten sind. Sie können zusätzlich auf Tonband, auf Video oder mit anderen geeigneten technischen Hilfsmitteln aufgezeichnet werden.

³ Über Gesuche um Protokollberichtigung entscheidet das Gericht.

5. Kapitel: Entscheid

Art. 236   Endentscheid

¹ Ist das Verfahren spruchreif, so wird es durch Sach- oder Nichteintretensentscheid beendet.

² Das Gericht urteilt durch Mehrheitsentscheid.

³ Auf Antrag der obsiegenden Partei ordnet es Vollstreckungsmassnahmen an.

Art. 237   Zwischenentscheid

¹ Das Gericht kann einen Zwischenentscheid treffen, wenn durch abweichende oberinstanzliche Beurteilung sofort ein Endentscheid herbeigeführt und so ein bedeutender Zeit- oder Kostenaufwand gespart werden kann.

² Der Zwischenentscheid ist selbstständig anzufechten; eine spätere Anfechtung zusammen mit dem Endentscheid ist ausgeschlossen.

Art. 238   Inhalt

Ein Entscheid enthält:
a. die Bezeichnung und die Zusammensetzung des Gerichts;
b. den Ort und das Datum des Entscheids;
c. die Bezeichnung der Parteien und ihrer Vertretung;
d. das Dispositiv (Urteilsformel);
e. die Angabe der Personen und Behörden, denen der Entscheid mitzuteilen ist;
f. eine Rechtsmittelbelehrung, sofern die Parteien auf die Rechtsmittel nicht verzichtet haben;
g. gegebenenfalls die Entscheidgründe;
h. die Unterschrift des Gerichts.

Art. 239   Eröffnung und Begründung

¹ Das Gericht kann seinen Entscheid ohne schriftliche Begründung eröffnen:

a. in der Hauptverhandlung durch Übergabe des schriftlichen Dispositivs an die Parteien mit kurzer mündlicher Begründung;
b. durch Zustellung des Dispositivs an die Parteien.

² Eine schriftliche Begründung ist nachzuliefern, wenn eine Partei dies innert zehn Tagen seit der Eröffnung des Entscheides verlangt. Wird keine Begründung verlangt, so gilt dies als Verzicht auf die Anfechtung des Entscheides mit Berufung oder Beschwerde.

³ Vorbehalten bleiben die Bestimmungen des Bundesgerichtsgesetzes vom 17. Juni 2005[1] über die Eröffnung von Entscheiden, die an das Bundesgericht weitergezogen werden können.

Art. 240 Mitteilung und Veröffentlichung des Entscheides

Sieht das Gesetz es vor oder dient es der Vollstreckung, so wird der Entscheid Behörden und betroffenen Dritten mitgeteilt oder veröffentlicht.

6. Kapitel: Beendigung des Verfahrens ohne Entscheid

Art. 241 Vergleich, Klageanerkennung, Klagerückzug

¹ Wird ein Vergleich, eine Klageanerkennung oder ein Klagerückzug dem Gericht zu Protokoll gegeben, so haben die Parteien das Protokoll zu unterzeichnen.

² Ein Vergleich, eine Klageanerkennung oder ein Klagerückzug hat die Wirkung eines rechtskräftigen Entscheides.

³ Das Gericht schreibt das Verfahren ab.

Art. 242 Gegenstandslosigkeit aus anderen Gründen

Endet das Verfahren aus anderen Gründen ohne Entscheid, so wird es abgeschrieben.

4. Titel: Vereinfachtes Verfahren

Art. 243 Geltungsbereich

¹ Das vereinfachte Verfahren gilt für vermögensrechtliche Streitigkeiten bis zu einem Streitwert von 30 000 Franken.

² Es gilt ohne Rücksicht auf den Streitwert für Streitigkeiten:
a. nach dem Gleichstellungsgesetz vom 24. März 1995[2];

---

1 SR 173.110
2 SR 151.1

b. wegen Gewalt, Drohung oder Nachstellungen nach Artikel 28b ZGB[1];
c. aus Miete und Pacht von Wohn- und Geschäftsräumen sowie aus landwirtschaftlicher Pacht, sofern die Hinterlegung von Miet- und Pachtzinsen, der Schutz vor missbräuchlichen Miet- und Pachtzinsen, der Kündigungsschutz oder die Erstreckung des Miet- oder Pachtverhältnisses betroffen ist;
d. zur Durchsetzung des Auskunftsrechts nach dem Bundesgesetz vom 19. Juni 1992[2] über den Datenschutz;
e. nach dem Mitwirkungsgesetz vom 17. Dezember 1993[3];
f. aus Zusatzversicherungen zur sozialen Krankenversicherung nach dem Bundesgesetz vom 18. März 1994[4] über die Krankenversicherung.

[3] Es findet keine Anwendung in Streitigkeiten vor der einzigen kantonalen Instanz nach den Artikeln 5 und 8 und vor dem Handelsgericht nach Artikel 6.

Art. 244 Vereinfachte Klage

[1] Die Klage kann in den Formen nach Artikel 130 eingereicht oder mündlich bei Gericht zu Protokoll gegeben werden. Sie enthält:
a. die Bezeichnung der Parteien;
b. das Rechtsbegehren;
c. die Bezeichnung des Streitgegenstandes;
d. wenn nötig die Angabe des Streitwertes;
e. das Datum und die Unterschrift.

[2] Eine Begründung der Klage ist nicht erforderlich.

[3] Als Beilagen sind einzureichen:
a. eine Vollmacht bei Vertretung;
b. die Klagebewilligung oder die Erklärung, dass auf das Schlichtungsverfahren verzichtet werde;
c. die verfügbaren Urkunden, welche als Beweismittel dienen sollen.

Art. 245 Vorladung zur Verhandlung und Stellungnahme

[1] Enthält die Klage keine Begründung, so stellt das Gericht sie der beklagten Partei zu und lädt die Parteien zugleich zur Verhandlung vor.

[2] Enthält die Klage eine Begründung, so setzt das Gericht der beklagten Partei zunächst eine Frist zur schriftlichen Stellungnahme.

---

1 SR 210
2 SR 235.1
3 SR 822.14
4 SR 832.10

Art. 246 Prozessleitende Verfügungen

¹ Das Gericht trifft die notwendigen Verfügungen, damit die Streitsache möglichst am ersten Termin erledigt werden kann.

² Erfordern es die Verhältnisse, so kann das Gericht einen Schriftenwechsel anordnen und Instruktionsverhandlungen durchführen.

Art. 247 Feststellung des Sachverhaltes

¹ Das Gericht wirkt durch entsprechende Fragen darauf hin, dass die Parteien ungenügende Angaben zum Sachverhalt ergänzen und die Beweismittel bezeichnen.

² Das Gericht stellt den Sachverhalt von Amtes wegen fest:
a. in den Angelegenheiten nach Artikel 243 Absatz 2;
b. bis zu einem Streitwert von 30 000 Franken:
  1. in den übrigen Streitigkeiten aus Miete und Pacht von Wohn- und Geschäftsräumen sowie aus landwirtschaftlicher Pacht,
  2. in den übrigen arbeitsrechtlichen Streitigkeiten.

5. Titel: Summarisches Verfahren

1. Kapitel: Geltungsbereich

Art. 248 Grundsatz

Das summarische Verfahren ist anwendbar:
a. in den vom Gesetz bestimmten Fällen;
b. für den Rechtsschutz in klaren Fällen;
c. für das gerichtliche Verbot;
d. für die vorsorglichen Massnahmen;
e. für die Angelegenheiten der freiwilligen Gerichtsbarkeit.

Art. 249 Zivilgesetzbuch

Das summarische Verfahren gilt insbesondere für folgende Angelegenheiten:
a. Personenrecht:
  1. Anspruch auf Gegendarstellung (Art. 28l ZGB[1]),
  2. Verschollenerklärung (Art. 35–38 ZGB),
  3. Bereinigung einer Eintragung im Zivilstandsregister (Art. 42 ZGB);

---

[1] SR 210

[Künftige Fassung von Art. 249 Bst. a; bei Drucklegung noch nicht in Kraft: [1]
Das summarische Verfahren gilt insbesondere für folgende Angelegenheiten:
a. *Personenrecht:*
  1. *Fristansetzung zur Genehmigung von Rechtsgeschäften einer minderjährigen Person oder einer Person unter umfassender Beistandschaft (Art. 19a ZGB),*
  2. *Anspruch auf Gegendarstellung (Art. 28l ZGB),*
  3. *Verschollenerklärung (Art. 35–38 ZGB),*
  4. *Bereinigung einer Eintragung im Zivilstandsregister (Art. 42 ZGB).]*
b. Familienrecht: Fristansetzung zur Genehmigung von Rechtsgeschäften eines Unmündigen oder Entmündigten (Art. 410 ZGB);

[Künftige Fassung von Art. 249 Bst. b; bei Drucklegung noch nicht in Kraft: [2]
b. *Aufgehoben.]*
c. Erbrecht:
  1. Entgegennahme eines mündlichen Testamentes (Art. 507 ZGB),
  2. Sicherstellung bei Beerbung einer verschollenen Person (Art. 546 ZGB),
  3. Verschiebung der Erbteilung und Sicherung der Ansprüche der Miterbinnen und Miterben gegenüber zahlungsunfähigen Erben (Art. 604 Abs. 2 und 3 ZGB);
d. Sachenrecht:
  1. Massnahmen zur Erhaltung des Wertes und der Gebrauchsfähigkeit der Sache bei Miteigentum (Art. 647 Abs. 2 Ziff. 1 ZGB),
  2. Eintragung dinglicher Rechte an Grundstücken bei ausserordentlicher Ersitzung (Art. 662 ZGB),
  3. Aufhebung der Einsprache gegen die Verfügungen über ein Stockwerk (Art. 712c Abs. 3 ZGB),
  4. Ernennung und Abberufung des Verwalters bei Stockwerkeigentum (Art. 712q und 712r ZGB),
  5. vorläufige Eintragung gesetzlicher Grundpfandrechte (Art. 712i, 779d, 779k und 837–839 ZGB),
  6. Fristansetzung zur Sicherstellung bei Nutzniessung und Entzug des Besitzes (Art. 760 und 762 ZGB),

---

[1] Fassung gemäss Anhang 2 Ziff. 3 (Koordination mit der Änderung vom 19. Dez. 2008 des ZGB [Erwachsenenschutz, Personenrecht und Kindesrecht]) der Schweizerischen Zivilprozessordnung vom 19. Dez. 2008 (AS 2010 1739 1836; BBl 2006 7221).

[2] Fassung gemäss Anhang 2 Ziff. 3 (Koordination mit der Änderung vom 19. Dez. 2008 des ZGB [Erwachsenenschutz, Personenrecht und Kindesrecht]) der Schweizerischen Zivilprozessordnung vom 19. Dez. 2008 (AS 2010 1739 1836; BBl 2006 7221).

7. Anordnung der Schuldenliquidation des Nutzniessungsvermögens (Art. 766 ZGB),
8. Massnahmen zu Gunsten des Pfandgläubigers zur Sicherung des Grundpfands (Art. 808 Abs. 1 und 2 sowie Art. 809–811 ZGB),
9.[1] Anordnung über die Stellvertretung bei Schuldbrief (Art. 850 Abs. 3 ZGB),
10.[2] Kraftloserklärung von Schuldbrief (Art. 856 und 865 ZGB),
11. Vormerkung von Verfügungsbeschränkungen und vorläufigen Eintragungen im Streitfall (Art. 960 Abs. 1 Ziff. 1, 961 Abs. 1 Ziff. 1 und 966 Abs. 2 ZGB).

Art. 250   Obligationenrecht

Das summarische Verfahren gilt insbesondere für folgende Angelegenheiten:
a. Allgemeiner Teil:
   1. gerichtliche Hinterlegung einer erloschenen Vollmacht (Art. 36 Abs. 1 OR[3]),
   2. Ansetzung einer angemessenen Frist zur Sicherstellung (Art. 83 Abs. 2 OR),
   3. Hinterlegung und Verkauf der geschuldeten Sache bei Gläubigerverzug (Art. 92 Abs. 2 und 93 Abs. 2 OR),
   4. Ermächtigung zur Ersatzvornahme (Art. 98 OR),
   5. Ansetzung einer Frist zur Vertragserfüllung (Art. 107 Abs. 1[4] OR),
   6. Hinterlegung eines streitigen Betrages (Art. 168 Abs. 1 OR);
b. Einzelne Vertragsverhältnisse:
   1. Bezeichnung einer sachverständigen Person zur Nachprüfung des Geschäftsergebnisses oder der Provisionsabrechnung (Art. 322a Abs. 2 und 322c Abs. 2 OR),
   2. Ansetzung einer Frist zur Sicherheitsleistung bei Lohngefährdung (Art. 337a OR),
   3. Ansetzung einer Frist bei vertragswidriger Ausführung eines Werkes (Art. 366 Abs. 2 OR),
   4. Bezeichnung einer sachverständigen Person zur Prüfung eines Werkes (Art. 367 OR),
   5. Ansetzung einer Frist zur Herstellung der neuen Auflage eines literarischen oder künstlerischen Werkes (Art. 383 Abs. 3 OR),
   6. Herausgabe der beim Sequester hinterlegten Sache (Art. 480 OR),

---

1   Fassung gemäss Ziff. II 3 des BG vom 11. Dez. 2009 (Register-Schuldbrief und weitere Änderungen im Sachenrecht), in Kraft seit 1. Jan. 2012 (AS 2011 4637; BBl 2007 5283).
2   Fassung gemäss Ziff. II 3 des BG vom 11. Dez. 2009 (Register-Schuldbrief und weitere Änderungen im Sachenrecht), in Kraft seit 1. Jan. 2012 (AS 2011 4637; BBl 2007 5283).
3   SR 220
4   Berichtigt von der Redaktionskommission der BVers (Art. 58 Abs. 1 ParlG – SR 171.10).

7. Beurteilung der Pfanddeckung bei Solidarbürgschaft (Art. 496 Abs. 2 OR),
8. Einstellung der Betreibung gegen den Bürgen bei Leistung von Realsicherheit (Art. 501 Abs. 2 OR),
9. Sicherstellung durch den Hauptschuldner und Befreiung von der Bürgschaft (Art. 506 OR);

c. Gesellschaftsrecht:
1. vorläufiger Entzug der Vertretungsbefugnis (Art. 565 Abs. 2, 603 und 767 Abs. 1 OR),
2. Bezeichnung der gemeinsamen Vertretung (Art. 690 Abs. 1, 764 Abs. 2, 792 Ziff. 1 und 847 Abs. 4 OR),
3. Bestimmung, Abberufung und Ersetzung von Liquidatoren (Art. 583 Abs. 2, 619, 740, 741, 770, 826 Abs. 2 und 913 OR),
4. Verkauf zu einem Gesamtübernahmepreis und Art der Veräusserung von Grundstücken (Art. 585 Abs. 3 und 619 OR),
5. Bezeichnung der sachverständigen Person zur Prüfung der Gewinn- und Verlustrechnung und der Bilanz der Kommanditgesellschaft (Art. 600 Abs. 3 OR),
6. Ansetzung einer Frist bei ungenügender Anzahl von Mitgliedern oder bei Fehlen von notwendigen Organen (Art. 731b, 819 und 908 OR),
7. Anordnung der Auskunftserteilung an Aktionäre und Gläubiger einer Aktiengesellschaft, an Mitglieder einer Gesellschaft mit beschränkter Haftung und an Genossenschafter (Art. 697 Abs. 4, 697h Abs. 2, 802 Abs. 4 und 857 Abs. 3 OR),
8. Sonderprüfung bei der Aktiengesellschaft (Art. 697a–697g OR),
9. Einberufung der Generalversammlung einer Aktiengesellschaft oder einer Genossenschaft, Traktandierung eines Verhandlungsgegenstandes und Einberufung der Gesellschafterversammlung einer Gesellschaft mit beschränkter Haftung (Art. 699 Abs. 4, 805 Abs. 5 Ziff. 2 und 881 Abs. 3 OR),
10. Bezeichnung einer Vertretung der Gesellschaft oder der Genossenschaft bei Anfechtung von Generalversammlungsbeschlüssen durch die Verwaltung (Art. 706a Abs. 2, 808c und 891 Abs. 1 OR),
11. Ernennung und Abberufung der Revisionsstelle (Art. 731b OR),
12. Hinterlegung von Forderungsbeiträgen bei der Liquidation (Art. 744, 770, 826 Abs. 2 und 913 OR),
13. Abberufung der Verwaltung und Kontrollstelle der Genossenschaft (Art. 890 Abs. 2 OR);

d. Wertpapierrecht
1. Kraftloserklärung von Wertpapieren (Art. 981 OR),
2. Verbot der Bezahlung eines Wechsels und Hinterlegung des Wechselbetrages (Art. 1072 OR),

3. Erlöschen einer Vollmacht, welche die Gläubigerversammlung bei Anleihensobligationen einer Vertretung erteilt hat (Art. 1162 Abs. 4 OR),
4. Einberufung einer Gläubigerversammlung auf Gesuch der Anleihensgläubiger (Art. 1165 Abs. 3 und 4 OR).

Art. 251 Bundesgesetz vom 11. April 1889 über Schuldbetreibung und Konkurs
Das summarische Verfahren gilt insbesondere für folgende Angelegenheiten:
a. Entscheide, die vom Rechtsöffnungs-, Konkurs-, Arrest- und Nachlassgericht getroffen werden;
b. Bewilligung des nachträglichen Rechtsvorschlages (Art. 77 Abs. 3 SchKG[1]) und des Rechtsvorschlages in der Wechselbetreibung (Art. 181 SchKG);
c. Aufhebung oder Einstellung der Betreibung (Art. 85 SchKG);
d. Entscheid über das Vorliegen neuen Vermögens (Art. 265a Abs. 1–3 SchKG);
e. Anordnung der Gütertrennung (Art. 68b SchKG).

2. Kapitel: Verfahren und Entscheid

Art. 252 Gesuch
¹ Das Verfahren wird durch ein Gesuch eingeleitet.
² Das Gesuch ist in den Formen nach Artikel 130 zu stellen; in einfachen oder dringenden Fällen kann es mündlich beim Gericht zu Protokoll gegeben werden.

Art. 253 Stellungnahme
Erscheint das Gesuch nicht offensichtlich unzulässig oder offensichtlich unbegründet, so gibt das Gericht der Gegenpartei Gelegenheit, mündlich oder schriftlich Stellung zu nehmen.

Art. 254 Beweismittel
¹ Beweis ist durch Urkunden zu erbringen.
² Andere Beweismittel sind nur zulässig, wenn:
a. sie das Verfahren nicht wesentlich verzögern;
b. es der Verfahrenszweck erfordert; oder
c. das Gericht den Sachverhalt von Amtes wegen festzustellen hat.

---

1 SR 281.1

Art. 255 Untersuchungsgrundsatz

Das Gericht stellt den Sachverhalt von Amtes wegen fest:
a. wenn es als Konkurs- oder Nachlassgericht zu entscheiden hat;
b. bei Anordnungen der freiwilligen Gerichtsbarkeit.

Art. 256 Entscheid

[1] Das Gericht kann auf die Durchführung einer Verhandlung verzichten und aufgrund der Akten entscheiden, sofern das Gesetz nichts anderes bestimmt.

[2] Erweist sich eine Anordnung der freiwilligen Gerichtsbarkeit im Nachhinein als unrichtig, so kann sie von Amtes wegen oder auf Antrag aufgehoben oder abgeändert werden, es sei denn, das Gesetz oder die Rechtssicherheit ständen entgegen.

3. Kapitel: Rechtsschutz in klaren Fällen

Art. 257

[1] Das Gericht gewährt Rechtsschutz im summarischen Verfahren, wenn:
a. der Sachverhalt unbestritten oder sofort beweisbar ist; und
b. die Rechtslage klar ist.

[2] Ausgeschlossen ist dieser Rechtsschutz, wenn die Angelegenheit dem Offizialgrundsatz unterliegt.

[3] Kann dieser Rechtsschutz nicht gewährt werden, so tritt das Gericht auf das Gesuch nicht ein.

4. Kapitel: Gerichtliches Verbot

Art. 258 Grundsatz

[1] Wer an einem Grundstück dinglich berechtigt ist, kann beim Gericht beantragen, dass jede Besitzesstörung zu unterlassen ist und eine Widerhandlung auf Antrag mit einer Busse bis zu 2000 Franken bestraft wird. Das Verbot kann befristet oder unbefristet sein.

[2] Die gesuchstellende Person hat ihr dingliches Recht mit Urkunden zu beweisen und eine bestehende oder drohende Störung glaubhaft zu machen.

Art. 259 Bekanntmachung

Das Verbot ist öffentlich bekannt zu machen und auf dem Grundstück an gut sichtbarer Stelle anzubringen.

Art. 260 Einsprache

¹ Wer das Verbot nicht anerkennen will, hat innert 30 Tagen seit dessen Bekanntmachung und Anbringung auf dem Grundstück beim Gericht Einsprache zu erheben. Die Einsprache bedarf keiner Begründung.

² Die Einsprache macht das Verbot gegenüber der einsprechenden Person unwirksam. Zur Durchsetzung des Verbotes ist beim Gericht Klage einzureichen.

5. Kapitel: Vorsorgliche Massnahmen und Schutzschrift
1. Abschnitt: Vorsorgliche Massnahmen

Art. 261 Grundsatz

¹ Das Gericht trifft die notwendigen vorsorglichen Massnahmen, wenn die gesuchstellende Partei glaubhaft macht, dass:

a. ein ihr zustehender Anspruch verletzt ist oder eine Verletzung zu befürchten ist; und

b. ihr aus der Verletzung ein nicht leicht wieder gutzumachender Nachteil droht.

² Leistet die Gegenpartei angemessene Sicherheit, so kann das Gericht von vorsorglichen Massnahmen absehen.

Art. 262 Inhalt

Eine vorsorgliche Massnahme kann jede gerichtliche Anordnung sein, die geeignet ist, den drohenden Nachteil abzuwenden, insbesondere:

a. ein Verbot;

b. eine Anordnung zur Beseitigung eines rechtswidrigen Zustands;

c. eine Anweisung an eine Registerbehörde oder eine dritte Person;

d. eine Sachleistung;

e. die Leistung einer Geldzahlung in den vom Gesetz bestimmten Fällen.

Art. 263 Massnahmen vor Rechtshängigkeit

Ist die Klage in der Hauptsache noch nicht rechtshängig, so setzt das Gericht der gesuchstellenden Partei eine Frist zur Einreichung der Klage, mit der Androhung, die angeordnete Massnahme falle bei ungenutztem Ablauf der Frist ohne Weiteres dahin.

Art. 264 Sicherheitsleistung und Schadenersatz

¹ Ist ein Schaden für die Gegenpartei zu befürchten, so kann das Gericht die Anordnung vorsorglicher Massnahmen von der Leistung einer Sicherheit durch die gesuchstellende Partei abhängig machen.

² Die gesuchstellende Partei haftet für den aus einer ungerechtfertigten vorsorglichen Massnahme erwachsenen Schaden. Beweist sie jedoch, dass sie ihr Gesuch in guten Treuen gestellt hat, so kann das Gericht die Ersatzpflicht herabsetzen oder gänzlich von ihr entbinden.

³ Eine geleistete Sicherheit ist freizugeben, wenn feststeht, dass keine Schadenersatzklage erhoben wird; bei Ungewissheit setzt das Gericht eine Frist zur Klage.

Art. 265   Superprovisorische Massnahmen

¹ Bei besonderer Dringlichkeit, insbesondere bei Vereitelungsgefahr, kann das Gericht die vorsorgliche Massnahme sofort und ohne Anhörung der Gegenpartei anordnen.

² Mit der Anordnung lädt das Gericht die Parteien zu einer Verhandlung vor, die unverzüglich stattzufinden hat, oder setzt der Gegenpartei eine Frist zur schriftlichen Stellungnahme. Nach Anhörung der Gegenpartei entscheidet das Gericht unverzüglich über das Gesuch.

³ Das Gericht kann die gesuchstellende Partei von Amtes wegen zu einer vorgängigen Sicherheitsleistung verpflichten.

Art. 266   Massnahmen gegen Medien

Gegen periodisch erscheinende Medien darf das Gericht eine vorsorgliche Massnahme nur anordnen, wenn:

a. die drohende Rechtsverletzung der gesuchstellenden Partei einen besonders schweren Nachteil verursachen kann;
b. offensichtlich kein Rechtfertigungsgrund vorliegt; und
c. die Massnahme nicht unverhältnismässig erscheint.

Art. 267   Vollstreckung

Das Gericht, das die vorsorgliche Massnahme anordnet, trifft auch die erforderlichen Vollstreckungsmassnahmen.

Art. 268   Änderung und Aufhebung

¹ Haben sich die Umstände geändert oder erweisen sich vorsorgliche Massnahmen nachträglich als ungerechtfertigt, so können sie geändert oder aufgehoben werden.

² Mit Rechtskraft des Entscheides in der Hauptsache fallen die Massnahmen von Gesetzes wegen dahin. Das Gericht kann die Weitergeltung anordnen, wenn es der Vollstreckung dient oder das Gesetz dies vorsieht.

Art. 269   Vorbehalt

Vorbehalten bleiben die Bestimmungen:

a. des SchKG[1] über sichernde Massnahmen bei der Vollstreckung von Geldforderungen;
b. des ZGB[2] über die erbrechtlichen Sicherungsmassregeln;
c. des Patentgesetzes vom 25. Juni 1954[3] über die Klage auf Lizenzerteilung.

2. Abschnitt: Schutzschrift

Art. 270

[1] Wer Grund zur Annahme hat, dass gegen ihn ohne vorgängige Anhörung die Anordnung einer superprovisorischen Massnahme, eines Arrests nach den Artikeln 271–281 SchKG[4] oder einer anderen Massnahme beantragt wird, kann seinen Standpunkt vorsorglich in einer Schutzschrift darlegen.[5]

[2] Die Schutzschrift wird der Gegenpartei nur mitgeteilt, wenn diese das entsprechende Verfahren einleitet.

[3] Die Schutzschrift ist sechs Monate nach Einreichung nicht mehr zu beachten.

6. Titel: Besondere eherechtliche Verfahren

1. Kapitel: Angelegenheiten des summarischen Verfahrens

Art. 271   Geltungsbereich

Das summarische Verfahren ist unter Vorbehalt der Artikel 272 und 273 anwendbar für Massnahmen zum Schutz der ehelichen Gemeinschaft, insbesondere für:
a. die Massnahmen nach den Artikeln 172–179 ZGB[6];
b. die Ausdehnung der Vertretungsbefugnis eines Ehegatten für die eheliche Gemeinschaft (Art. 166 Abs. 2 Ziff. 1 ZGB);
c. die Ermächtigung eines Ehegatten zur Verfügung über die Wohnung der Familie (Art. 169 Abs. 2 ZGB);
d. die Auskunftspflicht der Ehegatten über Einkommen, Vermögen und Schulden (Art. 170 Abs. 2 ZGB);

---

1   SR 281.1
2   SR 210
3   SR 232.14
4   SR 281.1
5   Fassung gemäss Art. 3 Ziff. 1 des BB vom 11. Dez. 2009 (Genehmigung und Umsetzung des Lugano-Übereink.), in Kraft seit 1. Jan. 2011 (AS 2010 5601; BBl 2009 1777).
6   SR 210

e. die Anordnung der Gütertrennung und Wiederherstellung des früheren Güterstands (Art. 185, 187 Abs. 2, 189 und 191 ZGB);
f. die Verpflichtung eines Ehegatten zur Mitwirkung bei der Aufnahme eines Inventars (Art. 195a ZGB);
g. die Festsetzung von Zahlungsfristen und Sicherheitsleistungen zwischen Ehegatten ausserhalb eines Prozesses über die güterrechtliche Auseinandersetzung (Art. 203 Abs. 2, 218, 235 Abs. 2 und 250 Abs. 2 ZGB);
h. die Zustimmung eines Ehegatten zur Ausschlagung oder zur Annahme einer Erbschaft (Art. 230 Abs. 2 ZGB);
i. die Anweisung an die Schuldner und die Sicherstellung nachehelichen Unterhalts ausserhalb eines Prozesses über den nachehelichen Unterhalt (Art. 132 ZGB).

Art. 272 Untersuchungsgrundsatz

Das Gericht stellt den Sachverhalt von Amtes wegen fest.

Art. 273 Verfahren

¹ Das Gericht führt eine mündliche Verhandlung durch. Es kann nur darauf verzichten, wenn der Sachverhalt aufgrund der Eingaben der Parteien klar oder unbestritten ist.

² Die Parteien müssen persönlich erscheinen, sofern das Gericht sie nicht wegen Krankheit, Alter oder anderen wichtigen Gründen dispensiert.

³ Das Gericht versucht, zwischen den Parteien eine Einigung herbeizuführen.

2. Kapitel: Scheidungsverfahren

1. Abschnitt: Allgemeine Bestimmungen

Art. 274 Einleitung

Das Scheidungsverfahren wird durch Einreichung eines gemeinsamen Scheidungsbegehrens oder einer Scheidungsklage eingeleitet.

Art. 275 Aufhebung des gemeinsamen Haushalts

Jeder Ehegatte kann nach Eintritt der Rechtshängigkeit für die Dauer des Scheidungsverfahrens den gemeinsamen Haushalt aufheben.

Art. 276 Vorsorgliche Massnahmen

¹ Das Gericht trifft die nötigen vorsorglichen Massnahmen. Die Bestimmungen über die Massnahmen zum Schutz der ehelichen Gemeinschaft sind sinngemäss anwendbar.

² Massnahmen, die das Eheschutzgericht angeordnet hat, dauern weiter. Für die Aufhebung oder die Änderung ist das Scheidungsgericht zuständig.

³ Das Gericht kann vorsorgliche Massnahmen auch dann anordnen, wenn die Ehe aufgelöst ist, das Verfahren über die Scheidungsfolgen aber andauert.

Art. 277 Feststellung des Sachverhalts

¹ Für die güterrechtliche Auseinandersetzung und den nachehelichen Unterhalt gilt der Verhandlungsgrundsatz.

² Stellt das Gericht fest, dass für die Beurteilung von vermögensrechtlichen Scheidungsfolgen notwendige Urkunden fehlen, so fordert es die Parteien auf, diese nachzureichen.

³ Im Übrigen stellt das Gericht den Sachverhalt von Amtes wegen fest.

Art. 278 Persönliches Erscheinen

Die Parteien müssen persönlich zu den Verhandlungen erscheinen, sofern das Gericht sie nicht wegen Krankheit, Alter oder anderen wichtigen Gründen dispensiert.

Art. 279 Genehmigung der Vereinbarung

¹ Das Gericht genehmigt die Vereinbarung über die Scheidungsfolgen, wenn es sich davon überzeugt hat, dass die Ehegatten sie aus freiem Willen und nach reiflicher Überlegung geschlossen haben und sie klar, vollständig und nicht offensichtlich unangemessen ist; vorbehalten bleiben die Bestimmungen über die berufliche Vorsorge.

² Die Vereinbarung ist erst rechtsgültig, wenn das Gericht sie genehmigt hat. Sie ist in das Dispositiv des Entscheids aufzunehmen.

Art. 280 Vereinbarung über die berufliche Vorsorge

¹ Das Gericht genehmigt eine Vereinbarung über die Teilung der Austrittsleistungen der beruflichen Vorsorge, wenn die Ehegatten:

a. sich über die Teilung sowie deren Durchführung geeinigt haben;
b. eine Bestätigung der beteiligten Einrichtungen der beruflichen Vorsorge über die Durchführbarkeit der getroffenen Regelung und die Höhe der Guthaben vorlegen; und
c. das Gericht sich davon überzeugt hat, dass die Vereinbarung dem Gesetz entspricht.

² Das Gericht teilt den beteiligten Einrichtungen den rechtskräftigen Entscheid bezüglich der sie betreffenden Punkte unter Einschluss der nötigen Angaben für die Überweisung des vereinbarten Betrages mit. Der Entscheid ist für die Einrichtungen verbindlich.

³ Verzichtet ein Ehegatte in der Vereinbarung ganz oder teilweise auf seinen Anspruch, so prüft das Gericht von Amtes wegen, ob eine entsprechende Alters- und Invalidenvorsorge auf andere Weise gewährleistet ist.

Art. 281 Fehlende Einigung über die Teilung der Austrittsleistungen

¹ Kommt keine Vereinbarung zustande, stehen jedoch die massgeblichen Austrittsleistungen fest, so entscheidet das Gericht nach den Vorschriften des ZGB[1] über das Teilungsverhältnis (Art. 122 und 123 ZGB in Verbindung mit den Art. 22 und 22a des Freizügigkeitsgesetzes vom 17. Dez. 1993[2]), legt den zu überweisenden Betrag fest und holt bei den beteiligten Einrichtungen der beruflichen Vorsorge unter Ansetzung einer Frist die Bestätigung über die Durchführbarkeit der in Aussicht genommenen Regelung ein.

² Artikel 280 Absatz 2 gilt sinngemäss.

³ In den übrigen Fällen überweist das Gericht bei Rechtskraft des Entscheides über das Teilungsverhältnis die Streitsache von Amtes wegen dem nach dem Freizügigkeitsgesetz vom 17. Dezember 1993 zuständigen Gericht und teilt diesem insbesondere mit:

a. den Entscheid über das Teilungsverhältnis;
b. das Datum der Eheschliessung und das Datum der Ehescheidung;
c. die Einrichtungen der beruflichen Vorsorge, bei denen den Ehegatten voraussichtlich Guthaben zustehen;
d. die Höhe der Guthaben der Ehegatten, die diese Einrichtungen gemeldet haben.

Art. 282 Unterhaltsbeiträge

¹ Werden durch Vereinbarung oder Entscheid Unterhaltsbeiträge festgelegt, so ist anzugeben:

a. von welchem Einkommen und Vermögen jedes Ehegatten ausgegangen wird;
b. wie viel für den Ehegatten und wie viel für jedes Kind bestimmt ist;
c. welcher Betrag zur Deckung des gebührenden Unterhalts des berechtigten Ehegatten fehlt, wenn eine nachträgliche Erhöhung der Rente vorbehalten wird;
d. ob und in welchem Ausmass die Rente den Veränderungen der Lebenskosten angepasst wird.

1   SR 210
2   SR 831.42

² Wird der Unterhaltsbeitrag für den Ehegatten angefochten, so kann die Rechtsmittelinstanz auch die nicht angefochtenen Unterhaltsbeiträge für die Kinder neu beurteilen.

Art. 283 Einheit des Entscheids

¹ Das Gericht befindet im Entscheid über die Ehescheidung auch über deren Folgen.

² Die güterrechtliche Auseinandersetzung kann aus wichtigen Gründen in ein separates Verfahren verwiesen werden.

Art. 284 Änderung rechtskräftig entschiedener Scheidungsfolgen

¹ Die Voraussetzungen und die sachliche Zuständigkeit für eine Änderung des Entscheids richten sich nach den Artikeln 129 und 134 ZGB[1].

² Nicht streitige Änderungen können die Parteien in einfacher Schriftlichkeit vereinbaren; vorbehalten bleiben die Bestimmungen des ZGB betreffend Kinderbelange (Art. 134 Abs. 3 ZGB).

³ Für streitige Änderungsverfahren gelten die Vorschriften über die Scheidungsklage sinngemäss.

2. Abschnitt: Scheidung auf gemeinsames Begehren

Art. 285 Eingabe bei umfassender Einigung

Die gemeinsame Eingabe der Ehegatten enthält:
a. die Namen und Adressen der Ehegatten sowie die Bezeichnung allfälliger Vertreterinnen und Vertreter;
b. das gemeinsame Scheidungsbegehren;
c. die vollständige Vereinbarung über die Scheidungsfolgen;
d. die gemeinsamen Anträge hinsichtlich der Kinder;
e. die erforderlichen Belege;
f. das Datum und die Unterschriften.

Art. 286 Eingabe bei Teileinigung

¹ In der Eingabe haben die Ehegatten zu beantragen, dass das Gericht die Scheidungsfolgen beurteilt, über die sie sich nicht einig sind.

² Jeder Ehegatte kann begründete Anträge zu den streitigen Scheidungsfolgen stellen.

³ Im Übrigen gilt Artikel 285 sinngemäss.

---

1 SR 210

Art. 287[1] Anhörung der Parteien

Ist die Eingabe vollständig, so lädt das Gericht die Parteien zur Anhörung vor. Diese richtet sich nach den Bestimmungen des ZGB[2].

Art. 288 Fortsetzung des Verfahrens und Entscheid

[1] Sind die Voraussetzungen für eine Scheidung auf gemeinsames Begehren erfüllt, so spricht das Gericht die Scheidung aus und genehmigt die Vereinbarung.

[2] Sind Scheidungsfolgen streitig geblieben, so wird das Verfahren in Bezug auf diese kontradiktorisch fortgesetzt.[3] Das Gericht kann die Parteirollen verteilen.

[3] Sind die Voraussetzungen für eine Scheidung auf gemeinsames Begehren nicht erfüllt, so weist das Gericht das gemeinsame Scheidungsbegehren ab und setzt gleichzeitig jedem Ehegatten eine Frist zur Einreichung einer Scheidungsklage.[4] Das Verfahren bleibt während dieser Frist rechtshängig und allfällige vorsorgliche Massnahmen gelten weiter.

Art. 289 Rechtsmittel

Die Scheidung der Ehe kann nur wegen Willensmängeln mit Berufung angefochten werden.

3. Abschnitt: Scheidungsklage

Art. 290 Einreichung der Klage

Die Scheidungsklage kann ohne schriftliche Begründung eingereicht werden. Sie enthält:

a. Namen und Adressen der Ehegatten sowie die Bezeichnung allfälliger Vertreterinnen und Vertreter;

b. das Rechtsbegehren, die Ehe sei zu scheiden sowie die Bezeichnung des Scheidungsgrunds (Art. 114 oder 115 ZGB[5]);

---

1   Fassung gemäss Ziff. II des BG vom 25. Sept. 2009 (Bedenkzeit im Scheidungsverfahren auf gemeinsames Begehren), in Kraft seit 1. Jan. 2011 (AS 2010 281 1861; BBl 2008 1959 1975).
2   SR 210
3   Fassung gemäss Ziff. II des BG vom 25. Sept. 2009 (Bedenkzeit im Scheidungsverfahren auf gemeinsames Begehren), in Kraft seit 1. Jan. 2011 (AS 2010 281 1861; BBl 2008 1959 1975).
4   Fassung gemäss Ziff. II des BG vom 25. Sept. 2009 (Bedenkzeit im Scheidungsverfahren auf gemeinsames Begehren), in Kraft seit 1. Jan. 2011 (AS 2010 281 1861; BBl 2008 1959 1975).
5   SR 210

c. die Rechtsbegehren hinsichtlich der vermögensrechtlichen Scheidungsfolgen;
d. die Rechtsbegehren hinsichtlich der Kinder;
e. die erforderlichen Belege;
f. das Datum und die Unterschriften.

Art. 291 Einigungsverhandlung

¹ Das Gericht lädt die Ehegatten zu einer Verhandlung vor und klärt ab, ob der Scheidungsgrund gegeben ist.

² Steht der Scheidungsgrund fest, so versucht das Gericht zwischen den Ehegatten eine Einigung über die Scheidungsfolgen herbeizuführen.

³ Steht der Scheidungsgrund nicht fest oder kommt keine Einigung zustande, so setzt das Gericht der klagenden Partei Frist, eine schriftliche Klagebegründung nachzureichen. Bei Nichteinhalten der Frist wird die Klage als gegenstandslos abgeschrieben.

Art. 292 Wechsel zur Scheidung auf gemeinsames Begehren

¹ Das Verfahren wird nach den Vorschriften über die Scheidung auf gemeinsames Begehren fortgesetzt, wenn die Ehegatten:
a. bei Eintritt der Rechtshängigkeit noch nicht seit mindestens zwei Jahren getrennt gelebt haben; und
b. mit der Scheidung einverstanden sind.

² Steht der geltend gemachte Scheidungsgrund fest, so findet kein Wechsel zur Scheidung auf gemeinsames Begehren statt.

Art. 293 Klageänderung

Die Scheidungsklage kann bis zum Beginn der Urteilsberatung in eine Trennungsklage umgewandelt werden.

4. Abschnitt: Eheungültigkeits- und Ehetrennungsklagen

Art. 294

¹ Das Verfahren bei Eheungültigkeits- und Ehetrennungsklagen richtet sich sinngemäss nach den Vorschriften über die Scheidungsklage.

² Eine Trennungsklage kann bis zum Beginn der Urteilsberatung in eine Scheidungsklage umgewandelt werden.

7. Titel: Kinderbelange in familienrechtlichen Angelegenheiten

1. Kapitel: Allgemeine Bestimmungen

Art. 295 Grundsatz
Für selbstständige Klagen gilt das vereinfachte Verfahren.

Art. 296 Untersuchungs- und Offizialgrundsatz
¹ Das Gericht erforscht den Sachverhalt von Amtes wegen.
² Zur Aufklärung der Abstammung haben Parteien und Dritte an Untersuchungen mitzuwirken, die nötig und ohne Gefahr für die Gesundheit sind. Die Bestimmungen über die Verweigerungsrechte der Parteien und von Dritten sind nicht anwendbar.
³ Das Gericht entscheidet ohne Bindung an die Parteianträge.

2. Kapitel: Eherechtliche Verfahren

Art. 297 Anhörung der Eltern und Mediation
¹ Sind Anordnungen über ein Kind zu treffen, so hört das Gericht die Eltern persönlich an.
² Das Gericht kann die Eltern zu einem Mediationsversuch auffordern.

Art. 298 Anhörung des Kindes
¹ Das Kind wird durch das Gericht oder durch eine beauftragte Drittperson in geeigneter Weise persönlich angehört, sofern sein Alter oder andere wichtige Gründe nicht dagegen sprechen.
² Im Protokoll der Anhörung werden nur die für den Entscheid wesentlichen Ergebnisse festgehalten. Die Eltern und die Beiständin oder der Beistand werden über diese Ergebnisse informiert.
³ Das urteilsfähige Kind kann die Verweigerung der Anhörung mit Beschwerde anfechten.

Art. 299 Anordnung einer Vertretung des Kindes
¹ Das Gericht ordnet wenn nötig die Vertretung des Kindes an und bezeichnet als Beiständin oder Beistand eine in fürsorgerischen und rechtlichen Fragen erfahrene Person.
² Es prüft die Anordnung der Vertretung insbesondere, wenn:

a. die Eltern bezüglich der Zuteilung der elterlichen Obhut oder Sorge oder bezüglich wichtiger Fragen des persönlichen Verkehrs unterschiedliche Anträge stellen;
b. die Vormundschaftsbehörde oder ein Elternteil eine Vertretung beantragen;

[Künftige Fassung von Art. 299 Abs. 2 Bst. b; bei Drucklegung noch nicht in Kraft: [1]
b. die Kindesschutzbehörde oder ein Elternteil eine Vertretung beantragen;]

c. das Gericht aufgrund der Anhörung der Eltern oder des Kindes oder aus anderen Gründen:
   1. erhebliche Zweifel an der Angemessenheit der gemeinsamen Anträge der Eltern über die Zuteilung der elterlichen Obhut oder Sorge oder über den persönlichen Verkehr hat, oder
   2. den Erlass von Kindesschutzmassnahmen erwägt.

³ Stellt das urteilsfähige Kind Antrag auf eine Vertretung, so ist diese anzuordnen. Das Kind kann die Nichtanordnung mit Beschwerde anfechten.

Art. 300 Kompetenzen der Vertretung

Die Vertretung des Kindes kann Anträge stellen und Rechtsmittel einlegen, soweit es um folgende Angelegenheiten geht:
a. die Zuteilung der elterlichen Obhut oder Sorge;
b. wichtige Fragen des persönlichen Verkehrs;
c. Kindesschutzmassnahmen.

Art. 301 Eröffnung des Entscheides

Ein Entscheid wird eröffnet:
a. den Eltern;
b. dem Kind, welches das 14. Altersjahr vollendet hat;
c. gegebenenfalls der Beiständin oder dem Beistand, soweit es um die Zuteilung der elterlichen Obhut oder Sorge, um wichtige Fragen des persönlichen Verkehrs oder um Kindesschutzmassnahmen geht.

---

1 Fassung gemäss Anhang 2 Ziff. 3 (Koordination mit der Änderung vom 19. Dez. 2008 des ZGB [Erwachsenenschutz, Personenrecht und Kindesrecht]) der Schweizerischen Zivilprozessordnung vom 19. Dez. 2008 (AS 2010 1739 1836; BBl 2006 7221).

3. Kapitel: Angelegenheiten des summarischen Verfahrens

Art. 302 Geltungsbereich

¹ Das summarische Verfahren ist insbesondere anwendbar für:
a. Entscheide nach dem Haager Übereinkommen vom 25. Oktober 1980[1] über die zivilrechtlichen Aspekte internationaler Kindesentführung und nach dem Europäischen Übereinkommen vom 20. Mai 1980[2] über die Anerkennung und Vollstreckung von Entscheidungen über das Sorgerecht für Kinder und die Wiederherstellung des Sorgerechts;
b. die Leistung eines besonderen Beitrags bei nicht vorgesehenen ausserordentlichen Bedürfnissen des Kindes (Art. 286 Abs. 3 ZGB[3]);
c. die Anweisung an die Schuldner und die Sicherstellung des Kinderunterhalts ausserhalb eines Prozesses über die Unterhaltspflicht der Eltern (Art. 291 und 292 ZGB).

² Die Bestimmungen des Bundesgesetzes vom 21. Dezember 2007[4] über internationale Kindesentführung und die Haager Übereinkommen zum Schutz von Kindern und Erwachsenen sind vorbehalten.

4. Kapitel: Unterhalts- und Vaterschaftsklage

Art. 303 Vorsorgliche Massnahmen

¹ Steht das Kindesverhältnis fest, so kann der Beklagte verpflichtet werden, angemessene Beiträge an den Unterhalt des Kindes zu hinterlegen oder vorläufig zu zahlen.

² Ist die Unterhaltsklage zusammen mit der Vaterschaftsklage eingereicht worden, so hat der Beklagte auf Gesuch der klagenden Partei:
a. die Entbindungskosten und angemessene Beiträge an den Unterhalt von Mutter und Kind zu hinterlegen, wenn die Vaterschaft glaubhaft gemacht ist;
b. angemessene Beiträge an den Unterhalt des Kindes zu zahlen, wenn die Vaterschaft zu vermuten ist und die Vermutung durch die sofort verfügbaren Beweismittel nicht umgestossen wird.

---

1 SR 0.211.230.02
2 SR 0.211.230.01
3 SR 210
4 SR 211.222.32

Art. 304 Zuständigkeit

Über die Hinterlegung, die vorläufige Zahlung, die Auszahlung hinterlegter Beiträge und die Rückerstattung vorläufiger Zahlungen entscheidet das für die Beurteilung der Klage zuständige Gericht.

8. Titel: Verfahren bei eingetragener Partnerschaft
1. Kapitel: Angelegenheiten des summarischen Verfahrens

Art. 305 Geltungsbereich

Das summarische Verfahren ist anwendbar für:
a. die Festsetzung von Geldbeiträgen an den Unterhalt und Anweisung an die Schuldnerin oder den Schuldner (Art. 13 Abs. 2 und 3 des Partnerschaftsgesetzes vom 18. Juni 2004[1], PartG);
b. die Ermächtigung einer Partnerin oder eines Partners zur Verfügung über die gemeinsame Wohnung (Art. 14 Abs. 2 PartG);
c. die Ausdehnung oder den Entzug der Vertretungsbefugnis einer Partnerin oder eines Partners für die Gemeinschaft (Art. 15 Abs. 2 Bst. a und 4 PartG);
d. die Auskunftspflicht der Partnerin oder des Partners über Einkommen, Vermögen und Schulden (Art. 16 Abs. 2 PartG);
e. die Festlegung, Anpassung oder Aufhebung der Geldbeiträge und die Regelung der Benützung der Wohnung und des Hausrats (Art. 17 Abs. 2 und 4 PartG);
f. die Verpflichtung einer Partnerin oder eines Partners zur Mitwirkung bei der Aufnahme eines Inventars (Art. 20 Abs. 1 PartG);
g. die Beschränkung der Verfügungsbefugnis einer Partnerin oder eines Partners über bestimmte Vermögenswerte (Art. 22 Abs. 1 PartG);
h. die Einräumung von Fristen zur Begleichung von Schulden zwischen den Partnerinnen oder Partnern (Art. 23 Abs. 1 PartG).

Art. 306 Verfahren

Für das Verfahren gelten die Artikel 272 und 273 sinngemäss.

---

[1] SR 211.231

2. Kapitel: Auflösung und Ungültigkeit der eingetragenen Partnerschaft

Art. 307

Für das Verfahren zur Auflösung und zur Ungültigerklärung der eingetragenen Partnerschaft gelten die Bestimmungen über das Scheidungsverfahren sinngemäss.

9. Titel: Rechtsmittel
1. Kapitel: Berufung
1. Abschnitt: Anfechtbare Entscheide und Berufungsgründe

Art. 308 Anfechtbare Entscheide

[1] Mit Berufung sind anfechtbar:

a. erstinstanzliche End- und Zwischenentscheide;
b. erstinstanzliche Entscheide über vorsorgliche Massnahmen.

[2] In vermögensrechtlichen Angelegenheiten ist die Berufung nur zulässig, wenn der Streitwert der zuletzt aufrechterhaltenen Rechtsbegehren mindestens 10 000 Franken beträgt.

Art. 309 Ausnahmen

Die Berufung ist unzulässig:

a. gegen Entscheide des Vollstreckungsgerichts;
b. in den folgenden Angelegenheiten des SchKG[1]:
   1. Aufhebung des Rechtsstillstandes (Art. 57d SchKG),
   2. Bewilligung des nachträglichen Rechtsvorschlages (Art. 77 SchKG),
   3. Rechtsöffnung (Art. 80–84 SchKG),
   4. Aufhebung oder Einstellung der Betreibung (Art. 85 SchKG),
   5. Bewilligung des Rechtsvorschlages in der Wechselbetreibung (Art. 185 SchKG),
   6.[2] Arrest (Art. 272 und 278 SchKG),
   7.[1] Entscheide, die nach SchKG in die Zuständigkeit des Konkurs- oder des Nachlassgerichts fallen.

---

1 SR 281.1
2 Fassung gemäss Art. 3 Ziff. 1 des BB vom 11. Dez. 2009 (Genehmigung und Umsetzung des Lugano-Übereink.), in Kraft seit 1. Jan. 2011 (AS 2010 5601; BBl 2009 1777).

Art. 310 Berufungsgründe
Mit Berufung kann geltend gemacht werden:
a. unrichtige Rechtsanwendung;
b. unrichtige Feststellung des Sachverhaltes.

2. Abschnitt: Berufung, Berufungsantwort und Anschlussberufung

Art. 311 Einreichen der Berufung

¹ Die Berufung ist bei der Rechtsmittelinstanz innert 30 Tagen seit Zustellung des begründeten Entscheides beziehungsweise seit der nachträglichen Zustellung der Entscheidbegründung (Art. 239) schriftlich und begründet einzureichen.

² Der angefochtene Entscheid ist beizulegen.

Art. 312 Berufungsantwort

¹ Die Rechtsmittelinstanz stellt die Berufung der Gegenpartei zur schriftlichen Stellungnahme zu, es sei denn, die Berufung sei offensichtlich unzulässig oder offensichtlich unbegründet.

² Die Frist für die Berufungsantwort beträgt 30 Tage.

Art. 313 Anschlussberufung

¹ Die Gegenpartei kann in der Berufungsantwort Anschlussberufung erheben.

² Die Anschlussberufung fällt dahin, wenn:
a. die Rechtsmittelinstanz nicht auf die Berufung eintritt;
b. die Berufung als offensichtlich unbegründet abgewiesen wird;
c. die Berufung vor Beginn der Urteilsberatung zurückgezogen wird.

Art. 314 Summarisches Verfahren

¹ Gegen einen im summarischen Verfahren ergangenen Entscheid beträgt die Frist zur Einreichung der Berufung und zur Berufungsantwort je zehn Tage.

² Die Anschlussberufung ist unzulässig.

---

1 Eingefügt durch Art. 3 Ziff. 1 des BB vom 11. Dez. 2009 (Genehmigung und Umsetzung des Lugano-Übereink.), in Kraft seit 1. Jan. 2011 (AS 2010 5601; BBl 2009 1777).

3. Abschnitt: Wirkungen und Verfahren der Berufung

Art. 315   Aufschiebende Wirkung

¹ Die Berufung hemmt die Rechtskraft und die Vollstreckbarkeit des angefochtenen Entscheids im Umfang der Anträge.

² Die Rechtsmittelinstanz kann die vorzeitige Vollstreckung bewilligen. Nötigenfalls ordnet sie sichernde Massnahmen oder die Leistung einer Sicherheit an.

³ Richtet sich die Berufung gegen einen Gestaltungsentscheid, so kann die aufschiebende Wirkung nicht entzogen werden.

⁴ Keine aufschiebende Wirkung hat die Berufung gegen Entscheide über:
a. das Gegendarstellungsrecht;
b. vorsorgliche Massnahmen.

⁵ Die Vollstreckung vorsorglicher Massnahmen kann ausnahmsweise aufgeschoben werden, wenn der betroffenen Partei ein nicht leicht wiedergutzumachender Nachteil droht.

Art. 316   Verfahren vor der Rechtsmittelinstanz

¹ Die Rechtsmittelinstanz kann eine Verhandlung durchführen oder aufgrund der Akten entscheiden.

² Sie kann einen zweiten Schriftenwechsel anordnen.

³ Sie kann Beweise abnehmen.

Art. 317   Neue Tatsachen, neue Beweismittel und Klageänderung

¹ Neue Tatsachen und Beweismittel werden nur noch berücksichtigt, wenn sie:
a. ohne Verzug vorgebracht werden; und
b. trotz zumutbarer Sorgfalt nicht schon vor erster Instanz vorgebracht werden konnten.

² Eine Klageänderung ist nur noch zulässig, wenn:
a. die Voraussetzungen nach Artikel 227 Absatz 1 gegeben sind; und
b. sie zudem auf neuen Tatsachen und Beweismitteln beruht.

Art. 318   Entscheid

¹ Die Rechtsmittelinstanz kann:
a. den angefochtenen Entscheid bestätigen;
b. neu entscheiden; oder
c. die Sache an die erste Instanz zurückweisen, wenn:
   1. ein wesentlicher Teil der Klage nicht beurteilt wurde, oder
   2. der Sachverhalt in wesentlichen Teilen zu vervollständigen ist.

² Die Rechtsmittelinstanz eröffnet ihren Entscheid mit einer schriftlichen Begründung.

³ Trifft die Rechtsmittelinstanz einen neuen Entscheid, so entscheidet sie auch über die Prozesskosten des erstinstanzlichen Verfahrens.

2. Kapitel: Beschwerde

Art. 319 Anfechtungsobjekt
Mit Beschwerde sind anfechtbar:
a. nicht berufungsfähige erstinstanzliche Endentscheide, Zwischenentscheide und Entscheide über vorsorgliche Massnahmen;
b. andere erstinstanzliche Entscheide und prozessleitende Verfügungen:
   1. in den vom Gesetz bestimmten Fällen,
   2. wenn durch sie ein nicht leicht wiedergutzumachender Nachteil droht;
c. Fälle von Rechtsverzögerung.

Art. 320 Beschwerdegründe
Mit der Beschwerde kann geltend gemacht werden:
a. unrichtige Rechtsanwendung;
b. offensichtlich unrichtige Feststellung des Sachverhaltes.

Art. 321 Einreichen der Beschwerde

¹ Die Beschwerde ist bei der Rechtsmittelinstanz innert 30 Tagen seit der Zustellung des begründeten Entscheides oder seit der nachträglichen Zustellung der Entscheidbegründung (Art. 239) schriftlich und begründet einzureichen.

² Wird ein im summarischen Verfahren ergangener Entscheid oder eine prozessleitende Verfügung angefochten, so beträgt die Beschwerdefrist zehn Tage, sofern das Gesetz nichts anderes bestimmt.

³ Der angefochtene Entscheid oder die angefochtene prozessleitende Verfügung ist beizulegen, soweit die Partei sie in Händen hat.

⁴ Gegen Rechtsverzögerung kann jederzeit Beschwerde eingereicht werden.

Art. 322 Beschwerdeantwort

¹ Die Rechtsmittelinstanz stellt der Gegenpartei die Beschwerde zur schriftlichen Stellungnahme zu, es sei denn, die Beschwerde sei offensichtlich unzulässig oder offensichtlich unbegründet.

² Für die Beschwerdeantwort gilt die gleiche Frist wie für die Beschwerde.

Art. 323 Anschlussbeschwerde
Eine Anschlussbeschwerde ist ausgeschlossen.

Art. 324 Stellungnahme der Vorinstanz
Die Rechtsmittelinstanz kann die Vorinstanz um eine Stellungnahme ersuchen.

Art. 325 Aufschiebende Wirkung
¹ Die Beschwerde hemmt die Rechtskraft und die Vollstreckbarkeit des angefochtenen Entscheids nicht.
² Die Rechtsmittelinstanz kann die Vollstreckung aufschieben. Nötigenfalls ordnet sie sichernde Massnahmen oder die Leistung einer Sicherheit an.

Art. 326 Neue Anträge, neue Tatsachen und neue Beweismittel
¹ Neue Anträge, neue Tatsachenbehauptungen und neue Beweismittel sind ausgeschlossen.
² Besondere Bestimmungen des Gesetzes bleiben vorbehalten.

Art. 327 Verfahren und Entscheid
¹ Die Rechtsmittelinstanz verlangt bei der Vorinstanz die Akten.
² Sie kann aufgrund der Akten entscheiden.
³ Soweit sie die Beschwerde gutheisst:
a. hebt sie den Entscheid oder die prozessleitende Verfügung auf und weist die Sache an die Vorinstanz zurück; oder
b. entscheidet sie neu, wenn die Sache spruchreif ist.
⁴ Wird die Beschwerde wegen Rechtsverzögerung gutgeheissen, so kann die Rechtsmittelinstanz der Vorinstanz eine Frist zur Behandlung der Sache setzen.
⁵ Die Rechtsmittelinstanz eröffnet ihren Entscheid mit einer schriftlichen Begründung.

Art. 327a[1] Vollstreckbarerklärung nach Lugano-Übereinkommen
¹ Richtet sich die Beschwerde gegen einen Entscheid des Vollstreckungsgerichts nach den Artikeln 38–52 des Übereinkommens vom 30. Oktober 2007[2] über die gerichtliche Zuständigkeit und die Anerkennung und Vollstreckung von Entscheidungen in Zivil- und Handelssachen (Lugano-Übereinkommen), so prüft die Rechtsmittelinstanz

---

1 Eingefügt durch Art. 3 Ziff. 1 des BB vom 11. Dez. 2009 (Genehmigung und Umsetzung des Lugano-Übereink.), in Kraft seit 1. Jan. 2011 (AS 2010 5601; BBl 2009 1777).
2 SR 0.275.12

die im Lugano-Übereinkommen vorgesehenen Verweigerungsgründe mit voller Kognition.
² Die Beschwerde hat aufschiebende Wirkung. Sichernde Massnahmen, insbesondere der Arrest nach Artikel 271 Absatz 1 Ziffer 6 SchKG[1], sind vorbehalten.
³ Die Frist für die Beschwerde gegen die Vollstreckbarerklärung richtet sich nach Artikel 43 Absatz 5 des Lugano-Übereinkommens.

3. Kapitel: Revision

Art. 328   Revisionsgründe

¹ Eine Partei kann beim Gericht, welches als letzte Instanz in der Sache entschieden hat, die Revision des rechtskräftigen Entscheids verlangen, wenn:
a. sie nachträglich erhebliche Tatsachen erfährt oder entscheidende Beweismittel findet, die sie im früheren Verfahren nicht beibringen konnte; ausgeschlossen sind Tatsachen und Beweismittel, die erst nach dem Entscheid entstanden sind;
b. ein Strafverfahren ergeben hat, dass durch ein Verbrechen oder ein Vergehen zum Nachteil der betreffenden Partei auf den Entscheid eingewirkt wurde; eine Verurteilung durch das Strafgericht ist nicht erforderlich; ist das Strafverfahren nicht durchführbar, so kann der Beweis auf andere Weise erbracht werden;
c. geltend gemacht wird, dass die Klageanerkennung, der Klagerückzug oder der gerichtliche Vergleich unwirksam ist.

² Die Revision wegen Verletzung der Europäischen Menschenrechtskonvention vom 4. November 1950[2] (EMRK) kann verlangt werden, wenn:
a. der Europäische Gerichtshof für Menschenrechte in einem endgültigen Urteil festgestellt hat, dass die EMRK oder die Protokolle dazu verletzt worden sind;
b. eine Entschädigung nicht geeignet ist, die Folgen der Verletzung auszugleichen; und
c. die Revision notwendig ist, um die Verletzung zu beseitigen.

Art. 329   Revisionsgesuch und Revisionsfristen

¹ Das Revisionsgesuch ist innert 90 Tagen seit Entdeckung des Revisionsgrundes schriftlich und begründet einzureichen.

² Nach Ablauf von zehn Jahren seit Eintritt der Rechtskraft des Entscheids kann die Revision nicht mehr verlangt werden, ausser im Falle von Artikel 328 Absatz 1 Buchstabe b.

1   SR 281.1
2   SR 0.101

Art. 330 Stellungnahme der Gegenpartei

Das Gericht stellt das Revisionsgesuch der Gegenpartei zur Stellungnahme zu, es sei denn, das Gesuch sei offensichtlich unzulässig oder offensichtlich unbegründet.

Art. 331 Aufschiebende Wirkung

¹ Das Revisionsgesuch hemmt die Rechtskraft und die Vollstreckbarkeit des Entscheids nicht.

² Das Gericht kann die Vollstreckung aufschieben. Nötigenfalls ordnet es sichernde Massnahmen oder die Leistung einer Sicherheit an.

Art. 332 Entscheid über das Revisionsgesuch

Der Entscheid über das Revisionsgesuch ist mit Beschwerde anfechtbar.

Art. 333 Neuer Entscheid in der Sache

¹ Heisst das Gericht das Revisionsgesuch gut, so hebt es seinen früheren Entscheid auf und entscheidet neu.

² Im neuen Entscheid entscheidet es auch über die Kosten des früheren Verfahrens.

³ Es eröffnet seinen Entscheid mit einer schriftlichen Begründung.

4. Kapitel: Erläuterung und Berichtigung

Art. 334

¹ Ist das Dispositiv unklar, widersprüchlich oder unvollständig oder steht es mit der Begründung im Widerspruch, so nimmt das Gericht auf Gesuch einer Partei oder von Amtes wegen eine Erläuterung oder Berichtigung des Entscheids vor. Im Gesuch sind die beanstandeten Stellen und die gewünschten Änderungen anzugeben.

² Die Artikel 330 und 331 gelten sinngemäss. Bei der Berichtigung von Schreib- oder Rechnungsfehlern kann das Gericht auf eine Stellungnahme der Parteien verzichten.

³ Ein Entscheid über das Erläuterungs- oder Berichtigungsgesuch ist mit Beschwerde anfechtbar.

⁴ Der erläuterte oder berichtigte Entscheid wird den Parteien eröffnet.

10. Titel: Vollstreckung

1. Kapitel: Vollstreckung von Entscheiden

Art. 335 Geltungsbereich

¹ Die Entscheide werden nach den Bestimmungen dieses Kapitels vollstreckt.

² Lautet der Entscheid auf eine Geldzahlung oder eine Sicherheitsleistung, so wird er nach den Bestimmungen des SchKG[1] vollstreckt.

³ Die Anerkennung, Vollstreckbarerklärung und Vollstreckung ausländischer Entscheide richten sich nach diesem Kapitel, soweit weder ein Staatsvertrag noch das IPRG[2] etwas anderes bestimmen.

Art. 336   Vollstreckbarkeit

¹ Ein Entscheid ist vollstreckbar, wenn er:
a. rechtskräftig ist und das Gericht die Vollstreckung nicht aufgeschoben hat (Art. 325 Abs. 2 und 331 Abs. 2); oder
b. noch nicht rechtskräftig ist, jedoch die vorzeitige Vollstreckung bewilligt worden ist.

² Auf Verlangen bescheinigt das Gericht, das den zu vollstreckenden Entscheid getroffen hat, die Vollstreckbarkeit.

Art. 337   Direkte Vollstreckung

¹ Hat bereits das urteilende Gericht konkrete Vollstreckungsmassnahmen angeordnet (Art. 236 Abs. 3), so kann der Entscheid direkt vollstreckt werden.

² Die unterlegene Partei kann beim Vollstreckungsgericht um Einstellung der Vollstreckung ersuchen; Artikel 341 gilt sinngemäss.

Art. 338   Vollstreckungsgesuch

¹ Kann nicht direkt vollstreckt werden, so ist beim Vollstreckungsgericht ein Vollstreckungsgesuch einzureichen.

² Die gesuchstellende Partei hat die Voraussetzungen der Vollstreckbarkeit darzulegen und die erforderlichen Urkunden beizulegen.

Art. 339   Zuständigkeit und Verfahren

¹ Zwingend zuständig für die Anordnung von Vollstreckungsmassnahmen und die Einstellung der Vollstreckung ist das Gericht:
a. am Wohnsitz oder Sitz der unterlegenen Partei;
b. am Ort, wo die Massnahmen zu treffen sind; oder
c. am Ort, wo der zu vollstreckende Entscheid gefällt worden ist.

² Das Gericht entscheidet im summarischen Verfahren.

---

1   SR 281.1
2   SR 291

Art. 340[1] Sichernde Massnahmen

Das Vollstreckungsgericht kann sichernde Massnahmen anordnen, nötigenfalls ohne vorherige Anhörung der Gegenpartei.

Art. 341 Prüfung der Vollstreckbarkeit und Stellungnahme der unterlegenen Partei

[1] Das Vollstreckungsgericht prüft die Vollstreckbarkeit von Amtes wegen.

[2] Es setzt der unterlegenen Partei eine kurze Frist zur Stellungnahme.

[3] Materiell kann die unterlegene Partei einwenden, dass seit Eröffnung des Entscheids Tatsachen eingetreten sind, welche der Vollstreckung entgegenstehen, wie insbesondere Tilgung, Stundung, Verjährung oder Verwirkung der geschuldeten Leistung. Tilgung und Stundung sind mit Urkunden zu beweisen.

Art. 342 Vollstreckung einer bedingten oder von einer Gegenleistung abhängigen Leistung

Der Entscheid über eine bedingte oder eine von einer Gegenleistung abhängige Leistung kann erst vollstreckt werden, wenn das Vollstreckungsgericht festgestellt hat, dass die Bedingung eingetreten ist oder die Gegenleistung gehörig angeboten, erbracht oder sichergestellt worden ist.

Art. 343 Verpflichtung zu einem Tun, Unterlassen oder Dulden

[1] Lautet der Entscheid auf eine Verpflichtung zu einem Tun, Unterlassen oder Dulden, so kann das Vollstreckungsgericht anordnen:
a. eine Strafdrohung nach Artikel 292 StGB[2];
b. eine Ordnungsbusse bis zu 5000 Franken;
c. eine Ordnungsbusse bis zu 1000 Franken für jeden Tag der Nichterfüllung;
d. eine Zwangsmassnahme wie Wegnahme einer beweglichen Sache oder Räumung eines Grundstückes; oder
e. eine Ersatzvornahme.

[2] Die unterlegene Partei und Dritte haben die erforderlichen Auskünfte zu erteilen und die notwendigen Durchsuchungen zu dulden.

[3] Die mit der Vollstreckung betraute Person kann die Hilfe der zuständigen Behörde in Anspruch nehmen.

---

1   Fassung gemäss Art. 3 Ziff. 1 des BB vom 11. Dez. 2009 (Genehmigung und Umsetzung des Lugano-Übereink.), in Kraft seit 1. Jan. 2011 (AS 2010 5601; BBl 2009 1777).
2   SR 311.0

Art. 344 Abgabe einer Willenserklärung

¹ Lautet der Entscheid auf Abgabe einer Willenserklärung, so wird die Erklärung durch den vollstreckbaren Entscheid ersetzt.

² Betrifft die Erklärung ein öffentliches Register wie das Grundbuch und das Handelsregister, so erteilt das urteilende Gericht der registerführenden Person die nötigen Anweisungen.

Art. 345 Schadenersatz und Umwandlung in Geld

¹ Die obsiegende Partei kann verlangen:
a. Schadenersatz, wenn die unterlegene Partei den gerichtlichen Anordnungen nicht nachkommt;
b. die Umwandlung der geschuldeten Leistung in eine Geldleistung.

² Das Vollstreckungsgericht setzt den entsprechenden Betrag fest.

Art. 346 Rechtsmittel Dritter

Dritte, die von einem Vollstreckungsentscheid in ihren Rechten betroffen sind, können den Entscheid mit Beschwerde anfechten.

2. Kapitel: Vollstreckung öffentlicher Urkunden

Art. 347 Vollstreckbarkeit

Öffentliche Urkunden über Leistungen jeder Art können wie Entscheide vollstreckt werden, wenn:
a. die verpflichtete Partei in der Urkunde ausdrücklich erklärt hat, dass sie die direkte Vollstreckung anerkennt;
b. der Rechtsgrund der geschuldeten Leistung in der Urkunde erwähnt ist; und
c. die geschuldete Leistung:
   1. in der Urkunde genügend bestimmt ist,
   2. in der Urkunde von der verpflichteten Partei anerkannt ist, und
   3. fällig ist.

Art. 348 Ausnahmen

Nicht direkt vollstreckbar sind Urkunden über Leistungen:
a. nach dem Gleichstellungsgesetz vom 24. März 1995[1];

---

[1] SR 151.1

b. aus Miete und Pacht von Wohn- und Geschäftsräumen sowie aus landwirtschaftlicher Pacht;
c. nach dem Mitwirkungsgesetz vom 17. Dezember 1993[1];
d. aus dem Arbeitsverhältnis und nach dem Arbeitsvermittlungsgesetz vom 6. Oktober 1989[2];
e. aus Konsumentenverträgen (Art. 32).

Art. 349 Urkunde über eine Geldleistung

Die vollstreckbare Urkunde über eine Geldleistung gilt als definitiver Rechtsöffnungstitel nach den Artikeln 80 und 81 SchKG[3].

Art. 350 Urkunde über eine andere Leistung

¹ Ist eine Urkunde über eine andere Leistung zu vollstrecken, so stellt die Urkundsperson der verpflichteten Partei auf Antrag der berechtigten Partei eine beglaubigte Kopie der Urkunde zu und setzt ihr für die Erfüllung eine Frist von 20 Tagen. Die berechtigte Partei erhält eine Kopie der Zustellung.

² Nach unbenütztem Ablauf der Erfüllungsfrist kann die berechtigte Partei beim Vollstreckungsgericht ein Vollstreckungsgesuch stellen.

Art. 351 Verfahren vor dem Vollstreckungsgericht

¹ Die verpflichtete Partei kann Einwendungen gegen die Leistungspflicht nur geltend machen, sofern sie sofort beweisbar sind.

² Ist die Abgabe einer Willenserklärung geschuldet, so wird die Erklärung durch den Entscheid des Vollstreckungsgerichts ersetzt. Dieses trifft die erforderlichen Anweisungen nach Artikel 344 Absatz 2.

Art. 352 Gerichtliche Beurteilung

Die gerichtliche Beurteilung der geschuldeten Leistung bleibt in jedem Fall vorbehalten. Insbesondere kann die verpflichtete Partei jederzeit auf Feststellung klagen, dass der Anspruch nicht oder nicht mehr besteht oder gestundet ist.

---

1 SR 822.14
2 SR 823.11
3 SR 281.1

3. Teil: Schiedsgerichtsbarkeit
1. Titel: Allgemeine Bestimmungen

Art. 353 Geltungsbereich

[1] Die Bestimmungen dieses Teils gelten für Verfahren vor Schiedsgerichten mit Sitz in der Schweiz, sofern nicht die Bestimmungen des zwölften Kapitels des IPRG[1] anwendbar sind.

[2] Die Parteien können die Geltung dieses Teils durch eine ausdrückliche Erklärung in der Schiedsvereinbarung oder in einer späteren Übereinkunft ausschliessen und die Anwendung der Bestimmungen des zwölften Kapitels des IPRG vereinbaren. Die Erklärung bedarf der Form gemäss Artikel 358.

Art. 354 Schiedsfähigkeit

Gegenstand eines Schiedsverfahrens kann jeder Anspruch sein, über den die Parteien frei verfügen können.

Art. 355 Sitz des Schiedsgerichtes

[1] Der Sitz des Schiedsgerichtes wird von den Parteien oder von der durch sie beauftragten Stelle bestimmt. Erfolgt keine Sitzbestimmung, so bestimmt das Schiedsgericht seinen Sitz selbst.

[2] Bestimmen weder die Parteien noch die von ihnen beauftragte Stelle noch das Schiedsgericht den Sitz, so ist dieser am Ort des staatlichen Gerichtes, das bei Fehlen einer Schiedsvereinbarung zur Beurteilung der Sache zuständig wäre.

[3] Sind mehrere staatliche Gerichte zuständig, so hat das Schiedsgericht seinen Sitz am Ort des staatlichen Gerichtes, das als erstes in Anwendung von Artikel 356 angerufen wird.

[4] Haben die Parteien nichts anderes vereinbart, so kann das Schiedsgericht auch an jedem andern Ort verhandeln, Beweise abnehmen und beraten.

Art. 356 Zuständige staatliche Gerichte

[1] Der Kanton, in dem sich der Sitz des Schiedsgerichts befindet, bezeichnet ein oberes Gericht, das zuständig ist für:
a. Beschwerden und Revisionsgesuche;
b. die Entgegennahme des Schiedsspruchs zur Hinterlegung und die Bescheinigung der Vollstreckbarkeit.

---

1   SR 291

² Ein vom Sitzkanton bezeichnetes anderes oder anders zusammengesetztes Gericht ist als einzige Instanz zuständig für:
a. die Ernennung, Ablehnung, Abberufung und Ersetzung der Schiedsrichterinnen und Schiedsrichter;
b. die Verlängerung der Amtsdauer des Schiedsgerichts;
c. die Unterstützung des Schiedsgerichts bei den Verfahrenshandlungen.

2. Titel: Schiedsvereinbarung

Art. 357   Schiedsvereinbarung

¹ Die Schiedsvereinbarung kann sich sowohl auf bestehende als auch auf künftige Streitigkeiten aus einem bestimmten Rechtsverhältnis beziehen.
² Gegen die Schiedsvereinbarung kann nicht eingewendet werden, der Hauptvertrag sei ungültig.

Art. 358   Form

Die Schiedsvereinbarung hat schriftlich oder in einer anderen Form zu erfolgen, die den Nachweis durch Text ermöglicht.

Art. 359   Bestreitung der Zuständigkeit des Schiedsgerichts

¹ Werden die Gültigkeit der Schiedsvereinbarung, ihr Inhalt, ihre Tragweite oder die richtige Konstituierung des Schiedsgerichts vor dem Schiedsgericht bestritten, so entscheidet dieses darüber mit Zwischenentscheid oder im Entscheid über die Hauptsache.
² Die Einrede der Unzuständigkeit des Schiedsgerichts muss vor der Einlassung auf die Hauptsache erhoben werden.

3. Titel: Bestellung des Schiedsgerichts

Art. 360   Anzahl der Mitglieder

¹ Die Parteien können frei vereinbaren, aus wie vielen Mitgliedern das Schiedsgericht besteht. Haben sie nichts vereinbart, so besteht es aus drei Mitgliedern.
² Haben die Parteien eine gerade Zahl vereinbart, so ist anzunehmen, dass eine zusätzliche Person als Präsidentin oder Präsident zu bestimmen ist.

Art. 361   Ernennung durch die Parteien

¹ Die Mitglieder des Schiedsgerichts werden nach der Vereinbarung der Parteien ernannt.

² Bei Fehlen einer Vereinbarung ernennt jede Partei die gleiche Anzahl Mitglieder; diese wählen einstimmig eine Präsidentin oder einen Präsidenten.

³ Wird eine Schiedsrichterin oder ein Schiedsrichter der Stellung nach bezeichnet, so gilt als ernannt, wer diese Stellung bei Abgabe der Annahmeerklärung bekleidet.

⁴ In den Angelegenheiten aus Miete und Pacht von Wohnräumen können die Parteien einzig die Schlichtungsbehörde als Schiedsgericht einsetzen.

Art. 362   Ernennung durch das staatliche Gericht

¹ Sieht die Schiedsvereinbarung keine andere Stelle für die Ernennung vor oder ernennt diese die Mitglieder nicht innert angemessener Frist, so nimmt das nach Artikel 356 Absatz 2 zuständige staatliche Gericht auf Antrag einer Partei die Ernennung vor, wenn:

a. die Parteien sich über die Ernennung der Einzelschiedsrichterin, des Einzelschiedsrichters, der Präsidentin oder des Präsidenten nicht einigen;

b. eine Partei die von ihr zu bezeichnenden Mitglieder nicht innert 30 Tagen seit Aufforderung ernennt; oder

c. die Schiedsrichterinnen und Schiedsrichter sich nicht innert 30 Tagen seit ihrer Ernennung über die Wahl der Präsidentin oder des Präsidenten einigen.

² Im Falle einer Mehrparteienschiedssache kann das nach Artikel 356 Absatz 2 zuständige staatliche Gericht alle Mitglieder ernennen.

³ Wird ein staatliches Gericht mit der Ernennung betraut, so muss es die Ernennung vornehmen, es sei denn, eine summarische Prüfung ergebe, dass zwischen den Parteien keine Schiedsvereinbarung besteht.

Art. 363   Offenlegungspflicht

¹ Eine Person, der ein Schiedsrichteramt angetragen wird, hat das Vorliegen von Umständen unverzüglich offenzulegen, die berechtigte Zweifel an ihrer Unabhängigkeit oder Unparteilichkeit wecken können.

² Diese Pflicht bleibt während des ganzen Verfahrens bestehen.

Art. 364   Annahme des Amtes

¹ Die Schiedsrichterinnen und Schiedsrichter bestätigen die Annahme des Amtes.

² Das Schiedsgericht ist erst konstituiert, wenn alle Mitglieder die Annahme des Amtes erklärt haben.

Art. 365   Sekretariat

¹ Das Schiedsgericht kann ein Sekretariat bestellen.

² Die Artikel 363 Absatz 1 und 367–369 gelten sinngemäss.

Art. 366 Amtsdauer

¹ In der Schiedsvereinbarung oder in einer späteren Vereinbarung können die Parteien die Amtsdauer des Schiedsgerichts befristen.

² Die Amtsdauer, innert der das Schiedsgericht den Schiedsspruch zu fällen hat, kann verlängert werden:

a. durch Vereinbarung der Parteien;
b. auf Antrag einer Partei oder des Schiedsgerichts durch Entscheid des nach Artikel 356 Absatz 2 zuständigen staatlichen Gerichts.

4. Titel: Ablehnung, Abberufung und Ersetzung der Mitglieder des Schiedsgerichts

Art. 367 Ablehnung eines Mitgliedes

¹ Ein Mitglied des Schiedsgerichts kann abgelehnt werden, wenn:

a. es nicht den von den Parteien vereinbarten Anforderungen entspricht;
b. ein Ablehnungsgrund vorliegt, der in der von den Parteien vereinbarten Verfahrensordnung vorgesehen ist; oder
c. berechtigte Zweifel an seiner Unabhängigkeit oder Unparteilichkeit bestehen.

² Eine Partei kann ein Mitglied, das sie ernannt hat oder an dessen Ernennung sie mitgewirkt hat, nur aus Gründen ablehnen, von denen sie erst nach der Ernennung Kenntnis erhalten hat. Der Ablehnungsgrund ist dem Schiedsgericht und der anderen Partei unverzüglich mitzuteilen.

Art. 368 Ablehnung des Schiedsgerichts

¹ Eine Partei kann das Schiedsgericht ablehnen, wenn die andere Partei einen überwiegenden Einfluss auf die Ernennung der Mitglieder ausgeübt hat. Die Ablehnung ist dem Schiedsgericht und der anderen Partei unverzüglich mitzuteilen.

² Das neue Schiedsgericht wird im Verfahren nach den Artikeln 361 und 362 bestellt.

³ Die Parteien sind berechtigt, Mitglieder des abgelehnten Schiedsgerichts wiederum als Schiedsrichterinnen und Schiedsrichter zu ernennen.

Art. 369 Ablehnungsverfahren

¹ Die Parteien können das Ablehnungsverfahren frei vereinbaren.

² Haben sie nichts vereinbart, so ist das Ablehnungsgesuch schriftlich und begründet innert 30 Tagen seit Kenntnis des Ablehnungsgrundes an das abgelehnte Mitglied zu richten und den übrigen Mitgliedern mitzuteilen.

³ Bestreitet das abgelehnte Mitglied die Ablehnung, so kann die gesuchstellende Partei innert 30 Tagen einen Entscheid von der von den Parteien bezeichneten Stelle

oder, wenn keine solche bezeichnet wurde, von dem nach Artikel 356 Absatz 2 zuständigen staatlichen Gericht verlangen.

⁴ Haben die Parteien nichts anderes vereinbart, so kann das Schiedsgericht während des Ablehnungsverfahrens das Verfahren ohne Ausschluss der abgelehnten Personen bis und mit Schiedsspruch weiterführen.

⁵ Der Entscheid über die Ablehnung kann nur zusammen mit dem ersten Schiedsspruch angefochten werden.

Art. 370 Abberufung

¹ Jedes Mitglied des Schiedsgerichts kann durch schriftliche Vereinbarung der Parteien abberufen werden.

² Ist ein Mitglied des Schiedsgerichts ausser Stande, seine Aufgabe innert nützlicher Frist oder mit der gehörigen Sorgfalt zu erfüllen, so kann auf Antrag einer Partei die von den Parteien bezeichnete Stelle oder, wenn keine solche bezeichnet wurde, das nach Artikel 356 Absatz 2 zuständige staatliche Gericht dieses Mitglied absetzen.

³ Für die Anfechtung eines solchen Entscheides gilt Artikel 369 Absatz 5.

Art. 371 Ersetzung eines Mitglieds des Schiedsgerichts

¹ Ist ein Mitglied des Schiedsgerichts zu ersetzen, so gilt das gleiche Verfahren wie für seine Ernennung, sofern die Parteien nichts anderes vereinbart haben oder vereinbaren.

² Kann es nicht auf diese Weise ersetzt werden, so wird das neue Mitglied durch das nach Artikel 356 Absatz 2 zuständige staatliche Gericht ernannt, es sei denn, die Schiedsvereinbarung schliesse diese Möglichkeit aus oder falle nach Ausscheiden eines Mitglieds des Schiedsgerichts dahin.

³ Können sich die Parteien nicht darüber einigen, welche Prozesshandlungen, an denen das ersetzte Mitglied mitgewirkt hat, zu wiederholen sind, so entscheidet das neu konstituierte Schiedsgericht.

⁴ Während der Dauer des Ersetzungsverfahrens steht die Frist, innert der das Schiedsgericht seinen Schiedsspruch zu fällen hat, nicht still.

5. Titel: Das Schiedsverfahren

Art. 372 Rechtshängigkeit

¹ Das Schiedsverfahren ist rechtshängig:
a. sobald eine Partei das in der Schiedsvereinbarung bezeichnete Schiedsgericht anruft; oder

b. wenn die Vereinbarung kein Schiedsgericht bezeichnet: sobald eine Partei das Verfahren zur Bestellung des Schiedsgerichts oder das von den Parteien vereinbarte vorausgehende Schlichtungsverfahren einleitet.

² Werden bei einem staatlichen Gericht und einem Schiedsgericht Klagen über denselben Streitgegenstand zwischen denselben Parteien rechtshängig gemacht, setzt das zuletzt angerufene Gericht das Verfahren aus, bis das zuerst angerufene Gericht über seine Zuständigkeit entschieden hat.

Art. 373 Allgemeine Verfahrensregeln

¹ Die Parteien können das Schiedsverfahren:

a. selber regeln;
b. durch Verweis auf eine schiedsgerichtliche Verfahrensordnung regeln;
c. einem Verfahrensrecht ihrer Wahl unterstellen.

² Haben die Parteien das Verfahren nicht geregelt, so wird dieses vom Schiedsgericht festgelegt.

³ Die Präsidentin oder der Präsident des Schiedsgerichts kann über einzelne Verfahrensfragen allein entscheiden, wenn eine entsprechende Ermächtigung der Parteien oder der andern Mitglieder des Schiedsgerichts vorliegt.

⁴ Das Schiedsgericht muss die Gleichbehandlung der Parteien und ihren Anspruch auf rechtliches Gehör gewährleisten und ein kontradiktorisches Verfahren durchführen.

⁵ Jede Partei kann sich vertreten lassen.

⁶ Verstösse gegen die Verfahrensregeln sind sofort zu rügen, andernfalls können sie später nicht mehr geltend gemacht werden.

Art. 374 Vorsorgliche Massnahmen, Sicherheit und Schadenersatz

¹ Das staatliche Gericht oder, sofern die Parteien nichts anderes vereinbart haben, das Schiedsgericht kann auf Antrag einer Partei vorsorgliche Massnahmen einschliesslich solcher für die Sicherung von Beweismitteln anordnen.

² Unterzieht sich die betroffene Person einer vom Schiedsgericht angeordneten Massnahme nicht freiwillig, so trifft das staatliche Gericht auf Antrag des Schiedsgerichts oder einer Partei die erforderlichen Anordnungen; stellt eine Partei den Antrag, so muss die Zustimmung des Schiedsgerichts eingeholt werden.

³ Ist ein Schaden für die andere Partei zu befürchten, so kann das Schiedsgericht oder das staatliche Gericht die Anordnung vorsorglicher Massnahmen von der Leistung einer Sicherheit abhängig machen.

⁴ Die gesuchstellende Partei haftet für den aus einer ungerechtfertigten vorsorglichen Massnahme erwachsenen Schaden. Beweist sie jedoch, dass sie ihr Gesuch in guten Treuen gestellt hat, so kann das Gericht die Ersatzpflicht herabsetzen oder

gänzlich von ihr entbinden. Die geschädigte Partei kann den Anspruch im hängigen Schiedsverfahren geltend machen.

⁵ Eine geleistete Sicherheit ist freizugeben, wenn feststeht, dass keine Schadenersatzklage erhoben wird; bei Ungewissheit setzt das Schiedsgericht eine Frist zur Klage.

Art. 375 Beweisabnahme und Mitwirkung des staatlichen Gerichts

¹ Das Schiedsgericht nimmt die Beweise selber ab.

² Ist für die Beweisabnahme oder für die Vornahme sonstiger Handlungen des Schiedsgerichts staatliche Rechtshilfe erforderlich, so kann das Schiedsgericht das nach Artikel 356 Absatz 2 zuständige staatliche Gericht um Mitwirkung ersuchen. Mit Zustimmung des Schiedsgerichts kann dies auch eine Partei tun.

³ Die Mitglieder des Schiedsgerichts können an den Verfahrenshandlungen des staatlichen Gerichts teilnehmen und Fragen stellen.

Art. 376 Streitgenossenschaft, Klagenhäufung und Beteiligung Dritter

¹ Ein Schiedsverfahren kann von oder gegen Streitgenossen geführt werden, wenn:

a. alle Parteien unter sich durch eine oder mehrere übereinstimmende Schiedsvereinbarungen verbunden sind; und

b. die geltend gemachten Ansprüche identisch sind oder in einem sachlichen Zusammenhang stehen.

² Sachlich zusammenhängende Ansprüche zwischen den gleichen Parteien können im gleichen Schiedsverfahren beurteilt werden, wenn sie Gegenstand übereinstimmender Schiedsvereinbarungen der Parteien sind.

³ Die Intervention einer dritten Person und der Beitritt einer durch Klage streitberufenen Person setzen eine Schiedsvereinbarung zwischen der dritten Person und den Streitparteien voraus und bedürfen der Zustimmung des Schiedsgerichts.

Art. 377 Verrechnung und Widerklage

¹ Erhebt eine Partei die Verrechnungseinrede, so kann das Schiedsgericht die Einrede beurteilen, unabhängig davon, ob die zur Verrechnung gestellte Forderung unter die Schiedsvereinbarung fällt oder ob für sie eine andere Schiedsvereinbarung oder eine Gerichtsstandsvereinbarung besteht.

² Eine Widerklage ist zulässig, wenn sie eine Streitsache betrifft, die unter eine übereinstimmende Schiedsvereinbarung der Parteien fällt.

Art. 378 Kostenvorschuss

¹ Das Schiedsgericht kann einen Vorschuss für die mutmasslichen Verfahrenskosten verlangen und die Durchführung des Verfahrens von dessen Leistung abhängig machen.

Soweit die Parteien nichts anderes vereinbart haben, bestimmt es die Höhe des Vorschusses jeder Partei.

² Leistet eine Partei den von ihr verlangten Vorschuss nicht, so kann die andere Partei die gesamten Kosten vorschiessen oder auf das Schiedsverfahren verzichten. Verzichtet sie auf das Schiedsverfahren, so kann sie für diese Streitsache ein neues Schiedsverfahren einleiten oder Klage vor dem staatlichen Gericht erheben.

Art. 379 Sicherstellung der Parteientschädigung

Erscheint die klagende Partei zahlungsunfähig, so kann das Schiedsgericht auf Antrag der beklagten Partei verfügen, dass deren mutmassliche Parteientschädigung innert bestimmter Frist sicherzustellen ist. Für die beklagte Partei gilt Artikel 378 Absatz 2 sinngemäss.

Art. 380 Unentgeltliche Rechtspflege

Die unentgeltliche Rechtspflege ist ausgeschlossen.

6. Titel: Schiedsspruch

Art. 381 Anwendbares Recht

¹ Das Schiedsgericht entscheidet:

a. nach den Rechtsregeln, welche die Parteien gewählt haben; oder
b. nach Billigkeit, wenn es von den Parteien dazu ermächtigt worden ist.

² Fehlt eine solche Wahl oder eine solche Ermächtigung, so entscheidet es nach dem Recht, das ein staatliches Gericht anwenden würde.

Art. 382 Beratung und Abstimmung

¹ Bei den Beratungen und Abstimmungen haben alle Mitglieder des Schiedsgerichts mitzuwirken.

² Verweigert ein Mitglied die Teilnahme an einer Beratung oder an einer Abstimmung, so können die übrigen Mitglieder ohne es beraten und entscheiden, sofern die Parteien nichts anderes vereinbart haben.

³ Das Schiedsgericht fällt den Schiedsspruch mit der Mehrheit der Stimmen seiner Mitglieder, es sei denn, die Parteien hätten etwas anderes vereinbart.

⁴ Ergibt sich keine Stimmenmehrheit, so fällt die Präsidentin oder der Präsident den Schiedsspruch.

Art. 383 Zwischen- und Teilschiedssprüche

Haben die Parteien nichts anderes vereinbart, so kann das Schiedsgericht das Verfahren auf einzelne Fragen und Rechtsbegehren beschränken.

Art. 384 Inhalt des Schiedsspruches

¹ Der Schiedsspruch enthält:
a. die Zusammensetzung des Schiedsgerichts;
b. die Angabe des Sitzes des Schiedsgerichts;
c. die Bezeichnung der Parteien und ihrer Vertretung;
d. die Rechtsbegehren der Parteien oder, bei Fehlen von Anträgen, eine Umschreibung der Streitfrage;
e. sofern die Parteien nicht darauf verzichtet haben: die Darstellung des Sachverhaltes, die rechtlichen Entscheidungsgründe und gegebenenfalls die Billigkeitserwägungen;
f. das Dispositiv in der Sache sowie die Höhe und die Verteilung der Verfahrenskosten und der Parteientschädigung;
g. das Datum des Schiedsspruches.

² Der Schiedsspruch ist zu unterzeichnen; es genügt die Unterschrift der Präsidentin oder des Präsidenten.

Art. 385 Einigung der Parteien

Erledigen die Parteien während des Schiedsverfahrens die Streitsache, so hält das Schiedsgericht auf Antrag die Einigung in Form eines Schiedsspruches fest.

Art. 386 Zustellung und Hinterlegung

¹ Jeder Partei ist ein Exemplar des Schiedsspruches zuzustellen.

² Jede Partei kann auf ihre Kosten beim nach Artikel 356 Absatz 1 zuständigen staatlichen Gericht ein Exemplar des Schiedsspruches hinterlegen.

³ Auf Antrag einer Partei stellt dieses Gericht eine Vollstreckbarkeitsbescheinigung aus.

Art. 387 Wirkungen des Schiedsspruches

Mit der Eröffnung hat der Schiedsspruch die Wirkung eines rechtskräftigen und vollstreckbaren gerichtlichen Entscheids.

Art. 388 Berichtigung, Erläuterung und Ergänzung des Schiedsspruchs

¹ Jede Partei kann beim Schiedsgericht beantragen, dass dieses:
a. Redaktions- und Rechnungsfehler im Schiedsspruch berichtigt;
b. bestimmte Teile des Schiedsspruchs erläutert;

c. einen ergänzenden Schiedsspruch über Ansprüche fällt, die im Schiedsverfahren zwar geltend gemacht, im Schiedsspruch aber nicht behandelt worden sind.

² Der Antrag ist innert 30 Tagen seit Entdecken des Fehlers oder der erläuterungs- und ergänzungsbedürftigen Teile des Schiedsspruches zu stellen, spätestens aber innert eines Jahres seit Zustellung des Schiedsspruches.

³ Der Antrag hemmt die Rechtsmittelfristen nicht. Wird eine Partei durch den Ausgang dieses Verfahrens beschwert, so läuft für sie bezüglich dieses Punktes die Rechtsmittelfrist von neuem.

7. Titel: Rechtsmittel
1. Kapitel: Beschwerde

Art. 389 Beschwerde an das Bundesgericht

¹ Der Schiedsspruch unterliegt der Beschwerde an das Bundesgericht.

² Für das Verfahren gelten die Bestimmungen des Bundesgerichtsgesetzes vom 17. Juni 2005[1], soweit dieses Kapitel nichts anderes bestimmt.

Art. 390 Beschwerde an das kantonale Gericht

¹ Die Parteien können durch eine ausdrückliche Erklärung in der Schiedsvereinbarung oder in einer späteren Übereinkunft vereinbaren, dass der Schiedsspruch mit Beschwerde beim nach Artikel 356 Absatz 1 zuständigen kantonalen Gericht angefochten werden kann.

² Für das Verfahren gelten die Artikel 319–327, soweit dieses Kapitel nichts anderes bestimmt. Das kantonale Gericht entscheidet endgültig.

Art. 391 Subsidiarität

Die Beschwerde ist erst nach Ausschöpfung der in der Schiedsvereinbarung vorgesehenen schiedsgerichtlichen Rechtsmittel zulässig.

Art. 392 Anfechtbare Schiedssprüche

Anfechtbar ist:
a. jeder Teil- oder Endschiedsspruch;
b. ein Zwischenschiedsspruch aus den in Artikel 393 Buchstaben a und b genannten Gründen.

---

[1] SR 173.110

Art. 393 Beschwerdegründe

Ein Schiedsspruch kann nur angefochten werden, wenn:

a. die Einzelschiedsrichterin oder der Einzelschiedsrichter vorschriftswidrig ernannt oder das Schiedsgericht vorschriftswidrig zusammengesetzt worden ist;
b. sich das Schiedsgericht zu Unrecht für zuständig oder für unzuständig erklärt hat;
c. das Schiedsgericht über Streitpunkte entschieden hat, die ihm nicht unterbreitet wurden, oder wenn es Rechtsbegehren unbeurteilt gelassen hat;
d. der Grundsatz der Gleichbehandlung der Parteien oder der Grundsatz des rechtlichen Gehörs verletzt wurde;
e. er im Ergebnis willkürlich ist, weil er auf offensichtlich aktenwidrigen tatsächlichen Feststellungen oder auf einer offensichtlichen Verletzung des Rechts oder der Billigkeit beruht;
f. die vom Schiedsgericht festgesetzten Entschädigungen und Auslagen der Mitglieder des Schiedsgerichts offensichtlich zu hoch sind.

Art. 394 Rückweisung zur Berichtigung oder Ergänzung

Die Rechtsmittelinstanz kann den Schiedsspruch nach Anhörung der Parteien an das Schiedsgericht zurückweisen und ihm eine Frist zur Berichtigung oder Ergänzung setzen.

Art. 395 Entscheid

[1] Wird der Schiedsspruch nicht an das Schiedsgericht zurückgewiesen oder von diesem nicht fristgerecht berichtigt oder ergänzt, so entscheidet die Rechtsmittelinstanz über die Beschwerde und hebt bei deren Gutheissung den Schiedsspruch auf.

[2] Wird der Schiedsspruch aufgehoben, so entscheidet das Schiedsgericht nach Massgabe der Erwägungen im Rückweisungsentscheid neu.

[3] Die Aufhebung kann auf einzelne Teile des Schiedsspruches beschränkt werden, sofern die andern nicht davon abhängen.

[4] Wird der Schiedsspruch wegen offensichtlich zu hoher Entschädigungen und Auslagen angefochten, so kann die Rechtsmittelinstanz über diese selber entscheiden.

2. Kapitel: Revision

Art. 396 Revisionsgründe

[1] Eine Partei kann beim nach Artikel 356 Absatz 1 zuständigen staatlichen Gericht die Revision eines Schiedsspruchs verlangen, wenn:

a. sie nachträglich erhebliche Tatsachen erfährt oder entscheidende Beweismittel findet, die sie im früheren Verfahren nicht beibringen konnte; ausgeschlossen sind Tatsachen und Beweismittel, die erst nach dem Schiedsspruch entstanden sind;
b. wenn ein Strafverfahren ergeben hat, dass durch ein Verbrechen oder ein Vergehen zum Nachteil der betreffenden Partei auf den Schiedsspruch eingewirkt wurde; eine Verurteilung durch das Strafgericht ist nicht erforderlich; ist das Strafverfahren nicht durchführbar, so kann der Beweis auf andere Weise erbracht werden;
c. geltend gemacht wird, dass die Klageanerkennung, der Klagerückzug oder der schiedsgerichtliche Vergleich unwirksam ist.

² Die Revision wegen Verletzung der EMRK[1] kann verlangt werden, wenn:
a. der Europäische Gerichtshof für Menschenrechte in einem endgültigen Urteil festgestellt hat, dass die EMRK oder die Protokolle dazu verletzt worden sind;
b. eine Entschädigung nicht geeignet ist, die Folgen der Verletzung auszugleichen; und
c. die Revision notwendig ist, um die Verletzung zu beseitigen.

Art. 397 Fristen

¹ Das Revisionsgesuch ist innert 90 Tagen seit Entdeckung des Revisionsgrundes einzureichen.

² Nach Ablauf von zehn Jahren seit Eintritt der Rechtskraft des Schiedsspruches kann die Revision nicht mehr verlangt werden, ausser im Fall von Artikel 396 Absatz 1 Buchstabe b.

Art. 398 Verfahren

Für das Verfahren gelten die Artikel 330 und 331.

Art. 399 Rückweisung an das Schiedsgericht

¹ Heisst das Gericht das Revisionsgesuch gut, so hebt es den Schiedsspruch auf und weist die Sache zur Neubeurteilung an das Schiedsgericht zurück.

² Ist das Schiedsgericht nicht mehr vollständig, so ist Artikel 371 anwendbar.

---

[1] SR 0.101

4. Teil: Schlussbestimmungen
1. Titel: Vollzug

Art. 400 Grundsätze

¹ Der Bundesrat erlässt die Ausführungsbestimmungen.

² Er stellt für Gerichtsurkunden und Parteieingaben Formulare zur Verfügung. Die Formulare für die Parteieingaben sind so zu gestalten, dass sie auch von einer rechtsunkundigen Partei ausgefüllt werden können.

³ Er kann den Erlass administrativer und technischer Vorschriften dem Bundesamt für Justiz übertragen.

Art. 401 Pilotprojekte

¹ Die Kantone können mit Genehmigung des Bundesrates Pilotprojekte durchführen.

² Der Bundesrat kann die Zuständigkeit für die Genehmigung dem Bundesamt für Justiz übertragen.

2. Titel: Anpassung von Gesetzen

Art. 402 Aufhebung und Änderung bisherigen Rechts

Die Aufhebung und die Änderung bisherigen Rechts werden in Anhang 1 geregelt.

Art. 403 Koordinationsbestimmungen

Die Koordination von Bestimmungen anderer Erlasse mit diesem Gesetz wird in Anhang 2 geregelt.

3. Titel: Übergangsbestimmungen

Art. 404 Weitergelten des bisherigen Rechts

¹ Für Verfahren, die bei Inkrafttreten dieses Gesetzes rechtshängig sind, gilt das bisherige Verfahrensrecht bis zum Abschluss vor der betroffenen Instanz.

² Die örtliche Zuständigkeit bestimmt sich nach dem neuen Recht. Eine bestehende Zuständigkeit nach dem alten Recht bleibt erhalten.

Art. 405 Rechtsmittel

¹ Für die Rechtsmittel gilt das Recht, das bei der Eröffnung des Entscheides in Kraft ist.

² Für die Revision von Entscheiden, die unter dem bisherigen Recht eröffnet worden sind, gilt das neue Recht.

Art. 406 Gerichtsstandsvereinbarung
Die Gültigkeit einer Gerichtsstandsvereinbarung bestimmt sich nach dem Recht, das zur Zeit ihres Abschlusses gegolten hat.

Art. 407 Schiedsgerichtsbarkeit
¹ Die Gültigkeit von Schiedsvereinbarungen, die vor Inkrafttreten dieses Gesetzes geschlossen wurden, beurteilt sich nach dem für sie günstigeren Recht.
² Für Schiedsverfahren, die bei Inkrafttreten dieses Gesetzes rechtshängig sind, gilt das bisherige Recht. Die Parteien können jedoch die Anwendung des neuen Rechts vereinbaren.
³ Für die Rechtsmittel gilt das Recht, das bei der Eröffnung des Schiedsspruches in Kraft ist.
⁴ Für Verfahren vor den nach Artikel 356 zuständigen staatlichen Gerichten, die bei Inkrafttreten dieses Gesetzes rechtshängig sind, gilt das bisherige Recht.

4. Titel: Referendum und Inkrafttreten

Art. 408
¹ Dieses Gesetz untersteht dem fakultativen Referendum.
² Der Bundesrat bestimmt das Inkrafttreten.

Datum des Inkrafttreten: 1. Januar 2011[1]

Anhang 1: Aufhebung und Änderung bisherigen Rechts (Art. 402)

I. Aufhebung bisherigen Rechts

Das Gerichtsstandsgesetz vom 24. März 2000[2] wird aufgehoben.

---

1 BRB vom 31. März 2010
2 [AS 2000 2355, 2004 2617 Anhang Ziff. 3, 2005 5685 Anhang Ziff. 14, 2006 5379 Anhang Ziff. II 2]

II. Änderung bisherigen Rechts

Die nachstehenden Bundesgesetze werden wie folgt geändert:

...[1]

Anhang 2: Koordinationsbestimmungen (Art. 403)

1. Koordination der Zivilprozessordnung mit dem neuen Kernenergiehaftpflichtgesetz

Unabhängig davon, ob das Kernenergiehaftpflichtgesetz vom 13. Juni 2008[2] *(neues KHG) oder die Zivilprozessordnung vom 19. Dezember 2008 (ZPO) zuerst in Kraft tritt, wird mit Inkrafttreten des später in Kraft tretenden Gesetzes sowie bei gleichzeitigem Inkrafttreten die ZPO wie folgt geändert:*

Art. 5 Abs. 1 Bst. e

...

Die Änderungen sind an entsprechender Stelle eingefügt worden.

Art. 38a   Nuklearschäden

...

Die Änderungen sind an entsprechender Stelle eingefügt worden.

2. Koordination von Ziffer 19 des Anhangs 1 mit dem neuen KHG

Unabhängig davon, ob das neue KHG[3] *oder die ZPO zuerst in Kraft tritt, wird mit Inkrafttreten des später in Kraft tretenden Gesetzes sowie bei gleichzeitigem Inkrafttreten Ziffer 19 des Anhangs 1 der ZPO gegenstandslos und das neue KHG wird gemäss Ziffer 20 des Anhangs 1 der ZPO geändert.*

---

1   Die Änderungen können unter AS 2010 1739 konsultiert werden.
2   SR 732.44; BBl 2008 5341
3   SR 732.44; BBl 2008 5341

3. Koordination mit der Änderung vom 19. Dezember 2008 des ZGB (Erwachsenenschutz, Personenrecht und Kindesrecht)

Unabhängig davon, ob die Änderung vom 19. Dezember 2008[1] des ZGB (Erwachsenenschutz, Personenrecht und Kindesrecht) oder die ZPO zuerst in Kraft tritt, wird mit Inkrafttreten des später in Kraft tretenden Gesetzes sowie bei gleichzeitigem Inkrafttreten die ZPO wie folgt geändert:

Art. 69 Abs. 2

...

Die Änderungen sind an entsprechender Stelle eingefügt worden.

Art. 160 Abs. 2 erster Satz

...

Die Änderungen sind an entsprechender Stelle eingefügt worden.

Art. 165 Abs. 1 Bst. e

...

Die Änderungen sind an entsprechender Stelle eingefügt worden.

Art. 249 Bst. a und b

...

Die Änderungen sind an entsprechender Stelle eingefügt worden.

Art. 299 Abs. 2 Bst. b

...

Die Änderungen sind an entsprechender Stelle eingefügt worden.

---

[1] SR 210; BBl 2009 141

Nr. 26 Auszug aus dem Bundesgesetz über das Bundesgericht (Bundesgerichtsgesetz, BGG)
vom 17. Juni 2005 (Stand am 1. Januar 2012)

SR 173.110

1. Kapitel: Stellung und Organisation
3. Abschnitt: Organisation und Verwaltung

Art. 20 Besetzung

[1] Die Abteilungen entscheiden in der Regel in der Besetzung mit drei Richtern oder Richterinnen (Spruchkörper).

[2] Über Rechtsfragen von grundsätzlicher Bedeutung oder auf Antrag eines Richters oder einer Richterin entscheiden sie in Fünferbesetzung. Ausgenommen sind Beschwerden gegen Entscheide der kantonalen Aufsichtsbehörden in Schuldbetreibungs- und Konkurssachen.

[3] In Fünferbesetzung entscheiden sie ferner über Beschwerden gegen referendumspflichtige kantonale Erlasse und gegen kantonale Entscheide über die Zulässigkeit einer Initiative oder das Erfordernis eines Referendums. Ausgenommen sind Beschwerden, die eine Angelegenheit einer Gemeinde oder einer anderen Körperschaft des kantonalen Rechts betreffen.

2. Kapitel: Allgemeine Verfahrensbestimmungen
5. Abschnitt: Fristen

Art. 44 Beginn

[1] Fristen, die durch eine Mitteilung oder den Eintritt eines Ereignisses ausgelöst werden, beginnen am folgenden Tag zu laufen.

[2] Eine Mitteilung, die nur gegen Unterschrift des Adressaten oder der Adressatin oder einer anderen berechtigten Person überbracht wird, gilt spätestens am siebenten Tag nach dem ersten erfolglosen Zustellversuch als erfolgt.

Art. 45 Ende

[1] Ist der letzte Tag der Frist ein Samstag, ein Sonntag oder ein vom Bundesrecht oder vom kantonalen Recht anerkannter Feiertag, so endet sie am nächstfolgenden Werktag.

[2] Massgebend ist das Recht des Kantons, in dem die Partei oder ihr Vertreter beziehungsweise ihre Vertreterin den Wohnsitz oder den Sitz hat.

Art. 46 Stillstand

¹ Gesetzlich oder richterlich nach Tagen bestimmte Fristen stehen still:
a. vom siebenten Tag vor Ostern bis und mit dem siebenten Tag nach Ostern;
b. vom 15. Juli bis und mit dem 15. August;
c. vom 18. Dezember bis und mit dem 2. Januar.

² Diese Vorschrift gilt nicht in Verfahren betreffend aufschiebende Wirkung und andere vorsorgliche Massnahmen sowie in der Wechselbetreibung und auf dem Gebiet der internationalen Rechtshilfe in Strafsachen.

Art. 47 Erstreckung

¹ Gesetzlich bestimmte Fristen können nicht erstreckt werden.

² Richterlich bestimmte Fristen können aus zureichenden Gründen erstreckt werden, wenn das Gesuch vor Ablauf der Frist gestellt worden ist.

Art. 48 Einhaltung

¹ Eingaben müssen spätestens am letzten Tag der Frist beim Bundesgericht eingereicht oder zu dessen Handen der Schweizerischen Post oder einer schweizerischen diplomatischen oder konsularischen Vertretung übergeben werden.

² Im Falle der elektronischen Zustellung ist die Frist gewahrt, wenn der Empfang bei der Zustelladresse des Bundesgerichts vor Ablauf der Frist durch das betreffende Informatiksystem bestätigt worden ist.

³ Die Frist gilt auch als gewahrt, wenn die Eingabe rechtzeitig bei der Vorinstanz oder bei einer unzuständigen eidgenössischen oder kantonalen Behörde eingereicht worden ist. Die Eingabe ist unverzüglich dem Bundesgericht zu übermitteln.

⁴ Die Frist für die Zahlung eines Vorschusses oder für eine Sicherstellung ist gewahrt, wenn der Betrag rechtzeitig zu Gunsten des Bundesgerichts der Schweizerischen Post übergeben oder einem Post- oder Bankkonto in der Schweiz belastet worden ist.

Art. 49 Mangelhafte Eröffnung

Aus mangelhafter Eröffnung, insbesondere wegen unrichtiger oder unvollständiger Rechtsmittelbelehrung oder wegen Fehlens einer vorgeschriebenen Rechtsmittelbelehrung, dürfen den Parteien keine Nachteile erwachsen.

Art. 50 Wiederherstellung

¹ Ist eine Partei oder ihr Vertreter beziehungsweise ihre Vertreterin durch einen anderen Grund als die mangelhafte Eröffnung unverschuldeterweise abgehalten worden, fristgerecht zu handeln, so wird die Frist wiederhergestellt, sofern die Partei unter Angabe des Grundes innert 30 Tagen nach Wegfall des Hindernisses darum ersucht und die versäumte Rechtshandlung nachholt.

² Wiederherstellung kann auch nach Eröffnung des Urteils bewilligt werden; wird sie bewilligt, so wird das Urteil aufgehoben.

6. Abschnitt: Streitwert

Art. 51   Berechnung

¹ Der Streitwert bestimmt sich:
a. bei Beschwerden gegen Endentscheide nach den Begehren, die vor der Vorinstanz streitig geblieben waren;
b. bei Beschwerden gegen Teilentscheide nach den gesamten Begehren, die vor der Instanz streitig waren, welche den Teilentscheid getroffen hat;
c. bei Beschwerden gegen Vor- und Zwischenentscheide nach den Begehren, die vor der Instanz streitig sind, wo die Hauptsache hängig ist;
d. bei Klagen nach den Begehren des Klägers oder der Klägerin.

² Lautet ein Begehren nicht auf Bezahlung einer bestimmten Geldsumme, so setzt das Bundesgericht den Streitwert nach Ermessen fest.

³ Zinsen, Früchte, Gerichtskosten und Parteientschädigungen, die als Nebenrechte geltend gemacht werden, sowie Vorbehalte und die Kosten der Urteilsveröffentlichung fallen bei der Bestimmung des Streitwerts nicht in Betracht.

⁴ Als Wert wiederkehrender Nutzungen oder Leistungen gilt der Kapitalwert. Bei ungewisser oder unbeschränkter Dauer gilt als Kapitalwert der zwanzigfache Betrag der einjährigen Nutzung oder Leistung, bei Leibrenten jedoch der Barwert.

Art. 52   Zusammenrechnung

Mehrere in einer vermögensrechtlichen Sache von der gleichen Partei oder von Streitgenossen und Streitgenossinnen geltend gemachte Begehren werden zusammengerechnet, sofern sie sich nicht gegenseitig ausschliessen.

Art. 53   Widerklage

¹ Der Betrag einer Widerklage wird nicht mit demjenigen der Hauptklage zusammengerechnet.

² Schliessen die in Hauptklage und Widerklage geltend gemachten Ansprüche einander aus und erreicht eine der beiden Klagen die Streitwertgrenze nicht, so gilt die Streitwertgrenze auch für diese Klage als erreicht, wenn sich die Beschwerde auf beide Klagen bezieht.

11. Abschnitt: Vollstreckung

Art. 69   Entscheide auf Geldleistung

Entscheide, die zur Zahlung einer Geldsumme oder zur Sicherheitsleistung in Geld verpflichten, werden nach dem Bundesgesetz vom 11. April 1889[1] über Schuldbetreibung und Konkurs vollstreckt.

3. Kapitel: Das Bundesgericht als ordentliche Beschwerdeinstanz

1. Abschnitt: Beschwerde in Zivilsachen

Art. 72   Grundsatz

[1] Das Bundesgericht beurteilt Beschwerden gegen Entscheide in Zivilsachen.

[2] Der Beschwerde in Zivilsachen unterliegen auch:

a. Entscheide in Schuldbetreibungs- und Konkurssachen;
b. öffentlich-rechtliche Entscheide, die in unmittelbarem Zusammenhang mit Zivilrecht stehen, insbesondere Entscheide:
   1. über die Anerkennung und Vollstreckung von Entscheiden und über die Rechtshilfe in Zivilsachen,
   2. über die Führung des Grundbuchs, des Zivilstands- und des Handelsregisters sowie der Register für Marken, Muster und Modelle, Erfindungspatente, Pflanzensorten und Topografien,
   3. über die Bewilligung zur Namensänderung,
   4. auf dem Gebiet der Aufsicht über die Stiftungen mit Ausnahme der Vorsorge- und Freizügigkeitseinrichtungen,
   5. auf dem Gebiet der Aufsicht über die Vormundschaftsbehörden, die Willensvollstrecker und Willensvollstreckerinnen und andere erbrechtliche Vertreter und Vertreterinnen,
   6. über die Entmündigung, die Errichtung einer Beirat- oder Beistandschaft und die fürsorgerische Freiheitsentziehung,
   7. auf dem Gebiet des Kindesschutzes.

Neue Fassungen von Abs. 2 Bst. b Ziff. 5 und 6 sowie Aufhebung von Ziff. 7 gemäss neuem Erwachsenenschutzrecht, in Kraft ab 01.01.2013 (AS 2011 725):

---

1   SR 281.1

5. *auf dem Gebiet der Aufsicht über die Willensvollstrecker und -vollstreckerinnen und andere erbrechtliche Vertreter und Vertreterinnen,*
6. *auf dem Gebiet des Kindes- und Erwachsenenschutzes.*
7. Aufgehoben

Art. 73 Ausnahme

Die Beschwerde ist unzulässig gegen Entscheide, die im Rahmen des Widerspruchsverfahrens gegen eine Marke getroffen worden sind.

Art. 74 Streitwertgrenze

¹ In vermögensrechtlichen Angelegenheiten ist die Beschwerde nur zulässig, wenn der Streitwert mindestens beträgt:
a. 15 000 Franken in arbeits- und mietrechtlichen Fällen;
b. 30 000 Franken in allen übrigen Fällen.

² Erreicht der Streitwert den massgebenden Betrag nach Absatz 1 nicht, so ist die Beschwerde dennoch zulässig:
a. wenn sich eine Rechtsfrage von grundsätzlicher Bedeutung stellt;
b.¹ wenn ein Bundesgesetz eine einzige kantonale Instanz vorsieht;
c. gegen Entscheide der kantonalen Aufsichtsbehörden in Schuldbetreibungs- und Konkurssachen;
d. gegen Entscheide des Konkurs- und Nachlassrichters oder der Konkurs- und Nachlassrichterin.
e.² gegen Entscheide des Bundespatentgerichts.

Art. 75 Vorinstanzen

¹ Die Beschwerde ist zulässig gegen Entscheide letzter kantonaler Instanzen, des Bundesverwaltungsgerichts und des Bundespatentgerichts.³

² Die Kantone setzen als letzte kantonale Instanzen obere Gerichte ein. Diese entscheiden als Rechtsmittelinstanzen; ausgenommen sind die Fälle, in denen:
a.⁴ ein Bundesgesetz eine einzige kantonale Instanz vorsieht;

---

1 Fassung gemäss Anhang 1 Ziff. II 2 der Zivilprozessordnung vom 19. Dez. 2008, in Kraft seit 1. Jan. 2011 (AS 2010 1739; BBl 2006 7221).
2 Eingefügt durch Anhang Ziff. 2 des BG vom 20. März 2009 über das Bundespatentgericht, in Kraft seit 1. Jan. 2012 (AS 2010 513, 2011 2241; BBl 2008 455).
3 Fassung gemäss Anhang Ziff. 2 des BG vom 20. März 2009 über das Bundespatentgericht, in Kraft seit 1. Jan. 2012 (AS 2010 513, 2011 2241; BBl 2008 455).
4 Fassung gemäss Anhang 1 Ziff. II 2 der Zivilprozessordnung vom 19. Dez. 2008, in Kraft seit 1. Jan. 2011 (AS 2010 1739; BBl 2006 7221).

b. ein Fachgericht für handelsrechtliche Streitigkeiten als einzige kantonale Instanz entscheidet;
c.[1] eine Klage mit einem Streitwert von mindestens 100 000 Franken mit Zustimmung aller Parteien direkt beim oberen Gericht eingereicht wurde.

Art. 76 Beschwerderecht

[1] Zur Beschwerde in Zivilsachen ist berechtigt, wer:

a. vor der Vorinstanz am Verfahren teilgenommen hat oder keine Möglichkeit zur Teilnahme erhalten hat; und

b.[2] durch den angefochtenen Entscheid besonders berührt ist und ein schutzwürdiges Interesse an dessen Aufhebung oder Änderung hat.

[2] Gegen Entscheide nach Artikel 72 Absatz 2 steht das Beschwerderecht auch der Bundeskanzlei, den Departementen des Bundes oder, soweit das Bundesrecht es vorsieht, den ihnen unterstellten Dienststellen zu, wenn der angefochtene Entscheid die Bundesgesetzgebung in ihrem Aufgabenbereich verletzen kann.[3]

Art. 77 Schiedsgerichtsbarkeit[4]

[1] Die Beschwerde in Zivilsachen ist zulässig gegen Entscheide von Schiedsgerichten:[5]

a. in der internationalen Schiedsgerichtsbarkeit unter den Voraussetzungen der Artikel 190–192 des Bundesgesetzes vom 18. Dezember 1987[6] über das Internationale Privatrecht;

b. in der nationalen Schiedsgerichtsbarkeit unter den Voraussetzungen der Artikel 389–395 der Zivilprozessordnung vom 19. Dezember 2008[7,8].

[2] Die Artikel 48 Absatz 3, 90–98, 103 Absatz 2, 105 Absatz 2, 106 Absatz 1 sowie 107 Absatz 2, soweit dieser dem Bundesgericht erlaubt, in der Sache selbst zu entscheiden, sind in diesen Fällen nicht anwendbar.[1]

---

1 Fassung gemäss Anhang 1 Ziff. II 2 der Zivilprozessordnung vom 19. Dez. 2008, in Kraft seit 1. Jan. 2011 (AS 2010 1739; BBl 2006 7221).
2 Fassung gemäss Anhang 1 Ziff. II 2 der Zivilprozessordnung vom 19. Dez. 2008, in Kraft seit 1. Jan. 2011 (AS 2010 1739; BBl 2006 7221).
3 Fassung gemäss Anhang 1 Ziff. II 2 der Zivilprozessordnung vom 19. Dez. 2008, in Kraft seit 1. Jan. 2011 (AS 2010 1739; BBl 2006 7221).
4 Fassung gemäss Anhang 1 Ziff. II 2 der Zivilprozessordnung vom 19. Dez. 2008, in Kraft seit 1. Jan. 2011 (AS 2010 1739; BBl 2006 7221).
5 Fassung gemäss Anhang 1 Ziff. II 2 der Zivilprozessordnung vom 19. Dez. 2008, in Kraft seit 1. Jan. 2011 (AS 2010 1739; BBl 2006 7221).
6 SR 291
7 SR 272
8 Fassung gemäss Anhang 1 Ziff. II 2 der Zivilprozessordnung vom 19. Dez. 2008, in Kraft seit 1. Jan. 2011 (AS 2010 1739; BBl 2006 7221).

³ Das Bundesgericht prüft nur Rügen, die in der Beschwerde vorgebracht und begründet worden sind.

4. Kapitel: Beschwerdeverfahren
1. Abschnitt: Anfechtbare Entscheide

Art. 90 Endentscheide

Die Beschwerde ist zulässig gegen Entscheide, die das Verfahren abschliessen.

Art. 91 Teilentscheide

Die Beschwerde ist zulässig gegen einen Entscheid, der:
a. nur einen Teil der gestellten Begehren behandelt, wenn diese Begehren unabhängig von den anderen beurteilt werden können;
b. das Verfahren nur für einen Teil der Streitgenossen und Streitgenossinnen abschliesst.

Art. 92 Vor- und Zwischenentscheide über die Zuständigkeit und den Ausstand

¹ Gegen selbständig eröffnete Vor- und Zwischenentscheide über die Zuständigkeit und über Ausstandsbegehren ist die Beschwerde zulässig.

² Diese Entscheide können später nicht mehr angefochten werden.

Art. 93 Andere Vor- und Zwischenentscheide

¹ Gegen andere selbständig eröffnete Vor- und Zwischenentscheide ist die Beschwerde zulässig:
a. wenn sie einen nicht wieder gutzumachenden Nachteil bewirken können; oder
b. wenn die Gutheissung der Beschwerde sofort einen Endentscheid herbeiführen und damit einen bedeutenden Aufwand an Zeit oder Kosten für ein weitläufiges Beweisverfahren ersparen würde.

² Auf dem Gebiet der internationalen Rechtshilfe in Strafsachen und dem Gebiet des Asyls sind Vor- und Zwischenentscheide nicht anfechtbar.² Vorbehalten bleiben Beschwerden gegen Entscheide über die Auslieferungshaft sowie über die Beschlag-

---

1 Fassung gemäss Anhang 1 Ziff. II 2 der Zivilprozessordnung vom 19. Dez. 2008, in Kraft seit 1. Jan. 2011 (AS 2010 1739; BBl 2006 7221).
2 Fassung gemäss Ziff. I 2 des BG vom 1. Okt 2010 über die Koordination des Asyl- und des Auslieferungsverfahrens, in Kraft seit 1. April 2011 (AS 2011 925; BBl 2010 1467).

nahme von Vermögenswerten und Wertgegenständen, sofern die Voraussetzungen von Absatz 1 erfüllt sind.

³ Ist die Beschwerde nach den Absätzen 1 und 2 nicht zulässig oder wurde von ihr kein Gebrauch gemacht, so sind die betreffenden Vor- und Zwischenentscheide durch Beschwerde gegen den Endentscheid anfechtbar, soweit sie sich auf dessen Inhalt auswirken.

Art. 94 Rechtsverweigerung und Rechtsverzögerung

Gegen das unrechtmässige Verweigern oder Verzögern eines anfechtbaren Entscheids kann Beschwerde geführt werden.

2. Abschnitt: Beschwerdegründe

Art. 95 Schweizerisches Recht

Mit der Beschwerde kann die Verletzung gerügt werden von:
a. Bundesrecht;
b. Völkerrecht;
c. kantonalen verfassungsmässigen Rechten;
d. kantonalen Bestimmungen über die politische Stimmberechtigung der Bürger und Bürgerinnen und über Volkswahlen und -abstimmungen;
e. interkantonalem Recht.

Art. 96 Ausländisches Recht

Mit der Beschwerde kann gerügt werden:
a. ausländisches Recht sei nicht angewendet worden, wie es das schweizerische internationale Privatrecht vorschreibt;
b. das nach dem schweizerischen internationalen Privatrecht massgebende ausländische Recht sei nicht richtig angewendet worden, sofern der Entscheid keine vermögensrechtliche Sache betrifft.

Art. 97 Unrichtige Feststellung des Sachverhalts

¹ Die Feststellung des Sachverhalts kann nur gerügt werden, wenn sie offensichtlich unrichtig ist oder auf einer Rechtsverletzung im Sinne von Artikel 95 beruht und wenn die Behebung des Mangels für den Ausgang des Verfahrens entscheidend sein kann.

² Richtet sich die Beschwerde gegen einen Entscheid über die Zusprechung oder Verweigerung von Geldleistungen der Militär- oder Unfallversicherung, so kann jede

unrichtige oder unvollständige Feststellung des rechtserheblichen Sachverhalts gerügt werden.[1]

Art. 98 Beschränkte Beschwerdegründe

Mit der Beschwerde gegen Entscheide über vorsorgliche Massnahmen kann nur die Verletzung verfassungsmässiger Rechte gerügt werden.

3. Abschnitt: Neue Vorbringen

Art. 99

[1] Neue Tatsachen und Beweismittel dürfen nur so weit vorgebracht werden, als erst der Entscheid der Vorinstanz dazu Anlass gibt.

[2] Neue Begehren sind unzulässig.

4. Abschnitt: Beschwerdefrist

Art. 100 Beschwerde gegen Entscheide

[1] Die Beschwerde gegen einen Entscheid ist innert 30 Tagen nach der Eröffnung der vollständigen Ausfertigung beim Bundesgericht einzureichen.

[2] Die Beschwerdefrist beträgt zehn Tage:
a. bei Entscheiden der kantonalen Aufsichtsbehörden in Schuldbetreibungs- und Konkurssachen;
b. bei Entscheiden auf dem Gebiet der internationalen Rechtshilfe in Strafsachen;
c. bei Entscheiden über die Rückgabe eines Kindes nach dem Übereinkommen vom 25. Oktober 1980[2] über die zivilrechtlichen Aspekte internationaler Kindesentführung.
d.[3] bei Entscheiden des Bundespatentgerichts über die Erteilung einer Lizenz nach Artikel 40d des Patentgesetzes vom 25. Juni 1954[4].

[3] Die Beschwerdefrist beträgt fünf Tage:
a. bei Entscheiden der kantonalen Aufsichtsbehörden in Schuldbetreibungs- und Konkurssachen im Rahmen der Wechselbetreibung;

---

1 Fassung gemäss Ziff. IV 1 des BG vom 16. Dez. 2005, in Kraft seit 1. Jan. 2007 (AS 2006 2003; BBl 2005 3079).
2 SR 0.211.230.02
3 Eingefügt durch Anhang Ziff. 2 des BG vom 20. März 2009 über das Bundespatentgericht, in Kraft seit 1. Jan. 2012 (AS 2010 513, 2011 2241; BBl 2008 455).
4 SR 232.14

b. bei Entscheiden der Kantonsregierungen über Beschwerden gegen eidgenössische Abstimmungen.

⁴ Bei Entscheiden der Kantonsregierungen über Beschwerden gegen die Nationalratswahlen beträgt die Beschwerdefrist drei Tage.

⁵ Bei Beschwerden wegen interkantonaler Kompetenzkonflikte beginnt die Beschwerdefrist spätestens dann zu laufen, wenn in beiden Kantonen Entscheide getroffen worden sind, gegen welche beim Bundesgericht Beschwerde geführt werden kann.

⁶ ...[1]

⁷ Gegen das unrechtmässige Verweigern oder Verzögern eines Entscheids kann jederzeit Beschwerde geführt werden.

Art. 101   Beschwerde gegen Erlasse

Die Beschwerde gegen einen Erlass ist innert 30 Tagen nach der nach dem kantonalen Recht massgebenden Veröffentlichung des Erlasses beim Bundesgericht einzureichen.

5. Abschnitt: Weitere Verfahrensbestimmungen

Art. 102   Schriftenwechsel

¹ Soweit erforderlich stellt das Bundesgericht die Beschwerde der Vorinstanz sowie den allfälligen anderen Parteien, Beteiligten oder zur Beschwerde berechtigten Behörden zu und setzt ihnen Frist zur Einreichung einer Vernehmlassung an.

² Die Vorinstanz hat innert dieser Frist die Vorakten einzusenden.

³ Ein weiterer Schriftenwechsel findet in der Regel nicht statt.

Art. 103   Aufschiebende Wirkung

¹ Die Beschwerde hat in der Regel keine aufschiebende Wirkung.

² Die Beschwerde hat im Umfang der Begehren aufschiebende Wirkung:
a. in Zivilsachen, wenn sie sich gegen ein Gestaltungsurteil richtet;
b. in Strafsachen, wenn sie sich gegen einen Entscheid richtet, der eine unbedingte Freiheitsstrafe oder eine freiheitsentziehende Massnahme ausspricht; die aufschiebende Wirkung erstreckt sich nicht auf den Entscheid über Zivilansprüche;
c. in Verfahren auf dem Gebiet der internationalen Rechtshilfe in Strafsachen, wenn sie sich gegen eine Schlussverfügung oder gegen jede andere Verfügung richtet,

---

1   Aufgehoben durch Anhang 1 Ziff. II 2 der Zivilprozessordnung vom 19. Dez. 2008, mit Wirkung seit 1. Jan. 2011 (AS 2010 1739; BBl 2006 7221).

welche die Übermittlung von Auskünften aus dem Geheimbereich oder die Herausgabe von Gegenständen oder Vermögenswerten bewilligt.

³ Der Instruktionsrichter oder die Instruktionsrichterin kann über die aufschiebende Wirkung von Amtes wegen oder auf Antrag einer Partei eine andere Anordnung treffen.

Art. 104 Andere vorsorgliche Massnahmen

Der Instruktionsrichter oder die Instruktionsrichterin kann von Amtes wegen oder auf Antrag einer Partei vorsorgliche Massnahmen treffen, um den bestehenden Zustand zu erhalten oder bedrohte Interessen einstweilen sicherzustellen.

Art. 105 Massgebender Sachverhalt

¹ Das Bundesgericht legt seinem Urteil den Sachverhalt zugrunde, den die Vorinstanz festgestellt hat.

² Es kann die Sachverhaltsfeststellung der Vorinstanz von Amtes wegen berichtigen oder ergänzen, wenn sie offensichtlich unrichtig ist oder auf einer Rechtsverletzung im Sinne von Artikel 95 beruht.

³ Richtet sich die Beschwerde gegen einen Entscheid über die Zusprechung oder Verweigerung von Geldleistungen der Militär- oder Unfallversicherung, so ist das Bundesgericht nicht an die Sachverhaltsfeststellung der Vorinstanz gebunden.[1]

Art. 106 Rechtsanwendung

¹ Das Bundesgericht wendet das Recht von Amtes wegen an.

² Es prüft die Verletzung von Grundrechten und von kantonalem und interkantonalem Recht nur insofern, als eine solche Rüge in der Beschwerde vorgebracht und begründet worden ist.

Art. 107 Entscheid

¹ Das Bundesgericht darf nicht über die Begehren der Parteien hinausgehen.

² Heisst das Bundesgericht die Beschwerde gut, so entscheidet es in der Sache selbst oder weist diese zu neuer Beurteilung an die Vorinstanz zurück. Es kann die Sache auch an die Behörde zurückweisen, die als erste Instanz entschieden hat.

³ Erachtet das Bundesgericht eine Beschwerde auf dem Gebiet der internationalen Rechtshilfe in Strafsachen als unzulässig, so fällt es den Nichteintretensentscheid innert 15 Tagen seit Abschluss eines allfälligen Schriftenwechsels. Es ist nicht an

---

1 Fassung gemäss Ziff. IV 1 des BG vom 16. Dez. 2005, in Kraft seit 1. Jan. 2007 (AS 2006 2003; BBl 2005 3079).

diese Frist gebunden, wenn das Auslieferungsverfahren eine Person betrifft, gegen deren Asylgesuch noch kein rechtskräftiger Endentscheid vorliegt.[1]

[4] Über Beschwerden gegen Entscheide des Bundespatentgerichts über die Erteilung einer Lizenz nach Artikel 40d des Patentgesetzes vom 25. Juni 1954[2] entscheidet das Bundesgericht innerhalb eines Monats nach Anhebung der Beschwerde.[3]

6. Abschnitt: Vereinfachtes Verfahren

Art. 108 Einzelrichter oder Einzelrichterin

[1] Der Präsident oder die Präsidentin der Abteilung entscheidet im vereinfachten Verfahren über:

a. Nichteintreten auf offensichtlich unzulässige Beschwerden;
b. Nichteintreten auf Beschwerden, die offensichtlich keine hinreichende Begründung (Art. 42 Abs. 2) enthalten;
c. Nichteintreten auf querulatorische oder rechtmissbräuchliche Beschwerden.

[2] Er oder sie kann einen anderen Richter oder eine andere Richterin damit betrauen.

[3] Die Begründung des Entscheids beschränkt sich auf eine kurze Angabe des Unzulässigkeitsgrundes.

Art. 109 Dreierbesetzung

[1] Die Abteilungen entscheiden in Dreierbesetzung über Nichteintreten auf Beschwerden, bei denen sich keine Rechtsfrage von grundsätzlicher Bedeutung stellt oder kein besonders bedeutender Fall vorliegt, wenn die Beschwerde nur unter einer dieser Bedingungen zulässig ist (Art. 74 und 83–85). Artikel 58 Absatz 1 Buchstabe b findet keine Anwendung.

[2] Sie entscheiden ebenfalls in Dreierbesetzung bei Einstimmigkeit über:

a. Abweisung offensichtlich unbegründeter Beschwerden;
b. Gutheissung offensichtlich begründeter Beschwerden, insbesondere wenn der angefochtene Akt von der Rechtsprechung des Bundesgerichts abweicht und kein Anlass besteht, diese zu überprüfen.

[3] Der Entscheid wird summarisch begründet. Es kann ganz oder teilweise auf den angefochtenen Entscheid verwiesen werden.

---

1 Fassung gemäss Ziff. I 2 des BG vom 1. Okt 2010 über die Koordination des Asyl- und des Auslieferungsverfahrens, in Kraft seit 1. April 2011 (AS 2011 925; BBl 2010 1467).
2 SR 232.14
3 Eingefügt durch Anhang Ziff. 2 des BG vom 20. März 2009 über das Bundespatentgericht, in Kraft seit 1. Jan. 2012 (AS 2010 513, 2011 2241; BBl 2008 455).

7. Abschnitt: Kantonales Verfahren

Art. 110 Beurteilung durch richterliche Behörde

Soweit die Kantone nach diesem Gesetz als letzte kantonale Instanz ein Gericht einzusetzen haben, gewährleisten sie, dass dieses selbst oder eine vorgängig zuständige andere richterliche Behörde den Sachverhalt frei prüft und das massgebende Recht von Amtes wegen anwendet.

Art. 111 Einheit des Verfahrens

¹ Wer zur Beschwerde an das Bundesgericht berechtigt ist, muss sich am Verfahren vor allen kantonalen Vorinstanzen als Partei beteiligen können.

² Bundesbehörden, die zur Beschwerde an das Bundesgericht berechtigt sind, können die Rechtsmittel des kantonalen Rechts ergreifen und sich vor jeder kantonalen Instanz am Verfahren beteiligen, wenn sie dies beantragen.

³ Die unmittelbare Vorinstanz des Bundesgerichts muss mindestens die Rügen nach den Artikeln 95–98 prüfen können. ...¹

Art. 112 Eröffnung der Entscheide

¹ Entscheide, die der Beschwerde an das Bundesgericht unterliegen, sind den Parteien schriftlich zu eröffnen. Sie müssen enthalten:
a. die Begehren, die Begründung, die Beweisvorbringen und Prozesserklärungen der Parteien, soweit sie nicht aus den Akten hervorgehen;
b. die massgebenden Gründe tatsächlicher und rechtlicher Art, insbesondere die Angabe der angewendeten Gesetzesbestimmungen;
c. das Dispositiv;
d. eine Rechtsmittelbelehrung einschliesslich Angabe des Streitwerts, soweit dieses Gesetz eine Streitwertgrenze vorsieht.

² Wenn es das kantonale Recht vorsieht, kann die Behörde ihren Entscheid ohne Begründung eröffnen. Die Parteien können in diesem Fall innert 30 Tagen eine vollständige Ausfertigung verlangen. Der Entscheid ist nicht vollstreckbar, solange nicht entweder diese Frist unbenützt abgelaufen oder die vollständige Ausfertigung eröffnet worden ist.

³ Das Bundesgericht kann einen Entscheid, der den Anforderungen von Absatz 1 nicht genügt, an die kantonale Behörde zur Verbesserung zurückweisen oder aufheben.

---

1 Zweiter Satz aufgehoben durch Anhang 1 Ziff. II 2 der Zivilprozessordnung vom 19. Dez. 2008, mit Wirkung seit 1. Jan. 2011 (AS 2010 1739; BBl 2006 7221).

⁴ Für die Gebiete, in denen Bundesbehörden zur Beschwerde berechtigt sind, bestimmt der Bundesrat, welche Entscheide ihnen die kantonalen Behörden zu eröffnen haben.

Nr. 27   Verordnung betreffend die Eintragung der Eigentumsvorbehalte

vom 19. Dezember 1910 (Stand am 24. Dezember 2002)

SR 211.413.1

Das Schweizerische Bundesgericht, Schuldbetreibungs- und Konkurskammer,

gestützt auf Artikel 715 des Zivilgesetzbuches[1]
und auf die Artikel 15 und 16 des Bundesgesetzes vom 23. März 2001[2] über den Konsumkredit (KKG) sowie
in Anwendung des Artikels 15 des Bundesgesetzes vom 11. April 1889[3] über Schuldbetreibung und Konkurs,[4]

verordnet:

Art. 1

[1] Zuständig zur Entgegennahme der Anmeldung und zur Vornahme der Eintragung der Eigentumsvorbehalte ist nur das Betreibungsamt des Wohnorts des Erwerbers. Wohnt der Erwerber im Ausland, hat er aber in der Schweiz eine Geschäftsniederlassung, so ist das Betreibungsamt des Orts der Geschäftsniederlassung hiezu kompetent.

[2] Zerfällt eine grössere Ortschaft in mehrere Betreibungskreise, so haben sämtliche Anmeldungen und Eintragungen für die ganze Ortschaft beim nämlichen Betreibungsamt zu erfolgen, welches von der kantonalen Aufsichtsbehörde (vgl. Art. 21 hienach) zu bezeichnen ist.

Art. 2

[1] Vor der Eintragung hat der Betreibungsbeamte sich über seine Zuständigkeit zu vergewissern und kann zu diesem Behufe einen amtlichen Ausweis darüber verlangen, dass der Erwerber seinen Wohnort bzw. eine Geschäftsniederlassung im Betreibungskreise hat.

[2] Hält sich der Betreibungsbeamte nicht für zuständig, so nimmt er die Eintragung nur provisorisch vor und setzt dem Antragsteller unter Angabe der Gründe eine Frist von zehn Tagen, innerhalb deren er bei der Aufsichtsbehörde gegen die Verweige-

---

AS 27 215; BS 2 661
1   SR 210
2   SR 221.214.1
3   SR 281.1
4   Fassung gemäss Ziff. I der V des BGer vom 22. Nov. 2002, in Kraft seit 1. Jan. 2003 (AS 2002 4173).

rung der Eintragung Beschwerde führen kann, mit der Androhung, dass andernfalls die provisorische Eintragung dahinfallen würde.

Art. 3[1]

¹ Verlegt der Erwerber seinen Wohnort oder seine Geschäftsniederlassung in einen andern Betreibungskreis und zugleich in eine andere Ortschaft (Art. 1 Abs. 2), so kann dort der Veräusserer oder sein Rechtsnachfolger sowie der Erwerber jederzeit eine neue Eintragung nachsuchen.

² Als Ausweis hiefür genügt, solange die frühere Eintragung nicht gelöscht ist, ein Auszug aus dem Register des frühern Ortes. Die dort aufbewahrten Aktenstücke (Art. 15) sind vom Registeramt des neuen Ortes auf Kosten des Anmeldenden einzuverlangen.

³ Die frühere Eintragung behält ihre Wirkung noch drei Monate nach der Verlegung des Wohnortes oder der Geschäftsniederlassung. Wird die neue Eintragung später erwirkt, so tritt der Eigentumsvorbehalt erst mit ihre Vornahme wieder in Kraft.

Art. 4[2]

¹ Die Eintragung kann von beiden Parteien gemeinsam oder von einer derselben, mündlich oder schriftlich, nachgesucht werden.

² Über mündliche Anmeldungen ist ein Protokoll aufzunehmen. Die Schuldbetreibungs- und Konkurskammer stellt dafür ein obligatorisches Formular auf.

³ Schriftliche Anmeldungen müssen gleichfalls alle für die Eintragung erforderlichen Angaben enthalten. Es kann hiezu das in Absatz 2 erwähnte Formular verwendet werden.

⁴ Eine einseitige Anmeldung ist nur zu berücksichtigen, wenn gleichzeitig das schriftliche Einverständnis der andern Partei, und zwar in allen für die Eintragung wesentlichen Punkten, beigebracht wird. Diese Erklärung (Kaufvertrag usw.) ist im Original oder in beglaubigter Wiedergabe zu den Akten des Amtes einzureichen.

⁵ Stützt sich die Anmeldung auf einen Konsumkreditvertrag im Sinne des KKG, so ist die Eintragung nur dann zulässig, wenn:
a. der Vertrag die in Artikel 15 Absatz 1 KKG angeführten Bestimmungen einhält;
b. der Konsument bescheinigt, vor mindestens sieben Tagen eine Kopie des Vertrages erhalten und binnen dieser Frist den Vertrag nicht gemäss Artikel 16 KKG widerrufen zu haben.[3]

---

1   Fassung gemäss Ziff. I der V des BGer vom 29. Okt. 1962, in Kraft seit 1. Jan. 1963 (AS 1962 1355).
2   Fassung gemäss Ziff. I der V des BGer vom 23. Dez. 1953, in Kraft seit 1. April 1954 (AS 1954 273).
3   Fassung gemäss Ziff. I der V des BGer vom 22. Nov. 2002, in Kraft seit 1. Jan. 2003 (AS 2002 4173).

Art. 4bis [1]

[1] Eine Abtretung der Forderung ist auf Gesuch des Veräusserers oder des Zessionars bei oder nach der Eintragung des Eigentumsvorbehaltes im Register zu vermerken. Die Abtretungsurkunde ist im Original oder in beglaubigter Wiedergabe zu den Akten des Amtes einzureichen.

[2] Wer die Forderung bei einer Zwangsversteigerung erworben hat, kann dies gleichfalls im Register vermerken lassen, gestützt auf eine im Original oder in beglaubigter Wiedergabe einzureichende Bescheinigung des Steigerungsamtes.

[3] Der Vermerk geschieht in der dafür bestimmten Rubrik, unter Angabe des Datums der Abtretung oder Zwangsversteigerung. Er ist zu datieren und vom Betreibungsbeamten zu unterzeichnen.

[4] Gleichzeitig ist die Abtretung oder Zwangsversteigerung im Anmeldeprotokoll oder in der schriftlichen Anmeldung (Art. 4) zu vermerken.

Art. 5

[1] Dem Betreibungsbeamten nicht persönlich bekannte Parteien haben, wenn sie eine übereinstimmende mündliche Erklärung im Sinn von Artikel 4 Ziffer 1[2] hievor abgeben, sich über ihre Identität auszuweisen.

[2] Handeln die Parteien nicht in eigener Person, so haben ihre Vertreter überdies im Fall einer übereinstimmenden mündlichen Anmeldung eine beglaubigte Vollmacht zu den Akten zu legen.

Art. 6

[1] Auf eine Nachprüfung der Angaben der Parteien auf ihre Richtigkeit hat sich der Betreibungsbeamte nicht einzulassen.

[2] Die Eintragung von Eigentumsvorbehalten, die sich auf Grundstücke oder auf Vieh beziehen sollten, ist zu verweigern.

Art. 7

Die Eintragung findet nach anliegendem Formular statt und muss enthalten:
a. die Ordnungsnummer des Eintrages;
b. das Datum der Eintragung;
c.[3] Name, Beruf und Wohnort des Veräusserers sowie gegebenenfalls des Zessionars oder Ersteigerers der Forderung;

---

1 Eingefügt durch V des BGer vom 23. Dez. 1932 (AS 49 19). Fassung gemäss Ziff. I der V des BGer vom 23. Dez. 1953, in Kraft seit 1. April 1954 (AS 1954 273).
2 Heute: Art. 4 Abs. 1 und 2.
3 Fassung gemäss Ziff. II der V des BGer vom 23. Dez. 1953, in Kraft seit 1. April 1954 (AS 1954 273).

d. Name, Beruf und Wohnort des Erwerbers;
e. die Angabe des Antragstellers;
f. die genaue Bezeichnung der Sache und ihres Standortes. Bezieht sich der Eigentumsvorbehalt auf eine Sachgesamtheit oder sonst auf eine grössere Anzahl von Gegenständen, so ist ein genaues Inventar darüber einzureichen und zu den Akten zu legen und es genügt alsdann im Register ein bezüglicher Hinweis;
g. das Datum der Vereinbarung betreffend den Eigentumsvorbehalt nach Angabe der Parteien bzw. des Vertrages;
h. den garantierten Forderungsbetrag;
i. dessen Verfallzeit. Sind für die Abzahlung bestimmte Raten vereinbart, so sind auch ihre Beträge und Verfalltermine anzugeben.

Art. 8

Im Fall einer provisorischen Eintragung ist im Register in der Datumskolonne die Bemerkung «provisorisch» einzutragen. Wird die Beschwerde begründet erklärt, so ist die Bemerkung unter Angabe des Grundes wieder zu streichen. Wird dagegen eine Beschwerde nicht eingelegt oder wird sie abgewiesen, so ist der ganze Eintrag zu löschen.

Art. 9

[1] Jede Anmeldung ist, wenn sie sämtliche notwendigen Angaben enthält (Art. 7 Buchst. c–i), am nämlichen Tag zur Eintragung zu bringen.

[2] Ist die Anmeldung ungenügend, so ist der Anmeldende sofort auf die Mängel aufmerksam zu machen und darf die Eintragung erst nach erfolgter Ergänzung stattfinden.

Art. 10

Ist der durch den Eigentumsvorbehalt garantierte Forderungsbetrag in verschiedenen Raten abzubezahlen, so können auch die *nach* der Eintragung erfolgten Ratenzahlungen vorgemerkt werden. Erfolgt die Anzeige hievon nur seitens des Erwerbers, so hat sich dieser über die Zustimmung des Veräusserers auszuweisen.

Art. 11

Jede Eintragung hat der Betreibungsbeamte mittelst seiner Unterschrift zu beglaubigen.

Art. 12

[1] Die vollständige Löschung einer Eintragung erfolgt:
a. entweder auf Grund einer übereinstimmenden mündlichen Erklärung *beider* Parteien; oder

b. auf mündlichen oder schriftlichen Antrag des Veräusserers; oder
c. auf Antrag des Erwerbers, wenn er eine schriftliche Zustimmung des Veräusserers oder ein diese ersetzendes gerichtliches Urteil, bzw. im Konkursfall eine Bescheinigung der Konkursverwaltung vorlegt, wonach der Eigentumsvorbehalt infolge Durchführung des Konkurses dahingefallen ist.

² Mündliche Erklärungen des Veräusserers (Buchst. a und b hievor) sind von ihm in der betreffenden Kolonne des Registers unterschriftlich zu bestätigen.

³ Ist ein Übergang der garantierten Forderung infolge von Abtretung oder Zwangsversteigerung vorgemerkt, so kann an Stelle des ursprünglichen Veräusserers nur der eingetragene neue Inhaber der Forderung die erforderlichen Erklärungen gültig abgeben.[1]

Art. 13

¹ Die Streichung der Einträge geschieht mit roter Tinte und unter Angabe des Datums und des Grundes der Löschung sowie des Antragstellers.

² Sie erfolgt auch im Anmeldeprotokoll oder in der schriftlichen Anmeldung (Art. 4).[2]

Art. 14

¹ Von jeder auf einseitigen Antrag einer Partei erfolgten Löschung hat der Betreibungsbeamte der andern Partei sofort von Amtes wegen Mitteilung zu machen.

² Ebenso ist die antragstellende Partei von jeder Verweigerung einer beantragten Löschung unter Angabe der Gründe so gleich in Kenntnis zu setzen.

Art. 15[3]

¹ Das Betreibungsamt hat die in den Artikeln 2, 4, 4bis, 5, 7 Buchstabe f, 10 und 12 erwähnten Aktenstücke und Ausweise mit der Ordnungsnummer der Eintragung zu versehen und aufzubewahren.

² Die den Parteien oder Dritten gehörenden Urkunden (Verträge usw.) sind nach Löschung der Eintragung dem Einleger zurückzugeben.

³ Im übrigen gilt Artikel 4 Absatz 2 der Verordnung vom 14. März 1938[4] über die Aufbewahrung der Betreibungs- und Konkursakten.

---

1 Eingefügt durch V des BGer vom 23. Dez. 1932 (AS 49 19).
2 Eingefügt durch Ziff. II der V des BGer vom 23. Dez. 1953, in Kraft seit 1. April 1954 (AS 1954 273).
3 Fassung gemäss Ziff. I der V des BGer vom 23. Dez. 1953, in Kraft seit 1. April 1954 (AS 1954 273).
4 [BS 3 101; AS 1979 814. AS 1996 2895]. Siehe heute die V vom 5. Juni 1996 (SR 281.33).

Art. 16[1]

Ausser dem Hauptregister ist zur Erleichterung der Nachschlagungen ein alphabetisches Personenregister anzulegen und unmittelbar nach jeder Eintragung nachzuführen. Darin sind die Erwerber je mit der Ordnungsnummer der Eintragung zu verzeichnen.

Art. 16bis [2]

[1] Das Kartensystem ist für das Personenregister allgemein zulässig, für das Hauptregister dagegen nur mit Bewilligung der obern kantonalen Aufsichtsbehörde.

[2] Für die Hauptregisterkarte ist das von der Schuldbetreibungs- und Konkurskammer aufzustellende obligatorische Formular zu verwenden.

[3] Im übrigen gilt sinngemäss der Abschnitt II des Kreisschreibens Nr. 31 vom 12. Juli 1949[3] über die Führung des Betreibungsregisters in Kartenform. Zu beachten sind ausser den allgemeinen Bestimmungen namentlich Ziffer 1 (in Verbindung mit Art. 4 der dort angeführten V) und die Ziffern 3, 4, 8 und 9.

[4] Werden die Karten des Hauptregisters nach den Ordnungsnummern der Eintragungen eingereiht, so können für das Personenregister Durchschläge dieser Karten verwendet werden.

[5] Wird das Hauptregister nach den Namen der Erwerber angeordnet, so dient es zugleich als Personenregister. Zur Erleichterung der Kontrolle sind in diesem Falle Durchschläge der Hauptregisterkarten oder die Anmeldeprotokolle und die schriftlichen Anmeldungen (Art. 4) in fortlaufender Nummernfolge einzureihen.

Art. 17

Die Einsicht in das Register ist jedermann gestattet, und das Betreibungsamt hat auf Verlangen beglaubigte Auszüge aus dem Register sowie Bescheinigungen darüber auszustellen, dass ein Eintrag auf einen bestimmten Namen bzw. für bestimmte Objekte nicht vorhanden sei. Für die Auszüge hat das Betreibungsamt das amtliche Formular zu verwenden.

Art. 18

Das Betreibungsamt hat keine Verpflichtung, bei Pfändung von Gegenständen im Register nach allfällig eingetragenen Eigentumsvorbehalten Nachschau zu halten und die Rechte des Eigentümers in der Pfändungsurkunde von Amtes wegen vorzumerken.

---

1 Fassung gemäss Ziff. I der V des BGer vom 23. Dez. 1953, in Kraft seit 1. April 1954 (AS 1954 273).
2 Eingefügt durch Ziff. III der V des BGer vom 23. Dez. 1953, in Kraft seit 1. April 1954 (AS 1954 273).
3 BBl 1949 II 576, 1953 I 753

Art. 19
Artikel 16 Absatz 2 des Bundesgesetzes vom 11. April 1889 über Schuldbetreibung und Konkurs findet weder auf die schriftlichen Anmeldungen noch auf die Auszüge und Bescheinigungen aus dem Register Anwendung.

Art. 20
Alle durch diese Verordnung veranlassten Mitteilungen des Betreibungsamtes haben schriftlich und gegen Empfangsschein oder durch eingeschriebenen Brief zu erfolgen.

Art. 21
[1] Die Überwachung der Betreibungsbeamten hinsichtlich der Führung des Registers über die Eigentumsvorbehalte geschieht durch die Aufsichtsbehörden für Schuldbetreibung und Konkurs, an welche auch die von den Betreibungsbeamten auf Grund dieser Verordnung erlassenen Verfügungen im Sinn der Artikel 17 ff. des Bundesgesetzes vom 11. April 1889 über Schuldbetreibung und Konkurs weitergezogen werden können.

[2] Ebenso finden die Bestimmungen des Artikels 10 dieses Gesetzes über die Ausstandspflicht der Betreibungsbeamten entsprechende Anwendung.

Art. 22[1]

Art. 23
Die vorliegende Verordnung tritt auf den 1. Januar 1912 in Kraft.

---

1 Aufgehoben (Art. 40 des Gebührentarifs vom 23. Dez. 1919 zum SchKG – BS 3 104).

Betreibungsamt Bern-Stadt

Formular für das Register über die Eigentumsvorbehalte (Art. 715 ZGB)

Nr. 27 EigVV

Ordnungs-Nr.	Datum der Eintragung Jahr Monat Tag	Name, Beruf und Wohnort des Veräusserers	Name, Beruf und Wohnort des Erwerbers	Antragsteller	Bezeichnung der Sache und ihres Standortes	Datum der Vereinbarung Jahr Monat Tag	Garantierter Forderungsbetrag Fr. Rp.	Verfalltermin, evtl. Angabe der einzelnen Raten	Erfolgte Ratenzahlungen	Löschung Antragsteller	Löschung Grund	Löschung Datum Jahr Monat Tag
1	1912 April 6.	Weber, Hermann, Kaufmann, in Aarau	Lüthi, Hans, Schreinermeister, in Bern, Mattenhof	Erwerber	Nähmaschine, mit Fussbetrieb, Sytem Singer, Nr. 70298, in der Wohnung des Erwerbers Der Betreibungsbeamte: C. Müller	1912 April 5.	150 —	1) 6. Mai 1912 Fr. 50.— 2) 6. Juni 1912 Fr. 50.— 3) 6. Juli 1912 Fr. 50.—	6. Mai 1912 Fr. 75.—	Veräusserer	Aufgabe des Wohnsitzes	1912 Mai 20.
2	1912 April 15.	Tschumi, Johann, Wirt, in Bern, Länggasse	Meier, Karl, Bierbrauer, in Bern	beide Parteien	Wirtschaftsmobiliar (laut Inventar) im Hotel zum «Pelikan» in Bern Karl Meier, Bern; Johann Tschumi, Bern Der Betreibungsbeamte: C. Müller	1912 April 15.	500 —	15. Okt. 1912	—	beide Parteien Karl Meier, Bern	Abbezahlung	1912 Okt. 18.
3	1912 Mai 1	Nägeli, Fritz, Fabrikant, in Biel	Berger, Wilhelm, Kaufmann, in Bern, Kirchenfeld	Veräusserer	Klavier, Fabrikant Joost & Cie. Zürich Nr. 10584, in der Wohnung des Erwerbers Der Betreibungsbeamte: C. Müller	1912 Mai 1.	1000 —	1) 1. Aug. 1912 Fr. 250.— 2) 1. Nov. 1912 Fr. 250.— 3) 1. Febr. 1913 Fr. 250.— 4) 1. Mai 1913 Fr. 250.—	1. Aug. 1912 Fr. 250.—	Erwerber	Hinfall infolge Durchführung des Konkurses über den Erwerber	1912 Sept. 10.
4	1912 Mai 15. provisorisch	Keller, Jakob, Händler, in Zürich	Haller, Paul, Handelsreisender, in Holligen	Erwerber	Vollständig aufgerüstetes tannenes Bett, im Zimmer der getrennt lebenden Ehefrau des Erwerbers in Worb Der Betreibungsbeamte: C. Müller	1912 März 1.	100 —	1. März 1913	—	—	Unbenutzter Ablauf der Beschwerdefrist	1912 Mai 30.

Nr. 28 Verordnung des Bundesgerichtes betreffend die Bereinigung der Eigentumsvorbehaltsregister

vom 29. März 1939

SR 211.413.11

Das Schweizerische Bundesgericht,
gestützt auf Artikel 715 des Zivilgesetzbuches[1],
in Anwendung von Artikel 15 des Schuldbetreibungs- und Konkursgesetzes[2],
verordnet:

Art. 1
Zur Entlastung der Eigentumsvorbehaltsregister von gegenstandslos gewordenen Eintragungen kann einmal im Jahre, im Februar, eine Bereinigung vorgenommen werden.

Art. 2
[1] Die obere kantonale Aufsichtsbehörde bezeichnet die Betreibungsämter, deren Register bereinigt werden, und meldet sie vor dem 15. Februar der Redaktion des Schweizerischen Handelsamtsblattes zur Aufnahme in die Auskündung.

[2] Sie erlässt die Auskündung im kantonalen Amtsblatt und kann weitere Auskündungen anordnen.

Art. 3[3]
[1] Die Auskündung im Schweizerischen Handelsamtsblatt und im kantonalen Amtsblatt erscheint in den beiden letzten Februarnummern und hat folgenden Wortlaut:

Bereinigung der Eigentumsvorbehaltsregister

Es ist die Bereinigung der Eigentumsvorbehaltsregister bei folgenden Betreibungsämtern angeordnet worden:

Im Schweizerischen Handelsamtsblatt: Verzeichnis der Betreibungsämter in alphabetischer Reihenfolge nach Kantonen; im kantonalen Amtsblatt: Verzeichnis der Betreibungsämter des betreffenden Kantons. Für Kantone, in denen Gesamtbereinigungen stattfinden, genügt die Angabe: sämtliche Betreibungsämter. Sämtliche bei

---

BS 2 668
1 SR 210
2 SR 281.1
3 Fassung gemäss Ziff. I des Beschlusses des BGer vom 26. Juli 1971 (AS 1971 1161).

diesen Betreibungsämtern vor dem 1. Januar .... (fünf Jahre vor der Bereinigung) eingetragenen Eigentumsvorbehalte werden gelöscht, sofern gegen die Löschung nicht Einspruch erhoben wird.

Einsprüche sind spätestens bis zum 31. März unter Entrichtung der Kosten für die Mitteilung an den Erwerber (Fr. ....) beim Betreibungsamt, wo der Eigentumsvorbehalt eingetragen ist, schriftlich einzureichen; dabei sind das Datum des Eintrags, der Erwerber, die Sache und der ursprünglich garantierte Forderungsbetrag anzugeben.

² Die in der Auskündung anzugebenden Kosten der Mitteilung des Einspruchs an den Erwerber bestehen aus der Gebühr für ein Schriftstück von einer halben Seite gemäss Gebührentarif[1] zum Schuldbetreibungs- und Konkursgesetz und aus der Posttaxe für einen eingeschriebenen Brief.

Art. 4
Wird Einspruch erhoben, so macht das Betreibungsamt dem Erwerber hievon sofort Mitteilung.

Art. 5
¹ Nach Ablauf der Frist löschen die Betreibungsämter, für die die Auskündung nach Artikel 3 erlassen worden ist, alle Eigentumsvorbehalte, die vor dem Stichtag eingetragen worden sind und bezüglich deren kein Einspruch geltend gemacht worden ist.

² Die Löschung erfolgt nach Massgabe von Artikel 13 der Verordnung des Bundesgerichtes vom 19. Dezember 1910[2] betreffend die Eintragung der Eigentumsvorbehalte.

³ In der Rubrik «Grund der Löschung» des Registers ist anzugeben «Bereinigungsverfahren». Als Datum der Löschung gilt der Tag, an dem die Einspruchsfrist abläuft.

Art. 6
¹ Die Kosten der Publikation trägt der Kanton.

² Löschungsgebühren werden im Bereinigungsverfahren nicht erhoben.

Art. 7
¹ Diese Verordnung tritt sofort in Kraft und ersetzt die Verordnung vom 4. März 1920[3].

² Die Bereinigungen, die bei Inkrafttreten dieser Verordnung bereits ausgekündet sind, werden nach Massgabe der Verordnung vom 4. März 1920[4] durchgeführt. Weitere Bereinigungen dürfen im Jahre 1939 nicht stattfinden.

---

1 SR 281.35. Heute: Gebührenverordnung.
2 SR 211.413.1
3 [AS 36 160]
4 [AS 36 160]

Nr. 29 Schreiben des Bundesgerichts (SchKK) betreffend Ort der Eintragung der Eigentumsvorbehalte, wenn der Erwerber unter Vormundschaft steht

vom 16. Februar 1961

BGE 87 III 29

Auszug aus den Erwägungen:

Mit Eingabe vom 26. Januar 1961 haben Sie uns die Frage unterbreitet, welches Betreibungsamt zur Eintragung von Eigentumsvorbehalten zuständig sei, wenn der Erwerber unter Vormundschaft steht: ob es das Amt des Wohnsitzes sei, also des Sitzes der Vormundschaftsbehörde (Art. 25 Abs. 1 ZGB), oder das Amt des unter Umständen von jenem Wohnsitz verschiedenen «tatsächlichen» Wohnortes.

1. Die Schuldbetreibungs- und Konkurskammer steht nicht an, auf die Anfrage einzutreten. Es handelt sich nicht etwa darum, einen einzelnen Streitfall theoretisch im voraus zu entscheiden. Vielmehr wird eine allgemein gültige Auskunft verlangt, die als Anweisung darüber zu gelten hätte, wie Art. 1 Abs. 1 der gestützt auf Art. 715 ZGB erlassenen Verordnung vom 19. Dezember 1910 anzuwenden sei, wenn der Erwerber bevormundet ist. Zu einem solchen «Bescheid» ist die Kammer gemäss Art. 15 SchKG und Art. 12 lit. c OG befugt, und es besteht wie schon in andern Fällen (vgl. BGE 72 III 81 f., 83 III 49 ff., 85 III 1 ff.) ausreichende Veranlassung dazu, da die aufgeworfene Frage eine grundsätzliche Lösung finden muss.

2. Das Gesetz (Art. 715 Abs. 1 ZGB) schreibt vor, dass der Eigentumsvorbehalt, um wirksam zu sein, am jeweiligen Wohnort (au domicile actuel, nel luogo dello attuale domicilio) des Erwerbers eingetragen sein muss. Unter «Wohnort» (domicile, domicilio) ist dabei offenbar der Wohnort im Rechtssinne, also der Wohnsitz, zu verstehen, nicht ein allenfalls vom Wohnsitz verschiedener bloss tatsächlicher (scheinbarer) Wohnort oder gar ein vorübergehender Aufenthalt. Geht es doch darum, Rechtsbeziehungen durch Eintragung in ein öffentliches Register zu schaffen und einem unbestimmten Kreis dritter Personen erkennbar zu machen, war richtigerweise am Wohnort im Rechtssinne, also am Wohnsitz, zu geschehen hat.

Die das Gesetz ausführende Verordnung stellt dies völlig klar. Sie spricht an gewissen Stellen, dem Wortlaut des Gesetzes folgend, vom Wohnort des Erwerbers, daneben aber – offensichtlich in gleicher Bedeutung – von dessen Wohnsitz (vgl. Art. 3 Abs. 2 und Art. 4 Abs. 5). Darin liegt eine zweifellos richtige Verdeutlichung des Gesetzestextes. Die Rechtslehre steht auf dem gleichen Boden (vgl. Leemann, N 32 ff. zu Art. 715, und Haab / Simonius / Scherrer, N 55 ff. zu den Art. 715/16 ZGB).

Die Verordnung bestimmt ferner, die Eintragung sei (falls der Erwerber in der Schweiz wohnt) «nur» an seinem Wohnorte zu vollziehen, nicht auch noch an einem andern Ort, wie etwa an der Geschäftsniederlassung einer natürlichen Person oder, bei einer juristischen Person, ausser am Hauptsitz auch noch am Ort eines Filialbetriebes (vgl. BGE 42 II 14 ff.). Bei ausländischen Gesellschaften ist der schweizerische Filialsitz laut Handelsregistereintrag, nicht allenfalls in einem andern Betreibungskreis befindliche Betriebsort massgebend (BGE 45 II 272 ff.).

3. Bei Bevormundeten muss nach der gesetzlichen Ordnung gleichwie bei voll handlungsfähigen Personen der Wohnsitz, also nach Art. 25 Abs. 1 ZGB der Sitz der Vormundschaftsbehörde, massgebend sein. Es ist denn auch gerechtfertigt, solche rechtsbegründenden Registereinträge dem Amte zuzuweisen, in dessen Kreis sich der rechtliche Mittelpunkt des Bevormundeten befindet.

So verhält es sich selbst dann, wenn die Vormundschaftsbehörde dem Mündel gemäss Art. 412 ZGB eine selbständige berufliche oder gewerbliche Tätigkeit gestattet hat und er diese Tätigkeit (erlaubterweise) in einem andern Betreibungskreis ausübt. In diesem Falle besteht zwar für Verbindlichkeiten aus dem Betrieb ein spezieller Betreibungsort (Art. 47 Abs. 3 SchKG). Das spielt jedoch für die Eintragung von Eigentumsvorbehalten keine Rolle, da hiefür ein einheitlicher Registerort am Wohnort (= Wohnsitz) vorgesehen ist.

4. Die für die Eintragung am tatsächlichen Wohnort angeführten Zweckmässigkeitsgründe halten der Prüfung nicht stand. Wenn gesagt wird, ein Verkäufer, der den Vertrag in Unkenntnis der Vormundschaft mit dem Käufer selbst abgeschlossen hat, sollte in allen Fällen an dessen «tatsächlichem» Wohnort in gültiger Weise den Eigentumsvorbehalt eintragen lassen können, so liefe dies auf eine Missachtung des Vormundschaftsrechtes hinaus. Nach Art. 375 Abs. 3 ZGB ist eine gehörig veröffentlichte Bevormundung jedermann gegenüber wirksam. Zu schützen sind danach diejenigen, die der Vormundschaft Rechnung tragen und sich an das Registeramt des Sitzes der Vormundschaftsbehörde wenden. Wer sich über die dem Bevormundeten gegenüber bestehenden Eigentumsvorbehalte erkundigen will, hat Anspruch darauf, bei diesem Amt erschöpfende Auskunft zu erhalten. Dritten gegenüber darf somit ein nur anderswo erfolgter Eintrag keinesfalls wirksam sein (vgl. auch BGE 39 I 144 und 42 III 16).

Mit einer andern Lösung der Frage des Eintragungsortes wäre übrigens für den Verkäufer wenig gewonnen. War der Käufer urteilsfähig, so ist der Vertrag gar nicht gültig, auch der Eigentumsvorbehalt als solcher nicht; indessen ist das nicht gültig übertragene Eigentum ohnehin beim Verkäufer geblieben. Bei Urteilsfähigkeit des Käufers kann der Vertrag nur mit Genehmigung des Vormundes endgültig zustande kommen (Art. 410 ZGB). Erfährt der Verkäufer nachträglich von der Vormundschaft, und erwirkt er die Genehmigung des Vormundes, so steht nichts entgegen, nun den Eigentumsvorbehalt am zuständigen Ort eintragen zu lassen. Die Genehmigung wirkt ja, auch wenn sie nicht zum voraus erteilt wurde, zurück, und der Eigentumsvorbehalt kann, sofern er nur bei Übergabe der Sache bereits vereinbart war, auch noch später eingetragen werden (BGE 42 III 175). Entsprechendes gilt, wenn der Kaufvertrag durch eine allgemeine Bewilligung der Vormundschaftsbehörde nach Art. 412 ZGB gedeckt ist. Ist dies aber nicht der Fall, und wird der Kaufvertrag auch nicht vom Vormund genehmigt, so ist dem Eigentumsvorbehalt die Rechtsgrundlage entzogen, selbst wenn er bereits beim zuständigen Registeramt eingetragen wurde. Im übrigen steht dem Verkäufer nach Art. 411 ZGB grundsätzlich die Rückforderung der Sache zu.

5. Endlich ist darauf hinzuweisen, dass bevormundete Personen nur mit Zustimmung der Vormundschaftsbehörde ausserhalb des Vormundschaftskreises Wohnung nehmen dürfen und alsdann die Vormundschaft auf die Behörde des neuen Ortes zu übertragen ist (Art. 377 ZGB; BGE 86 II 287 ff.). Wird diese Regelung befolgt, so fällt überall dort, wo jede Gemeinde eine eigene Vormundschaftsbehörde hat, der tatsächliche Wohnort der von ihr betreuten Mündels mit dem Sitz der Behörde zusammen. So verhält es sich auf im Kanton Zürich (§ 73 EGzZGB). Die Zuständigkeitsnorm des Art. 715 ZGB, wie sie nach dem Gesagten zu verstehen ist, dürfte daher gewöhnlich niemandem nachteilig sein. Es ist uns auch nicht bekannt geworden, dass die das Gesetz ergänzenden, den Ort der Eintragungen betreffenden Bestimmungen der Verordnung vom 19. Dezember 1910 sich als unzweckmässig oder der Ergänzung bedürftig erwiesen hätten. Wir halten daher eine Änderung dieser Bestimmungen nicht für geboten.

Kreisschreiben des Bundesgerichts (SchKK) Nr. 29

vom 31. März 1911

BBl 1911 III 514

Grundlage: SchKG Art. 9, 106 ff., 126 f.; ZGB Art. 726; OR Art. 226 ff.

Eigentumsvorbehalt: Pfändung und Verwertung von Vermögensobjekten, die dem betriebenen Schuldner unter Eigentumsvorbehalt verkauft wurden

Es pflegt bekanntlich oft vorzukommen, dass ein betriebener Schuldner im Besitz von Vermögensstücken (Möbel, Maschinen usw.) ist, die er unter Eigentumsvorbehalt gekauft und zum Teil abbezahlt hat. Solche mit Eigentumsvorbehalt verkauften Sachen wurden bisher meist nicht gepfändet, beziehungsweise es wurde auf die Aufrechterhaltung der Pfändung verzichtet, sobald sich ergab, dass der Schuldner noch nicht ihr Eigentümer geworden sei. Da indessen *das Recht des Schuldners, gegen Bezahlung der Kaufpreisrestanz das Eigentum daran zu erwerben*, unter Umständen, namentlich bei nahezu ganz abbezahltem Kaufpreis, einen *bedeutenden Vermögenswert* repräsentieren kann, wurde seitens der betreffenden Gläubiger hin und wieder doch der Anspruch erhoben, dieses Recht mit Beschlag zu belegen und zur Verwertung zu bringen. Es liegt denn auch im Interesse einer rationellen Zwangsvollstreckung, dass *der in jenem Recht steckende Vermögenswert den Gläubigern nicht vorenthalten bleibe*, solange es dem Schuldner beliebt, durch Stehenlassen einer vielleicht ganz unbedeutenden Kaufpreisrestanz das Eigentum beim Verkäufer zu belassen.

Da die Pfändung des dem Schuldner zustehenden *Rechtes*, gegen Bezahlung der Kaufpreisrestanz das Eigentum zu *erwerben*, auf juristische und praktische Schwierigkeiten stossen würde, und da anderseits der Eigentumsvorbehalt *wirtschaftlich nichts* anderes als ein Pfandrecht des Verkäufers darstellt, so haben wir anlässlich eines kürzlich an uns gelangten Rekurses den prinzipiellen Entscheid gefällt, *dass die unter Eigentumsvorbehalt verkauften Sachen in analoger Anwendung der für die Pfändung und Verwertung verpfändeter Sachen geltenden Bestimmungen (Art. 106 und 107, 126 und 127 SchKG) zu pfänden und zu verwerten sind [Anmerkung der Herausgeber: vgl. Urteil vom 28. Februar 1911 i.S. Kopp, BGE 37 I 168].*

Das dabei zu beobachtende Verfahren ist folgendes:

1. Vorverfahren

Wird von irgendeiner Seite anlässlich der Pfändung oder nachher die Existenz eines Eigentumsvorbehaltes behauptet, so hat das Betreibungsamt, erforderlichenfalls unter Ansetzung einer Frist hierfür, den Verkäufer der betreffenden Sache und den Schuldner zur Angabe auch der *Höhe* des noch ausstehenden *Kaufpreises* zu veranlassen und sodann sowohl von der Tatsache des Eigentumsvorbehaltes, wie von der Höhe der Kaufrestanz entweder in der Pfändungsurkunde Vormerkung zu nehmen oder, wenn die Pfändungsurkunde schon zugestellt ist, den Parteien besondere Anzeige zu machen, wobei unter den «Parteien» – analog dem Fall der Pfändung einer *verpfändeten* Sache – der Schuldner und der betreffende Gläubiger zu verstehen sind, soweit natürlich nicht sie selber es sind, die den Betreibungsbeamten auf die Tatsache des Eigentumsvorbehaltes aufmerksam gemacht haben.

Eine Pfändung des *Rechtes auf Erwerb des Eigentums* ist also nicht vorzunehmen, auch wenn der Gläubiger es verlangen sollte.

Dagegen ist, wenn der Schuldner oder der Verkäufer behauptet, dass die betreffende Sache nach Art. 92 SchKG unpfändbar sei, zunächst *diese* Frage zu erledigen; und wenn die «Kompetenzqualität» festgestellt ist, so ist, wie die Pfändung, auch das weitere, in diesem Kreisschreiben beschriebene Verfahren ausgeschlossen.

2. Verfahren zur Feststellung des Eigentumsvorbehaltes und des ausstehenden Kaufpreises

Gleichzeitig mit der erwähnten Mitteilung setzt das Betreibungsamt gemäss Art. 106 Abs. 2 dem pfändenden Gläubiger und dem Schuldner zur Bestreitung des Eigentumsvorbehaltes, beziehungsweise der Höhe der Kaufpreisrestanz, die in Art. 106 Abs. 2 vorgesehene Frist von zehn Tagen, mit der Androhung, dass Stillschweigen als Anerkennung des Eigentumsvorbehaltes und des Ausstehens der angegebenen Kaufpreisrestanz betrachtet würde. Dabei ist selbstverständlich, im Falle einer Divergenz zwischen den Angaben der Beteiligten über die Höhe der Kaufpreisrestanz, in die Androhung diejenige Summe aufzunehmen, die vom *Verkäufer* angegeben wurde; eventuell, wenn nur Angaben des betreibenden Gläubigers und des Schuldners vorliegen, die höhere von beiden. Konnten aber überhaupt keine Angaben über die Höhe der ausstehenden Kaufpreisforderungen erhältlich gemacht werden – und zwar, trotz Fristansetzung, speziell auch nicht von seiten des *Verkäufers* –, so ist anzunehmen, dass der Kaufpreis bereits ganz abbezahlt sei, und es ist alsdann die Sache als im unbeschwerten Eigentum des Schuldners stehend zu behandeln und vom Erlass einer Androhung Umgang zu nehmen.

Erfolgt auf die Androhung hin eine Bestreitung, sei es seitens des Schuldners, sei es seitens des pfändenden Gläubigers, so fordert das Betreibungsamt den Verkäufer auf, binnen zehn Tagen gerichtliche Klage auf Feststellung der Rechtsgültigkeit seines Eigentumsvorbehaltes beziehungsweise der Höhe des noch ausstehenden Kaufpreises zu erheben.

Kommt der Verkäufer der Aufforderung nach, so findet Art. 107 Abs. 2 entsprechende Anwendung.

Kommt der Verkäufer dagegen der Aufforderung nicht nach, so wird angenommen, er verzichte auf seinen Anspruch, insoweit dieser bestritten ist.

3. Verwertungsverfahren

Nach Beendigung des Widerspruchsverfahrens wird – sofern ein nach Art. 116 zulässiges Verwertungsbegehren vorliegt – auf Grund der Feststellung des Richters über die Existenz des Eigentumsvorbehaltes und die Höhe der Kaufpreisrestanz, beziehungsweise auf Grund des Resultates, das sich aus der Nichtbestreitung des vom Verkäufer erhobenen Anspruches oder aus der Nichterhebung der gerichtlichen Klage seitens dieses letztern ergibt, nach Vorschrift der Art. 122 ff. *zur Verwertung der Sache geschritten. Dabei darf aber in analoger Anwendung der Art. 126 und 127 der Zuschlag nur vollzogen werden, falls das Angebot den Betrag der im Widerspruchsverfahren festgesetzten Kaufpreisrestanz übersteigt, was natürlich zugleich den Sinn hat, dass aus dem Steigerungserlös nun auch ohne weiteres und vor allem dem Verkäufer diese Kaufpreisrestanz auszubezahlen ist.*

1 **Gleichstellung** des Eigentumsvorbehalts mit dem Pfandrecht gilt nur für den Bereich des Zwangsvollstreckungsverfahrens auf dem Wege der Pfändung: BGE 90 III 22 E. 3.
2 Obligat. **Formulare** Nr. 19 bzw. 20 bzw. 25. Vgl. BGE 73 III 167; 80 III 26; 96 III 69; 101 III 25.

Nr. 31 — Kreisschreiben des Bundesgerichts (Plenum) Nr. 14

vom 11. Mai 1922

BGE 48 III 107

Grundlage: s. KS BGer (SchKK) Nr. 29 vom 31. März 1911

Pfändung von dem betriebenen Schuldner unter Eigentumsvorbehalt verkauften Vermögensobjekten; Konkurrenz des Pfändungspfandrechts und des Eigentums des Verkäufers

Im Kreisschreiben Nr. 29 vom 31. März 1911 haben wir angeordnet, dass die dem betriebenen Schuldner unter *Eigentumsvorbehalt verkauften Sachen* in analoger Anwendung der für die *Pfändung und Verwertung verpfändeter Sachen* geltenden Bestimmungen zu *pfänden und zu verwerten sind.* Hieraus wurde nun, wie wir einem kürzlich an uns weitergezogenen Entscheid einer kantonalen Aufsichtsbehörde entnehmen mussten, der Schluss gezogen, dass durch die Pfändung solcher Gegenstände das Recht des Verkäufers, sein Eigentum geltend zu machen bzw. die Gegenstände zurückzuverlangen (*Art. 226a ff.* OR und 716 ZGB), aufgehoben werde bzw. erst dann wieder auflebe, wenn eine fruchtlose Verwertung stattgefunden habe, d.h. kein den Betrag der Kaufpreisrestanz übersteigendes Angebot gemacht wurde. Im Gegensatz hiezu haben wir in unserem Rekursentscheid vom 30. März 1922 ausgesprochen, dass durch die Pfändung die dem Verkäufer aus dem Kaufvertrag und dem Eigentumsvorbehalt zustehenden Rechte in keiner Weise beeinträchtigt werden, insbesondere also das ihm gemäss Art. 226 OR zustehende Recht, das vorbehaltene Eigentum geltend zu machen, wenn der Käufer mit einer Teilzahlung in Verzug gerät, dem Pfändungspfandrecht der Gläubiger vorgeht. Übt der Verkäufer dieses Recht aus, so kann das Pfändungsrecht der Gläubiger nurmehr den Anspruch des Käufers auf Rückerstattung der von ihm geleisteten Abzahlungen unter Abzug eines angemessenen Mietzinses und einer Entschädigung für Abnützung, sowie auf Retention der Sache bis zur Rückzahlung jenes Betrages umfassen, welcher gemäss *Art. 226i* OR und Art. 716 ZGB an Stelle seines bisherigen Rechts tritt; dieser Anspruch ist ohne besonderes Begehren des Gläubigers in der vom Schuldner genannten oder allfällig vom Gläubiger selbst verlangten Höhe (darüber siehe nachstehend) zu pfänden (Entscheid der Schuldbetreibungs- und Konkurskammer vom 30. März 1922 i.S. Eckenstein: BGE 48 III 66). Nach dieser Auffassung ist der Verkäufer vor jeder Schädigung geschützt, welche ihm die Pfändung zufügen könnte, wenn weder der betreibende Gläubiger noch der Schuldner (Käufer) alsbald das Verwertungsbegehren stellen und es sich auch nicht um Gegenstände handelt, die vom Betreibungsamt auch ohne Vorliegen eines Verwertungsbegehrens verkauft werden können, sei es, dass sie schneller Wertverminderung ausgesetzt sind, oder einen kostspieligen Unterhalt erfordern (Art. 124 SchKG).

Ist der Anspruch des Käufers auf Rückerstattung der von ihm geleisteten Abzahlungen unter Abzug eines angemessenen Mietzinses und einer Entschädigung für Abnützung, sowie auf Retention der Sache bis zur Zahlung dieses Betrages gepfändet, so kann es nicht mehr dem Käufer überlassen bleiben, über die Höhe des Betrages zu entscheiden, gegen dessen Zurückzahlung er die Sache dem Verkäufer zurückgeben will. Wir ordnen daher für die Auseinandersetzung mit dem Verkäufer im Sinne des Art. 100 SchKG die Mitwirkung des Betreibungsamtes in folgender Weise an:

Der Verkäufer hat seine Erklärung darüber, dass er das Eigentum geltend machen wolle, und was er an Mietzins und Abnützungsentschädigung von den zurückzuerstattenden Abzahlungen abzuziehen beansprucht, dem Betreibungsamt anzugeben. Dieses hat zunächst dem Schuldner hievon Mitteilung zu machen und ihm eine kurze Frist zur Erklärung darüber anzusetzen, in welcher Höhe er eine Rückforderung geltend mache, mit der Androhung, dass Stillschweigen als Verzicht auf eine das Angebot des Verkäufers übersteigende Rückforderung betrachtet werde. Alsdann hat das Betreibungsamt die Stellungnahme des Schuldners dem Gläubiger mitzuteilen, unter Ansetzung einer kurzen Frist zur Erklärung darüber, ob er sich mit der Pfändung des Rückforderungsanspruches in der vom Schuldner genannten bzw., wenn der Schuldner seinen Rückforderungsanspruch nicht beziffert, in der vom Verkäufer angebotenen Höhe begnüge, oder ob er ihn höher beziffere – ebenfalls mit der Androhung, dass Stillschweigen als Verzicht auf die Geltendmachung eines höheren Betrages betrachtet werde. Daraufhin hat das Betreibungsamt die allfällig über das Angebot des Verkäufers hinaus vom Schuldner oder vom Gläubiger erhobene Forderung summarisch daraufhin zu prüfen, in welcher Höhe sie ihm begründet erscheint (wobei der Schuldner verpflichtet ist, ihm Auskunft über alle hiefür in Betracht fallenden Verhältnisse zu erteilen), und dem Verkäufer eine kurze Frist zur Hinterlegung dieser Summe (bzw. Zahlung des anerkannten Teiles derselben) gegen Herausgabe der Sache anzusetzen, mit der Androhung, dass nach unbenütztem Ablauf derselben die Betreibung ungeachtet der Geltendmachung seines Eigentums ihren Fortgang nähme, sein Anspruch auf Herausgabe der Sache in dieser Beziehung also nicht mehr berücksichtigt würde. Soweit der vom Schuldner oder allfällig vom Gläubiger erhobene Rückforderungsanspruch den vom Verkäufer anerkannten Betrag übersteigt, ist er als bestrittene Forderung zu verwerten, wobei dem Erwerber eine angemessene Frist zur gerichtlichen Geltendmachung anzusetzen ist, mit der Androhung, dass nach deren unbenütztem Ablauf das Depositum dem Verkäufer zurückgegeben werde. Erachtet das Betreibungsamt den Rückforderungsanspruch nur im Umfange des vom Verkäufer anerkannten Betrages für begründet und sieht es daher von der Anordnung der Hinterlegung eines höheren Betrages ab, so besteht natürlich keine Veranlassung zur Fristansetzung an den Erwerber des Rückforderungsanspruches.

Nr. 32 Schreiben des Bundesgerichts an die Konferenz der Betreibungs- und Konkursbeamten der Schweiz

vom 24. Juni 1957

BGE 83 III 49, durch Herausgeber revidierte Fassung

Wohnsitzwechsel des Schuldners

Ist bei Wohnsitzwechsel des Erwerbers der Eintrag am bisherigen Wohnsitz (von Amtes wegen) zu löschen?

Gebührenerhebung?

Auf eine bezügliche Anfrage der Konferenz der Betreibungs- und Konkursbeamten der Schweiz (und des Betreibungsamtes Zürich 2) hat die Schuldbetreibungs- und Konkurskammer am 24. Juni 1957 wie folgt geantwortet:
Nach Art. 715 ZGB ist der Eigentumsvorbehalt nur wirksam, wenn er am jeweiligen Wohnort des Erwerbers eingetragen ist. Art. 3 der Verordnung betreffend die Eintragung der Eigentumsvorbehalte sieht daher vor, dass beim Wechsel des Wohnortes (oder der Geschäftsniederlassung; bei Wohnsitz im Ausland, siehe Art. 1 Abs. 1 der Verordnung) eine neue Eintragung bei dem nun zuständigen Registeramte vorzunehmen ist. Nach Art. 3 Abs. 2 verliert die frühere Eintragung ihre Wirkung drei Monate nach dem Erwerb des neuen Wohnsitzes bzw. Geschäftsdomizils. Eine Löschung von Amtes wegen ist jedoch nicht vorgeschrieben, auch nicht in Art. 4, und sie lässt sich im besondern nicht auf die neue Vorschrift des rev. Art. 4 Abs. 5 stützen, wonach das um Eintragung ersuchte Registeramt des neuen Wohnortes auf Kosten des Anmeldenden die beim Amt des früheren Wohnortes aufbewahrten zugehörigen Akten einzuverlangen hat. Bei der Vorbereitung der Verordnung im Jahre 1910 hatte man zwar die Frage erwogen, ob die Erwirkung einer Eintragung am neuen Wohnort die Löschung des allfällig bestehenden Eintrages am bisherigen Wohnorte von Amtes wegen nach sich ziehen solle. Doch wurde keine dahingehende Bestimmung aufgestellt. Art. 12 der Verordnung unterscheidet nicht einmal zwischen den verschiedenen Löschungsgründen, während ein Vorentwurf die Aufgabe des Wohnsitzes im betreffenden Betreibungskreis ausdrücklich als Grund zur Löschung anführte, aber nicht etwa zur Löschung von Amtes wegen, sondern zur Löschung auf Antrag beider Parteien oder des Veräusserers allein. Dem entspricht das System des geltenden Art. 12, der nur die Löschung auf Antrag kennt und im übrigen, ohne Rücksicht auf deren Grund, zwischen mündlicher und schriftlicher Erklärung unterscheidet. Eine Löschung von Amtes wegen erfolgt dagegen im Bereinigungsverfahren, und zwar unentgeltlich (Art. 6 der Verordnung vom 29. März 1939).

Daraus ist nun freilich nicht zu schliessen, dass der wegen Wohnsitzwechsels des Erwerbers unwirksam gewordene Eintrag im Register des bisherigen Wohnortes unverändert bestehen bleiben solle. Verlangt das Amt des neuen Wohnsitzes, wo die Eintragung ebenfalls nachgesucht wurde, die zugehörigen Akten gemäss dem revidierten Art. 4 Abs. 5 ein, so erhält das Registeramt des bisherigen Wohnortes damit zuverlässige Kenntnis vom Wohnsitzwechsel. Es darf daher den Eintrag in seinem Register gemäss Art. 3 Abs. 2 der Verordnung als hinfällig betrachten. Das rechtfertigt es, unter der Rubrik «Löschung» den Wohnsitzwechsel des Erwerbers und die nun an dessen neuem Wohnort erfolgte Eintragung anzumerken. Wo das Hauptregister in Kartenform geführt wird, sind die mit dieser Anmerkung versehenen Karten aus dem in Gebrauch stehenden Register zu entfernen und zu archivieren.

Für diese der Entlastung des laufenden Registers dienende Notiznahme und Archivierung von Amtes wegen ist keine Gebühr zu erheben. Die Analogie zur Löschung im Bereinigungsverfahren drängt sich auf, und die GebV SchKG verpflichtet denn auch in Art. 45 zur Gebührenentrichtung allgemein nur «den Antragsteller». Die Kosten der durch die Anmeldung des Eigentumsvorbehaltes am neuen Wohnort verursachten Aktenüberweisung sind dagegen dem Anmeldenden zu belasten, wie Art. 4 Abs. 5 der Verordnung es ausdrücklich bestimmt.

Nr. 33 Bundesgesetz über die Schuldbetreibung gegen Gemeinden und andere Körperschaften des kantonalen öffentlichen Rechts

vom 4. Dezember 1947 (Stand am 18. April 2006)

SR 282.11

Die Bundesversammlung, der Schweizerischen Eidgenossenschaft,
gestützt auf Artikel 64 der Bundesverfassung[1],
nach Einsicht in eine Botschaft des Bundesrates vom 12. Juni 1939[2]
und in eine Nachtragsbotschaft vom 27. Dezember 1944[3],
beschliesst:

A. Schuldbetreibung im allgemeinen

Art. 1 I. Subsidiäre Geltung des gemeinen Betreibungsrechts

[1] Für die Schuldbetreibung gegen Gemeinden und andere Körperschaften des kantonalen öffentlichen Rechts gelten die Bestimmungen des Schuldbetreibungs- und Konkursgesetzes (SchKG) vom 11. April 1889[4] mit den nachfolgenden Einschränkungen.

[2] Auf die Kantone selbst findet das vorliegende Gesetz keine Anwendung.

Art. 2 II. Das Betreibungsverfahren
1. Betreibungsarten
a. Bundesrecht

[1] Die Schuldbetreibung kann nur auf Pfändung oder Pfandverwertung gerichtet sein.

[2] Die Betreibung auf Konkurs, mit Einschluss der Wechselbetreibung, und der Arrest sind ausgeschlossen. Nicht anwendbar sind ferner die Vorschriften über den Nachlassvertrag sowie diejenigen Bestimmungen, die sich der Natur der Sache nach zur Anwendung auf solche Körperschaften nicht eignen.

AS 1948 873
1 [BS 1 3]
2 BBl 1939 II 1
3 BBl 1945 I 1
4 SR 281.1

³ Verlustscheine werden nicht ausgestellt. Dagegen erhält jeder an einer Pfändung teilnehmende Gläubiger für den ungedeckt bleibenden Betrag seiner Forderung einen Ausfallschein, der als Schuldanerkennung im Sinne des Artikels 82 SchKG[1] gilt.

⁴ Zur Anhebung der Anfechtungsklage gemäss den Artikeln 285–292 SchKG sind der Gläubiger, der einen Ausfallschein erhalten hat, die Beiratschaft im Sinne der Artikel 28 ff. dieses Gesetzes und die Kantonsregierung berechtigt.

Art. 3 b. Kantonales Recht

¹ Die Kantone sind befugt, Vorschriften über das Nachlassvertragsrecht aufzustellen.

² Ein Nachlassvertrag darf nur zugelassen werden, nachdem eine Beiratschaft angeordnet worden ist und in angemessener Frist nicht zum Ziele geführt hat. Die Eingriffe in die Gläubigerrechte dürfen nicht über die in Artikel 13 genannten Massnahmen hinausgehen.

³ Die Gültigkeit von Beschlüssen über die Eingriffe in Gläubigerrechte ist an die Zustimmung von zwei Dritteln der in der Gläubigerversammlung anwesenden Gläubiger und Gläubigervertreter zu knüpfen, deren Forderungen zwei Drittel der vertretenen, mindestens aber die Hälfte aller nicht pfandgedeckten Forderungen ausmachen.

⁴ Wird diese Mehrheit nicht erreicht, so kann die obere kantonale Aufsichtsbehörde in Schuldbetreibungssachen (Aufsichtsbehörde) auf Beschwerde hin ausnahmsweise zur Ermöglichung einer Sanierung einen Beschluss verbindlich erklären, dem die einfache Mehrheit der anwesenden Gläubiger und Gläubigervertreter, welche die Hälfte der vertretenen Forderungssummen besitzt, zugestimmt hat.[2]

⁵ ...[3]

Art. 4 2. Zuständigkeit

¹ Die Kantone bezeichnen unter Berücksichtigung von Artikel 10 SchKG[4] die Stelle, welche die Verrichtungen des Betreibungsamtes auszuüben hat.

² Gegen die Verfügungen dieser Stelle kann von den Beteiligten und der Kantonsregierung innert 10 Tagen wegen Gesetzesverletzung und Unangemessenheit bei der Aufsichtsbehörde Beschwerde geführt werden.[5]

---

1 SR 281.1
2 Fassung gemäss Anhang Ziff. 7 des Bundesgerichtsgesetzes vom 17. Juni 2005, in Kraft seit 1. Jan. 2007 (SR 173.110).
3 Aufgehoben durch Ziff. II 22 des BG vom 15. Dez. 1989 über die Genehmigung kantonaler Erlasse durch den Bund (AS 1991 362; BBl 1988 II 1333).
4 SR 281.1
5 Fassung gemäss Anhang Ziff. 7 des Bundesgerichtsgesetzes vom 17. Juni 2005, in Kraft seit 1. Jan. 2007 (SR 173.110).

³ Wegen Rechtsverweigerung und Rechtsverzögerung kann jederzeit Beschwerde geführt werden.

⁴ ...¹

Art. 5 3. Mitteilungspflicht

¹ Bei Beschwerden ist der Kantonsregierung Gelegenheit zur Vernehmlassung zu geben.

² Ihr ist auch von jeder Pfändungsankündigung und jedem Verwertungsbegehren ein Exemplar zuzustellen.

Art. 6 4. Einstellung der Betreibung

¹ Die Aufsichtsbehörde kann die Betreibung vorübergehend einstellen, wenn die Kantonsregierung dafür sorgt, dass sich durch die Einstellung die Lage der Gläubiger nicht verschlechtert.

² Der betreibende Gläubiger kann jederzeit bei der Aufsichtsbehörde² die Fortsetzung der Betreibung verlangen, wenn die von der Kantonsregierung getroffenen Massnahmen nicht oder nicht mehr genügen.

Art. 7 III. Pfändbarkeit und Verpfändbarkeit
1. Pfändbares Vermögen
a. Im allgemeinen

¹ Pfändbar ist, unter Vorbehalt bestehender dinglicher Rechte, alles Finanzvermögen eines in Artikel 1 genannten Gemeinwesens.

² Zum Finanzvermögen gehören die Vermögenswerte, die nicht Verwaltungsvermögen sind.

Art. 8 b. Bedingte Pfändbarkeit

¹ Die einem Gemeinwesen gehörenden Anstalten und Werke, die öffentlichen Zwecken dienen, sowie öffentliche Waldungen, Weiden und Alpen, dürfen nur mit Zustimmung der Kantonsregierung gepfändet und verwertet werden.

² Diese kann die Pfändung oder Verwertung auch unter Bedingungen gestatten.

³ Vorbehalten bleibt Artikel 23 des Bundesgesetzes vom 11. Oktober 1902³ betreffend die eidgenössische Oberaufsicht über die Forstpolizei.

---

1   Aufgehoben durch Anhang Ziff. 7 des Bundesgerichtsgesetzes vom 17. Juni 2005, mit Wirkung seit 1. Jan. 2007 (SR 173.110).

2   Ausdruck gemäss Anhang Ziff. 7 des Bundesgerichtsgesetzes vom 17. Juni 2005, in Kraft seit 1. Jan. 2007 (SR 173.110). Diese Änd. ist im ganzen Erlass berücksichtigt.

3   [BS 9 521; AS 1954 559 Ziff. I 5, 1956 1215, 1965 321 Art. 60, 1969 500, 1971 1190, 1977 2249 Ziff. I 11.11, 1985 660 Ziff. I 23, 1988 1696 Art. 7. AS 1992 2521 Art. 54 Bst. a]

Art. 9 2. Unpfändbares Vermögen

¹ Die Vermögenswerte eines Gemeinwesens, die unmittelbar der Erfüllung seiner öffentlichen Aufgaben dienen, stellen sein Verwaltungsvermögen im Sinne dieses Gesetzes dar und können auch mit seiner Zustimmung weder gepfändet noch verwertet werden, solange sie öffentlichen Zwecken dienen.

² Steuerforderungen dürfen weder gepfändet noch verwertet werden.

Art. 10 3. Verpfändbarkeit
a. Im allgemeinen

¹ Unpfändbare Vermögenswerte können nicht gültig verpfändet werden, solange sie öffentlichen Zwecken dienen. Wenn das Gesetz die Pfändung an die Zustimmung der Kantonsregierung knüpft, ist diese Zustimmung auch für die Verpfändung nötig.

² Ist eine Verpfändung zulässig, so erfolgt sie in den Formen und mit den Wirkungen des Zivilrechts.

Art. 11 b. Bei Überführung ins Verwaltungsvermögen

¹ Wird ein mit einem Pfandrecht belastetes privates oder zum Finanzvermögen gehörendes Grundstück öffentlichen Aufgaben gewidmet, so ist der Pfandgläubiger auf Verlangen zu befriedigen oder sicherzustellen.

² Bis dahin ist das Grundstück als Finanzvermögen zu behandeln.

Art. 12 4. Zweckgebundenes Vermögen

¹ Alles zugunsten Dritter zweckgebundene Vermögen (stiftungsähnliche Fonds, Amtskautionen, Pensionskassen usw.) kann nur für Verpflichtungen, die sich aus der Zweckbestimmung dieses Vermögens ergeben, verpfändet, gepfändet und verwertet werden.

² Die Betreibung für solche Verpflichtungen richtet sich gegen das Gemeinwesen.

B. Die Gläubigergemeinschaft

Art. 13 I. Zulässige Eingriffe in Rechte der Obligationäre
1. Grundsatz

Hat ein in Artikel 1 genanntes Gemeinwesen Anleihensobligationen mit einheitlichen Anleihensbedingungen unmittelbar oder mittelbar mit öffentlicher Zeichnung herausgegeben, und ist es ausserstande, seine Verpflichtungen aus einem solchen Anleihen rechtzeitig zu erfüllen, so können auf Grund des nachstehend geregelten Verfahrens die folgenden Eingriffe in die Rechte der Obligationäre vorgenommen werden:

a. Erstreckung der für ein Anleihen vorgesehenen Amortisationsfrist um höchstens fünf Jahre durch Herabsetzung der Annuität und Erhöhung der Zahl der Rückzahlungsquoten oder vorübergehende gänzliche Einstellung dieser Leistungen;
b. Stundung des bereits verfallenen oder binnen Jahresfrist fällig werdenden Gesamtbetrages oder von Teilbeträgen eines Anleihens auf höchstens fünf Jahre vom Tage des Beschlusses der Gläubigerversammlung an;
c. Stundung für einen Teilbetrag, ausnahmsweise für den ganzen Betrag, von verfallenen oder innerhalb der nächsten fünf Jahre fällig werdenden Zinsen für die Dauer von höchstens fünf Jahren;
d. Einräumung eines Pfandrechts für Kapitalbeträge, die der Schuldnerin neu zugeführt werden, mit Vorgang vor einem bereits bestehenden Anleihen sowie Änderungen an den für ein Anleihen bestellten Sicherheiten oder teilweiser Verzicht auf solche;
e. ausnahmsweise Herabsetzung des Zinsfusses bis zur Hälfte für die in den nächsten fünf Jahren verfallenden Zinse;
f. ausnahmsweise Nachlass verfallener Zinse um höchstens die Hälfte.

Art. 14 2. Ergänzende Bestimmungen

¹ Die in Artikel 13 genannten Massnahmen können weder durch die Anleihensbedingungen noch durch sonstige Vereinbarungen gültig ausgeschlossen werden.

² Es können mehrere dieser Massnahmen miteinander verbunden werden.

³ Die unter den Buchstaben a–c und e vorgesehenen Massnahmen können frühestens ein Jahr vor Ablauf der Frist höchstens zweimal für je fünf Jahre verlängert werden.

Art. 15 II. Einleitung des Verfahrens
  1. Gesuch

¹ Das Gesuch um Einleitung des Verfahrens ist von der Schuldnerin bei der Kantonsregierung einzureichen, die es mit ihrer Begutachtung an die Aufsichtsbehörde weiterleitet.

² Das Gesuch hat eine einlässliche Darstellung der finanziellen Lage der Schuldnerin zu enthalten. Die Jahresrechnungen und allfälligen Jahresbericht der letzten fünf Jahre und der Voranschlag des laufenden Jahres sind beizulegen.

³ Die Eingaben sind auf Verlangen der Behörde zu ergänzen.

Art. 16[1] 2. Prüfung der finanziellen Lage

¹ Die Aufsichtsbehörde trifft sofort die nötigen Massnahmen zur genauen Feststellung der finanziellen Lage der Schuldnerin. Sie ernennt, wenn nötig, zu diesem Zweck nach Anhörung der Schweizerischen Nationalbank eine Expertenkommission von höchstens drei Mitgliedern. Über das Gutachten dieser Kommission holt sie die Vernehmlassung der Kantonsregierung ein.

² Steht die Schuldnerin unter einer administrativen Zwangsverwaltung des kantonalen Rechts oder einer Beiratschaft im Sinne dieses Gesetzes, so kann sich die Aufsichtsbehörde mit den Feststellungen der Schuldnerin begnügen.

³ Die Aufsichtsbehörde kann eine provisorische Stundung der fälligen Ansprüche der Obligationäre und, soweit sie es für notwendig erachtet, auch anderer Forderungen verfügen.

Art. 17 III. Gläubigerversammlung
1. Allgemeines

¹ Ergibt die vorläufige Prüfung, dass der finanziellen Notlage der Schuldnerin auf andere Art zur Zeit nicht abgeholfen werden kann, so beruft die Aufsichtsbehörde die Obligationäre, denen Opfer zugemutet werden sollen, zur Gläubigerversammlung ein.

² Stehen mehrere Anleihen in Frage, so ist für jedes eine besondere Gläubigerversammlung einzuberufen.

³ Ein Mitglied der Aufsichtsbehörde leitet die Gläubigerversammlungen, veranlasst die Protokollierung der Beschlüsse und sorgt für deren Ausführung.[2]

Art. 18 2. Teilnahme an der Versammlung

¹ Die zur Gläubigerversammlung zusammentretenden Obligationäre oder deren Vertreter haben sich vor Beginn der Beratungen über ihre Berechtigung auszuweisen.

² Zur Vertretung von Obligationären bedarf es, sofern die Vertretung nicht auf Gesetz beruht, einer schriftlichen Vollmacht.

³ Die Ausübung der Vertretung von Obligationen durch Organe der Schuldnerin ist ausgeschlossen.

---

1   Fassung gemäss Anhang Ziff. 7 des Bundesgerichtsgesetzes vom 17. Juni 2005, in Kraft seit 1. Jan. 2007 (SR 173.110).
2   Fassung gemäss Anhang Ziff. 7 des Bundesgerichtsgesetzes vom 17. Juni 2005, in Kraft seit 1. Jan. 2007 (SR 173.110).

Nr. 33 BG Schuldbetreibung gegen Gemeinden

Art. 19 3. Stimmrecht

¹ Stimmberechtigt ist der Eigentümer einer Obligation oder sein Vertreter, bei in Nutzniessung stehenden Obligationen jedoch der Nutzniesser oder sein Vertreter.

² Obligationen, die im Eigentum oder in Nutzniessung der Schuldnerin stehen, geben kein Stimmrecht und fallen bei der Berechnung des im Umlauf befindlichen Kapitals und des in der Gläubigerversammlung vertretenen Kapitals ausser Betracht.

Art. 20 4. Erforderliche Mehrheit
a. Im allgemeinen

¹ Die in Artikel 13 genannten Eingriffe in die Gläubigerrechte bedürfen der Zustimmung von zwei Dritteln des vertretenen, mindestens aber der einfachen Mehrheit des im Umlauf befindlichen Obligationenkapitals.

² Kommt in der Gläubigerversammlung ein Beschluss nicht zustande, so kann die Schuldnerin die fehlenden Stimmen durch Vorlegung schriftlicher und beglaubigter Erklärungen noch während zweier Monate nach dem Versammlungstage bei der Aufsichtsbehörde einreichen und dadurch einen Mehrheitsbeschluss herstellen.

³ Ausnahmsweise kann die Aufsichtsbehörde einen Beschluss, dem nur die einfache Mehrheit des in der Gläubigerversammlung vertretenen, nicht aber des im Umlauf befindlichen Kapitals zugestimmt hat, für die Gesamtheit der Obligationäre verbindlich erklären.

Art. 21 b. Bei mehreren Gläubigergemeinschaften

¹ Bestehen mehrere Gläubigergemeinschaften, so kann jede die Gültigkeit ihrer Beschlüsse davon abhängig machen, dass andere Gläubigergemeinschaften gleiche oder entsprechende Opfer zu tragen haben.

² Hat in einem solchen Falle ein Vorschlag der Schuldnerin die Zustimmung der einfachen Mehrheit des im Umlauf befindlichen Kapitals aller Gläubigergemeinschaften zusammen gefunden, so kann die Aufsichtsbehörde den Beschluss auch für die nicht zustimmenden Gemeinschaften verbindlich erklären.

Art. 22 5. Voraussetzungen des Beschlusses

¹ Die in Artikel 13 vorgesehen Massnahmen sind nur zulässig, soweit sie zur Beseitigung der Notlage der Schuldnerin erforderlich und geeignet sind, und wenn zur Abwendung der Notlage alles getan worden ist, was billigerweise erwartet werden darf.

² Die Massnahmen müssen alle Obligationäre, die sich in der gleichen Rechtslage befinden, gleichmässig treffen, es sei denn, dass jeder etwa ungünstiger Behandelte ausdrücklich zustimmt.

³ Zusicherungen oder Zuwendungen an einzelne Gläubiger, durch die sie gegenüber andern der Gemeinschaft angehörenden Gläubigern begünstigt werden, sind ungültig.

Art. 23 IV. Verbindlicherklärung

¹ Die Beschlüsse der Gläubigergemeinschaft sind erst verbindlich, wenn sie von der Aufsichtsbehörde genehmigt sind; sie verpflichten dann auch die nicht zustimmenden Obligationäre.

² Die Genehmigung darf nur erteilt werden, wenn der Beschluss die gesetzlichen Voraussetzungen erfüllt, die gemeinsamen Interessen der Obligationäre genügend wahrt und nicht auf unredliche Weise zustande gekommen ist.

³ Bei Stundungsbeschlüssen kann die Genehmigung an die Bedingung geknüpft werden, dass die finanzielle Geschäftsführung der Schuldnerin während der Stundung beaufsichtigt werde.

Art. 24 V. Einbeziehung anderer Gläubiger

1. Grundsatz

¹ Wenn die Billigkeit es verlangt, kann die Aufsichtsbehörde neben den Obligationären andere Gläubiger in das Verfahren einbeziehen und ihnen gleiche oder entsprechende Opfer auferlegen.

² Dies ist insbesondere dann zulässig, wenn andernfalls die Sanierung unbilligerweise verunmöglicht würde.

³ Übersteigen jedoch die Forderungen dieser Gläubiger einen Drittel des in Frage stehenden Obligationenkapitals, so können ihnen Opfer nur auferlegt werden, wenn die einfache Mehrheit dieser Gläubiger zugestimmt hat und die von ihnen vertretenen Forderungen mehr als die Hälfte des Gesamtbetrages der einbezogenen Forderungen ausmachen.

Art. 25 2. Anhörung. Gleichbehandlung

¹ Diese Gläubiger sind vor ihrer Einbeziehung in das Verfahren anzuhören.

² Sie sind, jedoch unter Berücksichtigung bestehender Pfand und anderer Vorzugsrechte und allenfalls bereits gebrachter Opfer, unter sich gleich zu behandeln.

Art. 26 3. Ausnahmen

Nicht betroffen werden die gesetzlich begründeten öffentlichrechtlichen Verpflichtungen der Schuldnerin, Versicherungsbeiträge, Besoldungen, sonstige Dienstentschädigungen, Pensionen und andere Verpflichtungen der Schuldnerin, die unpfändbare Forderungen darstellen.

Art. 27 VI. Widerruf der Stundung

¹ Ist eine Stundung gewährt worden, so muss sie von der Aufsichtsbehörde auf Antrag eines Obligationärs oder eines andern in dieses Verfahren einbezogenen Gläubigers widerrufen werden:

a. wenn die Voraussetzungen dafür nicht mehr vorliegen;

b. wenn die Schuldnerin den an die Stundung geknüpften Bedingungen zuwiderhandelt;
c. wenn während der Stundungsfrist die finanzielle Lage der Schuldnerin sich wesentlich verschlechtert und damit die Sicherheit der Gläubiger ernstlich gefährdet wird.

² Ebenso hat die Aufsichtsbehörde auf Antrag eines Obligationärs oder eines andern in das Verfahren einbezogenen Gläubigers eine Herabsetzung des Zinsfusses für die Zukunft aufzuheben, wenn die Voraussetzungen für die Herabsetzung nicht mehr vorliegen, oder wenn die Schuldnerin den an sie geknüpften Bedingungen zuwiderhandelt.

C. Die Beiratschaft

Art. 28   I. Anordnung der Beiratschaft
   1. Obligatorische

¹ Wenn ein in Artikel 1 genanntes Gemeinwesen sich zahlungsunfähig erklärt oder voraussichtlich während längerer Zeit nicht in der Lage sein wird, seinen finanziellen Verpflichtungen nachzukommen, und wenn gleichwohl eine administrative Zwangsverwaltung des kantonalen Rechts in angemessener Frist nicht angeordnet wird oder diese sich als ungenügend erweist, hat die Aufsichtsbehörde auf Verlangen eines Antragsberechtigten die Beiratschaft im Sinne dieses Gesetzes anzuordnen.

² Davon kann abgesehen werden, wenn die Durchführung des Gläubigergemeinschaftsverfahrens möglich und genügend ist, oder wenn die Interessen der Gläubiger auf andere Weise hinreichend gewahrt werden können.

³ Antragsberechtigt sind die Schuldnerin selbst, die Kantonsregierung und jeder Gläubiger, der ein berechtigtes Interesse glaubhaft macht.

Art. 29   2. Fakultative

¹ Die Aufsichtsbehörde kann im Sinne von Artikel 6 zur Vermeidung der Fortsetzung einer Betreibung auf Antrag der Schuldnerin oder der Kantonsregierung die Beiratschaft auch anordnen, wenn die Durchführung der Pfandverwertung nicht tunlich erscheint und die Interessen der Gläubiger durch die Beiratschaft ebenfalls gewahrt werden können.

² Wenn die Pfändung ungenügend oder eine Benachteiligung der nicht betreibenden Gläubiger zu befürchten ist, oder wenn den Obligationären Beschränkungen ihrer Rechte gemäss Artikel 13 zugemutet werden, kann die Behörde die Beiratschaft auf Antrag eines solchen Gläubigers oder eines Obligationärs anordnen.

Art. 30   3. Dauer und Beschränkung

¹ Die Beiratschaft kann längstens für die Dauer von drei Jahren angeordnet werden.

² Sie kann aber, wenn die Umstände es erfordern, frühestens ein halbes Jahr vor Ablauf der Frist für längstens drei Jahre verlängert werden.

³ Die Beiratschaft kann auf einen Teil der Verwaltung beschränkt werden.

Art. 31 4. Begehren

¹ Das Begehren um Anordnung einer Beiratschaft ist bei der Aufsichtsbehörde einzureichen.

² Ist das Begehren von der Gläubigerseite gestellt worden, so ist es der Schuldnerin und der Kantonsregierung zur Vernehmlassung mitzuteilen unter Hinweis darauf, dass darüber entschieden werde, falls die in Frage stehenden Gläubiger nicht innerhalb eines Monats befriedigt werden.

³ Wird das Begehren von der Schuldnerseite gestellt, so ist es von der Kantonsregierung zu begutachten. Das Gesuch hat eine einlässliche Darstellung der finanziellen Lage der Schuldnerin zu enthalten. Die Jahresrechnungen und allfälligen Jahresberichte der letzten fünf Jahre und der Voranschlag des laufenden Jahres sind beizulegen. Die Eingaben sind auf Verlangen der Behörde zu ergänzen.

Art. 32 5. Anordnungsbeschluss

¹ Über die Anordnung einer Beiratschaft entscheidet die Aufsichtsbehörde.[1]

² Die Anordnung einer Beiratschaft ist der Schuldnerin und der Kantonsregierung schriftlich mitzuteilen und öffentlich bekanntzumachen.

³ Die Aufsichtsbehörde kann der Schuldnerin vor Bestellung der Beiratschaft durch provisorische Verfügung für die Dauer von höchstens drei Monaten Stundung gewähren und nach Einholung der Vernehmlassung der Kantonsregierung die ordentlichen Organe der Schuldnerin währen dieser Zeit in ihrer Tätigkeit beschränken oder einstellen.

Art. 33 6. Bestellung der Beiräte

¹ Die Aufsichtsbehörde überträgt die Beiratschaft im Einvernehmen mit der Kantonsregierung einer oder mehreren Personen.

² Die Kantonsregierung bestimmt zu Lasten der Schuldnerin die den Beiräten zukommende Entschädigung.

³ Für die Verantwortlichkeit der Beiräte gelten die Artikel 5 ff. SchKG[2].

---

1 Fassung gemäss Anhang Ziff. 7 des Bundesgerichtsgesetzes vom 17. Juni 2005, in Kraft seit 1. Jan. 2007 (SR 173.110).
2 SR 281.1

Art. 34 II. Aufgaben der Beiratschaft
1. Im allgemeinen

¹ Die Beiratschaft hat dafür zu sorgen, dass, unbeschadet der laufenden Verwaltung, die verfallenen Verpflichtungen der Schuldnerin im Rahmen des Finanzplanes möglichst bald und gleichmässig, nach Massgabe ihrer Fälligkeit und unter Berücksichtigung der für sie bestehenden Sicherheiten eingelöst werden.

² Sie hat den Finanzhaushalt zu ordnen und nach Möglichkeit die Ausgaben zu vermindern und die Einnahmen zu erhöhen.

Art. 35 2. Eintreibung von Forderungen und Verwertung von Aktiven

¹ Die Beiratschaft hat zu diesem Zwecke insbesondere Steuerrückstände und andere ausstehende Forderungen einzutreiben.

² Sie ist ermächtigt, die für ihre Geltendmachung nötigen Rechtshandlungen vorzunehmen und, soweit nötig, das Finanzvermögen zu verwerten. Sie kann die Verwertung selbst vornehmen. Den Erlös aus Pfändern hat sie aber in erster Linie zur Bezahlung der pfandgesicherten Forderungen nach ihrem Rang zu verwenden.

Art. 36 3. Verantwortlichkeits- und Anfechtungsansprüche

Die Beiratschaft hat Verantwortlichkeits- und Anfechtungsansprüche geltend zu machen, sofern nicht die Aufsichtsbehörde dem Verzicht auf die Klage oder einem Vergleich zustimmt.

Art. 37 4. Anordnung von Steuern und Angaben

¹ Soweit es notwendig und nach den gegebenen Verhältnissen zweckmässig und tragbar erscheint, hat die Beiratschaft von Amtes wegen oder auf Antrag eines Gläubigers mit Zustimmung der Kantonsregierung die bestehenden Steuern und sonstigen Abgaben zu erhöhen und für Leistungen von öffentlichen Werken und Einrichtungen oder aus öffentlichen Gütern ein Entgelt einzuführen oder bestehende Vergütungen angemessen zu erhöhen. Sie ist dabei nicht an die Bestimmungen des kommunalen Rechtes gebunden.

² In gleicher Weise kann sie mit Zustimmung der Kantonsregierung Steuern und Abgaben neu einführen, zu deren Einführung die Schuldnerin nach kantonalem Recht ermächtigt wäre.

Art. 38 5. Bilanz und Finanzplan

¹ Die Beiratschaft hat zu Beginn ihrer Tätigkeit einen Rechnungsruf zu erlassen, sofern nicht besondere Verhältnisse eine Ausnahme rechtfertigen, und ein Inventar aufzunehmen, in welchem die zum Finanzvermögen gehörenden Vermögenswerte gesondert aufzuführen sind, eine Vermögensbilanz aufzustellen und einen Plan über

die zur Sanierung in Aussicht genommenen Massnahmen auszuarbeiten. Ebenso ist jeweils nach Ablauf eines Verwaltungsjahres eine Bilanz aufzustellen.

² Eine Abschrift der Bilanz und des Finanzplanes ist der Schuldnerin und der Kantonsregierung mit einem Bericht über die Vermögenslage der Schuldnerin zuzustellen.

³ Der Finanzplan ist während 30 Tagen öffentlich aufzulegen, wovon den Gläubigern Kenntnis zu geben ist. Er kann innerhalb dieser Frist von jedem Interessierten bei der Aufsichtsbehörde angefochten werden.

Art. 39 III. Kompetenzen

¹ Bei Anordnung der Beiratschaft hat die Aufsichtsbehörde deren Kompetenzen genau zu umschreiben. Soweit die Beiratschaft als zuständig erklärt wird, gehen die Kompetenzen der ordentlichen Verwaltungsorgane und ihrer Verwaltungsaufsichtsbehörden bezüglich der finanziellen Geschäftsführung auf sie über.

² Abgesehen von der Bestreitung laufender Ausgaben aus schon vorhandenen Einnahmequellen, bedürfen Beschlüsse und Verfügungen der ordentlichen Organe über Ausgaben und Einnahmen, die Veräusserung und Verpfändung von Vermögenswerten und die Eingehung neuer Verpflichtungen zu ihrer Gültigkeit der Zustimmung der Beiratschaft. Vorbehalten bleiben die Rechte des gutgläubigen Erwerbers.

³ Das Gemeindereferendum und das Recht der Gemeindeinitiative können gegenüber Verfügungen der Beiratschaft nicht geltend gemacht werden.

⁴ Mit Zustimmung der Aufsichtsbehörde kann die Beiratschaft einzelne Befugnisse an die ordentlichen Organe der Schuldnerin übertragen.

Art. 40 IV. Pflichten der Schuldnerin

¹ Die ordentlichen Organe der Schuldnerin haben die ihnen von der Beiratschaft in diesem Rahmen erteilten Weisungen zu vollziehen.

² Wer diese Vorschriften schuldhaft verletzt, wird persönlich haftbar.

³ Hinsichtlich der Anfechtbarkeit von Rechtshandlungen, die vor Anordnung der Beiratschaft vorgenommen wurden, sind die Bestimmungen der Artikel 285–292 SchKG[1] entsprechend anwendbar.

Art. 41 V. Wirkungen auf Betreibungen und Fristen

¹ Während der Beiratschaft können gegen die Schuldnerin für die schon vor Anordnung der Beiratschaft eingegangenen Verpflichtungen keine Betreibungen angehoben oder fortgesetzt werden.

² Ebenso ist der Lauf der Verjährungs- und Verwirkungsfristen, welche durch Betreibung unterbrochen werden können, für solche Verpflichtungen gehemmt.

---

1   SR 281.1

Art. 42 VI. Beendigung der Beiratschaft
1. Beendigungsgründe

¹ Die Beiratschaft fällt mit Ablauf der Zeit, für die sie bestellt ist, dahin, wenn diese nicht vorher verlängert worden ist.

² Die Aufsichtsbehörde hat die Beiratschaft auf Antrag oder von Amtes wegen schon vorher aufzuheben, sobald die Umstände es erlauben, insbesondere wenn die Wiederherstellung des finanziellen Gleichgewichts gewährleistet erscheint.

Art. 43 2. Wirkungen nach der Beendigung

¹ Die Aufsichtsbehörde kann bestimmen, dass einzelne während der Beiratschaft getroffene Anordnungen für bestimmte Zeit weiter gelten.

² Eine Stundung für Verpflichtungen der Schuldnerin kann aber höchstens für die Dauer von drei Jahren nach Beendigung der Beiratschaft gewährt werden.

³ Die Stundung ist von der Aufsichtsbehörde zu widerrufen, wenn die in Artikel 27 genannten Voraussetzungen gegeben sind.

Art. 44 VII. Beschwerde
1. An die Aufsichtsbehörde

Gegen Verfügungen der Beiratschaft kann jeder Interessierte binnen zehn Tagen wegen Gesetzesverletzung, Rechtsverweigerung, Rechtsverzögerung und Unangemessenheit bei der Aufsichtsbehörde Beschwerde führen.

Art. 45[1] 2. An das Bundesgericht

¹ Gegen Entscheide der Aufsichtsbehörde kann beim Bundesgericht nach Massgabe des Bundesgerichtsgesetzes vom 17. Juni 2005[2] Beschwerde in Zivilsachen geführt werden.

² Zur Beschwerde berechtigt sind insbesondere:
a. die Schuldnerin und die Kantonsregierung gegen die Anordnung einer Beiratschaft oder die Verweigerung ihrer Aufhebung sowie gegen die Verweigerung einer Stundung im Anschluss an eine Beiratschaft oder den Widerruf einer solchen Stundung;
b. jeder, der einen gültigen Antrag gestellt hat, gegen:
   1. die Ablehnung eines Antrags auf Anordnung einer Beiratschaft,
   2. die Verweigerung des Widerrufes einer im Anschluss an eine Beiratschaft angeordneten Stundung,

---

1 Fassung gemäss Anhang Ziff. 7 des Bundesgerichtsgesetzes vom 17. Juni 2005, in Kraft seit 1. Jan. 2007 (SR 173.110).
2 SR 173.110

3. die Verweigerung der Einführung oder Erhöhung von Steuern oder sonstigen Abgaben oder Vergütungen,
4. die Unterlassung, die Zustimmung der Kantonsregierung gemäss Artikel 37 einzuholen;

c. jeder Gläubiger, der ein berechtigtes Interesse glaubhaft macht, gegen die vorzeitige Aufhebung der Beiratschaft sowie gegen die Anordnung einer Stundung im Anschluss an eine Beiratschaft.

D. Schlussbestimmungen

Art. 46 I. Verordnungsrecht

¹ Der Bundesrat erlässt die Ausführungsbestimmungen.[1]

² ...[2]

³ Die Kantone können die der Aufsichtsbehörde in diesem Gesetz zugewiesenen Obliegenheiten auf dem Verordnungswege einer besondern Behörde übertragen.

Art. 47 II. Inkrafttreten, Aufhebung bestehender Vorschriften

¹ Der Bundesrat bestimmt den Zeitpunkt des Inkrafttretens dieses Gesetzes.

² Die mit diesem Gesetz im Widerspruch stehenden eidgenössischen und kantonalen Vorschriften sind aufgehoben.

³ Aufgehoben ist insbesondere der Bundesbeschluss vom 5. Oktober 1945[3] über den Schutz der Rechte der Anleihensgläubiger von Körperschaften des öffentlichen Rechts.

⁴ Auf Anleihen des Bundes, der Kantone und Gemeinden sowie von andern Körperschaften oder von Anstalten des öffentlichen Rechts sind die Vorschriften des zweiten Abschnittes des vierunddreissigsten Titels des Obligationenrechts[4] sowie diejenigen der Verordnung vom 20. Februar 1918[5] betreffend die Gläubigergemeinschaft bei Anleihensobligationen nicht anwendbar.

Datum des Inkrafttretens: 1. Januar 1949[6]

---

1 Fassung gemäss Anhang Ziff. 7 des Bundesgerichtsgesetzes vom 17. Juni 2005, in Kraft seit 1. Jan. 2007 (SR 173.110).
2 Aufgehoben durch Anhang Ziff. 7 des Bundesgerichtsgesetzes vom 17. Juni 2005, mit Wirkung seit 1. Jan. 2007 (SR 173.110).
3 [AS 61 825]
4 SR 220
5 [AS 34 231, 35 297, 36 623 893. SR 220 am Schluss, SchlB zum zweiten Abschn. des XXXIV. Tit. Ziff. 4]
6 BRB vom 19. Aug. 1948 (AS 1948 886).

Schlussbestimmung zur Änderung vom 17. Juni 2005[1]

Die Ausführungsverordnungen des Bundesgerichts bleiben in Kraft, soweit sie dem neuen Recht inhaltlich nicht widersprechen und solange der Bundesrat nichts anderes bestimmt.

---

1 AS 2006 1205; BBl 2001 4202

Nr. 34 Auszug aus dem Bundesgesetz über das Internationale Privatrecht (IPRG)
vom 18. Dezember 1987 (Stand am 1. Januar 2011)
SR 291

1. Kapitel: Gemeinsame Bestimmungen
1. Abschnitt: Geltungsbereich

Art. 1
¹ Dieses Gesetz regelt im internationalen Verhältnis:
a. die Zuständigkeit der schweizerischen Gerichte oder Behörden;
b. das anzuwendende Recht;
c. die Voraussetzungen der Anerkennung und Vollstreckung ausländischer Entscheidungen;
d. den Konkurs und den Nachlassvertrag;
e. die Schiedsgerichtsbarkeit.
² Völkerrechtliche Verträge sind vorbehalten.

2. Abschnitt: Zuständigkeit

Art. 4   III. Arrestprosequierung
Sieht dieses Gesetz keine andere Zuständigkeit in der Schweiz vor, so kann die Klage auf Prosequierung des Arrestes am schweizerischen Arrestort erhoben werden.

4. Abschnitt: Wohnsitz, Sitz und Staatsangehörigkeit

Art. 20   I. Wohnsitz, gewöhnlicher Aufenthalt und Niederlassung einer natürlichen Person

¹ Im Sinne dieses Gesetzes hat eine natürliche Person:
a. ihren Wohnsitz in dem Staat, in dem sie sich mit der Absicht dauernden Verbleibens aufhält;
b. ihren gewöhnlichen Aufenthalt in dem Staat, in dem sie während längerer Zeit lebt, selbst wenn diese Zeit zum vornherein befristet ist;
c. ihre Niederlassung in dem Staat, in dem sich der Mittelpunkt ihrer geschäftlichen Tätigkeit befindet.

² Niemand kann an mehreren Orten zugleich Wohnsitz haben. Hat eine Person nirgends einen Wohnsitz, so tritt der gewöhnliche Aufenthalt an die Stelle des Wohnsitzes. Die Bestimmungen des Zivilgesetzbuches[1] über Wohnsitz und Aufenthalt sind nicht anwendbar.

Art. 21[2]   II. Sitz und Niederlassung von Gesellschaften und Trusts

¹ Bei Gesellschaften und bei Trusts nach Artikel 149a gilt der Sitz als Wohnsitz.

² Als Sitz einer Gesellschaft gilt der in den Statuten oder im Gesellschaftsvertrag bezeichnete Ort. Fehlt eine solche Bezeichnung, so gilt als Sitz der Ort, an dem die Gesellschaft tatsächlich verwaltet wird.

³ Als Sitz eines Trusts gilt der in den Bestimmungen des Trusts schriftlich oder in anderer Form durch Text nachweisbar bezeichnete Ort seiner Verwaltung. Fehlt eine solche Bezeichnung, so gilt als Sitz der tatsächliche Ort seiner Verwaltung.

⁴ Die Niederlassung einer Gesellschaft oder eines Trusts befindet sich in dem Staat, in dem der Sitz liegt, oder in einem der Staaten, in dem sich eine Zweigniederlassung befindet.

5. Abschnitt: Anerkennung und Vollstreckung ausländischer Entscheidungen

Art. 25   I. Anerkennung
1. Grundsatz

Eine ausländische Entscheidung wird in der Schweiz anerkannt:
a. wenn die Zuständigkeit der Gerichte oder Behörden des Staates, in dem die Entscheidung ergangen ist, begründet war;
b. wenn gegen die Entscheidung kein ordentliches Rechtsmittel mehr geltend gemacht werden kann oder wenn sie endgültig ist, und
c. wenn kein Verweigerungsgrund im Sinne von Artikel 27 vorliegt.

Art. 26   2. Zuständigkeit ausländischer Behörden

Die Zuständigkeit ausländischer Behörden ist begründet:
a. wenn eine Bestimmung dieses Gesetzes sie vorsieht oder, falls eine solche fehlt, wenn der Beklagte seinen Wohnsitz im Urteilsstaat hatte;

---

1   SR 210
2   Fassung gemäss Art. 2 des BB vom 20. Dez. 2006 über die Genehmigung und Um- setzung des Haager Übereink. über das auf Trusts anzuwendende Recht und über ihre Anerkennung, in Kraft seit 1. Juli 2007 (AS 2007 2849; BBl 2006 551).

b. wenn in vermögensrechtlichen Streitigkeiten die Parteien sich durch eine nach diesem Gesetz gültige Vereinbarung der Zuständigkeit der Behörde unterworfen haben, welche die Entscheidung getroffen hat;
c. wenn sich der Beklagte in einer vermögensrechtlichen Streitigkeit vorbehaltlos auf den Rechtsstreit eingelassen hat;
d. wenn im Falle einer Widerklage die Behörde, die die Entscheidung getroffen hat, für die Hauptklage zuständig war und zwischen Haupt- und Widerklage ein sachlicher Zusammenhang besteht.

Art. 27　　3. Verweigerungsgründe

¹ Eine im Ausland ergangene Entscheidung wird in der Schweiz nicht anerkannt, wenn die Anerkennung mit dem schweizerischen Ordre public offensichtlich unvereinbar wäre.

² Eine im Ausland ergangene Entscheidung wird ebenfalls nicht anerkannt, wenn eine Partei nachweist:
a. dass sie weder nach dem Recht an ihrem Wohnsitz noch nach dem am gewöhnlichen Aufenthalt gehörig geladen wurde, es sei denn, sie habe sich vorbehaltlos auf das Verfahren eingelassen;
b. dass die Entscheidung unter Verletzung wesentlicher Grundsätze des schweizerischen Verfahrensrechts zustande gekommen ist, insbesondere dass ihr das rechtliche Gehör verweigert worden ist;
c. dass ein Rechtsstreit zwischen denselben Parteien und über denselben Gegenstand zuerst in der Schweiz eingeleitet oder in der Schweiz entschieden worden ist oder dass er in einem Drittstaat früher entschieden worden ist und dieser Entscheid in der Schweiz anerkannt werden kann.

³ Im Übrigen darf die Entscheidung in der Sache selbst nicht nachgeprüft werden.

Art. 28　　II. Vollstreckung

Eine nach den Artikeln 25–27 anerkannte Entscheidung wird auf Begehren der interessierten Partei für vollstreckbar erklärt.

Art. 29　　III. Verfahren

¹ Das Begehren auf Anerkennung oder Vollstreckung ist an die zuständige Behörde des Kantons zu richten, in dem die ausländische Entscheidung geltend gemacht wird. Dem Begehren sind beizulegen:
a. eine vollständige und beglaubigte Ausfertigung der Entscheidung;
b. eine Bestätigung, dass gegen die Entscheidung kein ordentliches Rechtsmittel mehr geltend gemacht werden kann oder dass sie endgültig ist, und

c. im Falle eines Abwesenheitsurteils eine Urkunde, aus der hervorgeht, dass die unterlegene Partei gehörig und so rechtzeitig geladen worden ist, dass sie die Möglichkeit gehabt hatte, sich zu verteidigen.

² Im Anerkennungs- und Vollstreckungsverfahren ist die Partei, die sich dem Begehren widersetzt, anzuhören; sie kann ihre Beweismittel geltend machen.

³ Wird eine Entscheidung vorfrageweise geltend gemacht, so kann die angerufene Behörde selber über die Anerkennung entscheiden.

Art. 30 IV. Gerichtlicher Vergleich

Die Artikel 25–29 gelten auch für den gerichtlichen Vergleich, sofern er in dem Staat, in dem er abgeschlossen worden ist, einer gerichtlichen Entscheidung gleichgestellt wird.

Art. 31 V. Freiwillige Gerichtsbarkeit

Die Artikel 25–29 gelten sinngemäss für die Anerkennung und Vollstreckung einer Entscheidung oder einer Urkunde der freiwilligen Gerichtsbarkeit.

10. Kapitel: Gesellschaftsrecht

Art. 165 VII. Ausländische Entscheidungen[1]

¹ Ausländische Entscheidungen über gesellschaftsrechtliche Ansprüche werden in der Schweiz anerkannt, wenn sie im Staat ergangen sind:

a. in dem die Gesellschaft ihren Sitz hat, oder wenn sie dort anerkannt werden und der Beklagte seinen Wohnsitz nicht in der Schweiz hatte, oder

b. in dem der Beklagte seinen Wohnsitz oder seinen gewöhnlichen Aufenthalt hat.

² Ausländische Entscheidungen über Ansprüche aus öffentlicher Ausgabe von Beteiligungspapieren und Anleihen aufgrund von Prospekten, Zirkularen und ähnlichen Bekanntmachungen werden in der Schweiz anerkannt, wenn sie im Staat ergangen sind, in dem der Ausgabeort der Beteiligungspapiere oder Anleihen liegt und der Beklagte seinen Wohnsitz nicht in der Schweiz hatte.

---

1 Fassung gemäss Anhang Ziff. 4 des Fusionsgesetzes vom 3. Okt. 2003, in Kraft seit 1. Juli 2004 (AS 2004 2617; BBl 2000 4337).

11. Kapitel: Konkurs und Nachlassvertrag

Art. 166 I. Anerkennung

¹ Ein ausländisches Konkursdekret, das am Wohnsitz des Schuldners ergangen ist, wird auf Antrag der ausländischen Konkursverwaltung oder eines Konkursgläubigers anerkannt:
a. wenn das Dekret im Staat, in dem es ergangen ist, vollstreckbar ist;
b. wenn kein Verweigerungsgrund nach Artikel 27 vorliegt, und
c. wenn der Staat, in dem das Dekret ergangen ist, Gegenrecht hält.

² Hat der Schuldner eine Zweigniederlassung in der Schweiz, so ist ein Verfahren nach Artikel 50 Absatz 1 des Bundesgesetzes vom 11. April 1889[1] über Schuldbetreibung- und Konkurs bis zur Rechtskraft des Kollokationsplanes nach Artikel 172 dieses Gesetzes zulässig.

Art. 167 II. Verfahren
           1. Zuständigkeit

¹ Ein Antrag auf Anerkennung des ausländischen Konkursdekrets ist an das zuständige Gericht am Ort des Vermögens in der Schweiz zu richten. Artikel 29 ist sinngemäss anwendbar.

² Befindet sich Vermögen an mehreren Orten, so ist das zuerst angerufene Gericht zuständig.

³ Forderungen des Gemeinschuldners gelten als dort gelegen, wo der Schuldner des Gemeinschuldners seinen Wohnsitz hat.

Art. 168 2. Sichernde Massnahmen

Sobald die Anerkennung des ausländischen Konkursdekrets beantragt ist, kann das Gericht auf Begehren des Antragstellers die sichernden Massnahmen nach den Artikeln 162–165 und 170 des Bundesgesetzes vom 11. April 1889[2] über Schuldbetreibung- und Konkurs anordnen.

Art. 169 3. Veröffentlichung

¹ Die Entscheidung über die Anerkennung des ausländischen Konkursdekrets wird veröffentlicht.

² Diese Entscheidung wird dem Betreibungsamt, dem Konkursamt, dem Grundbuchamt und dem Handelsregister am Ort des Vermögens sowie gegebenenfalls dem

---

1   SR 281.1
2   SR 281.1

eidgenössischen Institut für geistiges Eigentum[1] mitgeteilt. Das Gleiche gilt für den Abschluss und die Einstellung des Konkursverfahrens sowie für den Widerruf des Konkurses.

Art. 170   III. Rechtsfolgen
  1. Im Allgemeinen

[1] Die Anerkennung des ausländischen Konkursdekrets zieht, soweit dieses Gesetz nichts anderes vorsieht, für das in der Schweiz gelegene Vermögen des Schuldners die konkursrechtlichen Folgen des schweizerischen Rechts nach sich.

[2] Die Fristen nach schweizerischem Recht beginnen mit der Veröffentlichung der Entscheidung über die Anerkennung.

[3] Es wird weder eine Gläubigerversammlung noch ein Gläubigerausschuss gebildet.

Art. 171   2. Anfechtungsklage

Die Anfechtungsklage untersteht den Artikeln 285–292 des Bundesgesetzes vom 11. April 1889[2] über Schuldbetreibung- und Konkurs. Sie kann auch durch die ausländische Konkursverwaltung oder durch einen dazu berechtigten Konkursgläubiger erhoben werden.

Art. 172   3. Kollokationsplan

[1] In den Kollokationsplan werden nur aufgenommen:
a. die pfandversicherten Forderungen nach Artikel 219 des Bundesgesetzes vom 11. April 1889[3] über Schuldbetreibung- und Konkurs, und
b.[4] die nicht pfandgesicherten, aber privilegierten Forderungen von Gläubigern mit Wohnsitz in der Schweiz.

[2] Zur Kollokationsklage nach Artikel 250 des Bundesgesetzes vom 11. April 1889 über Schuldbetreibung und Konkurs sind nur Gläubiger nach Absatz 1 berechtigt.

[3] Ist ein Gläubiger in einem ausländischen Verfahren, das mit dem Konkurs in Zusammenhang steht, teilweise befriedigt worden, so ist dieser Teil nach Abzug der ihm entstandenen Kosten im schweizerischen Verfahren auf die Konkursdividende anzurechnen.

---

1   Bezeichnung gemäss nicht veröffentlichtem BRB vom 19. Dez. 1997.
2   SR 281.1
3   SR 281.1
4   Fassung gemäss Anhang Ziff. 22 des BG vom 16. Dez. 1994, in Kraft seit 1. Jan. 1997 (AS 1995 1227; BBl 1991 III 1).

Art. 173 4. Verteilung

a. Anerkennung des ausländischen Kollokationsplanes

¹ Bleibt nach Befriedigung der Gläubiger gemäss Artikel 172 Absatz 1 dieses Gesetzes ein Überschuss, so wird dieser der ausländischen Konkursverwaltung oder den berechtigten Konkursgläubigern zur Verfügung gestellt.

² Der Überschuss darf erst zur Verfügung gestellt werden, wenn der ausländische Kollokationsplan anerkannt worden ist.

³ Für die Anerkennung des ausländischen Kollokationsplanes ist das schweizerische Gericht zuständig, welches das ausländische Konkursdekret anerkannt hat. Es überprüft insbesondere, ob die Forderungen von Gläubigern mit Wohnsitz in der Schweiz im ausländischen Kollokationsplan angemessen berücksichtigt worden sind. Diese Gläubiger werden angehört.

Art. 174 b. Nichtanerkennung des ausländischen Kollokationsplanes

¹ Wird der ausländische Kollokationsplan nicht anerkannt, so ist ein Überschuss an die Gläubiger der dritten Klasse mit Wohnsitz in der Schweiz gemäss Artikel 219 Absatz 4 des Bundesgesetzes vom 11. April 1889[1] über Schuldbetreibung und Konkurs zu verteilen.[2]

² Das Gleiche gilt, wenn der Kollokationsplan nicht innert der vom Richter angesetzten Frist zur Anerkennung vorgelegt wird.

Art. 175 IV. Anerkennung ausländischer Nachlassverträge und ähnlicher Verfahren

Eine von der zuständigen ausländischen Behörde ausgesprochene Genehmigung eines Nachlassvertrages oder eines ähnlichen Verfahrens wird in der Schweiz anerkannt. Die Artikel 166–170 gelten sinngemäss. Die Gläubiger mit Wohnsitz in der Schweiz werden angehört.

---

[1] SR 281.1
[2] Fassung gemäss Anhang Ziff. 22 des BG vom 16. Dez. 1994, in Kraft seit 1. Jan. 1997 (AS 1995 1227; BBl 1991 III 1).

Nr. 35 Auszug aus dem Schweizerischen Strafgesetzbuch

vom 21. Dezember 1937 (Stand am 1. Januar 2012)

SR 311.0

Erstes Buch:[1] **Allgemeine Bestimmungen**
Erster Teil: Verbrechen und Vergehen
Dritter Titel: Strafen und Massnahmen
Zweites Kapitel: Massnahmen
Zweiter Abschnitt: Andere Massnahmen

Art. 69 5. Einziehung.

a. Sicherungseinziehung

¹ Das Gericht verfügt ohne Rücksicht auf die Strafbarkeit einer bestimmten Person die Einziehung von Gegenständen, die zur Begehung einer Straftat gedient haben oder bestimmt waren oder die durch eine Straftat hervorgebracht worden sind, wenn diese Gegenstände die Sicherheit von Menschen, die Sittlichkeit oder die öffentliche Ordnung gefährden.

² Das Gericht kann anordnen, dass die eingezogenen Gegenstände unbrauchbar gemacht oder vernichtet werden.

Art. 70 b. Einziehung von Vermögenswerten.

Grundsätze

¹ Das Gericht verfügt die Einziehung von Vermögenswerten, die durch eine Straftat erlangt worden sind oder dazu bestimmt waren, eine Straftat zu veranlassen oder zu belohnen, sofern sie nicht dem Verletzten zur Wiederherstellung des rechtmässigen Zustandes ausgehändigt werden.

² Die Einziehung ist ausgeschlossen, wenn ein Dritter die Vermögenswerte in Unkenntnis der Einziehungsgründe erworben hat und soweit er für sie eine gleichwertige Gegenleistung erbracht hat oder die Einziehung ihm gegenüber sonst eine unverhältnismässige Härte darstellen würde.

³ Das Recht zur Einziehung verjährt nach sieben Jahren; ist jedoch die Verfolgung der Straftat einer längeren Verjährungsfrist unterworfen, so findet diese Frist auch auf die Einziehung Anwendung.

---

[1] Fassung gemäss Ziff. I des BG vom 13. Dez. 2002, in Kraft seit 1. Jan. 2007 (AS 2006 3459; BBl 1999 1979).

⁴ Die Einziehung ist amtlich bekannt zu machen. Die Ansprüche Verletzter oder Dritter erlöschen fünf Jahre nach der amtlichen Bekanntmachung.

⁵ Lässt sich der Umfang der einzuziehenden Vermögenswerte nicht oder nur mit unverhältnismässigem Aufwand ermitteln, so kann das Gericht ihn schätzen.

Art. 71 Ersatzforderungen

¹ Sind die der Einziehung unterliegenden Vermögenswerte nicht mehr vorhanden, so erkennt das Gericht auf eine Ersatzforderung des Staates in gleicher Höhe, gegenüber einem Dritten jedoch nur, soweit dies nicht nach Artikel 70 Absatz 2 ausgeschlossen ist.

² Das Gericht kann von einer Ersatzforderung ganz oder teilweise absehen, wenn diese voraussichtlich uneinbringlich wäre oder die Wiedereingliederung des Betroffenen ernstlich behindern würde.

³ Die Untersuchungsbehörde kann im Hinblick auf die Durchsetzung der Ersatzforderung Vermögenswerte des Betroffenen mit Beschlag belegen. Die Beschlagnahme begründet bei der Zwangsvollstreckung der Ersatzforderung kein Vorzugsrecht zu Gunsten des Staates.

Art. 72 Einziehung von Vermögenswerten einer kriminellen Organisation

Das Gericht verfügt die Einziehung aller Vermögenswerte, welche der Verfügungsmacht einer kriminellen Organisation unterliegen. Bei Vermögenswerten einer Person, die sich an einer kriminellen Organisation beteiligt oder sie unterstützt hat (Art. 260ter), wird die Verfügungsmacht der Organisation bis zum Beweis des Gegenteils vermutet.

Art. 73 6. Verwendung zu Gunsten des Geschädigten

¹ Erleidet jemand durch ein Verbrechen oder ein Vergehen einen Schaden, der nicht durch eine Versicherung gedeckt ist, und ist anzunehmen, dass der Täter den Schaden nicht ersetzen oder eine Genugtuung nicht leisten wird, so spricht das Gericht dem Geschädigten auf dessen Verlangen bis zur Höhe des Schadenersatzes beziehungsweise der Genugtuung, die gerichtlich oder durch Vergleich festgesetzt worden sind, zu:

a. die vom Verurteilten bezahlte Geldstrafe oder Busse;
b. eingezogene Gegenstände und Vermögenswerte oder deren Verwertungserlös unter Abzug der Verwertungskosten;
c. Ersatzforderungen;
d. den Betrag der Friedensbürgschaft.

² Das Gericht kann die Verwendung zu Gunsten des Geschädigten jedoch nur anordnen, wenn der Geschädigte den entsprechenden Teil seiner Forderung an den Staat abtritt.

³ Die Kantone sehen für den Fall, dass die Zusprechung nicht schon im Strafurteil möglich ist, ein einfaches und rasches Verfahren vor.

Vierter Titel: Vollzug von Freiheitsstrafen und freiheitsentziehenden Massnahmen

Art. 83 Arbeitsentgelt

¹ Der Gefangene erhält für seine Arbeit ein von seiner Leistung abhängiges und den Umständen angepasstes Entgelt.

² Der Gefangene kann während des Vollzugs nur über einen Teil seines Arbeitsentgeltes frei verfügen. Aus dem anderen Teil wird für die Zeit nach der Entlassung eine Rücklage gebildet. Das Arbeitsentgelt darf weder gepfändet noch mit Arrest belegt noch in eine Konkursmasse einbezogen werden. Jede Abtretung und Verpfändung des Arbeitsentgeltes ist nichtig.

³ Nimmt der Gefangene an einer Aus- und Weiterbildung teil, welche der Vollzugsplan an Stelle einer Arbeit vorsieht, so erhält er eine angemessene Vergütung.

Zweites Buch: Besondere Bestimmungen

Zweiter Titel:[1] Strafbare Handlungen gegen das Vermögen

Art. 163 3. Konkurs- und Betreibungsverbrechen oder -vergehen.
Betrügerischer Konkurs und Pfändungsbetrug

1. Der Schuldner, der zum Schaden der Gläubiger sein Vermögen zum Scheine vermindert, namentlich

Vermögenswerte beiseiteschafft oder verheimlicht,

Schulden vortäuscht,

vorgetäuschte Forderungen anerkennt oder deren Geltendmachung veranlasst,

wird, wenn über ihn der Konkurs eröffnet oder gegen ihn ein Verlustschein ausgestellt worden ist, mit Freiheitsstrafe bis zu fünf Jahren oder Geldstrafe bestraft.

2. Unter den gleichen Voraussetzungen wird der Dritte, der zum Schaden der Gläubiger eine solche Handlung vornimmt, mit Freiheitsstrafe bis zu drei Jahren oder Geldstrafe bestraft.

---

1 Fassung gemäss Ziff. I des BG vom 17. Juni 1994, in Kraft seit 1. Jan. 1995 (AS 1994 2290; BBl 1991 II 969).

Art. 164 Gläubigerschädigung durch Vermögensminderung

1. Der Schuldner, der zum Schaden der Gläubiger sein Vermögen vermindert, indem er

Vermögenswerte beschädigt, zerstört, entwertet oder unbrauchbar macht,

Vermögenswerte unentgeltlich oder gegen eine Leistung mit offensichtlich geringerem Wert veräussert,

ohne sachlichen Grund anfallende Rechte ausschlägt oder auf Rechte unentgeltlich verzichtet,

wird, wenn über ihn der Konkurs eröffnet oder gegen ihn ein Verlustschein ausgestellt worden ist, mit Freiheitsstrafe bis zu fünf Jahren oder Geldstrafe bestraft.

2. Unter den gleichen Voraussetzungen wird der Dritte, der zum Schaden der Gläubiger eine solche Handlung vornimmt, mit Freiheitsstrafe bis zu drei Jahren oder Geldstrafe bestraft.

Art. 165 Misswirtschaft

1. Der Schuldner, der in anderer Weise als nach Artikel 164, durch Misswirtschaft, namentlich durch ungenügende Kapitalausstattung, unverhältnismässigen Aufwand, gewagte Spekulationen, leichtsinniges Gewähren oder Benützen von Kredit, Verschleudern von Vermögenswerten oder arge Nachlässigkeit in der Berufsausübung oder Vermögensverwaltung,

seine Überschuldung herbeiführt oder verschlimmert, seine Zahlungsunfähigkeit herbeiführt oder im Bewusstsein seiner Zahlungsunfähigkeit seine Vermögenslage verschlimmert,

wird, wenn über ihn der Konkurs eröffnet oder gegen ihn ein Verlustschein ausgestellt worden ist, mit Freiheitsstrafe bis zu fünf Jahren oder Geldstrafe bestraft.

2. Der auf Pfändung betriebene Schuldner wird nur auf Antrag eines Gläubigers verfolgt, der einen Verlustschein gegen ihn erlangt hat.

Der Antrag ist innert drei Monaten seit der Zustellung des Verlustscheines zu stellen.

Dem Gläubiger, der den Schuldner zu leichtsinnigem Schuldenmachen, unverhältnismässigem Aufwand oder zu gewagten Spekulationen verleitet oder ihn wucherisch ausgebeutet hat, steht kein Antragsrecht zu.

Art. 166 Unterlassung der Buchführung

Der Schuldner, der die ihm gesetzlich obliegende Pflicht zur ordnungsmässigen Führung und Aufbewahrung von Geschäftsbüchern oder zur Aufstellung einer Bilanz verletzt, so dass sein Vermögensstand nicht oder nicht vollständig ersichtlich ist, wird, wenn über ihn der Konkurs eröffnet oder in einer gemäss Artikel 43 des Bundesgesetzes vom 11. April 1889[1] über Schuldbetreibung- und Konkurs (SchKG) erfolgten Pfändung gegen ihn ein Verlustschein ausgestellt worden ist, mit Freiheitsstrafe bis zu drei Jahren oder Geldstrafe bestraft.

Art. 167 Bevorzugung eines Gläubigers

Der Schuldner, der im Bewusstsein seiner Zahlungsunfähigkeit und in der Absicht, einzelne seiner Gläubiger zum Nachteil anderer zu bevorzugen, darauf abzielende Handlungen vornimmt, insbesondere nicht verfallene Schulden bezahlt, eine verfallene Schuld anders als durch übliche Zahlungsmittel tilgt, eine Schuld aus eigenen Mitteln sicherstellt, ohne dass er dazu verpflichtet war, wird, wenn über ihn der Konkurs eröffnet oder gegen ihn ein Verlustschein ausgestellt worden ist, mit Freiheitsstrafe bis zu drei Jahren oder Geldstrafe bestraft.

Art. 168 Bestechung bei Zwangsvollstreckung

[1] Wer einem Gläubiger oder dessen Vertreter besondere Vorteile zuwendet oder zusichert, um dessen Stimme in der Gläubigerversammlung oder im Gläubigerausschuss zu erlangen oder um dessen Zustimmung zu einem gerichtlichen Nachlassvertrag oder dessen Ablehnung eines solchen Vertrages zu bewirken, wird mit Freiheitsstrafe bis zu drei Jahren oder Geldstrafe bestraft.

[2] Wer dem Konkursverwalter, einem Mitglied der Konkursverwaltung, dem Sachwalter oder dem Liquidator besondere Vorteile zuwendet oder zusichert, um dessen Entscheidungen zu beeinflussen, wird mit Freiheitsstrafe bis zu drei Jahren oder Geldstrafe bestraft.

[3] Wer sich solche Vorteile zuwenden oder zusichern lässt, wird mit der gleichen Strafe belegt.

Art. 169 Verfügung über mit Beschlag belegte Vermögenswerte

Wer eigenmächtig zum Schaden der Gläubiger über einen Vermögenswert verfügt, der amtlich gepfändet oder mit Arrest belegt ist,

in einem Betreibungs-, Konkurs- oder Retentionsverfahren amtlich aufgezeichnet ist oder

zu einem durch Liquidationsvergleich abgetretenen Vermögen gehört

oder einen solchen Vermögenswert beschädigt, zerstört, entwertet oder unbrauchbar macht,

wird mit Freiheitsstrafe bis zu drei Jahren oder Geldstrafe bestraft.

---

[1] SR 281.1

Art. 170 Erschleichung eines gerichtlichen Nachlassvertrages
Der Schuldner, der über seine Vermögenslage, namentlich durch falsche Buchführung oder Bilanz, seine Gläubiger, den Sachwalter oder die Nachlassbehörde irreführt, um dadurch eine Nachlassstundung oder die Genehmigung eines gerichtlichen Nachlassvertrages zu erwirken,
der Dritte, der eine solche Handlung zum Vorteile des Schuldners vornimmt,
wird mit Freiheitsstrafe bis zu drei Jahren oder Geldstrafe bestraft.

Art. 171 Gerichtlicher Nachlassvertrag
¹ Die Artikel 163 Ziffer 1, 164 Ziffer 1, 165 Ziffer 1, 166 und 167 gelten auch, wenn ein gerichtlicher Nachlassvertrag angenommen und bestätigt worden ist.
² Hat der Schuldner oder der Dritte im Sinne von Artikel 163 Ziffer 2 und 164 Ziffer 2 eine besondere wirtschaftliche Anstrengung unternommen und dadurch das Zustandekommen des gerichtlichen Nachlassvertrages erleichtert, so kann die zuständige Behörde bei ihm von der Strafverfolgung, der Überweisung an das Gericht oder der Bestrafung absehen.

Art. 171bis Widerruf des Konkurses
¹ Wird der Konkurs widerrufen (Art. 195 SchKG[1]), so kann die zuständige Behörde von der Strafverfolgung, der Überweisung an das Gericht oder der Bestrafung absehen.
² Wurde ein gerichtlicher Nachlassvertrag abgeschlossen, so ist Absatz 1 nur anwendbar, wenn der Schuldner oder der Dritte im Sinne von Artikel 163 Ziffer 2 und 164 Ziffer 2 eine besondere wirtschaftliche Anstrengung unternommen und dadurch dessen Zustandekommen erleichtert hat.

Fünfzehnter Titel: Strafbare Handlungen gegen die öffentliche Gewalt

Art. 292 Ungehorsam gegen amtliche Verfügungen
Wer der von einer zuständigen Behörde oder einem zuständigen Beamten unter Hinweis auf die Strafdrohung dieses Artikels an ihn erlassenen Verfügung nicht Folge leistet, wird mit Busse bestraft.

---

[1] SR 281.1

Zwanzigster Titel:[1] Übertretungen bundesrechtlicher Bestimmungen

Art. 323[2] Ungehorsam des Schuldners im Betreibungs- und Konkursverfahren

Mit Busse wird bestraft:

1. der Schuldner, der einer Pfändung oder der Aufnahme eines Güterverzeichnisses, die ihm gemäss Gesetz angekündigt worden sind, weder selbst beiwohnt noch sich dabei vertreten lässt (Art. 91 Abs. 1 Ziff. 1, 163 Abs. 2 und 345 Abs. 1[3] SchKG[4]);

2. der Schuldner, der seine Vermögensgegenstände, auch wenn sie sich nicht in seinem Gewahrsam befinden, sowie seine Forderungen und Rechte gegenüber Dritten nicht so weit angibt, als dies zu einer genügenden Pfändung oder zum Vollzug eines Arrestes nötig ist (Art. 91 Abs. 1 Ziff. 2 und 275 SchKG);

3. der Schuldner, der seine Vermögensgegenstände, auch wenn sie sich nicht in seinem Gewahrsam befinden, sowie seine Forderungen und Rechte gegenüber Dritten bei Aufnahme eines Güterverzeichnisses nicht vollständig angibt (Art. 163 Abs. 2, 345 Abs. 1[5] SchKG);

4. der Schuldner, der dem Konkursamt nicht alle seine Vermögensgegenstände angibt und zur Verfügung stellt (Art. 222 Abs. 1 SchKG);

5. der Schuldner, der während des Konkursverfahrens nicht zur Verfügung der Konkursverwaltung steht, wenn er dieser Pflicht nicht durch besondere Erlaubnis enthoben wurde (Art. 229 Abs. 1 SchKG).

Art. 324[6] Ungehorsam dritter Personen im Betreibungs-, Konkurs- und Nachlassverfahren

Mit Busse wird bestraft:

1. die erwachsene Person, die dem Konkursamt nicht alle Vermögensstücke eines gestorbenen oder flüchtigen Schuldners, mit dem sie in gemeinsamem Haushalt gelebt hat, angibt und zur Verfügung stellt (Art. 222 Abs. 2 SchKG[7]);

2. wer sich binnen der Eingabefrist nicht als Schuldner des Konkursiten anmeldet (Art. 232 Abs. 2 Ziff. 3 SchKG);

---

1 Ursprünglich 19. Tit.
2 Fassung gemäss Anhang Ziff. 8 des BG vom 16. Dez. 1994, in Kraft seit 1. Jan. 1997 (AS 1995 1227; BBl 1991 III 1).
3 Heute: Art. 341 Abs. 1.
4 SR 281.1
5 Heute: Art. 341 Abs. 1.
6 Fassung gemäss Anhang Ziff. 8 des BG vom 16. Dez. 1994, in Kraft seit 1. Jan. 1997 (AS 1995 1227; BBl 1991 III 1).
7 SR 281.1

3. wer Sachen des Schuldners als Pfandgläubiger oder aus andern Gründen besitzt und sie dem Konkursamt binnen der Eingabefrist nicht zur Verfügung stellt (Art. 232 Abs. 2 Ziff. 4 SchKG);
4. wer Sachen des Schuldners als Pfandgläubiger besitzt und sie den Liquidatoren nach Ablauf der Verwertungsfrist nicht abliefert (Art. 324 Abs. 2 SchKG);
5. der Dritte, der seine Auskunfts- und Herausgabepflichten nach den Artikeln 57a Absatz 1, 91 Absatz 4, 163 Absatz 2, 222 Absatz 4 und 345 Absatz 1[1] des SchKG verletzt.

---

1   Heute: Art. 341 Abs. 1.

Nr. 36 Bundesgesetz über die Banken und Sparkassen (Bankengesetz, BankG)

vom 8. November 1934 (Stand am 1. März 2012)

SR 952.0[1]

Die Bundesversammlung der Schweizerischen Eidgenossenschaft,
gestützt auf die Artikel 34ter, 64 und 64bis der Bundesverfassung[2],
nach Einsicht in eine Botschaft des Bundesrates vom 2. Februar 1934[3],
beschliesst:

Erster Abschnitt: Geltungsbereich des Gesetzes

Art. 1[4]

[1] Diesem Gesetz unterstehen die Banken, Privatbankiers (Einzelfirmen[5], Kollektiv- und Kommanditgesellschaften) und Sparkassen, nachstehend Banken genannt.

[2] Natürliche und juristische Personen, die nicht diesem Gesetz unterstehen, dürfen keine Publikumseinlagen gewerbsmässig entgegennehmen. Der Bundesrat kann Ausnahmen vorsehen, sofern der Schutz der Einleger gewährleistet ist. Die Auflage von Anleihen gilt nicht als gewerbsmässige Entgegennahme von Publikumseinlagen.[6] [7]

[3] Dem Gesetz unterstehen insbesondere nicht:

a. Börsenagenten und Börsenfirmen, die nur den Handel mit Wertpapieren und die damit unmittelbar im Zusammenhang stehenden Geschäfte betreiben, jedoch keinen Bankbetrieb führen;

b. Vermögensverwalter, Notare und Geschäftsagenten, die lediglich die Gelder ihrer Kunden verwalten und keinen Bankbetrieb führen.

[4] Der Ausdruck «Bank» oder «Bankier», allein oder in Wortverbindungen, darf in der Firma, in der Bezeichnung des Geschäftszweckes und in der Geschäftsreklame nur

---

AS 51 117 und BS 10 337

1 Fassung des Titels gemäss Ziff. I des BG vom 22. April 1999, in Kraft seit 1. Okt. 1999 (AS 1999 2405; BBl 1998 3847).
2 [BS 1 3; AS 1976 2001]
3 BBl 1934 I 171
4 Fassung gemäss Ziff. I des BG vom 11. März 1971, in Kraft seit 1. Juli 1971 (AS 1971 808 824 Art. 1; BBl 1970 I 1144).
5 Heute: Einzelunternehmen.
6 Fassung gemäss Ziff. I des BG vom 18. März 1994, in Kraft seit 1. Febr. 1995 (AS 1995 246; BBl 1993 I 805).
7 Siehe auch die SchlB Änd. 18. März 1994 am Ende dieses BG.

für Institute verwendet werden, die eine Bewilligung der Eidgenössischen Finanzmarktaufsicht (FINMA) als Bank erhalten haben. Vorbehalten bleibt Artikel 2 Absatz 3.[1]

[5] Die Schweizerische Nationalbank und die Pfandbriefzentralen fallen nur soweit unter das Gesetz, als dies ausdrücklich gesagt ist.

Art. 1bis [2]

[1] Die FINMA[3] kann den Betreiber eines Systems nach Artikel 19 des Nationalbankgesetzes vom 3. Oktober 2003[4] dem Bankengesetz unterstellen und ihm eine Bankenbewilligung erteilen.

[2] Sie erteilt die Bankenbewilligung nur unter der Bedingung, dass sowohl die Bewilligungsvoraussetzungen dieses Gesetzes als auch die von der Nationalbank festgelegten erweiterten Auskunftspflichten und Mindestanforderungen dauernd eingehalten werden.

[3] Sie kann einen Systembetreiber von bestimmten Vorschriften des Gesetzes befreien und Erleichterungen oder Verschärfungen anordnen, um seiner besonderen Geschäftstätigkeit und Risikolage Rechnung zu tragen.

Art. 2[5]

[1] Die Bestimmungen dieses Gesetzes finden sinngemäss Anwendung auf die von ausländischen Banken in der Schweiz:

a. errichteten Zweigniederlassungen;

b. bestellten Vertreter.[6]

[2] Die FINMA erlässt die nötigen Weisungen. Sie kann insbesondere die Ausstattung der Geschäftsstellen mit einem angemessenen Dotationskapital und die Leistung von Sicherheiten verlangen.

[3] Der Bundesrat ist befugt, auf der Grundlage gegenseitiger Anerkennung von gleichwertigen Regelungen der Banktätigkeiten und von gleichwertigen Massnahmen im

---

1   Fassung gemäss Anhang Ziff. 15 des Finanzmarktaufsichtsgesetzes vom 22. Juni 2007, in Kraft seit 1. Jan. 2009 (AS 2008 5207 5205; BBl 2006 2829).
2   Eingefügt durch Anhang Ziff. II 5 des Nationalbankgesetzes vom 3. Okt. 2003, in Kraft seit 1. Mai 2004 (AS 2004 1985; BBl 2002 6097).
3   Ausdruck gemäss Anhang Ziff. 15 des Finanzmarktaufsichtsgesetzes vom 22. Juni 2007, in Kraft seit 1. Jan. 2009 (AS 2008 5207 5205; BBl 2006 2829). Diese Änderung wurde im ganzen Erlass berücksichtigt.
4   SR 951.11
5   Fassung gemäss Ziff. I des BG vom 11. März 1971, in Kraft seit 1. Juli 1971 (AS 1971 808 824 Art. 1; BBl 1970 I 1144).
6   Fassung gemäss Anhang Ziff. 15 des Finanzmarktaufsichtsgesetzes vom 22. Juni 2007, in Kraft seit 1. Jan. 2009 (AS 2008 5207 5205; BBl 2006 2829).

Bereich der Bankenaufsicht Staatsverträge abzuschliessen, welche vorsehen, dass Banken aus den Vertragsstaaten ohne Bewilligung der FINMA eine Zweigniederlassung oder eine Vertretung eröffnen können.[1]

Zweiter Abschnitt: Bewilligung zum Geschäftsbetrieb[2]

Art. 3[3]

[1] Die Bank bedarf zur Aufnahme der Geschäftstätigkeit einer Bewilligung der FINMA; sie darf nicht ins Handelsregister eingetragen werden, bevor diese Bewilligung erteilt ist.

[2] Die Bewilligung wird erteilt, wenn:

a. die Bank in ihren Statuten, Gesellschaftsverträgen und Reglementen den Geschäftskreis genau umschreibt und die ihrer Geschäftstätigkeit entsprechende Verwaltungsorganisation vorsieht; wo der Geschäftszweck oder der Geschäftsumfang es erfordert, sind besondere Organe für die Geschäftsführung einerseits und für die Oberleitung, Aufsicht und Kontrolle anderseits auszuscheiden und die Befugnisse zwischen diesen Organen so abzugrenzen, dass eine sachgemässe Überwachung der Geschäftsführung gewährleistet ist;

b.[4] die Bank das vom Bundesrat festgelegte voll einbezahlte Mindestkapital ausweist;

c. die mit der Verwaltung und Geschäftsführung der Bank betrauten Personen einen guten Ruf geniessen und Gewähr für eine einwandfreie Geschäftstätigkeit bieten;

c.bis [5] [6] die natürlichen und juristischen Personen, welche direkt oder indirekt mit mindestens 10 Prozent des Kapitals oder der Stimmen an der Bank beteiligt sind oder deren Geschäftstätigkeit auf andere Weise massgebend beeinflussen können (qualifizierte Beteiligung), gewährleisten, dass sich ihr Einfluss nicht zum Schaden einer umsichtigen und soliden Geschäftstätigkeit auswirkt;

---

1 Eingefügt durch Ziff. I des BG vom 18. März 1994 (AS 1995 246; BBl 1993 I 805). Fassung gemäss Anhang Ziff. 15 des Finanzmarktaufsichtsgesetzes vom 22. Juni 2007, in Kraft seit 1. Jan. 2009 (AS 2008 5207 5205; BBl 2006 2829).
2 Fassung gemäss Ziff. I des BG vom 11. März 1971, in Kraft seit 1. Juli 1971 (AS 1971 808 824 Art. 1; BBl 1970 I 1144).
3 Fassung gemäss Ziff. I des BG vom 11. März 1971, in Kraft seit 1. Juli 1971 (AS 1971 808 824 Art. 1; BBl 1970 I 1144). Siehe auch die SchlB Änd. 22. April 1999 am Ende dieses Textes.
4 Fassung gemäss Ziff. I des BG vom 18. März 1994, in Kraft seit 1. Febr. 1995 (AS 1995 246; BBl 1993 I 805).
5 Eingefügt durch Ziff. I des BG vom 18. März 1994, in Kraft seit 1. Febr. 1995 (AS 1995 246; BBl 1993 I 805).
6 Siehe auch die SchlB Änd. 18. März 1994 am Ende dieses BG.

d.[1] [2] die mit der Geschäftsführung der Bank betrauten Personen an einem Ort Wohnsitz haben, wo sie die Geschäftsführung tatsächlich und verantwortlich ausüben können.

[3] Die Bank hat der FINMA ihre Statuten, Gesellschaftsverträge und Reglemente einzureichen sowie alle späteren Änderungen daran anzuzeigen, soweit diese den Geschäftszweck, den Geschäftsbereich, das Grundkapital oder die innere Organisation betreffen. Solche Änderungen dürfen nicht ins Handelsregister eingetragen werden, bevor die FINMA sie genehmigt hat.

[4] ...[3]

[5] Jede natürliche oder juristische Person hat der FINMA Meldung zu erstatten, bevor sie direkt oder indirekt eine qualifizierte Beteiligung nach Absatz 2 Buchstabe c^{bis} an einer nach schweizerischem Recht organisierten Bank erwirbt oder veräussert. Diese Meldepflicht besteht auch, wenn eine qualifizierte Beteiligung in solcher Weise vergrössert oder verkleinert wird, dass die Schwellen von 20, 33 oder 50 Prozent des Kapitals oder der Stimmen erreicht oder über- beziehungsweise unterschritten werden.[4]

[6] Die Bank meldet die Personen, welche die Voraussetzungen nach Absatz 5 erfüllen, sobald sie davon Kenntnis erhält, mindestens jedoch einmal jährlich.[5] [6]

[7] Nach schweizerischem Recht organisierte Banken erstatten der FINMA Meldung, bevor sie im Ausland eine Tochtergesellschaft, eine Zweigniederlassung, eine Agentur oder eine Vertretung errichten.[7]

Art. 3a[8]

Als Kantonalbank gilt eine Bank, die aufgrund eines kantonalen gesetzlichen Erlasses als Anstalt oder Aktiengesellschaft errichtet wird. Der Kanton muss an der Bank eine Beteiligung von mehr als einem Drittel des Kapitals halten und über mehr als einen Drittel der Stimmen verfügen. Er kann für deren Verbindlichkeiten die vollumfängliche oder teilweise Haftung übernehmen.

---

1 Fassung gemäss Ziff. I des BG vom 18. März 1994, in Kraft seit 1. Febr. 1995 (AS 1995 246; BBl 1993 I 805).
2 Siehe auch die SchlB Änd. 18. März 1994 am Ende dieses BG.
3 Aufgehoben durch Ziff. I des BG vom 18. März 1994 (AS 1995 246; BBl 1993 I 805).
4 Eingefügt durch Ziff. I des BG vom 18. März 1994, in Kraft seit 1. Febr. 1995 (AS 1995 246; BBl 1993 I 805).
5 Eingefügt durch Ziff. I des BG vom 18. März 1994, in Kraft seit 1. Febr. 1995 (AS 1995 246; BBl 1993 I 805).
6 Siehe auch die SchlB Änd. 18. März 1994 am Ende dieses BG.
7 Eingefügt durch Ziff. I des BG vom 18. März 1994, in Kraft seit 1. Febr. 1995 (AS 1995 246; BBl 1993 I 805).
8 Eingefügt durch Ziff. I des BG vom 18. März 1994 (AS 1995 246; BBl 1993 I 805). Fassung gemäss Ziff. I des BG vom 22. April 1999, in Kraft seit 1. Okt. 1999 (AS 1999 2405; BBl 1998 3847). Siehe auch die SchlB dieser Änd. am Ende dieses Textes.

Art. 3b[1]

Ist eine Bank Teil einer Finanzgruppe oder eines Finanzkonglomerats, so kann die FINMA ihre Bewilligung vom Bestehen einer angemessenen konsolidierten Aufsicht durch eine Finanzmarktaufsichtsbehörde abhängig machen.

Art. 3c[2]

¹ Als Finanzgruppe gelten zwei oder mehrere Unternehmen, wenn:
a. mindestens eines als Bank oder Effektenhändler tätig ist;
b. sie hauptsächlich im Finanzbereich tätig sind; und
c. sie eine wirtschaftliche Einheit bilden oder aufgrund anderer Umstände anzunehmen ist, dass ein oder mehrere der Einzelaufsicht unterstehende Unternehmen rechtlich verpflichtet oder faktisch gezwungen sind, Gruppengesellschaften beizustehen.

² Als bank- oder effektenhandelsdominiertes Finanzkonglomerat gilt eine Finanzgruppe gemäss Absatz 1, die hauptsächlich im Bank- oder Effektenhandelsbereich tätig ist und zu der mindestens ein Versicherungsunternehmen von erheblicher wirtschaftlicher Bedeutung gehört.

Art. 3d[3]

¹ Die FINMA kann eine Finanzgruppe oder ein bank- oder effektenhandelsdominiertes Finanzkonglomerat der Gruppen- oder Konglomeratsaufsicht unterstellen, wenn diese oder dieses:
a. in der Schweiz eine nach schweizerischem Recht organisierte Bank oder einen Effektenhändler führt; oder
b. tatsächlich von der Schweiz aus geleitet wird.

² Beanspruchen gleichzeitig andere ausländische Behörden die vollständige oder teilweise Aufsicht über die Finanzgruppe oder das Finanzkonglomerat, so verständigt sich die FINMA, unter Wahrung ihrer Kompetenzen, mit diesen über Zuständigkeiten, Modalitäten und Gegenstand der Gruppen- oder Konglomeratsaufsicht. Sie konsultiert vor ihrem Entscheid die in der Schweiz inkorporierten Unternehmen der Finanzgruppe oder des Finanzkonglomerats.[4]

---

[1] Eingefügt durch Anhang Ziff. II 6 des Versicherungsaufsichtsgesetzes vom 17. Dez. 2004, in Kraft seit 1. Jan. 2006 (AS 2005 5269; BBl 2003 3789).
[2] Eingefügt durch Anhang Ziff. II 6 des Versicherungsaufsichtsgesetzes vom 17. Dez. 2004, in Kraft seit 1. Jan. 2006 (AS 2005 5269; BBl 2003 3789).
[3] Eingefügt durch Anhang Ziff. II 6 des Versicherungsaufsichtsgesetzes vom 17. Dez. 2004, in Kraft seit 1. Jan. 2006 (AS 2005 5269; BBl 2003 3789).
[4] Fassung gemäss Anhang Ziff. 15 des Finanzmarktaufsichtsgesetzes vom 22. Juni 2007, in Kraft seit 1. Jan. 2009 (AS 2008 5207 5205; BBl 2006 2829).

Art. 3e[1]

¹ Die Gruppenaufsicht durch die FINMA erfolgt in Ergänzung zur Einzelinstitutsaufsicht über eine Bank.

² Die Konglomeratsaufsicht durch die FINMA erfolgt in Ergänzung zur Einzelinstitutsaufsicht über eine Bank oder ein Versicherungsunternehmen und zur Aufsicht über eine Finanz- oder Versicherungsgruppe durch die jeweils zuständigen Aufsichtsbehörden.

Art. 3f[2]

¹ Die mit der Geschäftsführung einerseits und der Oberleitung, Aufsicht und Kontrolle anderseits betrauten Personen der Finanzgruppe oder des Finanzkonglomerats müssen einen guten Ruf geniessen und Gewähr für eine einwandfreie Geschäftstätigkeit bieten.

² Die Finanzgruppe oder das Finanzkonglomerat muss so organisiert sein, dass sie oder es insbesondere alle wesentlichen Risiken erfassen, begrenzen und überwachen kann.

Art. 3g[3]

¹ Die FINMA ist ermächtigt, Vorschriften über Eigenmittel, Liquidität, Risikoverteilung, gruppeninterne Risikopositionen und Rechnungslegung für Finanzgruppen zu erlassen.

² Die FINMA ist ermächtigt, für bank- oder effektenhandelsdominierte Finanzkonglomerate Vorschriften über Eigenmittel, Liquidität, Risikoverteilung, gruppeninterne Risikopositionen und Rechnungslegung zu erlassen oder einzelfallweise festzulegen. Betreffend die erforderlichen Eigenmittel berücksichtigt sie dabei die bestehenden Regeln des Finanz- und Versicherungsbereichs sowie die relative Bedeutung beider Bereiche im Finanzkonglomerat und die damit verbundenen Risiken.

---

1 Eingefügt durch Anhang Ziff. II 6 des Versicherungsaufsichtsgesetzes vom 17. Dez. 2004, in Kraft seit 1. Jan. 2006 (AS 2005 5269; BBl 2003 3789).
2 Eingefügt durch Anhang Ziff. II 6 des Versicherungsaufsichtsgesetzes vom 17. Dez. 2004, in Kraft seit 1. Jan. 2006 (AS 2005 5269; BBl 2003 3789).
3 Eingefügt durch Anhang Ziff. II 6 des Versicherungsaufsichtsgesetzes vom 17. Dez. 2004, in Kraft seit 1. Jan. 2006 (AS 2005 5269; BBl 2003 3789).

Art. 3h[1]

Art. 3bis [2]

[1] Die FINMA kann die Bewilligung zur Errichtung einer Bank, die nach schweizerischem Recht organisiert werden soll, auf die jedoch ein beherrschender ausländischer Einfluss besteht, wie auch die Bewilligung zur Errichtung einer Zweigniederlassung sowie zur Bestellung eines ständigen Vertreters einer ausländischen Bank zusätzlich von folgenden Voraussetzungen abhängig machen:[3]

a.[4] von der Gewährleistung des Gegenrechts durch die Staaten, in denen die Ausländer mit qualifizierten Beteiligungen ihren Wohnsitz oder Sitz haben, sofern keine anderslautenden internationalen Verpflichtungen entgegenstehen;

b. von der Verwendung einer Firma, die nicht auf einen schweizerischen Charakter der Bank hinweist oder darauf schliessen lässt;

c. ...[5]

[1bis] Ist eine Bank Teil einer Finanzgruppe oder eines Finanzkonglomerates, so kann die FINMA die Bewilligung von der Zustimmung der massgeblichen ausländischen Aufsichtsbehörden abhängig machen.[6]

[2] Die Bank hat der Schweizerischen Nationalbank über ihren Geschäftskreis und ihre Beziehungen zum Ausland Auskunft zu erteilen.

[3] Eine nach schweizerischem Recht organisierte Bank fällt unter Absatz 1, wenn Ausländer mit qualifizierten Beteiligungen direkt oder indirekt mit mehr als der Hälfte der Stimmen an ihr beteiligt sind oder auf sie in anderer Weise einen beherrschenden Einfluss ausüben.[7]

Als Ausländer gelten:

---

1 Eingefügt durch Anhang Ziff. II 6 des Versicherungsaufsichtsgesetzes vom 17. Dez. 2004 (AS 2005 5269; BBl 2003 3789). Aufgehoben durch Anhang Ziff. 15 des Finanzmarktaufsichtsgesetzes vom 22. Juni 2007, mit Wirkung seit 1. Jan. 2009 (AS 2008 5207 5205; BBl 2006 2829).

2 Eingefügt durch Ziff. I des BG vom 11. März 1971, in Kraft seit 1. Juli 1971 (AS 1971 808 824 Art. 1; BBl 1970 I 1144).

3 Fassung gemäss Anhang Ziff. 15 des Finanzmarktaufsichtsgesetzes vom 22. Juni 2007, in Kraft seit 1. Jan. 2009 (AS 2008 5207 5205; BBl 2006 2829).

4 Fassung gemäss Ziff. I des BG vom 16. Dez. 1994, in Kraft seit 1. Juli 1995 (AS 1995 2109; BBl 1994 IV 950).

5 Aufgehoben durch Ziff. I des BG vom 18. März 1994 (AS 1995 246; BBl 1993 I 805).

6 Eingefügt durch Ziff. I des BG vom 16. Dez. 1994 (AS 1995 2109; BBl 1994 IV 950). Fassung gemäss Anhang Ziff. II 6 des Versicherungsaufsichtsgesetzes vom 17. Dez. 2004, in Kraft seit 1. Jan. 2006 (AS 2005 5269; BBl 2003 3789).

7 Fassung gemäss Ziff. I des BG vom 18. März 1994, in Kraft seit 1. Febr. 1995 (AS 1995 246; BBl 1993 I 805).

a. natürliche Personen, die weder das Schweizer Bürgerrecht noch eine Niederlassungsbewilligung in der Schweiz besitzen;
b. juristische Personen und Personengesellschaften, die ihren Sitz im Ausland haben oder, wenn sie ihren Sitz im Inland haben, von Personen gemäss Buchstabe a beherrscht sind.

Art. 3ter [1]

[1] Banken, die nach ihrer Gründung ausländisch beherrscht werden, bedürfen einer zusätzlichen Bewilligung gemäss Artikel 3bis.

[2] Eine neue Zusatzbewilligung ist nötig, wenn bei einer ausländisch beherrschten Bank Ausländer mit qualifizierten Beteiligungen wechseln.[2]

[3] Die Mitglieder der Verwaltung und Geschäftsführung der Bank haben der FINMA alle Tatsachen zu melden, die auf eine ausländische Beherrschung der Bank oder auf einen Wechsel von Ausländern mit qualifizierten Beteiligungen schliessen lassen.[3]

Art. 3quater [4]

[1] Der Bundesrat ist befugt, in Staatsverträgen die besonderen Bewilligungsvoraussetzungen nach den Artikeln 3bis und 3ter ganz oder teilweise nicht anwendbar zu erklären, wenn Staatsangehörige aus einem Vertragsstaat sowie juristische Personen mit Sitz in einem Vertragsstaat eine Bank nach schweizerischem Recht errichten, übernehmen oder eine qualifizierte Beteiligung daran erwerben. Soweit keine anderslautenden internationalen Verpflichtungen entgegenstehen, kann er dies davon abhängig machen, dass der Vertragsstaat Gegenrecht gewährt.

[2] Wird die juristische Person ihrerseits direkt oder indirekt von Staatsangehörigen aus einem Drittstaat oder von juristischen Personen mit Sitz in einem Drittstaat beherrscht, so sind die erwähnten Bestimmungen anwendbar.

---

1   Eingefügt durch Ziff. I des BG vom 11. März 1971, in Kraft seit 1. Juli 1971 (AS 1971 808 824 Art. 1; BBl 1970 I 1144).
2   Fassung gemäss Ziff. I des BG vom 16. Dez. 1994, in Kraft seit 1. Juli 1995 (AS 1995 2109; BBl 1994 IV 950).
3   Fassung gemäss Ziff. I des BG vom 16. Dez. 1994, in Kraft seit 1. Juli 1995 (AS 1995 2109; BBl 1994 IV 950).
4   Eingefügt durch Ziff. I des BG vom 18. März 1994, in Kraft seit 1. Febr. 1995 (AS 1995 246; BBl 1993 I 805).

Dritter Abschnitt: Eigene Mittel, Liquidität und andere Vorschriften über die Geschäftstätigkeit[1]

Art. 4[2]

¹ Die Banken müssen einzeln und auf konsolidierter Basis über angemessene Eigenmittel und Liquidität verfügen.

² Der Bundesrat bestimmt die Elemente der Eigenmittel und der Liquidität. Er legt die Mindestanforderungen nach Massgabe der Geschäftstätigkeit und der Risiken fest. Die FINMA ist ermächtigt, Ausführungsvorschriften zu erlassen.

³ Die FINMA kann in besonderen Fällen Erleichterungen von den Mindestanforderungen zulassen oder Verschärfungen anordnen.

⁴ Die qualifizierte Beteiligung einer Bank an einem Unternehmen ausserhalb des Finanz- und Versicherungsbereichs darf 15 Prozent ihrer eigenen Mittel nicht überschreiten. Solche Beteiligungen dürfen insgesamt nicht mehr als 60 Prozent der eigenen Mittel betragen. Der Bundesrat regelt die Ausnahmen.

Art. 4bis [3][4]

¹ Die Ausleihungen einer Bank an einen einzelnen Kunden sowie die Beteiligungen an einem einzelnen Unternehmen müssen in einem angemessenen Verhältnis zu ihren eigenen Mitteln stehen.

² Die Vollziehungsverordnung setzt dieses Verhältnis fest unter besonderer Berücksichtigung der Ausleihungen an öffentlich-rechtliche Körperschaften und der Art der Deckung.

³ ... [5]

---

1 Fassung gemäss Ziff. I des BG vom 11. März 1971, in Kraft seit 1. Juli 1971 (AS 1971 808 824 Art. 1; BBl 1970 I 1144).
2 Fassung gemäss Anhang Ziff. II 5 des Nationalbankgesetzes vom 3. Okt. 2003, in Kraft seit 1. Jan. 2005 (AS 2004 1985; BBl 2002 6097).
3 Eingefügt durch Ziff. I des BG vom 11. März 1971, in Kraft seit 1. Juli 1971 (AS 1971 808 824 Art. 1; BBl 1970 I 1144).
4 Siehe auch die SchlB Änd. 18. März 1994 am Ende dieses BG.
5 Aufgehoben durch Ziff. I des BG vom 18. März 1994 (AS 1995 246; BBl 1993 I 805).

Art. 4ter [1] [2]

¹ Kredite an Mitglieder der Bankorgane und an massgebende Aktionäre sowie die ihnen nahe stehenden Personen und Gesellschaften dürfen nur nach den allgemein anerkannten Grundsätzen des Bankgewerbes gewährt werden.

² ...³

Art. 4quater [4]

Die Banken haben im In- und Ausland jede irreführende sowie jede aufdringliche Werbung mit ihrem schweizerischen Sitz oder mit schweizerischen Einrichtungen zu unterlassen.

Art. 4quinquies [5]

¹ Banken dürfen ihren Muttergesellschaften, welche ihrerseits von einer Bank- oder Finanzmarktaufsichtsbehörde beaufsichtigt werden, die zur konsolidierten Beaufsichtigung notwendigen nicht öffentlich zugänglichen Auskünfte und Unterlagen übermitteln, sofern:

a. solche Informationen ausschliesslich zur internen Kontrolle oder direkten Beaufsichtigung von Banken oder anderen bewilligungspflichtigen Finanzintermediären verwendet werden;

b. die Muttergesellschaft und die für die konsolidierte Beaufsichtigung zuständige Aufsichtsbehörde an das Amts- oder Berufsgeheimnis gebunden sind;

c. diese Informationen nicht ohne die vorgängige Zustimmung der Bank oder aufgrund einer generellen Ermächtigung in einem Staatsvertrag an Dritte weitergeleitet werden.

² Erscheinen die Voraussetzungen der Übermittlung nach Absatz 1 zweifelhaft, so können die Banken eine Verfügung der FINMA verlangen, welche die Übermittlung der Informationen erlaubt oder untersagt.

---

1 Eingefügt durch Ziff. I des BG vom 11. März 1971, in Kraft seit 1. Juli 1971 (AS 1971 808 824 Art. 1; BBl 1970 I 1144).
2 Siehe auch die SchlB Änd. 18. März 1994 am Ende dieses BG.
3 Aufgehoben durch Ziff. I des BG vom 18. März 1994 (AS 1995 246; BBl 1993 I 805).
4 Eingefügt durch Ziff. I des BG vom 11. März 1971, in Kraft seit 1. Juli 1971 (AS 1971 808 824 Art. 1; BBl 1970 I 1144).
5 Eingefügt durch Ziff. I des BG vom 18. März 1994, in Kraft seit 1. Febr. 1995 (AS 1995 246; BBl 1993 I 805).

Art. 5[1]

Vierter Abschnitt: Jahresrechnungen und Bilanzen

Art. 6

[1] Die Banken erstellen für jedes Geschäftsjahr einen Geschäftsbericht, der sich aus der Jahresrechnung und dem Jahresbericht zusammensetzt. Der Bundesrat legt fest, in welchen Fällen zusätzlich eine Konzernrechnung zu erstellen ist.[2]

[2] Der Geschäftsbericht ist nach den Vorschriften des Obligationenrechts[3] über die Aktiengesellschaften und nach den Bestimmungen dieses Gesetzes zu erstellen. Wenn die allgemeinen Verhältnisse es erfordern, kann der Bundesrat Abweichungen davon gestatten. Ein solcher Beschluss des Bundesrates ist zu veröffentlichen.[4]

[3] Der Bundesrat legt fest, welche Banken Zwischenabschlüsse zu erstellen haben.[5]

[4] Die Jahresrechnungen, Konzernrechnungen und Zwischenabschlüsse sind zu veröffentlichen oder der Öffentlichkeit zugänglich zu machen.[6]

[5] Der Bundesrat legt fest, wie die Jahresrechnungen, Konzernrechnungen und Zwischenabschlüsse zu gliedern sind und in welcher Form, in welchem Umfang sowie innert welcher Fristen sie zu veröffentlichen oder der Öffentlichkeit zugänglich zu machen sind.[7]

[6] Die Absätze 3 und 4 finden nicht Anwendung auf Privatbankiers, die sich nicht öffentlich zur Annahme fremder Gelder empfehlen.

---

1 Aufgehoben durch Anhang Ziff. 15 des Finanzmarktaufsichtsgesetzes vom 22. Juni 2007, mit Wirkung seit 1. Jan. 2009 (AS 2008 5207 5205; BBl 2006 2829).
2 Fassung gemäss Ziff. I des BG vom 18. März 1994, in Kraft seit 1. Febr. 1995 (AS 1995 246; BBl 1993 I 805).
3 SR 220
4 Fassung gemäss Ziff. I des BG vom 18. März 1994, in Kraft seit 1. Febr. 1995 (AS 1995 246; BBl 1993 I 805).
5 Fassung gemäss Ziff. I des BG vom 18. März 1994, in Kraft seit 1. Febr. 1995 (AS 1995 246; BBl 1993 I 805).
6 Fassung gemäss Ziff. I des BG vom 18. März 1994, in Kraft seit 1. Febr. 1995 (AS 1995 246; BBl 1993 I 805).
7 Fassung gemäss Ziff. I des BG vom 18. März 1994, in Kraft seit 1. Febr. 1995 (AS 1995 246; BBl 1993 I 805).

Fünfter Abschnitt:[1] Systemrelevante Banken

Art. 7 Begriff und Zweckbestimmung

¹ Systemrelevante Banken sind Banken, Finanzgruppen und bankdominierte Finanzkonglomerate, deren Ausfall die Schweizer Volkswirtschaft und das schweizerische Finanzsystem erheblich schädigen würde.

² Die Bestimmungen dieses Abschnitts bezwecken, im Zusammenwirken mit den allgemein anwendbaren bankenrechtlichen Vorschriften die von systemrelevanten Banken ausgehenden Risiken für die Stabilität des schweizerischen Finanzsystems zusätzlich zu vermindern, die Fortführung volkswirtschaftlich wichtiger Funktionen zu gewährleisten und staatliche Beihilfen zu vermeiden.

Art. 8 Kriterien und Feststellung der Systemrelevanz

¹ Funktionen sind systemrelevant, wenn sie für die schweizerische Volkswirtschaft unverzichtbar und nicht kurzfristig substituierbar sind. Systemrelevante Funktionen sind namentlich das inländische Einlagen- und Kreditgeschäft sowie der Zahlungsverkehr.

² Die Systemrelevanz einer Bank beurteilt sich nach deren Grösse, deren Vernetzung mit dem Finanzsystem und der Volkswirtschaft sowie der kurzfristigen Substituierbarkeit der von der Bank erbrachten Dienstleistungen. Massgeblich sind dabei insbesondere die folgenden Kriterien:

a. der Marktanteil an den systemrelevanten Funktionen nach Absatz 1;

b. der Betrag der gesicherten Einlagen nach Artikel 37h Absatz 1, welcher den Maximalbetrag nach Artikel 37h Absatz 3 Buchstabe b überschreitet;

c. das Verhältnis zwischen der Bilanzsumme der Bank und dem jährlichen Bruttoinlandprodukt der Schweiz;

d. das Risikoprofil der Bank, welches sich anhand des Geschäftsmodells, der Bilanzstruktur, der Qualität der Aktiven, der Liquidität und des Verschuldungsgrades bestimmt.

³ Die Schweizerische Nationalbank (Nationalbank) bezeichnet nach Anhörung der FINMA durch Verfügung die systemrelevanten Banken und deren systemrelevante Funktionen.

Art. 9 Besondere Anforderungen

¹ Systemrelevante Banken müssen besondere Anforderungen erfüllen. Diese richten sich in Umfang und Ausgestaltung nach dem Grad der Systemrelevanz der betref-

---

1 Fassung gemäss Ziff. I des BG vom 30. Sept. 2011 (Stärkung der Stabilität im Finanzsektor), in Kraft seit 1. März 2012 (AS 2012 811; BBl 2011 4717).

fenden Bank. Die Anforderungen müssen verhältnismässig sein und die Auswirkungen auf die betroffenen Banken und den Wettbewerb berücksichtigen sowie international anerkannten Standards Rechnung tragen.

² Systemrelevante Banken müssen insbesondere:
a. über Eigenmittel verfügen, die namentlich:
   1. gemessen an den gesetzlichen Anforderungen eine höhere Verlusttragfähigkeit gewährleisten als bei nicht systemrelevanten Banken,
   2. im Fall drohender Insolvenz wesentlich zur Weiterführung der systemrelevanten Funktionen beitragen,
   3. ihnen Anreize setzen, den Grad ihrer Systemrelevanz zu begrenzen sowie ihre Sanier- und Liquidierbarkeit im In- und Ausland zu verbessern,
   4. an den risikogewichteten Aktiven einerseits und den nicht risikogewichteten Aktiven, die auch Ausserbilanzgeschäfte enthalten können, andererseits bemessen werden;
b. über Liquidität verfügen, die gewährleistet, dass sie Liquiditätsschocks besser absorbieren als nicht systemrelevante Banken und dadurch ihre Zahlungsverpflichtungen auch in einer aussergewöhnlichen Belastungssituation erfüllen können;
c. die Risiken so verteilen, dass Gegenpartei- und Klumpenrisiken limitiert werden;
d. eine Notfallplanung hinsichtlich Struktur, Infrastruktur, Führung und Kontrolle sowie konzerninterner Liquiditäts- und Kapitalflüsse so vorsehen, dass diese umgehend umgesetzt werden kann und im Fall drohender Insolvenz die Weiterführung ihrer systemrelevanten Funktionen gewährleistet ist.

Art. 10   Anwendung auf die einzelne Bank

¹ Die FINMA legt nach Anhörung der Nationalbank durch Verfügung die besonderen Anforderungen nach Artikel 9 Absatz 2 Buchstaben a–c fest, welche die systemrelevante Bank erfüllen muss. Sie orientiert die Öffentlichkeit über die Grundzüge des Inhalts und die Einhaltung der Verfügung.

² Die systemrelevante Bank muss nachweisen, dass sie die besonderen Anforderungen nach Artikel 9 Absatz 2 Buchstabe d erfüllt und im Fall drohender Insolvenz die systemrelevanten Funktionen weiterführen kann. Erbringt die Bank diesen Nachweis nicht, so ordnet die FINMA die notwendigen Massnahmen an.

³ Bei der Festlegung der Anforderungen an die Eigenmittel nach Artikel 9 Absatz 2 Buchstabe a gewährt die FINMA Erleichterungen, soweit die Bank ihre Sanier- und Liquidierbarkeit im In- und Ausland über die Anforderungen von Artikel 9 Absatz 2 Buchstabe d hinaus verbessert.

⁴ Der Bundesrat regelt nach Anhörung der Nationalbank und der FINMA:
a. die besonderen Anforderungen nach Artikel 9 Absatz 2;
b. die Kriterien zur Beurteilung des Nachweises nach Absatz 2;

c. die Massnahmen, welche die FINMA anordnen kann, wenn der Nachweis nach Absatz 2 nicht erbracht wird.[1]

Art. 10a Massnahmen im Bereich der Vergütungen

[1] Wird einer systemrelevanten Bank oder ihrer Konzernobergesellschaft trotz Umsetzung der besonderen Anforderungen direkt oder indirekt staatliche Beihilfe aus Bundesmitteln gewährt, so ordnet der Bundesrat für die Dauer der beanspruchten Unterstützung gleichzeitig Massnahmen im Bereich der Vergütungen an.

[2] Er kann insbesondere unter Berücksichtigung der wirtschaftlichen Lage der Bank und der beanspruchten Unterstützung:

a. die Auszahlung variabler Vergütungen ganz oder teilweise verbieten;
b. Anpassungen des Vergütungssystems anordnen.

[3] Systemrelevante Banken und ihre Konzernobergesellschaften sind verpflichtet, in ihren Vergütungssystemen verbindlich einen Vorbehalt anzubringen, wonach im Fall staatlicher Unterstützung nach diesem Artikel der Rechtsanspruch auf variable Vergütung beschränkt werden kann.

Sechster Abschnitt:[2] Zusätzliches Kapital

Art. 11 Grundsätze

[1] Banken und die Konzernobergesellschaften von Finanzgruppen und bankdominierten Finanzkonglomeraten, deren Rechtsform die Schaffung von Aktien oder Partizipationskapital zulässt, können in den Statuten:

a   den Verwaltungsrat zur Erhöhung des Aktien- oder des Partizipationskapitals ermächtigen (Vorratskapital);
b. eine Erhöhung des Aktien- oder des Partizipationskapitals vorsehen, die bei Eintritt eines bestimmten Ereignisses durch die Wandlung von Pflichtwandelanleihen durchgeführt wird (Wandlungskapital).

[2] Banken und die Konzernobergesellschaften von Finanzgruppen und bankdominierten Finanzkonglomeraten können, ungeachtet ihrer Rechtsform, in den Ausgabebedingungen von Anleihen vorsehen, dass die Gläubiger bei Eintritt eines bestimmten Ereignisses auf Forderungen verzichten (Anleihen mit Forderungsverzicht).

[3] Das zusätzliche Kapital nach den Absätzen 1 und 2 darf nur zur Stärkung der Eigenkapitalbasis und zur Verhinderung oder Bewältigung einer Krise der Bank geschaffen werden.

---

1   Siehe auch die UeB Änd. 30.09.2011 am Schluss dieses Textes.
2   Fassung gemäss Ziff. I des BG vom 30. Sept. 2011 (Stärkung der Stabilität im Finanzsektor), in Kraft seit 1. März 2012 (AS 2012 811; BBl 2011 4717).

⁴ Das Kapital, das durch Ausgabe der Pflichtwandelanleihen oder der Anleihen mit Forderungsverzicht nach den Vorschriften dieses Abschnitts aufgenommen wird, kann auf die erforderlichen Eigenmittel angerechnet werden, soweit dies nach diesem Gesetz und seinen Ausführungsbestimmungen zulässig ist. Die Anrechnung setzt die Genehmigung der jeweiligen Ausgabebedingungen durch die FINMA voraus.

Art. 12 Vorratskapital

¹ Die Generalversammlung kann den Verwaltungsrat durch Statutenänderung ermächtigen, das Aktien- oder das Partizipationskapital zu erhöhen. Die Statuten geben den Nennbetrag an, um den der Verwaltungsrat das Kapital erhöhen kann.

² Der Verwaltungsrat kann das Bezugsrecht der Aktionäre oder Partizipanten aus wichtigen Gründen aufheben, insbesondere wenn dies der raschen und reibungslosen Platzierung der Aktien oder Partizipationsscheine dient. Die neuen Aktien oder Partizipationsscheine sind in diesem Fall zu Marktbedingungen auszugeben. Ein Abschlag ist zulässig, soweit dies im Hinblick auf die rasche und vollständige Platzierung der Aktien oder Partizipationsscheine im Interesse der Gesellschaft liegt.

³ Im Übrigen gelten die Vorschriften des Obligationenrechts[1] über die genehmigte Kapitalerhöhung mit Ausnahme der folgenden Bestimmungen:

a. Artikel 651 Absätze 1 und 2 (zeitliche und betragsmässige Beschränkungen der genehmigten Kapitalerhöhung);
b. Artikel 652b Absatz 2 (wichtige Gründe für den Bezugsrechtsausschluss);
c. Artikel 652d (Erhöhung aus Eigenkapital);
d. Artikel 656b Absätze 1 und 4 (betragsmässige Beschränkung der genehmigten Erhöhung des Partizipationskapitals).

Art. 13 Wandlungskapital

¹ Die Generalversammlung kann eine bedingte Erhöhung des Aktien- oder des Partizipationskapitals beschliessen, indem sie in den Statuten festlegt, dass sich die Forderungsrechte aus Pflichtwandelanleihen beim Eintritt des auslösenden Ereignisses in Aktien oder Partizipationsscheine wandeln.

² Sie kann in den Statuten den Nennbetrag der bedingten Kapitalerhöhung beschränken. Sie setzt in den Statuten fest:

a. die Anzahl, die Art und den Nennwert der Aktien und Partizipationsscheine;
b. die Grundlagen, nach denen der Ausgabebetrag zu berechnen ist;
c. die Aufhebung des Bezugsrechtes der Aktionäre und Partizipanten;
d. die Beschränkung der Übertragbarkeit neuer auf den Namen lautender Aktien und Partizipationsscheine.

1 SR 220

³ Der Verwaltungsrat ist ermächtigt, im Rahmen der statutarischen Bestimmungen Pflichtwandelanleihen auszugeben. Soweit die Statuten nichts anderes festlegen, bestimmt er:

a. eine allfällige Aufteilung in mehrere Anleihen oder in verschiedene Tranchen;
b. das auslösende Ereignis oder, bei Aufteilung in Tranchen, die auslösenden Ereignisse;
c. den Ausgabebetrag oder die Regeln, nach denen er bestimmt wird;
d. das Wandlungsverhältnis oder die Regeln, nach denen es bestimmt wird.

⁴ Die Pflichtwandelanleihen sind den Aktionären und Partizipanten entsprechend ihrer Beteiligung zur Zeichnung anzubieten. Werden die Pflichtwandelanleihen zu Marktbedingungen oder mit einem Abschlag ausgegeben, der erforderlich ist, um eine rasche und vollständige Platzierung zu gewährleisten, so kann die Generalversammlung das Vorwegzeichnungsrecht der Aktionäre und Partizipanten ausschliessen.

⁵ Tritt das die Wandlung auslösende Ereignis ein, so hat dies der Verwaltungsrat umgehend mit öffentlicher Urkunde festzustellen. Diese enthält Anzahl, Nennwert und Art der ausgegebenen Aktien und Partizipationsscheine, den neuen Stand des Aktien- und des Partizipationskapitals sowie die nötigen Statutenanpassungen.

⁶ Der Beschluss des Verwaltungsrates ist unverzüglich beim Handelsregister anzumelden. Die Registersperre ist ausgeschlossen.

⁷ Das Aktien- und das Partizipationskapital erhöht sich ohne Weiteres mit Beschluss des Verwaltungsrates. Gleichzeitig erlöschen die Forderungsrechte aus den Pflichtwandelanleihen.

⁸ Die Vorschriften des Obligationenrechts[1] zur bedingten Kapitalerhöhung finden keine Anwendung mit Ausnahme der folgenden Bestimmungen:

a. Artikel 653a Absatz 2 (Mindesteinlage);
b. Artikel 653d Absatz 2 (Schutz der Wandel- und Optionsberechtigten);
c. Artikel 653i (Streichung).

Art. 14[2]

---

1 SR 220
2 Aufgehoben durch Anhang Ziff. 11 des Fusionsgesetzes vom 3. Okt. 2003, mit Wirkung seit 1. Juli 2004 (AS 2004 2617; BBl 2000 4337).

Siebenter Abschnitt: Spareinlagen und Depotwerte[1]

Art. 15

[1] Einlagen, die in irgendeiner Wortverbindung durch den Ausdruck «Sparen» gekennzeichnet sind, dürfen nur von Banken entgegengenommen werden, die öffentlich Rechnung ablegen. Alle andern Unternehmen sind zur Entgegennahme von Spareinlagen nicht berechtigt und dürfen weder in der Firma noch in der Bezeichnung des Geschäftszweckes noch in Geschäftsreklamen den Ausdruck «Sparen» mit Bezug auf die bei ihnen gemachten Geldeinlagen verwenden.[2]

[2–3] ...[3]

Art. 16[4]

Als Depotwerte im Sinne von Artikel 37d des Gesetzes gelten:[5]
1. bewegliche Sachen und Effekten der Depotkunden;
2. bewegliche Sachen, Effekten und Forderungen, welche die Bank für Rechnung der Depotkunden fiduziarisch innehat;
3. frei verfügbare Lieferansprüche der Bank gegenüber Dritten aus Kassageschäften, abgelaufenen Termingeschäften, Deckungsgeschäften oder Emissionen für Rechnung der Depotkunden.

Achter Abschnitt: ...[6]

Art. 17

---

1 Fassung gemäss Anhang Ziff. 17 des BG vom 16. Dez. 1994, in Kraft seit 1. Jan. 1997 (AS 1995 1227; BBl 1991 III 1).
2 Fassung gemäss Ziff. I des BG vom 18. März 1994, in Kraft seit 1. Febr. 1995 (AS 1995 246; BBl 1993 I 805).
3 Aufgehoben durch Anhang Ziff. 17 des BG vom 16. Dez. 1994 (AS 1995 1227; BBl 1991 III 1).
4 Fassung gemäss Anhang Ziff. 17 des BG vom 16. Dez. 1994, in Kraft seit 1. Jan. 1997 (AS 1995 1227; BBl 1991 III 1).
5 Fassung gemäss Ziff. I des BG vom 3. Okt. 2003, in Kraft seit 1. Juli 2004 (AS 2004 2767; BBl 2002 8060).
6 Aufgehoben durch Anhang Ziff. 5 des Bucheffektengesetzes vom 3. Okt. 2008, mit Wirkung seit 1. Jan. 2010 (AS 2009 3577; BBl 2006 9315).

Neunter Abschnitt: Überwachung und Prüfung[1]

Art. 18[2]

¹ Die Banken, Finanzgruppen und Finanzkonglomerate beauftragen eine zugelassene Prüfgesellschaft mit einer jährlichen Prüfung. Diese prüft, ob sie:
a. ihre Rechnung nach den anwendbaren Vorschriften ablegen (Rechnungsprüfung); und
b. die aufsichtsrechtlichen Vorschriften einhalten (Aufsichtsprüfung).

² Besitzt eine Bank, eine Finanzgruppe oder ein Finanzkonglomerat eine interne Revision, so hat sie deren Berichte der Prüfgesellschaft vorzulegen. Doppelspurigkeiten bei der Prüfung sind zu vermeiden.

³ Der Bundesrat erlässt Ausführungsbestimmungen zum Inhalt und zur Durchführung der Prüfung, zur Form der Berichterstattung und zu den Anforderungen an die Prüfgesellschaft. Er kann die FINMA ermächtigen, Ausführungsbestimmungen zu technischen Angelegenheiten zu erlassen.

Art. 19–22[3]

Zehnter Abschnitt: Aufsicht[4]

Art. 23[5]

Die FINMA kann selbst direkte Prüfungen bei Banken, Bankgruppen und Finanzkonglomeraten durchführen, wenn dies angesichts von deren wirtschaftlichen Bedeutung, der Komplexität des abzuklärenden Sachverhalts oder zur Abnahme interner Modelle notwendig ist.

---

1 Ausdruck gemäss Anhang Ziff. 15 des Finanzmarktaufsichtsgesetzes vom 22. Juni 2007, in Kraft seit 1. Jan. 2009 (AS 2008 5207 5205; BBl 2006 2829). Diese Änderung wurde im ganzen Erlass berücksichtigt.
2 Fassung gemäss Anhang Ziff. 15 des Finanzmarktaufsichtsgesetzes vom 22. Juni 2007, in Kraft seit 1. Jan. 2009 (AS 2008 5207 5205; BBl 2006 2829).
3 Aufgehoben durch Anhang Ziff. 15 des Finanzmarktaufsichtsgesetzes vom 22. Juni 2007, mit Wirkung seit 1. Jan. 2009 (AS 2008 5207 5205; BBl 2006 2829).
4 Fassung gemäss Anhang Ziff. 15 des Finanzmarktaufsichtsgesetzes vom 22. Juni 2007, in Kraft seit 1. Jan. 2009 (AS 2008 5207 5205; BBl 2006 2829).
5 Fassung gemäss Anhang Ziff. 15 des Finanzmarktaufsichtsgesetzes vom 22. Juni 2007, in Kraft seit 1. Jan. 2009 (AS 2008 5207 5205; BBl 2006 2829).

Art. 23bis [1]

[1] und [2] ...[2]

[3] Die FINMA ist befugt, den anderen schweizerischen Finanzmarktaufsichtsbehörden sowie der Nationalbank nicht öffentlich zugängliche Auskünfte und Unterlagen zu übermitteln, welche diese zur Erfüllung ihrer Aufgaben benötigen.[3]

[4] Die FINMA arbeitet bei der Aufsicht über Betreiber von Zahlungs- und Effektenabwicklungssystemen, die diesem Gesetz unterstehen, mit der Nationalbank zusammen. Sie stimmt ihre Tätigkeit mit der Nationalbank ab und hört diese an, bevor sie eine Verfügung erlässt.[4]

Art. 23ter [5]

Zur Durchsetzung von Artikel 3 Absätze 2 Buchstabe c^{bis} und 5 dieses Gesetzes kann die FINMA insbesondere das Stimmrecht suspendieren, das an Aktien oder Anteile gebunden ist, die von Aktionären oder Gesellschaftern mit einer qualifizierten Beteiligung gehalten werden.

Art. 23^{quater} [6]

Art. 23^{quinquies} [7]

[1] Entzieht die FINMA einer Bank die Bewilligung zur Geschäftstätigkeit, so bewirkt dies bei juristischen Personen und Kollektiv- und Kommanditgesellschaften die Auflösung und bei Einzelfirmen[8] die Löschung im Handelsregister. Die FINMA bezeichnet den Liquidator und überwacht seine Tätigkeit.

1   Eingefügt durch Ziff. I des BG vom 11. März 1971, in Kraft seit 1. Juli 1971 (AS 1971 808 824 Art. 1; BBl 1970 I 1144).
2   Fassung gemäss Anhang Ziff. 15 des Finanzmarktaufsichtsgesetzes vom 22. Juni 2007, in Kraft seit 1. Jan. 2009 (AS 2008 5207 5205; BBl 2006 2829).
3   Eingefügt durch Anhang Ziff. II 5 des Nationalbankgesetzes vom 3. Okt. 2003, in Kraft seit 1. Mai 2004 (AS 2004 1985; BBl 2002 6097).
4   Eingefügt durch Anhang Ziff. II 5 des Nationalbankgesetzes vom 3. Okt. 2003, in Kraft seit 1. Mai 2004 (AS 2004 1985; BBl 2002 6097).
5   Eingefügt durch Ziff. I des BG vom 11. März 1971, in Kraft seit 1. Juli 1971 (AS 1971 808 824 Art. 1; BBl 1970 I 1144). Fassung gemäss Anhang Ziff. 15 des Finanzmarktaufsichtsgesetzes vom 22. Juni 2007, in Kraft seit 1. Jan. 2009 (AS 2008 5207 5205; BBl 2006 2829).
6   Eingefügt durch Ziff. I des BG vom 11. März 1971 (AS 1971 808 824 Art. 1; BBl 1970 I 1144). Aufgehoben durch Anhang Ziff. 15 des Finanzmarktaufsichtsgesetzes vom 22. Juni 2007, mit Wirkung seit 1. Jan. 2009 (AS 2008 5207 5205; BBl 2006 2829).
7   Eingefügt durch Ziff. I des BG vom 11. März 1971, in Kraft seit 1. Juli 1971 (AS 1971 808 824 Art. 1; BBl 1970 I 1144). Fassung gemäss Anhang Ziff. 15 des Finanzmarktaufsichtsgesetzes vom 22. Juni 2007, in Kraft seit 1. Jan. 2009 (AS 2008 5207 5205; BBl 2006 2829).
8   Heute: Einzelunternehmen.

2 Vorbehalten bleiben Massnahmen nach dem elften Abschnitt.

Art. 23sexies [1]

Art. 23septies [2]

1 Soweit die ausländischen Finanzmarktaufsichtsbehörden bei direkten Prüfungen in der Schweiz Informationen einsehen wollen, welche direkt oder indirekt mit dem Vermögensverwaltungs- oder Einlagengeschäft für einzelne Kunden zusammenhängen, erhebt die FINMA die Informationen selbst und übermittelt sie den ersuchenden Behörden.

2 Das Verfahren richtet sich nach dem Bundesgesetz vom 20. Dezember 1968[3] über das Verwaltungsverfahren.

Art. 23octies [4]

Art. 24[5]

1 ...[6]

2 In den Verfahren nach dem elften und dem zwölften Abschnitt dieses Gesetzes können die Gläubiger und Eigner einer Bank lediglich gegen die Genehmigung des Sanierungsplans und gegen Verwertungshandlungen Beschwerde führen. Die Beschwerde nach Artikel 17 des Bundesgesetzes vom 11. April 1889[7] über Schuldbetreibung und Konkurs (SchKG) ist in diesen Verfahren ausgeschlossen.[8]

---

1 Eingefügt durch Ziff. I des BG vom 18. März 1994, in Kraft seit 1. Febr. 1995 (AS 1995 246; BBl 1993 I 805). Aufgehoben durch Anhang Ziff. 15 des Finanzmarktaufsichtsgesetzes vom 22. Juni 2007, mit Wirkung seit 1. Jan. 2009 (AS 2008 5207 5205; BBl 2006 2829).

2 Eingefügt durch Ziff. I des BG vom 22. April 1999, in Kraft seit 1. Okt. 1999 (AS 1999 2405; BBl 1998 3847). Fassung gemäss Anhang Ziff. 15 des Finanzmarktaufsichtsgesetzes vom 22. Juni 2007, in Kraft seit 1. Jan. 2009 (AS 2008 5207 5205; BBl 2006 2829).

3 SR 172.021

4 Eingefügt durch Ziff. I des BG vom 3. Okt. 2003, in Kraft seit 1. Juli 2004 (AS 2004 2767; BBl 2002 8060). Aufgehoben durch Anhang Ziff. 15 des Finanzmarktaufsichtsgesetzes vom 22. Juni 2007, mit Wirkung seit 1. Jan. 2009 (AS 2008 5207 5205; BBl 2006 2829).

5 Fassung gemäss Ziff. I des BG vom 11. März 1971, in Kraft seit 1. Juli 1971 (AS 1971 808 824 Art. 1; BBl 1970 I 1144).

6 Aufgehoben durch Anhang Ziff. 15 des Finanzmarktaufsichtsgesetzes vom 22. Juni 2007, mit Wirkung seit 1. Jan. 2009 (AS 2008 5207 5205; BBl 2006 2829).

7 SR 281.1

8 Eingefügt durch Ziff. I des BG vom 3. Okt. 2003, in Kraft seit 1. Juli 2004 (AS 2004 2767; BBl 2002 8060).

³ Beschwerden in den Verfahren nach dem elften und zwölften Abschnitt haben keine aufschiebende Wirkung. Der Instruktionsrichter kann die aufschiebende Wirkung auf Gesuch hin erteilen. Die Erteilung der aufschiebenden Wirkung für Beschwerden gegen die Genehmigung des Sanierungsplans ist ausgeschlossen.[1]

⁴ Wird die Beschwerde eines Gläubigers oder eines Eigners gegen die Genehmigung des Sanierungsplans gutgeheissen, so kann das Gericht nur eine Entschädigung zusprechen.[2]

Elfter Abschnitt:[3] Massnahmen bei Insolvenzgefahr

Art. 25   Voraussetzungen

¹ Besteht begründete Besorgnis, dass eine Bank überschuldet ist oder ernsthafte Liquiditätsprobleme hat, oder erfüllt diese die Eigenmittelvorschriften nach Ablauf einer von der FINMA festgesetzten Frist nicht, so kann die FINMA anordnen:

a. Schutzmassnahmen nach Artikel 26;

b. ein Sanierungsverfahren nach den Artikeln 28–32;

c. die Konkursliquidation[4] der Bank (Bankenkonkurs) nach den Artikeln 33–37g.

² Die Schutzmassnahmen können selbständig oder in Verbindung mit einer Sanierung oder Konkursliquidation angeordnet werden.

³ Die Bestimmungen über das Nachlassverfahren (Art. 293–336 SchKG[5]), über das aktienrechtliche Moratorium (Art. 725 und 725a des Obligationenrechts[6]) und über die Benachrichtigung des Richters (Art. 729b Abs. 2[7] des Obligationenrechts) sind auf Banken nicht anwendbar.

---

1 Eingefügt durch Ziff. I 16 der V der BVers vom 20. Dez. 2006 über die Anpassung von Erlassen an die Bestimmungen des Bundesgerichtsgesetzes und des Verwaltungsgerichtsgesetzes (AS 2006 5599; BBl 2006 7759). Fassung gemäss Ziff. I des BG vom 30. Sept. 2011 (Stärkung der Stabilität im Finanzsektor), in Kraft seit 1. März 2012 (AS 2012 811; BBl 2011 4717).

2 Eingefügt durch Ziff. I des BG vom 30. Sept. 2011 (Stärkung der Stabilität im Finanzsektor), in Kraft seit 1. März 2012 (AS 2012 811; BBl 2011 4717).

3 Fassung gemäss Ziff. I des BG vom 3. Okt. 2003, in Kraft seit 1. Juli 2004 (AS 2004 2767; BBl 2002 8060).

4 Ausdruck gemäss Ziff. I des BG vom 18. März 2011 (Sicherung der Einlagen), in Kraft seit 1. Sept. 2011 (AS 2011 3919; BBl 2010 3993). Diese Änd. wurde im ganzen Erlass berücksichtigt.

5 SR 281.1

6 SR 220

7 Heute: Art. 728c Abs. 3.

⁴ Die Anordnungen der FINMA umfassen sämtliches Vermögen der Bank mit Aktiven und Passiven und Vertragsverhältnisse, ob sie sich nun im In- oder im Ausland befinden.¹

Art. 26 Schutzmassnahmen

¹ Die FINMA kann Schutzmassnahmen verfügen; namentlich kann sie:²

a. den Organen der Bank Weisungen erteilen;
b.³ einen Untersuchungsbeauftragten einsetzen;
c. den Organen die Vertretungsbefugnis entziehen oder sie abberufen;
d. die bankengesetzliche Prüfgesellschaft oder obligationenrechtliche Revisionsstelle abberufen;
e. die Geschäftstätigkeit der Bank einschränken;
f. der Bank verbieten, Auszahlungen zu leisten, Zahlungen entgegenzunehmen oder Effektentransaktionen zu tätigen;
g. die Bank schliessen;
h. Stundung und Fälligkeitsaufschub, ausgenommen für pfandgedeckte Forderungen der Pfandbriefzentralen, anordnen.

² Sie sorgt für eine angemessene Publikation der Massnahmen, wenn dies zu deren Durchsetzung oder zum Schutz Dritter erforderlich ist.

³ Soweit die FINMA in Bezug auf den Zinsenlauf nichts anderes verfügt, hat eine Stundung die Wirkungen nach Artikel 297 SchKG⁴.

Art. 27 Systemschutz

¹ Die FINMA informiert die Betreiber in- und ausländischer Zahlungs- oder Effektenabwicklungssysteme wenn möglich über die Massnahmen nach dem elften und zwölften Abschnitt, die sie ergreifen will, und über den genauen Zeitpunkt ihres Inkrafttretens.⁵

² Die Weisung einer Person, die an einem Zahlungs- und Effektenabwicklungssystem teilnimmt und gegen die eine solche Massnahme angeordnet wurde, ist rechtlich verbindlich und Dritten gegenüber wirksam, wenn sie:

---

1 Eingefügt durch Ziff. I des BG vom 18. März 2011 (Sicherung der Einlagen), in Kraft seit 1. Sept. 2011 (AS 2011 3919; BBl 2010 3993).
2 Fassung gemäss Anhang Ziff. 15 des Finanzmarktaufsichtsgesetzes vom 22. Juni 2007, in Kraft seit 1. Jan. 2009 (AS 2008 5207 5205; BBl 2006 2829).
3 Fassung gemäss Anhang Ziff. 15 des Finanzmarktaufsichtsgesetzes vom 22. Juni 2007, in Kraft seit 1. Jan. 2009 (AS 2008 5207 5205; BBl 2006 2829).
4 SR 281.1
5 Fassung gemäss Ziff. I des BG vom 30. Sept. 2011 (Stärkung der Stabilität im Finanzsektor), in Kraft seit 1. März 2012 (AS 2012 811; BBl 2011 4717).

a. vor Anordnung der Massnahme in das System eingebracht und nach den Regeln des Systems unabänderlich wurde; oder

b. an dem nach den Regeln des Systems definierten Geschäftstag ausgeführt wurde, in dessen Verlauf die Massnahme angeordnet wurde, sofern der Systembetreiber nachweist, dass er von der Anordnung der Massnahme keine Kenntnis hatte oder haben musste.[1]

2bis Absatz 2 findet Anwendung, wenn:

a. der Systembetreiber in der Schweiz beaufsichtigt oder überwacht wird; oder

b. der Teilnahmevertrag Schweizer Recht untersteht.[2]

3 Die rechtliche Verbindlichkeit im Voraus geschlossener Aufrechnungsvereinbarungen oder Abreden über die freihändige Verwertung von Sicherheiten in Form von an einem repräsentativen Markt gehandelten Effekten oder anderen Finanzinstrumenten bleibt von sämtlichen Anordnungen nach dem elften und zwölften Abschnitt unberührt.[3]

Art. 28[4] Sanierungsverfahren

1 Bei begründeter Aussicht auf Sanierung der Bank oder auf Weiterführung einzelner Bankdienstleistungen kann die FINMA ein Sanierungsverfahren einleiten.

2 Sie erlässt die für die Durchführung des Sanierungsverfahrens notwendigen Verfügungen und Anordnungen.

3 Sie kann eine Person mit der Ausarbeitung eines Sanierungsplans beauftragen (Sanierungsbeauftragter).

Art. 29[5] Sanierung der Bank

Bei einer Sanierung der Bank muss der Sanierungsplan sicherstellen, dass die Bank nach Durchführung der Sanierung die Bewilligungsvoraussetzungen und die übrigen gesetzlichen Vorschriften einhält.

---

1   Fassung gemäss Ziff. I des BG vom 18. März 2011 (Sicherung der Einlagen), in Kraft seit 1. Sept. 2011 (AS 2011 3919; BBl 2010 3993).
2   Eingefügt durch Ziff. I des BG vom 18. März 2011 (Sicherung der Einlagen), in Kraft seit 1. Sept. 2011 (AS 2011 3919; BBl 2010 3993).
3   Fassung gemäss Ziff. I des BG vom 18. März 2011 (Sicherung der Einlagen), in Kraft seit 1. Sept. 2011 (AS 2011 3919; BBl 2010 3993).
4   Fassung gemäss Ziff. I des BG vom 18. März 2011 (Sicherung der Einlagen), in Kraft seit 1. Sept. 2011 (AS 2011 3919; BBl 2010 3993).
5   Fassung gemäss Ziff. I des BG vom 18. März 2011 (Sicherung der Einlagen), in Kraft seit 1. Sept. 2011 (AS 2011 3919; BBl 2010 3993).

Art. 30[1] Weiterführung von Bankdienstleistungen

[1] Der Sanierungsplan kann unabhängig vom Fortbestand der betroffenen Bank die Weiterführung einzelner Bankdienstleistungen vorsehen.

[2] Er kann insbesondere das Vermögen der Bank oder Teile davon mit Aktiven und Passiven sowie Vertragsverhältnisse auf andere Rechtsträger oder auf eine Übergangsbank übertragen.

[3] Werden Vertragsverhältnisse oder das Vermögen der Bank oder Teile davon übertragen, so tritt der Übernehmer mit Genehmigung des Sanierungsplans an die Stelle der Bank. Das Fusionsgesetz vom 3. Oktober 2003[2] ist nicht anwendbar.[3]

Art. 31[4] Genehmigung des Sanierungsplans

[1] Die FINMA genehmigt den Sanierungsplan, wenn er namentlich:
a. auf einer vorsichtigen Bewertung der Aktiven der Bank beruht;
b. die Gläubiger voraussichtlich besser stellt als die sofortige Eröffnung des Bankenkonkurses;
c. den Vorrang der Interessen der Gläubiger vor denjenigen der Eigner und die Rangfolge der Gläubiger berücksichtigt;
d.[5] die rechtliche oder wirtschaftliche Verbundenheit unter Aktiven, Passiven und Vertragsverhältnissen angemessen berücksichtigt.

[2] Die Zustimmung der Generalversammlung der Bank ist nicht notwendig.

[3] Kann eine Insolvenz der Bank nicht auf andere Weise beseitigt werden, so kann der Sanierungsplan die Reduktion des bisherigen und die Schaffung von neuem Eigenkapital sowie die Umwandlung von Fremd- in Eigenkapital vorsehen.

[4] Die FINMA macht die Grundzüge des Sanierungsplans öffentlich bekannt.[6]

---

1 Fassung gemäss Ziff. I des BG vom 18. März 2011 (Sicherung der Einlagen), in Kraft seit 1. Sept. 2011 (AS 2011 3919; BBl 2010 3993).
2 SR 221.301
3 Fassung gemäss Ziff. I des BG vom 30. Sept. 2011 (Stärkung der Stabilität im Finanzsektor), in Kraft seit 1. März 2012 (AS 2012 811; BBl 2011 4717).
4 Fassung gemäss Ziff. I des BG vom 18. März 2011 (Sicherung der Einlagen), in Kraft seit 1. Sept. 2011 (AS 2011 3919; BBl 2010 3993).
5 Eingefügt durch Ziff. I des BG vom 30. Sept. 2011 (Stärkung der Stabilität im Finanzsektor), in Kraft seit 1. März 2012 (AS 2012 811; BBl 2011 4717).
6 Eingefügt durch Ziff. I des BG vom 30. Sept. 2011 (Stärkung der Stabilität im Finanzsektor), in Kraft seit 1. März 2012 (AS 2012 811; BBl 2011 4717).

Art. 31a[1] Ablehnung des Sanierungsplans

1 Sieht der Sanierungsplan einen Eingriff in die Rechte der Gläubiger vor, so setzt die FINMA den Gläubigern spätestens mit dessen Genehmigung eine Frist, innert der sie den Sanierungsplan ablehnen können.

2 Lehnen Gläubiger, die betragsmässig mehr als die Hälfte der aus den Büchern hervorgehenden Forderungen der dritten Klasse nach Artikel 219 Absatz 4 SchKG[2] vertreten, den Sanierungsplan ab, so ordnet die FINMA den Konkurs nach den Artikeln 33–37g an.

3 Dieser Artikel findet auf die Sanierung einer systemrelevanten Bank keine Anwendung.[3]

Art. 31b[4] Wertausgleich

1 Werden Aktiven, Passiven und Vertragsverhältnisse nur teilweise auf einen anderen Rechtsträger oder eine Übergangsbank übertragen, so ordnet die FINMA deren unabhängige Bewertung an.

2 Die FINMA regelt den Ausgleich unter den betroffenen Rechtsträgern und ergänzt den Sanierungsplan in einem Nachtrag.

Art. 32 Geltendmachung von Ansprüchen

1 Sobald die FINMA den Sanierungsplan genehmigt hat, ist die Bank zur Anfechtung von Rechtsgeschäften nach den Artikeln 285–292 SchKG[5] befugt.

2 Schliesst der Sanierungsplan für die Bank die Anfechtung von Rechtsgeschäften nach Absatz 1 aus, so ist dazu jeder Gläubiger in dem Umfang berechtigt, in dem der Sanierungsplan in seine Rechte eingreift.

2bis Die Anfechtung nach den Artikeln 285–292 SchKG ist ausgeschlossen gegen Rechtshandlungen in Ausführung eines von der FINMA genehmigten Sanierungsplans.[6]

3 Für die Berechnung der Fristen nach den Artikeln 286–288 SchKG ist der Zeitpunkt der Genehmigung des Sanierungsplans massgebend. Hat die FINMA vorher eine

---

1 Eingefügt durch Ziff. I des BG vom 18. März 2011 (Sicherung der Einlagen), in Kraft seit 1. Sept. 2011 (AS 2011 3919; BBl 2010 3993).
2 SR 281.1
3 Eingefügt durch Ziff. I des BG vom 30. Sept. 2011 (Stärkung der Stabilität im Finanzsektor), in Kraft seit 1. März 2012 (AS 2012 811; BBl 2011 4717).
4 Eingefügt durch Ziff. I des BG vom 30. Sept. 2011 (Stärkung der Stabilität im Finanzsektor), in Kraft seit 1. März 2012 (AS 2012 811; BBl 2011 4717).
5 SR 281.1
6 Eingefügt durch Ziff. I des BG vom 30. Sept. 2011 (Stärkung der Stabilität im Finanzsektor), in Kraft seit 1. März 2012 (AS 2012 811; BBl 2011 4717).

Schutzmassnahme nach Artikel 26 Absatz 1 Buchstaben e–h verfügt, so gilt der Zeitpunkt des Erlasses dieser Verfügung.

3bis Das Anfechtungsrecht verwirkt zwei Jahre nach der Genehmigung des Sanierungsplans.[1]

4 Für die Geltendmachung von Verantwortlichkeitsansprüchen nach Artikel 39 gelten die Absätze 1 und 2 sinngemäss.

Zwölfter Abschnitt:[2] Konkursliquidation insolventer Banken (Bankenkonkurs)

Art. 33 Anordnung der Konkursliquidation und Ernennung der Konkursliquidatoren[3]

1 Besteht keine Aussicht auf Sanierung oder ist diese gescheitert, so entzieht die FINMA der Bank die Bewilligung, ordnet die Konkursliquidation an und macht diese öffentlich bekannt.

2 Die FINMA ernennt einen oder mehrere Konkursliquidatoren. Diese unterstehen der Aufsicht der FINMA und erstatten ihr auf Verlangen Bericht.

3 Sie orientieren die Gläubiger mindestens einmal jährlich über den Stand des Verfahrens.

Art. 34 Wirkungen und Ablauf

1 Die Anordnung der Konkursliquidation hat die Wirkungen einer Konkurseröffnung nach den Artikeln 197–220 SchKG[4].

2 Die Konkursliquidation ist unter Vorbehalt der nachfolgenden Bestimmungen nach den Artikeln 221–270 SchKG durchzuführen.

3 Die FINMA kann abweichende Verfügungen und Anordnungen treffen.

Art. 35[5] Gläubigerversammlung und Gläubigerausschuss

1 Der Konkursliquidator kann der FINMA beantragen:

---

1   Eingefügt durch Ziff. I des BG vom 18. März 2011 (Sicherung der Einlagen), in Kraft seit 1. Sept. 2011 (AS 2011 3919; BBl 2010 3993).
2   Ursprünglich vor Art. 29. Fassung gemäss Ziff. I des BG vom 3. Okt. 2003, in Kraft seit 1. Juli 2004 (AS 2004 2767; BBl 2002 8060).
3   Ausdruck gemäss Ziff. I des BG vom 18. März 2011 (Sicherung der Einlagen), in Kraft seit 1. Sept. 2011 (AS 2011 3919; BBl 2010 3993). Diese Änd. wurde im ganzen Erlass berücksichtigt.
4   SR 281.1
5   Fassung gemäss Ziff. I des BG vom 18. März 2011 (Sicherung der Einlagen), in Kraft seit 1. Sept. 2011 (AS 2011 3919; BBl 2010 3993).

a. eine Gläubigerversammlung einzusetzen und deren Kompetenzen sowie die für die Beschlussfassung notwendigen Präsenz- und Stimmenquoren festzulegen;
b. einen Gläubigerausschuss einzurichten sowie dessen Zusammensetzung und Kompetenzen festzulegen.

² Die FINMA ist nicht an die Anträge des Konkursliquidators gebunden.

Art. 36 Behandlung der Forderungen; Kollokationsplan

¹ Bei der Erstellung des Kollokationsplans gelten die aus den Büchern ersichtlichen Forderungen als angemeldet.

² Die Gläubiger können den Kollokationsplan einsehen, sofern und soweit es zur Wahrung ihrer Gläubigerrechte erforderlich ist; dabei ist das Berufsgeheimnis nach Artikel 47 so weit als möglich zu wahren.

Art. 37 Bei Schutzmassnahmen eingegangene Verbindlichkeiten

Verbindlichkeiten, welche die Bank während der Dauer der Massnahmen nach Artikel 26 Absatz 1 Buchstaben e–h eingehen durfte, werden im Falle einer Konkursliquidation vor allen anderen befriedigt.

Art. 37a[1] Privilegierte Einlagen

¹ Einlagen, die auf den Namen des Einlegers lauten, einschliesslich Kassenobligationen, die im Namen des Einlegers bei der Bank hinterlegt sind, werden bis zum Höchstbetrag von 100 000 Franken je Gläubiger der zweiten Klasse nach Artikel 219 Absatz 4 SchKG[2] zugewiesen.

² Der Bundesrat kann den Höchstbetrag nach Absatz 1 der Geldentwertung anpassen.

³ Einlagen bei Unternehmen, welche ohne Bewilligung der FINMA als Banken tätig sind, sind nicht privilegiert.

⁴ Steht eine Forderung mehreren Personen zu, so kann das Privileg nur einmal geltend gemacht werden.

⁵ Forderungen von Bankstiftungen als Vorsorgeeinrichtungen nach Artikel 82 des Bundesgesetzes vom 25. Juni 1982[3] über die berufliche Alters-, Hinterlassenen- und Invalidenvorsorge sowie von Freizügigkeitsstiftungen als Freizügigkeitseinrichtungen nach dem Freizügigkeitsgesetz vom 17. Dezember 1993[4] gelten als Einlagen der einzelnen Vorsorgenehmer und Versicherten. Sie sind unabhängig von den übrigen

---

1   Fassung gemäss Ziff. I des BG vom 18. März 2011 (Sicherung der Einlagen), in Kraft seit 1. Sept. 2011 (AS 2011 3919; BBl 2010 3993).
2   SR 281.1
3   SR 831.40
4   SR 831.42

Einlagen des einzelnen Vorsorgenehmers und Versicherten bis zum Höchstbetrag nach Absatz 1 privilegiert.

⁶ Die Banken müssen im Umfang von 125 Prozent ihrer privilegierten Einlagen ständig inländisch gedeckte Forderungen oder übrige in der Schweiz belegene Aktiven halten. Die FINMA kann diesen Anteil erhöhen; sie kann in begründeten Fällen insbesondere denjenigen Instituten Ausnahmen gewähren, die aufgrund der Struktur ihrer Geschäftstätigkeit über eine gleichwertige Deckung verfügen.

Art. 37b[1]   Sofortige Auszahlung

¹ Privilegierte Einlagen gemäss Artikel 37a Absatz 1 werden aus den verfügbaren liquiden Aktiven ausserhalb der Kollokation und unter Ausschluss jeglicher Verrechnung sofort ausbezahlt.

² Die FINMA legt im Einzelfall den Höchstbetrag der sofort auszahlbaren Einlagen fest. Sie trägt dabei der Rangordnung der übrigen Gläubiger nach Artikel 219 SchKG[2] Rechnung.

Art. 37c[3]

Art. 37d[4]   Absonderung von Depotwerten

Depotwerte gemäss Artikel 16 werden nach den Artikeln 17 und 18 des Bucheffektengesetzes vom 3. Oktober 2008[5] abgesondert. Im Falle eines Unterbestandes findet Artikel 19 des Bucheffektengesetzes vom 3. Oktober 2008 Anwendung.

Art. 37e   Verteilung und Schluss des Verfahrens

¹ Die Verteilungsliste wird nicht aufgelegt.

² Nach der Verteilung legen die Konkursliquidatoren der FINMA einen Schlussbericht vor.

³ Die FINMA trifft die nötigen Anordnungen zur Schliessung des Verfahrens. Sie macht die Schliessung öffentlich bekannt.

---

1   Fassung gemäss Ziff. I des BG vom 18. März 2011 (Sicherung der Einlagen), in Kraft seit 1. Sept. 2011 (AS 2011 3919; BBl 2010 3993).
2   SR 281.1
3   Aufgehoben durch Ziff. I des BG vom 18. März 2011 (Sicherung der Einlagen), mit Wirkung seit 1. Sept. 2011 (AS 2011 3919; BBl 2010 3993).
4   Fassung gemäss Anhang Ziff. 5 des Bucheffektengesetzes vom 3. Okt. 2008, in Kraft seit 1. Jan. 2010 (AS 2009 3577; BBl 2006 9315).
5   SR 957.1

Art. 37f Koordination mit ausländischen Verfahren

¹ Bildet die Bank auch im Ausland Gegenstand von Zwangsvollstreckungsverfahren, so stimmt die FINMA den Bankenkonkurs so weit als möglich mit den zuständigen ausländischen Organen ab.

² Ist ein Gläubiger in einem ausländischen Verfahren, das mit dem Bankenkonkurs in Zusammenhang steht, teilweise befriedigt worden, so ist dieser Teil nach Abzug der ihm entstandenen Kosten im schweizerischen Verfahren auf die Konkursdividende anzurechnen.

Art. 37g[1] Anerkennung ausländischer Konkursdekrete und Massnahmen

¹ Die FINMA entscheidet über die Anerkennung von Konkursdekreten und Insolvenzmassnahmen, die im Ausland gegenüber Banken ausgesprochen werden.

² Die FINMA kann das in der Schweiz belegene Vermögen ohne Durchführung eines inländischen Verfahrens der ausländischen Insolvenzmasse zur Verfügung stellen, wenn im ausländischen Insolvenzverfahren:

a. die nach Artikel 219 SchKG[2] pfandgesicherten und privilegierten Forderungen von Gläubigern mit Wohnsitz in der Schweiz gleichwertig behandelt werden; und

b. die übrigen Forderungen von Gläubigern mit Wohnsitz in der Schweiz angemessen berücksichtigt werden.

³ Die FINMA kann auch Konkursdekrete und Massnahmen anerkennen, welche im Staat des tatsächlichen Sitzes der Bank ausgesprochen wurden.

⁴ Wird für das in der Schweiz belegene Vermögen ein inländisches Verfahren durchgeführt, so können in den Kollokationsplan auch Gläubiger der dritten Klasse gemäss Artikel 219 Absatz 4 SchKG sowie Gläubiger mit Wohnsitz im Ausland aufgenommen werden.

⁵ Im Übrigen sind die Artikel 166–175 des Bundesgesetzes vom 18. Dezember 1987[3] über das Internationale Privatrecht massgebend.

---

1 Fassung gemäss Ziff. I des BG vom 18. März 2011 (Sicherung der Einlagen), in Kraft seit 1. Sept. 2011 (AS 2011 3919; BBl 2010 3993).
2 SR 281.1
3 SR 291

Dreizehnter Abschnitt:[1] Einlagensicherung

Art. 37h Grundsatz

¹ Die Banken sorgen für die Sicherung der privilegierten Einlagen nach Artikel 37a Absatz 1 bei schweizerischen Geschäftsstellen. Banken, die solche Einlagen besitzen, sind verpflichtet, sich zu diesem Zweck der Selbstregulierung der Banken anzuschliessen.[2]

² Die Selbstregulierung unterliegt der Genehmigung durch die FINMA.

³ Die Selbstregulierung wird genehmigt, wenn sie:

a.[3] die Auszahlung der gesicherten Einlagen innert 20 Arbeitstagen nach Erhalt der Mitteilung betreffend Anordnung von Massnahmen nach Artikel 26 Absatz 1 Buchstaben e–h oder des Konkurses nach den Artikeln 33–37g gewährleistet;

b.[4] einen Maximalbetrag von 6 Milliarden Franken für die gesamthaft ausstehenden Beitragsverpflichtungen vorsieht;

c. sicherstellt, dass jede Bank für die Hälfte ihrer Beitragsverpflichtungen dauernd liquide Mittel hält, welche die gesetzliche Liquidität übersteigen.

⁴ Der Bundesrat kann den Betrag gemäss Absatz 3 Buchstabe b anpassen, sofern besondere Umstände dies erfordern.

⁵ Genügt die Selbstregulierung den Anforderungen nach den Absätzen 1–3 nicht, so regelt der Bundesrat die Einlagensicherung in einer Verordnung. Er bezeichnet namentlich den Träger der Einlagensicherung und legt die Beiträge der Banken fest.

Art. 37i[5] Auslösung der Einlagensicherung

¹ Hat die FINMA eine Schutzmassnahme nach Artikel 26 Absatz 1 Buchstaben e–h oder den Konkurs nach Artikel 33 angeordnet, so teilt sie dies dem Träger der Einlagensicherung mit und informiert ihn über den Bedarf an Leistungen zur Auszahlung der gesicherten Einlagen.

² Der Träger der Einlagensicherung stellt den entsprechenden Betrag innert 20 Arbeitstagen nach Erhalt der Mitteilung dem von der FINMA in der Anordnung

---

1 Ursprünglich vor Art. 36. Fassung gemäss Ziff. I des BG vom 3. Okt. 2003, in Kraft seit 1. Juli 2004 (AS 2004 2767; BBl 2002 8060).
2 Fassung gemäss Ziff. I des BG vom 18. März 2011 (Sicherung der Einlagen), in Kraft seit 1. Sept. 2011 (AS 2011 3919; BBl 2010 3993).
3 Fassung gemäss Ziff. I des BG vom 18. März 2011 (Sicherung der Einlagen), in Kraft seit 1. Sept. 2011 (AS 2011 3919; BBl 2010 3993).
4 Fassung gemäss Ziff. I des BG vom 18. März 2011 (Sicherung der Einlagen), in Kraft seit 1. Sept. 2011 (AS 2011 3919; BBl 2010 3993).
5 Fassung gemäss Ziff. I des BG vom 18. März 2011 (Sicherung der Einlagen), in Kraft seit 1. Sept. 2011 (AS 2011 3919; BBl 2010 3993).

bezeichneten Untersuchungsbeauftragten, Sanierungsbeauftragten oder Konkursliquidator zur Verfügung.

³ Im Fall einer Schutzmassnahme kann die FINMA die Mitteilung aufschieben, solange:

a. begründete Aussicht besteht, dass die Schutzmassnahme innert kurzer Frist wieder aufgehoben wird; oder

b. die gesicherten Einlagen von der Schutzmassnahme nicht betroffen sind.

⁴ Die Frist nach Absatz 2 wird unterbrochen, wenn und solange die Anordnung einer Schutzmassnahme oder des Konkurses nicht vollstreckbar ist.

Art. 37j[1]   Abwicklung und Legalzession

¹ Der von der FINMA eingesetzte Untersuchungsbeauftragte, Sanierungsbeauftragte oder Konkursliquidator zahlt den Einlegern die gesicherten Einlagen aus.

² Die gesicherten Einlagen werden unter Ausschluss jeglicher Verrechnung ausbezahlt.

³ Den Einlegern steht gegenüber dem Träger der Einlagensicherung kein direkter Anspruch zu.

⁴ Die Rechte der Einleger gehen im Umfang der Auszahlungen auf den Träger der Einlagensicherung über.

Art. 37k[2]   Datenaustausch

¹ Die FINMA stellt dem Träger der Einlagensicherung die zur Wahrung seiner Aufgaben notwendigen Angaben zur Verfügung.

² Der Träger der Einlagensicherung erteilt der FINMA sowie dem von der FINMA eingesetzten Untersuchungsbeauftragten, Sanierungsbeauftragten oder Konkursliquidator alle Auskünfte und übermittelt diesen alle Unterlagen, die sie zur Durchsetzung der Einlagensicherung benötigen.

Dreizehnter Abschnitt a:[3] Nachrichtenlose Vermögenswerte

Art. 37l

¹ Eine Bank kann nachrichtenlose Vermögenswerte ohne Zustimmung der Gläubiger auf eine andere Bank übertragen.

---

1 Eingefügt durch Ziff. I des BG vom 18. März 2011 (Sicherung der Einlagen), in Kraft seit 1. Sept. 2011 (AS 2011 3919; BBl 2010 3993).

2 Eingefügt durch Ziff. I des BG vom 18. März 2011 (Sicherung der Einlagen), in Kraft seit 1. Sept. 2011 (AS 2011 3919; BBl 2010 3993).

3 Eingefügt durch Ziff. I des BG vom 18. März 2011 (Sicherung der Einlagen), in Kraft seit 1. Sept. 2011 (AS 2011 3919; BBl 2010 3993).

² Die Übertragung bedarf eines schriftlichen Vertrages zwischen der übertragenden und der übernehmenden Bank.

³ Im Bankenkonkurs vertreten die Konkursliquidatoren die Interessen der Gläubiger nachrichtenloser Vermögenswerte gegenüber Dritten.

⁴ Der Bundesrat bestimmt, wann Vermögenswerte als nachrichtenlos gelten.

Vierzehnter Abschnitt: Verantwortlichkeits- und Strafbestimmungen

Art. 38[1]

¹ Für die Privatbankiers richtet sich die zivilrechtliche Verantwortlichkeit nach den Bestimmungen des Obligationenrechts[2].

² Für die übrigen Banken gilt Artikel 39.

Art. 39[3]

¹ Die Verantwortlichkeit der Gründer einer Bank, der Organe für die Geschäftsführung, Oberleitung, Aufsicht und Kontrolle sowie der von der Bank ernannten Liquidatoren und Prüfgesellschaften[4] richtet sich nach den Bestimmungen des Aktienrechts (Art. 752–760 des Obligationenrechts[5]).

² ...[6]

---

[1] Fassung gemäss Anhang Ziff. 15 des Finanzmarktaufsichtsgesetzes vom 22. Juni 2007, in Kraft seit 1. Jan. 2009 (AS 2008 5207 5205; BBl 2006 2829).

[2] SR 220

[3] Fassung gemäss Ziff. I des BG vom 3. Okt. 2003, in Kraft seit 1. Juli 2004 (AS 2004 2767; BBl 2002 8060).

[4] Ausdruck gemäss Anhang Ziff. 15 des Finanzmarktaufsichtsgesetzes vom 22. Juni 2007, in Kraft seit 1. Jan. 2009 (AS 2008 5207 5205; BBl 2006 2829). Diese Änderung wurde im ganzen Erlass berücksichtigt.

[5] SR 220

[6] Aufgehoben durch Anhang Ziff. 15 des Finanzmarktaufsichtsgesetzes vom 22. Juni 2007, mit Wirkung seit 1. Jan. 2009 (AS 2008 5207 5205; BBl 2006 2829).

Art. 40–45[1]

Art. 46[2]

¹ Mit Freiheitsstrafe bis zu drei Jahren oder Geldstrafe wird bestraft, wer vorsätzlich:
a. unbefugterweise Publikums- oder Spareinlagen entgegennimmt;
b. die Geschäftsbücher nicht ordnungsgemäss führt oder Geschäftsbücher, Belege und Unterlagen nicht vorschriftsgemäss aufbewahrt;
c. die Jahresrechnung oder eine Zwischenbilanz nicht nach Artikel 6 aufstellt und veröffentlicht.

² Wer fahrlässig handelt, wird mit Busse bis zu 250 000 Franken bestraft.

³ Im Fall einer Wiederholung innert fünf Jahren nach der rechtskräftigen Verurteilung beträgt die Geldstrafe mindestens 45 Tagessätze.

Art. 47[3]

¹ Mit Freiheitsstrafe bis zu drei Jahren oder Geldstrafe wird bestraft, wer vorsätzlich:
a. ein Geheimnis offenbart, das ihm in seiner Eigenschaft als Organ, Angestellter, Beauftragter oder Liquidator einer Bank, als Organ oder Angestellter einer Prüfgesellschaft anvertraut worden ist oder das er in dieser Eigenschaft wahrgenommen hat;
b. zu einer solchen Verletzung des Berufsgeheimnisses zu verleiten sucht.

² Wer fahrlässig handelt, wird mit Busse bis zu 250 000 Franken bestraft.

³ Im Fall einer Wiederholung innert fünf Jahren nach der rechtskräftigen Verurteilung beträgt die Geldstrafe mindestens 45 Tagessätze.

⁴ Die Verletzung des Berufsgeheimnisses ist auch nach Beendigung des amtlichen oder dienstlichen Verhältnisses oder der Berufsausübung strafbar.

⁵ Vorbehalten bleiben die eidgenössischen und kantonalen Bestimmungen über die Zeugnispflicht und über die Auskunftspflicht gegenüber einer Behörde.

⁶ Verfolgung und Beurteilung der Handlungen nach dieser Bestimmung obliegen den Kantonen. Die allgemeinen Bestimmungen des Strafgesetzbuches[4] kommen zur Anwendung.

---

1   Aufgehoben durch Ziff. I des BG vom 3. Okt. 2003, mit Wirkung seit 1. Juli 2004 (AS 2004 2767; BBl 2002 8060).
2   Fassung gemäss Anhang Ziff. 15 des Finanzmarktaufsichtsgesetzes vom 22. Juni 2007, in Kraft seit 1. Jan. 2009 (AS 2008 5207 5205; BBl 2006 2829).
3   Fassung gemäss Anhang Ziff. 15 des Finanzmarktaufsichtsgesetzes vom 22. Juni 2007, in Kraft seit 1. Jan. 2009 (AS 2008 5207 5205; BBl 2006 2829).
4   SR 311.0

Art. 48[1]

Art. 49[2]

¹ Mit Busse bis zu 500 000 Franken wird bestraft, wer vorsätzlich:
a. unbefugterweise in der Firma, in der Bezeichnung des Geschäftszweckes oder in Geschäftsreklamen den Ausdruck «Bank», «Bankier» oder «Sparen» verwendet;
b. die vorgeschriebenen Meldungen an die FINMA nicht erstattet;
c. für die Entgegennahme von Spar- und Publikumseinlagen wirbt, ohne über die gesetzlich erforderliche Bewilligung zu verfügen.

² Wer fahrlässig handelt, wird mit Busse bis zu 150 000 Franken bestraft.

³ Im Fall einer Wiederholung innert fünf Jahren nach der rechtskräftigen Verurteilung beträgt die Busse mindestens 10 000 Franken.

Art. 50[3]

Art. 50bis [4]

Art. 51[5]

Art. 51bis [6]

---

1 Aufgehoben durch Anhang Ziff. 15 des Finanzmarktaufsichtsgesetzes vom 22. Juni 2007, mit Wirkung seit 1. Jan. 2009 (AS 2008 5207 5205; BBl 2006 2829).
2 Fassung gemäss Anhang Ziff. 15 des Finanzmarktaufsichtsgesetzes vom 22. Juni 2007, in Kraft seit 1. Jan. 2009 (AS 2008 5207 5205; BBl 2006 2829).
3 Aufgehoben durch Anhang Ziff. 15 des Finanzmarktaufsichtsgesetzes vom 22. Juni 2007, mit Wirkung seit 1. Jan. 2009 (AS 2008 5207 5205; BBl 2006 2829).
4 Eingefügt durch Ziff. 22 des Anhangs zum VStrR, in Kraft seit 1. Jan. 1975 (AS 1974 1857; BBl 1971 I 993). Aufgehoben durch Anhang Ziff. 15 des Finanzmarktaufsichtsgesetzes vom 22. Juni 2007, mit Wirkung seit 1. Jan. 2009 (AS 2008 5207 5205; BBl 2006 2829).
5 Aufgehoben durch Anhang Ziff. 15 des Finanzmarktaufsichtsgesetzes vom 22. Juni 2007, mit Wirkung seit 1. Jan. 2009 (AS 2008 5207 5205; BBl 2006 2829).
6 Eingefügt durch Ziff. I des BG vom 11. März 1971 (AS 1971 808; BBl 1970 I 1144). Aufgehoben durch Anhang Ziff. 15 des Finanzmarktaufsichtsgesetzes vom 22. Juni 2007, mit Wirkung seit 1. Jan. 2009 (AS 2008 5207 5205; BBl 2006 2829).

Fünfzehnter Abschnitt: Übergangs- und Schlussbestimmungen

Art. 52[1]

Der Bundesrat hat spätestens 3 Jahre nach Inkrafttreten des fünften und sechsten Abschnitts der Änderung vom 30. September 2011 und danach jeweils innert 2 Jahren die Bestimmungen im Hinblick auf die Vergleichbarkeit und den Grad der Umsetzung der entsprechenden internationalen Standards im Ausland zu prüfen. Er erstattet der Bundesversammlung jeweils darüber Bericht und zeigt den allfälligen Anpassungsbedarf auf Gesetzes- und Verordnungsstufe auf.

Art. 53

¹ Mit dem Inkrafttreten dieses Gesetzes werden aufgehoben:

a.[2] die kantonalen Bestimmungen über Banken; vorbehalten bleiben die Bestimmungen über Kantonalbanken, die Bestimmungen über den gewerbsmässigen Wertpapierhandel sowie die Bestimmungen über die Überwachung der Einhaltung kantonalrechtlicher Vorschriften gegen Missbräuche im Zinswesen;

b. Artikel 57 des Schlusstitels zum Zivilgesetzbuch[3].

² Bisherige kantonale Bestimmungen über ein gesetzliches Pfandrecht zugunsten von Spareinlagen, die nicht innert drei Jahren nach Inkrafttreten dieses Gesetzes durch neue Vorschriften gemäss den Artikeln 15 und 16 ersetzt sind, fallen dahin.

Art. 54[4]

Art. 55[5]

Art. 56

Der Bundesrat bestimmt den Zeitpunkt des Inkrafttretens dieses Gesetzes und erlässt die zum Vollzug nötigen Vorschriften.

Datum des Inkrafttretens: 1. März 1935[1]

---

1 Fassung gemäss Ziff. I des BG vom 30. Sept. 2011 (Stärkung der Stabilität im Finanzsektor), in Kraft seit 1. März 2012 (AS 2012 811; BBl 2011 4717).
2 Fassung gemäss Anhang Ziff. 17 des BG vom 16. Dez. 1994, in Kraft seit 1. Jan. 1997 (AS 1995 1227; BBl 1991 III 1).
3 SR 210
4 Aufgehoben durch Anhang Ziff. 17 des BG vom 16. Dez. 1994 (AS 1995 1227; BBl 1991 III 1).
5 Aufgehoben durch Ziff. I des BG vom 11. März 1971 (AS 1971 808; BBl 1970 I 1144).

Schlussbestimmungen der Änderung vom 11. März 1971[2]

¹ Banken und Finanzgesellschaften, die vor Inkrafttreten des Gesetzes[3] gegründet worden sind, brauchen keine neue Bewilligung zum Geschäftsbetrieb einzuholen.

² Finanzgesellschaften, die neu dem Gesetz unterstehen, haben sich innert drei Monaten seit dessen Inkrafttreten[4] bei der Bankenkommission zu melden.

³ Banken und Finanzgesellschaften haben sich innert zwei Jahren seit Inkrafttreten des Gesetzes[5] den Vorschriften von Artikel 3 Absatz 2 Buchstaben a, c und d sowie von Artikel 3bis Absatz 1 Buchstabe c[6] anzupassen. Erfolgt die Anpassung nicht fristgemäss, kann die Bewilligung entzogen werden.

⁴ Um den Besonderheiten von Finanzgesellschaften und Kreditkassen mit Wartezeit Rechnung zu tragen, wird der Bundesrat ermächtigt, Sondervorschriften zu erlassen.

Schlussbestimmungen der Änderung vom 18. März 1994[7]

¹ Natürliche und juristische Personen, die bei Inkrafttreten der Änderung vom 18. März 1994 dieses Gesetzes unter das Verbot von Artikel 1 Absatz 2 fallende Publikumseinlagen halten, haben diese innert zwei Jahren nach Inkrafttreten dieser Änderung zurückzuzahlen. Die Bankenkommission kann die Frist im Einzelfall verlängern oder verkürzen, wenn besondere Verhältnisse vorliegen.

² Bankähnliche Finanzgesellschaften, die sich vor Inkrafttreten dieser Änderung mit Bewilligung der Bankenkommission öffentlich zur Annahme fremder Gelder empfohlen haben, brauchen keine neue Bewilligung zum Geschäftsbetrieb als Bank einzuholen. Sie haben innert einem Jahr nach Inkrafttreten dieser Änderung die Vorschriften nach den Artikeln 4bis und 4ter zu erfüllen.

³ Die Banken haben innert einem Jahr nach Inkrafttreten dieser Änderung die Vorschriften nach den Artikeln 3 Absatz 2 Buchstaben c^{bis} und d sowie 4 Absatz 2bis zu erfüllen.

⁴ Die Kantone haben innert drei Jahren nach Inkrafttreten dieser Änderung die Einhaltung der Vorschriften der Artikel 3a[8] Absatz 1 und 18 Absatz 1 sicherzustellen.

---

1   BRB vom 26. Febr. 1935
2   AS 1971 808; BBl 1970 I 1144
3   Das Gesetz ist am 1. Juli 1971 in Kraft getreten (Art. 1 des BRB vom 24. Juni 1971 – AS 1971 824 Art. 1).
4   Das Gesetz ist am 1. Juli 1971 in Kraft getreten (Art. 1 des BRB vom 24. Juni 1971 – AS 1971 824 Art. 1).
5   Das Gesetz ist am 1. Juli 1971 in Kraft getreten (Art. 1 des BRB vom 24. Juni 1971 – AS 1971 824 Art. 1).
6   Diese Bestimmung ist aufgehoben.
7   AS 1995 246; BBl 1993 I 805
8   Diese Bestimmung hat heute eine neue Fassung.

Wird die Aufsicht gemäss Artikel 3a Absatz 2 vor Ablauf dieser Frist der Bankenkommission übertragen, so muss die Vorschrift nach Artikel 18 Absatz 1 bereits bei der Übertragung eingehalten werden.

5 Jede natürliche oder juristische Person, welche bei Inkrafttreten dieser Änderung an einer Bank eine qualifizierte Beteiligung nach Artikel 3 Absatz 2 Buchstabe c^{bis} hält, hat diese der Bankenkommission spätestens ein Jahr nach Inkrafttreten dieser Änderung zu melden.

6 Die Banken haben der Bankenkommission die erste jährliche Meldung nach Artikel 3 Absatz 6 spätestens ein Jahr nach Inkrafttreten dieser Änderung zu erstatten.

7 Nach schweizerischem Recht organisierte Banken haben der Bankenkommission innert drei Monaten nach Inkrafttreten dieser Änderung alle im Ausland errichteten Tochtergesellschaften, Zweigniederlassungen, Agenturen und Vertretungen zu melden.

Schlussbestimmungen der Änderung vom 22. April 1999[1]

1 Bei den Kantonalbanken, die im Zeitpunkt des Inkrafttretens dieses Gesetzes der vollständigen Aufsicht der Bankenkommission unterstellt sind, gilt die Bewilligung nach Artikel 3 als erteilt.

2 Für die Kantonalbank des Kantons Zug wird eine Beteiligung des Kantons von mehr als einem Drittel der Stimmen nach Artikel 3a nicht vorausgesetzt, sofern die Staatsgarantie und die Ausübung des Stimmrechts durch den Kanton nicht geändert werden sowie sichergestellt bleibt, dass wichtige Beschlüsse nicht ohne die Zustimmung des Kantons gefasst werden können.

3 Für die Kantonalbank des Kantons Genf wird die Kapitalbeteiligung der Gemeinden der Beteiligung des Kantons nach Artikel 3a gleichgestellt, sofern die bestehende Kapitalbeteiligung durch den Kanton nicht reduziert wird.

Schlussbestimmungen der Änderung vom 3. Oktober 2003[2]

1 Die Selbstregulierung ist innert eines Jahres nach Inkrafttreten dieser Änderung der Bankenkommission zur Genehmigung einzureichen.

2 Verfügt die Bankenkommission vor Inkrafttreten dieser Änderung die Liquidation einer Bank, so ist für die Liquidation sowie eine Banken- oder Nachlassstundung das bisherige Recht massgebend.

---

1 AS 1999 2405; BBl 1998 3847
2 AS 2004 2767; BBl 2002 8060

Schlussbestimmungen der Änderung vom 17. Dezember 2004[1]

¹ Wer von der Schweiz aus tatsächlich eine Finanzgruppe oder ein Finanzkonglomerat leitet, ohne in der Schweiz eine Bank zu führen, hat sich innert drei Monaten nach Inkrafttreten dieser Änderung bei der Bankenkommission zu melden.

² Bestehende Finanzgruppen und Finanzkonglomerate haben sich innert zwei Jahren nach Inkrafttreten dieser Änderung den neuen Vorschriften anzupassen.

³ Die Bankenkommission kann diese Fristen auf rechtzeitiges und begründetes Gesuch hin verlängern.

Übergangsbestimmung zur Änderung vom 30. September 2011[2]

Die erstmalige Verabschiedung der Regelungen nach Artikel 10 Absatz 4 ist der Bundesversammlung zur Genehmigung zu unterbreiten.

---

1 AS 2005 5269; BBl 2003 3789
2 AS 2012 811; BBl 2011 4717

Nr. 37 Auszug aus der Verordnung über die Banken und Sparkassen (Bankenverordnung, BankV[1])[2]

vom 17. Mai 1972 (Stand am 1. September 2011)

SR 952.02

4.[3] Gruppen- und Konglomeratsaufsicht

Art. 11 Finanzbereich

[1] Im Finanzbereich tätig ist, wer:

a. Finanzdienstleistungen erbringt oder vermittelt, insbesondere für sich selbst oder für Dritte das Einlagen- oder Kreditgeschäft, den Effektenhandel, das Kapitalanlagegeschäft oder die Vermögensverwaltung betreibt; oder

b. qualifizierte Beteiligungen überwiegend an im Finanzbereich tätigen Unternehmen hält (Holdinggesellschaft).

[2] Die Tätigkeit der Versicherungsunternehmen (Versicherungsbereich) wird der Tätigkeit im Finanzbereich gleichgestellt, sofern für sie nicht in dieser Verordnung oder in der ERV[4] abweichende Regelungen vorgesehen sind.

Art. 12 Wirtschaftliche Einheit und Beistandszwang

[1] Unternehmen bilden eine wirtschaftliche Einheit, wenn das eine direkt oder indirekt mit mehr als der Hälfte der Stimmen oder des Kapitals am anderen beteiligt ist oder dieses auf andere Weise beherrscht.

[2] Ein Beistandszwang im Sinne von Artikel 3c Absatz 1 Buchstabe c des Gesetzes kann sich auch aufgrund anderer Umstände ergeben, insbesondere aufgrund:

a. personeller oder finanzieller Verflechtungen;

b. der Verwendung einer gemeinsamen Firma;

c. eines einheitlichen Marktauftritts; oder

d. von Patronatserklärungen.

AS 1972 821
1. Abkürzung eingefügt durch Ziff. I der V vom 29. Nov. 1995, in Kraft seit 1. Jan. 1996 (AS 1996 45).
2. Fassung gemäss Ziff. I der V vom 23. Aug. 1989, in Kraft seit 1. Jan. 1990 (AS 1989 1772).
3. Fassung gemäss Anhang 7 Ziff. 1 Eigenmittelverordnung vom 29. Sept. 2006, in Kraft seit 1. Jan. 2007 (SR 952.03).
4. SR 952.03

Art. 13 Gruppengesellschaften

Gruppengesellschaften sind durch eine wirtschaftliche Einheit oder einen Beistandszwang verbundene Unternehmen.

Art. 14 Umfang der konsolidierten Aufsicht

¹ Die Gruppenaufsicht durch die FINMA umfasst sämtliche im Finanzbereich gemäss Artikel 11 Absatz 1 tätigen Gruppengesellschaften einer Finanzgruppe. Im Rahmen der Konglomeratsaufsicht sind zusätzlich Gruppengesellschaften gemäss Artikel 11 Absatz 2 erfasst.

² Die FINMA kann in begründeten Fällen Gruppengesellschaften des Finanzbereiches von der konsolidierten Aufsicht ausnehmen oder deren Inhalt für sie nur teilweise anwendbar erklären, namentlich wenn die Gruppengesellschaften für die konsolidierte Aufsicht unwesentlich sind.

³ Sie kann ein Unternehmen im Finanzbereich, welches von einer durch die FINMA beaufsichtigten Finanzgruppe oder einem Finanzkonglomerat gemeinsam mit Dritten beherrscht wird, ganz oder teilweise in die konsolidierte Aufsicht einschliessen.

Art. 14a Inhalt der konsolidierten Aufsicht

¹ Die konsolidierte Aufsicht hat namentlich zum Gegenstand, ob die Finanzgruppe:
a. angemessen organisiert ist;
b. über ein angemessenes internes Kontrollsystem verfügt;
c. die mit ihrer Geschäftätigkeit verbundenen Risiken angemessen erfasst, begrenzt und überwacht;
d. von Personen geleitet wird, welche Gewähr für eine einwandfreie Geschäftstätigkeit bieten;
e. die personelle Trennung zwischen Geschäftsführung und dem Organ für Oberleitung, Aufsicht und Kontrolle nach Artikel 8 einhält;
f. die Eigenmittel- und Risikoverteilungsvorschriften einhält;
g. über eine angemessene Liquidität verfügt;
h. die Rechnungslegungsvorschriften korrekt anwendet; und
i. über eine anerkannte, unabhängige und sachkundige Prüfgesellschaft verfügt.

² Für die konsolidierte Aufsicht über Finanzkonglomerate kann die FINMA vom Inhalt nach Absatz 1 abweichen.

5. Liquidität

Art. 19[1]   Zusatzliquidität

[1] Die Banken, die privilegierte Einlagen nach Artikel 37a des Gesetzes besitzen, müssen neben der Liquidität nach Artikel 18 im Umfang ihrer Sicherstellungspflicht nach Artikel 37h Absatz 3 des Gesetzes zusätzliche liquide Aktiven nach Artikel 16 halten.[2]

[2] Die Banken melden der FINMA im Rahmen des allgemeinen Meldewesens die Summe:

a. der per Abschluss des Geschäftsjahres in den Bilanzpositionen nach Artikel 25 Absatz 1 Ziffern 2.3–2.5 ausgewiesenen Einlagen;

b.[3] der Einlagen nach Buchstabe a, die nach Artikel 37a des Gesetzes privilegiert sind;

c.[4] der Einlagen nach Buchstabe b, die nach Artikel 37h des Gesetzes gesichert sind.

[3] Die FINMA berechnet gestützt auf die nach Absatz 2 Buchstabe c gemeldeten Angaben die erforderliche Zusatzliquidität und teilt diese den einzelnen Banken mit.[5]

[4] Die Zusatzliquidität ist jeweils ab dem 1. Juli anteilmässig sicherzustellen.

[5] Die FINMA kann ausnahmsweise verlangen, dass einzelne Banken den nach Absatz 2 Buchstabe c zu meldenden Betrag in geeigneter Weise offenlegen, wenn dies zum Schutz der nicht privilegierten Gläubiger als notwendig erscheint.[6]

Art. 20[7]   Liquiditätsausweis

[1] Die FINMA zieht die Nationalbank zum Vollzug der Vorschriften über die Liquidität bei.

[2] Die Banken haben vierteljährlich einen Liquiditätsausweis zu erstellen. Die FINMA legt ein entsprechendes Formular fest.

---

1   Fassung gemäss Ziff. I der V vom 30. Sept. 2005, in Kraft seit 1. Jan. 2006 (AS 2005 4849).
2   Fassung gemäss Ziff. I der V vom 24. Aug. 2011, in Kraft seit 1. Sept. 2011 (AS 2011 3931).
3   Fassung gemäss Ziff. I der V vom 24. Aug. 2011, in Kraft seit 1. Sept. 2011 (AS 2011 3931).
4   Fassung gemäss Ziff. I der V vom 13. Mai 2009, in Kraft seit 1. Juni 2009 (AS 2009 2465).
5   Fassung gemäss Ziff. I der V vom 13. Mai 2009, in Kraft seit 1. Juni 2009 (AS 2009 2465).
6   Fassung gemäss Ziff. I der V vom 13. Mai 2009, in Kraft seit 1. Juni 2009 (AS 2009 2465).
7   Fassung gemäss Ziff. I der V vom 24. März 2004, in Kraft seit 1. Jan. 2005 (AS 2004 2875).

15.[1] Einlagensicherung

Art. 55 und 56[2]

Art. 57 Auszahlungsplan

¹ Der von der FINMA eingesetzte Untersuchungsbeauftragte, Sanierungsbeauftragte oder Konkursliquidator (Beauftragter) erstellt einen Auszahlungsplan mit den aus den Büchern ersichtlichen Forderungen, die nach Artikel 37h des Gesetzes als gesicherte Einlagen gelten und nicht nach Artikel 37b des Gesetzes befriedigt werden.[3]

² Der Beauftragte ist nicht verpflichtet, die aufgrund der Bücher in den Auszahlungsplan aufzunehmenden Forderungen zu prüfen. Offensichtlich unberechtigte Forderungen werden nicht in den Auszahlungsplan aufgenommen.

³ ...[4]

Art. 58[5] Auszahlung der gesicherten Einlagen

Genügt der Betrag, den der Träger der Einlagensicherung nach Artikel 37i Absatz 2 des Gesetzes dem Beauftragten zur Verfügung stellt, nicht zur Befriedigung sämtlicher im Auszahlungsplan aufgenommenen Forderungen, so werden die gesicherten Einlagen anteilmässig ausgezahlt.

Art. 59[6]

Art. 60 und 61[7]

---

1 Fassung gemäss Ziff. I der V vom 30. Sept. 2005, in Kraft seit 1. Jan. 2006 (AS 2005 4849).
2 Aufgehoben durch Ziff. I der V vom 24. Aug. 2011, mit Wirkung seit 1. Sept. 2011 (AS 2011 3931).
3 Fassung gemäss Ziff. I der V vom 24. Aug. 2011, in Kraft seit 1. Sept. 2011 (AS 2011 3931).
4 Aufgehoben durch Ziff. I der V vom 24. Aug. 2011, mit Wirkung seit 1. Sept. 2011 (AS 2011 3931).
5 Fassung gemäss Ziff. I der V vom 24. Aug. 2011, in Kraft seit 1. Sept. 2011 (AS 2011 3931).
6 Aufgehoben durch Ziff. I der V vom 24. Aug. 2011, mit Wirkung seit 1. Sept. 2011 (AS 2011 3931).
7 Aufgehoben durch Ziff. I der V vom 31. März 2004, mit Wirkung seit 1. Juli 2004 (AS 2004 2777).

16. Schlussbestimmungen[1]

Art. 62[2]

Art. 62a[3]   Übergangsbestimmungen der Änderung vom 14. März 2008

[1] Bestehende Devisenhändler, die aufgrund dieser Verordnungsänderung neu dem Gesetz unterstehen, haben sich innert dreier Monate ab Inkrafttreten bei der Aufsichtsbehörde zu melden.

[2] Sie müssen innert einem Jahr ab Inkrafttreten den Anforderungen des Gesetzes genügen und ein Bewilligungsgesuch stellen. Bis zum Entscheid über die Bewilligung dürfen sie ihre Tätigkeit fortführen.

[3] In besonderen Fällen kann die Aufsichtsbehörde die in diesem Artikel genannten Fristen erstrecken.

Art. 62b[4]   Übergangsbestimmungen der Änderung vom 14. Oktober 2009

[1] Vereine, Stiftungen und Genossenschaften, die aufgrund dieser Änderung neu unter das Verbot von Artikel 1 Absatz 2 des Gesetzes fallende Publikumseinlagen halten, haben diese innert zwei Jahren nach Inkrafttreten zurückzuzahlen.

[2] In begründeten Fällen kann die Aufsichtsbehörde die Frist erstrecken.

Art. 63   Inkrafttreten[5]

[1] Diese Verordnung tritt am 1. Juli 1972 in Kraft.

[2] ...[6]

---

[1] Fassung gemäss Ziff. I der V vom 30. Sept. 2005, in Kraft seit 1. Jan. 2006 (AS 2005 4849).
[2] Aufgehoben durch Anhang Ziff. 7 der Finanzmarktprüfverordnung vom 15. Okt. 2008, mit Wirkung seit 1. Jan. 2009 (SR 956.161).
[3] Eingefügt durch Ziff. I der V vom 14. März 2008 (AS 2008 1199).
[4] Eingefügt durch Ziff. I der V vom 14. Okt. 2009, in Kraft seit 1. Jan. 2010 (AS 2009 5279).
[5] Eingefügt durch Ziff. I der V vom 30. Sept. 2005, in Kraft seit 1. Jan. 2006 (AS 2005 4849).
[6] Aufgehoben durch Ziff. I der V vom 30. Sept. 2005, mit Wirkung seit 1. Jan. 2006 (AS 2005 4849).

Nr. 38 Verordnung der Eidgenössischen Finanzmarktaufsicht über den Konkurs von Banken und Effektenhändlern (Bankenkonkursverordnung-FINMA, BKV-FINMA)[1]

vom 30. Juni 2005 (Stand am 1. Juni 2009)

SR 952.812.32

Die Eidgenössische Finanzmarktaufsicht (FINMA),[2]

gestützt auf Artikel 34 Absatz 3 des Bankengesetzes vom 8. November 1934[3] (BankG),

verordnet:

1. Abschnitt: Allgemeine Bestimmungen

Art. 1 Gegenstand

Diese Verordnung regelt das Verfahren des Bankenkonkurses und ergänzt die Artikel 33–37g BankG.

Art. 2 Geltungsbereich

Als Banken im Sinne dieser Verordnung gelten:

a. Banken nach BankG;

b. Effektenhändler nach dem Börsengesetz vom 24. März 1995[4] (BEHG); sowie

c. alle natürlichen und juristischen Personen, die eine bewilligungspflichtige Tätigkeit als Bank oder Effektenhändler ausüben.

Art. 3 Universalität

[1] Der Bankenkonkurs umfasst sämtliche verwertbaren Vermögenswerte, die der Bank im Zeitpunkt der Konkurseröffnung gehören, gleichviel, ob sie sich im In- oder im Ausland befinden.

AS 2005 3539

[1] Fassung gemäss Ziff. I 3 der V der FINMA vom 20. Nov. 2008 über die Anpassung von Behördenverordnungen an das Finanzmarktaufsichtsgesetz, in Kraft seit 1. Jan. 2009 (AS 2008 5613).

[2] Fassung gemäss Ziff. I 3 der V der FINMA vom 20. Nov. 2008 über die Anpassung von Behördenverordnungen an das Finanzmarktaufsichtsgesetz, in Kraft seit 1. Jan. 2009 (AS 2008 5613).

[3] SR 952.0

[4] SR 954.1

² Alle Gläubiger der Bank und ihrer ausländischen Zweigniederlassungen sind in gleicher Weise und mit gleichen Privilegien berechtigt, am in der Schweiz eröffneten Bankenkonkursverfahren teilzunehmen.

³ Als Vermögenswerte einer in der Schweiz tätigen Zweigniederlassung einer ausländischen Bank gelten alle Aktiven, die durch Personen begründet wurden, welche für diese Zweigniederlassung gehandelt haben.

Art. 4 Öffentliche Bekanntmachungen

¹ Öffentliche Bekanntmachungen werden im Schweizerischen Handelsamtsblatt und in der Regel auf der Internetseite der FINMA[1] publiziert.

² Mitteilungen werden denjenigen Gläubigern zugestellt, deren Name und Adresse bekannt sind. Zudem wird durch öffentliche Bekanntmachung auf Mitteilungen hingewiesen, an deren Kenntnis Rechtsfolgen geknüpft werden.

³ Für den Fristenlauf und die mit der öffentlichen Bekanntmachung verbundenen Rechtsfolgen ist die Veröffentlichung im Schweizerischen Handelsamtsblatt massgebend.

Art. 5 Akteneinsicht

¹ Wer glaubhaft macht, dass er durch den Bankenkonkurs unmittelbar in seinen Vermögensinteressen betroffen ist, kann die Konkursakten einsehen; dabei ist das Berufsgeheimnis nach den Artikeln 47 BankG und 43 BEHG[2] so weit als möglich zu wahren.

² Die Akteneinsicht kann auf bestimmte Verfahrensstadien beschränkt oder aufgrund entgegenstehender überwiegender Interessen eingeschränkt oder verweigert werden.

³ Die durch die Akteneinsicht (insbesondere in den Kollokationsplan) erhaltenen Informationen dürfen lediglich verwendet werden, um die eigenen Vermögensinteressen zu wahren.

⁴ Der Konkursliquidator kann die Akteneinsicht von einer Erklärung im Sinne von Absatz 3 abhängig machen und für den Fall der Zuwiderhandlung vorgängig auf die Strafdrohung nach Artikel 48 des Finanzmarktaufsichtsgesetzes vom 22. Juni 2007[3] und Artikel 292 des Strafgesetzbuches[4] hinweisen.[5]

---

1   Ausdruck gemäss Ziff. I 3 der V der FINMA vom 20. Nov. 2008 über die Anpassung von Behördenverordnungen an das Finanzmarktaufsichtsgesetz, in Kraft seit 1. Jan. 2009 (AS 2008 5613). Diese Änd. wurde im ganzen Erlass berücksichtigt.
2   SR 954.1
3   SR 956.1
4   SR 311.0
5   Fassung gemäss Ziff. I 3 der V der FINMA vom 20. Nov. 2008 über die Anpassung von Behördenverordnungen an das Finanzmarktaufsichtsgesetz, in Kraft seit 1. Jan. 2009 (AS 2008 5613).

⁵ Der Konkursliquidator und nach Abschluss des Bankenkonkursverfahrens die FINMA entscheiden über die Einsicht in die Konkursakten.

Art. 6 Anzeige an die FINMA

¹ Handlungen und Entscheide des Konkursliquidators, des Gläubigerausschusses und der Gläubigerversammlung oder einer durch diese beauftragten Person sind keine Verfügungen im Sinne des Bundesgesetzes vom 20. Dezember 1968[1] über das Verwaltungsverfahren (VwVG).

² Wer durch eine Handlung, einen Entscheid oder eine Unterlassung derselben in seinen Interessen verletzt wird, kann diesen Sachverhalt der FINMA anzeigen.

³ Die Anzeiger sind keine Parteien im Sinne des VwVG.

Art. 7 Anfechtung von Verwertungshandlungen

¹ Der Konkursliquidator erstellt periodisch einen Verwertungsplan, der über die zur Verwertung anstehenden Konkursaktiven und die Art ihrer Verwertung Auskunft gibt.

² Verwertungshandlungen, die nach Artikel 29 ohne Aufschub erfolgen können, müssen nicht in den Verwertungsplan aufgenommen werden.

³ Der Konkursliquidator teilt den Verwertungsplan den Gläubigern mit und setzt ihnen eine Frist, innert der sie über einzelne darin aufgeführte Verwertungshandlungen von der FINMA eine anfechtbare Verfügung verlangen können.

Art. 8 Konkursort

¹ Der Konkursort befindet sich am Sitz der Bank oder der Zweigniederlassung einer ausländischen Bank.

² Bestehen mehrere Sitze oder mehrere Zweigniederlassungen einer ausländischen Bank in der Schweiz, so bestimmt die FINMA den einheitlichen Konkursort.

³ Bei natürlichen Personen befindet sich der Konkursort am Ort des Geschäftsdomizils im Zeitpunkt der Konkurseröffnung.

Art. 9 Aufgaben des Konkursliquidators

Der Konkursliquidator treibt das Verfahren rasch voran und:
a. sichert und verwertet die Konkursaktiven;
b. besorgt die im Rahmen des Bankenkonkursverfahrens notwendige Geschäftsführung;
c. vertritt die Konkursmasse vor Gericht;

---

1   SR 172.021

d. besorgt in Zusammenarbeit mit dem Träger der Einlagensicherung die Erhebung und Auszahlung der nach Artikel 37h BankG gesicherten Einlagen.

Art. 10 Anerkennung ausländischer Konkursdekrete und Massnahmen

¹ Anerkennt die FINMA ein ausländisches Konkursdekret nach Artikel 37g BankG, so sind für das in der Schweiz befindliche Vermögen die Bestimmungen dieser Verordnung anwendbar.

² Sie bestimmt den einheitlichen Konkursort in der Schweiz und den Kreis der nach Artikel 37g Absatz 3 BankG privilegierten Gläubiger.

³ Sie macht die Anerkennung sowie den Kreis der privilegierten Gläubiger öffentlich bekannt.

⁴ Anerkennt sie eine andere ausländische Liquidations- oder Sanierungsmassnahme, so regelt sie das anwendbare Verfahren.

2. Abschnitt: Verfahren

Art. 11 Publikation und Schuldenruf

¹ Die FINMA eröffnet die Konkursverfügung allen Beteiligten und macht sie unter gleichzeitigem Schuldenruf öffentlich bekannt.

² Die Publikation enthält insbesondere folgende Angaben:

a. Name der Bank sowie deren Sitz und Zweigniederlassungen;
b. Datum und Zeitpunkt der Konkurseröffnung;
c. Konkursort;
d. Name und Adresse des Konkursliquidators;
e. Aufforderung an die Gläubiger und an Personen, welche im Besitz der Bank befindliche Vermögensstücke beanspruchen, ihre Forderungen und Ansprüche innert angesetzter Frist dem Konkursliquidator unter Vorlage der Beweismittel anzumelden;
f. Hinweis auf Forderungen, die nach Artikel 24 als angemeldet gelten;
g. Hinweis auf die Herausgabe- und Meldepflichten nach den Artikeln 15–17.

³ Der Konkursliquidator kann den bekannten Gläubigern ein Exemplar der Bekanntmachung zustellen.

Art. 12 Gläubigerversammlung

¹ Die FINMA entscheidet auf Antrag des Konkursliquidators über die Kompetenzen einer beabsichtigten Gläubigerversammlung sowie über die für die Beschlussfassung notwendigen Präsenz- und Stimmenquoren.

² Alle Gläubiger dürfen an der Gläubigerversammlung teilnehmen oder sich vertreten lassen. In Zweifelsfällen entscheidet der Konkursliquidator über die Zulassung.

³ Der Konkursliquidator leitet die Verhandlungen und erstattet Bericht über die Vermögenslage der Bank und den Stand des Verfahrens.

⁴ Die Gläubiger können Beschlüsse auch auf dem Zirkularweg fassen. Lehnt ein Gläubiger den Antrag des Konkursliquidators nicht ausdrücklich innert der angesetzten Frist ab, so gilt dies als Zustimmung.

Art. 13 Gläubigerausschuss

¹ Die FINMA entscheidet auf Antrag des Konkursliquidators über Einsetzung, Zusammensetzung, Aufgaben und Kompetenzen eines Gläubigerausschusses.

² Hat der Träger der Einlagensicherung in wesentlichem Umfang nach Artikel 37h BankG privilegierte Einlagen ausbezahlt, so ist einer seiner Vertreter als Mitglied des Gläubigerausschusses zu ernennen.

³ Die FINMA bestimmt den Vorsitzenden, das Verfahren für die Beschlussfassung sowie die Entschädigung der einzelnen Mitglieder.

3. Abschnitt: Konkursaktiven

Art. 14 Inventaraufnahme

¹ Der Konkursliquidator errichtet ein Inventar über das zur Konkursmasse gehörende Vermögen.

² Die Inventaraufnahme richtet sich unter Vorbehalt nachfolgender Bestimmungen nach den Artikeln 221–229 des Bundesgesetzes vom 11. April 1889[1] über Schuldbetreibung und Konkurs (SchKG).

³ Die nach Artikel 37d BankG abzusondernden Depotwerte sind zum Gegenwert im Zeitpunkt der Konkurseröffnung im Inventar vorzumerken. Das Inventar weist auf Ansprüche der Bank gegenüber dem Deponenten hin, die einer Absonderung entgegenstehen.

⁴ Der Konkursliquidator beantragt der FINMA die zur Sicherung des zur Konkursmasse gehörenden Vermögens erforderlichen Massnahmen.

⁵ Der Konkursliquidator legt das Inventar dem Bankier oder einer von den Eignern der Bank als Organ gewählten Person vor. Diese haben sich über die Vollständigkeit und Richtigkeit des Inventars zu erklären. Ihre Erklärung ist ins Inventar aufzunehmen.

---

1 SR 281.1

Art. 15 Herausgabe- und Meldepflicht

¹ Schuldner der Bank sowie Personen, welche Vermögenswerte der Bank als Pfandgläubiger oder aus andern Gründen besitzen, haben sich innert der Eingabefrist nach Artikel 11 beim Konkursliquidator zu melden und diesem die Vermögenswerte zur Verfügung zu stellen.

² Anzumelden sind Forderungen auch dann, wenn eine Verrechnung geltend gemacht wird.

³ Ein bestehendes Vorzugsrecht erlöscht, wenn die Meldung oder die Herausgabe arglistig unterbleibt.

Art. 16 Ausnahmen von der Herausgabepflicht

¹ Als Sicherheit dienende Effekten und andere Finanzinstrumente müssen nicht herausgegeben werden, soweit die gesetzlichen Voraussetzungen für eine Verwertung durch den Sicherungsnehmer gegeben sind.

² Diese Vermögenswerte sind jedoch dem Konkursliquidator unter Nachweis des Verwertungsrechts zu melden und von diesem im Inventar vorzumerken.

³ Der Sicherungsnehmer muss mit dem Konkursliquidator über den aus der Verwertung dieser Vermögenswerte erzielten Erlös abrechnen. Ein allfälliger Verwertungsüberschuss fällt an die Konkursmasse.

Art. 17 Ausnahmen von der Meldepflicht

¹ Die FINMA kann bestimmen, dass für aus den Büchern ersichtliche Forderungen der Bank die Meldung der Schuldner unterbleiben kann.

² Als aus den Büchern ersichtlich gelten Forderungen, über deren Bestand und Höhe die Schuldner von der Bank regelmässig mit einem Ausweis über ihre Schuldpflicht bedient wurden.

Art. 18 Aussonderung

¹ Der Konkursliquidator prüft die Herausgabe von Vermögensgegenständen, die von Dritten beansprucht werden.

² Hält er einen Herausgabeanspruch für begründet, so gibt er den Gläubigern die Möglichkeit, die Abtretung des Bestreitungsrechts nach Artikel 260 Absatz 1 und 2 SchKG[1] zu verlangen. Er setzt ihnen dazu eine angemessene Frist.

³ Hält er einen Herausgabeanspruch für unbegründet oder haben Gläubiger die Abtretung des Bestreitungsrechts verlangt, so setzt er der Anspruch erhebenden Person eine Frist, innert der sie beim Gericht am Konkursort Klage einreichen kann. Unbenutzter Ablauf der Frist gilt als Verzicht auf den Herausgabeanspruch.

---

1   SR 281.1

⁴ Die Klage hat sich im Falle einer Abtretung gegen die Abtretungsgläubiger zu richten. Der Konkursliquidator gibt dem Dritten mit der Fristansetzung die Abtretungsgläubiger bekannt.

Art. 19 Guthaben, Admassierung und Anfechtung

¹ Fällige Forderungen der Konkursmasse werden vom Konkursliquidator, nötigenfalls auf dem Betreibungswege, eingezogen.

² Der Konkursliquidator prüft Ansprüche der Konkursmasse auf bewegliche Sachen, die sich im Gewahrsam oder Mitgewahrsam eines Dritten befinden, oder auf Grundstücke, die im Grundbuch auf den Namen eines Dritten eingetragen sind.

³ Er prüft die mögliche Anfechtung von Rechtsgeschäften nach den Artikeln 285–292 SchKG[1]. Bei den Fristen der Artikel 286–288 SchKG werden die Dauer eines vorausgegangenen Sanierungsverfahrens sowie einer vorgängig erlassenen Anordnung einer Schutzmassnahme nach Artikel 26 Absatz 1 Buchstaben e–h BankG nicht mitberechnet.

⁴ Beabsichtigt der Konkursliquidator, eine bestrittene Forderung oder einen Anspruch nach Absatz 2 oder 3 auf dem Klageweg weiter zu verfolgen, so holt er von der FINMA die Zustimmung sowie allenfalls zweckdienliche Weisungen ein.

⁵ Erfolgt keine gerichtliche Geltendmachung durch den Konkursliquidator, so gibt er den Gläubigern die Möglichkeit, die Abtretung im Sinne von Artikel 260 Absatz 1 und 2 SchKG zu verlangen. Er setzt ihnen dazu eine angemessene Frist.

⁶ Anstelle der Abtretung an die Gläubiger kann der Konkursliquidator die nicht durch ihn gerichtlich geltend gemachten Forderungen und übrigen Ansprüche der Konkursmasse nach Artikel 29 verwerten.

⁷ Die Verwertung nach Absatz 6 ist ausgeschlossen bei Anfechtungsansprüchen nach Absatz 3 sowie bei Verantwortlichkeitsansprüchen nach Artikel 39 BankG.

Art. 20 Fortführung von hängigen Prozessen

¹ Der Konkursliquidator beurteilt Ansprüche der Konkursmasse, die im Zeitpunkt der Konkurseröffnung bereits Gegenstand von Prozessen (Zivilprozess oder Verwaltungsverfahren) bilden, und stellt der FINMA Antrag über die Fortführung dieser Prozesse.

² Lehnt die FINMA die Fortführung ab, so gibt der Konkursliquidator den Gläubigern die Möglichkeit, die Abtretung des Prozessführungsrechts im Sinne von Artikel 260 Absätze 1 und 2 SchKG[2] zu verlangen. Er setzt ihnen dazu eine angemessene Frist.

---

1 SR 281.1
2 SR 281.1

Art. 21 Einstellung mangels Aktiven

¹ Reichen die Konkursaktiven nicht aus, das Bankenkonkursverfahren durchzuführen, so beantragt der Konkursliquidator der FINMA, das Verfahren mangels Aktiven einzustellen.

² Stellt die FINMA das Verfahren ein, so macht sie dies öffentlich bekannt. In der Bekanntmachung weist sie darauf hin, dass sie das Verfahren fortführt, wenn innert einer von ihr angesetzten Frist ein Gläubiger die festgelegte Sicherheit für den durch die Konkursaktiven nicht gedeckten Teil der Kosten leistet.

³ Wird die festgelegte Sicherheit nicht fristgerecht geleistet, so kann jeder Pfandgläubiger bei der FINMA innerhalb einer von ihr angesetzten Frist die Verwertung seines Pfandes verlangen. Die FINMA beauftragt einen Konkursliquidator mit der Durchführung der Verwertung.

⁴ Die FINMA ordnet bei juristischen Personen die Verwertung der Aktiven an, für die kein Pfandgläubiger fristgemäss die Verwertung verlangt hat. Ein nach Deckung der Verwertungskosten und der auf dem einzelnen Aktivum haftenden Lasten verbleibender Erlös verfällt zur Deckung der Kosten der FINMA an den Bund.

⁵ Wurde das Bankenkonkursverfahren gegen natürliche Personen eingestellt, so ist für das Betreibungsverfahren Artikel 230 Absätze 3 und 4 SchKG[1] anwendbar.

4. Abschnitt: Konkurspassiven

Art. 22 Gläubigermehrheit

¹ Bestehen gegenüber der Bank Forderungen zu gesamter Hand, so ist die Gesamthand als eine von den berechtigten Personen getrennte Gläubigerin zu behandeln.

² Solidarforderungen sind den Solidargläubigern zu gleichen Teilen anzurechnen, soweit der Bank kein Verrechnungsrecht zusteht. Die Anteile gelten als Forderungen der einzelnen Solidargläubiger.

Art. 23 Privilegierte Einlagen

¹ Als nach Artikel 37b BankG privilegierte Einlagen gelten alle Kundenforderungen aus einer Bank- oder Effektenhandelstätigkeit, welche in den Bilanzpositionen nach Artikel 25 Absatz 1 Ziffern 2.3–2.5 der Bankenverordnung vom 17. Mai 1972[2] (BankV) verbucht sind oder verbucht sein müssten.

² Keine Einlagen im Sinne von Artikel 37b BankG sind auf den Inhaber lautende Forderungen mit Ausnahme der auf den Namen des Einlegers bei der Bank hinterlegten Kassenobligationen. Ebenfalls keine Einlagen im Sinne von Artikel 37b BankG

---

1 SR 281.1
2 SR 952.02

sind nicht bei der Bank verwahrte Kassenobligationen sowie vertragliche und ausservertragliche Schadenersatzforderungen wie insbesondere Ersatzforderungen für nicht vorhandene Depotwerte nach Artikel 37d BankG.

³ Forderungen von Bankstiftungen nach Artikel 5 Absatz 2 der Verordnung vom 13. November 1985[1] über die steuerliche Abzugsberechtigung für Beiträge an anerkannte Vorsorgeformen und Freizügigkeitsstiftungen nach Artikel 19 Absatz 2 Freizügigkeitsverordnung vom 3. Oktober 1994[2] gelten als Einlagen der einzelnen Vorsorgenehmer und Versicherten. Auszahlungen für diese Forderungen erfolgen hingegen an die jeweilige Bank- oder Freizügigkeitsstiftung.

⁴ ...[3]

Art. 24 Prüfung der Forderungen

¹ Der Konkursliquidator prüft die angemeldeten und die von Gesetzes wegen zu berücksichtigenden Forderungen. Er kann dabei eigene Erhebungen machen und die Gläubiger auffordern, zusätzliche Beweismittel einzureichen.

² Von Gesetzes wegen zu berücksichtigen sind die aus dem Grundbuch ersichtlichen Forderungen samt dem laufenden Zins sowie die Forderungen, die aus den Büchern ersichtlich sind.

³ Als aus den Büchern ersichtlich gelten Forderungen, über deren Bestand und Höhe die Gläubiger von der Bank regelmässig mit Auszügen oder Saldobestätigungen bedient wurden.

⁴ Über die nicht aus den Büchern ersichtlichen Forderungen holt der Konkursliquidator die Erklärung des Bankiers oder einer von den Eignern der Bank als Organ gewählten Person ein. Aus den Büchern ersichtliche Forderungen gelten als von der Bank anerkannt im Sinne von Artikel 265 SchKG[4].

Art. 25 Kollokation

¹ Der Konkursliquidator entscheidet, ob und in welcher Höhe sowie in welchem Rang Forderungen anerkannt werden, und erstellt den Kollokationsplan.

² Gehört zur Konkursmasse ein Grundstück, so erstellt er ein Verzeichnis der darauf ruhenden Lasten (Pfandrechte, Dienstbarkeiten, Grundlasten und vorgemerkte persönliche Rechte). Das Lastenverzeichnis bildet Bestandteil des Kollokationsplans.

³ Soweit die Kleinsteinlagen nach Artikel 37a BankG befriedigt wurden, sind diese im Kollokationsplan nicht mehr aufzunehmen.

---

1   SR 831.461.3
2   SR 831.425
3   Aufgehoben durch Ziff. I der V der FINMA vom 19. März 2009, mit Wirkung seit 1. Juni 2009 (AS 2009 1769).
4   SR 281.1

Art. 26 Im Prozess liegende Forderungen

¹ Forderungen, welche im Zeitpunkt der Konkurseröffnung in der Schweiz bereits Gegenstand eines Prozesses (Zivilprozess oder Verwaltungsverfahren) bilden, sind im Kollokationsplan zunächst *pro memoria* vorzumerken.

² Verzichtet der Konkursliquidator auf die Fortführung des Prozesses, so gibt er den Gläubigern die Möglichkeit, die Abtretung im Sinne von Artikel 260 Absatz 1 SchKG[1] zu verlangen.

³ Wird der Prozess weder von der Konkursmasse noch von einzelnen Abtretungsgläubigern fortgeführt, so gilt die Forderung als anerkannt und die Gläubiger haben kein Recht mehr, diese mittels Kollokationsklage anzufechten.

⁴ Wird der Prozess von einzelnen Abtretungsgläubigern fortgeführt, so dient der Betrag, um den im Rahmen ihres Obsiegens der Anteil des unterliegenden Gläubigers an der Konkursmasse herabgesetzt wird, zur Befriedigung der Abtretungsgläubiger bis zur vollen Deckung ihrer kollozierten Forderungen sowie der Prozesskosten. Ein Überschuss fällt an die Konkursmasse.

Art. 27 Einsicht in den Kollokationsplan

¹ Die Gläubiger können den Kollokationsplan im Rahmen von Artikel 5 während mindestens 20 Tagen einsehen.

² Der Konkursliquidator macht öffentlich bekannt, ab welchem Zeitpunkt und in welcher Form die Einsichtnahme erfolgen kann.

³ Er kann vorsehen, dass die Einsichtnahme beim Konkursamt am Konkursort erfolgen kann.

⁴ Er teilt jedem Gläubiger, dessen Forderung nicht wie angemeldet oder wie aus den Büchern oder dem Grundbuch ersichtlich kolloziert wurde, die Gründe mit, weshalb seine Forderung ganz oder teilweise abgewiesen wurde.

Art. 28 Kollokationsklage

¹ Kollokationsklagen richten sich nach Artikel 250 SchKG[2].

² Die Klagefrist beginnt in dem Zeitpunkt zu laufen, ab welchem die Möglichkeit besteht, in den Kollokationsplan Einsicht zu nehmen.

---

1 SR 281.1
2 SR 281.1

5. Abschnitt: Verwertung

Art. 29 Art der Verwertung

¹ Der Konkursliquidator entscheidet über die Art und den Zeitpunkt der Verwertung und führt diese durch.

² Verpfändete Vermögensstücke dürfen nur mit Zustimmung der Pfandgläubiger anders als durch Verkauf an öffentlicher Steigerung verwertet werden.

³ Vermögenswerte können ohne Aufschub verwertet werden, wenn sie:
a. schneller Wertverminderung ausgesetzt sind;
b. unverhältnismässig hohe Verwaltungskosten verursachen;
c. an einem repräsentativen Markt gehandelt werden; oder
d. nicht von bedeutendem Wert sind.

Art. 30 Öffentliche Versteigerung

¹ Öffentliche Versteigerungen erfolgen unter Vorbehalt folgender Bestimmungen nach den Artikeln 257–259 SchKG[1].

² Der Konkursliquidator führt die Versteigerung durch. Er kann in den Steigerungsbedingungen ein Mindestangebot für die erste Versteigerung vorsehen.

³ Er macht die Möglichkeit der Einsichtnahme in die Steigerungsbedingungen öffentlich bekannt. Er kann die Einsichtnahme beim Konkurs- oder Betreibungsamt am Ort der gelegenen Sache vorsehen.

Art. 31 Abtretung von Rechtsansprüchen

¹ Der Konkursliquidator bestimmt in der Bescheinigung über die Abtretung eines Rechtsanspruchs der Konkursmasse im Sinne von Artikel 260 SchKG[2] die Frist, innert der die Abtretungsgläubiger den Rechtsanspruch gerichtlich geltend machen muss. Bei unbenutztem Ablauf der Frist fällt die Abtretung dahin.

² Die Abtretungsgläubiger berichten dem Konkursliquidator und nach Abschluss des Bankenkonkursverfahrens der FINMA ohne Verzug über das Resultat der Geltendmachung.

³ Verlangt kein Gläubiger die Abtretung oder ist die Frist zur Geltendmachung unbenutzt abgelaufen, so entscheidet der Konkursliquidator und nach Abschluss des Bankenkonkursverfahrens die FINMA über die allfällige weitere Verwertung dieser Rechtsansprüche.

---

[1] SR 281.1
[2] SR 281.1

6. Abschnitt: Verteilung und Abschluss

Art. 32 Massaverpflichtungen

Aus der Konkursmasse werden vorab und in folgender Reihenfolge gedeckt:
1. Verbindlichkeiten nach Artikel 37 BankG,
2. Verbindlichkeiten, welche die Konkursmasse während der Dauer des Verfahrens eingegangen ist,
3. sämtliche Kosten für Eröffnung und Durchführung des Bankenkonkursverfahrens, sowie
4. Verbindlichkeiten gegenüber einem Drittverwahrer nach Artikel 37d BankG.

Art. 33 Verteilung

[1] Der Konkursliquidator kann Abschlagsverteilungen vorsehen. Er erstellt hierfür eine provisorische Verteilungsliste und unterbreitet diese der FINMA zur Genehmigung.

[2] Wenn sämtliche Aktiven verwertet und alle die Feststellung der Aktiv- und Passivmasse betreffenden Prozesse erledigt sind, erstellt der Konkursliquidator die abschliessende Verteilungsliste sowie die Schlussrechnung und unterbreitet diese der FINMA zur Genehmigung. Auf die von einzelnen Gläubigern im Sinne von Artikel 260 SchKG[1] geführten Prozesse braucht keine Rücksicht genommen zu werden.

[3] Nach der Genehmigung der Verteilungsliste nimmt der Konkursliquidator die Auszahlungen an die Gläubiger vor.

[4] Keine Auszahlung erfolgt für Forderungen:
a. deren Bestand oder Höhe noch nicht abschliessend feststeht;
b. deren Berechtigte noch nicht definitiv bekannt sind;
c. die teilweise durch noch nicht verwertete Sicherheiten im Ausland gedeckt sind; oder
d. die voraussichtlich durch eine noch ausstehende Befriedigung in einem ausländischen Zwangsvollstreckungsverfahren, das mit dem Bankenkonkurs in Zusammenhang steht, teilweise Deckung erhalten werden.

Art. 34 Schlussbericht und Hinterlegung

[1] Der Konkursliquidator berichtet der FINMA summarisch über den Verlauf des Bankenkonkursverfahrens.

[2] Der Schlussbericht enthält zudem:
a. Ausführungen über die Erledigung sämtlicher die Feststellung der Aktiv- und Passivmasse betreffenden Prozesse;

---

[1] SR 281.1

b. Angaben über den Stand der an Gläubiger abgetretenen Rechtsansprüche nach Artikel 260 SchKG[1]; sowie
c. eine Auflistung der noch nicht ausbezahlten Anteile sowie der noch nicht herausgegebenen abgesonderten Depotwerte mit der jeweiligen Angabe, weshalb eine Auszahlung oder Herausgabe bisher nicht erfolgen konnte.

³ Die FINMA trifft die notwendigen Anordnungen über die Hinterlegung der noch nicht ausbezahlten Anteile sowie der noch nicht herausgegebenen abgesonderten Depotwerte.

⁴ Die FINMA macht den Schluss des Bankenkonkursverfahrens öffentlich bekannt.

Art. 35 Verlustschein

¹ Die Gläubiger können beim Konkursliquidator und nach Abschluss des Bankenkonkursverfahrens bei der FINMA gegen Bezahlung einer Kostenpauschale für den ungedeckt bleibenden Betrag ihrer Forderung einen Verlustschein gemäss Artikel 265 SchKG[2] verlangen.

² Der Konkursliquidator macht die Gläubiger im Rahmen der Auszahlung ihrer Anteile auf diese Möglichkeit aufmerksam.

Art. 36 Aktenaufbewahrung

¹ Nach Abschluss oder Einstellung des Bankenkonkursverfahrens regelt die FINMA die Aufbewahrung der Konkurs- und Geschäftsakten.

² Die Konkursakten sowie die noch vorhandenen Geschäftsakten sind nach Ablauf von zehn Jahren seit Abschluss oder Einstellung des Bankenkonkursverfahrens auf Anordnung der FINMA zu vernichten.

³ Vorbehalten bleiben abweichende spezialgesetzliche Aufbewahrungsvorschriften für einzelne Aktenstücke.

Art. 37 Nachträglich anfallende und hinterlegte Vermögenswerte

¹ Werden innerhalb von 10 Jahren nach Schluss des Bankenkonkursverfahrens Vermögenswerte oder andere Rechtsansprüche entdeckt, die bisher nicht zur Konkursmasse gezogen wurden, so bestimmt die FINMA einen Konkursliquidator, der ohne weitere Förmlichkeiten das Bankenkonkursverfahren wieder aufnimmt.

² Die Verteilung erfolgt an jene zu Verlust gekommenen Gläubiger, von denen dem Konkursliquidator die für die Auszahlung notwendigen Angaben bekannt sind. Der Konkursliquidator kann die Gläubiger unter Hinweis auf die Verwirkung ihres An-

---

1   SR 281.1
2   SR 281.1

spruchs auffordern, ihm die aktuellen Angaben bekannt zu geben. Er setzt ihnen dazu eine angemessene Frist.

³ Hinterlegte Vermögenswerte, die frei werden oder nach zehn Jahren nicht bezogen wurden, werden unter Vorbehalt einer abweichenden spezialgesetzlichen Regelung ebenfalls nach Absatz 1 verwertet und nach Absatz 2 verteilt.

7. Abschnitt: Inkrafttreten

Art. 38

Diese Verordnung tritt am 1. August 2005 in Kraft

Nr. 39 Auszug aus dem Bundesgesetz über die Börsen und den Effektenhandel (Börsengesetz, BEHG)

vom 24. März 1995 (Stand am 1. September 2011)

SR 954.1

6. Abschnitt: Aufsicht[1]

Art. 36a[2] Anwendung der Bestimmungen über die Bankinsolvenz

Die Artikel 25–37l des Bankengesetzes vom 8. November 1934[3] gelten sinngemäss.

---

[1] Fassung gemäss Anhang Ziff. 16 des Finanzmarktaufsichtsgesetzes vom 22. Juni 2007, in Kraft seit 1. Jan. 2009 (AS 2008 5207 5205; BBl 2006 2829).

[2] Eingefügt durch Ziff. II 2 des BG vom 3. Okt. 2003 (AS 2004 2767; BBl 2002 8060). Fassung gemäss Anhang Ziff. 4 des BG vom 18. März 2011 (Sicherung der Einlagen), in Kraft seit 1. Sept. 2011 (AS 2011 3919; BBl 2010 3993).

[3] SR 952.0

VI. Staatsverträge

A) Multinationale Übereinkommen

Nr. 40 Übereinkommen über die gerichtliche Zuständigkeit und die Anerkennung und Vollstreckung von Entscheidungen in Zivil- und Handelssachen (Lugano-Übereinkommen, LugÜ)

Originaltext

Abgeschlossen in Lugano am 30. Oktober 2007
Von der Bundesversammlung genehmigt am 11. Dezember 2009[1]
Schweizerische Ratifikationsurkunde hinterlegt am 20. Oktober 2010
In Kraft getreten für die Schweiz am 1. Januar 2011
(Stand am 3. Mai 2011)

SR 0.275.12

Präambel

Die Hohen Vertragsparteien dieses Übereinkommens,

entschlossen, in ihren Hoheitsgebieten den Rechtsschutz der dort ansässigen Personen zu verstärken,

in der Erwägung, dass es zu diesem Zweck geboten ist, die internationale Zuständigkeit ihrer Gerichte festzulegen, die Anerkennung von Entscheidungen zu erleichtern und ein beschleunigtes Verfahren einzuführen, um die Vollstreckung von Entscheidungen, öffentlichen Urkunden und gerichtlichen Vergleichen sicherzustellen,

im Bewusstsein der zwischen ihnen bestehenden Bindungen, die im wirtschaftlichen Bereich durch die Freihandelsabkommen zwischen der Europäischen Gemeinschaft und bestimmten Mitgliedstaaten der Europäischen Freihandelsassoziation bestätigt worden sind,

unter Berücksichtigung:
- des Brüsseler Übereinkommens vom 27. September 1968 über die gerichtliche Zuständigkeit und die Vollstreckung gerichtlicher Entscheidungen in Zivil- und Handelssachen in der Fassung der infolge der verschiedenen Erweiterungen der Europäischen Union geschlossenen Beitrittsübereinkommen;
- des Luganer Übereinkommens vom 16. September 1988[2] über die gerichtliche Zuständigkeit und die Vollstreckung gerichtlicher Entscheidungen in Zivil- und Handelssachen, das die Anwendung der Bestimmungen des Brüsseler Übereinkommens von 1968 auf bestimmte Mitgliedstaaten der Europäischen Freihandelsassoziation erstreckt;

AS 2010 5609; BBl 2009 1777
[1] Art. 1 Abs. 1 des BB vom 11. Dez. 2009 (AS 2010 5601)
[2] [AS 1991 2436]

- der Verordnung (EG) Nr. 44/2001 des Rates vom 22. Dezember 2000 über die gerichtliche Zuständigkeit und die Anerkennung und Vollstreckung von Entscheidungen in Zivil- und Handelssachen;
- des Abkommens zwischen der Europäischen Gemeinschaft und dem Königreich Dänemark über die gerichtliche Zuständigkeit und die Anerkennung und Vollstreckung von Entscheidungen in Zivil- und Handelssachen, das am 19. Oktober 2005 in Brüssel unterzeichnet worden ist;

in der Überzeugung, dass die Ausdehnung der Grundsätze der Verordnung (EG) Nr. 44/2001 auf die Vertragsparteien des vorliegenden Übereinkommens die rechtliche und wirtschaftliche Zusammenarbeit verstärken wird,

in dem Wunsch, eine möglichst einheitliche Auslegung des Übereinkommens sicherzustellen,

haben in diesem Sinne beschlossen, dieses Übereinkommen zu schliessen, und

sind wie folgt übereingekommen:

Titel I: Anwendungsbereich

Art. 1

1. Dieses Übereinkommen ist in Zivil- und Handelssachen anzuwenden, ohne dass es auf die Art der Gerichtsbarkeit ankommt. Es erfasst insbesondere nicht Steuer- und Zollsachen sowie verwaltungsrechtliche Angelegenheiten.

2. Dieses Übereinkommen ist nicht anzuwenden auf:
a) den Personenstand, die Rechts- und Handlungsfähigkeit sowie die gesetzliche Vertretung von natürlichen Personen, die ehelichen Güterstände, das Gebiet des Erbrechts einschliesslich des Testamentsrechts;
b) Konkurse, Vergleiche und ähnliche Verfahren;
c) die soziale Sicherheit;
d) die Schiedsgerichtsbarkeit.

3. In diesem Übereinkommen bezeichnet der Ausdruck «durch dieses Übereinkommen gebundener Staat» jeden Staat, der Vertragspartei dieses Übereinkommens oder ein Mitgliedstaat der Europäischen Gemeinschaft ist. Er kann auch die Europäische Gemeinschaft bezeichnen.

Titel II: Zuständigkeit
Abschnitt 1: Allgemeine Vorschriften

Art. 2

1. Vorbehaltlich der Vorschriften dieses Übereinkommens sind Personen, die ihren Wohnsitz im Hoheitsgebiet eines durch dieses Übereinkommen gebundenen Staates haben, ohne Rücksicht auf ihre Staatsangehörigkeit vor den Gerichten dieses Staates zu verklagen.

2. Auf Personen, die nicht dem durch dieses Übereinkommen gebundenen Staat angehören, in dem sie ihren Wohnsitz haben, sind die für Inländer massgebenden Zuständigkeitsvorschriften anzuwenden.

Art. 3

1. Personen, die ihren Wohnsitz im Hoheitsgebiet eines durch dieses Übereinkommen gebundenen Staates haben, können vor den Gerichten eines anderen durch dieses Übereinkommen gebundenen Staates nur gemäss den Vorschriften der Abschnitte 2–7 dieses Titels verklagt werden.

2. Gegen diese Personen können insbesondere nicht die in Anhang I aufgeführten innerstaatlichen Zuständigkeitsvorschriften geltend gemacht werden.

Art. 4

1. Hat der Beklagte keinen Wohnsitz im Hoheitsgebiet eines durch dieses Übereinkommen gebundenen Staates, so bestimmt sich vorbehaltlich der Artikel 22 und 23 die Zuständigkeit der Gerichte eines jeden durch dieses Übereinkommen gebundenen Staates nach dessen eigenen Gesetzen.

2. Gegenüber einem Beklagten, der keinen Wohnsitz im Hoheitsgebiet eines durch dieses Übereinkommen gebundenen Staates hat, kann sich jede Person, die ihren Wohnsitz im Hoheitsgebiet eines durch dieses Übereinkommen gebundenen Staates hat, in diesem Staat auf die dort geltenden Zuständigkeitsvorschriften, insbesondere auf die in Anhang I aufgeführten Vorschriften, wie ein Inländer berufen, ohne dass es auf ihre Staatsangehörigkeit ankommt.

Abschnitt 2: Besondere Zuständigkeiten

Art. 5

Eine Person, die ihren Wohnsitz im Hoheitsgebiet eines durch dieses Übereinkommen gebundenen Staates hat, kann in einem anderen durch dieses Übereinkommen gebundenen Staat verklagt werden:

1. a) wenn ein Vertrag oder Ansprüche aus einem Vertrag den Gegenstand des Verfahrens bilden, vor dem Gericht des Ortes, an dem die Verpflichtung erfüllt worden ist oder zu erfüllen wäre,
   b) im Sinne dieser Vorschrift – und sofern nichts anderes vereinbart worden ist – ist der Erfüllungsort der Verpflichtung:
      – für den Verkauf beweglicher Sachen der Ort in einem durch dieses Übereinkommen gebundenen Staat, an dem sie nach dem Vertrag geliefert worden sind oder hätten geliefert werden müssen
      – für die Erbringung von Dienstleistungen der Ort in einem durch dieses Übereinkommen gebundenen Staat, an dem sie nach dem Vertrag erbracht worden sind oder hätten erbracht werden müssen
   c) ist Buchstabe b nicht anwendbar, so gilt Buchstabe a;
2. wenn es sich um eine Unterhaltssache handelt:
   a) vor dem Gericht des Ortes, an dem der Unterhaltsberechtigte seinen Wohnsitz oder seinen gewöhnlichen Aufenthalt hat, oder
   b) im Falle einer Unterhaltssache, über die im Zusammenhang mit einem Verfahren in Bezug auf den Personenstand zu entscheiden ist, vor dem nach seinem Recht für dieses Verfahren zuständigen Gericht, es sei denn, diese Zuständigkeit beruht lediglich auf der Staatsangehörigkeit einer der Parteien, oder
   c) im Falle einer Unterhaltssache, über die im Zusammenhang mit einem Verfahren in Bezug auf die elterliche Verantwortung zu entscheiden ist, vor dem nach seinem Recht für dieses Verfahren zuständigen Gericht, es sei denn, diese Zuständigkeit beruht lediglich auf der Staatsangehörigkeit einer der Parteien;
3. wenn eine unerlaubte Handlung oder eine Handlung, die einer unerlaubten Handlung gleichgestellt ist, oder wenn Ansprüche aus einer solchen Handlung den Gegenstand des Verfahrens bilden, vor dem Gericht des Ortes, an dem das schädigende Ereignis eingetreten ist oder einzutreten droht;
4. wenn es sich um eine Klage auf Schadensersatz oder auf Wiederherstellung des früheren Zustands handelt, die auf eine mit Strafe bedrohte Handlung gestützt wird, vor dem Strafgericht, bei dem die öffentliche Klage erhoben ist, soweit dieses Gericht nach seinem Recht über zivilrechtliche Ansprüche erkennen kann;
5. wenn es sich um Streitigkeiten aus dem Betrieb einer Zweigniederlassung, einer Agentur oder einer sonstigen Niederlassung handelt, vor dem Gericht des Ortes, an dem sich diese befindet;
6. wenn sie in ihrer Eigenschaft als Begründer, *trustee* oder Begünstigter eines *trust* in Anspruch genommen wird, der aufgrund eines Gesetzes oder durch schriftlich vorgenommenes oder schriftlich bestätigtes Rechtsgeschäft errichtet worden ist, vor den Gerichten des durch dieses Übereinkommen gebundenen Staates, in dessen Hoheitsgebiet der *trust* seinen Sitz hat;
7. wenn es sich um eine Streitigkeit wegen der Zahlung von Berge- und Hilfslohn handelt, der für Bergungs- oder Hilfeleistungsarbeiten gefordert wird, die zugunsten

einer Ladung oder einer Frachtforderung erbracht worden sind, vor dem Gericht, in dessen Zuständigkeitsbereich diese Ladung oder die entsprechende Frachtforderung:
a) mit Arrest belegt worden ist, um die Zahlung zu gewährleisten, oder
b) mit Arrest hätte belegt werden können, jedoch dafür eine Bürgschaft oder eine andere Sicherheit geleistet worden ist;

diese Vorschrift ist nur anzuwenden, wenn behauptet wird, dass der Beklagte Rechte an der Ladung oder an der Frachtforderung hat oder zur Zeit der Bergungs- oder Hilfeleistungsarbeiten hatte.

Art. 6

Eine Person, die ihren Wohnsitz im Hoheitsgebiet eines durch dieses Übereinkommen gebundenen Staates hat, kann auch verklagt werden:

1. wenn mehrere Personen zusammen verklagt werden, vor dem Gericht des Ortes, an dem einer der Beklagten seinen Wohnsitz hat, sofern zwischen den Klagen eine so enge Beziehung gegeben ist, dass eine gemeinsame Verhandlung und Entscheidung geboten erscheint, um zu vermeiden, dass in getrennten Verfahren widersprechende Entscheidungen ergehen könnten;
2. wenn es sich um eine Klage auf Gewährleistung oder um eine Interventionsklage handelt, vor dem Gericht des Hauptprozesses, es sei denn, dass die Klage nur erhoben worden ist, um diese Person dem für sie zuständigen Gericht zu entziehen;
3. wenn es sich um eine Widerklage handelt, die auf denselben Vertrag oder Sachverhalt wie die Klage selbst gestützt wird, vor dem Gericht, bei dem die Klage selbst anhängig ist;
4. wenn ein Vertrag oder Ansprüche aus einem Vertrag den Gegenstand des Verfahrens bilden und die Klage mit einer Klage wegen dinglicher Rechte an unbeweglichen Sachen gegen denselben Beklagten verbunden werden kann, vor dem Gericht des durch dieses Übereinkommen gebundenen Staates, in dessen Hoheitsgebiet die unbewegliche Sache belegen ist.

Art. 7

Ist ein Gericht eines durch dieses Übereinkommen gebundenen Staates nach diesem Übereinkommen zur Entscheidung in Verfahren wegen einer Haftpflicht aufgrund der Verwendung oder des Betriebs eines Schiffes zuständig, so entscheidet dieses oder ein anderes an seiner Stelle durch das Recht dieses Staates bestimmtes Gericht auch über Klagen auf Beschränkung dieser Haftung.

Abschnitt 3: Zuständigkeit für Versicherungssachen

Art. 8
Für Klagen in Versicherungssachen bestimmt sich die Zuständigkeit unbeschadet des Artikels 4 und des Artikels 5 Nummer 5 nach diesem Abschnitt.

Art. 9
1. Ein Versicherer, der seinen Wohnsitz im Hoheitsgebiet eines durch dieses Übereinkommen gebundenen Staates hat, kann verklagt werden:
a) vor den Gerichten des Staates, in dem er seinen Wohnsitz hat;
b) in einem anderen durch dieses Übereinkommen gebundenen Staat bei Klagen des Versicherungsnehmers, des Versicherten oder des Begünstigten vor dem Gericht des Ortes, an dem der Kläger seinen Wohnsitz hat; oder
c) falls es sich um einen Mitversicherer handelt, vor dem Gericht eines durch dieses Übereinkommen gebundenen Staates, bei dem der federführende Versicherer verklagt wird.

2. Hat der Versicherer im Hoheitsgebiet eines durch dieses Übereinkommen gebundenen Staates keinen Wohnsitz, besitzt er aber in einem durch dieses Übereinkommen gebundenen Staat eine Zweigniederlassung, Agentur oder sonstige Niederlassung, so wird er für Streitigkeiten aus ihrem Betrieb so behandelt, wie wenn er seinen Wohnsitz im Hoheitsgebiet dieses Staates hätte.

Art. 10
Bei der Haftpflichtversicherung oder bei der Versicherung von unbeweglichen Sachen kann der Versicherer ausserdem vor dem Gericht des Ortes, an dem das schädigende Ereignis eingetreten ist, verklagt werden. Das Gleiche gilt, wenn sowohl bewegliche als auch unbewegliche Sachen in ein und demselben Versicherungsvertrag versichert und von demselben Schadensfall betroffen sind.

Art. 11
1. Bei der Haftpflichtversicherung kann der Versicherer auch vor das Gericht, bei dem die Klage des Geschädigten gegen den Versicherten anhängig ist, geladen werden, sofern dies nach dem Recht des angerufenen Gerichts zulässig ist.
2. Auf eine Klage, die der Geschädigte unmittelbar gegen den Versicherer erhebt, sind die Artikel 8, 9 und 10 anzuwenden, sofern eine solche unmittelbare Klage zulässig ist.
3. Sieht das für die unmittelbare Klage massgebliche Recht die Streitverkündung gegen den Versicherungsnehmer oder den Versicherten vor, so ist dasselbe Gericht auch für diese Personen zuständig.

Art. 12

1. Vorbehaltlich der Bestimmungen des Artikels 11 Absatz 3 kann der Versicherer nur vor den Gerichten des durch dieses Übereinkommen gebundenen Staates klagen, in dessen Hoheitsgebiet der Beklagte seinen Wohnsitz hat, ohne Rücksicht darauf, ob dieser Versicherungsnehmer, Versicherter oder Begünstigter ist.
2. Die Vorschriften dieses Abschnitts lassen das Recht unberührt, eine Widerklage vor dem Gericht zu erheben, bei dem die Klage selbst gemäss den Bestimmungen dieses Abschnitts anhängig ist.

Art. 13

Von den Vorschriften dieses Abschnitts kann im Wege der Vereinbarung nur abgewichen werden:

1. wenn die Vereinbarung nach der Entstehung der Streitigkeit getroffen wird;
2. wenn sie dem Versicherungsnehmer, Versicherten oder Begünstigten die Befugnis einräumt, andere als die in diesem Abschnitt angeführten Gerichte anzurufen;
3. wenn sie zwischen einem Versicherungsnehmer und einem Versicherer, die zum Zeitpunkt des Vertragsabschlusses ihren Wohnsitz oder gewöhnlichen Aufenthalt in demselben durch dieses Übereinkommen gebundenen Staat haben, getroffen ist, um die Zuständigkeit der Gerichte dieses Staates auch für den Fall zu begründen, dass das schädigende Ereignis im Ausland eintritt, es sei denn, dass eine solche Vereinbarung nach dem Recht dieses Staates nicht zulässig ist;
4. wenn sie von einem Versicherungsnehmer geschlossen ist, der seinen Wohnsitz nicht in einem durch dieses Übereinkommen gebundenen Staat hat, ausgenommen soweit sie eine Versicherung, zu deren Abschluss eine gesetzliche Verpflichtung besteht, oder die Versicherung von unbeweglichen Sachen in einem durch dieses Übereinkommen gebundenen Staat betrifft, oder
5. wenn sie einen Versicherungsvertrag betrifft, soweit dieser eines oder mehrere der in Artikel 14 aufgeführten Risiken deckt.

Art. 14

Die in Artikel 13 Nummer 5 erwähnten Risiken sind die folgenden:
1. sämtliche Schäden:
   a) an Seeschiffen, Anlagen vor der Küste und auf hoher See oder Luftfahrzeugen aus Gefahren, die mit ihrer Verwendung zu gewerblichen Zwecken verbunden sind,
   b) an Transportgütern, ausgenommen Reisegepäck der Passagiere, wenn diese Güter ausschliesslich oder zum Teil mit diesen Schiffen oder Luftfahrzeugen befördert werden;

2. Haftpflicht aller Art, mit Ausnahme der Haftung für Personenschäden an Passagieren oder Schäden an deren Reisegepäck:
   a) aus der Verwendung oder dem Betrieb von Seeschiffen, Anlagen oder Luftfahrzeugen gemäss Nummer 1 Buchstabe a, es sei denn, dass – was die letztgenannten betrifft – nach den Rechtsvorschriften des durch dieses Übereinkommen gebundenen Staates, in dem das Luftfahrzeug eingetragen ist, Gerichtsstandsvereinbarungen für die Versicherung solcher Risiken untersagt sind,
   b) für Schäden, die durch Transportgüter während einer Beförderung im Sinne von Nummer 1 Buchstabe b verursacht werden;
3. finanzielle Verluste im Zusammenhang mit der Verwendung oder dem Betrieb von Seeschiffen, Anlagen oder Luftfahrzeugen gemäss Nummer 1 Buchstabe a, insbesondere Fracht- oder Charterverlust;
4. irgendein zusätzliches Risiko, das mit einem der unter den Nummern 1–3 genannten Risiken in Zusammenhang steht;
5. unbeschadet der Nummern 1–4 alle Grossrisiken.

Abschnitt 4: Zuständigkeit bei Verbrauchersachen

Art. 15

1. Bilden ein Vertrag oder Ansprüche aus einem Vertrag, den eine Person, der Verbraucher, zu einem Zweck geschlossen hat, der nicht der beruflichen oder gewerblichen Tätigkeit dieser Person zugerechnet werden kann, den Gegenstand des Verfahrens, so bestimmt sich die Zuständigkeit unbeschadet des Artikels 4 und des Artikels 5 Nummer 5 nach diesem Abschnitt:
   a) wenn es sich um den Kauf beweglicher Sachen auf Teilzahlung handelt;
   b) wenn es sich um ein in Raten zurückzuzahlendes Darlehen oder ein anderes Kreditgeschäft handelt, das zur Finanzierung eines Kaufs derartiger Sachen bestimmt ist; oder
   c) in allen anderen Fällen, wenn der andere Vertragspartner in dem durch dieses Übereinkommen gebundenen Staat, in dessen Hoheitsgebiet der Verbraucher seinen Wohnsitz hat, eine berufliche oder gewerbliche Tätigkeit ausübt oder eine solche auf irgendeinem Wege auf diesen Staat oder auf mehrere Staaten, einschliesslich dieses Staates, ausrichtet und der Vertrag in den Bereich dieser Tätigkeit fällt.

2. Hat der Vertragspartner des Verbrauchers im Hoheitsgebiet eines durch dieses Übereinkommen gebundenen Staates keinen Wohnsitz, besitzt er aber in einem durch dieses Übereinkommen gebundenen Staat eine Zweigniederlassung, Agentur oder sonstige Niederlassung, so wird er für Streitigkeiten aus ihrem Betrieb so behandelt, wie wenn er seinen Wohnsitz im Hoheitsgebiet dieses Staates hätte.

3. Dieser Abschnitt ist nicht auf Beförderungsverträge mit Ausnahme von Reiseverträgen, die für einen Pauschalpreis kombinierte Beförderungs- und Unterbringungsleistungen vorsehen, anzuwenden.

Art. 16

1. Die Klage eines Verbrauchers gegen den anderen Vertragspartner kann entweder vor den Gerichten des durch dieses Übereinkommen gebundenen Staates erhoben werden, in dessen Hoheitsgebiet dieser Vertragspartner seinen Wohnsitz hat, oder vor dem Gericht des Ortes, an dem der Verbraucher seinen Wohnsitz hat.

2. Die Klage des anderen Vertragspartners gegen den Verbraucher kann nur vor den Gerichten des durch dieses Übereinkommen gebundenen Staates erhoben werden, in dessen Hoheitsgebiet der Verbraucher seinen Wohnsitz hat.

3. Die Vorschriften dieses Artikels lassen das Recht unberührt, eine Widerklage vor dem Gericht zu erheben, bei dem die Klage selbst gemäss den Bestimmungen dieses Abschnitts anhängig ist.

Art. 17

Von den Vorschriften dieses Abschnitts kann im Wege der Vereinbarung nur abgewichen werden:
1. wenn die Vereinbarung nach der Entstehung der Streitigkeit getroffen wird;
2. wenn sie dem Verbraucher die Befugnis einräumt, andere als die in diesem Abschnitt angeführten Gerichte anzurufen; oder
3. wenn sie zwischen einem Verbraucher und seinem Vertragspartner, die zum Zeitpunkt des Vertragsabschlusses ihren Wohnsitz oder gewöhnlichen Aufenthalt in demselben durch dieses Übereinkommen gebundenen Staat haben, getroffen ist und die Zuständigkeit der Gerichte dieses Staates begründet, es sei denn, dass eine solche Vereinbarung nach dem Recht dieses Staates nicht zulässig ist.

Abschnitt 5: Zuständigkeit für individuelle Arbeitsverträge

Art. 18

1. Bilden ein individueller Arbeitsvertrag oder Ansprüche aus einem individuellen Arbeitsvertrag den Gegenstand des Verfahrens, so bestimmt sich die Zuständigkeit unbeschadet des Artikels 4 und des Artikels 5 Nummer 5 nach diesem Abschnitt.

2. Hat der Arbeitgeber, mit dem der Arbeitnehmer einen individuellen Arbeitsvertrag geschlossen hat, im Hoheitsgebiet eines durch dieses Übereinkommen gebundenen Staates keinen Wohnsitz, besitzt er aber in einem der durch dieses Übereinkommen gebundenen Staaten eine Zweigniederlassung, Agentur oder sonstige Niederlassung,

so wird er für Streitigkeiten aus ihrem Betrieb so behandelt, wie wenn er seinen Wohnsitz im Hoheitsgebiet dieses Staates hätte.

Art. 19
Ein Arbeitgeber, der seinen Wohnsitz im Hoheitsgebiet eines durch dieses Übereinkommen gebundenen Staates hat, kann verklagt werden:
1. vor den Gerichten des Staates, in dem er seinen Wohnsitz hat;
2. in einem anderen durch dieses Übereinkommen gebundenen Staat:
   a) vor dem Gericht des Ortes, an dem der Arbeitnehmer gewöhnlich seine Arbeit verrichtet oder zuletzt gewöhnlich verrichtet hat, oder
   b) wenn der Arbeitnehmer seine Arbeit gewöhnlich nicht in ein und demselben Staat verrichtet oder verrichtet hat, vor dem Gericht des Ortes, an dem sich die Niederlassung, die den Arbeitnehmer eingestellt hat, befindet bzw. befand.

Art. 20
1. Die Klage des Arbeitgebers kann nur vor den Gerichten des durch dieses Übereinkommen gebundenen Staates erhoben werden, in dessen Hoheitsgebiet der Arbeitnehmer seinen Wohnsitz hat.
2. Die Vorschriften dieses Abschnitts lassen das Recht unberührt, eine Widerklage vor dem Gericht zu erheben, bei dem die Klage selbst gemäss den Bestimmungen dieses Abschnitts anhängig ist.

Art. 21
Von den Vorschriften dieses Abschnitts kann im Wege der Vereinbarung nur abgewichen werden:
1. wenn die Vereinbarung nach der Entstehung der Streitigkeit getroffen wird; oder
2. wenn sie dem Arbeitnehmer die Befugnis einräumt, andere als die in diesem Abschnitt angeführten Gerichte anzurufen.

Abschnitt 6: Ausschliessliche Zuständigkeiten

Art. 22
Ohne Rücksicht auf den Wohnsitz sind ausschliesslich zuständig:
1. für Klagen, welche dingliche Rechte an unbeweglichen Sachen sowie die Miete oder Pacht von unbeweglichen Sachen zum Gegenstand haben, die Gerichte des durch dieses Übereinkommen gebundenen Staates, in dem die unbewegliche Sache belegen ist.

Jedoch sind für Klagen betreffend die Miete oder Pacht unbeweglicher Sachen zum vorübergehenden privaten Gebrauch für höchstens sechs aufeinander folgende Monate auch die Gerichte des durch dieses Übereinkommen gebundenen Staates zuständig, in dem der Beklagte seinen Wohnsitz hat, sofern es sich bei dem Mieter oder Pächter um eine natürliche Person handelt und der Eigentümer sowie der Mieter oder Pächter ihren Wohnsitz in demselben durch dieses Übereinkommen gebundenen Staat haben;

2. für Klagen, welche die Gültigkeit, die Nichtigkeit oder die Auflösung einer Gesellschaft oder juristischen Person oder die Gültigkeit der Beschlüsse ihrer Organe zum Gegenstand haben, die Gerichte des durch dieses Übereinkommen gebundenen Staates, in dessen Hoheitsgebiet die Gesellschaft oder juristische Person ihren Sitz hat. Bei der Entscheidung darüber, wo der Sitz sich befindet, wendet das Gericht die Vorschriften seines Internationalen Privatrechts an;

3. für Klagen, welche die Gültigkeit von Eintragungen in öffentliche Register zum Gegenstand haben, die Gerichte des durch dieses Übereinkommen gebundenen Staates, in dessen Hoheitsgebiet die Register geführt werden;

4. für Klagen, welche die Eintragung oder die Gültigkeit von Patenten, Marken, Mustern und Modellen sowie ähnlicher Rechte, die einer Hinterlegung oder Registrierung bedürfen, zum Gegenstand haben, unabhängig davon, ob die Frage klageweise oder einredeweise aufgeworfen wird, die Gerichte des durch dieses Übereinkommen gebundenen Staates, in dessen Hoheitsgebiet die Hinterlegung oder Registrierung beantragt oder vorgenommen worden ist oder aufgrund eines Gemeinschaftsrechtsakts oder eines zwischenstaatlichen Übereinkommens als vorgenommen gilt.

Unbeschadet der Zuständigkeit des Europäischen Patentamts nach dem am 5. Oktober 1973[1] in München unterzeichneten Übereinkommen über die Erteilung europäischer Patente sind die Gerichte eines jeden durch dieses Übereinkommen gebundenen Staates ohne Rücksicht auf den Wohnsitz der Parteien für alle Verfahren ausschliesslich zuständig, welche die Erteilung oder die Gültigkeit eines europäischen Patents zum Gegenstand haben, das für diesen Staat erteilt wurde, unabhängig davon, ob die Frage klageweise oder einredeweise aufgeworfen wird;

5. für Verfahren, welche die Zwangsvollstreckung aus Entscheidungen zum Gegenstand haben, die Gerichte des durch dieses Übereinkommen gebundenen Staates, in dessen Hoheitsgebiet die Zwangsvollstreckung durchgeführt werden soll oder durchgeführt worden ist.

---

[1] SR 0.232.142.2

Abschnitt 7: Vereinbarung über die Zuständigkeit

Art. 23

1. Haben die Parteien, von denen mindestens eine ihren Wohnsitz im Hoheitsgebiet eines durch dieses Übereinkommen gebundenen Staates hat, vereinbart, dass ein Gericht oder die Gerichte eines durch dieses Übereinkommen gebundenen Staates über eine bereits entstandene Rechtsstreitigkeit oder über eine künftige aus einem bestimmten Rechtsverhältnis entspringende Rechtsstreitigkeit entscheiden sollen, so sind dieses Gericht oder die Gerichte dieses Staates zuständig. Dieses Gericht oder die Gerichte dieses Staates sind ausschliesslich zuständig, sofern die Parteien nichts anderes vereinbart haben. Eine solche Gerichtsstandsvereinbarung muss geschlossen werden:

a) schriftlich oder mündlich mit schriftlicher Bestätigung; oder

b) in einer Form, welche den Gepflogenheiten entspricht, die zwischen den Parteien entstanden sind; oder

c) im internationalen Handel in einer Form, die einem Handelsbrauch entspricht, den die Parteien kannten oder kennen mussten und den Parteien von Verträgen dieser Art in dem betreffenden Geschäftszweig allgemein kennen und regelmässig beachten.

2. Elektronische Übermittlungen, die eine dauerhafte Aufzeichnung der Vereinbarung ermöglichen, sind der Schriftform gleichgestellt.

3. Wenn eine solche Vereinbarung von Parteien geschlossen wurde, die beide ihren Wohnsitz nicht im Hoheitsgebiet eines durch dieses Übereinkommen gebundenen Staates haben, so können die Gerichte der anderen durch dieses Übereinkommen gebundenen Staaten nicht entscheiden, es sei denn, das vereinbarte Gericht oder die vereinbarten Gerichte haben sich rechtskräftig für unzuständig erklärt.

4. Ist in schriftlich niedergelegten *trust*-Bedingungen bestimmt, dass über Klagen gegen einen Begründer, *trustee* oder Begünstigten eines *trust* ein Gericht oder die Gerichte eines durch dieses Übereinkommen gebundenen Staates entscheiden sollen, so ist dieses Gericht oder sind diese Gerichte ausschliesslich zuständig, wenn es sich um Beziehungen zwischen diesen Personen oder ihre Rechte oder Pflichten im Rahmen des *trust* handelt.

5. Gerichtsstandsvereinbarungen und entsprechende Bestimmungen in *trust*-Bedingungen haben keine rechtliche Wirkung, wenn sie den Vorschriften der Artikel 13, 17 und 21 zuwiderlaufen oder wenn die Gerichte, deren Zuständigkeit abbedungen wird, aufgrund des Artikels 22 ausschliesslich zuständig sind.

Art. 24

Sofern das Gericht eines durch dieses Übereinkommen gebundenen Staates nicht bereits nach anderen Vorschriften dieses Übereinkommens zuständig ist, wird es zuständig, wenn sich der Beklagte vor ihm auf das Verfahren einlässt. Dies gilt nicht, wenn der Beklagte sich einlässt, um den Mangel der Zuständigkeit geltend zu machen oder wenn ein anderes Gericht aufgrund des Artikels 22 ausschliesslich zuständig ist.

Abschnitt 8: Prüfung der Zuständigkeit und der Zulässigkeit des Verfahrens

Art. 25

Das Gericht eines durch dieses Übereinkommen gebundenen Staates hat sich von Amts wegen für unzuständig zu erklären, wenn es wegen einer Streitigkeit angerufen wird, für die das Gericht eines anderen durch dieses Übereinkommen gebundenen Staates aufgrund des Artikels 22 ausschliesslich zuständig ist.

Art. 26

1. Lässt sich der Beklagte, der seinen Wohnsitz im Hoheitsgebiet eines durch dieses Übereinkommen gebundenen Staates hat und der vor den Gerichten eines anderen durch dieses Übereinkommen gebundenen Staates verklagt wird, auf das Verfahren nicht ein, so hat sich das Gericht von Amts wegen für unzuständig zu erklären, wenn seine Zuständigkeit nicht nach diesem Übereinkommen begründet ist.
2. Das Gericht hat das Verfahren so lange auszusetzen, bis festgestellt ist, dass es dem Beklagten möglich war, das verfahrenseinleitende Schriftstück oder ein gleichwertiges Schriftstück so rechtzeitig zu empfangen, dass er sich verteidigen konnte oder dass alle hierzu erforderlichen Massnahmen getroffen worden sind.
3. An die Stelle von Absatz 2 tritt Artikel 15 des Haager Übereinkommens vom 15. November 1965[1] über die Zustellung gerichtlicher und aussergerichtlicher Schriftstücke im Ausland in Zivil- oder Handelssachen, wenn das verfahrenseinleitende Schriftstück oder ein gleichwertiges Schriftstück nach dem genannten Übereinkommen zu übermitteln war.
4. Die Mitgliedstaaten der Europäischen Gemeinschaft, die durch die Verordnung (EG) Nr. 1348/2000 des Rates vom 29. Mai 2000 oder durch das am 19. Oktober 2005 in Brüssel unterzeichnete Abkommen zwischen der Europäischen Gemeinschaft und dem Königreich Dänemark über die Zustellung gerichtlicher und aussergerichtlicher Schriftstücke in Zivil- oder Handelssachen gebunden sind, wenden in ihrem Verhältnis untereinander Artikel 19 der genannten Verordnung an, wenn das verfahrenseinleitende Schriftstück oder ein gleichwertiges Schriftstück nach dieser Verordnung oder nach dem genannten Abkommen zu übermitteln war.

---

[1] SR 0.274.131

Abschnitt 9: Rechtshängigkeit und im Zusammenhang stehende Verfahren

Art. 27
1. Werden bei Gerichten verschiedener durch dieses Übereinkommen gebundener Staaten Klagen wegen desselben Anspruchs zwischen denselben Parteien anhängig gemacht, so setzt das später angerufene Gericht das Verfahren von Amts wegen aus, bis die Zuständigkeit des zuerst angerufenen Gerichts feststeht.

2. Sobald die Zuständigkeit des zuerst angerufenen Gerichts feststeht, erklärt sich das später angerufene Gericht zugunsten dieses Gerichts für unzuständig.

Art. 28
1. Sind bei Gerichten verschiedener durch dieses Übereinkommen gebundener Staaten Klagen, die im Zusammenhang stehen, anhängig, so kann jedes später angerufene Gericht das Verfahren aussetzen.

2. Sind diese Klagen in erster Instanz anhängig, so kann sich jedes später angerufene Gericht auf Antrag einer Partei auch für unzuständig erklären, wenn das zuerst angerufene Gericht für die betreffenden Klagen zuständig ist und die Verbindung der Klagen nach seinem Recht zulässig ist.

3. Klagen stehen im Sinne dieses Artikels im Zusammenhang, wenn zwischen ihnen eine so enge Beziehung gegeben ist, dass eine gemeinsame Verhandlung und Entscheidung geboten erscheint, um zu vermeiden, dass in getrennten Verfahren widersprechende Entscheidungen ergehen könnten.

Art. 29
Ist für die Klagen die ausschliessliche Zuständigkeit mehrerer Gerichte gegeben, so hat sich das zuletzt angerufene Gericht zugunsten des zuerst angerufenen Gerichts für unzuständig zu erklären.

Art. 30
Für die Zwecke dieses Abschnitts gilt ein Gericht als angerufen:
1. zu dem Zeitpunkt, zu dem das verfahrenseinleitende Schriftstück oder ein gleichwertiges Schriftstück bei Gericht eingereicht worden ist, vorausgesetzt, dass der Kläger es in der Folge nicht versäumt hat, die ihm obliegenden Massnahmen zu treffen, um die Zustellung des Schriftstücks an den Beklagten zu bewirken; oder
2. falls die Zustellung an den Beklagten vor Einreichung des Schriftstücks bei Gericht zu bewirken ist, zu dem Zeitpunkt, zu dem die für die Zustellung verantwortliche Stelle das Schriftstück erhalten hat, vorausgesetzt, dass der Kläger es in der Folge nicht versäumt hat, die ihm obliegenden Massnahmen zu treffen, um das Schriftstück bei Gericht einzureichen.

Abschnitt 10: Einstweilige Massnahmen einschliesslich solcher, die auf eine Sicherung gerichtet sind

Art. 31
Die im Recht eines durch dieses Übereinkommen gebundenen Staates vorgesehenen einstweiligen Massnahmen einschliesslich solcher, die auf eine Sicherung gerichtet sind, können bei den Gerichten dieses Staates auch dann beantragt werden, wenn für die Entscheidung in der Hauptsache das Gericht eines anderen durch dieses Übereinkommen gebundenen Staates aufgrund dieses Übereinkommens zuständig ist.

Titel III: Anerkennung und Vollstreckung

Art. 32
Unter «Entscheidung» im Sinne dieses Übereinkommens ist jede Entscheidung zu verstehen, die von einem Gericht eines durch dieses Übereinkommen gebundenen Staates erlassen worden ist, ohne Rücksicht auf ihre Bezeichnung wie Urteil, Beschluss, Zahlungsbefehl oder Vollstreckungsbescheid, einschliesslich des Kostenfestsetzungsbeschlusses eines Gerichtsbediensteten.

Abschnitt 1: Anerkennung

Art. 33
1. Die in einem durch dieses Übereinkommen gebundenen Staat ergangenen Entscheidungen werden in den anderen durch dieses Übereinkommen gebundenen Staaten anerkannt, ohne dass es hierfür eines besonderen Verfahrens bedarf.
2. Bildet die Frage, ob eine Entscheidung anzuerkennen ist, als solche den Gegenstand eines Streites, so kann jede Partei, welche die Anerkennung geltend macht, in dem Verfahren nach den Abschnitten 2 und 3 dieses Titels die Feststellung beantragen, dass die Entscheidung anzuerkennen ist.
3. Wird die Anerkennung in einem Rechtsstreit vor dem Gericht eines durch dieses Übereinkommen gebundenen Staates, dessen Entscheidung von der Anerkennung abhängt, verlangt, so kann dieses Gericht über die Anerkennung entscheiden.

Art. 34
Eine Entscheidung wird nicht anerkannt, wenn:
1. die Anerkennung der öffentlichen Ordnung (*ordre public*) des Staates, in dem sie geltend gemacht wird, offensichtlich widersprechen würde;

2. dem Beklagten, der sich auf das Verfahren nicht eingelassen hat, das verfahrenseinleitende Schriftstück oder ein gleichwertiges Schriftstück nicht so rechtzeitig und in einer Weise zugestellt worden ist, dass er sich verteidigen konnte, es sei denn, der Beklagte hat gegen die Entscheidung keinen Rechtsbehelf eingelegt, obwohl er die Möglichkeit dazu hatte;
3. sie mit einer Entscheidung unvereinbar ist, die zwischen denselben Parteien in dem Staat, in dem die Anerkennung geltend gemacht wird, ergangen ist;
4. sie mit einer früheren Entscheidung unvereinbar ist, die in einem anderen durch dieses Übereinkommen gebundenen Staat oder in einem Drittstaat zwischen denselben Parteien in einem Rechtsstreit wegen desselben Anspruchs ergangen ist, sofern die frühere Entscheidung die notwendigen Voraussetzungen für ihre Anerkennung in dem Staat erfüllt, in dem die Anerkennung geltend gemacht wird.

Art. 35

1. Eine Entscheidung wird ferner nicht anerkannt, wenn die Vorschriften der Abschnitte 3, 4 und 6 des Titels II verletzt worden sind oder wenn ein Fall des Artikels 68 vorliegt. Des Weiteren kann die Anerkennung einer Entscheidung versagt werden, wenn ein Fall des Artikels 64 Absatz 3 oder des Artikels 67 Absatz 4 vorliegt.

2. Das Gericht oder die sonst befugte Stelle des Staates, in dem die Anerkennung geltend gemacht wird, ist bei der Prüfung, ob eine der in Absatz 1 angeführten Zuständigkeiten gegeben ist, an die tatsächlichen Feststellungen gebunden, aufgrund deren das Gericht des Ursprungsstaats seine Zuständigkeit angenommen hat.

3. Die Zuständigkeit der Gerichte des Ursprungsstaats darf, unbeschadet der Bestimmungen des Absatzes 1, nicht nachgeprüft werden. Die Vorschriften über die Zuständigkeit gehören nicht zur öffentlichen Ordnung (*ordre public*) im Sinne des Artikels 34 Nummer 1.

Art. 36

Die ausländische Entscheidung darf keinesfalls in der Sache selbst nachgeprüft werden.

Art. 37

1. Das Gericht eines durch dieses Übereinkommen gebundenen Staates, vor dem die Anerkennung einer in einem anderen durch dieses Übereinkommen gebundenen Staat ergangenen Entscheidung geltend gemacht wird, kann das Verfahren aussetzen, wenn gegen die Entscheidung ein ordentlicher Rechtsbehelf eingelegt worden ist.

2. Das Gericht eines durch dieses Übereinkommen gebundenen Staates, vor dem die Anerkennung einer in Irland oder im Vereinigten Königreich ergangenen Entscheidung geltend gemacht wird, kann das Verfahren aussetzen, wenn die Vollstreckung der Entscheidung im Ursprungsstaat wegen der Einlegung eines Rechtsbehelfs einstweilen eingestellt ist.

Abschnitt 2: Vollstreckung

Art. 38

1. Die in einem durch dieses Übereinkommen gebundenen Staat ergangenen Entscheidungen, die in diesem Staat vollstreckbar sind, werden in einem anderen durch dieses Übereinkommen gebundenen Staat vollstreckt, wenn sie dort auf Antrag eines Berechtigten für vollstreckbar erklärt worden sind.

2. Im Vereinigten Königreich jedoch wird eine derartige Entscheidung in England und Wales, in Schottland oder in Nordirland vollstreckt, wenn sie auf Antrag eines Berechtigten zur Vollstreckung in dem betreffenden Teil des Vereinigten Königreichs registriert worden ist.

Art. 39

1. Der Antrag ist an das Gericht oder die sonst befugte Stelle zu richten, die in Anhang II aufgeführt ist.

2. Die örtliche Zuständigkeit wird durch den Wohnsitz des Schuldners oder durch den Ort, an dem die Zwangsvollstreckung durchgeführt werden soll, bestimmt.

Art. 40

1. Für die Stellung des Antrags ist das Recht des Vollstreckungsstaats massgebend.

2. Der Antragsteller hat im Bezirk des angerufenen Gerichts ein Wahldomizil zu begründen. Ist das Wahldomizil im Recht des Vollstreckungsstaats nicht vorgesehen, so hat der Antragsteller einen Zustellungsbevollmächtigten zu benennen.

3. Dem Antrag sind die in Artikel 53 angeführten Urkunden beizufügen.

Art. 41

Sobald die in Artikel 53 vorgesehenen Förmlichkeiten erfüllt sind, wird die Entscheidung unverzüglich für vollstreckbar erklärt, ohne dass eine Prüfung nach den Artikeln 34 und 35 erfolgt. Der Schuldner erhält in diesem Abschnitt des Verfahrens keine Gelegenheit, eine Erklärung abzugeben.

Art. 42

1. Die Entscheidung über den Antrag auf Vollstreckbarerklärung wird dem Antragsteller unverzüglich in der Form mitgeteilt, die das Recht des Vollstreckungsstaats vorsieht.

2. Die Vollstreckbarerklärung und, soweit dies noch nicht geschehen ist, die Entscheidung werden dem Schuldner zugestellt.

Art. 43

1. Gegen die Entscheidung über den Antrag auf Vollstreckbarerklärung kann jede Partei einen Rechtsbehelf einlegen.

2. Der Rechtsbehelf wird bei dem in Anhang III aufgeführten Gericht eingelegt.

3. Über den Rechtsbehelf wird nach den Vorschriften entschieden, die für Verfahren mit beiderseitigem rechtlichen Gehör massgebend sind.

4. Lässt sich der Schuldner auf das Verfahren vor dem mit dem Rechtsbehelf des Antragstellers befassten Gericht nicht ein, so ist Artikel 26 Absätze 2–4 auch dann anzuwenden, wenn der Schuldner seinen Wohnsitz nicht im Hoheitsgebiet eines durch dieses Übereinkommen gebundenen Staates hat.

5. Der Rechtsbehelf gegen die Vollstreckbarerklärung ist innerhalb eines Monats nach ihrer Zustellung einzulegen. Hat der Schuldner seinen Wohnsitz im Hoheitsgebiet eines anderen durch dieses Übereinkommen gebundenen Staates als dem, in dem die Vollstreckbarerklärung ergangen ist, so beträgt die Frist für den Rechtsbehelf zwei Monate und beginnt von dem Tage an zu laufen, an dem die Vollstreckbarerklärung ihm entweder in Person oder in seiner Wohnung zugestellt worden ist. Eine Verlängerung dieser Frist wegen weiter Entfernung ist ausgeschlossen.

Art. 44

Gegen die Entscheidung, die über den Rechtsbehelf ergangen ist, kann nur ein Rechtsbehelf nach Anhang IV eingelegt werden.

Art. 45

1. Die Vollstreckbarerklärung darf von dem mit einem Rechtsbehelf nach Artikel 43 oder Artikel 44 befassten Gericht nur aus einem der in den Artikeln 34 und 35 aufgeführten Gründe versagt oder aufgehoben werden. Das Gericht erlässt seine Entscheidung unverzüglich.

2. Die ausländische Entscheidung darf keinesfalls in der Sache selbst nachgeprüft werden.

Art. 46

1. Das nach Artikel 43 oder Artikel 44 mit dem Rechtsbehelf befasste Gericht kann auf Antrag des Schuldners das Verfahren aussetzen, wenn gegen die Entscheidung

im Ursprungsstaat ein ordentlicher Rechtsbehelf eingelegt oder die Frist für einen solchen Rechtsbehelf noch nicht verstrichen ist; in letzterem Fall kann das Gericht eine Frist bestimmen, innerhalb deren der Rechtsbehelf einzulegen ist.

2. Ist die Entscheidung in Irland oder im Vereinigten Königreich ergangen, so gilt jeder im Ursprungsstaat statthafte Rechtsbehelf als ordentlicher Rechtsbehelf im Sinne von Absatz 1.

3. Das Gericht kann auch die Zwangsvollstreckung von der Leistung einer Sicherheit, die es bestimmt, abhängig machen.

Art. 47

1. Ist eine Entscheidung nach diesem Übereinkommen anzuerkennen, so ist der Antragsteller nicht daran gehindert, einstweilige Massnahmen einschliesslich solcher, die auf eine Sicherung gerichtet sind, nach dem Recht des Vollstreckungsstaats in Anspruch zu nehmen, ohne dass es einer Vollstreckbarerklärung nach Artikel 41 bedarf.

2. Die Vollstreckbarerklärung gibt die Befugnis, Massnahmen, die auf eine Sicherung gerichtet sind, zu veranlassen.

3. Solange die in Artikel 43 Absatz 5 vorgesehene Frist für den Rechtsbehelf gegen die Vollstreckbarerklärung läuft und solange über den Rechtsbehelf nicht entschieden ist, darf die Zwangsvollstreckung in das Vermögen des Schuldners nicht über Massnahmen zur Sicherung hinausgehen.

Art. 48

1. Ist durch die ausländische Entscheidung über mehrere mit der Klage geltend gemachte Ansprüche erkannt und kann die Vollstreckbarerklärung nicht für alle Ansprüche erteilt werden, so erteilt das Gericht oder die sonst befugte Stelle sie für einen oder mehrere dieser Ansprüche.

2. Der Antragsteller kann beantragen, dass die Vollstreckbarerklärung nur für einen Teil des Gegenstands der Verurteilung erteilt wird.

Art. 49

Ausländische Entscheidungen, die auf Zahlung eines Zwangsgelds lauten, sind im Vollstreckungsstaat nur vollstreckbar, wenn die Höhe des Zwangsgelds durch die Gerichte des Ursprungsstaats endgültig festgesetzt ist.

Art. 50

1. Ist dem Antragsteller im Ursprungsstaat ganz oder teilweise Prozesskostenhilfe oder Kosten- und Gebührenbefreiung gewährt worden, so geniesst er in dem Verfahren nach diesem Abschnitt hinsichtlich der Prozesskostenhilfe oder der Kosten- und

Gebührenbefreiung die günstigste Behandlung, die das Recht des Vollstreckungsstaats vorsieht.

2. Der Antragsteller, der die Vollstreckung einer Entscheidung einer Verwaltungsbehörde begehrt, die in Dänemark, Island oder Norwegen in Unterhaltssachen ergangen ist, kann im Vollstreckungsstaat Anspruch auf die in Absatz 1 genannten Vorteile erheben, wenn er eine Erklärung des dänischen, isländischen oder norwegischen Justizministeriums darüber vorlegt, dass er die wirtschaftlichen Voraussetzungen für die vollständige oder teilweise Bewilligung der Prozesskostenhilfe oder für die Kosten- und Gebührenbefreiung erfüllt.

Art. 51

Der Partei, die in einem durch dieses Übereinkommen gebundenen Staat eine in einem anderen durch dieses Übereinkommen gebundenen Staat ergangene Entscheidung vollstrecken will, darf wegen ihrer Eigenschaft als Ausländer oder wegen Fehlens eines inländischen Wohnsitzes oder Aufenthalts eine Sicherheitsleistung oder Hinterlegung, unter welcher Bezeichnung es auch sei, nicht auferlegt werden.

Art. 52

Im Vollstreckungsstaat dürfen im Vollstreckbarerklärungsverfahren keine nach dem Streitwert abgestuften Stempelabgaben oder Gebühren erhoben werden.

Abschnitt 3: Gemeinsame Vorschriften

Art. 53

1. Die Partei, die die Anerkennung einer Entscheidung geltend macht oder eine Vollstreckbarerklärung beantragt, hat eine Ausfertigung der Entscheidung vorzulegen, die die für ihre Beweiskraft erforderlichen Voraussetzungen erfüllt.

2. Unbeschadet des Artikels 55 hat die Partei, die eine Vollstreckbarerklärung beantragt, ferner die Bescheinigung nach Artikel 54 vorzulegen.

Art. 54

Das Gericht oder die sonst befugte Stelle des durch dieses Übereinkommen gebundenen Staates, in dem die Entscheidung ergangen ist, stellt auf Antrag die Bescheinigung unter Verwendung des Formblatts in Anhang V dieses Übereinkommens aus.

Art. 55

1. Wird die Bescheinigung nach Artikel 54 nicht vorgelegt, so kann das Gericht oder die sonst befugte Stelle eine Frist bestimmen, innerhalb deren die Bescheinigung vorzulegen ist, oder sich mit einer gleichwertigen Urkunde begnügen oder von der

Vorlage der Bescheinigung befreien, wenn es oder sie eine weitere Klärung nicht für erforderlich hält.

2. Auf Verlangen des Gerichts oder der sonst befugten Stelle ist eine Übersetzung der Urkunden vorzulegen. Die Übersetzung ist von einer hierzu in einem der durch dieses Übereinkommen gebundenen Staaten befugten Person zu beglaubigen.

Art. 56

Die in Artikel 53 und in Artikel 55 Absatz 2 angeführten Urkunden sowie die Urkunde über die Prozessvollmacht, falls eine solche erteilt wird, bedürfen weder der Legalisation noch einer ähnlichen Förmlichkeit.

Titel IV: Öffentliche Urkunden und Prozessvergleiche

Art. 57

1. Öffentliche Urkunden, die in einem durch dieses Übereinkommen gebundenen Staat aufgenommen und vollstreckbar sind, werden in einem anderen durch dieses Übereinkommen gebundenen Staat auf Antrag in dem Verfahren nach den Artikeln 38 ff. für vollstreckbar erklärt. Die Vollstreckbarerklärung ist von dem mit einem Rechtsbehelf nach Artikel 43 oder Artikel 44 befassten Gericht nur zu versagen oder aufzuheben, wenn die Zwangsvollstreckung aus der Urkunde der öffentlichen Ordnung (*ordre public*) des Vollstreckungsstaats offensichtlich widersprechen würde.

2. Als öffentliche Urkunden im Sinne von Absatz 1 werden auch vor Verwaltungsbehörden geschlossene oder von ihnen beurkundete Unterhaltsvereinbarungen oder -verpflichtungen angesehen.

3. Die vorgelegte Urkunde muss die Voraussetzungen für ihre Beweiskraft erfüllen, die in dem Staat, in dem sie aufgenommen wurde, erforderlich sind.

4. Die Vorschriften des Abschnitts 3 des Titels III sind sinngemäss anzuwenden. Die befugte Stelle des durch dieses Übereinkommen gebundenen Staates, in dem eine öffentliche Urkunde aufgenommen worden ist, stellt auf Antrag die Bescheinigung unter Verwendung des Formblatts in Anhang VI dieses Übereinkommens aus.

Art. 58

Vergleiche, die vor einem Gericht im Laufe eines Verfahrens geschlossen und in dem durch dieses Übereinkommen gebundenen Staat, in dem sie errichtet wurden, vollstreckbar sind, werden in dem Vollstreckungsstaat unter denselben Bedingungen wie öffentliche Urkunden vollstreckt. Das Gericht oder die sonst befugte Stelle des durch dieses Übereinkommen gebundenen Staates, in dem ein Prozessvergleich geschlossen worden ist, stellt auf Antrag die Bescheinigung unter Verwendung des Formblatts in Anhang V dieses Übereinkommens aus.

Titel V: Allgemeine Vorschriften

Art. 59
1. Ist zu entscheiden, ob eine Partei im Hoheitsgebiet des durch dieses Übereinkommen gebundenen Staates, dessen Gerichte angerufen sind, einen Wohnsitz hat, so wendet das Gericht sein Recht an.
2. Hat eine Partei keinen Wohnsitz in dem durch dieses Übereinkommen gebundenen Staat, dessen Gerichte angerufen sind, so wendet das Gericht, wenn es zu entscheiden hat, ob die Partei einen Wohnsitz in einem anderen durch dieses Übereinkommen gebundenen Staat hat, das Recht dieses Staates an.

Art. 60
1. Gesellschaften und juristische Personen haben für die Anwendung dieses Übereinkommens ihren Wohnsitz an dem Ort, an dem sich:
a) ihr satzungsmässiger Sitz;
b) ihre Hauptverwaltung; oder
c) ihre Hauptniederlassung
befindet.
2. Im Falle des Vereinigten Königreichs und Irlands ist unter dem Ausdruck «satzungsmässiger Sitz» das *registered office* oder, wenn ein solches nirgendwo besteht, der *place of incorporation* (Ort der Erlangung der Rechtsfähigkeit) oder, wenn ein solcher nirgendwo besteht, der Ort, nach dessen Recht die *formation* (Gründung) erfolgt ist, zu verstehen.
3. Um zu bestimmen, ob ein *trust* seinen Sitz in dem durch dieses Übereinkommen gebundenen Staat hat, bei dessen Gerichten die Klage anhängig ist, wendet das Gericht sein Internationales Privatrecht an.

Art. 61
Unbeschadet günstigerer innerstaatlicher Vorschriften können Personen, die ihren Wohnsitz im Hoheitsgebiet eines durch dieses Übereinkommen gebundenen Staates haben und die vor den Strafgerichten eines anderen durch dieses Übereinkommen gebundenen Staates, dessen Staatsangehörigkeit sie nicht besitzen, wegen einer fahrlässig begangenen Straftat verfolgt werden, sich von hierzu befugten Personen vertreten lassen, selbst wenn sie persönlich nicht erscheinen. Das Gericht kann jedoch das persönliche Erscheinen anordnen; wird diese Anordnung nicht befolgt, so braucht die Entscheidung, die über den Anspruch aus einem Rechtsverhältnis des Zivilrechts ergangen ist, ohne dass sich der Angeklagte verteidigen konnte, in den anderen durch dieses Übereinkommen gebundenen Staaten weder anerkannt noch vollstreckt zu werden.

Art. 62

Im Sinne dieses Übereinkommens umfasst die Bezeichnung «Gericht» jede Behörde, die von einem durch dieses Übereinkommen gebundenen Staat als für die in den Anwendungsbereich dieses Übereinkommens fallenden Rechtsgebiete zuständig bezeichnet worden ist.

Titel VI: Übergangsvorschriften

Art. 63

1. Die Vorschriften dieses Übereinkommens sind nur auf solche Klagen und öffentliche Urkunden anzuwenden, die erhoben oder aufgenommen worden sind, nachdem dieses Übereinkommen im Ursprungsstaat und, sofern die Anerkennung oder Vollstreckung einer Entscheidung oder einer öffentlichen Urkunde geltend gemacht wird, im ersuchten Staat in Kraft getreten ist.
2. Ist die Klage im Ursprungsstaat vor dem Inkrafttreten dieses Übereinkommens erhoben worden, so werden nach diesem Zeitpunkt erlassene Entscheidungen nach Massgabe des Titels III anerkannt und zur Vollstreckung zugelassen:
a) wenn die Klage im Ursprungsstaat erhoben wurde, nachdem das Übereinkommen von Lugano vom 16. September 1988 sowohl im Ursprungsstaat als auch in dem ersuchten Staat in Kraft getreten war;
b) in allen anderen Fällen, wenn das Gericht aufgrund von Vorschriften zuständig war, die mit den Zuständigkeitsvorschriften des Titels II oder eines Abkommens übereinstimmen, das im Zeitpunkt der Klageerhebung zwischen dem Ursprungsstaat und dem ersuchten Staat in Kraft war.

Titel VII: Verhältnis zu der Verordnung (EG) Nr. 44/2001 des Rates und zu anderen Rechtsinstrumenten

Art. 64

1. Dieses Übereinkommen lässt die Anwendung folgender Rechtsakte durch die Mitgliedstaaten der Europäischen Gemeinschaft unberührt: der Verordnung (EG) Nr. 44/2001 des Rates über die gerichtliche Zuständigkeit und die Anerkennung und Vollstreckung von Entscheidungen in Zivil- und Handelssachen einschliesslich deren Änderungen, des am 27. September 1968 in Brüssel unterzeichneten Übereinkommens über die gerichtliche Zuständigkeit und die Vollstreckung gerichtlicher Entscheidungen in Zivil- und Handelssachen und des am 3. Juni 1971 in Luxemburg unterzeichneten Protokolls über die Auslegung des genannten Übereinkommens durch den Gerichtshof der Europäischen Gemeinschaften in der Fassung der Übereinkommen, mit denen die neuen Mitgliedstaaten der Europäischen Gemeinschaften

jenem Übereinkommen und dessen Protokoll beigetreten sind, sowie des am 19. Oktober 2005 in Brüssel unterzeichneten Abkommens zwischen der Europäischen Gemeinschaft und dem Königreich Dänemark über die gerichtliche Zuständigkeit und die Anerkennung und Vollstreckung von Entscheidungen in Zivil- und Handelssachen.

2. Dieses Übereinkommen wird jedoch in jedem Fall angewandt:
a) in Fragen der gerichtlichen Zuständigkeit, wenn der Beklagte seinen Wohnsitz im Hoheitsgebiet eines Staates hat, in dem dieses Übereinkommen, aber keines der in Absatz 1 aufgeführten Rechtsinstrumente gilt, oder wenn die Gerichte eines solchen Staates nach Artikel 22 oder 23 dieses Übereinkommens zuständig sind;
b) bei Rechtshängigkeit oder im Zusammenhang stehenden Verfahren im Sinne der Artikel 27 und 28, wenn Verfahren in einem Staat anhängig gemacht werden, in dem dieses Übereinkommen, aber keines der in Absatz 1 aufgeführten Rechtsinstrumente gilt, und in einem Staat, in dem sowohl dieses Übereinkommen als auch eines der in Absatz 1 aufgeführten Rechtsinstrumente gilt;
c) in Fragen der Anerkennung und Vollstreckung, wenn entweder der Ursprungsstaat oder der ersuchte Staat keines der in Absatz 1 aufgeführten Rechtsinstrumente anwendet.

3. Ausser aus den in Titel III vorgesehenen Gründen kann die Anerkennung oder Vollstreckung versagt werden, wenn sich der der Entscheidung zugrunde liegende Zuständigkeitsgrund von demjenigen unterscheidet, der sich aus diesem Übereinkommen ergibt, und wenn die Anerkennung oder Vollstreckung gegen eine Partei geltend gemacht wird, die ihren Wohnsitz in einem Staat hat, in dem dieses Übereinkommen, aber keines der in Absatz 1 aufgeführten Rechtsinstrumente gilt, es sei denn, dass die Entscheidung anderweitig nach dem Recht des ersuchten Staates anerkannt oder vollstreckt werden kann.

Art. 65

Dieses Übereinkommen ersetzt unbeschadet des Artikels 63 Absatz 2 und der Artikel 66 und 67 im Verhältnis zwischen den durch dieses Übereinkommen gebundenen Staaten die zwischen zwei oder mehr dieser Staaten bestehenden Übereinkünfte, die sich auf dieselben Rechtsgebiete erstrecken wie dieses Übereinkommen. Durch dieses Übereinkommen werden insbesondere die in Anhang VII aufgeführten Übereinkünfte ersetzt.

Art. 66

1. Die in Artikel 65 angeführten Übereinkünfte behalten ihre Wirksamkeit für die Rechtsgebiete, auf die dieses Übereinkommen nicht anzuwenden ist.

2. Sie bleiben auch weiterhin für die Entscheidungen und die öffentlichen Urkunden wirksam, die vor Inkrafttreten dieses Übereinkommens ergangen sind oder aufgenommen worden sind.

Art. 67

1. Dieses Übereinkommen lässt Übereinkünfte unberührt, denen die Vertragsparteien und/oder die durch dieses Übereinkommen gebundenen Staaten angehören und die für besondere Rechtsgebiete die gerichtliche Zuständigkeit, die Anerkennung oder die Vollstreckung von Entscheidungen regeln. Unbeschadet der Verpflichtungen aus anderen Übereinkünften, denen manche Vertragsparteien angehören, schliesst dieses Übereinkommen nicht aus, dass die Vertragsparteien solche Übereinkünfte schliessen.

2. Dieses Übereinkommen schliesst nicht aus, dass ein Gericht eines durch dieses Übereinkommen gebundenen Staates, der Vertragspartei einer Übereinkunft über ein besonderes Rechtsgebiet ist, seine Zuständigkeit auf eine solche Übereinkunft stützt, und zwar auch dann, wenn der Beklagte seinen Wohnsitz in einem anderen durch dieses Übereinkommen gebundenen Staat hat, der nicht Vertragspartei der betreffenden Übereinkunft ist. In jedem Fall wendet dieses Gericht Artikel 26 dieses Übereinkommens an.

3. Entscheidungen, die in einem durch dieses Übereinkommen gebundenen Staat von einem Gericht erlassen worden sind, das seine Zuständigkeit auf eine Übereinkunft über ein besonderes Rechtsgebiet gestützt hat, werden in den anderen durch dieses Übereinkommen gebundenen Staaten nach Titel III dieses Übereinkommens anerkannt und vollstreckt.

4. Neben den in Titel III vorgesehenen Gründen kann die Anerkennung oder Vollstreckung versagt werden, wenn der ersuchte Staat nicht durch die Übereinkunft über ein besonderes Rechtsgebiet gebunden ist und die Person, gegen die die Anerkennung oder Vollstreckung geltend gemacht wird, ihren Wohnsitz in diesem Staat hat oder wenn der ersuchte Staat ein Mitgliedstaat der Europäischen Gemeinschaft ist und die Übereinkunft von der Europäischen Gemeinschaft geschlossen werden müsste, in einem ihrer Mitgliedstaaten, es sei denn, die Entscheidung kann anderweitig nach dem Recht des ersuchten Staates anerkannt oder vollstreckt werden.

5. Sind der Ursprungsstaat und der ersuchte Staat Vertragsparteien einer Übereinkunft über ein besonderes Rechtsgebiet, welche die Voraussetzungen für die Anerkennung und Vollstreckung von Entscheidungen regelt, so gelten diese Voraussetzungen. In jedem Fall können die Bestimmungen dieses Übereinkommens über das Verfahren zur Anerkennung und Vollstreckung von Entscheidungen angewandt werden.

Art. 68

1. Dieses Übereinkommen lässt Übereinkünfte unberührt, durch die sich die durch dieses Übereinkommen gebundenen Staaten vor Inkrafttreten dieses Übereinkom-

mens verpflichtet haben, Entscheidungen der Gerichte anderer durch dieses Übereinkommen gebundener Staaten gegen Beklagte, die ihren Wohnsitz oder gewöhnlichen Aufenthalt im Hoheitsgebiet eines Drittstaats haben, nicht anzuerkennen, wenn die Entscheidungen in den Fällen des Artikels 4 nur auf einen der in Artikel 3 Absatz 2 angeführten Zuständigkeitsgründe gestützt werden könnten. Unbeschadet der Verpflichtungen aus anderen Übereinkünften, denen manche Vertragsparteien angehören, schliesst dieses Übereinkommen nicht aus, dass die Vertragsparteien solche Übereinkünfte treffen.

2. Keine Vertragspartei kann sich jedoch gegenüber einem Drittstaat verpflichten, eine Entscheidung nicht anzuerkennen, die in einem anderen durch dieses Übereinkommen gebundenen Staat durch ein Gericht gefällt wurde, dessen Zuständigkeit auf das Vorhandensein von Vermögenswerten des Beklagten in diesem Staat oder die Beschlagnahme von dort vorhandenem Vermögen durch den Kläger gegründet ist:

a) wenn die Klage erhoben wird, um Eigentums- oder Inhaberrechte hinsichtlich dieses Vermögens festzustellen oder anzumelden oder um Verfügungsgewalt darüber zu erhalten, oder wenn die Klage sich aus einer anderen Streitsache im Zusammenhang mit diesem Vermögen ergibt; oder

b) wenn das Vermögen die Sicherheit für einen Anspruch darstellt, der Gegenstand des Verfahrens ist.

Titel VIII: Schlussvorschriften

Art. 69

1. Dieses Übereinkommen liegt für die Europäische Gemeinschaft, Dänemark und die Staaten, die Mitglieder der Europäischen Freihandelsassoziation sind, zur Unterzeichnung auf.

2. Dieses Übereinkommen bedarf der Ratifikation durch die Unterzeichnerstaaten. Die Ratifikationsurkunden werden beim Schweizerischen Bundesrat hinterlegt, der der Verwahrer dieses Übereinkommens ist.

3. Zum Zeitpunkt der Ratifizierung kann jede Vertragspartei Erklärungen gemäss den Artikeln I, II und III des Protokolls 1 abgeben.

4. Dieses Übereinkommen tritt am ersten Tag des sechsten Monats in Kraft, der auf den Tag folgt, an dem die Europäische Gemeinschaft und ein Mitglied der Europäischen Freihandelsassoziation ihre Ratifikationsurkunden hinterlegt haben.

5. Für jede andere Vertragspartei tritt dieses Übereinkommen am ersten Tag des dritten Monats in Kraft, der auf die Hinterlegung ihrer Ratifikationsurkunde folgt.

6. Unbeschadet des Artikels 3 Absatz 3 des Protokolls 2 ersetzt dieses Übereinkommen ab dem Tag seines Inkrafttretens gemäss den Absätzen 4 und 5 das am 16. September 1988 in Lugano geschlossene Übereinkommen über die gerichtliche

Zuständigkeit und die Vollstreckung gerichtlicher Entscheidungen in Zivil- und Handelssachen. Jede Bezugnahme auf das Lugano-Übereinkommen von 1988 in anderen Rechtsinstrumenten gilt als Bezugnahme auf dieses Übereinkommen.

7. Im Verhältnis zwischen den Mitgliedstaaten der Europäischen Gemeinschaft und den aussereuropäischen Gebieten im Sinne von Artikel 70 Absatz 1 Buchstabe b ersetzt dieses Übereinkommen ab dem Tag seines Inkrafttretens für diese Gebiete gemäss Artikel 73 Absatz 2 das am 27. September 1968 in Brüssel unterzeichnete Übereinkommen über die gerichtliche Zuständigkeit und die Vollstreckung gerichtlicher Entscheidungen in Zivil- und Handelssachen und das am 3. Juni 1971 in Luxemburg unterzeichnete Protokoll über die Auslegung des genannten Übereinkommens durch den Gerichtshof der Europäischen Gemeinschaften in der Fassung der Übereinkommen, mit denen die neuen Mitgliedstaaten der Europäischen Gemeinschaften jenem Übereinkommen und dessen Protokoll beigetreten sind.

Art. 70

1. Dem Übereinkommen können nach seinem Inkrafttreten beitreten:
a) die Staaten, die nach Auflage dieses Übereinkommens zur Unterzeichnung Mitglieder der Europäischen Freihandelsassoziation werden, unter den Voraussetzungen des Artikels 71;
b) ein Mitgliedstaat der Europäischen Gemeinschaft im Namen bestimmter aussereuropäischer Gebiete, die Teil seines Hoheitsgebiets sind oder für deren Aussenbeziehungen dieser Mitgliedstaat zuständig ist, unter den Voraussetzungen des Artikels 71;
c) jeder andere Staat unter den Voraussetzungen des Artikels 72.

2. Die in Absatz 1 genannten Staaten, die diesem Übereinkommen beitreten wollen, richten ein entsprechendes Ersuchen an den Verwahrer. Dem Beitrittsersuchen und den Angaben nach den Artikeln 71 und 72 ist eine englische und französische Übersetzung beizufügen.

Art. 71

1. Jeder in Artikel 70 Absatz 1 Buchstaben a und b genannte Staat, der diesem Übereinkommen beitreten will:
a) teilt die zur Anwendung dieses Übereinkommens erforderlichen Angaben mit;
b) kann Erklärungen nach Massgabe der Artikel I und III des Protokolls 1 abgeben.

2. Der Verwahrer übermittelt den anderen Vertragsparteien vor der Hinterlegung der Beitrittsurkunde des betreffenden Staates die Angaben, die ihm nach Absatz 1 mitgeteilt wurden.

Art. 72

1. Jeder in Artikel 70 Absatz 1 Buchstabe c genannte Staat, der diesem Übereinkommen beitreten will:
   a) teilt die zur Anwendung dieses Übereinkommens erforderlichen Angaben mit;
   b) kann Erklärungen nach Massgabe der Artikel I und III des Protokolls 1 abgeben;
   c) erteilt dem Verwahrer Auskünfte insbesondere über:
      1) sein Justizsystem mit Angaben zur Ernennung der Richter und zu deren Unabhängigkeit,
      2) sein innerstaatliches Zivilprozess- und Vollstreckungsrecht,
      3) sein Internationales Zivilprozessrecht.

2. Der Verwahrer übermittelt den anderen Vertragsparteien die Angaben, die ihm nach Absatz 1 mitgeteilt worden sind, bevor er den betreffenden Staat gemäss Absatz 3 zum Beitritt einlädt.

3. Unbeschadet des Absatzes 4 lädt der Verwahrer den betreffenden Staat nur dann zum Beitritt ein, wenn die Zustimmung aller Vertragsparteien vorliegt. Die Vertragsparteien sind bestrebt, ihre Zustimmung spätestens innerhalb eines Jahres nach der Aufforderung durch den Verwahrer zu erteilen.

4. Für den beitretenden Staat tritt dieses Übereinkommen nur im Verhältnis zu den Vertragsparteien in Kraft, die vor dem ersten Tag des dritten Monats, der auf die Hinterlegung der Beitrittsurkunde folgt, keine Einwände gegen den Beitritt erhoben haben.

Art. 73

1. Die Beitrittsurkunden werden beim Verwahrer hinterlegt.

2. Für einen in Artikel 70 genannten beitretenden Staat tritt dieses Übereinkommen am ersten Tag des dritten Monats, der auf die Hinterlegung seiner Beitrittsurkunde folgt, in Kraft. Ab diesem Zeitpunkt gilt der beitretende Staat als Vertragspartei dieses Übereinkommens.

3. Jede Vertragspartei kann dem Verwahrer den Wortlaut dieses Übereinkommens in ihrer oder ihren Sprachen übermitteln, der, sofern die Vertragsparteien nach Artikel 4 des Protokolls 2 zugestimmt haben, ebenfalls als verbindlich gilt.

Art. 74

1. Dieses Übereinkommen wird auf unbegrenzte Zeit geschlossen.

2. Jede Vertragspartei kann dieses Übereinkommen jederzeit durch eine an den Verwahrer gerichtete Notifikation kündigen.

3. Die Kündigung wird am Ende des Kalenderjahres wirksam, das auf einen Zeitraum von sechs Monaten folgt, gerechnet vom Eingang ihrer Notifikation beim Verwahrer.

Art. 75

Diesem Übereinkommen sind beigefügt:
- ein Protokoll 1 über bestimmte Zuständigkeits-, Verfahrens- und Vollstreckungsfragen;
- ein Protokoll 2 über die einheitliche Auslegung des Übereinkommens und den Ständigen Ausschuss;
- ein Protokoll 3 über die Anwendung von Artikel 67;
- die Anhänge I bis IV und Anhang VII mit Angaben zur Anwendung des Übereinkommens;
- die Anhänge V und VI mit den Formblättern für die Bescheinigungen im Sinne der Artikel 54, 58 und 57;
- Anhang VIII mit der Angabe der verbindlichen Sprachfassungen des Übereinkommens gemäss Artikel 79;
- Anhang IX mit den Angaben gemäss Artikel II des Protokolls 1.

Die Protokolle und Anhänge sind Bestandteil des Übereinkommens.

Art. 76

Unbeschadet des Artikels 77 kann jede Vertragspartei eine Revision dieses Übereinkommens beantragen. Zu diesem Zweck beruft der Verwahrer den Ständigen Ausschuss nach Artikel 4 des Protokolls 2 ein.

Art. 77

1. Die Vertragsparteien teilen dem Verwahrer den Wortlaut aller Rechtsvorschriften mit, durch den die Listen in den Anhängen I bis IV geändert werden, sowie alle Streichungen oder Zusätze in der Liste des Anhangs VII und den Zeitpunkt ihres Inkrafttretens. Diese Mitteilung erfolgt rechtzeitig vor Inkrafttreten; ihr ist eine englische und französische Übersetzung beizufügen. Der Verwahrer passt die betreffenden Anhänge nach Anhörung des Ständigen Ausschusses gemäss Artikel 4 des Protokolls 2 entsprechend an. Zu diesem Zweck erstellen die Vertragsparteien eine Übersetzung der Anpassungen in ihren Sprachen.

2. Jede Änderung der Anhänge V und VI sowie VIII und IX wird vom Ständigen Ausschuss gemäss Artikel 4 des Protokolls 2 angenommen.

Art. 78

1. Der Verwahrer notifiziert den Vertragsparteien:
a) die Hinterlegung jeder Ratifikations- oder Beitrittsurkunde;
b) den Tag, an dem dieses Übereinkommen für die Vertragsparteien in Kraft tritt;
c) die nach den Artikeln I bis IV des Protokolls 1 eingegangenen Erklärungen;

d) die Mitteilungen nach Artikel 74 Absatz 2, Artikel 77 Absatz 1 sowie Absatz 4 des Protokolls 3.

2. Den Notifikationen ist eine englische und französische Übersetzung beizufügen.

Art. 79
Dieses Übereinkommen ist in einer Urschrift in den in Anhang VIII aufgeführten Sprachen abgefasst, wobei jeder Wortlaut gleichermassen verbindlich ist; es wird im Schweizerischen Bundesarchiv hinterlegt. Der Schweizerische Bundesrat übermittelt jeder Vertragspartei eine beglaubigte Abschrift.

Zu Urkund dessen haben die unterzeichneten Bevollmächtigten dieses Übereinkommen unterzeichnet.

Geschehen zu Lugano am dreißigsten Oktober zweitausendsieben.
(Es folgen die Unterschriften)

Protokoll 1 über bestimmte Zuständigkeits-, Verfahrens- und Vollstreckungsfragen

Die Hohen Vertragsparteien
sind wie folgt übereingekommen:

Art. I

1. Gerichtliche und aussergerichtliche Schriftstücke, die in einem durch dieses Übereinkommen gebundenen Staat ausgefertigt worden sind und einer Person zugestellt werden sollen, die sich im Hoheitsgebiet eines anderen durch dieses Übereinkommen gebundenen Staates befindet, werden nach den zwischen diesen Staaten geltenden Übereinkünften übermittelt.
2. Sofern die Vertragspartei, in deren Hoheitsgebiet die Zustellung bewirkt werden soll, nicht durch eine an den Verwahrer gerichtete Erklärung widersprochen hat, können diese Schriftstücke auch von den gerichtlichen Amtspersonen des Staates, in dem sie ausgefertigt worden sind, unmittelbar den gerichtlichen Amtspersonen des Staates übersandt werden, in dessen Hoheitsgebiet sich die Person befindet, für welche das Schriftstück bestimmt ist. In diesem Fall übersendet die gerichtliche Amtsperson des Ursprungsstaats der gerichtlichen Amtsperson des ersuchten Staates, die für die Übermittlung an den Empfänger zuständig ist, eine Abschrift des Schriftstücks. Diese Übermittlung wird in den Formen vorgenommen, die das Recht des ersuchten Staates vorsieht. Sie wird durch eine Bescheinigung festgestellt, die der gerichtlichen Amtsperson des Ursprungsstaats unmittelbar zugesandt wird.
3. Die Mitgliedstaaten der Europäischen Gemeinschaft, die durch die Verordnung (EG) Nr. 1348/2000 des Rates vom 29. Mai 2000 oder durch das am 19. Oktober 2005 in Brüssel unterzeichnete Abkommen zwischen der Europäischen Gemeinschaft und dem Königreich Dänemark über die Zustellung gerichtlicher und aussergerichtlicher Schriftstücke in Zivil- oder Handelssachen gebunden sind, wenden diese Verordnung und dieses Abkommen in ihrem Verhältnis untereinander an.

Art. II

1. Die in Artikel 6 Nummer 2 und Artikel 11 für eine Gewährleistungs- oder Interventionsklage vorgesehene Zuständigkeit kann in den in Anhang IX genannten Staaten, die durch dieses Übereinkommen gebunden sind, nicht in vollem Umfang geltend gemacht werden. Jede Person, die ihren Wohnsitz in einem anderen durch dieses Übereinkommen gebundenen Staat hat, kann vor den Gerichten dieser Staaten nach Massgabe der in Anhang IX genannten Vorschriften verklagt werden.
2. Die Europäische Gemeinschaft kann zum Zeitpunkt der Ratifizierung erklären, dass die in Artikel 6 Nummer 2 und Artikel 11 genannten Verfahren in bestimmten

anderen Mitgliedstaaten nicht in Anspruch genommen werden können, und Angaben zu den geltenden Vorschriften mitteilen.

3. Entscheidungen, die in den anderen durch dieses Übereinkommen gebundenen Staaten aufgrund des Artikels 6 Nummer 2 und des Artikels 11 ergangen sind, werden in den in den Absätzen 1 und 2 genannten Staaten nach Titel III anerkannt und vollstreckt. Die Wirkungen, welche die in diesen Staaten ergangenen Entscheidungen gemäss den Absätzen 1 und 2 gegenüber Dritten haben, werden auch in den anderen durch dieses Übereinkommen gebundenen Staaten anerkannt.

Art. III

1. Die Schweizerische Eidgenossenschaft behält sich das Recht vor, bei der Hinterlegung der Ratifikationsurkunde zu erklären, dass sie den folgenden Teil der Bestimmung in Artikel 34 Absatz 2 nicht anwenden wird:

«es sei denn, der Beklagte hat gegen die Entscheidung keinen Rechtsbehelf eingelegt, obwohl er die Möglichkeit dazu hatte».

Falls die Schweizerische Eidgenossenschaft diese Erklärung abgibt, wenden die anderen Vertragsparteien denselben Vorbehalt gegenüber Entscheidungen der schweizerischen Gerichte an.

2. Die Vertragsparteien können sich in Bezug auf Entscheidungen, die in einem beitretenden Staat gemäss Artikel 70 Absatz 1 Buchstabe c ergangen sind, durch Erklärung folgende Rechte vorbehalten:

a) das in Absatz 1 erwähnte Recht; und

b) das Recht einer Behörde im Sinne von Artikel 39, unbeschadet der Vorschriften des Artikels 41 von Amts wegen zu prüfen, ob Gründe für die Versagung der Anerkennung oder Vollstreckung einer Entscheidung vorliegen.

3. Hat eine Vertragspartei einen solchen Vorbehalt gegenüber einem beitretenden Staat nach Absatz 2 erklärt, kann dieser beitretende Staat sich durch Erklärung dasselbe Recht in Bezug auf Entscheidungen vorbehalten, die von Gerichten dieser Vertragspartei erlassen worden sind.

4. Mit Ausnahme des Vorbehalts gemäss Absatz 1 gelten die Erklärungen für einen Zeitraum von fünf Jahren und können für jeweils weitere fünf Jahre verlängert werden. Die Vertragspartei notifiziert die Verlängerung einer Erklärung gemäss Absatz 2 spätestens sechs Monate vor Ablauf des betreffenden Zeitraums. Ein beitretender Staat kann seine Erklärung gemäss Absatz 3 erst nach Verlängerung der betreffenden Erklärung gemäss Absatz 2 verlängern.

Art. IV

Die Erklärungen nach diesem Protokoll können jederzeit durch Notifikation an den Verwahrer zurückgenommen werden. Der Notifikation ist eine englische und französische Übersetzung beizufügen. Die Vertragsparteien erstellen eine Übersetzung in ihren Sprachen. Die Rücknahme wird am ersten Tag des dritten Monats nach der Notifikation wirksam.

Protokoll 2 über die einheitliche Auslegung des Übereinkommens und den Ständigen Ausschuss

Präambel

Die Hohen Vertragsparteien,

gestützt auf Artikel 75 des Übereinkommens,

in Anbetracht der sachlichen Verknüpfung zwischen diesem Übereinkommen, dem Lugano-Übereinkommen von 1988 und den in Artikel 64 Absatz 1 dieses Übereinkommens genannten Rechtsinstrumenten,

in der Erwägung, dass der Gerichtshof der Europäischen Gemeinschaften für Entscheidungen über die Auslegung der in Artikel 64 Absatz 1 dieses Übereinkommens genannten Rechtsinstrumente zuständig ist,

in der Erwägung, dass dieses Übereinkommen Teil des Gemeinschaftsrechts wird und der Gerichtshof der Europäischen Gemeinschaften deshalb für Entscheidungen über die Auslegung dieses Übereinkommens in Bezug auf dessen Anwendung durch die Gerichte der Mitgliedstaaten der Europäischen Gemeinschaft zuständig ist,

in Kenntnis der bis zur Unterzeichnung dieses Übereinkommens ergangenen Entscheidungen des Gerichtshofs der Europäischen Gemeinschaften über die Auslegung der in Artikel 64 Absatz 1 dieses Übereinkommens genannten Rechtsinstrumente und der bis zur Unterzeichnung dieses Übereinkommens ergangenen Entscheidungen der Gerichte der Vertragsparteien des Lugano-Übereinkommens von 1988 über die Auslegung des letzteren Übereinkommens,

in der Erwägung, dass sich die gleichzeitige Revision des Lugano-Übereinkommens von 1988 und des Brüsseler Übereinkommens von 1968, die zum Abschluss eines revidierten Texts dieser Übereinkommen geführt hat, sachlich auf die vorgenannten Entscheidungen zu dem Brüsseler Übereinkommen und dem Lugano-Übereinkommen stützte,

in der Erwägung, dass der revidierte Text des Brüsseler Übereinkommens nach Inkrafttreten des Vertrags von Amsterdam in die Verordnung (EG) Nr. 44/2001 Eingang gefunden hat,

in der Erwägung, dass dieser revidierte Text auch die Grundlage für den Text dieses Übereinkommens war,

in dem Bestreben, bei voller Wahrung der Unabhängigkeit der Gerichte voneinander abweichende Auslegungen zu vermeiden und zu einer möglichst einheitlichen Auslegung der Bestimmungen dieses Übereinkommens und der Bestimmungen der Verordnung (EG) Nr. 44/2001, die in ihrem wesentlichen Gehalt in das vorliegende Übereinkommen übernommen worden sind, sowie der anderen in Artikel 64 Absatz 1 dieses Übereinkommens genannten Rechtsinstrumente zu gelangen,

sind wie folgt übereingekommen:

Art. 1

1. Jedes Gericht, das dieses Übereinkommen anwendet und auslegt, trägt den Grundsätzen gebührend Rechnung, die in massgeblichen Entscheidungen von Gerichten der durch dieses Übereinkommen gebundenen Staaten sowie in Entscheidungen des Gerichtshofs der Europäischen Gemeinschaften zu den Bestimmungen dieses Übereinkommens oder zu ähnlichen Bestimmungen des Lugano-Übereinkommens von 1988 und der in Artikel 64 Absatz 1 dieses Übereinkommens genannten Rechtsinstrumente entwickelt worden sind.

2. Für die Gerichte der Mitgliedstaaten der Europäischen Gemeinschaft gilt die Verpflichtung in Absatz 1 unbeschadet ihrer Verpflichtungen gegenüber dem Gerichtshof der Europäischen Gemeinschaften, wie sie sich aus dem Vertrag zur Gründung der Europäischen Gemeinschaft oder aus dem am 19. Oktober 2005 in Brüssel unterzeichneten Abkommen zwischen der Europäischen Gemeinschaft und dem Königreich Dänemark über die gerichtliche Zuständigkeit und die Anerkennung und Vollstreckung von Entscheidungen in Zivil- und Handelssachen ergeben.

Art. 2

Jeder durch dieses Übereinkommen gebundene Staat, der kein Mitgliedstaat der Europäischen Gemeinschaft ist, hat das Recht, gemäss Artikel 23 des Protokolls über die Satzung des Gerichtshofs der Europäischen Gemeinschaften Schriftsätze einzureichen oder schriftliche Erklärungen abzugeben, wenn ein Gericht eines Mitgliedstaats der Europäischen Gemeinschaft dem Gerichtshof eine Frage über die Auslegung dieses Übereinkommens oder der in Artikel 64 Absatz 1 dieses Übereinkommens genannten Rechtsinstrumente zur Vorabentscheidung vorlegt.

Art. 3

1. Die Kommission der Europäischen Gemeinschaften richtet ein System für den Austausch von Informationen über die Entscheidungen ein, die in Anwendung dieses Übereinkommens sowie des Lugano-Übereinkommens von 1988 und der in Artikel 64 Absatz 1 dieses Übereinkommens genannten Rechtsinstrumente ergangen sind. Dieses System ist öffentlich zugänglich und enthält Entscheidungen letztinstanzlicher Gerichte sowie des Gerichtshofs der Europäischen Gemeinschaften und andere besonders wichtige, rechtskräftig gewordene Entscheidungen, die in Anwendung dieses Übereinkommens, des Lugano-Übereinkommens von 1988 und der in Artikel 64 Absatz 1 dieses Übereinkommens genannten Rechtsinstrumente ergangen sind. Die Entscheidungen werden klassifiziert und mit einer Zusammenfassung versehen.

Die zuständigen Behörden der durch dieses Übereinkommen gebundenen Staaten übermitteln der Kommission auf der Grundlage dieses Systems die von den Gerichten dieser Staaten erlassenen vorgenannten Entscheidungen.

2. Der Kanzler des Gerichtshofs der Europäischen Gemeinschaften wählt die für die Anwendung des Übereinkommens besonders interessanten Fälle aus und legt diese gemäss Artikel 5 auf einer Sitzung der Sachverständigen vor.

3. Bis die Europäischen Gemeinschaften das System im Sinne von Absatz 1 eingerichtet haben, behält der Gerichtshof der Europäischen Gemeinschaften das System für den Austausch von Informationen über die in Anwendung dieses Übereinkommens sowie des Lugano-Übereinkommens von 1988 ergangenen Entscheidungen bei.

Art. 4

1. Es wird ein Ständiger Ausschuss eingesetzt, der aus den Vertretern der Vertragsparteien besteht.

2. Auf Antrag einer Vertragspartei beruft der Verwahrer des Übereinkommens Sitzungen des Ausschusses ein zu:
- einer Konsultation über das Verhältnis zwischen diesem Übereinkommen und anderen internationalen Rechtsinstrumenten;
- einer Konsultation über die Anwendung des Artikels 67 einschliesslich des beabsichtigten Beitritts zu Rechtsinstrumenten über ein besonderes Rechtsgebiet im Sinne von Artikel 67 Absatz 1 und Rechtsetzungsvorschlägen gemäss dem Protokoll 3;
- der Erwägung des Beitritts neuer Staaten. Der Ausschuss kann an beitretende Staaten im Sinne von Artikel 70 Absatz 1 Buchstabe c insbesondere Fragen über ihr Justizsystem und die Umsetzung dieses Übereinkommens richten. Der Ausschuss kann auch Anpassungen dieses Übereinkommens in Betracht ziehen, die für dessen Anwendung in den beitretenden Staaten notwendig sind;
- der Aufnahme neuer verbindlicher Sprachfassungen nach Artikel 73 Absatz 3 des Übereinkommens und den notwendigen Änderungen des Anhangs VIII;
- einer Konsultation über eine Revision des Übereinkommens gemäss Artikel 76;
- einer Konsultation über Änderungen der Anhänge I bis IV und des Anhangs VII gemäss Artikel 77 Absatz 1;
- der Annahme von Änderungen der Anhänge V und VI gemäss Artikel 77 Absatz 2;
- der Rücknahme von Vorbehalten und Erklärungen der Vertragsparteien nach Protokoll 1 und notwendigen Änderungen des Anhangs IX.

3. Der Ausschuss gibt sich eine Geschäftsordnung mit Regeln für seine Arbeitsweise und Beschlussfassung. Darin ist auch die Möglichkeit vorzusehen, dass Konsultation und Beschlussfassung im schriftlichen Verfahren erfolgen.

Art. 5

1. Der Verwahrer kann im Bedarfsfall eine Sitzung der Sachverständigen zu einem Meinungsaustausch über die Wirkungsweise des Übereinkommens einberufen, insbesondere über die Entwicklung der Rechtsprechung und neue Rechtsvorschriften, die die Anwendung des Übereinkommens beeinflussen können.

2. An der Sitzung nehmen Sachverständige der Vertragsparteien, der durch dieses Übereinkommen gebundenen Staaten, des Gerichtshofs der Europäischen Gemeinschaften und der Europäischen Freihandelsassoziation teil. Die Sitzung steht weiteren Sachverständigen offen, deren Anwesenheit zweckdienlich erscheint.

3. Probleme, die sich bei der Anwendung des Übereinkommens stellen, können dem Ständigen Ausschuss gemäss Artikel 4 zur weiteren Behandlung vorgelegt werden.

Protokoll 3 über die Anwendung von Artikel 67 des Übereinkommens

*Die Hohen Vertragsparteien
sind wie folgt übereingekommen:*

1. Für die Zwecke dieses Übereinkommens werden die Bestimmungen, die für besondere Rechtsgebiete die gerichtliche Zuständigkeit, die Anerkennung oder die Vollstreckung von Entscheidungen regeln und in Rechtsakten der Organe der Europäischen Gemeinschaften enthalten sind oder künftig darin enthalten sein werden, ebenso behandelt wie die in Artikel 67 Absatz 1 bezeichneten Übereinkünfte.

2. Ist eine Vertragspartei der Auffassung, dass eine Bestimmung eines vorgeschlagenen Rechtsakts der Organe der Europäischen Gemeinschaften mit dem Übereinkommen nicht vereinbar ist, so fassen die Vertragsparteien unbeschadet der Anwendung des in Protokoll 2 vorgesehenen Verfahrens unverzüglich eine Änderung nach Artikel 76 ins Auge.

3. Werden einige oder alle Bestimmungen, die in Rechtsakten der Organe der Europäischen Gemeinschaften im Sinne von Absatz 1 enthalten sind, von einer Vertragspartei oder mehreren Vertragsparteien gemeinsam in innerstaatliches Recht umgesetzt, werden diese Bestimmungen des innerstaatlichen Rechts in gleicher Weise behandelt wie die Übereinkünfte im Sinne von Artikel 67 Absatz 1 des Übereinkommens.

4. Die Vertragsparteien teilen dem Verwahrer den Wortlaut der in Absatz 3 genannten Bestimmungen mit. Dieser Mitteilung ist eine englische und französische Übersetzung beizufügen.

Anhang I[1]

Die innerstaatlichen Zuständigkeitsvorschriften im Sinne von Artikel 3 Absatz 2 und Artikel 4 Absatz 2 des Übereinkommens sind folgende:

- in Belgien: Artikel 5–14 des Gesetzes vom 16. Juli 2004 über Internationales Privatrecht,
- in Bulgarien: Artikel 4 Absatz 1 Nummer 2 des Gesetzbuchs über Internationales Privatrecht,
- in der Tschechischen Republik: Artikel 86 des Gesetzes Nr. 99/1963 Slg., Zivilprozessordnung (*občanský soudní řád*), in geänderter Fassung,

---

[1] Bereinigt gemäss den Mitteilungen der EU vom 28. März 2011 und der Schweiz vom 29. April 2011 (AS 2011 6059).

- in Dänemark: Artikel 246 Absätze 2 und 3 der Prozessordnung (*Lov om rettens pleje*),
- in Deutschland: § 23 der Zivilprozessordnung,
- in Estland: Artikel 86 der Zivilprozessordnung (*tsiviilkohtumenetluse seadustik*),
- in Griechenland: Artikel 40 der Zivilprozessordnung (Κώδικας Πολιτικής Δικονομίας),
- in Frankreich: Artikel 14 und 15 des Zivilgesetzbuches (*Code civil*),
- in Island: Artikel 32 Absatz 4 der Zivilprozessordnung (*Lög um meðferð einkamála nr. 91/1991*),
- in Irland: Vorschriften, nach denen die Zuständigkeit durch Zustellung eines verfahrenseinleitenden Schriftstücks an den Beklagten während dessen vorübergehender Anwesenheit in Irland begründet wird,
- in Italien: Artikel 3 und 4 des Gesetzes Nr. 218 vom 31. Mai 1995,
- in Zypern: Abschnitt 21 Absatz 2 des Gerichtsgesetzes Nr. 14 von 1960 in geänderter Fassung,
- in Lettland: Abschnitt 27 und Abschnitt 28 Absätze 3, 5, 6 und 9 der Zivilprozessordnung (*Civilprocesa likums*),
- in Litauen: Artikel 31 der Zivilprozessordnung (*Civilinio proceso kodeksas*),
- in Luxemburg: Artikel 14 und 15 des Zivilgesetzbuches (*Code civil*),
- in Ungarn: Artikel 57 der Gesetzesverordnung Nr. 13 von 1979 über Internationales Privatrecht (*a nemzetközi magánjogról szóló 1979. évi 13. törvényerejű rendelet*),
- in Malta: Artikel 742, 743 und 744 der Gerichtsverfassungs- und Zivilprozessordnung – Kapitel 12 (*Kodiċi ta' Organizzazzjoni u Proċedura Ċivili – Kap. 12*) und Artikel 549 des Handelsgesetzbuches – Kapitel 13 (*Kodiċi tal-kummerċ – Kap. 13*),
- in Norwegen: Abschnitt 4–3 Absatz 2 Satz 2 der Prozessordnung (*tvisteloven*),
- in Österreich: § 99 der Jurisdiktionsnorm,
- in Polen: Artikel 1103 Absatz 4 der Zivilprozessordnung (*Kodeks postępowania cywilnego*),
- in Portugal: Artikel 65 Absatz 1 Buchstabe b der Zivilprozessordnung (*Código de Processo Civil*), insofern als nach diesem Artikel ein exorbitanter Gerichtsstand begründet werden kann – zum Beispiel ist das Gericht des Ortes zuständig, an dem sich die Zweigniederlassung, Agentur oder sonstige Niederlassung befindet (sofern sie sich in Portugal befindet), wenn die (im Ausland befindliche) Hauptverwaltung Zustellungsadressat ist –, und Artikel 10 der Arbeitsprozessordnung (*Código de Processo de Trabalho*), insofern als nach diesem Artikel ein exorbitanter Gerichtsstand begründet werden kann – zum Beispiel ist in einem Verfahren, das ein Arbeitnehmer in Bezug auf einen individuellen

Arbeitsvertrag gegen einen Arbeitgeber angestrengt hat, das Gericht des Ortes zuständig, an dem der Kläger seinen Wohnsitz hat,
- in Rumänien: die Artikel 148–157 des Gesetzes Nr. 105/1992 über internationale privatrechtliche Beziehungen,
- in Slowenien: Artikel 48 Absatz 2 des Gesetzes über Internationales Privat- und Zivilprozessrecht (*Zakon o medarodnem zasebnem pravu in postopku*) in Bezug auf Artikel 47 Absatz 2 der Zivilprozessordnung (*Zakon o pravdnem postopku*) und Artikel 58 des Gesetzes über Internationales Privatrecht und die Prozessordnung (*Zakon o medarodnem zasebnem pravu in postopku*) in Bezug auf Artikel 59 der Zivilprozessordnung (*Zakon o pravdnem postopku*),
- in der Slowakei: die Artikel 37–37e des Gesetzes Nr. 97/1963 über Internationales Privatrecht und die entsprechenden Verfahrensvorschriften,
- in der Schweiz: Artikel 4 des Bundesgesetzes über das internationale Privatrecht[1] (Gerichtsstand des Arrestortes/for du lieu du séquestre/foro del luogo del sequestro),
- in Finnland: Kapitel 10 § 18 Absatz 1 Unterabsätze 1 und 2 der Prozessordnung (*oikeudenkäymiskaari/rättegångsbalken*),
- in Schweden: Kapitel 10 § 3 Absatz 1 Satz 1 der Prozessordnung (*rättegångsbalken*),
- im Vereinigten Königreich: Vorschriften, nach denen die Zuständigkeit begründet wird durch:
  a) die Zustellung eines verfahrenseinleitenden Schriftstücks an den Beklagten während dessen vorübergehender Anwesenheit im Vereinigten Königreich,
  b) das Vorhandensein von Vermögenswerten des Beklagten im Vereinigten Königreich oder
  c) die Beschlagnahme von Vermögenswerten im Vereinigten Königreich durch den Kläger.

Anhang II[2]

Anträge nach Artikel 39 des Übereinkommens sind bei folgenden Gerichten oder zuständigen Behörden einzureichen:
- in Belgien beim *tribunal de première instance* oder bei der *rechtbank van eerste aanleg* oder beim *erstinstanzlichen Gericht*,
- in Bulgarien beim *Окръжния съд*,

---

1 SR 291
2 Bereinigt gemäss den Mitteilungen der EU vom 28. März 2011 und der Schweiz vom 29. April 2011 (AS 2011 6059).

- in der Tschechischen Republik beim *Okresní soud* oder *soudní exekutor*,
- in Dänemark beim *Byret*,
- in Deutschland:
  a) beim Vorsitzenden einer Kammer des *Landgerichts*,
  b) bei einem Notar für die Vollstreckbarerklärung einer öffentlichen Urkunde,
- in Estland beim *Maakohus*,
- in Griechenland beim *Μονομελές Πρωτοδικείο*,
- in Spanien beim *Juzgado de Primera Instancia*,
- in Frankreich:
  a) beim *greffier en chef du tribunal de grande instance*,
  b) beim *président de la chambre départementale des notaires* im Falle eines Antrags auf Vollstreckbarerklärung einer notariellen öffentlichen Urkunde,
- in Irland beim *High Court*,
- in Island beim *héraðsdómur*,
- in Italien bei der *Corte d'appello*,
- in Zypern beim *Επαρχιακό Δικαστήριο* oder für Entscheidungen in Unterhaltssachen beim *Οικογενειακό Δικαστήριο*,
- in Lettland beim *Rajona (pilsētas) tiesa*,
- in Litauen beim *Lietuvos apeliacinis teismas*,
- in Luxemburg beim Präsidenten des *tribunal d'arrondissement*,
- in Ungarn beim *megyei bíróság székhelyén működő helyi bíróság* und in Budapest beim *Budai Központi Kerületi Bíróság*,
- in Malta beim *Prim' Awla tal-Qorti Ċivili* oder *Qorti tal-Maġistrati ta' Għawdex fil-ġurisdizzjoni superjuri tagħha*, oder für Entscheidungen in Unterhaltssachen beim *Reġistratur tal-Qorti* auf Befassung durch den *Ministru responsabbli għall-Ġustizzja*,
- in den Niederlanden beim *voorzieningenrechter van de rechtbank*,
- in Norwegen beim *Tingrett*,
- in Österreich beim *Bezirksgericht*,
- in Polen beim *Sąd Okręgowy*,
- in Portugal beim *Tribunal de Comarca*,
- in Rumänien beim *Tribunal*,
- in Slowenien beim *Okrožno sodišče*,
- in der Slowakei beim *okresný súd*,
- in der Schweiz beim *kantonalen Vollstreckungsgericht/tribunal cantonal de l'exécution/giudice cantonale dell'esecuzione*,
- in Finnland beim *Käräjäoikeus/tingsrätt*,

- in Schweden beim *Svea hovrätt*,
- im Vereinigten Königreich:
    a) in England und Wales beim *High Court of Justice* oder für Entscheidungen in Unterhaltssachen beim *Magistrates' Court* über den *Secretary of State*,
    b) in Schottland beim *Court of Session* oder für Entscheidungen in Unterhaltssachen beim *Sheriff Court* über die *Scottish Ministers*,
    c) in Nordirland beim *High Court of Justice* oder für Entscheidungen in Unterhaltssachen beim *Magistrates' Court* über den *Secretary of State*,
    d) in Gibraltar beim *Supreme Court of Gibraltar* oder für Entscheidungen in Unterhaltssachen beim *Magistrates' Court* über den *Attorney General of Gibraltar*.

Anhang III[1]

Die Rechtsbehelfe nach Artikel 43 Absatz 2 des Übereinkommens sind bei folgenden Gerichten einzulegen:

- in Belgien:
    a) im Falle des Schuldners beim *tribunal de première instance* oder bei der *rechtbank van eerste aanleg* oder beim *erstinstanzlichen Gericht*,
    b) im Falle des Antragstellers bei der *cour d'appel* oder beim *hof van beroep*,
- in Bulgarien beim *Апелативен съд – София*,
- in der Tschechischen Republik beim *Odvolací soud* (Berufungsgericht) über *Okresní soud* (Bezirksgericht),
- in Dänemark beim *landsret*,
- in Deutschland beim *Oberlandesgericht*,
- in Estland beim *Ringkonnakohus*,
- in Griechenland beim Εφετείο,
- in Spanien bei der *Audiencia Provincial* über das *Juzgado de Primera Instancia*, das die Entscheidung erlassen hat,
- in Frankreich:
    a) bei der *Cour d'appel* in Bezug auf Entscheidungen zur Genehmigung des Antrags,
    b) beim vorsitzenden Richter des *Tribunal de grande instance* in Bezug auf Entscheidungen zur Ablehnung des Antrags,
- in Irland beim *High Court*,

---

[1] Bereinigt gemäss den Mitteilungen der EU vom 28. März 2011 und der Schweiz vom 29. April 2011 (AS 2011 6059).

- in Island beim *héraðsdómur*,
- in Italien bei der *Corte d'appello*,
- in Zypern beim *Επαρχιακό Δικαστήριο* oder für Entscheidungen in Unterhaltssachen beim *Οικογενειακό Δικαστήριο*,
- in Lettland beim *Apgabaltiesa* über das *rajona (pilsētas) tiesa*,
- in Litauen beim *Lietuvos apeliacinis teismas*,
- in Luxemburg bei der *Cour supérieure de Justice* als Berufungsinstanz für Zivilsachen,
- in Ungarn bei dem Amtsgericht am Sitz des Landgerichts (in Budapest bei dem *Budai Központi Kerületi Bíróság*, dem zentralen Bezirksgericht von Buda); über den Rechtsbehelf entscheidet das Landgericht (in Budapest der *Fővárosi Bíróság*, das Hauptstadtgericht),
- in Malta beim *Qorti ta' l-Appell* nach dem in der Zivilprozessordnung (*Kodiċi ta' Organizzazzjoni u Proċedura Ċivili – Kap. 12*) festgelegten Verfahren oder für Entscheidungen in Unterhaltssachen durch *ċitazzjoni* vor dem *Prim' Awla tal-Qorti ivili jew il-Qorti tal-Maġistrati ta' Għawdex fil-ġurisdizzjoni superjuri tagħha'*,
- in den Niederlanden: die *rechtbank*,
- in Norwegen beim *lagmannsrett*,
- in Österreich beim *Landesgericht* über das *Bezirksgericht*,
- in Polen beim *Sąd Apelacyjny* über das *Sąd Okręgowy*,
- in Portugal beim *Tribunal da Relação* über das Gericht, das die Entscheidung erlassen hat,
- in Rumänien bei der *Curte de Apel*,
- in Slowenien beim *okrožno sodišče*,
- in der Slowakei beim Berufungsgericht, über das Bezirksgericht, gegen dessen Entscheidung Berufung eingelegt wird,
- in der Schweiz beim oberen Gericht des Kantons,
- in Finnland beim *hovioikeus/hovrätt*,
- in Schweden beim *Svea hovrätt*,
- im Vereinigten Königreich:
    a) in England und Wales beim *High Court of Justice* oder für Entscheidungen in Unterhaltssachen beim *Magistrates' Court*,
    b) in Schottland beim *Court of Session* oder für Entscheidungen in Unterhaltssachen beim *Sheriff Court*,
    c) in Nordirland beim *High Court of Justice* oder für Entscheidungen in Unterhaltssachen beim *Magistrates' Court*,
    d) in Gibraltar beim *Supreme Court of Gibraltar* oder für Entscheidungen in Unterhaltssachen beim *Magistrates' Court*.

Anhang IV

Nach Artikel 44 des Übereinkommens können folgende Rechtsbehelfe eingelegt werden:

- in Belgien, Griechenland, Spanien, Frankreich, Italien, Luxemburg und den Niederlanden: Kassationsbeschwerde,
- in Bulgarien: *обжалване пред Върховния касационен съд*,
- in der Tschechischen Republik: *dovolání* und *žaloba pro zmatečnost*,
- in Dänemark: ein Rechtsbehelf beim *højesteret* nach Genehmigung des *Procesbevillingsnævnet*,
- in Deutschland: Rechtsbeschwerde,
- in Estland: *kassatsioonikaebus*,
- in Irland: ein auf Rechtsfragen beschränkter Rechtsbehelf beim *Supreme Court*,
- in Island: ein Rechtsbehelf beim *Hæstiréttur*,
- in Zypern: ein Rechtsbehelf beim obersten Gericht,
- in Lettland: ein Rechtsbehelf beim *Augstākās tiesas Senāts* über das *Apgabaltiesa*,
- in Litauen: ein Rechtsbehelf beim *Lietuvos Aukščiausiasis Teismas*,
- in Ungarn: *felülvizsgálati kérelem*,
- in Malta: Es können keine weiteren Rechtsbehelfe eingelegt werden; bei Entscheidungen in Unterhaltssachen *Qorti ta' l-Appell* nach dem in der Gerichtsverfassungs- und Zivilprozessordnung (kodiċi ta' Organizzazzjoni u Procedura Ċivili – Kap. 12) für Rechtsbehelfe festgelegten Verfahren,
- in Norwegen: ein Rechtsbehelf beim *Høyesteretts Ankeutvalg* oder *Høyesterett*,
- in Österreich: *Revisionsrekurs*,
- in Polen: *skarga kasacyjna*,
- in Portugal: ein auf Rechtsfragen beschränkter Rechtsbehelf,
- in Rumänien: *contestatie in anulare* oder *revizuire*,
- in Slowenien: ein Rechtsbehelf beim *Vrhovno sodišče Republike Slovenije*,
- in der Slowakei: *dovolanie*,
- in der Schweiz: *Beschwerde beim Bundesgericht/recours devant le Tribunal fédéral/ricorso davanti al Tribunale federale*,
- in Finnland: ein Rechtsbehelf beim *korkein oikeus/högsta domstolen*,
- in Schweden: ein Rechtsbehelf beim *Högsta domstolen*,
- im Vereinigten Königreich: ein einziger auf Rechtsfragen beschränkter Rechtsbehelf.

Anhang V

Bescheinigung über Urteile und gerichtliche Vergleiche im Sinne der Artikel 54 und 58 des Übereinkommens über die gerichtliche Zuständigkeit und die Anerkennung und Vollstreckung von Entscheidungen in Zivil- und Handelssachen

1. Ursprungsstaat: ....
2. Gericht oder sonst befugte Stelle, das/die die vorliegende Bescheinigung ausgestellt hat
   2.1 Name: ....
   2.2 Anschrift: ....
   2.3 Tel./Fax/E-Mail: ....
3. Gericht, das die Entscheidung erlassen hat/vor dem der Prozessvergleich geschlossen wurde*
   3.1 Bezeichnung des Gerichts: ....
   3.2 Gerichtsort: ....
4. Entscheidung/Prozessvergleich*
   4.1 Datum: ....
   4.2 Aktenzeichen: ....
   4.3 Die Parteien der Entscheidung/des Prozessvergleichs*
       4.3.1 Name(n) des (der) Kläger(s): ....
       4.3.2 Name(n) des (der) Beklagten: ....
       4.3.3 gegebenenfalls Name(n) der anderen Partei(en): ....
   4.4 Datum der Zustellung des verfahrenseinleitenden Schriftstücks, wenn die Entscheidung in einem Verfahren ergangen ist, auf das sich der Beklagte nicht eingelassen hat
   4.5 Wortlaut des Urteilsspruchs/des Prozessvergleichs* in der Anlage zu dieser Bescheinigung
5. Namen der Parteien, denen Prozesskostenhilfe gewährt wurde: ....
....

Die Entscheidung/der Prozessvergleich* ist im Ursprungsstaat vollstreckbar (Art. 38 und 58 des Übereinkommens) gegen:
Name: ....

Geschehen zu ...., am ....
Unterschrift und/oder Dienstsiegel

....

* Nichtzutreffendes streichen.

Anhang VI

Bescheinigung über öffentliche Urkunden im Sinne des Artikels 57 Absatz 4 des Übereinkommens über die gerichtliche Zuständigkeit und die Anerkennung und Vollstreckung von Entscheidungen in Zivil- und Handelssachen

1. Ursprungsstaat: ....
2. Gericht oder sonst befugte Stelle, das/die die vorliegende Bescheinigung ausgestellt hat
   2.1 Name: ....
   2.2 Anschrift: ....
   2.3 Tel./Fax/E-Mail: ....
3. Befugte Stelle, aufgrund deren Mitwirkung eine öffentliche Urkunde vorliegt
   3.1 Stelle, die an der Aufnahme der öffentlichen Urkunde beteiligt war (falls zutreffend)
      3.1.1 Name und Bezeichnung dieser Stelle: ....
      3.1.2 Sitz dieser Stelle: ....
   3.2 Stelle, die die öffentliche Urkunde registriert hat (falls zutreffend)
      3.2.1 Art der Stelle: ....
      3.2.2 Sitz dieser Stelle: ....
4. Öffentliche Urkunde
   4.1 Bezeichnung der Urkunde: ....
   4.2 Datum:
      4.2.1 an dem die Urkunde aufgenommen wurde
      4.2.2 falls abweichend: an dem die Urkunde registriert wurde
   4.3 Aktenzeichen: ....
   4.4 Die Parteien der Urkunde
      4.4.1 Name des Gläubigers: ....
      4.4.2 Name des Schuldners: ....
5. Wortlaut der vollstreckbaren Verpflichtung in der Anlage zu dieser Bescheinigung
   Die öffentliche Urkunde ist im Ursprungsstaat gegen den Schuldner vollstreckbar (Art. 57 Abs. 1 des Übereinkommens)

Geschehen zu ...., am ....
Unterschrift und/oder Dienstsiegel

....

Anhang VII

Die nachstehenden Übereinkünfte werden gemäss Artikel 65 des Übereinkommens durch das Übereinkommen ersetzt:

- der am 19. November 1896[1] in Madrid unterzeichnete spanisch-schweizerische Vertrag über die gegenseitige Vollstreckung gerichtlicher Urteile und Entscheidungen in Zivil- und Handelssachen,
- der am 21. Dezember 1926[2] in Bern unterzeichnete Vertrag zwischen der Schweiz und der Tschechoslowakischen Republik über die Anerkennung und Vollstreckung gerichtlicher Entscheidungen mit Zusatzprotokoll,
- das am 2. November 1929[3] in Bern unterzeichnete deutsch-schweizerische Abkommen über die gegenseitige Anerkennung und Vollstreckung von gerichtlichen Entscheidungen und Schiedssprüchen,
- das am 16. März 1932 in Kopenhagen unterzeichnete Übereinkommen zwischen Dänemark, Finnland, Island, Norwegen und Schweden über die Anerkennung und Vollstreckung gerichtlicher Entscheidungen,
- das am 3. Januar 1933[4] in Rom unterzeichnete italienisch-schweizerische Abkommen über die Anerkennung und Vollstreckung gerichtlicher Entscheidungen,
- das am 15. Januar 1936[5] in Stockholm unterzeichnete schwedisch-schweizerische Abkommen über die Anerkennung und Vollstreckung von gerichtlichen Entscheidungen und Schiedssprüchen,
- das am 29. April 1959[6] in Bern unterzeichnete belgisch-schweizerische Abkommen über die Anerkennung und Vollstreckung von gerichtlichen Entscheidungen und Schiedssprüchen,
- der am 16. Dezember 1960[7] in Bern unterzeichnete österreichisch-schweizerische Vertrag über die Anerkennung und Vollstreckung gerichtlicher Entscheidungen,
- das am 12. Juni 1961 in London unterzeichnete britisch-norwegische Abkommen über die gegenseitige Anerkennung und Vollstreckung gerichtlicher Entscheidungen in Zivilsachen,

---

1 SR 0.276.193.321
2 SR 0.276.197.411
3 SR 0.276.191.361
4 SR 0.276.194.541
5 SR 0.276.197.141
6 SR 0.276.191.721
7 SR 0.276.191.632

- der am 17. Juni 1977 in Oslo unterzeichnete deutsch-norwegische Vertrag über die gegenseitige Anerkennung und Vollstreckung gerichtlicher Entscheidungen und anderer Schuldtitel in Zivil- und Handelssachen,
- das am 11. Oktober 1977 in Kopenhagen unterzeichnete Übereinkommen zwischen Dänemark, Finnland, Island, Norwegen und Schweden über die Anerkennung und Vollstreckung gerichtlicher Entscheidungen in Zivilsachen,
- das am 21. Mai 1984 in Wien unterzeichnete norwegisch-österreichische Abkommen über die Anerkennung und die Vollstreckung von Entscheidungen in Zivilsachen.

Anhang VIII

Sprachen im Sinne des Artikels 79 des Übereinkommens sind: Bulgarisch, Tschechisch, Dänisch, Niederländisch, Englisch, Estnisch, Finnisch, Französisch, Deutsch, Griechisch, Ungarisch, Isländisch, Irisch, Italienisch, Lettisch, Litauisch, Maltesisch, Norwegisch, Polnisch, Portugiesisch, Rumänisch, Slowakisch, Slowenisch, Spanisch und Schwedisch.

Anhang IX[1]

Die Staaten und Vorschriften im Sinne des Artikels II des Protokolls 1 sind folgende:
- Deutschland: §§ 68 und 72–74 der Zivilprozessordnung, die für die Streitverkündung gelten,
- Estland: Artikel 214 Absätze 3 und 4 und Artikel 216 der Zivilprozessordnung (*Tsiviilkohtumenetluse seadustik*), die für die Streitverkündung gelten,
- Lettland: Artikel 78–81 der Zivilprozessordnung (*Civilprocesa likums*), die für die Streitverkündung gelten,
- Litauen: Artikel 47 der Zivilprozessordnung (*Civilinio proceso kodeksas*),
- Ungarn: Artikel 58–60 der Zivilprozessordnung (*Polgári perrendtartás*), die für die Streitverkündung gelten,
- Österreich: § 21 der Zivilprozessordnung, der für die Streitverkündung gilt,
- Polen: Artikel 84–85 der Zivilprozessordnung (*Kodeks postępowania cywilnego*), die für die Streitverkündung (*przypozwanie*) gelten,
- Slowenien: Artikel 204 der Zivilprozessordnung (*Zakon o pravdnem postopku*), der für die Streitverkündung gilt.

---

1 Fassung gemäss Beschluss des Ständigen Ausschusses am 3. Mai 2011, in Kraft seit 3. Mai 2011 (AS 2011 6059).

Geltungsbereich am 3. März 2011[1]

Vertragsstaaten	Ratifikation		Inkrafttreten	
Dänemark[a]	24. September	2009	1. Januar	2010
Europäische Union*	18. Mai	2009	1. Januar	2010
Island	25. Februar	2011	1. Mai	2011
Norwegen	1. Juli	2009	1. Januar	2010
Schweiz*	20. Oktober	2010	1. Januar	2011

* Vorbehalte und Erklärungen.
 Die Vorbehalte und Erklärungen werden in der AS nicht veröffentlicht, mit Ausnahme jener der Schweiz. Die französischen Texte können auf der Internetseite des Depositars: www.eda.admin.ch/eda/fr/home/topics/intla/intrea/chdep/miscel/cvlug2.html eingesehen oder bei der Direktion für Völkerrecht, Sektion Staatsverträge, 3003 Bern bezogen werden.

a Das Übereinkommen gilt nicht für die Färöer-Inseln und Grönland

Vorbehalte und Erklärungen

Schweiz[2]

Die Schweizerische Eidgenossenschaft behält sich das in Artikel I Absatz 2 des Protokolls 1 vorgesehene Recht vor, für die Zustellung von Schriftstücken zwischen gerichtlichen Amtspersonen von und nach der Schweiz die Einhaltung abweichender Formen zu verlangen.

Die Schweizerische Eidgenossenschaft erklärt entsprechend Artikel III Absatz 1 des Protokolls 1, dass sie den folgenden Teilsatz der Bestimmung von Artikel 34 Absatz 2 nicht anwenden wird: «es sei denn, der Beklagte hat gegen die Entscheidung keinen Rechtsbehelf eingelegt, obwohl er die Möglichkeit dazu hatte».

---

1 AS 2010 5660 und 2011 1215. Eine aktualisierte Fassung des Geltungsbereiches findet sich auf der Internetseite des EDA (www.eda.admin.ch/vertraege).
2 Art. 1 Abs. 3 des BB vom 11. Dez. 2009 (AS 2010 5601)

Nr. 41 Übereinkommen über die Anerkennung und Vollstreckung ausländischer Schiedssprüche

Übersetzung[1]

Abgeschlossen in New York am 10. Juni 1958
Von der Bundesversammlung genehmigt am 2. März 1965[2]
Schweizerische Ratifikationsurkunde hinterlegt am 1. Juni 1965
In Kraft getreten für die Schweiz am 30. August 1965
(Stand am 17. Februar 2011)

SR 0.277.12

Art. I

1. Dieses Übereinkommen ist auf die Anerkennung und Vollstreckung von Schiedssprüchen anzuwenden, die in Rechtsstreitigkeiten zwischen natürlichen oder juristischen Personen in dem Hoheitsgebiet eines anderen Staates als desjenigen ergangen sind, in dem die Anerkennung und Vollstreckung nachgesucht wird. Es ist auch auf solche Schiedssprüche anzuwenden, die in dem Staat, in dem ihre Anerkennung und Vollstreckung nachgesucht wird, nicht als inländische anzusehen sind.

2. Unter «Schiedssprüchen» sind nicht nur Schiedssprüche von Schiedsrichtern, die für eine bestimmte Sache bestellt worden sind, sondern auch solche eines ständigen Schiedsgerichts, dem sich die Parteien unterworfen haben, zu verstehen.

3. Jeder Staat, der dieses Übereinkommen unterzeichnet oder ratifiziert, ihm beitritt oder dessen Ausdehnung gemäss Artikel X notifiziert, kann gleichzeitig auf der Grundlage der Gegenseitigkeit erklären, dass er das Übereinkommen nur auf die Anerkennung und Vollstreckung solcher Schiedssprüche anwenden werde, die in dem Hoheitsgebiet eines anderen Vertragsstaates ergangen sind. Er kann auch erklären, dass er das Übereinkommen nur auf Streitigkeiten aus solchen Rechtsverhältnissen, sei es vertraglicher oder nichtvertraglicher Art, anwenden werde, die nach seinem innerstaatlichen Recht als Handelssachen angesehen werden.

Art. II

1. Jeder Vertragsstaat erkennt eine schriftliche Vereinbarung an, durch die sich die Parteien verpflichten, alle oder einzelne Streitigkeiten, die zwischen ihnen aus einem bestimmten Rechtsverhältnis, sei es vertraglicher oder nichtvertraglicher Art, bereits

---

AS 1965 795; BBl 1964 II 605
[1] Der Originaltext findet sich unter der gleichen Nummer in der französischen Ausgabe dieser Sammlung.
[2] AS 1965 793

entstanden sind oder etwa künftig entstehen, einem schiedsrichterlichen Verfahren zu unterwerfen, sofern der Gegenstand des Streites auf schiedsrichterlichem Wege geregelt werden kann.

2. Unter einer «schriftlichen Vereinbarung» ist eine Schiedsklausel in einem Vertrag oder eine Schiedsabrede zu verstehen, sofern der Vertrag oder die Schiedsabrede von den Parteien unterzeichnet oder in Briefen oder Telegrammen enthalten ist, die sie gewechselt haben.

3. Wird ein Gericht eines Vertragsstaates wegen eines Streitgegenstandes angerufen, hinsichtlich dessen die Parteien eine Vereinbarung im Sinne dieses Artikels getroffen haben, so hat das Gericht auf Antrag einer der Parteien sie auf das schiedsrichterliche Verfahren zu verweisen, sofern es nicht feststellt, dass die Vereinbarung hinfällig, unwirksam oder nicht erfüllbar ist.

Art. III

Jeder Vertragsstaat erkennt Schiedssprüche als wirksam an und lässt sie nach den Verfahrensvorschriften des Hoheitsgebietes, in dem der Schiedsspruch geltend gemacht wird, zur Vollstreckung zu, sofern die in den folgenden Artikel festgelegten Voraussetzungen gegeben sind. Die Anerkennung oder Vollstreckung von Schiedssprüchen, auf die dieses Übereinkommen anzuwenden ist, darf weder wesentlich strengeren Verfahrensvorschriften noch wesentlich höheren Kosten unterliegen als die Anerkennung oder Vollstreckung inländischer Schiedssprüche.

Art. IV

1. Zur Anerkennung und Vollstreckung, die im vorangehenden Artikel erwähnt wird, ist erforderlich, dass die Partei, welche die Anerkennung und Vollstreckung nachsucht, zugleich mit ihrem Antrag vorlegt:

a. die gehörig beglaubigte (legalisierte) Urschrift des Schiedsspruchs oder eine Abschrift, deren Übereinstimmung mit einer solchen Urschrift ordnungsgemäss beglaubigt ist;

b. die Urschrift der Vereinbarung im Sinne des Artikels II oder eine Abschrift, deren Übereinstimmung mit einer solchen Urschrift ordnungsgemäss beglaubigt ist.

2. Ist der Schiedsspruch oder die Vereinbarung nicht in einer amtlichen Sprache des Landes abgefasst, in dem der Schiedsspruch geltend gemacht wird, so hat die Partei, die seine Anerkennung und Vollstreckung nachsucht, eine Übersetzung der erwähnten Urkunden in diese Sprache beizubringen. Die Übersetzung muss von einem amtlichen oder beeidigten Übersetzer oder von einem diplomatischen oder konsularischen Vertreter beglaubigt sein.

Art. V

1. Die Anerkennung und Vollstreckung des Schiedsspruches darf auf Antrag der Partei, gegen die er geltend gemacht wird, nur versagt werden, wenn diese Partei

der zuständigen Behörde des Landes, in dem die Anerkennung und Vollstreckung nachgesucht wird, den Beweis erbringt.

a. dass die Parteien, die eine Vereinbarung im Sinne des Artikels II geschlossen haben, nach dem Recht, das für sie persönlich massgebend ist, in irgendeiner Hinsicht hierzu nicht fähig waren, oder dass die Vereinbarung nach dem Recht, dem die Parteien sie unterstellt haben, oder, falls die Parteien hierüber nichts bestimmt haben, nach dem Recht des Landes, in dem der Schiedsspruch ergangen ist, ungültig ist, oder

b. dass die Partei, gegen die der Schiedsspruch geltend gemacht wird, von der Bestellung des Schiedsrichters oder von dem schiedsrichterlichen Verfahren nicht gehörig in Kenntnis gesetzt worden ist oder dass sie aus einem anderen Grund ihre Angriffs- oder Verteidigungsmittel nicht hat geltend machen können, oder

c. dass der Schiedsspruch eine Streitigkeit betrifft, die in der Schiedsabrede nicht erwähnt ist oder nicht unter die Bestimmungen der Schiedsklausel fällt, oder dass er Entscheidungen enthält, welche die Grenzen der Schiedsabrede oder der Schiedsklausel überschreiten; kann jedoch der Teil des Schiedsspruches, der sich auf Streitpunkte bezieht, die dem schiedsrichterlichen Verfahren unterworfen waren, von dem Teil, der Streitpunkte betrifft, die ihm nicht unterworfen waren, getrennt werden, so kann der erstgenannte Teil des Schiedsspruches anerkannt und vollstreckt werden, oder

d. dass die Bildung des Schiedsgerichtes oder das schiedsrichterliche Verfahren der Vereinbarung der Parteien oder, mangels einer solchen Vereinbarung, dem Recht des Landes, in dem das schiedsrichterliche Verfahren stattfand, nicht entsprochen hat, oder

e. dass der Schiedsspruch für die Parteien noch nicht verbindlich geworden ist oder dass er von einer zuständigen Behörde des Landes, in dem oder nach dessen Recht er ergangen ist, aufgehoben oder in seinen Wirkungen einstweilen gehemmt worden ist.

2. Die Anerkennung und Vollstreckung eines Schiedsspruches darf auch versagt werden, wenn die zuständige Behörde des Landes, in dem die Anerkennung und Vollstreckung nachgesucht wird, feststellt,

a. dass der Gegenstand des Streites nach dem Recht dieses Landes nicht auf schiedsrichterlichem Wege geregelt werden kann, oder

b. dass die Anerkennung oder Vollstreckung des Schiedsspruches der öffentlichen Ordnung dieses Landes widersprechen würde.

Art. VI

Ist bei der Behörde, die im Sinne des Artikels V Absatz 1 Buchstabe e zuständig ist, ein Antrag gestellt worden, den Schiedsspruch aufzuheben oder ihn in seinen Wirkungen einstweilen zu hemmen, so kann die Behörde, vor welcher der Schiedsspruch geltend gemacht wird, sofern sie es für angebracht hält, die Entscheidung über den Antrag, die Vollstreckung zuzulassen, aussetzen; sie kann aber auch auf Antrag der Partei, welche die Vollstreckung des Schiedsspruches begehrt, der andern Partei auferlegen, angemessene Sicherheit zu leisten.

Art. VII

1. Die Bestimmungen dieses Übereinkommens lassen die Gültigkeit mehrseitiger oder zweiseitiger Verträge, welche die Vertragsstaaten über die Anerkennung und Vollstreckung von Schiedssprüchen geschlossen haben, unberührt und nehmen keiner beteiligten Partei das Recht, sich auf einen Schiedsspruch nach Massgabe des innerstaatlichen Rechts oder der Verträge des Landes, in dem er geltend gemacht wird, zu berufen.

2. Das Genfer Protokoll über die Schiedsklauseln von 1923[1] und das Genfer Abkommen zur Vollstreckung ausländischer Schiedssprüche von 1927[2] treten zwischen den Vertragsstaaten in dem Zeitpunkt und in dem Ausmass ausser Kraft, in dem dieses Übereinkommen für sie verbindlich wird.

Art. VIII

1. Dieses Übereinkommen liegt bis zum 31. Dezember 1958 zur Unterzeichnung durch jeden Mitgliedstaat der Vereinten Nationen sowie durch jeden anderen Staat auf, der Mitglied einer Spezialorganisation der Vereinten Nationen oder Vertragspartei des Statutes des Internationalen Gerichtshofes[3] ist oder später wird oder an den eine Einladung der Generalversammlung der Vereinten Nationen ergangen ist.

2. Dieses Übereinkommen bedarf der Ratifizierung; die Ratifikationsurkunde ist bei dem Generalsekretär der Vereinten Nationen zu hinterlegen.

Art. IX

1. Alle in Artikel VIII bezeichneten Staaten können diesem Übereinkommen beitreten.

2. Der Beitritt erfolgt durch Hinterlegung einer Beitrittsurkunde bei dem Generalsekretär der Vereinten Nationen.

Art. X

1. Jeder Staat kann bei der Unterzeichnung, bei der Ratifizierung oder beim Beitritt erklären, dass dieses Übereinkommen auf alle oder auf einzelne der Gebiete ausgedehnt werde, deren internationale Beziehungen er wahrnimmt. Eine solche Erklä-

---

1 SR 0.277.11
2 [BS 12 392. AS 46 688, AS 2005 1513. AS 2009 4239].
3 SR 0.193.501

rung wird wirksam, sobald das Übereinkommen für den Staat, der sie abgegeben hat, in Kraft tritt.

2. Später kann dieses Übereinkommen auf solche Gebiete durch eine an den Generalsekretär der Vereinten Nationen gerichtete Notifikation ausgedehnt werden; die Ausdehnung wird am neunzigsten Tage, nachdem die Notifikation dem Generalsekretär der Vereinten Nationen zugegangen ist oder, sofern dieses Übereinkommen für den in Betracht kommenden Staat später in Kraft tritt, erst in diesem Zeitpunkt wirksam.

3. Hinsichtlich der Gebiete, auf welche dieses Übereinkommen bei der Unterzeichnung, bei der Ratifizierung oder beim Beitritt nicht ausgedehnt worden ist, wird jeder in Betracht kommende Staat die Möglichkeit erwägen, die erforderlichen Massnahmen zu treffen, um das Übereinkommen auf sie auszudehnen, und zwar mit Zustimmung der Regierungen dieser Gebiete, falls eine solche aus verfassungsrechtlichen Gründen notwendig sein sollte.

Art. XI

Für einen Bundesstaat oder einen Staat, der kein Einheitsstaat ist, gelten die folgenden Bestimmungen:

a. hinsichtlich der Artikel dieses Übereinkommens, die sich auf Gegenstände der Gesetzgebungsbefugnis des Bundes beziehen, sind die Verpflichtungen der Bundesregierung die gleichen wie diejenigen der Vertragsstaaten, die keine Bundesstaaten sind;

b. hinsichtlich solcher Artikel dieses Übereinkommens, die sich auf Gegenstände der Gesetzgebungsbefugnis der Gliedstaaten oder Provinzen beziehen, die nach der verfassungsrechtlichen Ordnung des Bundes nicht gehalten sind, Massnahmen im Wege der Gesetzgebung zu treffen, ist die Bundesregierung verpflichtet, die in Betracht kommenden Artikel den zuständigen Behörden der Gliedstaaten oder Provinzen so bald wie möglich befürwortend zur Kenntnis zu bringen;

c. ein Bundesstaat, der Vertragspartei dieses Übereinkommens ist, übermittelt auf das ihm von dem Generalsekretär der Vereinten Nationen zugeleitete Ersuchen eines anderen Vertragsstaates eine Darstellung des geltenden Rechts und der Übung innerhalb des Bundes und seiner Gliedstaaten oder Provinzen hinsichtlich einzelner Bestimmungen dieses Übereinkommens, aus der insbesondere hervorgeht, inwieweit diese Bestimmungen durch Massnahmen im Wege der Gesetzgebung oder andere Massnahmen wirksam geworden sind.

Art. XII

1. Dieses Übereinkommen tritt am neunzigsten Tage nach der Hinterlegung der dritten Ratifikations- oder Beitrittsurkunde in Kraft.

2. Für jeden Staat, der dieses Übereinkommen nach Hinterlegung der dritten Ratifikations- oder Beitrittsurkunde ratifiziert oder ihm beitritt, tritt es am neunzigsten Tage nach der Hinterlegung seiner Ratifikations- oder Beitrittsurkunde in Kraft.

Art. XIII

1. Jeder Vertragsstaat kann dieses Übereinkommen durch eine an den Generalsekretär der Vereinten Nationen gerichtete schriftliche Notifikation kündigen. Die Kündigung wird ein Jahr, nachdem die Notifikation dem Generalsekretär zugegangen ist, wirksam.

2. Jeder Staat, der gemäss Artikel X eine Erklärung abgegeben oder eine Notifikation vorgenommen hat, kann später jederzeit dem Generalsekretär der Vereinten Nationen notifizieren, dass die Ausdehnung des Übereinkommens auf das in Betracht kommende Gebiet ein Jahr, nachdem die Notifikation dem Generalsekretär zugegangen ist, ihre Wirkung verlieren soll.

3. Dieses Übereinkommen bleibt auf Schiedssprüche anwendbar, hinsichtlich derer ein Verfahren zum Zwecke der Anerkennung oder Vollstreckung eingeleitet worden ist, bevor die Kündigung wirksam wird.

Art. XIV

Ein Vertragsstaat darf sich gegenüber einem anderen Vertragsstaat nur insoweit auf dieses Übereinkommen berufen, als er selbst verpflichtet ist, es anzuwenden.

Art. XV

Der Generalsekretär der Vereinten Nationen notifiziert allen in Artikel VIII bezeichneten Staaten:

a. die Unterzeichnungen und Ratifikationen gemäss Artikel VIII;
b. die Beitrittserklärungen gemäss Artikel IX;
c. die Erklärungen und Notifikationen gemäss den Artikeln I, X und XI;
d. den Tag, an dem dieses Übereinkommen gemäss Artikel XII in Kraft tritt;
e. die Kündigungen und Notifikationen gemäss Artikel XIII.

Art. XVI

1. Dieses Übereinkommen, dessen chinesischer, englischer, französischer, russischer und spanischer Wortlaut in gleicher Weise massgebend ist, wird in dem Archiv der Vereinten Nationen hinterlegt.

2. Der Generalsekretär der Vereinten Nationen übermittelt den in Artikel VIII bezeichneten Staaten eine beglaubigte Abschrift dieses Übereinkommens.

(Es folgen die Unterschriften)

Geltungsbereich am 17. Februar 2011[1]

Vertragsstaaten	Ratifikation Beitritt (B) Nachfolgeerklä- rung (N)		Inkrafttreten	
Afghanistan*	30. November	2004 B	28. Februar	2005
Ägypten	9. März	1959 B	7. Juni	1959
Albanien	27. Juni	2001 B	25. September	2001
Algerien*	7. Februar	1989 B	8. Mai	1989
Antigua und Barbuda*	2. Februar	1989 B	3. Mai	1989
Argentinien*	14. März	1989	12. Juni	1989
Armenien*	29. Dezember	1997 B	29. März	1998
Aserbaidschan	29. Februar	2000 B	29. Mai	2000
Australien	26. März	1975 B	24. Juni	1975
Bahamas	20. Dezember	2006 B	20. März	2007
Bahrain*	6. April	1988 B	5. Juli	1988
Bangladesch	6. Mai	1992 B	4. August	1992
Barbados*	16. März	1993 B	14. Juni	1993
Belarus*	15. November	1960	13. Februar	1961
Belgien*	18. August	1975	16. November	1975
Benin	16. Mai	1974 B	14. August	1974
Bolivien	28. April	1995 B	27. Juli	1995
Bosnien und Herzegowina*	1. September	1993 N	6. März	1992
Botsuana*	20. Dezember	1971 B	19. März	1972
Brasilien	7. Juni	2002 B	5. September	2002
Brunei*	25. Juli	1996 B	23. Oktober	1996
Bulgarien*	10. Oktober	1961	8. Januar	1962
Burkina Faso	23. März	1987 B	21. Juni	1987
Chile	4. September	1975 B	3. Dezember	1975
China*	22. Januar	1987	22. April	1987
Hongkong	6. Juni	1997	1. Juli	1997
Macau	19. Juli	2005	19. Juli	2005
Cook-Inseln	12. Januar	2009 B	12. April	2009
Costa Rica	26. Oktober	1987	24. Januar	1988
Côte d'Ivoire	1. Februar	1991 B	2. Mai	1991
Dänemark*	22. Dezember	1972 B	22. März	1973

1 AS 1976 617, 1977 152, 1978 72, 1979 720, 1980 377, 1982 258 1940, 1983 1192, 1984 309, 1985 173, 1986 337, 1987 712, 1988 2072, 1990 716, 1993 2439, 2004 3889, 2007 13, 2008 4053 und 2011 875. Eine aktualisierte Fassung des Geltungsbereiches findet sich auf der Internetseite des EDA (http://www.eda.admin.ch/vertraege).

Vertragsstaaten	Ratifikation Beitritt (B) Nachfolgeerklärung (N)		Inkrafttreten	
Färöer	12. November	1975 B	10. Februar	1976
Grönland	12. November	1975 B	10. Februar	1976
Deutschland* **	30. Juni	1961	28. September	1961
Dominica	28. Oktober	1988 B	26. Januar	1989
Dominikanische Republik	11. April	2002 B	10. Juli	2002
Dschibuti	14. Juni	1983 N	27. Juni	1977
Ecuador*	3. Januar	1962	3. April	1962
El Salvador	26. Februar	1998	27. Mai	1998
Estland	30. August	1993 B	28. November	1993
Fidschi	27. September	2010 B	26. Dezember	2010
Finnland	19. Januar	1962	19. April	1962
Frankreich*	26. Juni	1959	24. September	1959
Alle Hoheitsgebiete der Französischen Republik	26. Juni	1959	24. September	1959
Gabun	15. Dezember	2006 B	15. März	2007
Georgien	2. Juni	1994 B	31. August	1994
Ghana	9. April	1968 B	8. Juli	1968
Griechenland*	16. Juli	1962 B	14. Oktober	1962
Guatemala*	21. März	1984 B	19. Juni	1984
Guinea	23. Januar	1991 B	23. April	1991
Haiti	5. Dezember	1983 B	4. März	1984
Heiliger Stuhl*	14. Mai	1975 B	12. August	1975
Honduras	3. Oktober	2000 B	1. Januar	2001
Indien*	13. Juli	1960	11. Oktober	1960
Indonesien*	7. Oktober	1981 B	5. Januar	1982
Iran*	15. Oktober	2001 B	13. Januar	2002
Irland*	12. Mai	1981 B	10. August	1981
Island	24. Januar	2002 B	24. April	2002
Israel	5. Januar	1959	7. Juni	1959
Italien	31. Januar	1969 B	1. Mai	1969
Jamaika*	10. Juli	2002 B	8. Oktober	2002
Japan*	20. Juni	1961 B	18. September	1961
Jordanien*	15. November	1979	13. Februar	1980
Kambodscha	5. Januar	1960 B	4. April	1960
Kamerun	19. Februar	1988 B	19. Mai	1988
Kanada*	12. Mai	1986 B	10. August	1986
Kasachstan	20. November	1995 B	18. Februar	1996
Katar	30. Dezember	2002 B	30. März	2003
Kenia*	10. Februar	1989 B	11. Mai	1989
Kirgisistan	18. Dezember	1996 B	18. März	1997

Vertragsstaaten	Ratifikation Beitritt (B) Nachfolgeerklärung (N)		Inkrafttreten	
Kolumbien	25. September	1979 B	24. Dezember	1979
Korea (Süd-)*	8. Februar	1973 B	9. Mai	1973
Kroatien	26. Juli	1993 N	8. Oktober	1991
Kuba*	30. Dezember	1974 B	30. März	1975
Kuwait*	28. April	1978 B	27. Juli	1978
Laos	17. Juni	1998 B	15. September	1998
Lesotho	13. Juni	1989 B	11. September	1989
Lettland	14. April	1992 B	13. Juli	1992
Libanon*	11. August	1998 B	9. November	1998
Liberia	16. September	2005 B	15. Dezember	2005
Litauen*	14. März	1995 B	12. Juni	1995
Luxemburg*	9. September	1983	8. Dezember	1983
Madagaskar*	16. Juli	1962 B	14. Oktober	1962
Malaysia*	5. November	1985 B	3. Februar	1986
Mali	8. September	1994 B	7. Dezember	1994
Malta*	22. Juni	2000 B	20. September	2000
Marokko*	12. Februar	1959 B	7. Juni	1959
Marshallinseln	21. Dezember	2006 B	21. März	2007
Mauretanien	30. Januar	1997 B	30. April	1997
Mauritius*	19. Juni	1996 B	17. September	1996
Mazedonien	10. März	1994 N	17. November	1991
Mexiko	14. April	1971 B	13. Juli	1971
Moldau*	18. September	1998 B	17. Dezember	1998
Monaco*	2. Juni	1982	31. August	1982
Mongolei*	24. Oktober	1994 B	22. Januar	1995
Montenegro*	23. Oktober	2006 N	3. Juni	2006
Mosambik*	11. Juni	1998 B	9. September	1998
Nepal*	4. März	1998 B	2. Juni	1998
Neuseeland*	6. Januar	1983 B	6. April	1983
Nicaragua	24. September	2003 B	23. Dezember	2003
Niederlande*	24. April	1964	23. Juli	1964
Curaçao	24. April	1964	23. Juni	1964
Sint Maarten	24. April	1964	23. Juni	1964
Suriname	24. April	1964	23. Juli	1964
Niger	14. Oktober	1964 B	12. Januar	1965
Nigeria*	17. März	1970 B	15. Juni	1970
Norwegen*	14. März	1961 B	12. Juni	1961
Oman	25. Februar	1999 B	26. Mai	1999
Österreich	2. Mai	1961 B	31. Juli	1961
Pakistan*	14. Juli	2005	12. Oktober	2005

Vertragsstaaten	Ratifikation Beitritt (B) Nachfolgeerklärung (N)		Inkrafttreten	
Panama	10. Oktober	1984 B	8. Januar	1985
Paraguay	8. Oktober	1997 B	6. Januar	1998
Peru	7. Juli	1988 B	5. Oktober	1988
Philippinen*	6. Juli	1967	4. Oktober	1967
Polen*	3. Oktober	1961	1. Januar	1962
Portugal*	18. Oktober	1994 B	16. Januar	1995
Ruanda	31. Oktober	2008 B	29. Januar	2009
Rumänien*	13. September	1961 B	12. Dezember	1961
Russland*	24. August	1960	22. November	1960
Sambia	14. März	2002 B	12. Juni	2002
San Marino	17. Mai	1979 B	15. August	1979
Saudi-Arabien*	19. April	1994 B	18. Juli	1994
Schweden	28. Januar	1972	27. April	1972
Schweiz	1. Juni	1965	30. August	1965
Senegal	17. Oktober	1994 B	15. Januar	1995
Serbien*	12. März	2001 N	27. April	1992
Simbabwe	29. September	1994 B	28. Dezember	1994
Singapur*	21. August	1986 B	19. November	1986
Slowakei*	28. Mai	1993 N	1. Januar	1993
Slowenien	6. Juli	1992 N	25. Juni	1991
Spanien	12. Mai	1977 B	10. August	1977
Sri Lanka	9. April	1962	8. Juli	1962
St. Vincent und die Grenadinen*	12. September	2000 B	11. Dezember	2000
Südafrika	3. Mai	1976 B	1. August	1976
Syrien	9. März	1959 B	7. Juni	1959
Tansania*	13. Oktober	1964 B	11. Januar	1965
Thailand	21. Dezember	1959 B	20. März	1960
Trinidad und Tobago*	14. Februar	1966 B	15. Mai	1966
Tschechische Republik*	30. September	1993 N	1. Januar	1993
Tunesien*	17. Juli	1967 B	15. Oktober	1967
Türkei*	2. Juli	1992 B	30. September	1992
Uganda*	12. Februar	1992 B	12. Mai	1992
Ukraine*	10. Oktober	1960	8. Januar	1961
Ungarn*	5. März	1962 B	3. Juni	1962
Uruguay	30. März	1983 B	28. Juni	1983
Usbekistan	7. Februar	1996 B	7. Mai	1996
Venezuela*	8. Februar	1995 B	9. Mai	1995
Vereinigte Arabische Emirate	21. August	2006 B	19. November	2006
Vereinigte Staaten*	30. September	1970 B	29. Dezember	1970
Alle Gebiete, deren internationale	3. November	1970 B	1. Februar	1971

Vertragsstaaten	Ratifikation Beitritt (B) Nachfolgeerklärung (N)		Inkrafttreten	
Beziehungen von den Vereinigten Staaten wahrgenommen werden				
Vereinigtes Königreich*	24. September	1975 B	23. Dezember	1975
Bermudas*	14. November	1979 B	12. Februar	1980
Gibraltar*	24. September	1975 B	23. Dezember	1975
Guernsey*	19. April	1985 B	18. Juli	1985
Insel Man*	22. Februar	1979 B	23. Mai	1979
Jersey	28. Mai	2002	28. Mai	2002
Kaimaninseln*	26. November	1980 B	24. Februar	1981
Vietnam*	12. September	1995 B	11. Dezember	1995
Zentralafrikanische Republik*	15. Oktober	1962 B	13. Januar	1963
Zypern*	29. Dezember	1980 B	29. März	1981

*   Vorbehalte und Erklärungen
** Einwendungen
Die Vorbehalte, Erklärungen und Einwendungen werden in der AS nicht veröffentlicht, mit Ausnahme jener der Schweiz. Die Originaltexte können unter: http://untreaty.un.org/ eingesehen oder bei der Direktion für Völkerrecht, Sektion Staatsverträge, 3003 Bern, bezogen werden.

B) Bilaterale Abkommen

a) Belgien

Nr. 42 Abkommen zwischen der Schweiz und Belgien über die Anerkennung und Vollstreckung von gerichtlichen Entscheidungen und Schiedssprüchen[1]

Übersetzung[2]

Abgeschlossen am 29. April 1959
Von der Bundesversammlung genehmigt am 21. Dezember 1959[3]
Ratifikationsurkunden ausgetauscht am 14. August 1962
In Kraft getreten am 15. Oktober 1962
(Stand am 1. Januar 2011)

SR 0.276.191.721

Der Schweizerische Bundesrat
und
Seine Majestät der König der Belgier,

von dem Wunsche geleitet, die Beziehungen zwischen den beiden Ländern im Hinblick auf die Anerkennung und Vollstreckung von gerichtlichen Entscheidungen und Schiedssprüchen zu regeln, haben beschlossen, hierüber ein Abkommen zu schliessen, und haben zu diesem Zwecke zu ihren Bevollmächtigten ernannt:

(Es folgen die Namen der Bevollmächtigten)

die nach Mitteilung ihrer Vollmachten, die in guter und gehöriger Form befunden worden sind, folgende Bestimmungen vereinbart haben:

Art. 1

[1] Die in einem der beiden Staaten gefällten gerichtlichen Entscheidungen in Zivil- und Handelssachen werden im andern Staat, selbst wenn sie durch ein Strafgericht gefällt wurden, anerkannt, falls sie folgende Voraussetzungen erfüllen:
a) die Anerkennung der Entscheidung muss mit der öffentlichen Ordnung des Staates, in dem die Entscheidung angerufen wird, vereinbar sein;
b) Die Entscheidung muss von einem nach den Bestimmungen des Artikels 2 zuständigen Gerichte gefällt sein;

AS 1962 894; BBl 1959 II 309
1 Das Übereink. vom 30. Okt. 2007 über die gerichtliche Zuständigkeit und die Anerkennung und Vollstreckung von Entscheidungen in Zivil- und Handelssachen (Lugano-Übereinkommen, LugÜ; SR 0.275.12) ersetzt im Rahmen seines Anwendungsbereichs dieses Abk. Vgl. Art. 65 und 66 sowie Anhang VII LugÜ.
2 Der Originaltext findet sich unter der gleichen Nummer in der französischen Ausgabe dieser Sammlung.
3 AS 1962 893

c) die Entscheidung darf nach dem Rechte des Staates, in dem sie ergangen ist, durch ordentliche Rechtsmittel nicht mehr anfechtbar sein;
d) im Falle eines Versäumnisurteils muss die den Prozess einleitende Verfügung oder Ladung dem Beklagten gemäss dem Rechte des Staates, wo die Entscheidung ergangen ist, und den allenfalls zwischen den beiden Ländern bestehenden Abkommen zugestellt worden sein und ihn rechtzeitig erreicht haben.

² Entscheidungen, die einen Arrest oder eine andere vorläufige oder sichernde Massnahme anordnen sowie Entscheidungen in Konkurs- oder Nachlassvertragssachen können auf Grund dieses Abkommens nicht anerkannt oder für vollstreckbar erklärt werden.

³ Entscheidungen von in der Schweiz zur Anordnung und Beaufsichtigung der Vormundschaft berufenen Verwaltungsbehörden werden hinsichtlich dieses Abkommens den gerichtlichen Entscheidungen gleichgestellt.

Art. 2

¹ Die Zuständigkeit der Gerichte des Staates, in dem die Entscheidung gefällt wurde, ist im Sinne von Artikel 1 Absatz 1 Bst. b in den folgenden Fällen begründet:

a) wenn der Beklagte im Zeitpunkt der Einleitung des Verfahrens seinen Wohnsitz in dem Staate hatte, wo die Entscheidung ergangen ist, oder wenn er, mangels eines Wohnsitzes in einem der beiden Staaten, seinen gewöhnlichen Aufenthalt in dem Staate hatte, wo die Entscheidung ergangen ist;
b) wenn der Beklagte sich durch eine Vereinbarung der Zuständigkeit des Gerichts unterworfen hat, das in der Sache erkannt hat, wobei eine solche Vereinbarung mindestens eine von der einen Partei schriftlich abgegebene, von der Gegenpartei angenommene Erklärung oder, im Falle einer mündlichen Vereinbarung, eine schriftliche, nicht angefochtene Bestätigung voraussetzt;
c) wenn der Beklagte zur Hauptsache verhandelt hat, ohne hinsichtlich der im Sinne dieses Abkommens zu verstehenden Zuständigkeit der Gerichte des Staates, wo die Entscheidung ergangen ist, einen Vorbehalt anzubringen.
d) im Falle einer mit der Hauptklage in rechtlichem Zusammenhange stehenden Widerklage, wenn das Gericht, welches die Entscheidung gefällt hat, im Sinne dieses Abkommens zuständig war, über die Hauptklage zu erkennen;
e) wenn der Beklagte, der im Staate, wo die Entscheidung ergangen ist, eine geschäftliche Niederlassung, Zweigniederlassung oder Agentur hat, dort für Streitigkeiten aus ihrem Betrieb belangt wurde;
f) wenn die Entscheidung den Ersatz von Schäden aus Unfällen betrifft, die sich im Staate, wo die Entscheidung ergangen ist, ereignet haben und die durch den Gebrauch von Strassenfahrzeugen verursacht wurden;
g) wenn die Entscheidung von einem Gerichte gefällt wurde, dessen Zuständigkeit durch ein zwischenstaatliches Abkommen vorgesehen ist, das selbst keine Bestimmungen über die Anerkennung und Vollstreckung enthält;

h) wenn die Klage ein dingliches Recht an einem Grundstück betraf, das im Staate gelegen ist, wo die Entscheidung gefällt wurde;

i) in Personenstands-, Handlungsfähigkeits- oder Familienrechtssachen von Angehörigen des Staates, wo die Entscheidung gefällt wurde;

j) in Erbschaftsstreitigkeiten zwischen den Erben einer Person, die ihren letzten Wohnsitz in dem Staate hatte, wo die Entscheidung ergangen ist, gleichgültig, ob zu dem Nachlass bewegliche oder unbewegliche Sachen gehören.

² Ungeachtet der Bestimmungen von Absatz 1 Bst. a, b, c, d und e dieses Artikels ist die Zuständigkeit der Gerichte des Staates, in welchem die Entscheidung gefällt wurde, im Sinne von Artikel 1 Absatz 1 Bst. b nicht begründet, wenn nach dem Rechte des Staates, in welchem die Entscheidung geltend gemacht wird, eine andere Gerichtsbarkeit ausschliesslich zuständig ist.

Art. 3

Die von den Gerichten des einen der beiden Staaten gefällten Entscheidungen, deren Anerkennung im andern Staat verlangt wird, dürfen nur daraufhin geprüft werden, ob die in Artikel 1 dieses Abkommens vorgesehenen Voraussetzungen erfüllt sind. Eine sachliche Nachprüfung dieser Entscheidungen darf in keinem Falle stattfinden.

Art. 4

Die von den Gerichten des einen der beiden Staaten gefällten Entscheidungen, welche die in Artikel 1 vorgesehenen Voraussetzungen erfüllen. können im andern Staate, nachdem sie für vollstreckbar erklärt wurden, zur Zwangsvollstreckung gelangen.

Art. 5

¹ In der Schweiz bestimmen sich die Zuständigkeit und das Verfahren für die Zwangsvollstreckung, wenn diese auf eine Geldzahlung oder Sicherheitsleistung gerichtet ist, nach der Bundesgesetzgebung über Schuldbetreibung und Konkurs und in den übrigen Fällen nach dem Prozessrechte des Kantons, wo die Vollstreckung stattfinden soll.

² In Belgien ist das Exequaturbegehren beim Gericht erster Instanz des Ortes, wo die Vollstreckung stattfinden soll, zu stellen.

³ Das Exequaturverfahren soll möglichst einfach, rasch und billig sein.

Art. 6

Die Partei, welche das Exequatur nachsucht, hat beizubringen:

a) das Original oder eine beweiskräftige Ausfertigung der Entscheidung;

b) eine Urkunde oder Bescheinigung darüber, dass die Entscheidung nach dem Rechte des Staates, in dem sie ergangen ist, durch ordentliche Rechtsmittel nicht mehr anfechtbar und dass sie vollstreckbar ist;
c) eine Urkunde oder Bescheinigung darüber, dass die Entscheidung der Partei, gegen welche die Vollstreckung verlangt wird, gemäss dem Rechte des Staates, wo sie ergangen ist, und den allenfalls zwischen den beiden Ländern bestehenden Abkommen eröffnet wurde;
d) im Falle eines Versäumnisurteils das Original oder eine als richtig bescheinigte Abschrift der Urkunden, aus denen hervorgeht, dass die säumige Partei gemäss den Erfordernissen von Artikel 1 Absatz 1 Bst. d geladen wurde.

2 Auf Verlangen der Behörde, bei der das Exequatur nachgesucht wird, ist überdies eine Übersetzung der in Absatz 1 dieses Artikels bezeichneten Urkunden beizubringen. Diese Übersetzung muss von einem diplomatischen oder konsularischen Vertreter eines der beiden Staaten oder von einem vereidigten Übersetzer eines der beiden Staaten als richtig bescheinigt sein.

3 Die gemäss diesem Artikel beizubringenden Urkunden bedürfen keiner Beglaubigung.

Art. 7

Die Prüfung des Exequaturbegehrens hat sich auf die in Artikel 1 dieses Abkommens vorgesehenen Voraussetzungen und auf die gemäss Artikel 6 beizubringenden Urkunden zu beschränken. Eine sachliche Nachprüfung der Entscheidung darf in keinem Falle stattfinden.

Art. 8

1 In Belgien ist gegen das Urteil über das Exequaturbegehren der Einspruch nicht zulässig, wohl aber kann das Urteil, falls es im kontradiktorischen Verfahren erlassen wurde, innerhalb von dreissig Tagen nach seiner Eröffnung und, falls es im Versäumnisverfahren erlassen wurde, innerhalb von dreissig Tagen nach seiner Zustellung mit der Berufung angefochten werden.

2 In der Schweiz kann der Entscheid über das Exequaturbegehren innerhalb von dreissig Tagen nach seiner Eröffnung mit staatsrechtlicher Beschwerde an das Bundesgericht angefochten werden.

Art. 9

1 Die in einem der beiden Staaten gefällten Schiedssprüche werden im andern Staat anerkannt und als vollstreckbar erklärt, wenn sie die in Artikel 1 Absatz 1 Bst. a, c und d vorgesehenen Voraussetzungen erfüllen und wenn ihre beigebrachte Ausfertigung als echt erscheint.

² Das Exequatur ist zu versagen, wenn der Schiedsspruch seine Vollstreckung an Bedingungen geknüpft hat, die im Zeitpunkt, in dem das Exequatur nachgesucht wird, nicht erfüllt sind.

³ Der Entscheid über das Exequaturbegehren ist mit den Rechtsmitteln anfechtbar, welche das Recht des Staates, wo er ergangen ist, vorsieht.

Art. 10

¹ Auf Antrag einer Prozesspartei haben sich die Gerichte eines jeden der beiden Staaten der Entscheidung in einer Streitsache zu enthalten, wenn wegen des gleichen Anspruchs und zwischen denselben Parteien bereits ein Verfahren vor einem Gericht des andern Staates hängig ist, vorausgesetzt, dass dieses Gericht im Sinne dieses Abkommens zuständig ist und eine Entscheidung fällen könnte, die im andern Staat anerkannt werden müsste.

² Die in der Gesetzgebung Belgiens und der Schweiz vorgesehenen vorläufigen oder sichernden Massnahmen können in dringlichen Fällen bei den Behörden eines jeden der beiden Staaten nachgesucht werden, gleichgültig, welches Gericht sich mit der Hauptsache befasst.

Art. 11

Dieses Abkommen ist auf die vor seinem Inkrafttreten gefällten gerichtlichen Entscheidungen und Schiedssprüche nicht anwendbar.

Art. 12

¹ Dieses Abkommen ist ohne Rücksicht auf die Staatsangehörigkeit der Parteien anzuwenden.

² Es schliesst die Anwendung anderer Abkommen oder Vereinbarungen, denen beide Staaten angehören oder angehören werden und welche die Anerkennung und Vollstreckung von gerichtlichen Entscheidungen und Schiedssprüchen regeln oder regeln werden, nicht aus.

Art. 13

Die Hohen vertragschliessenden Parteien behalten sich vor, im gemeinsamen Einverständnis durch Notenaustausch die Anwendbarkeit dieses Abkommens auf Belgisch-Kongo und das Gebiet von Ruanda-Urundi auszudehnen.

Art. 14

¹ Dieses Abkommen soll ratifiziert werden.

² Die Ratifikationsurkunden sollen sobald als möglich in Brüssel ausgetauscht werden.

³ Das Abkommen tritt zwei Monate nach dem Austausch der Ratifikationsurkunden in Kraft.

⁴ Es kann von jeder der Hohen vertragschliessenden Parteien gekündigt werden; es tritt ein Jahr nach der Kündigung ausser Kraft.

Zu Urkund dessen haben die Bevollmächtigten der beiden Hohen vertragschliessenden Parteien dieses Abkommen unterzeichnet und mit ihrem Siegel versehen.

So geschehen, in doppelter Ausfertigung, in Bern am neunundzwanzigsten April eintausendneunhundertneunundfünfzig.

Für die	*Für das*
Schweizerische Eidgenossenschaft:	*Königreich Belgien:*
Max Petitpierre	F. Seynaeve

b) Deutschland

Nr. 43 Übereinkunft zwischen der Schweizerischen Eidgenossenschaft und der Krone Württemberg betreffend die Konkursverhältnisse und gleiche Behandlung der beiderseitigen Staatsangehörigen in Konkursfällen (Konkursvertrag)

vom 12. Dezember 1825 / 13. Mai 1826

Solothurn BGS 233.21; Zürich LS 283.1

Art. 1

Die Regierung des Königreichs Württemberg und die Regierungen derjenigen Kantone der Schweizerischen Eidgenossenschaft, welche dem gegenwärtigen Staatsvertrag beigetreten sind, erkennen gegenseitig die Allgemeinheit des Konkursgerichtsstandes in dem Wohnorte des Gemeinschuldners an.

Art. 2

In den sich ergebenden Konkursfällen werden rücksichtlich aller und jeder hypothekarischen und nichthypothekarischen, privilegierten und nichtprivilegierten Forderungen, die Einwohner des Königreichs Württemberg und die Einwohner der genannten Kantone, nach gleichen Rechten, d.h. also behandelt und kolloziert, dass je die Angehörigen des einen Staats den Einheimischen im andern Staate gleich und – je nach Beschaffenheit ihrer Schuldforderungen – so gehalten werden sollen, wie es die Gesetze des Landes für die Einheimischen selbst vorschreiben.

Art. 3

Nach Ausbruch eines Konkurses sollen wechselseitig keine andern Arreste auf das Vermögen des Gemeinschuldners angelegt werden. als zugunsten der ganzen Masse.

Art. 4

Alle beweglichen und unbeweglichen Güter eines Gemeinschuldners, auf welchem Staatsgebiete sich dieselben immer befinden mögen, sollen in die allgemeine Konkursmasse fallen.

Art. 5

Wenn jedoch ein Gläubiger ein spezielles gerichtliches Unterpfand oder ein noch vorzüglicheres Recht auf ein unbewegliches Gut hat, welches ausserhalb desjenigen Staatsgebietes liegt, wo der Konkurs eröffnet wird, oder wenn ein bewegliches Vermögensstück sich als Pfand in den Händen eines Gläubigers befindet, so soll derselbe befugt sein, sein Recht an dem ihm verhafteten Gegenstande vor dem Richter und nach den Gesetzen desjenigen Staates, wo dieser Gegenstand sich befindet, geltend zu machen.

Ergibt sich nach Befriedigung des Gläubigers ein Mehrwert, so fliesst der Überschuss in die Konkursmasse, um nach den Gesetzen des Orts, wo die allgemeine Konkursverhandlung statt hat, unter die Gläubiger verteilt zu werden.

Reicht hingegen der Erlös des verhafteten, beweglichen oder unbeweglichen Gegenstandes zu voller Befriedigung des betreffenden Gläubigers nicht hin, so wird dieser für den Rest seiner Forderung an das allgemeine Konkursgericht gewiesen, um nach den dortigen Gesetzen mit den übrigen Gläubigern zu konkurrieren.

Art. 6

Die gegenwärtige Übereinkunft hat auf der einen Seite für den ganzen Umfang der Königlich württembergischen Lande und auf der andern für die im Eingang namentlich erwähnten eidgenössischen Stände verbindliche Kraft, und zwar von dem Tage an, wo die darüber ausgefertigten Erklärungen beider Teile gegenseitig ausgewechselt sein werden.

Art. 7

Gegen diejenigen Kantone der Schweizerischen Eidgenossenschaft, welche dem gegenwärtigen Vertrage noch nicht beigetreten sind, wird die Anwendung der obigen Artikel von demjenigen Zeitpunkt an stattfinden, wo sie ihren Beitritt, zu welchem sie von den kontrahierenden Teilen noch werden eingeladen werden, gegen die Königlich württembergische Regierung werden erklärt haben.

Geltungsbereich

1   Der Übereinkunft sind mit Ausnahme von Neuenburg und Schwyz alle Kantone beigetreten: «**Neuenburg** gab zu vernehmen, dass die Gesetze seines Standes über das Hypothekarwesen ihm den Beitritt nicht gestatten, dass er aber die Württemberger auf einem völlig gegenrechtlichen Fuss zu behandeln geneigt sei; in der Meinung, dass bei Konkursen, die im Königreich Württemberg eröffnet werden, die Angehörigen von Neuenburg den Württembergern gleich gehalten werden, und dass umgekehrt im Neuenburgischen die Angehörigen von Württemberg in gleichen Rechten mit denjenigen des Landes selbst stehen sollen. **Schwyz** schliesst sich dieser Erklärung von Neuenburg vollkommen an.» (Fussnote bei Wolf, Schweizerische Bundesgesetzgebung, III. Band, Basel 1908, S. 781.)

Nr. 44 Übereinkunft zwischen den schweizerischen Kantonen Zürich, Bern, Luzern, Unterwalden (ob und nid dem Wald), Freiburg, Solothurn, Basel (Stadt- und Landteil), Schaffhausen, St. Gallen, Graubünden, Aargau, Thurgau, Tessin, Waadt, Wallis, Neuenburg und Genf, sowie Appenzell A.-R. und dem Königreich Bayern über gleichmässige Behandlung der gegenseitigen Staatsangehörigen in Konkursfällen

vom 11. Mai / 27. Juni 1834

Freiburg BDLF 28.83; Zürich LS 283.2

A. Schweizerische Erklärung

Der Vorort der Schweizerischen Eidgenossenschaft erklärt infolge der zwischen der Königlich bayerischen Staatsregierung und den nachgenannten Schweizerkantonen Zürich, Bern, Luzern, Unterwalden, Freiburg, Solothurn, Basel, Schaffhausen, St. Gallen, Graubünden, Aargau, Thurgau, Tessin, Waadt, Wallis, Neuenburg und Genf, sowie Appenzell Ausser-Rhoden getroffenen Übereinkunft:

Dass in Insolvenzerklärungs- und Konkursfällen den Staatsangehörigen des Königreichs Bayern gleiche Konkurrenz und gleiche Klassifikationsrechte mit den Angehörigen jedes der kontrahierenden schweizerischen Kantone zustehen, und dass, von dem Augenblick der Insolvenzerklärung an, in den genannten Schweizerkantonen weder durch Arrest noch durch sonstige Verfügungen das bewegliche Vermögen des Zahlungsunfähigen zum Nachteil der Masse beschränkt werden soll, insofern auch den Angehörigen dieser Kantone eine gleiche Konkurrenz und ein gleiches Klassifikationsrecht in Bayern versichert und daselbst überhaupt, von dem Augenblick der Insolvenzerklärung an, weder durch Arrest noch durch sonstige Verfügungen das bewegliche Vermögen des Zahlungsunfähigen zum Nachteil der Masse beschränkt wird.

B. Königlich bayerische Erklärung

Das Königlich bayerische Staatsministerium des Königlichen Hauses und des Äussern erklärt infolge der zwischen der Königlichen Staatsregierung und den Schweizerkantonen Zürich, Bern, Luzern, Unterwalden, Freiburg, Solothurn, Basel, Schaffhausen, St. Gallen, Graubünden, Aargau, Thurgau, Tessin, Waadt, Wallis, Neuenburg und Genf, sowie Appenzell Ausser-Rhoden getroffenen Übereinkunft:

Dass in Insolvenzerklärungs- und Konkursfällen den Angehörigen der vorbenannten Kantone gleiche Konkurrenz und gleiche Klassifikationsrechte mit den Staatsangehörigen des Königreichs Bayern zustehen und dass, von dem Augenblick der Insolvenzerklärung an, im Königreiche weder durch Arrest noch durch sonstige Verfügungen das bewegliche Vermögen des Zahlungsunfähigen zum Nachteil der Masse beschränkt werden soll, insofern auch den bayerischen Staatsangehörigen eine gleiche Konkurrenz und ein gleiches Klassifikationsrecht in den gedachten Schweizerkantonen versichert und daselbst überhaupt, von dem Augenblick der Insolvenzerklärung an, weder durch Arrest noch durch sonstige Verfügungen das bewegliche Vermögen des Zahlungsunfähigen zum Nachteil der Masse beschränkt wird.

1 «Nachträglich traten bei: **Uri** und **Zug** laut Kreisschreiben vom 3. September 1834 E. B. II. 330 und **Glarus** am 30. November 1859 A. S. a. F. VI 368.» (Fussnote bei Zürich LS 283.2)
2 [früher 1] Vgl. BGE 34 I 530.

Nr. 45 Übereinkunft zwischen den schweizerischen Kantonen Zürich, Bern, Luzern, Uri, Schwyz, Zug, Freiburg, Solothurn, Basel (beide Landesteile), Schaffhausen, Graubünden, Aargau, Thurgau, Tessin, Waadt, Wallis, Neuenburg und Genf, sowie Appenzell A.-R. einer- und dem Königreiche Sachsen anderseits über gleichmässige Behandlung der gegenseitigen Staatsangehörigen in Konkursfällen

vom 4./18. Februar 1837

Freiburg BDLF 28.84; Zürich Rb. S. 232

A. Schweizerische Erklärung

Nachdem zwischen der Königlich sächsischen Staatsregierung und den nachstehenden Schweizerkantonen Zürich, Bern, Luzern, Uri, Schwyz, Zug, Freiburg, Solothurn, Basel (beide Landesteile), Schaffhausen, Graubünden, Aargau, Thurgau, Tessin, Waadt, Wallis, Neuenburg und Genf, sowie Appenzell Ausser-Rhoden in bezug auf gleiche Behandlung der beiderseitigen Staatsangehörigen in Konkursfällen eine Übereinkunft getroffen worden ist, so erklärt der eidgenössische Vorort:

Art. 1
In allen in dem einen oder andern Staatsgebiete sich ergebenden Konkursfällen werden rücksichtlich aller und jeder hypothekarischen und nichthypothekarischen, privilegierten und nichtprivilegierten Forderungen, die Einwohner des Königreichs Sachsen und die Einwohner der genannten Kantone nach gleichen Rechten, d.h. also behandelt und kolloziert, dass die Angehörigen des einen Staates den Einheimischen im andern Staate gleich und nach Beschaffenheit ihrer Schuldforderungen so gehalten werden sollen, wie es die Gesetze des Landes für die Einheimischen selbst vorschreiben.

Art. 2
Die gegenwärtige Übereinkunft hat auf der einen Seite für den ganzen Umfang der Königlich-Sächsischen Lande, und auf der andern für die im Eingang namentlich erwähnten eidgenössischen Stände verbindliche Kraft, und zwar von dem Tage an, wo die darüber ausgefertigten Erklärungen beider Teile gegenseitig ausgewechselt sein werden.

Art. 3
Gegen diejenigen Kantone der Schweizerischen Eidgenossenschaft, welche dem gegenwärtigen Vertrage noch nicht beigetreten sind, wird die Anwendung der obi-

gen Artikel von demjenigen Zeitpunkte an stattfinden, wo sie ihren Beitritt, zu welchem sie von den kontrahierenden Teilen noch werden eingeladen werden, durch Dazwischenkunft des eidgenössischen Vororts gegen die Königlich-Sächsische Regierung werden erklärt haben.

B. Königlich-Sächsische Erklärung

Nachdem zwischen der Königlich-Sächsischen Staatsregierung und den nachstehenden Schweizerkantonen Zürich, Bern, Luzern, Uri, Schwyz, Zug, Freiburg, Solothurn, Basel (beide Landesteile), Schaffhausen, Graubünden, Aargau, Thurgau, Tessin, Waadt, Wallis, Neuenburg und Genf, sowie Appenzell Ausser-Rhoden, in bezug auf gleiche Behandlung der beiderseitigen Staatsangehörigen in Konkursfällen eine Übereinkunft getroffen worden ist, so erklärt die Königlich-Sächsische Regierung:

Art. 1

In allen in dem einen oder andern Staatsgebiete sich ergebenden Konkursfällen werden rücksichtlich aller und jeder hypothekarischen und nichthypothekarischen, privilegierten und nichtprivilegierten Forderungen, die Einwohner des Königreichs Sachsen und die Einwohner der genannten Kantone nach gleichen Rechten, das heisst also behandelt und kolloziert, dass die Angehörigen des einen Staates den Einheimischen im andern Staate gleich und – nach Beschaffenheit ihrer Schuldforderungen – so gehalten werden sollen, wie es die Gesetze des Landes für die Einheimischen selbst vorschreiben.

Art. 2

Die gegenwärtige Übereinkunft hat auf der einen Seite für den ganzen Umfang der Königlich-Sächsischen Lande, und auf der andern für die im Eingang namentlich erwähnten eidgenössischen Stände verbindliche Kraft, und zwar von dem Tage an, wo die darüber ausgefertigten Erklärungen beider Teile gegenseitig ausgewechselt sein werden.

Art. 3

Gegen diejenigen Kantone der Schweizerischen Eidgenossenschaft, welche dem gegenwärtigen Vertrage noch nicht beigetreten sind, wird die Anwendung der obigen Artikel von demjenigen Zeitpunkte an stattfinden, wo sie ihren Beitritt, zu welchem sie von den kontrahierenden Teilen noch eingeladen werden, durch Dazwischenkunft des eidgenössischen Vororts gegen die Königlich-Sächsische Regierung werden erklärt haben.

1 **Glarus** trat dieser Übereinkunft am 19. November 1859 bei (A. S. a. F. III. 369).

Nr. 46 Abkommen zwischen der Schweizerischen Eidgenossenschaft und dem Deutschen Reich über die gegenseitige Anerkennung und Vollstreckung von gerichtlichen Entscheidungen und Schiedssprüchen[1]

Abgeschlossen am 2. November 1929
Von der Bundesversammlung genehmigt am 14. März 1930[2]
Ratifikationsurkunden ausgetauscht am 1. September 1930
In Kraft getreten am 1. Dezember 1930
(Stand am 1. Januar 2011)

SR 0.276.191.361

Der Schweizerische Bundesrat
und
der Deutsche Reichspräsident,

von dem Wunsche geleitet, zur Förderung der rechtlichen Beziehungen zwischen der Schweizerischen Eidgenossenschaft und dem Deutschen Reich die gegenseitige Anerkennung und Vollstreckung von gerichtlichen Entscheidungen und Schiedssprüchen zu regeln, haben beschlossen, hierüber ein Abkommen zu schliessen.

Zu diesem Zwecke haben sie zu Bevollmächtigten ernannt:

(Es folgen die Namen der Bevollmächtigten)

die nach Prüfung ihrer Vollmachten, die in guter und gehöriger Form befunden worden sind, folgendes vereinbart haben:

Art. 1

Die im Prozessverfahren über vermögensrechtliche Ansprüche ergangenen rechtskräftigen Entscheidungen der bürgerlichen Gerichte des einen Staates werden ohne Unterschied ihrer Benennung (Urteile, Beschlüsse, Vollstreckungsbefehle), jedoch mit Ausnahme der Arreste und einstweiligen Verfügungen, und ohne Rücksicht auf die Staatsangehörigkeit der an dem Rechtsstreit beteiligten Parteien im Gebiete des andern Staates anerkannt, wenn für die Gerichte des Staates, in dessen Gebiet die

---

BS 12 359; BBl 1929 III 531

1 Das Übereink. vom 30. Okt. 2007 über die gerichtliche Zuständigkeit und die Anerkennung und Vollstreckung von Entscheidungen in Zivil- und Handelssachen (Lugano-Übereinkommen, LugÜ; SR 0.275.12) ersetzt im Rahmen seines Anwendungsbereichs dieses Abk. Vgl. Art. 65 und 66 sowie Anhang VII LugÜ.
2 AS 46 497

Entscheidung gefällt wurde, eine Zuständigkeit nach Massgabe des Artikels 2 begründet war und nicht nach dem Rechte des Staates, in dessen Gebiet die Entscheidung geltend gemacht wird, für dessen Gerichte eine ausschliessliche Zuständigkeit besteht.

Art. 2

Die Zuständigkeit der Gerichte des Staates, in dem die Entscheidung gefällt wurde, ist im Sinne des Artikels 1 begründet, wenn sie in einer staatsvertraglichen Bestimmung vorgesehen oder eine der folgenden Voraussetzungen erfüllt ist:

1. wenn der Beklagte zur Zeit der Klageerhebung oder zur Zeit der Erlassung der Entscheidung seinen Wohnsitz oder die beklagte juristische Person ihren Sitz in diesem Staate hatte,
2. wenn sich der Beklagte durch eine ausdrückliche Vereinbarung der Zuständigkeit des Gerichts, das die Entscheidung gefällt hat, unterworfen hatte;
3. wenn der Beklagte sich vorbehaltlos auf den Rechtsstreit eingelassen hatte;
4. wenn der Beklagte am Orte seiner geschäftlichen Niederlassung oder Zweigniederlassung für Ansprüche aus dem Betriebe dieser Niederlassung belangt worden ist;
5. für eine Widerklage, wenn der Gegenanspruch mit dem in der Klage geltend gemachten Anspruch oder mit den gegen diesen vorgebrachten Verteidigungsmitteln in rechtlichem Zusammenhange steht.

Art. 3

Die in nichtvermögensrechtlichen Streitigkeiten zwischen Angehörigen eines der beiden Staaten oder beider Staaten ergangenen rechtskräftigen Entscheidungen der bürgerlichen Gerichte des einen Staates werden im Gebiete des anderen Staates anerkannt, es sei denn, dass an dem Rechtsstreit ein Angehöriger des Staates, in dem die Entscheidung geltend gemacht wird, beteiligt war und nach dem Rechte dieses Staates die Zuständigkeit eines Gerichts des anderen Staates nicht begründet war. Dies gilt auch insoweit, als die in einer nichtvermögensrechtlichen Streitigkeit ergangene Entscheidung sich auf einen vermögensrechtlichen Anspruch mit erstreckt, der von dem in ihr festgestellten Rechtsverhältnis abhängt.

Art. 4

Die Anerkennung ist zu versagen, wenn durch die Entscheidung ein Rechtsverhältnis zur Verwirklichung gelangen soll, dem im Gebiete des Staates, wo die Entscheidung geltend gemacht wird, aus Rücksichten der öffentlichen Ordnung oder der Sittlichkeit die Gültigkeit, Verfolgbarkeit oder Klagbarkeit versagt ist.

Sie ist ferner zugunsten eines inländischen Beteiligten zu versagen, wenn in der Entscheidung bei Beurteilung seiner Handlungsfähigkeit oder seiner gesetzlichen Vertretung oder bei Beurteilung eines für den Anspruch massgebenden familien- oder erbrechtlichen Verhältnisses oder der dafür massgebenden Feststellungen des Todes einer Person zu seinem Nachteil andere als die nach dem Rechte des Staates, wo die Entscheidung geltend gemacht wird, anzuwendenden Gesetze zugrunde gelegt sind.

Hat sich der Beklagte auf den Rechtsstreit nicht eingelassen, so ist die Anerkennung zu versagen, wenn die Zustellung der den Rechtsstreit einleitenden Ladung oder Verfügung an den Beklagten oder seinen zur Empfangnahme berechtigten Vertreter nicht rechtzeitig oder lediglich im Wege der öffentlichen Zustellung oder im Auslande auf einem anderen Wege als dem der Rechtshilfe bewirkt worden ist.

Art. 5

Das Gericht des Staates, wo die Entscheidung geltend gemacht wird, ist bei der Prüfung der die Zuständigkeit eines Gerichts des anderen Staates begründenden Tatsachen und der Versagungsgründe an die tatsächlichen Feststellungen der Entscheidung nicht gebunden. Eine weitere Nachprüfung der Gesetzmässigkeit der Entscheidung findet nicht statt.

Art. 6

Die Entscheidungen der Gerichte des einen Staates, die nach den vorstehenden Bestimmungen im Gebiete des anderen Staates anzuerkennen sind, werden auf Antrag einer Partei von der zuständigen Behörde dieses Staates für vollstreckbar erklärt. Vor der Entscheidung ist der Gegner zu hören. Die Vollstreckbarerklärung hat in einem möglichst einfachen und schleunigen Verfahren zu erfolgen.

Die Vollziehung der für vollstreckbar erklärten Entscheidung bestimmt sich nach dem Rechte des Staates, in dem die Vollstreckung beantragt wird.

Art. 7

Die Partei, die für eine Entscheidung die Vollstreckbarerklärung nachsucht, hat beizubringen:
1. eine vollständige Ausfertigung der Entscheidung; die Rechtskraft der Entscheidung ist, soweit sie sich nicht schon aus der Ausfertigung ergibt, durch öffentliche Urkunden nachzuweisen;
2. die Urschrift oder eine beglaubigte Abschrift der Urkunden, aus denen sich die der Vorschrift des Artikels 4 Abs. 3 entsprechende Ladung der nichterschienenen Partei ergibt.

Auf Verlangen der Behörde, bei der die Vollstreckbarerklärung beantragt wird, ist eine Übersetzung der im Abs. 1 bezeichneten Urkunden in die amtliche Sprache dieser Behörde beizubringen. Diese Übersetzung muss von einem diplomatischen oder konsularischen Vertreter oder einem beeidigten Dolmetscher eines der beiden Staaten als richtig bescheinigt sein.

Art. 8

Die in einem gerichtlichen Güteverfahren (Sühneverfahren) oder nach Erhebung der Klage vor einem bürgerlichen Gericht abgeschlossenen oder von einem solchen bestätigten Vergleiche stehen, vorbehaltlich der Bestimmung des Artikels 4 Abs. 1 hinsichtlich ihrer Vollstreckbarkeit anzuerkennenden gerichtlichen Entscheidungen im Sinne der Artikel 6 und 7 gleich.

Art. 9

Hinsichtlich der Anerkennung und Vollstreckung von Schiedssprüchen gilt im Verhältnis zwischen den beiden Staaten das in Genf zur Zeichnung aufgelegte Abkommen zur Vollstreckung ausländischer Schiedssprüche vom 26. September 1927[1] mit der Massgabe, dass es ohne Rücksicht auf die im Artikel 1 Abs. 1 daselbst enthaltenen Beschränkungen auf alle in einem der beiden Staaten ergangenen Schiedssprüche Anwendung findet.

Zum Nachweis, dass der Schiedsspruch eine endgültige Entscheidung im Sinne des Artikels 1 Abs. 2 lit. d des vorbezeichneten Abkommens darstellt, genügt in Deutschland eine Bescheinigung der Geschäftsstelle des Gerichts, bei dem der Schiedsspruch niedergelegt ist, in der Schweiz eine Bescheinigung der zuständigen Behörde des Kantons, in dem der Schiedsspruch ergangen ist.

Vor einem Schiedsgericht abgeschlossene Vergleiche werden in derselben Weise wie Schiedssprüche vollstreckt.

Art. 10

Dieses Abkommen soll ratifiziert werden. Die Ratifikationsurkunden sollen sobald als möglich in Berlin ausgetauscht werden.

Das Abkommen tritt drei Monate nach dem Austausch der Ratifikationsurkunden in Kraft. Es findet keine Anwendung auf Entscheidungen, die vor seinem Inkrafttreten rechtskräftig geworden sind, und auf Vergleiche, die vor diesem Zeitpunkt zustande gekommen sind.

Das Abkommen kann von jedem der vertragschliessenden Staaten gekündigt werden. Es bleibt jedoch nach erfolgter Kündigung noch sechs Monate in Kraft.

Zu Urkund dessen haben die Bevollmächtigten dieses Abkommen unterzeichnet. Ausgefertigt in doppelter Urschrift in Bern am 2. November 1929.

Rüfenacht *Martius*
Kuhn *Volkmar*
Alexander

---

1 [BS 12 392. AS 2009 4239]. Siehe heute das Übereink. vom 10. Juni 1958 über die Anerkennung und Vollstreckung ausländischer Schiedssprüche (SR 0.277.12).

c) Italien

Nr. 47 Auszug aus dem Niederlassungs- und Konsularvertrag zwischen der Schweiz und Italien

Übersetzung[1]
Abgeschlossen am 22. Juli 1868
Von der Bundesversammlung genehmigt am 18. Dezember 1868[2]
Ratifikationsurkunden ausgetauscht am 1. Mai 1869
In Kraft getreten am 1. Mai 1869
(Stand am 1. September 2008)

SR 0.142.114.541

Art. 9[3] [4]

Die Zitationen oder Notifikationen von Akten, die Depositionen oder Verhöre der Zeugen, die Berichte der Experten, die gerichtlichen Verhörakten und überhaupt alle Aktenstücke, welche in Zivil- oder Straffällen im Wege von Rogatorien von Gerichtsbehörden des einen Landes auf dem Gebiete des andern erhoben werden, dürfen auf ungestempeltes Papier geschrieben werden und sind kostenfrei auszufertigen.

Diese Bestimmung bezieht sich jedoch nur auf die in solchen Fällen den betreffenden Regierungen zukommenden Gebühren und betrifft weder die den Zeugen gehörigen Entschädigungen noch die Emolumente, welche Beamte oder Sachwalter jedes Mal zu fordern berechtigt sind, wenn ihre Dazwischenkunft in einem gegebenen Falle gesetzlich notwendig wird.

BS 11 671; BBl 1868 III 416 433 863 876

1 Der Originaltext findet sich unter der gleichen Nummer in der französischen Ausgabe dieser Sammlung.
2 Art. 1 Bst. c des BB vom 18. Dez. 1868 (AS IX 654)
3 Siehe auch Art. III des Prot. vom 1. Mai 1869 betreffend der am 22. Juli 1868 in Bern und Florenz zwischen der Schweiz und Italien abgeschlossenen und unterzeichneten Verträge und Übereinkünfte (SR 0.142.114.541.1).
4 Für die Rechtshilfe in Strafsachen sind das Europäische Überein. vom 20. April 1959 über die Rechtshilfe in Strafsachen (SR 0.351.1) sowie der Vertrag vom 10. Sept. 1998 zwischen der Schweiz und Italien zur Ergänzung des Europäischen Überein. über die Rechtshilfe in Strafsachen vom 20. April 1959 und zur Erleichterung seiner Anwendung (SR 0.351.945.41) anwendbar.

Nr. 48 — Auszug aus dem Protokoll betreffend die Vollziehung der am 22. Juli 1868 in Bern und in Florenz zwischen der Schweiz und Italien abgeschlossenen und unterzeichneten Verträge und Übereinkünfte

SR 0.142.114.541.1

Übersetzung[1]

Abgeschlossen am 1. Mai 1869
In Kraft getreten am 1. Mai 1869

Art. III[2]

Behufs der Vollziehung des Artikels 9 des nämlichen Vertrags ist vereinbart worden, dass die Appellationshöfe des Königreichs, das Bundesgericht und das Obergericht jedes eidgenössischen Standes fortan direkt miteinander korrespondieren können in Bezug auf alles, was die Zusendung und die Erledigung von Rogatorien in Zivil- oder Strafsachen betrifft.

Geldbeträge, welche den Rogatorien oder den auf deren Vollziehung bezüglichen Aktenstücken beigefügt werden müssen, sind durch Postmandate, lautend an die Ordre der Behörden, an welche jene Wertbeträge gerichtet sind, zu übermitteln.

Es ist wohl verstanden, dass die direkte Korrespondenz zwischen den Gerichten und den obgenannten Appellationshöfen niemals stattfinden darf mit Bezug auf Auslieferungsbegehren, für welche in allen Beziehungen die Bestimmungen der diese Materie beschlagenden Übereinkunft zu befolgen sind.

AS IX 755 und BS 11 680

1 Der Originaltext findet sich unter der gleichen Nummer in der französischen Ausgabe dieser Sammlung.
2 Für die Rechtshilfe in Strafsachen sind das Europäische Übereink. vom 20. April 1959 über die Rechtshilfe in Strafsachen (SR 0.351.1) sowie der Vertrag vom 10. Sept. 1998 zwischen der Schweiz und Italien zur Ergänzung des Europäischen Übereink. über die Rechtshilfe in Strafsachen vom 20. April 1959 und zur Erleichterung seiner Anwendung (SR 0.351.945.41) anwendbar.

Nr. 49 Abkommen zwischen der Schweiz und Italien über die Anerkennung und Vollstreckung gerichtlicher Entscheidungen[1]

Übersetzung[2]
Abgeschlossen am 3. Januar 1933
Von der Bundesversammlung genehmigt am 20. Juni 1933[3]
Ratifikationsurkunden ausgetauscht am 6. September 1933
In Kraft getreten am 6. Oktober 1933
(Stand am 1. Januar 2011)

SR 0.276.194.541

*Der Schweizerische Bundesrat
und
Seine Majestät der König von Italien,*

von dem Wunsche geleitet, die Beziehungen zwischen den beiden Ländern im Hinblick auf die Anerkennung und Vollstreckung der Urteile zu regeln, haben beschlossen, ein Abkommen zu schliessen, und haben zu diesem Zwecke zu ihren Bevollmächtigten ernannt:

(Es folgen die Namen der Bevollmächtigten)

die nach Mitteilung ihrer Vollmachten, die in guter und gehöriger Form befunden worden sind, folgende Bestimmungen vereinbart haben:

Art. 1

Den von den Gerichten eines der beiden Staaten gefällten Entscheidungen in Zivil- und Handelssachen kommt auf dem Gebiete des andern Staates Rechtskraft zu, wenn folgende Voraussetzungen erfüllt sind:

1. dass die Entscheidung von einem Gerichte gefällt wurde, das nach Massgabe des Artikels 2 dieses Abkommens oder, in Ermangelung staatsvertraglicher Bestimmungen, nach den Grundsätzen zuständig ist, die nach dem Rechte des

---

BS 12 363; BBl 1933 I 233

[1] Das Übereink. vom 30. Okt. 2007 über die gerichtliche Zuständigkeit und die Anerkennung und Vollstreckung von Entscheidungen in Zivil- und Handelssachen (Lugano-Übereinkommen, LugÜ; SR 0.275.12) ersetzt im Rahmen seines Anwendungsbereichs dieses Abk. Vgl. Art. 65 und 66 sowie Anhang VII LugÜ.
[2] Der Originaltext findet sich unter der gleichen Nummer in der französischen Ausgabe dieser Sammlung.
[3] AS 49 799

Staates, in dem die Entscheidung geltend gemacht wird, über die internationale Zuständigkeit der Gerichte bestehen;
2. dass die Anerkennung der Entscheidung nicht gegen die öffentliche Ordnung oder gegen die Grundsätze des öffentlichen Rechts des Staates verstösst, in dem die Entscheidung geltend gemacht wird, insbesondere dass diese nicht mit einer Entscheidung im Widerspruch steht, die in der nämlichen Streitigkeit von einem Gerichte dieses Staates schon gefällt worden ist;
3. dass die Entscheidung nach dem Rechte des Staates, in dem sie gefällt wurde, die Rechtskraft erlangt hat;
4. dass im Falle eines Versäumnisurteils die den Prozess einleitende Ladung rechtzeitig der säumigen Partei oder ihrem zur Empfangnahme berechtigten Vertreter zugestellt wurde. Hatte die Zustellung im Gebiete des Staates zu geschehen, in dem die Entscheidung geltend gemacht wird, so muss sie im Rechtshilfewege bewirkt worden sein.

Das Verfahren der Anerkennung der Rechtskraft bestimmt sich nach dem Rechte des ersuchten Staates.

Art. 2

Die Zuständigkeit der Gerichte des Staates, in dem die Entscheidung gefällt wurde, ist im Sinne von Artikel 1 Ziff. 1 begründet, wenn sie durch Staatsvertrag vorgesehen ist oder in den folgenden Fällen:
1. wenn der Beklagte seinen Wohnsitz in diesem Staate hatte;
2. wenn der Beklagte durch eine ausdrückliche Vereinbarung sich mit Bezug auf bestimmte Streitigkeiten der Zuständigkeit des Gerichts unterworfen hatte, das die Entscheidung gefällt hat, es sei denn, dass sämtliche Parteien ihren Wohnsitz in dem Staate hatten, in dem die Entscheidung geltend gemacht wird.

   Dasselbe gilt, wenn der Beklagte sich vorbehaltslos auf den Rechtsstreit eingelassen hat;
3. wenn der Beklagte am Orte seiner geschäftlichen Niederlassung oder Zweigniederlassung für Streitigkeiten aus dem Betriebe dieser Niederlassung belangt worden ist;
4. im Falle einer Widerklage, die mit dem in der Klage geltend gemachten Anspruch oder mit den gegen diesen vorgebrachten Verteidigungsmitteln in rechtlichem Zusammenhange steht;
5. in Personenstands-, Handlungsfähigkeits- oder Familienrechtssachen von Angehörigen des Landes, in dem die Entscheidung gefällt wurde;
6. in Erbschaftsstreitigkeiten zwischen den Erben eines Angehörigen des Landes, in dem die Entscheidung gefällt wurde;
7. wenn eine dingliche Klage sich auf ein Grundstück bezieht, das im Lande gelegen ist, in dem die Entscheidung gefällt wurde.

Indessen sind die Bestimmungen der Ziff. 1–4 hievor auf Streitigkeiten nicht anzuwenden, in denen das Recht des ersuchten Staates dessen eigene Gerichte oder diejenigen eines dritten Staates als ausschliesslich zuständig anerkennt.

Art. 3

Die von den Gerichten des einen der beiden Staaten gefällten Entscheidungen, die die im Artikel 1 aufgeführten Voraussetzungen erfüllen, können im andern Staate nach ihrer Vollstreckbarerklärung zur Zwangsvollstreckung gelangen oder die Grundlage für Förmlichkeiten, wie die Eintragung oder Einschreibung in öffentliche Register, bilden.

Im ersuchten Staate werden nur Entscheidungen vollstreckbar erklärt, die im Staate, in dem sie gefällt wurden, volle Vollstreckungskraft besitzen.

Das Verfahren bestimmt sich nach dem Rechte des ersuchten Staates.

Art. 4

Die Gerichte des Staates, in dem die Entscheidung geltend gemacht wird, sind bei der Prüfung der Tatsachen, die die Zuständigkeit der Gerichte des andern Staates begründen, nicht an die tatsächlichen Feststellungen der Entscheidung gebunden.

Eine Nachprüfung der Gesetzmässigkeit der Entscheidung findet nicht statt.

Art. 5

Die Partei, die die Entscheidung geltend macht, hat beizubringen:
1. eine Ausfertigung der Entscheidung, die die für ihre Beweiskraft erforderlichen Voraussetzungen erfüllt;
2. die Urkunden, die dartun, dass die Entscheidung in Rechtskraft erwachsen ist und gegebenenfalls, dass sie vollstreckbar ist;
3. die Urschrift oder eine beglaubigte Abschrift der Ladung der nicht erschienenen Partei;
4. die von einem diplomatischen oder konsularischen Vertreter eines der beiden Staaten als richtig bescheinigte Übersetzung der vorstehend aufgeführten Urkunden, sofern nicht die zuständige Behörde von der Verpflichtung hierzu befreit hat.

Sind diese Urkunden von den Gerichten eines der beiden hohen vertragschliessenden Teile oder von den in Artikel 11 dieses Abkommens genannten Behörden aufgenommen, ausgestellt oder beglaubigt, so bedürfen sie zum Gebrauch im Gebiete des andern Staates keiner Beglaubigung, wenn sie mit dem Stempel oder Siegel des Gerichts oder der erwähnten Behörde versehen sind.

Art. 6

Die in einem der beiden Staaten zum Armenrecht zugelassene Partei geniesst von Rechts wegen auf dem Gebiete des andern Staates das Armenrecht im Verfahren der Anerkennung oder der Vollstreckbarerklärung der zu ihren Gunsten ergangenen Entscheidung.

Art. 7

Die in einem der beiden Staaten gefällten Schiedssprüche, die dort dieselbe Wirksamkeit wie die gerichtlichen Entscheidungen haben, werden im andern Staat anerkannt und für vollstreckbar erklärt, wenn sie den Vorschriften der vorstehenden Artikel genügen, soweit diese Anwendung finden können.

Dasselbe gilt für die gerichtlichen Vergleiche.

Art. 8

Auf Begehren einer Partei haben die Gerichte eines der beiden Staaten das Eintreten auf ihnen vorgelegte Streitigkeiten abzulehnen, wenn diese Streitigkeiten schon vor einem Gerichte des andern Staates anhängig sind, vorausgesetzt, dass dieses Gericht nach Massgabe der Bestimmungen des gegenwärtigen Abkommens zuständig ist.

Art. 9

Auf Arreste und andere einstweilige Verfügungen sowie auf die in einem Strafverfahren ergangenen Entscheidungen über privatrechtliche Ansprüche und auf Entscheidungen in Konkurssachen findet dieses Abkommen keine Anwendung.

Art. 10

Die in der Gesetzgebung eines der beiden Staaten vorgesehenen vorläufigen oder sichernden Massnahmen können bei den Behörden dieses Staates nachgesucht werden, welches immer auch die Gerichtszuständigkeit zur Entscheidung über die Sache selbst sei.

Art. 11

Entscheidungen anderer als gerichtlicher Behörden, die in der Schweiz zur Anordnung und Beaufsichtigung der Vormundschaft berufen sind, werden nur, soweit sie schweizerische Staatsangehörige betreffen, in Ansehung des gegenwärtigen Abkommens den gerichtlichen Entscheidungen gleichgestellt.

Art. 12

Der Ausdruck «Wohnsitz» bedeutet im Sinne des gegenwärtigen Abkommens:

1. für den handlungsfähigen Volljährigen, für den mündig Erklärten und für den Volljährigen, der bloss zur Vornahme gewisser Handlungen der Mitwirkung eines Beirates bedarf, den Ort, wo er sich in einem der beiden Staaten mit der Absicht dauernden Verbleibens aufhält oder, in Ermangelung eines solchen Ortes, den Ort in einem der beiden Staaten, an dem sich der hauptsächliche Sitz seiner Interessen befindet;
2. für Personen, die unter elterlicher Gewalt oder unter Vormundschaft stehen, den Ort des Wohnsitzes ihres gesetzlichen Vertreters;
3. für die Ehefrau den Ort des Wohnsitzes des Ehemannes. Ist jedoch der Wohnsitz des Ehemannes unbekannt, oder ist die Ehefrau von Tisch und Bett getrennt oder berechtigt, einen selbständigen Wohnsitz zu haben, so bestimmt sich der Wohnsitz der Ehefrau nach Massgabe von Ziff. 1;
4. für Gesellschaften den Ort, an dem sich der Gesellschaftssitz befindet.

Art. 13
Die Bestimmungen der Vereinbarungen, die hinsichtlich besonderer Rechtsgebiete die Gerichtszuständigkeit und die Urteilsvollstreckung regeln, werden durch das gegenwärtige Abkommen nicht berührt.

Art. 14
Die in Artikel 18 Absatz 1 und 2 der Haager Übereinkunft vom 17. Juli 1905[1] über Zivilprozessrecht genannten Kostenentscheidungen, die in einem der beiden Staaten ergangen sind, werden im Gebiete des andern Staates auf ein von der beteiligten Partei unmittelbar zu stellendes Begehren als vollstreckbar erklärt.

Art. 15
Die Bestimmungen dieses Abkommens sind ohne Rücksicht auf die Staatsangehörigkeit der Parteien anzuwenden.

Art. 16
Die hohen vertragschliessenden Teile behalten sich vor, im gemeinsamen Einverständnis durch Notenaustausch das gegenwärtige Abkommen auf die italienischen Kolonien auszudehnen.

---

1 [BS 12 277. AS 2009 7101]. Zwischen der Schweiz und Italien gilt heute die Internationale Übereinkunft vom 1. März 1954 (SR 0.274.12).

Art. 17

Allfällige Streitigkeiten zwischen den hohen vertragschliessenden Teilen über die Auslegung oder Anwendung dieses Abkommens sollen nach Massgabe der Bestimmungen des Vertrages vom 20. September 1924[1] zur Erledigung von Streitigkeiten im Vergleichs- und Gerichtsverfahren erledigt werden, es sei denn, dass die hohen vertragschliessenden Teile übereinkommen, eine andere Art der Regelung vorzusehen.

Art. 18

Dieses Abkommen soll ratifiziert werden. Die Ratifikationsurkunden sollen sobald als möglich in Bern ausgetauscht werden.

Das Abkommen tritt einen Monat nach dem Austausch der Ratifikationsurkunden in Kraft. Es findet keine Anwendung auf Entscheidungen oder Schiedssprüche, die vor seinem Inkrafttreten rechtskräftig geworden sind, und auf Vergleiche, die vor diesem Zeitpunkt abgeschlossen worden sind.

Das Abkommen kann von jedem der beiden Staaten gekündigt werden. Es bleibt jedoch nach erfolgter Kündigung noch ein Jahr in Kraft.

Zu Urkund dessen haben die Bevollmächtigten dieses Abkommen unterzeichnet.

So geschehen, in doppelter Ausfertigung, in Rom, am 3. Januar 1933.

Wagnière *Mussolini*

---

[1] SR 0.193.414.54

d) Liechtenstein

Nr. 50 Abkommen zwischen der Schweizerischen Eidgenossenschaft und dem Fürstentum Liechtenstein über die Anerkennung und Vollstreckung von gerichtlichen Entscheidungen und Schiedssprüchen in Zivilsachen

Originaltext
Abgeschlossen am 25. April 1968
Von der Bundesversammlung genehmigt am 12. Juni 1969[1]
Ratifikationsurkunden ausgetauscht am 15. Januar 1970
In Kraft getreten am 15. März 1970

SR 0.276.195.141

Der Schweizerische Bundesrat
und
Seine Durchlaucht der Regierende Fürst von Liechtenstein,

von dem Wunsche geleitet, die gegenseitige Anerkennung und Vollstreckung von gerichtlichen Entscheidungen und Schiedssprüchen in Zivilsachen zu regeln, haben beschlossen, hierüber ein Abkommen zu schliessen. Zu diesem Zwecke haben sie zu ihren Bevollmächtigten ernannt:

(Es folgen die Namen der Bevollmächtigten)

die nach gegenseitiger Bekanntgabe ihrer in guter und gehöriger Form befundenen Vollmachten folgendes vereinbart haben:

Art. 1

Die in einem der beiden Staaten gefüllten gerichtlichen Entscheidungen in Zivilsachen werden im andern Staat anerkannt, wenn sie folgende Voraussetzungen erfüllen:

1. Die Anerkennung der Entscheidung darf nicht gegen die öffentliche Ordnung des Staates verstossen, in welchem die Entscheidung geltend gemacht wird; insbesondere darf ihr nicht nach dem Rechte dieses Staates die Einrede der entschiedenen Rechtssache entgegenstehen;
2. die Entscheidung muss von einem nach den Bestimmungen des Artikels 2 zuständigen Gerichte gefällt sein;
3. die Entscheidung muss nach dem Rechte des Staates, in dem sie ergangen ist, in Rechtskraft erwachsen sein;

AS 1970 79; BBl 1968 II 693
1   AS 1970 77

4. im Falle eines Versäumnisurteils muss die den Prozess einleitende Verfügung oder Ladung rechtzeitig der säumigen Partei, sei es persönlich oder an ihren Vertreter, zugestellt worden sein. Hatte die Zustellung im Gebiete des Staates zu geschehen, in welchem die Entscheidung geltend gemacht wird, so muss sie im Rechtshilfeweg bewirkt worden sein.

In einem Strafverfahren ergangene Entscheidungen über privatrechtliche Ansprüche sowie Entscheidungen, mit denen in einem Zivilprozesse Ordnungsstrafen verhängt werden oder die einen Arrest oder irgendeine andere einstweilige Verfügung anordnen, können auf Grund dieses Abkommens weder anerkannt noch vollstreckt werden. Dasselbe gilt für Entscheidungen in Konkurs- oder Nachlassvertragssachen.

Entscheidungen von in der Schweiz zur Anordnung und Beaufsichtigung der Vormundschaft berufenen Verwaltungsbehörden sowie die vor solchen Behörden abgeschlossenen Vergleiche sind hinsichtlich dieses Abkommens den gerichtlichen Entscheidungen und Vergleichen gleichgestellt.

Art. 2

Die Zuständigkeit der Gerichte des Staates, in welchem die Entscheidung gefällt wurde, ist im Sinne von Artikel 1, Absatz 1, Ziffer 2 in den folgenden Fällen begründet:

1. wenn der Beklagte im Zeitpunkt der Einleitung des Verfahrens seinen Wohnsitz oder, falls der Beklagte nicht eine natürliche Person ist, seinen Sitz in dem Staate hatte, in welchem die Entscheidung ergangen ist;
2. wenn der Beklagte, der im Staate, in welchem die Entscheidung ergangen ist, eine geschäftliche Niederlassung oder Zweigniederlassung hat, dort für Ansprüche aus dem Betriebe dieser Niederlassung belangt worden ist;
3. im Falle einer mit der Hauptklage in rechtlichem Zusammenhange stehenden Widerklage, wenn das Gericht, welches die Entscheidung gefällt hat, im Sinne dieses Abkommens zuständig war, über die Hauptklage zu erkennen;
4. wenn die Entscheidung den Ersatz von Schäden aus Unfällen betrifft, die sich im Staate, in welchem die Entscheidung ergangen ist, ereignet haben und die durch den Betrieb von Kraftfahrzeugen oder von Fahrrädern mit oder ohne Motor verursacht wurden;

4bis.[1] wenn die Entscheidung den Ersatz von Schäden betrifft, die durch fehlerhafte Produkte verursacht worden sind, und im Staate ergangen ist, in dem das schädigende Ereignis eingetreten ist;
5. wenn die Klage ein dingliches Recht an einem Grundstück betraf, das im Staate gelegen ist, in welchem die Entscheidung gefällt wurde;

---

[1] Eingefügt durch Art. 1 des Abk. vom 2. Nov. 1994, von der BVers genehmigt am 12. Dez. 1994 und in Kraft getreten am 25. Juni 1995 (AS 1995 3823 3813 Art. 1 Abs. 1 Bst. d; BBl 1994 V 661).

6. in Personenstands-, Handlungsfähigkeits- oder Familienrechtssachen von Angehörigen des Staates, in welchem die Entscheidung ergangen ist;
7. wenn die Parteien, falls sie beide im Handelsregister (Öffentlichkeitsregister) eingetragen sind, sich durch eine schriftliche Vereinbarung der Zuständigkeit des Gerichts unterworfen haben, das in der Sache erkannt hat;
8. wenn die Parteien, falls nur eine oder keine von ihnen im Handelsregister (Öffentlichkeitsregister) eingetragen ist, sich durch eine öffentlich beurkundete Vereinbarung der Zuständigkeit des Gerichts unterworfen haben, das in der Sache erkannt hat;
9. wenn der Beklagte, gleichgültig, ob er im Handelsregister (Öffentlichkeitsregister) eingetragen ist oder nicht, zur Hauptsache verhandelt hat, ohne hinsichtlich der im Sinne dieses Abkommens zu verstehenden Zuständigkeit der Gerichte des Staates, in welchem die Entscheidung ergangen ist, einen Vorbehalt anzubringen, obschon er vom Richter über die Möglichkeit eines solchen Vorbehaltes belehrt wurde.

Ungeachtet der Bestimmungen von Absatz 1, Ziffer 1, 2, 3, 7, 8 und 9 dieses Artikels ist die Zuständigkeit der Gerichte des Staates, in welchem die Entscheidung gefällt wurde, im Sinne von Artikel 1, Absatz 1, Ziffer 2 nicht begründet, wenn nach dem Rechte des Staates, in welchem die Entscheidung geltend gemacht wird, für das den Streitgegenstand betreffende Sachgebiet ein Gericht dieses oder eines anderen Staates ausschliesslich zuständig ist.

Art. 3

Die von den Gerichten des einen der beiden Staaten gefällten Entscheidungen, deren Anerkennung im andern Staat verlangt wird, dürfen nur daraufhin geprüft werden, ob die in Artikel 1 dieses Abkommens vorgesehenen Voraussetzungen erfüllt sind. Eine sachliche Nachprüfung dieser Entscheidungen darf in keinem Falle stattfinden.

Art. 4

Die von den Gerichten des einen der beiden Staaten gefällten Entscheidungen, welche die in Artikel 1 vorgesehenen Voraussetzungen erfüllen, können im andern Staate zur Zwangsvollstreckung gelangen, wenn sie im Staate, in dem sie gefällt wurden, vollstreckbar sind.

Die Zuständigkeit und das Verfahren für die Zwangsvollstreckung bestimmen sich nach dem Rechte des Staates, in welchem die Vollstreckung beantragt wird.

Art. 5

Die Partei, welche die Anerkennung einer Entscheidung verlangt oder deren Vollstreckung beantragt, hat beizubringen:
1. die Entscheidung in der Urschrift oder in einer beweiskräftigen Ausfertigung;

2. eine Bescheinigung über die Rechtskraft und gegebenenfalls über die Vollstreckbarkeit der Entscheidung; die Bescheinigung ist vom Gericht, welches die Entscheidung gefällt hat, oder vom Gerichtsschreiber auszustellen;
3. im Falle eines Versäumnisurteils eine Abschrift der den Prozess einleitenden Verfügung oder Ladung und eine Bescheinigung über die Art und Zeit ihrer Zustellung an die nicht erschienene Partei;
4. wenn die Entscheidung den ihr zugrunde liegenden Sachverhalt nicht so weit erkennen lässt, dass die Prüfung im Sinne des Artikels 1 möglich ist, eine als richtig bescheinigte Abschrift der Klage oder andere geeignete Urkunden;
5. gegebenenfalls eine Übersetzung der in Ziffern 1 bis 4 bezeichneten Urkunden in die Amtssprache der Behörde, bei welcher die Anerkennung der Entscheidung verlangt oder die Vollstreckung beantragt wird. Die Übersetzung muss nach dem Recht eines der beiden Staaten als richtig bescheinigt sein.

Die gemäss diesem Artikel beizubringenden Urkunden bedürfen keiner Beglaubigung.

Art. 6

Die Prüfung des Vollstreckungsantrages hat sich auf die in Artikel 1 dieses Abkommens vorgesehenen Voraussetzungen und auf die gemäss Artikel 5 beizubringenden Urkunden zu beschränken. Eine sachliche Nachprüfung der Entscheidung darf in keinem Falle stattfinden.

Art. 7

Die in einem der beiden Staaten gefällten Schiedssprüche werden im andern Staat anerkannt und vollstreckt, wenn sie den Vorschriften der vorstehenden Artikel, soweit diese Anwendung finden können, genügen. Insbesondere ist Artikel 2, Absatz 1, Ziffer 7 und 8 auf den Schiedsvertrag (Schiedsabrede oder Schiedsklausel), unter Vorbehalt der in Absatz 2 vorgesehenen ausschliesslichen Gerichtszuständigkeit, entsprechend anwendbar.

Dies gilt auch für gerichtliche oder vor Schiedsgerichten abgeschlossene Vergleiche.

Die Bescheinigung über die Rechtskraft und über die Vollstreckbarkeit des Schiedsspruches oder des vor einem Schiedsgericht abgeschlossenen Vergleiches wird in der Schweiz durch die zuständige Behörde des Kantons, in welchem der Schiedsspruch gefällt oder der Vergleich geschlossen wurde, im Fürstentum Liechtentstein durch das Landgericht in Vaduz ausgestellt.

Art. 8

In einem der beiden Staaten vor Gericht oder einer zur Anordnung und Beaufsichtigung einer Vormundschaft berufenen Verwaltungsbehörde abgeschlossene Unterhaltsvergleiche werden, ungeachtet der Staatsangehörigkeit der Parteien, im andern

Staat vollstreckt, wenn sie den Vorschriften der vorstehenden Artikel, soweit diese Anwendung finden können, genügen.

Art. 9

Ist ein Verfahren vor einem Gericht eines der beiden Staaten anhängig und wird die Entscheidung über den Gegenstand dieses Verfahrens im andern Staate voraussichtlich anzuerkennen sein, so hat ein später befasstes Gericht dieses andern Staates die Durchführung eines Verfahrens über denselben Gegenstand und zwischen denselben Parteien abzulehnen.

Die in der Gesetzgebung der Schweiz und Liechtensteins vorgesehenen vorläufigen oder sichernden Massnahmen können bei den Behörden eines jeden der beiden Staaten nachgesucht werden, gleichgültig, welches Gericht sich mit der Hauptsache befasst.

Art. 10

Die Bestimmungen zwischenstaatlicher Übereinkommen, an denen beide Staaten beteiligt sind, werden durch dieses Abkommen nicht berührt.

Art. 11

Die Bestimmungen dieses Abkommens sind unter Vorbehalt von Artikel 2, Absatz 1, Ziffer 6 ohne Rücksicht auf die Staatsangehörigkeit der Parteien anzuwenden.

Art. 12

Dieses Abkommen ist auf gerichtliche Entscheidungen, Schiedssprüche und Vergleiche anzuwenden, die nach seinem Inkrafttreten gefällt oder geschlossen werden.

Art. 13

Das Eidgenössische Justiz- und Polizeidepartement und die Regierung des Fürstentums Liechtenstein werden einander unmittelbar über Fragen, zu denen die Anwendung dieses Abkommens Anlass geben sollte, auf Ersuchen Rechtsauskunft erteilen. Die Entscheidungsfreiheit der Gerichte bleibt unberührt.

Art. 14

Alle die Auslegung oder die Anwendung dieses Abkommens betreffenden Meinungsverschiedenheiten, die im Wege diplomatischer Verhandlungen nicht innerhalb von sechs Monaten zu bereinigen sein sollten, sind auf Verlangen eines der beiden Staaten einer Kommission zu unterbreiten, die beauftragt ist, eine Lösung des Streitfalles zu suchen, und die sich aus je einem Vertreter der beiden Regierungen zusammensetzt.

Hat einer der beiden Staaten seinen Vertreter nicht bezeichnet und ist er der Einladung seitens des andern Staates, innerhalb von zwei Monaten diese Bezeichnung vorzunehmen, nicht nachgekommen, so wird der Vertreter auf Begehren dieses letzteren Staates vom Präsidenten des Internationalen Gerichtshofes ernannt.

Für den Fall, dass diese beiden Vertreter nicht innerhalb dreier Monate, nachdem ihnen die Meinungsverschiedenheit unterbreitet wurde, zu einer Regelung kommen können, haben sie im gemeinsamen Einvernehmen ein unter den Angehörigen eines dritten Staates auszuwählendes Mitglied zu bezeichnen. Mangels Einigung über die Auswahl dieses Mitgliedes innerhalb einer Frist von zwei Monaten kann der eine oder der andere der beiden Staaten den Präsidenten des Internationalen Gerichtshofes ersuchen, die Ernennung des dritten Mitgliedes der Kommission vorzunehmen; diese hat sodann die Aufgaben eines Schiedsgerichtes zu versehen.

Sofern die beiden Staaten es nicht anders bestimmen, setzt das Schiedsgericht sein Verfahren selbst fest. Das Schiedsgericht entscheidet mit Stimmenmehrheit seiner Mitglieder; seine Entscheidung ist endgültig und bindend.

Jeder der beiden Staaten übernimmt die durch die Tätigkeit des von ihm ernannten Schiedsrichters verursachten Kosten. Die Kosten des Präsidenten werden durch beide Staaten zu gleichen Teilen getragen.

Art. 15

Dieses Abkommen soll ratifiziert und die Ratifikationsurkunden sollen in Bern ausgetauscht werden.

Das Abkommen tritt zwei Monate nach dem Austausch der Ratifikationsurkunden in Kraft.

Das Abkommen kann von jedem der beiden Staaten jederzeit gekündigt werden; es bleibt jedoch nach erfolgter Kündigung noch ein Jahr in Kraft.

Zu Urkund dessen haben die Bevollmächtigten dieses Abkommen in doppelter Ausfertigung unterzeichnet und mit ihrem Siegel versehen.

So geschehen in Vaduz, am 25. April 1968.

Für die
Schweizerische Eidgenossenschaft:

Thalmann

Für das
Fürstentum Liechtenstein:

Batliner

e) Österreich

Nr. 51 Vertrag zwischen der Schweizerischen Eidgenossenschaft und der Republik Österreich über die Anerkennung und Vollstreckung gerichtlicher Entscheidungen[1]

Originaltext

Abgeschlossen am 16. Dezember 1960
Von der Bundesversammlung genehmigt am 15. Dezember 1961[2]
Ratifikationsurkunden ausgetauscht am 12. März 1962
In Kraft getreten am 12. Mai 1962
(Stand am 1. Januar 2011)

SR 0.276.191.632

*Die Schweizerische Eidgenossenschaft
und
die Republik Österreich*

sind, von dem Wunsche geleitet, den Vertrag vom 15. März 1927[3] über die Anerkennung und Vollstreckung gerichtlicher Entscheidungen den gegenwärtigen Verhältnissen anzupassen, übereingekommen, zu diesem Zweck einen neuen Vertrag zu schliessen. Zu Bevollmächtigten haben sie ernannt:

(Es folgen die Namen der Bevollmächtigten)

die nach gegenseitiger Prüfung ihrer in guter und gehöriger Form befundenen Vollmachten folgendes vereinbart haben:

Art. 1

Die in einem der beiden Staaten gefällten gerichtlichen Entscheidungen in Zivil- und Handelssachen, einschliesslich der in Strafsachen ergangenen Entscheidungen über privatrechtliche Ansprüche, werden im andern Staat anerkannt, wenn sie folgende Voraussetzungen erfüllen:

1. dass die Grundsätze, die in dem Staate, wo die Entscheidung geltend gemacht wird, über die zwischenstaatliche Zuständigkeit der Gerichte bestehen, die Gerichtsbarkeit des andern Staates nicht ausschliessen;

AS 1962 265; BBl 1961 I 1564

[1] Das Übereink. vom 30. Okt. 2007 über die gerichtliche Zuständigkeit und die Anerkennung und Vollstreckung von Entscheidungen in Zivil- und Handelssachen (Lugano-Übereinkommen, LugÜ; SR 0.275.12) ersetzt im Rahmen seines Anwendungsbereichs diesen Vertrag. Vgl. Art. 65 und 66 sowie Anhang VII LugÜ.
[2] AS 1962 263
[3] SR 0.276.191.631

2. dass die Anerkennung der Entscheidung nicht gegen die öffentliche Ordnung des Staates verstösst, wo die Entscheidung geltend gemacht wird, insbesondere, dass ihr nicht nach dem Rechte dieses Staates die Einrede der entschiedenen Rechtssache entgegensteht;
3. dass die Entscheidung nach dem Rechte des Staates, wo sie gefällt wurde, die Rechtskraft erlangt hat;
4. dass im Fall eines Versäumnisurteils die den Prozess einleitende Verfügung oder Ladung der säumigen Partei oder ihrem zur Empfangnahme berechtigten Vertreter zu eigenen Handen rechtzeitig zugestellt wurde. Hatte die Zustellung im Gebiete des Staates zu geschehen, wo die Entscheidung geltend gemacht wird, so muss sie im Rechtshilfewege bewirkt worden sein.

Die Behörden des Staates, wo die Entscheidung geltend gemacht wird, dürfen nur prüfen, ob die in Ziffern 1 bis 4 angeführten Voraussetzungen erfüllt sind. Diese Prüfung erfolgt von Amts wegen.

Art. 2

Die Gerichtsbarkeit des Staates, wo die Entscheidung gefällt wurde, gilt für persönliche Ansprüche gegen einen zahlungsfähigen Schuldner insbesondere dann im Sinne des Artikels 1, Ziffer 1 als ausgeschlossen, wenn der Schuldner zur Zeit der Erhebung der Klage seinen Wohnsitz in dem Staat hatte, wo die Entscheidung geltend gemacht wird.

Diese Bestimmung ist jedoch nicht anzuwenden:
1. wenn sich der Beklagte durch eine ausdrückliche Vereinbarung der Zuständigkeit des Gerichtes unterworfen hat, das in der Sache erkannt hat;
2. wenn sich der Beklagte vorbehaltlos auf den Rechtsstreit eingelassen hat;
3. wenn es sich um eine Widerklage handelt;
4. wenn der Schuldner am Orte seiner geschäftlichen Niederlassung oder Zweigniederlassung für Ansprüche aus dem Betriebe dieser Niederlassung belangt worden ist.

Als persönliche Ansprüche im Sinne dieses Artikels gelten nicht: familienrechtliche und erbrechtliche Ansprüche, dingliche Rechte und pfandrechtlich gesicherte Forderungen.

Art. 3

Die Gerichtsbarkeit des Staates, wo die Entscheidung gefällt wurde, gilt nicht als im Sinne des Artikels 1, Ziffer 1 ausgeschlossen, wenn es sich um Entscheidungen über den Ersatz von Schäden handelt, die durch den Betrieb von Kraftfahrzeugen oder von Fahrrädern mit oder ohne Motor verursacht sind, und wenn der Unfall sich im Gebiet dieses Staates ereignet hat.

Die Bestimmung des vorstehenden Absatzes ist jedoch nur insoweit auch auf Entscheidungen über unmittelbare Ansprüche des Geschädigten gegen den Haftpflichtversicherer des Schädigers anwendbar, als nach dem Rechte beider Vertragsstaaten dem Geschädigten ein unmittelbares Klagerecht gegen den Haftpflichtversicherer des Schädigers zusteht. Der Eintritt dieser Voraussetzung wird durch Notenwechsel[1] zwischen den beiden Regierungen festgestellt werden.

Art. 4

Die Gerichtsbarkeit des Staates, wo die Entscheidung gefällt wurde, gilt nicht als im Sinne des Artikels 1, Ziffer 1 ausgeschlossen, wenn es sich um Entscheidungen über familienrechtliche Unterhaltsansprüche in Geld handelt und der Unterhaltsberechtigte zur Zeit der Geltendmachung dieser Ansprüche seinen Wohnsitz in diesem Staat hatte.

Als familienrechtliche Unterhaltsansprüche im Sinne des vorstehenden Absatzes gelten auch die gesetzlichen Unterhaltsansprüche der Mutter eines unehelichen Kindes gegen dessen Vater, einschliesslich des Anspruches auf Ersatz der Entbindungskosten.

Art. 5

Die in einem der beiden Staaten gefällten gerichtlichen Entscheidungen in Zivil- und Handelssachen, einschliesslich der in Strafsachen ergangenen Entscheidungen über privatrechtliche Ansprüche, werden im andern Staate vollstreckt, wenn sie die im Artikel 1, Ziffern 1 bis 4 angeführten Voraussetzungen erfüllen und in dem Staate, wo sie gefällt wurden, vollstreckbar sind.

Die Behörden des Staates, wo die Vollstreckung beantragt wird, dürfen nur prüfen, ob die im Absatz 1 angeführten Voraussetzungen erfüllt sind. Diese Prüfung erfolgt von Amts wegen.

Art. 6

Die Partei, die die Entscheidung geltend macht oder die Vollstreckung beantragt, hat beizubringen:

1. eine Ausfertigung oder Abschrift der Entscheidung;
2. eine Bescheinigung über die Rechtskraft und gegebenenfalls über die Vollstreckbarkeit der Entscheidung; die Bescheinigung ist von der Behörde, die die Entscheidung gefällt hat, oder vom Gerichtsschreiber auszustellen;
3. im Fall eines Versäumnisurteils eine Abschrift der den Prozess einleitenden Verfügung oder Ladung und eine Bescheinigung über die Art und Zeit ihrer Zustellung an die nicht erschienene Partei;

---

1 Notenwechsel vom 28. Sept./29. Dez. 1967, in Kraft seit 1. Jan. 1968 (in der AS nicht veröffentlicht).

4. wenn die Entscheidung den ihr zu Grunde liegenden Sachverhalt nicht so weit erkennen lässt, dass die Prüfung im Sinne des Artikels 1 möglich ist, eine Abschrift der Klage oder andere geeignete Urkunden;
5. gegebenenfalls eine Übersetzung der in Ziffern 1 bis 4 bezeichneten Urkunden in die Amtssprache der Behörde, bei der die Entscheidung geltend gemacht oder die Vollstreckung beantragt wird. Die Übersetzung muss nach dem Recht eines der beiden Staaten als richtig bescheinigt sein.

Auf die Beglaubigung der in diesem Artikel erwähnten Urkunden sind die Bestimmungen des Staatsvertrages vom 21. August 1916[1] anzuwenden.

Art. 7

Die in einem der beiden Staaten gefällten Schiedssprüche werden im andern Staat anerkannt und vollstreckt, wenn sie den Vorschriften der vorstehenden Artikel, soweit diese Anwendung finden können, genügen.

Dies gilt auch für gerichtliche oder vor Schiedsgerichten abgeschlossene Vergleiche.

Die Bescheinigung über die Rechtskraft und über die Vollstreckbarkeit des Schiedsspruches oder des vor einem Schiedsgericht abgeschlossenen Vergleiches wird in der Schweiz durch die zuständige Behörde des Kantons, wo der Schiedsspruch gefällt oder der Vergleich geschlossen wurde, in Österreich durch das Bezirksgericht, in dessen Sprengel das Schiedsgericht seine Entscheidung gefällt hat oder der Vergleich geschlossen wurde, ausgestellt.

Art. 8

Ist ein Verfahren vor einem Gericht eines der beiden Staaten anhängig und wird die Entscheidung über den Gegenstand dieses Verfahrens im andern Staate voraussichtlich anzuerkennen sein, so hat ein später befasstes Gericht dieses andern Staates die Durchführung eines Verfahrens über denselben Gegenstand und zwischen denselben Parteien abzulehnen.

Art. 9

Entscheidungen, mit denen Ordnungsstrafen verhängt werden, Entscheidungen im Konkursverfahren sowie Entscheidungen schweizerischer Gerichte über die Bestätigung eines Nachlassvertrages und Entscheidungen österreichischer Gerichte im Ausgleichsverfahren gelten nicht als gerichtliche Entscheidungen im Sinne dieses Vertrages.

---

1   SR 0.172.031.63

Art. 10

Entscheidungen anderer als gerichtlicher Behörden, die zur Führung von Vormundschaften oder Pflegschaften berufen sind, sowie die vor solchen Behörden abgeschlossenen Vergleiche sind den gerichtlichen Entscheidungen und Vergleichen im Sinne dieses Vertrages gleichgestellt. Die beiden Regierungen werden einander diese Behörden mitteilen.

Die Vollstreckung von Ansprüchen auf Herausgabe Minderjähriger oder Pflegebefählener kann aufgeschoben werden, wenn der Durchführung vorläufige Verfügungen der zuständigen Behörden des Staates, wo die Vollstreckung beantragt wird, entgegenstehen, die auf Grund der diesen Behörden obliegenden Fürsorgepflicht wegen veränderter persönlicher Verhältnisse der beteiligten Personen getroffen werden. Die Behörde, von der die zu vollstreckende Entscheidung ausgegangen ist, sowie die Partei, die die Vollstreckung beantragt hat, sind von der Aufschiebung ungesäumt in Kenntnis zu setzen.

Art. 11

Die Zuständigkeit und das Verfahren für die Zwangsvollstreckung bestimmen sich nach dem Rechte des Staates, wo die Vollstreckung beantragt wird.

Art. 12

Die Bestimmungen zwischenstaatlicher Abkommen, an denen beide Staaten beteiligt sind, werden durch diesen Vertrag nicht berührt.

Die im Artikel 18, Absatz 1 und 2 der Übereinkunft über Zivilprozessrecht (des Übereinkommens betreffend das Verfahren in bürgerlichen Rechtssachen) vom 1. März 1954[1] genannten Kostenentscheidungen, die in einem der beiden Staaten ergangen sind, werden im andern Staat auf ein von der beteiligten Partei unmittelbar zu stellendes Begehren vollstreckt.

Art. 13

Die Bestimmungen dieses Vertrages sind ohne Rücksicht auf die Staatsangehörigkeit der Parteien anzuwenden.

Art. 14

Das Eidgenössische Justiz- und Polizeidepartement und das österreichische Bundesministerium für Justiz werden einander unmittelbar über Fragen, zu denen die Anwendung dieses Vertrages Anlass geben sollte, auf Ersuchen Rechtsauskunft erteilen. Die Entscheidungsfreiheit der Gerichte bleibt unberührt.

---

[1] SR 0.274.12

Art. 15
Dieser Vertrag ist auf gerichtliche Entscheidungen, Schiedssprüche und Vergleiche anzuwenden, die nach seinem Inkrafttreten erlassen oder geschlossen werden.

Auf gerichtliche Entscheidungen, Schiedssprüche und Vergleiche, die vor dem Inkrafttreten dieses Vertrages erlassen oder geschlossen wurden, ist der Vertrag zwischen der Schweiz und Österreich über die Anerkennung und Vollstreckung gerichtlicher Entscheidungen vom 15. März 1927[1] weiterhin anzuwenden.

Art. 16
Dieser Vertrag soll ratifiziert und die Ratifikationsurkunden sollen in Wien ausgetauscht werden.

Der Vertrag tritt zwei Monate nach dem Austausch der Ratifikationsurkunden in Kraft und bleibt nach Kündigung, die jederzeit zulässig ist, noch ein Jahr in Kraft. Mit seinem Inkrafttreten wird der Vertrag zwischen der Schweiz und Österreich über die Anerkennung und Vollstreckung gerichtlicher Entscheidungen vom 15. März 1927[2] ausser Kraft gesetzt, soweit sich nicht aus Artikel 15 etwas anderes ergibt.

Zu Urkund dessen haben die Bevollmächtigten diesen Vertrag in doppelter Ausfertigung unterzeichnet.

Geschehen in Bern, am 16. Dezember 1960.

Für die
Schweizerische Eidgenossenschaft:

Max Petitpierre

Für die
Republik Österreich:

Johannes Coreth

---

[1] SR 0.276.191.631
[2] SR 0.276.191.631

f) Schweden

Nr. 52 Abkommen zwischen der Schweiz und Schweden über die Anerkennung und Vollstreckung von gerichtlichen Entscheidungen und Schiedssprüchen[1]

Übersetzung[2]

Abgeschlossen am 15. Januar 1936
Von der Bundesversammlung genehmigt am 24. April 1936[3]
Ratifikationsurkunden ausgetauscht am 30. April 1936
In Kraft getreten am 1. Juli 1936
(Stand am 1. Januar 2011)

SR 0.276.197.141

Der Schweizerische Bundesrat
und
Seine Majestät der König von Schweden,

von dem Wunsche geleitet, die Beziehungen zwischen den beiden Ländern im Hinblick auf die Anerkennung und Vollstreckung von gerichtlichen Entscheidungen und Schiedssprüchen zu regeln, haben beschlossen, hierüber ein Abkommen zu schliessen und haben zu diesem Zwecke zu ihren Bevollmächtigten ernannt:

(Es folgen die Namen der Bevollmächtigten)

die nach Mitteilung ihrer Vollmachten, die in guter und gehöriger Form befunden worden sind, folgende Bestimmungen vereinbart haben:

Art. 1

Die im einen Vertragsstaate in Zivilsachen gefällten Entscheidungen der streitigen Gerichtsbarkeit, mit Einschluss der in einem Strafverfahren gefällten Entscheidungen über zivilrechtliche Ansprüche, werden im andern Staat anerkannt, wenn sie die in den nachstehenden Artikeln bezeichneten Voraussetzungen erfüllen.

BS 12 373; BBl 1936 I 681

1 Das Übereink. vom 30. Okt. 2007 über die gerichtliche Zuständigkeit und die Anerkennung und Vollstreckung von Entscheidungen in Zivil- und Handelssachen (Lugano-Übereinkommen, LugÜ; SR 0.275.12) ersetzt im Rahmen seines Anwendungsbereichs dieses Abk. Vgl. Art. 65 und 66 sowie Anhang VII LugÜ.
2 Der Originaltext findet sich unter der gleichen Nummer in der französischen Ausgabe dieser Sammlung.
3 AS 52 225

Art. 2

Als gerichtliche Entscheidungen im Sinne des gegenwärtigen Abkommens gelten die von den ordentlichen Gerichten gefällten Entscheidungen, die über die Streitsache selbst befinden. Das gleiche gilt für die Verurteilungen in Prozesskosten, die infolge der Entscheidung über die Streitsache selbst ergehen. Als ordentliche Gerichte werden auch die oberen schwedischen Vollstreckungsbehörden («Oeverexekutor»), soweit sie über schriftlich anerkannte Schuldverpflichtungen («lagsökning») urteilen, sowie die schweizerischen Handelsgerichte und gewerblichen Schiedsgerichte betrachtet.

Die gerichtlichen Vergleiche werden in Ansehung ihrer Wirkungen den gerichtlichen Entscheidungen gleichgestellt.

Art. 3

Die Entscheidungen, die über Gütertrennung, Trennung und Scheidung der Ehe ergehen, werden als Entscheidungen der streitigen Gerichtsbarkeit angesehen, auch wenn sie auf Begehren der Beteiligten ergangen sind. Dagegen werden die in Vormundschafts- und Entmündigungssachen ergangenen Entscheidungen in keinem Falle als Entscheidungen der streitigen Gerichtsbarkeit betrachtet.

Art. 4

Die Anerkennung der Entscheidung ist an folgende Voraussetzungen geknüpft:
1. dass die Entscheidung von einem nach den Bestimmungen des Artikels 5 zuständigen Gerichte gefällt wurde;
2. dass die Anerkennung der Entscheidung nicht mit der öffentlichen Ordnung des Staates, in dem die Entscheidung geltend gemacht wird, offensichtlich unvereinbar sei;
3. falls es sich um eine in Personenstands-, Familienrechts- oder Erbrechtssachen ergangene Entscheidung handelt, dass sie nicht auf einem Gesetze beruhe, dessen materielle Bestimmungen im Widerspruch stehen zu jenen des Gesetzes, das nach dem internationalen Privatrecht des Staates, in dem die Entscheidung geltend gemacht wird, anwendbar ist;
4. dass die Entscheidung nach dem Rechte des Staates, in dem sie gefällt wurde, die Rechtskraft erlangt hat;
5. dass im Falle eines Versäumnisurteils die den Prozess einleitende Verfügung oder Ladung rechtzeitig der säumigen Partei, sei es persönlich oder an ihren ermächtigten Vertreter, zugestellt wurde.

Art. 5

Die Zuständigkeit der Gerichte des Staates, in dem die Entscheidung gefällt wurde, ist im Sinne des gegenwärtigen Abkommens in den folgenden Fällen begründet:

1. wenn der Beklagte im Zeitpunkt der Klageerhebung seinen tatsächlichen Wohnsitz oder, falls es sich nicht um eine natürliche Person handelt, seinen Sitz in diesem Staate hatte; als tatsächlicher Wohnsitz ist der Ort verstanden, wo der Beklagte sich mit der Absicht dauernden Verbleibens aufhält;
2. wenn der Beklagte sich durch ausdrückliche Vereinbarung der Zuständigkeit des Gerichts unterworfen hatte, das die Entscheidung gefällt hat;
3. wenn der Beklagte sich vorbehaltlos auf den Rechtsstreit eingelassen hat;
4. im Falle einer Widerklage, die mit der Hauptklage in rechtlichem Zusammenbange steht;
5. wenn der Beklagte, der im Gebiete des Staates, wo die Entscheidung gefällt wurde, eine geschäftliche Niederlassung oder Zweigniederlassung hat, dort für Streitigkeiten aus ihrem Betriebe belangt worden ist;
6. wenn der Beklagte, der im Gebiete des Staates, wo die Entscheidung gefällt wurde, einen Vertreter hat, zu dessen Bestellung er durch das Gesetz dieses Staates verpflichtet war, dort für Streitigkeiten aus dessen Tätigkeit in diesem Staate belangt worden ist;
7. wenn die Entscheidung Ansprüche aus einer unerlaubten Handlung betrifft, die vom Beklagten im Staate begangen worden ist, wo die Entscheidung gefällt wurde, und die Ladung ihm persönlich während seiner Anwesenheit in diesem Staate zugestellt worden ist; dabei besteht die Meinung, dass diesen Ansprüchen gleichgestellt sind solche aus Unfällen, die durch den Gebrauch irgendeines Transportmittels verursacht worden sind;
8. wenn die Entscheidung von einem Gerichte gefällt wurde, dessen Zuständigkeit durch einen Staatsvertrag vorgesehen ist, der selbst keine Bestimmungen über die Anerkennung und Vollstreckung enthält.

Die Bestimmungen des vorstehenden Absatzes finden keine Anwendung auf Personenstands-, Familienrechts- und Erbrechtssachen. In diesen Sachen ist die Zuständigkeit des Gerichts des Staates, wo die Entscheidung gefällt wurde, dann anzuerkennen, wenn unter analogen Voraussetzungen ein Gericht des Staates, wo die Entscheidung geltend gemacht wird, zuständig wäre.

Art. 6

Die Behörden des Staates, in dem die Entscheidung geltend gemacht wird, haben sich auf die Prüfung zu beschränken, ob die in den vorstehenden Artikeln vorgesehenen Voraussetzungen erfüllt sind. Bei dieser Prüfung sind sie nicht an die tatsächlichen Feststellungen der Entscheidung gebunden.

Art. 7

Die Gerichte des einen der beiden Staaten haben das Eintreten auf ihnen vorgelegte Streitigkeiten abzulehnen, wenn sie davon Kenntnis haben, dass diese Streitigkeiten schon vor einem Gerichte des andern Staates anhängig sind, vorausgesetzt, dass dieses Gericht nach Massgabe der Bestimmungen des gegenwärtigen Abkommens zuständig ist.

Art. 8

Die im einen Vertragsstaate gefällten Entscheidungen, die gemäss den Bestimmungen der vorstehenden Artikel im Gebiete des andern Staates anzuerkennen sind, sollen auf Begehren einer Partei im andern Staate vollstreckt werden.

Art. 9

In der Schweiz bestimmen sich die Zuständigkeit und das Verfahren für die Zwangsvollstreckung, wenn diese auf eine Geldzahlung oder Sicherheitsleistung gerichtet ist, nach den bundesrechtlichen Vorschriften über Schuldbetreibung und Konkurs (Bundesgesetz vom 11. April 1889[1] und Nachträge) und in den übrigen Fällen nach dem Prozessrechte des Kantons, wo die Vollstreckung stattfinden soll.

In Schweden ist das Begehren um Vollstreckbarerklärung an den Appellationshof in Stockholm («Svea hovrätt») zu richten.

Art. 10

Die Partei, die die Vollstreckung nachsucht, hat beizubringen:
1. die Entscheidung in der Urschrift oder in einer beweiskräftigen Ausfertigung;
2. eine Bescheinigung darüber, dass die Entscheidung in Rechtskraft erwachsen ist;
3. die Gerichtsprotokolle oder andere Urkunden, die dartun, dass die im Artikel 5 Absatz 1 vorgesehenen Voraussetzungen erfüllt sind;
4. im Falle eines Versäumnisurteils die Urschrift oder eine als richtig bescheinigte Abschrift der Urkunden, aus denen hervorgeht, dass die säumige Partei gemäss den Bestimmungen von Artikel 4 Ziffer 5, oder gegebenenfalls von Artikel 5 Absatz 1 Ziffer 7, geladen worden ist.

Betrifft das Begehren um Vollstreckung einen Vergleich, so muss es von einer durch die zuständige Behörde als richtig bescheinigten Abschrift des Protokolls und von einer Bescheinigung begleitet sein, dass der Vergleich vor einem Gericht abgeschlossen oder von diesem bestätigt worden ist und dass er im Staate, in dem er geschlossen wurde, vollstreckbar ist.

Die vorstehend erwähnten Urkunden werden
in Schweden durch die Kanzei des Gross-Gouverneurs von Stockholm oder von einer Provinzialverwaltung ausgestellt oder beglaubigt und

---

[1] SR 281.1

in der Schweiz durch die zuständigen Behörden ausgestellt und durch die Bundeskanzlei beglaubigt.

Alle vorzulegenden Urkunden müssen von einer Übersetzung in die Amtssprache der ersuchten Behörde begleitet sein; die Übersetzung muss durch einen diplomatischen oder konsularischen Vertreter des einen oder des andern Vertragsstaates oder durch einen öffentlichen Dolmetscher des Landes, wo die Entscheidung geltend gemacht wird, als richtig bescheinigt sein.

Art. 11
Das gegenwärtige Abkommen findet keine Anwendung auf Entscheidungen und Vergleiche:
1. in Konkurs- oder Nachlassvertragssachen, mit Einschluss der Anfechtung von Verträgen des Schuldners;
2. betreffend jedes dingliche Recht an Grundstücken, die ausserhalb des Staates, wo die Entscheidung gefällt wurde, gelegen sind, sowie betreffend die Verpflichtung, in bezug auf solche Rechte Verfügungen zu treffen, oder die Rechtsfolgen aus der Nichterfüllung einer solchen Verpflichtung; jedoch bleibt das Abkommen auf die Entscheidungen und Vergleiche in Familien- und Erbrechtssachen anwendbar.

Art. 12
Das Abkommen findet keine Anwendung auf die vor seinem Inkrafttreten gefällten Entscheidungen oder abgeschlossenen Vergleiche.

Art. 13
Die Anerkennung und Vollstreckung der in einem der beiden Staaten gefällten Schiedssprüche bestimmt sich im andern Staate nach dem in Genf am 26. September 1927[1] abgeschlossenen Abkommen zur Vollstreckung ausländischer Schiedssprüche. Jedoch wird die Anerkennung und die Vollstreckung nicht an die Voraussetzungen geknüpft, die in Artikel 1 Absatz 1 des genannten Abkommens vorgesehen sind. Artikel 9 und Artikel 10 letzter Absatz des gegenwärtigen Abkommens finden Anwendung auf das Verfahren zur Erwirkung der Vollstreckbarkeit von Schiedssprüchen.

---

1   [BS 12 392. AS 2009 4239]. Siehe heute: das Übereink. vom 10. Juni 1958 über die Anerkennung und Vollstreckung ausländischer Schiedssprüche (SR 0.277.12).

Art. 14

Die Bestimmungen der Vereinbarungen, die hinsichtlich besonderer Rechtsgebiete die Gerichtszuständigkeit und die Urteilsvollstreckung regeln, werden durch das gegenwärtige Abkommen nicht berührt.

Art. 15

Das gegenwärtige Abkommen soll durch den Schweizerischen Bundesrat und durch Seine Majestät den König von Schweden, mit Zustimmung des Riksdag, ratifiziert werden, und die Ratifikationsurkunden sollen sobald als möglich in Bern ausgetauscht werden.

Es tritt in Kraft am 1. Januar oder 1. Juli, der auf den Ablauf einer Frist von zwei Monaten nach dem Zeitpunkt des Austausches der Ratifikationsurkunden folgt; es bleibt in Kraft bis zum 1. Januar oder 1. Juli, der auf den Ablauf einer Frist von einem Jahre nach dem Zeitpunkt der Kündigung durch einen Vertragsstaat folgt.

Zu Urkund dessen haben die Bevollmächtigten dieses Abkommen unterzeichnet.

So geschehen, in doppelter Ausfertigung, in Stockholm, am 15. Januar 1936.

Charles L. E. Lardy *Rickard Sandler*

g) Spanien

Nr. 53 Vertrag zwischen der Schweiz und Spanien über die gegenseitige Vollstreckung von Urteilen oder Erkenntnissen in Zivil- und Handelssachen[1]

Übersetzung[2]

Abgeschlossen am 19. November 1896
Von der Bundesversammlung genehmigt am 8. Oktober 1897[3]
Ratifikationsurkunden ausgetauscht am 6. Juli 1898
In Kraft getreten am 6. Juli 1898
(Stand am 1. Januar 2011)

SR 0.276.193.321

Der Bundesrat der Schweizerischen Eidgenossenschaft
und
Ihre Majestät die Königin-Regentin von Spanien,
im Namen Seiner Majestät des Königs Don Alfons XIII., Ihres erlauchten Sohnes,
gleicherweise von dem Wunsche beseelt, die gegenseitige rasche Vollstreckung der im Gebiete der beiden Staaten ausgefüllten Urteile oder Erkenntnisse in Zivil- und Handelssachen zu erleichtern, sind übereingekommen, zu diesem Zwecke einen Vertrag abzuschliessen, und haben zu ihren Bevollmächtigten ernannt:

(Es folgen die Namen der Bevollmächtigten)

die nach gegenseitiger Mitteilung ihrer in guter und gehöriger Form befundenen Vollmachten die folgenden Artikel vereinbart haben:

Art. 1

Die von den ordentlichen Gerichten oder gesetzmässig errichteten Schieds- oder Gewerbegerichten in einem der beiden Vertragsstaaten erlassenen rechtskräftigen Urteile oder Erkenntnisse in Zivil- und Handelssachen sollen in dem andern Staate unter folgenden Bedingungen vollstreckbar sein.

BS 12 378; BBl 1897 III 493

1 Das Übereink. vom 30. Okt. 2007 über die gerichtliche Zuständigkeit und die Anerkennung und Vollstreckung von Entscheidungen in Zivil- und Handelssachen (Lugano-Übereinkommen, LugÜ; SR 0.275.12) ersetzt im Rahmen seines Anwendungsbereichs diesen Vertrag. Vgl. Art. 65 und 66 sowie Anhang VII LugÜ.
2 Der französische Originaltext findet sich unter der gleichen Nummer in der französischen Ausgabe dieser Sammlung.
3 AS 16 778

Art. 2

Die Vollstreckung muss bei dem zur Erteilung der Vollstreckungsklausel zuständigen Gerichte oder bei einer andern hierfür zuständigen Behörde des Ortes, wo die Vollstreckung stattfinden soll, von der beteiligten Partei direkt nachgesucht werden. Dem Vollstreckungsbegehren sind folgende Aktenstücke beizulegen:

1. Das Urteil oder Erkenntnis in einer vollständigen, von dem diplomatischen oder konsularischen Vertreter des Landes, in welchem die Vollstreckung verlangt wird, gehörig beglaubigten Abschrift;
2. der Ausweis darüber, dass die Gegenpartei gehörig vorgeladen war und dass das Urteil oder Erkenntnis ihr eröffnet worden ist;
3. eine in gleicher Weise wie gemäss Ziffer 1 beglaubigte Bescheinigung des Gerichtsschreibers des urteilenden Gerichts, dahingehend, dass das Urteil oder Erkenntnis, dessen Vollstreckung verlangt wird, nach der Gesetzgebung des Landes rechtskräftig und vollstreckbar sei, indem keinerlei Berufung oder Einsprache vorliege.

Art. 3

Der Entscheid über das Vollstreckungsbegehren wird in der gesetzlichen Form und, sofern die Landesgesetzgebung es vorschreibt, nach Anhörung der Staatsanwaltschaft, von der zuständigen Behörde getroffen.

Diese Behörde bewilligt der Partei, gegen welche die Vollstreckung verlangt wird, die gesetzliche oder übliche Frist zur Wahrung ihrer Interessen und gibt beiden Parteien Kenntnis von dem Tage, an welchem über das Vollstreckungsbegehren entschieden werden soll.

Art. 4

Der Vollstreckungsentscheid wird von der erkennenden Behörde in das Urteil oder Erkenntnis eingeschrieben und soll in dem ganzen übrigen Vollstreckungsverfahren anerkannt werden.

Art. 5

Die Behörde, welche über das Vollstreckungsbegehren zu entscheiden hat, darf in keiner Weise in eine materielle Prüfung der Streitsache eintreten.

Der Entscheid, durch welchen die Vollstreckung gestattet oder verweigert wird, ist wegen Nichterscheinens einer Partei nicht anfechtbar, wohl aber kann er, sofern die Gesetzgebung des Landes, wo er ausgefällt wurde, die Weiterziehung zulässt, innerhalb der gesetzlichen Frist und nach der gesetzlichen Form an die zuständige Behörde weitergezogen werden.

Art. 6
Die Vollstreckung kann nur in den folgenden Fällen verweigert werden:
1. wenn der Entscheid von einer nicht zuständigen Behörde ausgegangen ist;
2. wenn er erlassen wurde, ohne dass die Parteien gehörig vorgeladen oder gesetzlich vertreten waren;
3. wenn die Grundsätze des öffentlichen Rechtes des Landes, in welchem die Vollstreckung stattfinden würde, dieser entgegenstehen.

Art. 7
Sofern die Vollstreckung persönliche Haft zur Folge hätte, so ist dieser Teil des Urteils oder Erkenntnisses nicht vollstreckbar, wenn die Gesetzgebung des Landes, wo die Vollstreckung stattfinden soll, die persönliche Haft im betreffenden Falle nicht zulässt.

Art. 8[1]
Gerichtliche Aktenstücke, Ladungen, Kundmachungen, Aufforderungen und anderweitige prozessualische Aktenstücke sowie Rogatorien sollen zuständigen Ortes durch Vermittlung der diplomatischen oder konsularischen Vertreter der beidseitigen Regierungen überreicht werden; die Regierungen sorgen für die Zustellung, beziehungsweise Vollziehung, es wäre denn, dass die Grundsätze des öffentlichen Rechts ihres Landes der Zustellung oder Vollziehung entgegenstehen.

Die Kosten fallen dem ersuchten Staate zur Last.

Wenn Aktenstücke, Ladungen, Kundmachungen, Aufforderungen etc. in einer andern Sprache ausgestellt sind, soll ihnen eine gehörig beglaubigte Übersetzung in französischer Sprache beigelegt werden.

Art. 9
Der gegenwärtige Vertrag soll ratifiziert und die Ratifikationsurkunden sollen sobald als möglich in Madrid ausgewechselt werden.

Zu Urkund dessen haben ihn die beidseitigen Bevollmächtigten, in doppelter Ausfertigung, unter Beisetzung ihrer Siegel unterzeichnet zu Madrid, den neunzehnten November eintausendachthundertsechsundneunzig.

---

1 Zwischen der Schweiz und Spanien sind heute auch das Haager Übereink. vom 15. Nov. 1965 über die Zustellung gerichtlicher und aussergerichtlicher Schriftstücke im Ausland in Zivil- oder Handelssachen (SR 0.274.131) und das Haager Übereink. vorn 18. März 1970 über die Beweisaufnahme im Ausland in Zivil- oder Handelssachen (SR 0.274.132) anwendbar.

Chs.-Ed. Lardet *El Duque de Tetuan*

Zusatzprotokoll

Die Unterzeichneten, von ihren Regierungen mit gehöriger Vollmacht ausgerüstet, sind heute bei dem Austausch der Ratifikationsurkunden für den am 19. November 1896 abgeschlossenen Vertrag über die gegenseitige Vollstreckung von Urteilen oder Erkenntnissen in Zivil- und Handelssachen übereingekommen, dass dieser Vertrag von heute an in Kraft treten und so lange in Wirksamkeit bleiben soll, als nicht der eine oder andere der vertragschliessenden Staaten auf eine vorausgegangene halbjährliche Aufkündung von demselben zurücktritt.

Doppelt ausgefertigt in Madrid, den 6. Juli 1898.

Ch.-Ed. Lardet *El Duque de Almodóvar del Rio*

h) Slowakische Republik und Tschechische Republik

Nr. 54 Vertrag zwischen der Schweiz und der Tschechoslowakischen Republik über die Anerkennung und Vollstreckung gerichtlicher Entscheidungen[1] [2]

Übersetzung[3]
Abgeschlossen am 21. Dezember 1926
Von der Bundesversammlung genehmigt am 14. Dezember 1928[4]
Ratifikationsurkunden ausgetauscht am 24. Januar 1929
In Kraft getreten am 24. Februar 1929
(Stand am 1. Januar 2011)

SR 0.276.197.411

*Der Bundesrat der Schweizerischen Eidgenossenschaft
und
der Präsident der Tschechoslowakischen Republik*

haben es für nützlich erachtet, einen Vertrag über die Anerkennung und Vollstreckung gerichtlicher Entscheidungen abzuschliessen, und haben zu diesem Zwecke zu ihren Bevollmächtigten ernannt:

(Es folgen die Namen der Bevollmächtigten)

die nach Mitteilung ihrer in guter und gehöriger Form befundenen Vollmachten die nachstehenden Artikel vereinbart haben:

Art. 1

Die im einen Vertragsstaate gefällten gerichtlichen Entscheidungen in Zivil- oder Handelssachen werden im andern Staat anerkannt, wenn sie folgende Voraussetzungen erfüllen:

BS 12 381; BBl 1927 I 394

[1] Die Weitergeltung dieses Vertrages ist festgestellt worden durch den Notenaustausch zwischen den beiden Regierungen vom 2. Sept./11. Okt. 1946 (AS 62 1184). Mit Briefwechsel vom 24. Febr. 1994 mit der Tschechischen Republik und Notenaustausch vom 13. Okt./25. Nov. 1994 mit der Slowakei wurde die Weitergeltung zwischen der Schweiz und den genannten Staaten bestätigt.

[2] Das Übereink. vom 30. Okt. 2007 über die gerichtliche Zuständigkeit und die Anerkennung und Vollstreckung von Entscheidungen in Zivil- und Handelssachen (Lugano-Übereinkommen, LugÜ; SR 0.275.12) ersetzt im Rahmen seines Anwendungsbereichs diesen Vertrag. Vgl. Art. 65 und 66 sowie Anhang VII LugÜ.

[3] Der Originaltext findet sich unter der gleichen Nummer in der französischen Ausgabe dieser Sammlung.

[4] AS 45 23

1. dass die Grundsätze, die nach dem Rechte des Staates, wo die Entscheidung geltend gemacht wird, über die internationale Zuständigkeit der Gerichte bestehen, die Gerichtsbarkeit des andern Staates für den in Frage stehenden Fall nicht ausschliessen;
2. dass die Anerkennung der Entscheidung nicht gegen die öffentliche Ordnung oder gegen die Grundsätze des öffentlichen Rechts des Staates verstösst, wo die Entscheidung geltend gemacht wird;
3. dass die Entscheidung nach den Gesetzen des Staates, wo sie gefällt wurde, die Rechtskraft erlangt hat;
4. dass im Fall eines Versäumnisurteils die säumige Partei, gegen die die Entscheidung geltend gemacht wird, gemäss den Gesetzen des Staates, wo die Entscheidung gefällt wurde, regelrecht geladen worden ist und die Ladung rechtzeitig erhalten hat.

Die Prüfung durch die Behörden des Staates, wo die Entscheidung geltend gemacht wird, beschränkt sich auf die in Ziffern 1–4 angeführten Voraussetzungen. Diese Behörden haben von Amtes wegen zu prüfen, ob diese Voraussetzungen vorliegen.

Art. 2

In Berücksichtigung der Fälle, wo die Schweiz, gestützt auf Artikel 59 der Bundesverfassung[1], im Sinne von Artikel 1 Ziffer 1 dieses Vertrages die Gerichtsbarkeit eines andern Staates nicht anerkennt, wird in entsprechender Weise folgendes bestimmt:

Bei persönlichen Ansprüchen gegen einen zahlungsfähigen Schuldner, der im Zeitpunkt der Erhebung der Klage seinen Wohnsitz in der Tschechoslowakei hatte, wird in der Tschechoslowakei die schweizerische Gerichtsbarkeit nicht anerkannt, sofern nicht dieser Schuldner einen Gerichtsstand in der Schweiz vereinbart oder sich vorbehaltlos auf die Klage vor dem schweizerischen Richter eingelassen hat.

Diese Bestimmung steht der Anerkennung der schweizerischen Gerichtsbarkeit nicht entgegen, wenn der Schuldner am Orte seiner geschäftlichen Niederlassung oder Zweigniederlassung für Ansprüche aus dem Betriebe dieser Niederlassung belangt worden ist oder wenn am Gerichtsstand der Hauptklage eine mit dieser zusammenhängende Widerklage erhoben worden ist.

Die familien- und erbrechtlichen Klagen sowie die dinglichen und gemischten Klagen gelten nicht als persönliche Ansprüche im Sinne dieser Bestimmung.

Art. 3

Die im einen Vertragsstaate gefällten gerichtlichen Entscheidungen können im andern Staate vollstreckt werden, wenn sie im Staate, wo sie ergangen sind, vollstreckbar sind und die in Artikel 1 Ziffern 1–4 angeführten Voraussetzungen erfüllen.

---

1 [BS 1 3]. Heute: auf Art. 30 der Bundesverfassung vom 18. April 1999 (SR 101).

Die Prüfung durch die Behörden des Staates, wo die Vollstreckung beantragt wird, beschränkt sich auf die im vorstehenden Absatz genannten Erfordernisse. Diese Behörden haben von Amtes wegen zu prüfen, ob diese Voraussetzungen vorliegen.

Art. 4
Die Partei, die die Entscheidung geltend macht oder die Vollstreckung beantragt, hat beizubringen:
1. eine Ausfertigung der Entscheidung, die die für ihre Beweiskraft erforderlichen Voraussetzungen erfüllt;
2. die Urkunden, die dartun, dass die Entscheidung in Rechtskraft erwachsen ist und, gegebenenfalls, dass sie vollstreckbar ist;
3. eine beweiskräftige Abschrift der Ladung (Art. 1 Ziff. 4) der säumigen Partei;
4. eine nach den Bestimmungen eines der beiden Staaten als richtig bescheinigte Übersetzung der vorstehend angeführten Urkunden, sofern nicht die zuständige Behörde von dieser Verpflichtung befreit hat; die Übersetzung ist in der Tschechoslowakei in tschechoslowakischer Sprache, in der Schweiz in der Sprache der ersuchten Behörde einzureichen.

Art. 5
Die Schiedssprüche, die im einen Vertragsstaate gefällt werden und dort dieselbe Wirksamkeit wie die gerichtlichen Entscheidungen haben, werden im andern Staate anerkannt und vollstreckt, wenn sie den Vorschriften der vorstehenden Artikel, soweit diese Anwendung finden können, genügen.

Dies gilt auch für gerichtliche Vergleiche und für vor Schiedsgerichten abgeschlossene Vergleiche.

Art. 6
Die Zuständigkeit und das Verfahren für die Vollstreckung bestimmen sich nach den Gesetzen des ersuchten Staates.

Art. 7
Die Bestimmungen dieses Vertrages sind ohne Rücksicht auf die Staatsangehörigkeit der Parteien anzuwenden.

Art. 8
Dieser Vertrag soll ratifiziert werden und die Ratifikationsurkunden sollen in Prag ausgetauscht werden.

Der Vertrag tritt einen Monat nach dem Austausche der Ratifikationsurkunden in Kraft und bleibt nach Kündigung, die jederzeit zulässig ist, noch ein Jahr in Kraft.

Zu Urkund dessen haben die Bevollmächtigten diesen Vertrag in doppelter Ausfertigung unterzeichnet.

So geschehen in Bern, am einundzwanzigsten Dezember eintausendneunhundertsechsundzwanzig.

H. Häberlin   *Emil Spira*
                       Karel Halfar

Zusatzprotokoll

Bei der Unterzeichnung des Vertrages zwischen der Schweiz und der Tschechoslowakischen Republik über die Anerkennung und Vollstreckung gerichtlicher Entscheidungen haben die Bevollmächtigten der beiden Staaten in gegenseitigem Einverständnis folgendes festgestellt:

I.

Als gerichtliche Entscheidungen im Sinne des Vertrages gelten die Entscheidungen in Zivil- oder Handelssachen, die im streitigen oder nichtstreitigen Verfahren von den ordentlichen Gerichten, von Spezialgerichten, von Schiedsgerichten oder von vormundschaftlichen Behörden (Pflegschaftsbehörden) gefällt werden.

Die in einem Strafverfahren ergangenen Entscheidungen über Anträge der Zivilpartei sowie die Entscheidungen über Konkurseröffnung oder über Bestätigung eines Nachlassvertrages gelten nicht als gerichtliche Entscheidungen in Zivil- oder Handelssachen im Sinne des Vertrages.

II.

Wenn über die Tragweite des Artikels 2 Zweifel auftauchen, werden das Eidgenössische Justiz- und Polizeidepartement und das tschechoslowakische Justizministerium einander zweckdienliche Auskunft erteilen, immerhin unter Vorbehalt der Entscheidungsfreiheit der Gerichte.

III.

Auf Wunsch des schweizerischen Bevollmächtigten wird festgestellt, dass der Vertrag auch auf die vor seinem Inkrafttreten in Rechtskraft erwachsenen gerichtlichen Entscheidungen, Schiedssprüche und gerichtlichen Vergleiche anzuwenden ist.

IV.

Dieses Protokoll bildet einen integrierenden Bestandteil des Vertrages.

Zu Urkund dessen haben die Bevollmächtigten dieses Protokoll unterzeichnet.

So geschehen in Bern, in doppelter Ausfertigung, am einundzwanzigsten Dezember eintausendneunhundertsechsundzwanzig.

H. Häberlin *Emil Spira*
Karel Halfar

Stichwortverzeichnis

Es werden nach jedem Stichwort die in diesem Buch verwendete Erlassnummer, die Abkürzung des Erlasses sowie die Artikelnummer mit der zugehörigen Kommentar-Note angegeben. Ohne Angabe des Erlasses ist stets die Nr. 1 (SchKG) gemeint.

A

Abänderung
- des Kollokationsplans im Konkurs 250 N 10, 25, 30; 251 Abs. 4; Nr. 5 KOV 65–67, 69
  - Kosten der Neuauflage 232 N 13

Aberkennungsklage 83
- Abschreibung 83 N 30
- Abweisung 83 Abs. 3
- Beschwerde an das Bundesgericht 83 N 31
- Einreichung vor Fristbeginn 83 N 20
- Erledigung 83 N 28–32
- Frist 83 Abs. 2; 83 N 18–21
- Gerichtsstand 83 Abs. 2; 83 N 13–16
  - Verhältnis zum LugÜ 83 N 16
- Güterverzeichnis 83 Abs. 1; 83 N 8
- provisorische Pfändung 83 Abs. 1; 83 N 1–7
  - Vornahme 83 N 2
  - Zulässigkeit 83 N 4
- Schiedsgerichtsbarkeit 83 N 17
- Thema 83 N 9–12
- Unterlassung 83 Abs. 3
- Urteil 83 N 28, 29
- Verbindung mit Forderungsklage 83 N 25
- Vergleich 83 N 32
- Widerklage 83 N 24
- Wirkung
  - auf Frist nach Art. 165 Abs. 2: 83 Abs. 4
- Zurückweisung 83 N 31

Aberkennungsprozess
- Kosten bei Vergleich 68 N 2

Abfindung
- der Gläubiger, die Anteil an Gemeinschaftsvermögen gepfändet haben Nr. 8 VVAG 9

Abgabe
- Ausschluss der Konkursbetreibung 43 Ziff. 1

Ablösungsverfahren 153

Abschlagsverteilung an Gläubiger
- aus Verwaltung von Grundstücken Nr. 9 VZG 22, 83
- im Konkursverfahren 237 Abs. 3 Ziff. 5; 251 Abs. 3; 266
  - Anordnung 266 N 1
    - bei verspätet eingegangenen Forderungen 251 Abs. 3
- im Pfändungsverfahren 144 Abs. 2; Nr. 9 VZG 22, 83

Abschlagszahlungen
- als Voraussetzung der Notstundung 339 Abs. 4
- aus Erträgnissen von Gemeinschaftsvermögen Nr. 8 VVAG 8
- aus Früchten und Erträgnissen gepfändeter Grundstücke Nr. 9 VZG 22
- aus Mietzinsen Nr. 9 VZG 95
- aus Pachtzinsen Nr. 9 VZG 95
- bei Verwertungsaufschub 123 Abs. 1; 123 N 5
  - Festsetzung der Höhe und Verfalltermine 123 Abs. 3; 123 N 10–12
- im Nachlassvertrag mit Vermögensabtretung 326, 327

Absichtsanfechtung 288
- allgemein 288 N 1–3
- Fünfjahresfrist 288 N 23–25; 288a
- handelnde Personen 288 N 27, 28
- Tatbestände im Einzelnen 288 N 4–10
- Verfahrensfragen 288 N 29–31
- Vertretungsverhältnis beim Schuldner 288 N 27
- Voraussetzungen der Anfechtung 288 N 1, 2
  - Schädigung der übrigen Gläubiger 288 N 4–10
  - Benachteiligungsabsicht des Schuldners 288 N 11–15

- Erkennbarkeit für den «andern Teil» 288 N 16–22
- Verschlechterung der Exekutionsrechte 288 N 5

Abtretung von Rechtsansprüchen 260
- Durchführung eines Prozesses 260 N 52–54
- Frist für gerichtliche Geltendmachung der Ansprüche 260 N 34–36, 49
- in Betracht fallende Ansprüche 260 N 11–15
- keine selbstständige Weitergabe 260 N 21
- Legitimation 260 N 20–29
- Mehrzahl von Abtretungsgläubigern 260 N 46–51
- Prozessergebnis 260 N 55–61
  - Verteilung des Prozessergebnisses 260 N 62–64
- Rechtsnatur 260 N 1–2
- Verantwortlichkeitsansprüche im Konkurs der Aktiengesellschaft im Besonderen 260 N 16–19
- Verfahren bei der «Abtretung» 260 N 30–45
- Verwertung mangels Abtretung 260 Abs. 3
- Verzicht der Gläubiger als Voraussetzung 260 N 3–10
- zeitliche Konsequenzen 260 N 65–71

Abzahlungsvertrag
- Nr. 27 EigVV 4

Admassierung
- im Bankenkonkurs Nr. 38 BKV-FINMA 19 Abs. 2

Admassierungsklage 242

Akten
- der Betreibungsämter
  - Aufbewahrung Nr. 6 VABK 1–4
- im Bankenkonkurs
  - Aufbewahrung Nr. 38 BKV-FINMA 36
- im Konkursverfahren allgemein
  - Aufbewahrung Nr. 6 VABK 1, 5; Nr. 5 KOV 14–15a
- ausseramtliche Konkursverwaltung
  - Edition Nr. 5 KOV 11
- über Eigentumsvorbehalt
  - Aufbewahrung Nr. 6 VABK 3

Akteneinsicht
im Bankenkonkurs Nr. 38 BKV-FINMA 5

Aktiengesellschaft 39 Abs. 1 Ziff. 8
- Anwendung von SchKG Art. 68c Abs. 1 auf eine solche 68c N 5
- Grundstücke
  - Verwertung
    - in Betreibung auf Grundpfandverwertung 230a
    - wenn Konkurs eingestellt ist 230 N 18, 19; 230a

- im Konkurs
  - keine Verrechnung rückständiger Beträge des Gesellschaftskapitals 213 Abs. 4; 213 N 20–22
- Konkurseröffnung ohne vorgängige Betreibung 192
- Notstundung 350

Aktivlegitimation
- zum Abtretungsbegehren nach Art. 260: 260 N 20–29
- zur Beschwerde 17 N 15–18
  - an das Bundesgericht 19 N 12
  - gegen Amtsentsetzung 14 N 9
  - wegen Gebühren Nr. 7 GebV SchKG 2
- zur Einsprache im Arrestverfahren 278 Abs. 1
- zur Klage nach Art. 85a: 85a N 2, 3
- zur paulianischen Anfechtung 285 Abs. 2; 285 N 14–17

Alimente an Schuldner
- aus Erträgnissen gepfändeter Grundstücke 103 Abs. 2
- im Konkurs
  - Gewährung 229 Abs. 2
- Pfändbarkeit beschränkte 93
- Unpfändbarkeit 92 Abs. 1 Ziff. 8–10; 92 N 51–70

Alimentenverpflichtung
- Privilegierung im Konkurs 219 Abs. 4 Erste Klasse lit. c

Alters- und Hinterlassenenversicherung
- Privilegierung der Prämien im Konkurs 219 Abs. 4 Zweite Klasse lit. b
- Unpfändbarkeit der Rente 92 Ziff. 9a

Amtliche Verwahrung 98; 223 Abs. 2; 275 N 10, 11

Amtsblatt kant. 35 Abs. 1

Amtseinstellung 14 Abs. 2 Ziff. 3

Amtsentsetzung 14 Abs. 2 Ziff. 4

Amtshandlungen
- ausserhalb des Betreibungskreises 41

Amtsübergabe
- bei Wechsel des Konkursbeamten Nr. 5 KOV 7

Andauernde wirtschaftliche Krise
- als Voraussetzung für allgemeinen Rechtsstillstand 62
- als Voraussetzung für Notstundung 337

Anerkennung ausländischer Entscheidungen
- nach schweizerischem Recht allgemein Nr. 34 IPRG 25–27, 165

Anerkennung ausländischer Konkursdekrete und Massnahmen
- allgemein Nr. 34 IPRG 166 ff.

- im Bankenkonkurs Nr. 36 BankG 37g, Nr. 38 BKV-FINMA 10
  - Koordination mit ausländischen Verfahren Nr. 36 BankG 37f

Anerkennungsklage
- im Nachlassverfahren 315 Abs. 1
- in der Betreibung auf Pfändung, Pfandverwertung oder Konkurs 79
  - Wirkungen des Urteils 79 N 6–8
- in der Wechselbetreibung 184 Abs. 2; 186

Anfechtung
- Freihandverkauf 132a Abs. 1
- Kollokationsplan 148, 250
- Paulianische 285–292; 331
  - Absichtsanfechtung 288
    - äquivalente Gegenleistung 288 N 7–9
    - Erkennbarkeit der Absicht 288 N 16–22
    - Fünfjahresfrist 288 N 23–25
    - handelnde Personen 288 N 27–28
    - Tatbestände im Einzelnen 288 N 4–10
    - Verfahrensfragen 288 N 23–31
  - Aktivlegitimation 285
  - Begriff der Anfechtung 285 N 1, 2
  - Fristen
    - Berechnung 288a
  - Gegenpartei 290
  - Gegenstand des Anspruchs 285 N 18–20
  - Gerichtsstand für Klage 289
  - im Nachlassverfahren 331 Abs. 1, Abs. 3
    - Gerichtsstand 289
    - Passivlegitimation 290
  - Kollokation der wieder auflebenden Forderung der Anfechtungsgegnerschaft 291 Abs. 2; Nr. 13 KS BGer Nr. 10
  - im Konkurs 285 N 38–41
  - Legitimation 285 Abs. 2; 285 N 14–17
  - Passivlegitimation 290
  - Pfändungsverlustschein 285 N 27–34
  - Rechtsgeschäfte in Bankenkonkurs Nr. 38 BKV-FINMA 18 Abs. 3
  - Rückgabepflicht 291
  - Rückwärtsfristen 286–288
    - Verlängerung ders. 288a
  - Schenkungsanfechtung 286
    - Période suspecte 286 N 9, 10
    - Schenkungen 286 N 1–8
    - Missverhältnis 286 N 11–19
  - Überschuldungsanfechtung 287
    - Bestellung von Sicherheiten 287 N 8–11
    - Tilgung einer Geldschuld in unüblicher Weise 287 N 12–20
    - Überschuldung 287 N 1–7
    - Kenntnis davon 287 N 22–26
  - Zahlung nicht verfallener Schuld 287 N 21
  - Verwirkung des Anspruchs 292
  - Wirkung der erfolgreichen Anfechtung 291
    - allgemein 291 N 1
    - bei Anfechtung im Konkurs 291 N 7–8
    - bei Anfechtung ausserhald des Konkurses 291 N 2
    - Umfang des Wertersatzes N 16–24
    - Wiederaufleben der anfechtbar getilgten Forderung 291 Abs. 2
    - Wiederaufleben der Nebenrechte 291 N 25–27
- Verrechnung im Konkurs 214
- Verwertungshandlungen im Bankenkonkurs 7 Nr. 38 BKV-FINMA 7
- Zuschlag 132a
  - Form der Anfechtung
    - Beschwerde 132a Abs. 1
    - Frist 132a Abs. 2
    - Verwirkung 132a Abs. 3

Anfechtungsansprüche paulianische 285–288
- Zugehörigkeit zur Konkursmasse 200

Anfechtungsklage paulianische 285–288

Angebot
- bei Steigerung von Fahrnis 126
  - Deckungsprinzip 126 Abs. 1 und 2
- bei Steigerung von Grundstücken 141, 142; Nr. 9 VZG 55, 58, 59, 60
  - Ausruf Nr. 9 VZG 60
  - Aussetzung der Versteigerung 141
  - Deckungsprinzip 142a
  - Doppelaufruf 142
  - Form Nr. 9 VZG 58
  - von mehreren Nr. 9 VZG 59

Angestellte
- bei Zustellung, Begriff 65 N 11, 12

Angestellte der Betreibungs- und Konkursämter
- Ausstand 10
- Haftbarkeit des Kantons für sie 5 Abs. 1
  - verbotene Rechtsgeschäfte 11

Anleihensgläubiger
- bei Gemeinden und öffentlich-rechtlichen Körperschaften des kant. Rechts Nr. 33 SchGG 13 ff.

Annuitäten 41 Abs. 2
- Zwangsvollstreckung dafür 39; 42; 43

Anschlusspfändung 111

Anspruch
- auf Geldzahlung des Amtes 5 N 6

Stichwortverzeichnis A

Anteil
- am Gesamtgut 68 Abs. 2, 3

Anteilsrechte
- an Gemeinderschaft 132 Abs. 1
  - Verwertung 132 Abs. 1; 132 Abs. 3
- an Gemeinschaftsvermögen 132 Abs. 1
  - Anhörung der Beteiligten 132 N 20
  - Pfändung 104; Nr. 8 VVAG 3; Nr. 9 VZG 23–23d
  - Verwertung 132; 132 N 3–7; Nr. 8 VVAG 8–15; Nr. 9 VZG 73–73i

Anweisung
- bei Gemeinschaftsvermögen
  - Anspruch auf Liquidation Nr. 8 VVAG 13
- einer gepfändeten Forderung 131
  - an Zahlungs Statt 131 Abs. 1
  - zur Eintreibung 131 Abs. 2

Anwendungsbereich
- des SchKG 30

Anzeige
- an die Bankenkommission Nr. 38 BKV-FINMA 6
- der Betreibung an Mieter und Pächter 152 Abs. 2
- der ersten Gläubigerversammlung im Konkurs 232 Abs. 2 Ziff. 5; 232 N 27
- der Konkurseinstellung 230 Abs. 2
- der Pfändung 99; 101; 102; 104
  - von Grundstücken Nr. 9 VZG 15
- der ungenügenden Konkursmasse 231
- der Steigerung von Fahrnis 125 Abs. 3
- der Steigerung von Grundstücken 139
- der Verhandlung über den Nachlassvertrag 252 Abs. 2; 304 Abs. 3
- des Pfandverwertungsbegehrens
  - an Dritteigentümer Nr. 9 VZG 99
  - an Schuldner 155 Abs. 2

Arbeitgeber 219; AVIG 51

Arbeitnehmer
- Privilegierung ihrer Forderungen im Konkurs 219 Abs. 4 Erste Klasse lit. a; 219 N 13–19

Archivierung
- der Betreibungs- und Konkursakten Nr. 6 VABK 2, 4, 5

Armenrecht
- bei Insolvenzerklärung 191 N 4, 5

Arrest 271–281
- Arrestaufhebungsklage (ehemalige) 278 N 1
- Arrestbewilligung (Arrestbefehl) 272; 274
  - Ausstellung durch den Arrestrichter 274
  - Beweislastverteilung und Beweismass des Glaubhaftmachens 272 N 1–11
  - Einsprache 278
  - Legitimation 278 N 8, 9
  - Formfehler 274 N 11
  - Inhalt 274 Abs. 2; 274 N 3–7
- Arrestbetreibung
  - Betreibungsort 52
    - Ort der Konkursandrohung 52
    - Ort der Konkurseröffnung 52
  - Fortsetzung 279 Abs. 3
    - Konkursandrohung 52
    - Konkurseröffnung 52
    - Pfändung 279 Abs. 3
      - Gruppenbildung 281 N 1–10
  - Frist 279 Abs. 3; 280 Ziff. 1
- Arrestgegenstände 271, 274 Abs. 2 Ziff. 4
  - Frage des Eigentums des Arrestschuldners 271 N 10–21
  - Vermögenswerte fremder Staaten 92 Abs. 1 Ziff. 11; Nr. 24 Schreiben EJPD
  - Verwahrung 275 N 10, 11
- Arrestforderungen 271 N 22–24
  - Zulässigkeit des Arrestes bei fehlender Fälligkeit 271 Abs. 2
- Arrestgründe im Einzelnen 271 Abs. 1; 271 N 25–42
- Arrestierbare Gegenstände 271 N 8, 9
  - Grundstück 274 N 7
  - Unpfändbarkeit 271 N 57; 274 N 8
- Arrestort 272 N 12–20
- Arrestprosequierung 279
  - Betreibungsort 279 N 12–17
  - im Ausland 279 N 14
  - Frist 279 N 23–28
- Arrestprosequierungsklage 279 Abs. 2
  - Bedeutung 279 N 1–11
  - Frist 279 Abs. 2
  - bei Schiedsgerichtsvertrag 279 N 15, 25
  - Gerichtsstand 279 N 12; Nr. 25 ZPO 9–46
  - Inhalt 279 N 3–11
  - Verhältnis zur Schadenersatzklage 279 N 28
  - Verfahrensabwicklung 279 N 29–31
- Arrestschaden 273
  - Haftung des Gläubigers gegenüber Schuldner und Dritten 273 Abs. 1 Satz 1
  - Sicherstellung 273 Abs. 1 Satz 2
  - Umfang 273 N 1
  - Verjährung 273 N 15, 16
  - Widerklage 273 N 18
- Arresturkunde 276
  - Zustellung ders. 276 N 1–3
- Arrestvollzug 275
  - Auskunftserteilung 271 N 55, 56; 275 N 13, 27, 28; 278 N 4
  - Beschwerde 275 N 2

- Nichtigkeit 275 N 4, 5
- Ort 272 N 12
- Stellung von Dritten 275 N 8, 9, 11, 16–18, 25
- Vollzugsverweigerung 274 N 10, 275 4
- Bedeutung des Arrestes 271 N 1–4
- Dahinfallen des Arrestes 280
- Einsprache gegen den Arrest 278 Abs. 1, 2
- Gattungsarrest 271 N 8; 274 N 5
- Gebühren Nr. 7 GebV SchKG 21, 48
- provisorischer Pfändungsanschluss 281; 281 Abs. 1, 2
- Rechtsmissbrauch 271 N 50–52
- Schicksal des Arrestes im Konkurs 199 Abs. 1
- Sicherheitsleistung des Gläubigers
  - gesondertes Rechtsmittelverfahren 278 N 3
- Sicherheitsleistung des Schuldners 277
  - amtliche Verwahrung 277 N 11
  - Freigabe der Gegenstände 277 N 11–13
  - Höhe der Sicherheit 277 N 14–16
  - Zweck der Bestimmung 277 N 1
- Verfahrensfragen 271 N 43–60
- Verletzung von völkerrechtlichen Verträgen Nr. 23 Schreiben EJPD
- Vollstreckbarkeit eines Urteils 271 N 40
- während Betreibungsferien 56 Ingress
- während geschlossener Zeiten 56 Ingress
- während Rechtsstillstand 56 Ingress

Assekuranzschätzung
- bei Pfändung Nr. 9 VZG 9

Aufbewahrung
- von Akten über Eigentumsvorbehalt Nr. 6 VABK 2
- von Betreibungsurkunden Nr. 6 VABK 2–4
- des durchschnittlichen Monatsverdienstes eines Selbstständigerwerbenden 9 N 3
  - Folgen der Unterlassung 9 N 4
- von Geschäftsbüchern des Konkursiten Nr. 5 KOV 15, 15a
- von Geld und Wertsachen 9
  - keine Gebühr Nr. 7 GebV SchKG 19 Abs. 2
- von Konkursakten Nr. 6 VABK 5, 6

Aufenthaltsort 48 N 2–4
- letztbekannter
  - Konkurseröffnung daselbst 54
- unbekannter
  - als Konkursgrund 190
  - Anwendbarkeit von Art. 54 bei von der Schweiz abwesendem Schuldner, der nicht dem Konkurs unterliegt 54 N 2
- Zustellung 66 Abs. 4 Ziff. 1

Aufhebung
- der Betreibung 85; 85a Abs. 3; 206
  - bei Konkurs des Klägers 85a N 6
  - Legitimation 85a N 5
  - Rechtsmittel 85 N 10; 85a N 12; Nr. 25 ZPO 319 ff.
  - Voraussetzung 85 N 4, 5; 85a N 2, 3
  - Wirkung 85 N 2
- der Notstundung (Widerruf) 348
- des ganzen Nachlassvertrags 313
- des Nachlassvertrags gegenüber einzelnen Gläubigern 316
- des wegen Militärdienstes gewährten Rechtsstillstands 57d
- des Zuschlags 132a
  - bei Grundstückverwertung 143–143a; Nr. 9 VZG 63

Auflegung
- der Steigerungsbedingungen für Grundstücke
  - im Konkurs 257 Abs. 2; Nr. 5 KOV 98
  - im Pfändungsverfahren 134 Abs. 2
- des Kollokationsplans
  - im Konkurs 249 Abs. 1; Nr. 5 KOV 67, 69, 98
  - im Pfändungsverfahren 147
- des Verteilungsplanes (-liste)
  - bei Grundpfandverwertung Nr. 9 VZG 112
  - im Konkurs 263 Abs. 1; Nr. 5 KOV 98
    - Anzeige 263 Abs. 2
- im Nachlassverfahren 301

Aufruf
- bei Steigerung
  - beweglicher Sachen 126 Abs. 1
  - von Grundstücken
    - doppelter mit und ohne Last 142; Nr. 9 VZG 56, 104
    - im Konkurs Nr. 9 VZG 129
    - mit und ohne Zugehör Nr. 9 VZG 57

Aufschiebende Wirkung 36
- Gegenstand 36 N 1
- Beschwerde an das Bundesgericht 36 N 7

Aufschub
- der Verwertung bei Abschlagszahlungen
  - bei Fahrnis 123
    - Festsetzung der Höhe der Abschlagszahlungen und der Verfalltermine 123 Abs. 3
      - bei Betreibung für Forderung der ersten Klasse 123 Abs. 2
  - bei Grundstücken Nr. 9 VZG 16, 32

Aufsicht
- konsolidierte
  - Inhalt Nr. 37 BankV 14a
  - Umfang Nr. 37 BankV 14

1177

Stichwortverzeichnis A

Aufsichtsbehörde kantonale 13
- Amtsübergabe an neue Konkursbeamte Nr. 5 KOV 7
- Ausstand 10
- Beachtung des Instanzenzuges von Amtes wegen 13 N 5
- Beurteilung der Urteilsfähigkeit von Amtes wegen 68c N 2
- Haftung des Kantons für von einer AB verursachten Schaden 5 Abs. 1
- Überprüfung der Geschäftsführung der Ämter 14 Abs. 1
- zusätzliche Aufgabe
  - Beteiligung am Verfahren betr. Verwertung von Anteilen an Gemeinschaftsvermögen Nr. 15 KS BGer Nr. 17
  - betr. Eigentumsvorbehalt
    - Anordnung der Bereinigung Nr. 26 V BGer Bereinigung Eigentumsvorbehaltsregister 2
  - betr. Konkurs
    - Bestimmung des Verfahrens für die Verwertung von Miteigentumsanteilen Nr. 15 KS BGer Nr. 17
    - zentrale Archivierung der Geschäftsbücher von Konkursiten Nr. 5 KOV 15, Ziff. 4
  - Bewilligung der Grundstücksverwertung vor Ende des Kollokationsprozesses Nr. 9 VZG 128
  - betr. Nachlass- und Notstundungsverfahren
    - Bestimmung der Entschädigung des Sachwalters Nr. 7 GebV SchKG 55
  - betr. Pfändungsverfahren
    - Beschwerde betr. Kosten der Grundstücksverwaltung Nr. 9 VZG 20
    - Bestimmung des Verfahrens zur Verwertung von Miteigentumsanteilen Nr. 9 VZG 73; VZG 73a–73i
    - Beteiligung am Verfahren zur Verwertung von Anteilen an Gemeinschaftsvermögen Nr. 8 VVAG 10
    - endgültige Erledigung von Schätzungsstreitigkeiten Nr. 9 VZG 9

Aufzeichnung aufzubewahrender Unterlagen OR 962 Abs. 2
Ausbietung zu versteigernder Grundstücke
- doppelte Nr. 9 VZG 45 lit. c, 56, 57
- Form Nr. 9 VZG 45

Ausfallforderung
- bei Steigerung
  - beweglicher Sachen 129 Abs. 4
    - Feststellung der Höhe des Ausfalls 129 N 14
  - von Grundstücken 143; 143 N 9, 10; Nr. 9 VZG 72, 79
- im Nachlassverfahren 327
- Verwertung im Konkurs Nr. 9 VZG 72, 131; Nr. 22 Anl. 22

Ausfallschein
- bei fruchtloser Betreibung von Gemeinden und öffentlich-rechtlichen Körperschaften des kant. Rechts Nr. 33 SchGG 2 Abs. 3

Ausgeschlagene Erbschaft
- Konkurseröffnung 192
  - Widerruf des Konkurses 198

Auskündigung öffentliche 35; 66 Abs. 4
- betr. Verlustscheine 26 Abs. 1 Satz 2
- der Angebote bei Steigerung von Grundstücken Nr. 9 VZG 60

Auskunftserteilung der Ämter
- Gebühr Nr. 7 GebV SchKG 12

Auskunftsgesuch 8a
- bei nichtiger Betreibung 8a Abs. 3 lit. a; 8a N 20
- bei zurückgezogener Betreibung 8a Abs. 3 lit. c; 8a N 22–24
- bei Obsiegen durch Rückforderungsklage 8a Abs. 3 lit. b
- Erlöschen des Einsichtsrechts 8a Abs. 4

Auskunftspflicht
- der Banken
  - im Arrestverfahren 275 i.V.m. 91
- der Behörden
  - bei Pfändung 91 Abs. 5
  - im Konkurs 222 Abs. 5
- des Dritten, der Gewahrsam ausübt, bei Arrest 278 N 4
- des Drittverwahrers bei Pfändung 91 Abs. 4
- des Drittverwahrers und des Drittschuldners in Konkurs 222 Abs. 4
- des Schuldners
  - bei Pfändung 91 Abs. 1 Ziff. 2
  - im Konkurs 222 Abs. 1
- von Angehörigen im Konkurs 222 Abs. 2

Auslagen der Ämter
- Vergütung Nr. 7 GebV SchKG 13

Ausland
- Anzeige der Pfändung 66 Abs. 3 und Abs. 4 Ziff. 3
- Entscheidung aus dem Ausland
  - in der definitiven Rechtsöffnung 81 Abs. 3: 81 N 21, 22

- Vollstreckung ders. Nr. 34 IPRG 25–31, 165
- Gläubiger mit Wohnsitz dortselbst
  - Domizil für Betreibung 67 Abs. 1 Ziff. 1
  - Eingabefrist 32 Abs. 1.; 33 Abs. 2
- Grundpfand dortselbst Nr. 9 VZG 1
- Konkurs dortselbst
  - Anerkennung Nr. 34 IPRG 166
    - Antrag dahingehend Nr. 34 IPRG 167
      - Entscheidung darüber und Mitteilung Nr. 34 IPRG 169 Abs. 2
      - Voraussetzungen Nr. 34 IPRG 166
  - Anfechtungsklage Nr. 34 IPRG 171
  - Kollokation Nr. 34 IPRG 172–174
  - Rechtsfolgen Nr. 34 IPRG 170
  - Sichernde Massnahmen Nr. 34 IPRG 168
  - Veröffentlichung Nr. 34 IPRG 169 Abs. 1
- Massevermögen dortselbst 221; Nr. 5 KOV 27, 62
- Nachlassverfahren dortselbst Nr. 34 IPRG 175
- Pfandgegenstände dortselbst Nr. 5 KOV 62
- Schuldner mit Wohnsitz dortselbst 50; 271 Abs. 1 Ziff. 4
  - Filiale in der Schweiz als Betreibungsort 50 Abs. 2
  - Zustellung von Betreibungsurkunden an diesen 66 Abs. 3

Ausländische Entscheidungen
- Anerkennung und Vollstreckung Nr. 34 IPRG 25–31, 165

Ausländischer Staat
- Betreibungsfähigkeit Nr. 23 Schreiben EJPD
- unpfändbare Vermögenswerte 92 Abs. 1 Ziff. 11

Ausländisches Konkursdekret
- allgemein Nr. 34 IPRG 166 ff.
- im Bankenkonkurs Nr. 36 BankG 37g, Nr. 38 BKV-FINMA 10
  - Koordination mit ausländischen Verfahren Nr. 36 BankG 37f

Ausruf 35

Ausseramtliche Konkursverwaltung
- Geschäftsführung Nr. 5 KOV 97, 98

Aussetzung des Konkursdekrets 173a

Aussonderung
- im Bankenkonkurs Nr. 38 BKV-FINMA 18

Aussonderungsansprüche
- im Konkurs 242; Nr. 5 KOV 53, 54

Ausstandsbegehren 10

Ausstandspflicht 10
- Ausstandsgründe 10 Abs. 1 Ziff. 1–4
  - Ablehnungsfälle 10 Abs. 1 Ziff. 4
  - Ausschlussfälle
  - Bevollmächtigte 10 Abs. 1 Ziff. 3
  - Ehegatten 10 Abs. 1 Ziff. 2
  - Gesetzliche Vertreter 10 Abs. 1 Ziff. 3
  - Verlobte 10 Abs. 1 Ziff. 2
  - Verschwägerte 10 Abs. 1 Ziff. 2
  - Verwandtschaft 10 Abs. 1 Ziff. 2
- bei Betreibung eines Kantons gegen einen Dritten 10 N 8
- Entscheid über das Ausstandsbegehren
  - Weiterzug 10 N 2
- für AB 10 Abs. 1
- für Beamte und Angestellte 10 Abs. 1
  - Konkursbeamte im besondern 10 N 7
  - Übermittlung an Stellvertreter 10 Abs. 2
- für Mitglieder des Gläubigerausschusses 10 N 5
- für Sachwalter 10 N 5, 6
- Zweck der Bestimmung 10 N 1

Ausstellung des Verlustscheines 149 Abs. 1 und 2

Auszug
- aus dem Betreibungsregister 8a
  - schützenswertes Interesse daran 8a N 3–5
  - Umfang 8a N 6–13
  - Verhältnis zum Geschäftsgeheimnis 8a N 13
- aus dem Grundbuch
  - im Pfandverwertungsverfahren Nr. 9 VZG 99; Nr. 22 Anl. 10
  - vor Pfändung Nr. 9 VZG 8; Nr. 22 Anl. 10
  - vor Verwertung 138, 140; Nr. 9 VZG 28; Nr. 22 Anl. 10
  - zur Feststellung der Konkursmasse 246; Nr. 5 KOV 21; Nr. 22 Anl. 10
- aus Protokollen der Ämter 8a

B

Bank
- Aufsicht Nr. 36 BankG 23, 23bis, 23ter, 23^{quinquies}, 23^{septies}, 24
- Begriff Nr. 36 BankG 1
- Bewilligung zum Geschäftsbetrieb Nr. 36 BankG 3, 3a–3h, 3bis, 3ter, 3$_{quater}$
- Depotwerte Nr. 36 BankG 37d
  - Einlagensicherung Nr. 36 BankG 37h
- Eigene Mittel Nr. 36 BankG 4 bis 4^{quinquies}
- Geltungsbereich des Bankengesetzes Nr. 36 BankG 1, 1bis, 2
  - Anwendung auf Effektenhändler Nr. 39 BEHG 36a
- Jahresrechnungen Nr. 36 BankG 6
- Liquidation (Bankenkonkurs) BankG 33–37g
  - Anordnung Nr. 36 BankG 33 Abs. 1

Stichwortverzeichnis **B**

- Liquidator
  - Ernennung desselben Nr. 36 BankG 33 Abs. 2
  - Verfahren Nr. 36 BankG 34, Nr. 38 BKV-FINMA
- Liquidität Nr. 37 BankV 16–20
  - Zusatzliquidität Nr. 37 BankV 19
- Massnahmen bei Insolvenzgefahr Nr. 36 BankG 25–32
  - Schutzmassnahmen Nr. 36 BankG 26
  - Systemschutz Nr. 36 BankG 27
  - Voraussetzungen allgemein Nr. 36 BankG 25
- Revision Nr. 36 BankG 18
- Sanierung
  - Anfechtung von Rechtsgeschäften 285–292, Nr. 36 BankG 32
  - Sanierungsbeauftragter Nr. 36 BankG 28 Abs. 3
  - Sanierungsplan Nr. 36 BankG 29
    - Ablehnung desselben Nr. 36 BankG 31a
    - Genehmigung desselben Nr. 36 BankG 31
- Selbstregulierung
  - Einlagensicherung Nr. 36 BankG 37h
  - Auslösung der Einlagensicherung Nr. 36 BankG 37i
- Spareinlagen Nr. 36 BankG 15
- Straftatbestände Nr. 36 BankG 46, 47, 49
- Überwachung und Prüfung Nr. 36 BankG 18
- Verantwortlichkeit Nr. 36 BankG 38, 39
- zusätzliches Kapital Nr. 36 BankG 11–13

Bankenkonkurs
- Admassierung Nr. 38 BKV-FINMA 19 Abs. 2
- Aktenaufbewahrung Nr. 38 BKV-FINMA 36
- Akteneinsicht Nr. 38 BKV-FINMA 5
- Anerkennung ausländischer Konkursdekrete und Massnahmen Nr. 36 BankG 37g, Nr. 38 BKV-FINMA 10
- Anfechtung von Rechtsgeschäften Nr. 38 BKV-FINMA 18 Abs. 3
- Anfechtung von Verwertungshandlungen Nr. 38 BKV-FINMA 7
- Anzeige an die Bankenkommission Nr. 38 BKV-FINMA 6
- Aussonderung Nr. 38 BKV-FINMA 18
- Depotwerte Nr. 36 BankG 37d
- Einstellung mangels Aktiven Nr. 38 BKV-FINMA 21
- Fortführung von hängigen Prozessen Nr. 38 BKV-FINMA 20
- Geltendmachung von Ansprüchen Nr. 38 BKV-FINMA 19 Abs. 4–7, 31
- Geltungsbereich der Verordnung Nr. 38 BKV-FINMA 2
- Gesamthandsforderungen Nr. 38 BKV-FINMA 22 Abs. 1
- Gläubigerausschuss Nr. 36 BankG 35 Abs. 1, Nr. 38 BKV-FINMA 13
- Gläubigerversammlung Nr. 36 BankG 35 Abs. 1, Nr. 38 BKV-FINMA 12
- Guthaben Nr. 38 BKV-FINMA 19 Abs. 1
- Herausgabepflicht Nr. 38 BKV-FINMA 15
  - Ausnahmen Nr. 38 BKV-FINMA 17
- Hinterlegung 34 Abs. 3
- Inventaraufnahme Nr. 38 BKV-FINMA 14
- Kleinsteinlagen Nr. 36 BankG 37a
- Kollokation Nr. 38 BKV-FINMA 25
  - Einsicht in den Kollokationsplan Nr. 38 BKV-FINMA 27
  - im Prozess liegender Forderungen Nr. 38 BKV-FINMA 26
  - Kollokationsklage Nr. 38 BKV-FINMA 28
  - Kollokationsplan Nr. 36 BankG 36
- Konkurseröffnung Nr. 36 BankG 23^{quinquies}, 33, 34
- Konkursliquidator
  - Aufgaben Nr. 38 BKV-FINMA 9
- Konkursort Nr. 38 BKV-FINMA 8
- Koordination mit ausländischen Verfahren Nr. 36 BankG 37f
- Massaverbindlichkeiten Nr. 38 BKV-FINMA 2
- Meldepflicht Nr. 38 BKV-FINMA 15
- öffentliche Bekanntmachungen Nr. 38 BKV-FINMA 4
- privilegierte Einlagen Nr. 36 BankG 37a, Nr. 38 BKV-FINMA 23
- Prüfung der Forderungen Nr. 38 BKV-FINMA 24
- Publikation Nr. 38 BKV-FINMA 11
- Schlussbericht Nr. 36 BankG 37e Abs. 2, Nr. 38 BKV-FINMA 34 Abs. 1, 2
- Schluss des Verfahrens Nr. 36 BankG 37e Abs. 3, Nr. 38 BKV-FINMA 34 Abs. 4
- Schuldenruf Nr. 38 BKV-FINMA 11
- Solidarforderungen Nr. 38 BKV-FINMA 22 Abs. 2
- Universalität Nr. 38 BKV-FINMA 3
- Verbindlichkeiten bei Schutzmassnahmen Nr. 36 BankG 37
- Verlustschein Nr. 38 BKV-FINMA 35
- Vermögenswerte
  - hinterlegte Nr. 38 BKV-FINMA 37 Abs. 3

Stichwortverzeichnis B

- nachträglich anfallende Nr. 38 BKV-FINMA 37 Abs. 1, 2
- Verteilung Nr. 36 BankG 37e Abs. 1, Nr. 38 BKV-FINMA 33
- Verwertung
  - Art derselben Nr. 38 BKV-FINMA 29
  - Abtretung von Rechtsansprüchen Nr. 38 BKV-FINMA 31
  - öffentliche Versteigerung Nr. 38 BKV-FINMA 30

Banknoten
- Verwahrung 98 Abs. 1

Bauhandwerkerpfandrecht
- Sistierung der Verteilung Nr. 9 VZG 117
- Zuschlagspreis
  - Berechnung Nr. 9 VZG 106

Beamte
- Besoldung 3
- Disziplinarmassnahmen
  - Amtseinstellung 14 Abs. 2 Ziff. 3
  - Amtsentsetzung 14 Abs. 2 Ziff. 4
  - Geldbusse 14 Abs. 2 Ziff. 2
  - Rüge 14 Abs. 2 Ziff. 1

Bedingte Forderung im Konkurs 220
Befangenheit 10
Begründungspflicht 20a Ziff. 4
Begünstigung
- Anfechtung der Begünstigung von Gläubigern 285–292

Beiratschaft 68c Abs. 3
- über Gemeinde etc. Nr. 33 SchGG 28–45

Beistandschaft
- Schuldner unter solcher 68d
  - bei nicht förmlich ernanntem Beistand 68d N 1

Bekanntmachung öffentliche 35; 66 Abs. 4
Benachteiligung der Gläubiger
- Anfechtung 285 ff.

Beneficium excussionis realis 41 Abs. 1bis
Bereinigung der Eigentumsvorbehaltsregister
- Nr. 26 V BGer Bereinigung Eigentumsvorbehaltsregister
- Nr. 29 Schreiben SchKK

Bericht
- der Konkursverwaltung an die Gläubigerversammlung 237; 253; Nr. 5 KOV 42
- des BA über die Verwertung eines Liquidationsanteils an Gemeinschaftsvermögen Nr. 8 VVAG 15
- des Sachwalters an die Gläubiger im Nachlassverfahren 302 Abs. 1
- Rechenschaftsbericht der kant. AB 15 Abs. 3

Berichtigung 8
Berufung
- aufschiebende Wirkung 36

Berufsmässiger Vertreter 27
- Gebühren 27 Abs. 3 Satz 2

Beschlussfähigkeit
- der ersten Gläubigerversammlung 235 Abs. 3
- der zweiten Gläubigerversammlung 253 Abs. 2; 254

Beschränkte Pfändbarkeit 93
- Begriff des Notbedarfs 93 Abs. 1
- Dauer der Einkommenspfändung 93 Abs. 2

Beschwerde
- allgemein 17–21, 174, 185, 278, 294, 307, 340; Nr. 25 ZPO 319–327a
- an das Bundesgericht 19; Nr. 26 BGG 72–77
  - betr. völkerrechtliche Verträge 19
  - Ermessensmissbrauch und -überschreitung 19 N 9
  - Frist 19 Abs. 1; Nr. 26 BGG 100 Abs. 2 lit. a
    - bei Rechtsverweigerung oder Rechtsverzögerung Nr. 26 BGG 100 Abs. 7
    - bei Wechselbetreibung Nr. 26 BGG 100 Abs. 3 lit. a
  - Verfahren Nr. 26 BGG 90–107
- erstinstanzliche 17
  - Ergänzung innert Frist 17 Abs. 2
  - Form 20a
  - Frist 17 Abs. 2
    - bei der Wechselbetreibung 20
    - Verzicht auf Einhaltung 33 Abs. 3
    - Wiederherstellung 33 Abs. 4
- gegen ausseramtliche Konkursverwaltung 241
- gegen Beschlüsse der ersten Gläubigerversammlung 239
- gegen Gläubigerausschuss im Nachlassverfahren mit Vermögensabtretung 320 Abs. 2
- gegen Liquidatoren im Nachlassverfahren mit Vermögensabtretung 326
- gegen öffentliche Zustellung 66 N 19, 20
- gegen Sachwalter im Nachlassverfahren 295 Abs. 3
- Gründe 17 Abs. 1, Abs. 3, 19
  - Verweigerung von Einsichtsrecht oder Auskunft 17 N 12
  - nach ZPO 174, 185, 278, 294, 307, 340; Nr. 25 ZPO 319–327a
- zweitinstanzliche 18
  - Frist 18 Abs. 1
  - Gründe 18 Abs. 2

Beschwerdeentscheid
- Begründung des Entscheides 20a Abs. 2 Ziff. 4
  - Inhalt 21
  - Rechtsmittelbelehrung 20a Abs. 2 Ziff. 4

Beschwerdeverfahren 20a
- Begründung des Entscheides 20a Abs. 2 Ziff. 4
- Bezeichnung der AB im Verfahren 20a Abs. 2 Ziff. 1
- Bindung an die Parteianträge 20a Abs. 2 Ziff. 3
- Feststellung des Sachverhalts von Amtes wegen 20a Abs. 2 Ziff. 2 Satz 1
  - Mitwirkung der Parteien 20a Abs. 2 Ziff. 2 Satz 2
- freie Beweiswürdigung 20a Abs. 2 Ziff. 3 erster Halbsatz
- Kostenlosigkeit 20a Abs. 2 Ziff. 5; 20a N 7–10
  - Busse, (Kanzlei)gebühren und Auslagen bei böswilliger oder mutwilliger Beschwerdeführung 20a Abs. 2 Ziff. 5; 20a N 8, 9
    - Anwendung von GebV 9 und 13
- Mitteilung des Entscheides 20a Abs. 2 Ziff. 4
- Rechtsmittelbelehrung 20a Abs. 2 Ziff. 4
- Untersuchungsmaxime 20a Abs. 2 Ziff. 2
- Verhältnis zum kant. Verfahrensrecht 20a Abs. 3

Besoldung
- der Beamten 3

Bestätigung
- des Nachlassvertrags durch Nachlassgericht 306

Bestechung bei Zwangsvollstreckung (Stimmenkauf) Nr. 35 StGB 168

Bestellschein
- nicht unterzeichneter 8a 1

Bestreitung
- der Lasten gepfändeter Grundstücke 140 Abs. 2
- der Statthaftigkeit der Konkursbetreibung 160 Abs. 1 Ziff. 4; 173
- des Arrestgrundes 278
- des Drittanspruchs im Widerspruchsverfahren 107, 108
- des Pfändungsanschlusses 111 Abs. 5
- von Aussonderungsansprüchen
  - im Konkurs 242; Nr. 5 KOV 45, 54

Betreibung
- Anhebung 67
- Aufhebung ders. 85; 85a Abs. 3; 206
- Entscheid darüber bei Zahlung der Betreibungsforderung 12 N 17
- Klage wegen Nichtbestehens der Forderung 85a
  - Urteil 85a Abs. 3
- Klage wegen Tilgung 85
  - Gerichtsstand 85
- auf Pfändung 42 Abs. 1
- auf Pfandverwertung 41
  - Anerkennungsklage 153a Abs. 1, 2
  - örtliche Zuständigkeit 51
  - Rechtsöffnung 153a Abs. 1
  - RV 153 Abs. 2 a.E.; 153a Abs. 1
- auf Sicherheitsleistung 38; 69
  - Ausschluss der Konkursbetreibung 43 Ziff. 3
- Beginn 38 Abs. 2
- Dahinfallen 126 Abs. 2; 141; 158; Nr. 9 VZG 71
- durch Erbschaft Nr. 14 KS BGer Nr. 16
- durch Zeitablauf erloschene 121
- Einstellung
  - bei nachträglichem RV 77 Abs. 3
  - infolge Klage nach Art. 85a: 85a Abs. 2
  - infolge RV 78 Abs. 1
- Erlöschen 121; 154 Abs. 2; 166 Abs. 2
- Fortsetzung 88
  - Frist 88 Abs. 2
  - frühester Zeitpunkt 88 Abs. 1
- für Miet- und Pachtzinsforderungen
  - bei Notstundung 343 Abs. 1
  - bei Retentionsurkunde 283
- gegen Bezirke 30 Abs. 1
- gegen Erbschaft Nr. 14 KS BGer Nr. 16
- gegen Gemeinden und öffentlich-rechtliche Körperschaften des kant. Rechts Nr. 33 SchGG
- gegen Kantone 30 Abs. 1
- gegen unverteilte Erbschaft 49
- gelöschte 8 N 6
- gestützt auf Pfandausfallschein 158
- gestützt auf Verlustschein
  - Konkursverlustschein 265; 265a
  - Pfändungsverlustschein 149
- mehrerer Schuldner 67 N 17

Betreibungsakten
- Archivierung Nr. 6 VABK 2
- Aufbewahrung Nr. 6 VABK 1–4

Betreibungsamt 2 Abs. 1
- Angestelltenhaftung des Kantons für Schaden 5 Abs. 1
- Anzeige an das BA über
  - Konkurseröffnung Nr. 5 KOV 40
  - Konkursschluss 268 Abs. 4

Stichwortverzeichnis B

- Konkurswiderruf 176 Abs. 1 Ziff. 2; 195 Abs. 3
- Nachlassstundung 296
- Nachlassvertrag (Entscheid darüber) 308 Abs. 1
- Notstundung 342
- Hilfspersonen
  - Haftung des Kantons für Schaden 5 Abs. 1
- Organisation 2
- Orientierung der Betroffenen bei Pfändung 91 Abs. 6
- Protokoll 8 Abs. 1
  - Berichtigung 8 Abs. 3
  - Beweiskraft 8 Abs. 2
  - Einsichtnahme 8a
- Protokollführung 8
- Rechnungsführung Nr. 4 VFRR 16–18
- Register 8 Abs. 1
  - Berichtigung 8 Abs. 3
  - Beweiskraft 8 Abs. 2
  - Einsichtnahme 8a
- Zahlung
  - Entgegennahme durch das BA 12
    - Weiterleitung 144 Abs. 4
- Zusammenlegung mit KA 2 Abs. 4
- Zuständigkeit
  - für Betreibung 46–55
    - gegen Gemeinden und Kantone Nr. 33 SchGG 4
  - für Eintragung der Eigentumsvorbehalte Nr. 27 EigVV 1
  - für Festsetzung des Notbedarfs ausserhalb eines Betreibungsverfahrens OR 325

Betreibungsart 38
- Bestimmung durch Betreibungsbeamten 38 Abs. 3

Betreibungsauskunft 8, 8a

Betreibungsauszug
- schützenswertes Interesse daran 8a N 3–5
- Umfang 8a N 6–13
- Verhältnis zum Geschäftsgeheimnis 8a N 13

Betreibungsbeamter
- Ausstand 10
- Disziplinarmassnahmen gegen ihn 14 Abs. 2
- Entschädigung 3
- Gebühren
  - Beschwerdelegitimation Nr. 7 GebV SchKG 2
- Haftung des Kantons für Schaden 5 Abs. 1
- Protokollführung 8
- Stellvertreter 2 Abs. 3
- verbotene Rechtsgeschäfte 11

Betreibungsbegehren
- Berichtigungsmöglichkeit 67 N 24

- Bescheinigung des Eingangs 67 Abs. 3
- Form 67
- für Pfandverwertung 67 Abs. 2; 151
- Inhalt 67 Abs. 1
  - bei Fremdwährung 67 N 33–35
  - bei Forderung in WIR-Checks 67 N 36
  - Forderungsgrund 67 N 37, 38
  - Forderungstitel 67 N 39
  - Gläubiger- und Schuldnerbezeichnung 67 N 9–31
    - Allianzname 67 N 25
    - Inhaber des elterlichen Sorgerechts 67 N 21
    - juristische Person 67 N 22, 23, 26
    - mangelhafte Gläubigerbezeichnung 67 N 11
    - mehrere Gläubiger 67 N 17
    - Pseudonym 67 N 12
    - Staat 67 N 9
    - Wohnort des Gläubigers 67 N 14–16
    - Zweigniederlassung 67 N 30
  - Zinsforderung 67 N 32
- Rechtsmissbrauch 67 N 7
- Rückzug 67 N 8
- Unterbrechung der Verjährung OR 135 Ziff. 2; 67 N 5
- Unterzeichnung 67 N 2–3
- urteilsunfähiger Person 67 N 4
- Vertretungsbefugnis 67 N 19, 20

Betreibungsbuch in Kartenform
- Nr. 18 KS BGer Nr. 32; Nr. 19 1. Nachtrag KS BGer Nr. 32; Nr. 21 2. Nachrag KS Nr. 32

Betreibungsfähigkeit 67
- aktive
  - fehlt dem Anlagefonds 67 N 31
  - ausländischer Staaten Nr. 23 Schreiben EJPD

Betreibungsferien 56 Ziff. 2

Betreibungsforderung
- Entscheid über Aufhebung der Betreibung wegen Zahlung 12 N 17

Betreibungsgegenstand 38

Betreibungshandlung 56
- bei Verhaftung des Schuldners 60
- geschlossene Zeiten 56 Ziff. 1

Betreibungskosten 68
- Begriff 68 N 1
- Inkassogebühren 68 N 3
- Kostenrechnung Nr. 7 GebV SchKG 3, 9 f.
- Rechtsöffnungskosten 68 N 1
- Reihenfolge der Berücksichtigung 68 Abs. 2
- Tragung ders. 68 N 7
- unentgeltliche Rechtspflege 68 N 3
- Vorschuss dafür 68 Abs. 1; 68 N 11–18

1183

Stichwortverzeichnis B

Betreibungskreis 1 Abs. 1
- Angabe an das Bundesgericht 28 Abs. 1
- Bekanntgabe durch dieses 28 Abs. 2

Betreibungsparteien 38

Betreibungsort 46–55
- am Aufenthaltsort 48
- am letzten Betreibungsort des Erblassers 49
- am Ort der Geschäftsniederlassung 50 Abs. 1
- am Ort des Arrestes 52
- am Ort des Faustpfandes 51 Abs. 1
- am Ort des Grundpfandes 51 Abs. 2
- am Ort des Spezialdomizils 50 Abs. 2
- am Ort des Faustpfandes 51 Abs. 1
- am Ort des Grundpfandes 51 Abs. 2
- am Ort des Spezialdomizils 50 Abs. 2
- am Sitz 46 Abs. 2
- am Wohnsitz 46 Abs. 1
- bei flüchtigem Schuldner 54
- bei Gemeinderschaft 46 Abs. 3
- Garantiefunktion 46 N 3

Betreibungsparteien 38

Betreibungsregister
- bei aufgehobener Betreibung 8a Abs. 3 lit. a
- bei gutgeheissener Rückforderungsklage 8a Abs. 3 lit. b
- bei nichtiger Betreibung 8a Abs. 3 lit. a
- bei zurückgezogener Betreibung 8a Abs. 3 lit. c

Betreibungsstillstand 56–63

Betreibungssumme
- Aufnahme ders.
  - in das Betreibungsbegehren 67 Abs. 1 Ziff. 3
  - in den ZB 69 Abs. 2 Ziff. 2
- Einklagung ders. 79
- Rückforderung ders. 86

Betreibungs- und Konkursakten Nr. 6 VABK

Betreibungsurkunden
- Aufbewahrung ders. Nr. 6 VABK 2–4
- Zustellung ders.
  - an unverteilte Erbschaft 65 Abs. 3
  - an Vertreter 65
    - der Eidgenossenschaft 65 Abs. 1 Ziff. 1
    - einer AG 65 Abs. 1 Ziff. 2
    - einer Gemeinde 65 Abs. 1 Ziff. 1
    - einer Genossenschaft 65 Abs. 1 Ziff. 2
    - einer in Art. 65 Abs. 1 nicht gesondert genannten juristischen Person 65 Abs. 1 Ziff. 3
    - einer Kollektivgesellschaft 65 Abs. 1 Ziff. 4
    - einer Kommanditgesellschaft 65 Abs. 1 Ziff. 4
  - eines im Handelsregister eingetragenen Vereins 65 Abs. 1 Ziff. 2
  - eines Kantons 65 Abs. 1 Ziff. 1
  - bei Renitenz des Schuldners 66 Abs. 4 Ziff. 2
  - bei unbekanntem Wohnsitz des Schuldners 66 Abs. 4 Ziff. 1
  - bei Wohnsitz des Schuldners ausserhalb des Betreibungsortes 66 Abs. 1, 2
  - bei Wohnsitz des Schuldners im Ausland 66 Abs. 3
  - durch öffentliche Bekanntmachung 66 Abs. 4 Ziff. 3
  - Ersatzzustellung 65 Abs. 2

Betrügerische Handlungen des Schuldners 190

Betrügerischer Konkurs Nr. 35 StGB 163

Bevollmächtigter
- Begriff 67 N 23

Bevorzugung eines Gläubigers Nr. 35 StGB 167

Bewegliche Sachen
- Reihenfolge der Pfändung 95
- Verwahrung durch BA 98
- Verwertung
  - in der Betreibung auf Pfändung
    - durch Freihandverkauf 130
    - durch Steigerung 125–129
      - Steigerungsbekanntmachung 125
    - Frist 116, 122
  - im Konkurs 238

Beweismittel
- bei Wechselbetreibung 177 Abs. 2
- Vorlage 73 Abs. 1
  - Aufforderung an Gläubiger 73 Abs. 1
  - Nichtbeachtung 73 Abs. 2
- im Widerspruchsverfahren 107 Abs. 3; 108 Abs. 4

Bezirk
- Betreibung gegen denselben 30

Bilanzheft des Konkursbeamten Nr. 5 KOV 19

Bildträger
- Aufzeichnung der Akten Nr. 5 KOV 15a

Börsenpreis
- Verwertung von Gegenständen mit einem solchen
  - im Konkurs 243 Abs. 2
  - in der Betreibung auf Pfändung 130 Abs. 1 Ziff. 2

Brief
- eingeschriebener 34

Buchführung
- der Konkursämter Nr. 5 KOV 16–23

- über Verwaltung und Verwertung von Grundstücken Nr. 22 Anl. 15, 16

Buchung
- im Kontokorrentbuch Nr. 22 Anl. 15 Abs. 2

Bund
- Genehmigung kant. Erlasse 29

Bundesgericht
- als Beschwerdeinstanz Nr. 26 BGG 72
  - in der Betreibung gegen Gemeinden Nr. 33 SchGG 23
- als ehemalige Oberaufsichtsbehörde 15 Abs. 1
  - Erlass von Verordnungen und Reglementen 15 Abs. 2
  - Ermöglichung von Verzeichnissen der im Kreise der Betreibungsämter wohnenden, der Konkursbetreibung unterliegenden Personen 15 Abs. 4
- Besetzung Nr. 26 BGG 20, 108, 109
- Zuständigkeit für Verantwortlichkeitsprozess gegen Kanton 7

Bundesrat
- Aufgaben
  - als Oberaufsichtsbehörde 15 Abs. 1
  - Erlass von Verordnungen und Reglementen 15 Abs. 2
  - Erlass eines Beschlusses oder Genehmigung kant. Beschlüsse über den Rechtsstillstand nach Art. 62
  - Festsetzung der Gebühren Nr. 7 GebV SchKG 16 Abs. 1
  - Genehmigung kant. Vorschriften 29
  - Zustimmung zur Notstundung 337

Bureau der Gläubigerversammlung 235 Abs. 2

Bürgen
- des «früheren Ersteigerers»
  - Haftung für Ausfallforderung 129 Abs. 4 Satz 1
- des Schuldners
  - Stellung allgemein
    - Haftung für Arrestgegenstand 277 Satz 2
    - Zinszahlung für Verlustscheinforderung 149 Abs. 4 Satz 2
  - Stellung im Konkurs
    - Teilnahme an Gläubigerversammlung 232 Abs. 2 Ziff. 5
  - Stellung im Nachlassverfahren 303

Bürgschaft
- Behandlung im Konkurs des Bürgen 215

Busse
- als Disziplinarstrafe 14 Abs. 2 Ziff. 2
- Betreibungsart dafür 43 Ziff. 1
- im Beschwerdeverfahren 20a Abs. 2 Ziff. 5

C

Check
- Betreibung dafür als Wechselbetreibung 177

D

Dahinfallen
- der Betreibung
  - infolge Konkurses 206
  - nach Bestätigung des Nachlassvertrages 311
  - wegen ungenügenden Steigerungsangebotes 126 Abs. 2; 142a
- der Mietzinssperre Nr. 9 VZG 93
- der Nachlassstundung 308 Abs. 2
- des Arrestes 280
- des Retentionsverzeichnisses Nr. 16 KS SchKK Nr. 24
- eines Verwertungsaufschubs 123 Abs. 5

Datenschutz 8a

Deckungsprinzip
- bei Eigentumsvorbehalt Nr. 30 KS BGer Nr. 30
- bei Pfandverwertung Nr. 9 VZG 106
- bei Versteigerung
  - beweglicher Sachen 126; 127
  - von Grundstücken 142a; Nr. 9 VZG 71

Deliktsanfechtung 288
- Fünfjahresfrist
  - Berechnung und Verlängerung 288a
- keine Anfechtung notwendig bei Schenkungsversprechen OR 250 Abs. 2

Deponierung
- im Nachlassvertrag allgemein
  - Nachlassbeträge auf bestrittenen Forderungen 315; 329
- Konkursdividende für bedingte und betagte Forderungen 264, 269; Nr. 5 KOV 92
- Verwertungserlös aus provisorischer Pfändung 144
- Wechselsumme 182 Ziff. 4; 184 Abs. 2
- Wertsachen 9

Depositenanstalt 9; 24; 144 Abs. 5; 264 Abs. 3; 315 Abs. 2
- Bezeichnung durch Kanton 24
- Buchung des Verkehrs mit ihr Nr. 22 Anl. 15; Nr. 5 KOV 18, 22

1185

Depotwerte
- im Bankenkonkurs Nr. 36 BankG 37d

Design
- Verwertung 132

Dienstbarkeiten
- Anmeldung
  - im Konkurs Nr. 9 VZG 29, 123
  - in der Betreibung auf Pfändung 138–142; Nr. 9 VZG 29
- Feststellung des Ranges gegenüber Pfandrechten Nr. 5 KOV 58; Nr. 9 VZG 104, 125
  - Neueintragung im Grundbuch nach Verwertung des Grundstücks 150 Abs. 3

Dispositionsfähigkeit
- bei Notstundung 345; 346
- des Konkursiten 204
- im Nachlassverfahren 298; 317
- in der Betreibung auf Pfändung 96

Dispositionsmaxime 20a Abs. 2 Ziff. 3

Disziplinarbefugnisse
- der AB 14
- keine des BR 14 N 2

Disziplinarstrafen 14 Abs. 2

Domizilhalter
- bei Zustellung 66 N 6

Doppelaufruf bei Grundpfandverwertung 142; Nr. 9 VZG 42, 56, 57, 104, 129

Drittanspruch
- im Konkurs 226, 242
- im Widerspruchsverfahren 106–109

Dritte
- Auskunftspflicht 91 Abs. 4; 222 Abs. 4
- Entschädigung für Verwaltung und Bewirtschaftung gepfändeter Grundstücke Nr. 9 VZG 20

Drittgut
- im Konkurs
  - Aufzeichnung im Konkursinventar 225; Nr. 9 VZG 10
  - Übergabe an KA 232 Ziff. 4
  - Verfügung 242; Nr. 5 KOV 45–54
  - Verkauf durch Konkursiten 202
- in der Betreibung auf Pfändung 95 Abs. 3; 106–109

Drittpfand
- im Konkurs
  - Bezugsrecht des Pfandeigentümers Nr. 5 KOV 61
- in der Betreibung auf Pfandverwertung
  - Angabe im Betreibungsbegehren 151
  - Bekanntmachung Nr. 9 VZG 103
- bei Konkurs des Forderungsschuldners Nr. 9 VZG 89
- bei mehreren Pfändern Nr. 9 VZG 87, 100, 107
- Rechte des Pfandeigentümers Nr. 9 VZG 88
- Verwaltung Nr. 9 VZG 101
- Verwertung Nr. 9 VZG 98, 100, 103
  - Frist Nr. 9 VZG 98, 100
  - ZB 153: Nr. 9 VZG 88

Droit de suite 203

E

Edelmetalle
- Verwahrung 98 Abs. 1

Edition
- der Konkursakten Nr. 5 KOV 11

Ehefrau
- im Konkurs des Ehemannes
  - Privilegierung der Ersatzforderung SchlB 2 Abs. 4

Ehegatte
- als Schuldner einer gepfändeten Forderung 95a
- bei öffentlich-rechtlichen Folgen der Insolvenz 26 Abs. 3
- in Gütergemeinschaft 68a; 68b
  - Ausgestaltung der Zwangsvollstreckung 68a; 68b
  - Widerspruchsverfahren 68b
- Pfändungsanschluss 111

Ehesachen
- Prozesse im Konkurs 207 Abs. 4

Ehrverletzung
- Prozesse im Konkurs 207 Abs. 4

Eigentum
- Streit über gepfändetes 106–109

Eigentümerpfandtitel
- Verwahrung Nr. 9 VZG 13

Eigentumsansprache
- im Konkurs
  - Verfügung des KA 242; Nr. 5 KOV 45–54
  - Vormerkung im Inventar 221; Nr. 5 KOV 34
- in der Betreibung auf Pfändung 106–109

Eigentumserwerb durch Zuschlag
- Anfechtung 132a
- bei Grundstücksteigerung Nr. 9 VZG 66
- Kosten Nr. 9 VZG 49
- Mitteilung an Mieter und Pächter Nr. 9 VZG 70

Stichwortverzeichnis E

Eigentumsübergang an versicherten Sachen
- Übergang des Versicherungsvertrages Nr. 9 VZG 62

Eigentumsvorbehalt
- Aufbewahrung der Akten darüber Nr. 6 VABK 3
- Behandlung bei Pfändung 95, 106
- Eintragung Nr. 26–31
- Gebühr Nr. 7 GebV SchKG 37
- Löschung Nr. 27 EigVV 12–14

Eigentumsvermutung 283

Eigentumsvorbehaltsregister
- Bereinigung Nr. 26 V BGer Bereinigung Eigentumsvorbehaltsregister; Nr. 29 Schreiben SchKK
- Einsichtnahme Nr. 27 EigVV 17
- Inhalt Nr. 27 EigVV 7

Eingabe
- Gelegenheit zur Verbesserung 32 Abs. 4
- von Ansprüchen im Konkurs 232 Abs. 2 Ziff. 2
- von Forderungen im Nachlassverfahren mit Vermögensabtretung 300 Abs. 1
- von Pfandrechten und Dienstbarkeiten bei Grundstücksverwertung 138; Nr. 9 VZG 29; Nr. 22 Anl. 12

Eingeschriebener Brief 34

Eingetragene Partnerschaft
- bei Anschlusspfändung 111 Abs. 1 Ziff. 1: 111 Abs. 2
- bei Ausschluss der Konkursbetreibung 43 Ziff. 4
- bei Ausstand 10 Abs. 1 Ziff. 2
- bei Betreibung auf Pfandverwertung von Grundstücken 151 Abs. 1 lit. b; 153 Abs. 2 lit. b; 153 Abs. 2bis; VZG 88
- bei Konkursprivilegien 219 Abs. 4 Erste Klasse lit. c
- bei Nachlassvertrag 305 Abs. 2
- bei öffentlich-rechtlichen Folgen der Insolvenz 26 Abs. 3
- bei Rechtsstillstand 58
- bei Reihenfolge der Pfändung 95a

Einheit der Betreibung 46
Einheit des Konkurses 46
Einheit, wirtschaftliche Nr. 37 BankV 12
Einigungsverhandlung betr. Gemeinschaftsvermögen Nr. 8 VVAG 10

Einkommenspfändung 93
- beschränkte Pfändbarkeit 93 N 1
- Dauer der Einkommenspfändung 93 Abs. 2; 93 N 48–53
- Ermittlung des pfändbaren Einkommens 93 N 17–47
- Gegenstand der Einkommenspfändung 93 N 1–16
- Notbedarf 93 N 17
  - Eingriff in denselben 93 N 11–22
- Nutzniessung 93 N 7, 8
- Revision der Einkommenspfändung 93 Abs. 3; 93 N 54–62
- zuständiges Betreibungsamt 4 N 2

Einlagensicherung
- Auszahlung der Einlagen Nr. 37 BankV 58
- Auszahlungsanspruch Nr. 37 BankV 59
- Auszahlungsplan Nr. 37 BankV 57
- Frist Nr. 37 BankV 56
- Mitteilungspflicht Nr. 37 BankV 55

Einleitungsverfahren 38; 89
Einsichtnahme 8a
Einsichtsrecht
- besonderes und gegenwärtiges Interesse 8a N 3–5, 14–16
- betr. ungerechtfertigte Betreibung 8a N 20
- betr. zurückgezogene Betreibung 8a N 23, 24
- der Gläubiger im Konkurs 8a N 10, 11
  - Rücksicht auf das Bankkundengeheimnis 8a N 12; Nr. 36 BankG 36 Abs. 2
- einer konkursiten Person
  - Verhältnis zur Aufbewahrungsfrist bei amtlichen Akten 8a N 25
- zeitliche Beschränkung 8a N 13

Einsprache
- im Arrestverfahren 278
- im Nachlassvertrag mit Vermögensabtretung 320 Abs. 2

Einstellung
- der Betreibung 85, 85a
  - bei nachträglichem RV 77 Abs. 3
  - infolge RV 78 Abs. 1
- der Verteilung bei Bauhandwerkerpfandrecht Nr. 9 VZG 117
- der Verwertung im Konkurs wegen Nachlassvertrags 238 Abs. 2; 332 Abs. 2 Satz 2; Nr. 5 KOV 81
- des Konkursverfahrens mangels Aktiven 230; Nr. 5 KOV 39
  - beim Bankenkonkurs Nr. 38 BKV-FINMA 21
- von Zivilprozessen nach Konkurseröffnung 207

Eintragung
- der Eigentumsvorbehalte Nr. 26–31
- ins Grundbuch
  - Anmeldung

- bei Steigerungszuschlag Nr. 9 VZG 66, 67
  - bei aufschiebender Wirkung einer Beschwerde Nr. 9 VZG 3
  - Form Nr. 9 VZG 5
  - Frist Nr. 9 VZG 3
  - Zuständigkeit Nr. 9 VZG 4

Eintritt
- der Konkursmasse in Verträge des Konkursiten 211 Abs. 2, 2bis

Einvernahme des Schuldners
- durch KA 222; Nr. 5 KOV 37
  - Gebühr Nr. 7 GebV SchKG 44 lit. b
  - über Konkursforderungen 244; Nr. 5 KOV 29, 30, 55
- über Pfandgläubiger bei Pfändung von Grundstücken Nr. 9 VZG 28 Abs. 2

Einvernehmliche private Schuldenbereinigung 333–336
- Antrag des Schuldners 333
  - Entscheid des Nachlassrichters über die Stundung 334 Abs. 4
- Gebühr Nr. 7 GebV SchKG 56
  - Mitteilung an die Gläubiger 334 Abs. 4
- Sachwalter 334 Abs. 1
  - Aufgaben desselben 335 Abs. 2, 3
  - besonderer Auftrag des Nachlassrichters 335 Abs. 3
- Stundung 334
  - Folgen ders. 334 Abs. 3
  - Verhältnis zur Nachlassstundung 336
  - Verlängerung ders. 334 Abs. 2 Satz 1
  - Widerruf ders. 334 Abs. 2 Satz 2

Einzelfirma 39

Elektronische Datenverarbeitung
- beim Konkursamt Nr. 5 KOV 12

Elterliche Sorge
- Konkursprivileg von Verpflichtungen aus solcher 219 Abs. 4 Zweite Klasse
- Schuldner unter solcher
  - Haftung mit dem freien Vermögen 68e
  - Zustellung der Betreibungsurkunden 68c

Entmündigung 68c
- vorläufiger Entzug der Handlungsfähigkeit 68c N 4

Entschädigung
- der Parteien Nr. 7 GebV SchKG 62
- des Beamten 3
- des Gläubigerausschusses Nr. 7 GebV SchKG 46 Abs. 3, 4
- des Sachwalters Nr. 7 GebV SchKG 55 Abs. 1; 56 Abs. 2; 60 Abs. 1
- Dritter für Verwaltung und Bewirtschaftung gepfändeter Grundstücke Nr. 9 VZG 20

Epidemien
- als Grund für allgemeinen Rechtsstillstand 62

Erbanwartschaft
- Berücksichtigung im Nachlassverfahren 306 Abs. 2 Ziff. 1

Erben
- Bezeichnung im Betreibungsbegehren 67 Abs. 1 Ziff. 2; Nr. 14 KS BGer Nr. 16
- Rechte auf verpfändete Grundstücke bei mangelndem Nachlassvermögen 230a
- Verjährung der Verlustscheinforderung 149a Abs. 1

Erbengemeinschaft
- Bezeichnung im Betreibungsbegehren 67; Nr. 14 KS BGer Nr. 16
- Teilung bei Verwertung eines gepfändeten Anteils Nr. 8 VVAG 12

Erbschaft
- ausgeschlagene 49 N 7
  - Konkursverfahren darüber 193
  - Schuldenruf 234
  - Widerruf der Liquidation
    - Voraussetzungen 196
- unverteilte
  - Anteilsrecht 132
    - Bezeichnung des Vertreters Nr. 8 VVAG 6 Abs. 2
    - Pfändung 104
    - Verwertung 132; Nr. 8 VVAG 11–14
  - bei Gemeinderschaft 49
  - Betreibungsart 49
  - Betreibungsbegehren 67 Abs. 1 Ziff. 2; Nr. 14 KS BGer Nr. 16
  - Betreibungsort 49
  - Erbschaftsschuld 49
  - Rechtsstillstand 66
  - Teilung bei Verwertung eines gepfändeten Anteils Nr. 8 VVAG 12
  - Verwertung 132; Nr. 8 VVAG 8–15
  - Zustellung von Betreibungsurkunden 65 Abs. 3

Erfindungen
- Verwertung 132 Abs. 3

Erfüllungsort und Spezialdomizil 50

Ergänzungspfändung 110, 111

Erläuterung 17; 20a

Erlöschen
- der Betreibung
  - durch Fristablauf
    - bei Fortsetzungsbegehren 88 Abs. 2
    - bei Konkursbegehren 166 Abs. 2
    - bei Verwertungsbegehren 121; 154 Abs. 2

- der Wirkung des Güterverzeichnisses 165 Abs. 2
Ermessen
- im Beschwerdeverfahren vor kant. AB 17 Abs. 1
- im Beschwerdeverfahren vor Bundesgericht 19 N 9, 10

Eröffnungspflicht 200
Ersatzdienst ziviler 57–57e
Ersatzzustellung 64; 65 Abs. 2
- Voraussetzungen 65 N 7, 8

Erschleichung eines gerichtlichen Nachlassvertrages StGB 170
Erste Gläubigerversammlung 235–239
Erträgnisse
- Pfändung 102; Nr. 9 VZG 22
- von Anteilsrechten Nr. 8 VVAG 1, 6
- Wirkung der Pfändung eines Grundstücks 102

Existenzminimum 93
- Dauer der Einkommenspfändung 93 Abs. 2
- Revision der Einkommenspfändung 93 Abs. 3

Experte
- für Schätzung 97; Nr. 9 VZG 9

F

Fabrik- und Handelsmarken
- Verwertung 132 Abs. 3

Fahrnispfandrecht 198
Familienstiftungen 39 Abs. 1 Ziff. 12
Fälschung
- von Wechsel und Check 182 Ziff. 2

Faustpfand 37 Abs. 2
- Betreibungsbegehren 151
- Betreibungsort 51 Abs. 1
- im Nachlassvertrag mit Vermögensabtretung 324

Feststellungsklage 85a; Nr. 25 ZPO 88
Finanzbereich Nr. 37 BankV 11
Filiale
- des im Ausland wohnenden Schuldners als Betreibungsort 50

Finanzierungsleasing 198
Finanzvermögen Nr. 33 SchGG 7; 8; 11
Flucht des Schuldners
- Arrestgrund 271 Abs. 1 Ziff. 2
- Inventar bei flüchtigem Konkursschuldner 222 Abs. 2
- Konkursgrund 54; 190 Ziff. 1

Forderung
- arbeitsrechtliche 219
- aus Leibrentenvertrag 210. Abs. 2
- aus öffentlichem Recht 43

- Ausschluss der Konkursbetreibung 43 Ziff. 1
- bestrittene 219
- gegen Ehegatten
  - Pfändung 95a
- gegen eingetragenen Partner/Partnerin
  - Pfändung 95a
- grundpfandgesicherte 41 Abs. 2
- pfandgesicherte 41
- im Konkurs
  - Abtretung der Forderung des Konkursiten an Konkursgläubiger 260; Nr. 5 KOV 80
  - Aussonderung 242
  - bedingte Forderung des Gläubigers 210; 264 Abs. 3
  - Eingabe 232
    - Nicht eingegebene 267
  - Fälligkeit der Forderung 208
  - Forderung aus Bürgschaft 215
    - Eintritt der Konkursmasse in Gläubigerrechte 215 Abs. 2
  - Inkasso 243
  - kein Rücknahmerecht des Verkäufers 212
  - nicht auf Geldleistung gehende 211
    - Umwandlung ders. im Konkurs 211 Abs. 1
      - Recht auf Naturalerfüllung allgemein 211 Abs. 2
      - Ausschluss desselben 211 Abs. 2bis
    - Vorbehalt besonderer Bestimmungen 211 Abs. 3
  - privilegierte 219
  - Prüfung der Forderung 244, 245
  - Umwandlung von Forderungen in Geldforderungen 211
  - ungewisse Verfallzeit 305 Abs. 3
  - Verrechnung 213, 214
    - Anfechtbarkeit ders. 213, 214
    - Ausschluss ders. 213 Abs. 2
    - im Gesellschafts- und Genossenschaftskonkurs 213 Abs. 4
    - Voraussetzung ders. bei Forderungen aus Inhaberpapieren 213 Abs. 3
    - Zulässigkeit ders. 213 Abs. 1
  - Zahlung an den Schuldner 205
- im Nachlassverfahren
  - bedingte 305 Abs. 3
  - bestrittene 305 Abs. 3; 315
  - Eingabe 300
  - Erklärung des Schuldners 300 Abs. 2
  - ungewisse Verfallzeit 305 Abs. 3
  - Verrechnung 297 Abs. 4
- in der Betreibung auf Pfändung
  - Form der Pfändung 98, 99

Stichwortverzeichnis F

- Inkasso 100
- Reihenfolge der Pfändung 95
- Sicherung der Forderung 99, 100
- Verwertung der Forderung
  - Anweisung an Gläubiger «an Zahlungs Statt» 131 Abs. 1
  - Begehren 116
  - Frist dafür 116, 122
  - Steigerung 125
  - Überweisung an Gläubiger 131 Abs. 2
  - Widerspruchsverfahren 107 Abs. 1 Ziff. 2; 108 Abs. 1 Ziff. 2
- Tilgung ders.
  - anfechtbare 287 Abs. 1 Ziff. 2
    - Wiederinkrafttreten der Forderung nach Rückerstattung des Empfangenen 291 Abs. 2
      - Kollokation der Forderung im Konkurs Nr. 13 KS BGer Nr. 10
- Urkunde über sie 82
- Urteil über sie 81

Forderungseingabe bei Nachlassstundung 300
Forderungseinzug 341
Forderungsgrund
- Angabe in Betreibungsbegehren 67 N 37–39

Forderungssumme
Forderungsüberweisung 131
- Anweisung «an Zahlungs Statt» 131 Abs. 1
- Eintreibung
  - durch einzelne Gläubiger 131 Abs. 2

Forderungsurkunde
- Angabe in Betreibungsbegehren 67 N 39
- Herausgabe 150
  - Voraussetzungen 150 Abs. 1, N 1

Formulare
- Nr. 4 VFRR 1 ff.

Fortschaffung von Retentionsgegenständen 284
Fortsetzung der Betreibung
- bei zeitweiligem Fehlen des Betreibungsortes 88 N 9
- Merkmale ders. 88 N 10–16
- Verweigerung ders. 88 N 12

Fortsetzungsbegehren 88
- bei aufschiebender Wirkung bezüglich des Rechtsöffnungsentscheides 88 N 4
- Bescheinigung des Eingangs 88 Abs. 3
- Maximalfrist 88 Abs. 2; 88 N 17–24
  - Folgen der Säumnis 88 N 18
- Minimalfrist 88 Abs. 1; 88 N 5–7
  - verfrühtes Fortsetzungsbegehren 88 N 6, 7
- Umrechnung bei fremder Währung 88 Abs. 4

Frachtbrief
- Bedeutung im Konkurs 203 Abs. 2

Frankreich
- Zustellung 66 N 12

Frauengut
- im Konkurs
  - Privilegierung SchlB 2 Abs. 4
- in der Betreibung auf Pfändung
  - Privilegierung 146 i.V.m. SchlB 2 Abs. 4
  - Stellung des Ehegatten (Mitgewahrsam) 108 Abs. 1 Ziff. 1

Freies Vermögen
- allgemein
  - Haftung (nur) mit demselben 68e
- bei Verwaltungsbeiratschaft 68c
  - Haftung (nur mit demselben) 68c Abs. 3

Freigabeklage 107
Freihandverkauf 130; 143b; 238; 256; 322–324
- Gebühr Nr. 7 GebV SchKG 30
- im Konkurs 238, 256
- im Nachlassverfahren mit Vermögensabtretung 322–324
- in der Betreibung auf Pfändung
  - von beweglichen Sachen 130
  - von Grundstücken 143b

Fremdwährungsschuld 38
Friedensförderungsdienst
- Rechtsstillstand dafür 57

Frist
- Berechnung 31, 35; Nr. 25 ZPO 142 ff.
  - Betreibungsferien oder Rechtsstillstand 63; Nr. 25 ZPO 145
  - Fristen von Art. 286–288; 288a
- Einfluss einer Beiratschaft nach SchGG Art. 28–45 darauf Nr. 33 SchGG 41
- Einhaltung
  - bei Irrläufer an das Betreibungs- oder Konkursamt 32 Abs. 2
  - bei Irrläufer an das Gericht Nr. 25 ZPO 63
- für Aberkennungsklage 83 Abs. 2
- für Arrestbetreibung 279 Abs. 3; 280 Ziff. 1
  - für Fortsetzung ders. 279 Abs. 4
- für Arrestprosequierungsklage 279 Abs. 2
- für Aussonderungsklage im Konkurs 242 Abs. 2
- für Beschwerde 17 Abs. 2, 3
  - gegen Beschluss der ersten Gläubigerversammlung im Konkurs 239 Abs. 1
  - gegen Pfändung 89 N 15
  - gegen Pfändungsankündigung 90 N 2
  - gegen Zuschlag in der Verwertung 132a Abs. 2

- für Bestreitung des Anspruchs auf Pfändungsanschluss 111 Abs. 5
- für Durchführung des Konkursverfahrens 270 Abs. 1
  - Verlängerung durch die AB 270 Abs. 2
- für Einsprache im Arrestverfahren 278 Abs. 1
  - für Weiterziehung des Entscheides 278 Abs. 3
- für Erstellung des Kollokationsplans im Konkursverfahren 247 Abs. 1
  - Verlängerung durch die AB 247 Abs. 4
- für Fortsetzung der Betreibung 88 Abs. 1, 2
- für gerichtliche Geltendmachung abgetretener Ansprüche im Konkurs 260
- für Grundbuchanmeldung durch Betreibungs- und KA Nr. 9 VZG 3
- für Konkursbegehren 166
- für nachträglichen RV 77 Abs. 2
- für Pfandverwertungsbegehren 154
  - bei Grundstücken Nr. 9 VZG 98
- für Rückforderungsklage 86 Abs. 1
- für Verwertung des Drittpfandes Nr. 9 VZG 98, 100
- für Verwertungsbegehren 116
  - bei Pfändung eines Anteils an Gemeinschaftsvermögen Nr. 8 VVAG 8 Abs. 1
- für Vollzug der Pfändung 89
- für Zustellung der Konkursandrohung 159
- Hemmung ders. durch
  - Einsprache gegen den Arrestbefehl 279 Abs. 5 Ziff. 1
  - Freigabe- und Widerspruchsklage 109 Abs. 5
  - Konkurseröffnung 207
  - Nachlassstundung 297 Abs. 1
  - Notstundung 343 Abs. 2
- Stillstand ders. 207 Abs. 3; Nr. 25 ZPO 145
- Unabänderlichkeit ders. 33 Abs. 1
- Verlängerung ders. 33 Abs. 2; Nr. 25 ZPO 144
  - an Konkursverwaltung 247 Abs. 4; 270 Abs. 2
- Verzicht auf Einhaltung ders. 33 Abs. 3
- vor Bundesgericht Nr. 26 BGG 44–50
  - Wiederherstellung ders. 33 Abs. 4
- Wirkung der Betreibungsferien auf sie 63
- Wirkung der Notstundung auf sie 343 Abs. 2
- Wirkung des Rechtsstillstandes auf sie 63; Nr. 17 KS BGer Nr. 30; Nr. 25 ZPO 146
- zur amtlichen Aufbewahrung von Akten
  - Verhältnis zum Einsichtsrecht einer konkursiten Person 8a N 25

Fristansetzung
- an Gläubiger nach nachträglichem RV 77 Abs. 4
- an Wechselgläubiger nach Hinterlegung der Wechselsumme bei Wechselrechtsvorschlag 184 Abs. 2

Früchte von Grundstücken
- bei Grundstückspfändung 102 Abs. 1
- hängende und stehende
  - Pfändbarkeit ders. 94 Abs. 1 und 2
  - Rechte der Grundpfandgläubiger daran 94 Abs. 3
  - Zeitpunkt der Verwertung 122 Abs. 2
- im Konkurs
  - Deckung der Verwertungskosten durch sie Nr. 9 VZG 22
  - Inventar Nr. 5 KOV 33
- in der Betreibung auf Pfändung
  - Behandlung ders. bei Gruppenbildung Nr. 9 VZG 22
  - Deckung der Verwaltungskosten durch sie Nr. 9 VZG 22
  - Einheimsung ders. durch das BA 103 Abs. 1
  - Einschluss ders. in die Pfändung 102 Abs. 1
  - Verteilung ders. bei ergebnisloser Steigerung Nr. 9 VZG 71
  - Verteilungsplan Nr. 9 VZG 22
  - Verwendung des Erlöses für Abschlagszahlungen Nr. 9 VZG 32
  - Verwendung des Erlöses zum Unterhalt des Schuldners 103 Abs. 2
- in der Betreibung auf Pfandverwertung
  - Verteilung ders. bei ergebnisloser Steigerung Nr. 9 VZG 111
  - Verwendung ders. für Abschlagszahlungen Nr. 9 VZG 95
    - Zinsforderungen Nr. 9 VZG 95
  - Miet- und Pachtzinsen
    - Berechtigung der Grundpfandgläubiger daran Nr. 9 VZG 95

Fruchtlose Pfändung
- öffentlich-rechtliche Folgen 26 Abs. 1

Futtervorräte
Pfändbarkeit ders. 92 Abs. 1 Ziff. 4; 95 Abs. 4

G

Gebühr
- Ausschluss der Konkursbetreibung dafür 43 Ziff. 1
- Eintragung im Betreibungsbuch Nr. 4 VFRR 17 Abs. 1 Ziff. 1

- für Bemühungen des Amtes im Zusammenhang mit Einsichtsrecht 8a N 19
- für Einzug der Abschlagszahlungen bei Verwertungsaufschub 123 N 10–12; Nr. 7 GebV SchKG 19
- für Rechnungsführung im Konkursverfahren Nr. 5 KOV 24
- für Zustellung Nr. 7 GebV SchKG 7
- Gebührenfreiheit im Beschwerdeverfahren 20a Abs. 2 Ziff. 5
- Kostenvorschuss
  - Rückgabe Nr. 4 VFRR 18
- Stempelfreie Schriftstücke 16 Abs. 2

Gebührenverordnung Nr. 7 GebV SchKG
- Akteneinsicht Nr. 7 GebV SchKG 12
- Aufsicht Nr. 7 GebV SchKG 2
- Auskunft Nr. 7 GebV SchKG 12
- Auslagen
  - im Allgemeinen Nr. 7 GebV SchKG 13
  - bei mehreren Verrichtungen Nr. 7 GebV SchKG 15
  - Spesenvergütung Nr. 7 GebV SchKG 14
  - Wegentschädigung Nr. 7 GebV SchKG 14
- Banken
  - Konkurs Nr. 7 GebV SchKG 59
  - Nachlassverfahren Nr. 7 GebV SchKG 60
  - Stundung Nr. 7 GebV SchKG 58
- einvernehmliche private Schuldenbereinigung Nr. 7 GebV SchKG 56
- Festsetzung der Gebühren durch den BR 16 Abs. 1
- Gebühren des BA Nr. 7 GebV SchKG 16–42
  - Abschrift der Pfändungsurkunde Nr. 7 GebV SchKG 24
  - Anweisung von Forderungen des Pfändungsschuldners Nr. 7 GebV SchKG 35
  - Arrestvollzug Nr. 7 GebV SchKG 21
  - besondere Art der Abgeltung Nr. 7 GebV SchKG 36
  - Beweismittel für Drittansprüche Nr. 7 GebV SchKG 25
  - Eigentumsvorbehalt Nr. 7 GebV SchKG 37
    - Löschung desselben Nr. 7 GebV SchKG 37 Abs. 2
  - Erstellung des Güterverzeichnisses Nr. 7 GebV SchKG 40
  - Erstellung des Retentionsverzeichnisses Nr. 7 GebV SchKG 21
  - Erstellung des Kollokations- und Verteilungsplans Nr. 7 GebV SchKG 34
  - Feststellung von Miete und Pacht Nr. 7 GebV SchKG 17
  - Konkursandrohung Nr. 7 GebV SchKG 39
  - nicht besonders tarifierte Eintragung Nr. 7 GebV SchKG 42
  - Pfändungsvollzug Nr. 7 GebV SchKG 20
    - aus mehreren Betreibungen Nr. 7 GebV SchKG 31
    - Einkommenspfändung
      - Revision ders. Nr. 7 GebV SchKG 22
    - Ergänzungspfändung Nr. 7 GebV SchKG 22
    - für mehrere Forderungen Nr. 7 GebV SchKG 23
    - Mitteilungen an das Grundbuchamt Nr. 7 GebV SchKG 32
    - Nachpfändung Nr. 7 GebV SchKG 22
  - RV Nr. 7 GebV SchKG 18
  - Schätzung von Pfändern Nr. 7 GebV SchKG 28
  - selbstständige Festsetzung des Kompetenzbetrages Nr. 7 GebV SchKG 38
  - Überweisung Nr. 7 GebV SchKG 19
  - Verlustschein
    - Löschung desselben Nr. 7 GebV SchKG 41
  - Verwahrung beweglicher Sachen Nr. 7 GebV SchKG 26
  - Verwaltung von Grundstücken Nr. 7 GebV SchKG 27
  - Verwertung
    - Ausverkauf Nr. 7 GebV SchKG 30
    - Einzug und Überweisung des Verwertungserlöses Nr. 7 GebV SchKG 33
    - Erstellung der Steigerungsbedingungen Nr. 7 GebV SchKG 29
    - Erstellung des Lastenverzeichnisses Nr. 7 GebV SchKG 29
    - Freihandverkauf Nr. 7 GebV SchKG 30
    - Versteigerung Nr. 7 GebV SchKG 30
  - ZB Nr. 7 GebV SchKG 16
- Gebühren bei Notstundung Nr. 7 GebV SchKG 57
- Gebührenberechnung
  - Feiertagszuschlag Nr. 7 GebV SchKG 8
  - nach Forderungsbetrag Nr. 7 GebV SchKG 6
  - nach Seitenzahl Nr. 7 GebV SchKG 5
  - Nachtzuschlag Nr. 7 GebV SchKG 8
  - nach Zeitaufwand Nr. 7 GebV SchKG 4
  - Sonntagszuschlag Nr. 7 GebV SchKG 8
- Gebühren im Konkursverfahren Nr. 7 GebV SchKG 43–47

- anspruchsvolles Verfahren Nr. 7 GebV SchKG 47
- Feststellung der Konkursmasse Nr. 7 GebV SchKG 44
- Geltungsbereich Nr. 7 GebV SchKG 43
- Gläubigerversammlung Nr. 7 GebV SchKG 45
- nicht besonders tarifierte Verrichtungen Nr. 7 GebV SchKG 46
- Gebühren im Nachlassverfahren Nr. 7 GebV SchKG 54–60
  - Honorar der Organe Nr. 7 GebV SchKG 55
  - Nachlassstundung Nr. 7 GebV SchKG 54
- Geltungsbereich Nr. 7 GebV SchKG 1
- Gerichtsgebühren Nr. 7 GebV SchKG 48–53
  - Anordnung des summarischen Konkursverfahrens Nr. 7 GebV SchKG 53 lit. c
  - Aufhebung des Rechtsstillstandes Nr. 7 GebV SchKG 51
  - Einstellung des Konkurses Nr. 7 GebV SchKG 53 lit. b
  - Konkurseröffnung Nr. 7 GebV SchKG 52
  - Konkurs-Schlussdekret Nr. 7 GebV SchKG 53 lit. e
  - vorsorgliche Anordnungen Nr. 7 GebV SchKG 53 lit. a
  - Widerruf des Konkurses Nr. 7 GebV SchKG 53 lit. d
- Inkrafttreten der Gebührenverordnung Nr. 7 GebV SchKG 63
- Kostenrechnung Nr. 7 GebV SchKG 3
- öffentliche Bekanntmachung Nr. 7 GebV SchKG 11
- Parteientschädigung Nr. 7 GebV SchKG 62
- schriftliche Betreibungsregisterauskünfte Nr. 7 GebV SchKG 12a
- Schriftstücke Nr. 7 GebV SchKG 9
- Telefongespräche Nr. 7 GebV SchKG 10
- Weiterziehung
  - Aktivlegitimation des Beamten Nr. 7 GebV SchKG 2
  - summarisches Gerichtsverfahren Nr. 7 GebV SchKG 61 Abs. 1
- Zustellung
  - auf Ersuchen eines anderen Amtes Nr. 7 GebV SchKG 7

Geld
- Verwahrung desselben
  - im Konkurs 223 Abs. 2
  - in der Betreibung auf Pfändung 98 Abs. 1

Geldbusse
- Ausschluss der Konkursbetreibung 43 Ziff. 1
- gegen Beamten oder Angestellten 14 Abs. 2 Ziff. 2

Geldforderung 38
Geldzahlung 38 Abs. 1
Geltendmachung von Ansprüchen
- im Bankenkonkurs Nr. 38 BKV-FINMA 19 Abs. 4–7, 31
- in der Betreibung auf Pfändung 100

Geltungsbereich
- der BKV Nr. 38 BKV-FINMA 2
- der GebV SchKG Nr 7 GebV SchKG 1

Gemeindebeamter
- bei Zustellung 64 Abs. 2

Gemeinden
- Anleihensgläubiger Nr. 33 SchGG 13 ff.
- Beiratschaft Nr. 33 SchGG 28–45
  - Anordnungsbeschluss Nr. 33 SchGG 32
  - Aufgaben der Beiratschaft Nr. 33 SchGG 34
    - Anfechtungsansprüche Nr. 33 SchGG 36
    - Anordnung von Steuern und Abgaben Nr. 33 SchGG 37
    - Bilanz Nr. 33 SchGG 38 Abs. 1, 2
    - Eintreibung von Forderungen Nr. 33 SchGG 35
    - Finanzplan Nr. 33 SchGG 38 Abs. 3
    - Verantwortlichkeitsansprüche Nr. 33 SchGG 36
    - Verwertung von Aktiven Nr. 33 SchGG 35
  - Beendigung der Beiratschaft Nr. 33 SchGG 42
    - Gründe Nr. 33 SchGG 42
  - Begehren danach Nr. 33 SchGG 31
  - Beschwerde dagegen Nr. 33 SchGG 44
    - an das Bundesgericht Nr. 33 SchGG 45
    - an die kant. AB Nr. 33 SchGG 44
  - Bestellung der Beiräte Nr. 33 SchGG 33
  - Dauer und Beschränkung der Beiratschaft Nr. 33 SchGG 30
  - fakultative Beiratschaft Nr. 33 SchGG 29
  - Kompetenzen der Beiräte Nr. 33 SchGG 39
  - obligatorische Beiratschaft Nr. 33 SchGG 28
  - Pflichten der Schuldnerin Nr. 33 SchGG 40
  - Wirkung der Beiratschaft
    - auf Betreibung Nr. 33 SchGG 41
    - auf Fristen Nr. 33 SchGG 41
    - nach ihrer Beendigung Nr. 33 SchGG 43
- Betreibungsverfahren Nr. 33 SchGG 2–6
  - Betreibungsarten Nr. 33 SchGG 2

Stichwortverzeichnis G

- Bundesrecht Nr. 33 SchGG 2
- Einstellung der Betreibung Nr. 33 SchGG 6
- Kant. Recht Nr. 33 SchGG 3
- Mitteilungspflicht Nr. 33 SchGG 5
- Zuständigkeit Nr. 33 SchGG 4 Abs. 1
  - Beschwerde Nr. 33 SchGG 4 Abs. 2, 3
- Eingriff in Rechte des Obligationärs Nr. 33 SchGG 13
  - Anhörung Nr. 33 SchGG 25 Abs. 1
  - Ausnahme Nr. 33 SchGG 26
  - Einbeziehung «anderer» Gläubiger Nr. 33 SchGG 24–26
  - Gleichbehandlung Nr. 33 SchGG 25 Abs. 2
- Gläubigergemeinschaft Nr. 33 SchGG 13–27
- Einleitung des Verfahrens
  - Gesuch darum Nr. 33 SchGG 15
  - Prüfung der finanziellen Lage Nr. 33 SchGG 16
- Gläubigerversammlung Nr. 33 SchGG 17–22
  - erforderliche Mehrheit Nr. 33 SchGG 20
  - Stimmrecht Nr. 33 SchGG 19
  - Teilnahme Nr. 33 SchGG 18
  - Voraussetzungen des Beschlusses Nr. 33 SchGG 22
    - bei mehreren Gläubigergemeinschaften Nr. 33 SchGG 21
- Pfändbarkeit Nr. 33 SchGG 7–9
  - bedingte Nr. 33 SchGG 8
  - unpfändbares Vermögen Nr. 33 SchGG 9
- subsidiäre Geltung des SchKG Nr. 33 SchGG 1
- Verbindlicherklärung Nr. 33 SchGG 23
- Verordnungsrecht des BR Nr. 33 SchGG 46
- Verpfändbarkeit Nr. 33 SchGG 10
  - bei Überführung in das Verwaltungsvermögen Nr. 33 SchGG 11
- Widerruf der Stundung Nr. 33 SchGG 27
- Zwangsvollstreckung gegen Gemeinden allgemein 30
- zweckgebundenes Vermögen Nr. 33 SchGG 12

Gemeinderschaft
- bei Erbengemeinschaft 49
- Betreibungsort für sie 46 Abs. 3
- Pfändung des Anteils daran Nr. 8 VVAG 1–7

Gemeinschaft der Stockwerkeigentümer
- Betreibungsort für sie 46 Abs. 4

Gemeinschafter
- Vorlage der Bücher Nr. 8 VVAG 9 Abs. 2

Gemeinschaftsverhältnis
- bei Verwertung von Anteilsrechten Nr. 8 VVAG 11, 12

Gemeinschaftsvermögen
- bei Gütergemeinschaft 68a
- im Konkursverfahren Nr. 15 KS BGer Nr. 17
- in der Betreibung auf Pfändung Nr. 8 VVAG 1–7
  - Gegenstand der Pfändung Nr. 8 VVAG 1
    - Pfändung von Anteilsrechten 104; Nr. 8 VVAG 3
      - Abfindung der Gläubiger Nr. 8 VVAG 9
      - Abschlagszahlungen aus Erträgnissen Nr. 8 VVAG 8
  - Kündigung einer Handelsgesellschaft Nr. 8 VVAG 7
  - Reihenfolge der Pfändung Nr. 8 VVAG 3
  - Schätzung Nr. 8 VVAG 5 Abs. 3
  - Vollzug der Pfändung Nr. 8 VVAG 5 Abs. 1, 2
    - Wirkung gegenüber den Mitanteilhabern Nr. 8 VVAG 6
    - Zuständigkeit Nr. 8 VVAG 2
  - Widerspruchsverfahren Nr. 8 VVAG 4
- Verwertung des Anteils
  - Abtretung des Liquidationsanspruchs an die Gläubiger 131, 132; Nr. 8 VVAG 13
  - Einigungsverhandlungen Nr. 8 VVAG 9
  - Rechtsvorkehren zur Liquidation der Gemeinschaft Nr. 8 VVAG 12
    - Klage auf Auflösung der Gemeinschaft und Liquidation des Gemeinschaftsvermögens Nr. 8 VVAG 13
  - Verfügungen der AB Nr. 8 VVAG 10
  - Versteigerung des Anteilsrechts Nr. 8 VVAG 11
  - Verwertung des Liquidationsergebnisses Nr. 8 VVAG 14
    - Abschlagsverteilungen Nr. 8 VVAG 8 Abs. 2
  - Verwertungsbegehren
    - Frist Nr. 8 VVAG 8 Abs. 1

Gemeinschuldner früher übliche Bezeichnung für Konkursit (siehe dort)

Genehmigung
- des Nachlassvertrages durch die Gläubiger 302

Genossenschaft 39 Abs. 1 Ziff. 10
- Notstundung über sie 350 Abs. 3

Genugtuung
- bei widerrechtlichem Verhalten von Amtsträgern 5 Abs. 4

Gerichte
- Haftung des Kantons für Schaden 5 Abs. 1

Gerichtskosten
- als Betreibungskosten 68 N 1, 4
- Berücksichtigung in der Bemessung bei Nichtvorlage von Beweismitteln 73 Abs. 2
- Bezahlung als Voraussetzung zur Abweisung des Konkursbegehrens 172 N 4
- nach ZPO Nr. 25 ZPO 95 ff.

Gerichtsstand
- des Betreibungsortes 46, 77 Abs. 2, 83 Abs. 2, 84 Abs. 1, 85, 85a, 86 Abs. 2, 109, 111 Abs. 5, 148, 265a, 272
- für Aberkennungsklage 83 Abs. 2
- für Arrestprosequierungsklage Nr. 25 ZPO 9–46
- für Begehren
  - um Arrestbewilligung 272 Abs. 1
  - um Aufhebung oder Einstellung der Betreibung 85
  - um Eröffnung eines Anschlusskonkurses Nr. 34 IPRG 167
- für Bestreitung des Lastenverzeichnisses Nr. 9 VZG 39
- für Einsprache gegen den Arrestbefehl 278 Abs. 1
- für Freigabeklage
  - im Konkurs 242 Abs. 2
  - in der Betreibung auf Pfändung 109 Abs. 1 Ziff. 1
- für Klage auf Ersatz des Arrestschadens 273 Abs. 2
- für Klage auf Feststellung des Nichtbestehens oder der Stundung der Betreibungsforderung 85a Abs. 1
- für Klage betr. Nachlassforderung 315 Abs. 1
- für Klage betr. neues Vermögen 265a Abs. 4
- für Klage auf Schadenersatz gegen Arrestgläubiger 273 Abs. 2
- für Kollokationsklage
  - Im Konkurs 250 Abs. 1 und 2
  - Im Nachlassverfahren mit Vermögensabtretung 321 Abs. 2, 250
  - in der Betreibung auf Pfändung 148 Abs. 1
- für paulianische Anfechtungsklage 289
- für Rechtsöffnungsbegehren 84 Abs. 1
- für Widerspruchsklage 109 Abs. 1 Ziff. 2; 109 Abs. 2 und 3
- nach ZPO Nr. 25 ZPO 9–46

Gesamteigentum
- Behandlung im Konkursverfahren Nr. 15 KS BGer Nr. 17
- Behandlung in der Betreibung auf Pfändung 132; Nr. 8 VVAG 8–16

Gesamtaufruf 156 N 3

Gesamthandsforderung
- im Bankenkonkurs Nr. 38 BKV-FINMA 22 Abs. 1

Geschädigte Person
- kein Anspruch gegenüber fehlbarer Person 5 Abs. 2

Geschäftsbücher
- bei Nachlassvertragsbegehren 293 Abs. 1
  - im Nachlassverfahren mit Vermögensabtretung 321
- des Konkursiten 223 Abs. 2
  - Aufbewahrung Nr. 5 KOV 15, 15a, 16, 36

Geschäftsniederlassung
- als Betreibungsort 50
- Begriff 50 N 1

Geschäftsräume
- als Zustellungsort 64, 65
- bei Pfändung
  - Benützung durch Schuldner Nr. 9 VZG 19

Geschenk
- paulianische Anfechtbarkeit 286

Geschlossene Zeiten 56 Abs. 1 lit. a

Gesellschaft
- einfache
  - Pfändung und Verwertung von Anteilsrechten 104, 132; Nr. 8 VVAG 5 ff.
- mit beschränkter Haftung
  - Notstundung über sie 350 Abs. 3
  - Zustellung an sie 65

Gesellschaftsgut
- Pfändung 104
- Verwertung 132; Nr. 8 VVAG 5 ff.

Gesetzliche Vertretung 65 N 1, 68c–e
- im Militär-, Zivil- oder Schutzdienst 57e
- Zustellung an Schuldner 68c

Gestohlene Gegenstände
- bei Pfändung 106 Abs. 3

Gewahrsam
- an gepfändeten Motorfahrzeugen 107 N 9
- an Grundstücken 107 N 10
- Auswirkung auf Parteirollenverteilung 107 N 7, 108 Abs. 1 Ziff. 1

Gewährspflichtige
- Teilnahme an Gläubigerversammlung im Konkurs 232 Abs. 2 Ziff. 5

Gewerbe des Konkursiten
- Weiterführung 237 Abs. 3 Ziff. 2; 238

Gewinnaussichten 197

Glaubhaftmachung 8a, 57c, d, 77 Abs. 2, 82, 98 Abs. 3, 174 Abs. 2, 265a Abs. 2, 272 Abs. 1, 306a
- Begriff 272 N 2
- gerichtliches Ermessen 272 N 4

Gläubiger
- Gleichbehandlung 71 N 1, 260 N 49, 262 Abs. 1
- Ausnahme der Gleichbehandlung 262 N 11

Gläubigerausschuss
- Einsetzung 237 Abs. 3
- im Bankenkonkurs Nr. 36 BankG 35 Abs. 2 Nr. 38 BKV-FINMA 13
- im Konkurs allgemein
  - Aufgaben 237 Abs. 3
  - Beschlussfähigkeit 254
  - Bestätigung desselben durch zweite Gläubigerversammlung 253
  - Entschädigung desselben Nr. 5 KOV 84; Nr. 7 GebV SchKG 46 Abs. 3
  - Entscheid desselben über Kollokation 247 Abs. 3; Nr. 5 KOV 64
  - Kompetenzen desselben allgemein 237 Abs. 3; 238; 247 Abs. 3
  - Protokoll desselben Nr. 5 KOV 44, 64
  - Wahl desselben 237 Abs. 3
- im Nachlassverfahren mit Vermögensabtretung 317 Abs. 2; 318 Abs. 1 Ziff. 2

Gläubigerbegünstigung oder -benachteiligung 285–292; Nr. 35 StGB 167

Gläubigergemeinschaft
- bei Gemeinden und Körperschaften des kant. öffentlichen Rechts Nr. 33 SchGG 13–27

Gläubigergruppe
- bei Pfändung 110

Gläubigerorgane
- Haftung 5

Gläubigerschädigung
- als Voraussetzung der Absichtsanfechtung 288 N 4 ff., 332 N 4
- durch Vermögensverminderung Nr. 35 StGB 164

Gläubigerversammlung
- bei Gemeinden und Körperschaften des kant. öffentlichen Rechts Nr. 33 SchGG 13–27
- im Bankenkonkurs Nr. 36 BankG 35 Abs. 1, Nr. 38 BKV-FINMA 12
- im Nachlassverfahren 301
- im ordentlichen Konkursverfahren
  - erste
    - Beschlussfähigkeit ders. 235 Abs. 3
    - Beschwerde gegen ihre Beschlüsse 239
    - Einberufung ders. 232 Abs. 2 Ziff. 5
    - Einsetzung der Konkursverwaltung 237 Abs. 2
    - Kompetenzen ders. 237 Abs. 3, 238, 247 Abs. 3
  - zweite und weitere 252–254
  - Bericht der Konkursverwaltung an sie 253 Abs. 1
  - Bestätigung des Gläubigerausschusses durch sie 253 Abs. 2
  - Einberufung weiterer Gläubigerversammlungen durch die Konkursverwaltung 255
  - Kompetenzen ders. 253
  - Protokoll ders. Nr. 5 KOV 42
  - Verweigerung eines Zuschlages durch sie nach Steigerung Nr. 9 VZG 130 Abs. 2
  - Zeitpunkt ders. 252
- im summarischen Konkursverfahren 231 Abs. 3 Ziff. 1; Nr. 5 KOV 96

Gläubigerwechsel 77; 251

Globalentschädigung
- der Konkursverwaltung Nr. 5 KOV 84; Nr. 7 GebV SchKG 47
- des Sachwalters im Nachlassverfahren Nr. 7 GebV SchKG 55 Abs. 1

Goldsachen
- Pfändung von solchen 98
- Verwertung von solchen 128, 130

Grundbuch
- Änderungen in demselben durch Grundstücksverwertung 150 Abs. 3; 156 Abs. 1
- Anmeldung zur Eintragung
  - bei aufschiebender Wirkung einer Beschwerde Nr. 9 VZG 3
  - bei Steigerungszuschlag eines Grundstücks 137; Nr. 9 VZG 66, 67
  - Form dafür Nr. 9 VZG 5
  - Frist dafür Nr. 9 VZG 3
  - Zuständigkeit dafür Nr. 9 VZG 4
- Auszug aus demselben
  - vor Pfändung Nr. 9 VZG 8; Nr. 22 Anl. 2, 11
  - vor Verwertung 138, 140; Nr. 9 VZG 28; Nr. 22 Anl. 10
    - im Pfandverwertungsverfahren Nr. 9 VZG 99; Nr. 22 Anl. 10
  - zur Feststellung der Konkursmasse 246; Nr. 5 KOV 26; Nr. 22 Anl. 10
- Eintragung in dasselbe
  - vorherige Bezahlung der Handänderungssteuer Nr. 9 VZG 66 Abs. 4
- Löschung in demselben
  - bei Verfügungsbeschränkungen Nr. 9 VZG 6, 68, 110, 111
  - bei Steigerungszuschlag eines Grundstücks
    - von Lasten 156; Nr. 9 VZG 68

- von Pfandrechten Nr. 9 VZG 68
- von Pfandstellen und Eigentümerpfandtiteln Nr. 9 VZG 68
- von Verfügungsbeschränkungen Nr. 9 VZG 68
- Einforderung von Pfandtiteln Nr. 9 VZG 69
- Einreichen von Pfandtiteln zur Abschreibung und Entkräftung Nr. 9 VZG 110
- Vormerkung der Pfändung 101
- Zuständigkeit Nr. 9 VZG 4

Grundbuchamt
- Anzeigen an dieses
  - von Bestätigung eines Nachlassvertrages 308 Abs. 1
  - von Nachlassstundung 296
  - von Pfändung 101
  - von Pfändungsanschluss Nr. 9 VZG 15
  - von Konkurseröffnung 176 Abs. 1 Ziff. 1
    - in anderem Konkurskreis Nr. 5 KOV 40 Abs. 2 lit. e
  - von Konkursschluss 176 Abs. 1 Ziff. 3
  - von Verfügungen betr. aufschiebende Wirkung 176 Abs. 1 Ziff. 4
  - von Verfügungsbeschränkung Nr. 9 VZG 15 Abs. 1 lit. a, 90, 97
  - von vorsorglichen Anordnungen 176 Abs. 1 Ziff. 5

Grundbuchberichtigung 139 N 5, 141
- Klage 142

Grundlast
- bei Pfandausfallschein 158 Abs. 2
- Festlegung des Ranges gegenüber Pfandrechten Nr. 9 VZG 104

Grundpfand 37 Abs. 1; 41 Abs. 2
- Begriff 37 Abs. 1
- Grundpfandbetreibung
  - Anhebung einer solchen während des öffentlichen Inventars Nr. 9 VZG 86
  - Betreibungsbegehren 151 Abs. 1
- Haftung desselben
  - bei Rechtsstillstand 57b
  - für Zinsen bei Notstundung 343 Abs. 1
- im Ausland Nr. 9 VZG 1
- Verwertungsbegehren 154

Grundpfandgläubiger
- Anzeige an diese
  - bei Pfändung des Grundstücks 102 Abs. 2; Nr. 9 VZG 15 Abs. 1 lit. b
  - betr. Pfändung von Miet- und Pachtzinsen 102; Nr. 9 VZG 14, 15
- Recht ders. auf hängende und stehende Früchte 94 Abs. 3

Grundpfandrecht Nr. 9 VZG
- Erstreckung auf Zugehör 151 N 3, 246 N 3
- Löschung 157 N 7, Nr. 5 KOV 74

Grundpfandverschreibung
- als Bestandteil des Grundpfands 37 Abs. 1
- Überbindung bei Steigerung 135 Abs. 1
- Verlust bei Steigerung 135 Abs. 1
  - Vormerkung auf der Urkunde Nr. 9 VZG 110

Grundpfandverwertung Nr. 9 VZG

Grundstück
- bei Einstellung der Liquidation einer Verlassenschaft 230a Abs. 1
- einer AG
  - verpfändet bei Einstellung des Konkurses 230a Abs. 2
- im Konkurs
  - Anzeige an Grundbuchamt in anderem Konkurskreis Nr. 5 KOV 40 Abs. 2 lit. e
  - Inventar
    - bei Grundstück im Ausland Nr. 5 KOV 27
    - bei Grundstück in anderem Konkurskreis 4
  - Inventarisierung der Rechte Dritter 226; Nr. 5 KOV 26
  - Publikation Nr. 5 KOV 40
  - Steigerung
    - Bekanntmachung 257
    - Zuschlag 258
  - Verfahren bei ausseramtlicher Konkursverwaltung Nr. 5 KOV 98
  - Verwertung des Grundstücks
    - Einfluss einer Kollokationsklage Nr. 9 VZG 128
- im Nachlassverfahren
  - allgemein
    - Veräusserungsverbot 298 Abs. 2
  - mit Vermögensabtretung
    - Verwertung 323
- in der Betreibung auf Pfändung
  - Abschlagszahlungen aus Früchten und Erträgnissen Nr. 9 VZG 22
  - Akten Nr. 22 Anl. 2–16
  - Alimentation des Schuldners aus Erträgnissen 103 Abs. 2
  - Anteil bei Gesamteigentum Nr. 8 VVAG 5
  - Rechte der Pfandgläubiger 102 Abs. 1 und 2
  - Reihenfolge der Pfändung 95
  - Verteilung
    - der Früchte bei ergebnisloser Steigerung Nr. 9 VZG 71 Abs. 2; 111 Abs. 2

1197

Stichwortverzeichnis G

- Verwaltung eines solchen durch das Amt
  - Anordnung ders. 102 Abs. 3, 137
  - Buchung der Gebühren Nr. 22 Anl. 16
  - Buchung der Kosten Nr. 22 Anl. 15
- Verwertung eines solchen 133–143b, Nr. 9 VZG
  - Akten Nr. 22 Anl. 17–30
  - Begehren
    - Frist dafür 116 Abs. 1
  - Frist für Verwertung 133
  - Lasten
    - Tilgung und Umschreibung 150
  - Requisitorialverwertung Nr. 9 VZG 74–78
  - Steigerung 138, 141, 142; Nr. 9 VZG 45, 56, 59 ff.
    - mehrerer Grundstücke Nr. 9 VZG 45 Abs. 1 lit. b, 87
  - Steigerungszuschlag
    - Anzeige an Grundbuchamt 150, Nr. 9 VZG 66, 67
  - Verfahren 134–143b
  - Wirkung der Pfändung 101
- in der Betreibung auf Pfandverwertung 157; Nr. 9 VZG 112
  - Behandlung der Bauhandwerker Nr. 9 VZG 106, 117
  - bei Miteigentum Nr. 9 VZG 106a
  - Dritteigentum am Pfand Nr. 9 VZG 100, 103
  - Frist für Verwertungsbegehren 154; Nr. 9 VZG 98
  - Pfandausfallschein 158; Nr. 9 VZG 120, 121
  - Verfügungsbeschränkung Nr. 9 VZG 97, 111
  - Verteilungsplan Nr. 9 VZG 112, 113
  - Verwaltung des Grundstücks durch das Amt Nr. 9 VZG 101
  - Verwertung bei Mehrheit von Grundpfändern Nr. 9 VZG 87, 100, 107, 108, 118, 119
  - Verwertung getrennt verpfändeter Grundstücke Nr. 9 VZG 118
  - Verwertung mehrerer Grundstücke Nr. 9 VZG 119
- in der Notstundung
  - Veräusserungsverbot 345
- Grundstückgewinnsteuer 144 N 5, 157 N 2, 219 N 6, 262 N 4
- Gruppenbildung bei Pfändung 110, 111
- Mitteilung 111 Abs. 3,4
- Pfändungsurkunde 112, 113
- Verwertung
  - Frist für das Begehren 116
  - Legitimation zum Begehren 117
- **Gruppengesellschaften** Nr. 37 BankV 13
- **Gült**
- bei Pfandausfallschein 158 Abs. 2
- **Gütergemeinschaft**
- Anteil des Ehegatten am Gemeinschaftsgut 68b Abs. 2–4
  - keine Versteigerung desselben 68b Abs. 4
- Beanspruchung des Eigenguts 68b Abs. 1
- Betreibung der Ehegatten 68a Abs. 1
  - RV 68a Abs. 2
- Fortsetzung der Betreibung 68b Abs. 3
- Konkursfall 68a, 68b
- Widerstand gegen Pfändung von Gegenständen des Gesamtgutes 68b Abs. 2
- **Gütertrennung**
- auf Begehren einer AB 68b Abs. 5
- privilegierter Anschluss 111 N 3
- **Güterverbindung altrechtliche** 68a
- **Güterverzeichnis**
- aufgrund provisorischer Rechtsöffnung 83 Abs. 1, 4
  - Dauer der Wirkung 83 Abs. 4; 165 Abs. 2
- bei Konkursbetreibung 162–165
  - Anordnung desselben 162
  - Aufhebung 165
  - Aufnahme durch das BA 163
  - Dauer der Verpflichtung 165
  - Erlöschen von Gesetzes wegen 165 Abs. 2
  - Erstellung desselben durch das BA 163
    - Gebühr dafür Nr. 7 GebV SchKG 40, 53
- Rechte und Pflichten des Schuldners 164
  - Hinweis des BA 164 Abs. 2
- bei Wechselbetreibung 183
- nach Bewilligung der Notstundung 341 Abs. 1
- Verhältnis zur provisorischen Pfändung 83 Abs. 1
- weitergehende Sicherheitsmassregeln 170
- Wirkungen 164
- Zulässigkeit während Betreibungsferien und Rechtsstillstand
  - bei Rechtsstillstand einer Militärperson 57c
- **Gutgläubigkeit**
- des Erwerbers gepfändeter Gegenstände 96 Abs. 2
- **Guthaben**
- Auskunftspflicht Dritter 91 Abs. 4
- im Bankenkonkurs Nr. 38 BKV-FINMA 19 Abs. 1
- vorsorgliche Sperre 88 N 11

H

Haftung
- des Gläubigers
  - für Arrestschaden 273 Abs. 1
  - für Betreibungskosten 68 Abs. 1
  - für Konkurskosten 169
- des Grundpfandes
  - bei Rechtsstillstand 57b
  - für Zinsen bei Notstundung 343 Abs. 1
- des Kantons
  - Bundesrechtsmittel im Prozess 5 N 2
  - Zuständigkeit im Prozess 7
  - Einzelfälle
    - für AB 5 Abs. 1
    - für ausseramtliche Konkursverwaltungen 5 Abs. 1
    - für Beamte und Angestellte 5 Abs. 1
    - für die Depositenanstalt 24
    - für Gerichtsbehörden 5 Abs. 1
      - für Richter wegen Rechtsverzögerung 5 N 7
    - für Hilfspersonen 5 Abs. 1
    - für Liquidatoren im Nachlassverfahren 5 Abs. 1
    - für Rechtsverzögerung wegen Personalmangels im Konkursamt 5 N 7
    - für Sachwalter 5 Abs. 1
    - für verspätete Konkurseröffnung 5 N 7
  - Rückgriff 5 Abs. 3
  - Verjährung 6
    - bei strafbarer Handlung 6 Abs. 2
    - von Regressforderungen 5 N 9
- des Konkursiten
  - für Verlustscheinforderung 265, 265a
- des säumigen Ersteigerers für Ausfall 129 Abs. 4; 143 Abs. 2; Nr. 9 VZG 72, 131
- des Schuldners
  - Beschränkung 68e, 265a N 16
  - (nur) mit dem freien Vermögen 68e
  - bei Verwaltungsbeiratschaft 68c

Haftungsbeschränkung des Schuldners 68e, 265a N 16
Handänderungssteuer Nr. 9 VZG 66 Abs. 4
- Bezahlung vor Eintrag im Grundbuch Nr. 9 VZG 66 Abs. 2, 3

Handelsamtsblatt
- öffentliche Bekanntmachung 35

Handelsgesellschaft
- Kollektive Zeichnungsberechtigung 17 N 18
- Kündigung bei Pfändung eines Anteils Nr. 8 VVAG 7

Handelsmarken
- Verwertung von solchen 132 Abs. 2

Handelsregister
- Betreibungsart 39, 40, 42
- Eintrag als Voraussetzung zur Konkursbetreibung 39 Abs. 1
  - zeitliche Wirkung 39 Abs. 3
- Eintrag des Nachlassvertrags mit Vermögensabtretung 319 Abs. 2;

Handlungsfähigkeit 68c

Hausgenossen des Schuldners
- Anerkennung des Inventars Nr. 5 KOV 30
- Auskunftspflicht im Konkurs 222 Abs. 2, 3
- Erwachsene als Zustellungsempfänger 64

Herausgabepflicht
- der Behörden 222 Abs. 5
- des Dritten 222 Abs. 2–4
- des Schuldners 222 Abs. 1
- im Bankenkonkurs Nr. 38 BKV-FINMA 15
  - Ausnahmen Nr. 38 BKV-FINMA 17

Hinterlassenenrente 92 Abs. 1 Ziff. 9, 9a

Hinterlegung
- von Beträgen
  - im Bankenkonkurs Nr. 38 BKV-FINMA 34 Abs. 3
  - im Konkurs allgemein 264 Abs. 3
    - Verwertung ders. 269 Abs. 2; Nr. 5 KOV 92
  - im Nachlassverfahren
    - Bestrittene Forderungen 315 Abs. 2
    - Dividende im Nachlassverfahren mit Vermögensabtretung 329 Abs. 1
  - in der Betreibung auf Pfändung
    - Verwertungserlös aus provisorischer Pfändung 144 Abs. 5
  - in der Wechselbetreibung
    - Wechselsumme 182 Abs. 4
- von Wertsachen 9

I

Immaterialgüterrechte
- Arrestierung 272 N 18
- Verwertung 132 Abs. 2

Indossables Papier
- Verwahrung eines solchen 98 Abs. 1

Inhaberpapier
- Behandlung im Konkurs
  - Rückerstattung desselben, wenn zum Inkasso übergeben 201
  - Verrechnung mit Forderung aus einem solchen 213 Abs. 3
- Pfändung eines solchen 98, 99
  - Verwahrung 98 Abs. 1

Insolvenzerklärung 191
Inspektion der Ämter 14 Abs. 1

Instanzenzug BV Art. 29a
Invalidenrente
– Unpfändbarkeit der Rente 92 Abs. 1 Ziff. 9a
Inventaraufnahme
– bei Gemeinschaftsvermögen Nr. 8 VVAG 10 Abs. 3
– bei Notstundung 341
– im Bankenkonkurs Nr. 38 BKV-FINMA 14
– im Konkursverfahren allgemein 221–228, 237; Nr. 5 KOV 25–34
  – Einvernahme des Konkursiten Nr. 5 KOV 37
    – Anerkennung des Inventars durch den Konkursiten 228; Nr. 5 KOV 29, 30
    – Mitwirkung des Konkursiten 229
  – Unpfändbare Gegenstände 224; Nr. 5 KOV 31, 32
– im Nachlassverfahren 299
– öffentliche
  – Anhebung einer Grundpfandbetreibung während derselben Nr. 9 VZG 86
  – Kosten derselben Nr. 5 KOV 85

K

Kantone
– Ämter, Organisation 2–4; 28
  – Kompetenzen 1 N 1, 2
– Ausführungsbestimmungen 23
– Betreibung gegen sie 30
– Betreibungs- und Konkurskreise 28
– Bezeichnung durch sie
  – der AB 13, 28
  – der Depositenanstalten 24
  – der richterlichen Behörden 23, 28
– Depositenanstalten 24
– Gesetzgebungskompetenz
  – Auspfändung
    – öffentlich-rechtliche Folgen ders. 26
  – gewerbsmässige Vertretung der Beteiligten 27; Nr. 25 ZPO 68 Abs. 2
  – Kompetenz für Organisation und Besetzung der Behörden 1 N 1, 2
  – Konkurs
    – öffentlich-rechtliche Folgen 26
    – Steigerung: Nr. 5 KOV 98
  – Verwertung von strafrechtlich oder fiskalisch beschlagnahmten Gegenständen 44
– gewerbsmässige Vertretung 27; Nr. 25 ZPO 68 Abs. 2– Haftung
  – für Beamte und weitere Funktionäre 5 Abs. 1
  – für Depositenanstalten 24

– Mitteilung an das Bundesgericht von kant. Anordnungen 28
– Verlassenschaft
  – Übertragung der Aktiven an sie 230a
  – Zwangsvollstreckung gegen sie 30
Kantonsregierung
– Anordnung der Notstundung bei ausserordentlichen Verhältnissen 337
– Anordnung des allgemeinen Rechtsstillstandes bei Epidemie oder Landesunglück 62
Kartensystem
– Betreibungsbuch Nr. 18 KS BGer Nr. 32; Nr. 19 1. Nachtrag KS BGer Nr. 32; Nr. 20 2. Nachtrag KS BGer Nr. 32
Kassabuch
– der Betreibungsämter Nr. 4 VFRR 14
– der Konkursämter Nr. 22 Anl. 15; Nr. 5 KOV 16
Katasterschätzung bei Pfändung Nr. 9 VZG 9
Kauf
– fremder Sache im Konkurs 202
– Rücknahmerecht im Konkurs 203, 212
Kaufsrecht
– in Grundpfandverwertung 151 N 13
Kinder
– als Schuldner 68c
– als Zustellungsempfänger 64 Abs. 1 Satz 2
– Pfändungsanschluss ders. 111
Klage
– Ausschluss der Beschwerde 17
– einzelne Klagen
  – Aberkennungsklage 83
  – Anerkennungsklage 79
    – in der Wechselbetreibung 186
  – Anfechtungsklage paulianische 285–292
  – Arrest
    – Arrestprosequierungsklage 279
    – Arrestschaden, Klage auf Ersatz desselben 273
  – Aussonderungsklage
    – im Konkurs 242
  – Begehren um Aufhebung oder Einstellung der Betreibung 85
  – Begehren um Bewilligung des nachträglichen RV 77
  – Begehren um Bewilligung des RV infolge fehlenden neuen Vermögens 265a
  – Begehren um Bewilligung des Wechselrechtsvorschlages 184
  – Freigabeklage 107
  – Klage auf Anfechtung der Begünstigung bei einer Personenversicherung Nr. 10 VPAV 5–7

- Klage auf Aufhebung der Gemeinschaft und Liquidation des Gemeinschaftsvermögens Nr. 8 VVAG 4, 10, 13
- Klage auf Erstattung des Verwertungsanteils des Bauhandwerkers Nr. 9 VZG 117
- Klage auf Feststellung der Zugehöreigenschaft Nr. 9 VZG 38, 39; Nr. 22 Anl. 18, 19, 20
- Klage auf Feststellung des Nichtbestehens oder der Stundung der Betreibungsforderung 85a
- Klage auf Feststellung des Retentionsrechts Nr. 16 KS SchKK Nr. 24
- Klage auf Feststellung des Vorrangs eines Pfandrechts Nr. 9 VZG 104
- Klage auf Feststellung neuen Vermögens 265a Abs. 4
- Klage auf Rückschaffung entfernter Retentionsgegenstände 284
- Klage auf Rückforderung 86, 187
- Kollokationsklage
  - im Konkurs 250
  - in der Betreibung auf Pfändung 148
- Lastenbereinigungsklage 140; Nr. 9 VZG 39; Nr. 22 Anl. 20
- Retentionsprosequierungsklage 284
- Widerspruchsklage 108

Klasse (Gläubigerklasse) 219
Kognition
- des Bundesgerichts Nr. 26 BGG 95 ff.
- des Arresteinspracherichters 278 N 5
- im Widerspruchsverfahren 107 N 20

Kollektivgesellschaft 39 Abs. 1 Ziff. 6
- Konkurs über die Gesellschaft oder Teilhaber 218
- Kündigung der Gesellschaft durch Gläubiger Nr. 8 VVAG 7
- Mitglieder der Gesellschaft 39 Abs. 1 Ziff. 2
- Pfändung von Anteilsrechten Nr. 8 VVAG 1–7
- Verwertung von Anteilsrechten 132; Nr. 8 VVAG 8–16

Kollokation
- im Bankenkonkurs Nr. 38 BKV-FINMA 25
  - Einsicht in den Kollokationsplan Nr. 38 BKV-FINMA 27
  - im Prozess liegende Forderungen Nr. 38 BKV-FINMA 26
  - Kollokationsklage Nr. 38 BKV-FINMA 28
  - Kollokationsplan Nr. 36 BankG 36
- im Konkurs allgemein 244–251; Nr. 5 KOV 55–70
  - bedingte Nr. 5 KOV 59; Nr. 13 KS BGer Nr. 10
  - bei Anfechtungsklage Nr. 13 KS BGer Nr. 10
  - Rangordnung der Gläubiger 219
- im Nachlassverfahren mit Vermögensabtretung 321
- in der Betreibung auf Pfändung 146
- in der Betreibung auf Pfandverwertung 157

Kollokationsklage
- im Konkurs 250
  - Einfluss auf die Verwertung von Grundstücken Nr. 9 VZG 128
- in der Betreibung auf Pfändung 148

Kollokationsplan
- im Konkurs 247–251; Nr. 5 KOV 56–70
  - abgewiesene Forderungen 248
  - Änderung desselben 251 Abs. 4; Nr. 5 KOV 65–67
  - Anfechtung desselben 250
  - Auflage desselben 249; Nr. 5 KOV 67
    - Frist dafür 247 Abs. 1
      - Verlängerung ders. durch die AB 247 Abs. 4
  - Lastenverzeichnis bei Grundstücken Nr. 9 VZG 125
  - Nachträge 251; Nr. 5 KOV 63, 66, 69
  - Spezialanzeigen 249 Abs. 3
  - Vormerkung der abgewiesenen Konkursforderung 248
- im Nachlassverfahren mit Vermögensabtretung 321
- in der Betreibung auf Pfändung 146; Nr. 9 VZG 79; Nr. 22 Anl. 27
  - Anfechtung desselben durch Klage 148
  - Auflage desselben 147
- in der Betreibung auf Pfandverwertung 157
  - Behandlung der Miet- und Pachtzinse Nr. 9 VZG 95

Kollokationsprozess 148, 250
Kollokationsverfahren 146, 147, 248, 249
Kommanditaktiengesellschaft 39 Abs. 1 Ziff. 8
- Mitglied der Verwaltung 39 Abs. 1 Ziff. 4
- Zustellung 65 Abs. 1 Ziff. 2

Kommanditgesellschaft 39 Abs. 1 Ziff. 7
- Kündigung ders. durch Gläubiger Nr. 8 VVAG 7
- Mitglied 39 Abs. 1 Ziff. 3
- Pfändung von Anteilsrechten 104; Nr. 8 VVAG 1–7
- Rechtsfähigkeit 40 N 3
- Verwertung von Anteilsrechten 132; Nr. 8 VVAG 8–16

Kommandostelle militärische Nr. 17 KS BGer Nr. 30

- Anzeige an das BA von Entlassung und Beurlaubung 57a
- **Kompetenzgegenstände**
- im Konkurs 224
  - bei Pfand- oder Eigentumsansprache Nr. 5 KOV 54
- in der Betreibung auf Pfändung 92 Abs. 1
  - Auswechslungsrecht 92 Abs. 3
- **Konkurs**
- Anwendbarkeit der Konkursbetreibung 39, 40, 43; Nr. 33 SchGG 2
  - Zuständigkeit der AB 173 Abs. 2
- Aufhebung von Betreibungen 206
- Auskunftspflicht 222
  - der Behörden 222 Abs. 5
  - des Schuldners 222 Abs. 1
  - Dritter 222 Abs. 4
    - erwachsener Personen im gemeinsamen Haushalt 222 Abs. 2
  - Hinweis des KA 222 Abs. 6
  - Öffnung von Räumlichkeiten und Behältnissen 222 Abs. 3
- bei Ehegatten in Gütergemeinschaft 68a, 68b
- bei Gesamteigentum Nr. 15 KS BGer Nr. 17
- bei Miteigentum Nr. 9 VZG 23–23d; Nr. 15 KS BGer Nr. 17; Nr. 23 Bescheid SchKK
- Betreibungen während desselben 206
- betrügerischer Nr. 35 StGB 163
- Einheit desselben 55
- Einstellung desselben mangels Aktiven 230
- Einstellung von Zivilprozessen 207
- Einstellung von Verwaltungsverfahren 207 Abs. 2
- Folgen desselben öffentlich-rechtliche 26
- Güterverzeichnis in demselben 162–165
- Herausgabepflicht
  - der Behörden 222 Abs. 5
  - des Schuldners 222 Abs. 1
  - Dritter 222 Abs. 4
    - erwachsener Personen im gemeinsamen Haushalt 222 Abs. 2
  - Hinweis des KA 222 Abs. 6
  - Öffnung von Räumlichkeiten und Behältnissen 222 Abs. 3
- im Ausland Nr. 34 IPRG 166 ff.
  - keine Einstellung 207 N 21
- Inventar 221 ff.; Nr. 5 KOV 25–34
  - Aufnahme desselben 221
  - Gebühr dafür Nr. 7 GebV SchKG 44 lit. c
  - Sichernde Massnahmen 223
    - Aufbewahrung der Gegenstände 223 Abs. 4
    - Einstellung gewerblicher Betriebe 223 Abs. 1
    - Versiegelung 223 Abs. 1, 3
    - Verwahrung 223 Abs. 2
- Kompetenzstücke 224
- Koordination mit ausländischen Verfahren Nr. 36 BankG 37
- mehrere Mitverpflichtete 216
  - Teilzahlung von Mitverpflichteten 217
    - Forderungsaufnahme «im ursprünglichen Betrag» 217 Abs. 1
    - Regressforderung 217 Abs. 3
    - Überschuss 217 Abs. 3
    - Zuweisung an den Gläubiger 217 Abs. 3
- Mitwirkung des Schuldners 229 Abs. 1
- Rangordnung der Gläubiger 219
  - bei nicht pfandversicherten Forderungen 219 Abs. 4
  - Konkursprivilegien 219 Abs. 4
  - Fristverlängerung 219 Abs. 5
  - bei pfandversicherten Forderungen 219 Abs. 1–3
- Rechte Dritter
  - an Fahrnis 225
  - im Grundbuch eingetragene 226
- über AG 192; 230a Abs. 2
- über ausgeschlagene Verlassenschaft 193, 194, 234
- über Bank Nr. 38 BKV-FINMA
- über Genossenschaft 192
- über Kollektivgesellschaft 218 Abs. 1
  - bei gleichzeitigem Konkurs des Teilhabers 218 Abs. 1
- über Kollektivgesellschafter 218 Abs. 2
  - ohne gleichzeitigen Konkurs der Gesellschaft 218 Abs. 2
  - Rückgriff 218 N 22
- über Kommanditgesellschaft 218 Abs. 3
  - über deren unbeschränkt haftenden Teilhaber 218 Abs. 3
- über Mitverpflichtete 216, 217
- über Versicherungsnehmer
  - Anzeige an Versicherer Nr. 5 KOV 40 Abs. 2 lit. c
  - Verwertung versicherter Gegenstände Nr. 5 KOV 77
- Unterhalt des Schuldners 229 Abs. 2
- Verfügungsfähigkeit des Schuldners 204 Abs. 1
  - bei Wechsel 204 Abs. 2
- Wirkungen auf das Vermögen des Schuldners 197
- Wirkungen auf die Rechte der Gläubiger
  - bedingte Forderungen 210
  - Fälligkeit der Schuldverpflichtungen 208

- Rücktrittsrecht des Verkäufers 212
- Umwandlung von Forderungen 211
- Verrechnung 213
  - Zulässigkeit 213
- Zahlung an den Schuldner 205
- Zinsenlauf 209
  - vor öffentlicher Bekanntmachung des Konkurses 205 Abs. 2

Konkursakten Nr. 5 KOV 1–24; Nr. 6 VABK 1–5
- Archivierung Nr. 6 VABK 2, 5
- Aufbewahrung Nr. 5 KOV 10, 13–15a; Nr. 6 VABK 1, 5
- ausseramtliche Konkursverwaltung, Aktenübergabe Nr. 5 KOV 43
- Bilanzheft Nr. 5 KOV 1, 19
- Bücher obligatorische Nr. 5 KOV 1
- Formulare obligatorische Nr. 5 KOV 2; Nr. 4 VFRR 1, 2
- Führung durch Stellvertreter Nr. 5 KOV 6
- Kassabuch Nr. 5 KOV 1, 16
- Kontokorrentbuch Nr. 5 KOV 1, 17, 18; Nr. 22 Anl. 15
- Protokoll 8; Nr. 5 KOV 8–12
- Protokoll des Gläubigerausschusses Nr. 5 KOV 44, 64
- Protokoll über Erklärungen des Konkursiten Nr. 5 KOV 55
- Steigerungsprotokoll Nr. 5 KOV 72, 73

Konkursamt 2 Abs. 2
- ausserordentliche Entschädigung Nr. 7 GebV SchKG 47
- Geschäftsführung Nr. 5 KOV
- Haftung des Kantons für Schaden 5 Abs. 1
- Organisation 1–4
- Protokoll
  - Berichtigung 8 Abs. 3
  - Beweiskraft 8 Abs. 2
- Protokollführung 8; Nr. 5 KOV 1–24a
- Register 8 Abs. 1
  - Beweiskraft 8 Abs. 2
- Zusammenlegung mit BA 2 Abs. 4

Konkursandrohung 159
- Doppel ders. für den betreibenden Gläubiger 161 Abs. 2
- Inhalt 160
  - Hinweis auf Möglichkeit des Nachlassvertrages 160 Abs. 2
- Gebühr dafür Nr. 7 GebV SchKG 39, 16
- Zeitpunkt 159
- Zustellung ders. 64; 72; 161

Konkursaufschub 173a
- Wirkungen 43 N 6, 173 N 4
- Verhältnis zur Notstundung 350

Konkursbeamte 2 Abs. 2
- Amtsentsetzung 14 Abs. 2 Ziff. 4
- Amtsübergabe bei Wechsel Nr. 5 KOV 7
- Ausstand 10
- Beschwerdelegitimation in Tariffragen Nr. 7 GebV SchKG 2
- Haftung des Kantons für Schaden 5 Abs. 1
- Haftung für Rechtsverzögerung 5 N 7
- Haftung für Sachverständige 5 N 8
- Stellvertreter 2 Abs. 3
- verbotene Rechtsgeschäfte 11

Konkursbegehren 166–176
- Abweisung desselben 172
- Aussetzung des Entscheides darüber 173, 173a
- bei Banken 173b; Nr. 36 BankG 25–37g
- bei Notstundung 343 Abs. 1
- in der Wechselbetreibung 188
- nach vorgängiger Betreibung 166–176
  - Abweisung desselben 172
    - formelle Gründe im Einzelnen 172 Ziff. 1, 2
      - nachträglicher RV 172 Ziff. 2
      - Wiederherstellung einer Frist 172 Ziff. 2
    - materielle Gründe 172 Ziff. 3
      - Gesuch des Schuldners um Nachlassstundung 173a
    - Möglichkeit eines Nichtigkeitsgrundes 173 Abs. 2
    - Nichtbewilligung der Nachlassstundung 173a Abs. 3
  - Frist dafür 166
    - Berechnung 166 Abs. 1
    - Stillstand 166 Abs. 2, N 6
  - Haftung für die Kosten 169 Abs. 1
    - Kostenvorschuss 169 Abs. 2
  - Rückzug 167
  - vorsorgliche Anordnungen 170
    - Gebühr Nr. 7 GebV SchKG 53
- ohne vorgängige Betreibung 190–194
  - abgelehnter Nachlassvertrag, widerrufene Nachlassstundung 309
  - auf Antrag des Schuldners 191
  - Einstellung der Zahlungen 109 Abs. 1 Ziff. 2
  - unbekannter Aufenthalt des Schuldners, Schuldnerflucht, betrügerische Handlungen, Vermögensverheimlichung 190 Abs. 1 Ziff. 1

Konkursbeschlag 197–205
- Umfang 197 N 2

Konkursbetreibung
- Anwendbarkeit 39, 40, 41

- nicht für Ansprüche auf Sicherheitsleistung 43 Ziff. 3
- nicht für Steuern und Abgaben 43 Ziff. 1
- nicht für familienrechtliche Unterhalts- und Unterstützungsbeiträge 43 Ziff. 2
- nicht gegen Gemeinden und Körperschaften des kant. öffentlichen Rechts Nr. 33 SchGG 2
- ordentliche 159 ff.
- Ort ders. 46–55

Konkursdekret
- Entscheid 171
  - Abweisung des Begehrens 172
  - Aussetzung des Entscheides 173 Abs. 2; 173a
  - Zeitpunkt des Entscheides 175
- Gebühr dafür Nr. 7 GebV SchKG 52
- in der Wechselbetreibung 189
- Mitteilung des Konkursdekrets 176
- Weiterziehung desselben 174

Konkursdividende
- Auszahlung ders. 264

Konkurseingaben
- bei Verlassenschaftsliquidation 234
- Formulare Nr. 5 KOV 2
- für Dienstbarkeiten Nr. 9 VZG 123, 130a
- im ordentlichen Konkursverfahren 232 Abs. 2 Ziff. 2
- im summarischen Konkursverfahren 231 Abs. 3 Ziff. 2
- nachträgliche 251; Nr. 5 KOV 69
- nicht eingegebene Forderung 267
- verspätete 251

Konkurserkenntnis 171–176

Konkurseröffnung 171
- Anmerkung im Grundbuch 176 Abs. 2
- Aussetzung ders. bei Gesuch um Nachlassstundung 173a Abs. 1
- bei Bankenkonkurs Nr. 36 BankG 23^{quinquies}, 33, 34
- mehrfache 55
- Militärische Meldepflicht Nr. 5 KOV 37 lit. e
- Mitteilungen 176
  - Inhalt 176 Abs. 1
- nach vorgängiger Betreibung 171–176
  - Voraussetzungen 171
  - Weiterzug 174
  - Zeitpunkt 175
- ohne vorgängige Betreibung 190, 191
  - auf Antrag des Schuldners 191
    - Bedeutung des Schuldenbereinigungsverfahrens 191 Abs. 2
  - gegen ausgeschlagene Erbschaft 193
  - gegen Kapitalgesellschaften und Genossenschaften 192
  - Verfahren 194
  - Voraussetzungen 190 Abs. 1
    - abgelehnter Nachlassvertrag 190 Abs. 1 Ziff. 3
    - betrügerische Handlungen des Schuldners 190 Abs. 1 Ziff. 1
    - flüchtiger Schuldner 54, 190 Abs. 1 Ziff. 1
    - unbekannter Aufenthaltsort des Schuldners 190 Abs. 1 Ziff. 1
    - Vermögensverheimlichung des Pfändungsschuldners 190 Abs. 1 Ziff. 1
    - widerrufene Nachlassstundung 190 Abs. 1 Ziff. 3
    - Zahlungseinstellung 190 Abs. 1 Ziff. 2
  - gegen eine ausgeschlagene oder überschuldete Erbschaft 193
  - gegen Kapitalgesellschaften und Genossenschaften 192
- öffentlich-rechtliche Folgen 26
- Publikation 232
- Weiterzug 174
- Wirkung
  - auf Betreibungen 206 Abs. 1
    - nach Konkurseröffnung entstandene Forderungen 206 Abs. 2
  - auf Fälligkeit der Schuldverpflichtungen 208 Abs. 1
  - auf Forderungen unter aufschiebender Bedingung 210 Abs. 1
  - auf Leibrentenforderungen 210 Abs. 2
  - auf Mitverpflichtungen des Schuldners
    - Bürgschaften 215
    - gleichzeitiger Konkurs über mehrere Mitverpflichtete 216
    - Konkurs von Kollektiv- und Kommanditgesellschaften und ihren Teilhabern 218
    - Teilzahlungen von Mitverpflichteten 217
  - auf Verrechnungsrecht 213
    - Anfechtbarkeit 214
  - auf Verwaltungsverfahren 207 Abs. 2
  - auf Zinsenlauf 209
    - Ausnahme für pfandversicherte Forderungen 209 Abs. 2
  - auf Zivilprozesse 207 Abs. 1
    - Einstellung des Prozesses 207 Abs. 1
    - Ausnahmen 207 Abs. 4
  - Verfügungsunfähigkeit des Schuldners 204 Abs. 1
    - bei Wechsel 204 Abs. 2
- Zeitpunkt 175

Konkursfähigkeit 39
Konkursforderung
– abgewiesene
  – Vormerkung im Kollokationsplan 248
– als Prozessgegenstand Nr. 5 KOV 63
– bedingte
  – Deckung aus der Konkursmasse 210 Abs. 1
– Einzelfälle
  – Bürgschaftsforderung
    – Eintritt in Gläubigerrechte 215
  – Forderung aus Leibrente 210 Abs. 2
– Fälligkeit ders. 208
– im Konkurs von Kollektivgesellschaft und Teilhaber 218
– nicht eingegebene 267
– Prüfung ders. 244
  – aus dem Grundbuch ersichtliche 246
  – Entscheid darüber 245
    – Kollokation der Forderung 247–250; Nr. 9 VZG 125; Nr. 5 KOV 56–70
      – Rangordnung 219
    – Widerspruch durch Gläubigerausschuss 237 Abs. 3 Ziff. 4
  – Erklärung des Konkursiten darüber 244, 265 Abs. 1
  – Schuldenruf 232; Nr. 5 KOV 40, 41
    – nicht eingegebene 267
– Rangordnung der Gläubiger 219
  – Verhältnis der Rangklassen 220
– Umwandlung in Geldforderung 211
– Verrechnung 213, 214
  – Anfechtbarkeit ders. 214
  – Ausschluss ders. 213 Abs. 2
  – im Gesellschafts- oder Genossenschaftskonkurs 213 Abs. 4
  – Voraussetzung der Verrechnung bei Forderungen aus Inhaberpapieren 213 Abs. 3
  – Zulässigkeit ders. 213 Abs. 1
– Zinsenlauf 209
Konkursgericht
– Bezeichnung 23
– Kompetenzen
  – Anordnung des Güterverzeichnisses 162
  – Anordnung der Einstellung des Verfahrens mangels Aktiven 230 Abs. 1
  – Anordnung des summarischen Konkursverfahrens 231 Abs. 1 und 2
  – Beurteilung der Kollokationsklage 250
  – Beurteilung des Konkursbegehrens 166, 171, 189, 190–192
  – Schluss des Konkursverfahrens 268 Abs. 2; Nr. 5 KOV 92
  – Schlussbericht der Konkursverwaltung 268 Abs. 1
  – Widerruf des Konkurses 195
Konkursinventar 221; Nr. 5 KOV 25–34
– Aufnahme desselben 221
– Erklärung des Schuldners dazu 228
– Gebühr Nr. 7 GebV SchKG 44 lit. c und d
– im Grundbuch eingetragene Rechte Dritter 226
– Vorlegung an Schuldner 228 Abs. 1
  – Erklärung des Schuldners darüber 228 Abs. 2
  – Unterschrift des Schuldners 228 Abs. 2
Konkursit
– Auskunftspflicht desselben 222
– Dispositionsunfähigkeit desselben 204
– Einvernahme desselben zum Inventar Nr. 5 KOV 37
  – Anerkennung desselben durch ihn 228; Nr. 5 KOV 29, 30
– Erklärung desselben zur Konkursforderung 244, 265 Abs. 1; Nr. 5 KOV 30, 55
– Haftung desselben für Verlustscheinforderung 265, 265a
– Präsenzpflicht desselben 229 Abs. 1
– Unterhaltsanspruch desselben 229 Abs. 2
– Verfügungsfähigkeit 204 Abs. 1
– Vorschlag eines Nachlassvertrages durch ihn 160 Abs. 2; 238 Abs. 2; 252 Abs. 2
Konkurskosten
– Haftung dafür 169
– Kostenvorschuss 169 Abs. 2
Konkurskreis 1 Abs. 1
– Amtshandlungen in anderem Kreis 4
– Bezeichnung desselben 1
– Grösse 1 Abs. 2, 3
– Organisation desselben 1–3
Konkursliquidator
– bei Banken
  – Aufgaben Nr. 38 BKV-FINMA 9
Konkursmasse 197–204
– bei AG
  – Grundstücke 230 a
– Deckung aus der Konkursmasse
  – bedingte Forderungen 210 Abs. 1
  – Massekosten 262
– Dispositionsunfähigkeit des Konkursiten 204
– Einstellung des Konkurses bei fehlender Konkursmasse 230
– Erhaltung ders. 240
– Geschäft des Konkursiten 223
  – Weiterführung auf Rechnung der Konkursmasse Nr. 5 KOV 36

- Inventar darüber 221–228; Nr. 5 KOV 25–34
- Kompetenzstücke 224
- Miteigentumsanteil an Grundstück Nr. 9 VZG 130a
- nachträglich entdeckte Bestandteile ders. 269 Abs. 1, 3
- Umfang ders. 197–200; 197 N 1–3
  - Anfechtungsansprüche 200
  - Erlös von fremden Sachen 202
  - gekaufte Sachen 203
  - gepfändete Vermögensstücke 199 Abs. 1
    - nach Verwertung 199 Abs. 2
  - Inhaberpapiere 201
  - Ordrepapiere 201
  - örtlich 197 N 1
  - sachlich 197 N 2
    - arrestierte Vermögensstücke 199
    - gepfändete Vermögensstücke 199
    - Rechte Dritter
      - an Fahrnis 225
      - an Grundstücken 226
    - Rücknahmerecht des Verkäufers 203
    - Vermögensstücke mit Pfandrechten 198
  - Schätzung 227
  - Unterhalt des Schuldners 229
  - zeitlich 197 N 3
  - Zuständigkeit zum Entscheid darüber 197 N 4
- Verfügungsunfähigkeit des Schuldners 204
- Versicherungsansprüche
  - Admassierung ders. bei Personenversicherung Nr. 10 VPAV 4, 5
- Vertretung ders. 240
- Verwaltung ders. 236, 240
- Verwertung ders. 256–260, 243; Nr. 8 VVAG 16

Konkursort 46, 53–55
- bei Banken Nr. 38 BKV-FINMA 8

Konkursprivilegien 219, 220
- Berücksichtigung ders. im Kollokationsplan 247 Abs. 1
- Fristverlängerung 219 Abs. 5
- Bankprivileg Nr. 36 BankG 37a
- Verhältnis der Rangklassen 220

Konkursprotokoll 8; Nr. 5 KOV 8–12
- Gebühr dafür Nr. 7 GebV SchKG 44

Konkursschluss 268, 270; Nr. 5 KOV 92–95
- Bericht und Dekret 268; Nr. 5 KOV 92, 93
- Einfluss auf Prozesse Nr. 5 KOV 95
- Mitteilung 176; 268 Abs. 4; 195 Abs. 3
- öffentliche Bekanntmachung 268 Abs. 4
- Schlussbericht 268 Abs. 1
- Verfügung des Konkursgerichts 268 Abs. 2, 3

Konkursverfahren
- Abschlagsverteilung 237 Abs. 3 Ziff. 5
- Admassierung 242 Abs. 3
- Auskunftspflicht 222
- Aussonderung 242 Abs. 1 und 2
- Bankenkonkurs Nr. 38 BKV-FINMA
- Einstellung desselben mangels Aktiven 230
  - bei ausgeschlagener Erbschaft 230a
  - bei juristischen Personen 230a
  - Bekanntmachung 230 Abs. 2
  - Begehren um Durchführung des Verfahrens 230 Abs. 2
  - Gebühr Nr. 7 GebV SchKG 53 lit. b
  - Folge für Betreibungen 230 Abs. 4
  - Folge für den Schuldner 230 Abs. 3
    - bei ausgeschlagener Erbschaft 230a Abs. 1
    - bei AG 230a Abs. 2
    - bei juristischer Person allgemein 230a Abs. 2
  - Voraussetzung 230 Abs. 1
- Forderungseinzug 243
- Frist für dessen Durchführung 270 Abs. 1
  - Verlängerung ders. durch die AB 270 Abs. 2
- Gebühren Nr. 7 GebV SchKG 43–47
- Gläubigerausschuss 237 Abs. 3
  - Aufgaben desselben 237 Abs. 3
    - Anordnung von Abschlagsverteilungen 237 Abs. 3 Ziff. 5
    - Ermächtigung zur Fortsetzung des vom Konkursiten betriebenen Handels und Gewerbes 237 Abs. 3 Ziff. 2
    - Ermächtigung zur Prozessführung 237 Abs. 3 Ziff. 3
    - Genehmigung des Kollokationsplans 237 Abs. 3 Ziff. 4
    - Genehmigung von Rechnungen 237 Abs. 3 Ziff. 3
    - Überwachung der dem Konkursiten bewilligten Geschäftsführung 237 Abs. 3 Ziff. 2
    - Überwachung der Konkursverwaltung 237 Abs. 3 Ziff. 1
- Gläubigerversammlungen 235; 252
  - erste 235
    - Abstimmungen 235 Abs. 4
    - Befugnisse
      - Beschlüsse über dringliche Fragen 238
      - Einsetzung einer Konkursverwaltung 237 Abs. 2

Stichwortverzeichnis K

- Einsetzung eines Gläubigerausschusses 237 Abs. 3
- Einstellung der Verwertung bei vorgeschlagenem Nachlassvertrag 238 Abs. 2
- Beschlussfähigkeit 235 Abs. 3
- Beschlussunfähigkeit 236
- Beschwerde gegen Beschlüsse 239
  - Frist dafür 239 Abs. 1
  - Frist für Entscheid 239 Abs. 2
- Durchführung ders. 235 Abs. 1
- Entscheid über Zulassung 235 Abs. 2
- zweite 252
  - Befugnisse 253
  - Bericht der Konkursverwaltung 253 Abs. 1
  - Beschlussunfähigkeit 254
  - Bestätigung der Konkursverwaltung 253 Abs. 2
  - Bestätigung des Gläubigerausschusses 253 Abs. 2
  - Einladung zu ders. 252 Abs. 1
  - Hinweis betr. vorgeschlagenen Nachlassvertrag 252 Abs. 2
  - vorsitzende Person 252 Abs. 3
  - Weitere Anordnungen 253 Abs. 2
- weitere Gläubigerversammlungen 255
  - Zirkularanträge 255a Abs. 1 Satz 1
    - öffentliche Bekanntmachung ders. 255a Abs. 2
  - Zirkularbeschlüsse 255a Abs. 1 Satz 2
- Herausgabepflicht 222
- Inventaraufnahme 221
- Kollokationsverfahren
  - Forderungsaufnahme von Amtes wegen 246
  - Kollokationsplan 247–249
    - Abänderung wegen verspäteter Eingabe 251 Abs. 4
    - Auflegung 249 Abs. 1
      - öffentliche Bekanntmachung ders. 249 Abs. 2
      - Ort ders. 249
      - Spezialanzeige 249 Abs. 3
    - Erstellung desselben 247 Abs. 1
    - Genehmigung durch den Gläubigerausschuss 247 Abs. 3
  - Kollokationsklage 250
    - gegen die Konkursmasse gerichtete Klage 250 Abs. 1
    - gegen anderen Gläubiger gerichtete Klage 250 Abs. 2 Satz 1
    - Prozessgewinn 250 Abs. 2 Sätze 2 und 3
  - Lastenverzeichnis bei Grundstücken 247 Abs. 2
- Kosten 262
- Massaverbindlichkeiten 262
- Mitwirkung des Schuldners 229
- Nachlassvertrag im Konkurs 238; 322
- nachträglich entdeckte Vermögenswerte 269
- Notverkauf 243 Abs. 2
- öffentliche Bekanntmachung 232
- Prüfung der Forderungen 244
  - Aufnahme von Amtes wegen 246
  - Entscheid über eingegebene 245
- Schlussbericht 268
- Schuldenruf 232
  - besondere Fälle 234
- Sicherungsmassnahmen 223
- Spezialanzeige an Gläubiger 233
- summarisches Konkursverfahren 231; Nr. 5 KOV 39, 70, 93, 96
  - Abwicklung 231 Abs. 3
  - für Anschlusskonkurs nach Nr. 34 IPRG 166 ff.
  - Voraussetzungen 231 Abs. 1 und 2
- Verfahrenskosten 262
- Verlustschein 265; 265a
  - Wirkungen 265 Abs. 2
    - Einrede fehlenden neuen Vermögens 265 Abs. 2
      - Klage darüber 265a Abs. 4
      - RV deswegen 265a Abs. 1
        - Ausschluss der Konkurseröffnung nach 191: 265b
        - Bewilligung des RV durch den Richter 265a Abs. 2
        - Nichtbewilligung desselben durch den Richter 265a Abs. 3
        - «Pfändbarerklärung» von Vermögenswerten 265a Abs. 3
- Verteilung 261–269; Nr. 5 KOV 82–89
  - Abschlagsverteilungen 251 Abs. 3: 266
  - Deposition von Konkursdividenden 264 Abs. 3
  - Herausgabe der Forderungsurkunde 264 Abs. 2
  - Schlussrechnung 261
    - Auflegung ders. zur Einsicht 263 Abs. 1
    - Spezialanzeige darüber 263 Abs. 2
  - Verteilungsliste 261
    - Auflegung ders. zur Einsicht 263 Abs. 1
    - Spezialanzeige darüber 263 Abs. 2; Nr. 5 KOV 87
  - Zeitpunkt 264 Abs. 1
- Verwertung 243 Abs. 3; 252–260; Nr. 5 KOV 71–81

1207

Stichwortverzeichnis K

- Abtretung von Rechtsansprüchen 260
  - Prozessergebnis 260 Abs. 2
  - Voraussetzung 260 Abs. 1
- Aufschub 238 Abs. 2; 332 Abs. 2 Satz 3
  - eines Pfandgegenstandes 198; 256 Abs. 2
  - Einstellung infolge Nachlassvertrags 238 Abs. 2; 332 Abs. 2 Satz 3
  - Freihandverkauf 256 Abs. 3
  - Versteigerung 256 Abs. 1; 257
    - Ort, Tag und Stunde
      - öffentliche Bekanntmachung 257 Abs. 1
        - bei Grundstücken Nr. 9 VZG 73a
      - Frist 257 Abs. 2
      - Spezialanzeige 257 Abs. 3; Nr. 5 KOV 71; Nr. 9 VZG 73d, 130d
      - Steigerungsbedingungen Nr. 9 VZG 73g
    - Zuschlag 258 Abs. 1
      - bei Grundstücken 258 Abs. 2; Nr. 9 VZG 130 Abs. 2
- Verwertungsmodus allgemein 256 Abs. 1
  - bei Anfechtungsansprüchen 256 Abs. 4
  - bei Forderungen 260 Abs. 3
    - Abtretung von Rechtsansprüchen 260
      - Durchführung des Prozesses 260 N 52–54
      - Frist für Geltendmachung des Anspruchs 260 N 34–36
      - Mehrzahl von Abtretungsgläubigern 260 N 46–51
      - Prozessergebnis 260 N 55–61
      - Verteilung desselben 260 N 62–64
    - Verfahren 260 N 30–45
  - von Gegenständen mit bedeutendem Wert 256 Abs. 3
  - von Grundstücken 256 Abs. 3; 257, 258; Nr. 9 VZG 123 ff.
  - von Miteigentumsanteilen Nr. 9 VZG 130a–130g; Nr. 15 KS BGer Nr. 17; Nr. 23 Bescheid BGer
  - von versicherten Gegenständen Nr. 5 KOV 77
  - von Vieh Nr. 5 KOV 78
- Zivilprozesse
  - Einstellung ders. 207
- **Konkursverhandlung** 168
- Anzeige ders. 168
- **Konkursverlustschein** 265
- **Konkursverwaltung**
- Aktenübergabe Nr. 5 KOV 43
- Aufgaben ders. 240
- Anfechtungsklage paulianische
  - Aktivlegitimation 285 Abs. 2
- Anordnungen betr. Verwertungen 256
- Aussonderungsansprüche
  - Behandlung ders. 242
- Bericht an zweite Gläubigerversammlung 253 Abs. 1
- Erfüllung der Verpflichtungen des Konkursiten 211 Abs. 2, 2bis
  - Kaufpreiszahlung 203
- Forderungseinzug 243 Abs. 2
- Gutachten über allenfalls vorgeschlagenen Nachlassvertrag 332 Abs. 1
- Notverkauf 243 Abs. 2
- Prüfung der Konkursforderungen und Entscheid darüber 244, 245, 251
  - Kollokationsplan
    - Aufstellung und Auflage desselben 247, 249
- Verteilung 264
- ausseramtliche
  - Anwendbarkeit der 8–11, 13, 14 Abs. 2 Ziff. 1, 2 und 4, 17–19, 34 und 35, 241
  - Entschädigung ders. Nr. 5 KOV 84; Nr. 7 GebV SchKG 44–47
  - Geschäftsführung ders. Nr. 5 KOV 97, 98
  - Haftung des Kantons für Schaden 5 Abs. 1
    - Beaufsichtigung ders. 237, 268
- KA als Konkursverwaltung 237 Abs. 2
- Schlussbericht des. 268 Abs. 1
- **Konkurswiderruf** 195, 196
- Bedeutung desselben im Strafrecht StGB 171bis
- bei ausgeschlagener Erbschaft 196
- Bekanntmachung des Konkurswiderrufs 195 Abs. 3
- Konsequenzen desselben für öffentlich-rechtliche Folgen des Konkurses 26 Abs. 2
- Mitteilung desselben 176 Abs. 1 Ziff. 2; 195 Abs. 3
- Voraussetzungen desselben 195 Abs. 1; 332 Abs. 3
- Zeitpunkt desselben 195 Abs. 2
- **Konnossement**
- Bedeutung im Konkurs 203 Abs. 2
- **Kontokorrentbuch** Nr. 5 KOV 1, 17, Nr. 22 Anl. 15
- **Körperschaft öffentlich-rechtliche des kantonalen Rechts**
- Anleihensgläubiger Nr. 33 SchGG 13 ff.
- Schuldbetreibung gegen sie Nr. 33 SchGG 1 ff.

1208

Körperverletzung
- Schadenersatzprozesse im Konkurs 207 Abs. 4

Kosten
- bei Steigerung von Grundstücken
  - für Berechnung des Zuschlagspreises Nr. 9 VZG 53
  - Tragung durch den Erwerber 135; Nr. 9 VZG 49
- betr. Grundstück
  - der Schätzung Nr. 9 VZG 9, 44
  - der Verwaltung 105; Nr. 9 VZG 16, 18, 20, 22
- der Betreibung
  - bei Aufhebung der Betreibung 85
  - Buchung Nr. 4 VFRR 16, 17, 18
    - bei Gruppenbildung Nr. 4 VFRR 17
  - Geltendmachung im Konkurs 208
  - Pfändung für sie 97 Abs. 2
  - Verhältnis zur Pfandverwertung Nr. 9 VZG 113
  - Verteilung
    - Vorabdeckung 144 Abs. 3; 157 Abs. 1
  - Verwertung 144 Abs. 3; 157 Abs. 1
    - Aufschub
      - Kostendeckung als Voraussetzung Nr. 9 VZG 32
    - Requisitorialverwertung Nr. 9 VZG 74, 78a
  - Zahlungsbefehlskosten 69 Abs. 1 Ziff. 2
  - Vorabdeckung 68 Abs. 2
- der Nachlassstundung
  - Höhe ders. Nr. 7 GebV SchKG 48 ff.
- des Arrestes
  - Ansatz Nr. 7 GebV SchKG 48
  - Deckung 281 Abs. 2
- des ordentlichen Zivilprozesses 68 N 4
- für Grundbucheinträge Nr. 9 VZG 49
  - Verfügungsbeschränkung
    - Löschung Nr. 9 VZG 6
- Gebühren allgemein 16
- im Konkurs
  - bei verspäteter Eingabe 251 Abs. 2
  - Deckung ders. 262
    - nicht ausreichende 231 Abs. 1 Ziff. 1
  - Geltendmachung der Betreibungskosten 208 Abs. 1
  - Sicherheitsleistung für ordentliches Verfahren 231 Abs. 2
  - Verteilung
    - Vorabdeckung 262 Abs. 1
  - Vorschuss 169 Abs. 2
- im Nachlassverfahren
  - Vorschuss
  - für neue Schätzung 299 Abs. 3 Satz 2

Kostenlosigkeit
- Beschwerde 20a Abs. 2 Ziff. 5
- nach ZPO Nr. 25 ZPO 114

Kostenrechnung Nr. 7 GebV SchKG 3; Nr. 5 KOV 24
- Auflage Nr. 9 VZG 80, 112 Abs. 2

Kostentragung 68 N 8–10

Kostenvorschuss 68 N 11–14
- für Verwahrung und Verwaltung 105
- für Verwertung eines Miteigentumsanteils Nr. 9 VZG 78a
- im Zusammenhang mit Konkurs
  - Konkursbegehren 169
  - Konkursverfahren 230 Abs. 1; 231 Abs. 1
  - Rückerstattung desselben Nr. 4 VFRR 18
    - bei Verfügungsbeschränkung Nr. 9 VZG 6 Abs. 1 Ziff. 5 lit. b

Krankheit
- Rechtsstillstand deswegen 61

Kreditanfrage 8a N 5

Kreditschädigung
- begangen durch Versenden von Betreibungsregisterauszügen 8a N 18

Kriegszeiten
- Notstundung deswegen 337
- Rechtsstillstand deswegen 62

Krise andauernde wirtschaftliche
- Notstundung deswegen 337

Kündigung
- einer Kollektiv- oder Kommanditgesellschaft Nr. 8 VVAG 7

L

Ladeschein
- Bedeutung im Konkurs 203 Abs. 2

Landesunglück
- Rechtsstillstand deswegen 62

Lastenbereinigung 140

Lastenverzeichnis
- bei gepfändetem Grundstück 140; Nr. 9 VZG 43, 44
  - Aufnahme von Zugehör Nr. 9 VZG 38
  - Ausgeschlossene Ansprüche Nr. 9 VZG 36
  - bei Verwertung eines Miteigentumsanteils Nr. 9 VZG 73c, 73d, 73g
  - Bereinigung Nr. 9 VZG 38–45
    - Gerichtsstand für Bestreitung Nr. 9 VZG 39
    - Leere Pfandstelle Nr. 9 VZG 35
- im Konkurs Nr. 9 VZG 125
  - Anfechtung desselben Nr. 9 VZG 127

1209

- bei Miteigentumsanteil Nr. 9 VZG 130c
- in der Betreibung auf Pfandverwertung 156; Nr. 9 VZG 102
- Verhältnis zu anderen Lasten Nr. 9 VZG 104
- Inhalt desselben Nr. 9 VZG 65
- Mitteilung desselben Nr. 9 VZG 37, 40, 73d
- Verhältnis anderer Lasten zu Pfandrechten Nr. 9 VZG 104

Leere Pfandstelle
- im Konkurs Nr. 5 KOV 75
- in der Betreibung auf Pfändung
- Lastenverzeichnis Nr. 9 VZG 35
- Löschung ders. Nr. 9 VZG 68

Legitimation
- zum Gesuch um Nachlassstundung 293 Abs. 2
  - Gläubiger 293 Abs. 2
- zum privilegierten Pfändungsanschluss 111 Abs. 1
  - besondere Voraussetzungen 111 Abs. 2
  - Mitteilung der Pfändung an Legitimierten 111 Abs. 3
- zur Anfechtungsklage 285
- zur Stellung des Verwertungsbegehrens
  - in der Betreibung auf Pfändung 117
- zur Weiterziehung des Entscheides über die Nachlassstundung 294 Abs. 3

Leibrentenbestellung durch Schuldner
- Anfechtung ders. 286 Abs. 2 Ziff. 2

Leibrentenforderung
- im Konkurs 210 Abs. 2

Leichtsinniger Konkurs (Misswirtschaft) StGB 165

Liquidation
- Amtliche bei ausgeschlagener Verlassenschaft 193
- des Gemeinschaftsverhältnisses Nr. 8 VVAG 12
- Von Gemeinschaftsvermögen Nr. 8 VVAG 10

Liquidationsvergleich 317–332

Liquidatoren im Nachlassverfahren mit Vermögensabtretung 317–322
- Beschwerde gegen ihre Verfügungen
  - nach Einsprache beim Gläubigerausschuss 320 Abs. 2
- Haftung des Kantons für Schaden 5

Liquiditätsausweis Nr. 37 BankV 20

Lohnforderung
- bei Nachlassstundung 297 Abs. 2 Ziff. 1
- bei Notstundung 346 Abs. 1
- Konkursprivileg 219 Abs. 4 Erste Klasse lit. a

Löschung
- der leeren Pfandstelle Nr. 9 VZG 68
- des Eintrags des Eigentumsvorbehalts Nr. 27 EigVV 12–14
- von Verfügungsbeschränkung im Grundbuch Nr. 9 VZG 6, 7, 68, 110, 111

M

Magazin des Konkursiten
- Beschluss der ersten Gläubigerversammlung über Offenhaltung desselben 238 Abs. 1
- Siegelung desselben 223 Abs. 1

Marktpreis
- Verwertung bei Vorhandensein eines solchen
  - im Konkurs 243 Abs. 2
  - in der Betreibung auf Pfändung 130 Ziff. 2

Massakosten
- Deckung ders. 262 Abs. 1
  - im Nachlassverfahren mit Vermögensabtretung 328

Massaschulden
- Deckung ders. 262 Abs. 1
  - im Nachlassverfahren mit Vermögensabtretung 310 Abs. 2

Massaverbindlichkeiten
- beim Nachlassvertrag 310 Abs. 2
- im Bankenkonkurs Nr. 38 BKV-FINMA 32
- im Konkurs allgemein 262

Massavermögen
- nachträglich entdecktes 269

Massnahmen
- zur Erhaltung von Vermögensgegenständen 56 Abs. 1

Materieller Konkursgrund 190–193

Mieter
- Anzeige an ihn über Eigentumsübergang bei Steigerung Nr. 9 VZG 70
- Stellung desselben bei Pfändung des Grundstücks 102 Abs. 2; Nr. 9 VZG 15
  - Kenntnisgabe an ihn 102 Abs. 2
- Stellung desselben bei Pfandverwertungsbegehren 152; Nr. 9 VZG 91
- Stellung desselben im Konkurs des Vermieters Nr. 9 VZG 70

Miete und Pacht
- Feststellung ders. Nr. 9 VZG 91
- Gebühr dafür Nr. 7 GebV SchKG 17

Miet- und Pachtzinsen
- Abschlagszahlungen aus solchen Nr. 9 VZG 22; Nr. 22 Anl. 24
- Anzeigen 102; Nr. 9 VZG 15
- Übergang des Miet- und Pachtvertrages bei Steigerung Nr. 9 VZG 50
- Umfang der Pfändung Nr. 9 VZG 14

- Betreibung für solche
  - bei Notstundung 343 Abs. 1
  - Retentionsurkunde 283
- in der Betreibung auf Pfandverwertung
  - Abschlagszahlungen aus solchen Nr. 9 VZG 95; Nr. 22 Anl. 24
  - Anzeigen Nr. 9 VZG 91; 92
  - Behandlung Nr. 9 VZG 95
  - Streitigkeiten über Umfang des Pfandrechts Nr. 9 VZG 93
  - Verhältnis ders. zum Konkurs des Schuldners Nr. 9 VZG 96
  - Verwendung ders. Nr. 9 VZG 114; Nr. 22 Anl. 24
    - Verwaltung des Grundstücks Nr. 9 VZG 101
    - Zinsensperre Nr. 9 VZG 91, 94
      - Mitteilung ders. an Pfandgläubiger Nr. 9 VZG 92
- Pfändung ders.
  - Anzeige an Grundpfandgläubiger 102 Abs. 2; Nr. 9 VZG 14, 15
- Retentionsrecht 283, 284; Nr. 16 KS SchKK Nr. 24

Militärdienst
- Rechtsstillstand wegen desselben 57–57e; Nr. 17 KS BGer Nr. 30

Misswirtschaft (leichtsinniger Konkurs) Nr. 35 StGB 165

Miteigentum
- Pfändung von solchem
  - bei Fahrnis 104
  - bei Grundstück 104; Nr. 9 VZG 23, 23a–23d
- Verwertung von solchem
  - im Konkurs Nr. 9 VZG 130a–130g
  - in der Betreibung auf Pfändung Nr. 9 VZG 73, 73a–73i; Nr. 22 Anl. 31, 32

Miteigentümer
- Steigerung unter ihnen Nr. 22 Anl. 35

Mitschuldner
- Betreibung gegen sie
  - bei Verlustschein 149 Abs. 4
  - ZB 70 Abs. 2
- im Konkurs
  - gleichzeitiger 216, 217
  - Teilnahme an Gläubigerversammlung 232 Abs. 2 Ziff. 5
- im Nachlassverfahren 303

Mitteilungen 34
- durch KA Nr. 5 KOV 5
  - Form ders. 34, 35
- gerichtlicher Entscheide in Konkurssachen 176
- Haftung des Kantons für verspätete Mitteilung 176 N 2

Mitverpflichtungen des Konkursschuldners 215–218

Mitwirkungspflicht 91, 222

Mobilien
- Pfändung von solchen
  - Reihenfolge 95
- Verwertung von solchen
  - im Konkurs 256–259
  - in der Betreibung auf Pfändung
    - Begehren danach
      - Frist dafür 116
    - Freihandverkauf 130
    - Frist dafür 122
    - Steigerung 125–129

Moratorium aktienrechtliches
- Nr. 36 BankG 25 Abs. 3

Mündel des Schuldners
- Konkursprivileg desselben 219 Abs. 4 Zweite Klasse
- Pfändungsanschluss desselben 111 Abs. 1 Ziff. 2

N

Nachkonkurs 269
- Verfahren 269 Abs. 3
- Voraussetzungen 269 Abs. 1, 2

Nachlass
- Betreibung desselben 49

Nachlassgericht (Nachlassrichter)
- Bezeichnung desselben 23
- oberes kant. 7
- Zuständigkeit desselben allgemein
  - für Bestätigung des Nachlassvertrags 304–307; 310
  - für Bewilligung der Nachlassstundung 295
  - für Bewilligung der Notstundung 337–342
  - für Widerruf der Nachlassstundung 295 Abs. 5
  - für Widerruf des Nachlassvertrags 313

Nachlassgesuch 293
Nachlassgläubiger 297
Nachlassmasse 319
Nachlassschuldner 298
Nachlassstundung 293–304: 295 N 1–3
- Behandlung der Lohnforderung innerhalb ders. 297 Abs. 2 Ziff. 1
- Bekanntmachung ders. 296
- Betreibungsferien 295 N 10
- Bewilligungsverfahren 293–296
  - Gesuch um Nachlassstundung 293 Abs. 1

- Bewilligung der Nachlassstundung 295 Abs. 1
- Dauer ders. 295 Abs. 1
  - Verlängerung 295 Abs. 4
- Legitimation dazu 293 Abs. 2
  - Gläubiger 293 Abs. 2
- Sachwalter 295 Abs. 2; 295 N 4, 5
  - Disziplinaraufsicht über ihn 14; 295 Abs. 3
  - Geschäftsführung desselben 295 Abs. 3
  - Haftung für denselben oder dieselben 5
- vorsorgliche Massnahmen 293 Abs. 3, 4
- Widerruf der Nachlassstundung 295 Abs. 5
- Dahinfallen ders. 308 Abs. 2
- Dauer ders. 295 Abs. 1
- Fristverlängerung durch sie 219 Abs. 5; 288a Ziff. 1; 297 Abs. 1
- Gesuch danach
  - Aussetzung der Konkurseröffnung deswegen 173a Abs. 1
  - Einreichung des Nachlassvertragsentwurfs 293 Abs. 1
- Inventaraufnahme 299 Abs. 1
  - Rechtshilfe 4 Abs. 2
- Kosten
  - Höhe ders. Nr. 7 GebV SchKG 48 ff.
- Pfandschätzung
  - Mitteilung ders. durch den Sachwalter 299 Abs. 2
    - Antrag auf Neuschätzung 299 Abs. 3 Satz 1
      - Kosten ders. 299 Abs. 3 Satz 2
- provisorische 293 Abs. 3, 4
- Publikation der Stundung 296
- Rechtsstillstand 295 N 10
- Widerruf ders. 295 Abs. 5; 298 Abs. 3
  - Konkurseröffnung deswegen 309
- Wirkung ders.
  - auf die Rechte der Gläubiger 297
    - Anwendung auf provisorische Nachlassstundung 293 Abs. 4
    - Betreibungen 297 Abs. 1, 2
    - Verrechnung 297 Abs. 4
    - Zinsenlauf 297 Abs. 3
  - auf Fristen 297 Abs. 1
  - auf Verfügungsbefugnis des Schuldners 298
    - Beschwerderecht 298 N 6–9
    - Fortsetzung der Geschäftstätigkeit unter Aufsicht des Sachwalters 298 Abs. 1
    - weitere Verfügungen 298 Abs. 2
  - Widerruf der Nachlassstundung durch das Nachlassgericht 309
    - Konkurseröffnung deswegen 309

Nachlassverfahren
- Aktenübermittlung 304 Abs. 1 Satz 1
- Bestellung eines Pfandrechts während des Nachlassverfahrens 298
- Bewilligungsverfahren 293
  - Anspruch auf Insolvenzentschädigung 293 N 7
  - Ladung 294 Abs. 1
  - Nachlassgesuch 293 Abs. 1, 2
  - vorsorgliche Massnahmen 293 Abs. 3
- Entscheid des Nachlassrichters 294 Abs. 2
  - über den Nachlassvertrag 304 Abs. 2
    - Weiterzug desselben 307
  - über die Nachlassstundung 294 Abs. 2
    - Weiterzug desselben 294 Abs. 3
      - Legitimation dafür 294 Abs. 3
      - betr. Ernennung des Sachwalters 294 Abs. 4
- Genehmigungsverhandlung vor dem Nachlassrichter 304 Abs. 3
  - Publikation darüber 304 Abs. 3
- Gläubigerversammlung 301
  - Anwesenheitspflicht des Schuldners 302 Abs. 2
  - Leitung der Verhandlungen 302 Abs. 1
- Inventaraufnahme 299 Abs. 1
  - Rechtshilfe 4 Abs. 2
- Nachlassvertragsentwurf 293
  - Vorlegung und Diskussion desselben an der Gläubigerversammlung 302 Abs. 3
- Rechte der Gläubiger gegen Mitverpflichtete 303
  - bei Nichtzustimmung zum Nachlassvertrag 303 Abs. 1
  - bei Zustimmung zum Nachlassvertrag 303 Abs. 2
- Sachwalter 295 Abs. 2
  - besondere Aufgaben 299
    - Einberufung der Gläubigerversammlung 301
    - Inventaraufnahme 299 Abs. 1
    - Pfandschätzung 299 Abs. 2, 3
    - Schuldenruf 300
- Sachwalterbericht 304 Abs. 1 Satz 1
- Schuldenruf 300
  - öffentliche Bekanntmachung durch den Sachwalter 300 Abs. 1
    - spezielle Anzeige an bekannte Gläubiger 300 Abs. 1 Satz 2
- Verfahren für Nachlassvertrag mit Vermögensabtretung 317–331

- paulianische Anfechtung 331 Abs. 1, Abs. 3
- Verwertung eines Pfandgegenstandes 324
- Vorladung zur Stundungsverhandlung 294 Abs. 1

Nachlassvertrag
- Ablehnung desselben durch das Nachlassgericht 309
  - Konkurseröffnung deswegen 309
- allgemein 293–313
  - Aufhebung 316
  - Begehren um Nachlassstundung 293
  - Bekanntmachung 308
  - Bestätigung 306
  - Gläubigerversammlung 302
- Annahme desselben durch die Gläubiger 305
  - notwendiges Quorum 305 Abs. 1
    - bedingte Forderungen 305 Abs. 3 Satz 1
    - bestrittene Forderungen 305 Abs. 3 Satz 1
    - Ehegatte des Schuldners 305 Abs. 2
    - Forderungen mit ungewisser Verfallzeit 305 Abs. 3 Satz 1
    - privilegierte Gläubiger 305 Abs. 2
- Aufhebung gegenüber einem Gläubiger 316
- Bestätigung des Nachlassvertrages durch das Nachlassgericht 306–308
  - Ergänzung ungenügender Regelung 306 Abs. 3
  - Mitteilung des Entscheides 308 Abs. 1
    - an das BA 308 Abs. 1 Satz 1
    - an das Grundbuchamt 308 Abs. 1 Satz 1
    - an das Handelsregisteramt 308 Abs. 1 Satz 2
  - öffentliche Bekanntmachung 308 Abs. 1
    - Wirkung ders. 308 Abs. 2
  - Verwertung von Grundpfändern 297 Abs. 2 Ziff. 2; 306a
    - Ausschluss ders. während Nachlassstundung 297 Abs. 2 Ziff. 2
    - Einstellung ders. 306a Abs. 1 Satz 1
      - Dahinfallen der Einstellung 306a Abs. 3
      - Vernehmlassung der Pfandgläubiger 306a Abs. 2
      - Voraussetzung beim Schuldner 306a Abs. 1 Satz 2
      - Widerruf der Einstellung 306a Abs. 4
  - Voraussetzungen 306
    - Sicherstellung der angemeldeten privilegierten Gläubiger 306 Abs. 2 Ziff. 2
    - Sicherstellung der Massaverbindlichkeiten 306 Abs. 2 Ziff. 2
    - Verhältnismässigkeit der angebotenen Summe 306 Abs. 2 Ziff. 1
    - Verwertungsergebnis beim Nachlassvertrag mit Vermögensabtretung 306 Abs. 2 Ziff. 1bis
  - Weiterzug des Entscheides 307
- im Konkurs 238 Abs. 2; 332
  - Begutachtung des Vorschlages 332 Abs. 1
  - Einstellung der Verwertung infolge eines solchen 238 Abs. 2; 332 Abs. 2 Satz 2
  - Mitteilung des Entscheides an die Konkursverwaltung 332 Abs. 3 Satz 1
    - Antrag der Konkursverwaltung auf Widerruf des Konkurses 332 Abs. 3 Satz 2
  - Kreis der Beteiligten 310 N 1, 2
- Massaverbindlichkeiten im nachfolgenden Konkurs 310 Abs. 2
- mit Vermögensabtretung 317–331
  - Abschlagszahlungen 326
    - bei Pfandausfallforderungen 327
  - Abtretung des Vermögens nur zum Teil 318 Abs. 2
  - Begriff 317
  - Faustpfänder 324
  - Gläubiger 317
  - Gläubigerausschuss 317 Abs. 2; 318 Abs. 1 Ziff. 2; 322 Abs. 2
    - Aufsicht und Kontrolle über die Liquidatoren 320 Abs. 1
  - Hinterlegung der Nachlassdividende 329 Abs. 1
    - Verwaltung ders. 329 Abs. 2
  - Inhalt des Nachlassvertrages 318
  - Kollokationsplan 321
  - Kollokationsverfahren 321
    - Klage gegen den Zulassungsentscheid 321
      - verspätete Eingaben 251, 321 Abs. 2
  - Liquidation 319
  - Liquidatoren 317 Abs. 2; 318 Abs. 1 Ziff. 2; 319 Abs. 3, 4; 320
    - Aufsicht des Gläubigerausschusses 320 Abs. 1
    - Einsprache gegen ihre Verfügungen 320 Abs. 2
    - Geschäftsführung durch sie 320 Abs. 3
    - Haftung des Kantons für sie 5
    - Wahl ders. 318 Abs. 1 Ziff. 2

- paulianische Anfechtung 331
  - Fristberechnung 331 Abs. 2
  - Geltendmachung durch Einrede 331 Abs. 3
- Rechenschaftsbericht 330
- Schlussrechnung 328
- Verrechnung 297 Abs. 4
- Verteilung 326–329
  - nicht bezogene Treffnisse 329 Abs. 2
- Verwahrung der Akten 330
- Verwertung 322–325
  - Abtretung von Ansprüchen 325
  - eines Pfandgegenstandes 324
  - Freihandverkauf 322; 323
    - bei verpfändeten Grundstücken 323
  - Verbot des Selbstkontrahierens 320 Abs. 3
  - von Grundstücken 323
- Wirkungen desselben 309, 319
  - Ablehnung 309
  - Bestätigung 310
  - auf das Verfügungsrecht des Schuldners 319 Abs. 1
  - auf den Handelsregistereintrag 319 Abs. 2
  - auf die Befugnisse der Liquidatoren 319 Abs. 3 und 4
- Zwischenabschlüsse 330 Abs. 2
- Nebenversprechen 312
- ordentlicher Nachlassvertrag 314–316
  - Aufhebung desselben durch das Nachlassgericht 316
  - bestrittene Forderungen 315
    - Frist zur Klage 315 Abs. 1
      - Folgen der Versäumung 315
    - Hinterlegung der auf sie entfallenden Beträge 315 Abs. 2
  - Inhalt 314
    - formell 314 Abs. 2
    - materiell 314 Abs. 1
  - Sachwalter 314 Abs. 2
- Pfandrechte 310 N 7
- Rechte gegen Mitverpflichtete 303
- Verhandlung darüber vor Nachlassgericht 304, 305
- Verbindlichkeit des Nachlassvertrags für sämtliche Gläubiger 310 Abs. 1
- während Notstundung 349 Abs. 1
- Widerruf desselben durch das Nachlassgericht 313
- Wirkungen desselben 309–312
  - auf Dahinfallen der Betreibungen 311
    - Behandlung gepfändeter Gegenstände 311 Satz 2

Nachpfändung 145
- auf Verlangen des Gläubigers 115 Abs. 3, 145 N 3
- von Amtes wegen 145 N 2, 4
  - Teilnahmefristen 145 Abs. 3, N 7

Nachträglicher Rechtsvorschlag 75 Abs. 3; 77
- Adressat desselben 77 Abs. 2
- Einstellung der Betreibung deswegen 77 Abs. 3
- Entscheid über seine Zulassung 77 Abs. 3
- Frist dafür 77 Abs. 2
- Pfändung bei einem solchen 77 Abs. 4

Nachwirkungsfrist
- des Eintrags im Handelsregister 40

Nebenversprechen
- beim Nachlassvertrag 312

Negative Feststellungsklage 83 N 9, 10, 85a N 6, 9; Nr. 25 ZPO 88

Neues Vermögen
- Voraussetzung der Betreibung bei Konkursverlustscheinforderung 265; 265a
- «Pfändbarerklärung» 265a Abs. 3
  - RV deswegen 265a

Nichtigkeit 22 Abs. 1
- Ersatz nichtiger Verfügungen 22 Abs. 2
- Fälle 22 N 4, 5
- Folgen ders. im Betreibungsregister 8a Abs. 3 lit. a

Nichtschuld
- Feststellungsklage darüber 85a
- Rückforderungsklage deswegen 86

Notbedarf 93
- Dauer der Einkommenspfändung 93 Abs. 2
- Revision der Einkommenspfändung 93 Abs. 3

Notstundung
- Anwendung ders. 337
  - Anwendung auf Handelsgesellschaften 350
- Behandlung der Lohnforderungen während ders. 346 Abs. 1
- Bestellung eines Pfandrechts während ders. 345
- Betreibung während ders. 343
  - für Miet- und Pachtzinsen 343 Abs. 1
- Bewilligung ders. 338
  - Voraussetzungen 338
  - Entscheid darüber 339
    - Mitteilung desselben 342
- Konkursdekret
  - Aussetzung bei Notstundungsgesuch 173a Abs. 1
- Nachlassvertrag während ders. 349 Abs. 1
- Sachwalter 341 Abs. 2

- sichernde Massnahmen 341 Abs. 1
- Sperrfrist 349 Abs. 2, 3
- Verhältnis ders. zum Konkursaufschub 350
- Verhältnis ders. zur Nachlassstundung 349 Abs. 1
- Verlängerung ders. 347
- Widerruf ders. 348
- Wirkungen ders.
  - allgemein 343–346
  - auf Betreibungen 343 Abs. 1
  - auf Fristen 343 Abs. 2
  - auf Verfügungsbefugnis des Schuldners 344, 345
  - nicht betroffene Forderungen 346

Notverkauf
- im Konkurs 243 Abs. 2
- in der Betreibung auf Pfändung 124 Abs. 2
- in der Betreibung auf Pfandverwertung 156 Abs. 1: 124 Abs. 2

Nova 174 Abs. 2; Nr. 26 BGG 99
Nutzniessung
- Anfechtung ihrer Bestellung durch den Schuldner 286 Abs. 2 Ziff. 2
- Pfändung ders.
  - beschränkte Pfändbarkeit 93 Abs. 1
  - Form 104
  - Verwertung 132 Abs. 1

O

Oberaufsicht
- des BR 15 Abs. 1

Öffentliche Bekanntmachung 35; 66 Abs. 4
Öffentliche Urkunde
- bei provisorischer Rechtsöffnung 82 Abs. 1
- vollstreckbare 80 Abs. 2 Ziff. 1bis; Nr. 25 ZPO 347–352

Öffentliche Versteigerung
- gemäss ZGB 934 Abs. 2: 106 Abs. 3

Öffentlicher Ausruf 35 Abs. 2
Öffentlich-rechtliche Folgen
- der fruchtlosen Pfändung und des Konkurses 26

Öffentlich-rechtlicher Anspruch
- Betreibungsart für denselben 43
- Rechtsöffnung dafür 80 Abs. 2 Ziff. 3

Öffentlich-rechtliche Korporationen
- Betreibung gegen sie Nr. 33 SchGG 1 ff.
- Gemeinschaft der Anleihensgläubiger Nr. 33 SchGG 13 ff.

Öffentlich-rechtliche Verpflichtungen 80 Abs. 2 Ziff. 3
Ordentliches Verfahren Nr. 25 ZPO 219–242
Ordnungsstrafe 14 N 7, 8

Ordrepapier
- gepfändetes
  - Verwahrung 98 Abs. 1
- im Konkurs
  - zum Inkasso oder als Deckung für künftige Zahlung übergebenes
  - Rückgabe 201

Organisation 28
Ort der Betreibung 46–55
Ort der Zustellung 64 N 5, 6, 65 N 2–4; 66 N 7

P

Pacht 152, 283
Pächter
- Anzeigen an ihn betr.
  - Betreibung auf Pfandverwertung 152 Abs. 2
  - Konkurseröffnung Nr. 9 VZG 124
  - Pfändung des Grundstücks 102 Abs. 2
  - Übergang eines versteigerten Grundstücks Nr. 9 VZG 70

Pachtzinse
- Ausdehnung der Pfandhaft auf sie Nr. 9 VZG 91
  - Ausdehnung der Pfändung auf sie 102 Abs. 1

Parteientschädigung
- allgemeines darüber Nr. 7 GebV SchKG 62

Parteiwechsel 77
Partnerschaft, eingetragene
- bei Anschlusspfändung 111 Abs. 1 Ziff. 1: 111 Abs. 2
- bei Ausschluss der Konkursbetreibung 43 Ziff. 2
- bei Ausstand 10 Abs. 1 Ziff. 2
- bei Betreibung auf Pfandverwertung von Grundstücken 151 Abs. 1 lit. b; 153 Abs. 2 lit. b; 153 Abs. 2bis
- bei Konkursprivilegien 219 Abs. 4 Erste Klasse lit. c
- bei Nachlassvertrag 305 Abs. 2
- bei öffentlich-rechtlichen Folgen der Insolvenz 26 Abs. 3
- bei Rechtsstillstand 58
- bei Reihenfolge der Pfändung 95a

Passivprozess 260 N 16
Paulianische Anfechtung 285–292; 331
- allgemein 285 N 1–4
- bei Pfändungsverlustschein 285 N 27–34; 292 Ziff. 1
- Gegenpartei 290
- Gegenstand des Anspruchs 285 N 18–20

1215

- im Konkurs 285 N 38–41
- Legitimation des Anfechtenden 285 Abs. 2
  - als Inhaber eines Pfändungsverlustscheins 285 Abs. 2 Ziff. 1
- Verwirkung des Anspruchs 292
- Voraussetzungen des Anspruchs 285 N 18–19
- Wirkung der erfolgreichen Anfechtung 291
  - bei Schenkung an gutgläubigen Empfänger 291 Abs. 3
  - Verpflichtung zur Rückgabe 291 Abs. 1
  - Wiederaufleben der anfechtbar getilgten Forderung 291 Abs. 2

Pauschale
- der Konkursverwaltung Nr. 5 KOV 84; Nr. 7 GebV SchKG 47
- des Sachwalters im Nachlassverfahren Nr. 7 GebV SchKG 55 Abs. 1

Pension
- beschränkt pfändbare 93 Abs. 1
- unpfändbare 92 Ziff. 9 und 9a

Personenregister Nr. 4 VFRR 12

Persönliche Rechte
- vorgemerkte Nr. 9 VZG 104

Pfand
- Betreibungsart bei Bestehen eines solchen 41
- Herausgabe desselben 150 N 2
- Legaldefinition 37 Abs. 3

Pfandausfallforderung 158
- bei Nachlassvertrag mit Vermögensabtretung 327 Abs. 1
- im Konkurs 219 Abs. 4

Pfandausfallschein 158
- nach genehmigtem Nachlassvertrag Nr. 9 VZG 121
- nach Pfandverwertung 158; Nr. 9 VZG 120, 121

Pfandeigentümer
- Anzeige an ihn über Mietzinssperre Nr. 9 VZG 92; Nr. 22 Anl. 8

Pfänderlös 157, VZG 112, 113

Pfänder mehrere
- Verfahren bei Verwertung von Grundstücken Nr. 9 VZG 107
- Verteilung des Erlöses im Konkurs 219 Abs. 2

Pfandforderung
- Bedeutung in der Wechselbetreibung 177 Abs. 1
- bei Nachlassvertrag 305 Abs. 2; 311
- Betreibungsart 41
- Betreibungsbegehren 67 Abs. 2, 151
- im Konkurs
  - Fälligkeit ders. 208

- Kollokation ders. Nr. 9 VZG 126; Nr. 5 KOV 60–62
- Rang ders. 219 Abs. 1
  - für ungedeckten Betrag 219 Abs. 4
- in der Betreibung auf Pfändung
  - Fälligkeit ders. allgemein Nr. 9 VZG 29
    - Fällige Bezahlung ders. aus Steigerungserlös 135
  - Kündigung ders. Nr. 9 VZG 29
  - Überbindung ders. auf Ersteigerer des Grundstücks 135 Abs. 1
  - Zuschlag des Pfandgegenstandes Nr. 9 VZG 54, 55
    - Berücksichtigung der Pfandforderung bei Berechung des Zuschlagspreises Nr. 9 VZG 53

Pfandgegenstand
- Deckung der Konkurskosten aus Erlös desselben 262 Abs. 2
- Verwertung desselben im Konkurs 198, 256 Abs. 2
- Verwertung desselben im Nachlassverfahren mit Vermögensabtretung 324

Pfandgläubiger
- Anmeldung desselben im Konkurs 232 Abs. 2 Ziff. 4
- Behandlung desselben im Nachlassverfahren 305 Abs. 2; 310; 324; 327
- in der Betreibung auf Pfändung
  - Aufforderung desselben zur Eingabe der Ansprüche 138 Abs. 2 Ziff. 3
  - Ermittlung ders. Nr. 9 VZG 28 Abs. 2
  - Fall des Miteigentumsanteils
    - Spezialanzeige Nr. 9 VZG 73b
  - Stellung des Pfandgläubigers 98 Abs. 4
    - bei Steigerung
      - von Fahrnis 126, 127
      - von Grundstücken 133, 142; Nr. 9 VZG 54, 55
- in der Betreibung auf Pfandverwertung
  - Beseitigung des RV Nr. 9 VZG 93
  - Verteilung des Erlöses
    - Verhältnis zwischen Pfand- und Pfändungsgläubiger Nr. 9 VZG 113

Pfandhaft 151, 247 Abs. 2

Pfandleihanstalt
- Verwertungsrecht 45

Pfandrecht
- Anfechtbarkeit eines solchen 287
- Bestellung eines solchen
  - während einer Notstundung 345
  - während eines Nachlassverfahrens 298 Abs. 2

Stichwortverzeichnis P

- Eingabe desselben bei Steigerung von Grundstücken 138
- Geltendmachung desselben bei Pfändung 106–109
- Pfandschätzung
  - im Nachlassverfahren 299 Abs. 2, 3

Pfandstelle leere
- im Konkurs Nr. 5 KOV 75
- in der Betreibung auf Pfändung
  - Lastenverzeichnis Nr. 9 VZG 35
  - Löschung ders. Nr. 9 VZG 68

Pfandtitel
- Abschreibung und Entkräftung desselben Nr. 9 VZG 110; Nr. 5 KOV 75, 76
- Einforderung desselben im Konkurs Nr. 5 KOV 40
- Löschung desselben Nr. 9 VZG 69; Nr. 5 KOV 74, 75
- verlorener Nr. 9 VZG 69; Nr. 5 KOV 74

Pfändung 38 Abs. 2; 42
- «Andere Rechte» 100
- Ankündigung ders. 90
- Anwesenheit des Schuldners 91 Abs. 1 Ziff. 1
- Auskunftspflicht des Schuldners dabei 91 Abs. 1 Ziff. 2
- Auskunftspflicht Dritter 91 Abs. 4; 91 N 12–15
- Auskunftspflicht von Banken 91 N 15
- Auskunftspflicht von Behörden 91 Abs. 5; 91 N 16
- Aussonderung daraus 106–109
- Bedeutung des Eigentumsvorbehalts Nr. 30 KS BGer Nr. 30; Nr. 31 KS BGer Nr. 14
- Beiwohnungspflicht des Schuldners 91 Abs. 1 Ziff. 1; 91 N 8
  - Widerhandlung dagegen 91 Abs. 2
  - Zwangsmittel 91 Abs. 2
    - Öffnung von Behältnissen 91 Abs. 3
- beschränkte Pfändbarkeit
  - Erwerbseinkommen 93 Abs. 1
  - Kapitalabfindungen 93 Abs. 1
  - Leibrenten 93 Abs. 1
  - Nutzniessungen 93 Abs. 1
  - Renten 93 Abs. 1
  - Unterhaltsbeiträge 93 Abs. 1
- Dahinfallen ders. infolge eines Nachlassvertrages 311
- definitive
  - Voraussetzungen 83 Abs. 3
- eines Anteils an Gemeinschaftsvermögen 104; Nr. 8 VVAG 1, 5–7
  - Anzeige an beteiligte Dritte Nr. 8 VVAG 10
- eines Miteigentumsanteils Nr. 9 VZG 23; 23a–d
- eines Niessbrauches 104
- eines Tresorfachinhaltes 91 N 14
- Einfluss der Konkurseröffnung 199
- Einkommenspfändung 93
  - beschränkte Pfändbarkeit 93 N 1
    - Begriff des Notbedarfs 93 N 17
    - Eingriff in den Notbedarf 93 N 11–22
  - Dauer 93 Abs. 2; 93 N 48–53
  - Ermittlung des pfändbaren Einkommens 93 N 17–47
  - Gegenstand der Einkommenspfändung 93 N 1–16
  - Nachpfändung 145
  - Nutzniessung 93 N 7, 8
  - Revision 93 Abs. 3; 93 N 54–62
  - Sachverhaltsermittlung 93 N 26–40
  - Selbstständigerwerbender 93 N 4
  - Zinspflicht des Schuldners 93 N 62
  - zuständiges Betreibungsamt 4 N 2
- Forderungen gegen den Ehegatten, die eingetragene Partnerin oder den eingetragenen Partner 95a
- Frist zur Beschwerde 89 N 15
- Früchte vor der Ernte 94
  - Recht der Grundpfandgläubiger daran 94 Abs. 3
  - Verbot ihrer vorzeitigen Veräusserung 94 Abs. 2
  - Verbot separater Pfändung nach Pfändung des Grundstücks 94 N 1
- fruchtlose, öffentlich-rechtliche Folgen 26
- gegen Gemeinden Nr. 33 SchGG 2, 7, 8, 9
- Grundstück
  - Verbot separater Pfändung der Früchte vor der Ernte 94 N 1
- hängender und stehender Früchte 94
- Individualisierung der Vermögenswerte 89 N 4
- Kosten der Aufbewahrung und des Unterhalts nach 98: 105
- Orientierung der Betroffenen durch das BA 91 Abs. 6
- Pflichten des Beamten 91 N 11
- Pflichten von Schuldner und Dritten 91
  - Auskunftspflicht des Schuldners 91 N 1–7
    - über Geldbeträge 91 N 9
- provisorische
  - bei Arrest 281, 112 Abs. 2
  - bei nachträglichem RV 77 Abs. 4
  - bei Pfändungsanschluss 111 Abs. 5
  - nach provisorischer Rechtsöffnung 83 Abs. 1; 83 N 1–7

1217

Stichwortverzeichnis P

- Definitiverklärung der provisorischen Pfändung 83 Abs. 3
- Verwertung 118, 119 Abs. 2; 144 Abs. 5
- Rechtshilfe bei ders. 4, 89; Nr. 9 VZG 24
- Reihenfolge bei ders. 95
  - bei Forderungen 95 N 4–8
- requisitorische 89 N 14
- Schätzung der Gegenstände 97 Abs. 1
  - bei Grundstücken Nr. 9 VZG 9
- Sicherungsmassnahmen 98–101
  - allgemein 98 N 1–3
  - amtliche Verwahrung 98 Abs. 3; 98 N 13–17
  - bei Forderungen 99
    - Anzeige an den Drittschuldner 99 N 3
    - Kontokorrentguthaben 99 N 9
  - bei Gemeinschaftsrechten 104
  - bei Grundstücken 101
    - Früchte und Erträgnisse 102
      - Einheimsen der Früchte 103
      - Erträgnisse 102
    - Nachricht an Grundpfandgläubiger, Mieter und Pächter 102 Abs. 2; 102 N 5
    - Verwaltung und Bewirtschaftung 102 Abs. 3; 102 N 6–11
    - Vormerkung im Grundbuch 191
  - Kosten für Aufbewahrung und Unterhalt 105
  - Zwangsmassnahmen 98
    - bei «anderen Rechten» 100
    - bei Forderungen 99
- Strafbestimmungen 91 Abs. 6
- Teilnahme eines Arrestgläubigers
  - Vormerkung in Pfändungsurkunde 112 Abs. 2
- Umfang ders. 97 Abs. 2
- Unpfändbare Gegenstände 92
  - Allgemeines 92 N 1–21
  - Ansprüche auf Vorsorge- und Freizügigkeitsleistungen 92 Abs. 1 Ziff. 10; 92 N 64–70
  - Armee-Ausrüstungsgegenstände 92 Abs. 1 Ziff. 6
  - Armee-Bekleidungsgegenstände 92 Abs. 1 Ziff. 6
  - Armee-Bewaffnungsgegenstände 92 Abs. 1 Ziff. 6
  - bei hohem Wert 92 Abs. 3
  - Bücher 92 Abs. 1 Ziff. 3
  - Dienstpferd 92 Abs. 1 Ziff. 6
  - Eigentümerpfandtitel Nr. 9 VZG 13 Abs. 1, 2
  - Entschädigung Schutzdienstpflichtiger 92 Abs. 1 Ziff. 6
  - finanzielle Leistungen 92 Abs. 1 Ziff. 9, 9a; 92 N 53–63
  - Fürsorgeleistungen 92 Abs. 1 Ziff. 8; 92 N 51, 52
  - Futter 92 Abs. 1 Ziff. 4
  - Gegenstände von geringem Wert 92 Abs. 2
  - Gerätschaften 92 Abs. 1 Ziff. 3
    - bei hohem Wert 92 Abs. 3
  - Haustiere 92 Abs. 1 Ziff. 1a; 92 N 26, 27
  - hoheitliche Vermögenswerte 92 Abs. 1 Ziff. 11
  - Instrumente 92 Abs. 1 Ziff. 3
    - bei hohem Wert 92 Abs. 3
  - Kleintiere 92 Abs. 1 Ziff. 4
  - Kompetenzstücke 92 Abs. 1
  - Kultusgegenstände 92 Abs. 1 Ziff. 2; 92 N 28
    - bei hohem Wert 92 Abs. 3
  - Milchkühe 92 Abs. 1 Ziff. 4
  - Nahrungsmittel 92 Abs. 1 Ziff. 5
  - Persönliche Effekten 92 Abs. 1 Ziff. 1
    - bei hohem Wert 92 Abs. 3
  - Renten 92 Abs. 1 Ziff. 9, 9a
    - aus Körperverletzung, Gesundheitsstörung oder Tötung eines Menschen 92 Abs. 1 Ziff. 9
    - gemäss AHVG 20: 92 Abs. 1 Ziff. 9a
    - gemäss IVG 50: 92 Abs. 1 Ziff. 9a
  - Rinder 92 Abs. 1 Ziff. 4
  - Schafe 92 Abs. 1 Ziff. 4
  - Schutzdienst-Ausrüstungsgegenstände 92 Abs. 1 Ziff. 6
  - Schutzdienst-Bekleidungsgegenstände 92 Abs. 1 Ziff. 6
  - Sold Armeeangehöriger 92 Abs. 1 Ziff. 6
  - Stammrecht aus Leibrenten 92 Abs. 1 Ziff. 7
  - Stroh 92 Abs. 1 Ziff. 4
  - Taschengeld Zivildienst Leistender 92 Abs. 1 Ziff. 6
  - Werkzeuge 92 Abs. 1 Ziff. 3; 92 N 29–42
    - bei hohem Wert 92 Abs. 3
  - Ziegen 92 Abs. 1 Ziff. 4
  - zusätzliche Fälle 92 Abs. 4; 92 N 43–45
- Verfügungen des Schuldners 96 Abs. 2
- Vollzug ders. 89
  - bei Forderungen 99
  - bei Grundstücken Nr. 9 VZG 8–15; 24
    - Frist dafür 89
    - Gebühr dafür Nr. 7 GebV SchKG 20, 22, 23
    - Zeitpunkt dafür 89

Stichwortverzeichnis P

- von Anteilen an Gemeinschaftsvermögen 104; Nr. 8 VVAG 1–7
- von Forderungen 89 N 6, 8; 95; 99
  - Anzeige ders. an Drittschuldner 99
  - beschränkt pfändbare Ansprüche 93
  - Einkommenspfändung 93
  - Forderung gegen Ehegatten 95a
  - Forderungseinzug 100
  - unpfändbare Ansprüche 92 Abs. 1 Ziff. 7–10
- von Grundstücken Nr. 9 VZG 8 ff.
  - hängende und stehende Früchte 94
  - Miteigentumsanteil Nr. 9 VZG 23, 23a–23d
  - Schätzung ders. Nr. 9 VZG 9
  - Umfang der Pfändung Nr. 9 VZG 8
  - Wirkung der Pfändung 102
- von Silbermünzen 92 N 47
- Vorgehen bei Landesabwesenheit des Schuldners 89 N 18
- Voraussetzung dafür 42, 43; Nr. 33 SchGG 2
- Wertschriften und Münzen 99 N 10
- Wirkung ders. 96
  - Pfändungsvollzug 96 N 3
    - Ungültigkeit der Verfügung über gepfändete Gegenstände 96 N 9–13
- Zeitpunkt 89 N 13
- Zuständigkeit dafür 89 N 2, 3

Pfändungsankündigung 90
- Beschwerdefrist 90 N 2
- Folgen der Unterlassung 90 N 1

Pfändungsanschluss 110, 111
- Änderung der Pfändung 110 N 10
- Ergänzung der Pfändung 110, 110 N 3–6
  - neuerliche Pfändung von Vermögensstücken 110 Abs. 3
  - Unterschiede zur Nachpfändung 110 N 3
- Frist 110 N 1; 111 N 2
- Klage 111 Abs. 5; 111 N 7–11
- Kostenvorschuss 110 N 11, 12
- bei Arrestnahme 110 N 7, 8
- Pfändungsgruppe 110 Abs. 2, 3
- Pfändungsurkunde 110 N 24
- privilegierter Pfändungsanschluss 111
  - Legitimation 111 Abs. 1, 2
  - Mitteilung der Pfändung an Legitimierten 111 Abs. 3
  - Kenntnisgabe von erhobenem Anspruch 111 Abs. 4
  - Bestreitung des Anspruchs 111 Abs. 5
  - Teilnahme des Arrestgläubigers 281
- provisorischer des Arrestgläubigers 281
- Voraussetzungen dafür 110 Abs. 1, 2 N 3

Pfändungsbetrug Nr. 35 StGB 163
Pfändungserklärung 91
Pfändungssubstrat
- Haftung des Kantons für Schaden daran 5 Abs. 1

Pfändungsurkunde 112–115
- als Verlustschein
  - als definitiver 115 Abs. 1
  - als provisorischer 115 Abs. 2
- Aufnahme ders. 112
  - bei Bankguthaben 112 N 9
  - bei bereits verarrestierten Gegenständen 112 Abs. 2
- Inhalt ders. 112, 113
  - bei Einkommenspfändung 93
- Mitteilung ders. 114
- Nachträge zur Pfändungsurkunde 113
- Ungenügende Pfändung 115 Abs. 2
- Vormerkungen 112 Abs. 2, N 5
  - der Teilnahme eines Arrestgläubigers 112 Abs. 2
  - von Drittansprüchen 106 Abs. 1; 112 N 3
- Wirkungen der Pfändungsurkunde 96
  - Ungültigkeit von Verfügungen des Schuldners 96 Abs. 2
  - Verfügungsverbot 96 Abs. 1
- Zustellung der Pfändungsurkunde 114

Pfandverwertung 38 Abs. 2; 151–158
- Beneficium excussionis realis
  - Geltendmachung desselben 41 Abs. 1bis
- Betreibungsbegehren dafür 38 Abs. 2; 151; Nr. 9 VZG 87
- Betreibungsort 51
- Frist für Verwertungsbegehren 154
- Nachlassverfahren
  - Einstellung der Pfandverwertung während desselben 297 Abs. 2 Ziff. 2
  - Wirkung des Nachlassvertrages auf sie 311; Nr. 9 VZG 121
- Pfandausfallschein 158; Nr. 9 VZG 120
  - als Rechtsöffnungstitel 158 Abs. 3
- R Nr. 9 VZG 85
- Verfahren 155; 156
- Verhältnis zur Pfändung 102
  - hängende und stehende Früchte 94
- Verteilung 157
- Verwertungsverfahren 155
  - Durchführung 156
- von Grundstücken
  - Behandlung der Miet- und Pachtzinse Nr. 9 VZG 91–96; 102
    - Benachrichtigung der Mieter und Pächter

1219

Stichwortverzeichnis P

- Frist an Betreibungsgläubiger 153a Abs. 3
- Deckungsprinzip 156 N 2
- Doppelaufruf 142; 156; Nr. 9 VZG 42, 56
- Drittansprache Nr. 9 VZG 88, 100
- Dritteigentümer 153 Abs. 2 lit. a
- Ehegatte 153 Abs. 2 lit. b
- eingetragene Partnerin oder Partner der Schuldnerin oder des Schuldners 153 Abs. 2 lit. b, 153 Abs. 2bis
- Frist für Verwertungsbegehren 154; Nr. 9 VZG 98
- Pfandhaft mehrerer Grundstücke 156 N 3
- Unzulässigkeit Nr. 9 VZG 86
- Verfahren Nr. 9 VZG 97–111
- Verfügungsbeschränkung Nr. 9 VZG 90, 97
- Verteilung 157; Nr. 9 VZG 112–120
  - Kollokationsplan 157 Abs. 3
  - Verlust der Bauhandwerker Nr. 9 VZG 117
- vorzeitige Verwertung eines Grundstücks 156 N 4
- Wertberichtigung von Grundpfandtiteln 156 Abs. 2
- Zahlungsbefehl 152
  - Anzeige an Mieter und Pächter 152 Abs. 2, N 9
    - Widerruf ders. 153a Abs. 3
  - Ausfertigung 153 Abs. 1
  - Dritteigentümer 153 Abs. 2 lit. a; 153 N 1–7
    - Ablösungsverfahren 153 Abs. 3
  - Ehegatte des Schuldners 153 Abs. 2 lit. b
  - eingetragene Partnerin oder Partner der Schuldnerin oder des Schuldners 153 Abs. 2 lit. b, 153 Abs. 2bis
  - Inhalt 152 Abs. 1
    - Androhung 152 Abs. 1 Ziff. 2
  - Rechtsöffnung 153a Abs. 2, 3
  - Rechtsvorschlag 153a Abs. 1
  - Zustellung 153 Abs. 2

Pfründer
- Pfändungsanschluss 111 Abs. 1 Ziff. 4

Polizei
- Mitwirkung ders.
  - beim Arrestvollzug 275: 91
  - bei Pfändung 91 Abs. 3
    - bei Aufnahme der Retentionsurkunde 283
      - bei Rückschaffung von Gegenständen 284
  - bei Zustellung 64 Abs. 2
  - im Konkursverfahren gegenüber Schuldner 229

Portoauslagen der Ämter
- Ersatz ders. Nr. 7 GebV SchKG 13

Post
- Ausnahme vom Postgeheimnis Nr. 5 KOV 38
- Zustellungen ins Ausland 66 N 11

Prämienforderung
- Betreibungsart dafür 42, 43

Privilegierte Forderung
- im Konkurs 219
- im Nachlassverfahren 395 Abs. 2; 306 Abs. 1 Ziff. 2
- in der Betreibung auf Pfändung 146
- in der Notstundung 343 Abs. 2

Privilegierter Pfändungsanschluss 111

Protokoll
- Aufbewahrung desselben Nr. 6 VABK 2–4; Nr. 5 KOV 10, 14, 15
- bei Steigerung Nr. 22 Anl. 21; Nr. 9 VZG 61, 130; Nr. 5 KOV 72, 73
- bei Verwertung Nr. 22 Anl. 26, 27
- Berichtigung des Protokolls 8
- Beschwerde wegen Unklarheit oder Unrichtigkeit 8 N 3
- Beweiskraft des Protokolls 8
- Einsicht in dasselbe 8a; Nr. 5 KOV 11
  - Gebühr dafür Nr. 7 GebV SchKG 45
- Führung des Protokolls 8
- Konkursprotokoll Nr. 5 KOV 8–11
- Löschung eines Eintrages 8 N 6
- Protokoll der Erklärungen des Schuldners im Konkurs Nr. 5 KOV 55
- Protokoll der Gläubigerversammlung im Konkurs Nr. 5 KOV 42
  - Gebühr dafür Nr. 7 GebV SchKG 45
- Protokoll des Gläubigerausschusses im Konkurs Nr. 5 KOV 44, 64
  - Entschädigung des Protokollführers Nr. 7 GebV SchKG 46 Abs. 3 lit. a

Provisorische(r)
- Eintragung des Eigentumsvorbehalts Nr. 27 EigVV
- Massnahmen 85a; 170; 174 Abs. 3; 183
- Pfändung
  - Ausschluss des Verwertungsbegehrens 118
  - Fälle
    - bei Arrest 281; 112 Abs. 2
    - bei nachträglichem RV 77 Abs. 4
    - bei Pfändungsanschluss 111 Abs. 5
    - nach provisorischer Rechtsöffnung 83 Abs. 1
  - Verwertung 119 Abs. 2; 144 Abs. 5

- Verteilung 144
- Rechtsöffnung 82, 83
- Verlustschein 115
- Verteilungsplan Nr. 9 VZG 22, 95; Nr. 22 Anl. 24, 25; Nr. 5 KOV 82

Prozentvergleich 293–316

Prozess 217
- pendenter
  - allgemein 131 Abs. 2, 207
    - Einfluss auf Steigerung 141; Nr. 9 VZG 141, 128
  - im Konkurs
    - Berücksichtigung desselben im Kollokationsplan Nr. 5 KOV 63
    - Einfluss desselben auf Konkursschluss Nr. 5 KOV 95
    - Einstellung desselben nach Konkurseröffnung 207
    - Fortführung desselben 237 Abs. 3 Ziff. 3; 238 Abs. 1

Prozessgewinn
- bei «Abtretung» eines Anspruchs im Konkurs 260 Abs. 2
- bei Forderungsüberweisung in Betreibung auf Pfändung 131 Abs. 2
- bei Kollokationsklage im Konkurs 250 Abs. 2
- bei Kollokationsklage in der Betreibung auf Pfändung 148 Abs. 3

Publikation 35; 66 Abs. 4
- der Konkurseröffnung 232 Abs. 1
- der Nachlassstundung 296
- der Notstundung 342 Satz 2

Purgationsverfahren 157 Abs. 3

Q

Quorum
- beim Nachlassvertrag 305

R

Rangordnung
- der Konkursforderungen 219, 220
- Geltung innerhalb der Gruppe in der Betreibung auf Pfändung 146

Rangrücktritt 219 N 8

Rechnungsführung Nr. 4 VFRR 16–18; Nr. 5 KOV 16–24a
- bei Verwaltung von Grundstücken Nr. 9 VZG 20, 21
  - Auflage der Rechnung bei Verteilung Nr. 9 VZG 80
- der Betreibungsämter Nr. 4 VFRR 16–18

- Gebühr im Konkursverfahren Nr. 5 KOV 24
- Kostenrechnung Nr. 7 GebV SchKG 3; Nr. 5 KOV 24

Rechtsanwalt
- bei Zustellung 66 N 4, 5

Rechtsansprüche
- der Konkursmasse
  - «Abtretung» an Gläubiger 260, 269; Nr. 5 KOV 80
- der Liquidationsmasse im Nachlassverfahren mit Vermögensabtretung
  - «Abtretung» an Gläubiger 325

Rechtsgeschäft verbotenes 11

Rechtshilfe
- Anwendungsbereich 4 N 1
  - im Konkurs
    - Akten Nr. 5 KOV 10 Abs. 4
    - Deposition Nr. 5 KOV 22 Abs. 2
    - Inventar 221
    - Protokoll über Gesuche Nr. 5 KOV 8
    - Rechnungsführung Nr. 5 KOV 24
  - in der Betreibung auf Pfändung 4, 89; Nr. 9 VZG 24
  - Verwertung Nr. 9 VZG 74–78a
- zur Zustellung Nr. 7 GebV SchKG 7, 13

Rechtsmittel Nr. 26 BGG 72 Abs. 2 lit. a; Nr. 25 ZPO 308 ff.

Rechtsöffnung
- definitive 80; 81 Abs. 1
  - aufschiebende Wirkung 84 N 8
  - Begriff des Urteils 80 N 7–9
    - Rechtsöffnungstitel allgemein 80 N 7–36
    - Verwaltungsentscheide 80 N 30–36
    - Vollstreckbarkeit 80 N 3, 4; Nr. 25 ZPO 336 Abs. 1 lit. b
  - Betreibungs- und Rechtsöffnungskosten 80 N 36
  - Einwendungen
    - bei im Ausland ergangenem Urteil 81 N 22
    - bei Unterhaltsbeiträgen 81 N 12–15
    - Einwendung der Tilgung 81 N 4–11
    - Einwendung der Verwirkung der Betreibung 81 N 20
  - im internationalen Verhältnis 81 Abs. 3
  - Öffentlich-rechtliche Geldforderungen 81 N 18
  - Unterhaltsbeiträge 81 N 12–15
  - vollstreckbare öffentliche Urkunden 80 Abs. 2 Ziff. 1bis; Nr. 25 ZPO 347–352
  - vollstreckbare Urteile
    - ausländische 80 N 17–20
    - von Bundesbehörden 80 N 30–36

- Voraussetzungen der definitiven Rechtsöffnung allgemein 80 N 3–6
- Wirkung 80 N 2
- Gerichtsstand 84 Abs. 1; 84 N 1, 2
- provisorische 82; 83 Abs. 1
  - Bedeutung ders. 82 N 1; 83 Abs. 1; 83 N 1, 3
  - Einwendungen dagegen 82 Abs. 2
  - Definitiverklärung wegen unterlassener Aberkennungsklage 83 Abs. 3
  - Konkursverlustschein als Rechtsöffnungstitel 265 Abs. 1 Satz 3
    - Entscheid über neues Vermögen 265a Abs. 1–3
  - Pfändungsverlustschein als Rechtsöffnungstitel 149 Abs. 2
  - Schuldanerkennung 82 N 2–18
  - Wirkung
    - Anordnung des Güterverzeichnisses 82 N 8
    - Frist für Aberkennungsklage 82 N 20, 21
    - provisorische Pfändung 82 N 2–7
- Rechtsmittel dagegen 84 N 7; Nr. 25 ZPO 319 lit. a i.V.m. 309 lit. b Ziff. 3
- Verfahren 84 Abs. 2; 84 N 3

Rechtsstillstand 56–63
- bei Epidemie und Landesunglück 62
- bei Militärdienst 57
  - Anwendung auf gesetzlichen Vertreter 57e
  - Aufhebung desselben 57d
  - Aufnahme des Güterverzeichnisses 57c
  - Dauer der Haftung des Grundpfandes 57b
  - keiner bei Arbeitsverhältnis zum Bund als Ursache des Dienstes 57 Abs. 4
- bei schwerer Krankheit 61
- bei Schutzdienst 57; 57b; 57e
  - keiner bei Arbeitsverhältnis zum Bund als Ursache des Dienstes 57 Abs. 4
- bei Verhaftung 60
- bei zivilem Ersatzdienst 57b; 57e
- in der Betreibung für Erbschaftsschulden 59
- wegen Todesfalls in der Familie 58
- Wirkung auf Fristenlauf 63; Nr. 25 ZPO 146

Rechtsverweigerung
- Beschwerde deswegen 17 Abs. 3; 18 Abs. 2; Nr. 26 BGG 94, 100 Abs. 7

Rechtsverzögerung
- Beschwerde deswegen 17 Abs. 3; 18 Abs. 2; Nr. 26 BGG 94, 100 Abs. 7

Rechtsvorschlag 74–78
- Adressat desselben 74 N 12
- Begründung desselben 75
- bei der Gütergemeinschaft 68a Abs. 2
- Bestreitung nur eines Teils der Forderung 74 Abs. 2
- betr. Bestreitung des Pfandrechts in der Betreibung auf Pfandverwertung 152 N 1; Nr. 9 VZG 85
- betr. Fehlen neuen Vermögens 75 Abs. 2; 75 N 3; 265a Abs. 1; 265a N 9
- in der Wechselbetreibung 179
- unbegrenzter RV 74 N 24; 75 N 2
- Bescheinigung desselben 74 Abs. 3
- Beseitigung desselben
  - durch Anerkennungsklage 79 Abs. 1
    - Wirkungen des Urteils 79 N 2, 6–8
  - durch Rechtsöffnung 80–84
- Einstellung der Betreibung 78 Abs. 1
- Erklärungsadressat 74 N 12
- Form des RV 69 Ziff. 3, 4; 74 N 13, 14
- Fortsetzung der Betreibung 78 Abs. 2
- Frist für den RV 69 Ziff. 3; 74 Abs. 1; 74 N 16, 17
- Gebühr dafür Nr. 7 GebV SchKG 18
- in der Wechselbetreibung 178–186
- Inhalt des RV 74 N 3–7
- Legitimation zum RV 74 N 9–11
- Mitteilung des RV an den Gläubiger 76 Abs. 1
  - irrtümliche Angabe 76 N 3
  - Zeitpunkt der Zustellung ders. 76 Abs. 2
- nachträglicher 77
  - bei Ausscheiden eines Gläubigers 77 N 3
  - bei Betreibung auf Pfandverwertung Nr. 9 VZG 85, 93
  - Einrede gegen Konkursbegehren 172 Ziff. 2
    - bei Eintritt eines Zessionars 77 N 1, 2
    - Fall da rechtzeitig Recht vorgeschlagen wurde 77 N 2
- Prüfung der Vollmacht eines Rechtsanwaltes 76 N 5
- Rückzug des RV 74 N 19–21
- Teilrechtsvorschlag 74 N 23, 24
- Verhältnis zur Verweigerung der Annahme des Zahlungsbefehls 64 N 17
- Vormerkung des RV 76
- Wirkung des RV 78; 78 N 1, 2
- Zulässigkeit des RV 74 N 8

Register
- der Betreibungsämter Nr. 4 VFRR 8–15
  - Einsichtsrecht 8a
- der Konkursämter Nr. 5 KOV 1, 4
- Eigentumsvorbehaltsregister Nr. 26–31

Registerkarten
- der Betreibungsämter Nr. 19 1. Nachtrag KS BGer Nr. 32; Nr. 20 2. Nachtrag KS BGer Nr. 32

Regress 5 Abs. 3, 7
Reihenfolge der Pfändung 95, 95a
Reiseentschädigung Nr. 7 GebV SchKG 14
Rente
- beschränkte Pfändbarkeit 93
- Unpfändbarkeit 92 Abs. 1 Ziff. 9, 9a

Requisitoriale 4
- im Konkurs
  - Akten Nr. 5 KOV 10 Abs. 4
  - Deposition Nr. 5 KOV 22 Abs. 2
  - Inventar 221
  - Protokoll über Gesuche Nr. 5 KOV 8
  - Rechnungsführung Nr. 5 KOV 24
- in der Betreibung auf Pfändung 4, 89; Nr. 9 VZG 24
  - Verwertung Nr. 9 VZG 74–78
- zur Zustellung Nr. 7 GebV SchKG 7, 13

Retentionsbegehren 283
Retentionsgegenstände
- Rückschaffung ders. 284
- Verzeichnis ders. 283

Retentionsrecht
- Retentionsberechtigte Forderung 283 N 15–19
- kein Retentionsrecht 283 N 20–22
- Rückschaffung von Gegenständen 284
- Umfang 283 N 23–37

Retentionsverzeichnis 283
- Betreibung auf Pfandverwertung 283 N 52–55; Nr. 16 KS SchKK Nr. 24
- Frist für Begehren 283 N 50, 51
- Hinterlegung 283 N 44–49
- Kompetenz des BA 283 N 12–14
- Legitimation zum Begehren 283 N 9, 11
- provisorische Nachlassstundung 283 N 10
- Rückschaffung von Gegenständen 284
- Verfahren bei Aufnahme 283 N 38–43

Richterliche Behörden
- Bezeichnung ders. durch die Kantone 23
  - Anzeige an den Bundesrat 28 Abs. 1

Right of stoppage in transitu 203
Rückforderung
- aufgrund paulianischer Anfechtung 292
- im Konkurs
  - seitens des Verkäufers 203, 212
  - von Inhaber- und Ordrepapieren 201

Rückforderungsklage 86
- bei Wechselbetreibung 187
- Gerichtsstand dafür 86 Abs. 2
- Voraussetzungen dafür 86 Abs. 1, 3

Rückgriff
- bei Haftung des Kantons 5 Abs. 3, 7
- im Konkurs 216, 217
- nach Verlustschein 149 Abs. 4

Rückkauf von Versicherungspolicen Nr. 10 VPAV 16
Rücknahmerecht
- des Verkäufers im Konkurs 203; 212

Rückschaffung von Retentionsgegenständen 284
Rückzug
- der Konkurseingabe 195
- des Konkursbegehrens 167
- des Verwertungsbegehrens 121

S

Sachverständige
- Beizug von solchen
  - für Schätzung der Pfändungsgegenstände 97; Nr. 9 VZG 9
- Haftung des Kantons für Schaden 5 Abs. 1

Sachwalter
- bei Notstundung 341 Abs. 2
  - Entschädigung desselben Nr. 7 GebV SchKG 55
- im Nachlassverfahren allgemein
  - Bericht desselben 304 Abs. 1
  - Bestellung desselben 295 Abs. 1
  - Entschädigung desselben Nr. 7 GebV SchKG 55
  - Haftung des Kantons für Schaden 5 Abs. 1
  - Kompetenzen desselben 299–302
  - Nachlassverfahren im Konkurs 332 Abs. 2 Satz 2
  - Rechtshilfe bei Inventaraufnahme 4 Abs. 2
- in der einvernehmlichen privaten Schuldenbereinigung 334, 335

Sanierung
- aussergerichtliche
  - von Banken Nr. 36 BankG 28–32

Schadenersatzpflicht
- des Arrestgläubigers 273
- des Bieters in der Versteigerung 129
- des Kantons für Funktionäre 5 Abs. 1

Schätzung
- der Arrestgegenstände 276 Abs. 1
- im Konkurs
  - des Inventars 299 Abs. 1
  - von Anfechtungsansprüchen Nr. 5 KOV 27
  - von Grundstücken 257 Abs. 3; Nr. 9 VZG 9
- im Nachlassverfahren
  - der Pfandgegenstände 299 Abs. 2 und 3; 305 Abs. 2

- des Inventars 299 Abs. 1
- in der Betreibung auf Pfändung
  - der gepfändeten Gegenstände 97
    - Beizug von Sachverständigen 97
    - von Grundstücken 140 Abs. 3; Nr. 9 VZG 8, 9
      - Beizug von Sachverständigen Nr. 9 VZG 9
- in der Betreibung auf Pfandverwertung
  - der verpfändeten Gegenstände 155 i.V.m. 97
  - der verpfändeten Grundstücke Nr. 9 VZG 99, 118
    - der Zugehör Nr. 9 VZG 115

Schenkung des Schuldners OR 250 Abs. 2
Schenkungsanfechtung 286
- bei Notstundung 345
- im Nachlassverfahren 298 Abs. 2

Schiedsgericht 79 N 5, 83 N 7; Nr. 26 BGG 77
- Beurteilung der Aberkennungsklage 83 N 17
- Beurteilung der Arrestprosequierung 279 N 15, 25
- Binnenbeziehung 88 N 71, Nr. 24 Schreiben EJPD

Schiedsvertrag
- im Konkurs 237 Abs. 3 Ziff. 3

Schlichtungsversuch Nr. 25 ZPO 197 ff.

Schlussbericht
- der ausseramtlichen Konkursverwaltung Nr. 5 KOV 97
- der Konkursverwaltung
  - im ordentlichen Konkursverfahren 268 Abs. 1; Nr. 5 KOV 92
  - im summarischen Konkursverfahren Nr. 5 KOV 93

Schlussbestimmungen
- bisherige
  - Inkrafttreten des Gesetzes 351
- zur Änderung vom 16.12.1994
  - Ausführungsbestimmungen SchlBest 1
  - Übergangsbestimmungen SchlBest 2
    - Fristen SchlBest 2 Abs. 2
    - Konkursprivilegien SchlBest 2 Abs. 3
    - altrechtliche Frauengutsforderung SchlBest 2 Abs. 4
    - Verfahrensvorschriften SchlBest 2 Abs. 1
- Verjährung des Verlustscheins SchlBest 2 Abs. 5

Schluss des Konkursverfahrens
- Anzeigen 176 Abs. 1 Ziff. 3; 268 Abs. 4
- des ordentlichen 268; Nr. 5 KOV 92–95
- des summarischen (Verteilungsliste) 231 Abs. 3 Ziff. 4; Nr. 5 KOV 96
- mangels Aktiven 230

Schlussrechnung
- im Konkurs 261, 263; Nr. 5 KOV 85
- im Nachlassverfahren mit Vermögensabtretung 328
- über die Verwaltung von Grundstücken Nr. 9 VZG 80, 112

Schriftstücke der Ämter
- Gebühr Nr. 7 GebV SchKG 5
- keine Stempel auf Schriftstücken des Betreibungs- und Konkursverfahrens 16 Abs. 2

Schuldanerkennung
- aussergerichtliche 82 Abs. 1
  - Pfandausfallschein als solche 158 Abs. 3
  - Verlustschein als solche
    - nach Betreibung auf Pfändung 149 Abs. 2
    - nach Konkurs 265 Abs. 1 Satz 3
- gerichtliche 80 Abs. 2 Ziff. 1

Schuldbetreibung 38 Abs. 1

Schuldbrief
- Überbindung bei Grundstücksteigerung 135

Schuldenflucht
- als Arrestgrund 271 Abs. 1 Ziff. 2
- als Grund für Konkurseröffnung ohne vorgängige Betreibung 190 Abs. 1 Ziff. 1

Schuldenruf
- bei Liquidation einer ausgeschlagenen Verlassenschaft 234
- im Konkurs 232 Abs. 1 Ziff. 2
- im Nachlassverfahren 300

Schuldner
- Bezeichnung Nr. 14 KS BGer Nr. 16
- Flüchtiger
  - Konkurseröffnung gegen denselben 190 Abs. 1 Ziff. 1
  - Ort ders. 54
- im Konkurs 197, 222, 224, 228, 229, 230, 232, 245, 265a, 265b
- im Nachlassverfahren 293, 294, 295, 297, 298, 300, 302, 305, 306a, 309, 312, 314, 315, 319, 332, 333, 334, 335
  - Anwesenheit desselben an Gläubigerversammlung 302 Abs. 2
  - Erklärung desselben über eingegebene Forderung 300 Abs. 2
  - Dispositionsfähigkeit desselben 298
- im Pfändungsverfahren 89, 90, 91, 92, 93, 95a, 96, 107, 108, 114, 120, 123, 124, 125, 133, 135, 139, 149, 149a
  - Anwesenheit desselben bei Pfändung 91 Abs. 1 und 2
  - Anzeige der Pfändung an ihn 90

- Begehren desselben um vorzeitige Verwertung 124 Abs. 1
- Bestreitungen durch ihn
  - des Lastenverzeichnisses 140 Abs. 2
  - von Drittansprüchen 107 Abs. 1 und 3; 108 Abs. 1 und 4
- Mitteilung an ihn
  - der Pfändungsurkunde 114
  - der Steigerung 125, 138, 139
  - des Verwertungsbegehrens 120
- Unterhalt desselben aus gepfändeten Früchten 103 Abs. 2; Nr. 9 VZG 22
- Verfügungsfähigkeit bei Pfändung 96
- im Pfandverwertungsverfahren 152, 155
  - Mitteilung des Verwertungsbegehrens an ihn 155 Abs. 2

Schuldübernahme
- Zahlung einer Pfandforderung durch sie Nr. 9 VZG 47

Schutzwürdiges Interesse 307 N 3; Nr. 25 ZPO 59 Abs. 2 lit. a

Schwarzarbeit 80 Hinweis

Selbstständig dauerndes Recht
- bei Pfändung eines Grundstücks 106

Selbstständigerwerbende 93 N 4, 38

Selbstverkaufsrecht 324 Abs. 1

Sicherheitsleistung
- Betreibung auf Sicherheitsleistung 38 Abs. 1; 43 Ziff. 3; 69 Abs. 2 Ziff. 2; Nr. 5 KOV 82 Abs. 2
- durch Arrestgläubiger 273; 274 Abs. 2 Ziff. 5
- durch Arrestschuldner 277
- durch Gläubiger in der Wechselbetreibung 183
- durch nachträglich antretenden Erben bei Verlassenschaftsliquidation 196
- für gestundeten Steigerungspreis 137
- für Vollziehung eines Nachlassvertrages 306
- im Konkurs
  - des Anspruchs auf Abschlagsverteilung Nr. 5 KOV 82
  - durch Drittansprecher Nr. 5 KOV 51
  - durch Konkursverwaltung für Realerfüllung eines Rechtsgeschäfts 211
  - für Kosten des (ordentlichen) Konkursverfahrens 230 Abs. 2; 231 Abs. 2
- vor Bestätigung des Nachlassvertrages 306 Abs. 2 Ziff. 2

Sicherung
- der Pfändungsrechte 98–101
  des Miet- und Pachtzinses 283, 284
- im Konkurs
  - des Massevermögens 221, 223, 240, 243
  - Güterverzeichnis 162
- nach gestelltem Konkursbegehren 170
- in der Wechselbetreibung 182 Ziff. 4

Sicherungsgeschäft
- paulianische Anfechtbarkeit 287 Abs. 1 Ziff. 1

Siegellegung
- im Konkurs 223 Abs. 1

Silbersachen
- Pfändung von solchen 98
- Verwertung von solchen 128; 130 Ziff. 1

Solidarische Haftung
- mehrerer Grundpfänder
  - Verwertung Nr. 9 VZG 107
    - Verteilung des Erlöses Nr. 9 VZG 119

Sortenschutzrechte
- Verwertung von solchen 132

Sparkassen
- Unterstellung unter Bankgesetz Nr. 36 BankG 1

Spezialanzeigen
- an Mieter und Pächter
  - bei Eigentumsübergang Nr. 9 VZG 70
  - der Pfändung Nr. 9 VZG 15 Abs. 1 lit. b, 23a lit. b; Nr. 22 Anl. 7
  - der Zinssperre Nr. 9 VZG 91, Nr. 22 Anl. 7
  - des Konkurserkenntnisses Nr. 9 VZG 124
- bei Verwertung von Anteilen an Gemeinschaftsvermögen
  - betr. Steigerung Nr. 8 VVAG 11
- im Konkurs
  - betr. Kollokationsplan 249 Abs. 3; Nr. 5 KOV 49
  - betr. Konkurspublikation 233; Nr. 5 KOV 40
  - betr. Steigerung 257; Nr. 9 VZG 129, 130d; Nr. 5 KOV 71
  - betr. Verteilungsliste 263; Nr. 5 KOV 87
  - betr. Widerruf des Konkurses 176 Ziff. 2
  - des Konkurserkenntnisses 176 Ziff. 1; Nr. 9 VZG 124, 130b; Nr. 5 KOV 40
- im Nachlassverfahren
  - betr. Bestätigung des Nachlassvertrages 308
  - betr. Schätzung der Pfänder Nr. 9 VZG 15, 23a
  - betr. Stundung 296
- in der Betreibung auf Pfändung
  - betr. Eigentumsübertragung bei Steigerung Nr. 9 VZG 66, 70; Nr. 22 Anl. 7, 23
  - betr. Kollokationsplan 147
  - betr. Pfändung Nr. 9 VZG 15, 23a
  - betr. Steigerung 139; Nr. 9 VZG 30, 73b

- in der Betreibung auf Pfandverwertung
  - betr. Schätzung Nr. 9 VZG 99
  - betr. Verteilung Nr. 9 VZG 112
  - betr. Verwertung Nr. 9 VZG 110
    - betr. Ergebnislosigkeit ders. Nr. 9 VZG 111
  - betr. Zinsensperre Nr. 9 VZG 92; 111

Spezialdomizil
- Betreibung daselbst 48–52

Spezialvergütung
- der Konkursverwaltung Nr. 5 KOV 84; Nr. 7 GebV SchKG 47
- des Sachwalters im Nachlassverfahren Nr. 7 GebV SchKG 55

Sportel
- Ausschluss der Konkursbetreibung dafür 43 Ziff. 1

Steigerung
- der Ausfallforderung bei nicht erfülltem Steigerungskauf 143 Abs. 1; Nr. 9 VZG 72
- Eigentumserwerb bei ders.
  - Anfechtung desselben 132a
  - Aufhebung desselben 143 Abs. 1
- eines Anteils an Gemeinschaftsvermögen Nr. 8 VVAG 10, 11
- Frist dafür
  - bei Fahrnis 122–124
  - bei Grundstücken 133; Nr. 9 VZG 25
  - im Konkurs Nr. 5 KOV 96
  - in der Betreibung auf Pfandverwertung 154; Nr. 9 VZG 98
- Verfahren
  - Formulare Nr. 22 Anl. 21–23
  - im Konkurs 256–259; Nr. 9 VZG 128, 130; 130d–130g; Nr. 5 KOV 71–73, 98
  - nach Pfändung
    - von Fahrnis 125–129
    - von Grundstücken 134–143; Nr. 9 VZG 29, 45–72, 73a, 73f–73h; Nr. 22 Anl. 34, 35
  - zur Pfandverwertung 155, 156; Nr. 9 VZG 102–111

Steigerungsbedingungen
- Änderung ders. Nr. 9 VZG 52
- Auflegung ders. 134; 257, 259
- Bauhandwerkerpfandrecht Nr. 9 VZG 106
- für Miteigentumsanteil Nr. 9 VZG 73g, 130f
- Inhalt
  - im Konkurs 259; Nr. 9 VZG 130, 130f
  - bei Pfandverwertung 156

Steigerungspreis
- bei Miteigentumsanteil Nr. 9 VZG 73f
- bei Pfandverwertung 156 Abs. 1
- Stundung desselben 137

- Überbindung grundpfandgesicherter Forderungen 135; Nr. 9 VZG 48, 49
- Verzug damit 143; Nr. 9 VZG 63
- Zahlung desselben 129, 136; Nr. 9 VZG 46, 47

Stellvertreter
- des Betreibungsbeamten 2 Abs. 3; 10
- des Konkursbeamten 2 Abs. 3; 10; Nr. 5 KOV 6

Stellvertretung
- der Parteien
  - Begriff 27
  - gewerbsmässige 27; Nr. 25 ZPO 68 Abs. 2
    - Organisation ders. durch Kantone 27 Abs. 1, 2
  - keine Entschädigungspflicht des Schuldners 27 Abs. 3
  - keine Pflichtvertreter zu bestellen 27 Abs. 3

Stempel
- keine auf Schriftstücken des Betreibungs- und Konkursverfahrens 16 Abs. 2

Steuerbehörden 80 N 34, 275 N 9

Steuern
- Betreibungsart dafür 43 Ziff. 1
- Rechtsöffnung für Steuern 80

Stiftung 39 Abs. 1 Ziff. 12

Stimmberechtigung
- an Gläubigerversammlung
  - im Konkurs 235 Abs. 2; 236; 237; 252 Abs. 3
  - im Nachlassverfahren 300 Abs. 1; 305
- in Betreibung gegen Gemeinden etc. Nr. 33 SchGG 19

Stimmenkauf (Bestechung bei Zwangsvollstreckung) StGB 168

Stockwerkeigentümer
- Betreibungsort der Gemeinschaft 46 Abs. 4

Strafbestimmungen
- Beschlagnahme auf Grund von solchen 44

Stundung
- der betriebenen Schuld
  - bei Konkursbegehren 172 Ziff. 3
  - bei Wechselrechtsvorschlag 182 Ziff. 1
  - Einstellung der Betreibung 85, 85a
  - in der definitiven Rechtsöffnung 81 Abs. 1
- des Steigerungspreises 129, 136, 137
- Nachlassstundung 293–304; 308–311; 324 Abs. 1
- von Anleihen durch Gemeinden etc. Nr. 33 SchGG 13

Subsidiäre Haftung
- verpfändeter Grundstücke Nr. 9 VZG 87

Summarisches Konkursverfahren 25; 230; 231; Nr. 5 KOV 32, 49, 70, 93, 96
Summarisches Prozessverfahren 25; 77; 84; 85; 171; 189; 190; 191; 192; Nr. 25 ZPO 248 ff.

T

Teilnahme an Pfändung 110, 111
- infolge Arrestes 112, 281
- Protokollierung 113, 114
- Verwertungsbegehren 116, 117

Teilzahlung
- an Konkursforderung durch Mitverpflichtete 217

Tilgung
- allgemein
  - Überschuldungsanfechtung deswegen 287 Abs. 1 Ziff. 2 und 3
- der betriebenen Schuld
  - Aufhebung der Betreibung 85, 85a
  - Einwendung gegen Konkursbegehren 172 Ziff. 3
  - Einwendung gegen Rechtsöffnungsbegehren 81 Abs. 1
  - Grund für Wechselrechtsvorschlag 182 Ziff. 1

Todesfall
- Rechtsstillstand deswegen 58, 59

Trölerische Beschwerdeführung 20a Abs. 2 Ziff. 5

U

Überbindung
- eines Vorkaufsrechts Nr. 9 VZG 51
- von Belastungen 135
- von Miet- und Pachtverträgen Nr. 9 VZG 50
- von Pfandforderungen 135; Nr. 9 VZG 45, 46, 48, 49

Überschuldungsanfechtung 287

Überweisung
- gepfändeter Forderungen an Gläubiger 131

Umwandlung von Forderungen 211

Unentgeltliche Verfügungen des Schuldners
- Schenkungsanfechtung
  - im Nachlassverfahren 298 Abs. 2
  - in der Betreibung auf Pfändung und Konkurs 286
  - in der Notstundung 345 Abs. 1
- Ungültigkeit OR 250 Abs. 2

Ungehorsam gegen amtliche Verfügung Nr. 35 StGB 292

Ungültigkeit von Verfügungen
- der Veräusserung hängender und stehender Früchte 94
- des Schuldners im Konkurs 204
- des Schuldners im Nachlassverfahren 298, 312
- des Schuldners über gepfändete Gegenstände 96

Unpfändbarkeit 92
- Bedeutung im Konkurs 224
- bei Betreibung von Gemeinden etc. Nr. 33 SchGG 9

Unredliche Handlungen des Schuldners
- als Arrestgrund 271 Abs. 1 Ziff. 2
- als Grund für Konkurseröffnung ohne vorgängige Betreibung 190 Abs. 1 Ziff. 1
- im Nachlassverfahren 313

Unterhalt
- gepfändeter oder vom Konkurs erfasster Gegenstände 105, 124, 243 Abs. 2
- des Schuldners
  - aus der Konkursmasse 229 Abs. 2; Nr. 9 VZG 16
  - aus Erträgnissen gepfändeter Grundstücke 103
  - aus im Güterverzeichnis aufgeführten Gegenständen 164
- Prozesse darüber im Konkurs 207 Abs. 4

Unterhaltsanspruch
- Konkursprivileg 219 Abs. 4 Erste Klasse lit. c

Unterhaltsbeitrag
- bei Nachlassstundung 297 Abs. 2 Ziff. 1
- bei Notstundung 346
- beschränkte Pfändbarkeit 93 Abs. 1
- kein Rechtsstillstand bei Militärdienst 57 Abs. 3
- kein Rechtsstillstand bei Schutzdienst 57 Abs. 3
- Verwertungsaufschub 123 Abs. 2

Unterlassung der Buchführung Nr. 35 StGB 166

Urheberrecht
- Verwertung 132 Abs. 2

Urkunde
- als Rechtsöffnungstitel 82; Nr. 25 ZPO 347–352

Urkundenbeweis
- für die Aufhebung oder Einstellung der Betreibung 85
- im Konkurseröffnungsverfahren 172
- in der definitiven Rechtsöffnung 80
- in der Wechselbetreibung 182 Ziff. 1

Urteil
- als Rechtsöffnungstitel 80, 81

- Gleichstellung von Verwaltungsentscheiden 80 Abs. 2 Ziff. 2, 3
- Anerkennungsurteil ausserkantonales

Urteilsunfähigkeit
- Beurteilung durch die Aufsichtsbehörde von Amtes wegen 68c N 2
- nichtige Betreibung 68c N 1

USA
- Zustellung 66 N 12

V

Verantwortlichkeit
- der Aufsichts- und Gerichtsbehörden 5 Abs. 1
- der ausseramtlichen Konkursverwaltungen 5 Abs. 1
- der Betreibungs- und Konkursbeamten 5 Abs. 1
- der Liquidatoren 5 Abs. 1
- der Sachwalter 5 Abs. 1

Verbotene Rechtsgeschäfte 11
- betroffene Personen
   - Beamte und Angestellte 11
   - Hilfsperson eines Amtes 11 N 2
   - Mitglied des Gläubigerausschusses 11 N 3

Verdachtsperiode 285–288

Verein 39 Abs. 1 Ziff. 11

Vereinfachtes Verfahren Nr. 25 ZPO 243–247

Verfügung über mit Beschlag belegte Vermögenswerte Nr. 35 StGB 169

Verfahren vor Gericht
- summarisches Nr. 25 ZPO 248 ff.
   - Fälle
      - Aufhebung des Rechtsstillstandes 57d
      - Aufhebung und Einstellung der Betreibung 85
      - nachträglicher RV 77
      - Rechtsöffnungsbegehren 84
      - Konkurseröffnung 171; 190–192
      - Wechselrechtsvorschlag 181

Verfügungsbeschränkung
- bei Pfändung von Grundstücken 101
- bei Pfandverwertung Nr. 9 VZG 90, 97
- bei Stundung des Kaufpreises in der Versteigerung Nr. 9 VZG 63, 66
- bei Verwertung von Anteilen an Gemeinschaftsvermögen Nr. 8 VVAG 5
- Eintragung und Löschung im Grundbuch Nr. 9 VZG 3–7, 15, 23a lit. a

Verfügung über mit Beschlag belegte Vermögenswerte (Verstrickungsbruch) StGB 169

Vergleich
- gerichtlicher
   - als Rechtsöffnungstitel 80
   - im Konkursverfahren 237 Abs. 3 Ziff. 3; Nr. 5 KOV 86

Verhafteter
- Rechtsstillstand für denselben 60

Verjährung
- der betriebenen Schuld
   - bei definitiver Rechtsöffnung 81 Abs. 1
- der Verlustscheinforderung 149a Abs. 1
- des Verantwortlichkeitsanspruchs 6
- Hemmung der Frist 207, 297

Verkäufer
- Stellung im Konkurs des Käufers 203, 212

Verlängerung
- der Nachlassstundung 295
- von Fristen 33, 166, 188, 230, 247, 270, 288a, 343 Abs. 2; Nr. 25 ZPO 144

Verlassenschaft
- Konkurseröffnung über sie 193
   - Einstellung des Verfahrens 230a Abs. 1
   - Widerruf des Konkurses 196
- Schuldenruf 234

Verlorene Sachen
- Pfändung ders. 106 Abs. 3

Verlustschein
- als Arrestgrund 271 Abs. 1 Ziff. 5
- als Legitimationsausweis für paulianische Anfechtungsklage 285
- im Konkurs 265
   - Verlustschein 265; 265a
      - Inhalt 265 Abs. 1
         - Wirkungen 265 Abs. 2
         - Einrede fehlenden neuen Vermögens 265 Abs. 2. Klage darüber 265a Abs. 4
            - Rechtvorschlag deswegen 265a Abs. 1
            - Bewilligung desselben durch den Richter 265a Abs. 3
            - Nichtbewilligung desselben durch den Richter 265a Abs. 3
            - «Pfändbarerklärung» von Vermögenswerten 265a Abs. 3
- in der Betreibung auf Pfändung 149
   - Löschung 149a Abs. 3
   - Rechte daraus 149 Abs. 2, 3 N 14–24
   - Unverzinslichkeit der Forderung 149 Abs. 4
   - Verjährung der Forderung 149a Abs. 1
   - Voraussetzung 149 Abs. 1, N 11
   - Zeitpunkt der Ausstellung 149 Abs. 1bis, N 4

Stichwortverzeichnis V

Vermögen
- ausländischer Staaten oder Zentralbanken 92 Abs. 1 Ziff. 11
- freies
  - Haftung des unter Vormundschaft stehenden Schuldners damit 68c
- nachträgliche Entdeckung 269
- nachträglicher Anfall 197 Abs. 2
- neues 265; 265a

Verordnungserlass 15

Verrechnung
- im Konkurs 213
  - Anfechtbarkeit 214
- im Nachlassverfahren 297 Abs. 4

Versprechen ungültige
- im Nachlassverfahren 312

Versteigerung 125
- Deckungsprinzip 126; 126 N 15–22; 142a
- Edelmetall 127
- eines Grundstücks 138–143a
  - Ansetzung 141
  - «andere berechtigte Interessen» 141 N 10–13
  - Anzeige an die Beteiligten 139
    - Zustellung 139 N 1–4
  - Bekanntmachung 138 N 1–3
    - Ankündigungsfrist 138 N 1
  - Deckungsprinzip 142a
  - Doppelaufruf 142; Nr. 9 VZG 42, 56, 57, 104, 129
    - bei Ausübung eines Kaufrechts 142 N 11
    - bei Geschäftsmiete 142 N 9
  - Lastenbereinigung 140 Abs. 1, 2 N 1–25
  - Schätzung 140 Abs. 3, N 26, 27
  - Verzicht auf Verwertung 142a
  - vorzulegende Ausweise 138 N 10
  - Zuschlag 142a
- Kosten 126 N 6
- Verfahren 126 N 8–14
- Verzicht darauf 127
- Zahlungsmodus 129
- Zahlungsverzug 129; 143; 126
- Zuschlag 126
  - Anfechtung desselben 126 N 7, 132a

Verstrickungsbruch (Verfügung über mit Beschlag belegte Vermögenswerte)
StGB 169

Verteilung
- des Konkurserlöses 261–269; Nr. 9 VZG 132; Nr. 5 KOV 82–89
- im Pfändungsverfahren 144–148
  - Abschlagsverteilungen 144 Abs. 2
  - bei provisorischer Pfändung 144 Abs. 5
  - Hinterlegung 144 N 12
  - Reihenfolge 144 Abs. 3
  - Zeitpunkt 144 Abs. 1

Verteilungsliste 146–148
- Anfechtung ders. 17 N 3, 147 N 1–3, 148 N 5

Vertrag völkerrechtlicher 30a

Vertreter berufsmässiger 27

Verwahrung 98

Verwaltungsbeiratschaft
- des Schuldners 68c Abs. 3

Verweigerung
- der Annahme des Zahlungsbefehls 64 N 15
- der Übermittlung 66 N 22

Verwertung
- Anfechtung ders. 132a
  - Voraussetzungen 132a
- besondere Verfahren 132
- Grundstücke 133; Nr. 9 VZG; Nr. 22 Anl.
  - Freihandverkauf 143a
  - Frist 133
  - Steigerungsbedingungen 133
    - Auflegung 134
    - Inhalt 135
    - Zahlungsfrist 137; 143 N 1, 2
    - Zahlungsmodus 136
  - Zahlungsverzug 143 N 3
    - Haftung des früheren Ersteigerers 143 Abs. 2
  - Zugehör 142 N 15
- von Anteilen an Gemeinschaftsvermögen Nr. 8 VVAG 8–14
  - im Konkurs Nr. 8 VVAG 16
- vorzeitige 124

Verwertungsaufschub 123
- Abschlagszahlungen
  - Höhe derselben. 123 N 10
- Dauer 123 Abs. 1–4 N 2
- Voraussetzungen 123 Abs. 1, N 1

Verwertungsbegehren 116–121
- Anzeige an den Schuldner 120
- Berechtigung 117
- Frist 116 N 1–4, 121
- keines bei provisorischer Pfändung 118
- Rückzug 121
- Wirkungen 119

Vieh
- Verwertung im Konkurs Nr. 5 KOV 78

Vollstreckbare öffentliche Urkunden 80 Abs. 2 Ziff. 1bis; Nr. 25 ZPO 347–352

Vollstreckbarkeit 80 N 3

Vorkaufsrecht Nr. 9 VZG 51, 67, 73g; Nr. 22 Anl. 33–36

Vorladung

1229

- im Verfahren, das zum definitiven Rechtsöffnungstitel führte 81 Abs. 2
- nach ZPO Nr. 25 ZPO 136 lit. a
- zur Konkursverhandlung 168 N 3

Vormundschaft
- Schuldner unter solcher 68c Abs. 1, 2

Vormundschaftsbehörde
- Legitimation zur Anschlusserklärung 111 Abs. 2

Vorschuss
- der Betreibungskosten 68
  - Rückgabe Nr. 4 VFRR 18
- der Kosten für das Konkursverfahren 169; Nr. 5 KOV 35
- für Verwahrung und Verwaltung gepfändeter Gegenstände 105
- für Verwaltung von Grundstücken Nr. 9 VZG 16

Vorsorgliche Massnahmen
- bei der Feststellungsklage nach 85a: 85a Abs. 2
- im Konkurseröffnungsverfahren 170, 174 Abs. 3
- im Nachlassverfahren 293 Abs. 3, 4, 294

Vorzugsrecht 111; 146; 219

W

Warenlager
- Offenhaltung desselben 238 Abs. 1
- Siegelung desselben 223 Abs. 3

Wechsel
- Fälschung desselben 182 Ziff. 2
- Pfändung desselben 98
- Verwahrung desselben 98

Wechselbetreibung 20; 177–189
- bei Pfandrecht 41 Abs. 2
- Konkursbegehren 188
  - Entscheid des Konkursgerichts 189
- Rechtsvorschlag 179
  - Mitteilung an den Gläubiger 180
  - Vorlage an das Gericht 181
    - Bewilligung 182
      - bei Hinterlegung 182 Ziff. 4; 184
    - Wirkung 186
    - Verweigerung 183
- Rückforderungsklage 187
- Voraussetzungen 177
  - Prüfungsbefugnis des BA 177 N 5
- Weiterziehung des gerichtlichen Entscheides 186
- Zahlungsbefehl 178

Wechselrechtsvorschlag 75 Abs. 3; 182
Weisungen des BR 15

Weiterziehung
- aufschiebende Wirkung allgemein 36

Werkstätten des Schuldners
- im Konkurs
  - Offenhaltung ders. 238 Abs. 1
  - Siegelung ders. 223 Abs. 3

Wertpapiere
- im Konkurs
  - Verwahrung ders. 223 Abs. 2
  - Verwertung ders. 243 Abs. 2
- in der Betreibung auf Pfändung
  - Freihandverkauf ders. 130 Abs. 1 Ziff. 2
  - Verwahrung ders. 98

Widerruf
- der Nachlassstundung 295 Abs. 5; 298 Abs. 3
  - der Einstellung der Verwertung 306a Abs. 4
- der Notstundung 348
- der Verlassenschaftsliquidation 196
- des Konkurses 176; 195; 196; 332 Abs. 3
- des Nachlassvertrages 313

Widerspruchsverfahren 106–109
- bei Drittgewahrsam 108
- Durchsetzung 107, 108
  - bei Retentionsrecht 107 N 20
  - Fristansetzungen 107 N 19
    - Möglichkeit zur Klage 107 N 20
    - Parteirollenverteilung 107 N 7–12; 108 N 7
- Einstellung der Betreibung 109 Abs. 5, N 1–4
- Erledigung des Prozesses 107 N 23; 108 N 5
- Gerichtsstand 109
- Kosten des Prozesses 107 N 25
- Rechtskraft des Urteils 107 N 2
- Streitwert 107 N 24
- Vorlegung der Beweismittel 107 N 17, 18, 108 N 6
- Vormerkung und Mitteilung 106
  - Geltendmachung des Anspruchs 106 N 25–31
  - Zeitpunkt ders. 106 Ab. 2, 3 N 45–52

Wiedererwägung 22 Abs. 2
Wirkung aufschiebende 36
Wirtschaftsräume des Schuldners
- Benutzung nach Pfändung Nr. 9 VZG 19
- Offenhaltung im Konkurs 238 Abs. 1
- Siegelung im Konkurs 223 Abs. 1

Wohnsitz 46

Z

Zahlstelle 50 N 14
Zahlung
- Abschlagszahlung 12 N 15